JURISPRUDENCE GÉNÉRALE

SUPPLÉMENT AU RÉPERTOIRE

MÉTHODIQUE ET ALPHABÉTIQUE

DE LÉGISLATION,

DE DOCTRINE ET DE JURISPRUDENCE

EN MATIÈRE DE DROIT CIVIL, COMMERCIAL, CRIMINEL, ADMINISTRATIF,
DE DROIT DES GENS ET DE DROIT PUBLIC

TOME TREIZIÈME

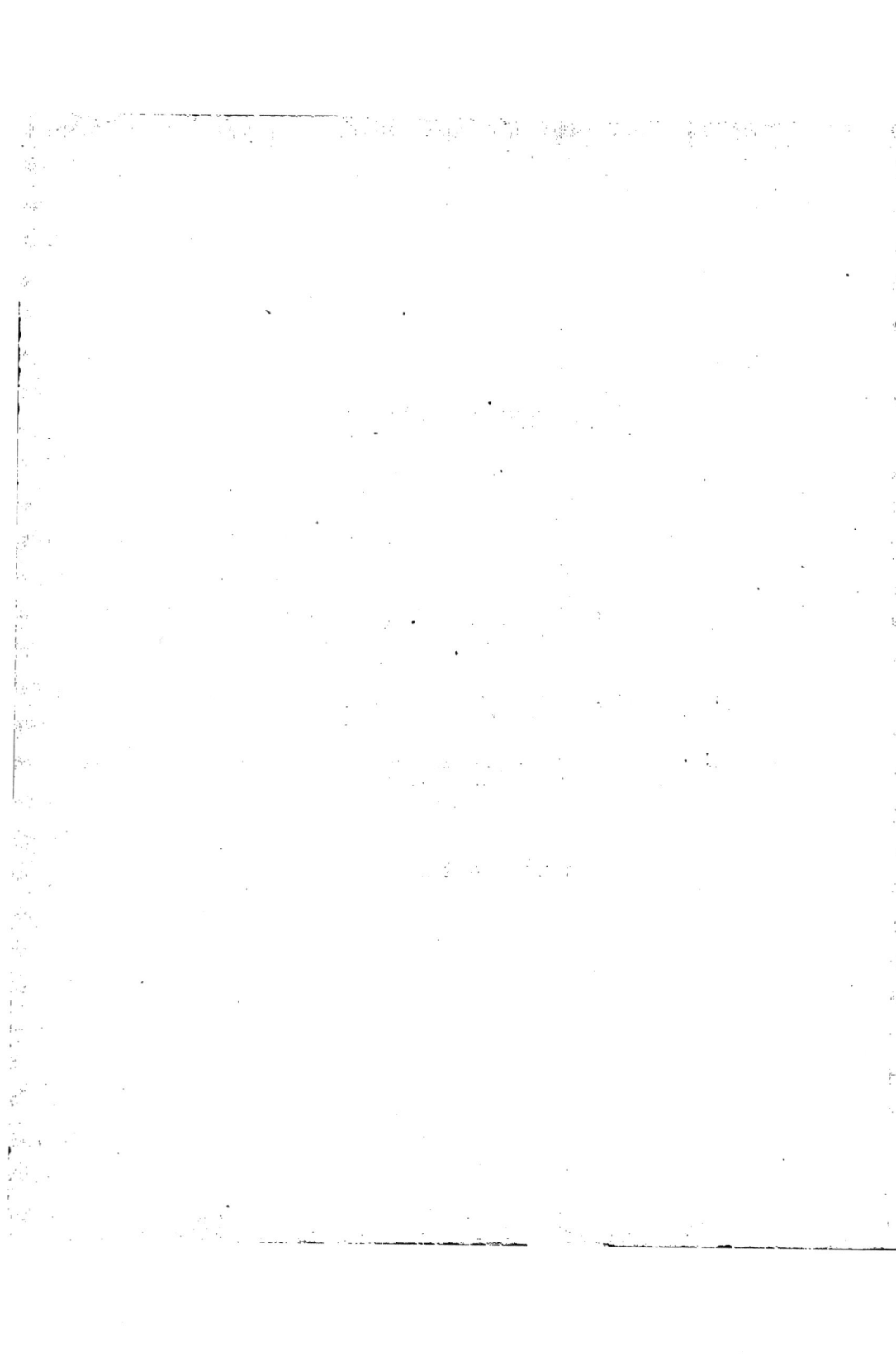

JURISPRUDENCE GÉNÉRALE

SUPPLÉMENT AU RÉPERTOIRE

MÉTHODIQUE ET ALPHABÉTIQUE

DE LÉGISLATION

DE DOCTRINE ET DE JURISPRUDENCE

EN MATIÈRE DE DROIT CIVIL, COMMERCIAL, CRIMINEL, ADMINISTRATIF,
DE DROIT DES GENS ET DE DROIT PUBLIC.

De MM. DALLOZ,

PUBLIÉ SOUS LA DIRECTION DE MM.

Gaston GRIOLET	Charles VERGÉ
Docteur en droit	Maître des Requêtes honoraire au Conseil d'État

Avec le concours de M. C. KŒHLER, Docteur en droit

Et la collaboration de plusieurs magistrats et jurisconsultes.

TOME TREIZIÈME

A PARIS

AU BUREAU DE LA JURISPRUDENCE GÉNÉRALE

RUE DE LILLE, N° 19

1893

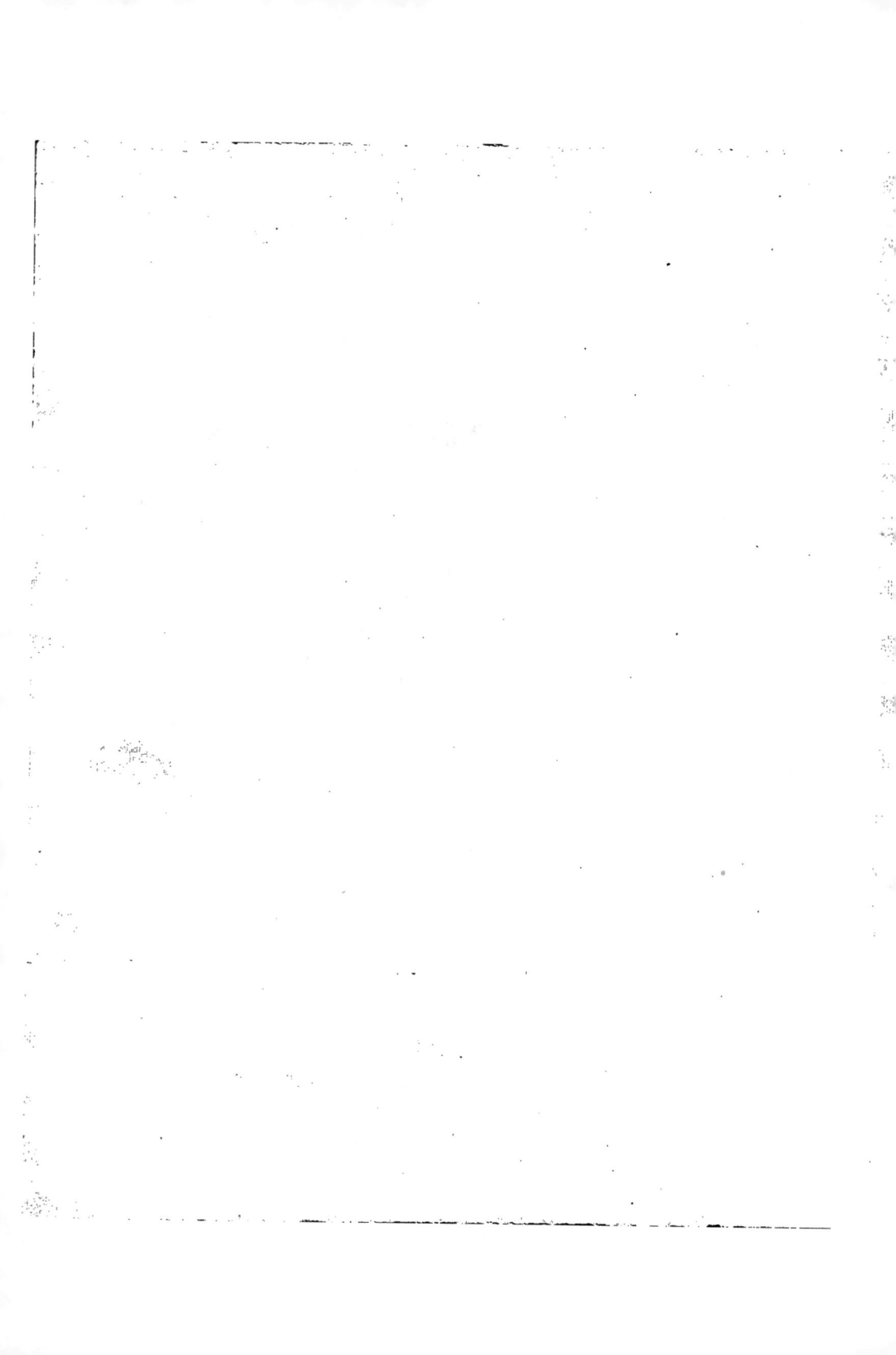

JURISPRUDENCE GÉNÉRALE

SUPPLÉMENT

AU

RÉPERTOIRE MÉTHODIQUE ET ALPHABÉTIQUE

DE LÉGISLATION, DE DOCTRINE

ET DE JURISPRUDENCE

PÉREMPTION D'INSTANCE.

Division.

Art. 1er. — *Historique*. — *Législation*. — *Droit comparé*.
(*Rép.* n°s 1 à 29).

1. — I. Historique et législation. — Le projet élaboré par la commission instituée par arrêté du 6 nov. 1862 au ministère de la justice pour rechercher les modifications qu'il serait utile d'apporter aux lois qui règlent la procédure civile (V. *suprà*, v° *Enquête*, n° 1) ne contenait en ce qui concerne la péremption qu'une seule modification au titre 22 du code de procédure civile. L'art. 400 c. proc. civ. qui porte que « la péremption est demandée par requête d'avoué à avoué, à moins que l'avoué ne soit décédé, ou interdit, ou suspendu depuis le moment où elle a été acquise » était remplacé par la disposition suivante (art. 350 du projet) : « la péremption sera demandée par un simple acte de conclusions signifié d'avoué à avoué, à moins que l'avoué ne soit décédé, ou destitué, ou suspendu, ou démissionnaire depuis le moment où elle a été acquise ».

2. Le projet de revision du code de procédure civile déposé par M. Thévenet le 6 mars 1890, dans lequel se trouvent réunis les deux projets de revision présentés le 19 oct. 1886 et le 12 juill. 1888 (V. *suprà*, v° *Enquête*, n° 2) apporte, au contraire, plusieurs changements assez importants à la procédure actuelle de la péremption. Le délai de la péremption est réduit de trois à deux ans. « Ce délai, dit l'exposé des motifs, a paru suffisant. La partie qui reste deux années durant sans faire aucun acte de procédure dans le cours d'une instance, doit être présumée renoncer au procès ; ou

bien il faut supposer une extrême négligence, dont l'adversaire ne doit pas souffrir au point de rester trop longtemps dans l'incertitude relativement au droit, qui est en cause. Il s'agit là, d'ailleurs, d'une véritable prescription qui n'est acquise que si l'adversaire en fait la demande. C'est de cette idée de prescription qu'est parti le projet pour établir une cause de suspension de la péremption, lorsque le représentant légal d'un mineur en procès vient à cesser ses fonctions ; jusqu'à son remplacement, la péremption est suspendue en faveur du mineur (art. 2. *in fine*). Cette innovation se justifie d'elle-même. — Deux autres innovations résultent des paragraphes 2 et 3 de l'art. 5 du projet. La première a été inspirée par cette idée que, une fois la péremption demandée et acquise, il peut être excessif d'admettre que toute la procédure faite durant l'instance périmée soit comme non avenue. S'il s'agit, par exemple, d'une procédure d'enquête faite pendant cette instance, comment, si une nouvelle instance s'ouvre au sujet de la même affaire, pourra-t-on refaire utilement l'enquête? Les témoins n'existeront peut-être plus, ou leur souvenir sera moins précis. De là le paragraphe 2 de l'art. 5, aux termes duquel les mesures d'instruction faites durant l'instance périmée pourront, si elles sont d'ailleurs valables en soi, être invoquées par les parties dans la seconde instance. Le troisième paragraphe de l'art. 5 a pour but d'établir la personnalité de la péremption. La péremption, on le sait, n'a pas lieu de droit ; aussi ne saurait-elle profiter qu'à celui qui l'a demandée. Ainsi s'il y a plusieurs défendeurs solidaires, conjoints ou indivis, celui-là d'entre eux pourra se prévaloir de la péremption qui l'aura personnellement demandée et acquise. Cette règle est logique, elle ne présente aucun inconvénient, et elle ne fait aucune brèche aux règles de notre droit civil, puisque la péremption ne touche pas en principe au fond du droit ».

Le titre consacré à la péremption, dans le projet, contient cinq articles : « Art. 1er. — Toute instance, encore qu'il n'y ait pas eu constitution d'avoué, est éteinte par discontinuation de poursuites pendant deux ans. Ce délai est augmenté de six mois lorsque le demandeur meurt dans les six mois qui précèdent l'expiration du délai. — Art. 2. La péremption court contre l'État, les établissements publics et toutes les personnes, même mineures sauf leur recours contre les administrateurs et tuteurs. — Toutefois, lorsque le représentant du mineur décédé ou cesse ses fonctions au cours de l'instance, la péremption est suspendue jusqu'à son remplacement. — Art. 3. La péremption n'a pas lieu de droit ; elle se couvre par les actes valables faits par l'une ou l'autre des parties avant la demande en péremption. — Art. 4. La péremption est demandée par un simple acte de conclusions

1

signifié d'avoué à avoué. — Art. 5. La péremption n'éteint
pas l'action, mais seulement l'instance. — Si l'action est
de nouveau intentée, chaque partie peut invoquer dans la
seconde instance les requêtes, expertises, interrogatoires
sur faits et articles et autres mesures d'instruction de la
première instance, pourvu qu'elle ne soit pas entachée de
nullité ». — Les effets de la péremption sont personnels à
ceux par qui ou contre lesquels elle a été demandée.
  Le rapport présenté au nom de la commission chargée
d'examiner le projet de loi (Annexe au procès-verbal de la
séance de la Chambre des députés du 9 mars 1891) propose une grave modification à l'art. 3. « Dans un intérêt
supérieur, y est-il dit, la loi veut qu'une instance impoursuivie pendant un certain laps de temps soit atteinte par la
péremption. On devrait en conclure que cette peine légale
infligée aux parties, pour éviter des lenteurs et activer leur
énergie, devrait de plein droit être prononcée. Le code de
procédure, et après lui le projet, veulent que la péremption
se couvre par des actes valables, et ne soit prononcée que
si elle est demandée. De sorte que des instances impoursuivies depuis vingt-neuf ans peuvent revivre, après que les
parties seront décédées, que les pièces auront été égarées
et qu'il n'en existera plus même le souvenir ; il suffit pour
cette résurrection d'un simple acte d'avoué... » En conséquence, la commission propose de rédiger l'art. 3 en ces
termes : « La péremption a lieu de plein droit ; une fois
« acquise par l'expiration du délai ci-dessus, elle ne peut
« pas être couverte ».
  3. Depuis la publication du *Répertoire*, la matière de la
péremption d'instance n'a fait l'objet d'aucune étude spéciale. Les principes qui la régissent sont exposés dans les
traités généraux sur la procédure civile (V. notamment :
Boitard, Colmet-Daâge et Glasson, *Leçons de procédure civile*,
15e édit., t. 1, nos 577 à 587 ; Bioche, *Dictionnaire de procédure civile et commercial*, 5e édit., vo *Péremption d'instance* ;
Rousseau et Laisney, *Dictionnaire théorique et pratique de
procédure civile*, 2e édit., eod. vo ; Dutruc, *Supplément aux
Lois de la procédure civile* de Carré et Chauveau, eod. vo ;
Rodière, *Cours de compétence et de procédure*, 4e édit., t. 1,
p. 487 et suiv.; Bonfils, *Traité élémentaire d'organisation
judiciaire et de compétence et de procédure*, nos 1231 à 1250).
  4. — II. DROIT COMPARÉ. — Le code de procédure civile pour
l'empire d'Allemagne, promulgué le 30 janv. 1877, ne contient aucune disposition relative à la péremption d'instance.
  5. Dans le code de procédure civile du *royaume d'Italie*,
du 1er janv. 1866, la péremption opère de droit. La partie
peut renoncer au bénéfice de la péremption ; et sa renonciation est présumée, si elle ne propose le moyen avant toute
défense au fond. La péremption n'éteint pas l'action, ni les
effets de la sentence prononcée. ni les preuves qui résultent
des actes ; mais elle rend nulle la procédure. Une part de
négligence étant imputable à chacune des parties, puisqu'elles ont toutes deux laissé l'instance impoursuivie, elles
supportent respectivement les dépens qu'elles ont exposés.
Le délai de la péremption est de deux ans (Albéric Allard,
*Examen critique du code de procédure civile du royaume
d'Italie; Revue de droit international et de législation comparée*, t. 2, 1870. p. 223).
  6. La loi sur la procédure du *canton de Genève*,
du 29 sept. 1819. contient au titre XXI les dispositions suivantes relatives à la péremption d'instance. « Art. 276.
L'instance sera périmée de plein droit même à l'égard des
mineurs et des interdits, si elle n'est reprise : dans les deux
années de la suspension pour le cas de décès ou d'interdiction de l'une des parties ; dans l'année, pour les autres cas.
— Art. 277. La péremption d'instance emportera extinction
de la procédure et de toutes ordonnances préparatoires. Elle
n'éteindra pas l'action. Chaque partie supportera les frais
qu'elle aura faits dans l'instance périmée. — Art. 278.
Nonobstant la péremption, si l'action est de nouveau intentée,
les parties pourront se prévaloir : 1o des aveux, déclarations
et serments judiciaires insérés dans la feuille d'audience ou
dont il aurait été fait procès-verbal circonstancié ; 2o des
dépositions des témoins décédés dès lors, s'il en a été dressé
aussi procès-verbal circonstancié. — Art. 279. La pérem-
tion de l'instance de recours contre un jugement par opposition ou autre voie, emportera de plein droit la déchéance

du recours » (V. Bellot, *Loi sur la procédure civile du canton
de Genève*, 3e édit. p. 109).
  7. Le titre 5 du livre 4 du code de procédure civile du
canton du Valais, du 30 mai 1836, est consacré à la pérem-
tion. Toute instance, porte l'art. 665, sera périmée de plein
droit par discontinuation de poursuite pendant deux ans. Ce
délai sera augmenté de six mois dans le cas du décès de
l'une des parties avant l'échéance du terme de la péremption. — La péremption court contre toutes espèces de personnes (art. 666). — La péremption n'éteint pas l'action,
elle emporte seulement extinction de la procédure. Cependant
les actes de la procédure périmée servent pour interrompre
la prescription, et les actes probatoires demeurent dans leur
force et vigueur pour la preuve qui pourrait en résulter
selon droit (art. 667). — En cas de péremption d'une procédure pendante en première instance, chaque partie supportera les frais qu'elle a faits (art. 666). — La péremption
d'une cause pendante en appel aura l'effet de donner au jugement dont est appel la force de chose jugée. Il en sera de
même dans le cas où l'on aurait laissé périmer l'instance
ayant pour but de se relever d'un jugement contumaciel
(art. 669).
  8. Le code de procédure civile du *canton de Vaud* du
25 nov. 1869 ne contient que trois articles relatifs à la péremption : « Art. 117. Sauf les cas où la loi en décide autrement, l'instance dans laquelle les parties se sont abstenues
de tout procédé pendant une année dès la dernière opération est annulée comme périmée, lorsque l'une ou l'autre
des parties fait valoir cette péremption. — Art. 118. La partie qui veut se prévaloir de la péremption doit, sous peine
de déchéance, l'opposer en réponse du premier acte tendant à reprendre ou à continuer l'instance. En cas de contestation, il en est comme dans la forme incidente. Il
peut y avoir recours au tribunal cantonal. — Art. 119. Tous
les actes de l'instance périmée sont annulés et considérés
comme n'ayant pas existé, à l'exception des réponses ser-
mentales de la partie. Chaque partie supporte les frais
qu'elle a faits. La péremption de l'instance n'invalide en rien
le droit litigieux.

ART. 2. — *Des caractères de la péremption* (Rép. nos 30 à 39).

  9. La péremption, a-t-on dit au *Rép.* no 30, n'a pas lieu
de plein droit, et par suite, elle ne peut être suppléée par le
juge (Rousseau et Laisney, no 1). Il a été jugé que, la pérem-
tion d'instance n'ayant pas lieu de plein droit, le retrait d'une
créance litigieuse peut être exercé valablement au cours
d'une instance interrompue depuis plus de trois ans, mais
dont la péremption n'a pas encore été déclarée (Paris,
16 juill. 1877, aff. Amail et Jourdan, D. P. 78. 2. 207). Dans
l'espèce, la créance cédée était litigieuse, puisque, abstraction faite du jugement par défaut qui était périmé faute
d'exécution dans les six mois, il restait l'exploit par lequel
les débiteurs cédés avaient assigné le cédant pour voir dire
qu'ils n'étaient tenus d'aucune dette envers lui.
  10. A certains points de vue, la péremption peut être considérée comme un désistement tacite. Mais elle en diffère,
notamment, en ce qu'elle ne constitue pas une adhésion
volontaire à la chose jugée (Rép. no 32 ; Rousseau et Laisney, no 2).
  Au point de vue du fond et de l'objet qu'elle se propose,
la péremption est une demande principale, distincte de la
demande originaire ; on doit donc la considérer comme
ayant un double caractère : principale, quant à son but ;
incidente, en ce qui concerne la forme de procéder (Rép.
nos 36 et suiv ; Rousseau et Laisney, op. cit., vo *Péremption
d'instance*, nos 6 et 7 ; Pau, 13 janv. 1858, aff. Bisquey,
D. P. 58. 2. 215).

ART. 3. — *Des personnes qui ont qualité pour demander la
péremption* (Rép. nos 40 à 63).

  11. La péremption d'instance peut être demandée, par
toute personne qui a le droit de disposer de l'objet du litige
ou par son fondé de pouvoir. Mais il résulte de l'esprit de
la loi, comme le font justement remarquer MM. Rousseau et
Laisney, no 45, qu'elle ne peut être demandée que par le

défendeur (*Rép.* n° 51). Conf. Nîmes, 30 déc. 1861 (1).
L'opposition à un jugement par défaut ne crée pas une nouvelle instance ; elle se lie indivisiblement à l'instance primitive qu'elle fait revivre (V. *infrà,* art. 9). Il en résulte que celui qui forme opposition à un jugement par défaut rendu contre lui conserve sa qualité de défendeur et peut, à ce titre, demander la péremption (Arrêt précité du 30 déc. 1861. V. aussi Dutruc, n° 82).

12. Dans une instance d'appel, l'intimé est défendeur au même titre que l'appelant est demandeur. C'est donc l'intimé qui peut demander la péremption, l'appelant ne le peut pas (*Rép.* n° 52 ; Rousseau et Laisney, n° 52). Il a été jugé que, quelle qu'ait été la qualité de l'appelant et de l'intimé devant les premiers juges, la discontinuation des poursuites par l'appelant pendant le temps déterminé par la loi autorise l'intimé à demander la péremption de l'instance (Req. 28 juin 1875, aff. Veuve Terrade, D. P. 76. 1. 30).

13. Le défendeur, recevable à demander la péremption de l'instance primitive, est non recevable à demander la péremption de l'instance reconventionnelle introduite à sa requête (Trib. civ. Villefranche, 9 août 1855, *Journ. des avoués,* t. 81, p. 100 ; Dutruc, n° 79).

14. Les créanciers peuvent proposer la péremption d'instance du chef de leur débiteur. Cette théorie, exposée au *Rép.,* n° 42, est adoptée par les auteurs et la jurisprudence (Rousseau et Laisney, n° 419 ; Dutruc, n° 85 ; Grenoble, 9 avr. 1862, *Journal des avoués,* t. 88, p. 477).

15. Le cessionnaire a le droit de poursuivre la péremption de l'instance demandée par son cédant (Dutruc, *op. cit.* n° 80 ; Montpellier, 5 août 1850, *Journ. des avoués,* t. 76, p. 150).

16. Celui qui est assigné en garantie peut opposer la péremption de l'instance principale au demandeur originaire (Dutruc, n° 81 ; Liège, 20 janv. 1851, *Jurisp. belge,* 1852, 1. 2, p. 82).

17. La péremption peut être demandée par l'intervenant qui soutient le défendeur principal parce qu'alors il est lui-même défendeur ; mais il faut que le défendeur principal ne l'ait pas couverte. — Elle ne peut l'être par l'intervenant qui soutient ses propres intérêts ou ceux du demandeur (*Rép.* n° 62 ; Bioche, n° 27).

18. La péremption, d'après l'opinion soutenue au *Rép.*

n° 61 et suiv. ; peut être demandée par le défendeur qui, par des exceptions mal fondées, a retardé l'instance, qui n'a pas produit à une enquête ou à une expertise ordonnée dans son intérêt. Tel est aussi l'avis de M. Dutruc. « La péremption, dit cet auteur, n° 87, peut être demandée dans ces hypothèses par le défendeur, sauf le cas de dol ou de fraude, parce qu'il dépend de la partie adverse de lever les obstacles ou de suppléer à la négligence de l'autre partie ».

19. La péremption doit-elle être, à peine de nullité, demandée par toutes les parties en cause? Cette question, qui soulève celle de savoir si l'instance est divisible ou indivisible, est étudiée *infrà,* n° 118.

ART. 4. — *Des personnes contre lesquelles la péremption court ou peut être demandée* (*Rép.* n°s 64 à 87).

20. La péremption court, en général, et peut être demandée contre tout poursuivant qui, pendant trois années, aura discontinué ses poursuites.

Elle court notamment contre l'État, par exemple, dans les matières de contributions directes, de douanes, etc. (Rousseau et Laisney, n° 58).

21. Les instances relatives au droit d'enregistrement sont soumises à une prescription particulière (V. *supra,* v° *Enregistrement,* n°s 3238 et suiv. ; — *Rép.* eod. v°, n°s 5549 et suiv., et 5742).

22. Les communes, les établissements publics (par exemple les fabriques) sont aussi soumis à la péremption qui peut être formée contre eux quoiqu'ils ne soient point autorisés à y défendre. (*Rép.* n°s 67 et suiv. ; Rousseau et Laisney, n° 59 ; Dutruc, n° 72 ; Bioche, n°s 32 et 33 ; Boitard, Colmet-Daâge et Glasson, t. 1, p. 622, n° 582). Le défaut d'autorisation, en effet, ne les empêche pas de faire des actes de procédure propres à entretenir l'instance. Il a été décidé qu'un jugement ordonnant un sursis pour permettre à un hospice, partie demanderesse, d'obtenir l'autorisation de plaider, n'empêche pas la péremption et que, s'il s'est écoulé trois ans sans qu'il ait été fait aucun acte de procédure depuis ledit jugement, l'instance se trouve périmée (Aix, 25 nov. 1863) (2). Le jugement de sursis ne créait pas, pour l'établissement public, une impuissance d'agir, car

---

(1) (De Valernes *C.* syndic de Valernes.) — LA COUR ; — Sur l'appel du jugement du 12 juin 1860 : — Attendu qu'il résulte des articles combinés 397 et 401 c. proc. civ. et qu'au défendeur seul appartient le droit de demander la péremption de l'instance où il est partie ; — Mais attendu qu'on ne saurait considérer comme demandeur celui qui forme opposition à un jugement par défaut rendu contre lui ; — Attendu, en effet, que l'opposition ne crée pas une nouvelle instance, mais se lie indivisiblement à l'instance qu'elle fait revivre ; qu'il suit de là que, par l'effet de son opposition, l'opposant conserve le rôle de défendeur qu'il avait primitivement, et qu'à ce titre de défendeur, il a qualité pour invoquer la péremption de l'instance entière ; — Attendu donc que c'est à tort que les premiers juges ont vu dans de Valernes, opposant au jugement du 14 mai 1833 (qui avait déclaré sa faillite), un demandeur ordinaire et lui ont appliqué les principes et la jurisprudence qui dénient à ce demandeur, le droit d'invoquer la péremption de l'instance qu'il a introduite ; — Mais attendu que la péremption dont il s'agit a été interrompue ou couverte par le jugement du 30 sept. 1859 qui a remplacé le juge-commissaire et les agents de la faillite, par l'opposition de Valernes et les saisies-arrêts auxquelles ces agents ont fait procéder dans un temps où la péremption n'avait pas encore été acquise ; — Que les droits de la masse des créanciers se sont ainsi trouvés sauvegardés contre cette exception ; qu'ils l'ont été aussi par la présence de Raymond (syndic de la faillite) partie en l'instance de 1859, qui l'avait été aussi dans celle de 1833 en vertu de l'indivisibilité de la matière ; — Attendu, enfin, qu'il résulte des accords intervenus entre les parties, dans la période de temps qui s'est écoulé depuis le 18 juin 1833 jusqu'à la demande en péremption et de tous autres faits et circonstances de la cause, que la péremption a été suspendue ou interrompue, ces négociations et accords s'étant prolongés jusqu'au jour du commencement de la période triennale qui a précédé la demande en péremption ; — Attendu qu'il est reconnu, en doctrine et en jurisprudence, et qu'il est rationnel d'admettre que des actes de cette nature ont pour effet d'arrêter le cours de la péremption, aussi bien que des actes de procédure ; que l'art. 399 c. proc. civ. n'exclut nullement cette assi-

milation, mais l'autorise au contraire ; — Par ces motifs, maintient la déclaration de faillite, etc.
Du 30 déc. 1861.-C. de Nîmes, 3e ch.-MM. Liquier pr.-Conelly, av. gén.-Bédarès et Buyer, av.

(2) (Hospices de Marseille *C.* Rougier.) — Le 12 févr. 1863. Jugement du tribunal civil de Marseille ainsi conçu : — Attendu que la commission administrative des hospices de Marseille a, par exploit de Grac, huissier, en date du 17 août 1850, introduit une instance contre la demoiselle Rougier, tendant à la délivrance du legs que la demoiselle Mourier aurait fait en faveur desdits hospices ; que sur cette demande, intervint le 8 juin 1851, un jugement du tribunal de céans qui sursit à statuer sur les fins foncières de la commission administrative des hospices jusqu'à ce qu'elle eût obtenu, en conformité de la loi, l'autorisation de plaider sur la demande formée par elle contre la demoiselle Rougier ; que ce jugement n'a été signifié ni expédié ; — Attendu que, depuis ce jugement, et à la date du 23 juin 1856, il a été notifié un acte à la requête de la demoiselle Rougier, portant copie d'opposition à la demande en autorisation formée par la commission des hospices ; que cet exploit a été le dernier acte de la procédure ; que la demande en péremption a été introduite par exploit du 25 juin 1860 ; qu'au moment où la demande en péremption a été formée, il s'était écoulé quatre ans et deux jours ; — Attendu, en droit, que les art. 397 et 398 c. proc. civ. disposent : « Art. 397. Toute instance, encore qu'il n'y ait pas eu constitution d'avoué, sera périmée par discontinuation de poursuites pendant trois ans. Art. 398. La péremption courra contre l'État, les établissements publics et les personnes mineures, sauf leur recours contre les administrateurs et tuteurs. » Attendu que les établissements publics sont soumis à la règle commune ; qu'ils ne peuvent pas se prévaloir du défaut d'autorisation pour prétendre échapper à la péremption contre les communes qui n'avait pas été établie à plaider ; que cette jurisprudence s'applique aux établissements qui doivent recourir à la même autorisation ; que le défaut d'autorisation, en effet, s'il empêche les établissements publics d'obtenir jugement, ne les empêche pas de faire des actes qui aient pour but d'entretenir, de continuer l'instance ; que, s'il y a négli-

cet établissement avait la faculté de maintenir par un nouvel acte conservatoire celui qu'il avait fait au début du procès (l'exploit introductif d'instance). Il ne créait pas davantage une dispense d'agir, car il n'avait d'autre objet que de donner à l'établissement le temps de se pourvoir des autorisations nécessaires.

23. La péremption d'instance court-elle contre le mineur qui n'est pas pourvu de tuteur? Cette question divise les auteurs. L'affirmative, enseignée au *Rép*. n°s 70 et suiv., est adoptée par M. Bioche. « La disposition de l'art. 388 c. proc. civ., dit cet auteur, n° 34, est générale. La péremption a peu d'inconvénients contre le mineur, puisque la prescription ne court pas contre son droit » (V. dans le même sens, Boitard, Colmet-Daâge et Glasson, t. 1, p. 623, n° 582; Rodière, p. 489; Bonfils, n° 1238.—*Contrà* : Dutruc, n° 67 ; Rousseau et Laisney, n° 60).

24. La péremption court aussi contre l'interdit et le prodigue et contre l'aliéné qui a été enfermé dans un établissement public (*Rép*. n° 74; Rousseau et Laisney, n° 62). — *Contrà*, Dutruc, n° 67).

25. Les auteurs ont généralement adopté l'opinion émise au *Rép*. n° 76, d'après laquelle la péremption peut être demandée contre un étranger, et obtenue si le jugement ou l'arrêt condamnant ce dernier à fournir la caution *judicatum solvi* n'est pas exécuté dans les trois ans et s'il n'a été fait aucun acte de poursuite (Rousseau et Laisney, n° 64; Dutruc, n° 74).

26. La péremption peut encore être demandée : 1° par un époux contre son conjoint ; — 2° Contre une succession vacante. quoique non pourvue de curateur (*Rép*. n°s 77 et 79; Rousseau et Laisney, *op. cit.*, n°s 64 et 68; Dutruc, n° 69; Bioche, n°s 36 et 39); — 3° Contre l'héritier bénéficiaire, à l'égard des demandes qu'il a dirigées contre son auteur et qui frappent une succession bénéficiaire (*Rép*. n° 79 ; Dutruc, n° 70; Bioche, n° 37. — *Contrà*, Rousseau et Laisney, n° 63).

Art. 5. — *Actes et instances susceptibles de péremption.* — *Cassation, interlocutoire, etc.* (*Rép*. n°s 88 à 139).

27. La péremption, tous les auteurs sont d'accord sur ce point, s'applique à toutes les contestations de quelque nature qu'elles soient, et même à celles intéressant l'ordre public, aux questions d'état, aux causes qui concernent les femmes mariées, les mineurs, l'État. L'expression employée par l'art. 397 c. proc. civ., « toute instance », est, en effet, générale (*Rép*. n°s 88 et 89; Rousseau et Laisney, n°s 8 et suiv.; Dutruc, n°s 50 et suiv.; Bioche, n°s 14 et suiv.; Boitard, Colmet-Daâge et Glasson, t. 1, p. 620, n° 579). L'art. 397 s'applique notamment à l'instance en séparation de corps (*Rép*. n° 88 ; Poitiers, 11 mars 1863, aff. Sapinaud, D. P. 63. 2. 96).

28. Les instances d'appel, de même que les instances du premier degré, sont susceptibles de tomber en péremption (*Rép*. n°s 91 et 92; Bioche, n° 18; Boitard, Colmet-Daâge et Glasson, t. 1, p. 620, n° 579; Rousseau et Laisney, n°s 12 et 13).

29. La plupart des auteurs enseignent que la péremption d'instance est admise devant les tribunaux de commerce. Telle a été l'opinion soutenue au *Rép*. n° 95 et suiv. « S'il ne fallait, dit M. Bioche, n° 25, chercher les règles de la procédure commerciale que dans le titre du code de procédure sur les tribunaux de commerce et dans trois autres dispositions du code de commerce, cette procédure offrirait une foule de lacunes : par exemple, en matière de règlement de juges, de renvoi à un autre tribunal pour parenté ou alliance, de récusation et de désistement, les règles de la procédure ordinaire doivent s'appliquer à la procédure commerciale, sauf les exceptions déterminées par la loi, et le titre de la procédure devant les tribunaux de commerce ne présente guère qu'une série d'exceptions ; le motif de la péremption s'applique à plus forte raison à la procédure commerciale. Il y aurait d'ailleurs contradiction à refuser la péremption dans le premier degré de juridiction commerciale, lorsqu'il faudrait l'admettre en appel par la combinaison de l'art. 648 c. com. et de l'art 469. c. proc. civ. Enfin, la loi n'a pas soumis pour tous les cas la demande en péremption à la forme d'une requête d'avoué à avoué, puisqu'elle suppose la péremption possible, lors même qu'il n'y a pas eu de constitution d'avoué » (Conf. Boitard, Colmet-Daâge et Glasson, t. 1, p. 612, n° 579; Rousseau et Laisney, n° 16). Cette doctrine, qui prévalait déjà à la jurisprudence, à l'époque du *Répertoire*, a été confirmée, depuis, par deux arrêts (Bastia, 2 déc. 1856, aff. Luciani, D. P. 57. 2. 29 ; Riom, 24 déc. 1890, aff. Bideau, D. P. 92. 2. 133).

30. La péremption ne s'applique pas à l'arbitrage (*Rép*. n° 98; Rousseau et Laisney n° 17). V. en ce qui concerne le conseil des prud'hommes, *Rép*. v° *Prud'hommes* et *infrà*, eod. v°.

31. La jurisprudence a confirmé l'opinion émise au *Rép*. n° 100 que la péremption n'a pas lieu devant les tribunaux criminels. Les règles établies par le code de procédure civile pour la demande en péremption sont, en effet, incompatibles avec les formes de la procédure criminelle ; de plus, lors même que l'appel émane du prévenu, l'instance ne peut être présumée abandonnée, car le ministère public et la partie civile n'en restent pas moins parties poursuivantes. Il a été jugé que les règles de la péremption civile ne sont pas applicables en matière criminelle (Crim. 24 juin 1837, aff. Leconte, D. P. 58. 1. 93 ; Nîmes, 27 mars 1862, aff. Duplantier, D. P. 62. 5. 252 ; Crim. cass. 18 mars 1880 (1). Conf. Bioche, *op. cit.*, v° *Péremption d'instance*, n° 12).

32. On a dit au *Rép*. n° 101, que la péremption ne peut

---

(1) (Carlotti). — LA COUR; — Sur le moyen relevé d'office et pris de la violation des art. 636, 637, 638 et 642, c. instr. crim.; — Attendu que l'arrêt attaqué constate en fait que Carlotti, traduit pour délit forestier devant le tribunal de police correctionnelle de Corte, à la suite d'un procès-verbal dressé le 16 juill. 1873, a été condamné à une amende par jugement de ce tribunal en date du 27 déc. 1873; que, le 6 janv. 1874, Carlotti a interjeté appel dudit jugement; qu'il n'a point été suivi sur cet appel, et qu'à partir de cette date jusqu'à celle du 19 déc. 1879, il n'a été fait aucun acte d'instruction ni de poursuite; — Attendu, en droit, qu'aux termes des art. 637 et 638, c. instr. crim., et comme conséquence légale et nécessaire de la situation de fait ci-dessus précisée, il y avait lieu, pour la cour d'appel de Bastia, de déclarer l'action publique et l'action civile résultant du délit imputé à Carlotti éteintes par la prescription de trois années : d'où la conséquence qu'aucune condamnation, soit à une peine, soit aux frais, ne pouvait être prononcée contre lui ; — Attendu, d'autre part, qu'il n'y avait pas lieu de déclarer prescrite la peine prononcée contre Carlotti; qu'en effet, cette peine n'avait été prononcée que par un jugement frappé d'appel, et que la prescription de la peine, édictée par l'art. 636, ne s'applique que dans le cas où la condamnation résulte d'une décision devenue définitive; que le jugement du 27 déc. 1873 n'avait pu acquérir ce caractère, par suite de l'appel de Carlotti; que l'arrêt attaqué a méconnu les principes du droit en déclarant périmé ledit appel; qu'en effet la péremption, dont la forme et les effets sont déterminés par le code de procédure civile, ne peut être applicable aux matières criminelles; — Attendu, enfin, que l'arrêt attaqué a déclaré prescriptible seulement par trente années la condamnation aux frais prononcée par un jugement frappé d'appel, alors qu'aux termes de l'art. 642 c. instr. crim., cet effet n'est attaché qu'aux condamnations civiles prononcées en matière criminelle, correctionnelle ou de police, par

---

gence, la loi doit recevoir son application ; que, dans l'espèce, la commission des hospices ne peut donc se prévaloir du sursis illimité accordé par le tribunal; que le sursis ne dispensait pas la commission des hospices de faire des actes de procédure propres à entretenir l'instance; que ce jugement n'avait rien de définitif; qu'il suspendait l'instance, mais sans affranchir les parties de l'observation des règles de procédure; qu'il était donc susceptible de tomber en péremption : — Par ces motifs, déclare périmée l'instance introduite contre ladite Rougier ». — Appel par la commission administrative des hospices.

LA COUR; — Par les motifs des premiers juges; — Et encore, attendu que le jugement de sursis rendu par le tribunal de Marseille n'a créé pour les hospices de Marseille ni une impuissance, ni une dispense d'agir; qu'il n'a pas créé une impuissance d'agir, car les hospices pouvaient, par un nouvel acte conservatoire, maintenir celui qu'ils avaient fait par l'exploit introductif d'instance; qu'il n'a pas créé une dispense d'agir, car il n'a pas eu d'autre objet que de donner aux hospices le temps de se pourvoir des autorisations nécessaires, en les laissant d'ailleurs soumis aux règles ordinaires du droit; — Confirme, etc. Du 25 nov. 1863.-C. d'Aix, 1re ch.-MM. Rigaud, 1er pr.-de Gabrielli, 1er av. gén.-Arnaud et Roux, av.

être invoquée devant la cour de cassation; mais l'arrêt de cassation n'est pas un obstacle à la péremption de l'instance devant la cour de renvoi; car il ne termine point l'instance d'appel, et, dès lors, celle-ci, qui n'a pas changé de nature, est sujette à tous les incidents des instances ordinaires; elle peut donc se périmer devant la cour de renvoi, alors même qu'aucune assignation n'a été donnée pour comparaître devant elle ou que, après la cassation, cette cour n'a pas été désignée ni l'arrêt de cassation signifié. La péremption de l'appel une fois prononcée, le jugement qui avait été confirmé par l'arrêt cassé reprend toute sa force et devient inattaquable. — On avait essayé de soutenir que la péremption ne pouvait avoir lieu que lorsqu'il y avait instance et que, pour que l'instance fût liée devant la cour de renvoi, il fallait que cette cour fût saisie de la contestation par une assignation donnée en exécution de l'arrêt de la cour de cassation. Or, tant que l'exécution en a été suspendue et qu'il n'y a pas eu d'assignation, l'instance, disait-on, ne pouvait exister, et on ne pouvait demander ni obtenir un arrêt qui prononçât la péremption d'une instance qui n'existait pas. Cette opinion n'a pas prévalu; on a répondu avec raison que, en remettant les parties au même et semblable état où elles étaient avant le jugement ou l'arrêt annulé, l'arrêt de cassation laisse subsister l'appel et la procédure qui ont été faits devant le tribunal ou la cour qui a rendu l'arrêt cassé; la partie qui a obtenu l'arrêt de cassation, et vis-à-vis de laquelle cet arrêt est contradictoire, ne peut pas se prévaloir du défaut de signification de l'arrêt de cassation à la partie défaillante; en conséquence, le défaillant est recevable à former devant la cour de renvoi une demande en péremption contre la partie qui a obtenu l'arrêt de cassation; quelle qu'ait été la qualité de l'appelant et de l'intimé devant les premiers juges, la discontinuation des poursuites de l'appelant pendant le temps déterminé par la loi autorise l'intimé à demander la péremption de l'instance d'appel (V. aussi *suprà*, v° *Cassation*, n° 487; — *Rép.*, eod. v°, n° 2185; Rousseau et Laisney, n°s 18 et suiv.; Dutruc, n° 59).

33. Quand commencera à courir le délai à l'expiration duquel pourra être demandée la déclaration de péremption? Il a été décidé, d'une façon générale, que la péremption atteint toutes les instances judiciaires, quelles que soient les transformations qu'elles aient pu subir; qu'ainsi, l'instance terminée par un jugement ou arrêt, et rouverte après cassation devant le tribunal ou la cour de renvoi, peut être déclarée périmée s'il n'a été fait aucun acte de procédure pendant trois ans, à partir de la date de l'arrêt de cassation (Riom, 8 juin 1853, cité *suprà*, n° 32).

Un arrêt de la cour de Metz, du 11 mai 1854 (aff. Hangenviller, D. P. 54. 2. 244) distingue suivant que l'arrêt de la cour de cassation est contradictoire ou par défaut.

S'agit-il d'arrêt contradictoire, comme les deux parties ont figuré dans l'instance devant la cour de cassation et qu'elles ne peuvent pas ne pas connaître l'arrêt qui l'a déterminée, l'instance est ouverte devant la juridiction nouvelle par le seul effet du renvoi, et sans qu'il soit besoin que ledit arrêt ait été préalablement signifié. Mais il en est autrement lorsque l'arrêt de renvoi a été prononcé par défaut : dans ce cas, il est nécessaire de le porter à la connaissance de la partie défaillante pour lui faire produire ses effets ; c'est donc seulement à partir de la signification de cet arrêt

que la juridiction de renvoi pourra être considérée comme saisie de l'affaire qui a été déférée. La cour de cassation semble avoir admis cette distinction, en y apportant toutefois un tempérament : partant de cette idée qu'un arrêt par défaut est contradictoire pour celui qui l'a obtenu, elle décide que la partie défaillante peut opposer la péremption d'instance à son adversaire au bout de trois ans à partir de l'arrêt de renvoi, alors même que cet arrêt ne lui a pas été signifié ; la partie qui a obtenu l'arrêt ne peut ici se prévaloir de ce qu'elle ne l'a pas signifié au défaillant (V. Req. 28 juin 1875, aff. Terrade, D. P. 76. 1. 30, cité *suprà*, n° 32).

D'après une autre opinion, l'instance ne serait ouverte devant la juridiction de renvoi qu'autant que l'arrêt de la cour de cassation aurait été préalablement signifié : c'est donc seulement à partir de cette signification que courrait le délai de la péremption d'instance, sans qu'il y ait à distinguer suivant que l'arrêt de cassation a été rendu contradictoirement ou par défaut. Ce système se fonde sur le principe en vertu duquel un jugement n'est réputé connu et ne peut être mis à exécution avant d'avoir été signifié : *pæria sunt non esse et non significari*. C'est là une règle, dit-on, qui doit s'appliquer aussi bien aux arrêts de la cour de cassation qu'aux jugements rendus par les autres juridictions, car il n'y a point de raison pour distinguer. Tant que l'arrêt de renvoi n'est pas signifié, l'instance ne peut s'ouvrir devant la juridiction à laquelle l'affaire a été renvoyée ; et, par suite, il ne peut être question de péremption (V. *Rép.* v° *Cassation*, n°s 2115 et 2185).

D'après M. Cohendy (D. P. 92. 2. 121), il faut distinguer, aussi bien pour les arrêts de renvoi contradictoires que pour ceux qui sont par défaut, suivant que la péremption d'instance est opposée à la partie contre laquelle l'arrêt a été rendu, ou bien, au contraire, à la partie qui a obtenu cet arrêt. Dans le premier cas, l'instance devant la juridiction de renvoi n'est ouverte que par la signification de l'arrêt de la cour suprême ; vis-à-vis de la partie perdante, en effet, cet arrêt n'existe pas et ne peut produire ses effets tant qu'il n'a pas été signifié. Et cela est vrai, non seulement pour les jugements par défaut, mais aussi pour les jugements contradictoires ; les principes de la procédure sont les mêmes dans les deux cas ; aucun jugement ne peut être exécuté contre la partie perdante, qu'il ne lui ait été préalablement signifié. Si donc l'arrêt de cassation n'est pas signifié à la partie perdante, l'ouverture de l'instance devant la juridiction de renvoi, qui constitue à proprement parler l'exécution de cet arrêt, ne peut avoir lieu à l'égard de la partie perdante ; et du moment que l'instance n'est pas ouverte vis-à-vis d'elle, le délai de la péremption n'a pu courir. Ce délai ne courra qu'à partir de l'arrêt parce que ce n'est qu'à partir de ce moment qu'il y a une instance susceptible d'être périmée. Mais tout autre est la situation lorsqu'il s'agit d'opposer la péremption à la partie qui a obtenu, en sa faveur, l'arrêt de cassation ; dans ce cas et vis-à-vis de cette partie, l'instance devant la juridiction de renvoi doit être considérée comme ouverte dès le moment où l'arrêt de cassation a été rendu, de telle sorte que la péremption court contre elle à partir de cet arrêt.

Reste, dans ce dernier cas, une question subsidiaire à résoudre : c'est celle de savoir à qui la signification doit être faite pour être valable ; est-ce à la partie perdante elle-même, conformément à l'art. 147 c. proc. civ., ou bien est-ce seulement à l'avocat de cette partie devant la cour de cassation, conformément à l'art. 9, tit. 13, 2e partie du règlement du 28 juin 1738? C'est en ce dernier sens que la question paraît devoir être résolue : « le règlement de 1738, en effet, est toujours en vigueur ; le code de procédure, qui ne s'occupe du pourvoi en cassation que dans un seul de ses articles, l'art. 504, et incidemment à propos de la requête civile, ne l'a pas abrogé ; et, dès lors, c'est à ses dispositions qu'il faut se référer pour régler la procédure du pourvoi depuis l'acte qui l'introduit jusques et y compris la signification de l'arrêt auquel il aboutit » (Note précitée de

des arrêts ou jugements devenus irrévocables ; — Attendu que, de tout ce qui précède, il résulte que l'arrêt attaqué a faussement appliqué et par suite violé les art. 636 et 642 c. instr. crim., et qu'il a encore violé (par non-application, les art. 637 et 638 du même code ; — Attendu qu'en l'état, toute action

publique et civile étant éteinte, il n'y a lieu de prononcer aucun renvoi ;

Casse et annule, sans renvoi, etc.

Du 18 mars 1880.-Ch. crim.-MM. Barbier rap.-Ronjat, av. gén.

M. Cohendy). Il a été jugé, en ce sens, que lorsqu'un arrêt a été cassé, la péremption d'instance court à partir de la signification de l'arrêt de cassation à l'avocat qui a représenté la partie perdante, devant la cour suprême ; il n'est pas nécessaire que cet arrêt soit signifié à la partie perdante elle-même (Bourges, 16 juill. 1891, aff. Gemton, D. P. 92. 2. 121).

34. Une autre question qui se pose, dans la même hypothèse est celle de savoir quelle est alors la durée du délai de la péremption. L'art. 397 c. proc. civ., qui porte que toute instance, encore qu'il n'y ait pas eu constitution d'avoué, sera éteinte par discontinuation de poursuites pendant trois ans, ajoute que ce délai sera augmenté de six mois dans tous les cas où il y a lieu à demande en reprise d'instance ou constitution de nouvel avoué. On s'est appuyé sur le caractère général de cette disposition pour soutenir que, dans le cas de renvoi après cassation devant une nouvelle cour, il y a lieu à la prorogation de six mois. Le degré de juridiction restant le même, le juge seul se trouve changé par un effet indépendant de la volonté des parties ; et, dans ce cas, ce serait bien effectivement un nouvel avoué qui viendrait prendre la place du précédent devenu incompétent, non par l'attribution à une juridiction supérieure, mais par le simple transport de la cause à un autre siège ; il importerait peu, à ce point de vue, que le juge ne fût plus le même, puisque c'est le même procès qu'il doit juger. L'esprit de la loi serait favorable à cette interprétation, puisqu'elle a voulu, par la prorogation du terme de la péremption, donner plus de latitude et de facilité à la partie qui, au cours de l'instruction du procès, se voit forcée, par une circonstance indépendante de sa volonté, de confier ses intérêts à des mains nouvelles ; et c'est ce qui se présente précisément dans le cas où un plaideur se trouve renvoyé devant une autre cour après cassation. On ajoute encore : l'arrêt de cassation n'annule pas la procédure antérieure à l'arrêt cassé, il la maintient au contraire formellement et renvoie les parties devant la cour désignée en l'état de cette procédure ; c'est donc réellement la même instance qui se poursuit et si, dans ce cas, il est cependant nécessaire de changer d'avoué, il y a lieu à reprise d'instance et à constitution de nouvel avoué, et à ce double titre le délai de trois ans doit être prorogé de six mois. Ces considérations ont déterminé les décisions de diverses cours dont M. Chauveau (sur Carré, *Lois de la procédure civile*, t. 2, quest. 1421 *ter*) a signalé les arrêts ; et elles ont été récemment développées dans un arrêt de la cour d'Orléans du 7 déc. 1843 aux termes duquel la partie qui, après un arrêt de cassation, doit constituer avoué devant la cour de renvoi, peut invoquer les dispositions de l'art. 397, § 2, c. proc. civ., prorogeant de six mois le délai de la péremption en cas de constitution de nouvel avoué (1).

Cette théorie ne nous paraît pas exacte. Au cas de renvoi

après cassation, il n'y a pas lieu à une reprise d'instance ou constitution de nouvel avoué dans les conditions prévues par le tit. 17, art. 342 et suiv. c. proc. civ. Comme le dit un arrêt (Bourges, 27 juill. 1885, aff. Grandpré, D. P. 87. 1. 5), il ne peut y avoir lieu à constitution de nouvel avoué que lorsque la partie se trouve obligée, par un événement indépendant de sa volonté, de remplacer devant une cour ou un nouveau tribunal, et devant lequel l'instance se poursuit, l'avoué qu'elle avait choisi et qui occupait déjà pour elle dans l'instance devant cette cour et devant ce tribunal, tandis que, dans le cas actuel, il y a lieu de constituer un avoué devant une nouvelle cour ou un nouveau tribunal désigné par suite du renvoi, mais non d'en constituer un nouveau, puisqu'il n'y en a jamais eu de constitué devant cette cour ou ce tribunal. Et cela est aussi juste que juridique. La partie qui, devant un tribunal ou une cour, a constitué avoué, se rapporte nécessairement à ce mandataire judiciaire du soin de veiller sur ses droits, et de défendre ses intérêts : il est donc très raisonnable, si ce représentant lui fait défaut à tel moment donné de l'instance, que cette circonstance soit portée à sa connaissance et qu'on lui donne le temps d'abord de connaître cet incident, puis de pourvoir à sa défense par le choix d'un autre mandataire ; mais si, au contraire une partie, par suite des évolutions de la procédure, est renvoyée d'un tribunal devant un autre, elle sait très bien, en fait comme en droit, que, devant ce nouveau tribunal, personne ne s'occupera de son affaire si elle ne charge personne de ce soin. Et si elle reste trois ans sans prendre le soin de se faire représenter devant ces nouveaux juges, elle n'a qu'à s'imputer à elle-même les conséquences de son insouciance et de l'abandon de ses droits ; car ce n'est point un fait imprévu, peut-être ignoré d'elle, qui l'a privée d'un défenseur qu'elle aurait choisi. Jugé, en sens : 1° que la disposition de l'art. 397 c. proc. civ., aux termes duquel le délai de la péremption est augmenté de six mois, lorsqu'il y a lieu à constitution de nouvel avoué, ne s'applique pas au cas où la connaissance du litige est déférée, après cassation, à une cour de renvoi, qu'en conséquence, la péremption d'instance peut être prononcée contre la partie qui, après avoir obtenu l'arrêt de cassation, a laissé passer plus de trois ans sans faire aucun acte de procédure (Bordeaux, 7 août 1877, aff. Synd. Asint et Gravier, D. P. 78. 2. 28 ; Bourges, 16 juill. 1891, aff. Gemton, D. P. 92. 2. 121) ; — 2° Qu'il ne peut y avoir lieu à une constitution de nouvel avoué, ayant pour effet de proroger de six mois le délai de la péremption d'instance, que lorsque la partie se trouve obligée, par suite d'un événement indépendant de sa volonté, de remplacer, devant le tribunal actuellement saisi, l'avoué qu'elle avait choisi et qui occupait déjà pour elle dans l'instance devant le même tribunal ; qu'en conséquence, on

(1) (Du Granlaunay C. Commune de Saint-Clément-des-Levées.)
— La cour ; — Attendu que les parties sont d'accord pour reconnaître qu'en fait, depuis le 5 mai 1880, date de la signification de l'arrêt de la cour de cassation qui saisit la cour d'Orléans, jusqu'au 8 mai 1882, date de la signification des conclusions en péremption d'instance, c'est-à-dire pendant un laps de temps de trois ans et trois jours, il n'a été fait aucun acte de procédure ; — Attendu, toutefois, que la commune de Saint-Clément des-Levées, défenderesse à l'action en péremption intentée par du Granlaunay et consorts, oppose à cette demande diverses fins de non-recevoir, l'une notamment fondée sur ce que, ayant dû constituer un nouvel avoué devant la cour de renvoi, elle doit bénéficier du délai supplémentaire de six mois imparti pour le cas prévu par le paragraphe 2 de l'art. 397 c. proc. civ. ; — Sur cette exception : — Attendu que les expressions employées par le législateur dans l'art. 397 c. proc. civ. « dans tous les cas où il y aura lieu à constitution de nouvel avoué », sont générales ; que les cas dont il s'agit ne sont point déterminés par la loi ; que les dispositions de l'art. 342 du même code, qui en énonce quelques-uns, ne sont point limitatives ; qu'à la vérité, la partie qui, franchissant un degré de juridiction, passe par la voie de l'appel d'une instance à une autre, ne peut être réputée faire une constitution de nouvel avoué ; qu'elle suit alors librement, en choisissant un autre représentant, l'évolution naturelle de la procédure ; mais qu'il en est différemment lorsque, comme dans la cause actuelle, le degré de juridiction restant le même, le juge seulement se trouve changé par un effet indépendant de la volonté des parties ; que, dans ce cas, c'est bien effectivement un nouvel avoué qui vient prendre la place du précédent devenu

incompétent, non par l'attribution à une juridiction supérieure mais par le simple transport de la cause à un autre siège ; qu'il importe peu, à ce point de vue, que le juge ne soit plus le même, puisque c'est le même procès qu'il doit juger ; qu'on ne peut méconnaître le temps d'abord de connaître cet incident, en allant celui de la cour d'Angers, a fait revivre l'instance d'appel, et maintenu au même temps qu'elle tous les actes s'y référant, antérieurs à l'arrêt annulé ; que c'est donc bien, non à raison d'un changement survenu dans la nature de l'instance, qui reste la même, mais par suite d'un empêchement particulier à l'ancien avoué, devenu impuissant à continuer son ministère, que la partie se trouve dans l'obligation de le remplacer ; qu'il y a donc, malgré le changement de juge, constitution de nouvel avoué ; — Attendu d'ailleurs, que l'esprit même de la loi de procédure est favorable à cette interprétation ; qu'elle a voulu, en effet, par la prorogation du terme de la péremption, donner plus de latitude et de facilité à la partie qui, au cours de l'instruction du procès, se voit forcée, par une circonstance indépendante d'elle, de confier ses intérêts à des mains nouvelles ; qu'il en est ainsi dans le cas où un plaideur se trouve renvoyé devant une autre cour après arrêt de cassation ; — Attendu que de ces considérations il résulte qu'à bon droit la commune de Saint-Clément-des-Levées se prévaut contre la demande en péremption qui lui est opposée des dispositions du paragraphe 2 de l'art. 397 c. proc. civ. ; — Par ces motifs ; — Et sans qu'il soit nécessaire d'examiner les autres fins de non-recevoir opposées par les défendeurs ; — Déclare la demande en péremption formée par du Granlaunay et consorts, prématurée, non recevable et mal fondée, etc.
Du 7 déc. 1883.-C. d'Orléans.

ne peut considérer comme une constitution de nouvel avoué la constitution d'avoué faite devant une cour à laquelle une affaire a été renvoyée après un arrêt de cassation (Req. 13 mai 1878, aff. Barbière, D. P. 79. 1. 64 ; 3 janv. 1887, aff. Grandpré, D. P. 87. 1. 5. V. conf. Rousseau et Laisney, n° 83 *bis*; Bonfils, p. 1241).

35. La péremption d'instance n'est pas admise devant le conseil d'État (V. *suprà*, v° *Conseil d'État*, n° 400) ; ni devant les conseils de préfecture (V. *Rép.* v° *Organisation administrative*, n°* 409 et suiv.).

36. Sous le nom d'instance susceptible de péremption, on comprend tous les actes de la procédure depuis l'exploit introductif jusqu'au dernier acte signifié. Les actes et procédures extrajudiciaires qui ne font pas partie de cette période et qui, par suite, ne sont pas susceptibles de tomber en péremption, ont été indiqués au *Rép.* n°* 105 et suiv. Il a été, notamment, enseigné que la citation en conciliation ne fait pas partie de l'instance et qu'elle ne peut tomber en péremption. Cette doctrine est celle de la plupart des auteurs. « La procédure en conciliation, disent MM. Rousseau et Laisney, n° 29, dure trente ans, en sorte qu'elle conserve son effet, quoiqu'elle n'ait pas été suivie d'assignation dans le délai prescrit par l'art. 57, ni même dans les trois ans. Et il en est ainsi alors même que la demande, dont la procédure de conciliation a été suivie, est tombée ultérieurement en péremption : cette péremption n'anéantit pas l'essai de conciliation, et ce préliminaire n'a pas besoin d'être rempli de nouveau (V. en ce sens : Boitard, Colmet-Daâge et Glasson, t. 1, p. 621, n° 579; Bioche, n° 5).

37. Quels sont les actes ou les phases de procédure qui mettent obstacle à toute péremption? V. sur ce point *infrà*, n°* 57 et suiv.

38. La demande en péremption est elle-même susceptible de tomber en péremption ; elle constitue en effet, une instance principale, et non un incident de procédure (*Rép.* n°* 121 et 122). « Vainement, dit M. Bioche, n° 14, on oppose que cette demande n'est qu'un incident, une exception à l'action principale; que le résultat de la nouvelle demande en péremption n'aurait plus l'effet qui appartient à la péremption puisqu'elle ferait revivre une action au lieu de l'éteindre : la loi ne distingue pas. Ainsi la péremption prononcée ne porte que sur l'instance en péremption et n'entraîne pas celle de l'instance primitive » (V. en ce sens : Dutruc; Riom. 14 nov. 1834, *Journ. des avoués*, t. 80, p. 551, et 28 janv. 1857, *ibid.*, t. 83, p. 172. — *Contrà* : Rousseau et Laisney, n° 35; Rodière, p. 493).

39. Lorsqu'un jugement a été rendu dans la cause, l'instance est-elle encore susceptible de péremption? Des distinctions s'imposent. Les simples préparatoires, les interlocutoires même qui ne contiennent rien de définitif, n'étant que des incidents de la procédure, des actes d'instruction, ne peuvent faire obstacle à la péremption (*Rép.* n° 124; Rousseau et Laisney, n° 40 ; Bioche, n° 166; Dutruc, n° 54 et 55). Il a été décidé en ce sens : 1° que le jugement qui ordonne une expertise et maintient dans l'instance un des défendeurs qui avait demandé sa mise hors de cause, mais tous droits et moyens des parties réservés, est un jugement simplement préparatoire, qui ne saurait, par conséquent, mettre obstacle à la péremption (Paris, 5 mars 1853, aff. Gauthier, D. P. 53. 2. 8) ; — 2° Que les jugements et arrêts qui ne statuent définitivement sur aucun des points en litige sont sujets à péremption comme les actes de pro-

cédure et moyens d'instruction destinés à préparer la décision du fond du procès (Nîmes, 1er mai 1854 (1): Dutruc, n° 55, V. encore Civ. cass. 6 déc. 1869, aff. Adadie, D. P. 70. 1. 32). La même solution doit-être appliquée au jugement ordonnant un sursis pour que le demandeur (commune ou établissement public) obtienne l'autorisation de plaider (V. *suprà*, n° 22).

40. Les jugements définitifs ne sont pas susceptibles de tomber en péremption: les droits qu'ils confèrent aux parties ne peuvent s'anéantir que par la prescription trentenaire (Besançon, 9 avr. 1873, aff. Gagneur, D. P. 73. 2. 85 ; *Rép.* n° 126 ; Rousseau et Laisney, n° 37; Bioche, n° 168).

41. Lorsque le jugement ne porte que sur l'un des chefs de la demande, si ce chef est indépendant de ceux qui restent à juger, le chef seul est à l'abri de la péremption; l'extinction de l'instance n'est que partielle (*Rép.* n° 127 ; Rousseau et Laisney, n° 38). — Un jugement contient quelquefois certaines dispositions définitives et certaines dispositions interlocutoires ou préparatoires. Quant aux premières, il est évident que l'instance n'est pas susceptible de péremption. Mais l'instance est-elle susceptible de péremption à l'égard des dispositions interlocutoires ou préparatoires ? Oui, si le chef sur lequel statue la disposition interlocutoire ou préparatoire est distinct du chef sur lequel a statué la disposition définitive; non, si le chef sur lequel statue la disposition interlocutoire ou préparatoire est le même que celui sur lequel a statué la disposition définitive, s'il s'y rattache et n'a pour objet que de statuer sur ses conséquences ou son exécution. Ce dernier cas se présente lorsque, par exemple, le juge déclare une partie débitrice en principe et, pour liquider la condamnation, ordonne une expertise. Cette disposition préparatoire n'est, à vrai dire, qu'une mesure d'exécution. Le juge a déjà prononcé sur les droits des parties. La péremption ne saurait atteindre la chose jugée. On pourra donc, même après une interruption de trois ans, poursuivre l'exécution du jugement et la détermination de la condamnation qu'il a prononcée par le moyen qu'il indique (V. *Rép.* n°* 129 et suiv.; Rousseau et Laisney, n°* 41 et suiv.; Bioche, n°* 171 et 172; Dutruc, n°* 56 et 57). La jurisprudence est fixée dans le même sens. Quelques arrêts ont, il est vrai, décidé, d'une manière trop absolue qu'une instance ne peut être atteinte par la péremption dès qu'il s'est intervenu un jugement contenant des chefs définitifs et des chefs interlocutoires ou préparatoires. Mais la distinction ci-dessus indiquée a été consacrée depuis, par de nombreuses décisions. Il a été jugé: 1° que si une instance ne cesse pas d'être soumise à la péremption malgré les jugements ou arrêts simplement interlocutoires dont elle a pu être l'objet, il en est autrement à l'égard de l'instance dans laquelle il est intervenu une décision contenant en même temps des che s interlocutoires et des chefs définitifs connexes et indivisibles ; une telle instance ne peut plus s'éteindre par laps de trente ans comme le droit consacré par ces chefs définitifs ; et il en est ainsi, par exemple, de l'instance dans laquelle il a été rendu un arrêt ordonnant tout à la fois l'exécution d'un testament olographe et une preuve dont le résultat doit être de faire valider ou annuler un testament authentique postérieur et par lequel le premier a été modifié (Bastia, 16 avr. 1856, aff. Colonna de Leca, D. P. 56. 2. 302); — 2° Que l'art. 401 c. proc. civ., d'après lequel la péremption d'instance emporte l'extinction de tous les actes de la procédure, doit être

(1) (Dubois C. de Caussans.) — LA COUR ; — Attendu que, dans l'instance introduite devant la cour par l'exploit d'appel du 23 nov. 1812 à la requête de Caussans contre Dubois, il n'est intervenu aucun acte de procédure depuis le 21 août 1818 jusqu'au 20 août 1848. date de la requête en péremption d'instance présentée par Dubois; — Que l'arrêt interlocutoire rendu par la cour, le 2 janv. 1814, serait un obstacle insurmontable à la péremption telle qu'elle a été demandée, s'il contenait des chefs définitifs; mais, que cet arrêt, qui réserve même les dépens, ne confère aux parties aucun droit définitif sur aucun des points de litige, mais prend de vue de la réformation du jugement préparatoire du 25 août 1812 qu'il a prononcé sur l'appel principal du sieur de Caussans, au point de vue du rejet de l'appel incident relevé par le sieur Dubois du jugement interlocutoire du 26 mai de la même année; — Que, par suite, cet arrêt est sujet à la péremption comme tous les actes de procédure

et moyens d'instruction destinés à préparer la décison du fond du procès; — Attendu que la prescription de l'action opposée par les hoirs de Caussans ne peut être accomplie, parce que n'a été suspendue et n'a pu courir tant qu'a duré l'instance d'appel qui conservait les droits de Dubois; — Que la péremption de cette instance, quel que soit le temps pendant lequel les poursuites ont été discontinuées, n'ayant pas lieu de droit et ne pouvant être acquises que lorsqu'elle a été prononcée sur la demande de la partie intéressée, ladite instance d'appel, introduite par l'exploit de 1812, a suffi jusqu'à aujourd'hui pour s'opposer au cours de la prescription dont les hoirs de Caussans prétendent se prévaloir contre Dubois; — Par ces motifs, sans s'arrêter à la prescription opposée par les hoirs de Caussans, déclare périmée l'instance d'appel introduite par l'exploit du 23 nov. 1812, etc. Du 1er mai 1854.-C. de Nîmes, 3e ch.-MM. de Labaume, pr.-Liquier, av. gén.

entendu en ce sens que cette extinction n'existe que relativement au point qui faisait l'objet de l'instance au moment où elle a été périmée ; que, par suite, l'instance dans laquelle est intervenue une décision, contenant en même temps des chefs interlocutoires et des chefs définitifs, ne peut être anéantie par la péremption quant à ces derniers chefs, mais elle peut l'être à l'égard des chefs interlocutoires ; à moins que ceux-ci ne se rattachent par un lien indivisible aux chefs définitifs, cas auquel l'instance tout entière ne peut s'éteindre que par le laps de trente ans (Pau, 30 mars 1857, aff. Héritiers Lestapis, D. P. 57. 2. 81); — 3° Qu'une instance d'appel ne peut tomber en péremption, s'il a été rendu un arrêt interlocutoire qui statue en même temps d'une manière définitive sur des points ayant une connexité intime et indivisible avec ce qui fait l'objet de l'interlocutoire ; et il en est ainsi lorsque, après avoir rejeté une exception de prescription opposée par le défendeur à la demande principale, l'arrêt avant faire droit ordonne qu'il sera procédé à un compte entre les parties; en ce cas encore, l'intimé peut d'autant moins demander la péremption de l'instance d'appel, qu'en ne signifiant pas l'arrêt et en ne lui donnant aucune suite, il s'est rendu lui-même coupable d'une négligence qui n'a pas permis à l'appelant d'agir sans exposer son droit de se pourvoir en cassation contre la partie de l'arrêt qui a définitivement rejeté le moyen de prescription (Orléans, 10 nov. 1859, aff. Plessix, D. P. 60. 2. 3); — 4° Que les jugements interlocutoires ne font pas obstacle à la péremption des instances dans lesquelles ils sont intervenus quand, depuis qu'ils ont été rendus, il y a eu interruption des poursuites pendant trois ans; si ce n'est à l'égard des dispositions interlocutoires qui ne sont que l'exécution de dispositions définitives (Civ. cass. 6 déc. 1869, aff. Cour-Abbadie, D. P. 70. 1. 32) ; — 5° Qu'un jugement qui renferme à la fois des dispositions définitives et interlocutoires n'empêche la péremption que si ces dispositions se rattachent les unes aux autres et déterminent un droit à l'égard de toutes les parties (Besançon, 31 août 1870, aff. Droz-Bertholet, D. P. 71. 2. 48); — 6° Que la péremption ne saurait atteindre l'instance dans laquelle a été rendu un jugement contenant à la fois un chef définitif portant déclaration ou constitution d'un droit qui ne peut s'éteindre que par la prescription, et un autre chef interlocutoire qui se rattache au chef définitif et n'a pour objet que de statuer sur ses conséquences ou son exécution; qu'il en est ainsi spécialement dans le cas où un arrêt reconnaît au profit d'une commune la propriété d'une masse de forêts, et, d'autre part, admet, en même temps, des particuliers à faire la justification de leurs prétentions à la propriété de certaines parcelles de ces bois lors d'une descente sur les lieux ordonnée par le même arrêt (Req. 12 mai 1873, aff. Pouran et autres, D. P. 74. 1. 32); — 7° Que le jugement qui contient une disposition interlocutoire et, en outre, un chef définitif auquel cette disposition se rattache d'une manière indivisible, ne peut être atteint par la péremption d'instance, même quant au chef interlocutoire; qu'il en est ainsi, notamment, de la disposition par laquelle le juge, après avoir reconnu en principe que des dommages-intérêts sont dus par l'une des parties en cause, a prescrit une mesure destinée à rendre possible la fixation du montant de ces dommages-intérêts (Req. 20 nov. 1878, aff. Epoux Le Pennec, D. P. 79. 1. 183).

Pour ce qui concerne les jugements provisoires ou provisionnels, V. *Rép.* n° 133.

42. Quant aux jugements par défaut, il faut distinguer. Si ces jugements ne sont plus susceptibles d'opposition, ils doivent être assimilés aux jugements contradictoires. Si ces jugements n'ont pas été signifiés et qu'il s'agisse de jugements par défaut faute de comparaître, ils sont réputés non avenus, faute d'exécution dans les six mois de leur obtention ; tant que les six mois ne sont pas écoulés, le jugement est un obstacle à la péremption; passé ce délai, il ne peut arrêter le cours de la péremption, l'instance étant censée n'avoir jamais cessé d'exister (*Rép.* n° 135; Rousseau et Laisney, n° 105 et suiv.; Dutruc, n° 58). Il a été jugé que tout jugement par défaut faute de comparaître doit être, à peine de péremption, signifié dans le délai de six mois, alors même qu'il ne contient aucune condamnation contre le défaillant; et la signification qui en serait faite après ce délai, étant nulle de plein droit, n'aurait pas pour résultat d'empêcher la péremption de l'instance (Paris, 16 juill. 1877, aff. Amail et Jourdan, D. P. 78. 2. 207). — Quant aux jugements par défaut faute de plaider, bien qu'ils n'aient pas été signifiés à l'avoué, ils éteignent, au moins momentanément et jusqu'à ce qu'ils soient frappés d'opposition, l'instance sur laquelle ils ont été rendus. Dans cette situation, la péremption de l'instance ainsi éteinte ne peut être demandée (*Rép.* n° 136 et suiv.; Rousseau et Laisney, n° 108; Chauveau sur Carré, 3° éd., *op. cit.*, n° 1421 *bis*. V. aussi *Rép.* v° *Jugement par défaut*, n° 162 et suiv.).

Art. 6. — *Délai de la péremption.* — *Reprise d'instance* (*Rép.* n° 140 à 173).

43. Aux termes de l'art. 397 c. proc. civ., pour qu'il y ait péremption, il faut que trois années se soient écoulées consécutivement sans poursuite. — L'instance n'est pas seulement susceptible d'être périmée par discontinuation de poursuites pendant trois ans, elle est encore prescriptible par une suspension de trente ans; et lorsque l'instance a été suspendue pendant plus de trente ans, alors l'instance et l'action se trouvant éteintes à la fois par la prescription, il n'est pas nécessaire de demander la péremption de l'instance pour pouvoir invoquer la prescription (*Rép.* n° 146). Conformément à cette doctrine, il a été jugé que la prescription de trente ans éteint les instances discontinuées pendant ce laps de temps, comme toutes autres actions réelles ou personnelles; que, par suite, l'extinction de l'instance peut, en cas pareil, être proposée même après la reprise de la procédure, qui ne s'applique pas l'art. 399 c. proc. civ., qui ne concerne que la péremption (Req. 6 mai 1856, aff. Toulouse, D. P. 56. 1. 266; Toulouse, 11 août 1855 (1); Rousseau et Laisney, n° 72; Marcadé, *Explication du code civil*, t. 12, sur l'art. 2262, n° 3. — *Contrà*, Trib. civ. de Toulouse, 12 mai 1853) (2). — Il a même été décidé que, le droit de demander la péremption d'une instance s'éteignant par la prescription trentenaire, la demande en péremption formée plus de trente ans après la discontinuation des poursuites est non recevable (Req. 6 juill. 1842, aff. Bureau de bienfaisance de Pas, D. P. 52. 1. 240). Au reste l'arrêt qui déclare une demande en péremption éteinte par la prescription, en la qualifiant de demande en reprise

---

(1) (De Brueys C. Delmas.) — LA COUR; — Attendu, sur la fin de non-recevoir, en droit, que la disposition de l'art. 2262 c. civ. est générale et absolue; que la prescription de trente ans, qui est d'intérêt public, anéantit tous les droits, que la faculté de demander la péremption d'une instance au bout d'un terme plus court ne saurait avoir pour résultat de déroger à cette loi générale; que les causes qui servent de fondement à la prescription des actions s'appliquent à la prescription des instances; qu'on ne peut pas admettre que la prescription, qui éteint les actions, n'éteigne pas les actes de procédure en font l'exercice; — Attendu, en fait, que l'instance engagée par Jean Tristan de Papus le 24 flor. an 7, contre la veuve de Brueys en rescision de l'acte d'accord du 30 mai 1788 a été abandonnée depuis le 5 fruct. an 8, jour où fut rendu un jugement interlocutoire; que, depuis cette époque jusqu'en 1850, il n'a été notifié aucun acte de procédure; — Réformant le jugement rendu par le tribunal de première instance de Toulouse, le 12 mai 1853, déclare éteinte et prescrite, pour défaut de poursuites pendant trente ans, l'instance introduite par Tristan de Papus le 24 flor.

an 7; démet, en conséquence, la dame Delmas tant de sa demande en reprise que de ses conclusions tant principales que subsidiaires, etc.

Du 11 août 1855.-C. de Toulouse, 3° ch.-MM. Daguilhon, pr.-Cassague, av. gén.-Fourtanier, Feral et Bathie, av.

(2) (Delmas C. de Brueys.) — LE TRIBUNAL; — Sur la fin de non-recevoir prise de la prescription de l'action et de la péremption de l'instance: — Attendu que l'instance a été régulièrement engagée dans le délai de droit par Tristan de Papus, que représente aujourd'hui la veuve Delmas, par citation du 24 flor. an 7; que le dernier acte du procès, qui est un jugement interlocutoire ordonnant une expertise remonte, il est vrai, à plus de trente ans avant la demande en reprise d'instance, puisque le jugement est du 5 fruct. an 8, et que la citation en reprise n'a été signifiée, à la requête de la dame veuve Delmas, que le 28 févr. 1850; mais qu'après ce jugement interlocutoire, et le 21 prair. an 9, est survenu le décès de Tristan de Papus; — Attendu qu'il est constant, en droit, qu'avant le code de procédure, et sous l'em-

d'instance, ne peut être critiqué en raison de cette qualification, la prescription rendant l'action non recevable, qu'elle ait eu pour but soit de faire prononcer directement la péremption de l'instance, soit de la faire d'abord déclarer reprise, puis périmée (Même arrêt).

44. Le délai de trois ans court à partir du dernier acte de procédure ayant date certaine. — Si l'ajournement n'a été suivi ni de constitution, ni de poursuites ultérieures, les trois années courent à partir du jour de sa signification (*Rép.* n° 148 et 149; Rousseau et Laisney, *op. cit.*, v° *Péremption d'instance*, n° 73 et 74; Bioche, *op. cit.*, eod. v°, n° 52). — Il a été jugé que l'instance en séparation de corps est réputée commencée du moment où le président, n'ayant pu concilier les époux, a assigné à la femme une résidence provisoire; que, dès lors, s'il s'est écoulé trois ans depuis l'ordonnance du président, sans qu'il ait été donné assignation, la péremption peut être demandée par l'époux défendeur (Poitiers, 11 mars 1863, aff. Sapinaud, D. P. 63. 2. 96).

45. On a émis au *Rép.*, n° 153, l'avis que lorsque l'acte interruptif de la péremption et la demande en péremption sont datés du même jour, si l'heure n'est désignée que dans l'une des significations, ou lorsque ni l'un ni l'autre des deux actes n'en contient mention, la priorité de date peut s'établir par la preuve testimoniale, et même par de simples présomptions, alors qu'on ne prétend pas détruire l'énonciation de l'heure portée dans l'un des actes et que l'on a simplement pour but de prouver que l'acte resté silencieux a été signifié antérieurement. La priorité de la mention de l'enregistrement sur un des actes est sans importance, car si elle indique la priorité de l'enregistrement, elle ne fait pas connaître quelle est la pièce qui a été signifiée la première. Conformément à cette théorie, professée par les auteurs (V. Dutruc, n° 111; Rousseau et Laisney, n° 78; Bioche, n° 111), il a été jugé que lorsque, dans une instance engagée entre plusieurs parties, l'une d'elles a fait signifier une demande en péremption de cette instance, et que le même jour une demande en reprise d'instance a été formée par un des demandeurs primit fs contre ses liisconsorts, l'enregistrement de l'acte en péremption, quoique opéré avant celui de l'acte en reprise, ne suffit pas pour déterminer *de plano* la priorité du premier; et que les magistrats, pour résoudre la question de savoir auquel de ces deux actes il convient d'accorder la préférence, doivent consulter les faits et circonstances du procès (Riom, 15 mars 1853, *Journal de la cour de Riom*, 1853, p. 791).

46. La demande en péremption qui est formée d'une manière prématurée n'interrompt point le cours de la péremption d'instance, mais elle doit être renouvelée à l'expiration des trois années. Bien que le contraire ait été jugé par la cour de Riom le 14 nov. 1854 (*Journ. des avoués*, t. 80, p. 551), il y a nécessité absolue, suivant nous, de réitérer la demande, dès que le temps requis par la loi a été complété. Un acte irrégulier, sans valeur, au moment où il a été signifié, ne peut, six mois ou un an après, produire un effet utile (*Rép.* n° 155 et 220; Dutruc, n° 341 et suiv; Bioche, n° 50). Il a été jugé que la demande en péremption d'instance formée avant l'expiration du délai doit être déclarée non recevable, alors même que le délai serait accompli depuis, et avant le jugement qui a statué sur cette demande; que, toutefois, la péremption doit être prononcée si, depuis l'accomplissement du délai, la demande a été renouvelée au moyen d'une sommation d'audience se référant en termes exprès à la requête prématurément formée (Rouen, 19 nov. 1862, aff. Guerrand, D. P. 64. 2. 76). L'exactitude juridique de la seconde proposition peut paraître douteuse. Il semble que, pour être valablement renouvelée, la demande en péremption doive l'être dans la forme même où elle doit être introduite. Or il résulte d'une jurisprudence constante que la demande en péremption n'est pas recevable si elle a

pire de l'ordonnance de 1667, le décès de l'une des parties empêchait le cours de la péremption, tant que l'instance n'était pas reprise, lorsque, comme dans l'espèce, ce décès avait lieu dans les trois ans à partir du dernier acte du procès; — Attendu, d'autre part, qu'il est de principe, que la péremption n'a pas lieu de plein droit, et qu'elle doit être demandée; que ce principe, consacré par l'art. 400 c. proc. civ., qui régit l'instance continuée depuis la promulgation dudit code, était aussi reconnu dans le ressort de l'ancien parlement de Toulouse; — Attendu, en fait, que la péremption de l'instance actuelle n'a jamais été demandée par les défendeurs; que, dès lors, cette instance n'a pas cessé de vivre, et qu'elle doit avoir le même effet que si elle avait été entretenue jusqu'à la demande en reprise par des actes successifs de procédure, quelque laps de temps qu'il se soit d'ailleurs écoulé depuis le fait interruptif de la péremption, c'est-à-dire depuis le décès de l'une des parties; — Attendu que, pour échapper à cette conséquence, les défendeurs soutiennent que l'instance est au moins soumise à la prescription trentenaire, à partir du dernier acte de la procédure; — Attendu que la prescription trentenaire, consacrée par l'art. 2262 c. civ., qui reproduit en cela les anciens principes, ne s'applique qu'aux actions, tant réelles que personnelles; qu'une instance n'est pas une action; qu'elle n'en est que l'instrument, la forme, un droit réel et personnel, qui sert à introduire, à soutenir, à faire accueillir l'octroi, à faire sanctionner le droit par la justice; — Que l'instance est soumise à une prescription spéciale bien plus courte que la prescription trentenaire, et que la loi appelle péremption, laquelle diffère essentiellement, dans son principe, dans son exercice et dans ses effets, de la prescription trentenaire; que la péremption notamment a pour effet, lorsqu'elle est demandée, d'éteindre l'instance discontinuée pendant trois ans; que cette règle consacrée par la loi nouvelle était aussi, dans l'ancien droit français, la règle commune, telle que l'avait prescrite l'ordonnance du Roussillon et l'ordonnance de 1667; que, néanmoins, quelques parlements ne voulurent jamais admettre cette règle, d'où résulta, dans le ressort de ces parlements, la nécessité, pour mettre fin aux instances impoursuivies, d'introduire par l'usage une prescription de trente ans improprement appelée prescription; mais que le code de procédure a, par son art. 1041, abrogé toutes les coutumes et usages relatifs à la procédure; d'où suit qu'il ne peut plus être question aujourd'hui d'une péremption de trente ans, c'est-à-dire d'une prescription trentenaire de l'instance; — Attendu que le code civil, après avoir dit que la prescription de l'action sera interrompue par une citation en justice comme celle qui a été donnée par Tristan Pâpus (art. 2244, c. civ.), a énuméré dans l'art. 2247 les cas où cette interruption est regardée comme non avenue, et la place parmi ces cas la

péremption et non pas la prescription de l'instance, dont il ne parle nulle part; — Attendu, de tout ce que dessus, il résulte que l'instance sur laquelle le tribunal est appelé à statuer n'a point péri; que tant qu'elle se poursuit, il n'y a pas de prescription possible, l'action remontât-elle à trente, quarante, cinquante ans et plus, et cela en vertu de cette maxime bien connue et écrite dans le art. 139, *De regulis juris : Omnes actiones quæ morte aut tempore pereunt, semel, inclusæ judicio, salvæ permanent*; — Que le tribunal a déjà fait l'application de ces principes, le 6 déc. 1836, dans la cause des héritiers Gach contre Maurice Dessales; que son jugement déféré à la censure de la cour royale de Toulouse, n'a pas été réformé sur ce point; que tout donc lui fait un devoir de persister dans cette jurisprudence, appuyée d'ailleurs sur la doctrine de la plupart des auteurs qui ont traité cette matière, et quoiqu'elle soit contraire à quelques décisions judiciaires fort respectables sans doute, mais qui ne peuvent enchaîner l'opinion et la conscience du magistrat chargé de juger d'après la loi, et non d'après les arrêts (*non exemplis, sed legibus judicandum est*); — Attendu que, pour échapper à l'application des principes ci-dessus contre la prétendue prescription trentenaire de l'instance, on a imaginé de dire, en plaidant, qu'il s'agit dans la cause non seulement d'une péremption d'instance par ce laps de trente ans, mais encore d'une véritable prescription contre le droit ou l'action; que la dame veuve Delmas aurait eu à reprendre l'instance à l'expiration des trente ans écoulés depuis le dernier acte de la procédure (le jugement de l'an 8); — Attendu que c'est là une véritable abus de mots, une pure subtilité, car la citation en reprise n'est qu'un acte de procédure, c'est l'instrument de l'action, du droit, instrument qu'il est impossible de confondre avec l'action, avec le droit lui-même d'où il résulte que cette exception, qu'on présente comme nouvelle, n'est autre que celle qui vient d'être réfutée et rejetée; — Attendu, dès lors, que sous quelques rapports qu'on examine la cause, la veuve Delmas est recevable à reprendre l'instance engagée par son père contre le dame Brueys; qu'il avait lieu, dès lors en déclarant ladite instan e bien reprise, de nommer de nouveaux experts en remplacement des ceux nommés par le jugement interlocutoire de l'an 8, lesquels sont décédés, et d'adopter le surplus des conclusions de la veuve Delmas; — Par ces motifs, s'arrêter ni avoir égard aux conclusions tant principales que subsidiaires des défendeurs, et les rejetant, a déclaré et déclare bien et valablement reprise entre la veuve Delmas et les héritiers de la dame Boutarie d'Azas, l'instance engagée par Tristan de Papus, suivant son exploit du 6° prair. an 6; ordonne que ladite procédure sera reprise sur les derniers errements, etc. — Du 12 mai 1853.-Trib. civ. de Toulouse, 1re ch.-MM. Barnaud, pr.-Timbal et Bahuaud, av.

été introduite autrement que par requête d'avoué à avoué, ainsi que l'exige l'art. 400 c. proc. civ. (V. *infrà*, n° 87).

47. Le demandeur principal au lieu d'attendre, pour contester la péremption, que l'autre partie répare son imprudence peut interrompre le délai par quelque acte de procédure. Il a été jugé qu'une demande en communication de pièces, formée après la demande prématurée en péremption et après les trois ans, mais avant toute régularisation de cette demande, suffit pour faire rejeter la péremption ; mais que la péremption peut s'acquérir de nouveau par l'expiration d'un second délai de trois années sans poursuites, la première demande ne pouvant constituer une fin de non-recevoir contre la seconde (Caen, 5 août 1850, *Journal des avoués*, t. 76, p. 400).

48. L'art. 397 c. proc. dispose que le délai de trois ans, exigé pour la péremption, sera augmenté de six mois, toutes les fois qu'il y aura lieu à demande en reprise d'instance ou à constitution de nouvel avoué, et il résulte de l'art. 344 qu'il y a nécessité de reprise d'instance, en cas de mort de l'une des parties, et de constitution de nouvel avoué, en cas de décès, démission, interdiction ou destitution de l'avoué de l'une des parties. La jurisprudence (*Rép.* n° 159) a restreint la prorogation du délai de la péremption aux seuls événements expressément prévus par l'art. 397. Ainsi, des arrêts ont refusé de l'étendre, notamment, à l'hypothèse de l'institution royale donnée à une cour ou à un tribunal, ou à celle de changements opérés dans le corps de la magistrature, et dans le personnel des magistrats ; ou à celle de la cessation des fonctions d'un conseiller rapporteur, ou à celle du changement d'état de l'une des parties. Dans les espèces citées, il n'y avait pas lieu, en effet, à reprise d'instance ; rien ne faisait, dès lors, obstacle à la continuation de la procédure, et ne motivait une prorogation du délai qui n'a sa cause que dans l'existence d'un obstacle de ce genre. (Rousseau et Laisney, n°s 83 à 85. Comp. Rodière, p. 488). — Décidé aussi que la démission ou le remplacement du syndic, comme une instance la masse des créanciers d'une faillite, n'est pas une cause d'interruption nécessitant une reprise d'instance, et n'a point, dès lors, pour effet d'augmenter, au profit de l'autre partie, le délai de la péremption (Bordeaux, 7 août 1877, aff. Syndics Aliot et Gravier, D. P. 78. 2. 8 V. aussi Civ. rej. 17 août 1853, aff. Mounier, D. P. 54. 1. 384).

49. Il a été jugé que l'acceptation, par l'avoué du demandeur, du mandat d'occuper pour la partie adverse, équivaut à une démission de fonctions, dans le sens de l'art. 397 c. proc. civ., et que, par suite, le délai de la péremption de l'instance est prorogé de six mois, conformément à cet article (Civ. rej. 9 nov., 1857, aff. d'Estournel, D. P. 58. 1. 78). Cette hypothèse ne rentre pas, il est vrai, dans les termes précis et textuels de l'art. 344. Il ne s'agit point de décès. démission, interdiction ou suspension de l'avoué. Cependant, la constitution d'un nouvel avoué n'en est pas moins indispensable, puisque l'avoué constitué ne peut plus garder un mandat incompatible avec celui qu'il avait postérieurement accepté. Dès que la partie était contrainte à une nouvelle constitution d'avoué, la prorogation du délai de la péremption s'ensuivait forcément (V. en ce sens Dutruc, n° 19 ; Rousseau et Laisney, n° 80).

50. Il a été jugé que le demandeur dont l'avoué donne sa démission a droit au bénéfice du délai de six mois, quoique le défendeur, après avoir fait défaut sur la demande principale, ait constitué avoué que sur la demande en péremption qu'il a formée (Trib. civ. de la Seine, 1er mars 1849, *Journal des avoués*, t. 74, p. 253. Conf. Dutruc, *op. cit.*, n° 63).

51. Les auteurs ont adopté et la jurisprudence a consacré l'opinion émise au *Rép.* n° 161 que le délai de trois ans est prorogé de six mois depuis l'événement donnant lieu à reprise d'instance, bien que cet événement se réalise après plus de trois années sans poursuites. Ainsi, quatre ans se seront écoulés sans actes de poursuites interruptifs de la péremption et un fait de nature à donner lieu à reprise d'instance ou constitution de nouvel avoué se produira : alors, seulement le délai de six mois, pendant lequel la loi autorise la partie à régulariser sa situation, commencera à courir, parce que le fait qui prive la partie du défenseur sur lequel elle doit compter lui ouvre précisément pendant ces six mois un abri contre les surprises qu'elle est présumée n'être pas en faute d'avoir encourues. « Un principe généralement admis par les auteurs, ainsi que par la jurisprudence, dit M. Dutruc, n° 15, est que le délai additionnel de six mois imparti par le paragraphe 2 de l'art. 397, c. proc., dans le cas où il y a lieu à demande en reprise d'instance ou constitution de nouvel avoué, doit être compté à partir seulement de l'événement qui motive l'augmentation du délai, et non point de l'expiration des trois années pendant lesquelles les poursuites ont été interrompues. La raison de ce principe est facile à saisir. En accordant un délai supplémentaire dans les cas que détermine le paragraphe 2 de l'art. 397, la loi a voulu évidemment laisser aux héritiers de la partie décédée ou à la partie dont l'avoué a cessé ses fonctions, le temps de reprendre l'instance ou de constituer un nouvel avoué, avant que la péremption, qui n'a pas lieu de plein droit, puisse être demandée contre eux. Or, cette faculté, essentiellement équitable, leur serait enlevée toutes les fois que les événements dont il s'agit arriveraient plus ou moins longtemps après les trois années d'interruption des poursuites, si le délai supplémentaire devait commencer à courir dès l'expiration de ces trois années, et l'on ne saurait admettre que telle ait été la volonté de la loi ». V. dans le même sens : Bioche, n° 54 ; Rousseau et Laisney, n° 87. — *Contrà:* Rodière, p. 488. Il a été jugé : que le délai additionnel de six mois accordé, en matière de péremption, par l'art. 397 c. proc., dans les cas où il y a lieu à demande en reprise d'instance, ne court qu'à partir de l'événement qui nécessite cette reprise, encore que cet événement se réalise après plus de trois années de discontinuation de poursuites, et non à partir de l'expiration de ces trois années. ... Peu importe également qu'il y ait eu lieu à constitution de nouvel avoué antérieurement à cet événement (Bordeaux, 30 juill. 1856, aff. Dufour, D. P. 57. 2. 202). Décidé aussi que le délai de la péremption est prorogé de six mois, en cas de reprise d'instance ou de constitution d'un nouvel avoué, encore que l'événement qui y donne lieu fût postérieur à l'expiration de ce délai, et se fût produit, par exemple, en même temps que la demande en péremption, comme dans le cas où la nécessité d'une constitution de nouvel avoué est résultée de ce que le défendeur a fait précisément choix de l'avoué du demandeur pour provoquer la péremption de l'instance engagée par ce dernier (Civ. rej. 9 nov, 1857, aff. d'Estournel, D. P. 58. 1. 78. V. aussi Paris 31 juill. 1855, *Journal des avoués*, t. 82, p. 190).

52. Lorsqu'il est arrivé successivement plusieurs événements de nature à donner lieu à une augmentation de six mois, il n'y a lieu qu'à une seule prorogation, qui doit avoir pour point de départ le dernier des événements qui ont successivement motivé les actes de procédure dont parle l'art. 397, § 2 c. proc. civ. Cette solution, enseignée au *Rép.* n°s 163 et 164, est admise par la plupart des auteurs (V. Rousseau et Laisney, n°s 87 et 89 ; Dutruc, n°s 17 et 27). « Il ne nous paraît pas douteux, dit ce dernier auteur, que l'intention de la loi ait été de n'accorder qu'un seul délai de six mois toutes les fois qu'il y a lieu à reprise d'instance ou constitution de nouvel avoué ; et puisque, d'après le principe rappelé au commencement de ces observations, le délai additionnel ne doit point courir à partir de l'expiration des trois années d'interruption des poursuites, lorsque c'est postérieurement que sont survenues les causes de la reprise d'instance ou de la constitution de nouvel avoué, il est tout naturel que le dernier événement serve de point de départ à ce délai, destiné, comme nous l'avons déjà remarqué, à faciliter l'accomplissement des formalités de la constitution d'un nouvel avoué ou de la reprise d'instance ». V. conf. Bordeaux, 30 juill. 1856 et Paris, 31 juill. 1855, cités *suprà*, n° 51. — *Contrà*, Bioche, n° 56, qui admet autant de prorogations du délai de six mois qu'il y a d'événements donnant lieu à reprise d'instance ou constitution de nouvel avoué). — Il a été jugé : que dans le concours même de deux événements non simultanés et dont chacun, pris à part, pourrait donner lieu à une prorogation du délai assigné à la péremption, tels que le décès de l'une des parties et la démission de l'avoué de l'autre, il ne peut jamais y avoir lieu qu'à une seule prorogation de ce délai (Paris, 5 mars 1853, aff. Gauthier et autres, D. P. 55. 2. 8); — Que le concours de deux événements dont chacun donnerait lieu à une prorogation de six mois du délai de la péremption, par exemple la constitution d'un nouvel avoué et le décès de l'une des parties, n'autorise pas une double prorogation de ce délai; il n'y a lieu qu'à une seule augmentation de six mois (Pau, 28 janv. 1861, aff. Lagouard, D. P. 61. 5. 358).

53. Il a été jugé que la péremption d'une instance au cours de laquelle une des parties est décédée ne peut s'accomplir que par trois ans et six mois, alors même que ce décès serait antérieur au dernier acte de la procédure (Civ. cass. 21 mai 1879, aff. Bureau et autres, D. P. 80. 1. 57). Cette solution ne nous paraît pas à l'abri de la critique. Quel est, en effet, le motif du supplément du délai accordé par l'art. 397, 2° al.? C'est que, dans les cas prévus par cet article, l'inaction de la partie peut s'expliquer par des causes particulières, dont il est équitable de tenir compte en prolongeant le délai ordinaire de la péremption. S'il en est ainsi, cette prolongation ne peut se justifier qu'autant que l'événement qui doit y donner lieu est postérieur à la discontinuation des poursuites. S'il s'est produit antérieurement, il n'a pas empêché l'instance de continuer; l'inaction ultérieure de la partie est due à une cause différente, et la prolongation n'aurait, dès lors, aucune raison d'être. On conçoit difficilement qu'un événement qui, en fait, n'a pas empêché la continuation des poursuites, puisse empêcher la péremption de s'accomplir ultérieurement dans le laps de temps ordinaire.

54. Le délai additionnel de six mois est établi en faveur de toutes les parties; il peut être invoqué non seulement par la partie qui a droit à la reprise d'instance, mais encore par

la partie adverse (Rép. n°° 165 et suiv. ; Rousseau et Laisney, op. cit., v° Péremption d'instance, n° 81: Dutruc, op. cit., eod. v°. n° 25, Bioche, op. cit., eod. v° n° 57). Jugé que le délai additionnel de six mois accordé par l'art. 397, § 2, c. proc. civ., est commun aux deux parties et peut être invoqué par le demandeur; que s'il y a plusieurs défendeurs au procès, lors même qu'ils ont un intérêt distinct, le décès de l'un d'eux donne lieu à l'augmentation du délai à l'égard de tous, l'instance, sous ce rapport, étant indivisible (Grenoble, 4 mai 1866) (1).

55. On a enseigné au Rép., n° 168, que la partie qui veut profiter de la prorogation pour repousser la péremption n'est pas tenue de notifier préalablement la cause donnant lieu à reprise d'instance. La loi ne l'a point exigé. Conformément à cette théorie, admise par un grand nombre d'auteurs (V. Dutruc, n° 21 ; Rousseau et Laisney, n° 82 ; Bioche, n° 58), il a été jugé que la prorogation du délai de la péremption d'instance, résultant du décès d'une des parties (de l'un des demandeurs, dans l'espèce), a lieu de plein droit et sans qu'il soit besoin d'une notification faite par les héritiers à la partie adverse (Civ. cass. 21 mai 1879, aff. Bureau et autres, D. P. 80. 1. 57. — V. en sens contraire Bastia, 9 nov. 1857) (2). D'après MM. Boncenne et Bourbeau, (Théorie de la procédure civile, t. 5, p. 630), il y aurait lieu de distinguer suivant que c'est le défendeur ou le demandeur qui est décédé. Au premier cas, le demandeur pouvant continuer les poursuites, tant que le décès ne lui est pas notifié, cette notification serait indispensable pour qu'il pût jouir du bénéfice de la prorogation. Mais la situation est toute différente dans le second cas, c'est-à-dire lorsque c'est le demandeur qui est décédé. « La notification du décès au défendeur, disent les auteurs précités, n'a qu'un but, c'est

---

(1) (Boyer C. Chaurond.) — LA COUR; — Attendu que, par exploits des mois de mars et d'avril 1834, Cottavoz et les frères Mercauton, comme étant aux droits de la dame Dupuis-Saint-Vincent, assignèrent devant le tribunal de Grenoble un grand nombre de propriétaires de biens situés dans la commune de Saint-Maurice-Lalley, en délaissement d'immeubles ayant appartenu à cette dame; que le libellé de ces exploits était le même pour toutes les parties assignées, et portait l'énonciation des mêmes titres; mais que chaque copie ne mentionnait que le nom de la partie à laquelle elle était remise, et l'immeuble dont le délaissement lui était particulièrement demandé — Que, par exploits des 18 et 19 mars 1853, se référant à ceux de 1834, cette instance fut reprise par Auguste Chaurond, acquéreur des biens de Cottavoz et des frères Mercauton; que, ces nouvelles assignations données à cent douze personnes « ayant, est-il dit dans ces actes, un intérêt commun en qualité de communistes », mais dont les copies ne portaient que le nom d'un seul défendeur et de l'indication de l'immeuble qui lui était spécialement réclamé, quatre-vingt-quatorze constituèrent pour avoué M° Gachet, dont l'une constitua M° Baudel, et dix-sept firent défaut; que, le 8 mars 1856, il intervint, à la requête de Chaurond, un jugement qui prononça défaut et jonction, et ordonna la réassignation des défaillants pour être statué à l'égard de toutes les parties par une seule et même décision; que, lors de ce jugement, M° Baudel et M° Gachet prirent des conclusions portant qu'ils n'avaient moyen de s'y opposer; que ce jugement fut signifié aux parties défaillantes avec réassignation; qu'il importe peu qu'il n'ait pas été notifié à M° Gachet et à M° Baudel, la loi ne l'exigeant pas, et n'y ayant rien à exécuter contre leurs parties; que, par suite de ce jugement, et à supposer qu'auparavant il n'y eût autant d'instances que de parties assignées, toutes ces instances ont été réunies et n'en ont plus formé qu'une seule; — Attendu que, le 20 août 1859, M° Gachet, pour ses parties, a signifié une requête en péremption d'instance; qu'à cette date, il ne s'était pas encore écoulé trois ans et six mois depuis le dernier acte de poursuite; et que, dans cet intervalle, cinq de ces parties étaient décédées; — Attendu que l'augmentation du délai de la péremption, provenant du décès de l'un ou plusieurs des défendeurs, profite au demandeur; la loi ne faisant à cet égard aucune distinction; que, de plus, ces décès donnent lieu à l'augmentation du délai même à l'égard des autres défendeurs, parce qu'il résulte de plusieurs articles du code de procédure, et particulièrement de l'art. 401, que la péremption ne doit être prononcée qu'autant qu'elle ne laisse subsister aucun des actes de la procédure; que, sous ce rapport, l'instance est indivisible, non pas en ce sens qu'elle ne soit pas sujette à disjonction lorsque les parties défendues ont des intérêts distincts, mais en ce sens, que la péremption ne peut pas l'atteindre partiellement, et particulièrement en ce sens, qu'il n'y a qu'une seule instance, les actes ou les faits qui augmentent le délai de la péremption, alors même qu'ils ne concernent qu'une seule des parties, pro-

duisent leur effet relativement à l'instance entière qui est commune à toutes; — Par ces motifs, etc.
Du 4 mai 1866.-C. de Grenoble, 2° ch.-MM. Nicollet, pr.-d'Hector de Rochefontaine, av. gén.-C. de Ventavon et Aurias, av.

(2) (Luccioni C. Casabianca et autres.) — LA COUR; — Considérant qu'aux termes de l'art. 397 c. proc. civ., toute instance, encore qu'il n'y ait pas eu constitution d'avoué de la part du défendeur ou de l'intimé, est périmée par discontinuation de poursuites pendant trois ans; — Considérant que, d'après le même article, ce délai est augmenté de six mois, dans tous les cas où il y a lieu à reprise d'instance, ou à constitution de nouvel avoué; — Considérant que le sieur Antoine-François Luccioni a relevé appel, le 12 avr. 1854, contre François-Marie-Hiéronyme Luccioni, Jean Casabianca et la veuve Muscatelli, née Casabianca, d'un jugement rendu par le tribunal de Corte, le 17 août 1853; — Que cette instance est demeurée en poursuivie; — Que le 4 mars 1857, Hiéronyme, épouse Casabianca, est décédée sans que son décès ait été notifié à l'appelant; — Que le 6 mai suivant, il a été formé une demande en péremption d'instance par les parties de M° Corbara; — Qu'il s'agit de savoir si cette demande est fondée, c'est-à-dire si le décès de la dame Hiéronyme Casabianca, a prorogé de six mois le délai de la péremption; — Considérant que l'augmentation du délai ne serait acquise au défendeur à la demande en péremption, que s'il y avait eu lieu à reprise d'instance, soit de la part de l'appelant, soit de la part des intimés; — Considérant que le sieur François-Antoine Luccioni n'aurait été tenu de reprendre l'instance que tout autant que le décès de la dame Hiéronyme Casabianca aurait fait obstacle à la poursuite de son appel; — Mais considérant que, suivant les dispositions de l'art. 344 c. proc. civ., le décès n'ayant pas été notifié à l'appelant, celui-ci pouvait valablement poursuivre les fins de son appel contre les intimés; — Que cet événement était, quant à lui, un fait sans existence légale, que ne pouvait créer à sa faveur un droit, ni lui imposer une obligation; — Que le décès non signifié, ne le soumettant pas, dès lors, à reprendre l'instance, il ne pouvait s'en prévaloir pour réclamer une augmentation de délai, qui ne s'explique et ne se justifie que par la nécessité même de la reprise de l'instance et par l'ignorance où peut se trouver la partie qui doit accomplir cette formalité, en ce qui concerne la personne des héritiers, leur nombre et leur résidence; — Que la faveur de la prorogation de délai accordée dans ces circonstances à l'appelant, ne serait qu'un effet sans cause; — Considérant que si, de la part des intimés et des héritiers de la dame Casabianca, la reprise de l'instance était nécessaire pour défendre à l'appel de François-Antoine Luccioni, elle n'était nullement pour demander la péremption de l'instance; — Considérant que la demande en reprise et la demande en péremption sont contradictoires et inconciliables dans leur exercice; que la reprise de

d'empêcher d'agir tant que l'instance n'a pas été reprise. Mais cette notification, faite par l'avoué du demandeur décédé, ne change pas la position des héritiers de ce dernier. Leur liberté d'action, ou leur impossibilité d'agir, reste la même ; s'ils peuvent agir avant la notification, ils le peuvent encore après. Cependant, puisque la loi leur accorde une protection particulière, en prorogeant les délais de la péremption, c'est parce qu'elle suppose apparemment qu'il y aurait des inconvénients à les mettre brusquement en présence d'une péremption prête à s'accomplir, et que les embarras d'une détermination à prendre nécessitent une augmentation de délai. Or, ces raisons n'existent-elles pas par le seul événement du décès, notifié ou non ? » Dans l'espèce jugée par la cour de cassation le 21 mai 1879, la prolongation du délai était motivée par le décès d'un des demandeurs ; mais les motifs généraux dans lesquels s'exprime l'arrêt indiquent que la solution qu'il consacre ne doit pas être limitée à ce cas, et que la cour n'admet pas la distinction proposée par MM. Bonceune et Bourbeau.

Art. 7. — *Des actes qui empêchent complètement, couvrent ou suspendent la péremption* (*Rép.* nos 174 à 263).

56. La péremption n'a pas lieu de plein droit ; elle doit être formellement demandée et ne peut être présentée que par voie d'exception. Elle naît avec l'exploit introductif d'instance, est interrompue par chacun des actes de procédure. Si, à partir du dernier acte, trois années s'écoulent, la péremption peut être demandée ; mais si, avant que la demande en soit formulée, les parties font un nouvel acte de procédure, la péremption est couverte, c'est-à-dire qu'elle est anéantie pour le passé et qu'un nouveau délai recommence à courir. Certains actes interrompent la péremption sans servir de point de départ à un nouveau délai ; leur effet interruptif se continue pendant un certain temps mais n'anéantit pas pour le passé le délai acquis à la péremption : on dit alors que cet acte est suspensif de la péremption. D'autres actes arrêtent complètement le cours de la péremption (*Rép.* nº 174 ; Rousseau et Laisney, nos 91 et suiv.).

57. — I. Des actes qui arrêtent complètement le cours de la péremption. — Les seuls actes qui mettent obstacle à toute péremption, bien qu'il se soit écoulé plus de trois années depuis leur accomplissement, sont : les jugements définitifs, qui terminent l'instance et confèrent aux parties des droits irrévocables que la prescription seule peut anéantir ; les jugements interlocutoires contenant des dispositions définitives ; les jugements par défaut qui ne sont plus susceptibles d'opposition ; les jugements par défaut faute de plaider, bien qu'ils n'aient pas été signifiés (V. suprà, nº 42).

58. Les auteurs sont d'accord pour enseigner, ainsi qu'on l'a fait au *Rép.* nos 115 et suiv., que ni la mise au rôle, ni la circonstance que la cause est en état, ni la clôture des débats ne font obstacle à la péremption (Rousseau et Laisney, nos 96 et suiv. ; Dutruc, nos 38 et suiv.).

59. — II. Des actes qui interrompent ou couvrent la péremption. — Aux termes de l'art. 399 c. proc. civ., la péremption se couvre par des *actes valables*. Par actes valables, aux termes d'un arrêt de la cour de cassation du 8 août 1837, rapporté au *Rép.* nº 181, il faut entendre des actes de poursuite émanés des parties en cause, ou intervenus dans leur intérêt et ayant pour objet la continuation de l'instance. Comment songer à faire déclarer périmée une procédure qui suit son cours même avec quelque lenteur, et faire juger qu'elle est abandonnée lorsqu'au contraire elle est poursuivie ? V. Rousseau et Laisney, nº 111 ; Dutruc, nº 112 ; Bioche, nº 88.

60. Les actes de poursuite sont-ils les seuls qui puissent interrompre la péremption ? La péremption, aux termes d'un arrêt de la chambre des requêtes du 1er févr. 1882 (aff. Gérard frères, D. P. 83. 1. 197), n'a d'autre base que

la présomption de l'abandon de son droit, que la loi fait résulter d'un silence prolongé pendant plus de trois ans ; d'où il suit que, si les faits de la cause sont exclusifs de cette présomption, si le demandeur a fait des diligences quelconques pour arriver à la solution du litige, la péremption ne peut avoir lieu. Mais, pour que des actes, autres que les actes de poursuite et de procédure tendant directement à l'instruction et au jugement de l'affaire, puissent interrompre la péremption, il faut que ces actes soient en relation avec l'action liée en justice avec les parties, dépendants de cette action, en rapport juridique avec l'instance. Ainsi l'acte interruptif peut résulter d'une autre procédure qui se poursuit simultanément et dans le même but. Dans certains cas, on le verra *infrà*, nos 78 et suiv., l'absence même de tout acte de procédure ne peut être un motif de déclarer que la péremption est acquise ; ainsi elle ne pourra courir si l'instance est suspendue soit par un fait étranger à la volonté des parties, tel qu'un sursis ordonné par justice, soit lorsque les parties sont convenues d'arrêter l'instance à la suite de projets de transaction, d'arrangement, de compromis. — Conformément à cette théorie, il a été jugé : 1º que la péremption d'une procédure de saisie immobilière est interrompue par une instance qui soulève la question de savoir si le saisissant peut ou non continuer les poursuites (Civ. rej. 13 juill. 1868, aff. Petit D. P. 68. 1. 321). Tandis que le saisi, en soutenant la validité et la suffisance des offres qu'il avait faites, demandait la discontinuation des poursuites, le saisissant, de son côté, en refusant les offres du saisi, demandait, au contraire, qu'il fût donné suite aux exécutions commencées. N'était-ce pas là un acte ayant pour objet la continuation de l'instance, marquant la volonté de la poursuivre et tendant à en assurer la marche ? En outre, cette instance en validité d'offres, à l'effet de faire cesser les poursuites de saisie immobilière, engagée par le saisi contre le saisissant, était bien un acte commun aux deux parties, sinon propre au saisi lui-même, duquel il résultait un juste motif d'arrêter la procédure de saisie immobilière, et même un véritable obstacle à la continuer ; — 2º que la péremption ne peut être prononcée contre un appelant qui, dans le cours d'une autre instance suivie entre lui et l'intimé, a réclamé un sursis afin de faire statuer sur son appel : cette circonstance exclut de sa part l'intention de se désister de l'appel par lui interjeté, et rend, par conséquent, inadmissible la péremption d'instance (Paris, 1er févr. 1865, aff. Baillon, D. P. 65. 2. 92) ; — 3º Que l'introduction, par la partie contre laquelle la péremption est demandée, d'une instance portée par elle devant une autre juridiction, a pour effet de couvrir la péremption, lorsque cette seconde instance se rattache à la première par un lien de dépendance directe et nécessaire : que, spécialement, lorsque après avoir assigné devant le tribunal civil des tiers saisis en nullité de leurs déclarations affirmatives, le créancier saisissant introduit devant le tribunal de commerce une instance tendant à faire déclarer la faillite du débiteur saisi et à faire annuler, par voie de conséquence, la constitution de rente qui servait de base à ces déclarations, l'identité du but poursuivi dans les deux instances et l'influence que le résultat de l'instance commerciale doit exercer sur le jugement à rendre par le tribunal civil, constituent un lien de dépendance manifeste qui doit protéger l'une contre la première demande contre la péremption (Civ. cass. 13 juin 1887, aff. Goupy. D. P. 89. 1. 69) ; — 4º Que la péremption d'instance doit être considérée comme couverte par tout acte valable accompli par l'une ou l'autre des parties avant la demande en péremption ; spécialement que, lorsqu'une partie en cause d'appel, après avoir proposé un désistement à son adversaire, déclare ensuite qu'elle entend révoquer ce désistement pour en tirer telles conséquences que de droit, cette révocation constitue un acte suffisant pour interrompre la péremption (Paris, 5 mars 1892, aff. Hamelin, D. P. 93. 2. 323).

---

l'instance par les intimés aurait impliqué la renonciation à la demande en péremption, puisqu'elle aurait conservé l'instance d'appel et couvert la péremption accomplie ; — Considérant que, plus de trois années s'étant écoulées depuis la date de l'exploit d'appel signifié à la requête de François-Antoine Luccioni, sans qu'aucun acte ait entretenu l'instance, la demande en péremption

introduite par requête du 6 mai 1857 est justifiée et qu'il y a lieu de l'accueillir ; — Par ces motifs, déclare éteinte, par discontinuation de poursuites pendant trois années, l'instance d'appel introduite le 12 avr. 1854, etc.

Du 9 nov. 1857.-C. de Bastia, ch. civ.-MM. Calmètes, pr., p.-p. Bertrand, 1er av. gén -Milanta et Gavini, av.

61. Il a été jugé qu'une demande à fin d'obtenir l'assistance judiciaire, même suivie d'une décision favorable, n'est pas un acte interruptif de la péremption (Besançon, 31 août 1870, aff. Droz-Bertholet, D. P. 71. 2. 48). L'arrêt s'appuie sur ces considérations : que la demande en obtention de l'assistance judiciaire, et l'assistance obtenue, sont des actes en dehors de l'instance principale et n'ayant pas un caractère contentieux contre la partie adverse; que l'assistance judiciaire a un but purement fiscal et d'humanité; qu'elle tend uniquement à fournir les moyens d'ester en justice, mais qu'elle n'est pas un acte direct de procédure se rattachant essentiellement au débat; qu'elle ne peut avoir pour effet de dispenser la partie adverse de faire des actes conservatoires de ses droits. — Cette solution ne nous paraît pas exacte. La demande en obtention de l'assistance judiciaire dénote, d'une façon très nette de la part de celui qui la formule, l'intention de poursuivre l'instance. C'est un acte qui tend évidemment au jugement de l'affaire et qui s'y rattache.

62. La péremption n'est point interrompue par des déclarations des parties qui ne sont pas relatées dans des actes se rattachant, par un lien quelconque, à l'instance; ni par des faits matériels, tels que des démarches officieuses faites auprès du juge. On ne peut évidemment considérer un fait matériel comme un acte valable, dans le sens de l'art. 399. Comment d'ailleurs préciser sa portée, l'intention de son auteur? V. *Rép.* n° 213. Il a été jugé : que la péremption n'est interrompue que par des actes ayant le caractère d'actes de poursuites qui tendent à l'instruction et au jugement de l'affaire; qu'ainsi, ne sont pas interruptifs de la péremption, des actes dans lesquels les parties se sont bornées, pendant l'instance restée impoursuivie, à maintenir le fond de leurs droits respectifs, et notamment, leurs prétentions réciproques à la propriété de l'immeuble dont la revendication fait l'objet du procès (Civ. cass. 23 juill. 1860. aff. Ville de Douai, D. P. 60. 1. 314). De pareils actes eussent été utilement invoqués, pour la conservation du fond des droits dont les parties poursuivaient la reconnaissance judiciaire; mais ils étaient sans effet pour sauvegarder l'instance contre une péremption qui n'atteint que la procédure, et laisse subsister l'action. — Jugé encore que la péremption n'est point interrompue par des actes de protestation n'ayant pour but que le maintien des prétentions de l'une des parties, ou par des faits matériels de l'autre, pouvant témoigner de prétentions contraires, lorsqu'il n'y a aucun rapport juridique à établir entre ces actes et la procédure (Req. 3 janv. 1887, aff. Chemin de fer d'Orléans, D. P. 87. 1. 5).

63. Mais il a été jugé que, si une seconde assignation, fondée sur la même cause qu'une première demande, est par elle-même insuffisante pour empêcher la péremption de l'instance introduite par celle-ci alors qu'elle ne rappelle pas cette première demande, elle prend le caractère d'un acte interruptif de la péremption lorsque, dans des conclusions postérieures, la première instance est rappelée, où que le demandeur y conclut au payement des frais de l'instance suspendue : qu'en tout cas, les conclusions qui rappellent la première instance et tendent à une condamnation ayant les mêmes causes, ainsi qu'au payement des frais, sont une véritable demande en jonction de cette instance à la seconde, et qu'il appartient au tribunal d'apprécier si la jonction ainsi opérée est un acte valable d'interruption; que plus forte raison, la péremption est interrompue par un acte qui, en rappelant aussi l'instance antérieure, explique l'objet de la nouvelle procédure suite de la première demande, et reprend formellement les conclusions de celle-ci (Trib. civ. de la Seine, 21 juill. 1877, *Journal des avoués*, t. 103, p. 143).

64. Les actes extrajudiciaires signifiés entre les défendeurs seulement ne peuvent avoir pour effet d'interrompre la péremption à l'égard du demandeur qui est resté étranger à ces mêmes actes, ni, par conséquent, créer, au profit de ce dernier, une fin de non-recevoir pour écarter la demande en péremption (Bordeaux, 23 janv. 1854, aff. Lajonie, D. P. 55. 2. 74), Il est évident que de pareils actes échangés, alors qu'ils n'ont pas été signifiés au demandeur et qu'il n'en a pas été pris avantage contre lui, ne peuvent pas avoir pour effet d'entretenir l'instance qui se trouve engagée entre les défendeurs, d'une part, et le demandeur, de l'autre.

65. Un acte nul, qu'il s'agisse d'une nullité de forme ou de toute autre nullité, ne peut interrompre la péremption (*Rép.* n° 183; Rousseau et Laisney, *op. cit.*, v° *Péremption d'instance*, n° 112). Il n'en est pas de même de l'acte qui, régulier dans sa forme et dans sa substance, contient une interpellation devant un juge incompétent, si cet acte se rattache à l'instance originaire, a pour but, par exemple, de la reprendre ou de la continuer, car il manifeste bien alors l'intention de ne pas la laisser éteindre (*Rép.* n°s 184 et 185. V. Bioche, n° 96; Dutruc, n° 145; Rousseau et Laisney, n° 143).

66. Tous les actes réguliers qui font partie de l'instance et qui sont permis ou ordonnés par la loi interrompent la péremption (*Rép.* n° 187). Il a été jugé que la péremption d'instance est interrompue : par une demande en communication de pièces (Caen, 3 août 1850, *Journal des avoués*, t. 76, p. 400); ... par la constitution d'un avoué, alors même que cet avoué aurait cessé ses fonctions, quand surtout l'appelant, étranger à la localité, a pu ignorer ce fait survenu postérieurement à la signification de l'exploit (Rouen, 11 juill. 1854, *Journal de procédure*, 1855, p. 133. V. Dutruc, n° 113);... par un avenir ou sommation d'audience pour plaider alors même que les avoués ne se présentent pas (*Rép.* n° 188; Rousseau et Laisney, *op. cit.*, v° *Péremption d'instance*, n° 115).

67. La péremption peut se couvrir aussi par des actes qui, sans être permis par la loi, ne sont pas cependant frappés de nullité, comme les dupliques en matière ordinaire, les écritures en matière sommaire (*Rép.* n° 189; Dutruc, n° 143; Bioche, n° 92; Rousseau et Laisney, n° 116; Boitard, Colmet-Daâge et Glasson, t. 1, p. 624, n° 583).

68. La mise au rôle constitue un acte interruptif de la péremption; c'est un acte nécessaire permis par la loi, qui indique suffisamment l'intention de continuer l'instance. Les auteurs et la jurisprudence sont aujourd'hui d'accord sur ce point (V. *Rép.* n° 191; Rousseau et Laisney, n°s 96 et 118; Dutruc, n°s 134 et suiv.; Bioche, n° 93; Boitard, Colmet-Daâge et Glasson, t. 1, p. 624, n° 583). Il a été jugé que la mise au rôle d'une affaire, bien que n'ayant pas eu lieu contradictoirement, est un acte interruptif de la péremption (Metz, 4 juill. 1865, aff. Noël, D. P. 65. 2. 148. V. aussi Bordeaux, 13 nov. 1855, aff. Puygantier et consorts. D. P. 56. 2. 108). Mais une mise au rôle n'est plus valable et ne saurait produire aucun effet lorsqu'elle a été rayée par le tribunal à la suite de l'inaction des parties; elle ne peut donc, dans de telles conditions, ni couvrir la péremption, ni l'empêcher de s'accomplir. Jugé, en ce sens, que si, en principe, la mise au rôle doit être considérée comme un acte interruptif de la péremption d'instance, il en est autrement cependant, et cette mise au rôle perd toute son efficacité, lorsqu'elle est suivie de renvois successifs à tel point qu'elle n'aboutit qu'à une radiation prononcée d'office par le tribunal (Alger, 3 févr. 1892, aff. Mermet, D. P. 92. 2. 588).

Si l'inscription de la cause au rôle interrompt la péremption de l'instance, elle n'a pas pour effet de suspendre le cours de la péremption pendant tout le temps que la cause demeure inscrite (Dutruc, n° 137; Riom, 8 mars 1851, aff. N..., D. P. 51. 2. 208).

69. On admet généralement que l'appel de la cause, suivi d'une remise *contradictoire* à une audience ultérieure, constitue un acte de poursuite interruptif de la péremption (V. *Rép.* n°s 195 et suiv.; Bioche, n° 44; Rousseau et Laisney, n° 119; Dutruc, n° 113). Mais on s'accorde à refuser à l'appel et à la remise de cause cet effet interruptif, lorsque, au lieu d'être contradictoires, ils ont été prononcés d'office par le président du tribunal. La jurisprudence de la cour de cassation, qui considère les décisions prononçant une simple remise de cause comme des mesures d'ordre intérieur, et non comme de véritables jugements, peut être invoquée à l'appui de cette solution (Civ. cass. 26 oct. 1885, aff. Gillot, D. P. 86. 1. 356. Comp. Crim. cass. 20 juin, aff. Serre et 28 févr. 1885, aff. Mansart, D. P. 86. 1. 385). Il a été jugé que les remises de cause prononcées d'office par le président du tribunal civil et portées à la connaissance des avoués par les bulletins du greffe, sont de simples mesures d'ordre, qui ne peuvent avoir pour effet d'interrompre la péremption de l'instance (Paris, 27 mars 1885, aff. Goupy. D. P. 89. 1. 69).

70. Pour que l'avenir, la mise au rôle, le jugement de remise, puissent interrompre la péremption, il faut que ces actes aient été valablement faits ; car un acte nul ne peut avoir pour effet d'interrompre la péremption d'instance (V. *suprà*, n° 63). Or, aux termes de l'art. 344 c. proc. civ., les procédures faites postérieurement au décès de l'avoué de l'une des parties, et avant qu'il ait été remplacé, sont nulles (V. *Rép.* v° *Reprise d'instance*, n° 55). En l'état, le seul acte qui puisse interrompre la péremption, c'est une assignation en constitution de nouvel avoué. Il a été jugé, par suite, que les procédures faites postérieurement au décès de l'avoué de l'une des parties, et avant son remplacement, telles qu'un avenir, une mise au rôle, un jugement de remise, n'ont pas pour effet d'interrompre la péremption d'instance (Trib. civ. de Pontoise, 29 mars 1869, communes de Nerville et de Presle, D. P. 72. 2. 72. V. conf. Rousseau et Laisney, n° 124). En sens contraire, il a été jugé qu'une cause peut utilement être inscrite au rôle après le décès de l'avoué adverse (Bordeaux, 13 nov. 1855, aff. Veuve Puyganthier et consorts, D. P. 56. 2. 108). La décision s'appuie sur cette considération, que l'inscription de la cause au rôle peut être faite par l'avoué de l'une des parties même avant que la partie adverse ait constitué avoué ; qu'il doit en être de même dans le cas où l'avoué adverse est décédé.

71. On a combattu au *Rép.*, n° 193, une distinction qu'avait semblé faire la cour suprême, dans les motifs de quelques-uns de ses arrêts, entre le cas où il s'agit d'interrompre la péremption et celui où il faut la couvrir. Dans la première hypothèse, les actes tendant à mettre la cause en état d'être jugée, bien qu'ils ne soient pas signifiés, suffiraient ; dans la seconde hypothèse, les seuls actes valables seraient les actes contradictoires et signifiés. La cour de Metz, dans son arrêt du 4 juill. 1865, cité *suprà*, n° 68, adoptant, d'ailleurs, la jurisprudence antérieure de plusieurs cours d'appel (*Rép.* n° 193) a rejeté cette distinction qu'aucune raison sérieuse ne justifie : « Attendu, porte l'arrêt, que si, aux termes de l'art. 397 c. proc. civ., toute instance, même qu'il n'y a pas eu constitution d'avoué, est éteinte par discontinuation de poursuites pendant trois ans ; d'autre part, l'art. 399 du même code dispose que la péremption n'a pas lieu de plein droit et qu'elle est couverte par les actes valablement faits par l'une ou l'autre des parties avant la demande en péremption ; — Attendu qu'il y a une corrélation étroite entre ces deux articles, et que les actes qui sont, suivant l'un, utiles pour interrompre le cours de la péremption sont, suivant l'autre, également efficaces pour couvrir la péremption acquise, mais non encore demandée : que, par les mots *actes valables*, la loi entend simplement des actes réguliers en la forme, non frustratoires et complétement faits, et qu'exiger, en pareil cas, des actes contradictoires aux parties en cause, c'est ajouter au texte de la loi, admettre une distinction qui ne s'y trouve pas et violer la règle de droit : *Ubi lex non distinguit, non est distinguendum* ; que les termes de l'art. 399 c. pr. civ., ainsi combiné avec l'art. 397, comprennent nécessairement tout acte prescrit pour mettre une cause en état de recevoir jugement ; que la remise au rôle a évidemment ce caractère, puisqu'elle est un acte qui a pour effet de faire revivre une première inscription donnant lieu à un émolument au profit de l'avoué qui la provoquée, et qu'elle a pour but de poursuivre l'instance et d'obtenir jugement ».

72. L'opinion émise au *Rép.*, n°s 203 et 204, qu'on doit considérer comme interruptifs de la péremption les actes qui se rattachent à l'instance, lors même qu'ils ne tendent pas à hâter le jugement ou qu'ils sont frustratoires, est adoptée généralement par les auteurs. « Si la loi, disent MM. Boitard Colmet-Daâge et Glasson, t. 1, p. 624, n° 583, exige que l'acte soit valable, elle n'exige pas que ce soit un acte utile, un acte de nature à entrer dans la taxe des frais. Ainsi, il n'est pas douteux qu'un acte de procédure frustratoire, l'un de ces actes qui n'entrent pas en taxe, ne pût, et ne dût cependant couvrir la péremption, s'il était signifié avant qu'il fût demandé » (V. aussi Dutruc, n° 144).

73. On a dit au *Rép.*, n° 230, que les incidents pouvant

influer sur le sort de l'action principale interrompent et suspendent la péremption, qui ne peut plus courir qu'à partir du jugement ou du dernier acte verbal fait sur l'incident. — Conformément à cette théorie, admise par les auteurs (V. Rousseau et Laisney, n° 148 ; Dutruc, n° 130), il a été jugé que la péremption d'instance ne peut être utilement invoquée, lorsque les parties ont accepté la suspension des poursuites, qui leur était d'ailleurs imposée par les incidents de la procédure à suivre (Req. 1er févr. 1882, aff. Gérard, D. P. 83. 1. 197. Dans l'espèce, les demandeurs ne pouvaient donner aucune suite à l'appel qu'ils avaient interjeté jusqu'à ce qu'une décision définitive fût intervenue sur l'appel d'un autre jugement rendu entre les mêmes parties. Jugé aussi que la péremption ne peut être utilement invoquée lorsque l'instance a été suspendue à la suite d'un accord intervenu entre les parties, alors même que cet accord n'a pas été accompagné de toutes les formalités qui sont requises par la loi pour qu'il y ait un véritable désistement (Paris, 5 mars 1892, aff. Hamelin, D. P. 93. 2. 323).

74. Les actes de procédure postérieurs à la demande en péremption, et relatifs à l'instance principale, n'ont pas pour effet d'interrompre cette péremption. L'art. 399 c. proc. civ. dit, en effet, d'une façon formelle, que la péremption se couvre par des actes valables faits *avant la demande*. Il a été jugé, en ce sens, que la péremption d'une instance n'est pas interrompue par l'avenir donné par l'avoué du demandeur en péremption à l'avoué adverse, postérieurement à la demande en péremption (Paris, 27 mai 1872, aff. Martin, D. P. 73. 2. 62).

75. Mais si la demande est irrégulière ou prématurée, les actes mêmes postérieurs à cette demande et relatifs à l'instance principale couvrent la péremption de cette instance (*Rép.* n° 219). Toutefois, il n'est pas nécessaire que la demande en péremption, entachée d'une irrégularité susceptible d'être couverte, soit régularisée au moment où les actes présentés comme actes interruptifs ont eu lieu. Il suffit que la demande soit devenue régulière pendant le cours de l'instance, la nullité se trouvant alors couverte, avec effet rétroactif au jour de la formation de la demande. La demande en péremption étant réputée avoir été régulièrement intentée dès l'origine, il s'ensuit que la péremption ne peut être considérée comme interrompue par des actes postérieurs à cette demande. Jugé que des actes de procédure postérieurs à la demande en péremption, n'ont pas eu pour effet d'interrompre la péremption, alors même que cette demande serait nulle, si la nullité tirée, par exemple, du défaut de représentation légale de la commune demanderesse en péremption, n'est que relative, et a été couverte avant que le défendeur l'ait invoquée, et antérieurement à l'arrêt définitif (Civ. rej. 4 janv. 1859, aff. Habitants de Montruffet, D. P. 59. 1. 177).

76. La jurisprudence avait admis que, lorsqu'un défendeur qui n'a pas constitué avoué forme une demande en péremption déclarée irrégulière, l'acte relatif à l'instance originaire, signifié par le demandeur principal à l'avoué constitué sur la demande, n'a pas pour effet d'interrompre cette péremption (*Rép.* n° 222). Contrairement à cette doctrine, il a été jugé que la péremption est couverte par la signification d'un acte faite à l'avoué qui, n'ayant pas été constitué sur l'appel par l'intimé, ne l'a été que dans un exploit contenant demande en péremption (Paris, 1er févr. 1865, aff. Baillon, D. P. 65. 2. 92). Cette décision est fondée sur ce que l'avoué, bien que constitué sur demande en péremption, n'en est pas moins pour la partie adverse le mandataire légal de son client, et a qualité suffisante pour recevoir une signification qui, aux termes de la loi, peut avoir lieu par acte d'avoué à avoué. L'acte contenant signification de la constitution d'avoué est donc un acte valable aux termes de l'art. 399 c. proc. civ. et interrompt la péremption.

77. Au *Rép.*, n° 231, on a examiné la question de savoir si la demande en péremption peut être considérée comme un incident qui suspend l'instance originaire, et l'on s'est prononcé pour la négative. Mais, comme on l'a vu *ibid.*, c'est un point sur lequel on n'était pas d'accord. *Adde* en faveur de l'affirmative : Pau, 16 juin 1837 (cité au *Rép.* n° 57). Dans le sens de cette dernière solution, il a été jugé que la demande en péremption suspend le cours de l'instance principale et s'oppose dès lors à ce que le demandeur puisse se prévaloir de l'inaction de ses adversaires pendant cet incident, pour y chercher la cause d'une nouvelle demande en péremption (Caen, 2 juin 1858, aff. Lemonnier, D. P. 59. 2. 94).

78. En disant par l'art. 399 c. proc. civ. que la péremption se couvrira par les actes valables faits par l'une ou l'autre des parties, le législateur, on l'a indiqué au *Rép.* n° 235, n'a pas porté sa pensée au delà d'un acte personnel à l'une des parties, tel qu'un acte de procédure, et autres actes analogues; il n'a pas dit que la péremption ne pouvait pas se couvrir autrement en dehors des actes de la procédure; il n'a pas statué sur la variété possible des faits et des actes exclusifs de toute présomption de l'abandon du droit; il n'a pas prévu la variété possible des faits résultant de la volonté des deux parties et la conséquence de ces faits relativement à la péremption. La jurisprudence et la doctrine sont d'accord pour proclamer qu'il ne saurait y avoir péremption de l'instance, lorsque la base de cette péremption, c'est-à-dire la présomption de l'abandon de son droit, que la loi fait résulter d'un silence prolongé pendant plus de trois ans, fait défaut; que la péremption peut être couverte par un accord exprès ou tacite des parties, comme elle le serait par une procédure. Ainsi la transaction intervenue entre les parties dans le cours de l'instance, qui constitue un obstacle absolu à la péremption si elle est valable, a pour effet de l'interrompre lorsqu'elle est annulée. La péremption ne court qu'à partir de la nullité prononcée (*Rép.* n°° 238 et suiv.; Dutruc, n° 123; Rousseau et Laisney, n° 151; Bioche, n° 81; Civ. cass. 23 juill. 1860, aff. Ville de Douai, D. P. 60. 1. 311, cité *infrà*, n° 79).

79. Les tentatives réciproques d'arrangement à l'amiable, les simples projets de transaction interrompent aussi la péremption, lorsqu'il est certain que la discontinuation des poursuites doit être attribuée aux pourparlers qui ont eu lieu entre les parties. C'est un point de fait laissé à l'appréciation du juge. Dans ce cas, les projets d'arrangement ont le même effet qu'un acte valable de procédure. Ils révèlent en effet, de la façon la plus nette, l'intention du demandeur de ne pas abandonner ses droits. La péremption ne peut plus, dès lors, être acquise que s'il s'est acquise de trois ans à partir des dernières propositions; le demandeur, qui depuis que le projets de transaction ont été abandonnés, n'a fait aucun acte nouveau de procédure est, alors, justement présumé ne plus vouloir continuer le procès (Dutruc, n° 124; Boitard, Colmet-Daâge et Glasson, t. 1, p. 624, n° 583). — Le compromis passé avant toute péremption demandée, et non exécuté, doit aussi être considéré comme un acte interruptif, toutes les fois que les parties n'ont pas formellement manifesté la volonté qu'il ait pour effet de dessaisir complètement les juges et de mettre fin à l'instance. Lorsque le compromis interrompt la péremption, le délai de trois ans ne commence à courir qu'à l'expiration du délai accordé aux arbitres par le compromis, pour prononcer (V. Dutruc, n°° 123 et suiv.; Boitard, Colmet-Daâge et Glasson, t. 1, p. 624, n° 583; Rousseau et Laisney, n° 154).

Conformément à cette théorie, il a été jugé : 1° que la péremption d'instance ne peut être invoquée lorsque la suspension des poursuites, ayant eu pour cause des tentatives réciproques d'arrangement, qui se sont perpétuées pendant plusieurs années par des projets écrits de compromis et de transaction, peut être considérée comme l'effet de la volonté commune des parties (Agen, 20 juin 1860, aff. Gatignol, D. P. 61. 5. 358); — 2° Que la péremption a principalement pour objet de mettre un terme à un procès après une interruption de poursuites pendant un certain temps et d'infliger à la partie la peine d'une inaction que fait présumer l'abandon de la procédure; que cette disposition peut donc fléchir devant des actes communs aux parties, desquels résulterait que le demandeur a eu de justes motifs pour arrêter ses diligences, tels qu'un compromis, des projets d'arrangement, une transaction plus tard annulée; que la péremption ne peut être acquise que s'il s'est écoulé trois ans depuis que les propositions d'arrangement ou de transaction ont été abandonnées (Civ. cass. 23 juill. 1860, aff. Ville de Douai. D. P. 60. 1. 311); — 3° Que l'art. 399 c. proc. civ., en parlant des actes valables qui couvrent la péremption, a en vue non seulement des actes de procé-

dure, mais tous les actes qui tendent à suspendre ou à terminer le procès, et notamment les négociations engagées pour arriver à des arrangements; que, dans ce dernier cas, le délai de trois ans ne commence à courir qu'à partir de la fin des négociations (Nîmes, 30 déc. 1861, *suprà*, n° 11); V. aussi Besançon, 31 août 1870. *Journal des avoués*, t. 99, p. 464); — 4° Que le payement d'un acompte, même lorsqu'il n'a lieu qu'à titre de garantie, constitue un acte interruptif de la poursuite, comme étant le prix de la suspension de la poursuite (Trib. de la Seine, 21 juill. 1877, cité *suprà*, n° 63); — 5° Que le compromis, ayant pour effet de suspendre, et même de terminer le litige, couvre la péremption et en arrête les effets (Montpellier, 25 févr. 1873, aff. Corte, D. P. 74. 5. 373).

80. Il a été jugé que la déclaration de faillite d'un débiteur interrompt la péremption, lorsqu'elle a lieu sur le dépôt d'un bilan dans lequel mention de la dette se trouve faite par le débiteur lui-même (Bordeaux, 2 juill. 1852, aff. Perayra-Soarès, D. P. 53. 2. 189). La reconnaissance de la dette, d'après cet arrêt, doit produire le même effet que des pourparlers sérieux. Dans l'espèce sur laquelle il a statué, d'une part, le créancier, dont l'action était paralysée par la faillite, ne pouvait obtenir de condamnation contre son débiteur, ni signifier, par conséquent, aucun acte utile dans l'instance introduite antérieurement à cette faillite; d'autre part, la reconnaissance devait, dans la cause, produire un effet d'autant plus incontestable, en ce qui concerne l'interruption de la péremption, qu'elle intervenait dans une des opérations judiciaires de la faillite, c'est-à-dire dans une instance destinée à concentrer l'examen, la vérification des droits des créanciers chirographaires, même de ceux qui pourraient déjà avoir commencé des poursuites. — Mais il a été décidé que la péremption d'une instance (en séparation de biens) suivie contre un failli, n'est pas interrompue par le concordat intervenu entre celui-ci et ses créanciers, et dans lequel le demandeur (la femme) a figuré comme partie, alors que ce concordat, demeuré sans exécution, a été depuis annulé (Caen, 25 août 1852, aff. Mirey, D. P. 55. 2. 289). L'arrêt constate que les obligations prises par la femme, au moment du concordat, ne lui interdisaient pas la faculté de poursuivre sa demande. Cet acte ne faisait donc pas supposer l'intention d'abandonner l'instance.

81. Les transactions, projets d'arrangements, etc., peuvent être prouvés non seulement par des actes authentiques ou sous seing privés, mais même par de simples lettres missives. La preuve testimoniale n'est admissible, s'il n'y a pas de commencement de preuve par écrit, qu'autant que l'intérêt en litige serait au-dessous de 150 fr. Dans le sens de cette doctrine, enseignée au *Rép.* n°° 249 et 250, il a été jugé que, si la péremption est interrompue par des tentatives réciproques d'arrangement entre les avoués des parties, la preuve de ces tentatives d'arrangement ne peut être faite par témoins lorsqu'il n'existe pas de commencement de preuve par écrit (Pau, 28 janv. 1861, aff. Lagouard, D. P. 61. 5. 359).

82. Les projets de transaction et d'arrangement n'ont aucun effet sur la péremption. cela va de soi, s'ils sont antérieurs à l'introduction du procès et n'ont pas été repris depuis l'instance (Trib. Seine 21 juill. 1877, cité *suprà*, n° 63).

83. La radiation de la cause du rôle produit, au point de vue de la péremption, des effets différents, suivant les conditions dans lesquelles elle a été effectuée. Lorsqu'elle a eu lieu sur la déclaration des avoués que l'affaire était terminée par un arrangement, la péremption de l'instance ne peut plus être demandée tant que la déclaration n'a pas été rétractée ou désavouée; on ne peut, en effet, poursuivre la péremption d'une instance terminée par une transaction (*Rép.* n° 252; Bioche, *op. cit.*, v° *Péremption d'instance*, n° 86; Rousseau et Laisney, *op. cit.*, *eod.* v°, n° 155). Il a été jugé que l'arrêt par lequel la cour ordonne que la cause soit radiée du rôle, sur la déclaration respective des avoués que l'affaire est terminée, empêche de demander la péremption tant que cette déclaration n'a pas été rétractée (Montpellier, 9 août 1854, aff. Yence et Monseignat, D. P. 54. 5. 366). Si la radiation du rôle n'est demandée, par les avoués, qu'en vue d'un arrangement probable, d'une transaction espérée ou des termes qui ne laissent aucun doute sur le caractère provisoire de la mesure qu'ils sollicitent et sur la réserve qu'ils font de reprendre l'instance si les pourparlers n'aboutissent pas, la radiation prononcée a pour effet d'interrompre la présomption; et le délai de trois ans ne commencera à courir qu'à partir du premier acte de procédure ayant pour but, l'arrangement n'ayant pas eu lieu, de poursuivre l'instance. Quant à la radiation opérée d'office, sans l'intervention des avoués ou des parties, elle n'interrompt pas la péremption. C'est une simple mesure d'ordre intérieur nécessitée pour la bonne tenue du rôle qui ne doit pas être encombré, et réclamée aussi pour stimuler l'attention, l'activité des officiers ministériels; ce n'est pas un acte émanant, comme l'exige l'art. 399 c. proc. civ., de l'une ou l'autre des parties (Rousseau et Laisney, n° 157). — Il a été jugé, par application de ces principes : 1° que la radiation de la cause du rôle, précédemment prononcée sans arrêt sur la déclaration que l'affaire était arrangée, est à bon droit opposée comme circonstance interruptive de la péremption, lorsque l'existence de projets d'arrangement réciproquement débattus est effectivement établie, et se trouve notamment attestée par les pièces de la procédure (Caen, 2 juin 1838, aff. Lemonnier et consorts, D. P. 59. 2. 94); — 2° Que l'ordonnance portant que la cause est rayée du rôle comme impoursuivie ne peut être considérée comme interruptive de la prescription lorsque rien dans ses termes ne fait supposer l'intervention des avoués ou des parties, et qu'on ne peut y voir qu'une mesure d'office prise par le tribunal ou la cour (Pau, 28 janv. 1861, aff. Lagouard, D. P. 61. 5. 358); — 3° Que la péremption d'une instance n'est pas interrompue par la radiation d'office de la cause du rôle, après avertissement préalable du greffier aux avoués qui n'y ont pas contredit (Paris, 27 mai 1872, aff. Martin, D. P. 73. 2. 62).

84. — III. Des actes qui suspendent la péremption. — On a vu au *Rép.*, n°s 257 et suiv., que les événements de force majeure qui rendent impossible la signification de tout acte de procédure ont pour résultat de suspendre la péremption (*Rép.* n°s 257 et suiv.; V. aussi Rousseau et Laisney, n° 159; Bioche, n° 62). — Les péremptions en matière civile ont été suspendues de plein droit pendant la guerre de 1870 et 1871, en vertu des décrets des 8 sept. et 3 oct. 1870 (*supra*, v° *Délai*, n° 56). Cette suspension a cessé au jour fixé par la loi du 26 mai 1871. On a discuté le point de savoir si la suspension résultant des décrets précités s'applique à toutes les péremptions en cours au jour de la déclaration de guerre, c'est-à-dire aussi bien à celles dont le terme, alors même qu'il n'eût pas été suspendu. n'aurait pas été atteint à la date du rétablissement de l'état de paix, qu'à celles qui, sans la suspension, auraient été acquises pendant la guerre par l'expiration du délai. La question est devenue sans intérêt (V. Rousseau et Laisney, n° 160; Dutruc, n° 13).

85. La péremption de l'instance principale est-elle suspendue pendant l'instance en péremption? Cette question est traitée *supra*, n° 77.

86. La péremption n'est pas suspendue pendant les opérations des experts; elle est seulement interrompue par les actes émanés des experts. En conséquence, si les opérations ont été interrompues, et qu'il se soit écoulé trois années avant la reprise de ces opérations, sans qu'aucun acte valable de la nature de ceux que prévoit l'art. 399, c. proc. civ., ait été fait, la péremption de l'instance peut être demandée. Si, avant ce laps de trois ans, intervient une nouvelle opération des experts, cette opération interrompt la péremption et devient le point de départ d'un nouveau délai de trois années. Cette théorie, exposée au *Rép.* n° 234, est enseignée par Rousseau et Laisney, n° 150. — *Contrà:* Bioche, n° 76; suivant ce dernier auteur, la péremption ne commence à courir qu'à partir de la dernière vacation.

Art. 8. — *Des formes de la demande en péremption. — Compétence, degré de juridiction, exécutions* (*Rép.* n°s 264 à 302).

87. La jurisprudence et les auteurs décident que la demande en péremption lorsqu'il y a avoué en cause, n'est pas recevable si elle n'est pas formée par requête d'avoué à avoué. Telle a été aussi la doctrine enseignée au *Rép.*

n°s 226 et suiv. Lorsque la loi assujettit l'exercice du droit des parties à des formes particulières, *elles sont* tenues de s'y soumettre, à peine de rejet de leur demande. On objecte vainement qu'aux termes de l'art. 1030 c. proc. civ., aucun exploit ou acte de procédure ne pourra être déclaré nul si la nullité n'est pas formellement prononcée par la loi ; il est manifeste que cet article n'est applicable que lorsqu'il s'agit de formalités intrinsèques des actes, et non dans les cas où l'on a arbitrairement substitué une forme de procéder à celle qui est prescrite par la loi (Rousseau et Laisney, n° 162 ; Dutruc, n°s 95 et suiv. ; Bioche, n° 126 ; Boitard, Colmet-Daâge et Glasson, t. 1, p. 625, n° 584). Il a été jugé : 1° que la demande en péremption doit, à peine de nullité, lorsqu'il y a avoué en cause, être formée autrement que par requête d'avoué à avoué ; que, par exemple, elle ne peut l'être par exploit signifié à la personne ou au domicile de la partie (Bastia, 3 août 1854, aff. Mastagli, D. P. 56. 2. 170) ; — 2° Que la demande en péremption, quand il y a avoué en cause, doit être rejetée si elle n'a pas été formée par requête d'avoué à avoué (Toulouse, 1er févr. 1867, aff. Boé et Montfort, D. P. 67. 2. 64).

88. Lorsque l'avoué est décédé, interdit ou suspendu, démissionnaire, révoqué, lorsqu'en un mot, il n'est plus, pour une cause quelconque, en exercice, la demande en péremption doit être formée par exploit signifié à personne ou à domicile, avec assignation à comparaître devant le tribunal où la poursuite a été faite pour voir prononcer la péremption de l'instance. — La solution est la même lorsqu'il n'y a pas eu d'avoué constitué (*Rép.* n° 271 et suiv. ; Boitard, Colmet-Daâge et Glasson, t. 1, p. 625, n° 584; Rousseau et Laisney, n° 171 ; Dutruc, n° 102 ; Bioche, n° 140). Jugé que l'art. 400 c. proc. civ., aux termes duquel la péremption d'instance ne doit pas être demandée par requête d'avoué à avoué dans les cas où l'avoué du défendeur à la demande en péremption est décédé ou interdit ou suspendu depuis le moment où elle est acquise, ne contient pas une énumération limitative ; il faut y ajouter le cas où il n'y a pas d'avoué constitué (Bourges 16 juill. 1891, aff. Gemton, D. P. 92. 2. 121).

89. Les auteurs enseignent, conformément à l'opinion émise au *Rép.* n° 273, que la demande en péremption est valablement formée au domicile de l'avoué primitivement constitué pour le demandeur dans l'affaire principale, si celui-ci n'a pas notifié à son adversaire son changement d'avoué (Dutruc, n° 103 ; Bioche, n° 127).

90. Lorsque l'une des parties décède, la péremption formant, en raison des rapports intimes qui l'unissaient à l'instance principale, un incident de cette instance, on doit suivre les règles tracées par l'art. 344 c. proc. civ. Il en résulte, ainsi qu'il a été dit au *Rép.*, n°s 276 et suiv., que tant que le décès n'a pas été dénoncé, la demande en péremption peut être formée par requête signifiée à l'avoué de la partie décédée. Cette théorie est adoptée par les auteurs et a été de nouveau consacrée par la jurisprudence. Il a été jugé, en effet, qu'est régulière, nonobstant le décès de l'une des parties en cause, la demande en péremption formée par requête d'avoué à avoué, si ce décès n'a pas été notifié à l'autre partie (Paris, 5 mai 1883, aff. Gauthier et autres, D. P. 55. 2. 8. V. Rousseau et Laisney, n° 174 ; Dutruc, n° 104; Bioche, n° 140). — Si, malgré le défaut de dénonciation, le décès est connu de la partie demanderesse en péremption, la demande en péremption doit être formée, non plus par requête d'avoué à avoué, mais contre les héritiers de la partie décédée, par action principale (*Rép.* n° 279; Rousseau et Laisney, *op. cit.*, v° *Péremption d'instance*, n° 175).

91. Si l'avoué de la partie décédée est lui-même décédé, on doit suivre les règles de l'art. 400 et la péremption, dans ce cas, si le décès de la partie n'a pas été notifié, est valablement demandée par assignation au dernier domicile du défunt. Un pareil acte serait nul s'il s'agissait d'une demande principale, qui, par suite de l'assignation eût pu avoir pour objet de mettre pour la première fois en présence des parties qui n'étaient pas encore en instance. Mais la demande en péremption n'est qu'un incident à une instance déjà existante ; cette demande a lieu entre des parties déjà engagées dans les liens d'une procédure, dont un exploit, conforme aux règles des ajournements, a été le premier acte. Il existe, dès lors, un motif rationnel pour ne pas assujettir une demande en péremption à toutes les formalités voulues pour appeler devant la justice des parties qui n'y ont pas encore comparu. Les dispositions combinées des art. 400 et 344 c. proc. civ. trouvent évidemment ici leur application. En effet, d'après l'art. 400, la péremption doit être demandée par requête d'avoué à avoué, à moins qu'il ne soit décédé, interdit ou suspendu ; suivant l'art. 344, dans les affaires qui ne sont pas en état, toutes les procédures faites postérieurement à la notification de la mort de l'une des parties sont nulles. Il résulte nécessairement de ces textes : 1° que la demande en péremption n est qu'une des phases d'une instance dans laquelle les parties se trouvent déjà en présence, ce qui autorise l'emploi d'une simple requête d'avoué à avoué ; — 2° Que l'assignation en péremption donnée au domicile de la partie avant la notification du décès est valable (*Rép.* n° 277; Rousseau et Laisney, *op. cit.*, v° *Péremption*, n° 180. Comp. Dutruc, *op. cit. eod.* v°, n° 105). Il a été jugé, en ce sens, que la demande en péremption n'est qu'un incident de l'instance ; qu'en conséquence, en cas de décès de la partie demanderesse et de son avoué, la péremption d'instance est valablement demandée par assignation au dernier domicile du défunt, dont la mort n'a pas été notifiée (Pau, 13 janv. 1858, aff. Bisquey, D. P. 58. 2. 215).

92. On admet généralement que les héritiers du défendeur décédé ne sont pas obligés, pour former une demande en péremption, de reprendre préalablement l'instance ; que cette demande les substitue suffisamment à leur auteur (*Rép.* n° 284). On en donne pour motif que la demande en reprise d'instance est propre et préparative de la pȧremption (V. *Rép.* n° 211); que, par suite, si l'on exigeait des héritiers cette formalité, ce serait leur interdire la faculté d'obtenir la péremption de l'instance, puisqu'ils l'auraient couverte avant d'avoir pu la demander. Il a été jugé, en effet, que la demande en reprise d'instance et la demande en péremption sont inconciliables dans leur exercice ; que les héritiers d'une partie décédée ne sont pas obligés, pour demander la péremption, de reprendre préalablement l'instance (Bastia, 9 nov. 1857, *supra*, n° 55). Cette décision est exacte dans le cas où la reprise d'instance est pure et simple, formée antérieurement à la demande en péremption ; mais si l'on n'y a recours qu'à l'effet d'avoir qualité pour demander la péremption et en même temps que l'on forme cette demande, il nous paraît difficile d'admettre qu'elle couvre la péremption (V. *Rép.* n° 212 ; *supra*, n° 74 et suiv.; Rousseau et Laisney, n° 130 ; Dutruc, n° 89 et 89 *bis*; Civ. cass. 6 juill. 1852, aff. Bureau de bienfaisance de Paris, D. P. 52. 1. 240).

93. La requête en péremption, comme on l'a indiqué au *Rép.* n° 287 et suiv., n'est pas soumise aux formalités de l'art. 61 c. proc. civ.; mais elle doit remplir les conditions de forme exigées pour les actes d'avoué à avoué (V. conf. Rousseau et Laisney, n° 163 et suiv. ; Dutruc, n° 95 et suiv.; Bioche, n° 126 et suiv.). Il a été jugé que la demande en péremption est nulle lorsque la copie remise à l'avoué du défendeur ne mentionne pas le mois et l'année où a eu lieu la signification, et ne contient, d'ailleurs, aucune autre énonciation de nature à réparer cette omission ; et il importe peu que la date de l'exploit soit indiquée d'une manière complète, tant dans l'original que dans une seconde copie délivrée au même avoué, comme représentant une autre partie (Paris, 21 nov. 1871, aff. Commune de Merville et de Presle, D. P. 72. 2. 72).

94. — Compétence, degré de juridiction, exceptions. — La question de savoir si la demande en péremption, formée devant le tribunal du premier degré, est susceptible d'appel avait été diversement résolue (*Rép.* n° 301). On admet généralement aujourd'hui que le jugement sur la péremption est ou n'est pas en dernier ressort, suivant que la demande originaire est ou n'est pas susceptible de deux degrés de juridiction (Bioche, n° 162 ; Rousseau et Laisney, n° 182 et 183; Dutruc, n° 151).

Art. 9. — *Effets de la péremption.* — *Indivisibilité*
(*Rép.* n° 303 à 361).

95. La péremption n'éteint pas l'action ; elle emporte seulement extinction de la procédure, depuis et y compris l'exploit introductif d'instance. Elle ne porte pas atteinte au préliminaire de conciliation qui ne fait pas partie de l'instance (*Rép.* n° 317). « La citation en conciliation, disent MM. Boitard, Colmet-Daâge et Glasson, *op. cit.*, t. 1, p. 626 n'est pas une instance, c'est un acte qui a pour but, non pas de préparer le procès, mais, au contraire, de le prévenir, de l'empêcher. Or, il n'y a rien de si contraire au mot et à l'idée d'instance que l'idée de conciliation, d'acte ou d'essai qui tend à prévenir le procès ; donc la citation en conciliation ne rentre pas dans les termes de l'art. 397 ; donc, après trois années, elle n'est pas, elle ne peut pas être considérée comme périmée. Si nous adoptions l'opinion qui soumet la citation en conciliation à la péremption, nous ne saurions plus comment appliquer les art. 399 et 400. En effet, la péremption ne s'opère pas de plein droit, elle se couvre par des actes d'avoué signifiés après l'expiration des trois ans, elle se demande par requête d'avoué à avoué : toutes règles inapplicables à la citation en conciliation, puisque cette conciliation a été tentée devant un juge de paix, là où il n'y a pas d'avoué, là où il n'est pas possible d'accomplir les formalités de l'art. 400. Ainsi nous dirons, sur l'art. 401, qu'après que l'instance a été déclarée périmée, la procédure s'éteint à compter de l'acte introductif d'instance, c'est-à-dire à compter de l'exploit d'ajournement, mais que la citation en conciliation, qui a dû précéder cet acte introductif d'instance, n'est pas frappée de la même péremption ; qu'en conséquence, elle garde ses effets, et que le demandeur qui voudrait revenir à la charge pourrait valablement recommencer son acte, signifier un nouvel ajournement sans avoir à le faire précéder d'une deuxième citation en conciliation. La première tient malgré les trois années écoulées ; on n'a pas besoin de la renouveler, car ni l'art. 57 ni aucun autre ne détermine de délai après lequel la citation en conciliation est réputée non avenue » (V. dans le même sens, Chauveau sur Carré, *op. cit.*, question 1449 *bis*).

Il a été jugé de même, que la péremption d'instance n'emporte extinction de la procédure que depuis et y compris l'exploit introductif ; que les actes antérieurs subsistent, et notamment le protêt, qui continue de produire tous ses effets; qu'en conséquence, quoique l'instance introduite à la suite du protêt soit éteinte par la péremption, les intérêts dus à compter du jour du protêt continuent de courir (Civ. cass. 2 janv. 1855, aff. Hérisson, D. P. 55. 1. 13). La procédure ou l'instance ne commence, en matière d'effets de commerce, qu'à la citation que, d'après les art. 165 et 168 c. com., le porteur, qui veut conserver son recours, est tenu de faire donner aux endosseurs, en leur faisant notifier le protêt. Le protêt est donc antérieur à l'instance ; il n'est pas un des actes de la procédure éteinte.

96. L'opinion émise au *Rép.*, n° 306, que la demande judiciaire périmée n'a pas pour effet de constituer de mauvaise foi celui dont la possession était originairement de bonne foi, est adoptée par MM. Rousseau et Laisney, n° 189. V. aussi Bonfils, n° 1246. — *Contrà* : Bioche, n° 179.

97. Les actes de l'instance périmée sont atteints non seulement comme procédure, mais comme preuve. La procédure, en un mot, est éteinte en entier et sous les rapports, sans que l'on puisse se prévaloir des aveux et des reconnaissances intervenus dans l'instance qui a été frappée de péremption (*Rép.* n° 307). « Pour tous les actes de procédure proprement dite, disent MM. Boitard, Colmet-Daâge et Glasson. *op. cit.*, t. 1, p. 627, n° 586, par exemple pour un rapport d'experts, pour un procès-verbal d'enquête, il n'est pas douteux que l'art. 401 ne doive recevoir sa pleine application, qu'on ne doive repousser absolument de l'instance ainsi renouvelée les actes de procédure et les preuves acquises par ce moyen dans l'instance maintenant périmée ».

98. On a soutenu au *Rép.*, n° 308, contrairement à l'avis de plusieurs auteurs, que lorsque le tribunal a donné acte d'un aveu, d'une déclaration ou d'un serment, ce jugement de donné acte tombe avec la procédure s'il laisse encore subsister la contestation tout entière, s'il n'a d'autre valeur que celle que pourrait avoir une enquête, une expertise ; que si l'aveu constaté par jugement prend, au contraire, le caractère de convention et met hors de tout débat une partie de la demande, pour réduire le procès à ce qui n'est pas compris dans l'aveu, le jugement doit être considéré comme un jugement définitif qui éteindrait partiellement l'instance et serait à l'abri de la péremption. Cette opinion est partagée par M. Bioche, n° 465 (V. aussi Rodière, p. 492). M. Bonfils, n° 1247, enseigne que les aveux et reconnaissances disparaissent avec l'instance périmée ; il fait exception, toutefois pour celles qui, n'affectant la qualité de la personne d'une manière absolue, constituent des droits ou des obligations envers tout intéressé quelconque ; et il cite, comme exemple, le cas où une des parties a pris dans l'instance la qualité d'héritier : « la péremption, dit-il, n'anéantira pas cette déclaration volontaire ».

99. L'instance atteinte par la péremption, ainsi qu'on l'a exposé au *Rép.* n°s 313 et suiv., périt tout entière et non pour partie seulement. — Il a été jugé que la péremption d'une instance ne peut être demandée ni prononcée pour des actes particuliers de cette instance ; qu'elle s'étend nécessairement à l'instance entière ; que spécialement l'instance engagée sur l'opposition à un jugement par défaut ne peut être réputée distincte de celle sur laquelle était intervenu ce jugement ; qu'en conséquence, la péremption de la procédure postérieure à l'opposition éteint même le jugement par défaut, dont le bénéfice est ainsi enlevé au demandeur en péremption, et la procédure qui l'a précédé (Civ. cass. 5 mai 1857, aff. Ortoli, D. P. 57. 1. 247 ; Req. 21 févr. 1859, aff. Jullienne, D. P. 59. 1. 405). Par suite, la partie au profit de laquelle ce jugement par défaut a été rendu n'est pas admise à demander que la procédure d'opposition soit seule déclarée périmée, et que le jugement qui en était frappé soit dès lors maintenu comme passé en force de chose jugée (Arrêt précité du 21 févr. 1859). L'opposition à un jugement par défaut, loin d'être le principe d'une instance nouvelle, se rattache à tous les actes de procédure antérieurs pour ne former avec eux qu'une seule et même instance portée devant les mêmes juges : il suit de là que la péremption, lorsqu'elle est demandée et qu'il y a lieu de la prononcer, doit s'étendre à toute l'instance, aux actes antérieurs comme aux actes postérieurs à l'opposition. Mais il n'en est ainsi qu'autant que l'opposition au jugement par défaut est valable et régulière. Si elle est nulle, elle ne peut porter aucune atteinte au jugement par défaut (*Rép.* n° 315).

Il a été décidé, d'ailleurs, que l'instance engagée par suite des contestations élevées sur l'exécution d'un jugement définitif, est distincte de celle qui a précédé ce jugement, et que, par suite, la péremption de cette instance ne s'étend pas à celle terminée par le jugement (Arrêt précité du 5 mai 1857. V. en ce sens Dutruc, n°s 62 et 63 ; Rousseau et Laisney, n°s 194 et suiv. ; Bioche, n° 73).

100. La péremption d'instance, on l'a dit *supra,* n° 93, comporte extinction de la procédure, dessaisissement du juge. Quelle est la portée de ce dessaisissement ? Les parties, en même temps que la demande en péremption est formée, peuvent-elles conclure respectivement au fond ? Rien n'empêche, suivant nous, que leur consentement réciproque à être jugées, sans nouvel esprit introductif d'instance, reçoive son effet. Toute la difficulté se réduit à rechercher si les conclusions ainsi prises au fond, n'ont pas été posées uniquement pour le cas où la péremption ne serait point prononcée. Mais lorsque les parties n'ont pas expressément conclu au fond en prévision de cette seule hypothèse, le tribunal, dessaisi par sa déclaration que l'instance est périmée, se trouve de nouveau saisi par les conclusions respectives des parties. Aucune de ces parties ne peut donc se plaindre d'un jugement qui n'a été rendu que sur sa demande. La péremption n'a plus alors d'utilité que relativement aux frais ; les dépens de l'instance périmée seront supportés par la partie qui l'a introduite, alors même que le jugement qui a fait droit aux conclusions nouvelles lui aurait, au fond, donné gain de cause. — En ce sens, il a été jugé que la péremption d'une instance ne met pas obstacle à ce que le juge, en la prononçant, statue sur le fond du litige si, en même temps, il en a été saisi régulièrement par des conclusions émanées du demandeur en péremption et de l'autre partie ; qu'ainsi, lorsque la partie actionnée en payement de billets, conclut à ce que l'instance soit déclarée périmée pour discontinuation de poursuites pendant le temps requis, et, en outre, réclame la res-

titution des billets au remboursement desquels conclut, au contraire, l'autre partie, malgré la demande en péremption, le juge, tout en prononçant la péremption, peut, en présence de pareilles conclusions, rendre un jugement au fond, et ordonner notamment le payement de ces billets (Req. 17 juin 1856, aff. Loisel, D. P. 56. 1. 463). Cette solution est critiquée par M. Chauveau, *op. cit.* quest. 111, § 1. « Il est incontestable, dit cet auteur, qu'on peut conclure principalement à l'admission de la péremption et subsidiairement au rejet de la demande au fond pour le cas où la péremption ne serait pas accueillie, parce qu'alors aucune contradiction n'existe, le juge ne devant examiner le fond qu'autant que l'incident en péremption ne l'a pas arrêté. Mais peut-on, en même temps, demander au tribunal de déclarer la procédure périmée, et, cette déclaration faite, de prononcer sur le fond, comme si la procédure périmée existait encore et si l'instance n'avait pas été éteinte ? L'affirmative ne me paraît point juridique ; elle a, il est vrai, pour résultat, d'économiser les frais et de faire vider un litige qui pourrait être, immédiatement après la péremption prononcée, reproduit devant le tribunal, et donner lieu à une instance nouvelle. Mais, si la procédure est annulée par la péremption, il n'y a plus d'instance, et s'il n'y a plus d'instance, comment le tribunal peut-il statuer sur des conclusions prises avant la péremption et que cette péremption est venue frapper de stérilité ? Il serait plus logique de voir, dans une procédure aussi bizarre, une véritable renonciation à la péremption, à cause de la contrariété des conclusions prises ».

101. Aux termes de l'art. 469 c. proc. civ., la péremption en cause d'appel a pour effet de donner au jugement dont est appel la force de chose jugée. Au *Rép.* n°s 321 et suiv., on a interprété cette disposition en ce sens que les effets de la péremption en cause d'appel sont, comme ceux de la péremption en première instance, limités aux actes de la procédure, ne s'étendent pas sur le fond du droit lui-même ; que, par suite, la péremption de l'appel n'emporte pas, pour la partie condamnée par les premiers juges, extinction de son droit d'appel, si elle se trouve encore dans les délais pour appeler.

Cette théorie est combattue par plusieurs auteurs, et n'est pas suivie par la jurisprudence qui décide qu'en appel, la péremption porte à la fois sur la procédure et sur le droit, et que la force de chose jugée attachée à la décision des premiers juges, est l'effet de la péremption de l'appel, est un effet propre à la péremption et dérivant de sa nature même (V. Bioche, n° 163 ; Dutruc, n° 6). Dans le sens de cette opinion, il a été jugé que la péremption en cause d'appel donnant au jugement frappé d'appel l'autorité de la chose jugée (c. proc. civ. art. 469), il suit de là que la partie dont l'appel a été déclaré périmé n'est pas recevable à interjeter un nouvel appel, sous prétexte que, le jugement ne lui ayant pas été signifié, elle est encore dans le délai pour l'attaquer ; et cela encore bien que le premier appel eût dû être déclaré non recevable comme formé avant l'expiration de la huitaine fixée par l'art. 449 c. pr., la disposition de cet article qui permet, en pareil cas, à l'appelant de réitérer son appel, s'il est encore dans le délai, étant ici sans application (Bastia, 3 déc. 1856, aff. Paolantonacci, D. P. 57. 2. 28). « Attendu, dit l'arrêt, que, conformément à l'art. 469 c. proc. civ. dont le texte est formel et précis, la péremption, en cause d'appel, a pour effet de donner au jugement appelé l'autorité de la chose jugée ; que l'on voudrait en vain prétendre qu'il faut distinguer entre le cas où le jugement a été notifié et celui où cette formalité, indispensable pour faire courir les délais de l'appel, n'a pas été remplie ; — Qu'en effet, les termes dont le législateur s'est servi dans ledit art. 469 sont si généraux et absolus qu'ils n'admettent aucune distinction, la vero *uti lex non distinguit nec nos distinguere debemus ; — Que si la faculté d'appeler subsiste, en général, tant que le jugement n'a pas été signifié, c'est que l'on présume que la partie condamnée n'en a pas eu connaissance ; mais que la fiction doit tomber devant la réalité lorsque la seule négligence de l'appelant a paralysé les effets d'un appel par lui relevé ; — Que, d'ailleurs, si l'on admettait un nouvel appel, dans le cas de non-signification du jugement, ce serait remettre en question ce qui a été irrévocablement décidé par un jugement qui, en vertu de la disposition contenue dans l'art. 469 précité, a acquis la force de la chose jugée ; — Que, dans les causes de première instance, la péremption anéantit la procédure sans éteindre, il est vrai, l'action elle-même, mais qu'il en est autrement en cause d'appel ; — Que cette interprétation de l'art. 469, lequel a pour but d'ajouter, pour les instances d'appel, un effet de plus à ceux indiqués par l'art. 401 pour les instances devant les tribunaux du premier degré, est en tout point conforme à celle que l'on faisait généralement de l'art. 5, tit. 27, de l'ordonnance de 1667, dont l'art. 469 n'est, en quelque sorte, que la reproduction textuelle ; — Que l'on ne saurait non plus prétendre que l'appelant pouvait renouveler l'appel par lui interjeté, avant l'expiration de la huitaine dont parle l'art. 449 c. proc. civ., parce que le jugement ne lui avait jamais été signifié et qu'il était, par conséquent, encore dans les délais pour se rendre appelant ; — Qu'en effet, le législateur n'a autorisé un second appel que dans les cas où le premier aurait été repoussé par les tribunaux soit comme nul, soit comme irrecevable, ou même qu'il aurait été anéanti par l'appelant au moyen d'un désistement ; mais que cette exception à la règle générale doit être restreinte dans ses limites et ne peut évidemment être étendue au cas de la péremption prononcée par un arrêt souverain et dont les effets sont déterminés par l'art. 469 c. proc. civ. ».

102. « La péremption de l'instance d'appel, dit M. Chauveau sur Carré, quest. 1686 *sexies*, fait perdre le droit d'appeler alors même que, le jugement attaqué n'ayant jamais été signifié à l'appelant, le délai de l'art. 443 n'aurait pas couru contre lui. Les termes de l'art. 469 sont généraux et n'admettent aucune distinction. Nous ajoutons même qu'ils n'ont et ne peuvent avoir été écrits que pour ce dernier cas seulement, celui où les délais de l'appel n'ont pas couru. Si, en effet, ils avaient couru, et s'ils étaient expirés, la disposition qui nous occupe serait complètement inutile pour donner au jugement l'autorité de la chose jugée : elle résulterait suffisamment de la combinaison des textes déjà connus, qui disposent d'une manière générale sur les délais et sur la péremption. Si, d'un côté, l'art. 401 déclare que la péremption éteint la procédure, sans qu'on puisse opposer aucun des actes de la procédure éteinte, ni s'en prévaloir ; si, d'autre part, l'art. 443 défend d'interjeter appel d'un jugement plus de trois mois après sa signification, ces deux dispositions suffisent bien pour faire comprendre que, le premier appel périmé et le délai d'un second expiré, le jugement devient inattaquable. On ne peut pas admettre que le législateur ait inséré dans notre titre l'art. 469, pour consacrer d'une manière oiseuse une vérité qui résulterait déjà assez clairement de textes antérieurs. Il faut donc décider que son but est d'introduire un principe nouveau, et dès lors il ne peut être différent de celui que nous venons de lui assigner ». Il a été jugé, en ce sens, que la péremption d'instance en cause d'appel a pour effet de donner au jugement la force de la chose jugée, de telle sorte qu'il ne peut en être relevé appel, bien qu'il n'ait jamais été expédié ou signifié (Agen, 5 nov. 1862, aff. Héralibert, D. P. 62. 2. 215. Conf. Boitard, Colmet-Daâge et Glasson, t. 2, p. 76 et suiv., n° 710).

103. Dans le système qui a été adopté par la jurisprudence, on n'applique pas en cause d'appel l'art. 401 c. proc. civ., aux termes duquel la péremption emporte extinction de la procédure, sans qu'on puisse, dans aucun cas, opposer aucun des actes de la procédure éteinte, ni s'en prévaloir (V. *Rép.* n° 323). Il a été jugé, en conséquence, que l'arrêt qui, en déclarant une instance d'appel périmée, a, par cela même, donné force de chose jugée à un jugement, ne rétroagit point d'une façon absolue jusqu'à ce jugement, et laisse subsister l'influence suspensive de l'appel ; que spécialement, il ne rend point nuls et sans effet les actes d'administration survenus dans l'intervalle entre un séquestre (dont les pouvoirs n'ont cessé que par l'effet de l'arrêt ayant prononcé la péremption) et les tiers qui, sous la foi de la qualité dont il était investi par la justice, ont traité avec lui pour les nécessités de sa gestion (Civ. rej. 18 mai 1881, aff. Sauger, D. P. 82. 1. 115). — En vertu du même principe, on décide que l'instance d'appel conserve la demande et l'instance principale introduite par l'intimé, et en suspend la prescription pendant sa durée, sans que

cet effet soit détruit dans le cas où l'instance d'appel vient à être déclarée éteinte par prescription ; la péremption en cause d'appel n'attribuant au jugement l'autorité de la chose jugée que pour l'avenir et à compter de l'arrêt qui la prononce. En ce sens il a été jugé que la prescription d'un jugement est suspendue pendant l'instance d'appel malgré la péremption de cette instance ; que c'est seulement pour le cas de péremption de la procédure de première instance que la prescription est réputée n'avoir jamais été ni interrompue par la demande en justice, ni suspendue par l'instance qui en a été la suite (Civ. cass. 26 mai 1836, aff. Léger, D. P. 56. 1. 194. V. aussi Nîmes, 1er mai 1834, *supra*, n° 39).

Dans le système de l'assimilation des effets de la péremption devant les deux degrés de juridiction (V. *Rép.* n° 324 ; Dutruc, *op. cit.*, v° *Péremption d'instance*. n° 357), on fait remarquer que si l'appel a été suspensif de l'exécution et, par suite, de la prescription du jugement contre lequel il était dirigé, la suspension de prescription qu'il a ainsi produite a dû disparaître avec sa cause, c'est-à-dire avec l'appel lui-même, comme disparaît avec la demande formée devant les juges de première instance l'effet interruptif de prescription attaché à cette demande. Qu'on ne dise pas que l'intimé, contre lequel l'appelant invoque la prescription du jugement, ne pouvait poursuivre l'exécution de ce jugement tant que durait l'instance d'appel, et se trouvait ainsi protégé par la maxime : *Contra non valentem agere non currit præscriptio*, maxime dont il se fût, au contraire, vainement prévalu lorsqu'il poursuivait, en première instance, la reconnaissance de son droit, puisque alors il était maître de l'action. L'intimé est aussi libre d'agir en appel qu'il l'était en première instance ; car il lui est permis, pour se soustraire à l'obstacle que l'appel apporte à ses poursuites d'exécution, d'en demander la péremption. On objecte que l'intimé n'a pas besoin de faire des diligences pour empêcher le cours d'une prescription qui, en fait, est suspendue. Mais la question est de savoir si le bénéfice de cette suspension ne lui sera pas enlevé par l'application des règles sur la péremption ; or, s'il résulte de ces règles que la suspension de la prescription n'est acquise à l'intimé que pour le cas où l'appel serait mené à bonne fin, il est manifeste que ces diligences ne seront pas inutiles, et qu'il aura à s'imputer de n'avoir pas brisé l'obstacle mis à l'exercice des droits qu'il tenait du jugement. L'objection repose donc sur un cercle vicieux (V. Dutruc, *op. cit.*, v° *Appel des jugements et tribunaux civils*, n° 557).

104. Du principe que la péremption en cause d'appel a, aux termes de l'art. 469 c. proc. civ., pour effet de donner au jugement dont est appel la force de la chose jugée, on a conclu qu'une instance d'appel, dans laquelle est intervenu un arrêt qui infirmait la décision des premiers juges, n'est pas susceptible de tomber en péremption, cette décision ne pouvant plus acquérir l'autorité de la chose jugée (Bastia, 10 avr. 1856, aff. Colonna de Leca, D. P. 56. 2. 302). La décision qui avait été rendue au cours de l'instance d'appel maintenait le jugement attaqué dans certaines de ses dispositions ; mais il infirmait sur un point et admettait une offre de preuve qu'il avait rejetée. L'arrêt précité décide que « la force de la chose jugée ne saurait plus appartenir aux chefs d'un jugement sur lesquels la cour a déclaré qu'il y avait lieu d'émender : admettre que l'instance puisse, dans ces conditions, tomber en péremption, ce serait dire qu'après avoir, contrairement à la décision des premiers juges et émendant quant à ce, admis une preuve refusée par le tribunal, la cour pourrait se réformer elle-même ».

105. La péremption de l'appel d'un jugement interlocutoire donne-t-elle à ce jugement force de chose jugée ? La jurisprudence admet l'affirmative ; elle ne fait aucune distinction à ce point de vue entre les jugements définitifs et les jugements interlocutoires (V. *Rép.* n° 334). Mais si le jugement acquiert l'autorité de la chose jugée, et ne peut plus être attaqué par l'appel, il ne perd pas pour cela son caractère d'interlocutoire. L'instance principale n'est pas terminée, et l'on peut la poursuivre sur les erréments de cet interlocutoire. Elle-même n'a pas été périmée puisque l'effet suspensif de l'appel n'a pas, d'après la jurisprudence, disparu avec sa cause (V. *supra*, n° 103). « L'intimé, dit

M. Chauveau sur Carré, quest. 1689 *bis*, n'est jamais en faute de n'avoir pas poursuivi le jugement de l'appel, soit qu'il fût dirigé contre une sentence définitive, soit qu'il le fût contre une sentence interlocutoire. L'effet suspensif de l'appel, aussi efficace dans le second que dans le premier cas, est toujours l'excuse, et même la légitimation de son inaction. Il n'a pas pu poursuivre sur l'interlocutoire, tant qu'a duré l'obstacle de l'appel. D'où il suit que, pendant tout ce temps, le cours de la péremption contre le jugement interlocutoire a dû être interrompu en sa faveur » (*Contra*, Bioche, n° 185).

106. La cour, saisie uniquement de la demande en péremption d'une instance d'appel, et qui accueille cette demande, n'a pas à statuer sur le sens et la portée du jugement auquel, en déclarant l'existence périmée, elle attribue force de chose jugée (Req. 28 juin 1875, aff. Veuve Terrade, D. P. 76. 1. 30).

107. Conformément à la doctrine enseignée au *Rép.* n° 333 et admise par la jurisprudence, il a été jugé, avant la loi du 22 juill. 1867 sur la contrainte par corps, que la péremption d'une instance d'appel n'a pas pour effet de conférer l'autorité de la chose jugée à la disposition du jugement frappé d'appel qui prononce la contrainte par corps, et que, dès lors, elle ne fait pas obstacle à ce que l'appel de ce chef du jugement soit valablement formé dans les trois jours de l'emprisonnement ou de la recommandation, conformément à l'art. 7 de la loi du 13 déc. 1848 (Alger, 4 févr. 1856, aff. De Seuilles, D. P. 56. 2. 95).

108. La péremption de l'instance d'appel peut être demandée lorsque trois ans se sont écoulés depuis le dernier acte de procédure (art. 397). Lorsque l'appelant a laissé passer trois années sans faire aucun acte interruptif, depuis la date de la signification d'un acte d'appel, l'intimé est recevable à demander la péremption de l'instance dès le lendemain de la date correspondante de la troisième année. Le délai de trois ans a couru à partir du jour de la signification, et non pas seulement à partir de l'expiration de la huitaine de l'ajournement que contient l'acte d'appel. La loi parle de discontinuation des *poursuites*. Les poursuites sont les actes de procédure émanés du demandeur. Peu importe les effets plus ou moins prolongés qui y sont attachés pour permettre à l'adversaire de répondre et de prendre position. — A l'appui de la thèse contraire, on dit que l'acte d'appel, contenant ajournement à huitaine franche, doit être considéré comme un acte successif qui conserve son effet pendant toute cette huitaine, puisque, avant l'expiration de ce délai, il n'est possible ni de faire mettre la cause au rôle, ni de prendre jugement. Jusque-là, ajoute-t-on, n'y a-t-il pas réellement poursuite? La loi ne dit pas que ce soit la date de l'exploit qui doive être le point de départ de la péremption. « Cette thèse, dit avec raison M. Dutruc, v° *Appel des jugements des tribunaux civils*, n° 550 *bis*, est assurément nouvelle, car jusqu'ici on n'a jamais hésité à considérer la date même de l'ajournement comme le point de départ du délai de la péremption d'une instance restée impoursuivie depuis cet acte (V. *Rép.* n° 91 et 270). Il y a dans l'argumentation quelque chose de très spécieux; mais au fond nous ne la croyons pas juridique. La loi fait résulter la péremption d'instance de la discontinuation des poursuites pendant trois ans. Or, on ne peut, malgré l'effet permanent de l'ajournement pendant la huitaine, dire qu'il y ait eu poursuite pendant chacun des huit jours qui ont suivi l'ajournement; ce serait par trop forcer le sens d'une expression sur la portée de laquelle on est suffisamment fixé par la façon dont elle est constamment employée par le législateur. Les poursuites s'entendent des actes de procédure et non des effets plus ou moins prolongés de ces actes. Peut-on dire, dans notre hypothèse, que la dernière poursuite est le dernier jour du délai de l'ajournement? Il est vrai que, pendant ce délai de huitaine, le demandeur ne peut faire aucun autre acte de procédure, mais la loi ne dit point que le délai de trois ans nécessaire pour opérer la péremption doive absolument être tout entier utile pour agir: il suffit que le demandeur soit resté dans l'inaction pendant trois ans à partir d'un acte de poursuite quelconque, sans qu'il se soit d'ailleurs produit aucun événement extraordinaire de force majeure qui l'ait contraint à

cette inaction. La péremption d'instance n'est pas soumise à toutes les règles de la prescription, et il n'y a pas lieu notamment, d'appliquer ici d'une manière rigoureuse la maxime : *Contra non valentem agere non currit præscriptio;* la disposition de l'art 398 c. proc. civ., qui fait courir la péremption contre les incapables, en est une preuve ».

109. La péremption d'instance a lieu dans les instances d'appel de jugements rendus en matière commerciale, et produit les mêmes effets qu'en matière civile. La loi ne distingue pas (Chauveau sur Carré. *op. cit.,* Quest. 1686 *octies*).

110. Le jugement qui, par suite de la péremption de l'appel, ne peut plus être attaqué par la voie de l'appel, peut l'être par celle du pourvoi en cassation ou de la requête civile, mais seulement s'il s'agit d'un appel non recevable parce que le jugement était en dernier ressort. La péremption de cet appel, indûment formé, n'a pu changer la nature de ce jugement. Les voies de la cassation et de la requête civile demeurent ouvertes ainsi que celles de l'opposition à l'ordonnance d'*exequatur,* s'il s'agissait d'une sentence arbitrale (Chauveau sur Carré, quest. 1686, *septies;* Bioche, n° 186).

111. La péremption de l'instance d'appel n'est pas interrompue par un acte extrajudiciaire qui a pour objet l'exécution du jugement de première instance ; loin de faire excuser la négligence de l'appelant, cet acte a dû l'engager à poursuivre son appel (Chauveau sur Carré, quest. 1687; Bioche, n° 188).

112. Lorsqu'une demande nouvelle, de la nature de celles que la loi autorise (V. *suprà,* v° *Demande nouvelle* et *Rép.* eod. v°), est formée dans le cours de l'instance d'appel, la péremption de cette instance n'éteint que l'action qui avait été formée devant le tribunal de première instance. La demande nouvelle subsiste et peut être reportée devant le juge compétent, puisque, n'ayant pas été l'objet du jugement devenu inattaquable, l'irrévocabilité de celui-ci ne la touche point (Chauveau sur Carré, *op. cit.,* quest. 1688).

113. Si l'on fait appel d'un jugement de défaut, quoiqu'il fût périmé faute d'exécution dans les six mois, la péremption de cet appel donnera au jugement la force de la chose jugée, car en faisant appel, la partie est censée avoir renoncé au bénéfice de la péremption de l'art. 156 c. proc. civ.; et dès lors, la péremption de l'instance d'appel doit produire ses effets (Chauveau sur Carré, quest. 1689 *ter.* V. *Rép.* v° *Jugement par défaut,* n° 384).

114. — INDIVISIBILITÉ DE L'INSTANCE. — On a examiné au *Rép.*, n° 338, la question très controversée et fort délicate de l'indivisibilité de l'instance. On a reconnu que, dans le cas où il s'agit d'une obligation solidaire ou indivisible, les principes de la solidarité s'étendent tout naturellement du droit ou de l'obligation à l'action et de l'action à l'instance. Ainsi, l'acte de procédure fait par le créancier vis-à-vis de l'un des débiteurs solidaires mis en cause interrompt la péremption vis-à-vis de tous (*Rép.* n° 339). Il a été aussi admis que, s'il était convenu entre des parties, soit judiciairement soit extrajudiciairement que le procès agité entre elles ou prêt à s'engager serait indivisiblement suivi et jugé, ce contrat serait valable. L'acte interruptif d'instance, émané de l'un des demandeurs, profiterait aux autres, de même que la demande de péremption contre l'un des défendeurs pourrait être invoquée par les autres (*Rép.* n° 340). Enfin on a approuvé des décisions qui attribuent à la jonction de deux instances ordonnées par le juge, l'effet de rendre ces instances indivisibles, à moins qu'après la mort de l'une des parties les intérêts de quelques-unes des parties ne soient restés distincts ou qu'il ne soit intervenu une disjonction (*Rép.* n° 341 et 342. V. Pau, 11 mai 1853, aff. Fontan et Poze, D. P. 57. 2. 80). Mais il n'a pas paru qu'on puisse aller plus loin et proclamer que l'instance est indivisible, même en dehors de toute convention, et alors qu'il n'y a ni solidarité ni indivisibilité entre les parties par lesquelles ou contre lesquelles l'action est dirigée (*Rép.* n° 344). Telle est aussi l'opinion de M. Glasson. « La péremption, dit cet auteur (note sur l'arrêt de la cour de Liège du 7 mai 1885, D. P. 86. 2. 105), est un désistement tacite ; il faut donc bien admettre que, pas plus que le désistement formel, elle ne produit nécessairement effet vis-à-vis de tous les demandeurs ou de tous les défendeurs. Autrement, on tombe dans une contradiction manifeste : l'instance ne peut pas être divisible au point de vue du désistement, et indivisible au point de vue de la péremption. Si l'obligation reste divisible, si le créancier peut, comme on l'admet, offrir le désistement à l'un des défendeurs, pour quel motif la péremption acceptée par l'un d'eux, produirait-elle effet vis-à-vis de tous, alors que le désistement devrait se restreindre à la partie à laquelle il a été offert? Il n'y a aucun lien entre ces codébiteurs et la cause peut très bien se terminer seulement avec quelques-uns d'entre eux, comme elle aurait pu commencer de même. Pour soutenir le contraire, il faudrait établir que l'instance est en soi une chose indivisible. On l'affirme, il est vrai, mais une affirmation n'est pas une preuve. Si l'instance était indivisible par elle-même, si elle formait un seul tout dont les différentes parties seraient absolument inséparables les unes des autres, il faudrait, la logique l'exige, aller jusqu'à dire que la nullité d'un acte de procédure entraîne nécessairement et dans tous les cas, nullité de la procédure tout entière. On a dit, au nom de l'indivisibilité de l'instance, que, dans le cas où le procès porte sur plusieurs chefs d'ailleurs distincts et indépendants les uns des autres, la péremption doit être rejetée lorsqu'elle n'est pas dirigée contre toutes les branches de la contestation, bien que l'objet du procès soit divisible (V. Rép. n° 353). Mais qu'on suppose l'affaire jugée, et on permettra sans doute au défendeur d'appeler de l'un des chefs du jugement et d'accepter les autres. N'est-ce pas une contradiction manifeste? V. Rép. n° 341. Les conséquences du système de la divisibilité s'expliquent et se justifient sans difficulté. Ainsi le demandeur ne peut pas prétendre que les poursuites par lui dirigées contre l'un des défendeurs ont empêché la péremption vis-à-vis des autres; il n'existe, en effet, aucun lien entre ces différents défendeurs. De même, le demandeur ne peut pas prétendre qu'il repousse la péremption invoquée par l'un des défendeurs, parce qu'elle n'est pas formée par tous. Si le demandeur poursuit la procédure contre un seul des défendeurs, les autres continuent à avoir le droit de demander la péremption; mais en sens inverse, la péremption acquise à l'un des défendeurs ne profite pas aux autres. Si l'on suppose plusieurs demandeurs, la péremption acquise contre l'un d'eux ne produit pas effet vis-à-vis des autres. On voit, par ces seuls exemples, combien est pratique et importante la question qui vient d'être examinée ». V. dans le même sens, Boitard, Colmet-Daâge et Glasson, t. 1, p. 628, n° 586.

115. La jurisprudence a nettement adopté le système opposé, et voit un principe d'indivisibilité dans les procédures dirigées par ou contre plusieurs parties. D'après cette doctrine, l'instance forme un même ensemble, un tout indivisible. L'on ne peut pas concevoir qu'elle puisse, en même temps, s'éteindre pour une partie et subsister pour l'autre. Une prétention semblable serait proscrite par les art. 397 et 401 c. pr., dont le premier ne fait aucune distinction ni quant au nombre des parties, ni même quant à la diversité des intérêts qu'elles pourraient avoir, et dont le second, portant que dans aucun cas on ne pourra opposer aucun des actes de la procédure éteinte, prononce conséquemment l'anéantissement complet de la procédure entière. Les conséquences de cette théorie sont les suivantes.

116. Il suffit, d'abord, que l'un des demandeurs ait entretenu l'instance, pour que tous les demandeurs aient le droit de soutenir que le procès a été entretenu dans l'intérêt de tous. Il a été jugé : 1° qu'une instance ne peut pas être frappée de péremption à l'égard de l'une des parties, si la péremption n'est pas également acquise contre l'autre; que spécialement, l'acte interruptif de péremption fait par l'une des parties profite à l'autre, et peut être invoqué par cette dernière, surtout s'il s'agit d'une instance d'appel introduite par deux parties, dans un même exploit, contre un jugement qui avait prononcé contre elles une condamnation solidaire (Civ. cass. 18 juin 1856, aff. Epoux Gouillon, D. P. 56. 1. 265); — 2° Que l'acte par lequel l'une des parties condamnées solidairement en première instance a interrompu la péremption de l'appel peut être invoqué par les autres appelants; qu'il en est ainsi dans le cas même où les appels auraient été formés par des actes séparés, du moment qu'ils ont eu pour effet de saisir la cour d'une seule et même instance (Paris 28 déc. 1874, aff. Veuve Casalès, D. P. 77. 2. 74); — 3° Que tout acte qui proroge ou interrompt celle-ci pour un ou plusieurs des demandeurs, profite

nécessairement à tous les autres; que, spécialement, tous les demandeurs peuvent exciper de la prorogation de délai à laquelle donne lieu le décès de l'un d'eux; que, de même, l'effet interruptif résultant d'un acte de procédure (dans l'espèce, du dépôt d'un rapport d'expert), peut être invoqué même par ceux des demandeurs qui n'auraient pas été parties au jugement en exécution duquel cet acte a été fait (Civ. rej. 21 mai 1879, aff. Bureau et autres, D. P. 80. 1. 57).

117. Lorsque la péremption a été interrompue à l'égard de l'un des défendeurs, elle ne peut plus être opposée par les autres (Riom, 8 juin 1853, aff. Chasseignaux, D. P. 56. 2. 23; Bastia, 2 déc. 1856, aff. Luciani D. P. 57. 2. 29). Mais il a été jugé que, lorsqu'une partie appelée en garantie assigne elle-même un sous-garant, ce sous-garant peut, s'il n'a pas été l'objet de poursuites pendant trois années, opposer la péremption d'instance (Civ. cass. 26 nov. 1888, aff. Chebat, D. P. 89. 1. 263).

118. Il suffit à l'un des défendeurs d'opposer la péremption pour que le bénéfice en soit aussi acquis à tous les autres défendeurs (Liege, 7 mai 1885, aff. Smal et Wigny, D. P. 86. 2. 105). La loi, dit-on, n'exige qu'une condition pour que la péremption soit accomplie, à savoir l'expiration du délai qu'elle indique; et à ce moment, chacun des défendeurs ou intimés a incontestablement le droit de la faire prononcer. Si l'un d'eux la demande seul, c'est l'instance entière que son action a pour objet de faire anéantir et on ne peut, sans méconnaître les effets indivisibles de la péremption, prétendre qu'il n'a pu agir sans le concours des autres ou sans les faire intervenir ; l'inaction ou la mauvaise volonté d'un ou plusieurs défendeurs ne saurait paralyser la demande de celui qui agit, ni les effets de cette demande, qui profite non seulement à celui-ci, mais encore à tous les autres défendeurs. Il a été jugé : 1° que la péremption d'instance est indivisible, en ce sens que lorsqu'elle a été demandée par un seul des défendeurs, elle ne peut plus être couverte vis-à-vis d'aucun d'eux (Riom, 8 juin 1853, et Bastia, 2 déc. 1856, cités suprà, n° 117); — 2° Que la péremption d'un appel interjeté contre plusieurs intimés peut être régulièrement demandée par un seul (Rouen, 19 nov. 1862, aff. Demoiselle Guerraud, D. P. 64. 2. 76); — 3° Que la péremption, étant indivisible, a pour effets l'extinction de la procédure et l'impossibilité de faire usage des actes qui la constituent; qu'en conséquence le silence de plusieurs défendeurs ou intimés ne paralyse pas l'action de celui qui demande la péremption; mais les effets de cette demande profitent à tous les défendeurs (Req. 18 juin 1875, aff. Veuve Terrade, D. P. 76. 1. 30).

119. Lorsqu'il y a plusieurs défendeurs à une instance, le décès de l'un d'eux donne lieu à l'augmentation du délai de la péremption à l'égard des autres défendeurs (Grenoble, 4 mai 1866, suprà, n° 54).

120. Pour que la demande en péremption soit admise, il faut qu'elle soit demandée contre toutes les parties en cause. Si elle a été introduite contre toutes les parties, mais régulièrement, à l'égard de l'une, et irrégulièrement à l'égard de l'autre, elle ne peut être accueillie ; la péremption étant indivisible, les exceptions personnelles à une partie profitent aux autres (V. Rép. n° 353, Bioche, n° 153). Il a été jugé : 1° que la péremption d'une instance doit nécessairement s'appliquer à toutes les contestations qui font l'objet de cette instance, et qui, tant qu'elles n'ont pas été disjointes, forment un litige indivisible ; qu'elle ne saurait être restreinte à la demande principale ; qu'en conséquence, elle ne peut être acquise qu'autant qu'elle est demandée contre toutes les parties en cause, même contre celles, par exemple, qui y auraient été simplement appelées en garantie par le défendeur (Pau, 11 mai 1853, aff. Fontan et Poze, D. P. 57. 2. 80); — 2° Que la demande de péremption étant indivisible doit, à peine de nullité, être dirigée contre toutes les parties en cause; mais qu'il appartient aux défendeurs à la demande en péremption, qui invoquent une pareille cause de nullité, d'établir, par la production de l'exploit introductif d'instance, que cette demande n'a pas été formée contre tous ceux qui, à l'origine, ont figuré dans le procès; et il ne saurait être suppléé à cette production par simples présomptions, notamment par celles que peuvent fournir les énonciations d'un projet ayant servi à la rédaction de l'exploit, sauf le cas où ledit exploit aurait été perdu par suite d'un événement de force majeure (Civ. cass. 3 août 1881, aff. Dumont, D. P. 82. 1. 195). Décidé, d'autre part : 1° que la demande en péremption étant indivisible, il suffit, pour qu'elle doive être rejetée à l'égard de toutes les parties en cause, qu'elle ait été introduite irrégulièrement contre une d'elles (Toulouse, 1er févr. 1867, aff. Boé et Montfort, D. P. 67. 2. 64). Dans l'espèce, la demande en péremption avait été régulièrement introduite, par requête, à l'égard de l'une des parties, mais irrégulièrement, par exploit, à l'égard des autres; — 2° Que la demande en péremption est nulle lorsque la copie remise à l'avoué du défendeur ne mentionne pas le mois et l'année où a eu lieu la signification; qu'il importe peu que la date de l'exploit soit indiquée dans une seconde copie délivrée au même avoué comme représentant une autre partie; qu'en pareil cas, l'indivisibilité de la demande principale a pour effet de faire bénéficier les deux parties de la nullité de la demande en péremption (Paris, 21 nov. 1871, aff. Commune de Nerville et de Presle, D. P. 72. 2. 72).

Art. 10. — *De la péremption devant les justices de paix* (Rép. n°s 362 à 380).

121. L'opinion émise au *Rép.*, n° 366, que les instances dans lesquelles le juge de paix n'a pas prononcé d'interlocutoire sont soumises, au point de vue de la péremption, aux règles posées par les art. 397 et suiv. c. pr. civ., dans ce qu'elles ont de compatible avec les formes suivies devant les justices de paix, est généralement adoptée par les auteurs (Boitard, Colmet-Daâge et Glasson, t. 1, p. 670, n° 619; Chauveau sur Carré, quest. 58. V. conf. Trib. paix Bayonne, 22 juin 1865, *Journal des huissiers*, t. 47, p. 207). « En présence de la volonté manifestée par le législateur d'imprimer la plus grande célérité aux procédures dans les justices de paix, disent MM. Poux-Lagier et Pialat sur Curasson *Traité de la compétence des juges de paix*, 4e édit., t. 1, p. 230, note 1, il est difficile d'admettre qu'elles ne seront soumises qu'à la prescription de trente ans ».

122. La péremption de quatre mois, fixée par l'art. 15 c. pr. civ., ne s'applique qu'aux instances dans lesquelles il y a eu un jugement interlocutoire : cet article ne saurait être étendu, on l'a dit au *Rép.* n° 367, aux jugements simplement préparatoires qui ne préjugent pas le fond (Allain, *Manuel encyclopédique des juges de paix*, 3e édit., t. 2, p. 833, n° 3082; Dutruc. v° *Justice de paix*, n° 240; Poux-Lagier et Pidart sur Curasson, *op. cit.*, t. 1, p. 229, n° 162). En ce sens, il a été décidé : 1° qu'un jugement qui nomme, du consentement des parties, un expert, à l'effet de donner son avis d'une part, sur la direction des travaux et exécuter pour l'exercice demandé par l'une des parties, sans contestation de la partie adverse, de la servitude d'écoulement établie par la loi du 10 juin 1854 relative au drainage et, d'autre part, sur le montant de l'indemnité à allouer au propriétaire du fonds traversé, est, non pas un jugement interlocutoire, mais un jugement purement préparatoire, qui, s'il est rendu par le juge de paix, ne tombe pas, dès lors, en péremption, à défaut de jugement définitif dans les quatre mois fixés par l'art. 15 c. pr. civ. (Civ. cass. 22 juin 1864, aff. Sauzéas, D. P. 64. 1. 342. V. *Rép.* v° *Jugement d'avant dire droit* n° 23 et suiv.) ; — 2° Qu'un jugement préparatoire rendu en justice de paix ne tombe pas en péremption à défaut de jugement définitif intervenu dans les quatre mois fixés par l'art. 15 c. pr. civ.; que l'on doit considérer comme tel le jugement qui se borne à ordonner une visite et une description de lieux sans préjuger le fond (Req. 19 mars 1884, aff. Roudat D. P. 85. 1. 212). — M. Glasson sur Boitard, Colmet-Daâge et Glasson, *op. cit.*, t. 1, p. 671, n° 619, estime, au contraire, que les mots *jugement interlocutoire* ne sont pas pris ici dans leur sens ordinaire, mais dans un sens plus large et comprend aussi les jugements préparatoires; que le législateur a eu en vue tout jugement d'avant dire droit qui ordonne une mesure d'instruction.

123. Le délai de la péremption, comme on l'a indiqué au *Rép.*, n° 369, ne court pas lorsque l'instance est suspendue. Il en est ainsi lorsqu'il n'a pas dépendu du demandeur d'obtenir jugement dans les quatre mois ; notamment, dans le cas où une inscription de faux ou une vérification d'écritures a été

renvoyée devant le tribunal d'arrondissement; de même lorsqu'il résulte d'un jugement interlocutoire rendu par un juge de paix que les mesures d'instruction ordonnées sont de nature à exiger, pour leur accomplissement, un délai de plus de quatre mois, et à créer, par là, une exception forcée à la disposition de l'art. 15 c. pr. civ. (Dutruc, v° *Justice de paix*, n° 246 ; Boitard, Colmet-Daâge et Glasson t. 1, p. 670, n° 619). Il a été jugé : 1° que la péremption interrompue par la révocation du juge de paix ne reprend son cours qu'à dater de l'installation de son successeur (Trib. civ. Montauban, 31 janv. 1833, cité par Dutruc, *op. cit.*, v° *Justice de paix*, n° 246). Cette décision suppose qu'il n'y avait pas de suppléant, ou que le suppléant ne pouvait siéger ; — 2° Qu'une instance devant le juge de paix, dans laquelle un interlocutoire a été rendu, n'est pas périmée faute d'avoir été vidée dans les quatre mois de ce jugement, si l'interlocutoire lui-même fait obstacle à ce que les vérifications ordonnées aient lieu dans ce délai, et si, par exemple, il prescrit des constatations successives, devant se faire à diverses époques déterminées dont la dernière est postérieure à l'expiration dudit délai : en ce cas, le délai de la péremption court, non à partir du jour de l'interlocutoire, mais à dater de la clôture du procès-verbal des opérations accomplies en vertu de ce jugement (Civ. rej. 27 août 1866, aff. De Lyoune, D. P. 66. 1. 377); — 3° Que lorsqu'un juge de paix a ordonné qu'une expertise serait faite à plusieurs époques successives qu'il a fixées, et dont la dernière est postérieure de plus de quatre mois à son jugement, le délai de quatre mois dans lequel, aux termes de l'art. 15 c. proc. civ., la cause doit être définitivement jugée sous peine de péremption de l'instance, ne commence à courir que du jour de la clôture du procès-verbal des experts (Req. 16 mars 1868, aff. De Bernety, D. P. 68. 1. 295); — 4° Que la disposition de l'art. 15 c. proc. civ., qui prescrit au juge de paix, dans le cas où un interlocutoire aura été ordonné, de rendre son jugement définitif dans les quatre mois à dater du jugement interlocutoire, ne s'applique qu'autant que les vérifications prescrites ne s'opposent pas à ce qu'il soit définitivement statué dans cet intervalle; que spécialement, lorsqu'à la suite d'une expertise effectuée en vertu d'un premier jugement interlocutoire, le juge de paix a, par une seconde décision rendue dans le délai de l'art. 15, ordonné un supplément d'expertise, le jugement définitif peut valablement intervenir s'il ne s'est pas écoulé quatre mois entre le dépôt du second rapport des experts et le jugement (Req. 20 mars 1878, aff. Courtin, D. P. 78. 1. 328); — 5° Que lorsque le juge de paix a ordonné qu'il serait procédé à autant de visites de lieux qu'il serait nécessaire et dont la dernière est postérieure de plus de quatre mois à son jugement, le délai de quatre mois fixé par l'art. 15 c. pr. civ., court non du jour du jugement, mais du jour du dépôt du rapport des experts (Civ. cass. 30 août 1880, aff. Clériot, D. P. 85. 5. 363); — 6° Qu'une instance devant le juge de paix, dans laquelle un interlocutoire a été rendu, n'est pas périmée faute d'avoir été jugée dans les quatre mois de ce jugement, si l'interlocutoire lui-même fait obstacle à ce que les vérifications ordonnées aient lieu dans ce délai, et si, par exemple, il prescrit une expertise définitive devant avoir lieu à une époque déterminée ; en ce cas, le délai de la péremption court, non à partir du jour de l'interlocutoire, mais à dater du dépôt du rapport des experts (Req. 16 févr. 1887, aff. Veuve Mazure D. P. 87. 1. 329).

Les arrêts du 27 août 1866 et du 16 mars 1868 admettent que le délai de quatre mois court, en cas d'expertise ordonnée, du jour de la clôture du procès-verbal d'expertise; tandis que les arrêts du 20 mars 1878, du 30 août 1880 et du 16 févr. 1887 décident que le délai court à partir du dépôt du rapport d'experts. Cette dernière solution nous paraît la plus juridique. Le dépôt du rapport au greffe met seul fin à la mission des experts (Lyon, 14 févr. 1856, aff. Grataloup, D. P. 56. 2. 229) ; et ce n'est qu'à partir de ce dépôt que commence, pour les parties, la faculté de mettre la cause en état afin d'obtenir jugement, et de faire cesser l'empêchement apporté à la solution du litige par l'interlocutoire qui a ordonné l'expertise. En effet, c'est seulement par le dépôt du rapport au greffe que les parties peuvent connaître que les experts ont achevé leur mission. La suspension du délai de quatre mois n'a lieu que lorsqu'il résulte d'une disposition du jugement et de la nature même des opérations ordonnées, que celles-ci ne peuvent utilement se faire dans le délai légal de quatre mois : en ce cas, mais en ce cas seulement, le délai de la péremption commence à courir du jour du dépôt du rapport des experts.

124. Devant la cour de cassation on a soutenu que par le mot « interlocutoire » dont se sert l'art. 15 c. proc. civ., il fallait entendre non la décision qui ordonne une mesure d'instruction, mais cette mesure elle-même, de façon que le délai de quatre mois, fixé par l'art. 15 c. proc. civ., ne commencerait à courir qu'à partir de l'exécution de la vérification ordonnée. Une telle interprétation est aussi contraire au texte de cet article qu'à la jurisprudence. La cour l'a repoussée et a posé, de nouveau, en principe, que l'instance portée devant un juge de paix est périmée faute d'avoir été vidée dans le délai de quatre mois à partir du jugement interlocutoire qui a ordonné des mesures d'instruction, s'il ne résulte pas de ce jugement lui-même que les vérifications ordonnées étaient de nature à exiger pour leur accomplissement un délai plus long (Civ. rej. 2 févr. 1882, aff. Commune de Nasbinals (Lozère) D. P. 83. 1. 149).

125. Le délai de la péremption est également suspendu quand c'est par le fait de la partie qui demande la péremption que l'interlocutoire n'a pu être suivi d'un jugement définitif dans le délai légal (Rép. n° 363);... par exemple dans le cas de diverses récusations proposées par le défendeur (Chauveau sur Carré, op. cit. Quest. 63).

126. En cas d'appel, qu'il soit interjeté par le demandeur ou par le défendeur, le délai de quatre mois ne commence à courir qu'à partir du jour où le jugement intervenu sur l'appel a été signifié à avoué, puisque, d'après l'art. 147 c. proc. civ., il n'est pas susceptible d'exécution tant que cette signification n'a pas eu lieu. Il a été décidé que le délai de quatre mois imparti au juge de paix pour rendre le jugement sur le fond du litige dans lequel est intervenu un interlocutoire, est nécessairement suspendu par l'appel qu'interjette une des parties contre l'interlocutoire; que, dès lors, le point de départ du délai de péremption est reporté non pas au jour du jugement à intervenir sur l'appel, mais au jour où ce jugement est signifié à avoué (Civ. rej. 25 nov. 1884, aff. Labet, D. P. 85. 1. 318 ; Dutruc, op. cit. v° Justice de paix, n° 148 ; Poux-Lagier et Pialat sur Curasson, op. cit., t. 1, p. 231, n° 163 ; Rousseau et Laisney, v° Juge de paix, n° 90).

127. En cas de désistement de l'appel pour cause d'incompétence du juge saisi, la péremption recommence à courir du jour de la citation en reprise d'instance (Dutruc, op. cit., v° Justice de paix, n° 249).

128. L'instance est suspendue par le décès d'une des parties. Le délai de péremption ne continue son cours qu'à partir de la reprise de l'instance ou après le délai de six mois à partir du jour du décès (Rép. n° 375). Cette solution est adoptée par les auteurs les plus récents (Allain, op. cit. t. 2, p. 834, n° 3085 ; Bioche, Dictionnaire des juges de paix, v° Péremption d'instance, n° 10 ; Dutruc, op. cit. v° Justice de paix, n° 243 ; Rousseau et Laisney, op. cit. v° Juge de paix, n° 86).

129. La plupart des auteurs estiment que lorsque, dans une même cause, il a été rendu par le juge de paix plusieurs jugements interlocutoires, c'est le premier de ces jugements qui sert de point de départ pour le délai de la péremption (Rép. n° 372). « Le texte de l'art. 15 c. proc. civ., dit M. Allain, op. cit. t. 2, p. 833, est trop positif à cet égard pour admettre le système qui fixe le point de départ du délai à la date du dernier jugement interlocutoire. Il n'en est pas de la prescription établie par cet article, comme de celle de trois ans qui, d'après l'art. 397 du même code, a lieu devant les tribunaux ordinaires ; pour opérer celle-ci, il faut une discontinuation de poursuites ; tout acte de procédure suffit pour l'interrompre. Ici, au contraire, ce n'est point au défaut de poursuites que l'art. 15 attache la péremption. Dans le cas d'un interlocutoire, le jugement définitif doit être rendu dans les quatre mois du jour de ce jugement ; autrement, il est nul. Ainsi, le délai de cette péremption n'est interrompu par aucun acte de procédure ; et comment un second, un troisième interlocutoire pourraient-ils l'interrompre, dès l'instant que la loi exige impérieusement que la cause soit jugée définitivement dans les quatre mois ? » (V. dans le même sens : Dutruc, op. cit.,

v° Justice de paix, n° 244 ; Bioche, Dictionnaire des juges de paix, v° Péremption d'instance, n° 9 ; Poux-Lagier et Pialat sur Curasson, op. cit., t. 1, p. 231, n° 164 ; Rousseau et Laisney, v° Juge de paix n° 84). Conformément à cette théorie, il a été jugé que le délai de quatre mois, dans lequel la cause doit être jugée par le juge de paix, dans les cas où un interlocutoire a été ordonné, à peine de péremption de l'instance, court du jour où un premier jugement interlocutoire a été rendu, et non pas de la date du dernier interlocutoire (Trib. civ. d'Angoulême, 12 juin 1871, aff. Billaud, D. P. 72. 1. 259). Mais le système opposé a été consacré par la cour de cassation (Civ. rej. 9 avr. 1884, aff. Legendre, D. P. 85. 1. 232); il s'appuie sur les motifs suivants : L'art. 15 c. proc. civ., porte que le délai de quatre mois court du jour *du jugement interlocutoire*; il ne dit pas *du premier jugement*. Il paraît équitable, d'autre part, si le juge a cru nécessaire, après avoir ordonné une première fois des vérifications qui ont pris un certain laps de temps, d'en prescrire de nouvelles, qu'on accorde quatre mois (ce délai n'est pas, en somme, excessif) pour y procéder, faire le rapport, examiner l'affaire et rendre le jugement. Il a été jugé que lorsque après avoir prescrit une expertise, le juge de paix ordonne une enquête, la péremption d'instance court, non du jour de la première sentence interlocutoire, mais à partir de la seconde qui a ordonné l'enquête. — Dans l'espèce, la situation était un peu spéciale. La mesure ordonnée par le second interlocutoire était nécessitée par un fait postérieur au premier jugement, puisque, l'expertise n'ayant pas été juge suffisante, on avait dû ordonner une enquête. De plus, en fait, une demande en garantie avait été formée dans l'intervalle contre un tiers par le défendeur, et c'était précisément sur cette demande que devait porter l'enquête. C'était encore là un fait postérieur à la première sentence et que ne pouvait prévoir celle-ci. L'arrêt, d'ailleurs, n'invoque pas cette circonstance, et pose nettement le principe que la seconde mesure constituait en réalité un second interlocutoire, qui faisait courir au profit du demandeur un nouveau délai de quatre mois pour juger définitivement la cause, aux termes de l'art. 15 c. proc. civ. Telle est aussi la décision de deux autres arrêts de la cour de cassation aux termes desquels, lorsque le juge de paix rend, dans la même affaire, plusieurs jugements interlocutoires, la péremption d'instance ne court qu'à partir du dernier de ces jugements (Req. 21 avr. 1885, aff. Pillost, D. P. 85. 1. 440; Civ. cass. 24 mai 1892, aff. Ribaute, D. P. 92. 1. 328. V. cass. 3 déc. 1890, aff. Bertrand, D. P. 91. 1. 105, cité infrà, n° 131).

130. Le délai de la péremption, ainsi qu'on l'a vu au Rép. n° 374 court à partir du jugement interlocutoire aussi bien dans le cas où il a été rendu par défaut que lorsqu'il est contradictoire. Si le juge de paix, en ordonnant une mesure d'instruction préjuge le fond, sa décision par défaut est tout aussi bien interlocutoire que si elle avait été rendue contradictoirement. Ce point est certain (V. Rép., v° Jugement d avant dire droit, n°s 2 et suiv.; su, rà, n° od. v°, n°s 14 et suiv. Conf. Civ. cass. 24 mai 1892, cité suprà, n° 129). Il y a donc lieu de lui appliquer l'art. 15. Ce qu'il faut seulement, et ceci est indispensable, à peine d'attenter à la sauvegarde due aux droits de la défense, c'est que le défendeur ait été régulièrement appelé à ce jugement, rendu ensuite en son absence.

131. Le délai, dans le cas d'interlocutoire par défaut, court du jour même du jugement, et non du jour de sa signification. Il n'y a lieu de lui appliquer la maxime: Paria sunt non esse et non significari (V. Réq. 2 août 1887, aff. Davidson, D. P. 88. 1. 17). Assurément, quand il s'agit d'exécuter un jugement, c'est-à-dire d'arriver à des actes de contrainte, ou de le rendre définitif, en faisant courir les délais de recours, la signification est indispensable; et, dans cette acception, on peut dire que le jugement non signifié à la partie perdante n'est vis-à-vis d'elle comme s'il n'était pas. Mais ce n'est pas à dire qu'on ne pourra tirer aucune conséquence juridique quelconque d'un jugement non signifié. Or, il ne s'agit, ni d'étendre tout recours contre une décision de défaut, ni de poursuivre le perdant en vertu de ce jugement. Il s'agit simplement de déduire d'un fait juridique certain, à savoir la prononciation d'un jugement interlocutoire, un effet de pur droit, procurant une simple défense contre une exception de péremption prétendue. La nécessité de signifier le jugement, pour en tirer ce parti restreint et tout spécial, n'est imposée par aucun article de loi. C'est, d'ailleurs, à la vigilance du juge de paix lui-même que s'adresse l'art. 15. Ce qu'il recommande à ce juge, c'est de ne pas commettre la faute, quand il a rendu un interlocutoire, de rester plus de quatre mois sans vider le fond. — Il a été jugé, conformément à ces principes, que, lorsque après un premier jugement interlocutoire par défaut ordonnant un transport sur les lieux avec expertise et enquête concomitantes, le juge de paix a rendu sur les lieux un nouveau jugement qui, vu l'absence des témoins à entendre et le refus d'un des experts d'accepter la mission à lui confiée, renvoie à une date ultérieure l'exécution des mesures d'instruction prescrites par le premier jugement, cette seconde décision constitue une décision interlocutoire qui, bien qu'intervenue également par défaut, et non signifiée au défendeur, est susceptible de produire effet contre lui à certains égards, dès lors que ledit défendeur avait été mis en demeure d'être présent au moment où il a été rendu par la signification qui lui avait été faite du premier jugement, avec sommation de comparaître sur les lieux au jour indiqué d'abord pour les opérations; que, spécialement, la seconde décision dont il s'agit peut et doit être prise pour point de départ du délai de quatre mois dans lequel, à peine de péremption, le juge saisi est tenu de rendre son jugement sur le fond; qu'en conséquence, le jugement sur le fond est valable, alors même qu'au moment où il est rendu, plus de quatre mois se sont écoulés depuis la première décision d'avant faire droit, si la seconde décision interlocutoire remonte à un délai moindre (Civ. cass. 3 déc. 1890, aff. Bertrand, D. P 91. 1. 105).

132. La question de savoir quelle est la portée de ces expressions de l'art. 15 c. proc. civ.: « L'instance sera périmée de plein droit si la péremption est couverte par la continuation des procédures devant le juge de paix » a soulevé de vives controverses, qui ont été exposées au *Rép.* n° 377. Il est certain, tous les auteurs sont d'accord sur ce point, que l'une des parties peut demander la péremption, alors même qu'après l'époque où elle s'est trouvée acquise, l'autre partie aurait fait des actes de procédure : ici ne s'applique pas l'art. 399 c. proc., relatif à la péremption des instances engagées devant les tribunaux d'arrondissement et d'appel. Mais une partie peut-elle conclure à la péremption de l'instance, après une continuation de procédure qui serait son œuvre? Dans une première opinion on fait remarquer que l'art. 15, après avoir dit que l'instance sera périmée de droit, dispose en même temps que le jugement intervenu sera annulé sur le réquisition de la partie intéressée, et l'on soutient que la loi révèle par là sa volonté de tenir l'instance pour périmée, même dans le cas où les procédures auraient été continuées de part et d'autre, et l'affaire jugée, puisqu'elle accorde à la partie intéressée le droit de poursuivre, par appel, la nullité du jugement, par cela seul qu'il a été rendu en dehors des délais légaux (V. Poux-Lagier et Pialat sur Curasson *op. cit.*, p. 232, n° 165). — Un second système enseigne que la reprise des procédures, après la péremption acquise, emporte renonciation tacite au bénéfice de cette péremption, renonciation, d'ailleurs, valable, les parties étant libres de consentir à être jugées après le délai établi par l'art. 15, et le juge, placé en présence d'un tel consentement, ne pouvant déclarer d'office l'extinction de l'instance. L'art. 15, qui porte que l'instance sera périmée de droit, signifie donc seulement que les actes de procédure postérieurs à l'expiration du délai ne couvrent pas la péremption, lorsqu'ils sont émanés de la partie contre laquelle la péremption est demandée, comme ils le font devant les tribunaux d'arrondissement et les cours d'appel. En justice de paix, il n'est pas besoin que la demande soit formée avant ces actes, comme le veut l'art. 399 c. proc. La péremption pourra même être demandée après le jugement rendu postérieurement au délai légal, pour faire annuler ce jugement; mais c'est à la condition que la partie qui se prévaut de cette nullité n'aura pas participé à la procédure sur laquelle le jugement est intervenu (Chauveau sur Carré, *op. cit.*, quest. 68).

La jurisprudence est favorable à cette dernière opinion. Toutefois, elle ne se contente pas d'une simple continuation de la procédure périmée. Pour que l'extinction de cette procédure ne puisse plus être demandée, elle exige qu'il y ait eu, de la part de celui qui la poursuit, des actes impliquant nécessairement sa volonté de renoncer à la péremption qui lui était acquise. La péremption n'est donc pas couverte par cela seul que les deux parties ont laissé prononcer la décision définitive. Ce jugement demeure exposé, malgré cette continuation de procédure, aux conséquences de la péremption produite de droit par l'expiration du délai, et la nullité peut en être demandée, conformément à l'art. 15 proc., même par la partie de laquelle émanent les actes de procédure invoqués pour la couvrir. D'ailleurs, une renonciation formelle, un acte constatant la soumission volontaire des parties à être jugées malgré la péremption, ne sont pas nécessaires. La renonciation, qui est expresse quand elle se manifeste sous forme de conclusions après la prorogation, ou quand il y a consentement exprès à être jugé (V. *infrà*, n° 133), peut également s'induire d'une citation faite, en justice de paix, pour suivre l'instance. La partie qui prend ainsi l'initiative de la procédure, et ne se borne pas à obéir aux citations qu'elle reçoit elle-même, renonce tacitement, mais nécessairement, à faire déclarer éteinte une instance qu'elle fait renaître elle-même (V. Rousseau et Laisney, v° *Juge de paix*, n° 89). En ce sens, il a été jugé que la péremption édictée pour les instances de justice de paix par l'art. 15 c. proc., n'est, à la différence de celle prévue par l'art. 397 c. proc., ni suspendue, ni couverte par un simple acte de procédure, même émané de la partie qui demande cette péremption; elle ne peut être repoussée que par l'effet d'une renonciation résultant soit d'une citation devant le juge de paix, afin de suivre l'instance, soit de conclusions à fin de prorogation, soit d'un acte renfermant le consentement de la partie à être jugée nonobstant la péremption acquise; qu'ainsi, la partie qui, après le délai de péremption, s'est bornée à signifier le procès-verbal d'une contre-enquête à laquelle il avait été procédé à sa diligence en vertu de l'interlocutoire, conserve le droit d'invoquer cette péremption, une semblable signification constituant de sa part un simple acte de procédure, et non une renonciation au bénéfice de l'art. 15 c. proc. (Civ. rej. 17 déc. 1860, aff. Mutel-Février, D. P. 61. 1. 32).

133. La péremption d'instance est couverte par le consentement exprès des parties à ce que le jugement soit rendu après quatre mois à compter de l'interlocutoire (*Rép* n° 377). La raison en est que le délai est fixé, quant à son *maximum*, principalement dans l'intérêt des parties. Mais les parties ne peuvent abréger, d'accord entre elles, le délai de quatre mois, car il ne saurait dépendre d'elles d'enlever au juge le laps de temps que la loi a cru lui être nécessaire pour instruire la cause et l'examiner dans tous ses détails. En effet, si l'instance est périmée par la faute du juge, ce dernier est passible de dommages-intérêts. Il ne doit donc pas précipiter sa décision, et si les parties convenaient de l'y amener, leur convention serait nulle, comme illicite (V. Allain, *op. cit.*, t. 2, p. 834. n° 2084; Bioche, n° 8; Dutruc, v° *Justice de paix*, n° 252). Par application de ces principes, il a été jugé : 1° que la péremption édictée pour les instances de justice de paix par l'art. 15 c. proc. civ., est d'ordre public; que, par suite, l'instance peut être valablement prorogée du consentement commun des parties, au delà du délai de quatre mois à compter du jugement interlocutoire (Civ. 19 juin 1877, aff. Dame Anglade, D. P. 79. 1. 123); — 2° Que les parties ne peuvent abréger, d'accord entre elles, le délai de quatre mois imparti au juge de paix pour rendre le jugement sur le fond du litige dans lequel est intervenu un interlocutoire (Civ. rej. 25 nov. 1884, aff. Labet, D. P. 85. 1. 318).

134. On a soutenu au *Rép.* n° 376, l'opinion, qu'après l'expiration du délai de quatre mois, le juge de paix peut rendre un jugement pour se déclarer incompétent, par le motif que la loi, en prononçant la peine de la péremption, suppose nécessairement une instance de la nature de celles qui sont de la compétence d'un tribunal de paix. Telle est aussi la doctrine enseignée par la plupart des auteurs (Dutruc, *op. cit.*, v° *Justice de paix*, n° 250; Bioche, v° *Péremption d'instance*, n° 6; Allain, *op. cit.*, t. 2, p. 834, n° 3084. — *Contrà*, Rousseau et Laisney, *op. cit.*, v° *Juge de paix*, n° 91).

135. La péremption n'est pas acquise si l'interlocutoire a été prononcé par un juge incompétent; car tout acte émané d'un juge incompétent est considéré comme non avenu, et dès lors, il ne peut produire l'effet de faire courir la péremption (Chauveau sur Carré, *op. cit.*, quest. 60; Rousseau et Laisney, *op. cit.*, v° *Juge de paix*, n° 88).

136. La péremption ne court à partir du jugement interlocutoire, qu'autant qu'il a été rendu sur le fond, et non sur un incident. Le jugement interlocutoire rendu sur un simple incident se rattache à cet incident qui, n'étant pas lui-même un interlocutoire, ne peut tomber sous l'application de l'art. 15 c. proc. civ. (*Rép.* n° 373). La doctrine est fixée en ce sens. V. Rousseau et Laisney, *op. cit.*, v° *Juge de paix*, n° 82; Bioche, *Dictionnaire des juges de paix*, v° *Péremption d'instance*, n° 17; Dutruc, *op. cit.*, v° *Justice de paix*, n° 238; Poux-Lagier et Pialat sur Curasson, *op. cit.*, t. 1, p. 230, n° 163.

137. L'application de l'art. 15 se conçoit facilement lorsque l'interlocutoire est rendu sur les conclusions du demandeur. Si la mesure d'instruction que le demandeur a provoquée, à l'appui de son action, n'est pas vidée dans le délai prescrit pour le jugement définitif, il doit s'imputer une négligence qui a pour conséquence légitime l'extinction de son instance. — Mais que doit-on décider quand l'interlocutoire a été ordonné à la requête et dans l'intérêt du défendeur qui a fait, par exemple, une offre de preuve, soit pour combattre l'action dirigée contre lui, soit à l'appui d'une demande reconventionnelle? L'inexécution de cet interlocutoire dans le délai légal ne frappe-t-elle de péremption que la procédure engagée à la diligence du défendeur, en laissant subsister la demande à l'appui de laquelle aucune mesure d'instruction n'a été ni réclamée ni ordonnée? L'art. 15, édicté dans le but d'accélérer le jugement des affaires de justice de paix, prononce la péremption de toute l'instance, quand un interlocutoire a été ordonné, qu'il n'a pas été exécuté dans les quatre mois. Or, il n'est pas douteux que l'offre de preuve qui, de la part du défendeur, a donné lieu au jugement interlocutoire, est un des éléments de l'instance dans le cours de laquelle elle a été faite, et n'est pas le principe d'une instance nouvelle et distincte, servit-elle de base à une demande reconventionnelle. La péremption frappe donc la procédure du demandeur comme celle qui est née du jugement requis par le défendeur. D'ailleurs, le demandeur n'est pas recevable à prétendre qu'il est victime de la négligence de son adversaire, car il a toujours le pouvoir de faire marcher l'instance, soit en poursuivant l'exécution de l'interlocutoire, soit en revenant à l'audience sur le jugement définitif, s'il pense que cet interlocutoire est inutile au succès de sa demande. — Conformément à cette théorie, il a été jugé que l'inexécution, dans les quatre mois fixés par l'art. 15 c. proc. civ., d'un interlocutoire émané d'un juge de paix, entraîne la péremption de l'instance, encore que cet interlocutoire ait été rendu sur une offre de preuve faite, non par le demandeur, mais par le défendeur, et à l'appui d'une demande reconventionnelle : on dirait vainement que la péremption ne doit atteindre, en ce cas, que la procédure engagée dans l'intérêt du défendeur, le demandeur ayant à s'imputer de n'avoir pas provoqué l'exécution de l'interlocutoire, ou, du moins, poursuivi l'audience en temps utile ; que spécialement, lorsque le défendeur à une action possessoire a été admis à prouver reconventionnellement sa possession annale de l'immeuble litigieux, la péremption résultant de l'inexécution de l'interlocutoire dans le délai fixé par l'art. 15 c. proc. civ., frappe l'instance possessoire tout entière, et non pas seulement la procédure commencée par

suite de cet interlocutoire, à la requête du défendeur (Req. 15 mars 1859, aff. Musellec frères, D. P. 60. 1. 19).

138. Lorsque le jugement interlocutoire rendu par le juge de paix, et à partir duquel court le délai de la péremption, est frappé d'appel, et que le tribunal d'appel, après avoir infirmé la décision interlocutoire, évoque le fond, l'art. 15 c. proc. civ. devient inapplicable, l'instance étant alors soumise à la même péremption que toute autre instance engagée devant ce tribunal (Chauveau sur Carré, *op. cit.*, quest. 65 *bis*). Décidé, en ce sens, que l'art. 15 c. proc. civ., qui déclare l'instance périmée de droit dans le cas où, un interlocutoire ayant été ordonné, la cause n'a pas été jugée définitivement au plus tard dans le délai de quatre mois du jugement interlocutoire, n'est applicable qu'aux jugements émanés des juges de paix, et non aux jugements rendus en appel par les tribunaux de première instance; qu'en conséquence, il n'est pas nécessaire que le jugement prononçant un interlocutoire en appel soit suivi dans les quatre mois, d'un jugement définitif (Civ. cass., 11 août 1874, aff. D'Eichtal, D. P. 76. 1. 308).

Mais lorsque, en cas de confirmation de la décision interlocutoire, les parties sont renvoyées devant le juge de paix, pour qu'il soit procédé à l'exécution de cet interlocutoire, le délai fixé par l'art. 15 recommence à courir, et il part de la signification à avoué du jugement qui a prononcé le renvoi. Cette solution est vraie même lorsque le tribunal d'appel a rendu une nouvelle décision interlocutoire, et que c'est à l'exécution de cette décision, et non à celle de l'interlocutoire émané du juge de paix, qui se trouvait infirmé, qu'il y a à procéder devant le juge de renvoi. Il suffit que les parties se trouvent en justice de paix pour que l'art. 15 c. proc. civ. reprenne son empire. — Jugé, conformément à ces principes, que la péremption établie par l'art. 15 c. proc. civ., à l'égard des instances engagées devant les juges de paix, lorsque, après un jugement interlocutoire, l'affaire n'a pas été jugée dans le délai de quatre mois à partir de ce jugement, s'applique non seulement au cas où l'interlocutoire émane du juge de paix lui-même, mais encore à celui où il a été rendu par le tribunal d'appel qui a renvoyé l'affaire devant lui, après infirmation d'une précédente sentence de justice de paix (Civ. rej. 17 déc. 1860, aff. Mutel-Février, D. P. 61. 1. 32).

139. La péremption d'instance devant les juges de paix, n'emporte pas extinction du droit. Si donc la partie est à temps de renouveler l'action, si, en matière possessoire, par exemple, il ne s'est pas encore écoulé une année depuis le trouble, le demandeur peut ressaisir le juge de paix par nouvelle citation (*Rép.* n° 364; Poux-Lagier et Pialat sur Curasson, *op. cit.*, p. 229, n° 161; Rousseau et Laisney, *op. cit.*, v° *Juge de paix*, n° 82; Boitard, Colmet-Daäge et Glasson, *op. cit.*, t. 1, p. 670, n° 619; Allain, *op. cit.*, t. 2, p. 833, n° 3081).

140. La péremption d'une instance de justice de paix, non terminée dans les quatre mois de l'interlocutoire ordonné durant cette instance, est indivisible, et, par conséquent, l'instance est périmée, même quant aux chefs de contestation étrangers à l'interlocutoire (Req. 15 mars 1859, aff. Musellec frères, D. P. 60. 1. 19. V. *suprà*, n° 137).

141. Aux termes de l'art. 15, c. proc. civ., lorsque l'instance est périmée par la faute du juge, il est passible de dommages-intérêts (*Rép.* n° 379). « Il suit de là, disent MM. Boitard, Colmet-Daäge et Glasson, *op. cit.*, t. 1, p. 671, n° 619, que la péremption de quatre mois s'applique dans le cas même où les parties auraient mis la cause en état d'être jugée, dans le cas où l'instruction serait faite, la défense présentée et où le retard ne viendrait que du juge : seulement, les parties auraient alors contre le juge la voie indiquée par l'art. 505, § 3, la voie de la prise à partie, à l'effet d'obtenir des dommages-intérêts que leur accorde l'art. 15 ».

Table sommaire

des matières contenues dans le Supplément et le Répertoire.

(Les chiffres précédés de la lettre S renvoient au Supplément; les chiffres précédés de la lettre R renvoient au Répertoire.)

Table des articles du code de procédure civile

Table chronologique des Lois, Arrêts, etc.

PERMIS DE CHASSE. — V. outre les renvois indiqués au *Répertoire*, *suprà*, vᶦˢ *Chasse*, nᵒˢ 244 et suiv. ; *Faux*, nᵒˢ 323 et 326.

PERQUISITION. — V. outre les renvois indiqués au *Répertoire*, *suprà*, vᶦˢ *Arme*, nᵒ 15; *Echelles du Levant et de Barbarie*, nᵒ 59; *Faux*, nᵒˢ 398 et suiv.; *Industrie et commerce*, nᵒ 495 ; et *infrà*, vᶦˢ *Postes et télégraphes*, et *Rép.* eod. vᵒ, nᵒˢ 67, 112 et suiv., 123 ; *Prescription criminelle*, et *Rép.* eod. vᵒ, nᵒ 107; *Procédure criminelle*; *Procès-verbal*, et *Rép.* eod. vᵒ, nᵒˢ 59 et suiv., 388 et suiv., 561 et suiv.

PERSONNE CIVILE OU MORALE. — V. outre les renvois indiqués au *Répertoire*, *suprà*, vᶦˢ *Action*, nᵒˢ 39, 56 et 61; *Brevet d'invention*, nᵒ 83; *Cautionnement*, nᵒ 106; *Contrainte par corps*, nᵒ 51 ; *Contrat de mariage*, nᵒˢ 169 et 325; *Culte*, nᵒˢ 306 et suiv., 278, 287, 405 et suiv., 413 et suiv., 444; *Droits civils*, nᵒˢ 132, 177; *Etablissement public*, nᵒ 5; *Exploit*, nᵒ 123; *Hospices-hôpitaux*, nᵒ 13; *Jugement*, nᵒˢ 288 et 291; *Lois*, nᵒ 431; *Obligations*, nᵒ 1478; et *infrà*, vᶦˢ *Presse-outrage*, et *Rép.* eod. vᵒ, nᵒˢ 1120 et suiv.; *Substitution*; *Succession*.

PERSONNE INTERPOSÉE. — V. outre les renvois indiqués au *Répertoire*, *suprà*, vᶦˢ *Dispositions entre vifs ou testamentaires*, nᵒˢ 109 et suiv., 155 et suiv., 243, 264; *Forfaiture*, nᵒ 59 ; et *infrà*, vᶦˢ *Privilèges et hypothèques*, et *Rép.* eod. vᵒ, nᵒ 1073; *Société*, et *Rép.* eod. vᵒ, nᵒ 281 ; *Servitude*; *Succession*, et *Rép.* eod. vᵒ, nᵒˢ 334 et 377; *Usufruit*, et *Rép.* eod. vᵒ, nᵒ 59; *Vente*, et *Rép.* eod. vᵒ, nᵒˢ 466, 2008 et suiv.; *Vente publique d'immeubles*, et *Rép.* eod. vᵒ, nᵒˢ 1635, 1652 et suiv.

PERTE DE LA CHOSE DUE. — V. outre les renvois indiqués au *Répertoire*, *suprà*, vᶦˢ *Dépôt*, nᵒˢ 21, 67 ; *Force majeure*, nᵒˢ 27 et suiv. ; *Louage*, nᵒˢ 109 et suiv., 123, 206; *Louage à colonnage partiaire*, nᵒ 20; *Louage d'ouvrage et d'industrie*, nᵒˢ 72 et suiv.; *Obligations*, nᵒˢ 1239 et suiv., et *infrà*, vᶦˢ *Prêt*, et *Rép.* eod. vᵒ, nᵒˢ 196 et suiv.; *Privilèges et hypothèques*, et *Rép.* eod. vᵒ, nᵒˢ 1329 et suiv.,

1884, 2563 et suiv., 2573 ; *Société*, et *Rép.* cod. v°, n°ˢ 287, 332 et suiv., 431, 581, 676 et suiv. ; *Surenchère*, et *Rép.* eod. v°, n° 397 ; *Usufruit*, et *Rép.* eod, v°, n°ˢ 198 et suiv., 546 et suiv., 653 et suiv., 720 ; *Vente*, et *Rép.* eod. v°, n°ˢ 553 et suiv., 966 ; *Vente publique d'immeubles*, et *Rép.* eod. v°, n°ˢ 1798 et suiv., 1910 et suiv. ; *Vice rédhibitoire*, et *Rép.* eod. v°, n°ˢ 136 et suiv., 254, 265 et 277.

PESAGE. — V. outre les renvois indiqués au *Répertoire*, *suprà*, v^{ᵃ} *Commerçant*, n° 135 ; et *infrà*, v^{ˣ} *Poids et mesures*, et *Rép.* eod. v°, n°ˢ 92 et suiv. ; *Scellés et inventaire*, et *Rép.* eod. v°, n° 240 ; *Sel*, et *Rép.* eod. v°, n°ˢ 55 et suiv. ; *Société*, et *Rép.* eod. v°, n° 203 ; *Vente*, et *Rép.* eod. v°, n°ˢ 268 et suiv., 278 et suiv., 730 ; *Vice rédhibitoire*, et *Rép.* eod. v°, n° 106.

PÉTITION

1. — I. Dᴇꜱ ᴘÉᴛɪᴛɪᴏɴꜱ ᴀᴅʀᴇꜱꜱÉᴇꜱ ᴀᴜx ᴄʜᴀᴍʙʀᴇꜱ ʟÉɢɪꜱʟᴀᴛɪᴠᴇꜱ (*Rép.* n°ˢ 4 à 16). — 1° *Du droit de pétition.* — On a exposé au *Répertoire* l'historique du droit de pétition depuis 1789 jusque sous l'empire de la constitution de 1852. Bien que les lois constitutionnelles de 1875 n'en fassent pas mention, ce droit n'en a pas moins continué à être reconnu à tout citoyen, comme un droit naturel qu'un texte formel pourrait seul abolir. C'est, d'ailleurs, ce qui ressort de la loi du 22 juill. 1879 (D. P. 79. 4. 65), relative au siège du pouvoir exécutif et des deux Chambre¬ à Paris, dont l'art. 6 porte que « toute pétition à l'une ou à l'autre des Chambres ne peut être faite que par écrit, etc... » (V. *infrà*, n° 7).

2. La question a été examinée au *Rép.*, n°ˢ 9 et 12, de savoir si les pétitions doivent être seulement *individuelles* ou peuvent être *collectives*. Aucune disposition de loi n'interdit les pétitions *collectives*, les règlements intérieurs du Sénat (art. 97) et de la Chambre des députés (art. 61) prévoient au contraire le cas où des pétitions seraient couvertes de plusieurs signatures. Mais ces pétitions collectives ne doivent pas émaner de corps con¬titués après avoir été l'objet d'une délibération régulière, tels que des conseils municipaux. C'est ce qui ressort des discussions qui eurent lieu sur des pétitions de ce genre le 21 mai 1851 à l'Assemblée législative et le 13 mai 1871 à l'Assemblée nationale, discussions qui reconnaissent à chaque pétitionnaire le droit de faire suivre sa signature de sa qualité de conseiller municipal, à condition de ne pas pétitionner comme représentant de la commune (Poudra et Pierre, *Traité pratique du droit parlementaire*, n° 1517).

3. Il ressort également d'une circulaire du ministre de la justice du 3 juin 1862 (D. P. 62. 3. 86) que les corporations d'officiers ministériels et d'officiers publics ne peuvent, non plus que leurs chambres de discipline..., ni transmettre directement au conseil d'État, au Corps législatif ou au Sénat, des mémoires contenant des observations, explications ou critiques délibérées en commun et spontanément sur des lois en discussion ou sur des modifications de législation demandées dans leur intérêt ; ... ni surtout solliciter l'adhésion des autres corporations de la même profession pour donner à l'envoi de leurs mémoires le caractère d'une démarche collective ; ... sauf le droit de ces corporations de faire parvenir l'expression de leurs vœux à l'autorité supérieure par la voie hiérarchique, c'est-à-dire par l'entremise des parquets et du garde des sceaux.

4. Les fonctionnaires de tout ordre ne peuvent pas davantage s'associer, soit collectivement, soit même individuellement à des pétitions politiques dirigées contre les actes des Chambres ou du Gouvernement (Poudra et Pierre, *op. cit.*, 1879-80, n° 1517 suppl.).

5. Le droit de pétition étant un droit naturel peut être exercé par tout individu, quel qu'il soit : par des femmes, des mineurs, des tiers (*Rép.* n° 15). Ce droit a été reconnu aux étrangers, même résidant à l'étranger ; cela ressort des discussions qui ont eu lieu au Sénat le 28 avr. 1863 et à l'Assemblée nationale le 1ᵉʳ avr. 1871 (Poudra et Pierre, *loc. cit.*, n° 1521). Des Français, sou¬ le coup d'une loi de bannissement, peuvent également adresser des pétitions¬ aux Chambres (Pétition des princes d'Orléans en 1870, *op. cit.*, n° 1519).

6. Il n'est même pas nécessaire d'avoir la jouissance des droits civils et politiques pour pouvoir pétitionner aux

Chambres ; ainsi le droit de pétition a été reconnu, à diverses reprises, à des condamnés à l'emprisonnement, aux travaux forcés ou à la détention (Poudra et Pierre, *op. cit.*, n° 1520).

7. — 2° *Forme et dépôt des pétitions.* — Les pétitions adressées aux Chambres ne sont pas assujetties à un timbre, a-t-on dit au *Rép.* n° 14 (L. du 13 brum. an 7, art. 16).

— Elles doivent être rédigées par écrit (L. 22 juill. 1879), imprimées ou manuscrites, mais doivent être signées des pétitionnaires, avec l'indication de la demeure de ceux-ci ou au moins de l'un d'eux (Règlement du Sénat, art. 97, et de la Chambre des députés, art. 61). — En ce qui concerne les pétitions imprimées, une circulaire du préfet de la Haute-Vienne, du 5 avr. 1879 (Poudra et Pierre, *op. cit.*, n° 1522, suppl.), interdit la circulation des pétitions imprimées à l'avance et colportées à l'état de formules uniformes.

8. Les signatures des pétitionnaires doivent être légalisées par le maire et, au cas où celui-ci s'y refuserait, il devrait mentionner ce refus à la suite de la pétition (art. 97 et 61 cités *suprà*, n° 7.) — Un maire ne peut refuser de légaliser une signature, quelle que soit la nature de la pétition ; mais il doit exiger qu'elle soit apposée devant lui ou tout ou moins que la véracité de chacune d'elles prise individuellement soit certifiée par deux témoins qui déclarent l'avoir vu apposer librement (Circ. 5 avr. 1879 citée *suprà*, n° 7). — Il est de jurisprudence parlementaire que, hors le cas de refus de légalisation (refus qui doit être mentionné), une pétition dont les signatures ne sont pas légalisées doit être tenue pour non avenue. Lorsque toutes les signatures ne sont pas légalisées directement, on ne tient compte que de celles qui sont suivies d'une légalisation spéciale (Poudra et Pierre, *op. cit.* suppl., n° 1522 *ter*).

9. Les pétitions doivent être adressées aux présidents de l'une ou de l'autre Chambre mais elle peuvent être déposées entre les mains d'un des secrétaires par un sénateur ou un député, qui fait en marge mention du dépôt et contresigne cette mention (art. 97 et 61 cités *suprà*, n° 7). Les pétitions ne peuvent jamais être déposées à la tribune (Poudra et Pierre, *op. cit.*, n° 1523). — Une pétition apportée ou transmise par un rassemblement formé sur la voie publique ne pourrait être reçue par le président du Sénat ou de la Chambre des députés ni déposée sur le bureau (Art. 97 et 61 précités ; L. 22 juill. 1879, art. 6).

10. — 3° *Examen des pétitions.* — Les pétitions sont inscrites dans l'ordre de leur dépôt sur un rôle général, qui en contient l'analyse sommaire ainsi que les noms et domiciles des pétitionnaires ; puis elles sont renvoyées à la commission des pétitions (Règlement du Sénat, art. 98 et suiv. ; de la Chambre des députés, art. 62 et suiv.). Celle-ci, après un examen sommaire, prend l'un des trois partis suivants : ou elle ordonne le renvoi au ministre compétent, ou elle soumet la pétition à l'examen de la Chambre, ou elle la rejette purement et simplement. Toutefois, même dans ce dernier cas, tout membre de l'une ou l'autre Chambre a le droit de demander dans le délai d'un mois le rapport de la pétition en séance publique et la commission ne peut s'y refuser (Règlement, *ibid.*). — Les pétitions sont rapportées sommairement à la tribune, à moins que la lecture intégrale n'en soit ordonnée (*Ibid.*). Elles peuvent être l'objet d'un ordre du jour pur et simple, d'un ordre du jour motivé avec renvoi au ministre, ou de la question préalable (*Ibid.*). Lorsqu'elles ont été renvoyées aux ministres compétents, ceux-ci doivent, dans le délai de six mois, faire connaître aux Chambres la suite qu'ils y ont donnée (*Ibid.*).

11. — II. Dᴇꜱ ᴘÉᴛɪᴛɪᴏɴꜱ ᴀᴅʀᴇꜱꜱÉᴇꜱ ᴀᴜ ᴘᴏᴜᴠᴏɪʀ ᴇxÉᴄᴜᴛɪꜰ ᴇᴛ ᴀ ꜱᴇꜱ ᴀɢᴇɴᴛꜱ (*Rép.* n°ˢ 17 à 24). — Ainsi que nous l'avons dit au *Rép.*, n° 17, aucune loi ni aucun décret ne détermine les formes des pétitions adressées au chef du pouvoir exécutif.

12. Aux termes de l'art. 12-1°, § 9, de la loi du 13 brum. an 7, « les pétitions et mémoires, même en forme de lettres, présentés au directoire exécutif, aux ministres, à toutes autorités constituées, aux commissaires de la trésorerie nationale, à ceux de la comptabilité nationale, aux directeurs de la liquidation générale et aux administrations ou établissements publics, doivent être revêtues du timbre de dimension » (V. en ce sens, Instr. adm. enreg. 27 fruct. an 10, n° 72 ; 6 mars 1812, n° 565 ; 20 févr. 1817, n° 765 ; 24 sept

1829, n° 1291; 30 avr. 1837, n° 1399, § 1; 25 avr. 1849, n° 1834, D. P. 49. 3. 74). Les pétitions non timbrées seront renvoyées au pétitionnaire qui pourra, en outre, être déclaré passible de l'amende de 5 fr. portée par l'art. 10 de la loi du 16 juin 1824, indépendamment du payement du décime et du droit de timbre (Mêmes instructions). L'instruction précitée du 25 avr. 1849 contient une énumération des exemptions de timbre accordées par la législation.

13. Lors de la discussion à l'Assemblée nationale de la loi du 23 août 1871 sur le timbre (D. P. 71. 4. 54), il avait été proposé d'édicter une amende de 50 fr. applicable aux contraventions à l'art. 12 de la loi de brumaire. Cette disposition fut écartée sur l'observation du rapporteur de la commission que la pénalité spéciale proposée existait déjà dans la loi du 2 juill. 1862, relative au timbre de dimension, art. 22 (D. P. 62. 4. 60. — D. P. 71. 3. 73, note 5. — Circ. min. int. 18 sept. 1871, D. P. 71. 3. 94). Mais il a été constaté que les pétitions et demandes adressées aux administrations publiques sont généralement écrites sur papier non timbré; l'Assemblée, par la voix du rapporteur du projet de loi en discussion, a exprimé le vœu que les observations échangées aient pour effet de rappeler les administrations à l'exécution de la loi; le Gouvernement s'est trouvé ainsi mis en demeure de tenir désormais la main à ce que l'impôt du timbre soit aussi régulièrement acquitté pour les pétitions et demandes adressées aux services publics que pour tous les autres actes qui y sont assujettis (Même circulaire du 18 sept. 1871). — Le ministre de l'intérieur a pris, en conséquence, pour règle absolue, de renvoyer à son auteur toute demande ou pétition qui lui parviendrait, de quelque manière que ce soit, sur papier non timbré et il a invité les préfets à faire également observer cette règle en ce qui concerne les préfectures et les fonctionnaires placés sous leurs ordres (Même circulaire).

14. La disposition de l'art. 12 de la loi du 13 brum. an 7, relative au timbre des pétitions, n'est point applicable aux mémoires et à la correspondance adressées par les chambres de commerce, soit au ministre, soit à l'administration des Douanes, pour des demandes ou réclamations d'un intérêt général (Instr. adm. enreg. 24 sept. 1829, n° 1291; 25 avr. 1849, n° 1834, D. P. 49. 3. 74). Décidé, à cet égard, que les communications de toute nature que les chambres de commerce, ainsi que les chambres consultatives des arts et manufactures, entretiennent avec l'autorité, soit d'office, soit sur la demande de l'Administration, sont exemptes du timbre lorsqu'elles n'ont trait qu'aux intérêts généraux du commerce et de l'industrie (Décis. min. fin. agr. et comm. 27 sept. 1873, D. P. 75. 5. 443). Mais le timbre est obligatoire pour les correspondances qui ont plus spécialement le caractère de pétitions concernant des questions en dehors des attributions des chambres (Même décision). Les demandes présentées auxdites chambres de commerce et aux chambres consultatives des arts et manufactures par les particuliers, dans l'exercice des attributions conférées à ces chambres par les lois et règlements, doivent, dans tous les cas, être soumises au timbre (Même décision).

15. Décidé, dans le même sens, que les demandes adressées au ministre de la marine à l'effet d'obtenir la légalisation de la signature d'une procuration donnée par un habitant d'une colonie, ou bien la délivrance d'états de service, soit d'actes de l'état civil ou d'actes notariés des colonies, sont soumises au timbre, toutes les fois qu'elles

intéressent de simples particuliers (Décis. min. fin. 23 avr. 1875, D. P. 75. 5. 443-444). Mais toutes les fois que les demandes de cette espèce concernent les gens de guerre, tant pour le service de terre que pour le service de mer, l'exemption établie par l'art. 16, n° 1, § 9, de la loi du 13 brum. an 7, leur est applicable (Même décision).

16. Il a été décidé que les pétitions adressées à l'administration des Contributions indirectes par les récoltants ou les acheteurs de vendanges substitués aux récoltants, en vue d'être autorisés à employer des sucres avec la réduction de taxe établie par l'art. 2 de la loi du 29 juill. 1884, en faveur des sucres bruts ou raffinés de toute origine employés au sucrage des vins, cidres et poirés, avant la fermentation, sont également passibles du timbre de dimension comme rentrant directement dans la catégorie des pétitions et mémoires, même en forme de lettre présentée à toutes autorités constituées (L. 13 brum. an 7, art. 12-9°) (Décis. min. fin. 30 nov. 1886 et Instr. admin. enreg. 3 nov. 1887, D. P. 87. 5. 438); — Qu'il en est de même des certificats délivrés par l'autorité municipale aux récoltants ou aux acheteurs de vendanges et constatant, pour la détermination du poids de sucre à employer, les quantités de vendanges, de pommes ou de poires, récoltées ou achetées, ces documents étant destinés à établir dans quelle proportion les récoltants ou acheteurs ont droit à la réduction d'impôt et, par conséquent, à former titre en leur faveur (Mêmes décision et instruction). — En ce qui touche la forme des réclamations en matière d'impôts directs, V. suprà, v° *Impôts directs*, n°ˢ 218 et suiv., et infrà, v° *Timbre*.

17. L'art. 16, 1°, de la loi du 13 brum. an 7 exempte encore de la formalité du timbre les pétitions qui ont pour objet des demandes de congés et de secours, celles des déportés et réfugiés des colonies, tendant à obtenir des certificats de résidence, passeports et passage pour retourner dans leur pays. Ces dispositions, croyons-nous, doivent être considérées comme toujours en vigueur.

18. En ce qui concerne les pétitions imprimées, il a été jugé, antérieurement à la loi du 29 juill. 1881 sur la presse : 1° qu'une pétition imprimée et faisant corps avec un journal, mais qui est destinée à en être séparée, exige la déclaration et le dépôt préalable (Crim. rej. 28 nov. 1850, aff. Duenec, D. P. 51. 1. 278 ; Crim. cass. 22 févr. 1851, aff. Ratery, D. P. 51. 5 457). Et si cette pétition traite de matières politiques, elle doit, en outre, être déposée, vingt-quatre heures avant la publication, au parquet, conformément à la loi du 27 juill. 1849, nonobstant le dépôt qui, en vertu de la loi du 18 juill. 1828, doit être aussi effectué au même lieu, mais au moment seulement de la publication du journal dont elle fait partie (Arrêt précité du 28 nov. 1850) ; 2° Que l'imprimé contenant une pétition destinée à être signée doit porter l'indication des nom et demeure de l'imprimeur, alors même que l'étendue de la pétition se réduirait à trois lignes (Bordeaux, 24 mai 1872, aff. Peychez, D. P. 73. 2. 128). — Relativement au colportage des pétitions, V. infrà, v° *Presse-outrage*, et *Rép.* eod. v°, n°ˢ 167 et suiv., 433 et suiv.

19. En ce qui touche les pétitions contenant des imputations injurieuses ou diffamatoires, V. suprà, v° *Dénonciation calomnieuse*, n° 19, et *Rép.* eod. v°, n° 54; — ... des signatures contrefaites, V. suprà, v° *Faux*, n° 186, et *Rép.* eod. v°, n° 135.

Table sommaire
des matières contenues dans le Supplément et le Répertoire.

(Les chiffres précédés de la lettre S renvoient au Supplément; les chiffres précédés de la lettre R renvoient au Répertoire.)

— présidents des Chambres, secrétaires *S.* 9.
Diffamation, injure *S.* 19; *R.* 21.
Douanes
— ministre, réclamation *R.* 24.
Droits civils et politiques
— jouissance *S.* 6.

Etranger *S.* 5; *R.* 15.
Examen
— commission spéciale, Chambres législatives, rapport *S.* 10.
Historique *R.* 2.
Impression *S.* 7, 16; *R.* 15.

— imprimeur, nom et demeure *S.* 18.
— déclaration et dépôt préalables *S.* 18.
— V. Journal.
Jugement
— recours *R.* 16.
Listes électorales et du jury

— réclamations, timbre *R.* 20.
Mineur *S.* 6; *R.* 15.
Ministre de la marine
— timbre *S.* 15.
Officiers ministériels
— mémoires, collectivité *S.* 3.

Pouvoir exécutif
— timbre *S.* 12.
Rédaction *S.* 7; *R.* 14.
Réunion publique *R.* 13.
Signature *S.* 7 s.
— faux *S.* 19; *R.* 22.

— législation. maire refus *S.* 8.
Timbre *S.* 7, 12 s.; *R* 14, 19 s.

Table chronologique des Lois, Arrêts, etc.

An 7. 13 brum. Loi. 7 c., 12 c., 14 c.,16 c.,17 c.	**1829.** 24 sept. Instr. adm. en-reg. 12 c., 14 c.	**1849.** 25 avr. Instr. adm. en-reg. 12 c.—37 juill. Loi. 18 c.
An 10. 27 fruct. Instr. adm. en-reg. 12 c.	**1817.** 20 févr. In-tr. adm. en-reg. 12 c.	**1837.** 30 avr. Instr. adm. en-reg. 12 c.
1812. 6 mars.	**1824.** 10 juin. Loi. 12 c.	**1850.** 28 nov. Crim. 18 c.
	1828. 18 juill. Loi. 18 c.	**1848.** 7 juin. Loi. 1 c.
		1851. 22 févr. Crim. 18 c.

1852. 14 janv. Constit. 1 c.	**1872.** 24 mai.	**cis. min. fin.**
1862. 2 juill. Loi. 18 c.	**1873.** 27 sept. Décis. min. fin. agr. et com. 14 c.	**1879.** 5 avr. Circ. préf. Haute-Vienne. 7 c.—22 juill. Loi. 1 18 c.
1871. 23 août. Loi. 13 c.—18 sept. Circ. min. int. 13 c.	**1875.** 23 avr. Dé-	**1881.** 29 juill. Loi. 18 c.
		1884. 29 juill. Loi. 16 c.
		1886. 30 nov. Décis. min. fin. 16 c.
		1887. 3 nov. Instr. adm. enreg. 16 c.

PÉTITION D'HÉRÉDITÉ. — V. outre les renvois indiqués au *Répertoire*, v^is *Absence-absent*, n° 96 ; *Action*, n°s 13 et 16 ; *Appel civil*, n°s 119 et 169 ; *Compétence civile des tribunaux d'arrondissement et des cours d'appel*, n°s 22, 27.

PÉTITOIRE. — V. outre les renvois indiqués au *Répertoire*, suprà, v^is *Action possessoire*, n°s 160, 177, 183 et suiv., 204 ; *Chose jugée*, n°s 70 et suiv., 110 ; *Déni de justice*, n° 10.

PETIT SÉMINAIRE. — V. suprà, v^is *Culte*, n° 443, et *Rép.* eod. v°, n° 509 ; *Patente*, n° 571.

PETITS ENFANTS. — V. outre les renvois indiqués au *Répertoire, infrà*, v° *Substitution*, et *Rép.* eod. v°, n°s 291 et suiv.

PETITS OISEAUX. — V. suprà, v° *Chasse* ; n°s 93, 275, 647, 689 et suiv., 1004.

PÉTROLE. — V. suprà, v^is *Assurances terrestres*, n°s 69 et 82 ; *Manufactures, fabriques et ateliers dangereux*, n°s 75 et 95 ; *Patente*, n° 63.

PHARE. — V. outre les renvois indiqués au *Répertoire, suprà*, v° *Organisation maritime*, n° 256.

PHARMACIE-PHARMACIEN. — V. suprà, v^is *Acte de commerce*, n°s 99 et suiv. ; *Aliéné*, n° 28 ; *Appel en matière criminelle*, n° 111 ; *Assurances terrestres*, n°s 149 ; *Avortement*, n°s 7 et 13 ; *Commerçant*, n° 25 ; *Complice-complicité*, n° 110 ; *Conseil d'État*, n° 149 ; *Crimes et délits contre les personnes*, n°s 251 et suiv., 293 ; *Dispositions entre vifs et testamentaires*, n°s 115 et suiv. ; *Eaux minérales et thermales*, n°s 69 et suiv. ; *Force majeure*, n°s 39 ; *Hospices-hôpitaux*, n°s 181 et 302 ; *Industrie et commerce*, n°s 10 et suiv., 68 et suiv., 326 ; *Jugement*, n° 815 ; *Louage*, n° 164 ; *Médecins*, n°s 77 et suiv. ; *Ordres civils et militaires*, n°28 ; *Organisation militaire*, n°458; *Patente*, n°s 241, 373 et suiv., 408 et suiv., 473, 534, 630 ; et *infrà*, v^is *Poids et mesures*, et *Rép.* eod. v°, n°s 16 et 163 ; *Prisons et bagnes*, et *Rép.* eod. v°, n° 159 ; *Saisie-exécution*, et *Rép.* eod. v°, n° 159 ; *Salubrité publique*, et *Rép.* eod. v° n° 36 ; *Serment*, et *Rép.* eod. v°, n° 58 ; *Substances vénéneuses*, et *Rép.* eod. v°, n°s 16, 25 et suiv. ; *Vétérinaire*, et *Rép.* eod. v°, n°s 12 et suiv. ; *Ville de Paris et département de la Seine*, et *Rép.* eod. v°, n° 33.

PHOTOGRAPHIE. — V. suprà, v^is *Acte de commerce*, n° 75 ; *Commerçant*, n° 25 ; *Douanes*, n°s 262 et suiv. ; *Louage*, n°s 130 et 136 ; *Patente*, n°s 376, 583 et 616 ; et *infrà*, v^is *Propriété littéraire et artistique*, et *Rép.* eod. v°, n° 449.

PHYLLOXERA. — V. suprà, v^is *Associations syndicales*, n°s 12, 26 et 59 ; *Douanes*, n°s 165 et 281 ; *Fonctionnaire public*, n° 35 ; *Organisation économique*, n° 444 et suiv. ; et *infrà*, v° *Organisation de l'Algérie*.

PIANO. — V. suprà, v^is *Douanes*, n° 321 ; et *infrà*, v^is

Patente, n°s 377 et suiv. ; *Propriété littéraire et artistique*, et *Rép.* eod. v°, n° 93.

PIÈCES A CONVICTION. — V. outre les renvois indiqués au *Répertoire, infrà*, v° *Témoin*, et *Rép.* eod. v°, n° 570.

PIÈCES D'ARTIFICE. — V. outre les renvois indiqués au *Répertoire, suprà*, v^is *Commune*, n°s 642 et suiv., 793 ; *Contravention*, n°s 54 et suiv. ; *Dommages-destruction-dégradation*, n°s 67, 78, 82.

PIÈCES DE BORD. — V. outre les renvois indiqués au *Répertoire, infrà*, v° *Prises maritimes*, et *Rép.* eod. v°, n°s 66 et suiv., 134 et suiv., 219 et suiv., 230.

PIED-CORNIER. — V. suprà, v^is *Dommages-destruction-dégradation*, n° 178.

PIGEON, PIGEON VOYAGEUR. — V. outre les renvois indiqués au *Répertoire, suprà*, v° *Chasse*, n°s 92, 102, 677, 724, 761 et suiv. ; *Droit rural*, n°s 115 et suiv. ; *Postes et télégraphes*, et *Rép.* eod. v° *Télégraphie*, n° 127 ; et *infrà*, v^is *Propriété*, et *Rép.* eod. v°, n°s 615 et suiv. ; *Régime forestier*, *Règlements administratifs et de police*, et *Rép.* eod. v°, n° 123 ; *Responsabilité*, et *Rép.* eod. v°, n°s 732 et suiv. ; *Vol et escroquerie*, et *Rép.* eod. v°, n°s 128 et suiv.

PILLAGE. — V. outre les renvois indiqués au *Répertoire, suprà*, v^is *Crimes et délits contre les personnes*, n°s 223, 349 ; *Délit politique*, n°s 34 et suiv. ; *Dommages-destruction-dégradation*, n° 120 et suiv. ; *Grains*, n° 7 ; et *infrà*, v^is *Vol et escroquerie*, et *Rép.* eod. v°, n° 601.

PILOTAGE-PILOTE. — V. suprà, v^is *Droit maritime*, n°s 345, 595, 1177 et suiv., 1240 ; *Organisation maritime*, n°s 145 et suiv. — Les dispositions de l'art. 4 de la loi du 29 janv. 1881 sur la franchise du pilotage (V. suprà, v° *Organisation maritime*, n° 130) ont été textuellement reproduites dans la loi du 30 janv. 1893 sur la marine marchande, art. 8 (D. P. 93. 4. 60).

PIQUETTE. — V. outre les renvois indiqués au *Répertoire, suprà*, v^is *Octroi*, n° 103 ; et *infrà*, v^is *Vente de substances falsifiées*, et *Rép.* eod. v°, n° 54 ; *Vins et boissons*.

PIRATE-PIRATERIE. — V. outre les renvois indiqués au *Répertoire, suprà*, v^is *Complice-complicité*, n°s 46 et 132 ; et *infrà*, v° *Prises maritimes* et *Rép.* eod. v°, n°s 1, 12, 32 et 202 ; *Société*, et *Rép.* eod. v°, n° 130.

PISCICULTURE. — V. suprà, v^is *Acte de commerce*, n° 119.

PLACARDS. — V. outre les renvois indiqués au *Répertoire, suprà*, v^is *Délit politique*, n° 27 ; et *infrà*, v^is *Saisie-exécution*, et *Rép.* eod. v°, n° 310 et suiv. ; *Surenchère*, et *Rép.* eod. v°, n° 235 ; *Vente publique d'immeubles*, et *Rép.* eod. v°, n°s 17, 884, 920 et suiv., 938 et suiv., 980 et suiv., 1313 et suiv., 1428, 1616 et suiv., 1789, 1860.

PLACE DE GUERRE.

Division.

ART. 1er. — Historique et législation (Rép. nos 2 à 8).

1. La législation sur les places de guerre a subi, depuis la publication du *Répertoire*, d'importantes modifications surtout depuis la guerre de 1870-1871; il en est de même de la législation sur l'état de siège.

2. En ce qui concerne les places de guerre, il y a lieu de signaler, notamment : 1° le décret impérial du 13 oct. 1863 (D. P. 64. 4. 4) sur le service dans les places de guerre et les villes de garnison qui était, pour ainsi dire, la loi organique de la matière et s'occupait successivement du commandement, de l'état de guerre et de l'état de siège, des rapports entre les autorités militaires et maritimes, enfin des préséances et honneurs militaires dans les armées de terre et de mer; 2° le décret du 23 oct. 1883 (D. P. 84. 4. 119), portant règlement sur le service dans les places de guerre et les villes de garnison, qui abroge celui de 1863 et statue différemment sur plusieurs points; 3° la loi du 18 avr. 1886 (D. P. 86. 4. 58), qui édicte des peines contre l'espionnage, notamment en ce qui concerne le levé et la soustraction des plans de guerre; 4° le décret du 23 mars 1887 sur l'organisation du commandement des places fortes (*Journ. off.* du 29 mars 1887); 5° la loi du 5 mars 1890 (D. P. 91. 4. 1), portant modification à l'art. 7 de la loi du 3 juill. 1877 sur les réquisitions militaires, loi suivie d'un décret du 12 mars suivant (D. P. 92. 4. 64) qui détermine les règles générales du ravitaillement de la population civile des places fortes (D. P. 92. 4. 64); 6° le décret du 4 oct. 1891 (D. P. 92. 4. 30), portant règlement sur le service dans les places de guerre et les villes ouvertes, qui abroge les dispositions antérieures, notamment le décret du 23 oct. 1883, et s'occupe successivement du commandement, de l'état de paix, de l'état de guerre pour les places, de l'état de siège, des rapports entre les autorités militaires et maritimes dans les ports militaires, des rangs et préséances dans les armées de terre et de mer et enfin des honneurs militaires (sur ces dernières questions seront examinées *infra*, v° *Préséances et honneurs*) : 7° la loi du 1er févr. 1892 (D. P. 92. 4. 65), ayant pour objet d'assurer l'approvisionnement de la population civile des places fortes en temps de guerre.

3. En ce qui concerne l'état de siège, il était régi, lors de la publication du *Répertoire*, par la loi organique du 9 août 1849 (D. P. 49. 4. 135) et l'art. 12 de la constitution de 1852. La loi de 1849 a été modifiée en partie par la loi du 3 avr. 1878 (D. P. 78. 4. 27), qui spécifie les cas dans lesquels il y a lieu de déclarer l'état de siège réellement ou formellement, dans son art. 1, qu'il ne peut être déclaré que par une loi. Une loi du 24 avr. 1871 avait délégué au chef de l'Etat le droit de déclarer l'état de siège, sauf à en référer à l'Assemblée nationale dans le délai de trois mois (D. P. 71. 4. 51).

départements du Cher et de la Nièvre en état de siège (*Bull.*, n° 18081).

7-14 sept. 1870. — Décret qui met en état de siège l'arrondissement du Havre (*Bull.*, n° 27).

15-17 sept. 1870. — Décret du gouvernement de la Défense nationale (rendu sur la proposition du ministre de l'intérieur) qui lève l'état de siège dans le département de la Nièvre (*B ll.*, n° 58).

20-22 mars 1871. — Loi qui met le département de Seine-et-Oise en état de siège (*Bull.*, n° 343).

28 avr.-6 mai 1871. — Loi sur l'état de siège (*Bull.*, n° 376 ; D. P. 71. 4. 51).

30 avr.-4 juin 1873. — Décret qui homologue les plans de délimitation et les procès-verbaux de bornage des zones de servitude et des polygons exceptionnels de diverses places de guerre et postes militaires (*Bull.*, n° 2019).

3 mars-11 avr. 1874. — Decret portant règlement d'administration publique concernant la délimitation de la zone frontière dans l'étendue de laquelle sont applicables les règles relatives aux travaux mixtes (D. P. 74. 4. 71).

27-29 mars 1874. — Loi relative aux nouveaux forts à construire autour de Paris (D. P. 74. 4. 69).

23 juin-20 juill. 1874. — Décret qui réduit les zones des servitudes de la place de Belfort (*Bull.*, n° 3223).

17-25 juill. 1874. — Loi relative à l'amélioration des défenses des frontières de l'Est (D. P. 75. 4. 20).

31 déc. 1875-16 janv. 1876. — Loi relative au classement de la nouvelle enceinte des faubourgs de Belfort (D. P. 76. 4. 78).

31 déc. 1875-21 janv. 1876. — Loi qui déclasse divers fortins, postes et batteries situés sur le littoral du premier arrondissement maritime (D. P. 76. 4. 85).

4-5 avr. 1876. — Loi qui lève l'état de siège dans les départements de la Seine, de Seine-et-Oise, du Rhône et des Bouches-du-Rhône (D. P. 76. 4. 102).

3-6 juill. 1877. — Loi relative aux réquisitions militaires (D. P. 77. 4. 53).

3-4 avr. 1878. — Loi relative à l'état de siège (D. P. 78. 4. 27).

22 août-19 oct. 1878. — Décret qui homologue les plans de circonscription et les procès-verbaux de bornage de la zone des fortifications de diverses places de guerre et postes militaires (*Bull.*, n° 7319).

8 sept.-11 oct. 1878. — Décret portant règlement d'administration publique sur la délimitation de la zone frontière et la réglementation des travaux mixtes (D. P. 79. 4. 16).

14 févr.-11 mars 1879. — Décret qui homologue les plans de délimitation et les procès-verbaux de bornage des zones de servitudes ou polygones exceptionnels de diverses places ou ouvrages défensifs (*Bull.*, n° 7739).

20 mars-3 mai 1879. — Décret qui homologue les plans de circonscription et les procès-verbaux de bornage de terrains militaires formant les zones des fortifications des diverses places ou ouvrages défensifs (*Bull.*, n° 7900).

21-23 avr. 1879. — Loi qui déclasse l'enceinte de Calais et autorise la construction d'une nouvelle enceinte avec forts détachés englobant les villes de Calais et de Saint-Pierre (*Bull.*, n° 7971).

10-13 juill. 1879. — Loi relative à l'extension des servitudes de la batterie de l'Epi-Sainte-Adresse et au classement du fort de Mont-Joly et de la batterie de Gàvres (*Bull.*, n° 8482).

22 juill.-20 août 1879. — Décret qui homologue les plans de circonscription et les procès-verbaux de bornage de terrains militaires formant les zones des fortifications de diverses places ou ouvrages défensifs (*Bull.*, n° 8293).

10 sept.-26 oct. 1883. — Décret qui homologue les plans de délimitation et les procès-verbaux de bornage de zones de servitudes de diverses places de guerre (*Bull.*, n° 13640).

10 sept.-26 oct. 1883. — Décret qui homologue les plans de circonscription et les procès-verbaux de bornage des terrains militaires formant les zones des fortifications des diverses places de guerre ou ouvrages défensifs (*Bull.*, n° 13641).

24 sept.-26 oct. 1883. — Décret réduisant les zones des servitudes défensives portées par le fort Saint-Nicolas de Marseille au terrain de la fortification de cet ouvrage (*Bull.*, n° 13643).

9 oct. 1883-22 janv. 1884. — Décret portant extension du polygone exceptionnel de la marine sur la rive droite de l'Adour (*Bull.*, n° 13857).

23 oct.-8 nov. 1883. — Décret portant règlement sur le service dans les places de guerre et les villes de garnison (*Bull.*, n° 13871 ; D. P. 84. 4. 119).

17 déc. 1883-7 févr. 1884. — Décrets portant homologation des procès-verbaux de bornage de zones de servitude et de polygones exceptionnels de diverses places de guerre (*Bull.*, n°s 13906 et 13907).

27 févr.-19 avr. 1884. — Décret qui modifie les zones de servitudes de la place d'Arras (*Bull.*, n° 14122).

28 juin-2 août 1884. — Décret qui homologue les plans de

circonscription et les procès-verbaux de bornage des zones de divers ouvrages défensifs (*Bull.*, n° 14423).

28 juin-2 août 1884. — Décret qui homologue les plans de délimitation et les procès-verbaux de bornage des zones de servitudes de diverses places de guerre (*Bull.*, n° 14424).

18 juill.-22 sept. 1884. — Décret portant homologation des zones de servitudes de l'ouvrage de Canteleu, à Lille (*Bull.*, n° 14566).

31 juill.-19 sept. 1884. — Décret portant homologation d'un supplément au bornage de la zone des fortifications des fronts sud de la citadelle de Calais (*Bull.*, n° 14531).

21-22 août 1884. — Loi qui prononce le déclassement de la partie de l'enceinte de Lyon située sur la rive gauche du Rhône et autorise la vente des terrains rendus disponibles par ce déclassement (D. P. 85. 4. 7).

13 sept.-13 nov. 1884. — Décret qui réduit les zones de servitudes de la batterie de la citadelle à Montbéliard (*Bull.*, n° 14708).

22 oct.-29 déc. 1884. — Décrets qui homologuent les plans de délimitation et les procès-verbaux de bornage de servitudes de diverses places de guerre (*Bull.*, n°s 14784 et 14785).

3 nov.-30 déc. 1884. — Décret qui homologue les plans de circonscription et les procès-verbaux de bornage des terrains militaires formant les zones de fortification à Péronne et à Reims (*Bull.*, n° 14796).

12 nov.-29 déc. 1884. — Décret qui homologue les plans de circonscription et les procès-verbaux de bornage de la zone des fortifications du Château-Neuf, à Oran (*Bull.*, n° 14803).

25 nov. 1884-13 févr. 1885. — Décret portant homologation des plans de circonscription et des procès-verbaux de bornage des zones de fortification de l'enceinte ouest de la place d'Oran et du fort de Mauide, à Condé (*Bull.*, n° 14935).

28 nov. 1884-13 févr. 1885. — Décret portant homologation du plan de délimitation et du procès-verbal de bornage des zones de servitude du fort du Larmont supérieur, à Pontarlier (*Bull.*, n° 14936).

22-23 déc. 1884. — Loi concernant le déclassement de la place de Mézières (*Bull.*, n° 14976).

10 janv.-18 mars 1885. — Décret portant homologation du bornage de la zone des fortifications de la place de Belle-Isle (*Bull.*, n° 15140).

13 janv.-18 mars 1885. — Décret portant rectification de l'état descriptif n° 2, annexé au décret du 8 sept. 1878 sur la zone frontière et les travaux mixtes (*Bull.*, n° 15141).

15 janv.-13 mars 1885. — Décret portant homologation de bornage des zones de servitudes de la place de Montmédy (*Bull.*, n° 15122).

30 janv.-23 mars 1885. — Décret portant homologation du bornage des zones de servitudes de la nouvelle enceinte nord de la place de Dunkerque (*Bull.*, n° 15169).

28 févr.-30 avr. 1885. — Décret portant homologation du bornage des zones de fortification de divers forts dépendant de la place d'Epinal (*Bull.*, n° 15290).

2 mars-30 avr. 1885. — Décret portant homologation du bornage des zones de servitudes de divers ouvrages dépendant de la place d'Alger (*Bull.*, n° 15291).

2 mars-30 avr. 1885. — Décret portant homologation de bornage de la zone des fortifications de la place d'Orléansville (*Bull.*, n° 15292).

7 mars-30 avr. 1885. — Décret portant homologation du bornage de la zone des 3 fortifications de divers ouvrages dépendant de la place de Chambéry (*Bull.*, n° 15293).

18-19 avr. 1886. — Loi qui établit les peines contre l'espionnage (D. P. 86. 4. 58).

18 juin-16 juill. 1886. — Décret rendant applicable à l'Algérie la loi du 18 avr. 1886 contre l'espionnage (*Bull.*, n° 16750).

23-29 mars 1887. — Décret sur l'organisation du commandement des places fortes (*Journ. off.*, 29 mars 1887).

11-14 déc. 1888. — Loi portant ouverture au ministre de la guerre d'un crédit extraordinaire de 60 000 fr. pour l'installation à Paris, à titre d'essai, d'une chambre frigorifique destinée à la conservation d'une partie de la viande destinée aux populations civiles des places fortes en cas de siège (*Journ. off.* du 14 déc. 1888 ; *Bull.* n° 20020).

27-30 mai 1889. — Loi portant classement et déclassement d'ouvrages de défense, tant en France qu'en Algérie (*Journ. off.* du 30 mai ; *Bull.*, n° 20869).

5-6 mars 1890. — Loi portant modification à l'art. 7 de la loi du 3 juill. 1877 sur les réquisitions militaires (D. P. 91. 4. 4).

12-16 mars 1890. — Décret déterminant les règles générales du ravitaillement de la population civile des places fortes (D. P. 91. 4. 64).

3-6 juin 1890. — Décret portant règlement d'administration publique pour l'exécution de la loi du 5 mars 1890 qui a modifié l'art. 7 de celle du 3 juill. 1877 sur les réquisitions militaires (D. P. 91. 4. 1).

4 oct.-5 déc. 1891. — Décret portant règlement sur le

service dans les places de guerre et les villes ouvertes (D. P. 92. 4. 30).

1er-3 févr. 1892. — Loi ayant pour objet d'assurer l'approvisionnement de la population civile des places fortes en cas de guerre (D. P. 92. 4. 65).

Art. 2. — *Dispositions générales.* — *Création, classement des places de guerre et postes militaires* (*Rép.* nos 9 à 21).

4. Aux termes de l'art. 1 du décret du 4 oct. 1891 (D. P. 92. 4. 30) sur le service dans les places de guerre et les villes ouvertes, décret qui abroge, avons-nous dit (*suprà* n° 2), toutes les dispositions antérieures, la dénomination de *place de guerre* s'applique aux villes fortifiées par une simple enceinte ou par une enceinte avec forts détachés, ou par un ensemble de forts détachés; la même dénomination s'applique aux forts isolés, forts, châteaux, citadelles, postes militaires.

5. En ce qui concerne la création et le classement des places de guerre et postes militaires, la législation encore en vigueur est celle qui résulte des dispositions combinées des lois du 10 juill. 1791 (*Rép.* p. 928), du 10 juill. 1851 (D. P. 51. 4. 129) et du décret du 10 août 1853 (D. P. 53. 4. 216). V. *Rép.* nos 13 et suiv.

6. A qui appartient-il de statuer sur le classement et le déclassement des places de guerre? Sous l'empire des lois de 1791 et de 1851, ce classement et ce déclassement ne pouvaient avoir lieu qu'en vertu d'une loi (*Rép.* n° 14). Sous le régime de la constitution de 1852, au contraire, il appartenait au souverain seul de prononcer le classement ou le déclassement des enceintes fortifiées (Cons. d'Ét. 30 mars 1870, aff. Glotin, D. P. 71. 3. 32); le décret de classement ou de déclassement devait toutefois être inséré au *Bulletin des lois* (Décr. 10 août 1853, art. 2 et 3, *Rép.* n° 17). La constitution de 1852, qui accordait au chef de l'État seul le droit de paix et de guerre et le commandement des forces de terre et de mer (art. 6), ayant été remplacée par les lois constitutionnelles du 25 févr. 1875 (D. P. 75. 4. 30), relative à l'organisation des pouvoirs publics, qui ne donne au président de la République que la disposition de la force armée (art. 3), et du 16 juill. 1875 (D. P. 75. 4. 114) sur les rapports des pouvoirs publics, qui attribue aux Chambres seules le droit de paix et de guerre (art. 9), il y a lieu d'en conclure qu'on est revenu, en ce qui concerne les places de guerre, à la législation de 1791 et 1851.

7. Cette interprétation est, d'ailleurs, confirmée par nombre de documents législatifs qui, depuis 1870, soit avant soit après la constitution de 1875, ont décidé qu'une loi était nécessaire tant pour la construction de nouvelles fortifications que pour le classement et le déclassement des places de guerre. Citons notamment: 1° la loi du 27 mars 1874 (D. P. 74. 4. 69), relative aux nouveaux forts à construire autour de Paris; 2° la loi du 17 juill. 1874 (D. P. 74. 4. 20), relative à l'amélioration des dépenses des frontières de l'Est; 3° la loi du 31 déc. 1875 (D. P. 76. 4. 78), relative au classement de la nouvelle enceinte des faubourgs de Belfort; 4° une autre loi du même jour (D. P. 76. 4. 83), qui déclasse divers fortins, postes et batteries situés sur le littoral du premier arrondissement maritime; 5° la loi du 21 avr. 1879 (D. P. 79. 4. 54), qui déclasse l'enceinte de Calais et autorise la construction d'une nouvelle enceinte avec forts détachés englobant les villes de Calais et de Saint-Pierre; 6° la loi du 21 août 1884 (D. P. 85. 4. 7), qui prononce le déclassement de la partie de l'enceinte de Lyon située sur la rive gauche du Rhône et autorise la vente des terrains rendus disponibles par déclassement; 7° la loi du 22 déc. 1884 (D. P. 85. 4. 37), concernant le déclassement de la place de Mézières. Ajoutons que le décret du 4 oct. 1891 (art. 1) porte: *Toute place de guerre est classée par une loi.*

Art. 3. — *Organisation du service des places de guerre et postes militaires.* — *Police intérieure.* — *État de paix, de guerre et de siège* (*Rép.* nos 22 à 43).

8. Les commandements des places de guerre sont divisés en trois classes (*Rép.* n° 22). Aux termes de l'art. 2 du décret du 4 oct. 1891, le commandement d'une place de guerre ne peut être exercé que par un officier né ou naturalisé Français et servant au titre français. Il ne peut

être exercé par un militaire ayant rang d'officier, appartenant à un corps ou à un personnel ayant une hiérarchie propre, lors même que les grades dont leurs membres peuvent être revêtus correspondent à ceux de la hiérarchie militaire.

§ 1er. — Organisation du service des places de guerre et postes militaires (*Rép.* n° 22)

9. L'art. 2 du décret de 1891 considère dans les places de guerre deux services distincts: le service de garnison et le service de défense; les villes ouvertes, ajoute-t-il, ne comportent que le premier.

10. Le service de garnison est dirigé, dans les places de guerre comme dans les villes ouvertes, par un officier portant le titre de commandant d'armes, et qui est l'officier le plus ancien de la garnison dans le grade le plus élevé, quelles que soient son arme et ses fonctions (Même décret, art. 4). Toutefois, en raison de leurs attributions spéciales, les généraux inspecteurs permanents de cavalerie, ainsi que les officiers de gendarmerie, n'exercent pas les fonctions de commandant d'armes (Même article). Le commandant d'armes est aidé dans les détails de ce service par des officiers de la garnison désignés à cet effet et, en outre, dans les places de guerre les plus importantes, par des officiers ou employés militaires attachés spécialement à ces places.

11. Quant au service de défense, l'art. 6 du même décret dit que l'officier qui doit diriger la défense d'une place de guerre est nommé, en temps de paix, par le président de la République. Il est choisi parmi les officiers généraux et autres des armées de terre et de mer en activité de service, en retraite depuis moins de cinq ans, du cadre de réserve ou du cadre dit des officiers de réserve, à la condition, pour ces derniers, qu'ils aient servi comme officiers dans l'armée active; il porte, suivant le cas, le titre de gouverneur ou de gouverneur désigné.

12. Ainsi qu'on l'a vu au *Répertoire*, les places et postes militaires doivent être considérés sous trois rapports: en temps *de paix*, en temps *de guerre* et en temps *de siège* (Décr. 4 oct 1891, art. 1).

§ 2. — État de paix (*Rép.* n° 23).

13. L'*état de paix*, dit l'art. 9 du décret de 1891, existe toutes les fois que la place n'est pas constituée en état de guerre ou de siège. Cette définition ne fait d'ailleurs que reproduire les termes des décrets de 1863 (art. 6) et de 1883. Le titre 3 du décret de 1891 qui traite de l'état de paix s'occupe successivement du commandant supérieur de la défense et des gouverneurs désignés (art. 10 et suiv.); du commandant d'armes et de substitutions relatives au service de la place (art. 16 et suiv.); des officiers, sous-officiers et employés militaires du service de la garnison et de la place (art. 24 et suiv.); des rapports du commandant d'armes avec les autorités militaires (art. 31 et suiv.); de l'arrivée des troupes et de leur établissement dans la place (art. 34 et suiv.); du service des troupes dans les places de guerre et les villes ouvertes (art. 39 et suiv.); du service des gardes dans leurs postes, principalement au point de vue du maintien de l'ordre public et des arrestations à opérer (art. 56 et suiv.).

14. L'art. 74 du décret de 1891 relatif à l'ouverture et à la fermeture des portes décide que, en temps de paix, les portes des places de guerre restent habituellement ouvertes jour et nuit; les portes de secours et les poternes ne le sont qu'exceptionnellement et sur un ordre du commandant d'armes. L'autorité militaire conserve toujours la faculté de fermer la totalité ou une partie des portes chaque fois qu'elle le juge nécessaire (Même article). — Cet article reproduit les dispositions de l'art. 96 du décret du 13 oct. 1863 (D. P. 64. 4. 4). L'art. 97 du même décret statuait sur les heures d'ouverture et de fermeture des portes, ainsi que sur les mesures à prendre à cet égard. Les règles tracées par ce dernier article ne sont pas reproduites dans le décret de 1891. Cependant, ces règles n'ayant rien de contraire aux dispositions de l'art. 74 du décret de 1891, qui donne à l'autorité militaire des pouvoirs très étendus en cette matière, il y a lieu, semble-t-il, de s'y conformer. Ces pouvoirs avaient été, postérieurement au décret de 1863, consacrés à nouveau par une circulaire du ministre de la guerre du 7 janv. 1864 (D. P. 64. 3. 8), portant que, dans les places de guerre, c'est au général commandant la division militaire, et non à l'autorité municipale, qu'il appartient de décider s'il y a lieu de fermer, en temps de paix, la totalité ou une partie des portes de la place pendant la nuit; en l'absence d'une décision du général, les portes doivent rester ouvertes. La fermeture de la totalité ou d'une partie des portes pendant la nuit en temps de paix, ajoutait la circulaire, ne peut être ordonnée par le général que comme mesure temporaire et d'exception, nécessitée par des considérations militaires ou de sûreté publique; il en doit être rendu compt au ministre de la guerre.

15. Le décret de 1891 s'occupe ensuite : du mot et de la retraite (art. 92 et 93); des patrouilles, des rondes et de la visite des postes (art. 94 et suiv.); de la police militaire dans les places (art. 107 et suiv.). « La police militaire, dit l'art. 107, s'exerce par le commandant d'armes ou, sous sa direction, par le major et les adjudants de la garnison, sur tout ce qui concerne l'ordre public, dans les cas prévus par le présent règlement, le service de la place, la garde des fortifications et des établissements militaires, la tenue et la police générale des troupes de la garnison et des militaires de passage. » Vient ensuite ce qui a trait : au service de la gendarmerie (art. 119 et suiv.); aux punitions (art. 123 et suiv.); aux conseils de guerre et aux exécutions (art. 126 et suiv.); à la surveillance du commandant d'armes sur le casernement des troupes, les corps de garde, les hôpitaux et les prisons militaires, (art. 129 et suiv.); à la conservation du domaine militaire et des fortifications (art. 152 et suiv.); aux troupes en route (art. 159 et suiv.); aux rapports du commandant d'armes avec les autorités civiles tant au point de vue de la police qu'au point de vue des réquisitions adressées par l'autorité civile à l'autorité militaire pour le maintien ou le rétablissement de l'ordre (art. 164 et suiv.); enfin au commandement et service dans les citadelles, ports, châteaux et postes militaires (art. 175 et suiv.).

§ 3. — Etat de guerre (*Rép.* n°s 24 à 27).

16. L'état de guerre, dit l'art. 178 du décret de 1891, résulte de la publication dans une place de guerre de l'ordre de mobilisation. Le décret du 13 oct. 1863 (art. 230), moins concis à cet égard que celui de 1891, exigeait que l'état de guerre fût déclaré par une loi ou un décret, lorsque la situation obligeait à donner à la police militaire plus de force et d'action que pendant l'état de paix; il énumérait ensuite les diverses circonstances d'où pouvait résulter l'état de guerre. — Quant à la police intérieure de la place, elle est, dit l'art. 178 du décret de 1891, soumise aux mêmes règles générales que dans l'état de paix; toutefois, l'autorité civile ne peut rendre aucune ordonnance de police sans s'être entendue avec le gouverneur, ni refuser de prendre les arrêtés que celui-ci juge nécessaires à la sûreté de la place. Pour l'ouverture et la fermeture des portes (art. 179), lorsqu'il y a lieu, dans les places en état de guerre, de tenir closes les portes pendant la nuit, celles-ci sont fermées une demi-heure après le coucher du soleil; et le guichet reste ouvert jusqu'à l'heure fixée par le gouverneur après avis de l'autorité civile. L'ouverture des portes a lieu une demi-heure avant le lever du soleil. Les art. 180 et suiv. indiquent, en outre, pour les places en état de guerre, diverses mesures à prendre par le gouverneur.

17. En ce qui concerne les destructions occasionnées par les nécessités de la défense (*Rép.* n° 26), V. *infrà*, n° 88.

§ 4. — Etat de siège (*Rép.* n° 28 à 43).

18. — I. Dans quelles localités l'état de siège peut-il être déclaré? (*Rép.* n° 29.) — Ainsi qu'on l'a dit au *Répertoire*, l'état de siège peut être déclaré sur tous les points du territoire français, même en Algérie et dans les colonies; mais il ne saurait l'être, croyons-nous, dans des pays de protectorat, tels que la Tunisie, l'Annam et le Cambodge qui, bien qu'étant, au double point de vue militaire et diplomatique, soumis à la domination française, n'en conservent pas moins leur législation particulière et une certaine autonomie. — Aux termes

de l'art. 1 de la loi du 3 avr. 1878 (D. P. 78. 4. 27), la loi qui déclare l'état de siège doit désigner les communes, les arrondissements ou départements auxquels il s'applique. Par suite des événements de 1870-71, l'état de siège a été déclaré dans un certain nombre de départements (V. *suprà*, tableau chronologique, p. 31 et 32).

19. — II. Dans quels cas l'état de siège peut-il être déclaré? (*Rép.* n° 30.) — L'état de siège, comme son nom l'indique, est essentiellement une mesure de guerre, destinée à protéger tout ou partie du pays, un département, un arrondissement, une ville, contre une attaque à main armée. C'est un recours suprême contre l'ennemi du dehors, contre l'insurgé du dedans. Mais si l'on veut conserver à cette mesure toute son efficacité, si l'on ne veut pas, en la discréditant, briser cette arme défensive dans la main du pouvoir, il faut lui conserver son caractère de mesure d'exception; il faut se garder de laisser croire un seul instant qu'elle puisse devenir un instrument d'attaque, une arme de parti ou un moyen de gouvernement (D. P. 78. 4. 27, note 4). La loi du 10 juill. 1791, qui l'a réglementé la première, ne l'admettait qu'en cas de guerre extérieure; n'était pas un état de choses créé par la loi, mais un pur fait, résultant de l'attaque de l'ennemi. Plus tard, en l'an 5 (L. 19 fructidor), en 1849, sous l'impression d'événements redoutables, le législateur permit de déclarer l'état de siège en cas de troubles intérieurs; mais il fallait, suivant les paroles mêmes du rapporteur de la loi du 9 août 1849 (D. P. 49. 4. 135), que le danger de la guerre civile « se produisît avec ce caractère de gravité qui jette de solennelles alarmes dans les cœurs les plus droits et les plus fermes; il fallait que des signes extérieurs non équivoques annonçassent les préparatifs du combat ».

20. Pour couper court à toute équivoque, la loi du 3 avr. 1878, qui modifie dans plusieurs de ses dispositions celle de 1849, décide dans son art. 1 que l'état de siège ne peut être déclaré qu'en cas de péril imminent, résultant d'une guerre étrangère ou d'une insurrection à main armée.

21. — III. À quelle autorité appartient-il de déclarer l'état de siège? (*Rép.* n° 31.) — On a vu au *Répertoire* que, suivant le caractère des différents régimes politiques qui ont succédé en France, l'état de siège était déclaré tantôt par un décret tantôt par une loi.

22. Dès 1871, l'Assemblée nationale avait voté, le 28 avril (D. P. 71. 4. 51), sur l'état de siège, une loi provisoire qui montrait son intention de rompre avec le régime de la constitution de 1852. Elle déléguait au chef du pouvoir exécutif le droit de déclarer l'état de siège dans les départements autres que celui de sa résidence (art. 1). Cette délégation était limitée à un délai de trois mois; et le chef du pouvoir exécutif devait rendre compte immédiatement à l'Assemblée de la mise en état de siège qu'il aurait déclarée et lui en demander le maintien. L'art. 2 ratifiait les déclarations de l'état de siège faites dans certains départements par les généraux commandant les divisions et décidait qu'elles auraient tout leur effet à partir de leur date.

23. La loi du 3 avr. 1878, revenant aux principes de la loi du 9 août 1849, décide, dans son art. 1, qu'une loi peut seule déclarer l'état de siège; cette loi désigne les communes, les arrondissements ou départements auxquels il s'applique. Elle fixe la durée de l'état de siège; à l'expiration de ce temps, l'état de siège cesse de plein droit, à moins qu'une loi nouvelle n'en prolonge les effets.

24. Aux termes de l'art. 2 de la même loi, en cas d'ajournement des Chambres, le président de la République peut déclarer l'état de siège, de l'avis du conseil des ministres; mais alors les Chambres se réunissent de plein droit deux jours après. En cas de dissolution de la Chambre des députés, dit l'art. 3, et jusqu'à l'accomplissement entier des opérations électorales, l'état de siège ne pourra, même provisoirement, être déclaré par le président de la République. Néanmoins, s'il y avait guerre étrangère, le président, de l'avis du conseil des ministres, pourrait déclarer l'état de siège dans les territoires menacés par l'ennemi, à la condition de convoquer les collèges électoraux et de réunir les Chambres dans le plus bref délai possible.

25. D'après l'art. 6 de la loi du 3 avr. 1878, les art. 4 et 5 de la loi du 9 août 1849 sont maintenus, ainsi que les dispositions de ses autres articles non contraires à la présente loi.

26. L'art. 4 de la loi de 1849 décide que, dans les colonies françaises, la déclaration de l'état de siège est faite par le gouverneur de la colonie, qui doit en rendre compte immédiatement au Gouvernement. Comme application de cette disposition, il avait été décidé, avant 1878, qu'en Algérie, comme dans les colonies, le gouverneur général est investi du droit de déclarer l'état de siège, et qu'il en est ainsi même depuis les décrets de la délégation de la Défense nationale des 24 oct. 1870 et 1er janv. 1871, sur l'administration de l'Algérie, qui ont maintenu à cet égard et non modifié les pouvoirs du gouverneur général (Crim. rej. 23 févr. 1872, aff. Garaudel, D. P. 72. 1. 150).

27. Ces dispositions de la loi de 1878 sont, en outre, confirmées par l'art. 189 du décret du 4 oct. 1891 qui, sous la rubrique : *Comment l'état de siège est déclaré*, porte : « L'état de siège d'une place de guerre ou d'un poste militaire est déclaré par une loi ou par un décret, dans les circonstances prévues au présent titre et sous les conditions édictées par la loi du 3 avr. 1878. — Dans les places de guerre et postes militaires, la déclaration de l'état de siège peut être faite par le commandant militaire, conformément à la loi du 10 juill. 1791 et au décret du 24 déc. 1811 dans les cas particuliers suivants : 1° investissement de la place ou d'un poste par des troupes ennemies qui interceptent les communications du dehors en dedans et du dedans en dehors; 2° attaque de vive force ou par surprise; 3° sédition intérieure de nature à compromettre la sécurité de la place; 4° enfin, lorsque des rassemblements armés se sont formés dans un rayon de dix kilomètres sans autorisation. Le ministre de la guerre est immédiatement informé ».

28. Qu'elle résulte d'une loi ou d'un décret, la déclaration d'état de siège doit être portée à la connaissance du public; c'est ce qui résulte implicitement des termes mêmes de l'art. 191 du décret du 4 oct. 1891. Toutefois il a été décidé que le décret qui a déclaré un département en état de siège peut être considéré comme ayant été publié, bien que le désordre causé par l'invasion dans les archives du département ne permette pas d'indiquer avec précision la forme dans laquelle il a été porté à la connaissance du public, s'il est établi qu'il a reçu une publicité effective et suivie de diverses mesures prises en vertu des pouvoirs conférés par l'état de siège (Cons. d'Et. 24 déc. 1875, aff. Busy, D. P. 76. 3. 38). — Toutefois, en ce qui concerne l'Algérie, cette solution doit être tempérée par l'art. 4 de la loi de 1878 qui décide que, dans le cas où les communications seraient interrompues avec l'Algérie, le gouverneur pourra déclarer tout ou partie de l'Algérie en état de siège dans les conditions de la présente loi.

29. L'art. 5 de la loi de 1849, maintenu expressément par la loi de 1878, dispose que, dans les places de guerre et postes militaires, soit de la frontière, soit de l'intérieur, la déclaration de l'état de siège peut être faite par le commandant militaire, dans les cas prévus par la loi du 10 juill. 1791 et par le décret du 24 déc. 1811; le commandant en rend compte immédiatement au Gouvernement. Enfin, aux termes du même article, dans les cas prévus par les art. 2 et 3 précités de ladite loi, les Chambres, dès qu'elles sont réunies, maintiennent ou lèvent l'état de siège. En cas de dissentiment entre elles, l'état de siège est levé de plein droit.

30. L'art. 12 de la constitution du 14 janv. 1852 accordait au chef de l'Etat le droit de déclarer l'état de siège dans un ou plusieurs départements, sauf à en référer au Sénat dans le plus bref délai. Depuis 1870, cette disposition a été considérée comme devant s'appliquer encore aux décrets d'état de siège rendus avant le 4 septembre de cette même année. Jugé, en ce sens : 1° que la mise en état de siège d'un département, régulièrement décrétée par le Gouvernement en exercice, ne cesse pas par le seul fait de la chute de celui-ci, alors surtout que le motif de cette mesure (dans l'espèce, la guerre avec une puissance étrangère) n'a été modifié en rien par le changement politique survenu (Crim. rej. 12 oct. 1874, aff. Ferré et autres, D. P. 74. 1. 178; 23 févr. 1872, aff. Garaudel, D. P. 72. 1. 150); — 2° Que le décret du 8 août 1870, qui déclare le département du Rhône en état de siège, ayant été communiqué au Sénat, est légal et obligatoire (Cons. d'Et. 5 juin 1874, aff. Chéron, D. P. 75. 3. 57). Il a même été décidé que la référence au Sénat, prescrite par l'art. 12 de la constitution du

14 janv. 1852, n'était pas une condition essentielle à la validité des décrets établissant l'état de siège, le délai dans lequel elle devait avoir lieu n'étant pas limité (Crim. cass. 6 févr. 1874, aff. Bouscarle et autres, D. P. 74. 1. 185).

31. — IV. EFFETS DE L'ÉTAT DE SIÈGE (*Rép.* nos 32 à 41). — Ces effets sont réglés par l'art. 10 de la loi du 10 juill. 1791, le chapitre 4 du décret du 24 déc. 1811 et les art. 7 et suiv. de la loi du 9 août 1849 (*Rép.* n° 32), dont la loi de 1878 ne parle pas et qui sont toujours en vigueur. Les dispositions des art. 7 à 11 de la loi de 1849 sont, d'ailleurs, reproduites en substance par l'art. 191 du décret de 1891, dont les premiers paragraphes sont ainsi conçus : « Aussitôt que l'état de siège est déclaré, les pouvoirs dont l'autorité civile était revêtue pour le maintien de l'ordre et de la police passent tout entiers à l'autorité militaire. — L'autorité civile continue néanmoins d'exercer ceux des pouvoirs dont l'autorité militaire ne l'a pas dessaisie. Le gouverneur délègue, en conséquence, aux magistrats telle partie de ces pouvoirs qu'il juge convenable. En cas de blocus ou d'investissement, il exerce son action sur tout le territoire bloqué ou investi. En proclamant l'état de siège, il fait connaître que tous les délits dont il ne croit pas devoir saisir les tribunaux ordinaires seront jugés par les tribunaux militaires, quelle que soit la qualité des prévenus ».

32. La délimitation entre les pouvoirs des autorités civile et militaire au cas d'état de siège a donné lieu à de fréquents conflits et, par conséquent, à un certain nombre de décisions de jurisprudence. Aux termes de la loi du 9 août 1849 et de l'art. 191 du décret de 1891, l'autorité militaire dessaisit l'autorité civile de tous les pouvoirs *nécessaires au maintien de l'ordre et de la police;* mais là s'arrêtent ses droits, et l'on ne saurait admettre que, sous prétexte de pourvoir à la défense de la place assiégée ou de maintenir l'ordre public, le général gouverneur portât atteinte à des intérêts d'un ordre purement privé. L'autorité que l'art. 9 de la loi de 1849 confère au général commandant n'appartient, en temps ordinaire, à aucun fonctionnaire, et elle est absolument discrétionnaire; mais cet article trace rigoureusement les limites dans lesquelles est renfermé ce pouvoir discrétionnaire, et tout acte arbitraire fait en dehors des cas prévus n'est qu'une voie de fait contre laquelle les intéressés doivent trouver dans la loi le moyen de se défendre (D. P. 75. 3. 57, note 3). Aussi a-t-il été décidé avec raison que le conseil d'Etat n'est pas, dans tous les cas, incompétent pour apprécier si un arrêté a été pris par un général commandant l'état de siège dans l'exercice et les limites des pouvoirs que lui conférait l'art. 9 de la loi du 9 août 1849 (Cons. d'Et. 5 juin 1874, aff. Chéron et consorts, D. P. 75. 3. 57). Il lui appartient, notamment, de déclarer qu'un arrêté prononçant la suppression d'un journal n'a eu pour but que d'interdire la publication de ce journal, et que, dès lors, il a été pris dans l'exercice et les limites des pouvoirs conférés au commandant par l'article précité; mais il ne peut apprécier les motifs qui ont déterminé le commandant à user de ses pouvoirs (Même arrêt). — De même, est recevable le pourvoi formé devant le conseil d'Etat, pour excès de pouvoir, contre l'arrêté par lequel le commandant de l'état de siège dans un département a interdit la publication d'un journal, et fondé sur ce que l'état de siège n'existait pas légalement dans ce département (Cons. d'Et. 24 déc. 1875, aff. Busy (sol. impl.), D. P. 76. 3. 38).

33. L'étendue des pouvoirs que l'état de siège confère à l'autorité militaire ne saurait laisser la liberté individuelle sans garantie. C'est pourquoi la cour de cassation a décidé qu'aucune disposition de loi ne donne au commandant d'une place en état de siège le droit de faire arrêter et incarcérer un citoyen, pour les faire traduire devant les tribunaux de répression (Req. 3 juin 1872, aff. Magère, D. P. 72. 1. 385, et la note). — Il en serait de même si l'arrestation avait été faite pendant l'état de siège, par l'ordre d'un préfet investi, en qualité de commissaire extraordinaire, de tous les pouvoirs civils et militaires (Lyon 23 juill. 1872, aff. Haas, D. P. 74. 2. 20). Aussi, lorsque le commandant d'une place en état de siège a fait incarcérer un citoyen, le juge civil est-il compétent pour apprécier la légalité de cette mesure et pour statuer sur la demande en dommages-intérêts formée par la personne qui en a été l'objet (Req. 3 juin 1872, précité).

34. Deux jugements du tribunal de simple police de Besançon (1er avr. 1871, aff. Nonotte et Postey et 6 mai 1871, aff. Rouly et Ourson, D. P. 71. 3. 104) avaient décidé que le commandant militaire d'une place de guerre investie par l'ennemi a le droit d'établir, pour les besoins de l'armée et la facilité des échanges dans cette place, des monnaies obsidionales ou bons provisoires ayant cours forcé, et que le refus des monnaies obsidionales créées par l'autorité militaire dans une ville assiégée constitue, de la part des habitants, une contravention de police tombant sous l'application de l'art. 471, n° 15, c. pén. Le second de ces jugements a été déféré à la cour de cassation qui déclare que le commandant militaire d'une place assiégée n'est investi des pouvoirs des autorités civiles, pour le maintien de l'ordre et de la police, que dans la mesure des attributions que celles-ci ont reçues elles-mêmes, et, par suite, ne peut légalement imposer aux habitants l'obligation de recevoir un papier-monnaie obsidional, dont la création n'appartient qu'au pouvoir législatif (Crim. cass. 9 nov. 1872, aff. Rouly, D. P. 72. 1. 473). Mais le refus du caissier d'une succursale de la banque de France de recevoir une monnaie obsidionale créée par le commandant militaire d'une place assiégée, avec cours forcé dans cette place, peut être compétemment déféré au tribunal de simple police, comme contravention à une mesure de police intéressant la généralité des habitants, alors que ledit refus s'est produit au sujet du recouvrement d'un effet de commerce dont la succursale s'était chargée d'encaisser le montant, au même titre que tout autre mandataire (Même arrêt).

35. Aux termes de l'art. 8 de la loi du 9 août 1849, la juridiction des conseils de guerre ne s'étend qu'aux crimes contre la sûreté de l'État, la constitution, l'ordre et la paix publique (Rép. n° 35). La jurisprudence a fait une large application de cette disposition. Déjà, avant la loi de 1849, il avait été jugé que les conseils de guerre, saisis de la connaissance des faits d'une insurrection et des actes qui auraient aggravé la rébellion, sont compétents pour connaître de ces derniers actes, encore qu'ils constituent par eux-mêmes un délit commun ; ces conseils, compétents pour connaître du délit commun, le sont aussi pour prononcer la peine de droit commun applicable à ce délit (Crim. rej. 9 mars 1849, aff. Daix, D. P. 49. 1. 60). Aussi, depuis 1849, a-t-il été jugé à plus forte raison que la rébellion, étant au nombre des délits contre la paix publique, peut, lorsqu'elle a été commise dans un lieu soumis à l'état de siège, être déférée aux tribunaux militaires (Crim. rej. 30 août 1875, aff. Brisson, D. P. 76. 1. 136).

36. Un crime de droit commun peut revêtir, lorsqu'il est commis sous l'état de siège, le caractère d'un attentat contre la paix publique. Ainsi a-t-il été décidé : 1° que la tentative d'assassinat ou de meurtre commise dans un pays soumis à l'état de siège constitue un crime contre l'ordre et la paix publique de la compétence des tribunaux militaires, lors même que leur auteur, après avoir appartenu à une compagnie de francs-tireurs, aurait, à l'époque du crime, cessé d'en faire partie et, par suite, d'être militaire ; — 2° Que, dans un département mis en état de siège, les poursuites relatives à un attentat contre la sûreté de l'État et à un crime de meurtre qui l'aurait accompagné, sont compétemment déférées au conseil de guerre (Crim. rej. 2 sept. 1870, aff. Caheur, D. P. 71. 1. 76). Et l'absence de l'auteur principal du meurtre, resté inconnu, ne fait pas obstacle à ce que le conseil de guerre connaisse de l'affaire à l'égard des individus accusés seulement de complicité de ce crime (Même arrêt).

37. Sous l'empire de l'état de siège, le délit de participation à une société secrète (l'Internationale) est un de ceux dont les tribunaux militaires peuvent être compétemment saisis (Crim. rej. 9 nov. 1871, aff. Brager et Chauvin, D. P.

71. 1. 364). Il en est de même des délits de presse, et la cour de cassation a résolu, à plusieurs reprises, la question dans le sens de l'affirmative. Jugé, à cet égard, que, sous l'empire de l'état de siège, les tribunaux militaires peuvent être saisis même de la connaissance de délits de presse, lorsque ces délits constituent la complicité, par provocation à les commettre, de crimes ou délits contre la paix publique ou d'attentats contre la sûreté de l'État (Crim. rej. 9 nov. 1871, aff. Maroteau, D. P. 71. 1. 270), ... Ou lorsque ces délits sont de ceux qui portent atteinte à l'ordre et à la paix publique, tels que les délits d'excitation, par des articles de journaux, à la haine et au mépris du Gouvernement, d'apologie de faits qualifiés crimes par la loi, et d'excitation à la désobéissance aux lois (Crim. rej. 23 févr. 1872, aff. Garaudel, D. P. 72. 1. 150); ... surtout si la publication de ces articles a eu lieu à une époque de troubles politiques (dans l'espèce, pendant la lutte engagée contre le Gouvernement par la Commune insurrectionnelle de Paris) (Même arrêt).— Décidé aussi que le conseil de guerre, sous l'empire de l'état de siège, est légalement saisi d'un délit de publication d'une nouvelle fausse incriminée comme étant de nature à troubler la paix publique ; et que, dans le cas où, par les réponses aux questions à lui posées, il écarte cette dernière circonstance pour réduire le fait au délit de publication pure et simple de nouvelles fausses, ce conseil n'en reste pas moins compétent pour appliquer la peine encourue (Crim. rej. 23 avr. 1872, aff. Mollière et autres, D. P. 72. 1. 144).

38. Les crimes et délits de droit commun, tout en restant soumis à la juridiction civile, peuvent, a-t-on dit au Rép., n° 36, en raison de leur connexité avec des faits de nature à troubler la paix publique, devenir, sous le régime de l'état de siège, justiciables des conseils de guerre. Il en est ainsi alors même qu'il s'agit de crimes ou délits contre les particuliers, lorsque ces faits se lient à ceux qui ont motivé l'état de siège et sont eux-mêmes porté atteinte à l'ordre et à la paix publique (Crim. rej. 5 nov. 1874, aff. Chaix et Frézol, D. P. 75. 5. 233 ; 12 oct. 1874) (1).

39. Il a été jugé, dans le même ordre d'idées : 1° que, sous l'empire de l'état de siège, le conseil de guerre saisi d'une poursuite pour participation à une insurrection est compétent pour statuer sur le crime d'homicide volontaire imputé au même accusé, alors que ce crime se rattache aux faits insurrectionnels par des circonstances de temps et de lieu et par l'identité des moyens employés pour le commettre (Crim. rej. 19 janv. 1872, aff. Thouveron, D. P. 74. 1. 46); — 2° que les conseils de guerre sont compétents pour juger les crimes et délits contre l'ordre et la paix publique, quelle que soit la qualité des auteurs principaux et des complices, et notamment le fait d'avoir, dans un mouvement insurrectionnel, porté des armes apparentes, revêtu un uniforme et tenté une arrestation illégale sur un gardien de la paix (Crim. rej. 26 mars 1874, aff. Leriche, D. P. 75. 5. 223].

40. Le crime de tentative d'incendie, bien que compris dans le code pénal parmi les crimes « contre les personnes », peut, en raison des circonstances et de sa connexité avec d'autres crimes d'un caractère insurrectionnel, être considéré comme crime « contre la paix publique », et comme rentrant à ce titre, durant le régime de l'état de siège, dans la compétence des conseils de guerre (Crim. rej. 30 nov. 1871, aff. Gourier, D. P. 74. 1. 258). Et la circonstance que ladite tentative d'incendie serait postérieure (même de plusieurs semaines) à la répression du mouvement insurrectionnel, ne fait pas obstacle à ce que le conseil de guerre constate qu'elle est connexe aux crimes commis dans cette insurrection. En effet, l'art. 227 c. instr. crim. énonce lui-même qu'il peut y avoir connexité entre des crimes commis dans des temps différents, s'il y a eu concert pour leur perpétration. Or, les crimes qui, après la

---

(1) (Femmes Rétiffe, Suétins et autres.) — La cour ; — Attendu que l'art. 1 de la loi du 9 août 1849 autorise la mise en état de siège d'une circonscription territoriale, lorsqu'il y a péril imminent pour la sûreté intérieure ou extérieure de l'État, et que l'art. 8 de la même loi rend alors compétents les tribunaux militaires, pour juger tous crimes commis contre l'ordre ou la paix publique, ce qui comprend même les crimes communs se rattachant à l'insurrection ; — Attendu qu'il y a eu déclaration légale d'état de siège pour le département de la Seine, par le décret impérial du 7 août 1870, avec référence au Sénat, et que cette mesure de sécurité publique n'a été aucunement abrogée ou rapportée; — Attendu que les crimes pour lesquels ont été condamnées les demanderesses rentraient tous par leur nature et leur connexité, dans les prévisions de l'art. 8 précité de la loi organique de l'état de siège; — Qu'ainsi, sous aucun rapport, il n'existe dans le jugement dénoncé du quatrième conseil de guerre de la première division militaire, le vice d'incompétence qui seul donnerait ouverture à cassation pour des individus non militaires, aux termes de l'art. 81 c. just. milit. de 1857; — Déclare les pourvois recevables et les rejette comme mal fondés. Du 12 oct. 1871.—Ch. crim.—MM. Faustin-Hélie, cons. pr.—Morin, rap.-Reverchon, av. gén.

répression d'une insurrection, sont commis dans le but de faire obstacle au complet rétablissement de l'ordre, se rattachent au même plan et prennent par là un caractère insurrectionnel. — Jugé aussi que le crime d'incendie étant contraire à l'ordre et à la paix publique, notamment quand il a pour objet la destruction d'un édifice affecté à une institution publique, il suffit qu'il ait été commis dans une ville en état de siège pour que ses auteurs, même non militaires, aient pu être renvoyés devant un conseil de guerre (Crim. rej. 10 oct. 1872, aff. Decamps, D. P. 72. 1. 431). Peu importe, dès lors, que le jugement de condamnation rendu par le conseil de guerre ait omis de mentionner que ce même crime avait été commis dans un mouvement insurrectionnel (Même arrêt).

41. La question de savoir si un crime ou un délit est de nature à troubler la paix publique est une question de fait laissée à l'appréciation des tribunaux. Décidé, à cet égard, que le fait d'avoir rempli, sans titre, des fonctions publiques, même purement administratives, à la suite d'un mouvement insurrectionnel accompli dans le but de changer ou de détruire le Gouvernement, est avec raison, à cause de la connexité qui le rattache à l'attentat que cette insurrection avait pour but de consommer, qualifié délit contre l'ordre et la paix publique, pouvant par suite, sous le régime de l'état de siège, être déféré aux tribunaux militaires (Crim. rej. 16 nov. 1871, aff. Peyrouton, D. P. 72. 1. 44).

42. La mise en état de siège a-t-elle pour effet de saisir la juridiction militaire des délits commis antérieurement à sa déclaration? En d'autres termes, a-t-elle un effet rétroactif? L'affirmative, soutenue au *Rép.* n° 37, prévaut encore dans la jurisprudence. C'est ainsi qu'il a été jugé : 1° que la déclaration de l'état de siège a pour effet, en ce qui concerne le changement des juridictions, d'atteindre d'une manière indivisible tous les faits qui l'ont motivée, et non pas seulement ceux de ces faits qui lui sont postérieurs (Crim. rej. 30 juin 1859, aff. Ségader dit Sisi, et 26 août 1859, aff. Marius, D. P. 59. 1. 427). Spécialement, lorsque l'état de siège a été motivé dans une colonie par la fréquence des crimes d'incendie, les tribunaux militaires sont complètement saisis même de la connaissance de ceux de ces crimes qui sont antérieurs à la déclaration (Mêmes arrêts); — 2° Que la mise en état de siège d'un département, à la suite d'un mouvement insurrectionnel, donne au général commandant la division le droit de revendiquer l'instruction commencée à l'égard des individus prévenus de crimes contre la sûreté de la République ou contre l'ordre et la paix publique, et de déférer ces prévenus aux tribunaux militaires, quelle que soit la qualité des auteurs principaux et des complices (Crim. rej. 4 août 1871, aff. Bondy et Joui, D. P. 71.5. 169); — 3° Que les délits de presse commis pendant l'état de siège pouvant être déférés immédiatement aux tribunaux militaires, lorsqu'ils sont contraires à l'ordre et à la paix publique, l'arrêté pris par le général commandant la division pour faire connaître que les délits de presse seraient détachée au conseil de guerre, ne peut, relativement à ceux déjà commis, être considéré comme une mesure entachée de rétroactivité (Crim. rej. 23 févr. 1872, cité *suprà*, n° 30).

43. La compétence des conseils de guerre s'étend même aux individus non militaires, dans les territoires en état de siège. — Outre les décisions rapportées au *Rép.* n° 31, il a été jugé : 1° que, sous le régime de l'état de siège, il appartient au général commandant la division de renvoyer

devant les conseils de guerre les individus, même non militaires, accusés de crimes et délits contre la sûreté de l'État et contre l'ordre et la paix publique (Crim. rej. 12 août 1871, aff. Ferré et autres, D. P. 71. 1. 178. Conf. 17 nov. 1870, *infrà*, n° 44); — 2° Que, dans un département déclaré en état de siège à l'occasion d'événements de guerre, la juridiction militaire peut être saisie, même à l'égard d'un individu non militaire, de l'accusation d'intelligences avec l'ennemi en vue de fournitures de vivres et d'argent, si ces faits ont été accomplis dans ce département (Crim. rej. 19 janv. 1871, aff. Beurville, D. P. 71. 1. 169). Dès lors, en cas de condamnation, l'accusé est non recevable à former un pourvoi en cassation, le pourvoi n'étant admissible que lorsqu'il émane d'individus non justiciables des conseils de guerre (Même arrêt), c'est-à-dire pour incompétence (V. *infrà*, n° 45).

44. De la combinaison des art. 7 et 8 de la loi de 1849, il résulte que les tribunaux de droit commun sont compétents, même après la déclaration de l'état de siège tant qu'ils n'ont pas été spécialement dessaisis par l'autorité militaire (*Rép.* n° 40). Mais, pour que les conseils de guerre soient compétents à l'effet de connaître, dans un territoire en état de siège, des crimes contre l'ordre et la paix publique, il n'est pas nécessaire que le dessaisissement des tribunaux ordinaires ait été déclaré d'une manière générale, aussitôt après la mise en état de siège: il suffit qu'une décision du gouverneur militaire ait saisi le conseil de guerre des faits qu'il juge à propos de lui déférer (Crim. rej. 17 nov. 1870) (1).

45. Les décisions des conseils de guerre sont-elles susceptibles de pourvoi en cassation? La jurisprudence actuelle décide comme celle que nous avons rapportée au *Rép.* n° 40, que l'accusé non militaire ni assimilé à un militaire, qui a été condamné par un conseil de guerre sous l'état de siège, est recevable à se pourvoir devant la cour de cassation, mais pour cause d'incompétence seulement (Crim. rej. 12 oct. 1871, aff. Ferré et autres, D. P. 71. 1. 178; 9 nov. 1871, aff. Maroteau, D. P. 71. 1. 270; 6 nov. 1874, aff. Chaix et Frézol, D. P. 75. 5. 223 : 9 mai 1878, aff. Garcin, D. P. 79. 1. 45). Jugé également que, la ville de Paris n'ayant été classée comme place de guerre par aucune loi spéciale, les individus non militaires qui, par suite d'un état de siège déclaré, y ont été traduits devant la juridiction des conseils de guerre, sont recevables à se pourvoir devant la cour de cassation pour incompétence; alors surtout que, nonobstant l'état de siège, la ville est restée ouverte (Crim. rej. 2 sept. 1870, aff. Cahen et autres, D. P. 71. 1. 76). Mais, contrairement à ce qui a été dit au *Rép.* n° 41, ces pourvois ne sont recevables ni pour excès de pouvoirs, ni pour irrégularité de forme et de procédure (Crim. rej. 12 oct. 1871, précité).

46. Relativement au pourvoi en cassation considéré en lui-même, il a été jugé : 1° que les pourvois formés en matière correctionnelle sont assujettis à la consignation de l'amende exigée par les art. 419 et 420 c. instr. crim., même quand ils sont dirigés contre les décisions des conseils de guerre par des individus que l'état de siège a rendus justiciables de ces conseils (Crim. rej. 9 nov. 1871, aff. Hugues et aff. Brayer et Chauvin, D.P.71.1.364); — 2° Que le délai du pourvoi en cassation contre les décisions prononcées par un conseil de guerre, à l'égard des individus que l'état de siège a rendus ses justiciables, est de trois jours, conformément à l'art. 147 c. just. mil., même en matière de délits de presse; la réduction de ces délais à vingt-quatre heures, qui a été édictée par l'art. 21 de la loi du 27 juill. 1849 pour

---

(1) (Arnould et Labarthe.) — LA COUR; — Sur le premier moyen, tiré de la violation de l'art. 8 de la loi du 9 août 1849, en ce que les faits imputés aux demandeurs en cassation ne constituaient pas de crimes contre l'ordre et la paix publique : — Attendu qu'aux termes de l'art. 8 de la loi du 9 août 1849, les tribunaux militaires peuvent être saisis de la connaissance des crimes contre l'ordre et la paix publique, quelle que soit la qualité des auteurs principaux et des complices; — Attendu que les demandeurs en cassation ont été déclarés coupables : Labarthe, d'une tentative d'assassinat, en mettant en joue Roudieret et faisant feu sur lui, et Arnould, de tentative de meurtre, en mettant en joue Dulac ; — Que ces crimes, dans les circonstances de la cause, rentrent de leur nature dans les catégories de l'art. 8 précité;

Sur le second moyen tiré de la violation des art. 7 et 8 de la loi du 9 août 1849, en ce que la justice ordinaire n'aurait pas été

régulièrement dessaisie des crimes contre l'ordre et la paix publique ; — Attendu que le dessaisissement purement facultatif des tribunaux ordinaires autorisé par les articles reste à la discrétion de l'autorité militaire, et que le législateur ne l'a aucunement subordonné à la condition d'être général et immédiat après la mise en état de siège ; — Que, dans l'espèce, par une décision en date du 16 sept. 1870, le général commandant supérieur de Belfort a régulièrement saisi le conseil de guerre de cette place, mise en état de siège, de la connaissance des faits imputés aux demandeurs en cassation ; — D'où il suit que le conseil de guerre de Belfort, en se déclarant compétent, et le conseil de revision de la même place, en repoussant le recours contre cette décision, ont fait une saine application de la loi du 9 août 1849 ; — Déclare non recevables les pourvois, etc.

Du 17 nov. 1870. Ch. crim.-Sect. siégeant à Poitiers-MM. Dumont, rap.-Connelly, av. gén.

les pourvois en matière de presse, est spéciale à la juridiction de la cour d'assises (Crim. rej. 12 avr. 1872, aff. Mollière, D. P. 72. 1. 144). En effet, le code de justice militaire ayant prévu, dans son art. 80, le cas de pourvoi en cassation contre les décisions rendues sous l'empire de l'état de siège, pour prohiber le pourvoi lorsqu'il s'agit « d'individus enfermés dans une place de guerre en état de siège », il est rationnel de se référer, pour ce qui concerne le délai de ce recours, exclusivement aux dispositions de ce code, d'autant plus qu'il est postérieur à la loi de 1849 sur la presse.

47. — V. LEVÉE DE L'ÉTAT DE SIÈGE (*Rép.* n° 42). — L'état de siège ne peut être levé que par l'autorité qui l'a déclaré, et dans les mêmes formes. Cela résultait des art. 12 et suiv. de la loi du 9 août 1849. La loi du 3 avr. 1878 paraît plus favorable que la loi de 1849 à la levée de l'état de siège ; car, après avoir dit, dans son art. 1, qu'une loi seule peut déclarer l'état de siège, elle ajoute que cette loi fixe la durée à l'expiration de laquelle l'état de siège cesse de plein droit, si une loi nouvelle n'en a prolongé les effets. Aux termes de l'art. 5, l'état de siège est levé de plein droit, lorsqu'il y a, au sujet de sa levée ou de son maintien, dissentiment entre les deux Chambres du parlement (V. s*uprà*, n° 29).

48. Sous l'empire de la loi du 9 août 1849, il a été jugé que la mise en état de siège d'un département, régulièrement décrétée par le Gouvernement existant, ne cesse pas par le seul fait de la chute de celui-ci ; il faut une rétractation formelle par un décret du nouveau Gouvernement institué (Crim. rej. 12 oct. 1871, cité *suprà*, n° 30 ; 11 mai 1871, aff. Deloche, D. P. 71. 1. 30). Par suite, à défaut d'une rétractation de la mesure par la nouvelle autorité compétente, le conseil de guerre a été avec raison saisi de poursuites pour excitation à la guerre civile, même exercées contre des individus non militaires et non assimilés à des militaires ; et les condamnations prononcées à leur égard par ce conseil ne sont pas susceptibles d'un pourvoi en cassation (Crim. rej. 11 mai 1871, précité). Décidé également que l'état de siège, régulièrement décrété dans un département, n'a pu être levé ni par l'arrêté d'un fonctionnaire investi simplement de la qualité d'administrateur supérieur dudit département, ni par des arrêtés de conseils municipaux (Crim. cass. 6 févr. 1874, aff. Bouscarle et autres, D. P. 74. 1. 185).

49. Après la levée de l'état de siège, les tribunaux militaires, dit l'art. 13 de la loi de 1849, continuent de connaître des crimes et délits dont la poursuite leur avait été déférée. Jugé, en ce sens, que l'individu qu'un conseil de guerre a condamné par contumace avant la levée de l'état de siège, peut être repris et poursuivi, après la cessation de cet état, en vertu de l'ordre de mise en jugement qui l'avait primitivement déféré à la juridiction militaire (Crim. rej. 9 mai 1878, cité *suprà*, n° 45).

§ 5. — Défense et capitulation (*Rép.* n° 43).

50. Le décret du 4 oct. 1891, au chap. 25 intitulé *De la défense*, traite successivement de la *responsabilité du commandant* et de la *capitulation* ; il suffit de citer les art. 195 et 196 du décret, qui rappellent les lois existantes et énoncent d'autres dispositions nouvelles. En ce qui concerne la responsabilité du commandant, l'art. 195 s'exprime ainsi : « Le gouverneur d'une place de guerre ne doit jamais perdre de vue qu'il défend l'un des boulevards de la patrie, l'un des points d'appui de ses armées, et que, de la reddition d'une place, avancée ou retardée d'un seul jour peut dépendre le salut du pays. Il doit rester sourd aux bruits répandus par la malveillance et aux nouvelles que l'ennemi lui ferait parvenir, résister à toutes les insinuations ne laisser ébranler par les événements ni son courage, ni celui de la garnison qu'il commande. Il se conforme aux instructions contenues dans le projet de défense de la place approuvé par le ministre, ainsi qu'aux instructions spéciales qu'il aura reçues, notamment en ce qui concerne la destruction éventuelle du matériel de guerre. Le gouverneur ne doit pas oublier que les lois condamnent à la peine de mort, avec dégradation militaire, le gouverneur d'une place de guerre reconnu coupable d'avoir capitulé sans avoir épuisé tous les moyens de défense dont il disposait, et sans avoir fait tout ce que prescrivaient le devoir et l'honneur. Les mêmes devoirs et

les mêmes responsabilités incombent aux commandants des forts dépendant d'une place ou d'un groupe de forts, aussitôt qu'ils sont investis ou isolés de la place ».

51. Relativement à la *capitulation*, « lorsque le gouverneur, dit l'art. 196, juge que le dernier terme de la résistance est arrivé, il consulte le conseil de défense sur les moyens de prolonger le siège. Les opinions des membres du conseil sont recueillies, en commençant par le moins élevé en grade et en rang et consignées nominativement au registre des délibérations. Le gouverneur, le conseil entendu et la séance levée, prend de l'avis même, en s'inspirant de l'avis le plus énergique, s'il n'est absolument impraticable, les résolutions que le sentiment de son devoir et de sa responsabilité lui suggère. Dans tous les cas, il décide seul, et sous sa responsabilité, de l'époque et des termes de la capitulation. Jusque-là, il a le moins de communications possible avec l'ennemi ; il n'en tolère aucune ; il ne sort jamais lui-même de la place pour parlementer, il ne confie cette mission qu'à des officiers dont la fermeté, la présence d'esprit et le dévouement lui sont personnellement connus. Dans la capitulation, il ne se sépare jamais de ses officiers ni de ses troupes et il partage leur sort après comme pendant le siège. Il s'occupe du soin d'améliorer les conditions faites aux soldats et de stipuler, pour les blessés et les malades, toutes les clauses d'exception et de faveur qu'il peut obtenir. En aucun cas, il ne doit rendre la place avant d'avoir détruit les drapeaux. La capitulation ne comprend pas obligatoirement tous les forts qui dépendent de la place ».

ART. 4. — De la zone des fortifications ou terrain militaire et de sa délimitation (*Rép.* n°s 44 à 58).

52. On a indiqué au *Rép.*, n° 44, la distinction entre la zone des fortifications ou terrain militaire et la zone des servitudes militaires. Le domaine militaire fait partie du domaine public et est, comme lui, inaliénable et imprescriptible. Il a été jugé, comme conséquence de ce principe : 1° que, lorsqu'un chemin de fer traverse les fortifications d'une ville, le caractère d'inaliénabilité attaché au domaine militaire s'oppose à ce que la compagnie concessionnaire poursuive l'expropriation du sol fortifié que le chemin traverse : ce terrain ne cesse pas d'appartenir au domaine militaire (Civ. cass. 17 févr. 1874, aff. Chemin de fer de Lyon, D. P. 74. 1. 315) ; — 2° Que, les terrains des fortifications des places de guerre n'étant pas susceptibles d'expropriation pour utilité publique, il ne peut être statué sur les mesures à prendre par suite de travaux publics ordonnés sur ces terrains qu'avec le concours et la participation du ministre de la guerre (Civ. cass, 3 mars 1862, aff. Préfet de la Seine-Inférieure, D. P. 62. 1. 291). — Décidé également, dans le même ordre d'idées, qu'un préfet ne peut, sans une autorisation expresse du ministre de la guerre, acquiescer, soit explicitement, soit implicitement, à un jugement rendu contre l'État dans une instance concernant le domaine militaire (Civ. cass. 20 déc. 1854, aff. Préfet d'Alger, D. P. 55. 1. 36). De même, lorsque l'État soutient qu'un terrain, dont la possession lui est contestée, fait partie du domaine militaire en vertu d'un procès-verbal de délimitation approuvé par le ministre de la guerre, et que le débat porte principalement sur la portée de ce procès-verbal, il y a nécessité de renvoyer, au préalable, devant l'autorité administrative pour en fixer le sens ; si le tribunal, au lieu de prononcer ce renvoi, adjuge *de plano* à l'adversaire de l'État ses conclusions, il commet un excès de pouvoir (Même arrêt). Mais un décret qui homologue le plan et le procès-verbal de bornage d'une place de guerre, dressés conformément aux art. 19 à 21 du décret du 10 août 1853, n'ayant d'autre portée que celle d'un acte de délimitation, ne fait pas obstacle à ce que l'autorité judiciaire détermine les droits pouvant appartenir à un particulier sur les eaux prenant leur source dans les limites de la place de guerre (Cons. d'Ét. 7 août 1891, aff. Lacombe-Saint-Michel, D. P. 93. 3. 13).

53. Le *Répertoire* (n°s 46 et suiv.) s'occupe de ce qui a trait aux *rues militaires* ou *rues de rempart*. Jugé, à cet égard, depuis sa publication, que l'existence d'une rue militaire le long des remparts de toute place forte résulte de la loi elle-même et n'est pas subordonnée aux opérations de bornage destinées à en déterminer les limites (Cons. d'Et. 23 nov. 1888, aff. Ville de Bargues, D. P. 90. 3. 5). La largeur de la rue telle qu'elle est indiquée par la loi ne peut être réduite que par décret (Même arrêt Comp. Rép. n° 47). Le ministre de la guerre ne peut, sans excès de pouvoirs, supprimer tout ou partie de la rue pour l'incorporer dans les dépendances d'une caserne, et la ville est recevable à déférer au conseil d'Etat la décision ministérielle prescrivant cette suppression et cette incorporation (Même arrêt). L'art. 15 de la loi des 8-10 juill. 1791 (Rép. p. 928) dispose que, « dans toutes les places de guerre et postes militaires, le terrain compris entre le pied du talus du rempart et une ligne tracée du côté de la place, à quatre toises du pied dudit talus et parallèlement à lui, ainsi que celui renfermé dans la capacité des redans, bastions et autres ouvrages qui forment l'enceinte, sera considéré comme terrain militaire et fera rue le long des courtines et des gorges des bastions ou redans ». Cette disposition est conçue en termes trop impératifs et est, d'ailleurs, trop essentielle au fonctionnement des services de la défense, pour qu'on puisse soutenir que l'existence légale de la rue militaire est suspendue jusqu'au moment où il aura été procédé au bornage du terrain, lequel doit être fait actuellement dans les formes prescrites par le décret du 10 août 1853. Du moment qu'il est reconnu que l'administration de la Guerre peut, en vertu de la loi de 1791, exiger des riverains le respect des règlements concernant les rues militaires, par une corrélation nécessaire, elle est tenue d'observer elle-même celles des dispositions de ces règlements qui sont favorables soit aux riverains individuellement, soit aux communes.

54. Lorsqu'il n'existe pas de rue militaire, il a été décidé que les dispositions de la loi du 10 juill. 1791 et du décret du 10 août 1853 ne sont pas applicables à une propriété comprise dans une demi-lune ne faisant pas partie de l'enceinte de la place forte ; qu'en conséquence, le ministre de la guerre n'excède pas ses pouvoirs en refusant d'acquérir un terrain ainsi situé, et le propriétaire reste libre d'en disposer selon les règles du droit commun (Cons. d'Et. 11 août 1869, aff. Albrecht, Rec. Cons. d'Etat, p. 793).

55. En ce qui concerne le bornage du terrain militaire dont il est parlé au Rép. n°s 51 et suiv., il a été décidé que, lorsqu'un fort a été classé comme poste militaire dépendant d'une place par un décret formellement publié, le conseil de préfecture, saisi de réclamations présentées contre le bornage de ce fort par des propriétaires qui réclament en même temps contre le classement, ne peut surseoir à statuer jusqu'à ce que les réclamations contre le classement aient été résolues par l'autorité compétente (Cons. d'Et. 11 janv. 1862, aff. Fort des Anglais, à Alger, Rec. Cons. d'Etat, p. 25).

56. L'art. 1 de la loi du 29 mars 1806 (Rép. p. 936) dispose que « les lois qui ont pour but la conservation des domaines nationaux, des eaux et forêts, édifices, établissements publics, seront applicables à la conservation des fortifications et de leurs dépendances... ». Cette disposition n'ayant été abrogée par aucune loi postérieure, et notamment par la loi du 17 juill. 1819, est toujours en vigueur Cette dernière loi, d'ailleurs, concerne uniquement les servitudes imposées aux propriétés qui avoisinent les places de guerre et n'a pas trait à la conservation des dépendances de ces places. Jugé, en conséquence, que l'art. 199 c. for. est applicable, à l'exclusion de toute autre disposition pénale, à l'introduction de bestiaux sur des terrains dépendant des fortifications d'une place de guerre, et l'autorité judiciaire est seule compétente pour statuer sur cette contravention (Paris, 22 janv. 1889, aff. Coucq et Sept-Fonds, D. P. 90. 2. 270) ; ... Et la prescription de trois mois édictée par l'art. 185 c. for. est applicable à cette même contravention (Même arrêt).

Art. 5. — De la zone des servitudes (Rép. n°s 59 à 143).

§ 1er. — De l'étendue et de la délimitation de la zone des servitudes (Rép. n°s 60 à 74).

57. La loi fondamentale sur les servitudes militaires est celle du 17 juill. 1819, toujours en vigueur. On objecterait en vain que celle n'a pas obtenu, lors du vote dans les assemblées législatives, la majorité exigée par la charte de 1814 (Cons. d'Et. 2 déc. 1854, aff. Mossois, D. P. 54. 5. 568).

58. On a vu au Rép., n° 60, ce qu'il faut entendre par zone des servitudes militaires et quelle en est l'étendue. La distance qui sert à déterminer cette zone se compte à partir de la crête des parapets des chemins couverts ou des murs de clôture ou d'escarpe ou du mur de la crête intérieure des parapets des ouvrages, suivant les cas (Rép. n° 62). Elle se mesure sur les capitales de l'enceinte, des dehors et des ouvrages intérieurs (Ibid). Quant au choix des capitales, il est abandonné aux officiers du génie (Ibid., n° 63). — Il a été jugé que c'est avec raison et conformément aux prescriptions des art. 17 et 18 du décret du 10 août 1853, que le ministre de la guerre a fait déterminer les zones des servitudes militaires d'une place forte du côté de la terre en mesurant les distances de ces zones sur les capitales de la partie formant enceinte de ce côté (Cons. d'Et. 11 janv. 1862, aff. Fort des Anglais, à Alger, Rec. Cons. d'Etat, p. 25).

59. En ce qui concerne le bornage des limites des zones extérieures des places de guerre, il a été jugé que, pour le bornage de la zone des servitudes militaires de l'enceinte fortifiée de la ville de Paris, il y a lieu, après que les points extrêmes de la zone ont été fixés par des bornes placées d'après un mesurage sur les capitales des bastions et à partir de la crête des leurs glacis, de déclarer compris dans cette zone tous les terrains placés en deçà des lignes droites tirées entre ces bornes, alors même qu'ils seraient distants de plus de deux cent cinquante mètres des glacis (Cons. d'Et. 8 févr. 1864, aff. Chanudet, D. P. 66. 5. 353).

60. Les art. 19, 20 et 21 du décret du 10 août 1853 portant que les parties intéressées sont appelées par voie d'affiches ou autres moyens de publications en usage à prendre part aux opérations du bornage des zones de servitudes défensives, et que le procès-verbal de bornage ainsi que le plan de délimitation et ses annexes sont déposés pendant trois mois à la mairie pour que chacun puisse en prendre connaissance, ont remplacé l'art. 9 de la loi du 17 juill. 1819. Jugé, par suite, qu'un particulier, poursuivi pour avoir construit dans la première zone des servitudes, ne peut se prévaloir, pour être renvoyé des fins du procès-verbal de contravention, de ce qu'il n'aurait pas reçu, conformément aux prescriptions de l'art. 9 précité, notification des distances et dimensions fixées pour le plan et l'état descriptif dressé pour la détermination des zones (Cons. d'Et. 27 juill. 1883, aff. Amiel, D. P. 84. 5. 388).

61. Le procès-verbal de bornage, a-t-on dit au Rép. n° 66, peut être l'objet d'un recours. A cet égard, il a été jugé : 1° que l'homologation des procès-verbaux de bornage d'une zone de servitudes militaires, ne devant intervenir qu'après le jugement des réclamations présentées par les intéressés dans les trois mois de l'avis donné au public du dépôt de ces procès-verbaux à la mairie, ne fait pas obstacle, lorsqu'elle intervient durant l'instance, au jugement des réclamations formées en temps utile (Cons. d'Et. 8 févr. 1864, cité supra, n° 59) ; — 2° Que la réclamation par laquelle un propriétaire soutient qu'une parcelle de terrain lui appartenant a été comprise à tort dans la délimitation d'une zone de servitudes militaires, constitue une réclamation contre l'opération matérielle du bornage dans le sens de l'art. 20 du décret du 10 août 1853, et à ce titre, est compétemment formée devant le conseil de préfecture (Même arrêt). Le ministre soutenant qu'une telle réclamation portait, non sur l'opération matérielle, mais sur une interprétation de la loi, qui en rectification dans l'adoption des limites (Comp. Rép. n° 67).

62. Les servitudes militaires défensives s'appliquent du jour de la publication du décret de classement dans les communes intéressées (Rép., n° 69) ; et il en est ainsi alors même que les ouvrages de fortification ne sont pas encore exécutés (Cons. d'Et. 30 mars 1870, aff. Glotin, D. P. 71. 3. 32).

§ 2. — Servitudes militaires. — En quoi elles consistent. — Exceptions. — Autorisations, formes (Rép. n°s 74 à 104).

63. — 1° Servitudes relatives aux nouvelles constructions (Rép. n°s 76 à 85). — Il ressort des dispositions combinées de la loi du 17 juill. 1819, de l'ordonnance du 1er août 1821 et du décret du 10 août 1853, qu'il est défendu d'élever aucune construction dans la première zone d'une place de guerre et à moins de 250 mètres des fortifications (Rép. n° 76). — Jugé qu'une construction constitue une contravention lorsqu'elle est comprise dans la première zone des servitudes militaires existant autour d'une place, telle que cette zone a été déterminée par un décret rendu dans les formes prescrites par le décret du 10 août 1853, alors même qu'elle se trouve à une distance de plus de 250 mètres des saillants des bastions les plus voisins (Cons. d'Et. 27 juill. 1883, cité *suprà*, n° 60). En conséquence, un particulier qui a bâti sans autorisation régulière dans la zone des servitudes militaires où les constructions sont interdites doit être condamné à démolir les bâtiments élevés en contravention, alors même qu'il alléguerait avoir reçu des officiers du génie une autorisation verbale (Cons. d'Et. 9 août 1889, aff. Chevalier, D. P. 91. 5. 399; Comp. *Rép.* n° 104).

64. Une question s'est présentée en ce qui concerne la ville de Paris, au point de vue des servitudes instituées. L'art. 7 de la loi du 3 avr. 1841, sur les fortifications de Paris, porte que cette ville ne pourra être classée comme place de guerre qu'en vertu d'une loi spéciale, et l'art. 8 de la même loi a classé la capitale au point de vue des servitudes militaires (D. P. 57. 3. 9, note 1). Mais la loi annoncée par l'art. 7 n'a jamais été faite, et Paris est resté sous l'empire du droit commun. Néanmoins, au point de vue des servitudes militaires, il a été jugé que l'application des servitudes, dont l'art. 8 de la loi du 3 avr. 1841 a édicté l'établissement autour de Paris, n'est pas subordonnée à l'existence de la loi spéciale exigée par l'art. 7 pour que la ville de Paris puisse être classée parmi les places de guerre, et que ces servitudes ont été applicables à partir de la promulgation de la loi du 10 juill. 1851 et du tableau comprenant l'enceinte continue des fortifications de Paris et les forts détachés parmi les places de guerre et autres points fortifiés sur lesquels portent les servitudes militaires (Cons. d'Et. 24 juill. 1856, aff. Trézel, D. P. 57. 3. 9; 8 août 1873, aff. Quidor et Quintaine et aff. Lemaire, D. P. 73. 3. 18; 18 mai 1877, aff. Petit, *Rec. Cons. d'Etat,* p. 483; 4 juin 1886. aff. Hennicy, *Rec. Cons. d'Etat,* p. 493).

65. Comme sanction du principe posé au *Rép.* n° 76, qu'aucune construction ne peut être élevée autour des places de guerre sans l'autorisation de l'autorité militaire, il a été jugé, depuis la publication dudit *Répertoire*: 1° que la faculté accordée par l'art. 663 c. civ. à tout propriétaire de contraindre son voisin, dans les villes et faubourgs, à contribuer à la construction d'un mur séparatif de leurs maisons, cours et jardins, est inapplicable quand il s'agit de terrains compris dans la première zone des servitudes militaires d'une place forte (Colmar, 26 nov. 1863, aff. Ruotte, D. P. 63. 2. 220);... Peu importe que les immeubles soient situés dans un polygone où, par exception, les constructions en maçonnerie sont tolérées, conformément à l'art. 15 du décret du 10 août 1853, à la condition d'obtenir une permission de l'autorité militaire, avec l'engagement de démolir à première réquisition et sans aucune indemnité (Même arrêt). Dans ce cas, l'un des propriétaires voisins ne peut être autorisé par le tribunal à construire lui-même le mur moitié sur son terrain, moitié sur celui de son voisin, à charge par celui-ci de l'abandonner sans indemnité et sans conserver aucun droit à la mitoyenneté; il a seulement le droit, avec l'autorisation de l'autorité militaire, de construire le mur à ses frais, en l'établissant tout entier sur son propre terrain (Même arrêt); — 2° Qu'un individu qui a élevé une construction dans la zone unique des servitudes militaires, sans avoir obtenu l'autorisation exigée par les règlements relatifs à ces servitudes, ne peut se prévaloir, pour être relaxé des fins du procès-verbal, de ce qu'il avait obtenu de l'autorité compétente pour autoriser les établissements dangereux ou insalubres la permission d'exploiter l'établissement installé dans cette construction (Cons. d'Et. 9 avr. 1886, aff. Mikalef, D. P. 87. 3. 89). — Décidé également que l'autorisation, que les citoyens doivent demander à l'autorité militaire (notamment en Algérie) pour construire dans les zones militaires, ne les dispense pas de se soumettre aux règlements municipaux pris sur la voirie urbaine ou dans l'intérêt de la sûreté publique (Crim. cass. 15 avr. 1858, aff. Josse, D. P. 66. 5. 351). Spécialement, la circonstance que l'autorité militaire a cru pouvoir tolérer la construction d'une baraque qui ne lui paraissait pas compromettre la défense de la place ne saurait soustraire celui qui a obtenu cette autorisation à l'obligation de respecter un règlement municipal prohibant, en vue de prévenir les incendies, la construction de baraques dans la circonscription de la commune (Même arrêt).

66. Aux termes de l'art. 7 du décret du 10 août 1853, l'interdiction de construire dans la zone des servitudes militaires s'applique à toute espèce de constructions Ainsi des appentis rentrent dans la catégorie des constructions qui ne peuvent être établies sans contravention dans la première zone des servitudes militaires (Cons. d'Et. 4 janv. 1884, aff, Guidé, D. P. 85. 3. 88).

67. La plantation d'une haie vive en brins d'épines dans la première zone d'un fort constitue une contravention. C'est donc avec raison que les contrevenants ont été condamnés à l'enlèvement de ladite haie et aux frais du procès-verbal (Cons. d'Et. 24 mai 1889, aff. Favril, *Rec. Cons. d'Et.,* p. 658 ; Comp. *Rép.* n° 79). Mais une clôture composée de roseaux jointifs reliés par un fil de fer constitue une haie sèche, sans pans de bois ni maçonnerie, qui peut être établie librement dans la première zone des servitudes militaires (Cons. d'Et. 6 mars 1885, aff. Arduy, D. P. 86. 5. 327).

68. Par application de l'art. 9 du décret du 10 août 1853 (*Rép.* n° 84), il a été décidé que le ministre de la guerre n'excède pas ses pouvoirs en refusant à un propriétaire l'autorisation d'exploiter à ciel ouvert une carrière souterraine dans la zone des servitudes militaires des fortifications de Paris (Cons. d'Et. 26 nov. 1869, aff. Avenard, *Rec. Cons. d'Et.* p. 926).

69. Tous les dépôts de matériaux autres que les engrais sont prohibés dans les lieux qui n'ont pas été indiqués par les officiers du génie (*Rép.* n° 84). Aussi le ministre de la guerre n'excède-t-il point ses pouvoirs lorsque, saisi d'une demande à l'effet d'exécuter certains travaux de remblais et d'établir des dépôts permanents de charbon sur des terrains compris dans la zone des fortifications de Paris, il déclare qu'il ne consent pas à l'établissement de ces remblais et dépôts (Cons. d'Et. 7 avr. 1865. aff. Comp. des magasins généraux de Bercy, D. P. 68. 3. 90). On prétendrait vainement que le ministre n'a pas, en cette matière, un pouvoir discrétionnaire, et qu'il est tenu de se concerter avec les propriétaires sur l'alignement et la position des remblais et dépôts (Même arrêt).

70. Jugé aussi que les dépôts permanents de matériaux dans la zone des servitudes militaires constituent une contravention aux dispositions de l'art 34, titre 1, de la loi du 10 juill. 1791, de l'art. 4 de l'ordon. du 1er août 1821, et de l'art. 9 du décret du 10 août 1853. Vainement on objecterait que l'Administration, en autorisant la création d'une gare, aurait implicitement autorisé le dépôt de marchandises le long de cette gare (Cons. d'Et. 18 nov. 1869, aff. Canal Saint-Denis, *Rec. Cons. d'Etat,* p. 895). — Mais le propriétaire d'un terrain situé dans la zone des servitudes militaires de la place de Paris et sur lequel avait été établi en 1862, avec l'autorisation du ministre de la guerre, un dépôt de bois qui, en fait, n'a pas cessé d'exister depuis, malgré l'ordre donné le 27 août 1870 par le gouverneur de Paris, en vue de l'investissement, de faire démolir les maisons et couverts de toute nature aux abords de la place, ne commet aucune contravention en maintenant sur son terrain le dépôt litigieux sans s'être pourvu d'une autorisation nouvelle (Cons. d'Et. 12 déc. 1873, aff. Roty, *Rec. Cons. d'Etat,* p. 941).

71. Le vote par le conseil général des projets de classement de construction, ou de modification des routes situées dans la zone des servitudes militaires, restait soumis, sous l'empire de la loi du 18 juill. 1866 (D. P. 66. 4. 108), à l'observation des prescriptions du décret du 10 août 1853 (Circ. min. trav. publ. 4 août 1866, D. P. 66. 3. 111). Il doit en être de même, croyons-nous, sous l'empire de la loi du 10 août 1871, sur les conseils généraux (D. P. 71. 4. 102).

72. — 2°. *Servitudes concernant les constructions existantes* (*Rép.* n°s 86 à 97). — Le législateur est ici moins rigoureux qu'en matière de constructions nouvelles, car il y a pour ainsi dire une sorte de droit acquis de la part des propriétaires des constructions; il n'exige pas la démolition immédiate. Ainsi que nous le verrons *infrà*, n° 88, au cas où l'intérêt supérieur de la défense commande cette démolition, il y a lieu à indemnité.

Les propriétaires peuvent conserver les établissements qu'ils possèdent dans la zone des servitudes militaires, à la seule condition de ne leur faire subir aucune modification. Cette dernière clause, souvent, d'ailleurs, très rigoureuse, a motivé de la part des intéressés de nombreuses réclamations sur lesquelles le conseil d'État a eu à statuer à diverses reprises. Ainsi il a été jugé depuis la publication du *Répertoire* qu'aucun travail d'excavation ou de percement ne peut être fait sans autorisation dans une carrière située dans la zone des servitudes militaires, alors même que la carrière était en exploitation avant l'établissement de ces servitudes (Cons. d'Ét. 24 mai 1878, aff. Bouchet, D. P. 78. 3. 32). Mais la permission donnée de continuer l'exploitation d'une carrière de terre glaise dans la zone des fortifications a pu comprendre implicitement le maintien de certains appareils qui fonctionnaient pour l'exploitation et n'avaient pas le caractère d'ouvrages fixes et permanents. (Cons. d'Ét. 7 avr. 1865, aff. Mortier *Rec. Cons. d'État*, p. 427; 3 août 1866, aff. Mortier, *ibid.*, p. 923). Toutefois cette permission n'a pu avoir pour effet d'autoriser la reconstruction de bâtiments en maçonnerie (Cons. d'Ét. 3 août 1866, précité).

73. La prohibition de faire subir aux constructions existantes aucune modification de nature à nuire à la défense de la place est contenue dans l'art. 10 du décret du 1853 dont le texte a été rapporté au *Répertoire* n° 90, et qui ne fait d'ailleurs que reproduire l'art. 1, § 52, de l'ordonnance du 1er août 1821. — Jugé, à cet égard, qu'il y a contravention aux dispositions de l'art. 10 précité dans le fait : 1° d'avoir rétabli dans leur ancien état des constructions (dans l'espèce, une loge en maçonnerie et un mur de clôture) établies dans la première zone des servitudes d'une place forte, qui avaient été arasées à une certaine distance du sol par ordre de l'autorité militaire (Cons. d'Ét. 9 juill. 1873, aff. Balland, *Rec. Cons. d'État*, p. 679) ; — 2° D'avoir, dans les limites de la zone de la place de Paris, et sans autorisation, établi une baraque en planches, sur soubassements en maçonnerie ou surélevé une baraque existante (Cons. d'Ét. 9 nov. 1888, aff. Demoiselle Lannier, *Rec. Cons. d'État*, p. 816) ; — 3° Par le locataire d'un hangar en planches situé dans la première zone des servitudes militaires d'un fort, de l'avoir, sans autorisation, réparé en y établissant des cloisons en briques (Cons. d'Ét. 16 nov. 1888, aff. Branchero, *Rec. Cons. d'État*, p. 846) ; — 4° D'avoir consolidé au moyen de solives la terrasse d'un bâtiment situé dans la première zone des servitudes militaires d'une place et menaçant ruine (Cons. d'Ét. 19 juill. 1889, aff. Froget, D. P. 91. 5. 398) ; — 5° D'avoir construit, dans les limites de la zone de la place de Paris, et sans autorisation, une baraque en planches et un abri en voliges avec papier goudronné, ou un abri en planches jointives adossé à une baraque autorisée, et d'avoir creusé une excavation au-dessous de ladite baraque (Cons. d'Ét. 14 févr. 1890. aff. Houssin, *Rec. Cons. d'État*, p. 171) ; — 6° D'avoir augmenté, dans la deuxième zone d'un fort, une construction ancienne, sans faire la déclaration préalable à l'autorité militaire et la soumission de démolition exigées par le décret de 1853 (Cons. d'Ét. 4 juill. 1890, aff. Souder, *Rec. Cons. d'État*, p. 636). — Mais le fait d'avoir, sans autorisation, réparé partie de la toiture d'une maison située dans la zone des servitudes défensives d'une place de guerre ne constitue pas une contravention aux lois et règlements sur les servitudes militaires (Cons. d'Ét. 25 févr. 1864, aff. Fontaine, *Rec. Cons. d'État*, p. 200).

74. Lorsqu'un propriétaire a été autorisé à rétablir dans leur état primitif certaines constructions élevées avant la guerre de 1870 dans la première zone des servitudes défensives de Paris, et détruites en 1870 par ordre de l'autorité militaire, et que les travaux à effectuer ont été énoncés en termes limitatifs dans la soumission souscrite en vertu de la décision qui les autorisait, ce propriétaire ne peut, sans se pourvoir d'une permission nouvelle, reconstruire d'autres ouvrages en maçonnerie qui ont péri accidentellement postérieurement à l'autorisation donnée ; c'est donc avec raison qu'il a été condamné à l'amende et à la démolition de ces dernières constructions (Cons. d'Ét. 6 juill. 1877, aff. Desportes, *Rec. Cons. d'État*, p. 671). Le conseil d'État, allant plus loin, a même décidé que l'interdiction de reconstruire ou restaurer les bâtiments

situés dans la première zone (à Paris, dans la zone unique) s'applique, quelle que soit la cause de la destruction, et alors même qu'elle proviendrait du fait de l'autorité militaire, sauf, dans ce cas, à réclamer, s'il y a lieu, une indemnité en raison du préjudice causé par cette destruction (Cons. d'Ét. 8 août 1873, aff. Quidor et Quintaine et aff. Lemaire, trois arrêts, D. P. 74. 3. 18; 18 mai 1877, aff. Petit. *Rec. Cons. d'Ét*, p. 483).

75. Avant le décret du 11 août 1853, et sous l'empire de la loi du 17 juill. 1819 (art. 13) et de l'ordonnance du 1er août 1821, art. 1, il avait été décidé que le fait d'avoir ajouté à une construction élevée dans la zone des servitudes militaires d'une place de guerre, des embellissements ou accessoires non prévus par l'autorisation, ne constitue une contravention qu'autant qu'ils ont eu pour effet de consolider ou surélever la construction et d'en changer le caractère (Cons. d'Ét. 6 mai 1853, aff. Hausmennel, D. P. 54. 3. 85). Mais dans le cas où ces travaux sont reconnus avoir cette importance, il y a lieu non seulement d'en ordonner la démolition, mais aussi de prononcer contre le contrevenant, suivant les cas, les peines applicables aux contraventions analogues de grande voirie (Même arrêt).

76. — 3° *Exceptions aux prohibitions de bâtir dans l'étendue des zones de servitudes* (Rép. n° 98 à 101). — L'art. 13 du décret du 10 août 1853 énumère les exceptions aux servitudes militaires précitées, en indiquant quels ouvrages peuvent être élevés dans les zones des places de guerre. Jugé, à cet égard, depuis la publication du *Répertoire* : 1° que la disposition de l'art. 13 du décret du 10 août 1853 qui, par exception, autorise l'établissement, dans les bâtisses en bois et en terre construites à l'intérieur de la zone de servitudes militaires, de cloisons légères de distribution en bois ne dépassant pas 8 centimètres d'épaisseur tout compris, a entendu soumettre à ce maximum d'épaisseur les planchers et plafonds comme les autres cloisons (Cons. d'Ét. 30 janv. 1862 (et non 1863), aff. Durand, D. P. 63. 3. 79). Et on ne saurait considérer comme satisfaisant aux prescriptions de cet article un plancher de 29 mètres de longueur sur 6 mètres 50 centimètres de largeur, formé de solives de 16 centimètres de hauteur sur 54 millimètres d'épaisseur et d'un plafond en plâtre (Même arrêt) ; — 2° Que les voitures sur essieux et roues en fer, même réunies ensemble pour servir de débit de boissons, ne constituent pas des baraques en bois mobiles ne pouvant être établies dans cette zone qu'à la condition de remplir les conditions limitativement déterminées par l'art.13 du décret du 10 août 1853, et que, par suite. elles peuvent y être installées sans contravention, quelles que soient leurs dimensions (Cons. d'Ét. 4 janv. 1884, aff Guidé, D. P. 85. 3. 88).

77. — 4° *Déclarations, demandes, permissions, etc..* (Rép. n° 102 à 104). — Les travaux entrepris entre les limites de la première et de la deuxième zone (Décr. 10 août 1853. art. 8 et 26) constituent une contravention, lorsque le locataire qui les a exécutés avait fait la déclaration, accompagnée de la soumission de démolir sans indemnité, prescrite par l'art. 26, signée de lui, mais n'y avait pas joint une semblable soumission signée du propriétaire. (Cons. d'Ét. 4 août 1862, aff. Lemaire, *Rec. Cons. d'État*, p. 641).

78. Les travaux à exécuter dans l'étendue des zones de servitudes militaires sont divisés par les art. 26 et 27 du décret du 10 août 1853 (D. P. 53. 4. 216) en deux catégories comprenant, l'une, les travaux qui sont l'objet d'une autorisation générale et peuvent être entrepris après une simple déclaration faite au chef du génie ; l'autre, les travaux pour lesquels une permission est nécessaire.

Est exempte de la déclaration à remettre au chef du génie, conformément à l'art. 26, avant l'exécution des travaux de la première catégorie (Instr. adm. enreg. 27 avr. 1854, n° 1994, V. Rép. v° *Timbre*, n° 14). Mais la demande tendant à obtenir une permission spéciale est sujette au timbre, suivant les termes exprès de l'art. 27 (Même instruction). Les soumissions de démolir, qui doivent être jointes à la déclaration comme à la demande, sont faites en double sur papier timbré (Décr. 10 août 1853, art. 28) (Même instruction). Les permissions et les certificats remis aux intéressés par le chef du génie, conformément à l'art. 29 du décret, ne donnent lieu à aucun droit de timbre (Même instruction).

§3. — Répression des contraventions aux lois sur les servitudes militaires (*Rép.* n°s 105 à 125).

79. Aux termes de l'art. 20 du décret du 4 oct. 1891, sur le service des places de guerre, en cas de contravention aux lois et règlements sur les servitudes militaires imposées à la propriété autour des places de guerre et dans la zone frontière, le chef du génie se concerte avec le commandant d'armes pour assurer l'exécution des arrêtés ou jugements rendus par les conseils de préfecture contre les contrevenants. Et l'art. 154 du même décret, confirmant cette disposition, ajoute que le commandant d'armes veille, de concert avec le chef du génie, à l'exacte observation des lois et règlements concernant les servitudes autour des places de guerre et des ouvrages de fortification.

80. Ainsi qu'on l'a dit au *Rép.*, n°s 105 et suiv., les contraventions aux lois sur les servitudes militaires sont constatées par les procès-verbaux dressés par les gardes du génie assermentés à cet effet. Décidé, à cet égard, qu'un garde du génie qui a prêté serment n est pas obligé, lorsqu'il est appelé à un nouveau poste, en dehors du ressort du tribunal devant lequel il a prêté serment, de prêter un nouveau serment devant le tribunal du lieu où il va être employé : les procès-verbaux dressés par lui sans nouvelle prestation de serment sont donc réguliers (Cons. d'Et. 30 janv. 1862, aff. Levet, *Rec. Cons. d'État*, p. 641).

81. La contravention résultant d'une plantation d'arbres sur les francs-bords d'une rigole comprise dans les fortifications d'une place de guerre doit être réprimée, encore bien que le contrevenant se prétende propriétaire du terrain ; il n'y a donc pas lieu, pour le conseil de préfecture, à surseoir, en ce cas, jusqu'à ce qu'il ait été prononcé sur la question de propriété (Cons. d'Et. 10 janv. 1861) (*Rép.* n° 112). — Jugé également, dans le même ordre d'idées, que lorsque la contravention a été commise par le locataire du terrain soumis à la servitude, la poursuite peut être exercée contre le propriétaire (Cons. d'Et. 14 févr. 1890, aff. Houssin, *Rec. Cons. d'État*, p. 171).

82. La nullité ou l'irrégularité du procès-verbal, a-t-on dit au *Rép.* n° 114, n'influe pas sur la validité des poursuites. Décidé, à cet égard, que, lorsqu'un propriétaire ne conteste pas qu'il ait élevé les constructions en raison desquelles procès-verbal a été dressé contre lui, la contravention peut être réprimée sans qu'il soit besoin de statuer sur la contestation élevée contre la validité du procès-verbal (Cons. d'Et. 3 août 1866, aff. Mortier, *Rec. Cons. d'État*, p. 925).

83. La contravention constatée, la démolition de l'ouvrage nouveau doit être ordonnée; mais le conseil de préfecture, saisi d'un procès-verbal de contravention dressé contre un particulier pour avoir élevé des constructions dans la zone des servitudes militaires, commet un excès de pouvoir si, après avoir condamné le contrevenant à démolir ses constructions, il l'autorise à les rétablir dans d'autres conditions qu'il détermine (Cons. d'Et. 13 juill. 1877, aff. Delfosse, D. P. 77. 3. 103).

84. Aucune excuse n'est admissible contre la contravention régulièrement établie (*Rép.* n° 123). L'application des servitudes militaires et la poursuite des contraventions commises par les propriétaires des terrains qui en sont grevés ne sauraient donc être subordonnées à l'accomplissement des mesures prescrites par les art. 19 à 21 et 30 à 34 du décret du 10 août 1853, pour le bornage des zones et la constatation de l'état des propriétés bâties soumises à ces servitudes (Cons. d'Et. 24 juill. 1856, aff. Trézel, D. P. 57. 3. 9).

85. L'amnistie accordée à l'égard des condamnations prononcées pour contraventions de voirie s'applique à l'amende encourue en matière de servitudes militaires; mais elle laisse subsister, pour le conseil de préfecture, le droit d'ordonner la démolition des ouvrages dont le maintien est interdit dans l'étendue des zones soumises aux servitudes militaires (Cons. d'Et. 30 mars 1870, aff. Glotin, D. P. 71. 3. 32).

§ 4. — Des indemnités (*Rép.* n°s 126 à 143).

86. Aux termes des art. 35 et suiv. du décret de 1853, les ouvrages faits pour la défense des places de guerre

peuvent donner lieu à une indemnité en faveur des intéressés s'il y a dépossession, privation de jouissance, destruction ou démolition (*Rép.* n° 126). Mais on a vu au *Rép.* n° 134, qu'aucune indemnité n'est due lorsque le dommage éprouvé résulte, non d'une mesure générale de défense prise par l'autorité militaire dans la plénitude de ses attributions, mais d'un fait accidentel produit par les événements de la guerre; il y a là un véritable cas de force majeure (En ce qui concerne la force majeure en cas de guerre, au point de vue des obligations, V. *supra*, v° *Force majeure*, n°s 16 et suiv.). — Ce principe a prévalu en jurisprudence, tant avant que depuis la publication du *Répertoire*. Jugé, à cet égard : 1° qu'aucune indemnité n'est due pour les dommages résultant d'un fait de guerre, par exemple de l'occupation d'une maison, dans l'intérêt de la défense d'une ville assiégée (Cons. d'Et. 6 juin 1872, aff. Bertin, D. P. 72. 3. 73); — 2° Que ne rentre pas dans les termes des art. 36, 37 et 38 de la loi du 10 juill. 1791, qui accordent une indemnité que pour les dommages résultant de mesures préventives de défenses ordonnées par le chef de l'Etat ou par un conseil de défense en vue de l'éventualité d'un siège, la destruction d'immeubles opérée par l'autorité militaire... soit après l'investissement (Cons. d'Et. 23 mai 1873, aff. Hérouard, D. P. 74. 3. 15; Trib. des confl. 28 juin 1873, aff. Fritsch, D. P. 74. 3. 12);... Soit même avant l'investissement, pourvu qu'il soit certain et imminent (dans l'espèce, la démolition d'un immeuble dans la zone défensive de Paris, après le 4 sept. 1870) (Cons. d'Et. 23 mai 1873, précité et 11 juill. 1873, aff. Cohen, D. P. 74. 3. 12); — 3° Que les destructions opérées après que le corps de siège a commencé l'attaque des abords de la ville ont le caractère de faits de guerre, bien qu'il n'y ait pas encore investissement, ne peuvent par conséquent donner lieu à aucune indemnité (Cons. d'Et. 13 févr. 1874, aff. Batteux et autres, D. P. 74. 3. 45). — Mais les dommages causés aux propriétés privées par les travaux exécutés, même en cas d'urgence, pour la défense d'une place en état de guerre, n'enlèvent tout droit à une indemnité qu'autant qu'ils constituent une cas de force majeure (Req. 24 févr. 1874, aff. Brac de la Perrière, D. P. 74. 1. 336; arg. *à contrario*). Et il y a force majeure seulement lorsque le fait dommageable est la conséquence immédiate des hasards de la guerre, ou qu'il se produit en cas de siège effectif, ou du moins imminent et inévitable, lequel, constituant une lutte actuelle, doit être assimilé à un fait de guerre (Même arrêt).

87. Il a été jugé, dans le même ordre d'idées, que l'Etat n'est pas responsable des dégâts causés par des maraudeurs militaires et autres à des propriétés situées aux abords d'une place assiégée (Cons. d'Et. 8 août 1873, aff. Quidor et Quintaine, D. P. 74. 3. 18);... alors surtout qu'elles avaient été abandonnées (Même arrêt). L'abandon par les habitants des propriétés situées sur le théâtre des hostilités, et les désordres de toute nature qui résultent de cet abandon et de l'absence de toute police et de tout pouvoir régulier, sont, en effet, des conséquences directes de la guerre, en raison desquelles aucun recours contentieux n'est ouvert contre l'Etat.

88. Conformément au principe énoncé dans l'art. 35 du décret du 10 août 1853 (V. *supra*, n° 86), il a été décidé : 1° que les destructions de propriétés aux abords d'une place forte ont le caractère de mesures préventives de défense forte (pouvant, par conséquent, donner lieu à indemnité) et non d'un fait de guerre accidentel, malgré le passage de forces ennemies dans le voisinage et même malgré des sommations adressées à la place, tant que le siège n'a pas été certain (Cons. d'Et. 13 févr. 1874, cité *supra*, n° 86); — 2° Qu'ainsi la démolition d'immeubles dans la zone défensive de Paris a constitué, jusqu'au désastre de Sedan, une mesure de défense pouvant donner lieu à l'allocation d'une indemnité par l'autorité judiciaire, tandis qu'à partir de cette date, elle a constitué un fait de guerre (Cons. d'Et. 1er mai 1874, aff. Allotte et aff. Defresne, D. P. 74. 3. 45); — 3° Que, de même, l'Etat doit indemniser le propriétaire de l'immeuble duquel ont été exécutés les travaux faisant partie d'un système général arrêté d'avance pour la défense d'une place forte, alors que les armées ennemies étaient à plus de 100 lieues de cette place et ne s'en sont jamais approchées à moins de 150 kilomètres (Req. 24 févr. 1874, cité *suprà*, n° 86). Il importe peu que les travaux, exécutés en dehors des nécessités immédiates de la lutte, l'aient été aux abords d'une place déclarée en état de siège par mesure de sécurité et d'ordre public; l'art. 39 du décret du 10 août 1853, aux termes duquel les dommages causés « pendant l'état de siège » ne donnent droit à aucune indemnité, n'a pu modifier la législation antérieure, et ne se réfère, d'ailleurs, qu'à l'état de siège effectif, tel qu'il est déterminé par la loi du 10 juill. 1791 (Même arrêt).

89. En ce qui concerne les dommages causés par les projectiles provenant d'un champ de tir ou d'un polygone (*Rép.* n° 129), il a été jugé: 1° que la dépréciation causée à une propriété par l'établissement dans son voisinage d'un polygone, pour les exercices à tir, constitue, alors que des projectiles y ont pénétré et qu'elle reste exposée à de nouvelles atteintes, un préjudice dont l'administration de la Guerre doit être déclarée responsable (Cons. d'Et. 21 juin 1859, aff. Pensa, D. P. 60. 3. 11). Par suite, il y a lieu de condamner cette administration, à défaut par elle de prendre des mesures suffisantes pour préserver complètement la propriété, au payement d'une indemnité en raison de la dépréciation, et non pas seulement à la réparation des dégâts occasionnés par les projectiles (Même arrêt); — 2° Que lorsque les balles provenant du champ de tir d'une garnison ou d'un polygone d'artillerie pénètrent dans une propriété, le propriétaire est fondé à réclamer à l'Etat une indemnité en raison non seulement des dégâts matériels qui peuvent en résulter, mais aussi de la dépréciation que cet état de choses cause à son immeuble (Cons. d'Et. 9 août 1865, aff. Véril, D. P. 66. 3. 27; 8 févr. 1870, aff. De Pavat, D. P. 70. 3. 108). Toutefois, si l'administration de la Guerre annonce qu'elle a prescrit des études ou des travaux qui seraient de nature à mettre la propriété, pour l'avenir, à l'abri des atteintes des projectiles, il y a lieu, avant faire droit, de faire constater par experts le résultat que pourront produire ces études et ces travaux (Même arrêt); — 3° Que la dépréciation causée à une propriété par le voisinage d'un polygone constitue, alors que des projectiles y ont pénétré et tant qu'elle reste exposée à de nouvelles atteintes, un préjudice dont l'Etat doit la réparation (Cons. d'Et. 6 mars 1874, aff. De Pavat, D. P. 75. 3. 20). Mais, lorsque quelques projectiles ont atteint une propriété sans causer de dommages matériels et que les mesures nécessaires ont été prises pour prévenir le retour de ces accidents, il n'existe aucune cause de dépréciation de nature à donner ouverture à un droit à indemnité (Même arrêt); — 4° Que l'Etat doit indemniser le propriétaire d'un terrain voisin d'un polygone, non seulement des dégâts matériels causés par la chute des projectiles, mais aussi du trouble causé à la jouissance de sa propriété en raison des dangers auxquels elle se trouve exposée (Cons. d'Et. 21 mars 1879, aff. Mercier, D. P. 79. 3. 75).

90. La jurisprudence du conseil d'Etat reconnaît aussi que les dommages causés aux personnes pendant les manœuvres à feu donnent ouverture à une indemnité (V. notamment : Cons. d'Et. 25 févr. 1881, aff. Desvoyes, D. P. 82. 3. 83; 11 mai 1883, aff. Dusart, D. P. 85. 3. 3; 29 janv. 1892, aff. Robert, D. P. 93. 3 50).

91. L'exercice des servitudes militaires ne touchant pas en principe au droit de propriété, il s'ensuit que leur établissement ne crée par lui-même aucun droit à une indemnité quelconque (*Rép.* n° 135 et suiv.). C'est ainsi qu'il a été jugé: 1° que les servitudes militaires ne constituant pas une expropriation dans le sens de la loi du 3 mai 1841 et de l'art. 545 c. civ., les propriétaires des terrains qui en sont grevés ne sauraient prétendre qu'elles ne peuvent leur être appliquées sans qu'une indemnité égale à la dépréciation subie par ces terrains leur ait été préalablement payée (Cons. d'Et. 24 juill. 1856, aff. Trézel, D. P. 57. 3. 10); — 2° Que les propriétaires de terrains nouvellement soumis aux servitudes militaires n'ont pas droit à une indemnité pour la seule dépréciation causée à leur propriété; ils ne peuvent réclamer d'indemnité que dans les cas de dépossession ou de dommages matériels, prévus par les lois sur la matière (Cons. d'Et. 5 févr. 1857, aff. Holker, D. P. 58. 5. 272); — 3° Que l'établissement des servitudes militaires ne donnant lieu à aucune indemnité au profit des propriétaires des ter-

rains soumis à ces servitudes, il ne peut en être réclamé par les propriétaires qui subissent des dommages par suite de l'établissement ou de la défense des places de guerre que pour les démolitions de constructions et pour les dommages causés par les inondations, dans les circonstances et dans les conditions déterminées par les lois des 10 juill. et 17 juill. 1819 et par le décret du 10 août 1853 (Cons. d'Et. 5 févr. 1857, aff. De Bleville, D. P. 57. 3. 74); — 4° Que le propriétaire partiellement exproprié pour l'exécution d'ouvrages de guerre n'a pas droit à une indemnité en raison de la dépréciation causée à la portion de propriété qui lui reste par les servitudes militaires dont elle se trouve grevée: de telles servitudes ne donnent lieu à indemnité qu'en cas de dépossession, démolition. occupation ou inondation (Req. 27 déc. 1869, aff. Arrozot, D. P. 70. 1. 419).

Art. 6. — *Compétence* (*Rép.* n°s 144 à 154).

92. Les questions de compétence qui s'élèvent en cette matière concernent principalement les réclamations auxquelles donnent lieu les dommages subis par les particuliers. A cet égard, une règle toute spéciale, et dont il importe de préciser la portée, résulte de l'art. 15 de la loi du 17 juill. 1819. — La loi des 8-10 juill. 1791 sur les places de guerre a déterminé certains cas dans lesquels il y aurait lieu à indemnité au profit des propriétaires, soit pour la dépossession de leurs terrains, soit pour l'occupation temporaire de leur propriété, par suite des travaux effectués ou des mesures prises pour la défense des places. Comme elle n'indiquait pas le juge qui serait chargé de régler les indemnités dues en pareil cas, il en résultait que, suivant la législation alors en vigueur, c'est à l'autorité administrative qu'il appartenait de procéder à ce règlement. Il a continué d'en être ainsi sous l'empire de la loi du 8 mars 1810, qui n'attribuait compétence à l'autorité judiciaire que pour statuer sur les expropriations proprement dites, laissant ainsi en dehors de ses prévisions les dommages ou les dépossessions visés par la loi de 1791. Mais l'art. 15 précité a consacré une règle nouvelle : aux termes de cet article, « les indemnités prévues par les art. 18, 19, 20, 24, 33 et 38 de la loi du 10 juill. 1791 seront fixées dans les formes prescrites par la loi du 8 mars 1810, et préalablement acquittées conformément à l'art. 10 de la charte constitutionnelle ». Ces formes ont été simplifiées par la loi du 30 mars 1831, pour les cas d'urgence; mais cette loi elle-même, ainsi que celles du 7 juill. 1833 et du 3 mai 1841, ont expressément confirmé la règle édictée par la loi de 1819. Enfin, il n'a été porté atteinte à cette règle ni par la loi du 10 juill. 1831, relative au classement des places de guerre et aux servitudes militaires, ni par le décret réglementaire du 10 août 1853, rendu en exécution de l'art. 8 de cette loi. Les dispositions de l'art. 15 sont donc restées en vigueur.

93. L'attribution de compétence ainsi faite à l'autorité judiciaire n'a, d'ailleurs, pas une portée générale; elle est, au contraire, limitée par le texte de l'art. 15 aux cas spécifiés dans les dispositions de la loi de 1791 auxquels se réfère cet article, à savoir : les démolitions, dépossessions définitives et occupations temporaires nécessitées par les travaux de fortifications et autres mesures de défense. Mais d'une part, ces travaux et mesures de défense peuvent causer aux propriétés particulières des dommages qui ne rentrent pas dans les hypothèses prévues par les dispositions précitées; il peut en résulter, par exemple, une cause de dépréciation directe pour un immeuble voisin. D'autre part, la loi de 1791 dans toutes les dispositions par lesquelles elle a reconnu le droit des propriétaires à une indemnité, a supposé que les dommages auraient été causés par des travaux ou mesures de défense effectués dans des conditions d'urgence plus ou moins grandes, mais ayant toujours, même en temps de guerre, le caractère d'actes préventifs parce que la lutte n'était pas engagée. Quant aux dommages résultant de faits de guerre proprement dits, qui seraient accomplis en présence de l'ennemi, ils sont restés en dehors de ses prévisions. Dans l'un et l'autre des cas que l'on vient d'indiquer, l'art. 15 de la loi de 1819 est évidemment inapplicable, et dès lors, c'est à l'autorité administrative qu'il appartient de statuer sur les demandes d'indemnité, en vertu de la règle depuis longtemps admise par la jurisprudence, d'après laquelle cette autorité est seule compétente pour connaître des actions dirigées contre l'État comme responsable des dommages causés par son fait ou par celui de ses agents (V. au surplus les conclusions de M. le commissaire du gouvernement David, rapportées D. P. 72. 3. 75).

94. Les distinctions résultant de l'exposé qui précède ont été consacrées par de nombreuses décisions. D'une part, il a été jugé : 1° que l'art. 15 de la loi du 11 juill. 1819, qui attribue compétence à l'autorité judiciaire pour connaître des indemnités réclamées par les particuliers dans les cas prévus par les art. 18, 19, 20, 24, 33 et 38 de la loi du 10 juill. 1791, est applicable tant que la place pour la défense de laquelle les dommages ont été causés n'est pas en état de siège (Cons. d'Ét. 13 mai 1872, aff. Brac de la Perrière, D. P. 72. 3. 73). Et l'état de siège qui imprime le caractère de faits de guerre aux mesures de défense est l'état de siège effectif, et non celui qui peut être établi, pour des motifs de sûreté publique, sans même que la place soit menacée par l'ennemi (Même arrêt) ; — 2° Que le même article 15 est applicable aux travaux de défense entrepris sur les points du territoire que l'on suppose devoir être menacés par l'ennemi, tant que ces travaux ne peuvent être considérés comme ayant le caractère de faits de guerre accidentels ou d'actes de défense s'imposant comme nécessité immédiate de la lutte (Trib. confl 11 janv. 1873, aff. Veuve Coignet, D. P. 73. 3. 1). Et aucune disposition législative n'a dérogé à cette règle pour les parties du territoire où l'état de siège aurait été proclamé (Même arrêt) ; — 3° Que l'autorité judiciaire est compétente pour connaître des indemnités réclamées par les particuliers dont les propriétés ont été occupées pour exécuter, en dehors du rayon des places de guerre, des ouvrages de défense, lorsque l'exécution de ces ouvrages ne constitue pas un fait de guerre commandé par la nécessité de la lutte (Trib. des confl. 25 janv. 1873, aff. De Pomereu, D. P. 73. 3. 24). Il en est ainsi, alors même que l'urgence des circonstances a amené l'occupation de terrains sans l'observation des formalités prescrites par la loi du 30 mars 1831 (Même arrêt) ; — 4° Que l'art. 15 précité est applicable aux travaux de défense entrepris aux abords des places fortes, même sur les points qui se trouvent exposés à l'attaque de l'ennemi, tant que le siège effectif n'est pas imminent, ces travaux ne pouvant être considérés comme ayant le caractère de faits de guerre ou d'actes de défense s'imposant comme une nécessité immédiate de la lutte (Trib. confl. 15 mars 1873, aff. Fiereck, D. P. 73. 3. 24 ; 28 juin 1873, aff. Dumont, D. P. 74. 3. 11) ; — 5° Que l'autorité judiciaire est compétente pour connaître des demandes en indemnité formées contre l'État, en raison des dommages causés à des propriétés particulières par des travaux de défense entrepris aux abords des places fortes, alors que la place n'est menacée ni d'une attaque, ni d'un investissement (Trib. confl. 16 mai 1874, aff. De Riencourt, D. P. 75. 3. 39).

95. Il a été décidé, d'autre part : 1° que l'autorité judiciaire est incompétente pour statuer sur une demande d'indemnité fondée sur la dépréciation qu'aurait subie la valeur vénale d'une maison par suite de l'établissement d'un mur crénelé construit en face et à peu de distance de ladite maison, cette cause de dommage ne rentrant pas dans celles que prévoient les dispositions de la loi du 10 juill. 1791 auxquelles se réfère l'art. 15 de la loi du 17 juill. 1819 (Cons. d'Ét. 7 avr. 1835, Rép. n° 154) ; — 2° Qu'en vertu de la loi des 18-24 août 1790 et de celle du 16 fruct. an 3, l'autorité administrative est compétente pour statuer sur les conséquences de faits de guerre et sur les indemnités réclamées dans tous les cas dont la connaissance n'est pas attribuée à l'autorité judiciaire par la loi du 17 juill. 1819 (Cons. d'Ét. 13 mai 1872, aff. Brac de la Perrière, motifs, D. P. 72. 3. 74-76) ; — 3° Que c'est à l'autorité administrative qu'il appartient de statuer sur les demandes en indemnité formées contre l'État en raison de l'occupation d'un immeuble par l'autorité militaire et des dommages qui en sont résultés, alors que cette occupation se rattache à une mesure prise pour la défense d'une place assiégée (l'établissement d'une batterie d'artillerie, dans l'espèce), et constitue ainsi un fait de guerre

proprement dit (Paris, 1er juill. 1873, aff. Scribe, D. P. 74. 2. 13) ; — 4° Que la juridiction administrative est compétente pour statuer sur les conséquences de l'occupation d'un immeuble par l'autorité militaire, pendant l'état de siège décrété pour la répression d'une sédition intérieure, lorsque cette occupation a eu lieu en vue de concourir au rétablissement de l'ordre (Même arrêt). — Ajoutons qu'au point de vue de la compétence, l'occupation d'un immeuble par l'autorité militaire conserve, pendant toute sa durée, le caractère que lui assignent les circonstances qui l'ont d'abord motivée (Même arrêt).

96. On conçoit que, dans certains cas, des doutes puissent s'élever sur la nature des mesures qui ont causé les dommages en raison desquels une indemnité est réclamée, spécialement sur le point de savoir si ces mesures constituent, ou non, des faits de guerre accomplis en dehors des cas pour lesquels la loi de 1791 ouvre un droit à indemnité, et pour lesquels la loi de 1819 donne compétence à l'autorité judiciaire. C'est là une question préjudicielle de la solution de laquelle dépendra la compétence, administrative ou judiciaire, pour statuer au fond sur la réclamation. A qui appartiendra-t-il de la résoudre ? La jurisprudence n'a pas hésité à décider qu'elle était exclusivement du ressort de l'autorité administrative (V. Cons. d'Ét. 13 mai 1872, aff. Brac de la Perrière, D. P. 72. 3. 74-76 ; Trib. confl. 28 juin 1873, aff. Fristch ; Cons. d'Ét. 23 mai 1873, aff. De Lamotte et aff. Hérouard ; 11 juill. 1873, aff. Cohen, D. P. 74. 3. 11). Le tribunal, saisi de l'action en dommages-intérêts, devrait donc, si la question était sérieusement soulevée devant lui, surseoir à statuer jusqu'à ce qu'elle eût été résolue par l'autorité compétente (V. les conclusions précitées de M. le commissaire du gouvernement David). — Toutefois, il a été jugé que le tribunal civil, saisi d'une demande en indemnité formée contre l'État, en raison de la démolition opérée par le génie militaire, d'une maison située aux abords d'une place forte, a le droit et le devoir de vérifier si les faits servant de fondement à cette demande constituent des faits de guerre proprement dits ou des mesures de défense préventive ; il ne doit pas renvoyer, par une déclaration de sursis, l'examen de cette question à l'autorité administrative (Paris, 17 juill. 1874, aff. Letourneur, D. P. 76. 2. 45). Mais le tribunal doit se déclarer incompétent lorsqu'il résulte de cette vérification préalable que la démolition était commandée par la nécessité immédiate de pourvoir à la défense d'une place menacée d'un siège imminent (Même arrêt). Tel a été particulièrement le cas pour les démolitions opérées dans la zone défensive de Paris, pendant les premiers jours du mois de septembre 1870, en vertu d'un arrêté pris par le gouverneur de la place, à la date du 27 août précédent (Même arrêt).

Au reste, il a été jugé que la demande d'indemnité formée par le propriétaire dont le domaine a été endommagé tant par le séjour et les malversations des troupes françaises que par l'exécution de travaux de défense, pouvant, suivant les cas, rentrer dans la compétence des tribunaux civils (Angers, 30 mars 1871, aff. Lebreton, D. P. 71. 2. 156), le juge des référés pouvait, dès lors, désigner, sur la requête du propriétaire, des experts chargés de constater l'importance et la nature des dommages, sans préjudice du droit de l'État d'opposer plus tard l'incompétence de l'autorité judiciaire (Même arrêt).

97. En attribuant, dans certains cas, à l'autorité judiciaire la connaissance des demandes d'indemnité pour dommages causés aux propriétés particulières, l'art. 15 de la loi de 1819 ne pouvait désigner par cette expression que les tribunaux civils, seule juridiction compétente sous le régime, alors en vigueur, de la loi du 8 mars 1810. Mais des dispositions postérieures ont, dans certains cas du moins, substitué à cette juridiction celle du jury (L. 30 mars 1831, art. 12 ; 7 juill. 1833, art. 66 ; 3 mai 1841, art. 76). Il a été décidé, à cet égard, que c'est au jury d'expropriation qu'il appartient de régler l'indemnité due en raison de l'occupation, même purement temporaire, des propriétés où il a été jugé nécessaire d'exécuter des travaux de fortification (Cons. d'Ét. 15 déc. 1865, aff. Molinié, D. P. 66. 3. 87). Peu importe que l'occupation dont il s'agit ait eu lieu en temps de guerre et pendant que la place était en état de siège : ces circonstances ne suffisent pas pour constituer un fait de guerre qui, à ce titre, ne pourrait donner lieu à indemnité (Même arrêt). Dans ce cas, la lettre par laquelle le ministre de la guerre a rejeté la demande d'indemnité ne contient pas une décision, mais un simple refus de payer, qui ne peut être attaqué devant le conseil d'État au contentieux et ne fait pas obstacle à ce que le réclamant se retire devant la juridiction compétente (Même arrêt). — Décidé également que si, en principe, le jury est compétent pour régler l'indemnité due en raison de l'expropriation et de l'occupation temporaire, au cas d'urgence, des propriétés nécessaires aux travaux de fortification, c'est au tribunal civil qu'il appartient de fixer l'indemnité réclamée en raison des démolitions, destructions et dommages autres que la privation de jouissance (Lyon, 15 mars 1873, aff. Brac de la Perrière, D. P. 74. 1. 346) ; — Que, même en ce qui concerne l'indemnité réclamée pour privation de jouissance, l'attribution de compétence faite au jury par les lois des 30 mars 1831, 7 juill. 1832 et 3 mai 1841 est subordonnée à l'accomplissement préalable des formalités prescrites par ces mêmes lois ; qu'en conséquence, si ces formalités n'ont pas été remplies, le tribunal civil est compétent pour déterminer l'indemnité due au propriétaire, même en raison de l'expropriation ou de l'occupation temporaire de son immeuble (Même arrêt). En tout cas, le renvoi ne peut pas être prononcé lorsque le défendeur, loin de le réclamer, a accepté le débat sur le fond devant le tribunal et devant la cour d'appel (Même arrêt).

98. En ce qui concerne les dommages quelconques qui ne rentrent pas dans les prévisions de la législation spéciale aux places de guerre, la question de compétence ne soulève aucune difficulté : c'est à l'autorité administrative, conformément au principe rappelé *suprà*, n° 93, qu'il appartient de statuer. Il en est ainsi, notamment, lorsqu'il s'agit de dommages causés par le tir dans les polygones. Jugé à cet égard que cette autorité est exclusivement compétente pour connaître de l'action intentée par un propriétaire contre l'État, à l'effet de faire condamner celui-ci à exécuter les ouvrages, et à prendre les dispositions nécessaires dans un polygone pour mettre la propriété du demandeur à l'abri de l'atteinte des projectiles, et de plus, à lui payer des dommages-intérêts pour le préjudice déjà causé (Cons. d'Ét. 4 déc. 1867, aff. De Panot, D. P. 68. 3. 44) ; — Toutefois, lorsque l'autorité judiciaire, statuant à tort sur l'action intentée par un particulier dont la propriété est voisine d'un champ de tir nouvellement établi, a condamné l'État à payer une certaine indemnité à ce particulier, et que celui-ci a adressé ensuite au ministre de la guerre une nouvelle demande en indemnité en raison des nouveaux dommages qu'il prétend éprouver, la décision par laquelle le ministre rejette cette demande ne fait pas obstacle à ce que le réclamant s'adresse à l'autorité judiciaire pour faire reconnaître si l'Administration a exécuté les engagements qu'elle avait pris dans la première instance et pour faire interpréter l'arrêt qui est alors intervenu (Cons. d'Ét. 25 avr. 1868, aff. Rivet, D. P. 69. 3. 39).

99. Dans les différents cas où, d'après les principes exposés ci-dessus, les demandes d'indemnité pour dommages causés aux propriétaires sont de la compétence de l'autorité administrative, c'est au ministre de la guerre qu'il appartient de statuer, sauf recours au conseil d'État (V. notamment Cons. d'Ét. 7 avr. 1835, cité *supra*, n° 95-1°). Jugé aussi que le ministre de la guerre, à part les cas déterminés par la loi du 10 juill. 1791, est seul compétent pour statuer, sauf recours au conseil d'État, sur les demandes en indemnité pour dommages causés par l'établissement des places fortes, et, par exemple, sur la demande d'indemnité formée par le propriétaire d'une carrière récemment comprise dans le rayon des servitudes militaires en raison de la prohibition qui lui est faite de bâtir ou d'extraire des pierres au delà d'une limite indiquée par l'autorité militaire (Cons. d'Ét. 31 déc. 1844, aff. Arnoud, D. P. 45. 3. 100) ;... Pour connaître de l'action en indemnité formée par le propriétaire d'un moulin à vent, en raison de la diminution de force motrice qu'a fait subir à ce moulin l'exhaussement de fortifications (Cons. d'Ét. 14 sept. 1832, aff. André, D. P. 53. 3. 11). Le conseil de préfecture ne pourrait être compétent que s'il s'agissait de dommages pouvant être considérés comme se rattachant à l'exécution de travaux publics (V. *suprà*, v° *Compétence administrative*, n° 377).

100. Sur la compétence des conseils de préfecture : 1° pour connaître des réclamations dirigées par des particuliers contre le bornage des zones extérieures des places de guerre ;... 2° pour réprimer les contraventions aux servitudes qui grèvent les terrains joignant les places de guerre. V. *Rép.* n°s 96 et suiv., 111 et suiv., et *suprà*, v° *Compétence administrative*, n° 380.

Art. 7. — *Espionnage.*

101. Nous avons étudié *suprà*, v° *Crimes et délits contre la sûreté de l'État* (n°s 3, 25 et suiv.), les dispositions de la loi du 18 avr. 1886 (D. P. 86. 2. 58) qui établit des peines contre l'espionnage en temps de paix. Cette loi, dont on n'a eu à faire jusqu'à présent que de rares applications, a donné lieu cependant à quelques décisions récentes que nous croyons devoir analyser ici, bien qu'elles ne concernent pas toutes exclusivement les places de guerre.

102. L'art. 2 de la loi de 1886 punit tout fait de divulgation pouvant intéresser à un degré quelconque la défense du territoire. C'est ainsi qu'il a été jugé : 1° que le délit d'espionnage, qui consiste dans la livraison, communication, divulgation soit de plans, écrits ou documents secrets intéressant la défense du territoire ou la sûreté extérieure de l'État, soit des renseignements y contenus, existe, bien que les documents ou renseignements aient une valeur secondaire ou même aient été communiqués antérieurement par d'autres personnes (Paris, 20 févr. 1890, aff. Wanault, D. P. 91. 2. 214) ; — 2° Que la publication ou reproduction, même partielle ou inexacte, de plans, écrits ou documents secrets intéressant la défense du territoire ou la sûreté de l'État, constitue le délit d'espionnage (Crim. rej. 24 sept. 1891, aff. Triponé et Turpin, D. P. 92. 1. 473).

103. En ce qui concerne les documents eux-mêmes, il appartient au juge du fait d'apprécier souverainement si les plans, écrits ou documents ont le caractère de documents secrets intéressant la défense du territoire ou la sûreté de l'État (Crim. rej. 24 sept. 1891, cité *supra*, n° 102 ; 23 juill. 1891, aff. Theisen, D. P. 91. 1. 493). Et l'arrêt qui, condamnant un prévenu pour divulgation de documents secrets intéressant la défense du territoire ou la sûreté extérieure de l'État, précise les documents qui ont été communiqués, en indiquant qu'ils portent sur l'organisation générale de la police à Paris et dans les villes frontières de l'Est, qu'ils sont essentiellement secrets par leur nature et qu'ils intéressent au premier chef la sûreté extérieure de l'État et la défense du territoire, ne viole ni l'art. 2 de la loi du 18 avr. 1886, ni l'art. 7 de la loi du 20 avr. 1810 (Arrêt précité du 23 juill. 1891). — Les diverses pièces composant une arme de guerre réglementaire constituent des documents secrets intéressant la défense du territoire ; ... alors surtout que cette arme de guerre n'a pas encore été faite par l'industrie privée, et que les tables de construction, condition indispensable de la fabrication, n'ont pas été publiées (Lyon, 3 févr. 1892, aff. Cooper, D. P. 92. 2. 467). Les tables de construction des armes de guerre réglementaires constituent également des documents secrets intéressant la défense du territoire (Même arrêt). — Des documents ne cessent d'être secrets, dans le sens de la loi du 18 avr. 1886 sur l'espionnage, que lorsque la divulgation en a été telle que tous les intéressés pouvaient être en mesure de se les procurer ou de les connaître (Crim. rej. 24 sept. 1891 précité).

104. L'art. 5 de la loi de 1886 indique les manœuvres criminelles qui peuvent servir à caractériser le délit d'espionnage et détermine les peines à appliquer dans les différents cas prévus ; le caractère de ces dispositions a été donné *suprà*, v° *Crimes et délits contre la sûreté de l'État*, n°s 26 et 27). — Décidé, à cet égard, que lorsqu'une place forte est une ville ouverte à tout venant, l'entrée dans cette place par un individu qui a dénaturé son prénom et dissimulé sa qualité d'officier d'une armée étrangère ne constitue pas le délit d'espionnage prévu par le paragraphe 1 de l'art. 5 de la loi du 18 avr. 1886, ce texte supposant que l'introduction dans une place forte a été obtenue à l'aide de l'un des moyens qu'il indique : déguisement, faux nom, dissimulation de qualité (Aix, 6 juin 1890, aff. Contin Piètre, D. P. 91. 2. 214). Mais celui qui lève des plans, recueille des renseignements intéressant la défense du territoire ou la sûreté extérieure de l'Etat... en prenant un faux nom, une fausse profession, une fausse nationalité (Trib. corr. Briey, 27 mars 1890, aff. Niemeyer, D. P. 91. 2. 214); ... ou même en gardant son nom véritable, mais en prenant une fausse qualité, une fausse nationalité (Aix, 6 juin 1890, précité) commet le délit prévu par le paragraphe 2 de l'art. 5 de la loi du 18 avr. 1886.

105. L'art. 5, § 2, parle de toute personne dissimulant sa qualité, sa profession ou sa nationalité: les tribunaux ont ici toute latitude d'appréciation. Ainsi est suffisamment motivé l'arrêt qui décide que le prévenu dissimulant sa qualité d'ancien officier étranger, a recueilli des renseignements sur divers objets intéressant la défense du territoire qu'il énumère; il n'est pas nécessaire que l'arrêt indique la situation précise que le prévenu occupait dans l'armée étrangère, ni que la dissimulation de la qualité ait été employée par lui pour se procurer des renseignements intéressant la défense du territoire, si elle a été intentionnelle dans le but de rendre possible la perpétration du délit (Crim. rej. 23 juill. 1891, cité *suprà*, n° 103).

106. La tentative du délit d'espionnage, dit l'art. 8 de la loi de 1886, est considérée comme le délit lui-même.

Commet la tentative du délit d'espionnage celui qui, venu en France avec l'intention d'espionner, tente de pénétrer dans diverses manufactures d'armes, se renseigne sur la fabrication et s'efforce de se procurer des documents secrets intéressant la défense du territoire, en remettant de l'argent à un ouvrier d'une manufacture d'armes (Lyon, 3 févr. 1892 cité *suprà*, n° 103).

107. L'art. 9 de la loi de 1886 prévoit la complicité du délit d'espionnage. Jugé à cet égard qu'est réputé complice de ce délit celui qui, connaissant l'intention coupable de l'auteur du délit, a recélé sciemment le document secret dans sa chambre où il en a fait la livraison (Trib. corr. de Saint-Etienne, 26 déc. 1891, aff. Cooper, D. P. 92. 2. 467).

108. L'agent du délit, dit l'art. 10 de la loi de 1886, peut encore échapper à toute pénalité en dénonçant lui-même le délit commis ou en dénonçant ses complices. Mais cette exception, que la loi accorde au prévenu du délit d'espionnage qui, même après les poursuites commencées, aura procuré l'arrestation du coupable, ne peut être invoquée que lorsque, au moment de la dénonciation, la justice avait recueilli des indices suffisants pour amener l'arrestation du coupable (Crim. rej. 24 sept. 1891, aff. Triponé et Turpin, D. P. 92. 1. 473).

Table sommaire

des matières contenues dans le Supplément et le Répertoire.

(Les chiffres précédés de la lettre S renvoient au Supplément ; les chiffres précédés de la lettre R renvoient au Répertoire.)

Table des articles des décrets du 10 août 1853 et du 4 oct. 1891.

Décret du 10 août 1853.					Décret du 4 oct. 1891.		
Art. 1. *R.* 13.	—8. *S.* 77. *R.* 80,82.	—19. *S.* 60, 84,96;	—27. *S.* 78. *R.* 104.	—38. *R.* 24, 26.	Art. 1er. *S.* 4,7,12.	—34. *S.* 13.	—152. *S.* 15.
—2. *S.* 6. *R.* 14.	—9. *S.* 68, 70. *R.* 83.	*R.* 65.	—28. *S.* 79. *R.* 104.	—39. *S.* 88 *R.* 134.	—2. *S.* 8 s.	—39. *S.* 13.	—154. *S.* 79.
—3. *S.* 6. *R.* 14, 15, 68.	—10 *S.* 73. *R.* 90.	—20. *S.* 60 s., 86,	—30. *S.* 84. *R.* 88.	—40. *R.* 105, 107 s.	—4. *S.* 10.	—56. *S.* 13.	—159. *S.* 15.
—4. *R.* 17.	—11. *R.* 91.	96.	—31. *S.* 84.	—42. *R.* 113.	—9. *S.* 13.	—74. *S.* 14.	—164. *S.* 15.
—5. *R.* 61.	—12. *R.* 91.	—21. *S.* 60, 86,	—32. *S.* 84. *R.*	—43. *R.* 113.	—10. *S.* 13.	—92. *S.* 15.	—173. *S.* 15.
—6. *R.* 61.	—13. *S.* 76. *R.* 98.	96.	112, 152.	—44. *R.* 116.	—16. *S.* 13.	—93. *S.* 15.	—178. *S.* 16.
—7. *S.* 66. *R.* 78.	—14. *R.* 98.	—22. *R.* 44, 46,	—33. *S.* 84.	—45. *R.* 116.	—19. *S.* 15.	—94. *S.* 15.	—179. *S.* 16.
	—15. *S.* 65. *R.* 61.	50	—34. *S.* 84.	—46. *R.* 116.	—20. *S.* 79.	—107. *S.* 13.	—180. *S.* 16.
	—17. *S.* 58. *R.* 62.	—24. *R.* 52, 57.	—35. *S.* 86 s. *R.*	—47. *R.* 116.	—24. *S.* 13.	—119. *S.* 15.	—189. *S.* 27.
	—18. *S.* 58. *R.* 62 s.	—25. *R.* 52.	126.	—48. *R.* 118.	—31. *S.* 13.	—123. *S.* 15.	—191. *S.* 28, 31 s.
		—26. *S.* 77 s. *R.* 46 s., 101.	—37. *R.* 23, 130.	—49. *R.* 125.		—126. *S.* 15.	—195. *S.* 50.
						—129. *S.* 15.	—196. *S.* 50.

Table chronologique des Lois, Arrêts, etc.

1790	1832		1871		1888

(Le tableau chronologique détaillé n'est pas reproduisible avec précision.)

n° 10; *Chasse;* n° 340; *Compétence civile des tribunaux de paix,* n°⁵ 122 et suiv.; *Dommage-destruction-dégradation,* n°⁵ 103, 129 et suiv.; *Douanes,* n°⁵ 279 et suiv.; *Dunes.* n°⁵ 6, 21 et suiv., 48; *Eaux,* n°⁵ 68 et suiv., 74, 102, 108 et 123; *Expropriation pour cause d'utilité publique,* n°⁵ 592; *Impôts directs,* n° 29; *Lois,* n° 185; et *infrà,* v⁵ *Propriété,* et *Rép.* eod. v°, n° 35; *Régime forestier; Voirie par terre,* et *Rép.* eod. v°, n°⁵ 141 et suiv., 168 et suiv., 176 et suiv., 197 et suiv., 202 et suiv., 620 et suiv., 1077 et suiv., 1122, 1369 et suiv., 1563; *Voirie par eau,* et *Rép.* eod. v°; n°⁵ 218 et suiv., 231, 252, 275 et suiv., 292 et 375; *Voirie par chemins de fer,* et *Rép.* eod. v°, n°⁵ 200, 236 et suiv.

PLAQUÉ. — V. *suprà,* v⁵ *Matières d'or et d'argent,* n°⁵ 87 et suiv.

PLUMITIF. — V. *suprà,* v⁵ *Domicile élu,* n° 11; *Jugement,* n°⁵ 123 et suiv.

PLUS-VALUE. — V. *suprà,* v⁵ *Contrat de mariage,* n°⁵ 582 et suiv ; *Expropriation pour cause d'utilité publique,* n°⁵ 627 et suiv.; *Louage,* n° 421; et *infrà,* v⁵ *Privilèges et hypothèques,* n°⁵ 462 et suiv., 1949, et suiv.; *Transcription hypothécaire,* et *Rép.* eod. v°, n°⁵ 566 et suiv., 584 et 587; *Travaux publics,* et *Rép.* eod. v°, n°⁵ 58, 912 et suiv.; *Vente,* et *Rép.* eod. v°, n°⁵ 987, 1015 et suiv., 1026, 1383 et suiv., 1429 et suiv., 1659 et suiv., 1950; *Vente publique d'immeubles,* et *Rép.* eod. v°, n°⁵ 1926, 2153 et suiv.; *Voirie par terre,* et *Rép.* eod. v°, n°⁵ 474, 523 et 2185; *Voirie par eau,* et *Rép.* eod. v°, n°⁵ 116, 135 et suiv.

POIDS ET MESURES.

Division.

Art. 1. — Historique et législation. — Droit comparé (n° 1).

Art. 2. — Substitution des nouvelles mesures aux anciennes (n° 16).

Art. 3. — Professions assujetties à se munir de poids et mesures. — Formes des poids; règlements administratifs (n° 17).

Art. 4. — Des vérificateurs et vérificateurs adjoints, et des autres agents chargés de la surveillance des poids et mesures (n° 31).

Art. 5. — Vérification des poids et mesures ; surveillance ; visites; procès-verbaux; saisie; droits (n° 32).

Art. 6. — Inspection du débit des marchandises se vendant au poids ou à la mesure (n° 43).

Art. 7. — Législation pénale (n°, 46).

§ 1. — Vente à faux poids et fausses mesures. — Tentative. — Exposition en vente (n° 46).

§ 2. — Détention de faux poids et de fausses mesures (n° 60).

§ 3. — Emploi et détention de mesures prohibées (n° 65).

§ 4. — Emploi et détention de mesures irrégulières ou non poinçonnées (n° 69).

§ 5. — Compétence; caractères de l'infraction (n° 74).

§ 6. — Peines, Excuses (n° 75).

Art. 8. — Mention des poids et mesures dans les actes publics et privés, affiches et annonces (n° 82).

Art. 9. — Des poids publics (n° 83).

Art. 1ᵉʳ. — *Historique et législation.* — *Droit comparé* (Rép. n°⁵ 2 à 12).

1. — I. HISTORIQUE ET LÉGISLATION. — La législation relative aux poids et mesures n'a pas subi d'importantes modifications depuis la publication du *Répertoire,* comme on le verra par le tableau chronologique ci-après (V. *infrà,* n° 49 et 50). Signalons cependant: 1° le décret du 26 févr. 1873 (D. P. 73. 4. 32), qui s'occupe du recrutement et du mode d'avancement du personnel de l'administration des Poids et mesures (art. 1 à 5), et dresse la liste des diverses professions assujetties à la vérification des poids et mesures (art. 6 et suiv.); 2° le décret du 8 oct. 1880 (D. P. 82. 4. 11), qui crée à Paris un bureau national, scientifique et permanent des poids et mesures; 3° le décret du 1ᵉʳ mai 1891 (D. P. 92. 4. 28), qui ajoute au tableau A dressé par le décret de 1873 un certain nombre de professions assujetties à la vérification des poids et mesures; 4° enfin le décret du 30 janv. 1892 (D. P. 92. 4. 67), qui autorise l'emploi du nickel pour la construction des mesures de capacité destinées au mesurage des liquides.

2. — II. DROIT COMPARÉ (*Rép.* n° 12). — 1° *Allemagne.* — L'art. 369 du code pénal allemand du 31 mai 1870 punit d'une amende de 30 thalers au plus ou des arrêts pendant quatre semaines au plus les industriels ou marchands trouvés détenteurs de fausses balances ou de poids et mesures destinés à être employés dans leur industrie et non revêtus de l'estampille de vérification légale. Il en est de même de ceux qui se sont rendus coupables de toute autre infraction aux règlements de police sur les poids et mesures. Le juge doit, en outre, ordonner la confiscation des poids et mesures non vérifiés ainsi que des fausses balances (*Annuaire de législation étrangère,* 1872, p. 181). — Parmi les mesures législatives prises pour introduire en Alsace-Lorraine le système métrique allemand, notons l'ordonnance du 15 mai 1875, qui modifie les règles admises pour la vérification des poids et mesures et un avis du 5 septembre suivant relatif aux tolérances admises dans le commerce en ce qui touche les poids et mesures (*Ibid.,* 1876, p. 479). — Dans le grand-duché de *Hesse,* signalons un règlement du 22 janv. 1889, relatif à la création d'un jaugeage public pour les bateaux servant à la navigation du Rhin (*Ibid.,* 1890, p. 278).

3. — 2° *Angleterre.* — Une loi du 8 août 1878 (*Ann. lég. étr.* 1879, p. 59) applicable à l'Ecosse et à l'Irlande a introduit dans *les îles Britanniques* l'uniformité des poids et mesures. Après avoir établi les différentes unités de mesure (art. 10 à 18), cette loi édicte des peines contre l'emploi, la fabrication et la détention des faux poids et mesures (art. 25 à 27), puis elle institue des administrations centrales et locales pour le poinçonnage et la vérification (art. 33 et suiv.) et s'occupe de la répression des contraventions relatives aux poids et mesures (art. 56 et 57). Cette loi a été complétée et modifiée en 1880 par un *act* qui soumet à la vérification dans un délai de douze mois tout instrument destiné à peser, et édicte des peines contre ceux qui se serviront de balances non estampillées; cet *act* ordonne aussi l'affichage des condamnations prononcées (*Ibid.,* 1890, p. 8).

4. Dans les possessions anglaises d'outre-mer, une loi du 15 févr. 1889 a introduit dans *l'Inde* le *yard* anglais et ses subdivisions comme type de mesure légale (*Ann. lég. étr.,* 1890, p. 1062). — A *l'île Maurice,* deux ordonnances de 1876, modifiées partiellement en 1880, ont établi le système métrique français comme système légal (*Ibid.,* 1882, p. 909, notes 4 et 5), et une ordonnance de 1881 (*Ibid.,* 1882, p. 916) a eu pour but de protéger plus efficacement le public contre les fraudes dans les poids et mesures et d'amender les ordonnances de 1876. — Au *Canada,* un *act* du 23 mai 1873 (*Ibid.,* 1875, p. 696) a décrété l'uniformité des poids et mesures, défini et établi les étalons de mesure et réglemente la vérification des poids et mesures du commerce ; malgré les étalons spéciaux établis au Canada, l'usage du système métrique a force légale lorsqu'il est adopté par les intéressés. Cet *act* a été modifié et amendé successivement : 1° par une loi de 1879 (*Ibid.,* 1880. p. 894) ; 2° par une loi de 1884 (*Ibid.,* 1885, p. 809), qui punit la fabrication, l'emploi et la détention des poids et mesures faux ou inexacts, ainsi que la contrefaçon des poinçons ; 3° par une loi de 1885 (art. 4; *Ibid.,* 1886, p. 653); 4° par une loi de 1888 (*Ibid.,* 1889, p. 956), relative au contenu des colis de sel; 5° enfin par une loi de 1889 (*Ibid.,* 1890, p. 1046).

5. — 3° *Autriche-Hongrie.* — Une loi du 23 juill. 1871 a introduit en *Autriche* le système métrique des poids et mesures, mais elle n'est devenue obligatoire qu'à partir du 1ᵉʳ janv. 1876. Elle a été complétée par deux lois de 1875 : l'une relative à l'organisation de l'administration des poids et mesures, l'autre concernant la transformation en mesures ou poids du système métrique des mesures ou poids mentionnés dans les dispositions légales (*Ann. lég. étr.,* 1876, p. 493). L'art. 13 de la loi du 27 juin 1878 (*Ibid.* 1879, p. 250) relative à un traité de commerce et de douane avec la Hongrie, déclare que le système métrique des poids et mesures ne pourra être changé sans un accord mutuel. — En *Hongrie,* la loi du 17 avr. 1874 (*Ibid.* 1875, p. 305) a introduit le système métrique français dans tous les pays de la Couronne de Saint-Etienne et organisé des pénalités pour assurer sa mise en vigueur.

6. — 4° *Balkans.* — En *Bulgarie,* une loi des 18-30 déc. 1888 a adopté pour les poids et mesures le système décimal (*Ibid.* 1889, p. 870). — En *Serbie,* une loi du 25 avr. 1890 accorde aux communes la faculté de percevoir sous certaines conditions des droits de pesage et de jaugeage (*Ann. lég. étr.*, 1890, p. 854).

7. — 5° *Égypte.* — Un décret du 31 déc. 1889 (*Ibid.* 1890, p. 876) a supprimé les charges de peseurs publics ainsi que les droits de pesage en usage et déclaré la profession de peseur libre en Égypte à partir du 1er janv. 1890).

8. — 6° *États scandinaves.* — En *Danemark*, le système du poids français est en usage dans le commerce depuis la loi du 19 févr. 1861 ; une loi du 16 avr. 1873 en étend l'emploi au commerce des métaux précieux, des pierres précieuses et des perles (*Ann. lég. étr.* 1874, p. 419). — En *Norvège*, une loi du 22 mai 1875 (*Ibid.* 1876, p. 79) a adopté les mesures françaises, en donnant un délai de six ans pour la transformation des anciennes mesures. Cette réforme fut introduite en *Suède* l'année suivante, mais avec la restriction qu'elle ne deviendrait obligatoire qu'en 1889 (*Ibid.*, p. 619). Cette loi a été modifiée peu après par une loi du 22 nov. 1878, qui a été elle-même remplacée et complétée par une loi du 9 oct. 1885 (*Ibid.* 1886, p. 517).

9. — 7° *États-Unis.* — Dans le *Massachusetts*, un *act* de 1878 avait autorisé l'emploi, dans les contrats, procès et plaidoiries, des dénominations empruntées au système métrique, pour la désignation des poids et mesures (*Ibid.* 1878, p. 793). — Une loi du 21 juin 1890 (*Ibid.* 1891, p. 818) oblige chaque comté, cité ou ville de l'État à posséder une série de mesures étalons en poids légaux, en mesures pour matières sèches et pour liquides. Les chefs-lieux de district et les autres cités doivent avoir, en outre, le mètre et le kilogramme, ainsi que les mesures appelées *troy-weights* et qui servent pour les métaux précieux. Une vérification des poids et mesures a été instituée.

10. — 8° *Finlande.* — Une loi du 16 juill. 1886 a introduit en Finlande le système métrique des poids et mesures (*Ann. lég. étr.* 1887, p. 666).

11. — 9° *Italie.* — Une loi du 23 juin 1874 suivie d'un règlement général du 29 octobre de la même année a modifié les dispositions antérieures sur les poids et mesures. C'est un véritable code de la matière, qui organise complètement l'administration et la vérification des poids et mesures (*Ann. lég. étr.* 1875, p. 340). — Elle a été remplacée par la loi du 20 juill. 1890, qui établit pour tout le royaume d'Italie l'usage légal des seuls poids et mesures du système métrique décimal. Deux décrets des 23 août et 7 novembre suivants rendus en exécution de cette loi approuvent, l'un le texte unique des lois sur les poids et mesures, l'autre le règlement pour le service des poids et mesures et l'essai des monnaies et métaux précieux (*Ibid.* 1891, p. 378).

12. — 10° *Luxembourg.* — Une loi du 17 mai 1882 (*Ann. lég. étr.* 1883, p. 766) règlemente à nouveau le système métrique des poids et mesures introduit dans le grand-duché par la loi du 21 août 1846. Tout en rendant obligatoire l'emploi des mesures décimales, elle tolère cependant, dans le langage usuel, l'emploi de dénominations relatives aux anciennes mesures. L'art. 5 de cette loi organise la vérification des poids et mesures.

13. — 11° *Mexique.* — Le système métrique décimal est en vigueur dans la République mexicaine ; mais, aux termes d'une loi du 3 juin 1885, il ne devait être rendu obligatoire qu'à partir du 1er janv. 1888 (*Ann. lég. étr.* 1886, p. 674). Toutefois des bureaux de vérification ont été établis dans les chefs-lieux d'États pendant le 1er juill. 1888. La date imparti par la loi de 1885 a été prorogé jusqu'au 1er 1891, par un décret du 19 déc. 1890 (*Ibid.*, 1890, p. 941).

14. — 12° *Pays-Bas.* — Une loi du 8 juill. 1874 rend les dispositions de la loi relative aux poids et mesures applicables à la vérification des compteurs à gaz (*Ann. lég. étr.* 1875, p. 434). La vérification et l'usage d'instruments de pesage sont réglés par la loi organique du 4 juin 1878, qui soumet les balances à la vérification et au poinçonnement, et édicte des pénalités en cas de contravention (*Ibid.*, 1879, p. 516). Mais cette loi elle-même a été abrogée par celle du 11 juill. 1880 qui abolit la vérification officielle des instruments de pesage (*Ibid.*, 1882, p. 762).

15. — 13° *Suisse.* — Aux termes de l'art. 40 de la constitution fédérale du 29 mai 1874, la confédération détermine le système des poids et mesures, et les cantons exécutent sous sa surveillance les lois relatives à cette matière (*Ibid.*, 1875,

p. 460). En exécution de cette disposition, une loi du 3 juill. 1875, suivie d'un règlement du 22 oct. suivant, a prescrit l'usage, dans toute la confédération, de poids et mesures uniformes sur la base du système métrique (*Ibid.*, 1876, p. 677). Pour faciliter la pratique de ce système, une circulaire du gouvernement fédéral en date du 1er juin 1880 introduit en Suisse les abréviations pour la désignation des poids et mesures adopté par le comité international (*Ibid.* 1881, p. 443). — Dans le canton de *Zug*, une ordonnance du 15 mars 1884, revisant celle du 18 oct. 1878, réglemente l'exécution de la loi fédérale de 1875 sur les poids et mesures (*Ibid.* 1885, p. 593). — Enfin, dans le canton de *Schwyz*, une loi du 31 juill. 1886 relative à la vente du pain et de la farine s'occupe du poids du pain, qui devra être pesé avec des balances et des poids conformes à la loi, ce dont devront s'assurer des inspecteurs désignés à cet effet par les conseils communaux (*Ibid.*, 1888, p. 692).

Tableau chronologique de la législation relative aux poids et mesures.

27 mars-1er avr. 1851. — Loi tendant à la répression plus efficace de certaines fraudes commerciales, notamment des délits de détention de faux poids et de tromperie sur la qualité de la marchandise (D. P. 51. 4. 57).

5-20 nov. 1852. — Décret relatif à la fabrication des mesures de capacité destinées au mesurage des matières sèches et des liquides (D. P. 52. 4. 207).

15-30 juill. 1853. — Décret impérial qui soumet les fabricants et les marchands de poids et mesures à l'obligation de présenter, dans le délai de trois mois, au bureau de vérification, pour y recevoir un numéro d'ordre, les poids, mesures et instruments de pesage neufs et déjà revêtus de la marque première (D. P. 53. 4. 156).

3-13 oct. 1856. — Décret portant que le bois de châtaignier pourra être employé, concurremment avec les bois de chêne, de hêtre et de noyer, à la fabrication des mesures de capacité pour les matières sèches (D. P. 56. 4. 143).

14-29 juill. 1857. — Décret impérial portant qu'à partir du 1er oct. 1857, l'indication de la portée des balances-bascules qui seront présentées à la vérification première sera ou gravée en creux, ou produite en relief dans l'opération de la fonte, sur le plat poli d'une des faces latérales du fléau extérieur (*Bull.*, n° 4809).

14-21 nov. 1860. — Décret impérial relatif au service des poids et mesures dans les départements de la Savoie, de la Haute-Savoie et des Alpes-Maritimes (D. P. 60. 4. 157).

12-24 déc. 1860. — Décret impérial qui proroge le délai d'exécution du poinçonnage spécial prescrit pour le décret du 14 nov. 1860 relatif au services des poids et mesures dans les départements de la Savoie, de la Haute-Savoie et des Alpes-Maritimes (D. P. 61. 4. 13).

16 févr.-15 mars 1861. — Décret impérial relatif aux opérations de vérification périodiques des poids et mesures, à Paris (D. P. 61. 4. 38).

13 mai-1er juin 1863. — Loi portant modification de plusieurs dispositions du code pénal, notamment de l'art. 423 relatif à l'usage de faux poids ou de fausses mesures (D. P. 63. 4. 79).

26 févr.-1er mars 1873. — Décret relatif à la vérification des poids et mesures (D. P. 73. 4. 32).

24-27 mai 1873. — Loi qui ouvre au ministre de l'agriculture et du commerce un crédit de 50000 fr. sur l'exercice 1873, pour dépenses concernant la fabrication des étalons métriques internationaux (D. P. 73. 4. 63).

18 juin-20 juill. 1874. — Décret portant que le bois de sapin du Nord pourra être employé dans la confection des fonds de mesures en boissellerie (D. P. 75. 4. 17).

15 juill.-4 août 1874. — Décret qui place parmi les instruments de pesage et de mesurage légaux l'appareil automatique désigné sous le nom de *mesureur-compteur* pour les grains (D. P. 75. 4. 29).

18 juill.-24 août 1874. — Décret qui supprime le service du mesurage des pierres et moellons destinés aux constructions publiques et particulières de la ville de Paris (D. P. 75. 4. 29).

4 nov.-28 déc. 1874. — Décret qui modifie la taxe de vérification première de la matière (D. P. 75. 4. 73).

7 juill.-10 août 1875. — Décret qui autorise l'emploi du bois de frêne dans la construction des mesures de capacité en bois (D. P. 76. 4. 15).

16 nov.-1875-18 janv. 1876. — Décret qui place parmi les instruments de mesurage légaux l'hectolitre servant à mesurer les liquides (D. P. 76. 4. 74).

28 oct. 1876-15 févr. 1877. — Décret qui reconnaît comme établissement d'utilité le bureau international des poids et mesures établi à Paris (D. P. 77. 4. 28).

27 sept.-29 oct. 1877. — Décret concernant les séries de poids en fer désignés au tableau B, paragraphe 2, annexé au décret du 26 févr. 1873, relatif à la vérification des poids et mesures (D. P. 77. 4. 72).

7-9 janv. 1878. — Décret concernant les séries de poids en fer désignées au tableau B, paragraphe 2, annexé au décret du 26 févr. 1873, relatif à la vérification des poids et mesures (D. P. 78. 4. 24).

20-22 janv. 1880. — Décret concernant la vérification et le poinçonnage des romaines oscillantes (D. P. 81. 4. 48).

8 oct. 1880. — Décret qui crée à Paris un bureau national, scientifique et permanent des poids et mesures (D. P. 82. 4. 11).

20-24 avr. 1881. — Loi qui abroge le décret du 16 juin 1808, relatif au pesage, mesurage et jaugeage dans la ville de Paris (D. P. 81. 4. 119).

7-9 juill. 1881. — Loi qui rend exclusivement obligatoire l'alcoomètre centésimal de Gay-Lussac et le soumet à une vérification officielle (D. P. 82. 4. 16).

7-8 juill. 1882. — Loi qui proroge le délai fixé pour la mise en vigueur de la loi du 7 juill. 1881 (D. P. 82. 4. 121).

28-31 juill. 1883. — Loi relative à l'emploi de l'alcoomètre centésimal de Gay-Lussac (D. P. 83. 4. 95).

27-30 déc. 1884. — Décret portant règlement d'administration publique pour l'exécution de la loi du 7 juill. 1881 sur la vérification des alcoomètres (D. P. 85. 4. 78).

21-22 mars 1885. — Décret déterminant les conditions auxquelles sont assujetties les romaines oscillantes pour être admises à la vérification et au poinçonnage (D. P. 85. 4. 35).

20-22 août 1885. — Décret autorisant, pour le mesurage des sels et engrais, la construction de grandes mesures en lames de chêne cerclées de fer (D. P. 86. 4. 78).

7-12 févr. 1887. — Décret qui modifie l'art. 2 de l'ordonnance du 17 avr. 1839 sur la vérification des poids et mesures (D. P. 87. 4. 74).

20-30 août 1889. — Décret qui modifie le paragraphe 3 de l'art. 2 du décret du 27 déc. 1884 sur la vérification des alcoomètres (D. P. 90. 4. 96).

1er mai-28 sept. 1891. — Décret relatif à la vérification des poids et mesures (D. P. 92. 4. 28).

30 janv.-3 févr. 1892. — Décret qui autorise l'emploi du nickel pour la construction des mesures de capacité destinées au mesurage des liquides (D. P. 92. 4. 67).

Art. 2. — *Substitution des nouvelles mesures aux anciennes* (*Rép.* nos 13 à 22).

16. Les difficultés auxquelles a donné lieu l'introduction du système métrique, notamment en ce qui concerne les poids et mesures, étant depuis longtemps aplanies, nous n'avons rien à ajouter à ce qui a été dit sur ce point au *Répertoire*. Si l'on se sert encore, dans le langage usuel, dans les campagnes notamment, du nom des anciennes mesures, c'est surtout comme comparaison avec les nouvelles, à l'application desquelles cet usage n'apporte aucune entrave.

Art. 3. — *Professions assujetties à se munir de poids et mesures. — Formes des poids, règlements administratifs* (*Rép.* nos 23 à 41).

17. L'art. 6 du décret du 26 févr. 1873 (D. P. 73. 4. 32), relatif à la vérification des poids et mesures, assujettit à la vérification les commerces, industries et professions désignés au tableau A joint audit décret ; et il ajoute que les commerces, industries et professions analogues à ceux énumérés dans ce tableau qui n'y ont pas été compris, peuvent être soumis à la vérification par arrêtés spéciaux des préfets, sauf l'approbation du ministre de l'agriculture et du commerce (*Rép.* n° 25). Tous les trois ans, des tableaux additionnels contenant les commerces, industries et professions assujettis en vertu de ces arrêtés, sont l'objet de décrets rendus dans la forme des règlements d'administration publique (*Même article*).

18. En vertu des principes relatifs à la séparation des pouvoirs, il a été décidé que c'est à l'autorité administrative, et non aux tribunaux, qu'il appartient de décider si le préfet a pu comprendre telle ou telle profession, celle de fermier notamment, parmi les professions pour l'exercice desquelles il est nécessaire d'être muni d'un assortiment de poids et mesures (Crim. cass. 3 déc. 1858, aff. Ouachée, D. P. 59. 1. 379). Dès lors, tant que l'arrêté comprenant les fermiers n'a pas été modifié ou rapporté, il y a nécessité, pour le tribunal de police, de réprimer les contraventions commises par des individus de cette classe (*Même arrêt*).

19. L'autorité administrative, en classant une profession dans la catégorie de celles qui doivent être pourvues de poids et de mesures, agit dans la limite de ses attributions et sa décision ne peut être discutée que sous prétexte (*Rép.* n° 27). Ainsi il a été jugé que, lorsque le préfet a compris une profession dans le tableau de celles qui doivent être soumises à la vérification des poids et mesures, l'individu qui exerce cette profession ne peut se soustraire au payement des droits de vérification, en se fondant sur ce qu'il travaille exclusivement pour le compte des fabricants et qu'il ne vend et n'achète rien au poids (Cons. d'Et. 10 janv. 1862, aff. Desplacieux, D. P. 62 3. 51). De même un particulier, exerçant une des professions énumérées au tableau A annexé au décret du 26 févr. 1873, est assujetti à la vérification des poids et mesures, et ne peut, pour obtenir décharge de la taxe, se prévaloir, de ce que le conseil de préfecture lui a accordé décharge de la patente à laquelle il avait été imposé pour la même année (Cons. d'Et. 2 févr. 1883, aff. Mérion, D. P. 84. 3. 93 ; V. aussi Cons. d'Et. 9 nov. 1889, aff. Marinot et Guillaumin, sol. impl., D. P. 91. 3. 31). — Un commissionnaire, même lorsqu'il ne paye ni patente ni licence, est commerçant, et se trouve, comme tel, soumis à l'obligation d'être pourvu d'un assortiment de poids et mesures et de les faire vérifier chaque année, conformément aux injonctions d'un arrêté préfectoral qui impose cette vérification, dans le département, à tous les commerçants faisant usage de poids et mesures (Crim. cass. 17 mars 1866, aff. Bédrey, D. P. 66. 1. 511). — Jugé également que le peu d'importance et le caractère passager des opérations d'un commerçant (un marchand de soie, par exemple), ne le dispensent pas de la possession des poids et mesures dont l'assortiment est imposé aux personnes exerçant la même profession (Crim. cass. 4 nov. 1864, aff. Pestel, D. P. 65. 5. 295).

20. Mais si l'individu qui exerçait une profession non désignée au tableau A, joint au décret du 26 févr. 1873, doit être déchargé de la taxe pour la vérification des poids et mesures, alors même que, postérieurement à la publication du rôle, le préfet aurait assimilé cette profession à une de celles qui sont assujetties à la vérification (Cons. d'Et. 11 févr. 1876, aff. Arbey, D. P. 76. 3. 71 ; 7 nov. 1891, aff. Veuve Ballaloud, *Rec. Cons. d'Etat*, p. 649). — Jugé également que, si l'obligation de subir la vérification annuelle des poids et mesures, imposée par un arrêté préfectoral à toute personne qui se livre à une profession exigeant l'emploi des poids ou mesures, ou qui règle un compte quelconque au moyen d'instruments de pesage et de mesurage, quand bien même sa profession ne serait pas nominativement comprise dans le tableau des professions assujetties, doit s'entendre des professions industrielles ou commerciales omises dans le tableau dressé en vertu de l'art. 15 de l'ordonnance du 17 avr. 1839, et des poids et mesures employés dans les halles, foires ou marchés, elle ne saurait s'étendre à des professions non soumises à l'assortiment, d'après les dispositions combinées de la loi du 4 juill. 1837 et de l'ordonnance précitée de 1839 (Crim. rej. 22 août 1856, aff. Allou et autres, D. P. 56. 1. 408). Mais l'exercice d'une profession assujettie, autre que celle portée au rôle des contributions directes, soumet celui qui l'exerce à la vérification des poids et mesures, alors surtout qu'il a présenté lui-même ses instruments de pesage à la vérification (Cons. d'Et. 9 mai 1890, aff. Rofaste, *Rec. Cons. d'Etat*, p. 457 ; 24 mars 1891, aff. Riffault, *ibid.*, p. 276 ; 14 nov. 1891, aff. Péan, *ibid.*, p. 679).

21. Sur la question de savoir si les personnes qui ne font pas le trafic de marchandises ou d'objets destinés à être appréciés au poids ou à la mesure peuvent être soumises, par règlement de l'autorité administrative, à l'obligation de se munir de poids et mesures (*Rép.* n° 30), il a été jugé que l'obligation d'être pourvu d'un assortiment de poids et de mesures ne s'applique pas aux professions pour lesquelles ceux qui les exercent n'ont pas besoin, dans leurs rapports avec le public, de faire usage de poids et de mesures ; et, par suite, le préfet, en mentionnant une profession parmi celles assujetties, est réputé n'avoir eu en vue que les spécialités de cette profession qui font emploi d'instruments de pesage ou de mesurage (Cons. d'Et. 4 janv. 1866, aff. Briand, D. P. 67. 5. 314). Décidé également : 1° que lorsque parmi les professions assujetties à la vérification des poids et mesures un arrêté préfectoral fait figurer celle de *fabricant de parapluies*, mais non celle de marchand de parapluies, la circonstance que quelquefois un marchand de parapluies répare ou remet à neuf de vieux parapluies ne suffit pas pour modifier le caractère de son industrie et autoriser son imposition aux droits de vérification (Cons. d'Et. 5 déc. 1865, aff. Forges, *Rec. Cons. d'Etat*, p. 955); — 2° Que la disposition d'un arrêté classant la profession de sabotier parmi les professions assujetties ne doit pas être appliquée aux sabotiers en détail qui, dans leurs rapports avec le public, ne font usage ni de poids ni de mesures (Cons. d'Et. 4 janv. 1866, aff. Briand, *Rec. Cons. d'Etat*, p. 5); — 3° Qu'un arrêté préfectoral qui a rangé la profession de cloutier parmi celles qui seraient soumises à la vérification des poids et mesures ne peut être appliqué à un simple ouvrier cloutier travaillant à façon pour le compte d'un commerçant, et ne se servant d'un instrument de pesage que pour son usage personnel (Cons. d'Et. 2 mars 1870, aff. Chemin, *Rec. Cons. d'Etat*, p. 217). Décidé cependant qu'un fabricant de tuiles, vendant de la chaux, a pu, bien que cette profession ne soit pas comprise dans les tableaux annexés au décret du 26 févr. 1873, être assimilé par arrêté préfectoral aux marchands de chaux naturelle et artificielle compris dans ledit décret (Cons. d'Et. 9 mars 1877, aff. Arbey, *Rec. Cons. d'Etat*, p. 264).

22. Il a été jugé que le médecin qui, pratiquant dans une localité non pourvue de pharmacien, fournit les remèdes aux malades près desquels il est appelé, peut être compris dans le tableau des personnes obligées d'avoir, pour l'exercice de leur profession, un assortiment de poids et mesures déterminé par le préfet (Cons. d'Et. 20 sept. 1859, aff. Adrot, D. P., 60. 3. 51). Par suite, c'est à tort qu'il se refuserait au payement de la taxe établie pour la vérification des poids et mesures déclarés obligatoires pour le dosage des médicaments (Même arrêt).

23. Décidé que l'individu qui exerce comme ouvrier et non comme marchand, et qui n'a, par suite, aucun rapport direct avec le public, est affranchi de la vérification des poids et mesures (Cons. d'Et. 13 juill. 1858, aff. Rouvieux, D. P. 59. 3. 39).

24. Les propriétaires et cultivateurs qui vendent les produits de leur culture ou leurs bestiaux ne sont pas, avonsnous dit au *Rép.*, n° 31, assujettis à l'obligation d'être pourvus de l'assortiment de poids et mesures exigé des marchands et fabricants qui exploitent les mêmes produits. Cette doctrine a été confirmée par de nombreuses décisions (Crim. rej., 22 août 1856, aff. Allou, D. P. 56. 1. 408 ; 8 janv. 1854, aff. Morin, D. P. 56. 5. 296 ; Cons. d'Et., 9 nov. 1888, aff. Barry, D. P. 89. 3. 125 ; 22 juin 1888, aff. Faillette, D. P. 89. 3. 87; Crim. cass. 21 févr. 1890, aff. Quidbœuf, *Bull. crim.*, n° 39). Jugé, spécialement : 1° qu'un cultivateur, qui se borne à vendre les produits de ses terres, n'est pas assujetti à la taxe pour la vérification des poids et mesures en raison d'une bascule qu'il possède pour le service de son exploitation (Arrêt précité du 22 juin 1888); — 2° Que les maraîchers ou horticulteurs qui, cultivant des légumes, les livrent ensuite à la consommation, ne peuvent être rangés dans la classe des individus exerçant une profession industrielle ou commerciale, et, par suite, ne sont pas assujettis, pour cette vente, à l'assortiment de poids et mesures exigé de ces derniers par la loi (Arrêt précité du 22 août 1856; — 3° Qu'un agriculteur qui se borne à vendre le miel provenant de ses ruches n'exerce pas une profession pouvant donner lieu à la vérification des poids et mesures (Arrêt précité du 9 nov. 1888); — 4° Que l'obligation d'être muni, pour les opérations d'achat et de vente, d'un assortiment déterminé d'instruments de pesage ou de mesure, ne pouvant être imposée par les préfets qu'aux professions industrielles ou commerciales, la fermière qui vend seulement le lait de ses vaches n'est pas tenue d'avoir l'assortiment de mesures de capacité imposé par un règlement préfectoral aux marchands de lait (Arrêt précité du 8 janv. 1854); — 5° Que la mention des fermiers dans l'énumération des individus que l'arrêté du préfet déclare assujettis en raison de leur profession à l'obligation d'avoir l'assortiment de poids et mesures exigé, doit, dans le cas où les termes de cet arrêté indiquent qu'il a été pris exclusivement à l'égard

des patentables du département, être réputé inapplicable à ceux des fermiers qui, se bornant à vendre les produits de leur propre culture, ne sont pas passibles de l'impôt de la patente (Ch. réun. rej. 25 janv. 1860, aff. Ouachée, D. P. 60. 1. 245) ; — 6° Que l'on ne peut considérer comme un commerçant astreint à la vérification annuelle des poids et mesures dont il se sert, le cultivateur qui vend le lait de ses vaches en le portant au domicile de ses clients, sans le mettre en vente dans la rue (Arrêt précité du 21 févr. 1890); — 7° Qu'un fabricant de tuiles qui se borne à vendre de la chaux provenant des résidus de sa fabrication ne peut être considéré comme fabricant de chaux ni par conséquent être imposé comme tel à la taxe des poids et mesures (Cons. d'Et. 11 févr. 1876, aff. Arbey, D. P. 76. 1. 71).

25. Mais il a été jugé : 1° que si le propriétaire qui vend, dans l'intérieur de son domicile, les denrées provenant de ses récoltes, n'est pas tenu d'avoir des poids et mesures reconnus par la loi, il en est autrement lorsqu'il les fait vendre dans les rues, marchés ou autres lieux publics; par suite, dans ce dernier cas, il doit être déclaré en contravention à l'art. 4 de la loi du 4 juill. 1837, si des mesures non revêtues du poinçon périodique exigé par les règlements ont été trouvées en la possession de son domestique, chargé de la vente (Crim. cass. 19 déc. 1856, aff. Vergne, D. P. 57. 5. 250); — 2° Qu'une société coopérative de boulangerie, même lorsqu'elle vend exclusivement à ses associés et qu'elle est, à ce titre, exempte de patente, exerce, dans le sens du décret du 26 févr. 1873, une profession analogue à celle de boulanger et peut, par suite, être soumise à la vérification sur les poids et mesures par un arrêté préfectoral (Cons. d'Et. 9 nov. 1888, aff. Sociétés coopératives de boulangerie du Creuzot, D. P. 89. 3. 125); — 3° Que le vigneron qui fabrique du vin de Champagne ne peut être considéré comme un cultivateur se bornant à vendre les produits de sa récolte, et est assujetti à la vérification des poids et mesures, sa profession étant dénommée au tableau A du décret du 26 févr. 1873 (Cons. d'Et. 2 févr. 1883, aff. Mérion, D. P. 84. 3. 93). Et, dans le cas où le conseil de préfecture accorde décharge à ce vigneron par le motif qu'il se borne à vendre les produits de sa récolte, le ministre du commerce est recevable et fondé à demander l'annulation de l'arrêté dans l'intérêt de la loi (Même arrêt, sol. impl.).

26. Les arrêtés des préfets sont obligatoires pour les commerçants qui y sont mentionnés, alors même qu'ils prétendraient que l'exercice de leur profession ne comporte pas l'emploi de poids et mesures (*Rép.* n° 32). — Décidé, en ce sens : 1° que lorsque le préfet a compris une profession dans le tableau de celles qui doivent être munies d'un assortiment déterminé de poids et mesures, l'individu qui exerce cette profession ne peut demander à être déchargé des droits de vérification, en se fondant sur ce qu'il ne vend pas au poids, mais seulement à la pièce, dès lors l'assortiment dont il s'agit lui serait inutile, au moins pour partie (Cons. d'Et. 22 déc. 1863, aff. Masson-Prince, D. P. 64. 3. 100); — 2° Que le particulier qui, en raison de la profession qu'il exerce, est tenu, en vertu d'un arrêté préfectoral, d'avoir en sa possession un assortiment de poids et mesures, ne peut se dispenser de payer la taxe de vérification en se fondant sur ce que l'exercice de ladite profession ne nécessite l'usage d'aucun instrument de pesage et de mesurage (Cons. d'Et. 30 déc. 1869, aff. Astier, *Rec. Cons. d'Etat*, p. 1040; — V. aussi conf. Cons. d'Et. 4 févr. 1876, aff. Vaquier, *Rec. Cons. d'Et.*, p. 125; 20 févr. 1880, aff. Leloutre, *ibid.*, p. 199).

27. Il a été jugé, d'autre part, que l'individu qui est légalement tenu d'être muni d'un certain assortiment de poids et mesures ne peut être dispensé de payer la taxe due pour la vérification, par cet unique motif qu'il ne possède pas ledit assortiment (Cons. d'Et. 11 déc. 1867, aff. Deladière, D. P. 68. 3. 97. V. aussi, dans le même sens, Cons. d'Et. 6 déc. 1860, aff. Levalade, D. P. 61. 2. 420). — Décidé cependant, en sens contraire, qu'un individu qui ne possède aucun instrument de pesage ou de mesurage ne peut être assujetti à la taxe pour la vérification des poids et mesures, alors même que la profession qu'il exerce est de celles qui sont assujetties à la vérification (Cons. d'Et. 31 janv. 1890, aff. Tyrode, D. P. 91. 3. 70).

28. Si la taxe des poids et mesures est due par tout assujetti, elle n'est due que par lui seul. Aussi a-t-il été jugé que le détenteur du mobilier d'un individu imposé à la taxe des poids et mesures ne peut être poursuivi personnellement en payement de cette taxe (Cons. d'Et. 7 mai 1880, aff. Percepteur de Saint-Germain-en-Laye, D. P. 81. 3. 27).

29. Les arrêtés préfectoraux rendus en matière de poids et mesures ne sont obligatoires que pour les commerçants habitant la commune où ils ont été rendus. Jugé, à cet égard : 1° qu'un marchand qui achète, dans une commune autre que celle où il a son établissement, une partie des matières nécessaires à l'exercice de sa profession et qui n'a en sa possession, dans cette commune, aucun instrument de pesage, ne peut y être assujetti à la vérification des poids et mesures ni, par suite, à la taxe afférente à cette vérification (Cons. d'Ét. 21 mars 1883, aff. Serrière, D. P. 84. 5. 389); — 2° Qu'un marchand de grains imposé à la taxe des poids et mesures au siège de son commerce ne peut être également imposé dans une autre localité où il n'exerce aucune profession sujette à la taxe (Cons. d'Et. 24 juill. 1885, aff. Doléac, Rec. Cons. d'Etat, p. 714).

30. En ce qui concerne la sanction à donner aux arrêtés préfectoraux, il a été décidé que le défaut de possession de l'assortiment de poids et mesures rendu obligatoire pour certaines professions par arrêté du préfet, ne rentre pas dans la catégorie des délits prévus par la loi du 27 mars 1851, mais constitue seulement une contravention tombant sous l'application de l'art. 471, n° 15, c. pén. (Crim. cass. 17 juill. 1858, aff. Girardin, D. P. 58. 5. 273).

ART. 4. — *Des vérificateurs et vérificateurs adjoints et des autres agents chargés de la surveillance des poids et mesures* (Rép. n°s 42 à 51).

31. L'ordonnance du 17 avr. 1839, relative au personnel des agents de la vérification des poids et mesures a été modifiée, dans certaines de ses dispositions, par le décret du 26 févr. 1873. Aux termes de l'art. 1 de ce décret, les agents institués par l'ordonnance du 17 avr. 1839 pour procéder à la vérification des poids et mesures sont nommés par le ministre de l'agriculture et du commerce. Le personnel du service de la vérification se compose de vérificateurs en chef, de vérificateurs et de vérificateurs adjoints (art. 2) ; ces vérificateurs sont répartis en cinq classes (art. 3). Nul, dit l'art. 4 du décret, ne peut être nommé vérificateur adjoint s'il n'a été déclaré admissible à la suite d'un examen public, dont les conditions et le programme sont ultérieurement arrêtés par le ministre de l'agriculture et du commerce, et s'il est âgé de moins de vingt-cinq ans ou de plus de trente-six ans. Les vérificateurs de 5° classe sont pris exclusivement parmi les vérificateurs adjoints ayant au moins deux ans de service.

ART. 5. — *Vérification des poids et mesures. — Surveillance. — Visites. — Procès-verbaux. — Saisie. — Droits* (Rép. n°s 52 à 80).

32. La vérification des poids et mesures, comme on l'a vu au Rép. n° 52 et suiv., a lieu tant pour les poids et mesures neufs entre les mains du fabricant que pour ceux en cours d'usage, afin de s'assurer qu'ils n'ont subi aucune altération (Rép. n° 56) et d'établir en outre la base de la taxe.

33. Les poids et mesures rajustés doivent être soumis à la vérification, comme s'ils étaient neufs (Rép. n° 58). Jugé que les poids et mesures qui, après avoir été employés dans le commerce, ont été soumis à une opération de rajustage, doivent être présentés à la vérification et poinçonnés aussi bien que ceux qui sont livrés au public pour la première fois (Crim. cass. 17 août 1878, aff. Doisteau, D. P. 79. 1. 144). Cette formalité doit être remplie par celui qui a opéré le rajustage, quelle que soit sa qualité et sa profession, par le simple ouvrier comme par le fabricant ou marchand (Même arrêt). Spécialement, le serrurier qui a omis de faire vérifier et poinçonner les poids qu'il s'était chargé de rajuster est passible des peines édictées par l'ordonnance du 19 avr. 1839 (Même arrêt).

34. Aux termes de l'art. 8 du décret du 26 févr. 1873, la vérification est faite chaque année, dans toutes les com-

munes ; le préfet règle l'ordre dans lequel les diverses communes sont vérifiées. Ces dispositions reproduisent à peu près celles de l'art. 18 de l'ordon. de 1839 (Rép. n° 59).

35. La vérification annuelle, avons-nous dit supra, n° 32, sert de base à l'établissement de la taxe des poids et mesures ; elle en est le préliminaire indispensable. Décidé, à cet égard : 1° qu'un marchand est irrégulièrement porté au rôle des taxes de vérification lorsque, quoique assujetti, il n'a pas été compris dans les visites des agents vérificateurs des poids et mesures (Cons. d'Et, 13 juill. 1858, aff. Romieux, D. P. 59. 3. 39 ; 26 juill. 1878, aff. Ginestet; 5 avr. 1878, aff. Clément, D. P. 78. 3. 86). Par suite, aucune taxe ne peut être perçue lorsque le vérificateur ne s'est pas rendu au domicile de l'assujetti, et que celui-ci n'a pas transporté ses poids à la mairie où avait lieu la vérification (Arrêt précité du 26 juill. 1878). Il en est ainsi quand même la vérification n'a pas été faite par suite du refus du particulier de se soumettre à l'exercice (Cons. d'Et. 5 avr. 1878, précité); — 2° Que les états motivés des rôles pour la perception de la taxe de la vérification des poids et mesures devant être dressés par les vérificateurs d'après le résultat de leurs opérations, décharge doit être accordée lorsque la vérification des poids et mesures dont le réclamant faisait usage n'a pas eu lieu dans l'année (Cons. d'Et. 4 nov. 1884, aff. Amblard, D. P. 83. 5. 348); — 3° Que la taxe de la vérification des poids et mesures ne peut être réclamée en raison d'un instrument de pesage que l'assujetti avait en sa possession, mais qui n'a été ni vérifié ni poinçonné (Cons. d'Et. 1er août 1884, aff. Duthil, D. P. 85. 5. 365).

36. La vérification des poids et mesures a pour but de constater s'ils réunissent les conditions de solidité et de justesse nécessaires et de s'assurer de leur parfaite identité avec les types légaux (Rép. n° 52). Mais là s'arrête la mission du vérificateur. Aussi a-t-il été décidé que l'Administration ne peut refuser d'autoriser le poinçonnage d'instruments de pesage jusqu'après l'accomplissement de certaines conditions étrangères aux lois et règlements relatifs aux poids et mesures (Cons. d'Et. 1er août 1884, aff. Sourbé, D. P. 86. 3. 20); et son refus peut être discuté devant le ministre et le conseil d'Etat par voie contentieuse (Même arrêt). Toutefois l'ajournement du poinçonnage des instruments de pesage présentés n'est pas de nature à entraîner la responsabilité pécuniaire de l'Etat (Même arrêt).

37. La vérification doit avoir lieu au domicile de l'assujetti (Rép. n°s 59 et 60). Par suite, est illégal et ne peut entraîner contre les contrevenants l'application de l'art. 471, § 15, c. pén., l'arrêté préfectoral enjoignant aux détenteurs de poids et mesures assujettis à la vérification de présenter leurs poids et mesures au vérificateur à la mairie de la commune, au lieu d'attendre que celui-ci vienne procéder à leur domicile, comme l'art. 19 de l'ordon. de 1839 le lui prescrit (Crim. cass. 21 nov. 1884, aff. Riffart, Bull. crim. n° 315).

38. Les assujettis à la vérification sont tenus d'ouvrir leur magasins, boutiques et ateliers, et de ne pas quitter leur domicile après le ban publié dans la forme ordinaire (Rép. n° 67. V. conf. Cons. d'Et. 24 janv. 1872, aff. Marchand, Rec. Cons. d'Etat, p. 16).

39. D'après l'art. 7 du décret du 26 févr. 1873, les assujettis doivent être pourvus de séries complètes de poids et mesures dont ils font usage d'après la nature de leurs opérations, conformément aux désignations du tableau B annexé au décret ; les poids et mesures isolés, autres que les poids ou mesures hors série, ne sont point tolérés. Le vérificateur doit s'assurer si cette disposition est observée. Antérieurement au décret de 1873, il avait été décidé que la patentable dont la profession est assujettie à la possession d'un assortiment de poids et de mesures doit la taxe de vérification d'après le nombre d'instruments de pesage et de mesurage qu'il est astreint de posséder, et non d'après le nombre inférieur d'instruments dont il se bornerait à faire usage (Cons. d'Et. 5 juill. 1839, aff. Patouilly, D. P. 60. 5. 278).

40. Les procès-verbaux des vérificateurs doivent être dressés dans les vingt-quatre heures de la constatation de l'infraction (Rép. n° 75), et ce à peine de nullité (Crim. rej. 28 sept. 1830, aff. Rousseau, D. P. 50. 5. 35 ; Crim. cass. 23 avr. 1887, aff. Regnault, Bull. crim., n° 156). Par suite, est nul et ne peut servir de base à une condamnation le procès-verbal dans lequel le chiffre indicatif de l'heure à laquelle il a été dressé a été surchargé et doit, dès lors, être réputé inexistant (Même arrêt du 23 avr. 1887). — En ce qui concerne la poursuite qui accompagne le procès-verbal, il a été jugé que le vérificateur des poids et mesures qui a dressé procès-verbal d'une contravention et qui comparaît comme témoin sur cette poursuite ne peut être entendu comme tel qu'après la prestation de serment, à peine de nullité (Crim. cass. 14 août 1884, aff. Cesses, *Bull. crim.* p. 265).

41. La vérification périodique des poids et mesures (*Rép.* n° 77) donne lieu à des droits qui, d'après l'art. 9 du décret du 26 févr. 1873, sont perçus conformément au tarif annexé audit décret (tableau C).

42. Quant à la vérification première des poids, mesures et instruments de pesage neufs ou rajustés, elle est soumise aux mêmes droits que la vérification périodique (Décr. 26 févr. 1873, art. 10). Les droits de la vérification périodique sont payés, dit l'art. 11, pour tous les poids, mesures et instruments de pesage désignés au tarif et que les assujettis ont en leur possession. — Décidé, relativement à cette dernière disposition, qu'un industriel ne peut se prévaloir de ce que quelques-uns des poids en sa possession ne servent qu'à la vérification des ponts à bascule lui appartenant, pour soutenir que ces poids ne doivent pas entrer en compte pour l'établissement de la taxe. (Cons. d'Et. 14 mai 1891, aff. Société des Grands-Moulins de Corbeil, D. P. 92. 5. 480).

43. Les demandes en réduction ou en décharge de la taxe des poids et mesures doivent, comme toutes celles relatives aux contributions directes, être présentées dans le délai de trois mois, à peine d'irrecevabilité. (Cons d'Et. 21 mai 1886, aff. Paulot, *Rec. Cons. d'Etat,* p. 447; 25 févr. 1887, aff. L'*Union paternelle, ibid.,* p. 182). Elles sont de la compétence du conseil de préfecture, sauf recours au conseil d'Etat. Jugé, à cet égard, qu'un conseil de préfecture qui, saisi pour une année d'une réclamation relative à la taxe des poids et mesures, statue sur l'imposition du réclamant au rôle de l'année suivante sans avoir été saisi de cette question et avant même que le rôle de cette seconde année ait été publié, excède la limite de ses pouvoirs. (Cons. d'Et. 4 janv. 1866, aff. Schneider, *Rec. Cons. d'Etat,* p. 4). C'est au ministre du commerce qu'il appartient de se pourvoir devant le conseil d'Etat contre un arrêté du conseil de préfecture rendu en matière de taxe sur la vérification des poids et mesures (Cons. d'Et. 9 nov. 1889, aff, Marinot et Guillaumin, sol. impl. D. P. 91. 3. 31).

44. En ce qui concerne le droit à la décharge ou à la réduction de la taxe, il a été décidé que le patentable qui cesse sa profession en cours d'exercice n'a pas droit à la décharge des douzièmes non échus de la taxe des poids et mesures à laquelle il a été imposé (Cons. d'Et. 8 févr. 1860, aff. Englinger, D. P. 60. 3. 59 ; 29 avr. 1887, aff. Velay, D. P. 88. 3. 86. V. conf. Cons. d'Et. 5 août 1886, aff. Ravarin, *Rec. Cons. d'Etat,* p. 714; 29 avr. 1887, aff. Velay, *ibid.,* p. 339). Et il doit cette taxe dans le cas où il a été procédé à la vérification dans la commune avant son départ (Arrêt précité du 29 avr. 1887). La décharge ne peut pas même être demandée, à la différence de ce qui a lieu en matière de patente, dans le cas de fermeture de l'établissement du patentable par suite de décès ou de faillite (Arrêt précité du 8 févr. 1860).

Art. 6. — *Inspection du débit des marchandises se vendant au poids ou à la mesure* (*Rép.* n°s 81 et 82).

45. V. *Rép.* n° 81 et suiv.

Art. 7. — *Législation pénale* (*Rép.* n°s 83 à 167).

§ 1er. — Vente à faux poids et fausses mesures. — Tentative. — Exposition en vente (*Rép.* n°s 84 à 107).

46. La vente à faux poids ou à fausses mesures est, ainsi qu'on l'a vu au *Rép.*, n°s 85 et suiv., prévue et punie par les art. 423, 424 et 471, 15°, c. pén., et par la loi du 27 mars 1851 (D. P. 51. 4. 57) sur la répression des fraudes

commerciales. La loi du 13 mai 1863 (D. P. 63. 4. 79), sur la réforme du code pénal, a ajouté à l'art. 423 un dernier paragraphe ainsi conçu : « Le tribunal pourra ordonner l'affiche du jugement dans les lieux qu'il désignera, et son insertion intégrale ou par extrait dans les journaux qu'il désignera, le tout aux frais du condamné ». Cette disposition additionnelle, empruntée à l'art. 6 de la loi de 1851, a eu pour but de mettre le code pénal en harmonie avec la législation nouvelle. « La peine de l'affichage, accessoire en apparence, est, dit l'exposé des motifs de la loi de 1863 (D. P. 63. 4. 94, n° 122), peut-être la plus efficace, parce qu'en donnant au fait coupable, elle donne l'éveil à la conscience publique et porte atteinte au crédit du commerçant ».

47. Il résulte de l'art. 1-3° de la loi du 27 mars 1851, que la tromperie sur la quantité n'est réprimée par cette loi que lorsqu'elle se produit dans une vente, et non lorsqu'elle entache l'exécution d'un contrat d'une autre nature, tel qu'une entreprise de travaux devant être réglés et payés à la mesure (Crim. rej. 5 févr. 1869, aff. Cazalet, D. P. 69. 1. 387, et la note).

48. Pour que le délit de vente à faux poids existe, il faut tout d'abord l'intention frauduleuse (*Rép.* n° 86). « La loi, dit M. Faustin-Hélie (*Théorie du code pénal,* t. 5, n° 2433), vise formellement l'intention de tromper, elle ne punit que celui qui a trompé l'acheteur. L'art. 424 c. pén. déclare même surabondamment que l'art. 423 n'est applicable qu'en *cas de fraude,* que cet article a pour objet la *punition de la fraude.* Ce n'est donc pas d'une simple infraction matérielle qu'il s'agit ici, mais d'un délit moral ; il ne suffit pas que la vente ait été faite avec usage de faux poids ou de fausses mesures, il faut que le vendeur ait agi sciemment, qu'il ait connu la fausseté ou l'inexactitude des poids ou des mesures qu'il employait, qu'il ait voulu tromper». — Outre l'intention frauduleuse, il faut qu'il y ait un *déficit* sur la quantité de la marchandise vendue, déficit opéré à l'aide d'un des moyens indiqués dans la loi de 1851, art. 1, § 3 (*Rép.* n° 86). « C'est là, dit M. Faustin-Hélie (*op. cit.,* n° 2434), le préjudice matériel. Si ce préjudice n'existait pas, les éléments du délit s'effaceraient, car il ne resterait, d'une part, qu'une intention frauduleuse non suivie d'effet, et, d'autre part, qu'un emploi de poids ou de mesures fausses sans tromperie ». — Enfin, comme on l'a dit au *Rép.* n° 97, les peines édictées par l'art. 1, § 3, de la loi de 1851 ne peuvent être prononcées qu'autant que la tromperie sur la quantité de la marchandise vendue a été opérée à l'aide de moyens qui impliquent l'idée de *manœuvres,* de *procédés* et d'*indications frauduleuses* visibles et perceptibles, de nature à faire impression sur l'esprit. L'expression *indications frauduleuses* n'a, d'ailleurs, rien de sacramentel, et peut être remplacée dans les jugements et arrêts par des termes équivalents, pourvu toutefois que ces termes indiquent le moyen matériel employé et son caractère frauduleux (Faustin-Hélie, *op. cit.,* n° 2449).

49. Ces principes ont reçu, dans la jurisprudence, de nombreuses applications. Ainsi il a été jugé : 1° que les manœuvres ou procédés tendant à augmenter frauduleusement le poids ou le volume de la marchandise constituent le délit de tromperie sur la quantité de la marchandise, prévu par le paragraphe 3 de de l'art. 1 de la loi du 27 mars 1851, encore qu'il n'y ait eu pesage ou mesurage de la marchandise (Crim. rej. 4 avr. 1857, aff. Dossot, D. P. 57. 1. 265) ; — 2° Qu'il y a tromperie sur la quantité de la marchandise vendue dans le fait d'un marchand vendant des coupons de drap au mètre, qui, pour prouver la possibilité d'affecter ces coupons à une destination indiquée, les mesure, non sur le pli du milieu de l'étoffe, mais sur la lisière, dont il fait jouer sous ses doigts l'élasticité, et n'obtient le consentement de l'acheteur au marché qu'en lui persuadant, à l'aide de ce mode frauduleux de mesurer, l'existence d'un métrage supérieur au métrage réel (Crim. rej. 4 juin 1869, aff. Lécluse, D. P. 70. 1. 48) ; — 3° Qu'il y a délit de tromperie sur la quantité de la marchandise vendue, dans le fait d'un vendeur d'avoir expédié frauduleusement des sacs d'engrais contenant, à leur arrivée au domicile de l'acheteur, un poids moindre que celui annoncé, alors même que le déficit se serait opéré pendant le transport, si le vendeur, au lieu de prévenir l'acheteur qu'il devait s'attendre à ce déficit, lui a, au contraire, affirmé que les sacs contiendraient au moment de la livraison les quantités indiquées par les étiquettes (Crim. rej. 6 janv. 1870, aff. Bernard, dit Félix, D. P. 70. 1. 314); — 4° Que le délit de tromperie sur la quantité de la marchandise existe lorsque le vendeur, sans agir sur l'instrument de pesage et de mesurage, a atteint frauduleusement le même but, soit en donnant à la marchandise un volume qu'elle n'a pas naturellement, soit en y introduisant des substances inertes et sans valeur (Crim. cass, 25 janv. 1878, aff. Gaulofret et Paoletti, *Bull. crim.*, n° 24).

50. D'autre part, il a été décidé que l'affirmation mensongère, faite par un vendeur, que le poids qu'il attribue à la marchandise livrée et dont il perçoit le prix a été vérifié par lui à l'avance et se trouve exact, ne peut, à elle seule, lorsqu'elle n'est accompagnée d'aucune circonstance matérielle, calculée pour faire croire à la réalité du pesage annoncé, constituer le délit de tromperie à l'aide d'indications frauduleuses, que réprime l'art. 1 de la loi du 27 mars 1851 ;... On verrait à tort dans ce mensonge l'indication frauduleuse dont a entendu parler ladite disposition (Crim. rej. 21 juill. 1855, aff. Fouger, D. P. 55. 1. 275). Mais la précaution prise par le vendeur, lors de livraisons successives et pareilles faites en exécution d'une même convention, de réaliser chaque fois le même déficit de poids dans le but de conserver toujours exactement le même volume à la marchandise livrée et de maintenir ainsi l'acheteur dans la croyance à un pesage antérieur et conforme au marché, est une véritable *indication* dont l'emploi tombe sous l'application de la loi de 1851 (Même arrêt). Dès lors, il suffit qu'une circonstance de cette dernière sorte ait servi de motif déterminant à une condamnation prononcée pour tromperie sur la quantité de la marchandise livrée, encore bien que les juges auraient à tort estimé en droit que les mensonges employés par le vendeur devaient à eux seuls être considérés comme constitutifs du même délit, pour que la décision échappe à la cassation (Même arrêt).

51. Il a été jugé également : 1° que la simple affirmation mensongère, faite verbalement par un vendeur, que la marchandise par lui vendue est de tel poids, peut, indépendamment de tout signe particulier résultant de la forme de cette marchandise, être considérée, suivant les circonstances, et alors surtout que l'usage, en ce qui concerne la vente d'une telle marchandise, est de s'en rapporter exclusivement à la déclaration du vendeur, comme constituant le délit de tromperie à l'aide d'indications frauduleuses que punit l'art. 1 de la loi du 27 mars 1851 (Angers, 12 sept. 1856, aff. Foussard, D. P. 56. 2. 262) ; — 2° Qu'il y a tromperie ou tentative de tromperie sur le poids à l'aide d'une indication frauduleuse tendant à faire croire à un pesage antérieur et exact, lorsque, dans le but de réaliser un bénéfice illicite, un marchand, faisant une fourniture à un domestique pour le compte de son maître, mentionne sur le carnet du domestique, après un pesage opéré devant lui, une quantité supérieure à celle réellement livrée (Crim. rej. 19 nov. 1858, aff. Reynaud, D. P. 59. 1. 233). Mais le seul fait de livrer, comme ayant une quantité déterminée, une marchandise dont la quantité réelle est moindre, ne suffit pas, lorsqu'il n'est accompagné d'aucune circonstance matérielle de nature à faire croire à un mesurage antérieur et exact, pour constituer le délit de tromperie prévu par le paragraphe 1 de l'art. 1 de la loi du 27 mars 1851, une simple déclaration mensongère ne pouvant être considérée comme une *indication* frauduleuse dans le sens de cet article (Crim. cass. 30 déc. 1880, aff. Trossevin, D. P. 81. 1. 231).

52. La circonstance que l'acheteur était présent au pesage dont les résultats ont été inexactement indiqués au compte du vendeur n'empêche pas, dans le cas où ces inexactitudes révèlent une fraude, que le juge ne puisse y voir le délit de tromperie sur la quantité de la marchandise, alors d'ailleurs qu'il s'agit d'une série de pesées dont il a fallu dresser un état récapitulatif (Crim. rej. 17 nov. 1860, aff. Clochard, D. P. 61. 1. 43). Et, l'existence de cette fraude étant constatée souverainement par le juge du fait, l'allégation d'une simple erreur de compte n'est pas admissible devant la cour de cassation (Même arrêt).

53. La disposition qui punit la tromperie sur la quantité de la chose vendue doit même être appliquée dans le cas où l'instrument qui a servi au mesurage a été fourni par l'acheteur, lorsqu'il est constant que la capacité insuffisante de cet instrument, ignorée de l'acheteur, était connue du vendeur ;... alors, d'ailleurs, que ce dernier apportait chaque jour la marchandise dans le même récipient, de manière à faire croire que, par un mesurage antérieur, il en avait vérifié la quantité (Colmar, 20 avr. 1858, aff. Caspar, D. P. 58. 2. 190).

54. La loi de 1851 rend l'art. 423 c. pén. applicable non seulement lorsque l'acheteur est trompé par le vendeur, mais aussi lorsque c'est le vendeur qui est trompé par l'acheteur (*Rép.* n° 98). Jugé, en ce sens, que l'emploi d'indications frauduleuses, tendant à faire croire à un pesage ou mesurage antérieur et exact, est un délit, aussi bien de la part de l'acheteur, lorsque ce moyen il tente de tromper sur la quantité reçue, que de la part du vendeur, lorsqu'il veut se faire payer une quantité plus forte que celle réellement livrée (Crim. rej. 4 mars 1864, aff. Ringuier, D. P. 64. 1. 408). Et l'on doit considérer comme constituant l'emploi de telles indications le fait d'un industriel d'avoir, dans une intention de tromperie, mentionné inexactement, sur les reçus par lui délivrés pour servir de base aux règlements de comptes de ses fournisseurs, les quantités des choses fournies dont il s'était réservé de vérifier le poids au moment de la livraison (Même arrêt).

55. Il a été jugé que l'art. 1, § 3, de la loi du 27 mars 1851, qui punit les peines portées par l'art. 423 c. pén. la tromperie par l'usage de faux poids et de fausses mesures, s'applique au cas d'emploi de mesures anciennes, tout aussi bien qu'à celui de mesures appartenant au système métrique actuel. On dirait à tort que la tromperie par l'usage d'une mesure ancienne fausse et inexacte ne constitue qu'une contravention de police comme la simple détention d'une mesure ancienne et prohibée (Crim. rej. 7 févr. 1856, aff. Legué, D. P. 56. 1. 183).

56. La simple tentative de tromperie à l'aide de faux poids ou de fausses mesures est également prévue et punie par la loi du 27 mars 1851 (*Rép.* n° 99). Jugé, à cet égard : 1° que la manipulation frauduleuse opérée par un marchand sur une marchandise qu'il a reçu l'ordre d'expédier à un tiers, et l'expédition n'a été suspendue qu'à cause de l'obstacle apporté par l'action de la police, constitue le délit de tentative de tromperie sur la quantité de la marchandise, prévu par le paragraphe 3 de l'art. 1 de la loi du 27 mars 1851 (Crim. rej. 4 avr. 1857, cité *supra*, n° 49); — 2° Que le fait d'un boucher, acquéreur de plusieurs lots de moutons, d'avoir, dans un de ces lots, choisi comme lot type, et dont le poids, vérifié à l'abattoir, devait servir de base au règlement du prix de tous les lots, substitué à des moutons gras des moutons maigres sur lesquel il avait apposé la marque contrefaite du vendeur, et d'avoir conduit à l'abattoir le lot ainsi falsifié à un jour autre que celui convenu pour le pesage, constitue une tentative de tromperie sur la quantité de la marchandise vendue, à l'aide de manœuvres tendant à fausser le pesage ; et il importe peu que la fraude ait été découverte avant cette opération (Lyon, 9 nov. 1869, aff. Thion et Vincent, D. P. 69. 2. 248).

57. La question de la tromperie sur le poids et la quantité dans la *vente du pain*, a donné lieu à de nombreuses décisions de jurisprudence, qui ont été rapportées au *Rép.* n°s 96,101 et suiv. Depuis, il a été jugé : 1° que la tentative de tromperie sur le poids du pain existe par le fait de l'exposition en vente faite sciemment d'un pain n'ayant pas le poids réglementaire, et sans qu'il soit nécessaire qu'il y ait eu d'autres actes tendant directement à la vente ou à la livraison (Crim. cass. 14 juill. 1860, aff. Jourdan, D. P. 60. 5. 279); — 2° Que lorsque, entre le boulanger et le règlement du prix du pain livré à domicile se fait au *poids*, il y a, de la part du boulanger qui sciemment fait livrer un pain d'un poids inférieur à celui que sa forme fait présumer, tromperie sur la marchandise livrée;... et cela, alors même qu'un règlement local (à Paris, dans l'espèce) ne prescrit que la vente au poids à constater entre le vendeur et l'acheteur, sans imposer de formes réglementaires pour la fabrication des pains, si, dans l'usage, certaines formes ont continué d'être pour le public indicatives du poids, et si le boulanger a abusé de cette circonstance, comptant sur l'habitude où sont généralement les acheteurs de ne pas faire peser devant eux le pain livré à domicile (Crim. rej. 19 févr. 1863, aff. Dussance, D. P. 66. 5. 354) ; — 3° Que le fait par un boulanger de vendre, par l'intermédiaire d'un de ses préposés, des pains dont la forme indique un poids sur lequel il existe un déficit, engage non seulement sa responsabilité civile, mais le rend encore personnellement passible des peines portées par la loi du 27 mars 1851 et par l'art. 423 c. pén. (Trib. corr. Compiègne, 1er déc. 1885, aff. Poulet, Le Droit, 12 févr. 1886) ; — 4° Qu'il n'est pas permis de déroger par des conventions particulières à un arrêté municipal qui règle le poids du pain, un tel arrêté intéressant l'ordre public (Trib. corr. Bagnères de Bigorre, 4 juin 1884, aff. Lagarde, D. P. 82. 3. 24). Par suite, l'indemnité que certains consommateurs croient juste d'accorder à un boulanger pour obtenir que leur pain soit d'une cuisson exceptionnelle, doit consister, non dans une réduction du poids réglementaire, une pareille convention étant illicite, mais dans un supplément du prix fixé de gré à gré (Même jugement) ; — 5° Qu'il y a tentative de tromperie, dans le sens de la loi du 27 mars 1851, lorsque les pains, ayant un poids inférieur à celui qu'indique leur volume ou leur forme, bien que n'ayant pas été exposés au regards du public, se trouvent placés dans une pièce annexe au magasin de boulangerie, où ils sont à la disposition des acheteurs (Jugement précité du 4 juin 1884) ; — 6° Que lorsque, nonobstant un arrêté municipal qui prescrit la vente au poids du pain, sous quelque forme et de quelque qualité qu'il soit, l'usage s'est perpétué dans la ville où cet arrêté est en vigueur de considérer la forme donnée à certains pains comme indicative d'un poids déterminé, le boulanger qui met en vente des pains de cette forme, mais d'un poids notablement inférieur à celui que ladite forme paraît indiquer, se rend coupable du délit de tentative de tromperie sur la quantité de marchandise livrée à l'aide d'indications frauduleuses tendant à faire croire à un pesage ou mesurage antérieur et exact (Poitiers, 5 déc. 1890, aff. X..., D. P. 91. 1. 253-254). Il importe peu que ce boulanger ait fait poser dans sa voiture un avis prévenant le public que la forme du pain n'était pas indicative du poids et que le pain se vendait au poids ou à la pièce à la disposition du public, si cet avertissement, placé d'ailleurs postérieurement au procès-verbal et dans un endroit peu apparent, était en contradiction avec les faits, aucun pesage n'étant effectué en présence des acheteurs et ceux-ci acceptant les pains au vu de leur forme comme ayant le poids usité (Même arrêt).

Même dans les villes où l'autorité municipale a enjoint aux boulangers de peser le pain au moment de la livraison, si l'usage s'est maintenu de donner aux pains une forme indicative du poids, la mise en vente de pains d'un poids inférieur à celui que leur forme fait présumer est considérée par la jurisprudence comme une tentative de tromperie sur la quantité tendant à faire croire à un pesage antérieur et exact, alors, d'ailleurs, que le boulanger a voulu abuser de l'habitude que les consommateurs ont gardée de recevoir les pains de confiance et sans en vérifier le poids (Orléans, 17 sept. 1855, aff. Lelièvre et Claveau, D. P. 56. 2. 255; Crim. rej. 30 nov. 1855, aff. Couturier, D. P. 56. 1. 32; 12 déc. 1856, aff. Pignard, D. P. 57. 5. 35; 10 mai 1867, aff. Ferré, D. P. 68. 1. 192; Limoges, 28 mars 1868, aff. Chabrol, D. P. 70. 2. 200);... Et cela sans qu'il y ait lieu d'excepter le cas où les pains d'un poids insuffisant qui ont été mis en vente sont des pains dits de fantaisie, s'ils ont une forme réputée, d'après l'usage local, indicative de ce poids (Angers, 21 avr. 1856, aff. Gaudry, D. P. 56. 2. 194). Il importe peu que les pains défectueux n'aient pas été trouvés dans la boutique même ni à l'étalage, si, dans la partie de la maison où ils étaient placés, ils étaient à la disposition des consommateurs, ce qui suffit pour constituer la mise en vente (Arrêt précité 10 mai 1867).

58. Les tribunaux, a-t-on dit au Rép. n° 105, ont un pouvoir souverain d'appréciation pour constater s'il y a dans la mise en vente intention frauduleuse ; mais ce pouvoir est soumis dans certaines limites et ne saurait dégénérer en une appréciation arbitraire. — Ainsi le jugement qui prononce une condamnation pour tromperie sur la

quantité de la marchandise, par des manœuvres ou procédés tendant à fausser l'opération du pesage ou à augmenter frauduleusement le poids de la marchandise, doit préciser et définir les manœuvres et procédés employés, et non se borner à l'affirmation du fait (Crim. cass. 27 janv. 1882, aff. Thiébault, D. P. 82. 1. 434). Il importe en effet que la cour de cassation puisse exercer son contrôle et s'assurer, en vérifiant si la condamnation a été justement appliquée, que les faits qui l'ont provoquée tombaient bien sous l'application des dispositions pénales visées dans l'arrêt attaqué. Or de vagues énonciations ne permettraient pas de faire ce contrôle. (V. Crim. cass. 30 déc. 1880, aff. Trossevin, D. P. 81. 1. 231, et la note).

59. De même, si la déclaration d'un arrêt, que le vendeur a trompé l'acheteur sur la quantité de la marchandise livrée par des indications frauduleuses, tendant à faire croire à un pesage antérieur et exact, suffit pour constater l'intention frauduleuse, elle ne caractérise pas suffisamment la manœuvre nécessaire pour constituer le délit en déclarant que le vendeur s'est servi d'un sac d'un poids excessif produisant, sur chaque livraison d'un kilogramme, un déficit de 34 grammes au préjudice de l'acheteur; l'arrêt aurait dû ajouter que le sac, par sa forme, sa contenance habituelle, et d'après l'usage, devait faire supposer un pesage antérieur et exact (Crim. cass. 7 févr. 1885, aff. Poulin, D. P. 86. 1. 47). En effet, pour établir l'existence du délit de tromperie sur la quantité de la marchandise, il ne suffit pas de constater l'intention frauduleuse du vendeur, il faut, en outre, démontrer que le fait dénoncé a été entouré de circonstances propres à tromper l'acheteur dans les conditions déterminées par la loi; or, l'art. 1, § 3, de la loi du 27 mars 1851 ne punit la tromperie sur la quantité de la marchandise livrée que lorsque le vendeur a usé, soit de procédés tendant à augmenter frauduleusement le poids ou le volume de la marchandise, soit d'indications propres à faire croire à un pesage antérieur et exact (V. suprà, n° 48). L'arrêt de condamnation doit donc préciser les procédés employés et constater qu'ils rentrent bien dans ceux que la loi a prévus.

§ 2. — Détention de faux poids et de fausses mesures (Rép. n° 108 à 118).

60. La détention d'un poids n'ayant pas la pesanteur légale constitue une contravention, aussi bien dans le cas d'excédent que dans celui de déficit (Crim. cass. 1er oct. 1861, aff. Lelian, D. P. 61. 1. 453). D'autre part, la simple détention de poids et mesures faux donne lieu à l'application de l'art. 3 de la loi du 27 mars 1851, encore que ces poids et mesures appartiendraient à l'ancien système (Crim. rej. 7 févr. 1856, aff. Legué, D. P. 56. 1. 183).

« Par poids et mesures faux, il faut entendre, dit M. Faustin-Hélie (op. cit. n° 2435), ceux qui n'ont pas la pesanteur ou la forme voulue par la loi. Peu importe que ces poids et mesures soient revêtus du poinçon de vérification. Cette marque n'établit qu'une présomption de la conformité des poids et mesures avec les étalons, présomption qui disparaît nécessairement devant la preuve contraire. S'il en était autrement, si l'on ne pouvait considérer comme faux des poids et mesures revêtus de la marque destinée à constater la légalité, il s'ensuivrait que tout marchand pourrait, après avoir soumis ses poids et mesures à la vérification, les altérer impunément sous la garantie du signe destiné à prévenir cette altération, de sorte que la précaution de la loi contre la fraude tournerait tout entière au profit de la fraude même ».

61. Les balances doivent être rangées dans la catégorie des poids et mesures (Rép. n° 89 et 111). Par fausses balances, il faut entendre (Faustin-Hélie, op. cit., n° 2437) celles qui sont inexactes dans leurs parties essentielles et constitutives, qu'elles aient été ou non vérifiées et poinçonnées. Jugé, à cet égard, qu'une balance qui ne fonctionne régulièrement que lorsque l'objet à peser est placé sur le milieu du plateau, ne constitue pas un instrument sincère, et sa détention tombe sous l'application de l'art. 3 de la loi du 27 mars 1851 (Crim. cass. 10 juill. 1885, aff. Sauvage, D. P. 87. 1. 92). Un pareil instrument faussé, en effet, dans la plupart des cas l'opération du pesage, et sa détention prête à la fraude des facilités contre lesquelles la loi a voulu protéger les acheteurs. — Décidé aussi que lorsqu'un règlement municipal impose aux porteurs de pain l'obligation d'être toujours munis de balances et de poids, afin que les acheteurs puissent vérifier le poids du pain, s'ils le jugent convenable, le fait, par un porteur, de n'avoir qu'une balance démontée, sans plateaux et dont l'aiguille est faussée, constitue une contravention aux prescriptions de ce règlement et tombe sous l'application de l'art. 471, § 15, c. pén. (Trib. corr. Rochefort, 25 sept. 1890, aff. X.., D. P. 91. 2. 253-254).

62. La présence d'un corps étranger dans une balance constitue une infraction à l'art. 2 de la loi du 27 mars 1851 (*Rép.* n° 113). Décidé que la détention, par un fabricant de sucre, d'un appareil de pesage faussé par l'addition de tasseaux et d'une plaque de plomb tombe sous l'application de .l'art. 3, § 1, de la loi du 27 mars 1851, encore que cet appareil ait été préalablement vérifié et poinçonné, et que l'addition de corps étrangers ait été faite dans le but de neutraliser l'action du wagonnet, qui, lors de son retour au coupe-racines, faisait fléchir le tablier d'un bout et l'élevait de l'autre (Crim. cass. 5 juill. 1890, aff. Lhôte, D. P. 91. 1. 143). Il importe peu qu'une loi postérieure ait ajouté pour les fabricants de sucre des peines fiscales aux pénalités édictées par les lois antérieures (Même arrêt). — Jugé également que la contravention à un arrêté exigeant que les balances des marchands soient dépouillées de papier et autres corps étrangers ne peut être excusée sous le prétexte que la précaution prohibée par l'arrêté, toute de propreté, n'aurait porté aucun préjudice à l'acheteur, vu la légèreté du papier employé par le contrevenant et le prix minime de la marchandise vendue, et qu'ainsi il n'y aurait pas lieu de supposer que le contrevenant ait agi dans une intention de spéculation (Crim. cass. 8 août 1862, aff. Bec, D. P. 62. 5. 245).

63. L'art. 3 de la loi de 1851, en raison de la généralité de ses termes, s'applique aux fabricants de sucre obligés par la loi du 29 juill. 1884 (D. P. 84. 4. 32) d'avoir, pour la pesée des betteraves, des instruments spéciaux indiqués dans le décret du 31 juill. 1884 (D. P. 84. 4. 35) ; et il importe peu qu'ils aient été originairement vérifiés, si l'altération qu'ils ont subie en a faussé la régularité, encore qu'elle n'ait pas été inspirée par une intention coupable (Comp. Crim. cass. 30 nov. 1889, aff. Lhôte, D. P. 90. 1. 401-402.)

64. La loi punit, d'une manière générale, toute détention de faux poids et fausses mesures dans les magasins, boutiques, ateliers, halles et marchés (*Rép.* n° 115). Jugé, à cet égard, que le fabricant de mesures, auquel le vérificateur a dû refuser d'apposer le poinçon de vérification sur des mesures présentées à son bureau et reconnues irrégulières, n'est point, par là même, en contravention, la loi ne lui reprimant que la détention de ces mesures irrégulières en boutique ou atelier (Crim. rej. 26 avr. 1866, aff. Leclercq et autres, D. P. 66. 5. 354).

§ 3. — Emploi et détention de mesures prohibées (*Rép.* n°s 119 à 136).

65. Ce délit est prévu et réprimé par les art. 424 et 479, 6°, c. pén., ainsi que par la loi du 4 juill. 1837, textes dont le commentaire a été donné au *Rép.* n°s 119 et suiv., et qui n'ont été modifiés ni par la loi de 1851 ni par la réforme du code pénal de 1863. Sont prohibées notamment toutes mesures ou poids anciens dans les opérations commerciales (*Rép.* n° 125. Conf. Faustin-Hélie, *op. cit.*, n° 2447). Une circulaire du ministre de l'agriculture et du commerce, du 30 mars 1847 (D. P. 47. 3. 92), décide, en ce sens, que l'usage existant dans certaines localités de couper le bois de chauffage à des longueurs relatives aux anciennes mesures, dites corde, anneau, est contraire à la disposition qui prohibe l'emploi des mesures autres que celles qui résultent du système métrique.

66. La disposition de l'art. 4 de la loi du 4 juill. 1837, qui prohibe la détention de mesures non métriques, est générale et absolue, et s'applique même aux objets servant de mesure, qui ne se trouvent revêtus d'aucunes subdivisions et ne portent aucune dénomination, et, par exemple, à un feuillet de hêtre ayant la forme et la dimension d'une demi-aune plate sans graduation ; on dirait à tort qu'un tel objet n'a pas le caractère de mesure (Crim. cass. 7 déc. 1855, aff. Salgues, D. P. 56. 5. 339)

67. L'usage de mesures ou poids étrangers tombe incontestablement sous la prohibition de la loi. Mais il a été jugé que le fabricant qui, ayant de nombreuses relations d'affaires avec des pays étrangers, a fait établir, sur les trois faces disponibles d'un mètre à quatre faces employé dans son magasin, les divisions de la mesure qui, dans chacun de ces pays, correspond au mètre, ne peut être poursuivi pour détention de mesures non conformes au système métrique (Trib. corr. Seine, 10 mars 1869, aff. Godard, D. P. 71. 3. 70).

68. La jurisprudence ne paraît pas fixée sur la question de savoir si la simple détention de poids et mesures anciens constitue à elle seule une contravention, indépendamment de l'usage qui pourrait en être fait (Comp. *Rép.* n° 129). D'une part, il a été décidé que le marchand trouvé possesseur d'un objet servant de mesure, qui ne satisfait pas aux prescriptions légales, ne peut être excusé sous le prétexte qu'il ne s'en servait que pour plier sa marchandise (Crim. cass. 7 déc. 1855, cité *suprà*, n° 66). Mais d'autre part, il a été jugé que l'emploi, par un cultivateur ou un marchand de lait, de vases dont la capacité ne correspond pas aux mesures du système décimal, n'est pas une contravention, lorsque cet individu se sert seulement desdits vases pour distinguer les qualités de lait qu'il met en vente, et n'en fait pas usage pour mesurer (Crim. rej. 8 janv. 1864, aff. Morin, D. P. 65. 5. 297).

§ 4. — Emploi et détention de mesures irrégulières ou non poinçonnées (*Rép.* n°s 137 à 145).

69. La loi distingue ici l'emploi et la détention et en fait deux contraventions distinctes. Décidé, néanmoins, d'une manière générale, que les poids qui ne portent pas l'estampille du vérificateur pour l'année courante sont irréguliers, et que leur emploi ou leur détention constitue la contravention prévue et punie par l'art. 479, § 6, c. pén. (Trib. corr. Rochefort, 25 sept. 1890, aff. X..., D. P. 91. 2. 253-254).

70. En ce qui concerne l'emploi, il a été jugé que l'emploi, chez un propriétaire, pour le mesurage de vins proposés en vente, d'une mesure non vérifiée par le contrôleur, n'échappe à toute poursuite que lorsqu'il s'agit d'un mesurage effectué par le propriétaire avec un instrument lui appartenant, et non lorsque le fait est imputable à un marchand venant reconnaître les quantités dont il prend livraison (Crim. cass. 17 mars 1866, aff. Bédry. D. P. 66. 1. 511).

71. Quant à la détention ou possession, on a indiqué au *Rép.*, n°s 138 et suiv., les diverses phases de la législation pénale qui l'ont régie jusqu'à la loi de 1851 et qui assimilait les poids et mesures non poinçonnés à des poids et mesures faux. Décidé, depuis la loi précitée : 1° que la détention de mesures décimales non poinçonnées tombe sous l'application, non de la loi du 27 mars 1851, mais de l'art. 479, n° 6, c. pén. (Crim. cass. 29 mai 1852, aff. Maury, D. P. 52. 5. 422) ; — 2° que la détention, dans une boutique ou dans les foires et marchés, de poids et mesures ne portant pas l'empreinte du poinçon de vérification de l'année, constitue, non une contravention ordinaire aux règlements de police, passible de l'application de l'art. 471, n° 15, c. pén., mais la détention de poids faux ou réputés faux, que réprime l'art. 479, n° 6 (Crim. cass. 12 juill. 1866, aff. Cols, D. P. 66. 5. 356).

72. Les poids et mesures sont soumis à un double poinçonnage, chez le fabricant et chez le marchand (*Rép.* n° 142) : ce n'est qu'après ces deux opérations que leur possession est légitime. Jugé, à cet égard : qu'un marchand ne peut détenir dans son magasin des poids et mesures, achetés dans l'intervalle d'une vérification périodique à l'autre, qu'après les avoir présentés à l'examen du vérificateur ; et c'est à tort qu'on considérerait comme suffisant, à défaut du poinçon de l'année, le poinçon primitif dont ils ont reçu l'empreinte avant leur livraison au [commerce (Crim. cass. 31 déc. 1859, aff. Bordier, D. P. 59. 5. 291; 15 juill. 1863, aff. Léonardi et autres, D. P. 63. 5. 280).

La simple détention d'une mesure non poinçonnée constitue la contravention prévue par la loi du 4 juill. 1837 et punie par l'art. 479 c. pén. (Trib. simple pol. Montereau 28 nov. 1888. Comp. Crim. cass. 5 juill. 1890, cité *suprà*, n° 62). — Ainsi l'individu à la charge duquel un fait de détention de *mesures non poinçonnées* a été constaté par un procès-verbal régulier ne peut être renvoyé de la poursuite, par le motif que les objets saisis (un hectolitre et un demi-hectolitre) seraient de simples instruments de travail à l'usage de cet individu, si, d'ailleurs, le procès-verbal constatant la contravention n'a été débattu par aucune preuve contraire (Crim. cass. 29 mai 1852, aff. Mory, D. P. 52. 5. 422). Mais il n'y a aucune contravention dans la détention par une marchande de lait d'une mesure non poinçonnée, alors, que, sans vendre dans la rue, elle circulait pour vendre son lait chez des clients spéciaux et connus d'avance (Même jugement du 28 nov. 1888). — Jugé également que le fabricant de mesures qui a exposé dans son magasin des mesures non poinçonnées, mais ne les a pas livrées au commerce en cet état, ne contrevient pas à l'art. 10 de l'ordonnance du 17 avr. 1839 (Trib. simpl. pol. Bordeaux, 20 août 1890, *La Loi* du 7 oct. 1890).

73. Il a été jugé que la possession, dans les boutiques, foires et marchés, de poids et mesures dépourvus du contrôle de la vérification périodique, est passible des peines portées par l'art. 479, § 6, c. pén., sans que la bonne foi puisse excuser cette contravention (Crim. cass. 14 août 1884, aff. Amiques et autres. D. P. 91. 5. 400).

§ 5. — **Compétence; caractères de l'infraction**
(*Rép.* n°s 146 à 150).

74. Depuis la publication du *Répertoire*, il a été jugé : 1° qu'en cas de livraison d'un poids de marchandises moindre que celui annoncé, le marchand vendeur est incompétemment poursuivi devant le tribunal de simple police; qu'en pareil cas, il n'appartient qu'au juge correctionnel de vérifier si la livraison a été accompagnée des circonstances frauduleuses qui peuvent la rendre punissable, et s'il y a lieu, de lui appliquer l'art. 1 de la loi du 27 mars 1851 (Crim. cass. 25 mai 1865, aff. Aulle, D. P. 66. 5. 356); — 2° Qu'en matière de tromperie sur la quantité des choses vendues, le lieu de la perpétration du délit est non celui où la fraude a été constatée, mais celui où a été opéré le mesurage inexact de la marchandise ou la livraison en a été effectuée; c'est donc le juge de ce dernier lieu qui est compétent pour connaître du délit (Crim. rej. 3 juill. 1857, aff. Letellier, D. P. 57. 1. 377). Comp. *Rép.* n° 147.

§ 6. — **Peines.** — **Excuses** (*Rép.* n°s 151 à 167).

75. — 1° *Peines* (*Rép.* n°s 151 à 161). — Ainsi qu'on l'a dit au *Répertoire*, les peines édictées par la loi en matière de vérification de poids et mesures sont prévus par les art. 423, 471, 479, 480 et 481 c. pén., par les lois de 1837 et 1851 : elles sont, suivant les circonstances, correctionnelles ou de simple police.

76. La peine la plus fréquemment appliquée est l'amende, qui peut être prononcée séparément de la peine d'emprisonnement. Celle qui est édictée par l'art. 423 c. pén. ne peut excéder le quart des restitutions et dommages-intérêts encourus par le délinquant, ni être inférieure à 50 fr. Elle doit uniquement consister dans le minimum fixe de 50 fr., lorsque ces restitutions et dommages ne dépassent point 200 fr. (Poitiers, 5 déc. 1890, aff. X..., D. P. 91. 2. 253-254). — Jugé, d'autre part, que, s'il est nécessaire, lorsque l'amende prononcée par application de l'art. 423 excède la somme de 50 fr., que le taux auquel elle a été portée soit justifié par l'évaluation du préjudice causé, afin qu'on puisse vérifier si elle ne dépasse pas le quart des restitutions et dommages-intérêts qui auraient pu être prononcés, cette nécessité d'évaluer le dommage cesse lorsque le prévenu se trouvant dans le cas de récidive spéciale prévu par l'art. 4 de la loi du 27 mars 1851, l'amende prononcée n'excède pas 1000 fr. (Crim. cass. 5 janv. 1884, aff. Rieunaud, *Bull. crim.*, n° 6. Comp. Crim. cass. 27 mars 1857, aff. Hébert et Delaune, D. P. 58. 1. 264; 24 juill. 1857, aff. Descheneux, D. P. 57. 1. 369).

77. En ce qui concerne l'application de l'amende, il a été jugé que la contravention aux dispositions du décret du 26 févr. 1873, qui imposent aux personnes exerçant certaines professions l'obligation d'être pourvues d'un assortiment déterminé de poids et mesures, est passible de l'amende édictée par l'art. 471, n° 15, c. pén. (Crim. cass. 3 mars 1877, aff. Roca, D. P. 77. 1. 333).

78. L'amende ne peut, d'ailleurs, être prononcée qu'une seule fois : la détention en magasin de plusieurs poids faux ne constitue pas autant d'infractions qu'il y a de poids, mais un délit unique passible d'une amende (Crim. cass. 1er juill. 1858, aff. Girardin-Mahout, D. P. 58. 1. 384). — Aux termes du même arrêt, la règle prohibitive du cumul des peines s'applique au cas de conviction de plusieurs des délits réprimés en matière de fraudes commerciales par la loi du 27 mars 1851, et notamment au cas de conviction de plusieurs délits de détention de poids faux. Jugé également que la saisie faite chez un marchand de plusieurs instruments de pesage ou de mesurage non revêtus de poinçons de vérification, ne donne lieu qu'à une seule amende, si d'ailleurs elle a été faite dans le même lieu et constatée par le même procès-verbal (Crim. rej. 1er mars 1855, aff. Delmas, et 28 juin 1855, aff. Mommesin, D. P. 55. 5. 330). Mais il a été décidé que le marchand ou cultivateur qui a contrevenu à un règlement municipal fixant le poids que doivent avoir ces pelotes de beurre mises en vente sur le marché local, est passible d'autant d'amendes qu'il a exposé en vente de pelotes n'ayant pas le poids réglementaire (Crim. cass. 5 août 1869, aff. Mattern D. P. 71. 1. 72).

79. Une loi du 7 juill. 1881 (D. P. 82. 4. 46), modifiée par celle du 18 juill. 1883 (D. P. 83. 4. 95) et suivie d'un règlement d'administration publique du 27 déc. 1884 (D. P. 85. 4. 78), relatif à son exécution, a rendu exclusivement obligatoire l'alcoomètre centésimal de Gay-Lussac et l'a soumis à une vérification officielle. — Les contraventions à la loi de 1881 et au décret de 1884 sont punies de la peine d'amende prévue par l'art. 479 c. pén. (Trib. simp. pol. d'Illiers, 2 mai 1887, *Mon. des juges de paix*, 1887, p. 276).

80. Aux peines de l'amende et de l'emprisonnement, la loi ajoute celle de la confiscation des poids et mesures faux saisis chez les délinquants. Cette disposition, a-t-on dit au *Rép.*, n° 157, est générale et absolue; le juge ne peut, sous aucun prétexte, se dispenser de prononcer la confiscation, indépendamment de l'amende, et elle s'applique aux poids et mesures faux, de même qu'aux poids et mesures prohibés ou non poinçonnés. — Décidé, à cet égard, outre les arrêts rapportés au *Rép.* n° 157 et suiv. : 1° que le juge de police saisi d'une contravention en matière de poids et mesures, résultant de ce que le prévenu a fait usage de mesures non poinçonnées, ne peut se dispenser de prononcer la confiscation de ces mesures, alors même que le ministère public aurait reconnu n'y avoir lieu à confiscation, cette concession du ministère public ne valant point contre la prescription de la loi (Crim. cass. 8 janv. 1857, aff. Miganne, D. P. 57. 1. 96); — 2° Qu'en matière de détention de faux poids, la confiscation est une peine obligatoire, qui doit être prononcée lorsqu'un poids présente un excédent et est susceptible d'être ramené à la pesanteur légale (Crim. cass. 1er oct. 1861, aff. Leffau, D. P. 61. 1. 453); — 3° Que le juge de police est tenu de prononcer la confiscation de la mesure saisie pour contravention aux règlements, sur les poids et mesures (Crim. cass. 15 juill. 1882, aff. Perfati et autres, D. P. 82. 5. 319). La disposition de l'art. 481 c. pén., qui ordonne la confiscation est impérative et absolue, dit cet arrêt; indépendamment de son caractère pénal, elle constitue une mesure d'ordre destinée à retirer du commerce des instruments de pesage et mesures qui ont été réputés différents de ceux que la loi a établis, et reconnus, comme tels, ne peut se offrir les garanties légales (V. aussi Crim. cass. 12 juill. 1866, cité, *supra* n° 71).

81. — 2° *Excuses* (*Rép.* n°s 162 à 167). — Le détenteur de poids ou mesures faux, étant coupable d'une contravention ne peut être excusé sous aucun prétexte, sauf, comme on l'a dit, le cas de force majeure. La jurisprudence est unanime à cet égard. C'est ainsi qu'il a été décidé : 1° que le fabricant sous l'abri trouvé de paquets de marchandises (de chandelles) non revêtus de l'indication de leur poids, indication exigée par un arrêté municipal, ne peut être excusé sous prétexte, soit d'erreur, soit d'un état de maladie qui l'aurait tenu alité (Crim. cass. 20 févr. 1857, aff. Huguet, D. P. 57. 1. 136) ; — 2° Que le commerçant poursuivi pour détention de poids et mesures illégaux ou non vérifiés ne peut être excusé sous le prétexte qu'il n'employait ces poids que pour son usage privé et en dehors de ses relations avec le public (Crim. rej. 23 avr. 1857, aff. Martin, D. P. 57. 1. 269). Spécialement, le chef des magasins d'une compagnie de chemin de fer trouvé détenteur, dans ces magasins, de poids et mesures qui n'avaient pas été soumis à la vérification périodique, ne saurait être affranchi de la responsabilité pénale de cette contravention, sous prétexte que les magasins n'étaient pas ouverts au public, et ne contenaient que des approvisionnements à l'usage de la compagnie, qui n'employait les poids et mesures que pour se rendre compte à elle-même des quantités et du poids de ces objets d'approvisionnement (Même arrêt); — 3° Que l'infraction résultant du défaut de possession de l'assortiment prescrit de poids et de mesures ne comporte pas l'excuse tirée de la bonne foi du contrevenant et de la tolérance de la police locale (Crim. cass. 24 févr. 1850, aff. Pastout et autres, D. P. 60. 5. 277); — 4° Que la contravention résultant de la vente, par un fabricant de mesures, d'un instrument de mesurage non préalablement vérifié, ne peut être excusée en raison de l'exactitude habituelle de ce fabricant et de son défaut d'intérêt à se soustraire à la vérification prescrite (Crim. cass. 17 mars 1866, aff. Dougla, D. P. 66. 1. 280); — 5° Que, la loi prohibant d'une façon absolue la détention de toute mesure illégale ou non vérifiée, le commerçant, trouvé détenteur de mesures non réglementaires, ne peut être relaxé, sous prétexte qu'elles servent à un commerce accessoire peu important (Crim. cass. 22 nov. 1879, aff. Delacroix, Bull. crim. n° 204).

ART. 8. — Mention des poids et mesures dans les actes publics et privés, affiches, annonces, etc... (Rép. n°⁸ 168 à 180).

82. Il a été jugé que l'emploi, par un officier public, de la dénomination de 150 *quintaux* de foin dans un acte de son ministère, ne constitue pas une contravention, alors qu'il n'est pas établi qu'il ait entendu se référer à l'unité de poids anciens plutôt qu'à l'unité nouvelle (Trib. Tarascon, 26 juin 1846, aff. N..., D. P. 46. 4.421).

ART. 9. — Des poids publics (Rép. n°⁸ 181 à 197).

83. Les poids publics ne peuvent être établis que par le Gouvernement représenté par le préfet, et sur la demande des communes (Art. 7 brum. an 9, art. 1). Mais il appartient au ministre de l'intérieur d'approuver l'arrêté préfectoral qui a établi le poids public dans une commune (Crim. cass. 17 nov. 1860, aff. Michel Raynol et autres, D. P. 61. 5. 362. Comp. Rép. n° 181, *in fine*). Toutefois, cette approbation une fois accordée, il suffit, depuis le décret de décentralisation du 25 mars 1852, pour la régularité de la mise en adjudication du droit de tenir dans la commune le poids public, de l'approbation du préfet (Même arrêt). — De même, un arrêté de maire approuvé par le préfet, bien qu'insuffisant pour établir dans une ville l'institution de peseurs et mesureurs jurés, est légal et obligatoire lorsqu'il se borne à rappeler à l'observation d'un précédent arrêté approuvé par le Gouvernement, qui avait pourvu à cette institution, et dont quelques dispositions étaient méconnues et négligées (Crim. rej. 11 avr. 1863, aff. Thébaud, D. P. 66. 5. 357).

84. Quant aux tarifs et règlements relatifs aux poids publics, ils sont délibérés par les conseils municipaux. Les préfets sont, depuis le décret du 25 mars 1852, sur la décentralisation administrative, qui a dérogé en ce point à la loi du 29 flor. an 10 et à l'arrêté du 2 niv. an 12, investis du pouvoir de les approuver, sans l'autorisation du ministre de l'intérieur (Crim. rej. 16 mai 1857, aff. Nielly, D. P. 57. 1. 314; Toulouse, 5 nov. 1890, *Gazette du Midi*, 9 nov. 1891). Il suit de là qu'un règlement de poids public, établi antérieurement par un décret-loi, ne peut être légalement modifié par une délibération du conseil municipal dûment approuvée par le préfet, le décret de 1852 duquel il

préfet tient ces pouvoirs ayant lui-même force de loi (Arrêt précité du 5 nov. 1890).

85. Ainsi qu'on l'a exposé au *Rép.*, n° 182, les difficultés qui se sont élevées en cette matière ont eu pour cause principale la contradiction qui paraissait exister entre les deux textes qui la régissent, savoir, d'une part, l'art. 4 de l'arrêté du 7 brum. an 9, d'autre part, l'art. 1 de la loi du 29 flor. an 10. On a vu que, d'après l'opinion qui a prévalu, ces deux dispositions posent des règles distinctes, qui s'appliquent à des cas différents. La première décide que, dans l'enceinte des ports, halles ou marchés, les marchandises ou denrées ne peuvent être pesées ou mesurées que par les préposés de l'administration municipale; la seconde déclare que, partout ailleurs, le pesage et le mesurage sont libres, sauf dans le cas de contestation, où le ministère des peseurs publics est obligatoire en tout lieu. Cette distinction a été confirmée, depuis la publication du *Répertoire*, par de nombreuses décisions, qui font nettement ressortir le sens et la portée de chacun des textes précités.

86. En ce qui concerne les marchandises pesées ou mesurées dans l'enceinte des halles, des marchés ou des ports, la jurisprudence a eu tout d'abord l'occasion de constater que son application n'est pas limitée au cas où le pesage ou le mesurage aurait lieu à l'occasion d'une contestation. Décidé, en effet, que dans les villes où un bureau de pesage public est légalement établi, le ministère des préposés au poids public est obligatoire dans l'enceinte et pendant la durée des marchés, qu'il y ait ou non contestation entre les parties (Crim. rej. 23 févr. 1877, aff. Blanchon, D. P. 78. 1. 335; Trib. corr. Riom, 1er mai 1889, *Le Droit*, du 14 mai 1889; Toulouse, 5 nov. 1890, cité *supra*, n° 85); — 2° Que l'art. 1 de la loi du 9 flor. an 10, qui subordonne à l'existence d'une contestation la nécessité de se servir du bureau public pour le pesage ou le mesurage des marchandises et denrées, ne s'applique qu'au cas où ces opérations de pesage ou de mesurage ont lieu dans des maisons privées; dans l'enceinte des marchés, halles et ports, ces marchandises ou denrées ne peuvent être pesées ou mesurées que par les préposés de l'Administration, même hors le cas de contestation (V. aussi conf. Crim. cass. 21 juin 1873, aff. Aifre, D. P. 73. 1. 397). Un arrêt a conclu de là que l'arrêté municipal qui dispose d'une manière absolue que nul ne sera contraint de recourir aux bureaux publics pour le mesurage ou le pesage, si ce n'est dans le cas de contestation, doit être interprété en ce sens qu'il ne s'applique qu'au pesage et au mesurage opérés dans les maisons privées, et ne peut être étendu au pesage et au mesurage faits dans l'enceinte des halles, ports et marchés, alors même que le mesurage ou le pesage opérés auraient eu simplement pour but la fixation, entre le consignataire et le capitaine d'un navire de transport, du montant du fret (Crim. cass. 14 août 1852, aff. Lesire, D. P. 53. 5. 287).

87. Suivant la doctrine exposée au *Rép.* n°⁸ 183 et 184, ce qui est interdit par l'arrêté de l'an 9, c'est seulement le fait de peser ou mesurer pour le compte d'autrui, en d'autres termes, l'exercice de la profession de peseur, mesureur ou jaugeur par d'autres que par des individus commissionnés; mais il ne s'oppose pas à ce qu'un propriétaire pèse ou mesure sa propre marchandise, soit par lui-même, soit par le ministère de ses préposés. La jurisprudence a consacré cette doctrine, sans toutefois lui appliquer toute l'étendue qui lui a été donnée au *Répertoire*. Ainsi elle admet bien, conformément à ce qui est dit au n° 183, que les particuliers ne sont pas tenus de recourir au ministère des peseurs ou mesureurs publics, lorsque le pesage ou le mesurage auquel ils procèdent n'a pas lieu contradictoirement avec un tiers, mais constitue, de leur part, une mesure de vérification purement personnelle. Il a été décidé : 1° que, dans les villes où l'autorité locale a établi un bureau de pesage ou mesurage public, les particuliers, vendeurs ou acheteurs, ne sont tenus de recourir aux préposés de ce bureau pour les pesages ou mesurages dans les lieux publics que lorsqu'il s'agit d'opérations contradictoires qui les intéressent exclusivement (Crim. cass. 27 mars 1863, aff. Trystram, D. P. 63. 1. 482); spécialement, que le négociant qui reçoit par navire des marchandises destinées à être expédiées sur d'autres places de commerce pour y être vendues peut, à l'effet de s'assurer de leur quantité avant la réexpédition, en faire opérer le pesage ou le mesurage sur le port par un de ses préposés, le résultat de l'opération ne devant servir de base dans ce cas à aucun règlement et ne pouvant, notamment, être opposé au sous-acquéreur (Même arrêt) ; — 2° Que tout propriétaire de marchandises a la faculté de les peser ou de les faire peser par ses employés, même sur les halles, marchés et ports, quand ce pesage est fait dans son intérêt exclusif, en l'absence de toute contestation et en dehors de toute vérification contradictoire (Crim. rej. 13 nov. 1879, aff. Beer, D. P. 80. 1. 358. V. aussi Crim. cass. 24 juin 1873, aff. Aifre, D. P. 73. 1. 397).

Mais, contrairement à la solution admise au *Rép.*, n° 184, la jurisprudence considère l'intervention des préposés au pesage ou mesurage publics comme obligatoire dès qu'il s'agit d'opérations faites avec des tiers. Ainsi il a été décidé : 1° que dans l'enceinte et pendant la durée des marchés, il est interdit aux vendeurs et aux acheteurs de peser eux-mêmes ce qu'ils vendent ou achètent, comme il est interdit aux tiers de peser pour eux (Crim. rej. 23 févr. 1877, aff. Blanchon, D. P. 78. 1. 335) ; — 2° Que dans une ville où des peseurs ou mesureurs jurés ont le monopole des pesages et mesurages à effectuer sur le port entre les vendeurs et les acheteurs, un acheteur est en contravention lorsqu'il se passe de leur concours pour un mesurage effectué sur le port contradictoirement avec le vendeur, alors même qu'il y procéderait par lui-même ou son préposé, cette circonstance ne le dispensant de recourir aux mesureurs jurés que lorsqu'il s'agit d'une vérification non contradictoire, et *pour se rendre un compte personnel* (Crim. rej. 11 avr. 1863, aff. Thébaud, D. P. 66. 5. 358) ; — 3° Que le ministère des préposés au poids public est obligatoire sur les halles, marchés et ports, toutes les fois qu'il s'agit de ventes et achats ou autres transactions analogues (Crim. rej. 13 nov. 1879, aff. Beer, D. P. 80. 1. 378).

88. En ce qui touche les rapports des négociants avec la douane (*Rép.* n° 185), il a été jugé que le droit qu'un arrêté municipal leur réserve de faire procéder par des hommes de leur choix au pesage des marchandises importées à leur consignation par navires de cabotage et déchargées sur les quais et cales du port, lorsque cette opération n'a d'autre but que d'assurer le recouvrement des droits d'un tiers, ne profite qu'aux consignataires de ces marchandises ; que ceux auxquels les consignataires ont transféré, par voie d'endossement du connaissance, les marchandises à eux expédiées, ne peuvent se prévaloir de cette faculté, et sont, dès lors, tenus de s'adresser aux peseurs publics, sous peines de simple police déterminées par l'art. 471, n° 15, c. pén. (Crim. cass. 14 août 1852, aff. Verazé, D. P. 53. 5. 287).

89. Des difficultés, ainsi qu'on l'a vu au *Rép.* n° 186, s'étaient élevées sur le point de savoir quels sont les lieux qui doivent être considérés comme compris dans l'enceinte des halles et marchés et des ports. La jurisprudence a eu de nouveau à statuer sur cette question. Il a été jugé, notamment : 1° que la défense faite par un règlement municipal d'exercer la profession de peseur, mesureur ou jaugeur de marchandises au préjudice des préposés publics dans les halles et dans les rues adjacentes comprises dans l'enceinte des marchés, n'est réputée s'appliquer à ces dernières que pendant la durée des foires et des marchés (Crim. rej. 26 mai 1854, aff. Gras, D. P. 54. 5. 64) ; — 2° Que l'emplacement dépendant d'une propriété privée qui, par l'adhésion ou la tolérance du propriétaire et par les habitudes du public, forme en fait l'annexe du marché public établi sur une promenade contiguë dont il n'est séparé par aucune clôture, se trouve, en raison de cette affectation, soumis à toutes les mesures de police applicables à la voie publique et au marché, avec lesquels il se confond (Crim. cass. 9 mai 1867 et Ch. réun. cass. 27 déc. 1867, aff. Allivon, deux arrêts, D. P. 68. 1. 140-141). Par suite, le règlement qui défend à tous autres qu'aux peseurs publics, institués par l'autorité locale, de faire des opérations de pesage et de mesurage pour les vendeurs ou acheteurs dans l'enceinte des marchés et dans toute l'étendue de la voie publique, est applicable à cet emplacement comme à la partie du marché établie sur

la voie publique elle-même (Mêmes arrêts) ; — 3° Que la prohibition faite aux particuliers de peser et mesurer dans l'intérêt du public n'a trait qu'au mesurage, jaugeage et pesage s'effectuant dans l'enceinte des halles, marchés, places et ports (Toulouse, 24 août 1881, aff. Alabert, D. P. 82. 2. 144). Et cette prohibition ne pourrait être valablement étendue par un arrêt municipal jusqu'aux limites de l'octroi (Même arrêt). Par suite, l'adjudicataire du droit de pesage et de mesurage d'une commune ne pourrait revendiquer à son profit un monopole absolu et empêcher un particulier d'établir dans un terrain lui appartenant, en dehors des halles et marchés, des appareils de pesage et mesurage et de les mettre à la disposition du public moyennant une redevance (Même arrêt) ; — 4° Que l'arrêté municipal qui, en établissant un bureau de poids public, étend ses prescriptions à toutes les voies publiques situées dans le rayon de l'octroi, n'est obligatoire, en ce qui concerne celles de ces voies qui, par leur nature, ne sont pas affectées d'une manière permanente à la vente des denrées de toute espèce, que pendant la durée des foires et marchés (Crim. 16 mai 1857, aff. Nielly, D. P. 57. 1. 314) ; — 5° Que le ministère du peseur public n'est obligatoire, pour les ventes faites sur la voie publique en dehors de la halle, que les jours où se tiennent les foires et marchés et pendant la durée de ceux-ci (Crim. rej. 30 mars 1860, aff. Buldy, D. P. 60. 5. 280). Par suite, un individu poursuivi pour des faits de pesage accomplis au préjudice du peseur public est acquitté à bon droit, s'il n'est pas même allégué qu'ils se soient produits sur la voie publique et pendant la durée d'une foire ou d'un marché, et alors surtout que rien ne constate que le pesage ait eu lieu à l'occasion d'une contestation entre vendeur et acheteur (Même arrêt) ; — 6° Que les entrepôts des magasins généraux doivent être assimilés à des magasins particuliers ; et que, par suite, les directeurs peuvent effectuer le pesage des marchandises à l'entrée et à la sortie, lorsque cette opération se rattache au dépôt des marchandises dans les entrepôts, et non point à une vente (Bordeaux, 11 mai 1876, aff. Rodes, D. P. 77. 2. 22). — Décidé enfin que la prohibition du pesage sur la *voie publique*, sans l'intervention des peseurs publics, est réputée enfreinte par le particulier qui opère un pesage sur la voie publique, même à l'aide d'instruments adossés à son magasin, et encore que le poids ne soit exprimé que dans l'intérieur du magasin (Crim. cass. 23 mai 1856, aff. Frèche et Passama, D. P. 56. 1. 372).

90. En ce qui concerne les abattoirs, il a été jugé, notamment : 1° que le droit des préposés au mesurage ou pesage public, ne s'étend pas à un établissement d'abattoir où commence le port, et qui, dès lors, sort des limites de l'enceinte de ce port (Crim. rej. 11 mai 1850, aff. Sarrasin, D. P. 50. 5. 306) ; — 2° Qu'un abattoir où la vente et l'achat à la cheville ont été autorisés et se pratiquent journellement, est un véritable marché pour ces sortes de ventes et d'achats, et le ministère des peseurs publics y est obligatoire pour toutes les opérations contradictoires rentrant dans leur mission (Crim. rej. 29 juill. 1882, aff. Durbec et Borel, D. P. 83. 1. 367). Sans doute, les abattoirs par eux-mêmes, quand on se borne à y abattre des bestiaux et à préparer des viandes destinées à la boucherie, ne constituent pas des marchés ; mais, lorsque, en dehors de leur destination spéciale, les viandes des animaux abattus y sont mises en vente et vendues, ils deviennent des marchés soumis sous ce rapport aux règlements qui régissent les marchés proprement dits.

91. Conformément aux dispositions de l'art. 1 de la loi du 29 flor. an 10 et la jurisprudence rapportée au *Rép.* n° 187, il a été décidé : 1° que, en dehors de l'enceinte des halles et marchés et des ports, le pesage et le mesurage sont libres, sauf le cas de contestation (Trib. corr. Riom, 1er mai 1889, cité *suprà*, n° 86). Ainsi, le fait de pesage exercé par un particulier, sans qu'il existât de contestation, dans une maison privée, ne constitue pas une contravention (Crim. cass. 11 mai 1850, aff. Sarrazin, D. P. 50. 5. 306 ; Crim. rej. 7 nov. 1851, aff. Lambert, D. P. 51. 1. 329 ; Crim. cass. 4 févr. 1853, aff. Mounet, D. P. 53. 5. 289). Par suite, est illégal et non obligatoire l'arrêté municipal qui étend la prohibition de peser et de mesurer juxqu'aux limites de la ville et des faubourgs (Crim. rej.

7 nov. 1851, précité). — Décidé dans le même sens : 1° que tout citoyen, à la condition de se servir de poids et mesures étalonnés et légaux, ayant le droit de faire peser et mesurer dans les maisons particulières les denrées exposées et mises en vente sur les foires et marchés, dans les communes où l'autorité locale a établi des bureaux de pesage et de mesurage publics, les particuliers ne sont tenus de recourir aux préposés que dans le cas de contestation entre le vendeur et l'acquéreur, ou lorsque le pesage ou le mesurage se fait dans l'enceinte des halles, marchés et ports (Crim. cass. 24 mars 1882, aff. Dumans et Lamarre, D. P. 83. 1. 142). En conséquence, lorsqu'un cahier des charges dressé par l'autorité municipale interdit d'exercer les fonctions de peseur au préjudice du préposé au poids public, cette défense ne peut s'appliquer au cas où le pesage a lieu dans une maison particulière en dehors de toute contestation, uniquement pour fixer la somme due au vendeur à la suite d'un marché conclu au poids (Arrêt précité du 24 mars 1882).

92. Les règlements locaux qui établissent des peseurs publics dans une commune déterminent, le plus souvent, les conditions dans lesquelles s'exerceront leur privilège. Les dispositions qu'ils contiennent à cet égard ne soulèvent aucune difficulté lorsqu'elles sont conformes aux règles édictées par l'arrêté de l'an 9 et la loi de floréal an 10. Mais elles s'écartent parfois plus ou moins de ces règles; quelle en est alors la valeur légale? Il a été jugé que, d'une manière générale, le droit de l'autorité municipale de maintenir dans les lieux publics le bon ordre ou la fidélité du débit des denrées mises en vente ne lui permet pas d'étendre le privilège des peseurs publics à des cas non autorisés par les lois et règlements généraux (Crim. rej. 13 nov. 1879, aff. Beer, D. P. 80. 1. 358). Jugé également qu'en Algérie, il n'a pas été dérogé aux principes généraux consacrés par l'arrêté de l'an 9 et la loi de floréal an 10, par l'arrêté du gouverneur de l'Algérie du 8 juill. 1840, portant règlement général sur le pesage, mesurage et jaugeage publics, aux termes duquel l'intervention des préposés du poids public n'est obligatoire que dans les ventes au poids, à la jauge ou à la mesure et autres opérations de même nature (Même arrêt); — Que, par suite, l'arrêté pris par le maire d'une commune d'Algérie qui interdit sur les marchés, halles, ports et autres lieux publics, l'usage de tout instrument de pesage ou de mesurage appartenant à des particuliers, est illégal en tant que cette disposition défend aux propriétaires de marchandises de les peser par eux-mêmes ou par leurs employés dans leur intérêt exclusif (Même arrêt). V. aussi dans le même sens : Crim. 7 nov. 1851, cité suprà, n° 91; 16 mai 1857, Toulouse, 21 août 1881, cités suprà, n° 89).

93. Mais, à l'inverse, les règlements locaux pris en vertu des art. 1 de l'arrêté du 7 brum. an 9 et de la loi du 29 flor. an 10, sur les poids publics, peuvent restreindre la portée de leurs dispositions dans telles limites que l'Administration juge suffisantes pour garantir l'intérêt public en le conciliant avec la liberté du commerce (Crim. rej. 22 févr. 1856, aff. Hébert-Duthuit, D. P. 56. 1. 351). Par exemple, ils peuvent restreindre l'intervention des peseurs ou mesureurs publics au cas de vente et d'achat, sauf aux débats entre acheteurs et vendeurs (Même arrêt). Et il n'y a pas contravention à un tel règlement de la part du particulier qui, chargé de faire transporter chez le destinataire une marchandise dont la livraison a été faite au lieu de l'expédition, en opère le mesurage au débarquement, dès ces causes étrangères au règlement des droits de l'acheteur et du vendeur, et notamment pour s'assurer de la fidélité des agents de transport (Même arrêt).

94. Certains règlements locaux, bien qu'ils soient, à certains égards, en contradiction avec les lois réglementaires sur la matière, ont été considérés comme obligatoires en raison des circonstances spéciales dans lesquelles ils ont été édictés. Ainsi il a été jugé : 1° que le décret impérial du 26 déc. 1813, qui établit dans la ville de Toulouse des peseurs publics, ayant été publié et affiché dans cette ville le 15 déc. 1814, et y ayant été depuis constamment exécuté, a force de loi : on opposerait à tort que ses dispositions sont contraires à la législation générale concernant l'établissement des peseurs publics, l'inconstitu-

nalité du décret n'ayant pas été déclarée par le Sénat conformément à l'art. 21 de la constit. du 22 frim. an 8 (Crim. cass. 24 févr. 1855, aff. Galeppe, D. P. 55. 1. 208); — 2° Que le décret législatif qui, sous le Premier Empire, a établi le poids public dans une ville déterminée, a pu déroger à ce principe, admis par la législation générale de la matière, que le recours au peseur public n'est obligatoire que sur les marchés et les ports (Crim. cass. 13 juin 1857, aff. Goscan, D. P. 61. 5. 363). Par suite, le décret impérial du 26 déc. 1813, spécial à la ville de Toulouse, par cela seul qu'il interdit à tout autre qu'au peseur public de s'entremettre dans toute l'étendue de la commune pour le jaugeage et le mesurage, fait obstacle à ce que, même en dehors des ports et marchés, et en l'absence de contestation, des tiers puissent s'entremettre entre le vendeur et l'acheteur pour des opérations de mesurage, au préjudice du fermier du poids public (Même arrêt); V. aussi Crim. cass. 24 févr. 1855, précité; — 3° Que le règlement préfectoral du 28 déc. 1809 et le décret du 22 avr. 1811, qui règlent la perception des droits de pesage, mesurage et jaugeage dans la ville de Bordeaux, n'ayant pas été annulés par le Sénat dans les délais fixés par la constitution, sont devenus obligatoires dans cette ville bien qu'ils dérogent, sur certains points, aux lois antérieures qui ont organisé le poids public (Trib. corr. Bordeaux, 21 févr. 1876, aff. Rodes, D. P. 77. 2. 22. V. aussi Crim. rej. 25 mars 1854, aff. Constantin, D. P. 54. 5. 568, cité au Rép. n° 194). — Décidé aussi : 1° que la loi du 10 juin 1854, approuvant la cession faite à la ville de Marseille de terrains domaniaux, à la charge d'y créer des docks-entrepôts, a réservé à l'État la réglementation et les tarifs de ces docks, et, par là même, autorisé nécessairement toute dérogation par le Gouvernement aux lois et arrêtés sur le pesage et le mesurage publics dans cette ville (Crim. cass. 30 juin 1876, aff. Issert et Dalmas, D. P. 76. 1. 407); qu'ainsi le Gouvernement peut, par un décret, soumettre ou non les docks à l'obligation d'employer les peseurs publics (Même arrêt); — 2° Que la compagnie concessionnaire des Docks créés à Marseille par la loi du 10 juin 1854, n'est pas soumise à l'obligation d'employer pour les opérations de pesage et de mesurage relatives à son exploitation les peseurs publics établis dans cette ville par l'arrêté du deuxième jour complémentaire de l'an 11; et qu'à la été légalement dérogé en sa faveur à cet intérêt par le cahier des charges et les tarifs annexés au décret du 23 oct. 1856 (Crim. rej. 23 févr. 1877, aff. Issert, Dalmas et Raynaud, D. P. 78. 1. 335).

95. Un décret du 16 juin 1808 (Rép. p. 985) réglait les droits de pesage, mesurage et jaugeage de la ville de Paris. Sous l'empire de ce décret, il a été décidé que le fait, par un facteur à la halle de Paris, d'avoir mis en vente et d'avoir vendu, dans un pavillon des Halles centrales affecté à la vente en gros des fruits et légumes, des marchandises pesées au moyen de poids et grandes balances lui appartenant, constitue une contravention à l'art. 7 du décret du 16 juin 1808 décidant que le préposé au poids public, dans les lieux soumis à la surveillance de la police municipale, à Paris, intervient nécessairement et, sans pouvoir être suppléé, pour toutes les ventes en gros qui se font au poids avec de grandes balances (Crim. rej. 3 janv. 1880, aff. Augeron, D. P. 80. 1. 286). — Le décret précité a, d'ailleurs, été abrogé par une loi du 20 avr. 1881 (D. P. 81. 4. 119).

96. Les contraventions relatives aux règlements sur les poids publics peuvent être constatées par tout officier de police judiciaire. La preuve de ces contraventions peut résulter des procès-verbaux dressés par les agents compétents, aussi bien que des aveux contenus, notamment, dans les lettres du prévenu (Crim. rej. 3 janv. 1880, aff. Augeron, D. P. 80. 1. 286). — Il a été jugé que la mention, dans le procès-verbal dressé par le commissaire de police pour contravention au règlement sur le pesage des denrées dans l'enceinte du marché, que l'opération de pesage, à laquelle le contrevenant faisait procéder par un autre que le préposé du poids public, avait lieu par suite de contestation, c'est-à-dire dans un cas où l'intervention de celui-ci était exigée, fait foi jusqu'à preuve contraire (Crim. cass. 7 déc. 1872, aff. Kerrien, D. P. 73. 1. 400). Et le juge de police ne pourrait se fonder, pour se dispenser d'y avoir égard, sur ce que, du moins, il n'y avait pas contestation dans le sens de la loi, s'il n'a entendu, sur ce point, que les explications des parties (Même arrêt).

97. Aucune disposition spéciale ne réglant la compétence des tribunaux pour la répression des contraventions en matière des poids publics, il en résulte une certaine incertitude dans la jurisprudence (*Rép.* n° 191). Jugé, d'une part : 1° que c'est la juridiction correctionnelle qui est compétente pour connaître de la contravention résultant de ce qu'à Toulouse des individus ont, contrairement aux dispositions des art. 12 et 22 du décret du 26 déc. 1813, qui établit des peseurs et mesureurs publics dans cette ville, mesuré sur le port, pour le compte d'autrui, des marchandises en déchargement (Crim. cass. 7 nov. 1856, aff. Gascon, D. P. 56. 5. 341); — 2° Que le tribunal de police correctionnelle est seul compétent pour statuer sur les contraventions commises par les individus qui, sans être employés publics de pesage, mesurage et jaugeage, ont fait fonction de peseurs et mesureurs pour autrui dans les halles, places et marchés de la ville de Paris (Crim. rej. 3 janv. 1880, aff. Augeron, D. P. 80. 1. 286).

D'autre part, il a été décidé : 1° que le décret du 29 déc. 1813, qui établit des peseurs publics dans la ville de Toulouse, n'attribuant compétence à la juridiction correctionnelle que relativement à certains faits de pesage illicite commis par des individus agissant pour le compte d'autrui, la contravention à ce décret résultant de ce qu'il a été procédé au pesage, sur la voie publique, par un individu attaché au service des vendeurs ou acheteurs, reste passible des peines portées par l'art. 471, § 15, c. pén., et est, dès lors, de la compétence du juge de police (Crim. cass. 23 mai 1856, aff. Frêche et Passama, D. P. 56. 1. 372); — 2° Que les règlements rendus sur la proposition des conseils municipaux, pour l'établissement des bureaux de poids publics, sont des règlements de police, et qu'en conséquence, les contraventions qui y sont commises sont punies d'une peine de simple police, conformément à l'art. 5, tit. 11, de la loi des 16-24 août 1790, à moins d'une disposition législative contraire (Crim. rej. 13 févr. 1875, aff. Reinaud, D. P. 75. 1. 391). Par suite, l'art. 4 de l'arrêté des consuls du deuxième jour complémentaire an 11, intervenu sur la proposition du conseil municipal de Marseille et l'avis du préfet des Bouches-du-Rhône, qui défend à tout autre qu'aux préposés du poids public d'exercer dans la ville la profession de peseur, mesureur ou jaugeur, à peine d'être poursuivi

par voie correctionnelle conformément à l'arrêté du 7 brum. an 9, doit être entendu en ce sens que les contraventions seront soumises au tribunal de simple police, auquel elles étaient déjà déférées par l'arrêté de l'an 9 (Même arrêt).

98. En ce qui touche les peines applicables aux contrevenants (*Rép.* n° 194), il a été décidé que les arrêtés municipaux, réglementant le pesage public, ont pour sanction la peine de 1 fr. à 5 fr. d'amende édictée par l'art. 471 c. pén. Cette peine n'est pas applicable lorsque le cahier des charges dressé pour la mise en ferme des droits de pesage et mesurage et le procès-verbal de l'adjudication publique de ces droits ont été publiés en la forme ordinaire des règlements de police (Crim. cass. 21 juin 1873, aff. Aifre, D. P. 73. 1. 397). Mais, en cas de contravention à l'art. 4 de l'arrêté du 7 brum. an 9, il y a lieu d'appliquer la peine de la confiscation prononcée par cet article, bien que ladite publication n'ait pas eu lieu (Même arrêt; Crim. rej. 23 févr. 1877, aff. Blanchon, D. P. 78. 1. 335).

99. Les bureaux de poids publics sont généralement affermés (*Rép.* n° 195). Il a été jugé que, quel que soit le caractère propre de l'acte par lequel une commune met en adjudication la perception d'une classe de ses revenus, par exemple de ceux résultant du monopole des poids publics, et quels que soient d'ailleurs l'étendue et la portée des droits concédés, cette convention, licite en elle-même, doit être exécutée de bonne foi (Req. 3 mai 1881, aff. Marchand, D. P. 82. 1. 11-12). En conséquence, la commune doit assurer à l'adjudicataire une jouissance paisible et le garantir contre les troubles qui résulteraient du fait personnel ou même de la tolérance de ses administrateurs (Même arrêt). Et elle est passible de dommages-intérêts, si des permissions contraires aux droits concédés à l'adjudicataire ont été postérieurement délivrées par l'autorité municipale (Même arrêt).

100. Aux termes de l'art. 2 de l'arrêté du 7 prair. an 9, nul ne peut exercer la profession de peseur public sans avoir prêté le serment de bien et fidèlement remplir ses devoirs. — Jugé que le fermier des droits de pesage public sur les marchés d'une commune est sans qualité pour exercer des poursuites en raison de faits illicites de pesage public, tant qu'il n'a pas prêté le serment qui lui est prescrit par la loi (Req. 26 avr. 1869, aff. Chaize, D. P. 69. 1. 477; Crim. cass. 4 nov. 1875, aff. Coquelin D. P. 77. 5. 334). Et les poursuites primitivement exercées par lui restent nulles, alors même que postérieurement il a prêté ce serment (Arrêt précité du 4 nov. 1875).

Table sommaire

des matières contenues dans le Supplément et le Répertoire.

Table des articles du code pénal, des lois de 1837, de 1851 et du décret de 1873.

Table chronologique des Lois, Arrêts, etc.

27 mars.Crim.76 c.
4 avr. Crim.49 c.,
56 c.
23 avr. Crim. 81 c.
16 mai. Crim.84 c.,
89 c.
13 juin.Crim.94 c.
3 juill.Crim. 74 c.
24 juill.Crim. 76 c.

1858
20 avr. Colmar. 53
c.
1er juill. Crim.78 c.
13 juill.Cons. d'Et.
23 c., 35 c.
19 nov. Crim.51 c.
3 déc. Crim.18 c.

1859
5 juill.Cons. d'Et.
40 c.
31 déc. Crim. 72 c.

1860
25 janv. Ch. réun.
24 c.
8 févr. Cons. d'Et.
44 c.
24 avr. Crim. 81
c.
30 mars. Crim. 89
c.
14 juill. Crim. 57
c.
17 nov. Crim.52c.,
83 c.
6 déc. Cons. d'Et.
27 c.

1861
19 févr. Loi. 8 c.
1er août.Crim.60c.,
80 c.

1862
10 janv.Cons. d'Et.
19 c.
23 avr. Crim. 81 c.
8 août.Crim. 62 c.

1863
29 févr. Crim.57 c.
27 mars. Crim. 87
c.
11 avr.Crim. 83 c.,
87 c.
13 mai. Loi. 46 c.
31 juill. Crim.72 c.
23 déc. Cons. d'Et.
26 c.

1864
8 janv.Crim. 68 c.
4 mars.Crim.54 c.
4 nov. Crim. 49 c.

1865
25 mai. Crim.74 c.
5 déc. Cons. d'Et.
21 c.

1866
4 janv.Cons. d'Et.
21 c., 43 c.
17 mars. Crim. 19
c., 70 c., 81 c.
26 avr. Crim. 63 c.
12 juill. Crim. 71
c., 80 c.

1867
9 mai. Crim. 89 c.
10 mai. Crim.57 c.
11 déc. Cons. d'Et.
27 c.

1868
27 déc. Ch. réun.
89 c.
28 mars. Limoges.
57 c.

1869
5 févr. Crim.47 c.
10 mars.Trib.corr.
Seine. 67 c.
26 avr. Req.100 c.
4 juin.Crim.49 c.
5 août.Crim. 78 c.
9 nov. Lyon. 56
c.
30 déc. Cons. d'Et.
26 c.

1870
5 janv. Crim. 49
c.
2 mars. Cons.
d'Et. 21 c.

1871
23 juill Loi. 5 c.

1872
24 janv.Cons.d'Et.
38 c.
7 déc.Crim.96 c.

1873
26 févr. V. la ta-
ble des articles.
16 avr.Loi. 8 c.
21 juin.Crim.86c.,
98 c.

1874
17 avr. Loi. 5 c.
23 juin. Loi. 11 c.

1875
8 juill. Loi. 14 c.
29 oct. Règl. 11 c.
13 févr. Crim. 97
c.
15 mai. Ordonn. 2
c.
22 mai. Loi. 8 c.
3 juill. Loi. 13 c.
4 nov.Crim.100 c.

1876
13 févr. Crim.
26 c.
11 févr.Cons.d'Et.
20 c., 24 c.
21 févr. Trib.corr.
Bordeaux.94 c.
11 mai. Bordeaux.
94 c.
30 juin.Crim. 94 c.

1877
23 févr. Crim. 86
c., 87 c., 94 c.,
98 c.
3 mars.Crim.77c.
9 mars. Cons.
d'Et. 21 c.

1878
25 janv.Crim.49 c.
5 avr. Cons.d'Et.
35 c.
4 juin. Loi. 14 c.
27 juin. Loi. 5 c.
26 juill.Cons.d'Et.
35 c.
8 août. Loi. 3 c.

17 août.Crim.33 c.
18 oct. Ordonn.15
c.
22 nov. Loi. 8 c.

1879
13 nov.Crim.87 c.,
c., 96 c., 97 c.
22 nov.Crim. 81 c.

1880
3 janv. Crim. 95
c.
20 févr.Cons.d'Et.
26 c.
7 mai.Crim.d'Et.
28 c.
8 oct. Décr. 1 c.
30 déc.Crim.51 c.,
55 c.

1881
3 mai. Req. 99 c.
4 juin. Trib.corr.
Bagnères-de-
Bigorre 57 c.
7 juill. Loi. 79 c.
15 juill. Crim. 80
c.
21 août. Toulouse.
26 c., 92 c.
4 nov.Cons.d'Et.
35 c.

1882
27 janv. Crim. 58
c.

1883
24 mars. Crim. 91
c.
17 mai. Loi. 12 c.
29 juill.Crim. 90 c.
2 févr. Cons. d'Et.
19 c., 25 c., 29
c.
18 juill. Loi. 79 c.

1884
5 janv. Crim. 70
c.
15 mars. Ordonn.
15 c.
29 juill. Loi. 63 c.
31 juill. Décr. 63 c.
1er août.Cons.d'Et.
35 c.
14 août. Crim. 40
c.
21 nov. Crim. 37
c.
27 déc. Règl.adm.
pub. 79 c.

1885
7 févr.Crim. 59 c.
21 mai. Cons.d'Et.
43 c.
3 juin. Loi. 13 c.
10 juill. Crim. 81
c.
24 juill.Cons.d'Et.
29 c.
31 juill. Loi. 15 c.
9 oct. Loi. 8 c.
1er déc.Trib. corr.
Compiègne. 57
c.

1886
c.
17 mai. Loi. 10 c.
29 juill.Crim. 90 c.
44 c.

1887
4 févr. Aix. 86
c.
25 févr.Cons. d'Et.
43 c.
23 avr. Crim. 40
c.
29 avr. Cons. d'Et.
44 c.
2 mai.Trib.simpl.
pol. d'Illiers 79
c.

1888
24 c.
9 nov. Cons. d'Et.
24 c. 25 c.
28 nov.Trib.simpl.
reau. 72 c.
30 déc. Loi. 6 c.

1889
15 févr. Loi. 4 c.
1er mai.Trib. corr.
Riom. 86 c., 91
c.
9 nov. Cons.d'Et.
19 c., 43 c.
30 nov. Crim. 63
c.
31 déc. Décr. 7 c.

1890
31 janv.Cons.d'Et.
27 c.
21 févr.Crim. 24 c.
25 avr. Loi. 6 c.
9 mai.Cons. d'Et.
20 c.
21 juin.Loi. 0 c.
5 juill.Crim.62c.,
72 c.
20 juill. Loi. 11 c.
20 août. Trib.
simpl. pol.Bor-
deaux. 72 c.
25 août.Trib. corr.
25 sept.Trib. corr.
de Rochefort.
61 c., 69 c.
7 oct. Loi. 72 c.
5 nov. Toulouse.
84 c., 86 c.
7 nov. Décr. 11
c.
5 déc. Poitiers.
57 c., 76 c.
19 déc.Décr. 13 c.

1891
24 mars. Cons.
d'Et. 20 c.
1er mai. Décr. 4
c.
14 mai.Cons. d'Et.
42 c.
7 nov.Cons.d'Et.
20 c.
14 nov.Cons.d'Et.
20 c.

1892
30 janv. Décr. 1 c.

---

brité publique, et *Rép.* eod. v°, n°ˢ 65 et suiv.; *Vice rédhibitoire*, et *Rép.* eod. v°, n°ˢ 247, 249, 253 et 280.

POLICE SIMPLE. — V. *supra*, vˡˢ *Droit rural*, n°ˢ 235 et 237; *infra*, vˡˢ *Procédure criminelle*, et *Rép.* eod. v°, n°ˢ 77 et suiv.

POLLICITATION. — V. *infra*, vˡˢ *Traité international*, et *Rép.* eod. v°, n° 95; *Transcription hypothécaire*, et *Rép.* eod. v°, n°ˢ 79 et suiv.; *Vente*, et *Rép.* eod. v°, n°ˢ 285 et suiv.

POMPES FUNÈBRES. — V. *supra*, vˡˢ *Acte de commerce*, n° 193; *Agent d'affaires*, n° 2; *Compétence administrative*, n° 374; *Culte*, n°ˢ 889 et suiv., 911 et 940; *Enregistrement*, n° 1676; *Industrie et commerce*, n° 94; *Organisation administrative*, n° 69.

POMPIER. — V. *supra*, vˡˢ *Assurances terrestres*, n°ˢ 192; *Ordres civils et militaires*, n° 254; *Organisation maritime*, n° 61; *Rép.* v° *Place de guerre*, n° 24.

PONT, PONT A PÉAGE. — V. *supra*, vˡˢ *Acte de commerce*, n°ˢ 200 et suiv., 435; *Action possessoire*, n° 129; *Bois et charbons*, n° 32; *Concession administrative*, n°ˢ 9 et 35; *Dommages - destruction - dégradation*, n° 172; *Eaux*, n° 132; *Expropriation pour cause d'utilité publique*, n° 48; *Forfaiture*, n° 43; *Gendarmerie*, n° 25; *Louage*, n° 121; *Octroi*, n°ˢ 167 et suiv.; *Organisation administrative*, n° 463; *Patente*, n°ˢ 353 et 381; et *infra*, vˡˢ *Presse-outrage*, et *Rép.* eod. v°, n° 955; *Privilèges et hypothèques*, et *Rép.* eod. v°, n° 841; *Procès-verbal*, n° 757; *Propriété*, et *Rép.* eod. v°, n°ˢ 112 et suiv.; *Propriété féodale*, et *Rép.* eod. v°, n°ˢ 73 et suiv.; *Rébellion*, et *Rép.* eod. v°, n°ˢ 30 et 40; *Responsabilité*, et *Rép.* eod. v°, n°ˢ 92, 143 et 196; *Travaux publics*, et *Rép.* eod. v° n° 53; *Voirie par terre*, et *Rép.* eod. v°, n°ˢ 81 et suiv., 2381, 2292; *Voirie par eau*, et *Rép.* eod. v°, n°ˢ 616 et suiv.; *Voirie par chemins de fer*, et *Rép.* eod. v°, n° 281; *Voiture-voiture publique*, et *Rép.* eod. v°, n°ˢ 30, 48 et suiv.

PONTS ET CHAUSSÉES. — V. *supra*, vˡˢ *Dunes*, n°ˢ 11, 22 et 44; *Eaux*, n°ˢ 137, 181 et 281; *Enregistrement*, n° 984; *Frais et dépens*, n° 599; *Pêche fluviale*, n°ˢ 108 et 110; et *infra*, vˡˢ *Serment*, et *Rép.* eod. v°, n° 81; *Traitement*, et *Rép.* eod. v°, n°ˢ 72, 95 et 117; *Travaux publics*, et *Rép.* eod. v°, n°ˢ 6 et suiv., 36, 39, 54, 279 et suiv.; *Uniforme-costume*, et *Rép.* eod. v°, n°ˢ 13 et 33.

POPULATION.

Division.

---

1. Les statisticiens distinguent *l'état de la population* et le *mouvement de la population*. L'état de la population est la description numérique, à un moment donné, de la population et des différentes catégories dans lesquelles peuvent être classés les individus qui la composent : il a pour instrument de connaissance le dénombrement. Le mouvement de la population est la détermination des changements survenus dans l'état de la population par l'effet des naissances, des morts, des mariages, etc. ...: il a pour principaux instruments de connaissance les registres de l'état civil ou ceux des paroisses.

La connaissance de la population, étant nécessaire pour la mise à exécution de plusieurs lois, intéresse par là même les sciences juridiques; et, d'autre part, puisque les règles suivies pour déterminer l'état et le mouvement de la population sont édictées sous forme de lois ou d'actes réglementaires, elles doivent elles-mêmes être indiquées dans le présent ouvrage.

2. Pour l'examen détaillé des questions relatives à l'état et au mouvement de la population, les déductions à tirer de l'étude combinée de ces deux ordres de questions, et plus généralement pour l'étude de la démographie, comme pour l'histoire de la population en France avant 1789 et les lois de la population, V. notamment Emile Levasseur, *La population française, histoire de la population avant 1789 et démographie de la France comparée à celles des autres nations au 19e siècle* (3 vol. in-8°, Paris, Arthur Rousseau, 1889-1892). Cet ouvrage est divisé en quatre livres, précédés d'une introduction sur la statistique : le premier livre est consacré à l'histoire de la population en France avant 1789 ; le second, à la démographie française comparée ; le troisième, à la statistique morale ; le quatrième étudie les lois de la population et l'équilibre des nations. — V. aussi Lucien Schöne, *Histoire de la population française* (1 vol. in-12, Paris, Arthur Rousseau, 1893).

CHAP. 1er. — Historique: constatation des faits démographiques dans l'antiquité et en France avant 1789.

3. Si la constatation régulière et officielle des faits démographiques est une chose moderne, les premiers essais de dénombrement sont anciens. La Bible mentionne le dénombrement des premiers-nés d'Israël ordonné par Moïse (*Nombres*, ch. 3), et ailleurs la mission donnée par le roi David à Joab de compter dans les tribus de Juda et d'Israël le nombre des hommes en état de porter les armes (*II Rois*, ch. 24). A Rome, l'institution du cens avait une importance qui nous est révélée par maints documents écrits et par le grand bas-relief du Louvre où le censeur romain est représenté dans l'exercice de ses fonctions. D'après la table d'Héraclée, la formule du cens était la suivante : *Nomina, praenomina, patres aut patronos, tribus, cognomina et quot annos quisque eorum habet et rationem pecuniæ*. Au début de la période impériale, le cens fut étendu aux provinces, et l'on sait qu'Auguste et Claude procédèrent à des dénombrements généraux.

4. Après une longue interruption, on trouve l'*Etat des paroisses et feux des bailliages et sénéchaussées de France*, en 1328 : dressé pour l'usage des officiers de finance du roi, ce document indique, indépendamment des renseignements à percevoir pour l'impôt royal, le nombre, par bailliage et par sénéchaussée, des paroisses et des feux du domaine direct du roi et des fiefs de haute justice (dans lesquels l'impôt royal était également perçu), mais ne mentionne pas le nombre des habitants par feu (V. Lucien Schöne, *op. cit.*, p. 85 à 91).

5. C'est, au contraire, un dénombrement des individus et un relevé général de la population française que le duc de Beauvillier, gouverneur du duc de Bourgogne, a demandé à Louis XIV d'ordonner pour l'instruction du jeune prince. Vers la fin de l'année 1697, il envoya aux intendants un questionnaire qu'il avait préparé lui-même de concert avec Fénelon et Vauban, et qui portait : « Nombre des villes ; nombre des hommes à peu près en chacune ; nombre des villages et des hameaux ; total des paroisses et des âmes de chacune. Consulter les anciens registres pour voir si le peuple a été autrefois plus nombreux qu'aujourd'hui ; causes de sa diminution ; s'il y a eu des huguenots, et combien en est-il sorti ». Mais les mémoires des intendants, qui furent rédigés au cours des trois années suivantes, n'ont pas tous répondu avec la même précision à ces questions : les uns donnant le nombre de tous les habitants, d'autres n'y comprenant pas certaines catégories de personnes, d'autres ne comptant que les feux, ici tous les feux, là les feux taillables seulement, d'autres calculant d'après les rôles de la capitation ; un enfin, celui de Bourgogne, ne fournissant que des chiffres d'ensemble ; de sorte que, si ces mémoires constituent des documents précieux sur l'état économique et administratif de l'ancienne France, ils ne forment dans leur ensemble qu'une ébauche très imparfaite de dénombrement (1).

---

(1) En 1876, la publication de ces mémoires a été confiée par le ministre de l'instruction publique à M. de Boislisle : le premier volume, consacré au *Mémoire de la généralité de Paris*, a seul paru, en 1881.

6. En 1772, l'abbé Terray, contrôleur général des finances, donna aux intendants l'ordre de faire tous les ans, d'après un modèle déterminé, le relevé des naissances, des mariages et des morts de leur généralité, en remontant jusqu'à l'année 1770 : c'est d'après ces données que Moheau, en 1776, et Necker, en 1785, ont calculé la population totale de la France ; mais, outre que les évaluations de Moheau et de Necker n'avaient pas un caractère officiel, on voit qu'elles ne s'appuyaient que sur des documents relatifs au mouvement annuel de la population. Il en est de même des relevés provinciaux ou paroissiaux sur lesquels Messance, en 1766, et l'abbé Expilly, en 1768, ont fondé leurs conclusions. C'est donc avec raison que le chevalier des Pommelles, dans ses *Notes et observations sur la population de la France*, écrivait en 1789 : « Il n'existe et n'a jamais existé aucun dénombrement général du royaume ».

CHAP. 2. — **Règles législatives ayant pour but de constater l'état de la population; dénombrements.**

7. Aujourd'hui encore, c'est sur le texte d'une loi votée par l'Assemblée constituante, celle des 19-22 juill. 1791, relative à l'organisation d'une police municipale et correctionnelle, que s'appuient les décrets de dénombrement. Les trois premiers articles du titre premier, qui a pour rubrique *Police municipale*, sont ainsi conçus : « Art. 1er. Dans les villes et dans les campagnes, les corps municipaux feront constater l'état des habitants, soit par des officiers municipaux, soit par des commissaires de police, s'il y en a, soit par des citoyens commis à cet effet. Chaque année, dans le courant des mois de novembre et décembre, cet état sera vérifié de nouveau, et on y fera les changements nécessaires : l'état des habitants de campagne sera recensé au chef-lieu du canton, par des commissaires que nommeront les officiers municipaux de chaque communauté particulière. — Art. 2. Le registre contiendra mention des déclarations que chacun aura faites de ses nom, âge, lieu de naissance, dernier domicile, profession, métier et autres moyens de subsistance. Le déclarant qui n'aurait à indiquer aucun moyen de subsistance désignera les citoyens domiciliés dans la municipalité dont il sera connu, et qui pourront rendre bon témoignage de sa conduite. — Art. 3. Ceux qui, étant en état de travailler, n'auront ni moyens de subsistance, ni métier, ni répondants, seront inscrits avec la note de *gens sans aveu*. Ceux qui refuseront toute déclaration seront inscrits, sous leur signalement et demeure, avec la note de *gens suspects*. Ceux qui seront convaincus d'avoir fait de fausses déclarations seront inscrits avec la note de *gens mal intentionnés*. Il sera donné communication de ces registres aux officiers et sous-officiers de la gendarmerie nationale, dans le cours de leurs tournées ».

8. On a soutenu que le refus de faire, par écrit ou verbalement, les déclarations prescrites par l'art. 2 du titre premier de la loi de 1791 avait son unique sanction dans l'art. 3. Cette opinion ne pouvait prévaloir, et il a été jugé que le décret qui ordonne qu'il sera procédé au dénombrement de la population, constituant au premier chef un règlement légalement pris par l'autorité administrative dans la limite de ses attributions, impose virtuellement à tous les citoyens l'obligation de se conformer aux prescriptions de l'art. 2 précité, sous la sanction pénale édictée par l'art. 471, § 15, c. pén. (Crim. rej. 5 mars 1887, aff. Hélie, D. P. 88. 1. 143) ; quant aux dispositions de l'art. 3, elles sont d'ordre purement administratif et ont pour unique objet de déterminer sous quelle dénomination doivent figurer sur les registres du recensement ceux qui refusent de faire les déclarations prescrites (Même arrêt).

9. Mais les seules déclarations qui puissent être imposées aux habitants sous la sanction pénale de l'art. 471, § 15, c. pén. sont celles qui sont spécifiées par l'art. 2 du titre premier de la loi des 19-22 juill. 1791. C'est ce que la cour de cassation a expressément jugé (Crim. cass. 30 juin 1882, aff. Courtois de Vicose D. P. 82. 1. 435) en cassant un jugement du tribunal de simple police de Toulouse qui avait condamné à l'amende un habitant de cette ville, par application de l'art. 471, § 15, c. pén., pour avoir refusé de fournir aux agents du recensement des indications prescrites par arrêté municipal et non prévues par la loi de 1791 :

dans l'espèce, le maire de Toulouse s'était purement et simplement conformé aux instructions ministérielles rédigées pour l'exécution du décret du 3 nov. 1881 portant qu'il serait procédé au dénombrement de la population, mais, outre qu'une circulaire administrative, même émanant du ministre compétent, ne peut être assimilée à un arrêté ministériel (Crim. rej. 2 mai 1873, aff. Bizetzky, D. P. 73. 1. 172), il est de principe, comme l'énonce l'arrêt du 30 juin 1882, que, sauf le cas exceptionnel d'une délégation particulière de la loi, les ministres n'exercent pas le pouvoir réglementaire, et, par conséquent, que les actes émanés d'eux ne jouissent pas de la même sanction pénale que les règlements (Comp. Crim. rej. 5 mars 1887, cité *suprà*, n° 8, motifs).

10. La même solution serait, d'ailleurs, applicable au cas où des déclarations autres que celles imposées par l'art. 2 du titre premier de la loi de 1791 seraient prescrites par le texte même du décret ordonnant le dénombrement. Sans doute ces prescriptions émaneraient alors du pouvoir réglementaire ; mais, pour être sanctionné par la loi pénale, un règlement doit, aux termes mêmes de l'art. 471, § 15, c. pén., être « *légalement* fait par l'autorité administrative ».

Au surplus, en se renfermant dans un refus général de fournir tous renseignements aux agents du recensement, les habitants encourraient l'application de l'art. 471, § 15, c. pén. alors même que les renseignements demandés par les feuilles de recensement porteraient non seulement sur les points spécifiés par l'art. 2 précité, mais encore sur d'autres points sur lesquels aucune loi n'impose aux habitants de faire une déclaration (Crim. 5 mars 1887, cité *suprà*, n° 8).

11. En fait, la manière de concevoir les opérations du recensement s'est singulièrement modifiée depuis la loi des 19-22 juill. 1791. Aucun recensement n'avait eu lieu pendant la période révolutionnaire en exécution de cette loi, quoique l'ordre qu'elle contenait eût été renouvelé à plusieurs reprises. C'est en l'an 9 qu'un premier recensement fut fait en exécution de la loi du 28 pluv. an 8 (17 févr. 1800) sur la division du territoire français, de la circulaire ministérielle du 26 flor. an 8 (16 mai 1800) et de la loi du 8 pluv. an 9 (28 janv. 1801) sur la réduction du nombre des justices de paix : ce recensement paraît avoir été exécuté par communes, mais sans règle uniforme, et probablement même par une simple évaluation dans beaucoup de cas ; une colonne spéciale était affectée au chiffre des militaires sous les drapeaux. — Un second recensement, fait en 1806, en vertu de la circulaire du 3 nov. 1805, tous les domiciliés étaient comptés, qu'ils fussent ou non présents. — Le troisième recensement fut prescrit par une circulaire ministérielle du 26 juin 1820, exécuté en 1821 et déclaré authentique pour cinq ans à partir du 1er janv. 1821 par ordonnance des 16-23 janv. 1822 : cette ordonnance décidait qu'un dénombrement général serait effectué dorénavant tous les cinq ans ; mais en 1826, l'Administration s'est bornée à publier et à déclarer authentique un tableau qui n'était que l'état de la population de 1821 rectifié à l'aide des données sur le mouvement de la population pendant les années intermédiaires.

12. A partir de 1831, non seulement les dénombrements effectifs sont devenus quinquennaux (sauf en 1871, où le recensement n'a pu avoir lieu avant la fin de l'année), mais l'Administration s'est aussi constamment appliquée à perfectionner le mécanisme et à élargir le cadre des recensements. Depuis le recensement de 1836, aux états purement numériques ont été substitués, conformément à la pensée de la loi de 1791, des états nominatifs, ou bulletins individuels, donnant le nom de chaque personne recensée. Dans ce même recensement, on s'était attaché au domicile légal ; mais, dès 1841, on a repris pour base la résidence habituelle, en même temps qu'on a tenu compte pour la première fois de la population flottante ou mobile, en ne la recensant d'ailleurs qu'en bloc (V. Circ. min. int. 2 avr. 1841, *Bull. off. min. int.*, 1841, p. 61). C'est surtout à partir du recensement de 1851 que le questionnaire adressé à l'administration supérieure s'est augmenté : à cette date, on a demandé aux individus dénombrés des renseignements sur leur état civil, leur âge, leur profession, leur nationalité, leur religion ; et on a profité du recensement pour dresser la statistique des aliénés, des aveugles, des sourds-muets et des personnes atteintes d'autres maladies ou infirmités apparentes, comme le goître, la déviation de la colonne vertébrale, la perte d'un membre, le pied bot, etc... (V. Circ. min. int. 4 mars 1851, *Bull. off. min. int.*, 1851, p. 57-58 et 70-71).

Depuis lors, la composition du questionnaire n'a pas varié jusques et y compris le recensement de 1876. Mais, lors du recensement de 1881, il a été décidé que, pour ne pas compliquer l'opération, il y avait lieu de se borner à demander les indications suivantes : nom et prénoms, sexe, âge, lieu de naissance, nationalité, état civil, profession, résidence. En 1886 et en 1891, on n'y a ajouté que des questions sur le nombre des enfants par famille et sur la durée du mariage (V. pour le recensement de 1891, Circ. min. int. 6 mars 1891, *Bull. off. min. int.*, 1891, p. 46).

Enfin, depuis le recensement de 1881, un bulletin individuel doit être établi au nom de toute personne présente dans la commune au jour du recensement, à quelque titre que ce soit, ou, plus exactement, au nom de toute personne qui y a passé la nuit précédente. On recense ainsi, en même temps que la *population de résidence habituelle* ou *population domiciliée*, la *population présente* ou *population de fait*.

13. La population de résidence habituelle ne doit pas être confondue avec la *population municipale :* celle-ci ne comprend que les habitants résidant dans la commune d'une façon fixe et permanente, à l'exclusion de la population *mobile*, laquelle est évaluée d'une façon distincte. Cette distinction a été établie par un avis du conseil d'État du 23 nov. 1842 (D. P. 46. 3. 90). Consulté par le ministre de l'intérieur sur les questions de savoir : 1° s'il y avait lieu de faire une distinction, pour les villes de 1500 âmes et au-dessus, entre la population fixe ou sédentaire et la population temporaire ou mobile ; 2° si l'on comprendrait dans la population servant de base à l'assiette de quelques impôts la population mobile, le conseil d'État répondit qu'il y avait lieu de diviser le chiffre de la population agglomérée des villes de 1500 âmes et au-dessus en deux colonnes, l'une réservée à la population sédentaire et l'autre à la population mobile ; indiqua les catégories qu'il convenait de comprendre dans le chiffre de la population mobile ; enfin conclut, en troisième lieu, que le chiffre de la population mobile ne devait pas être compté « dans les évaluations servant de base aux divers tarifs des impôts de toute nature, pas plus que dans les conditions numériques prévues par les lois sur l'organisation municipale ». Cet avis est visé dans l'ordonnance du 20 déc. 1842 (*Collection des lois*, 1843, p. 22), qui déclare authentique le tableau des communes ayant une population totale de 3000 âmes et au-dessus ou une population agglomérée de 1500 âmes et au-dessus ; il a été visé ultérieurement dans l'ordonnance du 4 mai 1846 et dans tous les décrets portant qu'il serait procédé à de nouveaux dénombrements. Les catégories comprises dans la population mobile sont, d'ailleurs, restées presque identiquement les mêmes, ainsi qu'on peut s'en rendre compte en comparant les termes de l'avis précité et de l'art. 2 de l'ordonnance du 4 mai 1846 (D. P. 46. 3. 71) avec ceux de l'art. 2 du décret du 3 nov. 1881 (D. P. 82. 4. 103), de l'art. 2 du décret du 5 avr. 1886 (*Journ. off.* du 6 avr. 1886) et de l'art. 2 du décret du 1er mars 1891 (*Journ. off.* du 4 mars 1891). La population mobile fait l'objet d'un dénombrement séparé sous la rubrique : « population comptée à part ».

14. Quant à la population *flottante* proprement dite, elle est rangée, avec les voyageurs présents dans les hôtels ou chez des particuliers, sous le titre *d'hôtes de passage*, et elle comprend les ouvriers compagnons faisant leur tour de France, les artistes dramatiques appartenant à des troupes nomades, les individus exerçant des professions ambulantes, les individus mis en arrestation comme vagabonds et sans domicile fixe qui auront passé la nuit dans les dépôts, les marins des canaux et des rivières, qui n'ont pas d'autres habitation que leur bateau.

15. La nomenclature des questions à poser est contenue soit dans le rapport qui précède le décret portant qu'il sera procédé à un dénombrement, soit dans une circulaire ministérielle postérieure. Le modèle des cadres du dénombrement par commune et du tableau récapitulatif

par département est transmis par le ministre aux préfets, qui font imprimer le premier et en adressent deux exemplaires à chaque maire : l'un de ces deux exemplaires est destiné à être retourné à la préfecture pour y être dépouillé, l'autre est déposé aux archives de la commune.

16. Les maires sont seuls chargés des opérations du dénombrement. Dans les villes, ils peuvent se faire aider par les agents des contributions directes et indirectes, qui reçoivent habituellement du ministre des finances, depuis le recensement de 1831, des instructions spéciales à ce sujet (V. Circ. min. int., 4 mars 1831, *Bull. off. min. int.* 1851, p. 55-56). Il est utile, d'ailleurs, que ces agents se rendent compte, au cours même des opérations, de la régularité des procédés employés, d'autant plus que l'art. 22 de la loi du 28 avr. 1816 confère à l'administration des Contributions directes le droit de provoquer un nouveau dénombrement s'il y a lieu de penser que le travail des agents municipaux ait été inexact, et que l'art. 4 de la loi de finances du 4 août 1844 donne le même droit au conseil général du département et à l'administration des Contributions directes s'il s'élève des difficultés relativement à la catégorie dans laquelle une commune devra être rangée soit pour la fixation du contingent dans la contribution des portes et fenêtres, soit pour l'application du tarif des patentes.

17. Les opérations achevées, un second décret, qui paraît au *Bulletin des lois*, généralement dans l'année qui suit le dénombrement, déclare authentiques et seuls valables pour une période de cinq ans les chiffres inscrits aux tableaux qui sont annexés au décret. Le premier tableau indique la population des départements. Le deuxième tableau indique la population des arrondissements et des cantons. Le troisième tableau ne comprendra, jusqu'au recensement de 1851 inclusivement, que les communes ayant une population de deux mille âmes et au-dessus (V. Ord. 30 janv. 1847, art. 1, D. P. 47. 3. 56 ; Décr. 10 mai 1852, art. 1, D. P. 52. 4. 140) ; depuis le recensement de 1856, il comprend aussi les chefs-lieux d'arrondissement et de canton dont la population est inférieure (V. Décr. 20 déc. 1856, D. P. 57. 4. 51 ; 11 janv. 1862, D. P. 62. 4. 22 ; 15 janv. 1867, D. P. 67. 4. 30 ; 31 déc. 1872, D. P. 73. 4. 12 ; 31 oct. 1877, D. P. 78. 4. 2 ; 7 août 1882, D. P. 83. 4. 49. — Pour le recensement de 1886, V. le décret du 31 déc. 1886, D. P. 87. 4. 69, les tableaux n°s 1 et 2 dans le *Bulletin des lois*, 12e série, 1er semestre de 1887, n° 1068, p. 203 à 248, et le tableau n° 3, *ibid.*, n° 1099, p. 1201 à 1287. Pour le recensement de 1891, V. le décret du 31 déc. 1891, D. P. 92. 4. 75, et les tableaux n°s 1, 2 et 3 dans le *Bulletin des lois*, 12e série, 1er semestre de 1892, n° 1474, p. 879 à 1011. Ce troisième tableau indique, dans un premier cadre, le chiffre de la population totale ; dans un second cadre, le chiffre des populations comptées à part, et, dans un troisième cadre, subdivisé en deux colonnes, les chiffres de la population municipale totale et de la population municipale agglomérée au chef-lieu. Enfin, le décret du 31 déc. 1891 déclare authentique, en vue de l'application de l'art. 12 *in fine* de la loi du 19 juill. 1889 (V. *infra*, n° 49), un quatrième tableau, celui des sections de commune, non-chefs-lieux comptant une population agglomérée d'au moins 1000 habitants, et ce tableau n° 4 est annexé au décret précité dans le *Bulletin des lois* (*loc. cit.* n° 1474, p. 1013 à 1016). D'autre part, depuis le recensement de 1876, un tableau de la population de toutes les communes de France classées par départements, arrondissements et cantons est officiellement publié, sans être inséré au *Bulletin des lois :* joint aux tableaux n°s 1, 2 et 3 pour les recensements de 1876 1881 et 1886, et aux tableaux n°s 1, 2, 3 et 4 pour le recensement de 1891, il figure dans un volume édité par l'Imprimerie nationale sous le titre de *Dénombrement de la population*.

18. Tandis que les états précédents, centralisés au ministère de l'intérieur, ont pour base la population *résidente*, y compris les populations comptées à part, et non compris les hôtes de passage, le recensement de la population *présente* est adressé au ministère du commerce et fait l'objet d'une publication intitulée *Résultats statistiques du dénombrement*, où la population est envisagée sous ses divers aspects démographiques.

19. Les lois et règlements sont muets sur le mode de procéder à la détermination de la partie agglomérée des communes. D'après l'instruction ministérielle du 6 mars 1891, qui se réfère à une définition donnée par le ministre des finances et rappelée dans une circulaire de la direction générale des Contributions indirectes du 11 févr. 1886, « on doit considérer comme agglomérée la population rassemblée dans les maisons contiguës ou réunies entre elles par des parcs, jardins, vergers, chantiers, ateliers ou autres enclos de ce genre, lors même que ces habitations ou enclos seraient séparés l'un de l'autre par une rue, un fossé, un ruisseau, une rivière ou une promenade; on doit aussi, et quelle que soit la distance qui, dans les villes de guerre surtout, sépare les faubourgs de la cité proprement dite, considérer comme faisant partie de l'agglomération la population de ces faubourgs formellement assujettie au droit d'entrée par l'art. 21 de la loi du 28 avr. 1816 » (Bull. off. min. int. 1891, p. 53). — D'autre part, lorsqu'une commune est composée de plusieurs agglomérations, la population *agglomérée* doit être entendue exclusivement de la population du *chef-lieu* légal, alors même que celui-ci ne constitue pas l'agglomération la plus importante de la commune; mais, depuis la loi du 19 juill. 1889 (V. *infrà*, n° 49), il est nécessaire de connaître le chiffre de la population agglomérée de chaque section de commune (V. l'instruction ministérielle précitée, *Bull. off. min. int.* 1891, p. 54).

20. Si une municipalité manifeste un mauvais vouloir évident ou une résistance formelle à procéder aux opérations du recensement, le préfet peut recourir aux moyens légaux que l'art. 85 de la loi du 5 avr. 1884 met à sa disposition pour tous les cas « où le maire refuserait ou négligerait de faire un des actes qui lui sont prescrits par la loi », et charger un délégué spécial de procéder à ces opérations.

21. Les frais de recensement de la population sont rangés par l'art. 136-3° de la loi du 5 avr. 1884 parmi les dépenses obligatoires pour la commune. Par « frais de recensement » il faut, d'après les instructions ministérielles, entendre non seulement les frais matériels, c'est-à-dire les fournitures d'imprimés, mais encore toutes les dépenses quelconques que nécessitent les opérations dont il s'agit, notamment les frais d'auxiliaires ou de délégués municipaux dont le concours est indispensable, lorsque les maires n'ont pas pu obtenir gratuitement ce concours. En cas de refus, de la part du conseil municipal, de voter les crédits nécessaires pour subvenir à ces dépenses, le préfet peut donc les inscrire d'office au budget communal.

22. Lorsque le préfet estime que, dans une commune, les opérations du recensement sont entachées d'erreurs ou d'omissions importantes, il peut enjoindre au maire, par arrêté, de reviser lesdites opérations; et, lorsque plusieurs mises en demeure restent sans résultat, il agit dans les limites de ses pouvoirs en désignant un délégué spécial à l'effet de procéder d'office à la revision (Cons. d'Et. 18 nov. 1887, aff. Commune de Buzançais, D. P. 89. 3. 4). V. *supra*, v° *Commune*, n°s 220 et suiv.

CHAP. 3. — **Règles législatives ayant pour but de constater le mouvement de la population: actes de l'état civil.**

23. La connaissance du mouvement annuel des naissances, mariages et décès s'obtient en relevant les mentions relatives à ces faits, qui sont consignés jour par jour dans chaque commune sur les registres de l'état civil. — Pour ce qui a trait à la tenue des registres de l'état civil, V. *supra*, v° *Acte de l'état civil*, n°s 14 à 33; *Rép. eod.* v°, n°s 27 à 112.

24. Dans les premiers jours du mois de janvier de chaque année, les maires doivent préparer, conformément au modèle qui leur est transmis par les préfets en exécution des circulaires ministérielles, le tableau des naissances, mariages et décès qui ont été inscrits sur les registres de l'état civil dans le cours de l'année précédente. Ce tableau est rédigé en deux exemplaires, dont l'un est adressé au préfet et l'autre déposé dans les archives de la commune. Le préfet prépare pour le département un tableau récapitulatif, qui est envoyé au ministre de l'intérieur dans un intérêt administratif, et au ministre du commerce dans un inté-

rêt statistique. Les principaux résultats consignés dans ces tableaux récapitulatifs sont insérés par le *Journal officiel*, généralement au cours du mois d'août.

CHAP. 4. — **Influence du chiffre de la population pour l'application de certaines lois.**

25. Le recensement, prescrit d'abord au seul point de vue de la police locale, a pris une importance considérable, en raison des lois nombreuses qui ont établi des dispositions variant d'après le chiffre de la population.

Pour l'application de ces lois, on doit prendre pour base tantôt la population *totale*, tantôt la population *municipale* ou *normale*, déduction faite des catégories *comptées à part*, tantôt la population *agglomérée*. La distinction entre la population totale et la population municipale, bien que fondée uniquement sur des décrets prescrivant le recensement, est si bien justifiée, en raison et en équité, qu'elle a toujours été appliquée sans contestation et que la légalité de cette distinction a été expressément reconnue par le conseil d'Etat (Cons. d'Et. 4 juin (et non 5 mai) 1875, aff. Elect. de la Capelle-Marival, D. P. 76. 3. 20; 30 janv. 1885, aff. Elect. d'Hérouville, Elect. de Seurre, Elect. de Pléaux, D. P. 86. 3. 76).

26. Les principales lois pour l'application desquelles il y a lieu de tenir compte du chiffre de la population peuvent rentrer dans les classes suivantes : lois financières; lois d'organisation communale; lois d'organisation judiciaire et administrative; lois d'organisation politique; lois mettant des dépenses obligatoires à la charge des communes; lois ou décisions relatives à la fixation de divers traitements et au taux de certains cautionnements.

27. — I. Lois financières. — 1° *Contribution des portes et fenêtres*. — Le taux de la contribution des portes et fenêtres varie, non seulement suivant la nature et la position des ouvertures, mais aussi suivant le chiffre de la population de la localité (L. 21 avr. 1832, art. 24). V. *supra*, v° *Impôts directs*, n° 168; *Rép. eod.* v°, n° 320.

Le même article de la loi du 21 avr. 1832 disposait, en outre, que, dans les villes et communes au-dessus de 5000 âmes, la taxe correspondante au chiffre de leur population ne s'appliquerait qu'aux habitations comprises dans les limites intérieures de l'octroi et que les habitations dépendantes de la banlieue seraient portées dans la classe des communes rurales. Mais le taux de l'impôt des portes et fenêtres dépendait ainsi des décisions des conseils municipaux : tandis que les uns n'établissent pas d'octroi et rendaient ainsi inapplicable la disposition précitée, les autres étendent ou resserrent arbitrairement les limites de leur octroi, qui tantôt englobe des populations éparses, tantôt laisse en dehors de son rayon des maisons qui font manifestement partie de l'agglomération et participent réellement à tous les avantages de la ville. C'est pour ces raisons que l'art. 3 de la loi du 30 juill. 1885 (D. P. 86. 4. 1) a modifié l'art. 24 de la loi du 21 avr. 1832 en substituant les mots : « dans la partie agglomérée » à ceux-ci : « dans les limites intérieures de l'octroi ». V. D. P. 86. 4. 2, note 1-2. V. aussi *infrà*, n° 41.

28. — 2° *Patentes*. — Le droit fixe de patente est établi eu égard à la population pour les industries et professions énumérées dans les deux premiers tableaux (L. 15 juill. 1880, art. 3, D. P. 81. 4. 2). Pour ces professions, les tarifs sont appliqués d'après la population qui a été déterminée par le dernier décret de dénombrement (art. 5-1°). Néanmoins, lorsque le dénombrement fait passer une commune dans une catégorie supérieure à celle dont elle faisait précédemment partie, l'augmentation du droit fixe n'est appliquée que pour moitié pendant les cinq premières années (art. 5-2°). Ces dispositions sont la reproduction presque textuelle des art. 2 et 5 de la loi du 25 avr. 1844 (V. *supra*, v° *Patente*, n° 61).

29. D'autre part, la distinction entre la population agglomérée et la population non agglomérée est importante pour la fixation de la patente. En effet, aux termes de l'art. 6 de la loi du 15 juill. 1880, « dans les communes dont la population totale est de plus de 5000 âmes, les patentables exerçant dans la banlieue des professions imposées eu égard à la population payent le droit fixe d'après le tarif applicable à la population non agglomérée; les patentables exerçant lesdites professions dans la partie agglomérée payent le droit fixe d'après le tarif applicable à la population totale ».

30. Enfin, aux termes de l'art. 16 de la loi du 15 juill. 1880, « dans les communes dont la population est inférieure à 20 001 âmes, mais qui, en vertu d'un nouveau dénombrement, passent dans la catégorie des communes de 20 001 âmes et au-dessus, les patentables des septième et huitième classes ne seront soumis au droit proportionnel que dans le cas où un second décret de dénombrement aura maintenu lesdites communes dans la même catégorie ».

31. — 3° *Taxes assimilées aux contributions directes.* — Le chiffre de la population (municipale) sert encore à déterminer la base de certaines taxes assimilées aux contributions directes : de la taxe sur les vins, cidres, poirés et hydromels; taux des licences des débitants de boissons compris dans le rayon du droit d'entrée), c'est la population *agglomérée* qui seule doit être considérée (V. L. 28 avr. 1816, art. 20, modifié par l'art. 3 de la loi du 12 déc. 1830, *Rép.* v° *Impôts indirects*, p. 410 et 423; L. 1er sept. 1871, art. 6, D. P. 71. 4. 78).

33. — 5° *Réclamations.* — A la suite de chaque recensement, les états de la population agglomérée des diverses communes sont rapprochés des états du dernier recensement; et si, de ce rapprochement, il ressort que les résultats du nouveau recensement doivent faire changer les tarifs précédemment appliqués, le préfet, sur le rapport du directeur des contributions directes en ce qui concerne les patentes, et sur le rapport du directeur des contributions indirectes en ce qui concerne le droit d'entrée et le taux des licences, prend des arrêtés pour régulariser la perception dans les communes où la population agglomérée a subi des modifications.

Mais les résultats du recensement, consignés dans les tableaux de la population qui sont déclarés authentiques par décret, peuvent former, au point de vue de l'application des lois financières, l'objet de contestations dont il importe de déterminer la légalité et la portée.

34. En premier lieu, les communes ont le droit de contester par la voie contentieuse les résultats des opérations du recensement, lorsque ces résultats leur sont opposés pour l'application des lois financières. Aux termes de l'art. 22 de la loi du 28 avr. 1816, s'il s'élève des difficultés relativement à l'assujettissement d'une commune ou à la classe dans laquelle elle doit être rangée en raison de sa population agglomérée, la réclamation de la commune est soumise au préfet, qui, après avoir pris l'opinion du sous-préfet et celle du directeur, la transmet, avec son avis, au directeur général des contributions indirectes, sur le rapport duquel il est statué par le ministre des finances, *sauf le recours de droit* (*Rép.*, v° *Impôts indirects*, n° 120). — L'art. 4 de la loi du 4 août 1844 (*Rép.*, v° *Impôts directs*, p. 272) dispose, d'autre part, que, s'il s'élève des difficultés relativement à la catégorie dans laquelle une commune doit être rangée par suite d'un nouveau recensement de la population, soit pour la perception de la contribution des portes et fenêtres, soit pour l'application du tarif des patentes, le conseil général, *la commune* et l'administration des Contributions directes peuvent former des réclamations, qui sont introduites et jugées conformément aux dispositions de l'art. 22 de la loi du 28 avr. 1816, c'est-à-dire par le ministre, sauf recours au conseil d'État.

35. Ces réclamations sont instruites contradictoirement : une commission composée d'un nombre égal de représentants de l'administration intéressée et de représentants de la commune, présidée par le préfet ou son délégué, procède aux vérifications demandées; le sous-préfet et le directeur des contributions indirectes ou directes font connaître leur opinion, le préfet donne son avis, et c'est à la suite de cette instruction complète et contradictoire que le ministre des finances statue. Lorsqu'il estime que la réclamation est fondée, il doit saisir le ministre de l'intérieur et attendre qu'un décret rectificatif, rendu sur le rapport de celui-ci, soit intervenu, pour statuer lui-même sur la réclamation dont il est saisi. Lorsqu'il juge, au contraire, que la réclamation n'est pas fondée, il la rejette sans qu'il y ait lieu de recourir au ministre de l'intérieur.

36. Il a été jugé, par application de l'art. 22 de la loi de 1816, que, si la décision par laquelle le ministre de l'intérieur se borne à refuser de faire procéder à la rectification du tableau de recensement d'une commune n'est pas susceptible d'être déférée au conseil d'État, une commune est recevable à attaquer par la voie contentieuse la décision par laquelle le ministre des finances a rejeté sa réclamation tendant à faire juger qu'en raison de sa population agglomérée elle qu'on doit pas être assujettie aux droits d'entrée sur les vins et spiritueux (Cons. d'Et. 22 juin 1877, aff. Commune de Caluire-et-Cuire, D. P. 77. 3. 99. Comp. Cons. d'Et. 18 mars 1842, aff. Ville de Bagnols, *Rec. Cons. d'État*, p. 119). Mais, le ministre statuant en cette matière *directement*, en tant que supérieur d'une autorité subordonnée, la commune ne peut pas se prévaloir de l'art. 7 du décret du 2 nov. 1864 pour saisir le conseil d'Etat de sa réclamation, faute par le ministre d'avoir répondu dans le délai de quatre mois (Cons. d'Et. 5 déc. 1890, aff. Ville de Bernay, aff. Ville de Tulle et d'Evreux, D. P. 92. 3. 33).

37. D'autre part, ce n'est qu'après l'arrêté préfectoral qui l'a rangée, au point de vue de l'impôt, dans la classe à laquelle elle appartient en raison de sa population, que la commune peut soumettre sa réclamation au ministre des finances et, en cas de rejet, au conseil d'Etat. Ces réclamations peuvent, d'ailleurs, être présentées, soit à la suite d'un nouveau recensement qui n'aurait pas fait une exacte appréciation de la population de la commune, soit pendant la période quinquennale, s'il se produit des faits nouveaux de nature à modifier les résultats du recensement.

38. Le droit de réclamation qui appartient à la commune appartient aussi à l'administration des Contributions directes et à l'administration des Contributions indirectes, dans l'intérêt du Trésor. Pour les contributions directes, l'art. 4 de la loi du 4 août 1844 est formel (V. *suprà*, n° 34). Pour les contributions indirectes, le texte de l'art. 22 de la loi du 28 avr. 1816 n'est pas précis; mais la question a été tranchée par un avis du conseil d'Etat, en date du 11 oct. 1837, reproduit dans les conclusions de M. le commissaire du gouvernement Valabrègue, sur les affaires des villes de Bernay, de Tulle et d'Evreux (D. P. 92. 3. 33, 3e col. *in fine*). V. aussi les motifs de l'arrêt du 18 mars 1842, cité *suprà*, n° 36, et qui porte notamment : « Considérant que la publication quinquennale des tableaux officiels de population ne peut mettre obstacle à ce que, dans l'intervalle de cette période de temps, les villes et communes dans leur intérêt particulier, *et l'Administration dans celui du Trésor*, réclament contre les erreurs ou fassent constater les changements qui auraient pour résultat ou de les exempter du droit d'entrée, ou d'y astreindre lesdites communes ».

39. Quant aux particuliers, la jurisprudence leur a d'abord dénié d'une manière absolue le droit de contester, par la voie contentieuse, les résultats des opérations du recensement (Cons. d'Et. 30 août 1832, aff. Bourdeau, *Rép.* v° *Impôts directs*, n° 326 ; 7 janv. 1858, aff. Ville d'Alger, D. P. 58. 3. 49 ; 12 avr. 1878, aff. Michel, D. P. 78. 3. 95). Elle était allée plus loin, en reconnaissant aussi une autorité irréfragable aux documents qui servent de base au recensement de la population, spécialement au point de vue de la distinction entre la population agglomérée et la population éparse : il avait été jugé, en ce sens, qu'un patentable dont l'établissement est compris dans les limites de l'agglomération d'après les plans et documents ayant servi de base au recensement de la population n'est pas recevable à soutenir qu'en fait cet établissement est situé dans la banlieue (Cons. d'Et. 23 mars 1858, aff. Darteyre, D. P. 58. 3. 75);... alors même qu'il est au delà des limites de l'octroi (Cons. d'Et. 14 mars 1879, aff. Raphanel, D. P. 79. 3. 77). Mais il a été admis, au contraire, par deux arrêts plus récents (Cons. d'Et. 26 avr. 1890, aff. Desmarais, D. P. 91. 3. 101; 24 mai 1890, aff. Desmarais frères, *Rec. Cons. d'Etat*, p. 552) qu'un patentable peut, sans attaquer directement le décret qui déclare authentique le chiffre de la population agglomérée de la commune, former une demande en réduction de sa cote et contester ainsi indirectement l'autorité dudit décret. Ce changement de jurisprudence se justifie par des considérations très sérieuses : il était regrettable que la situation des contribuables fût irrévocablement déterminée par des actes rédigés sans aucune publicité (V. *suprà*, n° 19), et que les intéressés n'eussent aucun moyen de combattre les énonciations de ces actes. — Au reste, si l'arrêt du 26 avr. 1890 précité s'appuie sur ce « qu'il résultait de l'instruction et notamment du plan joint au dossier que l'établissement des requérants était situé à plus de 300 mètres de l'octroi », on ne saurait en conclure que le périmètre de l'octroi doive être considéré comme la limite légale entre l'agglomération et la banlieue : ce n'est, en réalité, qu'un élément de la situation de fait, dont la juridiction administrative se réserve l'appréciation lorsqu'elle est appelée à statuer sur la légalité de l'imposition. V. *suprà*, v° *Patente*, n° 61).

40. Il a été décidé, au contraire, qu'un contribuable n'est pas recevable à soutenir, pour obtenir radiation de la taxe des portes et fenêtres correspondant au chiffre de la population de la commune, que c'est par erreur que le dernier décret de recensement a compris sa maison dans la partie agglomérée de la commune (Cons. d'Et. 26 févr. 1892, aff. Marcillac, D. P. 93. 3. 64). Malgré l'apparence, cette solution n'est pas en contradiction avec celle des arrêts des 26 avr. 1890 et 24 mai 1890, cités *suprà*, n° 39 : tandis, en effet, que l'art. 6 de la loi du 15 juill. 1880 se borne à disposer, pour l'impôt des patentes, que le droit fixe est différent suivant que l'établissement est situé ou non « dans la partie agglomérée », sans même mentionner les décrets de dénombrement, que vise seulement l'art. 5 de la même loi (V. *suprà*, n°⁸ 28 et 29), l'art. 3 de la loi du 30 juill. 1885, qui porte modification de l'art. 24 de la loi du 21 avr. 1832, concernant la contribution des portes et fenêtres, édicte que « dans les villes et communes au-dessus de 5000 âmes, la taxe correspondant au chiffre de leur population ne s'appliquera qu'aux habitations comprises dans la partie agglomérée, *telle qu'elle aura été déterminée par le dernier décret de dénombrement* » ; et l'on peut considérer que cette disposition ne laisse pas au juge des réclamations le droit de vérifier quelle est en fait la situation de l'établissement.

41. — II. Lois d'organisation communale. — La population *normale* ou *municipale* sert à déterminer le nombre des conseillers municipaux (L. 5 avr. 1884, art. 10) et le nombre des adjoints (Même loi, art. 73). C'est par erreur que, dans la discussion au Sénat du projet de loi sur l'organisation municipale, le commissaire du Gouvernement a déclaré que le nombre des adjoints serait fixé d'après le chiffre de la population de résidence habituelle, qui comprend la population normale et la population comptée à part (D. P. 84. 4. 48, note 73) : la loi du 5 avr. 1884 n'a pas entendu modifier la jurisprudence antérieure du conseil d'Etat (V. Cons. d'Et. 4 juin 1875, cité *suprà*, n° 23), alors surtout que cette jurisprudence était fondée sur les termes mêmes des décrets qui prescrivent le recensement (V. *suprà*, n° 13) ; et, quoique l'affirmation erronée du commissaire du Gouvernement ait été reproduite dans la circulaire du ministre de l'intérieur en date du 10 avr. 1884 en ce qui concerne le calcul du nombre des membres du conseil municipal (D. P. 84. 4. 31, note 10 *in fine*), le conseil d'Etat a jugé, depuis la loi du 5 avr. 1884, que la population d'après laquelle est fixé le nombre des membres du conseil municipal est celle qui résulte du dernier recensement, déduction faite des éléments qui, aux termes de l'art. 2 de tous les décrets prescrivant les recensements quinquennaux, ne doivent pas être comptés dans la population pour l'application des lois d'organisation municipale (Cons. d'Et. 30 janv. 1885, cité *suprà*, n° 25).

42. Jusqu'à l'expiration des pouvoirs du conseil municipal, le nombre de ses membres doit rester invariable, quelle que soit la modification survenue dans le chiffre de la population. En conséquence, dans le cas où, postérieurement à l'élection, un décret de recensement a constaté officiellement une diminution de la population, il doit être néanmoins pourvu aux vacances qui se produisent dans le conseil municipal (Cons. d'Et. 9 janv. 1874, aff. Elect. de

Gonesse, D. P. 75. 3. 4) ;... et ce, nonobstant un décret qui aurait prescrit que, dans les communes où le conseil municipal devrait être ramené à un effectif inférieur, il ne serait pas pourvu aux vacances jusqu'à ce que la réduction eût été opérée (Même arrêt).

43. Le chiffre de la population municipale *agglomérée* influe sur la question de savoir si la commune peut être divisée en sections pour les élections municipales, puisque, aux termes de l'art. 11 de la loi du 5 avr. 1884, le sectionnement électoral est autorisé non seulement lorsque la commune se compose de plusieurs agglomérations d'habitants distinctes et séparées, mais aussi lorsque la population agglomérée de la commune est supérieure à 10 000 habitants (V. pour le commentaire de ces dispositions, *suprà*, v° *Commune*, n°⁸ 65 à 70, et les arrêts du conseil d'Etat cités *ibid.*). Quant à l'existence d'agglomérations distinctes et séparées, c'est là une question de fait ; et il a été jugé qu'une partie d'une commune peut, en raison des circonstances, être considérée comme une agglomération distincte susceptible de donner lieu à la création de sections électorales, bien que, d'après les tableaux de recensement, elle soit comprise dans l'agglomération principale de la commune (Cons. d'Et. 8 mars 1889, aff. Elect. de Boisguillaume, D. P. 90. 3. 69).

44. — III. Lois d'organisation judiciaire et administrative. — Le chiffre de la population influe sur la délimitation de certaines circonscriptions judiciaires (L. 8 pluv. an 9, portant réduction des justices de paix, *Rép.* v° *Organisation judiciaire*, p. 1488) et sur la délimitation des circonscriptions administratives (Circ. min. int. 29 août 1849, aux termes de laquelle les préfets sont invités à « rechercher l'occasion de provoquer la suppression des communes de moins de 300 habitants et leur réunion aux communes voisines quand la situation topographique des localités ne s'y oppose pas rigoureusement », *Bull. off. min. int.* 1849, p. 383).

45. — IV. Lois d'organisation politique. — Pour déterminer le nombre des sénateurs à élire dans chaque département, l'art. 2 de la loi du 9 déc. 1884 (D. P. 85. 4. 1) a adopté la base de répartition suivante (sauf quant aux départements de la Seine et du Nord, au territoire de Belfort, aux trois départements de l'Algérie, aux colonies de la Martinique, de la Guadeloupe, de la Réunion et des Indes françaises) : aux départements dont la population ne dépasse pas 250 000 habitants, ont été attribués deux sénateurs ; à ceux dont la population est de 250 001 à 450 000 habitants, trois sénateurs ; à ceux dont la population est de 450 001 à 600 000 habitants, quatre sénateurs ; à ceux dont la population dépasse 600 000 habitants, cinq sénateurs (V. le second rapport de M. Demôle au Sénat, en date du 5 déc. 1884, D. P. 85. 4. 2, note 1). Mais, contrairement à la règle en vigueur pour la composition de la Chambre des députés (V. *infrà*, n° 46), la composition du Sénat est limitée au chiffre de 300 membres, et le nombre des sénateurs ne varie pas avec le chiffre de la population (V. à cet égard la proposition de M. Papinaud, député, mentionnée D. P. 85. 4. 1, note 1, col. 3 *in fine*).

46. Aux termes de l'art. 2-2° de la loi du 13 févr. 1889, rétablissant le scrutin uninominal pour l'élection des députés (D. P. 89. 4. 46), « les arrondissements dont la population dépasse 100 000 habitants nomment un député de plus par 100 000 ou fraction de 100 000 habitants. Les arrondissements, dans ce cas, sont divisés en circonscriptions, dont le tableau est annexé à la présente loi et ne pourra être modifié que pour une loi ». Le chiffre de la population détermine donc le nombre des circonscriptions électorales et sert de base à la révision du tableau des députés à élire par chaque arrondissement. (V. la loi du 22 juill. 1893, modifiant le tableau des circonscriptions électorales annexé à la loi du 13 févr. 1889, *Journ. off.* du 23 juill. 1893).

47. Tandis que l'art. 2 de la loi du 16 juin 1885 (D. P. 85. 4. 69) déduisait expressément les étrangers du chiffre d'habitants qui détermine le nombre des députés à élire par département, la loi du 13 févr. 1889 ne fait pas la même déduction et s'attache purement et simplement aux habitants. Ce changement n'est qu'un retour aux dispositions des lois électorales antérieures à la loi du 16 juin 1885 (V. D. P. 85. 4. 69, note 1, 2ᵉ col.) ; M. Floquet, président du conseil, l'a justifié en faisant valoir, devant la commission de la Chambre des députés, que le nombre des conseillers municipaux était calculé sur le chiffre total de la population, et le nombre des électeurs sénatoriaux sur le nombre des conseillers municipaux (V. le rapport de M. Thomson, député, en date du 9 févr. 1889, § 5, D. P. 89.¹ 4. 47, note, 1ʳᵉ col.), et, si la première de ces deux affirmations, telle qu'elle est formulée, n'est pas exacte (V. supra, nᵒ 41), il est certain que les étrangers résidents sont compris dans le chiffre de la population municipale totale.

48. Dans les arrondissements qui comptent moins de neuf cantons, ce sont les cantons les plus peuplés qui sont appelés à élire les conseillers nécessaires pour compléter le nombre de neuf (L. 22 juin 1833, art. 21).

49. — V. LOIS METTANT DES DÉPENSES OBLIGATOIRES A LA CHARGE DES COMMUNES. — Diverses dépenses ne sont obligatoires que pour les communes ayant un certain nombre d'habitants. — Les communes d'une population *totale* de 5000 âmes doivent contribuer au traitement et aux frais de bureau d'un ou de plusieurs commissaires de police (V. *supra*, vᵒ *Commune*, nᵒ 303, et les arrêts du conseil d'Etat des 26 déc. 1885 et 16 juill. 1886 cités *ibid.*).

Les communes de 500 habitants et au-dessus sont tenues, aux termes de l'art. 1 *in fine* de la loi du 30 oct. 1886 (D. P. 87. 4. 3), qui reproduit purement et simplement sur ce point l'art. 1 de la loi du 10 avr. 1867 (D. P. 67. 4. 40), d'avoir des écoles distinctes pour les garçons et pour les filles : il n'est pas douteux, malgré le silence du texte et des travaux préparatoires de ces deux lois, qu'il s'agisse ici de la population *municipale* totale. Enfin, les communes dont la population *agglomérée* est de 1000 habitants et au-dessus sont tenues de payer aux instituteurs et institutrices, en vertu de l'art. 12 de la loi du 19 juill. 1889, sur les dépenses ordinaires de l'instruction primaire publiques et les traitements du personnel de ce service (D. P. 90. 4. 37), une indemnité de résidence, qui augmente proportionnellement

au chiffre de la population ; et, aux termes du même art. 12 *in fine*, les maîtres titulaires ou stagiaires des écoles de section établies hors du chef-lieu de la commune profitent de l'indemnité de résidence si la population agglomérée de la section atteint ou dépasse le chiffre de 1000 habitants. — Aux termes de l'art. 15 de la loi du 30 oct. 1886 (D. P. 87. 4. 4) ne donnent lieu à une dépense obligatoire pour la commune que : « 1ᵒ les écoles publiques de filles déjà établies dans les communes de plus de 400 âmes ; 2ᵒ les écoles maternelles publiques qui sont ou seront établies dans les communes de plus de 2000 âmes et ayant au moins 1200 âmes de population agglomérée ».

50. — VI. LOIS OU DÉCISIONS RELATIVES A LA FIXATION DE DIVERS TRAITEMENTS ET AU TAUX DE CERTAINS CAUTIONNEMENTS. — Le traitement de plusieurs catégories de fonctionnaires est réglé d'après la population des villes où ils résident. Il en est ainsi pour les préfets, sous-préfets et conseillers de préfecture (L. 28 pluv. an 8, art. 21, 22 et 23, *Rép.* vᵒ *Organisation administrative*, p. 604; Décr. 27 mars 1853, *Coll. des lois*, p. 383, art. 1, 4 et 5 ; Décr. 23 déc. 1872, art. 1, *ibid.*, p. 486) ;... pour les magistrats des tribunaux de première instance (L. 30 août 1883, art. 7, D. P. 83. 4. 65) ;... pour les juges de paix et leurs greffiers (L. 21 juin 1845, D. P. 45. 3. 135 ; Décr. 23 août 1858, D. P. 58. 4. 151, 22 sept. 1862, D. P. 62. 4. 119, et 12 nov. 1868, D. P. 69. 4. 6) ;... pour les commissaires de police (Décr. 27 févr. 1855, *Coll. des lois*, p. 107) ;... pour les pasteurs des églises protestantes (Arrêté 15 germ. an 12, *Rép.* vᵒ *Culte*, p. 696.

51. Le chiffre de la population a servi à déterminer, dans les actes d'institution, le montant du cautionnement des agents de change (L. 28 vent. an 9, art. 9, *Rép.* vᵒ *Bourse de commerce*, p. 415, note 1) et des courtiers de commerce (Ordonn. 9 janv. 1818, *Rép.* eod. vᵒ, nᵒ 51 *in fine*). Il sert également à déterminer le montant du cautionnement des greffiers de justices de paix (L. 28 flor. an 10, art. 3, *Rép.* vᵒ *Organisation judiciaire*, p. 1489).

Table sommaire

des matières contenues dans le Supplément.

Adjoints au maire — nombre 41.	— suppression 44. **Conseillers d'arrondissement** — nombre, complément 48. **Conseillers municipaux** — nombre 41 s. **Contribution des portes et fenêtres** 27. **Contributions indirectes** 32.	**Déclarations** — objet 9 ; (décret) 10 ; (circulaire ministérielle) 9. — refus, sanction 8, 10. **Députés** — nombre 46 s. **Fonctionnaires** — traitement 50. **Historique** — peuple hébreu 3. — Rome 3. — ancienne France 4 s.	**Patente** — droit fixe 28. — droit proportionnel 30. — population agglomérée ou non agglomérée 29. **Recensement** — agents des contributions 16. — frais, commune, dépense obligatoire 31 c. — maire 16. — période quinquennale 11 s. — population flottante, hôtes de passage	— population mobile ou comptée à part 13 c., 25. — population municipale 13, 25. — population totale 13, 25. — questionnaire 12, 15. — réclamations 33 s. ; (administration des Contributions directes) 34; (administration des Contributions indirectes) 38; (commune) 34; (commune, recours) 36 s.; (instruction) 35 ; (particuliers) 39 ; (voie	contentieuse) 40 s. — résultats statistiques, ministère de commerce 18 c. — revision, préfet, maire, délégué spécial 23 c. **Registres de l'état civil** — relevé, tableau 23 s. **Sénateurs** — nombre 45. **Taxes assimilées aux contributions directes** 31.
Cautionnement — agent de change 51. — courtier de commerce 51. — greffier de justice de paix 51. **Commune** — dépenses obligatoires 49 s. — partie agglomérée, détermination 19 c. — recensement, frais, dépense obligatoire 31. — section, division 43.	**Décrets de dénombrement** 17. — loi fondamentale 17. — tableaux annexés 17.	**Justices de paix**, réduction 44.			

Table chronologique des Lois, Arrêts, etc.

1791	An 12	1822	1841	1846	1853	1864	1873
19 juill. Décr. 7 c. 19 juill. Loi. 8 c., 9 c., 10 c., 11 c., 12 c.	15 germ. Arrêté. 50 c.	16 janv. Ordonn. 11 c.	2 avr. Circ. min. int. 12 c.	4 mai. Ordonn. 13 c.	27 mars. Décr. 50 c.	2 nov. Décr. 36 c.	2 mai. Crim. 9 c.
An 8	**1805**	**1830**	**1842**	**1847**	**1855**	**1867**	**1874**
28 pluv. Loi. 11 c., 50 c. 26 flor. Circ. min. 11 c.	3 nov. Circ. 11 c.	12 déc. Loi. 32 c.	18 mars.Cons.d'Et. 36 c., 38 c. 23 nov. Av. Cons. d'Et. 13 c.	30 janv. Ordonn. 17 c.	27 févr. Décr. 50 c.	15 janv. Décr. 17 c.	9 janv.Cons.d'Et. 42 c.
An 9	**1816**	**1832**		**1849**	**1858**		**1875**
8 pluv. Loi. 11 c., 44 c. 28 vent. Loi. 51 c.	28 avr. Loi. 16 c., 19 c., 32 c., 34 c., 36 c., 38 c.	21 avr. Loi. 27 c., 40 c. 30 août.Cons.d'Et. 39 c.	20 déc. Ordonn. 13 c.	29 août.Circ. min. int. 44 c.	7 janv.Décr. 39 c. 23 mars.Cons.d'Et. 39 c.	10 nov. Décr. 50 c.	4 juin.Cons.d'Et. 25 c., 41 c.
An 10	**1818**	**1833**	**1844**	**1851**		**1868**	**1877**
28 flor. Loi. 51 c.	9 janv. Ordonn. 51 c.	22 juin. Loi. 48 c.	25 avr. Loi. 26 c. 4 août.Loi.16 c., int.12 c., 16 c.	4 mars.Circ. min. int. 12 c., 16 c.	23 août.Décr.50 c.	12 nov. Décr. 50 c.	22 juin.Cons.d'Et. 36 c. 31 oct. Décr. 17 c.
	1820	**1837**	**1845**	**1852**	**1862**	**1871**	**1878**
	26 juin. Circ. min. 11 c.	11 oct. Av. Cons. d'Et. 38 c.	21 juin. Loi. 50 c.	2 juill. Loi. 31 c. 22 sept.Décr.50 c.	11 janv. Décr. 17 c. 10 mai.Décr. 17 c.	1ᵉʳ sept. Loi. 32 c. 16 sept. Loi. 31 c.	28 Décr. 50 c. 31 déc. Décr. 17 c.	12 avr. Cons.d'Et. 39 c.

1879	1881	1884			1889		31 déc. Décr. 17 c.
14 mars.Cons.d'Et. 39 c.	3 nov. Décr. 9 c., 13 c.	5 avr. Loi. 20 c., 21 c., 41 c.; 43 c.	19 juin. Loi. 47 c.	5 avr. Décr. 13 c.	13 févr. Loi. 46 c., 47 c.	24 mai.Cons. d'Et. 40 c.	
22 déc. Loi. 31 c.		10 avr. Circ. min. int. 41 c.	38 juill. Loi. 27 c., 40 c.	30 oct. Loi. 40 c.	8 mars. Cons. d'Et. 43 c.	5 déc.Cons.d'Et. 36 c.	1892
1880	1882	9 déc. Loi. 45 c.	16 déc.Cons. d'Et. 49 c.	31 déc. Décr. 17. c.	19 juill. Loi.19 c., 49 c.		26 févr.Cons.d'Et. 40 c.
15 juill. Loi. 28 c., 29 c., 30 c., 40 c.	30 juin.Crim. 9 c.	1885	1886	1887	1890	1er mars. Décr. 13	1893
	7 août. Décr. 17 c.	30 janv.Cons.d'Et. 25 c., 41 c.	11 févr. Circ. dir. gén. contr. ind. 19 c.	18 nov.Cons. d'Et. 22 c.	26 avr. Cons. d'Et. 39 c., 40 c.	6 mars.Circ.min. int. 12 c.19 c.	22 juill. Loi. 46 c.
	30 août. Loi. 50 c.						

PORC. — V. outre les renvois indiqués au *Répertoire*, *suprà*, v¹s *Boucher*, n°s 46, 63 et 83 ; *Dommage-destruction-dégradation*, n° 150 ; *Octroi*, n°s 20 et 116 ; et *infrà*, v° *Voie publique*, et *Rép.* eod. v°, n° 5.

PORT. — V. les renvois contenus au *Répertoire. Adde :* *suprà* v¹s *Bois et charbons*, n°s 6, 42 et suiv., 49 ; *Commune*, n°s 369 et suiv. ; *Contravention*, n° 81 ; *Droit naturel et des gens*, n° 34 ; *Octroi*, n° 18 ; *Organisation maritime*, n°s 229 et suiv., 244 et suiv., 254 et suiv. ; et *infrà*, v¹s *Prises maritimes*, et *Rép.* eod. v°, n°s 19 et suiv., 89 et suiv., 180 et suiv. ; *Propriété*, et *Rép.* eod. v°, n° 80 ; *Salubrité publique*, et *Rép.* eod. v°, n°s 5 et suiv. ; *Voirie par terre*, et *Rép.* eod. v°, n°s 280, 1672 et suiv., 2083 ; *Voirie par eau*, et *Rép.* eod. v°, n°s 45, 250 et 331.

PORT D'ARMES. — V. *suprà* v¹s *Arme*, n°s 9, 36 et suiv. ; et *infrà*, v° *Vol et escroquerie*, et *Rép.* eod. v°, n°s 480 et suiv., 648.

PORTEFAIX. — V. outre les renvois indiqués au *Répertoire*, *suprà* v¹s *Commune*, n°s 662 et suiv. ; *Industrie et commerce*, n° 132.

PORTE-FORT. — V. les renvois indiqués au *Répertoire. Adde : suprà* v¹s *Action*, n° 53 ; *Cautionnement*, n° 3 ; *Contrat de mariage*, n° 339 ; *Enregistrement*, n°s 112, 388, 1105, 1343, 1407 et suiv., 1705 et 2306 ; *Obligations*, n°s 73 et suiv., et *infrà* v¹s *Privilèges et hypothèques*, et *Rép.* eod. v°, n°s 1224, 1261, 2709 ; *Scellés et inventaire*, et *Rép.* eod. v°, n° 212 ; *Transcription hypothécaire*, et *Rép.* eod. v°, n°s 106 et suiv., 752 ; *Vente*, et *Rép.* eod. v°, n°s 529 et suiv., 1286.

PORTES ET FENÊTRES. — V. *suprà* v¹s *Agent diplomatique*, n° 33 ; *Commune*, n° 331 ; *Impôts directs*, n°s 132 et suiv.

PORTEUR D'EAU. — Indépendamment des renvois indiqués au *Répertoire*, V. *suprà*, v¹s *Acte de commerce*, n° 32.

PORTIER. — V. outre ce qui a été dit au *Répertoire*, *infrà*, v° *Procès-verbal*, et *Rép.* eod. v°, n°s 151, 773, 781 et suiv.

PORT ILLÉGAL DE COSTUME ET DE DÉCORATION. — V. les renvois contenus au *Répertoire*, et en outre : *suprà*, v¹s *Fonctionnaire public*, n° 27 ; *Ordres civils et militaires*, n° 104 ; et *infrà* v¹s *Usurpation de costume et de décoration*.

PORTION DISPONIBLE. — V. *suprà*, v¹s *Dispositions entre vifs et testamentaires*, n°s 175 et suiv. ; et *infrà* v¹s *Privilèges et hypothèques*, et *Rép.* eod. v°, n° 2286 ; *Société*, et *Rép.* eod. v°, n°s 282 et suiv. ; *Succession*, et *Rép.* eod. v°, n°s 307 et suiv., 1026 et suiv. ; *Usufruit*, et *Rép.* eod. v°, n°s 1, 122, 131, 142, 390, 415 et suiv., 527 ; *Vente*, et *Rép.* eod. v°, n° 438.

PORTRAIT DE FAMILLE. — V. outre les renvois indiqués au *Répertoire*, *suprà*, v¹s *Contrat de mariage*, n°s 210, 479.

POSSESSION (Diverses espèces de). — V. les renvois indiqués au *Répertoire* sous les mots *Possession* et suiv. V. en outre : *suprà* v¹s *Action possessoire*, n°s 8, 28, 30 et suiv., 41 et suiv., 56 et suiv., 109, 132 et suiv., 171, 186, 189, 199 et suiv. ; *Arme*, n° 14 ; *Brevet d'invention*, n°s 61 et suiv. ; *Cassation*, n°s 357, 389, 437, 445 ; *Compétence judiciaire*, n°s 228 et suiv. ; *Compétence civile des tribunaux de paix*, n°s 53, 112 et suiv. ; *Concession a ministrative*, n° 15 ; *Domaine de l'État*, n°s 19 et 44 ; *Domaine public*, n° 30 ; *Droit maritime*, n°s 136 et suiv. ; *Enregistrement*, n°s 1022, 1025 et suiv. ; *Expropriation pour cause d'utilité publique*, n°s 218 et 222 ; *Jugement d'avant dire droit*, n° 17 ; *Lois*, n° 366 ; *Louage*, n° 50 ; *Mines*, n°s 182 et suiv. ; *Nom-prénom*, n°s 20 et suiv., 40 et suiv. ; et *infrà* v¹s *Prescription civile*, et *Rép.* eod. v°, n°s 235 et suiv. ; *Prescription criminelle*, et *Rép.* eod. v°, n° 43 ; *Prêt*, et *Rép.* eod. v°, n°s 17, 29, 32, 39, 105, 231 et 158 ; *Preuve*, et *Rép.* eod. v°, n°s 20 et suiv. ; *Privilèges et hypothèques*, et *Rép.* eod. v°, n°s 348 et suiv., 372 et suiv., 392, 400 et suiv., 1401, 1792, 2479 ; *Propriété*, et *Rép.* eod. v°, n°s 23, 33, 60, 230 et suiv., 271 et suiv., 310 et suiv., 357 et suiv., 363 et suiv., 385 et suiv. ; *Question préjudicielle*, et *Rép.* eod. v°, n°s 55 et suiv., 83, 89 et suiv. 100, 131 et suiv., 234 et suiv. ; *Responsabilité*, et *Rép.* eod. v° n° 176 ; *Rétention*, et *Rép.* eod. v°, n°s 14 et suiv. ; *Saisie-arrêt*, et *Rép.* eod. v°, n° 9 ; *Saisie-gagerie*, et *Rép.* eod. v°, n°s 16 et suiv. ; *Servitude*, et *Rép.* eod. v°, n°s 485 et suiv., 578, 584, 606 et suiv., 792 et suiv., 871, 891, 1050 et suiv., 1096 et suiv., 1163, 1229, 1266, 1276 et suiv. ; *Société*, et *Rép.* eod. v°, n° 184 ; *Substitution*, et *Rép.* eod. v°, n° 463 ; *Succession*, et *Rép.* eod. v°, n°s 367 et suiv., 398 et suiv., 407 et suiv., 412 et suiv., 466 et suiv., 542, 1279 et suiv. ; *Termes sacramentels*, et *Rép.* eod. v°, n° 22 ; *Tiers*, et *Rép.* eod. v°, n° 91 ; *Transcription hypothécaire*, et *Rép.* eod. v°, n°s 515 et suiv. ; *Usage-usage forestier*, et *Rép.* eod. v°, n°s 103, 114 et suiv., 127 et suiv. ; *Usufruit*, et *Rép.* eod. v°, n°s 60 et suiv., 96, 137, 644 et suiv., 737, 764, 769, 774 ; *Usurpation de costume et décoration*, et *Rép.* eod. v°, n°s 74, 94 et suiv., 101, 114 et suiv. ; *Vente administrative*, et *Rép.* eod. v°, n°s 123, 356 et suiv. ; *Vente publique d'immeubles*, et *Rép.* eod. v°, n°s 1129 et 1805 ; *Voirie par terre*, et *Rép.* eod. v°, n°s 569, 1349 et 1548 ; *Vol et escroquerie*, et *Rép.* eod. v°, n° 938.

POSSESSION D'ÉTAT. — V. outre les renvois indiqués au *Répertoire*, *suprà* v¹s *Lois*, n°s 311 et suiv. ; *Mariage*, n°s 214, 218 et suiv., 282 et suiv.

POSSESSIONS FRANÇAISES. — V. outre les renvois indiqués au *Répertoire*, *suprà*, v¹s *Organisation des colonies*.

POSTES ET TÉLÉGRAPHES.

Division.

CHAP. 1. — Historique et législation (n° 1).

CHAP. 2. — Organisation de l'administration des Postes et Télégraphes (n° 6).

CHAP. 3. — Services postaux (n° 12).

SECT. 1. — De la poste aux lettres (n° 12).

ART. 1. — Services postaux, réception et distribution de correspondances ; bureaux, facteurs, courriers, services postaux maritimes (n° 12).

ART. 2. — Différents services de la poste aux lettres (n° 23).

§ 1. — Lettres ordinaires, cartes postales, cartes lettres (n° 24).

§ 2. — Chargements, valeurs déclarées, recommandation des lettres, cartes postales, imprimés, etc., valeurs cotées (n° 32).

§ 3. — Imprimés, papiers d'affaires, échantillons, etc (n° 59).

§ 4. — Articles d'argent. — Bons de poste. — Mandats télégraphiques. — Mandats internationaux (n° 89).

§ 5. — Recouvrement des effets de commerce, factures, valeurs commerciales, etc (n° 102).

§ 6. — Envois contre remboursement (n° 114).

§ 7. — Abonnements aux journaux, etc (n° 118).

§ 8. — Colis postaux (n° 120).

§ 9. — Caisse nationale d'épargne (n° 141).

ART. 3. — Franchises postales (n° 144).

ART. 4. — Immixtion dans le transport des lettres (n° 146).

§ 1. — Caractère de cette infraction, cas dans lequel elle a lieu (n° 146).

CHAP. 1er. — Historique et législation.

1. Le service des Postes et Télégraphes dépendant aujourd'hui d'une même administration, nous avons réuni dans une même étude les explications que nous avons à ajouter à celles qui ont été fournies au *Répertoire* aux *Postes* et au traité des *Télégraphes*. — Nous aurons à signaler, en étudiant soit le service des postes, soit celui des télégraphes, les nombreux progrès qui ont été réalisés depuis la publication du *Répertoire*. Ces deux services ont été considérablement perfectionnés et ont pris une extension qu'expliquent et commandaient le développement des relations intérieures et extérieures, et le besoin, de jour en jour plus grand, de rapidité dans les communications. Aussi, indépendamment de réductions des taxes qui, ainsi qu'on le verra dans la suite, ont été fort importantes, les administrations des Postes et des Télégraphes ont-elle multiplié, surtout depuis leur réunion, les facilités qu'elles offrent au public et les services qu'elles lui rendent.

2. A côté des modes de communications qui étaient usités à l'époque de la publication du *Répertoire*, les progrès de la science ont permis depuis d'en adjoindre un nouveau, la téléphonie. Nous n'avons pas à décrire ici ce mode de communication, qui prend de jour en jour une extension croissante. Les communications téléphoniques, récemment introduites en France, sont restées longtemps limitées à l'intérieur de Paris. Exploité d'abord par des concessionnaires (V. *infra*, n° 222), le service des Téléphones n'a guère pris son essor que depuis 1889, époque où l'Etat a repris ce service et racheté le monopole de la compagnie concessionnaire. Depuis, grâce aux subventions des villes et au concours équivalent que l'Etat apporte à la création des réseaux urbains et interurbains, le nombre des villes dans lesquelles le téléphone est employé aux communications locales et avec communications lointaines s'est considérablement accru. Actuellement, le nombre des villes de France pourvues d'un service urbain s'élève à plus de 100, ayant une population de plus de 6 millions d'habitants. De 1889 à 1892, le nombre des abonnés s'est accru de près de 7000 et s'est élevé de 11 400 à 18 191, dont 9650 pour Paris. Le produit total des communications téléphoniques a été en 1891 de 5 574 000 fr. dont 3 820 000 fr. pour Paris. Les communications faites au moyen des cabines téléphoniques publiques ont produit, en 1891, une recette de 210 000 fr., contre 68 000 fr. en 1889. Les réseaux interurbains se sont également développés ; Paris est relié à un certain nombre de villes, notamment : le Havre, Lyon, Marseille, Lille, Dunkerque, Reims, Rouen, Nancy, Tours. Il existe enfin deux communications internationales, celle de Paris à Bruxelles et celle de Paris à Londres qui ont donné lieu, la première à plus de 50 000 communications en 1891, la seconde à près de 17 000.

3. Le régime sous lequel se font aujourd'hui les communications postales et télégraphiques date de 1878, époque où furent réunies les deux administrations des Postes et des Télégraphes et où les taxes furent remaniées d'après le principe nouveau de l'unité de taxe et, pour les télégraphes, de l'unité de taxe complétée par la taxation par mot. Mais déjà d'importantes réformes avaient été apportées dans les deux services postérieurement à celles qui ont été étudiées au *Répertoire*. Les lois, qui avaient consacré ces réformes, sont encore applicables aujourd'hui, dans un grand nombre de leurs dispositions qui seront exposées au chapitre suivant.

4. Dans le service des postes, la période qui s'est écoulée entre la publication du *Répertoire* et la réforme de 1878 a vu s'accomplir deux importantes innovations. La première est l'admission dans le service des postes des valeurs au porteur, sous la condition d'un chargement et d'une déclaration de valeur qui rend l'Administration pécuniairement responsable de la perte, sauf le cas de force majeure (L. 4 juin 1859, D. P. 59. 4. 58. V. *infra*, n° 33 et suiv.). La seconde est la réglementation nouvelle du transport des imprimés, des échantillons et des papiers d'affaires ou de commerce (L. 25 juin 1856, D. P. 56. 4. 68, *infra*, n°s 59 et suiv.).

5. Les communications postales et télégraphiques internationales ont également pris, depuis la publication du *Répertoire*, un rapide essor. On trouvera *infra*, v° *Traité international*, l'exposé des conventions diplomatiques qui règlent aujourd'hui ces communications et qui ont créé l'union postale et l'union télégraphique, faisant des territoires des Etats contractants un seul territoire postal, à l'intérieur duquel les correspondances circulent moyennant une taxe uniforme. On exposera *infra*, n°s 27, 55 et suiv., 87 et suiv. ; 97 et suiv., les conditions auxquelles s'échangent, à l'intérieur de ce territoire, non seulement les correspondances, mais encore les envois de valeurs et d'argent par l'intermédiaire des offices postaux.

Tableau chronologique de la législation relative aux Postes, Télégraphes et Téléphones.

29 déc. 1855-18 janv. 1856. — Décret relatif à l'échange des correspondances entre la France et les colonies françaises par la voie d'Angleterre (D. P. 56. 4. 10).

16-25 févr. 1856. — Décret relatif aux correspondances échangées par la voie de l'Espagne, entre la France et le Portugal (D. P. 56. 4. 38).

25 juin-2 juill. 1856. — Loi relative au transport des imprimés, des échantillons et des papiers d'affaires ou de commerce, circulant en France par la poste (D. P. 56. 4. 68).

9 juill. 1856. — Arrêté du ministre des finances pour l'exécution de l'art. 10 de cette loi (D. P. 56. 4. 76, note 1).

12-23 juill. 1856. — Décret relatif à l'échange des journaux et autres imprimés entre la France et les pays étrangers ou les colonies, soit par l'intermédiaire des postes d'Autriche, de Grèce ou de la Tour et Taxis, soit au moyen des bâtiments de commerce (D. P. 56. 4. 117).

3-9 déc. 1856. — Décret relatif aux correspondances transportées par les paquebots-poste britanniques naviguant dans la Méditerranée, et expédiées de la France, de l'Algérie et de divers pays étrangers, pour les bureaux de poste français, établis en Turquie en Egypte, et *vice versa* (D. P. 56. 4. 155).

19 sept.-1er oct. 1857. — Décret qui approuve la convention passée entre le ministre des finances et la compagnie des services maritimes des messageries impériales pour l'exploitation de ligne de correspondance entre la France et le Brésil (D. P. 57. 4. 188).

20 févr.-1er mars 1858. — Décret qui approuve la convention passée entre le ministre des finances et la compagnie V. Marziou, pour l'exploitation du service postal des Etats-Unis et des Antilles (D. P. 58. 4. 14).

6-8 mai 1858. — Loi relative à la prolongation de la durée du marché passé pour le transport des dépêches entre Marseille, la Corse et la Sardaigne (D. P. 58. 4. 32).

11 nov. 1858. — Arrêté du ministre des finances concernant les correspondances expédiées sous le contreseing ou le couvert des maires (D. P. 59. 3. 40).

19 mai-7 juin 1859. — Décret portant que les habitants des colonies françaises pourront échanger des correspondances entre eux par la voie des paquebots britanniques et de la France (D. P. 59. 4. 33).

4 juin-6 juill. 1859. — Loi sur le transport, par la poste, des valeurs déclarées (D. P. 59. 4. 58).

10-29 oct. 1859. — Décret relatif aux dépêches échangées, par la voie des services britanniques, entre la France et les établissements français dans l'Inde (D. P. 59. 4. 84).

13 nov.-1er déc. 1859. — Décret relatif à l'échange des correspondances entre la France et les établissements français des îles Marquises, des îles Basses, des îles de la Société, de la Nouvelle-Calédonie, de l'île des Pins et des îles Loyalty (D. P. 59. 4. 120).

14-28 déc. 1859. — Décret qui fixe les taxes à percevoir pour les lettres échangées entre la France et le corps expéditionnaire en Chine (D. P. 59. 4. 132).

7-18 févr. 1860. — Décret qui place dans les attributions du ministère de l'Algérie et des colonies le service des postes en Algérie (D. P. 60. 4. 15).

28 mars-28 avr. 1860. — Décret relatif aux correspondances expédiées de la France et de l'Algérie, par la voie des paquebots-poste français, pour le Portugal, les îles du Cap-Vert et le Brésil et vice versa (D. P. 60. 4. 37).

28 mars-28 avr. 1860. — Décret relatif aux correspondances expédiées des bureaux de poste français établis en Turquie et en Egypte, par la voie des paquebots-poste français des lignes de la Méditerranée et du Brésil, à destination du Portugal, des îles du Cap-Vert et du Brésil, et vice versa (D. P. 60. 4. 37).

22 août-17 sept. 1860. — Décret pour l'exécution de la convention franco-postale conclue le 7 juill. 1860 entre la France et le Brésil (D. P. 60. 4. 148).

8-22 sept. 1860. — Décret relatif aux correspondances expédiées de la France et de l'Algérie, par la voie des paquebots-poste français, pour la république orientale de l'Uruguay et la Confédération argentine, et vice versa (D. P. 60. 4. 150).

8-22 sept. 1860. — Décret relatif aux correspondances expédiées de la république orientale de l'Uruguay et de la Confédération argentine, par la voie des paquebots-poste français, à destination de la France, de l'Algérie, des bureaux de poste français établis en Turquie et en Egypte, etc. (D. P. 60. 4. 150).

23 oct.-8 nov. 1860. — Décret qui approuve la convention additionnelle passée, le 26 sept. 1860, entre le ministre de l'intérieur et MM. Glass, Elliot et Cie, pour l'établissement de la ligne télégraphique directe de Toulon à Alger (D. P. 60. 4. 155).

1er-24 déc. 1860. — Décret qui approuve la convention passée, le 21 mai 1860, pour l'établissement d'une ligne télégraphique sous-marine entre la France et les Etats-Unis d'Amérique (D. P. 61. 4. 12).

12-25 janv. 1861. — Décret concernant les correspondances originaires ou à destination du Sénégal et transportées par les paquebots-poste français (D. P. 61. 4. 27).

23 avr.-22 juin 1861. — Décret relatif aux correspondances échangées entre la France et l'île Maurice (D. P. 61. 4. 78).

11-22 mai 1861. — Décret qui exempte de tout droit de poste, en raison de leur parcours sur le territoire de la métropole et sur le territoire colonial, les suppléments de journaux expédiés de France pour les colonies françaises, lorsque ces suppléments sont consacrés à la publication des débats législatifs (D. P. 61. 4. 62).

12-18 juin 1861. — Loi qui ouvre, sur l'exercice 1861, un crédit extraordinaire pour payement d'intérêts à la compagnie du télégraphe sous-marin de la Méditerranée (D. P. 61. 4. 78).

28 juin-4 juill. 1861. — Loi qui fixe la taxe des lettres ordinaires, circulant de bureau de poste à bureau de poste, dans l'intérieur de la France pour la Corse et l'Algérie, et réciproquement (art. 18) (D. P. 61. 4. 84).

3-11 juill. 1861. — Loi qui approuve les stipulations financières contenues dans l'art. 3 de la convention passée, le 20 oct. 1860, pour l'exploitation d'un service postal transatlantique entre la France, les Etats-Unis et les Antilles (D. P. 61. 4. 108).

3-11 juill. 1861. — Loi qui approuve les stipulations financières contenues dans la convention passée, le 22 avr. 1861, pour l'exploitation d'un service postal de l'Indo-Chine (D. P. 61. 4. 108).

22-27 juill. 1861. — Décret qui fait concession à la compagnie générale de l'exploitation d'un service postal entre la France, les Etats-Unis et les Antilles (D. P. 61. 4. 112).

22-27 juill. 1861. — Décret qui fait concession à la compagnie des services maritimes des messageries impériales de l'exploitation d'un service postal de navigation entre la France, la Chine, avec embranchements sur la Réunion, les Indes françaises, néerlandaises et espagnoles (D. P. 61. 4. 112).

19 août-4 oct. 1861. — Décret qui approuve la convention additionnelle passée, le 4 juill. 1861, pour l'achèvement de la ligne télégraphique destinée à relier directement les côtes de France à celles de l'Algérie (D. P. 61. 4. 121).

21 sept.-4 oct. 1861. — Décret qui ouvre, sur l'exercice 1861, un crédit extraordinaire de 300 000 fr., destiné à acquérir la propriété d'un appareil télégraphique inventé par M. Hughes,

et à faire construire un certain nombre d'appareils de ce système (D. P. 61. 4. 121).

5-12 oct. 1861. — Décret qui détermine la taxe à percevoir pour les dépêches télégraphiques privées échangées entre la France continentale et l'Algérie, par le câble direct de Port-Vendres à Alger (D. P. 61. 4. 122).

20-31 janv. 1862. — Décret sur l'organisation de l'administration des lignes télégraphiques (D. P. 62. 4. 13).

29 janv.-4 mars 1862. — Décision impériale concernant l'admission d'office à la retraite des fonctionnaires et agents de l'administration des lignes télégraphiques (D. P. 62. 4. 26).

12 févr.-10 juin 1862. — Décret qui fixe les taxes à percevoir pour les correspondances expédiées de France pour le corps expéditionnaire au Mexique, et vice versa (D. P. 62. 4. 51).

12-27 mars 1862. — Décret relatif aux correspondances expédiées de Cuba et du Mexique, par la voie des paquebots-poste français, à destination de la France, de l'Algérie, des bureaux de poste français établis en Turquie et en Egypte, etc. (D. P. 62. 4. 35).

15-27 mars 1862. — Décret relatif aux correspondances expédiées de la France et de l'Algérie, par la voie des paquebots-poste français pour Cuba et le Mexique, et vice versa (D. P. 62. 4. 35).

22-27 mars 1862. — Décret concernant les correspondances originaires ou à destination de la Martinique et transportées par les paquebots-poste français (D. P. 62. 4. 36).

30 juin-5 juill. 1862. — Décret relatif aux correspondances provenant ou à destination de la Guadeloupe, qui seront prises ou déposées à la Martinique ou à la Guadeloupe par les paquebots-poste français (D. P. 62. 4. 78).

2-3 juill. 1862. — Loi qui fixe la taxe à percevoir sur les envois de fonds ou sur la valeur des objets précieux confiés à la poste et la taxe des lettres distribuables dans la circonscription du bureau où elles sont déposées (art. 29) (D. P. 62. 4. 60).

6-12 juill. 1862. — Loi qui approuve les stipulations financières contenues dans la convention du 27 mai 1862, relative à l'exploitation provisoire d'un service postal de navigation entre Suez et la Chine (D. P. 62. 4. 79).

15 oct. 1862-23 janv. 1863. — Décret relatif aux correspondances expédiées par la voie des paquebots-poste français et l'isthme de Suez, soit de la France et de l'Algérie pour les possessions britanniques de l'Asie, soit des possessions britanniques d'Asie pour la France et l'Algérie (D. P. 63. 4. 6).

18-28 oct. 1862. — Décret relatif à la taxe des correspondances originaires ou à destination du bureau de poste français établi à Shang-Haï (D. P. 62. 4. 122).

22 oct. 1862-27 janv. 1863. — Décret relatif aux correspondances provenant ou à destination des établissements français en Cochinchine, transmises par la voie des paquebots-poste français ou par celle des paquebots-poste britanniques, etc. (D. P. 63. 4. 35).

28 mars-17 avr. 1863. — Décret concernant les correspondances expédiées par la voie des paquebots-poste français naviguant dans la mer des Antilles et dans le golfe du Mexique, soit de l'une des colonies anglaises d'Amérique pour une autre de ces colonies, soit de l'une desdites colonies pour Cuba et le Mexique, et vice versa (D. P. 63. 4. 18).

11-17 avr. 1863. — Décret concernant les correspondances expédiées par la voie des paquebots-poste français, soit de la France et de l'Algérie pour les colonies anglaises desservies par ces paquebots, soit desdites colonies pour la France et l'Algérie (D. P. 63. 4. 18).

18-22 avr. 1863. — Loi qui approuve les stipulations financières contenues dans l'art. 3 de la convention relative à l'exécution d'un service postal entre Nice et la Corse (D. P. 63. 4. 47).

22 avr.-23 sept. 1863. — Décret relatif à l'échange des correspondances par la voie des paquebots-poste français, entre la Martinique et la Guadeloupe, et entre ces colonies et les colonies anglaises d'Amérique desservies par lesdits paquebots (D. P. 63. 4. 145).

25 avr.-7 mai 1863. — Décret qui fait concession à la compagnie Valery de l'exploitation d'un service postal hebdomadaire de navigation entre Nice et la Corse (D. P. 63. 4. 51).

9-13 mai 1863. — Loi qui établit une taxe supplémentaire sur les lettres expédiées après les dernières levées (D. P. 63. 4. 54).

16-20 mai 1863. — Décret qui fixe les délais pendant lesquels les lettres déposées après les levées générales pourront être expédiées, moyennant une taxe supplémentaire (D. P. 63. 4. 63).

27 mai-3 juin 1863. — Loi relative à la taxe: 1o des dépêches privées, dessins, etc., transmis par le télégraphe au moyen de l'appareil autographique; 2o des dépêches télégraphiques privées échangées entre les navires en mer et les postes électro-sémaphoriques du littoral (D. P. 63. 4. 117).

29 juin-7 juill. 1863. — Décret concernant les correspondances expédiées par la voie de l'isthme de Suez et les paquebots-poste français, soit de la France et de l'Algérie pour les possessions britanniques d'Asie, soit des possessions britanniques d'Asie pour la France et l'Algérie (D. P. 63. 4. 127).

7-23 sept. 1863. — Décret relatif à l'échange des correspondances entre les postes de la métropole et les postes des colonies françaises, tant par la voie des paquebots-poste français que par celles des services britanniques (D. P. 63. 4. 446).

4-17 nov. 1863. — Décret portant que les inspecteurs départementaux, institués par décret du 20 janv. 1862 et chargés de pourvoir au payement des dépenses du service télégraphique, seront investis, à l'avenir, de la faculté de délivrer les mandats relatifs à ces dépenses (D. P. 63. 4. 157).

25 mai-3 juin 1864. — Décret concernant les journaux, gazettes, etc., provenant ou à destination des Etats-Unis, qui seront transportés entre la France et les Etats-Unis par les paquebots-poste français (D. P. 64. 4. 75).

4-10 juin 1864. — Loi qui approuve les art. 11, 12, 13 et 17 d'une convention arrêtée entre le ministre de l'intérieur et MM. Rowet, Simon et Trotter, pour l'établissement d'une ligne télégraphique sous-marine qui reliera la France aux Etats-Unis d'Amérique (D. P. 64. 4. 95).

25 juin-2 juill. 1864. — Décret relatif aux correspondances provenant ou à destination de l'île de la Réunion, de Mayotte et dépendances et de Sainte-Marie de Madagascar, transportées par les paquebots-poste français de la ligne de Suez à la Réunion et Maurice (D. P. 64. 4. 97).

9-25 août 1864. — Décret relatif aux correspondances expédiées par la voie des paquebots-poste français et de l'isthme de Suez, soit de la France et de l'Algérie pour l'île Maurice et les Seychelles, soit de l'île Maurice et des Seychelles pour la France et l'Algérie (D. P. 64. 4. 107).

13-30 août 1864. — Décret qui réduit le tarif des dépêches télégraphiques privées échangées dans l'intérieur de la ville de Paris (D. P. 64. 4. 108).

17-25 août 1864. — Décret concernant les correspondances provenant ou à destination des Indes néerlandaises, qui seront transportées entre la France et Batavia par les services français (D. P. 64. 4. 107).

17-23 sept. 1864. — Décret relatif aux correspondances échangées, par la voie d'Espagne, entre les habitants de la France et de l'Algérie, d'une part, et les habitants du Portugal et des Açores, d'autre part (D. P. 64. 4. 112).

28 sept.-4 oct. 1864. — Décret concernant les correspondances expédiées par la voie de l'isthme de Suez et des paquebots-poste français, soit de la France et de l'Algérie pour l'île Maurice, soit de l'île Maurice pour la France et l'Algérie (D. P. 64. 4. 115).

28 sept.-14 oct. 1864. — Décret concernant les correspondances expédiées au moyen des paquebots-poste français soit de la France et de l'Algérie pour les colonies anglaises de Sainte-Lucie, de Saint-Vincent, de la Grenade et de la Trinité, soit des colonies anglaises de Sainte-Lucie, de Saint-Vincent, de la Grenade et de la Trinité, pour la France et l'Algérie (D. P. 64. 4. 115).

27 nov.-7 déc. 1864. — Décret qui fixe le prix du port des papiers de commerce ou d'affaires échangés entre les habitants de la France et de l'Algérie d'une part, et les colonies et établissements français d'autre part (D. P. 64. 4. 123).

27 nov.-15 déc. 1864. — Décret portant que les inspecteurs des postes dans les départements prendront le titre de directeurs et que la dénomination actuelle de directeur des postes sera remplacée par celle de receveur des postes (D. P. 64. 4. 128).

4-15 déc. 1864. — Décret qui divise le service d'inspection des postes en six circonscriptions (D. P. 64. 4. 128).

28 janv.-15 mars 1865. — Décret sur l'organisation de l'administration des lignes télégraphiques (D. P. 65. 4. 16).

8-18 févr. 1865. — Décret relatif à la taxe des dépêches télégraphiques privées transmises au moyen des appareils autographiques (D. P. 65. 4. 16).

17-23 mai 1865. — Loi qui approuve les stipulations financières contenues dans les art. 8 et 9 de la convention passée, le 2 juin 1864, pour les modifications des services postaux de navigation dans les mers de l'Inde et de la Chine (D. P. 65. 4. 31).

18-23 mai 1865. — Décret concernant les correspondances expédiées par la voie des paquebots français soit de la Martinique et de la Guadeloupe pour les colonies anglaises de Saint-Vincent, Sainte-Lucie, la Grenade et la Trinité, soit de ces colonies anglaises pour la Martinique et la Guadeloupe (D. P. 65. 4. 31).

18-23 mai 1865. — Décret relatif à la taxe d'affranchissement des échantillons de marchandises échangés entre les habitants de la France et de l'Algérie, d'une part, et les habitants de Shang-Haï, d'autre part (D. P. 65. 4. 31).

31 mai-20 juin 1865. — Décret relatif aux correspondances échangées, soit entre la Guadeloupe et la Martinique, d'une part, et la Guyane française, d'autre part, soit entre ces colonies et les pays y désignés (D. P. 65. 4. 31).

14 juin-8 juill. 1865. — Décret relatif aux correspondances expédiées du Mexique, de Cuba, de Porto-Rico, des Etats-Unis de Colombie, d'Haïti, de Saint-Thomas et de la Guyane hollandaise, par la voie des paquebots-poste français, à destination de la France, de l'Algérie, des bureaux de poste français établis en Turquie, en Egypte, etc. (D. P. 65. 4. 98).

17 juin-8 juill. 1865. — Décret relatif aux correspondances expédiées de la France et de l'Algérie pour la Guyane hollandaise, Haïti, les Etats-Unis de Colombie, Porto-Rico, Saint-Thomas, la Bolivie, le Chili, la république de l'Equateur et le Pérou, et vice versa (D. P. 65. 4. 99).

21-juin-5 juill. 1865. — Décret relatif à la taxe des correspondances originaires ou à destination du bureau de poste français établi à Yokohama (Japon) (D. P. 65, 4. 98).

12-25 juill. 1865. — Décret relatif aux taxes à percevoir tant sur les lettres affranchies, les lettres chargées et les imprimés expédiés des colonies et établissements français pour Yokohama (Japon) que sur les lettres non affranchies expédiées de Yokohama pour les colonies et établissements français (D. P. 65. 4. 120).

12-27 juill. 1865. — Décret qui approuve la convention passée, le 2 juin 1864, entre le ministre des finances et la compagnie des services maritimes des messageries impériales, au sujet des services de la Méditerranée et de l'Indo-Chine (D. P. 65. 4. 121).

18 sept.-4 oct. 1865. — Décret concernant les correspondances échangées, au moyen des paquebots-poste français entre la France et l'Algérie, d'une part, et les colonies anglaises de la Jamaïque et de la Guyane, d'autre part (D. P. 65. 4. 138).

25 sept.-4 oct. 1865. — Décret concernant les lettres que les habitants de la Guyane française, de la Martinique et de la Guadeloupe échangeront, par l'intermédiaire des postes de la métropole, avec les habitants de la Jamaïque et de la Guyane anglaise (D. P. 65. 4. 138).

21 oct.-17 nov. 1865. — Décret relatif aux correspondances expédiées de la France et de l'Algérie, par l'intermédiaire de l'office des postes de la Tour et Taxis, à destination des duchés de Slesvig, de Holstein et de Lauenbourg, de la principauté de Lubeck, de Héligoland, du Danemark, de la Suède, de la Norvège, de l'Islande, des îles Féröe et du Groenland, et vice versa (D. P. 65. 4. 144).

25 oct.-17 nov. 1865. — Décret concernant les correspondances recueillies ou distribuées par les bureaux de poste français établis en Turquie, en Egypte, à Tunis et à Tanger (D. P. 65. 4. 144).

28 oct.-30 nov. 1865. — Décret concernant les correspondances échangées entre les habitants de la France et de l'Algérie, d'une part, et les habitants de divers pays étrangers, d'autre part (D. P. 66. 4. 5).

11-30 nov. 1865. — Décret concernant les lettres ordinaires et les lettres chargées expédiées des colonies ou établissements français pour les bureaux de poste français établis en Turquie, en Egypte, à Tunis et à Tanger, et vice versa. (D. P. 66. 4. 6).

25 nov.-28 déc. 1865. — Décret concernant les correspondances échangées, par la voie de l'isthme de Panama, entre les habitants de la France et de l'Algérie, d'une part, et les habitants des îles Marquises, des îles Basses et des îles de la Société, d'autre part, etc. (D. P. 66. 4. 9).

13-29 janv. 1866. — Décret concernant les correspondances échangées entre les habitants de la France et de l'Algérie, d'une part, et les habitants du duché de Lauenbourg, d'autre part (D. P. 66. 4. 5).

31 janv.-9 févr. 1866. — Décret concernant les correspondances expédiées de la France et de l'Algérie pour la Suède, et vice versa (D. P. 66. 4. 16).

31 janv.-19 févr. 1866. — Décret concernant les lettres ordinaires et les lettres chargées échangées entre les habitants de la France et de l'Algérie, d'une part, et les habitants des Indes néerlandaises, d'autre part (D. P. 66. 4. 17).

3-19 févr. 1866. — Décret concernant les correspondances expédiées des bureaux ou agences de poste que la France entretient à l'étranger, pour les Indes néerlandaises, et vice versa (D. P. 66. 4. 17).

11-19 avr. 1866. — Décret concernant les lettres ordinaires et les lettres chargées échangées entre les habitants de la France et de l'Algérie, d'une part, et les habitants des Seychelles, d'autre part. (D. P. 66. 4. 24).

11-14 juill. 1866. — Loi qui approuve les stipulations financières dans l'art. 4 de la convention passée, le 16 mars 1866, pour des additions aux services postaux dans la mer des Antilles (D. P. 66. 4. 96).

11-19 juill. 1866. — Décret concernant les correspondances échangées, par la voie de l'isthme de Panama et des paquebots-poste britanniques, entre les habitants de la France et de l'Algérie d'une part, et les habitants des colonies britanniques y désignées d'autre part (D. P. 66. 4. 104).

11-19 juill. 1866. — Décret concernant les correspondances échangées, par la voie des paquebots britanniques et de l'isthme de Suez, entre les habitants de la France et de l'Algérie, d'une part, et les habitants du cap de Bonne-Espérance, d'autre part (D. P. 66. 4. 104).

14-19 juill. 1866. — Décret qui approuve la convention passée le 16 mars 1866, pour des additions aux services postaux dans la mer des Antilles (D. P. 66. 4. 104).

14-30 juill. 1866. — Décret concernant les correspondances expédiées de la France et de l'Algérie par la voie des paquebots-poste français pour le Venezuela, etc. (D. P. 66. 4. 138).

18-30 juill. 1866. — Décret concernant les correspondances expédiées des bureaux de poste français établis en Égypte, à Tunis, à Tanger, à Shang-Haï et à Yokohama pour le Portugal, Madère, les Açores, etc. (D. P. 66. 4. 138).

28-juill.-30 août 1866. — Décret sur l'organisation de l'administration des lignes télégraphiques (D. P. 66. 4. 141).

1er-29 oct. 1866. — Décret concernant les lettres ordinaires et les lettres chargées échangées entre les habitants de la France et de l'Algérie, d'une part, et les habitants de la Guyane hollandaise, d'autre part (D. P. 67. 4. 6).

8-29 oct. 1866. — Décret concernant les correspondances expédiées des bureaux ou agences de poste que la France entretient à l'étranger, pour la Guyane hollandaise et *vice versa* (D. P. 67. 4. 6).

13-29 oct. 1866. — Décret concernant les correspondances échangées par la voie de l'isthme de Panama et des paquebots-poste britanniques entre les habitants de la France et de l'Algérie et les habitants des colonies anglaises y désignées (D. P. 66. 4. 6).

23 oct.-23 nov. 1866. — Décret portant règlement d'administration publique pour l'exécution de l'art. 2 de la loi du 27 mai 1863, relative à la taxe des dépêches télégraphiques privées échangées entre les navires en mer et les postes électro-télégraphiques du littoral (D. P. 67. 4. 6).

5-23 janv. 1867. — Décret concernant les correspondances échangées entre les habitants de la France et de l'Algérie, d'une part, et les habitants des duchés de Slesvig et de Holstein, d'autre part (D. P. 67. 4. 28).

1er-15 févr. 1867. — Décret concernant les échantillons de marchandises et les imprimés échangés par la voie de Panama et des paquebots-poste britanniques entre la France et l'Algérie et certaines colonies anglaises (D. P. 67. 4. 31).

8-17 mai 1867. — Décret portant règlement d'administration publique sur la taxe de la correspondance télégraphique privée (D. P. 67. 4. 58).

15-31 mai 1867. — Décret relatif aux correspondances expédiées de la France et de l'Algérie à destination des villes de Pékin, Urga, Kolgan et Tiensin (Chine), par la voie de la Prusse et de la Russie et *vice versa* (D. P. 67. 4. 61).

16-30 sept. 1867. — Décret relatif aux taxes à percevoir : 1° pour l'affranchissement des lettres et des imprimés déposés dans les bureaux de poste français établis en Turquie, en Égypte, à Tanger et à Tunis, à destination de la Grèce, et 2° sur les lettres non affranchies de la Grèce à destination des bureaux ci-dessus (D. P. 67. 4. 133).

28 sept.-2 nov. 1867. — Décret concernant les imprimés de toute nature échangés entre la France et les pays d'outre-mer, sans distinction de parages, par la voie de Belgique (D. P. 67. 4. 143).

16 oct.-28 nov. 1867. — Décret concernant les correspondances provenant ou à destination du Honduras britannique et qui sont acheminées par la voie de l'Angleterre et les États-Unis (D. P. 67. 4. 145).

13 nov.-30 déc. 1867. — Décret concernant les échantillons de marchandises échangées entre les habitants de la France et de l'Algérie, d'une part, et les habitants des pays y désignés (D. P. 67. 4. 152).

28 déc. 1867-1er févr. 1868. — Décret relatif aux taxes à percevoir tant pour les lettres ordinaires affranchies, les lettres chargées et les imprimés déposés dans les bureaux de poste français établis en Turquie, en Égypte, à Tanger et à Tunis, à destination du Danemark, de la Suède et de la Norvège, que pour les lettres non affranchies provenant du Danemark, de la Suède et de la Norvège (D. P. 68. 4. 14).

4-7 juill. 1868. — Loi qui fixe la taxe des dépêches télégraphiques privées (D. P. 68. 4. 86).

4-8 juill. 1868. — Loi qui approuve les stipulations financières contenues dans les art. 5, 6 et 8 de la convention passée entre le ministre des finances et la compagnie des Messageries maritimes, pour l'extension du service postal dans les mers des Indes, de la Chine et du Japon (D. P. 68. 4. 90).

26 juill.-4 août 1868. — Loi qui approuve les stipulations financières contenues dans les art. 5 et 7 d'une convention passée entre le ministre des finances et la Compagnie générale transatlantique, pour l'exploitation d'un service postal entre Panama et Valparaiso (D. P. 68. 4. 111).

10-25 août 1868. — Décret qui fixe les taxes à percevoir sur les lettres ordinaires et les imprimés de toute nature expédiés des pays d'outre-mer par la voie de Lisbonne et des paquebots britanniques à destination de la France et de l'Algérie (D. P. 69. 4. 4).

4-20 nov. 1868. — Décret qui fixe les taxes à percevoir en France et en Algérie sur les correspondances transportées par les bâtiments à vapeur français ou anglais naviguant entre les ports de France et les ports du Chili, du Pérou, de la Bolivie et de la République de l'Équateur (D. P. 69. 4. 7).

18 nov.-14 déc. 1868. — Décret concernant les lettres ordinaires et les lettres chargées entre les habitants de la France et de l'Algérie, d'une part, et les habitants de Curaçao, d'autre part (D. P. 69. 4. 10).

28 nov.-14 déc. 1868. — Décret concernant les correspondances expédiées des bureaux ou agences de poste que la France entretient à l'étranger pour Curaçao, et *vice versa* (D. P. 69. 4. 10).

20 mars-19 avr. 1869. — Décret qui fixe les taxes à percevoir, en France et en Algérie, pour les correspondances à destination ou provenant des pays d'outre-mer et qui seront acheminées par la voie de Lisbonne et des paquebots portugais (D. P. 69. 4. 39).

8-19 mai 1869. — Loi de finances contenant des dispositions sur les taxes télégraphiques (D. P. 69. 4. 78).

26 mai-12 juin 1869. — Décret concernant les lettres expédiées de la France et de l'Algérie à destination des îles Sandwich par la voie des États-Unis (D. P. 69. 4. 90).

2-11 juin 1869. — Décret concernant les lettres chargées renfermant des valeurs-papiers payables au porteur, échangées entre les habitants de la France et de l'Algérie, d'une part, et les habitants de la Belgique, d'autre part (D. P. 69. 4. 88).

9-24 juin 1869. — Décret concernant les correspondances échangées, par la voie d'Angleterre, entre les habitants de la France et de l'Algérie et les habitants du cap de Bonne-Espérance de Port-Natal, de Saint-Hélène et des îles Falkland, et *vice versa* (D. P. 69. 4. 92).

10 juill.-2 août 1869. — Décret relatif aux correspondances expédiées de l'Espagne, des Baléares, des Canaries, des possessions espagnoles et de la côte septentrionale d'Afrique et Gibraltar pour la France et l'Algérie (D. P. 69. 4. 93).

7-21 août 1869. — Décret relatif aux taxes à percevoir tant pour les lettres ordinaires affranchies et les lettres chargées expédiées de la France et de l'Algérie à destination de la Roumanie, que pour les lettres non affranchies expédiées de la Roumanie à destination de la France ou de l'Algérie (D. P. 69. 4. 94).

14 août-6 sept. 1869. — Décret qui réduit la taxe des dépêches télégraphiques privées transmises par les appareils autographiques (D. P. 69. 4. 95).

6 oct.-15 déc. 1869. — Décret qui approuve une convention intervenue entre le ministre de l'intérieur et M. Knapp Barrow, pour un câble sous-marin à faire atterir aux environs de Brest, en un point du littoral à déterminer de concert avec l'administration des lignes télégraphiques (D. P. 70. 4. 11).

6 oct.-15 déc. 1869. — Décret qui approuve une convention intervenue entre le ministre de l'intérieur, au nom de l'État, et le contre-amiral Lacapelle, au nom de la Compagnie du câble transatlantique français (D. P. 70. 4. 12).

9 oct.-24 déc. 1869. — Décret concernant les dépêches télégraphiques échangées entre la France, l'Algérie et la Tunisie (D. P. 70. 4. 16).

26 oct.-30 nov. 1869. — Décret relatif aux correspondances expédiées de la France et de l'Algérie à destination de la Serbie, par l'intermédiaire de l'office des postes austro-hongroises et *vice versa* (D. P. 70. 4. 10).

22-31 déc. 1869. — Décret concernant les correspondances expédiées de la France et de l'Algérie, tant à destination des États-Unis et de leurs territoires qu'à destination des pays auxquels les États-Unis servent d'intermédiaires (D. P. 70. 4. 16).

31 janv.-11 mars 1870. — Décret relatif aux lettres expédiées non affranchies des États-Unis pour la France et l'Algérie par la voie de l'Angleterre (D. P. 70. 4. 29).

5 févr.-4 mars 1870. — Décret qui approuve une convention intervenue entre les ministres de l'intérieur et de la guerre et M. le baron E. Erlanger, pour l'établissement et l'exploitation d'une ligne télégraphique sous-marine reliant la France à l'île de Malte et desservant l'Algérie (D. P. 70. 4. 28).

23 févr.-11 mars 1870. — Décret concernant les journaux, imprimés non périodiques et échantillons de marchandises expédiés, par la voie d'Angleterre, de la France pour les États-Unis et *vice versa* (D. P. 70. 4. 29).

28 févr.-6 avr. 1870. — Décret qui approuve une convention intervenue entre les ministres de l'intérieur et de la guerre et M. Brettmayer, pour l'établissement et l'exploitation d'une ligne de télégraphie sous-marine reliant la France à l'Égypte et desservant l'Algérie (D. P. 70. 4. 43).

25 mai-14 juin 1870. — Décret portant règlement d'administration publique sur les mesures propres à faire concourir le service télégraphique aux envois d'argent par la poste (D. P. 70. 4. 49).

16-21 juin 1870. — Décret concernant les correspondances échangées par la voie de l'Angleterre entre les États-Unis et la France et l'Algérie, d'une part, et la Nouvelle-Zélande, d'autre part (D. P. 70. 4. 51).

24 juill. 1870. — Loi relative à la franchise des lettres et aux mandats déposés et adressés aux militaires faisant partie des armées en campagne (D. P. 70. 4. 75).

24 juill.-3 août 1870. — Décret qui rend applicable à la ville de Marseille le décret du 16 mai 1863 (D. P. 70. 4. 63).

17 août-17 sept. 1870. — Décret qui réduit la taxe des dépêches télégraphiques privées transmises par les appareils autographiques (D. P. 70. 4. 70).

2 sept.-24 oct. 1870. — Décret relatif aux correspondances expédiées de la France et de l'Algérie par la voie du Danemark, à destination de l'Islande et des îles Feroë (D. P. 70. 4. 72).

4-10 sept. 1870. — Décret portant nomination du directeur général des télégraphes (D. P. 70 4. 83).

26-28 sept. 1870. — Décret qui autorise l'administration des Postes à expédier, par la voie d'aérostats montés, les lettres ordinaires à destination de la France, de l'Algérie et de l'étranger (D. P. 70. 4. 92).

26-28 sept. 1870. — Décret qui autorise l'administration des Postes à transporter des cartes-poste par la voie d'aérostats libres et non montés (D. P. 70. 4. 92).

28 sept.-11 oct. 1870. — Décret qui ordonne l'établissement de ballons captifs et estafettes et ouvre un crédit de 5500 fr (D. P. 70. 4. 115).

12-22 oct. 1870. — Décret qui réunit les directions générales des postes et des télégraphes (D. P. 70. 4. 118).

15 oct.-18 nov. 1870. — Décret réglant l'organisation de la télégraphie à la suite des armées en campagne, et la situation des fonctionnaires de l'administration télégraphique (D. P. 70. 4. 127).

16-26 oct. 1870. — Décret qui supprime le monopole de la poste pour le transport des journaux et écrits périodiques (D. P. 70. 4. 119).

16-26 oct. 1870. — Décret qui ouvre un crédit au ministère de l'intérieur pour assurer le transport des correspondances par des procédés spéciaux (D. P. 70. 4. 120).

2-18 nov. 1870. — Décret qui réglemente le service télégraphique dans chaque corps d'armée (D. P. 70. 4. 127).

2-18 nov. 1870. — Décret assimilant à l'armée le personnel de l'administration des Télégraphes et des Postes remplissant une mission de guerre (D. P. 70. 4. 127).

4-21 nov. 1870. — Décret relatatif à l'emploi de pigeons pour les correspondances privées des départements avec Paris (D. P. 70. 4. 129).

4-22 nov. 1870. — Arrêté du directeur général des télégraphes et des postes déterminant les conditions d'expédition des dépêches privées entre les départements et Paris, au moyen des pigeons voyageurs de l'administration des Télégraphes et des Postes (D. P. 70. 4. 129).

24 nov.-3 déc. 1870. — Décret relatif aux pigeons porteurs de dépêches (D. P. 70. 4. 105).

25 nov.-8 déc. 1870. — Décret complétant le service de correspondance des départements avec Paris au moyen de pigeons (D. P. 70. 4. 135).

27 nov. 1870.-7 janv. 1871. — Décret chargeant le service des postes de la transmission des lettres adressées aux armées en campagne (D. P. 71. 4. 10).

24 déc. 1870.-23 janv. 1871. — Décret modifiant les taxes postales applicables aux correspondances qui rejoignent par l'Italie les services maritimes britanniques (D. P. 71. 4. 12).

23 déc. 1870.-23 janv. 1871. — Décret approuvant un nouveau mode officiel de correspondance des départements avec Paris (D. P. 71. 4. 13).

27 déc. 1870.-8 févr. 1871. — Décret relatif à la taxe des dépêches télégraphiques entre la France et la Corse, d'une part, et l'Algérie et la Tunisie, d'autre part (D. P. 71. 4. 14).

8 janv.-11 mars 1871. — Décret sur les obligations des compagnies de chemin de fer pour assurer le service postal (D. P. 71. 4. 17).

8 janv.-11 mars 1871. — Décret qui réduit la taxe fixée par le décret du 4 nov. 1870 (D. P. 71. 4. 17).

23 janv.-22 mars 1871. — Décret qui prescrit des mesures pour protéger la circulation des pigeons voyageurs chargés des dépêches du Gouvernement et des particuliers (D. P. 71. 4. 18).

30 janv. 1871. — Arrêté du directeur général des télégraphes et des postes qui rétablit la télégraphie privée pendant la période électorale (D. P. 71. 4. 20).

4-29 avr. 1871. — Arrêté relatif à l'affranchissement des dépêches télégraphiques (D. P. 71. 4. 37).

16 avr.-22 mai 1871. — Arrêté concernant les correspondances recueillies ou distribuées par les bureaux de poste français établis en Turquie, en Egypte, à Tunis et à Tanger (D. P. 71. 4. 152).

21 avr.-22 mai 1871. — Arrêté portant fixation des taxes à percevoir, en France et en Algérie, sur les lettres, les échantillons de marchandises et les imprimés de toute nature, à destination ou provenant de divers pays étrangers (D. P. 71. 4. 152).

30 mai-16 juin 1871. — Loi relative aux lettres à destination des militaires faisant partie des corps d'armée de terre et de mer en campagne (D. P. 71. 4. 96).

24-26 août 1871. — Loi qui augmente les taxes postales (D. P. 71. 4. 78).

29 mars-4 avr. 1872. — Loi ajoutant une surtaxe au prix des dépêches télégraphiques (D. P. 72. 4. 75).

10-15 mai 1872. — Décret concernant les correspondances échangées entre la France et l'Algérie, d'une part, et Tunis, d'autre part, au moyen des services de poste français (D. P. 72. 4. 88).

17 août-17 oct. 1872. — Décret qui fixe les délais pendant lesquels les lettres déposées dans les boîtes des bureaux de poste de Bordeaux, après les levées générales pourront être expédiées moyennant une taxe supplémentaire (D. P. 72. 4. 131).

20-30 déc. 1872. — Loi de finances autorisant l'administration des Postes à faire fabriquer des cartes postales et fixant à 1 pour 100 le droit sur les envois d'argent (D. P. 72. 4. 92).

25 janv.-16 févr. 1873. — Loi relative aux lettres, cartes postales, échantillons, papiers de commerce et d'affaires, journaux, imprimés et tous les objets recommandés circulant par la poste (D. P. 73. 4. 42).

6 mai-22 juin 1873. — Décret relatif aux correspondances expédiées à destination de Tunis par la voie d'Italie, et vice versa (D. P. 73. 4. 72).

31 mai-10 juill. 1873. — Décret qui fixe les délais pendant lesquels les lettres déposées dans les boîtes des bureaux de poste de Lyon, après les levées générales, pourront être expédiées moyennant une taxe supplémentaire (D. P. 73. 4. 75).

21-29 juin 1873. — Décret sur les taxes à percevoir en France et en Algérie, sur les lettres, les échantillons de marchandises et les imprimés de toute nature à destination ou provenant des îles du Cap-Vert, de la Confédération Argentine, de l'Uruguay, etc. (D. P. 73. 4. 78).

6-20 déc. 1873. — Loi relative à la modification du régime du service postal et du service télégraphique (D. P. 74. 4. 26).

23 déc. 1873-28 janv. 1874. — Décret concernant les correspondances échangées, par voie d'Angleterre et des Etats-Unis, entre les habitants de la France et l'Algérie et les habitants de la Nouvelle-Galles du Sud (D. P. 74. 4. 37).

29-30 déc. 1873. — Loi de finances qui fixe le prix du port des circulaires, prospectus, échantillons, etc. (D. P. 74. 4. 26).

22 janv.-1er févr. 1874. — Loi qui approuve une convention passée entre l'Etat et la Compagnie générale transatlantique pour modifier les stipulations de la convention du 16 févr. 1868 (D. P. 74. 4. 61).

31 août-2 sept. 1874. — Décret concernant les lettres chargées contenant des valeurs-papiers payables au porteur, échangées entre les habitants de la France et de l'Algérie, d'une part, et les habitants des Pays-Bas, d'autre part (D. P. 75. 4. 44).

8-26 févr. 1875. — Décret concernant les correspondances échangées, par voie des Etats-Unis, entre les habitants de la France et de l'Algérie, d'une part, et les Marquises, des îles Basses et des îles de la Société, d'autre part (D. P. 75. 4. 88).

2 août, 2 sept. et 11 nov. 1875. — Loi qui approuve une convention passée entre l'Etat et la Compagnie des Messageries maritimes (D. P. 76. 4. 47).

10-22 nov. 1875. — Décret portant fixation des taxes à percevoir, en France et en Algérie, sur les lettres, les échantillons de marchandises et les imprimés de toute nature à destination ou provenant de divers pays étrangers (D. P. 76. 4. 72).

4-5 mai 1876. — Décret portant fixation des taxes à percevoir sur les correspondances échangées, soit entre la France et les colonies françaises ou l'Inde britanique, soit de colonie française à colonie française, soit entre les colonies françaises et les autres pays de l'Union générale des postes (D. P. 76. 4. 100).

10-14 juill. 1876. — Décret portant règlement d'administration publique pour l'exécution de la loi du 6 déc. 1873, relative à la modification du régime postal et du régime télégraphique (D. P. 76. 4. 117).

14-sept.-28 déc. 1876. — Décret portant fixation des taxes applicables aux correspondances à destination ou provenant de divers pays étrangers (D. P. 77. 4. 11).

29-30 déc. 1876. — Loi de finances relative à l'ouverture de lignes télégraphiques dans les communes non pourvues de brigades de gendarmerie (D. P. 77. 4. 23).

16-19 mars 1877. — Décret portant fixation des taxes applicables aux correspondances à destination ou provenant de divers pays étrangers (D. P. 77. 4. 42).

16-19 mai 1877. — Décret portant fixation des taxes applicables aux correspondances à destination ou provenant de divers pays étrangers (D. P. 77. 4. 49).

11-20 août 1877. — Décret qui fixe la taxe des dépêches télégraphiques privées échangées entre l'Algérie (ou la Tunisie) et la France (D. P. 77. 4. 69).

14-15 août 1877. — Décret portant fixation des taxes applicables aux correspondances à destination ou provenant de divers pays étrangers (D. P. 77. 4. 68).

31 août-9 sept. 1877. — Décret concernant les correspondances échangées entre la France, l'Algérie, les colonies et les bureaux français à l'étranger, d'une part, et la République Argentine, d'autre part (D. P. 77. 4. 70).

27 déc. 1877-28 janv. 1878. — Décret qui supprime l'emploi de directeur général des postes (D. P. 78. 4. 7).

16-19 mars 1878. — Décret concernant les taxes à acquitter en France, en Algérie, dans les colonies et dans les bureaux de poste français à l'étranger, pour l'affranchissement des correspondances adressées dans la République Argentine (D. P. 78. 4. 52).

20 mars-7 mai 1878. — Décret qui institue un conseil d'administration des postes et des télégraphes (D. P. 78. 4. 52).

21-22 mars 1878. — Loi relative à la taxe télégraphique (D. P. 78. 4. 22-23).

31 mars-1er avr. 1878. — Décret qui transporte au ministère des finances les crédits concernant les services télégraphiques pour l'exercice 1878 (D. P. 78. 4. 57).

5-7 avr. 1878. — Loi qui autorise le ministre des finances à consentir des abonnements à prix réduits en matière de correspondance télégraphique (D. P. 78. 4. 46).

6-8 avr. 1878. — Loi relative à une réforme postale et portant réduction des taxes (D. P. 78. 4. 47).

16-19 avr. 1878. — Décret concernant la délivrance de récépissé d'un télégramme déposé (D. P. 78. 4. 50).

16-19 avr. 1878. — Décret qui fixe les taxes applicables aux correspondances à destination ou provenant de divers pays étrangers (D. P. 78. 4. 58).

16-19 avr. 1878. — Décret portant que les taxes télégraphiques établies par la loi du 21 mars 1878 seront appliquées à partir du 1er mai 1878 (D. P. 78. 4. 50).

16-19 avr. 1878. — Décret portant que les taxes postales établies par la loi du 6 avr. 1878 seront appliquées à partir du 1er mai 1878 (D. P. 78. 4. 50).

19-20 avr. 1878. — Décret qui fixe les taxes à percevoir sur les lettres échangées, par certaines voies déterminées, avec divers pays étrangers (D. P. 78. 4. 88).

13-16 mai 1878. — Décret concernant le mandatement de toutes les dépenses des postes et des télégraphes (D. P. 78. 4. 73).

20-22 juin 1878. — Décret qui fixe les taxes applicables aux correspondances à destination ou provenance de divers pays étrangers (D. P. 78. 4. 88).

16-19 juill. 1878. — Décret qui fixe les taxes à percevoir sur les lettres échangées entre la France, l'Algérie et divers pays étrangers (D. P. 78. 4. 100).

24-28 sept. 1878. — Décret qui fixe les taxes à appliquer en France, en Algérie, dans les colonies et dans les bureaux de poste français à l'étranger, pour l'affranchissement des correspondances à destination du Pérou (D. P. 79. 4. 14).

16-22 nov. 1878. — Décret qui fixe les taxes à acquitter en France, en Algérie, dans les colonies françaises et dans les bureaux de poste français à l'étranger, pour l'affranchissement des correspondances à destination de divers pays étrangers (Terre-Neuve, Côte-d'Or, Sénégambie, Lagos, Sierra-Leone, Honduras britannique, les Falkland) (D. P. 79. 4. 23).

26 déc. 1878-14 janv. 1879. — Loi portant fixation du droit de recommandation pour toutes lettres circulant en France et en Algérie (D. P. 79. 4. 18).

30-31 déc. 1878. — Décret qui fixe les taxes à percevoir sur les correspondances à destination ou provenant du Pérou (D. P. 79. 4. 30).

14-15 janv. 1879. — Décret portant réduction du droit fixe perçu sur les lettres recommandées et sur les lettres de valeurs déclarées à destination de l'extérieur (D. P. 79. 4. 31).

4-8 févr. 1879. — Décret qui fixe les taxes à percevoir sur les correspondances à destination ou provenant des colonies françaises et de divers pays étrangers (D. P. 79. 4. 32).

5-6 févr. 1879. — Décret qui crée un ministère des postes et télégraphes (D. P. 79. 4. 31).

18-19 mars 1879. — Loi qui supprime le droit de timbre sur les mandats de poste (D. P. 79. 4. 33).

25-30 mars 1879. — Loi concernant les avis de payement à donner, moyennant une taxe spéciale, aux expéditeurs des mandats de poste (D. P. 79. 4. 33).

5-7 avr. 1879. — Loi concernant le recouvrement des effets de commerce, factures, valeurs commerciales et les abonnements aux journaux par la poste (D. P. 79. 4. 33).

5-10 mai 1879. — Décret concernant le service des abonnements, par l'intermédiaire de la poste, aux journaux, revues et recueils périodiques publiés en France (D. P. 79. 4. 35).

10-16 mai 1879. — Décret concernant le service des recouvrements par la poste (D. P. 79. 4. 35).

11 mai 1879. — Arrêté ministériel concernant le recouvrement des valeurs commerciales par la poste (D. P. 79. 4. 35).

13-14 mai 1879. — Décret sur les lignes télégraphiques étrangères au réseau de l'État (D. P. 79. 4. 42).

10-16 juin 1879. — Décret qui fixe les taxes à percevoir sur les correspondances à destination ou provenant des pays étrangers non compris dans l'Union postale ou non assimilés aux pays de l'Union (D. P. 80. 4. 56).

28 juin-13 oct. 1879. — Décret qui fixe les taxes à percevoir sur les correspondances à destination ou provenant de diverses colonies anglaises (D. P. 80. 4. 60).

28 juin-13 oct. 1879. — Décret qui étend aux villes y dénommées les dispositions du décret du 10 mai 1879, concernant le recouvrement des effets de commerce par la poste (D. P. 80. 4. 60).

9 juill.-13 oct. 1879. — Décret qui étend les dispositions du décret du 10 mai 1879 sur le recouvrement par la poste des effets de commerce à la Corse et aux villes de Lyon, Marseille, Nice, Orléans et Toulon (D. P. 80. 4. 57).

12-13 juill. 1879. — Décret qui rend exécutoires en Algérie les dispositions du décret du 5 mai 1879, concernant la réception des abonnements aux journaux, revues, recueils périodiques dans les bureaux de poste (D. P. 80. 4. 59).

16-17 août 1879. — Loi concernant l'exploitation de diverses lignes maritimes postales (D. P. 80. 4. 64).

25 août 1879-21 janv. 1880. — Décret qui fixe la taxe des dépêches télégraphiques privées échangées entre l'Algérie (ou la Tunisie) et la France (D. P. 80. 4. 86).

13 sept.-6 oct. 1879. — Décret qui fixe les cautionnements des receveurs des postes et des télégraphes (D. P. 80. 4. 86-87).

20 nov. 1879-21 janv. 1880. — Décret concernant les taxes à acquitter en France, en Algérie, dans les colonies françaises et dans les bureaux français à l'étranger, sur les correspondances à destination ou provenant des États-Unis de Venezuela (D. P. 80. 4. 87).

16 déc. 1879-21 janv. 1880. — Décret qui fixe la taxe à percevoir, en France, pour l'affranchissement des lettres échangées entre les bureaux de poste français et les bureaux de poste espagnols situés les uns par rapport aux autres dans un rayon de 30 kilomètres (D. P. 80. 4. 87).

18-19 déc. 1879. — Loi relative à la reconstruction de l'hôtel des postes (D. P. 80. 4. 75).

21-22 déc. 1879. — Loi de finances qui approuve les taxes fixées par le décret du 21 janvier 1879 et relatives aux dépêches circulant par le réseau pneumatique établi dans l'ancienne enceinte de Paris (art. 2) (D. P. 80. 4. 87).

3-4 janv. 1880. — Décret qui élève de 500 à 1000 fr. le maximum des valeurs à recouvrer par la poste (D. P. 81. 4. 113).

31 mars-2 avr. 1880. — Décret qui étend à l'Algérie le service des recouvrements des effets de commerce par la poste (D. P. 81. 4. 113).

31 mars. 1880. — Arrêté du ministre des postes et des télégraphes sur le même sujet (D. P. 81. 4. 113, note 10).

17-19 juin 1880. — Décret qui fixe les taxes à percevoir sur les correspondances ordinaires (lettres, cartes postales, papiers d'affaires, échantillons de marchandises, journaux et autres imprimés) expédiées d'une colonie française à destination d'une autre colonie française (D. P. 81. 4. 37).

18-26 juin 1880. — Décret qui étend le service du recouvrement des effets de commerce aux recettes de poste française établies à Alexandrie, Beyrouth, Constantinople, Salonique, Smyrne et Tunis (D. P. 81. 4. 113).

17-21 juill. 1880. — Loi qui approuve la convention conclue, le 24 mai 1880, entre le ministre des postes et des télégraphes et la Compagnie générale transatlantique, pour la création d'une ligne maritime postale entre Marseille et Bône (D. P. 81. 4. 120).

18 juin 1880. — Arrêté du ministre des postes et des télégraphes sur le même sujet (D. P. 81. 4. 113, note 11).

17-21 juill. 1880. — Loi qui : 1° autorise le recouvrement, par la poste, des effets de commerce, valeurs, etc., soumis au protêt ; 2° abaisse le droit proportionnel d'encaissement ; 3° réduit le droit d'abonnement par l'intermédiaire de la poste (D. P. 81. 4. 113).

24-25 juill. 1880. — Décret concernant le droit à percevoir pour les abonnements aux journaux et pour le recouvrement des valeurs commerciales par la poste (D. P. 81. 4. 114).

15-17 oct. 1880. — Décret qui modifie celui du 13 mai 1878 concernant le mandement de toutes les dépenses des postes et des télégraphes (D. P. 81. 4. 112).

3 janv.-17 mars 1881. — Décret concernant les cautionnements des receveurs des postes et des télégraphes (D. P. 82. 4. 15).

25-27 janv. 1881. — Décret qui fixe la taxe des colis postaux échangés entre la France continentale, la Corse, l'Algérie et la Tunisie (D. P. 82. 4. 46).

29-30 janv. 1881. — Loi sur la marine marchande (art. 10) portant que tout capitaine de navire recevant l'une des primes fixées par l'art. 9 de cette loi du 29 janv. 1881, doit faire gratuitement les transports postaux (D. P. 82. 4. 13-15).

15-16 févr. 1881. — Décret qui détermine les règles à suivre pour le recouvrement des effets de commerce confiés à la poste, en cas de protêt (D. P. 82. 4. 22).

19-22 avr. 1881. — Décret concernant les services des colis postaux à l'intérieur de la France (D. P. 82. 4. 44).

19-26 avr. 1881. — Décret concernant la perception du droit de timbre des colis postaux (D. P. 82. 4. 44).

21-26 avr. 1881. — Décret concernant le service international des colis postaux (D. P. 82. 4. 45).

23-25 juin 1881. — Loi qui approuve la convention passée, le 15 janv. 1881, avec la Compagnie des messageries maritimes, pour l'exploitation d'un service maritime postal entre la France et la Nouvelle-Calédonie, desservant la Réunion et l'Australie (D. P. 82. 4. 59).

24-25 juill. 1881. — Loi qui supprime les limites de volume et de dimensions imposées aux colis postaux et applique aux mêmes colis le régime de l'envoi contre remboursement (D. P. 82. 4. 44).

24-25 juill. 1881. — Loi concernant les droits de timbre à percevoir à raison des colis postaux transitant par la France ou l'Algérie (D. P. 82. 4. 43).

24-27 juill. 1881. — Décret portant que le service pour l'échange des colis postaux entre la France, la Corse, l'Algérie, la Tunisie et les colonies françaises commencera à fonctionner le 1er août 1881 (D. P. 82. 4. 46).

24-27 juill. 1881. — Décret portant que le service pour l'échange des colis postaux avec la Corse, l'Algérie, la Tunisie, l'Allemagne, la Belgique, le Luxembourg et la Suisse commencera à fonctionner le 1er août 1881 (D. P. 82. 4. 45).

30-31 juill. 1881. — Loi qui ouvre au ministre des postes et des télégraphes, sur l'exercice 1881, un crédit supplémentaire pour l'établissement d'un service postal entre la France, la Tunisie et l'Algérie (D. P. 82. 4. 59).

30 juill.-2 août 1881. — Décret concernant l'échange des colis postaux entre les colonies françaises, la France, la Corse, l'Algérie, la Tunisie, l'Allemagne, la Belgique, le Luxembourg et la Suisse (D. P. 82. 4. 46).

24-26 août 1881. — Décret relatif aux colis postaux circulant à l'intérieur de la France continentale (D. P. 83. 4. 3).

19-22 sept. 1881. — Décret relatif au service des colis postaux à l'intérieur de la Corse (D. P. 83. 4. 4).

24-25 sept 1881. — Décret qui fixe la taxe à percevoir, en France, en Corse, en Algérie et en Tunisie, sur les colis postaux à destination de divers pays étrangers (D. P. 83. 4. 4).

26-27 sept. 1881. — Décret qui fixe la taxe à percevoir, dans les colonies ou établissements français, sur les colis postaux à destination de la Corse ou de divers pays étrangers (D. P. 83. 4. 4).

11-12 oct. 1881. — Décret concernant le service des colis postaux à l'intérieur de Paris (D. P. 83. 4. 4).

24-26 nov. 1881. — Décret qui fixe la taxe des colis postaux échangés entre la France continentale et les colonies (D. P. 82. 4. 46).

6 déc. 1881-17 janv. 1882. — Décret qui supprime la division de la statistique, de l'enseignement et des réclamations au ministère des postes et des télégraphes (D. P. 82. 4. 103).

16-20 déc. 1881. — Loi relative à la reconstruction de l'hôtel des postes (D. P. 82. 4. 103).

24-27 févr. 1882. — Décret qui institue à Paris, sous la direction du ministre des postes et des télégraphes, un laboratoire central d'électricité (D. P. 83. 4. 19).

6-7 mars 1882. — Décret concernant le service des colis postaux entre la France, la Corse, l'Algérie, la Tunisie et les Pays-Bas (D. P. 83. 4. 22).

8-11 mars 1882. — Décret concernant le service des colis postaux entre le Sénégal, la Guadeloupe, la Martinique, la Guyane française, la Réunion, la Cochinchine, Pondichéry, Karikal et les Pays-Bas (D. P. 83. 4. 22).

22 mars-19 mai 1882. — Décret qui autorise le ministre des postes et des télégraphes à décerner des médailles d'honneur de bronze ou d'argent aux agents de son département qui se seront signalés par leurs services ou par des actes de courage et de dévouement (D. P. 83. 4. 23).

20-22 avr. 1882. — Loi concernant la création d'enveloppes et de bandes revêtues du timbre fixe d'affranchissement (D. P. 82. 4. 115).

23-27 mai 1882. — Décret qui supprime les limites de volume et de dimension des colis postaux dans les rapports de la France continentale avec la Belgique, le Luxembourg et la Suisse (D. P. 83. 4. 44).

19-26 juin 1882. — Décret qui élève à 2000 fr. le maximum des valeurs dont le recouvrement sera effectué par la poste (D. P. 83. 4. 90).

29 juin-1er juill. 1882. — Loi qui crée des bons de poste de sommes fixes (D. P. 82. 4. 116).

8-9 juill. 1882. — Loi de finances qui étend le tarif des journaux, recueils, etc., aux journaux expédiés sous fil croisé sans bande (D. P. 82. 4. 121).

15-16 juill. 1882. — Loi portant réduction du délai de conservation des valeurs confiées à la poste (D. P. 82. 4. 117).

28 juill.-4 août 1882. — Loi concernant l'exploitation des services maritimes postaux entre le continent et la Corse (D. P. 82. 4. 120).

28 juill.-4 août 1882. — Loi qui ouvre au ministre des postes et télégraphes, sur l'exercice 1882, un crédit supplémentaire de 250 000 fr. pour l'établissement de lignes téléphoniques (D. P. 83. 4. 48).

28 (et non 22) juill.-14 nov. 1882. — Décret concernant les fonctionnaires et agents du service des postes détachés dans les colonies (D. P. 83. 4. 51).

10-12 août 1882. — Décret relatif au prix des enveloppes et bandes timbrées, et au timbrage des enveloppes et bandes présentées par le public (D. P. 82. 4. 116).

7-9 nov. 1882. — Décret déterminant le prix de vente des enveloppes portant un timbre d'affranchissement de 5 cent. (D. P. 82. 4. 116).

7 nov. 1882. — Arrêté du ministre des postes et des télégraphes sur le même sujet (D. P. 82. 4. 116, note 3).

15-19 nov. 1882. — Décret portant que le service de bons de poste commencera à Paris à partir du 21 nov. 1882 (D. P. 83. 4. 77).

28-29 nov. 1882. — Décret concernant la comptabilité des receveurs des postes et des télégraphes (D. P. 83. 4. 78).

9-10 déc. 1882. — Décret concernant l'émission des bons de poste de 20 fr. (D. P. 83. 4. 81).

2 janv.-13 avr. 1883. — Décret concernant l'émission des bons de poste de 2 fr. (D. P. 83. 4. 90).

2 janv.-13 avr. 1883. — Décret concernant l'émission des bons de poste de 1 fr. et de 10 fr. (D. P. 83. 4. 90).

24-27 févr. 1883. — Décret qui étend aux îles du littoral le service du recouvrement par la poste des effets de commerce soumis au protêt (D. P. 83. 4. 90).

17 mars-25 avr. 1883. — Décret qui étend à la Corse et à l'île d'Yeu (Vendée) le service du recouvrement par la poste des effets de commerce soumis au protêt (D. P. 83. 4. 91).

23 avr.-26 mai 1883. — Décret qui organise les services extérieurs du ministère des télégraphes (D. P. 83. 4. 98).

28-30 juin 1883. — Loi concernant les services maritimes postaux : 1o entre le Havre et New-York ; 2o entre la France, les Antilles et le Mexique (D. P. 83. 4. 103).

9-14 juill. 1883. — Loi concernant le service postal entre Calais et Douvres (D. P. 83. 4. 94).

9-14 juill. 1883. — Loi concernant l'établissement d'un câble télégraphique sous-marin entre l'île de Ténériffe et Saint-Louis du Sénégal (D. P. 83. 4. 94).

22-23 déc. 1883. — Loi qui approuve une convention relative à la pose d'un câble télégraphique sous-marin entre le cap Saint-Jacques (Cochinchine) et Haïphong (D. P. 84. 4. 78).

1er-6 mars 1884. — Décret qui fixe le prix du timbrage des cartes-lettres non pliées présentées par le public (D. P. 84. 4. 120).

7-9 août 1884. — Loi portant approbation de la convention internationale relative à la protection des câbles sous-marins signée à Paris le 14 mars 1884 (Journ. off. 9 août, Bull. no 19124).

16-18 sept. 1884. — Décret concernant l'envoi des cartes postales, avec réponse payée, à destination de l'Egypte (D. P. 85. 4. 16).

20-21 déc. 1884. — Loi contenant la répression des infractions à la convention internationale du 14 mars 1884 relatives à la protection des câbles sous-marins (D. P. 88. 4. 34).

31 déc. 1884-9 janv. 1885. — Décret qui met à la disposition du public des cabines téléphoniques et fixe la taxe des correspondances (D. P. 85. 4. 76).

13-15 janv. 1885. — Décret qui met à la disposition du public des enveloppes timbrées d'avance, et destinées à recevoir des lettres devant circuler dans les tubes pneumatiques de l'intérieur de Paris (D. P. 85. 4. 44).

3 févr.-21 avr. 1885. — Décret qui modifie l'art. 15 du décret du 23 avr. 1883 relatif aux services extérieurs du ministre des postes et des télégraphes (D. P. 85. 4. 79).

9-10 juill. 1885. — Loi de finances qui approuve les taxes relatives aux télégrammes spéciaux circulant dans le réseau pneumatique à Paris, et aux transmissions téléphoniques (art. 12) (D. P. 86. 4. 38).

28-30 juill. 1885. — Loi relative à l'établissement, à l'entretien et au fonctionnement des lignes télégraphiques et téléphoniques (D. P. 85. 4. 73).

28 juill.-9 août 1885. — Loi autorisant l'emploi des lignes téléphoniques par les abonnés d'établissements publics déjà abonnés eux-mêmes (D. P. 86. 4. 38).

28 juill.-19 août 1885. — Décret qui admet à l'usage des cabines téléphoniques les abonnés des réseaux privés (D. P. 86. 4. 39).

1er-2 août 1885. — Loi portant approbation de la convention du 10 juill. 1883 concernant la pose et l'exploitation d'un câble télégraphique sous-marin, reliant à Saint-Louis du Sénégal les possessions françaises de Rio-Nunez, Grand-Bassam, Porto-Novo et du Gabon (D. P. 86. 4. 44).

21 sept.-3 déc. 1885. — Décret créant des cartes postales, avec réponse payée, pour le service intérieur de la France et les colonies (D. P. 86. 4. 67).

9-11 oct. 1885. — Décret concernant l'envoi des cartes postales, avec réponse payée, à destination de Siam (D. P. 86. 4. 69).

27 oct.-29 nov. 1885. — Décret qui fixe la taxe à percevoir pour les communications téléphoniques échangées entre Paris et Reims (D. P. 86. 4. 69).

16-20 déc. 1885. — Décret qui fixe les taxes à acquitter en France, en Algérie, en Tunisie et dans les bureaux français, à l'étranger, sur les correspondances à destination ou provenant de l'Etat indépendant du Congo (D. P. 86. 4. 82).

18-20 déc. 1885. — Décret qui fixe les taxes à acquitter dans les colonies françaises sur les correspondances à destination ou provenant de l'Etat indépendant du Congo (D. P. 86. 4. 82).

20 mars-7 mai 1886. — Décret qui modifie celui du 23 avr. 1883 relatif à l'organisation des services extérieurs du ministère des postes et télégraphes (D. P. 87. 4. 36).

20 mars-7 mai 1886. — Décret qui supprime la direction du service central et la direction du personnel du ministère des postes et des télégraphes (D. P. 87. 4. 36).

27-28 mars 1886. — Loi portant approbation : 1° d'actes additionnels à la convention de l'Union postale universelle et aux arrangements concernant les lettres avec valeurs déclarées, les mandats de poste et les colis postaux ; 2° d'un arrangement concernant le service des recouvrements par la poste conclus à Lisbonne le 21 mars 1885 (D. P. 87. 4. 29).

27 mars-5 mai 1886. — Décret concernant l'envoi de lettres contenant des valeurs-papiers déclarées, avec garantie du montant de la déclaration, tant de la France, de l'Algérie et de la Tunisie à destination des colonies, et *vice versa*, ou des pays participant à la convention de l'Union postale universelle du 1er juin 1878 (D. P. 86. 4. 82).

27 mars-5 mai 1886. — Décret concernant le recouvrement par la poste de toutes les valeurs commerciales ou autres, payables sans frais, dans les relations entre la France et divers pays (D. P. 86. 4. 82).

27 mars-5 mai 1886. — Décret concernant les envois de fonds par la voie de la poste et au moyen de mandats entre la France et divers pays (D. P. 86. 4. 82).

27 mars-5 mai 1886. — Décret qui fixe les taxes à percevoir en France, en Algérie, en Tunisie, et les bureaux français établis en Turquie, en Egypte, à Tripoli de Barbarie, au Maroc et à Shang-Haï, sur les correspondances à destination ou provenant des pays participant à la convention de l'Union postale universelle du 1er juin 1878 (D. P. 86. 4. 82).

27 mars-5 mai 1886. — Décret qui étend le service des colis postaux par la voie des paquebots-poste français ou par la voie d'Italie aux relations de Tripoli de Barbarie avec la France (y compris la Corse et l'Algérie), la Tunisie, les bureaux de poste français dans les ports ottomans, et avec les colonies ou établissements français et les pays étrangers participant à la convention internationale du 3 nov. 1880 (D. P. 86. 4. 84).

27 mars-5 mai 1886. — Décret qui fixe la taxe des colis postaux provenant du Sénégal, de la Guadeloupe, de la Martinique, de la Guyane française, de Mayotte, de Nossi-Bé, de Sainte-Marie de Madagascar, de la Réunion, de Pondichéry de Karikal, de la Cochinchine, de la Nouvelle-Calédonie, du Tonkin et de l'Annam, à destination des pays étrangers participant à la convention internationale du 8 nov. 1880 (D. P. 86. 4. 85).

1er-2 avr. 1886. — Décret qui prescrit la promulgation : 1° d'actes additionnels à la convention de l'Union postale universelle et aux arrangements concernant les lettres avec valeur déclarée, les mandats de poste et les colis postaux ; 2° d'un arrangement concernant le service des recouvrements par la poste conclus à Lisbonne le 21 mars 1885 (D. P. 87. 4. 29).

18-23 mai 1886. — Décret qui rend applicable à la Réunion l'art. 9 de la loi du 4 juin 1859 (D. P. 59. 4. 58) relatif à l'insertion de valeurs au porteur dans les lettres non soumises à la formalité du chargement ou du déchargement (D. P. 87. 4. 39).

29-30 juin. 1886. — Loi qui approuve les règlements et tarifs télégraphiques arrêtés dans la conférence internationale de Berlin (D. P. 87. 4. 64).

29 juin-1er juill. 1886. — Décret relatif à la taxe des dépêches intérieures destinées à être publiées dans les journaux (D. P. 87. 4. 39).

15-16 juill. 1886. — Loi portant approbation des tarifs télégraphiques établis par la convention conclue le 22 juin 1886 entre la France et la Belgique (D. P. 87. 4. 39).

16-27 juill. 1886. — Décret qui prescrit la promulgation de la convention télégraphique signée le 22 juin 1886, entre la France et la Belgique (D. P. 87. 4. 39).

9-11 nov. 1886-4 janv. 1887. — Décret concernant l'échange des mandats de poste entre la France, l'Algérie et la Tunisie et la République Argentine (D. P. 87. 4. 59).

20 nov. 1886-4 janv. 1887. — Décret qui modifie les conditions et les tarifs des cartes-télégrammes et des cartes-lettres échangées à l'intérieur de Paris par les tubes pneumatiques (D. P. 87. 4. 59).

20-22 déc. 1886. — Loi qui approuve la convention relative à l'échange des mandats de poste entre la France et l'île de Malte (D. P. 87. 4. 63).

4 janv.-15 févr. 1887. — Décret qui modifie l'art. 23 du décret du 23 avr. 1883 relatif à l'organisation des services extérieurs des postes et des télégraphes (D. P. 87. 4. 63).

5 janv.-15 févr. 1887. — Décret relatif à la taxe à percevoir pour les communications téléphoniques entre Paris et Lille (D. P. 87. 4. 64).

16-17 mars 1887. — Loi portant réforme du régime en vigueur pour les lettres expédiées après les levées générales(D. P. 87. 4. 69).

17 mars-12 mai 1887. — Décret qui fixe la durée du délai pendant lequel les lettres sont admises à la taxe supplémentaire dans les bureaux de poste de Paris, Marseille, Bordeaux, Lyon et Grenoble (D. P. 87. 4. 69).

7-14 avr. 1887. — Décret qui autorise la création de bureaux auxiliaires des postes (D. P. 87. 4. 72).

9-10 avr. 1887. — Loi ayant pour objet une modification des dimensions des boîtes de valeurs déclarées confiées à la poste (D. P. 87. 4. 79).

15-16 avr. 1887. — Décret qui approuve la convention concernant le régime des abonnements dans le service de la correspondance téléphonique entre Paris et Bruxelles, signée, le 4 avr. 1887, entre la France et la Belgique et qui en prescrit la publication (D. P. 87. 4. 72).

17 mai-18 juill. 1887. — Décret qui autorise l'échange des colis postaux entre la France et la Corse et l'Algérie), la Tunisie, les bureaux de poste français établis dans les ports ottomans, l'agence maritime de Tripoli de Barbarie et la République Argentine (D. P. 87. 4. 78).

30-31 mai 1887. — Décret qui supprime le ministère des postes et des télégraphes et qui rattache les services dépendant de cette administration au ministère des finances (D. P. 87. 4. 77).

30-31 mai 1887. — Décret qui approuve l'arrangement signé à Berlin le 25 mai 1887 entre la France et l'Allemagne, pour l'établissement d'un régime douanier dans les possessions des deux Etats situées sur la côte des Esclaves (D. P. 87. 4. 77).

10-28 juin 1887. — Décret portant application au Sénégal de la loi du 20 juill. 1885 relative aux lignes télégraphiques et téléphoniques (D. P. 87. 4. 80).

15-16 juin 1887. — Décret constituant les services du ministère des postes et des télégraphes en direction générale sous les ordres du ministre des finances (D. P. 87. 4. 79).

27-28 juin 1887. — Décret désignant les emplois dans la direction des postes et des télégraphes auxquels il devra être pourvu : par le président de la République, sur la proposition du ministre des finances ; par le ministre des finances, sur la proposition du directeur général ; par le directeur général (D. P. 87. 4. 80).

7-8 juill. 1887. — Loi portant approbation de la convention passée, le 30 juin 1886, avec la Compagnie des messageries maritimes, pour l'exploitation des services maritimes postaux de la Méditerranée, de l'Indo-Chine, du Brésil et de la Plata, de l'Australie et de la Nouvelle-Calédonie et de la côte orientale d'Afrique (D. P. 87. 4. 90).

7-22 juill. 1887. — Décret relatif à l'extension du service des colis postaux aux relations des colonies françaises avec le bureau de poste français établi à Shang-Haï et *vice versa* (D. P. 87. 4. 94).

15-22 juill. 1887. — Décret relatif à l'extension du service des colis postaux aux relations des colonies françaises avec la République Argentine (D. P. 87. 4. 91).

28-30 juill. 1887. — Décret relatif à l'organisation de l'administration des Postes et Télégraphes (D. P. 87. 4. 90).

1er-3 août 1887. — Décret qui approuve la convention concernant l'échange des colis postaux sous déclaration de valeur signée, le 18 juin 1886, entre la France et la Grande-Bretagne et qui en prescrit la publication (D. P. 87. 4. 89).

18-20 oct. 1887. — Décret portant approbation et publication de la déclaration signée, le 8 oct. 1887, entre la France, l'Allemagne et la Belgique, pour régler les époques et la durée des chômages des canaux et des rivières canalisées qui mettent ces trois pays en communication (D. P. 88. 4. 8).

14-17 sept. 1887. — Décret concernant l'échange des colis postaux entre la France (y compris la Corse et l'Algérie) et la Tunisie et le Royaume-Uni de la Grande-Bretagne et d'Irlande (*Journ. off.* 17 sept. ; *Bull.* n° 18408).

22-24 sept. 1887. — Décret étendant le service des colis postaux aux relations des colonies françaises avec l'Angleterre (*Journ. off.* 24 sept. ; *Bull.* n° 18459).

26-28 sept. 1887. — Décret portant fixation des taxes applicables aux colis postaux pour la Turquie (voie de Trieste) Diégo-Suarez, Massaouah, Cameroun, l'Etat indépendant du Congo, la Grèce et l'île de Malte (*Journ. off.* 28 sept ; *Bull.* n° 18484).

6 oct.-23 nov. 1887. — Décret qui autorise la compagnie *Spanish National submarine Telegraph* à admettre sur ses lignes les télégrammes de presse moyennant le payement du quart du tarif normal (D. P. 88. 4. 7).

17-23 déc. 1887. — Loi portant approbation des tarifs télégraphiques établis par la convention conclue le 11 mai 1887 entre la France et la Suisse (D. P. 88, 4. 15).

22-23 déc. 1887. — Décret qui prescrit la promulgation de la convention télégraphique conclue à Paris le 11 mai 1887 entre la France et la Suisse (D. P. 88. 4. 15).

28 déc. 1886-3 févr. 1887. — Décret qui fixe la taxe à percevoir pour les communications téléphoniques échangées entre Paris et Bruxelles (D. P. 87. 4. 68).

24 janv.-22 févr. 1888. — Décret fixant les taxes à acquitter pour les correspondances à destination ou en provenance du territoire de la Compagnie de la Nouvelle-Guinée (*Journ. off.* 22 févr. ; *Bull.* n° 18934).

27 janv.-22 févr. 1888. — Décret concernant le recouvrement par la poste des quittances, factures, billets à ordre, traites et généralement toutes les valeurs commerciales ou autres payables sans frais, dans les relations entre la France, l'Algérie et la Tunisie et la Norvège (*Journ. off.* 22 févr. ; *Bull.* n° 18940).

7-10 févr. 1888. — Décret autorisant certains fonctionnaires à expédier et à recevoir des dépêches en franchise (D. P. 88. 4. 29).

11 févr.-16 avr. 1888. — Décret concernant l'envoi des lettres contenant des valeurs déclarées à destination ou provenant de la République du Salvador (*Bull.* n° 19024).

29 févr.-20 avr. 1888. — Décret concernant la circulation en franchise, sous bandes, de la correspondance de service échangée entre le président de la commission de vérification des comptes des compagnies de chemins de fer et les membres rapporteurs et secrétaires de cette commission (*Bull.* n° 19057).

7 mars-17 avr. 1888. — Décret qui admet à circuler en franchise, sous bande ou sous pli fermé, la correspondance relative au service de l'asile agricole Antoine Kœnigswarter, à Quessigny (Eure), et expédiée par le ministre de l'intérieur à l'administrateur provisoire de cet établissement (*Bull.*, n° 19048).

7 mars-1er mai 1888. — Décret qui désigne les receveurs des douanes admis à faire usage de la franchise postale (*Bull.*, n° 19098).

20-28 mars 1888. — Décret qui autorise le trésorier-payeur général du Gard et le receveur particulier des douanes à Aigues-Mortes à se transmettre, en franchise, les pièces justificatives des payements effectués pour le compte de l'État (*Journ. off.* du 28 mars ; n° 19103).

20 mars-1er mai 1888. — Décret relatif au régime applicable aux lettres à l'adresse ou émanant de militaires et marins présents sous les drapeaux ou à bord des bâtiments de l'État, à l'étranger ou aux colonies françaises (D. P. 88. 4. 32).

29 mars-4 avr. 1888. — Décret relatif à la réorganisation de l'École supérieure de télégraphie (D. P. 88. 4. 39).

31 mars-27 avr. 1888. — Décret relatif à diverses franchises postales (D. P. 88. 4. 40).

23-25 avr. 1888. — Décret qui prescrit la promulgation de la convention internationale relative à la protection des câbles sous-marins, signée à Paris le 14 mars 1884 (D. P. 88. 4. 33 et 54).

3 mai-3 juill. 1888. — Décret relatif à la taxe des dépêches télégraphiques échangées entre les postes sémaphoriques et les navires en mer (D. P. 88. 4. 49).

15 mai-16 juin 1888. — Décret concernant les installations de conducteurs électriques destinés au transport de la force ou à la production de la lumière (D. P. 88. 4. 47).

15 mai-3 juill. 1888. — Décret relatif à l'échange des mandats de poste avec la République du Salvador (*Journ. off.* 3 juillet ; *Bull.*, n° 19483).

31 mai-1er juin 1888. — Décret relatif à l'échange des colis postaux avec le Chili (*Journ. off.* 1er juin ; *Bull.*, n° 19398).

15-30 juin 1888. — Décret qui accorde la franchise postale à des fonctionnaires du service télégraphique (*Journ. off.* 30 juin ; n° 19466).

27 juin-3 juill. 1888. — Décret qui fixe les taxes à acquitter pour les correspondances ordinaires à destination du territoire de Togo, du territoire de l'Afrique du sud-ouest et d'Apia (Samoa) (*Journ. off.* 3 juillet ; *Bull.*, n° 19493).

27 juin-3 juill. 1888. — Décret relatif à l'échange des colis postaux avec la République du Salvador et le territoire de Togo (Afrique occidentale) (*Journ. off.* 3 juill ; *Bull.*, n° 19494).

11-13 juill. 1888. — Décret relatif à l'échange des mandats de poste avec le Chili (*Journ. off.* 13 juillet ; *Bull.*, n° 19527).

28 juill.-3 août 1888. — Décret relatif à la taxe des communications téléphoniques entre Paris, Lyon et Marseille (D. P. 88. 4. 52).

1er.-23 août 1888. — Décret qui autorise certains fonctionnaires des services sanitaires à correspondre entre eux, en franchise, par la poste (*Journ. off.* 23 août ; n° 19641).

1er.-23 août 1888. — Décret qui autorise certains fonctionnaires du service de la guerre à correspondre entre eux, en franchise, par la poste (*Journ. off.* 23 août ; *Bull.*, n° 19642).

28 août-25 sept. 1888. — Décret qui accorde la franchise postale pour la correspondance de service que les inspecteurs d'académie et les inspecteurs primaires ont à adresser aux autorités scolaires suisses (*Journ. off.* 25 septembre ; *Bull.*, n° 19771).

20 sept.-28 oct. 1888. — Décret qui admet à la circulation en franchise la correspondance de service échangée entre les commandants des bureaux de recrutement et les gouverneurs des colonies françaises (*Journ. off.* 28 octobre ; *Bull.*, n° 19838).

27-30 déc. 1888. — Décret qui promulge la convention conclue le 7 sept. 1888 entre la France et la Grande-Bretagne pour l'échange des colis postaux sans déclaration de valeur, entre la France et l'île Maurice (*Journ. off.* 30 déc. *Bull.* n° 20060).

27 sept.-7 oct. 1888. — Décret qui admet à circuler en franchise par la poste la correspondance relative à l'exposition universelle de 1889, à Paris, expédiée par le gouverneur général de l'Algérie (*Journ. off.* du 7 oct. *Bull.*, n° 19788).

29 sept.-20 nov. 1888. — Décret qui applique à la région de l'Algérie les dispositions du décret du 20 mars 1886 (*Bull.* n° 20493).

5-6 oct. 1888. — Arrêté du ministre des finances concernant les conditions d'envoi et de circulation de correspondances considérées comme cartes postales (D. P. 88. 4. 56).

13 oct.-21 nov. 1888. — Décret qui admet à circuler en franchise la correspondance de service échangée avec les membres du conseil supérieur de la guerre, inspecteurs chargés de missions spéciales, et les médecins chefs des hôpitaux militaires et des salles militaires des hospices mixtes (*Bull.*, n° 19844).

15-21 oct. 1888. — Décret qui détermine les taxes à acquitter pour les correspondances à destination ou provenant du territoire des îles Marschall (*Journ. off.* du 21 oct. *Bull.*, n° 19912).

25 oct.-11 déc. 1888. — Décret qui autorise la circulation en franchise de la correspondance de service échangée entre les trésoriers-payeurs généraux et les officiers présidents des comités d'achats de chevaux (*Bull.*, n° 19915).

1er déc. 1888-5 janv. 1889. — Décret autorisant les fonctionnaires publics à faire emploi pour leur correspondance officielle expédiée en franchise de cartes simples destinées à circuler à découvert (D. P. 89. 4. 54).

4-12 janv. 1889. — Décret qui fixe les taxes et conditions d'envoi des correspondances à destination ou provenant de divers pays (*Journ. off.* 12 janv. *Bull.* n° 20245).

16-18 janv. 1889. — Décret relatif aux correspondances déposées au bureau de poste français de Zanzibar (*Journ. off.* du 18 janv. *Bull.* n° 20330).

21 janv.-14 mars 1889. — Décret qui autorise certains fonctionnaires à correspondre entre eux en franchise postale (*Bull.*, n° 20332).

8 févr.-18 avr. 1889. — Décret portant suppression de franchises postales (*Bull.*, n° 20425).

12-28 févr. 1889. — Décret qui fixe la redevance annuelle que la ville de Paris est autorisée à percevoir pour l'établissement, l'entretien et le fonctionnement des lignes télégraphiques et téléphoniques (D. P. 90. 4. 31).

13 févr.-8 mars 1889. — Décret rendant applicables à la Guyane les dispositions de la loi du 16 oct. 1849 (D. P. 49. 4. 152), édictant des peines contre les individus qui font usage des timbres-poste ayant déjà servi à l'affranchissement des lettres (*Journ. off.* 8 mars ; *Bull.*, n° 20632).

13 févr.-18 avr. 1889. — Décret qui fixe le traitement du directeur-ingénieur de la région de Paris (Services des postes et télégraphes) (*Bull.*, n° 20430).

6 mars-25 mai 1889. — Décret qui admet à circuler en franchise par la poste la correspondance de service échangée sous bandes entre l'administrateur de la commune mixte de Soukaras et l'agent consulaire de France au Kef (Tunisie) (*Bull.*, n° 20549).

14 mars-22 mai 1889. — Décret qui admet à circuler en franchise postale, sous bandes, la correspondance de service échangée entre divers fonctionnaires (*Bull.*, n° 20522).

15-16 mars 1889. — Loi concernant la création d'un service maritime postal entre la France et la côte occidentale d'Afrique (D. P. 90. 4. 31).

29-30 mars 1889. — Loi portant approbation de la déclaration signée à Londres le 11 déc. 1888, entre la France et le Royaume-Uni de Grande-Bretagne et d'Irlande (D. P. 90 4. 32).

29-31 mars 1889. — Décret concernant l'échange des colis postaux avec l'île Maurice (*Journ. off.* du 31 mars ; *Bull.*, n° 20531).

29-31 mars 1889. — Décret concernant l'échange, par la voie de la poste, des bijoux et objets précieux entre la France (y compris l'Algérie) et les colonies ou établissements français (*Journ. off.* 31 mars ; *Bull.*, n° 20530).

29 mars-17 avr. 1889. — Loi qui fixe à 15 centimes uniformément la taxe des lettres officielles non affranchies émanées des fonctionnaires et des personnes jouissant de la franchise illimitée pour la réception de leur correspondance de service et adressées à des destinataires vis-à-vis desquels ces fonctionnaires et ces personnes ne possèdent aucun droit de franchise postale (D. P. 90. 4. 59).

20-31 mars 1889. — Décret qui prescrit la promulgation de la déclaration signée à Londres le 11 déc. 1888 entre la France et le Royaume-Uni de Grande-Bretagne et d'Irlande pour régler les relations télégraphiques entre les deux pays (D. P. 90. 4. 32).

11-12 avr. 1889. — Loi portant approbation de la convention additionnelle signée à Washington, le 28 août 1888, entre la France et les États-Unis d'Amérique (D. P. 90. 4. 62).

13-18 avr. 1889. — Décret concernant les lettres contenant des valeurs déclarées à destination ou provenant des divers établissements d'outre-mer (*Journ. off.* 18 avril ; *Bull.*, n° 20674).

16-17 avr. 1889. — Décret qui applique à la correspondance de service de certains fonctionnaires la taxe édictée par la loi du 29 mars 1889 (D. P. 90. 4. 59).

19-24 avr. 1889. — Décret qui prescrit la promulgation de la convention additionnelle concernant l'échange des mandats de poste, signée à Washington, le 28 août 1888, entre la France et les États-Unis d'Amérique (D. P. 90. 4. 62).

24 avr. 1889. — Décret qui accorde la franchise postale à certains fonctionnaires (Bull., n° 20633).

24 avr.-20 juin 1889. — Décret qui admet à circuler en franchise, par la poste, la correspondance de service échangée entre les ouvriers d'État détachés dans les usines pour la surveillance de la fabrication du laiton à cartouche et le directeur de l'École de pyrotechnie militaire de Bourges (Bull., n° 20634).

9 mai-20 juin 1889. — Décret qui admet à circuler en franchise par la poste, sous bandes, la correspondance de service échangée entre les adjoints indigènes en Algérie et les administrateurs des communes mixtes dont ils relèvent (Bull., n° 20640).

9 mai-20 juin 1889. — Décret qui supprime la franchise postale du chef du pilotage de la Seine, en résidence à Quillebeuf, avec les gens de mer de Tancarville, de la Mailleraye et de Villequier et l'accorde au chef du pilotage de la Seine en résidence du Havre (Bull., n° 20641).

16 mai-31 juill. 1889. — Décret qui autorise le directeur général des monnaies et médailles à Paris à recevoir en franchise la correspondance relative au service de son administration (D. P. 90. 4. 64).

18 juin-23 août 1889. — Décret qui admet à circuler en franchise la correspondance de service expédiée à divers fonctionnaires par le sous-secrétaire d'État des colonies (Bull., n° 20827).

18 juin-4 sept. 1889. — Décret qui admet à circuler en franchise, par la poste, la correspondance de service échangée sous bandes entre l'administrateur de la commune mixte de Télassa (Algérie) et les agents consulaires de France au Kef, à Fériana, Gafsa et Tozeur (Tunisie) (Bull., n° 20866).

21-23 juin 1889. — Loi qui ouvre un crédit de 50 000 fr, pour l'établissement de tubes pneumatiques entre l'imprimerie du Journal officiel et la Chambre des députés (Journ. off. du 23 juin ; Bull., n° 21041).

21 juin-4 sept. 1889. — Décret qui admet à circuler en franchise, par la poste, la correspondance relative au service de la Providence, située rue des Martyrs, n° 77, à Paris, et expédiée par le ministre de l'intérieur à l'administrateur de cet établissement (Bull., n° 20868).

8 juill.-21 sept. 1889. — Décret qui admet à circuler en franchise, par la poste, sous pli fermé, la correspondance officielle adressée par le sous-secrétaire d'État des colonies aux chefs des services administratifs coloniaux, au Havre, à Saint-Nazaire, à Bordeaux et à Marseille (Bull., n° 20977).

9-10 juill. 1889. — Loi qui approuve la convention conclue le 17 mai 1889 avec la compagnie Eastern-Telegraph pour l'établissement et l'exploitation d'un câble sous-marin reliant Obok à Périm (D. P. 90. 4. 69).

16-17 juill. 1889. — Loi qui autorise le Gouvernement à traiter avec les villes pour l'établissement de réseaux téléphoniques d'intérêt local à emprunter à la Caisse des dépôts et consignations les sommes nécessaires pour effectuer le rachat des réseaux exploités par la Société générale des téléphones (D. P. 90. 4. 89).

17-18 juill. 1889. — Loi de finances approuvant (art. 9) les taxes téléphoniques établies provisoirement par le décret du 28 juill. 1888 pour les correspondances téléphoniques entre Paris, Lyon et Marseille (D. P. 90. 4. 71-72).

23 juill.-21 sept. 1889. — Décret qui admet à circuler en franchise, par la poste, sous plis fermés, la correspondance de service expédiée par le ministre de la marine aux commandants supérieurs des troupes de toutes armes et aux commandants de la marine dans les colonies françaises (Bull., n° 20992).

26-30 juill. 1889. — Loi qui approuve la convention relative aux mandats-poste signée à Paris le 21 sept. 1887 entre la France et la Grande-Bretagne (D. P. 90. 4. 89).

31 juill.-1er août 1889. — Décret qui promulgue la convention du 21 sept. 1887 relativement aux mandats-poste entre la France et la Grande-Bretagne (Journ. off. 1er août ; Bull., n° 21032).

3 août-14 oct. 1889. — Décret qui autorise certains fonctionnaires à correspondre entre eux en franchise par la poste (Bull., n° 21062).

13-14 août 1889. — Décret concernant l'organisation de l'administration centrale des Postes et des Télégraphes (Journ. off. 14 août ; Bull., n° 21087).

19 août-21 nov. 1889. — Décret qui accorde la franchise postale à la correspondance échangée entre les bach-aghas, aghas, caïds ou cheikhs indépendants et les commandants supérieurs ou chefs d'annexes, administrateurs des communes du territoire militaire (Bull., n° 21133).

20 août-6 nov. 1889. — Décret qui accorde la franchise postale à la correspondance de service échangée entre le vice-président du tribunal des conflits et les membres du tribunal, les procureurs généraux et les procureurs de la République (Bull., n° 21124).

26-28 août 1889. — Décret relatif à l'échange de colis postaux avec Tahiti, l'Uruguay et Helligoland (Journ. off. 28 août ; Bull., n° 24202).

20 août-11 nov. 1889. — Décret qui accorde la franchise postale à la correspondance de service échangée entre les chefs des services administratifs coloniaux au Havre, à Nantes, à Bordeaux et à Marseille, et les trésoriers-payeurs généraux des départements de la Seine-Inférieure, de la Loire-Inférieure, de la Gironde et des Bouches-du-Rhône (Bull., n° 21138).

14 sept.-13 déc. 1889. — Décret qui admet à circuler en franchise, par la poste, la correspondance de service échangée entre le contrôleur civil de Souk-el-Arba (Tunisie) et les administrateurs des communes mixtes de la Calle et de Souk-Aras (Algérie) (Bull., n° 21264).

21-25 sept. 1889. — Décret réglant les conditions d'abonnements aux réseaux téléphoniques urbains (D. P. 90. 4. 96).

23-26 sept. 1889. — Décret portant approbation de la convention signée, le 1er juill. 1889, entre la France et la Grande-Bretagne et relative à l'échéance des colis postaux, sans déclaration de valeur entre la France et l'île de Malte (Journ. off. 26 septembre ; Bull., n° 21569).

27 sept. 1889-13 févr. 1890. — Décret instituant une commission consultative des postes et télégraphes (D. P. 90. 4. 100).

15-17 oct. 1889. — Décret relatif à l'expédition des lettres contenant des valeurs déclarées à destination ou provenant du Gabon (Journ. off. 17 octobre ; Bull., n° 21312).

15 oct.-13 déc. 1889. — Décret qui accorde la franchise postale à la correspondance de service de certains fonctionnaires (Bull., n° 21292).

19-23 oct. 1889. — Décret qui fixe la taxe des conservations téléphoniques sur les réseaux urbains et interurbains (D. P. 91. 4. 6).

20-23 oct. 1889. — Décret qui autorise et réglemente la transmission téléphonique des télégrammes (D. P. 91. 4. 6).

22-24 nov. 1889 — Décret qui supprime la franchise postale accordée aux militaires en service à Diégo-Suarez et à Madagascar (Journ. off. 24 novem bre ; Bull., n° 21414).

23-26 nov. 1889. — Décret relatif à l'échange des colis postaux avec l'établissement français d'Obock et l'île de Malte (Journ. off. 26 novembre ; Bull., n° 31336).

25-27 nov. 1889. — Décret qui approuve l'arrangement relatif aux poids et dimensions des paquets d'échantillons des marchandises échangées par la voie de la poste signée le 30 oct. 1889 entre la France et l'Italie (D. P. 90. 4. 100).

17-18 déc. 1889. — Décret relatif aux conditions d'abonnement aux réseaux téléphoniques urbains (D. P. 90. 4. 104).

8 janv. 1890. — Décret qui accorde la franchise à la correspondance de service expédiée par le ministre de l'instruction publique et des beaux-arts aux conservateurs des ouvrages d'art appartenant à l'État (Bull., n° 21678).

8 janv.-20 mars 1890. — Décret qui accorde la franchise à la correspondance de service expédiée par le ministre des finances aux caissiers des chemins de fer de Lagny à Villeneuve-le-Comte et du port de la Réunion (Bull., n° 21679).

17 janv. 1890. — Décret qui autorise les procureurs de la République en Tunisie à recevoir en franchise toutes lettres ou dépêches qui leur sont adressées, à raison de leurs fonctions, des localités situées dans le ressort de leur parquet (Bull., n° 21740).

17 janv. 1890. — Décret qui approuve deux conventions intervenues entre le ministre du commerce et de l'industrie et des colonies et M. Jules Despecher, représentant à Paris la compagnie Eastern Telegraph Company limited, à Londres, pour l'exploitation d'un fil spécial de Marseille à Londres et des câbles sous-marins reliant Marseille à Bône et à Malte (Bull., n° 21726).

18-22 janv. 1890. — Décret relatif à la constitution de groupes téléphoniques (D. P. 91. 4. 14).

25 janv. 1890. — Décret portant suppression et autorisation de franchise postale (Bull., n° 21727).

1er-2 févr. 1890. — Décret déterminant les conditions dans lesquelles les abonnés des réseaux téléphoniques urbains peuvent correspondre par l'intermédiaire des cabines publiques (D. P. 91. 4. 13).

4 févr.-22 mars 1890. — Décret qui admet à circuler en franchise, par la poste, la correspondance officielle échangée entre les chefs de service des contributions indirectes dans les râperies dépendant de ces fabriques (Bull., n° 21748).

6 févr.-22 mars 1890. — Décret qui admet à circuler en franchise, par la poste, la correspondance de service adressée par le ministre du commerce, de l'industrie et des colonies au directeur du bureau de vérification des alcoomètres à Paris (Bull., n° 21749).

6 févr.-22 mars 1890. — Décret qui autorise certains fonctionnaires à correspondre entre eux en franchise par la poste (Bull., n° 21747).

7 févr.-10 avr. 1890. — Décret relatif aux cautionnements des receveurs des télégraphes (D. P. 91. 4. 18).

15-20 févr. 1890. — Décret relatif à l'expédition des lettres chargées à destination de la République Argentine (*Journ. off.* du 20 févr.; *Bull.*, n° 21799).

28 févr.-30 avr. 1890. — Décret qui admet à circuler en franchise, sous bandes, par la poste, la correspondance de service échangée entre les gardes-mines détachés au dehors de la résidence des ingénieurs et les maires des départements dans lesquels ces gardes-mines exercent leur surveillance (*Bull.*, n° 21929).

5-6 mars 1890. — Décret relatif à l'échange des colis postaux avec le Gabon et le Congo français (*Journ. off.* du 6 mars; *Bull.*, n° 21878).

14-25 mars 1890. — Décret concernant l'abonnement aux lignes auxiliaires des réseaux téléphoniques urbains (D. P. 91. 4. 44-45).

29 mars-1er avr. 1890. — Décret portant modification au décret du 18 janv. 1890 sur les réseaux téléphoniques (D. P. 91. 4. 45).

29 avr.-27 juin 1890. — Décret qui assimile à la correspondance de service et admet à circuler en franchise, entre le ministre du commerce, de l'industrie et des colonies et les greffiers des tribunaux, les clichés typographiques des marques de fabrique et de commerce ne dépassant pas le poids de 5 kilogr. (*Bull.* n° 22206).

1er-15 mai 1890. — Décret portant publication et approbation de la convention télégraphique signée, le 1er déc. 1888, entre la France et la Chine (*Journ. off.* du 15 mai ; *Bull.*, n° 24744).

3 mai-27 juin 1890. — Décret qui admet à circuler en franchise, par la poste, la correspondance de service adressée par le ministre de l'instruction publique et des beaux-arts aux agents comptables des facultés et des établissements d'enseignement supérieur assimilés (*Bull.* n° 22207).

10 mai-27 juin 1890. — Décret portant suppression de franchises postales en Algérie et en Tunisie (*Bull.*, n° 22213).

19 mai-7 juill. 1890. — Décret portant suppression et concession de franchises postales (*Bull.*, n° 22270).

20-24 mai 1890. — Loi qui autorise le Gouvernement à traiter avec les villes pour l'établissement des communications téléphoniques interurbaines (D. P. 90. 4. 128).

30-31 mai 1890. — Décret portant extension du service des colis postaux avec les établissements français des Rivières du Sud (*Journ. off.* du 31 mai ; *Bull.*, n° 22275).

31 mai-3 juin 1890. — Décret fixant les conditions d'abonnement aux réseaux téléphoniques urbains (D. P. 91. 4. 88).

19 juin-20 juill. 1890. — Loi portant approbation de la convention signée à Londres le 4 déc. 1889 entre la France, l'Angleterre et la Belgique (D. P. 91. 4. 93).

19 juin-31 juill. 1890. — Décret qui admet à circuler en franchise, par la poste, la correspondance de service expédiée par le ministre de l'intérieur aux membres du comité consultatif de la vicinalité, en résidence dans les départements de la Seine et de Seine-et-Oise (*Bull.*, n° 22318).

19 juin-20 juill. 1890. — Décret qui prescrit la promulgation de la convention conclue à Londres, le 4 déc. 1889, entre la France, la Belgique et la Grande-Bretagne (D. P. 91. 4. 93).

5-7 juill. 1890. — Décret qui crée un service d'inspection générale des postes et des télégraphes (*Journ. off.* du 7 juill.; *Bull.*, n° 22389).

7 juill.-30 août 1890. — Décret qui admet à circuler en franchise, par la poste, la correspondance de service échangée entre le directeur de l'École centrale des arts et manufactures à Paris et les préfets et les commandants des bureaux de recrutement (*Bull.*, n° 22390).

9-11 juill. 1890. — Décret concernant les communications téléphoniques (D. P. 91. 4. 6).

30 juill.-25 sept. 1890. — Décret qui admet à circuler en franchise la correspondance de service adressée par le directeur des forêts au ministre de l'agriculture à certains fonctionnaires (*Bull.*, n° 22424).

31 juill.-2 août 1890. — Décret concernant l'échange des colis postaux avec la Grèce par la voie d'Italie (*Journ. off.* du 2 août, *Bull.*, n° 22457).

26-28 août 1890. — Décret relatif à l'échange des colis postaux, par la voie de Londres, avec les colonies anglaises et les pays étrangers auxquels l'office anglais peut servir d'intermédiaire (*Journ. off.* du 28 août ; *Bull.*, n° 22705).

30 août-4 sept. 1890. — Décret concernant l'échange des colis postaux avec la Grèce et les établissements français à Madagascar (*Journ. off.* du 4 septembre; *Bull.*, n° 22707).

22 sept.-1er déc. 1890. — Décret élevant le traitement des courriers convoyeurs et des entreposeurs des postes (*Bull.*, n° 22731).

4 oct.-6 déc. 1890. — Décret qui admet à la circulation en franchise, par la poste, la correspondance adressée par le ministre des travaux publics à certains fonctionnaires (*Bull.*, n° 22767).

6-8 oct. 1890. — Décret qui approuve la convention signée,

le 8 mai 1890, entre la France et le Royaume-Uni de la Grande-Bretagne et d'Irlande, et relative à l'échange des colis postaux sans déclaration de valeur avec l'île de Chypre (*Journ. off.* du 3 oct.; *Bull.*, n° 22849).

10-12 oct. 1890. — Décret qui approuve la convention signée, le 14 mai 1890, entre la France et la Colombie et relative à l'échange des colis postaux sans déclaration de valeur (*Journ. off.* du 12 oct. ; *Bull.*, n° 22865).

27 oct.-6 déc. 1890. — Décret qui accorde la franchise postale à la correspondance de service échangée entre le ministre de la marine, l'amiral préfet maritime à Rochefort et le directeur de l'école du service de santé de la marine à Bordeaux (*Bull.*, n° 22772).

31 oct.-6 nov. 1890. — Décret relatif au tarif réduit des conversations téléphoniques interurbaines pendant les heures de nuit (D. P. 91. 4. 105).

7-8 nov. 1890. — Décret portant réduction de l'abonnement téléphonique (D. P. 91. 4. 106).

1er déc. 1890. — Décret relatif à la circulation, en franchise, par la poste, sous bande, de la correspondance de service échangée entre l'inspecteur chef du service des douanes en Tunisie et les directeurs des douanes en France (*Bull.*, n° 22976).

26-27 déc. 1890. — Loi de finances approuvant (art. 15) les taxes et conditions de diverses communications téléphoniques, instituant un agent comptable (art. 20) pour les opérations inscrites au budget des téléphones et ouvrant des crédits (art. 21) pour l'établissement ou l'entretien de communications téléphoniques (D. P. 91. 4. 30. 57).

26 déc. 1890-10 févr. 1891. — Décret relatif à la suppression et à la concession de franchises postales en ce qui concerne certains agents de la marine (*Bull.*, n° 23046).

31 déc. 1890-4 janv. 1891. — Décret relatif à l'organisation de la comptabilité du service des téléphones (D. P. 91. 4. 78).

10 janv.-24 mars 1891. — Décret qui fixe le traitement de l'agent comptable des téléphones (*Bull.*, n° 23176).

21-25 janv. 1891. — Décret relatif au titre des ingénieurs des postes et télégraphes chargés de la direction de l'École professionnelle supérieure et du service de la vérification et de la réception du matériel (*Journ. off.* du 25 janv. 1891 ; *Bull.*, n° 23291).

31 janv.-16 avr. 1891. — Décret portant suppression de la franchise postale qui avait été concédée, par décret du 1er août 1888, à la correspondance de service échangée entre les inspecteurs régionaux de l'hygiène publique, d'une part, et l'inspecteur général des services sanitaires, les médecins des épidémies, les préfets et les sous-préfets, d'autre part (*Bull.*, n° 23295).

24-26 févr. 1891. — Décret relatif aux taxes à acquitter pour les correspondances à destination ou en provenance du territoire britannique de Bornéo du Nord (*Journ. off.* du 26 février ; *Bull.*, n° 23336).

26 févr.-5 mars 1891. — Décret relatif aux titres des contrôleurs des postes et des télégraphes (*Journ. off.* du 5 mars; *Bull.*, n° 23343).

28 févr.-1er mars 1891. — Décret relatif à l'échange des colis postaux avec l'agence maritime française établie à Tanger (*Journ. off.* du 1er mars ; *Bull.*, n° 23357).

10 mars-13 mai 1891. — Décret instituant une commission consultative des postes et télégraphes (D. P. 91. 4. 110).

18 mars-27 mai 1891. — Décret qui admet à circuler en franchise, par la poste, la correspondance de service échangée entre certains fonctionnaires (*Bull.*, n° 23433).

23-25 mars 1891. — Décret relatif à la concession des abonnements téléphoniques spéciaux (D. P. 91. 4. 111).

11-13 avr. 1891. — Décret qui approuve la convention signée à Londres, le 30 août 1890, entre la France et la Grande-Bretagne, à l'effet de déterminer le régime spécial accordé aux paquebots-poste anglais dans les ports de la France et des colonies et possessions françaises, ainsi qu'aux paquebots-poste français dans les ports du Royaume-Uni de la Grande-Bretagne et d'Irlande et des colonies et possessions britanniques (*Journ. off.* 13 avril ; *Bull.*, n° 23562).

27-28 avr. 1891. — Décret qui fixe les taxes à acquitter en France et dans les colonies sur les correspondances à destination ou provenant du territoire de l'Afrique orientale placé sous le protectorat allemand (*Journ. off.* du 28 avril 1891; *Bull.* n° 23644).

29-30 avr. 1891. — Décret relatif à l'échange des colis postaux avec la Colombie (*Journ. off.* du 30 avril ; *Bull.*, n° 23645).

1er-2 mai 1891. — Décret relatif à l'organisation d'un service de messages téléphonés dans toutes les localités pourvues de cabines téléphoniques et comprises dans le périmètre d'un même réseau principal ou de ses annexes (D. P. 92. 4. 7).

26-27 mai 1891. — Décret concernant l'échange des colis postaux pour cette destination, le cap de Bonne-Espérance, le Bechuanaland anglais, l'État libre d'Orange et le Transvaal (*Journ. off.* du 27 mai; *Bull.*, n° 23754).

3 juin-13 août 1891. — Décret relatif à la circulation en franchise de la correspondance de service échangée entre l'inspecteur général chargé de la direction des eaux, l'ingénieur en chef du service de la dérivation des sources de la Vigne; et de Verneuil et différents ingénieurs et conducteurs de ce même service (*Bull.*, n° 23779).

5-6 juin 1891. — Loi qui approuve la convention passée le 15 oct. 1880 avec la grande compagnie des télégraphes du Nord pour la pose et l'exploitation d'un second câble télégraphique entre Calais et Fanœ (Danemark) (*Journ. off.* 6 juin; *Bull.*, n° 23788).

19-20 juin 1891. — Loi portant approbation: 1° de la convention signée à Paris le 27 déc. 1890, entre la France, la Belgique et les Pays-Bas, pour déterminer les conditions de la transmission des télégrammes entre la France et les Pays-Bas par les lignes télégraphiques belges; 2° des déclarations signées à Paris entre la France. d'une part, et, d'autre part, l'Allemagne (28 févr. 1891), la Suisse (28 févr. 1891), le Luxembourg (4 mars 1891) et la Russie (23 mars 1891), pour régler les relations télégraphiques entre la France et ces divers pays; 3° de la convention télégraphique conclue le 27 févr. 1891 entre la France et la Belgique (D. P. 92. 4. 8).

19-20 juin 1891. — Loi portant approbation des tarifs télégraphiques arrêtés dans la conférence télégraphique internationale de Paris le 21 juin 1890 (D. P. 92. 4. 8).

19-20 juin 1891. — Loi portant approbation de la convention additionnelle à la convention du 14 juin 1883, conclue le 14 mai 1891 avec la *Spanish National submarine Telegraph Company* (*Journ. off.* du 20 juin; *Bull.*, n° 23811).

22-28 juin 1891. — Décret qui approuve la déclaration signée à Paris le 28 févr. 1891 entre la France et l'Allemagne pour régler les relations télégraphiques entre les deux pays (*Journ. off.* 28 juin; *Bull.* n° 23820).

22-28 juin 1891. — Décret qui approuve la convention télégraphique signée à Paris le 27 févr. 1891, entre la France et la Belgique (*Journ. off.* 18 juin; *Bull.* n° 23822).

22-28 juin 1891. — Décret qui approuve la convention signée, le 27 déc. 1890, entre la France, la Belgique et les Pays-Bas, pour déterminer les conditions de la transmission des télégrammes entre la France et les Pays-Bas par les lignes télégraphiques belges (*Journ. off.* 28 juin; *Bull.* n° 23821).

22-28 juin 1891. — Décret qui approuve la déclaration signée à Paris, le 23 mars 1891, entre la France et la Russie pour régler les relations télégraphiques entre les deux pays (*Journ. off.* 28 juin; n° 23826).

22-24 juin 1891. — Décret portant : 1° exécution du règlement de service international revisé à Paris, le 21 juin 1890, et des conventions conclues entre la France et divers pays; 2° établissement d'un minimum de taxe par télégramme dans les relations de la France avec certains pays (*Journ. off.* du 24 juin; *Bull.*, n° 23803).

11 juill.-11 sept. 1891. — Décret relatif à la circulation en franchise de la correspondance de service échangée entre les ingénieurs attachés au service de la surveillance des travaux confiés à l'industrie et les directeurs des constructions navales dans les établissements de la marine (*Bull.*, n° 23878).

24 juill.-11 sept. 1891. — Décret relatif à la circulation en franchise de la correspondance officielle expédiée par le ministre des travaux publics aux membres de la commission de vérification des comptes des compagnies de chemins de fer et aux présidents des chambres de commerce (*Bull.*, n° 23882).

5-8 sept. 1891. — Décret qui approuve la convention conclue avec la *Commercial Cable Company* pour l'échange des télégrammes de presse entre la France et l'Amérique du Nord (*Journ. off.* du 8 septembre; *Bull.*, n° 24114).

5 sept.-12 nov. 1891. — Décret qui accorde la franchise postale à certains fonctionnaires (*Journ. off.* du 12 novembre; *Bull.*, n° 24113).

10 sept.-18 nov. 1891. — Décret qui admet à circuler en franchise la correspondance de service expédiée par le ministre du commerce, de l'industrie et des colonies au directeur de l'École nationale pratique d'ouvriers et de contremaîtres à Cluny (Saône-et-Loire) (*Bull.* n° 24128).

15-19 sept. 1891. — Décret concernant les taxes applicables aux correspondances à destination ou provenant de l'Australie occidentale, de l'Australie méridionale, de Victoria, de la Nouvelle-Galles du Sud, de Queensland, de la Nouvelle-Guinée britannique et des îles Fidji (*Journ. off.* du 19 septembre; *Bull.*, n° 23147).

22-24 sept. 1891. — Décret qui approuve la convention conclue avec la Compagnie française du télégraphe de Paris à New-York pour l'échange des télégrammes de presse et le règlement de la taxe des télégrammes échangés entre l'Amérique et l'Angleterre par le câble de Brest-Déolin à Penzance (Angleterre) (*Journ. off.*, n° 24135).

2 oct.-18 nov. 1891. — Décret relatif à la circulation en franchise de la correspondance postale adressée par le ministre de l'instruction publique aux membres du comité de patronage des boursiers de l'enseignement primaire supérieur et professionnel à l'étranger (*Bull.*, n° 24139).

18 déc. 1891-10 mars 1892. — Décret relatif à l'admis-

sion en franchise, sous bandes, en France, en Algérie et en Tunisie, de la correspondance de service échangée entre l'ingénieur en chef du service du nivellement de la France et les ingénieurs, conducteurs et commis des ponts et chaussées attachés à ce service (*Bull.*, 24411).

22 déc. 1891-12 févr. 1892. — Décret qui admet à la circulation en franchise, par la poste, la correspondance d'intérêt général adressée, sous le contreseing du ministre du commerce, de l'industrie et des colonies, aux secrétaires des syndicats professionnels de patrons et d'ouvriers (*Bull.*, n° 24353).

24-25 déc. 1891. — Décret qui approuve la convention télégraphique conclue avec l'*Anglo American Telegraph Company limited* concernant l'échange des télégrammes de presse entre la France et l'Amérique et la taxe afférente au parcours de Brest à Brignogan pour les télégrammes anglo-américains échangés par le câble de Brignogan à Salcombe (Angleterre) (*Journ. off.* du 25 décembre; *Bull.*, n° 24412).

28-30 déc. 1891. — Décret concernant l'affranchissement des colis postaux à destination des Nouvelles-Hébrides et de Terre-Neuve (*Journ. off.* du 30 décembre; *Bull.*, n° 24413).

8 janv.-18 mars 1892. — Décret qui admet à circuler en franchise, sous bandes, la correspondance postale que les présidents des bureaux de l'Assistance judiciaire ont à échanger entre eux et avec les juges de paix et les maires de leur arrondissement respectif (*Bull.* n° 24522).

26-27 janv. 1892. — Loi de finances (art. 29 et 30, relatifs aux recouvrements par la poste; art. 33, relatif aux téléphones) (D. P. 92. 4. 9-23).

1er févr.-31 mars 1892. — Décret qui élève de 800 fr. à 1 000 fr. le traitement de début des receveurs des bureaux simples des postes et des télégraphes (*Bull.*, n° 24594).

18 févr.-12 avr. 1892. — Décret relatif à la taxe des colis postaux originaires et à destination du réseau des tramways de la Côte-d'Or (*Bull.* n° 24653).

27 févr.-1 mai 1892. — Décret relatif à la circulation en franchise de la correspondance de service expédiée par le ministre des finances au président du conseil d'administration des chemins de fer de l'État (*Bull.* n° 24751).

5-6 mars 1892. — Décret relatif aux valeurs impayées présentées à l'encaissement (D. P. 92. 4. 53).

19-20 mars 1892. — Loi qui approuve la convention conclue le 31 août 1874, entre la France et la Belgique, pour régler le service de la correspondance téléphonique entre les deux pays (D. P. 92. 4. 68).

19-20 mars 1892. — Loi qui approuve la déclaration signée, le 19 nov. 1891, entre la France et la Grande-Bretagne, pour régler les conditions de l'exploitation du service téléphonique entre les deux pays (D. P. 92. 4. 68).

19-20 mars 1892. — Décret qui promulgue la déclaration signée le 19 nov. 1891, entre la France et la Grande-Bretagne, pour régler les conditions de l'exploitation du service téléphonique entre les deux pays (D. P. 92. 4. 68).

25-26 mars 1892. — Loi concernant la taxe de lettres insuffisamment affranchies et celle des objets à taxe réduite expédiés sans affranchissement (D. P. 92. 4. 53).

31 mars-2 avr. 1892. — Décret fixant la date de l'application de la loi du 25 mars 1892 concernant la taxe des lettres insuffisamment affranchies (D. P. 92. 4. 54).

8-9 avr. 1892. — Décret relatif à l'admission aux guichets des bureaux de Paris des dépêches à Paris qui seront taxées au mot et transmises par la voie télégraphique (D. P. 92. 4. 76).

12-14 avr. 1892. — Loi concernant le service des colis postaux (D. P. 92. 4. 44-45).

13-15 avr. 1892. — Loi portant approbation des conventions et arrangements de l'Union postale universelle conclus à Vienne, le 4 juill. 1891, et modifiant le tarif des envois de valeurs déclarées à l'intérieur (D. P. 92. 4. 90).

23 mai-23 août 1892. — Décret relatif à la circulation en franchise de la correspondance du service échangée entre les directeurs du personnel télégraphique militaire des régions de corps d'armée et les chefs des unités de télégraphie militaire (*Bull.*, n° 25140).

22-28 juin 1892. — Décret qui approuve la déclaration signée à Paris, le 28 févr. 1891, entre la France et la Suisse, pour régler les relations télégraphiques entre les deux pays (*Journ. off.* 28 juin; *Bull.*, n° 23824).

26-27 juin 1892. — Décret qui promulgue l'arrangement concernant l'introduction des livrets d'identité dans le trafic postal international conclu à Vienne le 4 juill. 1891 (D. P. 93. 4. 6).

26-27 juin 1892. — Décret qui promulgue l'arrangement concernant le service des recouvrements conclu à Vienne le 4 juill. 1891 (D. P. 93. 4. 4).

26-27 juin 1892. — Décret qui promulgue la convention postale universelle et le protocole final conclus à Vienne le 4 juill. 1891 (D. P. 92. 4. 91).

26-27 juin 1892. — Décret qui promulgue la convention concernant l'échange des colis postaux et le protocole final, conclus à Vienne, le 4 juill. 1891 (D. P. 92. 4. 97).

26-27 juin 1892. — Décret qui promulgue l'arrangement

concernant le service des mandats de poste conclu à Vienne le 4 juill 1891 (D. P. 93. 4. 2).

27-28 juin 1892. — Décret qui détermine les taxes et les conditions d'envoi applicables aux colis postaux (D. P. 93. 4. 40).

27-28 juin 1892. — Décret concernant le service des recouvrements (D. P. 93. 4. 22).

27-28 juin 1892. — Décret qui fixe les taxes à percevoir sur les correspondances ordinaires et recommandées à destination ou provenant de l'extérieur, ainsi que le prix des livrets d'identité (D. P. 93. 4. 22).

27 juin 1892. — Décret concernant l'échange des mandats de poste et des mandats télégraphiques (D. P. 93. 4. 23).

20-24 juill. 1892. — Loi qui autorise l'expédition par la poste d'envois à livrer contre remboursement et ouvre au ministre du commerce et de l'industrie (2e section, postes et télégraphes), sur l'exercice 1892, des crédits supplémentaires (D. P. 93. 4. 7).

13-14 août 1892. — Décret relatif aux objets envoyés par la poste contre remboursement (D. P. 93. 4. 44).

1er-24 sept. 1892. — Décret qui fixe les taxes applicables aux colis postaux de Paris pour Paris, livrables à domicile ou bureau restant (D. P. 93. 4. 45).

CHAP. 2. — Organisation de l'administration des Postes et Télégraphes (*Rép.* v° *Postes*, n° 15, v° *Télégraphie*, n°s 156 à 192).

6. L'administration des Postes et Télégraphes est placée, au ministère du commerce et de l'industrie, sous l'autorité d'un directeur général. L'administration centrale a été réorganisée par des décrets du 15 juin 1887, D. P. 87. 4. 79 ; 28 juill. 1887, D. P. 87. 4. 90 (*Journ. off.* des 16 juin et 30 juill. 1887) et 13 août 1889 (*Journ. off.* du 14 août, D. P. 90. 4. 91). Le directeur général est assisté d'un conseil d'administration (Décr. du 20 mars 1878, D. P. 78. 4. 52) et d'une commission consultative, qui donne son avis sur toutes les questions renvoyées à son examen (Décr. du 27 sept. 1889, D. P. 90. 4. 100). La composition et le fonctionnement de cette commission sont réglés par arrêtés ministériels (Décr. du 10 mars 1891, D. P. 91. 4. 110).

7. Un décret du 5 juill. 1890 (*Journ. off.* du 7 juillet) a créé un service d'inspection générale des postes et télégraphes ; et un autre décret, du 26 févr. 1891 (*Journ. off.* du 5 mars) a réglé les titres des contrôleurs des postes et télégraphes.

8. Une école professionnelle supérieure des postes et télégraphes, créée par un décret du 23 avr. 1883 (*Bull.* n° 13180) a été réorganisée par décret du 29 mars 1888, D. P. 88. 4. 89. — L'admission y a lieu par voie de concours, excepté pour les élèves de l'École polytechnique classés au concours de sortie dans le service des télégraphes. Elle est divisée en deux sections: la première a pour but d'assurer le recrutement du personnel supérieur de l'administration des Postes et des Télégraphes ; la deuxième, d'assurer le recrutement des ingénieurs faisant partie de la même administration. Les élèves peuvent, à leur sortie, obtenir un brevet de capacité de l'une ou l'autre section, qui leur confère le titre de « breveté de l'École professionnelle supérieure des postes et des télégraphes ». Le brevet de la première section donne seul, sauf pour les ingénieurs, accès aux emplois supérieurs de l'administration des Postes et Télégraphes, c'est-à-dire à ceux d'administrateur, de chef et sous-chef de bureau, de commis principaux à l'administration centrale, d'inspecteur du contrôle de tout grade, de directeur des services départementaux ou ambulants, d'inspecteur et sous-inspecteur de tout grade, de receveur de bureau composé de 1re et de 2e classe, de chef de centre de dépôt, de chef de section. — Les ingénieurs ne sont admis dans le service des postes et télégraphes que s'ils sont pourvus du brevet de la deuxième section. Les ingénieurs sont attachés aux services techniques spéciaux dépendant de l'Administration. Ils sont chargés de l'étude et de l'exécution de travaux déterminés, et ils peuvent être envoyés en mission ou détachés dans les emplois d'administrateur, de chef et de sous-chef de bureau, d'inspecteurs du contrôle et de chef de centre de dépôt. Le nombre des ingénieurs de tout grade en activité de service ne peut dépasser quarante.

9. Par mesure transitoire, l'admission aux emplois supérieurs est autorisée en faveur: 1° des agents admis au service antérieurement au 1er janv. 1879 ; 2° de ceux qui, depuis le 1er janv. 1879, ont passé l'examen institué par arrêté du 23 oct. 1878 ; 3° de ceux qui étaient en possession d'un emploi supérieur au moment où le décret du 29 mars 1888 a été promulgué.

10. Les nominations aux divers emplois de l'administration des Postes et Télégraphes sont faites soit par le chef de l'Etat, sur la proposition du ministre, soit par le ministre sur la proposition du directeur général, soit par le directeur général (Décr. du 27 juin 1887, *Journ. off.* du 28 juin, *Bull.* n° 18104, D. P. 87. 4. 80).

11. Les services extérieurs de l'administration des Postes et Télégraphes sont régis par un décret du 28 avr. 1883 (*Bull.* n° 13180) et un décret du 4 janv. 1887 (*Bull.* n° 17531) modificatif du premier, qui ont complété la fusion des deux administrations. Nous n'entrerons pas dans les détails des différents services qui offrent un intérêt purement administratif. Nous nous bornerons à signaler que, dans les départements, l'ensemble des services postaux et télégraphiques sont placés sous l'autorité d'un même directeur, et soumis à l'inspection des mêmes inspecteurs et sous-inspecteurs.

CHAP. 3. — Services postaux.

SECT. 1re. — DE LA POSTE AUX LETTRES (*Rép.*, v° *Postes*, n°s 15 à 137).

ART. 1er. — *Services postaux, réception et distribution des correspondances, bureaux, facteurs, courriers, services postaux maritimes* (*Rép.* v° *Postes* n°s 16 à 21).

12. La réception des divers objets de correspondance est faite dans les bureaux de poste et télégraphe, dans les boîtes apposées par l'Administration dans les communes non pourvues de bureaux par l'entremise des facteurs ruraux. Les bureaux, de poste et télégraphe sont divisés en bureaux composés de plusieurs classes (*Rép.* v° *Postes*, n° 17) et bureaux simples. Les uns et les autres réunissent au service des postes le service des télégraphes (L. 6 déc. 1873, D. P. 74. 4. 26). — La même loi du 6 déc. 1873 a supprimé les bureaux municipaux et tous les bureaux sont actuellement gérés par des employés de l'administration des Postes et Télégraphes, à l'exception des bureaux dits auxiliaires dont un décret du 7 avr. 1887 (D. P. 87. 4. 72), a autorisé la création. Les gérants de ces derniers bureaux sont recrutés sur place et pris autant que possible parmi les anciens militaires et fonctionnaires retraités; ils sont proposés par les municipalités, payés par les communes et agréés par le directeur départemental après enquête. Ils ont pour attributions: la vente des timbres-poste, l'affranchissement des correspondances et le payement direct aux habitants de la commune des mandats de 50 fr. et audessous. Pour les autres opérations. ils servent d'intermédiaires entre les expéditeurs ou destinataires et le bureau de recette dont ils dépendent (V. Arr. min. 9 juill. 1887, *France judiciaire*, 1889, 2e part., p. 237).

13. Le transport des dépêches se fait, sur les lignes ferrées, au moyen des bureaux ambulants ou de courriers voyageant dans des compartiments qui leur sont réservés dans certains trains suivant l'importance du service. Les courriers chargés de ce service sont dits *convoyeurs*. Il existe également des entreposeurs des postes, recevant des bureaux ambulants les dépêches qui doivent être remises aux courriers convoyeurs et de ceux-ci celles qui doivent être remises aux bureaux ambulants. — Entre les gares de chemins de fer et les différents bureaux de recette le service est fait par les courriers d'entreprise (*Rép.* v° *Postes*, n° 18). Enfin, entre la France et les pays d'outre-mer, le transport des dépêches est fait par des entreprises maritimes, V. *infra*, n° 22.

14. Lorsque les correspondances sont parvenues à destination, elles sont remises aux destinataires, soit à domicile par les facteurs (*Rép.* v° *Postes*, n° 16) et, dans certains cas, par les gérants des bureaux auxiliaires (V. Arr. min. 9 juill. 1887, cité *supra*, n° 12), soit au guichet de la poste lorsqu'elles sont adressées poste restante (*Rép.* v° *Postes*, n° 47).

15. Lorsque les correspondances sont adressées poste restante, leur remise n'a lieu que sur la constatation de l'identité de la personne qui se présente pour les réclamer; cette identité est constatée dans les formes déterminées par les règlements de l'administration des Postes, formes qui sont d'autant plus rigoureuses lorsqu'il s'agit d'objets recommandés ou contenant des valeurs déclarées.

16. Dans le service international, à la suite du congrès de Lisbonne en 1885, il fut admis que l'identité des destinataires pourrait être constatée au moyen d'un livret d'identité pour toutes les opérations dans lesquelles les bureaux de poste exigent la justification de l'identité. Mais l'arrangement relatif aux livrets n'avait été adopté que par un certain nombre d'offices parmi lesquels ne figurait pas l'Administration française. Au congrès de Vienne, en 1891, celle-ci s'est ralliée à l'arrangement nouveau relatif à ces livrets, dont la ratification a eu lieu par la loi du 13 avr. 1892 (D. P. 92. 4. 90). Actuellement, le livret d'identité a été admis par la République Argentine, la Bulgarie, l'Égypte, l'Italie, le Luxembourg, le Paraguay, le Portugal, la Roumanie, la Suisse, l'Uruguay, le Brésil, la Colombie, la France, la Grèce, Libéria, le Mexique, le Salvador, la Tunisie, la Turquie et le Venezuela. Ce livret, conforme à un type annexé à l'arrangement, comprend un feuillet destiné aux indications relatives à la personne du titulaire, dix feuillets à quittance, et contient la photographie. le signalement et la signature du titulaire. Sur la présentation de ce livret et contre la remise d'une quittance qui en est détachée, les bureaux de poste des pays contractants sont tenus de délivrer à son titulaire tout envoi postal sujet à décharge et de lui payer tout mandat à son adresse. si la signature apposée sur la souche et sur la quittance est reconnue identique à celle du livret. Les envois ordinaires sont délivrés aux titulaires contre la seule présentation du livret. Le prix du livret est fixé à 0 fr. 50 cent. et au maximum à 1 fr., non compris la photographie qui doit être remise à la poste par le demandeur (V. le rapport, D. P. 92. 4. 90, note 1, D. P. 93. 4. 7).

17. Les expéditeurs sont en droit de réclamer le retrait d'un objet qu'ils ont confié à la poste (*Rép.* v° *Postes*, n° 45) et de demander qu'il leur soit remis ou que la destination en soit changée tant que cet objet n'a pas été délivré au destinataire. La réclamation, faite après la fermeture des dépêches, peut être transmise par la poste, moyennant la taxe d'une lettre simple recommandée, ou par télégramme moyennant la taxe ordinaire d'un télégramme. Cette faculté existe également dans le service international (Conv. postale 4 juill. 1891, art. 9, D P. 92. 4. 92).

18. La délivrance des lettres et correspondances peut donner lieu à des difficultés particulières lorsque, dans une même localité, il existe deux ou plusieurs personnes portant les mêmes nom et prénoms, et que les correspondances ne portent aucune indication permettant de distinguer quel est le véritable destinataire. On a vu au *Rép.* v° *Postes*, n° 44, que lorsque deux personnes portant le même nom patronymique ne peuvent s'entendre sur l'attribution des correspondances qui portent sur l'adresse, sans autre indication, le nom patronymique qui leur est commun, il y a lieu, pour le receveur des postes, de procéder conformément à l'art. 521 de l'instruction de mai 1832, c'est-à-dire d'ouvrir les lettres dont la destination est incertaine en présence des deux homonymes et avec leur consentement, et de remettre ces correspondances au véritable destinataire. Cette règle, qui avait été posée par un arrêt du 24 nov. 1846 (*Rép.* v° *Postes*, n° 44) a été de nouveau appliquée (Nîmes, 9 févr. 1889, aff. Pécoul, D P. 90. 2. 317). — Mais ce mode de procéder ne saurait trancher la difficulté dans toutes les circonstances et le receveur des postes ne pourrait y recourir si l'un des compétiteurs s'opposait à l'ouverture des correspondances, ni les attribuer de son autorité à l'un d'entre eux si, après l'ouverture des lettres, la compétition subsistait. C'est même une question controversée de savoir s'il appartient aux tribunaux de prescrire à l'administration des Postes de se conformer à l'art. 521 de l'instruction de 1832, et la cour de Besançon notamment, dans un arrêt du 12 déc. 1888 (aff. De Thierry de Falletans, D. P. 90. 2. 102), n'a pas cru pouvoir faire cette prescription, par le motif que le pouvoir des tribunaux se borne à déclarer quel est le véritable propriétaire des correspondances, et qu'ils doivent laisser à l'administration des Postes le soin d'aviser, sous sa responsabilité, à ce que les objets soient remis à leur véritable destinataire; qu'il ne saurait appartenir aux tribunaux de prescrire à l'Administration les précautions auxquelles elle doit avoir recours.

Il ne faudrait pas, toutefois, pousser trop loin cette doctrine, et si les tribunaux ne peuvent prendre des mesures telles que la nomination d'un séquestre permanent chargé de recevoir les correspondances dont la suscription est douteuse et de les remettre à qui de droit, mesure qui serait inconciliable avec le principe du secret des lettres, il ne s'ensuit pas qu'ils ne puissent prescrire à l'administration des Postes de remettre les correspondances à tel ou tel de ceux qui prétendent y avoir droit. En effet, lorsqu'il se produit une contestation sur le droit de plusieurs homonymes aux correspondances portant une certaine suscription, ce sont les tribunaux, juges du fait et appréciateurs des circonstances, qui peuvent seuls trancher le différend et désigner le véritable propriétaire des correspondances (Req. 22 mai 1889, aff. Fournier, D. P. 89. 1. 370; 8 nov. 1892, aff. Lecourt, D. P. 93. 1. 33). Et la conséquence logique du droit qui leur appartient de désigner le véritable propriétaire est qu'ils peuvent prescrire à l'administration des Postes de lui remettre les correspondances portant la suscription litigieuse. En faisant cette prescription, ils ne sortent pas de leur rôle, et l'injonction faite à l'administration des Postes n'empiète nullement sur le pouvoir administratif, les tribunaux ne faisant que déclarer quel est celui auquel la poste doit, en vertu des lois de son institution, remettre les correspondances (V. la note sur arrêt de la cour de Paris du 3 juin 1892, D. P. 93, 2° partie).

Il a été jugé, à ce point de vue, que lorsqu'un fonds de commerce a été vendu et que l'acquéreur en a pris possession, le vendeur n'a plus aucun droit sur les lettres et les télégrammes adressés à la maison de commerce, à l'exception de ceux qui portent avec son nom la mention *personnel* (Paris 24 déc. 1890, aff. Lecourt, D. P. 93. 1. 33); et, sur pourvoi, que l'arrêt qui, en cas de vente d'un fonds de commerce et d'interdiction prononcée contre le vendeur de s'établir dans la ville où est ce fonds, déclare que les lettres adressées au nom du vendeur, mais au siège du fonds vendu et sans la mention *personnel* doivent être présumées adressées à la maison de commerce, et, par suite, appartiennent à l'acquéreur du fonds de commerce, échappe à la censure de la cour de cassation (Req. 8 nov. 1892, D. P. *ibid.*).

19. Les tribunaux, d'ailleurs, ne peuvent être appelés à déclarer quel est, entre les homonymes, le véritable destinataire qu'autant que ce point n'a pas été réglé entre les intéressés. Ceux-ci peuvent valablement convenir que les correspondances portant une suscription déterminée seront remises à l'un d'entre eux. Cette convention n'a rien de contraire à la loi, et elle est obligatoire pour l'administration des Postes (Paris, 3 juin 1892, D. P. 93, 2° partie).

20. Lorsque les destinataires ne peuvent être trouvés à l'adresse indiquée, les lettres sont mises au rebut (*Rép.* v° *Postes*, n° 46); mais si le destinataire a simplement changé de résidence et a fait connaître son adresse à la poste, les lettres doivent lui être réexpédiées à sa nouvelle adresse, sans supplément de taxe. Rappelons, à cet égard, que la prescription des objets trouvés dans les lettres et boîtes (*Rép.* v° *Postes*, n° 46) est acquise à l'État au bout de cinq (et non de huit) années, à partir du dépôt de ces objets à la poste (L. 13 juill. 1882, D. P. 82. 4. 117).

21. Les employés des postes prêtent le serment de garder fidèlement le secret des correspondances (*Rép.* v° *Postes*, n° 19). Cependant ils ne peuvent se refuser, lorsqu'ils sont appelés comme témoins devant la justice et y prêtent serment, à déclarer s'il existe dans leurs bureaux des lettres à l'adresse des prévenus (*Rép. ibid.*) ou s'ils savent qu'une personne a expédié une lettre ou un journal, et à quelle personne l'expédition a été faite (Crim. rej. 14 mars 1885, aff. Rigaud, *Bull. crim.* n° 86).

22. La création de services réguliers de transport de dépêches entre le territoire de la France et les pays d'outremer situés hors d'Europe ne remonte qu'à une époque relativement récente. Pour la première fois, au mois de mai 1840, un projet de loi fut présenté aux Chambres pour établir une navigation rapide entre la France et les Amériques. Trois lignes principales devaient être établies : une du Havre sur New-York ; une partant alternativement de Bordeaux et de Marseille sur les Antilles, avec embranchement d'un côté sur le golfe du Mexique et la Nouvelle-Orléans, et de l'autre sur Carthagène et Chagres ; enfin,

une dernière ligne partant de Saint-Nazaire sur Rio-Ja-
neiro, avec une annexe allant toucher Montevideo et
Buenos-Ayres. Malgré les subventions promises, les conditions imposées ne permirent pas d'obtenir des résultats
satisfaisants ; les bâtiments qu'on avait d'abord construit
aux frais de l'Etat étaient trop lourds et d'une marche
trop lente ; les compagnies qui avaient tenté de créer
les lignes subventionnées par l'Etat ne purent pas davantage obtenir des vitesses suffisantes et ce fut en 1857 seulement qu'une loi du 17 juin (D. P. 57. 4. 82) permit
l'établissement de lignes régulières de paquebois entre la
France et l'Amérique, capables de lutter de vitesse avec les
lignes anglaises. Depuis lors, les services maritimes postaux
ont pris une grande extension. Des ports du Havre, de Saint-
Nazaire, de Bordeaux, de Cette, de Marseille, partent, à
des époques régulières, des paquebois transportant les dépêches pour la plupart des pays de l'Amérique, de l'Asie,
de l'Océanie, et les lignes desservant le bassin de la Méditerranée. En outre l'Algérie est desservie par un service
presque quotidien, partant alternativement de Marseille et
de Port-Vendres. Enfin, la ligne de Calais, de Douvres,
transporte plusieurs fois par jour le courrier d'Angleterre.

Nous n'entrerons pas dans le détail de ces lignes et dans
l'examen des textes législatifs ni des conventions qui en
ont autorisé la création ; on en trouvera la nomenclature
dans le tableau de la législation (V. supra, p. 72 et suiv.).
D'une manière générale, les services du transport par mer
des dépêches est confié à des compagnies de navigation
maritime, ayant traité avec l'Etat de gré à gré ou au moyen
d'adjudications et moyennant des subventions annuelles.
Certaines conditions relatives à la puissance des machines
à employer sur les navires dont elles font usage, aux vitesses qu'elles doivent fournir, sont déterminées par des
cahiers des charges qui servent de base aux adjudications.

Art. 2. — Différents services de la poste aux lettres
(Rép. nos 22 à 47).

23. Bien que le transport des lettres, des journaux, des
imprimés, échantillons, etc. (Rép. vo Postes, no 22), constitue
encore aujourd'hui la partie la plus importante du service
des postes, ce service comporte un certain nombre d'opérations accessoires, dont les unes ont reçu depuis la publication du Répertoire d'importantes extensions, tandis que les
autres ont été successivement ajoutées au service des postes. Ces différents services offrent par eux-mêmes une importance assez grande pour qu'il y ait lieu de faire, pour chacun
d'eux, un examen spécial des règles qui lui sont applicables.

D'autre part, les taxes postales, c'est-à-dire le prix payé
pour le transport et la distribution des objets de correspondance, ont été profondément remaniées depuis la publication
du Répertoire, tant dans leur quotité que dans leur principe.
Les taxes, après avoir été élevées dans une mesure importante à la suite des événements de 1870-1871, en vue
d'accroître les ressources du Trésor, ont au contraire été
réduites d'une manière générale lors de la réforme postale
de 1878. Avant cette époque, la taxe des divers objets de
correspondance n'était pas uniforme. On avait conservé de
l'ancien système des zones une distinction entre les correspondances circulant dans la circonscription d'un même
bureau et celles qui devaient circuler entre deux bureaux du
territoire. Les premiers payaient une taxe moins élevée.

La réforme postale de 1878 (L. 6 avr. 1878, D. P. 78.
4. 47) a fait cesser cette distinction et, conformément à
un principe suivi dans toute l'Europe, et consacré par le
congrès de Berne, on adopta le principe de l'uniformité des
taxes, sur la proposition d'un député, M. Le Cesne, alors
que le projet du Gouvernement laissait subsister encore les
anciennes catégories. Dans l'état actuel, les objets de
correspondance supportent une taxe uniforme d'après leur
nature et quelle que soit la distance qui sépare le lieu d'où
ils sont expédiés de celui où ils doivent être transportés.
On exposera, à l'occasion de chaque service, les taxes qu'il
comporte et les conditions de leur application.

§ 1er — Lettres ordinaires, cartes postales, cartes-lettres.

24. Les lettres ordinaires closes supportent, depuis la loi

du 6 avr. 1878 (D. P. 78. 4. 47), une taxe de 15 centimes
par 15 grammes ou fraction de 15 grammes, lorsqu'elles
sont affranchies. La loi de 1878 a donc à la fois abaissé la
taxe et augmenté le poids normal accordé aux lettres, en
le portant de 10 à 15 grammes. — A côté des lettres closes,
une loi du 20 déc. 1872 (D. P. 73. 4. 1) a admis, sous le
nom de cartes postales, des correspondances destinées à
circuler à découvert, écrites sur des cartes de dimensions
déterminées, et préalablement affranchies, moyennant une
taxe réduite, que la loi du 6 avr. 1878 a fixée à 10 centimes.

25. Comme les lois précédentes, la loi du 6 avr. 1878
frappe d'une taxe plus élevée les lettres qui n'ont pas été
affranchies par l'expéditeur et celles qui ne l'ont été que
d'une manière insuffisante. Cette perception supplémentaire
a été justifiée, lors de la discussion de la loi, par la nécessité
d'éviter le surcroît de frais et les complications de comptabilité qu'occasionne à l'administration des Postes la perception de la taxe sur le destinataire, et de diminuer les chances
de perte au cas où la taxe ne pourrait être perçue. La lettre
non affranchie paye, en conséquence, une taxe double de
celle de la lettre affranchie.

26. Dans le cas d'affranchissement insuffisant, la loi du
24 août 1871 (art. 45) imposait une taxe calculée comme si
la lettre n'avait pas été affranchie, sauf déduction de la
valeur des timbres employés. Cette disposition, quoique non
reproduite par la loi du 6 avr. 1878, était cependant restée
en vigueur. Il en résultait que, pour une lettre sans affranchissement, le fait de n'avoir pas acquitté préalablement les
0 fr. 15 cent. du tarif n'était puni que d'une surtaxe de
0 fr. 15 cent., alors que, en cas d'affranchissement incomplet,
la peine était portée au double, au triple, au quadruple, au
quintuple, etc., Cette anomalie n'existait pas dans le service
international où les correspondances de toute nature, insuffisamment affranchies, étaient passibles seulement d'une
taxe double de l'insuffisance d'affranchissement (L. 19 déc.
1878, D. P. 79. 4. 35). Il n'y avait aucune raison de la laisser
subsister dans le service intérieur. S'il est utile au bon
fonctionnement des services postaux que la somme due
pour la taxe d'une lettre soit portée au double lorsque le
payement est postérieur au lieu d'être préalable au transport, la logique veut qu'en cas d'insuffisance d'affranchissement, la surtaxe ait pour maximum le double de cette
insuffisance, car la faute que l'on veut ainsi punir est moins
grave, à tous égards, que celle résultant de l'absence
totale d'affranchissement. L'administration des Postes l'a
reconnu et, depuis une loi du 25 mars 1892, D. P. 92. 4.
53 (V. également décret du 31 mars 1892, D. P. 92. 4. 54),
la taxe à percevoir en cas d'affranchissement insuffisant est
égale au double de l'insuffisance.

27. Dans le service international, à l'intérieur de l'Union
postale (V. infrà, vo Traité, international) les lettres sont
taxées à 25 cent. par 15 grammes ou fraction de 15 grammes,
et au double en cas de non-affranchissement (Convention
du 4 juill. 1891, art. 5, D. P. 92. 4. 91). En cas d'insuffisance d'affranchissement, on applique, à tous les objets de
correspondance, la taxe double de l'insuffisance (Même
convention, 4 juill. 1891, art. 5, § 3).

28. Une loi du 9 mai 1863 (D. P. 63. 4. 54) avait autorisé,
dans certaines localités déterminées par décret, l'admission
des lettres déposées après les heures fixées pour les dernières
levées, à profiter des plus prochains départs, moyennant une
taxe supplémentaire préalablement acquittée. Le bénéfice
de cette mesure avait été appliqué à certains bureaux de
Paris (Décr 16 mai 1863, D. P. 63. 4. 63), puis à Marseille
(Décr. 24 juill. 1870, D. P. 70. 4. 63), à Bordeaux (Décr.
17 août 1872, D. P. 72. 4. 131), à Lyon (Décr. 31 mai 1873,
D. P. 73. 4. 75). Des délais successifs, en général d'un quart
d'heure, donnaient lieu à la perception de taxes progressives
qui pouvaient s'élever jusqu'à 60 cent. — Ce système a été
modifié par une loi du 16 mars 1887 (D. P. 87. 4. 69) qui
n'accorde plus qu'un seul délai, donnant lieu à une taxe supplémentaire de 15 cent. quel que soit le poids des lettres :
la durée du délai supplémentaire est fixée, pour chaque
localité, par un décret inséré au Bulletin des lois. Un décret du 17 mars 1887 (D. P. 87. 4. 69) a fixé à trente minutes à Paris, Lyon et Grenoble ; vingt minutes à Bordeaux ; trente-cinq minutes à Marseille la durée du délai
supplémentaire. Le même décret autorise le ministre des

postes et des télégraphes, d'après les conditions particulières du fonctionnement du service dans chacun des bureaux de villes ci-dessus désignées, à y augmenter le délai supplémentaire.

29. Pour faciliter les correspondances, l'administration des Postes ne s'est pas contentée des abaissements de tarifs qui ont été accordés en 1878. En 1872, elle avait déjà créé les cartes postales, destinées aux correspondances circulant à découvert (L. 20 déc. 1872, D. P. 73. 4. 1), moyennant un affranchissement inférieur à celui des lettres et que l'art. 1 de la loi du 6 avr. 1878 a fixé à 10 cent. Ces cartes se divisent en cartes simples et cartes avec réponse payée : celles-ci se composent de deux cartes accolées, portant chacune un timbre d'affranchissement et qui peuvent être séparées par le destinataire ; la partie détachée sert à la réponse. — Divers arrêtés ministériels, notamment ceux du 24 nov. 1883 et du 5 oct. 1886 (D. P. 88. 4. 56), ont admis à circuler à l'intérieur comme cartes postales *toutes cartes* portant *au recto*, le timbre d'affranchissement, l'adresse du destinataire et, au besoin, l'indication, par un procédé quelconque, des noms, profession et adresse de l'expéditeur ; *au verso*, la correspondance, ou des mentions manuscrites ou imprimées de toute nature. Ces cartes doivent avoir au minimum 9 centimètres de largeur et 6 centimètres de hauteur, et au maximum 14 centimètres de largeur et 9 centimètres de hauteur. Leur poids ne doit pas excéder 5 grammes, ni être inférieur à 1 gramme et demi. Les cartes postales sont admises à circuler dans le service international, la taxe est, comme dans le service intérieur, de 10 centimes. En cas de non-affranchissement, elles sont taxées comme lettres (Conv. du 4 juill. 1891, D. P. 91. 4. 91, art. 5).

30. Il faut signaler, en outre, une loi du 20 avr. 1882 (D. P. 82. 4. 115) qui autorise le Gouvernement à mettre en vente des enveloppes et bandes revêtues du timbre fixe d'affranchissement, ou à faire imprimer le timbre d'affranchissement sur les enveloppes et bandes présentées par le public au timbrage. Le prix à percevoir pour la valeur du papier, en sus du prix du timbre-poste, et les prix et conditions du timbrage des enveloppes et bandes présentées par le public au timbrage, dont la détermination avait été renvoyée par cette loi à des décrets insérés au *Bulletin des lois*, ont été fixés par les decrets du 7 nov. 1882 (D. P. 82. 4. 116), en ce qui concerne le prix des enveloppes portant un timbre de 5 cent., à 1/2 cent. par enveloppe et par bande, et par un décret du 10 août 1882 (D. P. 82. 4. 116), à 1 centime par enveloppe portant un timbre de 15 centimes et à 1 centime par trois bandes. Suivant le même décret, le public est admis à présenter au timbrage des enveloppes et bandes au prix de 2 francs le mille d'enveloppes, au prix de 1 fr. 20 centime le mille de bandes.

31. L'administration des Postes met également en vente des cartes-lettres destinées à être employées comme lettres fermées et sans supplément de prix, à 15 centimes. Le public est admis à présenter au timbrage des cartes-lettres non pliées au prix de 4 francs le mille en sus de la valeur du timbre d'affranchissement (Décr. 1er mars 1884, D. P. 84. 4. 120).

§ 2. — Chargements. — Valeurs déclarées. — Recommandation des lettres, cartes postales, imprimés, etc. — Valeurs cotées.

32. Le public était admis à l'époque de la publication du *Répertoire*, à faire constater authentiquement le dépôt dans les bureaux de poste de lettres et de paquets ; c'était ce qu'on appelait le *chargement*. La garantie qui en résultait consistait dans la surveillance spéciale dont la lettre ou le paquet étaient l'objet jusqu'au moment de la remise au destinataire. Cette surveillance, dont le mécanisme a été exposé au *Rép.* v° *Postes*, n° 31, comportait la transmission d'un agent à l'autre contre reçu du dernier, et la remise au destinataire contre reçu et décharge soit du destinataire soit de son délégué. Il en est encore ainsi actuellement pour ce qui constitue ce qu'on appelle les *chargements ;* mais cette expression a une signification plus étendue qu'à l'époque de la publication du *Répertoire :* elle comprend à la fois les envois de valeurs déclarées, les recommandations et les valeurs cotées. Le chargement, tel qu'on l'entendait, a disparu depuis qu'à la loi du 4 juin 1859 (*infrà*, n° 33), qui

avait admis l'envoi de valeurs déclarées sous forme de chargement, est venue s'ajouter la loi du 25 janv. 1873 (D. P. 73. 4. 22) autorisant la recommandation des lettres, cartes postales, imprimés, etc. (*infrà*, n° 43).

33. — 1° *Valeurs déclarées.* — La prohibition d'insérer soit dans les lettres ordinaires, soit dans les chargements, non seulement des matières d'or et d'argent, mais des valeurs de toute nature, était, pour ainsi dire, ouvertement méconnus (V. le rapport de M. O'Quin au Corps législatif, D. P. 59. 4. 58, note). Les nécessités de la circulation des valeurs au porteur rendaient cette prohibition tellement préjudiciable au commerce qu'il devenait difficile de la maintenir, alors qu'on savait pertinemment qu'elle n'était pas observée. En 1857, alors qu'on évaluait la circulation intérieure des valeurs au porteur à trois milliards, dont un milliard en billets de banque et deux milliards ,en tout autres valeurs, l'Administration estimait que les neuf dixièmes de ces valeurs se transmettaient par son intermédiaire, au mépris de la loi de nivôse an 5. On reconnut préférable, tant dans l'intérêt du public que de celui de l'administration des Postes, qui échapperait ainsi à la responsabilité morale de détournements qu'elle ne pouvait empêcher et y trouverait un supplément de recettes, de permettre le transport des valeurs au porteur par la poste, en l'entourant de garanties suffisantes. Ce résultat a été obtenu par la loi du 4 juin 1859 (D. P. 59. 4. 52). L'Administration se charge de remettre les lettres contenant les valeurs déclarées, en restant responsable, jusqu'à concurrence de la déclaration, de la remise de la lettre intacte au destinataire, moyennant une taxe constituant une sorte de prime d'assurance et proportionnelle à la valeur transportée,

34. Aux termes des deux premiers articles de la loi du 4 juin 1859, qui régit encore aujourd'hui les chargements avec valeur déclarée, l'insertion, dans une lettre, de billets de banque ou de bons, coupons de dividendes et d'intérêts payables au porteur, est autorisée sous condition d'en faire la déclaration au moyen de l'inscription en toutes lettres, sur l'enveloppe de la lettre, de la déclaration et du montant, en francs et centimes, des valeurs expédiées. La lettre doit être présentée fermée à l'employé des postes, tous les plis en étant scellés avec un cachet portant une empreinte spéciale. Transmise par l'administration des Postes avec les précautions jusqu'alors usitées pour les chargements, elle ne doit être remise qu'au destinataire ou à son fondé de pouvoirs, contre reçu.

35. Primitivement, on n'avait autorisé la déclaration de valeur, pour un même pli, que jusqu'à concurrence de 2000 fr. (L. 4 juin 1859, art. 1). L'expérience démontra que l'élévation de la déclaration était sans inconvénient, et en 1873, le chiffre maximum des déclarations a été porté à 10 000 fr. (L. 25 janv. 1873, art. 10, D. P. 73. 4. 22), valeur à laquelle il reste actuellement limité.

36. La déclaration de valeur entraîne, aux termes de l'art. 3 de la loi du 4 juin 1859, la responsabilité de l'administration des Postes jusqu'à concurrence des sommes déclarées, à la condition qu'elles soient inférieures au maximum légal. — Si le pli chargé renferme des valeurs représentant une somme supérieure au montant de la déclaration, l'Administration n'est responsable que dans la limite de la déclaration (Civ. cass. 31 janv. 1893, aff. Rogier-Richault, D. P. 93. 1. 249). Cette responsabilité n'est dégagée que par la décharge donnée dans le reçu du destinataire ou son fondé de pouvoirs, en cas de perte par force majeure (V. *infrà*, v° *Responsabilité*).

Comme compensation de la responsabilité qui lui incombe, l'Administration des postes est, en vertu de l'art. 6 de la loi du 4 juin 1859, subrogée à tous les droits du propriétaire des valeurs déclarées qui ont été perdues et qu'elle a remboursées ; le payement qu'elle fait du montant de la déclaration constitue, alors même que cette déclaration aurait été inférieure à la somme réellement expédiée, un payement intégral et, par suite, le destinataire ne saurait être admis, en cas de découverte partielle des valeurs dérobées, à venir en concurrence avec l'administration des postes sur le montant de la somme pour laquelle la subrogation a eu lieu (Arrêt précité du 31 janv. 1893). L'art. 6 de la loi du 4 juin 1859 impose également au propriétaire l'obligation de faire connaître, au moment où l'Administration opère le remboursement, la nature des valeurs, ainsi que toutes les circonstances qui peuvent faciliter l'utile exercice de ses droits. C'est l'application pure et simple du droit commun à cette matière spéciale.

37. La question de savoir dans quels cas la perte par *force majeure* du chargement a pour effet de libérer l'administration des Postes de la responsabilité qui lui incombe (L. 4 juin 1859, art. 3) a donné lieu à des difficultés. Suivant le rapport présenté au Corps législatif par M. O'Quin (D. P. 59. 4. 62, n° 16), les commissaires du gouvernement appelés à s'expliquer sur sa portée, avaient déclaré que cette expression devait être restreinte au cas de vol à main armée. Mais la cour de cassation n'a pas cru que cette déclaration du rapporteur pût prévaloir sur la généralité des termes de l'art. 3. Elle a pensé que cet article se référait nécessairement à tout événement de force majeure, dès que le législateur n'avait pas pris le soin de faire connaître sa volonté de restreindre le bénéfice de sa disposition à un seul cas particulier de force majeure, et d'en exclure tous les autres. Aussi résulte-t-il de sa jurisprudence que la *force majeure* qui rend l'administration des Postes non responsable de la perte des valeurs déclarées insérées dans les lettres s'entend, non pas seulement du cas de *vol à main armée*, mais de tout événement qu'on n'a pu prévoir ni prévenir et auquel il a été impossible de résister. Spécialement, l'administration des Postes n'est pas responsable de la perte, par suite de naufrage, de valeurs contenues dans les lettres chargées à bord du navire naufragé (Civ. rej. 26 déc. 1866, aff. Clapier, D. P. 67. 1. 28).

38. Toutefois, si l'administration des Postes est déchargée de toute responsabilité lorsque le fait libératoire est de ceux qui rentrent dans les cas de force majeure. il faut se garder d'entendre, sous ce rapport, les termes du droit commun : le fait invoqué ne libère pas l'administration des Postes, s'il y a eu faute de ses agents ou de ses préposés. L'abordage, notamment, qui a occasionné la perte du navire porteur des dépêches, ne peut être invoqué par l'administration des Postes comme libératoire, s'il a eu lieu par la faute du capitaine de l'un des navires ou de tous les deux (Paris, 9 juill. 1872, aff. Valéry, D. P. 74. 2. 193. Comp. Civ. cass 15 nov. 1871, aff. Giustiniani et Halli, D. P. 73. 1. 341). De même l'Administration n'est pas libérée lorsqu'un facteur convoyeur a été assassiné et dépouillé des valeurs dont il était porteur, dans le trajet de la ville à la gare. alors qu'il est établi que l'assassinat et le vol auraient pu être évités si le facteur avait suivi la route ordinaire et avait, conformément aux obligations du cahier des charges, transporté les dépêches dans une voiture à bras (Agen, 27 juin 1882, aff. Neyrot, D. P. 83. 2. 132).

39. Les taxes perçues par l'administration des Postes pour les chargements avec déclaration de valeur sont complexes ; elles se composent d'une partie fixe et d'une partie proportionnelle (L. 4 juin 1859, art. 4). Il est perçu : 1° un droit fixe, qui a été successivement de 20 cent. en 1859, de 50 cent. en vertu de la loi du 24 août 1872, et qui est actuellement de 25 cent. (L. 26 déc. 1878, D. P. 79. 4. 18) ; — 2° Le port de la lettre, taxé suivant son poids conformément aux tarifs déterminés par l'art. 1 de la loi du 6 avr. 1878 (D. P. 78. 4. 47) ; — 3° Enfin, un droit proportionnel fixé à 10 cent. par 500 fr. ou fraction de 500 fr. déclarés (L. 4 juin 1859 ; 6 avr. 1878, art. 9 ; 13 avr. 1892, art. 5, D. P. 92. 4. 91).

40. Si la loi permet à l'expéditeur de déclarer la valeur qu'il insère dans un chargement et de s'assurer le remboursement de cette valeur en cas de perte, elle lui interdit toute déclaration frauduleuse de valeurs supérieures à la valeur réellement insérée dans une lettre. Les déclarations frauduleuses sont punies d'un emprisonnement d'un mois au moins et d'un an au plus, et d'une amende de 16 fr. au moins et de 500 fr. au plus (L. 4 juin 1859, art. 5). Le but de cette disposition se comprend sans peine ; à son défaut, l'Administration eût été exposée à de fréquentes tentatives d'escroquerie. Il résulte de la discussion de la loi du 4 juin 1859 (V. D. P. 59. 4. 58, rapport, note 12), que l'art. 5 n'est applicable qu'à la déclaration frauduleuse, faite sciemment et dans le but de tromper l'Administration ; il ne s'appliquerait pas, notamment, à la fausse déclaration qui serait le résultat d'une

erreur de l'expéditeur ou d'un intermédiaire auquel il aurait eu recours pour la remise de la lettre à la poste. Les tribunaux ont donc à apprécier le caractère de la déclaration qui serait supérieure aux valeurs réellement insérées ; d'ailleurs, le deuxième alinéa de l'art. 5 de la loi du 4 juin 1859, déclarant l'art. 463, c. pén. applicable au cas qu'il prévoit, leur donne le moyen de proportionner la répression du délit à la culpabilité réelle de son auteur.

41. La loi du 4 juin 1859 punit également (art. 9) d'une amende de 50 à 500 fr. : 1° l'insertion dans les lettres de l'or ou de l'argent, des bijoux et autres effets précieux ; 2° l'insertion des valeurs énumérées dans l'art. 1 de la loi, dans les lettres qui n'ont pas été soumises à la formalité du chargement avec déclaration de valeur. Cette pénalité était également applicable à l'insertion des valeurs, de l'argent bijoux etc., dans les lettres chargées sans déclaration de valeur. Depuis la loi du 25 janv. 1873, elle n'est plus applicable qu'à l'insertion dans les lettres ou autres objets recommandés, des matières d'or ou d'argent, des bijoux ou autres objets précieux, ces valeurs ne pouvant circuler sur la poste que sous la forme de valeurs déclarées (*infrà*, n° 50). Quant aux valeurs au porteur, elles peuvent circuler dans les lettres soumises simplement à la formalité de la recommandation (*in, rà*, n° 43).

42. Pour les contraventions à la prohibition contenue en l'art. 9, le droit de poursuite est réservé à l'administration des Postes, qui seule peut le requérir et conserve le pouvoir de transiger. On a voulu que les infractions commises de bonne foi et par ignorance de la loi puissent n'être passibles que d'une réparation amiable et modérée. Toutefois, on admet que le ministère public conserve le droit de poursuivre la contravention, sous la réserve du droit de l'Administration de transiger (Angers, 13 août 1866, aff. Geneslé, D. P. 66. 2. 135).

43. La loi du 4 juin 1859 avait laissé subsister, à côté du chargement avec déclaration de valeur, l'ancien chargement qui permettait l'expédition des valeurs de toute nature, autres que l'or ou l'argent, les bijoux et autres effets précieux, et dont la perte donnait lieu à une indemnité de 50 fr. Le chargement avec déclaration de valeurs et le chargement simple étaient presque identiques, et, sous deux dénominations distinctes, donnaient lieu aux mêmes obligations de la part de l'expéditeur, aux mêmes soins et à l'accomplissement des mêmes précautions de la part de l'administration des Postes. Point de différence, en effet, quant à la forme que les lettres devaient affecter. quant aux précautions intérieures calculées pour assurer leur circulation depuis le bureau d'origine jusqu'au bureau de destination. Ce régime entraînait deux conséquences, également fâcheuses : premièrement, l'impossibilité d'étendre à un grand nombre d'objets, auxquels l'expéditeur pouvait attacher une réelle importance, certaines garanties attribuées au chargement ; secondement, l'inconvénient d'entourer des mêmes garanties et des mêmes précautions des objets dont l'importance est inégale et implique une responsabilité d'une nature toute différente pour l'Administration. La loi du 25 janv. 1873 a étendu à tous les objets transportés par le service de la poste les garanties de sécurité et de rapidité dans la transmission qui étaient réservées jusqu'alors à la lettre chargée, tout en dispensant ces objets de quelques formalités souvent superflues et toujours gênantes auxquelles le chargement était assujetti. Elle a établi sous le nom d'objets *recommandés*, une catégorie nouvelle d'objets de correspondance, en faisant disparaître pour cette catégorie la formalité de la fermeture hermétique de la lettre au moyen de cinq cachets portant des initiales, et l'obligation pour l'agent de la poste de décrire et de peser la lettre, qui était la suite de ces premières formalités. En supprimant l'obligation du cachetage prescrit pour la fermeture des chargements, la loi a pu étendre la recommandation non seulement aux lettres, mais aux échantillons, papiers de commerce et d'affaires, journaux, imprimés, et généralement à tous les objets rentrant dans le monopole de la poste ou dont le transport peut lui être confié. Une différence cependant existe entre les lettres et les autres objets recommandés. Tandis que les lettres recommandées, comme les lettres contenant des valeurs déclarées, ne peuvent être remises qu'au destinataire ou à son fondé de pouvoirs, les autres objets peuvent être remis, contre reçu, soit au destinataire, soit à une personne attachée au service du destinataire ou demeurant avec lui (art. 3).

44. Les lettres recommandées ne sont assujetties à aucun mode de fermeture spécial ; les cartes postales et autres objets, restent soumis quant aux conditions de forme et de poids, à celles qui leur sont spécialement imposées par les lois qui en ont autorisé la circulation.

45. Les objets recommandés sont déposés, quelle que soit leur nature, aux guichets des bureaux de poste, contre récépissé et payent, en sus de la taxe qui leur est applicable, un droit fixe de recommandation. Ce droit, qui était, sous l'empire de la loi de 1873, de 50 cent. pour les lettres et de 25 cent. pour les autres objets, a été depuis uniformément fixé à 25 cent., tant pour les lettres que pour les autres objets (l. 26 déc. 1878, D. P. 79. 4. 18).

46. L'art. 6 de la loi du 25 janv. 1873 étend aux lettres recommandées la faculté d'insertion de valeurs au porteur sans déclaration de valeur. Mais cette insertion reste aux risques et périls de l'expéditeur ; l'administration des Postes n'est tenue à aucune indemnité soit pour détérioration, soit pour spoliation des objets recommandés. La perte, sauf le cas de force majeure, donnera seule droit, au profit du destinataire, à une indemnité de 25 fr. (L. 25 janv. 1873, art. 4).

47. L'expéditeur d'un objet recommandé peut demander qu'il lui soit donné avis de la réception de l'objet par le destinataire, moyennant une taxe de 10 centimes préalablement acquittée (L. 25 janv. 1873, art. 7 ; 6 avr. 1878, art. 2).

48. La législation actuellement en vigueur ne comporte donc plus le chargement tel qu'il se pratiquait à l'époque de la publication du *Répertoire*, et que la loi de 1859 avait laissé subsister. Elle comporte à la fois : 1° le chargement de valeurs déclarées pour les lettres renfermant des valeurs quelconques payables au porteur, impliquant la responsabilité absolue du service des postes et entraînant, en cas de perte, le remboursement intégral de la valeur déclarée ; 2° la recommandation, pour les lettres pouvant renfermer des valeurs, mais sans déclaration, et pour les objets dépourvus de valeur en eux-mêmes, mais qui, à des titres divers, ont cependant de l'importance pour l'expéditeur ou le destinataire, recommandation qui ne donne ouverture, en cas de perte, qu'à une simple indemnité. — En outre, depuis la loi du 25 janv. 1873, le transport par la poste des matières d'or et d'argent et autres objets précieux de petite dimension est autorisé, sur une simple déclaration de la valeur. Cette loi a fait disparaître une anomalie du régime antérieur consistant à exiger pour les valeurs cotées une estimation contradictoire (*Rép.*, v° *Postes*, n° 38), alors que la loi garantissait, sur une simple déclaration et sans vérification aucune, le montant des valeurs au porteur renfermées dans les lettres chargées. Aux termes de l'art. 8 de la loi du 25 janv. 1873, les bijoux et objets précieux circulant jusqu'alors par la poste, sous le titre de *valeurs cotées*, ont été assimilés aux lettres renfermant des valeurs déclarées, quant aux formalités relatives au dépôt, à la déclaration, à la remise au destinataire, à la responsabilité de l'Administration, et circulent à l'avenir, sous le titre de *valeurs déclarées*.

49. Les valeurs d'or et d'argent déclarées sont admises à circuler dans des boîtes dont les parois doivent avoir au moins 8 millimètres d'épaisseur, et ayant une dimension maximum de 30 centimètres en longueur et 10 centimètres en largeur et en hauteur (l. 25 janv. 1873, art. 8 ; 9 avr. 1887, D. P. 87. 4. 79 ; 13 avr. 1892, art. 5, D. P. 92. 4. 91). La limite de garantie des valeurs déclarées contenues dans une même boîte est, comme pour les lettres, de 10 000 fr. (L. 25 janv. 1873, art. 10). Ces objets acquittent la taxe fixe de chargement, la taxe progressive applicable aux échantillons du même poids et une taxe proportionnelle d'assurance de 10 centimes par 100 fr. ou fraction de 500 fr. déclarés, avec minimum de déclaration (L. 25 janv. 1873, art. 8 ; 13 avr. 1892, art. 5, D. P. 92. 4. 91).

50. En admettant les matières d'or et d'argent, les bijoux ou autres objets précieux au transport par la poste dans des boîtes closes d'avance et déposées aux guichets

de la poste, la loi du 25 janv. 1873 (art. 9) en a interdit l'insertion dans les lettres ou autres objets recommandés, sous les peines édictées par l'art. 9 de la loi du 4 juin 1859 (*supra*, n° 41). Il est également interdit, sous les mêmes peines, d'insérer dans les objets recommandés, affranchis au prix du tarif réduit, des billets de banque ou valeurs payables au porteur : d'expédier dans des boîtes, comme valeurs déclarées, des monnaies françaises ou étrangères, la poste offrant un moyen sûr et simple aux personnes qui veulent expédier des sommes d'argent, le mandat de poste (*infra*, n°s 89 et suiv.). Il est, en outre, défendu, sous les peines édictées par l'arrêté du 27 prair. an 9 et la loi du 22 juin 1854, d'insérer des lettres dans les boîtes contenant des bijoux ou autres objets précieux confiés à la poste.

Pour assurer l'observation de ces défenses, l'Administration est autorisée à vérifier le contenu des boîtes qui lui sont confiées en présence du destinataire, lorsqu'elle le juge convenable (L. 25 janv. 1873, art. 9).

51. L'insertion de monnaies d'or et d'argent, bijoux, etc., dans les boîtes (L. 4 juin 1859, art. 9 ; 25 janv. 1873, art. 9), celle des valeurs au porteur dans les lettres non chargées avec déclaration de valeur ou non recommandées, celle des lettres dans les boîtes contenant des valeurs déclarées, engagent la responsabilité pénale de l'expéditeur de l'objet, et de cet expéditeur seul. Il est seul passible de la peine prononcée par l'art. 9 de la loi du 4 juin 1859. La contravention ne peut avoir pour auteur l'agent auquel l'expéditeur a donné la mission de remplir les formalités qui ont été omises (Metz, 11 mai 1864, aff. Saint-Jacques, D. P. 64. 2. 155 ; Crim. rej. 5 janv. 1865, D. P. 66. 1. 287). Il est à remarquer en effet que les art. 9 de la loi du 4 juin 1859 et 25 janv. 1873, incriminent non remis à la poste d'une lettre contenant des valeurs au porteur sans remplir la formalité de la déclaration de valeurs ou de la recommandation, la remise à la poste de boîtes contenant des valeurs déclarées et renfermant des lettres ou des monnaies françaises ou étrangères, mais le fait même de l'insertion dans les objets expédiés par la poste des valeurs prohibées, suivant la nature de l'expédition. C'est donc bien l'auteur de l'insertion que les lois ont entendu atteindre directement et personnellement, et non le commis, l'employé ou le commissionnaire qu'ils chargent de la remise de la lettre à la poste. C'est ce qu'ont constaté les arrêts ci-dessus rappelés. D'ailleurs, si l'on admettait que l'expéditeur pût échapper à la répression en prouvant qu'il avait chargé son commissionnaire de remplir, au bureau de la poste, les formalités prescrites, l'agent parviendrait également à s'y soustraire, en démontrant qu'il ne peut être condamné, ni comme auteur principal de la contravention, puisqu'il n'est pas l'auteur de l'insertion, ni comme complice, puisqu'en matière de contravention, la loi n'admet pas de complicité punissable. Les dispositions pénales des lois de 1859 et de 1873 seraient alors facilement éludées et resteraient lettre morte.

52. Suivant la règle générale, applicable à toutes les contraventions, celle qui résulte de l'infraction aux défenses faites par les art. 9 de la loi du 4 juin 1859 et de la loi du 25 janv. 1873 n'est pas susceptible d'être excusée en raison de la bonne foi du contrevenant (Colmar, 17 nov. 1866, aff. Jund, D. P. 66. 2. 182 ; Angers, 18 août 1866, aff. Geneslé, D. P. 66. 2. 155), et notamment par le motif que le contrevenant, qui n'a pas rempli les formalités prescrites pour l'envoi du chargement, n'en avait pas connaissance.

53. Il a été jugé qu'il y a contravention à l'art. 9 de la loi du 4 juin 1859 dans le fait de jeter dans une boîte de la poste une lettre contenant des billets de banque sans la présenter au guichet pour la faire charger ; alors même que le prévenu aurait mis sur l'enveloppe, scellée des cinq cachets réglementaires, un nombre de timbres-poste suffisant pour représenter le port et les droits fixes du chargement (Arrêt précité du 17 avr. 1866). Ce n'est, en effet, ni le payement de la surtaxe, ni l'apposition des cachets réglementaires qui constituent le chargement, mais la remise de la lettre aux préposés des postes qui doivent en charger leurs registres (L. 24 juill. 1793, art. 28).

L'arrêt précité du 17 avr. 1866 décide même que l'expéditeur ne saurait se prévaloir de cette circonstance que la lettre aurait été jetée à la boîte et les formalités du chargement omises par l'imprudence du commissionnaire, et au mépris de ses ordres qui prescrivaient le dépôt de la lettre aux guichets de la poste. D'après l'arrêt, en négligeant de surveiller l'exécution de son mandat et de réclamer immédiatement de son délégué la remise du bulletin de dépôt, l'expéditeur avait engagé sa responsabilité personnelle au point de vue de la pénalité.

54. On a vu au *Rép.*, v° *Postes*, n° 39, qu'aucune loi n'ayant déclaré les articles d'argent et les valeurs cotées insaisissables, les directeurs des postes ne peuvent se refuser à recevoir une saisie-arrêt, faite entre leurs mains, conformément aux prescriptions du décret du 18 août 1807. Il n'en est ainsi, toutefois, qu'autant que le saisie-arrêt peut avoir lieu sans porter atteinte au secret des correspondances : ainsi, un créancier ne peut faire, entre les mains des agents des postes, une saisie arrêt sur les lettres, même chargées, de son débiteur ; et il n'appartient pas aux tribunaux de l'y autoriser (Trib. Seine, référé, 26 juin 1858, *Le Droit* du 27 juin; 13 sept. 1872, aff. Martin-Lamy, D. P. 73. 3. 80).

55. L'échange des valeurs déclarées entre les pays faisant partie de l'Union postale est admis sous des conditions analogues à celles qui sont imposées dans le service intérieur. Aux termes de l'arrangement annexé à la convention de Vienne du 4 juill. 1891 (D. P. 92. 4. 95), et auquel ont adhéré la France et les colonies françaises, la République Argentine, l'Autriche-Hongrie, la Belgique, le Brésil, la Bulgarie, le Danemark et les colonies danoises, l'Egypte, l'Espagne, l'Italie, la République de Libéria, le Luxembourg, la Norvège, les Pays-Bas, le Portugal et les colonies portugaises, la Roumanie, la Russie, le Salvador, la Serbie, la Suède, la Suisse, la Régence de Tunis et la Turquie, il peut être expédié, de l'un des pays mentionnés ci-dessus pour un autre de ces pays, des lettres contenant des valeurs-papiers déclarées et des boîtes contenant des bijoux et objets précieux déclarés avec assurance du montant de la déclaration. Toutefois la participation au service des boîtes avec valeur déclarée est limitée aux échanges entre ceux des pays adhérents dont les administrations sont convenues d'établir ce service dans leurs relations réciproques. Le poids maximum des boîtes est fixé à 1 kilogr. par envoi. Les divers offices, pour leurs rapports respectifs, ont la faculté de déterminer un maximum de déclaration de valeur qui, dans aucun cas, ne peut être inférieur à 10 000 fr. par envoi, les diverses administrations intervenant dans le transport ne s'étant engagées que jusqu'à concurrence du maximum qu'elles ont respectivement adopté. Les lettres et boîtes expédiées avec déclaration de valeur peuvent être grevées de remboursement jusqu'au montant de 500 fr. (Comp. *infra*, n° 117).

56. La taxe des lettres et des boîtes contenant des valeurs déclarées doit être acquittée à l'avance et se compose; 1° pour les lettres, du port et du droit fixe applicable à une lettre recommandée du même poids et pour la même destination, port et droit acquis en entier à l'office expéditeur : pour les boîtes, d'un port de 50 cent., par pays participant au transport territorial et, le cas échéant, d'un port de 1 franc par pays participant au transport maritime ; 2° pour les lettres et les boîtes, d'un droit proportionnel d'assurance de 10 cent. par 500 fr. ou fraction de 500 fr. déclarée. L'expéditeur d'un envoi contenant des valeurs déclarées reçoit, sans frais, au moment du dépôt, un récépissé sommaire de son envoi. Il peut également obtenir qu'il lui soit donné avis de la remise de l'envoi au destinataire.

57. La convention principale du 4 juill. 1891, intervenue entre la France et les colonies françaises, l'Allemagne et les protectorats allemands, les Etats-Unis d'Amérique, la République Argentine, l'Autriche-Hongrie, la Belgique, le Brésil, la Bulgarie, la République de Colombie, l'Etat indépendant du Congo, le Danemark et les colonies danoises, l'Egypte, l'Espagne et les colonies espagnoles, la Grande-Bretagne et diverses colonies britanniques, l'Inde britannique, la Grèce, le Guatémala, le royaume d'Hawaï, l'Italie, le Japon, la République de Libéria, le Luxembourg, le Mexique, le Monténégro, la Norvège, les Pays-Bas et les colonies néerlandaises, le Pérou, la Perse, le Portugal et les colonies portugaises, la Roumanie, la Russie, le Salvador, la Serbie, le royaume de Siam, la Suède, la Suisse, la Régence de Tunis, la Turquie, l'Uruguay et les Etats-Unis de Vene-

zuela, admet également l'échange des objets recommandés. La recommandation s'étend aux lettres, cartes postales imprimés, papiers d'affaires, échantillons. La taxe se compose 1° du prix d'affranchissement ordinaire de l'envoi, selon sa nature; 2° d'un droit fixe de recommandation de 25 cent. au maximum, y compris d'un bulletin de dépôt à l'expéditeur. L'expéditeur d'un objet recommandé peut obtenir un avis de réception de cet objet, en payant d'avance un droit fixe de 0 fr. 25 cent. au maximum.

Les correspondances recommandées peuvent être expédiées grevées de remboursement jusqu'au montant de 500 fr. dans les relations entre les pays dont les administrations conviennent d'introduire ce service. Ces objets sont soumis aux formalités et aux taxes des envois recommandés. Le montant encaissé du destinataire est transmis à l'expéditeur au moyen d'un mandat de poste, après déduction de la taxe des mandats ordinaires et d'un droit d'encaissement de 10 cent. En cas de perte d'un envoi recommandé, et sauf le cas de force majeure, l'expéditeur ou, sur sa demande, le destinataire, a droit à une indemnité de 50 francs.

58. Aucune condition de forme ou de fermeture n'est exigée pour les objets recommandés ; toutefois, ils ne sont pas admis s'ils sont adressés sous des initiales ou portent une adresse écrite au crayon (V. D. P. 92. 4. 93. col. 3).

§ 3. — Imprimés, papiers d'affaires, échantillons etc.

59. A l'époque de la publication du *Répertoire*, le transport des imprimés, des échantillons, des cartes de visite, des avis de naissance, mariage ou décès (*Rép.*, v° *Postes*, n° 26, 27, 40 et suiv.) se faisait dans des conditions mal définies. La réforme postale de 1848 n'avait apporté aucun changement aux lois anciennes qui, modifiées les unes par les autres et souvent altérées par des décisions ministérielles et par l'usage, étaient diversement interprétées par les tribunaux, par l'Administration et par le public. Le transport des journaux, notamment, donnait lieu à de nombreuses difficultés, provenant surtout de ce que la taxe était basée sur la dimension, toujours variable, de la feuille d'impression, alors que le transport des lettres, des échantillons ou des paquets de papiers avait pour base le poids des objets transportés (V. l'exposé des motifs de la loi du 25 juin 1856, D. P. 56. 4. 68). En 1856, le Gouvernement prit l'initiative d'une loi qui taxait le port des journaux et imprimés de toute nature, des échantillons et paquets de papiers de commerce ou d'affaires d'après leur poids. En même temps, pour les ouvrages périodiques non politiques, on créait une exception à la prohibition établie par l'art. 2 de l'arrêté du 27 prair., qui en a monopole de la poste : lorsque ces imprimés étaient réunis en paquets d'un poids supérieur à 1 kilogr., le transport en devenait libre par tout mode qui conviendrait à l'expéditeur. Le bénéfice de cette dernière mesure fut étendu, par un décret du 16 oct. 1870 (D. P. 70. 4. 49), rendu par la délégation de Tours, à tous les journaux ou écrits périodiques, politiques ou non. La loi du 6 avr. 1878 est allée plus loin. Aux termes de son article 8, les journaux, recueils, annales, mémoires et bulletins périodiques, ainsi que tous les imprimés, sont exceptés de la prohibition établie par l'art. 1 de l'arrêté du 27 prair. an 9, quel que soit leur poids, à la condition d'être expédiés soit sous bandes mobiles ou sous enveloppes ouvertes, soit en paquets non cachetés et faciles à vérifier. Il n'est donc plus nécessaire aujourd'hui que les imprimés journaux et recueils soient réunis en paquets d'un kilogramme pour que le transport puisse avoir lieu par n'importe quel mode.

60. Les taxes établies par la loi du 25 juin 1856 étaient : pour les journaux et ouvrages périodiques traitant, en tout ou en partie, de matières politiques ou d'économie sociale, et paraissant au moins une fois par trimestre de 4 cent., par chaque exemplaire du poids de 40 grammes et au-dessous. Au-dessus de 40 grammes, le port était augmenté de 1 cent. par chaque 10 grammes ou fraction de 10 grammes excédant. Pour les journaux, recueils, annales, mémoires et bulletins périodiques, uniquement consacrés aux lettres, aux sciences, aux arts, à l'agriculture et à l'industrie, et paraissant au moins une fois par trimestre, de 2 cent. par chaque exemplaire du poids de 20 grammes et au-dessous.

Au-dessus de 20 grammes, le port était augmenté de 1 centime par 10 grammes ou fraction de 10 grammes excédant. Pour les journaux et ouvrages périodiques destinés pour l'intérieur du département dans lequel ils étaient publiés et pour les départements limitrophes, à l'exception des journaux publiés dans les départements de la Seine et de Seine-et-Oise, la taxe était réduite de moitié. Dans le cas où le port comprenait une fraction de centime, cette fraction était comptée comme un centime entier.

61. La taxe des circulaires, prospectus, catalogues, avis divers et prix courants, avec ou sans échantillons, livres, gravures, lithographies, en feuilles, brochés ou reliés, et en général de tous les imprimés autres que les journaux et publications périodiques, était de 1 cent. par chaque exemplaire du poids de 5 grammes et au-dessous; celle des échantillons, de 1 cent. par paquet du poids de 5 grammes et au-dessous, avec augmentation de 1 cent. par chaque 5 grammes ou fraction de 5 grammes excédant. Lorsque le poids des objets dépassait 50 grammes, ou lorsque ces objets étaient réunis en un paquet d'un poids excédant 50 grammes, adressé à un seul destinataire, le port était de 10 cent. jusqu'à 100 grammes inclusivement; au delà de 100 grammes, le port était augmenté de 1 cent. par 10 grammes ou fraction de 10 grammes excédant. Le port des papiers de commerce ou d'affaires était de 50 cent. pour chaque paquet de 500 grammes et au-dessous, avec, au delà de 500 grammes, une augmentation de 1 cent. par 10 grammes ou fraction de 10 grammes excédant.

62. Ces taxes ont été, comme la taxe des lettres, réduites et simplifiées par la loi du 6 avr. 1878 (D. P. 78. 4. 47). D'après cette loi (art. 3), la taxe des journaux, recueils, annales, mémoires et bulletins périodiques, paraissant au moins une fois par trimestre et traitant de matières politiques ou non politiques, est, par exemplaire, de 2 cent. jusqu'à 25 grammes. Au-dessus de 25 grammes, le port est augmenté de 1 centime par 25 grammes ou fraction de 25 grammes. Cette taxe est réduite de moitié pour les journaux et autres recueils périodiques publiés dans les départements de la Seine et de Seine-et-Oise circulant dans le département où ils sont publiés (art. 4). Les journaux publiés dans les autres départements payent également la moitié de la taxe, quand ils circulent dans le département où ils sont publiés ou dans les départements limitrophes; mais leur poids peut s'élever à 50 grammes, sans qu'ils payent plus de 1 centime. Au-dessus de 50 grammes, la taxe supplémentaire est de 1/2 centime par 25 grammes ou fraction de 25 grammes (Même article). En outre, l'art. 5 de la loi exempte des droits de poste, en raison de leur parcours sur le territoire de la métropole ou sur le territoire colonial, les suppléments des journaux, lorsque la moitié au moins de leur superficie est consacrée à la reproduction des débats des Chambres, des exposés des motifs des projets de lois, des rapports de commissions, des actes et documents officiels, et des cours, officiels ou non, des halles, bourses ou marchés, et lorsqu'ils sont publiés sur feuilles détachées du journal. Mais les suppléments ne peuvent dépasser, en dimensions et en étendue, la partie du journal soumise à la taxe.

63. Les journaux expédiés en nombre jouissent encore de l'avantage d'acquitter la taxe en numéraire, de sorte que les fractions de centime se totalisent, et que le centime entier n'est dû que pour la fraction de centime du port total.

64. Les circulaires, prospectus, avis divers et prix courants, livres, gravures, lithographies, en feuilles brochés ou reliés, généralement toutes les imprimés autres que les journaux et ouvrages périodiques, payent (L. 6 avr. 1878, art. 6) un centime par 5 grammes jusqu'à 20 grammes, 5 cent. au-dessus de 20 grammes jusqu'à 50 grammes; au-dessus de 50 grammes, 5 cent. par 50 grammes ou fraction de 50 grammes excédant.

65. La même taxe est applicable aux avis imprimés ou lithographiés de naissance, mariage ou décès, cartes de visite, aux circulaires électorales ou bulletins de vote.

66. Les tarifs de faveur accordés aux journaux et autres publications périodiques, aux imprimés qui viennent d'être énumérés, ne sont cependant applicables qu'autant que ces objets sont expédiés sous bandes mobiles, ne dépassant pas un tiers de la surface des objets qu'elles recouvrent (L. 25 juin 1856, art. 6; 6 avr. 1878, art. 6). Toutefois, les mêmes tarifs sont applicables aux journaux, s'ils sont expédiés sous un fil croisé sans bande, à la condition de porter l'adresse du destinataire d'une manière très apparente sur la bordure extérieure du journal (L. 8 juill. 1882, art. 4, D. P. 82. 4. 121).

67. Lorsque les dimensions des bandes dépassent le tiers de la surface des objets qu'ils recouvrent, ces objets sont soumis au tarif spécial applicable aux circulaires, prospectus, etc., avis de mariage et autres, cartes de visite, etc., désignés à l'art. 6 de la loi du 6 avr. 1878, expédiés sous forme de lettres sous enveloppes ouvertes. L'art. 7 de la loi du 6 avr. 1878 autorise, en effet, sous cette forme l'expédition des objets désignés à l'art. 6, moyennant une taxe fixée à 5 centimes par 50 grammes ou fraction de 50 grammes.

68. A l'époque de la publication du *Répertoire*, les échantillons étaient, depuis la loi du 24 août 1848, transportés aux mêmes conditions que les lettres, alors que, de 1827 à 1848, ils avaient joui d'un régime plus favorable (*Rép.* v° *Postes*, n° 24). La loi du 24 août 1848 avait eu pour conséquence de restreindre, dans d'énormes proportions, le transport des échantillons par la voie de la poste. La loi du 25 juin 1856 eut pour but de rendre, par un tarif convenablement modéré, la circulation des objets moins coûteuse, et de satisfaire ainsi au besoin réel du commerce. La loi nouvelle les assimila aux circulaires, prospectus, prix courants dont les échantillons sont, dans beaucoup de cas, le complément obligé, et les assujettit, même expédiés isolément, aux mêmes taxes. Les taxes étaient fixées à 1 cent. par paquet de 5 grammes et au-dessous avec augmentation de 1 cent. par chaque 5 grammes ou fraction de 5 grammes (V. *suprà*, n° 61). Les taxes des échantillons sont actuellement fixées par la loi du 6 avr. 1878 ils sont assimilés aux imprimés (*suprà*, n° 64).

69. Jusqu'à la loi du 25 juin 1856, le port des papiers d'affaires et de commerce n'avait été l'objet d'aucune réglementation; ils étaient assujettis à la taxe des lettres. La loi de 1856 les a assimilés aux imprimés.

70. Les divers objets que la loi de 1856 appelle à bénéficier de tarifs spéciaux ne jouissent de ce bénéfice qu'autant qu'ils ont été préalablement affranchis. Expédiés sans affranchissement, ils étaient taxés au prix du tarif des lettres, par application de l'art. 8 de la loi du 25 juin 1856: une loi récente double simplement la taxe d'affranchissement. Les objets admis au bénéfice de la taxe réduite du 25 juin 1856 et non affranchis supportent donc une taxe double de la taxe ordinaire (L. 25 mars 1892, D. P. 92. 4. 53, art. 2). Lorsqu'ils ont été affranchis en timbres-poste, et si l'affranchissement est insuffisant, ils sont frappés en sus d'une taxe égale au double de l'affranchissement (L. 25 mars 1892, art. 2. Comp. L. 25 juin 1856, art. 8). Les taxes sont payées par l'expéditeur lorsque, par une cause quelconque, elles n'ont pas été acquittées par le destinataire. En cas de refus de payement, le recouvrement en est opéré conformément à l'art. 2 de la loi du 20 mai 1854 (L. 25 juin 1856, art. 8, *Rép.*, v° *Postes*, n° 41).

71. En ce qui concerne la recommandation des imprimés, papiers d'affaires, etc., V. *suprà*, n°s 43 et suiv.

72. Les taxes imposées, pour le transport des imprimés, par l'art. 6 de la loi du 6 avr. 1878 s'appliquent d'après le poids des paquets, que ceux-ci contiennent un ou plusieurs exemplaires. Au contraire, la taxe appliquée par l'art. 3 aux journaux, recueils, annales, mémoires et bulletins périodiques est fixée par exemplaire. On avait décidé, sous l'empire de l'art. 4 de la loi du 25 juin 1856, qui tarifait le port des circulaires, prospectus, catalogues etc., suivant le poids et par exemplaire, que deux imprimés détachés, ne formant, par leur réunion, qu'un seul prospectus, ne donnent lieu, lorsqu'ils sont expédiés sous la même bande, qu'à la perception d'un seul droit de poste, dans le cas même où ces deux imprimés diffèrent par la forme, la dimension ou la couleur du papier, si ces deux imprimés forment le complément indispensable l'un de l'autre et ne constituent en réalité qu'un seul et même exemplaire (Civ. rej. 27 avr. 1863, aff. Lebeyre, Duquesne, D. P. 63. 1. 166).

73. En même temps qu'elle facilitait, à l'aide d'un tarif de faveur, la circulation par la poste des imprimés, échantillons et papiers d'affaires, la loi du 25 juin 1856, pour prévenir l'abus des facilités nouvelles qu'elle concédait, a interdit par son art. 9, d'insérer dans un paquet d'imprimés, d'échantillons de papiers de commerce ou d'affaires, toute lettre ou note ayant le caractère d'une correspondance ou pouvant en tenir lieu, et a frappé des pénalités portées par l'arrêté du 27 prair. an 9 et la loi du 22 juin 1854 toute contravention à cette prohibition. C'est l'extension à tous les objets admis au transport, moyennant une taxe réduite, des prohibitions qui résultaient jusqu'alors pour les imprimés (*Rép.* v° *Postes*, n° 42) des lois des 4 therm. an 4, 15 mars 1827, art. 9 et 14 déc. 1830. Toutefois la contravention à ces dernières dispositions entraînait seulement, pour les imprimés, l'aggravation de la taxe ; ils étaient taxés comme lettres.

74. La disposition de l'art. 9 de la loi du 25 juin 1856 s'applique, d'une manière générale, ainsi qu'on vient de l'exposer, à tous les objets transportés par la poste, aussi bien aux échantillons, papiers d'affaires, avis de mariage, naissance ou décès etc., qu'aux imprimés proprement dits, malgré la rédaction vicieuse de cet article. Après avoir dit qu'il est défendu d'insérer dans un imprimé, ainsi que dans un paquet d'imprimés, d'échantillons, de papiers de commerce ou d'affaires, une lettre ou note ayant le caractère d'une correspondance ou pouvant en tenir lieu, il dispose, dans son dernier paragraphe, qu'en cas de contravention, les *imprimés* contenant de l'écriture ou un chiffre mis à la main, ainsi que les lettres ou notes insérées en fraude, sont saisis, et le contrevenant poursuivi. Mais il n'est pas douteux que le législateur a entendu statuer sur l'ensemble des objets admis au tarif réduit : la loi entière, dans son esprit, révèle une complète assimilation des échantillons, papiers d'affaires, etc., aux imprimés, tant au point de vue de la taxe que des précautions contre les fraudes auxquelles l'affranchissement à prix réduit pourrait donner lieu. C'est d'ailleurs ce que la cour de cassation a reconnu (Crim. cass. 11 févr. 1870, aff. Gacon, D. P. 71. 1. 359).

75. En cette matière, c'est le fait de l'expédition et non celui de l'inscription sur les imprimés, échantillons, etc., de mentions tenant lieu de correspondance, qui constitue la contravention à l'art. 9 de la loi du 25 juin 1856. La fraude à la loi n'est, en effet, consommée que par le payement d'une taxe inférieure à la taxe légale, et c'est l'expéditeur qui la commet en faisant ce payement au moment de l'expédition. Il importe peu dès lors que l'inscription ou l'insertion prohibées soient son œuvre personnelle ou celle d'un tiers (Montpellier, 27 mars 1890, aff. Villa, D. P. 91. 1. 141).

76. La question de savoir si certains avis, circulaires, etc., et si certaines additions à des imprimés ou factures constituent ou non une correspondance personnelle tombant sous le coup de l'art. 9 de la loi du 25 juin 1856, a donné lieu à de nombreuses difficultés. Le principe qui se dégage des dispositions de cet article, et que la jurisprudence a consacré dans de nombreuses décisions, est qu'aucun acte de corresdance personnelle ou pouvant en tenir lieu ne peut bénéficier du tarif réduit et échapper au payement de la taxe ordinaire. Peu importe la forme sous laquelle la correspondance se déguise ; ce qui différencie l'objet admis à la taxe réduite de celui qui doit supporter la taxe ordinaire, c'est l'essence et le caractère de la communication, et non le mode et la forme du moyen employé : il suffit, en un mot, que, dans l'imprimé confié à la poste, on rencontre à un degré quelconque le caractère de correspondance de particulier à particulier, pour qu'il doive être assujetti à la taxe générale.

77. La taxe réduite est applicable aux factures jointes aux échantillons et autres envois, lorsqu'elles contiennent uniquement l'indication des noms, profession et domicile de l'expéditeur et du destinataire, la nature, la quantité, le poids, la qualité et le prix des objets expédiés. On admet également la taxe réduite une facture jointe à un envoi lorsque, dans sa partie imprimée, elle fait connaître l'époque et le mode de payement imposé, d'une manière générale, par le commerçant qui l'émet à ses clients, mais non la facture qui contient une mention à la main indiquant au destinataire le mode et l'époque du payement ; cette mention donne alors à la facture le caractère de correspondance personnelle, qui lui permet plus de l'expédier à la taxe réduite (Trib. corr. Seine. 7 janv. 1864, aff. Morier, D. P. 65. 3. 22 ; Douai, 17 févr. 1885, aff. Tilloy, D. P. 86. 2. 23). Aujourd'hui cependant, un arrêté ministériel du 20 janv. 1885 autorise certaines inscriptions de cette nature sur les factures expédiées à prix réduit (V. *infra*, n° 84).

78. De même ,la taxe réduite n'est applicable aux circulaires imprimées, autographiées, etc., qu'à la condition qu'elles aient un caractère général par leur objet et leur libellé, et s'adressent moins à des individus qu'à des catégories de personnes. La loi a voulu favoriser la distribution des objets destinés à une classe plus ou moins nombreuse de citoyens, sans distinction de personnes, et non ceux qui sont destinés à tel ou tel destinataire particulier. Aussi, n'admet-on pas au bénéfice de la taxe réduite les imprimés et circulaires qui contiennent des formules ayant pour objet de les spécialiser en quelque sorte vis-à-vis du destinataire. De ce nombre sont les formules qui contiennent une invitation de payer adressée à un débiteur, alors même qu'elles seraient rédigées dans une forme impersonnelle, et non dans celle des lettres particulières. Il a été décidé, notamment, que des circulaires adressées soit par un notaire, soit par un avoué aux clients de leur étude pour les inviter à payer les frais qu'ils pouvaient devoir, avaient le caractère de correspondances particulières (Crim. cass. 14 juill. 1870, aff. Dutemple. D. P. 70. 1. 315 ; 20 oct. 1873, aff. Arnaud, D. P. 74. 1. 503). Il en est de même d'une circulaire par laquelle le syndic d'une faillite réclame des débiteurs du failli le payement de leur dette (Chambéry, 23 mai 1873) (1). En effet, bien que s'adressant à une catégorie d'individus, les circulaires qui réclament le payement d'une dette tirent leur caractère de correspondance personnelle de ce fait qu'elles rappellent à chaque débiteur une situation qui lui

(1) (Roques.) — La cour ; — Attendu, en fait, qu'il résulte de procès-verbaux réguliers, aux dates des 18 et 19 janv. 1873, par les receveurs d'Aiguebelle et de Chamoux, que Roques, syndic de la faillite Fontaine, a expédié par la voie de la poste, aux divers débiteurs de ladite faillite, avec l'affranchissement réduit des circulaires, un imprimé conçu en ces termes : — « Monsieur, en ma qualité de syndic de la faillite du sieur Charles Fontaine, marchand domicilié à Aiguebelle, je viens vous prier de passer, dans la huitaine, dans mon cabinet, pour régler et solder votre compte vis-à-vis de ladite faillite. Je vous préviens qu'à défaut par vous de ce faire, je poursuivrai le recouvrement de votre dette par tous les moyens de droit. » ; — Attendu, en droit, que l'art. 4 de la loi du 25 juin 1856, pour donner satisfaction aux besoins du commerce et de l'industrie, a établi un tarif de faveur pour le port des circulaires, prospectus et avis ou imprimés divers ; — Que cette modération de taxe ne s'applique qu'à ces circulaires générales par leur formule et leur objet, répandues dans le public dans un but de réclame commerciale, souvent adressées indistinctement à des destinataires inconnus, tout au plus à des clients, transmettant une offre de marchandises ou de service, ne contenant aucune trace de correspondance personnelle motivée par une affaire déterminée ou une situation particulière ; — Que l'art. 4, loi précitée, a ainsi créé une exception à l'affranchissement normal, exception favorable,

il est vrai, mais qu'on ne saurait étendre au delà de ses termes et de ses prévisions ; — Que le texte et l'esprit de la loi du 25 juin 1856 concourent à justifier cette interprétation ; — Que la restriction de l'art. 4 ressort notamment de sa comparaison avec l'art. 7 ; — Qu'il a fallu, en effet, une disposition spéciale pour classer dans les affranchissements réduits une catégorie d'imprimés distribués à un grand nombre d'exemplaires, mais ayant, dans une certaine mesure, le caractère d'une communication personnelle, tels que les avis de naissance, mariage ou décès ; — Que c'est dans le même but qu'a été pris, pour d'autres imprimés, l'arrêté du ministre des finances du 9 juill. 1856 ; — Que ces dernières réglementations destinées à élargir la faveur de l'art. 4, prouvent que ce texte avait une portée précise et restreinte ; — Que si l'on s'en tenait à la forme extérieure de la généralité apparente de la formule pour appliquer l'art. 4 de la loi du 23 juin 1856, on verrait bientôt l'exception se substituer à la règle ; — Qu'il suffirait d'une habileté de rédaction pour permettre aux commerçants, par exemple, l'usage de formules imprimées s'adaptant aux affaires les plus diverses et les plus personnelles, telles que l'annonce d'expédition de marchandises commissionnées, l'accusé de leur réception, l'indication de l'envoi prochain de traites, etc. ; — Attendu que l'avis imprimé transmis par Roques aux débiteurs de la faillite Fontaine ne rentrait à aucun point de vue dans les conditions de l'art. 4 de la loi du 25 juin

est spéciale, l'existence d'une dette personnelle ayant sa nature et ses causes propres et sans connexité avec la dette des autres débiteurs.

79. L'arrêté ministériel du 9 juill. 1856 (D. P. 56, 1. 68), pris pour l'exécution de la loi du 25 juin précédent, admettait à jouir du bénéfice de la modération de la taxe accordée pour le transport des imprimés, les circulaires sur lesquelles il est ajouté après le tirage, soit au moyen d'un procédé typographique ou d'un timbre, soit à la main, des chiffres ou des mots qui ne leur ôtent pas le caractère de circulaire et ne présentent aucun indice de correspondance personnelle. — Mais, si les additions typographiques ou manuscrites ont pour effet de donner à la communication le caractère de correspondance personnelle, elles entraînent l'application de la taxe générale des lettres (Crim. rej. 13 avr. 1861, aff. Prudhomme, D. P. 61. 1. 557). Jugé, en ce sens, que l'avis imprimé que le directeur d'une compagnie d'assurances mutuelles adresse par la voie de la poste à des assurés pour l'acquit de leur contribution au fonds annuel de prévoyance, ne peut pas être considéré comme une circulaire ayant droit au tarif de faveur établi par l'art. 4 de la loi du 25 juin 1856, lorsqu'il porte, écrits à la main, la date, le nom et l'adresse des destinataires, le numéro de la police, la désignation du canton, le nom et le domicile du receveur pour le payement, et la mention de la somme due (Crim. rej. 10 nov. 1877, aff. Lanne, D. P. 78. 1. 332). De même, tandis que les polices d'assurances, c'est-à-dire l'acte constituant l'instrument d'un contrat parfait peuvent, en vertu de l'art. 22 de l'arrêté ministériel du 20 janv. 1885, être expédiées par la poste au tarif réduit, à titre de papiers d'affaires, ce tarif n'est pas applicable à l'écrit se présentant sous la forme de négociation d'accords à intervenir (Amiens 15 nov. 1890, aff. Druchert; Paris, 17 juin 1891, aff. Rousseau; Orléans, 17 nov. 1891, aff. Lehoux; Caen, 19 déc. 1891, aff. Paisant, D. P. 92. 2. 457). Il suit de là que le tarif réduit n'est pas applicable à la proposition d'assurance à une compagnie à prime fixe (Amiens, 15 nov. 1890 précité). ... Alors même que l'expédition aurait été faite à l'adresse de la compagnie, non par le propriétaire désireux de s'assurer, mais par l'agent de la compagnie elle-même (Même arrêt et arrêt précité du 7 juin 1891). — Quant à l'acte d'adhésion aux statuts d'une société d'assurance mutuelle, il y a divergence entre les décisions que nous venons de citer; tandis que l'arrêt de la cour de Paris du 17 juin 1891 a décidé qu'il ne pouvait être expédié par la poste au tarif réduit, les arrêts de la cour de Rennes du 27 mai 1891 (aff. Jehanno, D. P. 92. 2. 457) et les arrêts précités de la cour d'Orléans, du 17 nov. 1891, et de la cour de Caen, du 19 déc. 1891, décident, au contraire, que cet acte doit bénéficier du tarif réduit. — V. sur ces questions, la dissertation en note dans les arrêts précités (D. P. 92. 2. 457).

80. On ne doit pas davantage admettre au bénéfice de la taxe réduite les avis imprimés que certains commerçants peuvent adresser à leurs clients pour leur annoncer l'envoi

de commandes, l'exécution de travaux, etc., bien que ces imprimés soient rédigés suivant une formule générale, notamment l'avis par lequel un imprimeur avertit son client qu'il tient à sa disposition un travail que ce client lui a confié (Bordeaux, 8 juill. 1874) (1).

81. La loi du 25 juin 1856, en même temps qu'elle prohibait toute mention de correspondances personnelles dans les objets admis à bénéficier d'un port réduit, prévoyait la nécessité d'apporter certains tempéraments à la rigueur de la règle en vertu de laquelle la date et la signature seules pouvaient être apposées sur les imprimés et autres objets transmis par la poste moyennant une taxe réduite. Il est des mentions manuscrites dont l'inscription sur certaines classes d'imprimés, et sur les échantillons, devait être autorisée, à peine de rendre illusoire la réforme que la loi de 1856 inaugurait. Aussi l'art. 10 de cette loi conférait-elle au ministre le droit d'autoriser l'inscription, sur certaines classes d'imprimés, de mots ou de chiffres écrits à la main. Il a été reconnu, lors de la discussion de la loi, que les pouvoirs conférés au ministre s'étendaient à tous les objets auxquels la loi du 25 juin 1856 autorisait l'application d'une taxe réduite, et il a été fait usage de ces pouvoirs dans plusieurs arrêtés ministériels, notamment dans l'arrêté du 9 juill. 1856 (D. P. 56. 4. 68), remplacé aujourd'hui par celui du 20 janv. 1885, qui a, d'ailleurs, été modifié dans son article 30, par un autre arrêté du 21 janv. 1887 (D. P. 91. 1. 141, note 3).

82. Les inscriptions autorisées par les arrêtés ministériels ne sont pas considérées comme constituant des correspondances personnelles, alors même que, en fait, elles auraient ce caractère. Mais il n'en est ainsi que des inscriptions rigoureusement conformes à celles qui ont été autorisées par les arrêtés ministériels et l'exception en est strictement limitée aux formules autorisées et aux cas qui sont spécifiés par les arrêtés ministériels. Ainsi il a été jugé : 1° que l'autorisation donnée par l'art. 23 de l'arrêté ministériel du 20 janv. 1885, d'inscrire, sur les factures affranchies au prix réduit, certains mots déterminés, tels que : « valeur au... prochain », ne comporte pas le droit d'y ajouter les mots « sans autre avis »; et que cette addition tombe sous le coup de la pénalité édictée par l'art. 5 de l'arrêté du 27 prair. an 9 (Civ. rej. 10 janv. 1889, aff. Mallet, D. P. 89. 1. 172); — 2° Que l'inscription ainsi conçue : « Prière d'afficher », mise sur un imprimé transporté à prix réduit par la poste, constitue une contravention à l'art. 9 de la loi du 25 juin 1856 (Rouen, 29 avr. 1869, aff. Flicher, D. P. 74. 5. 382); — 3° Qu'il en est de même du fait de porter sur des épreuves d'imprimerie expédiées au tarif réduit la mention : « Prière de nous retourner de suite cette épreuve revêtue de votre signature » (Paris, 11 févr. 1884, aff. Lahure, D. P. 92. 2. 218).

83. La même règle s'applique aux cartes de visite. Il y a contravention dans le fait d'expédier une carte de visite portant une mention ayant le caractère de correspondance personnelle (Limoges, 22 mars 1888, aff. Combescot, D. P. 89. 2. 210), et notamment une carte de visite sur laquelle

1856; — Qu'au moyen d'une rédaction commune à tous, il rappelait à chacun de ses débiteurs une situation personnelle, l'existence d'une dette ayant sa nature et ses causes propres, sans lien et connexité avec la situation et la dette des autres débiteurs; — Que cet avertissement n'avait pas ce caractère de banalité qui s'attache aux circulaires commerciales, puisqu'il portait en lui-même une sanction par la menace de poursuites; — Que cet avis, malgré la forme et la généralité de sa formule, contenait en réalité une correspondance personnelle, et que son affranchissement à la taxe réservée aux circulaires constituait la contravention prévue par l'art. 9 de la loi du 25 juin 1856, etc. Du 23 mai 1873.-C. de Chambéry, 2e ch.-MM. Bazot, pr.-Arminjon, subst.

(1) (Reday). — La cour; — Attendu que, d'un procès-verbal dressé le 19 décembre dernier, il résulte que, le 18 du même mois, Reday, imprimeur à Bordeaux, adressant à la dame de Lombard du Castelet un paquet de cartes de visite affranchi suivant la taxe fixée par les lois des 25 juin 1856 et 20 août 1871, a joint à cet envoi une note imprimée ainsi conçue : « J'ai l'avantage de vous prévenir que je tiens à votre disposition le travail que vous m'aviez confié. Constamment à vos ordres, veuillez agréer mes services dévoués. A. Reday. »; — Attendu, que les seuls objets admis au bénéfice du tarif établi par l'art. 4 de la loi précitée

de 1856 sont ceux qui présentent un caractère de généralité exclusif de toute idée de communication personnelle et spéciale entre l'expéditeur et le destinataire; — Que, pour jouir de cette diminution de taxe, ils ne doivent, aux termes de l'art. 9 de la même loi, ni constituer une correspondance, ni en tenir lieu; — Attendu que la note qui accompagnait le paquet de cartes remis à la poste par le prévenu ne rentre pas dans la catégorie des circulaires, prospectus, catalogues, avis divers et prix courants dont le transport est effectué à prix réduit; qu'on ne saurait l'assimiler à ces imprimés qui s'adressent au public; — Que, soit qu'on la considère comme une lettre d'avis, soit qu'elle se rattache à une commande autre que celle des cartes de visite expédiées par Reday à la dame de Lombard, elle contient en réalité une indication de fournisseur à client se référant à des rapports individuels, à une affaire personnelle et tombant, dès lors, sous l'application de l'art. 9 su-vi-é; — Attendu que le prévenu excipe de sa bonne foi, mais que l'infraction qu'il a commise n'étant, en réalité, qu'une contravention à une loi fiscale, il n'y a pas lieu de rechercher s'il a fait réellement, déclaré constant, est assorti d'une intention coupable qui n'est un élément essentiel de criminalité que lorsqu'il s'agit de la répression d'un délit ou d'un crime; — Condamne, etc. Du 8 juill. 1874.-C. de Bordeaux, ch. corr.-MM. Vouzellaud, pr.-Guillaumin, subst.

l'expéditeur a inscrit, à la suite du mot maire, la mention *révoqué* (Grenoble, 10 juin 1892, aff. De Larmage, D. P. 92. 2. 236).

84. Depuis l'arrêté du 20 janv. 1885, dont l'art. 30 a été modifié par un arrêté du ministre des finances du 21 janv. 1887 (D. P. 91. 1. 141), note 3, il peut être fait, soit sur les papiers de commerce ou d'affaires, les épreuves d'imprimerie corrigées, les échantillons, soit sur les fiches et étiquettes qui accompagnent ces objets, des additions imprimées ou manuscrites ayant le caractère de correspondance personnelle, moyennant le payement d'une taxe supplémentaire de 0 fr. 10 cent. représentant le prix d'une carte postale, et à la condition qu'elles se rapportent directement à l'objet expédié. Cette décision, qui a eu particulièrement en vue les fiches et étiquettes épinglées aux effets de commerce portant l'indication des rectifications, omissions ou incidents quelconques relatifs au recouvrement de ces effets, permet donc l'insertion de notes qui auparavant eussent constitué une contravention à l'art. 9 de la loi de 1856, et qui perdent le caractère par le payement d'une surtaxe de 0 fr. 10 cent. — A défaut du payement de cette taxe, les pénalités portées par l'art. 9 de la loi du 25 juin 1856 sont encourues (Crim. rej. 4 déc. 1890, aff. Villa, D. P. 91. 1. 141).

85. Au point de vue de la contravention, il importe peu que les mentions ayant le caractère de correspondance soient écrites sur la bande qui enveloppe l'imprimé, les papiers d'affaires ou de commerce, etc., ou sur ces imprimés ou papiers eux-mêmes. Sans doute, le premier alinéa de l'art. 9 de la loi du 25 juin 1856 porte : « les *imprimés* affranchis en vertu des dispositions de la présente loi ne doivent contenir, ni chiffre, ni aucune espèce d'écriture à la main, si ce n'est la date et la signature »; mais il est évident que si les mentions inscrites sur la bande d'envoi devaient échapper à cette disposition prohibitive par le motif qu'elles ne seraient pas contenues dans l'imprimé, la loi serait constamment éludée (Limoges, 22 mars 1888, aff. Combes, D. P. 89. 2. 210).

86. Par application de l'art. 5 de l'arrêté du 27 prairial an 9, les poursuites pour contraventions à l'art. 9 de la loi du 25 juin 1856 doivent être intentées par le ministère public, sauf à l'administration des Postes à se porter partie civile (Montpellier, 27 mars 1890, aff. Villa, D. P. 91. 1. 141). Les dispositions de cet article, aux termes duquel « les procès-verbaux seront de suite transmis au commissaire du Gouvernement près le tribunal civil et correctionnel de l'arrondissement, par les préposés des postes, pour poursuivre contre les contrevenants à la condamnation à l'amende », sont de droit commun en matière de contraventions aux lois sur la poste; et ce n'est qu'exceptionnellement que la répression des contraventions peut être directement poursuivie par l'Administration, c'est-à-dire lorsqu'un texte de loi, tel que l'art. 9 de la loi du 4 juin 1859 (D. P 59. 4. 58) lui attribue expressément le droit de poursuite directe.

87. — *Service international.* — Les imprimés, les papiers d'affaires et les échantillons de marchandises circulent, dans le service international de l'union postale, aux mêmes taxes et sous la condition qu'ils ne contiennent aucune lettre ou note manuscrite ayant le caractère de correspondance actuelle et personnelle (Convention de Vienne du 4 juill. 1891, art. 5, D. P, 92. 4. 91). Certaines inscriptions sont, toutefois, autorisées sur les imprimés, comme dans le service intérieur (V. le règlement pour l'exécution de la convention du 4 juill. 1891, XVII, XVIII, XIX, D. P. 92. 4. 94).

88. Les paquets de papiers d'affaires et d'imprimés ne peuvent dépasser le poids de deux kilogrammes, ni présenter, sur aucun de leurs côtés, une dimension supérieure à 45 centimètres à moins qu'ils ne soient en forme de rouleau dont le diamètre ne dépasse pas 10 centimètres et dont la longueur n'excède pas 75 centimètres. Les paquets d'échantillons de marchandises ne peuvent renfermer aucun objet ayant une valeur marchande; ils ne doivent pas dépasser le poids de 250 grammes, ni présenter des dimensions supérieures à 30 centimètres en longueur, 20 centimètres en largeur et 10 centimètres en épaisseur, ou, s'ils ont la forme de rouleau, à 30 centimètres de longueur et 10 centimètres de diamètre (V. Conv. 4 juill. 1891, art. 5, D. P. 92. 4. 91).

§ 4. — Articles d'argent. — Bons de poste. — Mandats télégraphiques. — Mandats internationaux (*Rép.* n°s 34 à 37).

89. On a vu au *Rép.* v° *Postes*, n° 34 que, dans le langage postal, on désigne sous le nom d'*articles d'argent*, les sommes remises à découvert aux caisses des agents des postes pour être payées dans tous les bureaux du territoire, sur des mandats délivrés à l'expéditeur. Le service des articles d'argent a, comme la plupart des services exécutés par l'administration des Postes, pris une grande extension et reçu d'importants perfectionnements. Le nombre des mandats transmis par la poste s'élevait déjà en 1881 à plus de 15 millions, représentant une valeur de 453 millions de francs. Ces résultats ont été amenés par les modifications successives que le service a reçues. Le droit de timbre de 35 centimes, qui était perçu à l'époque de la publication du *Répertoire* (v° *Poste*, n° 84) a été supprimé (L. 18 mars 1879, D. P. 79. 4. 33); le droit de 2 pour 100, perçu sur la somme versée, a été réduit à 1 pour 100. Enfin, moyennant une taxe supplémentaire de 10 cent. l'expéditeur d'un mandat sur la poste peut demander, au moment du dépôt des fonds, qu'il lui soit donné avis du payement de ce mandat (L. 25 mars 1879, D. P. 79. 4. 33).

90. L'administration des Postes a créé, pour éviter au public les longues attentes au guichet des bureaux de poste, en supprimant les formalités d'écritures que les employés ont à accomplir, des mandats-cartes ou mandats à découvert, destinés à la circulation intérieure en France et en Algérie, qui sont libellés par l'expéditeur et transmis par la poste sans affranchissement; l'expéditeur n'a à se présenter au bureau que pour effectuer le payement de la somme qu'il veut envoyer. — Une loi du 29 juin 1882 (D. P. 82. 4. 116) a, en outre, créé des bons de poste de la valeur de 1, 2, 5, 10 et 20 fr., délivrés dans les bureaux moyennant un droit de 5 cent. pour les bons de 1, 2 et 5 fr., de 10 cent. pour les bons de 10 fr. et 20 cent. pour les bons de 20 fr. Le bon de poste doit porter, au moment du payement, le nom et l'adresse de la personne entre les mains de laquelle le payement doit être effectué, mais cette mention peut être ajoutée par la personne qui réclame le payement; le bon de poste est donc un véritable titre au porteur aussi ne peut-il être expédié, lorsque le nom et l'adresse du bénéficiaire n'y sont pas inscrits par l'expéditeur, que par lettre recommandée ou chargée, à peine d'une amende de 50 à 500 fr., conformément à la loi du 4 juin 1859. La contrefaçon d'un bon de poste ou la mise en circulation d'un bon faux, l'altération de la valeur ou du nom porté sur le bon, ainsi que la contrefaçon de la signature du bénéficiaire, constituent le crime de faux puni par les art. 139 et 147 c. pén. (L. 29 juin 1882, art. 7).

91. Enfin l'expéditeur d'un article d'argent peut faire transmettre télégraphiquement un mandat jusqu'à concurrence de 5000 fr. au maximum, c'est ce qu'on appelle le mandat télégraphique (Décr. 25 mai 1870, D. P. 70. 4. 49). Le mandat est émis par le bureau de poste et transmis télégraphiquement, par les soins de l'expéditeur et en son nom, au bureau de poste chargé d'en effectuer le payement, qui en donne avis au bénéficiaire. Dans le service intérieur et dans les rapports avec la Tunisie, la taxe perçue se compose, outre les droits afférents au mandat, de la taxe ordinaire télégraphique, d'un droit fixe de 40 cent. pour l'avis à remettre au destinataire des fonds, et, le cas échéant, des frais accessoires de la taxe télégraphique.

92. Les mandats télégraphiques sont admis dans le régime international (V. l'arrangement relatif à l'échange des mandats, annexé à la convention de Vienne du 4 juill. 1891, Décr. 26 juill. 1892, D. P. 93. 4. 2, et *infra*, n° 100).

93. Les mandats de toute nature sont payables sous l'observation de certaines formalités, destinées à contrôler l'identité du destinataire et déterminées par les règlements de l'administration des Postes. Le payement a lieu à vue pour tout mandat qui n'excède pas 300 fr., et dans un délai de huit jours pour tout mandat d'une somme supérieure.

94. Le payement doit avoir lieu, pour les mandats ordinaires, dans les délais dont ont été exposés au *Rép.*, v° *Postes*, n° 35. Pour les bons de poste, ce délai est de trois mois à dater du jour de l'émission. Tout bon dont le montant n'a pas été touché dans ce délai est soumis à la formalité du renouvellement, et assujetti à une nouvelle taxe égale à autant de fois la taxe primitive qu'il s'est écoulé de trimestres ou de fraction de trimestre depuis la date de l'expiration du premier délai de trois mois pendant lequel le bon était payable (L. 24 juin 1882, art. 5). Cette taxe est perçue en timbresposte (Décr. 15 nov. 1882, art. 3. D. P. 83. 4. 77).

95. Ainsi qu'on l'a exposé au *Rép.* v° *Postes*, n° 35, le mandat peut être payé à un mandataire pourvu d'une procuration authentique ou sous seing privé et légalisée ; mais il u est pas, en France tout au moins, susceptible d'être transmis par endossement. Le bon de poste peut, au contraire, être l'objet d'une transmission qui résulte de l'inscription, dans les espaces réservés à cet effet, du nom et de l'adresse du bénéficiaire.

96. Le délai de huit années, à l'expiration duquel, en vertu de la loi du 31 janv. 1833, les articles d'argent étaient acquis à l'Administration, s'ils n'avaient pas été payés ou remboursés aux ayants droit (*Rép.* n° 37), a été réduit à cinq années par une loi du 15 juill. 1882 (D. P. 82. 4. 117). La loi du 31 janv. 1833 consacrait une dérogation au principe suivant lequel les créances sur le Trésor se prescrivent par cinq ans ; la loi nouvelle, inspirée par la nécessité de simplifier la comptabilité de l'administration des postes, a eu pour but de la faire cesser. Pour les bons de Poste, la prescription est, en vertu de l'art. 5 de la loi du 29 juin 1882, acquise au bout d'un an à partir du jour du versement des fonds.

97. A l'époque de la publication du *Répertoire*, il ne pouvait être délivré de mandats de poste pour l'étranger (*Rép.* v° *Postes*, n° 34). Depuis la convention postale du 1er juin 1878 (L. 19 déc. 18;8, D., P. 79. 4. 35), l'échange des envois d'argent, sous forme de mandats de poste s'effectue entre un certain nombre d'Etats faisant partie de l'Union postale. Un arrangement intervenu le 4 juin 1878 (Décr. 27 mars 1879, D. P. 79. 4. 38) qui avait réglé cet échange entre l'Allemagne, l'Autriche-Hongrie, la Belgique, le Danemark, l'Egypte, la France et les colonies françaises, l'Italie, le Luxembourg, la Norvège, les Pays-Bas, le Portugal, la Roumanie, la Suède et la Suisse, est actuellement remplacé par un arrangement conclu à Vienne le 4 juill. 1891 (Décr. 26 juin 1892, D. P. 93. 4. 2), auquel ont adhéré, outre les puissances signataires de l'arrangement de 1886, la République argentine, le Brésil, la Bulgarie, les colonies danoises, le Japon, la République de Libéria, les colonies néerlandaises, les colonies portugaises, le Salvador, le royaume de Siam, la Régence de Tunis, la Turquie et l'Uruguay. — L'échange des envois de fonds par mandats est admis jusqu'à concurrence de 500 fr. ou une somme approximative dans chaque pays. Sauf arrangement contraire entre les administrations intéressées, le montant de chaque mandat est exprimé dans la monnaie métallique du pays où le payement doit avoir lieu. Chacun des pays contractants a le droit de déclarer transmissible par voie d'endossement, sur son territoire, la propriété des mandats de poste provenant d'un autre de ces pays.

98. La taxe générale à payer par l'expéditeur pour chaque envoi de fonds est fixée, valeur métallique, à 25 cent. par 25 fr. ou fractions de 25 fr. ou à l'équivalent dans la monnaie respective des pays contractants, avec faculté d'arrondir les fractions, le cas échéant. Les mandats de poste et les acquits donnés sur ces mandats, de même que les récépissés délivrés aux déposants, ne peuvent être soumis, à la charge des expéditeurs ou des destinataires de fonds, à un droit ou à une taxe quelconque en sus de la taxe spéciale au mandat, sauf toutefois le droit de factage pour le payement à domicile, s'il y a lieu, l'expéditeur pouvant demander la remise des fonds à domicile par porteur spécial, aussitôt après l'arrivée du mandat.

99. L'expéditeur d'un mandat peut obtenir un avis de payement de ce mandat, en acquittant d'avance, au profit exclusif de l'Administration du pays d'origine, un droit fixe égal à celui qui est perçu dans ce pays pour les avis de réception des correspondances recommandées. Il peut le faire retirer du service ou en faire modifier l'adresse tant que ce mandat n'a pas été livré au destinataire, aux conditions et sous les réserves déterminées pour les correspondances ordinaires.

100. Les mandats de poste peuvent être transmis par le télégraphe, dans les relations entre les offices dont les pays sont reliés par un télégraphe d'Etat ou qui consentent à employer à cet effet la télégraphie privée ; ils sont qualifiés, en ce cas, de mandats télégraphiques (V. *suprà*, n° 92). Les mandats télégraphiques peuvent, comme les télégrammes ordinaires et aux mêmes conditions que ces derniers, être soumis aux formalités de l'urgence, de la réponse payée, du collationnement, de l'accusé de réception, de la transmission par la poste ou de la remise par exprès. Ils peuvent, en outre, donner lieu à des demandes d'avis de payement à délivrer et à expédier par la poste. L'expéditeur d'un mandat télégraphique doit payer : la taxe ordinaire des mandats de poste ; si un avis de payement est demandé, le droit fixe de cet avis ; enfin, la taxe du télégramme.

101. En cas de changement de résidence du bénéficiaire, les mandats ordinaires peuvent être réexpédiés d'un des pays participant à l'arrangement sur un autre de ces pays. Lorsque le pays de la nouvelle destination a un autre système monétaire que le pays de la destination primitive, la conversion du montant du mandat en monnaie du premier de ces pays est opérée par le bureau réexpéditeur, d'après le taux convenu pour les mandats à destination de ce pays et émanant du pays de la destination primitive. Il n'est perçu aucun supplément de taxe pour la réexpédition ; mais le pays de la nouvelle destination touche en tout cas, à son profit, la quote-part de taxe qui lui serait dévolue si le mandat lui avait été primitivement adressé, même dans le cas où, par suite d'un arrangement spécial conclu entre le pays d'origine et le pays de la destination primitive, la taxe effectivement perçue serait inférieure à la taxe prévue par l'art. 3 de l'arrangement.

§ 5. — Recouvrement des effets de commerce, factures, valeurs commerciales, etc.

102. L'administration des Postes, servant depuis longtemps d'intermédiaire pour les envois d'argent, a été chargée, en 1879, du recouvrement des valeurs commerciales comme d'un complément des services d'argent que le public est en droit d'attendre de cette Administration. Cette nouvelle extension du service des postes a été inspirée par l'exemple des pays voisins. En Allemagne, en Suisse et en Belgique, semblable mesure avait produit d'heureux résultats. Avec ses bureaux de recettes répartis sur tout le territoire, et ses 24 000 facteurs qui le parcourent journellement jusque dans les hameaux les plus reculés, l'administration des Postes pouvait exécuter ce service dans des conditions de célérité et d'exactitude qu'aucune autre ne pouvait offrir.

Toutefois le service du recouvrement des valeurs, inauguré par la loi du 5 avr. 1879 (D. P. 79. 4. 33), ne fut entrepris qu'avec une certaine réserve. L'art. 1 tout en autorisant le Gouvernement à faire effectuer, par le service des postes, le recouvrement des valeurs, en termes comprenant, par leur généralité, l'ensemble des valeurs commerciales, limitait expressément à la somme de 500 fr. le montant de chaque valeur à recouvrer. En outre, cet article réservait le bénéfice du recouvrement par la poste aux valeurs payables sans frais, c'est-à-dire qui ne sont pas soumises aux formalités du protêt. L'Administration craignait, si elle était tenue, comme en Belgique, de faire protester les effets qui lui seraient confiés à l'encaissement, d'avoir à répondre des déchéances édictées par la loi commerciale ; or elle ne jugeait à propos d'assumer que les responsabilités spéciales qui lui sont imposées par les lois de son organisation. Ces deux restrictions ont disparu depuis lors. Le minimum de 500 fr., imposé comme limite au montant des valeurs à recouvrer, ne l'avait été que provisoirement dans l'esprit du législateur et en quelque sorte pour permettre d'expérimenter le fonctionnement du nouveau service. L'art. 10 de la loi du 5 avr. 1879 autorisait le Gouvernement à élever le maximum des valeurs à recouvrer par la poste au moyen de décrets insérés au *Bulletin des lois*. Deux décrets du 3 janv. 1880 (D. P. 81. 4. 113) et 19 juin 1882 (D. P. 83. 4. 90), ont successivement porté à 1000 et 2000 fr. ce maximum.

103. La seconde restriction, relative aux valeurs soumises au protêt, disparut elle-même promptement. La loi du 17 juill. 1880 (D. P. 81. 4. 113) a déchargé l'administration des Postes de toutes les responsabilités qui pouvaient résulter pour elle des irrégularités commises dans le protêt, dès l'instant qu'elle a remis l'effet protestable. dont le payement aurait été refusé à un officier ministériel (art. 2). Elle a déclaré, en outre, que l'Administration n'assumait aucune responsabilité, au cas où soit la présentation à domicile, soit la remise de l'effet à l'officier ministériel n'auraient pas eu lieu en temps utile. L'Administration n'encourt, en définitive, d'autres responsabilités que celles qui résultent pour elle de la perte des objets de correspondance recommandés ou de la perte des sommes encaissées par elle, conformément aux régles posées, pour ce dernier cas, par la loi du 5 avr. 1879, art. 6 et 7.

En même temps, l'art. 6 de la loi réservait au Gouvernement le droit de fixer par décrets la date à laquelle elle serait exécutée et l'autorisait à ne l'appliquer que successivement aux bureaux de poste de France et d'Algérie ou même à partie de la circonscription de ces bureaux, en raison de l'impossibilité reconnue, pour certaines localités, de procéder en temps utile à la formalité du protêt (V. le rapport, D. P. 81. 4. 113, note 12).

104 La loi du 17 juill. 1880 confiait enfin à un règlement d'administration publique le soin de déterminer les régles à suivre dans les rapports soit entre le public et l'Administration, soit entre celle-ci et les officiers ministériels chargés d'effectuer les protêts, et le mode de constatation de la remise des valeurs ou du refus d'en faire le protêt (art. 8). En outre, elle prescrivait que le règlement reconnût au déposant le droit d'indiquer un officier ministériel de son choix pour le cas de protêt, et de consigner au bureau expéditeur le montant des frais de cet acte ainsi que de l'enregistrement du titre; ce règlement a été fait par décret du 15 févr. 1881 (D. P. 82. 4. 22).

105 Malgré les termes très larges de l'art. 1 de la loi du 5 avr. 1879, l'Administration n'est pas tenue de se charger du recouvrement de toutes les valeurs sans distinction dès que leur montant ne dépasse pas le maximum légal. Ainsi la poste n'est pas obligée de se charger et, en fait, elle ne se charge pas, du recouvrement des coupons de rentes sur l'Etat ni des coupons d'actions ou d'obligations.

106 Les valeurs à recouvrer, quel qu'en soit le nombre pour le même arrondissement postal du bureau où résident les débiteurs, payent un droit fixe de 25 centimes représentant la taxe de recommandation de la lettre envoyée par le receveur du bureau qui reçoit les valeurs, au receveur du bureau qui doit en opérer le recouvrement. Lorsque l'expéditeur désire que l'effet soit protesté en cas de non-payement, il doit le consigner dans une déclaration jointe à l'envoi (Décr. 15 févr. 1880, art. 2, D. P. 82. 4. 22). Le receveur du bureau qui doit recouvrer les valeurs fait opérer le recouvrement par le facteur, et en convertit le montant en un mandat au nom de l'expéditeur auquel il est adressé directement et en franchise. sous le prélèvement de 10 centimes par 20 fr., ou fraction de 20 fr., sans que ce prélèvement puisse dépasser 50 centimes, de 1 pour 100 sur les premiers 50 fr., de 1/2 pour 100 sur toute fraction excédant 50 fr. (L. 5 avr. 1879, art. 4 et 5; 17 juill. 1880, art. 4, Décr. 24 juill. 1880, D. P. 81. 4. 114, art. 2). Le premier de ces prélèvements (10 centimes par 20 fr.) est opéré, pour moitié, en faveur du facteur qui effectue le recouvrement et pour l'autre moitié en faveur du receveur chargé de l'assurer (L. 5 avr. 1879, art. 5). Alors qu'on ajoutait aux obligations des agents des postes une nouvelle obligation susceptible d'entraîner certaines responsabilités, on a jugé bon de les rémunérer directement, en les intéressant au recouvrement et les excitant à agir vite et bien.

107 Lorsque les valeurs ne peuvent être recouvrées, le rôle des agents des postes est différent suivant qu'il s'agit de valeurs payables sans frais ou de valeurs soumises au protêt. Dans ce dernier cas, le receveur des postes doit remettre l'effet impayé à un des officiers ministériels désignés pour ce service, conformément au décret du 15 févr. 1881 (L. 17 juill. 1880, art. 2) ou à la personne qui aurait été désignée dans la déclaration jointe à l'envoi (Décr. 15 févr. 1881, art. 1). Les valeurs payables sans frais qui n'auraient pu être recouvrées étaient, jusqu'au 1er av. 1892, réexpédiées sans frais au déposant. La loi de finances du 26 janv. 1892 (art. 29, D. P. 92. 4. 24) a frappé toute valeur d'origine

française présentée à l'encaissement et qui, pour une cause quelconque, n'a pas été recouvrée, d'une taxe fixe de 10 centimes. Cette taxe est prélevée. lorsqu'il est possible, sur le montant des valeurs recouvrées faisant partie du même bordereau de recouvrement que les valeurs impayées. Lorsque le prélèvement ne peut être opéré, soit qu'aucune valeur n'ait été recouvrée, soit que la totalité des taxes à percevoir dépasse le montant des sommes encaissées, le règlement de compte et les valeurs impayées ne sont remis à l'expéditeur qu'après payement intégral de la taxe. Dans l'un et l'autre cas, le montant de la taxe est constaté au moyen de chiffres-taxes (Décr. 5 mars 1892, art. 1, D. P. 92. 4. 53).

L'apurement des bordereaux de recouvrements, comportant le renvoi de valeurs restées impayées est opéré de la manière suivante : lorsque le montant total des encaissements, déduction faite des remises dues aux agents, est supérieur ou au moins égal au montant total des taxes à percevoir pour les valeurs impayées. la taxe afférente aux valeurs impayées est perçue sur le montant des encaissements, indépendamment des prélèvements autorisés par l'art. 5 de la loi du 5 avr. 1879. Cette taxe est encaissée et convertie en chiffres-taxes apposés sur le règlement de compte transmis avec les titres impayés à l'expéditeur des valeurs. Dans le cas où le montant total des encaissements, déduction faite des remises dues aux agents, est inférieur au montant total des taxes à percevoir pour les valeurs impayées, le montant des recouvrements effectués, déduction faite des prélèvements autorisés au profit des agents, est retenu comme acompte de la taxe due par l'expéditeur des valeurs et immédiatement encaissé sous forme de chiffres-taxes apposés sur le règlement de compte adressé à l'expéditeur des valeurs. Le surplus de la taxe à percevoir à destination est indiqué, par une mention spéciale, au recto de l'enveloppe de renvoi. Le bureau de destination, à son tour, appose sur l'enveloppe les chiffres-taxes représentant la somme dont l'expéditeur des valeurs reste redevable, et en recouvre le montant comme s'il s'agissait d'une lettre taxée ordinaire. Si aucune des valeurs comprises dans l'envoi n'est recouvrée, le montant total de la taxe à percevoir est indiqué sur l'enveloppe de renvoi des valeurs impayées, et le bureau de destination en effectue le recouvrement de la même manière (Décr. 5 mars 1892, art. 2). Si le règlement de compte taxé est refusé à présentation par l'expéditeur des valeurs, il lui est envoyé, le lendemain même de la présentation à domicile, un avertissement sans frais l'invitant à venir retirer au bureau de sa résidence, dans un délai de trois jours, et contre payement de la taxe dont il a été frappé, le règlement de compte parvenu à son adresse. Si, à l'expiration de ce délai de trois jours, l'expéditeur des valeurs n'a pas pris livraison de son règlement de compte, le recouvrement de la taxe est opéré par voie de contrainte décernée par le receveur du bureau de poste, visée et déclarée exécutoire par le juge de paix du canton.

108 Les dispositions de la loi du 26 janv. 1892, art. 29, s'appliquent aussi bien aux valeurs soumises au protêt qu'à celles qui sont payables sans frais.

109 La taxation des valeurs impayées impliquant nécessairement la présentation effective de toute valeur à recouvrer au domicile réel du débiteur, le bénéfice de la réexpédition des correspondances a été étendu par le décret du 5 mars 1892 au service des recouvrements. Lorsque la réexpédition comprend toutes les valeurs à recouvrer formant un même envoi, le bureau de la nouvelle résidence procède comme si les valeurs lui avaient été primitivement adressées. Mais, s'il s'agit d'un envoi contenant plusieurs valeurs recouvrables sur des débiteurs différents, dont un ou plusieurs ont changé de résidence, les bureaux sur lesquels les valeurs sont réexpédiées envoient soit la somme encaissée, déduction faite des remises légales, soit les valeurs impayées, au bureau qui a effectué la réexpédition, ce dernier bureau restant seul chargé de la liquidation des comptes avec l'expéditeur des valeurs.

110 Les valeurs à recouvrer confiées à la poste doivent remplir les conditions imposées par les lois sur le timbre. Lorsqu'elles ne remplissent par ces conditions, elles ne doivent pas être admises par les bureaux de poste (Circ. min. postes et télégr. nov. 1879, D. P. 80. 3. 84).

111. L'art. 5 de la loi du 5 avr. 1879 autorise l'Administration à remplacer les mandats par l'ouverture de comptes courants, au débit desquels figurera un droit égal à celui qui aurait été perçu pour la délivrance des mandats de poste.

112. En cas de perte soit de la lettre recommandée contenant les valeurs à recouvrer, soit des valeurs elles-mêmes en tout ou en partie, la responsabilité pécuniaire de l'Administration ne peut dépasser la somme de 50 fr. au maximum. Ce taux, double de celui afférent à la perte d'une lettre recommandée ordinaire (*supra*, n° 46), a été jugé d'autant plus suffisant pour la garantie des intéressés que, dans la plupart des cas, très rares d'ailleurs, de perte, il est facile de faire opposition en temps utile au payement des effets perdus. Mais, à partir de l'encaissement, l'Administration est responsable de la totalité de la somme perçue par les facteurs (L. 5 avr. 1879, art. 7).

113. Lors de la discussion de la loi du 5 avr. 1879, la commission de la Chambre des députés avait émis le vœu que l'entente qui s'est établie pour l'échange des mandats d'argent, entre les nations qui font partie de l'union postale universelle, s'étendît aux recouvrements. Il a été donné, au moins partiellement, satisfaction à ce vœu : le recouvrement des valeurs commerciales ou autres payables sans frais peut être opéré entre la France, l'Algérie et la Tunisie, d'une part, et l'Allemagne, l'Autriche-Hongrie, la Belgique, l'Egypte, l'Italie, le Luxembourg, la Roumanie, la Suisse (Décis. 27 mars 1886, D. P. 86. 4. 82, *Bull. des lois*, n° 16526) et la Norvège (Décr. 27 janv. 1888, D. P. 88. 4. 30, *Bull. des lois* n° 18940), d'autre part, un arrangement nouveau, comprenant la France et ses colonies, l'Allemagne, la République argentine, l'Autriche-Hongrie, la Belgique, le Brésil, la Bulgarie, le Danemark et ses colonies, l'Egypte, l'Italie, le Japon, la République de Liberia, le Luxembourg, la Norvège, les Pays-Bas et leurs colonies, le Portugal et ses colonies, la Roumanie, le Salvador, le royaume de Siam, la Suède, la Suisse, la Régence de Tunis, la Turquie et l'Uruguay, est intervenu à cet égard le 4 juill. 1891, (L. 13 avr. 1892, D. P. 92. 4. 91; Décr. 26 juin 1892, D. P. 93. 3. 4).

§ 6. — Envois contre remboursement.

114. Une loi du 20 juill. 1892 (D. P. 93. 4. 7) admet le public à expédier par tous les bureaux de poste de la France continentale, des îles du littoral de la Corse ou de l'Algérie et en destination de ces bureaux, des envois à livrer contre remboursement de leur valeur jusqu'à concurrence de 2000 fr. (art. 1). Les envois sont passibles de la taxe progressive, du droit fixe et du droit proportionnel applicable aux boîtes avec valeur déclarée en vertu de l'art. 5 de la loi du 13 avr. 1892 (*supra*, n° 49). Ils peuvent contenir les objets de toute nature admis à circuler par la poste à l'exception des lettres ou notes ayant le caractère de correspondance. L'expédition d'envois contre remboursement par la poste donne lieu aux garanties accordées aux objets de valeur déclarée par l'art. 3 de la loi du 4 juin 1859 (*supra*, n° 36) ; toutefois l'Administration n'est tenue à aucune indemnité en cas de détérioration.

115. La transmission à l'ayant droit du montant du remboursement et le retour à l'expéditeur de tout envoi qui n'aurait pas pu être remis au destinataire sont soumis aux taxes et conditions prévues pour le recouvrement des valeurs par la poste (*supra*, n°s 107) (L. 20 juill. 1892, art. 2, D. P. 93. 4. 7).

116. Les mesures nécessaires pour assurer le service des envois contre remboursement, notamment le maximum de poids et de dimension des objets, la forme de la déclaration, le mode de confection des envois ainsi que les règles relatives à leur dépôt et à leur distribution doivent être déterminées par des décrets insérés au *Bulletin des lois* (L. 20 juill. 1892, art. 3). Elles ont été fixées par un décret du 13 août 1892 (D. P. 93. 4. 44).

117. La convention de Vienne, du 4 juill. 1891 (D. P. 92. 4. 91), prévoit dans son art. 7 que les correspondances recommandées peuvent, dans le service international, être expédiées grevées de remboursement juqu'à concurrence de 500 fr. entre les pays dont les administrations conviennent d'établir ce service.

§ 7. — Abonnement aux journaux, revues et recueils périodiques publiés en France.

118. Une loi du 5 avr. 1879, art. 9 (D. P. 79. 4. 33) a autorisé le service des postes à recevoir les abonnements aux journaux, revues et recueils périodiques moyennant un droit de 3 pour 100, droit abaissé à 1 pour 100, plus un droit fixe de 10 centimes, par une loi du 10 juill. 1880 (D. P. 81. 4. 114). Les sommes versées dans les bureaux de poste sont transmises par le bureau de dépôt aux directeurs des publications, au moyen d'un mandat spécial émis à leur nom et contenant toutes les indications nécessaires au service de l'abonnement. — Lorsque les éditeurs des publications ont déclaré prendre à leur charge le prélèvement de 1 pour 100 prescrit par la loi du 17 juill. 1880, le droit est déduit du montant de l'abonnement. Les tarifs de ces publications sont à la disposition du public dans tous les bureaux de poste. Pour les autres publications, les abonnements sont perçus d'après les déclarations du déposant sous sa propre responsabilité et le droit de 1 pour 100 est prélevé en sus (Décr. 5 mai 1879, art. 2 et 3, D. P. 79. 4. 35).

119. En vertu d'une convention diplomatique intervenue le 21 nov. 1879 (L. 18 déc. 1879, D. P. 80. 4. 74) les abonnements peuvent être reçus dans les bureaux de poste de France et de Belgique aux journaux, gazettes, revues et publications périodiques édictés dans l'un et l'autre pays.

§ 8. — Colis postaux.

120. Bien que le service des colis postaux ne soit pas exécuté en France par les agents de l'administration des Postes, mais par les compagnies de chemins de fer et les compagnies de navigation maritime subventionnées, il n'en constitue pas moins un service postal, organisé en vertu des conventions internationales relatives au service des postes, et rentre, par conséquent, dans les services de l'administration des postes. La création des colis postaux fut l'œuvre d'une conférence internationale qui se réunit à Paris, le 9 oct. 1880, sous la présidence de M. Ad. Cochery, alors ministre des postes et télégraphes, et qui aboutit, le 3 novembre suivant, à la conclusion d'une convention internationale et d'un règlement d'exécution pour l'échange des colis sans déclaration de valeur, ne dépassant pas le poids de 3 kilogrammes, le volume de 20 décimètres cubes et la dimension, sur une face quelconque, de 60 centimètres. Cette convention avait pour but de faciliter autant que possible le transport des petits colis, en appliquant à ces expéditions tous les avantages d'économie, de rapidité et de sécurité que comportent les services postaux. Elle intervint entre la France, l'Allemagne, l'Autriche-Hongrie, la Belgique, la Bulgarie, le Danemark, l'Egypte, l'Espagne, la Grande-Bretagne, l'Italie, l'Inde britannique, le Luxembourg, le Monténégro, la Norvège, les Pays-Bas, la Perse, le Portugal, la Roumanie, la Serbie, la Suède, la Suisse et la Turquie. Plusieurs autres puissances y ont ultérieurement adhéré. V. l'arrangement intervenu à Vienne le 4 juill. 1891 (D. P. 92. 4. 97).

Il était difficile de réduire le service du transport des petits colis aux relations internationales et de favoriser les expéditions à l'étranger, sans offrir des avantages analogues à la circulation intérieure. La mesure présentait de grandes difficultés, même au point de vue du service international. Le service postal en France, malgré les développements considérables qu'il avait pris, n'était pas en mesure de se charger, comme certaines administrations postales de l'étranger, de la réception, du transport et de la distribution des petits colis. Le protocole final de la convention du 3 nov. 1880 (D. P. 82. 4. 41) accordait aux pays où la poste ne se chargeait pas alors du transport des petits colis la faculté d'en faire exécuter les clauses par les entreprises de chemins de fer et de navigation, et d'en limiter le service aux localités desservies par ces entreprises. Le Gouvernement français usa de cette faculté et obtint le concours des sept grandes compagnies de chemins de fer et des quatre grandes compagnies de navigation maritime subventionnées, qui s'engagèrent à effectuer le transport des colis postaux d'un poids maximum de 3 kilogrammes, moyennant les taxes admises par la convention internationale, et, d'autre part, à effectuer aux mêmes conditions le transport de ces colis à l'intérieur (Conv. 2 nov. 1880, approuvée par la loi du 3 mars 1881, D. P. 82. 4. 41). La loi du 3 mars 1880 a, en outre, autorisé le Gouvernement à étendre par des traités spéciaux le transport des colis postaux sur le territoire français, en dehors des limites d'exploitation assignées aux compagnies de chemins de fer, à la condition que la taxe afférente au transport en France ne pourrait dépasser la taxe admise à cet effet par la convention internationale (art. 4). Grâce à cet article, le service des colis postaux a été successivement étendu à la Corse, l'Algérie la Tunisie et aux Colonies françaises (V. Décr. des 24 juill. 1881 (D. P. 82. 4. 45); 19 sept. 1881 relatif au service des colis postaux à l'intérieur de la Corse (D. P. 83. 4. 4); 24 nov. 1881, fixant la taxe des colis postaux échangés entre la France continentale et les colonies (Bull. n° 11357, D. P. 82. 4. 46); 25 nov. 1884, fixant la taxe des colis postaux échangés entre la France continentale, la Corse, l'Algérie et la Tunisie (Bull. n° 11358; 27 mars 1886, étendant le service des colis postaux à Tripoli de Barbarie, les bureaux de poste français dans les ports ottoman, etc. (D. P. 86. 4. 84); 17 mai 1887, autorisant l'échange des colis postaux entre la France (y compris la Corse) et l'Algérie, la Tunisie, les bureaux de poste français établis dans les ports ottomans, l'agence maritime de Tripoli de Barbarie et la République argentine (D. P. 87. 4. 78).

121. La loi du 3 mars 1884 réduisit, en faveur des colis postaux, à un seul droit de timbre de dix centimes par expédition tous les droits ou impôts auxquels étaient assujettis les articles de grande vitesse. Une loi du 24 juill. 1881 (D. P. 82. 4. 43) supprima le droit de timbre applicable aux colis postaux en transit par la France et abaissa à 10 centimes le droit de timbre applicable aux envois transportés successivement par voie terrestre et par voie maritime; elle a supprimé également le droit de timbre des acquits-à-caution et passavants des douanes; enfin, elle a affranchi les colis postaux de la taxe de plombage, ne laissant subsister à la charge des colis postaux de ou pour la France que le droit de timbre de 10 centimes. En outre, la loi du 25 juill. 1881 (D. P. 82. 4. 44) a supprimé, dans le régime intérieur, les limites de volume et de dimension imposées primitivement aux colis postaux conformément à la convention internationale et a, de plus, introduit le système des envois contre remboursement jusqu'à 100 francs, moyennant payement d'une double taxe, c'est-à-dire que la taxe perçue pour le retour des sommes encaissées est la même que pour l'expédition ordinaire des colis. Dans le service international, les limites de dimensions imposées par la convention internationale avaient également été supprimées dans les relations avec la Belgique, la Suisse et le Luxembourg.

122. Le service des colis postaux, d'après les conventions du 2 nov. 1880 et la convention internationale du 3 novembre de la même année, s'exécutait dans les conditions suivantes :

1° *Service intérieur*. — Le poids maximum des colis était fixé à 3 kilogrammes. La taxe de transport était de 60 ou 85 centimes y compris le droit de timbre de 10 centimes suivant que le colis était livrable en gare ou à domicile. L'expéditeur pouvait envoyer le colis avec remboursement jusqu'à 100 francs moyennant le payement d'une double taxe. Enfin en cas de perte ou d'avarie il avait droit à une indemnité de 15 francs.

2° *Service international*. — Les colis ne pouvaient dépasser le poids de 3 kilogrammes. Leur volume et leur dimension étaient strictement limités à 20 décimètres cubes et à 60 centimètres de dimension, sauf dans les rapports avec la Belgique, la Suisse et le Luxembourg. Ils ne pouvaient être expédiés contre remboursement, ni avec valeur déclarée. Chaque pays avait droit à une quote-part territoriale de 0 fr. 50 centimes, avec addition d'une surtaxe facultative variant de 0 fr. 25 centimes à 0 fr. 75 centimes ayant pour objet de faire face aux frais extraordinaires de transport dans certains pays. En France, la surtaxe n'était applicable qu'aux colis en provenance ou à destination de la Corse et de l'Algérie. Les colis à destination des pays d'outre-mer étaient soumis à un droit maritime proportionnel à la distance, suivant une échelle progressive de 0 fr. 25 centimes à 3 francs. Enfin un droit de factage de 0 fr. 25 centimes était perçu du destinataire lorsque le colis était livré

à domicile. L'indemnité en cas de perte ou d'avarie était la même que dans le service intérieur.

123. Le service des colis postaux a récemment reçu d'importantes améliorations. Le congrès postal tenu à Lisbonne en 1885 avait, à cet égard, proposé diverses mesures qui n'avaient pu être appliquées en France. Ces mesures comportaient : l'élévation de 3 à 5 kilogr. du maximum de poids des colis; l'admission des colis contre remboursement jusqu'à concurrence de 500 francs., et moyennant un droit de 2 pour 100 au maximum; l'admission de la déclaration de valeur des envois, avec garantie de la valeur déclarée jusqu'à concurrence d'un maximum ne pouvant descendre au-dessous de 500 fr., et moyennant le même droit d'assurance que pour les lettres avec valeur déclarée; la création des colis encombrants moyennant une taxe additionnelle de 50 pour 100; l'élévation de 15 à 25 fr. du maximum de l'indemnité afférente aux cas de perte, d'avarie ou de spoliation, restitution de la taxe d'affranchissement du colis, en sus de cette indemnité; la création des avis de réception au prix de 25 cent.

Le congrès postal réuni à Vienne au mois de juin 1891 ajouta à ces mesures les mesures suivantes, sanctionnées par l'arrangement du 4 juill. 1891 (D. P. 92. 4. 27) : 1° création, à titre facultatif, des colis dits « exprès » comportant remise immédiate des colis aux destinataires, moyennant payement par l'expéditeur d'une taxe spéciale de 50 cent, et, le cas échéant, par le destinataire, d'un complément résultant de la législation intérieure; 2° faculté, pour les expéditeurs. de prendre à leur charge les droits de douane exigibles à l'arrivée; 3° faculté, pour l'expéditeur d'un colis postal, d'en arrêter la transmission ou d'en faire rectifier l'adresse en cours de transport.

124. Pour arriver à réaliser ces améliorations, le gouvernement français engagea avec les grandes compagnies de chemins de fer des négociations qui aboutirent, le 15 janv. 1892, à la conclusion d'une nouvelle convention, substituée à celle du 2 nov. 1880, et qui a été approuvée par la loi du 12 avr. 1892 (D. P. 92. 4. 44). Cette convention réalise toutes les améliorations votées par les congrès de Lisbonne et de Vienne, tant pour le régime intérieur que pour le régime international.

125. — 3° *Régime intérieur*. — Pour le régime intérieur, aucun changement n'est apporté aux taxes qui étaient applicables en vertu de la convention du 2 nov. 1880, aux colis postaux de 0 à 3 kilogr. : ces colis continuent à être transportés aux prix de 60 cent. et 85 cent., suivant qu'ils sont livrables en gare ou à domicile. Mais le service comporte, moyennant une majoration de taxe de 20 cent., les colis de 3 à 5 kilogr. En outre, le service est étendu aux localités desservies par les courriers postaux ou par les correspondants des compagnies. Cependant, la remise des colis à domicile n'a lieu que dans les localités pourvues d'une gare ou desservies par un correspondant, ou, si elle est le point extrême d'un service de dépêches en voiture; dans les autres cas, le colis est déposé, moyennant la taxe spéciale de factage de 25 cent., au bureau de poste desservi au passage par un courrier de dépêches en voiture. Les colis postaux originaires des localités non pourvues d'une gare sont reçus dans les bureaux de correspondance des compagnies ou, à défaut, dans les bureaux de poste desservis par les courriers de dépêches en voiture, moyennant une surtaxe de 25 cent. par colis, comprenant la réception et l'apport à la gare du colis. Dans ce cas et dans celui où le colis est livrable dans un bureau de poste, il est payé 5 cent. par colis au receveur.

126. Les déclarations de valeurs sont acceptées jusqu'à 500 fr. inclusivement, moyennant un droit proportionnel d'assurance égal à celui qui est perçu à l'intérieur pour les lettres avec valeur déclarée. Les colis peuvent, en outre, être expédiés contre remboursement jusqu'à 500 fr. au maximum. Le droit spécial à percevoir pour le remboursement est égal au prix de transport payé pour le colis. Les colis compris dans ces deux catégories ne sont acceptés que dans les gares ou dans les bureaux spécialement désignés à cet effet.

127. Aujourd'hui, comme sous l'empire de la convention du 2 nov. 1880, les colis ne sont admis aux tarifs des colis postaux qu'autant que la taxe est préalablement payée.

128. — 4° *Régime international*. — Les règles relatives à la réception et à la remise des colis, qui viennent d'être exposées pour le service intérieur. sont applicables dans le régime international. Mais, dans ce dernier régime, il n'est pas fait de distinction entre les colis de 0 à 3 kilogr. et les colis de 3 à 5 kilogr. En outre, conformément à l'art. 5 de la convention internationale du 4 juill. 1891, les colis encombrants dépassant 1 mètre 50 cent. dans un sens quelconque ou ceux qui, par leur forme, ne se prêtent pas facilement au chargement avec d'autres colis, qui sont volumineux ou qui demandent des précautions spéciales, sont soumis, dans le régime international, à une taxe supplémentaire de 50 pour 100 ; cette taxe supplémentaire n'est pas applicable dans le service intérieur, les dimensions des colis n'y étant pas limitées. On admet dans le service international, comme dans le service intérieur, les déclarations de valeur jusqu'à 500 fr. inclusivement, moyennant un droit proportionnel d'assurance égal à celui qui est perçu au départ de France pour les lettres avec valeur déclarée. L'expéditeur d'un colis postal international peut le grever d'un remboursement maximum de 500 fr., moyennant un droit spécial de 20 cent. par fraction indivisible de 20 fr. du montant du remboursement. Il peut également obtenir un avis de réception d'un colis postal, moyennant un droit fixe de 25 cent.

129. Les colis du régime international peuvent, à la demande des expéditeurs, être remis à domicile par un porteur spécial, immédiatement après leur arrivée au lieu de destination, moyennant une taxe de 50 cent., aux risques de l'Administration qui est chargée de répondre par l'art. 8 de la convention du 4 juill. 1891 (V. D. P. 92. 4. 92). Dans les relations avec les pays qui y consentiront, les expéditeurs peuvent prendre à leur charge les droits de douane exigibles à l'arrivée, moyennant déclaration préalable et dépôt d'arrhes suffisantes au bureau de départ, conformément à la même convention et au règlement du 4 juill. 1891. Les expéditeurs peuvent également faire retirer du service les colis postaux, ou en faire modifier l'adresse, aux conditions et sous les réserves déterminées pour les objets de correspondance. De plus, ils sont tenus de garantir d'avance le payement du port dû pour la nouvelle transmission.

130. Les colis postaux destinés à être embarqués sur un paquebot français ou étranger sont portés à bord de ce paquebot par les soins des compagnies de chemins de fer. Tout colis postal arrivant en France par mer est débarqué en douane où il en est pris livraison par les compagnies de chemins de fer, qui sont chargées de l'accomplissement des formalités en douanes s'il s'agit d'un paquebot étranger. Lorsque, au contraire, les colis postaux sont apportés aux paquebots-poste français, la compagnie maritime est chargée de remplir les formalités douanières.

131. — 5° *Service à l'intérieur de Paris.* — Un décret du 11 oct. 1881 (D. P. 83. 4. 4), pris à la suite d'une convention intervenue entre le ministre des postes et télégraphes et la compagnie des messageries nationales, et modifié par un décret du 1er sept. 1892 (D. P. 93. 4. 45), a établi un service de colis postaux à l'intérieur de Paris. Ce service, qui n'était d'abord ouvert que pour le centre de Paris en deçà des limites de l'ancien octroi, a été étendu à la ville entière. La taxe d'un colis postal de 0 à 5 kilogr., de Paris pour Paris, y compris le droit de factage pour la remise à domicile, a été fixée à 25 cent. Ces colis postaux peuvent être grevés de remboursements. La taxe à payer pour un colis postal grevé d'un remboursement, dont le montant ne peut excéder 500 fr., est de 60 cent. (y compris le droit de timbre de 10 cent.). Le service comprend, en outre, des colis postaux avec valeur déclarée jusqu'au maximum de 500 fr., pour lesquels il est perçu, outre la taxe applicable aux colis ordinaires, un droit d'assurance uniforme de 10 cent. Le payement des taxes peut être laissé par l'expéditeur à la charge du destinataire.

132. L'expéditeur d'un colis postal reçoit gratuitement, au moment du dépôt, un récépissé sommaire de son envoi. Lorsque le colis est grevé d'un remboursement, le destinataire de ce colis reçoit, également à titre gratuit, un récépissé sommaire de la somme encaissée.

133. Les colis postaux de Paris pour Paris ne doivent contenir ni matières explosibles, inflammables ou dangereuses, ni lettres ou notes ayant le caractère de correspondance.

134. Les destinataires des colis postaux livrables dans un bureau ouvert au nouveau service, ainsi que les bénéficiaires des remboursements payables au bureau d'expédition des colis, sont avisés, dans les vingt-quatre heures, de l'arrivée desdits colis ou des remboursements, à charge par eux de désintéresser la compagnie du prix d'affranchissement de la lettre d'avis.

135. Tout colis postal ou tout remboursement présenté au domicile du destinataire, et qui n'a pu être livré pour une cause quelconque, peut, sur la demande de l'ayant droit, faire l'objet d'un second transport à domicile ; auquel cas, la livraison a lieu contre un nouveau droit de factage de 25 cent. La réexpédition par voie ferrée, sur les départements ou sur l'extérieur, d'un colis postal originaire de Paris et primitivement adressé à Paris, entraîne le payement préalable, par l'intéressé, de la nouvelle taxe de transport, sans préjudice du remboursement des taxes et frais dont le colis se trouverait grevé. Les colis postaux qui n'ont pu être livrés aux destinataires pour une cause quelconque, et que les expéditeurs, dûment consultés, n'ont pas fait retirer ou réexpédier, sont tenus à la disposition de ceux-ci pendant six mois ; passé ce délai, à défaut de réclamation des expéditeurs, ces colis sont livrés à l'administration des Domaines pour être vendus au profit de l'Etat, sauf déduction des taxes et frais dont ces colis se trouveraient grevés. Exception est faite pour les colis postaux non distribués qui renferment des articles sujets à corruption ou à détérioration, et qui doivent être vendus immédiatement au profit de qui de droit, sans avis préalable ni formalités judiciaires. Les sommes encaissées à titre de remboursement sur les colis postaux et qui n'ont pu être livrées aux destinataires sont conservées à la disposition des ayants droit pendant six mois. Si, ce délai expiré, lesdites sommes n'ont pas été retirées par qui de droit, elles sont remises à l'administration des Domaines, sauf déduction des taxes et frais dus aux transporteurs, s'il y a lieu.

136. Sauf le cas de force majeure, la perte ou l'avarie d'un colis postal donne lieu, au profit de l'expéditeur et, à défaut ou sur la demande de celui-ci, du destinataire, à une indemnité correspondant au montant réel de la perte ou de l'avarie, sans que cette indemnité puisse dépasser, pour les colis ordinaires, 25 fr. et, pour les colis avec valeur déclarée, le montant de cette valeur. Mais, en cas de déclaration frauduleuse d'une valeur supérieure à la valeur réelle du colis, l'expéditeur perd tout droit à indemnité, sans préjudice des poursuites judiciaires que comporte la législation sur la matière (*supra*, n° 40). — En cas de perte des sommes perçues à titre de remboursement, ou en cas de livraison du colis postal au destinataire sans que le montant du remboursement ait été encaissé, l'expéditeur a droit au payement intégral des sommes perdues ou encaissées. Les réclamations ne peuvent être admises que dans le délai d'un an à partir du jour du dépôt des colis. Le payement des sommes dues à l'ayant droit doit avoir lieu le plus tôt possible, et au plus tard dans le délai de trois mois à partir du jour de la réclamation.

137. La responsabilité des transporteurs cesse par le fait de la livraison aux destinataires ou à leurs représentants des colis postaux ou des sommes encaissées à titre de remboursement sur les colis postaux.

138. — 6° *Compétence.* — L'art. 10 de la convention du 2 nov. 1880 portait que toutes les contestations auxquelles pourraient donner lieu, entre l'administration, les compagnies et les tiers, l'exécution et l'interprétation de cette convention, ainsi que de la convention internationale et du règlement d'exécution auquel elle se réfère, seraient jugées par les tribunaux administratifs. Cet article a donné lieu, dès le lendemain de la promulgation de la loi du 3 mars 1881 (D. P. 82. 4. 41), à des difficultés devant les tribunaux et les cours d'appel, sur le point de savoir si les expéditeurs ou commerçants qui ont des réclamations à faire contre les compagnies de chemin de fer, en raison de perte ou de retard dans la transmission des colis postaux, peuvent saisir la juridiction commerciale, ou ils sont, au contraire, obligés de s'adresser aux tribunaux administratifs. D'après un système suivi tout d'abord par un grand nombre de tribunaux (V. notamment, Trib. Nogent-sur-Seine, 23 févr. 1882, D. P. 82. 3. 47 ; Trib. comm. Muret, 29 mars 1882, Trib. comm. Narbonne, 24 mars 1882; Trib. Lunéville, 5 mai 1883, *Gazette des tribunaux*, des 23 janv. et 19 mai 1883, *La Loi* du 7 nov. 1883). le litige, dans ce cas, ne porte ni sur la nature, ni sur l'étendue des obligations résultant pour la compagnie de la convention intervenue entre le Gouvernement et les compagnies de chemins de fer et autres, mais sur le préjudice résultant pour l'expéditeur d'une faute commise par la compagnie dans l'accomplissement d'un transport; en outre, le mot *tiers*, inséré dans l'art. 10 de cette convention, ne

peut être appliqué à celui qui charge une compagnie du transport d'un colis postal : c'est un contrat de droit commun qui intervient entre les parties; en conséquence, il n'y a pas lieu à l'application dudit art. 10, et c'est la juridiction commerciale qui est compétente pour connaître de la réclamation de l'expéditeur contre la compagnie chargée du transport. Mais le système contraire a prévalu parmi les cours d'appel et devant la cour de cassation (Toulouse, 16 avr. 1883) (1); Civ. rej. 1er févr. aff. Gerhaud, D. P. 84.

---

(1) (Chemins de fer du Midi *C.* Deltour.) — A la suite de la perte de deux colis postaux, le sieur Deltour a assigné la compagnie des chemins de fer du Midi devant le tribunal de commerce de Muret en payement de 1000 fr., à titre de dommages-intérêts. La compagnie a opposé l'incompétence du tribunal, et invoqué la compétence des tribunaux administratifs. — Le 29 mars 1882, jugement du tribunal de commerce de Muret ainsi conçu : — « Attendu que les règles de compétence sont d'ordre public; qu'il ne peut être dérogé à la compétence de droit commun que par une disposition légale, précise, explicite; que, si les tribunaux de commerce sont des juridictions d'exception par rapport aux tribunaux civils proprement dits, leur compétence n'en constitue pas moins le droit commun pour les contestations qui s'élèvent contre les compagnies de chemins de fer, qui ont la qualité de commerçants; — Attendu que la convention du 2 nov. 1880, intervenue entre l'administration des Postes et les compagnies de chemins de fer, sanctionnée par la loi du 3 mars 1881, autorise lesdites compagnies à faire le transport des colis postaux aux conditions fixées par des tarifs; qu'à la vérité, l'art. 10 de cette convention porte que « toutes les contestations auxquelles pourraient donner lieu, entre l'Administration, les compagnies et les tiers, l'*exécution* et l'*interprétation* de la présente convention, etc., seront jugées par les tribunaux administratifs »; — Attendu que, nonobstant les termes de cet article, et malgré leur généralité apparente, il est permis de considérer que les contestations relatives à l'exécution et à l'interprétation de ladite convention sont uniquement celles relatives à l'application des tarifs et à celle des clauses mêmes de l'acte législatif dont s'agit; que l'objet de la demande est tout autre, qu'il constitue un quasi-délit, c'est-à-dire un grief de droit commun, à raison duquel il n'apparaît pas qu'il y ait eu, dans la pensée de la loi, une dérogation aux règles ordinaires; que le demandeur argue de ce qu'il aurait remis, les 28 décembre et 1er janvier derniers, à la gare de Muret, à titre de colis postaux, deux échantillons de vins adressés à la maison Ricamont et comp., négociants à Libourne, lesquels échantillons ne sont jamais arrivés à destination, par où il serait résulté pour ledit demandeur un préjudice considérable. Que si l'on a été empêché de traiter avec le destinataire pour une vente de vin importante; — Attendu que, dans le doute, et vu la cause elle-même de la contestation, il convient de reconnaître la compétence du tribunal de céans, etc. — Appel par la compagnie du Midi, et présenté par le préfet déclinatoire d'incompétence.

La cour; — Sur le déclinatoire proposé par M. le préfet de la Haute-Garonne, et l'appel relevé par la compagnie des chemins de fer du Midi contre le jugement rendu, le 29 mars 1882, par le tribunal de Muret : — Attendu que l'art. 10 de la convention du 2 nov. 1880, conclue entre le ministre des postes et des télégraphes et les compagnies de chemins de fer, dispose : « Toutes les contestations auxquelles pourraient donner lieu, entre l'Administration, les compagnies et les tiers, l'exécution et l'interprétation de la présente convention, seront jugées par les tribunaux administratifs »; — Attendu que cette convention a été approuvée par la loi du 3 mars 1881, et a acquis force de loi; — Attendu que ce texte est précis et explicite, et que la généralité de ses termes exclut toute interprétation restrictive; qu'on objecte cependant que l'art. 10 n'attribue la connaissance de ces contestations à la juridiction administrative que lorsque l'Etat y est intéressé; qu'il laisse sous l'empire du droit commun les contestations auxquelles l'Etat est étranger, et notamment celles qui se meuvent entre les compagnies et les tiers, de telle sorte que l'art. 10 n'aurait fait que reproduire les règles de compétence admises en matière de chemin de fer, savoir : la compétence de la juridiction administrative pour connaître des contestations entre l'Administration et les compagnies, et la compétence de la juridiction ordinaire pour statuer entre les compagnies et les tiers sur l'application et l'interprétation du cahier des charges, qui constituent des actes législatifs; — Attendu que cette interprétation est contraire à la lettre de l'art. 10; que ce contrat administrative établie par cet article s'applique à trois catégories de personnes, l'Etat, les compagnies et les tiers; que, pour plier le texte de cet article à l'interprétation proposée, il faudrait supprimer le mot *tiers*, ou dire, ce qui au fond serait la même chose, que les tiers dont parle cet article sont, non le public proprement dit, mais les agents de la compagnie; — Attendu que les agents de la compagnie ne font avec elle qu'une seule et même personne, et qu'elle les représente en justice; que le mot

tiers de l'art. 10 ne peut désigner ces intermédiaires, employés par les compagnies pour le factage ou autres opérations analogues; que ces agents n'ont pas qualité pour figurer en leur nom personnel dans les contestations entre les compagnies et l'Etat; que leurs agissements sont des actes dont les compagnies répondent en justice, et que la loi du 3 mars 1881 n'a pas eu à organiser une compétence spéciale pour les faits émanés des employés des compagnies; que les tiers désignés par l'art. 10 sont les expéditeurs ou les destinataires; que la convention du 2 nov. 1880 a pu les désigner exactement sous le nom de tiers, puisqu'ils ne figuraient pas dans cette convention, où les seules parties stipulantes étaient les compagnies et l'Etat; — Attendu qu'une autre objection est empruntée à la rédaction de l'art. 10, en ce qu'il parle des tribunaux administratifs, sans spécifier la juridiction administrative compétente, et que les juges du droit commun en matière administrative sont les ministres, les conseils de préfecture ne pouvant connaître que des litiges pour lesquels la compétence leur est attribuée par une disposition spéciale de la loi; — Attendu que la juridiction administrative établie par l'art. 10 ne désigne pas exclusivement un tribunal administratif composé de plusieurs juges; qu'elle comprend aussi la juridiction des ministres jugeant seuls et sans débats; qu'au surplus cette juridiction est collective au moins au second degré, puisque les décisions ministérielles sont susceptibles d'un recours devant le conseil d'Etat; que la juridiction du ministre, qui s'exerce sans frais, convient à des contestations dont l'intérêt ne peut jamais dépasser 15 fr.; — Attendu que le moyen pris de ce que le fait imputé à la compagnie constituerait une faute de droit commun et un quasi-délit ne peut modifier la règle de compétence établie, alors qu'il est constant que ce quasi-délit s'est produit dans l'exécution du service des colis postaux; — Attendu que le sens littéral de l'art. 10, tel qu'il vient d'être défini, est conforme aux principes généraux du droit en cette matière et à l'esprit de la loi; — Attendu qu'en règle générale les tribunaux ordinaires statuent sur les difficultés résultant des rapports entre les compagnies et les tiers, que les compagnies de chemins de fer sont des commerçants, et que le contrat de transport est de la compétence de la juridiction consulaire; Mais attendu que le transport des colis postaux moyennant un prix minime, et qui n'est pas une rémunération réelle du service rendu, ne peut être assimilé à un fait d'exploitation commerciale; que le service des colis postaux a été organisé dans un but d'intérêt général et public, et que les compagnies se sont chargées d'un service qui rentrait dans les attributions de l'administration des Postes; que, le 3 nov. 1880, la France a conclu avec diverses puissances une convention pour le transport des petits colis, en attribuant à ce transport les avantages attachés aux services postaux; que l'administration des Postes, ne pouvant se charger du service des petits colis, parce qu'elle n'avait, ni un service de messageries pour transporter aux gares les colis nombreux qui lui seraient remis, ni un factage organisé pour les distribuer aux destinataires, a dû, conformément à la faculté réservée par l'art. 1 du protocole final de la convention du 3 nov. 1880, traiter avec les entreprises de chemins de fer et de navigation pour le transport de ces colis; que l'art. 1 du protocole final de la convention du 3 nov. 1880, qui est devenu la loi du 3 mars 1881, déclare que les compagnies sont substituées aux obligations et aux avantages résultant pour le gouvernement français de cette convention; que les principaux avantages stipulés par le Gouvernement consistent dans la limitation de sa responsabilité à une somme de 15 fr., au cas de perte du colis postaux, et dans l'attribution de compétence aux tribunaux administratifs pour apprécier les faits se rattachant au transport de ces colis; que les compagnies, en leur qualité d'entrepreneurs de transports et de commerçants, sont soumises, au cas de perte, à une responsabilité indéfinie, tandis qu'au cas de perte d'un colis postal, elles jouissent du privilège de la responsabilité limitée que l'Etat s'est réservé; qu'elles ne profitent de ce privilège exclusivement réservé à l'Etat que parce qu'elles ont été substituées au Gouvernement dans un service public; que c'est en la même qualité et pour la même cause qu'elles doivent bénéficier de la juridiction administrative; que c'est dans ces conditions, et en particulier sous la condition stipulée à l'art. 10, qu'elles ont consenti à se substituer à l'Etat; que le service des colis postaux est exécuté par les compagnies au nom et sous le contrôle de l'administration des Postes; qu'en réalité, elles font l'office de cette Administration; que le sens naturel et logique de l'art. 10,

1. 97. V. aussi, dans le même sens, Paris, 27 août 1884 (1).

139. Cette jurisprudence donne matière à de sérieuses critiques (V. la dissertation en note sous Civ rej. 11 févr. 1884, D. P. 84. 1. 97); néanmoins elle semble définitivement établie. D'ailleurs, l'art. 17 de la convention du 15 janv. 1892, reproduisant la disposition de l'art. 10 de la convention du 2 nov. 1880 et la discussion de la loi du 12 avr. 1892 qui a approuvé cette convention (D. P. 92. 4. 44) n'ayant donné lieu à aucune observation sur ce point, il semble qu'elle ait reçu l'approbation tacite du législateur. On doit donc admettre, comme étant de jurisprudence, que le transport des colis postaux, quel que soit le mode d'exécution adopté, reste un service essentiellement postal, et, dès lors, exclusivement administratif, et que la juridiction administrative est seule compétente, à l'exclusion de l'autorité judiciaire, pour statuer sur toutes les contestations auxquelles peuvent donner lieu ces transports, sans qu'il y ait à distinguer si l'Administration est en cause, ou si le différend s'élève exclusivement entre les compagnies qu'elle s'est substituées et des tiers.

140. L'art. 10 de la convention du 2 nov. 1880, aussi bien que l'art. 17 de la convention du 15 janv. 1892, ne désignant pas les tribunaux administratifs compétents, il restait à savoir si c'était le conseil de préfecture ou le ministre du département auquel ressortissent les postes et télégraphes. La question a été tranchée dans ce dernier sens par un arrêt du conseil d'État du 20 févr. 1891 (aff. Salles, D. P. 91. 3. 34). Le conseil a fait à la matière application du principe suivant lequel les conseils de préfecture n'ont compétence que pour les matières qui leur sont attribuées par la loi (V. *suprà*, v° *Compétence administrative*, n° 353 ; Cons. préf. Seine, 11 juin 1879, D. P. 79. 3. 70 ; Aucoc, *Conférences sur le droit administratif*, 3e éd., t. 1, n° 281 ; Ducrocq. *Cours de droit administratif*, 6e éd , t. 1, n° 298, p. 278 ; Dufour, *Traité général de droit administratif*. 2e éd., t. 2, n°s 9 et suiv.). Les conventions du 2 nov. 1880 et du 15 janv. 1892, concernant le transport des colis postaux, se bornent à dire que « toutes les contestations, auxquelles pourraient donner lieu, entre l'Administration, les compagnies et les tiers, l'exécution et l'interprétation de la convention, seront jugées par les tribunaux administratifs », et ne font aucune attribution de ces litiges aux conseils de préfecture (V. en ce sens, les conclusions de M. Valabrègue, D. P. 92. 4. 44, note ; Picard, *Traité des chemins de fer*, t. 4, p. 1027).

§ 9. — **Caisse nationale d'épargne.**

141. V. *suprà*, v° *Caisse d'épargne.*

ART. 3. — FRANCHISES POSTALES (*Rép.* v° *Postes*, n° 48).

142. De même qu'au *Répertoire*, on n'entrera pas ici dans le détail des franchises postales. De nombreux décrets, qu'on trouvera au tableau de la législation (V. *suprà*, p. 72 et suiv.), ont déterminé les fonctionnaires et les catégories de fonctionnaires qui ont, entre eux, la franchise postale. Les correspondances de ces fonctionnaires sont expédiées sous leur contreseing, sous bandes la plupart du temps et, dans certains cas, sous plis clos lorsque la nature des correspondances rend cette mesure nécessaire. Un décret du 1er déc. 1888 (D. P. 89. 4. 54) autorise toutefois les fonctionnaires publics, à titre facultatif, à faire emploi, pour leur correspondance officielle expédiée en franchise, de cartes simples destinées à circuler à découvert et fabriquées ou fournies par les divers départements ministériels ou par les fonctionnaires eux-mêmes. Le *recto* de ces cartes est réservé à l'adresse du destinataire, au contreseing du fonctionnaire expéditeur et, au besoin, à la désignation du service ou de l'administration auxquels appartient le contresignataire. Le *verso* est destiné à recevoir la correspondance officielle. Il est interdit de joindre, attacher ou coller à ces cartes aucune pièce ou aucun objet quelconque ; sinon la carte est passible de la taxe des lettres ordinaires. Ces cartes sont, en outre, soumises à toutes les conditions imposées par l'ordonnance du 17 nov. 1844 qui ne sont pas contraires aux dispositions du décret.

143. Les franchises postales ne sont attribuées aux fonctionnaires qu'à l'égard de certaines personnes. D'après l'ordonnance du 17 nov. 1844 (D. P. 45. 3. 10), qui régit les franchises postales, un certain nombre de fonctionnaires peuvent recevoir en exemption de port, et sans qu'elles aient été contresignées par un autre fonctionnaire, les correspondances relatives au service expédiées d'un point quelconque du territoire de la république ou d'une partie déterminée de ce territoire. Cette franchise s'appelle la franchise *illimitée à la réception*. Elle a pour objet de permettre aux représentants les plus élevés de l'État de recevoir librement tout avis, renseignements, propositions, réclamations même, pouvant intéresser le service public et le Gouvernement ; cette franchise était commandée par un intérêt d'ordre supérieur. — Mais les fonctionnaires qui reçoivent ainsi toutes correspondances en franchise, en raison de leur qualité et sans condition de contreseing, ne peuvent pas se borner à contresigner, pour les affranchir, les lettres qu'ils adressent à l'occasion de faits de service, à toutes personnes indistinctement ; ils n'ont cette faculté que vis-à-vis d'un certain nombre de fonctionnaires publics. Les lettres de réponse étaient, avant la loi du 29 mars 1889 (D. P. 90. 4. 59) assujetties à la taxe ordinaire des lettres, soit 15 centimes par 15 grammes pour les lettres affranchies et 30 centimes par 15 grammes pour les lettres non affranchies. Comme les fonctionnaires expéditeurs ne sont généralement pas pour-

---

c'est qu'elles doivent être soumises à la même juridiction à laquelle serait soumise l'administration des Postes, si elle n'avait pas délégué ce service ; que l'esprit comme la lettre de la loi du 3 mars 1881 démontrent la compétence exclusive des tribunaux administratifs pour connaître des faits relatifs au transport des colis postaux ; — Par ces motifs, etc.

Du 16 avr. 1883.-C. de Toulouse, 1re ch. MM. de Saint-Gressé, 1er pr.-Delmas, av. gén.-Pujos et Passerie, av.

(1) (Chemin de fer de l'Est C. Crévilier.) — Sur l'appel par la compagnie de l'Est du jugement du tribunal de Nogent-sur-Seine, rapporté D. P. 82. 3. 47 et le déclinatoire de M. le préfet de la Seine, la cour, statuant par défaut faute de comparaître de la dame Crévillier, a rendu un arrêt infirmatif ainsi conçu :

LA COUR ; — Considérant que la dame Crévillier, dûment autorisée, a cité devant le tribunal de Nogent-sur-Seine, jugeant commercialement, la compagnie des chemins de fer de l'Est, à l'effet d'obtenir la réparation du préjudice résultant de la perte d'un colis postal livré à ladite compagnie en gare de Nogent-sur-Seine, pour être transmis en gare de Beauvais (Oise), à l'adresse d'un sieur Boubé ; — Considérant que la compagnie de l'Est a opposé à cette demande une exception d'incompétence, en soutenant que la juridiction administrative était seule compétente pour connaître du litige ; qu'elle invoque les termes de la convention du 2 nov. 1880, sur le transport des colis postaux, approuvée par l'art. 2 de la loi du 3 mars 1881, et passée entre l'État et les compagnies de chemins de fer ; que l'art. 10 de ladite convention est ainsi conçu : « Toutes les contestations auxquelles pourraient donner lieu entre l'Administration, les compagnies et les tiers, l'exécution et l'interprétation de la pré-

sente convention, ainsi que la convention internationale et du règlement d'exécution auquel elle se réfère, seront jugées par les tribunaux administratifs » ; — Considérant qu'il s'agit ici d'un service postal essentiellement administratif, soumis à des règles particulières par la convention précitée, et que les compagnies de chemins de fer, substituées aux droits et obligations du gouvernement français, ne sont chargées de ce service que sous le contrôle et la responsabilité de l'administration des Postes ; qu'il importe peu qu'en règle générale les rapports entre le concessionnaire substitué à l'État et le public, à raison de l'exploitation de la concession, soient jugés par les tribunaux ordinaires ; que, pour le transport des colis postaux, la juridiction administrative a été expressément réservée, et que cette disposition formelle et sans restriction aucune s'applique, non seulement aux contestations dans lesquelles l'Administration est partie, mais encore à celles qui peuvent s'élever entre les compagnies, substituées à l'Administration, et les tiers, pour tout ce qui concerne le service du transport des colis postaux ; — Considérant que la convention du 2 nov. 1880 impose en définitive aux compagnies un service postal, avec abaissement de tarif, exclusif de toute idée de spéculation commerciale, et qu'il est rationnel que celles-ci puissent se prévaloir, comme l'État lui-même, du bénéfice d'une juridiction plus expéditive et moins dispendieuse que celles des tribunaux ordinaires, alors surtout qu'aux termes de l'art. 3 de la loi du 3 mars 1881 et de l'art. 70 du décret du 17 avr. 1881, l'indemnité pour l'avarie ou la perte d'un colis postal ne peut dépasser la somme de 16 fr.;

Par ces motifs, etc.

Du 27 août 1884.-C. de Paris, 1re ch.-MM. le conseiller Villedieu, pr.-Symonet, subst.-Jaquemin, av.

vus de crédits spéciaux pour ces frais de correspondance, les lettres sont le plus souvent expédiées sans affranchissement ; les destinataires avaient donc à payer, au minimum, une taxe de 30 centimes pour la lettre qu'ils recevaient d'un ministère ou d'une grande administration de l'Etat. Il en était résulté de nombreuses plaintes, d'autant plus fondées que l'affranchissement des lettres est chose passée dans les mœurs ; il était étrange que l'Etat seul, dans ses rapports avec les particuliers, ne se conformât pas à cette habitude et imposât aux personnes auxquelles il écrivait une dépense double de celle qu'il aurait à supporter lui-même s'il affranchissait. La loi du 29 mars 1889 (D. P. 90. 4. 50) a fait cesser cette anomalie ; elle dispose que la taxe des objets de correspondance non affranchis, exclusivement relatifs au service public, provenant de certains fonctionnaires et adressés avec leur contreseing à des personnes vis-à-vis desquelles ces fonctionnaires n'ont pas de droit de franchise postale, est égale à la taxe d'affranchissement préalable dont lesdits objets étaient passibles. Cette taxe reste à la charge des destinataires. Un décret du 16 avr. 1889 (D. P. 90. 4. 59) a désigné les fonctionnaires dont la correspondance serait assujettie à la taxe de la loi du 29 mars 1889. — V. également Décr. 16 mai 1889 (D. P. 90. 4. 64).

144. Pendant la guerre de 1870, une loi du 24 juill. 1870 (D. P. 70. 4. 75) avait accordé aux lettres à destination des militaires faisant partie des corps d'armée de terre ou de mer en campagne, ainsi qu'aux lettres envoyées de ces corps d'armée, la franchise postale ; la même loi exemptait également des frais de poste et timbre les mandats envoyés aux militaires faisant partie des corps d'armée en campagne, jusqu'à la somme de 50 francs. Ces mesures, limitées à la durée de la guerre, ont été rendues permanentes par une loi du 30 mai 1871 (D. P. 71. 4. 96) et s'appliquent maintenant à tous les cas de guerre. En outre, la loi du 30 mai 1871 dispose (art. 2) que la franchise des lettres sera maintenue, même après la fin de la campagne, pour les lettres à destination des militaires ou marins blessés ou malades, pendant tout le temps qu'ils demeureront dans les hôpitaux ou ambulances, et pour les lettres qu'ils expédieront de ces hôpitaux et ambulances.

145. Les difficultés auxquelles peut donner lieu le droit de franchise des correspondances sont du ressort des tribunaux de l'ordre judiciaire : que le litige se produise sous forme d'un procès-verbal de contravention, ou sous forme d'une action en répétition de taxe indûment perçue, l'autorité judiciaire est seule compétente, en vertu de l'art. 3 du titre final du décret du 26 août 1790, dont les termes comprennent, d'une manière générale, toute contestation qui peut s'élever « à l'occasion de l'exécution des décrets, des tarifs de perception et des recouvrements ». Spécialement, la décision par laquelle le ministre approuve le refus des agents des postes d'admettre en franchise certaines correspondances ne peut être déférée par la voie contentieuse au conseil d'Etat (Cons. d'Etat, 16 janv. 1874, aff. Evêque de Rodez, D. P. 75. 3. 5).

ART. 4. — *Immixtion dans le transport des lettres.*

§ 1er. — Caractères de cette infraction, cas dans lesquels elle a lieu (*Rép.* v° *Postes*, nos 49 à 81).

146. L'administration des Postes est investie, ainsi qu'on l'a exposé au *Rép.* v° *Postes*, nos 49 et suiv., du monopole du transport des lettres. Le monopole est absolu et le transport des lettres par un tiers constitue un délit. Les explications qui ont été fournies à cet égard par le *Répertoire* ont conservé toute leur valeur, et nous aurons simplement à signaler de nouvelles applications des règles que la jurisprudence a depuis longtemps dégagées.

147. La défense faite aux entrepreneurs de voitures libres de s'immiscer dans le transport des lettres, journaux, etc., s'applique à tous les papiers qui ne sont pas relatifs au service personnel de ces entrepreneurs ; de sorte qu'à l'exception des lettres de voiture accompagnant les marchandises transportées, des factures et des notes de commission, les correspondances transportées par les voituriers tombent sous l'application des lois qui constituent le monopole de l'administration des Postes. La disposition de l'art. 2 de l'arrêté de l'an 9, qui excepte de la prohibition les correspondances nécessaires au service des entreprises, est restrictive (*Rép.* nos 89 et suiv. ; 101 et suiv.), et ne saurait par conséquent, être étendue à la correspondance relative aux affaires privées des entrepreneurs (Crim. cass. 13 juill. 1876, aff. Allombert, D. P. 77. 1. 183). Ainsi, il y a contravention dans le fait, par un voiturier employé par un entrepreneur de transport, de porter à ce dernier une carte postale qui lui est parvenue dûment affranchie à son domicile, alors qu'il n'en est absent, et que cette carte a été confiée au voiturier sous enveloppe cachetée par la femme de l'entrepreneur, pour être remise à celui-ci, faute de pouvoir la lui réexpédier le même jour par la poste (Même arrêt).

148. La jurisprudence ne tient donc aucun compte de la circonstance que la lettre transportée en contravention aux lois sur la poste était parvenue à destination par la poste, bien qu'au premier abord cette circonstance paraisse exclure toute idée de délit, l'administration des Postes n'ayant pas été privée de la recette résultant du transport de la lettre. Il n'y a pas, en effet, à distinguer le transport des lettres cause ou non un préjudice à l'administration des Postes (*Rép.* v° *Postes*, n° 57), le préjudice résultant de l'atteinte portée au monopole par la circulation de la lettre en contravention à la loi. Il est à remarquer, d'ailleurs, que dans l'espèce sur laquelle a statué l'arrêt de la chambre criminelle cité *suprà*, n° 147, il s'agissait d'une carte postale qui ne pouvait circuler qu'à découvert et qui, réexpédiée sous enveloppe cachetée, devenait passible d'une taxe nouvelle (Arrêt sur renvoi, Dijon, 22 nov. 1876) (1).

149. L'Administration elle-même excepte de la prohibition les lettres qu'un particulier fait transporter par ses domestiques ou par un exprès (*Rép.* v° *Postes*, n° 72), et un

---

(1) (Allombert.) — LA COUR ; — Considérant que François Allombert, conducteur de roulage au service de Paul Bouvet, entrepreneur de transports de Champagnole à Saint-Laurent et à Morey, a reconnu devant le tribunal avoir transporté, le 13 nov. 1873, de Saint-Laurent à Morey, où il conduisait des marchandises, une carte postale arrivée le jour même de Saint-Laurent, domicile de son maître, et qu'à raison de l'urgence, la dame Bouvet lui avait confiée sous enveloppe cachetée, à l'adresse de son mari, à Morey, où celui-ci se trouvait momentanément ; — Considérant que cette lettre fut saisie parmi les papiers relatifs à son chargement, par les préposés de l'octroi de Morey, qui en dressèrent procès-verbal ; que Bouvet protesta immédiatement contre cette mesure ; mais que cette saisie opérée par des agents ayant qualité de saisir un voiturier, dans les perquisitions dans le cours d'un transport de marchandises effectué pour son compte, est régulière, et que la lettre saisie étant cachetée et d'ailleurs étrangère au chargement, était exclue de l'immunité accordée par l'art. 2 de l'arrêté du 27 prair. an 9, combiné avec les arrêtés du conseil des 18 juin et 29 nov. 1681 ; — Considérant que ces faits constituent donc de la part d'Allombert une immixtion illicite dans le transport des lettres dont le port est exclusivement confié à l'administration des Postes, et que Paul Bouvet, dont il est le préposé, en est personnellement responsable, le tout aux termes des art. 1,

5 et 9 de l'arrêté du 27 prair. an 9 ; — Considérant que les premiers juges ont renvoyé Allombert et Bouvet des poursuites dirigées contre eux, par le double motif que, s'agissant d'une missive qui avait acquitté la taxe postale, il n'y avait aucun préjudice pour le Trésor, et que son transport, effectué d'urgence, de particulier à particulier, pour un domestique muni d'une mission expresse, était autorisé par l'avis officiel du 26 avr. 1855 ; — Considérant, sur le premier moyen, que l'interdiction du transport des lettres au mépris du privilège de l'administration des Postes est absolue et n'autorise aucune distinction entre le cas où le Trésor éprouve un préjudice et les autres ; qu'il y a d'ailleurs nécessairement préjudice dans toute atteinte à son monopole, par l'effet d'une circulation de lettres interdite par la loi ; qu'enfin la carte postale saisie ne pouvait circuler qu'à découvert, et que, réexpédiée sous enveloppe cachetée à une autre destination, elle devenait évidemment passible d'une taxe nouvelle ; — Considérant, sur le second moyen, que si l'avis officiel de 1855 autorise les particuliers à se transmettre accidentellement des lettres par exprès ou domestique, la jurisprudence à laquelle on doit cette sage tolérance en exclut les entrepreneurs de roulage et leurs voituriers, que leur profession assujettit à des perquisitions constantes, et qui, pendant l'accomplissement de leur service, ne peuvent transporter que les papiers exclusivement relatifs à leur chargement et circulant à découvert ; qu'il

avis inséré au *Moniteur* du 26 avr. 1855 déclare que les lettres et paquets de papiers qu'un particulier expédie par son domestique ou un exprès sont admis exceptionnellement à circuler par une voie étrangère au service des postes.

Cette exception, aussi bien que celle qui a trait aux correspondances spéciales au service des voitures, ne doit pas être étendue. Il a été jugé que, hors le cas où un particulier expédie exceptionnellement et par exprès une lettre urgente, ou fait porter accidentellement ses lettres et papiers par son domestique, toute immixtion dans le transport des lettres constitue la contravention prévue et punie par les art. 1 et 5 de l'arrêté du 27 prair. an 9. Ainsi, l'individu qui, sans être attaché comme domestique au service d'une usine, fait tous les jours, entre plusieurs communes desservies par la poste, les commissions dont il est chargé par la société qui exploite cette usine et accidentellement par d'autres personnes, est passible, s'il a été trouvé porteur de lettres adressées par cette société à des tiers, des peines portées aux articles précités (Nancy, 11 nov. 1861, aff. Blatz, D. P. 62. 2. 25). Il résulte aussi des arrêts des 13 juill. et 22 nov. 1876 (V. *supra*, nos 147 et 148), que les conducteurs de voitures ne peuvent, dans le transport des correspondances personnelles aux entrepreneurs de voitures, être considérés comme les domestiques et préposés de ces entrepreneurs, lorsqu'ils ne sont pas chargés des lettres en vertu d'une délégation spéciale, mais accessoirement à leur service de conducteur...

150. Alors même qu'un individu pourrait être considéré comme un simple domestique, le fait relevé à sa charge n'en serait pas moins une contravention, dès l'instant qu'il constitue un service régulier et périodique de transport de dépêches organisé entre l'expéditeur et les destinataires, service qu'il est interdit aux particuliers d'organiser même à leur profit exclusif. Ainsi il a été jugé que l'individu, tel qu'un directeur d'agence, qui, pour recevoir sans frais les lettres de ses clients, a établi dans divers quartiers de Paris des boîtes à son nom, où il fait lever, à des heures régulières, par ses préposés, les lettres à son adresse qu'on vient y déposer, est avec raison poursuivi pour fait d'immixtion dans le service du transport des dépêches (Crim. rej. 11 juin 1869, aff. Moutier, D. P. 69. 1. 487). Il avait là, d'après l'arrêt, véritable création dans Paris, par une personne privée, d'un service particulier de petite poste pour le transport à son domicile des lettres qui lui étaient adressées par des tiers. Les lettres déposées dans les boîtes n'ont pas été considérées, soit par la cour de Paris dans l'arrêt attaqué du 17 févr. 1869, soit par la cour de cassation, comme la correspondance propre du propriétaire des boîtes, mais bien comme la correspondance des clients, correspondance qui ne pouvait être comprise, dès lors, dans l'exception acceptée par l'administration des Postes en faveur des domestiques et préposés de l'expéditeur.

151. Les correspondances que les particuliers peuvent faire transporter par leurs préposés et domestiques sans porter atteinte au privilège de la poste sont donc, d'après

la jurisprudence, celles-là seules qui émanent du maître ou commettant et les réponses à ces lettres. Il y a par suite violation du monopole de la poste dans le fait de faire recueillir et transporter à son domicile, par un domestique ou préposé, des lettres qui n'ont pas été provoquées et n'ont pas le caractère de réponse. Cependant, les lettres remises dans un bureau succursale d'une société, comme il en existe beaucoup à Paris, semblent devoir être susceptibles d'être transportées de ces bureaux au siège social par des agents étrangers au service des postes. C'est du moins ce que l'arrêt de la chambre criminelle du 11 juin 1869 paraît avoir implicitement admis, et ce qui, dans tous les cas, paraît devoir l'être pour Paris, les lettres étant entrées en possession du destinataire par la remise à la succursale. On sait, en effet, que la disposition finale de l'art. 7 de la déclaration du 8 juin 1759 autorise les particuliers à faire porter leurs lettres dans la ville et les faubourgs de Paris par telles personnes qu'ils jugent à propos; et la seule condition à laquelle ce droit peut être subordonné est évidemment que la lettre soit la propriété de celui qui la fait transporter.

152. On a vu au *Rép.* vo *Postes*, no 54, que la prohibition de s'immiscer dans le transport des lettres s'applique au transport des correspondances venant de l'étranger, et que la contravention existe alors même que le porteur de la lettre n'est pas arrivé au premier bureau de poste français. Suivant un arrêt, cette règle est applicable alors même que la lettre serait revêtue d'un timbre-poste français, s'il existe entre la France et le pays voisin un traité pour l'échange des lettres (Crim. cass. 9 avr. 1857, aff. Roos, D. P. 57. 1. 234), c'est-à-dire lorsque l'administration des Postes de France participe au transport de ces correspondances jusqu'à l'extrême frontière. — Jugé également que le fait d'un homme de l'équipage d'un navire affecté au service postal (sur lequel est placée une boîte aux lettres, et où fonctionne un bureau de poste dirigé par des employés de l'Administration), de s'être chargé d'apporter en France des lettres venant de l'étranger, et d'avoir tout au moins effectué ce transport dans la mer territoriale et dans le port de Marseille, où lesdites lettres ont été saisies par les agents de la douane, constitue le délit d'immixtion illicite dans le transport des dépêches (Crim. rej. 30 juill. 1869, aff. Joret de la Murie, D. P. 70. 1. 91).

§ 2. — Exceptions au privilège de l'administration des Postes *(Rép.* vo *Postes*, nos 82 à 111).

153. Les exceptions apportées à la prohibition prononcée par l'art. 1 de l'arrêté du 27 prair. an 9 et par l'art. 2 du même arrêté en faveur des sacs de procédure, des papiers uniquement relatifs au service personnel des entrepreneurs de voitures et des paquets au-dessus du poids de 1 kilogramme, ont été étendues par la loi du 6 avr. 1878 (D. P. 78. 4. 47). Aux termes de l'art. 8 de cette loi, les journaux, recueils, annales, mémoires et bulletins périodiques, ainsi que

est indifférent qu'Allombert ait été simultanément domestique et voiturier de Bouvet, puisque les prohibitions de la loi s'appliquent non seulement aux entrepreneurs, mais aussi à leurs valets et postillons; que, loin d'avoir reçu une mission spéciale pour le transport de la lettre saisie, l'inculpé n'en a été chargé, selon le jugement, qu'à l'occasion d'un convoi de plusieurs voitures de roulage qu'il se disposait à conduire de Saint-Laurent à Morey; — Qu'en vain Bouvet allègue pour la première fois, à l'audience, que ce n'est au contraire que pour utiliser le voyage d'Allombert, porteur de la dépêche, que la dame Bouvet le chargea accessoirement de conduire à Morey des marchandises qu'on n'expédie habituellement que le matin; — Qu'en admettant comme exactes ces explications de la dernière heure et qui sont inconciliables avec la déclaration d'Allombert devant les premiers juges, cette seconde mission n'en était pas moins incompatible avec la première; qu'en effet, la qualité de domestique une fois autorisée dans la personne du voiturier, deviendrait une source d'infractions au monopole de l'administration des Postes, puisque, affranchi comme domestique des conséquences des perquisitions effectuées sur sa personne comme voiturier, l'Administration resterait désarmée devant les contraventions les plus manifestes; — Que sans doute il ne ressort des faits justement signalés par le tribunal, que la contravention dont il s'agit a été commise de bonne foi et sous l'empire de la nécessité, mais

qu'on doit reconnaître qu'elle pouvait être évitée, si l'on eût ajourné le transport des marchandises pour se borner à celui de la dépêche; — Qu'en cette matière, la bonne foi n'est point admise comme un moyen de justification; que la loi permet seulement de l'accueillir comme élément d'atténuation, et qu'à ce titre il est équitable de faire à l'inculpé la plus large application de l'art. 8 du décret du 24 août 1848; — Par ces motifs, faisant droit à l'appel émis par le procureur général de la cour de Besançon du jugement rendu le 29 févr. 1876 par le tribunal de police correctionnelle de Saint-Claude, et dont la connaissance lui a été déférée par arrêt de la cour de cassation en date du 13 juill. 1876; — Émendant, met ce dont est appel à néant, et par nouveau jugement déclare François Allombert coupable de s'être, le 13 nov. 1875, en transportant de Saint-Laurent à Morey, une carte postale sous enveloppe cachetée à l'adresse de Paul Bouvet, immiscé dans le transport des lettres dont le port est exclusivement confié à l'administration des Postes aux lettres; — Dit que les circonstances de la cause autorisent à réduire dans la plus large mesure la peine encourue; et, pour réparation, condamne Allombert à 10 fr. d'amende, et en tous les dépens de première instance;

Déclare Bouvet civilement responsable.

Du 22 nov. 1876.–C. de Dijon, 3e ch.–MM. Julhiet, pr.–Cardot, av. gén.–L. Massin, av.

tous les imprimés, sont exceptés de la prohibition établie par l'art. 1ᵉʳ de l'arrêté du 27 prair. an 9, quel que soit leur poids, mais à la condition d'être expédiés soit sous bandes mobiles ou sous enveloppes ouvertes, soit en paquets non cachetés et faciles à vérifier. Cette législation libérale enlève tout intérêt à la controverse qui s'était élevée sur le point de savoir si les journaux et ouvrages périodiques pouvaient être transportés par une autre voie que celle de la poste, même en ballots et paquets de plus de 1 kilogramme. La négative avait été adoptée par un arrêt de la cour de Rouen (26 nov. 1855, aff. Comp. Les Jamelles, D. P. 56. 2. 116).

154. On a vu au *Rép.* vᵒ *Postes*, nᵒ 83, que l'administration des Postes et la jurisprudence étaient divisées sur le sens qu'il convient de donner aux expressions *sacs* ou *dossiers de procédure* employées par l'art. 2 de l'arrêté du 27 prair. an 9. Tandis que l'administration des Postes prétendait restreindre l'exception aux pièces relatives à la procédure suivie devant un tribunal, la jurisprudence donnait aux expressions contestées un sens extensif. Cependant, elle se montrait hésitante sur la véritable portée de ces expressions (*Rép.*, nᵒˢ 84 et suiv.); elle n'admettait pas, notamment, qu'un acte notarié destiné à recevoir les formalités hypothécaires pût être considéré comme un acte de procédure (*Rép.*, vᵒ *Postes*, nᵒ 85). Elle a, depuis lors, persisté dans cette interprétation (Metz, 8 févr. 1865, aff. Prieur, D. P. 65. 2. 45).

Cette solution paraît très rigoureuse. La loi prohibe le transport des lettres et papiers par les particuliers alors que ce transport est effectué et peut être effectué par l'administration des Postes. Mais cette prohibition, à notre avis, ne saurait s'appliquer au cas où le transport d'un acte notarié est effectué pour le soumettre aux formalités hypothécaires ou d'enregistrement, attendu qu'en pareil cas la mission confiée au voiturier ou messager est de celles que l'administration des Postes ne peut remplir et ne remplit pas. Le transport de l'acte est la conséquence nécessaire du mandat de le soumettre aux formalités hypothécaires, lesquelles ne peuvent être opérées sans qu'il soit transporté. Ce tranport ne doit pas être envisagé en lui-même, comme un acte isolé; ce n'est qu'une portion d'une opération complexe, que le moyen de remplir un mandat ayant un autre objet. Pour la transcription des actes, leur enregistrement ou les légalisations, l'emploi d'un intermédiaire est une nécessité pour certains officiers publics, et l'on ne saurait leur refuser cette faculté; le fait qu'ils se servent de l'intermédiaire d'un voiturier, c'est-à-dire d'une personne faisant un service régulier, ne saurait, suivant nous, constituer par lui-même la contravention. Il faudrait, semble-t-il, en dire autant des actes à légaliser. Il a été cependant jugé que des actes de décès, de naissance, de consentement à un mariage ne peuvent être considérés comme rentrant dans les exceptions prévues par l'art. 2 de l'arrêté du 27 prair. an 9 (Crim. cass. 20 mars 1858, aff. Maugras, D. P. 58. 1. 192).

155. Les sacs de procédure peuvent-ils comprendre, en dehors des pièces composant les dossiers, des lettres relatives à la procédure? La question a été diversement résolue. Suivant un arrêt (Colmar, 8 août 1855, aff. Jung, D. P. 56. 2. 211), une lettre contenant une explication ou proposition au sujet des frais (par exemple, de la part d'un huissier à un avoué), doit, quelque brève que soit d'ailleurs cette mention, être considérée comme une correspondance dont le transport rentre dans les attributions exclusives de la poste, qui ne peut comme une pure admini-stration, et pouvant être insérée dans un sac de pro-

cédure. Mais la cour de cassation a jugé qu'une lettre ouverte, trouvée dans un dossier de procédure qu'un avoué adressait à un confrère par une voie autre que la poste, pouvait avec raison, si elle avait exclusivement pour objet l'indication et la demande des frais faits dans la procédure et ne contenait d'ailleurs que des formules propres à ce genre d'écrits, être considérée comme un papier faisant partie du dossier, et non comme une correspondance privée qui y aurait été jointe illicitement pour être soustraite au transport par la poste (Crim. rej. 30 nov. 1855, aff. Richard et Ferrier, D. P. 56. 1. 45). — Il nous semble qu'il y a là une question de fait et que la solution doit dépendre de l'objet de la lettre. C'est en effet une règle générale, en matière de postes, que c'est au fond et non en la forme de l'écrit qu'il faut s'attacher pour en déterminer le caractère.

156. Les papiers et actes auxquels s'étend l'expression de *sacs de procédure*, employée par l'art. 2 de l'arrêté du 27 prair. an 9, peuvent-ils être expédiés sous couvertures ou enveloppes cachetées? La négative était généralement admise à l'époque de la publication du *Répertoire* (vᵒ *Postes*, nᵒ 87); mais la cour de cassation a admis, plus récemment (Crim. rej. 30 nov. 1855, aff. Bichard et Ferrier, D. P. 56. 1. 45), qu'il n'est pas nécessaire, pour que les papiers de procédure puissent être régulièrement envoyés par une autre voie que la poste, qu'ils soient non cachetés et ouverts, dès l'instant que la suscription du paquet cacheté en indique le contenu. En effet, le transport des sacs de procédure, autorisé pour la première fois par l'art. 4 de la loi du 29 août 1790 et ensuite par l'art. 2 de l'arrêté du 27 prair. an 9, n'a été soumis par aucune disposition à la condition, imposée par les arrêts du conseil du 18 juin et 29 nov. 1684 aux lettres de voitures et papiers relatifs au service personnel des entrepreneurs, d'être ouverts et non cachetés. La cour de cassation s'est fondée sur une autre considération. Si les lettres et paquets fermés tombent sous la prohibition générale, c'est la considération du secret des correspondances, qui ne permet pas la vérification de leur contenu en cours de transport. Or, lorsque les paquets ou enveloppes renfermant des sacs de procédure portent l'indication apparente de leur contenu, il y a, à la fois, invocation du bénéfice du transport libre et renonciation à l'inviolabilité du secret des correspondances: en pareil cas, la fermeture du paquet n'est plus à considérer que comme une garantie purement matérielle de la sûreté et de la conservation des procédures, et n'apporte aucun obstacle au complet et libre exercice du droit de contrôle et de vérification soit des agents ayant qualité pour verbaliser, soit de toute personne dont le fait du transport engagerait la responsabilité.

157. La seconde des exceptions prévues par l'art. 2 de l'arrêté du 27 prair. an 9 a trait aux papiers relatifs au service personnel des entrepreneurs de voitures. Nous n'avons sur ce point qu'à nous référer aux explications qui ont été fournies au *Rép.* vᵒ *Postes*, nᵒˢ 89 et suiv., d'autant plus que la jurisprudence a persisté, sous ce rapport, à interpréter l'art. 2 de l'arrêté du 27 prair. an 9, dans un sens restrictif (V. *suprà*, nᵒ 147, Crim. cass. 13 juill. 1876, aff. Allomberg, D. P. 77. 1. 183). Jugé, notamment, qu'on ne peut considérer comme rentrant dans l'exception prévue par l'art. 2 de l'arrêté de l'an 9 et applicable aux lettres de voiture et notes de commission, les notes adressées par un maître gantier à ses entrepreneurs de couture et leur indiquant les ouvrières auxquelles les peaux, confiées au voiturier porteur de la lettre, devraient être remises avec des observations sur la valeur du travail de chacune d'elles, etc. (Grenoble, 3 déc. 1865) (1). Et cette règle est

---

(1) (Villart.) — La cour; — Attendu qu'il est constaté par un procès-verbal régulier du 6 septembre dernier que, ledit jour, les employés de la poste ont saisi, sur la voiture du prévenu faisant un service de transport sur la ligne de Grenoble au Bourg-d'Oisans, et dans un colis fermé et adressé par Guillermain, de Grenoble, à Berlioux du Bourg-d'Oisans, cinq notes manuscrites annexées à différents paquets de gants, et indiquant avec le nom des ouvrières auxquelles elles devaient être remises par le des-tinataire, des observations plus ou moins détaillées sur les dé-fectuosités du travail fourni par chacune de ces ouvrières, les améliorations à y apporter etc.; que même, l'une de ces notes portait injonction, de ne plus remettre de gants à coudre à l'une de ces ouvrières dont le travail était jugé inacceptable; — Atten-

du que ces circonstances justifient pleinement l'appréciation des premiers juges qui ont considéré lesdites notes comme portant le caractère de lettres missives ou correspondances proprement dites, et ne rentrant point dans l'exception prévue par l'art. 2 de l'arrêté du 27 prair. an 7, comme papiers uniquement relatifs au service du voiturier; — Attendu qu'il importe peu que ces notes eussent été placées sous l'expédition dans un colis fermé dont le prévenu ne connaissait pas le contenu; qu'il s'agit, en effet, d'une simple contravention, dont le contrevenant ne sau-sait s'excuser par la bonne foi; que, d'autre part, il était dans le droit et le devoir du prévenu de se faire ouvrir la caisse, pour s'assurer qu'elle ne contenait aucun objet dont le transport fût illicite; que d'autre part encore l'admission d'une pareille excuse applicable même aux notes relatives à des envois antérieurs, qui constituent des papiers d'affaires et ne peuvent être transportés que par l'administration des Postes lorsque leur poids est inférieur à 1 kilogr. (Grenoble, 3 déc. 1865) (1).

§ 3. — Perquisitions, procès-verbaux, poursuites, compétence, peines, responsabilité (*Rép.* v° *Postes*, nᵒˢ 112 à 136).

158. L'art. 3 de l'arrêté du 27 prair. an 9 autorise, à l'effet de constater les infractions au monopole de l'administration des Postes, des perquisitions sur les messagers, piétons chargés de porter les dépêches, voituriers de messagerie, etc...La jurisprudence (*Rép.* v°*Postes*, nᵒˢ 112 et suiv.) a donné à cette disposition un sens extensif; elle l'applique à tous ceux qui, en raison de leur profession ou de leur commerce, font habituellement des transports d'un lieu à l'autre. C'est ainsi qu'un individu qui, dans ses courses quotidiennes entre des communes desservies par la poste, fait des commissions spécialement pour un établissement industriel et accidentellement pour d'autres personnes, et cela moyennant rétribution, appartient à la catégorie des piétons ou commissionnaires que la loi soumet à la visite de l'administration des Postes ou de la gendarmerie, pour permettre à celles-ci de s'assurer qu'ils ne transportent pas de lettres en fraude (Nancy, 11 nov. 1861, aff. Baltz, D. P. 62. 2. 35).

159. Le droit de faire les perquisitions ayant pour objet la découverte des contraventions aux lois sur le poste appartient, en vertu des dispositions de l'arrêté du 27 prair. an 9 et de la loi du 22 juin 1854, non seulement aux agents assermentés des postes, mais à tous les agents de l'autorité ayant qualité pour constater les délits et contraventions (*Rép.* v° *Postes*, n° 122). Mais les poursuites devant le tribunal correctionnel ne peuvent être exercées que par le procureur de la République (*Rép.* v° *Postes*, n° 124). C'est là une règle générale qui ne reçoit exception que lorsqu'il s'agit de contraventions aux lois sur le transport par la poste de valeurs déclarées (L. 4 juin 1859, art. 9, D. P. 59. 4. 58, et *suprà*, n° 42). Dans tout autre cas, l'administration des Postes saisit le procureur de la République et son rôle se borne à se porter partie civile : sa présence n'étant motivée que par la liquidation des frais et leur mode de recouvrement, elle est valablement représentée par le ministère public (Montpellier, 27 mars 1890, aff. Villa, D. P. 91. 1. 141). C'est également par l'intermédiaire du ministère public que l'administration des Postes peut interjeter appel des jugements rendus sur les poursuites qu'elle a provoquées (Même arrêt).

160. En matière d'immixtion dans le transport des correspondances, l'excuse tirée de la bonne foi n'est pas admise (*Rép.* v° *Postes*, n° 132; Dijon 22 nov. 1876, *suprà*, n° 148). Il n'y a donc pas lieu, en présence d'une con-

travention de cette nature, de tenir compte des mobiles qui ont dirigé l'auteur de cette contravention. Peu importe même que celui qui transporte des objets de correspondance réservés au monopole de la poste ait fait le transport sciemment ou à son insu ; le voiturier, notamment, dans la voiture duquel sont saisis des objets de correspondance renfermés dans les colis qu'il transporte, est passible des peines portées par les lois de la matière, alors même qu'il aurait ignoré que les colis renfermassent des correspondances prohibés (Grenoble 3 déc. 1865, *suprà*, n° 157).

161. La responsabilité des maîtres de poste et entrepreneurs de transport qui reçoivent des paquets contenant des lettres, établie par l'arrêté du 27 prair. an 9 (*Rép.* v°*Postes*, nᵒˢ 135 et suiv.) a été étendue par la jurisprudence aux capitaines des navires et aux chefs de gare des chemins de fer. Les capitaines de navires sont responsables des contraventions à l'arrêté du 27 prair. an 9 commises par les employés de leur bord (Aix, 12 févr. 1869, aff. Joret de la Marie, D. P. 74. 5. 381, et sur pourvoi, Crim. rej. 30 juill. 1869, D. P. 70. 1. 91). Les chefs de gare répondent également de l'immixtion dans le service des postes, résultant de l'inclusion de lettres dans les colis admis et chargés dans leur gare, bien qu'ils n'aient pris personnellement aucune part à cette infraction (Crim. cass. 5 mai 1835, D. P. 35. 1. 222; Ch. réun. cass. 28 févr. 1836, aff. Fournier D. P. 56. 1. 161 ; Crim. cass. 10 nov. 1864, aff. Recoud, D. P. 64. 1. 456 ; Ch. réun. cass. 4 janv. 1866, même affaire, D. P. 67. 1. 84). La jurisprudence n'admet pas que l'Administration doive, en pareil cas, se borner à poursuivre correctionnellement l'employé délinquant, et civilement la compagnie de chemin de fer, les chefs de gare, investis de la direction pleine et entière de la gare, étant, comme les entrepreneurs de transport, appelés à exercer l'autorité la plus absolue sur les employés dont tous les actes sont soumis à leur contrôle incessant. Mais lorsque, dans une gare de départ, les fonctions d'expéditeur sont confiées à un employé spécial, agissant sous la responsabilité personnelle de celui-ci, et non le chef de gare, qui doit être déclaré auteur de la contravention résultant de l'expédition d'un colis renfermant des papiers de la nature indiquée. Ainsi, dans les gares où il existe un employé spécial, qualifié de chef de la reconnaissance, ayant pour mission de recevoir tous les colis et d'en vérifier le contenu, c'est cet employé qui doit être poursuivi, et non le chef de gare (Crim. rej. 24 déc. 1864, aff. Colleche, D. P. 65. 1. 46).

162. Mais la contravention ne peut être mise à la charge d'un chef de gare ou chef de la reconnaissance autres que ceux de la gare expéditrice, auxquels seuls incombe la vérification du contenu des colis. Ainsi le chef d'une gare de chemin de fer, dans laquelle a été saisi un colis contenant des lettres et papiers, est à tort poursuivi comme auteur

<hr />

donnerait le moyen presque infaillible d'éluder la prohibition de la loi ; — Que l'ignorance ou la bonne foi dont excipe le prévenu ne pourrait tendre qu'à ménager, le cas échéant, un recours contre l'expéditeur ; — Confirme, etc,

Du 3 déc. 1865.-C. de Grenoble, ch. corr.-MM. Charmeil, pr.-d'Hector de Rochefontaine, av. gén.-Sistéron, av.

(1) (Bayard.) — Attendu que Joseph Bayard, prévenu, est entrepreneur d'une voiture publique, faisant un service périodique et régulier entre Grenoble et Bourg-d'Oisans pour le transport des voyageurs, effets et marchandises; que le 26 août dernier les employés de la poste saisirent dans cette voiture, au moment de son départ, un carnet qui se trouvait dans une caisse fermée et contenant en outre des gants coupés, et adressés, pour être cousus et confectionnés par la maison Calvat et Navizet de Grenoble à la demoiselle Peloux du Bourg-d'Oisans; — Attendu que le carnet saisi contient une correspondance suivie à des dates rapprochées, entre les expéditeurs et destinataires sus-nommés, commençant au 18 sept. 1863, finissant au 26 août 1864, et énonçant soit des états descriptifs de chaque envoi de gants à confectionner, et renvoi après confection, soit des observations ou réclamations sur le mode de confection, les difficultés, les prix de main-d'œuvre, l'urgence ou le retard des renvois, etc; qu'enfin, ce carnet annexé au dossier et mis sous les yeux de la cour, n'atteint pas évidemment le poids d'un kilogramme; — Attendu qu'en admettant avec les premiers juges que l'annotation du 26 août, inscrite sur le carnet dont il s'agit, rentrât dans l'exception au privilège de la poste, prévue par l'art. 2 de l'arrêté du 26 prair. an 9. et qu'il ne fût pas établi que le transport des

correspondances antérieures ait été effectué à leur dates par le prévenu, il n'en demeure pas moins constant qu'il le rapportait le 26 août pour les remettre à la destinataire, au Bourg-d'Oisans, avec l'annotation datée de ce dernier jour ; — Attendu, d'autre part, que si les états, notes, ou observations renfermées dans le carnet antérieures au 26 août n'avaient pas, à raison du défaut d'actualité, le caractère de lettres missives ou correspondances proprement dites, ils constituaient tout au moins des papiers d'affaires dont le poids ne dépassait pas un kilogramme, et dont le transport est réservé au service des postes par l'art. 1 de l'arrêté sus-énoncé; qu'on doit d'autant plus le décider ainsi, que ces papiers étaient d'une utilité incontestable aux expéditeurs et destinataires, notamment pour le règlement de leurs intérêts respectifs, ce qu'indique d'ailleurs le mode de transmission qu'ils avaient adopté pour assurer leur conservation; — Attendu qu'il importait peu que le carnet en question eût été placé par les expéditeurs dans la caisse fermée, et que le voiturier, ayant accepté la caisse sans la vérifier, eût ignoré qu'elle renfermât ce carnet; qu'en effet, il s'agit d'une contravention que la bonne foi du contrevenant ne saurait excuser, que, d'une part, il était dans le droit et le devoir du prévenu de faire ouvrir la caisse pour s'assurer qu'elle ne contenait aucun objet dont le transport fût illicite; que, d'autre part, l'admission d'une pareille excuse donnerait le moyen d'éluder la prohibition de la loi; — Que l'ignorance et la bonne foi dont excipe le prévenu ne pourraient tendre qu'à lui ménager, le cas échéant, un recours contre les expéditeurs ; — Par ces motifs, etc.

Du 3 déc. 1865.-C. de Grenoble, ch. corr.-MM. Charmeil, pr.-d'Hector de Rochefontaine, av. gén.

personnel de la contravention résultant du transport de ces lettres et papiers en violation des lois sur le service de la poste, s'il n'a fait que recevoir le colis expédié d'une autre gare et le conserver en entrepôt jusqu'au moment où il a été saisi (Crim. rej. 4 juin 1864, aff. Moutonnier, D. P. 64. 1. 456, 1re espèce).

163. La jurisprudence applique l'art. 9 de l'arrêté du 27 prair. an 9 non seulement aux chefs de gare et aux employés préposés à la reconnaissance, mais aussi aux compagnies elles-mêmes, qu'elle déclare pénalement responsables; celles-ci peuvent, en conséquence, être condamnées solidairement à l'amende, en la personne du directeur qui les représente; elles n'encourent pas seulement la responsabilité civile (Crim. rej. 24 déc. 1864, aff. Collache, D. P. 65. 1. 46). Mais il est nécessaire, pour qu'une condamnation puisse être prononcée contre la compagnie, qu'elle ait été mise en cause dans la personne de son représentant légal; l'assignation donnée au chef de gare ne suffirait pas à justifier une condamnation contre la compagnie dont cet agent n'est pas, à cet égard, le représentant (Crim. rej. 4 juin 1864, aff. Moutonnier, D. P. 64. 1. 456, 1re espèce).

164. Tout en déclarant pénalement responsables les voituriers, entrepreneurs, chef de gare, etc., de l'expédition de colis contenant des correspondances prohibées, la jurisprudence leur reconnaît le droit de recours contre les expéditeurs de ces colis, par la voie d'une action civile (Grenoble, 3 déc. 1865, supra, n° 157; Lyon, 6 mai 1876) (1).

Art. 5. — *Violation du secret des lettres*
(Rép. v° Postes, n°s 137 à 149).

165. Le secret des lettres confiées à la poste est garanti par les dispositions de l'art. 187 c. pén. (Rép. v° Postes, n° 137), qui punit toute suppression, toute ouverture de lettres confiées à la poste commise ou facilitée par un fonctionnaire ou un agent soit du Gouvernement, soit de l'administration des Postes, d'une amende de 16 à 500 fr. et d'un emprisonnement de trois mois à cinq ans, indépendamment de l'interdiction de toute fonction ou emploi public pendant cinq ans au moins et dix ans au plus. D'après l'opinion la plus généralement suivie (Rép. v° Postes, n° 138), cet article n'est pas applicable aux simples particuliers (supra, v° Lettre missive, n° 9). Mais, si les personnes privées qui se rendent coupables de suppression et d'ouverture de lettres confiées à la poste ne sont passibles d'aucune peine, cette immunité cesse lorsqu'elles coopèrent à l'un de ces actes commis par un fonctionnaire ou agent du Gouvernement ou de l'administration des Postes, c'est-à-dire lorsqu'elle se rendent complices du délit commis par un agent des postes ou du Gouvernement. Ainsi l'individu qui, par un des moyens énoncés en l'art. 60 c. pén., a provoqué un agent des postes à commettre le délit de suppression ou d'ouverture de correspondances doit être déclaré complice de ce délit et puni des peines portées par l'art. 187 c. pén. (Crim. rej. 9 janv. 1863, aff. Grégoire, D. P. 63. 1. 160). Et non seulement les peines d'amende et de prison prononcées par cet article lui sont

applicables, mais encore la peine de l'interdiction des fonctions publiques; bien que cette dernière peine atteigne plus directement les fonctionnaires ou agents en exercice au moment où ils ont commis le délit qu'une personne étrangère au service de l'Etat, il ne s'ensuit pas qu'elle ne puisse être prononcée pour l'avenir contre le coupable quel qu'il soit (Même arrêt).

166. L'art. 187 c. pén. est applicable aux employés, même auxiliaires, de l'administration des Postes et qui ont prêté serment en cette qualité (Rép. v° Postes, n° 140). Mais l'Administration n'emploie pas seulement des agents commissionnés et assermentés; dans certaines circonstances, elle emploie des auxiliaires qui ne reçoivent pas de commission écrite et ne prêtent pas serment; les receveurs sont, en effet, autorisés par des instructions ministérielles, en cas d'insuffisance de leur personnel, à s'aider d'agents auxiliaires assujettis aux mêmes devoirs que les agents titulaires et auxquels sont faites les mêmes recommandations de discrétion et de loyauté dans le service. La jurisprudence étend à ces auxiliaires l'application de l'art. 187 c. pén. Ainsi l'individu employé comme distributeur auxiliaire pour la distribution des bulletins, professions de foi et journaux confiés à la poste au moment d'une élection, est passible des peines portées par l'art. 187 c. pén., au cas de suppression de ces bulletins et journaux (Orléans, 24 avr. 1876, aff. X..., D. P. 77. 2. 28). Il en est de même d'un facteur provisoire, nommé ou accepté par le directeur de la poste en remplacement du titulaire empêché, pour toutes les soustractions et ouvertures des lettres qu'il commet pendant la durée de son service provisoire (Nîmes, 28 févr. 1856, aff. Aymard, D. P. 64. 2. 118). Il en est de même encore des courriers d'entreprise chargés d'effectuer le transport des dépêches d'un bureau à un autre bureau ou à une gare de chemin de fer, bien qu'ils ne prêtent généralement pas le serment professionnel (Poitiers, 1er déc. 1877, aff. Bonneau, D. P. 78. 2. 235). Qu'il s'agisse, en effet, d'employés titulaires ou d'auxiliaires ou de courriers d'entreprise, le public n'en a pas moins droit aux garanties que la loi assure au transport des correspondances; et l'on ne pourrait admettre qu'il fût permis à l'administration des Postes d'employer des agents dont elle serait seule à connaître le défaut de garanties. Comme l'a dit l'arrêt précité de la cour d'Orléans, il se forme entre l'Administration, qui choisit un agent et l'accrédite comme tel, et le public acceptant le service de cet agent, un contrat de bonne foi placé sous la protection de la loi pénale, que ni le défaut de commission, ni le défaut de serment, formalités qui dépendent de l'Administration, ne peuvent rendre inefficace (V. sur l'application de l'art. 187 c. pén. : Blanche, *Etudes pratiques sur le code pénal*, t. 1, n° 470; Chauveau et Faustin Hélie, *Théorie du code pénal*, 5e éd., t. 3, n° 887, p. 32).

167. La doctrine assimile à la suppression d'une lettre le fait calculé de la remise d'une lettre à un autre que le destinataire (Rép. n° 141; Rousseau, *Lettres missives et télégrammes*, 2e éd., n° 367). Il faut également assimiler à la suppression définitive, la suppression momentanée d'une lettre en vue d'en retarder la distribution (Poitiers, 1er déc. 1877,

---

(1) (X...) — La cour; — Considérant qu'aux termes de trois procès-verbaux dressés sous des 26 juill., 22 août et 11 sept. 1875, l'administration des Postes a constaté que des lettres et papiers écrits étaient renfermés dans des colis trouvés en expédition dans les services de la gare de Perrache; — Considérant que les faits relatés aux susdits procès-verbaux ont donné lieu à une poursuite correctionnelle dirigée contre Coussieu, chef de ladite gare; — Que, par jugement en date du 17 févr. 1875, devenu définitif, le tribunal a déclaré qu'ils constituaient autant de contraventions à l'arrêté du 27 prair. an 9, dont Coussieu était responsable; — Et que, par application soit de l'arrêté précité, soit du décret du 24 août 1848, il a condamné ledit Coussieu à 16 fr. d'amende pour chacune des contraventions retenues et aux dépens; — Considérant qu'en suite desdites condamnations, Coussieu a été contraint de payer à l'administration des Postes la somme de 94 fr. 75 cent.; — Considérant que Coussieu a ainsi éprouvé un préjudice, un dommage, dont il est en droit de demander la réparation à celui par la faute duquel il est arrivé (c. civ. art. 1382); — Considérant, en fait, que les colis visités par l'administration des Postes ont été remis à la gare par Marcet; — Et qu'il est constant, comme il le reconnaît du reste, que c'est lui qui a inséré les lettres et papiers saisis; — Consi-

dérant que Marcet a, vis-à-vis de Coussieu, à s'imputer la faute d'avoir mis à sa charge et placé sous sa responsabilité, sans l'avoir préalablement prévenu, des colis contenant insérés les lettres ou papiers écrits dont l'envoi, ainsi pratiqué, constituait des contraventions au sujet desquelles il a éprouvé un préjudice; — Que cette faute l'oblige et qu'il doit être tenu de réparer le préjudice qui en a été la conséquence; — Considérant que, dans l'espèce, il n'est résulté pour Coussieu aucun dommage moral par suite de la condamnation prononcée contre lui, qu'elle n'a entaché ni son honneur ni sa dignité; — Et que les dommages-intérêts qui doivent lui être alloués ne peuvent être que la représentation de la somme qu'il a eu à débourser, en y ajoutant les dommages matériels que la cour apprécie à la somme de 100 fr.;

Par ces motifs; — Réformant le jugement dont est appel, qui est mis à néant : — Condamne Marcet à payer à Coussieu, à titre de dommages-intérêts et pour réparation du préjudice qu'il lui a fait éprouver par ses agissements qui l'obligent envers lui, la somme de 194 fr. 75 cent., avec intérêts à partir du jour du jugement.

Du 6 mai 1876.-C. de Lyon, 2e ch.-MM. Verne de Bachelard, pr.-D'Alverny, subst.-Devilleneuve et Harent, av.

aff. Bonneau, D. P. 78. 2. 235) ;... alors même que l'agent n'aurait conservé la lettre que pendant un temps relativement court, dès qu'il ne l'a pas fait parvenir au destinataire dans le délai normal (Limoges, 6 juin 1884, aff. Létang, D. P. 84. 2. 152). L'art. 187, en effet, n'a pas seulement pour objet d'assurer le secret et la conservation des correspondances, mais aussi leur remise exacte et immédiate aux destinataires. Le délit de suppression se réalise donc lorsque, sans s'approprier les lettres et leur contenu, les agents, par simple abus d'autorité, s'abstiennent volontairement de transmettre les lettres aux destinataires, soit qu'ils en retardent l'envoi, même en leur donnant une fausse destination, soit qu'ils les jettent au rebut ou les détruisent. Il y a donc à la fois délit de suppression et violation des lettres dans le fait d'un agent qui ouvre des correspondances et met obstacle à ce que certaines d'entre elles parviennent à leurs destinataires (V. Crim. rej. 9 août 1889, aff. Sajous, D. P. 89. 5. 368).

168. Le respect dû au secret des correspondances permet-il à l'Administration de faire procéder ou d'exiger qu'il soit procédé à l'ouverture d'une lettre non chargée et contenant ou présumée contenir des valeurs au porteur? Dans la discussion de la loi du 4 juin 1859 (D. P. 59. 4. 58. V. rapport n° 9), il a été déclaré que l'Administration n'aurait pas la faculté d'exiger la vérification du contenu des lettres et de procéder à leur ouverture pour rechercher les contraventions. Ce n'est donc qu'autant qu'une circonstance fortuite lui permet de constater la contravention, comme lorsqu'une lettre est tombée en rebut et ouverte, qu'elle peut en fournir la preuve. Cependant on admet que, si une lettre a été ouverte du consentement et en présence du destinataire, le procès-verbal dans lequel un agent de l'administration des Postes dénonce l'envoi irrégulier d'une valeur au porteur, ne porte pas atteinte au secret des lettres et peut être admis en justice (Crim. rej. 15 juill. 1869, aff. Peltier, D. P. 70. 1. 137). C'est l'application à la matière du principe admis en matière de perquisitions domiciliaires, d'après lequel le consentement de l'intéressé couvre le vice qui résulterait de l'absence d'un ordre de justice ou du défaut de présence d'un magistrat à l'opération (*Rép.* v° *Procès-verbal,* n° 59).

169. Le principe de l'inviolabilité du secret des lettres ne protège pas seulement les correspondances closes, mais aussi celles qui circulent à découvert, c'est-à-dire les cartes postales. La question a été résolue, dès le début, par une décision ministérielle du 15 févr. 1873 (D. P. 74. 3. 87), rendue au point de savoir si l'art. 729 de l'instruction générale qui prescrit de faire tomber en rebut les lettres portant sur la suscription des expressions injurieuses ou des menaces, était applicable aux cartes postales contenant, au verso réservé à la correspondance, des inscriptions ayant le même caractère. D'après cette décision, le principe de l'inviolabilité de la correspondance ne permet pas aux agents des postes de prendre connaissance des inscriptions portées au verso des cartes postales, et n'ayant point compétence pour apprécier la nature de ces inscriptions, ils ne peuvent faire tomber en rebut les cartes postales renfermant des expressions injurieuses ou des menaces, comme les règlements leur prescrivent de le faire à l'égard des lettres portant des inscriptions de ce genre sur la suscription ;... Ni, par suite, constater les contraventions à la loi sur le timbre des quittances que les cartes postales peuvent présenter dans leur contenu. L'art. 84 de l'instruction générale qui punit de révocation, sans préjudice des poursuites judiciaires, le fait

de violation du secret des correspondances, atteint donc tout fait d'indiscrétion commis à l'occasion des cartes postales (Décision précitée du 15 févr. 1873).

170. Mais il est à remarquer que le fait de prendre connaissance du contenu d'une correspondance écrite au verso d'une carte postale ne constitue pas le délit d'ouverture de lettres prévu par l'art. 187 c. pén.; les cartes postales étant destinées à circuler à découvert et ne pouvant être placées sous scellés ou sous enveloppe (Crim. cass. 21 nov. 1874, aff. Gauvain, D. P. 75. 1. 234). L'agent des postes qui prend connaissance du texte d'une carte postale ne peut donc être poursuivi en vertu de l'art. 187 c. pén. Mais il est passible des peines portées par l'art. 378 c. pén. contre la révélation des secrets professionnels, alors qu'il a révélé le contenu de la carte postale, même à une seule personne (Arrêt précité du 21 nov. 1874, D. P. 75. 1. 234). Dès lors, le fait d'un agent de l'administration des Postes de lire à haute voix dans son bureau, devant plusieurs personnes, une carte postale et d'en prendre copie, constitue le délit de révélation d'un secret professionnel, puni par l'art. 378 c. pén.

171. Il n'y a pas non plus violation du secret des lettres dans le fait d'ouvrir et de prendre connaissance du contenu d'un imprimé ou d'un objet admis à circuler au tarif réduit sous la condition de n'être pas cacheté et de pouvoir, par conséquent, être susceptible d'être ouvert et vérifié par les agents des postes. Spécialement, il n'y a pas violation du secret des lettres, puni par l'art. 187 c. pén., dans le fait d'un facteur d'ouvrir un paquet d'affiches (Crim. cass. 21 nov. 1874, et, sur renvoi, Rouen, 12 févr. 1875, D. P. 76. 5. 341; Caen, 20 déc. 1875) (1).

172. Si l'art. 187 c. pén. ne protège pas les cartes postales contre l'indiscrétion personnelle des agents des postes lorsqu'elle n'est pas accompagnée de la révélation de leur contenu, il les protège, au contraire, contre toute suppression. L'art. 187 s'applique, en effet, à tous les objets remis à la poste quelle qu'en soit la nature. On avait soutenu que le mot *lettres,* dans l'art. 187 c. pén., ne peut être entendu que dans son sens étroit; que cet article prévoit deux délits, celui d'ouverture et celui de détournement, en des termes qui impliquent que l'objet sur lequel portent ces deux délits est le même, et n'est autre que la lettre *cachetée,* la correspondance confidentielle. C'est ce que l'art. 638 c. brum. an 4 exprimait avec plus d'énergie, en disant : « Quiconque sera convaincu d'avoir volontairement et sciemment supprimé une lettre confiée à la poste, *ou* d'en avoir brisé le cachet et violé le secret, sera puni de la peine de la dégradation civique ». Les imprimés, disait-on, forment un article de poste tout à fait distinct des lettres : non seulement le taux d'affranchissement n'est pas le même, mais encore il est exigé, comme mode particulier d'expédition, qu'ils soient placés sous des bandes mobiles, de manière à ce qu'ils puissent facilement subir la vérification des agents de l'Administration. Il est un cas seulement où l'imprimé peut être considéré comme lettre, c'est le cas où il a été ajouté à son texte une indication présentant un intérêt individuel pour le destinataire, cas dans lequel le transport ne peut être effectué qu'au taux fixé pour le transport des lettres ordinaires (V. Dutruc, *Journ. du min. publ.* 1870, art. 1330; Morin, *Journ. du droit crim.,* 1870, art. 9036).

La jurisprudence n'est pas entrée dans cette voie. Elle a considéré avec raison que le mot *lettres* avait été inséré dans l'art. 187 c. pén. sans définition spéciale

---

(1) (Mauger.) — La cour; — Attendu que, sous le n° 11 de l'ordonnance du juge d'instruction, Mauger est déclaré prévenu d'avoir ouvert les lettres ou paquets contenant les affiches adressées par le sieur Frotté à l'instituteur Gautier, et dans lesquelles affiches se trouvaient des timbres-poste dont la soustraction fait l'objet du n° 10; — Attendu que l'art. 187 c. pén. ne punit l'ouverture des lettres qu'en vue de la violation du secret de leur contenu; — Attendu qu'il ne s'agit pas dans le cas actuel de lettres, mais simplement d'affiches placées sous bande conformément aux règlements; que ce mode de transmission est prescrit, non pour couvrir des secrets vis-à-vis de l'administration des Postes, mais tout au contraire pour la mettre à même de vérifier par ses employés, y compris les facteurs, le contenu du paquet, et s'il n'a pas été fait fraude aux règlements,

spécialement en y introduisant des lettres; — Attendu que, dans l'espèce, il est certain que Mauger savait que le paquet se composait uniquement d'affiches destinées à être placardées et des timbres qu'il convoitait;— Qu'il y a eu abus de sa fonction, mais non le délit d'ouverture de lettres réprimé par l'art. 187; qu'ainsi il doit être relaxé de ce chef de prévention; — Par ces motifs; — Réformant sur ce point l'ordonnance du juge d'instruction de Mortagne, dit que le fait par Mauger d'avoir enlevé momentanément de sous la bande les affiches qui s'y trouvaient ne constitue pas le délit de violation de lettre prévu par l'art. 187 c. pén., et le décharge, en conséquence, de la prévention relevée contre lui à cet égard sous le n° 11 de ladite ordonnance. Du 20 déc. 1875.-C. de Caen.-MM. Pellerin, pr.-Lebourg, subst.

restreigne le sens et la portée et que cette expression, employée dans un article de loi ayant pour objet de réprimer les abus d'autorité pouvant être commis par les agents d'une administration à qui appartient le monopole du transport des correspondances, doit être entendue dans son acception générale ; d'autant plus que ces abus d'autorité peuvent préjudicier aux expéditeurs ou aux destinataires. Enfin la poste est aussi bien liée, envers l'expéditeur, lorsqu'elle reçoit un objet qu'elle offre de transporter à prix réduit que lorsqu'elle s'engage au transport suivant le tarif ordinaire. Le facteur qui, pour s'éviter un supplément de courses, ou tout autre employé qui, pour diminuer son travail, supprime un objet confié à la poste, encourt donc les pénalités de l'art. 187, quel que soit cet objet (Crim. cass. 13 mai 1870, aff. Peltier, D. P. 70. 1. 281, et sur renvoi, Orléans, 5 juill. 1870, D. P. 70. 2. 173 ; Grenoble, 28 août 1873, aff. X..., D. P. 74. 2. 114 ; Orléans, 24 août 1876, aff. X..., D. P. 77. 2. 28).

173. La jurisprudence a persisté à appliquer non plus l'art. 187 c. pén., mais l'art. 173 du même code, au fait d'ouverture des correspondances pour s'en approprier le contenu (Rép., v° Postes, nos 134 et suiv. ; Paris, 8 nov. 1853, aff. Perrot, D. P. 54. 2. 17. V. également Crim. rej. 9 août 1889, aff. Sajous, D. P. 89. 5. 368, motifs). D'autre part, elle a appliqué de nouveau la disposition de l'art. 386 c. pén., § 3, n° 3, relative au vol des domestiques et serviteurs à gage (Rép. v° Postes, n° 145), à un gardien d'un bureau de la poste, chargé particulièrement d'un service intérieur de propreté et des soins à donner au chauffage et à l'éclairage du bureau, qui y a soustrait des sommes d'argent provenant des recettes ; et cela, bien qu'ayant été nommé par le directeur général des postes, il soit en cette qualité agent de l'Administration, qu'il n'ait été mis en jugement qu'en vertu d'une autorisation du directeur général, que l'argent volé appartînt à l'Etat, que la soustraction ait été commise pendant qu'il exerçait son emploi et dans le bureau même auquel il était attaché, et qu'il fût, à certains moments, préposé à la surveillance et à la garde de ce bureau (Crim. 1er févr. 1856, aff. Lasserre, D. P. 56. 1. 176). Mais il a été jugé qu'un employé de l'administration des Postes et Télégraphes qui soustrait un chargement dans un bureau auquel il n'est pas attaché et dans lequel il s'est introduit grâce à la complaisance d'un camarade, ne commet pas le crime puni par l'art. 173 c. pén., ni le délit prévu par l'art. 401 du même code, mais le crime prévu par les art. 254 et 255 c. pén. qui punissent les soustractions enlèvements ou destructions commis dans un dépôt public (Amiens, 22 juill. 1882) (1).

174. L'institution des maîtres de poste a à peu près disparu ; l'inutilité des relais est devenue, à mesure que les voies ferrées se sont développées, à peu près générale et, dès 1871, l'Administration a pris des mesures propres à en procurer l'abolition. Les questions que soulevait le privilège attribué aux maîtres de poste par les décrets du 24 juill.

(1) (J...). — Un employé de l'administration des Postes et Télégraphes, spécialement attaché au service du télégraphe à Laon, était entré dans le bureau de la poste, pour y réclamer une traite qu'il disait lui avoir été adressée, et ayant obtenu de l'employé de ce bureau l'autorisation de rechercher cette traite dans la caisse destinée à renfermer les chargements, il s'était emparé d'un chargement.
Le 12 juin 1882, arrêt de la chambre des mises en accusation ainsi conçu : — « Considérant que J...n'était pas de service quand il a pénétré dans le bureau de poste de Laon, où il n'est appelé qu'exceptionnellement à travailler ; — Considérant qu'il ne s'y est introduit que pour demander une traite tirée sur lui était arrivée, et par conséquent dans un but d'intérêt privé ; — Considérant que c'est simplement à titre de complaisance pour un camarade que l'employé de service lui a permis de chercher cette traite dans la caisse contenant les chargements ; que les titres r-nfermés dans cette caisse, et notamment celui qu'il a soustrait, ne lui ont donc pas été communiqués à raison de ses fonctions ; — Considérant que la soustraction commise dans ces conditions ne constitue pas le crime prévu par l'art. 173, mais seulement le délit prévu par l'art. 401 c. pén.; — Par ces motifs ;

1793 et la loi du 19 frim. an 7 (Rép. v° Postes, n° 149) n'offrent donc plus qu'un intérêt rétrospectif. Nous nous bornerons, dès lors, à signaler les rares décisions de jurisprudence qui ont été rendues en cette matière depuis la publication du Répertoire.

175. Le conseil d'Etat avait jugé, par un arrêt du 21 janv. 1842, Rép. v° Postes, n° 155, que la suppression d'un relais comme inutile ne donne pas lieu à indemnité en faveur du titulaire; il a décidé de même (Cons. d'Et. 23 janv. 1874, aff. Fauchet, D. P. 75. 3. 12) pour le cas où la suppression a eu lieu en vertu des mesures prises en 1871 pour parvenir à l'abolition de l'institution même des maîtres de poste. Sans doute l'Administration a usé alors de ses droits avec une certaine rigueur, pour fermer des relais qui ne rendaient plus aucun service de nature à justifier les droits qu'ils continuaient à prélever sur des voitures publiques ; il n'en est pas moins évident que, si les relais ont pu être déclarés inutiles dans les plus grandes villes, à Paris même, c'est par une conséquence nécessaire de la révolution économique qui a transformé tous les modes de communication, conséquence indépendante du fait de l'Etat, dont il n'a tiré directement aucun profit et qui ne pouvait, à aucun degré, engager sa responsabilité. — Le conseil d'Etat a, au contraire, persisté à décider que le maître de poste révoqué a droit à une indemnité, lorsque sa révocation a été prononcée pour une cause autre que celles énoncées aux art. 68 et 69 du décret des 23-24 juill. 1793 et 12 de l'arrêté du 1er aout an 7 (Rép. v° Postes, n° 155 ; (Cons. d'Et. 16 mai 1855, aff. Malivert, D. P. 55. 3. 91 ; 26 juin 1856, aff. Suffit, D. P. 57. 3. 14). Cette indemnité ne peut comprendre, d'ailleurs, que la réparation du préjudice direct et matériel que le maître de poste justifie avoir éprouvé par suite de la cessation immédiate du service dont il était chargé, en raison, soit des dépenses par lui faites, soit des engagements par lui souscrits pour assurer la continuation de ce service (Même arrêt du 26 juin 1856). Cette indemnité doit être, comme toute créance contre l'Etat, réclamée dans les cinq ans à partir de l'exercice pendant lequel la révocation a été prononcée (Cons. d'Et. 16 mai 1855, aff. Malivert, D. P. 55. 3. 91).

CHAP. 4. — Services télégraphiques et téléphoniques.

176. Le Gouvernement a conservé le monopole de l'établissement et de l'usage des lignes télégraphiques, et la création de lignes privées ne peut, aujourd'hui comme à l'époque de la publication du Répertoire (v° Télégraphie, n° 47), avoir lieu sans son autorisation. Les dispositions de l'art. 1 du décret du 27 déc. 1851 (D. P. 52. 4. 24) sont, à cet égard, toujours en vigueur. — Toutefois, si le Gouvernement a conservé l'usage exclusif du télégraphe et, par conséquent, le contrôle des correspondances qui font usage de cette voie de transmission, il n'a pas le monopole de la

— Renvoie J... devant le tribunal correctionnel de Laon, à raison du délit ci-dessus spécifié ».
Le 1er juill. 1882, jugement du tribunal correctionnel de Laon, qui condamne J... à six mois d'emprisonnement pour vol simple, par application de l'art. 401 c. pén. Appel par le ministère public.
La cour. — Considérant qu'il résulte de la procédure et des débats que la soustraction d'effet imputée au prévenu aurait été commise par lui dans le bureau de la poste aux lettres de Laon; — Considérant qu'un tel bureau, régulièrement affecté à l'autorité publique et à la garde d'objets placés sous la protection de l'autorité publique, est un dépôt public, dans le sens légal de ces termes, et que l'état des faits, au cas où la preuve en serait acquise, rendait dès lors applicable l'art. 255 c. pén., ainsi conçu : « Quiconque se sera rendu coupable des soustractions, enlèvements ou destructions mentionnées en l'article précédent, sera puni de la réclusion »; — Par ces motifs ; — Statuant sur l'appel du ministère public, se déclare incompétente et renvoie la cause et le prévenu devant la juridiction qu'il appartiendra.
Du 22 juill. 1882.-C. d'Amiens, 2e ch.-MM. de Cassières, pr.-Grenier, av. gén.

transmission des correspondances qui empruntent l'autre mode de communication à l'aide de l'électricité, le téléphone. Comme on verra *infrà*, n° 220, Gouvernement autorise sans doute les lignes téléphoniques et préside à leur établissement; mais il ne saurait avoir sur les correspondances, c'est-à-dire sur les conversations téléphoniques, un contrôle que ce mode de communication ne comporte pas.

Art. 1er. — *Etablissement des lignes télégraphiques de l'Etat.*

§ 1er. — Télégraphie électrique (*Rép.* v° *Télégraphie*, n°s 48 à 60).

177. Les lignes télégraphiques sont établies soit sur certaines dépendances du domaine public de l'Etat, des départements et des communes, soit sur des propriétés privées (*Rép.* v° *Télégraphie*, n° 49). Il en est de même aujourd'hui des lignes téléphoniques qui, tout en étant soumises à certaines règles particulières qui seront étudiées ci-après (*infrà*, n°s 220 et suiv.) sont cependant, au point de vue de la pose des fils qui les constituent, établies comme les lignes télégraphiques.

178. La législation sur les télégraphes n'avait pas déterminé les règles à suivre dans les cas où il est nécessaire d'emprunter certaines parties des propriétés particulières pour l'installation des lignes. Les questions relatives à l'accès de ces propriétés, aux travaux que l'Administration y effectue, au règlement des dommages qui peuvent en résulter, avaient été résolues par l'application des principes généraux en matière de travaux publics, établis par les lois des 28 pluv. an 8 et 16 sept. 1807 (*Rép.* v° *Télégraphie*, n°s 50 et suiv.). Mais des difficultés, plus nombreuses à mesure que les lignes télégraphiques se développaient, se sont élevées sur le caractère d'utilité publique des travaux d'établissement des lignes télégraphiques et téléphoniques. Ces difficultés portaient surtout sur le droit des préfets d'autoriser les agents de l'administration des Télégraphes à pénétrer dans les propriétés closes pour procéder aux études et à l'établissement des lignes, droit dont les préfets faisaient un usage constant (*Rép.* v° *Télégraphie*, n° 51). Un arrêt de la cour de cassation, du 17 avr. 1883, aff. Desnoulets (D. P. 85. 1. 265), avait décidé qu'aucun texte de loi ne donne à l'Administration le pouvoir d'autoriser les agents de l'administration des Télégraphes à pénétrer dans les dépendances closes d'une maison pour y apposer des supports et poteaux destinés à l'établissement d'un réseau de fils de téléphones, sans que les formalités relatives à l'expropriation pour cause d'utilité publique aient été accomplies et sans le payement d'une indemnité préalable; qu'en conséquence, l'arrêté préfectoral, qui donne auxdits agents une autorisation de cette nature, n'est ni légal ni obligatoire. La cour voyait dans la plantation des poteaux, ou même dans le simple établissement des supports sur la façade des maisons, une véritable dépossession (V. le rapport de M. le conseiller Vételay, D. P. 85. 1. 266). Le conseil d'Etat, au contraire, avait jusque-là admis que l'établissement, sur une maison particulière, des points d'appui nécessaires au passage des fils d'une ligne télégraphique, n'a point pour effet de grever d'une servitude cette propriété et n'opère point une expropriation partielle ; que, par suite, c'est à la juridiction administrative qu'il appartient de connaître de la réparation du dommage que ce travail, d'ailleurs régulièrement ordonné, peut causer au propriétaire de ladite maison (Cons. d'Et. 31 août 1861, aff. Appay, D. P. 61. 3. 81 ; 24 mars 1865, aff. Arnould, D. P. 65. 3. 89). Il persista même dans cette doctrine (Cons. d'Et. 23 janv. 1885, aff. Castang, D. P. 85. 3. 33), malgré un arrêt du tribunal des conflits du 13 déc. 1884, aff. Neveux, D. P. 85. 3. 33). Sans aller jusqu'à la cour de cassation, ce tribunal avait décidé qu'un arrêté préfectoral autorisant l'administration des Postes et Télégraphes à appuyer sur les propriétés bâties des fils, poteaux et appareils nécessaires aux transmissions téléphoniques ou télégraphiques, était entaché d'excès de pouvoir, comme constituant irrégulièrement une servitude légale d'utilité publique et que, dans ce cas, les demandes formées par les propriétaires à fin de suppression des travaux et payement de dommages-intérêts, ne pouvant être consi-

dérées comme relatives à des travaux publics, par suite de l'absence d'autorisation régulière, étaient de la compétence des tribunaux de l'ordre judiciaire (V. aussi Trib. confl. 8 mai 1886, aff. Senlis-Botte, D. P. 87. 3. 89). Malgré la résistance du conseil d'Etat, la décision du tribunal des conflits était, pour l'administration des Télégraphes, d'une extrême gravité ; celle-ci se serait trouvée paralysée à chaque instant par des résistances individuelles, et par l'obligation de recourir aux formalités de la procédure devant les tribunaux ordinaires. La nécessité d'une loi réglementant la matière était évidente, un projet fut déposé par le Gouvernement le 9 févr. 1885, et transformé en loi le 28 juill. 1885. Cette loi a eu pour objet de faire cesser les conflits, en attribuant le caractère d'utilité publique à toutes les opérations de l'Administration relatives à l'établissement et l'entretien des lignes télégraphiques ou téléphoniques.

179. La loi du 28 juill. 1885 (D. P. 85. 4. 73) devait, dans la pensée du Gouvernement, s'appliquer à toute œuvre exécutée en vue de l'application la plus étendue de l'électricité, et la Chambre des députés avait adopté une rédaction de l'art. 1 conçue en ce sens. Mais le Sénat jugea que le respect dû au droit de propriété ne permettait pas de donner à la loi une extension telle qu'elle pût s'appliquer aux communications destinées à la transmission de la force et de la lumière, alors que cette branche d'utilisation de l'électricité n'était pas encore complètement entrée dans la pratique. La loi du 28 juill. 1885 est donc spéciale aux lignes télégraphiques et téléphoniques appartenant à l'Etat à l'exclusion des lignes qui peuvent être concédées à titre purement privé et qui ne répondent pas en même temps à un intérêt général ou à des besoins communaux urgents (V. le premier rapport de M. Esnault à la Chambre des députés, *Journ. off* d'août 1885, annexe n° 3619, p. 417).

180. La loi du 28 juill. 1885 établit une distinction entre le cas où l'établissement d'une ligne télégraphique ou téléphonique concerne les propriétés publiques et celui où il s'agit d'atteintes à la propriété privée. La première hypothèse est réglée par l'art. 2, la seconde par l'art. 4. Aux termes de l'art. 2 « l'Etat a le droit d'exécuter sous le sol ou sur le sol des chemins publics et de leurs dépendances tous travaux nécessaires à la construction et à l'entretien des lignes télégraphiques ou téléphoniques ».

181. Si l'Etat était maître des voies dépendant du domaine public national et s'il était légitime et conforme à la destination des voies publiques départementales et communales qu'il pût en emprunter le sol et le sous-sol, on ne crut pas pouvoir imposer aux communes l'obligation de recevoir dans les égouts de leurs voies publiques les fils téléphoniques et télégraphiques des lignes autres que celles d'intérêt général. De là la restriction insérée dans le deuxième paragraphe de l'art. 2, ainsi conçu : « les fils télégraphiques ou téléphoniques, autres que ceux des lignes d'intérêt général, ne pourront être établis dans les égouts appartenant aux communes qu'après avis des conseils municipaux, et moyennant une redevance, si les conseils municipaux l'exigent ». — Mais, si les conseils municipaux doivent être consultés, il ne s'ensuit pas que l'Etat ne puisse passer outre et occuper les égouts pour l'établissement des fils moyennant redevance. Cette solution résulte de la discussion de la loi au Sénat. A la séance du 30 juin, M. Georges Martin a demandé au Sénat de substituer aux mots « *avis des conseils municipaux* » ; les mots « *délibérations des conseils municipaux* » ; mais le rapporteur, M. Casimir Fournier, ayant fait observer que cette rédaction ferait dépendre l'établissement des lignes du bon vouloir des communes, l'amendement fut repoussé.

182. Le législateur n'a pas cru devoir déterminer lui-même les conditions auxquelles le consentement des communes pourrait être exigé, et quelles redevances pourraient être exigées. S'il est juste que les communes soient libres de mettre à prix leur consentement, puisque le service rendu est manifeste, on ne pouvait admettre que, par des taxes exagérées, elles pussent prohiber, en quelque sorte, les communications privées. En outre, les conditions dans lesquelles l'établissement des lignes d'intérêt privé sont établies varient essentiellement d'une ville à une autre, et il eût été difficile d'établir une règle uniforme qui embrassât toutes les éventualités. Aussi le législateur a-t-il cru devoir déléguer au conseil d'Etat le soin de déterminer par un règlement d'administration publique, qui pourrait tenir compte des lieux et des circonstances dans lesquelles l'autorisation aurait été demandée, le taux de la redevance qui serait payée aux communes. C'est l'objet de la disposition finale de l'art. 2 : « Un décret rendu en forme de règlement d'administration publique déterminera la taxe de cette redevance » (V. le rapport de M. Casimir Fournier au Sénat du 17 juin 1885 ; Journ. off. d'octobre 1885, annexe n° 207). Un décret du 12 févr. 1889 (D. P. 90. 4. 31) rendu en exécution de cette disposition, a fixé cette redevance, pour les fils télégraphiques et téléphoniques placés dans les égouts de la Ville de Paris, à 1 franc par 100 mètres de conducteurs doubles, et à 50 cent. par 100 mètres de conducteurs simples, sauf pour les lignes desservies exclusivement par des avertisseurs d'incendie et reliant des établissements particuliers au réseau municipal de secours en cas d'incendie, qui ne sont passibles que d'un droit fixe de 1 franc par chaque conducteur aboutissant à ces avertisseurs.

183. L'art. 3 donne à l'Etat le droit d'établir des supports, soit à l'extérieur des murs ou façades donnant sur la voie publique, soit même sur les toits et terrasses des bâtiments, à la condition qu'on y puisse accéder par l'extérieur. La loi n'autorise d'autres atteintes à la propriété que celles qui n'entraînent pas de dépossession (art. 4, alin. 1), aussi la condition qu'on y puisse accéder de l'extérieur est-elle une condition *sine qua non* du droit pour l'Etat d'établir des supports sur les murs dépendant des propriétés privées. En effet, si les agents de l'Etat étaient en droit d'obliger le propriétaire à leur livrer, à toute réquisition, passage à travers une propriété bâtie, pour la pose des appareils et pour leur entretien, l'immeuble se trouverait grevé d'une véritable servitude, et il y aurait, par conséquent, dépossession dans certaine mesure. — Cette dépossession ne se produit pas lorsque les propriétés ne sont ni bâties ni fermées de murs ou autres clôtures équivalentes ; aussi l'Etat a-t-il le droit d'établir des conduits ou supports sur le sol ou sous le sol des propriétés de cette dernière catégorie (art. 3, al. 2).

184. L'établissement des supports à l'extérieur des propriétés bâties ou closes et l'établissement des conduits et supports dans les propriétés ouvertes ne devant entraîner aucune dépossession, le propriétaire conserve la libre disposition de sa propriété. La loi, pour éviter toute difficulté, se prononce sur ce point en termes précis ; l'art. 4 dispose, dans ce but, que la pose d'appuis sur les murs des façades ou sur le toit des bâtiments ne peut faire obstacle au droit du propriétaire de démolir, réparer ou surélever, et que la pose de conduits dans un terrain ouvert ne fait pas non plus obstacle au droit du propriétaire de se clore. Mais le propriétaire doit, un mois avant d'entreprendre les travaux de démolition, réparation, surélévation ou clôture, prévenir l'Administration par lettre chargée adressée au directeur des Postes et Télégraphes du département. Cette dernière disposition se comprend facilement, l'intérêt public exigeant qu'il n'y ait aucune interruption du service et que l'Administration soit mise à même de prendre les mesures propres à les éviter, en assurant la déviation de la ligne ou en lui donnant de nouveaux points d'appui.

185. Il ne s'agissait pas seulement d'accorder à l'administration des Postes et Télégraphes les moyens d'établir sur les propriétés privées les lignes télégraphiques ou téléphoniques ; il fallait assurer à ses agents les moyens d'en étudier le tracé, sans qu'ils fussent exposés à des résistances privées. La jurisprudence, comme on l'a vu *supra*, n° 178, refusait aux préfets le droit d'autoriser les agents de l'Administration à s'introduire dans les propriétés privées. L'art. 5 de la loi admet, au contraire, l'introduction des agents de l'Administration dans les propriétés privées, lorsqu'elle est autorisée par arrêté préfectoral.

186. Les projets de l'Administration doivent, aux termes des art. 6 et suiv. de la loi du 28 juill. 1885, être précédés d'une enquête dont les formalités et les détails sont, avec plus de rapidité et de simplicité, ceux de l'enquête prévue par les art. 5 et suiv. de la loi du 3 mai 1841. Aux termes de l'art. 6, avant toute exécution, un tracé de la ligne projetée, indiquant les propriétés privées où il doit être placé des supports et des conduits, sera déposé pendant trois jours à la mairie de la commune où ces propriétés sont situées. Ce

délai de trois jours court de l'avertissement donné aux parties intéressées de prendre communication du tracé déposé à la mairie, et qui doit, comme l'avertissement prévu à l'art. 6 de la loi du 3 mai 1841, être affiché à la porte de la maison commune et inséré dans l'un des journaux publiés dans l'arrondissement. Le maire ouvre un procès-verbal pour recevoir les observations ou réclamations et, à l'expiration du délai, transmet ce procès-verbal au préfet, qui arrête le tracé définitif et autorise toutes les opérations que comporte l'établissement, l'entretien et la surveillance de la ligne (art. 7). L'arrêté préfectoral déterminant les travaux à effectuer est notifié individuellement aux intéressés. Les travaux peuvent commencer trois jours après cette notification (art. 8). Les formalités étant analogues à celles qui sont prescrites par la loi du 3 mai 1841, il faut, croyons-nous, appliquer aux délais pour le dépôt à la mairie du tracé des travaux, et pour l'avertissement, les règles qui sont applicables, en matière d'expropriation pour cause d'utilité publique, au dépôt à la mairie du plan des travaux, à l'avertissement à donner aux parties et à la clôture du procès-verbal relatant les dires et observations des parties (V. *suprà*, v° *Expropriation pour cause d'utilité publique*, n°⁵ 67 et suiv.).

187. Comme en matière d'expropriation pour cause d'utilité publique, les notifications et avertissements prévus par les art. 7 et 8 peuvent être donnés au locataire fermier, gardien ou régisseur de la propriété (art. 9).

188. Il est à remarquer que, si l'administration des Postes ne commence pas les travaux dans les quinze jours de la notification de l'arrêté préfectoral qui les détermine, une nouvelle notification doit être faite. Dans ce cas, la loi ne faisant aucune distinction, les travaux ne devront commencer que trois jours après l'avertissement (art. 18).

189. Lorsqu'il s'agit de travaux d'entretien, l'observation du délai de trois jours n'est pas rigoureusement nécessaire et les travaux peuvent commencer immédiatement. Il en est de même lorsqu'il y a, pour des raisons d'ordre et de sécurité publique, urgence à établir ou rétablir une ligne télégraphique. Mais le préfet doit, en pareil cas, prendre un arrêté motivé et relevant les circonstances qui font obstacle à l'observation des règles ordinaires (art. 8 dernier alinéa, Rapport de M. Casimir Fournier au Sénat, *Journ. off.* d'octobre 1885, annexe 207).

190. L'arrêté préfectoral, autorisant l'établissement et l'entretien des lignes télégraphiques ou téléphoniques, est périmé de plein droit s'il n'est pas suivi d'un commencement d'exécution dans les six mois de sa date ou dans les trois mois de sa notification (art. 11).

191. La jurisprudence avait, en général, admis la compétence des conseils de préfecture pour régler les indemnités auxquelles pouvait donner lieu l'établissement des lignes télégraphiques sur les propriétés privées, par application de l'art. 4 de la loi du 28 pluv. an 8. La loi du 28 juill. 1885 a fait cesser les doutes qu'avaient fait naître la jurisprudence inaugurée par l'arrêt de la cour de cassation du 17 avr. 1885 et l'arrêt du tribunal des conflits du 13 déc. 1884 (*suprà*, n° 178). L'art. 10 défère expressément à la juridiction administrative le soin de régler les indemnités que peuvent réclamer les propriétaires des immeubles dont les murs et façades, les toits ou terrasses, auront été occupés pour la pose des supports ou attaches et des propriétaires des terrains non clos occupés pour la pose des supports et conduits. A défaut d'arrangement, l'affaire doit être portée devant le conseil de préfecture, sauf recours au conseil d'Etat.

192. Si le conseil de préfecture croit devoir ordonner une expertise, il y est procédé par un seul expert désigné d'office par le conseil, à défaut par les parties de l'avoir nommé d'accord dans le délai qui leur aura été imparti. L'expert désigné d'office ne peut être un agent de l'Administration (art. 10).

193. Le législateur a, en outre, déduit dans l'art. 10 de la loi du 28 juill. 1885, comme une conséquence du principe que l'installation à l'intérieur des murs, façades, toits et terrasses, et dans les terrains non clos, n'opère aucune dépossession, la règle que l'indemnité due au propriétaire pourra porter uniquement sur le préjudice résultant des travaux de construction de la ligne ou de son entretien. L'action du propriétaire est, d'ailleurs, prescrite par le laps de deux ans à dater du jour où les travaux ont pris fin (art. 12).

194. La loi du 28 juill. 1885 n'a entendu conférer à l'Administration les pouvoirs qu'elle lui attribue et rendre compétente la juridiction administrative que pour le cas où il ne doit résulter des travaux aucune dépossession. Dans les cas où, pour exécuter les travaux de construction des lignes télégraphiques ou téléphoniques, il peut être nécessaire de soustraire, en tout ou en partie, une propriété au domaine privé, l'Administration doit recourir au droit et à la procédure d'expropriation. « Elle a, dit M. Fournier dans son rapport au Sénat, l'appréciation des exigences du service public à l'exécution duquel elle est préposée. Elle provoquerait donc, si elle le croyait indispensable, l'expropriation des parties de terrains, bâtis ou non bâtis, dont elle aurait besoin pour la construction des lignes. L'Administration est alors tenue de procéder conformément aux lois du 2 mai 1841 et du 7 juill. 1870. sauf pour la fixation de l'indemnité qui, d'après l'art. 13 de la loi du 28 juill. 1885, doit être réglée conformément à l'art. 26 de la loi du 21 mai 1836. On a vu, dans cette mesure, économie de temps et de frais qui ne nuirait en aucune façon à l'appréciation équitable du tort causé aux propriétaires par une dépossession toujours très limitée ».

195. Les travaux d'entretien des lignes télégraphiques et téléphoniques sont exécutés, en vertu des dispositions de la loi précitée du 28 juill. 1885, après un arrêté du préfet qui, à la différence de l'arrêté qui autorise des travaux neufs, n'a pas besoin d'être notifié aux intéressés trois jours à l'avance (V. supra, n° 189). La disposition de l'art. 9 du décret du 27 déc. 1851 qui autorise le préfet à ordonner par arrêté l'élagage des arbres qui viendraient à gêner les communications télégraphiques (Rép., v° Télégraphie, n° 52) est toujours en vigueur. Il résulte, en effet, d'une déclaration de M. Casimir Fournier, rapporteur au Sénat de la loi du 28 juill. 1885, que cette disposition n'est pas une des dispositions contraires qui ont été abrogées par l'article final (art. 13) de cette loi.

196. Outre les lignes qu'il exploite, l'État construit en outre certaines catégories de lignes privées, ainsi qu'on le verra infrà, n° 200.

§ 2. — Télégraphie optique ou aérienne (Rép., v° Télégraphie, n° 61 à 69).

197. La télégraphie aérienne ayant totalement disparu, nous n'avons plus à nous en occuper. Les signaux optiques ne sont plus utilisés qu'entre les navires en mer et les postes sémaphoriques établis le long des côtes, ou par l'armée dans le but de mettre en communication entre les lignes de forts qui constituent les camps retranchés ou les places assiégées et les corps d'armée qui tiennent la campagne.

198. Les postes sémaphoriques, établis sur tout le littoral, sont en communication au moyen du télégraphe électrique avec le réseau télégraphique de terre. Ils échangent avec les navires en mer des signaux optiques qui leur permettent de transmettre à ces navires ou de recevoir d'eux les communications qui peuvent intéresser le navire ou les armateurs, etc. Aussi admet-on des télégrammes sémaphoriques : 1° entre les navires en mer et les sémaphores pour être remis à destination, par les soins du guetteur, soit par exprès, soit par la poste ou expédiés par télégraphe à un bureau de l'intérieur ou de l'étranger ; 2° entre un sémaphore et un navire en mer, que le télégramme soit déposé directement au sémaphore ou qu'il y soit transmis par un bureau télégraphique de France ou de l'étranger.

Art. 2. — Établissement de lignes télégraphiques par les particuliers (Rép., v° Télégraphie, n° 70 à 73).

199. Les lignes particulières que les compagnies de chemins de fer établissent pour le service de leurs voies (Rép., v° Télégraphie, n° 70 et suiv.) sont autorisées dans les conditions spéciales exposées au Répertoire et suivant des règles établies par les cahiers des charges. Les compagnies peuvent en outre être autorisées à exploiter ces lignes au profit du public et concourent dans une certaine mesure au service général. Elles sont soumises, pour ces lignes, à des conditions déterminées par des règlements d'administration publique (Rép., v° Télégraphie, n° 72).

200. Les lignes que les particuliers peuvent être autorisés à employer à leur profit, en exécution de l'art. 1 du décret du 27 déc. 1851, sont soumises à un régime spécial réglé par un décret du 13 mai 1879 (D. P. 79. 4. 42). Elles sont divisées en deux catégories : 1° celles qui rattachent un établissement privé au réseau télégraphique de l'État et sont destinées à la transmission des correspondances entre cet établissement et les divers points desservis par ce réseau ; 2° celles qui rattachent entre eux plusieurs points d'un même établissement privé ou plusieurs établissements privés appartenant soit à un même permissionnaire, soit à plusieurs permissionnaires cointéressés. — Les lignes de la première catégorie sont construites et entretenues par le service des télégraphes de l'État, dont elles restent la propriété. Quant aux lignes de la deuxième catégorie, elles sont tantôt construites et entretenues par l'État, tantôt construites et entretenues par les permissionnaires eux-mêmes, suivant que le ministre des postes et télégraphes, auquel appartient, dans tous les cas, le droit d'autorisation, le juge à propos. Lorsque les lignes restent la propriété de l'État le ministre fixe les proportions dans lesquelles les permissionnaires peuvent être tenus de participer aux frais de construction et d'entretien.

201. Les dépêches échangées entre les établissements que desservent les lignes de la première catégorie et le réseau de l'État ou tout point au delà restent soumises à la taxe intégrale du tarif en vigueur. Quant aux lignes télégraphiques d'intérêt privé de la seconde catégorie, où la transmission des correspondances ne donne pas lieu à la perception de la taxe intégrale, l'usage en est soumis à un droit fixé par l'arrêté d'autorisation et calculé par voie d'abonnement annuel, sur une base uniforme, en raison du nombre des points desservis et de la longueur kilométrique des fils en service.

Ces conditions ont été, en vertu de l'art. 5 du décret du 13 mai 1879, déclarées applicables aux lignes privées antérieurement autorisées.

Sect. 2. — Usage des lignes télégraphiques.

Art. 1er. — Dépêches politiques et administratives (Rép., v° Télégraphie, n° 75 à 77).

202. L'art. 4 de la loi du 21 mars 1878 (D. P. 78. 4. 22) portait qu'un règlement d'administration publique désignerait les fonctionnaires ayant droit à la franchise télégraphique, et déterminerait les conditions dans lesquelles ils jouiraient de cette franchise. Il ne paraît pas qu'aucun règlement général soit intervenu en exécution de l'article précité.

Art. 2. — Dépêches privées (Rép. n° 78 à 110).

§ 1er. — Règles relatives aux dépêches privées transmises à l'intérieur du territoire (Rép., v° Télégraphie, n° 78 à 103).

203. Le service de la transmission des télégrammes privés a reçu, depuis la publication du Répertoire, de nombreux perfectionnements. Cependant la plupart des règles qui y ont été exposées (n° 78 et suiv.) sont encore en vigueur. En principe, notamment, l'Administration peut exiger que l'expéditeur d'un télégramme justifie de son identité (Rép., v° Télégraphie, n° 80). Mais dans la pratique, cette justification n'est pas requise, au moins pour les dépêches n'offrant pas d'importance générale, l'expéditeur étant seulement tenu de faire connaître son adresse et de l'inscrire au bas du libellé du télégramme. Il reste également tenu de la signer ; cette dernière formalité n'est pas requise dans le service international.

204. Les dépêches sont admises dans le service intérieur, non seulement en langage clair (Rép., v° Télégraphie, n° 82), mais aussi en langage convenu et chiffré, pourvu que les télégrammes ainsi rédigés soient soumis à la formalité de la recommandation. Le langage secret n'est plus réservé, comme à l'époque de la publication du Répertoire, aux télégrammes expédiés par les agents diplomatiques. Les télégrammes d'État ou officiels et les télégrammes de service peuvent, en outre. être rédigés au moyen de lettres ayant une signification secrète, mode de rédaction qui n'est pas admis dans la correspondance privée. La transmission des télégrammes reste, d'ailleurs, subordonnée aux restrictions commandées par le souci de l'ordre public et des bonnes mœurs, exposées au *Rép.*, v° *Télégraphie*, n°s 84, 85.

205. Les télégrammes peuvent être déposés par mandataire (*Rép.*, v° *Télégraphie*, n° 81). L'Administration autorise les facteurs ruraux à servir d'intermédiaires, pour le dépôt des télégrammes, entre les expéditeurs et le bureau dont ils relèvent.

206. On distingue, dans le langage administratif, les télégrammes ordinaires et les télégrammes spéciaux. Ces derniers sont ceux qui comportent une rédaction spéciale en raison soit de leur objet même, ou bien de leur mode de remise, soit des recommandations particulières ou des précautions qui les entourent, ou du but qu'ils ont en vue. Ils se distinguent des télégrammes simples ou ordinaires pas certaines formules qui doivent prendre place avant le libellé de l'adresse et entrent en taxe. Tels sont, par exemple, les télégrammes avec réponse payée, les télégrammes qui doivent être distribués par exprès, les télégrammes collationnés, les télégrammes recommandés, les télégrammes à adresses multiples, à faire suivre, sémaphoriques avec accusé de réception, etc.

207. — 1° *Irresponsabilité de l'État dans la transmission des dépêches.* — Suivant la jurisprudence, l'irresponsabilité de l'État, en raison de la transmission des dépêches, s'étend aux compagnies de chemins de fer, chargées, aux lieu et place de l'État, de la transmission par télégraphe des dépêches privées : par suite, une compagnie n'est pas responsable du préjudice causé à un particulier par la transmission d'un télégramme à une station autre que la station désignée (Trib. Mende, 16 mars 1875, aff. Monteil, D. P. 77. 2. 78).

208. La jurisprudence a appliqué aux fonctionnaires auxiliaires de télégraphe la disposition de l'art. 5 de la loi du 29 nov. 1850, qui déclare passible des peines portées par l'art. 187 c. pén., les agents des télégraphes qui violent le secret de la correspondance télégraphique (*Rép.*, v° *Télégraphie*, n°s 90 et suiv.). De même que les agents auxiliaires des postes (*suprà*, n° 166), les employés auxiliaires des télégraphes sont des fonctionnaires dans le sens de la loi du 29 nov. 1850 et passibles, comme les premiers, des peines de l'art. 187 c. pén. en cas de violation de correspondance (Dijon, 26 déc. 1872, aff. Thierry, D. P. 73. 5. 440).

209. — 2° *Des taxes.* — D'importants changements ont été apportés aux taxes télégraphiques depuis la publication du *Répertoire* (v° *Télégraphie*, n° 93). La loi du 4 juill. 1868 (D. P. 68. 4. 86) avait réduit la taxe des télégrammes circulant dans un même département à 50 cent. et celle des télégrammes circulant entre deux bureaux quelconques du territoire à 1 fr. La loi du 29 mars 1872 (D. P. 72. 4. 75) avait ajouté une surtaxe de deux décimes par franc pour toute dépêche échangée entre deux bureaux d'un même département et de quatre décimes par franc pour toute dépêche échangée entre deux bureaux quelconques de France et d'Algérie. En 1878, lors de la réforme postale (V. *suprà*, n° 4), on fit subir aux taxes télégraphiques un remaniement analogue à celui qu'on avait fait subir aux taxes perçues par la poste. — La nouvelle taxation repose sur le principe de l'uniformité de la taxe, et de la taxation par mot. En vertu de l'art. 1 de la loi du 21 mars 1878 (D. P. 78. 4. 22), la taxe télégraphique est fixée, quelle que soit la destination, pour tout le territoire de la République, à 5 cent. par mot, sans que le prix de la dépêche puisse être moindre de 50 cent.

210. Il n'existe d'exception à cette règle que pour les dépêches échangées à l'intérieur de Paris ; ces dépêches ne sont pas, à proprement parler, des dépêches télégraphiques. Le principal contingent de dépêches circulant à l'intérieur de Paris est, en effet, composé de cartes-télégrammes ouvertes ou fermées, payant une taxe de 30 et 50 centimes et de dépêches placées sous des enveloppes spéciales, timbrées d'avance, et mise à la disposition du public par l'administration des Postes et Télégraphes au prix de 75 cent. (Décr. 25 janv. 1879, 22 mai 1880, 27 déc. 1881, 26 janv. 1883,

9 janv. et 14 nov. 1884, 13 janv. 1885, D. P. 85. 4. 44, loi du 9 juill. 1885, D. P. 86. 4. 38) ; ce service, exécuté entre les différents bureaux au moyen de tubes pneumatiques, constitue plutôt un service postal accéléré. Toutefois, un décret du 8 avr. 1892 (D. P. 92. 4. 76) a admis le public à déposer aux guichets des bureaux de Paris des dépêches à destination de Paris, taxées au taxes déterminées par l'art. 1 de la loi du 21 mars 1878.

211. L'Algérie (*Rép.*, v° *Télégraphie*, n° 95) est, quant à son régime intérieur, soumise aux taxes déterminées par l'art. 1 de la loi du 21 mars 1878, c'est-à-dire aux mêmes taxes que la métropole. Quant aux dépêches télégraphiques échangées entre l'Algérie ou la Tunisie et la France, elles sont soumises à la taxe de 10 cent. par mot, parcours sous-marin compris, sans que le prix de la dépêche puisse être moindre de 1 fr. (Décr. 23 août 1879, D. P. 80. 4. 86).

212. Depuis la réforme de 1878 (Décr. 16 avr. 1878, D. P. 78. 4. 50), il n'est plus délivré de récépissé d'un télégramme déposé que sur la demande de l'expéditeur, et contre le payement de la taxe de 10 cent. édictée par l'art. 18 de la loi du 23 août 1871. — Les seuls télégrammes dont la remise aux destinataires reste subordonnée à la délivrance d'un reçu sont les télégrammes internationaux et les télégrammes intérieurs dits *spéciaux* (*suprà*, n° 206). — Plus avant remboursement de la taxe (*Rép.* n° 99), il ne peut plus y avoir lieu que pour les télégrammes collationnés ou recommandés.

213. Certains télégrammes sont échangés entre les navires en mer et les postes sémaphoriques, soit qu'il s'agisse de dépêches expédiées à terre par les navires, soit de dépêches expédiées de terre aux navires (*suprà*, n° 198). Un décret du 3 mai 1888 (D. P. 88. 4. 49) a fixé la taxe afférente à la transmission maritime des dépêches télégraphiques privées échangées entre les postes sémaphoriques et les navires en mer à 5 cent. par mot, sans que le prix de la dépêche puisse être inférieur à 50 cent.

214. — 3° *Abonnements ou réductions de taxe.* — A l'époque de la publication du *Répertoire*, le ministre n'était autorisé qu'à la loi du 28 mai 1833, à concéder des abonnements à prix réduits qu'aux compagnies de chemins de fer (*Rép.*, v° *Télégraphie*, n° 100) pour la transmission des télégrammes qui ne jouissent pas de la gratuité (*Rép.*, v° *Télégraphie*, n° 75), ainsi qu'aux chambres de commerce, syndicats des agents de change, etc. (*Rép.*, v° *Télégraphie*, n° 101). En 1878, le Gouvernement jugea qu'il serait avantageux pour le public et pour le Trésor d'étendre cette mesure. Il était reconnu que l'État pouvait, à des moments déterminés, et notamment pendant la nuit, mettre certains fils à la disposition du public, des journaux par exemple ; la loi du 5 avr. 1878 (D. P. 78. 4. 46) a autorisé le ministre à consentir des abonnements à prix réduit pour la transmission des dépêches télégraphiques, lorsque cette transmission s'effectue en dehors des conditions ordinaires établies pour l'application des taxes télégraphiques, et sans spécialiser cette faculté à telle ou telle catégorie de citoyens. L'abonnement peut, en outre, comporter l'établissement d'un fil spécial destiné à mettre l'abonné en relation directe avec un point quelconque du réseau ; dans ce cas, la pose et l'entretien du fil spécial sont à la charge de l'abonné.

215. En outre, la presse jouit, pour les dépêches qui sont destinées à être publiées par les journaux et remises au service des télégraphes, dans des conditions déterminées par les arrêtés ministériels, d'une réduction de taxe de 50 pour 100 (Décr. 29 juin 1886, D. P. 87. 4. 39). Cette réduction s'applique uniquement au service intérieur, sauf les réductions qui peuvent être faites sous ce rapport par les concessionnaires des lignes sous-marines (V. notamment, Décr. 6 oct. 1887, D. P. 88. 4. 7, autorisant la compagnie *Spanish National submarine Telegraph* à admettre sur ses lignes les télégrammes de presse, moyennant le payement du quart du tarif normal).

§ 2. — Dépêches internationales (*Rép.*, v° *Télégraphie*, n°s 104 à 110).

216. L'échange des dépêches télégraphiques entre la France et la plupart des États civilisés est aujourd'hui réglé par des traités internationaux (V. *infra*, v° *Traité international*). Une convention du 17 mai 1865 (D. P. 66. 4. 2), avait posé le principe d'une entente commune entre les États contractants pour régler les communications télégraphiques. L'art. 56 de cette convention prévoyait qu'elle serait soumise à des revisions périodiques dans des conférences tenues successivement dans les capitales des États contractants. La conférence de Saint-Pétersbourg, tenue en 1875, a substitué aux conférences diplomatiques de simples conférences administratives, chargées de procéder à la revision des tarifs et du règlement international qu'elle a prévu dans son art. 13. La dernière revision de ce tarif a été arrêtée le 21 juin 1890 dans la conférence de Paris.

Les États adhérents au régime international sont : la France, l'Allemagne, la République Argentine, l'Autriche-Hongrie, la Belgique, le Brésil, la Bulgarie, le Danemark, l'Egypte, l'Espagne et les colonies espagnoles, la Grande-Bretagne, la Grèce, les Indes britanniques, l'Italie, le Japon, le Luxembourg, le Monténégro, la Norvège, les Pays-Bas et les Indes néerlandaises, la Perse, le Portugal, la Roumanie, la Russie, la Serbie, le Siam, la Suède, la Suisse, la Tunisie, la Turquie, les colonies françaises de Cochinchine et du Sénégal et les colonies britanniques de Victoria, de la Nouvelle-Galles du Sud (Australie), l'Australie méridionale, la Tasmanie, la Nouvelle-Zélande, le Natal et le Cap de Bonne-Espérance (L. 19 juin 1891, D. P. 92. 4. 8). Les États contractants ont, d'ailleurs, le droit de prendre séparément entre eux des arrangements particuliers de toute nature sur les points du service qui n'intéressent pas la généralité des États (Convention de Saint-Pétersbourg du 10 juill. 1875, art. 17, D. P. 76. 4. 116). C'est ainsi que sont intervenues, notamment : une convention signée à Paris, le 27 déc. 1890, entre la France, la Belgique et les Pays-Bas, pour déterminer les conditions de la transmission des télégrammes échangés entre la France et les Pays-Bas par les lignes télégraphiques belges ; une convention conclue à Paris, le 27 févr. 1891, entre la France et la Belgique ; des déclarations signées à Paris, entre la France, d'une part et, d'autre part, l'Allemagne (28 févr. 1891), la Suisse (28 févr. 1891), le Luxembourg (4 mars 1891), la Russie (23 mars 1891), pour régler les relations télégraphiques entre la France et ces divers pays (L. 19 juin 1891, D. P. 92. 4. 8).

217. Dans le régime international, consacré par les conventions de 1865 et de 1875, toute personne est admise à correspondre au moyen des télégraphes internationaux, et peut rédiger un télégramme en langage secret lorsqu'il est échangé entre deux États qui admettent ce mode de correspondance. Les États qui n'admettent pas les télégrammes privés en langage secret doivent les laisser circuler en transit. Toutefois, un État peut refuser la transmission d'un télégramme qui paraîtrait dangereux pour la sécurité de l'État ou qui serait contraire aux lois du pays, à l'ordre public ou aux bonnes mœurs. Les règles relatives au mode de compter les mots (*Rép.*, v° *Télégraphie*, n° 105), à l'ouverture des bureaux, à la recommandation des télégrammes, aux réponses payées, ont été établies dans les conventions internationales (V. la convention du 17 mai 1865, D. P. 65. 4. 2). — Pour tout ce qui concerne les tarifs, voir, dans le *Journal officiel* du 20 juin 1891, les tarifs annexés à la loi du 19 juin 1891, D. P. 92. 4. 8).

Sect. 3. — Téléphones. — Abonnements. — Taxes.

218. La téléphonie rentre dans le service des postes et télégraphes. Le réseau téléphonique se divise en réseaux urbains et réseaux interurbains. Ces dénominations font suffisamment comprendre la différence qui existe entre les deux réseaux. Les réseaux urbains sont destinés à mettre en communication les personnes habitant une même ville, tandis que les réseaux interurbains ont pour objet de permettre les communications entre une ville et une autre ville. En outre, en vue de permettre l'échange des communications téléphoniques entre les abonnés des réseaux urbains appartenant à une même région, les réseaux téléphoniques urbains peuvent être constitués en groupes téléphoniques (Décr. 18 janv. 1890, art. 1, D. P. 91. 4. 14).

219. Les groupes téléphoniques sont élémentaires ou composés. Le groupe téléphonique élémentaire est formé par la réunion d'un réseau principal et d'un ou plusieurs réseaux annexes, reliés au réseau principal par une ou plu-

sieurs lignes téléphoniques directes établies et entretenues aux frais de l'État. Le groupe téléphonique composé est formé par la réunion de groupes téléphoniques élémentaires dont les réseaux principaux sont reliés entre eux par une ou plusieurs lignes téléphoniques directes établies et entretenues aux frais de l'État (Décr. 18 janv. 1890, art. 2 et 6). Le caractère légal du groupe téléphonique élémentaire ou composé est déclaré par décret rendu en conseil d'État. Ce décret détermine la taxe à percevoir des abonnés des différents réseaux faisant partie d'un même groupe téléphonique, à titre d'abonnement supplémentaire, pour obtenir la communication avec tous les abonnés du groupe (V. *infra*, n°s 238 et 239).

220. — I. Établissement des réseaux téléphoniques. — L'introduction en France des réseaux téléphoniques est récente ; elle ne date guère que de l'exposition universelle de 1878. La loi du 2 mai 1837 et le décret du 27 déc. 1851 s'opposaient à ce que les lignes téléphoniques fussent installées par des particuliers. En réservant à l'État le monopole de la transmission et des signaux à distance et en frappant de peines sévères les communications qui seraient établies sans autorisation de l'État, ces textes rendaient l'intervention du Gouvernement nécessaire. Comme on n'avait pas encore de données suffisantes pour résoudre la question de savoir si l'État devrait exploiter lui-même le réseau téléphonique, le Gouvernement procéda, d'abord, par la voie d'autorisations accordées à des particuliers, pour une période de cinq ans, ne constituant pas un privilège et n'aliénant aucun des droits de l'État. Un arrêté du 26 juin 1879 détermina les conditions auxquelles les autorisations pourraient être accordées. Les autorisations étaient données aux risques et périls des concessionnaires, et l'État se réservait expressément le droit de donner des permissions concurrentes et d'exploiter lui-même dans les conditions qui lui conviendraient. Plusieurs autorisations furent accordées à des permissionnaires qui constituèrent, au moyen d'une fusion, la *Société générale des téléphones*. Mais, dès 1882, le Gouvernement obtenait des Chambres un crédit de 250 000 francs pour la construction de réseaux téléphoniques qui commencèrent à fonctionner en 1883. En 1889, l'État a repris l'exploitation des téléphones, à l'expiration de la concession prorogée en 1884 en faveur de la *Société générale des téléphones* ; et une loi du 16 juill. 1889 (D. P. 89. 4. 89) vint lui donner les moyens de racheter le réseau exploité par cette société et de traiter avec les villes pour l'établissement des réseaux urbains et d'intérêt local.

221. L'art. 1 de la loi du 16 juill. 1889 autorise le Gouvernement à accepter, au nom de l'État, les offres des villes, des établissements publics et des syndicats, de verser au Trésor, à titre d'avance et sans intérêts, les sommes nécessaires à l'établissement, à l'entretien et à l'exploitation de réseaux téléphoniques urbains, et à affecter les produits de chaque réseau ainsi créé au remboursement des avances dont il a été l'objet, sans aucun autre engagement de la part de l'État. Ces dispositions permettaient à l'État d'activer la constitution des réseaux urbains, mais ne lui donnaient aucun moyen de développer, en dehors des ressources du budget, les réseaux interurbains. — La loi du 16 juill. 1889 a été, sous ce rapport, complétée par la loi du 20 mai 1890 (D. P. 90. 4. 128), qui lui permet d'accepter, dans les mêmes conditions que pour les réseaux urbains, les offres des villes, des établissements publics et syndicats des sommes nécessaires à l'établissement des lignes téléphoniques interurbaines. — Enfin la loi de finances du 26 déc. 1890, art. 21, autorise le chef de l'État à ouvrir, par des décrets contresignés par le ministre des finances et le ministre du commerce, des crédits en somme égale aux avances faites par les villes, établissements publics ou syndicats, pour l'établissement et l'exploitation des lignes téléphoniques, et des crédits égaux aux versements effectués par les abonnés pour leur part contributive aux frais d'établissement de leur ligne dans les réseaux départementaux qui ne sont pas soumis au régime des avances par les villes, etc.

222. La construction des lignes téléphoniques est effectuée par l'État, comme celle des lignes télégraphiques (*supra*, n°s 176 et suiv.) et dans les conditions déterminées par la loi du 27 juill. 1885. Il fournit, en outre, les générateurs d'électricité ; mais dans les abonnements aux particuliers, les divers appareils composant le poste télé-phonique sont fournis par l'abonné parmi les modèles types adoptés par l'Administration (Décr. 31 mai 1890, art. 5, D. P. 91. 4. 88).

223. — II. Taxes téléphoniques. — Les taxes téléphoniques sont de deux sortes : les taxes d'abonnement et les taxes de conversation, qui sont payées pour obtenir l'entrée des cabinets téléphoniques publics et la communication avec un abonné d'un réseau urbain ou interurbain.

224. — 1° *Abonnements.* — Les abonnements à un réseau téléphonique urbain sont de deux sortes : l'abonnement principal et l'abonnement supplémentaire. L'abonnement principal comporte l'usage d'une ligne reliant l'établissement de l'abonné à un bureau central et d'un poste téléphonique. L'abonnement supplémentaire comporte l'usage d'un poste téléphonique desservi par une ligne greffée sur la ligne de l'abonné principal, avec l'autorisation de l'Administration et de cet abonné principal (Décr. 31 mai 1890, art. 1, D. P. 91. 4. 88).

225. L'abonnement confère à l'abonné le droit de correspondre, au moyen de son poste, avec tous les abonnés du même réseau. Ce droit ne peut être exercé que par le titulaire de l'abonnement, ses employés et les personnes habitant avec lui (Décr. 31 mai 1890, D. P. 91. 4. 88). Toutefois, les personnes fréquentant un cercle ou établissement public peuvent faire usage de l'appareil téléphonique dont il est pourvu. En pareil cas, ces établissements acquittent l'abonnement principal augmenté de la moitié de cet abonnement ; il est formellement interdit au titulaire de l'abonnement de percevoir une redevance quelconque (Décr. 28 juillet 1885, D. P. 86. 4. 38 et 31 mai 1890, art. 2).

226. Pendant toute la durée de l'abonnement, l'abonné peut, avec l'autorisation de l'Administration, céder ses droits à un tiers. Les noms des abonnés sont inscrits sur une liste qui leur est distribuée périodiquement et gratuitement.

227. Le titulaire d'un abonnement principal ou supplémentaire peut demander l'installation d'appareils téléphoniques destinés à doubler, pour ses besoins personnels, le poste pour lequel il a contracté un abonnement. Cette installation ne peut avoir lieu que dans le même immeuble, et après vérification des conditions dans lesquelles il sera fait usage des appareils. Une redevance, de 50 fr. à Paris et de 40 fr. dans les départements, est perçue pour chaque appareil installé dans ces conditions.

228. L'abonnement court à partir du jour où l'installation du poste permet la communication avec le réseau ; il peut être consenti pour moins d'une année, à partir du 1er janvier ou du 1er juillet qui suit l'installation. Après la première période d'une année, il se renouvelle, de trimestre en trimestre, par tacite reconduction, et n'est pas interrompu en cas de décès de l'abonné ; ses héritiers sont solidairement tenus de l'exécuter. L'Administration peut, à toute époque, mettre fin au contrat, à charge par elle de rembourser à l'abonné les sommes applicables à la période restant à courir.

229. L'abonnement est versé à la caisse du receveur du bureau de poste et télégraphe de la localité desservie par le réseau, en deux termes égaux, sauf le cas de résiliation, dans la première quinzaine de janvier et de juillet de chaque année. Toutefois, le premier semestre est payé au moment de la signature du contrat. Dans ce cas, la partie de l'abonnement correspondant à la période comprise entre la date où le poste peut être utilisé par l'abonné et le commencement du premier semestre est versée au moment de la mise en service. Le défaut de payement aux dates indiquées tient lieu de demande de résiliation. Sur la demande des abonnés et moyennant le payement d'une indemnité de 25 centimes pour quittance, le montant de l'abonnement est recouvré à leur domicile.

230. Dans certaines villes, des abonnements dits *de saison* sont admis pour une période de six mois, pour la totalité ou pour partie des abonnés. Dans ce cas, le montant de l'abonnement, réduit à la moitié de l'abonnement normal annuel, doit être versé au commencement de chaque période semestrielle ; en outre, la contribution aux frais de premier établissement des lignes doit être versée en une seule fois, en même temps que le premier terme d'abonnement. Une interruption d'une année entière dans l'usage du poste entraînerait la résiliation de l'abonnement.

231. Le montant annuel de l'abonnement principal est : dans le périmètre du réseau, 400 fr. à Paris, et 300 fr. dans les départements, pour les réseaux souterrains (Décr. 31 mai 1890, art. 9). Pour un réseau téléphonique urbain aérien, l'abonnement est de 150 fr. dans les villes dont la population ne dépasse pas le chiffre de vingt-cinq mille habitants (Décr. 7 nov. 1890, D. P. 91. 4. 106). Le prix de l'abonnement est réduit de 50 pour 100 pour les services publics de l'Etat, et de 25 pour 100 pour les services publics des départements et des communes. Dans les réseaux aériens, l'abonné doit en outre, comme part dans les frais de premier établissement, une somme de 15 fr. par 100 mètres ou fraction de 100 mètres de fil simple. Les frais d'établissement des lignes présentant des difficultés spéciales sont remboursés intégralement à l'Administration, d'après les dépenses de matériel et de main-d'œuvre, y compris 5 pour 100 à titre de frais généraux. Le montant de cette redevance peut, sur la demande de l'abonné, être réparti sur toute la période de l'abonnement, et perçu semestriellement par parties égales. En dehors du périmètre du réseau, l'abonnement principal est augmenté d'un supplément de 30 fr. par kilomètre de fil simple souterrain, et de 15 fr. par kilomètre de fil simple aérien, pour la section de ligne comprise entre le domicile de l'abonné et le périmètre du réseau urbain.

232. Le montant de l'abonnement supplémentaire est fixé : 1° quand le poste supplémentaire est installé dans le même immeuble que le poste principal, à 160 fr. à Paris, à 120 fr. dans les départements ; 2° quand le poste est installé dans un immeuble différent, situé soit dans le périmètre, soit en dehors du périmètre du réseau, au même taux, augmenté d'un supplément d'abonnement de 30 fr. par kilomètre de fil simple souterrain, et 15 fr. par kilomètre de fil simple aérien, pour la section de ligne reliant le poste supplémentaire au fil de l'abonné principal. L'abonné doit, en outre, participer aux frais d'établissement de cette section de ligne, d'après le tarif adopté pour les lignes d'intérêt privé.

233. Les postes téléphoniques desservis par des lignes d'intérêt privé aboutissant au domicile d'un abonné peuvent être mis en communication avec le réseau, moyennant le payement de l'abonnement supplémentaire. Les appareils composant ces postes doivent être choisis parmi les modèles admis par l'Administration.

234. L'Etat n'est soumis à aucune responsabilité pour les communications téléphoniques privées, de même que pour les correspondances télégraphiques. Toutefois, les travaux exécutés par l'Administration, qui ont pour conséquence une interruption du service de plus de quinze jours, entraînent une diminution correspondante dans le montant semestriel de l'abonnement. Enfin la correspondance téléphonique peut être suspendue par le Gouvernement, soit sur une ou plusieurs lignes du réseau séparément, soit sur toutes les lignes à la fois.

235. Le service téléphonique peut être utilisé pour la transmission des télégrammes entre le domicile de l'abonné et un bureau de postes et télégraphes. Les abonnés aux réseaux téléphoniques urbains peuvent expédier et recevoir des télégrammes par la ligne qui les rattache à ces réseaux. La transmission de ces télégrammes est effectuée gratuitement, sauf dans les villes comportant un réseau souterrain, où l'abonné est tenu de verser, annuellement et d'avance, une redevance de 50 fr. s'il veut user de cette faculté. Dans tous les cas, la transmission téléphonique des télégrammes est subordonnée au dépôt préalable d'une provision destinée à garantir le remboursement de la taxe télégraphique (Décr. 20 oct. 1889, art. 1, D. P. 91. 4. 6).

236. L'abonnement téléphonique donne, en outre, le droit d'user, pour les communications, des cabines publiques. Tout abonné à un réseau téléphonique peut obtenir, sur sa demande, moyennant la justification de son identité, la faculté de correspondre gratuitement, dans les limites de ce réseau, par l'intermédiaire des cabines publiques qui y sont reliées. L'usage des cabines publiques peut, d'ailleurs, faire l'objet d'un abonnement particulier pour toute personne non abonnée à domicile ; en ce cas, la taxe d'abonnement tient lieu de la taxe perçue, pour chaque conversation, en vertu du décret du 19 oct. 1889. Cette taxe annuelle est: pour le réseau de Paris de 80 fr. ; pour les autres réseaux souterrains, de 60 fr. ; pour les réseaux aériens de 40 fr. (Décr. du 1er févr. 1890, art. 2, D. P. 91. 4. 15).

237. Outre les abonnements à un réseau urbain, l'Administration des téléphones reçoit des abonnements spéciaux, comportant l'usage d'une ligne destinée à relier un établissement public ou privé à un ou plusieurs circuits téléphoniques interurbains, dans les villes où il n'existe pas de réseau téléphonique urbain; comme dans celles qui en sont pourvues. Cet abonnement confère à l'abonné, moyennant le payement des taxes réglementaires de conversation fixées par l'art. 2 du décret du 19 oct. 1889, et par le décret du 31 oct. 1890, le droit de correspondre à partir de son domicile, de réseau à réseau, par les lignes interurbaines, et avec les abonnés de même catégorie aboutissant au même bureau, lorsqu'il n'existe pas dans la ville de réseau téléphonique urbain. — Les lignes téléphoniques d'intérêt privé aboutissant à un bureau tête de ligne d'un ou plusieurs circuits interurbains peuvent également être mises en communication avec ces circuits et utilisées pour l'échange des conversations de réseau à réseau, moyennant le payement par les concessionnaires, outre les redevances applicables aux lignes d'intérêt privé, de la taxe des abonnements spéciaux aux réseaux interurbains, qui est annuellement de 50 fr. dans les villes où il n'existe pas de réseau téléphonique urbain, et de la moitié du prix de l'abonnement normal dans les villes qui sont pourvues (Décr. 23 mars 1891, art. 1, 2, 3, 4, D. P. 91. 4. 111).

238. Les abonnés des réseaux annexes faisant partie d'un même groupe téléphonique élémentaire, constitué en vertu du décret du 18 janv. 1890, *suprà*, n° 219, peuvent obtenir la communication avec tous les abonnés du groupe, à charge par eux de contracter un abonnement supplémentaire de 10 fr. par kilomètre ou fraction de kilomètre de fil simple reliant le bureau du réseau annexe par lequel l'abonné est desservi au bureau central du réseau principal. — Un réseau ne peut être déclaré réseau annexe que si cinq abonnés de ce réseau au moins ont pris l'engagement de contracter l'abonnement supplémentaire. Les abonnés du réseau principal peuvent obtenir gratuitement la communication avec les abonnés de tous les réseaux annexes qui ont contracté l'abonnement supplémentaire (Décr. 18 janv. 1890, art. 3, 4, 5, D. P. 91. 4. 14).

239. Les abonnés des différents réseaux faisant partie d'un même groupe téléphonique composé peuvent obtenir la communication avec tous les abonnés du groupe, à charge par eux de contracter un abonnement supplémentaire moyennant une taxe minima de 150 fr., dont on déduit le montant de l'abonnement payé ainsi qu'il vient d'être dit, pour les communications à l'intérieur du groupe élémentaire. Toutefois, si le taux de l'abonnement à l'un des réseaux du groupe est plus élevé que celui des autres réseaux, la taxe comprend, en outre, la différence entre le taux des deux abonnements.

240. — 2° *Taxes de conversation.* — Les taxes de conversation, au moyen des cabines publiques, diffèrent suivant qu'il s'agit d'un réseau urbain ou d'un réseau interurbain. Cette taxe est, d'un réseau urbain, de 0 fr. 50 cent. à Paris, de 0 fr. 25 cent. dans toutes les autres villes de France. La taxe élémentaire à payer par conversation téléphonique interurbaine est fixée à 0 fr. 50 cent. par 100 kilomètres ou fraction de 100 kilomètres de distance, entre les points reliés par la ligne téléphonique. La distance est calculée d'après le parcours réel de chaque ligne. — Ces taxes comportent une conversation d'une durée normale de cinq minutes, qui peut être réduite à trois minutes sur certaines lignes dans les conditions déterminées par arrêté ministériel. Lorsque les besoins du service l'exigent, une conversation ne peut pas être prolongée au delà d'une durée double de sa durée normale (Décr. 19 oct. 1889, art. 1, 2, 3, D. P. 91. 4. 6). Ces dispositions ne sont pas applicables aux communications téléphoniques échangées entre Paris et Bruxelles (Décr. 19 oct. 1889, art. 4).

241. Le service téléphonique comporte, comme le service télégraphique, pour les heures de nuit, un tarif de conversation à prix réduit dans le service de la correspondance téléphonique interurbaine, sur certains circuits déterminés par arrêté ministériel. Ce tarif est fixé, par unité de conversation téléphonique interurbaine et par 100 kilomètres ou fraction de 100 kilomètres de distance entre les points reliés par la ligne téléphonique, à 30 cent. pour les conversations ordinaires et 20 pour les conversations par abonnement. L'abonnement, dont la durée est d'un mois au moins, et se prolonge de mois en mois par tacite reconduction, comporte l'usage quotidien et à l'heure fixe d'une période de conversation de cinq minutes par un circuit spécialement désigné. L'abonnement peut être résilié de part et d'autre, moyennant avis donné cinq jours à l'avance (Décr. 31 oct. 1890, art. 1, 2, 3, D. P. 91. 4. 105).

242. Les abonnés obtiennent la communication au moment précis arrêté de commun accord, à moins qu'il n'y ait une conversation engagée entre deux autres personnes. Les minutes non utilisées dans une séance ne peuvent être reportées à une autre séance. Toutefois, si la non-utilisation est due à une interruption de service, la compensation est, autant que possible, accordée à l'abonné dans la même séance (Même décret, art. 5). Il n'est fait aucun décompte de taxe en raison d'une interruption de service d'une durée de moins de vingt-quatre heures. Passé ce délai de vingt-quatre heures, il est remboursé à l'abonné, pour chaque période nouvelle de vingt-quatre heures, un trentième (1/30) du montant de l'abonnement (Même article).

243. — 3° *Bureaux téléphoniques municipaux.* — Un décret du 20 oct. 1889 (D. P. 91. 4. 6) permet aux localités, autres que les chefs-lieux de canton, de demander à être reliées à un bureau télégraphique au moyen d'un fil téléphonique. Ce fil et le bureau téléphonique qui le dessert sont établis avec la participation des communes intéressées, moyennant une part contributive aux frais de premier établissement de 100 fr. par kilomètre de ligne neuve à construire, ou de 50 fr. par kilomètre de fil à établir sur appuis déjà existants, et de 300 fr. pour fournitures d'appareils et installation du poste téléphonique. Dans les localités possédant une recette des postes, le service téléphonique est confié au receveur. Dans toutes les autres, le gérant des bureaux téléphoniques et son suppléant sont désignés par le maire, après avoir été agréés par le directeur départemental. Ils prêtent le serment professionnel et bénéficient, sur la transmission des télégrammes, des mêmes remises que les gérants des bureaux télégraphiques municipaux.

244. Toute personne peut expédier et recevoir des télégrammes par une ligne téléphonique municipale, moyennant le payement préalable de la taxe télégraphique, effectué entre les mains du gérant du bureau téléphonique. L'expédition ou la remise de la dépêche donne lieu, en outre, jusqu'au remboursement aux communes des avances qu'elles ont faites pour la création du bureau, à une surtaxe de 25 cent. par télégramme. — Les télégrammes destinés à être distribués par un bureau téléphonique municipal sont soumis à des frais d'exprès, à moins que la municipalité n'ait pris ses dispositions pour que cette distribution puisse s'effectuer gratuitement. Ils doivent, pour être téléphonés soit par une ligne urbaine, soit par une ligne municipale, être écrits en français, en langage clair, et le texte ne doit pas excéder cinquante mots. (Décr. 20 oct. 1889, D. P. 91. 4. 6).

245. Le service des messages téléphonés, d'abord restreint aux bureaux téléphoniques municipaux, a été étendu, par décret du 1er mai 1891 (D. P. 92. 4. 7), à toutes les localités pourvues de cabines téléphoniques publiques et comprises dans le périmètre d'un même réseau principal ou de ses annexes. Le message est transmis par l'expéditeur lui-même, à partir de son domicile, s'il est abonné au réseau téléphonique, ou à partir de l'une quelconque des cabines publiques, aux réseaux télégraphiques compris dans le périmètre du réseau et pourvus d'un service de distribution à domicile, et remis à destination dans les mêmes conditions que les télégrammes ordinaires. Le message doit être téléphoné en langue française et en texte clair, il est taxé à 50 cent. par cinq minutes de communication.

246. — 4° *Comptabilité du service des téléphones.* — Bien qu'il fasse partie des services du ministère des Postes et Télégraphes, le service téléphonique fait l'objet d'un budget spécial, annexé au budget du ministère du commerce et de l'industrie, et comprenant, à partir de l'exercice 1891, les recettes et dépenses de ce service (L. 16 juill. 1889, art. 5, D. P. 90. 4. 90). Les opérations inscrites à ce budget sont effectuées sous la responsabilité d'un agent comptable justiciable de la Cour des comptes (L. 26 déc. 1890, art. 20, D. P. 91. 4. 57). L'agent comptable des téléphones est nommé par décret du président de la République et est astreint à un cautionnement de 10 000 francs. La comptabilité qu'il doit tenir est organisée par un décret du 31 déc. 1890 (D. P. 91. 4. 78).

SECT. 4. — POLICE DES LIGNES TÉLÉGRAPHIQUES
(*Rép.* v° *Télégraphie*, n°s 123 à 124).

247. Le décret du 27 déc. 1851 est toujours en vigueur et règle encore aujourd'hui la police des lignes télégraphiques. Les explications du *Répertoire* ont donc conservé toute leur valeur.

ART. 1er. — *Répression des transmissions télégraphiques non autorisées* (*Rép.* v° *Télégraphie*, n°s 125 à 130).

248. Les principaux moyens de correspondre à grande distance, disions-nous au *Rép.* v° *Télégraphie*, n° 125, se rapportent à des procédés soit électriques, soit acoustiques, soit optiques. Il suffira de remarquer que le téléphone rentre dans les moyens de communication par le procédé électrique et que, par conséquent, des communications téléphoniques ne peuvent être établies entre deux points donnés qu'avec l'autorisation du Gouvernement. Si celui-ci n'a pas sur les transmissions téléphoniques le contrôle direct qu'il a sur les transmissions télégraphiques, il n'en est pas moins vrai qu'il ne peut être établi de ligne téléphonique publique et privée sans son intervention et qu'il lui est loisible, lorsque les circonstances l'exigent d'interrompre ces communications. La transmission de conversations téléphoniques sans autorisation tomberait donc sous le coup des dispositions pénales du décret du 27 déc. 1851.

ART. 2. — *Atteintes portées aux lignes télégraphiques légalement établies* (*Rép.* v° *Télégraphie*, n°s 131 à 139).

249. Le décret du 27 déc. 1851, dont les dispositions pénales ont été exposées au *Rép.* v° *Télégraphie*, n°s 131 et suiv. n'embrasse pas, dans ses termes, toutes les infractions qui peuvent porter atteinte au service du télégraphe et à la conservation des appareils qu'il emploie. L'art. 2 de ce décret prévoit tous les actes ou faits matériels pouvant compromettre le service de la télégraphie électrique, commis par imprudence ou involontairement, ainsi que les dégradations ou détériorations commises, de quelque manière que ce soit, aux appareils de télégraphie électrique ou aux machines des télégraphes aériens, et fait de ces diverses infractions une contravention, de la compétence des tribunaux administratifs, et punie seulement d'une peine pécuniaire. L'art. 3 du décret prévoit seulement le fait d'avoir volontairement causé l'interruption de la correspondance télégraphique électrique ou aérienne, que cette interruption ait été causée soit par la rupture des fils, soit par la dégradation des appareils, soit de toute autre manière. Mais ni l'art. 2 ni l'art. 3 du décret ne prévoient les dégradations ou détériorations commises *volontairement*, qui n'ont pas interrompu le service de la télégraphie. Les atteintes portées aux appareils ou aux fils télégraphiques ou téléphoniques ne tombent donc sous l'application de ce décret qu'autant qu'elles ont eu pour effet d'interrompre les communications télégraphiques, c'est-à-dire quand, à l'acte matériel, se joint la circonstance aggravante d'interruption du service. Lorsque cette circonstance fait défaut, le délit tombe simplement sous l'application de l'art. 257 c. pén., lequel, punit quiconque a détruit, abattu, mutilé ou dégradé tout objet destiné à l'utilité publique ou élevé par l'autorité publique ou avec son autorisation. C'est ce qui a été jugé à propos de l'arrachage, des trous dans lesquels ils étaient enfoncés, de poteaux télégraphiques, sans que néanmoins le service télégraphique eût été interrompu (Crim. cass. 11 juin 1863, aff. Blanchard, D. P. 63. 1. 263).

ART. 3. — *Mode de réparation des dommages causés aux lignes télégraphiques.* — *Destination des amendes et des réparations civiles* (*Rép.* v° *Télégraphie*, n°s 140 à 144).

250. — V. *Rép.* v° *Télégraphie*, n°s 140 à 144.

ART. 4. — *Constatation des contraventions, délits et crimes relatifs aux lignes télégraphiques* (*Rép.* v° *Télégraphie*, n°s 145 à 155).

251. — V. *Rép.* v° *Télégraphie*, n°s 145 à 155.

SECT. 5. — ORGANISATION DE L'ADMINISTRATION ET DU SERVICE DES LIGNES TÉLÉGRAPHIQUES (*Rép.* v° *Télégraphie*, n° 156).

252. V. *supra*, n°s 7 et suiv., et *Rép.* v° *Télégraphie*, n°s 156 et suiv.

Table sommaire

des matières contenues dans le Supplément et le Répertoire.

Table chronologique des Lois, Arrêts, etc.

13 août. Angers,42 c., 52 c.	25 janv.Loi. 35 c., 41 c., 43 c., 45 c., 46 c., 47 c., 48 c., 49 c., 50 c., 51 c., 52 c.	5 avr. Loi. 214 c.	3 nov. Convent. intern. 120 c., 122 c.	11 févr. Civ. 139 c.	**1887** c.	19 oct. Décr. 236 c., 237 c., 240 c.	1er mai. déc. 245 c.
16 déc. Civ 37 c.		6 avr. Loi. 23 c., 24 c., 25 c., 26 c., 29 c., 39 c., 59 c., 62 c., 64 c., 66 c., 67 c., 68 c., 72 c.,153 c.	**1881**	1er mars. Déc. 31 c.	4 janv. Décr. 11 c.	20 oct. Déc. 235 c.	27 mai. Rennes 79 c.
1868	15 févr.Décis. min. 169 c.	16 avr. Décr. 212 c.	15 févr. Décr. 104 c., 107 c.	3 mars. Loi. 121 c.	21 janv. Arr. min. c., 243 c., 244 c.		17 juin. Paris. 79 c.
4 juill. Loi. 209 c.	23 mai. Chambéry. 78.	1er juin.Conv. post. 97 c.	3 mars. Loi. 120 c., 138 c.	6 juin. Limoges 167 c.	16 mars. Loi. 26 c.	**1890**	19 juin. Loi. 216 c., 217 c.
1869	31 mai. Décr. 28 c.	4 juin. Arrang. intern. 97 c.	24 juill. Décr. 120 c., 121 c.	27 août. Paris.138 c.	17 mars, Décr. 28 c.	18 janv. Décr. 218 c., 219 c., 238 c.	juin. Congr. de Vienne. 123 c.
12 févr. Aix. 161 c.	28 août.Grenoble. 172 c.	23 oct. Arrêté. 9 c.	19 sept. Décr. 120 c.	14 nov. Décr. 210 c.	7 avr. Décr. 12 c.	1er févr. Décr. 236 c.	4 juill. Convent. post. 5 c., 7 c., 17 c., 27 c., 29 c., 55 c., 57 c., 87 c., 88 c., 92 c., 97 c., 113 c., 117 c., 120 c., 129 c.
17 févr. Paris. 150 c.	20 oct. Crim. 78 c.	19 déc. Loi. 26 c., 97 c.	11 oct.Décr.131 c.	25 nov. Décr. 120 c.	17 mai. Décr. 120 c.	27 mars. Montpellier. 75 c., 86 c., 159 c.	20 juill. Loi. 114 c.
29 avr. Rouen. 82 c.	6 déc. Loi. 12 c.	26 déc. Loi. 39 c., 45 c.	24 nov. Décr. 120 c.	13 déc. Trib. confl. 178 c., 191 c.	15 juin. Décr. 6 c.	20 mai. Loi. 221 c.	17 nov. Orléans 79 c.
11 juin. Crim. 150 c., 151 c.	**1874**	**1879**	27 déc. Décr. 210	**1885**	27 juin. Décr. 10 c.	31 mai. Décr. 282 c., 224 c., 225 c., 231 c.'	19 déc. Caen 79 c.
15 juill. Crim. 168 c.	16 janv.Cons.d'Et. 143 c.	25 janv. Décr. 210	**1882**	13 janv.Décr. 210 c.	9 juill. Arr. min. 12 c., 14 c.	21 juin. Conf. de Paris. 216 c.	**1892**
30 juill. Crim. 152 c., 161 c.	23 janv.Cons.d'Et. 175 c.	18 mars.Loi. 89 c.	28 févr. Trib. civ. Nogent - sur - Seine. 138 c.	20 janv. Arr. min. 77 c.,81 c., 82 c., 84 c.	28 juill. Décr. 0 c.	5 juill. Décr. -7 c.	15 janv. Conv. 124 c., 139 c., 140 c.
1870	8 juill.Bordeaux. 80.	25 mars.Loi. 89 c.	24 mars. Trib. comm. Narbonne. 138 c.	23 janv.Cons.d'Et. 178 c.	6 oct. Décr. 215 c.	31 oct. Décr. 237 c., 241 c.	26 janv.Loi.107 c., 108 c.
11 févr. Crim. 74 c.	21 nov. Crim. 170 c., 171 c.	27 mars.Décr.97 c.	29 mars. Trib. comm. Muret. 138 c.	17 févr. Douai 77 c.	**1888**	7 nov. Décr. 231 c.	5 mars. Décr. 107 c.
13 mai. Crim. 172 c.	**1875**	5 avr. Loi.102 c., 103 c., 105 c., 106 c., 107 c., 111 c., 112 c., 113 c., 115 c.	20 avr.Loi.	14 mars. Crim. rej. 21 c.	27 janv. Décr.113 c.	15 nov. Amiens 72 c.	25 mars. Loi. 16 c., 70 c.
25 mai. Décr. 91 c.	12 févr.Rouen. 171 c.	5 mai.Décr.118 c.	20 avr. 30 c.	27 avr. Crim. 178 c.	23 mars. Limoges. 83 c., 85 c.	4 déc. Crim. 84 c.	31 mars. Décr. 16 c.
5 juill. Orléans. 172 c.	16 mars. Trib. Mende. 207 c.	13 mai.Décr.200c., 201 c.	19 juin. Décr. 102 c.	9 juill. Décr. 210 c.	29 mars. Décr. 8 c.	26 déc. Loi. 221 c., 246 c.	8 avr. Décr. 210 c.
7 juill. Loi.194 c.	10 juill. Conv. de Saint - Pétersbourg. 216 c.,	11 juin.Cons.préf. Seine. 140 c.	24 juin. Loi. 94 c.	27 juill. Loi. 222 c.	3 mai. Décr. 213 c.	22 déc. Conv. de 18 c.	12 avr. Loi. 124 c., 139 c.
14 juill. Crim.78 c.	20 déc. Caen. 171.	26 juin.Arrêté. 210	27 juin.Agen. 38 c.	28 juill. Loi. 178 c., 179 c., 180 c., 186 c., 191 c., 193 c., 194 c., 195 c.	1er déc. Décr. 142 c.	31 déc. Décr. 246 c.	13 avr.Loi. 16 c., 39 c.,49 c.,113 c., 114 c.
24 juill. Décr. 28 c.	24 avr.Orléans,166 c.	25 août. Décr. 211	29 juin. Loi.90 c., 96 c.		12 déc. Besançon 18 c.	**1891**	3 juin. Paris 18 c., 19 c.
24 juill. Loi 144 c.	5 mai.Lyon. 164.	.. nov. Circ. min. postes et télégr. 110 c.	8 juill. Loi. 66 c.	28 juill. Décr. 225 c.	**1889**	11 févr. Paris. 82 c.	10 juin. Grenoble c.
16 oct. Décr. 59 c.	13 juill. Crim. 147 c., 149 c., 157 c.	21 nov.Conv. dipl. 119 c.	15 juill. Loi. 96 c.	**1886**	10 janv. Civ. 82 c.	20 févr. Cons.d'Et. 140 c.	26 juin. Décr. 97 c., 113 c.
1871	24 août. Orléans. 149 c., 160 c.	18 déc. Loi. 119 c.	27 juill. Amiens. 173.	15 févr. Décr. 106 c.	9 févr. Nîmes 18 c.	27 févr. Décr. 7 c.	20 juill. Loi 115 c.
30 mai. Loi. 144 c.	**1877**	**1880**	10 août.Décr.80 c.	27 mars. Décis. 113 c.	13 févr. Décr. 182 c.	28 févr. Conv. avec l'Allemagne. 216 c.	26 juill. Décr. 92 c.
23 août. Loi.212 c.	10 nov. Crim. 79 c.	3 janv. Décr. 102	7 nov. Décr. 30 c.	27 mars. Décr. 120 c.	27 févr. Conv. Paris. 216 c.	28 févr. Conv. avec la Suisse. 216 c.	13 août Décr. 116 c.
24 août. Loi. 26 c.	1er déc.Poitiers.166 c., 167 c.	22 mai. Décr. 210	15 nov.Décr. 94 c.	17 avr. Colmar 53 c.	16 avr. Décr. 143 c.	4 mars. Conv. avec le Luxembourg. 216 c.	1er sept. Décret. 131 c.
15 nov. Civ. 38 c.	**1878**	10 juill. Loi. 118	**1883**	8 mai.Trib.confl. 178 c.	16 mai. Décr. 143 c.	9 août. Crim. 167 c., 173 c.	**1893**
1872	20 mars. Décr 6 c.	17 juill.Loi.103 c., 104 c., 106 c., 107 c., 118 c.	26 janv. Décr. 102	29. juin. Décr. 175 c.	22 mai. Req. 18 c.	10 mars. Décr. 6 c.	31 janv. Civ. 36 c.
5 mars. Décr.109 c.	21 mars. Loi. 202 c., 209 c., 210 c., 211 c.	9 oct. Conv. intern. 120 c.	1er févr. Civ. 138 c.	24 juill. Décr. 106 c.	16 juill. Loi. 220 c., 221 c., 240 c.	23 mars. Décr. 237 c.	
20 mars.Loi.209 c.		2 nov. Convent. post.122 c.,124 c.,125 c.,127 c., 138 c., 139 c., 140 c.	16 avr. Toulouse. 138.	5 oct. Arr. min. 29 c.		23 mars. Conv. avec la Russie. 216 c.	
9 juill.Paris.38 c.			28 avr. Décr. 8 c.				
17 août. Décr. 28 c.			28 avr. Décr. 11 c.				
24 août. Loi. 39 c.			5 mai.Trib.Lunéville. 138 c.				
13 sept. Trib. Seine. 54 c.			24 nov. Arr. min. 29 c.				
20 déc. Loi. 24 c., 29 c.			**1884**				
28 déc. Dijon. 208 c.			.9 janv.Décr.210				
1873							
25j anv. Loi. 32 c.							

POSTHUME. — V. infrà, vis *Propriété littéraire et artistique*, et *Rép. eod.* v°, nos 14, 80, 146 et suiv., 152, 274.

POSTULATION. — V. supra, vis *Avoué*, nos 53 et suiv. ; 94.

POT DE VIN. — V. supra, vis *Enregistrement*, n° 2456 ; et infrà, vis *Surenchère*, et *Rép. eod.* v°, n° 191 ; *Usufruit*, et *Rép. eod.* v°, n° 183 et 282 ; *Vente*, et *Rép. eod.* v°, nos 330 et 339.

POUDRES ET SALPÊTRES.

Division.

Art. 1. — Historique et législation (n° 1).

Art. 2. — Fabrication, circulation, détention et vente des poudres (n° 6).

Art. 3. — Dispositions particulières relatives au salpêtre (n° 31).

Art. 4. — Infractions et pénalités (n° 32).

Art. 5. — Poursuite, compétence, etc. (n° 52).

Art. 6. — Dispositions spéciales à la dynamite et aux autres explosifs nouveaux (n° 58).

Art. 1er. — *Historique et législation* (Rép. nos 2 à 5).

1. — I. Généralités. — L'ancienne législation sur les poudres et salpêtres avait un double but : 1° réserver rigoureusement à l'Etat le monopole de la fabrication et de la vente des poudres ; 2° réprimer les attentats publics ou privés commis ou tentés à l'aide de ces produits. Tels étaient les principes qui avaient guidé les auteurs des lois du 13 fruct. an 5, du 27 pluv. an 8, des lois pénales du 24 mai 1834 (art.2 à 4) (*Rép.*, v° *Armes*, n° 252) et du 25 juin 1841 (art. 25) (Olibo, *Code des contributions indirectes*, t. 2, p. 469). L'état actuel est plus compliqué. D'une part, le nombre des corps détonants s'accroît tous les jours et multiplie le danger des actes criminels, d'une préparation plus facile et d'une portée bien autrement destructive ; d'autre part, les nécessités militaires ont amené l'emploi de ces nouveaux engins dans les moyens de défense nationale; enfin, et en présence des besoins nouveaux du commerce, on a cru devoir renoncer au monopole absolu de l'Etat et ouvrir à l'industrie privée l'accès de la fabrication des explosifs.

2. De là des modifications importantes à l'ancienne législation : c'est ainsi que la loi du 8 mars 1875, sur la fabrication de la dynamite, a supprimé, pour la plus grande partie, le monopole de l'Etat, mais soumis les fabricants d'explosifs à un impôt spécial. — Dans un sens contraire, c'est-à-dire dans l'ordre répressif, la loi du 19 juin 1871 (art. 3) a prononcé des peines contre les fabricants ou détenteurs sans autorisation de machines ou engins meurtriers ou incendiaires ou de poudre fulminante ; plus tard, les dispositions de cette loi ayant été jugées insuffisantes, la loi du 2 avr. 1892 a édicté de nouvelles dispositions contre les attentats commis à l'aide de la dynamite ou d'autres matières explosives. — L'ensemble fait quelquefois défaut dans ces textes, rédigés sous l'impression de dangers publics et d'une extrême gravité, auxquels il fallait porter un remède immédiat ; aussi, y a-t-il quelque difficulté à reconnaître soit les dispositions anciennes qui subsistent et celles qui ont été abrogées, soit la nature des infractions réprimées par chaque texte. — Au point de vue militaire, il convient de citer le décret du 13 nov. 1873, qui a placé la fabrication de la poudre exclusivement dans les attributions du département de la guerre.

3. — II. ATTRIBUTIONS. — A l'époque de la publication du *Répertoire*, l'organisation du service des poudres et salpêtres était régie par l'ordonnance du 26 févr. 1839, d'après laquelle ce service était placé sous les ordres immédiats du ministre de la guerre et soumis à la direction supérieure d'un officier général du corps d'artillerie (*Rép.* nº 5). Ce régime a été modifié par un décret du 17 juin 1865 qui a supprimé la direction des poudres et salpêtres et réparti les opérations dont elle était chargée entre le ministère des finances et le ministère de la guerre (art. 1 et 2). Le ministère de la guerre conserva la fabrication exclusive des divers types de poudres nécessaires pour les services militaires (art. 3) ; le ministère des finances eut dans ses attributions la fabrication de tous les types de poudres de mine, de commerce extérieur et de chasse (art. 4). Depuis lors, un décret du 13 nov. 1873 a fait rentrer dans le ressort du département de la guerre et toutes les poudreries et toutes les raffineries de salpêtre, de soufre appartenant à l'Etat. D'autre part, le ministère des finances est chargé, pour la dynamite, du recouvrement de l'impôt et de la surveillance des fabriques.

4. — III. PERSONNEL. — Le personnel des poudres et salpêtres, a été organisé par décret du 9 mai 1876; il dépend du ministère de la guerre. L'art. 1 constitue un corps des ingénieurs des poudres et salpêtres. Il réserve aux officiers de l'artillerie de terre la direction de l'une des poudreries. Le personnel est divisé 1º en corps des ingénieurs des poudres et salpêtres, en tout douze ingénieurs et un nombre proportionné d'élèves; 2º en personnel d'exploitation composé d'employés, d'agents et ouvriers immatriculés et d'ouvriers auxiliaires. Des inspecteurs généraux, créés par l'article 15 du décret sont chargés de l'inspection permanente qui doit avoir lieu, au moins une fois par an, pour chaque établissement. L'inspecteur doit faire un rapport au ministre sur l'installation, les procédés, la marche générale du service ; il reçoit et transmet avec ses observations et propositions les notes et propositions des directeurs de poudreries relatives au personnel. D'après l'article 16, les ingénieurs sont répartis entre les divers établissements ; le plus élevé en grade et le plus ancien a le titre de directeur et correspond directement au ministre. Un comité consultatif, établi par le décret du 13 nov. 1873, et maintenu par l'art. 17 du décret du 9 mai 1876, statue sur toutes les questions administratives ou techniques et donne son avis sur les différends entre les services. Il est composé du président du comité d'artillerie, d'officiers de cette arme de terre et de mer, d'un membre de l'académie des sciences, du directeur général des contributions indirectes, d'un inspecteur général des ponts et chaussées ou des mines et de deux inspecteurs généraux des poudres et salpêtres avec un ingénieur de ce corps pour secrétaire. Des décrets du 9 mars 1878 et du 19 oct. 1881 ont fixé le traitement du personnel des poudres et salpêtres.

5. Le rôle du service des contributions indirectes en matière de poudre à feu (V. *Rép.* nº 19 et suiv., 24 et suiv., 41 et suiv.) subsiste au point de vue de la vente des poudres, de la surveillance de leur transport, de leur détention illégale et de l'encaissement du produit de cette vente; il comprend en outre la perception et la surveillance en ce qui concerne la dynamite. La Régie a des entrepôts, dans lesquels les poudres sont vendues aux débitants.—La recherche et la poursuite des contraventions lui appartenaient, sauf le cas d'importation, où elle était confiée à la douane. Mais cette situation a été en partie modifiée par diverses lois, notamment par celle du 8 mars 1875. Il en résulte que le ministère public a aujourd'hui, dans presque tous les cas, l'initiative des poursuites et que les administrations ne sont que parties jointes. Les transactions en matière de poudres

sont également soumises à un régime particulier et dépendent non du fisc seul, mais des conseils de préfecture.

28-29 oct. 1882. — Décret concernant la vente et le transport de la dynamite (D. P. 83. 4. 36).

30 déc. 1882-9 janv. 1883. — Décret qui autorise le ministre des finances à fixer annuellement les prix de vente des poudres de commerce extérieur (D. P. 83. 4. 84).

6-8 août 1883. — Loi qui fixe le prix de vente de la poudre au bois pyroxylé (D. P. 84. 4. 24).

5-9 janv. 1885. — Décret portant fixation du prix des poudres livrées à l'exportation (D. P. 85. 4. 74).

2 déc. 1885-18 janv. 1886. — Décret qui fixe le prix des poudres de chasse livrées, sous le régime de l'exportation, au gouvernement de la Tunisie (D. P. 86. 4. 72).

21 mai-6 juin 1886. — Décret relatif à l'exportation des poudres (D. P. 87. 4. 38).

28 sept. 1886. — Décret relatif au prix de vente de la poudre de mine dite *pulvérin* (*Bull. des lois* n° 17147).

12-15 janv. 1887. — Arrêté du ministre des finances qui fixe les prix des poudres à feu destinées à l'exportation (*Bull. des lois* n° 17570).

23-26 janv. 1892. — Arrêté qui fixe le prix des poudres à feu destinées à l'exportation (*Journ. off.* du 26 janvier).

29 avr. 1892. — Loi portant modification des art. 435 et 436 c. pénal (D. P. 92. 4. 42).

6 févr. 1893. — Arrêté qui fixe les prix des poudres à feu destinées à l'exportation.

ART. 2. — *Fabrication, circulation, détention et vente des poudres* (*Rép.* n°s 6 à 17).

6. — I. FABRICATION. — Le monopole de la fabrication des poudres (*Rép.* n° 8) existe toujours au profit de l'État ; mais il a perdu beaucoup de son importance. En effet, ainsi qu'on l'a vu *supra*, n° 2, la loi du 8 mars 1875 (D. P. 75. 4. 97) a apporté à ce monopole une grave exception en concédant à l'industrie privée, sous des conditions qui seront étudiées plus loin, la fabrication de la dynamite et autres explosifs à base de nitro-glycérine. Or, en pratique, ces produits ont remplacé, d'une façon exclusive pour la guerre et les mines, et toujours croissante pour la chasse, l'ancien mélange de soufre, de charbon et de salpêtre, qui seul constituait la poudre usitée au temps de la loi du 13 fruct. an 5. Ce n'est donc plus que sur une combinaison en quelque sorte exclue de la pratique actuelle que porte principalement ce monopole.

7. Il a été jugé que les dispositions de la loi du 13 fruct. an 5, qui attribuent à l'État le privilège exclusif de la fabrication et de la vente des poudres à feu, et interdisent cette fabrication et cette vente à tous les citoyens autres que ceux qui ont reçu une autorisation spéciale, ne s'appliquent pas seulement aux poudres fabriquées dans les mêmes conditions et par les mêmes procédés que celles de l'État, mais encore à toute agrégation de matières susceptibles d'explosion par l'action du feu, produisant des effets identiques ou analogues et destinée à remplacer, soit d'une manière générale, les poudres de guerre, de chasse et de mine, soit l'une d'elles spécialement. Par exemple, ces dispositions doivent être étendues à une substance (la combinaison Murtineddu) qui, bien que ne s'enflammant pas d'une manière instantanée, produit néanmoins, par l'effet d'une combustion lente et successive, des effets utiles pour l'exploitation des mines et la destruction des roches. Peu importe que cette substance diffère de la poudre de mine par le dosage du soufre et du salpêtre, par la substitution de la sciure de bois au charbon pilé et l'addition de quelques éléments secondaires, dont le but est de ralentir l'explosion en diminuant les dangers et de réduire le prix de la fabrication, ces différences n'enlevant pas à ladite substance le caractère qu'elle puise dans l'analogie du mélange, l'identité des moyens d'action et la similitude des résultats (Crim. cass. 2 janv. 1858, aff. Murtineddu, D. P. 58. 1..47 ; 22 déc. 1859, Ch. réun. cass., même affaire, D. P. 59. 5. 294).

8. La poudre-coton rentre également dans la prohibition de la fabrication, vente ou détention applicable à la poudre de salpêtre (Circ. min. int. 14 déc. 1846, D. P. 47. 5. 108 ; Circ. min. fin. 25 janv. 1847). Par les mêmes motifs, il doit en être également ainsi des cartouches de tir au bois pyroxylé, dont le ministre des finances a rendu la fabrication à la direction des poudres et salpêtres en 1881.

9. — II. SERVITUDE SPÉCIALE. — Une servitude spéciale a été créée autour des magasins à poudre de la guerre et de la marine par la loi du 22 juin 1854 (D. P. 54. 4. 122). Elle

interdit, dans un premier rayon de 25 mètres, toute autre construction que les murs de clôture, de même que tout emmagasinement de matières combustibles (dépôts de bois, fourrages, etc.), tout établissement de conduits de gaz, etc., et même les plantations d'arbres de haute futaie (art. 1). Cette énumération n'est, à notre avis, n'est pas limitative, et l'on devrait comprendre dans la prohibition (art. 1) les huiles, les pétroles, les vernis, les essences, en un mot toutes les substances combustibles soit par destination, soit par leur nature même. — Dans un second rayon de 50 mètres sont prohibés les usines et établissements à foyers, avec ou sans cheminées d'appel (art. 2).

10. Lors de l'établissement des poudreries ou de l'application de la loi, les propriétaires sont expropriés : d'après la loi du 3 mai 1841, lorsqu'il s'agira des bâtiments ou constructions visées par l'art. 2, et d'après la loi du 16 sept. 1807 dans tous les autres cas (L. 22 juin 1854, art. 3) (Comp. en ce qui concerne l'expropriation ou l'occupation, *Rép.*, v° *Place de guerre*, n°s 18, 135 et suiv.). — Il a été jugé que la distance de 25 mètres fixée par la loi du 22 juin 1854, à partir de laquelle les propriétaires voisins d'un magasin à poudre ne sauraient construire, doit être calculée, quand ces magasins sont protégés par des remblais, non à partir du parement extérieur du mur du bâtiment, mais à partir du pied du remblai (Cons. d'Et. 4 déc. 1885, aff. Joly, *Rec. Cons. d'État*, p. 929).

11. L'application des règles concernant les établissements dangereux ou insalubres ne s'étend pas aux manufactures de l'État dont l'existence intéresse la sûreté et la défense du territoire, telles que les poudreries (V. sur ce point, *supra*, v° *Manufactures, fabriques et ateliers dangereux*, n° 49). Mais il en est autrement des fabriques privées de dynamite établies en vertu de la loi du 8 mars 1875 (V. *infrà*, n° 61).

12. — III. CIRCULATION. — Sur les expéditions qui doivent accompagner les poudres, V. *Rép.* n° 10. *Adde* : Olibo, *Code des contributions indirectes*, t. 2, p. 474-475.

13. Les formalités relatives au transport sont remplies, aux lieux de départ, de passage et d'arrivée, par les officiers municipaux ; mais les employés des contributions indirectes sont prévenus de ces transports (Décr. 16 mars 1813, art. 8). — Lorsque la quantité de poudre transportée est de 5000 kilogr. ou au-dessus, le convoi doit toujours être accompagné par une escorte militaire. Même au-dessous de cette quantité, il appartient à l'autorité locale d'apprécier si l'escorte est nécessaire, et elle peut toujours prescrire cette mesure, même alors qu'une partie du transport a été effectuée (V. Arr. min. guerre 24 sept. 1812 ; Olibo, *op. cit.*, p. 475-476). Aux termes d'une décision du ministre de la guerre du 8 avr. 1859, la gendarmerie n'est tenue de fournir escorte aux convois de poudre, circulant par terre et par eau, qu'autant qu'il n'en doit pas résulter pour elle l'obligation de découcher. Dans le cas contraire, l'escorte est fournie, selon les ressources, par la troupe de ligne. S'il y avait impossibilité de recourir à la troupe de ligne, le service incomberait, dans tous les cas, à la gendarmerie. — L'arrêté du ministre de la guerre du 24 sept. 1812 indique en détail les précautions qui doivent être prises pour les transports afin de prévenir tout accident (V. Olibo, *op. cit.*, p. 475, note).

14. Dans le cas de transport par chemins de fer, il y a lieu d'appliquer l'art. 21 de l'ordonnance du 15 nov. 1846, qui défend d'admettre dans les convois qui portent des voyageurs aucune matière pouvant donner lieu soit à des explosions, soit à des incendies. V. aussi même ordonnance, art. 66. — Les traités avec les chemins de fer pour le transport sont rédigés d'après un cahier des charges, fixant le prix, la distance minima à parcourir en 24 heures, les pénalités en cas de retard (art. 65 à 72). Les caisses doivent être vérifiées dans l'arrivée dans les entrepôts ; il n'est pas alloué de déchets de route sur les poudres ; les compagnies remboursent le prix de celles perdues ou soustraites d'après le prix de vente aux consommateurs (Circ. n° 837, du 29 avr. 1862, et 216, du 1er août 1877). Les poudres avariées sont remboursées d'après un tarif établi par le ministre de la guerre, annexé à la circulaire du 1er août 1877.

15. — IV. DÉTENTION. — On a vu au *Rép.*, n° 11, que la loi du 24 mai 1834 (art. 2) (*Rép.*, v° *Armes*, p. 252) défend aux particuliers toute détention de poudre de guerre et l'approvisionnement de poudre de chasse au-dessus de 2 kilogr., sous peine d'un emprisonnement de 1 mois à 2 ans, outre l'amende et la confiscation. — La loi du 19 juin 1871 punit d'un emprisonnement de 6 mois à 3 ans et d'une amende de 50 à 3000 francs, tout fabricant ou détenteur sans autorisation, de machines ou engins meurtriers ou incendiaires opérant par explosion, ou de poudre fulminante, quelle qu'en soit la composition. Mais cette loi permet l'application de l'art. 463 c. pén. sur les circonstances atténuantes (V. *infrà*, n° 50).

16. — V. VENTE. — Il a été dit au *Rép.*, n° 12, que le droit de vente des poudres appartient exclusivement au Gouvernement ou aux agents commissionnés à cet effet, et que cette vente est confiée au service des contributions indirectes. Elles sont vendues par les entreposeurs, agents des contributions indirectes, aux débitants, aux artificiers, aux armuriers, fabricants, essayeurs. Les entreposeurs sont assujettis à des règles, soit de sûreté générale, soit de comptabilité, fixées par diverses circulaires.

17. — 1° *Débitants.* — Les débits sont créés, les titulaires nommés par les préfets, sur la proposition des directeurs des contributions indirectes (Décr. 25 mars 1852, art. 5 ; Arr. min. fin., 3 mai 1832). Les débitants sont exceptés de la prohibition de détenir de la poudre en quantité de plus de 2 kilogr. (L. 24 mai 1834, art. 3). Ils ne peuvent vendre que des poudres de chasse.

18. Les débitants ne peuvent s'approvisionner ailleurs que dans les entrepôts (Circ. n° 24, du 24 août 1816) ; ... ni par quantités inférieures à 4 kilogr. (Circ. 28 août 1878). Il leur est interdit, sous peine de révocation et de poursuites, de vendre la poudre à un prix plus élevé que celui du tableau des ventes, lequel doit être affiché dans le lieu le plus apparent de leur débit (Circ. adm. contr. indir., 14 mai 1818).

19. Les débitants sont tenus d'avoir un registre de vente. On a indiqué au *Rép.*, n° 16, les mentions qu'il doit contenir. Les débitants sont exercés et soumis aux mêmes obligations que les débitants de tabac, V. *supra*, v° *Impôts indirects*, n° 10). — Aux termes de l'art. 2 du décret du 16 mars 1813, « les employés des contributions indirectes sont autorisés à entrer en tout temps dans les magasins des marchands et des débitants qui, aux termes des lois, sont tenus de justifier de l'emploi des poudres qu'ils ont en leur possession ». — Les débitants sont-ils assujettis à patente ? Non, comme simples débitants. Le Conseil d'Etat a même décidé que la vente du plomb de chasse, lorsqu'elle ne peut être considérée que comme l'accessoire d'un débit de poudre, ne constitue pas une profession sujette à la patente (Cons. d'Et. 10 sept. 1856, aff. Amiot, *Rec. Cons. d'Ét.* p. 67).

20. Toute vente de poudre, soit par les entreposeurs aux débitants, soit par ceux-ci aux particuliers, doit être accompagnée de facture. Cependant les débitants ne doivent en délivrer que pour les quantités supérieures à 2 kilogr.

21. La poudre de chasse est vendue dans des enveloppes, et les débitants ne doivent, sous aucun prétexte, ouvrir les boîtes qui la renferment (Circ. min. fin., 10 juin 1818).

22. Le prix de vente des poudres à l'intérieur et aux consommateurs est actuellement fixé comme suit par kilogramme : Poudre de mine lente 1 fr. 25 ; ordinaire 1 fr. 75 ; forte 2 fr. 10 ; à grain fin ordinaire 1 fr. 60. Poudre de guerre, fabrication ancienne et nouvelle à canne et à fusil, noire ou brune 3 fr. 40 ; poudre de chasse en boîtes ou dans des barils, ordinaire 11 fr. 85 ; superfine 15 fr ; spéciale extra-fine 19 fr. 35 ; poudre pyroxylée en boîtes 28 fr ; coton azotique pour dynamite 5 fr. 25. (Loi du 2 juin 1875 et arrêté du min. des fin. du 16 janv. 1891). — Pour l'épreuve des armes de toute sorte, la poudre de guerre est livrée au prix de 1 fr. 60 le kilogr. La poudre de mine est livrée aux fabricants de mèches de mineurs avec la réduction suivante : Poudre fin grain ordinaire, 1 fr. 40 au lieu de 2 fr. 35 ; poudre forte 1 fr. 60 au lieu de 2 fr. 60. Les sociétés de tir peuvent également obtenir une réduction sur le prix de la poudre. Enfin les autorités municipales peuvent obtenir la délivrance de poudre pour les fêtes publiques. — Pour la poudre d'exportation, V. *infrà*, n° 30.

23. — 2° *Artificiers.* — Les artificiers sont soumis aux mêmes prescriptions que les débitants ; il faut y ajouter quelques règles qui leur sont spéciales. Ainsi nul ne peut exercer cette profession sans autorisation, et la poudre ne peut leur être délivrée que sur le vu de cette autorisation. Leurs établissements sont, en effet, compris dans la première classe des ateliers dangereux ou insalubres (V. Décr. 3 mai 1886, D. P. 87. 4. 32). — Les artificiers sont soumis à la patente.

24. Il ne peut être livré aux artificiers que de la poudre de guerre. Ils sont soumis à la surveillance des agents des contributions indirectes, de la police et de l'autorité municipale. Les carnets sur lesquels ils doivent inscrire leurs achats et leurs ventes sont cotés et parafés par le maire ou l'un des adjoints de la commune. Enfin ils ne peuvent vendre la poudre de guerre qu'à l'état de pièces d'artifice, sous les peines prononcées par l'art. 222 de la loi du 28 avr. 1816. Ils ont droit à une réduction spéciale sur le prix de la poudre.

25. — 3° *Fabricants d'armes et essayeurs.* — Les fabricants d'armes dûment commissionnés sont seuls admis à s'approvisionner de poudre de guerre, à un tarif qui leur accorde une réduction de prix. Ils ne peuvent en obtenir que sur le vu d'une autorisation spéciale du préfet ou de son délégué. Chaque livraison est constatée par la délivrance d'une facture (Circ. 22 nov. 1866). Il en est tenu un compte particulier par le service des contributions indirectes, contradictoirement avec le fabricant. Les manquants peuvent donner lieu à un supplément de prix.

26. — VI. IMPORTATION. — L'importation de la poudre étrangère, interdite par la loi du 13 fruct, an 5, art. 21, était punie par cette même loi (V. *infrà* n° 45). Le décret du 18 mars 1852 avait fait rentrer l'introduction de poudre à feu sous l'application des lois générales relatives aux importations de marchandises prohibées. La loi du 2 juin 1875 (art. 5) a confirmé ces dispositions, en les étendant aux produits assimilés. Les lois applicables en pareil cas sont celles des 22 août 1791 (titre 5, art. 1) ; 4 germ. an 11 (art. 10) ; 28 avr. 1816 (art. 41 et suiv.) ; 27 mars 1817 (art. 15) ; 21 avr. 1818 (art. 34).

27. Sur la prohibition des capsules de guerre à poudre fulminante, des cartouches chargées de poudre, l'importation des cartouches de chasse, V. *supra*, v° *Douanes*, n°s 237 et 238. — En vertu de la loi du 1er août 1874 (art. 1 et 2), les sociétés de tir peuvent obtenir l'autorisation d'importer des cartouches chargées pour les armes autres que celles dont se compose l'armement militaire. Les autorisations doivent être délivrées par les ministres de la guerre et des finances. Ces munitions devront rester en dépôt dans la poudrière la plus rapprochée des emplacements de tir pour être délivrées aux ayants droit au fur et à mesure de leur consommation. Dans la pratique, on les dépose dans les entrepôts de la Régie les plus voisins (Circ. 17 févr. 875). Le droit est de 25 francs par 100 kilogr.

28. Les mèches de mineurs importées aux tarifs ci-après par 100 kilogr. : mèches en gutta-percha ou en caoutchouc 80 francs ; mèches à ruban, 50 francs ; mèches ordinaires goudronnées, blanches ou jaunes, 35 francs (Circ. min. fin. 26 mai 1883).

Enfin les pièces d'artifice pour divertissement sont admises à l'importation sous le droit de 100 francs les 100 kilogr. Ces tarifs uniques sont applicables sous le régime général comme sous le régime conventionnel (Circ. 26 mai 1883).

29. — VII. EXPORTATION. — Le régime de l'exportation est actuellement réglé par le décret du 21 mai 1886 (D. P. 87. 4. 32). L'art. 1 de ce décret réserve à l'administration des Contributions indirectes la vente des poudres demandées pour l'exportation par terre ou par mer. La poudre dite de commerce extérieur ne peut être exportée que par mer. — L'art. 2 trace les règles et les formes des demandes à adresser par les négociants ; il prescrit, pour l'exportation par mer, le visa du commissaire de la marine et pour l'exportation par terre, du préfet du département. — L'article 3 prescrit la délivrance des poudres par les entrepôts les plus voisins du port ou du bureau de sortie. — Aux termes de l'art. 4, les délivrances doivent être certifiées par des acquits-à-caution, sur lesquels les préposés de l'administration des Contributions indirectes constatent les qualités et les espèces de poudres fournies. — Lors de l'embarquement ou de la sortie desdites poudres, porte l'art. 6, les préposés des douanes veilleront à ce que la totalité des poudres énoncées dans les acquits-à-caution soit exportée. Ils en délivreront certificat sur les mêmes acquits, lesquels seront ensuite, pour la justification de la sortie, remis par les armateurs et négociants aux préposés des contributions indirectes, qui en donneront reçu. — Les négociants qui obtiennent des poudres de chasse et pyroxylées au prix d'exportation, doivent s'engager par l'acquit à payer, au cas de non-justification de sortie, le double de la différence entre le prix auquel la poudre leur a été vendue et celui qui est réglé par le tarif pour la poudre de même espèce vendue aux consommateurs de l'intérieur ; quant aux autres poudres, l'obligation, pour le même cas, est seulement de payer la somme qu'ils auraient eue à payer pour pareille quantité de poudre ordinaire (art. 12). — Dans l'intervalle qui s'écoulera entre la délivrance des poudres et leur exportation par mer, elles doivent être déposées dans les magasins de l'État. De même pour celles qui rentrent en France après les expéditions maritimes. Quant aux poudres destinées à être expédiées par la voie de terre, elles peuvent sortir par tous les bureaux de douanes ouverts au transit des marchandises prohibées (art. 7). — Les art. 4, 9 et 10 se réfèrent, pour les pénalités, aux articles 21, 28 et 31 de la loi du 20 fruct. an 8. — Enfin l'art. 8 prescrit les mesures de précautions nécessaires pour garantir la sûreté des transporteurs et des habitants.

30. Le décret du 30 déc. 1882 a autorisé le ministre des finances à fixer annuellement, après entente avec le ministre de la guerre, le prix de vente des poudres du commerce extérieur. Ces prix, qui sont notablement inférieurs à ceux de la vente en France, s'appliquent au commerce avec les colonies, le pays de Gex et la partie de la Haute-Savoie placée en dehors de la ligne des douanes. Le prix de vente de la poudre d'exportation est actuellement fixé par le tableau joint à un arrêté du ministre des finances du 6 févr. 1893.

Art. 3. — *Dispositions particulières relatives au salpêtre* (*Rép.* nos 32 à 40).

31. Nous renvoyons sur ce point au *Répertoire*, les salpêtres n'ayant été l'objet d'aucune disposition nouvelle, et leur industrie même étant menacée de disparaître en raison de la découverte des produits explosifs nouveaux.

Art. 4. — *Infractions et pénalités* (*Rép.* nos 19 à 31).

32. Les infractions de cette nature sont encore aujourd'hui sous l'empire des dispositions de la loi du 13 fruct. an 5 et du décret du 23 pluv. an 13, qui prononcent des peines pécuniaires; elles sont régies, en outre, par des lois postérieures qui ont prononcé des peines plus fortes.

33. — I. Fabrication. — La loi du 24 mai 1834 et celle du 25 juin 1841 ont prononcé, pour le cas de fabrication illicite, la peine d'un mois à deux ans de prison et de 16 à 1000 fr. d'amende. — Sur la question de savoir si ces peines se cumulent avec celles des lois précédentes, V. *Rép.* nos 21 à 23. — Sur le caractère fiscal ou répressif des amendes, V. *infrà*, nos 40, 48.

34. La loi du 19 juin 1871 punit le fabricant ou détenteur non autorisé de machines explosives ou incendiaires ou de poudre fulminante quelconque, d'un emprisonnement de six mois à trois ans et d'une amende de 50 à 3000 fr. Nous croyons qu'en cette matière spéciale les lois précédentes sont tacitement abrogées.

35. La loi du 14 août 1885 (V. *supra*, vo *Armes*, no 4), qui permet la fabrication et le commerce des armes et munitions non chargées, sous la condition d'une déclaration et d'une autorisation préalables, punit le fait de s'être livré à cette fabrication ou à ce commerce, sans avoir fait la déclaration prescrite, d'une amende de 16 à 3000 fr. et d'un emprisonnement de trois mois à deux ans.

36. — II. Circulation et détention frauduleuse de poudre. — L'art. 30 de la loi du 13 fruct. an 5 punissait d'une amende de 20 fr. 44 cent. par kilogramme de poudre, ainsi que de la confiscation des chevaux et voitures, le voyageur ou conducteur qui transportait, sans passeport et sans visa de la municipalité du lieu de départ, une quantité de plus de 5 kilogrammes de poudre. Depuis, diverses dispositions sont venues compléter ou modifier cette sanction; elles ont donné lieu à plusieurs difficultés. Il faut, pour les résoudre, distinguer d'abord entre les diverses sortes de poudre ou d'en-

gins explosifs auxquels s'appliquent, en effet, des textes différents.

La poudre de guerre est régie par les dispositions du décret du 23 pluv. an 13, qui en punit la détention, en quantité quelconque, d'une amende de 3000 fr. A la poudre fulminante et aux engins meurtriers ou incendiaires s'applique la loi du 19 juin 1871, qui prononce contre leurs fabricants ou détenteurs un emprisonnement de six mois à trois ans et une amende de 50 fr. à 3000 fr. Enfin la loi du 24 mai 1834 (art. 2) punit d'un emprisonnement d'un mois à deux ans le détenteur d'une quantité quelconque de poudre de guerre, ou de plus de 2 kilogr. de toute autre poudre. Comment ces dispositions doivent-elles être combinées. Doivent-elles être appliquées simultanément? Lesquelles subsistent ou sont abrogées?

37. Tout d'abord, il est certain que, lorsqu'il s'agit de poudre de guerre, il doit y avoir lieu aux peines de l'art. 2 de la loi de 1834 et à celles du décret de pluviôse, an 13 ; d'après l'une et l'autre disposition, l'emprisonnement et l'amende s'appliquent à la détention d'une quantité quelconque. — Peut-on prononcer l'amende sans emprisonnement? Nous le croyons, étant donné que l'art. 110 de la loi admet les circonstances atténuantes. Cependant la cour de cassation a jugé que l'admission de ces circonstances ne pouvait porter sur la quotité de l'amende, et elle avait établi sa jurisprudence sur ce point par de nombreux arrêts (*Rép.* no 26). Mais il y a lieu de noter qu'aujourd'hui l'art. 42 de la loi de finances du 30 mars 1888 (D. P. 88. 4. 22), d'après lequel l'art. 463 c. pén. est applicable aux délits et contraventions prévues par les lois sur les contributions indirectes en général, ce qui comprend les amendes fiscales relatives aux armes à feu.

38. Lorsqu'il s'agit de poudre fulminante, nous pensons que la détention, et par suite le transport, qui suppose la détention au moins momentanée, sont régis aujourd'hui exclusivement par la loi du 19 juin 1871 et, par suite, passibles de l'emprisonnement de six mois à trois ans et de l'amende de 500 à 3000 fr., avec admissibilité des circonstances atténuantes. En effet, aucun texte antérieur n'avait prévu, au point de vue pénal, l'existence de la poudre fulminante ; il a donc là une disposition spéciale, qui abroge les dispositions générales antérieures.

39. Sur tous ces points, la loi de fructidor est donc devenue sans application. La seule poudre ordinaire de chasse ou de mine. La loi de 1834 punit la détention de plus de 2 kilogr. d'un emprisonnement d'un mois à deux ans, sans préjudice des autres peines portées par les lois. On a vu, d'autre part, que la loi de fructidor an 5 punit le transport au-dessus de 5 kilogr. La loi de 1834 a-t-elle modifié la loi de fructidor, ou bien établit-elle seulement des sanctions parallèles au point de vue de la quotité interdite? Suivant M. Olibo, *op. cit.*, p. 574, la loi de 1834 aurait virtuellement substitué le chiffre de 2 kilogr. à celui de 5 kilogr. prévu par la loi de fruct. an 5. Il en conclut que l'amende de 20 fr. 44 cent. édictée par l'art. 30 de cette dernière loi doit s'appliquer à tout transport de poudre. (Comp. Crim. cass. 9 mars 1854, aff. Maure, D. P. 54. 5. 575, cité au *Rép.* no 23).

On pourrait proposer une autre solution, qui consisterait à distinguer : il y aurait lieu à l'application combinée des lois de 1834 et de fructidor an 5, toutes les fois qu'il y a détention de poudre au delà de 5 kilogr., tandis que la loi de 1834, laquelle est d'ordre public, à la différence de la disposition de la loi de fructidor, qui est surtout d'ordre fiscal, serait seule applicable lorsque la quantité de poudre détenue est inférieure à 5 kilogr. mais supérieure à 2 kilogr. Cette interprétation paraît plus conforme au texte de la loi, et en même temps plus juridique : en réservant « les autres peines portées par les lois », le législateur n'a pu les maintenir que telles qu'elles existaient antérieurement ; or abaisser le maximum d'approvisionnement à partir duquel ces peines devenaient applicables, ce serait y apporter une aggravation qui ne pourrait résulter que d'une disposition expresse et spéciale.

40. Les lois antérieures à celle du 24 mai 1834 n'avaient prévu ni puni le cas de détention illicite de cartouches ou de munitions de guerre. L'art. 3 de cette loi a comblé cette lacune en punissant ce délit d'une peine d'un mois à deux ans de prison et d'une amende de 16 à 1000 fr. Lorsqu'il y a simultanéité de ce délit et de celui de détention de poudre de guerre, les juges doivent prononcer la peine la plus forte, conformément à l'art. 365 c. instr. crim. (Crim. cass. 25 sept. 1835, *Rép.* n° 25). Il est à remarquer qu'on a fait ici exception au principe généralement admis par la cour de cassation en matière fiscale, et d'après lequel les amendes, étant considérées comme des réparations civiles, peuvent être prononcées distinctement les unes des autres pour des délits ou contraventions connexes (Comp. *Rép.*, n°ˢ 21 à 23).

41. L'art. 30 de la loi du 13 fruct. an 5 prévoit la bonne foi du transporteur qui aurait été trompé par le chargeur, et qui n'aurait pas eu connaissance de la nature du chargement; il lui réserve un recours contre cet expéditeur (*Rép.* n° 25). Depuis, une disposition relative à la fraude en matière de boissons, l'art. 13 de la loi du 21 juin 1873, est allée plus loin et a permis au transporteur de bonne foi de s'exonérer de toute poursuite, en mettant l'Administration en présence du véritable auteur de la fraude. On peut se demander s'il n'y a pas lieu d'appliquer, à plus forte raison, le principe de cette disposition, qui ne vise qu'une contravention, au transport de la poudre, qui constitue un délit, et si, par suite, le transporteur de poudre, qui justifie n'avoir pas connu la nature du chargement et met l'Administration à même d'exercer des poursuites contre l'expéditeur, ne devrait pas être mis purement et simplement hors de cause. Cette interprétation trouve un appui dans le texte de l'art. 4 du décret de pluviôse an 13, qui exonère de poursuite le détenteur de poudre de guerre, lorsqu'il met l'Administration en présence de son vendeur, et aussi dans les deux arrêts de cassation cités au *Rép.* n° 27.

42. — III. Vente et colportage. — La vente et le colportage, de même que la fabrication des poudres à feu sans autorisation, sont atteintes par la loi du 25 juin 1841, qui prescrit, en pareil cas, l'application à la matière des poudres des art. 222 à 225 de la loi du 28 avr. 1816, relatifs aux mêmes contraventions en matière de tabacs. — L'art. 222 punit la vente et le colportage d'une amende de 300 à 1000 fr., outre la confiscation des tabacs saisis, des ustensiles servant à la vente et des moyens de transport. La disposition de l'art. 28 de la loi du fructidor an 5, qui punissait les mêmes délits d'une amende de 500 fr., subsiste-t-elle encore, en présence du texte de la loi du 1841? Nous ne le croyons pas.

Sur l'arrestation des fraudeurs, leur incarcération, les suites des condamnations prononcées contre eux, et sur la distinction entre le transport et le colportage, V. *Rép.* v° *Impôts indirects,* n°ˢ 587 et suiv.; *suprà,* eod. v°, n°ˢ 36 et suiv.).

43. En ce qui concerne spécialement les débitants, la vente ou la détention par eux de poudre de contrebande les rend passibles, aux termes de l'art. 36 de la loi de fructidor an 5, d'une amende de 1000 fr. outre la confiscation, et de la révocation. Il faut y ajouter ou y substituer aujourd'hui les peines prononcées par les lois du 24 mai 1834 et du 19 juin 1871 (V. *suprà,* n°ˢ 36 et suiv.).

La vente au-dessus des prix du tarif donne lieu, d'après l'art. 35 de la loi de fructidor an 5, à une amende de 100 fr., outre la révocation.

44. La vente, l'échange ou le don de poudres par les gardes des arsenaux, les militaires et employés et ouvriers des poudres, sont punis de trois mois de prison pour les gardes-magasins et militaires, et d'un an pour les employés et ouvriers des poudreries (L. 13 fruct. an 5, art. 12). A ces dispositions doivent s'ajouter celles qui sont relatives à la sûreté intérieure et extérieure de l'Etat (V. *suprà,* v° *Crimes contre la sûreté de l'Etat,* n°ˢ 16 et suiv.).

45. — IV. Importation frauduleuse. — La loi du 2 juin 1875 a remplacé la loi de fructidor an 5 et le décret du 1ᵉʳ mars 1852, en reproduisant la disposition de ce dernier texte qui applique à l'introduction frauduleuse des poudres les sanctions des lois de douanes relatives aux marchandises prohibées (V. *suprà,* v° *Douanes,* n°ˢ 236 et suiv.; *Rép.* eod. v°, n°ˢ 401 à 403). — Dans le cas de poursuite pour détention de poudre d'origine étrangère, le procès-verbal doit fournir la preuve de l'imputation. Jugé, en ce sens, que, l'importation frauduleuse de poudre d'origine étrangère étant seule punie par la loi, aucune poursuite ne peut être

exercée contre l'individu prévenu simplement d'avoir eu en sa possession une certaine quantité de poudre de provenance frauduleuse, si l'imputation frauduleuse de cette poudre n'est pas établie par le procès-verbal (Crim. rej. 18 août 1877, aff. Mermet, D. P. 78. 1. 192).

46. — V. Exportation. — Le décret du 21 mai 1886 applique la peine de 500 fr. d'amende édictée par l'art. 31 de la loi du fructidor an 5 contre les capitaines qui ne font pas la déclaration des poudres existant à leur bord : 1° aux négociants exportateurs de poudres qui, dans l'intervalle de la délivrance de ces poudres et de leur exportation par mer, ne les auront pas déposées et laissées dans les magasins de l'Etat (art. 6); — 2° aux négociants exportateurs de poudre qui auraient conservé à l'intérieur plus de 5 kilogr. des poudres qui leur auraient été délivrées pour l'exportation (art. 10). — Le même décret (art. 9) punit de la confiscation des chevaux, voitures, de la poudre et d'une amende de 20 fr. 44 par kilogr. la réintroduction des poudres exportées (en quantité quelconque, semble-t-il, puisque le texte est muet sur ce point, tandis qu'à l'intérieur on distingue entre la détention de plus ou moins de 2 kil. de poudre ordinaire ou d'une quantité quelconque de poudre de guerre). L'amende est double pour celles réintroduites par voie de mer.

47. — VI. Visites. — Les fabricants, débitants, exportateurs, étant soumis au contrôle des employés de la Régie, ceux-ci peuvent faire chez eux les recherches et constatations nécessaires à la découverte de la fraude. Il en est autrement pour les particuliers, à l'égard desquels doivent être observées les formalités de l'art. 237 de la loi du 18 avr. 1816, à moins que les perquisitions n'aient été ordonnées judiciairement (V. *suprà,* v° *Impôts indirects,* n° 49 et *Rép.,* eod. v°, n° 591).

48. — VII. Responsabilité civile. — En vertu du principe que l'amende en matière de contributions indirectes est une réparation civile, la cour de cassation a jugé qu'un père est responsable de l'amende prononcée contre son fils mineur pour fabrication illicite de poudre (*Rép.* n° 29). Jugé, de même, qu'en matière de colportage illicite de tabac et de poudre à feu, l'amende étant, non une peine, mais la réparation civile du préjudice causé à l'Etat par la fraude, le père, déclaré responsable du fait de son fils mineur, peut être condamné à payer l'amende encourue par celui-ci (Metz, 27 nov. 1867, aff. Manichon, D. P. 67. 2. 247).

49. — VIII. Complicité. — Presque toutes les lois répressives en matière de poudre édictent aujourd'hui des peines correctionnelles ou même criminelles; il s'ensuit que les règles de la complicité trouvent ici leur application (V. cependant *infrà,* n° 78).

50. — IX. Circonstances atténuantes. — Les lois de 1834, de 1871 et de 1885 admettent l'application de circonstances atténuantes, et nous avons fait remarquer *suprà,* n° 37, que l'art. 42 de la loi du 30 mars 1888 l'établit d'une manière générale en matière de contributions indirectes. Les faits d'importation ou d'exportation frauduleuse, bien que la constatation en soit de la compétence de douane, bénéficient-ils de cette disposition? Nous le croyons, puisque, si l'administration des Douanes verbalise et poursuit en pareil cas, c'est en vertu de textes relatifs aux contributions indirectes et pour leur application; il n'y a donc ici qu'une compétence restreinte aux poursuites, et non une modification au fond des règles de la matière; mais il ne semble pas que la question se soit présentée devant les tribunaux.

51. — X. Infractions aux servitudes relatives aux magasins a poudre. — L'art. 4 de la loi du 22 juin 1854, renvoie, pour la répression de ces contraventions, aux dispositions de la loi du 17 juill. 1819 et aux formes établies par le décret du 10 août 1853.

Art. 5. — *Poursuites, compétence, etc.* (*Rép.* n°ˢ 41 à 50).

52. — I. Poursuites. — La recherche et la constatation des contraventions en matière de poudres appartient concurremment à l'administration des Contributions indirectes, qui en est spécialement chargée (Ord. 25 mars 1818, art. 4); à l'administration des Douanes dans le rayon de 2 myriamètres de la frontière et, au cas de poursuite à vue, jusqu'au moment de la saisie (V. *suprà* v° *Douanes*, n° 42) ; au ministère public ; enfin à divers agents, d'une façon générale à ceux qui sont assermentés : ces agents ont le droit de saisie et d'arrestation (L. 1816, art. 223, *Rép.* n° 40).

53. — II. ACTION EN JUSTICE. — Le rôle du ministère public et celui des administrations fiscales sont nettement déterminés. Le premier poursuit l'application de la peine répressive, les secondes, le recouvrement des peines fiscales. Comme les faits poursuivis constituent des délits, l'initiative de la poursuite appartient au parquet ; les administrations ne sont que parties civiles et, par suite, leur action ne peut être que jointe à celle du parquet. — La conséquence en devrait être que, lorsqu'elles laissent celle-ci s'exercer sans faire valoir leur droit, l'action publique étant épuisée par la décision intervenue, il y a déchéance contre le fisc (Crim. rej. 17 mars 1837, cité au *Rép.* n° 44). Toutefois il a été jugé, en sens contraire : 1° que la contravention aux lois concernant la détention de la poudre donne lieu à l'exercice de deux actions distinctes et indépendantes : l'une, poursuivie par le ministère public ; l'autre, intentée par l'administration des Contributions indirectes ; et que, par suite, l'administration des Contributions indirectes a le droit de poursuivre devant le tribunal correctionnel, au moyen d'une citation signifiée à sa requête, même l'individu au profit duquel est intervenue une ordonnance de non-lieu (Paris, 23 mai 1874, aff. Ruelle, D. P. 74. 2. 217) ; — 2° Qu'en droit l'administration des Contributions peut poursuivre directement la répression de la contravention fiscale, sans attendre que le ministère public mette en jeu l'action publique (Riom, 10 déc. 1873, cité par Olibo, *Code des contr. indirectes*, t. 2, p. 505). Mais deux arrêts de la cour de cassation ont rétabli les principes et interdit de nouveau à l'administration, sous peine de déchéance, d'exercer son action postérieurement à celle du ministère public. La chose jugée sur la poursuite du parquet a donc un caractère définitif qui peut être opposé à l'Administration (Crim. rej. 9 nov. 1891, aff. Fabre, D. P. 92. 1. 340 ; 6 mai 1892, aff. Bloch., *Bull. min.* n° 129). Ces arrêts ont été rendus spécialement en matière de boisson ; mais la portée en est générale. — Comp. Crim. rej. 12 janv. 1893, *infrà*, n° 80.

54. Si l'action du parquet, intentée seule, met obstacle à celle que l'Administration voudrait exercer plus tard, la réciproque n'est pas vraie, en ce sens qu'une transaction, même consentie par la Régie, ne saurait faire échec à l'action du parquet contre le même délinquant (*Rép.* n° 43).

55. En ce qui concerne le dépôt des poudres saisies dans les entrepôts de la Régie, l'assignation à donner dans les trois mois du procès-verbal, la compétence (*Rép.* n°s 47 à 50), rien n'est changé aux règles antérieures.

56. — III. TRANSACTIONS (*Rép.* n° 45). — La Régie peut transiger sur les amendes en matière de poudres à feu, en vertu de l'art. 6 du décret du 16 mars 1813, qui soumet les transactions en matière de poudre aux règles générales des contributions indirectes. Mais, les circulaires de l'Administration prescrivant aux directeurs de communiquer d'abord les procès-verbaux au parquet et au préfet (Circ. 10 juin 1851 ; 29 mai 1852), il s'ensuit qu'en fait, elle ne transige qu'après condamnation, sur le montant des peines pécuniaires infligées.

Les transactions en matière de poudres sont soumises à des conditions particulières, à la différence des autres transactions de contributions indirectes, qui sont réglées par l'Administration seule, sous le contrôle du ministre des finances. Lorsque l'objet de la transaction dépasse le chiffre de 1000 fr., elle ne peut devenir définitive qu'avec la double approbation du ministre des finances et du garde des sceaux ; au-dessous de ce chiffre, elle n'est soumise qu'à l'approbation du conseil de préfecture, auquel les directeurs transmettent leurs propositions par l'intermédiaire du préfet.

57. — IV. PRIMES ET RÉPARTITION DE SAISIES. — L'ordonnance du 5 oct. 1842 attribue une prime de 15 fr. par individu arrêté, non seulement aux préposés, mais à tous ceux qui arrêteront ou concourront à faire arrêter les fabricants et colporteurs ou vendeurs de poudres en fraude. Cette prime s'applique également au fait d'arrestation des ouvriers ou gardes d'arsenaux coupables de vol ou d'échange de poudre, et, en général, à toutes les infractions commises en cette matière (Circ. n° 280, 1er janv. 1843). Le prix des poudres saisies et le produit des amendes infligées aux délinquants sont ainsi répartis : un quart à la caisse des retraites, trois quarts aux saisissants. Lorsque la saisie a été faite par des magistrats seuls, deux tiers sont attribués au Trésor, un tiers à la caisse des retraites. En cas de concours de magistrats et d'employés, la part des premiers est dévolue au Trésor dans les mêmes proportions.

ART. 6. — *Dispositions spéciales à la dynamite et aux autres explosifs nouveaux*

58. On sait que la dynamite est le produit d'un mélange de glycérine, substance tirée de la houille, et traitée par les acides nitrique ou sulfurique, avec du sable ou tout autre corps destiné à ralentir la spontanéité de son explosion. La combinaison de l'acide nitrique ou sulfurique avec la cellulose et surtout le coton donnent le fulmi-coton ; enfin les poudres sans fumée sont presque toujours un mélange de fulmi-coton, ou nitro-cellulose, avec de la nitro-glycérine ou des nitrates divers. Le caractère général de tous ces corps est de fournir, pour une proportion notablement plus faible que celle de l'ancienne poudre de guerre, une puissance d'explosion beaucoup plus grande (quadruple environ) ; de là leur emploi de plus en plus substitué à celui de l'ancienne poudre, mais aussi leur danger.

59. Les dispositions relatives à la dynamite sont : la loi du 8 mars et le décret du 24 août 1875. Les attentats commis par l'emploi de cette substance ont motivé la loi du 2 avr. 1892.

60. — I. FABRICATION. — L'art. 1 de la loi du 8 mars 1875 pose le principe de la dérogation au monopole de l'Etat ; il y substitue un impôt recouvré par les contributions indirectes, que l'art. 2 fixe à 2 fr. au maximum par kilogramme.

61. — 1° *Formalités préliminaires.* — L'art. 3 fixe les conditions d'établissement des fabriques de dynamite. Il est développé par le règlement du 24 août 1875, art. 1 et suiv. qui prescrivent : 1° une demande d'autorisation au préfet ou au préfet de police ; 2° le dépôt d'un plan établissant la distance de la fabrique à 2 kilom. des maisons, routes et chemins, et la construction intérieure en même temps que les mesures de préservation ; 3° une instruction d'après les règles appliquées aux établissements dangereux et insalubres de 1re classe ; 4° l'intervention des ministres de l'agriculture, des finances, de la guerre, de l'intérieur, du comité des arts et manufactures, et un décret sur le rapport collectif des autorités précitées, fixant les conditions particulières de l'autorisation ; 5° la remise d'ampliation aux ministres intéressés et au permissionnaire ; 6° enfin, lorsque la fabrique est construite, et avant tout fonctionnement, le contrôle contradictoire de toutes les parties de la construction par un ingénieur des mines, qui dresse procès-verbal et l'envoie au préfet. Celui-ci autorise, s'il y a lieu, la fabrication. — Il est à remarquer que, d'après la loi (art. 3) et le règlement (art. 3), les fabriques de dynamite, loin de profiter de l'immunité établie en faveur des magasins à poudre, ou des servitudes constituées autour de ces magasins par la loi de 1854, sont, au contraire, soumises au régime des établissements dangereux et insalubres, ce qui s'explique suffisamment par leur caractère d'industrie privée.

62. — 2° *Cautionnement.* — Les fabricants sont astreints à verser un cautionnement de 50 000 fr., par établissement (L. 8 mars 1875, art. 3) et ne peuvent commencer ou continuer que si ce cautionnement est versé ou reconstitué (Même article ; Décr. 24 août 1875, art. 5).

63. — 3° *Surveillance.* — Les art. 7, 8 et 9 du règlement déterminent les conditions de surveillance de la fabrication par l'autorité administrative et par la régie des Contributions indirectes, ainsi que le mode de vérification et de perception. La circulaire des contributions indirectes n° 179, du 28 déc. 1875, prescrit la tenue d'un registre coté et parafé par le maire (art. 8 du règlement), qui doit contenir l'énonciation, jour par jour, de toutes les quantités fabriquées et enlevées. Les manquants sont passibles de droits, payables de suite.

64. D'après l'art. 32 de la loi du 3 août 1875, les fabricants de dynamite et d'explosifs à base de nitro-glycérine peuvent bénéficier des dispositions de la loi du 15 févr. 1875, d'après laquelle les assujettis sont admis à s'acquitter des droits au moyen d'obligations cautionnées. Par suite, les mesures indiquées dans la circulaire des contributions indirectes du 20 févr. 1875 leur sont applicables. S'ils reçoivent de la dynamite libérée de droits, ces quantités doivent être déduites du montant passible de l'impôt (Circ. n° 179 du 28 déc. 1875). Les excédents peuvent donner lieu à procès-verbal ; mais l'Administration engage ses agents à n'y procéder qu'avec réserve (Même circulaire).

65. D'après l'art. 12 du règlement de 1875, l'Administration a le droit d'établir une surveillance permanente, dont les frais sont à la charge du fabricant. L'art. 20 astreint les fabricants ou dépositaires de dynamite à la surveillance perpétuelle des employés de la Régie et de tous autres agents désignés par les préfets.

66. — II. Circulation. — La dynamite ne peut circuler ou être mise en vente que renfermée dans des cartouches de papier ou de parchemin, non amorcées ni inflammables, dans un emballage spécial portant sur toutes ses faces les mots *dynamite, matière explosive*. Le transport de la dynamite ne peut s'opérer qu'en vertu d'acquits-à-caution délivrés sur une soumission et une demande de l'expéditeur, libellée d'après les formes diverses suivant qu'il s'agit de vente à des marchands, à des particuliers, ou d'exportation. Pour les quantités inférieures à 2 kilogrammes, la circulation peut avoir lieu en vertu de simples factures détachées d'un registre timbré, fourni par la Régie (art. 10, 11 et 14 du règlement).

67. — III. Transport par chemins de fer. — Le transport de la dynamite par chemins de fer est régi par le règlement du ministre des travaux publics du 20 août 1873. L'art. 1 réservait ce mode de transport à la dynamite provenant des seules manufactures de l'État ; mais l'art. 15 du décret du 24 août 1875 en a étendu le bénéfice à l'industrie privée, sous les mêmes conditions. L'art. 2, se référant aux dispositions de l'ordonnance du 15 nov. 1846 (V. *Rép.* v° *Voirie par chemins de fer*, p. 850 et suiv.), interdit le transport de la dynamite dans les trains de voyageurs. Les art. 3 et 4 prescrivent les conditions d'emballage et imposent à l'agent de l'État expéditeur l'obligation d'en contrôler l'exécution et d'en remettre une constatation écrite à la gare de départ. Les articles 5 à 11 sont relatifs au transport proprement dit, au mode de chargement des barils (art. 5), à la disposition du wagon (plancher imperméable, à l'interdiction de l'usage des freins, ferrures enveloppées d'étoffes ou de manchons en bois). La charge maxima d'un wagon ne doit pas dépasser 3000 kilogr. (art. 8). Il ne peut y avoir plus de dix wagons par train, ils doivent être placés au milieu, avec inscription spéciale sur chacun, ne doivent recevoir aucune marchandise étrangère, notamment des fulminates, et doivent être inaccessibles aux agents du train. Les manœuvres ne peuvent avoir lieu que les wagons séparés de la locomotive par trois wagons au moins ne renfermant aucune matière explosible ou inflammable, sans que la vitesse dépasse celle d'un homme au pas (art. 7, 9, 10). Enfin les wagons ne peuvent stationner sous des halles couvertes, ni être déchargés sur les quais. Les art. 8 à 12 du règlement sur le transport des poudres sont applicables. — Sur les traités passés par l'État avec les chemins de fer pour le transport de la dynamite, V. *infra*, v° *Voirie par chemins de fer*.

68. — IV. Vente. — L'art. 4 de la loi du 8 mars 1875 assimile les fabricants et débitants de dynamite aux débitants de poudre (V. *suprà*, n°s 17 et suiv.). En outre, les dépôts et débits de dynamite, divisés en trois classes par l'art. 16 du règlement du 24 août 1875, sont soumis aux mêmes dispositions que les fabriques de dynamite (V. *suprà*, n°s 45 et suiv.) et assimilés aux établissements dangereux et insalubres de 1re, 2e ou 3e classe. Des mesures spéciales peuvent également être prescrites. La conservation de toute quantité de dynamite est assimilée à un dépôt.

L'art. 12 du règlement de 1875 interdit de mettre en vente des produits pouvant détoner isolément, ou des dynamites présentant une trace quelconque d'altération ou de décomposition.

69. Le registre d'entrée et de sortie remis aux débitants doit être tenu comme celui des fabricants (art. 17). Les cartouches ne peuvent être ouvertes ni fractionnées.

70. Le décret du 28 oct. 1882 (D. P. 83. 4. 56) est venu ajouter une nouvelle réglementation à la précédente. La personne qui veut faire usage de dynamite ou de tout autre explosif à base de nitro-glycérine doit adresser une déclaration au préfet du département où se trouve le dépôt. Sur la forme et le contenu de cette déclaration, V. art. 1 et 2. Il en est donné récépissé à l'intéressé. Le débitant ne peut délivrer de dynamite que sur la production du récépissé de la déclaration.

71. L'art. 5 interdit la conservation de la dynamite pendant plus de huit jours en attendant un emploi, sauf l'autorisation d'après les formes du règlement du 24 août 1875. Les art. 6 et 7 sont relatifs aux mesures de précaution dans le dépôt. L'art. 8 prescrit au destinataire de rendre compte au préfet de l'emploi des cartouches amorcées dans la huitaine. L'art. 9 prescrit la remise des cartouches amorcées dans les chantiers aux mains d'un contremaître, qui ne doit les délivrer aux ouvriers qu'au moment de l'emploi. Les mêmes mesures sont applicables à l'importation. Enfin, le décret (art. 12 et 13) punit les infractions à ces dispositions des peines édictées par la loi du 8 mars 1875.

72. — V. Importation. — D'après l'art. 5, al. 1 et 2, de la loi du 8 mars 1875, l'importation de la dynamite est permise sous condition du payement d'un impôt de 2 fr. 50. L'art. 19 du règlement de 1875 exige, pour la circulation de cette matière, le plomb et l'acquit-à-caution de la douane. Les demandes en autorisation d'importer de la dynamite, régies par l'art. 19 du règlement de 1875, doivent être adressées aux mêmes autorités que les demandes d'établissement (V. *suprà*, n° 61). Elles doivent mentionner les nom, prénoms, domicile de l'expéditeur, le lieu de provenance, la quantité, le point ou les points d'importation, le lieu de destination et les mêmes mentions, plus la profession, pour le destinataire que pour l'introducteur. La demande donne lieu à un décret, préparé et rendu comme pour les fabriques et dépôts.

73. — VI. Exportation. — Les poudres dynamites destinées à l'exportation sont déchargées de l'impôt de 2 fr. (L. 8 mars 1875, art. 5, al. 3).

74. — VII. Nitro-glycérine. — L'art. 6 de la loi de 1875 prévoit la fabrication de nitro-glycérine sur le lieu d'emploi. L'art. 21 du décret du 24 août 1875 prescrit pour cette fabrication les mêmes formalités que pour l'établissement des fabriques de dynamite. L'impôt à percevoir est, dans ce cas, de 4 fr. par kilogramme. L'art. 7 de la loi prévoit la fabrication d'autres explosifs nouveaux et décide qu'une loi fixera l'impôt auquel ils seront soumis. Cette loi n'est pas encore intervenue.

75. — VIII. Pénalités. — L'art. 8 de la loi du 8 mars 1875 punit d'un emprisonnement d'un mois à un an, à laquelle l'art. 463 du code pénal est applicable, et d'une amende de de 100 à 10 000 francs, les infractions à la loi ou au règlement. — Avant la loi de 1875, il avait été jugé que la loi du 13 fruct. an 5, qui réserve à l'État le privilège de fabriquer et de vendre la poudre, et la loi du 24 mai 1834, qui punit la fabrication ou la détention des poudres sans autorisation, s'appliquaient à toute agrégation de matières susceptibles d'explosion, quelle qu'en soit la composition, dès que ce mélange est susceptible des mêmes emplois et offre, dans sa fabrication et dans sa vente, les mêmes dangers que la poudre proprement dite, et que, spécialement, il y avait lieu d'appliquer les lois du 13 fruct. an 5, du 24 mai 1834 et l'art. 3 de la loi du 19 juin 1871 à la fabrication de la poudre dynamite, composée de nitro-glycérine, d'acide sulfurique et de protoxyde de fer, et livrée au commerce sous la forme de cartouches pour les travaux de mines, l'exploitation des carrières et le percement des tunnels (Crim. cass. 1er mai 1874, aff. Blet, D. P. 74. 1. 401). Aujourd'hui que toutes les infractions de cette nature sont punies par l'art. 8 de la loi du 8 mars 1875, nous croyons qu'il y aurait lieu à l'emprisonnement d'un mois à un an et à l'amende de 100 à 10 000 fr.) ; mais que ces peines épuiseraient la répression, et qu'il ne resterait à appliquer, au point de vue fiscal, que la confiscation, même des moyens de transport, pour laquelle l'Administration peut se porter partie civile. — Jugé cependant que, si la loi du 8 avr. 1875 autorise la fabrication chez les particuliers de la dynamite et des explosifs à base de nitro-glycérine, par dérogation à la loi de fructidor an 5, cette dernière reste applicable à la dynamite sur tous les points auxquels il n'a pas été dérogé par la loi de 1875 et que, notamment, la loi de fructidor s'applique à la détention sans autorisation de plus de 2 kilogr. de dynamite, non prévue par la loi de 1875 (Nîmes, 12 janv. 1876, aff. X..., Montpellier, 16 févr. 1877, aff. Philippart, cités par Olibo, *op. cit.*, t. 2, p. 463). Mais le texte de la loi de 1875 s'oppose à cette interprétation et la cour de cassation a rétabli le principe en jugeant que la loi du 8 mars 1875, relative à la poudre dynamite, est applicable, non seulement à la fabrication, à la vente et au transport de la dynamite, mais aussi à la détention de cette poudre; en conséquence, la détention sans autorisation de toute quantité de dynamite est passible; non pas de la simple amende prononcée par la loi de 5 fruct. an 5, mais de l'amende et de l'emprisonnement conformément à l'art. 8 de la loi du 8 mars 1875 (Crim. cass. 9 janv. 1879, aff. Hyvernat, D. P. 80. 1. 357). Jugé, dans le même sens, que la loi de 1875, qui régit l'ensemble de la matière de la dynamite, tant au point de vue fiscal que sous le rapport de la sûreté publique, a abrogé, pour tous les cas sur lesquels elle statue, la loi du 18 fruct. an 5, et n'a laissé en vigueur que les dispositions de cette loi qui ordonnent la confiscation des poudres et ustensiles de fabrication saisis (Lyon, 16 févr. 1883, aff. Biet, D. P. 84. 2. 48. V. la note sous cet arrêt).

76. Faut-il en dire autant de la loi de 1871? La loi de 1875 a-t-elle également pu eur effet de rendre inapplicables ses dispositions? Nous le croyons, mais en ce qui concerne seulement la poudre fulminante considérée en tant que dynamite. Ainsi la détention ou la fabrication de fulminate de mercure, de picrate de potasse, par exemple, resteraient, à notre avis, sous l'empire de la loi du 19 juin 1871. En effet, la loi de 1875 ne statue que sur la dynamite et les explosifs à base de nitro-glycérine, et la loi à intervenir, d'après ce texte, n'a pas encore été édictée.

77. L'amende prononcée par l'art. 8 de la loi de 1875 est-elle purement fiscale, ou bien a-t-elle un caractère pénal? Cette dernière solution ressort implicitement de l'arrêt de cassation du 9 janv. 1879, cité *suprà*, n° 75, et elle paraît fondée. Il en résulte que le ministère public, comme le dit un arrêt de la cour de cassation (Crim cass. 12 janv. 1893, *infrà*, n° 80), exerce l'action publique dans toute sa plénitude, autant quant à la prison, que quant à l'amende, et que l'Administration ne peut réclamer que la confiscation. Il faudrait en conclure également que si, par application de l'art. 463 c. pén., la prison est convertie en amende, cette peine et celle de l'amende de 100 à 10 000 fr., prononcée par la loi de 1875, devront se confondre. Jugé cependant que l'art. 8 édicte deux pénalités, l'une fiscale, l'autre répressive; et que, dans le cas où la seconde est réduite à une amende par application de l'art. 463 c. pén., elle doit être prononcée distinctement de l'amende fiscale (Lyon, 16 févr. 1883, cité *suprà*, n° 75).

78. Les règles de complicité s'appliquent-elles en matière d'infraction aux règlements relatifs à la dynamite? D'une façon générale, les dispositions de la loi du 8 mars 1875 édictent des peines correctionnelles, et le règlement du 24 août 1875, ainsi que les art. 12 et 13 du décret du 28 oct.

1882, concernant la vente et le transport de la dynamite, renvoient, pour les pénalités, à l'art. 8 précité. Le taux des peines de simple police étant dépassé, il faut en conclure qu'il s'agit de délits, conformément à l'art. 1 c. pén., et qu'en conséquence (V. *suprà*, v° *Complicité*, n° 59), les règles de la complicité peuvent être appliquées (V. Crim. rej. 20 avr. 1888, aff. Baronet, D. P. 89. 1. 47; 21 mars 1890, aff. Bresque, D. P. 90. 1. 283). V. aussi D. P. 90. 2. 259, notes 2 et 3; la note de M. Sarrut, D. P. 91. 2. 306, 2° col., et D. P. 90. 2. 173, note 5). Jugé cependant que la détention de dynamite sans autorisation, prohibée par le décret du 28 oct. 1882, constitue, bien qu'elle soit punie de peines correctionnelles, une simple contravention qui ne comporte pas, dès lors, l'application des règles de la complicité (Bastia, 15 avr. 1891, aff. Murati et Gondolfi, D. P. 92. 2. 535).

79. Sur l'emploi de la dynamite dans la pêche, V. *suprà*, v° *Pêche fluviale*, n° 52.

80. Nous avons dit *suprà*, n° 53, que le ministère public a seul qualité pour poursuivre en matière de poudres, et que l'Administration n'intervient que comme partie jointe. Il en est de même en matière de dynamite : il appartient au ministère public seul de poursuivre les infractions à la loi du 8 mars 1875 (Limoges, 14 août 1884, aff. Montagne, D. P. 85. 2. 24). L'administration des Contributions indirectes a le droit d'intervenir, mais seulement pour faire prononcer la confiscation. — Décidé que les infractions aux prescriptions édictées par la loi pour la conservation de la dynamite ne constituent pas de simples contraventions fiscales sur lesquelles la Régie puisse transiger; que l'action appartient au ministère public dans toute sa plénitude, et que, par suite, la Régie des contributions indirectes n'a pas qualité pour se pourvoir en cassation contre un arrêt qui, sur les poursuites du ministère public, a omis de prononcer la confiscation de la dynamite trouvée en contravention (Crim. cass. 12 janv. 1893) (1).

81. Les attentats commis à l'aide d'explosifs ont paru nécessiter la promulgation de dispositions spéciales contre les auteurs de ces crimes. On a considéré que, si l'incendie volontaire était puni de mort, la destruction ou la dégradation d'une maison habitée, autre que celle prévue par l'art. 435 et résultant de l'effet d'une mine, n'était passible que d'une amende et n'entraînait l'application de la peine de mort que s'il y avait eu homicide ou blessures graves (V. *suprà*, v° *Dommage-destruction*, n° 64 et suiv.; *Rép. eod.* v°, n° 413 et suiv.). La loi du 2 avr. 1892 (D. P. 92. 4. 42), a eu pour objet d'aggraver la pénalité. Elle édicte la peine de mort, ou celle des travaux forcés à perpétuité ou à temps, contre ceux qui auront commis, par l'effet d'un engin explosif, les crimes prévus par l'art. 435 c. pén. Le dépôt, dans une intention criminelle, d'un engin explosif sur une voie publique ou privée est assimilé à la tentative de meurtre prémédité. La menace d'explosion est assimilée à la menace d'assassinat et punie des peines portées aux art. 305 à 307. Enfin le dénonciateur bénéficie de l'exemption de peine s'il a révélé le crime avant son exécution ou procuré l'arrestation des autres coupables.

---

(1) (Lafarge); — La cour — Sur la recevabilité du pourvoi à la régie : — Attendu que la loi du 8 mars 1875, relative à la dynamite, réglemente non seulement la fabrication, le commerce, la circulation, mais aussi la conservation de cette matière par celui qui est autorisé à s'en servir; — Que, d'après l'art. 5 du décret du 28 oct. 1882, rendu en exécution de ladite loi, la dynamite ne peut être conservée, en attendant son emploi, que pendant huit jours, au plus, à dater de sa réception, à moins d'une autorisation accordée dans les formes prévues par le décret du 24 août 1875; — Que, dans ce cas, la dynamite doit être emmagasinée dans un local fermé à clef, sans que le dépôt puisse contenir en même temps des poudres fulminantes; — Attendu que Lafarge, entrepreneur de travaux publics, a été poursuivi et condamné à la requête du ministère public, pour avoir contrevenu à ces prescriptions, et que la Régie seule s'est

pourvue contre l'arrêt de condamnation par le motif que cet arrêt aurait omis de prononcer la confiscation de la dynamite; — Mais attendu que toutes les précautions, minutieusement prévues par la loi ou par les règlements pour la conservation de dynamite dont l'emploi a été autorisé, sont imposées au nom de la sécurité publique; que leur inobservation ne constitue pas de simples contraventions fiscales au sujet desquelles la Régie puisse transiger; que l'action appartient au ministère public dans toute sa plénitude, dans les termes de l'art. 22 c. instr. crim. et que, par suite, le pourvoi de la Régie doit être déclaré non recevable; — Déclare la Régie des contributions indirectes non recevable dans le pourvoi qu'elle a formé contre l'arrêt de la cour d'appel de Nîmes, en date du 13 août dernier.
Crim. cass. 12 janv. 1893.-MM. N..., pr.-Baudouin, av. gén., Arbelet et Pérouse, av.

Table sommaire

des matières contenues dans le Supplément et le Répertoire.

(Les chiffres précédés de la lettre S renvoient au Supplément; les chiffres précédés de la lettre R renvoient au Répertoire.)

Table chronologique des Lois, Arrêts, etc.

1878	1881	30 déc. Décr. 30 c.	1884	4 déc. Cons. d'Ét. 10 c.	1888	1891	6 mai. Crim. 53 c.
9 mars. Décr. 4 c. 28 août. Circ. 16 c.	19 oct. Décr. 4 c.		14 août. Limoges. 80 c.	1886	30 mars.Loi. 27 c., 50 c. 20 avr. Crim. 76 c.	15 avr.Bastia. 78 c. 9 nov.Crim. 53 c.	1893
1879	1882	1883	1885	3 mai. Décr. 23 c.	1890	1892	12 janv.Crim.53c., 77 c., 80 c.
9 janv. Crim. 75 c., 77 c.	26 oct.Décr. 70 c., 78 c.	16 févr.Lyon 75c., 77 c. 26 mai. Circ. min. fin. 28 c.	14 août. Loi. 35 c. 50 c.	21 mai. Décr.29 c., 46 c.	21 mars.Crim.78 c.	2 avr. Loi. 2 c., 59 c., 81 c.	6 févr. Arr. min. fin. 30 c,

POURVOI. — V. sur le pourvoi en cassation, *suprà*, v° *Cassation*, n°s 21 et suiv.; 47 et suiv.; 60 et suiv., 92 et suiv.; 107 et suiv.; 119 et suiv.; 130, 136 et suiv.; 162, 172 et suiv.; 179, 188 et suiv., 199 et suiv.; 247;... Sur le pourvoi au conseil d'État, n°s 179 et suiv.; 303 et suiv. — V. aussi *suprà*, v°s *Acte de l'état civil*, n° 111; *Aliéné*, n° 136; *Amnistie*, n°s 19, 36 et suiv.; *Appel civil*, n° 204; *Avocat*, n°s 234, 248 et suiv.; *Conflit*, n° 8; *Cour des comptes*, n°s 26 et suiv.; *Délai*, n°s 12, 17, 33; *Dénonciation calomnieuse*, n°s 32 et suiv.; *Droit politique*, n°s 258 et suiv., 263, 278 et suiv., 289, 291 et suiv., 296 et suiv.; *Echelles du Levant et de Barbarie*, n°s 55 et 70; *Enregistrement*, n°s 519, 2384, 2706, 3408 et suiv.; *Exploit*, n°s 26 et 32; *Expropriation pour cause d'utilité publique*, n°s 165 et suiv., 762 et suiv.; *Faillites et banqueroutes*, n°s 86 et 1360; *Faux incident*, n° 17; *Frais et dépens*, n°s 626 et suiv., 632, 186 et suiv.; *Greffe-greffier*, n° 93; *Lois*, n° 232; *Mariage*, n° 435; *Ministère public*, n°s 273 et suiv.; *Minorité-tutelle-émancipation*; n° 396; *Octroi*, n° 279; *Ordre entre créanciers*, n°s 62 et suiv., 144 et suiv.; *Organisation maritime*, n°s 287 et suiv., et *infrà*, v°s *Règlement de juge*, n°s 130, 157, 200 et suiv.; 223 et suiv.; *Reprise d'instance et constitution de nouvel avoué*, et *Rép. eod.* v°, n°s 33 et suiv.; *Requête civile*, et *Rép. eod.* v°, n°s 6, 37 et suiv.; *Saisie-arrêt*, et *Rép. eod.* v°, n° 104; *Termes sacramentels*, et *Rép. eod.* v°, n° 69; *Timbre*, et *Rép. eod.* v°, n°s 16 et 47.

POUVOIR EXÉCUTIF. — V. *suprà*, v°s *Compétence*, n°s 4 et suiv., 8; *Droit constitutionnel*, n°s 21 et 55, 74 et suiv.; V. aussi *Place de guerre*, n°s 6 et suiv.; 22 et suiv., et *Rép. eod.* v°, n°s 14 et suiv., 31; et *infrà*, v°s *Règlements administratifs et de police*, et *Rép. eod.* v°, n°s 4 et 45.

POUVOIR JUDICIAIRE. — V. *suprà*, v°s *Compétence*, n°s 9 et suiv.; *Droit constitutionnel*, n° 97; V. aussi *Forfaiture*, n° 16; *Garde champêtre*, n° 49.

POUVOIR LÉGISLATIF. — V. *suprà*, v° *Compétence*, n°s 2 et suiv.; *Droit constitutionnel*, n°s 42 et suiv.; V. aussi *suprà*, v°s *Amnistie*, n° 13; *Conseil d'État*, n°s 93 et suiv.; *Forfaiture*, n° 14.

PRAIRIE-PRÉ. — V. *suprà*, v° *Chasse*, n°s 703 et 905; et *infrà*, v°s *Servitude*, n° 936; *Usufruit*, et *Rép. eod.* v°, n°s 261 et suiv.

PRÉCARITÉ. — V. *infrà*, v° *Prescription*, n°s 258 et suiv.

PRÉCIPUT. — V. *suprà*, v°s *Action*, n° 18; *Contrat de mariage*, n°s 468, 1053 et suiv.; *Divorce et séparation de corps*, n° 569; *Enregistrement*, n°s 259, 1258 et 2072; et *infrà*, v°s *Scellés et inventaires*, et *Rép. eod.* v°, n° 218; *Succession*.

PRÉDICATEUR-PRÉDICATION. — V. *suprà*, v° *Culte*, n° 483 et *Rép. eod.* v°, n° 531.

PRÉEMPTION. — V. *suprà*, v°s *Douanes*, n° 160; *Expropriation pour cause d'utilité publique*, n°s 853 et suiv.; et *infrà*, v° *Voirie par terre*, et *Rép. eod.* v°, n°s 106 et suiv., 525, 593 et suiv., 1394, 1574, 2176.

PRÉFECTURE-PRÉFET. — V. *suprà*, v° *Organisation administrative*, n°s 38 et suiv.; 53 et suiv.; 68 et suiv.; 86 et suiv.; V. aussi *suprà*, v°s *Acquiescement*, n° 25; *Action possessoire*, n°s 72 et 148; *Affiche*, n° 27; *Aliéné*, n°s 63, 80 et suiv.; *Appel civil*, n° 103; *Archives*, n°s 51 et suiv.; *Arme*, n° 28; *Associations syndicales*, n°s 5, 8 et suiv., 39, 69, 107, 109 et suiv., 127 et suiv., 175, 198, 202 et suiv., 207 et suiv., 226; *Auberge*, n° 9; *Bornage*, n° 17; *Boucher*, n°s 2, 6, 13, 16 et suiv.; *Boulanger*, n°s 5, 58 et 80; *Cassation*, n°s 144 et 153; *Chasse*, n°s 190 et suiv., 224, 231, 536 et suiv., 731

et suiv., 821 et suiv., 953, 1252, 1256 et 1464; *Commissaire de police*, n°s 6 et suiv., 14 et suiv., 19 et 31; *Commune*, n°s 37, 44, 47, 50, 72, 115, 225, 403, 458 et suiv., 824, 852 et suiv., 1110 et suiv., 1146 et suiv., 1161, 1171, 1218, 1225, 1236, 1247 et suiv., 1361; *Compétence administrative*, n°s 126, 355, 411, 423 et suiv.; *Concession administrative*, n° 57; *Conflit*, n°s 29 et suiv., 45 et suiv., 59, 69, 75 et suiv., 89, 115, 123; *Conseil d'État*, n°s 65, 68, 80 et suiv., 94 et suiv., 121 et suiv., 139 et suiv.; *Contrainte administrative*, n° 4; *Culte*, n°s 458, 493, 560, 599. 609, 663, 846; *Degrés de juridiction*, n° 226; *Domaine de l'État*, n°s 10, 17, 159 et suiv.; *Droit politique*, n°s 94, 134, 138, 158, 231 et 276; *Dunes*, n°s 23 et suiv.; *Eaux*, n°s 4, 6, 42, 56, 78, 83, 90, 118, 134, 145, 158, 180, 185, 195, 284, 385, 389, 399, 400, 411, 413, 417, 436, 440, 444, 450; *Eaux minérales et thermales*, n°s 20 et suiv., 76 et suiv.; *Expropriation pour cause d'utilité publique*, n°s 76, 86, 361, 771 et 882; *Forfaiture*, n° 65; *Frais et dépens*, n°s 32 et suiv.; *Garde champêtre*, n°s 5, 9 et suiv.; *Halles, foires et marchés*, n°s 25 et suiv.; *Hospices-hôpitaux*, n°s 20 et suiv., 140; *Impôts directs*, n°s 279 et suiv.; *Industrie et commerce*, n° 153; *Lettre missive*, n° 100; *Lois*, n° 88 et suiv.; *Manufactures, fabriques et ateliers dangereux*, n° 33; *Marais*, n° 25; *Marché de fournitures*, n° 99; *Octroi*, n°s 30 et suiv., 40, 65, 73, 77, 248 et suiv., 279; *Organisation de l'instruction publique*, n° 380; *Pêche fluviale*, n° 82; *Poids et mesures*, n° 14 et suiv. et *Rép. eod.* v°, n°s 23 et suiv., 32 et 43; — et *infrà*, v°s *Prescription civile*; *Préséance et honneurs*, et *Rép. eod.* v°, n° 10; *Prisons et bagnes*, et *Rép. eod.* v°, n°s 21, 65, 71 et 84; *Procédure criminelle*; *Privilèges et hypothèques*, et *Rép. eod.* v°, n° 1482; *Procédure criminelle*; *Régime forestier*; *Règlements administratifs et de police*, et *Rép. eod.* v°, n° 62 et suiv., 80 et suiv., 129 et suiv., 154; *Salubrité publique*, et *Rép. eod.* v°, n°s 63, 126, 163 et suiv.; *Secours public*, et *Rép. eod.* v°, n°s 48, 147 et suiv., 191, 241, 351, 361 et suiv., 381, 388 et suiv.; *Sel*, et *Rép. eod.* v°, n° 90; *Serment*, et *Rép. eod.* v°, n° 74; *Signature*, et *Rép. eod.* v°, n° 11; *Signification*, et *Rép. eod.* v°, n°s 7 et 33; *Taxes*, et *Rép. eod.* v°, n°s 12 et 41; *Témoin*, et *Rép. eod.* v°, n° 231; *Théâtre*, et *Rép. eod.* v°, n°s 335 et suiv.; *Tierce-opposition*, et *Rép. eod.* v°, n°s 98, 265 et 284 *Traitement*, et *Rép. eod.* v°, n°s 37, 93 et 199; *Travaux public*, et *Rép. eod.* v°, n°s 321, 369, 519 et suiv., 704 et suiv., 773 et suiv., 791, 965, 967, 1006, 1008 et suiv., 1057 et suiv., 1092 et suiv., 1111 et suiv.; *Trésor public*, et *Rép. eod.* v°, n°s 710, 834 et 958; *Uniforme-costume*, et *Rép. eod.* v°, n°s 13, 33 et 37, *Usage-usage forestier*, et *Rép. eod.* v°, n°s 219 et suiv.; *Vente*, et *Rép. eod.* v°, n°s 37, 93 et suiv., 273 et suiv.; *Vente publique d'immeubles*, et *Rép. eod.* v°, n° 899; *Voirie par terre*, et *Rép. eod.* v°, n°s 148 et suiv., 232, 234 et suiv., 319, 347 et suiv., 368 et suiv., 492 et suiv., 583, 624, 628, 631, 652, 1064 et suiv., 1198, 1203 et suiv., 1565, 1657, 1691, 1990 et suiv., 2078, 2331 et suiv.; *Voirie par eau*, et *Rép. eod.* v°, n° 72 et suiv., 88, 96, 184 et suiv., 194 et suiv., 211, 387 et 432; *Voirie par chemin de fer*, et *Rép. eod.* v°, n°s 197, 217, 231, 265 et suiv., 606 et suiv., 620 et suiv.; *Voiture-voiture publique*, et *Rép. eod.* v°, n°s 38 et suiv., 69, 120 et suiv., 150 et suiv., 186, 199.

PRÉFET DE LA SEINE. — V. *infrà* *Ville de Paris et département de la Seine*, et *Rép. eod.* v°, n°s 10, 20 et suiv., 36 et suiv.; V. aussi *suprà*, v°s *Eaux*, n° 151; *Halles; Foires et marchés*, n°s 43 et suiv.; — et *infrà*, v°s *Prisons et bagnes*, et *Rép. eod.* v°, n° 73; *Voirie par terre*, et *Rép. eod.* v°, n°s 22, 27, 1484, 1683 et suiv., 1835.

PRÉFET DE POLICE. — V. *infrà* *Ville de Paris et département de la Seine*, et *Rép. eod.* v°, n°s 10, 45 et suiv.

— V. aussi *suprà*, v^is *Aliénés*, n° 155 ; *Bois et charbons*, n° 6; *Boulanger*, n° 79; *Bourse de commerce*, n° 30; *Chasse*, n°s 193 et 986; *Commissaire de police*, n° 22; *Commune*, n° 465; *Droit rural*, n° 111; *Halles ; Foires et marchés*, n°s 43 et suiv. ; — et *infrà*, v^is *Prisons et bagnes*, et *Rép.* eod. v°, n° 73; *Procès-verbal*, et *Rép.* eod. v° n° 7; *Procédure criminelle; Règlements administratifs et de police*, et *Rép.* eod. v°, n°s 158 et suiv. ; *Salubrité publique*, et *Rép.* eod. v°, n°s 121 et 163 ; *Théâtre*, et *Rép.* eod. v°, n°s 32 et 35; *Uniforme-costume*, et *Rép.* eod. v°, n° 37; *Vidanges et fosses d'aisance*, et *Rép.* eod. v°, n°s 61, 80 et suiv.; *Voirie par terre*, et *Rép.* eod. v°, n°s 22, 27, 1484, 1683 et suiv.

PRÉFET MARITIME. — V. *suprà*, *Organisation maritime*, n°s 18 et suiv. — V. aussi *suprà* v^is *Compétence administrative*, n° 436 ; *Conflit*, n° 29 ; — et *infrà*, v^is *Préséance et honneurs*, et *Rép.* eod. v°, n° 10 ; *Propriété*, et *Rép.* eod. v°, n° 85; *Travaux publics*, et *Rép.* eod. v°, n° 204; *Uniforme-costume*, et v°, n° 37.

PRÉLÈVEMENT. — V. *suprà*, v^is *Commune*, n°s 330 et suiv. ; *Contrat de mariage*, n°s 807, 834 et suiv., 1001; *Faillites et banqueroutes*, n°s 1192 et suiv.; *Octroi*, n°s 7 et 241 ; — et *infrà*, v^is *Transcription hypothécaire*, et *Rép.* eod. v°, n°s 179 et suiv.

PRÉMÉDITATION. — V. *suprà*, v^is *Complice-complicité*, n°s 30 et suiv.; *Crimes et délits contre les personnes*, n°s 30 et suiv., 53, 74 et 312; *Dommage-destruction-dégradation*, n° 62 ; *Fonctionnaire public*, n° 41 ; — et *infrà*, v° *Volonté ; Invention ; Connaissance*, et *Rép.* eod. v°, n° 92.

PRENEUR. — V. *suprà*, v^is *Louage*, n°s 161 et suiv., 319 et suiv., 358; *Louage à colonage partiaire*, n°s 11 et suiv.

PRÉNOM. — V. *suprà*, v^is *Acte de l'état civil*, n° 45; *Chasse*, n° 1036; *Jugement*, n° 363 ; *Nom*, n^os et suiv. ; — et *infrà*, v^is *Privilèges et hypothèques*, et *Rép.* eod. v°, n°s 1475 et suiv., 1505; *Responsabilité*, et *Rép.* eod. v°, n° 409; *Signature*, et *Rép.* eod. v°, n° 5 ; *Témoin*, et *Rép.* eod. v°, n° 437; *Vente publique d'immeubles*, et *Rép.* eod. v°, n°s 334, 336 et suiv., 488, 889 et 928.

PRESBYTÈRE. — V. *suprà*, v^is *Culte*, n°s 389 et suiv. — V. aussi v^is *Dommages-destruction-dégradation*, n°s 87 et suiv. ; *Impôts directs*, n° 36 ; *Organisation administrative*, n° 69 ; — et *infrà*, v^is *Presse-outrage; Taxes*, et *Rép.* eod. v°, n°s 21 et suiv.

PRESCRIPTION CIVILE.

Division

SECT. 4. — Suspension des délais de la prescription en vertu des décrets du gouvernement de la Défense nationale, en date des 9-14 sept. 1870 et du 3 oct. 1870 (n° 484).

CHAP. 7. — Du point de départ de la prescription et du temps requis pour prescrire (n° 494).

SECT. 1. — Du point de départ de la prescription (n° 494).
SECT. 2. — Du temps requis pour prescrire (n° 511).
ART. 1. — Manière de calculer le temps requis pour prescrire (n° 511).
ART. 2. — De la prescription de trente ans (n° 513).
§ 1. — Des longues prescriptions en droit romain et dans l'ancien droit français (n° 513).
§ 2. — De la prescription de trente ans suivant le code civil (n° 514).
§ 3. — De la maxime *quæ temporalia sunt ad agendum, sunt ad excipiendum perpetua* (n° 517).
§ 4. — Du titre nouvel (n° 521).
ART. 3. — De la prescription par dix et vingt ans (n° 525).
§ 1. — Du juste titre, contrat, vente, donation, legs, jugement, etc. (n° 525).
§ 2. — De la bonne foi. — Caractères. — Erreur (n° 546).
§ 3. — De la résidence dans ou hors du ressort de la cour d'appel où l'immeuble est situé (n° 559).
§ 4. — Des effets de la prescription par dix à vingt ans. — Charges réelles; action résolutoire; usufruit (n° 561).
ART. 4. — De la prescription de dix ans particulière aux architectes et entrepreneurs, et de divers autres cas de prescription décennale (n° 566).
ART. 5. — De quelques prescriptions particulières (n° 567).
§ 1. — De la prescription de six mois : maîtres et instituteurs, hôteliers, ouvriers (n° 567).
§ 2. — De la prescription d'un an : médecins, huissiers, marchands, maîtres de pension et d'apprentissage, domestiques (n° 575).
§ 3. — De la prescription de deux ans relative aux avoués (n° 587).
§ 4. — Règles spéciales aux prescriptions de six mois, d'un an et de deux ans (n° 593).
§ 5. — De la prescription de trois ans (n° 607).
§ 6. — Des délais après lesquels les juges, les avoués et les huissiers sont déchargés des pièces (n° 608).
§ 7. — De la prescription de cinq ans de l'art. 2277 c. civ. — Arrérages, loyers, intérêts, sommes payables par année ou à des termes périodiques plus courts (n° 609).
§ 8. — De la prescription de cinq ans contre les notaires (n° 646).

CHAP. 8. — Questions transitoires (n° 647).

CHAP. 1er. — Législation. — Droit comparé.
(*Rép.* n°s 3 à 34).

1. — I. LÉGISLATION. — Nous n'avons à signaler que quelques lois particulières portant sur des points spéciaux, et qui seront étudiées ci-après, savoir : 1° les décrets du gouvernement de la Défense nationale, en date des 9-14 sept. 1870 et du 3 oct. 1870; les lois des 26 mai-1er juin 1871 et du 20 déc. 1879, suspendant toute prescription pendant la guerre avec l'Allemagne; 2° la loi des 12-19 mai 1871, déclarant inaliénables les propriétés publiques ou privées, saisies ou soustraites à Paris pendant la durée de la Commune; 3° la loi des 15 juin-5 juill. 1872, relative aux titres au porteur; 4° la loi du 11 juill. 1892, ayant pour objet d'ajouter un paragraphe à l'art. 2280 c. civ.

2. — II. BIBLIOGRAPHIE. — Depuis la publication du *Répertoire*, la matière de la prescription civile a été traitée, d'une part, dans les commentaires embrassant l'ensemble du droit civil (V. notamment : Aubry et Rau, *Cours de droit civil français*, 4e éd., 1869-1878, t. 2, § 210 à 218, p. 322 à 375; § 177 à 183, p. 77 à 106; t. 8, § 771 à 776, p. 423 à 454; Marcadé et Pont, *Explication théorique et pratique du code civil*, 7e éd., 1872-1884, t. 13; Demante et Colmet de Santerre, *Cours analytique du code civil*, 1855-1884, t. 8; Laurent, *Principes du droit civil français*, 2e éd., 1869-1878, t. 32; Baudry-Lacantinerie, *Précis de droit civil*, 3e éd., 1889, t. 3; Mourlon, *Répétitions écrites*, 12e éd., revue par Demangeat; et, d'autre part, dans les ouvrages spéciaux suivants, Leroux de Bretagne, *Nouveau traité de la prescription en matière civile*, 1869, 2 vol.; Daniel de Folleville, *Traité de la possession des meubles et des titres au porteur*, 2 éd., 1875; A Buchère, *Des titres au porteur perdus, volés ou détruits, et des moyens d'en recouvrer la jouissance*, Paris, 1873; etc.

3. — III. DROIT COMPARÉ. — (V. *Rép.* n°s 29 à 34). — 1° *Angleterre.* — On a dit au *Rép.* n° 30 que, dans la législation de ce pays, l'action en revendication d'un immeuble par le propriétaire se prescrivait par vingt ans. Il en est autrement, depuis une nouvelle loi, entrée en vigueur le 1er janv. 1879, le *real property limitation act*. Elle décide que l'action en revendication du propriétaire s'éteint par douze ans à compter du jour où il a cessé de posséder ou du dernier acte par lequel il a affirmé son droit. De plus, en vertu de la même loi, le propriétaire incapable (mineur, femme mariée, dément) a droit à un délai supplémentaire qui a été réduit de dix ans à six ans (V. sur ce point Ernest Lehr, *Éléments du droit civil anglais*, 1885, p. 236 et suiv.). — En matière mobilière, il n'y a pas de disposition analogue à notre article 2279 c. civ. *L'action of trover* appartient à toute personne justifiant que des objets mobiliers se trouvaient en sa possession et sont arrivés entre les mains d'un tiers qui les détient indûment. C'est une action possessoire, qui ne suppose pas nécessairement la qualité de propriétaire des objets mobiliers (Lehr, *op. cit.*, p. 430, n° 620).

4. — 2° *Droit germanique* (*Rép.* n° 31). — Aujourd'hui, dans les pays de droit germanique, en vertu des lois récentes, la convention ne transfère la propriété, même *inter partes*, que par une inscription sur le registre foncier (*Grundbuch*) (Code autrichien, art. 531; Loi prussienne du 5 mai 1872, *Grundbuch-Ordnung*; Lois de Brunswick du 8 mars 1878 et du 18 mai 1885; Loi hongroise XXIX de 1886; Loi du canton de Vaud du 20 janv. 1882; etc). Cette règle exclut par cela même la prescription des immeubles (V. Weiss, *Traité élémentaire de droit international privé*, 2e édit., p. 585 et 586). L'usucapion des meubles est possible; le délai habituellement admis est de trois ans, comme en droit romain (Code autrichien, art. 1466).

5. — 3° *Espagne.* — La propriété des meubles s'acquiert par la prescription de trois ans, à la condition que le possesseur soit de bonne foi et ait juste titre. Pour les immeubles, leur propriété s'acquiert également par une possession de dix et vingt ans, accompagnée d'un juste titre et de la bonne foi. Certains biens sont déclarés imprescriptibles; ce sont ceux des mineurs de vingt-cinq ans, les biens hors du commerce; etc. (V. Lehr, *Éléments du droit civil espagnol*, 1880, p. 218 et suiv.).

6. — 4° *Italie.* — Le nouveau code civil italien a maintenu les règles de notre législation sur la prescription, mais il a réduit le temps exigé pour la prescription des meubles perdus ou volés; ce délai est de deux ans (C. civ. ital., art. 2146).

7. — 5° *Russie.* — La propriété des meubles et des immeubles peut s'acquérir par la possession d'une durée de dix ans et ontinue et sur tout vice (Code général de l'Empire, art. 565). V. Weiss, *op. cit.*, p. 587; Lehr, *Éléments du droit civil russe*, 1877, p. 258 et suiv., n°s 262 et suiv.

CHAP. 2. — Dispositions générales (*Rép.* n° 35 à 234.)

SECT. 1re. — CARACTÈRES GÉNÉRAUX DE LA PRESCRIPTION
(*Rép.* n°s 35 à 47).

8. On a dit au *Rép.* n° 38 que la prescription peut être invoquée par les étrangers. Cette solution est aujourd'hui admise sans difficulté (V. Laurent, t. 32, n° 12, p. 23; Aubry et Rau, t. 1, § 78, notes 39 et 58; § 82, notes 30 et 31; Weiss, *Traité de droit international privé*, p. 30 à 33). Toutefois, il faut refuser ce droit aux établissements publics étrangers, car ils n'ont plus l'existence juridique, hors des limites de l'État auquel ils se rattachent (V. Laurent, *op. cit. et loc. cit.*).

9. Suivant la doctrine soutenue au *Rép.* n°s 43 et 44, la prescription laisse subsister une obligation naturelle à la charge du débiteur. Cette solution est généralement admise (Conf. Aubry et Rau, t. 8, § 775, texte et note 2, p. 448; Delvincourt, t. 2, p. 452; Duranton, *Cours de droit français*,

t. 10, n° 41 ; Larombière, *Traité des obligations*, t. 5, art. 1376, n° 22 ; Leroux de Bretagne, t. 1, p. 11 et suiv.; Colmet de Santerre t. 5, n° 174 *bis*-IV. — *Contrà*, Laurent, t. 32, n° 205, p. 214 et suiv.).

Sect. 2. — De la renonciation a la prescription (*Rép.* n°ˢ 47 à 95).

§ 1ᵉʳ. — A quelle époque peut intervenir une renonciation à la prescription.

10. Par application de la règle édictée par l'art. 2220 c. civ., d'après laquelle il est interdit de renoncer par avance au bénéfice de la prescription (*Rép.* n° 47), il a été jugé qu'on ne peut opposer à celui qui invoque une prescription libératoire des faits et documents desquels résulterait, de sa part, une renonciation à cette prescription, si ces faits et documents sont antérieurs à l'époque où cette prescription a été acquise (Paris, 13 avr. 1867, aff. Gouvernement espagnol, D. P. 67. 2. 49).

11. Le principe de l'art. 2220 c. civ. s'applique non seulement à la prescription extinctive mais aussi à la prescription acquisitive. Cette dernière application est assez rare, mais elle est certaine (V. en ce sens, Laurent, t. 32, n° 186).

12. Nous avons dit au *Rép.*, n° 53, qu'on ne peut pas, par une contravention, abréger pour une hypothèse déterminée le délai légal de la prescription. La question s'est posée surtout relativement aux polices d'assurances, dans lesquelles les parties stipulent d'ordinaire que l'action en indemnité sera prescrite par un an ou six mois à partir de l'incendie. Les auteurs les plus récents sont moins absolus, et enseignent qu'il faut tenir compte, dans chaque espèce, des circonstances particulières de la cause. D'après eux, les conventions dont il s'agit seront nulles toutes les fois qu'elles contiendront quelque chose de contraire à l'ordre public. Dans les autres hypothèses, ces clauses seraient valables (V. en ce sens, Laurent, t. 32, n° 184, p. 191 et 192 ; Baudry-Lacantinerie, t. 3, n° 1587 ; Le Roux de Bretagne, t. 1, p. 46, n° 52).

La jurisprudence se prononce en faveur de la validité des clauses qui abrègent le délai légal. Ainsi il a été jugé : 1° qu'une compagnie d'assurances peut valablement stipuler dans ses polices que tout action en payement de dommages, résultant de l'incendie d'objets par elle assurés, sera prescrite dans un délai déterminé, et, par exemple, dans le délai d'un an ou de six mois à compter de l'incendie ou des dernières poursuites ; que cette déchéance conventionnelle n'a rien de contraire à l'ordre public (Nancy, 25 juill. 1851, aff. Lemaire, D. P. 52. 2. 67 ; Civ. cass. 1ᵉʳ févr. 1853, aff. Assurance L'Union, D. P. 53. 1. 77; Bordeaux, 4 mars 1879, *Journal de l'assurance et de l'assuré*, 1879, p. 263 ; Paris, 18 déc. 1883, *Le Droit* du 10 juin 1884 ; Nancy, 30 mai 1883, aff. Gillet, D. P. 84. 2. 11 ; Trib. civ. Florac, 1ᵉʳ oct. 1885, *Journal des assurances*, 1886, p. 240) ; Aix, 20 janv. 1890, aff. Compagnie *La Nation*, D. P. 90. 2. 169 ; Paris, 28 nov. 1889, aff. *Compagnie internationale d'assurances*, D. P. 90. 2. 191) ; — 2° Que la stipulation d'un contrat d'assurances contre les risques de la navigation fluviale, portant que les actions qui résulteront de ce contrat, seront, à peine de déchéance, exercées, à compter du sinistre, dans un certain délai plus court que celui fixé par l'art. 432 c. com. en matière d'assurances maritimes, est licite (en ce sens, Civ. cass. 16 janv. 1865, aff. Compagnie d'assurances *L'Abeille*, D. P. 65. 1. 12). Ajoutons, toutefois, que ce dernier arrêt, par ses considérants, semble tenir compte des circonstances de l'espèce, et incliner ainsi vers l'opinion des auteurs précités.

13. En sens inverse, on ne peut valablement convenir que la prescription s'accomplira pour un temps plus long que celui fixé par la loi. Ce serait, en effet, renoncer par avance au bénéfice d'une prescription future (V. en ce sens, Baudry-Lacantinerie, t. 3, n° 1587).

14. Conformément à ce qui a été dit au *Rép.* n° 50, la jurisprudence a admis la validité de la clause d'un compromis, intervenu au cours d'une instance, portant que dans le cas où l'arbitrage deviendrait sans objet, pour quelque

cause que ce fût, le demandeur reprendrait les errements de l'instance par lui formée, sans qu'aucune prescription ou péremption de procédure pût lui être opposée. Il a été décidé que cette stipulation n'était pas contraire à l'art. 2220 et n'emportait pas renonciation par avance à une prescription non acquise (Toulouse, 18 mai 1868, aff. Marie Sarrié, D. P. 68. 2. 108. V. sur cet arrêt, Laurent, t. 32, n° 285).

§ 2. — Formes de la renonciation.

15. En ce qui concerne la renonciation expresse, les solutions adoptées au *Rép.* n° 55 sont unanimement admises (Conf. notamment, Laurent, t. 32, n° 189). Ainsi il a été jugé que la renonciation à une péremption n'est subordonnée, dans sa forme, à aucune condition substantielle (Conf. Req., 21 mai 1883, aff. Touchet, D. P. 84. 1. 163).

16. La renonciation expresse peut être subordonnée par la partie intéressée à certaines conditions pour son accomplissement (V. en ce sens, Laurent, t. 32, n° 190 ; Liège, 3 avr. 1864, *Pasicrisie belge*, 1865, 2. 78).

17. Sur les caractères de la renonciation tacite, V. *Rép.* n°ˢ 58 à 85. Comme on l'a dit, *ibid.*, le principe c'est que la renonciation ne peut résulter que d'actes ou de faits qui impliquent manifestement de la part du débiteur la volonté de renoncer à la prescription acquise (V. en ce sens : Merlin, *Répertoire*, v° *Renonciation ;* Troplong, *Commentaire du titre de la prescription*, n°ˢ 56 et suiv., 63 et suiv. ; Marcadé, sur les art. 2220-2222, n° 5; Aubry et Rau, t. 8, § 776, p. 452 ; Leroux de Bretagne, n° 62; Colmet de Santerre, t. 8, n° 328 *bis* ; Laurent, t. 32, n°ˢ 191 et suiv.; Baudry-Lacantinerie, t. 3, n° 1589 ; Orléans, 16 févr. 1865, aff. Chatenay, D. P. 65. 2. 60; Rennes, 12 févr. 1850, aff. Albert, D. P. 80. 2. 221; Req. 21 mai 1883, aff. Touchet et Gachedoit, D. P. 84. 1. 163).

18. Spécialement il a été jugé qu'une renonciation tacite au bénéfice de la prescription acquise peut résulter de l'offre faite par le débiteur de payer les intérêts ou arrérages dus sur une somme d'argent, alors même que cette offre aurait été ensuite rétractée (Req. 5 août 1879, aff. Neveu, D. P. 79. 1. 71). Dans l'espèce, il s'agissait de la prescription de cinq ans établie par l'art. 2277 c. civ.

19. Décidé, de même, en ce qui concerne la prescription quinquennale des intérêts, que l'emprunt d'une somme d'argent faite par un débiteur, pour payer des intérêts dont la prescription était alors accomplie, emporte au profit du prêteur subrogé tous les droits du créancier, renonciation à cette prescription (Req. 1ᵉʳ mai 1886, aff. Chamblanc, D. P. 66. 1. 293).

20. Conformément à ce qui a été dit au *Rép.*, n°ˢ 72 et 80, il a été jugé que le sursis accordé par un créancier à son débiteur, sur la demande de celui-ci, pour la vérification du chiffre de la créance, jusqu'à l'arrivée aux mains du débiteur de certaines pièces indispensables à cette vérification, emporte renonciation à la prescription alors acquise contre ce créancier (Req. 28 nov. 1865, aff. Guillot, D. P. 67. 1. 224). L'arrêt en a tiré cette conséquence que l'armateur d'un navire qui, après réclamation à lui faite par l'administration de la marine, de l'état des sommes dues aux gens de l'équipage, afin d'obtenir pour elle le remboursement des sommes payées par elle, après naufrage de ce navire, pour gages et frais de rapatriement de gens de l'équipage, demande et obtient un sursis en raison de l'impossibilité où il était de clore cet état avant d'avoir reçu du capitaine, alors en cours de voyage, le registre des avances faites en mer aux marins du navire naufragé doit être réputé avoir renoncé à la prescription annale, à ce moment accomplie, de l'art. 433 c. com.

21. Il a été jugé que l'offre de rembourser le cessionnaire d'une créance, étant une reconnaissance implicite de l'existence de cette créance, implique renonciation au moyen de prescription (Req. 18 déc. 1883, aff. Alloncle, D. P. 84. 1. 364).

22. La renonciation tacite à la prescription peut résulter non seulement de déclarations faites par la partie elle-même, mais aussi d'actes de procédure et, par exemple, d'un exploit introductif d'instance ou d'une requête d'avoué (V. en ce sens, Aubry et Rau, t. 8, p. 452, § 776; texte et note. — *Contrà*, Troplong, *Prescription*, t. 1, n° 55). La jurisprudence est en ce sens (V. Paris, 16 janv. 1865) (1).

23. Ainsi encore, il a été décidé que le débiteur d'une rente qui, bien que libéré par la prescription trentenaire, a, sur les poursuites du créditrentier, reconnu tout d'abord le droit de celui-ci, et offert de lui payer les cinq premières années d'arrérages, a renoncé par là même au bénéfice de la prescription en ce qui concerne le fond du droit ; et que, nonobstant la règle d'après laquelle la prescription peut être invoquée en tout état de cause, ce débiteur ne saurait désormais, en rétractant ses offres, enlever au demandeur le bénéfice de cette renonciation (Poitiers, 30 juill. 1877, aff. Buliard, D. P. 78. 2. 60).

24. Jugé aussi qu'une renonciation tacite à la prescription peut s'induire aussi tout à la fois du silence gardé par le défendeur en première instance relativement au moyen de prescription, et des circonstances particulières de la cause (Req. 2 mai 1883, aff. Touchet, D. P. 84. 1. 163).

25. De même, le juge peut faire résulter la renonciation du fait que les défendeurs avaient expressément requis la nomination d'un expert, pour être ultérieurement statué sur son rapport, et reconnu ainsi qu'il y avait compte à régler entre eux et les demandeurs (Req. 21 mai 1883, aff. Gachedoit, D. P. 84. 1. 163).

26. De même encore, un copartageant ne peut, après avoir signé le procès-verbal de liquidation d'une communauté ou d'une succession. sans faire d'autre réserve que celle de l'homologation du tribunal, exciper de la prescription d'une créance qui a été portée au passif de la communauté ou de la succession comme existant au profit d'un autre copartageant depuis plus de trente ans (V. en ce sens, Lyon, 21 janv. 1876, aff. Letiévent, D. P. 78. 2. 38).

27. La partie qui a renoncé au bénéfice de la prescription ne peut se prévaloir de réserves de pur style et sans portée qu'elle aurait faites, et ce afin de revenir sur une renonciation définitivement acquise (Conf. Req. 21 mai 1883, aff. Gachedoit, D. P. 84. 1. 163. Comp. *Rép.* n° 60, et Laurent, t. 32, n° 193).

28. En sens inverse, il a été décidé par de nombreux arrêts que la défense au fond ne peut pas être considérée comme une renonciation à se prévaloir de la prescription (V. notamment : Civ. cass. 20 févr. 1855, aff. Davoust, D. P. 55. 1. 290 ; Besançon, 12 déc. 1864, aff. Commune d'Orchamps-Vennes, D. P. 65. 2. 1 ; Nancy, 2 mars 1882, aff. Commune de Fromelennes, D. P. 82. 1. 409).

29. La renonciation tacite, de la part d'un fermier, à invoquer la prescription pour les fermages échus depuis plus de cinq ans, ne peut s'induire de ce qu'il se serait prêté à l'établissement d'un compte amiable des fermages échus et des payements opérés, alors, d'ailleurs, que ce compte, resté informe, n'a pas été signé (Caen, 20 nov. 1859, aff. Pothier, D. P. 60. 2. 100).

De même cette renonciation ne peut résulter de ce que le fermier aurait, dans ses conclusions, commencé par soutenir qu'il devait moins de cinq années de fermages ; et que, par suite, s'il est établi ultérieurement que le fermier devait plus de cinq années, il est recevable à opposer la prescription pour les fermages antérieurs aux cinq dernières années (Même arrêt).

30. La demande en partage d'une succession n'emporte

pas nécessairement, de la part de l'héritier demandeur, renonciation à la prescription qui pourrait avoir frappé les droits de quelques-uns des ayants droit défendeurs, une telle demande, quoique formée contre tous les héritiers apparents, laissant au demandeur la faculté de discuter leurs droits et de faire valoir contre eux toutes exceptions qui leur seraient opposables (Civ. rej. 9 avr. 1862, aff. Laplace, D. P. 62. 1. 279).

Décidé également que la demande en partage d'une succession n'emporte pas, de la part de celui qui la forme, renonciation au droit d'invoquer plus tard la prescription contre les réclamations ultérieures d'un autre cohéritier relativement au partage (Douai, 13 janv. 1865, *infrà*, n° 433).

31. Ainsi encore, le propriétaire qui, pour faire tomber une servitude qu'il prétend être indûment exercée sur son fonds, soutient qu'elle n'a pas d'existence légale comme ne reposant sur aucun titre, peut ultérieurement invoquer la prescription extinctive de cette servitude (Civ. cass. 7 juill. 1856, aff. Aubert, D. P. 56. 1. 285).

32. Il a été décidé également que la déclaration du débiteur, qu'il a payé sa dette entre les mains d'un tiers mandataire du créancier dont la quittance a été égarée depuis, ne peut être considérée comme une reconnaissance de l'existence de la dette important renonciation à la prescription. Déclarer, en effet, qu'on s'est libéré, c'est précisément affirmer que l'on ne doit plus rien, c'est-à-dire nier la dette (Conf. Req. 11 déc. 1883, aff. Labbey de Lagénardière, D. P. 85. 1. 30).

33. L'offre faite par une personne qui rend un compte de soumettre ce compte à tous examens et vérifications, alors que le rendant compte a, en même temps, toujours affirmé l'exactitude du compte, ne peut être considérée comme une renonciation à la prescription pour le temps écoulé. (Req. 6 janv. 1869, aff. Gouvernement espagnol, D. P. 69. 1. 224).

34. Dans le même ordre d'idées, un arrêt a décidé qu'on ne peut voir une renonciation au droit d'opposer la prescription d'une action hypothécaire dans la déclaration faite, sur la sommation de payer, par le tiers détenteur de l'immeuble, « qu'il a laissé ou qu'il laisserait comme suffisante pour payer les créanciers hypothécaires » (Lyon, 24 avr. 1855, aff. Prothery, D. P. 81. 1. 246).

35. Jugé également que la lettre adressée par une compagnie de chemin de fer à une autre compagnie, et dans laquelle elle déclare que, moyennant certaines conditions, un règlement serait à faire pour le compte commun de tous les transporteurs, ne peut pas être invoquée par le destinataire des marchandises transportées comme constituant une renonciation à la prescription de l'action en responsabilité des avaries arrivées à ces marchandises (Angers, 11 juin 1873, aff. Chemin de fer de l'Ouest, D. P. 73. 2. 208).

36. Au surplus, comme on l'a vu au *Rép.*, n°s 72, 73 et 83, c'est une règle constante en cette matière que les tribunaux jouissent d'un pouvoir souverain d'appréciation pour décider si, en fait, dans telle hypothèse donnée, il y a eu ou non renonciation tacite à la prescription. Leurs décisions sur ce point échappent au contrôle de la cour de cassation (V. en ce sens : Aubry et Rau, t. 8, § 776, p. 453, texte et note 12 ; Req. 8 août 1866 (2) ; 19 août

---

(1) (Julien C. Brodier.) — La cour ; — Vu les art. 706, 2220, 676, 677 et 678 c. civ., ; — Considérant que, pour demander la suppression des deux fenêtres qui forment l'objet du litige, Brodier se fonde sur la prescription du titre en vertu duquel elles ont été établies par Julien et sur ce titre lui-même ; — En ce qui touche la prescription : — Considérant qu'aux termes de l'acte de vente du 27 mars 1826, enregistré, Grébon, auteur de Julien, a stipulé, pour le cas où il élèverait sa maison d'un ou deux étages, le droit de pratiquer des jours sur le jardin qui appartient aujourd'hui à Brodier ; qu'il est vrai que Grébon et ses ayants cause sont restés plus de trente ans sans user de cette servitude ; mais que, en 1863, au moment où les deux fenêtres ont été percées, Brodier a fait faire à Julien une signification dans laquelle il proteste contre l'ouverture de ces fenêtres, entendant qu'il ne soit établi des jours sur son jardin que dans les conditions prescrites au contrat qui lie les parties ; — Que, postérieurement, dans son exploit introductif d'instance, comme dans la requête qu'il avait présentée pour obtenir la permission d'assigner à bref délai, Brodier rappelle sa protestation et

invoque de nouveau pour en réclamer la stricte observation, les dispositions du titre dont Julien paraît s'être écarté ; — Que ces déclarations géminées par lesquelles il se soumet à l'exercice de la servitude, supposent nécessairement, en confessant l'existence du droit, une renonciation tacite la prescription, et que, pour être consignées dans des actes de procédure, elles n'ont pas moins de force et moins de valeur que si elles étaient personnelles à Brodier, puisqu'il est de principe que l'officier ministériel, tant qu'il n'est pas désavoué, engage par ses actes la partie qu'il représente ; — Par ces motifs, rejette le moyen de prescription.

Du 16 janv. 1865.-C. de Paris, 2e ch.-MM. Guillemard, pr.-Sénard, av. gén.-Pinchon et Puget, av.

(2) (Tixier de la Chapelle C. Domenget.) — La cour ; — Sur le premier moyen : — Attendu qu'aux termes de l'art. 2356 c. civ. sarde, qui n'est que la reproduction de l'art. 2221 c. civ., la renonciation tacite à la prescription résulte d'un fait qui suppose l'abandon d'un droit acquis ; — Attendu que, pour l'appli-

1878 (1); 21 mai 1883, aff. Touchet, D. P. 84. 1. 163; 18 déc. 1883, aff. Epoux Alloncle, D. P. 84. 1. 364).

37. Toutefois, le contrôle de la cour de cassation pourrait s'exercer si la décision des juges du fait avait dénaturé le caractère des actes dont elle a fait résulter la renonciation à la prescription (Aubry et Rau, *loc. cit.*; Civ. cass. 7 juill. 1856, aff. Aubert, D. P. 56. 1. 285; Req. 18 déc. 1883, aff. Epoux Alloncle, D. P. 84. 1. 364).

§ 3. — Capacité requise pour pouvoir renoncer à la prescription.

38. Comme nous l'avons dit au *Rép.* n° 85, le principe, en cette matière, c'est que les personnes incapables d'aliéner ne peuvent pas renoncer à la prescription acquisitive. Ajoutons que ceux qui sont incapables de s'obliger ne peuvent renoncer à la prescription extinctive (Aubry et Rau, t. 8, p. 452, § 776).

39. En conséquence de cette règle, on a enseigné au *Rép.*, n° 86, que le mineur ne peut, dans aucun cas, renoncer au bénéfice de la prescription, même avec l'autorisation et l'assistance de son tuteur. C'est en ce sens que se prononcent MM. Troplong, n°ˢ 80 et 81 ; Mourlon, t. 3, n° 1785 ; Leroux de Bretagne, t. 1, p. 59, n° 69; Laurent, t. 32, n° 202. — Quant au tuteur lui-même, certains auteurs estiment qu'il peut valablement renoncer pour le mineur au bénéfice de la prescription, mais à la condition de remplir les formalités exigées par la loi pour la vente des biens de mineur (Conf. Aubry et Rau, t. 8, § 776, texte et note 2 ; Marcadé, sur l'art. 2222, n° 8; Baudry-Lacantinerie, t. 3, n° 1591).

40. Par application des mêmes principes, on doit décider : 1° qu'un mandataire général, par exemple l'administrateur d'une société, n'a pas le droit de renoncer à la prescription (Conf. Laurent, t. 32, n° 203) ; — 2° Qu'une commune ne peut pas valablement renoncer à une prescription extinctive accomplie à son profit, lorsqu'elle n'a pas été dûment autorisée à cet effet (V. en ce sens, Besançon, 12 déc. 1864, aff. Commune d'Orchamps-Vennes, D. P. 65. 2. 1).

§ 4. — Effets de la renonciation.

41. Il est généralement admis en doctrine que la renonciation à une prescription acquise ne constitue pas une aliénation véritable. La personne qui n'invoque pas le bénéfice de la prescription n'aliène pas; elle refuse seulement d'acquérir. De là les conséquences suivantes : 1° la renonciation à la prescription est un acte unilatéral ; pour qu'elle soit valable, il n'est pas nécessaire qu'elle soit acceptée par celui qui en bénéficie ; 2° la renonciation à la prescription n'étant pas une aliénation ne tombe pas sous le coup de la loi du 23 mars 1855, lorsqu'il s'agit d'un immeuble, et elle n'a pas besoin d'être transcrite. Cette opinion se fonde principalement sur les art. 2223 et 2224 c. civ., d'après lesquels la prescription n'opère pas de plein droit, mais doit être opposée (V. en ce sens, Duranton, t. 21, p. 222, n° 144 ; Mourlon, t. 3, p. 728, n°ˢ 1767-1770 ; Baudry-Lacantinerie ;

t. 3, n° 1590 ; Marcadé sur l'art. 2222, n° 7). M. Laurent, t. 32, n°ˢ 195 et suiv., adopte une doctrine contraire, mais il aboutit aux mêmes conséquences.

42. D'après un arrêt de la cour de cassation, le moyen tiré de ce que l'ancien propriétaire d'un immeuble aurait renoncé à se prévaloir de la prescription de l'action hypothécaire ne peut être soulevé pour la première fois devant la cour de cassation, alors que le fait a été uniquement saisi du moyen tiré de la prétendue renonciation du nouveau propriétaire (Req. 25 janv. 1881, aff. Prothery, D. P. 81. 1. 246). Il n'y a là qu'une application de la règle d'après laquelle les moyens non proposés devant le juge de première instance ou le juge d'appel ne peuvent être proposés pour la première fois devant la cour de cassation.

SECT. 3. — La prescription est-elle opposable d'office et en tout état de cause (*Rép.* n°ˢ 96 à 129).

43. Nous avons dit au *Rép.* n° 98, que le principe de l'art. 2223, d'après lequel les juges ne peuvent pas suppléer d'office le moyen résultant de la prescription, est formulé en termes absolus, et que, par suite, il s'applique non seulement à la prescription trentenaire et à celle de dix ou vingt ans, mais aussi aux courtes prescriptions. Cette solution est généralement admise (V. en ce sens, Merlin, *Répertoire*, v° *Prescription*, sect. 1, § 3, n° 2; Laurent, t. 32, n° 174). La jurisprudence consacre la même doctrine. Ainsi il a été jugé que la prescription de cinq ans, en matière d'intérêts (de l'art. 2277 c. civ., ne peut pas être suppléée d'office par le juge (Outre les arrêts cités au *Rép.*, *ibid.*, V. en ce sens, Civ. cass. 26 févr. 1861, aff. Marty et autres, D. P. 61. 1. 481 ; Req. 25 févr. 1891, aff. Bézard, D. P. 91. 5. 406. — *Contrà:* Trib. civ. de Wissembourg, 16 mars 1870, aff. Eberstein, D. P. 73. 5. 362).

44. Décidé également que la règle d'après laquelle les juges ne peuvent suppléer d'office le moyen tiré de la prescription s'applique en matière commerciale comme en matière civile, et notamment en matière d'assurance (V. en ce sens, outre les arrêts cités au *Rép.* n° 98; C. cass. de Belgique, 15 mars 1877, *Pasicrisie belge*, 1883. 1. 212 ; 4 mai 1883, D. P. 83. 2. 29).

45. L'art. 2223 c. civ. doit aussi recevoir son application en matière d'enregistrement. Ainsi, spécialement, lorsque la détermination d'un droit d'enregistrement est subordonnée à l'appréciation des effets d'un acte de renonciation à communauté. un tribunal ne peut, sans excès de pouvoir, déclarer d'office et, en l'absence des conclusions des parties, que le droit de renoncer était prescrit (Conf. Civ. cass. 31 mai 1847, aff. Allotte, D. P. 47. 4. 379).

46. On doit entendre également que la règle de l'art. 2223 c. civ. s'impose au juge dans le cas où une prescription *brevis temporis*, telle que la prescription de cinq ans, n'est pas acquise au profit du débiteur, mais où cependant ce dernier est fondé à en invoquer une plus courte, comme

---

cation de cet article, qui n'implique que la constatation d'un fait et la solution d'une question d'intention, les tribunaux sont investis d'un pouvoir souverain, dont l'usage ne peut, en général, encourir la censure de la cour de cassation ; — Attendu que, dans l'espèce, l'arrêt attaqué (rendu par la cour de Chambéry le 28 juill. 1864), après avoir reconnu qu'ainsi que l'articulait la demanderesse, la dame Domenget avait, en vertu de décisions de justice, opéré entre les mains de tiers, en 1842 et en 1854, des payements partiels à valoir sur les arrérages alors échus de la pension alimentaire, a déclaré que l'on ne peut induire de ces payements une renonciation tacite à se prévaloir de la prescription quant au surplus de la dette ; — Attendu qu'en statuant ainsi, la cour impériale s'est strictement renfermée dans les limites du pouvoir souverain qui lui était conféré par la loi, et n'a, en aucune manière, violé l'art. 2356 c. sarde, invoqué par le pourvoi;
Sur le deuxième moyen : — Attendu que l'arrêt attaqué déclare, en fait, que les saisies-séquestres étaient circonscrites dans des limites fixes et déterminées, et que la dame Tixier de la Chapelle, avait conservé, nonobstant ces saisies, le droit de demander et de poursuivre la rentrée du surplus des prestations annuelles qui lui étaient dues ; — Que, dès lors, en tirant de ces faits la conséquence que les saisies-séquestres n'avaient

ni interrompu ni suspendu le cours de la prescription par rapport au surplus de la créance, cet arrêt n'a violé aucun des textes invoqués par les demandeurs ; — Rejette, etc.
Du 8 août 1865.-Ch. req.-MM. Bonjean, pr.-de Cornières, rap.-Savary, av. gén. c. conf.-Duboy, av.

(1) (Foulquier C. Foulquier et Tourreil.) — La cour; — Sur l'unique moyen du pourvoi, pris de la violation ou fausse application des art. 2221 et 2224 c. civ. : — Attendu qu'aux termes de l'art. 2224, la prescription peut être opposée en tout état de cause, à moins que la partie qui n'a pas opposé ce moyen ne doive, par les circonstances, être présumée y avoir renoncé ; que l'appréciation des circonstances rentre dans le pouvoir souverain des juges du fond; — Attendu que l'arrêt attaqué relève différents faits de l'ensemble desquels il conclut qu'il n'est pas permis de douter que Jean-Pierre Foulquier a renoncé, au regard de l'épouse Tourreil, au moyen de la prescription; — Attendu qu'en se fondant sur ces déclarations pour écarter l'exception de prescription invoquée devant elle par Jean-Pierre Foulquier, la cour d'appel de Toulouse n'a pu violer aucune loi; — Rejette, etc.
Du 19 août 1878.-Ch. req.-MM. le cons. Alméras-Latour, pr.-Domangeat, rap.-Benoist, av. gén., c. conf.-Brugnon, av.

celle d'un an. Dans ce cas, si la partie n'oppose pas cette dernière prescription, il est interdit au juge de suppléer d'office le moyen non soulevé. En effet, chacune des prescriptions édictées par la loi repose sur une raison ou présomption différente, et la plus courte n'est pas implicitement comprise dans la plus longue. Pour être admise, il faut qu'elle ait été invoquée directement par la partie (V. *Rép.*, n° 98. Conf. Alger, 4 nov. 1870, aff. Syndic Barbe, D. P. 71. 2. 7, et, sur pourvoi, Req. 19 juin 1872, D. P. 73. 5. 363; C. cass. de Belgique, 12 mai 1887, aff. Bruylant, D. P. 88. 2. 143).

47. Ainsi qu'on l'a exposé au *Rép.* n° 100, il n'est pas nécessaire, pour que le moyen tiré de la prescription soit admis, que les *conclusions* des parties portent en termes exprès que la prescription est opposée. La doctrine est en ce sens (V. notamment Merlin, *Répertoire*, v° *Prescription*, § 14, n° 3; Troplong, *Prescription*, t. 1, n° 91; Marcadé, t. 12, p. 29, sur l'art. 2223, n° 3; Laurent, t. 32, n°s 180 et suiv.; Leroux de Bretagne, t. 1, p. 29; Baudry-Lacantinerie, t. 3, n° 1592). De même, la cour de cassation a décidé qu'il n'est pas nécessaire que le moyen de la prescription soit proposé en termes formels; qu'il suffit que ce moyen ressorte implicitement de la nature même de la demande et de l'ensemble des faits sur lesquels elle est fondée; et que, notamment, le moyen de la prescription est virtuellement compris dans les conclusions par lesquelles le propriétaire d'un moulin qui prétend à une servitude d'aqueduc sur le fonds d'un voisin se fonde sur ce que son moulin existe depuis plusieurs siècles et que les levées de la rivière, même sur le fonds du défendeur, ont été manifestement disposées pour les besoins et le roulement de l'usine, et cela de toute antiquité (Civ. rej. 3 août 1870, aff. Guilleminot, D. P. 70. 1. 338. Comp. les arrêts rapportés au *Rép.*, *loc. cit.*; Req. 30 déc. 1851, aff. Merlin, D. P. 52. 5 430).

48. Dans le même ordre d'idées, conformément à ce qui a été dit au *Rép.* n° 108, il a été jugé que les conclusions de l'intimé tendant à la confirmation du jugement frappé d'appel, s'appropriant par là même les moyens qui ont motivé ce jugement; et qu'en conséquence, le juge d'appel qui, sur des conclusions ainsi formulées, admet une exception de prescription déjà accueillie par le premier juge, ne méconnaît pas la règle qui interdit de suppléer d'office le moyen résultant de la prescription (Req. 29 nov. 1876, aff. Godin de Lépinay, D. P. 77. 1. 152).

49. Toutefois, il ne faut pas dire, d'une manière générale, que, dans tous les cas où le moyen tiré de la prescription a été invoqué en première instance, il est inutile de le proposer à nouveau en appel. Cette dernière voie de recours ayant pour effet d'anéantir le premier jugement, la partie intéressée doit se prévaloir, au moins implicitement de la prescription, car la cour ne pourrait pas la suppléer d'office (Conf. Laurent, t. 32, n° 181). Ainsi, dans une espèce, le tribunal n'avait statué sur le moyen de la prescription qu'à l'égard de quelques-unes des parties demanderesses. Les autres ayant interjeté appel, les intimés se bornèrent à demander la confirmation du jugement de première instance. Il fut jugé, dans cette hypothèse, que la cour ne devait pas se prononcer sur l'exception de prescription, parce que celle-ci, en réalité, n'avait pas été reproduite devant elle (Req. 4 févr. 1857, aff. Commune de Lompnes, D. P. 57. 1. 257).

50. On a dit au *Rép.* n° 111 que la prescription peut être opposée *en tout état de cause*, et même pour la première fois en appel. C'est là une règle certaine, qui s'applique même aux prescriptions de courte durée, notamment à la prescription de cinq ans (V. en ce sens, Caen, 20 nov. 1859, aff. Potier, D. P. 60. 2. 100; Trib. de Wissembourg, 16 mars 1870, aff. Eberstein, D. P. 73. 5. 362; Amiens, 14 juin 1871, aff. Boucton, D. P. 72. 2, 58 et la note; Req. 4 mars 1878, aff. Bourgade, D. P. 78. 1. 168; Req. 5 août 1878, aff. Neveu, D. P. 79. 1. 71; Rennes, 12 févr. 1880, aff. Veuve Albert, D. P. 80. 2. 224; Req. 11 déc. 1883, aff. Labbey de Lagénardière, D. P. 85. 1. 30; Paris, 1er mars 1893, aff. Streissel. D. P. 93. 2. 296).

51. Mais aux termes mêmes de l'art. 2224, cette règle cesse d'être applicable lorsqu'il résulte des circonstances que la partie doit être présumée avoir renoncé au moyen tiré de la prescription (*Rép.* n° 113; Besançon, 26 déc. 1888, aff.

Michel, D. P. 89. 2. 227). — Décidé, à cet égard : 1° que les juges peuvent déduire la renonciation à la prescription tout à la fois du silence gardé par le défendeur en première instance relativement au moyen de prescription, et des circonstances particulières de la cause (Req. 21 mai 1883, aff. Touchet, D. P. 84. 1. 163) ; — 2° Que le fait par une partie d'avoir, en première instance, contesté le bien fondé de la demande, sans opposer la prescription, constitue de sa part une renonciation à se prévaloir de la prescription devant les juges d'appel (Paris, 1er mars 1893, cité *supra*, n° 50).

52. Ainsi qu'on l'a expliqué au *Rép.* n° 116, la prescription peut être opposée, même après les défenses au fond. Elles n'emportent pas renonciation à l'exception tirée de la prescription (En ce sens, outre les arrêts cités au *Rép. ibid.*, V. Besançon, 12 déc. 1864, aff. Commune d'Orchamps-Vennes, D. P. 65. 2. 1 ; Nancy, 2 mars 1882, aff. Commune de Fromelennes, D. P. 82. 1. 409 ; Comp. Laurent, t. 32, n° 177; Aubry et Rau, t. 8, § 775, texte et note 9).

53. On a ajouté au *Rép.* n° 127, que si la prescription peut être opposée en tout état de cause, tant qu'un jugement en dernier ressort n'est pas intervenu, elle ne peut plus être invoquée, lorsque les parties ainsi que le ministère public ont été entendus, et que les magistrats délibèrent en chambre du conseil. Les auteurs récents se prononcent généralement en ce sens (Conf. Duranton, t. 21, p. 202, n° 135; Laurent, n° 178 ; Leroux de Bretagne, t. 1, p. 33, n° 35. — *Contrà* : Troplong, n° 95; Marcadé, t. 12, sur l'art. 2225, n° 1).

54. Conformément à ce que nous avons dit au *Rép.* n° 129, il a été décidé que la prescription peut être opposée même pour la première fois devant le tribunal de renvoi désigné par un arrêt de cassation, dès qu'il n'est relevé dans l'affaire aucun fait d'où l'on puisse induire que la partie y a renoncé (Conf. Besançon, 26 déc. 1888, aff. Préfet de la Meuse, D. P. 89. 2. 227. Comp. Laurent, t. 32, n° 179; Marcadé, sur l'art. 2223, n° 3 ; Baudry-Lacantinerie, t. 3, n° 1593).

SECT. 4. — A QUI PROFITE LA PRESCRIPTION? — PAR QUI EST-ELLE OPPOSABLE? — QUI PEUT S'EN PRÉVALOIR? (*Rép.* n°s 130 à 142).

55. Le principe, c'est que toute personne peut prescrire. De même, la prescription peut être opposée à toute personne. De là l'art. 2227 c. civ., d'après lequel « l'État, les établissements publics et les communes sont soumis aux mêmes prescriptions que les particuliers, et peuvent également les opposer ». Cette règle résulte de la nature même de la prescription qui est établie, non pas dans l'intérêt de celui qui prescrit, mais dans l'intérêt de la société (V. Laurent, t. 32, n°s 11 et 13; Baudry-Lacantinerie, t. 3, n° 1594; Aubry et Rau, t. 2, § 214, p. 326, texte et note 2). Ajoutons que la disposition de l'art. 2227 c. civ., a aussi pour but d'abroger les privilèges dont diverses personnes civiles jouissaient dans notre ancien droit (V. sur ce point, Trolong, *Prescription*, n°s 184 et suiv.; Glasson, *Éléments du droit français*, t. 1, p. 420).

56. Ainsi que nous l'avons dit au *Rép.* n° 733, on prescrit indistinctement contre les personnes présentes et contre les absents. Ce point est certain (Conf. Troplong, *Prescription*, t. 2, n° 709 ; Duranton, t. 21, n° 285; Aubry et Rau, t. 2, § 214, texte et notes 4 et 5; Laurent, t. 32, n° 14; Merlin, *Répertoire*, v° *Prescription*, sect. 1, § 7, art. 2, quest. 6; Leroux de Bretagne, t. 1, n°s 90 et suiv.; Req. 19 juill. 1869, aff. Héritiers Forn, D. P. 70. 1. 75).

57. De même, comme on l'a exposé au *Rép.* n° 738, la prescription est possible aussi bien contre les personnes qui sont informées du cours de la prescription que contre celles qui l'ignorent (Merlin, *op. cit.*, sect. 1, § 7, art. 2, quest. 8; Troplong, *op. cit.*, t. 2, n° 714; Duranton, *loc. cit.*; Aubry et Rau, t. 2, § 214, texte et note 5 ; Laurent, *loc. cit.* V. toutefois n° 509).

58. Contrairement à l'opinion exposée au *Rép.* n° 734, on semble admettre aujourd'hui que la prescription peut aussi être invoquée contre les militaires en activité de service (Aubry et Rau, t. 2, § 214, texte et note 6).

59. Par application des règles qui viennent d'être exposées, il a été décidé que l'État peut prescrire contre les communes malgré la tutelle qu'il exerce sur elles (Conf. Civ. cass. 2 nov. 1870, et Civ. rej. 4 mars 1874, aff. Ville de Bapaume, sol. impl., D. P. 74. 1. 366).

60. De même, une commune peut prescrire contre sa section (V. en ce sens, Montpellier, 9 janv. 1872) (1).

61. Aux termes de l'art. 2225 c. civ., les créanciers d'une personne peuvent opposer la prescription acquise à leur débiteur, alors même que ce dernier y renoncerait. Cette disposition a soulevé de graves difficultés. Tout d'abord, il est certain que la prescription peut être opposée par les créanciers du chef de leur débiteur, lorsque celui-ci néglige de le faire. Comme on l'a fait remarquer, en effet, au *Rép.* n° 130, il résulte de l'art. 2225 que la prescription ne crée point au profit de celui qui peut l'invoquer un *droit exclusivement attaché à la personne*, dont l'exercice est interdit aux créanciers (c. civ. art. 1166, *in fine*). Ainsi, par exemple, ces derniers pourront invoquer la prescription du chef de leur débiteur, lorsqu'ils revendiqueront en son nom un bien lui appartenant et détenu par un tiers. De même, on peut supposer que des créanciers interviennent, pour la conservation de leurs droits, dans une instance en revendication formée contre leur débiteur. Dans ce cas encore, ils peuvent se prévaloir de la prescription, alors que leur débiteur néglige de l'opposer.

62. On admet aussi en général, conformément à la doctrine soutenue au *Rép.* n° 137, que les créanciers jouissent du droit d'opposer la prescription acquise à leur débiteur, même après une renonciation consommée de la part de ce dernier (Outre les autorités indiquées au *Rép.*, *ibid.* V. en ce sens, Favart, *Répertoire*, v° *Prescription*, sect. 1, n° 3 ; Troplong, *Prescription* n°ˢ 101 et suiv. ; Duranton, t. 21, n° 150 ; Rolland de Villargues, *Répertoire du notariat*, n° 503 et suiv. ; Taulier, *Théorie du code civil*, t. 7, p. 747 ; Boileux, *Commentaires sur le code civil*, sur l'art. 2225, t. 7, p. 738 ; Mourlon, t. 3, p. 740, note ; Marcadé, sur l'art. 2225, n° 2 ; Rataud, *Revue pratique*, t. 1, p. 481 ; Aubry et Rau, t. 8, § 775 ; Leroux de Bretagne, t. 1, p. 33, n° 37 ; Laurent, t. 32, n° 210 *in fine* et 219. Comp. Civ. rej. 21 déc. 1859, aff. De Provence, D. P. 61. 1. 265).

Mais des difficultés se sont présentées, dans cette dernière hypothèse, sur le point de savoir à quelles conditions les créanciers pourront se prévaloir de l'art. 2225 c. civ., et faire tomber la renonciation à la prescription énoncée de leur auteur. D'après quelques auteurs, l'art. 2225 aurait pour effet de conférer aux créanciers un droit direct, ne dérivant pas des art. 1166 et 1167 c. civ. Les créanciers pourraient opposer la prescription à laquelle leur débiteur a renoncé, sans être obligés d'établir que cette renonciation leur a causé un préjudice et, à plus forte raison, qu'elle a été faite en fraude de leurs droits. Les principes de l'action paulienne seraient sans application. Cette opinion, soutenue par M. Valette (cité par Mourlon, *loc. cit.*, a été reprise récemment par M. Laurent (*loc. cit.*, t. 32, n°ˢ 209, 210 et 220). On se fonde, dans cette opinion, sur ce que l'art. 2225 aurait pour but de protéger les créanciers contre une fausse délicatesse et des scrupules de conscience de la part du débiteur. Mais, comme le font très bien remarquer MM. Aubry et Rau (t. 8, § 775, note 7), « ce système ne saurait être admis, parce qu'il enlève toute base juridique à l'art. 2225. Est-il d'ailleurs présumable que le législateur, qui interdit au juge de suppléer d'office le moyen de prescription, afin de laisser au débiteur la faculté d'obéir aux inspirations de sa conscience, ait, par une contradiction choquante, voulu autoriser les créanciers à faire rétracter une renonciation qui, intervenue à une époque où le débiteur se trouvait encore *in bonis*, n'a

porté aucune atteinte au droit de gage que leur confère l'art. 2092 ? ».

D'après un second système, au contraire, la disposition de l'art. 2225 c. civ. ne serait qu'une application de la règle générale de l'art. 1167 et des principes de l'action paulienne. Les créanciers ne pourraient faire rescinder la renonciation faite par leur débiteur qu'à la condition d'établir qu'elle a été faite en *fraude* et au *préjudice* de leurs droits (V. en ce sens : Taulier, *op. cit.*, t. 7, p. 747 ; Mourlon, t. 3, p. 740 ; Massé et Vergé, sur Zachariæ, t. 5, § 860, texte et note 4).

Nous croyons devoir adopter, avec la majorité des auteurs, une troisième opinion, d'après laquelle les créanciers sont admis à opposer la prescription à laquelle a renoncé leur débiteur, par cela seul qu'ils prouvent que cette renonciation a déterminé ou augmenté l'insolvabilité de celui-ci, et sans qu'il soit besoin de rechercher s'il était de bonne ou de mauvaise foi. En d'autres termes, l'existence du *préjudice* seule est exigée. Les créanciers ne sont pas obligés d'établir, en outre, que la renonciation a été faite dans une intention de *fraude*. L'art. 2225 contient donc une exception aux règles de l'action paulienne contenues dans l'art. 1167. Cette solution s'appuie sur le texte même de l'art. 2225 qui ne distingue pas, et dont les termes généraux visent une renonciation non frauduleuse. Il suffit que les créanciers y aient intérêt, c'est-à-dire qu'ils éprouvent un préjudice (V. en ce dernier sens : Duranton, t. 21, n° 150 ; Rataud, *Revue pratique*, t. 1, p. 481 ; Rolland de Villargues, *Répertoire du notariat*, n°ˢ 503 et suiv. ; Boileux, *op. cit.*, t. 7, p. 738 ; Aubry et Rau, t. 8, § 775, p. 449 et 450, notes 6 et 7 ; Baudry-Lacantinerie, t. 3, n° 1597).

Signalons, enfin, l'opinion particulière de Troplong, *op. cit.*, t. 1, n°ˢ 101 et suiv., et de Marcadé, sur l'art. 2225. Ces auteurs admettent qu'il n'est pas nécessaire que les créanciers établissent la fraude du débiteur. Mais, d'après eux, l'art. 2225 présume cette fraude ; d'où cette conséquence que la renonciation doit être maintenue, dans le cas où il est démontré que le débiteur était de bonne foi en renonçant. Ce système repose sur une pure conjecture sans fondement (V. Aubry et Rau, *op. et loc. cit.*).

La jurisprudence se prononce en faveur du troisième système, auquel nous nous sommes ralliés. Elle semble exiger simplement la preuve du préjudice (Conf. Civ. rej. 21 mars 1843, *Rép.* v° *Prescription*, n° 137 ; Bordeaux, 13 déc. 1848, aff. Bonnet, D. P. 49. 2. 158 ; Orléans, 27 févr. 1855, aff. Roger, D. P. 55. 2. 234). Les auteurs citent également, dans le même sens, un autre arrêt de la cour de cassation (Civ. rej. 21 déc. 1859, aff. De Provence, D. P. 61. 1. 265). Mais, si cette dernière décision condamne formellement le premier système que nous avons exposé, elle ne se prononce pas nettement entre la seconde et la troisième opinion. L'arrêt constate, en effet, que la renonciation a été faite de bonne foi, et il ajoute que, au moment où elle est intervenue, l'insolvabilité du débiteur n'existait pas encore, qu'ainsi le traité qui renfermait cette renonciation avait pu être justement considéré par la cour d'appel comme ne constituant point un acte fait au préjudice des droits des créanciers.

63. On a dit au *Rép.* n° 140, que le droit qui appartient au créancier d'opposer une prescription, dont son débiteur néglige ou refuse de se prévaloir, n'est pas limité aux seules prescriptions *longi temporis*, fondées sur une présomption *juris et de jure*, qu'il s'applique aussi aux prescriptions *brevis temporis*, qui reposent sur une simple présomption de payement et permettent aux créanciers de déférer le serment au débiteur. Cette solution repose sur la généralité des termes de l'art. 2225. Elle est consacrée par la jurisprudence la plus récente (V. en ce sens, Civ.

---

(1) (Commune de Vieussan C. Allengry.) — La cour ; — Au fond ; — Attendu qu'aux termes de l'art. 2227, c. civ., les établissements publics et les communes sont soumis aux mêmes prescriptions que les particuliers, et peuvent également les opposer : — Que la commune de Vieussan a donc pu prescrire contre la section de Mézeilles ; — Attendu, que l'on oppose vainement la jurisprudence d'après laquelle un maire ne peut prescrire les biens de la commune qu'il administre ; dans la cause, ce n'est point le maire en son nom personnel, mais la commune qui invoque la prescription ; si, en principe, la commune ne peut se défendre contre les entreprises illicites du maire qui l'administre, rien n'empêche la section de défendre son patrimoine ; avant la loi de 1837, les habitants d'une section pouvaient agir collectivement, depuis lors, ils agissent par l'intermédiaire d'un syndic ;

Par ces motifs, etc.
Du 9 janv. 1872.-C. de Montpellier,-MM. Signady, 1ᵉʳ pr. ; Herail, subst.-Agniel et Lisbonne, av.

cass. 12 juill. 1880, aff. Cassin, D. P. 81. 1. 437), et admise par la généralité des auteurs (Conf. Massé et Vergé sur Zachariæ, t. 5, n° 359, note 1; Laurent, t. 32, n° 218; Aubry et Rau, t. 3, p. 136, note 36). — Nous avons exposé au *Rép.*, *ibid.*, l'opinion contraire de Duranton. Ce dernier système a été consacré par un jugement du tribunal de la Flèche du 13 août 1861, aff. Messieuse, D. P. 61. 3. 71. Aux termes de ce jugement, le droit du créancier d'opposer une prescription dont le débiteur refuse ou néglige de se prévaloir est limité aux seules prescriptions fondées sur une présomption *juris et de jure*, et ne s'applique pas aux prescriptions *brevis temporis*, lesquelles reposent sur une présomption de payement que la délation du serment peut toujours faire évanouir. Et il en est ainsi en matière de faillite l'état de faillite n'entraînant aucune incapacité quant au droit de reconnaître que la prescription serait à tort opposée. Plus récemment, un jugement du tribunal civil d'Orange, du 12 juill. 1890 (aff. Appay, D. P. 93. 2. 276) s'est prononcé dans le même sens.

64. Ajoutons que, dans le cas où un créancier oppose une prescription *brevis temporis* au nom de son débiteur, qui y a renoncé, la partie à laquelle elle est opposée est recevable à déférer le serment. De plus, sauf le cas spécial prévu par l'art. 2275, § 2, c. civ., ce serment ne peut être déféré qu'au débiteur seul, et non au créancier. Comme nous l'avons fait remarquer, en effet, sous l'arrêt de cassation du 12 juill. 1880, cité *supra*, n° 63, « c'est au débiteur seul que peut être déféré le serment, en réponse à l'exception de prescription, car c'est dans sa bouche seule, c'est dans les scrupules de sa conscience, dans sa bonne foi et sa sincérité personnelles que l'on peut espérer rencontrer la confirmation ou la dénégation de la libération présumée. Son créancier qui est mis en son lieu et place et exerce ses droits quand il s'agit d'une prescription *longi temporis*, parce que la libération est juridiquement établie en ce cas, ne peut-se-substituer à lui, dès qu'il est nécessaire de faire appel à sa moralité : c'est une question exclusivement *personnelle* qui s'agite entre la partie proposant l'exception et le débiteur lui-même; et celui-ci seul peut renoncer à prescrire la dette en refusant de prêter serment. Quelle valeur aurait l'affirmation d'un créancier qui ne serait pas placé, comme lui, entre son intérêt et sa conscience, et qui pourrait légitimement satisfaire un sens froisser l'autre ? » (V. en ce sens, les autorités cités ci-dessus). Comp. aussi ce qui a été dit au *Rép.* n° 140 *in fine*, quant aux résultats qui se produiront après la délation du serment au débiteur.

65. Nous avons recherché au *Rép.* n°s 131 et suiv., quelles sont les personnes intéressées, autres que les créanciers, dont parle l'art. 2225 c. civ., et qui peuvent opposer la prescription à laquelle le débiteur ou le propriétaire a renoncé. Les solutions que nous avons données à cet égard sont très généralement admises. Nous nous bornerons à signaler les difficultés nouvelles qui se sont présentées.

66. On a dit au *Rép.* n° 135 que la caution peut opposer la prescription à laquelle le débiteur principal a renoncé. La même solution doit être donnée pour les codébiteurs solidaires. Ainsi il a été jugé que la femme d'un commerçant qui a souscrit solidairement avec lui un billet à ordre, peut invoquer la prescription de cinq ans de l'art. 189 c. com. (Civ. cass. 8 déc. 1852, aff. Veuve Brulatour, D. P. 53. 1. 80. Comp. Aubry et Rau, t. 8, § 775, texte et note 4; Laurent, t. 32, n° 214).

67. De même, un acheteur pourra se prévaloir de la prescription acquise à son auteur, et à laquelle ce dernier aura renoncé après avoir transmis à l'acquéreur ses droits sur la chose. Cette solution doit être admise même dans le cas où la renonciation a été faite avant que l'acheteur ait transcrit son titre. Dans ce cas la renonciation ne sera pas valable. C'est qu'en effet, comme nous l'avons montré *supra*, n° 41, elle ne constitue pas un acte translatif de propriété. Par suite, elle ne tombe pas sous le coup de la loi du 23 mars 1855 et ne doit pas être transcrite. Dès lors, la personne au profit de laquelle a lieu la renonciation ne peut pas se prévaloir du défaut de transcription de l'acte de vente, car elle ne constitue pas un tiers aux termes de l'art. 3 de la loi de 1855 (V. en ce sens, Leroux de Bretagne, t. 1,

p. 39, n° 42; Laurent, t. 32, n° 213). — En ce qui concerne le donataire, V. *Rép.* n° 134.

68. Signalons, en terminant, une application intéressante faite par la jurisprudence des principes que nous avons exposés. Un créancier obtient une hypothèque d'un débiteur n'ayant sur l'immeuble qu'un droit de propriété résoluble. Plus tard, la résolution est prononcée, et le propriétaire véritable revendique l'immeuble contre un tiers détenteur. La cour de cassation a décidé que, dans cette espèce, le créancier ne pouvait opposer, en qualité de créancier hypothécaire, la prescription, acquise au tiers détenteur à l'égard de l'action en revendication, et à laquelle ce dernier renonçait. Sans doute le créancier avait un intérêt manifeste à se prévaloir de l'art. 2225 c. civ. Mais ses droits hypothécaires sur le bien revendiqué se trouvaient résolus en même temps que ceux du débiteur qui les lui avait consentis. Comme le fait remarquer la chambre civile, on ne pouvait à la fois prononcer la résolution du droit du débiteur qui avait concédé l'hypothèque et maintenir cette dernière (Civ. cass. 28 août 1860, aff. Lourtet, D. P. 60. 1. 354). L'arrêt décide spécialement, que dans le cas d'échange d'immeubles lorsque l'un des contractants évincé, poursuit contre l'autre contractant la résolution de l'échange, et contre un tiers détenteur la revendication de l'immeuble échangé, la femme de son coéchangiste n'a pas qualité, si la résolution est prononcée, pour invoquer contre cette action en revendication, la prescription acquise au tiers détenteur, comme intéressée à faire maintenir sur le bien revendiqué l'hypothèque légale qui a frappé ce bien lors de l'échange par suite duquel il était entré dans le patrimoine de son mari, cette hypothèque se trouvant résolue en même temps que le contrat d'échange lui-même (Comp., sur cet arrêt, Laurent, t. 32, n° 216).

Sect. 5. — Quelles choses sont ou non prescriptibles
(*Rép.* n°s 143 à 226).

69. M. Laurent (t. 32, n° 224, p. 231) observe avec raison que les particuliers ne peuvent pas, par leurs conventions, rendre prescriptibles des biens que la loi déclare imprescriptibles, et déclarer imprescriptibles les biens qui peuvent se prescrire. C'est qu'en effet la prescription est d'ordre public (c. civ. art. 6). Il n'y a exception que pour les biens dotaux rendus inaliénables et imprescriptibles par la volonté des époux; mais cette exception est consacrée formellement par la loi.

Art. 1er. — *Des choses imprescriptibles par leur nature.* — *Mer.* — *État civil.* — *Liberté humaine.* — *Ordre public.* — *Droits facultatifs* (*Rép.* n°s 144 à 169).

70. — I. Mer. — V. *Rép.* n° 144; Leroux de Bretagne, t. 1, n° 153 *in fine*, p. 120.

71. — II. État civil. — On a dit au *Rép.* n° 145, que l'état civil des personnes ne peut ni s'acquérir ni se perdre par prescription. Ajoutons, toutefois, que les droits pécuniaires attachés à l'état civil sont soumis à la prescription (V. Leroux de Bretagne, t. 1, n° 133, p. 109; Laurent, t. 32, n° 238, p. 250). De cette idée découlent les art. 329 et 330 c. civ.

72. Sur le point de savoir si les noms de famille sont susceptibles de s'acquérir par prescription, V. ce qui a été dit à ce sujet *supra*, v° *Nom*, n°s 39 et suiv.; *Rép.* aod. v°, n°s 23 et suiv.; Comp. Laurent, t. 32, n° 239; Leroux de Bretagne, t. 1, n° 141 et suiv.; Paris, 30 mai 1879, aff. Mortemard, D. P. 79. 2. 137; Req. 15 mai 1867, aff. De Crussol, D. P. 67. 1. 242).

73. — III. Liberté de l'homme. — On ne peut acquérir par prescription un droit qui serait contraire à l'indépendance de l'homme (Laurent, t. 32, n°s 225 et 226; Leroux de Bretagne, t. 1, n°s 121; Marcadé, t. 12, sur l'art. 2227, n° 2). Ainsi, dans une espèce où une commune avait obtenu la concession de droits de chasse et de pêche sur un étang d'un seigneur haut justicier, agissant en vertu de sa puissance seigneuriale, et non comme propriétaire privé de l'étang, il a été jugé que cette concession était nulle, comme entachée de féodalité, et que les faits de possession invoqués par la commune concessionnaire, quoique remontant à plus de trente ans, ne pouvaient être invoqués comme ayant servi de base à une possession utile pour la prescription, alors que la commune ne justifiait pas, d'ailleurs, que son titre de possession eût été interverti (Civ, rej. 28 mai 1873, aff. Commune de Mauguio, D. P. 73. 1. 264. Comp. Civ. cass. 4 avr. 1865, même affaire, D. P. 66. 1. 29. V. également, les arrêts cités au *Rép.* n° 147).

74. — IV. Ordre public. — La règle de l'art. 6 c. civ., d'après laquelle on ne peut déroger, par des conventions particulières, aux lois qui intéressent l'ordre public, s'étend à la prescription. Une possession, quelque longue qu'elle soit, ne peut être invoquée contre l'intérêt public (Laurent, t. 32, n° 236; Leroux de Bretagne, t. 1, n° 143). La jurisdence, comme on l'a vu au *Rép.* n° 146 et suiv., a fait diverses applications de ce principe.

75. Ainsi, le droit qui appartient à un propriétaire de réclamer une servitude de passage, en cas d'enclave (art. 682 c. civ.), est imprescriptible (Laurent, t. 8, n° 100).

76. De même, il a été jugé que l'obligation qui pèse sur des concessionnaires de travaux de desséchement d'entretenir un bassin creusé pour servir au desséchement d'un marais ne peut s'éteindre par la prescription, et que, notamment, la circonstance que depuis plus de trente ans des particuliers auraient obstrué ledit bassin, en y faisant des plantations contre lesquelles aucune réclamation n'aurait été élevée, ne permet pas aux concessionnaires d'invoquer la prescription relativement à leur obligation d'entretenir les ouvrages dans leur état primitif (Cons. d'Et. 19 avr. 1855, aff. Nodler, D. P. 55. 3. 83). Le conseil d'État a, il est vrai, fondé cette décision sur ce que le creusement et l'entretien du bassin faisaient partie du système permanent des moyens de desséchement, et sur ce que, par suite, les concessionnaires étaient tenus à perpétuité, en vertu de leur cahier des charges, d'entretenir leurs travaux. Mais, de plus, il a considéré que l'obligation des concessionnaires d'entretenir les travaux tenait à l'intérêt public, la salubrité de l'air en dépendant (Comp., sur cet arrêt, Laurent, t. 32, n° 240).

77. Jugé également, à cet égard, que l'interdiction prononcée par le décret du 8 mars 1848, de pratiquer tout sondage et tout travail souterrain dans un périmètre de 1000 mètres, au moins des sources minérales régulièrement autorisées, a le caractère d'une servitude d'utilité publique imposée aux propriétés privées, et est, par suite, à l'abri de toute prescription (Crim. cass. 29 août 1856, aff. Dargut, D. P. 56. 1. 415). L'arrêt en conclut que, l'autorité préfectorale a toujours le droit d'ordonner la destruction des travaux exécutés en contravention à cette interdiction, et que l'on prétendrait à tort qu'une telle contravention est prescriptible par une année comme les contraventions de police. « L'effet de l'interdiction édictée par le décret de 1848 dit la cour de cassation, est de placer à l'abri de toute prescription, l'intérêt général qu'elle veut défendre, et contre cette interdiction aucun fait ne peut prévaloir, ni fonder une possession utile; celle-ci est essentiellement précaire et de tolérance ».

78. Ajoutons que, conformément à ce qu'a été dit dit au *Rép.* n° 370 *in fine*, il a été jugé que des actes ayant le caractère de contraventions à un règlement de police, ne peuvent servir de base à une possession légale, ni, par suite, conduire à la prescription (Req. 26 avr. 1876, aff. Commune de Salon, D. P. 78. 1. 68). Il est bien évident qu'une infraction ne peut jamais former un titre en faveur de celui qui la commet, ni lui conférer le droit de la commettre de nouveau (Conf. Leroux de Bretagne, t. 1, n° 146). Sans doute la possession délictueuse, à son origine, peut devenir utile quand les actes de jouissance ont cessé de constituer des infractions punissables; mais lorsque le délit qui a signalé le début de la possession se reproduit dans les faits de jouissance ultérieure, la loi ne peut recon-

naître comme valable une possession de cette nature qui constitue un délit prolongé. Tel était le cas, dans l'espèce, où tous les faits de possession invoqués avaient le caractère de contraventions de police.

79. Ainsi, on ne peut invoquer comme constituant une possession utile pour prescrire, des actes de pâturage exercés dans une forêt soumise au régime forestier, alors qu'on n'a pas provoqué au préalable la déclaration de défensabilité prescrite par l'ordonnance de 1669 et par le code forestier, de tels actes présentant un caractère délictueux (Pau, 24 juill. 1866, aff. Commune de la Vallée-de-Layrisse, D. P. 69. 1. 399).

80. De même, on ne peut prescrire contre un règlement administratif des eaux, notamment lorsqu'il a pour but de sauvegarder des intérêts généraux et publics attachés à la jouissance des eaux qu'un canal privé d'irrigation emprunte à une rivière. Un particulier n'est pas recevable à prouver qu'il a acquis par prescription le droit à l'usage des eaux, contrairement à ce règlement administratif (Civ. cass., 2 mars 1868, aff. Syndicat de la Nogarède, D. P. 68. 1. 153. Comp., dans le même sens, Req. 3 août 1863, aff. Salles. D. P. 64. 1. 43 ; Paris, 8 août 1836, *Rép.* v° *Servitude*, n° 1128-3° ; Req., 24 juin 1841, *Rép.* n° 152 ; Paris, 30 avr. 1844, D. P. 45. 2. 162 ; Bordeaux, 8 mai 1850, D. P. 52. 2. 170). Les auteurs approuvent généralement cette jurisprudence (Conf. Proudhon, *Domaine public*, n°s 1137, 1425 et 1509 ; Duranton, t. 5, n° 224 ; Troplong, *Prescription*, n° 138 ; Massé et Vergé, sur Zachariæ, t. 2, § 319, n° 11 ; Leroux de Bretagne, t. 1, n° 146. — *Contrà*: Daviel, *Cours d'eau*, n° 544 ; Demolombe, *Servitude*, t. 2, n° 183 ; Dubreuil, *Législation des eaux*, t. 3, n° 128 ; Grenoble, 17 août 1842, D. P. 43. 2. 161).

81. Jugé, également, que des marchands ne peuvent invoquer, au point de vue de la prescription, la jouissance immémoriale où ils sont d'étaler ce qu'ils vendent sur des bancs ou tables au dehors de leurs boutiques (Crim. cass., 4 oct. 1823) (1).

82. On ne peut acquérir non plus par une possession, si prolongée qu'elle soit, le droit de pêche dans des lieux ou pendant des heures où elle est interdite par les règlements de police (V., en ce sens, Crim. cass., 3 oct. 1828, *Bull. crim.*, 1828, n° 294 ; 5 mars 1829, *ibid.*, n° 55).

83. Dans le même ordre d'idées, un arrêt a décidé que la prohibition d'établir tout barrage qui empêche entièrement la circulation du poisson, et par suite le repeuplement des rivières, étant même les barrages qui existaient, au moment de la promulgation de la loi du 15 avr. 1829, sans titre ou titres ou d'une possession ancienne (Crim. rej. 14 déc. 1837, *Rép.* v° *Pêche fluviale*, n° 101).

84. — V. Droits facultatifs. — Ils ne peuvent s'acquérir par prescription : ce point est certain. Mais des difficultés s'élèvent sur le point de savoir ce qu'il faut entendre par droits de pure faculté. Les auteurs présentent à cet égard des définitions plus ou moins divergentes (Troplong, n°s 112 *in fine*, et 121 ; Mourlon, t. 3, n° 1831 ; Laurent, t. 32, n°s 228 et suiv. ; Leroux de Bretagne, t. 1, n° 122 et suiv. ; Baudry-Lacantinerie, t. 3, n°s 1618). La question étant plus théorique que pratique, il suffira d'indiquer les applications qui découlent de la règle (Comp. aussi *Rép.* n°s 156 et suiv.). Faisons observer seulement que la doctrine d'un arrêt de la cour de Bordeaux, du 30 avr. 1830, cité au *Rép.* n° 158, doctrine que nous avons défendue contre Troplong, est également approuvée par Laurent, t. 32, n° 230, et par Leroux de Bretagne, t. 1, n° 125.

85. Sont imprescriptibles : 1° le droit qui appartient à tout propriétaire joignant un mur de le rendre mitoyen (c. civ. art. 661) ; — 2° La faculté accordée par les lois forestières à l'État, aux communes et aux particuliers d'affranchir leurs droits d'usage moyennant un cantonnement ou une indemnité (c. forest. art. 63, 64, 112, 118 et 120) ; — 3° Le droit de réclamer la servitude d'appui établie par la loi

---

(1) (Boulangers de Colmar.) — La cour ; — Attendu qu'il est établi par les procès-verbaux du commissaire de police de Colmar, des 27 et 28 août, que des boulangers de cette ville, au nombre de sept, avaient devant leurs boutiques des tables qui gênaient la voie publique ; — Que les faits dénoncés ont été reconnus par les prévenus, qui n'ont allégué pour défense que

la possession immémoriale des boulangers d'étaler leurs pains en vente sur des bancs et des tables placés au dehors de leurs boutiques ; — Attendu qu'une possession même immémoriale, contraire à la loi, ne saurait affranchir des obligations que la loi impose ; etc. ; — Casse, etc.

Du 4 oct. 1823.-Ch. crim.-M. Aumont, rap.-de Marchangy, av. gén.

du 11 juin 1847 ; — 4° La faculté d'aqueduc sur les fonds intermédiaires, que peut obtenir le propriétaire d'un terrain submergé par les eaux, afin d'en obtenir l'écoulement (L. 29 avr. 1845, art. 3) ; — 5° Le droit qui appartient à tout propriétaire, qui veut assainir son fonds par drainage, d'en conduire les eaux souterrainement ou à ciel ouvert à travers les propriétés qui séparent son fonds d'un cours d'eau ou de toute autre voie d'écoulement (L. 10 juin 1854, art. 1) ; etc. Toutes ces solutions sont certaines (Conf. Leroux de Bretagne, t. 1, n° 124 ; Laurent, t. 32, n° 229 ; Baudry-Lacantinerie, t. 3, n°. 1618 ; Mourlon, t. 3, n° 1832).

86. Jugé que la faculté de planter des arbres sur un terrain dont on a la propriété est imprescriptible, et ne peut se perdre par le non-usage quelque prolongé qu'il soit, « parce que c'est là une faculté inhérente à la propriété, résultant non pas d'une convention, mais du droit commun » (Paris, 4 juin 1872, aff. de Monville, D. P. 74. 5. 433, n° 18).

87. De même, la faculté qui appartient à un propriétaire de cultiver son terrain, de l'ameublir, et d'en changer la consistance, ne peut s'éteindre par suite du non-usage pendant trente ans (Req., 28 juill. 1874, aff. Barbé, D. P. 75. 1. 317).

88. Les droits accordés aux riverains relativement à l'usage des eaux courantes (C. civ. art. 644, 645 ; L. 1er mai 1845 et 11 juill. 1847) constituent également des facultés naturelles qui ne sauraient périr par le non-usage, quelque prolongé qu'on le suppose (V. Req., 11 mai 1868, aff. De Béarn, D. P. 68. 1. 468). Spécialement, le droit accordé par l'art. 644 c. civ., aux propriétaires riverains d'une eau courante, de s'en servir pour l'irrigation de leurs propriétés, en se conformant aux règlements administratifs qui déterminent le mode de jouissance de cette eau, constitue un droit purement facultatif qui n'est pas susceptible de se perdre par le non-usage (17 févr. 1858, aff. Saint-Ouen, D. P. 58. 1. 297 ; Pau, 27 mai 1861, aff. Pardon, D. P. 61. 2. 183). V. aussi Rép. n° 169.

89. On a dit au Rép. n°s 160 et 161, que les droits de pure faculté cessent d'être imprescriptibles lorsqu'une contradiction formelle leur a été opposée. Cette solution, donnée dans notre ancien droit par Dunod (Prescription, part. 1, ch. 7. p. 37), est admise par Troplong, n°s 112 et suiv., et Leroux de Bretagne, t. 1, n° 128. Elle repose sur cette idée que « la contradiction ouvre la carrière de toute prescription à tout ce qui peut être prescrit activement et passivement ». Mais elle est vivement combattue par Marcadé (t. 12, sur l'art. 2227, n° 2), par Laurent, t. 32, n° 232. « Les droits qui nous appartiennent en vertu de notre nature, dit ce dernier auteur, ou que le législateur conserve dans un intérêt général, ne peuvent se prescrire par le fait d'une contradiction. La contradiction ne peut changer l'essence d'un droit ; si c'est un droit que tout homme tient de la nature, la contradiction que l'on y oppose aura-t-elle pour effet que ce droit ne soit plus un droit naturel, qu'il ne m'appartienne plus en ma qualité d'homme ? Et si je cède à la contradiction, en résulte-t-il que je perdrai un droit que l'on doit supposer inhérent à ma nature ? Les facultés sont d'intérêt général, d'ordre public ; les contradictions qui y sont apportées sont d'intérêt privé ; est-ce que l'intérêt privé va l'emporter sur l'intérêt social ?..... Le principe que la contradiction ouvre la carrière de la prescription n'est vrai que dans les relations d'intérêt privé, et les facultés naturelles sont de droit public, puis-

qu'elles découlent de la liberté, et elles ne sont autre chose que la liberté ».

La jurisprudence semble se prononcer en faveur de l'opinion qui a été soutenue au Répertoire. Ainsi il a été jugé que, si les droits accordés aux riverains d'une eau courante relativement à l'usage de cette eau ne peuvent se perdre par le non-usage pendant trente ans, il en est autrement lorsqu'une contradiction formelle leur a été opposée et s'est prolongée pendant trente ans. Les arrêts ajoutent que, dans l'hypothèse visée, cette contradiction doit être manifeste, c'est-à-dire exprimée verbalement ou par écrit, ou bien résulter d'ouvrages extérieurs et permanents (V. Pau, 27 mai 1861, aff. Pardon, D. P. 61. 2. 183 ; Req. 11 mai 1868, aff. De Béarn, D. P. 68. 1. 468 ; Bourges, 29 janv. 1872, aff. Romieu, D. P. 72. 2. 61). Comp., également : Proudhon, Domaine public, n° 1095 ; Pardessus, Des servitudes, t. 2, n° 326 ; Bélime, De la possession, n° 246 bis ; Demolombe, Servitudes, t. 1, n°s 177 et 178 ; Vazeille, Des prescriptions, n° 407 ; Duranton, t. 5, n° 224 ; Demante, t. 2, n° 495 bis. — Sur les caractères que doit présenter la contradiction, en ce qui concerne l'usage des eaux, V. au surplus, Rép., v° Servitudes, n°s 1127 et suiv.

90. Ainsi qu'on l'a vu au Rép. n° 162, si les droits facultatifs qui dérivent du droit naturel sont imprescriptibles, il en est autrement des facultés conventionnelles qui découlent d'un contrat. Ces dernières s'éteignent par l'effet de la prescription. Cette solution était déjà admise dans notre ancien droit par Dunod, op. cit., part. 1, ch. 12, p. 90 ; d'Argentré, Sur la coutume de Bretagne, art. 266, ch. 1, n° 8 ; Maynard, Arrêts, t. 1, liv. 4, ch. 53, p. 289 ; Henrys, t. 2, p. 523 ; Pothier, Obligations, n° 247, et Vente, n° 391. Elle est généralement suivie aujourd'hui (V. en ce sens, Troplong, Prescription, n° 123 ; Pardessus, Servitudes, n° 72 ; Fœlix et Henrion, Rentes foncières, p. 4 et 8 ; Massé et Vergé sur Zachariæ, t. 5, § 858, note 1 ; Leroux de Bretagne, t. 1, n° 131 ; Laurent, t. 32, n° 233).

91. On a exposé au Rép., n°s 162 et suiv., les applications qui avaient été faites du principe que l'on vient de formuler ; la jurisprudence postérieure en fournit de nouveaux exemples. Ainsi, il a été jugé que les facultés conventionnelles, et notamment la faculté que s'est réservée le bailleur, dans un bail à cens, de rentrer à toujours dans la propriété du terrain faisant l'objet du bail, se prescrivent, à la différence des facultés naturelles, par le non-usage pendant trente ans, et que ces facultés, comme tout autre droit qui naît d'une convention, sont soumises à la prescription de trente ans (Req. 24 avr. 1860, aff. Derchou, D. P. 61. 1. 179).

92. De même, la faculté que s'est réservée le vendeur d'un terrain de pouvoir y construire, quand bon lui semblera, s'éteint par le non-usage pendant trente ans (Agen, 23 janv. 1860) (1).

93. Le droit de fouille dans une carrière, stipulé dans un contrat, s'éteint également par le non-usage pendant trente ans (Civ. cass., 30 mars 1870, aff. Larroquette, D. P. 70. 1. 343). La cour de cassation déclare, dans cet arrêt, que le droit en question ne peut échapper à l'application de la règle générale de l'art. 2262 c. civ., d'après laquelle toutes les actions tant réelles que personnelles se prescrivent par trente ans.

94. Lorsque des coacquéreurs ont stipulé, dans un acte de partage, qu'une cour resterait commune entre eux, mais

---

(1) (Fabrique de Barboste C. Crabit-Anzex.) — La cour ; — Sur la construction de la chapelle : — Attendu que la réserve portée dans l'acte du 25 janv. 1788 n'est autre chose que la faculté de construire sur le jardin vendu, quand bon semblera, une chapelle de deux toises carrées ; que le non-usage de cette faculté pendant trente ans a éteint complètement le droit réservé et ne peut plus être exercé ; qu'il faut distinguer, en effet, les facultés dérivant de la loi et du droit naturel, qui sont imprescriptibles, d'avec les facultés qui tiennent leur origine d'une convention, et qui se trouvent soumises à la prescription de trente ans, lors même qu'elles seraient stipulées perpétuelles ; que le prétendu droit de propriété ou de servitude dont on excipe ne repose sur aucune assiette fixe, sur aucune partie précise du jardin ; qu'il n'est autre, en réalité, que la faculté de faire, c'est-à-dire de bâtir un édifice ayant deux toises carrées, puisqu'on ne serait pas rece-

vable, faute de construction, à réclamer la portion du terrain réservé ; — Sur les bâtisses adossées contre l'église : — Attendu, en fait, que sans rechercher si, en 1788, l'édifice dont s'agit avait ou non un caractère public, il est positif, d'après les documents produits devant la cour, qu'en 1803 il fut érigé une église succursale ; — Attendu, en droit, que les églises, tant qu'elles gardent leur destination, sont hors du commerce, et par suite imprescriptibles : que le principe qui les rend inaliénables est indépendant du leur caractère plus ou moins simple ou monumental, et tient uniquement à leur affectation à un service public ; qu'on ne saurait faire d'une question de prescription une question d'archéologie ; qu'il importe peu, dès lors, qu'il s'agisse d'une église de village ou d'une grande cathédrale, la destination publique restant entière à la même ; que c'est à tort que les premiers juges ont établi une distinction qui n'est pas dans la

qu'elle serait payée à frais communs, cette faculté est prescriptible par trente ans (V. en ce sens, Bourges, 24 févr. 1830, *Rép.*, n° 345).

95. Ainsi encore, la faculté concédée dans une convention, par un propriétaire à son voisin, d'ouvrir sur sa propriété, hors des conditions légales, une fenêtre, dans le but d'éclairer un grenier que ce voisin se propose de faire construire, s'éteint par le non-usage, dans le cas où, pendant trente ans à partir du jour de la convention, le voisin n'a pas profité du droit qui lui avait été concédé (Civ. cass., 14 déc. 1863, aff. Gibbal, D. P. 64. 1. 127). Dans cette espèce, on soutenait que le droit concédé était subordonné à la condition suspensive de la construction du bâtiment, et que, par suite, la prescription n'avait pu commencer à courir. L'arrêt a repoussé cette thèse en se fondant sur ce que le titulaire du droit facultatif en question pouvait en réclamer l'exécution dès le jour de la convention. Or il est de principe que la prescription d'un droit commence du jour où il a pris naissance et a pu être valablement exercé.

96. Mais lorsqu'une faculté naturelle est rappelée et stipulée dans un contrat, sous forme de réserve, elle ne devient pas conventionnelle, car elle ne résulte pas du contrat. Ce dernier ne fait que la constater. Par suite, cette faculté ne change pas de nature et reste imprescriptible (V. Laurent, t. 32, n° 234).

Il a été décidé, en ce sens, que « si les facultés conventionnelles sont prescriptibles, il n'en est pas ainsi des facultés naturelles, même alors qu'elles sont énoncées ou rappelées dans un contrat, et confirmées, en tant que de besoin, dans des dispositions contractuelles ». Ce sont les expressions mêmes des arrêts (Conf. Pau, 13 août 1861, aff. Commune de Bareilles, D. P. 61. 2. 219 ; et, sur pourvoi, Req. 2 juill. 1862, D. P. 63. 1. 26). Spécialement la faculté que le propriétaire d'une forêt s'est réservée, dans un acte portant concession de droits d'usage, de couper des arbres de cette forêt pour l'alimentation d'une scierie si, lui ou ses successeurs voulaient en établir une, constitue, comme les autres attributs de la propriété restée au concédant, une faculté naturelle dont cette réserve n'a pas changé la nature, et, par suite, elle n'est pas établie par la prescription, alors même que plus de trente ans se seraient écoulés sans établissement de la scierie (Mêmes arrêts).

97. De même, est imprescriptible et ne peut s'éteindre par le non-usage pendant trente ans, la faculté que le propriétaire d'un chemin s'est réservée, en y concédant un

droit de passage, de bâtir sur l'emplacement de ce chemin, à la condition de fournir un autre passage (Montpellier, 10 août 1865) (1). Le droit de bâtir sur son propre terrain est, en effet, une faculté naturelle.

98. On a exposé *Rép.*, n° 166, que la règle d'après laquelle les facultés conventionnelles sont prescriptibles cesse d'être applicable lorsqu'il s'agit d'une faculté procédant de l'essence même ou de la nature du contrat : le contrat avons-nous dit, tant qu'il subsiste, maintient cette faculté par sa propre énergie (V. conf. Leroux de Bretagne, t. 1, n° 129). Cette doctrine est combattue par M. Laurent, t. 32, n° 235. « Comment, dit cet auteur, distinguer les sont facultés qui sont de l'essence du contrat et celles qui ne sont pas de son essence? Est-ce que toutes les clauses d'une convention ne sont pas également substantielles, si l'on s'en tient à la volonté des parties contractantes ? Et pourquoi les unes seraient-elles prescriptibles et les autres ne le seraient-elles pas? ».

99. Ajoutons que, si une faculté conventionnelle peut s'éteindre par la prescription, il faut pour cela que celui qui en est investi soit en quelque sorte réputé en demeure de l'exercer. Il est bien évident qu'un droit facultatif ne peut être atteint par la prescription, tant que l'exercice en est suspendu entre les mains du titulaire. Ainsi, il a été jugé que le droit conféré par un testateur au légataire universel de l'usufruit de ses biens, de faire en faveur d'établissements de charité telles donations qu'il jugera convenables, lorsqu'il usera du pouvoir à lui également attribué de distribuer entre les nus propriétaires les biens grevés de son usufruit, n'est pas éteint faute d'avoir été exercé dans les trente années du décès du testateur, s'il résulte des termes du testament, souverainement interprétés par les juges du fait que ce droit constituait un droit facultatif dont le légataire qui en était investi était libre d'user sans indication d'époque. pendant toute sa vie, et seulement au moment où il délaisserait les biens héréditaires aux nus propriétaires (Req. 2 mai 1865, aff. Lagarrigue, D. P. 65. 1. 376).

100. Enfin il a été décidé que, lorsqu'une ville a concédé à un particulier la jouissance d'un immeuble, en lui réservant la faculté d'en acquérir la nue propriété moyennant un prix convenu, cette réserve conventionnelle ne saurait être atteinte par la prescription, tant que subsiste le droit de jouissance concédé, alors que ladite faculté d'achat constituait à la fois la garantie et la condition de la cession de jouissance (Conf. Req. 9 juill. 1883) (2). Il

---

loi, et ont décidé que le sieur Crabit pouvait acquérir par prescription la servitude *oneris ferendi* sur l'église de Barboste, parce que cette église n'a rien de remarquable, n'est pas une œuvre d'art, et que les constructions ne nuisent pas à l'exercice du culte et n'interceptent pas le jour; — Mais que les édifices publics étant insusceptibles d'une propriété privée, sont par voie de conséquence insusceptibles de servitudes; que les murs d'une église, comme l'intérieur, comme le sol sur lequel le temple est bâti, font partie intégrante de l'édifice, et forment une propriété publique et inaliénable; qu'ils ne peuvent donc être grevés d'aucune charge qui en entrave l'usage; que permettre d'y appuyer des bâtisses, ce serait aliéner forcément une partie de ce mur et le rendre mitoyen; que, dans l'espèce, les auteurs des constructions sont d'autant plus inexcusables que l'acte du 15 janv. 1788 les leur interdisait formellement; — Sur le droit de passage pour les réparations de l'église : — Attendu que ce droit est indispensable à la conservation et à l'existence de l'église; qu'il en est inséparable; qu'il participe nécessairement de son inaliénabilité, et qu'on ne peut pas plus acquérir la libération d'une pareille charge qu'on ne peut acquérir contre l'église une servitude quelconque ; — Sur la fin de non-recevoir, etc.
Du 23 janv. 1860.-C. d'Agen, ch. civ.-M. Sorbier, pr.

(1) (Fraissinet C. Donnadieu.) — La cour ; — Attendu qu'il n'est pas contesté qu'un droit de passage ait été réservé à Fraissinet sur le vieux chemin acquis par Donnadieu en l'an 5 ; — Que si, par des conventions intervenues entre parties à la même date, Donnadieu s'est réservé le droit de bâtir sur l'emplacement de cet ancien chemin et d'intercepter par là le passage actuel de Fraissinet, c'est à la condition qu'il y substituerait un nouveau passage à l'ancien par des travaux spécifiés dans ladite convention; — Qu'il est constant, en fait, que jusqu'à ce jour Donnadieu n'a pas usé de la faculté de bâtir, et que, d'autre part, Fraissinet a continué sans obstacle l'exercice de son droit de passage; — Que le droit de bâtir sur son propre terrain est une faculté naturelle qui se conserve par elle-même, et que, si

le droit de passage n'est qu'une servitude conventionnelle, cette servitude ne se perd que par le non-usage; — Que, l'un ayant conservé la faculté de bâtir inhérente à son droit de propriété, l'autre ayant conservé la servitude de passage à laquelle il n'a été apporté aucun obstacle, les deux parties n'ont à s'opposer ni prescription ni déchéance, et continuent à être régies par l'accord d'accord du 15 germ. an 5; — Que, le jugement dont est appelé n'ayant rien décidé de contraire, il y a lieu de le confirmer ; — Par ces motifs, etc.
Du 10 août 1865.-C. de Montpellier, ch. civ.-MM. de la Bourne, 1er pr.-Félix, subst.-Cazol et Gervais, av.

(2) (Ville de Nîmes C. Sœurs de Saint-Maur.) — La cour ; — Sur le moyen de cassation tiré de la violation des art. 2262. 2220 c. civ; — Attendu qu'il résulte de l'arrêt attaqué qu'en 1808. le Gouvernement abandonna aux dames de Saint-Maur, installées depuis plus d'un siècle dans la ville de Nîmes, une maison dite de la Calade, à l'effet d'y instruire gratuitement les jeunes filles indigentes, conformément aux statuts de leur institution; que le 15 févr. 1831, une ordonnance royale autorisa la ville de Nîmes à acquérir, du sieur Brisse, une maison avec ses dépendances, et que, le 23 avr. 1832, il intervint entre ladite ville et les sœurs religieuses de Saint-Maur, une convention dont les dispositions principales consistaient en ce que : 1° d'une part, les dames de Saint-Maur s'engageaient à transporter dans la maison Brisse leur établissement d'instruction gratuite, et abandonnaient à la ville de Nîmes la maison de la Calade, estimée au prix de 37 500 fr.; 2° d'autre part, la ville, dûment autorisée, concédait aux sœurs la jouissance exclusive de l'immeuble Brisse, en leur réservant le droit d'en acquérir la nue propriété, moyennant le remboursement de la somme de 47 500 fr.; — Attendu que cette convention avait tous les caractères d'un contrat à titre onéreux; — Attendu qu'envisagée dans ses rapports avec l'obligation principale naissant dudit contrat, la réserve ci-dessus mentionnée était inhérente à la concession de jouissance dont elle devenait un élément indivisible ; qu'elle liait également la ville qui l'avait

paraît bien certain, en effet, que la faculté d'achat stipu-lée devait suivre le sort de l'obligation principale dont elle formait un élément indivisible.

Art. 2. — *Des choses imprescriptibles en raison de leur desti-nation, domaine public et ses dépendances, eaux, chemins, édifices, places, etc. (Rép. n°s 170 à 226).*

101. En ce qui concerne la prescription des étangs (*Rép.* n°s 178 et 179), la jurisprudence décide que leurs accessoires indispensables, chaussées, rechaussées, talus, etc., peuvent faire l'objet d'une possession distincte et s'acquérir isolément par le moyen de la prescription. Le propriétaire de l'étang pourrait, en effet, aliéner à un tiers les dépen-dances en question (Req. 14 mars 1881, aff. Dame Galland, D. P. 82. 1. 85).

102. De même, par application de ce qui a été dit au *Rép.* n° 173, il a été jugé que les riverains d'un canal peu-vent acquérir par prescription la propriété des francs-bords, séparément du canal lui-même (Poitiers, 7 juill. 1862, aff. Perrot, D. P. 63. 2. 187).

103. On a dit au *Rép.* n° 184 et suiv., que la voie publi-que, étant une dépendance du domaine public, est impres-criptible. Cette règle s'applique non seulement à la voie elle-même, mais aussi au sous-sol. C'est qu'en effet, aux termes de l'art. 552 c. civ., la propriété du sol emporte la propriété du dessous. L'accessoire doit suivre le sort du prin-cipal ; l'un et l'autre sont imprescriptibles (Conf. Laurent, t. 32, n° 243). Aussi a-t-il été jugé qu'un particulier n'est pas fondé à revendiquer la propriété de caves situées sous une rue et dont il a la possession immémoriale, à moins qu'il ne représente un titre établissant qu'au moment de la création de la rue, la propriété des caves a été ré-servée à son auteur par un contrat passé avec l'autorité administrative (Paris, 11 juill. 1871, aff. Préfet de la Seine, D. P. 71. 2. 148).

104. Le caractère d'imprescriptibilité de la voie publique s'étend à toutes ses dépendances, murs de soutènements, ponts, aqueducs etc. (Laurent, t. 32, n° 244). Ainsi, en ce qui concerne les chemins de fer, qui font partie de la grande voirie, il faut comprendre parmi leurs accessoires et dépendances non seulement la voie ferrée, la gare dans laquelle se meuvent les trains, les bâtiments spécialement affectés au service des voyageurs et de leurs bagages, mais encore les cours donnant accès à la gare, même situées en dehors des clôtures de la voie ferrée, lorsqu'elles en sont une dépendance nécessaire (V. en ce sens, Req., 20 janv. 1868, aff. Puyolle, D. P. 68. 1. 133).

105. Il a été décidé que les terrains laissés par les riverains en dehors de leurs murs de clôture, le long d'une rue ou place publique, sont présumés, jusqu'à preuve contraire, faire partie de cette voie publique, et, par suite, sont imprescriptibles (Civ. cass. 13 mars 1854, aff. Com-mune de Blanzoy, D. P. 54. 1. 114. V. aussi Req., 21 mai 1838, *Rép.* v° *Action possessoire*, n° 319). — Comme on le voit, la jurisprudence admet une *présomption légale* qui a pour effet de mettre la preuve à la charge des propriétaires riverains de la voie publique. Cette doctrine paraît contes-table. Pour qu'une présomption légale existe, il faut un texte formel qui l'établisse. Or nous n'en trouvons aucun qui crée la présomption admise ici par la jurisprudence (V., en ce sens, Laurent, t. 32, n° 242). Ajoutons, d'ail-leurs, que, d'après les arrêts, la preuve contraire serait possible au profit des riverains (Conf. Civ. rej. 28 juill. 1856, aff. Macquet, D. P. 56. 1. 307).

106. Par application de la distinction présentée au *Rép.* n° 186, entre le domaine privé communal aliénable et prescriptible d'une part, et le domaine public municipal imprescriptible, d'autre part, il a été jugé que les char-rières (terrains vagues situés dans les villages autour des habitations) sont des biens communaux, et peuvent être acquises par prescription lorsqu'elles ne servent pas d'as-siette à des chemins ou à des places publiques (Bordeaux, 14 juin 1877, aff. Bussière, D. P. 79. 2. 56).

107. On a dit au *Rép.* n°s 193 et suiv., que les eaux d'une fontaine publique communale sont imprescriptibles, lorsqu'elles servent à l'usage des habitants (art. 643 c. civ.) La jurisprudence admet aujourd'hui qu'il en est ainsi même pour la portion des eaux qui excède les besoins des habi-tants et peut être considérée comme surabondante et super-flue. La jurisprudence en conclut que la possession des eaux dont il s'agit ne peut servir de base à la prescription, encore qu'elle ait été exercée au moyen d'ouvrages appa-rents exécutés sur le terrain communal où jaillissaient les eaux qui en sont l'objet (V. en ce sens, Civ. cass., 20 août 1861, aff. Commune de Tourvès, D. P. 61. 1. 388 ; Req. 4 juin 1866, D. P. 67. 1. 35 ; Trib. civ. du Puy, 19 juill. 1866, D. P. 66. 3. 61 ; Grenoble, 30 nov. 1867, D. P. 68. 2. 130 ; Req. 15 nov. 1869, aff. Viard, D. P. 70. 1. 275. — *Contrà* : Req., 9 janv. 1860, aff. Commune de Rognes, D. P. 62. 1. 125). La solution de ces arrêts paraît fondée. Comme le fait, en effet, remarquer avec raison la cour de cassa-tion, « il n'y a pas lieu de distinguer entre les eaux qui sont nécessaires aux besoins des habitants et celles qui excèdent ces mêmes besoins. Cette circonstance essen-tiellement variable ne peut avoir pour effet de changer leur destination publique et de modifier les conséquen-ces légales qui en découlent » (Comp. dans le même sens, Troplong, *Prescription*, n° 168). On peut remarquer, d'ail-leurs, avec les arrêts précités, que la possession des eaux d'une fontaine publique, même pour la portion qui excède les besoins des habitants, est nécessairement précaire. Elle ne peut s'expliquer que par une tolérance de l'Administra-tion, et est inefficace pour conduire à la prescription (V. *infrà*, n°s 231 et suiv.).

108. Par application des principes exposés au *Rép.* n° 190, il a été jugé que, si un chemin est imprescriptible tant qu'il reste à l'état de voie publique et est reconnu comme tel, il perd sa qualité et devient, dès lors, suscepti-ble d'appropriation privée et de prescription, quand il a été abandonné ; et que cette règle est applicable aux terrains abandonnés sur une portion seulement de la longueur ou de la largeur du chemin, aussi bien qu'aux chemins aban-donnés tout entiers. (V. Civ. cass., 27 nov. 1861, aff. Fraix, D. P. 62. 1. 34). L'arrêt en conclut, spécialement, qu'un particulier est recevable à prouver sa possession plus que trentenaire, à titre de propriétaire, d'un terrain compris entre sa propriété et un chemin public, s'il articule qu'un supposant que ce terrain ait fait partie du chemin, l'usage public en a été abandonné avant sa prise de possession qui a pu, par suite, servir de base à prescription.

109. On a examiné au *Rép.* n° 197 et suiv., la règle d'après laquelle les lieux affectés à l'exercice des cultes, comme les églises, sont imprescriptibles. La jurisprudence décide, à cet égard, que le principe d'inaliénabilité et d'im-prescriptibilité des églises s'applique à toutes les parties intégrantes de l'édifice, notamment aux piliers extérieurs qui en soutiennent les murs ou contreforts, ainsi qu'aux fondations des murs (V. en ce sens, Paris, 18 févr. 1851, aff. Straport, D. P. 51. 2. 73 ; Riom, 19 mai 1834, aff. Sibert, D. P. 57. 2. 38 ; Agen, 2 juill. 1862, aff. Fabrique de Mirande, D. P. 62. 2. 150). Aussi, dans le cas où des particuliers ont fait contre les contreforts d'une église des travaux qui les dégradent, le rétablissement des lieux dans leur état primitif peut être demandé même après trente ans (Arrêt précité du 19 mai 1834).

110. De même, il y a lieu d'ordonner la démolition des constructions qui reposent sur les fondations des murs ou des contre-forts d'une église, ou dont la charpente est appuyée sur ces murs ou contreforts, alors même que le propriétaire pourrait invoquer une possession immémoriale, cette possession étant sans valeur à l'égard des biens qui sont hors du commerce (Paris, 18 févr. 1851, et Agen, 2 juill. 1862, cités *suprà*, n° 109).

---

expressément stipulée ; de telle sorte qu'en conservant le droit de jouissance qui leur était concédé, les dames de Saint-Maur con-servaient virtuellement le droit d'achat, qui en constitue à la fois la garantie et la condition ; — D'où il suit qu'en repoussant, dans les circonstances ci-dessus précisées, l'exception de prescription proposée par la demanderesse en cassation, l'arrêt attaqué n'a violé aucun principe de droit ;

Rejette, etc.

Du 9 juill. 1883.-Ch. req.-MM. Bédarrides, pr.-Alméras-Latour, rap.-Petiton, av. gén., c. conf.-Lesage, av.

111. Faut-il étendre la règle de l'imprescriptibilité des églises aux terrains compris entre les piliers extérieurs et les contreforts? La question est discutée. Dans le sens de l'affirmative, V. Agen, 2 juill. 1862, cité *suprà*, n°ˢ 109 et 110. — *Contra :* Caen, 11 déc. 1848, cité au *Rép.* n° 201 ; Civ. rej. 7 nov. 1860, aff. Fabrique de l'église de Bolbec, D. P. 60. 1. 484. Nous inclinerions vers cette seconde opinion. Les terrains en question ne peuvent, en effet, être considérés comme faisant partie de l'église. On peut les retrancher, sans que l'église cesse de rester entière et de continuer à être affectée dans son intégrité au service du culte.

112. Ajoutons, avec un arrêt, que le principe de l'imprescriptibilité des églises est absolument indépendant du caractère plus ou moins artistique ou monumental que présente l'édifice. La règle découle de l'affectation même de l'église à un service public. Par suite, on ne saurait prétendre avoir acquis par prescription une servitude *oneris ferendi* sur une église, sous le prétexte « qu'elle n'a rien de remarquable, qu'elle n'est pas une œuvre d'art » (Agen, 23 janv. 1860, *suprà*, n° 92. V., toutefois, *Rép.* n° 202).

113. D'autre part, les objets d'art consacrés à l'exercice du culte sont, d'après la jurisprudence, inaliénables et imprescriptibles, comme faisant partie du domaine public (V. en ce sens, Lyon, 19 déc. 1873, D. P. 76. 2 89 ; Paris, 13 mars 1880, aff. Commune de Breuil, D. P. 80. 1. 97 ; 12 juill. 1879, aff. Préfet de la Seine, D. P. ibid. V. conf. Foucart, *Droit public et administratif*, t. 1, n°ˢ 802 et 803. — *Contra :* Macarel et Boulatignier. *Fortune publique de la France*, t. 1, p. 423 ; Dufour, *Droit administratif*, t. 5, n° 268 ; Ducrocq, *Traité des édifices publics*, n° 97).

114. On a dit au *Rép.* n° 202, qu'une chapelle, même attenant à une église, peut être la propriété privée d'un particulier, et, par suite, est prescriptible (Comp. Req. 17 mars 1869, D. P. 69. 1. 205). A cet égard, il a été décidé qu'une chapelle attenant à une église n'est pas susceptible de possession privée, alors que le juge du fait déclare qu'il existe dans cette chapelle un autel, un confessional, des bancs autres que ceux dont le demandeur a l'usage et dont il paye la location à la fabrique, enfin qu'elle sert à l'exercice public du culte (Civ. rej. 22 juill. 1874, aff. Dulong de Rosnay, D. P. 75. 1. 176).

115. L'imprescriptibilité des biens qui font partie du domaine public ne peut être invoquée que par l'Etat, le département ou la commune, dans le domaine public desquels les biens se trouvent placés. Les particuliers ne peuvent se prévaloir de l'imprescriptibilité des biens en question, parce qu'ils ne sont pas les représentants de l'intérêt général (V. Laurent, *Principes*, t. 32, n° 258).

De cette règle la jurisprudence a tiré les applications suivantes : 1° le propriétaire qui a obtenu de l'administration de la Guerre l'autorisation d'établir une prise d'eau sur la cunette des remparts d'une place forte, et qui arrose ses propriétés, à l'aide de ces eaux, après les avoir conduites dans un fossé longeant un chemin communal, et de là sur son terrain, au moyen de vannes et autres travaux apparents, est recevable à exercer la complainte s'il vient à être troublé dans sa possession par un particulier, et peut, par suite, se prévaloir de la prescription à l'égard de ce dernier. Peu importe que l'administration de la Guerre puisse retirer l'autorisation qu'elle a accordée, et que les travaux aient été en partie sur le domaine public, l'Etat ou la commune ayant seuls le droit d'opposer l'imprescriptibilité du terrain ou la précarité de la possession (Civ. cass. 6 mars 1855, aff. Bonnel, D. P. 55. 1. 82); — 2° La possession, par un particulier, d'un immeuble dépendant du domaine public, peut servir de base à une action possessoire et conduire à la prescription entre particuliers, l'exception de domanialité publique ne pouvant être invoquée que par l'Etat, le département, ou la commune (Req. 24 juill. 1865, aff. Geines, D. P. 65. 1. 441 ; Civ. cass. 18 déc. 1865, aff. Révol, D. P. 66. 1. 224).

116. Enfin il a été décidé que la prescription ne constitue un droit acquis que lorsqu'elle est consommée ; que, par suite, la disposition de loi qui, en plaçant une chose hors du commerce, la rend imprescriptible, empêche la prescription de cette chose, même commencée avant sa promulgation (Req. 25 janv. 1858, aff. Commune de Drocyle-Fort, D. P. 58. 1. 109).

Sect. 6. — Statut ou loi qui règle la prescription, lorsque les parties, ou l'une d'elles sont domiciliées en pays étranger (*Rép.* n°ˢ 227 à 234).

117. Nous renvoyons sur ce point au *Rép.*, *loc. cit.*, et *suprà*, v° *Lois*, n° 375, pour la prescription acquisitive, et n° 423 pour la prescription extinctive. V. aussi Bordeaux, 1ᵉʳ mars 1889, aff. Simon, D. P. 90. 2. 89 ; Lyon, 19 juill. 1877, aff. l'Etat, D. P. 78. 2. 254.

CHAP. 3. — De la possession (*Rép.* n°ˢ 235 à 398).

Sect. 1ʳᵉ. — Histoire, théorie et espèces diverses de possession.

118. V. *Rép.* n°ˢ 236 à 241.

Sect. 2. — Quelles choses sont susceptibles de possession (*Rép.* n°ˢ 242 à 244).

119. V. *Rép.*, n°ˢ 242 et suiv., et *suprà*, v° *Action possessoire*, n°ˢ 67 à 143.

Sect. 3. — Comment la possession s'acquiert, se conserve et se perd (*Rép.* n°ˢ 245 à 254).

120. On a dit au *Rép.* n°ˢ 247 *in fine* et 248, qu'on peut acquérir la possession par un mandataire ou un représentant légal (V. dans le même sens, Aubry et Rau, t. 2, § 179, texte et note 4, p. 83, texte et note 14 ; Laurent, t. 32, n° 267). Par application de cette règle, il a été jugé que la fabrique qui prétend avoir acquis par prescription, au préjudice de la commune, la propriété d'un terrain dépendant d'une église, ne peut se prévaloir à l'appui de cette prétention des actes de possession et de jouissance émanés du curé, lequel n'est pas son représentant légal (Agen, 28 févr. 1870, aff. Fabrique de Marmande, D. P. 71. 2. 161. V. aussi notre note sous cet arrêt).

121. Conformément à la doctrine exposée au *Rép.* n° 251, il a été décidé que l'intention suffit pour conserver la possession, jusqu'à ce qu'une volonté contraire se soit manifestée (Lyon, 18 nov. 1870, aff. Guillemin, D. P. 75. 5. 336-337. Comp. Aubry et Rau, t. 2, p. 84, § 179, texte et notes 17 et 18; Baudry-Lacantinerie, t. 3, n° 1603; Laurent, t. 32, n°ˢ 268 et suiv.).

Sect. 4. — De l'étendue et des effets de la possession (*Rép.* n°ˢ 255 à 263).

122. — 1° *Etendue de la possession*. — On a exposé au *Rép.*, n° 255, qu'il suffit d'avoir la possession de partie d'une chose indivisible pour avoir celle du tout ; mais que, lorsqu'il s'agit d'une chose divisible, si l'on n'en a possédé qu'une partie, on ne peut se prévaloir d'une présomption de propriété que pour cette partie. Ces principes sont constants; mais leur application soulève en pratique des difficultés de fait. — Il a été jugé qu'une carrière ne constitue pas un tout indivisible et que, par suite, l'exploitation d'une carrière par une seule tranchée n'implique pas la possession du banc tout entier (Nîmes, 11 mars 1874, aff. Galinier, D. P. 75. 2. 56. — *Contrà*, Montpellier, 4 juill. 1867, même affaire, D. P. 70. 1. 22).

123. Décidé que des arbres peuvent être acquis par prescription isolément, et indépendamment du sol sur lequel ils sont plantés (Civ. cass. 18 mai 1858, aff. Duclerfays, D. P. 58. 1. 218; Req. 23 déc. 1861, aff. Commune de Louzac, D. P. 62. 1. 129: Paris, 19 févr. 1889, aff. De Mimont, D. P. 91. 1. 297. Conf. Laurent, t. 32, n° 349, p. 368; Leroux de Bretagne, t. 1, p. 251, n° 329).

124. La possession plus que trentenaire par une ville de certains ponts jetés sur un canal appartenant à un particulier n'entraîne pas, pour cette ville, le droit d'établir d'autres ponts sur d'autres parties du même canal (Civ. cass. 4 déc. 1888, aff. Léotard, D. P 89. 1. 193).

125. Celui qui a acquis par la prescription trentenaire la propriété d'une source d'eau minérale, non déclarée d'utilité publique, ainsi que la propriété d'une parcelle du fonds sur laquelle jaillit cette source, et des conduits ou canaux souterrains destinés à la capter et à distribuer les eaux, n'a pas prescrit également le droit de faire exécuter sur toute la superficie dudit fonds appartenant à autrui des fouilles et travaux pour opérer le captage de la source qui lui appartient (Req. 10 nov. 1891, aff. Ville d'Evian. D. P. 92. 1. 83-84).

126. — 2° *Effets de la possession.* — On a dit au *Rép.* n° 263, que celui qui est en possession d'un immeuble est dispensé d'établir son droit de propriété, et que la charge de la preuve incombe au revendiquant. C'est là une proposition incontestable (Conf. Civ. cass. 28 mars 1854, aff. Lefort, D. P. 54. 1. 178; Req. 2 févr. 1857, aff. héritiers Davoust, D. P. 57. 1. 253; Civ. cass. 10 janv. 1860, aff. Brémont, D. P. 60. 1. 74; Req. 22 mai 1865, aff. Commune de Lalby, D. P. 65. 1. 473; Req. 8 juin 1868, aff. Commune de Sartène, et 20 avr. 1868, aff. Commune de Bolquéra. D. P. 69. 1. 84; 3 juill. 1889, aff. Malacour, D. P. 90. 1. 481; Aubry et Rau, t. 2, § 182, p. 104 et 105; Baudry-Lacantinerie, t. 3, n° 1604; Laurent, t. 32, n° 265).

127. L'effet de la règle posée par l'art. 2279 c. civ., c'est d'empêcher la revendication des meubles. Le possesseur d'une chose mobilière peut repousser la revendication intentée contre lui, en alléguant seulement sa possession (Conf. Laurent, t. 32, n° 540; Aubry et Rau, t. 2, § 183, p. 109; Baudry-Lacantinerie, t. 3, n° 1729).

Il en résulte que le possesseur d'un meuble ne peut invoquer la maxime de l'art. 2279, toutes les fois qu'il est soumis à une action personnelle en vertu de laquelle il est obligé de restituer la chose (Aubry et Rau, t. 2, § 183, p. 116 et 117; Leroux de Bretagne, t. 2, n° 1316, p. 312; Laurent, t. 32, n°s 544 et 561; Baudry-Lacantinerie, t. 3, n° 1730; Mourlon, t. 3, n°s 1995 et 1996; Req. 5 août 1878. aff. Desmaretz et Dutilley, D. P. 79. 1. 253).

128. De même, ceux qui possèdent une chose mobilière par suite d'un délit ou d'un quasi-délit ne peuvent se prévaloir de l'art. 2279. (Laurent, t. 32, n° 531; Aubry et Rau, Baudry-Lacantinerie, *loc. cit.*; Nancy, 20 nov. 1869, aff. Epoux Desvoges, D. D. 70. 2. 142; 8 févr. 1873, aff. Pothier, D. P. 73. 2. 26; Req. 20 juin 1881, aff. Simonnet, D. P. 82. 1. 111; Besançon, 4 juill. 1888, aff. veuve Bouvier, D. P. 89. 2. 182; Pau, 1er avr. 1890, aff. Espinasse Loustaunau, D. P. 91. 2. 232).

C'est à la personne qui invoque le délit à le prouver (Arrêts précités des 4 juill. 1888 et 1er avr. 1890).

129. Lorsque le possesseur d'une chose mobilière tient cette chose d'une personne dont le titre était sujet à résolution, nullité ou à rescision, il peut se prévaloir néanmoins de l'art. 2279, si le titre du précédent possesseur vient à être résolu, annulé ou rescindé (Aubry et Rau, t. 2, § 183, p. 118; Laurent, t. 32, n° 594; De Folleville, n° 75, p. 150 à 152).

130. On a recherché au *Rép.* n° 265, quel est le fondement juridique du principe consacré par l'art. 2279. C'est là une question qui soulève encore aujourd'hui de graves difficultés. On a soutenu au *Rép.*, *ibid.*, en combattant l'opinion de Marcadé et de Troplong, que l'art. 2279 attache au fait de la possession d'une chose mobilière une présomption de propriété, que la loi présume propriétaire le possesseur d'un meuble : ce dernier n'a pas à établir à quel titre il le possède. Nous avons ajouté que cette présomp-

tion est *juris tantum*, et qu'elle admet la preuve contraire. Ce système est admis également par Vazeille, *Traité des prescriptions*, t. 2, n° 674, p. 284 et suiv.

La jurisprudence se prononce d'une façon constante en ce sens. Elle décide que la règle : *en fait de meubles la possession vaut titre*, établit en faveur du possesseur une présomption de propriété qui le dispense de toute preuve à cet égard, et laisse la preuve contraire à la charge de la partie adverse. Cette preuve contraire peut être faite par témoins, et même par des présomptions graves, précises et concordantes (Outre les arrêts rapportés au *Rép.* n°s 266 et 267, V. en ce sens, Civ. cass. 15 avr. 1863, aff. Leducq, D. P. 63. 1. 396; Bordeaux, 19 mars 1868, aff. Epoux Moncamp, D. P. 68. 2. 222; Civ. rej. 7 déc. 1868, aff. Dantony, D. P. 69. 1. 83; Nancy, 8 févr. 1873, aff. Pothier, D. P. 73. 2. 26; Pau, 12 janv. 1874, aff. Farbos, D. P. 75. 2. 113; Paris, 19 juill. 1875, aff. L..., D. P. 76. 2. 128; Aix. 5 févr. 1879, aff. Giraud, D. P. 80. 2. 211; Req. 14 févr. 1877, aff. Labbé, D. P. 77. 1. 320; Req. 20 juin 1881, aff. Simonnet de Maisonneuve, D. P. 82. 1, 111; Amiens, 5 mars 1884, aff. Epoux Hermier, D. P. 85. 2, 111; Pau, 28 mars 1885, aff. Dabon, D. P. 86. 2. 209; Besançon, 4 juill. 1888, aff. Bouvier, D. P. 89. 2. 182; Req. 27 mars 1889, aff. Palanque et aff. Gomand, D. P. 90. 1. 413; Nancy, 30 déc. 1891, aff. Violet, D. P. 92. 2. 241, et la note de M. Planiol).

Ces arrêts ont décidé, spécialement : 1° que celui chez lequel, dans une visite domiciliaire opérée par un commissaire de police, des obligations au porteur ont été saisies comme appartenant à un de ses locataires tombé en faillite, n'est pas tenu, pour faire ordonner la restitution de ces obligations, d'établir qu'il en est propriétaire : c'est aux syndics de la faillite à prouver qu'elles ne lui appartiennent pas, et qu'elles sont au contraire la propriété du failli (Civ. cass. 15 avr. 1863, précité); — 2° Que le détenteur d'objets mobiliers ayant appartenu à un défunt n'a pas à prouver le don manuel qu'il indique comme origine de sa possession, 4 juill. 1888; *Adde*, Paris, 29 déc. 1871, aff. Berranger, D. P. 73. 2. 131); — 3° Que la détention de valeurs au porteur revendiquées par des héritiers, ne saurait suffire pour faire écarter l'action de ces derniers, lorsqu'ils établissent que ces titres n'ont été payés qu'avec les revenus du *de cujus*, qu'ils ont été acquis par lui et pour lui, et lorsque le détenteur actuel, qui vivait chez le défunt et gérait toutes ses affaires, n'a consenti, après le décès, à remettre aux héritiers aucun titre, pas même ceux de ses propriétés, a refusé, au cours de l'inventaire, de s'expliquer sur une partie de ces valeurs, ne s'est décidé que vaincu par l'évidence à déclarer qu'ils étaient en sa possession ... Ou lorsqu'il résulte des renseignements puisés dans une instruction criminelle suivie contre le détenteur et terminée par une ordonnance de non-lieu faute de charges suffisantes, ainsi que des autres documents de la cause, que les valeurs litigieuses ont été diverties par lui au préjudice de la succession (Req. 27 mars 1889, précité).

MM. Aubry et Rau (t. 2, § 183, p. 107 et 108, texte et note 3 et 4) estiment aussi que l'art. 2279 établit une présomption de propriété en faveur du possesseur. Seulement, d'après eux cette présomption serait *juris et de jure*, c'est-à-dire absolue et irréfragable, ne pouvant être combattue par la preuve contraire (V. dans le même sens : de Folleville, n° 23, p. 19; Leroux de Bretagne, t. 2, n° 1315, p. 310 et suiv.; n° 1319, p. 314).

Deux autres systèmes sont encore soutenus. D'après le premier, celui de Marcadé (art. 2280, t. 12, n° 1) et de Demolombe (*Distinction des biens*, etc., t. 9, n° 622), adopté par Mourlon (t. 3, n° 1985, p. 956) et par Baudry-Lacantinerie, t. 3, n° 1731), l'art. 2279 établirait une prescription acquisitive instantanée au profit du possesseur d'un meuble. On invoque, à l'appui de ce système, la place que l'art. 2279 occupe dans notre code, au titre de la prescription. Mais cette opinion nous paraît devoir être repoussée pour cette raison que l'usucapion suppose nécessairement et essentiellement l'écoulement d'un certain laps de temps (art. 2210), et que la possession de l'art. 2279 est sans durée. D'autre part, ce système est contraire à la tradition attestée par Pothier (*Coutume d'Orléans*, tit. 14)

Sect. 5. — De la règle qu'en fait de meubles la possession vaut titre (art. 2279 c. civ.) — Sens de la règle ; conditions auxquelles elle s'applique ; portée d'appplication ; exceptions a la règle (*Rép.* n°s 264 à 301).

Art. 1er. — *Sens de la maxime (Rép.* n°s 264 à 267).

et par Bourjon (*Droit commun de la France*, liv. 2, tit. 1, chap. 6, liv. 3, tit. 2, chap. 1).

M. Laurent (t. 32, n° 541 à 543) soutient une autre doctrine. D'après lui, l'art. 2279 établirait plus qu'une présomption de propriété. Le possesseur d'un meuble n'est pas présumé propriétaire, il est propriétaire. La possession équivaudrait à un titre de propriété, elle entraînerait acquisition de la propriété. Le possesseur est propriétaire par cela seul qu'il possède. On peut rapprocher, de cette opinion de M. Laurent, celle de Delvincourt et Troplong, cités au *Répertoire*, et de Duranton, t. 21, p. 122, n° 97. Nous ne pouvons y adhérer, parce que la possession n'est pas placée par le code parmi les modes d'acquisition de la propriété énumérées par les art. 711 et 712.

131. Il a été décidé que la présomption de propriété résultant, au profit du possesseur d'un meuble, de l'art. 2279 c. civ., ne peut être détruite par une note attachée à un titre au porteur, note non signée, mais écrite de la main du détenteur du titre et contenant déclaration que le titre appartient à un tiers. Il y a là seulement un commencement de preuve par écrit qui rend possible l'admission de présomptions graves, précises et concordantes au profit du tiers désigné (Paris, 26 janv. 1867) (1).

Art. 2. — *Conditions requises pour que l'art. 2279 s'applique*
(*Rép.* n°s 268 à 275).

132. — 1° *Il faut que le possesseur soit de bonne foi* (*Rép.* n° 268). — Sans doute le texte de l'art. 2279 n'exige pas expressément cette condition; mais elle résulte de l'esprit de la loi et de l'art. 1141 c. civ., qui est une application du principe consacré par cet article. Cette solution est aujourd'hui généralement admise (Conf. Marcadé, t. 12, n° 2, de l'art. 2280; Demolombe, *Distinction des biens, etc.*, t. 1, n° 622; Laurent, t. 32, n° 559, p. 577 et 578; Leroux de Bretagne, t. 2, n° 1323, p. 316; Mourlon, *Répétitions écrites*, t. 3, n° 1993, p. 960; De Folleville, n° 27, p. 39; Baudry-Lacantinerie, t. 3, n° 1735). La jurisprudence est dans le même sens. Ainsi il a été jugé: 1° que celui qui a acheté sciemment la chose d'autrui et qui en a obtenu la délivrance d'un prétendu mandataire, dont il a suivi la foi, est tenu de restituer les objets achetés à leur propriétaire, et ne peut invoquer la règle de l'art. 2279, c. civ. (Metz, 10 janv. 1867, aff. Puricelli frères, D. P. 67. 2. 14, et, sur pourvoi, Civ. rej. 7 déc. 1868, D. P. 69. 1. 83); — 2° Que les tiers auxquels un commissionnaire, autorisé à agir en son propre nom, a engagé des marchandises appartenant au commettant, ne peuvent se prévaloir de l'art. 2279 que *s'ils sont de bonne foi*, c'est-à-dire s'ils ont pu croire qu'en engageant ces marchandises, le commissionnaire agissait pour le compte et suivant les

intérêts de son commettant (La Guadeloupe, 1er juill. 1872, aff. Banque de la Martinique, D. P. 74. 2. 95. Comp. Lyon, 19 déc. 1873, aff. Commune de Nantua, D. P. 76. 2. 89; Civ. cass. 6 juill. 1886, aff. Lévy, D. P. 87. 1. 25; Amiens, 2 juin 1887, même affaire, D. P 88. 2. 94; Nancy, 30 déc. 1891, aff. Violet, D. P. 92. 2. 241, et la note de M. Planiol). Même décision à l'égard du créancier gagiste qui, d'après la jurisprudence (V. *infrà*, n° 145) peut invoquer l'art. 2279 (V. en ce sens, Req. 23 janv. 1860, aff. Docks Napoléon, D. P. 60. 1. 123; Civ. rej. 5 déc. 1876, D. P. 77. 1. 166, aff. Dablin; Req. 12 mars 1888, aff. Pérez-Ramirez, D. P. 88. 1. 404; Civ. cass. 28 mars 1888, aff. Crédit Lyonnais, D. P. 88. 1. 253; Req. 6 juill. 1891, aff. Société des docks de la Ferté-sous-Jouarre, D. P. 92. 1. 119). — V. toutefois, en sens contraire: Aubry et Rau, t. 2, § 183, note 29; Rauter, *Revue de législation*, 1836-1837, t. 5, p. 137 à 139; Destrais, *Dissertation sur la revendication des meubles*, p. 49 et 50.

133. La bonne foi doit être présumée chez le possesseur jusqu'à preuve contraire (Conf. De Folleville, n° 27, p. 39; Civ. rej. 5 déc. 1876, aff. Dablin, et Req. 12 mars 1888, cité *suprà*, n° 132).

134. C'est au juge du fait qu'il appartient d'apprécier souverainement la bonne foi. Sa décision échappe, sur ce point, à la censure de la cour de cassation. Décidé que le juge du fond affirme suffisamment la bonne foi du créancier gagiste qui a reçu en nantissement le chargement d'un navire, alors qu'il constate que l'offre de cette consignation a été faite dans les conditions ordinaires, après que celui qui la faisait avait accompli les opérations de douane et donné décharge au capitaine, ce qui impliquait qu'il était en possession du connaissement (Req. 12 mars 1888, cité *suprà*, n° 132. Comp. Req. 6 juill. 1891, cité *suprà, ibid.*).

135. Lorsque la possession dérive d'un contrat translatif de propriété, la bonne foi doit exister au moment où la possession commence. Il ne suffit pas que la bonne foi existe lors du contrat. C'est la possession, en effet, qui permet d'invoquer l'art. 2279 (V. en ce sens, Laurent, n° 561, p. 579; De Folleville, n°s 28 à 30, p. 39 et 40; Baudry-Lacantinerie, t. 3, n° 1737. — *Contra*, Larombière, *Théorie et pratique des obligations*, sur l'art. 1141, n°s 6 et 16). Un arrêt de la cour de cassation semble contraire à notre solution (Civ. rej. 5 déc. 1876, aff. Dablin, .D. P. 77. 1. 166). Cet arrêt décide que le demandeur qui revendique des titres au porteur doit prouver que le possesseur était de mauvaise foi au moment où il a acquis les titres. Mais il se peut que, dans l'espèce en question, la mise en possession ait eu lieu au moment même du contrat.

136. Il suffit que le possesseur soit de bonne foi au moment où sa possession commence; peu importe qu'il cesse

---

(1) (Moussard C. du Rossey.) — La cour; — Considérant qu'après le décès de Rossey, il a été trouvé à son domicile, et au cours de l'inventaire, les trois inscriptions de rente sur l'État et au porteur réclamées, à chacune desquelles était attachée une note de sa main contenant déclaration qu'elles appartenaient, l'une de 100 fr., une autre de 50 fr. de rente, à la veuve Weinandy, et la troisième, de 100 fr. de rente, à la veuve Moussard, fille de celle-ci; — Que, si ces notes non signées peuvent être insuffisantes pour détruire d'une manière absolue la conséquence légale de la possession, elles constituent au moins un commencement de preuve par écrit qui autorise l'admission des présomptions graves, précises et concordantes, pour suppléer la preuve certaine de la propriété; — Qu'à l'égard des deux premières inscriptions de rente, objet de la demande formée par la veuve Weinandy, décédée depuis et représentée par sa fille et héritière, la veuve Moussard, il est justifié par une lettre émanée de Rossey qu'en 1857 il avait acheté pour la veuve Weinandy, lorsqu'elle est entrée chez lui, une rente au porteur de 100 fr., au moyen du produit de la vente d'un fonds de commerce réuni à une somme de 900 fr. environ par elle retirée de la caisse d'épargne, et qu'elle lui avait en outre déposé six obligations du chemin de fer de l'Ouest; que la propriété de cette inscription, restée entre les mains de Rossey à titre de dépôt, et celle d'une autre inscription de 50 fr. de rente, achetée depuis avec les économies de la veuve Weinandy, sont attestées par le livre sur lequel elle écrivait régulièrement ses recettes et ses dépenses, dont diverses mentions établissent qu'elle avait la jouissance de ces deux rentes, dont les arrérages lui étaient remis et

qui représentent exactement le montant de ces deux inscriptions; que l'on y voit même figurer une somme remise à un agent de change et qui paraît être l'appoint d'un bordereau; qu'une erreur ou une confusion dans le numéro de ces titres ne peut détruire la preuve résultant à la fois de la note que Rossey y avait annexée, de la lettre émanée de lui et enfin des mentions relevées sur le livre de la veuve Weinandy; — Qu'il est en outre établi par l'inventaire que Rossey acceptait souvent le dépôt de titres et valeurs de même nature, et qu'il s'en est trouvé à son décès qui ont été reconnu appartenir à d'autres personnes; que la remise au fait la veuve Moussard, d'une inscription de rente de 100 fr. s'explique comme celles qui avaient eu lieu précédemment par sa mère, la veuve Weinandy; qu'elle a eu lieu dans les mêmes circonstances; qu'il résulte, en effet, des débats et des pièces produites que, devenue veuve peu après son mariage, la veuve Moussard a vendu son fonds d'épicerie et chargé Rossey d'employer les fonds ainsi réalisés à l'achat d'une inscription de rente sur l'État de 100 fr., inscription au porteur, et dont, pour plus de sûreté, elle lui a confié la conservation et la garde; que la note émanée de ce dernier et annexée à ce titre n'est donc pas moins sincère que les deux notes jointes aux deux inscriptions appartenant à la veuve Weinandy; que la preuve que ces trois inscriptions étaient sa propriété et que Rossey n'en était détenteur qu'à titre de dépositaire étant ainsi complétée, il y a lieu d'ordonner la remise demandée; — Infirme, etc.

Du 26 janv. 1867.-C. de Paris, 4e ch.-MM. Tardif, pr.-Chenal et Lefèvre, av.

de l'être postérieurement (V., en ce sens, Baudry-Lacantinerie, t. 3, n° 1737).

137. L'attribution faite à l'un des époux après séparation de corps, à titre de dation en payement pour le montant de ses reprises, d'obligations au porteur, constitue à son profit une possession accompagnée de bonne foi, qui se transmet avec les mêmes caractères à ses héritiers. Ceux-ci peuvent, en conséquence, invoquer la règle de l'art. 2279, c. civ., qu'en fait de meubles possession vaut titre (Paris, 23 mai 1873, aff. Gandon, D. P. 74. 5. 380).

138. — 2° Pour pouvoir invoquer l'art. 2279, il faut, comme on l'a dit au *Rép.* n° 269 et 270, *une possession réelle et effective.* Le possesseur doit avoir la chose sous sa main (Conf. Laurent, t. 32, n° 555, p. 576 ; de Folleville, n° 37 et suiv., p. 53 et suiv. ; Baudry-Lacantinerie, t. 3, n° 1738 ; Leroux de Bretagne, t. 2, n° 1322, p. 315).

139. — 3° *La possession doit réunir les conditions requises par l'art.* 2229 c. civ., c'est-à-dire il faut qu'elle soit paisible, publique et non équivoque (Conf. Leroux de Bretagne, t. 2, n° 1325 ; Baudry-Lacantinerie, t. 3, n° 1733). Cette solution est consacrée par la jurisprudence (Paris, 27 août 1881, (1) ; Dijon, 3 mars 1886, aff. Richard, D. P. 87. 2. 253 ; Req. 15 avr. 1890, aff. Feybesse, D.P. 90. 3. 88 ; Lyon, 28 nov. 1888, aff. Chanuk, D. P. 90. 2. 216 ; Nancy, 30 déc. 1891, aff. Dame Violet, D. P. 92. 2. 241). — *Contrà*, Pau, 28 mars 1885, aff. Dabon, D. P. 86. 2. 209. Cet arrêt décide qu'une possession publique n'est pas nécessaire, l'art. 2229 ne s'appliquant qu'aux immeubles.

140. — A cet égard, il a été décidé : 1° qu'on doit considérer comme équivoque et d'une origine obscure la possession de la veuve qui prétend que son mari lui a fait la remise matérielle de titres pour la couvrir de ses reprises dotales, alors que ces valeurs ont été trouvées au domicile du défunt confondues avec les valeurs délaissées par lui, et qu'il en a seul perçu les coupons jusqu'à sa mort (Toulouse, 10 mai 1881, aff. Consorts Gros, D. P. 82. 1. 433) ; — 2° Que la remise de valeurs mobilières à un banquier est, par elle-même, un acte équivoque au point de vue de l'intention du déposant et qui ne peut impliquer, en soi, ni le dessaisissement, ni la translation de propriété ; qu'en conséquence, ce banquier actionné en restitution ne peut se borner à alléguer qu'en fait de meubles, possession vaut titre : il lui incombe de prouver que sa possession est légitime et à titre de propriétaire (Orléans, 15 juill. 1887, aff. Comptoir d'Escompte d'Orléans, D. P. 88. 2. 245) ; — 3° Que la règle « en fait de meubles, possession vaut titre » n'est pas applicable à la possession des choses dont la propriété est indivise entre le possesseur et d'autres personnes, notamment à la possession d'objets ou valeurs dépendant d'une succession (Req. 13 mai 1889, aff. Provence, D. P. 90. 1. 173).

141. — 4° Il faut posséder à titre de propriétaire, *animo domini* (Rép. n° 270 ; Aubry et Rau, t. 2, § 183, p. 115, texte et note 26 ; Laurent, t. 32, n° 544 à 546 ; Demolombe, *Donations et testaments*, t. 3, n° 79 ; Baudry-Lacantinerie, t. 3, n° 1733 ; Bressolles, *Traité théorique et pratique des dons manuels*, p. 358 ; De Folleville, n° 32 ; Nancy, 20 nov. 1869, aff. Epoux Desvoges-Schwartz, D. P. 70. 2. 142 ; Pau, 6 mai

1879, aff. Peyramale, D. P. 80. 2. 197; Lyon, 28 nov. 1888, aff. Chanut, D. P. 90. 2. 216 ; Req. 15 avr. 1890, aff. Feybesse, D. P. 91. 1. 388; Nancy, 30 déc. 1891, aff. Dame Violet, D. P. 92. 2. 241).

Par suite, les détenteurs à titre précaire, emprunteurs, dépositaires, locataires, fermiers, ne peuvent se prévaloir de l'art. 2279 (V. les auteurs précités). Ainsi il a été jugé que le détenteur de valeurs au porteur ayant appartenu à une personne décédée ne peut opposer à la revendication qui en est faite par les héritiers, la maxime : *En fait de meubles, possession vaut titre*, de son aveu que ces valeurs ne lui auraient été remises que provisoirement et en vue d'un arrangement non consommé avant la mort du propriétaire (Req. 10 déc. 1877, aff. Lecomte, D. P. 78. 1. 176).

142. La communauté d'habitation ayant existé entre le détenteur de valeurs mobilières et la personne de laquelle il prétend tenir ces valeurs à titre de don manuel a généralement pour effet de donner à la possession un caractère incertain, équivoque ou précaire, ce qui ne permet pas d'invoquer la maxime de l'art. 2279 (V. Bressolles, *op. cit.*, n° 260 ; Colin, *Etude de jurisprudence et de législation sur les dons manuels*, p. 88 et suiv.). Les arrêts consacrent cette solution (Besançon, 24 juin 1865, aff. Remps, D. P. 66. 1. 347 ; Civ. cass. 24 avr. 1866, aff. Remps, D. P. 66. 1. 347 ; Pau, 12 janv. 1874, aff. Demoiselle Farbos, D. P. 75. 2. 114 ; Paris, 9 août 1875, aff. Daniel, D. P. 77. 2. 56 ; Toulouse, 10 mai 1881, aff. Consorts Gros, D.P. 82. 1. 433 ; Paris, 27 août 1881, *suprà*, n° 139).

Toutefois, le fait de la cohabitation du donateur avec le donataire, au moment du don manuel, ne saurait être relevé comme pouvant rendre ce don suspect, lorsque le donateur a clairement manifesté son intention de faire cette libéralité (Pau, 1er avr. 1890, aff. Espinasse, D. P. 91. 2. 232).

143. On a dit au *Rép.* n° 272, qu'un domestique n'est pas logé chez son maître à titre de *familiarité*, et qu'il a la possession légale des effets et des sommes d'argent qu'il détient (Conf. Laurent, t. 32, n° 549, p. 569). Mais bien entendu, il y a là une question de fait, dont la solution dépend surtout des circonstances : elles peuvent montrer que le domestique n'est pas propriétaire des objets qu'il détient. Ainsi, il a été décidé que le détenteur de valeurs au porteur ayant appartenu à une personne décédée ne peut s'en faire déclarer propriétaire, en invoquant la maxime « en fait de meubles possession vaut titre », s'il résulte des circonstances de l'espèce, et notamment de la communauté d'habitation de ce détenteur avec le défunt en qualité de serviteur à gages, qu'il détenait les valeurs dont il s'agit, non pour lui, mais pour le défunt lui-même ; qu'en conséquence, le détenteur de telles valeurs est tenu de les restituer à la succession, s'il ne produit pas un titre légitime d'acquisition, et, par exemple, faute par lui de faire preuve de l'existence d'un don manuel à son profit (Civ. cass. 24 avr. 1866, aff. Remps, D. P. 66. 1. 347).

144. Il appartient aux juges du fond d'apprécier souverainement les caractères de clandestinité ou de précarité de la possession invoquée par celui qui se prévaut de l'art. 2279

---

(1) (Julien C. Gagnard.) — La cour ; — Considérant que les appelants sont les héritiers légitimes de Antoine Julien, décédé le 6 sept. 1878, rue Saint-Vincent-de-Paul, à Paris ; qu'en cette qualité, ils réclament comme dépendant de sa succession trois titres de rente au porteur, qui ont été saisis au cours d'une instruction criminelle en la possession de l'intimée et déposés au greffe du tribunal civil de la Seine ; — Considérant qu'il n'est pas contesté que la demoiselle Gagnard que ces titres avaient été la propriété d'Antoine Julien, qui en a touché les coupons jusqu'à une date rapprochée de sa mort ; — Considérant, d'autre part, qu'il est établi par un grand nombre de documents que l'intimée avait des rapports intimes avec Julien ; que, dans les derniers temps de sa vie, elle vivait habituellement avec lui et cohabitait en quelque sorte avec lui, quoique ayant loué une chambre séparément ; qu'elle lui a donné des soins et qu'elle était à son domicile, près de lui, lors de son décès ; qu'à ce moment, elle a eu entre ses mains les clefs de ses meubles et d'un coffre-fort, qui a été trouvé ouvert lors de l'apposition des scellés par le juge de paix ; qu'avant l'arrivée de ce magistrat, on l'a vue emporter un paquet, et que beaucoup d'objets ont disparu en l'absence des héritiers et de la famille du défunt et que, n'ayant

pas prévenu les héritiers, elle était gardienne des objets de la succession ; — Considérant que l'ensemble de ces faits rend la possession équivoque et ne lui permet pas d'invoquer la règle qu'en fait de meubles possession vaut titre ; que, dans ces circonstances, c'est à l'intimée à prouver que les titres qu'elle détient sont arrivés en ses mains par une cause légitime, surtout alors qu'elle reconnaît qu'ils appartenaient à Julien, de qui elle les prétend les avoir reçus quinze jours avant sa mort, en rémunération des soins qu'elle lui a donnés ; — Considérant qu'elle ne fait pas cette preuve ; que, si Julien a manifesté des intentions de libéralité en sa faveur, personne ne l'a vue se dessaisir de ses valeurs, et personne de son vivant n'a vu ces valeurs aux mains d'elle Gagnard ; — Considérant d'ailleurs que les affirmations de l'intimée sont infirmées par ses premières déclarations devant le commissaire de police lors des poursuites dont elle a été l'objet, et par le fait que Julien a, le 24 août, douze jours avant sa mort, touché les derniers coupons des titres qu'elle prétend avoir reçus de lui quinze jours avant son décès ; — Par ces motifs ; — Infirme.

Du 27 août 1881.-C. de Paris, 5e ch.-MM. Kuenemann, pr.-Mariage, av. gén.-c, conf. ; Lacoin et Coulon, av.

(Req. 15 avr. 1890, aff. Feybesse, D. P. 91. 1. 388. Comp. Paris, 1er déc. 1876, aff. Le Camus de Wailly, D. P. 78. 2. 73).

145. On a soutenu au *Rép.*, n° 275, que le créancier gagiste qui a reçu de son débiteur une chose n'appartenant pas à ce dernier doit être considéré comme un débiteur à titre précaire. L'opinion générale des auteurs semble, aujourd'hui, se fixer plutôt en sens contraire, et admettre que le créancier gagiste peut opposer l'art. 2279 à l'action en revendication du véritable propriétaire jusqu'au payement de sa créance (V. en ce sens, Aubry et Rau, t. 2, p. 184, § 119, texte et note 36 ; Laurent, t. 32, n° 575, p. 593 ; De Folleville, nos 34 à 36 ; Baudry-Lacantinerie, t. 3, n° 1733 ; Leroux de Bretagne, t. 2, n° 1324, p. 316 et 317). Ces auteurs se fondent sur ce que le créancier gagiste n'est un détenteur précaire qu'à l'égard du débiteur ; vis-à-vis du propriétaire, au contraire, il possède *animo domini.* Son titre contredit le droit du propriétaire. C'était déjà l'opinion de Pothier, dans notre ancien droit (*Traité du nantissement*, n° 7 et 27).

La jurisprudence consacre aujourd'hui ce dernier système (V. Req. 23 janv. 1860, aff. Docks Napoléon, D. P. 60. 1. 123 ; 12 mars 1888, aff. Pérez-Ramirez, D. P. 88. 1. 404 ; Civ. cass., 28 mars 1888, aff. Le Crédit Lyonnais, D. P. 88. 1. 253 ; Req. 6 juill. 1891, aff. Société des Docks de la Ferté-sous-Jouarre, D. P. 92. 1. 119 ; 2 mars 1892, aff. Basset, D. P. 93. 1. 198-199 ; Douai, 20 juin 1892, aff. Dupont, D. P. 92. 2. 375).

146. Celui qui se prévaut de la qualité de créancier gagiste doit invoquer un nantissement régulier, sans quoi il n'aurait aucun titre. Ainsi un nantissement civil en titres au porteur, pour lequel les prescriptions des art. 2074 et 2075 c. civ. n'ont pas été observées, et qui est, par conséquent, irrégulier, ne peut conférer à celui qui l'a reçu la qualité de possesseur d'un objet mobilier, au sens de l'art. 2279. Par exemple, le banquier, qui a reçu en nantissement dans les conditions susindiquées, ne saurait invoquer le bénéfice de l'art 2279 pour repousser une demande en revendication dirigée contre lui, et basée sur ce que les titres au porteur remis entre ses mains avaient été soustraits au moyen d'un abus de confiance (Civ. cass., 28 mars 1888, aff. Le Crédit Lyonnais, D. P. 88. 1. 253 ; 5 janv. 1872, aff. Merkens, D. P. 72. 1. 161. Comp. Req. 2 mars 1892, aff. Basset, D. P. 93. 1. 198-199).

147. De plus, pour pouvoir invoquer l'art. 2279, le créancier gagiste doit être de bonne foi. C'est l'application de la règle indiquée *suprà*, nos 132 et suiv. MM. Aubry et Rau (*op. et loc. cit.*) exigent aussi cette condition pour le créancier gagiste, alors qu'ils ne la considèrent pas comme nécessaire, d'une façon générale, pour que l'art. 2279 s'applique (V. *suprà*, n° 131). — Jugé, à cet égard, que le créancier gagiste doit être réputé de bonne foi lorsque, au moment où le gage a été constitué (spécialement sur des titres au porteur), la situation de l'emprunteur était au-dessus de tout soupçon, et qu'il ne commet, en réalisant le gage, aucune faute de nature à engager sa responsabilité, lors même que, au moment de la réalisation, il aurait pu apprendre que le vrai propriétaire de l'objet engagé en avait été dépouillé par un délit du constituant (spécialement, par un abus de confiance) (Req. 2 mars 1892, cité *suprà*, n° 145).

148. Dans le même ordre d'idées, il a été décidé que, dans le cas d'abus de confiance commis au préjudice d'une société de crédit dépositaire de titres au porteur, si le dépositaire, pas plus que le propriétaire lui-même, ne peut revendiquer les valeurs détournées, dans les mains d'un tiers qui, de bonne foi, en aurait acquis la possession *animo domini*, il peut, au contraire, faire valoir sa revendication, en alléguant que le détenteur contre lui il agit ne possède

ces titres que par suite d'un nantissement, qui est irrégulier. Lorsque telle est la prétention énoncée par le revendiquant, les juges ne peuvent la repousser en se fondant uniquement sur ce que le détenteur est irrecevable à réclamer les titres détournés, et sans qualité pour contester la validité du nantissement, du moment où il ne justifie d'aucun droit de propriété sur lesdites valeurs (Civ. cass., 5 janv. 1872, sol impl., aff. Merkens, D. P. 72. 1. 161 ; 28 mars 1888, aff. Le Crédit Lyonnais, D. P. 88. 1. 253). V. la note sous ce dernier arrêt.

149. C'est au demandeur en restitution qu'incombe l'obligation de prouver que le détenteur possède à titre précaire, pour le compte d'un tiers, par exemple en vertu d'un contrat par suite duquel le détenteur est tenu à restitution (V. en ce sens : Aubry et Rau, t. 2, § 183, p. 116 ; Laurent, t. 32, n° 547). La jurisprudence consacre cette solution (Paris, 19 déc. 1871, aff. Berranger, D. P. 73. 2. 131 ; Nancy, 8 févr. 1873, aff. Pothier, D. P. 73. 2. 26 ; Pau, 6 mai 1879, aff. Peyramale. D. P. 80. 2. 197 ; Pau, 15 nov. 1881, aff. Rivière et autres, D. P. 82. 1. 67 ; 18 août 1884 (1); Pau, 1er avr. 1890, aff. Espinasse Loustaunau, D. P. 91. 2. 232).

150. Lorsque, pour établir le caractère précaire de la possession du détenteur, le demandeur se fonde sur l'existence d'un contrat de louage, de dépôt, etc., qui oblige le détenteur à restituer, le demandeur doit faire la preuve de l'existence de ce caractère conformément aux règles du droit commun sur la preuve des conventions (c. civ., art. 1341 et suiv.) (Conf. Aubry et Rau, t. 2, § 183, p. 116, texte et note 27 et t. 8, § 762, p. 303 ; Laurent, t. 32, n° 550, p. 571 ; Paris, 19 déc. 1871, aff. Berranger, D. P. 73. 2. 131 ; Pau, 12 janv. 1874, aff. Demoiselle Farbos, D. P. 75. 2. 113 ; 6 mai 1879, aff. Peyramale, D. P. 80. 2. 197). Ce dernier arrêt décide, spécialement, que le caractère précaire de la possession du défendeur peut résulter d'une reconnaissance tacite de ce dernier.

En dehors de l'hypothèse que venons d'indiquer, la précarité de la possession du détenteur peut être établie par tous les moyens de preuve, et même par simples présomptions (V., en ce sens, Aubry et Rau, t. 2, § 183, p. 116, texte et notes 27 et 28 ; Laurent, t. 32, n° 550, p. 571 ; Civ. cass., 24 avr. 1866, aff. Remps, D. P. 66. 1. 347. Comp. Paris, 1er déc. 1876, aff. Veuve Le Camus (motifs), D. P. 78. 2. 73).

151. Dans le cas où le détenteur de valeurs au porteur reconnaît que ces valeurs appartenaient à une personne décédée, en ajoutant que celle-ci lui en avait fait un don manuel, la règle de l'indivisibilité de l'aveu ne l'affranchit pas de l'obligation de prouver l'existence de ce don ainsi invoqué, quand la propriété du défunt est établie au moyen de présomptions indépendantes de cet aveu (Civ. cass. 24 avr. 1866, cité *suprà*, n° 150 ; Nancy, 20 nov. 1869, aff. Epoux Desvoges-Schwartz, D. P. 70. 2. 142 ; Paris, 1er déc. 1876, aff. Veuve Le Camus, D. P. 78. 2. 73). En effet, le principe de l'indivisibilité de l'aveu ne saurait recevoir d'application, lorsque la preuve résultant de l'aveu peut être suppléée par une autre preuve également valable (V. *suprà*, v° *Obligations*, nos 2109 et suiv.).

152. Lorsque le demandeur veut établir la précarité de la possession du détenteur, son offre de preuve peut être repoussée par les juges du fond, lorsque les faits qu'il allégués, même une fois établis, seraient insuffisants pour justifier le droit du demandeur (Req. 18 août 1884, *suprà*, n° 149).

153. En outre des conditions qui ont été indiquées, faut-il que le possesseur ait un juste titre, de telle sorte que les meubles s'acquerraient par une usurpation fondée sur la bonne foi et le juste titre, comme celle de dix à vingt ans

---

(1) (Fournier *C.* Rochefort.) — LA COUR ; Attendu qu'aux termes de l'art. 2279 c. civ., en fait de meubles, possession vaut titre ; que, s'il est excipé de la précarité de cette possession pour faire obstacle à ses effets légaux, c'est à celui qui soulève cette exception à la justifier ; — Attendu qu'il est constaté par l'arrêt attaqué que, lors du décès de la dame Astre, veuve Vien, ses héritiers ont trouvé parmi les effets mobiliers de cette dame une somme de 11 874 fr. ; que cette somme a été revendiquée par la dame Fournier, en sa qualité d'héritière du sieur Vien, mari prédécédé de la dame Astre, comme étant la propriété de ce dernier ;

que l'arrêt, loin de rejeter la demande en preuve de cette dernière comme irrecevable et inadmissible, en a, au contraire, examiné la valeur et ne l'a écartée qu'après cet examen, et parce qu'il a reconnu que les faits côtés en preuve, fussent-ils établis, étaient insuffisants pour justifier les prétentions de la dame Fournier ; qu'en statuant ainsi, l'arrêt attaqué n'a, ni violé, ni faussement appliqué les articles de loi sus-visés ; — Rejette, etc. Du 18 août 1884. -Ch. req.-MM. le cons. Alméras Latour, pr.- Féraud-Giraud, rapp.-Ballot-Beaupré, f. fonct. d'av. gén.-Bouchié de Belle, av.

pour les immeubles? On l'a soutenu (Marcadé, t. 12, n° 2 de l'art. 2280; Mourlon, t. 3, n° 1994; Baudry-Lacantinerie, *Précis*, t. 3, n° 1736). Cette opinion tient au système qui explique l'art. 2279 par une prescription instantanée. Dans la doctrine contraire, que nous avons adoptée (V. *suprà*, n° 130), un juste titre n'est pas nécessaire (Conf. Laurent, t. 32, n° 553; De Folleville, n° 33, p. 43 et suiv.).

Art. 3. — *A quels meubles s'applique l'art.* 2279
(*Rép.* n°° 276 à 284).

154. Le principe d'après lequel l'art. 2279 ne s'applique qu'aux meubles corporels, formulé au *Rép.* n°° 277, est universellement admis (V. Laurent, t. 32, n°° 562 et 566; Aubry et Rau, t. 2, § 183, p. 113; Leroux de Bretagne, t. 2, n° 1328-4°, p. 319; Baudry-Lacantinerie, t. 3, n° 1730; Mourlon, t. 3, n° 1989 et suiv.; De Folleville, n° 61).

155. Lorsqu'un immeuble est revendiqué avec les meubles qui s'y trouvent, la revendication s'étend à ces meubles, parce que l'accessoire suit le principal (Aubry et Rau, t. 2, § 183, note 19, p. 113; Laurent, t. 32, n° 563; De Folleville, *op. cit.*, p. 84, n° 64; Leroux de Bretagne, t. 2, n° 1328-2°).

156. On admet aussi généralement la solution donnée au *Rép.* n° 282 pour les objets immobilisés (Laurent, t. 32, n° 564; De Folleville, p. 85, n° 65), et au n° 283 pour les universalités juridiques, telles qu'une hérédité exclusivement mobilière (Aubry et Rau, t. 2, § 183, note 18; Laurent, t. 32, n° 565; Leroux de Bretagne, t. 2, n° 1328-1°; Baudry-Lacantinerie, t. 3, n° 1730; *Rép.*, v° *Succession*, n° 1567).

157. Conformément à la doctrine exposée au *Rép.* n° 280, il a été jugé que l'art. 2279 s'applique aux billets de banque (Amiens, 5 mars 1884, aff. Hermier, D.P. 85. 2. 111).

158. Tous les auteurs admettent que les créances ne peuvent pas être revendiquées, par application de l'art. 2279, lorsqu'elles sont constatées par des titres au porteur (rentes, actions, obligations), parce que ces créances se transmettent de la main à la main comme un meuble corporel (V. Merlin, *Questions de droit*, v° *Revendication*, § 1; Vazeille, *Prescriptions*, t. 2, n° 670; Troplong, t. 2, n° 1065; Marcadé, sur les art. 2279 et 2280, n° 4; Aubry et Rau, t. 2, § 183, texte et notes 20, 21, 22; Laurent, t. 32, n°° 568 et 569; Leroux de Bretagne, t. 2, n° 1328-5°, p. 319; De Folleville, *Possession des meubles*, n° 61 *bis*; Mourlon, *Répétitions*, t. 3, n° 1990; Baudry-Lacantinerie, t. 3, n° 1730). La jurisprudence se prononce d'une façon constante dans le même sens (V. notamment : Civ. rej. 4 juill. 1876, aff. Lefèvre, D. P. 77. 1. 33; 5 déc. 1876, aff. Dablin, D. P. 77. 1. 166; Req. 10 déc. 1877, aff. Lecomte, D. P. 78. 1. 176; 20 juin 1881, aff. Demoiselle Simonnet, D. P. 82. 1. 141; Orléans, 15 juill. 1887, aff. Comptoir d'Escompte, D. P. 88. 2. 245; Civ. cass. 28 mars 1888, aff. Crédit Lyonnais, D. P. 88. 1. 253; Req. 27 mars 1889, aff. Palanque et veuve Gomand, D. P. 90. 1. 413; 15 avr. 1890, aff. Feybesse, D. P. 91 1. 388).

159. Il en est autrement des valeurs *nominatives*, qui se transmettent au moyen d'un transfert sur les registres de la société (V. les auteurs cités *suprà*, n° 158; Req. 17 déc. 1873, aff. Caval, D. P. 74. 1. 145; Lyon, 28 nov. 1888, aff. Chanut, D. P. 90. 2. 216; Civ. rej. 4 juill. 1876, cité *suprà*, n° 158).

160. De même, l'art. 2279 ne s'applique pas aux billets à ordre et aux lettres de change, qui se transmettent par la voie de l'endossement (Leroux de Bretagne, t. 2, n° 1328-5°; Paris, 26 nov. 1886, aff. Lemonnier, D. P. 87. 2. 110. V. toutefois, en sens contraire, ce qui a été dit au *Rép.* n° 280).

161. On a dit au *Rép.* n° 281 que l'art. 2279 ne peut être invoqué à l'égard des manuscrits. Les auteurs récents font une distinction. D'après eux, le manuscrit, considéré comme une chose corporelle, est un objet mobilier, et tombe sous le coup de la maxime de l'art. 2279. Seulement la possession du manuscrit n'engendre pas, par elle-même, le droit de le publier. Il y a là deux droits distincts. Le droit de publication n'est pas attaché à la possession même du manuscrit. Il appartient à l'auteur et à ses ayants cause, et il ne se transmet que par une convention spéciale (Conf. Aubry et Rau, t. 2, § 183, p. 115, texte et note 23, § 659, texte,

lettre B, *in fine*; Laurent, t. 32, n° 570; De Folleville, *Traité de la possession des meubles*, n°° 69 et 69 *bis*. Comp. Paris, 10 mai 1858, aff. Héritiers d'Orléans, D. P. 58. 2. 217; 1er déc. 1876, aff. Le Camus de Vailly, D. P. 78. 2. 73).

162. S'il s'agit de manuscrits, ouvrages, ou autres objets précieux, appartenant à une bibliothèque nationale, et faisant partie du domaine public, on ne peut se prévaloir à leur égard de la règle : *en fait de meubles possession vaut titre* (Aubry et Rau, t. 2, § 183, p. 115, note 24; Laurent, t. 32, n° 571; De Folleville, n° 67, p. 132; Foucart, *Droit administratif*, t. 2, n° 802; Destrais, *Dissertation sur la revendication des meubles*, p. 48, § 3; Leroux de Bretagne, t. 2, n° 1328-6°, p. 319; Paris, 18 août 1851, aff. Bibliothèque nationale, D. P. 52. 2. 96; Dijon, 3 mars 1886, aff. Richard de Vesvrotte, D. P. 87. 2. 253. Comp. *Rép.* n° 281, *in fine*, et *suprà*, v° *Domaine public*, n° 28).

163. Que faut-il décider pour les papiers possédés et recueillis par des fonctionnaires publics? On doit distinguer. S'il s'agit de documents qui, par leur nature ou leur destination, sont venus aux mains du fonctionnaire pour être employés et gardés par celui-ci dans l'intérêt du service dont il est chargé, ces documents appartiennent à l'Etat. Le fonctionnaire les détient au nom de l'Etat, qui peut toujours les revendiquer dans la succession du fonctionnaire ou celle des descendants de ce dernier. Mais il en est autrement des recueils qui sont l'œuvre personnelle du fonctionnaire, alors même qu'ils ont été composés à l'aide de renseignements que lui fournissaient ses fonctions, ou des lettres et documents adressés au fonctionnaire, que celui-ci aurait pu détruire et qu'il a gardés. L'Etat n'a aucun droit sur les uns et les autres (V. en ce sens, Paris, 11 déc. 1865, aff. Préfet de l'Yonne, D. P. 65. 2. 220; Laurent, t. 32, n° 572, p. 590 et 591).

164. La règle : *en fait de meubles possession vaut titre* ne s'applique pas aux navires (Aubry et Rau, t. 2, § 183, p. 115, texte et note 25; Laurent, t. 32, n° 573; Bravard, *Droit commercial*, p. 342; Pardessus, *Droit commercial*, t. 3, n° 617; Baudry-Lacantinerie, t. 3, n° 1730; Leroux de Bretagne, t. 2, n° 1328-6°; Civ. cass. 18 janv. 1870, aff. Hows et autres, D. P. 70. 1. 27). Les partisans de cette solution s'appuient sur les art. 190 et 195 c. com. Il nous semble qu'elle est confirmée aujourd'hui par la loi des 10-21 déc. 1874, qui rend les navires susceptibles d'hypothèque. La jurisprudence belge se prononce en sens contraire (V. notamment Bruxelles, 11 mars 1861, *Pasicrisie belge*, 1861. 2. 372).

Art. 4. — *Exceptions à la règle pour le cas de perte ou de vol*
(*Rép.* n°° 285 à 301).

§ 1er. — Exceptions résultant du code civil (art. 2279, § 2, et 2280).

165. On a soutenu au *Rép.*, n° 185 *in fine*, que la revendication, en cas de perte ou de vol, est admise même contre des possesseurs de bonne foi. C'est l'opinion générale (Aubry et Rau, t. 2, § 183, texte et note 5, p. 109; Laurent, t. 32, n° 579; De Folleville, n° 118, p. 225; Civ. rej. 5 déc. 1876, aff. Dablin, D. P. 77. 1. 166).

166. L'exception apportée à la règle de l'art. 2279, par la disposition du second paragraphe de ce texte, s'applique incontestablement, comme la règle elle-même, aux titres au porteur. C'est la conséquence du principe exposée *suprà*, n° 158 (V. conf. De Folleville, n° 104; Paris, 2 août 1856, aff. Comptoir d'Escompte, D. P. 57. 2. 56; Req. 21 nov. 1877, aff. De Malleville, D. P. 78. 1. 424; Civ. cass. 6 juill. 1886, aff. Lévy, D. P. 87. 1. 25, etc.).

167. Des difficultés se sont élevées relativement aux coupons d'actions ou d'obligations au porteur, détachés du titre. Tombent-ils sous le coup de l'art. 2279, al. 2? Il semble bien qu'il faut répondre affirmativement, en se fondant sur les raisons invoquées pour le titre au porteur lui-même (Laurent, t. 32, n° 598 *in fine*, p. 613; De Folleville, n°° 104 à 104 *ter*; Paris, 23 déc. 1858, aff. Leroy, D. P. 59. 2. 111; Trib. Seine, 9 juin 1866, aff. Toulouze (sol. impl.), D. P. 68. 3. 76; 21 janv. 1869, aff. Provost, journal *le Droit* du 4 févr. 1869. — V. toutefois, en sens contraire, Trib. com. Seine, 30 oct. 1862, aff. Lefebvre, D. P. 63. 3. 29).

168. La perte dont parle l'art. 2279, al. 2, peut être le résultat soit de la négligence du propriétaire, soit d'un événement de force majeure, comme une inondation (Aubry et Rau, t. 2, § 183, p. 109, texte et note 6 ; Laurent, t. 32, n° 580 ; de Folleville, n° 105, p. 202 et 203 ; Leroux de Bretagne, t. 2, n° 1329, p. 320 ; Baudry-Lacantinerie, t. 3, n° 1743).

169. Il faut considérer aussi comme perdues les choses égarées par suite d'un envoi à une fausse adresse (Aubry et Rau, loc. cit., note 7).

170. L'art. 2279-2° s'applique dès l'instant qu'il y a vol, c'est-à-dire soustraction frauduleuse de la chose d'autrui (c. pén. art. 379), quand même l'auteur de la soustraction ne serait pas punissable, par exemple en raison de son âge (Aubry et Rau, t. 2, § 183, p. 111, texte et note 10 ; Laurent, t. 32, n° 581 ; Leroux de Bretagne, loc. cit. V. toutefois, Paris, 23 mars 1872, aff. Syndic Ley, D. P. 73. 2. 17).

171. Ainsi qu'on l'a dit au Rép., n°s 289 et 290, la seconde disposition de l'art. 2279, étant une exception au principe général posé dans la première partie du texte, doit être interprétée restrictivement. Par suite, elle ne peut être étendue au cas d'abus de confiance (Aubry et Rau, t. 2, § 183, p. 110, texte et note 8 et 9 ; Laurent, t. 32, n°s 277 et 594, p. 609 ; de Folleville, n°s 116 à 116 quater, p. 212 à 219 ; Leroux de Bretagne, t. 2, n° 1330, p. 320 ; Baudry-Lacantinerie, t. 3, n° 1743 ; Mourlon, Répétitions écrites, t. 3, n° 2004 ; Paris, 29 mars 1856, aff. Astruc, D. P. 56. 2. 228 ; Civ. rej. 22 juin 1858, aff. Bobot, D. P. 58. 1. 238 ; Civ. cass. 17 août 1859, aff. Noël et cons., D. P. 59. 1. 347 ; Req. 23 déc. 1863, aff. Veuve Lingrand, D. P. 65. 1. 80 ; Rouen, 12 mars 1873, aff. Piat, D. P. 73. 2. 188 ; Req. 16 juill. 1884, aff. Rivaud, D. P. 85. 1. 232 ; Civ. cass. 6 juill. 1886, aff. Lévy et Hochenbourg, D. P. 87. 1. 25 ; Amiens, 2 juin 1887, même affaire, D. P. 88. 2. 94 ; Civ. cass. 25 mars 1891, aff. Crédit Lyonnais, D. P. 92. 1. 301 ; Req. 2 mars 1892, aff. Basset, D. P. 93. 1. 198-199 ; Douai, 20 juin 1892, aff. L. Dupont, D. P. 92. 2. 375).

172. Pour la même raison, on admet généralement, conformément à la doctrine exposée au Rép. n° 287, que l'art. 2279, al. 2 ne s'applique pas au cas d'escroquerie (Laurent, t. 32, n° 595, p. 610 ; Leroux de Bretagne, op. et loc. cit. ; De Folleville, n°s 117 à 117 ter, p. 219 à 225 ; Mourlon, Répétitions écrites, t. 3, n° 2002 ; Aubry et Rau, Baudry-Lacantinerie, op. et loc. cit. ; Paris, 9 janv. 1862, aff. Dubut, D. P. 62. 5. 247. — Contrà, Bordeaux, 3 janv. 1859, aff. Marinier, D. P. 59. 2. 164).

173. La soustraction, élément constitutif du délit de vol, n'existant qu'autant que la chose soustraite a été appréhendée contre le gré du propriétaire, il n'y a pas vol, dans le sens légal du mot, lorsque la chose a été volontairement remise au mandataire de celui à qui elle devait être livrée, et que ce mandataire se l'est frauduleusement appropriée sans l'avoir, au préalable, restitué effectivement au mandant. En conséquence, le propriétaire de valeurs mobilières au porteur ne peut être admis à revendiquer ces valeurs contre un tiers détenteur de bonne foi, lorsqu'il s'en est dessaisi volontairement entre les mains du commis de l'agent de change auquel il devait les livrer, dans le cabinet et contre un reçu portant la signature de ce dernier, alors qu'il n'est pas établi que le commis, qui a depuis détourné les titres, ait mis fin à son mandat et remis effectivement ces valeurs à son patron avant de se les approprier (Civ. cass. 28 févr. 1883, aff. Lévy et Hachenbourg, D. P. 84. 1. 27).

174. Une réquisition faite en temps de guerre par l'ennemi, d'une façon irrégulière, constitue-t-elle un vol ? M. Laurent se prononce pour la négative (t. 32, n° 611). La jurisprudence est en sens contraire. Jugé que le propriétaire auquel sa chose a été, durant la guerre, enlevée de force et sans réquisition régulière par un soldat ennemi, est en droit, s'il la retrouve plus tard entre les mains d'un tiers même de bonne foi, d'exercer l'action en revendication autorisée pour la reprise de possession des choses volées (Besançon, 12 mai 1873, aff. Trimaille, D. P. 73. 2. 147).

175. Le demandeur en revendication doit prouver la perte ou le vol. Cette preuve peut être faite par témoins ou par simples présomptions (Aubry et Rau, t. 2, § 183, p. 111, texte et notes 11 et 12 ; Laurent, t. 32, n° 584, p. 601 ; Leroux de Bretagne, t. 2, n° 1329 ; Baudry-Lacantinerie, t. 3, n° 1744).

176. On peut revendiquer contre tout possesseur ; peu importe le titre auquel il possède (Laurent, t. 32, n° 582). Ainsi jugé pour l'hypothèse d'un mandat (Civ. rej. 5 mai 1874, aff. Hart, D. P. 74. 1. 291).

177. L'action en revendication de l'art. 2279-2°, ne peut être exercée que contre la personne qui est encore en possession de la chose perdue ou volée. Celui qui a cessé d'avoir la possession d'une chose perdue ou volée, par exemple, un acheteur qui a revendu, peut seulement être condamné à des dommages-intérêts envers le propriétaire, à la condition que l'existence d'une faute à sa charge ait été préalablement constatée (c. civ. art. 1382). Ainsi le banquier qui a vendu à la Bourse un titre volé ne peut être condamné à payer au propriétaire la valeur de ce titre, par application de l'art. 2279 s'il n'est relevé aucune faute à sa charge (Trib. Seine, 4 févr. 1869, aff. Rosamont, D. P. 71. 3. 96 ; Paris, 21 janv. 1874, aff. Stein et comp., D. P. 74. 2. 45 ; Civ. cass. 24 juin 1874, aff. Choisel et comp., D. P. 75. 1. 429. Comp. Laurent, t. 32, n° 585 ; Leroux de Bretagne, t. 2, n° 1335 ; de Folleville, n° 57 ter, p. 113 et suiv. V. également, Lyon, 7 nov. 1885, aff. Masson frères, D. P. 88. 2. 41).

178. Lorsqu'il s'agit de choses fongibles et que l'acheteur les a consommées, est-il tenu à restitution ? Il est certain qu'on ne peut plus revendiquer la chose, puisqu'elle n'existe plus. Seulement, celui qui l'a consommée sera tenu de payer des dommages-intérêts, s'il s'était de mauvaise foi et s'il y a eu faute de sa part. Si le possesseur a consommé de bonne foi, il doit être tenu dans la mesure où il s'est enrichi au détriment de l'ancien possesseur (Conf. Laurent, t. 32, n° 585 in fine, p. 602). Ainsi il a été jugé que le boucher qui a acheté de la viande volée, d'un individu n'en faisant pas le commerce, n'est pas fondé à opposer à l'action intentée contre lui la circonstance que, au moment de la demande, la viande ne se trouvait plus en sa possession, ayant été revendue en détail. Il doit restituer en argent la valeur de la marchandise volée (Trib. com. Nantes, 1er sept. 1866, aff. Guérin, D. P. 67. 3. 30).

179. Le possesseur évincé sur l'action en revendication a un recours contre celui de qui il tient la chose (art. 2279, 2°) ; mais c'est à la condition que le dommage éprouvé par lui ne soit pas le résultat de sa propre imprudence (Civ. rej., 5 mai 1874, aff. Hart (D. P. 74. 1. 291. V. aussi Req. 10 juill. 1860, aff. Genty de Bussy, D. P. 60. 1. 463).

180. On admet aujourd'hui, en général, la règle exposée au Rép. n° 292, d'après laquelle le revendiquant n'est tenu de rembourser le prix à l'acheteur d'une chose perdue ou volée que dans le cas spécial prévu par l'art. 2280 (Aubry et Rau, t. 2, § 183, p. 111, note 13 ; Laurent, t. 32, n° 587 ; de Folleville, op. cit., n° 125 ; Leroux de Bretagne, t. 1, n° 1332, p. 321 ; Baudry-Lacantinerie, t. 3, n° 1745 ; Req. 20 juin 1882, aff. Peronon-Conchon, D. P. 83. 1. 312).

181. En cas de transmissions successives du meuble perdu ou volé, le propriétaire qui a remboursé au possesseur évincé le prix que ce dernier a payé a un recours non seulement contre le voleur ou celui qui a trouvé la chose, mais aussi contre celui qui le dernier a vendu la chose sans être protégé par l'art. 2280. Le propriétaire revendiquant doit être considéré comme subrogé aux droits du possesseur qu'il a désintéressé (Conf. Aubry et Rau, t. 2, § 183, p. 112, note 15 ; Laurent, t. 32, n° 589 ; de Folleville, n° 129. — Contrà, Lyon, 7 nov. 1885, aff. Masson frères, D. P. 88. 2. 41, et la note de M. Cohendy).

182. Il faut faire rentrer dans l'expression foires et marchés, de l'art. 2280, les bourses de commerce (Aubry et Rau, t. 2, § 183, p. 111, note 14 ; Leroux de Bretagne, t. 2, n° 1333, p. 321 ; de Folleville, n° 138, p. 270 ; Req., 21 nov. 1877, aff. De Milleville, D. P. 78. 1. 424). ... Mais non pas le comptoir, la boutique d'un changeur (Aubry et Rau, loc. cit. ; Laurent, t. 32, n° 590 ; Leroux de Bretagne et de Folleville, p. 180, n°s 140 à 142 ; Paris, 10 nov. 1858, aff. Monteaux, D. P. 59. 2. 8 ; 9 nov. 1864, aff. Meyer, et 5 juin 1864, aff. Ecknout, D. P. 65. 2. 53 ; Req. 21 nov. 1877, aff. De Milleville, D. P. 78. 1. 424).

183. L'individu qui achète d'un changeur des titres au porteur peut-il invoquer l'art. 2280, en se fondant sur ce

qu'il a acquis *d'un marchand vendant des choses pareilles ?*
La question est discutée. Elle nous paraît devoir être résolue négativement, parce que la véritable fonction des
changeurs consiste à faire des opérations de change soit
sur des monnaies, soit sur d'autres valeurs, mais non pas à
vendre ou acheter des titres (Conf. Vincent, *Revue pratique*,
1865, t. 19, p. 478; Ortlieb, *Des effets de la possession des
meubles*, n° 67 ; Paris, 15 janv. 1885, aff. Henry et Lalande,
D. P. 85. 2. 116). Cet arrêt décide qu'un banquier ne peut
être considéré, au point de vue de la négociation des titres
au porteur, comme un marchand vendant des choses pareilles, dans le sens de l'art. 2280 c. civ. D'après d'autres
auteurs, on doit considérer les changeurs comme *marchands de choses pareilles* dans le sens de l'art. 2280 c. civ.
Ils se fondent sur ce que, en pratique, les changeurs s'occupent de la négociation des titres au porteur (De Folleville,
n° 143 à 145, p. 277 et suiv.; Trib. Seine, 24 juin 1874,
aff. Lepert, *Le Droit* du 11 juill. 1874 ; Paris, 5 mai
1876) (1). Ces deux décisions statuent dans l'hypothèse de
titres au porteur non cotés à la Bourse.

Enfin, suivant M. Laurent (t. 32, n° 591), il s'agit là d'une
question de fait et non de droit. Il faut rechercher si, en
fait, le changeur a l'habitude d'acheter et de vendre des
valeurs négociables. Dans ce cas, l'art. 2280 s'appliquerait.
Cette opinion se rapproche de la précédente.

184. Sur la responsabilité des changeurs, en cas de
négociation par eux de titres perdus ou volés. V. *suprà*,
v° *Change, changeur*, n° 7 et suiv. ; de Folleville, n° 579
et suiv.

185. Conformément à la doctrine exposée au *Rép.*, n° 298,
il a été jugé que le possesseur contre lequel est revendiquée
une chose perdue ou volée, et qui allègue l'avoir achetée
d'un marchand vendant des choses pareilles, n'a droit au
remboursement de ce qu'elle lui a coûté que dans le cas où
cet achat a été fait de bonne foi (Civ. rej., 17 nov. 1856, aff.
Mack-Henry, D. P. 56. 1. 393 ; Trib. Seine, 4 févr. 1869,
aff. Rosimond, D. P. 71. 3. 95 ; Trib. com. Seine, 4 sept.
1872, aff. Gislain, D. P. 73. 3. 87). Comp. dans le même
sens, Laurent, t. 32, n° 592.

186. Jugé que le tiers, obligé de restituer à son propriétaire un cheval perdu ou volé qu'il avait acheté de bonne
foi, ne peut demander, en sus du remboursement du prix,
les frais de nourriture pendant la durée de sa possession,
sous prétexte que ce seraient des frais de conservation de la
chose, s'il a tiré parti des services de l'animal pour son
exploitation et ses travaux personnels (Besançon, 12 mai
1873, aff. Trimaille, D. P. 73. 2. 147).

187. Ajoutons, en terminant l'étude de l'art. 2280, que

ce texte vient d'être modifié par une loi du 11 juill. 1892
(D. P. 92. 4. 88), dont l'article unique est ainsi conçu :
« Le bailleur qui revendique, en vertu de l'art. 2102, les
meubles déplacés sans son consentement et qui ont été
achetés dans les mêmes conditions, doit également rembourser à l'acheteur le prix qu'ils lui ont coûté ». Elle sera
étudiée *infrà*, v° *Privilèges et hypothèques*.

§ 2. — Exceptions résultant de lois postérieures au code civil.

188. — 1° *Loi du 12 mai 1871* (D. P. 71. 4. 52 et 53).—
Cette loi, toute de circonstance, déclare inaliénables jusqu'à
leur retour .aux mains du propriétaire tous les biens meubles et immeubles saisis ou soustraits à Paris, depuis le
18 mars 1871, pendant la durée de la Commune (art. 1).
En conséquence, la même loi décide qu'en ce qui concerne
les meubles ainsi détournés, leur possesseur ou acquéreur,
même de bonne foi, ne peut invoquer les art. 2279 et
2280 c. civ. Leur revendication est déclarée possible pendant trente ans à dater de la cessation officiellement constatée de l'insurrection de Paris (art. 2). La date de la cessation de cette insurrection a été fixée, d'après un avis inséré
au *Journal officiel* du 8 juillet, au 7 juin 1871, époque du
rétablissement de la justice dans le département de la Seine.

189. La loi du 12 mai 1871 n'ayant pas donné lieu à des
décisions de jurisprudence, nous nous bornerons à renvoyer à son texte et aux travaux préparatoires (D. P. 71. 4.
52 et 53). Comp. Daniel de Folleville, n° 82 *bis*, p. 171
à 176.

190. — 2° *Loi des 15 juin-5 juill.* 1872 (D. P. 72. 4.
112). — De nombreuses dérogations ont été apportées aux
art. 2279 et 2280 par la loi du 15 juin 1872, relative aux
titres au porteur perdus ou volés. Cette loi édicte deux
catégories de dispositions. D'une part, elle règle les rapports du propriétaire dépossédé avec l'établissement débiteur, de manière à empêcher ce dernier de payer entre les
mains de celui qui détient indûment les titres. Ce point sera
examiné *infrà*, v° *Société*. D'autre part, la loi de 1872 a
édicté une série de mesures destinées à empêcher l'auteur
de la dépossession de pouvoir céder les titres perdus ou
volés. Cette partie de la loi a été examinée *suprà*, v° *Bourse
du commerce*, n° 175 à 191.

191. Conformément à la doctrine exposée *suprà*, v° *Bourse
du commerce*, n° 181, il a été décidé que les règles édictées
par les art. 2279 et 2280 sont applicables aux titres et valeurs au porteur, lorsque celui qui les revendique ne peut
invoquer le bénéfice des dispositions de la loi du 15 juin
1872, faute d'avoir accompli en temps utile les formalités

---

(1) (Gislin C. Deshayes.) — Le 24 nov. 1874, jugement du tribunal
civil de la Seine, ainsi conçu : — « Attendu, en fait, qu'il est constant
et reconnu d'ailleurs par Gislain, que Morel a acheté audit Gislain, changeur à Paris, les 22 et 24 avr. 1874, sept obligations
communales à court terme, portant les numéros 89946 à 89952,
au prix de 400 fr. chacune ; — Que Gislain déclare avoir acheté
lui-même ces obligations d'un nommé Boulanger, moyennant
340 fr. par obligation, à la date des 14 et 17 avr. 1874, ainsi
qu'une autre obligation portant le numéro 89945 ; — Attendu que
Deshayes établit de son côté par divers documents, et notamment par la lettre d'avis du Crédit foncier, qu'il avait acheté ces
obligations par l'intermédiaire de Renard, notaire à Pacy-sur-
Eure, à la date du 10 mars 1870 ; — Qu'en présence de l'opposition par lui formée au Crédit foncier, dès le 5 juill. suivant, et
des avis insérés dans les numéros des 9, 12 et 14 juill. du journal
Le Courrier de l'Eure, on doit considérer comme constante et
démontrée la perte desdites valeurs par leur propriétaire, à
l'époque indiquée par les affiches ; — Que c'est dans ces conditions que, par exploit en date du 6 juin 1873, c'est-à-dire dans le
délai de trois ans, depuis la perte des obligations, il a déclaré
en exercer la revendication dans les termes de l'art. 2279 c. civ.,
tant contre Gislain, pour un titre qu'il détient, que contre Morel
pour les sept autres obligations ; — En ce qui concerne Gislain :
— Attendu qu'il se trouve soumis, par suite de son imprudence, à
l'application de l'art. 2279, sans pouvoir opposer aucune exception admise par la loi ; — En ce qui concerne Morel ; — Attendu
qu'aux termes de l'art. 2280, lorsque le possesseur actuel de la
chose perdue l'a achetée de marchands vendant chose pareille,
la revendication ne peut être admise qu'à charge de lui rembourser le prix qu'elle lui a coûté ; — Attendu que les valeurs
dont il s'agit n'étant point cotées à la Bourse, leur négociation
rentre dans l'industrie ordinaire du changeur ; — Que, par suite,

Morel ayant acheté ces valeurs de Gislain, lequel doit être considéré, à raison de sa profession, comme vendeur de choses
pareilles, ne peut être tenu de les restituer que moyennant remboursement ; — Qu'aucune offre ne lui étant fait à ce titre par
Deshayes, celui-ci se trouve non recevable dans son action à son
égard ; — Attendu, par suite, que l'action en garantie de Morel
contre Gislain est sans objet, puisque aucune condamnation n'est
prononcée contre Morel ; — Attendu que Gislain est tenu
envers Deshayes, aux termes des art. 1382 et 1383 c. civ., des
conséquences de sa faute ; — Qu'en effet, l'offre qui lui a été
faite des valeurs dont il s'agit, par un tiers inconnu, moyennant
une somme inférieure à leur prix réel l'obligeait à rechercher
si son vendeur était légitime propriétaire desdites actions ; —
Qu'en les acceptant sans autre contrôle que celui du domicile,
il a commis une imprudence, laquelle a pour résultat de
rendre vaines les recherches du véritable propriétaire ; — Qu'il
lui a ainsi causé un préjudice égal à la valeur de sept obligations dont Morel est devenu légitime propriétaire ; — Que ces
obligations devant être remboursées à 500 fr., c'est à ce chiffre
que doit être fixé le montant de la réparation pour chacune
d'icelles ; — Par ces motifs, condamne Gislain à restituer à Deshayes l'obligation communale portant le numéro 89945; et à lui
payer, à titre de dommages-intérêts, la somme de 3500 fr. à
raison de 500 fr. par obligation pour les sept autres obligations,
le tout avec les intérêts du jour de la demande ; — Et attendu
que c'est par le fait de Gislain que le procès a eu lieu, le condamne aux dépens envers toutes les parties ».

Appel par Gislain.

LA COUR ; — Adoptant les motifs des premiers juges ; — Confirme.

Du 5 mai 1876.-C. de Paris, 1re ch.-MM. Bertrand, pr. -Choppin
d'Arnouville, av. gén.-Oulif et Millard, av.

qu'elle prescrit (Civ. cass. 25 mars 1891, aff. Crédit Lyonnais, D. P. 92. 1. 301). Cet arrêt décide également, dans la même hypothèse, que le fait, par un établissement de crédit, de n'avoir pas, en l'absence de toute circonstance de nature à éveiller les soupçons, exigé la justification du droit du vendeur de titres au porteur, ne constitue pas une faute de sa part engageant sa responsabilité vis-à-vis du propriétaire des titres qui en a perdu la possession.

Sect. 6. — Des qualités que doit avoir la possession a l'effet de prescrire. — Continuité, publicité, titre de propriétaire, tolérance, violence, etc. (Rép. nos 302 à 380).

192. Ainsi qu'on l'a exposé au Rép., n° 302, la possession n'est requise que pour arriver à la prescription acquisitive, qui fait acquérir la propriété. La prescription libératoire ou extinctive, au contraire, repose, non pas sur la possession, mais bien sur l'inaction du créancier. (Conf. Laurent, t. 32, n° 273; Aubry et Rau, t. 2, § 216, p. 371). Par application de cette règle, il a été jugé que, en cas de demande en rectification d'un procès-verbal de délimitation pour attribution faite par erreur à l'une des parties, d'un terrain plus étendu que celui auquel elle avait droit en vertu des titres qui ont servi de base à l'opération, la prescription opposée à cette demande ne peut être repoussée sous prétexte que la partie qui l'oppose n'aurait pas eu la jouissance exclusive et paisible de la portion de terrain à laquelle s'appliquerait l'erreur dont la rectification est poursuivie (Conf. Civ. cass. 21 déc. 1858, aff. Commune de Lannemezan, D. P. 63. 1. 28). C'est qu'en effet la prescription invoquée, dans l'espèce, était non pas une prescription acquisitive, mais une prescription extinctive s'accomplissant par la seule expiration du temps fixé par la loi, sans condition de possession. Comme le fait remarquer justement la cour de cassation, « l'arrêt attaqué avait fait une confusion entre deux prescriptions de nature toute différente. La prescription opposée par la commune de Lannemezan, défenderesse, n'était pas la prescription à l'effet d'acquérir les tènements litigieux par suite de la possession de ces tènements, prescription pour laquelle il aurait fallu, aux termes de l'art. 2229 c. civ., une possession paisible, publique, continue et non équivoque, mais la prescription à l'effet de se soustraire à la rectification et à la modification de l'acte de délimitation qui lui conférait la propriété de ces tènements litigieux ».

193. — I. Continuité. — Conformément à ce qui a été dit au Rép., nos 305 et 308, il a été jugé, en ce qui concerne la continuité de la possession, qu'elle n'a rien d'absolu et doit être appréciée suivant la nature du droit à prescrire et le mode de jouissance dont ce droit est susceptible. Peu importe que le possesseur ait accompli les actes de jouissance à des intervalles plus ou moins éloignés. Il faut seulement que sa possession se soit manifestée par des actes suffisamment répétés pour que le propriétaire soit réputé averti de la menace faite à son droit, et mis en demeure de se contredire (Conf. Req. 12 déc. 1860, aff. Commune d'Haybes, D. P. 61. 1. 303). Comp. Civ. rej. 5 juin 1839, Rép. n° 182 ; Req. 19 mars 1884, aff. Boudat, D. P. 85. 1. 212, arrêt rendu en matière de servitudes.

194. Le même principe est nettement formulé dans un arrêt décidant qu'il y a lieu, pour apprécier les faits donnant à une possession le caractère voulu pour aboutir à la prescription trentenaire, de tenir compte de la nature du terrain sur lequel se sont exercés des faits de possession; que, spécialement, le pacage et la coupe des arbres, étant les seuls actes de jouissance possible sur des pâturages situés dans une région montagneuse et ressemblant plus à des terrains vagues qu'à des terres cultivées, peuvent être

considérés comme constituant une possession utile pour prescrire; et que le caractère de la possession, ainsi exercée par le détenteur qui a toujours agi comme propriétaire sans être troublé dans sa jouissance, n'est point modifié par des faits de pacage accidentels que d'autres habitants ont pu commettre à son insu ou avec sa tolérance (Lyon, 30 juin 1887, aff. Suc, D. P. 89. 2. 46).

195. Ainsi encore, la possession par une commune de dunes et leytes a été considérée comme continue et régulière, lorsque cette commune a exercé tous les actes de jouissance dont elles sont susceptibles (Bordeaux, 6 mai 1872, aff. Commune du Porge, et sur pourvoi, Civ. rej. 30 juin 1873, D. P. 74. 1. 369). Dans l'espèce, la cour de Bordeaux constatait souverainement « que la commune avait toujours perçu publiquement, et sans rencontrer la moindre opposition, les produits des dunes, qu'elle en avait constamment usé pour le pacage, que le parcours s'y exerçait librement en toute saison, que les habitants s'y livraient à la chasse du gibier, à la pêche du poisson et des sangsues, coupaient les herbages pour leur bétail, les ajoncs pour le chauffage, les roseaux et les joncs pour la litière des troupeaux ou pour la couverture des constructions qu'ils y faisaient; qu'ils y avaient seuls et à l'exclusion de tous autres, élevé des parcs dont le nombre, restreint à l'origine, s'était successivement augmenté, et qui, réédifiés à mesure qu'ils étaient envahis par les sables mouvants, imprimaient à la possession de la commune un caractère de fixité sur lequel nul ne pouvait se méprendre ». Ces considérants, montrent bien quels sont les différents actes de jouissance qui peuvent rendre une possession continue.

196. Décidé également, dans le même sens, qu'une possession peut être considérée comme continue, et, dès lors, comme utile à prescrire, quoiqu'il soit reconnu qu'elle présente quelques intermittences, s'il est en même temps constaté que ces intermittences ne sont pas l'effet d'une contradiction opposée à la possession, et alors, d'ailleurs, qu'elles sont couvertes par des possessions qui ont précédé et suivi (Civ. rej. 11 avr. 1865, aff. Epoux Mathieu, D. P. 65. 1. 268).

Comp. au surplus, Aubry et Rau, t. 2, § 217, p. 375; Laurent, t. 32, nos 275 et suiv.; Leroux de Bretagne, t. 1, nos 283 et suiv.; Baudry-Lacantinerie, t. 3, n° 1606 a.

197. En ce qui concerne le varech, plante marine, il a été jugé que « sa récolte annuelle constitue une possession continue, lorsqu'elle n'a été ni troublée ni interrompue aux époques où elle a dû se faire » (Civ. rej. 5 juin 1839, cité supra, n° 193).

198. Décidé également qu'un usinier ne peut acquérir par la prescription de dix ou vingt ans, ni même par la prescription de trente ans, le droit de placer une planche dans un déchargeoir, si cette planche, non fixée à demeure, était mobile et enlevée journellement (Req. 22 févr. 1881, aff. Epoux Benoist, D. P. 81. 1. 407).

199. On a étudié au Rép., nos 315 et 316, la présomption établie par l'art. 2234. Il faut remarquer que cette présomption admet la preuve contraire : la partie adverse pourra prouver qu'en fait, la possession a été discontinue (Conf. Aubry et Rau, t. 2, § 218, p. 374 ; Laurent, t. 32, n° 338; Baudry-Lacantinerie, t. 3, n° 1607; Leroux de Bretagne, t. 1, n° 288).

A cet égard, il a été décidé que, dans le cas où la preuve contraire est offerte, les juges du fait ont un pouvoir souverain pour apprécier si cette offre doit ou non être accueillie. Ce soin est abandonné à leur conscience (Req. 30 mars 1874) (1). Ce n'est là qu'une application des principes généraux en matière de preuve.

200. On a exposé au Rép. n° 313, que la possession an-

---

(1) (Commune de Billère et autres C. Commune de Garin.) — La cour : — Attendu qu'un acte de transaction passé le 13 juill. 1314 entre les consuls des communautés de Garin, d'une part, et les consuls des communautés de Portet, Jurvielle, Pourbean, Cathervielle, Billère et Bernet, procédant entre elles par indivis, d'autre part, a fixé les droits des habitants de Garin sur la montagne d'Espiaup, appartenant au territoire de ces dernières communes; ... — Attendu qu'il résulte de cet acte que déjà à cette époque les habitants de Garin prétendaient avoir depuis longtemps des droits en commun sur cette montagne avec les communautés voisines, et que cette prétention était sans doute

fondée, puisqu'elle a été alors consacrée; — Attendu que ces droits consistent dans la fauchaison et dans les dépaissances, et que ce sont ceux-là mêmes que les communes adversaires de Garin prétendent exercer comme propriétaires exclusives, puisqu'elles mentionnent elles-mêmes, dans leur assignation, que la montagne d'Espiaup est en nature de pâturage; ... — Que l'appropriation d'une récolte qui paraît être le seul produit de cette montagne, et l'égalité entière des droits de toutes les parties à cette récolte sont des signes distinctifs de la copropriété, ne peut y avoir lieu à aucune difficulté sur ce point; ... — Attendu qu'il résulte des actes produits que Garin était en possession en

cienne ne fait pas présumer la possession actuelle. Cette règle est aujourd'hui très généralement admise (V. en ce sens, Laurent, t. 32, n° 339; Vazeille, n° 36; Troplong, n° 423; Marcadé, t. 12, art. 2234, n° 3; Leroux de Bretagne, t. 1, p. 225, n° 289; Baudry-Lacantinerie, t. 3, n° 1607. Comp. Aubry et Rau, t. 2, § 218, texte et notes 14 et 15). La jurisprudence est en ce sens; outre les arrêts cités au *Répertoire*, V. Req. 31 mars 1884, aff. Pozzi (D. P. 85. 1. 210) décidant que la présomption de l'art. 2234 n'existe pas en faveur de celui qui, tout en invoquant une possession ancienne, ne peut se prévaloir de la possession actuelle. Au surplus, dans l'espèce, il était constaté en fait que la possession intermédiaire elle-même n'existait pas.

201 A l'inverse, la possession nouvelle fait-elle présumer la possession ancienne? La distinction exposée au *Rép.* n° 316, entre le cas où le possesseur a un titre et celui où il il n'en a point est généralement admise (Comp. outre les auteurs cités au *Répertoire*, Aubry et Rau, t. 2, § 218, p. 375; Laurent, t. 32, n° 340; Leroux de Bretagne, t. 1, p. 225, n° 290).

202. — II. Non-interruption (*Rép.* n° 318). — Il ne faut pas confondre la non-continuité de la possession avec l'interruption de la prescription. Tout d'abord, la discontinuité résulte d'un fait d'abstention du possesseur qui néglige d'exercer son droit. Au contraire, l'acte interruptif émane non plus du possesseur, mais d'un tiers, du propriétaire qui revendique son bien, en expulsant violemment le possesseur comme un usurpateur, ou par une action judiciaire. De plus, l'interruption a pour effet d'annuler et d'effacer tout le temps de la possession qui a couru. Il en est autrement d'une possession discontinue : le possesseur qui ne jouit que par intervalles ne perd pas sa possession; mais il n'a pas une possession utile pour la prescription. Comme on l'a dit d'une façon imagée, la discontinuité est une sorte de maladie de la possession, l'interruption en est la mort (Comp. Laurent, t. 32, n° 279; Marcadé, t. 12, p. 84, n° 2 de l'art. 2234; Leroux de Bretagne, t. 1, p. 224, n° 287; Baudry-Lacantinerie, t. 3, n° 1606).

203. — III. Possession paisible. — Des difficultés assez sérieuses se sont élevées sur le troisième des caractères que doit présenter la possession. Elle doit être *paisible*, c'est-à-dire qu'elle ne doit point être troublée fréquemment dans son cours par des actes de violence. Telle est, avons-nous dit au *Rép.* n° 319, la signification du mot *paisible* employé par l'art. 2229 c. civ. Dans l'opinion que nous avons soutenue au *Répertoire*, au moins d'une façon générale, ce dernier texte ne fait pas double emploi avec la disposition de l'art. 2233 c. civ., aux termes duquel les actes de violence ne peuvent fonder une possession capable d'opérer la prescription. En d'autres termes, pour que la possession soit efficace et conduise à la prescription, il faut d'abord qu'elle n'ait pas été acquise au début par violence, et en second lieu qu'elle ne soit pas fréquemment inquiétée dans son cours par des actes de violence émanés de tiers. Cette doctrine se fonde sur le rapprochement des art. 2229 et 2233 c. civ. Le dernier de ces textes, en effet, serait sans objet, s'il n'avait pas pour but d'exiger une condition nouvelle, différente de celle qui est contenue dans l'art. 2229. Comme le fait remarquer M. Laurent, t. 32, n° 280, p. 291, « il est difficile de croire que deux articles qui se suivent disent la même chose, et que le second répète ce

qu'a dit le premier. Les termes, d'ailleurs, ont une signification différente; le mot *paisible* marque un état permanent, comme toutes les conditions que l'art. 2229 exige. La possession doit être continue .et non interrompue pendant toute sa durée; et elle doit, aussi longtemps qu'elle dure, être publique, non équivoque et à titre de propriétaire. De même, la possession doit être paisible pendant tout le cours de la prescription. L'art. 2233 est conçu dans un sens différent; on ne comprend pas qu'une possession soit violente pendant trente ans; la violence est un acte momentané; on l'emploie pour se mettre en possession quand on éprouve de la résistance ; c'est en ce sens que l'art. 2233 dit que les *actes* de violence ne peuvent *fonder* une possession utile à la prescription; mais la violence cesse nécessairement, et dès qu'il n'y a plus d'*actes* de violence, la possession utile à la prescription commence. Une possession violente n'est donc pas un état permanent, comme le serait une possession discontinue, ou une possession à titre précaire ; c'est une possession qui a commencé par la violence ; le temps pendant lequel la violence a duré ne compte point au possesseur pour prescrire ». La majorité des auteurs, se prononce dans le même sens : Vazeille, *Des prescriptions*, t. 1, n° 44; Troplong, *De la prescription*, t. 2, n° 350 ; Marcadé, t. 8, p. 86, sur l'art. 2229, n° 4 ; Mourlon, *Répétitions écrites*, t. 3, p. 751, n° 1818; Leroux de Bretagne, t. 1. p. 228, n° 293; Boitard, *Leçons de procédure*, t. 2).

L'opinion contraire est défendue par plusieurs auteurs (Conf. Delvincourt, t. 3, part. 1. p. 210 ; Bélime, *Traité du droit de possession*, n° 31; Aubry et Rau, t. 2, p. 97, texte et note 23; Baudry-Lacantinerie, *Précis*, t. 3, n° 1068). D'après eux, la possession n'est pas paisible, aux termes de l'art. 2229 c. civ., lorsqu'elle a été acquise à l'origine par des actes de violence. MM. Aubry et Rau invoquent, à l'appui de leur doctrine, les précédents historiques et toute l'économie du chapitre 2 du titre *De la prescription*: « Il nous paraît certain, disent ces auteurs (loc. *cit.*), qu'en se servant des expressions *possession paisible*, les rédacteurs des art. 2229 c. civ., et 23 c. de proc. civ. n'ont voulu que rendre en d'autres termes l'idée exprimée en l'art. 1, tit. 17, de l'ordonnance de 1667, par les mots *posséder sans violence*. D'un autre côté, la série des articles dont se compose le chapitre 2 du titre *De la prescription* prouve évidemment que le législateur, après avoir énuméré dans l'art. 2229 toutes les conditions requises pour que la possession puisse conduire à l'usurpation, n'a fait, dans les articles suivants, que développer ces diverses conditions. On ne verrait pas, d'ailleurs, comment des troubles plus ou moins fréquents, apportés par des tiers, pourraient avoir pour résultat de rendre la possession inefficace, alors que, cependant, ils n'auraient pas abouti à une interruption naturelle de la prescription ».

Quant à la jurisprudence, elle ne nous fournit pas de décision bien nette sur la question. Des arrêts semblent se prononcer implicitement en faveur de la solution que nous avons soutenue (V. en ce sens, Limoges, 15 mai 1840, aff. Habitants de Pourcheyroux, *Rép.*, v° *Prescription*, n° 313; Req. 24 mars 1868, aff. Basset, D. P. 69. 1. 83. Comp., en sens contraire, Riom, 23 déc. 1854, aff. Commune de Foyet, D. P. 55. 2. 134).

204. Il a été jugé que, dans le cas où la possession du

1314 et qu'elle y était encore en 1343, époque où ses droits ont été confirmés par une sentence; ... — Qu'enfin les procès-verbaux des 9 mai 1824 et 22 avr. 1825 constatent la possession de Garin dans les derniers temps qui ont précédé l'instance, et que l'état des choses au moment où cette instance a commencé donne lieu d'appliquer cette règle du droit que le possesseur actuel qui prouve avoir possédé anciennement est censé avoir possédé dans le temps intermédiaire, sauf la preuve contraire; — Qu'à la vérité cette preuve est offerte par les conclusions subsidiaires des communes adversaires de Garin; mais que les documents des parties, leur situation respective et les nécessités engendrées par cette situation ne permettent pas de penser que la preuve offerte puisse être faite avec précision et sûreté; qu'il y a donc lieu de la repousser, etc. ».

Pourvoi en cassation dans l'intérêt de la commune de Billère et consorts.
1er et 2e moyens. — (sans intérêt).
3e moyen. — Violation de l'art. 2234 c. civ., en ce que l'arrêt

attaqué, alors que la preuve de certains faits était formellement réservée par la loi, a rejeté la preuve des faits articulés, dont il ne contestait ni la pertinence, ni l'admissibilité.
La cour; — Sur les premier et deuxième moyens... (sans intérêt);
Sur le troisième moyen, tiré de la violation de l'art. 2234 c. civ. — Attendu que la loi abandonne à la conscience des juges le pouvoir de décider si une preuve doit ou non être admise; — Attendu que l'arrêt attaqué a repoussé l'offre de preuve des communes de Billère, Catherville, Poubeau, Portet et Jurvielle en déclarant que « les documents des parties, leur situation respective et les nécessités engendrées par cette situation ne permettaient pas de penser que cette preuve pût être faite avec précision et sûreté »; — Qu'en cela il n'a aucunement violé l'art. 2234 c. civ.; — Rejette, etc.
Du 30 mars 1874.-Ch. req.-MM. de Raynal, pr.-Petit, rap.-Reverchon, av. gén. c. conf.-Lesage, av.

défendeur à une action en revendication et de ses auteurs a été jugée paisible et publique au moment où cette action était intentée, cette situation n'a pu être ébranlée par le trouble résultant de l'assignation; et que, par suite, c'est à bon droit qu'après avoir constaté que ce défendeur était, au moment de l'assignation, en possession paisible de l'héritage revendiqué, les juges du fond le dispensent d'autre preuve et déboutent de ses prétentions le demandeur qui n'a pu établir sa propriété ou sa copropriété (V. en ce sens, Req. 3 juill. 1889, aff. Malacour. D. P. 90. 1. 481). On conçoit, en effet, que le juge appelé à examiner si une possession est paisible doit faire abstraction, à ce point de vue, de la revendication même sur laquelle il doit statuer ; ce serait faire une pétition de principe, et renverser les règles de la preuve, que de considérer la demande formée contre le détenteur comme suffisante pour enlever à sa possession le caractère paisible dont elle était affectée.

205. Sur le point de savoir quels sont les faits de violence qui empêchent la possession d'être paisible, V. Rép. n° 321. Il a été décidé, conformément aux explications données *ibid.*, qu'une possession ne peut être regardée comme paisible si elle a été contrariée par une résistance à main forte, et consistant soit en faits multipliés, soit en réclamations faites devant une autorité compétente (Limoges, 15 mai 1840, Rép. n° 304). Il a été jugé, de même, qu'un individu ne peut être considéré comme étant en possession paisible d'une chose, lorsqu'il a constamment à se défendre contre les entreprises d'un tiers, et qu'il ne se maintient dans sa possession qu'à l'aide d'actes de violence répétés. Dans l'espèce, il s'agissait de terrains vagues dont les habitants de deux communes se disputaient violemment la possession, s'en expulsant réciproquement (V. Riom, 23 déc. 1854, aff. Commune de Foyet, D. P. 55. 2. 134). Dans le même ordre d'idées, la cour de cassation a jugé qu'un trouble momentané, résultant de faits isolés, n'empêche pas la possession d'être paisible, alors surtout que le possesseur s'est adressé immédiatement à la justice afin de le faire cesser (Civ. rej. 24 mars 1868, aff. Basset, D. P. 69. 1. 83). Mais, d'autre part, il a été décidé également que des faits de bris de clôtures provenant du propriétaire fondé en titre, avaient pu, quoique irréguliers dans leur perpétration, être regardés comme un obstacle à ce que la possession invoquée contre le propriétaire comme moyen de prescription eût le caractère d'une possession paisible et utile à prescrire (Civ. rej. 22 juill. 1856, aff. Pomarez, D. P. 56. 1. 306).

206. — IV. Publicité (Rép. n° 322 à 327). — La possession est publique, dès l'instant que les tiers intéressés ont pu la connaître, alors même qu'en fait ils ne l'auraient pas connue (V. en ce sens, Laurent, t. 32, n° 286; Aubry et Rau, t. 2, § 180, texte et note 19; Baudry-Lacantinerie, t. 3, n° 1610. V. aussi, dans le même sens, Civ. cass. 10 juill. 1821, Rép. v° Servitude, n° 886).

207. On a donné au Rép., n°s 322 à 327, divers exemples de faits de possession clandestine. Au n° 323, on a combattu la doctrine d'un arrêt d'après lequel les usurpations de terrain commises par des cultivateurs en faisant des labours constitueraient une possession clandestine. Il ne peut être question de clandestinité, a-t-on dit, lorsque le possesseur cultive au grand jour. Cette solution est approuvée par tous les auteurs (Outre ceux cités au *Répertoire*, V. notamment, Leroux de Bretagne, t. 1, p. 235, n° 303; Laurent, t. 32, n° 288).

208. De même, il a été jugé que la possession d'eaux dérivées d'un canal appartenant à l'État ou à une ville n'est pas clandestine, lorsque le possesseur ou ses auteurs ont pratiqué dans le canal même un travail ostensible, pour diriger dans un petit réservoir l'eau nécessaire à l'irrigation d'un jardin (Req. 22 mai 1876, aff. Ville de Lisieux, D. P. 77. 1. 64).

209. On a établi au Rép., n° 327, contrairement à la tradition, la possession, qui a été publique à son origine, cesse d'être utile au point de vue de la prescription à dater du jour où elle est devenue clandestine. C'est là une règle universellement admise (Conf. Aubry et Rau, t. 2, § 180 p. 96, note 20; Leroux de Bretagne, t. 1, p. 234, n° 304; Laurent, t. 32, n° 287; Baudry-Lacantinerie, t. 3, n° 1610).

210. — V. Possession non équivoque. — Nous avons dit au Rép. n° 328 que la possession est *non équivoque*, aux termes de l'art. 2229 c. civ., lorsque ses autres caractères, *publicité*, *continuité*, etc., n'ont rien de douteux et ressortent clairement des faits allégués par le possesseur. En d'autres termes, la loi, en exigeant que la possession soit *non équivoque*, ne formule pas une condition particulière, distincte des autres. Cette solution est généralement admise (V. notamment : Marcadé, sur l'art. 2234, n° 7; Aubry et Rau, t. 2, § 217, texte et note 8; Leroux de Bretagne, t. 1, p. 243, n° 342; Mourlon, t. 3, p. 755, n° 1829; Baudry-Lacantinerie, t. 3, n° 1610). M. Laurent (*op. cit.*, t. 32, n°s 290 et 293) est d'un avis contraire. D'après lui, le caractère non équivoque de la possession constituerait une qualité distincte, ne se confondant pas avec les autres. « Une possession est équivoque, dit-il, quand par sa nature elle est douteuse, de sorte que l'on ne sait point si elle est la manifestation d'un droit appartenant au possesseur ou si elle est un pur fait ». Cette opinion est isolée.

211. Ainsi qu'on l'a expliqué au Rép. n° 333, la possession d'un communiste est, *en général*, équivoque, et ne peut, par suite, conduire à la prescription. Il sera, en effet, très difficile d'ordinaire de savoir si le possesseur a joui à titre de communiste ou à titre de propriétaire exclusif (Conf. Aubry et Rau, t. 2, § 217, texte et note 10; Laurent, t. 32, n° 290; Troplong, *Prescription*, t. 1, n° 232; Bélime, *Possession*, n° 54; Marcadé, sur l'art. 2229; Baudry-Lacantinerie, *loc. cit.*).

La jurisprudence est en ce sens. Ainsi elle a décidé qu'une possession *promiscue* et balancée par le concours, sur le même lieu, d'une possession contraire, ne peut constituer une possession utile à prescrire, alors même qu'elle se serait manifestée par des actes plus anciens, plus nombreux et mieux caractérisés que ceux de l'autre possesseur (Civ. cass. 9 déc. 1856, aff. Brun, D. P. 56. 1. 438). Dans l'espèce, les parties en présence se disputaient un terrain litigieux, sur lequel toutes deux avaient à tour de rôle exercé des actes de jouissance, coupant des pins, enlevant de la litière, écorçant des chênes-lièges, faisant pâturer leurs bestiaux. La jurisprudence considère donc qu'il y a possession *promiscue*, lorsque plusieurs personnes jouissent d'une chose, de telle façon que leur jouissance paraît la manifestation d'un droit qui leur est commun. On comprend que, dans ce cas, il y a bien possession *équivoque* (Comp. aussi Limoges, 19 mars 1890, aff. Sect. de Beauretour, et 8 juin 1891, aff. Sect. de La Vergne, D. P. 92. 2. 402-406).

212. Jugé également que, le cas où plusieurs communes ont possédé en commun des droits d'usage dans une forêt, si l'une d'elles vient à intenter une action en partage, les autres ne peuvent lui opposer une prescription, parce que leur possession était équivoque et impropre à fonder une prescription (Req. 8 août 1870, aff. Commune de Pontcharra et de Saint-Maximin, D. P. 72. 1. 17). Dans l'espèce, les communes qui invoquaient la prescription avaient joui, en certain temps, en qualité de coalbergataires (V. sur l'albergement, démembrement de la propriété spéciale à la Savoie et au Dauphiné, Rép. v° Louage emphytéotique, n°s 2, 28 et 38; Charmeil, *Droit emphytéotique et albergements*, p. 104; *Journal de Grenoble et Chambéry*, 1861, p. 14).

213. De même, la possession d'une commune copropriétaire de bois indivis ne réunit pas les conditions voulues pour arriver à la prescription, alors que cette possession a été litigieuse, que des faits de dépaissance et de coupe de bois ont toujours été exercés par les habitants d'un hameau de l'autre commune copropriétaire, enfin que les bois n'ont pas cessé d'être imposés à la contribution foncière au nom de cette dernière commune (Lyon, 2 févr. 1871, aff. Commune de Châtillon, D. P. 71. 2. 170. Comp. Civ. rej. 28 déc. 1869, aff. Commune de Sexfontaines, D. P. 70. 1. 150; Civ. cass. 4 janv. 1888, aff. De Ricard, D. P. 88. 1. 54).

214. Toutefois, dans certains cas, comme on l'a dit au Rép., n°s 342 et 343, les faits de possession exercés par un des communistes ne seront pas équivoques à l'égard des autres, et lui permettront d'arriver à la prescription. C'est ce qui arrivera, lorsque les actes de jouissance accomplis par le communiste indiqueront, d'une manière formelle et évidente, l'intention de se comporter comme seul et unique propriétaire de la chose. La jouissance prendra alors le caractère d'une possession exclusive, et on ne pourra pas le considérer comme ayant possédé pour le compte de tous les intéressés. Les auteurs se prononcent en ce sens (V. Aubry et Rau, t. 2, § 217, texte et note 10; Laurent, t. 32, n° 290; Baudry-Lacantinerie, t. 3, n° 1620; Troplong, *Prescription*, t. 1, n°ˢ 360 et 361; Leroux de Bretagne, t. 1, n° 307).

La jurisprudence consacre la même doctrine. De l'analyse des arrêts, il ressort clairement qu'un communiste peut acquérir par la prescription, à l'encontre des autres communistes, la totalité de l'immeuble indivis, par le seul effet d'une possession *exclusive, animo domini* (V. en ce sens, outre les arrêts cités au *Rép.*, *ibid.*, Civ. cass. 26 août 1856, aff. Commune de Saint-Maurice, D. P. 56. 1. 340; Req. 11 août 1859, aff. Hartmann, D. P. 60. 1. 391; Lyon, 2 févr. 1871, aff. Commune de Saint-Maurice, et sur pourvoi, Req. 19 févr. 1872, même affaire, D. P. 72. 1. 272; Poitiers, 4 juin 1879, aff. De Maussabré, D. P. 79. 2. 258; Req. 13 déc. 1886, aff. Philip Evariste, D. P. 87. 1. 386; Pau, 5 mai 1890, aff. Fourcade, D. P. 91. 2. 213).

215. Parmi les arrêts cités *suprà*, n° 214, un d'eux (Req. 11 août 1859), développant le principe général posé par la jurisprudence, indique clairement ce qu'il faut entendre par possession exclusive. Il exige, en effet, que la prescription invoquée par l'un des copropriétaires, à l'effet d'acquérir la propriété exclusive de la chose commune, soit fondée sur des actes agressifs, envahissants, fréquemment répétés, emportant contradiction au droit de l'autre copropriétaire, et mettant ce dernier en demeure de se défendre. Le même arrêt conclut spécialement de la règle par lui visée que l'un des copropriétaires d'un canal indivis ne peut en acquérir la propriété exclusive par des faits de jouissance, quelque répétés qu'ils soient, lorsque son copropriétaire a, de son côté, également usé des eaux de ce canal, même dans les limites de ses convenances et de ses besoins personnels.

216. On peut ajouter, dans le même sens, un arrêt de la cour de Dijon du 9 août 1867 (aff. Commune de Sexfontaines, D. P. 70. 1. 151), qui décide, spécialement, que dans le cas où plusieurs communes sont copropriétaires de bois indivis, la possession exercée par l'une d'elles n'est pas exclusive, mais bien équivoque, alors que le pacage a toujours eu lieu concurremment dans toutes les parties de la forêt, que la possession n'a pu frapper tel ou tel canton déterminé en raison de la variabilité des coupes, et que, d'ailleurs, les autres communes n'ont cessé de protester contre les prétentions de leur copropriétaire.

217. La même doctrine nous paraît également consacrée par un arrêt de la chambre des requêtes du 16 déc. 1873 (aff. Commune et bureau de bienfaisance de Maintenon, D. P. 76. 1. 76). Dans l'espèce, un hospice avait été fondé avant la Révolution pour le soulagement des pauvres de trois communes, et, pendant trente ans, la commission administrative de l'hospice avait disposé des revenus de la fondation exclusivement en faveur des pauvres de l'une des trois communes. La cour de cassation a décidé que, dans ce cas, les deux autres communes n'en avaient pas moins conservé le droit de réclamer le partage des revenus de la fondation entre tous les intéressés. D'après la chambre des requêtes, la commune qui avait seule perçu les revenus n'aurait pu être admise à invoquer la prescription que si elle avait opposé *une contradiction formelle* aux droits des autres communes cousagères de la fondation. C'est toujours l'application de la même idée; pour prescrire la chose commune, le communiste doit indiquer, d'une manière évidente, qu'il a l'intention de se comporter comme seul et unique propriétaire de cette chose.

218. Par application des mêmes principes, il a été jugé que l'existence de quelques actes de jouissance, accomplis par l'un des communistes, à titre de copropriétaire, si peu nombreux qu'on les suppose, empêche la possession d'un autre communiste d'être exclusive et utile pour la prescription (Req. 8 avr. 1850, aff. Commune de Lonvéjols, D. P. 50. 1. 156; 23 mai 1855, aff. Murati, D. P. 56. 1. 57; Civ. cass. 26 août 1856, aff. Commune de Saint-Maurice, D. P. 56. 1. 340; Req. 19 févr. 1872, aff. Commune de Saint-Maurice, D. P. 72. 1. 272).

219. Ajoutons qu'une interversion de titre n'est pas indispensable pour que la possession d'un communiste conduise à la prescription. Pour que la jouissance d'une chose, de commune et indivise qu'elle était entre plusieurs personnes, devienne séparée et exclusive en faveur d'un des copropriétaires, il n'est pas nécessaire que ce dernier possède en vertu d'un titre nouveau qui changerait le caractère et la nature de sa possession. Sans doute, ceux qui détiennent une chose à titre précaire ne peuvent se changer à eux-mêmes la cause et le principe de leur possession (V. *infrà*, n° 301). Aussi une interversion de titre est exigée d'eux, pour qu'ils puissent prescrire. Mais la situation d'un communiste est toute différente. Le communiste possède la chose indivise *animo domini*, comme propriétaire. Il n'a donc pas besoin d'un titre nouveau pour la prescrire en totalité au regard de son communiste (V. en ce sens, Laurent, t. 32, n° 291; Civ. cass. 26 août 1856, aff. Commune de Saint-Maurice, D. P. 56. 1. 340; Req. 13 déc. 1886, aff. Philip Evariste, D. P. 87. 1. 386. — *Contrà* : Lyon, 3 avr. 1854, sous Civ. cass. 26 août 1856, précité, même affaire). Le pourvoi formé contre la décision de la cour de Lyon a été rejeté, sur le point que nous examinons, quoiqu'il y eût violation de la loi, parce que cette décision constatait *en fait* que la possession des demandeurs était équivoque. Elle fut cassée pour un autre motif.

220. Toutefois, il convient de signaler, en sens contraire, une décision de la cour de cassation décidant que le droit de cantonnement, qui attribue à des communes cousagères un droit de copropriété indivise, ne change point la nature de leur possession, qui est présumée s'être continuée au même titre de communauté; et que, en conséquence, celle de ces communes qui prétend avoir prescrit au delà de sa part virile, doit établir l'interversion du titre de sa possession (Civ. rej. 28 déc. 1869, aff. Commune de Sexfontaines, D. P. 70. 1. 150). — La solution donnée par cet arrêt semble en contradiction avec la jurisprudence et avec la doctrine généralement suivies, et que nous avons exposées *suprà*, n° 219; il décide, en effet, que chaque commune aurait eu besoin d'intervertir son titre de communiste pour acquérir par la prescription, soit la propriété exclusive, soit une part de propriété plus considérable. Cette solution nous paraît sujette à critique.

221. Il faut remarquer néanmoins, avec M. Laurent (t. 32, n° 292), que si la possession des communistes peut devenir exclusive et utile pour la prescription, sans qu'une interversion de droit soit nécessaire, il n'est pas moins vrai qu'une interversion de fait doit s'opérer. C'est ce que décident les arrêts cités plus haut : ils exigent, en effet, qu'à un moment donné, le communiste qui veut prescrire accomplisse des actes agressifs, apporte une contradiction aux droits des autres communistes, et les mette en demeure de se défendre. Le copropriétaire cesse de posséder comme communiste et commence une autre possession à titre de propriétaire exclusif (V. sur ce point : Req. 11 août 1859, aff. Hartmann; 16 déc. 1873, aff. Commune et bureau de bienfaisance de Maintenon, cités *suprà*, n°ˢ 214 et 217; Dijon, 9 août 1867, aff. Commune de Sexfontaines, D. P. 70. 1. 150).

222. Un arrêt de la cour de cassation, après avoir déclaré que la possession à l'effet de prescrire ne peut avoir que la volonté de posséder, manifestée par l'appréhension effective de la chose, qu'une telle appréhension doit, de plus, être exclusive et *proprio nomine*, quand il s'agit de l'acquisition, par la prescription, de la totalité d'un immeuble indivis, au profit de l'un des communistes, en tire cette conséquence que la prescription, par l'un des communistes, de la propriété exclusive de l'immeuble indivis ne peut résulter d'une simple intention de possession intégrale, révélée, par exemple, dans des actes de vente où le communiste aurait entendu vendre et l'acquéreur acheter toute la propriété de la chose vendue, si jamais aucun acte de détention effective ne s'est joint à cette intention pour en faire connaître l'existence et en démontrer la réalisation (Civ. cass. 17 juin 1862, aff. Villanova, D. P. 62. 1. 356). C'est l'application pure et simple des principes exposés ci-dessus.

223. Au reste, si l'on exige du communiste qui veut prescrire une possession exclusive de tous actes de jouissance de ses cocommunistes, il n'en est ainsi que quand il s'agit de la prescription de la propriété même de la chose commune. Si, au contraire, un communiste n'entendait acquérir par prescription sur la chose qu'un démembrement de la propriété, par exemple une servitude, dans ce cas, la possession d'un semblable droit, exercé par ce seul communiste, peut être non équivoque, malgré l'existence sur l'immeuble indivis d'actes de jouissance, émanés des autres propriétaires. Ainsi, il a été jugé que le copropriétaire d'un moulin, qui établit sur le canal d'amenée une conduite d'eau destinée à alimenter une usine dont il est propriétaire exclusif, peut acquérir par prescription une servitude de prise d'eau sur ce canal, s'il est manifeste qu'il a entendu créer au profit de son usine particulière, et aux dépens du moulin commun, une force motrice suffisante et non sujette à intermittence (Req. 24 févr. 1874, aff. Mathon, D. P. 74. 1. 468).

224. Sur la disposition de l'art. 816 c. civ., V. *Rép.*, n°s 335 et suiv., et *infrà*, v° *Succession*.

225. Signalons, en terminant, quelques hypothèses spéciales où la jurisprudence a considéré que l'on se trouvait en présence d'une possession équivoque. Il a été jugé : 1° que les actes de possession des riverains sur les francs-bords (dans l'espèce, la récolte des herbes) demeurent équivoques et, par conséquent, inutiles pour prescrire, quand le propriétaire du moulin a continué, de son côté, à exercer sur ces francs-bords des actes de jouissance impliquant sa propriété, par exemple, à les consolider et à y déposer les résidus des curages (Nancy, 19 mars 1870, aff. Henry, D. P. 70. 2. 193) ; — 2° Que la possession par l'état d'un canal privé doit être considérée comme équivoque, lorsque le propriétaire du canal a établi, sans demander l'autorisation administrative, des ouvrages, tels qu'une vanne et une passerelle, exercé le droit de pêche et récolté les herbes des francs-bords (Amiens, 4 août 1875, aff. De Lubersac, D. P. 77. 2. 188) ; — 3° Que, dans le cas où une femme conserve, après la mort de son mari et en vertu des stipulations de son contrat de mariage, la pleine propriété des meubles et l'usufruit des immeubles de la communauté, sa possession n'est pas utile pour la prescription, parce qu'elle est équivoque (Req. 14 nov. 1871, aff. Jacob, D. P. 71. 1. 345). Cette solution est très juridique ; la possession, en effet, est équivoque, lorsqu'il n'est pas certain que l'on se trouve en présence d'une possession non précaire. Or, dans l'espèce, les doutes étaient possibles sur le point de savoir si la femme possédait certains biens en qualité de propriétaire, ou, en l'espèce, de simple usufruitière ; — 4° Que le payement de l'impôt afférent à un immeuble ne saurait être considéré comme un acte de possession non équivoque, pouvant servant à l'acquisition de cet immeuble par voie de prescription (Paris, 19 févr. 1889, aff. De Mimont, D. P. 91. 1. 297).

226. — VI. Possession a titre de propriétaire. — Pour conduire à la prescription, la possession doit encore être *à titre de propriétaire* (*Rép.* n°s 347 et suiv.). De là résulte que les détenteurs précaires ne peuvent pas prescrire (V. *infrà*, n°s 275 et suiv.).

227. A la règle que l'on vient de formuler se rattache une conséquence importante. Nous avons dit au *Rép.*, n° 334, qu'on peut acquérir par prescription *la copropriété* d'un immeuble aussi bien que sa *propriété exclusive*. En effet, de ce que la propriété d'un communiste est limitée, il n'en résulte pas nécessairement qu'elle ne peut pas être acquise par la prescription. « On peut posséder comme communiste, dit M. Laurent, t. 32, n° 295, et avoir la volonté de posséder à ce titre. Pourquoi, si cette possession dure pendant le temps requis, et si, du reste, elle réunit les autres caractères exigés par la loi, ne serait-elle pas utile pour la prescription ? »

La jurisprudence consacre cette solution. Ainsi, dans une espèce, les habitants d'une section de commune avaient, pendant un temps plus que suffisant pour prescrire, fait des actes nombreux de propriétaire sur une lande comprise dans le territoire d'une commune voisine, concurremment avec les habitants d'une section de celle-ci. Notamment, ils y avaient « conduit leurs troupeaux, coupé de la litière, cultivé des terrains, enlevé des terres propres à bâtir ». En un mot, ils avaient joui de cette lande de la même manière que la commune voisine. La cour de Limoges, et après elle la cour de cassation, en concluent que lesdits habitants

étaient fondés à revendiquer sur la lande un droit de propriété indivise et *promiscue* (Limoges, 16 mars 1869, aff. Habitants de Fougères-Mirottes, et, sur pourvoi, Req. 22 févr. 1870, D. P. 70. 1. 427). La possession, en effet, étant la mesure de la prescription, il en résulte qu'une possession à titre de communiste doit entraîner l'acquisition par prescription d'une copropriété (Comp. également les arrêts rapportés au *Rép.*, *ibid.*, Req. 11 févr. 1837, aff. Epoux Pagès, D. P. 57. 1. 280 ; 7 févr. 1883, aff. François Roullier, D. P. 84. 1. 128).

228. Dans le même ordre d'idées, il a été décidé que, dans le cas où trois communes se trouvaient, lors de la promulgation de la loi du 10 juin 1793, avoir la jouissance en commun depuis un temps immémorial d'un marais, l'une d'elles est fondée à revendiquer un droit de copropriété sur ce marais, alors même qu'une décision administrative ultérieure serait venue faire rentrer ledit marais exclusivement dans le territoire des deux autres communes, pourvu toutefois que les habitants de la commune demanderesse n'aient pas cessé de faire sur le marais des actes de possession concurremment avec ceux des deux autres communes, et sans opposition de leur part (Agen, 4 mai 1870, aff. Commune de Chauffour, D. P. 71. 2. 44, et sur pourvoi, Req. 3 janv. 1872, D. P. 72. 1. 92). Dans l'espèce, la jouissance des habitants de la commune demanderesse s'était traduite par des actes répétés, consistant à faire paître des bestiaux dans le marais, à y couper des joncs et autres herbages, à participer à la réparation et à l'empierrement des passages et au curage des cours d'eau.

229. Mais, bien entendu, pour qu'une personne puisse acquérir la copropriété d'un immeuble par une possession à titre de communiste, il faut que les faits de possession accomplis par cette personne ne constituent pas des actes de pure tolérance, s'expliquant par des rapports de bon voisinage. Ainsi, dans le cas où un propriétaire aura fait sur sa chose des actes de jouissance concurremment avec un tiers, celui-ci ne pourra, *d'ordinaire*, se prévaloir de sa possession pour prétendre à un droit de copropriété indivise sur le bien. Dans cette hypothèse, et *en règle générale*, la possession du tiers ne sera pas une possession à titre de propriétaire exclusif, puisque le propriétaire n'aura pas cessé de jouir de son bien. D'autre part, ce ne sera pas non plus une possession *promiscue*, à titre de communiste, puisque la jouissance d'un propriétaire est en principe exclusive de sa nature, et ne peut se concilier avec celle d'un tiers. C'est ainsi que peuvent s'expliquer plusieurs arrêts qui, au premier abord, sembleraient contredire la solution que nous avons présentée.

La cour de cassation, en effet, a toujours proclamé, dans les conditions de fait qui viennent d'être exposées, « que des actes de jouissance exercés par un tiers, sur un immeuble que son propriétaire n'a jamais cessé de posséder *animo domini*, ne peuvent faire acquérir à ce tiers la copropriété de l'immeuble (Comp. Req. 8 avr. 1850, aff. Commune de Lonvéjols, D. P. 50. 1. 156 ; 24 mai 1855, aff. Murati, D. P. 56. 1. 57 ; Civ. rej. 5 déc. 1877, aff. Habitants de Fréchamps, D. P. 79. 1. 198 ; Req. 12 nov. 1878, aff. Commune de Bourg-d'Hem, D. P. 89. 1. 105, note ; Civ. cass. 6 juin 1888, aff. Commune de Vensac, D. P. 89. 1. 105). Ces arrêts fondent leur décision sur ce que la jouissance du propriétaire, à titre exclusif, ne permet nulle atteinte à son droit de propriété, et imprime nécessairement à la possession *promiscue* le caractère d'une possession de pure tolérance. — Toutefois, la doctrine consacrée par l'arrêt précité du 6 juin 1888 pourrait soulever des objections. Cet arrêt semble admettre, d'une manière générale, que, *dans tous les cas*, les actes de jouissance exercés par un tiers sur un immeuble possédé concurremment par le propriétaire sont inefficaces pour conduire à la prescription de la copropriété de cet immeuble. Il nous semble qu'on ne peut donner cette solution lorsque les actes de possession accomplis par un tiers constituent une contradiction énergique et persistante du droit du propriétaire, et ne sont pas exercés à titre de simple tolérance. Tel était le cas dans l'espèce sur laquelle a statué l'arrêt du 6 juin 1888. Comme nous l'avons fait remarquer en note sous cette décision, « le propriétaire, malgré le caractère itératif et accentué des actes faits par le demandeur, les avait tolérés sans protestation, en gardant l'attitude qu'aurait eue simplement un communiste, au lieu d'user de sa chose et de son droit en maître exclusif. Ces constatations de fait de la cour d'appel étaient souveraines. N'est-il point excessif alors de dire en droit que les actes de possession *promiscue* du tiers étaient inopérants? Pourquoi le seraient-ils s'ils ont accusé nettement une prétention à la copropriété, et si, pendant ce temps, le propriétaire, au lieu de posséder selon la plénitude de son titre exclusif, ne possédait réellement lui-même que comme un copropriétaire indivis, admettant la promiscuité et la concurrence de la possession? » La doctrine adoptée par la cour de cassation, dans son dernier arrêt, paraît donc trop absolue et trop rigoureuse.

230. De la règle édictée par l'art. 2229 c. civ. d'après laquelle, pour prescrire, il faut posséder à titre de propriétaire, découle aussi la solution de l'art. 2232 c. civ., aux termes duquel « les actes de *pure faculté* et de simple tolérance ne peuvent fonder ni possession ni prescription ». — Sur les actes *de pure faculté*, V. *suprà*, n°s 92 et suiv.

231. En ce qui concerne les actes de *simple tolérance*, V. *Rép*, n°s 358 et suiv. Comme exemples d'actes de cette nature, Comp. les arrêts cités au *Rép*. *ibid.*, et n°s 306; Civ. rej. 29 août 1831, *Rép.*, v° *Action possessoire*, n° 203; 26 févr. 1838, *Rép.*, v° *Commune*, n° 1579-3°.

Il a été jugé, depuis, qu'une commune ne peut, pour soutenir qu'elle a acquis un terrain par prescription, se fonder sur des actes de passage, d'abreuvage et de lavage accomplis par ses habitants, lorsque, en présence d'un titre de propriété produit par l'adversaire, ces actes ne doivent être considérés que comme des faits de pure tolérance (Pau, 13 févr. 1877, aff. Laffaille-Garrousset, D. P. 79. 2. 71). Les communes, en effet, pour acquérir et conserver la possession, peuvent se prévaloir des actes de jouissance de leurs habitants (Req. 3 janv. 1872, aff. Commune de Condat, D. P. 72. 1. 93); mais ces actes ne conduisent à l'acquisition par prescription qu'autant qu'ils présentent les caractères déterminés par l'art. 2229 c. civ.

232. Jugé aussi que, dans le cas où un arrêt a autorisé une des parties à jouir de certains biens provisoirement et jusqu'à ce qu'il en ait été autrement ordonné, la possession de cette partie est purement conditionnelle et précaire, et ne peut, par suite, conduire à la prescription (Req. 27 mai 1868, aff. Commune de la Valléa-de-Layrisse, D. P. 69. 1. 399). Il est évident, en effet, que, dans l'espèce, le possesseur n'ayant la jouissance de la chose qu'en vertu d'une tolérance du juge, tolérance temporaire et conditionnelle, ne possédait pas *animo domini*, en vertu d'un droit qui lui fût propre.

233. De même, il a été décidé que les eaux pluviales dérivées d'un chemin public dans l'héritage d'un particulier ne peuvent être déclarées acquises par la prescription au profit du propriétaire inférieur qui les a ensuite conduites de cet héritage sur son propre fonds, pendant le temps requis pour prescrire, s'il est constaté que la jouissance dont elles ont été l'objet ne s'est exercée que sur les eaux inutiles au fonds supérieur, et par le résultat d'une tolérance extérieure des conditions nécessaires à la prescription (Civ. rej. 26 mars 1867, aff. Fournier, D. P. 67. 1. 384).

234. Il a également été jugé, avec raison, qu'une section de commune ne peut invoquer, comme possession utile à prescrire, la jouissance qu'elle aurait eue, même pendant plus de trente ans, de la totalité des revenus de certains biens communaux, lorsqu'il est déclaré par les juges du fond que l'attribution qui lui en a été faite est le résultat d'une confusion ou d'un abus que rien ne saurait légitimer (Conf. Req. 1er févr. 1865, aff. Commune de Fozzano, D. P. 65. 1. 299). On ne se trouvait pas, en effet, dans l'espèce, en présence d'une possession exclusive, *animo domini*.

235. La jouissance, par les riverains inférieurs d'un cours d'eau, de la portion d'eau dont un riverain supérieur s'est abstenu d'user ou n'a usé que partiellement, ne constitue aussi qu'une possession de pure tolérance, qui ne peut servir de base ni à une action possessoire ni à la prescription (Conf. Req. 17 févr. 1858, aff. Saint-Ouen, D. P. 58. 1. 297).

236. Toujours par application du principe que, pour

prescrire, il faut posséder *animo domini*, il a été jugé qu'une fabrique qui prétend avoir acquis par prescription la propriété d'un terrain dépendant d'une église, ne peut se prévaloir des constructions par elles faites pour compléter le cloître situé sur un des côtés du territoire litigieux, alors que ce cloître fait partie, comme dépendance de l'église, des bâtiments affectés au service du culte (Agen, 28 févr. 1870, aff. Fabrique de Marmande, D. P. 71. 2. 162). Comme on l'a fait remarquer en note sous cet arrêt, la fabrique, en réparant des bâtiments consacrés au service du culte, n'avait pas fait acte de maître. Elle avait simplement accompli une obligation dont elle était tenue en vertu du décret du 30 déc. 1809.

237. — VII. Possession exempte de violence. — Enfin, les actes de *violence* ne peuvent fonder une possession utile pour prescrire (c. civ. art. 2233). On a montré *suprà*, n°s 203 et suiv., quelle distinction il convient d'établir entre une possession non paisible et une possession entachée de violence.

238. En ce qui concerne la règle édictée par l'art. 2233 c. civ., V. *Rép*. n° 369 et suiv. — Ajoutons que celui qui repousse la force par la force, pour conserver sa possession, n'a pas une possession violente; il ne fait qu'user du droit de légitime défense. Cette solution, que nous indiquions déjà au *Rép*. n° 372, est généralement admise en doctrine: Troplong, t. 1, n° 418; Bélime, n° 34; Aubry et Rau, t. 2, § 180, texte et note 26; Laurent, t. 32, n° 283, p. 294). Bien entendu, si le trouble apporté à la possession se renouvelait fréquemment, le possesseur aurait beau repousser par la violence les empiétements commis, sa jouissance ne serait pas paisible aux termes de l'art. 2229 c. civ. (V. *suprà*, n°s 203 et suiv.

239. D'après l'art. 2233 c. civ., *in fine*, la possession acquise par violence devient utile pour la prescription à partir du jour où la violence a cessé. Mais, pour que le nouveau possesseur puisse se prévaloir de sa possession, il faut, de plus, qu'il ait possédé pendant une année. En effet, tant que ce délai n'est pas écoulé, le possesseur expulsé peut intenter les actions possessoires. Cette solution découle de l'art. 23, c. proc. civ. (Conf. Aubry et Rau, t. 2, n° 180, p. 198; Laurent, t. 32, n° 284; Leroux de Bretagne, t. 1, p. 231, n° 296).

240. On a exposé au *Rép.*, n° 374, que, parmi les conditions requises pour que la possession conduise à la prescription, les unes, telles que la *continuité* et la *non-interruption*, sont exigées d'une manière absolue, et doivent exister *erga omnes*, tandis que les autres, *non-violence*, *non-clandestinité*, sont, au contraire, relatives, c'est-à-dire que le vice de la possession résultant de l'absence de ces qualités ne peut être invoqué que par ceux à l'égard desquels la possession a été violente ou clandestine. Ces solutions sont généralement admises (V. Aubry et Rau, t. 2, p. 96, § 180, notes 22 et 27; Duranton, t. 21, p. 343, n° 215, p. 333, n° 210; Troplong, *Prescription*, t. 1, p. 369 et 370; Bélime, n° 51 et 52; Leroux de Bretagne, t. 1, p. 235, n°s 303 et 297; Baudry-Lacantinerie, t. 3, n° 1610. Comp. Pothier, *De la possession*, n° 96). — *Contrà*, Laurent, t. 32, n°s 285 et 289.

241. On a dit au *Rép.*, n° 376, que les juges du fond apprécient souverainement les caractères de la possession. Ils décident *en fait*, d'après les circonstances de chaque espèce, si les faits de jouissance invoqués constituent ou non une possession continue, non interrompue, paisible, publique, etc. Leur décision sur tous ces points échappe à la censure de la cour de cassation. Cette solution est très généralement admise en doctrine (V. en ce sens: Laurent, *Principes*, t. 32, n° 277, p. 288 et 289; Aubry et Rau, t. 2, § 217, texte et note 13). La jurisprudence consacre la même solution (Conf. Req. 11 août 1859, aff. Hartmann, D. P. 60. 1. 391; Civ. rej., 27 nov. 1867, aff. Trouille, D. P. 67. 1. 449; 28 déc. 1869, aff. Commune de Sexfontaines, D. P. 70. 1. 151; Req. 22 févr. 1870, aff. Habitants de Fougères, D. P. 70. 1. 427; 3 janv. 1872, aff. Commune de Condat, D. P. 72. 1. 92; 9 janv. 1872, aff. Fouquier, D. P. 72. 1. 41; 6 févr. 1872, aff. Decuers, D. P. 72. 1. 132; 19 févr. 1872, aff. Commune de Saint-Maurice, D. P. 72. 1. 272; 30 juin 1874, aff. Mazaud, D. P. 74. 1.

477; 22 juill. 1874, aff. De Jouvancourt, D. P. 75. 1. 175; Civ. rej. 1873, aff. Hammoni, D. P. 74. 1. 295 ; 26 avr. 1876, aff. Commune de Salon, D. P. 78. 1. 68 ; 2 mai 1876, aff. Antoine, D. P. 78. 1. 63 ; 1er août 1876, aff. Perfetti, D. P. 77. 1. 88 ; 18 déc. 1878, aff. Gavot, D. P. 81. 1. 23 ; 10 avr. 1883, aff. Sections de Foueix et de la Chabanne, D. P. 84. 5. 392 ; Req., 16 nov. 1887, aff. Commune d'Otta, D. P. 89. 1. 276 ; 3 juill. 1889, aff. Malacour, D. P. 90. 1. 481 ; 22 déc. 1890, aff. De Mimont. D. P. 91. 1. 297; Req. 20 févr. 1893, aff. Ville de Paris, D. P. 93. 1. 404). Comp. également Rép. nos 311, 328, 344, 360.

242. Par application du principe général qui vient d'être établi, il a été jugé : 1° que la simple jouissance d'un pacage par une commune, contre laquelle la prescription est invoquée, a pu être considérée par les juges du fond comme se rattachant à un titre de propriété dont cette commune se trouvait investie, plutôt qu'à l'exercice d'une faculté de parcours ou de vain pâturage dérivant de la coutume locale, et comme privant, dès lors, les actes de jouissance invoqués par le demandeur du caractère de possession continue et exclusive, nécessaire pour servir de base à la prescription, sans qu'une telle décision ait pu être soumise au contrôle de la cour de cassation (Civ. rej., 22 juill. 1856, aff. Pomarez et autres, D. P. 56. 1. 306); — 2° Que, en admettant que les droits d'usage dans une forêt soient susceptibles d'être acquis par prescription, la possession invoquée a pu, quoique consistant nécessairement dans des actes de jouissance exercés à certains intervalles de temps, être considérés comme insuffisants pour opérer la prescription, si, en vertu de leur pouvoir souverain d'appréciation, les juges ont déclaré que ces actes, fort peu nombreux, séparés par de longs intervalles et s'expliquant par la tolérance d'un propriétaire absent ou négligent, constituaient une possession équivoque et non continue, dans le sens de l'art. 2229 c. civ. (Req. 12 déc. 1860, aff. Commune d'Haybes, D. P. 61. 1. 303) ; — 3° Que le rejet d'une offre de preuve, ayant pour objet des faits de possession invoqués à l'appui d'un moyen de prescription, est inattaquable devant la cour de cassation, comme reposant sur une appréciation souveraine des faits, lorsqu'il est fondé sur ce que ces faits n'étaient ni pertinents ni concluants (Req. 11 nov. 1861, aff. Mullier, D. P. 62. 1. 94).

243. Jugé, de même, qu'il appartient aux juges du fond de décider souverainement si les actes dont on veut faire ressortir une possession utile pour prescrire ont eu lieu ou non à titre de simple tolérance ; et que, spécialement, ils peuvent considérer comme un acte de tolérance la faculté laissée par une commune à un propriétaire limitrophe de déposer, sur le terrain litigieux, les boues provenant du curage d'une rigole creusée par lui dans l'intérêt de son domaine (Req. 9 mai 1881, aff. Biraud, D. P. 82. 1. 256. Comp. Req., 24 janv. 1876) (1).

Jugé, toutefois, que le contrôle de la cour de cassation peut s'exercer sur la déclaration du juge du fond qu'une possession n'est pas de simple tolérance, quand le juge tire cette conséquence d'un état de fait constaté par lui, qui se trouve être inopérant, par sa nature, pour détruire une exception précise de précarité, opposée à ladite possession ; que spécialement, quand une commune complaignante prétend être en possession, par la fréquentation des habitants, d'un chemin traversant le parc clos d'un particulier, et que celui-ci soutient que cette possession n'est que de tolérance, par suite de l'existence sur ce chemin, à l'entrée du parc, d'une grille et d'une porte dont la clef est aux mains d'un concierge sans l'assentiment et l'entreprise duquel on ne peut pas passer, le juge du fond affirme vainement qu'il n'y a pas vice de précarité, en raison de ce que « le concierge a toujours, et sans observation aucune, livré passage à qui voulait passer »; que ce fait pris en lui-

même, ne manifeste autre chose que l'étendue et la généralité de la tolérance, ce qui n'en efface pas le caractère, et il n'implique nullement que le chemin litigieux, pût se passer, et se passât effectivement, de l'agrément du propriétaire du parc; et qu'il importe peu, dans cette situation, que le juge ait constaté, d'autre part, que le chemin dont il s'agit avait une destination d'intérêt public et était, depuis plus d'un an avant le trouble, l'objet d'une circulation générale et continue, ces circonstances, propres à démontrer qu'il ne s'agissait pas de simples actes de passage inopérants par eux-mêmes, n'ayant aucune portée pour détruire l'objection tirée de ce que la circulation publique était spécialement précaire en raison de ce qu'elle se trouvait subordonnée, à l'entrée du parc, au consentement du propriétaire (Civ. cass. 18 mai 1892, aff. Dame de Talleyrand-Périgord, D. P. 92. 1. 297). Pour l'explication de cet arrêt, V. D. P. ibid., note.

244. Décidé, également : 1° que les juges du fond ont un pouvoir souverain pour constater l'existence, la durée et les caractères de la possession, pour apprécier notamment si des faits de passage, de puisage, d'abreuvage, de pacage et d'extraction de matériaux propres à bâtir doivent être considérés comme l'exercice d'une servitude ou comme l'exercice d'un droit de propriété pouvant conduire à la prescription (Req. 13 juin 1881, aff. Martin, D. P. 82. 1. 267); — 2° Que l'arrêt qui constate, en fait, que la possession par une commune de dunes et leytes situées sur son territoire a été accompagnée de toutes les conditions requises pour fonder la prescription, et n'a pas été entachée de précarité, comme l'objectait l'État demandeur en revendication, celui-ci n'ayant pas prouvé qu'avant 1789 la commune ait été simple usagère des dunes et leytes litigieuses, et qui décide, sur ce fondement, que la commune est propriétaire par l'effet de la prescription trentenaire, ne fait que se livrer à une appréciation de faits qui ne peut violer aucune disposition de loi (Civ. rej. 30 juin 1873, aff. Commune de Porge (D. P. 74. 1. 369); — 3° Que l'appréciation, faite par les tribunaux des caractères d'une quasi-possession invoquée à l'appui de la prescription acquisitive d'une servitude, échappe au contrôle de la cour de cassation ; que, spécialement, le juge du fond décide souverainement que l'existence d'un palier d'escalier n'a pu fonder une possession utile pour prescrire un droit de vue (Req. 29 avr. 1872, aff. Neubrandt, D. P. 73. 1. 132).

245. Remarquons, en terminant, que les conditions exigées par l'art. 2229 c. civ. pour que la possession conduise à la prescription, sont requises quelle que soit la prescription acquisitive invoquée : celle de trente ans de l'art. 2262 c. civ. ou celle de dix à vingt ans de l'art. 2265 (Conf. Laurent, t. 32, n° 27 ; Req. 22 févr. 1881, aff. Epoux Benoist, D. P. 81. 1. 407).

SECT. 7. — DE LA JONCTION DES POSSESSIONS. — QUE DOIT-ON ENTENDRE PAR LE MOT auteur? (Rép. nos 381 à 392.)

246. On a dit au Rép., n° 383, que le successeur à titre universel continue la possession du défunt avec ses qualités et ses vices. En ce qui concerne le vice de violence et de clandestinité, on a vu suprà, nos 209 et 239, que la possession violente ou clandestine à l'origine, devient utile quand la prescription quand le vice de violence ou de clandestinité a cessé. Si le défunt possédait d'une façon clandestine ou violente, l'héritier pourra néanmoins prescrire, si sa propre possession est paisible et publique. Cette exception au principe général est certaine ; elle découle de cette idée que les vices en question peuvent disparaître. Même solution pour le vice de discontinuité de la possession (V. en ce sens, Laurent, t. 32, n° 361 ; Leroux de Bretagne, t. 1, n° 351).

247. En ce qui concerne le successeur à titre particulier,

---

(1) (Calain C. Capet.) — La cour — ... Sur le cinquième moyen, tiré de la fausse application et violation des art. 652, 681, 688, 690, 692 et 1382 c. civ., et de l'art. 2229 du même code :
Attendu que l'arrêt ayant souverainement constaté par ses déclarations de fait: 1° que ce n'était qu'à titre de tolérance que les défendeurs éventuels avaient laissé établir le chéneau et le tuyau qui déversaient les eaux du toit de Calain sur leur propriété ; —

2° que Calain s'était obligé, par l'acte du 22 nov. 1835, à garder sur lui, dès que le mur serait surélevé, les eaux de son toit, il s'ensuit que ces ouvrages ne pouvaient fonder une possession utile pour prescrire, et que, dès lors, en le décidant ainsi, on n'a fait qu'une juste application des principes de la matière :
Rejette, etc.
Du 24 janv. 1876.-Ch. req.-MM. de Raynal, pr.-Guillemard, rap.-Reverchon, av. gén. conf.-Costa, av.

on a dit au *Rép.*, n° 383 *in fine*, qu'il commence une possession nouvelle, distincte de celle de son auteur. Il peut donc, s'il est de bonne foi, commencer une prescription nouvelle pour arriver à la prescription de dix ans, bien que son auteur ait été de mauvaise foi (Aubry et Rau, t. 2, § 218, note 36 ; Laurent, t. 32, n° 361 ; Marcadé, sur l'art. 2235, n°ˢ 1 et 2 ; Baudry-Lacantinerie, t. 3, n° 1626 ; Leroux de Bretagne, t. 1, n° 352, p. 267). — Il peut aussi, pour arriver à la prescription de dix ans, invoquer la possession de son auteur, à la condition d'établir l'existence de la bonne foi et d'un juste titre en la personne de cet auteur (Req. 22 juill. 1874, aff. De Jouvancourt, D. P. 75. 1. 175).

248. Mais que faut-il décider si l'auteur était de bonne foi, et que le successeur soit au contraire de mauvaise foi? Nous avons soutenu au *Rép.*, n° 384, avec M. Troplong, que le successeur à titre particulier peut, dans ce cas, joindre sa propre possession à celle de son auteur, afin de parvenir à la prescription de dix à vingt ans. — Sur cette question controversée, les auteurs récents semblent pencher en faveur de l'opinion contraire. D'après eux, malgré la bonne foi de son auteur, le successeur à titre particulier de mauvaise foi ne pourra invoquer que la prescription de trente ans. On se fonde sur ce que la possession totale se compose en réalité de deux possessions, celle de l'auteur, et celle de son successeur. Chacune de ces possessions doit être de bonne foi pour conduire à la prescription de dix ans. Le successeur de mauvaise foi pourra simplement joindre sa possession à celle de son auteur en vue d'arriver à la prescription trentenaire (V. en ce sens, Aubry et Rau, t. 2, § 218, note 37; Delvincourt, t. 2, p. 658; Taulier, t. 7, p. 456; Duranton, t. 21, n° 241 ; Marcadé, Laurent, Baudry-Lacantinerie, *loc. cit.*; Leroux de Bretagne, t. 1, n° 353, p. 267 et suiv; Liège, 13 mars 1850, *Pasicrisie belge*, 1850. 2. 275; Mourlon, t. 3, n° 1840). Toutefois, la doctrine exposée au *Répertoire* a été consacrée par un arrêt de la cour de Limoges, du 2 déc. 1854 (1).

249. On a examiné au *Rép.*, n° 390, la question de savoir si le possesseur expulsé, qui se fait réintégrer plus d'une année après par l'action en revendication, peut joindre à la possession nouvelle qu'il commence celle du possesseur qu'il évince, et l'on s'est prononcé pour l'affirmative. Cette opinion est admise par Marcadé, t. 12, n° 3 de l'art. 2235 ; Leroux de Bretagne, t. 1, n°ˢ 367 à 369, p. 276 et suiv. — V. en sens contraire, Laurent, t. 32, n° 365. — Faisons

observer que le possesseur, ayant été dépossédé pendant plus d'un an, ne pourra se prévaloir de sa possession antérieure qu'il a perdue par l'effet d'un interruption : ce point est certain.

250. De même, on a dit au *Rép.*, n° 389, que, dans le cas où une aliénation est résolue, annulée ou rescindée, le vendeur, le donateur, l'héritier grevé du legs, etc., qui rentre en possession de l'héritage, peut joindre à sa possession celle qu'a eue l'acquéreur pendant le temps intermédiaire. (V. conf. Marcadé, t. 12, sur l'art. 2235, n° 3 ; Leroux de Bretagne, t. 1, n°ˢ 360 *in fine* et 361. — *Contrà* : Laurent, t. 32, n° 366).

251. Par application du principe formulé au *Rép.*, n° 386, d'après lequel il faut qu'il y ait identité d'objet entre les deux possessions qu'on veut joindre, il a été jugé qu'un acquéreur ne peut joindre à sa propre possession celle de son vendeur, pour arriver à prescrire un bien qui est resté en dehors de la vente (Caen, 24 nov. 1856 (2). Conf. Leroux de Bretagne, t. 1, n° 347).

252. Décidé que, en cas de partage d'un immeuble par les copropriétaires, un d'eux, pour arriver à la prescription, peut joindre sa possession indivise antérieure au partage à la possession exclusive qui a suivi ce partage, même à l'encontre des autres communistes. Il y a là une application de l'effet déclaratif du partage (c. civ. art. 883) (V. en ce sens, Req. 11 févr. 1857, aff. Pagès, D. P. 57. 1. 280).

Sect. 8. — Comment se prouve la possession
(*Rép.* n°ˢ 393 à 398).

253. Tout d'abord, la preuve de la possession incombe évidemment à celui qui l'invoque, par application de la règle : *actori incumbit probatio* (art. 1315). C'est là une règle certaine (Comp. Laurent, t. 32, n° 336 ; Leroux de Bretagne, t. 1, n° 34 ; Chambéry, 30 juill. 1864, aff. Gal, D. P. 64. 5. 285).

254. Comme on l'a dit au *Rép.*, n° 393, lorsqu'il s'agit de prouver des faits matériels de possession, la preuve par témoins est possible, quel que soit le montant du litige. Ajoutons que les faits juridiques, conformément au droit commun, doivent s'établir, en principe, par écrit (Conf. Laurent, t. 32, n° 343 ; Leroux de Bretagne, t. 1, n° 340. V. aussi Req. 20 avr. 1868, aff. Commune de Bolquéra, D. P. 69. 1. 84).

---

(1) (Milan *C.* Maisonneuve-Lacoste.) — Le 22 févr. 1854, jugement du tribunal civil d'Ussel ainsi conçu : « Attendu que, le 30 mai 1806, suivant acte passé devant Mᵉ Lafont, notaire, Jean-Baptiste Milan délaissa, par voie d'échange, à Antoine Estrade, un immeuble en nature de pacage, appelé *de la Bolle*, et qu'en contre-échange, il reçut un pacage appelé *de las Ribierras*, avec une soulte de 300 fr. ; — Attendu que, par contrat du 16 oct. 1812, Estrade a transféré à Maisonneuve-Lacoste l'immeuble que Jean-Baptiste Milan lui avait cédé, en faisant explication que, dans le cas où Maisonneuve-Lacoste en serait évincé il ne pourrait avoir son recours que contre Milan; — Attendu que, le 28 mai 1853, les demandeurs ont formé contre Maisonneuve-Lacoste une demande en désistement du pacage *de la Bolle*, fondée sur ce que cet immeuble appartenait à Françoise Morand, leur mère, épouse de Jean-Baptiste Milan, et que la vente consentie par ce dernier était nulle, parce qu'elle avait pour objet la chose d'autrui ; — Attendu que Maisonneuve-Lacoste excipe de la prescription décennale qu'il prétend être acquise en sa faveur, parce qu'il a possédé le pacage *de la Bolle* pendant plus de dix ans, utiles à prescrire, avec juste titre et bonne foi, soit de son chef, comme ayant cause d'Estrade, son vendeur; — Attendu que, dans l'échange du 30 mai 1826, Milan a transféré le pacage *de la Bolle*, comme étant sa propriété personnelle ; que la bonne foi de l'acquéreur est toujours présumée, et que la circonstance, invoquée par le demandeur, de l'habitation des deux échangistes dans la même commune, ne prouve point qu'Estrade fût initié à la connaissance de ce fait que la propriété qu'il recevait en contre-échange appartenait à Françoise Morand; — Attendu qu'il est inutile de se préoccuper de la question de savoir si Maisonneuve-Lacoste a été lui-même un acquéreur de bonne ou de mauvaise foi, s'il suffit pour exciper de la bonne foi de son vendeur, et s'il suffit que cette bonne foi ait existé au moment de l'acquisition faite par Estrade ; — Attendu qu'il est constant que le mariage de Jean-Baptiste Milan et de François Morand ne s'est dissous que postérieurement à l'acquisition faite par Maisonneuve-Lacoste; que, pendant toute la durée de la possession d'Estrade, la prescrip-

tion a été suspendue ; — Mais attendu que la prescription a son commencement légal à dater du jour où le droit prescriptible a été ouvert; que le mariage et la minorité suspendent son cours ; mais n'ont aucune influence sur la date de sa naissance qui est la même que celle de l'ouverture du droit prescriptible ; — Qu'il résulte de ces principes que la prescription a commencé contre les héritiers Milan, à dater du jour de l'aliénation consentie par leur père en faveur d'Estrade, et qu'on ne doit considérer que le moment où a eu lieu le contrat d'acquisition, pour apprécier si l'acquéreur a été de bonne ou de mauvaise foi; — Attendu que Lacoste peut donc invoquer la bonne foi d'Estrade, son juste titre et appuyer sur cette base les dix années de possession pendant lesquelles la prescription n'a pas été suspendue ; — Par ces motifs, etc. ». — Appel.

La cour. — Adoptant les motifs des premiers juges, etc.; — Confirme, etc.

Du 2 déc. 1854.-C. de Limoges, 3ᵉ ch.-MM. Mallevergne, pr.-Larombière, av. gén.-Jouhanneaud et Géry, av.

(2) (Champie *C.* Aury.) — La cour ; — Considérant qu'il résulte des termes du contrat du 22 avr. 1822 qu'Aury n'a acheté que les bâtiments bordés par la cour commune et désignés audit contrat ; — Qu'il ne lui a été vendu aucun droit privatif dans ladite cour, et notamment la mare à fumier qui fait l'objet du procès; — Que, loin de là, cette mare a été formellement exclue de la vente, puisque la copie figurée de l'acte du 22 avr. 1822 constate qu'elle avait d'abord été comprise au nombre des objets vendus, mais que la mention y relative a été entièrement biffée ; — Attendu que Aury prétend, il est vrai, joindre à sa possession celle de Benoît, son vendeur; mais qu'étant démontré par la copie figurée de l'acte de vente du 22 avr. 1822 que la mare à fumier litigieuse a été formellement exclue de la vente, ledit Benoît, vendeur, ne peut être considéré ni comme l'auteur d'Aury, dans le sens de l'art. 2235 c. civ. — Par ces motifs, etc.

Du 24 nov. 1856.-C. de Caen, 1ʳᵉ ch.-MM. Soueff, pr.-Mabire, av. gén.

255. De plus, les faits allégués pour établir la possession doivent être, selon les principes généraux en matière de preuve, pertinents et admissibles. C'est le juge du fond qui apprécie ce point d'une façon souveraine; sa décision échappe au contrôle de la cour de cassation (Conf. Laurent, *loc. cit.; Leroux de Bretagne, t. 1, n°s 341 et 342). Par application de ce principe, il a été décidé : 1° que le rejet d'une offre de preuve, ayant pour objet des faits de possession invoqués à l'appui d'un moyen de prescription, est inattaquable devant la cour de cassation, comme reposant sur une appréciation souveraine des faits, lorsqu'il est fondé sur ce que ces faits n'étaient ni pertinents ni concluants (Req. 11 nov. 1861, aff. Mullier, D. P. 62. 1. 94) ; — 2° Que la décision par laquelle le juge du fait a déclaré que la possession articulée par une partie était invraisemblable, et démentie par les productions de cette partie elle-même, échappe au contrôle de la cour de cassation (Civ. rej. 6 févr. 1872, aff. Monnet, D. P. 72. 1. 101).

256. Une demande au pétitoire emporte-t-elle, de la part du demandeur, la reconnaissance tacite que la possession de l'immeuble litigieux appartient au défendeur? La question est discutée en jurisprudence. La négative a été admise par plusieurs arrêts décidant que le demandeur peut, malgré l'exercice de l'action en revendication, se prétendre possesseur lui-même, à l'effet d'établir son droit de prescription (Req. 9 juin 1852, aff. Séguin, D. P. 53. 1. 166; Civ. cass. 19 déc. 1859, aff. Préfet d'Alger (sol. impl.), D. P. 60. 1. 37). En sens contraire, il a été jugé que se porter demandeur en revendication d'un immeuble, c'est reconnaître que le défendeur a la possession de cet immeuble, et se soumettre, par suite, à l'obligation de prouver l'existence du droit de propriété revendiqué ; que, en conséquence, le demandeur en revendication qui ne fait cette preuve ni par titre, ni par prescription, doit être déclaré mal fondé dans sa demande, sans qu'il puisse soutenir que c'était à lui qu'appartenait, à l'époque de l'action, la possession de l'immeuble, et que, dès lors, c'était au défendeur à justifier de sa propriété (Req. 2 févr. 1857, aff. Héritiers Davoust, D. P. 57. 1. 253).

257. Mais, bien entendu, lorsque le juge du fond a constaté *en fait* que la partie qui a introduit une action pétitoire a reconnu par ses agissements que son adversaire est en possession de l'immeuble litigieux, cette décision souveraine échappe au contrôle de la cour de cassation (Civ. rej. 9 juin 1869, aff. Marché, D. P. 69. 1. 471).

CHAP. 4. — Des causes qui empêchent la prescription (*Rép.* n°s 399 à 464).

Sect. 1re. — De la précarité, fermage, usage, mandat, etc. (*Rép.* n°s 400 à 434).

§ 1er. — Qui est détenteur précaire.

258. Il importe de remarquer, tout d'abord, que les possesseurs précaires dont parle l'art. 2236 c. civ. ne possèdent pas réellement ; ils n'ont qu'une simple *détention*. Il ne faut pas, non plus, les confondre avec certaines personnes que l'on peut assimiler aux anciens possesseurs précaires du droit romain, qui obtenaient par faveur du propriétaire la possession d'une chose; c'est-à-dire les particuliers qui obtiennent des concessions sur le domaine public de l'État, d'un département, ou d'une commune. Vis-à-vis des tiers, ces concessionnaires ont un véritable droit ; à l'égard du concédant, au contraire, leur possession est révocable *ad nutum*. Ils ne peuvent, du reste, prescrire, en raison de l'imprescriptibilité du domaine public. Ainsi, il a été jugé que le concessionnaire de portions du rivage de la mer sous la condition de les endiguer n'a, vis-à-vis de l'État, qu'une possession précaire, non susceptible de servir de base à la prescription (Req. 11 mars 1868, aff. Moussart, D. P. 71. 5. 301. Comp. Laurent, t. 32, n° 299).

259. Pour l'énumération des diverses personnes qui détiennent pour autrui et sont des détenteurs précaires, V. *Rép.* n°s 401 et suiv. ; Req. 19 mars 1872, aff. Mesguich, D. P. 73. 5. 363.

260. Un usager est, quant à la propriété, un détenteur précaire. La jurisprudence a eu l'occasion de faire des applications intéressantes de cette règle, en ce qui concerne la loi des 10 et 11 juin 1793 relative aux communes (V. les arrêts cités au *Rép.* v° *Commune*, n° 2118. Comp. également Toulouse, 13 avr. 1832, *Rép.* v° *Usage forestier*, n° 128; Angers, 27 mai 1843, *ibid.*, v° *Prescription*, n° 428; Req. 4 déc. 1844, aff. De Beauchêne, D. P. 45. 1. 44; Pau, 9 mai 1892, aff. Commune de Saint-Engrace, D. P. 93. 2. 255).

261. Le dépositaire, avons-nous dit au *Rép.*, n° 400, est un détenteur précaire, qui ne saurait se prévaloir de l'art. 2279 c. civ. et de la maxime : *en fait de meubles possession vaut titre*. Ce principe conduit à décider que la Caisse des dépôts et consignations ne peut jamais prescrire, ni à son profit, ni au profit du Trésor, par quelque laps de temps que ce soit, la propriété des sommes qu'elle reçoit en dépôt. Elle possède, en effet, pour autrui, donc à titre précaire (Conf. Laurent, t. 32, n° 300).

La même solution doit être donnée pour les intérêts que la Caisse doit payer aux déposants. En effet, la Caisse est nécessairement dépositaire et débitrice des intérêts, en vertu du principe que l'accessoire suit la condition du principal. La jurisprudence se prononce en ce sens. Il a été décidé que le principe d'après lequel la Caisse des dépôts et consignations ne peut acquérir par la prescription les sommes dont elle est dépositaire s'applique également aux intérêts de ces sommes, lesquels peuvent être réclamés avec le capital, même quand ils remontent au delà de trente ans (Trib. civ. Le Havre, 27 janv. 1870, aff. Lebreton, D. P. 70. 3. 61 ; et sur appel, Rouen, 10 août 1870, D. P. 72. 5. 49. Conf. Laurent, *loc. cit.* ; Dumesnil, *Lois et règlements sur la Caisse des dépôts et consignations*, n° 493).

262. On a dit au *Rép.*, n° 409, en ce qui concerne le créancier gagiste, que, si le débiteur paye la dette sans retirer le gage, le créancier pourra commencer à prescrire. Cette solution absolue ne semble pas avoir prévalu. M. Laurent (t. 32, n° 301) soutient que le créancier gagiste ne pourra pas prescrire, même dans l'hypothèse indiquée. Il se fonde sur ce que, d'après l'art. 2238 c. civ., pour qu'il y ait interversion, il faut une cause venant d'un tiers, ou une contradiction formelle opposée par le détenteur précaire au propriétaire. Or, l'extinction de la dette par le payement ne peut équivaloir aux faits prévus par l'art. 2238 (Comp. dans le même sens : Leroux de Bretagne, t. 1. p. 285, n° 381 ; Baudry-Lacantinerie, t. 3, n° 1612).

263. On a soutenu au *Rép.* n° 412 et suiv., que le mari doit être considéré comme détenteur précaire des biens de sa femme, et cela, quel que soit le régime matrimonial adopté par les époux. Sauf le dissentiment de Troplong, cette solution est universellement admise (Comp. notamment : Aubry et Rau, t. 2, § 180, texte et note 7 ; Laurent, t. 32, n° 304 ; Bélime, n°s 117 à 121).

264. De même, on a exposé au *Rép.* n° 416, que le tuteur doit être considéré comme un détenteur précaire des biens du mineur ou de l'interdit, et qu'il ne peut les prescrire, et cela même après la cessation de la tutelle et la reddition du compte. C'est l'opinion qui paraît le plus généralement admise (V. Laurent, n° 303, p. 317; Aubry et Rau, t. 2, § 180, texte et note 10 ; Marcadé, sur l'art. 2241, n° 2). Toutefois, certains auteurs pensent, au contraire, les uns que la majorité du mineur, les autres que la reddition du compte de tutelle, par l'effet d'intervertir la cause de la possession du tuteur, qui, à partir de ce moment, pourrait prescrire les biens du pupille (Conf. Demolombe, *Minorité*, etc... t. 2, n° 131 ; Vazeille, *Prescriptions*, n° 143 ; Freminville, *Traité de la minorité*, n° 365. V. également Troplong, *Prescription*, t. 2, n°s 487 et 488). D'après ce dernier auteur, s'il y a eu un compte de tutelle, c'est à partir de ce moment qu'il faut faire courir la prescription au profit du tuteur. Dans le cas contraire, si aucun compte de tutelle n'a été rendu, ou si le mineur a laissé passer dix ans sans l'exiger, le tuteur pourrait prescrire à partir de la majorité du mineur. Cette doctrine se fonde sur ce que la prescription de dix ans tient lieu de décharge, et sur ce que la prescription produit un effet rétroactif.

Nous ne saurions adopter cette seconde opinion, car elle est contraire à l'art. 2238 c. civ., qui n'admet que deux causes d'interversion d'une possession précaire, le fait d'un tiers ou la contradiction que le détenteur apporte au droit du propriétaire.

265. La jurisprudence se prononce en faveur de la doctrine soutenue au *Répertoire*. Ainsi il a été décidé que le seul fait, par un tuteur ou ses héritiers, d'être restés en possession des biens du mineur pendant plus de trente ans, depuis la déclaration d'absence de ce dernier, ou depuis sa majorité, ne suffit pas pour qu'ils aient acquis, par prescription, la propriété de ces biens (Orléans, 31 déc. 1852, aff. Moisant, D. P. 54. 2. 128).

Jugé également que l'art. 2238 c. civ., aux termes duquel les possesseurs précaires ne peuvent prescrire qu'autant que le titre de leur possession se trouve interverti, soit par une cause venant d'un tiers, soit par la contradiction qu'ils ont opposée au droit du propriétaire, est applicable au tuteur qui détient les biens de son pupille. (Pau, 9 févr. 1857, aff. Ricaud, D. P. 57. 2. 81). L'arrêt ajoute que, en conséquence, pour que le tuteur ait pu acquérir la propriété de ces biens par prescription, il ne suffit pas que la tutelle ait cessé par la majorité du pupille, ni même que le tuteur soit resté en possession de ces mêmes biens pendant plus de trente ans à partir de l'expiration des dix années écoulées depuis la majorité du pupille et après lesquelles l'action en reddition du compte de tutelle est prescrite, ces circonstances ne constituant pas l'interversion de titre exigée par l'art. 2238 c. civ. Le pourvoi formé contre l'arrêt précité a été repoussé par la cour de cassation (Civ. rej., 2 juin 1858, aff. Duprat et consorts D. P. 58. 1. 238). La cour suprême, il est vrai, s'est fondée sur des constatations de fait souveraines contenues dans l'arrêt de la cour de Pau, desquelles il résultait que le tuteur et ses héritiers n'étaient demeurés en jouissance des immeubles pupillaires qu'en vertu d'un acte d'abandon à eux consenti par le pupille devenu majeur, avec réserve de la propriété de ces immeubles. Une telle réserve suffisait évidemment, à elle seule, pour affecter de précarité la détention du tuteur et de ses héritiers.

266. De même que le mari et le tuteur, le maire d'une commune est un détenteur précaire (V., en ce sens, Leroux de Bretagne, t. 1, n° 317, p. 245). Comme-le fait remarquer la cour de cassation, dans un arrêt du 3 août 1857 (aff. Lasserre, D. P. 59. 1. 211), « le maire est chargé de la conservation et de l'administration des biens de la commune et de faire, en conséquence, tous actes conservatoires de ses droits ». Dès lors, on ne comprendrait pas comment il pourrait posséder *animo domini* les biens dont il est administrateur, et acquérir par prescription contre la commune les droits qu'il est tenu de lui conserver (Comp. dans le même sens, Nancy, 10 janv. 1863, aff. Grandamy, D. P. 63. 5. 286).

Peu importe, du reste, que le maire ait commencé à posséder avant sa nomination à ses fonctions municipales. Sa possession n'en deviendra pas moins précaire et équivoque à partir de cette nomination. C'est ce qu'a admis l'arrêt de 1857 que nous venons de citer. Il a décidé, spécialement, que le maire d'une commune ne peut acquérir par prescription les biens de cette commune, même en vertu d'une possession antérieure à sa nomination, sa possession étant devenue précaire, et la prescription ayant, par suite, cessé de courir, à son profit, dès l'époque de cette nomination.

Le même arrêt fait l'application du principe à la femme commune en biens, qui ne peut avoir d'autres droits que son mari, en décidant que la possession de celle-ci est précaire comme celle du mari lui-même (Comp., sur tous ces points, Laurent, t. 32, n° 305).

267. En sens contraire, il y a lieu de signaler un arrêt aux termes duquel un maire peut acquérir par prescription un immeuble de la commune, dans le cas où, pendant le temps exigé pour prescrire, le maire a exercé sa possession indivisément avec d'autres personnes et l'a ainsi caractérisée, sans équivoque possible, par celle de ses copossesseurs (Pau, 13 déc. 1871, aff. Lavidan, D. P. 74. 5. 385). Cette solution ne paraît pas juridique. Le maire, détenteur précaire, ne peut prescrire les biens d'une commune, à moins d'une interversion de titre, et l'on n'en voit aucune dans l'espèce.

268. Faut-il considérer comme un détenteur à titre précaire le vendeur qui, ayant reçu le payement de son prix, ne livre pas la chose vendue à l'acquéreur ? Si ce vendeur

conserve la possession de cette chose pendant trente ans, en aura-t-il prescrit la propriété ? La question est très controversée en doctrine et présente un grand intérêt.

Tout d'abord, s'il a été convenu, par une clause particulière de l'acte de vente, que l'aliénateur conservera la chose, pendant un certain temps, à titre de locataire ou de fermier, il est certain que dans ce cas le vendeur possède pour le compte de l'acheteur et ne peut prescrire. La difficulté se présente dans le cas où le contrat de vente ne contient aucune clause de ce genre.

Des auteurs soutiennent que le vendeur est un détenteur précaire et, par suite, ne peut prescrire. C'est qu'en effet, d'après eux, le vendeur qui ne livre pas la chose vendue la détient en une qualité qui implique l'obligation de la livrer à l'acheteur. Or, dit-on, cette obligation de restituer est précisément ce qui imprime à une possession le vice de précarité, et empêche d'être utile pour la prescription (Conf. Duranton, t. 21, p. 384, n° 243).—Nous ne croyons pas devoir admettre cette solution, parce que, dans notre espèce, le vendeur ne possède pas en vertu du titre de vente ; il détient la chose sans titre. C'est ce que fait très bien ressortir M. Laurent (t. 32, n° 314) : « Je suis, à la vérité, dit-il, moi vendeur, obligé de faire la délivrance de la chose à l'acheteur, mais il ne résulte pas de là que je sois détenteur précaire, car je ne détiens pas en vertu d'un titre qui me donne le droit de détenir la chose en la possédant pour le propriétaire. Je possède au contraire sans titre, ce qui exclut toute détention précaire ; car les détenteurs précaires ont un titre. Or, dès que je ne suis pas détenteur précaire, rien ne m'empêche de prescrire, pourvu que ma possession ait les caractères exigés par l'art. 2229 c. civ. ». Comp., dans le même sens, Mourlon, t. 3, n°s 1844 et 1845, p. 885 et suiv.

On a proposé aussi une distinction. Dans le cas où le contrat de vente n'accorderait, expressément ou tacitement, aucun terme au vendeur pour la délivrance, ce dernier ne détiendrait pas la chose pour le compte de l'acheteur, et pourrait prescrire : on se fonde sur que que, dans cette hypothèse, le vendeur possède sans titre. Si, au contraire, le contrat accordait un terme au vendeur pour la délivrance de la chose, alors il détiendrait cette chose précairement, car il la posséderait pour le compte de l'acheteur. (V., en ce sens, Baudry-Lacantinerie, *Précis*, t. 3, n° 1614). Cette distinction nous paraît arbitraire.

269. Dans une espèce où, par donation, des biens avaient été affectés à une fondation charitable, et où leur administration avait été confiée à un délégué, il a été jugé que ce délégué ne pouvait pas se prévaloir de la nullité de l'acte de donation pour prétendre qu'il avait possédé les biens faisant partie de la donation pour lui-même, et qu'il en.avait acquis la propriété par prescription (Gand, 27 févr. 1883, aff. Ville d'Iseghem, D. P. 85. 2. 34). Cette solution ne pouvait souffrir difficulté. Le délégué choisi par le donateur était un détenteur pour le compte d'autrui. Il est vrai qu'en fait il avait augmenté de ses propres deniers les biens composant la donation, en élevant d'importantes constructions sur les terrains donnés. Mais le seul fait de l'édification de nouveaux bâtiments ne prouvait pas nécessairement que le demandeur avait possédé en qualité de propriétaire le sol même sur lequel il les avait établis. La donation annulée, les biens qui la composaient devaient rentrer dans les mains du donateur et de ses héritiers.

270. Il a été jugé que la jouissance par un particulier de biens communaux peut être déclarée purement précaire, et non susceptible, dès lors, de servir de base à la prescription, lorsqu'il résulte des rôles de la commune que ce particulier n'en a joui que pour ses troupeaux, conjointement avec les autres habitants de la commune, et moyennant le payement de la même taxe (Req. 19 déc. 1866, aff. Favre-Laurent, D. P. 67. 1. 440) ;

271. Décidé également que la stipulation d'une redevance annuelle, comme prix de la concession d'un immeuble, peut être considérée valablement par les juges du fond comme un signe indicatif de la précarité de concession, alors, notamment, que celle-ci émane d'une ville ; que, en conséquence, le tiers acquéreur qui, en vertu de son titre d'acquisition, n'a qu'un droit précaire et révocable, ne peut exciper, contre l'exercice du pouvoir de révocation appartenant à la ville, ni de la prescription trentenaire qui ne saurait reposer sur une possession empreinte de précarité, ni à plus forte raison, de la prescription décennale qui implique chez le possesseur, une bonne foi inconciliable avec la connaissance du vice de sa possession (Req. 24 déc. 1866, aff. Mourre et Corenson, D. P. 67. 1. 439).

272. En sens inverse, on ne peut considérer la possession d'une commune comme entachée de promiscuité et de précarité, lorsque les actes accomplis par cette commune dénotent de sa part l'intention persistante d'affirmer en toute occasion son droit de propriété exclusive et la résolution bien arrêtée de le faire respecter de tous, et que ladite commune a possédé les terrains litigieux sans aucune contradiction de la part des tiers (Civ. rej. 30 juin 1873, aff. Commune de Porge, D. P. 74. 1. 369; Comp. Trib. Seine, 3 mai 1890, aff. Yousef, D. P. 92. 2. 327).

273. Bien entendu, les juges du fond ont un pouvoir souverain d'appréciation pour rechercher si, dans telle espèce donnée, la possession est précaire ou non (Civ. rej. 30 juin 1873, cité *suprà*, n° 272. Comp. *suprà*, n° 241).

274. De même, il est certain que le vice de précarité est absolu, de telle sorte que toute personne peut s'en prévaloir (V. Aubry et Rau, § 180, et Laurent, t. 32, n° 308; Duranton, t. 21, n°s 223; Troplong, *Prescription* t. 1, n° 369 et 370; Leroux de Bretagne, t. 1 n° 306, p. 238; Baudry-Lacantinerie, t. 3, n° 1616).

§ 2. — Conséquences de la précarité.

275. Aux termes de l'art. 2236, les détenteurs précaires ne prescrivent *jamais, par quelque laps de temps que ce soit.* C'est ainsi que Dumoulin disait déjà, dans notre ancien droit, que ceux qui possèdent pour autrui ne peuvent arriver à la prescription *etiam per mille annos* (Comp. Marcadé sur l'art. 2241, n° 2; Laurent, t. 32, n° 309). Ainsi, un arrêt a débouté les communes de leur prétention à la propriété d'une partie d'une forêt, bien que leur possession remontât au douzième siècle, parce qu'elle était à titre précaire (Nancy, 31 mai 1833, *Rép.* n° 452). Une commune, qui avait une possession de plus de sept siècles, n'a donc pas pu triompher contre le propriétaire, auquel elle opposait la prescription, parce que celui-ci produisait un titre duquel il ressortait qu'à l'origine, la commune était simplement usagère et, par suite, détenteur précaire. Ainsi le vice de précarité est perpétuel (Outre les auteurs déjà cités, V. Aubry et Rau, t. 2, § 180, p. 92, Baudry-Lacantinerie, t. 3, n° 1630). — Sur son appréciation au point de vue législatif, V. les auteurs déjà cités et Mourlon, t. 3, p. 768, n° 1853. Elle est généralement critiquée.

276. On a exposé au *Rép.*, n° 433, que, si l'action en revendication peut toujours être intentée contre un détenteur précaire, au contraire, l'action personnelle qui appartient au propriétaire à l'occasion du contrat intervenu entre lui et le détenteur précaire reste soumise à la prescription ordinaire de trente ans. C'est un point généralement admis (V. Duranton, t. 17, p. 598, n° 542; Laurent, t. 32, n° 310; Leroux de Bretagne, t. 1, p. 282, n°s 374 et 375. Les anciens auteurs, se prononçaient déjà en ce sens (V. Dunod, part. 1, chap. 12, p. 101 et suiv, ; Pothier, *Prescr. à usage*, n° 47).

277. Le vice résultant de la précarité de la possession est aussi perpétuel en ce sens qu'il subsiste même après l'arrivée de l'époque fixée pour la restitution de la chose. Ainsi le fermier reste détenteur précaire, même après l'expiration du bail. C'est ainsi qu'on saurait faire difficulté (V. en ce sens, Baudry-Lacantinerie, t. 3, n° 1630).

278. On a dit au *Rép.*, n°s 427 et suiv., que les *héritiers* d'un détenteur précaire ne peuvent pas non plus prescrire. Il convient de remarquer que cette règle s'applique aux enfants naturels, bien que l'art. 756 c. civ. déclare qu'ils ne sont point héritiers. C'est qu'en effet les successeurs irréguliers n'en sont pas moins tenus des obligations de leur auteur (V. en ce sens, Laurent, t. 32, n° 311; Bruxelles, 23 févr. 1857, aff. Rosy, *Pasicrisie*, 1857. 2. 177).

279. Quant aux successeurs à titre singulier, si, aux termes de l'art. 2239 c. civ., ils peuvent prescrire, c'est à la condition expresse que le titre nouveau en vertu duquel ils possèdent ne les soumette pas à l'obligation de restituer la chose. Sinon, ils seraient des détenteurs précaires. Ainsi, lorsqu'un fermier sous-loue ou cède son bail, il est certain que le sous-preneur ou le cessionnaire ne pourra pas prescrire (Conf. Duranton, t. 21, p. 404, n° 249; Laurent, t. 32, n° 312; Leroux de Bretagne, t. 1, p. 295 et n° 395). C'est en ce sens qu'il faut entendre, croyons-nous, un arrêt de la cour de cassation d'après lequel le vice de précarité qui entache la possession ne se transmet aux successeurs à titre particulier que s'il est établi que ceux-ci en ont eu connaissance au moment de leur acquisition (Civ. cass., 8 nov. 1880, aff. Vassel, D. P. 81. 1. 28).

280. Aux termes de l'art. 2230 c. civ., le vice résultant de la précarité de la possession ne se présume pas. D'après ce texte, on est toujours présumé posséder pour soi, et à titre de propriétaire, s'il n'est prouvé qu'on a commencé à posséder pour un autre ». Ainsi le possesseur qui invoque la prescription n'est pas obligé d'établir que sa jouissance est exempte de précarité. C'est à son adversaire de prouver que sa possession est précaire (Comp. Aubry et Rau, t. 2, § 180, *in fine*, p. 94; Laurent, t. 32, n° 341; Baudry-Lacantinerie, t. 3, § 1615).

281. Ajoutons que cette présomption de non-précarité, établie par la loi au profit du possesseur, est susceptible d'être combattue par la preuve contraire (Req. 18 août 1884) (1).

282. En sens inverse, comme on l'a dit au *Rép.* n° 350, quand on a commencé à posséder pour autrui, on est toujours présumé posséder au même titre. Mais, ici encore, la présomption peut tomber devant la preuve contraire, et celle-ci résultera de l'interversion de titre que l'on va étudier dans la section 2.

Sect. 2. — De l'interversion du titre. — 1° Par une cause venant d'un tiers. — 2° Par la contradiction opposée au droit du propriétaire (*Rép.* n°s 435 à 450).

283. En ce qui concerne la première cause d'interversion du titre de la possession, admise par l'art. 2238, celle résultant d'une cause venant d'un tiers, nous avons soutenu au *Rép.*, n° 437, qu'il n'est pas nécessaire que le détenteur précaire fasse une notification à celui de qui il tient la chose à titre précaire, afin d'avertir ce dernier qu'il entend posséder désormais à titre de propriétaire. Cette solution est généralement admise par les auteurs (V. Aubry et Rau, t. 2, § 180, texte et note 11; Marcadé, t. 12, n° 4 de l'art. 2241; Leroux de Bretagne, t. 1, p. 299, n° 406; Laurent, t. 32, n° 318; Baudry-Lacantinerie, t. 3, n° 1632 *in fine*).

284. Relativement à l'effet produit par la loi du 10 juin 1793 sur la possession par les communes des terres vaines et vagues situées sur leur territoire, et sur le point de savoir si cette loi a opéré au profit desdites communes une interversion de titre, leur permettant de posséder *animo domini*, alors qu'antérieurement elles étaient simples usagères, V. ce qu'on a dit au *Rép.* n° 442, et *suprà*, v° *Commune*, n° 1080.

---

(1) (Fournier C. Rochefort). La cour. —Attendu qu'aux termes de l'art. 2279 c. civ., en fait de meubles possession vaut titre; que, s'il est excipé de la précarité de cette possession, pour faire obstacle à ses effets légaux, c'est à celui qui soulève cette exception à la justifier; — Attendu qu'il est constaté par l'arrêt attaqué que, lors du décès de la dame Astré, veuve Vien, ses héritiers ont trouvé parmi les effets mobiliers de cette dame une somme de 11874 francs; — Que cette somme a été revendiquée par la dame Fournier, en sa qualité d'héritière du sieur Vien, mari prédécédé de la dame Astre, comme étant la propriété de ce dernier; que l'arrêt, loin de rejeter la demande en preuve de cette dernière comme irrecevable et inadmissible, en a, au contraire, examiné la valeur, et ne l'a écartée qu'après cet examen, et parce qu'il a reconnu que les faits cotés en preuve, fussent-ils établis, étaient insuffisants pour justifier les prétentions de la dame Fournier; qu'en statuant ainsi, l'arrêt attaqué n'a ni violé, ni faussement appliqué les articles de la loi sus visés; — Par ces motifs;

Rejette, etc.

Du 18 août 1884.-Ch. req.-MM. le cons. Alméras Latour, pr.-Féraud-Giraud, rap.-Billot-Beaupré, f. f. d'av. gén.-Bouchié de Belle, av.

285. En ce qui concerne la seconde cause d'interversion admise par la loi, à savoir la contradiction opposée au droit du propriétaire, on a exposé au *Rép.*, nos 445 et suiv., qu'elle peut résulter non seulement d'actes judiciaires, mais aussi d'actes matériels. On a ajouté que la contradiction devait être telle qu'en fait le propriétaire n'ait pu se méprendre sur l'intention du possesseur. De ces principes, la jurisprudence a fait les applications suivantes :

286. — 1° On doit considérer comme détenteur précaire, ne pouvant prescrire, le tuteur qui n'a conservé la jouissance des immeubles du pupille, qu'en vertu d'un acte d'abandon consenti par ce dernier à sa majorité, et portant que le nouveau majeur se réservait la propriété de ces immeubles. Cette réserve empêchait l'interversion du titre (Civ. rej. 2 juin 1858, aff. Duprat et cons., D. P. 58. 1. 237). Comp. aussi ce qu'on a dit *supra*, nos 264 et suiv.

287. — 2° Le seul défaut de payement par l'Etat des redevances et indemnités dues par lui, en raison de l'usage d'un canal privé pour le flottage, ne constitue pas un acte de contradiction suffisant pour intervertir le titre de la possession de l'Etat, détenteur précaire de ce canal (Amiens, 4 août 1875, aff. Marquis de Lubersac, D. P. 77. 2. 189). Il en est de même des travaux d'approfondissement ou de réparation effectués par l'Etat sur un canal privé qu'il possède en vertu d'un titre précaire : des autorisations qu'il a pu donner pour le flottage, pour la création de passerelles ou de prises d'eau, pour l'établissement de gardes chargés de la surveillance, ne peuvent constituer une cause légitime d'interversion du titre de la possession de l'Etat, lorsque ces actes peuvent être regardés comme l'exercice d'un droit de servitude qui lui appartient sur le canal, ou comme la conséquence du pouvoir supérieur de police de l'Etat (Même arrêt). Il en est de même encore de la poursuite devant le tribunal correctionnel pour délit de pêche, dirigée contre le propriétaire du canal, alors que les représentants de l'Etat, mis en demeure de justifier du droit en vertu duquel ils poursuivaient, s'étaient désistés, sans essayer d'établir la propriété de l'Etat (Même arrêt).

288. — 3° Décidé encore que les héritiers d'un preneur à bail congéable ne peuvent pas prescrire par trente ans la propriété de certaines terres, alors que, en les comprenant dans le partage de la succession de leur auteur, ils se sont réciproquement imposé l'obligation de contribuer au payement des charges dont elles pouvaient être grevées (Req. 19 févr. 1873, aff. Cozic, D. P. 73. 1. 200). En effet le partage, qui a uniquement pour but de faire cesser l'indivision, suppose essentiellement une acquisition antérieure faite par les copartageants eux-mêmes ou par leur auteur, et ne constitue pas dès lors un titre spécial et distinct d'acquisition. Par suite, malgré l'existence du partage, les héritiers du preneur restent de simples détenteurs précaires et ne peuvent pas prescrire.

289. — 4° La déclaration faite par une personne, dans un inventaire, qu'elle possède comme propriétaire certains biens, ne constitue pas une contradiction suffisante pour intervertir le titre de sa possession (Req. 14 nov. 1871, aff. Jacob, D. P. 71. 1. 345).

290. — 5° Conformément à la doctrine exposée au *Rép.* n° 445 *in fine*, en ce qui concerne l'interversion de possession par une commune usagère, la cour de cassation a décidé, avec raison, « qu'il faut, pour opérer l'interversion, un fait patent, non équivoque, ayant pu être connu du propriétaire, et qu'on ne peut attribuer ce caractère à quelques actes abusifs qui, se confondant avec l'usage, peuvent être considérés comme n'en étant que l'extension, bien loin de présenter le caractère précis de la contradiction à l'encontre du droit de propriété » (Req. 28 déc. 1857, aff. Commune de Saint-Cyr-la-Campagne, D. P. 58. 1. 113). Ainsi une commune simplement usagère ne peut invoquer des actes d'abus de jouissance commis par elle, pour soutenir qu'ils constituent à son profit une contradiction au droit du propriétaire, capables d'intervertir sa propre possession. L'usager, en effet, a pu profiter de l'absence ou de la négligence du propriétaire pour donner trop d'extension à son droit, sans qu'il y ait opposition formelle de sa part aux droits du propriétaire.

Jugé, également, qu'une commune, simple usagère dans un bois de l'Etat, n'a pu, quelque longue qu'ait été sa possession, prescrire la propriété tant que le titre de sa possession ne s'est pas trouvé interverti; et que cette interversion n'a pu résulter de faits qui étaient conciliables avec un simple droit d'usage ou qui constituaient des abus de jouissance commis à l'insu de propriétaire (Civ. cass. 17 juin 1854, aff. Commune de Montigny, D. P. 55. 1. 261).

291. — 6° Il a été décidé, dans le même sens, qu'un acte ne constitue, de la part d'un usager, une contradiction suffisante pour intervertir le titre de sa possession que si, adressé au propriétaire, qui est mis en demeure de protester, il est la négation absolue des droits de ce propriétaire et la manifestation non équivoque de la propriété que le détenteur prétend avoir; que, spécialement, le refus par un usager d'admettre, suivant la coutume, au pacage sur les terrains soumis à son droit d'usage, des habitants *ut singuli* de la commune propriétaire, ne peut être considéré comme une contradiction au sens de l'art. 2238 c. civ.; qu'un pareil fait est simplement un abus de jouissance, et que l'usager ne saurait, de là, faire résulter une prescription en sa faveur; alors, d'ailleurs, que rien n'établit à quelle date, dans quels termes et vis-à-vis de combien d'habitants la défense du droit de pacage a été opposée; et que le payement des contributions afférentes à un terrain et le refus non motivé par l'usager de ce terrain d'acquitter les redevances réclamées par la commune, n'impliquent pas davantage contradiction aux droits de la commune propriétaire (Pau, 9 mai 1892, aff. Commune de Saint-Engrâce, D. P. 93. 2. 255).

292. — 7° De même, l'interversion du titre d'un usager ne peut résulter d'une réclamation de propriété, non suivie d'une action en justice, et après laquelle cet usager, au lieu de commencer à posséder comme propriétaire, a continué à n'accomplir que des faits d'usage, surtout si le propriétaire a, de son côté, conservé sa possession à titre de propriété (Req. 3 févr. 1857, aff. Commune de Masson, D. P. 57. 1. 357).

293. — 8° Il ne suffit pas à un usager, pour intervertir son titre et acquérir par prescription la propriété d'un fonds, d'avoir, à diverses reprises, manifesté le désir et la prétention de s'attribuer cette propriété, d'avoir agi publiquement comme propriétaire pendant le temps requis pour la prescription, si cet usager n'a point opposé au propriétaire une contradiction claire et non équivoque, mis ce dernier en demeure de veiller à ses droits. Il faut que le véritable propriétaire, par une interpellation directe ou par un fait équipollent, ait été mis en demeure de reconnaître ou de contester la qualité que l'usager s'attribue (Bourges, 27 févr. 1861, aff. Lizé, D. P. 63. 2. 57; 23 déc. 1861, aff. Commune de Gron, D. P. 63. 2. 59. Comp. Poitiers, 26 févr. 1850, *Rép.* v° *Usage forestier*, n° 139-3°).

L'interversion de titre ne saurait non plus résulter d'un acte par lequel l'usager a cédé ses droits à un tiers, tels qu'ils existaient et se comportaient, alors surtout que la jouissance de l'acquéreur a été identique et conforme à celle du vendeur (Arrêt précité du 27 févr. 1861).

294. — 9° On ne peut voir non plus une interversion de titre, au profit d'une commune usagère, dans le fait : 1° que les bois grevés auraient été inscrits et imposés sous son nom (Bourges, 23 déc. 1861, aff. Commune de Gron, cité *supra*, n° 293); — 2° Que ces bois auraient été surveillés et entretenus aux frais de la commune usagère (Même arrêt. Comp. aussi Civ. rej. 10 déc. 1844, *Rép.* v° *Usage*, n° 445-3°); — 3° Que l'autorité administrative, dans l'ignorance des droits de l'Etat, aurait régi et administré comme biens communaux les bois en question (Même arrêt. Comp. également Grenoble, 18 janv. 1855, *Rép.* v° *Usage*, n° 445-4°).

295. — 10° De même, une commune usagère de bois n'est pas fondée à invoquer, comme ayant eu pour effet d'intervertir la propriété du sol, un arrêt rendu dans une instance entre elle et l'Etat, propriétaire des bois, arrêt reconnaissant, par interprétation des dispositions d'un acte de concession, que la commune n'avait point à remplir, pour exercer ses droits d'usage, certaines formalités prescrites pour les forêts royales, alors, surtout que, dans l'instance en question, la commune n'avait point prétendu avoir droit à la propriété du sol, et n'avait pas réclamé des droits plus étendus que ceux conférés à elle par son titre (Civ. rej. 4 mars 1873, aff. Commune de Francheval, D. P. 73. 1. 345). Cette solution ne pouvait faire difficulté : en effet, dans l'espèce sur laquelle a statué l'arrêt précité, aucune contradiction n'avait été faite par la commune usagère au droit de l'État.

296. L'interprétation adoptée par le juge du fait à l'égard d'actes et de documents divers invoqués par un détenteur précaire, comme ayant eu pour résultat d'intervertir son titre de possession et de l'habiliter à prescrire la propriété du sol, est souveraine et échappe à la censure de la cour de cassation (Civ. rej. 4 mars 1873, cité *suprà*, n° 295).

297. On a indiqué au *Rép.*, n° 448, l'opinion de Vazeille et celle de Troplong, sur la question de savoir comment doivent se prouver les faits de contradiction aux droits du propriétaire. Cette question nous paraît devoir être résolue, conformément aux principes du droit commun, par une distinction entre les faits matériels, d'une part, qui peuvent se prouver librement par témoins, et les faits juridiques, d'autre part. Pour ces derniers, on doit appliquer l'art. 1341 c. civ. qui n'admet la preuve testimoniale qu'au-dessous de 150 fr. (V. en ce sens : Laurent, t. 32, n° 326, et Montpellier, 26 avr. 1838, cité au *Rép.* n° 448). M. Leroux de Bretagne, t. 1, p. 304, n° 414, se rallie à l'opinion de Troplong. D'après lui, la preuve testimoniale serait interdite en cas de contradiction purement orale; elle ne pourrait être admise que dans l'hypothèse où la contradiction résulterait de faits qui témoigneraient aux yeux de tous et seraient par eux-mêmes une protestation évidente contre le droit du propriétaire. Cette doctrine nous paraît arbitraire.

298. Comme on l'a vu au *Rép.*, n° 450, le juge ne peut pas suppléer d'office des faits de contradiction au droit du propriétaire. Décidé, en ce sens, que les juges qui rejettent un moyen de prescription pour le motif que la jouissance du possesseur a été précaire à son début n'ont à s'occuper de la question d'interversion du titre de la possession qu'autant que des faits d'interversion ont été articulés dans les conclusions prises devant eux; et que, en l'absence de toute articulation, leur décision ne peut être attaquée pour défaut de motifs résultant du silence qui y est gardé sur la question d'interversion (Civ. rej. 29 janv. 1862, aff. Commune de Lacaune, D. P. 62. 1. 244).

299. Ajoutons que l'interversion de la possession, par une des causes prévues par l'art. 2238 c. civ, a pour effet de purger le vice de la précarité *erga omnes*. Désormais le possesseur pourra prescrire, non seulement contre celui dont il tenait son titre entaché de précarité, mais contre tout le monde. Cette règle est certaine (V. en ce sens, Baudry-Lacantinerie, *Précis*, t. 3, n° 1632).

300. Il a été décidé qu'un arrêt qui, pour écarter le moyen tiré de l'interversion dans le titre d'une possession précaire à l'origine, se borne à déclarer que les titres produits sont impuissants à détruire la présomption de précarité, ne permet pas à la cour de cassation de vérifier s'il a été statué en fait ou en droit. Dès lors, cet arrêt n'est pas suffisamment motivé et manque de base légale (L. 20 avr. 1810, art. 7; Civ. cass. 19 févr. 1889, aff. Andoly, D. P. 89. 1. 347).

Sect. 3. — DE LA MAXIME QU'ON NE PEUT PRESCRIRE CONTRE SON TITRE (*Rép.* n°° 451 à 464).

301. La jurisprudence a tiré des conséquences nombreuses de la règle étudiée au *Rép.* n°° 451 et suiv., d'après laquelle on ne peut se changer à soi-même la cause et le principe de sa possession (V. aussi les arrêts cités au *Rép.* n° 455). Ainsi elle a admis qu'un usager n'a pu, quelque longue qu'ait été sa possession, acquérir par prescription la propriété d'une forêt, parce qu'il lui a été impossible de prescrire contre son propre titre (Req. 3 janv. 1827; Nancy, 29 juin 1832 et 11 mai 1843, *Rép.*, v° *Usage forestier*, n° 127, 1°, 2° et 3°).

302. De même, il a été décidé qu'un chanoine laïque possédant une terre relevant d'une prébende canonique en qualité d'usufruitier, par conséquent de détenteur précaire, n'avait pu en acquérir la propriété par quelque laps de temps que ce fût (Bruxelles, 20 mai 1851, *Pasicrisie*, 1854. 2. 211).

303. Jugé également que celui qui a obtenu de l'autorité administrative une concession d'eau soumise à certaines réserves au profit de la ville voisine ne peut invoquer la prescription contre cette ville qui se prévaudrait de ces réserves après plus de trente ans, car ce serait prescrire contre son propre titre (Req. 21 févr. 1872, aff. Vié, D. P. 72. 1. 237). Dans l'espèce, le riverain d'un cours d'eau avait obtenu une concession pour l'établissement d'une usine, sous la condition que la ville aurait le droit de prendre les eaux nécessaires pour ses fontaines, et qu'une partie des travaux serait faite sur les terrains du concessionnaire. Pour soutenir que la ville pouvait, même après trente ans, se prévaloir des clauses insérées à son profit dans la concession, la cour de cassation s'est fondée avec raison sur ce que ces clauses étaient tellement inhérentes à la concession « que le temps plus ou moins long que mettait la ville à user du droit stipulé à son profit dans l'ordonnance ne pouvait jamais devenir pour le concessionnaire la cause d'un affranchissement incompatible avec la nature de son propre droit et de son titre originaire ».

304. Ainsi qu'on l'a vu au *Rép.*, n°° 457 et suiv., ce n'est pas prescrire contre son titre que prescrire *au delà* de son titre. On a exposé, *ibid.*, les applications que comporte cette règle.

Ajoutons qu'un fermier peut étendre sa jouissance sur un fonds contigu à celui qui lui a été loué. Dans ce cas, il pourra parfaitement acquérir par prescription ce fonds contigu, à la condition, bien entendu, que sa possession réunisse les conditions requises par l'art. 2229 c. civ. Le fermier a deux possessions différentes, l'une en vertu d'un acte de bail, à titre précaire, l'autre en dehors de tout contrat, et qui pourra être utile pour la prescription. D'autre part, on ne peut objecter l'art. 1768 c. civ., aux termes duquel le preneur d'un bien rural est responsable des anticipations commises sur le bien afferme, s'il n'en a pas averti le propriétaire. On ne saurait, en effet, considérer le fermier comme usurpant le bien donné à bail, lorsqu'il s'empare, ainsi que tout autre aurait pu le faire, d'un terrain qui ne dépendait pas de ce bien et sur lequel le bailleur n'avait aucune espèce de droits (V. dans ce sens, Laurent, t. 32, n° 334; Leroux de Bretagne, t. 1, p. 308, n° 422 ; Baudry-Lacantinerie, t. 3, n° 1631).

Il a été jugé, en ce sens, que le preneur d'un bien rural, désigné dans les titres et dans les baux comme aboutissant à un chemin, peut acquérir, par prescription, le « flégard » ou terrain vague existant entre ce chemin et l'immeuble affermé, encore qu'il doive en résulter pour le bailleur un préjudice, et spécialement la privation pour sa propriété de l'accès au chemin, sans que l'on puisse objecter en sens contraire l'art. 1768 c. civ. (Douai, 5 déc. 1854, aff. Desmarets, D. P. 55. 2. 139).

305. Toutefois, la cour de cassation a décidé, en sens inverse, qu'une commune usagère, à qui son titre n'accorde qu'un droit de pâturage, ne peut prétendre avoir acquis par la prescription le droit d'enlever le bois mort ou gisant, parce que, dit l'arrêt, « il n'a jamais été permis à des usagers d'étendre leurs droits par des actes de possession contraires à leurs titres, et nécessairement abusifs » (Req. 26 juin 1849, aff. Commune de Baldenheim, D. P. 49. 5. 207). M. Laurent (t. 32, n° 332 *in fine*) critique justement la doctrine de cet arrêt. Comme le fait remarquer cet auteur, « la jouissance d'un usager fonde la prescription; à plus forte raison en doit-il être ainsi de la jouissance abusive d'un usager » (Comp. Req. 15 déc. 1847, D. P. 48. 1. 53, cité au *Rép.* n° 458).

306. On peut aussi prescrire contre son titre, en ce sens que l'on prescrit la libération de l'obligation qu'on a contractée (V. *Rép.* n°° 460 et suiv.).

307. Ainsi qu'on l'a dit *ibid.*, le principe d'après lequel le débiteur se libère par la prescription malgré l'existence d'un titre, s'applique même au cas où l'obligation naît d'un contrat synallagmatique. Cette solution est généralement admise aujourd'hui (V. Laurent, t. 32, n°° 334 et 335; Leroux de Bretagne, t. 1, p. 310, n°° 427 et 428).

La jurisprudence est en ce sens. Aux arrêts cités au *Rép.*, *ibid.*, *adde* Bourges, 16 avr. 1846, *Rép.*, v° *Usage forestier*, n° 145. Dans l'espèce, un droit d'usage avait été constitué moyennant une redevance. La cour a admis que l'usager avait pu prescrire la redevance, alors que le droit d'usage lui-même subsistait. On objectait que le contrat créant le droit d'usage établissait entre le propriétaire et l'usager une obligation réciproque, perpétuelle et imprescriptible;

que chacune de ces obligations était corrélative de l'autre et que l'usager ne pouvait user de son droit sans payer la redevance. L'arrêt a répondu que le principe de l'art. 2241, d'après lequel toute obligation se prescrit malgré le titre, est applicable aussi bien aux contrats synallagmatiques qu'aux contrats unilatéraux.

CHAP. 5. — Des causes qui interrompent la prescription (*Rép.* n°s 465 à 683).

SECT. 1re. — DE L'INTERRUPTION NATURELLE (*Rép.* n°s 466 à 474).

308. On a dit au *Rép.*, n° 466, qu'il y a interruption naturelle de la prescription lorsque le possesseur abdique volontairement sa possession. Celle-ci suppose nécessairement, en effet, l'*animus domini*, et, par conséquent, elle se perd quand l'*animus domini* cesse d'exister. En dehors d'une telle hypothèse, fort rare en pratique, la simple cessation de jouissance du possesseur aura bien pour résultat de rendre sa possession discontinue et, par suite, vicieuse au point de vue de la prescription (V. *supra*, n°s 193 et suiv.), mais on ne pourra pas y voir une interruption naturelle de la prescription. V. sur ce point : Laurent, t. 32, n°s 79 et 80 ; Leroux de Bretagne, t. 1, p. 316, n° 439 ; Baudry-Lacantinerie, *Précis*, t. 3, 2e éd., n° 1636. Comp. aussi *Rép.* n° 473.

309. On a indiqué au *Rép.*, n° 471, l'opinion de différents auteurs sur le point de savoir si l'inondation est une cause d'interruption de la prescription. Parmi les auteurs récents, M. Laurent (t. 32, n° 83) se prononce en faveur de la négative ; M. Leroux de Bretagne (t. 1, p. 315, n° 437), pour l'affirmative.

SECT. 2. — DE L'INTERRUPTION CIVILE (*Rép.* n°s 475 à 683).

310. A la différence de l'interruption naturelle, qui ne s'applique qu'à la prescription acquisitive, l'interruption civile reçoit son application aussi bien en matière de prescription extinctive que de prescription acquisitive.

ART. 1er. — *Des actes interruptifs de la prescription : citation, commandement, saisie, etc.* (Rép. n°s 475 à 526).

311. — 1° *Citation en justice.* — Ainsi qu'on l'a vu au *Rép.*, n° 477 et suiv., les mots *citation en justice* ont ici un sens très large.

Ainsi on doit regarder comme interrompant la prescription : 1° les demandes en collocation produites dans un ordre ou dans une distribution par contribution (V. en ce sens, Aubry et Rau, t. 2, § 215, p. 447, texte et note 5 ; Rouen, 3 mars 1856) (1) ; — 2° Les demandes en admission au passif d'une faillite (Conf. Troplong, *Prescription*, t. 2, n° 719 ; Aubry et Rau, *loc. cit.*, note 6) ; — 3° Les instances judiciaires entre cohéritiers (Riom, 30 avr. 1889, aff. Parent, D. P. 90. 2. 166).

312. Comme on l'a montré au *Rép.*, n°s 484 et 485, pour que la citation en justice ait l'effet d'interrompre la prescription, il faut qu'elle révèle chez le demandeur l'intention d'obtenir la reconnaissance ou l'exécution du droit qu'il veut empêcher de prescrire. — Il y a là une question de fait, qui sera tranchée souverainement par le juge ; tout dépend, en effet, de l'intention que manifeste le demandeur en agissant contre le débiteur ou le possesseur (V. en ce sens, Laurent, t. 32, n° 87 ; Leroux de Bretagne, t. 1, n° 481, p. 344).

313. Par application de ce principe, il a été jugé qu'il y a interruption de la prescription, lorsque le demandeur agit en reconnaissance du titre de sa créance, alors que ce titre est sous seing privé (Liège, 29 juill. 1841, *Pasicrisie belge*, 1841. 2. 348).

314. Jugé, de même, que la demande principale en partage d'une succession comprend non seulement les biens qui sont spécifiés nominativement dans l'exploit introductif d'instance, mais aussi virtuellement tous les biens qui sont compris dans la masse partageable. Le demandeur peut en faire l'objet de réclamations successives, au fur et à mesure qu'il les découvre. Même à l'égard de ces derniers biens, la prescription se trouve interrompue par la demande principale (Bruxelles, 11 mai 1871) (2). Les divers objets successivement réclamés formant en réalité l'objet d'une seule et

---

(1) (Guérin Delahoussaye C. Guérin). — LA COUR ; — Attendu qu'à la demande en payement des sommes que Guérin Delahoussaye aurait payées en l'acquit de Guérin Ducatelet, son frère, les intimés opposent à la demoiselle Delahoussaye, appelante, deux exceptions : la première, la prescription de cinq ans ; la seconde, celle de trente ans ; .... — En ce qui touche la deuxième exception, la prescription de trente ans : — Attendu que l'appelante prétend que cette prescription a été interrompue par la production que Guérin Delahoussaye, son père, a faite pour avoir payement de sa créance, dans l'ordre ouvert en 1824 et clos en 1826, sur les biens mis en vente par Guérin Ducatelet, mais que les intimés soutiennent, de leur côté, que cette demande faite sur la production a été rejetée et que l'interruption doit être regardée comme non avenue ; — Attendu que la production de Guérin Delahoussaye avait un double objet : le premier, de se faire reconnaître créancier de son frère ; le second, de se faire attribuer un rang hypothécaire à la date de ses inscriptions ; — Qu'une collocation provisoire a admis toute la demande de Guérin Delahoussaye et l'a reconnu créancier, notamment, des sommes qui sont réclamées aujourd'hui en son nom ; — Que cette collocation signifiée au débiteur assistant à l'ordre n'a pas été attaquée par lui ; — Qu'il est vrai que, sur le contredit d'un créancier, l'ordonnance de collocation provisoire a été réformée ; mais qu'elle ne l'a été que quant au rang hypothécaire qu'elle accordait à Guérin Delahoussaye, et qu'elle a conservé tout son effet quant à la reconnaissance de la dette ; — Qu'il suit de ce que dessus que la demande à l'ordre n'a pas été rejetée et que cette demande a valablement interrompu la prescription ; .... — Par ces motifs, met l'appellation et le jugement dont est appel à néant ; réformant, dit et juge à tort les exceptions de prescription admises par les premiers juges, etc.

Du 3 mars 1856.-C. de Rouen, 1re ch.-MM. Legris de la Chaise, pr.-Millevoye, 1er av. gén.-Chosson et Deschamps, av.

(2) (Scarsez C. De Vinchant.) — LA COUR ; .... — 5° Sur l'exception de prescription opposée aux divers postes qui figurent aux conclusions prises devant le premier juge et au fur et mesure nominativement désignés dans les exploits introductifs d'instance : — Attendu que l'argumentation des appelants serait sans réplique s'il était vrai, comme ils le soutiennent, que la demande dirigée contre eux n'était qu'une revendication pure et simple de cer-

tains biens individuellement déterminés ; que, ce point étant constant, il faudrait en conclure que la demande n'embrasse et ne couvre que les objets y spécifiés, et que les réserves, même les plus énergiques, de formuler plus tard d'autres demandes n'ont pas interrompu la prescription relativement aux objets à comprendre dans ces dernières ; — Mais, attendu que la prémisse adoptée par les appelants est inadmissible ; que, pour s'en convaincre, il suffit d'examiner attentivement l'exploit introductif, prendre cet exploit dans son ensemble, combinant entre eux le dispositif et les considérants, et recherchant par cette interprétation rationnelle ce que demandeurs et défendeurs devaient nécessairement considérer comme réclamé par ledit exploit ; — Attendu, en effet, qu'on commence par y établir les qualités des parties en cause ; qu'on expose ensuite que les défendeurs sont restés, au préjudice des demandeurs, en possession exclusive de divers biens, rentes et créances provenant de la succession à laquelle ils ont été tous appelés ; que, pour le moment, on n'est pas encore à même d'énumérer tous et chacun de ces biens, rentes et créances ; qu'en attendant, on réclame sa part dans ceux qui ont été découverts, mais qu'on se réserve formellement de libeller les autres au fur et à mesure qu'on sera parvenu à les retrouver, et que l'assignation est donnée également pour voir statuer sur lesdits articles ; — Attendu qu'il n'est pas permis de s'emparer du mot *demande*, qui se rencontre dans la partie finale de l'ajournement, et d'en induire que les postes auxquels la prescription est opposée constitueraient véritablement des demandes nouvelles ; que ce serait là un raisonnement judaïque, repoussé à la fois par le mot *demande* lui-même prise en son entier, et par l'ensemble dudit ajournement, où l'on a la preuve que ce mot *demande* a été employé improprement comme équivalent des termes *objet ou article* ; — Attendu qu'il n'est pas permis non plus d'argumenter de la circonstance que la demande n'est pas explicitement qualifiée de demande en supplément de partage, puisque la nature et la portée d'une action s'apprécient moins par les expressions dont les parties se servent que par les divers éléments qu'elle présente, combinés entre eux et interprétés les uns par les autres ; que d'après cela la présente action, telle qu'elle est formulée, doit être tenue pour une action en supplément de partage, qu'il n'est pas douteux qu'elle a été réellement comprise en ce sens aussi bien par les défendeurs que par les demandeurs ; — Attendu, dès lors, qu'elle contenait vir-

même action, il y avait interruption de la prescription pour toute l'hérédité (Comp. Laurent, t. 32, n° 90, p. 103 et 104).

315. D'autre part, dans le cas où le propriétaire d'un canal, sans prendre de conclusions tendant à se faire déclarer propriétaire des francs-bords, a introduit en justice de paix, contre un riverain, une demande en enlèvement d'arbres prétendus plantés trop près de la limite des francs bords, cette action n'a pas pour effet d'interrompre la prescription acquisitive courante au profit de ce riverain sur le terrain bordant ce canal (Conf. Req. 10 mars 1873, aff. Consorts Saint-Supéry, D. P. 75. 1. 109).

316. Bien entendu, une citation en justice n'interrompt la prescription qu'autant qu'elle est signifiée à la personne du possesseur en faveur duquel court la prescription. Notamment, elle n'a pas cet effet lorsqu'elle a été signifiée à celui qui ne détient l'immeuble qu'en qualité de fermier (V. en ce sens, Req. 21 déc. 1859, aff. Polge-Montalbert, D. P. 60. 1. 26. Comp. Laurent, t. 32, n° 91, p. 105; Leroux de Bretagne, t. 1, n° 480, p. 344). Dans le même sens, nous avons dit au *Rép.*, n° 665, que la citation en justice adressée à l'usufruitier que le demandeur croyait possesseur *animo domini* est réputée non avenue à l'égard du véritable possesseur, et n'a aucun effet interruptif de prescription. — Toutes ces solutions ne sont que l'application du principe pénal, en vertu duquel, pour qu'un acte juridique interrompe la prescription, il faut qu'il soit signifié à celui contre lequel on veut interrompre la prescription.

317. De plus, la citation en justice ainsi adressée par erreur au fermier ou à l'usufruitier n'interrompra pas la prescription à l'égard du véritable possesseur, alors même que le détenteur précaire aurait dissimulé frauduleusement sa qualité, sauf à l'auteur de la citation à actionner en dommages-intérêts le possesseur apparent qui l'a trompé. Toutefois, s'il y avait concert frauduleux entre le véritable possesseur et le fermier ou l'usufruitier, dans le but de donner à ce dernier la qualité de possesseur apparent de l'immeuble, comme la fraude fait exception à toutes les règles, il y aurait interruption de la prescription (Conf. Pothier, *Prescription*, n° 55; Troplong, *Prescription*, n° 653 ; Laurent, *loc. cit.*; Req. 21 déc. 1859, cité *suprà*, n° 316).

318. — 2° *Commandement.* — On a dit au *Rép.*, n° 486, que le commandement est, par lui-même, interruptif de la prescription, et qu'il n'est pas nécessaire qu'il soit suivi de saisie dans un certain délai. D'un autre côté, le commandement conserve son effet interruptif, alors même que la saisie dont il a été suivi aurait été déclarée nulle. C'est en ce sens que se prononcent les auteurs les plus récents (Laurent, t. 32, n° 108 ; Aubry et Rau, t. 2, p. 351, notes 22 et 23, § 215).

319. En général, le commandement sert à interrompre la prescription extinctive des droits de créance, parce qu'il est le préliminaire d'une saisie. Toutefois, il peut servir aussi à interrompre la prescription acquisitive d'un immeuble. Par exemple, le propriétaire d'un immeuble a obtenu un jugement contre le possesseur dudit immeuble condamnant ce possesseur à délaisser l'héritage. Le commandement à fin de délaissement que le propriétaire doit signifier au possesseur, avant de recourir à l'exécution forcée, a pour effet d'interrompre la prescription du possesseur, bien qu'il ne soit pas le préliminaire d'une saisie (V. en ce sens : Laurent, *op. cit.*, n° 113 ; Mourlon, t. 3, p. 778, n° 1878 ; Marcadé, sur l'art. 2248, n° 4).

320. On a dit au *Rép.*, n° 492, que la notification préalable d'un titre exécutoire faite à l'héritier par un créancier du *de cujus*, conformément à l'art. 877 c. civ., annonçant l'intention de poursuivre, a pour effet d'interrompre la prescription. Cette question soulève encore aujourd'hui des difficultés. MM. Aubry et Rau (t. 2, § 215, p. 352, texte et notes 29 et 30) pensent que la notification en question opère interruption de la prescription, à la condition, toutefois, qu'elle soit suivie d'un commandement fait à l'expiration de la huitaine. D'autres auteurs estiment, d'une façon absolue, que la notification,

faite conformément à l'art. 877 c. civ., ne peut avoir pour effet d'interrompre la prescription de la créance (V. en ce sens : Laurent, t. 32, n° 112, p. 123; Leroux de Bretagne, t. 1, n° 517, p. 516. Conf. Bordeaux, 11 janv. 1856, aff. Robert, D. P. 57. 2. 46; Pau, 20 juill. 1870, aff. Vielajus, D. P. 72. 2. 70).

321. Il a été jugé que la sommation, faite par un créancier à l'acquéreur d'un immeuble hypothéqué, de se présenter à l'ordre ouvert pour la distribution du prix interrompt la prescription (Riom, 2 janv. 1858, aff. Héritiers Bertrand, D. P. 58. 2. 136. Comp. Aubry et Rau, t. 2, § 215, p. 353, note 24).

322. — 3° *Saisie signifiée.* — La saisie est un mode d'interruption de la prescription distinct du commandement qui la précède d'ordinaire. Par l'effet du commandement, la prescription est interrompue, ainsi qu'on vient de l'indiquer (*suprà*, n° 318). Mais, après le commandement, le débiteur commence une nouvelle prescription, laquelle est interrompue par la saisie (V. Laurent, t. 32, n° 114; Mourlon, *Répétitions écrites*, t. 3, p. 780, n° 1880 ; Baudry-Lacantinerie, t. 3, n° 1644).

323. Ainsi qu'on l'a exposé au *Rép.* n° 493, toute saisie, sans distinction, doit interrompre la prescription, car toute saisie constitue une voie d'exécution. Par application de ce principe, il a été jugé que la saisie-arrêt est comprise dans le terme général de « saisie » employé par l'art. 2244 c. civ., et constitue, par suite, une cause interruptive de la prescription (Riom, 4 mars 1847, aff. Fayet, D. P. 47. 2. 112; Lyon, 7 janv. 1868, aff. Héritiers Verdier, D. P. 68. 2. 62; Toulouse, 18 déc. 1874, *infrà*, n° 447; Besançon, 28 avr. 1875, aff. Miller, D. P. 78. 2. 74; Req. 25 mars 1874, aff. Compagnie des chemins de fer de Séville, D. P. 74. 1. 367). Comp., dans le même sens : Aubry et Rau, t. 2, § 215, p. 352, texte et note 31 ; Laurent, t. 32, p. 115, n° 115; Leroux de Bretagne, t. 1, n° 520, p. 364.

Décidé spécialement que, en matière d'enregistrement, l'assignation donnée par l'Administration au redevable en validité d'une saisie-arrêt pratiquée après la signification d'une contrainte, constituant une instance régulière, cette instance, tant qu'elle est pendante, interrompt la prescription, sans qu'il soit besoin de renouveler les actes de poursuites (L. 22 frim. an 7, art. 61 ; Arrêt précité du 25 mars 1874).

324. La saisie-arrêt, une fois signifiée, a pour effet d'interrompre la prescription non seulement en ce qui concerne la propre créance du saisissant, mais encore quant à la créance de son propre débiteur contre le tiers saisi (Conf. Aubry et Rau, t. 2, § 215, p. 352, texte et note 32 ; Laurent, t. 32, p. 125, n° 116; Besançon, 28 avr. 1875, aff. Miller, D. P. 78. 2. 74 ; Toulouse, 18 déc. 1874, *infrà*, n° 447).

325. Toutefois, il ne faut pas dire, avec Vazeille, t. 1, n° 205, que la saisie signifiée interrompt la prescription, tout à la fois en faveur du saisissant contre le débiteur direct, et en faveur de celui-ci contre le tiers saisi. Comme le fait en effet remarquer M. Laurent (*op. et loc. cit.*), « il ne faut pas oublier que le créancier qui pratique la saisie-arrêt exerce les droits de son débiteur, non dans l'intérêt de celui-ci, mais dans son propre intérêt. C'est seulement dans cette limite, par conséquent pour le montant de sa propre créance, que la prescription est interrompue en faveur du débiteur contre le tiers saisi » (Conf. dans le même sens, Aubry et Rau, t. 2, § 215, p. 352, texte et note 32).

On a soutenu, à cet égard, que la saisie-arrêt entraîne, en faveur du débiteur saisi, une sorte de suspension de la prescription, parce qu'elle crée pour lui une impossibilité d'agir (Troplong, *Prescription*, t. 2, n° 646). Cette opinion doit être repoussée. Sans doute le débiteur saisi ne peut exiger le payement de sa propre créance, au préjudice des droits du saisissant; mais rien ne l'empêche d'interrompre la prescription (V. Aubry et Rau, *op. et loc. cit.*).

---

tuellement les postes qui ont été déterminés d'une manière précise dans les conclusions prises devant le premier juge, et que, par conséquent, la prescription a été interrompue pour lesdits postes comme pour ceux qui avaient été nominativement désignés dans le premier acte de procédure ; — Au fond;...

Par ces motifs;...

Rejette également l'exception de prescription opposée par les appelants aux divers chefs de conclusions de première instance qui n'avaient pas été spécialement désignés dans l'exploit introductif, etc.

Du 11 mai 1871.-C. de Bruxelles, 2e ch.-MM. Van den Eynde, pr.-Graux, Dequesne, Crépin et Beervaert, av.

326. Bien entendu, une saisie nulle en la forme n'interrompt pas la prescription (Laurent, t. 32, n° 117, p. 125). Par conséquent, pour interrompre la prescription il faut, s'il s'agit d'une saisie-arrêt, qu'elle ait été régulièrement signifiée ou dénoncée au débiteur dans les délais prescrits par la loi (V. Aubry et Rau, t. 2, p. 353, § 215, n° 33; Lyon, 7 janv. 1868, aff. Héritiers Verdier, D. P. 68. 2. 62 ; Req. 25 mars 1874, aff. Chemin de fer de Séville, D. P. 74. 1. 367 ; Besançon, 28 avr. 1875, aff. Miller, D. P. 78. 2. 74).

327. Il faut, de plus, que la dénonciation de la saisie-arrêt soit accompagnée d'une demande en validité ; faute d'accomplissement de cette formalité, le débiteur pourrait faire prononcer l'annulation de la saisie et repousser l'interruption de prescription que le créancier voudrait en faire résulter (V. en ce sens les auteurs et arrêts cités au numéro qui précède). *Contrà* : Vazeille, *Prescription*, t. 1, n° 204; Zachariæ, § 213, note 7.

328. Dans les cas où la saisie-arrêt a été régulièrement dénoncée au débiteur et accompagnée d'une demande en validité, nous croyons, avec MM. Aubry et Rau (t. 2, § 215, p. 353, texte et note 34), que l'interruption de prescription remonte au jour de la saisie même. En effet, aux termes de l'art. 2244 c. civ., la prescription est interrompue par la *saisie signifiée* et non pas par la *signification de la saisie*.

329. D'ordinaire, la saisie-arrêt n'aura effet que pour la prescription extinctive des droits de créance. Toutefois elle peut être employée pour la prescription acquisitive dans l'hypothèse suivante. Sur l'action en revendication, le possesseur d'un immeuble est condamné à délaisser le bien, avec cette clause qu'il payera une certaine somme par jour de retard. Dans ce cas, la saisie pratiquée par le propriétaire sur les biens du possesseur condamné qui ne délaisse pas, interrompra la prescription de l'immeuble (Conf. Laurent, t. 32, n° 118, p. 125 et 126 ; Mourlon, t. 3, p. 778 et suiv., n° 1878).

Dans le même ordre d'idées, il a été jugé qu'une saisie immobilière ne peut interrompre la prescription à l'égard d'un possesseur que si elle a été signifiée à ce dernier (C. de just. de Genève, 12 févr. 1883) (1).

330. — 4° *Des actes extrajudiciaires autres que le commandement et la saisie.* — En ce qui concerne les actes extrajudiciaires autres que ceux dont nous venons de parler (*sommations ordinaires, significations, interpellations,* etc.), le principe est qu'ils n'interrompent pas la prescription (*Rép.* n° 498). Comme dit Laurent (t. 32, p. 121, n° 110), « il n'y a d'autres actes interruptifs de la prescription que ceux auxquels la loi attache cet effet. Or, la loi n'attribue l'effet d'interrompre la prescription qu'à un seul acte extrajudiciaire, le commandement, ce qui est décisif » (Conf. Aubry et Rau, t. 2, § 215, p. 351, texte et note 26 ; Delvincourt, t. 2, p. 639 et 640 ; Troplong, n°⁸ 576 à 578, Duranton, t. 2, n° 267 ; Zachariæ, § 213, note 8 ; Leroux de Bretagne, t. 1, n° 467, p. 335).

331. Par application de ce principe, on a soutenu au *Rép.*, n°⁸ 494 à 496, que la signification du transport faite au débiteur d'une créance cédée n'interrompt pas la prescription au profit du cessionnaire, et cela bien que la créance

ait été antérieurement frappée de saisie. Cette opinion est partagée par les auteurs les plus récents (V. Aubry et Rau, t. 2, p. 351 et 352, § 215, texte et notes 27 et 28; Laurent, t. 32, n° 111, p. 122).

332. De même, on admet généralement les solutions données au *Rép.*, n° 500 à 502, sur l'effet produit, quant à la prescription de l'action hypothécaire, par la sommation adressée au tiers détenteur, de payer ou de délaisser (V. notamment, Aubry et Rau, t. 2, § 215, p. 351, notes 24 et 25; Laurent, t. 32, n° 108, p. 121, et t. 31, p. 380, n° 397; Leroux de Bretagne, t. 1, n°⁸ 972 et suiv., p. 135 et suiv. Comp. Toulouse, 18 déc. 1874, aff. Mercier de Sainte-Croix, *infrà*, n° 447).

333. Décidé, dans le même ordre d'idées, que les réclamations élevées contre un compte n'ont pas pour effet d'interrompre la prescription à l'égard des articles de ce compte qui en font l'objet, s'il n'est formé aucune demande en justice (Paris, 13 avr. 1867, aff. Gouvernement espagnol, D. P. 67. 2. 49).

334. Jugé également que la prescription de six mois, à laquelle une police d'assurance a soumis l'action en payement de l'indemnité due en cas de sinistre, n'est pas interrompue par le choix amiable d'experts fait par les parties, suivi même du rapport de ces experts (Nancy, 30 mai 1885, aff. Gillet, D. P. 86. 2. 11).

335. Nous avons dit au *Rép.*, n° 536, que le compromis, suivi de citation devant les arbitres ou tout au moins de la constitution régulière de l'arbitrage, a pour effet de suspendre la prescription pendant tout le temps qu'il subsiste. Le point est généralement admis (V. Aubry et Rau, t. 2, § 215, p. 354, texte et note 37; Laurent, t. 32, n° 126, n° 119). De cette règle, un arrêt a conclu que la citation en conciliation sur laquelle il est intervenu un tel compromis conserve, quoique non suivie d'assignation dans le mois, son caractère interruptif de la prescription, du moins s'il y a eu ajournement dans le mois de l'annulation de ce compromis prononcée faute par les arbitres d'avoir rempli leur mission (Bastia, 18 févr. 1856, aff. Baldassari, D. P. 56. 2. 141).

336. On a ajouté au *Rép.*, n°⁸ 536 et 537, en critiquant un arrêt contraire de la cour de Paris de 1826, que le compromis ne peut, en tout cas, interrompre la prescription qu'à la condition d'avoir été suivi d'une citation ou tout au moins d'une comparution volontaire des parties devant les arbitres. M. Laurent soutient, au contraire, d'une façon absolue que le compromis ne peut interrompre la prescription, parce qu'il ne rentre dans aucun des cas prévus par la loi (t. 32, p. 126, n° 119).

D'autres auteurs, notamment MM. Aubry et Rau (t. 2, p. 354, § 215), estiment que « la force des choses conduit à reconnaître que le compromis est interruptif de la prescription, en ce sens qu'il empêche qu'elle ne puisse s'accomplir pendant la durée, conventionnelle ou légale, de la mission des arbitres ».

337. Du reste, ainsi qu'on l'a expliqué au *Rép.* n° 562, il paraît certain que l'effet interruptif ne pourrait se produire, si le compromis venait à tomber en péremption, faute

---

(1) (Ducret C. Le Grand-Roy.) — LA COUR ; — Attendu qu'il résulte des faits exposés et des conclusions prises devant la cour que les débats ne portent en réalité que sur la question suivante : « Un jugement d'adjudication sur saisie immobilière interrompt-il la prescription ? » ; Sur la question ainsi posée : — Considérant que l'on doit distinguer la mise en vigueur de la loi du 29 nov. 1819 déclare n'abroger que les dispositions sur la procédure civile; qu'ainsi les principes posées par le code civil sur la prescription et les actes nécessaires pour l'interrompre sont restés en vigueur; que, aux termes de l'art. 2244 c. civ., une saisie ne constitue un acte interruptif que si elle est signifiée à celui qui veut empêcher de prescrire; qu'il n'est pas justifié, ni allégué, qu'une signification de ce genre ait été faite à la dame Le Grand-Roy; — Considérant, d'autre part, que toutes les dispositions législatives qui prononcent une déchéance contre l'exercice d'un droit sont des lois d'exception qui ne peuvent être appliquées qu'aux cas spécialement prévus; que l'art. 624, loi de procédure, se borne à déclarer inadmissible toute revendication de propriété sur biens adjugés, qui n'aurait pas été formée avant l'adjudication; que, en admettant que cette disposition puisse atteindre le tiers qui aurait, au moment de la vente forcée, acquis la propriété par une possession trentenaire, il est impossible, dans tous les cas, de l'appliquer à celui dont la possession n'a pas encore la durée pour prescrire; que, jusqu'à ce moment,

en effet, la possession ne constitue qu'un fait, n'ayant encore engendré aucun droit réel de la nature de ceux indiqués aux art. 560, 561, 624, loi de procédure civile; qu'on ne saurait, d'ailleurs, comprendre comment, sous quelles conclusions et dans quel but une telle opposition pourrait se produire, ni la solution que le tribunal pourrait lui donner en dehors d'une fin de non-recevoir résultant de la disposition même des articles cités; — Considérant qu'il résulte de toutes les observations qui précèdent que le jugement d'adjudication du 6 avr. 1867 ne fait pas obstacle à ce que la dame Le Grand-Roy joigne à sa possession actuelle celle qu'elle a pu avoir antérieurement au susdit jugement, aux fins de constituer la durée trentenaire nécessaire à l'acquisition du droit de propriété; — Par ces motifs; — Réforme, et statuant de nouveau; — Admet dame Le Grand-Roy à prouver par témoins que, depuis plus de trente ans, elle est en possession paisible, publique, exclusive et continue, sans contredit de personne, notamment de Ducret ou de ses auteurs : 1° du hangar construit sur partie de la cour indiquée au cadastre de Carouge sous le n° 624, lettre *m*, et sous le n° 350 *bis* de l'*Assurance mutuelle*; 2° de l'armoire pratiquée sur le cahier du deuxième étage dans le mur qui clôt de ce côté la maison appartenant à Ducret et qui est située sous le n° 624 du cadastre de Carouge...

Du 12 févr. 1883.-C. de just. de Genève.-M. Bard, pr.

par les arbitres d'avoir statué dans le délai qui leur était imparti (V. en ce sens, Limoges, 29 avr. 1836, D. P. 37. 2. 132; Grenoble, 1ᵉʳ août 1833, D. P. 34. 2. 96; Limoges, 6 avr. 1848, D. P. 48. 2. 120; Aubry et Rau, *op. et loc. cit.*; Vazeille, *Prescription*, n° 201; Troplong, *Prescription*, t. 2, n° 594; Leroux de Bretagne, t. 1, n° 494).

338. Décidé, également, que l'interruption de la prescription résultant d'un compromis, suivie de la comparution des parties devant l'arbitre et d'une sentence arbitrale, est comme non avenue, si cette sentence a été annulée (Toulouse, 4 juin 1863, aff. Caussé, D. P. 63. 2. 108). L'arrêt se fonde sur ce que la nullité de la sentence entraînait celle du compromis lui-même; au reste, ainsi qu'on l'a fait remarquer dans la note sur cet arrêt, alors même que la nullité de la sentence ne réagirait pas sur le compromis, celui-ci, n'ayant été suivi d'aucune autre décision dans les délais légaux, était tombé en péremption, ce qui produisait le même résultat au point de vue de l'interruption de la prescription.

339. — 5° *Demandes introductives d'instance devant une juridiction administrative.* — Ainsi qu'on l'a dit au *Rép.*, n° 507 et suiv., une simple demande administrative ne peut interrompre la prescription. Nous avons voulu parler des réclamations adressées à l'Administration par la voie gracieuse, et constituant un recours gracieux et non contentieux. Il en est de même pour les oppositions formées à de pareilles réclamations. On ne se trouve pas alors, en effet, en présence de véritables demandes en justice (V. en ce sens, Aubry et Rau, t. 2, § 215, p. 347, texte et note 7; Leroux de Bretagne, t. 1, nᵒˢ 502 et suiv., p. 353 et suiv.).

Il a été jugé, en ce sens, que la prescription, invoquée par le riverain d'un cours d'eau non navigable, pour faire maintenir vis-à-vis des autres riverains des travaux par lui établis sur ce cours d'eau, n'est pas interrompue par les oppositions de ceux-ci à l'autorisation que l'auteur de ces travaux a sollicitée de l'Administration pour régulariser sa situation vis-à-vis d'elle, de telles oppositions ne constituant pas des actes judiciaires dans le sens de l'art. 2244 c. civ. (Req. 26 juill. 1864, aff. Duparc, D. P. 65. 1. 70).

340. Mais, à côté du recours gracieux formé contre un acte d'un agent administratif devant l'autorité supérieure, existe le recours contentieux. Le particulier qui réclame se plaint alors de la lésion d'un droit acquis. Il porte sa réclamation devant une juridiction administrative, et il y a alors véritablement demande en justice, ayant pour effet d'interrompre la prescription (V. Aubry et Rau, *loc. cit.*; Req. 21 mars 1838, *Rép.* n° 515, D. P. 38. 1. 102; Orléans, 28 mai 1842, aff. Commune de Continvoir, D. P. 44. 2. 12. Conf. également *Rép.* nᵒˢ 514 à 516).

341. En ce qui concerne le point de savoir quel est l'effet, sur l'interruption de la prescription du dépôt à la préfecture d'un mémoire préalable, exposant l'effet de la demande, par celui qui veut intenter une action contre une commune, V. *supra*, v° *Commune*, n° 918. A partir du jour du dépôt du mémoire, aucune prescription ne peut courir contre le demandeur, à la condition qu'il introduise son action dans les trois mois qui suivent le dépôt (L. 5-6 avr. 1884, art. 124, § 3. V. aussi *Rép.* n° 518).

342. La même formalité, du dépôt d'un mémoire préalable à la préfecture, est exigée du particulier qui veut plaider contre un département (Ancienne loi du 10 mai 1838 ; L. 10 août 1871, art. 55). Des difficultés s'étaient élevées, sous l'empire de la loi de 1838, sur les conseils généraux, relativement à l'interruption de la prescription par le dépôt de ce mémoire préalable (V. *Rép.* n° 519). Aujourd'hui ces difficultés sont tranchées par l'art. 65 de la loi du 10 août 1871, d'après lequel la remise du mémoire interrompt la prescription, si elle est suivie d'une demande en justice dans le délai de trois mois. C'est la même règle que celle qui est posée par la loi des 5-6 avr. 1884, art. 124, § 3.

343. De même, le particulier qui veut actionner l'État doit, avant d'agir, déposer à la préfecture un mémoire faisant connaître l'objet et les motifs de sa demande. Ce dépôt interrompt la prescription du jour où il est effectué (L. 28 oct.-5 nov. 1790, art. 15, et avis du conseil d'État du 28 août 1823). Mais, à la différence de ce qui a lieu pour le département et la commune, le dépôt du mémoire préalable interrompt la prescription, alors même qu'il n'est suivi d'aucune action en justice.

ART. 2. — *De la citation en conciliation*
(*Rép.* nᵒˢ 527 à 539).

344. On a soutenu au *Rép.*, n° 534, que la comparution volontaire des parties devant le bureau de conciliation interrompt la prescription, comme la citation en conciliation elle-même. Cette solution est aujourd'hui très généralement admise par les auteurs (V. en ce sens, outre les auteurs cités au *Répertoire :* Aubry et Rau, t. 2, § 215, p. 352, texte et note 20; Laurent, t. 32, n° 104; Marcadé, sur l'art. 2248, n° 71; Leroux de Bretagne, t. 1, p. 339, n° 471; Mourlon, t. 3, n° 1873; Baudry-Lacantinerie, n° 1640).

345. De vives controverses se sont élevées sur la question, examinée au *Rép.* n° 535, de savoir si la citation en conciliation, suivie d'un ajournement dans le délai légal, interrompt la prescription, lorsqu'elle a été donnée dans une cause dispensée du préliminaire de conciliation? Nous nous sommes prononcés pour la négative. Parmi les auteurs récents, MM. Laurent (t. 32, n° 105) et Baudry-Lacantinerie (t. 3, n° 1640) se rallient à notre solution. Ils se fondent sur le texte et l'esprit de la loi : « L'art. 2245, dit M. Laurent, semble décider en termes absolus que toute citation en conciliation interrompt la prescription lorsqu'elle est suivie d'une assignation en justice; mais il faut naturellement l'entendre en ce sens que la citation devant le juge de paix est interruptive de prescription lorsqu'il y a lieu à conciliation. Or, ce n'est pas le code civil qui décide quand il y a lieu au préliminaire de conciliation, c'est le code de procédure. Et que dit le code de procédure? Il pose comme règle que la tentative de conciliation est obligatoire lorsque la transaction est possible ; puis il énumère les cas assez nombreux dans lesquels le préliminaire de conciliation n'est pas requis (art. 48 et 49) ; enfin il dispose que la citation en conciliation, telle qu'elle vient d'être organisée, c'est-à-dire la citation obligatoire, interrompt la prescription (art. 57). L'esprit de la loi ne laisse aucun doute sur cette interprétation. Pourquoi la loi attache-t-elle à la citation en conciliation l'effet d'interrompre la prescription, quoique ce ne soit pas une assignation en justice? C'est parce que la citation en conciliation est le préliminaire obligé de l'action judiciaire. Tel est le seul motif que l'on donne, il n'y en a pas d'autre. Or ce motif vient à tomber et, par suite, la disposition de l'art. 2245 n'a plus de raison d'être lorsque la demande est dispensée du préliminaire de conciliation. Le demandeur ne peut plus dire qu'il est dans l'impossibilité légale d'interrompre la prescription en portant directement son action devant le tribunal de première instance, puisque la loi l'y autorise, au contraire, en le dispensant de se présenter devant le magistrat conciliateur. Conçoit-on que le législateur déclare la prescription interrompue par une citation en conciliation qui ne produit cet effet que parce qu'elle est obligatoire, alors que, loin d'être obligatoire, elle est inutile et frustratoire ? »

Les autres auteurs se prononcent en sens contraire. Ils décident que la citation en conciliation interrompt la prescription, même dans les affaires où la transaction est possible, quoique l'affaire serait susceptible d'une transaction, elle est soutenue, parmi les auteurs récents, par Leroux de Bretagne, t. 1, p. 339 et 340, n° 473 ; Chauveau et Carré, *Lois de la procédure*, t. 1, quest. 248 *bis* ; Rodière, *Compétence et procédure*, t. 1, n° 181 ; Bioche, *Dictionnaire de procédure*, v° *Conciliation*, n° 156).

La jurisprudence la plus récente se prononce en faveur de notre opinion ; elle décide qu'une citation en conciliation, même suivie d'une assignation en justice dans le délai de droit, n'interrompt pas la prescription, si elle a été donnée dans une instance où le préliminaire de conciliation n'est pas exigé (Req. 17 janv. 1877, aff. Le Tumelin, D. P. 78. 1. 19).

Art. 3. — *De la citation en référé.*

346. Il s'agit ici d'une citation en justice qui a soulevé de graves difficultés dans la pratique depuis la publication du *Répertoire*. Nous voulons parler de l'assignation en référé afin de faire prononcer des mesures provisoires, telles que, par exemple, une expertise, un constat de faits litigieux. Cette citation aura-t-elle pour effet d'interrompre la prescription? La question, nouvelle en doctrine et en jurisprudence, présente aujourd'hui une grande importance pratique pour les juges et les justiciables en raison de l'extension qu'ont pris les référés depuis un certain temps.

Il nous semble que la citation en référé ne peut être assimilée à la citation en justice dont parle l'art. 2244 et que, par suite, elle ne peut interrompre la prescription. En effet, si une citation en justice, même donnée devant un juge incompétent, produit un effet interruptif, c'est parce que, par cette citation, le propriétaire ou le créancier qui la forme, manifeste énergiquement son intention d'exercer et de faire reconnaître ses droits à l'encontre de celui qui prescrit (Pothier, *Prescription*, n° 48). « Une citation en justice, dit M. Leroux de Bretagne (t. 1, n° 467), interrompt la prescription parce qu'elle met les parties en présence, appelle la contradiction de celui à qui elle est adressée, et amène, à défaut de reconnaissance volontaire, la reconnaissance forcée du droit du propriétaire ou du créancier » (t. 1, n° 468). Le même auteur ajoute : « La loi refuse en général cet effet aux mesures qui sont prises en vue d'un procès à intenter ou d'un droit à conserver. Ainsi, requérir l'apposition des scellés en se prétendant créancier du défunt ; user du droit que l'art. 882 donne au créancier de la succession de s'opposer à ce qu'il soit procédé au partage hors sa présence ; faire nommer un tuteur à un mineur contre lequel on a des droits à exercer, ce sont là des mesures conservatoires ou préalables à des poursuites qu'on a l'intention d'exercer ; ce ne sont pas des actes interruptifs de la prescription » (Comp. Aubry et Rau, t. 2, § 215, p. 348, note 9).

Or la citation en référé a simplement pour but de faire prononcer des mesures provisoires qui laissent le fond de l'affaire absolument intact. Elle ne tend le plus souvent qu'à obtenir des constatations de fait en vue de droits pouvant ultérieurement se dégager de ces constatations. On ne peut pas dire que, dans l'assignation en référé, le propriétaire ou le créancier revendique et affirme nettement son droit. La procédure de référé ne fait aucun préjudice au fond. Il n'y a pas procès et contestation sur le fond du droit (V., sur le caractère de l'assignation en référé, *Rép.*, v° *Référé*, n°s 218 et suiv. ; Boitard, *Leçons de procédure civile*, t. 2, n° 1066; de Belleyme, *Ordonnances sur requête et sur référé*, t. 1, p. 418; Bertin, *Ordonnances sur requête*, t. 1, p. 179 ; Req. 4 nov. 1863, aff. Gautherin, D. P. 64. 1. 35 ; Nancy, 31 août 1867, aff. Ville de Commercy, D. P. 68. 2.

150 ; Angers, 14 juill. 1869, aff. Bourdon, D. P. 70. 2. 34 ; Paris, 27 juill. 1875, aff. Compagnie anglaise des engrais, D. P. 77. 2. 118 ; Civ. cass., 6 févr. 1877, aff. Royer, D. P. 77. 1. 79).

On doit donc décider qu'en principe une assignation en référé ne peut être assimilée à une demande en justice ayant pour effet d'interrompre la prescription. C'est ce qu'a décidé la cour de Paris, par arrêt du 12 mai 1877, réformant un jugement en sens contraire du tribunal de la Seine, du 24 févr. 1876 (aff. De Béarn, D. P. 80. 1. 17). La cour de cassation, saisie d'un pourvoi contre cet arrêt, ne se prononça pas sur ce point, malgré des conclusions prises dans le sens de l'arrêt de la cour de Paris par M. l'avocat général Desjardins (D. P. *ibid.*). Postérieurement, dans la même affaire et à la suite du renvoi prononcé après cassation, la doctrine que nous avons soutenue a été consacrée par la cour d'Amiens, le 16 mars 1880, D. P. 80. 2. 227, et la cour de cassation : Civ. rej., 5 juin 1883, D. P. 83. 1. 373. Conf. Paris, 23 janv. 1890, aff. Claudon (1).

347. Mais il ne faudrait plus, croyons-nous, donner la même solution, si, par erreur, le créancier ou le propriétaire ne demandait plus au juge du référé une mesure provisoire, urgente, telle que la nomination d'experts ou un constat de fait litigieux. Si, dans l'assignation en référé, le demandeur prend des conclusions portant sur le fond même du droit, et réclame le payement de sa créance, dans ce cas on ne pourrait refuser à ce créancier le bénéfice de l'art. 2246 c. civ., d'après lequel la citation devant un tribunal incompétent interrompt la prescription. Dans l'hypothèse, du reste que nous vraisemblable, où le demandeur en référé ferait porter sa demande sur le fond du droit, le juge du référé serait un de ces juges incompétents dont parle l'art. 2246 (V. en ce sens les conclusions de M. l'avocat général Desjardins, D. P. 80. 1. 17, citées *supra*, n° 346). La réserve que nous venons de formuler, relativement au principe posé dans le numéro qui précède, est nettement indiquée par l'arrêt de rejet de la chambre civile cité *supra*, n° 346, du 5 juin 1883. Cet arrêt décide qu'une assignation en référé ne peut être considérée comme une demande en justice interruptive de la prescription, lorsqu'elle ne contient pas de conclusions au fond et tend seulement à obtenir des mesures provisoires d'instruction. « Attendu, dit la cour, que l'arrêt attaqué a constaté, par une saine appréciation des termes de la citation en référé du 23 nov. 1873, que cet acte ne libellait point une demande en responsabilité ou en garantie contre l'architecte Parent, et ne contenait point de conclusions au fond, mais réclamait seulement de simples mesures provisoires, en vue de faire valoir ultérieurement le droit qui pourrait découler, au profit des requérants, des constatations à faire par les experts en exécution de l'ordonnance à intervenir ; — Attendu qu'une telle demande ne saurait être considérée comme une citation en justice ni dans le sens de l'art. 2244 c. civ., ni dans celui de l'art. 2246 du même code... ».

---

(1) (Claudon C. Laubœuf frères.) — La cour ; — Sur l'appel incident : — En ce qui touche le moyen de prescription : — Considérant que, des termes des art. 1792 et 2270 c. proc. civ., il résulte qu'après un délai de dix ans à partir de la réception des ouvrages, l'entrepreneur est déchargé de toute garantie envers le propriétaire; qu'il est constant, en fait, que c'est en juin 1873 que les travaux ont été reçus, et que ce n'est que le 19 juin 1886 que Claudon a intenté son action contre les consorts Laubœuf; qu'en vain Claudon prétend qu'en 1882 il y a eu de sa part des actes judiciaires qui auraient eu pour effet d'interrompre la prescription ; que, s'il est vrai que Claudon a, le 15 nov. 1882, donné à Laubœuf frères, à fin de nomination d'experts, une assignation en référé sur laquelle une ordonnance a été rendue par le président du tribunal civil de Versailles, ces actes-ne sont pas interruptifs de la prescription ; que l'assignation en référé n'engage pas le fond du débat; qu'elle ne tend qu'à obtenir des mesures provisoires ou urgentes en vue de faire valoir ultérieurement le droit pouvant résulter des constatations faites en vertu de l'ordonnance du juge statuant en référé; que cette assignation en référé ne peut être assimilée à la citation en justice, au commandement ou à la saisie, qui seuls peuvent, aux termes de l'art. 2244 c. proc. civ., former l'interruption civile de la prescription; — Considérant que c'est à tort que les premiers juges ont assimilé à la citation en justice l'interpellation judiciaire faite par voie de référé par Claudon aux consorts Laubœuf, et ont décidé que la prescription n'était pas acquise au profit de

ceux-ci; qu'il résulte, au contraire, de ce qui précède que la prescription peut, à juste titre, être invoquée par les consorts Laubœuf; qu'ils ne doivent donc être condamnés à payer quoi que ce soit à Claudon à raison des travaux exécutés par lui en 1873, puisque toute action dudit Claudon contre les entrepreneurs est non recevable comme tardive après l'expiration du délai de dix ans depuis la réception des travaux, en juin 1873 ; qu'il y a donc lieu de faire droit aux conclusions d'appel incident et de décharger les consorts Laubœuf de toutes les condamnations prononcées contre eux; — Et considérant que, par les motifs mêmes qui précèdent, les conclusions de l'appel principal doivent être déclarées mal fondées; — Sans avoir à examiner le surplus des conclusions des parties; — Par ces motifs, — Met à néant les appellations principale et incidente et ce dont est appel incident; — Emendant, décharge les consorts Laubœuf frères, aujourd'hui représentés par Rossignol ès qualité, des dispositions et condamnations contre eux prononcées; — Et faisant droit par décision nouvelle : — Dit que la prescription édictée par les art. 1792 et 2270 c. proc. civ. est acquise au profit des consorts Laubœuf, représentés par Rossignol ès qualité; — Dit que c'est à tort qu'ils ont été condamnés à payer à Claudon la somme de 3000 fr. ; — Déclare Claudon non recevable en son action contre les consorts Laubœuf et Rossignol ès qualité; l'en déboute.

Du 23 janv. 1890.-C. de Paris, 3e ch.-MM. Boucher-Cadart, pr.-Cruppi, av. gén. Jullemier et Haussmann, du barreau de Versailles, av.

Art. 4. — *De la citation donnée devant un juge incompétent* (*Rép.* nos 540 à 542).

348. La citation donnée devant un juge incompétent interrompt la prescription, qu'il s'agisse d'un tribunal incompétent *ratione materiæ*, ou au contraire d'un tribunal incompétent *ratione personæ*. Cette solution découle de la généralité des termes de l'art. 2246, qui ne fait aucune distinction (V. en ce sens, Aubry et Rau, t. 2, p. 348, § 215, note 8; Baudry-Lacantinerie, t. 3, n° 1641; Leroux de Bretagne, t. 1, n° 479, p. 343; Vazeille, t. 1, n° 194; Troplong, *Prescription*, t. 2, n° 596; Duranton, t. 21, n° 263; Mourlon, *Répétitions écrites*, t. 3, n° 1867, p. 898; Orléans, 28 mai 1842, aff. Commune de Continvoir, D. P. 44. 2. 12).

349. La règle suivant laquelle une citation en justice, donnée devant un juge incompétent, interrompt la prescription, est générale et s'applique aux prescriptions spéciales et de courte durée aussi bien qu'à la prescription ordinaire (V. en ce sens, Caen, 24 mars 1862, aff. Nathon, D. P. 63. 2. 182; Leroux de Bretagne, t. 1, *loc. cit.*).

350. Mais la règle de l'art. 2246 s'étend-elle non seulement aux prescriptions proprement dites, mais aussi aux simples déchéances? On a indiqué, à cet égard, au *Rép.* n° 542, deux arrêts en sens contraire. La jurisprudence la plus récente semble se prononcer en faveur de l'affirmative. Ainsi il a été jugé, en ce qui concerne l'action rédhibitoire réglée par la loi du 20 mai 1838, que la citation, donnée dans les délais fixés par cette loi, sauvegarde l'action rédhibitoire, même dans le cas où le défendeur a été appelé devant un tribunal incompétent, et que la nouvelle demande, formée en dehors du délai devant le juge compétent après désistement régulier et en remplacement de la première, ne peut être déclarée tardive (Rouen, 27 mars 1856, aff. Levée, *Rép.*, v° *Vices rédhibitoires*, n° 286. — Comp. dans le même sens, Caen, 24 mars 1862, aff. Nathon, D. P. 63. 2. 182). Cet arrêt semble considérer le délai dans lequel doit être intentée l'action rédhibitoire comme constituant une prescription véritable. Mais il faut y voir une véritable déchéance et non une prescription.

Art. 5. — *Des cas où l'interruption est considérée comme non avenue.* — *Nullité.* — *Désistement.* — *Péremption.* — *Rejet de la demande* (*Rép.* nos 543 à 570).

351. — 1° *Nullité de l'assignation pour défaut de forme* (*Rép.* nos 543 à 552). — Si, aux termes de l'art. 2247, l'interruption est regardée comme non avenue lorsque l'assignation est nulle pour défaut de forme, il est certain que la prescription devra être considérée comme interrompue, jusqu'à ce que la citation soit annulée. Cette solution découle de cette règle que les actes ne sont pas nuls de plein droit (Conf. Aubry et Rau, t. 2, § 215, p. 350; Laurent, t. 32, n° 94).

352. Ainsi qu'on l'a montré au *Rép.*, n° 546, on ne saurait assimiler aux vices de forme qui annulent l'assignation, le défaut de capacité chez le demandeur. L'autorisation dont ce dernier peut avoir besoin pour introduire sa demande, s'il s'agit d'une femme mariée ou d'un mineur, n'est pas une forme dont l'inaccomplissement entraîne la nullité de l'assignation et par suite fait tomber l'interruption de prescription. Telle est l'opinion générale des auteurs (Conf. Aubry et Rau, t. 2, § 215, p. 350, texte et note 11; Laurent, t. 32, n° 96; Troplong, *Prescription*, t. 2, n° 599; Vazeille, *Prescription*, t. 1, nos 195-197; Leroux de Bretagne, t. 1, p. 347, n° 487; Baudry-Lacantinerie, t. 3, n° 1642).

353. Aux termes de l'art. 65 c. proc. civ., « il sera donné, avec l'exploit, copie du procès-verbal de non-conciliation, ou copie de la mention de non-comparution, à peine de nullité de l'art. 65, est-elle une nullité tenant à la forme, et, par suite, empêche-t-elle l'interruption de la prescription? Il faut répondre affirmativement; il y a évidemment ici une nullité de forme (V. en ce sens, Marcadé, sur l'art. 2248, n° 8; Baudry-Lacantinerie, t. 3, n° 1642; Laurent, t. 32, nos 95 et 103). C'est la solution que nous avions donnée au *Rép.*, n° 547, en examinant la même question sous un autre aspect, en nous plaçant au point de vue de l'interruption de prescription résultant non plus de la demande en

justice elle-même, mais de la citation en conciliation. Nous avions dit que cette dernière citation n'est interruptive de la prescription qu'autant qu'elle a été suivie d'un procès-verbal de non-conciliation ou de non-comparution régulièrement signifié dans le mois avec ajournement, par application de l'art. 65 c. proc. civ.

354. On doit également décider, à plus forte raison, que le préliminaire de conciliation lui-même est une forme dont l'omission entraîne la nullité de la citation en justice. La demande qui n'aura pas été précédée du préliminaire de conciliation n'est pas la prescription d'après l'art. 2247 c. civ. C'est en ce sens que se prononcent la majorité des auteurs (Conf. Baudry-Lacantinerie, t. 3, n° 1642; Laurent, t. 32, n° 95; Leroux de Bretagne, t. 1, p. 345, n° 485; Aubry et Rau, t. 2, p. 348, note 10, § 215). — Marcadé est d'un avis contraire (sur l'art. 2248, n° 9). D'après lui, lorsque le préliminaire de conciliation a eu lieu, l'exploit d'ajournement est nul et ne peut interrompre la prescription (c. proc. civ. art. 65), s'il ne contient pas la copie du procès-verbal de non-conciliation ou la mention de la non-comparution. Mais il en serait autrement quand il n'y a pas eu de préliminaire de conciliation. Dans ce cas, l'assignation est nulle comme ayant été donnée devant un juge incompétent, et interrompt la prescription (art. 2246). On peut répondre à cette argumentation, avec M. Leroux de Bretagne, *op. cit.*, « que le juge saisi directement d'une demande qui aurait dû être précédée de l'épreuve de la conciliation n'est aucunement incompétent pour en connaître; que, seulement, il ne peut pas la recevoir parce que l'exploit ne contient pas la preuve de l'accomplissement d'une formalité sans laquelle l'instance ne peut pas être régulièrement introduite. Autre chose est la citation au bureau de paix à l'effet de se concilier sur une demande qu'on se propose d'intenter, autre chose est une action en justice à l'effet de statuer sur le fond même de la contestation. En formant cette action sans passer par le bureau de paix, le demandeur ne s'est pas trompé sur la compétence; il a, contre la vœu de la loi, engagé un procès sans avoir essayé de le prévenir; il ne peut donc invoquer ni l'art. 2245, ni l'art. 2246 et, n'ayant pas rempli cette formalité, il ne peut se trouver, relativement à l'interruption de la prescription, dans une situation plus favorable que si, après avoir satisfait, il avait seulement omis de faire mention de son accomplissement dans l'exploit d'ajournement ».

355. De même, l'assignation est nulle pour défaut de forme, et n'interrompt pas la prescription, lorsqu'une erreur sur la personne du défendeur a été commise dans la signification de l'exploit d'ajournement (c. proc. civ. art. 61-2°). Ainsi, si l'on admet que les congrégations non érigées en personnes civiles peuvent être valablement actionnées en la personne de leur supérieur en cette qualité, il faut décider que l'exploit d'ajournement donné à une congrégation non autorisée est nul et n'interrompt pas la prescription lorsqu'il a été signifié à un membre de la communauté indûment qualifié de supérieur, alors que le supérieur véritable n'a pas reçu copie de l'assignation (Req. 12 juill. 1878, aff. Consorts Ovize, D. P. 80. 1. 143).

356. Décidé, dans le même ordre d'idées, que l'assignation n'est nulle pour vice de forme qu'autant qu'elle ne contient pas toutes les indications prescrites par l'art. 61 c. proc. civ., et particulièrement celle du tribunal compétent et du délai de la comparution; qu'elle est valable, alors même qu'au jour indiqué comme étant celui de la comparution, le tribunal ne tient pas audience et qu'en conséquence, elle est, dans ce cas, interruptive de prescription (Civ. cass. 6 déc. 1876, aff. Huet, D. P. 77. 1. 55).

357. Un exploit ne peut être invoqué comme acte interruptif de la prescription lorsque la signification étant faite *parlant au domestique*, il n'indique pas le lieu de la remise de la copie (Trib. Bergerac, 29 nov. 1854, aff. Larigondie, D. P. 55. 3. 28).

358. — 2° *Désistement* (*Rép.* nos 553 à 558). — Ainsi qu'on l'a exposé au *Rép.*, n° 553, l'interruption est réputée non avenue en cas de désistement. Il résulte, à cet égard, que dans le cas où, sur une citation en bornage devant le juge de paix, il intervient, par la médiation de ce magistrat, un compromis et un arbitrage, l'instance ouverte par la citation prend fin, qu'une juridiction nouvelle est substituée à la première, et que l'accord des parties sur ce point équivaut, de la part du demandeur, à un désistement qui, aux termes de l'art. 2247 c. civ., enlève à la citation tout effet interruptif de la prescription (Toulouse, 4 juin 1863, aff. Caussé, D. P. 63. 2. 108).

359. Les auteurs admettent généralement l'opinion soutenue au *Rép.*, n° 553 *in fine*, d'après laquelle le désistement, motivé sur l'incompétence du juge devant lequel la demande a été portée, n'enlève pas à cette demande son effet interruptif (Conf. Aubry et Rau, t. 2, § 215, p. 350, note 12; Laurent, t. 32, n° 98 *in fine*; Leroux de Bretagne, t. 1, n° 489, p. 348). La jurisprudence se prononce dans le même sens (V. outre l'arrêt de la cour de Caen rapporté au *Rép.*, *ibid.*, Rouen, 27 mars 1858, aff. Levée, *Rép.*, v° *Vices rédhibitoires*, n° 286).

360. Il a été jugé que le désistement de la demande en justice ne fait pas perdre à celle-ci son effet interruptif, lorsqu'il a lieu sous la réserve de tous les droits du demandeur (Cons. d'Etat, 5 déc. 1860, aff. Société du canal de Crillon, D. P. 62. 3. 67).

361. — 3° *Péremption d'instance* (*Rép.* n° 559 à 565). — Si l'interruption de la prescription est considérée comme non avenue, lorsque le demandeur laisse périmer l'instance (art. 2247), c'est parce que la loi voit dans ce fait un désistement tacite, de la part du demandeur (Conf. Laurent, t. 32, n° 99; Baudry-Lacantinerie, t. 3, n° 1642).

362. Ainsi qu'on l'a dit au *Rép.*, n° 559, la péremption n'a pas lieu de plein droit (V. sur cette règle, *suprà*, v° *Péremption*, n° 56); il faut qu'elle soit demandée et prononcée par le juge. Aussi a-t-il été jugé que la prescription édictée par l'art. 1622 c. civ. pour l'action *quanti minoris* est interrompue par la citation en conciliation, suivie d'une assignation dans le délai légal, lors même que l'instance aurait été interrompue par discontinuation de poursuites, du moment qu'elle a été reprise avant toute demande de péremption (Riom, 3 déc. 1885, aff. Esquiron, D. P. 86. 2. 219).

363. Mais, si la péremption n'a pas été demandée, il ne faut pas, croyons-nous, conclure de là que la prescription restera interrompue d'une manière définitive. L'effet interruptif produit par la demande durera seulement pendant trente ans à compter du dernier acte de procédure. L'interruption devra être considérée comme non avenue, et l'ancienne prescription comme ayant continué à courir, lorsque l'instance aura pris fin par la discontinuation pendant trente ans (Comp. *Rép.*, n° 675 *in fine*). Comme le fait remarquer justement M. Laurent, t. 32 n° 100 (V. aussi n° 162, p. 170, et n° 375), « tout droit s'éteint par le laps de trente ans ; donc s'il y a eu discontinuation de poursuites pendant trente ans, l'instance sera éteinte. Nous disons l'instance et non le droit du demandeur ; car la prescription du droit a été interrompue par la citation en justice ; l'effet du contrat judiciaire, qui résulte de l'ajournement, se prescrit par trente ans à partir du dernier acte de procédure, indépendamment de toute péremption ; mais tout ce qui en résulte, c'est qu'après ce délai l'instance ne peut plus être utilement reprise. Le demandeur perd, par conséquent, le droit que lui donnait l'action par lui intentée ; il ne pourra plus demander les fruits et les intérêts, parce que la demande judiciaire est prescrite. Autre est la question de savoir si le droit est prescrit ; elle se décide indépendamment de l'instance, et se trouve prescrite par la discontinuation des poursuites pendant trente ans » (V. dans le même sens, Aubry et Rau, t. 2, § 215, p. 344 ; Merlin, *Répertoire*, v° *Prescription*, sect. 3, § 8, n°s 1 et 2; Leroux de Bretagne, t. 1, p. 349, n° 491; Baudry-Lacantinerie, t. 3, n° 1246). La jurisprudence consacre cette solution (Outre les arrêts cités au *Rép.*, n°s 675 et 849-2°, V. Civ. rej., 16 janv. 1837, D. P. 37. 1. 61 ; Req. 6 juill. 1852, aff. Bureau de bienfaisance de Pas, D. P. 52. 1. 240; 6 mai 1886, aff. Delmas, D. P. 56. 1. 266; Limoges, 8 mars 1886, aff. Section de Boueix, D. P. 88. 2. 313).

364. La péremption de l'instance n'entraîne pas l'extinction du droit même prétendu par le demandeur. Celui qui a laissé périmer la demande en justice par lui formée peut recourir à une nouvelle citation en justice qui inter-

rompra la prescription de son droit, à la condition, toutefois, qu'il soit encore dans le délai utile, c'est-à-dire que son droit existe encore à ce moment et ne soit pas éteint par la prescription. Si la prescription était acquise, il ne pourrait plus y avoir de demande nouvelle (V. sur ce point Laurent, t. 32, n° 99, p. 111 et 119; Leroux de Bretagne, t. 1, p. 349, n° 490, *in fine*).

365. Faudra-t-il donner la même solution, si la seconde demande était formée, alors que la prescription du droit est acquise, mais avant qu'il y ait péremption de la première demande ? L'espèce s'est présentée dans les circonstances suivantes. Une personne est assignée devant le tribunal de commerce de Lyon. Puis, sans suivre sur cette instance, le demandeur assigne à nouveau la même personne devant le tribunal de Mulhouse, alors que la prescription du droit prétendu était acquise, mais avant que l'instance commencée à Lyon fût tombée en péremption. Dans cette espèce, le tribunal civil de Lyon et la chambre des requêtes ont décidé qu'il y avait interruption de prescription. D'une part, en effet, dit la cour de cassation, l'instance commencée à Lyon n'était tombée en péremption qu'après que celle suivie à Mulhouse avait pris naissance; d'autre part, la citation première devant le tribunal de Lyon, étant restée à l'abri de toute déchéance légale, avait interrompu la prescription et fait courir un nouveau délai (Trib. Lyon, 5 juin 1875, aff. Compagnie générale des messageries Breton, et, sur pourvoi, Req. 6 déc. 1876, D. P. 77. 1. 257).

Nous ne pouvons nous rallier à cette doctrine. En effet, chacune des deux demandes formait une instance en justice distincte de l'autre. Or la seconde avait été intentée alors que la prescription avait éteint le droit. La deuxième demande était donc tardive, au point de vue de l'interruption de la prescription. Quant à la première citation en justice, elle était anéantie par la péremption d'instance et avec elle disparaissaient tous ses effets, notamment l'interruption de la prescription. La cour de cassation se fonde sur ce que l'instance engagée devant le tribunal de Lyon n'était tombée en péremption qu'après que celle qui avait été suivie devant le tribunal de Mulhouse avait pris naissance. Mais on peut objecter que chaque instance valait par elle-même. Les actes de l'une d'elles ne pouvaient couvrir la nullité ou l'inexistence des actes de l'autre (V. en ce sens Laurent, t. 32, n° 99. Comp. également notre note sous l'arrêt rapporté).

366. — 4° *Rejet de la demande* (*Rép.* n°s 565 à 570). — La disposition de l'art. 2247, d'après laquelle l'interruption de la prescription est regardée comme non avenue « si la demande est rejetée », a soulevé de sérieuses difficultés. Comment ces mots doivent-ils être entendus? Visent-ils seulement le rejet de la demande au fond, ou bien comprennent-ils aussi le rejet en la forme ?

Suivant une doctrine soutenue par plusieurs auteurs (Malleville, *Analyse raisonnée de la discussion du code civil*, t. 4, p. 376 ; Favard de Langlade, *Répertoire*, v° *Prescription*, sect. 2, § 3 ; Merlin, *Questions de droit*, v° *Interruption*, § 2; Troplong, *Prescription*, n°s 568 et 610), le rejet qui, aux termes de l'art. 2247, rend non avenue l'interruption de la prescription est un rejet définitif, et non un rejet qui n'est que motivé par un obstacle purement temporaire. Dans ce dernier cas, dit-on, l'effet de la demande doit subsister, au même titre que lorsqu'elle est formée devant un juge incompétent ; en effet, par cela seul qu'elle est régulière et quel qu'en soit ultérieurement le sort, elle interpelle le possesseur et le met en demeure de justifier la cause de sa possession. Si dans les trois cas, autres que le rejet de la demande, prévus par l'art. 2247 (nullité de l'assignation, désistement de la demande, péremption de l'instance) l'interruption est réputée non avenue bien qu'elle puisse être renouvelée dans une autre instance, cela tient à ce que, à défaut des formalités exigées, la citation n'existe pas ; de même, le demandeur, en se désistant, paraît renoncer à sa réclamation et à tous ses effets qui y étaient attachés ; enfin la péremption d'instance n'est autre chose qu'une présomption de désistement. Or le même raisonnement ne saurait s'appliquer au quatrième cas prévu par l'art. 2247. Peut-on dire que le rejet qui n'est fondé que sur un vice de forme, ou sur une exception dilatoire empêche la demande d'exister ou emporte une présomption de désistement?

En sens contraire, on fait remarquer avec raison que l'art. 2247 ne distingue pas et que, d'ailleurs, dans le sens qu'on lui attribue dans la doctrine exposée ci-dessus, cet article serait inutile. « La disposition finale de l'art. 2247, disent MM. Aubry et Rau, t. 2, § 215, p. 349, note 16, suppose évidemment que la demande n'a été écartée que par une fin de non-recevoir qui ne s'oppose pas à sa reproduction ultérieure. Car si les prétentions du demandeur avaient été rejetées quant au fond, la question d'interruption de prescription ne présenterait aucun intérêt, puisque le défendeur n'aurait plus besoin d'invoquer la prescription, et pourrait repousser, par l'exception de la chose jugée, toute demande nouvelle dirigée contre lui ». A la vérité, on a cité deux hypothèses où le demandeur, bien qu'ayant obtenu définitivement gain de cause, ne pouvait cependant opposer l'exception de la chose jugée; c'est d'abord celle où le demandeur, après avoir échoué dans sa première action, formerait une demande nouvelle, en la fondant sur une cause différente; puis celle où il s'agirait d'une dette solidaire ou indivisible (V. Favard de Langlade, loc. cit.). Mais il est peu vraisemblable que ces cas exceptionnels soient entrés dans les prévisions du législateur. — Les auteurs les plus récents se prononcent en général dans le sens de cette dernière opinion (V. Aubry et Rau, loc. cit.; Laurent, t. 32, n° 11; Leroux de Bretagne, t. 1, n° 495; Baudry-Lacantinerie, t. 3, n° 1642). La jurisprudence paraît également fixée en ce sens. Ainsi il a été jugé qu'une demande déclarée non recevable, parce que le demandeur était sans qualité pour la former, doit être considérée comme rejetée dans le sens de l'art. 2247 c. civ., et, dès lors, n'est pas interruptive de la prescription; qu'ainsi, l'action en partage d'une succession formée par l'héritier présomptif d'un absent, comme représentant ce dernier, n'interrompt pas la prescription de cette action, si elle a été déclarée non recevable comme intentée par le demandeur avant envoi en possession provisoire des biens de l'absent (Req. 7 juin 1869, aff. Monty, D. P. 70. 1. 54). Dans l'espèce, il y avait bien, en effet, extinction définitive de l'instance.

La portée de cet arrêt pouvait laisser quelques doutes, car dans l'espèce le rejet de la demande, ayant été motivé sur le défaut de qualité du demandeur, pouvait n'être pas considéré comme purement dilatoire. Mais un arrêt postérieur a tranché nettement la question, en déclarant « que la disposition de l'art. 2247 c. civ., aux termes de laquelle l'interruption de la prescription résultant d'une citation en justice est regardée comme non avenue si la demande est rejetée, est absolue et ne comporte aucune distinction entre le cas où la demande est définitivement rejetée par un moyen du fond, et celui où elle est repoussée, soit par un moyen de forme, soit par une fin de non-recevoir qui laisse subsister le droit d'action. Dans l'autre hypothèse, l'assignation ne saurait, après l'extinction de l'instance, continuer à produire aucun effet, au profit du demandeur dont les conclusions n'ont pas été admises ». L'arrêt de là conclut que la prescription n'est pas censée avoir été interrompue par une demande en complainte ayant pour cause un trouble apporté à la possession prétendue annale d'une servitude de passage, et intentée sous forme de conclusions reconventionnelles dans une instance en réintégrande, lorsque ces conclusions ont été rejetées par le jugement qui a mis fin à cette instance (Civ. rej. 8 janv. 1877, aff. Raydet, D. P. 77. 1. 81).

367. Toutefois, pour que l'interruption de la prescription soit réputée non avenue, il faut que l'instance soit anéantie d'une façon définitive, de telle sorte qu'il soit nécessaire de la reprendre au cas où le demandeur voudrait exercer de nouveau son droit. Si le jugement ne statuait que d'une façon purement provisoire, sous forme de sursis, et ne faisait pas pour ainsi dire que suspendre l'instance, les effets de l'interruption subsisteraient. Il en était ainsi dans les espèces citées au Rép. n° 567 (V. Conf. Aubry et Rau, t. 2, § 215, p. 351, note 17; Leroux de Bretagne, t. 1, n° 497, p. 351; Req. 4 juill. 1866, cité infrà, n° 369, motifs). Il a été jugé également, par application de la même règle, que le jugement qui rétracte un jugement par défaut, sans

statuer sur le fond de la demande ni sur la validité de l'assignation, n'annule pas l'assignation qui l'avait précédé; que cette assignation demeure, en conséquence, interruptive de prescription (Civ. cass. 6 déc. 1876, aff. Huet, D. P. 77. 1. 55).

368. Il ne suffirait pas, d'ailleurs, pour que la demande conservât son effet interruptif, qu'elle n'eût été rejetée *qu'en l'état, quant à présent et faute de justification suffisante.* Ainsi qu'on l'a vu au Rép. n° 566, la jurisprudence a décidé, en pareil cas, contrairement à l'opinion de Troplong, que l'interruption demeurait non avenue : en effet, malgré les énonciations ci-dessus, l'instance se trouve alors définitivement vidée, et le demandeur n'en est pas moins obligé de former une demande nouvelle (V. conf. Aubry et Rau, t. 2, § 315, p. 351, note 16). De même, dans l'arrêt du 8 janv. 1877, cité suprà, n° 366, la chambre des requêtes, statuant dans l'hypothèse où une demande en complainte avait été intentée sous forme de conclusions reconventionnelles dans une instance en réintégrande, a décidé qu'il importait peu, au point de vue de l'interruption de la prescription, que le jugement rejetant la demande en complainte eût réservé au demandeur le droit de se pourvoir par instance séparée pour se faire maintenir en possession de la servitude, l'unique effet de cette réserve étant de lui conserver le droit de renouveler sa demande en complainte par une action principale. Dans l'espèce, en effet, il y avait bien un rejet définitif de la demande reconventionnelle. Le droit d'exercer à nouveau la complainte était reconnu au demandeur par le jugement de rejet, mais c'était à la condition de commencer une instance nouvelle. Il n'y avait donc pas eu interruption de la prescription.

369. Il a été jugé également qu'une demande en justice rejetée n'est pas interruptive de la prescription d'une action subsidiaire dérivant du même titre, mais non exercée, encore que le rejet n'en ait été au lieu qu'avec réserve de cette dernière action, si les exceptions contraires de la partie adverse ont été également réservées (Req. 4 juill. 1866, aff. Perrussel, D. P. 66. 1. 489). L'arrêt fait observer que les doubles réserves contenues dans le jugement de rejet s'annulaient réciproquement et imprimaient au rejet de la demande originaire le caractère d'un rejet pur et simple.

370. On a dit au Rép. n° 568 que, dans le cas où une demande en justice a été rejetée, elle ne peut interrompre la prescription d'un autre droit, dérivant du même titre, mais distinct dans son objet de celui sur lequel il a été statué par le jugement du rejet (V. en ce sens, Req. 14 nov. 1860, aff. Bessy, D. P. 61. 1. 208; 4 juill. 1866, aff. Perrussel, arrêt rapporté ci-dessus, D. P. 66. 1. 489).

371. Remarquons, en terminant, que la radiation du rôle, n'étant qu'une mesure d'ordre intérieur, n'éteint pas l'instance. En conséquence, l'assignation précédemment donnée conserve son effet interruptif de la prescription (Paris, 23 juin 1887, aff. Girod, etc., D. P. 88. 2. 257).

Art. 6. — *De la reconnaissance émanée du débiteur ou du possesseur.* — *De quels actes peut résulter cette reconnaissance.* — *Reconnaissance expresse et tacite.* — *De qui la reconnaissance doit émaner.* — *Preuve de la reconnaissance* (Rép. n° 571 à 617).

372. Conformément à ce que nous avons dit au Rép. n° 571, il a été jugé que la reconnaissance du droit sujet à la prescription, comprise, par l'art. 2248 c. civ., parmi les causes interruptives de la prescription, constitue en réalité qu'une renonciation virtuelle à la prescription en voie de s'accomplir, et qui efface le temps écoulé (V. en ce sens, Req. 6 janv. 1869, aff. Gouvernement espagnol, D. P. 69. 1. 224; 28 janv. 1885, aff. Hauguel, D. P. 85. 1. 358-359).

373. La disposition de l'art. 2248 est générale, elle s'applique à toutes espèces de prescriptions, quelle que soit leur durée. C'est là un point certain (V. les arrêts cités aux numéros qui suivent).

374. — De quels actes peut résulter la reconnaissance du droit (Rép. n° 571 à 601). — Le principe qu'il convient de poser à cet égard, c'est que la reconnaissance du droit sujet à la prescription peut résulter de tous faits ou actes impliquant l'aveu de l'existence du droit. Cette règle a été nettement formulée par un arrêt de la cour de cassation (Req. 28 janv. 1885, aff. Hauguel, D. P. 85. 1. 358).

De là il résulte que la reconnaissance dont parle l'art. 2248 c. civ. peut être expresse ou tacite, comme nous l'avons dit au *Rép.* n° 571 et 595. La volonté peut, en effet, se manifester expressément ou tacitement (V. en ce sens, Aubry et Rau, t. 2, p. 356, § 215; Laurent, t. 32, n° 126, p. 135; Marcadé, t. 12, sur l'art. 2248, n° 10; Leroux de Bretagne, t. 1, n° 454, p. 323; Baudry-Lacantinerie, t. 3, n° 1646).

375. — 1° *Reconnaissance expresse.* — Elle peut résulter, sans aucun doute, ainsi qu'on l'a indiqué au *Rép.* n° 571, des actes récognitifs et confirmatifs dont parlent les art. 1337 et 1338 c. civ. (V. en ce sens, Req. 25 févr. 1863, aff. Bruneteau, D. P. 64. 1. 283).

Mais faut-il conclure de là que la reconnaissance du droit sujet à la prescription doit nécessairement, pour être expresse, résulter d'un acte fait dans les formes de l'art. 1337 ? L'arrêt précité de la chambre des requêtes semble, par ses termes, le décider implicitement. Mais il y a là une inexactitude. La disposition de l'art. 1337 s'applique seulement à la reconnaissance considérée comme moyen de preuve, et elle n'a rien de commun avec la reconnaissance de l'art. 2248 c. civ. Celle-ci n'est assujettie à aucune forme spéciale (Conf. Aubry et Rau, t. 2, § 215, p. 356, note 39; Laurent, t. 32, n° 126, p. 135; Leroux de Bretagne, *Prescription*, t. 1, n° 454 à 456, p. 323 et suiv.).

376. Ainsi la reconnaissance peut être simplement verbale (V. en ce sens, Aubry et Rau. *loc. cit.*, note 40; Leroux de Bretagne, t. 1, n° 459; Laurent, t. 32, n° 128; Vazeille, t. 1, n°ˢ 210 et 212; Troplong, t. 2, n° 614; Marcadé, t. 12, n° 10 de l'art. 2248).

377. On a énuméré au *Rép.*, n°ˢ 572 et suiv., les actes desquels peut résulter une reconnaissance expresse. — Ainsi qu'on l'a dit *ibid.*, n°ˢ 573 et 574, la reconnaissance peut se déduire d'une lettre missive, pourvu qu'il n'y ait aucun doute sur l'intention de celui qui l'a écrite. C'est l'opinion générale (V. en ce sens, Aubry et Rau, t. 2, § 215, p. 356, texte et note 40; Laurent, t. 32, n° 128, p. 138; Leroux de Bretagne, t. 1, n° 456, p. 325). La jurisprudence consacre la même doctrine. Ainsi il a été jugé que la reconnaissance prévue par l'art. 2248 c. civ. peut résulter 1° de lettres dans lesquelles le débiteur déclare devoir, mais ne pouvoir payer, et prie le créancier de prendre patience et d'ajourner toute action en justice (Montpellier, 15 mai 1872, aff. Compagnie de l'Afrique française, D. P. 74. 2. 165); — 2° D'une lettre dans laquelle le représentant du débiteur reconnaît que les arrérages d'une rente ont été régulièrement payés, et ajoute que les crédirentiers peuvent être certains qu'aucune prescription ne leur sera opposée (Bordeaux, 23 déc. 1861, *infra*, n° 417. V. aussi les arrêts cités au *Rép.*, *ibid.* Comp. également, Req. 12 mars 1883, aff. Pompéani, D. P. 84. 1. 111).

378. Ajoutons que l'interprétation des lettres appartient au juge du fait, qui recherche souverainement s'il résulte de ces lettres que le débiteur a reconnu sa dette (V. Laurent, t. 32, n° 128, p. 137; Req. 21 déc. 1830, aff. Revé, *Rép.* n° 573).

379. Les auteurs récents et la jurisprudence consacrent la solution présentée au *Rép.*, n° 583, d'après laquelle les offres réelles renferment une reconnaissance de la dette. Il n'est pas nécessaire qu'il s'agisse d'offres réelles suivies de consignation et valant payement. De simples offres verbales suffisent, car elles manifestent la volonté du débiteur de reconnaître le droit de son créancier (V. en ce sens, Laurent, t. 32, n° 127, p. 137; Vazeille, n° 221; Aubry et Rau, t. 2, § 215, p. 355, texte et note 43; Massé et Vergé sur Zachariæ, t. 5, § 847, note 20).

380. De même, il n'est pas indispensable que les offres faites par le débiteur aient été acceptées par le créancier. Ainsi il a été jugé que des offres faites par un débiteur à son créancier ont le caractère d'une reconnaissance de dette, interruptive de la prescription, quoiqu'elles aient été rétractées faute d'acceptation (Req. 30 janv. 1865, aff. Gibouin, D. P. 65. 1. 235; V. conf. Laurent et Aubry et Rau, *op. et loc. cit.* Comp. toutefois, en sens contraire, l'arrêt rapporté au *Rép.* n° 584).

381. Bien entendu, il faut que les offres n'aient pas été faites à titre de transaction (Aubry et Rau, *op. et loc. cit.*).

382. Une offre même partielle, accompagnée d'une demande de délai, suffira pour établir le principe de l'obligation et emporter reconnaissance de la dette. Par suite, la prescription ne saurait être opposée, quelle que soit, en définitive, la somme à payer d'après le résultat ultérieur de la liquidation de la dette (Montpellier, 15 mai 1872, aff. Compagnie de l'Afrique française, D. P. 74. 2. 165).

383. Décidé, en sens inverse, que l'offre faite de soumettre un compte à tous examens et vérifications n'interrompt pas la prescription de l'action en contestation de ce compte, si le rendant compte en a, en même temps, toujours affirmé l'exactitude, une telle offre n'équivalant pas à une reconnaissance du droit du créancier, dans le sens de l'art. 2248 c. civ. (Req. 6 janv. 1869, aff. Gouvernement espagnol, D. P. 69. 1. 224).

384. — 2° *Reconnaissance tacite.* — Elle résulte de tout fait qui implique l'aveu de l'existence du droit du créancier ou du propriétaire. Il y a là une question de fait abandonnée au juge (V. en ce sens, Aubry et Rau, t. 2, § 215, p. 356, texte et note 41; Laurent, t. 32, n° 129, p. 138; Leroux de Bretagne, t. 1, n° 465, p. 333; Req. 28 janv. 1885, aff. Hauguel, D. P.; 6 janv. 1869, aff. Gouvernement espagnol, D. P. 69. 1. 224). — Le *Répertoire*, n° 595, a examiné différents cas où il peut y avoir reconnaissance tacite. La jurisprudence fournit, à cet égard, de nouveaux documents.

385. Ainsi le payement, en tout ou en partie, des intérêts d'une créance fait au créancier soit par le débiteur lui-même, soit par son mandataire, implique que le débiteur reconnaît devoir le capital de la créance et entend l'acquitter. Ce payement interrompt donc la prescription de l'action en payement du principal (V. en ce sens, Laurent, t. 32, n° 129; Aubry et Rau, t. 2, § 215, p. 356, texte et note 44; Baudry-Lacantinerie, *Précis*, t. 3, n° 1646). C'est ce qui a été jugé spécialement, en matière d'effets de commerce, pour la prescription quinquennale de l'art. 189 c. com. (Montpellier, 31 août 1850, aff. Roux, D. P. 51. 2. 180; Agen, 11 août 1853, aff. Cabrié, D. P. 71. 5. 395; Montpellier, 28 juill. 1860, aff. N..., D. P. 60. 2. 203; Req. 15 juill. 1875, aff. Moliné, D. P. 77. 1. 323; Rouen, 30 avr. 1883, aff. Lemaignan, D. P. 79. 2. 87; Besançon, 11 janv. 1883, aff. Vorbe, D. P. 83. 2. 211, et sur pourvoi, Req. 19 mai 1884, même affaire, D. P. 84. 1. 286).

386. De même, le fait par une personne de se reconnaître débitrice des intérêts d'une dette entraîne reconnaissance tacite de la dette en capital. Reconnaître, en effet, que l'on doit les intérêts d'un capital, c'est évidemment reconnaître que l'on est débiteur du capital lui-même. Ainsi jugé pour la prescription quinquennale de l'art. 189 c. com. (Req. 12 mars 1883, aff. Pompéani, D. P. 84. 1. 111).

387. Ainsi qu'on l'a dit au *Rép.* n° 595, le payement des arrérages d'une rente emporte reconnaissance de la dette et peut être opposé comme interruptif de la prescription (Civ. rej. 29 août 1860, aff. Veuve Hédoin, D. P. 60. 1. 428).

388. De même, la charge imposée à l'acheteur d'un immeuble, grevé d'une rente, par les vendeurs de servir à l'avenir les arrérages de celle-ci constitue, au profit du crédirentier, une reconnaissance interruptive de la prescription (Caen, 19 mars 1850, aff. Painel, D. P. 52. 2. 283).

389. Décidé que la reconnaissance d'un droit sujet à la prescription peut résulter, en matière de servitude de passage, de travaux accomplis d'un commun accord par les parties et destinés à assurer l'exercice de la servitude (Req. 28 janv. 1885, aff. Hauguel, D. P. 85. 1. 358).

390. L'admission d'un créancier à la faillite du débiteur implique reconnaissance de la dette et, par suite, interrompt la prescription. Dès lors la prescription quinquennale de l'art. 189 c. com. se trouve interrompue, lorsque le porteur d'un effet de commerce produit à la faillite du débiteur. La jurisprudence est en ce sens. Nous renvoyons, sur ce point, à ce qui a été dit *suprà*, vⁱˢ *Faillites et banqueroutes*, n° 889, et *Effets de commerce*, n°ˢ 345 et suiv., particulièrement n° 359).

391. Le règlement consenti par le mandataire du débiteur, alors même qu'il n'a pas été suivi d'exécution, interrompt la prescription contre ce débiteur (Req. 31 janv. 1872, aff. Adam de Villiers, D. P. 72. 1. 246).

392. En sens inverse, on ne peut voir une reconnaissance interruptive de la prescription courant contre une rente dans ce fait que le débirentier, après avoir vendu un de ses immeubles, en a délégué le prix aux créanciers inscrits et a notifié son contrat au crédirentier, en tant que créancier inscrit. Il nous paraît, en effet, qu'une délégation générale d'un prix aux créanciers inscrits, sans indication d'un créancier déterminé, ne constitue pas une reconnaissance de dette au profit d'un des créanciers inscrits (V., en ce sens, Nîmes, 8 avr. 1876) (1).

393. De même, il n'y a pas reconnaissance interruptive de la prescription, lorsque le débiteur se contente de ne pas contester la collocation de son créancier à un ordre provisoire (Toulouse, 18 déc. 1874, aff. Mercier de Sainte-Croix, *infrà*, n° 447).

394. — 3° *De qui la reconnaissance doit émaner* (*Rép.* n° 602 à 604). — Comme on l'a dit au *Rép.*, n° 602, pour que la reconnaissance du droit sujet à la prescription ait pour effet d'interrompre celle-ci, il faut qu'elle émane du débiteur ou du possesseur qui est en voie de prescrire. Mais des difficultés s'élèvent en ce qui concerne la capacité que le débiteur ou le possesseur doit avoir pour faire la reconnaissance.

395. S'il s'agit d'une prescription acquisitive, la reconnaissance ne pourra interrompre la prescription que si elle émane d'une personne ayant la capacité requise pour disposer de l'immeuble en voie d'être usucapé (Conf. Aubry et Rau, t. 2, § 215, p. 356, note 46; Laurent, t. 32, n° 123, p. 131; Baudry-Lacantinerie, t. 3, n° 1647). Comme le font remarquer MM. Aubry et Rau, *loc. cit.*, « ceux qui ne sont pas autorisés à disposer de droits réels immobiliers ne peuvent pas non plus renoncer aux avantages d'une possession de nature à conduire à la consolidation de pareils droits ».

396. La même solution s'applique à la prescription extinctive de droits réels, par exemple d'une servitude (V. les auteurs cités *suprà*, n° 395).

397. Mais que faut-il décider pour la prescription extinctive des droits personnels? D'après une première opinion à laquelle nous croyons devoir nous rallier, la reconnaissance interruptive de la prescription peut être valablement faite par toute personne ayant la capacité d'administrer ses biens et par les administrateurs du patrimoine d'autrui. Ainsi une femme mariée séparée de biens, un mineur émancipé, une personne pourvue d'un conseil judiciaire, peuvent valablement, en reconnaissant une dette, interrompre la prescription qui court à leur profit. De même, le tuteur d'un mineur non émancipé, un administrateur légal, le mari, peuvent reconnaître une dette du pupille ou de la femme, et interrompre ainsi la prescription. C'est qu'en effet les personnes qui viennent d'être indiquées pourraient certainement interrompre la prescription qui court, en payant partiellement la dette ou les intérêts qu'elle produit. Comment, dès lors, n'interrompraient-elles pas la prescription, en reconnaissant la dette elle-même (V. en ce sens, Aubry et Rau, t. 2, § 215, p. 355, note 45 ; Vazeille, *Prescriptions*, t. 1, n° 217; Baudry-Lacantinerie, t. 3, n° 1647).

M. Laurent est d'un avis contraire. Il ne distingue pas suivant qu'il s'agit de la prescription acquisitive ou extinctive d'un droit réel, ou de la prescription extinctive d'un droit personnel. Dans les deux cas, il exige que la reconnaissance, pour interrompre la prescription, émane d'une personne ayant la capacité de disposer du droit que la prescription, une fois acquise, aurait consolidé sur sa tête (t. 32, n° 124, p. 132 et suiv.).

La jurisprudence semble consacrer la première opinion (V. Req. 26 juin 1821, *Rép.* n° 604; Douai, 13 mai 1846, cité au *Rép.* n° 591 *in fine*). Décidé, de même, que le règlement consenti par le mandataire du débiteur, alors même qu'il n'a pas été suivi d'exécution, interrompt la prescription contre ce débiteur (Req. 31 janv. 1872, aff. Adam de Villiers, D. P. 72. 1. 246). — Jugé également que le mari a qualité, encore qu'il ne se trouverait pas en état de la payer avec ses biens personnels, pour régler seul la dépense relative à l'éducation des enfants communs, et pour faire, au profit d'un instituteur, une reconnaissance de la dette, interruptive de la prescription même à l'égard de la femme (Nîmes, 26 juill. 1833, aff. Domergue, D. P. 53. 2. 247). — De même le mari, sous le régime dotal, peut, en reconnaissant dans une lettre une dette de sa femme, en interrompre la prescription (Bordeaux, 23 déc. 1861, *infrà*, n° 417).

398. La femme étant généralement considérée comme ayant reçu de son mari un mandat tacite relativement aux dépenses quotidiennes du ménage, la reconnaissance par la femme d'une dette relative à ces dépenses empêche que la prescription ne s'opère au détriment du créancier (Paris, 19 janv. 1875, aff. Du Port d'Alès, D. P. 77. 2. 214).

399. On a dit au *Rép.* n° 575 que, pour qu'il y ait reconnaissance, il n'est pas nécessaire qu'il y ait un concours de volonté entre le créancier et le débiteur et que la reconnaissance soit acceptée par le créancier. De plus, comme on l'a ajouté *ibid.*, n° 576, la reconnaissance interruptive de la prescription peut résulter d'actes dans lesquels le créancier n'a pas été partie, et où le débiteur seul a figuré (V. en ce sens, Laurent, *Principes*, t. 2, § 215, p. 356 ; Baudry-Lacantinerie, *Précis*, t. 3, n° 1645 ; Leroux de Bretagne, *Prescription*, t. 1, n° 455).

400. La jurisprudence consacre la même règle. Spécialement, il a été jugé : 1° que la reconnaissance, par le possesseur de l'immeuble, du droit de propriété de celui contre lequel il prescrit, est interruptive de la prescription, alors même qu'elle résulterait d'un acte auquel ce dernier n'a pas été partie, et, par exemple, d'un acte de partage où les auteurs de la partie qui invoque la prescription auraient exclu cet immeuble des limites par eux assignées à leur propriété (Req. 25 févr. 1863, aff. Bruneteau, D. P. 64. 1. 283) ; — 2° Que le légataire d'une rente viagère n'est pas déchu de son droit bien qu'il ait laissé s'accomplir le délai de la prescription sans en réclamer les arrérages, si des actes remontant à moins de trente ans et réglant, même en l'absence du légataire, les droits respectifs des héritiers du testateur, mentionnent expressément ladite rente comme faisant partie des charges héréditaires (Poitiers, 30 juill.

---

(1) (Brisse et Rébuffat.) — Le 8 déc. 1875, le tribunal de Nîmes a rendu le jugement suivant : — « Sur le contredit de Brisse : — Attendu que, pour justifier de la conservation de la rente, à défaut du titre originaire (acte du 7 déc. 1837, Eysette, notaire à Beaucaire), qui est prescrit, Brisse devrait, en vertu de l'art. 2263, c. civ., rapporter un titre nouveau, et que ce titre n'est pas reproduit ; — Attendu que c'est à tort que Brisse, à défaut du titre, invoque une reconnaissance de son droit par le débiteur, reconnaissance qui n'existe pas ou n'est pas légalement prouvée ; — Qu'en effet, il importe peu que, dans un acte de vente en date du 29 sept. 1865, consenti par Plagnol père à Plagnol fils et annulé depuis, le prix ait été délégué aux créanciers inscrits et qu'à la suite de cette vente, Brisse ait reçu une notification du contrat comme créancier inscrit de Plagnol père ; — Qu'une délégation du prix général aux créanciers inscrits, sans indication spéciale du créancier qui l'invoque, n'est pas une reconnaissance au profit de celui-ci ; — Attendu que Brisse prétend également à tort faire résulter la reconnaissance de son droit de payement des arrérages courus jusqu'à aujourd'hui ; — Qu'en effet, ce payement n'est pas légalement établi ; que Brisse produit uniquement des allégations émanées de tiers disant qu'il est à leur connaissance que la rente a été payée; qu'il n'y a là que de simples présomp-

tions inadmissibles comme moyens de preuve, s'agissant dans l'espèce de plus de 150 fr. ; — Que le contredit Brisse doit être rejeté ; — Sur le contredit des enfants Rébuffat : — Attendu qu'il y a lieu de décider que, par l'effet successif : 1° de leur commandement en date du 11 mars 1869 ; 2° de la suspension des prescriptions civiles depuis le 15 juill. 1871, édictée par les lois et décrets des 3 oct. 1870 et 26 mai 1871; 3° du dépôt de leur acte de produit à la date du 17 oct. 1874, les enfants Rébuffat ont interrompu la prescription des intérêts de leur capital de 2000 francs depuis et y compris l'annuité échue le 8 févr. 1865, et que la totalité de ces intérêts leur est due ; mais que, aux termes de l'art. 2151 c. civ., opposable même par les créanciers chirographaires, ils ne peuvent être loués hypothécairement que pour les deux années et l'année courante, qui leur ont été allouées hypothécairement dans l'ordre provisoire, et que le surplus de leurs intérêts ne peut leur être alloué que chirographairement dans la distribution à la suite de l'ordre, etc. »

Appel.

La cour ; — Adoptant les motifs des premiers juges ; — Confirme, etc.

Du 8 avr. 1876.-C. de Nîmes, 3° ch.-MM. Pelon, pr.-Rousselier, av. gén.-Verdier, Carcassonne et Clauzel, av.

1877, aff. Béliard, D. P. 78. 2. 60) ; — 3° Que la déclaration faite dans un acte de vente ou de partage que le bien, objet du contrat, est grevé d'une redevance du tiers des fruits à perpétuité, constitue une reconnaissance des droits du créancier interruptive de la prescription, alors même que le créancier n'y a pas été partie (Civ. cass. 27 janv. 1868, aff. Favart et cons., D. P. 68. 1. 200); — 4° Qu'une reconnaissance de dette interruptive de la prescription peut résulter de déclarations contenues dans des conclusions prises en justice par le débiteur ou le possesseur, alors même que le créancier ou le débiteur n'aurait pas été partie au procès (Douai, 28 nov. 1879 (1). V. également les arrêts cités au *Rép.*, *ibid.*).

401. — *4° Preuve de la reconnaissance (Rép.* nos 605 à 617).* — On a dit au *Rép.*, n° 617, que la preuve de la reconnaissance interruptive de la prescription doit se faire conformément aux règles du droit commun, la loi n'y ayant pas dérogé. Ce principe est admis aujourd'hui sans difficulté (Conf. Aubry et Rau, t. 2, § 215, p. 357; Laurent, t. 32, n° 430 ; Baudry-Lacantinerie, t. 3, n° 1648).

402. De là il résulte que le créancier qui prétend que la reconnaissance a été interrompue ne peut prouver par témoins les faits sur lesquels il s'appuie, lorsque le principal de la dette excède 150 fr., sauf les exceptions prévues par les art. 1347 et 1348 c. civ., c'est-à-dire, lorsqu'il s'agit d'une dette commerciale, lorsqu'il existe un commencement de preuve par écrit, ou que le créancier a été dans l'impossibilité de se procurer une preuve littérale (V. les auteurs cités *suprà*, n° 401). Ainsi il a été jugé que des payements successifs d'arrérages d'une rente ne peuvent être prouvés par témoins, à l'effet d'établir l'interruption de la prescription de la rente, lorsque le capital de celle-ci est supérieur à 150 fr. (Civ. cass. 17 nov. 1858, aff. Fournier et cons., D. P. 58. 1. 459; Nîmes, 8 avr. 1876, *suprà*, n° 392).

Lorsqu'il s'agit, comme dans l'espèce qui précède, d'une rente, et que le créancier demande à prouver que les arrérages ont été payés, afin d'établir l'interruption, il faut considérer le chiffre même de la rente, et non celui des arrérages. La preuve testimoniale ne sera donc pas admissible, lorsque le capital de la rente sera supérieur à 150 fr., alors même que chaque payement d'arrérages serait inférieur à 150 fr. (V. au ce sens, Civ. cass. 17 nov. 1858, cité *suprà*, n° 402 ; Laurent et Aubry et Rau, *loc. cit.*).

403. Par application du principe posé *suprà*, n° 401, il a été jugé qu'en matière commerciale la preuve que les intérêts d'une somme ont été payés au créancier par un tiers agissant comme mandataire du débiteur, peut être faite par témoins, au moyen de livres de commerce, ou à l'aide de simples présomptions dont l'appréciation est abandonnée aux règles du droit commun (Req. 15 juill. 1875, aff. Moliné, D. P. 77. 1. 323; Rouen, 30 avr. 1878, aff. Lemaignen, D. P. 79. 2. 87).

404. On peut déférer le serment à ceux qui opposent la prescription sur le point de savoir si la chose due a été réellement payée (art. 2275). Mais celui qui prétend que la prescription a été interrompue peut prouver les faits interruptifs en déférant le serment à son adversaire (Conf. Lau-

rent, t. 32, n° 133; Marcadé, sur l'art. 2248, n° 10; Leroux de Bretagne, *Prescription*, t. 1, p. 328, n° 459).

405. Comme il a été dit au *Rép.*, n° 608-2°, des registres ou papiers domestiques ne peuvent être invoqués par le créancier pour établir l'existence de payements par lui allégués (Conf. Laurent, t. 32, n° 134; Aubry et Rau, t. 2, p. 356, § 215, note 49; Troplong, *Prescription*, t. 2, n° 621). La jurisprudence belge est contraire (V. notamment, Bruxelles, 23 févr. 1835, *Pasicrisie belge*, 1835, p. 71 ; Liège, 12 févr. 1838, *ibid.*, 1838, p. 33; Bruxelles, 1er juill. 1840, *ibid.*, 1841. 2. 139).

406. Dans le même ordre d'idées, il a été jugé que la preuve d'un payement d'arrérages de rente, interruptif de la prescription de la rente, a pu être considérée comme résultant suffisamment d'un règlement de compte passé entre le créancier et le débiteur, quoique ce règlement n'en renferme pas la mention expresse, sans qu'une telle décision, qui repose sur une constatation souveraine de faits, tombe sous le contrôle de la cour de cassation (Civ. rej. 29 août 1860, aff. Veuve Hédoin, D. P. 60. 1. 428).

En ce qui concerne l'interruption de la prescription en matière de rente, V. également ce qui est dit sur l'art. 2263 c. civ., aux nos 522 et suiv.

Art. 7. — *Étendue des effets de l'interruption. De leur inextension d'une personne à une autre ou d'une action à une autre (Rép.* nos 618 à 674).*

§ 1er. — À qui profite l'interruption de la prescription et à qui elle peut être opposée (*Rép.* nos 618 à 648).

407. — I. Principe. — On a indiqué au *Rép.*, n° 618, la règle qu'il convient de poser à cet égard. Il faut distinguer entre l'interruption naturelle, qui existe *erga omnes* et profite à tout intéressé, et l'interruption civile, qui ne profite qu'à celui dont elle émane et ne peut être opposée qu'à celui contre lequel elle est dirigée. Ce principe, admis dans notre ancien droit, n'est pas contesté aujourd'hui (V. Aubry et Rau, t. 2, p. 360, § 215, texte et note 60; Laurent, t. 32, nos 144 à 145; Duranton, t. 21, nos 278 et 279; Vazeille, t. 1, n° 232; Troplong, *Prescription*, t. 2, n° 627; Leroux de Bretagne, t. 1, n° 551, p. 378; Baudry-Lacantinerie, t. 3, n° 1652).

408. La règle que nous venons de formuler pour l'interruption naturelle s'applique à la prescription acquisitive des servitudes, et à la prescription extinctive de l'action hypothécaire contre les tiers détenteurs d'immeubles hypothéqués (art. 2180-4°. Conf. Aubry et Rau, *loc. cit.*).

409. Le principe qui régit l'interruption civile s'applique alors même qu'il y aurait communauté d'intérêts entre diverses personnes, cocréancières ou copropriétaires. L'interruption civile émanée de l'une d'elles seulement ne peut être invoquée par les autres. Réciproquement, l'interruption civile opérée contre un seul des copossesseurs ou des codébiteurs ne peut être opposée aux autres. (V., au ce sens, Laurent, t. 32, n° 147 et suiv.; Aubry et Rau, t. 2, § 215, p. 360; Leroux de Bretagne, t. 1, n° 554, p. 380).

410. Nous avons examiné au *Rép.* nos 629 à 636 une

---

(1) (Bancourt *C.* Carré.) — La cour; — Considérant que, suivant acte reçu par Baudet, alors notaire à Bertincourt, le 6 oct. 1844, Jean-Baptiste Bancourt s'est rendu adjudicataire d'une ferme, sise à Ruyaulcourt, dépendant de la succession de la demoiselle Amélie Boniface, moyennant la somme de 10 800 fr.; — Considérant que les sieurs Carré et consorts ne justifient pas que Jean-Baptiste Bancourt, leur auteur, se soit libéré du prix de son acquisition, et que la prescription par eux invoquée n'est pas acquise;

Considérant, en effet, que dans une instance engagée devant le tribunal d'Arras entre eux et la dame Baudet, en 1864, et, plus tard, devant la cour, ils ont articulé que Baudet n'avait jamais reçu le mandat de payer le prix de cette acquisition et ne l'avait pas payé; que leur prétention a été accueillie par jugement et par arrêt; que les conclusions par eux prises à la barre du tribunal d'Arras, et qui sont reproduites dans cet arrêt de ce tribunal, étaient ainsi formulées : — « Attendu qu'à l'heure qu'il est, les vendeurs n'ont pas encore été payés, n'ont pas donné quittance, et que si les héritiers Bancourt étaient obligés de tenir compte à Baudet de la somme de 10 800 fr.; ils seraient exposés à payer deux fois »; que cette déclaration constitue une

reconnaissance de la dette, et a interrompu la prescription dont se prévalent aujourd'hui les sieurs Carré et consorts; que vainement ils objecteraient que les sieurs Cornaille et consorts, n'ayant pas été parties au procès de 1864, ne peuvent tirer, des conclusions prises à cette époque, la preuve d'une reconnaissance interruptive de la prescription; qu'il est de principe et de jurisprudence que la prescription de la dette est interrompue au profit du créancier par la reconnaissance qu'en fait le débiteur même dans le cours d'une opération étrangère au créancier ; que si le concours du créancier et du débiteur est nécessaire pour former le contrat qui engendre l'obligation, la même solennité ne saurait être requise, lorsqu'il s'agit d'une reconnaissance interruptive de la prescription, aux termes de l'art. 2248 c. civ.

Considérant d'autre part, que la cour peut puiser la base de son appréciation dans les conclusions reposant au greffe d'un tribunal, puisque les greffiers sont tenus, aux termes des lois de la procédure, de délivrer en matière civile des copies à tout requérant des actes dont ils ont le dépôt ; etc.

Du 28 nov. 1879.-C. de Douai, 2e ch.-MM. Duhem, pr.-Mascaux, av. gén.-Louis-Legrand, av.

question encore très discutée. Nous avons dit qu'on doit appliquer le principe, d'après lequel l'interruption civile ne s'étend pas d'une personne à une autre, aux cohéritiers qui se trouvent en état d'indivision et sont copropriétaires et cocréanciers. Si l'un des cohéritiers interrompt la prescription d'un bien ou d'une créance héréditaire, l'interruption ne profite pas aux autres. En sens inverse, si la prescription est interrompue contre l'un des cohéritiers, elle ne pourra être opposée aux autres.

Les auteurs récents se prononcent en faveur de cette doctrine (V. Aubry et Rau, t. 2, p. 360, § 215, texte et note 61 ; Laurent, t. 32, nᵒˢ 147 à 149 ; Baudry-Lacantinerie, t. 3, nᵒ 1653 ; Leroux de Bretagne, t. 1, nᵒˢ 555 à 561, p. 381 à 383). Comme le fait remarquer ce dernier auteur, *loc. cit.*, nᵒ 147, « la raison de décider est aussi simple que péremptoire ; l'interruption civile ne profite ni ne nuit qu'à ceux qui sont parties à l'acte judiciaire d'où elle procède ; ce principe résulte de la nature même de l'interruption ; il est donc général et doit recevoir son application à tous les cas, à moins que la loi n'y déroge ; or, elle n'y déroge que lorsque la dette est solidaire ou que le droit est indivisible. Ce sont précisément ces exceptions qui établissent et qui confirment la règle ; hors des cas exceptés par la loi, la règle doit recevoir son application ».

La jurisprudence, après avoir d'abord admis la solution contraire (V. les arrêts cités au *Rép.* nᵒ 631), semble avoir consacré depuis notre opinion (V. les arrêts indiqués au *Rép.* nᵒ 630. *Adde:* Pau, 11 mars 1861, aff. Petit-Paillassa et autres, D. P. 61. 2. 95). Ce dernier arrêt décide que la demande en partage d'une succession indivise formée par un des cohéritiers n'interrompt pas à l'égard des autres la prescription courant au profit du détenteur des biens héréditaires. Il renferme les considérants suivants qu'il importe de reproduire : « Il est de principe que l'interruption civile ne profite qu'à celui de qui elle est émanée ; cette règle ne souffre exception que dans les cas de solidarité et d'indivisibilité ; la demande en partage d'une succession indivise ne rentre ni dans l'une ni dans l'autre de ces exceptions ; les dettes actives et passives se divisent de plein droit, entre les divers héritiers d'une même succession ; la loi laisse à chacun d'eux le soin de veiller à la conservation de ses intérêts, qui sont entièrement distincts et indépendants de ceux de ses cohéritiers ; lorsqu'il intente une action en partage, il n'agit pas pour le compte de ses cohéritiers ; il agit pour lui seul et dans l'objet unique d'obtenir sa portion héréditaire ».

411. D'après MM. Aubry et Rau, même s'il s'agit d'une dette hypothécaire, l'interpellation faite à un des cohéritiers,

détenteur de l'immeuble hypothéqué, n'interrompra pas la prescription à l'égard des autres (*Cours de droit civil*, t. 2, § 215, p. 361).

412. — II. Exceptions. — On a dit au *Rép.* nᵒ 621 qu'il existe trois catégories d'exceptions à la règle qui régit toute cette matière. — V. sur ce point, en général, *Rép.* nᵒˢ 622 et suiv. (Comp. également Aubry et Rau, t. 2, § 215, p. 361 et 362 ; Laurent, t. 17, nᵒˢ 263, 304 à 307).

413. — 1ᵒ *Solidarité.* — Par application des principes exposés au *Rép.* nᵒ 622, il a été jugé que le payement des intérêts d'une créance par un des débiteurs solidaires suffit pour interrompre la prescription à l'égard de tous (Besançon, 11 janv. 1883, aff. Vorbe, D. P. 83. 2. 211 ; et, sur pourvoi, Req. 19 mai 1884, D. P. 84. 1. 286).

414. En ce qui concerne l'interruption de la prescription quinquennale des effets de commerce, V. *supra*, vᵒ *Effets de commerce*, nᵒˢ 361 et suiv., et Req. 19 mai 1884, cité *supra*, nᵒ 413.

415. Décidé que l'admission d'un créancier à la faillite de son débiteur, après vérification de la créance, interrompt la prescription des intérêts, même au regard du codébiteur solidaire du failli (Orléans, 11 mai 1861, aff. Frisk, D. P. 61. 2. 96).

416. Le principe d'après lequel les poursuites dirigées contre un débiteur solidaire interrompent la prescription à l'égard de tous les autres s'applique aux poursuites en justice. On ne peut invoquer ici la règle d'après laquelle le jugement ne nuit pas à ceux qui n'ont pas figuré au procès. En effet, la prescription est interrompue par la citation en justice, et non par le jugement (Comp., sur ce point, Laurent, t. 17, nᵒ 303 ; Paris, 6 janv. 1849, *Rép.* nᵒ 622 *in fine*).

417. Il a été jugé que la reconnaissance de la dette par un des débiteurs solidaires ne peut interrompre la prescription à l'égard des autres qu'autant qu'elle est contenue dans un acte ayant acquis date certaine. Cet arrêt s'appuie sur ce que des codébiteurs solidaires, à cet égard, ne sont ni les ayants cause, ni les ayants droit les uns des autres, qu'ils doivent être considérés comme des tiers aux yeux de l'art. 1328 c. civ., et qu'on ne peut invoquer ici le principe d'après lequel les codébiteurs solidaires sont mandataires les uns à l'égard des autres à l'effet de conserver et de perpétuer l'obligation (Bordeaux, 23 déc. 1861 (1). Comp. Aubry et Rau, t. 2, § 215, p. 363, texte et note 68).

418. Aux termes de l'art. 2249 c. civ., l'interpellation faite à l'un des héritiers d'un débiteur solidaire n'interrompt pas la prescription à l'égard des héritiers, et elle ne l'interrompt vis-à-vis des autres codébiteurs que pour la part de cet héritier dans la dette solidaire (*Rép.* nᵒ 628). — Réci-

---

(1) (Peyrot C. De Laverrie.) — La cour ; — En ce qui touche la prescription : — Attendu que, d'après les termes de l'art. 2263, c. civ., éclairés par les discussions préliminaires à la promulgation du code, la prescription d'une rente commence à courir du jour même de la date du titre constitutif ; — Attendu que le droit hypothécaire des appelants repose sur un contrat du 4 avr. 1808, par lequel la demoiselle Caroline de Laverrie, devenue plus tard dame Delord-Dupin, et la demoiselle Rosalie de Laverrie, dame de Bétou, se sont reconnues débitrices solidaires d'une rente perpétuelle de 250 livres ; — Attendu que l'obligation contractée par la dame Dupin et l'hypothèque qu'elle a consenti pour en assurer l'exécution ont été prescrites le 4 avr. 1838, ou tout au moins le 6 juin de la même année, date des dernières poursuites, à moins qu'il ne soit justifié d'une interruption de prescription valable au regard de la dame Dupin ; — Attendu que les appelants n'invoquent d'autre interruption que celle qu'ils puisent dans une lettre adressée, le 23 mars 1838, par le sieur de Bétou, mari de la demoiselle Rosalie de Laverrie, à M. Larouverade, mandataire des époux Peyrot, propriétaire de la rente ; — Attendu que les époux de Bétou se sont soumis au régime dotal dans leur contrat de mariage ; — Attendu que le sieur de Bétou reconnaît, dans la lettre produite, que les arrérages de la rente ont été régulièrement payés par la dame de Bétou et la dame Delord ; qu'il ajoute que les créditrentiers peuvent être certains qu'aucune prescription ne leur sera opposée ; — Attendu que cette reconnaissance émanée du mari, administrateur des biens dotaux de l'une des débitrices solidaires, serait essentiellement interruptive de la prescription pour la dame Dupin, sa débitrice solidaire, si elle pouvait lui être opposée ; — Attendu que les codébiteurs solidaires d'une dette ont des obligations communes, mais qu'ils ont des personnalités et des intérêts distincts ; qu'ils ne sont ni les ayants

cause ni les ayants droit les uns des autres, et qu'ils doivent être considérés comme des tiers dans les actes qu'ils ont accompli individuellement ; — Attendu qu'il n'est pas exact de dire qu'ils sont des mandataires réciproques ; que c'est à une assimilation doctrinale ayant pour but d'expliquer certaines dispositions de la loi ; mais que le caractère de mandataire ne leur est imposé par aucun texte et ne doit pas être suppléé arbitrairement ; — Attendu que, si les choses se passent jusqu'à un certain point comme si les codébiteurs solidaires s'étaient conféré un mandat mutuel lorsqu'il s'agit du payement de l'obligation, il ne saurait en être de même lorsque les codébiteurs ont isolément reconnu l'existence de la dette pour en interrompre la prescription, et ont ainsi aggravé la situation de leurs coobligés ; — Attendu que les effets de cette reconnaissance individuelle sont régis, non par les principes du mandat, mais uniquement par les dispositions de l'art. 2249 c. civ., qui ne sont pas elles-mêmes les règles posées dans l'art. 1328 du même code ; — Attendu que la lettre du sieur de Bétou n'a pas été enregistrée ; qu'elle n'a acquis date certaine que par l'année 1849, par le décès de son auteur, et qu'elle doit être présumée ne pas exister pour la dame Dupin à une époque antérieure à cette dernière date ; — Attendu, dès lors, qu'aucune interruption valable de la prescription n'étant juridiquement constatée au préjudice de la dame Dupin, le titre du 4 avr. 1808 a été prescrit le 6 juin 1838 ; — Attendu que, la dette de la dame Dupin étant éteinte, le renouvellement qui a été consenti, le 9 sept. 1838, par les époux de Bétou, ne peut pas lui préjudicier, et que de Laverrie, qui représente la dame Dupin, est en droit de se prévaloir des exceptions qui lui appartiennent ;

Par ces motifs, confirme, etc.

Du 23 déc. 1861.-C. de Bordeaux, 1ʳᵉ ch.-MM. Raoul Duval, pr.-Peyrot, 1ᵉʳ av. gén.-Rateau et Lafon, av.

proquement, en cas de solidarité active, l'interpellation faite par un des héritiers de l'un des créanciers solidaires n'interrompt pas la prescription au profit de ses cohéritiers, et qu'elle ne l'interrompt au profit des autres créanciers que pour la part de cet héritier dans la créance solidaire. La solution que la loi donne pour la solidarité entre codébiteurs doit être étendue aux cocréanciers solidaires. Il y a, en effet, la même raison de décider. C'est l'opinion de tous les auteurs (Conf. Duranton, t. 11, p. 199, n° 180; Aubry et Rau, t. 2, § 215, p. 361; Laurent, t. 17, n° 263; Leroux de Bretagne, t. 1, n° 571, p. 387).

419. Lorsqu'il s'agit d'une dette soumise à une prescription de courte durée, si le débiteur reconnaît cette dette, la courte prescription peut faire place, dans certains cas, à la prescription de trente ans, par suite d'une interversion dans le titre même de la dette (c. civ., art. 2274-2°. V. infrà, n° 604). Dans cette hypothèse, la reconnaissance, par l'un des codébiteurs solidaires, d'une dette soumise à une prescription de courte durée, quoique interrompant la prescription à l'égard de tous les débiteurs, n'aura pas pour effet, à l'égard de ces derniers, de substituer la prescription de trente ans à la prescription de courte durée, par suite d'une interversion de titre. L'art. 2274-2° ne pourra pas s'appliquer. Telle est, du moins, la doctrine qui a prévalu (V., en ce sens, Laurent, t. 17, n° 309, p. 308; Aubry et Rau, t. 2, p. 30; note 33. — Contrà, Rouen, 5 mars 1842, Rép. n° 623).

420. — 2° *Indivisibilité.* — Par application des principes exposés au Rép. n°s 637 et 638, il a été jugé qu'un droit de servitude est indivisible, lorsqu'il est exercé par plusieurs usiniers qui se transmettent, après s'en être servis, la totalité des eaux amenées dans un canal, qui est leur propriété commune, au moyen d'un barrage qui leur appartient également en commun; qu'en conséquence la prescription est interrompue au profit de tous ceux auxquels ce droit appartient par l'action qu'un seul a intentée (Civ. cass. 12 juill. 1869, aff. Pagnon et autres, D. P. 69. 1. 498. Comp.; sur ce point, Laurent, t. 8, n° 320, p. 389; Troplong, Prescription, t. 2, n° 637; Demolombe, Servitudes, t. 2, n°s 775et 996).

421. L'héritier qui détient un fonds hypothéqué peut être poursuivi pour le tout par le créancier hypothécaire. Dans ce cas, la prescription sera-t-elle interrompue pour le tout, à l'égard de cet héritier, alors que, le créancier ayant négligé de poursuivre les autres cohéritiers, ceux-ci peuvent se prévaloir de la prescription? L'affirmative est soutenue par MM. Aubry et Rau, t. 2, § 215, p. 360, texte et note 64. V. aussi Vazeille, Prescriptions, t. 1, n° 244). Cependant on admet plus généralement que le créancier ne peut poursuivre le cohéritier que pour sa part héréditaire (Conf. Laurent, t. 32, n° 150, p. 138; Marcadé, sur les art. 2249 et 1250, n° 1; Troplong, op. cit., t. 2, n° 659; Rodière, De la solidarité et de l'indivisibilité, n° 470; Leroux de Bretagne, t. 1, p. 387, n° 571; Mourlon, Répétitions écrites, t. 3, n° 1883, p. 907).

422. — 3° *Caution.* — Nous avons dit au Rép. n° 639 que l'interpellation faite à la caution ou sa reconnaissance opère interruption à l'égard du débiteur principal, tout en ajoutant que la question est controversée. Cette opinion est soutenue par Vazeille, op. cit., t. 1, n° 251, et par Troplong, op. cit., t. 2, n° 635. Mais la majorité des auteurs se prononce en sens contraire (V. Aubry et Rau, t. 2, § 215, p. 361, texte et note 66; Marcadé, sur les art. 2249 et 2250, n° 2; Laurent, t. 32, n°s 152, p. 164 et 162; Delvincourt, t. 3, p. 256; Duranton, t. 21, n° 283; Leroux de Bretagne, t. 1, n° 579, p. 394; Larombière, Théorie et pratique des obligations, t. 2, sur l'art. 1206, n° 3; Taulier, t. 7, p. 467; Ponsot, Du cautionnement, n° 326; Mourlon, Répétitions écrites, t. 3, n°s 1888 à 1894, p. 909 et 910; Baudry-Lacantinerie, t. 3, n° 1654, p. 956). Cette doctrine se fonde sur ce que, en principe, l'interruption de la prescription ne s'étend pas d'une personne à une autre, sauf en cas de solidarité et d'indivisibilité. Or, dit-on, l'art. 2250 est une exception à la règle; on ne peut donc pas l'étendre.

423. — 4° *Exceptions virtuelles.* — Ainsi qu'on l'a dit au Rép., n° 641, outre les trois exceptions au principe consacrées par le code et que nous venons d'étudier, il en est d'autres virtuelles sur lesquelles il importe de revenir, en indiquant les solutions nouvelles de la doctrine et de la jurisprudence.

424. — 1° On a soutenu au Rép., n° 641, que la saisie immobilière faite par un des créanciers devient commune et profite à tous à partir de la mention opérée, sur les registres de la conservation des hypothèques, conformément à l'art. 693 c. proc. civ. Parmi les auteurs récents, MM. Aubry et Rau (t. 2, § 215, p. 363 et 364, texte et note 70) et Leroux de Bretagne (t. 1, n° 569, p. 388) se rallient à cette opinion. D'après M. Laurent, la saisie immobilière devient commune à tous les créanciers à partir de la sommation qui leur est faite de prendre connaissance du cahier des charges, d'y contredire et d'intervenir sur la demande dirigée contre la saisi, s'ils le jugent convenable (Principes, t. 32, n° 155, p. 163 et 164).

425. — 2° Les actes d'interruption faits par l'usufruitier profitent au nu-propriétaire, et, réciproquement, ceux faits par le nu-propriétaire profitent à l'usufruitier (Conf. Laurent, t. 32, n° 157, p. 166 et 167; Aubry et Rau, t. 2, § 215, p. 364, texte et note 71; Troplong, op. cit., t. 2, n° 656; Proud'hon, De l'usufruit, t. 4, n°s 2160 à 2163; Leroux de Bretagne, t. 1, n° 563, p. 383).

426. — 3° De même, l'interruption opérée par le créancier gagiste ou antichrésiste profite au propriétaire de l'objet donné en nantissement. Il s'agit, en effet, d'un seul et même droit (V., en ce sens, Aubry et Rau, t. 2, § 215, p. 364; Laurent, t. 32, n° 158, p. 167 et 168).

427. — 4° On admet aussi très généralement que l'interruption faite par l'héritier apparent ou contre lui profite à l'héritier véritable ou peut lui être opposée (Conf. Aubry et Rau, t. 2, § 215, p. 364, texte et note 72; Vazeille, op. cit., t. 1, n° 249; Troplong, op. cit., t. 2, n° 650). — Contrà : Laurent, t. 32, n° 159, p. 168; cet auteur estime que l'héritier apparent ne peut représenter la succession.

§ 2. — A quel droit s'applique l'interruption
(Rép. n°s 649 à 674).

428. — I. L'interruption de la prescription ne s'étend pas d'une action à une autre. — Ce principe, indiqué au Rép., n° 649, s'applique non seulement au cas où il s'agit de deux actions contraires et incompatibles, procédant de causes diverses (V. Rép. n° 663), mais aussi quand il s'agit de deux actions procédant du même titre, et ayant entre elles une grande affinité. L'exercice d'une des actions n'interrompt pas la prescription qui court contre l'autre. Par suite, quand le demandeur peut revendiquer deux droits différents, distincts l'un de l'autre, il faut voir lequel a formé l'objet de la demande. L'action ne pourra interrompre la prescription qu'à l'égard du droit dont le demandeur réclame la reconnaissance (V., en ce sens, Aubry et Rau, t. 2, § 215, p. 359; Troplong, op. cit., t. 2, n° 658 et suiv.; Vazeille, t. 1, n°s 225 et suiv.; Zachariæ, § 213, texte et note 16; Leroux de Bretagne, t. 1, n° 539, p. 371). De ce principe, la jurisprudence a tiré plusieurs conséquences.

429. — 1° L'action en nullité d'un traité fait entre le mineur devenu majeur et son ancien tuteur, sans compte de tutelle préalable, ne comprend pas la demande en reddition de ce compte, et n'en interrompt pas la prescription. Ainsi, la prescription de l'action en reddition d'un compte de tutelle n'est pas interrompue par la demande en nullité du traité dans lequel l'ancien pupille a cédé à l'héritier de son tuteur, avant toute reddition de compte, ses droits à la succession de ce dernier aussi recueillie par lui, et, par conséquent, ceux résultant de la gestion tutélaire, lorsque cette demande, formée tant pour défaut de compte préalable que pour cause de lésion, tendait non à faire procéder à la reddition du compte de tutelle, mais au partage de la succession du tuteur, et qu'effectivement le tribunal, en annulant l'acte attaqué, s'est borné à ordonner ce partage (Req. 1er mai 1850, aff. Valette, D. P. 50. 1. 151. Comp. Aubry et Rau, t. 2, § 215, p. 359, texte et note 54).

430. — 2° La demande en revendication de la propriété d'une forêt par un usager ne peut interrompre la prescription courant contre les droits d'usage qui lui appartiennent sur cette forêt (Dijon, 11 déc. 1847, aff. Domas, D. P. 48. 5. 392).

431. — 3° La prescription des arrérages d'une rente stipulée comme prix de vente d'un immeuble n'est pas interrompue par l'action en réduction de cette rente pour déficit dans la contenance de l'immeuble vendu (Civ. cass. 21 avr. 1863, aff. Assada, D. P. 63. 1. 346).

432. — 4° L'interruption de la prescription d'une action en nullité de donation-partage pour composition illégale des lots ne s'étend pas à l'action en rescision du même acte pour cause de lésion (Req. 7 avr. 1873, aff. Mermet frères, D. P. 73. 1. 421).

433. — 5° La demande par laquelle un individu, se prétendant à tort seul héritier d'un défunt, a revendiqué sans succès, vis-à-vis d'autres héritiers, le droit exclusif à la succession, n'a pu interrompre la prescription acquise au profit de ces héritiers, relativement à certains rapports ou indemnités réclamés à eux postérieurement, pendant le partage et la liquidation de la succession (Douai, 13 janv. 1865) (1).

434. — 6° Ainsi encore, la demande formée par un héritier à fin de nullité du testament par lequel son auteur a institué un légataire universel, à charge d'un legs de rente viagère au profit de cet héritier, n'est pas interruptive de la prescription des arrérages de la rente réclamée plus tard par le même héritier, après désistement de sa demande en nullité (Civ. rej. 3 août 1863, aff. De Fortis, D. P. 63. 1. 363). — Décidé toutefois, en sens contraire, que l'instance en liquidation et partage d'une succession formée par un cohéritier interrompt, tant qu'elle est encore pendante, et qu'elle n'est atteinte ni par la péremption, ni par une déchéance, la prescription de l'action en nullité dirigée contre la renonciation d'un des cohéritiers (Pau, 19 mai 1884, aff. Cazeaux, D. P. 86. 2. 183). Cet arrêt, dont la doctrine nous paraît contestable, porte, dans ses considérants, que l'instance en partage avait conservé toutes les actions que les successibles pouvaient avoir à produire les uns contre les autres relativement à la fixation de leurs qualités et de leurs droits.

435. Ajoutons, toutefois, que l'interruption de la prescription peut s'étendre d'une action à une autre, lorsque l'une d'entre elles est comprise virtuellement dans l'autre (Conf. Aubry et Rau, t. 2, § 215, p. 357, texte et notes 55 et 56; Laurent, t. 32, n° 142, p. 150; Leroux de Bretagne, t. 1, n° 539, p. 372). Ainsi a-t-il été jugé que la partie qui, en temps utile, a demandé la nullité d'un partage d'ascendant pour cause de lésion et pour atteinte à la réserve, peut, au cours de l'instance, proposer un nouveau moyen de nullité tiré de l'inégalité dans la composition des lots, quoique, au moment où ce nouveau moyen a été soulevé, il se soit écoulé plus de dix années à partir du décès de l'ascendant donateur (Civ. rej. 7 janv. 1863, aff. Céby, D. P. 63. 1. 226). Dans l'espèce, en effet, la demande nouvelle était comprise virtuellement dans celle qui avait été portée la première en justice. Par conséquent, cette dernière devait avoir interrompu la prescription pour tous les moyens de nullité qui pouvaient appartenir au demandeur. La cour de cassation a pensé avec raison que si, à l'appui de leur demande en nullité, les demandeurs avaient invoqué, au cours de l'instance, l'inégalité de la composition des lots, et, par suite, l'infraction aux art. 826 et 832 c. civ., ce n'était là, en réalité, qu'un moyen nouveau par lequel ils prétendaient justifier la demande en nullité par eux formée, et non pas l'introduction d'une nouvelle action en nullité distincte de la première.

436. — II. L'interruption n'a pas lieu d'une quantité a une quantité (*Rép.* n°s 668 à 674). — On a dit au *Rép.* n° 669 que, par exception à ce principe, l'interruption de la prescription d'une créance s'étend aux intérêts et que, récipro-

quement, l'interruption acquise pour les intérêts s'applique aussi au capital (V., en ce sens, Laurent, n° 139; Baudry-Lacantinerie, t. 3, n° 1651; Leroux de Bretagne, t. 1, p. 370, n° 537; et les arrêts cités *suprà*, n°s 385 et suiv.).

437. Par application de la règle exposée au *Rép.* n° 671 *in fine*, il a été jugé que, sous l'empire de la loi sarde, une saisie-séquestre, lorsqu'elle a été formée pour une portion fixe et déterminée d'une créance, ne peut avoir pour effet d'interrompre la prescription pour la totalité de la créance (Req. 8 août 1865, aff. Tixier, *suprà*, n° 36).

438. Ainsi qu'on l'a montré au *Rép.* n° 672, le principe que nous avons formulé ne s'applique pas aux actions en pétition d'hérédité, en partage d'une succession, ou en liquidation d'une société (Comp. Laurent, t. 32, n° 140, p. 147 et 148). Par suite, l'action en pétition d'hérédité formée par une personne comprend tous les biens héréditaires auxquels elle a droit en sa qualité d'héritier (V., en ce sens, Bruxelles, 11 mai 1871, *suprà*, n° 314). — C'est ce que la cour de cassation a également admis dans l'espèce suivante. Une demande en partage d'une succession avait été formée, et il avait été formellement conclu à la restitution de tous les fruits échus. Le jugement intervenu avait décidé que ces fruits n'étaient pas dus jusqu'à une certaine époque, sans s'expliquer sur ceux échus postérieurement. Dans ces circonstances, la cour de cassation a décidé qu'aucune prescription ne pouvait être opposée à la restitution des fruits. Elle s'est fondée sur ce que le jugement qui ordonne un partage de succession y comprend nécessairement de plein droit, à moins de déclaration contraire, tous prélèvements, restitutions de fruits, rapports et comptes que les cohéritiers peuvent respectivement se devoir (Civ. cass. 6 déc. 1852, aff. Hervé, D. P. 53. 1. 50).

Art. 8. — *De l'influence de l'interruption de la prescription sur le temps requis pour prescrire* (*Rép.* n°s 674 à 683).

439. Par application de ce qui a été dit au *Rép.* n° 675 sur la prolongation de l'interruption civile, résultant d'une demande en justice, pendant toute la durée de l'instance, il a été décidé que la prescription quinquennale des arrérages d'une rente viagère à la charge d'une succession est suspendue pendant la durée de toute instance judiciaire engagée entre les héritiers et le crédirentier (Riom, 30 avr. 1889, aff. Parent, D. P. 90. 2. 166. Comp. Colmar, 29 avr. 1863, aff. Époux V. Wenger, D. P. 63. 2. 5).

440. Il n'est pas nécessaire, pour que l'interruption, produite par une demande en justice ait lieu, que l'exploit d'ajournement ait été suivi de contestation en cause, ou tout au moins de la comparution du défendeur. L'ajournement suffit par lui seul (V., en ce sens, Aubry et Rau, t. 2, § 215, p. 365, note 75; Laurent, t. 32, n° 162, p. 169; Troplong, t. 2, n° 683. — *Contrà* : Rauter, *Revue de législation*, 1836, t. 5, p. 133).

441. Lorsque l'instance prend fin par la discontinuation des poursuites pendant trente ans, l'interruption résultant de la demande en justice est réputée non avenue, et la prescription ne continue pas (V. *suprà*, n° 363).

442. La solution reste la même, si le jugement rejette la demande (Conf. Laurent, t. 32, n° 163, p. 171; Baudry-Lacantinerie, t. 3, n° 1649).

443. Au contraire, si le jugement accueille la demande, consacre la prétention du demandeur, l'action qui naît du jugement, l'*actio judicati*, ne se prescrira que par trente

---

(1) (Jourdain C. Eliet.) — La cour; — Sur le moyen de prescription : — Attendu que la femme Eliet agit, comme envoyée en possession des biens délaissés par son père, contre l'hoirie de sa mère; — Attendu qu'on ne peut considérer comme interrompant la prescription l'assignation du 5 avr. 1861, par laquelle la femme Eliet prétendait avoir un droit exclusif à la succession entière de sa mère; qu'une pareille prétention exclut toute idée de réclamation à former contre cette même succession; — Attendu qu'on ne saurait davantage repousser la prescription en vertu des dispositions de l'art. 2256 c. civ. qui suspend la prescription pendant le mariage dans le cas où l'action de la femme ne pourrait être exercée qu'après une option à faire sur l'acceptation ou la renonciation à la communauté; — Qu'il ne s'agit pas d'une action à exercer par la femme, mais d'une action dirigée contre elle ou son hoirie; — Attendu que la demande formée par Ferdinand

Jourdain, le 11 févr. 1862, en compte, partage et liquidation de la succession de sa mère, n'implique pas renonciation de sa part à l'exception de prescription contre les réclamations qui seraient élevées par la femme Eliet en cours d'instance, réclamations qui n'étaient pas alors formées et qui étaient ignorées du demandeur; — Mais attendu que ces réclamations n'ont pu être élevées par la femme Eliet, du jour de sa majorité, 7 juin 1833, mais seulement de l'époque où l'absence de son père a été déclarée et où elle a été envoyée en possession provisoire de ses biens, 5 févr. 1847; que c'est seulement dès cette époque que, l'action étant née, la prescription a pu courir contre elle; et que moins de trente ans se sont écoulés depuis cette date, 5 févr. 1847, jusqu'à la signification de ses conclusions, 12 mars 1864; etc. Du 13 janv. 1865.-C. de Douai, 2e ch.-MM. Donel, pr.-Carpentier, av. gén.-Pillion et Clavon, av.

ans. Une nouvelle prescription commence, qui n'a rien de commun avec la prescription de la créance dont on a poursuivi le payement en justice (Conf. Aubry et Rau, t. 2, § 215, p. 367, texte et note 81, Laurent, t. 32, n° 163, p. 172; Baudry-Lacantinerie, *op. et loc. cit.*).

414. La même solution s'applique au cas où la créance est soumise à une prescription de courte durée (V., en ce sens, Laurent et Aubry et Rau, *loc. cit.*).

445. Quand l'interruption résulte d'une citation en justice devant un juge incompétent, la prescription interrompue recommencera à courir à partir du moment où le juge se sera reconnu incompétent (Conf. Laurent, t. 32, n° 164, p. 172; Leroux de Bretagne, t. 1, n° 508, p. 358; Req. 17 déc. 1849, aff. Chauvin, D. P. 50. 1. 80).

446. Relativement à l'interruption résultant d'une saisie, il a été jugé, par application de ce qui a été dit au *Rép.* n° 680, que la saisie-arrêt est une véritable contestation en cause; que la maxime : *actiones semel inclusæ judicio non pereunt* lui est applicable; et que, par suite, l'interruption résultant de la saisie dure aussi longtemps que la procédure de la saisie (Riom, 18 juin 1852, motifs, D. P. 52. 2. 285. Comp. Aubry et Rau, t. 2, § 215, p. 365, texte et note 73; Laurent, t. 32, n° 166, p. 174; Troplong, t. 2, n° 687).

447. On a enseigné au *Rép.*, n°ˢ 676 à 679, que la nouvelle prescription qui commence à courir après l'interruption présente les mêmes caractères que l'ancienne prescription et est soumise aux mêmes règles. Ainsi l'interruption de la prescription n'a pas d'effet sur la durée de celle-ci; le délai des courtes prescriptions reste le même. Les auteurs récents se prononcent généralement en ce sens (V. Aubry et Rau, t. 2, § 215, p. 366, texte et note 77; Laurent, t. 32, n° 168, p. 175 et 176; Troplong, t. 2, n° 687; Bau-

dry-Lacantinerie, t. 3, n° 1650). La jurisprudence consacre la même règle (V. les arrêts rapportés au *Rép.*, *ibid.*). Il a été décidé qu'un commandement ou une saisie, n'étant point de nature à modifier le titre en vertu duquel ils procèdent, ne sauraient avoir pour effet, en interrompant la prescription quinquennale des loyers, par exemple, de les soumettre à partir de ce moment à la prescription trentenaire, mais seulement de faire recommencer le cours de la première prescription (Grenoble, 6 mai 1854, aff. Millet, D. P. 56. 2. 124). Décidé également que, dans le cas où la prescription de cinq ans, établie par l'art. 2277 c. civ., a été interrompue par la reconnaissance de la dette d'intérêts, c'est la prescription quinquennale, et non la prescription trentenaire, qui recommence à courir à partir de l'acte interruptif; et que, par suite, s'il s'est écoulé plus de cinq ans depuis l'acte interruptif, le créancier qui a assigné son débiteur en payement des intérêts ne peut réclamer que cinq années d'intérêts, en remontant à partir du jour de l'assignation (Civ. cass. 4 mars 1878, aff. Bourgade, D. P. 78. 1. 168; Rouen, 11 août 1890, aff. Du Quesnay, D. P. 91. 5. 407. Comp. également Toulouse, 18 déc. 1874) (1).

448. Les auteurs récents adoptent l'opinion que nous avons soutenue au *Rép.* n° 928, d'après laquelle lorsque la prescription de dix à vingt ans a été interrompue et recommence à courir, le tiers acquéreur continue à prescrire par le même délai, même si à ce moment il est de mauvaise foi (Conf. Aubry et Rau, t. 2, § 215, p. 466, texte et note 78; Laurent, t. 32, n° 169, p. 177; Baudry-Lacantinerie, t. 3, n° 1650).

449. La double règle que nous avons indiquée subit des exceptions, au cas où l'interruption résulte de la reconnaissance de la dette. Comme on l'a dit au *Rép.* n° 681, quand la reconnaissance implique novation, l'ancienne créance,

---

(1) (Mercier de Sainte-Croix C. Lafore.) — La cour ; — Sur la demande en validité des offres réelles faites, le 7 déc. 1872, par Mercier de Sainte-Croix à Numa Lafore: — Sur la demande en payement de la somme de 3500 fr., avec les intérêts courus et les frais, formée le 27 oct. 1873, contre Mercier de Sainte-Croix, par Isidore Lafore, tenant de son père cette créance : — Attendu que les premiers juges ont avec raison reconnu connexes ces deux instances et les ont jointes, les parties y concluant; mais que c'est à tort qu'ils ont attribué des intérêts légaux, sans examiner les questions de droit nées de ces actes, en laissant incomplète et obscure leur décision; — Attendu que Numa Lafore ayant, le 22 mai 1845, prêté à Mercier de Sainte-Croix, avec hypothèque sur tous ses biens, la somme de 3500 fr. pour un an, une parti de ses biens, à la suite d'une saisie réelle, et en vertu d'un jugement du tribunal civil de Moissac du 10 juill. 1846, fut adjugée au même Numa Lafore; que ce dernier produisit dans l'ordre clôturé le 10 mai 1848, sans collocation utile pour sa créance et les intérêts; — Attendu que le 8 avr. 1856 et le 12 mars 1864, il fut fait à Mercier de Sainte-Croix par Numa Lafore commandement d'avoir à lui payer la somme de 3500 fr. avec les intérêts légitimes ; que ni l'un ni l'autre de ces commandements ne fut suivi de saisie; — Attendu que le 24 mars 1864, Numa Lafore fit à Dératier, détenteur d'immeubles affectés à la sûreté de sa créance, sommation de payer ou de délaisser; que Dératier ayant répondu, le 18 avril suivant, par la notification de son contrat, les biens furent adjugés à Dératier lui-même par un jugement du tribunal civil de Moissac du 7 août 1865, et qu'il ne fut procédé à aucun ordre pour la distribution du prix de cette adjudication; — Attendu qu'une saisie-arrêt a été, le 10 avr. 1872, pratiquée entre les mains de Mercier de Sainte-Croix, par Déraunes, créancier de Numa Lafore; saisie-arrêt non mentionnée dans le jugement frappé d'appel; — Attendu que pour savoir d'une part, si le créancier a droit à tous les intérêts qu'il demande, d'autre part, si les offres réelles le comprennent que les intérêts des dernières années sont suffisantes, il faut voir comment les actes qu'invoque le débiteur sont venus chacun à sa date, interrompu la prescription et quels ont été les effets de cette interruption; — Attendu que la production de Numa Lafore à l'ordre clôturé le 10 mai 1848, quoique portée dans le tableau provisoire, n'a été suivie ni de contredit, ni de collocation définitive, et n'a donné lieu à aucune décision judiciaire; qu'on présente donc en vain, comme le point de départ d'une prescription trentenaire, cet acte interruptif de la première prescription quinquennale, mais n'ayant en faire naître qu'une seconde prescription, la cause de la dette étant restée la même ; — Attendu que les premiers juges ont trouvé, dans la collocation de Numa Lafore à l'ordre provisoire mais n'a pas contestée Mercier de Sainte-Croix, la reconnaissance du débiteur prévue par l'art. 2248, c. civ., et valant comme une interruption de la prescrip-

tion ; mais que cette reconnaissance, lorsqu'elle est tacite comme dans le cas présent, ne saurait non plus transformer en une autre la prescription interrompue, faire subir une métamorphose au droit du créancier et à la position du débiteur; qu'elle continue, au contraire, et confirme le titre primitif auquel elle se réfère, tandis que la reconnaissance expresse, pouvant seule former un titre nouveau, influe seulement sur le caractère de la prescription à venir; — Que ces principes sont consacrés par l'art. 189 c. civ., qui, à la prescription par cinq ans de la lettre de change, à compter du jour du protêt ou de la dernière poursuite, ne substitue la prescription de trente ans que s'il y a eu condamnation, ou si la dette a été reconnue par acte séparé; — Attendu que les commandements du 8 avr. 1856 et du 12 mars 1864, non suivis de saisie, ont été également impuissants pour changer la nature de la créance et la durée de la prescription; — Qu'un commandement n'a pas le caractère d'une décision judiciaire, qui rend les intérêts productifs d'intérêts; que, étant seulement le fait de l'une des parties pour l'exécution du titre, il ne saurait modifier ce titre dans ses effets légaux, sans la participation de l'autre partie; qu'il y aurait là, si cet effet se produisait, une injustice en désaccord avec l'esprit de la loi; — Que l'art. 2271 c. civ., pour la prorogation de certaines prescriptions abrégées, ne donne pas même au commandement la valeur d'une citation en justice; que l'art. 2277 du même code a eu pour but de protéger les débiteurs contre les accumulations d'intérêts, but qui ne serait pas atteint, si un simple commandement avait les conséquences exorbitantes que semblent avoir admises les premiers juges; — Que la prescription quinquennale interrompue les 8 avr. 1856 et 12 mars 1864 n'a donc, pour chaque commandement, recommencé à courir que pour cinq années; — Attendu que la sommation de payer ou de délaisser adressée par Numa Lafore à Dératier a bien pu interrompre la prescription de l'action hypothécaire dont ce dernier était tenu comme tiers détenteur, mais qu'elle n'a apporté aucun changement dans les rapports du créancier et du débiteur direct; — Qu'il en est autrement de la notification de la surenchère faite le 28 mai 1864 à Mercier de Sainte-Croix par Numa Lafore et interruptive de la prescription; mais que plus de cinq ans s'étant écoulés après cette notification n'entraînant pas novation, elle s'est trouvée de cinq ans sans effet; — Attendu que la saisie-arrêt jetée, le 10 avr. 1872, par Déraunes entre les mains de Mercier de Sainte-Croix et dont la mainlevée a été obtenue le 13 déc. 1873, est le seul acte ayant utilement interrompu la prescription; qu'elle ne peut perdre sa valeur comme n'émanant pas du créancier lui-même, parce qu'il n'y a pas de distinction à faire là où la loi n'en fait pas; — Attendu que l'art 2244 c. civ., range la saisie parmi les actes qui forment l'interruption civile; que, obligé de rester dans l'inaction, Numa Lafore, créancier du tiers saisi, n'a pu voir s'éteindre ses droits: *Contrà non valentem agere non currit præscriptio;* — Que, Déraunes, créancier de

soumise à une courte prescription, est éteinte et remplacée par une créance nouvelle qui se prescrit par trente ans. Les auteurs récents et la jurisprudence sont en ce sens (V. Aubry et Rau, t. 2, § 215, p. 367, texte et note 79 ; Laurent, t. 32, n° 170 ; Troplong, *op. cit.*, t. 2, n°s 697 et 698 ; Baudry-Lacantinerie, t. 3, n° 1630 ; Grenoble, 6 mai 1854, aff. Millet, D. P. 56. 2. 124).

450. On a soutenu au *Rép.* n° 681 que, pour qu'il y ait ainsi novation, il faut une reconnaissance faite par acte exprès, spécial, et qu'une reconnaissance tacite et indirecte ne suffit pas. Cette opinion est partagée par MM. Aubry et Rau, et Troplong, *op. et loc. cit.* La jurisprudence s'est prononcée dans le même sens. Outre les arrêts cités au *Rép.*, *ibid.*, Comp. Grenoble, 6 mai 1854, cité *suprà*, n° 449. D'après cet arrêt, la reconnaissance tacite ou indirecte se réfère au titre primitif, elle le continue et le confirme ; elle ne vaut qu'au regard de ce titre, et exclut toute volonté de nover (Comp. Toulouse, 18 déc. 1874, *suprà*, n° 447). — M. Laurent est d'un avis contraire. Suivant cet auteur, « la décision de la cour de Grenoble est trop absolue ; la novation peut être tacite ; donc la reconnaissance tacite peut valoir novation. Tout dépend des circonstances de la cause, mais on ne peut dire *à priori*, que la reconnaissance tacite n'emporte jamais un changement de la dette » (V. t. 32, n° 171, p. 178).

451. De même, la reconnaissance peut rendre la prescription impossible, si le possesseur reconnaît que sa possession est précaire (Conf. Aubry et Rau, t. 2, § 215, p. 366 *in fine* et 367 ; Laurent, t. 32, n°s 167 et 172 ; Baudry-Lacantinerie, t. 3, n° 1650).

452. La reconnaissance constitue aussi le possesseur de mauvaise foi et l'empêche de recommencer à prescrire par dix ou vingt ans (Laurent, n° 172 ; Aubry et Rau, *loc. cit.*).

453. Rappelons, en ce qui concerne la prescription de cinq ans de l'art. 189, c. com., que l'interruption résultant de l'admission à la faillite ou de la reconnaissance de la dette n'a pas pour effet de substituer la prescription de trente ans à celle de cinq ans, s'il n'est pas intervenu une reconnaissance par acte séparé (V., sur ce point, *suprà*, v^is *Faillites et banqueroutes*, n° 889, et *Effets de commerce*, n°s 368 et suiv.).

CHAP. 6. — Des causes qui suspendent le cours de la prescription (*Rép.* n°s 684 à 815).

454. Ainsi qu'on l'a vu au *Rép.* n°s 685, 791 et 792, le principe qu'il convient de poser ici, c'est que la prescription est suspendue contre quiconque est dans l'impossibilité d'agir, conformément à la maxime de notre ancien droit : *contrà non valentem agere non currit præscriptio.* Par suite, la prescription ne court pas contre celui qui n'a pu l'interrompre en raison de quelque événement de force majeure, tel que la guerre ou tout autre fléau qui a arrêté le cours de la justice. La jurisprudence consacre cette solution ; elle décide, d'une manière générale, que la prescription ne court point contre celui qui est dans l'impossibilité absolue d'agir, par suite d'un empêchement quelconque résultant de la loi, de la convention ou de la force majeure (Agen, 23 févr. 1858, aff. Lassoujade, D. P. 58. 2. 139 ; Civ. rej. 28 juin 1870, aff. Coyré, D. P. 70. 1. 309). C'est au juge du fait qu'il appartient de décider souverainement s'il y a eu impossibilité d'agir et, par suite, suspension de la prescription (Même arrêt, et Req. 3 janv. 1870, aff. Fabrique Saint-Georges-les-Bains, D. P. 72. 1. 22).

455. Il a été décidé spécialement : 1° que, dans le cas où un enfant s'est obligé, par une clause de son contrat de mariage, à ne pas demander à son père qui lui a constitué une dot, le partage de la succession de sa mère restée indivise

entre eux, cette clause a pour effet de suspendre, à l'égard du père qui l'a stipulée et de ses ayants cause, la prescription décennale qui aurait couru contre une action en nullité ou rescision d'un précédent partage que l'enfant aurait pu exercer contre son père du chef de sa mère, alors qu'il est déclaré par le juge du fait, dont l'appréciation sur ce point est souveraine, que l'interdiction stipulée n'avait d'autre but que de paralyser entre les mains de l'enfant l'exercice de cette action (Civ. rej. 28 juin 1870, cité *suprà*, n° 454) ; — 2° Que le sursis accordé par un créancier à son débiteur, sur la demande de celui-ci, pour la vérification du chiffre de la créance, jusqu'à l'arrivée aux mains du débiteur de certaines pièces indispensables à cette vérification, emporte suspension, pendant la durée du sursis, de la prescription non encore accomplie (Req. 28 nov. 1865, aff. Guillot, D. P. 67. 1. 224) ; — 3° Que l'impossibilité d'agir en justice, faute de juge, est une cause de suspension de prescription ; que, notamment en Algérie, la prescription de deux ans établie par l'art. 7 de l'ordonnance du 1er oct. 1844, en matière de revendication de terrains compris dans les ventes antérieures à cette ordonnance, n'a commencé à courir, à l'égard des propriétés situées dans le territoire militaire, qu'à partir du décret du 22 mars 1852, lequel, comblant une lacune de la législation algérienne, détermine le juge devant lequel doivent être portées les actions relatives aux terrains militaires (Req. 10 déc. 1855, aff. Rubat, D. P. 56. 1. 304) ; — 4° Que la prescription des créances du tuteur contre son pupille est suspendue pendant tout le temps que dure la tutelle ; et que, dès lors, si un tuteur a une même créance contre plusieurs pupilles, la prescription de cette créance ne doit commencer à courir contre le tuteur qu'à la date où le plus jeune des pupilles à atteint sa majorité (Nîmes, 18 nov. 1892, aff. Consorts Chaumou, D. P. 93. 2. 150). Mais il a été décidé que le jugement qui suspend la poursuite d'ordre jusqu'après la liquidation et le partage de diverses successions échues aux héritiers du saisi, ne peut être considéré comme mettant les créanciers et autres intéressés dans l'impossibilité d'agir contre les tiers détenteurs, et comme empêchant dès lors la prescription de courir au profit de ces derniers, ce jugement n'apportant aucun obstacle à ce que les créanciers et autres intéressés fassent cesser les retards subis par cette liquidation, ou fassent vis-à-vis des tiers détenteurs des actes utiles à la conservation de leurs droits (Civ. rej. 20 janv. 1880, aff. Estoup, D. P. 80. 1. 65. Comp. Limoges, 8 mars 1886, aff. Section de Boudix, D. P. 88. 2. 313).

456. La cour de cassation a également, par application de la même idée, érigé en principe que la prescription est suspendue au profit du créancier, toutes les fois que ce créancier peut, raisonnablement, aux yeux de la loi, être réputé avoir ignoré l'existence du fait qui donne naissance à son droit ou à son intérêt, et qui ouvre son action (Civ. cass. 27 mai 1857, aff. Bouchez, D. P. 57. 1. 290). Cet arrêt décide, spécialement, que la prescription de l'action en responsabilité résultant, contre un notaire, non d'un vice de forme dans un acte reçu par lui, mais d'une nullité intrinsèque de nature à n'être découverte que postérieurement à l'acte, ne court qu'à partir du jour où cette nullité a été relevée par les intéressés et prononcée en justice.

457. La jurisprudence que nous venons d'exposer, approuvée par Leroux de Bretagne (t. 1, n°s 188, 585 et suiv.), est toutefois vivement combattue par plusieurs auteurs récents, en particulier par M. Laurent (t. 32, n°s 38 à 43). D'après eux, l'art. 2251, c. civ., doit être interprété en ce sens qu'il n'y a pas de causes de suspension autres que celles formulées expressément par un texte de loi (Comp. Baudry-Lacantinerie, t. 3, n°s 1656 à 1659 ; Mourlon, t. 3, n°s 1893 à 1895). MM. Aubry et Rau établissent une dis-

---

Numa Lafore, ayant exercé les droits de son débiteur en vertu de l'art. 1166, c. civ., la saisie-arrêt du 10 avr. 1872 doit tourner au profit de ce débiteur, comme s'il l'eût fait lui-même ; — Qu'il suit de là que la prescription des intérêts a été alors arrêtée dans son cours ; Attendu que les offres réelles de Mercier de Sainte-Croix ne sont pas suffisantes, en ce qu'elles ne tiennent compte que des intérêts courus avant le 7 déc. 1872, jour où elles ont été faites, tandis qu'elles auraient dû comprendre les intérêts des cinq années précédant le 10 avr. 1872, jour de la saisie-arrêt, et ceux acquis aussi entre ces deux états ;

Par ces motifs, maintient la jonction des deux instances connexes ; et disant droit à l'appel de Mercier de Sainte Croix, réformant le jugement du tribunal civil de Moissac, dit que les offres réelles de 4600 fr., faites par Mercier de Sainte-Croix, sont insuffisantes, rejette sa demande en validité de ces offres, et le condamne à payer à Isidore Lafore la somme de 3500 fr. en capital, avec les intérêts courus cinq ans avant et depuis le 10 avr. 1872.

Du 18 déc. 1874.-C. de Toulouse, 2e ch.-MM. le cons. Escudié, pr.-Bellet, av. gén.-Piou et Albert, av.

tinction. Ils estiment que la suspension de la prescription est produite par tout obstacle légal de droit. Mais ils n'admettent pas la suspension de la prescription résultant d'un obstacle de fait, comme l'absence de celui contre qui la prescription court, l'ignorance où il se trouve de l'existence de son droit, ou la suspension du cours de la justice résultant de la guerre (t. 2, p. 342, et note 29; p. 343 et note 33).

SECT. 1re. — DE LA SUSPENSION DE LA PRESCRIPTION DÉRIVANT DE L'ÉTAT OU DE L'INCAPACITÉ DES PERSONNES; MINEURS ET INTERDITS, FEMMES MARIÉES, PRESCRIPTION ENTRE ÉPOUX, ETC. (Rép. nos 686 à 749).

458. — 1° Mineurs. — On admet généralement la solution donnée au Rép. n° 687, d'après laquelle la prescription est suspendue au profit du mineur émancipé (Conf. Aubry et Rau, t. 2, § 214, p. 337, note 2; Laurent, t. 32, n° 46; Baudry-Lacantinerie, t. 3, n° 1662).

459. Conformément à la doctrine soutenue au Rép. n° 690, in fine, M. Laurent enseigne qu'au principe posé par l'art. 2252, d'après lequel la prescription ne court pas contre les mineurs et interdits, on ne peut admettre comme cas d'exception que ceux qui sont formellement consacrés par un texte exprès de loi. Il est impossible de reconnaître des exceptions tacites ou virtuelles (V. t. 32, n° 48. — V. en sens contraire : MM. Aubry et Rau, t. 2, p. 337. § 214, texte et notes 3, 6, 7; Leroux de Bretagne, t. 1, p. 413, n° 620),

460. On a dit au Rép. nos 689 et 690 que la prescription de dix ans de l'art. 1304, qui a commencé à courir contre un majeur, se suspend et ne suspend pendant la minorité de son héritier. Les auteurs récents se prononcent en ce sens (Aubry et Rau, t. 2, § 214, p. 338, texte et note 9; Delvincourt, t. 2, p. 806; Marcadé, sur les art. 2252 à 2256, n° 1; Laurent, t. 19, n° 4, p. 8 et suiv.).

461. La même solution s'applique à la prescription de l'art. 475, relative aux actions du mineur contre son tuteur (Aubry et Rau, t. 2, p. 338, § 214, texte et note 8; Laurent, t. 32, n° 49.—Contrà, de Fréminville, De la minorité, t. 1, n° 359). — Il n'est pas douteux non plus que la suspension édictée au profit des mineurs s'applique à la prescription de dix ans établie par l'art. 2265 (Alger, 15 juin 1892, aff. Aknine, D. P. 93. 2. 339).

462. — 2° Interdits. — Conformément au principe exposé au Rép. n° 694, il a été jugé que la prescription, suspendue à l'égard des interdits, court, au contraire, contre les individus en état de démence, même notoire, et placés dans un asile d'aliénés, mais non frappés d'interdiction (Req. 31 déc. 1866, aff. Blanc, D P. 67. 1. 350. Conf. Aubry et Rau, t. 2, p. 342, § 214, texte et note 22; Laurent, t. 32, n° 52; Marcadé, sur les art. 2252 à 2256, n° 1; Demolombe, Minorité, etc., t. 8, n° 763; Baudry-Lacantinerie, t. 3, n° 1662; Mourlon, Répétitions écrites, t. 3, n° 1896).

463. La prescription peut être invoquée contre le démé même par ceux qui auraient pu provoquer son interdiction et ont négligé de la faire prononcer (Req. 31 déc. 1866. cité suprà, n° 462. Comp. Rép. n° 695).

464. De même, ainsi qu'on l'a dit au Rép. n° 696, les faibles d'esprit et les prodigues, placés sous conseil judiciaire, ne peuvent se prévaloir de l'art. 2252 (Conf. Laurent, t. 32, n° 53 ; Leroux de Bretagne, t. 1, p. 407, n° 611 ; Demolombe, op. cit., t. 8, n° 765 ; Baudry-Lacantinerie, t. 3, n° 1662 ; Req. 6 juin 1860, aff. Jamard, D. P. 60. 1. 339).

465. On a exposé au Rép. n° 707 que la prescription est suspendue au profit de l'interdit légal (V. Conf. Baudry-Lacantinerie, op. et loc. cit.). Cette solution est encore contestée aujourd'hui (V. notamment Aubry et Rau, t. 2, § 214, p. 337, texte et note 3).

466. — 3° Prescription entre époux (Rép. nos 708 à 709). — Il a été jugé que la prescription ne court pas entre époux à l'égard de l'action en nullité du contrat de mariage (Civ. rej. 13 juill. 1857, aff. Charra, D. P. 57. 1. 334. Conf. Laurent, t. 32, n° 62; Leroux de Bretagne, n° 658).

467. De même, la prescription de cinq ans des intérêts d'une somme d'argent est suspendue entre époux (Bordeaux, 3 févr. 1873, aff. Brumont, D. P. 73. 2. 162. V., dans le même sens, Laurent, t. 32, n° 62).

468. La prescription reste suspendue même après la

séparation de corps (Bordeaux, 3 févr. 1873, cité suprà, n° 467; Paris, 26 juill. 1862, aff. Angerville, D. P. 63. 2. 112; Aubry et Rau, t. 2 ; § 214, p. 341, texte et note 19; Laurent, t. 32, n° 63; Baudry-Lacantinerie, t. 3, n° 1666).

469. — 4° Femmes mariées. — Pour que la femme puisse exercer contre son mari le recours que lui donne l'art. 2254 in fine, il faut que le mari soit en faute, et que de sa faute il soit résulté un préjudice pour la femme (Conf. Aubry et Rau, t. 2, § 214, p. 340, texte et notes 17 et 18; Laurent, t. 32, n° 54 in fine).

470. On a dit au Rép., nos 727 à 730, que la suspension de la prescription subsiste même après la séparation de corps et de biens. Ce point est généralement admis (Laurent, t. 32, n° 59 ; Aubry et Rau, t. 2, § 214, p. 339, texte et note 14; Lyon, 14 juill. 1857, aff. Bonhomme, D. P. 57. 2. 219).

471. Le bénéfice de l'art. 2256, § 2, c. civ., d'après lequel la prescription est suspendue pendant le mariage dans tous les cas où l'action de la femme réfléchirait contre le mari, ne peut être invoquée que par la femme elle-même.

Ainsi le tiers qui a payé, comme caution, la dette contractée par une femme solidairement avec son mari et pour garantie de laquelle une hypothèque légale a été cédée au créancier, ne peut prétendre, alors que le tiers détenteur assigné par lui en délaissement oppose la prescription de l'action hypothécaire, que, l'hypothèque reposant sur la tête de la femme débitrice, cette prescription a été suspendue pendant le mariage de celle-ci (Lyon, 24 avr. 1880, et Req. 25 janv. 1881, aff. Prothery, D. P. 81. 1. 246).

472. — 5° Absents, militaires, personnes qui ignorent le cours de la prescription. — V. Rép. nos 733 à 739, et suprà, v° Absence, nos 41 et 105.

473. — 6° Faillite. — V. Rép. nos 742 à 744 et suprà, v° Faillites et banqueroutes, nos 387 et suiv. Comp. Aubry et Rau, t. 2, § 214, p. 341 et 342, texte et notes 28 et 30.

474. — 7° Émigrés et colons de Saint-Domingue (Rép. nos 740 à 741). — Jugé que la suspension de prescription édictée par l'arrêté du 19 fruct. an 10, à l'égard des poursuites ou actions réelles des colons de Saint-Domingue sur les biens de leurs débiteurs situés dans cette colonie, est inapplicable à l'action en reddition d'un compte de tutelle formée par un colon contre un autre colon (Civ. rej. 12 déc. 1859, aff. Pautard, D. P. 60. 1. 334).

475. — 8° Administrateurs légaux. — Les administrateurs légaux et, d'une façon générale, les personnes qui sont responsables pour n'avoir pas interrompu les prescriptions courant au détriment de ceux dont ils gèrent les biens, ne peuvent invoquer contre ces derniers une prescription accomplie. Il n'y a pas là une véritable cause de suspension de prescription, mais une application du principe que ces administrateurs sont responsables de l'extinction de la créance par leur faute. Cette règle s'applique au tuteur, au père administrateur légal, à l'envoyé en possession provisoire des biens d'un absent, au syndic d'une faillite, au curateur d'une succession vacante, à l'héritier bénéficiaire à l'égard de la succession qu'il est chargé d'administrer, au maire d'une commune pendant la durée de leur gestion (Aubry et Rau, t. 2, § 214, p. 344, texte et notes 34 à 37 : Laurent, t. 32, n° 73. Comp. Nancy, 10 janv. 1863, aff. Grandemy, D. P. 63. 2. 286 ; Req. 3 janv. 1870, aff. Fabrique Saint-Georges-les-Bains, D. P. 72. 1. 22. V. aussi Rép. n° 803).

476. — 9° Usufruitier. — On admet aujourd'hui généralement la solution donnée au Rép. n° 746 à 748 d'après laquelle la prescription n'est pas suspendue, pendant la durée de l'usufruit, au profit de l'usufruitier à titre universel (Aubry et Rau, t. 2, § 214, p. 341, texte et note 25; Laurent, t. 32, n° 72).

SECT. 2. — DE LA SUSPENSION DE LA PRESCRIPTION DÉRIVANT DES MODALITÉS DE LA CRÉANCE ET DE LA SUSPENSION EN MATIÈRE DE SUCCESSION (Rép. nos 750 à 815).

§ 1er. — Suspension dérivant des modalités de la créance (Rép. nos 750 à 775).

477. Nous avons étudié sous cette rubrique au Répertoire l'art. 2257 c. civ. Cet ordre est aussi celui du code civil; l'art. 2257, en effet, par la place qu'il occupe (V. l'intitulé de la section du code dans laquelle il se trouve placé), et par ses termes mêmes, présente la condition et le terme comme des causes de suspension de la prescription. Il y a là une inexactitude. Le terme et la condition n'ont pas pour effet de suspendre seulement le cours de la prescription ; ils empêchent même celle-ci de commencer à courir. L'art. 2257 s'occupe, en réalité, de régler le point de départ de la prescription (Aubry et Rau, t. 2, § 213, p. 332, note 14; Laurent, t. 32, n°s 20 et 21, p. 31 et suiv. ; Baudry-Lacantinerie, t. 3, n° 1671); aussi nous étudierons l'art. 2257 un peu plus loin, en nous occupant du point de départ de la prescription (V. *infrà*, n°s 501 et suiv.).

§ 2. — De la suspension de la prescription en matière de succession (*Rép.* n°s 776 à 783).

478. — 1° *Héritier bénéficiaire.* — La prescription n'est suspendue au profit de l'héritier bénéficiaire que relativement aux créances qu'il a contre la succession, mais non à l'égard des actions réelles, actions en revendication ou confessoires de servitudes que l'héritier bénéficiaire peut exercer contre la succession (Aubry et Rau, t. 2, § 214, note 21; Marcadé, sur l'art. 2258, n° 2; Laurent, t. 32, n° 67).

479. — 2° *Succession vacante.* — V. *Rép.* n°s 779 et 781.

480. — 3° *Indivision.* — V. *Rép.* n° 745.

Sect. 3. — Des effets de la suspension.

481. La suspension a pour effet de rendre inefficace, au point de vue de la prescription, le temps pendant lequel elle a duré. Mais si la prescription avait commencé à courir avant la suspension, ce temps pourra être compté comme utile à la prescription (Aubry et Rau, t. 2, § 214, p. 346, texte et note 38; Laurent, t. 32, n° 74; Leroux de Bretagne, t. 1, n° 581).

482. La suspension étant fondée sur des causes personnelles, ceux-là seuls peuvent l'invoquer au profit de qui elle est établie. Leurs cointéressés ne peuvent s'en prévaloir (Aubry et Rau, *loc. cit.*, note 39; Laurent, t. 32, n° 74 *bis*). Ainsi : 1° lorsqu'il y a plusieurs copropriétaires ou créanciers, même solidaires, et parmi eux un mineur, les autres ne peuvent invoquer la suspension de la prescription accordée au mineur ; — 2° La suspension de la prescription au profit de l'usufruitier ne profite pas au nu propriétaire, car il y a là deux droits distincts (Aubry, *loc. cit.*, n° 41; Laurent, *loc. cit.* ; Leroux de Bretagne, t. 1, p. 408, n° 614).

483. Les règles exposées ci-dessus souffrent exception au cas de droits réels ou d'obligations indivisibles (V. les auteurs cités *suprà*, n° 482).

Sect. 4. — Suspension des délais de la prescription en vertu des décrets du gouvernement de la Défense nationale, en date des 9-14 sept. et du 3 oct. 1870.

484. Un décret du gouvernement de la Défense nationale, en date des 9-14 sept. 1870, a suspendu le cours de toutes prescriptions et péremptions dans les départements envahis par les armées allemandes, au profit des personnes résidant dans ces départements, et aussi au profit de celles qui avaient à intenter des actions dans ces mêmes départements contre des individus y résidant (D. P. 70. 4. 87). Ce décret fut interprété et complété par un décret postérieur, en date du 3 oct. 1870, D. P.70.4.95. Ce second décret étendait les dispositions du premier à toute la France.

485. Les décrets du 9 sept. 1870 et du 3 oct. 1870 avaient une portée générale. La suspension de prescription établie par ces décrets s'appliquait « à tous les actes qui doivent être accomplis dans un délai déterminé » (Décr. 3 oct. 1870, art. 1). De plus, malgré l'emploi par ces décrets des mots : *en matière civile*, il n'est pas douteux que le bénéfice de la suspension de prescription, qu'ils édictent devait recevoir son application en toutes matières, et notamment en matière commerciale. Cette solution résulte manifestement de l'esprit des décrets de 1870. Le législateur de cette époque a employé l'expression : *en matière civile*, par opposition avec les matières criminelles (V. en ce sens, le rapport présenté à l'Assemblée nationale le 24 mai 1871). Ainsi, il a été jugé que le porteur d'une lettre de change peut se prévaloir

des délais de prescription édictés par les décrets des 9 sept. et 3 oct. 1870, pour échapper à la prescription quinquennale édictée par l'art. 182 c. com. (Civ. cass. 17 déc. 1872, aff. Farenc, D. P. 73. 1. 227).

486. Il a été décidé également que les dispositions du décret du 3 oct. 1870 sont applicables aux délais et déchéances en matière d'ordre (Chambéry, 28 juill. 1871, aff. Rochette, D. P. 73. 2. 196). — Jugé, toutefois, en sens contraire, que le décret précité ne peut être étendu aux saisies immobilières (Req. 6 août 1872, aff. Vernet, D. P. 73. 1. 159).

487. Des difficultés se sont élevées sur le point de savoir à partir de quel moment a commencé à courir la suspension de toutes prescriptions et péremptions édictée par les décrets des 9 sept. et 3 oct. 1870. La cour de cassation a jugé que ces décrets avaient eu pour effet de produire cette suspension, pour tout le territoire français, à partir du jour de la déclaration de guerre, et non pas seulement à compter de la promulgation successive des décrets dans chaque département (V. en ce sens, Civ. cass. 26 juin 1872, aff. Billaud, D. P. 72. 1. 259 ; 17 déc. 1872, aff. Farenc, D. P. 73. 1. 227; 28 avr. 1874, aff. Lansel, D. P. 74. 1. 287). Cette solution semble bien ressortir, en effet, du texte du décret du 9 sept. 1870, dont l'art. 1 déclare les prescriptions et péremptions suspendues *pendant la durée de la guerre*. De plus, le second décret du 3 oct. 1870, dans son art. 3, déclare ses dispositions applicables à tout le territoire français. Dès lors, il est évident que, pour les départements qui n'ont pas été envahis, le seul point de départ possible de la suspension a été le commencement de la guerre. La même solution s'appliquait également aux parties du territoire départemental français qui ont été investies ou occupées par l'ennemi.

Toutefois, une autre interprétation a été proposée sur ce point. On a dit que la suspension de prescription édictée par les décrets de 1870 n'a pu dater que de l'investissement et de l'occupation, parce que, jusque-là, il n'y avait aucun obstacle matériel à l'exercice des droits. Dans cette opinion, on pense que l'investissement ou l'occupation étaient les conditions de la suspension de la prescription (V. en ce sens, le rapport présenté à l'Assemblée nationale par M. Émile Leroux, le 24 mai 1871, D.P.71.4.144). Nous préférons le premier système, celui de la cour de cassation.

488. La suspension édictée par les décrets de 1870 s'appliquait non pas exclusivement aux prescriptions et péremptions dont les délais auraient expiré pendant la guerre, et qui, par suite, auraient été acquises à ce moment, mais indistinctement à toutes les prescriptions et péremptions en cours au jour de la déclaration de guerre, sans distinction d'échéance. Cette question souleva des difficultés après la promulgation des décrets de 1870 ; elle fut tranchée, dans le sens que nous indiquons par la jurisprudence, qui s'est fondée sur les termes généraux des décrets de 1870 (V. en ce sens, Req. 17 août 1874, aff. Lécuyer, et Civ. 20 avr. 1875, aff. Allard, D. P. 75. 1. 209-211). Jugé, spécialement : 1° qu'une procédure dont le dernier acte remontait au 12 sept. 1870 avait pu être reprise le 20 nov. 1873, la péremption n'étant pas encore encourue à cette date (Req. 17 août 1874); — 2° Que toutes péremptions, en matière hypothécaire, ont été suspendues depuis le 19 juill. 1870, jour de la déclaration de guerre, jusqu'au 11 juin 1871, c'est-à-dire pendant onze mois environ (Civ. cass. 20 avr. 1875, précité; Toulouse, 15 mai 1875, aff. X., D. P. 76. 2. 155).

489. Il a été jugé encore : 1° que la suspension de prescription, édictée par les décrets des 9 sept. et 3 oct. 1870, ne s'appliquant qu'aux actions à introduire par ou contre des personnes résidant dans les départements français, le bénéfice de ces décrets ne pouvait être invoqué que par le créancier résidant en France ou dont le débiteur résidait en France au moment où ils étaient en vigueur, et que celui qui n'avait point prouvé devant les juges du fait qu'il se trouvait dans ces conditions, était non recevable à proposer le moyen tiré de cette suspension pour la première fois devant la cour de cassation (Civ. rej. 28 juill. 1884, aff. Vergez, D. P. 85. 1. 300); — 2° Que la suspension de prescription, édictée par les décrets des 9 sept. et 2 oct. 1870, a augmenté, au profit des créanciers d'intérêts, dont la prescription avait commencé à courir avant la guerre, le délai de la prescription de l'art. 2277 de tout le temps pendant lequel la guerre a duré. Ces créanciers ont donc pu réclamer cinq ans et neuf mois d'intérêts (Req. 13 août 1874, aff. Demoy, D. P. 75. 1. 215). V. la note sous cet arrêt.

490. Décidé aussi que le moyen tiré des prorogations des délais de la prescription résultant des décrets des 9 sept. et 4 oct. 1870, ainsi que de l'art. 1 de la loi du 26 mai 1871, constituait un moyen nouveau, non recevable devant la cour de cassation, s'il n'avait pas été soumis aux juges du fond (Req. 17 janv. 1877, aff. Le Tumelier, D. P. 78. 1. 19).

491. La législation établie par les décrets précités de 1870 fut modifiée par une loi de l'Assemblée nationale des 26 mai-1er juin 1871, rendue après la cessation des hostilités (D. P. 71. 4. 144). Cette loi décidait (art. 1 et 2) que la suspension de prescription édictée par les décrets de 1870 cesserait, pour les départements autres que celui de la Seine, le onzième jour après celui de la promulgation de ladite loi. A partir de ce moment les délais de la prescription devaient recommencer à courir. Quant au département de la Seine, la suspension de toutes prescriptions et péremptions devait prendre fin, d'après l'art. 4 de la loi des 26 mai-1er juin 1871, le onzième jour après qu'un avis du ministre de la justice, inséré au *Journal officiel*, aurait annoncé le rétablissement du cours de la justice dans le département. Cet avis fut publié dans le *Journal officiel* le 7 juin 1871.

492. Il a été jugé que la suspension des délais de prescription et de péremption de la matière civile, établie par les décrets des 9 sept. et 3 oct. 1870, n'a pas été interrompue à Paris par la reprise momentanée de la justice du mois de février au 18 mars 1871: que ces délais n'ont recommencé à courir, dans le département de la Seine, que postérieurement au 18 juin 1871 (Paris, 7 juill. 1871, aff. Laignel, D. P. 71. 2. 160; Civ. cass. 17 déc. 1872, aff. Farenc, D. P. 73. 1. 227).

493. Une loi du 20 déc. 1879 (D. P. 80. 4. 72), se fondant sur le caractère provisoire des mesures édictées par les décrets de 1870, a supprimé, pour l'avenir, tous les effets de la suspension résultant de ces décrets. Toutefois, pour sauvegarder les droits acquis, la loi de 1879 a été déclarée non applicable aux prescriptions et péremptions qui arriveraient à échéance dans l'année de sa promulgation.

CHAP. 7. — **Du point de départ de la prescription et du temps requis pour prescrire** (*Rép.* nos 750 à 775, 816 à 1110).

Sect. 1re. — Du point de départ de la prescription
(*Rép.* nos 750 à 775).

494. — I. Droits personnels. — En ce qui concerne les droits de créance, le principe est que la prescription ne commence à courir que quand le créancier est née : *actioni non natæ non præscribitur.* Le cours de la prescription commence avec la naissance de l'obligation (Aubry et Rau, t. 3, § 213, p. 330; Laurent, t. 32, n° 16).

495. L'action en responsabilité basée sur un fait dommageable n'est ouverte qu'à partir du moment où le dommage s'est produit; dès lors, c'est à cette époque seulement que la prescription commence à courir. Spécialement : 1° la prescription de l'action dirigée contre un notaire responsable de la nullité d'une donation ne commence qu'au jour où la nullité de cette donation a été prononcée (Chambéry, 9 janv. 1884, aff. Rouland, D. P. 85. 2. 62); — 2° Lorsqu'un notaire a rédigé un contrat de mariage entaché de nullité, la femme qui aurait dû être mariée sous le régime dotal et qui, en raison de cette nullité, se trouve mariée sous le régime de la communauté, ne peut agir en dommages-intérêts contre ledit notaire qu'autant qu'elle a démontré, au moyen de la vente des immeubles de son mari et de la distribution des deniers en provenant, le préjudice qui lui a été causé; et, par suite, c'est seulement à partir de ce moment que la prescription de son action en responsabilité a commencé à courir (Pau, 15 mars 1892, aff. Lucais-Bousqué, D. P. 93. 2. 164-165).

496. Lorsque la créance produit des intérêts, la prescription court à partir du jour où l'obligation existe, et non pas seulement à compter de la première échéance des

intérêts (Aubry et Rau, t. 2, § 213, texte et note 9 ; Laurent, *loc. cit.* n° 17. Comp. *Rép.* n° 859, *in fine*).

497. De même, à l'égard d'une rente perpétuelle ou viagère, la prescription court contre le droit à la rente à partir de la constitution de celle-ci (Aubry et Rau, *op. cit.*, note 10; Laurent, t. 32, n° 18; Troplong, t. 2, n° 840; — *Contrà :* Colmet de Santerre, t. 8, p. 529 et 530, n° 370 *bis.* Comp. *Rép.* n° 869 *in fine*).

498. Il en est autrement des dettes consistant dans le payement d'annuités. Ainsi les redevances annuelles subordonnées à l'exercice du droit pour l'établissement duquel elles ont été constituées, et variables suivant le mode d'exercice de ce droit, forment autant de créances successives et distinctes. Il en est ainsi, notamment, des redevances annuelles stipulées pour une prise d'eau, avec la condition qu'elles ne seront dues chaque année que si la prise d'eau est exercée, et que le taux en variera suivant la diversité des cultures et l'étendue des terrains arrosés. Par suite, la prescription de ces redevances court un non du jour du contrat primitif portant établissement de la servitude, mais du jour où l'exercice de la servitude donne naissance à chacun des contrats annuellement renouvelés (Civ. cass. 21 mai 1856, aff. Panisse, D. P. 56. 1. 332; Aubry et Rau, t. 2, § 213, p. 331, texte et note 11; Comp. Laurent, t. 32, n° 19).

499. — II. Droits réels. — En matière réelle, la prescription au profit d'un tiers détenteur commence à courir du jour de l'acquisition de la possession (Aubry et Rau, t. 2, § 213, p. 332).

500. — III. Application de ces principes. — 1° La prescription des actions qui naissent du mandat ne commence à courir que du jour où le mandat a pris fin par l'une des causes énumérées dans l'art. 2003 c. civ. (Aix, 25 juin 1868, aff. Sicard, D. P. 70. 2. 15); — 2° Les salaires des conservateurs des hypothèques se prescrivent, comme les droits d'hypothèque, par deux ans à compter du jour où ils sont exigibles, c'est-à-dire de l'accomplissement des formalités hypothécaires (Besançon, 26 déc. 1888, aff, Préfet de la Meuse, D. P. 89. 2. 227); — 3° La prescription de l'action en réparation du dommage causé à un riverain, pour les ouvrages indûment construits dans le lit d'une rivière, ne court que du jour où le préjudice a été subi (Req. 19 févr. 1872, aff. Delpuech, D. P. 73. 1. 85); — 4° En matière de compte, la prescription commence à courir, à dater du jour où, le compte ayant été arrêté et remis, celui qui le reçoit est mis en mesure de l'examiner et de l'approuver ou de le contester (Paris, 13 avr. 1867, aff. Gouvernement espagnol, D. P. 67. 2. 49, et sur pourvoi, Req. 6 janv. 1869, D. P. 69. 1. 224); — 5° L'action formée par un héritier réservataire, en nullité d'un acte passé par son auteur, se prescrit par trente ans à compter, non de l'ouverture de la succession de ce dernier, mais de l'époque où avait commencé pour le défunt le droit de poursuivre l'annulation de l'acte (Civ. cass. 28 janv. 1863, aff. Padovani, D. P. 63. 1. 88); — 6° La prescription de l'action en nullité des avantages excessifs résultant d'une donation faite par une mère au profit de l'un de ses enfants, ne pas être considérée comme ne prenant son cours qu'en même temps que celle de l'action en nullité du partage par lequel le père a aussi avantagé cet enfant, dans un détriment des droits des autres enfants, lorsqu'il est établi que la donation et le partage, quoique faits à des époques différentes, se rattachaient par un lien indivisible qui ne permettait pas d'attaquer l'un sans attaquer l'autre, et que, notamment dans l'acte de partage, le père avait fait approuver la donation par les enfants lésés. En conséquence, la prescription de l'action en nullité de la donation court, en cas pareil, à partir du décès du père, et non à dater de celui de la mère donatrice, arrivé antérieurement (Req. 6 mars 1855, aff. Delatour, D. P. 55. 1. 100);

501. — IV. Droits de créance subordonnés a une condition. — En ce qui concerne les créances conditionnelles, la prescription ne commence à courir que du jour de l'accomplissement de la condition, aux termes de l'art. 2257 c. civ. (V. sur cet article, *suprà*, n° 477).

Par application de ce principe, il a été jugé : 1° que la prescription de l'action en révocation d'un legs en nue propriété, pour inexécution des charges et conditions qui ne devaient être remplies qu'à la cessation de l'usufruit légué à un tiers, ne court contre les héritiers qu'à partir du décès de ce tiers (Civ. rej. 20 nov. 1878, aff. Commune de Puntous, D. P. 79. 1. 304); — 2° Que la charge imposée à un fonds de subvenir à la réparation de digues établies pour le desséchement d'un ancien marais, ne constitue pas une servitude, mais une obligation particulière dont l'exigibilité est subordonnée à la condition que les digues auront besoin d'être réparées; et que, en conséquence, le propriétaire du fonds grevé ne peut pas se prétendre libéré par prescription, par cela seul que, pendant trente ans, il n'a été fait à ces digues aucuns travaux : il doit prouver que trente ans se sont écoulés depuis le jour où, par suite de dégradations de quelque importance, des réparations sont devenues nécessaires (Caen, 9 déc. 1867, aff. Castel et Thomas, D. P. 70. 2. 47).

502. — V. Actions en garantie. — Ainsi qu'on l'a dit au *Rép.*, n° 768, la prescription de ces actions court non seulement à partir de la dépossession, c'est-à-dire de l'éviction soit de fait, soit résultant du jugement qui condamne le détenteur à délaisser, mais même dès qu'il y a simple ment trouble (V., en ce sens, Aubry et Rau, t. 2, § 213, note 13; Baudry-Lacantinerie, t. 3, n° 1674). Cette solution est, toutefois, contestée par MM. Leroux de Bretagne, t. 1, p. 453, n° 685, et Laurent, t. 32, p. 36, n° 23. On pourrait peut-être citer, comme ayant implicitement consacré cette dernière opinion, un arrêt de la chambre des requêtes du 18 juill. 1876 (aff. Epoux Tézier, D. P. 77. 1. 232).

503. Si l'on admet que l'action en garantie ne se prescrit qu'à dater de l'éviction, il est évident que le délai ne commencera à courir, au cas où le jugement qui la prononce serait frappé d'appel, qu'à la date de l'arrêt confirmant le jugement (Laurent et Leroux de Bretagne, *loc. cit.*). — Jugé, à cet égard, que la prescription de l'action en garantie a son point de départ à la date du jugement d'où est résultée l'éviction, malgré l'appel interjeté par le garanti, si cet appel a été déclaré non recevable, en raison de l'acquiescement dont le jugement avait été l'objet (Req., 18 juill. 1876, aff. Epoux Tézier, D. P. 77. 1. 232).

504. — VI. Créances à terme. — Comme on l'a exposé au *Rép.* n° 770, à l'égard de ces créances, la prescription ne commence à courir qu'à partir de l'échéance du terme, qu'il s'agisse d'une créance à terme certain ou incertain (Aubry et Rau, t. 2, § 213, texte et note 12, p. 330 ; Laurent, t. 32, n° 24, p. 37).

505. On admet généralement la doctrine exposée au *Rép.* n° 771, d'après laquelle lorsqu'une dette est payable par termes successifs, la prescription se divise comme la dette, et court contre chacune de ses parties à compter de son échéance (Aubry et Rau, t. 2, § 213, p. 330 ; Laurent, *loc. cit.*).

506. — VII. Droits réels conditionnels et à terme. — On a soutenu au *Rép.* n° 755, que l'art. 2257 ne s'applique pas aux actions réelles ; en d'autres termes, pour ce qui concerne les droits réels, que la prescription au profit du tiers détenteur court à partir du jour de l'acquisition de la possession, encore que le droit du propriétaire, contre lequel court la prescription, serait suspendu par une condition ou un terme. Cette opinion est celle de la doctrine (V. notamment, en ce sens, Aubry et Rau, t. 2, § 213, p. 331, texte et note 17 ; Laurent, t. 32, n° 25 à 28, p. 38 et suiv.; Pont, *Privilèges et hypothèques*, t. 2, n° 1255 ; Mourlon, *Répétitions écrites*, t. 3, n° 1916 et suiv.; Leroux de Bretagne, t. 1, p. 458, n° 704-705 ; Baudry-Lacantinerie, t. 3, n° 1676. — *Contrà*, Thézard, *Revue critique*, 1868, p. 385). — Toutefois, la jurisprudence se prononce très généralement en sens contraire (Outre les arrêts cités au *Rép.* n° 756, V. Pau, 1er juill. 1847, aff. Veuve de Binos-Goran, D. P. 57. 2. 60 ; Besançon, 19 déc. 1855, aff. Perron, D. P. 56. 2. 174; Req., 16 nov. 1857, aff. Farge, D. P. 58. 1. 54 ; Civ. cass. 28 janv. 1862, aff. Epoux Monlezun, D. P. 62. 1. 89; Agen, 21 juill. 1862, aff. Chabrol-Carle, D. P. 62. 2. 122 ; Dijon, 3 janv. 1878, aff. Chaudron, D. P. 79. 2. 118 ; Bordeaux, 12 mai 1879, aff. Florant, D. P. 80. 2. 8 ; Req., 30 déc. 1879, même affaire, D. P. 80. 1. 338; Pau, 26 juin 1888, aff. Dutrey, D. P. 89. 2. 119. — *Contrà* : Pau, 22 nov. 1856, aff. Veuve Lasserre-Jougla, D. P. 57. 2. 61 ; Toulouse, 31 févr. 1858, aff. Lourtet, D. P. 60. 1. 354).

507. De la doctrine exposée ci-dessus découlent les con-

séquences suivantes : 1° l'acquéreur d'immeubles vendus par un usufruitier prescrit pendant la durée de l'usufruit ; — 2° Celui qui acquiert des biens compris dans une donation soumise à un droit de retour conventionnel, dans une donation de biens présents à venir, dans une vente conditionnelle, dans une substitution, prescrit, dès qu'il est en possession, avant le décès du donateur, l'accomplissement de la condition, ou l'ouverture de la substitution ; — 3° En cas de vente d'un immeuble par un propriétaire sous condition résolutoire, l'acquéreur peut prescrire pendant que l'action en résolution est en suspens ; — 4° Lorsqu'un immeuble est hypothéqué pour sûreté d'une créance conditionnelle ou à terme, le tiers acquéreur de cet immeuble peut prescrire avant l'accomplissement de la condition ou l'échéance du terme. (V. les auteurs mentionnés *supra*, n° 506, et, en sens contraire, les décisions citées *ibid.*). Comp. *Rép.* n° 757 et suiv.

508. — VIII. Droits subordonnés a l'ouverture d'une succession. — Ils ne deviennent prescriptibles qu'à partir de l'ouverture de la succession (Aubry et Rau, t. 2, § 213, p. 329, texte et note 2 ; Laurent, t. 32, p. 47 et suiv., n° 34 à 36).

Ainsi, notamment : 1° en cas de donation portant atteinte à la réserve, l'action en réduction de l'héritier réservataire contre les tiers acquéreurs des immeubles compris dans la donation ne se prescrit qu'à partir du décès du donateur ; 2° les actions en nullité formées contre une institution contractuelle se prescrivent à dater du décès de celui qui a fait l'institution (V. Laurent. *op. et loc. cit.*; Aubry et Rau, *op. et loc. cit.*, notes 3 à 7).

509 — IX. Jugements. — La prescription des jugements, même rendus en premier ressort, n'est pas suspendue pendant les délais de l'appel ; mais elle ne commence à courir, du moins pour les jugements non exécutoires par provision, qu'après l'expiration du délai de huitaine, durant lequel l'exécution n'en peut avoir lieu (Pau, 20 juill. 1870, aff. Vielajus, D. P. 72. 2. 70).

510. Décidé qu'un jugement qui déclare l'existence d'un chemin public, et en ordonne le rétablissement, est périmé au cas d'inexécution dans les trente ans, aussi bien dans sa disposition relative à la déclaration de l'existence du chemin que dans celle qui concerne l'obligation de le rétablir : on objecterait vainement que cette dernière disposition doit être seule atteinte par la péremption, comme étant seule susceptible d'actes d'exécution (Civ. cass. 17 août 1864, aff. Veuve de Melon, D. P. 64. 1. 370). — Comp. *Rép.* n° 809 à 812.

Sect. 2. — Du temps requis pour prescrire (*Rép.* n° 816 à 1110).

Art. 1er. — *Manière de calculer le temps requis pour prescrire* (*Rép.* n° 816 à 822).

511. Les solutions données au *Rép.*, n° 816 et suiv., n'ont soulevé aucune difficulté ; il suffit donc d'y renvoyer.

512. Jugé que le délai des prescriptions commencées sous le calendrier républicain doit, depuis la suppression de ce calendrier, être calculé d'après le calendrier grégorien (Civ. cass., 24 déc. 1867, aff. Durozay et cons., D. P. 67. 1. 487).

Art. 2. — *De la prescription de trente ans* (*Rép.* n° 823 à 876).

§ 1er. — Des longues prescriptions en droit romain et dans l'ancien droit français (*Rép.* n° 823 à 838).

513. V. *Rép.*, n° 823 et suiv.

§ 2. — De la prescription de trente ans, suivant le code civil (*Rép.* n° 839 à 855).

514. Par application du principe exposé au *Rép.* n° 839, d'après lequel la prescription de trente ans forme le droit commun, il a été jugé qu'on doit considérer comme soumis à cette prescription : 1° le droit de fouille dans une carrière (Civ. cass. 30 mars 1870, aff. Larroquette, D. P. 70. 1. 345); — 2° Le droit de percière (Civ. cass. 27 janv.

1868, aff. Favart, D. P. 68. 1. 200); — 3° L'action du fisc en réclamation de la taxe de 4 pour 100 sur le revenu des valeurs mobilières (Req. 9 nov. 1886, aff. Société des mines de la Loire, D. P. 87. 1. 341 ; 18 avr. 1883, aff. Société des mines de Douchy, D. P. 84. 1. 131 ; Civ. cass. 12 juin 1883, même affaire, *ibid.*; Req. 8 nov. 1887, aff. Comptoir d'escompte d'Orléans, D. P. 88. 1. 109); — 4° L'action en nullité d'un partage d'ascendants fait par testament (Req. 22 janv. 1872, aff. Dard, D. P. 72. 1. 321. V. les auteurs cités en note, *ibid.*); — 5° Le droit proportionnel d'enregistrement dû en raison de la mutation opérée par la stipulation, dans un acte portant vente à deux époux, que l'immeuble acquis appartiendra au survivant (Civ. cass. 14 déc. 1870, aff. Trouilloux-Vuldy. D. P. 71. 1. 88); — 6° L'action en responsabilité dirigée contre un notaire pour inobservation des formalités nécessaires à la validité d'une donation (Chambéry, 9 janv. 1884, afl. Bulland, D. P. 85. 2. 62) ; — 7° Les instances judiciaires (V. sur ce point, *suprà*, n° 363. Comp. les arrêts rapportés au *Rép.* n° 840 à 855).

515. Jugé que la disposition de l'art. 2262 c. civ., portant que toutes les actions, tant réelles que personnelles, sont prescrites par trente ans, est générale, et s'applique notamment au cas où il s'agit de nullités radicales et d'ordre public; que, par suite, l'action tendant à faire déclarer la nullité d'une vente, comme déguisant une donation faite au profit d'une.communauté non autorisée, s'éteint par la prescription de trente ans (Req. 5 mai 1879, aff. Ovize, D. P. 80. 1. 145).

516. Les juges du fond ont un pouvoir souverain pour apprécier la durée de la possession invoquée en vue de la prescription, et leur décision à cet égard ne saurait tomber sous la censure de la cour de cassation (Req. 13 juin 1881, aff. Martin, D. P. 82. 1. 267 ; 10 avr. 1883, aff. Sections de Foneix, D. P. 84. 5. 392; 16 nov. 1887, aff. Commune d'Otta, D. P. 89. 1. 276).

§ 3. — De la maxime : *quæ temporalia sunt ad agendum, sunt ad excipiendum perpetua* (*Rép.* n° 856 à 868).

517. Conformément à ce qui a été dit au *Rép.*, n° 856, la doctrine et la jurisprudence admettent aujourd'hui, comme ayant été maintenue par le code, l'ancienne règle d'après laquelle les exceptions sont perpétuelles (V. les arrêts cités au *Rép.*, n° 856 à 868 ; Civ. rej. 7 janv. 1868, aff. Leca, D. P. 68. 1. 123).

518. On a considéré même cette règle comme applicable aux exceptions de nullité ou de rescision. Par suite, elles peuvent être proposées, même après l'expiration du délai de dix ans de l'art. 1304 c. civ., pour repousser la demande en exécution d'une convention entachée d'une cause de nullité ou de rescision (V. en ce sens, Delvincourt, t. 2, p. 184, note 7; Larombière, *Obligations*, t. 5, édition de 1885, p. 310 et suiv., n° 34; Aubry et Rau, t. 8, § 771, p. 424, texte et note 3). La jurisprudence consacre formellement cette solution (V. les arrêts cités au *Rép.*, n° 859, et v° *Obligations*, n° 2939, 4871, 2938-1°, 909-1°, 2881-1°; Req. 1er déc. 1846, aff. Patouillet, D. P. 47. 1. 15; Lyon, 17 juill. 1857, aff. Bonhomme, D. P. 57. 2. 219). Toutefois, elle est contestée par certains auteurs (V. Laurent, t. 32, n° 57 à 60; Colmet de Santerre, *Cours analytique de code civil*, t. 5, p. 501, n° 265 *bis*, VI et VII; Mourlon, t. 2, p. 785, n° 1493, et les auteurs cités au *Rép.* n° 856).

519. La jurisprudence a consacré la règle établie au *Rép.*, n° 856, in fine, d'après laquelle la maxime : *quæ temporalia sunt ad agendum perpetua sunt ad excipiendum* ne peut être invoquée que par les personnes qui sont en possession de leurs droits et non par celles qui ont besoin d'agir en justice pour les faire sanctionner (Bordeaux, 27 juill. 1871, aff. Rivière, D. P. 72. 2. 125 ; Lyon, 20 août 1869, *suprà*, v° *Absence*, n° 73. — V. conf. Larombière, *op. cit.*, t. 5. p. 311 et suiv., n° 34 et 37).

520. Cette maxime cesse aussi de s'appliquer, lorsque celui qui a introduit une action, veut opposer par le défendeur l'existence d'un contrat, et qu'il en demande alors, par voie de réplique, la nullité ou la rescision (Larombière, *op. cit.*, n° 35 à 38, p. 314 et suiv.; Aubry et Rau, t. 2, § 771, p. 426, notes 5 et 6 ; Lyon, 20 août 1869, cité *suprà*, n° 519. Comp. aussi *Rép.* n° 864 et 866).

§ 4. — Du titre nouvel (*Rép.* n° 869-876).

521. On a dit au *Rép.*, n° 873, que le titre nouvel peut être exigé du tiers détenteur de l'immeuble hypothéqué à la rente. Cette solution ne paraît pas contestée aujourd'hui (Conf. Trib. de Nivelles, 4 janv. 1877, *Pasicrisie belge*, 1877. 3. 202 ; Laurent, t. 32, n° 378 ; Leroux de Bretagne, t. 2, n° 841, p. 58 et 59).

522. Conformément à ce qui a été dit au *Rép.*, n° 870, il a été jugé que le créancier d'une rente, à qui il a été possible de se procurer un titre dans les termes de l'art. 2263 c. civ., n'en est pas moins recevable à établir l'interruption de la prescription de cette rente au moyen de la preuve par témoins ou par présomption du service des arrérages depuis moins de trente ans, lorsqu'il existe un commencement de preuve par écrit résultant de l'interrogatoire sur faits et articles des débiteurs de cette rente. Mais ces deux modes de preuve ne seraient pas recevables dans le cas où il n'existerait pas de commencement de preuve par écrit du service de la redevance (Civ. cass. 27 janv. 1868, aff. Favart et cons., Achard, D. P. 68. 1. 200; Lyon, 9 juin 1871, même affaire, D. P. 71. 2. 192; Req. 17 juin 1872, même affaire, D. P. 72. 1. 464. Comp. Aubry et Rau, t. 2, p. 358, note 51; Laurent, t. 32, n° 382 ; Leroux de Bretagne, t. 2, n° 842 et suiv., p. 59 et suiv.).

523. La disposition de l'art. 2263 s'applique aux rentes viagères aussi bien qu'aux rentes perpétuelles. Le texte, en effet, ne distingue pas (Conf. Laurent, t. 32, n° 381, p. 398 ; Colmet de Santerre. t. 8, p. 528, n° 370 *bis*; Leroux de Bretagne, t. 2, n° 840, p. 58; Baudry-Lacantinerie, t. 3, n° 1686 *in fine*).

524. Toutefois, on ne peut étendre l'art. 2263 à d'autres dettes (Laurent, t. 32, n° 381, p. 399 ; Aubry et Rau, t. 2, § 215, p. 358, texte et note 52 ; Marcadé, sur l'art. 2263, n° 3 ; Colmet de Santerre, *loc. cit.* ; Leroux de Bretagne, *loc. cit.*).

Art. 3. — *De la prescription par dix et vingt ans* (*Rép.* n° 877 à 963).

§ 1er. — Du juste titre, contrat, vente, donation, legs, jugement, etc. (*Rép.* n° 880 à 912).

525. Sur la définition du juste titre, V. *Rép.* n° 880. Les auteurs récents adoptent la même définition (Laurent, t. 32, n° 389, p. 409 ; Aubry et Rau, t. 2, § 218, p. 377, texte et note 1 ; Colmet de Santerre, t. 8, p. 533, n° 372 *bis*-III ; Leroux de Bretagne, t. 2, n° 867).

526. Au *Rép.*, n° 885 et suiv., on énumère les différents actes juridiques qui constituent un juste titre. Des solutions nouvelles ont été consacrées sur ce point en doctrine et en jurisprudence.

527. Ainsi qu'on l'a dit au *Rép.*, n° 889 et 890, on ne peut pas usucaper, dans notre droit, une chose *pro hærede*, admis en droit romain (Conf. Laurent, t. 32, n° 390, p. 409 et 410 ; Baudry-Lacantinerie, t. 3, n° 1692).

528. Pour que le titre soit *juste*, il faut qu'il soit, de sa nature, translatif de propriété. Ainsi la transaction étant, en général, un acte déclaratif, ne constitue pas un juste titre (Laurent, t. 32, n° 397 et 403 ; Aubry et Rau, t. 2, § 218, p. 377, texte et note 3. Comp. *Rép.* n° 892).

529. Par le même motif, on admet aujourd'hui que les jugements, en principe, ne forment pas un juste titre. Ils ne sont pas en effets translatifs de propriété, mais bien déclaratifs de droits (V. en ce sens, Aubry et Rau, t. 2, p. 378, § 218, notes 5 et 6 ; Laurent, t. 32, n° 404, p. 428 ; Leroux de Bretagne, t. 2, p. 76, n° 875 et 876; Colmet de Santerre, t. 8, p. 533, n° 372 *bis*; Baudry-Lacantinerie, t. 3, n° 1692).

530. Il en est autrement des jugements d'adjudication (V. les auteurs qui viennent d'être cités. Comp. *Rép.* n° 893).

531. Bien entendu, il faut rechercher avec soin si, à cet égard, on est en possession en vertu d'une sentence judiciaire, ou par suite d'un autre acte. Ainsi la vente d'un immeuble qui, à l'époque où elle a eu lieu, était, de la part du vendeur, l'objet d'une action en revendication qu'un arrêt a ultérieurement accueillie, constitue par elle-même, et indépendamment de l'arrêt intervenu, un juste titre susceptible de servir de base à la prescription de dix ans contre le tiers qui, plus tard, se prétend à son tour propriétaire du même immeuble. Par suite, ce tiers ne peut repousser la prescription décennale qui lui est opposée, sous prétexte qu'une décision judiciaire n'a pas le caractère d'un juste titre, dans le sens de l'art. 2265 c. civ., en raison de son effet purement déclaratif, le juste titre invoqué contre lui consistant dans la vente de l'immeuble litigieux, et non dans l'arrêt qui a consacré le droit du vendeur (Req. 20 nov. 1860, aff. Hospices de Toulouse, D. P. 61. 1. 464).

532. Les solutions admises au *Rép.*, n° 895, sur le partage, envisagé au point de vue du juste titre, sont généralement admises aujourd'hui par les auteurs. Notamment, dans l'hypothèse où l'immeuble apporté en société par un des associés tombe, lors du partage, dans le lot d'un autre, il faut dire, d'une façon générale, que l'associé dans le lot de qui l'immeuble est mis, l'usucapera par dix ou vingt ans, *à partir du jour où le contrat de société a été formé*. En effet, par suite de l'effet rétroactif du partage, c'est à compter du jour de la formation de la société que l'associé est censé posséder la chose mise dans son lot (Comp. Laurent, t. 32, n° 401, p. 426 et 427; Troplong, n° 886; Duranton, t. 21, p. 592, n° 372 *bis*; Marcadé, n° 2 de l'art. 2269; Colmet de Santerre, t. 8, n° 372 *bis* V et IX; Aubry et Rau, t. 2, § 218, p. 377, texte et note 4; Leroux de Bretagne, t. 2, p. 78, n° 879 et 880).

533. On a recherché au *Rép.*, n° 896, la règle qu'il convient d'appliquer au cas de partage de la communauté. Les auteurs les plus récents formulent, sur ce point, la distinction suivante qui est conforme, en définitive, à la doctrine que nous avons soutenue. Si l'époux qui reçoit dans son lot un immeuble de la communauté est précisément celui du chef duquel le bien est entré en communauté, dans ce cas, la prescription de trente ans seule pourra être opposée au véritable propriétaire. Au contraire, si le bien tombe dans le lot de celui des époux qui ne l'a pas fait entrer en communauté, cet époux aura juste titre et pourra se prévaloir de la prescription décennale. Ces solutions découlent des principes généraux du droit et, en particulier, de l'effet déclaratif du partage (Conf. en ce sens : Leroux de Bretagne, t. 2, n°° 881 et 881, p. 80; Colmet de Santerre, t. 8, n° 372 *bis*-VI et VII).

534. Contrairement à la règle générale que nous avons formulée pour le partage, on admet généralement, en ce qui concerne le partage d'ascendant, que quand cet acte est fait par donation entre vifs, il constitue un juste titre, les enfants donataires ayant alors la qualité de successeurs à titre particulier (Aubry et Rau, t. 2, § 218, p. 378, note 4; Laurent, t. 15, n° 373; Bourges, 25 janv. 1856, aff. De Montferrand, D. P. 59. 1. 303. — *Contra*: Orléans, 12 juill. 1860, même affaire, D. P. 60. 2. 151; Leroux de Bretagne, t. 2, n° 858, p. 66 et 69).

535. On a enseigné au *Rép.* n°° 886 et 887, tout en reconnaissant que la question est très délicate, que le donataire qui a reçu un immeuble d'un non-propriétaire peut prescrire par dix ou vingt ans, même s'il n'a pas fait transcrire la donation. Il convient aujourd'hui, depuis la loi du 23 mars 1855 sur la transcription, de généraliser la question. Les actes entre vifs contenant translation de propriété, donations ou conventions à titre onéreux, peuvent-ils être considérés comme des justes titres pouvant être opposés au véritable propriétaire, lorsqu'ils n'ont pas été soumis à la formalité de la transcription? La doctrine et la jurisprudence sont divisées sur ce point.

D'après un premier système, un acte non transcrit ne peut pas servir de point de départ à la prescription décennale au profit du possesseur contre le véritable propriétaire. Les partisans de cette opinion invoquent trois arguments : 1° le juste titre, dit-on, c'est un titre de nature à transférer la propriété, lorsqu'il émane du vrai propriétaire. Or, depuis la loi du 23 mars 1855, la transcription est nécessaire pour opérer le transfert de la propriété vis-à-vis des tiers. De plus, l'acquéreur qui invoque un titre non transcrit ne peut être de bonne foi. Il lui est, en effet, impossible d'i-

gnorer qu'un acte non transcrit n'est pas opposable aux tiers; — 2° D'après l'art. 3 de la loi du 23 mars 1855, le défaut de transcription peut être opposé par tous ceux qui ont des droits sur l'immeuble. Or le véritable propriétaire est au nombre de ces personnes qui ont des droits sur l'immeuble. On ne peut donc pas se prévaloir à son égard d'un acte d'aliénation non transcrit; — 3° Enfin on invoque l'art. 2180-4° c. civ., qui permet au tiers détenteur d'invoquer la prescription de dix ans à l'encontre des créanciers hypothécaires. Ce texte exige que le titre qui sert de base et de point de départ à cette prescription décennale ait été transcrit, et la même règle doit s'appliquer, dit-on, à la prescription lorsqu'elle est invoquée contre le propriétaire lui-même (V. en ce sens: Laurent, t. 32, n° 395; Troplong, *Commentaire de la loi du* 23 mars 1855, n°° 177 et suiv.; Colmet de Santerre, t. 5, n° 56 *bis*; Demolombe, *Contrats*, t. 1, n° 462; Flandin, *Transcription*, t. 2, n° 905, Berger, *ibid.*, n° 152; Verdier, *ibid.*, t. 1, n°° 372 et suiv.; Alger, 13 nov. 1890, aff. Probeck, D. P. 91. 5. 403).

Le système contraire nous paraît préférable : pour pouvoir invoquer la prescription de dix à vingt ans, il n'est pas nécessaire d'avoir fait transcrire son titre. C'est ce que démontrent MM. Aubry et Rau, t. 2, § 209, p. 321, texte et note 106. « La loi du 23 mars 1855, disent-ils, ne soumet à la transcription que les actes qui doivent et peuvent par eux-mêmes transférer la propriété. Or, la propriété de celui qui, ayant acquis un immeuble *a non domino*, l'a possédé pendant le temps requis par l'art. 2265, repose bien moins sur la vente à lui consentie que sur l'usucapion qui s'est accompli à son profit, puisque l'acte de vente n'est invoqué que pour colorer la possession, et pour assurer à l'acquéreur l'avantage de l'abréviation du temps ordinaire de la prescription. D'un autre côté, il ressort des dispositions des art. 3 et 6 de la loi précitée que la transcription doit produire immédiatement et par elle-même l'effet que la loi y attache, tandis que, dans l'hypothèse qui nous occupe, elle serait en soi destituée de toute efficacité, et n'emprunterait sa force qu'à l'accomplissement de l'usucapion, dont elle serait simplement une condition. En vain objecte-t-on que le défaut de transcription peut être opposé par tout tiers ayant des droits sur l'immeuble, et partout le par véritable propriétaire. Cette objection trouve sa réfutation dans le but tout spécial de la loi de 1855, qui a voulu consolider le crédit foncier, en assurant la sécurité des tiers acquéreurs ou créanciers et qui n'a nullement pour objet de protéger le propriétaire négligent, que la durée de la possession constitue suffisamment en demeure de faire valoir ses droits. En vain également invoque-t-on l'art. 2180, aux termes duquel la prescription de dix à vingt ans ne court, au profit du tiers détenteur, en ce qui concerne l'extinction des privilèges et hypothèques, qu'à partir de la transcription de son titre. En effet, la disposition toute spéciale de cet article s'explique par la circonstance qu'une simple substitution de personnes dans la détention de l'immeuble hypothéqué n'étant pas pour le créancier un indice certain de la mutation de propriété, le législateur a dû exiger, dans son intérêt, une transcription qui la lui révélât. En vain, enfin, dit-on qu'un titre non transcrit n'est point un juste titre. Il l'est en soi, puisque la transcription n'est point une condition de la validité des titres translatifs de propriété ; il l'est aussi au regard du véritable propriétaire, puisque ce n'est que dans l'intérêt de ce dernier que la transcription a été prescrite. On doit d'autant moins hésiter à adopter notre opinion que la transcription, s'opérant non sur l'immeuble, mais sur les parties qui figurent dans l'acte d'aliénation, l'accomplissement de cette formalité n'apprendrait rien au véritable propriétaire qui ne connaîtrait pas déjà l'existence de la vente » (Comp. dans le même sens : Rivière et François, *Explication de la loi du 23 mars* 1855, n° 39; Rivière et Huguet, *Question sur la transcription*, n° 238 et suiv.; Lesenne, *ibid.*, n° 40; Mourlon, *Transcription*, t. 2, n° 512; Leroux de Bretagne, n° 907; Montpellier, 18 févr. 1866, aff. Auzat, D. P. 69. 1. 478; 8 nov. 1881 (1); Bastia, 5 févr.

---

(1) (Périer C. Périer.) — Le tribunal ; — Attendu que l'action intentée par Denis Périer a pour objet de faire condamner Joseph Périer à lui délaisser la cave et la partie de jardin vendues

à ce dernier par Françoise Fualdès, veuve de Pierre Périer, par acte du 26 déc. 1856, Cazotte, notaire; — Attendu que Joseph Périer reconnaît que les immeubles revendiqués dépendaient de

1890, aff. Mariani, D. P. 90. 2. 263 (même hypothèse); Caen, 17 mars 1891) (1).

536. Toutefois, en sens inverse, l'acquéreur qui tient l'immeuble du véritable propriétaire et qui n'a pas transcrit, ne peut invoquer la prescription de dix ans contre un autre acquéreur qui tient ses droits du même auteur et qui s'est soumis à la formalité de la transcription. La situation, en effet, est alors toute différente de celle qui a été examinée ci-dessus : il y a ici un conflit entre ayants cause d'un auteur commun, et il faut, dès lors, s'attacher à la transcription (Aubry et Rau, t. 2, § 209, p. 322, texte et note 107; Rivière et François, *op. cit.*, n° 54 ; Leroux de Bretagne, t. 2, n° 908 ; Mourlon, *Transcription*, t. 2, n° 509 et 510. — *Contrà*, Humbert, *Revue historique*, 1855, p. 485).

537. Jugé que l'acquéreur qui a acheté seul un immeuble appartenant à la femme a un juste titre lui permet-

tant d'invoquer la prescription de dix à vingt ans (Grenoble, 10 mai 1892, aff. Cons. Faure, D. P. 92. 2. 518).

538. Pour être *juste*, avons-nous dit au *Rép.* n° 898, le titre doit être *réel*, non *putatif.* Cette règle est aujourd'hui unanimement admise (Leroux de Bretagne, t. 2, p. 81, n° 884; Aubry et Rau, t. 2, § 218, p. 382, texte et note 20; Laurent, t. 32, n° 399, p. 422 à 424).

539. En second lieu, ainsi qu'on l'a exposé au *Rép.* n°s 899 à 907, il faut que le titre invoqué soit valable en la forme. De graves difficultés se sont élevées sur ce point.

On est d'accord pour admettre que les donations et les legs faits dans des actes non revêtus des formes requises par la loi ne constituent pas des justes titres (Aubry et Rau, t. 2, § 218, p. 379 ; Laurent, t. 32, n° 392, p. 413 ; Leroux de Bretagne, t. 2, p. 84, n° 890).

540. Mais que faut-il décider pour la donation ou le legs

la succession de Pierre Périer et n'étaient point la propriété de Françoise Fualdès ; — Mais qu'il soutient que, plus de dix années s'étant écoulées, du 20 déc. 1856, date de la vente, au 9 févr. 1867, date de la citation en conciliation à lui donnée, à la requête de Denis Périer, la propriété des immeubles dont s'agit lui a été acquise par l'effet de la prescription décennale ; — Mais attendu que Denis Périer soutient que la vente du 20 déc. 1856 n'a pu lui être opposée, conformément à l'art. 3 de la loi du 23 mars 1855, qu'à partir du jour où elle a été transcrite, et que la transcription ayant eu lieu le 18 mars 1857, le délai de dix ans, nécessaire pour prescrire, n'était pas encore expiré quand la citation en conciliation a été donnée ; que toute la question du procès consiste dans le point de savoir quel est, dans le cas d'acquisition, par juste titre et bonne foi, d'un immeuble *a non domino*, le point de départ de la possession utile pour prescrire, si elle commence à courir à partir du jour même de l'acquisition, ou seulement du jour de la transcription du titre : en d'autres termes, si la transcription du titre est nécessaire pour la prescription de dix ou vingt ans ; — Attendu que la loi du 23 mars 1855 n'assujettit à la formalité de la transcription que les *actes* qui sont par eux-mêmes et indépendamment de toute autre cause translatifs de la propriété ; — Attendu que la propriété de celui qui a acquis un immeuble par la prescription de dix ans, en vertu de l'art. 2265, repose bien moins sur la vente qui lui a été consentie que sur cette prescription même ; qu'en effet, le titre n'est exigé, en ce cas, que pour colorer la possession et rendre la bonne foi plus certaine, et pour assurer à l'acquéreur l'abréviation du temps ordinaire de la prescription . — Attendu qu'il ressort clairement des art. 3 et 6 de la loi de 1855 que la transcription, dans le cas où elle est exigée, doit produire immédiatement par elle-même l'effet que la loi y attache, tandis que, dans l'hypothèse actuelle, elle serait en soi destituée de toute efficacité et n'emprunterait sa force qu'à l'accomplissement de la prescription dont elle serait seulement une condition ; — Attendu que vainement objecte-t-on que le défaut de transcription peut être opposé par tout tiers ayant des droits sur l'immeuble et, partant, par le véritable propriétaire ; que cette objection trouve sa réfutation dans le but tout spécial de la loi de 1855, qui a voulu consolider le crédit foncier en assurant la sécurité des tiers acquéreurs ou créanciers, et qui n'a eu nullement pour effet de protéger le propriétaire négligent, que la perte de la possession constitue suffisamment en demeure de faire valoir ses droits ; que vainement encore invoque-t-on l'art. 2180 c. civ. aux termes duquel la prescription de dix ou vingt ans ne court au profit du tiers détenteur, en ce qui concerne l'extinction des privilèges et hypothèques, qu'à partir de la transcription du titre. que cette disposition toute spéciale s'explique par la circonstance qu'une simple substitution de personne dans la détention de l'immeuble hypothéqué n'étant pas pour le créancier un indice certain de la mutation de propriété, la loi a dû exiger, dans son intérêt, une transcription qui la révélât ; que c'est vainement enfin, qu'on soutient qu'un titre non transcrit ne constitue pas un juste titre; qu'il l'est en soi, puisque la validité des titres translatifs de propriété est indépendante de leur transcription ; qu'il l'est surtout au regard du véritable propriétaire, puisque, ainsi qu'il a été dit ci-dessus, c'est dans un intérêt autre que le sien que la transcription a été prescrite; qu'il suit de ce qui précède que Joseph Périer est devenu propriétaire des immeubles revendiqués par l'effet de la prescription de dix ans ; d'où la conséquence que la demande formée contre lui doit être rejetée ; — Par ces motifs, etc.

La cour; — Adoptant les motifs des premiers juges ; — Met l'appellation au néant, etc.

Du 8 nov. 1881.-C. de Montpellier, ch. civ.-MM. Sadde, pr.-Labroquere, av. gén.-Coirrard et Rouch, av.

(1) (Lebaucher *C.* Prodhomme.) — La cour; — Attendu que Lebaucher, après préliminaire de conciliation, a intenté contre Prodhomme une action en revendication d'une petite maison et d'un jardin situés à Ouilly-le-Basset;—Attendu que Prodhomme soutient qu'ayant acquis de bonne foi et par juste titre les im-

meubles dont il s'agit. il en a prescrit, par une possession de plus de dix ans, la propriété contre Lebaucher, demeurant à 4 kilomètres de distance, dans le ressort de la cour d'appel de Caen; — Attendu que, le 22 févr. 1872, par acte sous seing privé, enregistré le 2 mars suivant, Prodhomme a acquis les immeubles dont il s'agit, de Mordant, pour le prix de 500 fr.; — Attendu que Mordant était propriétaire par indivis de la moitié desdits immeubles; que la vente est incontestablement valable pour cette moitié, et que le débat ne peut porter que sur l'autre moitié, d'une valeur de 250 fr., dont Lebaucher se prétend propriétaire ; — Attendu que les immeubles dont il s'agit sont absolument impartageables; que Lebaucher, le 20 sept. 1852 avait acheté par acte notarié et dûment transcrit, la moitié qu'il revendique; mais que Mordant, tant par lui que par ses auteurs, n'avait pas cessé d'occuper en totalité, avant 1852 et depuis, la maison et le jardin en litige; qu'il était, pour le public, le propriétaire apparent de la totalité, et le propriétaire réel pour la moitié ; qu'en achetant de lui, Prodhomme a été de la plus entière bonne foi; — Attendu que Lebaucher soutient que le juste titre exigé par la loi pour la prescription de dix ans ne peut être qu'un titre transcrit; — Mais attendu qu'aux termes de l'art. 1583 c. civ., la vente est parfaite entre les parties dès qu'on est convenu de la chose et du prix; que l'acte sous seing privé, dûment enregistré, qui la constate, constitue un juste titre; — Attendu qu'il résulte des art. 2219 et suiv. que la prescription de dix ans est un moyen d'acquérir fondé exclusivement sur la possession ; que le titre, qui ne pourrait par lui seul conférer aucun droit de propriété, n'est exigé que pour rendre plus certaines et plus caractérisées la bonne foi et la possession de l'acquéreur; — Attendu que la prescription d'une acte notarié a pour but d'assurer la sécurité des tiers acquéreurs ou créanciers contre les dangers cachés résultant des droits qui auraient pu être conférés par le vendeur; qu'elle n'a point pour but de protéger le propriétaire négligent qui laisse usurper, pendant dix ou vingt ans, sans protestation, la possession d'un immeuble lui appartenant ; — Attendu que la vente de la chose d'autrui est nulle, et que la transcription d'une pareille vente n'en saurait couvrir la nullité et produire aucun effet; qu'elle n'empêche pas le propriétaire véritable de conférer tous les droits qu'il lui plait; qu'elle ne peut modifier en rien la situation de ce propriétaire et de ses ayants cause; qu'il est, par suite, impossible, sans violer les dispositions de l'art. 2265 c. civ., d'exiger, en plus du juste titre prévu par cet article, une transcription inefficace et inutile de ce titre; — Attendu, en fait, que, le 22 févr. 1872, Lebaucher était propriétaire de la part d'immeubles en litige en vertu d'un acte régulièrement transcrit remontant à vingt ans; que la vente de cette part partie faite par Mordant est une vente de la chose d'autrui faite par un autre que le vrai propriétaire à un acquéreur de bonne foi; que cet acte est régulier en la forme, et eût incontestablement conféré la propriété s'il eût émané du vrai propriétaire; qu'il suffit, par suite, que Prodhomme justifie, pendant dix ans, de la possession exigée par l'art. 2229 c. civ. ; — Attendu, à cet égard, que les immeubles acquis étaient absolument indivisibles; que Prodhomme, en possédant la moitié appartenant à son vendeur, n'a pu faire autrement que de posséder l'autre moitié revendiquée par Lebaucher; qu'il avait fait l'acquisition du tout pour se loger; qu'il s'est installé dans les immeubles immédiatement après la vente, et n'a pas cessé de les occuper depuis, ce que Lebaucher a reconnu lui-même en réclamant des dommages-intérêts pour indue occupation; — Attendu que Prodhomme justifie qu'il a fait à la maison par lui achetée, afin de la rendre habitable, des réparations considérables s'élevant à une somme égale au prix d'achat; que vainement, dans ces circonstances, sa possession qui a duré plus de dix ans à partir de l'enregistrement de l'acte de vente, réunit toutes les conditions exigées par la loi pour prescrire; — Par ces motifs, confirme, etc.

Du 17 mars 1891.-C. de Caen. 1re ch.-MM. Houyvet, 1er pr.-Lerebours-Pigeonnière, av. gén.-Rabot, du barreau de Falaise, et Bénard, av.

nuls en la forme, et qui sont exécutés volontairement par les héritiers du donateur ou du testateur? La question est vivement discutée. Les auteurs semblent généralement admettre que, même dans l'hypothèse que nous venons d'indiquer, on ne peut se prévaloir de la donation ou du legs comme pouvant servir de base à la prescription décennale, parce que la nullité de forme dont se trouvent entachés le testament et la donation est une nullité absolue, qui peut être invoquée par tous les intéressés (Conf. Aubry et Rau, t. 2, § 218, p. 379, texte et note 8 ; Delvincourt, t. 2, p. 652; Duranton, t. 21, nos 379 et 380 ; Leroux de Bretagne, t. 2, p. 84, no 891. — Contrà : Laurent, t. 32, nos 392 et 393 ; Vazeille, Prescriptions, t. 2, no 484 ; Troplong, Prescription, t. 2, no 901).

541. Ainsi qu'on l'a dit au Rép. nos 903 et suiv., un acte constitue un juste titre, alors même qu'il se trouve entaché d'une cause de nullité relative ou de rescision (Aubry et Rau, t. 2, § 218, p. 380, texte et notes 9 et 10 ; Laurent, t. 32, no 394 ; Delvincourt, t. 2, p. 655 ; Toullier, t. 7, no 605).

542. Les règles exposées au Rép. no 906, sur les titres nuls au fond ne sont plus contestées aujourd'hui (Aubry et Rau, t. 2, § 218, p. 377, no 2, p. 379, texte et note 7 ; Laurent, t. 32, no 396, p. 417 à 420 ; Leroux de Bretagne, t. 2, p. 88, no 896).

543. Par application des principes exposés au Rép. no 908, sur la troisième condition que doit remplir un acte pour être un juste titre, il a été jugé que, dans la vente forcée comme dans la vente volontaire, la condition du payement du prix n'est pas suspensive, mais résolutoire ; que, par suite, lorsque l'adjudicataire, qui n'a pas payé son prix, revend à un tiers l'immeuble à lui adjugé, cette revente constitue, en faveur du tiers acheteur, s'il est de bonne foi, un juste titre susceptible de servir de base à la prescription décennale ;... encore que le contrat énoncerait que le vendeur avait acquis par adjudication, sur saisie immobilière, l'immeuble dont il a opéré la revente (Civ. rej., 20 janv. 1880, aff. Veuve Estoup, D. P. 80. 1. 63. V., dans le même sens, Aubry et Rau, t. 2, p. 380 et 381, § 218, texte et notes 12 et 13 ; Laurent, t. 32, no 398 ; Leroux de Bretagne, t. 2, p. 90, no 899).

544. Le possesseur avec juste titre et bonne foi d'un immeuble ne peut opposer la prescription de dix ans à l'encontre du propriétaire que du jour où son titre a acquis date certaine. Cette solution était déjà admise dans notre ancien droit (Pothier, Traité de la prescription, no 99). Elle résulte de l'art. 1328 c. civ., d'après lequel les actes sous seing privé ne font foi de leur date à l'égard des tiers que du jour où ils ont acquis date certaine (Conf. Vazeille, Prescriptions, no 494 ; Troplong, Prescription, no 913 ; Duranton, t. 13, no 112 ; Larombière, Traité des obligations, t. 6, no 11, p. 119, éd. de 1885 ; Alger, 15 nov. 1890, aff. Probeck, D. P. 91. 5. 405).

545. L'acte de vente d'un immeuble d'une contenance déterminée ne saurait constituer, au profit de l'acquéreur, un juste titre pouvant servir de base à la prescription décennale d'un terrain contigu à cet immeuble, mais situé en dehors de la contenance vendue (Civ. rej., 13 avr. 1881, aff.

Maury, D. P. 81. 1. 353). En effet, pour les parcelles de terrains non comprises dans l'aliénation, le titre fait absolument défaut (Aubry et Rau, t. 2, § 218, p. 381, texte et note 23. Comp. Rép. no 883. — Contrà, Troplong, op. cit., t. 2, no 550).

§ 2. — De la bonne foi. — Caractères. — Erreur
(Rép. nos 913 à 942).

546. En matière de prescription par dix et vingt ans, le juste titre n'est pas exigé seulement comme élément ou moyen de preuve de la bonne foi. Il constitue une condition distincte de celle de la bonne foi (Aubry et Rau, t. 2, § 218, p. 380 ; Laurent, t. 32, no 406, p. 430 ; Req. 22 juill. 1874, aff. De Jouvancourt, D. P. 75. 1. 75).

547. Conformément à ce qui a été dit au Rép. no 914, sur les caractères que doit présenter la bonne foi, en matière de prescription décennale, il a été jugé : 1o que la bonne foi doit être pleine et entière, et consister en la ferme croyance chez le possesseur qu'il a acquis la propriété de l'immeuble par lui possédé (Alger, 17 mars 1879, aff. Pourtalès, D. P. 81. 1. 411); — 2o Que la connaissance, par le possesseur, d'actes qui attestent, de la part du véritable propriétaire, l'intention d'exercer ses droits, est exclusive de la bonne foi, et met obstacle à la prescription de dix à vingt ans (Req. 8 août 1870, aff. Communes de Pontcharra et de Saint-Maximien, D. P. 72. 1. 17); — 3o Que, dans le cas où un immeuble a été indivisément vendu à deux acquéreurs et la vente résolue pour moitié à l'égard de l'un d'eux qui n'avait point payé son prix, les héritiers de l'autre ne peuvent invoquer leur bonne foi pour opposer la prescription décennale, s'il est constant, par le titre lui-même, que la vente a eu lieu par indivis, que le vendeur est resté étranger au partage de l'immeuble postérieurement opéré entre les deux acheteurs, et que, un terme leur ayant été accordé pour payer le prix, l'action résolutoire a été suspendue pendant une partie du laps de temps nécessaire pour prescrire (Pau, 26 juin 1888, aff. Dutrey, D. P. 89 2. 119. Comp. Marcadé, sur l'art. 2269, no 4, p. 200; Aubry et Rau, t. 2, § 218, p. 383; Troplong, t. 2, no 927; Duranton, t. 21, no 380).

548. Jugé, de même, que la prescription décennale ne peut pas être invoquée contre les propriétaires fonciers par celui qui a acquis l'immeuble des preneurs à bail congéable, alors qu'il résulte de l'acte d'acquisition, et notamment de la vileté du prix, la preuve qu'il connaissait l'existence de la domanialité (Req. 19 févr. 1873, aff. Cozic, D. P. 73. 1. 200).

549. N'est pas de bonne foi celui qui a acquis un immeuble en vertu d'un titre démontrant que la personne avec qui il traitait n'était pas propriétaire, ni avait ni pouvoir, ni qualité pour représenter celui-ci (Agen, 17 nov. 1869 (1). Comp. Req. 14 nov. 1887, aff. Leleu-Loden, D. P. 88. 1. 129).

550. Ne peut également être considéré comme de bonne foi l'avoué, poursuivant une saisie immobilière, qui a été déclaré adjudicataire contrairement à l'art. 711 c. proc. (Grenoble, 22 avr. 1864) (2).

---

(1). (Pradié C. Pons et autres.) — La cour ; — ... En ce qui touche la prescription invoquée par les mariés Pons : — Attendu qu'ils ne pouvaient ignorer dans quelle situation ils se trouvaient placés en stipulant l'acte d'échange du 6 déc. 1843; — que cet acte exprime textuellement que Jean-Baptiste Magne « agit pour Paulin, son frère, pour lequel il se porte fort, à peine de tous dommages-intérêts »; que, dans ces conditions, ils étaient suffisamment prévenus du vice radical qui s'attachait à leur contrat, dont la résiliation à titre incommutable ne devait se produire qu'avec la rectification de Paulin Magne ou de ses représentants ; qu'ils étaient donc mis en garde contre le danger d'éviction pouvant plus tard les atteindre, et qu'ainsi, les conditions exigées par la loi pour prescrire leur faisant défaut, il y a lieu de rejeter l'exception et de déclarer fondée à leur égard la demande en délaissement ; — Infirme, etc.
Du 17 nov. 1869 -C. d'Agen, 2e ch.-MM. Imberdis, pr.-Simon, av. gén.-Gladi, Delpech et Monteils, av.

(2) (Blache et autres C. Feutrier.) — La cour ; — Attendu que la sommation hypothécaire que Thérèse Gueydon, femme séparée de biens du sieur Feutrier, a fait donner au sieur Blache et aux mariés Pellissier, détenteurs des biens de son mari, soumis à son hypothèque légale, pour obtenir soit le payement du montant de

ses reprises dotales, soit le délaissement desdits immeubles, est régulière en la forme;... et que la question à examiner par la cour est celle de savoir si l'opposition du sieur Blache et des consorts Pellissier est valable et fondée; — Attendu que, pour soutenir le mérite de leur opposition, les tiers détenteurs invoquent vainement l'adjudication du 13 janv. 1847, au profit de X.., et la prescription; qu'en présence des termes précis et formels de l'art. 711 et des motifs d'ordre public qui l'ont inspiré, il est impossible de ne pas prononcer la nullité de l'adjudication du 13 janv. 1847, tranchée au profit de X..., avoué des poursuivants; que la ratification qui a suivi cette adjudication ne saurait être opposée à la femme Feutrier qui y est étrangère, ainsi qu'à la saisie et à l'adjudication, et qui puise en elle-même et dans son hypothèque légale le droit de former la sommation hypothécaire; — Que le moyen de prescription doit être également rejeté, soit qu'on le tire de l'art. 2265, soit qu'on l'appuie sur l'art. 1304; qu'en effet, à l'égard de X..., si plus de dix ans se sont écoulés depuis l'adjudication tranchée à son profit, il ne peut invoquer ni le juste titre, ni la bonne foi exigés pour l'art. 2265, puisque, officier ministériel poursuivant la saisie, il devait savoir qu'aux termes de l'art. 711 c. proc. civ., l'adjudication tranchée à son profit était nulle, et son titre et la propriété des immeubles saisis vicié dans sa source; qu'à l'égard des con-

551. On a dit au *Rép.* n°s 916 et 917, que la connaissance par le possesseur d'une nullité, même relative, qui entache son titre, et tenant à la minorité, à la violence, ou au dol, l'empêche d'être de bonne foi, parce qu'il ne peut se croire propriétaire. Cette solution est admise par Laurent, t. 32, n°s 411 et 412, p. 436 à 439; Trolong, *op. cit.*, n°s 917-922, et Marcadé, sur l'art. 2269 n° 4, mais repoussée par Aubry et Rau, t. 2, § 218, notes 24 et 25). Jugé, en ce dernier sens, que l'acheteur d'un immeuble vendu *a non domino* peut être déclaré de bonne foi, dans le sens de l'art. 2265 c. civ., quoique son vendeur se trouvât en état de minorité; et qu'une telle circonstance n'est pas exclusive de la bonne foi de cet acheteur, le moyen tiré de la minorité étant personnel au mineur, et ne pouvant être invoqué par le demandeur en revendication (Req. 27 févr. 1856, aff. Dumont et cons., D. P. 56. 1. 189).

552. On a soutenu au *Rép.*, n°s 919 et 920, que le possesseur peut invoquer seulement l'erreur de fait, et non pas l'erreur de droit, pour établir sa bonne foi. Cette solution est contestée par MM. Aubry et Rau, t. 2, § 218, p. 385, texte et note 29, et Laurent, t. 32, n° 413, p. 439, et t. 15, n°s 505-507). Décidé, dans le sens de cette dernière opinion, que l'acquéreur des biens d'un absent, qui a traité avec un envoyé en possession provisoire, doit être considéré comme un possesseur de bonne foi, et bénéficier, en cette qualité, de la prescription de dix ou vingt ans, alors que la seule cause d'éviction prévue dans son titre est le retour de l'absent, et qu'il n'y est fait aucune réserve au sujet du caractère provisoire des droits de l'acquéreur (Dijon, 3 janv. 1878, aff. Chaudron, D. P. 79. 2. 118).

553. Seulement, lorsque le possesseur allèguera une erreur de droit, il devra prouver l'existence de cette erreur; l'art. 2268 (*Rép.* n° 931) ne s'applique pas dans ce cas (V. Aubry et Rau, t. 2, p. 384, § 218, note 30; Laurent, t. 32, n° 415, p. 441).

554. On a dit au *Rép.*, n° 931 *in fine*, que la présomption de bonne foi, établie par l'art. 2268, admet la preuve contraire, et que cette preuve peut être faite par témoins. Ajoutons qu'elle peut aussi être faite par simples présomptions. C'est l'opinion générale (Laurent, t. 32, n° 414, p. 440 et 441; Duranton, t. 21, p. 642. n° 390; Leroux de Bretagne, t. 2, p. 107, n°s 926-928, et les arrêts cités au *Rép.* n°s 632 et suiv.).

555. Jugé que la mauvaise foi du possesseur ne se présume pas, alors surtout que l'origine de propriété mentionnée dans l'acte de vente était de nature à faire croire, à l'acquéreur qui invoque cette prescription, que la propriété de l'immeuble litigieux reposait réellement sur la tête de son vendeur (Bastia, 5 févr. 1890, aff. Mariani, D. P. 90. 2. 363).

556. La présomption de bonne foi, établie par l'art. 2268, ne dispense pas celui qui invoque la prescription de dix ans de justifier qu'il a acquis par juste titre. Cette solution

découle de la règle d'après laquelle la condition du juste titre est distincte de celle de la bonne foi (V. *suprà*, n° 546). Req. 22 juill. 1874, aff. De Jouvancourt, D. P. 75. 1. 175.

557. Conformément à la doctrine exposée au *Rép.* n° 941, décidé qu'il appartient au juge, devant lequel la prescription est invoquée, de déterminer quelle sorte de prescription peut être appliquée suivant les faits de la cause, et, notamment, d'accorder le bénéfice de la prescription de dix ou vingt ans au tiers détenteur qui prétendait seulement avoir prescrit par le laps de trente ans (Dijon, 3 janv. 1878, aff. Chaudron, D. P. 79. 2. 118. Comp. Req. 7 août 1860, aff. Lavergneau, D. P. 60. 1. 506).

558. Sur la jonction de deux possessions, au point de vue de la prescription de dix à vingt ans, V. *suprà*, n°s 246 et suiv.

§ 3. — De la résidence dans ou hors du ressort de la cour d'appel où l'immeuble est situé (*Rép.* n°s 943 à 949).

559. Contrairement à l'opinion soutenue au *Rép.*, n° 944, il a été jugé que ce n'est pas au domicile du droit, mais à la simple résidence qu'il faut s'attacher pour décider, si le propriétaire contre lequel la prescription est invoquée par un tiers détenteur doit être réputé présent ou absent, et, si, dès lors, c'est la prescription de dix ans ou la prescription de vingt ans qui doit être appliquée (Pau, 6 juill. 1861, aff. Fornier, D. P. 61. 2. 213. V. en ce sens, Laurent, t. 32, n°s 421 et 422, p. 446 à 448; Leroux de Bretagne, t. 2, p. 113, n° 942; Mourlon, *Répétitions*, t. 3, p 306, n° 1944. La doctrine du *Répertoire* est, au contraire, suivie par Aubry et Rau, t. 2, p. 386, note 38, § 218).

560. Lorsqu'une société commerciale a plusieurs établissements principaux dans le ressort de cours d'appel différentes, elle doit, en ce qui concerne la prescription de ses immeubles par dix à vingt ans, être considérée comme résidant dans le ressort de la cour d'appel où ses immeubles sont situés (Nîmes, 13 juill. 1866) (1). C'est l'application de la jurisprudence d'après laquelle les sociétés commerciales ont un domicile particulier partout où elles ont un établissement principal (V. *suprà*, v° *Compétence civile des tribunaux d'arrondissement et des cours d'appel*, n°s 45 et suiv.).

§ 4. — Des effets de la prescription par dix à vingt ans. — Charges réelles; action résolutoire; usufruit (*Rép.* n°s 950 à 965).

561. Le principe formulé au *Rép.*, n° 950, d'après lequel la prescription de dix à vingt ans a pour effet de consolider les acquisitions d'immeubles faites par les tiers, est admis sans difficulté (V. dans le sens de cette règle, Laurent, t. 32, n° 423, p. 449; Leroux de Bretagne, t. 2, p. 62, n° 847; Marcadé, n° 6 de l'art. 2269).

562. Ainsi qu'on l'a exposé au *Rép.*, n° 951, pour que le tiers détenteur puisse prescrire contre les charges qui

---

sorts Pellissier, s'ils peuvent invoquer leur bonne foi, le temps nécessaire à la prescription leur fait défaut, puisqu'ils ont possédé (eux personnellement depuis le contrat) moins de dix ans avant la sommation hypothécaire; que les dispositions de l'art. 1304 c. civ. qui limitent à dix ans le temps pendant lequel peut être exercée l'action en nullité, ne s'appliquent qu'aux contrats et aux conventions; qu'en admettant, ce qui est douteux, qu'elles puissent être étendues aux jugements considérés comme *contrats judiciaires*, elles ne pourraient être invoquées que par les parties qui y figurent; or, la femme Feutrier, créancière en vertu de son hypothèque légale, est étrangère à l'adjudication du 21 janv. 1847 : l'art. 1304 ne peut donc lui être opposé; qu'à ces différents points de vue c'est à bon droit que l'opposition formée par Blache et les consorts Pellissier a été rejetée par les premiers juges, et qu'il a été ordonné que les poursuites introduites par la sommation hypothécaire suivraient leur cours;... — Adoptant au surplus des motifs des premiers juges non contraires à ceux qui viennent d'être exprimés; — Confirme, etc.

Du 22 avr. 1864.-C. de Grenoble, 2e ch.-MM. Petit, pr.-Bérenger, av. gén.-Nicollet et Cantel, av.

(1) (Mines de Portes C. Roustan.) — Le tribunal; — Attendu qu'il est, en l'état, acquis et certain aux débats que Roustan a joui avec son titre et de bonne foi, par lui ou ses auteurs, de la maison dont il s'agit, du sol sur lequel elle est emplacée, et cela pendant un temps plus que suffisant pour prescrire la propriété de

cette maison, pour le cas où réellement elle aurait été emplacée sur une partie de la propriété de Robert, acquise par la compagnie;... — Attendu que le siège de la compagnie de Portes fut à l'origine et pendant assez longtemps établi dans l'arrondissement d'Alais, et si, à une époque récente, le siège de cette compagnie peut être considéré comme ayant été transféré à Paris, du moins cette compagnie a toujours été représentée sur les lieux par un personnel et par une administration spéciale, chargés plus particulièrement dans l'arrondissement d'Alais des affaires intéressant l'exploitation des mines de Portes; — Rejette la demande de la compagnie de Portes, etc. » Appel.

La cour; — Attendu que, du rapprochement des actes de vente de 1837, 1854, 1855 et 1857, il appert que la compagnie n'a pas dû et pu acquérir la parcelle de terrain qu'elle prétend lui appartenir; d'où il suit qu'il n'y a pas eu empiètement à son préjudice, et que par suite sa demande doit être rejetée; — Attendu, surabondamment que, même en admettant l'empiètement allégué, il y aurait lieu de déclarer sa prétention mal fondée, par le motif que la prescription de dix ans a couru contre elle au profit des intimés ou de leurs auteurs, la compagnie ayant actuellement à Portes et y ayant toujours eu précédemment son principal établissement; — Par ces motifs, et adoptant au surplus en leur entier ceux qui ont déterminé les premiers juges; — Confirme, etc.

Du 13 juill. 1866.-C. de Nîmes, 3e ch.-M. Teissonnière, pr.

grèvent son immeuble, il faut qu'elles n'aient point été déclarées dans le contrat (V. Req. 22 févr. 1881, aff. Epoux Benoist, D. P. 81. 1. 407).

563. On admet généralement aujourd'hui la doctrine soutenue au *Rép.* n°ˢ 953 à 956. Il convient même de la généraliser : le possesseur qui a acquis la propriété d'un immeuble par la prescription de dix ans peut repousser l'action intentée contre lui par suite de l'annulation, de la rescision ou de la résolution du titre de son auteur (Aubry et Rau, t. 2, p. 387, note 41, § 218; Laurent, t. 32, n°ˢ 425 et suiv., p. 450 et suiv.; Leroux de Bretagne, t. 2, p. 63, n°ˢ 848 et 849; Bruxelles, 18 déc. 1851, *Pasicrisie*, 1852. 2. 72).

564. Toutefois, l'action personnelle qui appartient à l'ancien propriétaire contre l'auteur de qui l'acquéreur tient ses droits, ne se prescrit que par trente ans; elle échappe à la prescription de dix à vingt ans (Aubry et Rau, t. 2, p. 388, § 218; notes 45 à 47; Laurent, t. 32, n°ˢ 427 et 428; Duranton, t. 21, p. 64 , n° 399; Vazeille, *Prescription*, n° 489; Marcadé, sur l'art. 2279, n° 3; Leroux de Bretagne, t. 2, p. 89, n° 897).

565. Les auteurs récents se prononcent aussi en faveur de l'opinion soutenue au *Rép.*, n° 938, d'après laquelle la prescription par dix à vingt ans peut faire acquérir un droit d'usufruit (Aubry et Rau, t. 2, § 234, p. 519, note 49, p. 520, note 52 et § 218, note 43; Laurent, t. 32, n° 424 *in fine*, V. aussi t. 7, n°ˢ 90 et 91; Leroux de Bretagne, t. 2, n°ˢ 853 et 854, p. 66 et 67).

ART. 4. — *De la prescription de dix ans particulière aux architectes et entrepreneurs, et de divers autres cas de prescription décennale* (Rép. n°ˢ 966 à 970).

566. Ce qui concerne cette prescription a été étudié *suprà*, v° *Louage d'ouvrage et d'industrie*, n°ˢ 126 et suiv.

ART. 5. — *De quelques prescriptions particulières* (Rép. n°ˢ 971 à 1110).

§ 1ᵉʳ. — De la prescription de six mois. — Maîtres et instituteurs, hôteliers, ouvriers (Rép. n°ˢ 972 à 991).

567. — 1° *Maîtres et instituteurs* (Rép. n° 973). — La prescription de six mois n'est pas applicable aux leçons qui se donnent à tant le cachet. Cette hypothèse, en effet, ne rentre pas dans les termes de l'art. 2271 c. civ. Il s'agit

(1) (Constantin frères et compagnie C. Arnould-Drapier.) — LA COUR; — Sur l'unique moyen du pourvoi; — Vu les art. 1799, 2271 et 2272 c. civ.: — Attendu que le jugement attaqué reconnaît que Constantin frères et comp. exercent habituellement la profession d'entrepreneurs; — Attendu que la prescription de six mois édictée par l'art. 2271 c. civ. contre les ouvriers ou gens de travail, et la prescription d'un an établie contre les marchands par l'art. 2272 du même code sont, en principe, ainsi que le tribunal le déclare lui-même, inapplicables aux entrepreneurs; — Attendu que l'entrepreneur ne perd pas sa qualité lorsque le travail dont il s'est chargé n'a pas eu lieu à prix fait ou qu'il consiste seulement en menus ouvrages; qu'en effet, si l'ouvrier ne devient entrepreneur, d'après l'art. 1799 c. civ., qu'autant qu'il y a eu de sa part devis et marché préalables, il n'en résulte pas que l'entrepreneur de profession qui a traité avec un tiers sans devis ni prix convenu à l'avance, doive être par là même considéré comme ouvrier; — Attendu, d'autre part, qu'il n'y a pas lieu d'avoir égard au plus ou moins d'importance du marché pour décider s'il a été ou n'a pas été fait à l'entreprise; qu'aucune distinction n'existe sous ce rapport, dans la loi, qui, pour attribuer la qualité d'entrepreneur à l'ouvrier, ne prend en considération dans l'art. 1799 c. civ., que le mode de la convention et non la valeur des travaux ou des fournitures; — D'où il suit que déclarant éteinte par la prescription de six mois ou d'un an l'action intentée par les demandeurs en payement de travaux et fournitures, sous prétexte que ces travaux et fournitures, relatifs à la construction de deux trottoirs, étaient de minime importance et n'avaient pas eu lieu à prix fait, le jugement attaqué a faussement appliqué et par conséquent violé les articles de loi ci-dessus visés; — Casse le jugement rendu le 25 juill. 1881, par le tribunal civil de Nancy, etc. Du 19 juill. 1882.-Ch. civ.-MM. Mercier, 1ᵉʳ pr.-Guérin, rap.-Ronjat, av. gén.-Devin et Panhard, av.

(2) (Sarah Bernardt-Damala C. Chabard.) — LA COUR; — ... Sur les conclusions subsidiaires des appelants : — Considérant qu'aux termes de l'art. 2271 c. civ., l'action des ouvriers et gens de travail

d'honoraires payables à des termes périodiques, et dès lors prescriptibles par cinq ans (Conf. Laurent, t. 32, n° 504, p. 518. — *Contrà*, Troplong, *Prescription*, n°ˢ 943 et 947).

568. — 2° *Hôteliers et traiteurs* (Rép. n°ˢ 974 à 977). — Par application du principe exposé au *Rép.* n° 976, il a été jugé que la prescription de six mois pour fournitures de logement et de nourriture n'est applicable qu'au cas où ces fournitures ont été faites par des hôteliers et traiteurs; qu'elle n'est point opposable à celui qui, sans en faire un commerce, a consenti, moyennant un certain prix, à loger une personne et à la recevoir à sa table (Req. 7 mai 1866, aff. Travès, D. P. 66. 1. 390 ; Laurent, t. 32, n° 505, p. 520; Troplong, *op. cit.*, n° 970 ; Baudry-Lacantinerie, t. 2, n° 1707). Dans l'hypothèse prévue, la prescription sera celle de droit commun, ou bien celle de cinq ans de l'art. 2277 lorsque la pension aura été stipulée payable par termes périodiques (Conf. Laurent, *loc. cit.*; Duranton, p. 674, n° 420; Leroux de Bretagne, t. 2, p. 300, n° 1292).

569. De même, la prescription de six mois opposable aux hôteliers et traiteurs, en raison du logement et de la nourriture qu'ils fournissent, ne peut être invoquée contre ceux qui ont cautionné la dette ou l'ont acquittée comme mandataire ou gérants d'affaires du débiteur (Lyon, 10 mai 1861, aff. Halphen, D. P. 61. 2. 165; Laurent, t. 32, n° 505 *in fine*, p. 521).

570. — 3° *Ouvriers et gens de travail* (Rép. n°ˢ 980 à 991). — Conformément à ce qui a été dit au *Rép.*, n° 982 et 983, il a été décidé que la prescription de six mois édictée par l'art. 2271 c. civ. contre les ouvriers et gens de travail pour le payement de leurs journées, fournitures et salaires, est inapplicable aux entrepreneurs (Aix, 14 juin 1877, aff. Laurent, D. P. 81. 5. 289; Civ. cass. 19 juill. 1882 (1); Req. 13 juill. 1885, aff. Arnould-Drappier, D. P. 86. 1. 308; Civ. cass. 7 juin 1887, aff. Allioli, D. P. 87. 1. 333; 4 juin 1889, aff. Roche et Tillot, D. P. 89. 1. 344. V. aussi les auteurs cités *infrà*, n° 571).

571. En recherchant au *Rép.* n°ˢ 983 et 984 ce qu'il faut entendre par *entrepreneur*, nous avons dit que, pour déterminer cette qualité, il faut s'attacher à l'art. 1799 c. civ., c'est-à-dire que les ouvriers ne deviennent entrepreneurs qu'autant qu'ils font directement des marchés à prix fait, moyennant un prix convenu d'avance. Il a été jugé, en ce sens, que le contrat d'entreprise se caractérise par des devis ou marchés à forfait (Paris, 14 juin 1884 (2);

pour le payement de leurs journées, fournitures et salaires, se prescrit par six mois, lequel délai était expiré depuis longtemps lorsque Chabard a saisi la justice de ses prétentions; — Considérant que cette prescription s'applique à tous les travaux manuels, sans qu'il y ait lieu de distinguer s'ils ont été commandés à un compagnon qui devait les opérer lui-même, ou bien à un patron exploitant la main-d'œuvre d'autres individus engagés à son service; — Considérant que l'art. 2271 suppose que l'ouvrier réclame, non seulement des salaires, mais encore le prix de fournitures, ce qui est bien le fait d'un patron approvisionnant de marchandises, et non pas le fait d'un simple artisan ne disposant que de ses bras; qu'il est inadmissible que, tandis que les achats de denrées de toute espèce sont couverts par la prescription d'un an, le moindre louage d'ouvrage expose les particuliers à des poursuites pendant trente ans, par cela seul qu'ils auront eu affaire à un praticien prenant la qualité de maître ou d'entrepreneur, et répudiant celle d'ouvrier; — Considérant que la loi n'admet pas cette différence de classes dans l'exercice d'une profession qui se rattache au bâtiment; que l'art. 1799 aussi bien que l'art. 2271, répute ouvriers tous les maçons, charpentiers, serruriers, et par conséquent aussi les peintres, encore bien qu'ils agissent comme patrons en traitant directement avec la clientèle; que c'est seulement lorsqu'ils ont passé des marchés à forfait que les gens de métier acquièrent la situation d'entrepreneurs, qui les soustrait à la prescription de six mois; — Considérant que l'intimé ne justifie d'aucun marché préalable qui soit intervenu entre lui et l'appelante; que les travaux dont il a été chargé n'avaient d'ailleurs ni l'importance ni la nature complexe qui caractérisent une entreprise; qu'il ne s'est agi que d'ouvrages de détail, comportant l'emploi d'une certaine somme de travail et de fournitures, tels que les prévoit l'art. 2271, sans donner lieu à aucune direction d'ensemble, ni à aucune responsabilité ultérieure; que c'est donc à titre d'ouvrier que Chabard a vaqué à ces travaux de son état, soit qu'il les ait faits lui-même, soit qu'il y ait employé d'autres ouvriers; qu'ainsi l'art. 2271 peut, à bon droit, lui être appliqué; — Considérant qu'on prétendrait en vain que la courte prescription édictée par

4 mars 1885) (1). Ces arrêts ajoutent qu'il faut tenir compte de la nature, complexe ou non, et de l'importance des travaux à exécuter. Décidé, aussi qu'on doit considérer comme un ouvrier, non comme un entrepreneur, celui qui a exécuté des travaux de maréchalerie et de serrurerie, alors que ces travaux ont eu lieu sans forfait, sans marché, seulement au fur et à mesure des besoins, chacune des parties demeurant d'ailleurs libre, l'une de s'adresser à autrui, l'autre de refuser la continuation des travaux (Amiens, 27 oct. 1886, aff. Adent, D. P. 87. 2. 156).

Ces solutions peuvent être exactes pour une hypothèse donnée. Mais il n'en est pas moins vrai que l'art. 1799 c. civ. ne renferme pas une définition limitative du marché d'entreprise. Il ne vise que le cas où un ouvrier devient exceptionnellement entrepreneur; alors il faut qu'il y ait marché à prix fait. La détermination de la qualité d'entrepreneur est une question de fait, et les juges du fond constatent souverainement les circonstances desquelles cette qualité peut résulter. Ainsi l'entrepreneur de profession ne perd pas cette qualité, parce qu'il n'y a pâs eu de prix fait à l'avance. De même, semble-t-il, il n'y a pas lieu de s'attacher à la plus ou moins grande importance des travaux à effectuer. Il peut y avoir entreprise, même lorsque le travail à exécuter consiste en menus ouvrages (V. en ce sens, Req. 13 juill. 1885, aff. Arnould-Drappier, D. P. 86. 1. 308 ; Civ. cass. 19 juill. 1882, même affaire, *supra*, n° 570, Aubry et Rau, t. 8, p. 445, § 774, texte et note 74; Laurent, t. 32, n° 510; Leroux de Bretagne, t. 2, n° 1294 et 1295; Ruben de Couder, *Dictionnaire de droit commercial*, t. 5, v° *Ouvriers*, n° 155).

572. Il a été jugé que la prescription de six mois dont nous nous occupons « s'applique à tous les travaux manuels, sans qu'il y ait lieu de distinguer s'ils ont été commandés à un ouvrier qui devait opérer lui-même, ou à un patron exploitant la main-d'œuvre d'ouvriers engagés à son service » (Paris, 14 juin 1884, *supra*, n° 571).

573. Par application du principe exposé au *Rép.* n° 987, il a été décidé : 1° que la prescription de six mois, établie par l'art. 2271 c. civ., à l'égard des ouvriers et gens de travail, n'est pas opposable au premier employé et représentant d'un entrepreneur (Besançon, 17 nov. 1874, aff. Perrichon, D. P. 77. 2. 198); — 2° Que la même prescription régit exclusivement les salaires des ouvriers et gens de travail, payables à la journée; qu'elle ne s'applique pas aux traitements des commis aux écritures payables men-

suellement, et que ces traitements ne se prescrivent que par cinq ans conformément à l'art. 2277 c. civ. (Paris, 6 juill. 1887, aff. Vidal, D. P. 88. 2. 124 ; Grenoble, 29 nov. 1861, aff. Jacquemet, D. P. 62 5. 202. Comp. également, Aubry et Rau, t. 8, § 774, p. 444; Marcadé, art. 2272, n° 2 ; Massé et Vergé sur Zachariæ, t. 5, § 859, p. 385 ; Laurent, t. 32, n° 509. — *Contra*, Leroux de Bretagne, t. 2. 1293).

574. Le cultivateur qui, ne faisant pas métier de travaux de culture pour autrui, a effectué accidentellement, par lui-même ou par ses préposés, des travaux de culture pour un parent, un ami, ou un des hommes attachés à son exploitation agricole, ne peut être compris parmi les ouvriers et gens de travail soumis, relativement à l'action en payement de leurs journées et salaires, à la prescription de six mois (Trib. civ. Arras, 22 août 1860, aff. Delambre, D. P. 61. 3. 63).

§ 2. — De la prescription d'un an : médecins, huissiers, marchands, maîtres de pension et d'apprentissage, domestiques (*Rép.* n°s 992 à 1049).

575. — 1° *Médecins, chirurgiens, apothicaires* (*Rép.* n°s 993 et 994). — On a dit au *Rép.*, n° 993, que la créance d'un médecin, en raison des soins qu'il a donnés à un malade, se prescrit à partir de la fin du traitement et de la cessation des rapports du médecin et du malade, et non à partir du jour où chaque visite a eu lieu. C'est en ce sens que la jurisprudence s'est prononcée (Caen, 21 avr. 1868, aff. De Navennes, D. P. 71. 2. 180; Trib. Besançon, 14 août 1866, aff. Weiss, et Trib. civ. Seine, 15 janv. 1870, aff. Pigache, D. P. 71. 3. 101 ; Chambéry, 28 févr. 1873, aff. Docteur A.... D. P. 73. 2. 153; V. conf. Delvincourt, t. 2, p. 643 ; Troplong, *Prescription*, n° 949 ; Marcadé, sur l'art. 2274, n° 3 ; Massé et Vergé, sur Zachariæ, t. 5, p. 347, § 859, note 40; Mourlon, *Répétitions écrites*, t. 3, p. 150. — *Contra*: Vazeille, *Prescription*, t. 2, n°s 733 et suiv.; Laurent, t. 32, n° 524; Aubry et Rau, t. 3, § 774, p. 442, texte et note 58). — Pour justifier cette solution, quelques auteurs invoquent cette idée que les visites d'un médecin pour le traitement d'une même maladie ne donnent pas naissance à autant de créances distinctes, prescriptibles séparément, mais à une créance unique qui, devenue complète seulement au jour de la cessation des rapports du médecin et du malade, est également prescriptible seulement à partir de

---

cet article a cessé de courir depuis le 21 mai 1867, date à laquelle l'appelante écrivait à son créancier, ainsi que l'ont constaté les premiers juges, pour obtenir de lui terme et délai; — Considérant que la lettre dont s'agit, faisant allusion à une dette dont la quotité n'est pas énoncée, constitue un simple commencement de preuve par écrit, comme l'a déclaré le tribunal, et non pas le compte arrêté, la cédule ou l'obligation que la loi exige pour nover la créance originaire et faire cesser la prescription de six mois; — Considérant qu'il résulte du texte précis de l'art. 2274 que cette novation doit reposer sur un écrit substituant à l'ancien titre un titre nouveau, efficace par lui-même, et faisant pleine foi de la reconnaissance de la dette; qu'un commencement de preuve par écrit ne suffit donc pas; qu'il serait impossible de le compléter par de simples présomptions, non établies par la loi, n'étant point susceptible de prévaloir contre la présomption de droit sur laquelle est fondée la prescription; — Considérant que, dans tous les cas, aucune présomption ne saurait être empruntée, dans l'espèce, aux livres de Chabard, puisque ces livres ne portent aucune trace de la reconnaissance de dette, dont il s'agirait de compléter la preuve pour faire échec à l'exception soulevée par la dame Damala;

Par ces motifs,

Décharge la dame Damala des dispositions et condamnations contre elle prononcées; — Et faisant droit par décision nouvelle; — Déclare la créance de Chabard éteinte par prescription, etc.

Du 14 juin 1884. — C. de Paris, 3e ch. — M. Cotelle, pr.-Bertrand, av. gén.-Liouville et Giraud d'Avrainville, av.

(1) (Dupont C. Allioli.) — La cour; — Sur le moyen tiré de la prescription : — Considérant que, pour échapper aux dispositions de l'art. 2271, § 3, Allioli soutient vainement, ce que d'ailleurs il n'a nullement établi, qu'il serait par état, non pas un maître artisan, mais un entrepreneur que, dans l'espèce, il a certainement fait acte d'artisan et non d'entrepreneur; qu'en

effet, aux termes de l'art. 1779, § 3 c. civ., le louage d'ouvrage et d'industrie des entrepreneurs se caractérise par des devis ou marchés, et qu'il est constant, dans l'espèce, qu'il n'y a jamais eu de devis ni marchés d'aucune sorte; que le contrat d'entreprise se caractérise en outre, par la nature complexe, la durée et l'indivisibilité des opérations qu'il prévoit, par les responsabilités légales qu'il impose au locataire d'industrie et par le lien de droit qu'il crée entre ce dernier et le conducteur; si bien que le contrat ne puisse être rompu au gré de l'une des parties avant son expiration; qu'aucune de ces circonstances ne se rencontre dans l'espèce; que, si les totaux des mémoires produits par Allioli s'élèvent à des sommes relativement considérables, l'importance de ces sommes ne suffit pas pour changer la nature de la créance réclamée; qu'en réalité, les nombreux articles dont se composaient les mémoires consistent dans des fournitures ou des travaux de main-d'œuvre faits pour ainsi dire au jour le jour, ne comportant pas entre eux l'indivisibilité d'une entreprise, susceptibles de subir, chacun pour ce qui le concerne, et conformément à l'art. 2274 c. civ., soit la prescription de l'art. 2271, § 3, soit celle de l'art. 2272, § 3, suivant que le caractère de travail, de main-d'œuvre ou de vente de marchandises, y apparaît plus ou moins dominant; — Considérant qu'Allioli n'a pas usé du droit que lui attribue l'art. 2275, de déférer à Dupont en appel, ou à sa tutrice en première instance, le serment qu'ils ne savent pas que la chose soit due; qu'il n'a pas demandé acte de l'offre à lui faite dudit serment; que, de tout ce qui précède, il résulte que l'action d'Allioli est non recevable comme prescrite, et que, dès lors, il n'échet de statuer sur les autres moyens; — Par ces motifs; — Donne acte à Dupont de sa reprise d'instance; — Le reçoit appelant du jugement susdaté; — Met l'appellation et ce dont est appel à néant; — Emendant; — Décharge l'appelant des dispositions qui lui font grief; — Statuant à nouveau; — Déclare l'action d'Allioli prescrite, et, par suite, non recevable, etc.

Du 4 mars 1885.-C. de Paris, 4e ch.-MM. Faure-Biguet, pr.-Calary, av. gén.-Raveton et Poulain, av.

ce jour. Il nous semble plus juridique de dire que le médecin acquiert autant de créances distinctes qu'il fait de visites, mais qu'en vertu de l'usage, ces créances ne deviennent exigibles qu'après la fin du traitement, et ne se prescrivent, en conséquence, qu'à partir de cette époque.

Au reste, les partisans de l'opinion que nous venons d'exposer tendent à y apporter des tempéraments dans l'application. Les uns distinguent les maladies aiguës et les maladies chroniques, et, pour ces dernières, font courir la prescription de chaque visite (Delvincourt ; Troplong, loc. cit.; Duranton, t. 21, p. 413 ; Toulier, t. 7, p. 493 ; — Contrà. Trib. civ. de Besançon, 14 août 1866, précité). — D'après d'autres, si la maladie a eu des périodes distinctes, entre lesquelles les soins du médecin ont cessé pendant un intervalle de temps tel que l'on puisse présumer que celui-ci a dû réclamer le payement de ses visites et le malade l'acquitter, il faut admettre que la créance, pour les visites comprises dans chacune de ces périodes, est prescriptible séparément à partir de chaque interruption de relations (Caen, 21 avr. 1868, aff. De Navennes, D. P. 71. 2. 180. Comp. Chambéry, 28 févr. 1873, aff. Docteur X..., D. P. 73. 2. 153).

576. La prescription annale établie par l'art. 2272 c. civ, pour l'action des médecins relative au payement de leurs visites et de leurs consultations, est inapplicable aux créances de ces médecins qui ont pour objet la fourniture d'appareils ou de médicaments faite par eux à leurs malades. Le prix de ces fournitures ne fait point partie des honoraires dus aux médecins pour l'exercice de leur profession (Req. 19 juin 1882, aff. Debaecher, D. P. 83. 1. 256. Conf. Baudry-Lacantinerie, t. 3, n° 1708).

577. L'action des vétérinaires brevetés en payement des honoraires qui leur sont dus pour soins donnés par eux se prescrit, comme celle des médecins, par un an. Ces personnes, en effet, pratiquent, une des branches de la médecine (Civ. rej. 11 juin 1884, aff. Dumont, D. P. 85. 1. 208. V. notre note sous cet arrêt).

578. La prescription dont il s'agit ne concerne pas les gardes-malades ; elles tombent sous le coup de l'art. 2271 (Laurent, t. 32, n° 499, p. 513). — Il y a doute pour les sages-femmes : les uns leur appliquent la prescription de six mois édictée par l'art. 2271 (Laurent, loc. cit.), les autres, celle d'un an (Leroux de Bretagne, t. 2, p. 296, n° 1279).

579. — 2° Huissiers (Rép. n°s 995 à 1001). — Ainsi qu'on l'a dit au Rép., n° 998, la prescription annale établie par l'art. 1272 c. civ. contre l'action des huissiers, pour le salaire des actes qu'ils signifient, ne s'applique pas à l'action formée par un huissier contre un avoué en payement du coût d'actes qu'il a faits par suite des rapports habituels avec l'étude de celui-ci (Orléans, 15 mars 1856, aff. Varrigault, D. P. 57. 2. 15 ; Grenoble, 23 févr. 1857, aff. Argoud, D. P. 57. 2. 212 ; Montpellier, 10 mars 1858, aff. M° B..., D. P. 71. 5. 302 ; Req. 23 juin 1863, aff. Fellmann, D. P. 63. 1. 344 ; Tours, 12 févr. 1868, aff. Pimbert, D. P. 72. 5. 355 ; Laurent, t. 32, n° 497, p. 512 et 513 ; Baudry-Lacantinerie, t. 3, n° 1708).

580. Comme il a été expliqué au Rép., n° 999, cette même prescription s'étend non seulement au coût des actes du ministère de l'huissier, mais aussi aux émoluments qui lui sont attribués, et aux déboursés obligatoires qu'a sont la conséquence de l'exécution des actes signifiés, notamment les frais d'enregistrement et de timbre (Req. 23 juin 1863) aff. Fellmann, D. P. 63. 1. 344 ; Civ. cass. 18 févr. 1873, aff. Levillain, D. P. 73. 1. 60 ; 9 mars 1875, aff. Cornette, D. P. 77. 1. 83 ; Rouen, 14 déc. 1878, aff. Lucas, D. P. 80. 2. 141 ; 25 févr. 1884, aff. Hubert, D. P. 84. 1. 400. Comp. Laurent, t. 32, n° 495, p. 510 à 512).

581. Mais cette prescription est considérée comme inapplicable aux avances faites par l'huissier comme simple mandataire, en dehors des significations et commissions rentrant dans son ministère. telles que frais de levée de jugements et d'inscriptions hypothécaires ou honoraires de l'avocat (V. en ce sens les arrêts cités suprà, n° 580 ; Aubry et Rau, t. 8, § 774, p. 443 ; Leroux de Bretagne, t. 2, n° 1276. — Comp., en sens contraire, ce qui a été dit au Rép. n° 1000 pour l'huissier, et 1021 pour l'avoué).

582. La prescription annale de l'art. 2272 ne peut être invoquée par un agent d'affaires auquel est réclamé le salaire des actes faits sur son ordre, dans l'intérêt de ses clients, et dont il s'était chargé de recouvrer le montant pour le compte de l'huissier (Rouen, 14 déc. 1878, aff. Lucas, D. P. 80. 2. 141. Comp. suprà, n° 579).

583. — 3° Marchands (Rép. n°s 1002-1009). — Comme on l'a soutenu au Rép. n° 1006, il faut dire que la prescription d'un an, établie contre les marchands, ne s'étend pas aux entrepreneurs (Civ. cass. 19 juill. 1882, suprà, n° 570; Req. 13 juill. 1885, aff. Arnould-Drappier, D. P. 86. 1. 308 ; Civ. cass. 7 juin 1887, aff. Allioli, D. P. 87. 1. 333 ; Aubry et Rau, t. 8, § 774, p. 445, texte et note 74 ; Baudry-Lacantinerie, 2° édit., t. 3, p. 971, n° 1708 : Colmet de Santerre. t. 8, n° 379 bis-II ; Leroux de Bretagne, n° 1394. — Contrà, Laurent, t. 32, n°s 510 et 511). — Sur le sens du mot entrepreneur. V. suprà, n° 571.

584. Cette même prescription, lorsqu'il y a compte entre les parties, ne court qu'à partir des dernières opérations comprises dans ce compte. Il ne faut pas appliquer l'art. 2274, d'après lequel cette prescription a lieu, malgré la continuation des fournitures (Req. 8 août 1860, aff. Sureau, D. P. 60. 1. 497).

585. — 4° Maîtres de pension et d'apprentissage (Rép. n°s 1010 à 1014). — V. Rép. n° 1010 et suiv.

586. — 5° Domestiques à l'année (Rép. n°s 1015 à 1019). — V. Rép. n°s 1015 et suiv.

§ 3. — De la prescription de deux ans relative aux avoués (Rép. n°s 1020-1035).

587. Comme il a été expliqué au Rép. n° 1026, la prescription de deux ans établie par l'art. 2273 c. civ. en ce qui concerne les frais et salaires dus aux avoués, ne s'applique qu'aux actions en payements de frais exercés par les avoués contre leurs propres clients. Ainsi elle ne peut être invoquée dans le cas où l'avoué agit contre la partie adverse, en vertu du titre exécutoire résultant du jugement qui le met, par la distraction, aux lieu et place de son client, pour les dépens (Civ. cass. 16 juill. 1890, aff. Breuil, D. P. 91. 1. 32. Comp. Laurent, t. 32, n° 490, p. 507; Grenoble, 22 juill. 1814, aff. Trib. de Tours, 6 juin 1850, cités par Rousseau et Laisney, Dictionnaire de procédure, v° Avoué, n° 473).

588. Par application des principes généraux exposés au Rép., n°s 1021 et suiv., il a été décidé que l'avoué de la femme demanderesse en séparations de biens agit dans l'exercice de son ministère et, en assistant sa cliente dans les opérations de la liquidation de ses droits et reprises ; que, par suite, les frais et salaires à lui dus pour son assistance sont soumis à la prescription édictée par l'art. 2273 c. civ. (Req. 14 juill. 1875, aff. B...., D. P. 76. 1. 439 ; Aubry et Rau, t. 8, § 774, p. 441, texte et note 53).

589. Lorsque les frais de plusieurs procès ont été, par un accord tacite entre l'avoué et son client, confondus dans un seul et même compte, sans imputation particulière des payements partiels du client, la prescription ne court contre l'avoué qu'à partir de la fin de la dernière procédure (Bordeaux, 22 août 1871, aff. Trimoulet, D. P. 72. 2. 214; Laurent, t. 32, n° 488, p. 506 et 507; Aubry et Rau, t. 8, § 774, p. 442, texte et note 56).

590. Ainsi qu'on l'a exposé au Rép., n° 1023, la prescription de l'art. 2273 ne s'applique pas aux déboursés et honoraires qui peuvent être dus à un avoué, en dehors de son ministère, comme mandataire ou negotiorum gestor de son client (Douai, 21 mars 1863, aff. Groslevin, arrêt rapporté au Rép., v° Avoué, n° 17 ; Aubry et Rau, t. 8, p. 440 et 444, texte et note 50; Laurent, t. 32, n° 492, p. 509; Leroux de Bretagne, t. 2, p. 294, n° 1275; Baudry-Lacantinerie, 1890, t. 3, n° 170).

591. On admet généralement aujourd'hui la solution donnée au Rép. n° 1028 pour le cas de décès, de destitution, ou de suppression de l'office de l'avoué (Laurent, t. 32, n° 489, p. 507; Leroux de Bretagne. t. 2, p. 292, n° 1268; Aubry et Rau, t. 8, § 774, p. 451, texte et note 54; Baudry-Lacantinerie, op. et loc. cit.).

592. D'après la loi du 5 août 1881, art. 2 et 4 (D. P. 82. 4. 39), les demandes en taxe et les actions en restitution d'honoraires formées contre les notaires, avoués et huissiers sont prescrites par deux ans.

§ 4. — Règles spéciales aux prescriptions de six mois, d'un an et de deux ans (*Rép.* n°⁵ 1036 à 1044).

593. C'est à celui qui invoque le bénéfice d'une prescription particulière à prouver, en cas de contestation, l'existence de la qualité qui en rend le créancier passible. Cette solution découle de la règle *reus excipiendo fit actor* (Trib. civ. Arras, 22 août 1860, aff. Delambre, D. P. 61. 3. 63 ; Civ. cass. 7 juin 1887, aff. Allioli, D. P. 87. 1. 333, et la note ; 4 juin 1889, aff. Roche et Tillot. D. P. 89. 1. 344). Ce dernier arrêt en conclut que le jugement qui se fonde sur la qualification donnée au demandeur dans sa patente pour le considérer comme ouvrier, à moins de justification contraire, viole cette règle, les énonciations de la patente étant inefficaces pour établir une présomption de nature à mettre à la charge du patenté le fardeau de la preuve qui, en principe, pèse sur l'un autre.

594. Par application de la règle exposée au *Rép.* n°⁵ 1036 et 1037, il a été jugé que les prescriptions *brevis temporis* des art. 2271 et suiv. c. civ., sont fondées sur une présomption légale de payement, qui ne peut être combattue que par la délation du serment au débiteur prétendu. Aucune autre preuve n'est admissible (Civ. cass. 7 nov. 1860, aff. Blandin, D. P. 60. 1. 485 ; 7 janv. 1861, aff. Blandin, D. P. 61. 1. 23 ; 10 avr. 1878, aff. Boize, D. P. 78. 1. 253 ; 26 janv. 1881, aff. Le Pommellec, D. P. 82. 1. 59 ; 22 avr. 1891, aff. Fonné, D. P. 91. 1. 416 ; 4 nov. 1891, aff. Arnould-Drappier, D. P. 92. 1. 316 ; Aubry et Rau, t. 8, § 774, p. 447 ; Laurent, t. 32, n°⁵ 518 et suiv.; Leroux de Bretagne, t. 2, p. 303, n° 1298; Baudry-Lacantinerie, t. 3, n° 1709). Par suite : 1° les juges ne peuvent ordonner une comparution de parties pour s'éclairer sur la question de savoir si la créance à l'égard de laquelle cette prescription est proposée a été ou non payée, ni par conséquent, se fonder sur le refus du défendeur de comparaître pour en conclure que la dette doit être considérée comme reconnue ; — 2° C'est à tort que le juge du fait, pour écarter l'exception de prescription, s'appuie sur ce que la présomption de payement est repoussée par toutes les circonstances de la cause et, notamment, par la correspondance échangée entre les parties, sans constater, d'ailleurs, que cette correspondance contient une reconnaissance de la dette (V. les arrêts précités).

595. Ainsi encore, la prescription annale établie par l'art. 2272, lorsqu'elle est justifiée par la qualité des parties, la nature du marché et les dates comparées de la fourniture faite et de l'action intentée, ne peut pas être repoussée par l'unique motif qu'il y a dissentiment entre les parties sur le montant de la créance réclamée (Civ. cass., 28 nov. 1876, aff. Arnould-Drappier, D. P. 77. 1. 62).

596. Lorsque le serment est déféré, en vertu de l'art. 2275 c. civ., aux veuves et héritiers qui opposent une courte prescription, il doit être déféré et prêté dans les termes mêmes de l'art. 2275. La formule du serment ne peut être étendue en dehors des termes de ce texte, qui indique d'une façon précise le point sur lequel le serment doit porter (Conf. Chambéry, 28 févr. 1873, aff. Docteur X..., D. P. 73. 2. 153 ; Colmar, 23 août 1859, aff. Lapisser, D. P. 59. 2. 193 ; Req. 14 nov. 1860, aff. De Villermont, D. P. 61. 1. 338 ; Laurent, t. 32, n° 515, p. 529 et 530 ; Baudry-Lacantinerie, t. 3, n° 1711).

597. Ce serment doit être considéré comme n'ayant point été réellement déféré, s'il a été spontanément offert par la partie qui oppose la prescription. sans délation formelle de serment de la part de son adversaire, dans les conditions déterminées par l'art. 2275. En conséquence, ce dernier ne peut exciper, pour faire écarter la prescription, de l'insuffisance du serment offert (Req. 9 janv. 1861, aff. Engel, D. P. 61. 1. 374).

598. Il ne faut pas confondre le serment de l'art. 2275 c. civ. avec le serment supplétoire que les tribunaux peuvent toujours déférer d'office dans les conditions prévues par l'art. 1367 c. civ. (Civ. rej. 19 nov. 1878, aff. Jardon, D. P. 80. 1. 63).

599. De ce que les courtes prescriptions établies par les art. 2271 et suiv., reposent sur une présomption de paye-

ment, il résulte encore qu'elles ne peuvent être invoquées quand il ressort de la défense même de ceux qui en excipent qu'aucun payement n'a eu lieu. Il en est ainsi, par exemple, si le débiteur allègue avoir été libéré par un mode autre que le payement, tel que la remise de dette (Aubry et Rau, t. 8, § 774, p. 447, texte et note 83 ; Toulouse, 17 juin 1862, aff. Lasserre, D. P. 62. 2. 138 ; Req. 25 févr. 1863, aff. Lhuillier, D. P. 63. 1. 299 ; 31 janv. 1872, aff. Adam de Villiers, D. P. 72. 1. 246 ; Civ. cass. 20 nov. 1889, aff. Marre, D. P. 90. 1. 60 ; Laurent, t. 32, n° 517, p. 532). Ce dernier arrêt décide, spécialement, que si un entrepreneur, en réponse à la réclamation d'un charretier, a soutenu que les journées dont celui-ci réclamait le prix avaient été faites pour le compte et sur l'ordre d'un sous-traitant, il ne peut plus ensuite lui opposer utilement la prescription de six mois, qui implique libération.

600. Ainsi qu'on l'a dit au *Rép.*, n°⁵ 1036, les diverses prescriptions édictées par les art. 2271 et suiv. cessent d'être opposables, dès que le débiteur poursuivi a reconnu expressément ou tacitement l'existence de la dette. Spécialement, l'action tendant au payement de leçons données au mois et de fournitures de musique ne peut être écartée par la prescription, alors que le débiteur, après avoir reconnu qu'il y avait lieu de régler le compte desdites leçons et fournitures, a reçu ce compte et l'a renvoyé au créancier avec rectification (Civ. rej.: 30 juill. 1879, aff. Tachon, D. P. 79. 1. 424).

601. Décidé, dans le même sens, que la prescription d'un an ne peut être opposée à une demande en payement de matériaux appuyée sur des reconnaissances de livraisons écrites par le débiteur ou ses représentants (Alger, 4 nov. 1870, aff. Syndic Barluy, D. P. 71. 2. 7 ; et, sur pourvoi, Req. 19 juin 1872, aff. De Lesseps, D. P. 73. 5. 363).

602. De même, les courtes prescriptions ne peuvent être invoquées quand le débiteur nie l'existence de la dette. Ainsi jugé pour la prescription annale (Req. 20 janv. 1869, aff. Cousin, D. P. 70. 1. 69).

603. Toute exécution d'une obligation constituant un payement, celui qui soutient avoir fourni les denrées dont la prestation avait été stipulée comme mode d'exécution de ses obligations allègue un véritable payement et peut se prévaloir de la prescription de six mois établie par l'art. 2271 c. civ. (Amiens, 27 oct. 1886, aff. Odent, D. P. 87. 2. 156).

604. On a indiqué au *Rép.* n°⁵ 1040 et suiv. dans quels cas les courtes prescriptions cessent de courir. Jugé, à cet égard : 1° que la convention par laquelle le créancier et le débiteur stipulent qu'un prix fixé sera payable par portions à des époques déterminées équivaut au compte arrêté, dont parle l'art. 2274 c. civ., et s'oppose, en conséquence, au cours de la prescription annale (C. cass. de Belgique, 12 mai 1887, aff. Bruylant, D. P. 88. 2. 143) ; — 2° que l'action des avoués pour le payement de leurs frais et salaires cesse de se prescrire par deux ans, lorsque, à la suite d'une transaction, une partie s'est engagée à payer tous les frais (Agen, 16 juin 1890, aff. Gayral, D. P. 92. 2. 10) ; — 3° que le règlement consenti par le mandataire du débiteur, alors même qu'il n'a pas été suivi d'exécution, interrompt, la prescription contre le débiteur (Req. 31 janv. 1872, aff. Adam de Villiers, D. P. 72. 1. 246).

605. En sens inverse, on ne peut considérer comme un des actes qui arrêtent le cours de la prescription : 1° une lettre écrite par un débiteur à son créancier pour demander un terme ou un délai pour payer, alors qu'il est fait allusion à la dette dans cette lettre, mais sans que la quotité en soit fixée (Paris, 14 juin 1884, *suprà*, n° 571) ; — 2° La reconnaissance par laquelle un client se déclare, dans sa correspondance, prêt à payer son avoué, dès que celui-ci lui soumettra le compte détaillé de ses frais et salaires (Req., 14 juill. 1873, aff. R..., D. P. 76. 1. 439. V. en sens contraire, sur ce point, les décisions rapportées au *Rép.* n° 1040, 2° et 3°). Les circonstances de fait peuvent, d'ailleurs, influer notablement sur la solution de cette question : c'est ce que semble reconnaître l'arrêt précité.

606. Ainsi qu'on l'a soutenu au *Rép.*, n° 1044, on admet aujourd'hui que, dans le cas où il y a un compte arrêté, cédule ou obligation, le créancier est muni d'un titre nouveau auquel on ne peut plus opposer que la prescription trentenaire (Agen, 16 juin 1890, aff. Gayral, D. P. 92. 2. 10 ;

Aubry et Rau, t. 8, p. 446 ; Laurent, t. 32, n° 526, p. 544 ; Leroux de Bretagne, t. 2, p. 307).

§ 5. — De la prescription de trois ans (Rép. n°ˢ 1045 à 1047).

607. — V. Rép., n°ˢ 1045 et suiv.

§ 6. — Des délais après lesquels les juges, les avoués et les huissiers sont déchargés des pièces (Rép. n°ˢ 1048 à 1050).

608. Un avoué est déchargé des pièces cinq ans après le jugement des procès, non seulement en ce qui concerne les pièces qu'il a reçues de ses clients, mais aussi quant à celles qu'il a reçues en communication de la partie adverse (Caen, 8 août 1863) (1).

§ 7. — De la prescription de cinq ans de l'art. 2277 c. civ. — Arrérages, loyers, intérêts, sommes payables par année ou à des termes périodiques plus courts (Rép. n°ˢ 1051 à 1110).

609. Ainsi qu'on l'a dit au Rép., n°ˢ 1108 et 1051 in fine, la prescription de cinq ans, établie par l'art. 2277 c. civ., est d'ordre public. Elle constitue un mode de libération indépendant de tout payement effectif, et peut, dès lors, être invoquée par le débiteur, alors même qu'il reconnaît n'avoir pas payé les sommes réclamées (Douai, 26 janv. 1861, aff. Marescaux, D. P. 61. 2. 234; Amiens. 14 juin 1871, aff. Bouctou, D. P. 72. 2. 58 ; Civ. cass., 4 mars 1878, aff. Bourgade, D. P. 78. 1. 168; Req. 5 août 1878, aff. Neveu, D. P. 79. 1. 74 ; 11 déc. 1883, aff. Labbey de Legénardière, D. P. 85. 1. 30 ; Rouen, 11 août 1890, aff. Du Quesnay, D. P. 91. 5. 407 ; Troplong, Prescription, t. 2, n°ˢ 1002 et suiv.; Marcadé, sur l'art. 2277, n° 5 ; Aubry et Rau, t. 8, p. 433, § 774, texte et note 16; Laurent, t. 32, n° 433, p. 458 et 459; Baudry-Lacantinerie. Précis, t. 3, n° 1718).

610. De même, le créancier auquel on oppose la prescription de l'art. 2277 ne peut pas déférer le serment au débiteur sur le point de savoir s'il a payé. Le serment tendrait en effet, à obtenir un aveu de la part du débiteur; or celui-ci peut faire cet aveu sans perdre le bénéfice de la prescription. L'art. 2275 ne s'applique qu'aux seules prescriptions des art. 2270 à 2273 (Conf. Laurent, t. 32, n° 432, p. 457 et 458; Baudry-Lacantinerie, loc. cit.).

611. Le moyen tiré de cette prescription peut être invoqué pour la première fois devant la cour d'appel (Laurent, t. 32, n° 434, p. 460 ; Rennes, 12 févr. 1880, aff. Veuve Albert, D. P. 80. 2. 221). Mais il faut, pour cela, que le débiteur n'ait pas renoncé à s'en prévaloir (Même arrêt; Laurent, loc. cit.).

612. L'art. 2277 est applicable à tout débiteur sans distinction, notamment à l'État en ce qui concerne, par exemple, les intérêts des cautionnements des fonctionnaires publics et officiers ministériels (Aubry et Rau, t. 8, p. 433 et 434, § 774, texte et note 17).

613. La prescription quinquennale des intérêts dus au de cujus par l'un de ses héritiers peut être opposée par ce dernier à ses cohéritiers. On ne saurait objecter que la négligence du créancier à réclamer des intérêts peut servir à déguiser une libéralité, sujette à rapport pendant trente

an. La prescription de l'art. 2277 est, en effet, fondée sur des raisons d'ordre public (Douai, 26 janv. 1861, aff. Epoux Spitz, D. P. 61. 2. 234).

614. Ainsi qu'on l'a dit au Rép., n°ˢ 1072 à 1078, la prescription de cinq ans, établie par l'art. 2277 c. civ., est applicable aux seules créances qui présentent un caractère certain de périodicité. Il faut qu'il s'agisse de prestations périodiques (Laurent, t. 32, n° 435, p. 461, et 462 ; Toulouse, 6 mars 1884, aff. Frères de Paradis, D. P. 85. 2. 145). Ainsi, dans les sociétés d'assurances mutuelles, la part contributive de chaque assuré dans la répartition des sinistres à la charge de la société n'est pas soumise, quoique payable annuellement, à la prescription quinquennale établie par l'art. 2277 c. civ., cette contribution ne réunissant pas le double caractère de fixité et de périodicité nécessaire pour motiver l'application de cet article. Et il en est ainsi alors même qu'en fait, et pendant un plus ou moins grand nombre d'années, ces parts contributives ou cotisations ont présenté un taux uniforme, leur caractère légal de variabilité résultant suffisamment des statuts de la société et des termes de la police d'assurance elle-même (Civ. cass., 1er févr. 1882, aff. Compagnie Ancienne Mutuelle de Rouen, D. P. 82. 1. 99; 17 mars 1870, aff. Compagnie d'assurances de Dijon, D. P. 56. 1. 99. Comp., dans le même sens, ce qui a été dit au Rép. n° 1097).

615. La règle de l'art. 2277 c. civ. s'applique : 1° aux intérêts des sommes dues à une société par un associé à titre de mise sociale (Civ. cass., 17 févr. 1869, aff. Paumard, D. P. 69. 1. 143, et sur renvoi, 23 juin 1870, D. P. 71. 2. 112); — 2° Aux intérêts dus par un associé qui a retiré indûment une somme de la caisse sociale pour l'appliquer à son profit particulier (Rennes, 31 déc. 1869, aff. Syndics Dupuy-Fromy, D. P. 70. 2. 14) ; — 3° Au prix, stipulé payable par année, d'un contrat de louage d'ouvrage par abonnement ayant pour objet des dépenses annuelles d'entretien et d'administration, telles que celles relatives à l'entretien de la toiture d'un édifice (Civ. rej. 2 juill. 1879, aff. Mahé, D. P. 79. 1. 415) ; — 4° A la redevance due par le concessionnaire d'une mine en vertu du décret de concession, lorsque cette redevance consiste en une somme d'argent déterminée et fixe, indépendante de l'importance de l'exploitation, et payable à des époques déterminées (Bruxelles, 6 mai 1848, D. P. 77. 1. 427, note ; Besançon, 22 juin 1887, aff. Schneider et comp., D. P. 88. 2. 163 ; Bury, Législation des mines, 2° éd., t. 1, n° 491 ; Féraud-Giraud, Codes des mines, t. 1. n° 451).

616. La prescription de cinq ans s'applique-t-elle aux pensions alimentaires dues en vertu de la loi (c. civ. art. 205 et suiv.)? On admet généralement que ces pensions ne peuvent être réclamées pour un temps passé et pendant lequel celui qui y avait droit a vécu au moyen de ses ressources personnelles (V. suprà, v° Mariage, n° 369), d'où la conséquence que la prescription de l'art. 2277 serait ici sans application. — V. cependant, en sens contraire, Laurent, t. 32, n° 438, p. 464. Cet auteur s'appuie sur les raisons générales dans lesquels est conçu l'art. 2277. « Il y a, dit-il, un léger motif de douter. Les aliments sont dus en raison des besoins de

---

(1) (Revel C. Yver et Lebrun.) — La cour ; — Considérant que les seize pièces dont la restitution est réclamée d'Yver ont été communiquées le 30 nov. 1846, sur récépissé, à Me Yver, alors avoué de la dame Lebrun, dans le procès qui n'est pas que l'instance dans laquelle la communication a eu lieu a été terminée par un jugement du 26 févr. 1847, et que ce n'est que le 29 déc. 1855 que Revel a introduit sa demande en restitution de pièces, c'est-à-dire plus de huit années après l'instance terminée; — Considérant qu'aux termes de l'art. 2276 c. civ., les avoués sont déchargés des pièces cinq ans après le jugement du procès; que les dispositions de cet article de loi sont générales et absolues; qu'elles s'appliquent aussi bien aux pièces qui ont été confiées par la partie dont l'avoué défend les intérêts, qu'à celles qu'il a reçues en communication de la partie adverse; qu'il n'y avait, en effet, aucun motif de faire une distinction, puisque les avoués, par la nature même de leurs fonctions, doivent recevoir et garder comme dépositaires aussi bien des pièces de leurs clients que celles de leurs adversaires; que l'art. 191 c. proc. civ., donne à l'avoué qui a fait la communication le moyen de se faire rendre les pièces lorsque les délais de communication sont

expirés; que la loi a consacré en principe que, lorsque l'avoué qui a communiqué n'a pas usé de son droit et que la partie n'a pas agi dans les cinq ans depuis le procès jugé pour réclamer les pièces données en communication, il y avait présomption légale que les pièces avaient été remises nonobstant l'existence du récépissé: que cette disposition de loi a pour but de sauvegarder les officiers ministériels contre les demandes en remise de pièces auxquelles il leur serait souvent impossible de répondre après qu'il se serait écoulé un long espace de temps, et doit avoir pour effet de prévenir les officiers ministériels qui ont communiqué des pièces, qu'ils peuvent compromettre les intérêts de leurs clients en ne les réclamant pas dans les délais qui leur sont impartis et en n'usant pas des moyens que la loi leur donne pour se faire rendre; que c'est donc avec raison que le premier juge, en se fondant sur l'art, 2276 invoqué par Yver, a dit à tort l'action intentée contre lui, etc.;
Par ces motifs, etc.
Du 8 août 1863. — C. de Caen, 2° ch. MM. Daigremont-Saint-Mauvieux, prés.-Dupray de Lamohérie, subst.-Leblond, Toutain et Trébutien, av.

celui qui les réclame. S'il reste quatre années sans agir, n'en doit-on pas conclure qu'il n'était pas dans la nécessité en raison de laquelle il a droit aux aliments ? L'objection n'est pas sérieuse ; en effet. le crédirentier a pu faire des emprunts ou vivre à crédit ; en tout cas, c'est le débiteur qui doit agir pour faire réduire la rente ou pour demander qu'elle cesse ».

617. Par application de ce qui a été dit au *Rép.* n° 1099 (Comp. Aubry et Rau, t. 8, § 774, p. 456, texte et note 25 ; Laurent, t. 32, n° 445 ; Baudry-Lacantinerie, t. 2, n° 1720, p. 979), il a été jugé que les coupons d'actions qui sont présentés à la caisse d'une compagnie plus de cinq ans après l'époque de leur exigibilité, sont atteints par la prescription de cinq ans (Trib. com. Seine, 6 mai 1870, aff. Duboscq, D. P. 70. 5. 274. Conf. Laurent, t. 32, n° 445, p. 470 ; Leroux de Bretagne, t. 2, n° 1244, p. 283 et 284).

618. On a soutenu au *Rép.*, n°⁸ 1080 et 1081, que la disposition de l'art. 2277 d'après laquelle les intérêts échus des sommes prêtées se prescrivent par cinq ans, s'applique aux intérêts dus en vertu de jugements. Cette solution est généralement admise aujourd'hui (V. Aubry et Rau, t. 8, p. 436, § 774, texte et note 19 ; Laurent, t. 32, n° 448, p. 471 à 474 ; Leroux de Bretagne, t. 2, n° 1239, p. 277 et suiv. ; Baudry-Lacantinerie, t. 3, n° 1723 ; Amiens, 14 juin 1871, aff. Boucton, D. P. 72. 2. 58 ; Rennes, 12 févr. 1880, aff. Veuve Albert, D. P. 80. 2. 221). Il faut la généraliser et l'étendre aux intérêts légaux, dus de plein droit en vertu de la loi (Conf. les auteurs et arrêts précités).

619. De ce qui vient d'être dit il résulte, ainsi qu'on l'a montré au *Rép.*, n°⁸ 1085 et 1086, que l'art. 2277 c. civ. est applicable aux intérêts du prix de vente dus soit en vertu de l'art. 1652, soit par suite d'une stipulation expresse (Conf. Aubry et Rau. t. 8, p. 435, § 774, texte et note 21 ; Laurent, t. 32, n° 449 et 450, p. 475 et suiv. ; Troplong, n° 1023 ; Leroux de Bretagne, t. 2, p. 28, n° 1241 ; Baudry-Lacantinerie, t. 3, n°⁸ 1711 et 1722 ; Liège, 27 mars 1862, *Pasicrisie belge*, 1863. 2. 172).

620. De même, les intérêts des sommes dues par un associé à la société à titre de mise sociale et qui n'ont pas été payées (c. civ. art. 1846) sont soumis à la prescription de cinq ans (Aubry et Rau, t. 8, § 774, p. 435, texte et note 22 ; Laurent, t. 32, n° 451, p. 479 et 480 ; Civ. cass., 17 févr. 1869, aff. Paumard, D. P. 69. 1. 143 ; et, sur renvoi, Rennes, 23 juin 1870, D. P. 71. 2. 112).

621. On a dit au *Rép.*, n° 1096-9°, que la prescription de cinq ans ne s'applique pas aux intérêts des avances faites par un mandataire ou par un gérant d'affaires. La doctrine et la jurisprudence tendent à se fixer en sens contraire (Laurent, t. 32, n° 453, p. 481 et 482 ; Amiens, 14 juin 1871, aff. Boucton, D. P. 72. 2. 58 ; Rennes, 12 févr. 1880, aff. Veuve Albert, D. P. 80. 2. 221). Seulement, pour que la prescription coure, il faut que le montant de la créance soit connu (V. les arrêts précités). Dans le cas contraire, les intérêts des avances ne seront pas soumis à la prescription de cinq ans, tant que le chiffre de ces avances n'aura pas été arrêté par un règlement de compte (Req. 7 nov. 1864, aff. Sénéchal, D. P. 65. 1. 65 ; 12 mars 1878, aff. Perrin, D. P. 78. 1. 273 ; Aubry et Rau, t. 8, p. 427, § 774, texte et note 29). C'est l'application d'une règle que l'on rencontrera plus loin, d'après laquelle la prescription de l'art. 2277 ne peut courir contre les intérêts des créances dont la quotité n'est pas déterminée (V. *infra*, n° 631).

622. Conformément à la doctrine exposée au *Rép.* n° 1096, 4° et 5°, il a été jugé que la prescription quinquennale n'est pas applicable aux intérêts dus au mandant par le mandataire qui a employé à son usage les fonds reçus pour son mandant (Civ. rej. 7 mars 1887, aff. Moillet, D. P. 87. 1. 403). Les auteurs décident, dans ce cas, que la prescription courra, mais seulement quand l'emploi illicite aura été constaté, c'est-à-dire lorsque le compte de gestion aura été arrêté (Aubry et Rau, t. 8, § 774, p. 437, texte et note 29 ; Laurent, t. 31, n° 435, p. 483 et 484 ; Leroux de Bretagne, t. 2, n° 1252, p. 286).

623. Sont soumis à la prescription de l'art. 2277 les intérêts dus par un associé qui a retiré indûment une somme de la caisse sociale, pour l'appliquer à son profit particulier (Rennes, 31 déc. 1867, aff. Syndics Dupuy-Fromy, D. P. 70. 2. 14).

624. La prescription de cinq ans n'est pas applicable à une dette de capital (Laurent, t. 32, n° 459, p. 485 et 486). Ainsi lorsqu'un créancier et un débiteur sont convenus que les intérêts à échoir se capitaliseront à la fin de l'année et produiront eux-mêmes des intérêts, la prescription trentenaire devient seule possible. Ce ne sont plus, en effet, des intérêts, mais un nouveau capital qui s'ajoute au premier (V. en ce sens, Req. 10 août 1859, aff. Syndic Thériot-Colon, D. P. 59. 1. 441 ; Bourges, 21 août 1872, aff. Foussart, D. P. 73. 2. 182 ; Nancy, 16 avr. 1878, aff. Prémorel, D. P. 79. 2. 240 ; Larombière, *Obligations*, t. 1, sur l'art. 1154 n° 6 ; Aubry et Rau, t. 4, § 308, p. 110 ; et t. 8, § 774, p. 439 ; Laurent, t. 32, n° 460. — *Contra :* Demolombe, *Obligations*, t. 1, n°⁸ 665 et suiv. ; Colmet de Santerre, t. 5, n° 71 *bis* 3°).

625. Jugé également que la stipulation, en vertu de laquelle les intérêts d'une somme prêtée ne seront exigibles de l'emprunteur qu'en même temps que le capital, est valable et a pour conséquence de rendre inapplicable à ces intérêts la prescription quinquennale établie par l'art. 2277 c. civ. et d'y substituer celle de trente ans (Rouen, 4 mai 1883, aff. Horr et autres, D. P. 86. 1. 233).

626. La prescription quinquennale ne peut être opposée par un tiers qui, ayant touché des intérêts pour le compte du créancier, est appelé à en rendre compte. Entre ses mains les intérêts perçus deviennent des capitaux (Metz, 17 août 1858, aff. Ledant, D. P. 59. 2. 130 ; Laurent, t. 32, n° 461, p. 487 ; Leroux de Bretagne, t. 2, n° 1246, p. 283 et 284).

627. Les intérêts auxquels est tenu, à dater de la perception, celui qui a reçu de mauvaise foi un payement indû ne sont susceptibles que de la prescription trentenaire (Civ. rej., 28 mai 1856, aff. Veuve Lasserre, D. P. 56. 1. 377 ; Paris, 25 nov. 1856, aff. Appay, D. P. 58. 1. 117 ; Civ. cass. 17 mai 1865, aff. Cons. Morin, D. P. 65. 1. 273 ; C. cass. de Belgique, 28 févr. 1850, *Pasicrisie belge*, 1850. 1. 268 ; Laurent, t. 32, n° 465, p. 490). Spécialement, ne sont prescriptibles que par trente ans les intérêts du supplément de prix que le cédant d'un office est obligé de rembourser à son cessionnaire, par suite de la dissimulation faite du traité où ce supplément de prix a été stipulé (Paris, 25 nov. 1856, précité).

628. Les intérêts des sommes dépendant d'un usufruit, et restées aux mains du nu propriétaire durant, par exemple, la liquidation de cet usufruit, ne sont pas soumis à la prescription de cinq ans (Req. 9 janv. 1867, aff. Grangé, D. P. 67. 1. 101. Comp. Laurent, t. 32. n° 467, p. 492).

629. La disposition de l'art. 2277 c. civ., relative à la prescription quinquennale, ne s'étend pas aux demandes soit en réparation locatives, soit en dommages-intérêts pour dégradations. Il s'agit là de créances accidentelles, et nullement périodiques. Elles sont aussi en dehors des prévisions de la loi, qui a voulu empêcher la ruine du débiteur par l'accumulation de dettes périodiquement renouvelées. La prescription de droit commun est donc seule applicable (Orléans, 9 févr. 1889, aff. De Cheveigné, D. P. 90. 2. 221 ; Guilbon, *Traité pratique de la compétence civile des juges de paix*, n° 457 ; Curasson, *Traité de la compétence des juges de paix*, 4° édit., t. 1, n° 423 ; Guillouard, *Traité du contrat de louage*, t. 1, n° 214). V. aussi la note sous l'arrêt précité du 9 févr. 1889. — Toutefois, cette solution est contestée. Des auteurs ont admis (Carou, *De la juridiction civile des juges de paix*, t. 1, n° 332 ; Carré, *Compétence judiciaire des juges de paix*, t. 1, n° 357. V. aussi Orléans, 6 mars 1885, aff. Legendre, D. P. 90. 2. 221, note).

630. Lorsqu'un banquier a payé à ses clients des sommes représentant les bénéfices produits par des opérations de reports simulées et fictives qu'il aurait faites pour le compte et sur l'ordre de ce client, avec des valeurs que celui-ci lui a confiées et que le banquier est tombé en faillite, le client actionné en restitution de sommes qui lui ont été allouées en représentation de ces bénéfices fictifs ne peut opposer à l'action du syndic la prescription établie par l'art. 2277 c. civ., les bénéfices produits par des reports constituant une augmentation de capital, et ne pouvant être assimilés à des fruits (Caen, 5 nov. 1885, aff. Veuve Esneu, D. P. 87. 1. 401).

631. La prescription quinquennale de l'art. 2277 ne peut courir contre les intérêts de créances dont la quotité n'est pas déterminée. La prescription de trente ans seule peut leur être appliquée (Aubry et Rau, t. 8, § 774, p. 437, texte et note 27; Massé et Vergé sur Zachariæ, t. 6, § 859, note 15; Laurent, t. 32, nᵒˢ 469 et 470, p. 493 et suiv.; Pont, *Petits Contrats*, nᵒ 1099 ; Leroux de Bretagne, t. 2. nᵒ 1252; Civ. cass., 17 mars 1856, aff. *Compagnie d'assurances de Dijon*, D. P. 56. 1. 99; Req. 19 déc. 1871, aff. Duval, D. P. 71. 1. 300 ; Nancy, 12 août 1874, aff. Pitoy, D. P. 77. 1. 352 ; Rennes, 12 févr. 1880, aff. Veuve Albert, D. P. 80. 2. 224 ; Req. 22 févr. 1886, aff. Chauderlot et Duvoy, D. P. 86. 1. 404-405). De ce principe résultent les solutions qui suivent.

632. La prescription de cinq ans ne s'applique aux intérêts du reliquat d'un compte de tutelle qu'autant que le compte n'a été rendu et apuré (Aubry et Rau, *loc. cit.* note 28 ; Laurent, t. 32, nᵒ 471 ; Douai, 22 avr. 1857, aff. Meurillon, D. P. 58. 2. 32). Il en est ainsi des intérêts de sommes perçues par le tuteur pour son pupille (V. l'arrêt précité).

633. A l'égard des intérêts des sommes portées en compte courant, la prescription de l'art. 2277 ne court qu'à partir de la clôture définitive de ce compte (Req. 9 janv. 1867, aff. Grangé, D. P. 67. 1. 101 ; 5 juin 1872, aff. Hourdat, D. P. 73. 1. 77 ; Laurent, t. 32, nᵒ 472, p. 495).

634. Les redevances tréfoncières qui consistent, non dans une somme ou une prestation annuelle fixe, mais dans une somme proportionnelle aux produits de l'exploitation de la mine, demeurant incertaines, non seulement quant à leur quotité, mais quant à leur existence, ne sont pas soumises à la prescription quinquennale (Req. 11 juin 1877, aff. Mines de Montieux, D. P. 77. 1. 427 ; Civ. rej. 27 oct. 1885, aff. Société des houillères et fonderies de l'Aveyron, D. P. 86. 1. 134).

635. La prescription établie par l'art. 2277 c. civ. ne saurait être invoquée, lorsque aucune négligence ne peut être reprochée au créancier (Laurent, t. 32, nᵒ 468, p. 493; Leroux de Bretagne, t. 2, p. 28, nᵒ 1253). C'est ce qui arrive lorsque, l'échéance des intérêts n'étant pas déterminée, mais soumise à un événement futur, tel que le décès d'un tiers, le créancier n'a pas pu faire les diligences nécessaires pour en assurer le recouvrement (Req. 19 déc. 1871, aff. Duval, D. P. 71. 1. 300; Nancy, 12 août 1874, aff. Pitoy, D. P. 77. 1. 352; Civ. cass. 30 avr. 1856, aff. De la Beraudière, D. P. 56. 1. 398).

636. De même, la prescription quinquennale des intérêts cesse de courir contre le créancier que son débiteur a mis dans l'impossibilité d'agir, tant que dure cette impossibilité. Jugé, spécialement, que l'action formée par le cessionnaire d'un bureau de commissionnaire en nullité de l'acte de cession, suspend, tant que dure l'instance, la prescription des intérêts du prix dû au cédant, une telle action remettant en question la créance de ce dernier, et faisant, dès lors, obstacle à ce que le cédant réclame, avant que la cession ait été validée, les intérêts de cette créance (Civ. cass. 5 juill. 1858, aff. Prévost, D. P. 58. 1. 413. Comp. Laurent, t. 32, nᵒ 474, p. 497 et 498). Ainsi encore, on ne peut opposer l'art. 2277 à un entrepreneur de travaux publics qui réclame les intérêts de son cautionnement, lorsque c'est par le fait permanent de l'Administration qu'il a été empêché de toucher ces intérêts (Cons. d'Et. 10 janv. 1856, aff. Billard, D. P. 56. 3. 57).

637. La prescription de cinq ans est inapplicable aux sommes stipulées payables d'avance, à titre de loyer et imputables sur les derniers termes, alors qu'aucune date n'a été fixée pour le versement : il n'y a pas alors exigibilité de la dette (Paris, 12 avr. 1886, aff. Veuve de Chazelles, D. P. 87. 2. 51).

638. Jugé également que, dans le cas où l'héritier débiteur du legs d'une rente viagère a laissé le légataire dans l'ignorance de l'existence du legs, il ne peut opposer la prescription de l'art. 2277 contre les arrérages de cette rente (Req. 15 févr. 1858, aff. Despommiers, D. P. 58. 1. 196).

639. Les cinq ans dont parle l'art. 2277 se comptent en remontant à partir du jour de la demande judiciaire ou de l'acte interruptif de la prescription (Civ. cass. 5 févr. 1868, aff. Adam, D. P. 68. 1. 58 ; 4 mars 1878, aff. Bourgade, D. P. 78. 1. 168 ; Aubry et Rau, t. 8, § 774, p. 438, texte et note 37; Laurent, t. 32, nᵒ 475, p. 498 et 499; Leroux de Bretagne, t. 2, nᵒ 1235. Comp. *Rép.* nᵒ 1057).

640. Les causes d'interruption de la prescription ordinaire (V. nᵒˢ 308 et suiv.) interrompent également la prescription de l'art. 2277 (Aubry et Rau, t. 8, § 774, p. 438, texte et note 38 ; Laurent, t. 32, nᵒˢ 476 et suiv. et les arrêts qui suivent).

641. L'interruption n'a pas pour effet de convertir la prescription de cinq ans en prescription trentenaire. La même prescription recommence à courir (Aubry et Rau, *loc. cit.*; Laurent, t. 32, nᵒ 480, p. 502; Grenoble, 6 mai 1854, aff. Millet, D. P. 56. 2. 124 ; Civ. cass. 4 mars 1878, aff. Bourgade, D. P. 78. 1. 68; Rouen, 11 août 1890, aff. Du Quesnay, D. P. 91. 5. 407).

642. La prescription de l'art. 2277 est soumise aux causes ordinaires de suspension de la prescription (Aubry et Rau, t. 8, § 774, p. 438, texte et note 39).

643. Ainsi elle ne court pas entre époux, même quand ils sont séparés de corps (Aubry et Rau, *loc. cit.*; Leroux de Bretagne, t. 1, nᵒˢ 658 et 660 ; Bordeaux, 3 févr. 1873, aff. Brumont, D. P. 73. 2. 162; Paris, 26 juill. 1862, aff. Angerville, D. P. 63. 2. 112).

644. On a dit au *Rép.* nᵒ 1091 que, dans le cas où le créancier a été dans l'impossibilité d'agir par suite d'un obstacle légal, la prescription est suspendue tant que dure cet obstacle (Aubry et Rau, t. 8, § 774, p. 438, texte et note 40). Par application de cette règle, il a été jugé que les intérêts d'un prix de vente cessent d'être soumis à la prescription de cinq ans, à partir de la notification que l'acquéreur a faite de son contrat aux créanciers inscrits, jusqu'à la clôture définitive de l'ordre. La même solution s'applique aux intérêts des créances colloquées (Civ. rej. 27 avr. 1864, aff. Bertrand, D. P. 64. 1. 433 ; Aubry et Rau, t. 8, § 774, p. 438, texte et note 41. Comp. Laurent, t. 32, nᵒ 479, p. 501).

645. La prescription de cinq ans ne s'applique pas aux intérêts qui courent pendant toute la durée d'une instance (Laurent, t. 32, nᵒ 476, p. 499 et 500; Ruben de Couder, *Dictionnaire de droit commercial*, t. 4, vᵒ *Intérêts*, nᵒ 198 ; Civ. rej., 29 août 1860, aff. Veuve Hedoin, D. P. 60. 1. 428 ; Colmar, 29 avr. 1863, aff. Epoux Wenger, D. P. 65. 2. 5 ; Paris, 24 déc. 1880, aff. Laurent et Leblanc, D. P. 81. 2. 203 ; Riom, 30 avr. 1889, aff. Parant, D. P. 90. 2. 166).

§ 8. — De la prescription de cinq ans contre les notaires.

646. D'après la loi du 5 août 1881 (D. P. 82. 4. 39), l'action des notaires en payement des sommes qui leur sont dues pour les actes de leur ministère se prescrit par cinq ans à partir de la date de ces actes (art. 1). V. pour le commentaire de la loi du 5 août 1881, *supra* vᵒ *Notaire-notariat*, nᵒˢ 216 et suiv.

CHAP. 8. — Questions transitoires (*Rép.* nᵒˢ 1111 à 1136).

647. La prescription de l'art. 2180 c. civ. français ne peut pas être invoquée pour le temps antérieur à la mise en vigueur de ce code en Savoie. Il y a lieu alors de suivre les lois piémontaises, d'après lesquelles le délai de grâce accordé par un jugement suspendait la prescription en Savoie (Chambéry, 7 mars 1873, aff. Saillet, D. P. 74. 5. 386).

648. En ce qui concerne le délai des prescriptions commencées sous le calendrier républicain, V. *supra*, nᵒ 512.

Table sommaire

des matières contenues dans le Supplément et le Répertoire.

(Les chiffres précédés de la lettre S renvoient au Supplément ; les chiffres précédés de la lettre R renvoient au Répertoire.)

Table des articles du code civil.

Table chronologique des Lois, Arrêts, etc.

1669

..... Ordon. 79 c.

1790

28 oct. Loi. 343 c.

1793

10 juin. Loi. 228 c., 260 c.

An 7

22 frim. Loi. 323 c.

An 10

19 fruct. Arrêté. 474 c.

1809

30 déc. Décr. 238 c.

1810

20 avr. Loi. 300 c.

1814

22 juill. Grenoble. 587 c.

1821

26 juin. Req. 397 c.
10 juill. Civ. 206 c.

1823

28 août. Av. Cons. d'Ét. 343 c.
4 oct. Crim. 81.

1827

3 janv. Req. 501 c.

1828

3 oct. Crim. 82 c.

1829

5 mars. Crim. 82
15 avr. Loi. 83 c.

1830

24 févr. Bourges. 94 c.
30 avr. Bordeaux. 84 c.
21 déc. Req. 378 c.

1831

29 août. Civ. 231 c.

1832

13 avr. Toulouse. 260 c.
29 juin. Nancy. 301 c.

1833

31 mai. Nancy. 275 c.
1er août. Grenoble. 337 c.

1834

23 déc. Riom. 208 c.

1835

23 févr. Bruxelles. 405 c.

1836

29 avr. Limoges. 336 c., 337 c.
8 août. Paris. 80 c.

1837

16 janv. Civ. 363 c.
18 juill. Loi. 341 c.
14 déc. Crim. 83 c.

1838

12 févr. Liège. 405 c.
26 févr. Civ. 231 c.
21 mars. Req. 340 c.
26 avr. Montpellier. 297 c.
10 mai. Loi. 342 c.
20 mai. Loi. 350 c.
21 mai. Req. 105 c.

1839

5 juin. Civ. 194 c., 197 c.

1840

15 mai. Limoges. 203 c., 205 c.
1er juill. Bruxelles. 405 c.

1841

7 mars. Req. 80 c.
29 juill. Liège. 313 c.

1842

5 mars. Rouen. 419 c.
28 mai. Orléans. 340 c., 348 c.
17 août. Grenoble. 80 c.

1843

21 mars. Civ. 62 c.
11 mai. Nancy. 301 c.
27 mai. Angers. 260 c.

1844

30 avr. Paris. 80 c.
1er oct. Ordon. 455 c.
4 déc. Req. 260 c.
10 déc. Civ. 294 c.

1845

29 avr. Loi. 85 c.
1er mai. Loi. 85 c.

1846

16 mars. Bourges. 307 c.
16 mai. Douai. 397 c.
1er déc. Req. 516 c.

1847

4 mars. Riom. 322 c.
31 mai. Civ. 45 c.
11 juin. Loi. 85 c.
1er juill. Pau. 506 c.

1848

11 juill. Loi. 88 c.
11 déc. Dijon. 430 c.
15 déc. Req. 305 c.

1848

8 mars. Décr. 77 c.
6 avr. Limoges. 337 c.
6 mai. Bruxelles. 615 c.
11 déc. Caen. 111 c.
13 déc. Bordeaux. 62 c.

1849

6 janv. Paris. 416 c.
26 juin. Req. 305 c.

1850

20 janv. Civ. 455 c.
26 févr. Poitiers. 293 c.
28 févr. C. cass. Belgique 627 c.
13 mars. Liège. 248 c.
17 mars. Civ. 614 c.
19 mars. Caen. 388 c.
1er mai. Req. 430 c.
8 mai. Bordeaux. 80 c.
6 juin. Trib. Tours. 587 c.
8 août. Req. 218 c.
31 août. Montpellier. 385 c.

1851

18 févr. Paris. 109 c., 110 c.
20 mai. Bruxelles. 302 c.
25 juill. Nancy. 12 c.
18 déc. Bruxelles. 553 c.
30 déc. Req. 47 c.

1852

22 mars. Décr. 455 c.
9 juin. Req. 256 c.
18 juin. Riom. 445 c.
6 juill. Req. 363 c.
6 déc. Civ. 438 c.
8 déc. Civ. 66 c.
31 déc. Orléans. 265 c.

1853

1er févr. Civ. 12 c.
26 juill. Nîmes. 397 c.
11 août. Agen. 385 c.

1854

13 mars. Civ. 105 c.
28 mars. Civ. 126 c.
3 avr. Lyon. 219 c.
7 mai. Grenoble. 447 c., 449 c., 450 c., 541 c.
10 mai. Riom. 109 c.

1855

17 juin. Civ. 290 c.
10 juin. Loi. 85 c.
29 nov. Trib. de Bergerac. 357 c.
2 déc. Limoges. 248.
5 déc. Douai. 304 c.
23 déc. Riom. 205 c.

1855

18 janv. Grenoble. 294 c.
27 févr. Orléans. 62 c.
6 mars. Req. 500 c.
6 mars. Civ. 115 c.
23 mars. Loi. 41 c., 535 c.
10 avr. Cons. d'Ét. 76 c.
23 mai. Req. 218 c.
24 mai. Req. 229 c.
10 déc. Req. 455 c.
19 déc. Besançon. 505 c.

1856

10 janv. Cons. d'Ét. 626 c.
11 janv. Bordeaux. 320 c.
25 janv. Bourges. 534 c.
18 févr. Bastia. 385 c.
27 févr. Req. 551 c.
3 mars. Rouen. 311.
15 mars. Orléans. 579 c.
17 mars. Civ. 631 c.
29 mars. Paris. 171 c.
30 avr. Civ. 635 c.
16 mai. Req. 363 c.
21 mai. Civ. 498 c.
28 mai. Civ. 627 c.
7 juill. Civ. 31 c., 37 c., 145 c.
26 juill. Civ. 105 c., 242 c.
2 août. Paris. 166 c.
26 août. Civ. 214 c., 218 c., 219 c.
29 août. Crim. 77 c.
13 nov. Civ. 185 c.
22 nov. Pau. 506 c.
24 nov. Caen. 251.
25 nov. Paris. 627 c.
9 déc. Civ. 211 c.

1857

2 févr. Req. 126 c., 256 c.
5 févr. Req. 292 c.
4 févr. Req. 49 c.
9 févr. Pau. 265 c.
11 févr. Req. 252 c.
23 févr. Bruxelles. 278 c.
25 févr. Grenoble. 579 c.
22 avr. Douai. 632 c.
27 mai. Civ. 456 c.
14 juill. Civ. 466 c.
14 juill. Lyon. 470 c.
17 juill. Lyon. 518 c.

1858

2 janv. Riom. 321 c.
25 janv. Req. 116 c.
13 févr. Toulouse. 506 c.
15 févr. Req. 638 c.
17 févr. Req. 88 c., 235 c.
23 févr. Agen. 454 c.
10 mars. Montpellier. 579 c.
27 mars. Rouen. 350 c., 358 c.
10 mai. Paris. 161 c.
18 mai. Civ. 122 c.
2 juin. Civ. 265 c., 266 c.
22 juin. Civ. 171 c.
5 juill. Civ. 636 c.
17 août. Metz. 626 c.
10 nov. Paris. 182 c.
17 nov. Civ. 402 c.
21 déc. Civ. 192 c.
23 déc. Paris. 167 c.

1859

3 janv. Bordeaux. 172 c.
11 févr. Req. 227 c.
17 juin. Toulouse. 599 c.
2 juill. Req. 96 c.
2 juill. Req. 509 c., 110 c., 111 c.
7 juill. Poitiers. 162 c.
21 juill. Agen. 506 c.
26 juill. Paris. 468 c., 543 c.
30 déc. Trib. civ. Seine. 167 c.

1860

7 janv. Civ. 435 c.
10 janv. Nancy. 266 c., 475 c.
23 janv. Req. 132 c., 145 c.
23 janv. Agen. 92, 112 c.
24 avr. Req. 464 c.
10 juill. Req. 179 c.
12 juill. Orléans. 534 c.
28 juill. Montpellier. 385 c.
7 août. Req. 557 c.
8 août. Req. 584 c.
20 août. Trib. civ. Arras. 592 c., 593 c.
22 août. Civ. 68 c.
29 août. Civ. 387 c., 405 c., 645 c.
7 nov. Civ. 111 c., 594 c.
20 nov. Req. 531 c.
5 déc. Cons. d'Ét. 360 c.
12 déc. Req. 194 c., 242. c.

1861

7 janv. Civ. 594 c.
9 janv. Req. 597 c.
26 janv. Douai. 609 c., 613 c.
17 août. Civ. 510 c.
27 févr. Bourges. 293 c.

1862

9 janv. Paris. 172 c.
17 nov. Civ. 402 c.
29 janv. Civ. 298 c.
24 mars. Caen. 349 c., 350 c.
27 mars. Liège. 619 c.
4 avr. Civ. 30 c.
13 août. Trib. civ. 30 c., 50 c.
12 déc. Civ. 474 c.
19 déc. Civ. 256 c.
21 déc. Civ. 62 c.

1863

7 janv. Civ. 107 c.
10 janv. Nancy. 266 c.
28 janv. Civ. 500 c.
25 févr. Req. 375 c.
3 mars. Civ. 599 c.
15 avr. Civ. 430 c.
21 avr. Civ. 431 c.
29 avr. Colmar. 439 c., 645 c.
28 juill. Montpellier. 385 c., 359 c.
16 juin. Req. 579 c.
3 août. Req. 80 c.
3 août. Civ. 434 c.
4 nov. Req. 346 c.
23 déc. Req. 171 c.

1864

30 janv. Req. 380 c.
25 févr. Req. 400 c.
22 avr. Grenoble. 550 c.
27 avr. Civ. 644 c.
6 juin. Paris. 182 c.
26 juill. Req. 339 c.
30 juill. Chambéry. 253 c.
17 août. Civ. 510 c.
7 nov. Req. 621 c.

1865

13 janv. Douai. 433.
16 janv. Civ. 12 c.
16 janv. Paris. 22.
30 janv. Douai. 30 c.
13 août. Trib. de la Flèche. 63 c.
20 août. Civ. 107 c.
1er nov. Req. 242 c., 255 c.
27 nov. Civ. 108 c.
29 nov. Grenoble. 573 c.
23 déc. Bordeaux. 377 c., 397 c., 417.
23 déc. Bourges. 293 c., 294 c.

1866

9 janv. Paris. 506 c.
13 janv. Civ. 506 c.
4 févr. Montpellier. 593 c.
24 avr. Civ. 142 c., 143 c., 150 c., 151 c.
7 mai. Req. 568 c.
4 juin. Req. 107 c.
9 juin. Trib. Seine. 167 c.
4 juill. Req. 369 c., 370 c.
13 juill. Nîmes. 500.
19 juill. Trib. civ. Le Puy. 107 c.
24 juill. Pau. 79 c.
14 août. Trib. Besançon. 378 c.
1er sept. Trib. com. Nantes. 178 c.
12 déc. Req. 270 c.
24 déc. Req. 462 c.
403 c.

1867

9 janv. Req. 628 c., 633 c.
10 janv. Metz. 132 c.
26 janv. Paris. 131.
26 mars. Civ. 93 c.
15 avr. Paris. 10 c.
15 mai. Req. 72 c.
4 juill. Montpellier. 122 c.
9 août. Dijon. 216 c.
31 août. Nancy. 346 c.
17 nov. Civ. 241 c.
30 nov. Grenoble. 107 c.
18 déc. Caen. 501 c.
24 déc. Civ. 512 c., 648 c.
31 déc. Rennes. 623 c.

1868

7 janv. Civ. 517 c.
7 janv. Civ. Lyon. 323 c., 326 c.
27 janv. Req. 104 c., 400 c.
27 janv. Civ. 514 c., 522 c.
5 févr. Civ. 639 c.

1869

6 janv. Req. 33 c., 372 c., 382 c., 353 c., 500 c.
20 janv. Req. 602 c.
21 janv. Trib. Seine. 167 c.
4 févr. Trib. Seine. 177 c., 185 c.
17 févr. Civ. 615 c., 620 c.
16 mars. Limoges. 227 c.
17 mars. Req. 114 c.
9 juin. Civ. 257 c.
12 juill. Civ. 420 c.
14 juill. Angers. 346 c.
19 juill. Req. 56 c.
20 août. Lyon. 520
21 oct. Lyon. 519.
15 nov. Req. 107 c.
17 nov. Agen. 549.
20 nov. Nancy. 128 c., 141 c., 151 c.
28 déc. Civ. 218 c., 220 c., 241 c.
31 déc. Rennes. 615 c.

1870

3 janv. Req. 454 c., 475 c.
15 janv. Trib. Seine. 575 c.
18 janv. Civ. 164 c.
19 janv. Trib. civ. Le Havre. 201 c.
22 févr. Req. 227 c., 241 c.
28 févr. Agen. 120 c., 288 c.
16 mars. Trib. civ. Wissembourg. 43 c., 50 c.
19 mars. Nancy. 225 c.
30 mars. Civ. 93 c., 314 c.
4 avr. Agen. 228 c.
6 mai. Trib. com. Seine. 617 c.
23 juin. Rennes. 615 c., 620 c.
28 juin. Civ. 454 c.
28 juin. Crim. 455 c.
20 juill. Pau. 320 c., 509 c.
3 août. Civ. 47 c.
8 août. Req. 547 c.
10 août. Rouen. 261 c.
9 sept. Décr. 1 c., 484 c., 485 c., 487 c., 489 c., 490 c., 491 c., 492 c.
3 oct. Décr. 1 c., 484 c., 485 c., 486 c.

c., 487 c., 489 c., 490 c., 491 c., 493 c.
·2 nov. Civ. 59 c.
4 nov. Alger. 46 c., 601 c.
18 nov. Lyon. 121 c.
14 déc. Civ. 514c.

1871

2 févr. Lyon. 213 c., 214 c.
11 mai. Bruxelles. 314, 438 c.
12 mai. Loi. 1 c., 188 c., 189 c.
26 mai. Loi. 1 c., 488 c., 491 c.
26 mai. Loi. 492 c.
9 juin. Lyon. 522 c.
14 juin. Amiens. 50 c., 609 c., 618 c., 621 c.
7 juill. Paris. 492 c.
11 juill. Paris.103 c.
27 juill. Bordeaux. 519 c.
28 juill.Chambéry. 486 c.
8 août. Req. 212 c.
10 août. Loi. 342 c.
22 août. Bordeaux. 589 c.
14 nov.Req.225 c., 289 c.
13 déc. Pau. 267 c.
19 déc. Paris. 149 c., 150 c.
19 déc. Req. 631 c., 635 c.
20 déc. Paris 130 c.

1872

3 janv. Req. 228 c., 231 c., 241 c.
5 janv.Civ.146c., 148 c.
9 janv. Req. 241 c.
9 janv. Montpellier. 60.
22 janv. Req. 514 c.
20 janv. Bourges. 89 c.
31 janv. Req. 391 c., 397 c.,599c., 604c.
6 févr. Req. 241 c.
6 févr. Civ. 255 c.
19 févr.Req.214c., 218 c., 241 c., 500 c.
21 févr.Req.303 c.
19 mars. Req. 259 c.
23 mars. Paris.170 c.
29 avr. Req. 244 c.
6 mai. Bordeaux. 195 c.

15 mai. Montpellier. 377 c., 381 c.
4 juin. Paris. 86 c.
5 juin. Req. 633 c.
15 juin. Loi. 1 c., 190 c., 191 c.
17 juin. Req. 522 c.
19 juin. Req. 46 c., 501 c.
26 juin. Civ. 487 c.
1er juill. La Guadeloupe. 432 c.
6 août. Req. 486 c.
21 août. Bourges. 624 c.
4 sept. Trib.com. Seine. 185 c.
10 déc. Civ. 492 c.
17 déc.Civ. 485c., 487 c.

1873

3 févr. Bordeaux. 467 c., 468 c., 643 c.
6 févr. Req.128 c., 130 c., 140 c.
18 févr. Civ. 580c.
19 févr. Req. 288 c., 548 c.
28 févr.Chambéry. 575 c., 596 c.
4 mars. Civ. 295 c.
7 mars. Chambéry. 647 c.
12 mars. Rouen. 171 c.
19 mars. Req. 432 c.
12 mai. Besançon. 174 c., 186 c.
23 mai. Paris. 137 c.
28 mai. Civ. 78 c.
11 juin. Angers.35 c.
30 juin. Civ.196 c., 241 c., 244 c., 272 c., 273 c.
23 nov. Civ. 347 c., 221 c.
16 déc. Req. 217 c.
17 déc. Req. 159 c.
19 déc. Lyon. 113 c.,132 c.

1874

12 janv. Pau. 130 c.,142 c., 150 c.
21 janv. Paris. 177 c.
24 févr. Req. 223 c.
24 févr. Civ. 59 c.
10 mars. Req. 315 c.
11 mars. Nîmes. 122 c.
25 mars. Req. 323 c., 326 c.

30 mars. Req. 199.
5 avr. Civ. 487 c.
5 mai. Civ. 176 c., 179 c.
24 juin. Civ. 177 c.
24 juin. Trib. Seine. 183 c.
30 juin. Req. 241 c.
22 juill.Req.241c., 247 c.,546 c.,556 c.
22 juill. Civ.114 c.
26 juill. Req. 87 c.
12 août. Nancy. 631 c., 635 c.
13 août. Req. 490 c.
17 août. Req. 489 c.
17 nov. Besançon. 573 c.
10 déc. Loi. 164 c.
18 déc. Toulouse. 324 c., 332 c., 393 c.,447, 450 c.
28 déc. Toulouse. 323 c.

1875

19 janv. Paris.399 c.
9 mars. Civ. 580 c.
18 avr. Besançon. 323 c.
20 avr. Civ. 489 c.
28 avr. Besançon. 324 c., 326 c.
15 mai. Toulouse. 489 c.
5 juin.Trib.Lyon. 363 c.
14 juill.Req.588c., 605 c.
15 juill. Req. 385 c., 403 c.
19 juill.Paris. 130 c.
27 juill. Paris. 346 c.
4 août. Amiens. 225 c., 287 c.
9 août. Paris. 142 c.

1876

21 janv. Lyon. 26 c.
24 janv. Req. 243.
24 févr. Trib. Seine. 346 c.
8 avr. Nîmes.392, 402 c.
26 avr. Civ. 241 c.
2 mai. Civ. 241 c.
22 mai. Req. 208 c.
·4 juill. Civ.153 c., 159 c.
18 juill.Req.502 c., 503 c.
28 nov. Civ. 595 c.
29 nov. Req. 48 c.

1er déc. Paris. 144 c., 150 c.,151 c., 161 c.
5 déc. Civ. 132 c., 133 c., 135 c., 158 c., 165 c.
6 déc. Req. 355 c.
6 déc. Civ. 356 c.

1877

4 janv. Trib. Nivelles. 521 c.
8 janv. Civ.366c., 369 c.
17 janv. Req. 345 c., 491 c.
6 févr.Civ. 346 c.
13 févr. Pau.231 c.
14 févr. Req. 130 c.
15 mars. C. cass. Belgique. 44 c.
12 mai. Paris. 346 c.
11 juin. Req. 634 c.
16 juin. Aix.570 c.
19 juill. Lyon. 117 c.
30 juill. Poitiers. 23 c., 400 c.
21 nov.Req.166 c., 182 c.
10 déc.Req. 141 c., 158 c.
5 déc. Civ. 229 c.

1878

3 janv. Dijon. 506 c., 532 c., 557 c.
4 mars. Req. 50 c.
4 mars. Civ. 447 c., 609 c., 639 c., 641 c.
10 avr. Civ. 594 c.
10 avr. Nancy. 624 c.
30 avr. Rouen.385 c., 493 c.
5 août.Req. 50 c., 609 c.
5 août. Civ. 127 c.
12 nov. Req. 229 c.
20 nov. Civ. 501 c.
14 déc. Rouen. 580 c., 582 c.
18 déc. Civ. 341 c.

1879

5 févr. Aix. 180 c.
4 mars.Bordeaux. c.
17 mars. Alger.547 c.
5 mai. Req. 51 c.
6 mai.Pau.141c., 149 c., 150 c.

12 mai. Bordeaux. 506 c.
30 mai.Paris. 72 c.
4 juin. Poitiers. 214 c.
9 juill. Civ. 615c.
12 juill. Paris. 113 c.
30 juill. Civ. 600 c.
5 août. Req. 19 c.
28 nov. Douai.400.
20 déc. Loi. 1 c., 493 c.
30 déc.Req. 506 c.

1880

20 janv. Civ. 543 c.
12 févr. Rennes.17 c., 50 c.,611 c., 613 c., 624 c., 631 c.
13 mars. Paris. 113 c.
16 mars. Amiens. 346 c.
24 avr. Lyon.34 c., 471 c.
12 juill. Civ. 63 c., 106 c.
8 nov. Civ. 279 c.
24 déc. Paris. 645 c.

1881

25 janv. Req. 42 c.
26 janv. Civ. 594 c.
22 févr. Req. 198 c., 245 c., 262 c.
14 mars. Req. 101 c.
13 avr. Civ. 545 c.
9 mai.Req. 243 c.
10 mai. Toulouse. c., 516 c.
20 juin. Req. 130 c., 158 c.
20 juin. Civ. 128 c.
5 août. Loi. 592 c., 646 c.
27 août.Paris. 139, 142 c.
8 nov. Montpellier. 535.
15 nov. Req. 149 c.

1882

1er févr. Civ. 614 c.
2 mars. Nancy.38 c., 51 c.
19 juin. Req. 576 c.
20 juin. Req. 180 c.
19 juill. Civ. 570, 571 c., 583 c.

1883

11 janv. Besançon. 385 c., 413 c.
7 févr. Req. 241 c.
12 févr. C. just. Genève. 329.

27 févr. Gand. 269 c.
28 févr. Civ. 173c., 214 c.
4 juin. Poitiers. 214 c.
2 juill. Civ. 615c.
12 mars. Req. 377 c., 386 c.
10 avr. Req. 516c.
10 avr. Civ. 241 c.
18 avr. Req. 514 c.
2 mai. Req. 24 c.
4 mai. C. cass. Belgique. 44 c.
4 mai. Rouen. 625 c.
21 mai.Req.15c., 17 c., 25 c., 27 c., 36 c., 51 c.
5 juin. Civ.346 c., 347 c.
12 juin. Civ.514c.
9 juill. Req. 100.
11 déc. Req.32 c., 50 c.
18 déc. Req. 21 c., 36 c., 87 c.
18 déc.Paris. 12 c.

1884

9 janv. Chambéry. 493 c., 514 c.
25 févr. Rouen. c.
5 mars. Amiens. 130 c.,157 c.
6 mars. Toulouse. 614 c.
19 mars. Req. 194 c.
31 mars. Req. 200 c.
5 avr. Loi. 341 c.
19 mai. Req. 385 c., 418c.,414 c.
19 mai.Pau. 434 c.
13 juin. Civ. 577 c., 516 c.
16 juill. Req. 171 c.
28 juill. Civ. 490 c.
28 août. Req. 149, 152 c., 281.

1885

13 janv. Paris. 183 c.
28 janv. Req. 372 c., 374 c., 374 c., 363 c., 389 c.
4 mars.Paris.571.
4 août. Req. Orléans. 629 c.
18 mars. Pau. 130 c.
30 mai. Nancy. 12 c., 334 c.
13 juill. Req. 570 c., 571 c., 583 c.
1er oct. Trib. civ. Florac 12 c.
27 oct. Civ. 634 c.
5 nov. Caen. 630 c.

7 nov. Lyon. 177 c., 181 c.
3 déc. Riom 362 c.

1886

22 févr. Req. 631 c.
3 mars. Dijon.189 c., 162 c.
8 mars. Limoges. 363 c., 455 c.
12 avr. Paris. 687 c.
1er mai. Req. 19 c.
6 juill. Civ. 166 c., 171 c.
27 oct. Amiens. 571 c., 603 c.
9 nov. Req. 514 c.
26 nov. Paris. 160 c.
6 déc. Civ. 132 c., 149 c.
13 déc. Req. 214 c., 219 c.

1887

9 janv. Chambéry. 493 c., 514 c.
7 mars. Civ. 622 c.
12 mai.C.cass. Belgique. 46 c., 604 c.
2 juin. Amiens. 132 c., 171 c.
12 juin. Civ.570c., 583 c., 593 c.
22 juin. Besançon. 615 c.
23 juin. Paris. 371 c.
30 juin Lyon. 193 c.
6 juill. Paris. 573 c., 372 c., 605 c., 615 c.
15 juill. Orléans. 140 c., 158 c.
14 nov. Req.549 c.
16 nov.Req.241c., 516c.

1888

4 janv. Civ. 213 c., 133 c., 134 c.
12 mars. Req. 132 c.
12 mars.Civ. 145 c., 145 c.,140 c.,148 c., 158 c.
26 juin.Pau.506 c., 547 c.
4 juill. Besançon. 128 c., 130 c.
28 nov. Lyon. 139. c., 141 c., 139 c.
/4 déc. Civ. 171 c.
26 déc. Besançon. 51 c., 54 c., 500 c.

1889

9 févr. Orléans. 629 c.
19 févr. Civ. 300 c.

19 févr. Paris. 123 c., 225 c.
1er mars.Bordeaux. 117 c.
27 mars. Req. 130 c., 158 c.
30 avr. Riom. 311 c.,429 c.,645 c.
13 mai.Req.140 c.
4 juin. Civ.570c., 593 c.
3 juill.Req.126c., 204c., 241 c.
28 nov. Paris.12 c.

1890

20 janv. Aix. 12 c.
23 janv.Paris.346.
5 févr. Bastia.535 c., 555 c.
19 mars. Limoges. 211 c.
1er avr. Pau.128 c., 144 c., 158 c.
15 avr.Req. 141 c., 149 c.
3 mai. Trib. Seine. 272 c.
5 mai.Pau. 214 c.
16 juin. Agen. 604 c., 806 c.
12 juill. Trib.Orange. 63 c.
16 juill. Civ. 587 c.
11 août.Rouen.447 c., 609 c., 641c.
15 nov. Alger. 535 c., 544 c.
22 déc.Req.241 c.

1891

5 févr. Req. 43 c.
17 mars.Caen.335.
25 mars. Civ. 171 c., 191 c.
23 avr. Civ. 594 c.
6 juill. Req. 132 c., 134 c.,145 c.
4 nov. Civ. 594 c.
6 nov.Req.125 c.
30 déc. Nancy. 130 c., 132 c., 130 c., 141 c.

1892

2 mars. Req. 146 c., 147 c.
15 mars.Pau. 493 c.
2 mai. Req. 171 c.
9 mai.Pau. 241 c.
10 mai. Grenoble. 537 c.
4 juill. Civ. 243 c.
15 juin.Alger. 461 c.
20 juin. Douai. 171 c.
11 juill. Loi. 1 c., 187 c.
18 nov. Nîmes.455 c.

1893

20 févr.Req.241 c.
1er mars. Paris. 50 c., 51 c.

PRESCRIPTION CRIMINELLE.

Division.

Sect. 1. — Théorie de la prescription criminelle. — Historique et législation (n° 1).
Sect. 2. — Règles générales (n° 4).
Sect. 3. — De la prescription des peines en matière criminelle, correctionnelle et de police (n° 12).
§ 1. — Des peines prescriptibles (n° 12).
§ 2. — Durée et point de départ de la prescription de la peine (n° 17).
§ 3. — De la prescription des condamnations civiles (n° 24).
Sect. 4. — De la prescription de l'action publique en matière de crime et de délit. — De quelle époque commence à courir la prescription. — Crimes et délits successifs (n° 26).
§ 1. — Du délai de la prescription en lui-même (n° 26).
§ 2. — Point de départ du délai de la prescription (n° 31).
Sect. 5. — De la prescription de l'action publique en matière de simple police (n° 44).
Sect. 6. — De la prescription de l'action civile résultant des crimes, délits et contraventions (n° 50).
Sect. 7. — De l'interruption et de la suspension de la prescription. — De la maxime que sunt temporalia ad agendum sunt ad excipiendum perpetua (n° 93).
§ 1. — Interruption et suspension de la prescription de l'action publique en matière de crimes et de délits (n° 93).
§ 2. — Interruption et suspension de la prescription de

SECT. 1re. — THÉORIE DE LA PRESCRIPTION CRIMINELLE. — HISTORIQUE ET LÉGISLATION (*Rép.* n°s 2 à 17).

1. La matière qui fait l'objet du présent article a été traitée, depuis la publication du *Répertoire*, dans les ouvrages généraux sur le droit pénal ou l'instruction criminelle (Ortolan, *Éléments de droit pénal*, 5e éd. revue par M. Desjardins, t. 2; Faustin-Hélie, *Instruction criminelle*, 2e éd., t. 2, et *Pratique criminelle*, t. 1; Bertauld, *Cours de code pénal et leçons de législation criminelle*, 4e éd.; Haus, *Principes généraux du droit belge*, 3e éd., t. 2; Garraud, *Traité théorique et pratique du droit pénal français*, t. 2 et *Précis de droit criminel*, 4e éd.; Trébutien, *Cours élémentaire de droit criminel*, 2e éd., revue par MM. Lainé-Deshayes, et Guillouard, t. 2; Laborde, *Cours élémentaire de droit criminel*; Villey, *Précis d'un cours de droit criminel*, 5e éd.). Elle a fait également l'objet de diverses monographies, parmi lesquelles nous aurons à citer, notamment : Cousturier, *Traité de la prescription en matière pénale*; Hoorebecke, *Traité de la prescription en matière criminelle*; Brun de Villeret, *Traité théorique et pratique de la prescription en matière criminelle*.

2. Au *Rép.*, n° 2, nous avons établi la légitimité de la prescription en matière criminelle. Nous avons montré qu'elle avait pour fondement d'une part une idée d'expiation, le coupable ayant été suffisamment puni par le remords, et d'autre part ce fait que le temps amène le dépérissement des preuves de la culpabilité et surtout de la non-culpabilité. Ajoutons que l'on peut justifier encore la prescription criminelle en la fondant sur l'oubli *présumé* de l'infraction commise ou de la condamnation prononcée. Le châtiment devient inutile, lorsqu'il est trop éloigné du délit ou de la condamnation. Le besoin de l'exemple, une des bases essentielles du droit de punir, a alors disparu (Garraud, *Traité*, t. 2, n° 56, p. 85 à 87, et *Précis*, n° 409; Ortolan, t. 2, n° 1853; Haus, t. 2, n°s 1319 à 1322; Laborde, n° 866).

3. Sur l'historique relatif à la prescription criminelle, V. *Rép.* n°s 5 à 17; Garraud, *Traité*, t. 2, n° 57, p. 87-88. Nous n'avons à signaler aucune loi nouvelle sur la matière.

SECT. 2. — RÈGLES GÉNÉRALES (*Rép.* n°s 18 à 29).

4. On a établi au *Rép.* n° 22 que, pour calculer le délai de la prescription pénale, il faut compter le jour du délit, le *dies à quo*. Cette solution est admise par : Faustin-Hélie, *Instruction criminelle*, t. 2, n° 1067 et *Pratique criminelle*, 1877, t. 1, n° 1070; Le Sellyer, *Traité de l'exercice et de l'extinction des actions publique et privée*, n° 516; Brun de Villeret, *Prescription criminelle*, p. 122; Mangin, *De l'action publique et de l'action civile en matière criminelle*, p. 319; Meaume, *Commentaire du code forestier*, t. 2, n° 1314; Gillon et de Villepin, *Code des chasses*, n° 470; Morin, *Répertoire*, *Droit criminel*, v° *Chasse*, n° 37; Van Hoorebeck, p. 176 et 306; Dutruc, *Journal du ministère public*, t. 2, p. 249; Laborde, n° 872; Garraud, *Précis*, n° 417, et *Traité*, n° 63). — V. en sens contraire : Merlin, *Répertoire*, v° *Chasse*, § 5, Cousin, de Berriat Saint-Prix, *Procédure des tribunaux criminels*, 1re part., n° 336, 2e part. n° 393, et *Législation de la chasse*, p. 546; Ortolan, t. 2, n°s 1859 et suiv.; Trébutien, t. 2, p. 145 et 148; Villey, p. 252; Cousturier, n° 100.

La jurisprudence se prononce en faveur de la seconde opinion, qui exclut le *dies à quo* dans la computation du délai. Ainsi, il a été jugé : 1° que, dans le délai de trois mois nécessaire pour la prescription des délits de chasse (L. 3 mai 1844), on ne doit point comprendre le jour où l'infraction a été commise (Crim. cass. 10 janv. 1845, aff. Benard, D. P. 45. 1. 87; Nancy, 20 déc. 1852, aff. Parmentier, D. P. 53. 2. 186; Crim. cass. 2 févr. 1865, aff. Romang, D. P. 65. 1. 241, ce dernier arrêt rendu contrairement aux conclusions de M. l'avocat général Bédarrides, rapportées *ibid.*); — 2° Que la disposition de l'art. 50 du décret du 2 févr. 1852, portant, en matière de délits électoraux, que « l'action publique et l'action civile seront prescrites après trois mois à partir du jour de la proclamation du résultat de l'élection », doit être entendue en ce sens que ledit jour de la proclamation est exclu du délai pendant lequel court le temps de la prescription (Crim. rej. 4 avr. 1873, aff. Orsini et autres, D. P. 73. 1. 221); — 3° Que le jour de la constatation du délit par un procès-verbal, ou, si le procès-verbal n'a pas été fermé le même jour, le jour de la clôture de ce procès-verbal, ne compte pas, en matière de délits de pêche non plus qu'en matière de délits forestiers, dans le court délai par lequel se prescrit l'action publique (Metz, 23 nov. 1865, aff. Lochstetter, D. P. 67. 2. 59; Chambéry, 5 janv. 1871, aff. Devigne, D. P. 71. 5. 304. — *Contrà*, Grenoble, 13 janv. 1859, aff. Joubert, D. P. 59. 2. 176. V. aussi les arrêts cités au *Rép.* n° 22).

5. Ainsi qu'on l'a dit au *Rép.*, n° 24, les délais fixés par mois, en matière de prescription, doivent se régler d'après l'échéance des mois, date par date suivant le calendrier grégorien, et non se compter à raison d'autant de fois trente jours que la loi indique de mois. C'est ce qui a été jugé en matière de délits de chasse (Nancy, 28 janv. 1846, aff. Lhote, D. P. 46. 2. 69); ... de délits électoraux (Crim. rej. 4 avr. 1873, aff. Orsini et autres, D. P. 73. 1. 221); ... de délits de pêche (Colmar, 14 mai 1861, aff. Stœcklin et Siess, D. P. 61. 2. 225).

6. La prescription pénale produit un effet analogue à l'amnistie; elle efface le caractère délictueux du fait punissable. Par suite, elle met obstacle soit à l'exercice de l'action publique et de l'action civile, soit à l'exécution des condamnations prononcées. Aussi a-t-il été jugé que l'effet légal de la prescription, en matière criminelle, n'est pas seulement de couvrir le passé, mais de protéger pour l'avenir les possessions n'ayant au fondement que des actes condamnés par la loi pénale; et qu'en conséquence, lorsque trois ans s'étant écoulés, sans réclamation aucune, depuis la représentation d'un ouvrage dramatique contrefait, le délit de contrefaçon se trouve prescrit, cet ouvrage peut continuer à être exploité, de quelque manière que ce soit, par le contrefacteur, sans que l'auteur dont la propriété a été violée soit fondé à se plaindre (Paris, 24 févr. 1855, aff. Vatel, D. P. 56. 2. 71).

7. Dans toute poursuite, le ministère public ne doit pas se contenter d'établir que le fait délictueux a été commis. Il est tenu, en outre, de prouver que l'action publique est exercée en temps utile, et de fixer au moins approximativement la date de l'infraction (Brun de Villeret, n°s 91 et suiv.; Garraud, *Précis*, n° 421 et note 11, et *Traité*, n° 67 et note 47). Ainsi il a été décidé que le prévenu poursuivi pour recel d'objets volés ne peut être frappé d'une condamnation, lorsque l'époque à laquelle aurait été commis le vol dont il s'est rendu complice n'a pu être déterminée même approximativement, en sorte qu'il y ait incertitude sur le point de savoir si le délit se trouve ou non couvert par la prescription (Crim. rej. 26 juin 1873, aff. Guitton, D. P. 73. 1. 388).

8. Le bénéfice de la prescription, une fois acquis à l'auteur principal, s'étend aussi aux complices. Ces derniers peuvent, en effet, se prévaloir des mêmes exceptions (Crim. rej. 29 déc. 1882, aff. Sicard, D. P. 84. 1. 369).

9. Le long espace de temps qui s'est écoulé entre la date d'une contravention et celle des poursuites ne peut être un motif d'acquittement, lorsque cet espace de temps est inférieur à celui exigé pour la prescription (Crim. cass. 3 nov. 1865, aff. Robert, D. P. 66. 5. 365).

10. La proposition par un prévenu des exceptions de prescription n'équivaut pas à une demande en renvoi; dès lors, il n'y a pas lieu pour le juge, à supposer que la règle de l'art. 172 c. proc. civ. soit applicable à la juridiction criminelle et correctionnelle, de statuer sommairement sur cette exception sans la réserver ou joindre au principal (Crim. rej. 27 janv. 1870, aff. Famin, D. P. 70. 1. 442).

11. Ainsi qu'on l'a vu *suprà*, v° *Péremption*, n° 31, les règles relatives à la péremption d'instance (c. proc. civ., art. 397 et suiv.) ne sont pas applicables en matière criminelle (*Adde, conf.*: Garraud, *Traité*. t. 2, n° 65, p. 104, note 27; Brun de Villeret, n° 238).

Sect. 3. — De la prescription des peines en matière criminelle, correctionnelle et de police (*Rép.* n°ˢ 30 à 43).

§ 1ᵉʳ. — Des peines prescriptibles.

12. La prescription criminelle a une portée générale; elle s'étend non seulement aux peines corporelles et privatives de liberté, mais aussi aux peines pécuniaires, à l'amende et à la confiscation. Ces dernières peines se prescrivent non pas par trente ans, conformément à l'art. 2262 c. civ., mais par vingt ans, cinq ans ou deux ans, selon que la condamnation est prononcée pour crime, délit ou contravention. Cette solution, soutenue au *Rép.* n° 42, est universellement admise.

Dans cet ordre d'idées, il a été jugé que la prescription de cinq ans, édictée par l'art. 636 c. instr. crim., est applicable à la poursuite que la Régie intente pour le recouvrement des condamnations pécuniaires, infligées aux délinquants, en matière de contributions indirectes (Civ. rej. 10 déc. 1890, aff. Costillon, D. P. 91. 1. 102). D'après cet arrêt, si les condamnations pécuniaires en question peuvent être considérées, suivant le point de vue auquel on se place pour les apprécier, tantôt comme des peines, tantôt comme des réparations civiles, il n'en est pas moins vrai qu'elles sont des amendes, prononcées par les tribunaux de répression, en matière correctionnelle. — Comme on le voit, la solution donnée par la cour de cassation découle du caractère mixte que la jurisprudence reconnaît aux amendes prononcées pour contravention aux lois sur les douanes, les contributions indirectes ou les octrois. D'après les arrêts, ces amendes sont prononcées à la fois à titre de peine et à titre d'indemnité (V. notamment Crim. cass. 9 nov. 1888, aff. Pradal, D. P. 89. 1. 217). Cette doctrine est très contestée (V. Laborde, n°ˢ 400 et suiv., et surtout Garraud, *Traité*, t. 1, n° 354, p. 577 à 582 et la note de cet auteur sous l'arrêt de cassation précité. — V. au surplus, sur cette question du caractère des amendes prononcées en matière de contributions indirectes, *Rép.* v° *Impôts indirects*, n°ˢ 513 et suiv., et *suprà*, v° *Douanes*, n°ˢ 687 et suiv.).

13. Les peines privatives de droits, au contraire, échappent à la prescription pénale. La prescription de la peine principale ne peut libérer le condamné de la déchéance encourue; d'autre part, le condamné ne peut pas prescrire directement et isolément la peine privative de droits elle-même (Crim. rej. 30 mars 1863, aff. Rousseau, D. P. 63. 1. 135; Crim. cass. 30 avr. 1885, aff. Thomas, D. P. 85. 1. 315).

14. Toutefois des difficultés s'élèvent en ce qui concerne *l'interdiction légale*. Des auteurs décident qu'elle se prescrit en même temps que la peine principale dont elle est l'accessoire (Bertauld, p. 640; Garraud, *Précis*, n° 422, et t. 2, n° 73, p. 126 et 127; Laborde, n° 914). D'autres auteurs, au contraire, soutiennent que la peine de l'interdiction légale est imprescriptible (Villey, p. 542).

15. Que faut-il décider pour *l'interdiction de séjour* dans certains lieux déterminés par le Gouvernement? Cette peine a été introduite par la loi du 27 mai 1885 sur les récidivistes (art. 19), abolissant l'ancienne pénalité de la surveillance de la haute police et les interdictions de séjour prononcées par la loi du 9 juill. 1852. La question avait été agitée pour la surveillance de la haute police et elle était très discutée. On admettait assez généralement que cette dernière peine ne pouvait pas se prescrire. C'était la solution que nous avions donnée au *Rép.* n° 32 (Outre l'arrêt cité *ibid.*, V. en ce sens : Paris, 29 mai 1861, aff. Allo, D. P. 62. 2. 139; Douai, 8 mars 1875, aff. Jolibert, D. P. 76. 2. 142. — *Contrà* :

Lyon, 4 juin 1866, aff. Jacquin, D. P. 66. 2. 130; Nîmes, 7 juin 1866, aff. Fradin, D. P. 66. 2. 183). La loi du 23 janv. 1874 (D. P. 74. 4. 53 et suiv.), sur la surveillance de la haute police, tranchait la difficulté en faveur de la doctrine du *Répertoire*, en décidant, dans l'art. 48 c. pén., que la prescription de la peine ne libérait pas le condamné de la surveillance à laquelle il était soumis. Nous croyons que la même solution doit être donnée pour *l'interdiction de résidence* établie par la loi de 1885, qui présente les mêmes caractères que la surveillance de la haute police. Il y a là une peine privative de droits, comme toutes les peines de cette nature (V. conf. Garraud, t. 2, n° 73, p. 127; Laborde, n° 915).

16. De même, nous pensons que la prescription pénale ne peut pas s'appliquer à la *relégation*, introduite par la loi du 27 mai 1885. Le condamné ne pourra pas prescrire contre cette peine par un laps de temps plus ou moins long; et, de plus, l'extinction, par la prescription, de la peine principale n'entraînera pas celle de la relégation. Cette double solution résulte de ce que la relégation n'est qu'une peine accessoire (Garraud, *La relégation et l'interdiction de séjour*, 1886, p. 5, note 4, et *Traité*, t. 2, *loc. cit.*) — D'après une autre opinion, la peine de la relégation pourrait se prescrire, parce qu'elle consiste dans une mesure matérielle, à savoir la transportation dans une colonie pénale (Laborde, n°ˢ 916, p. 542).

§ 2. — Durée et point de départ de la prescription de la peine.

17. — I. Durée de la prescription. — On a dit au *Rép.* n° 36, que, quand il s'agit de déterminer la durée de la prescription pénale, il faut s'attacher non pas à la peine qui est prononcée, mais bien à la qualification que le jugement de condamnation donne à l'infraction. Dès lors, on ne doit pas tenir compte des modifications apportées par suite de l'admission de circonstances atténuantes ou d'une excuse (V. en ce sens : Faustin-Hélie, *Pratique criminelle*, t. 1, n° 1077; Villey, p. 514; Brun de Villeret, n°ˢ 415 à 417; Rodière, *Procédure criminelle*, p. 536; Bertauld, p. 522, et les arrêts cités au *Rép. ibid.*). — La doctrine contraire est soutenue par MM. Garraud, *Précis*, n° 423, et *Traité*, t. 2, n° 74, p. 128 et suiv.; Orlolan, *Éléments de droit pénal*, t. 2, n° 1896; Haus, t. 2, n°ˢ 1029 et 1030. — Une troisième opinion distingue : les circonstances atténuantes ne produiraient aucun effet sur la prescription; le crime puni simplement d'emprisonnement, par suite de leur admission, se prescrirait par vingt années. Au contraire, la peine prononcée pour un crime déclaré excusable serait de cinq ans (Laborde, n° 919, p. 543 et 544).

18. — II. Point de départ de la prescription. — 1° *Peines criminelles*. — Quand il s'agit de crimes, on a vu au *Rép.*, n° 30, que la prescription de la peine court à partir de la date des arrêts ou jugements, lorsqu'ils sont contradictoires. Ajoutons que la condamnation doit être irrévocable, c'est-à-dire résulter d'un arrêt ayant autorité de chose définitivement jugée; il faut une décision définitive pour substituer à la prescription de l'action celle de la peine (V. en ce sens, Crim. cass. 18 mars 1880, *suprà*, v° *Péremption*, n° 31). Aussi l'action publique continue à subsister tant que les délais du pourvoi en cassation ne sont pas expirés, et, si un pourvoi est formé, tant que ce pourvoi n'a pas été rejeté. Mais, une fois que la cour de cassation a statué, l'action publique s'éteint, et alors commence la prescription de la peine à partir de l'arrêt de condamnation (V. Garraud, *Traité*, t. 2, n° 75, p. 130 et 131. V. aussi *Rép.* n°ˢ 120 et 121).

19. Comme on l'a exposé au *Rép.*, n°ˢ 33 et 127, la prononciation d'une condamnation par contumace ne permet plus à l'accusé d'invoquer que la prescription de la peine à compter de la condamnation, et non celle de l'action publique (V. conf. Garraud, *Traité*, t. 2, n° 131 et 132; Crim. cass. 1ᵉʳ avr. 1858, aff. Leboucher, D. P. 58. 5. 104; Crim. rej. 5 déc. 1861, aff. Simonin, D. P. 62. 1. 399; Chambéry, 25 févr. 1863, aff. Falcoz et autres, D. P. 63. 2. 25; Crim. rej. 17 avr. 1863, aff. Ginhoux, D. P. 63. 1. 389. V. aussi D. P. 62. 1. 399, note).

20. La jurisprudence consacre cette solution, même dans le cas où la procédure de contumace ou l'arrêt sont entuchés d'un vice substantiel. C'est ce qui a été décidé en cas de nullité, pour défaut de signification, de l'ordonnance de prise de corps ou de se représenter, et aussi d'une manière générale en cas de nullité des actes de procédure postérieurs à cette ordonnance (Crim. cass. 1ᵉʳ avr. 1858, aff. Leboucher, D. P. 58. 5. 104 ; Crim. rej. 5 déc. 1861, aff. Simonin, D. P. 62. 1. 399 ; 17 avr. 1863, aff. Ginhoux, D. P. 63. 1. 389 ; 27 sept. 1886 (1). V. dans le même sens, Brun de Villeret, n° 243).

21. Ainsi qu'on l'a dit au *Rép.*, n°ˢ 35 et 50, la jurisprudence considère que l'arrêt contradictoire par lequel un individu a purgé sa contumace a, quant à la qualification du fait incriminé et la prescription de la peine dont ce fait est passible, un effet rétroactif au jour où la condamnation par contumace a été prononcée. Par suite, on décide que si, après avoir été condamné par contumace à une peine afflictive et infamante, l'accusé n'est condamné contradictoirement qu'à une peine correctionnelle en raison de la non-admission de circonstances aggravantes qui eussent imprimé au fait poursuivi le caractère d'un crime, cette peine est prescrite par cinq ans à partir de l'arrêt de contumace, et non à partir de l'arrêt contradictoire ; et que l'accusé doit, dès lors, être absous, lorsque la prescription ainsi calculée se trouvait déjà accomplie à son profit au moment de son arrestation (Outre les arrêts cités au *Rep.*, V. Crim. rej. 1ᵉʳ mars 1855, aff. Dumont, D. P. 55. 1. 192 ; Crim. cass. 11 janv. 1861, aff. Rialland, D. P. 61. 5. 371 ; C. d'assises de la Moselle, 4 déc. 1867, aff. Wagner, D. P. 68. 2. 39). — Cette solution est approuvée par Merlin, *Répertoire* v° *Contumace*, § 5 ; Le Sellyer, *Action publique et privée*, t. 2, n° 543 ; Rodière, *Procédure criminelle*, p. 328 ; Faustin-Hélie, *Instruction criminelle*, t. 8, n°ˢ 4108, 4109). Elle est combattue, ou tout au moins considérée comme une solution de faveur contraire à la rigueur des principes, par Garraud, *Précis*, n° 424, et *Traité*, t. 2, n° 75, p. 132 ; Laborde, n° 924 ; Bertauld, p. 623 et 624 ; Haus, t. 2, n° 1037 ; Hoorebeke, Bruxelles, 1847, n° 209 ; Brun de Villeret, n°ˢ 106, 107 et 482 ; Villey, p. 540, note ; Ferd. Jacques, *Revue pratique*, t. 16, 1863, p. 119).

22. — 2° *Peines correctionnelles ou de police.* — V. *Rép.* n°ˢ 34 et suiv., n° 122, et ce qui a été dit *suprà*, n° 18, sur le pourvoi en cassation.

23. En cas de condamnation *par défaut*, il y a lieu de distinguer. — S'il s'agit d'un jugement en premier ressort, dûment signifié, la prescription court à compter de l'expiration du délai d'appel. Il n'y aura pas de difficulté, puisque ce délai est plus long que celui de l'opposition (Garraud, *Précis*, n° 424, et *Traité*, t. 2, n° 75, p. 133 ; Laborde, n° 926 ; Paris, 25 févr. 1870, aff. Coussinet, motifs, D. P. 70. 2. 165).

Dans le cas où, au contraire, le jugement de condamnation par défaut est en dernier ressort, des difficultés se sont élevées. Parmi les auteurs, les uns enseignent que la peine se prescrit à partir de l'arrêt ou du jugement de condamnation par défaut (Garraud, *Précis* et *Traité, loc. cit.* ; Haus, t. 2, n° 1041). D'autres décident, en sens inverse, que la prescription court du jour où l'opposition n'est plus recevable (Villey, p. 541 ; Faustin-Hélie, *Instruction criminelle*, t. 8, n° 4114 ; Laborde, *loc. cit.*). Quant à la jurisprudence,

elle semble consacrer cette seconde doctrine (V. Crim. cass. 5 mars 1869, aff. Mortellier, D. P. 69. 1. 485 et 486 ; Paris, 27 nov. 1882, aff. Corbassière, D. P. 83. 2. 64).

Enfin, si le jugement par défaut n'a pas été signifié, il a simplement pour effet d'interrompre la prescription de l'action. Il ne fait pas courir la prescription de la peine (Crim. rej. 9 janv. 1892, aff. Thorel, D. P. 62. 1. 578. Comp. *Rép.* n°ˢ 124 et 125).

§ 3. — De la prescription des condamnations civiles.

24. Comme on l'a établi au *Rép.*, n°ˢ 41 et 42, les condamnations civiles prononcées en matière pénale se prescrivent par trente ans (c. instr. crim., art. 642). C'est là une proposition certaine (Garraud, *Traité*, t. 2, n° 78, p. 138 et suiv.). — D'autre part, sous le nom de condamnations civiles, on doit comprendre : 1° les dommages-intérêts et les restitutions obtenus par le particulier lésé ; 2° la condamnation aux frais prononcée non seulement au profit de la partie civile, mais aussi de l'Etat. La question a été discutée en ce qui concerne la condamnation aux frais obtenue par l'Etat. Mais on admet généralement la solution que nous venons de donner à son égard, et déjà soutenue au *Rép.* n° 42 (V. en ce sens, Garraud, *op. et loc. cit.* ; Faustin-Hélie, *Instruction criminelle*, t. 8, p. 607 ; Instruction du ministre de la justice, approuvée par le ministre des finances, du 20 sept. 1875, art. 245. — *Contrà* : E. Loison, *De la prescription applicable à la condamnation aux frais en matière criminelle, La Loi* du 16 juin 1882).

25. La prescription des condamnations civiles ne commence à courir, d'après l'art. 642, que du jour où les arrêts ou jugements qui prononcent la condamnation sont devenus irrévocables (Crim. cass. 18 mars 1880, *suprà*, v° *Péremption*, n° 31). — L'application de ce principe soulève quelque difficulté pour les arrêts prononcés par contumace. Peut-on, avant l'expiration du délai de la prescription de la peine, exécuter la condamnation sur le patrimoine du contumax, faire saisir et vendre ses biens ? Il nous semble qu'il faut admettre l'affirmative, pour ce motif que l'arrêt de contumace doit être considéré comme rendu sous la condition résolutoire de la représentation ou de l'arrestation du condamné dans les vingt ans qui suivent (V. en ce sens, Garraud, *Traité*, t. 2, n° 78, *b*, p. 139 et 140 ; *Questions pratiques sur la contumace, Revue critique*, 1878, p. 369 à 383 ; Haus, t. 2, n° 1027 ; Laborde, n° 934, p. 549 et 550).

Bien entendu, la partie civile, qui a obtenu des dommages-intérêts, peut faire exécuter la condamnation, lorsque le délai de la prescription de la peine s'est écoulé, sans que la contumace se soit représentée ou ait été arrêtée. La condamnation, en effet, devient alors irrévocable.

SECT. 4. — DE LA PRESCRIPTION DE L'ACTION PUBLIQUE EN MATIÈRE DE CRIME ET DE DÉLIT. — DE QUELLE ÉPOQUE COMMENCE A COURIR LA PRESCRIPTION. — CRIMES ET DÉLITS SUCCESSIFS (*Rép.* n°ˢ 44 à 76).

§ 1ᵉʳ. — Du délai de la prescription en lui-même
(*Rép.* n°ˢ 45 à 51).

26. La durée de la prescription de l'action publique dé-

---

(1) (Forcioli). — LA COUR ; — Sur le premier moyen, tiré de la prétendue violation des art. 446, 470 et 637 c. instr. crim., en ce que la cour d'assises a prononcé une condamnation à la suite de la déclaration du jury, bien que l'action publique résultant du crime dont il avait été déclaré coupable fût prescrite depuis longtemps ; — Attendu en fait, que le demandeur en cassation a été condamné par contumace, et que cette prescription est remplacée par la prescription de la peine ; — Attendu que, pour échapper à cet effet de la condamnation par contumace et pouvoir bénéficier de la prescription de l'action, le demandeur prétend que l'arrêt de contumace serait nul, parce que l'ordonnance de se représenter ne lui aurait pas été notifiée ; — Attendu que, si cette notification, qui n'a pas eu lieu dans l'espèce, est une formalité substantielle, dont l'omission peut motiver, devant la cour d'assises chargée de prononcer sur la contumace, la nullité de la procédure qui s'en est suivie et n'appartient pas au contumax de s'en prévaloir ; — Que l'art. 473 c. instr. crim. refuse, en effet, au condamné tout droit de recours contre l'arrêt de contumace ; — Qu'il est de principe que l'effet d'une telle condamnation, d'arrêter le cours de la prescription de l'action et d'en ôter entièrement le bénéfice à l'accusé, est produit par

cela seul que la condamnation a existé ; que cet effet ne peut, dans aucun cas, dépendre de la régularité, soit des formes de l'arrêt en lui-même, soit des formes des actes qui l'ont précédé ou suivi, puisque, d'après l'art. 476 c. instr. crim., le jugement rendu et les procédures faites contre le contumax étant nuls de plein droit par sa mise en arrestation, forcée ou volontaire, et que, conséquemment, la validité de ces procédures et jugement n'est plus susceptible d'aucun examen ; que non seulement on ne peut pas admettre qu'une cour d'assises puisse s'occuper de la régularité, de la validité d'actes ou de jugements qui sont anéantis par la force de la loi, mais qu'il serait contre l'intérêt de l'ordre public d'exposer l'action du procureur général à une prescription contre laquelle il n'a pu se garantir, puisque l'arrêt de contumace lui ôtait tout moyen de le conserver par des actes de poursuite ; — Qu'il suit de l'arrêt attaqué, en refusant d'accorder à Rotily Forcioli le bénéfice de la prescription, loin de violer les dispositions des articles précités, en a fait une juste et saine application ; — Sur le second moyen, etc.»

Rejette, etc.

Du 27 sept. 1886.-Ch. crim.-M. de Salneuve, rap.

pend de la *qualification* du fait punissable. Comme on l'a dit au *Rép.*, n° 46 et 47, cette qualification est déterminée par le jugement définitif qui intervient; elle ne peut dépendre de l'appréciation du ministère public et des juridictions d'instruction. (Laborde, n° 868, p. 519, et les arrêts cités au *Rép.*, *ibid.*).

27. Il faut donc que le fait incriminé ait été apprécié par la juridiction de jugement. Mais ici s'élèvent de sérieuses difficultés, qui divisent la doctrine et la jurisprudence.— D'après un premier système, pour déterminer la durée de la prescription, il faut s'attacher à la qualification qui résulte de la nature de la peine dont la loi punit le fait incriminé (c. pén. art. 1). De là les conséquences suivantes : 1° lorsqu'un crime a été déclaré excusable par le jury, c'est la prescription de trois ans qui doit s'appliquer; 2° lorsqu'une juridiction répressive admet des circonstances atténuantes, et qu'elle punit un crime d'une peine correctionnelle ou un délit d'une peine de simple police, les délais de la prescription sont fixés à dix ans et à trois ans (Ortolan, t. 2, n° 1866; Garraud, *Précis*, n° 415, et *Traité*, t. 2, n° 61; Laborde, n° 870, p. 519. — V. aussi Faustin-Hélie, *Instruction criminelle*, t. 2, n° 1057; Labroquère, *Revue critique*, 1861, t. 19, p. 167; Cousturier, n° 113; Haus, t. 2, n°s 1330 et 1331). — D'autres auteurs soutiennent qu'on doit s'attacher à la qualification même de l'infraction; d'après eux, l'excuse légale et les circonstances atténuantes ne peuvent modifier le caractère de l'infraction et restent sans effet sur la durée de la prescription. C'est l'opinion qui a été soutenue au *Rép.*, n°s 48 à 50 (V. en ce sens : Brun de Villeret, n°s 195 à 197; Rodière, *Procédure criminelle*, p. 40; Le Sellyer, *Actions publique et privée*, t. 2, n° 544; Bertauld, p. 621 et 622; Villey, p. 251).

28. Quant à la jurisprudence, elle a varié, et, encore

aujourd'hui, elle n'a pas de système bien tranché. — En ce qui concerne les circonstances atténuantes, les tribunaux français décident qu'elles ne peuvent avoir pour effet de modifier les délais de la prescription pénale. Malgré l'admission de circonstances atténuantes, la durée de la prescription reste fixée à dix ans ou à trois ans, suivant que le fait poursuivi est un crime ou un délit (V. les arrêts cités au *Rép.* n° 48). La jurisprudence belge est en sens contraire : elle décide, notamment, que le délit mitigé par les circonstances atténuantes est soumis à la prescription des infractions de police (C. de cassation de Belgique, 1er oct. 1881 (1) et 18 févr. 1884 (2); Liège, 10 mai 1883) (3).

29. En ce qui concerne les excuses, notre jurisprudence distingue. S'agit-il de l'excuse de minorité? Elle décide alors que le crime commis par un mineur de seize ans est soumis seulement à la prescription de trois ans, relative aux délits, et non à la prescription de dix ans relative aux crimes (Crim. rej. 25 août 1864, aff. Liottard, D. P. 65. 1. 42; Bourges, 11 juin 1868 (4); 12 nov. 1868 (5); Crim. rej. 10 déc. 1869, aff. Hostein, D. P. 70. 1. 319; Crim. cass. 12 août 1880, aff. Bonord, D. P. 81. 1. 92. — *Contrà* : Angers, 3 déc. 1849, aff. Ricou, D. P. 50. 2. 127).

Au contraire, relativement à l'excuse de provocation, il a été jugé qu'elle ne peut avoir pour effet de rendre applicables les règles relatives à la prescription des délits correctionnels (Crim. rej. 17 janv. 1833, V. *Rép.* n° 49).

30. La durée de la prescription doit se régler d'après la nature de l'acte incriminé, considéré dans son ensemble. Peu importe que l'infraction se compose d'un fait unique, ou, au contraire, d'un fait principal, accompagné de circonstances aggravantes. De ce que, prise isolément, une circonstance aggravante aurait constitué une infraction sus-

(1) (X...). La cour; — Considérant qu'en présence du moyen de prescription soulevé d'office et qui est d'ordre public, il n'y a pas lieu d'examiner les divers moyens qui servent de base au pourvoi; — Considérant que la cour d'appel de Bruxelles, faisant application au demandeur de l'art. 85 c. pén., ne l'a condamné pour chacun des vingt et un faits de concussion établis à sa charge qu'à vingt et une peines de police; que ces faits doivent, par conséquent, être réputés n'avoir que les caractères de contraventions et sont, par suite, soumis à la prescription de six mois établie par l'art. 23 du titre préliminaire du code de procédure pénale (L. 17 avr. 1878); — Considérant que le premier acte de poursuite remonte au 12 juill. 1880 et que l'arrêt attaqué porte la date du 27 juill. 1881; que, quels que soient les actes de poursuite posés dans cet intervalle, le dernier qui ait pu utilement proroger le délai de la prescription est antérieur au 12 janv. 1881, une seule prorogation de six mois étant possible, aux termes de l'art. 26 du titre précité; que, même pour le dernier fait compris dans la poursuite, la prescription était, par conséquent, acquise au 27 juillet date de l'arrêt, et que c'est, par suite, à tort que la cour a prononcé contre le demandeur vingt et une peines de police, à raison des faits par elle reconnus constants; — Casse, etc.
Du 1er oct. 1881.-C. cass. de Belgique, ch. des vacat.-MM. de Longé, 1er pr.-Lenaerts, rap.-Mesdach de ter Kiele, 1er av. gén., c. conf.

(2) (Dielkens). — La cour; — Sur le moyen pris de la violation de l'art. 1, § 3, c. pén., combiné avec l'art. 25 du même code, et de l'art. 25 du titre préliminaire du code de procédure pénale, en ce que le jugement attaqué, en admettant l'existence de circonstances atténuantes, n'a prononcé qu'une peine de police pour punir une infraction qualifiée délit, qui est ainsi devenue une contravention; que le fait à raison duquel la poursuite a été exercée a été posé le 9 mai 1881, et que le premier acte de poursuite n'a été fait que le 17 novembre, alors que plus de six mois n'étaient écoulés, et que la prescription était acquise : — Attendu que le jugement dénoncé a déclaré le demandeur coupable d'avoir recélé, le 9 mai 1882, deux montres obtenues à l'aide d'un vol; qu'il a admis, en sa faveur, des circonstances atténuantes, et ne l'a condamné qu'à une peine de police; que le ministère public n'ayant pas interjeté appel, ce jugement a imprimé définitivement au fait déclaré constant le caractère d'une contravention; que, par suite, l'infraction dont il s'agit était soumise à la prescription de six mois, établie par l'art. 23 c. proc. pén.; que le procès-verbal, ayant pour objet de recueillir les preuves de l'existence de cette infraction et la culpabilité de son auteur, a été dressé le 4 juin dernier; qu'il n'a été fait, dans le délai de six mois à compter du 9 mai 1883, aucun autre acte d'instruction, ni aucun acte de poursuite; que le jugement attaqué a été prononcé le 18 déc. 1883, et qu'à cette date, la pres-

cription était acquise; — D'où il suit qu'en prononçant une condamnation à charge du demandeur, ce jugement a contrevenu aux textes de loi cités à l'appui du pourvoi; — Casse... ; — Dit n'y avoir lieu à renvoi, etc.
Du 18 févr. 1884.-C. cass. de Belgique, 2e ch.-MM. Vandenpeereboom, pr.-Casier, rap.-Mélot, av. gén., c. conf.

(3) (Pierrard C. Mathot.) — La cour; — Attendu que le fait poursuivi remonte au 3 mai 1882; — Attendu que, à défaut d'appel du ministère public, la peine de 20 fr. d'amende, appliquée par le premier juge ne pourrait être augmentée; — Attendu que cette peine détermine la nature de l'infraction, et lui attribue le caractère d'une contravention de police; — Attendu qu'en vertu des art. 22, 23 et 26 combinés de la loi du 17 avr. 1878, l'action publique et l'action civile résultant d'une contravention ne peuvent, quels que soient les actes d'instruction ou de poursuite, durer au delà d'un an à compter du jour où la contravention a été commise; — Attendu qu'en matière pénale, la prescription est d'ordre public et doit être constatée d'office; — Par ces motifs; — Déclare prescrites l'action publique et l'action civile qui lui sont soumises; — En conséquence, décharge l'appelante des condamnations prononcées contre elle par le premier juge.
Du 10 mai 1883.-C. de Liège, 4e ch.-M. Schloss, pr.

(4) (Minois). — La cour; — En ce qui concerne le détournement de sommes qu'on reproche à Minois d'avoir commis au préjudice du sieur Amathieu, chez lequel il était ouvrier, au cours de févr. 1865 : — Considérant qu'à cette époque, Minois était âgé de moins de seize ans, et qu'à raison de cette circonstance d'âge, le fait, étant justiciable de la juridiction correctionnelle, n'eût pas dû être soumis à la chambre des mises en accusation; — Considérant, en outre, qu'au moment où les poursuites ont commencé, plus de trois années nécessaires pour prescrire s'étaient écoulées; — Dit qu'il n'y a lieu à poursuivre de ce chef, etc.
Du 11 juin 1868.-C. de Bourges, ch. d'accus.-M. Hyver, pr.

(5) (Moreau). — La cour; — Considérant que c'est à tort que l'ordonnance de mise en prévention a retenu à la charge de Silvain Moreau le premier fait relatif au vol de Léonard Pascaux, puisqu'en effet il résulte de la procédure qu'à l'époque où il l'aurait commis, le prévenu était âgé de moins de seize ans, et que, suivant les termes de droit, le fait perdait son caractère de crime, se réduit aux proportions d'un simple délit, n'eût pu être déféré qu'à la juridiction correctionnelle; — Que le fait ainsi qualifié délit n'ayant été l'objet d'aucunes poursuites dans le laps des trois ans qui l'ont suivi, il est couvert par la prescription; — Par ces motifs, etc.
Du 12 nov. 1868.-C. de Bourges, ch. d'accus.-M. Dlarue, pr.

ceptible d'une prescription plus courte que celle applicable au fait principal, il ne résulte pas qu'on doive détacher cette circonstance aggravante du fait principal et l'écarter, à la faveur de la prescription qui lui serait acquise en propre. Ce serait méconnaître le principe que l'accessoire suit le sort du principal. Ainsi il a été jugé que la prescription de trois ans applicable à un délit pris isolément ne peut s'étendre à la circonstance aggravante que ce délit constitue, en raison de sa concomitance avec un crime de meurtre ayant eu pour objet de préparer, faciliter ou exécuter le délit (Crim. rej. 21 janv. 1887, aff. Kielwasser, D. P. 87. 1. 287. V. la note sur cet arrêt).

§ 2. — Point de départ du délai de la prescription
(Rép. n°s 52 à 76).

31. Le principe que nous avons posé au *Rép.*, n° 55, d'après lequel le délai de la prescription contre l'action publique court à compter du jour où l'infraction a été commise, présente de graves difficultés dans son application. On peut, tout d'abord, se trouver en présence d'infractions *instantanées*, c'est-à-dire prenant fin dès qu'elles sont accomplies, quelque temps qu'ait duré leur préparation ou leur exécution. Dans ce cas, la prescription commencera à courir du jour même où l'infraction s'est accomplie. — Lorsqu'il s'agit d'une infraction *continue* ou *successive*, c'est-à-dire se composant d'un fait unique, mais prolongeant sans interruption, l'action publique se prescrit à partir du moment où ce fait a cessé d'une manière complète (V. en ce sens, *Rép.* n° 57; Ortolan. t. 2, n°s 748 et 1863; Cousturier, n° 105; Haus, t. 2, n° 1337; Laborde, n° 873; Garraud, *Précis*, n° 417, p. 529, et *Traité* t. 2, n° 63, p. 97. — *Contrà :* Nypels, *Code pénal interprété*, art. 371, n° 4 et art. 434, n° 1). Cette opinion est isolée.

La jurisprudence a eu l'occasion de faire diverses applications de la règle que nous venons d'indiquer (V. les numéros suivants. Comp. *Rép.* n°s 58 à 73).

32. On a examiné au *Rép.* n° 61, les difficultés qui se sont élevées, sous l'ancienne législation, relativement au délit de désertion et d'insoumission. Elles sont aujourd'hui tranchées par le code de justice militaire de 1857, dont l'art. 184 est ainsi conçu : « Les dispositions du chapitre 5, titre 7, du livre 2 c. instr. crim. relatives à la prescription sont applicables à l'action publique résultant d'un crime ou délit de la compétence des juridictions militaires, ainsi qu'aux peines résultant des jugements rendus par ces tribunaux. — *Toutefois la prescription contre l'action publique résultant de l'insoumission ou de la désertion ne commence à courir que du jour où l'insoumis ou le déserteur a atteint l'âge de quarante-sept ans.* — A quelque époque que l'insoumis ou le déserteur soit arrêté, il est mis à la disposition du ministre de la guerre pour compléter, s'il y a lieu, le temps du service qu'il doit encore à l'Etat ». Cette législation est encore en vigueur aujourd'hui en matière de désertion ; mais elle a été modifiée, en ce qui concerne le délit d'insoumission, par l'art. 73 de la nouvelle loi militaire du 15 juill. 1889. Ce dernier texte porte que la prescription contre le délit d'insoumission commence à courir du jour où l'insoumis a atteint l'âge de cinquante ans. De là une conséquence bizarre : le déserteur, qui a commis une faute punie de peines beaucoup plus graves que celle de l'insoumission, commencera à prescrire plus tôt que l'insoumis (Comp. *suprà*, v° *Organisation militaire*, n° 391). Ajoutons que la jurisprudence la plus récente semble considérer l'insoumission et la désertion comme des infractions successives. V. en ce sens, Legraverend, *Législation criminelle*. t. 1, p. 80 ; Mangin, *De l'action publique*, t. 2, p. 165, n° 326; Trib. corr. Seine, 24 juin 1890 (1).

33. Ainsi qu'on l'a montré au *Rép.*, n° 69, le délit d'abus de blanc-seing n'a rien de complexe ni de successif. Chaque fait d'abus constitue un délit distinct, susceptible d'une prescription séparée à partir de sa consommation. Ainsi il a

été jugé que l'abus de blanc-seing se reproduit chaque fois que l'usage frauduleux qu'on en fait se renouvelle; qu'en conséquence, la prescription n'est pas accomplie lorsque moins de trois ans se sont écoulés entre le dernier fait d'usage et le premier acte des poursuites (Crim. rej. 5 janv. 1883, aff. Arnould-Drapier, D. P. 83. 1. 366).

34. On a dit au *Rép.*, n° 70, que la prescription du délit d'abus de confiance, commis par un emprunteur, un dépositaire, un mandataire, un locataire, ne peut courir qu'à partir de l'époque où une mise en demeure restée infructueuse a fait ressortir le refus ou l'impossibilité de celui-ci de restituer, et non pas à partir du dépôt ou de la remise de la chose qui a été détournée ou dissipée. Le délit d'abus de confiance, en effet, n'est légalement accompli que quand, sur une sommation ou mise en demeure, il y a eu refus de restituer ce qu'on détient à titre de dépôt, de louage et de mandat. La jurisprudence est en ce sens (Outre les arrêts cités au *Rép. ibid.*, V. Rennes, 30 déc. 1850, aff. Le Bobinnec, D. P. 55. 2. 199 ; Toulouse, 13 févr. 1862, aff. B..., D. P. 62. 2. 84 ; Crim. cass., 28 juin 1862, aff. Mirès, D. P. 62. 1. 305 ; Crim. rej., 30 juill. 1863, aff. Noury ; 14 janv. 1864, aff. Thévenin ; Crim. cass., 30 juin 1864, aff. Dubœuf; Crim. rej., 2 déc. 1865, aff. Cassin, D. P. 66. 1. 362 ; 10 janv. 1868, aff. Virgile, D. P. 68. 1. 239 ; 4 nov. 1869, aff. Vaudrus, D. P. 70. 1. 382 ; Montpellier, 18 nov. 1872, aff. F..., D. P. 73. 2. 67 ; Crim. rej., 5 janv. 1883, aff. Arnould-Drapier, D. P. 83. 1. 366, et les notes. Conf. Chauveau et Faustin-Hélie, *Théorie du code pénal*, 5e éd., t. 5, n°s 2273 et suiv.).

35. Toutefois, des arrêts décident aussi qu'il appartient au juge du fait de fixer, par une appréciation souveraine des circonstances, l'époque précise de la perpétration du délit, et que la prescription court à partir de ce moment. Une mise en demeure ne serait nécessaire pour fixer le point de départ de la prescription qu'autant que l'époque où le détournement a été consommé serait indécise et incertaine. Ainsi, il a été décidé que l'abus de confiance peut être consommé par le détournement frauduleux lui-même et se prescrit à partir de cet acte même (Crim. rej., 18 juin 1851, aff. Geoffroy, D. P. 51. 5. 172 ; Crim. cass., 14 mars 1862, aff. Figault, D. P. 62. 1. 364 ; 30 juin 1864, aff. Crim. rej. 2 déc. 1865, cités *suprà*, n° 34; Chambéry, 8 mars 1867, aff. Corcellet, D. P. 67. 2. 46 ; Crim. rej., 24 janv. 1870, aff. Bouquerel, D. P. 70. 1. 37 ; 3 févr. 1870, aff. Chalvet, de Souville, D. P. 71. 1. 269 ; Nîmes, 19 déc. 1878, aff. X..., D. P. 79. 2. 238).

36. Nous avons ajouté au *Rép.*, n° 70 que l'abus de confiance ne peut être considéré comme un délit successif se continuant, tant que le prévenu fait des actes de jouissance sur la chose frauduleusement détournée. Par suite, dans le cas où un mandataire a eu recours à des moyens frauduleux pour détourner une partie des recettes successivement effectuées par son mandant, chaque détournement constitue un délit distinct, susceptible d'une prescription séparée à partir de sa consommation. Outre les arrêts cités au *Rép. ibid.*, V. Crim. cass., 12 nov. 1858, aff. Lion, D. P. 61. 5. 372 ; 30 juin 1864, aff. Dubœuf, D. P. 64. 1. 362 ; Nîmes, 19 déc. 1878, aff. X..., D. P. 79. 2. 238. V. en ce sens Blanche, *Etudes pratiques du code pénal*, t. 4, n°s. 270 et 271.

37. Ainsi qu'on l'a vu au *Rép.*, n° 72, la jurisprudence décide qu'en matière de dénonciation calomnieuse, la prescription commence à courir, non du jour où la dénonciation a été faite, mais du jour où elle est reconnue calomnieuse. Il a été jugé, en ce sens, que la prescription du délit de dénonciation calomnieuse court, lorsque ce délit résulte d'une plainte en abus de confiance jugée mal fondée, du jugement définitif qui a rejeté cette plainte (c. instr. crim. art.638)(Crim. rej. 6 févr. 1857, aff. Emmanuel, D. P. 57. 1. 133). C'est à tort, d'ailleurs, que l'on prétendrait qu'elle doit courir seulement à partir du jugement civil qui a terminé les contestations commerciales, source de cette même plainte (Même arrêt).

---

(1) (Min. publ. *C.* femme Maurel.) — Le tribunal ; — Attendu que l'art. 242 c. just. milit. du 3 juin 1857 ne paraît avoir abrogé les dispositions de l'art. 4 de la loi du 24 brum. an 4, relatif au recèlement d'un déserteur ; — Que les mots : « favoriser la désertion » de l'art. 242, peuvent comprendre parfaitement le recèle-ment ; — *Qu'en effet, la désertion étant un fait successif*, c'est la favoriser que de recéler un déserteur, même un certain temps après que la désertion a commencé ; — Qu'un arrêt de la cour de Lyon du 25 août 1872 s'est prononcé sur ce sens; etc.
Du 24 juin 1890.-Trib. corr. de la Seine, 10e ch.-M. Mercier.

Cette jurisprudence est approuvée par Vazeille, *Prescriptions*, n° 652, et Mangin, *Traité de l'action publique et de l'action civile*, t. 2, n° 330. Nous l'avons combattue, au contraire, comme étant trop absolue (V. *Rép. ibid.*). La majorité des auteurs repoussent aussi la solution de la jurisprudence. Ils décident que la prescription du délit de dénonciation court du jour même de la dénonciation, et non pas seulement du jour où la fausseté des faits dénoncés et la mauvaise foi du dénonciateur ont été reconnues par une décision judiciaire. Les partisans de cette opinion invoquent, à l'appui, cet argument que le délit est entièrement consommé du jour où une dénonciation calomnieuse a été faite de mauvaise foi. Le jugement qui intervient ne change rien aux faits en eux-mêmes ; la calomnie existe avant la décision qui la constate (V. en ce sens Faustin-Hélie, *Instruction criminelle*, t. 2, n° 1069 ; Haus, t. 2, n° 1348 ; Cousturier, n° 96 ; Brun de Villeret, n°s 189 et suiv.).

Le Sellyer (*Actions publique et privée*, t. 2, n° 472) soutient une opinion particulière. Il approuve la jurisprudence en ce qui concerne l'action publique naissant du délit et appartenant au ministère public. Au contraire, d'après cet auteur, la prescription à l'égard de la personne dénoncée court du jour où le délit de calomnie a été commis, si, dès ce jour, la personne dénoncée a connu son dénonciateur ; si elle ne l'a connu que postérieurement, la prescription ne courra que du jour où le nom du dénonciateur lui aura été révélé.

38. Dans le même ordre d'idées, il a été jugé : 1° que chaque fabrication d'objets en contrefaçon d'un brevet forme un délit à part, qui a son existence propre et sa prescription particulière ; et que la fabrication d'un nombre plus ou moins considérable d'objets brevetés ne saurait, dès lors, être considérée comme constituant un délit successif et unique, soumis seulement, dans son ensemble, à la prescription applicable au dernier des actes de fabrication (Crim. cass., 2 août 1857, aff. Gautrot, D. P. 57. 1. 408. V. aussi *Rép.* n° 73) ; — 2° Que le délit de contrefaçon ne constitue pas un délit successif, et qu'il est pleinement consommé, du moment où une œuvre littéraire est publiée au mépris des lois et règlements relatifs à la propriété des auteurs (Paris, 24 févr. 1855, aff. Vatel, D. P. 56. 2. 71) ; — 3° Que le délit de mise en vente d'un objet breveté sans l'addition des mots « sans garantie du Gouvernement », lorsque la mise en vente a eu lieu dans les magasins du fabricant ou dans ceux de ses dépositaires, constitue un délit successif naissant de la mise en vente du produit et prenant fin seulement lors de la cessation même de cette mise en vente ; et qu'en conséquence, la prescription est acquise au fabricant, lorsque la dernière des ventes par lui faites est antérieure de trois ans au premier acte de poursuite (L. 5 juill. 1844, art. 33 ; Dijon, 18 juill. 1883, aff. Grandjean, D. P. 85. 2. 40 ; Nancy, 3 juill. 1883, aff. Robert, D. P. 84. 1. 477, et Crim. cass., 16 mai 1884, aff. Robert, D. P. *ibid.*) ; — 4° Que le délit résultant de l'insertion d'énonciations injurieuses ou diffamatoires dans une délibération du conseil municipal ne présente aucun caractère successif ; qu'il se trouve pleinement consommé au moment même où le registre des délibérations a reçu l'inscription formant l'objet de la plainte ; et que c'est à partir de ce moment que court la prescription (Crim. rej., 4 févr. 1876, aff. Marc, D. P. 77. 1. 45) ; — 5° Que l'infraction qui résulte de l'omission d'une formalité à remplir dans un délai déterminé n'a pas le caractère d'une contravention successive ; que, par la suite, le fait par l'étranger ayant antérieurement sa résidence en France de n'avoir pas fait avant le 1er janv. 1889 la déclaration exigée par l'art. 4 du décret du 2 octobre et le décret du 27 oct. 1888, ne constitue pas une contravention successive ; et qu'en conséquence, la prescription est acquise un an à compter de l'expiration du délai accordé pour faire cette déclaration (Crim. rej., 2 juin 1892, aff. Milianaty et aff. Boone, D. P. 93. 1. 131 ; Comp. Trib. simple pol. Lille, 2 avr. 1892, aff. Jaeger, D. P. 93. 2. 125).

39. Signalons encore quelques espèces particulières sur lesquelles la jurisprudence a eu à statuer, et dans lesquelles on se trouve en présence de délits qui ne sont pas successifs. Il a été jugé : 1° que le délit commis par le créancier d'une faillite, en se faisant consentir un avantage particulier en raison de son vote dans les délibérations de la

faillite, n'est consommé que par ce vote lui-même (c. com. art. 597) ; et que, par suite, pour que la prescription du délit soit acquise, il faut qu'il se soit écoulé plus de trois ans du jour du vote donné conformément à la stipulation, et non pas seulement du jour de cette stipulation (c. instr. crim. art. 638) (Crim. rej. 9 août 1862, aff. Ayme, D. P. 63. 1. 107) ; — 2° Que la prescription de l'action publique contre les gérants d'une société en commandite qui, au moyen d'inventaires frauduleux, ont opéré entre les actionnaires la répartition de dividendes fictifs, commence à courir du jour où l'assemblée générale des actionnaires a autorisé la distribution de ces dividendes (L. 24 juill. 1867, art. 15, § 3 ; (Rennes, 3 nov. 1887, aff. Joly et Rubat du Mérac, D. P. 88. 2. 233). — Toutefois, cette dernière solution semble repoussée par un arrêt de la cour de cassation du 23 juin 1883 (aff. Bontoux et Féder, D. P. 83. 1. 425). Cet arrêt décide, il est vrai, que la distribution de dividendes fictifs n'a pas besoin, pour exister dans le sens légal, d'être effective et matérielle ; mais, dans l'espèce, la distribution, comme la constate la cour, avait eu lieu par voie de compensation, celle-ci équivalant à un payement effectif. Il semble donc bien que, d'après la cour de cassation, la prescription court à partir de la distribution du dividende fictif, et non à partir de la délibération qui a autorisé cette distribution (V. dans le sens de cette dernière solution, Pont, *Traité des sociétés civiles et commerciales*, t. 2, n° 1555, et la note sous l'arrêt de cassation précité).

40. Des difficultés s'élèvent aussi en ce qui concerne les infractions *collectives* ou *d'habitude* composées d'actes répétés, dont chacun, pris isolé, ne tombe pas sous le coup de la loi pénale ; tel est notamment *le délit d'usure*. On a montré au *Rép.*, n° 74, qu'aucun des faits constituant l'infraction collective ou d'habitude ne peut être isolément soumis à la prescription, mais que celle-ci court à partir du dernier de ces faits. Peu importe, a-t-on dit, la date particulière des faits qui constituent le délit, si éloigné qu'elle soit. Dès l'instant que le dernier fait n'est pas couvert par la prescription, l'action publique peut être intentée à l'égard de tous les autres. Cette doctrine est admise par plusieurs auteurs (Brun de Villeret, n° 170 et suiv. ; Mangin, *op. cit.*, n° 327) et consacrée par la jurisprudence (Outre les arrêts cités au *Rép., ibid.*, V. Crim. rej., 14 nov. 1862, aff. Villemot, D. P. 63. 5. 395 et 396). D'après un second système, au contraire, pour que l'action publique puisse être intentée, il faut que tous les faits constitutifs de l'infraction collective aient été accomplis depuis moins de dix ans ou de trois ans, suivant qu'il s'agit d'un crime ou d'un délit (V. en ce sens Faustin-Hélie, *Instruction criminelle*, t. 2, n°s 689 et 690 ; Le Sellyer, *Actions publique et privée*, t. 2, n° 471).

Enfin plusieurs auteurs soutiennent qu'on peut rattacher au dernier des faits qui peut être atteint par l'action publique tous les faits antérieurs, à la condition qu'ils ne soient pas séparés par un intervalle supérieur à dix ans ou trois ans (Garraud, *Précis*, n° 417, et *Traité*, n° 63 *in fine*, p. 97, note 1 ; Laborde, n° 873 ; Trébutien, t. 2, p. 151 ; Bertauld, p. 612 ; Hans, t. 2, n° 1340 ; Villey, p. 257).

Sect. 5. — De la prescription de l'action publique en matière de simple police (*Rép.* n°s 77 à 92).

41. Conformément à la doctrine soutenue au *Rép.*, n° 80, il a été décidé que les contraventions de grande voirie se prescrivent par le même délai que les contraventions de police (Cons. d'Etat, 29 déc. 1870, aff. Duval, D. P. 72. 3. 36 ; 28 mai 1880, aff. Pascal, D. P. 81. 3. 50 ; 14 déc. 1883, aff. Lequeux, D. P. 85. 3. 75 ; 4 juill. 1884, aff. Comp. des Canaux du midi, D. P. 86. 3. 13 ; 8 janv. 1886, aff. De Champigny et Gautheron, et chemin de fer de P.-L.-M., D. P. 87. 3. 58). Jugé, au contraire, que les infractions de grande voirie constituent de véritables délits, soumis à la prescription de trois ans (Nancy, 6 févr. 1892, aff. Barbier, D. P. 93. 2. 133).

42. On a recherché, au *Rép.*, n°s 93 et suiv., ce qu'il faut entendre par contraventions *successives*. Depuis, la jurisprudence a considéré comme étant des contraventions *successives* : 1° la contravention résultant de ce qu'un dépôt de fumier a été fait contrairement aux prescriptions d'un règlement. Par suite, il a été jugé que cette infraction ne peut être considérée comme couverte par cela seul que l'existence de ce dépôt de fumier remonterait à plus d'un an ; qu'il faut qu'il soit établi que le prévenu n'y a rien ajouté dans le cours de la dernière année (Crim. cass., 12 févr. 1858, aff. Flocon, D. P. 71. 5. 302. V. aussi *Rép.* n° 83) ; — 2° Le fait de continuer, sans se mettre en règle, l'exploitation d'un établissement rentrant dans une catégorie d'entreprises qu'un règlement soumet, à partir de sa promulgation, à la nécessité d'une permission municipale. Ainsi il a été décidé que ce fait peut toujours, tant qu'il se produit et alors même qu'il dure depuis plus d'un an, être déféré au tribunal de police (c. inst. crim., art. 640) ; (Crim. rej. 29 août 1861, aff. Bourgeois, D. P. 63. 1. 480. V. aussi *Rép.* n° 91).

43. Dans le même ordre d'idées, il a été jugé que, les travaux confortatifs faits sans autorisation à un édifice sujet à reculement constituant un tout indivisible, la contravention qui en résulte ne peut être couverte par la prescription à l'égard d'une partie de ces travaux remontant à plus d'une année avant la poursuite, alors que l'autre partie (consistant, par exemple, dans l'enduit et le recrépissage) n'a été terminée que depuis moins d'un an (Crim. cass. 4 déc. 1857, aff. Guillemot, D. P. 58. 1. 93. V. aussi *Rép.* n°ˢ 84 et 85).

44. Ainsi qu'on l'a vu au *Rép.*, n°ˢ 87 et 88, la jurisprudence ne considère pas comme constituant des contraventions d'un caractère *successif*, quoique leurs effets puissent être permanents et durables, mais bien comme étant des contraventions uniques et instantanées, les faits d'usurpation, d'empiétement et d'anticipation sur la voie publique. Par suite, la prescription est acquise un an après la perpétration de ces faits (Outre les arrêts cités au *Rép.* n° 87, V. les décisions suivantes qui consacrent cette solution d'une manière générale : Crim. cass. 28 janv. 1859, aff. Lafond, D. P. 60. 5. 288 ; 29 mai 1868, aff. Barit, D. P. 72. 5. 357. Conf. Féraud-Giraud, *Traité des voies rurales*, 3ᵉ édit., t. 1, n° 313 ; Brun de Villeret, n° 160).

45. Le principe que nous venons de poser a reçu des applications nombreuses (Comp. *Rép.* n° 88). Ainsi il a été jugé : 1° que la contravention résultant de ce qu'une construction a été élevée sans autorisation préalable le long d'une voie publique ou un empiétement sur la largeur de cette voie, n'est pas successive et se prescrit, dès lors, par un an à partir de l'achèvement des travaux ; que, par suite, à défaut de citation ou d'acte de poursuite dans l'année où les travaux faits en contravention étaient achevés, le tribunal de police, tardivement saisi du procès-verbal, doit déclarer l'infraction prescrite (V. *Rép.* n° 86 ; Crim. rej. 2 juin 1854, aff. Portier et Panaille, D. P. 54. 5. 782 ; 28 nov. 1856, aff. Vénèque, D. P. 57. 1. 29 ; Crim. cass. 24 déc. 1858, aff. Battisti, D. P. 65. 1. 403 ; Crim. rej. 28 avr. 1856, aff. Barthélemy, D. P. 65. 1. 403 ; 2 juin 1865, aff. Profizy, D. P. *ibid.*) ; — 2° Que la contravention consistant dans l'ouverture d'une excavation à une distance prohibée d'un chemin vicinal ne saurait, bien que ses effets soient permanents, être considérée comme une contravention successive (Crim. cass. 28 janv. 1859, aff. Lafond, D. P. 60. 5. 288) ; — 3° Que le fait d'avoir, sans nécessité, établi et laissé en permanence, sur la voie publique, un dépôt de matériaux diminuant la liberté et la sûreté de la passage, constitue non une contravention successive, mais un acte unique et instantané, dont, par suite, le ministère public ne peut plus, après un laps de temps d'une année sans poursuite, demander la répression devant le tribunal de police, en ce qui concerne les réparations civiles (Crim. rej. 1ᵉʳ mars 1867, aff. Lavoix, D. P. 67. 1. 240) ; — 4° Que la contravention consistant dans la surélévation d'une chute d'eau sur un canal au-dessus du niveau réglementaire, bien que ses effets soient permanents, ne constitue pas pour cela une contravention successive ; que, par suite, elle se prescrit, comme les contraventions temporaires, à partir de l'accomplissement du fait qui la constitue (Crim. rej. 3 nov. 1870, aff. Planès et Flottes, D. P. 70. 1. 438) ; — 5° Que la contravention résultant de la plantation d'un arbre au pied du talus d'un chemin vicinal à une distance moindre que celle fixée par l'arrêté préfectoral réglementaire, n'a pas un caractère successif ; que, par suite, la prescription est acquise, dans les termes de l'art. 640 c. instr. crim., par un an révolu à partir du jour de la plan-

tation (Crim. rej. 6 mars 1884, aff. Dalicieux, D. P. 85. 1. 48) ; — 6° Que le fait, de la part d'un propriétaire, de ne pas avoir exécuté, dans le délai d'une année, à dater de la condamnation, les travaux d'assainissement à l'accomplissement desquels il avait été condamné par le tribunal correctionnel à la suite d'un arrêté municipal pris sur un rapport de la commission des logements insalubres, fait prévu et puni par la loi du 13 avr. 1850 (art. 9), ne constitue pas une contravention successive ; que l'infraction est commise et consommée le jour où expire le délai d'une année, et que, par suite, la prescription de l'action publique commence à courir à partir de l'expiration de ladite année (Douai, 22 déc. 1880, aff. Chopart, D. P. 81. 2. 163).

46. Dans les espèces indiquées ci-dessus, il s'agit de contraventions de voirie provenant d'actes permanents et continus. Aussi, comme on l'a dit au *Rép.* n° 89, les mêmes solutions ne sont plus applicables, lorsqu'on se trouve en présence d'actes d'empiétement sur un chemin public, qui sont temporaires et transitoires, tels que des faits répétés de culture, de labour, d'ensemencement et de récolte. Chacun de ces actes constitue une infraction distincte, qui peut donner ouverture à des poursuites pendant une année à partir de sa perpétration. La jurisprudence continue à consacrer la solution donnée au *Répertoire*. Ainsi, d'après un arrêt (Crim. cass. 11 avr. 1868, aff. Pasquiers, D. P. 69. 1. 119), bien qu'un propriétaire ait, depuis plus d'un an, empiété par des actes de culture sur la largeur d'un chemin public, il ne peut invoquer la prescription pour des actes de culture nouveaux accomplis sur la même parcelle, s'ils ne remontent pas à plus d'un an, chaque fait de labour ou d'ensemencement étant constitutif d'une nouvelle contravention (V. dans le même sens : Brun de Villeret, n° 160 ; Féraud-Giraud, *Traité des voies rurales*, t. 1, n° 313).

47. Bien entendu, comme on l'a dit au *Rép.* n° 85, la prescription de la contravention de voirie ne porte aucune atteinte aux droits qui résultent de l'imprescriptibilité du sol. L'Administration peut toujours ordonner la démolition des travaux indûment faits (V. *Rép.*, v° *Voirie par terre*, n°ˢ 272, 1193, 2397 et 2403, et *infra*, eod. v°). Mais le juge de police, n'étant compétent pour prononcer sur les réparations civiles qu'accessoirement à l'application de la peine, ne peut ordonner le rétablissement des lieux dans leur ancien état, lorsque, la contravention étant prescrite, il se trouve obligé de renvoyer le prévenu des poursuites (Crim. rej. 28 nov. 1856, aff. Vénèque, D. P. 57. 1. 29 ; 1ᵉʳ mars 1867, aff. Lavoix, D. P. 67. 1. 240. V. au surplus *Rép.*, v° *Voirie par terre*, n°ˢ 1194, 2383, 2406).

48. Dans le même ordre d'idées, il a été jugé que le maire ne peut, au moyen d'un arrêté enjoignant de démolir ou de restituer à la voie publique le terrain usurpé, rouvrir la poursuite de la contravention (que la prescription a fait prescrire (Crim. rej. 11 août 1864, aff. Monnot, D. P. 65. 1. 44).

49. Lorsqu'un arrêté municipal, soumis à la nécessité de l'approbation du préfet, prescrit certaines mesures et accorde un délai déterminé pour leur accomplissement, ce délai ne peut commencer à courir que du jour où le règlement municipal reçoit force exécutoire par suite de l'approbation de l'autorité préfectorale. Dès lors, c'est seulement à l'expiration du délai ainsi calculé que peut courir la prescription de l'action publique contre les contraventions audit arrêté municipal (Crim. rej. 23 févr. 1887, aff. Dame Danjou, D. P. 88. 1. 240).

Sect. 6. — De la prescription de l'action civile résultant des crimes, délits et contraventions (*Rép.* n°ˢ 93 à 104).

50. Comme on l'a exposé au *Rép.* n° 93, l'action civile se prescrit par les mêmes délais que l'action publique ; le législateur a associé, quant à la prescription, le sort des deux actions. — Les auteurs examinent le point de savoir si cette assimilation de l'action civile à l'action publique est logique et rationnelle. En l'admettant, en général, qu'elle est assez difficile à justifier rigoureusement (V. sur cette question, qui ne présente qu'un intérêt purement théorique : Garraud, *Précis*, n° 429, et *Traité*, t. 3, n° 68, p. 112 et suiv. ; Albéric Rollin, *Revue de droit international*, t. 10, p. 162 ; Dunod, *Traité des prescriptions*, p. 191).

51. Conformément à la doctrine exposée au *Rép.*, n° 93, il a été décidé que le juge civil, pour déterminer la durée de la prescription, peut qualifier librement les faits qui servent de base à l'action civile portée devant lui, séparément de l'action publique, lorsque celle-ci n'a pas encore été exercée, ou ne peut plus l'être par suite du décès du prévenu; qu'au contraire, dans le cas où l'action civile est mise en mouvement postérieurement ou en même temps que l'action publique, la qualification donnée aux faits par la juridiction répressive s'impose au tribunal civil (Req. 2 mai 1864, aff. Philibert-Saives, D. P. 64. 1. 266, et le rapport de M. le conseiller d'Ubexi, D. P. *ibid.*).

52. Ainsi qu'on l'a établi au *Rép.*, n° 94, l'action civile résultant d'un crime, d'un délit ou d'une infraction, se prescrit par les mêmes délais que l'action publique, non seulement lorsqu'elle est exercée *devant les tribunaux de répression*, accessoirement à l'action publique, mais aussi dans le cas où elle est portée, directement et d'une manière principale, *devant les tribunaux civils ou de commerce*. Il semble bien, en effet, que la durée de la prescription d'une action ne peut dépendre de la nature des juridictions qui sont saisies de celle-ci, car elle tient à la nature même de cette action. Cependant quelques criminalistes ont essayé d'établir que la prescription pénale éteint l'action civile seulement lorsque celle-ci est portée devant les tribunaux de répression (Bourguignon, *Jurisprudence des codes criminels*, t. 2, n° 539; Bertauld, p. 652; Grellet-Dumazeau, *De la diffamation*, n°s 298 et suiv.; Paul Collet, *Revue critique*, 1868, t. 33, p. 1. V. aussi quelques arrêts en ce sens, cités au *Rép.* n° 94). On a exposé au *Répertoire* les motifs qui doivent faire prévaloir la solution contraire. Celle-ci, d'ailleurs, est imposée par les précédents. Elle était admise dans notre ancien droit (Aux auteurs cités au *Rép.*, *ibid.*, *adde:* Muyart de Vouglans, *Les lois criminelles de France*, 1780, p. 595; Jousse, *De la justice criminelle de France*, t. 1, p. 600, qui rapporte même que, lors d'un arrêt du Parlement de Paris de l'année 1600, le premier président avertit les avocats de ne plus douter de la règle), et elle fut consacrée par le code de brumaire.

Cette opinion est admise aujourd'hui par la plupart des auteurs (V. Faustin-Hélie, *Instruction criminelle*, t. 2, p. 746; Morin, *Dictionnaire de droit criminel*, v° *Prescription*, n°s 6 et 7; Le Sellyer, *Action publique et privée*, t. 2, n° 548; Boitard, *Leçons sur le code d'instruction criminelle*, n° 320; Ortolan, t. 2, n° 1878; Haus, t. 2, n° 1337; Garraud, *Précis*, n° 429, in fine, p. 552 et 553, et note 1, et *Traité*, t. 2, p. 114 et 115; Trébutien, t. 2, p. 157; Villey, *Précis*, p. 264, et *Revue critique*, 1875, p. 81 et suiv.; Brun de Villeret, n°s 332 et suiv., etc.).

La jurisprudence se prononce en faveur de la même opinion. Elle décide que l'action civile en réparation d'un dommage résultant d'un crime ou d'un délit se prescrit par le même laps de temps que l'action publique, soit qu'on ait l'intente simultanément avec l'action publique, soit qu'on la forme séparément; et elle ne distingue pas suivant qu'il s'agit d'un crime ou d'un délit de droit commun, ou, au contraire, d'une infraction punie par une loi spéciale (Outre les arrêts cités au *Rép.*, n° 94, V. en ce sens, Bordeaux, 31 juill. 1848, aff. d'Armailhac, D. P. 49. 2. 74; Lyon, 4 avr. 1851, aff. Commune de Saint-Etienne, D. P. 52. 2. 34; Angers, 15 juill. 1851, aff. Bergeret, D. P. 52. 2. 36; Civ. rej. 14 mars 1853, aff. Juret-Cathelinois, D. P. 53. 1. 83; Grenoble, 17 mai 1853, aff. Syndic Clercy, D. P. 55. 2. 66; Civ. rej. 21 nov. 1854, aff. Darmailhac, D. P. 54. 1. 415; Lyon, 30 janv. 1854, aff. Montchant, D. P. 55. 2. 67; Req. 28 févr. 1855, aff. Commune d'Altkirch, D. P. 55. 1. 343; Civ. cass. 6 mars 1855, aff. Commune de Beuvry, D. P. 55. 1. 84; Bourges, 26 mars 1855, aff. Descolombiers, D. P. 55. 2. 307; Civ. cass. 28 août 1855, aff. Syndics Clairey, D. P. 55. 1. 407; Req. 10 nov. 1858, aff. Hélix, D. P. 58. 1. 447; 31 janv. 1859, aff. Delporte, D. P. 59. 1. 439; Bourges, 27 mars 1857, aff. Ballerat, D. P. 57. 2. 164; Colmar, 27 mai 1863, aff. Barbe Isaac, femme Koch, D. P. 63. . 141; Aix, 9 juin 1864, aff. Debled, D. P. 64. 5. 287, n° 1; Dijon, 27 juin 1866, aff. Lamadelaine, D. P. 66. 2. 152; Colmar, 26 févr. 1867, *infrà*, n° 175; Dijon, 3 avr.

1868, aff. Bellebant, D. P. 69. 2. 223; Req. 13 mai 1868, aff. Bonnet, et 12 janv. 1869, aff. Gadin, D. P. 69. 1. 217, et la note de M. Beudant; Nancy, 23 janv. 1875, aff. Grégoire, *infrà*, n° 85; Paris, 24 juin 1875, aff. Felloneau, D. P. 76. 2. 136; Req. 1er mai 1876, aff. Lebrun, D. P. 76. 1. 400; Caen, 22 déc. 1876, aff. Thomas-Bassier, *infrà*, n°. 85; Req. 21 déc. 1885, aff. Poirot, D. P. 86. 1. 317; Trib. Mortain, 16 avr. 1886, aff. Datin, D. P. 89. 1. 37; Bordeaux, 16 avr. 1886, aff. Beylot, D. P. 87. 2. 79; Besançon, 6 juill. 1885, aff. Pétolat, D. P. 88. 2. 22; Lyon, 30 juin 1887, aff. Société des houillères de Saint-Etienne, D. P. 88. 2. 53; Paris, 27 mai 1891, aff. Venèque, D. P. 92. 2. 573; Grenoble, 26 nov. 1892, aff. Gros, D. P. 93. 2. 270).

53. Toutefois, en ce qui concerne les crimes et les délits dont la connaissance appartient aux conseils de guerre, le code militaire du 9 juin 1857 admettre la distinction que nous avons écartée au numéro précédent. L'art. 184 de ce code, en effet, ne rend applicables qu'à *l'action publique* les règles du code d'instruction criminelle sur la prescription. Par conséquent, l'action civile qui, en cette matière, doit toujours être portée devant les tribunaux civils, est soumise à la prescription trentenaire (V. en ce sens Molinier, *Etudes sur le code de justice militaire*, p. 96; Garraud, *Précis*, n° 429, p. 553, note 1).

54. Peu importe la qualification donnée par la partie poursuivante aux faits qui servent de base à sa demande, si ces faits présentent, en réalité, les caractères d'une infraction à la loi pénale. Le tribunal civil, comme juge de l'exception, est compétent pour examiner si ces faits, tels qu'ils sont libellés dans la demande, sont délictueux, et, par suite, si le moyen tiré de la prescription pénale est justifié. Vainement la partie lésée, pour échapper aux conséquences de cette prescription, essayerait-elle de déguiser son action, et, par exemple, ôter une action en rescision de convention, de qualifier de dol des manœuvres qui constituent une escroquerie, un abus de confiance, ou un faux. Il ne peut, en effet, dépendre de la partie lésée, en donnant au fait la couleur d'un délit ou quasi-délit civil, d'obliger le défendeur à accepter cette qualification et le juge à l'admettre. Le défendeur peut, afin de se prévaloir de la prescription, restituer au fait sa qualification légale. Il use en cela d'un droit inhérent à la défense. C'est en vain qu'on a prétendu que le défendeur ne devait pas être admis à s'accuser d'une infraction pour faire tomber la prétention, en vertu de l'adage : *Nemo auditur propriam turpitudinem allegans*. Comme le dit un arrêt, « la honte est dans l'acte lui-même, non dans la dénomination que lui donne la loi ». D'autre part, le défendeur, en disant que l'acte qui lui est imputé constitue un délit, et en invoquant la prescription, ne se proclame pas nécessairement coupable. Il ne reconnaît pas forcément l'existence des faits qu'on lui reproche; il se borne à soutenir que, à les supposer prouvés, l'action serait prescrite (V. en ce sens, *Rép.* n° 104; Faustin-Hélie, *Instruction criminelle*, t. 2, n°s 1113 et 1114; Boitard, *op. cit.*, 11e éd., n° 876; Garraud, *Précis*, n° 458, et *Traité*, n° 69, *in fine*; Haus, n°s 1430 et suiv.; Sourdat, *Traité de la responsabilité*, 2e éd., t. 1, n°s 373 et suiv.; Aubry et Rau, *Cours de droit civil français*, 4e éd., t. 4, § 445, p. 451 et 452; Demolombe, *Traité des contrats*, t. 8, n°s 697 et suiv.).

La jurisprudence consacre la même doctrine. Ainsi il a été jugé: 1° que le demandeur ne peut faire dégénérer en simple faute civile, en simple quasi-délit, des faits qui constituent le délit prévu par l'art. 412 c. pén., d'après lequel il est défendu d'écarter, par dons ou promesses, des enchérisseurs dans les adjudications de la propriété de l'usufruit etc. (Bordeaux, 31 juill. 1848, aff. D'Armailhac, D. P. 49. 2. 74); — 2° Que les fausses déclarations faites dans l'acte de constitution d'une société en commandite par actions, la simulation de noms de souscripteurs, de souscriptions et de versements, la constitution irrégulière du conseil de surveillance, constituent un délit puni par la loi du 24 juill. 1867 et soumis à la prescription pénale édictée par les art. 637 et 638 c. instr. crim., alors même que le demandeur soutiendrait qu'il s'agit dans l'espèce d'un dol civil, soumis à la prescription trentenaire (Paris, 24 juin 1875, aff. Felloneau, D. P. 76. 2. 136; Req. 7 mars 1877, même affaire) (1); —

---

(1) (Felloneau C. Paignon et autres.) — La cour; — Sur le moyen unique du pourvoi, tiré de la prétendue fausse application

3° Qu'une demande en dommages-intérêts formée devant un tribunal civil contre un fabricant, en raison de la mort d'un de ses ouvriers, arrivée dans le cours de son travail, est éteinte par la prescription de trois ans, lorsqu'elle est fondée sur ce que cet accident est dû aux mauvaises dispositions prises par le fabricant et qui avaient failli déjà amener la mort de plusieurs ouvriers, une telle demande constituant une action civile en réparation du délit prévu par l'art. 319 c. pén., et non pas une action en réparation d'un simple quasi-délit civil, fondée sur l'art. 1382 c. civ. (Caen, 22 déc. 1876, aff. Thomas-Bassier, *infrà*, n° 85; Douai, 24 janv. 1881, aff. Veuve Liégeois, et Req. 1er févr. 1882, même affaire, D. P. 82. 1. 454); — 4° Que l'action en nullité d'une adjudication formée par le saisi contre l'adjudicataire de ses immeubles, en raison de manœuvres par lesquelles celui-ci aurait écarté les enchérisseurs, peut être considérée par le tribunal comme prenant sa source dans le délit d'entraves à la liberté des enchères, prévu par l'art. 412 c. pén., et comme étant, dès lors, soumise à la prescription de trois ans ; ... encore que le saisi aurait donné à sa demande la couleur d'une revendication de propriété.(Bourges, 26 mars 1835, aff. Descolombiers, D. P. 55.2. 307); — 5° Que la demande en dommages-intérêts introduite, devant un tribunal civil, par une assignation fondée sur le préjudice causé par un fait constitutif du délit de diffamation, ne change pas de caractère par suite du dépôt de conclusions nouvelles motivant l'allocation de dommages-intérêts sur l'application de l'art. 1382 c. civ.; et que l'action n'en est pas moins soumise à la prescription de trois mois établie par la loi du 29 juill. 1881 (Nancy, 15 déc. 1883, aff. De Lamotte, D. P. 84. 2. 54; Paris, 20 mars 1885, aff. Breton, D. P. 85. 2. 264. Comp. Bordeaux, 16 avr. 1886, aff. Beylot, D. P. 87. 2. 79; Paris, 16 nov. 1886, aff. Chaudet, D. P. 87. 2. 171. Comp. également : Civ. cass. 17 mai 1886, aff. Estrade, D. P. 87. 1. 54; Paris, 16 nov. 1886, aff. Chaudet, D. P. 87. 2. 171; Besançon, 9 juill. 1885, aff. Petolat, D. P. 88. 2. 221).

55. L'action civile en réparation du dommage causé par une infraction se prescrit certainement par les mêmes délais que l'action publique, c'est-à-dire par dix ans, trois ans ou une année, suivant les cas, lorsque cette action civile est dirigée contre les *auteurs mêmes* du dommage. Mais faut-il donner la même solution dans l'hypothèse où l'action civile est intentée contre les *personnes civilement responsables de l'infraction*, auxquelles la loi impose l'obligation de réparer les conséquences du fait d'autrui (c. civ., art. 1384)? C'est là une question très délicate, et d'une grande importance au point de vue pratique. La difficulté vient de ce que l'unité de prescription appliquée par la loi aux actions publique et civile, qui diffèrent autant d'origine que de but, présente de nombreux inconvénients et amène de choquantes anomalies. Elle ne doit pas, dès lors, être étendue au delà des termes auxquels il est impossible de se soustraire. Aussi a-t-on soutenu que l'action en dommages-intérêts intentée, non plus contre l'auteur d'une infraction, mais contre les personnes civilement responsables, dure trente années, conformément au droit commun. Il ne s'agit pas ici, dit-on, de la prescription prévue par les art. 637 et 638 c. instr. crim. En effet, l'action civile et l'action donnée contre les personnes civilement responsables diffèrent autant d'origine que de nature. On ne peut donc pas étendre à la seconde une assimilation à l'action publique, qui n'est établie qu'à propos de la première. Les prescriptions établies par la loi pénale ne s'appliquent aux actions civiles « qu'autant que ces actions ont pour base unique et exclusive un crime, un délit ou une contravention »; elles ne s'y appliquent pas, « lorsqu'il s'agit

d'une action qui, en dehors des faits délictueux, puise son principe dans un contrat ou *dans une disposition de droit civil* ». En d'autres termes, l'action en réparation du préjudice causé reste soumise aux règles du droit commun, quant à sa durée et aux conditions de son exercice, toutes les fois qu'elle peut être considérée comme indépendante du fait incriminé; la raison en est que le demandeur n'a pas alors besoin de prouver l'infraction à la loi pénale, qu'il lui suffit de prouver le fait dommageable, source de l'obligation qu'il allègue. Or quelle est la cause de l'obligation qui pèse sur les personnes civilement responsables? Quand l'action en réparation du dommage résultant d'un délit est exercée par la partie lésée contre l'auteur du fait, elle dérive, en général, du fait délictueux. L'obligation de l'agent, ainsi que le dit l'art. 1370 c. civ., naît « d'un fait personnel à celui qui se trouve obligé », « de sa faute », ajoute l'art. 1382; l'action civile est alors un accessoire et une dépendance de l'action publique, car elles découlent toutes deux du même fait, et l'on comprend que la loi ne veuille pas que la première survive à la seconde. Quand, au contraire, l'action en dommages-intérêts est exercée contre les personnes civilement responsables, elle ne dérive jamais du *fait délictueux;* par suite, elle n'est plus et ne peut plus être, comme dans le cas précédent, l'accessoire et la dépendance de l'action publique. L'obligation de réparer le dommage causé par les personnes dont on répond, ou par les choses dont on a la garde, naît d'un *quasi-délit purement civil*, d'un défaut présumé de surveillance, d'une présomption de négligence. Comment le père ou le maître seraient-ils obligés, par suite d'un fait qu'ils n'ont pas commis, qui est et doit rester personnel à celui qui en est l'auteur? Aussi l'art. 1384 distingue-t-il avec soin la responsabilité du dommage que l'on cause par son propre fait, et la responsabilité du dommage causé par le fait des personnes dont on répond ou des choses que l'on a sous sa garde : l'une naît d'un *délit*, l'autre d'un *quasi-délit civil*. Le fait dommageable que commet la personne que nous sommes chargés de surveiller n'aurait probablement pas été commis si notre surveillance eût été plus active et plus assidue; la loi fait de cette surveillance un *devoir civil*, et en présume le défaut ou l'insuffisance quand elle n'est pas efficace, et, sur le fondement de cette présomption légale, elle regarde comme tenu par un quasi-délit celui qu'elle déclare responsable en raison du fait d'autrui. Dans ces conditions, dit-on, il est impossible de soumettre à la prescription établie par la loi pénale l'action en dommages-intérêts intentée contre les personnes civilement responsables d'une infraction. Elle se prescrit par trente ans (V. *Rép.* n° 103; Beudant, D. P. 69. 1. 217, note ; Paul Collet, *Revue critique de législation*, 1868, t. 32, p. 1 et suiv.). « L'action en responsabilité, dit ce dernier auteur, p. 17, doit être, quant à la prescription, soumise à des règles invariables, parce que, en réalité, elle repose sur une base fixe et immuable. Elle a pour origine, non pas chacun des faits différents qui se présentent, tantôt avec un caractère délictueux, tantôt avec un caractère de simple dommage; elle a pour origine le quasi-délit résultant d'un défaut présumé de surveillance. Ce n'est donc bien, en réalité, qu'une action purement civile, qui doit être soumise aux règles ordinaires de la prescription civile ».

Malgré ces arguments, la doctrine et la jurisprudence paraissent tendre plutôt à admettre que l'action civile, en réparation du dommage causé par une infraction, se prescrit par les mêmes délais que l'action publique, même lorsqu'elle est dirigée contre les personnes civilement responsables de l'infraction. La thèse contraire, en effet, aurait pour conséquence de permettre de poursuivre la personne civilement

---

des art. 637 et 638 c. instr. crim., ainsi que des art. 11, 12 et 13 de la loi des 17-23 juill. 1856, sur les sociétés en commandite; — Attendu que c'est au juge qu'il appartient de déterminer, sous le contrôle de la cour de cassation, indépendamment de la qualification donnée et des textes invoqués par le demandeur, le caractère légal des faits servant de base à l'action, et, par suite, la prescription qui y est opposable; — Attendu que, d'après l'ensemble des qualités et des motifs de la décision attaquée, Fellonneau fondait son action sur ce que sa souscription avait été obtenue à l'aide de moyens dolosifs employés par les défendeurs, consistant dans la simulation de noms de souscripteurs

de souscriptions et de versements, et sur ce qu'il n'y avait pas eu constitution régulière préalable du conseil de surveillance; — Attendu qu'en déclarant que les faits ainsi articulés étaient incriminés et frappés de peines correctionnelles par l'art. 11 et 13 de la loi du 17 juill. 1856, et que, par suite, l'action basée sur ces faits délictueux était passible de la prescription édictée par l'art. 638 c. instr. crim., l'arrêt attaqué n'a fait qu'une juste application des textes invoqués par le demandeur ;

Rejette, etc.

Du 7 mars 1877.-Ch. req.-MM. de Raynal, pr.-Coniac, rap.-Godelle, av. gén.-Carteron, av.

responsable du fait délictueux, alors que celle-ci ne pourrait plus exercer de recours contre l'auteur de ce fait, solution véritablement injuste. De plus, nous avons montré qu'un des fondements de la prescription pénale est l'oubli présumé de l'infraction. La loi ne permet plus de constater judiciairement un délit, une fois les délais de la prescription criminelle expirés (V. en ce sens : Toullier, t. 2, n° 292; Vazeille, *Prescriptions*, t. 2, n° 594; Chassan, *Délits de la parole et de la presse*, t. 1, n° 1368 ; Sourdat, *op. cit.*, t. 2, n° 809 ; Aubry et Rau, *op. cit.*, t. 4, § 447, p. 767; Chauveau et Faustin-Hélie, *Théorie du code pénal*, 5° édit., t. 1, n° 396; Le Sellyer, *Actions publique et privée*, t. 2, n° 556 ; Haus, t. 2, n° 1433 ; Garraud, *Précis*, n° 430, et *Traité* n° 69, p. 116 et 117; Villey, p. 266 ; Cousturier, n° 86; Brun de Villeret, n°ˢ 340 et suiv.).

La même doctrine est consacrée par de nombreux arrêts, qui décident que l'action civile résultant d'un crime ou d'un délit est soumise à la même prescription que l'action publique, aussi bien lorsqu'elle est exercée contre la personne civilement responsable du fait délictueux, que lorsqu'elle est formée directement contre l'auteur de ce fait (Civ. rej. 14 mars 1853, aff. Juret-Cathelinois, D. P. 53. 1. 83 ; Req. 28 févr. 1855, aff. Commune d'Aitkirch, D. P. 55. 1. 343 (sol. impl.); Civ. cass., 6 mars 1855, aff. Commune de Beuvry, D. P. 55. 1. 84; Aix, 9 juin 1864, aff. Debled, D. P. 64. 5. 287; Req., 13 mai 1868, aff. Bonnet, et 12 janv. 1869, aff. Gadin, D. P. 69. 1. 217; Montpellier, 10 janv. 1870, aff. David, D. P. 70. 2. 183 ; Paris, 29 déc. 1875, aff. Héritiers Durieu, D. P. 77. 2. 1 ; Caen, 22 déc. 1876, *infrà*, n° 85 ; Req., 1ᵉʳ mai 1876, aff. Lebrun, D. P. 76. 1. 400; 10 janv. 1877, aff. Audy, D. P. 77. 1. 197 ; Poitiers, 27 mai 1890, aff. Breuil, D. P. 91. 2. 167).

56. Par application de la doctrine que l'on vient d'exposer, on a vu au *Rép.* n° 95, que l'action civile se prescrit par les mêmes délais que l'action publique non seulement lorsqu'elle est dirigée contre l'auteur du dommage, mais aussi, en vertu de lois spéciales, contre des personnes étrangères aux faits délictueux. La question se pose relativement à la responsabilité civile encourue par les communes, aux termes de la loi du 10 vend. an 4, en raison des pillages et dévastations commis dans leur territoire ou par des attroupements composés de leurs habitants. La jurisprudence est fixée en ce sens. Aux arrêts cités au *Rép.*, *adde* : Req. 28 févr. 1855, aff. Commune d'Altkirch, D. P. 55. 1. 343 ; Civ. cass. 6 mars 1855, aff. Commune de Beuvry, D. P. 55. 1. 84.

57. Dans le même ordre d'idées, il a été jugé que l'action récursoire qu'une personne condamnée à des dommages-intérêts comme civilement responsable d'un délit a le droit de former contre l'auteur de ce délit se prescrit par trois ans, comme l'action civile elle-même ; qu'on prétendrait vainement que cette action récursoire doit être régie par les principes du droit civil, et n'est soumise qu'à la prescription trentenaire, en ce qu'elle procède de la gestion d'affaires ou du mandat (Bourges, 27 mars 1857, aff. Ballerat, D. P. 57. 2. 164).

58. D'autre part, il a été décidé que l'action en responsabilité intentée par la victime d'un crime contre le loueur de maison garnie, condamné pour défaut d'inscription sur son registre de l'auteur du fait criminel, se prescrit par dix ans à partir du crime, et non par un an à partir de la contravention (Aix, 15 juin 1871, aff. Ripert, D. P. 72. 1. 343). La solution n'était pas douteuse; dans l'espèce, en effet, l'action civile avait sa base dans un crime, celui d'usage de faux, et non dans la contravention commise par le loueur par suite du défaut d'inscription sur son registre de l'auteur du crime.

59. Ainsi qu'on l'a exposé au *Rép.*, n° 100 et suiv., l'action civile que la loi soumet à la prescription pénale est *l'action en réparation du dommage causé par une infraction*. De cette proposition il résulte que deux conditions sont nécessaires pour que la règle qui solidarise la prescription de l'action civile à celle de l'action publique reçoive son application.

60. Tout d'abord la prescription criminelle ne s'applique qu'à l'action civile qui a exclusivement pour cause un crime, un délit ou une contravention (*Rép.* n° 100). Elle se prescrira alors, suivant les cas, par dix ans, trois ans ou

une année. Au contraire, l'action civile intentée à l'occasion et à la suite d'un fait prévu et puni par la loi pénale, mais qui n'a pas sa cause exclusivement dans une infraction, et qui tire son origine d'un contrat ou quasi-contrat civil préexistant ou une disposition du code civil, reste soumise à la prescription ordinaire de trente ans. Comme nous l'avons fait observer au *Rép. ibid.*, l'infraction commise par le débiteur ne saurait être une cause d'aggravation de la condition du créancier. C'est un point reconnu par tous les auteurs (V. Rauter, *Cours de législation criminelle*, t. 1, n° 135 et t. 2, n° 853 ; Faustin-Hélie, *Instruction criminelle*, t. 2, page 1114 ; Bertauld, p. 633 ; Mangin, *Action publique et action civile*, t. 2, n° 367 ; Le Sellyer, *Action publique et privée*, t. 2, n° 551, p. 202; Duranton, t. 13, n° 707 et t. 21, n° 102 ; Aubry et Rau, *op. cit.*, t. 4, § 445, p. 753 ; Larombière, *Obligations*, t. 5, sur l'art. 1383, n° 49 ; Vazeille, *Prescription*, t. 2, n°ˢ 587 et suiv.; Sourdat, *Traité de la responsabilité*, t. 1, n° 376 ; Garraud, *Précis*, n° 430 *in fine*, et *Traité*, n° 69, p. 118 et suiv.; Haus, 2° éd., t. 2, n° 1341, p. 563 ; Trébutien, t. 2, p. 159; Brun de Villeret, n° 341 ; Labroquère, *Revue critique*, t. 19, 1861, p. 165). Le même principe est consacré par la jurisprudence et comporte de nombreuses applications (V. les numéros suivants. Comp. les arrêts cités au *Rép.* n°ˢ 100 et 101).

61. 1° Dans le cas où un traité particulier a été consenti par un failli au détriment de la masse des créanciers, toute action en répétition des sommes payées en exécution d'un pareil traité est soumise à la prescription trentenaire, et non à celle de trois ans, concernant l'action civile née d'un délit. En effet, l'action du syndic a pour fondement le payement indu établi par les livres et la correspondance du failli (c. civ., art. 1376). Elle ne repose pas sur le fait délictueux prévu et puni de la peine de l'emprisonnement par l'art. 597 c. com. (Civ. cass., 28 août 1855, aff. Syndics Claircy, D. P. 55. 1. 407; 5 mai 1863, aff. Faillite Bouiller, D. P. 63. 1. 195; Dijon, 17 juin 1864, aff. Ricard, D. P. 66. 1. 441. — *Contrà* : Grenoble, 17 mai 1853, aff. Claircy, D. P. 55. 2. 66 ; Lyon, 29 janv. 1862, aff. Faillite Bouiller, D. P. 63. 1. 195. Ces deux dernières décisions ont été cassées par les arrêts précités des 28 août 1855 et 5 mai 1863). A l'appui de cette solution, on peut faire remarquer que l'art. 597 c. com., en attribuant expressément, soit à la masse des créanciers, soit au failli, le droit de faire prononcer la nullité des traités consentis au détriment de la masse, et, par voie de conséquence, le droit de demander la restitution des payements faits en vertu de ces traités, a ouvert à leur profit une action civile ordinaire qui, en l'absence de toute disposition restrictive, ne doit s'éteindre que par la prescription de droit commun. De plus, on peut ajouter que les créanciers du failli ignoreront le plus souvent l'existence d'un traité qu'on aura eu grand soin de tenir secret et que, par ce motif, l'action ouverte à leur profit serait presque toujours illusoire, si elle devait, sous peine de déchéance, s'exercer dans le délai de trois ans auquel la loi a limité la durée de l'action criminelle.

62. 2° La prescription de trente est seule applicable, « quand, après une ordonnance de non-lieu sur une poursuite pour blessures commises par imprudence, l'action civile intentée se fonde, non sur des faits personnels, mais sur un ensemble de faits et de circonstances plus ou moins en dehors de l'action directe de l'auteur des blessures, et dont la responsabilité lui incombe, aux termes des principes généraux du droit civil » (Douai, 18 août 1873, aff. X..., D. P. 74. 5. 386). Alors, en effet, on ne pourrait pas dire que l'action civile résulte du délit, puisqu'une ordonnance de non-lieu a mis fin à l'action publique, au moins pour le moment et sauf reprise des poursuites ; en sorte que, jusqu'à nouvel ordre, il n'existe plus, légalement parlant, de délit.

63. 3° Le vendeur de marchandises défectueuses ou impropres à l'usage auquel elles sont destinées ne peut invoquer la prescription triennale pour échapper à l'action civile fondée sur l'inexécution des obligations résultant à sa charge du contrat de vente (Bordeaux, 4 juin 1874, aff. Barré, D. P. 75. 2. 99). Dans ce cas, en effet, la demande a son fondement dans la violation d'une convention, et non dans la réparation d'un délit ayant occasionné un dommage. Comme le dit la cour de Bordeaux, « il importerait peu que, à cette violation d'un engagement librement souscrit, vînt se joindre une infraction prévue et punie par une loi répressive. Cette aggravation d'une faute imputée aux vendeurs aurait pu, sans doute, exposer ceux-ci à une responsabilité pénale, mais elle ne saurait avoir pour résultat de leur créer une situation plus avantageuse que celle qu'ils se seraient faite en méconnaissant leurs obligations ».

64. 4° L'action intentée par un mandant contre son mandataire, en redressement de comptes antérieurement arrêtées et en réparation du dommage que le mandataire lui aurait causé par sa mauvaise gestion, n'est soumise qu'à la prescription ordinaire des actions civiles, une telle action prenant sa source dans un contrat et dans les dispositions du droit civil, indépendamment du caractère délictueux des actes du mandataire (Req. 16 avr. 1845, D. P. 45. 1. 266, cité au *Rép.* n° 100 ; Civ. rej. 27 août 1867, aff. Ségaux, D. P. 67. 1. 489).

65. 5° Lorsque l'action du ministère public, en matière de rectification d'acte de l'état civil, est basée, non sur une contravention pouvant motiver une répression pénale, mais sur une faute entraînant une réparation pécuniaire, en vertu de l'art. 1382 c. civ. (c. civ. art. 52), elle ne s'éteint que par la prescription de trente ans (Limoges, 15 mai 1889, aff. Arfeuillère, D. P. 90. 2. 307).

66. 6° La prescription de trois mois, établie par l'art. 65 de la loi du 29 juill. 1881 sur la presse, ne s'applique aux actions civiles en responsabilité d'un dommage qu'autant que ces actions ont réellement et exclusivement pour base un crime, un délit ou une contravention prévus par cette loi, et, par conséquent, cette prescription est inapplicable à l'action civile intentée en raison d'une imputation qui n'a aucun des caractères du délit de diffamation (Civ. rej. 17 mai 1886, aff. Estrade, D. P. 87. 1. 34 ; Paris, 16 nov. 1886, aff. Chaudet, D. P. 87. 2. 171). Au contraire, si l'action civile, au lieu d'avoir pour objet la réparation d'un préjudice occasionné par une faute de droit commun et d'être intentée en vertu des art. 1381 et 1383 c. civ., était fondée sur un fait constituant le délit de diffamation, les règles ordinaires sur la prescription cesseraient d'être applicables ; cette action serait soumise à la prescription spéciale édictée par la loi sur la presse (V. Nancy, 15 déc. 1883, aff. De Lamotte, D. P. 84. 2. 54 ; Paris, 19 mars 1883, aff. Chaigneau, D. P. 85. 2. 150 ; 20 mars 1885, aff. Breton, D. P. 85. 2. 264 ; Limoges, 18 janv. 1886, et, sur pourvoi, Req., 27 déc. 1886, aff. Maire et conseillers municipaux de la commune de Vallières, D. P. 87. 1. 312. V. le rapport de M. le conseiller Cotelle, D. P. *ibid.*).

67. 7° L'action formée par les syndics contre les actionnaires d'une société en commandite, en rapport de dividendes touchés par ceux-ci, ne peut être considérée comme résultant d'un délit, et soumise par conséquent à la prescription triennale, par cela seul que les poursuites correctionnelles ont été dirigées contre le gérant en raison de la distribution de ces dividendes (Alger, 24 mars 1867, aff. Martin et comp., D. P. 67. 2. 229).

68. 8° Lorsqu'un créancier a reçu de son débiteur des deniers que celui-ci s'est appropriés au moyen d'un abus de confiance, en les détournant, par exemple, de l'actif d'une société commerciale dont il était liquidateur, l'action en restitution que le propriétaire de ces deniers peut former contre le créancier n'est prescriptible que par trente ans, et non par trois ans ; la prescription triennale ne pourrait être appliquée que si le créancier avait été, par jugement, déclaré complice de son débiteur (Req. 10 nov. 1858, aff. Hélix, D. P. 58. 1. 447).

69. 9° L'action en restitution d'une somme perçue, à titre de commission excessive, par le négociateur d'un emprunt, qui, en même temps, a fourni une partie des fonds prêtés, n'est pas soumise à la prescription de trois ans, si cette somme constitue, non un intérêt usuraire, mais la rémunération d'un mandat (Civ. rej. 29 janv. 1867, aff. Poictevin, D. P. 67. 1. 52).

70. 10° Avant la loi du 23 mars 1885 sur les marchés à terme (D. P. 85. 4. 25), l'exception de jeu pouvait être valablement opposée à l'action en payement d'un billet ayant pour cause des opérations de bourse lorsqu'il se fût écoulé plus de trois ans depuis les dernières opérations ; on eût vainement opposé la prescription fondée sur ce qu'il s'agissait

d'un délit commis depuis plus de trois ans, le litige entre les parties portant sur la validité d'un billet à ordre, et la cause du billet n'étant débattue qu'accessoirement à cette question (c. instr. crim. art. 2 et 638) (Angers, 24 août 1865, aff. Grignon, D. P. 66. 2. 211).

71. 11° Les sommes ou valeurs reçues par une personne comme locataire, mandataire ou dépositaire, peuvent être réclamées pendant trente ans, quand même elle aurait commis un vol ou un abus de confiance qui, remontant à plus de trois ans, serait couvert par la prescription. Le réclamant n'allègue pas, en effet, et n'a pas besoin d'alléguer l'existence d'un délit pour obtenir cette restitution. Il invoque seulement le contrat de louage, de dépôt ou de mandat d'où elle résulte (V. en ce sens, Aubry et Rau, *op. cit.*, t. 4, § 445, p. 753 ; Garraud, *Précis*, n° 430, p. 555).

72. 12° La revendication d'une chose volée, contre le voleur ou un tiers de mauvaise foi, ne s'éteint que par trente ans, bien que l'action publique fondée sur le vol se prescrive par un délai plus court. Cette solution est généralement admise (Duranton, t. 13, n° 707 ; Aubry et Rau, *loc. cit.* ; Garraud, *Précis*, n° 430, p. 555, et *Traité*, n° 69 *bis*, p. 119 ; Larombière, *Obligations*, sur les art. 1382 et 1383, n° 50. — V. cependant, en sens contraire, *Rép.*, n° 96 ; Vazeille, *Des prescriptions*, t. 2, n° 589). On peut justifier cette solution en disant que la revendication d'une chose volée ne doit pas être confondue avec l'action civile en dommages-intérêts fondée sur le vol, et qu'elle ne tombe pas, en conséquence, sous le coup de la prescription criminelle. Cette action dérive, en effet, d'un fait qui n'est pas forcément une soustraction frauduleuse, et dont la preuve n'emporte pas inévitablement l'allégation d'une soustraction frauduleuse : c'est uniquement le fait d'une possession acquise ou retenue de mauvaise foi, et pourvu qu'on ne prétende pas faire la preuve de faits constituant le délit de vol, on triomphera dans cette revendication (V. Mourlon, *Répétitions écrites*, t. 3, n° 2005). Que si le défendeur à cette action, possesseur de mauvaise foi d'un meuble dont le vol ne lui est pas reproché, venait s'accuser de vol pour tirer de là une exception péremptoire contre l'action dirigée contre lui, il serait repoussé par la maxime : *Nemo auditur propriam turpitudinem allegans*.

73. 13° La prescription trentenaire est seule opposable à celui qui, se prétendant légataire universel en vertu d'un testament qui a été détruit, demande, non des dommages-intérêts contre l'auteur de cette destruction, mais l'envoi en possession de l'hérédité, au moyen de la reconstitution du titre détruit, contre des tiers détenteurs de cette destruction (Rouen, 29 déc. 1875, aff. Durieu, D. P. 77. 2. 1). Dans l'espèce, des héritiers *ab intestat* étaient actionnés en pétition d'hérédité par un légataire universel, prétendant que le testament fait en sa faveur avait été détruit. La cour a décidé avec raison que les héritiers ne pouvaient exciper, après trois ans, de la prescription qui couvrait le délit de destruction du testament, et qu'ils étaient tenus, pendant trente ans, de restituer l'hérédité au demandeur. Ce dernier agissait, non pas en vertu d'un prétendu délit, mais bien d'un droit préexistant qui lui était conféré par un testament. Il faut remarquer, d'ailleurs, que les héritiers *ab intestat*, défendeurs à l'action civile qui voulaient écarter par cette prescription, n'étaient pas accusés et, en fait, n'étaient pas les auteurs de la destruction du testament. Ils n'avaient aucune relation avec la personne qui avait commis ce délit et ne pouvaient, en conséquence, opposer une prescription qui ne couvrait que l'auteur de l'infraction.

74. 14° L'action en dommages-intérêts, basée sur le préjudice résultant d'une déposition mensongère, faite devant le juge d'instruction, se prescrit par trente ans et non par dix ans, cette déposition pouvant être rétractée à l'audience, et par suite ne présentant pas les caractères du crime de faux témoignage (Req. 31 janv. 1859, aff. Delporte, D. P. 59. 1. 439).

75. 15° L'action civile intentée en raison du délit de vol ou de recel (c. pén., art. 62, 279, 400) se prescrit par le même laps de temps que l'action publique naissant de ces infractions. Au contraire, une action en dommages-intérêts qui a sa source exclusivement dans des faits de fraude ne constituant pas le délit de vol ou de recel est soumise à la prescription de droit commun, de trente ans. Ainsi le fait, par un héritier, d'avoir, au préjudice de ses cohéritiers, soit diverti ou détourné, soit dissimulé ou recélé des biens d'une succession (c. civ., art. 792), ne constitue pas nécessairement, par lui-même, un délit. Il peut n'être qu'un simple quasi-délit civil, un simple acte dommageable ne tombant pas sous le coup de la loi pénale. Dans ce cas, l'action en réparation du préjudice causé, à laquelle ce fait donnera lieu de la part des autres héritiers, se prescrira par le délai de trente ans, et non par celui de trois ans applicable seulement à l'action civile naissant directement d'un délit (V. en ce sens, Demolombe, *Successions*, t. 2, n° 502; Rodière et Pont, *Contrat de mariage*, t. 1, n° 843; Troplong, *Contrat de mariage*, t. 3, n° 1698 et suiv.). Les mêmes solutions sont admises par la jurisprudence (Civ. rej. 17 avr. 1867, aff. Hospices de Bordeaux, D. P. 67. 1. 267; 23 août 1869, aff. Elie, D. P. 69. 1. 456; Amiens, 5 mars 1884, aff. Epoux Hermier et consorts, D. P. 85. 2. 111).

76. 16° L'amende prononcée, en vertu de l'art. 247 c. proc. civ., contre le demandeur en faux, qui s'est volontairement désisté, est une peine purement civile, et aucune loi ne soumet à une prescription particulière l'action en recouvrement de cette amende. En conséquence, cette action est soumise à la prescription de trente ans, et non à celle de trois ans exclusivement applicable aux amendes prononcées à titre de peine correctionnelle (Civ. cass. 11 juill. 1849, aff. Coralleau, D. P. 49. 1. 238).

77. 17° Une autre application intéressante du principe posé *suprà*, n° 60, a été faite dans une hypothèse où un concessionnaire de mines avait empiété sur le périmètre de la concession accordée à une société minière voisine. Dans l'espèce, cette dernière société réclamait au concessionnaire qui avait commis l'empiétement des dommages-intérêts à un double titre; elle fondait sa demande : 1° sur l'enlèvement frauduleux de charbons; 2° sur l'empiétement lui-même et des dégâts intérieurs causés à la mine elle-même par suite de l'empiétement, et de nature à empêcher une bonne exploitation ultérieure de la mine. La cour de cassation a décidé que le juge du fond avait pu écarter le premier chef de la demande, par application de la prescription de trois ans, en décidant en fait, que l'enlèvement des charbons avait le caractère de vol; mais, à l'inverse, que, relativement au second chef, la demande n'avait pu être régulièrement écartée par l'exception tirée de la prescription, parce que l'empiétement sur une mine et les dégâts causés par les travaux clandestins, alors même que ces travaux aboutiraient à une soustraction frauduleuse, ont un caractère de dommage purement civil, et donnent, en conséquence, ouverture à une action en réparation d'une durée de trente ans (Crim. cass. 22 oct. 1890, aff. Société des houillères de Saint-Etienne, D. P. 91. 1. 101). Cet arrêt a, en conséquence, cassé partiellement la décision de la cour d'appel de Lyon, qui avait jugé que l'action civile appartenant au concessionnaire d'une mine, en raison des empiétements commis sur sa concession par les exploitants d'une mine voisine, se prescrit par trois ans, lorsque ces empiétements ne sont pas le résultat d'une erreur, mais présentent un caractère délictueux (Lyon, 30 juin 1887, même affaire, D. P. 88. 2. 53). Ce dernier arrêt avait à tort refusé de distinguer entre l'empiétement sur le périmètre de la concession et l'enlèvement frauduleux du minerai (V. en ce sens, Aguillon, *Législation des mines*, t. 2, n°s 841 et 829. Comp. D. P. 91. 1. 101, note).

78. 18° L'action civile en dommages-intérêts formée en raison du délit de diffamation, non commis par la voie de la presse, est soumise à la prescription pénale. Au contraire, lorsque les faits allégués ne seront pas constitutifs du délit de diffamation, c'est la prescription civile de trente ans qui sera applicable. Ainsi, il a été jugé que la demande de radiation sur les listes électorales du nom d'un électeur, fondée sur le prétendu état de faillite de ce dernier, ne présente pas les caractères légaux du délit de diffamation, lorsque l'auteur de cette demande n'est pas animé de l'intention de nuire, mais exerce de bonne foi le droit accordé par la loi à tout électeur inscrit; mais que cette demande en radiation pourra donner ouverture à une action en dommages-intérêts fondée sur les dispositions du droit commun (c. civ. art. 1382), en raison de l'imprudence avec laquelle a agi le réclamant et du préjudice qu'il a causé à la

personne dont il a à tort demandé la radiation, action qui ne se prescrira que par le laps de trente ans (Bordeaux, 16 avr. 1886, aff. Beylot, D. P. 87. 2. 79. Comp. *suprà*, n° 67).

79. 19° La répétition d'intérêts usuraires est recevable bien qu'il se soit écoulé plus de trois ans depuis le prêt, alors que le fait d'habitude d'usure n'a jamais été imputé au prêteur, et que, dès lors, l'action ne se rattache pas à un délit d'usure (Conf. Bordeaux, 23 nov. 1860, aff. Cousteau, D. P. 61. 2. 61).

80. 20° Lorsqu'une société anonyme a été constituée contrairement aux règles de l'art. 1 de la loi du 24 juill. 1867 : il n'y a pas eu souscription de la totalité du capital social, ou bien chaque actionnaire n'a pas versé le quart au moins du montant des actions par lui souscrites, délits punis d'une peine correctionnelle (art. 45 de la loi de 1867). Une double action appartient alors aux actionnaires et aux créanciers de la société représentés par le syndic : d'une part, une action *en nullité* de la société, d'autre part une action *en responsabilité* contre les fondateurs, administrateurs et commissaires. Ces deux actions sont-elles soumises aux art. 637 et 638 c. instr. crim. ou bien, au contraire, se prescrivent-elles conformément aux règles du droit commun?

Il est certain que l'action en nullité de la société échappe à la prescription pénale, car il ne s'agit pas là d'une action civile naissant d'une infraction. Il faut lui appliquer les règles du droit commun (V. sur ce point, *Rép.*, v° *Société*, n° 1263). — La question est délicate en ce qui concerne l'action en responsabilité et en dommages-intérêts dirigée contre les fondateurs par les actionnaires ou les créanciers de la société. La jurisprudence a hésité sur ce point. Au début, elle semblait décider que l'action en responsabilité était soumise à la prescription pénale de trois ans. C'est ainsi qu'il avait été jugé qu'un actionnaire ne peut plus, après trois ans, intenter une action en restitution du montant de ces actions contre les fondateurs d'une société en commandite en faillite, en s'appuyant sur ce que de fausses déclarations avaient été faites dans l'acte définitif de constitution de la société, délit prévu et puni par la loi du 17 juill. 1856, art. 13 (Paris, 24 juin 1875, aff. Fellonneau, D. P. 76 . 2 . 136). « Attendu, a dit l'arrêt, que l'action civile résultant d'un fait qui a les caractères d'un délit, bien qu'exercée séparément devant la juridiction commerciale, doit être déclarée prescrite par trois ans, quand même le demandeur soutiendrait qu'il réclame la réparation d'un dommage causé par un simple délit ». Cette doctrine fut confirmée par un arrêt de rejet de la cour suprême : Req. 7 mars 1877, aff. Fellonneau, *suprà*, n° 54). Aujourd'hui la jurisprudence décide, en sens contraire, que l'action en responsabilité dont il s'agit se prescrit non par le laps de trois ans, mais par trente ans (Paris, 13 janv. 1882, aff. Gauche, D. P. 83. 2. 73; 14 avr. 1883, aff. De Marc, D. P. 84. 2. 122; 14 déc. 1880 et Civ. rej. 4 juin 1883, aff. Ordener, D. P. 83. 1. 385; 8 juill. 1885, aff. Hirvoix, Wercken, D. P. 86. 1. 104). Ces arrêts considèrent que l'action en responsabilité contre les fondateurs et actionnaires, établie par les art. 42, 43 et 44 de la loi du 24 juill. 1867, puise exclusivement son principe, en dehors de tout fait délictueux, dans une disposition formelle de la loi civile et dans un contrat préexistant, et, pour employer l'expression des arrêts « dans l'obligation que prennent les fondateurs envers le public dans l'acte de constitution de créer une société régulière ayant une existence légale et capable de s'engager envers les tiers ».

Contrairement à cette jurisprudence, les auteurs semblent admettre que l'action en responsabilité contre les fondateurs d'une société anonyme prend naissance non dans un contrat préexistant, mais dans un délit délictueux, et que, par suite, elle se prescrit par trois ans (V. en ce sens, Garraud, *Traité*, t. 2, n° 69, p. 119 et 120, note 58 ; Labbé, *Journal des sociétés*, 1881, t. 2, p. 191; Rousseau, *Questions nouvelles sur les sociétés*, quest. 9, p. 135).

81. 21° Dans le même ordre d'idées, il a été jugé que la prescription de trois ans, édictée par les art. 637 et 638 c. instr. crim., ne saurait être utilement opposée à l'action civile par laquelle un actionnaire réclame aux fondateurs et premiers administrateurs d'une société anonyme, déclarée nulle pour irrégularités dans sa constitution, la restitution du prix d'achat de ses actions, et la garantie contre tous appels de fonds ultérieurs (Orléans, aud. solenn., 24 juill. 1890, aff. Bougeraux, D. P. 91. 2. 337). Dans l'espèce, la solution était moins douteuse que dans les hypothèses rapportées ci-dessus, parce que l'action des demandeurs prenait sa source dans un contrat de vente vicié par suite de manœuvres dolosives. Les actions de la société avaient été syndiquées dès l'émission par les fondateurs et vendues ensuite au public.

82. 22° Le fait, par une compagnie de chemins de fer, d'avoir consenti un traité particulier en faveur d'un expéditeur, notamment de lui avoir fait des réductions indirectes sur les tarifs approuvés, constitue un simple quasi-délit civil et ne tombe sous l'application d'aucune loi pénale. Par suite, l'action en dommages-intérêts formée en raison du fait précédent par les industriels lésés est soumise à la prescription de trente ans, et non à celle de trois ans ou d'un an (Req. 24 avr. 1868, aff. D'Hunolstein, D. P. 68. 1. 430; 17 nov. 1869, aff. Contet, Muiron et autres, D. P. 71. 1. 114 et suiv. — Contrà : Req. 20 juill. 1869, aff. Robinson et Albrecht, D. P. 69. 1. 525).

83. 23° Les manquants à la charge d'un entrepositaire auquel aucune fraude n'est imputable ne constituent ni délit ni contravention, mais rendent seulement exigibles les droits d'entrée y afférents. Par suite, l'action en payement de ces droits est purement civile, et la prescription applicable est celle de trente ans, et non celle de 638 c. instr. crim. (Req. 19 févr. 1889, aff. Nègre, D. P. 90. 1. 252) (V. note sous l'arrêt précité).

84. 24° La prescription de trois ans ne peut être opposée à l'action en responsabilité dirigée par une commune contre un particulier en raison des dommages et dépréciations causées à la propriété immobilière de la commune (dans l'espèce, à des chemins vicinaux et ruraux), par les fouilles et les extractions exécutées sous ladite propriété, une telle action ayant sa base dans les dispositions du droit civil, protectrices du droit de propriété; et, du moment que la commune a donné comme base à son action son droit de pro-

priété, il importe peu que le fait dont elle demande réparation puisse constituer l'une des contraventions prévues et punies par les lois et décrets sur la police générale des minières. Il importe peu également que les travaux, qui ont causé préjudice, aient eu pour objet des chemins faisant partie du domaine communal public, les communes ayant sur les chemins de cette nature tous les droits attachés à la propriété foncière, en particulier le droit de poursuivre la réparation des dégâts et des dommages causés par des tiers (Civ. cass. 11 juill. 1892, aff. Commune de Saint-Léger-des-Vignes, D. P. 92. 1. 486).

85. 25° Dans le cas où un ouvrier est blessé dans l'exécution d'un travail qui lui a été confié par le patron, la responsabilité qui en découle à la charge de ce dernier se fonde, d'après la jurisprudence et la majorité des auteurs, sur une faute commise par le maître et donnant ouverture à l'action de l'art. 1382 c. civ. Le patron n'est responsable et ne peut être tenu de dommages-intérêts que s'il a commis une faute, et la preuve incombe à l'ouvrier (V. Req. 13 mai 1868, aff. Bonnet, et 12 janv. 1869, aff. Gadin, D. P. 69. 1. 217, avec la note; 2 déc. 1884, aff. Brétéché, D. P. 85. 1. 423; Paris, 29 mars 1883, aff. Demol, D. P. 84. 2. 89, et la note; Besançon, 27 févr. 1884, aff. Burla, D. P. 85. 2. 224; Orléans, 13 déc. 1884, aff. Feuillet, D. P. 86. 2. 12; Civ. rej. 15 avr. 1889, aff. Dubosc, D. P. 90. 1. 136 (sol. impl.); Poitiers, 27 mai 1890, aff. Breuil, D. P. 91. 2. 167).

Dans ce système, la demande en dommages-intérêts dirigée contre un patron, en raison d'un accident survenu à l'un de ses ouvriers dans le cours de son travail, sera soumise à la prescription de trois ans, lorsqu'elle sera fondée sur des faits qui caractérisent le délit de blessure par imprudence, prévu par les art. 319 et 320 c. pén. L'action civile naît alors d'un fait délictueux (Lyon, 30 janv. 1854, aff. Montchant, D. P. 55. 2. 67; Dijon, 3 avr. 1868, aff. Billebaut, D. P. 69. 2. 223; Req. 13 mai 1868, aff. Bonnet, et 12 janv. 1869, aff. Gadin, D. P. 69. 1. 217; Nancy, 23 janv. 1875 (1); Req. 1er mai 1876, aff. Lebrun, D. P. 76. 1. 400; Caen, 22 déc. 1876 (2); Req. 1er févr. 1882,

---

(1) (Grégoire C. Simon.) — La cour; — Attendu qu'aux termes des art. 2, 3, 637 et 638 c. instr. crim., combinés entre eux et sainement entendus, l'action civile, née d'un délit, se prescrit par trois ans, même quand elle est exercée séparément de l'action correctionnelle; — Attendu que les motifs d'ordre public qui ont inspiré au législateur cette règle incontestable, et aujourd'hui incontestée, lui permettaient que la minorité de la victime y apportât une dérogation, et qu'après un long intervalle d'inaction et de silence, la minorité, devenu majeur, pût réveiller dans un intérêt privé, le souvenir d'une faute peut-être oubliée, alors que le ministère public ne pourrait plus agir dans l'intérêt bien autrement respectable de la société; — Que, pour prévenir un état de choses aussi fâcheux qu'étrange, il importait que les deux actions s'éteignissent toujours en même temps; que l'art. 2252 est inapplicable ici; que le code d'instr. crim. a organisé, en ce qui touche la prescription, un système complet et devant se suffire à lui-même, sans faire à cause de ces emprunts qui en détruiraient l'harmonie, en en méconnaissant la portée et le but; — Que, dans ce système, il n'y a d'autre cause de suspension de l'action civile que la préexistence ou la coexistence d'une poursuite criminelle pour le même fait, devant les tribunaux de répression; qu'en admettre une autre ce serait arbitrairement ajouter à la loi et la violer; — Qu'assurément rien de plus prime abord très regrettable de fermer le prétoire à un mineur pour n'avoir pas agi pendant sa minorité, c'est-à-dire pendant qu'il ne pouvait pas agir, mais qu'en définitive il ne faut pas exagérer les scrupules et laisser croire, à une inconséquence ou à une injustice que les rédacteurs de nos codes n'ont pas commise; que notre législation, pleine de sollicitude pour les incapables, n'abandonne pas le mineur à lui-même ou à la merci de ceux qui voudraient abuser de son ignorance ou de sa faiblesse; qu'elle lui donne, au contraire, dans la personne de son tuteur, un représentant légal et responsable, auquel se rattachent presque toujours des liens étroits de parenté et qu'elle charge de la patronner et de le défendre; que ce représentant, dont la famille devient le conseil ordinaire, a le droit et le devoir d'agir pour son pupille, et que, s'il n'agit pas, il est permis de le induire que son action n'aurait probablement pas abouti; — Attendu que la nouvelle prétention émise par Alfred Grégoire de présenter, non plus comme un fait délictueux, mais comme un fait seulement dommageable, l'accident à la suite duquel il a, 3 mars 1864, subi l'amputation d'un bras, ne blesse pas moins les vrais principes que les deux moyens d'appel déjà appréciés; que, dans son exploit introductif d'instance et dans ses conclu-

sions prises devant le tribunal, l'appelant attribue le malheur qui sert de base à sa demande à l'imprudence, à la maladresse, au défaut de précaution de son maître, le sieur Simon; — Que le fait ainsi articulé, avec offre de preuve, tombait, à n'en pas douter, sous l'application des art. 319 et 320 c. pén., et que, pour les besoins de sa cause, Alfred Grégoire ne peut plus aujourd'hui, à l'aide d'un artifice de langage, et d'une habile évolution de procédure, modifier le caractère légal que, sous l'irrésistible influence de ses souvenirs, il lui avait tout d'abord assigné; que, d'ailleurs, il n'a pas, à procéder ainsi le moindre avantage, car pour invoquer utilement l'art. 1382 c. civ., il faut, d'après cet article lui-même, qu'il impute une faute au sieur Simon; or, dans la prévoyante économie de notre loi pénale, la faute qui occasionne ou qui cause à une tierce personne des blessures ou des coups constitue toujours un délit, de telle sorte qu'aux particulier, en dépit des efforts tentés pour y échapper, la fin de non-recevoir tirée de la prescription triennale subsisterait encore tout entière; — Attendu que, vainement, Alfred Grégoire argumente des secours et des soins dont il a été l'objet, pendant plus d'une année, de la part de l'intimé, pour soutenir que celui-ci a reconnu sa dette, et s'établit, par cette reconnaissance spontanée et volontaire, un titre nouvel et soumis aux règles du droit commun, au titre qui dérivait originairement du délit dont il a été victime; qu'une semblable substitution ne se présume pas; qu'elle a besoin, comme la novation avec laquelle on peut la confondre, d'être si clairement établie, qu'aucune incertitude n'existe sur la volonté de l'opérer, art. 1273 c. civ.; que cette démonstration évidente et nécessaire ne résulte d'aucun des documents du procès; qu'un sentiment de commisération et d'humanité aussi naturel que louable suffit à expliquer la conduite tenue par le sieur Simon, sans qu'on lui prête l'intention de se constituer à toujours le débiteur de son jeune domestique; que les malheureux dont on cherche ici à prendre en mains la cause, seraient les premiers à souffrir de l'argument invoqué en faveur d'Alfred Grégoire, puisque désormais, en pareille occurrence, les patrons et les maîtres, avertis par un précédent bientôt connu, hésiteraient à le secourir et à le soigner dans la crainte d'encourir par là, sans le vouloir et sans le savoir, une lourde et injuste responsabilité; — Par ces motifs, etc.

Du 23 janv. 1875.-C. de Nancy, 1re ch.-MM. Leclerc, 1er pr.-Pierrot, av. gén.-Grillon, av.

(2) (Thomas-Bassier C. Laniel et Jousse.) — La femme Thomas-Bassier, employée par MM. Laniel et Jousse, usiniers, a reçu en avril 1870,

aff. Liégeois, D. P. 82. 1. 454-455; 4 août 1886, aff. Andriot, D. P. 88. 1. 411; Poitiers, 27 mai 1890, aff. Breuil, D. P. 91. 2. 167).

Au contraire, lorsque l'action en dommages-intérêts sera fondée, non plus sur le délit prévu par les art. 319 et 320 c. pén., mais bien sur l'art. 1382, c'est-à-dire sur une simple faute du patron, un quasi-délit civil, dans ce cas, l'action sera soumise à la prescription de trente ans, etc. (V. les arrêts précités).

86. De même, il a été jugé que la prescription de trois ans, applicable aux actions nées d'un délit, ne peut être opposée à l'action en responsabilité intentée contre un entrepreneur de travaux publics, à la suite de l'accident dont l'un de ses ouvriers a été victime, alors que le demandeur invoque, à l'appui de sa réclamation, une disposition du cahier des charges de l'entreprise prescrivant certaines mesures de précaution qui auraient été négligées par l'entrepreneur. Dans ce cas, en effet, la demande puise son principe, en dehors de tout fait délictueux, dans un contrat qui a été violé par l'entrepreneur. La prescription de trente ans est donc seule applicable (Civ. cass. 9 janv. 1882, aff. Veuve Martin, D. P. 83. 1. 136).

87. Ajoutons que le point de savoir dans quels cas l'action de l'ouvrier est fondée sur l'art. 1382 c. civ., ou, au contraire, sur les art. 319 et 320 c. pén., est une pure question de fait. C'est au juge du fond qu'il appartient de décider, d'après les circonstances de la cause et la gravité de l'imprudence alléguée, si cette imprudence constitue un délit punissable d'une peine correctionnelle ou une simple faute ne donnant ouverture qu'à une action civile en dommages-intérêts, soumise à la prescription trentenaire (Civ. rej. 15 avr. 1889, aff. Dubosc, D. P. 90. 1. 136). V. la note sur cet arrêt.

88. Faudra-t-il donner les mêmes solutions, si l'on admet une théorie nouvelle, qui compte d'assez nombreux partisans, et d'après laquelle la responsabilité du patron vis-à-vis de son ouvrier dériverait de l'inexécution d'une des obligations imposées à ce patron par le contrat de louage de services, intervenu entre lui et l'ouvrier? V. en ce sens : Vavasseur, *De la responsabilité des accidents de fabrique*; Marc Sauzet, *Revue critique*, 1883, t. 13, p. 596 et suiv.; Sainctelette, *Responsabilité et garantie*, p. 140; Glasson, *Le code civil et la question ouvrière*, 1886, p. 30; Delacroix, *Le contrat de travail*, *Revue de législation des mines*, *avril-mai-juin* 1885;

Labbé, cité par M. Glasson, *op. cit.*, p. 67; Henri Noirot, *De la responsabilité des accidents industriels*, La Loi du 29 oct. 1885; Eugène Bontoux, *Du louage de services*, 1883, p. 91 et suiv. Conf. C. cass. belge, 8 janv. 1886, aff. Marsy, D. P. 86. 2. 153 et la note; Cour suprême du Luxembourg, 27 nov. 1884, aff. X..., *ibid.*, note a). L'action qui appartient à l'ouvrier est, dans ce système, une pure action en indemnité, qui ne se lie à aucune action répressive, qui découle non du fait dommageable, mais du contrat de louage de services. Par ce contrat, le patron loue, pour ainsi dire, la personne même de l'ouvrier; il est donc tenu de veiller à la sécurité de celui-ci, sinon il commet une faute contractuelle, en raison de laquelle il doit des dommages-intérêts à l'ouvrier blessé.

Nous croyons que, même dans ce système, l'action en dommages-intérêts intentée par l'ouvrier blessé pourra avoir une double base. Tantôt elle sera fondée sur le délit des art. 319 et 320 c. pén., lorsque le patron tombera sous le coup de ces articles ; et alors l'action civile se prescrira par trois ans. Tantôt, au contraire, cette action naîtra du contrat de louage lui-même ; il en sera ainsi lorsque le patron n'aura pas commis de faits délictueux; dans ce dernier cas, l'action se prescrira par trente ans. Ces solutions sont admises, au surplus, par un des partisans de la théorie nouvelle (Glasson, *op. cit.*, p. 32. V. D. P. 91. 2. 16, note 7).

89. Jusqu'ici l'on a supposé qu'il existait, entre la victime de l'accident et la personne, un lien contractuel découlant du contrat de louages de services. Bien entendu, les mêmes solutions devraient être données, à plus forte raison, dans l'hypothèse où aucun contrat ne serait intervenu entre les parties.

90. Pour l'application de la règle qui assimile l'action civile à l'action publique, au point de vue des règles de la prescription, il ne suffit pas que l'action naisse du délit ; une seconde condition est nécessaire : il faut encore que l'action ait pour objet direct et immédiat la réparation du dommage qu'il a causé. C'est ainsi, comme on l'a dit au *Rép.* n° 102, que l'action en séparation de corps ou en divorce, fondée sur l'adultère, échappe à la prescription pénale. La même solution doit être donnée pour d'autres actions, telles que l'action en désaveu formée pour cause d'adultère, l'action tendant à faire déclarer l'héritier indigne de succéder pour avoir donné ou tenté de donner la mort au défunt. Toutes ces actions sont soumises à la

---

un coup de la navette de son métier à l'œil gauche, accident qui lui causa la perte de cet œil. Elle ne poursuivit ses patrons en indemnité que le 8 févr. 1876. Sur cette action, est intervenu un jugement du tribunal de Lisieux, ainsi conçu :... « Attendu que les faits sur lesquels la femme Thomas base son action constitueraient, s'ils étaient établis, le délit réprimé par l'art. 320 c. pén., qu'il est bien vrai que l'énumération contenue dans cet article et dans l'art. 319 auquel il se réfère est limitative; mais qu'il suffit de l'existence de l'une des fautes qu'ils mentionnent pour que le délit existe; que, dans l'espèce, on en trouverait plusieurs; qu'en effet, la mauvaise installation de la chaîne sur le métier constituerait une maladresse et une imprudence, et que le fait de n'avoir pas tenu compte des observations relative aux dangers qu'elle offrait et de n'avoir pas fait ce qui était nécessaire pour empêcher un accident constituerait une négligence; qu'il importe peu que la femme Thomas déclare qu'elle s'appuie sur l'art. 1382 seul; qu'en effet, le caractère et la durée d'une action ne dépendent point de la qualification que lui donnent les parties, mais de celle que lui imprime la loi d'après les faits sur lesquels elle est basée; que les défendeurs ont le droit de lui restituer la qualification qui lui est propre; qu'on ne peut non plus, pour repousser l'exception opposée par les sieurs Jousse et Laniel, invoquer la maxime *Nemo auditur propriam turpitudinem allegans*, puisque la turpitude consiste dans l'acte et non dans sa dénomination; que d'ailleurs, ils prétendent n'être pas coupables; — Attendu qu'aux termes des art. 2, 3, 637 et 638 c. instr. crim., l'action publique et l'action civile résultant d'un délit s'éteignent l'une et l'autre par la prescription de trois ans; que cette règle s'applique dans tous les cas, quelle que soit la juridiction devant laquelle l'action civile soit portée, à l'auteur du délit de même qu'à la personne civilement responsable; que l'accident a eu lieu le 14..., etc.; qu'il est impossible de voir une cause suspensive de la prescription dans ce fait que la femme Thomas a continué de travailler pendant seize à dix-sept mois dans l'usine, ni dans cette autre qu'elle aurait été logée gratuitement pendant quinze jours; — Par ces motifs, déclare la prescription acquise; déboute les époux Thomas de leur action, etc. »

Sur appel, — La cour, — Sur la première question, adoptant les motifs des premiers juges; — Sur la deuxième question : — Attendu que l'action formée par la dame Thomas est fondée sur ce que Jousse, ouvrier de Laniel, aurait mal installé la toile sur son métier; qu'elle en avait fait l'observation à Jousse, qui n'aurait pas tenu compte de sa demande; — Attendu qu'après avoir dirigé son action principale contre Jousse, l'appelante, dans ses conclusions subsidiaires sur appel, a demandé que Laniel fût tenu de réparer le dommage par elle éprouvé; — Attendu que les faits énoncés dans l'exploit introductif d'instance sont les mêmes que ceux qu'elle demande à prouver dans ses conclusions au fond; que ces faits, si la preuve en était administrée, constitueraient, au respect de Laniel père et fils, le délit de blessures involontaires commis par imprudence, inattention, négligence ou défaut de précaution, prévu par les art. 319 et 320 c. pén.; que conséquemment il serait prescrit conformément aux art. 637 et 638 c. instr. crim.; — Attendu que les motifs qui ont déterminé les premiers juges à admettre la prescription en ce qui concernait Jousse, sont à bon droit invoqués par Laniel père et fils; — Attendu que la femme Thomas ne prouve pas qu'en outre des faits de négligence ou défaut d'attention qu'elle a articulés, Laniel père et fils aient manqué à certains devoirs particuliers ou à des règles spéciales qui les concernent comme usiniers, et qui pourraient constituer une faute entraînant la responsabilité édictée par l'art. 1382 c. civ.; qu'elle ne leur reproche que des faits qui sont prévus par la loi pénale; qu'ils sont dès lors, couverts par la prescription; — Attendu qu'il n'appartenait point à la demanderesse d'atténuer les faits et de se ménager arbitrairement, suivant les besoins de la cause, de faute ou de cas fortuit qui pouvait être prévu et évité; que les premiers juges avaient le droit d'attribuer aux faits leur caractère légal; que le système contraire conduirait à cette conséquence inadmissible que les parties pourraient impunément se soustraire à l'application de la loi;

Confirme, etc.

Du 22 déc. 1876.-C. de Caen, 2e ch.-MM. Pellerin, pr.-Lanfranc de Panthou, av. gén.-Laisné-Deshayes et Edmond Villey, av.

prescription de trente ans, car elles ne constituent pas des actions civiles dans le sens de l'art. 1 du code d'instruction criminelle (Garraud, *Précis*, n° 430 *in fine*, p. 355 et 556, et *Traité*, n° 69 *in fine*, p. 119).

91. On a dit au *Rép.* n° 98 que, dans le cas de *condamnation* intervenue sur l'action publique ou de *décès* du prévenu, l'action civile, qui subsiste, reste soumise à la prescription pénale et non pas à celle du droit civil. Ces causes d'extinction de l'action publique ne modifient pas, en effet, le caractère délictueux du fait qui donne naissance à l'action civile. Cette solution est admise par la majorité des auteurs (Garraud, *Précis*, n° 433 *in fine*, et *Traité*, n° 72 *in fine*, p. 124; Brun de Villeret, n°s 335 et 339; Le Sellyer, *Actions publiques et privées*, n°s 482 et 556; Haus, t. 2, n° 1433; Laborde, n° 905). La jurisprudence est fixée aussi dans le même sens. Ainsi il a été jugé que les règles de la prescription établies par les art. 637 et 638 c. instr. crim. ne cessent pas d'être applicables, en ce qui concerne l'action civile, en cas de condamnation du coupable sur l'action publique, et dans l'hypothèse où le prévenu est décédé au cours des poursuites. Outre les arrêts cités au *Répertoire*, V. Lyon, 4 avr. 1851, aff. Commune de Saint-Étienne, D. P. 52. 2. 34; Civ. cass. 6 mars 1855, aff. Commune de Beuvry, D. P. 55. 1. 84; Req. 2 mai 1864, aff. Veuve Philibert Saives, D. P. 64. 1. 266, et le rapport de M. le conseiller d'Ubexi, D. P., *ibid.*; Civ. rej. 4 déc. 1877, aff. Veuve Paradis, D. P. 78. 1. 252). — Toutefois, l'opinion contraire à celle que nous venons d'exposer a été soutenue (V. Villey, *Revue critique*, 1875, p. 81; Labroquère, *op. cit.*, 1861, t. 19, p. 165; et quelques arrêts cités au *Rép. ibid.*).

92. Si l'on suppose, au contraire, que le prévenu poursuivi devant la juridiction répressive a obtenu son acquittement, ou a profité d'une mesure d'amnistie, les solutions ne seront plus les mêmes. Malgré cet acquittement ou l'amnistie, une demande en dommages-intérêts pourra être formée par la partie lésée devant les tribunaux civils (Crim. rej. 9 janv. 1880, aff. Chazot, D. P. 80. 1. 285). Elle sera soumise à la prescription de trente ans. Il s'agit alors d'une action civile ordinaire, à fait incriminé ayant perdu son caractère délictueux (Garraud, *Précis*, n° 433 et *Traité*, n° 72, p. 124; Le Sellyer, *op. cit.*, n° 483).

Sect. 7. — De l'interruption et de la suspension de la prescription. — De la maxime : « Quæ sunt temporalia ad agendum, sunt ad excipiendum perpetua » (*Rép.* n°s 105 à 164).

§ 1er. — Interruption et suspension de la prescription de l'action publique en matière de crimes et de délits.

93. — I. **Interruption.** — On a indiqué au *Rép.* n°s 106 et suiv. les différents actes qui doivent être regardés comme des actes d'instruction et de poursuite, aux termes de l'art. 637 c. instr. crim., et qui ont pour effet d'interrompre la prescription de l'action publique relativement aux crimes et délits. — Doivent être considérés comme interruptifs de la prescription les actes d'instruction qui ont pour objet de constater les faits et de découvrir ou convaincre les auteurs, et notamment : 1° les réquisitions du ministère public à fin d'informer (V. *Rép.* n° 108; Crim. rej. 19 nov. 1887, aff. Ecochard, et autres, D. P. 88. 1. 191).

94. 2° Les mandats de comparution, d'amener ou d'arrêts décernés contre les inculpés (V. *Rép.* n° 106; Crim. rej. 19 nov. 1887, cité *suprà*, n° 93).

95. 3° Les ordonnances du juge d'instruction prescrivant une perquisition au domicile d'un inculpé ou nommant des experts (Crim. rej. 19 nov. 1887, cité *suprà*, n° 93; Rennes, 3 nov. 1887, aff. Joly et Rubat, D. P. 88. 2. 233);... l'expertise elle-même et le procès-verbal de perquisition (Conf. Civ. rej. 4 déc. 1877, aff. Veuve Paradis, D. P. 78. 1. 252).

96. 4° Les réquisitions du ministère public tendant au non-lieu quant à présent et l'ordonnance conforme du juge d'instruction, nonobstant leur caractère d'actes favorables au prévenu (Crim. rej. 27 janv. 1870, aff. Famin, D. P. 70. 1. 442 ; Civ. rej. 12 avr. 1873, aff. Canourgues, D. P. 73. 1. 445).

97. 5° Une confrontation de la victime d'un crime,

préalablement entendue comme témoin, avec l'individu accusé de ce crime, interrogé et placé sous mandat de dépôt (Crim. rej. 24 déc. 1863, aff. Carlier, D. P. 65. 5. 302).

98. 6° L'assignation donnée à un prévenu par le procureur général près d'une cour d'appel, à fin de comparution devant ladite cour, notamment pour faire une preuve ordonnée par un arrêt. Ainsi jugé en matière de délits de presse (Crim. rej. 7 févr. 1885, aff. Schwob, D. P. 85. 1. 381 ; Limoges, 28 juill. 1887, et sur pourvoi, Crim. rej. 3 nov. 1887, aff. Peignaud et Touraille, D. P. 89. 1. 221).

99. Mais il a été décidé : 1° qu'un acte émané du ministère public, par exemple une ordonnance à témoins, qui ne s'adresse directement à aucun agent, ne contient aucune réquisition ni aucun ordre formel, mais porte simplement la mention suivante : « N. B. Citer le 18 février au plus tard », ne constitue pas un acte de poursuite interruptif de la prescription (Colmar, 14 mai 1861, aff. Stacklin et Siess, D. P. 61. 2. 225) ; — 2° Que la transmission des pièces d'un dossier par le parquet de première instance au parquet de la cour ne peut être considérée que comme un acte d'administration et ne constitue pas un acte de poursuite (Amiens, 5 avr. 1884, aff. Lalouette, D. P. 85. 2. 103).

100. De même, la jurisprudence admet qu'une cédule à prévenu, contenant mandement du ministère public à tous huissiers de citer à sa requête l'individu pour tel jour, n'est pas un acte de poursuite et, conséquemment n'a pas pour effet d'interrompre la prescription, notamment en matière de délits de pêche (Douai, 1er déc. 1869, aff. Billion et Ducreux, D. P. 70. 2. 41 ; Dijon, 13 déc. 1871, aff. Remy, D. P. 72. 2. 104). D'après ces arrêts, l'ordre de citation délivré par le parquet à un huissier ne constitue ni un acte d'instruction, puisqu'il n'a pas pour objet de constater les preuves du délit ou de la culpabilité du prévenu, ni un acte de poursuite, car en le délivrant, le ministère public ne se propose pas de s'assurer de la personne du prévenu, ou de le traduire en justice. Il n'y a là qu'une mesure d'ordre intérieur, destinée à assurer la régularité du service.

101. Les procès-verbaux d'une information à laquelle le procureur de la République a procédé, en dehors du cas de flagrant délit, ne peuvent avoir que le caractère de renseignements, et non celui d'actes d'instruction. Par suite, ils n'ont pas pour effet d'interrompre la prescription. En effet, pour qu'un acte puisse être qualifié acte d'instruction ou de poursuite, il faut qu'il émane d'une autorité compétente, ayant reçu de la loi mission d'instruire sur les crimes et les délits. Or, le procureur de la République n'a pas compétence pour informer en dehors du cas de flagrant délit (c. instr. crim. art. 32). (V. en ce sens, Crim. rej. 19 avr. 1855, aff. Cabrol, D. P. 55. 1. 269, et la note). Dès lors, le procès-verbal qu'il dresse quand il n'y a pas flagrant délit dépasse les limites de ses attributions, et ne peut, comme les procès-verbaux dont parle l'art. 29 c. inst. crim., valoir qu'à titre de renseignement, il ne saurait donc interrompre la prescription (Crim. rej. 9 août 1872, aff. Ayme, D. P. 63. 1. 107). — De même, il a été jugé que le procès-verbal, dressé par l'officier du ministère public, de faits délictueux révélés à l'audience où il siège, n'a pas pour effet d'interrompre la prescription qui court au profit de l'auteur du délit (Toulouse, 12 mai 1866, aff. Lavigne, D. P. 66. 2. 188. V. la note sur cet arrêt).

102. La requête adressée par le procureur général au premier président, pour obtenir l'indication d'un jour afin de citer le prévenu devant la cour, est-elle un acte d'instruction ou de poursuite interruptif de la prescription ? Un arrêt de la cour de cassation a décidé qu'il n'y avait là qu'une mesure préparatoire et d'ordre intérieur, non susceptible par suite d'interrompre la prescription de l'action (Crim. cass. 2 févr. 1865, aff. Romang et autres, D. P. 65. 1. 241). La cour de Paris a consacré la solution contraire, sans motiver du reste sa décision ; elle s'est contentée de dire que le réquisitoire du procureur général, dans ce cas, constituait *évidemment* un acte de poursuite (Paris, 11 févr. 1861, aff. Roger, D. P. 61. 2. 216). La doctrine de la cour de cassation nous paraît plus exacte. En effet, la requête du procureur général au premier président, afin d'obtenir un jour d'audience, n'équivaut pas à la citation du prévenu. Ce n'est qu'un acte préliminaire, qui n'est prescrit par aucune loi et peut être indifféremment omis ou accompli, un acte de convenance judiciaire, plutôt qu'un acte de procédure proprement dite.

103. Mais l'effet interruptif de la prescription a été reconnu avec raison au réquisitoire écrit du procureur général ordonnant l'assignation, devant la cour, d'un prévenu appelant, pour être statué sur ledit appel (Gand, 22 févr. 1865, aff. Scheppers, *Jurisprudence des cours de Belgique*, 1865. 2. 137). Ce réquisitoire, en effet, met en mouvement l'action publique; dès lors, il constitue bien un acte de poursuite aux termes de l'art. 637 c. instr. crim.

104. Ainsi qu'on l'a vu au *Rép.*, n° 113, les procès-verbaux dressés par des gendarmes et des sous-officiers de gendarmerie doivent être considérés comme actes interruptifs de la prescription. Il n'est pas nécessaire que ces procès-verbaux émanent des officiers de gendarmerie. — En sens contraire, on a invoqué cette considération que les officiers de gendarmerie ont seuls la qualité d'officiers de police judiciaire et peuvent seuls, par conséquent, faire les recherches nécessaires pour constater les infractions aux lois, dans les limites tracées par les décrets sur l'organisation de la gendarmerie. D'autre part, a-t-on ajouté, les simples gendarmes ne peuvent agir d'office, et ils sont simplement aptes à remplir les actes ou fonctions de la police judiciaire, dans le cas où ils sont requis par les magistrats compétents. Ainsi il a été jugé que de simples gendarmes n'ont pas qualité pour verbaliser contre les auteurs de délits de pêche; que, par suite, les procès-verbaux qu'ils dressent en cette matière n'ont qu'une valeur de simples renseignements et sont insuffisants pour interrompre la prescription (L. 15 avr. 1829, art. 36; Décr. 1er mars 1854, art. 314 et 330; Douai, 1er déc, 1869, aff. Billion et Ducreux, D. P. 70. 2. 41).

La solution contraire a prévalu en jurisprudence. En effet, les gendarmes ont qualité pour rechercher les crimes et les délits. Ils ont nécessairement le droit et le devoir d'en constater l'existence par des procès-verbaux. (L. 28 germ. an 6, art. 125; Décr. 1er mars 1854, art. 1 et 488). Dès lors, ces procès-verbaux doivent être considérés comme des actes d'instruction et de poursuites, dans le sens des art. 637 et 638 c. instr. crim., et interrompent la prescription. Pour qu'un procès-verbal ait un effet interruptif, il n'est pas nécessaire qu'il émane d'un officier de police judiciaire. Il suffit qu'il ait été dressé par un agent ayant qualité et compétence pour constater l'infraction. Ainsi jugé en matière de délits ruraux (Crim. cass. 29 mars 1856, aff. Gentil, D. P. 56. 1. 269); ... de délit de chasse (Dijon, 31 déc. 1872, aff. Viellard et Parise, D. P. 75. 2. 97); ... de délit électoral (Crim. rej. 25 juill. 1890, aff. Millinier, D. P. 90. 1. 449). Ce dernier arrêt se prononce, d'ailleurs, en termes généraux (V. aussi le rapport de M. le conseiller Vitelay, D. P. 90. 1. 439).

105. Ajoutons que les procès-verbaux dressés par de simples gendarmes ont pour effet d'interrompre la prescription, non seulement lorsqu'ils ont été rédigés sur les réquisitions du ministère public, mais aussi lorsqu'ils l'ont été sur celles de l'autorité administrative ou du préfet.

La même solution doit être étendue aux procès-verbaux dressés par la gendarmerie spontanément et d'office. C'est ce que décide la jurisprudence la plus récente (Crim. cass. 29 mars 1856, aff. Gentil, D. P. 56. 1. 269 ; Dijon, 31 déc. 1872, aff. Viellard, D. P. 75. 5. 97; Crim. rej. 25 juill. 1890, aff. Millinier, D. P. 90. 1. 449, et le rapport de M. le conseiller Vitelay).

106. Ainsi qu'on l'a dit au *Rép.*, n° 113, ce ne sont pas seulement les procès-verbaux faisant foi jusqu'à inscription de faux qui sont de nature à interrompre la prescription. Il faut considérer comme actes interruptifs les procès-verbaux qui émanent des gardes-champêtres, des commissaires de police, des maires, etc., lorsqu'ils constatent des délits dont la recherche leur est confiée (V. Mangin, *Traité de l'action publique*, t. 2, n° 344, p. 139). Ainsi il a été jugé que les procès-verbaux dressés par les maires et gardes-champêtres, et constatant un délit rural, conformément à la loi des 28 sept.-6 oct. 1791, interrompent la prescription spéciale édictée par cette loi (Crim. cass. 29 mars 1856, cité *supra*, n° 104).

107. Comme on l'a exposé au *Rép.* n°s 115 et 150, les actes de la partie civile qui mettent en mouvement l'action

publique constituent des actes de poursuite et d'instruction, interrompant la prescription (V. en ce sens Garraud, *Traité* t. 2, n° 65, p. 100).

Notamment la citation directe donnée à la requête de la partie civile interrompt la prescription d'un délit, aussi bien en ce qui concerne l'action publique qu'en ce qui concerne l'action civile. Elle met, en effet, en mouvement l'action publique, et le ministère public se trouve ainsi partie dans l'instance. C'est ce qui a été jugé : 1° pour la citation donnée par un particulier lésé devant la juridiction correctionnelle, en matière de délits électoraux (Décr. du 2 févr. 1852 (art. 50); Crim. rej. 4 avr. 1873, aff. Orsini, D. P. 73. 1. 221 ; Crim. cass. 3 juill. 1880, *infrà*, n° 140); ... en matière de délits de chasse (Crim. rej. 29 mars 1883, aff. Delbecque, D. P. 85. 1. 183);... en matière de délits de presse (Crim. rej. 24 mai 1884, aff. Pommier, D. P. 86. 1. 143; Grenoble, 8 févr. 1883, aff. Sœur Saint-Charles, D. P. 84. 2. 56; Req. 21 déc. 1885, aff. Poviot, D. P. 86. 1. 317; Bordeaux, 16 avr. 1886, aff. Beylot, D. P. 87. 2. 79; Crim. cass. 27 juin 1884, aff. Dispeau, D. P. 85. 1. 135); — 2° Pour la citation délivrée à la requête de la partie civile devant la cour d'assises, en cas d'injure et de diffamation par la voie de la presse (L. 29 juill. 1881, art. 47 et 65; Crim. rej. 14 févr. 1890, aff. *la Cocarde* et *l'Intransigeant*, D. P. 91. 1. 281; 14 mars 1884, aff. Moinelle et Rozette, D. P. 85. 1. 90); — 3° Pour la citation en police correctionnelle notifiée à la requête du créancier, en cas de détournement d'objets saisis (Crim. rej. 29 janv. 1891, aff. Sargent, D. P. 91. 1. 395).

108. En sens inverse, la jurisprudence admet que la signification par huissier d'actes dans lesquels la partie civile déclare conserver son droit d'agir ne peut remplacer l'acte de poursuite exigé par l'art. 65 de la loi de 1881 sur la presse. On ne peut considérer, en effet, de pareilles significations comme constituant des actes de poursuite (Crim. rej. 5 nov. 1886, aff. Lévy, D. P. 87. 1. 240).

109. On a dit au *Rép.*, n° 116, qu'une simple plainte d'un particulier lésé par une infraction n'a pas pour effet d'interrompre la prescription. C'est ce qui a été jugé relativement aux délits ruraux (Crim. rej. 14 févr. 1874, aff. Vibert, D. P. 75. 1. 190). — Mais on doit reconnaître le caractère interruptif à la plainte de la partie lésée, contenant la déclaration qu'elle se porte partie civile. Toutefois, il faut une déclaration formelle en ce sens (c. instr. crim. art. 66); il ne suffirait pas au particulier lésé d'exprimer seulement l'*intention* de se porter partie civile (Crim. cass. 29 mars 1856, aff. Gentil, D. P. 56. 1. 269).

110. Décidé, de même, en matière de délits ruraux, qu'on ne doit pas considérer comme actes interruptifs de la prescription d'un mois applicable à ces infractions : 1° le rapport d'un commissaire de police constatant seulement une plainte, et non pas des faits à la connaissance de ce fonctionnaire; 2° la comparution de l'inculpé sur avertissement en vertu d'une citation (Crim. rej. 14 févr. 1874, aff. Vibert, D. P. 75. 1. 190).

111. Toutefois, à notre avis, le simple procès-verbal de récolement dressé à la requête de la partie civile doit avoir pour effet d'interrompre la prescription. Cet acte, en effet, a pour objet de constater la disparition de meubles saisis, c'est-à-dire la preuve de l'existence d'un délit. Cette solution a été admise implicitement par un arrêt de la cour de cassation décidant que le délit de détournement d'objets saisis est couvert par la prescription, lorsque plus de trois ans se sont écoulés depuis le détournement jusqu'au procès-verbal de récolement (Crim. rej. 29 janv. 1891, aff. Sargent, D. P. 91. 1. 395).

112. Quelle influence les remises de cause peuvent-elles avoir au point de vue de la prescription de l'action? La question a une grande importance pour les prescriptions de courte durée, telle par exemple que celle de trois mois fixée, en matière de délits de presse, par la loi du 29 juill. 1881, art. 65. De nombreuses décisions de jurisprudence, émanées notamment de la chambre criminelle de la cour de cassation, sont intervenues sur cette question, en particulier à l'occasion de poursuites en matière de délits de presse. Ces décisions judiciaires semblent parfois, au premier abord, être contradictoires entre elles. Il est possible néanmoins d'en dégager des solutions précises.

113. Tout d'abord, il paraît hors de contestation que les remises de cause qui sont prononcées en l'absence des parties, et qui ne sont pas régulièrement constatées (on verra plus loin ce qu'il faut entendre par là), ne peuvent avoir le caractère d'actes interruptifs de la prescription (Conf. Fabreguettes, *Traité des infractions de la presse*, t. 2, n° 2164; Favrot, *De la prescription en matière de presse, France judiciaire*, 1884-85, 1ʳᵉ part., p. 172). C'est ainsi qu'il a été jugé qu'une remise de cause ordonnée, non contradictoirement, en l'absence des parties et sans mention sur le plumitif d'audience, ne peut pas constituer un acte d'instruction ou de poursuite susceptible d'interrompre la prescription (Crim. cass. 28 févr. 1885, aff. Mansart, D. P. 86. 1. 385; Crim. rej. 31 déc. 1885, aff. Serradeil D. P. 86. 1. 385).

114. D'autre part, il ne semble pas douteux qu'une remise de cause contradictoirement ordonnée à l'audience, avec le concours et sur la demande des parties, ou au moins en leur présence, ne soit interruptive de la prescription. Les remises de causes ainsi prononcées sont de véritables jugements préparatoires, ayant le caractère d'actes d'instruction et de poursuite et, par conséquent, sont de nature à interrompre la prescription. Dès l'instant que le prévenu assiste à l'audience à laquelle la remise est ordonnée, la prescription est interrompue (V. en ce sens, Fabreguettes, *op. cit.*, t. 2, n°ˢ 2164 et 2171, p. 409 et 411; Barbier, t. 2, n° 1015, p. 516; Favrot, p. 177).

La jurisprudence consacre la même solution. V. Crim. rej. 4 avr. 1873, aff. Orsini, D. P. 73. 1. 221; Bourges, 12 mars 1885, aff. Gablin, D. P. 85. 2. 278, 30 oct. 1885, aff. Serey, D. P. 86. 1. 385; Civ. cass. 25 juin 1888, aff. Vinsonnaud, D. P. 88. 1. 356 (ces trois derniers arrêts ont été rendus en matière de presse); Crim. cass. 26 avr. 1888, aff. Mosset, D. P. 88. 1. 281. Crim. rej. 12 juin 1891, aff. Dame Soulard, D. P. 93. 1. 190-191. *Contrà*, Brun de Villeret, n° 233.

115. Doit-on considérer comme contradictoire, et ayant pour effet d'interrompre la prescription, la remise de cause obtenue par les avocats des parties? Il faut répondre négativement dans le cas où les avocats sollicitent la remise en l'absence et sans l'assentiment constaté des parties, *sans exciper d'aucun mandat de la part de ces dernières*. Dans cette hypothèse, ils demandent et obtiennent une remise *pour des motifs de convenance personnelle*. L'avocat ne peut, en effet, par son propre fait, modifier la situation de son client (Crim. cass. 20 juin 1885, aff. Serre, D. P. 86. 1. 383).

116. Mais il n'en est pas de même pour les remises qui sont prononcées sur les conclusions de l'avocat, lorsqu'il parle au nom du prévenu qui lui a confié ses intérêts et sur son assentiment. En vain dirait-on que, aux termes de l'art. 185 c. instr. crim., la représentation est seulement permise dans les affaires qui n'entraînent pas la peine d'emprisonnement, et encore qu'un avoué seul a qualité pour représenter les prévenus. D'une part, la représentation est permise, même dans les affaires qui emportent peine d'emprisonnement, lorsqu'il s'agit de discuter une question préjudicielle,

indépendante du fond, et à plus forte raison lorsqu'il s'agit de demander une simple remise (Crim. rej. 29 août 1840, *Rép.* vˢ *Instruction criminelle*, n° 935-2°; *Défense*, n° 70; 11 févr. 1876, aff. Valabrègue, D. P. 76. 1. 401). Quant à la qualité du mandataire, il ne faut pas perdre de vue que la disposition de l'art. 185, relative aux avoués, n'a rien de limitatif. « L'art. 185, dit M. Faustin-Hélie, en indiquant un avoué, n'a pas exclu tout mandataire; il faut, pour expliquer cet article, le rapprocher de l'art. 204, qui porte que la requête d'appel sera signée de l'appelant, ou d'un avoué, ou de tout autre fondé de pouvoir spécial. Il y a seulement cette différence que l'avoué ou l'avocat ne doit justifier d'aucun pouvoir; *il suffit qu'il se présente au nom de la partie*, tandis que tout autre mandataire doit justifier de son mandat... » (*Instruction criminelle*, t. 6).

C'est ainsi qu'il a été jugé que la remise de cause prononcée sur les conclusions de l'avocat, qui a expressément déclaré parler au nom de l'inculpé non comparant, constitue un véritable jugement préparatoire ayant le caractère d'un acte d'instruction et, par suite, de nature à interrompre la prescription; qu'une remise ordonnée dans ces conditions doit même être réputée contradictoire, l'inculpé ayant été légalement représenté (Crim. rej. 31 déc. 1885, aff. Serradeil, D. P. 86. 1. 385, et le rapport de M. le conseiller de Larouverade, D. P. *ibid.*; Crim. cass. 2 juill. 1886, aff. Lutaud, D. P. 86. 1. 474.—*Contra*, Paris, 8 janv. 1884) (1), cet arrêt décide, d'une manière générale, que l'avocat n'a pas qualité pour représenter son client.

117. Des difficultés se sont présentées aussi dans l'hypothèse où le prévenu ne se présente pas au jour fixé par la citation pour sa comparution. Dans ce cas, le tribunal peut statuer par défaut, conformément à l'art. 187 c. instr. crim. Il n'est pas tenu non plus de statuer immédiatement. En pareil cas, les juges correctionnels ont, comme les juges civils, le devoir de vérifier le mérite de l'action; ils condamnent ou acquittent, suivant le résultat de leur examen. Il se peut, d'autre part, qu'une circonstance quelconque, l'encombrement du rôle, par exemple, empêche le tribunal saisi de procéder, et juge de cet examen. Il aura le droit de remettre la cause à une audience ultérieure. S'il procède ainsi, ce jugement de remise, même rendu d'office et hors la présence du prévenu, aura pour effet d'interrompre la prescription, car on ne saurait lui refuser les effets ordinaires d'un jugement d'instruction.

Mais si les remises prononcées d'office hors la présence du prévenu peuvent avoir un effet interruptif, c'est seulement lorsqu'elles interviennent au jour fixé par la citation, c'est-à-dire à l'audience où le prévenu aurait dû comparaître. A cette date, en effet, le tribunal saisi est libre d'entreprendre, ou non, l'examen de l'affaire; et, si cet examen est renvoyé à un autre jour, le prévenu n'a pas à s'étonner d'une mesure d'où ne peut résulter pour lui aucun avantage. Que si, au contraire, le tribunal ordonne une seconde remise, non contradictoire, on peut dire qu'à défaut de réassignation, le prévenu est réputé n'avoir pas pu connaître le nouveau renvoi et que, par suite, ce renvoi

(1) (Mongin.) — La cour; — Considérant qu'à la date du 8 févr. 1813, Cantin, agissant tant en son nom personnel que comme président du conseil d'administration de la société de l'Eden-Théâtre, et les administrateurs de cette société, ont fait donner à Mongin, gérant du journal *Paris-midi, Paris-minuit*, citation à comparaître devant le tribunal correctionnel de la Seine, à l'audience du 21 févr. 1883, pour s'entendre condamner à des dommages-intérêts et à l'insertion du jugement à intervenir dans *Paris-midi* et dans *Paris-minuit* et dans trente journaux de Paris, pour réparation d'articles diffamatoires publiés dans *Paris-midi* et dans *Paris-minuit* contre l'administration et la société de l'Eden-Théâtre; — Considérant qu'à cette audience du 21 février Mongin n'a pas comparu; que le tribunal a prononcé défaut contre lui et a renvoyé l'affaire à quinzaine; que de nombreux renvois ont été successivement prononcés depuis par le tribunal, jusqu'à l'audience du 18 juill. 1883, soit d'office, soit à la demande de l'avocat des parties civiles, représentées, dès le 21 févr., par des conclusions, soit à celle de l'avocat qui plaide pour Mongin devant la cour, et alors que Mongin a fait constamment défaut à toutes les audiences auxquelles ces renvois ont été prononcés; — Considérant que les renvois demandés par l'avocat de Mongin n'ont pu changer la situation de défaillant de Mongin, l'avocat n'ayant pas qualité pour représenter

son client; — Considérant qu'à l'audience du 18 juillet, l'affaire ayant été plaidée par l'avocat des parties civiles et le ministère public ayant été entendu, Mongin étant toujours défaillant, le tribunal a prononcé défaut contre lui, et a renvoyé son jugement au 25 juillet; qu'à cette dernière date, il a adjugé le profit de ce défaut, et a prononcé contre Mongin une condamnation à l'amende et à des dommages-intérêts, condamnation à laquelle Mongin a fait opposition; — Considérant que, l'affaire venant sur cette opposition à l'audience du 7 nov. 1883, Mongin faisant encore défaut, le tribunal a déclaré cette opposition nulle et non avenue, et a maintenu son jugement du 25 juillet; — Considérant que Mongin a frappé d'un appel régulier cette décision; — Considérant que Mongin n'a pas eu légalement connaissance du défaut prononcé contre lui le 21 février, ni des divers renvois qui ont été prononcés; — Considérant que plus de trois mois se sont écoulés entre la date de l'assignation et celle du jugement, sans qu'entre ces deux actes se place un acte de poursuite interrompant la prescription; que par conséquent il y avait, à la date de ce jugement, prescription acquise conformément à l'art. 16 du 29 juillet 1881; — Par ces motifs; — Déclare éteinte l'action publique et l'action civile, etc.

Du 8 janv. 1884.-C. de Paris, ch. corr.-MM. Faure-Biguet, pr.-Pradines, av. gén.-Doumerc et Gâtineau, av.

n'a pas eu, comme le premier, l'effet d'interrompre la prescription.

Ces solutions sont consacrées par la jurisprudence. Ainsi, il a été jugé que la remise de cause prononcée d'office par le tribunal correctionnel en raison des nécessités du service, le jour où l'inculpé régulièrement cité devait comparaître, constitue, alors même que la présence des partiee n'est pas mentionnée, un véritable jugement préparatoire ayant le caractère d'un acte d'instruction ou de poursuite, susceptible d'interrompre la prescription ; qu'en conséquence, en matière de diffamation commise par la voie de la presse, l'inculpé n'est pas fondé à invoquer la prescription spéciale édictée par l'art. 65 de la loi du 29 juill. 1881, lorsque trois mois ne se sont pas écoulés entre la remise de cause ainsi prononcée et constatée et la délivrance d'une nouvelle assignation pour une audience ultérieure (Crim. rej. 31 déc. 1885, aff. Serradeil, D. P. 86. 1. 385, et le rapport de M. le conseiller Larouverade, D. P. ibid.; Crim. cass. 2 juill. 1886, aff. Marot, D. P. 86. 1. 474 ; Paris, 14 févr. 1890, aff. Weber, D. P. 90. 2. 309. — Contrà, Paris, 8 janv. 1884, suprà, n° 116).

118. On vient de déterminer dans quel cas une remise de cause a pour effet d'interrompre la prescription. Mais, pour que cet effet se produise ainsi, il faut que la remise soit régulièrement constatée. Que doit-on entendre par là? La jurisprudence semble avoir eu sur ce point quelques hésitations.

Un premier système distingue entre la *feuille d'audience* et le *plumitif*, au point de vue des effets légaux de leurs constatations. La *feuille d'audience*, prescrite par les art. 36 et 39 du décret du 30 mars 1808, et mentionnée dans les art. 18 et 138 c. proc. civ., constituerait la minute du jugement. C'est sur les feuilles d'audience que seraient portées, conformément audit décret, les décisions judiciaires. De plus, la feuille d'audience serait signée par le président et le greffier; elle aurait un caractère authentique. A côté il faudrait placer le *plumitif*, simple cahier sur lequel le greffier tient note, uniquement pour mémoire, des faits d'audience, des remises de causes, du prononcé des jugements et de leurs résultats. Le plumitif ne serait pas prescrit par la loi, et ne constituerait qu'un aide-mémoire sans valeur juridique par lui-même. Il ne serait même pas signé par le greffier. Suivant cette opinion, pour qu'une remise de cause puisse être considérée comme ayant le caractère d'un jugement préparatoire et interruptif de la prescription, il faudrait que cette remise fût mentionnée sur la feuille d'audience. Les mentions du plumitif seraient insuffisantes. Cette solution a été consacrée par un arrêt de la cour d'Orléans du 29 juin 1886 (aff. Marot, D. P. 87. 2. 24).

Un second système, au contraire, consacré par la cour de cassation, ne fait pas de distinction entre le *plumitif* et la *feuille d'audience*. Il semble bien ressortir des décisions de la cour suprême que l'expression de *plumitif* ne désigne pas autre chose que la feuille d'audience et ne s'applique nullement à un registre tenu par le greffier pour préparer la rédaction ultérieure de la feuille d'audience, registre dont il n'est question dans aucune loi ni aucun règlement, et qui n'a aucune existence légale. Ainsi que le décide un arrêt de la chambre civile du 4 nov. 1885 « l'expression de *plumitif de l'audience* ne saurait désigner autre chose que la feuille signée par le président et le greffier, contenant la mention authentique des faits qui se sont passés à l'audience, des conclusions qui y ont été prises et des jugements de toute nature qui y ont été rendus ». Ainsi, d'après cette doctrine, pour qu'une remise de cause constitue un acte d'instruction ou de poursuite interruptif de la prescription, il faut qu'elle soit mentionnée sur le *plumitif* ou la *feuille d'audience*, ces deux expressions désignant une seule et même chose (V. en ce sens, Crim. rej. 4 avr. 1873, aff. Orsini, D. P. 73. 1. 221 ; Montpellier, 1er août 1883. aff. Cauvy, D. P. 84. 2. 85 ; Crim. cass. 28 févr. 1885, aff. Mansart, D. P. 86. 1. 385 ; Bourges, 12 mars 1885, aff. Frères Gablin, D. P. 85. 2. 278 ; Crim. cass. 20 juin 1885, aff. Serre, D. P. 86. 1. 385 ; Crim. rej. 31 déc. 1885, aff. Serradeil, D. P. 86. 1. 385 ; Civ. rej. 4 nov. 1885, aff. Aubry, D. P. 86. 1. 295 ; Crim. cass. 13 mars 1886, aff. Marot, D. P. 86. 1. 474; 2 juill. 1886, aff. Lutaud, D. P. 86. 1. 474; Req. 10 mai 1887, aff. Corberon, D. P. 87. 1. 492; Crim. cass. 26 avr. 1888, aff. Mosset, D. P. 88. 1. 281).

119. Restent les *notes d'audience* qui sont tenues par le greffier, aux termes de l'art. 189 c. instr. crim., modifié par la loi du 13 juin 1856. La remise de cause qui s'y trouve mentionnée est-elle dûment constatée? Aura-t-elle pour effet d'interrompre la prescription?

Pour soutenir que les notes sommaires tenues par le greffier ne suffisent pas, on peut faire remarquer qu'il existe des différences essentielles entre la feuille d'audience et les notes du greffier. Ces dernières ne sont pas soumises aux formalités du répertoire et de l'enregistrement. En second lieu, on peut se faire délivrer expédition d'un jugement sans autorisation, tandis qu'on ne peut avoir copie des notes sommaires qu'avec une autorisation du procureur général; par suite, un refus du procureur général pourrait mettre une partie dans l'impossibilité de produire une preuve. Enfin, si les notes sommaires tenues par le greffier, officier public, visées par le président, ont le caractère authentique, cette authenticité ne peut être étendue aux mentions que la loi ne prescrit pas comme devant y être portées. Or, aux termes de l'art. 189 c. instr. crim. modifié par la loi du 13 juin 1856, le greffier doit tenir note seulement des déclarations des témoins et des réponses des prévenus (Trib. Seine, 12 déc. 1889, aff. Gros, D. P. 90. 2. 309).

Malgré ces raisons, il faut décider qu'une remise de cause est régulièrement constatée par les notes d'audience du greffier. Ces dernières, en effet, présentent un caractère suffisant d'authenticité par suite de la signature du greffier et du président (V. en ce sens, Paris, 14 févr. 1890, aff. Gros, D. P. 90. 2. 309).

120. Mais il a été jugé, à bon droit, que les bulletins de remise de cause délivrés par le greffier ne sont pas des actes de poursuite interruptifs de la prescription (Paris, 27 mai 1891, aff. Venèque, D. P. 92. 2. 573). Les bulletins dont il s'agit n'ont, en effet, aucun caractère d'authenticité. Ils émanent du greffier seul, et le tribunal ne concourt pas à leur rédaction.

121. Les règles que nous venons d'indiquer, en ce qui concerne l'effet interruptif des remises de cause, ne sont pas spéciales à la prescription de l'action publique naissant d'un crime, d'un délit ou d'une infraction. Elles s'appliquent également à la prescription de l'action civile, naissant des mêmes faits, que cette action soit intentée conjointement avec l'action publique ou même séparément. C'est ce qui a été jugé spécialement pour les délits de presse (Civ. cass. 25 juin 1888, aff. Vinsonnaud, D. P. 88. 1. 356).

122. On a établi, *suprà*, n° 18 et *Rép.* n° 120, que les jugements ayant acquis force de chose jugée ont pour effet de substituer à la prescription de l'action publique celle de la peine. Mais il faut qu'il s'agisse de jugements définitifs sur le fond même de l'affaire. Ceux-là seuls arrêtent d'une manière irrévocable la prescription de l'action. Les autres, qui ne présentent pas ce caractère, ne sont que des actes d'instruction et de poursuite, interrompant seulement le cours de la prescription de l'action publique. Ainsi il a été jugé qu'un arrêt qui rejette des conclusions d'incompétence et des récusations formulées par le prévenu contre certains magistrats, ne peut avoir pour effet d'arrêter définitivement le cours de la prescription (Crim. rej. 27 janv. 1883, aff. Castillon, Ferradon et autres, D. P. 84. 1. 311).

123. Sur l'effet des jugements prononcés par contumace, V. *suprà*, n°s 19 et suiv., et *Rép.* n°s 33 et 127.

124. Ainsi qu'on l'a dit au *Rép.*, n°s 122 et 123, l'appel formé contre un jugement de condamnation est un acte d'instruction et de poursuite qui interrompt la prescription de l'action publique. La jurisprudence est formelle en ce sens (V. Crim. cass. 28 nov. 1887, aff. Leconte, D. P. 58. 1. 93 ; Paris, 28 nov. 1883, aff.Pommier, D. P. 84. 2. 80 ; Limoges, 27 déc. 1883, aff. Ardouin, D. P. ibid.; Amiens, 5 avr. 1884, aff. Laloquette, D. P. 85. 2. 103; 7 mars 1884, aff. Veuve Pourcelle-Darras, D. P. 85. 2. 109; Trib. Mortain, 16 avr. 1886, aff. Dotain, D. P. 89. 1. 37; Civ. rej. 26 oct. 1887, aff. Rolland, D. P. 88.1.13; Crim. rej. 3 nov. 1887, aff. Peignaud et Tourraille, D. P. 89. 1. 221; Paris, 15 nov. 1889, aff. Mataigne, D. P. 90. 2. 116 ; Crim. rej. 16 mai 1889, aff. Boivin (motifs), D. P. 90. 1. 189; Crim. cass. 30 nov. 1889, aff. Chaulet, sol. impl., D. P. 90. 1. 405).

125. Ajoutons que, si l'appel formé contre un jugement, rendu en matière correctionnelle, interrompt la prescription de l'action publique, il n'en suspend pas le cours. Par suite, si, depuis qu'il a été interjeté appel, le délai suffisant pour prescrire s'est écoulé sans qu'aucun acte interruptif soit intervenu, la prescription est acquise (Crim. cass. 28 nov. 1857; Paris, 28 nov. 1883; Limoges, 27 déc. 1883; Amiens, 5 avr. 1884 ; 7 mars 1884 ; Civ. rej. 26 oct. 1887, Crim. rej. 16 mai 1889 (motifs), cités *suprà*, n° 124).

126. L'appel produit l'effet interruptif quenous venons de signaler, quelle que soit la personne dont il émane. Peu importe qu'il ait été appelé par le ministère public, la partie civile, ou même par le prévenu. Même l'appel formé par ce dernier a le caractère d'un acte d'instruction et de poursuite, aux termes des art. 637 et 638 c. instr. crim. Rien n'empêche, en effet, le ministère public et la partie civile, dans le cas où il ne serait pas donné suite à l'appel inter-jeté par le condamné, de conserver leur action en faisant les diligences nécessaires (V. en ce sens, parmi les arrêts cités aux numéros précédents : Crim. cass. 28 nov. 1857 ; 3 juill. 1880 ; Paris, 28 nov. 1883 ; Amiens, 5 avr. 1884 ; 7 mars 1884; Civ. rej. 26 oct. 1887; Trib. Mortain; Crim. rej. 16 mai 1889; Crim. cass. 30 nov. 1889; Paris, 15 nov. 1889). Ce dernier arrêt décide, notamment, que si le gérant d'un journal condamné pour refus d'insertion a fait appel de la décision rendue contre lui, il ne peut opposer la prescription pour se soustraire à la citation à comparaître devant la cour, délivrée par le procureur général plus de trois mois après le jugement du tribunal, mais moins de trois mois après l'acte appel (L. 29 juill. 1881, art. 65). — V. dans le même sens : Bertauld, p. 616; Le Sellyer, *Actions publique et privée*, t. 2, n°s 476, et 484 à 489.

Toutefois, plusieurs auteurs soutiennent, au contraire, que l'appel interjeté par le prévenu contre un jugement de condamnation ne peut avoir pour conséquence d'interrompre la prescription qui courait à son profit. Ils décident même, d'une manière générale, que tous les actes de défense et de recours, émanés des prévenus, accusés ou condamnés, ne peuvent produire d'effet interruptif sur la prescription de l'action publique (Garraud, *Traité*, t. 2, n° 65, p. 100, et note 20; Laborde, n° 877, p. 525; Haus, t. 2, n°s 1342 et 1349 ; Brun de Villeret, n° 215 et 312 ; Desjar-dins, *Revue critique*, 1885, p. 104). Suivant eux, la doctrine de la jurisprudence est contraire au texte et à l'esprit des art. 637 et 638 c. instr. crim. Aux termes de ces articles, disent-ils, la prescription n'est interrompue que par des actes d'instruction ou de poursuites; or, l'appel n'est pas un acte d'instruction, et s'il est formé par le prévenu, comment le considérer comme un acte de poursuite ? Un acte de pour-suite, dit M. Garraud (*op. et loc. cit.*), ne peut émaner que de la partie poursuivante.

127. On a indiqué *suprà*, n° 23, dans quels cas et à quelles conditions un jugement par défaut a pour effet de substituer à la prescription de l'action publique celle de la peine. Dans les autres hypothèses, ce jugement a pour conséquence d'interrompre la prescription de l'action publi-que, comme on l'a dit au *Rép.* n° 124. Peu importe que le jugement par défaut ait été signifié à la partie condamnée, ou bien, au contraire, qu'il ne l'ait pas été ou d'une façon irrégulière (V. en ce sens : Lyon, 10 août 1848, aff. Ponsony, D. P. 49. 2. 241; Rouen, 27 janv. 1853, aff. X..., D. P. 53. 2. 98; Crim. cass. 30 oct. 1885, aff. Serey, D. P. 86. 1. 385 ; Crim. cass. 15 mars 1883, aff. Albertini, D. P. 84. 1. 430).

128. Il a été décidé sur l'appel par défaut qui, en l'ab-sence du prévenu non appelé à comparaître, a donné acte du désistement par lui signifié de l'appel qu'il avait inter-jeté du jugement rendu sur la compétence, ne peut être considéré comme un acte d'instruction ou de poursuite interruptif de la prescription (Crim. rej. 16 mai 1889, aff. Boivin, D. P. 90. 1. 189). Comme nous l'avons fait remarquer dans la note sur cet arrêt, « prendre acte de ce que le prévenu, après avoir décliné la compétence d'une juridiction, consent à l'accepter, c'est bien, de la part du plaignant, affirmer le désir de clore cet incident ; mais alors surtout que le prévenu n'a pas été appelé à compa-raître, il n'y a rien là qui ressemble à un acte de pour-suite, au sens de la loi du 29 juill. 1881 ».

129. L'opposition formée à un jugement par défaut a aussi pour effet d'interrompre la prescription. C'est ce qui a été jugé, notamment, pour l'opposition émanée de la par-

tie civile, en matière de délits de presse (Crim. rej. 3 nov. 1887, aff. Peignaud et Taureille, D. P. 89. 1. 221. Comp. Montpellier, 1er déc. 1883, aff. Cauvy, sol. impl., D. P. 84. 2. 55). Dans le système général de la jurisprudence, cette solution doit être étendue au cas où l'opposition a été formée par le condamné lui-même (V. *suprà*, n°s 126 et suiv.).

130. D'après une jurisprudence aujourd'hui constante, le pourvoi en cassation a pour effet d'interrompre la pres-cription de l'action publique et de l'action civile. A partir du moment où il a été formé, une nouvelle prescription commence à courir. Il y a là un acte de poursuite ou d'ins-truction, aux termes de l'art. 637 c. instr. crim. — De plus, on décide que l'instance produit un effet suspensif. Le cours de la prescription est suspendu pendant toute la durée de l'instance devant la cour de cassation. Il reprend du moment où la cour de cassation a statué, car alors cesse pour le ministère public l'impossibilité d'agir qui existait auparavant. A l'appui de cette solution, la cour de cassation invoque, dans un de ses arrêts, cette considération que « le ministère public, par l'effet du recours, se trouve dans l'impossibilité de procéder à aucun acte de poursuite et de faire aucune diligence tant que la cour de cassation demeure saisie, et qu'il ne dépend pas de lui d'obtenir un jugement de condamnation. Dès lors, le cours de la prescription est nécessairement interrompu et elle ne peut commencer à courir qu'à compter du jour où le ministère public aura recouvré le pouvoir d'agir » (V. en ce sens : Crim. rej. 27 janv. 1883, aff. Castillon, Ferradon et autres, D. P. 84. 1. 311 ; 3 janv. 1884, aff. Chardin et Richierre, D. P. 84. 1. 168; Amiens, 5 avr. 1884, aff. Lalouette et cons., D. P. 85. 2. 103; Crim. rej., 7 févr. 1885, aff. Schwob, D. P. 85. 1. 381; 12 févr. 1885, aff. Sablon de la Salle, D. P. 85. 1. 432; 5 nov. 1886, aff. Lévy, D. P. 87. 1. 240; 8 nov. 1889, aff. Fraysse, D. P. 90. 1. 329-330). Quant aux auteurs, ils n'examinent, en général, la question des effets du pourvoi en cassation sur l'interruption et la suspension de la prescription qu'à l'occasion des contra-ventions de police (V. *infra*, n°165). La doctrine de la jurisprudence est approuvée par M. Valabrègue. *De l'influence du pourvoi en cassation sur la prescription de l'action publique en matière de contraventions de police, Revue pratique*, t. 48, p. 82. V. en sens divers : Bertauld, p. 613; Brun de Villeret, n°s 310 et suiv.; Albert Desjardins, *Revue critique*, 1885, p. 104 à 107.

131. La jurisprudence a statué surtout en matière de délits de presse, prévus par la loi du 29 juill. 1881. Les arrêts cités au numéro précédent sont presque tous relatifs à ce genre d'infractions. Ils ont décidé, notamment, à leur égard : 1° que l'action du ministère public et celle de la partie civile qui lui est subordonnée ne sont pas pres-crites, lorsque trois mois se sont écoulés depuis l'arrêt de rejet du pourvoi en cassation jusqu'au jour de la signification au prévenu de l'arrêt par défaut qui, sur renvoi, a statué sur l'action publique et sur l'action civile (Crim. rej. 3 janv. 1884, cité *suprà*, n° 130); — 2° Que la pres-cription ne peut être utilement invoquée lorsque, moins de trois mois après l'arrêt de la cour de cassation qui a déclaré non recevable le pourvoi, une nouvelle signification a été donnée à la requête de la partie civile (Amiens, 5 avr. 1884 et Crim. rej. 8 nov. 1889, cités *suprà*, n° 130).

132. Ajoutons que, d'après la jurisprudence, le pourvoi produit son effet interruptif et suspensif, non seulement lorsqu'il est formé par le prévenu contre un arrêt de con-damnation, mais aussi lorsqu'il a lieu à la requête du minis-tère public ou de la partie civile. Les arrêts cités dans la première hypothèse ; mais la même solu-tion s'impose, à plus forte raison, dans la seconde (V. au surplus, les décisions indiquées aux n°s 165 et suiv., qui prévoient expressément l'hypothèse d'un pourvoi formé par le prévenu en matière de contraventions de police).

133. Dans le même ordre d'idées, il a été jugé que les parties civiles qui, sur la notification à elles faite du pour-voi, sont intervenues devant la cour de cassation, ne sont pas fondées à prétendre qu'elles n'ont pas eu connaissance de l'arrêt qui a donné acte au prévenu du désistement de son pourvoi, et qu'en conséquence, à défaut d'acte utile accompli par elles pour produire un effet interruptif de la prescription qui, à partir de ce moment, a recommencé à courir, le bénéfice de la prescription est, en matière de presse, acquis au prévenu par l'expiration du délai de trois mois (L. 29 juill. 1881, art. 65). C'est qu'en effet, dès le jour du désistement du demandeur en pourvoi, les parties civiles recouvraient le droit de reprendre la procédure. D'autre part, par suite de leur intervention devant la cour de cassation, elles devaient être présumées connaître le désistement (Crim. rej. 27 janv. 1883, aff. Castillon, Ferradon et autres, D. P. 84. 1. 311).

134. Décidé également que, en cas de pourvoi formé par le prévenu, la partie civile ne peut pas opposer que l'arrêt de rejet de la cour de cassation ne lui a pas été signifié pour prétendre que la prescription n'a pas recommencé à courir à partir dudit arrêt (Crim. rej. 5 nov. 1886, aff. Lévy, D. P. 87. 1. 240). Dans l'espèce, la partie civile avait été partie devant la cour de cassation, mais les motifs donnés par l'arrêt sont conçus en termes généraux (V. dans le même sens Crim. rej. 7 févr. 1885, aff. Schwob, motifs, D. P. 85. 1. 381).

135. Par identité de raisons, les mêmes solutions doivent être données, d'après la jurisprudence, au recours formé par le ministère public et ayant pour objet un règlement de juges, dans les conditions des art. 525 et suiv., c. instr. crim. Le cours de la justice se trouve nécessairement suspendu jusqu'à la décision de la cour de cassation. La prescription sera interrompue et ne recommencera à courir qu'à partir de l'arrêt qui rendra au ministère public le pouvoir d'agir (Crim. cass. 19 juin 1888, aff. Anceau, D. P. 88. 1. 399). Cette décision statue au sujet de la prescription annale des contraventions de police ; mais elle doit être étendue en matière de crimes et de délits.

136. Ainsi qu'on l'a dit au *Rép.*, nos 133 et suiv., pour qu'un acte d'instruction ou de poursuite interrompe la prescription, il faut que cet acte soit valable ; un acte nul ne saurait produire un tel effet. Par application de cette règle, la jurisprudence a refusé de reconnaître un effet interruptif : 1° aux réquisitoires nuls et aux actes qui les suivent (Crim. rej. 21 mai 1841, *Bulletin criminel*, n° 149) ; — 2° A la citation nulle pour vice de forme (Crim. rej. 10 sept. 1831, *Bull. crim.*, n° 222 ; 16 mai 1889, aff. Boivin, D. P. 90. 1. 189) ; — 3° Au réquisitoire tendant à information, adressé par le procureur général au premier président de la cour d'appel, dans le cas où ce magistrat est appelé à poursuivre correctionnellement devant la première chambre de ladite cour l'une des personnes désignées aux art. 479 et 483 c. instr. crim., et 10 de la loi du 20 avr. 1810. La prescription ne peut être interrompue, en pareil cas, que par la citation directe du prévenu (Crim. cass. 13 juin 1892, aff. De Lesseps et autres, D. P. 93. 1re partie). Toutefois cette dernière solution n'est pas sans difficulté, et la question a été vivement débattue (V. la note sur l'arrêt précité, et en sens contraire, les conclusions de M. l'avocat général Baudouin, D. P. *ibid.*).

137. Au contraire, la jurisprudence a considéré comme un acte interruptif de la prescription : 1° la citation en police correctionnelle, donnée pour un jour autre que les jours d'audience déterminés par un règlement du tribunal. Il a été jugé que cette citation n'en a pas moins pour effet d'interrompre la prescription, parce qu'aucune loi n'en prononce la nullité, et qu'elle demeure ainsi un acte de poursuite valable (V. en ce sens, Crim. rej. 4 avr. 1873, aff. Orsini et autres, D. P. 73. 1. 221) ; — 2° La citation donnée dans un délai trop bref (Outre les arrêts indiqués au *Rép.*, n° 135, V., en ce sens, Crim. cass. 2 avr. 1819, *Bull. crim.*, n° 40 ;

14 avr. 1832, *Bull. crim.*, n° 135). — Sur tous ces points, V. également les auteurs cités au n° 139, et ce qui est dit *infra*, n° 141.

138. Les mêmes solutions doivent être données pour les jugements entachés de vices de formes et annulés de ce chef. Ils ne peuvent pas interrompre la prescription ; en effet ils doivent être réputés non avenus (Conf. Brun de Villeret, n° 234 ; Le Sellyer, *Études sur le droit criminel*, t. 2, n° 511 et t. 6, n° 2274 ; Barbier, *Code de la presse*, t. 2, n° 1013 ; Sourdat, *Traité de la responsabilité*, 4e édit., t. 1, n° 498). La jurisprudence la plus récente consacre la même doctrine. Elle décide qu'un jugement, annulé pour vice de forme ou omission de formalités essentielles, doit être considéré comme inexistant, au point de vue de l'interruption de la prescription (Crim. cass. 3 niv. an 14, aff. Baraillé, *Bull. crim.*, n° 60 ; Crim. rej. 13 févr. 1891, aff. Gavini, D. P. 91. 1. 185, V. la note, D. P. *ibid.*). La dernière de ces décisions a statué dans l'hypothèse d'un jugement annulé pour n'avoir point été précédé d'une citation aux défendeurs, jugée nécessaire dans l'espèce. En sens contraire, il a été décidé que la prescription de l'action publique est interrompue par un jugement frappé d'appel, alors même qu'il vient à être déclaré nul, notamment pour défaut de représentation régulière du ministère public (Crim. cass. 26 mars 1870, aff. Goussin et Tisserant, D. P. 72. 5. 358). Mais cette solution ne peut être approuvée.

139. On a exposé au *Rép.*, nos 142 à 144, qu'une seconde condition est nécessaire pour qu'un acte d'instruction ou de poursuite soit interruptif de la prescription : il faut qu'il émane d'un officier public compétent en raison du délit et du territoire. Ce principe est admis par tous les auteurs (V. en ce sens : Garraud, *Traité*, t. 2, n° 65, p. 104 ; Mangin, *Action publique*, t. 2, nos 343 et suiv. ; Brun de Villeret, nos 224 et 225 ; Sourdat, *Responsabilité*, t. 1, n° 394 ; Le Sellyer, *Actions publique et privée*, t. 2, nos 499 et 500 ; Dutruc, *Mémorial du ministère public*, t. 2, v° *Prescription criminelle*, n° 67 ; Faustin-Hélie, *Instruction criminelle*, t. 2, n° 1079, et *Pratique criminelle*, t. 1, n° 1074). La jurisprudence consacre la même solution ; elle est donnée d'une manière générale par les arrêts suivants : Crim. cass. 3 niv. 1862, aff. Garnier (motifs), D. P. 62. 1. 387 ; Metz, 9 juin 1864, aff. Boudier (motifs), D. P. 67. 1. 93 ; Ch. réun. cass., 27 févr. 1865, même affaire (motifs), D. P. *ibid.* ; Colmar, 13 juill. 1865, même affaire (motifs), *infra*, n° 143 ; Orléans, 8 nov. 1887, aff. De l'Ombre (motifs), D. P. 88. 2. 97).

140. De la règle que nous venons d'indiquer, un arrêt de la cour de cassation a tiré des conséquences importantes dans le cas où un tribunal correctionnel a été régulièrement saisi par citation directe de la partie civile. Dans cette hypothèse, le tribunal seul a compétence pour ordonner une information contre les prévenus cités devant lui. Aussi la cour a-t-elle décidé que le réquisitoire du ministère public, adressé au juge d'instruction à fin d'information, et l'instruction qui l'a suivi ne sauraient être considérés comme des actes d'instruction et de poursuites valables, interruptifs de la prescription à l'égard des prévenus. Au contraire, d'après l'arrêt, les mêmes actes sont valables et interrompent la prescription, lorsqu'ils sont dirigés non plus contre les prévenus cités devant le tribunal, mais contre d'autres personnes, inconnues à l'origine, et accusées du même délit. Ces solutions paraissent absolument juridiques (Crim. cass. 3 juill. 1880) (1).

141. Par application des mêmes principes, il a été

<hr>

(1) (Procureur général de Nîmes et Naquet *C.* Renaud d'Allen, Terris, Schneider, Silvestre et Montagne.) — La cour ; — Après délibération en la chambre du conseil ; — Statuant sur les pourvois du procureur général près la cour de Nîmes, et de Naquet, partie civile : — En ce qui concerne les fraudes électorales qui auraient été commises dans la commune de Perthuis le 14 oct. 1877 ; — Sur le premier moyen des pourvois, pris de la fausse application et de la violation de l'art. 50 du décret du 2 févr. 1852, et des art. 182, 637 et 638 c. instr. crim., en ce que l'arrêt attaqué aurait admis illégalement le moyen de prescription de l'action publique et de l'action civile proposé par les prévenus ; — Vu ces dispositions légales : — Attendu que, aux termes des art. 637 et 638 c. instr. crim., les actes d'instruction et de pour-

suite en matière criminelle et correctionnelle interrompent la prescription à l'égard même des personnes qui ne seraient pas impliquées dans ces actes ; que la loi n'exige même pas, pour qu'il y ait interruption de la prescription, que les actes de poursuite et d'instruction auxquels elle attache l'effet d'opérer cette interruption aient été dirigés contre des individus déterminés ; qu'il suffit que ces actes aient pour objet de constater un crime ou un délit, et d'en découvrir les auteurs ou les complices, pour que la prescription soit interrompue à l'égard de tous ceux qui peuvent avoir participé au fait délictueux ; — Attendu que les règles posées par les art. 637 et 638 c. instr. crim., sont applicables au délit prévu par l'art. 35 du décret du 2 févr. 1852, à défaut de dispositions spéciales dans ce décret, en ce qui conjugé que le réquisitoire introductif du ministère public pour outrages à un magistrat de l'ordre administratif dans l'exercice de ses fonctions interrompt valablement la prescription de ce délit; mais qu'on ne peut reconnaître aucun effet interruptif, relativement au délit d'injures envers un particulier, au réquisitoire déposé sans plainte préalable de la partie lésée, et ne contenant aucune des qualifications et mentions prescrites par l'art. 48 de la loi du 29 juill. 1881 sur la presse (Crim. rej. 29 mai 1886, aff. Rémond, D. P. 87. 1. 89).

142. Sur l'effet, au même point de vue, des procès-verbaux dressés par le ministère public hors le cas de flagrant délit, V. ce qui a été dit *supra*, n° 101.

143. Un acte d'instruction ou de poursuite ne peut donc interrompre la prescription que dans le cas où il est régulier en la forme et émane d'un fonctionnaire compétent. Mais, dès qu'il réunit ces deux conditions, il produit un effet interruptif, alors même qu'il aurait eu lieu devant un juge incompétent. Cette solution, qui a été soutenue au *Rép.* n°s 145 à 150, est aujourd'hui généralement admise. On peut invoquer en sa faveur la disposition des art. 2246 et 2247 c. civ., qui peut être étendue en matière criminelle (V. en ce sens, Carnot, *Instruction criminelle*, t. 3, p. 628;

Faustin-Hélie, *Instruction criminelle*, t. 2, n°s 1079 et 1080; Morin, *Dictionnaire de droit criminel*, v° *Prescription*, n° 26, et *Journal du droit criminel*, 1865, art. 8070, n°s 4 et 5; Garraud, *Précis*, n° 419; et *Traité*, t. 2, n° 65, p. 101, et les notes 23 et 24 ; Trébutien, t. 2, p. 155 ; Laborde, n° 878 ; Hoorebeke, p. 119 et suiv.; Brun de Villeret, n°s 216 et suiv., 222 et suiv. — *Contrà*, Cousturier, n° 36).

La jurisprudence consacre aussi aujourd'hui la même doctrine ; elle décide que les poursuites intentées devant un juge incompétent interrompent la prescription. Il suffit qu'elles émanent d'un magistrat ou fonctionnaire ayant qualité pour poursuivre. C'est ce qui a été jugé: 1° en matière de délits ruraux (Crim. rej. 22 janv. 1863, aff. Deville, D. P. 63. 5. 303; 5 mai 1865, même affaire, D. P. *ibid.*); — 2° Relativement à des délits de chasse, pour la citation donnée devant un tribunal incompétent à la requête de l'administration forestière (Crim. cass. 3 avr. 1862, aff. Garnier, D. P. 62. 1. 387; 14 avr. 1864, aff. Boudier, D. P. 64. 1. 248, et après renvoi Ch. réun., cass. 27 févr. 1865; même affaire, D. P. 67. 1. 93; et sur nouveau renvoi, Colmar, 13 juill. 1865 (1). — *Contrà:* Nancy, 5 mars 1864, aff. Boudier, D. P. 64. 1. 248; Metz, 9 juin 1864, même

cerne, non le délai de la prescription indiqué dans l'art. 59, mais l'effet des actes d'instruction et de poursuite, au point de vue de l'interruption de la prescription, à l'égard de tous les agents, auteurs, coauteurs ou complices; — Attendu, en fait, que Renaud d'Allen avait été condamné, le 15 juin 1878, par le tribunal correctionnel d'Apt comme auteur de fraudes électorales commises, le 14 oct. 1877, dans la commune de Perthuis, à l'occasion d'élections législatives, lesdites fraudes prévues et punies par l'art. 35 du décret du 2 févr. 1852, et que d'Allen avait interjeté appel de ce jugement; — Attendu que, conformément aux dispositions de l'art. 637, § 2, c. instr. crim., ce jugement, frappé d'appel, avait interrompu la prescription de trois mois, soit à l'égard de Renaud d'Allen, auteur principal du délit, soit à l'égard de tous autres agents qui auraient coopéré au délit ou qui l'auraient préparé ou facilité; — Attendu que la citation directe donnée les 16 et 18 juin 1878, après dessaisissement du juge d'instruction et jugement de l'affaire Renaud d'Allen et autres, à la requête de Naquet, partie civile, à Silvestre, ancien candidat à la députation, et à Montagne, ancien sous-préfet, assignés comme complices du fait imputé à Renaud d'Allen, avait saisi le tribunal correctionnel d'Apt de l'action publique et de l'action civile, et avait interrompu, à ces dates, la prescription à l'égard de Renaud d'Allen, condamné par un jugement qui, à raison de l'appel, n'était qu'un acte d'instruction, comme à l'égard de Silvestre et Montagne, et de tous autres auteurs ou complices non encore connus et poursuivis; — Attendu que le tribunal correctionnel, régulièrement saisi par cette citation, pouvait tout ordonner une information contre Silvestre et Montagne, relativement aux faits qui avaient eu lieu à Perthuis, soit d'office, soit sur les réquisitions ou conclusions des parties; que, conséquemment, le réquisitoire du procureur de la République, aux fins d'information contre Silvestre et Montagne, relativement à ces faits, adressé au juge d'instruction d'Apt, le 10 juill. 1878, et l'instruction qui a suivi ce réquisitoire, ne sauraient, en tant qu'ils étaient dirigés contre Silvestre et Montagne, être considérés comme des actes d'instruction et de poursuite valables, interruptifs de la prescription, à l'égard d'Allen, auteur principal, ou des prétendus complices susnommés auxquels on les oppose; — Mais attendu que le ministère public avait requis une information le 10 juill. 1878, non seulement contre Silvestre et Montagne, considérés comme complices de Renaud d'Allen, mais encore contre d'autres personnes, non suffisamment connues à cette date, qui paraissaient avoir participé au délit reproché à ce dernier, et contre tous auteurs ou complices d'Allen; que, par son réquisitoire du 6 févr. 1879, complétant celui du 10 juill. 1878, avec lequel il se confond par référence expresse, le procureur de la République nominativement désigné aux juge d'instruction Terris et Diellens-Schneider comme ayant été complices de Renaud d'Allen; — Attendu que, conformément à l'art. 637, § 2, précité, les réquisitoires des 10 juill. 1878 et 6 févr. 1879, en tant qu'ils étaient dirigés contre des agents autres que Silvestre et Montagne déjà traduits en police correctionnelle, l'instruction qui a suivi ces actes pour constater la complicité du délit et rechercher tous les agents, l'ordonnance de renvoi qui les concerne, les citations en police correctionnelle et les divers actes d'instruction et de poursuite qui ont entretenu la procédure, ainsi que le jugement du 10 nov. 1879 frappé d'appel, ont légalement interrompu la prescription de l'action publique et de l'action civile contre Renaud d'Allen et contre Silvestre et Montagne, à l'égard desquels l'information personnelle, quant aux faits de Perthuis, est réputée non avenue, de

même qu'à l'égard de Terris et Diellens-Schneider contre lesquels l'instruction avait été valablement dirigée par formule générale, dès le 10 juill. 1878, et directement continuée après le réquisitoire du 6 févr. 1879; d'où il ressort que la prescription de trois mois, eu égard aux divers actes de recherche et de constatation du délit, qui avaient conservé l'action publique contre tous les agents, connus ou inconnus, poursuivis ou non poursuivis nominativement, n'a été accomplie, ni au profit de Renaud d'Allen, poursuivi comme auteur principal, ni au profit de Silvestre et Montagne, réputés n'avoir pas été impliqués dans l'information, ni à l'égard de Terris et Schneider, les quatre derniers désignés comme coauteurs ou complices de Renaud d'Allen; que, conséquemment, en jugeant le contraire et en accordant aux prévenus le bénéfice de la prescription, l'arrêt attaqué a faussement appliqué et violé les dispositions des art. 50 du décret du 2 févr. 1852, 182, 637 et 638 c. instr. crim., relativement aux fraudes qui auraient été commises dans la commune de Perthuis ; etc.

Du 3 juill. 1880.-Ch. crim.-MM. de Carnières, pr.-Saint-Luc Courborieu, rap.-Bertauld, proc. gén.-Hérisson et Sabatier, av.

(1) (Boudier.) — LA COUR; — Attendu que, le 3 oct. 1863, l'administration des Forêts a dressé, contre le sieur Jules-Marcellin Boudier, qualifié de propriétaire à Varennes, un procès-verbal constatant qu'il avait chassé le même jour dans la forêt communale de Froidos, sans être muni du permis spécial de chasse qu'il devait, en sa qualité d'adjudicataire, obtenir préalablement de l'agent forestier, conformément à l'art. 16 du cahier des charges, ce qui constitue le délit prévu par l'art. 11 de la loi du 3 mai 1844; — Que lesdites forêts, à laquelle, dans des circonstances ainsi déterminées, appartenait le droit de poursuite suivant les arrêtés des 28 vend. an 5 et 19 vent. an 10, avait, par exploit du 29 nov. 1863, cité le prévenu à comparaître, le 18 décembre suivant, devant le tribunal correctionnel de Verdun; — Qu'ayant appris, à l'entrée de l'audience, que le sieur Boudier était suppléant du juge de paix du canton de Varennes, elle ne prit pas jugement, celui-ci étant, en sa qualité de magistrat, protégé par les art. 479 c. instr. crim., et du décret organique du 6 juill. 1810, qui le rendaient justiciable de la première chambre de la cour de Nancy, et attribuaient au procureur général seul le droit de le traduire devant elle ; — Que, sur l'assignation délivrée à la requête de celui-ci, le 2 févr. 1864, l'unique question du procès était de savoir si la citation du 29 nov. 1863 était ou non interruptive de la prescription qui, pour les faits de chasse, est réputée accomplie après poursuites dans les trois mois du délit; — Attendu qu'aux termes de l'art. 2246 c. civ., qui pose une règle générale et applicable à toutes les matières criminelles, la citation en justice, donnée même devant un juge incompétent, interrompt la prescription; — Que toutefois, pour produire un semblable effet, il faut nécessairement que la citation, qui constitue un acte de poursuite, émane d'un officier public ayant caractère et qualité pour déterrer directement le délit à un tribunal de répression; — Que cette condition se trouve remplie dans l'espèce, puisque l'Administration forestière, en citant le sieur Boudier devant la juridiction correctionnelle pour un fait de chasse, n'a fait qu'user du pouvoir que les lois lui confèrent; — Qu'elle ne pouvait pas procéder autrement alors qu'elle ne connaissait au prévenu d'autre titre que celui de propriétaire, qu'il s'était donné lui-même dans l'adjudication de la chasse de la forêt communale de Froidos; — Que le tribunal de Verdun avait donc été vala-

affaire, D. P. 67. 1. 93, décisions cassées par les arrêts précités des 14 avr. 1864 et 27 févr. 1865). Les arrêts cités de la cour de cassation et celui de la cour de Colmar ont statué dans une espèce où le prévenu avait été cité devant le tribunal correctionnel, alors que, en raison de sa qualité de magistrat, demeurée d'abord ignorée, il se trouvait jouir du double privilège de ne pouvoir être jugé que par la première chambre de la cour impériale et de ne pouvoir y être traduit qu'à la requête du procureur général (V. aussi les arrêts indiqués au *Rép.* nos 145 et 149).

144. Il a été également jugé, dans cette dernière espèce, qu'il y a interruption de la prescription, encore que l'administration des Forêts n'aurait pas donné suite à sa citation après avoir connu la qualité du délinquant, ce fait n'équivalant pas à un désistement, et pouvant seulement autoriser le prévenu à invoquer une exception de litispendance (Ch. réun. cass., 27 févr. 1865, cité *suprà*, n° 143 ; et Colmar, 13 juill. 1865, *ibid.*).

145. On a dit au *Rép.* n° 150, que la citation donnée à la requête de la partie civile devant un tribunal incompétent n'en a pas moins pour effet d'interrompre la prescription de l'action publique. Cette solution s'appuie encore ici sur l'art. 2246 c. civ., dont la disposition doit être généralisée et étendue aux matières criminelles. C'est ce qu'a été jugé : 1° en matière de presse, pour la citation donnée à tort devant la cour d'assises (Crim. rej. 14 mars 1884, aff. Moinelle et Rozette, D. P. 85. 1. 90) ; — 2° Relativement à un délit de chasse, dans une espèce où le prévenu avait été assigné devant le tribunal correctionnel, alors que, en raison de sa qualité et de sa fonction, il jouissait du privilège personnel de n'être jugé que par la première chambre de la cour d'appel, et de n'y être traduit qu'à la requête du procureur général aux termes de l'art. 47 c. instr. crim., et 10 de la loi du 20 avr. 1810 (Comp. *suprà*, n° 143). Cette circonstance, en effet, si elle avait pour résultat de rendre la citation inefficace au point de vue de la juridiction incompétemment saisie, n'avait pas pour effet d'enlever à cet acte de poursuite son caractère et ses effets juridiques, au point de vue de l'interruption aux termes de l'art. 2246 c. civ. (Crim. rej. 29 mars 1884, aff. Delbecque, D. P. 85. 1. 183).

146. La solution que l'on vient de donner s'impose, non seulement dans le cas où c'est par erreur que la partie civile a cité l'inculpé devant le tribunal correctionnel, mais aussi dans l'hypothèse où la citation a été donnée *sciemment* devant un juge incompétent. Cela a été décidé par la cour de cassation, dans l'espèce rapportée *suprà*, n° 145-2° (Crim. rej. 29 mars 1884), alors que le plaignant connaissait, dès avant la citation signifiée à sa requête, la qualité qui rendait le délinquant justiciable de la première chambre de la cour d'appel. La cour s'est fondée sur ce que « la disposition de l'art. 2246 est générale et que son application ne saurait être subordonnée à l'existence ou à l'absence de faits accidentels, d'une constatation souvent difficile et d'une portée incertaine ».

147. On a rapporté au *Rép.*, n° 148, un arrêt d'après lequel, dans le cas où l'action publique est exercée devant un tribunal incompétent par un magistrat ayant qualité pour poursuivre, il y a interruption de la prescription lorsqu'il n'est pas donné suite aux poursuites en raison de l'incompétence de la juridiction saisie. La jurisprudence donne la même solution, lorsque l'action publique est mise en mouvement par la partie civile. Ainsi il a été jugé que si l'interruption de la prescription doit être considérée comme non avenue lorsque la citation est suivie d'un désistement pur et simple, il n'en est plus de même lorsque le désistement est motivé sur l'incompétence du juge primitivement saisi, et énonce en termes exprès que l'action sera portée devant la juridiction compétente par le particulier lésé (Crim. rej. 14 mars 1884, aff. Moinelle et Rozette, D. P. 85. 1. 90). Cette solution est bien fondée, car le désistement donné dans les circonstances ci-dessus ne peut être consi-

déré comme un abandon de l'action. Bien au contraire, il la réserve formellement.

148. — II. Suspension. — On a dit au *Rép.*, n° 153, que la suspension de la prescription doit être admise en matière criminelle, aussi bien qu'au civil. Lorsque le ministère public a été dans l'impossibilité d'agir et de poursuivre une infraction, le temps de son inaction forcée doit être déduit du temps qui est requis pour la prescription. Cette solution est encore controversée aujourd'hui en doctrine.

Quelques auteurs repoussent, d'une manière absolue, l'idée de la suspension, comme contraire à la nature et au but de la prescription criminelle (Ortolan, t. 2, nos 1872, 1874, 1907 ; Garraud, *Précis*, n° 420, *Traité* t. 2, n° 66 ; Blanche, *Etudes sur le code pénal*, t. 2, p. 296 ; Haus, t. 2, nos 1358 à 1361 ; Laborde, n° 892, p. 5333). La plupart distinguent. Ils admettent la suspension lorsqu'elle résulte d'empêchements de droit, parce que, dans ce cas, la poursuite est suspendue par la loi elle-même. N'est-il pas dès lors impossible qu'elle soit frappée de prescription, alors que son exercice est arrêté ? Au contraire, un obstacle de fait, empêchant le ministère public d'agir, ne peut suivant eux, avoir pour effet de suspendre le cours de la prescription. Elle continuera par exemple malgré une guerre, des inondations, la folie du prévenu ou sa disparition (V. en ce sens Faustin-Hélie, *Instruction criminelle*, t. 2, n° 1072 ; Le Sellyer, *Etudes sur le droit criminel*, t. 2, nos 517 à 520 ; Mangin, *De l'instruction écrite*, nos 334 et 335 ; Brun de Villeret, , nos 257 et 264 ; Villey, p. 249).

Quant à la jurisprudence, elle consacre la doctrine soutenue au *Répertoire*, et admet la suspension résultant des empêchements tant de fait que de droit (V. les numéros suivants).

149. Ainsi la cour de cassation a décidé que la prescription est suspendue par des événements de guerre et une invasion étrangère. D'après la cour suprême, dans les départements envahis où le cours de la justice a été entravé par l'administration étrangère que l'armée ennemie y avait installée, la poursuite de l'action publique s'est trouvée suspendue par l'effet de la force majeure. Mais l'occupation par les troupes ennemies n'a pas eu pour effet, à elle seule, d'arrêter le cours de la prescription. Il doit être établi qu'en fait le cours régulier de la justice a été rendu impossible (Trib. corr. Lunéville, 13 juin 1871, aff. Briot, D. P. 71. 3. 92 ; V. en ce sens Crim. rej. 21 nov. 1871, aff. Geoffroy, D. P. 71. 1. 358).

150. De même, la jurisprudence considère que la démence du prévenu, lorsqu'elle met le ministère public dans l'impossibilité d'agir, suspend le cours de la prescription. Ainsi il a été jugé que la prescription de l'action publique ne court pas au profit de l'accusé qui n'a pu être soumis aux débats à cause de son état de démence, lorsqu'il a été déposé dans un établissement d'aliénés pour y rester à la disposition de l'autorité judiciaire, et que, par suite, quelle que soit la durée du séjour de l'accusé dans l'établissement (vingt-deux ans, par exemple), les poursuites peuvent régulièrement, lors son retour à la santé, être reprises contre lui (Crim. rej. 8 juill. 1858, aff. Campi, D. P. 58. 1. 431). Mais il convient de remarquer que, d'après les considérants de cet arrêt, la démence de l'accusé ne suspend pas le cours de la prescription, lorsque l'accusé est resté en liberté et a pu se défendre. C'est l'application à l'action du cours de la maxime : *Contra non valentem agere non currit præscriptio.*

151. Les tribunaux admettent également qu'un obstacle de droit entraîne la suspension du cours de la prescription pénale. Ainsi, comme on l'a dit au *Rép.* n° 154, lorsque le ministère public se trouve obligé de faire juger une question préjudicielle, la prescription est suspendue. Elle cesse de courir durant le sursis ordonné pour la décision de la question préjudicielle, jusqu'à ce que l'autorité compétente ait statué (Outre les arrêts cités au *Rép. ibid.*, et n° 156,

blement saisi, et devait rester saisi de l'affaire tant qu'on ignorait que le sieur Boudier appartenait à l'ordre judiciaire ; — Qu'il suit de là que la citation du 29 nov. 1863, régulière d'ailleurs en la forme, n'était point entachée d'une nullité radicale et absolue, mais que l'action avait été mal dirigée à raison de l'incompétence du tribunal ; — Qu'on ne peut, au surplus, con-

sidérer comme un désistement, dans le sens de l'art. 2247 c. civ., l'inaction ultérieure à laquelle l'Administration forestière a été condamnée par le seul fait de l'intervention du procureur général ; — Par ces motifs, etc.

Du 13 juill. 1865.-C. de Colmar, 1re ch.-MM. Pillot, pr.-de Langardière, 1er av. gén.

V. en ce sens, Crim, cass. 11 déc. 1869, aff. Michaut, D. P. 70. 1. 41 ; Crim. rej. 4 févr. 1876, aff. Marc, D. P. 77. 1. 45 ; 24 août 1882, aff. Lévêque, D. P. 82. 1. 485).

En sens contraire, il a été décidé que, dans le cas où un prévenu soulève une question préjudicielle, par exemple celle de propriété, il y a interruption, et non suspension de la prescription (Paris, 11 déc. 1883, aff. Bonvrain, D. P. 86. 2. 112). Aux termes de cet arrêt, le sursis ordonné par le tribunal avait eu pour effet, dans l'hypothèse indiquée, de substituer à la prescription spéciale de trois mois celle du droit commun. Une telle solution ne saurait être approuvée. Il y a peut-être là un vestige d'une ancienne doctrine, aujourd'hui abandonnée et dont les auteurs les plus récents ne font pas même mention, d'après laquelle les actes d'instruction et de poursuite auraient produit un effet à la fois interruptif et suspensif (V. sur ce point, Brun de Villeret, n°s 275 et suiv.).

152. Le premier des arrêts cités *suprà*, n° 151 (Crim. cass. 11 déc. 1869) décide spécialement que, en cas de poursuite d'une contravention de voirie résultant de l'exécution des travaux non autorisés le long d'une voie publique, le sursis ordonné pour la vérification préalable du point de savoir si les constructions excèdent l'alignement en vigueur suspend la prescription de l'action publique, encore bien que l'autorité administrative ait subordonné sa décision (retardée de plus de deux ans dans l'espèce) à l'approbation d'un plan général, dont il n'y avait pas lieu de tenir compte (Comp. Crim. cass. 29 août 1846, aff. Delafosse, D. P. 46. 4. 525). — En sens inverse, un arrêt a admis que la prescription n'est pas suspendue par des moyens de défense qui ne constituent pas une exception préjudicielle et, notamment, par l'admission des prévenus à la preuve de la vérité de faits injurieux par eux allégués (Crim. rej. 4 févr. 1876, aff. Raux, n° 151).

153. Il a été décidé également que la prescription de l'action publique, en matière correctionnelle, est suspendue pendant le temps, quelle qu'en soit la durée, que le juge consacre au délibéré; et qu'il appartient au juge de prolonger son délibéré autant que l'exigent les besoins de la cause (Crim. cass. 4 déc. 1885, aff. Multedo, D. P. 86. 1. 343, et le rapport de M. le conseiller Falconnet, D. P. *ibid.*). Cette décision paraît fondée. Le juge, en effet, peut prolonger le délibéré aussi longtemps que l'exigent les besoins de la cause. Comme le disait M. le conseiller rapporteur, dans l'espèce, « le juge est maître et seul appréciateur du temps qu'il croit nécessaire pour éclairer sa conscience et former sa conviction ». — M. Garraud, *Traité*, t. 2, n° 66, note 44, fait remarquer que la solution donnée par l'arrêt rapporté s'impose, même si on repousse toute idée de suspension de la prescription en matière criminelle, et ce par application de la maxime : *actiones quæ tempore pereunt, semel inclusæ judicio salvæ permanent.*

154. Sur l'effet produit, au point de vue de la suspension de la prescription, par le pourvoi en cassation, V. *Rép.* n° 155 et *suprà*, n°s 130 et suiv.

155. D'après la constitution en vigueur, un membre du parlement ne peut pas être poursuivi, en matière criminelle ou correctionnelle, pendant la durée des sessions, sans l'autorisation préalable de la chambre à laquelle il appartient (L. 16 juill. 1875, art. 14). Aussi a-t-il été jugé que, dans le cas où l'autorisation sollicitée contre un député par un particulier, se prétendant diffamé, a été repoussée par la Chambre des députés, la prescription de l'action publique et de l'action civile cesse de courir, pendant toute la durée de la session. Elle ne reprend son cours qu'à l'expiration de la session (C. d'assises de la Seine, 30 oct. 1882) (1).

156. Un jugement préparatoire a pour effet d'interrompre la prescription pénale. Mais il n'en suspend pas le cours, et elle recommence à courir pour un nouveau délai. Il n'y a pas alors, en effet, impossibilité d'agir pour le ministère public ou la partie civile. C'est ce qui a été décidé, en matière de presse, pour un jugement statuant sur un incident de procédure (Crim. rej. 26 janv. 1884) (2). — Même solution pour la citation en justice (V. notamment,

---

(1) (Drouhet *C.* Alype); — La cour; — Considérant que, si l'art. 14 de la loi du 16 juill. 1875 a pour objet d'empêcher toutes poursuites contre les membres de la chambre des députés pendant le cours de la session législative, cette immunité a uniquement pour conséquence de suspendre les poursuites qui pourraient être dirigées contre eux, de manière à ce qu'ils ne soient pas détournés, sans une autorisation de la chambre, de leurs travaux et de leurs devoirs parlementaires; — Considérant que, si l'art. 65 de la loi du 29 juill. 1881 déclare que toute action publique ou civile, en matière de presse, sera prescrite par un délai de trois mois, cette prescription ne peut être invoquée, lorsque l'exercice de l'action a été empêché par un obstacle légal; que, si l'on admettait l'exception opposée à Alype, les conclusions par lui prises, l'action civile accordée par la loi aux particuliers, et l'action publique qui peut être sa conséquence, seraient subordonnées aux décisions du pouvoir parlementaire qui, se substituant au pouvoir judiciaire et statuant hors des limites de sa compétence, pourrait priver les citoyens des droits qui leur sont conférés par la loi; — Considérant, en fait, que Drouhet a cité Alype devant la cour d'assises de la Seine pour l'audience du 12 juin 1882 avant l'expiration des délais de prescription; qu'il a, à la même époque, saisi la chambre des députés d'une demande en autorisation de poursuites qui lui a été refusée; — Considérant que, si la citation par lui donnée pour l'audience du 12 juin a été calculée sur le par arrêt de la cour d'assises à une date dudit jour (12 juin), faute d'avoir été précédée d'une autorisation préalable de la chambre des députés, cette annulation a eu pour unique effet de mettre à néant la procédure irrégulière suivie à sa requête, mais n'a pu détruire les droits à l'action qu'il avait intentée; que, par suite de la décision de la chambre des députés, l'exercice en a été suspendu pendant la durée de la session, et que, par une conséquence juridique de cette suspension, les délais de prescription n'ont pu courir contre lui pendant ce temps, conformément aux règles du droit commun, applicables aussi bien en matière criminelle qu'en matière civile; — Par ces motifs; — Rejette l'exception de prescription opposée par Alype, et ordonne qu'il sera passé outre aux débats, etc.

Du 30 oct. 1882.-C. d'ass. de la Seine.-MM. Buchère, pr.-Bouchez, av. gén.-Aliou et Gatineau, av.

(2) (Jean Castex *C.* Georges Gugenheim.) — La cour; — Sur le moyen unique du pourvoi, tiré d'une prétendue violation des art. 65 de la loi du 29 juill. 1881 et 203 c. instr. crim., en ce que l'arrêt attaqué a déclaré prescrite l'action en diffamation intentée par le sieur Castex contre le sieur Gugenheim ; — Attendu, en fait, que le sieur Gugenheim, gérant du journal *Le Petit Nancéen*, cité directement par le sieur Castex devant le tribunal correctionnel de Nancy, pour délit de diffamation commis par la voie de la presse, a excipé de l'incompétence de la juridiction saisie et demandé son renvoi devant la cour d'assises; mais que, par jugement du 1er juill. 1882, le tribunal s'est déclaré compétent et a ordonné qu'il serait plaidé au fond le 15 du même mois; — Attendu que Gugenheim ayant interjeté appel le 10 juillet, Castex l'a fait assigner, à la date du 9 novembre suivant, devant la cour de Nancy, chambre correctionnelle, pour voir statuer sur cet appel; que, plus de trois mois s'étant ainsi écoulés entre l'acte d'appel et l'assignation, l'arrêt attaqué a déclaré l'action de la partie civile éteinte par la prescription; — Attendu, en droit, que les règles de procédure relatives à la poursuite des crimes, délits et contraventions de presse, sont spécialement déterminées par la loi du 29 juill. 1881; — Que l'art. 65 de ladite loi, modifiant la législation antérieure sur la matière, a réduit de trois ans à trois mois le délai de la prescription, tant de l'action civile que de l'action publique, qu'il s'agisse de crimes, de délits ou de contraventions; que cette prescription de trois mois est applicable non seulement à l'action principale, mais encore à la procédure relative aux incidents nés de la poursuite; que la disposition expresse de l'art. 65 ne comporte aucune distinction et qu'il serait aussi contraire à son texte qu'à son esprit d'admettre, en matière de presse, deux prescriptions différentes; — Attendu que le pourvoi soutient vainement que, pendant le temps compris entre l'acte d'appel du 10 juillet et l'assignation du 9 novembre, le demandeur, partie civile se trouvait dans l'impossibilité d'agir, le cours de la prescription de l'action principale ayant été suspendu par le jugement du 1er juill. qui avait statué sur l'incident et renvoyé au 15 pour être plaidé au fond; — Que ce jugement, à raison de son caractère préparatoire, a certainement interrompu la prescription de l'action; mais qu'il n'a pas pu avoir pour effet de la suspendre et qu'elle a recommencé à courir pour un nouveau délai de trois mois, d'abord à compter du jour où il a été rendu, ensuite à compter du 10 juillet, date de l'appel; — Attendu qu'il n'est pas moins vainement objecté que l'appelant, à l'exclusion de l'intimé, devait exercer les diligences destinées à faire statuer sur l'appel et que le procureur général seul avait qualité pour fixer le jour de la comparution des parties devant la cour; — Que le droit de poursuivre l'audience appartient à toutes les parties; que, spécialement, le prévenu appelant est libre de faire telles diligences que de droit, en vue de faire vider son appel; mais qu'aucun

Grenoble, 8 févr. 1883, aff. Sœurs Saint-Charles, D. P. 84. 2. 55).

157. De la règle indiquée au numéro précédent découle la conséquence suivante. Un jugement qui prononce une remise de cause contradictoire et dûment constatée constitue, comme nous l'avons montré *suprà*, n° 114, un acte d'interruption et de poursuite qui interrompt la prescription. Mais il convient d'ajouter ici qu'il ne saurait avoir pour effet de la suspendre. Les remises de cause, en effet, sont de véritables jugements préparatoires (V. *suprà, ibid.*). D'autre part, on ne saurait objecter que le ministère public ou la partie civile se trouvent dans l'impossibilité d'exercer leur action pendant le délai fixé par le jugement de renvoi. Dans le cas où ils auraient à craindre, par suite de ce fait, l'extinction de leur action par une prescription de courte durée, il leur suffirait de citer de nouveau le prévenu devant le tribunal correctionnel au jour fixé par le jugement de remise de cause. La prescription sera ainsi interrompue (V. Conf. Fabreguettes, *Traité des infractions à la presse*, t. 2, n°s 2164 et 2171, p. 409 et 411 ; Barbier, *Code expliqué de la presse*, t. 2, n° 1015, p. 516). La jurisprudence est en ce sens. Ainsi, il a été jugé que si, en matière de délit de presse, la remise a été prononcée à un délai de plus de trois mois, il y a lieu d'empêcher avant l'expiration de ce délai, par un nouvel acte interruptif, la prescription de s'accomplir (Crim. cass. 26 avr. 1888, aff. Mosset, D. P. 88. 1. 281, et le rapport de M. le conseiller Vitelay, D. P. *ibid.*).

§ 2. — Interruption et suspension de la prescription de l'action publique en matière de contraventions.

158. — I. Interruption. — Ainsi qu'on l'a dit au *Rép.* n° 151, l'interruption de la prescription de l'action publique, lorsqu'il s'agit de contraventions, est soumis à des règles spéciales. Tandis que la prescription est interrompue, en matière de crimes et de délits, par des actes de poursuite et d'instruction, c'est-à-dire par des actes de procédure, en matière de simple police, au contraire, un jugement de condamnation seul peut interrompre la prescription (V. Garraud, *Précis*, n° 419, et *Traité*, n° 65, p. 99 et 106. V. également Mangin, *Action publique*, t. 2, n° 359 ; Ch. Berriat-Saint-Prix, *Procédure des tribunaux de police*, n° 337 ; Brun de Villeret, n° 237). La jurisprudence consacre la même doctrine ; elle décide, d'une manière générale, que les actes de poursuite n'interrompent pas la prescription à l'égard des simples contraventions de police, mais seulement à l'égard des crimes et des délits (Trib. Bordeaux, 10 août 1868, aff. D..., D. P. 69. 3. 22 ; Crim. rej. 4 févr. 1876, aff. Marc, motifs, D. P. 77. 1. 43 ; 24 août 1882, aff. Lévêque, D. P. 82. 1. 485. V. aussi *Rép.* n° 20).

159. De la règle que nous venons d'indiquer, il résulte que la prescription de l'action publique, dérivant d'une con-

travention de police, ne sera pas interrompue : 1° par une enquête, un procès-verbal, ou une saisie (Garraud, *op. et loc. cit.*) ; — 2° Par un jugement préparatoire ordonnant un transport sur les lieux et une expertise (Crim. rej. 24 août 1882, aff. Lévêque, D. P. 82. 1. 485. Conf. Garraud, *op. et loc. cit.* ; Brun de Villeret, *op. et loc. cit.*) ; — 3° Par un jugement ou arrêt d'incompétence (Crim. rej. 15 mars 1884, aff. Du Rieux) (1).

160. Il a été décidé également : 1° que, dans le cas où la partie lésée a cité le prévenu devant le tribunal correctionnel, en considérant à tort l'infraction comme un délit, elle ne peut plus tard, devant le tribunal de simple police, si l'infraction remonte à plus d'un an, soutenir utilement devant un juge incompétent a empêché la prescription (Trib. Bordeaux, 10 août 1868, aff. D..., D. P. 69. 3. 22) ; — 2° Que, en cas de contraventions de voirie, résultant de l'ouverture d'une excavation ou carrière à une distance prohibée d'un chemin vicinal, les travaux que le prévenu aurait faits postérieurement, pour prévenir les dangers de l'excavation, ne sont pas interruptifs de la prescription des contraventions primitives (Crim. cass. 28 janv. 1839, aff. Lafond, D. P. 60. 5. 288).

161. En matière de simple police, l'appel formé contre un jugement de condamnation par le prévenu ou les personnes civilement responsables interrompt la prescription de l'action publique, c'est-à-dire rend inopérant pour cette prescription le temps précédemment écoulé, et proroge pendant une nouvelle année la durée de l'action publique. Cette solution s'impose comme résultant évidemment des art. 172 et 640 combinés c. instr. crim. Elle est admise même par des auteurs qui considèrent que les actes émanés du prévenu ne peuvent avoir d'effet interruptif (Garraud, *Traité*, t. 2, n° 65 *bis*, p. 106, note 13). La jurisprudence est fixée en ce sens (V. Crim. rej. 28 juin 1845, aff. Lalanne, D. P. 45. 1. 311 ; Crim. rej., 26 mars 1870, aff. Goussin et Tisserant, D. P. 72. 5. 358 ; Crim. rej., 21 juin 1878, aff. Pascal, motifs, D. P. 79. 1. 440).

162. Il résulte de l'art. 640 que, si l'appel interrompt la prescription, l'instance d'appel ne la suspend pas ; en d'autres termes, que c'est à partir de l'appel notifié lui-même, qu'il faut faire courir la nouvelle année pendant laquelle peut s'exercer l'action publique. (V. en ce sens : Crim. rej., 28 juin 1845, aff. Lalanne, D. P. 45. 1. 311 ; Crim. rej., 17 août 1877, aff. Jobin, *Bull. crim.*, n° 195). Nous avons donné la même solution en matière criminelle et correctionnelle. (V. *suprà*, n° 124. V. aussi Nîmes, 27 mars 1862, aff. Duplantier, D. P. 62. 5. 232).

163. Nous avons établi *suprà*, n° 127, qu'un jugement par défaut, dans le cas où il ne substitue pas à la prescription de l'action celle de la peine, a pour effet d'interrompre la prescription de l'action publique, en matière

texte de loi ne l'oblige à prendre cette initiative et qu'il n'est tenu de comparaître devant la juridiction d'appel que lorsqu'il y est appelé par une assignation du ministère public ou de la partie civile ; — Que, d'autre part, s'il est d'usage que le procureur général fixe le jour de l'audience, cette pratique ne saurait, dans aucun cas, faire obstacle à ce que la partie civile, anticipant sur les diligences du parquet, assigne elle-même l'appelant à l'une des audiences de la cour d'appel, sauf le droit qui appartient au président de la chambre correctionnelle et, en cas de contestation, à la chambre de renvoyer le jugement de l'affaire à une date ultérieure ; — Attendu, dès lors, que l'action en diffamation intentée à la requête du sieur Castex était éteinte par la prescription de trois mois, l'arrêt attaqué, loin de violer les art. 65 de la loi du 29 juill. 1881 et 203 c. instr. crim., en a fait, au contraire, une saine application ; — Attendu, d'ailleurs, que ledit arrêt est régulier en la forme ; rejette, etc.

Du 26 janv. 1884.-Ch. crim.-MM. Larouverade, rap.-Ronjat, av. gén.-Lefort et Devin, av.

(1) (Du Rieux.) — La cour ; — Sur le moyen tiré de l'art. 640 c. instr. crim. : — Attendu, en fait, qu'un procès-verbal a été dressé, le 7 juill. 1881, contre du Rieux pour contravention à la petite voirie ; que, sur la citation donnée à la requête du ministère public, le tribunal de simple police d'Auxi-le-Château s'est, par jugement du 31 janv. 1882, déclaré incompétent pour connaître de cette contravention ; que, l'affaire ayant été portée devant le conseil de préfecture du Pas-de-Calais, un arrêté d'incompétence a été rendu le 14 juin 1882 ; que M. le garde des

sceaux a formé un recours en règlement de juges devant le tribunal des conflits à la date du 19 août 1882, et que ce tribunal, réglant de juges, a renvoyé la cause et les parties devant le juge de police d'Auxi-le-Château, par décision du 13 janv. 1883, pour être statué sur la contravention à la charge du sieur du Rieux ; — Attendu, en droit, qu'aux termes de la disposition de l'art. 640 c. instr. crim., la prescription en matière de contravention de police, dans le cas où un jugement de condamnation n'est pas intervenu dans l'année, où un jugement et un arrêt d'incompétence ne peuvent ni en interrompre ni en suspendre le cours ; que, un recours en règlement de juges formé par le garde des sceaux devant le tribunal des conflits peut être assimilé à une requête en règlement de juges devant la cour de cassation et être considéré comme suspensif de la prescription, il est nécessaire, pour que l'effet suspensif soit produit, que la prescription ne soit pas acquise au moment où le tribunal des conflits est saisi ; que, dans l'espèce, le procès-verbal ayant été dressé le 7 juill. 1881, et une année s'étant écoulée à partir de cette date, sans qu'aucun jugement de condamnation fût intervenu, la prescription était acquise au moment où le garde des sceaux a formé un recours en règlement de juges devant le tribunal des conflits, à la date du 19 août 1882 ; qu'en décidant, dans ces circonstances, que la contravention relevée à la charge du prévenu était prescrite, le jugement attaqué, loin d'avoir violé la disposition de l'art. 640 c. instr. crim., en a fait, au contraire, une saine application ; — Rejette, etc.

Du 15 mars 1884.-Ch. crim.-MM. Baudoin, pr.-Vételay, rap.-Roussellier, av. gén.

criminelle et correctionnelle. La question a été plus dis-cutée relativement aux contraventions de police; mais la jurisprudence semble bien consacrer à leur égard l'effet interruptif du jugement par défaut (V. Crim. rej., 14 mars 1846, aff. Hue, D. P. 48. 4. 408; 3 juin 1858, aff. D'As-nière de la Chataigneraye, D. P. 58. 1. 381). Décidé, par ce dernier arrêt, que lorsqu'une contravention de police a été, dans l'année, sur la plainte de la partie civile, l'objet d'une condamnation par défaut, le délai pour prescrire l'ac-tion civile est prorogé d'une année à compter de la notifica-tion de l'opposition qui peut y être formée. — Contrà : Le Sellyer, Études sur le droit criminel, t. 2, n° 2272 ; Brun de Villeret, n° 237.

164. La jurisprudence administrative consacre, aussi, l'effet interruptif d'une condamnation par défaut. Elle dé-cide, notamment, qu'en matière de contravention de grande voirie, la prescription annale est interrompue par un arrêté du conseil de préfecture rendu par défaut, et qu'elle recom-mence à courir, non du jour où l'opposition a été faite à cet arrêté et à la partie condamnée, mais du jour où l'opposi-tion a été notifiée à l'Administration (Cons. d'Ét., 8 févr. 1865, 3 affaires, Dussol d'Héraud, Dépagniat, et Genty, D. P. 65. 3. 74 ; 17 févr. 1888, aff. Lorrieu et comp., etc., D. P. 89. 3. 47).

165. Nous avons examiné, d'une manière générale, aux n°° 130 et suiv., l'effet du pourvoi en cassation sur l'inter-ruption de la prescription de l'action publique et de l'action civile, lorsqu'il s'agit de crimes et de délits. La question est plus délicate lorsqu'il s'agit d'une contravention, et elle n'est examinée par presque tous les auteurs qu'à ce point de vue. Elle présente un grand intérêt pratique dans le cas où le ministère public ou bien la partie civile se sont pourvus contre un jugement de police en dernier ressort acquittant le prévenu, si plus d'un an s'est écoulé depuis que la contravention a été commise, lorsque la cour de cassation statue. De même, en cas d'appel contre un juge-ment de première instance condamnant le prévenu, si ce dernier est relaxé par la juridiction d'appel et qu'un pourvoi soit formé, il se peut que la cour de cassation ne sta-tue qu'une année après l'acte d'appel. Ou bien il est en-core possible que le tribunal de renvoi, saisi après cassa-tion, statue après l'expiration du temps requis pour la pres-cription.

Dans ces trois hypothèses, la question se pose de savoir si l'inculpé peut se prévaloir de la prescription. Elle est encore aujourd'hui très discutée en doctrine. Quelques auteurs pensent que le pourvoi en cassation a pour effet d'interrompre la prescription, mais qu'il n'en suspend pas le cours. A partir du moment où le pourvoi aurait été formé, une prescription nouvelle d'un an commencerait (Rauter, Traité du droit criminel français, n° 854). — D'autres juriscon-sultes estiment que le pourvoi a un effet suspensif, mais non interruptif ; il faudrait déduire du délai pour prescrire la prescription le temps de l'inaction forcée du ministère public (V. Brun de Villeret, n°° 316 et suiv.). — Dans une troisième opinion, qui paraît généralement admise en doc-trine, le pourvoi en cassation ne serait ni suspensif, ni in-terruptif. L'action publique serait prescrite un an après le jour où la contravention a été commise, malgré tout pourvoi en cassation. Les partisans de cette doctrine se fondent sur ce que, d'après l'art. 640 c. instr. crim., la prescription ne peut être interrompue que par un jugement de condamnation (V. en ce sens : Le Sellyer, Actions pu-blique et privée, t. 2, n° 512; Bertauld, p. 616; Garraud, Précis, n° 419, p. 537, et note 1 ; Traité, t. 2, n° 65 bis, p. 107, et note 37 ; Haus, t. 2, n° 1347; Villey, p. 262 à 265; Laborde, n° 888, p. 531; Cousturier, n°° 43 et suiv.).

La jurisprudence consacre aujourd'hui une quatrième solution; elle décide, comme en matière de crimes et de délits, que le pourvoi en cassation produit à la fois un effet interruptif et suspensif. Il a pour effet d'interrompre la pres-cription de l'action, et de plus la prescription est suspendue pendant la durée de l'instance en cassation (Crim. cass., 21 oct. 1830, Rép. n° 90; 16 juin 1836, Rép. n° 155 ; 19 juill. 1838, Bull. crim. n° 128; Crim. rej., 17 août 1877, aff. Jobin, Bull. crim., 1877, n° 195; 21 juin 1878, aff. Pascal, D. P. 79. 1. 440; Crim. cass., 16 avr. 1880, aff. Huas, D. P. 80. 1. 234 ; 9 juin 1888, aff. Anceau, D. P. 88. 1. 399. — Conf.

Valabrègue, De l'influence du pourvoi en cassation sur la prescription de l'action publique en matière de contraven-tions de simple police, Revue pratique, t. 48, p. 82 ; Mangin, Action publique et civile, t. 2, n° 152, p. 362; Berriat Saint-Prix, Tribunal de simple police, n° 338 ; Vazeille, Prescriptions, n° 751 ; Sourdat, Responsabilité, n° 399. Comp. Albert Desjardins, Revue critique, 1885, p. 104 à 107).

166. Ajoutons qu'en ce qui concerne l'effet du pourvoi en cassation sur l'interruption ou la suspension de la pres-cription, il n'y a pas lieu de distinguer suivant qu'il s'agit de la prescription de l'action publique ou de l'action civile. De même, peu importe que le pourvoi soit formé par le ministère public ou la partie civile (V. les arrêts cités au numéro précédent).

167. Nous croyons aussi que le pourvoi en cassation émané du prévenu lui-même, en cas de condamnation, doit produire le même effet interruptif ou suspensif que le pour-voi formé par le ministère public ou la partie lésée, dans l'hypothèse d'un acquittement (V. en ce sens Valabrègue, op. et loc. cit. — Contra : Hoorebeke, p. 165; Garraud, Traité, t. 2, n° 65, p. 100 et note 20; Brun de Villeret, n°° 215 et 312, et les autres auteurs cités supra, n° 126 qui décident d'une manière générale que les actes de défense émanés du prévenu ne peuvent interrompre la prescription). Des auteurs même, qui refusent tout effet interruptif ou suspensif au pourvoi qui a lieu à la re-quête du ministère public et de la partie civile, admettent l'interruption de la prescription par l'effet du pourvoi formé par le prévenu lui-même (Le Sellyer et Bertauld, op. et loc. cit.).

La jurisprudence semble bien consacrer la solution que nous venons de donner. Elle admet l'effet interruptif et suspensif du pourvoi formé par le prévenu, en matière de crimes et de délits (V. supra, n° 132); elle donnerait évi-demment la même solution, pour l'interruption de la pres-cription en matière de contraventions de police (Conf. Crim. rej. 17 août 1877, cité supra, n° 165).

168. Sur l'effet du recours en règlement de juges, en ce qui concerne l'interruption de la prescription (V. su-prà, n° 135).

169. La jurisprudence administrative décide que le recours formé par un ministre devant le conseil d'Etat, contre un arrêté du conseil de préfecture, interrompt la prescription, mais qu'il n'en suspend pas le cours pendant la durée de l'instance. Ainsi il a été jugé que l'action publi-que résultant du pourvoi formé par le ministre contre un arrêté du conseil de préfecture, en matière de contravention de grande voirie, est prescrite lorsqu'une année s'est révo-lue depuis la notification du recours à la partie intéres-sée, sans qu'il ait été statué par le conseil d'Etat (Cons. d'Et. 28 mai 1880, aff. Pascal, D. P. 81. 3. 49; 26 janv. 1883, aff. Teinturier, D. P. 84. 3. 72., 14 déc. 1883, aff. Ferrère, D. P. 85. 3. 75; 8 janv. 1886 aff. Champigny, D. P. 87. 3. 58; 17 févr. 1888, aff. Larrieu, D. P. 89. 3 47).

Il en est de même du recours formé par un conces-sionnaire de travaux publics ayant qualité pour exercer l'action publique (Cons. d'Et. 4 juill. 1884, aff. Compagnie des Canaux du Midi, D. P. 86. 3. 13).

170. En sens inverse, le recours formé par le condamné lui-même devant le conseil d'Etat n'interrompt pas la prescription. Ainsi il a été décidé, en matière de contra-vention de grande voirie, que l'action publique n'est pas éteinte par prescription, dans le cas où il s'est écoulé un an, depuis le pourvoi formé par le contrevenant contre l'arrêté de condamnation, sans que le conseil d'Etat ait statué sur ce pourvoi (Cons. d'Et. 23 mai 1884, sol. impl. aff. Cloré, D. P. 86. 3. 13), et les conclusions du commissaire du Gouverne-ment, M. Le Vavasseur de Précourt). Nous avons dit supra, n°126 et suiv. que les tribunaux judiciaires décident, en sens contraire, que l'appel et le pourvoi en cassation, même formé par le prévenu, interrompent la prescription. Cette différence de jurisprudence s'explique par cette considéra-tion que l'appel est suspensif devant l'autorité judiciaire, tandis qu'il ne l'est pas généralement devant le conseil d'Etat.

171. — II. Suspension. — V. sur ce point les explications présentées au paragraphe 1, en ce qui concerne la suspension de la prescription relativement aux crimes et délits V. également ce que nous avons dit *suprà*, n° 165 et suiv., sur le pourvoi en cassation.

§ 3. — Interruption et suspension de la prescription de l'action civile.

172. Par suite de l'assimilation de l'action civile à l'action publique, établie par le législateur, il faut décider que tous les actes d'instruction et de poursuite, faits à la requête de la partie publique, peuvent être invoqués comme interruptifs de la prescription, même au profit de l'action civile. Ce principe, soutenu au *Rép.* n° 166, est admis aujourd'hui par les auteurs (V. en ce sens, Mangin, *Action publique*, t. 2, n° 354; Le Sellyer, *Études sur le droit criminel*, t. 2, n° 2246; Sourdat, *De la responsabilité*, n° 388; Garraud, *Précis*, n° 431; et *Traité*, t. 2, n° 70, p. 120; Laborde, n° 899; Villey, *Précis*, p. 271 et *Revue critique*, 1876, p. 87; Brun de Villeret, n° 366).

La jurisprudence consacre la même solution; elle admet que tout acte d'instruction ou de poursuite qui conserve l'action publique, sauvegarde, par cela même, l'action civile. Ainsi il a été décidé, par application de cette règle : 1° que, dans le cas où, moins de trois mois depuis la rédaction du procès-verbal constatant un délit de dépaissance dans une forêt, l'administration forestière a fait citer le gardien du troupeau pour lui faire appliquer l'amende encourue, elle peut, par une assignation postérieure, demander que le propriétaire soit, par le même jugement, condamné comme civilement responsable, encore même qu'à l'égard de celui-ci le délai de trois mois se trouverait à ce moment expiré (Metz, 30 mars 1870, aff. Forêts, D. P. 70. 2. 111; — 2° Que l'assignation donnée à un prévenu par le procureur général, à fin de comparution devant la cour, pour faire une preuve ordonnée par un arrêt, interrompt la prescription même au profit de la partie civile (Crim. rej. 7 févr. 1885, aff. Schwob, D. P. 85. 1. 381); — 3° Que l'appel, interjeté par le prévenu, contre un jugement correctionnel, produit un effet interruptif, non seulement en ce qui concerne l'action publique, mais aussi à l'égard de l'action civile appartenant à la partie lésée (V. Crim. cass. 28 nov. 1857, aff. Leconte, D. P. 58. 1. 39; Paris, 28 nov. 1883, aff. Pommier, D. P. 84. 1. 80; Limoges, 27 déc. 1882, aff. Audoin, D. P. *ibid.*; Amiens, 5 avr. 1884, aff. Lalouette et consorts, D. P. [85. 2. 103; 7 mars 1884, aff. Veuve Pouscelle-Darros, D. P. 85. 2. 109; Req. 24 déc. 1885, aff. Paviot, D. P. 86. 1. 347; Crim. rej. 3 nov. 1887, aff. Peignaud et Touraille, D. P. 89. 1. 221; Paris, 15 nov. 1889, aff. Mataigne, D. P. 90. 2. 116). V. aussi ce que nous avons dit sur le pourvoi en cassation *suprà*, n°s 135 et suiv.; n° 160 et suiv.; et, d'une manière générale, les explications présentées *suprà*, n°s 93 et suiv., relativement à l'interruption de la prescription de l'action publique.

173. Pour qu'un acte émané de la partie civile ait pour effet d'interrompre la prescription de l'action civile, il faut que cet acte ait été légalement porté à la connaissance du prévenu, ou tout au moins dirigé contre lui. Spécialement, il a été décidé que la prescription de l'action civile n'est pas interrompue par une citation à témoins donnée à la requête de la partie civile (V. en ce sens, Bastia, 5 févr. 1890, aff. Ghipponi et autres, D. P. 91. 2. 125). Comp. également ce que nous avons dit *suprà*,

n°s 113 et suiv., sur les remises de cause prononcées sans que le prévenu fût présent ou, au moins, ait été dûment appelé à l'audience.

174. On a recherché au *Rép.* n° 165 quel est, au point de vue de l'interruption de la prescription de l'action publique, l'effet de l'exercice de l'action civile devant les tribunaux civils. On a dit qu'il ne pouvait pas en résulter une interruption de la prescription de l'action publique. Ainsi, il a été jugé que l'action en dommages-intérêts de la partie lésée devant la juridiction civile n'a pas pour effet d'interrompre la prescription de l'action publique, notamment en matière de délits ruraux (Crim. rej. 28 juill. 1870, aff. Carthery, D. P. 71. 1. 184. Comp. Grenoble, 8 févr. 1883, aff. Sœur Saint-Charles, D. P. 84. 2. 55).

La question doit être envisagée d'une façon plus générale, et à cet égard elle a donné lieu à des difficultés. Des auteurs soutiennent que les actes de poursuite faits par la partie lésée devant la juridiction civile interrompent la prescription de cette action, mais non pas celle de l'action publique (Conf. Paul Collet, *Revue critique*, 1868, t. 33, p. 1; Bertauld, *Code pénal*, p. 652). — D'après une seconde opinion, au contraire, les divers actes posés par la partie lésée devant les tribunaux civils interrompraient la prescription de deux actions (V. en ce sens, Le Sellyer, *Action publique et privée*, t. 2, n° 480; Hoorebeke, p. 126; Labroquère, *Revue critique*, 1864, t. 19, p. 171). — Enfin, dans un troisième système, on admet que les actes de poursuite, faits par un particulier lésé devant la juridiction civile, ne peuvent valoir comme acte interruptif, ni à l'égard de l'action publique, ni même relativement à l'action civile. Seulement le tribunal civil, saisi de la demande en dommages-intérêts de la partie lésée, pourra statuer sur cette demande encore que le délai de la prescription ait expiré pendant l'instance. Cette solution découlerait de la règle d'après laquelle la recevabilité d'une action doit être appréciée au jour où elle a été introduite (V. Garraud, *Précis*, n° 431; et *Traité*, n° 70 p. 121 et 122; Villey, p. 271, 272; Brun de Villeret, n° 371).

175. La prescription de l'action civile, résultant d'une infraction est encore interrompue par une reconnaissance de sa dette émanant de l'auteur du fait délictueux. L'art. 2248 c. civ. doit recevoir ici son application. V. en ce sens, Nîmes, 24 août 1866, aff. Bonnet, D. P. 69. 1.217; Colmar, 26 févr. 1867 (1); Dijon, 23 janv. 1868, aff. Gadin, D. P. 69. 1. 217; et 3 avr. 1868, aff. Billebaut, D. P. 69. 2. 223; Req. 13 mai 1868, aff. Bonnet, sol. impl., D. P. 69. 1. 217; Nancy, 23 janv. 1875, *suprà*, n° 85); Besançon, 15 juin 1881, aff. Bourdenet, D. P. 82. 2. 71; Douai, 24 janv. 1881, aff. Liégeois, D. P. 82. 1. 454; Bourges, 27 juill.1885, aff. Andriot, D. P. 85. 1. 411; Req. 19 oct. 1885, aff. Martin Aymès, D. P. 86. 1. 416).

176. De plus, dans l'hypothèse que nous venons d'indiquer, ce n'est plus la prescription pénale qui est applicable, mais bien la prescription civile de trente ans. La reconnaissance, émanée de l'auteur du délit, entraîne substitution d'un titre nouveau à celui qui dérivait originairement du délit (Nancy, 23 janv. 1875, *suprà*, n° 85).

177. Mais, lorsque la victime d'un délit se prévaut d'un acte de reconnaissance émané de l'auteur de ce délit, il faut qu'aucun doute ne soit possible sur la véritable intention de ce dernier. Les faits que l'on invoque et d'où on prétend faire résulter la preuve de la reconnaissance doivent ne laisser subsister aucune équivoque. La question s'est posée

---

(1) (Compagnie de l'Est C. Laviolette); — La cour; — Attendu que l'intimé, dans son acte introductif d'instance comme dans ses conclusions prises devant les premiers juges, et par l'articulation des 2e et 8e faits qu'il a posés, affirme formellement que c'est uniquement à l'imprudence des agents de la Compagnie des chemins de fer de l'Est et à l'inobservation par eux des règlements de cette compagnie que doit être attribué l'accident dont il a été victime dans la soirée du 25 août 1857 et dont il demande aujourd'hui la réparation à la compagnie appelante comme responsable du fait de ses agents; — Attendu que cette articulation, ainsi précisée, ne laisse aucun doute que le fait qui sert de point de départ et de fondement à l'octroi de l'intimé s'il était prouvé, serait constitutif du double délit prévu et puni par l'art. 320 c. pén. et les art. 19 et 21 de la loi du 15 juill. 1845

sur la police des chemins de fer et que, dès lors, cette action, déclarée prescriptible par trois ans suivant l'art. 638 c. instr. crim., était, faute de poursuites, prescrite dès le 25 août 1860 ; — Que les premiers juges semblent avoir admis, au moins hypothétiquement, cette nature de l'action et le principe qui la régit; — Mais qu'ils ont vu dans le fait de l'administration appelante qui avait, après la guérison, conservé l'intimé dans son emploi de garde auxiliaire qu'il exerçait avant l'accident, et au même traitement, quoique mutilé, une reconnaissance de sa responsabilité légale interruptive de la prescription et qui en aurait suspendu le cours depuis le jour de l'accident, 25 août 1857, jusqu'à celui de son renvoi; 17 sept. 1864 (art. 2248 c. civ.) ; — Mais attendu que la reconnaissance d'une obligation, qui peut avoir les conséquences les plus graves, ne doit être admise par le juge en ce qui concerne les rapports d'un ouvrier, victime d'un accident, avec son patron. Le maître qui donne des secours à son ouvrier, doit-il être présumé n'avoir agi que par charité ou avoir entendu, au contraire, reconnaître la dette qui peut résulter pour lui de l'accident? C'est là une question de fait, parfois très délicate à résoudre. Elle comporte des solutions différentes, suivant les circonstances de l'espèce (V. à cet égard, D. P. 82. 2. 71, note). Comme nous l'avons dit dans la note précitée, « sans poser à cet égard de règle absolue, on peut dire, que la durée, la fréquence, la nature et l'importance des prestations fournies par le patron seront autant d'éléments qui permettront au juge de décider si ces prestations sont inspirées par un pur esprit de bienveillance, ou si l'on doit y voir une reconnaissance de la dette du patron ».

178. Par application des principes que l'on vient d'exposer, il a été jugé : 1° que le fait par une compagnie de chemin de fer d'avoir donné des secours à un employé mutilé à son service et de l'avoir conservé dans ses fonctions, constitue de la part de la compagnie une reconnaissance de sa responsabilité, lorsqu'il est établi qu'elle a agi sous le sentiment de cette responsabilité (Paris, 4e ch.;-5 mai 1860, aff. Mongin.;-MM. Poinsot, pr.;-Marie, av. gén., c. conf.) ; — 2° Que les secours donnés par un patron à son ouvrier victime d'un accident peuvent ne pas être attribués à un pur esprit de bienfaisance, quand, en exécution d'un engagement pris par le patron, ces secours ont été servis fréquemment et régulièrement pendant plusieurs années : on doit alors présumer qu'ils impliquent une reconnaissance de la dette du maître, interrompant, au profit de l'ouvrier, la prescription triennale de l'action en responsabilité qui appartient à celui-ci (Besançon, 15 juin 1881, cité supra, n° 175. Comp. Req. 19 oct. 1885, aff. Martin Aymès, D. P. 86. 1. 416).

179. En sens contraire, des arrêts ont décidé : 1° qu'une compagnie de chemin de fer ne peut être considérée comme ayant reconnu sa responsabilité vis-à-vis d'un de ses employés blessés à son service par cela seul qu'elle lui a continué son emploi (Colmar, 26 févr. 1867, supra, n° 173) ; — 2° Que les secours donnés par un patron à un de ses ouvriers blessés ne peuvent constituer de la .part du premier une reconnaissance de dette vis-à-vis du second, toutes les fois qu'il s'agit de secours modiques, accordés à titre d'aumône, montrant que le patron a agi sous l'empire d'un sentiment d'humanité (Dijon, 3 avr. 1868, aff. Billebaut, D. P. 69. 2. 223; Nancy, 23 janv. 1875, supra, n° 85; Douai, 24 janv. 1881, aff. Veuve Liégeois, D. P. 82. 1. 454; Bourges, 27 juill. 1885, aff. Andriot, D. P. 88. 1. 411) ; — 3° Qu'il n'y a pas non plus interruption de la prescription, lorsqu'un ouvrier blessé a reçu des secours d'une société de secours mutuels administrée, il est vrai, par des employés de la compagnie, mais formée par des ouvriers, au moyen des prélèvements faits sur leurs salaires (Dijon, 23 janv. 1868, aff. Godin, D. P. 69. 1. 219).

180. La simple constitution d'avoué par la partie civile, isolée de toute action ou de conclusions, ne peut avoir pour effet d'interrompre la prescription de l'action civile (V. en ce sens, Trib. Mortain, 16 avr. 1886, aff. Datin, D. P. 89. 1. 37; Civ. rej. 26 oct. 1887, aff. Rolland, D. P. 88. 1. 13)

181. De même, la mise d'une cause au rôle d'un tribunal ne peut être invoquée par la partie civile comme ayant pour effet d'interrompre la prescription, lorsque cette mise au rôle, au lieu d'émaner de la partie civile, a été faite par l'avoué de l'autre partie (Civ. rej. 26 oct. 1887, aff. Rolland, D. P. 88. 1. 13).

182. Au contraire, des conclusions signifiées par la partie civile à son adversaire constituent un acte de poursuite produisant un effet interruptif (Civ. rej. 26 oct. 1887, cité supra, n° 181, sol. impl.).

183. — Suspension. — Les solutions exposées supra, nos 148 et suiv., relativement à la suspension de la prescription de l'action publique sont applicables ici. — La jurisprudence décide, d'ailleurs, que le cours de la prescription de l'action civile n'est pas suspendu par la minorité du demandeur. On sait que le code civil, art. 2252, consacre la solution contraire. Mais on considère que, même dans le cas où l'action civile est portée isolément devant la juridiction civile, lorsqu'il s'agit d'une prescription spéciale, échappant à la règle du code civil. A l'appui de cette solution, la jurisprudence invoque cette considération que le code d'instruction criminelle ne prévoit pas que la prescription de l'action civile puisse être suspendue par la minorité de la partie poursuivante. Les arrêts ajoutent qu'une telle cause de suspension serait en opposition avec l'esprit de la loi et le caractère de la prescription criminelle dont la durée doit être fixe et invariable pour l'action civile comme pour l'action publique (Dijon, 27 juin 1866, aff. Lamadelaine, D. P. 66. 2. 152; Nancy, 23 janv. 1875, supra, n° 85 ; Douai, 24 janv. 1881, et, sur pourvoi, Req. 1er févr. 1882, aff. Veuve Liégeois, D. P. 82. 1. 454; et le rapport de M. le conseiller George Lemaire, D. P. ibid. ; Bourges, 27 juill. 1885, aff. Andriot, D. P. 88. 1. 411). — Les auteurs se prononcent dans le même sens (V. Legraverend, Traité de la législation criminelle, 3e édit., t. 1, p. 79 ; Favard de Langlade, Répertoire v° Prescription, sect. 2, § 4, art. 1; Mangin, Action publique et action civile ; t. 2, n° 360; Rodière, Procédure criminelle, p. 38 ; Vazeille, Traité des prescriptions, t. 1, n° 270; Sourdat, Responsabilité, 2e édit., t. 1, n° 403; Le Sellyer, Actions publique et privée, 2e édit., t. 2, p. 137, note 1, et Traité de la criminalité, t. 1, n° 67; Haus, nos 1358 et 1361 ; Garraud, Précis, n° 427, et Traité, t. 2, n° 70 bis, p. 122).

184. Il a été décidé que la convention constatant que le prévenu a payé les restitutions auxquelles le tribunal correctionnel l'a condamné envers la partie civile, mais que ce payement n'a lieu que provisoirement et sous réserves de l'exercice de tous les droits des parties, et même de la répétition de ce qui a été payé, ne constitue pas un acte suspensif de la prescription de l'action civile comme contenant l'engagement de faire juger au fond la question litigieuse (Crim. rej. 28 nov. 1857, aff. Leconte, D. P. 58. 1. 93).

§ 4. — Interruption et suspension de la prescription de la peine.

185. — I. Interruption. — La loi, qui énumère avec soin les cas d'interruption de la prescription de l'action publique, est muette sur l'interruption de la prescription de la peine. Il faut en conclure qu'il n'y a pas, en principe, d'actes interruptifs de cette dernière prescription, analogues à ceux qui interrompent la prescription de l'action publique, et que tous les actes de perquisition et de recherche, et, d'une manière générale, ceux qui ont pour objet de mettre la main sur la personne du condamné, ne sont pas interruptifs, tant que cette mainmise n'a pas été opérée. La prescription de la peine ne peut être interrompue que par l'exécution sur la personne, parce que cette exécution est manifestement incompatible avec la continuation de la prescription. En effet, c'est le droit d'exécuter la con-

---

qu'avec une grande circonspection, lorsque, à défaut de justification écrite, on entend la faire résulter de certains faits; qu'en effet, devant être prouvée par celui qui l'invoque, il ne suffit pas que les faits dont il entend la faire résulter puissent faire présumer ou conjecturer cette reconnaissance; la présomption ou la conjecture n'équivalant pas à preuve; il faut, au contraire, que les faits se présentent avec un caractère d'évidence tel qu'ils ne laissent aucun doute dans l'esprit du juge sur la véritable intention de celui contre qui on l'invoque ; — Que, dans l'espèce, et en présence de toutes les justifications produites par la compagnie appelante, la conduite de cette compagnie à l'égard de l'intimé, loin de revêtir contre elle ce caractère de certitude, dénote au contraire qu'elle n'a agi que par le plus honorable sentiment d'humanité, regrettablement méconnu par l'intimé, qui ne peut s'imputer qu'à lui-même son renvoi et la perte des avantages attachés, dans le présent et pour l'avenir, à la place qu'il occupait. — Attendu, enfin, qu'interpréter légèrement de semblables actes d'humanité et de surveillance, pour les transformer en preuve de reconnaissance d'une obligation, serait les interdire à l'avenir aux compagnies de chemins de fer, aux maîtres, et à tous chefs d'établissement industriel, et les obliger, pour ne pas compromettre leur responsabilité et se mettre à la merci d'ouvriers ou employés ingrats, cupides ou insubordonnés, à renvoyer sans pitié tout serviteur qui, par sa propre imprudence, serait blessé ou mutilé dans leur établissement ou à leur service, etc.

Du 26 févr. 1867.-C. de Colmar, 1re ch.-MM. Hamberger, pr.-de Langardière, av. gén.

damnation qui est menacé d'extinction par la prescription ; c'est donc ce même droit qui doit être exercé, dans les délais de deux ans, de cinq ans ou de vingt ans, pour que la prescription soit interrompue. La doctrine consacre unanimement ce principe : « La prescription de la peine, dit Faustin-Hélie, *Instruction criminelle*, t. 8, n° 4118, ne peut être interrompue que par l'exécution sur la personne » : « Vainement dit également Ortolan, t. 2, n° 1901, le condamné aurait-il été placé sous des ordres de perquisition, d'arrestation, la gendarmerie et la force armée à sa recherche, etc., si, avant l'expiration du délai voulu, l'autorité ne s'est pas emparée de sa personne, la prescription est acquise. Mais cette arrestation opérée dans le délai, en vertu de la condamnation et dans le but d'exécuter cette condamnation, suffit, à notre avis, pour que la prescription cesse de courir, puisqu'il s'agit que de peines privatives de liberté, sans qu'il soit nécessaire que le condamné ait été conduit dans l'établissement spécial, bagne, maison centrale, forteresse, prison départementale ou autre destinée à la peine prononcée contre lui ». M. Garraud (*Précis*, n° 453, et *Traité*, t. 2, n° 76) n'est pas moins formel : « La prescription, dit-il, n'est pas interrompue par de simples significations, affiches, publications, visites domiciliaires, procès-verbaux, perquisitions. Mais une arrestation opérée dans les délais fixés par la loi serait suffisante pour que la prescription cessât de courir, sans qu'il fût nécessaire que le condamné eût été conduit dans l'établissement où il doit subir sa peine. En effet, l'arrestation opérée en vertu de la condamnation pénale est le premier acte d'exécution de celle-ci ». V. aussi Trébutien, t. 1, n° 820; Brun de Villeret, n° 443.

Il reste à faire l'application de ce principe aux diverses peines qui peuvent être prononcées par un jugement de condamnation.

186. 1° En ce qui concerne *la peine de mort*, pour interrompre la prescription, il ne suffit pas d'arrêter le condamné, même de donner des ordres pour mettre à exécution la sentence et de dresser l'échafaud. Si, avant l'expiration des vingt ans qui suivent l'arrêt de condamnation, l'exécution elle-même n'a pas eu lieu, la peine sera prescrite (V. les auteurs cités au numéro précédent).

187. 2° Quant aux *peines privatives de liberté*, la prescription ne sera interrompue et ne cessera de courir que par l'effet de l'arrestation du condamné. De simples visites domiciliaires, des ordres de perquisition où d'arrestation, les recherches de la gendarmerie et de la force armée seraient des actes insuffisants. Seule, la mainmise sur la personne du condamné interrompt la prescription. Mais il n'est pas nécessaire que le coupable ait été conduit dans l'établissement pénitentiaire où il doit subir sa peine. La législation belge a consacré, par une disposition expresse, cet effet de l'arrestation du condamné : « La prescription de la peine sera interrompue par l'arrestation du condamné » : c. pén. belge, art. 96. Le code pénal allemand, (art. 72), va plus loin. Il reconnaît l'effet interruptif, non seulement à l'arrestation, mais encore à tout acte de l'autorité compétente tendant à faire exécuter la peine. V. les auteurs précédemment cités. La jurisprudence se prononce également en ce sens; c'est ainsi qu'il a été jugé que l'arrestation en France d'un condamné en fuite ou laissé en état de liberté est interruptive de la prescription de la peine, alors même que le condamné n'a pas encore été conduit dans la maison de détention où il devait être écroué (Crim. rej. 3 août 1888, aff. Pichon, D. P. 89. 1. 173, où est relaté un rapport intéressant de M. le conseiller Tanon).

188. Il importe peu, d'ailleurs, que l'arrestation s'opère en France ou en pays étranger, sur une demande d'extradition. Du moment où le main de la justice s'étend sur le condamné en vertu du jugement ou de l'arrêt qui l'a frappé, la prescription se trouve interrompue, sans qu'il y ait à distinguer entre le cas où le Gouvernement français assure lui-même l'arrestation dans l'étendue de son territoire, et le cas où il emploie le concours d'une puissance étrangère. Le pays qui livre à un autre pays un étranger à la suite d'une demande d'extradition n'accomplit pas, au regard du condamné ni même de l'Etat requérant, un acte pur et simple de l'exercice de son droit de souveraineté. Il concourt, en ce cas, à l'exécution de la sentence pénale

émanée des juges de l'Etat requérant. C'est en vain qu'on pourrait être tenté d'objecter que le souverain étranger qui livre le coupable exécute alors, non la sentence, mais la convention internationale résultant du traité d'extradition. Cet acte diplomatique a précisément pour but d'obliger l'Etat requis à procurer l'exécution des mandements et arrêts de justice de l'Etat requérant. L'Etat requis, en exécutant le traité à l'égard de l'étranger condamné par les juges d'un autre Etat, accomplit sans doute un acte de l'exercice de son droit propre de souveraineté; mais la mesure qui lui appartient, pour l'exécution de la condamnation qui frappe cet étranger ; et la mainmise qu'il opère est, au regard de celui-ci, un premier acte d'exécution de la condamnation qui le frappe (V. en ce sens Crim. rej. 3 août 1888, et le rapport de M. le conseiller Tanon, D. P. 89. 1. 173; Aix, 22 oct. 1891, aff. Thorel, D. P. 92. 1. 578).

189. 3° En matière d'*amende* ou de *confiscation*, la prescription, comme on l'a montré au *Rép*. n° 34 *in fine* et 119, est interrompue seulement par un acte d'exécution, payement, saisie mobilière ou immobilière, contrainte par corps. Elle ne peut l'être par un simple commandement fait au redevable (Faustin-Hélie, t. 8, n° 4118 ; Ortolan, t. 2, n° 1906; Garraud, *Précis*, n° 425, et *Traité*, n° 76, p. 135). — Il a été décidé qu'on doit voir une exécution, ou tout au moins un commencement d'exécution, de nature à interrompre la prescription quinquennale des amendes en matière correctionnelle, et. par exemple, d'une amende prononcée sur les poursuites de la régie de l'enregistrement, dans une saisie-arrêt pratiquée contre la partie condamnée et une demande en liquidation de sa faillite (Montpellier, 23 août 1855, aff. Masbou, D. P. 56. 2. 127. V. aussi les arrêts indiqués au *Rép*., *ibid*.).

190. — II. Suspension. — Il a été décidé que, dans le cas où les peines corporelles prononcées par deux condamnations distinctes contre le même individu ne doivent pas se confondre, comme n'étant pas dans le cas de cumul prévu par l'art. 165 c. instr. crim., l'exécution de l'une d'elles enlève au condamné, tant qu'elle dure, la faculté de prescrire l'autre, alors même que le procureur impérial aurait omis, pour assurer l'exécution de cette dernière, de faire une recommandation au greffe de la prison (Crim. rej. 26 oct 1859, aff. Cuvillier, D. P. 59. 5. 297).

V. au surplus l'application en cette matière des causes qui suspendent la prescription, les explications données *suprà*, n°ˢ 148 et suiv., relativement à l'action publique.

Sect. 8. — Des effets de l'interruption et de la suspension
de la prescription (*Rép*. n° 165 à 175).

191. Comme on l'a exposé au *Rép*. n° 168, l'effet de l'interruption de la prescription est de faire considérer comme non avenu le temps qui s'est écoulé, de telle sorte qu'une nouvelle prescription doit recommencer. Mais cette prescription nouvelle pourra-t-elle être interrompue indéfiniment par de nouveaux actes d'instruction et de poursuite ? En d'autres termes, une série d'interruptions successives et indéfinies est-elle possible ?

Plusieurs auteurs se prononcent pour la négative. D'après eux, dans le cas où l'acte interruptif se placerait à la dernière limite du délai de la prescription, on arriverait à doubler ce délai; mais on ne pourrait jamais le proroger davantage. La durée de l'action publique ne saurait dépasser vingt ans ou six ans, en matière de crimes ou de délits (Ortolan, t. 2, n° 1870 ; Garraud, *Précis*, n° 419, et *Traité*, n° 65, p. 102 et suiv.; Laborde, n° 882 et suiv.; Labroquère, *Revue critique*, 1864, t. 19, p. 169). Les partisans de cette solution se fondent surtout sur le texte même des art. 637 et 638 c. instr. crim., de laquelle il résulte que les actes d'instruction et de poursuite ne peuvent interrompre la prescription que dans le cas où ils se produisent dans les dix ans ou dans les trois ans du crime ou du délit.

Dans un autre système, on admet que les actes interruptifs de la prescription peuvent être successivement renouvelés et proroger indéfiniment le délai de la prescription. Ils s'appuient sur les principes du droit civil, qu'ils étendent à l'interruption de la prescription de l'action publique. La faculté de renouveler l'interruption n'aurait donc pas de limite (V. en ce sens, Le Sellyer, *Action publique et privée*, t. 2, n° 478 ; Brun de Villeret, n° 202 ; Villey, p. 261).

Nous inclinerions plutôt en faveur de la première opinion. Le fondement de la prescription pénale est, en effet, tout différent de celui de la prescription civile. On ne peut donc pas étendre les règles de l'une à l'autre.

La jurisprudence semble consacrer le second système ; ainsi il a été jugé : 1° que, pour interrompre le cours de la prescription, en matière de délits de presse, il faut recourir à des citations successives, renouvelées de façon qu'il n'existe entre aucune d'elles un délai de trois mois. (Crim. rej. 24 mai 1884, aff. Pommier, D. P. 86. 1. 143. Trib. Mortain, aff. Datin, D. P. 89. 1. 37) ; — 2° Que la prescription édictée en matière de délits électoraux peut être interrompue plusieurs fois, et que chaque acte interruptif a pour effet d'effacer le passé et de faire courir à nouveau la prescription à compter de sa date (Montpellier, 5 mars 1887) (1).

192. On a examiné au *Rép.*, n° 169, la question controversée de savoir si, en cas d'interruption de la prescription de courte durée établie par une loi spéciale, notamment en matière de délits forestiers, de chasse ou de pêche, c'est la même prescription qui recommence à courir, ou si le nouveau délai est celui du droit commun, c'est-à-dire le délai d'une année, s'il s'agit d'une contravention, de trois années, s'il s'agit d'un délit. Comme on l'a *vu ibid.*, la cour de cassation, dans des arrêts anciens, s'était prononcée dans le dernier sens. La question s'est posée souvent, en pratique, depuis cette époque ; mais la jurisprudence montre une certaine hésitation sur la solution qu'il convient de lui donner.

193. Conformément à l'ancienne doctrine de la cour de cassation, il a été jugé : 1° que, dans le cas où la prescription de courte durée édictée par la loi forestière, relativement à certains délits, a été interrompue par un acte de poursuite, ce n'est plus la même prescription qui recommence à courir, mais la prescription de trois ans établie par le droit commun (Crim. cass. 17 mars 1866, aff. Jourdan et autres, D. P. 66. 1. 509 ; Paris, 11 déc. 1885, aff. Bouvrain, D. P. 86. 2. 112). Ce dernier arrêt statue même dans une hypothèse où il y avait suspension de la prescription ; — 2° Que la prescription spéciale d'un mois ou de trois mois, édictée en matière de délit de pêche, lorsqu'elle a été interrompue par une citation en justice, cesse d'être applicable, et que, dès lors, l'action n'est plus prescriptible que par le laps de trois ans, conformément au droit commun (L. 15 avr. 1829, art. 62 ; C. instr. crim. art. 638 ; Amiens, 2 janv. 1873, aff. Mauduit, D. P. 74. 2. 41) ; — 3° Que, dans le cas où la prescription particulière aux délits de chasse a été interrompue, il faut revenir au droit commun en matière criminelle, et que l'action n'est plus prescriptible que par trois ans, conformément aux art. 637 et 638 c. instr. crim. (V. en ce sens, Crim. rej. 19 mars 1884, aff. Delbecque, D. P. 85. 1. 183 ; Crim. cass. 13 avr. 1883, aff. Furbeyre, D. P. 83. 5. 64 ; Paris, 23 juill. 1884, aff. De Mirecourt, D. P. 86. 2. 112, note).

194. Au contraire, d'après d'autres arrêts, lorsque la prescription de courte durée édictée par une loi spéciale a été interrompue, c'est la même prescription qui reprend son cours,

et non celle de droit commun. C'est ce qui a été décidé : 1° en matière de délits ruraux (Crim. rej. 28 juill. 1870, aff. Carthery, D. P. 71. 1. 184) ; — 2° Relativement à un délit électoral, prévu et puni par le décret du 2 févr. 1852 (Pau, 30 mars 1865, aff. Labroquère, D. P. 65. 2. 204 ; Crim. rej. 16 juin 1865, aff. D. P. 65. 1. 243 ; Bastia, 21 mai 1889, aff. Palanti et autres, D. P. 91. 2. 125 ; 5 févr. 1890, aff. Ghipponi et autres, D. P. 91. 2. 125) ; — 3° En matière de délits de presse. C'est du moins ce qui résulte implicitement d'un arrêt de la cour de cassation (Crim. rej. 24 mai 1884, aff. Pommier, D. P. 86. 1. 143). Cet arrêt décide, en effet, que, pour être interruptives de la prescription édictée en cette matière, les citations successives doivent être renouvelées de manière qu'il n'existe entre aucune d'elles un délai de trois mois (*Adde*, dans le même sens : Grenoble, 8 févr. 1883, aff. Sœur Saint-Charles, D. P. 84. 2. 55 ; Crim. cass. 13 mars 1886, aff. Marot, D. P. 86. 1. 474 ; Trib. de Mortain, 16 avr. 1886, aff. Datin, D. P. 89. 1. 37 ; Bordeaux, 16 avr. 1886, aff. Beylot, D. P. 87. 2. 79 ; Civ. rej. 26 oct. 1887, aff. Rolland, D. P. 88. 1. 13 ; Crim. cass. 30 nov. 1889, aff. Chaulet, D. P. 90. 1. 405).

195. Comme on le voit, la jurisprudence est encore aujourd'hui indécise sur la question. Elle semble toutefois incliner plutôt vers l'opinion d'après laquelle, en cas d'interruption d'une des prescriptions de courte durée édictée par une loi spéciale, il faut revenir à la prescription de droit commun. L'argument principal invoqué par les arrêts rendus en ce sens, c'est que les deux dispositions contenues dans l'art. 637 et 638 c. instr. crim. relatives, l'une au cas où il n'a été fait aucun acte d'instruction ou de poursuite dans le délai qu'elle détermine, l'autre à celui où des actes de ce genre ont eu lieu avant l'accomplissement de la prescription, sont essentiellement distinctes et indépendantes l'une de l'autre. La seconde de ces dispositions, fait-on observer, ne se borne pas à dire, en changeant le point de départ de la prescription, que la durée en sera la même que dans le cas de l'art. 637, mais elle fixe expressément ce délai, « de manière, dit l'arrêt du 17 mars 1866, cité *supra*, n° 193, qu'elle puisse être appliquée même aux faits délictueux pour lesquels il a été établi par des lois spéciales, dans le cas où l'action n'a pas été intentée, des prescriptions particulières, que le législateur ne perd pas de vue, puisqu'il les rappelle dans l'art. 643 ».

Les auteurs les plus récents décident que l'acte qui interrompt la prescription proroge celle-ci pour une nouvelle durée de temps égale à la première, même en ce qui concerne les prescriptions de courte durée édictées par des lois spéciales ; (V. en ce sens, Faustin-Hélie, *Instruction criminelle*, t. 2, n° 1084, p. 710 ; Le Sellyer, *Action publique et privée*, t. 2, n° 622, p. 272 ; Haus, t, 2, n° 1345, p. 545 ; Garraud, *Précis*, n° 419, p. 535, note 3, et *Traité*, t. 2, n° 65, p. 405, note 32 ; Laborde, n° 881, p. 526-527 ; Brun de Villeret, n°° 457 et suiv. ; Albert Desjardins, *Revue critique*, 1884, p. 82). D'autres auteurs se prononcent en sens contraire (V. la note sous Crim. cass. 17 mars 1866, aff. Jourdan, D. P. 66. 1. 509).

---

(1) (Ganiguenc et autres.) — La cour ; — Attendu qu'à la suite des opérations électorales du 8 nov. 1885, pour le renouvellement de la municipalité de la commune de Quarante, Biré et consorts, parties civiles, ont fait citer, dès le 30 nov. 1885, divers électeurs, et parmi eux les six prévenus appelants, devant le tribunal correctionnel de Béziers, pour répondre de certains délits prévus et punis par le décret organique du 2 févr. 1852, et s'entendre condamner en 10,000 fr. de dommages-intérêts ; — Attendu que cette citation a été renouvelée, suivant exploits des 26 février, 26 et 27 mai, 24 et 25 août suivants ; — Attendu que, cette dernière citation portant assignation pour l'audience du 24 nov. 1886, la cause fut, ce jour-là, renvoyée au 14 janv. 1887 ; que, le 14 janvier, elle fut renvoyée au 2 février suivant, jour où elle a été utilement appelée ; — Attendu que, le 2 février est intervenu un premier jugement qui rejette l'exception de prescription du délit, proposée par les prévenus ; — Attendu que ces derniers ont régulièrement relevé appel de ce jugement ; que si, postérieurement à sa prononciation, et à la date du 7 février suivant, ils ont accepté le débat au fond, ils n'en conservent pas moins le droit de soumettre à la cour un moyen de prescription tenant à l'ordre public, et qui peut être présenté en tout état de cause ; — Attendu que les prévenus soutiennent que, suivant les principes généraux relatifs à la prescription crimi-

nelle, l'acte interruptif ne peut être fait que dans l'intervalle de temps qui a suivi le délit, et dont l'accomplissement aurait suffi pour acquérir la prescription ; que, d'après ce système, les exploits des 26-27 mai et 24-25 août 1886 auraient été impuissants à interrompre la prescription d'un délit qui aurait été commis le 8 nov. 1886, cette prescription ne pouvant être légalement interrompue qu'une seule fois dans le délai de trois mois prévu par l'art. 50 du décret du 2 févr. 1852 ; — Attendu qu'une pareille interprétation des art. 637 et 638 c. instr. crim., est condamnée par une jurisprudence invariable, que l'acte interruptif fait dans les délais de la prescription a pour effet d'effacer le passé et de faire courir à nouveau la prescription à compter de sa date ; que ce principe général, qui s'applique tant en matière civile qu'en matière criminelle, ne saurait être détruit par une théorie absolument nouvelle ; que cette théorie, d'ailleurs, si elle était appliquée, aurait pour effet d'entraver l'action du ministère public dans les matières où la prescription est de courte durée ; qu'elle ne s'appuie ni sur le texte de la loi, ni sur la jurisprudence ; que, de plus, elle serait dangereuse pour l'ordre public ; qu'il n'y a donc pas lieu de s'y arrêter ; — Par ces motifs ; — Rejette l'exception de prescription ; etc.

Du 5 mars 1887.-C. de Montpellier, ch. corr.-M. Cazenouette, pr.

196. Ainsi qu'on l'a montré au *Rép.* n°s 128 et suiv., l'interruption de la prescription produit un effet absolu (Garraud, *Traité*, t. 2, n° 63 *a*, p. 104).

De ce principe la jurisprudence a tiré les conséquences suivantes : 1° les actes d'instruction et de poursuite interrompent la prescription même à l'égard des personnes qui ne sont pas spécialement impliquées et désignées dans ces actes. Peu importe que l'inculpé soit inconnu au moment des poursuites (Crim. cass., ch. réun., 27 févr. 1865, aff. Boudier, D. P. 67. 1. 93; Crim. rej. 5 mai 1865, aff. Deville, D. P. 65. 5. 303; Civ. rej. 24 déc. 1878, aff. Fauchey et autres, D. P. 79. 1. 80; Crim. cass. 3 juill. 1880, *suprà*, n° 140; Orléans, 8 nov. 1887, aff. De l'Ombre, D. P. 88. 2. 97, et la note de M. Garraud). Spécialement le réquisitoire du ministère public chargeant le juge d'instruction d'informer contre une société sur une infraction à l'art. 64 de la loi du 24 juill. 1867 est interruptif de la prescription de l'action publique à l'égard des administrateurs de ladite société, prévenus ultérieurement de cette même infraction (Arrêt précité du 8 nov. 1887). Ajoutons que la même solution doit être donnée, alors même que les actes auraient été suivis de jugement (Civ. rej. 24 déc. 1878, précité).

197. 2° En matière criminelle, il n'est pas nécessaire que les actes de poursuite et d'information, pour être interruptifs de la prescription, soient connus de l'inculpé. Ainsi, dans le cas où un délit est imputé à un magistrat, le réquisitoire adressé par le procureur général au président de la cour, pour la fixation du jour où le délit sera jugé, a pour effet d'interrompre la prescription, bien qu'il n'ait été signifié au prévenu qu'après l'expiration du délai de prescription (V. en ce sens, Paris, 11 févr. 1861, aff. Roger, D. P. 61. 2. 216).

198. 3° La prescription est interrompue, en toute matière, à l'égard de tous ceux qui peuvent avoir pris part au fait délictueux, par les actes d'instruction et de poursuite dirigés contre quelques-uns d'entre eux, et ayant eu pour objet la découverte des coupables (Crim. cass. 3 juill. 1880, *suprà*, n° 140; Crim. rej. 29 mai 1884, aff. Sablon de la Salle, D. P. 85. 1. 381; 6 août 1885, aff. Mariani, D. P. 85. 1. 476; 3 nov. 1887, aff. Peignaud et Touraille, D. P. 89. 1. 221; Crim. cass. 21 juin 1889, aff. Bruzen, D. P. 90. 1. 94). Jugé, spécialement, que les poursuites exercées et la condamnation contradictoire intervenue contre le rédacteur d'un journal, considéré comme complice d'un délit de presse, conservent l'action à l'égard du gérant de ce journal considéré comme auteur principal .... alors surtout que le gérant et le complice avaient été originairement mis simultanément en cause (Arrêt précité du 21 juin 1889). Comp. Crim. rej. 29 mai 1884, précité).

199. La règle d'après laquelle l'interruption de la prescription produit un effet absolu s'applique non seulement aux délits ordinaires, prévus par le code pénal, mais aussi aux délits punis par des lois spéciales, et faisant l'objet d'une prescription de courte durée : délits de presse, électoraux, etc. (V. en ce sens, les arrêts cités aux numéros qui précèdent; Faustin-Hélie, *Instruction criminelle*, t. 2, n° 1084 et *Pratique criminelle*, t. 1, n° 1075; Garraud, *Traité*, t. 2, n° 65, p. 104, note 28; Brun de Villeret, *Prescription criminelle*, n° 455).

200. De même, il n'y a pas à distinguer suivant qu'il s'agit de l'action publique ou de l'action civile (Crim. cass. 3 juill. 1880, *suprà*, n° 140; Civ. rej. 24 déc. 1878, aff. Fauchey, D. P. 79. 1. 80; Crim. rej. 29 mai 1884, aff. Sablon de la Salle, D. P. 85. 1. 381).

201. Comme on l'a établi au *Rép.* n° 132, les actes d'instruction qui, au cours d'une information régulièrement ouverte, tendent à la constatation de délits autres que ceux qui sont visés dans le réquisitoire introductif, interrompent la prescription de ces nouveaux délits. Par application de cette règle, il a été décidé que, le juge d'instruction ayant compétence pour constater à la charge des prévenus tous les faits délictueux advenus à sa connaissance au cours de l'instruction régulièrement ouverte contre eux (C. instr. crim. 9, 29, 61), les actes d'instruction qu'il accomplit pour arriver à la constatation de ces nouveaux délits ont, par suite, pour effet d'en interrompre la prescription, alors même qu'il n'aurait pas été requis d'informer à leur sujet (c. instr. crim. art. 637); et qu'en conséquence, l'ordonnance du juge

qui, au cours d'une information, commet un expert pour constater, à la charge des prévenus contre lesquels il instruit, des délits autres que ceux au sujet desquels il a été requis d'informer, suffit pour interrompre la prescription de ces nouveaux délits (Crim. rej. 8 oct. 1846, aff. Clozel, D. P. 47. 4. 382; Rennes, 3 nov. 1887, aff. Joly, D. P. 88. 2. 233. Conf. Garraud, *Traité*, t. 2, n° 65, p. 104, note 30; Haus, t. 2, n° 134 *bis*. — *Contrà*: Morin, *Répertoire*, v° *Prescription*, n° 27; Faustin-Hélie, *Instruction criminelle*, t. 2, n° 1081; Trébutien, t. 2, p. 115).

202. Un arrêt, tout en reconnaissant que la constatation consignée par le juge d'instruction dans des actes réguliers, au cours d'une information, de faits délictueux autres que ceux qui font l'objet de la poursuite, interrompt la prescription à l'égard de ces faits (V. *suprà*, n° 201), ajoute que cette constatation, à défaut d'un réquisitoire spécial du ministère public, relatif aux délits nouveaux, n'en suspend pas la prescription pendant la durée de l'information dont le juge d'instruction était régulièrement saisi et à laquelle elle reste étrangère (Bastia, 21 mai 1889, aff. Pallenti et autres, D. P. 91. 2. 125). Cette décision considère que les actes d'instruction faits par le magistrat instructeur à l'égard des délits nouveaux, n'empêchent pas le ministère public d'agir, et par suite ne peuvent suspendre le cours de la prescription, en ce qui concerne les nouveaux délits.

203. Sur l'effet de la suspension, les principes exposés au *Rép.*, n°s 174 et 175, ne soulèvent aucune difficulté.

Sect. 9. — De l'époque à laquelle la prescription peut être proposée. — Elle doit être suppléée d'office (*Rép.* n°s 176 à 179).

§ 1er. — Prescription de l'action publique et de la peine.

204. On a dit au *Rép.* n° 18, 19 et 176 que la prescription de l'action publique en matière criminelle, correctionnelle ou de police constitue une exception péremptoire et d'ordre public. Il en résulte qu'elle doit être suppléée et relevée même d'office par le juge, lorsque les parties ne l'invoquent pas. Cette règle absolue s'impose soit aux juridictions d'instruction ou de jugement chargées d'examiner la recevabilité de l'action publique, soit aux magistrats qui doivent faire exécuter les condamnations contradictoires ou par défaut, soit aussi au tribunal lorsqu'un condamné par contumace est arrêté ou se représente (Outre les auteurs cités au *Répertoire*, V. en ce sens, Merlin, *Répertoire*, v° *Délit forestier*, § 13, et *Prescription*, p. 487; Rauter, *Droit criminel*, n° 854; Mangin, *Action publique*, t. 2, n° 287 et 289; Carnot, *Code d'instruction criminelle*, art. 643, n° 5; Le Sellyer, *Études sur le droit criminel*, t. 6, n° 2213; *Actions publique et privée*, t. 2, n°s 444 et suiv.; Ortolan, t. 2, n°s 1853 et suiv.; Faustin-Hélie, *Instruction criminelle*, t. 2, n° 1051; *Pratique criminelle*, t. 1, n° 1067; Dutruc, *Mémorial du ministère public*, t. 2, v° *Prescription criminelle*, n° 2, *Responsabilité*, t. 1, n° 406; Garraud, *Précis*, n° 411, p. 525; Brun de Villeret, n° 78).

La jurisprudence se prononce d'une manière constante, dans le même sens (Outre les décisions citées au *Répertoire*, V. Crim. cass. 28 janv. 1843, aff. Lefeuvre, D. P. 47. 4. 381; 29 mai 1847, aff. Mallez, D. P. *ibid.*; Lyon, 10 août 1848, aff. Ponsony, D. P. 49. 2. 241; Orléans, 25 avr. 1853, aff. Reynard, D. P. 54. 5. 585; Crim. rej. 14 févr. 1874, aff. Vibert, D. P. 76. 1. 190; 28 juill. 1882, aff Bagnoli, D. P. 83. 1. 42; Nancy, 15 déc. 1883, aff. De Lamothe, D. P. 84. 2. 54; Amiens, 5 avr. 1884, aff. Lalouette, D. P. 85. 2. 103; Paris, 19 mars 1885, aff. Chaigneau, D. P. 85. 2. 150; Crim. cass. 14 mars 1886, aff. Marot, D. P. 86. 1. 474).

205. Ainsi qu'on l'a établi au *Rép.* n° 179, le moyen tiré de la prescription, en matière criminelle, doit être suppléé par le juge, alors même que les parties y renonceraient formellement. C'est par application de cette règle que l'art. 641 c. instr. crim. décide que *en aucun cas les condamnés par défaut ou par contumace dont la peine est prescrite ne pourront être admis à se présenter pour purger le défaut ou la contumace* (V. les auteurs et arrêts cités au numéro précédent).

206. De même, comme on l'a montré au *Rép.*, n° 176, en vertu de son caractère d'ordre public, le moyen tiré en matière criminelle, de la prescription peut être invoqué en tout état de cause; il a pour but, en effet, de mettre obstacle d'une manière absolue à toute poursuite ultérieure. Par suite, la prescription peut être soulevée aussi bien devant les juridictions d'instruction que devant celles de jugement. Elle peut être proposée pour la première fois en appel, devant la cour de cassation, et même devant la juridiction saisie de la connaissance de l'affaire par suite d'un renvoi de la cour suprême (V. les auteurs et arrêts cités supra n° 204).

207. Ajoutons que la prescription. en matière criminelle, comme on l'a dit au Rép. n° 177, peut être invoquée en appel, alors même que le juge d'appel ne serait saisi que d'une question de forme. Il n'est pas nécessaire, pour que le moyen tiré de la prescription puisse être utilement proposé, que le tribunal d'appel soit saisi du fond même du litige (Crim. cass. 28 janv. 1843, cité supra, n° 204).

208. Si l'exception de prescription peut être soulevée pour la première fois par le prévenu devant la cour de cassation, elle ne doit être accueillie, en vertu des principes généraux, qu'autant qu'elle résulte soit des constatations du jugement ou de l'arrêt attaqué, soit de la citation donnée au prévenu. La cour suprême, en effet, ne peut rentrer dans l'examen des faits du procès (Conf. Garraud, Précis, n° 411, p. 525, note 1). La jurisprudence se prononce en ce sens d'une façon constante (Crim. cass. 6 juill. 1878, aff. Manescaut, Bull. crim. n° 145; Crim. rej. 13 févr. 1880 (1); Crim. cass. 3 juill. 1880, aff. Naquet, Bull. crim. n° 138.

209. Toutefois, si le moyen tiré de la prescription peut, à raison de son caractère d'ordre public, être soulevé en tout état de cause par les parties intéressés ou même d'office par le juge, il n'en est plus ainsi lorsqu'il est intervenu une décision judiciaire sur le fond même du litige, ayant un caractère définitif et ne pouvant faire l'objet d'aucun pourvoi en cassation. Lorsqu'une décision judiciaire a été rendue, réunissant ces trois conditions, l'exception de prescription ne peut plus être invoquée, à cause du principe de l'autorité de la chose jugée (V. en ce sens, Mangin, Action publique, t. 2, p. 74, n° 287). La jurisprudence est en ce sens (Crim. rej. 28 juill. 1882, aff. Bagnolì, D. P. 83. 1. 42; Amiens, 5 avr. 1884, aff. Lalouette, D. P. 85. 2. 103).

§ 2. — Prescription de l'action civile.

210. La prescription de l'action civile a-t-elle, comme celle de l'action publique et de la peine, un caractère d'ordre public? La question est très controversée (Rép. n° 179, in fine).

Suivant une première opinion, la prescription de l'action civile résultant d'un crime, d'un délit ou d'une infraction constituerait toujours et dans tous les cas une exception d'ordre public. Par suite ce moyen de défense devrait être suppléé d'office même par le juge civil, lorsque le prévenu ne l'invoque pas. De plus la prescription de l'action civile pourrait être proposée pour la première fois en appel et même devant la cour de cassation. Enfin le défendeur ne pourrait pas y renoncer. On étend ainsi à la prescription de l'action civile le caractère d'ordre public qui est reconnu unanimement à la prescription de l'action publique. Dans ce système, on se fonde sur l'assimilation que le législateur a établi entre les deux prescriptions en ce qui concerne leur durée (V. en ce sens, Rép. ibid. Garraud, Précis, n° 432, p. 557 et 556, et Traité, t. 2, n° 71; Haus, t. 2, n° 1433; Villey, p. 272-273; Laborde, n° 896; Cousturier, n° 87; Brun de Villeret, 1863, n° 361). C'est ainsi qu'il a été jugé que la prescription de l'action civile résultant d'un

délit constitue une exception d'ordre public, à laquelle, dès lors, le prévenu ne peut renoncer ni directement ni indirectement, et qui, s'il ne l'invoque point, doit être suppléé d'office par le juge (Paris, 24 févr. 1855, aff. Vatel, D. P. 56. 2. 71). La cour de Paris s'est fondée sur ce que, l'effet de la prescription de l'action publique étant d'établir une présomption légale qu'il n'y a ni crime ni délit, toute réparation civile qui ne peut avoir d'autre base que la déclaration judiciaire de l'existence du fait punissable doit être refusée, nonobstant la renonciation de la partie au bénéfice de l'exception.

211. Dans un second système, au contraire, on considère que l'assimilation établie par le législateur entre l'action publique et l'action civile, quant à leur durée, ne s'étend pas à leur caractère. L'art. 2223 c. civ. qui, en matière civile, défend aux juges de suppléer d'office le moyen de la prescription, reprendrait son empire à l'égard de l'action civile, en l'absence d'une disposition de loi dont il soit permis de conclure que l'exception est d'ordre public aussi bien pour l'action civile que pour l'action publique (V. Massé et Vergé, sur Zachariæ, t. 5, § 860, n° 5, in fine, et 6). Il a été jugé, en ce sens, que la prescription de l'action civile résultant d'un crime ou d'un délit n'est point d'ordre public, à la différence de la prescription de l'action publique, et que, par suite, elle ne peut être suppléée d'office, ni, dès lors, proposée pour la première fois devant la cour de cassation (Req. 28 févr. 1860, aff. Lebel-Delaunay, D. P. 60. 1. 191; Colmar, 27 mai 1863, aff. Barbe Isaac, D. P. 63. 2. 141; Angers, 24 août 1865, aff. Grignon, D. P. 66. 2. 211). — Ces décisions sont relatives dans l'hypothèse d'une action civile intentée devant la juridiction civile, séparément de l'action publique; mais la solution qu'elles donnent ne semble pas restreinte à cette hypothèse. Elles statuent d'une manière générale, et invoquent comme argument cette considération que le moyen tiré de la prescription de l'action civile tend uniquement à repousser des condamnations pécuniaires, sauvegarder des intérêts purement privés, et constitue l'exercice d'un droit auquel le défendeur est libre de renoncer et renonce, en effet, en ne le proposant pas devant les deux degrés de juridiction.

212. D'après une troisième opinion, il faudrait distinguer suivant que l'action civile a été introduite devant la juridiction criminelle en même temps que l'action publique, ou que, au contraire, l'action civile est pendante devant les tribunaux civils. Dans le premier cas, le moyen tiré de la prescription de l'action civile serait d'ordre public; par suite, il devrait être suppléé d'office par le juge, il pourrait être invoqué en tout état de cause, et le défendeur ne pourrait y renoncer. Dans le second cas, au contraire, la prescription de l'action civile ne constituerait que une exception péremptoire d'ordre public, et en conséquence, il faudrait donner les solutions inverses des précédentes (V. en ce sens, Le Sellyer, Actions publique et privée, t. 2, n°s 444 et 445; Sourdat, Responsabilité, n° 406; Bertauld, p. 550). La jurisprudence la plus récente semble se prononcer en faveur de cette dernière opinion. C'est ainsi qu'il a été jugé que si, en matière pénale, la prescription doit être appliquée d'office par le juge, il n'en est plus de même lorsque l'action civile est intentée séparément de l'action publique, et, dans ce cas, la partie actionnée peut renoncer à en invoquer le bénéfice (Lyon, 30 juin 1887, aff. Société des Houillères de Saint-Étienne et Société des tréfonds, D. P. 88. 2. 53). Il paraît bien ressortir, au moins implicitement, des termes de cet arrêt que l'exception tirée de la prescription est d'ordre public lorsque l'action civile est portée devant la juridiction répressive en même temps que l'action publique.

<hr/>

(1) (Aff. Boisset); — La cour; — Sur la seconde branche du deuxième moyen; — Attendu que, si l'arrêt attaqué ne précise pas l'époque où chacun des prêts usuraires a été consenti, cette indication se trouve dans l'ordonnance du juge d'instruction de Béziers qui a saisi la juridiction correctionnelle et dans la citation donnée au prévenu; que cette citation énonce d'une manière nette et précise tous les faits dont l'arrêt a déclaré Boisset coupable, et que ce dernier, dans les conclusions qu'il a prises devant les juges de première instance et d'appel n'a élevé aucune contestation sur les dates qui leur étaient assignées et n'a pas prétendu qu'ils fussent prescrits; que, si la prescription

est un moyen d'ordre public qui peut être présenté en tout état de cause, elle ne saurait, en cour de cassation, être déclaré acquise qu'autant qu'elle résulte soit des constatations du jugement ou de l'arrêt attaqué, soit de la citation délivrée au prévenu, ce qui n'a pas eu lieu dans l'espèce; — Attendu, dès lors, que l'arrêt attaqué n'a violé ni l'art. 195 c. instr. crim., ni l'art. 638 du même code; — Attendu que cet arrêt est régulier en la forme;

Rejette, etc.

Du 13 févr. 1880.-Ch. crim.-MM. de Carnières, pr.-Sallentin, rap.-Petiton, av. gén.-Demasure, av.

213. Si l'on admet que la prescription de l'action civile n'est pas d'ordre public et qu'on peut y renoncer, il faudra décider, par application des principes généraux, que la renonciation au bénéfice de la prescription doit être expresse. En ce sens, il a été jugé : 1° que cette renonciation ne doit pas se supposer aisément; qu'elle doit être formelle, ou du moins résulter d'une intention tacite et impliquant l'idée de renonciation; qu'elle résulte, notamment, de l'acceptation et de la constitution d'une expertise pour régler le chiffre d'un dommage causé, le principe de la responsabilité n'étant pas contesté; mais qu'il en est autrement lorsque la partie actionnée, sans se reconnaître responsable, s'est bornée à accepter une expertise pour déterminer si des empiètemens ont ou non été commis, tous droits et moyens réservés (Lyon, 30 juin 1887, aff. Société des Houillères de Saint-Étienne, D. P. 88. 2. 53); — 2° Qu'on ne saurait considérer comme une renonciation au bénéfice de la prescription l'offre faite au bureau de paix, par le défendeur, dans un sentiment d'humanité, et en dehors de la pensée d'une responsabilité contre laquelle il protestait formellement (Colmar, 27 mai 1863, aff. Barbe Isaac, D. P. 63. 2. 141). — D'autre part, il a été décidé que la prescription de trois ans ne peut être opposée à l'action civile résultant d'un délit, s'il y a été renoncé par la nomination d'arbitres amiables compositeurs dispensés de toutes les règles de procédure et de droit (Angers, 24 août 1865, aff. Grignon, D. P. 66. 2. 211).

SECT. 10. — PRESCRIPTIONS SPÉCIALES (*Rép.* n°ˢ 180 à 223).

214. On a dit au *Rép.* n° 188, *in fine*, que la prescription spéciale établie par l'art. 185 c. for. pour les infractions en matière forestière, ne s'applique que dans le cas où un procès-verbal a été dressé. Cette solution doit être généralisée et étendue aux infractions prévues et punies par des lois spéciales, lorsque celles-ci exigent que le fait punissable soit constaté par un procès-verbal, notamment aux délits de pêche (Garraud, *Traité*, t. 2, n° 62, p. 93; Émile Martin, *Code nouveau de la pêche*, n° 453; Baudrillart, *Pêche fluviale*, t. 1, p. 390).

La jurisprudence est fixée, en ce sens ; elle décide que les infractions dont il s'agit peuvent être poursuivies, alors même que trois ou six mois se sont écoulés depuis qu'elles ont été commises, si aucun procès-verbal n'a été dressé, ou si le procès-verbal n'a pas été dressé suivant les formes prescrites. Dans ces deux hypothèses, l'infraction sera soumise à la prescription de droit commun, d'un an ou de trois ans, suivant qu'il s'agira d'une contravention ou d'un délit (V. en ce sens, outre un arrêt cité au *Rép. ibid.* ; Crim. rej. 14 mai 1850, aff. Jacquelin, D. P. 50. 5. 234 et 245; Nancy, 8 nov. 1871, aff. Noël et Ragué, D. P. 72. 2. 234 ; Trib. corr. Lunéville, 13 juin 1871, aff. Briot, D. P. 71. 3. 92; Crim. rej. 27 nov. 1874, aff. Folacci, *Bull. crim.*, n° 301. Comp. Crim. cass. 26 janv. 1884, aff. Galté, D. P. 84. 1. 376).

215. On a dit au *Rép.* n° 190, que, pour les délits forestiers, la prescription court du jour de la clôture du procès-verbal. Cette solution doit être généralisée, et étendue aux infractions prévues par des lois spéciales, notamment aux délits ruraux (Crim. rej. 22 janv. 1863, aff. Deville, D. P. 65. 5. 302. — *Contrà*, les arrêts indiqués au *Rép.* n° 202).

216. La législation actuellement en vigueur, en matière de presse, n'est plus celle qui a été indiquée au *Rép.* n° 199. Aujourd'hui, aux termes de la loi du 29 juill. 1881 (art. 65), l'action publique et l'action civile naissant des délits et contraventions, commis par la voie de la presse, se prescrivent par un laps de trois mois à partir du moment où ils ont pris naissance, ou du dernier acte de poursuites, lorsqu'il en a été fait. Cette prescription de trois mois s'applique même aux crimes commis en matière de presse.

217. A cet égard, il a été jugé qu'en matière de diffamation par voie d'écrits imprimés, la prescription court du jour où, par la publication, ces écrits ont été portés à la connaissance du public (L. 29 juill. 1881, art. 65. V. en ce sens, Crim. rej. 11 juill. 1889, aff. Leymarie, et le rapport de M. le conseiller Sallantin, D. P. 90. 1. 237; 28 mars 1890, aff. Brault, D. P. 90. 1. 453; 26 avr. 1890, aff. Padoa-Bey, *ibid.* Comp. Barbier, *Code expliqué de la presse*, t. 2, p. 501 ;

Fabreguettes, *Traité des infractions de la parole, de l'écrit et de la presse*. t. 2, n° 2150 ; Grattier, *Commentaire sur les lois de la presse*, t. 1, p. 533 *in fine*).

218. Chaque fait ultérieur de vente, de mise en vente, ou de distribution de l'écrit diffamatoire, constitue un fait nouveau de publication, à partir duquel peut seulement courir le délai de la prescription (V. en ce sens, Crim. rej. 11 juill. 1889, aff. Leymarie, D. P. 90. 1. 237). Les délits de presse ne sont donc pas des délits successifs (V. les auteurs cités ci-dessus).

Mais, bien entendu, si l'éditeur réimprime une édition nouvelle, il ne pourra pas se prévaloir de l'impunité dont aura pu bénéficier l'édition ancienne. En effet on se trouve alors en présence d'une publication nouvelle, indépendante de la première (Crim. rej. 13 déc. 1855, aff. Roussel, D. P. 56. 5. 24).

219. La prescription spéciale de trois mois, édictée par l'art. 65 de la loi du 29 juill. 1881, sur la liberté de la presse, ne s'applique qu'aux délits de publication prévus par cette loi. Elle ne s'étend pas aux infractions punies par le code pénal, alors même qu'elles auraient été commises par la voie de la presse. C'est ce qui a été jugé : 1° pour le délit de chantage (Lyon, 16 nov. 1886, aff. Escorbia, D. P. 88. 2. 175 ; Crim. rej. 7 janv. 1887, aff. Pournin, D. P. 87. 1. 364); — 2° Pour le délit d'outrages, même publics, réprimé par les art. 222 et 224 c. pén. (Caen, 10 mars 1886, aff. Marie, sol. impl., D. P. 87. 2. 45); — 3° Pour le délit d'atteinte à la liberté du travail (Montpellier, 20 mai 1886, aff. Duc-Quercy, D. P. 87. 2. 102) ; — 4° Pour le délit d'escroquerie (Paris, 25 janv. 1887, aff. Cora, D. P. 87. 2. 252 sol. impl. — Comp., au surplus, les arrêts indiqués en note, D. P. 87. 2. 102).

220. Pour les contraventions à la loi du 30 juin 1881, sur la liberté de réunion, la prescription est de six mois (art. 11).

221. La prescription spéciale de trois mois, qui régit aujourd'hui régie : 1° par la loi du 15 avr. 1829, art. 62, en matière de pêche fluviale (*Rép.* n° 222) ; 2° par un décret du 9 janv. 1852 (art. 18), en ce qui concerne la pêche côtière ; 3° par une loi du 15 janv. 1884 (art. 3), pour les délits de pêche dans la mer du Nord.

222. Indiquons, en terminant, quelques solutions de la jurisprudence, relativement au délai de la prescription pour des infractions prévues et punies par des lois spéciales : 1° la fausse déclaration sur la nature des marchandises expédiées par chemin de fer constitue un délit, se prescrivant par trois ans, quoique qualifié de contravention par la loi du 15 juill. 1845 (Toulouse, 7 févr. 1889, aff. Brunet, D. P. 90. 1. 259, et les notes).

223. 2° Les infractions commises à la loi du 17 juill. 1889, qui interdit les candidatures multiples, ainsi que la publication et la distribution des bulletins, circulaires ou professions de foi des candidats avant le dépôt à la préfecture de leur déclaration de candidature, se prescrivent par trois ans, conformément aux art. 637 et 638 c. instr. crim. (Crim. rej. 13 juin 1890, aff. Etcheverry, D. P. 90. 1. 281. V. les notes sous cet arrêt, et le rapport de M. le conseiller Vételay, D. P. *ibid.*).

224. 3° Les irrégularités et fraudes commises dans le pesage des betteraves sont soumises à la prescription annale (Décr. 31 juill. 1884, D. P. 85. 4. 35). (V. en ce sens, Crim. cass. 12 déc. 1889, aff. d'Erse; 30 nov. 1889, aff. Lhote, D. P. 90. 1. 401).

225. 4° La prescription de trois mois, édictée par l'art. 185 c. for., est applicable à la contravention résultant de l'introduction de bestiaux sur les terrains dépendant des fortifications d'une place de guerre (Crim. 18 mars 1806; Paris, 22 janv. 1889, aff. Coucq, D. P. 90. 2. 270).

226. 5° Se prescrivent par trois ans : l'infraction à l'art. 64 de la loi du 24 juill. 1867, qui impose l'obligation de faire précéder ou suivre immédiatement la dénomination sociale, dans tous les documents émanant des sociétés par actions des mots *société anonyme* ou *société en commandite* par actions, avec énonciation du capital social (Orléans, 8 nov. 1887, aff. De l'Ombre, et la note de M. Garraud, D. P. 88. 2. 97)... L'infraction soit aux dispositions du décret du 26 mars 1852, relatif aux rues de la ville de Paris, soit aux dispositions des décrets rendus en conformité et concernant les rues de certaines grandes villes, laquelle constitue un délit (Crim. cass. 4 juin 1892, aff. Alauze, D. P. 93. 1. 460).

SECT. 11. — QUESTIONS TRANSITOIRES (*Rép.* n°ˢ 224 à 234).

227. Lorsqu'une loi nouvelle vient modifier la durée ou les conditions de la prescription de l'action publique ou de la peine, des difficultés s'élèvent sur le point de savoir si la loi nouvelle doit s'appliquer aux infractions antérieurement commises, ou aux condamnations déjà prononcées, mais non encore prescrites. On a vu au *Rép.*, n°ˢ 224 et suiv., que quatre systèmes ont été soutenus sur cette question (Comp. parmi les auteurs récents qui l'ont examinée : Faustin-Hélie, t. 1, n° 1058; Blanche, *Etudes sur le code pénal*, t. 2, n° 34; Bertauld, p. 187 et suiv.; Garraud, *Précis*, n° 89, p. 122 et suiv.; Brun de Villeret, n° 100; Le Sellyer, t. 2, n° 634; Villey, *Traité*, p. 67 et *Revue critique*,1875, p. 85).— La jurisprudence continue à appliquer le système

d'après lequel il faut appliquer, des deux lois ancienne et nouvelle en conflit, la plus favorable au prévenu ou au condamné (Comp. les arrêts cités au *Rép.* n°ˢ 228 et suiv.). Ainsi il a été jugé que les lois qui règlent la prescription en matière criminelle touchent au fond du droit et ne sont pas seulement des lois de simple procédure et d'instruction; que par suite, ces lois restent applicables aux infractions commises sous leur empire, à l'exclusion des lois postérieures, si, d'ailleurs, celles-ci ne sont pas plus favorables au délinquant; qu'ainsi, le délit de diffamation commis sous la loi du 26 mai 1819 se prescrit par six mois, conformément à cette loi, et n'est pas soumis à la prescription de trois ans, ultérieurement établie par l'art. 27 du décret du 17 févr. 1852 (Paris, 8 avr. 1853, aff. Malgaigne, D. P. 54. 5. 586).

Table sommaire

des matières contenues dans le Supplément et le Répertoire.

(Les chiffres précédés de la lettre *S* renvoient au Supplément; les chiffres précédés de la lettre *R* renvoient au Répertoire.)

— délai, point de départ
R. 38.
— jugement (ministère
public, significa-
tion) *R.* 92; (par
défaut, appel) *R.*
78.
— V. Contravention.
Société
— administrateur, pour-
suites, interruption
S. 196.
— commandite (fausses
déclarations, délai)
S. 84; (inventaire
frauduleux, délai)
S. 89; (syndic, ac-
tionnaire, délai) *S.*
67.
— société anonyme, con-

stitution irréguliè-
re, action civile,
délai *S.* 80 s.
Société commerciale
— documents sociaux,
énonciation, délai
S. 226.
— liquidation, abus de
confiance, délai *S.*
68.
**Surveillance de la
haute police**
— interdiction de séjour,
imprescriptibilité
R. 32.
Suspension *S.* 148 s.;
R. 153 s.
— action civile, question
préjudicielle *S.*151;
R. 154.

— action publique (action
civile)*R.*153;(mise
en délibéré) *S.*
153.
— contravention, acquit-
tement, pourvoi *R.*
155.
— effets *S.* 203 ; *R.* 174 s.
— faits de guerre, inva-
sion *S.* 149.
— question préjudicielle
R. 162.

Témoin
— confrontation, inter-
ruption *S.* 57.
*Temporalia ad agen-
dum*
— suspension *R.* 163 s.;

(expropriation) *R.*
164.

Usure
— intérêts,répétition,dé-
lai *S.* 79.
— point de départ *S.* 40;
R. 74.
— prescription, mode *R.*
181.

Vente
— marchandises défec-
tueuses, action ci-
vile, délai *S.* 63.
Vice rédhibitoire
— action civile, délai *R.*
97.

Voie publique
— anticipation, usurpa-
tion, contravention,
point de départ *S.*
44 s.; *R.* 88.
— matériaux, dépôt, pas-
sage, délai *S.* 45.
Voirie
— autorité administra-
tive, recours, sus-
pension *R.* 161.
— conseil de préfecture,
pourvoi, interrup-
tion *S.* 169.
— contravention (con-
damné, recours,in-
terruption) *S.* 170;
(délai) *S.* 41; *R.*
80; (interruption)
S. 160; (jugement

par défaut, inter-
ruption) *S.* 164;
(sursis, suspension)
S. 152.
— délai *R.* 223.
— fumier, dépôt, délai *S.*
42.
— maison, reculement,
travaux conforta-
tifs, contravention
R. 156.
Vol
— action civile, délai *S.*
75.
— bois, taillis, futaies,
délai *R.* 208.
— revendication, action
publique, délai *S.*
72.

Table des articles du code d'instruction criminelle et du code pénal.

Table chronologique des Lois, Arrêts, etc.

12 avr. Civ. 96 c.
26 juin. Crim. 7 c.
18 août. Douai. 62 c.

1874
23 janv. Loi. 15 c.
14 févr. Crim. 109 c., 110 c., 204 c.
4 juin. Bordeaux. 63 c.
27 nov. Crim. 214 c.

1875
23 janv. Nancy. 52 c., 85, 175 c., 176 c., 179 c., 183 c.
8 mars. Douai. 15 c.
24 juin. Paris. 52 c., 54 c. 80 c.
16 juill. Loi. 155 c.
20 sept. Instr. min. Just. 24 c.
20 déc. Paris- 55 c.
29 déc. Rouen. 73 c.

1876
4 févr. Crim. 38 c., 151 c., 152 c., 153 c.
11 févr. Crim. 116 c.
1er mai. Req. 52 c., 55 c.
22 déc. Caen. 52 c., 54 c., 55 c., 85.

1877
10 janv. Req. 55 c.
7 mars. Req. 54, 80 c.
17 août. Crim. 162 c., 165 c., 167

4 déc. Civ. 91 c., 95 c.

1878
1er mai. Req. 85 c.
21 juin. Crim. 161 c., 165 c.
6 juill. Crim. 208 c.
19 déc. Nîmes. 35 c.
24 déc. Civ. 196 c., 200 c.

1880
9 janv. Crim. 92 c.
13 févr. Crim. 208.
18 mars. Crim. 16 c., 25 c.
16 avr. Crim. 165 c.
28 mai. Cons. d'Et.
3 juill. Crim. 107 c., 126 c., 140, 196 c., 198 c., 260 c.
12 août. Crim. 29 c.
14 déc. Paris. 80 c.
22 déc. Douai. 45 c.

1881
24 janv. Douai. 54 c., 175 c., 179 c., 183 c.
15 juin. Besançon. 175 c., 178 c.
29 juill. Loi. 54c., 66 c.,107 c.,108 c.,112 c.,117 c., 126 c., 128 c., 131 c., 133 c., 136 c., 141 c., 198 c., 216 c., 217 c., 249 c.
1er oct. C. cass. Belgique. 28.

1882
9 janv. Civ. 87 c.

13 janv. Paris. 80 c.
1er févr. Req. 54 c., 85 c., 183 c.
28 juill. Crim. 204 c., 209 c.
24 août. Crim. 158 c., 159 c.
30 oct. C. d'ass. de la Seine. 155.
27 nov. Paris. 23 c.
27 déc. Limoges. 172 c.
29 déc. Crim. 8 c.

1883
5 janv. Crim. 33 c., 34c.
26 janv. Cons.d'Et. 169 c.
27 janv. Crim. 122 c., 130 c., 133 c.
8 févr. Grenoble. 107 c., 156 c., 174 c., 194 c.
15 mars. Crim. 127 c.
29 mars. Paris. 85 c., 107 c.
13 avr. Crim. 193 c.
14 avr. Paris. 80 c.
10 mai. Liège. 28.
4 juin. Civ. 80 c.
23 juin. Crim. 39. c.
3 juill. Nancy. 28 c.
18 joill. Dijon. 38 c.
28 nov. Paris. 124 c., 125 c., 172 c.
1er déc. Montpellier. 118 c.,129 c.
14 déc. Cons. d'Et. 41 c., 169 c.
15 déc. Nancy. 54 c., 66 c., 204 c.
27 déc. Limoges. 124 c., 125 c.

1884
3 janv. Crim. 130 c., 131 c.
8 janv. Paris. 116.
15 janv. Loi. 221 c.
26 janv. Crim. 136, 214 c.
18 févr. C. cass.
27 févr. Besançon. 85 c.
5 mars. Amiens. 75 c.
6 mars. Crim. 45 c.
7 mars. Amiens. 124 c., 125 c., 172 c.
14 mars. Crim. 107 c., 145 c., 147 c.
19 mars. Crim. 159.
19 mars. Crim. 193 c.
29 mars. Crim. 107 c., 145 c., 146 c.
5 avr. Amiens. 99 c., 124 c., 125 c., 126 c., 130 c., 181 c., 173 c., 204c., 209 c.
7 mai. Amiens. 126 c.
16 mai. Crim. 38 c.
23 mai. Cons. d'Et. 170 c.
24 mai. Crim. 107 c., 191 c., 194 c.
29 mai. Crim. 198 c., 200 c.
27 juin. Crim. 107 c., 107 c., 172 c.
4 juill. Cons. d'Et. 41 c., 169 c.
31 juill. Déc. 224 c.
24 août. Crim. 151c.
2 déc. Req. 85 c.
13 déc. Orléans 85

1885
7 févr. Crim. 98

c., 130 c., 134 c., 172 c.
12 févr. Crim. 130 c., 131 c.
28 févr. Crim. 113 c., 118 c.
12 mars. Bourges. 114 c., 118 c.
19 mars. Paris. 66 c., 204 c.
20 mars. Paris. 54 c., 66 c.
23 mars. Loi. 70 c.
30 avr. Crim. 18 c.
20 juin. Crim. 115 c., 118 c.
6 juill. Besançon. 52 c.
8 juill. Civ. 80 c.
9 juill. Besançon. 54 c.
27 juill. Bourges. 175 c., 179 c., 183 c.
6 août. Crim. 198 c.
23 août. Montpellier. 189 c.
19 oct. Req. 175 c., 178 c.
30 oct. Crim. 127 c., 126 c.
30 oct. Bourges. 114 c.
4 nov. Civ. 118 c.
4 déc. Crim. 153 c., 191 c., 194 c.
11 déc. Paris. 151 c., 193 c.
12 déc. Req. 52 c., 107 c., 172 c.
21 déc. Crim. 113 c., 116 c., 117 c., 118 c.

1886
8 janv. Cons. d'Et. 169 c.
18 janv. Limoges. 56 c.
10 mars. Caen. 219 c., 130 c.
13 mars. Crim. 118

c., 194 c., 204 c.
16 avr. Bordeaux. 52 c., 54 c., 78 c., 107 c., 194 c., 118 c.
16 avr. Trib. Mortain. 52 c., 124 c., 126 c., 180 c., 194 c.
17 mai. Civ. 54 c., 66 c.
30 mai. Montpellier. 219 c.
29 mai. Crim. 141 c., 118 c.
29 juin. Orléans. 118 c.
2 juill. Crim. 116 c., 117 c., 118 c.
4 août. Req. 85 c.
24 août. Nimes. 175 c.
27 sept. Crim. 20.
5 nov. Crim. 108 c., 130 c., 134 c., 66 c.
16 nov. Lyon. 219 c.
27 déc. Req. 66 c.

1887
7 janv. Crim. 219 c.
21 janv. Civ. 30 c.
25 janv. Paris. 219 c.
25 févr. Crim. 49 c., 116 c., 117 c., 118 c.
10 mai. Crim. 191.
16 mai. Crim. 124 c., 125 c., 126 c., 136 c.
30 juin. Lyon. 52 c., 77 c., 212 c.

3 nov. Crim. 98 c., 124 c., 129c., 172 c., 198 c.
8 nov. Rennes. 39 c., 95 c., 201 c., 224 c.
8 nov. Orléans. 139 c., 196 c., 226 c.
19 nov. Crim. 93 c., 94 c., 95 c.

1888
17 févr. Cons. d'Et. 164 c., 169 c.
26 avr. Crim. 114 c., 118 c., 157 c.
9 juin. Crim. 165 c.
10 juin. Crim. 135 c.
23 juin. Civ. 121 c.
26 juin. Civ. 114 c.
3 août. Crim. 187 c., 188 c.
9 nov. Crim. 12 c.

1889
22 janv. Paris. 225 c.
7 févr. Toulouse. 222 c.
19 févr. Req. 83 c.
13 avr. Civ. 85 c., 86 c.
15 mai. Limoges. 65 c.
16 mai. Crim. 124 c., 125 c., 126 c.
29 juin. Lyon. 52 c.
21 juin. Paris. 194 c.
21 juin. Crim. 198 c.
11 juill. Crim. 217 c., 218 c.
17 juill. Loi. 223 c.
8 nov. Crim. 180 c., 181 c.

15 nov. Paris. 124 c., 126 c., 172 c.
30 nov. Crim. 124 c., 126 c., 194 c.

12 déc. Crim. 224 c.
12 déc. Trib. Seine. 119 c.

1890
14 févr. Crim. 107c.
14 févr. Paris. 117 c.
5 févr. Bastia. 173 c.
28 mars. Crim. 217 c.
26 avr. Crim. 217 c.
27 mai. Poitiers. 55 c., 85 c.
13 juin. Crim. 223 c.
24 juin. Trib. corr.
24 juill. Orléans. 81 c.
25 juill. Crim. 104 c., 105 c.
23 oct. Crim. 77 c.
10 déc. Civ. 12 c.

1891
29 janv. Crim. 107 c.
13 févr. Crim. 138 c., 120 c.
27 mai. Paris. 52 c.
12 juin. Crim. 114c.
22 oct. Aix. 188 c.

1892
9 janv. Crim. 23 c.
2 avr. Trib. pol. Lille. 28 c.
6 juin. Crim. 226 c.
24 juill. Civ. 84 c.
26 nov. Grenoble. 52 c.

PRÉSÉANCE. — HONNEURS. — CÉRÉMONIE.
Division.

ART. 1. — Historique et législation (n° 1).
ART. 2. — Des préséances et rangs (n° 2).
§ 1. — Dispositions générales (n° 2).
§ 2. — Des invitations aux cérémonies publiques (n° 16).
§ 3. — Mode de réunion des autorités pour se rendre aux cérémonies (n° 19).
§ 4. — De la manière dont les diverses autorités sont placées dans les cérémonies (n° 20).
ART. 3. — Des honneurs civils et militaires (n° 23).

ART. 1er. — *Historique et législation* (Rép. nos 2 et 3).

1. Ainsi qu'on l'a dit au *Rép.* n° 2, la législation sur les *honneurs* et *préséances* est réglementée par le décret du 24 mess. an 12, qui contient encore les dispositions fondamentales de la matière. Toutefois, ce décret a été modifié successivement dans plusieurs de ses dispositions par ceux : 1° du 15 août 1831, portant règlement sur les honneurs et les visites à bord des bâtiments de la flotte (D. P. 51. 4. 185); — 2° Du 19 avr. 1852, fixant les préséances entre les grands corps de l'Etat (D. P. 52. 4. 135); — 3° Du 1er mars 1854, sur la gendarmerie, qui a déterminé le rang de la gendarmerie dans l'armée (art. 3), les honneurs à rendre par elle (art. 142 et suiv.), sa place dans les cérémonies publiques et les préséances (art. 153 et suiv.), et qui enfin a chargé la gendarmerie de maintenir le bon ordre dans les cérémonies publiques (art. 331) (D. P. 54. 4. 40); — 4° Du 13 oct. 1863, sur le service des places de guerre, dont les art. 291 à 396 réglementaient les préséances et honneurs militaires dans les armées de terre et de mer (D. P. 64. 4. 4); — 5° Du 28 déc. 1875, portant règlement sur les rangs, préséances et honneurs des autorités militaires dans les cérémonies publiques et réunions officielles (D. P. 76. 4. 80); — 6° Du 29 sept. 1876, relatif aux honneurs civils attribués aux officiers généraux dénommés à l'art. 8 du décret du 28 déc. 1875 (D. P. 77. 4. 9); — 7° Du 23 oct. 1883, portant règlement sur le service dans les places de guerre et les villes de garnison, dont le titre 7 (art. 249 à 254) réglait les rangs et préséances dans les armées de terre et de mer, et dont le titre 8 (art. 255 à 353) s'occupait des honneurs militaires (*Bull. des lois*, n° 13871); — 8° Enfin par le décret du 4 oct. 1891, portant règlement sur le service dans les places de guerre et les villes ouvertes, dont le titre 7 (art. 246 à 251) règle les rangs et préséances dans les armées de terre et de mer, et dont le titre 8 (art. 252 à 349) s'occupe des honneurs militaires (D. P. 92. 4. 37). — L'art. 349 de ce dernier décret abroge les ordonnances, décrets et règlements antérieurs sur le service des places de guerre et villes de garnison, et sur les honneurs militaires, ainsi que toutes autres dispositions contraires à celles qu'il édicte. Mais on doit regarder comme étant encore en vigueur les dispositions relatives aux honneurs civils, qui sont contenues dans les décrets précités des 28 déc. 1875 et 29 sept. 1876.

ART. 2. — *Des préséances et rangs* (Rép. nos 4 à 22).

§ 1er. — *Dispositions générales* ((*Rép.* nos 4 à 15).

2. — 1° *Préséances des dignitaires et des fonctionnaires entre eux* (Rép. nos 9 et 10). — Le rang des préséances est indiqué au *Rép.* n° 10 dans l'ordre réglé par le décret de messidor an 12; ses dispositions doivent être combinées avec celles du décret du 4 oct. 1891 (art. 246 et suiv.) dont nous indiquerons au fur et à mesure les principales innovations.

Le président de la République occupe naturellement la première place dans les cérémonies publiques auxquelles il assiste. — Le *Répertoire* mentionne, d'après le décret de messidor, les conseillers d'Etat chargés de missions extraordinaires en vertu de décrets du président de la République. D'après l'arrêté consulaire du 7 fruct. an 8, ces missions pouvaient être permanentes ou temporaires. L'ordonnance du 5 nov. 1828 a disposé que le rang et les honneurs attribués aux conseillers d'Etat en mission ne seraient plus accordés qu'à ceux remplissant des missions spéciales et temporaires (V. Av. Cons. d'Et. 6 déc. 1875, *Bull. min. just.* 1876, p. 29). Le service de l'Etat peut encore aujourd'hui engager à leur confier de,missions temporaires, avec une autorité s'étendant sur plusieurs ordres de fonctionnaires. Pour ce cas spécial, il convient de leur conserver le rang fixé par le décret du 24 mess. an 12 (Même avis). — En ce qui concerne le premier président de la cour de cassation, il y a lieu de remarquer que le décret de 1891 ne fait plus pour lui mention d'un rang individuel. — Au point de vue du rang des premiers présidents de cours d'appel, qui reste celui fixé par le décret de messidor, un avis du conseil d'Etat décide toutefois, que le premier président de la cour d'appel d'Alger ne prend rang dans les cérémonies publiques et réunions officielles qu'après le général de division commandant la division d'Alger (Av. Cons. d'Et. 6 mars 1877, *Bull. min. just.* 1877, p. 16).

3. Après les archevêques, le décret de 1891 place les généraux de division commandant un groupe de subdivisions de région. Les gouverneurs de places fortes commandants supérieurs de la défense prennent également rang après les premiers présidents de cour d'appel et les archevêques, s'ils sont généraux de division (V. Note min. guerre, 9 avr. 1887, *Bull. min. guerre*, 1887, p. 658). Si, dans la place forte où le général de division commandant supérieur de la défense exerce en même temps le commandement territorial, réside un général de division commandant un groupe de subdivisions de région, le même rang ne pouvant être occupé simultanément par deux autorités distinctes, le dernier général n'a plus qualité pour réclamer les prérogatives attachées à la présidence dans le chef-lieu de subdivision (Même note).

4. Les présidents de cour d'assises remplacent les présidents des cours de justice criminelle mentionnés dans le décret de messidor. Un avis du conseil d'Etat, du 1er juin 1811, décidait que les membres des cours impériales qui présideraient les cours d'assises et leurs assesseurs conseillers devaient prendre rang dans les cérémonies publiques immédiatement après le préfet. Mais, aux termes d'un avis plus récent, c'est le président des assises seul qui a rang individuel (Décis. min. just. 10 sept. 1855, *Bull. min. just.* 1877, p. 28). — Le décret du 4 oct. 1891, à l'inverse de celui de messidor an 12, place les évêques avant les généraux de brigade commandant une ou plusieurs subdivisions de région, les contre-amiraux majors généraux de la marine, les généraux de brigade commandant les subdivisions après le départ du corps d'armée mobilisé. Les généraux de brigade adjoints aux gouverneurs commandants supérieurs de la défense, prennent rang après les préfets, les présidents de cour d'assises et les évêques (V. Note min. guerre, 9 avr. 1887, *Bull. min. guerre*, 1887, p. 658). — Bien que les commissaires généraux de police soient mentionnés dans l'art. 1 du décret de messidor et dans l'art. 246 du décret du 4 oct. 1891, il est à remarquer qu'ils ont été supprimés par l'art. 1 de l'ordonnance du 28 mars 1815 (*Rép.* v° *Commissaire de police*, p. 548, note 1), et qu'on fait ils n'ont pas été rétablis depuis. — Après eux viennent les sous-préfets ; mais, les honneurs étant personnels, le conseiller d'arrondissement remplaçant le sous-préfet absent ne peut prendre sa place (Décis. min. just. 17 juill. 1838, aff. Gillet, *Circ. min. just.*, t. 1, n° 2717). — Le décret de messidor an 12 assignait en outre un rang individuel à certains personnages énumérés au *Rép.* n° 10, et qui n'existent plus aujourd'hui.

5. L'art. 246 du décret du 4 oct. 1891 édicte, pour le rang et la présidence respective de divers *officiers généraux* de l'armée de terre et de la marine, des règles spéciales qui reproduisent, en les complétant, les dispositions de l'art. 2 du décret du 28 déc. 1875 (D. P. 76. 4. 80). — Ces dispositions ont été commentées par plusieurs circulaires ministérielles (V.

Circ. min. guerre, 31 déc. 1875, *Journ. milit. off.* 1875, 2e sem., p. 715 ; Circ. min. just. 21 févr. 1876, *Bull. min. just.* 1876, p. 27 ; Circ. min, int. 6 juill. 1876, *Bull. min. int.*, 1876, p. 447). Il convient d'ajouter, en ce qui concerne les généraux commandant des subdivisions de région, que, dans l'étendue de leurs subdivisions et hors du chef-lieu, ils prennent toujours personnellement, soit à l'église, soit dans le cortège, le rang qui leur appartient, alors même que, à défaut de notification officielle de leur voyage, ils ne peuvent réclamer les prérogatives attachées à la présidence conformément aux art. 6, 8 et 12, du tit. 1, du décret de messidor an 12 (Circ. min. int. 6 juill. 1876, *Bull. min. int.* 1876, p. 450). — Dans la ville de garnison où résident un ou plusieurs officiers généraux investis d'un commandement territorial, les officiers généraux placés à la tête de troupes ne peuvent, en l'absence du ou des titulaires du commandement territorial, prendre rang et séance avec le rang attribué à ceux-ci, qu'à la condition d'avoir été préalablement investis du commandement territorial par une décision du ministre de la guerre, et que cette décision ait été notifiée, conformément aux dispositions de l'art. 3 du décret du 28 déc. 1875 (aujourd'hui, de l'art. 246 du décret du 4 oct. 1891) (Av. Cons. d'Et. 13 mars 1877, *Bull. min. int.* 1877, p. 225).

6. — 2° *Présidence des corps entre eux* (*Rép.* nos 11 à 15). — L'art. 247 du décret du 4 oct. 1891 a modifié dans certains détails le décret de messidor an 12 au sujet de l'ordre dans lequel marchent les différents corps de l'Etat. Nous indiquerons sommairement ces modifications, renvoyant au texte même du décret, et pour le surplus à ce qui a été dit au *Rép.* nos 11 et suiv.

Entre les trois grands corps de l'Etat, les préséances sont fixées ainsi qu'il suit : 1° le *Sénat*, 2° la *Chambre des députés* et 3° le *Conseil d'Etat*. Cela résulte de l'art. 1 du décret du 19 avr. 1852 (D. P. 52. 4. 135), de l'ordre selon lequel ces corps sont mentionnés dans les lois constitutionnelles (V. L. 25 févr. 1875, art. 1, D. P. 75. 4. 30 ; 16 juill. 1875, art. 1, D. P. 75. 4. 114 ; 22 juill. 1879, art. 2 et suiv., D. P. 79. 4. 65) et enfin de l'art. 247 du décret du 4 oct. 1891. — Les sénateurs et députés autres que les membres du bureau n'ont entre eux aucun rang déterminé. Chacun prend sa place qui lui convient ou que lui accorde la déférence de ses collègues. L'art. 1, tit. 7, du règlement-loi du 28 juin 1814 avait décidé que les Chambres ne se montreraient jamais en corps hors du lieu de leurs séances. Cette disposition n'a pas été reproduite dans les lois ultérieures. Mais, depuis de longues années, les membres des Chambres se rendent toujours individuellement aux cérémonies publiques (V. Poudra et Pierre, *Traité pratique de droit parlementaire*, p. 182, n° 192, et note 2).

7. En ce qui concerne la *cour de cassation*, l'ancienneté résulte, non de la prestation de serment, mais de la date de la nomination ; et, si plusieurs magistrats sont nommés dans la même compagnie par le même décret, le rang est déterminé par l'ordre de nominations (Décis. min. just., 28 août 1877, *Bull. min. just.*, 1877, p. 99).

8. Les art. 247 et 248 du décret du 4 oct. 1891 indiquent le classement du personnel dans les divers groupes d'*états-majors pour les armées de terre et mer* ; ils répartissent à cet effet les corps, services, des corps, groupes, les officiers, fonctionnaires et employés des armées de terre et de mer. Ces états-majors sont : ceux relevant directement du ministre de la guerre et de la marine, l'état-major des gouvernements de Paris et de Lyon ou des corps d'armée, l'état-major de la préfecture maritime, l'état-major de la région constitué après le départ du corps d'armée, l'état-major de la division. Les officiers constituant les états-majors des gouverneurs commandants supérieurs de la défense prennent place, avec les officiers de leur arme ou de leur service, dans les états-majors des divisions, si le commandant supérieur est pourvu du grade de général de division (V. note min. guerre, 9 avr. 1887, *Bull. min. guerre*, 1887, p. 658).

En ce qui concerne les *états-majors de brigade*, il a été décidé que les officiers constituant l'état-major des gouverneurs commandants supérieurs de la défense prennent place, avec les officiers de leur arme ou de leur service, dans les états-majors de brigade, si le commandant supérieur est pourvu du grade de général de brigade (Note min. guerre,

9 avr. 1887, *Bull. min. guerre*, 1887, p. 658). Les officiers constituant les états-majors des généraux de brigade adjoints au commandant supérieur de la défense prennent place également dans l'état-major de la brigade (Même note).

9. Dans les cérémonies et fêtes publiques, les chefs de légion de gendarmerie prennent rang, suivant leur grade, avec les officiers appartenant aux états-majors de la division ou de la brigade (V. Décr. 1er mars 1854, art. 157, D. P. 54. 4. 47). Les chefs d'escadrons de gendarmerie prennent rang, suivant leur grade, avec les officiers de toutes armes attachés à la subdivision (Décr. 1er mars 1854, art. 157, § 2, D. P. 54. 4. 47). Quant aux capitaines et lieutenants commandant la gendarmerie de l'arrondissement, ils prennent rang dans l'état-major de la place (*Rép.* n° 15) (Décr. 1er mars 1854, art. 157, § 3, D. P. 54. 4. 40), après le corps académique.

10. On a vu au *Rép.* n° 14 et 15 le rang que doivent occuper entre eux les membres des *tribunaux de première instance*. — Décidé, à cet égard, que le vice-président d'un tribunal, maintenu sur sa demande comme simple juge au siège, par suite de la suppression de la vice-présidence, conserve le droit de préséance attaché à sa qualité de vice-président (Décis. min. just., 13 oct. 1883, *Bull. min. just.*, 1883, p. 167).

11. Le *corps académique*, avons-nous dit au *Rép.* n° 15, se compose du recteur, des inspecteurs et des facultés (V. aussi Décr. 15 nov. 1811, art. 165 et 166). Se fondant sur une circulaire du ministre de l'instruction publique du 30 avr. 1851, les recteurs d'académie avaient émis la prétention de marcher immédiatement après les conseils de préfecture et avant les tribunaux civils et de commerce. Mais cette prétention a été repoussée par le ministre de la justice (Circ. min. just., 14 janv. 1852, *Rec. circ. min. just.*, t. 2, p. 186). Aux termes de l'art. 15 du décret du 28 déc. 1885, le conseil général des facultés prend place en tête du corps académique dans les cérémonies publiques. Le vice-président prend la droite du recteur. — Quant aux proviseurs des lycées, ils marchent avec l'académie où la faculté, au rang de leur grade dans l'Université (V. Décr. précité 15 nov. 1811, art. 167). Aux termes des art. 165 et suiv. du décret du 15 nov. 1811 sur le régime de l'Université, les proviseurs des lycées et collèges, quand ils marchent seuls n'ont pas le droit de prétendre au rang de corps académique dans les cérémonies publiques, et, par conséquent, ne peuvent précéder le tribunal de commerce (Décis. min. 8 mai 1879, *Bull. min. just.*, 1874, p. 84).... Alors même qu'ils ont à leur tête un inspecteur d'académie (Décis. min. just., 5 juill. 1879, *Bull. min. just.*, 1879, p. 142). Décidé pareillement que l'inspecteur d'académie marchant seul, ou avec des fonctionnaires qui lui sont inférieurs, ne saurait prendre le rang de corps académique, et précéder le tribunal de commerce (Décis. min. just. (sans date), *Bull. min. just.*, 1879, p. 150).

12. Après l'état-major de la place viennent les *tribunaux de commerce* (*Rép.* n° 15). Le rang des juges consulaires entre eux est déterminé par la date de la dernière élection (Décis. min. just., 23 févr. 1876, *Bull. min. just.*, 1876, p. 59). Quant au rang de premier juge et aux prérogatives qui y sont attachées, ils appartiennent au plus ancien juge du tribunal (Décis. min. just., 3 févr. 1877, *Bull. min. just.*, 1877, p. 30). — Viennent ensuite les *chambres de commerce*. Ce classement a été introduit par l'art. 16 du décret du 1er sept. 1851 (D. P. 51. 4. 177) et doit être maintenu, bien que le décret de 1891 n'en fasse pas mention.

13. Les *juges de paix* (V. Décr. 1891, art. 247. Comp. Décis. min. just., 17 févr. 1848 et 27 juill. 1864, *Rec. circ. min. just.*, t. 2, p. 113 et 369) sont placés après le tribunal de commerce (Décis. min. just., 18 sept. 1867, *Rec. circ. min. just.*, t. 2, p. 380).... A moins qu'il ne s'agisse d'une ville où existe une chambre de commerce, auquel cas celle-ci précède les juges de paix. Le greffier de paix, comme membre du tribunal, peut marcher avec le juge de paix et ses suppléants (Décis. min. just., 19 mai 1877, *Bull. min. just.*, 1877, p. 61).

14. Les *commissaires de police* viennent après les juges de paix. Mais le rang, attribué aux commissaires généraux de police par le décret de messidor n'appartient pas aux commissaires centraux. Ces fonctionnaires doivent prendre

rang dans les cérémonies publiques parmi les commissaires de police et à leur tête (Av. Cons. d'Ét. 9 mars 1876, *Bull. min. just.*, 1878, p. 28). Le commissaire de police a le droit de se joindre au tribunal de simple police quand il y remplit les fonctions du ministère public et invoque cette qualité. Dans ce cas, il passe avant le greffier (Décis. min. just., 19 mai 1877, *Bull. min. just.*, 1877, p. 61).

15. Un certain nombre de corps actuellement existants ne sont pas mentionnés dans le décret de messidor et dans ceux qui l'ont successivement modifié. Il résulte d'un classement inséré au *Journal officiel* du 1er janv. 1888, à l'occasion des réceptions officielles du président de la République, classement qui n'a pas été révisé depuis lors, croyons-nous, que ces corps doivent marcher dans l'ordre suivant : 1° l'*Institut de France*, après le Conseil supérieur de l'instruction publique et avant la Cour d'appel (Conf. *Rép.*, v° *Préséance*, n° 15); — 2° Le *Chapitre métropolitain et le clergé de Paris*, avant le Conseil central des Églises réformées; — 3° Le *Conseil central des Églises réformées*, le *Consistoire de l'Église réformée de Paris*, le *Consistoire de la confession d'Augsbourg* et le *Consistoire central israélite*, avant le Corps municipal de Paris; — 4° Le *Corps municipal de Paris*, composé du préfet de la Seine, du préfet de police, des maires et adjoints et du Conseil municipal, avant le Corps académique (Comp. *Rép.*, v° *Préséance*, n° 35); — 5° Le *Conseil général*, avant la Cour d'assises (Comp. *Rép.*, v° *Préséance*, n° 15); — 6° Le *Conseil d'arrondissement*, avant le tribunal de première instance (Comp. *Rép.*, v° *Préséance*, n° 15); — 7° Le *Conseil des prud'hommes*, après les juges de paix de Paris et avant les commissaires de police (Conf. *Rép.*, v° *Préséance*, n° 15. V. aussi dans le même sens, Décis. min. just., 18 juill. 1839, *Rec. circ min. just.*, t. 1, p. 541); — 8° Le *Corps des ponts et chaussées et des mines*); — 9° Le *Collège de France* (Comp. *Rép.*, v° *Préséance*, n° 15); — 10° L'*École nationale des langues orientales et vivantes*, l'*École des chartes*, le *Muséum d'histoire naturelle*); — 11° L'*Académie de médecine* (Comp. *Rép.*, v° *Préséance*, n° 15); — 12° Le *Conservatoire des arts et métiers* et l'*École spéciale des beaux-arts*); — 13° La *Société nationale d'agriculture*, l'*Institut national agronomique*; — 14° L'*École centrale des arts et manufactures* : — 15° Les *avocats au Conseil d'État et à la Cour de cassation*. Les avocats à la Cour d'appel ou près le tribunal de première instance s'abstiennent généralement de se présenter en corps (*Rép.*, v° *Préséance*, n° 15). Cependant, dans les départements, ils assistent parfois à certaines cérémonies après le tribunal de première instance; — 16° Les *référendaires au sceau*. Mais ils ont été supprimés à leur extinction par le décret du 11 juin 1892 (D. P. 92. 4. 00); — 17° Les *notaires* (Comp. *Rép.*, v° *Préséance*, n° 15); — 18° Les *avoués* (Comp. *Rép.*, v° *Préséance*, n° 15); — 19° Les *commissaires-priseurs* (Comp. *Rép.*, v° *Préséance*, n° 15); — 20° Les *huissiers*; — 21° Les *agents de change* (Comp. *Rép.*, v° *Préséance*, n° 15); — 22° Les *courtiers d'assurances près la Bourse de Paris*; — 23° Les *courtiers en marchandises près le Tribunal de commerce de la Seine* (*Rép.*, v° *Préséance*, n° 15).

§ 2. — *Des invitations aux cérémonies publiques* (*Rép.* n° 16).

16. D'après l'art. 5 du décret de messidor an 12, les ordres de l'empereur pour les invitations des cérémonies publiques étaient adressés aux archevêques et évêques, pour les cérémonies religieuses, et aux préfets, pour les cérémonies civiles. Lors des prières publiques ordonnées en vertu du paragraphe 3 de l'art. 1 de la loi constitutionnelle du 16 juill. 1875, aujourd'hui abrogé par l'art. 4 de la loi du 14 août 1884 (D. P. 84. 4. 113), c'était aux archevêques et évêques qu'il appartenait de prendre les mesures nécessaires pour assurer l'exécution de la loi (Circ. min. just. 4 janv. 1877, *Bull. min. just.* 1877, p. 7).

17. On a vu au *Rép.*, n° 16, qui devait faire les invitations pour les cérémonies civiles. Décidé à cet égard que, dans une distribution de prix, qui ne saurait avoir le caractère d'une cérémonie publique ordonnée par le Gouvernement, les règles de préséance tracées par le décret de messidor ne sont pas légalement obligatoires; elles sont de simple convenance. C'est à la personne qui fait les invitations et préside la cérémonie qu'il appartient de désigner les places, en observant les égards dus aux différentes autorités (Décis. min. just. 5 oct. 1876, *Bull. min. just.* 1876, p. 210).

18. C'est le curé qui préside aux *cérémonies religieuses* non ordonnées par le Gouvernement et fait les invitations (Décis. min. just. 5 prair. an 13, *Rép.* v° *Préséance*, n° 16). D'après le dernier état de la jurisprudence administrative, la procession de la Fête-Dieu n'est pas une des cérémonies publiques, c'est-à-dire prescrites par le Gouvernement, dans lesquelles l'application du décret de messidor soit obligatoire. L'assistance des autorités judiciaires à cette solennité reste, par conséquent, facultative, et la chancellerie abandonne la question à leur appréciation (Décis. min. just. 21 juill. 1879, *Bull min. just.* 1879, p. 90).

§ 3. — Mode de réunion des autorités pour se rendre aux cérémonies (*Rép.* n° 17).

19. Nous n'avons rien à ajouter à ce qui a été dit à cet égard au *Répertoire*.

4. — De la manière dont les diverses autorités sont placées dans les cérémonies (*Rép.* nos 18 à 22).

20. Ces places, on l'a vu (*Rép.* n° 18), sont déterminées par les art. 9 à 13 du décret de messidor dont les dispositions doivent se combiner avec l'art. 47 de la loi du 18 germ. an 10, relatif aux places réservées dans les églises aux autorités civiles et militaires (Comp. Décr. 28 déc. 1875, D. P. 76. 4. 80, art. 6). Nous avons vu quels fonctionnaires ont droit à une place réservée dans les églises pour les cérémonies religieuses (*Rép.* nos 19 et 20), qui a la police des églises et y règle le rang des autorités entre elles (*Rép.* n° 21). Bien qu'ils n'y aient pas droit, une circulaire du ministre de l'intérieur du 6 juill. 1859 a prescrit de réserver des places distinguées dans les cérémonies publiques, civiles ou religieuses, aux sénateurs, députés et d'Etat invités revêtus de leurs costumes (André, *Manuel de droit civil ecclésiastique*, t. 4, p. 91). — Décidé que les membres des tribunaux de commerce, n'ont droit à des places distinguées dans l'église que dans les cérémonies religieuses ordonnées par le Gouvernement, et auxquelles ils ont été invités à se rendre (Av. Cons. adm. min. just. 23 nov. 1837; Audié, *ibid.*, t. 2, p. 54).

21. En ce qui concerne les cérémonies civiles, V. *Rép.* n° 22.

22. En cas d'absence d'un fonctionnaire ayant dans les cérémonies publiques (civiles ou religieuses) un rang individuel, la place qui lui est réservée doit, non pas rester vacante, mais être occupée par le fonctionnaire qui vient immédiatement après lui dans l'ordre hiérarchique (Av. Cons. d'Et. 11 août 1859, D. P. 60. 3. 14. — Circ. min. int. 23 nov.1859, *Bull. min. int.* 1859, p. 258).

ART. 3. — *Des honneurs civils et militaires* (*Rép.* nos 23 et 24).

23. Tout ce qui regarde les honneurs civils est réglé par la deuxième partie (art. 1 et suiv.) du décret de messidor an 12 (V. *Rép.* p. 371 et suiv.), dont les dispositions sont encore en vigueur, sauf certaines modifications de détail, en ce qui concerne les honneurs civils. — Quant aux honneurs militaires, les prescriptions du décret de messidor ont été abrogés par l'art. 352 du décret du 23 oct. 1883; elles sont actuellement remplacées par les art. 255 et suiv. du décret du 4 oct. 1891. Ce dernier décret, reproduisant en cela les dispositions du décret de 1883, traite des honneurs militaires à accorder aux officiers de marine, dont le décret de messidor ne parlait pas.

24. Aux termes du décret du 4 oct. 1891, les honneurs militaires comprennent : 1° les honneurs à rendre par les corps d'officiers et les personnels des divers services, c'est-à-dire les visites de corps (art. 253 à 260). Les visites de corps aux autorités civiles sont obligatoires pour le corps d'officiers de l'armée territoriale. Toutefois, il a été décidé que les chefs de corps ou, à leur défaut, l'officier le plus élevé en grade, se présenteraient seuls devant les autorités civiles ayant droit à la visite de corps, lors des convocations annuelles de l'armée territoriale (Circ. min. int. 16 mai 1880, *Bull. off. min. int.*, 1880, p. 177). Aux termes d'un avis du conseil d'Etat, l'obligation des visites de

corps à l'occasion du jour de l'an, imposée par l'art. 392 du décret du 13 oct. 1863 (aujourd'hui l'art. 344 du décret du 4 oct. 1891), ne s'applique pas aux fonctionnaires civils des divers ordres dénommés dans les décrets qui règlent les rangs, honneurs et préséances (Décis. min. guerre, 22 mai 1876, *Bull. min. just.* 1876, p. 81); — 2° Les honneurs à rendre par les troupes (V. Décr. 4 oct. 1891, art. 261 à 280); — 3° Les honneurs à rendre par les postes, gardes et piquets (Même décret, art. 281 à 290); — 4° Les honneurs à rendre par les sentinelles et plantons (Même décret, art. 291 à 295); — 5° Les escortes d'honneur (Même décret, art. 296 à 300); — 6° Les salves d'artillerie à titre d'honneur (Même décret, art. 301 à 305); — 7° Le mot d'ordre à titre d'honneur (Même décret, art. 306); — 8° Les visites individuelles à titre d'honneur et le salut (Même décret, art. 307 à 309, et 345). Tout inférieur en grade, soit dans l'armée, soit dans le service des douanes ou des forêts, doit le salut à son supérieur. A grade égal, le forestier ou garde assimilé au grade d'officier doit le premier le salut (V. Circ. min. guerre, 3 janv. 1878, *Bull. min. int.* 1878, annexe milit. 2e part., p. 138); — 9° Les honneurs funèbres militaires (Même décret, art. 310 à 337); — 10° Les prescriptions générales relatives à l'application de la règle des honneurs (Même décret, art. 338 à 349).

25. Nous allons énumérer brièvement les différentes autorités qui, d'après le décret de messidor (2e partie), ont droit aux honneurs civils et militaires, en indiquant en même temps les modifications introduites par les circulaires ministérielles et, en ce qui concerne les honneurs militaires, les différents articles du décret de 1891 qui sont applicables.

26. — I. Saint-Sacrement (tit. 2, art. 1 à 5). — Depuis la promulgation du décret du 23 oct. 1883 (*Bulletin des lois*, n° 13,871) et sous l'empire du décret du 4 oct. 1891, on doit regarder comme abrogées :... les dispositions des art. 1 à 5, t. 2, du décret de mess. an 12, relatives au saint-sacrement; celles des art. 307, 327 et 342 du décret du 13 oct. 1863, concernant le saint-sacrement (D. P. 64. 4. 11);... et l'art. 326 du même décret, sur les honneurs à rendre par les troupes pendant les services religieux (V. Circ. min. guerre, 29 déc. 1883, *Bull. min. int.* 1883, 2e part., p. 132). Toutefois, lorsqu'une troupe en marche se trouve en présence d'une manifestation extérieure d'un culte reconnu par l'Etat, le commandant de la troupe fait porter les armes sans arrêter la marche. Si la troupe est arrêtée, son chef fait porter les armes (Décr. 4 oct. 1891, art. 277).

27. — II. Président de la République. — 1° *Honneurs militaires*. — Les art. 1 à 20, tit. 3, du décret de messidor, abrogés par le décret du 23 oct. 1883, sont remplacés par diverses dispositions du décret du 4 oct. 1891, concernant les honneurs à rendre par les troupes (art. 262 et 263) (V. aussi pour la gendarmerie Décr. 1er mars 1854, art. 142, D. P. 54. 4. 46); par les postes, gardes et piquets (art. 291); par les sentinelles et plantons (art. 291, 292 et 295); l'escorte d'honneur (art. 296); les salves d'artillerie (art. 301). — Les

28. — 2° *Honneurs civils* (tit. 3, art. 21 à 28). — Les art. 21 et 22, tit. 3, du décret de messidor, relatifs aux honneurs civils à rendre au chef de l'Etat, lors de ses voyages dans les départements, sont encore en vigueur, sauf certaines modifications. Lors des voyages du président de la République, il est d'usage que les préfets viennent recevoir le chef de l'Etat à la première station de chemin de fer située dans leur département, d'après l'itinéraire indiqué. L'art. 23 du décret de messidor, relatif aux sonneries des cloches qui devront avoir lieu dans chaque commune à l'arrivée du chef de l'Etat, et au rôle du clergé qui doit le recevoir aux portes des églises en habits sacerdotaux, n'a pas été abrogé; mais ses dispositions sont tombées en désuétude, et les représentants du clergé se contentent de se joindre aux autorités civiles et militaires pour les réceptions. — Conformément aux prescriptions de l'art. 26, les fonctionnaires ou membres des corporations non comprises dans les décrets ne sont admis à l'audience du chef de l'Etat qu'en vertu d'une autorisation spéciale. — Les honneurs qui, d'après l'art. 28, devaient être rendus à l'impératrice ne sont point attribués à l'épouse du président de la République.

29. — III. Ministres. — 1° *Honneurs militaires* (t. 7, art. 1 et 2). — Les dispositions du décret de messidor sont remplacées par celles du décret du 4 oct. 1891, notamment en ce qui concerne :... les visites de corps aux ministres (art. 253);... les honneurs à rendre par les troupes et la garde d'honneur (art. 262 et 264); par les postes, gardes et piquets (art. 282 et 287); par les sentinelles (art. 292);... les escortes d'honneur (art. 297);... les salves d'artillerie (art. 302);... le mot d'ordre (art. 306). Lorsque les ministres se rendent officiellement dans les départements et que leur voyage est annoncé, chaque commandant de la gendarmerie en résidence dans les communes situées sur la route se trouve au relai de poste ou à la station du chemin de fer, sur la ligne qu'ils doivent parcourir, afin de se tenir prêt à recevoir leurs ordres (Décr. 1er mars 1854, art. 143; D. P. 54. 4. 46).

30. — 2° *Honneurs civils* (t. 7, art. 3 et 4). — Les ministres, dit l'art. 3, tit. 7, du décret de messidor, recevront, dans les villes de leur passage, les mêmes honneurs que les grands dignitaires de l'Empire, sauf les exceptions suivantes : les maires, pour les recevoir, les attendront à la porte de la ville. De cet article, combiné avec l'article unique du tit. 6 du décret relatif aux grands dignitaires de l'Empire et avec plusieurs dispositions du tit. 5 relatif aux princes français, il résulte :... que les maires et adjoints doivent recevoir les ministres à l'entrée de la commune et les conduire au logement qui leur a été destiné; que les préfets et sous-préfets doivent se rendre à la porte de la ville pour les recevoir; qu'ils sont complimentés par les fonctionnaires et autorités mentionnés dans l'art. 1, tit. 1, du décret de mess. an 12 et l'art. 246 du décret du 4 oct. 1891.

31. L'art. 4, relatif à la visite par députation des cours d'appel, est toujours en vigueur; il étend au ministre de la justice l'application du paragraphe 2 de l'art. 16, tit. 5, du décret de messidor. Les membres des députations, désignés par les corps judiciaires eux-mêmes, doivent être revêtus de leur robe (Décis. min. just. 12 juin 1883, *Bull. min. just.* 1883, p. 55).

32. — IV. GRANDS OFFICIERS DE L'EMPIRE. — 1° *Honneurs militaires* (tit. 8, art. 1 à 5). Ces grands officiers sont aujourd'hui les maréchaux et les amiraux. Les honneurs militaires qui leur sont dus sont actuellement déterminés par le décret du 4 oct. 1891 qui règle à leur égard :... les visites de corps (art. 253);... les honneurs à rendre par les troupes et la garde d'honneur (art. 262 et 265); par les postes, gardes et piquets (art. 282 et 287); par les sentinelles (art. 292);... les escortes d'honneur (art. 297);... les salves d'artillerie (art. 303); le mot d'ordre (art. 306).

33. — 2° *Honneurs civils* (tit. 8, art. 6 et 7). — Les art. 6 et 7, tit. 8, sect. 2 du décret de messidor, relatifs aux honneurs civils à rendre aux maréchaux, ne sont pas abrogés (Circ. min. int. 6 juill, 1876, *Bull. min. int.*, 1876, p. 447). Une décision ministérielle du 26 févr. 1858 prescrivait aux préfets de se faire accompagner, dans leurs visites aux maréchaux chargés de commandements supérieurs, du secrétaire général de la préfecture et des membres du conseil de préfecture (Circ. min. int. 8 mars 1858, *Bull. min. just.* t. 2, p. 314).

34. Les généraux inspecteurs de corps d'armée créés par le décret du 11 févr. 1879 ayant une mission d'une nature exceptionnelle et absolument militaire, mission à laquelle ils doivent d'ailleurs procéder inopinément, les honneurs prescrits par les art. 3 et suiv., du tit. 8 du décret de messidor ne leur sont pas rendus; ils ne font et ne reçoivent aucune visite officielle (Circ. min. just. 11 juin 1879, *Bull. min. just.* 1879, p. 189).

35. — V. SÉNAT. — 1° *Honneurs militaires* (tit. 9, art. 1 à 14). — Le décret du 4 oct. 1891 règle aujourd'hui les honneurs militaires dus au Sénat spécialement en ce qui regarde :... les honneurs à rendre par les postes, gardes et piquets (art. 282 et 287), et les escortes d'honneur (art. 299). Quant aux honneurs que les sentinelles doivent rendre aux sénateurs revêtus de leurs insignes, V. même décret art. 292.

36. — 2° *Honneurs civils* (art. 15 à 17). — Ces articles, relatifs aux honneurs civils à rendre aux sénateurs allant prendre possession de leur sénatorerie, n'ont plus d'objet.

37. — VI. CONSEIL D'ÉTAT. — 1° *Honneurs militaires* (t. 10, art. 1 à 4). — Les honneurs militaires dus au conseil d'Etat, soit en corps, soit en députation, comprennent, aux termes du décret du 4 oct. 1891 les honneurs à rendre par les postes, gardes et piquets (art. 282 et 287), et les escortes d'honneur (art. 299). Les sentinelles présentent les armes aux conseillers d'Etat en costume officiel ou revêtus de leurs insignes (même décret, art. 292). Les conseillers d'Etat en mission extraordinaire ont droit à la visite de corps des officiers de troupes (Même décret, art. 253).

38. — 2° *Honneurs civils*. — Ils sont réglés par l'art. 4 du décret de messidor, qui est toujours en vigueur.

39. — VII. GRANDS OFFICIERS DE LA LÉGION D'HONNEUR. — 1° *Honneurs militaires* (tit. 11, art. 1 et 2). — En ce qui touche les honneurs militaires dus aux grands-croix, aux grands officiers et aux commandeurs de la Légion d'honneur, V. Décr. 4 oct. 1891, art. 292.

40. — 2° *Honneurs civils* (tit. 11, art. 3). — Cette disposition n'a plus aujourd'hui d'objet et les grands dignitaires de la Légion d'honneur ne reçoivent plus les honneurs civils en cette seule qualité.

41. — VIII. CORPS LÉGISLATIF ET TRIBUNAT (tit. 12, art. 1, 2 et 3). — Ces articles, relatifs à ces corps ont été remplacés par les dispositions du décret du 4 oct. 1891 concernant : les honneurs à rendre par les postes, gardes et piquets, à la *Chambre des députés* soit en corps, soit en députation (art. 282 et 287) ; les escortes d'honneur qui lui sont dues (art. 299) ; les honneurs à rendre par les sentinelles aux *députés* revêtus de leurs insignes (art. 292).

42. — IX. AMBASSADEURS FRANÇAIS ET ÉTRANGERS. — 1° *Honneurs militaires* (tit. 63, art. 1 et 2). — Ces deux articles sont remplacés par l'art. 347 du décr. de 1891.

43. — 2° *Honneurs civils* (tit. 13, art. 3). — De la combinaison de cet article et de l'art. 347 du décret de 1891, il ressort que, pour les honneurs civils à rendre aux ambassadeurs, le ministre des affaires étrangères doit se concerter avec le ministre de la guerre.

44. — X. GÉNÉRAUX DE DIVISION ET VICE-AMIRAUX. — 1° *Honneurs militaires* (tit. 14, art. 1 à 23). — Au point de vue des honneurs militaires à rendre aux *généraux de division* et aux *vice-amiraux*, le décret du 4 oct. 1891, qui remplace aujourd'hui les art. 1 à 23, du décret de mess. an 12, distingue plusieurs catégories d'officiers généraux pourvus de ces grades, notamment, en ce qui concerne : les visites de corps (art. 253);... les honneurs à rendre par les troupes et la garde d'honneur (art. 262 et 266) ; par les postes, gardes et piquets (art. 282, 283 et 287) ; par les sentinelles (art. 292);... les escortes d'honneur (art. 297 et 298);... les salves d'artillerie (art. 303) ;... le mot d'ordre (art. 306).

45. — 2° *Honneurs civils* (tit. 14, art. 24 et 25). — L'art. 24 paraît être encore en vigueur pour les généraux de division commandant une ou plusieurs armées et, en conséquence, leur attribue les honneurs civils dus aux maréchaux. Les honneurs civils relatifs aux généraux de division gouverneurs de Paris et de Lyon, aux généraux de division commandant les corps et les régions de corps d'armée, aux vice-amiraux commandant en chef, préfets maritimes, ont été fixés d'abord par l'art. 8, du décret du 28 déc. 1875 (D. D. 76, 4. 80) qui leur a attribué les honneurs déterminés pour les grands officiers de l'Empire par l'art. 6, tit. 8, du décret de mess. an 12 (V. aussi, Décr. préc. 28 déc. 1875, art. 10, § 3). Ils ont été ensuite déterminés d'une manière spéciale par l'art. 1 du décret du 19 sept. 1876, (D. P. 77. 4. 9). Quant aux honneurs civils spécifiés dans l'art. 25, ils sont applicables actuellement : aux généraux de division commandant la région territoriale après le départ du corps d'armée mobilisé (V. Décr. 28 déc. 1875, art. 9 et 10, § 3); aux généraux de division commandant un groupe de subdivisions de région, aux généraux de division les plus anciens de grade dans les villes où ne réside aucun général investi du commandement territorial (Même décret, art. 10).

46. — XI. GÉNÉRAUX DE BRIGADE ET CONTRE-AMIRAUX. — 1° *Honneurs militaires* (tit. 15, art. 1 à 6). — Ils sont aujourd'hui réglés par le décret du 4 oct. 1891, qui détermine à leur égard :... les visites de corps (art. 253) ;... les honneurs à rendre par les troupes et la garde d'honneur (art. 262 et 267) ; par les postes, gardes et piquets (art. 284 et 287) ; par les sentinelles (art. 292) ;... les escortes d'honneur (art. 297) ;... les salves d'artillerie (art. 303) ;... le mot d'ordre (art. 306).

47. — 2° *Honneurs civils* (tit. 15, art. 7). — Ils sont fixés par l'art. 7, tit. 15, du décret de messidor et l'art. 10 du décret du 28 déc. 1875.

48. — XII. Préfets. — 1° *Honneurs militaires* (tit. 17, art. 1 à 14). — Au point de vue des honneurs militaires à rendre aux préfets, le décret du 4 oct. 1891 règle les visites de corps (art. 253) ; ... les honneurs à rendre par les troupes et le poste permanent (art. 271) ; par les postes, gardes et piquets (art. 284 et 287) ; par les sentinelles (art. 292) ; le mot d'ordre (art. 306) ; ... les escortes d'honneur (art. 297 et 298). A défaut de lieutenant au chef-lieu de département, l'escorte réglementaire peut être placée sous les ordres d'un adjudant ou d'un maréchal des logis chef de l'arme (Circ. min. guerre, 4 févr. 1884, *Journ. off. milit.*, t. 1, p. 135).

49. — 2° *Honneurs civils* (tit. 17, art. 15 à 19). — Ces articles n'ont point été abrogés. Toutefois, certaines de leurs dispositions n'ont plus d'objet ou sont tombées en désuétude. La visite à l'autorité militaire prévue par l'art. 17 est faite aujourd'hui au général commandant le corps d'armée ou le groupe de subdivisions de région. Les prescriptions de l'art. 19, relatives aux honneurs civils dus aux sous-préfets, n'ont pas été modifiées. Aucune disposition réglementaire n'impose aux tribunaux de première instance l'obligation de rendre visite en corps ou par députation au sous-préfet lors de son arrivée au chef-lieu d'arrondissement ; le président seul est tenu de faire la première visite (Décis. min. just. 16 et 28 juin 1879, *Bull. min. just.* 1879, p. 92).

50. — XIII. Commandants d'armes. — 1° *Honneurs militaires* (tit. 18, art. 1 à 8). — Ces articles sont remplacés par le décret du 4 oct. 1891, qui prévoit, pour les honneurs militaires dus aux commandants d'armes, les visites de corps (art. 253) ; ... les honneurs à rendre par les troupes (art. 262) ; par les postes, gardes et piquets (art. 285 et 287) ; par les sentinelles (art. 291 et 292) ; ... les visites individuelles (art. 308). — Les majors généraux de la marine qui ne sont pas contre-amiraux, sont assimilés aux commandants d'armes au point de vue des visites de corps, des honneurs à rendre par les postes, gardes et piquets.

51. — 2° *Honneurs civils* (t. 18, art. 9). — Les commandants d'armes reçoivent encore les honneurs spécifiés dans l'art. 19, dont les dispositions ont été étendues aux majors généraux de la marine qui ne sont pas contre-amiraux, par l'art. 12 du décret du 28 déc. 1875.

52. — XIV. Archevêques et évêques. — 1° *Honneurs militaires* (tit. 19, art. 1 à 10). — Les honneurs militaires dus aux cardinaux, archevêques et évêques, fixés par la sect. 1ᵉ, tit. 19, du décret de mess. an 12, puis par l'art. 351 du décret du 13 oct. 1863, ont été supprimés par l'art. 352 du décret du 23 oct. 1883 et n'ont pas été rétablis par le décret du 4 oct. 1891. Toutefois les visites de corps ont été maintenues à leur égard par l'art. 256 du décret de 1883, et ensuite par l'art. 253 du décret de 1891.

53. — 2° *Honneurs civils* (tit. 19, art. 9 et 10). — Ces deux articles ne sont point abrogés. Mais les honneurs prescrits par l'art. 10 ne sont dus aux archevêques et évêques que lors de leur installation, c'est-à-dire lors de leur première entrée dans la ville de leur résidence (Décis. min. just. 5 août 1881, *Bull. min. just.* 1881, p. 86). Il est dû une visite aux archevêques et évêques par les autorités dénommées après eux dans l'ordre des préséances. Ils doivent une visite dans les vingt-quatre heures de leur arrivée aux autorités dénommées avant eux. Lorsqu'un évêque, en cours de tournée pastorale, arrive dans une commune, les autorités civiles, et notamment les maires, doivent lui faire une visite officielle (*Rép.* v° *Préséance*, n° 23 ; Décis. min. cultes, 17 juin 1844, D. P. 47. 3. 108).

54. — XV. Cour de justice. — 1° *Honneurs militaires* (tit. 20, art. 1 à 8). — Les honneurs militaires dus à la cour de cassation, en vertu du décret du 4 oct. 1891, comprennent : les honneurs à rendre par le postes, gardes et piquets (art. 282 et 287) ; par les sentinelles (art. 292), et les escortes d'honneur (art. 299).

Le décret du 4 oct. 1891 détermine, pour les cours d'appel : les honneurs à rendre par les postes, gardes et piquets (art. 283 et 287), par les sentinelles (art. 292) ; les escortes d'honneur (art. 299 et 300). L'autorité militaire n'est tenue de fournir les escortes d'honneur que lorsque les cours et tribunaux se rendent en corps à une cérémonie ou fête publique officielle (Décis. min. just. 29 août

1879, *Bull. min. just.* 1879, p. 147). Cette escorte, notamment, ne leur est pas due, lorsqu'elles assistent au convoi funèbre d'un de leurs membres, qui n'est, en principe, qu'une cérémonie particulière (Décis. min. just. 16 mars 1882, *Bull. min. just.* 1882, p. 11). — Les premiers présidents des cours d'appel ont droit à des visites de corps (Décret précité du 4 oct. 1891, art. 253).

Les cours d'assises reçoivent, en exécution du décret du 4 oct. 1891, les honneurs des postes, gardes et piquets (art. 284 et 287), des sentinelles (art. 293) ; et des escortes d'honneur (art. 299 et 300) (Comp. Décis. min. just. 10 sept. 1855, *Bull. min. just.* 1877, p. 28). — Aux termes du décret de 1891, les présidents des cours d'assises ont droit à des visites de corps (art. 253) ; à une sentinelle pendant toute la durée de la session (art. 292) ; à des escortes d'honneur (art. 297) ; à la réception du mot d'ordre (art. 306). — Le décret du 4 oct. 1891 fixe, pour les tribunaux de première instance et les tribunaux de commerce, les honneurs à rendre par les postes, gardes et piquets (art. 285 et 287), par les sentinelles (art. 293) ; et les escortes d'honneur (art. 298 et 300).

55. — 2° *Honneurs civils* (tit. 20, art. 9 et 10). — Ces deux articles sont encore actuellement en vigueur. Les prescriptions de l'art. 10 concernent les premiers présidents des cours d'appel, les présidents des cours d'assises, les présidents des tribunaux de première instance ou de commerce. Ainsi, il est dû une visite individuelle au président des assises par les personnes dénommées après lui dans l'ordre des préséances, et notamment par les généraux commandant les subdivisions de région (Circ. min. guerre 13 janv. 1884, *Bull. min. just.* 2ᵉ part., Annexe, n° 1, p. 11). Cette visite est en dehors de la visite de corps due à ce magistrat aux termes du règlement sur les honneurs militaires (V. supra, n° 54) (Même circulaire). Les présidents d'assises doivent recevoir les visites en robe, et les rendre en habit noir et cravate blanche (Décis. min. just. 1ᵉ juill. 1876, *Bull. min. just.* 1876, p. 124). Ils doivent, d'ailleurs, informer exactement de leur arrivée le procureur de la République, afin que ce magistrat avertisse l'autorité militaire (Circ. min. just. 13 juin 1861, *Rec. circ. just.* t. 2, p. 509). Il paraît toutefois plus convenable, en ce qui concerne l'avertissement à donner au général commandant le département, que le président des assises se réserve le soin d'y pourvoir directement (Même circulaire).

56. — XVI. Officiers avec troupes (tit. 21, art. 1 à 6). — Ce titre est remplacé par les dispositions du décret du 4 oct. 1891, qui prévoit pour ces officiers : ... les visites de corps (art. 255) ; les honneurs à rendre par les sentinelles et plantons (art. 292 et suiv.) ; les visites individuelles (art. 308) ; le salut (art. 309).

57. — XVII. Inspecteurs aux revues (tit. 22, art. 1 à 6). — Ils sont remplacés aujourd'hui par le corps de l'intendance militaire. Le décret du 4 oct. 1891 règle les honneurs militaires dus aux intendants et sous-intendants, notamment : ... les visites de corps (art. 253 et 255) ; les honneurs à rendre par les troupes (art. 270), par les sentinelles (art. 291) ; le mot d'ordre (art. 306).

58. — XVIII. Commissaires des guerres (tit. 23, art. 1 à 7). — Ils sont remplacés aujourd'hui par le corps du contrôle général de l'armée (L. 16 mars 1882, art. 25 et suiv., D. P. 82. 4. 127). D'après le décret du 4 oct. 1891, les contrôleurs généraux ont droit aux visites de corps (art. 253) ; aux honneurs à rendre par les troupes (art. 270), par les sentinelles (art. 292).

59. — XIX. Gardes et piquets (tit. 24, art. 1 à 4). — Ces articles sont remplacés par les art. 284 et suiv. du décret de 1891.

60. — XX. Honneurs funèbres. — 1° *Honneurs militaires* (tit. 26, art. 1 à 15). — Les dispositions du titre 26 du décret de messidor sur les honneurs funèbres militaires sont aujourd'hui remplacés par le chap. 41 du décret du 4 oct. 1891 (art. 310 à 337), auquel il suffit de se reporter. Le ressort des dispositions des art. 325, 326 et 327 du décret de 1891, qui reproduisent celles des art. 328 et suiv. du décret aujourd'hui abrogé du 23 oct. 1883, est que les honneurs funèbres militaires ne sont plus rendus dans les édifices consacrés au culte (Conf. Circ. min. guerre, 7 déc. 1891), à la différence de la pratique suivie sous l'empire des art. 374 et suiv. du décret du 13 oct. 1863 (D. P. 64. 4. 14).

61. — 2° *Honneurs civils* (tit. 26, art. 16). — Cet article est encore en vigueur, sauf pour les dispositions relatives aux princes, aux grands dignitaires, aux grands officiers de l'empire, et aux sénatoreries, que la législation actuelle n'a pas maintenu. Mais ces dispositions elles-mêmes conservent encore indirectement leur application, en tant qu'elles servent à déterminer les honneurs funèbres civils dus à certains fonctionnaires, que le décret de messidor assimile pour les honneurs civils aux dignitaires ci-dessus mentionnés.

62. Les honneurs ne pouvant être imposés à personne, il a été décidé qu'il ne doit pas être envoyé de députation officielle aux obsèques d'un fonctionnaire ou haut dignitaire (un sénateur, notamment), qui a exprimé dans son testament la volonté d'être enterré sans les honneurs officiels dus à son rang ou à sa fonction, alors que sa famille a fait à qui de droit la notification de cette volonté (Sénat, 23 févr. 1866, D. P. 66. 5. 426).

Table sommaire

des matières contenues dans le Supplément et le Répertoire.

(Les chiffres précédés de la lettre S renvoient au Supplément; les chiffres précédés de la lettre R renvoient au Répertoire.)

Académie de médecine S. 45; R. 15.
Adjoint R. 10.
Agent de change
— chambre syndicale, rang S. 15; R. 15.
Ambassadeur
— honneurs (civils) S. 43; (militaires) S. 42; R. 10.
Amiral
— honneurs (civils) S. 32; (militaires) S. 32
— rang R. 10.
Archevêque R. 10.
— honneurs (civils) S. 53; (militaires) S. 52.
Avocats S. 15; R. 15.
Avocats au conseil d'Etat et à la cour de cassation S. 15.
Avoués S. 15; R. 15.

Cardinaux R. 10.
Cérémonies publiques
— autorités militaires, lieu de réunion R. 17.
— cérémonies civiles, préfet S. 16; R. 16.
— conseiller d'Etat place réservée S. 20.
— corps judiciaires, lieu de réunion R. 17.
— député, place réservée S. 20.
— distribution de prix, invitation S. 17.
— fonctionnaire, place vacante S. 22.
— invitation S. 16 s.; R. 16; (armée) R. 15.
— lieu et mode de réunion R. 17.
— place d'honneur R. 18, 20.
— places réservées S. 20 s.; R. 18 s.
— police (autorité municipale) R. 22; (conflits) R. 22.
— présidence, places, désignation S. 17.
— repas officiel, place d'honneur R. 20.
— sénateur, place réservée S. 20.
Cérémonies religieuses
— curé, présidence S. 18.
— église (curé, police) S. 20; R. 21 s.; (fabrique, conseils) R. 21; (juge de paix, place réservée) R. 20; (maire, place réservée) R. 20; (place d'honneur) R. 20; (places réservées, au-

torités civiles et militaires) S. 20;
R. 19 s.; (places réservées, caractère) R. 20; (places réservées, fonctionnaires y ayant droit) R. 19.
— Fête-Dieu, assistance S. 18.
— invitation, archevêques et évêques S. 16; R. 16.
— manifestation extérieure, honneurs militaires S. 26.
— prières publiques S. 16.
Chambre de commerce S. 12 s.
Chambre des députés
— honneurs civils et militaires S. 44.
— rang S. 6; R. 11.
Chapitre ecclésiastique S. 15; R. 15.
Chef de l'Etat
— épouse, rang R. 9.
— honneurs civils S. 26; (clergé) S. 28.
— honneurs militaires S. 27; R. 23.
Collège de France
— rang S. 15; R. 15.
Commandant d'armes
— honneurs (civils) S. 51; (militaires) S. 50.
Commissaire de police S. 14; R. 15.
Commissaire des guerres
— honneurs militaires S. 58.
Commissaire général de police
— rang S. 4; R. 10.
Commissaire-priseur
— rang S. 15; R. 15.
Conseil d'arrondissement
— rang S. 15; R. 15.
Conseil de l'instruction
— rang R. 15.
Conseil de préfecture
— rang R. 15.
Conseil de prud'hommes
— rang S. 15; R. 15.
Conseil d'Etat
— honneurs (civils) S. 38; (militaires) S. 37; S. 6; R. 11 s.
Conseiller d'Etat
— mission extraordinaire rang S. 2; R. 10.
Conseiller général
— rang S. 15; R. 15.
Conservatoire des arts et métiers
— rang S. 15.

Contre-amiral
— honneurs (civils) S. 47; (militaires) S. 46.
Contrôle de l'administration de l'armée
— honneurs militaires S. 58.
Corps académique
— rang S. 11; R. 15.
Corps de l'Etat
— préséance S. 6 s.; R. 11 s.
Corps des mines S. 15.
Corps des ponts et chaussées S. 15.
Corps municipal
— rang, adjoint R. 15.
— Paris, S. 15; R. 15.
Cour d'appel R. 15.
— honneurs militaires S. 54.
Cour d'assises
— honneurs militaires S. 54.
Cour de cassation
— honneurs militaires S. 54.
Cour des comptes
— rang R. 15.
Cours et tribunaux
— honneurs (civils) S. 55; (militaires) S. 54.
Courtier de commerce
— chambre syndicale, rang S. 15; R. 15.

Définition R. 1.
Dignitaires
— grands dignitaires, rang R. 10.
— préséance S. 2 s.; R. 9 s.

Ecole des beaux-arts
— rang S. 15.
Ecole des chartes S.
Ecole des langues orientales S. 15.
Eglises
— V. Cérémonies religieuses.
Eglises protestantes
— conseils et consistoires S. 15.
Etat-major
— armée de mer, rang S. 8.
— armée de terre, rang S. 8.
— de division, officiers, rang R. 15.
— de la place, officiers, rang R. 15.
— de subdivision, rang S. 8; R. 15.

Evêque S. 4; R. 10.
— honneurs (civils) S. 53; (militaires) S. 52.
— tournée pastorale, visite officielle R. 24.

Fonctionnaire
— préséance S. 2 s.; R. 9 s.

Garde nationale
— rang R. 15.
Gardes et piquets
— honneurs militaires S. 59.
Gendarmerie
— chef de légion S.
— officiers, rang S. 8.
Général de brigade S. 4; R. 10.
— honneurs (civils) S. 47; (militaires) S. 46.
Général de division S. 3; R. 10.
— honneurs (civils) S. 45; (militaires) S. 44.
Général en chef
— honneurs civils S. 45.
Général inspecteur d'armée
— honneurs civils S. 34.
Gouverneur de Lyon
— honneurs civils S. 45.
Gouverneur de Paris
— honneurs civils S. 45.
Greffier R. 14.

Historique et législation S. 1; R. 2 s.
— ancien droit R. 2 s.
— clergé R. 2.
— lois diverses S. 1.
— Louis XIV, ordonnances R. 3.
— noblesse R. 2.
— tiers état R. 2.
Honneurs civils et militaires S. 23 s.; R. 23 s.; (militaires) S. 23; 49; (militaires) S. 23.
Honneurs funèbres S. 60.
— honneurs civils S. 61; (volontés du défunt) S. 61.
— honneurs militaires S. 60.
Honneurs militaires
— énumération S. 24; R. 15.
— officiers de marine S. 22.
Huissier S. 15; R. 14.
Inspecteur aux revues
— honneurs militaires S. 57.
Institut agronomique R. 15.

Institut de France
— rang S. 15; R. 15.
Intendance militaire
— honneurs militaires S. 57.

Juge de paix
— rang S. 13; R. 15.

Légion d'honneur
— grands officiers (honneurs civils) S. 40; (honneurs militaires) S. 39; (rang)
— membres, rang R. 10, 15.

Maire R. 10.
Major général de la marine R. 10.
— honneurs (civils) R. 10.
Maréchal de France
— honneurs (civils, préfet) S. 33; (militaires) S. 32; R. 10.
Ministres
— honneurs (civils) S. 30 s.; corps judiciaires S. 31; (militaires) S. 27.
— rang R. 10.
Muséum d'histoire naturelle S. 15.

Notaires
— chambre, rang S. 15; R. 15.

Officier général
— rangs divers S. 5.
Officiers aux troupes
— honneurs milit. S. 56.

Place forte
— gouverneur, rang S. 4; R. 10.
Préfet R. 10.
— honneurs (civils) S. 49; (militaires) S. 48.
Préfet maritime
— rang R. 10.
Premier président de cour d'appel R.
— Algérie, rang S. 2.
— honneurs militaires S. 54.
Premier président de la cour de cassation R. 10.
Président de collège électoral R. 10.
Président de consistoire R. 10.
Président de cour d'assises
— honneurs (civils, vi-

sites) S. 55; (militaires) S. 54.
— rang S. 4; R. 10.
Président de la République. V. Chef de l'Etat.
Président de tribunal de commerce
Président de tribunal de première instance R. 10.
Princes étrangers
Princes français
— rang R. 10.

Rang R. 4.
— fonctions multiples R. 6.
— invitation R. 7.
Référendaire au sceau S. 15.
Régent
— V. Chef de l'Etat.

Saint-sacrement
— honneurs milit. S. 26.
Secrétaire général de préfecture
Sénat
— honneurs (civils) S. 26; honneurs militaires S. 35.
— rang S. 6; R. 11.
Sénateur
— sénatorerie, rang R.
Société nationale d'agriculture S. 15.
Sous-préfet
— conseiller d'arrondissement, rang S. 4.
— corps judiciaire, visite officielle S. 49.
— rang S. 4; R. 10.
Souverain étranger
— rang R. 9.

Tribunal de commerce
— cérémonies publiques, places réservées S.
— honneurs militaires S. 54.
— rang, membres S. 12; R. 15.
Tribunal de première instance
— honneurs militaires S. 54.
— rang, magistrats S. 10; R. 14 s.

Vice-amiral
— honneurs (civils) S. 45; (militaires) S. 44.

Table chronologique des Lois, Arrêts, etc.

An 10		An 13	15 nov. Décr. 11 c.	1837	min. just. 4 c.	cultes. 53 c.	instr. publ. 11 c.
18 germ. Loi. 20 c.	2 c., 4 c., 5 c., 6 c., 16 c., 23 c., 25 c., 26 c., 27 c., 28 c., 29 c., 30 c., 32 c., 34 c., 38 c., 44 c., 45 c., 47 c., 52 c., 60 c.	5 prair. Décis. min. 18 c.		23 nov. Av. Cons. adm. min. just. 20 c.	1839	1848	20 août. Décr. 1 c.
An 12		1811	1814		18 juill. Déc. min. just. 15 c.	17 févr. Décis. min. just. 13 c.	1er sept. Décr. 12 c.
24 mess. Décr. 1 c.,		1er juin. Av. Cons. d'Et. 4 c.	28 juin. Règl.-Loi 8 c.	1838	1844	1851	1852
			1815	17 juill. Décis.	17 juin. Déc. min.	30 avr. Circ. min.	14 janv. Circ. min. just. 11 c.
			28 mars. Ordonn. 4 c.	17 juill.			

PRESSE-OUTRAGE-PUBLICATION.

Division.

TITRE 1er. — HISTORIQUE ET LÉGISLATION.

§ 1er. — Historique et législation française.

1. Le *Répertoire* (tit. 1, ch. 1, n°s 3 et suiv.) contient un exposé historique de la législation sur la presse en France jusqu'au régime inauguré par le décret impérial du 17 févr. 1852. — La presse et les journaux, en particulier, ont été constamment soumis, sauf pendant la période révolutionnaire, à une législation tout à la fois administrative et pénale, établissant des mesures de police destinées à prévenir les abus de la publication, édictant aussi des dispositions répressives contre les abus assez graves pour être qualifiés crimes ou délits. — Les mesures générales de police, en vigueur au début du second Empire, étaient les suivantes : 1° aucun journal ou écrit périodique traitant de matières politiques ou d'économie sociale et paraissant, soit régulièrement et à jour fixe, soit par livraison et irrégulièrement, ne pouvait être publié sans une *autorisation préalable* du Gouvernement (Décr. 17 févr. 1852, art. 1 ; *Rép.* n°s 228 et suiv.); — 2° Les journaux traitant de ces matières devaient, nonobstant l'autorisation accordée, faire l'objet d'une *déclaration préalable*, contenant le titre du journal, les noms des propriétaires autres que les commanditaires, leur demeure, et l'indication de leur part dans l'entreprise, le nom et la demeure des gérants responsables, l'affirmation que ces propriétaires et gérants réunissaient les conditions de capacité prescrites par la loi, l'indication de l'imprimerie dans laquelle le journal devait être imprimé (L. 18 juill. 1828, art. 6 ; Circ. min. du 27 mars 1852, D. P. 52. 3. 11, *Rép.* n°s 234 et suiv.). Les journaux qui ne traitaient pas de matières politiques ou d'économie sociale étaient astreints, eux aussi, à une déclaration préalable dont les énonciations étaient plus limitées ; — 3° Tout journal qui traitait de ces matières était tenu de verser, avant toute publication, un cautionnement dont le taux, d'ailleurs variable, était fixé par l'art. 4 du décret de 1852 (*Rép.* n°s 265 et suiv.) ; — 4° Tout article de discussion politique, philosophique ou religieuse, devait être signé de son auteur, comme aussi tout article où étaient discutés les actes ou les opinions des citoyens et les intérêts individuels ou collectifs (L. 16 juill. 1850, art. 3 et 4, D. P. 50. 4. 164 ; Circ. min. 30 mars 1852, D. P. 52. 3. 44 ; *Rép.* n°s 354 et suiv.); — 5° Un exemplaire de chaque numéro de tout journal, politique ou non, devait être signé pour minute par le gérant et déposé au parquet. La signature du gérant devait être imprimée sur tous les exemplaires (L. 18 juill. 1828, art. 8 ; *Rép.* n°s 369 et suiv.); — 6° Les écrits périodiques étaient soumis au timbre (décret du 17 févr. 1852, art. 6, *Rép.* n°s 382 et suiv.); — 7° Les journaux pouvaient être suspendus par le Gouvernement : 1° après une condamnation prononcée pour contravention ou délit de presse contre le gérant responsable (la suspension devait être prononcée dans les deux mois); 2° après deux avertissements motivés, alors même que le journal n'avait été l'objet d'aucune condamnation ; mais la suspension n'était, en ce cas, prononcée que pour deux mois. En outre, un journal pouvait être supprimé, soit après une suspension judiciaire ou administrative, soit par mesure de sûreté générale, mais en vertu d'un décret spécial du chef de l'État, publié au *Bulletin des lois*. Enfin, toute condamnation du gérant pour crimes commis par la voie de la presse emportait la suppression de plein droit. Le journal était encore supprimé de plein droit quand il avait subi deux condamnations pour délits et contraventions dans l'espace de deux ans (Décr. du 17 févr. 1852, art. 32).

2. Cette législation reçut un premier adoucissement au lendemain du décret du 24 nov. 1860, qui avait étendu les attributions du Corps législatif. Sur la proposition du Gouvernement et sur le rapport de M. Nogent Saint-Laurent au Corps législatif (Séance du 10 juin 1861, *Moniteur* du 11, p. 858, col. 4) et celui de M. le procureur général Dupin (Séance du 27 juin, *Moniteur* du 28), les Chambres votèrent la loi du 2 juill. 1861 (D. P. 61. 4. 97), qui modifiait l'art. 32 du décret du 17 févr. 1852. En vertu de cette loi, la suppression de plein droit était abrogée pour le cas où le journal aurait subi deux condamnations pour délits et contraven-

tions dans l'espace de deux ans; elle n'était maintenue que s'il y avait condamnation pour crime. La suspension administrative, — facultative pour le Gouvernement dans les deux mois qui suivaient une condamnation pour contravention ou pour délit de presse, — ne pouvait plus avoir lieu dans le même cas. Enfin, le Gouvernement conservait le droit de suspendre un journal pour deux mois après deux avertissements motivés ; mais désormais tout avertissement administratif était périmé deux ans après sa date.

3. Cependant les représentants de l'opposition ne cessaient de réclamer, dans les Chambres et par la voie de la presse, un régime plus libéral. L'affranchissement de l'autorisation préalable, du cautionnement, de la suspension et de la suppression par mesure administrative, la suppression ou l'abaissement du timbre étaient l'objet de revendications ardentes et réitérées auxquelles le Gouvernement impérial se décida à donner une satisfaction partielle. Tel fut l'objet de la loi du 11 mai 1868 (D. P. 68. 4. 52), votée sur l'exposé des motifs rédigé par M. Pinard, alors conseiller d'Etat (*Moniteur* du 20 mars 1867, *Annales du Sénat et du Corps législatif*, 1867, t. 2, annexe, p. 9). — L'art. 1 de cette loi mit fin au régime de l'autorisation préalable. L'art. 17 abrogea la suppression et la suspension par mesure administrative. Désormais, le droit de publier un journal ou écrit périodique traitant de n'importe quelles matières, même politiques ou d'économie sociale, appartenait à tout Français majeur et jouissant de ses droits civils à la seule condition d'une déclaration préalable, faite quinze jours avant la publication, à Paris à la préfecture de police et dans les départements, à la préfecture, et contenant toutes les indications exigées déjà par la loi de 1828, à l'exception de l'affirmation de la capacité politique du gérant (L. 11 mai 1868, art. 1 et 2). L'obligation relative au cautionnement était maintenue telle qu'elle était réglée par l'art. 4 du décret du 17 févr. 1852, dont la disposition n'était ni abrogée, ni modifiée. Le droit de timbre était réduit (L. 11 mai 1868, art. 3). L'art. 7 exigeait que le dépôt des deux exemplaires de chaque numéro, signés par le gérant ou par l'un des gérants fût effectué au moment de la publication : à la préfecture, dans les chefs-lieux de département ; à la sous-préfecture, dans les chefs-lieux d'arrondissement ; à la mairie, dans les autres villes, et qu'un semblable dépôt de deux exemplaires fût effectué au parquet du procureur impérial, ou à la mairie dans les villes où il n'y a pas de tribunaux de première instance.

La loi du 11 mai 1868 contenait encore quelques dispositions spéciales qui constituaient de véritables innovations à la législation antérieure : en ce qui concerne la gérance, il était interdit aux membres du Sénat et du Corps législatif de signer un journal en qualité de gérant responsable (art. 8). Cette mesure avait pour but de ne pas permettre que l'immunité parlementaire vînt apporter un obstacle aux poursuites pendant la durée des sessions. L'obligation relative à la signature des articles politiques ou d'économie sociale, édictée par la loi du 16 juill. 1850, était maintenue. L'art. 9 complétait cette disposition et lui donnait toute sa portée, en punissant d'une amende de 1000 à 5000 francs contre les éditeurs ou gérants, la publication par un journal ou écrit périodique d'un article signé par une personne privée de ses droits civils et politiques, ou à laquelle le territoire de la France était interdit. Le projet du gouvernement proclamait la liberté absolue des professions d'imprimeur et de libraire, par la suppression des brevets ; mais la majorité du Corps législatif, sur le rapport de la commission, pensa que la question ne pouvait pas être tranchée incidemment par un article de la loi sur la presse. Malgré la résistance du conseil d'Etat, la question fut réservée. Il fut décidé seulement que tout gérant de journal pourrait fonder une imprimerie pour la publication de ce journal (art. 14).

4. La législation pénale de la presse, telle qu'elle était organisée par le décret du 17 févr. 1852 et par les dispositions des lois antérieures maintenues par ce décret, n'était pas sensiblement modifiée par la loi du 11 mai 1868. Les faits punissables restaient les mêmes. Cependant l'art. 11 définissait un délit spécial : « Toute publication relative à un fait de la vie privée constitue une contravention punie d'une amende de 500 francs. La poursuite ne pourra être exercée que sur la plainte de la partie intéressée. » On sait que le nom d'un député, M. de Guilloutet, est resté attaché à

cette disposition. — De nouvelles contraventions résultaient de la violation des mesures de police relatives à la publication d'un journal sans déclaration préalable et à la publication d'articles signés par une personne privée de ses droits civils ou politiques, ou par une personne à laquelle le territoire de la France était interdit. — Relativement aux pénalités, l'art. 11 du projet du gouvernement proposait une innovation considérable. C'était la substitution de l'amende à l'emprisonnement dans tous les cas où les lois antérieures édictaient cette pénalité contre les délits commis par la voie des journaux ou des écrits périodiques. Cet article du projet ne fut pas adopté. Les Chambres rejetèrent également l'art. 12 du projet, qui permettait au juge d'ajouter à la pénalité toujours obligatoire de l'amende la pénalité facultative d'une suspension de l'exercice des droits électoraux pendant un temps qui n'excéderait pas cinq ans (D. P. 68. 4. 52, note 1, n° 13). — L'art. 12 de la loi du 11 mai 1868 réglementait la suspension et la suppression du journal par l'autorité judiciaire. La suppression avait lieu de plein droit, après la condamnation du gérant pour crime commis par la voie de la presse. Cette sanction législative s'attachait à l'autorité de la décision du jury (V. D. P. 68. 4. 52, note 1, n° 14). La suspension de quinze jours à deux mois était facultative pour le juge quand un journal ayant été condamné pour un délit de presse, alors que les délits contre les particuliers, les tribunaux se trouvaient appelés à réprimer un délit de même nature commis par le même journal dans les deux années à partir de la première condamnation. La suspension de deux à six mois pouvait être également prononcée pour une troisième condamnation dans le même délai. Elle pouvait l'être par un premier jugement ou arrêt de condamnation, si le délit consistait dans la provocation à l'un des crimes prévus par les art. 86, 87 et 91 c. pén. ou dans le délit prévu par l'art. 9 de la loi du 17 mai 1819. Pendant toute la durée de la suspension, le cautionnement demeurait déposé au Trésor et ne pouvait pas recevoir une autre destination. Cette dernière disposition avait pour objet d'empêcher que les effets de la suspension ne fussent éludés par l'application du cautionnement à la publication d'un nouveau journal. — Enfin l'art. 15 de la loi du 11 mai 1868 portait que l'art. 463 du code pénal sur les circonstances atténuantes était applicable aux crimes, délits et contraventions commis par la voie de la presse, sans que l'amende pût être inférieure à 50 francs. Cette disposition mit fin à la controverse à laquelle avait donné lieu la rédaction de l'art. 8 de la loi du 11 août 1848 et de l'art. 23 de la loi du 27 juill. 1849 qui déclaraient seulement applicable aux délits de la presse, l'art. 463 du code pénal. La jurisprudence avait décidé, par une interprétation littérale du mot *délit*, que l'art. 463 n'était applicable, en matière de contraventions de presses, qu'à celle qui supposent le concours du fait matériel et de l'intention coupable, qui sont en un mot de véritables délits, mais non pas aux contraventions proprement dites, même punies de peines correctionnelles (*Rép.* n°ˢ 491 et suiv.).

La loi du 11 mai 1868 ne changeait pas la juridiction. L'art. 25 du décret du 17 févr. 1852, qui avait attribué aux tribunaux correctionnels la connaissance de tous les délits et contraventions assimilées aux délits en matière de presse, est demeuré en vigueur jusqu'à la fin de l'Empire.

En matière de procédure, la loi du 11 mai 1868, décidait que la citation directe devant la juridiction correctionnelle avait lieu conformément aux dispositions de l'art. 184 c. d'instr. crim. (art. 10); que le prévenu qui aurait comparu devant le tribunal ou devant la cour ne pourrait plus faire défaut, par exemple si la remise sollicitée par lui, ne lui était pas accordée (même article). L'exécution provisoire pouvait être ordonnée en ce qui concerne la suspension ou la suppression du journal et la consignation de l'amende (art. 15); mais l'opposition ou l'appel formé dans les vingt-quatre heures de la prononciation du jugement contradictoire ou de la signification de l'arrêt par défaut, suspendaient l'exécution et entraînaient de droit citation à la plus prochaine audience. Il devait être statué dans les trois jours. Le pourvoi en cassation n'arrêtait pas les effets de l'exécution provisoire (art. 15). Les circulaires du ministre de l'intérieur, en date du 3 juin 1868 (D. P. 68. 3. 61), et du ministre de la justice, du 4 juin 1868 (D. P. 68. 3. 53), contenaient un commentaire développé des dispositions de la loi du 11 mai 1868, en même temps qu'elles prescrivaient certaines mesures d'ordre administratif pour l'exécution de cette loi et recommandaient aux préfets et aux procureurs généraux la modération dans la poursuite et la répression des délits de presse.

6. La loi du 11 mai 1868 régit la presse en France jusqu'à la chute du gouvernement impérial. Au début de la guerre contre l'Allemagne, une loi spéciale du 24 juill. 1870 autorisa le gouvernement à interdire, par un arrêté ministériel inséré au *Journal officiel*, de rendre compte par un moyen de publication quelconque des mouvements de troupes et des opérations militaires sur terre et sur mer (art. 1). La contravention à l'arrêté ministériel devait être punie d'une amende de 5000 fr. à 10 000 fr. En cas de récidive, le journal pouvait être suspendu pendant un délai qui n'excéderait pas six mois.

7. Au milieu des préoccupations que firent naître les événements militaires et l'envahissement du territoire, le gouvernement de la Défense nationale abrogea toutes les institutions du régime impérial en matière de presse. Le décret du 10 sept. 1870 (D. P. 70. 4. 88) proclama la liberté des professions d'imprimeur et de libraire (art. 1). En vertu de ce décret, une simple déclaration préalable au ministère de l'Intérieur était exigée désormais de toute personne qui voulait exercer l'une ou l'autre de ces professions (art. 2). Toute publication devait porter le nom de l'imprimeur (art. 3). L'art. 4 réservait au pouvoir législatif le soin de déterminer les conséquences de la liberté de l'imprimerie et de la librairie vis-à-vis des titulaires actuels de brevets. — Le décret du 10 oct. 1870 (D. P 70. 4. 95) abolit le cautionnement des journaux (art. 1); mais le retrait des cautionnements déposés n'était autorisé que pour l'époque de la cessation de la guerre. — Le décret du 27 oct. 1870 (D. P. 71. 4. 9) attribua au jury la connaissance de tous les délits politiques et de tous les délits commis par la voie de la presse, à l'exception toutefois des délits d'injures et de diffamations envers les particuliers, qui furent provisoirement laissés dans la compétence des tribunaux correctionnels (art. 1). Ce n'est pas à la cour mais au jury seul qu'il appartient de statuer dorénavant sur les dommages-intérêts réclamés à raison d'un délit de presse (art. 2). — Un arrêté ministériel en date du 1er déc. 1870 (D. P. 71. 4. 11) supprima le service de l'inspection de la librairie venant de l'étranger, puis les bureaux de douanes à la frontière (art. 1).

Cependant les nécessités de la situation extérieure commandaient des mesures d'ordre qui paralysèrent l'application des décrets du gouvernement provisoire en faveur de la liberté de la presse. Un décret du 29 nov. 1870 (D. P. 70. 4. 106) défendit, à peine de suspension du journal, tout compte rendu ou tout récit d'opérations militaires, de mouvements de troupes, d'actes de guerre, autres que ceux publiés par l'autorité militaire. Le 22 janv. 1871, un décret du gouvernement siégeant à Paris supprimait le journal *Le Réveil* et le journal *Le Combat*, par les considérants suivants : « que ces journaux contiennent chaque jour des excitations à la guerre civile; que leur publication devient, en présence des crimes qui viennent d'être commis contre la sûreté de l'État, un danger public auquel la cité et la défense ne peuvent plus longtemps être exposées; que la situation actuelle de Paris fait au Gouvernement un devoir de recourir aux mesures que l'état de siège comporte ».

8. L'œuvre législative de l'Assemblée nationale de 1871 en matière de presse est contenue dans les lois suivantes : La loi du 15 avr. 1871 (D. P. 71. 4. 44) renouvela l'attribution au jury de la connaissance des délits commis par la voie de la presse, en remettant en vigueur les art. 16 à 23 de la loi du 27 juill. 1849, sur la poursuite des délits commis par la voie de la presse ou par les autres moyens de publication prévus par l'art. 1 de la loi du 17 mai 1819. Les délits contre les mœurs, ceux de diffamation et d'injures publiques contre les particuliers, d'injure verbale contre toute personne et les contraventions matérielles aux lois de la presse furent réservées aux tribunaux correctionnels (art. 2). La preuve des faits diffamatoires relatifs aux fonctions de toute personne ayant agi dans un caractère public fut autorisée devant le jury en conformité des art. 20 à 25 de la loi du 26 mai 1819, qui étaient remis en

vigueur; mais le droit de citation directe appartint aussi au ministère public (art. 3). L'action civile ne pouvait pas être poursuivie séparément de l'action publique dans les cas où la preuve était autorisée; elle s'éteignait en même temps; le tout, sauf le cas de décès de l'auteur du fait incriminé (art. 4). L'opposition à l'arrêt par défaut était recevable jusqu'à l'exécution de cet arrêt ou jusqu'à l'expiration d'un délai de trois jours après l'acte d'huissier constatant que le condamné avait eu personnellement connaissance de l'arrêt (art. 5). L'art. 6 abrogeait toutes dispositions contraires; notamment celles contenues dans le décret du 17 févr. 1852 et dans la loi du 11 mai 1868.

9. La loi du 6 juill. 1871 (D. P. 71. 4. 133) abrogea le décret du gouvernement de la Défense nationale du 10 oct. 1870 et rétablit le cautionnement pour tous les journaux politiques et pour les journaux et écrits périodiques non politiques, paraissant plus d'une fois par semaine, à l'exception toutefois des feuilles spéciales d'annonces (art. 1 et 2). Le cautionnement était affecté au payement des condamnations pécuniaires encourues par le journal. Il pouvait être grevé du privilège de second ordre au profit du bailleur de fonds. Le propriétaire et le gérant n'étaient plus assujettis à posséder en propre une partie du cautionnement (art. 4). L'art. 5 obligeait le journal condamné dans la personne de son gérant ou du rédacteur d'un article à acquitter les condamnations pécuniaires dans la quinzaine; sinon la publication devait cesser jusqu'à complète libération du cautionnement. L'art. 6 maintint en vigueur, sans modification, les dispositions de la loi du 11 mai 1868 sur la déclaration préalable et sur le dépôt. Les contraventions aux mesures de police relatives à la déclaration préalable et au dépôt, étaient punies d'une amende de 100 à 2 000 francs et d'un emprisonnement de six jours à six mois. L'auteur de la publication du journal ou de l'écrit périodique et son imprimeur étaient déclarés solidairement responsables des amendes. L'art. 463 du code pénal était toujours applicable (art. 3).

10. La loi du 12 févr. 1872 (D. P. 72. 4. 24) abrogea le paragraphe 1 de l'art. 17 du décret du 17 févr. 1852 qui interdisait de rendre compte des procès pour délits de presse.

11. Ces dispositions demeurèrent en vigueur jusqu'au vote des lois constitutionnelles qui établirent en France le gouvernement de la République. Avant de se dissoudre en vue de la constitution des nouveaux corps électifs, l'Assemblée nationale décida sous l'état de siège que nos désastres militaires et l'insurrection communaliste de Paris avaient obligé le Gouvernement à déclarer et à maintenir sur une grande partie du territoire; mais dans le but de prévenir l'effervescence à laquelle pouvait donner lieu la restitution de la vie normale et des libertés publiques, l'Assemblée nationale crut devoir édicter contre la presse une loi pénale modifiant dans un sens rigoureux les dispositions plus libérales des lois récentes. Tel fut l'objet de la loi du 29 déc. 1875 (D. P. 76. 4. 30). L'art. 1 de cette loi définit un délit nouveau qui vint remplacer l'ensemble des délits contre la chose publique disparus avec l'abrogation des contitutions impériales. Toute attaque par l'un des moyens énoncés en l'art. 1 de la loi du 17 mai 1819, soit contre les lois constitutionnelles, soit contre les droits et les pouvoirs du Gouvernement que la constitution avaient établi, était punie des peines édictées par l'art. 1 du décret du 11 août 1848, sauf l'application de l'art. 463 du code pénal. L'art. 2 permettait d'atteindre, comme complices en vertu de l'art. 60 du code pénal, les organisateurs de tout acte de colportage et de toute distribution non autorisée d'imprimés, dessins, gravures, etc., alors que la jurisprudence ne considérait les infractions en matière de colportage que comme des contraventions excluant l'application des règles du droit commun en matière de complicité. — La compétence du jury en matière de presse était considérablement restreinte par les art. 4 et 5. En effet, les tribunaux correctionnels étaient appelés à connaître des délits de diffamation, d'outrage et d'injure publique contre toute personne et tout corps constitué, du délit d'offense envers le président de la République, ou l'une des deux Chambres, ou envers la personne d'un chef d'État étranger, du délit de publication de fausses nouvelles, de la provocation à commettre un délit, suivie ou non d'effet, de l'apologie de faits qualifiés crimes ou délits, des délits commis contre les bonnes mœurs, des cris séditieux, des infractions purement matérielles aux lois sur la presse. La poursuite pouvait avoir lieu d'office, en cas d'offense envers les Chambres et de diffamations et d'injures contre les cours, tribunaux et autres corps constitués. Dans les autres cas, une plainte préalable de l'offensé était nécessaire (art. 6). La preuve des faits diffamatoires pouvait être faite devant le tribunal correctionnel dans les cas où elle était autorisée par la loi (art. 7). L'art. 8 permettait de déférer les crimes et délits de presse réservés à la compétence du jury, soit à la cour d'assises du département où le journal se publiait si la session était ouverte et si les délais permettaient de citer utilement, soit à celle des cours d'assises du ressort de la cour d'appel dont la session devait s'ouvrir le plus prochainement. — Cette loi conserva son application jusqu'à la promulgation de la loi du 29 juill. 1881.

12. Dans l'intervalle, les Chambres votèrent la loi du 9 mars 1878 (D. P. 78. 4. 9) sur le colportage des journaux. Désormais les art. 1 de la loi du 16 févr. 1834 et 5 de la loi du 27 juill. 1849 furent inapplicables à la presse périodique. Les journaux purent être librement colportés et distribués par toute personne, moyennant une simple déclaration, avec indication de domicile soit à la mairie, soit à la sous-préfecture et, en ce cas, le colportage put avoir lieu dans toutes les communes de l'arrondissement. La déclaration devait attester que le déclarant était Français et qu'il n'était pas privé de ses droits civils ou politiques ; elle était constatée par un récépissé (art. 1). Le colportage exercé sans déclaration préalable était puni par les tribunaux de simple police d'une amende de 5 à 15 francs et pouvait l'être, en outre, d'un emprisonnement de un à cinq jours qui devait être nécessairement prononcé en cas de récidive (art. 2).

La loi du 20 déc. 1878 (D. P. 79. 4. 17) affranchit de la formalité du dépôt au parquet les bulletins de vote dans toutes les élections.

13. La loi du 17 juin 1880 (D. P. 80. 4. 89) réglementa de nouveau le colportage, soumis dorénavant à une déclaration préalable à la préfecture du département où le colporteur était domicilié. Les dispositions amendées de cette loi sont devenues les art. 18 à 22 de la loi du 29 juill. 1881.

14. Au moment de la promulgation de la loi du 29 juill. 1881, il régnait une profonde confusion dans la législation de la presse. Le tableau publié par le rapporteur, M. Lisbonne, constate que cette législation comprenait quarante-deux lois, décrets et ordonnances renfermant trois-cent vingt-cinq articles. Il était souvent difficile de distinguer les dispositions abrogées des articles demeurés en vigueur, de fixer les droits et les obligations de la presse, et de déterminer exactement le texte applicable à chacun des cas qui pouvaient se présenter.

La loi de 1881 présente ce caractère essentiel d'avoir abrogé tout l'ensemble des lois antérieures et de constituer à elle seule, le code de la presse. Cette loi, conçue dans l'esprit le plus libéral, déclare de nouveau que l'imprimerie et la librairie sont libres en France ; elle supprime les mesures préventives et les délits d'opinion. Elle a conservé seulement les formalités destinées à assurer la répression en cas d'abus ; elle n'a retenu, comme faits constitutifs des crimes et délits qui peuvent se commettre par la voie de la presse, que ceux qui présentent tous les caractères des délits de droit commun ; elle a attribué au jury la compétence ordinaire en matière de délits de presse et, par exception, elle n'a déféré aux tribunaux correctionnels que les délits de diffamation et d'injure envers les simples particuliers et au juge de paix que les infractions punies de peines de simple police.

15. On avait tenté cependant d'aller plus loin encore dans la voie de la liberté. M. Floquet avait proposé un amendement ainsi conçu : « Il n'y a pas de délits spéciaux de la presse. Quiconque fait usage de la presse ou de tout autre mode de publication, est responsable selon le droit commun ». Dans la pensée de l'auteur de cet amendement, la communication de la pensée ne peut jamais constituer un délit spécial. La loi ne doit atteindre que l'abus de la parole et de la presse, employées pour commettre un délit de droit commun. La responsabilité de l'auteur du discours

ou de l'écrit, disait M. Floquet, est, suivant le droit commun, déterminée, sous le rapport des obligations civiles, par l'art. 1382 c. civ. qui oblige toute personne à réparer le dommage occasionné par son fait, et, en matière criminelle, par l'art. 60 c. pén. caractérisant la complicité et par les règles de la culpabilité directe quant aux délits contre les personnes, c'est-à-dire la diffamation et l'injure. — La commission fit observer que certains délits ne peuvent être commis que par la voie de la presse, et qu'une législation spéciale était nécessaire si l'on voulait éviter tantôt l'impunité et tantôt l'excès dans la répression, qui résulteraient du silence du code pénal ou de l'application de ses règles ordinaires. La Chambre adopta le principe d'une législation répressive spéciale, mais en restreignant les dispositions aux crimes et délits susceptibles d'être caractérisés suivant les principes généraux du droit criminel ; on a laissé sans répression les actes qui ne peuvent être qualifiés avec précision et qui ne constituent que des écarts d'opinion. Ainsi ont disparu tous les délits que les législations antérieures avaient défini par des formules générales et qui pouvaient donner lieu à des procès de tendance, telles que les attaques contre la constitution, le principe de la souveraineté du peuple et du suffrage universel, etc. Les Chambres ont même retranché du projet de la commission les articles qui punissaient l'outrage soit à la République, soit à l'une des deux Chambres : elles n'ont retenu, après de longues hésitations, que l'article concernant les offenses au président de la République.

16. Postérieurement à la loi du 29 juill. 1881, le législateur a cru devoir apporter certaines restrictions à la liberté qu'il avait si pleinement concédée.

La loi du 2 août 1882 (D. P. 82. 4. 105) a prévu et puni de l'emprisonnement et de l'amende la délit d'outrage aux bonnes mœurs caractérisé par la vente, l'offre, l'exposition, l'affichage ou la distribution gratuite sur la voie publique d'écrits, d'imprimés, d'affiches, dessins, gravures, etc., obscènes.

17. D'autre part, la loi du 11 juin 1887 (D. P. 87. 4. 53), visant une infraction qui échappait aux dispositions répressives de la diffamation et de l'injure, parce qu'elle n'offrait pas les caractères légaux de la publicité nécessaire pour constituer ces délits, a réprimé l'expédition, par la voie de la poste ou du télégraphe, d'une correspondance à découvert contenant soit une diffamation, soit une injure à l'adresse d'un particulier, d'un corps constitué ou d'une des personnes désignées par les art. 26, 30, 31, 36 et 37 de la loi du 29 juill. 1881. Dans tous les cas, la connaissance du délit a été attribuée aux tribunaux correctionnels.

18. La loi du 19 mars 1889 (D. P. 89. 4. 47) a édicté que les journaux et tous les écrits ou imprimés distribués ou vendus dans les rues et lieux publics, ne pourraient être annoncés que par leur titre, leur prix, l'indication de leur opinion et les noms de leurs auteurs ou rédacteurs ; mais qu'aucun titre obscène ou contenant des imputations diffamatoires ou des expressions injurieuses pour les personnes ne pourrait être annoncé sur la voie publique.

19. La loi du 16 mars 1893 (D. P. 93. 4. 64), modifiant les art. 45 et 60 de la loi du 29 juill. 1881 et dérogeant aux règles de compétence établies par ces articles, a soustrait à la juridiction de la cour d'assises, pour les déférer au tribunal correctionnel, les délits d'offense aux chefs d'États étrangers et d'outrage aux agents diplomatiques accrédités auprès du gouvernement de la République, prévus et punis par les art. 36 et 37 de la loi sur la presse.

20. On a donné au *Rép.*, n°s 71 et suiv., un exposé des actes législatifs et réglementaires concernant l'Imprimerie nationale. Il y a lieu d'y ajouter, notamment, un décret des 15 mars-15 avril 1863, portant règlement intérieur de l'administration de cet établissement (D. P. 63. 4. 16), et divers décrets relatifs aux pensions des employés et ouvriers de l'Imprimerie nationale (V. *suprà*, v° *Pension*, n° 320).

(V. **l'addition à la fin du volume**).

Tableau de la législation relative a la presse et aux délits commis par la parole, etc., aux imprimeurs, libraires, afficheurs, distributeurs, etc.

12-23 juill. 1856. — Décret relatif à l'échange des journaux et autres imprimés entre la France et les pays étrangers ou les colonies, soit par l'intermédiaire des postes d'Autriche, de

Grèce ou de la Tour et Taxis, soit au moyen des bâtiments de commerce (D. P. 55. 4. 117).

18-20 janv. 1858. — Décret qui supprime la *Revue de Paris* et le journal *Le Spectateur* (ancienne assemblée nationale) (D. P. 58. 4. 9).

14 déc. 1859-1er janv. 1860. — Décret qui augmente le nombre des imprimeurs en lettres de la ville de Paris (D. P. 60. 4. 89).

29 janv.-26 mars 1860. — Décret qui supprime le journal *L'Univers* (D. P. 60. 4. 28).

15 févr.-26 mars 1860. — Décret qui supprime le journal *La Bretagne* (D. P. 60. 4. 28).

15-26 mars 1860. — Décret qui supprime le journal *L'Algérie nouvelle* (D. P. 60. 4. 28).

20 oct.-8 nov. 1860. — Décret qui supprime *La Gazette de Lyon* (D. P. 60. 4. 155).

19 déc. 1860. — Décret qui fait remise des condamnations pour délits et contraventions en matière de presse périodique (D. P. 61. 4. 10).

2-9 juill. 1862. — Loi qui modifie l'art. 32 du décret-loi du 17 févr. 1852 sur la presse (D. P. 61. 4. 97).

2 juill. 1862-15 avr. 1863. — Décret qui augmente le capital destiné aux avances de l'Imprimerie impériale, pour les travaux dont elle est chargée (D. P. 63. 4. 16).

15 mars-15 avr. 1863. — Décret portant règlement intérieur de l'administration de l'Imprimerie impériale (D. P. 63. 4. 16).

13 mai-1er juin 1863. — Loi portant modification de plusieurs dispositions du code pénal, notamment des art. 222, 223, 224 et 225 relatifs aux outrages et violences envers les dépositaires de l'autorité et de la force publique (D. P. 63. 4. 79).

20 mai-1er juin 1863. — Loi sur l'instruction des flagrants délits devant les tribunaux correctionnels (art. 7 porte que la présente loi n'est pas applicable aux délits de presse et aux délits politiques (D. P. 63. 4. 113).

3-22 févr. 1864. — Décret qui institue, sous la présidence du prince Napoléon, une nouvelle commission, pour continuer les travaux relatifs à la publication de la correspondance de l'empereur Napoléon Ier (D. P. 64. 4. 25).

8-23 juin 1865. — Décret portant que les avertissements donnés jusqu'à ce jour aux feuilles périodiques de Paris et des départements sont considérés comme nuls et non avenus (D. P. 65. 4. 61).

17 nov.-16 déc. 1865. — Décret qui fixe la répartition de l'excédent annuel des recettes sur les dépenses du service de l'Imprimerie impériale (D. P. 66. 4. 8).

2-8 août 1866. — Décret qui supprime le journal *Le Courrier du dimanche* (D. P. 66. 4. 139).

11 mai 1868. — Loi relative à la presse (D. P. 68. 4. 52).

11 mai 1868. — Décret qui établit des timbres de 4 et de 2 centimes pour l'exécution de l'art. 3 de la loi du 11 mai 1868 relative à la presse (D. P. 68. 4. 64).

11 mai 1868. — Décret concernant la publication : 1o de la loi du 11 mai 1868, relative à la presse; 2o du décret du même jour, rendu pour l'exécution de l'art. 3 de ladite loi (D. P. 68. 4. 64).

3 juin 1868. — Circulaire du ministre de l'intérieur sur l'application de la loi du 11 mai 1868 (D. P. 68. 3. 61).

4 juin 1868. — Circulaire du ministre de la justice sur l'application de la loi du 11 mai 1868 (D. P. 68. 3. 57).

14 août 1869. — Décret qui accorde amnistie pour toutes condamnations prononcées ou encourues en raison de crimes, délits et contraventions de presse (D. P. 69. 4. 59).

22 nov.-4 déc. 1869. — Décret qui fixe la répartition de l'excédent annuel des recettes sur les dépenses du service de l'Imprimerie impériale (D. P. 70. 4. 74).

21 juill. 1870. — Loi sur l'interdiction de rendre compte des mouvements et opérations militaires (D. P. 70. 4. 74).

4 sept. 1870. — Décret qui accorde amnistie pour crimes et délits politiques et pour délits de presse (D. P. 70. 4. 85).

5-10 sept. 1870. — Décret portant sur l'impôt du timbre

sur les journaux et autres publications est aboli (D. P. 70. 4. 86).

10-14 sept. 1870. — Décret qui rend libres les professions d'imprimeur et de libraire (D. P. 70. 4. 88).

10-12 oct. 1870. — Décret qui abolit le cautionnement des journaux (D. P. 70. 4. 93).

27 oct. 1870. — Décret qui soumet au jury les délits politiques et les délits de presse (D. P. 71. 4. 9).

12 oct.-24 nov. 1870. — Décret relatif à la publication du *Bulletin de la République française* (D. P. 70. 4. 129).

29 nov.-3 déc. 1870. — Décret interdisant aux journaux tout compte rendu ou tout récit d'opérations militaires autres que ceux qui sont publiés par l'autorité militaire (D. P. 70. 4. 106).

1er déc. 1870-11 janv. 1871. — Arrêté portant que le service de l'inspection de la librairie venant de l'étranger, près les bureaux de douanes à la frontière est supprimé (D. P. 71. 4. 11).

22-24 janv. 1871. — Décret qui supprime le journal *Le Réveil* et le journal *Le Combat* (D. P. 71. 4. 3).

25-27 avr. 1871. — Loi relative aux poursuites à exercer en matière de délits commis par la voie de la presse et à la preuve, en matière de diffamation contre les fonctionnaires publics (D. P. 71. 4. 44).

6-11 juill. 1871. — Loi qui rétablit le cautionnement pour tous les journaux et écrits périodiques (D. P. 71. 4. 133).

10-29 août 1871. — Loi relative aux conseils généraux dont l'art. 31 interdit aux journaux d'apprécier une discussion du conseil général sans reproduire en même temps le rapport du compte rendu afférente à cette discussion (D. P. 71. 4. 102).

12-15 févr. 1872. — Loi qui abroge le paragraphe 4 de l'art. 17 du décret du 17 févr. 1852 qui interdit de rendre compte des procès pour délits de presse (D. P. 72. 4. 24).

21 mars-11 avr. 1873. — Décret qui modifie l'ordonnance du 20 août 1824 et le décret du 24 janv. 1860 sur les pensions de l'Imprimerie nationale (D. P. 73. 4. 29).

19 mai-26 juin 1873. — Décret relatif aux pensions de retraite des employés, ouvriers et ouvrières de l'Imprimerie nationale (D. P. 73. 4. 72).

29 déc. 1875-3 janv. 1876. — Loi sur la répression des délits qui peuvent être commis par la voie de la presse ou par tout autre moyen de publication et sur la levée de l'état de siège (D. P. 76. 4. 30).

9-10 mars 1878. — Loi relative au colportage des journaux (D. P. 78. 4. 9).

2 avr. 1878. — Loi qui accorde une amnistie pour tous les délits prévus par la loi du 17 mai 1819 et les lois subséquentes sur la presse... à l'exception des délits d'outrage aux bonnes mœurs et de diffamation.

30 juill. 1878. — Circulaire du ministre de l'intérieur relative à l'autorisation de colportage et à la nécessité de la déclaration exigée par la loi du 9 mars 1878 (D. P. 78. 3. 88).

20-24 déc. 1878. — Loi qui affranchit de la formalité du dépôt au parquet les bulletins de vote dans toutes les élections (D. P. 79. 4. 17).

7-28 déc. 1878. — Décret relatif aux pensions de retraite des employés ouvriers et ouvrières de l'Imprimerie nationale (D. P. 79. 4. 22).

17-18 juin 1880. — Loi relative au colportage des livres, brochures, lithographies et autres écrits imprimés (D. P. 80. 4. 89).

28-30 déc. 1880. — Loi relative au *Journal officiel* (D. P. 82. 4. 12).

30 déc. 1880. — Décret relatif au service financier de l'exploitation en régie du *Journal officiel* (D. P. 82. 4. 12).

31 mars 1881. — Décret relatif à l'exploitation du *Journal officiel* (D. P. 82. 4. 102).

29-30 juill. 1881. — Loi sur la liberté de la presse (*Bull.*, no 10850; V. D. P. 81. 4. 65 et les notes) (1).

28-30 juill. 1881. — Loi relative à l'amnistie des crimes et délits de presse (D. P. 84. 4. 88).

9 nov. 1881. — Circulaire du ministre de la justice relative à l'application de la loi sur la presse du 29 juill. 1881 (D. P. 84. 3. 106).

---

(1) **29-30 juill. 1881.** — Loi sur la liberté de la presse.

CHAP. 1er. — *De l'imprimerie et de la librairie.*

Art. 1er. L'imprimerie et la librairie sont libres.

2. Tout imprimé rendu public, à l'exception des ouvrages dits de villes et de bilboquets, portera l'indication du nom et du domicile de l'imprimeur, à peine, contre celui-ci, d'une amende de 5 fr. 4 fr. La peine de l'emprisonnement pourra être prononcée si, dans les douze mois précédents, l'imprimeur a été condamné pour contravention de même nature.

3. Au moment de la publication de tout imprimé, il en sera fait, par l'imprimeur, sous peine d'une amende de 16 fr. à 300 fr., un dépôt de deux exemplaires, destinés aux collections nationales. Ce dépôt sera fait : au ministère de l'intérieur, pour Paris; à la préfecture, pour les chefs-lieux de département; à la sous-préfecture, pour les chefs-lieux d'arrondissement, et pour les autres villes, à la mairie.

L'acte de dépôt mentionnera le titre de l'imprimé et le chiffre du tirage.

Sont exceptés de cette disposition les bulletins de vote, les circulaires commerciales ou industrielles et les ouvrages dits de ville ou bilboquets.

4. Les dispositions qui précèdent sont applicables à tous les genres d'imprimés ou de reproductions destinés à être publiés.

Toutefois, le dépôt prescrit par l'article précédent sera de trois exemplaires pour les estampes, la musique et en général les reproductions que les imprimés.

CHAP. 2. — *De la presse périodique.*

§ 1er. — *Du droit de publication, de la gérance, de la publication et du dépôt au parquet.*

5. Tout journal ou écrit périodique peut être publié sans auto-

14 mars 1882. — Décret concernant les juridictions appelées à connaître des crimes et délits de presse dans les colonies où n'existent pas de cours d'assises (D. P. 83. 4. 21).

2-4 août 1882. — Loi ayant pour objet la répression des outrages aux bonnes mœurs (D. P. 82. 4. 105).

6 mars 1883. — Décret qui rend applicable aux colonies la loi du 2 août 1882 pour la répression des outrages aux bonnes mœurs (D. P. 83. 4. 88).

risation préalable et sans dépôt de cautionnement, après la déclaration prescrite par l'art. 7.

6. Tout journal ou écrit périodique aura un gérant.

Le gérant devra être Français, majeur, avoir la jouissance de ses droits civils et n'être privé de ses droits civiques par aucune condamnation judiciaire.

7. Avant la publication de tout journal ou écrit périodique, il sera fait, au parquet du procureur de la République, une déclaration contenant :

1° Le titre du journal ou écrit périodique et son mode de publication ;

2° Le nom et la demeure du gérant ;

3° L'indication de l'imprimerie où il doit être imprimé.

Toute mutation dans les conditions ci-dessus énumérées sera déclarée dans les cinq jours qui soivront.

8. Les déclarations seront faites par écrit, sur papier timbré, et signées des gérants. Il en sera donné récépissé.

9. En cas de contravention aux dispositions prescrites par les art. 6, 7, 8, le propriétaire, le gérant, ou, à défaut, l'imprimeur, seront punis d'une amende de 50 fr. à 500 fr.

Le journal ou écrit périodique ne pourra continuer sa publication qu'après avoir rempli les formalités ci-dessus prescrites, à peine, si la publication irrégulière continue, d'une amende de 100 fr., prononcée solidairement contre les mêmes personnes, pour chaque numéro publié à partir du jour de la prononciation du jugement de condamnation, si ce jugement est contradictoire, et du troisième jour qui suivra sa notification, s'il a été rendu par défaut ; et ce, nonobstant opposition ou appel, si l'exécution provisoire est ordonnée.

Le condamné, même par défaut, peut interjeter appel. Il sera statué par la cour dans le délai de trois jours.

10. Au moment de la publication de chaque feuille ou livraison du journal ou écrit périodique, il sera remis au parquet du procureur de la République, ou à la mairie dans les villes où il n'y a pas de tribunal de première instance, deux exemplaires signés du gérant.

Pareil dépôt sera fait au ministère de l'intérieur, pour Paris et le département de la Seine, et, pour les autres départements, à la préfecture, à la sous-préfecture, ou à la mairie, dans les villes où ne sont ni chefs-lieux de département, ni chefs-lieux d'arrondissement.

Chacun de ces dépôts sera effectué sous peine de 50 fr. d'amende contre le gérant.

11. Le nom du gérant sera imprimé au bas de tous les exemplaires, à peine contre l'imprimeur de 16 fr. à 100 fr. d'amende par chaque numéro publié en contravention de la présente disposition.

§ 2. — Des rectifications.

12. Le gérant sera tenu d'insérer gratuitement, en tête du plus prochain numéro du journal ou écrit périodique, toutes les rectifications qni lui sont adressées par un dépositaire de l'autorité publique, au sujet des actes de sa fonction qui auront été inexactement rapportés par ledit journal ou écrit périodique.

Toutefois, ces rectifications ne dépasseront pas le double de l'article auquel elles répondront.

En cas de contravention, le gérant sera puni d'une amende de 100 fr. à 1000 fr.

13. Le gérant sera tenu d'insérer dans les trois jours de leur réception ou dans le plus prochain numéro, s'il n'en était pas publié avant l'expiration des trois jours, les réponses de toute personne nommée ou désignée dans le journal ou écrit périodique, sous peine d'une amende de 50 fr. à 500 fr., sans préjudice des autres peines et dommages-intérêts auxquels l'article pourrait donner lieu.

Cette insertion devra être faite à la même place et en mêmes caractères que l'article qui l'aura provoquée.

Elle sera gratuite, lorsque les réponses ne dépasseront pas le double de la longueur dudit article. Si elles le dépassent, le prix d'insertion sera dû pour le surplus seulement. Il sera calculé au prix des annonces judiciaires.

§ 3. — Des journaux ou écrits périodiques étrangers.

14. La circulation en France des journaux ou écrits périodiques publiés à l'étranger ne pourra être interdite que par une décision spéciale délibérée en conseil des ministres.

La circulation d'un numéro peut être interdite par une décision du ministre de l'intérieur.

La mise en vente ou la distribution, faite sciemment au mépris de l'interdiction, sera unie d'une amende de 50 fr. à 500 fr.

21 janv.-25 mars 1884. — Décret qui fixe le cadre du personnel du Journal officiel (D. P. 84. 4. 82).

27-29 juill. 1884. — Loi sur le divorce. — Art. 3, portant que « la reproduction des débats sur les instances en divorce ou en séparation de corps est interdite sous peine de l'amende édictée par l'art. 39 de la loi du 29 juillet 1881 » (D. P. 84. 4. 97).

11-13 juin 1887. — Loi concernant la diffamation et

CHAP. 3. — De l'affichage, du colportage et de la vente sur la voie publique.

§ 1er. — De l'affichage.

15. Dans chaque commune, le maire désignera, par arrêté, les lieux exclusivement destinés à recevoir les affiches des lois et autres actes de l'autorité publique.

Il est interdit d'y placarder des affiches particulières.

Les affiches des actes émanés de l'autorité seront seules imprimées sur papier blanc.

Toute contravention aux dispositions du présent article sera punie des peines portées en l'art. 2.

16. Les professions de foi, circulaires et affiches électorales pourront être placardées, à l'exception des emplacements réservés par l'article précédent, sur tous les édifices publics autres que les édifices consacrés aux cultes, et particulièrement aux abords des salles de scrutins.

17. Ceux qui auront enlevé, déchiré, recouvert ou altéré par un procédé quelconque, de manière à les travestir ou à les rendre illisibles, des affiches apposées par ordre de l'Administration dans les emplacements à ce réservés, seront punis d'une amende de 5 fr. à 15 fr.

Si le fait a été commis par un fonctionnaire ou un agent de l'autorité publique, la peine sera d'une amende de 16 fr. à 100 fr., et d'un emprisonnement de six jours à un mois, ou de l'une de ces deux peines seulement.

Seront punis d'une amende de 5 fr. à 15 fr. ceux qui auront enlevé, déchiré, recouvert ou altéré par un procédé quelconque, de manière à les travestir ou à les rendre illisibles, des affiches électorales émanant de simples particuliers, apposées ailleurs que sur les propriétés de ceux qui auront commis cette lacération ou altération.

La peine sera d'une amende de 16 fr. à 100 fr. et d'un emprisonnement de six jours à un mois, ou de l'une de ces deux peines seulement, si le fait a été commis par un fonctionnaire ou un agent de l'autorité publique, à moins que les affiches n'aient été apposées dans les emplacements réservés par l'art. 15.

§ 2. — Du colportage et de la vente sur la voie publique.

18. Quiconque voudra exercer la profession de colporteur ou de distributeur sur la voie publique ou en tout autre lieu public ou privé, de livres, écrits, brochures, journaux, dessins, gravures, lithographies et photographies, sera tenu d'en faire la déclaration à la préfecture du département où il a son domicile.

Toutefois, en ce qui concerne les journaux et autres feuilles périodiques, la déclaration pourra être faite soit à la mairie de la commune dans laquelle doit se faire la distribution, soit à la sous-préfecture. Dans ce dernier cas, la déclaration produira son effet pour toutes les communes de l'arrondissement.

19. La déclaration contiendra les nom, prénoms, profession, domicile, âge et lieu de naissance du déclarant.

Il sera délivré immédiatement et sans frais au déclarant un récépissé de sa déclaration.

20. La distribution et le colportage accidentels ne sont assujettis à aucune déclaration.

21. L'exercice de la profession de colporteur ou de distributeur sans déclaration préalable, la fausseté de la déclaration, le défaut de présentation à toute réquisition du récépissé constituent des contraventions.

Les contrevenants seront punis d'une amende de 5 à 15 fr. et pourront l'être, en outre, d'un emprisonnement d'un à cinq jours. En cas de récidive ou de déclaration mensongère, l'emprisonnement sera nécessairement prononcé.

22. Les colporteurs et distributeurs pourront être poursuivis conformément au droit commun, s'ils ont sciemment colporté ou distribué des livres, écrits, brochures, journaux, dessins, gravures, lithographies et photographies, présentant un caractère délictueux saus préjudice des cas prévus à l'art. 42.

CHAP. 4. — Des crimes et délits commis par la voie de la presse ou par tout autre moyen de publication.

§ 1er. — Provocation aux crimes et délits.

23. Seront punis comme complices d'une action qualifiée crime ou délit ceux qui, soit par des discours, cris ou menaces proférés dans des lieux ou réunions publics, soit par des écrits, des imprimés vendus ou distribués, mis en vente ou exposés dans les lieux ou réunions publics, soit par des placards ou affiches, exposés aux regards du public, auront directement provoqué l'auteur ou les auteurs à commettre ladite action, si la provocation a été suivie d'effet.

l'injure commises par les correspondances postales ou télégraphiques circulant à découvert (D. P. 87. 4. 55).

19-20 mars 1889. — Loi relative aux annonces sur la voie publique (D. P. 89. 4. 47).

16-17 mars 1893. — Loi portant modification des art. 45, 47 et 60 de la loi du 29 juill. 1881 sur la presse (D. P. 93. 4. 64).

21. — Économie de la loi du 29 juill. 1881. — Abrogation des lois antérieures sur la presse. — Nous avons dit *suprà*,

---

Cette disposition sera également applicable lorsque la provocation n'aura été suivie que d'une tentative de crime prévue par l'art. 2 du code pénal.

24. Ceux qui par les moyens énoncés en l'article précédent auront directement provoqué à commettre les crimes de meurtre, de pillage et d'incendie, ou l'un des crimes contre la sûreté de l'État prévus par l'art. 75 et suiv. jusques et y compris l'art. 101 c. pén., seront punis, dans le cas où cette provocation n'aurait pas été suivie d'effet, de trois mois à deux ans d'emprisonnement et de 100 fr. à 3000 fr. d'amende.

Tous cris ou chants séditieux proférés dans des lieux ou réunions publics seront punis d'un emprisonnement de six jours à un mois et d'une amende de 16 fr. à 500 fr. ou de l'une de ces deux peines seulement.

25. Toute provocation par l'un des moyens énoncés en l'art. 23, dressés à des militaires des armées de terre ou de mer, dans le but de les détourner de leurs devoirs militaires et de l'obéissance qu'ils doivent à leurs chefs dans tout ce qu'ils leur commandent pour l'exécution des lois et règlements militaires, sera punie d'un emprisonnement d'un à six mois et d'une amende de 16 à 100fr.

§ 2. — *Délits contre la chose publique.*

26. L'offense au président de la République par l'un des moyens énoncés dans l'art. 23 et dans l'art. 28 est punie d'un emprisonnement de trois mois à un an et d'une amende de 100 fr., ou de l'une de ces deux peines seulement.

27 La publication ou reproduction de nouvelles fausses, de pièces fabriquées, falsifiées ou mensongèrement attribuées à des tiers, sera punie d'un emprisonnement d'un mois à un an et d'une amende de 50 fr. à 1000 fr. ou de l'une de ces deux peines seulement, lorsque la publication ou reproduction aura troublé la paix publique et qu'elle aura été faite de mauvaise foi.

28. L'outrage aux bonnes mœurs commis par l'un des moyens énoncés en l'art. 23 sera puni d'un emprisonnement de un mois à deux ans et d'une amende de 16 fr. à 2000 fr.

Les mêmes peines seront applicables à la mise en vente, à la distribution ou à l'exposition de dessins, gravures, peintures, emblèmes ou images obscènes. Les exemplaires de ces dessins, gravures, peintures, emblèmes ou images obscènes exposés au regard du public, mis en vente, colportés ou distribués, seront saisis.

§ 3. — *Délits contre les personnes.*

29. Toute allégation ou imputation d'un fait qui porte atteinte à l'honneur ou à la considération de la personne ou du corps auquel le fait est imputé est une diffamation.

Toute expression outrageante, terme de mépris ou invective qui ne renferme l'imputation d'aucun fait est une injure.

30. La diffamation commise par l'un des moyens énoncés en l'art. 23 et en l'art. 28, envers les tribunaux, les armées de terre ou de mer, les corps constitués et les administrations publiques, sera punie d'un emprisonnement de huit jours à un an et d'une amende de 100 fr. à 3000 fr. ou de l'une de ces deux peines seulement.

31. Sera punie de la même peine la diffamation commise par les mêmes moyens, à raison de leurs fonctions ou de leur qualité, envers un ou plusieurs membres du ministère, un ou plusieurs membres de l'une ou de l'autre Chambre, un fonctionnaire public, un dépositaire ou agent de l'autorité publique, un ministre de l'un des cultes salariés par l'État, un citoyen chargé d'un service ou d'un mandat public temporaire ou permanent, un juré ou un témoin, à raison de sa déposition.

32. La diffamation commise envers les particuliers par l'un des moyens énoncés en l'art. 23 et en l'art. 28, sera punie d'un emprisonnement de cinq jours à six mois et d'une amende de 25 fr. à 2000 fr., ou de l'une de ces deux peines seulement.

33. L'injure, commise par les mêmes moyens, envers les corps ou les personnes désignés par les art. 30 et 31 de la présente loi, sera punie d'un emprisonnement de six jours à trois mois et d'une amende de 18 fr. à 500 fr., ou de l'une de ces deux peines seulement.

L'injure commise de la même manière envers les particuliers, lorsqu'elle n'aura pas été précédée de provocation, sera punie d'un emprisonnement de cinq jours à deux mois et d'une amende de 16 fr. à 300 fr., ou de l'une de ces deux peines seulement.

Si l'injure n'est pas publique, elle ne sera punie que de la peine prévue par l'art. 471 du code pénal.

34. Les art. 29, 30 et 31 ne seront applicables aux diffamations

---

n° 15, que la loi du 29 juill. 1881 a eu pour objet de refondre, de supprimer et de remplacer les innombrables dispositions des lois antérieures sur la presse. Elle est à elle seule un code complet de la législation administrative et de la législation pénale de la presse. Elle est divisée en cinq chapitres. Les trois premiers concernent les mesures de police qui sont maintenues en vigueur; ils correspondent au titre 2 de notre traité. Le chapitre 1 est intitulé *De l'imprimerie et de la librairie* (art. 1 à 4); le chapitre 2 concerne la

---

ou injures dirigées contre la mémoire des morts que dans les cas où les auteurs de ces diffamations ou injures auraient eu l'intention de porter atteinte à l'honneur ou à la considération des héritiers vivants.

Ceux-ci pourront toujours user du droit de réponse prévu par l'art. 13.

36. La vérité du fait diffamatoire, mais seulement quand il est relatif aux fonctions, pourra être établie par les voies ordinaires, dans le cas d'imputations contre les corps constitués, les armées de terre ou de mer, les administrations publiques et contre toutes les personnes énumérées dans l'art. 31.

La vérité des imputations diffamatoires et injurieuses pourra être également établie contre les directeurs ou administrateurs de toute entreprise industrielle, commerciale ou financière, faisant publiquement appel à l'épargne ou au crédit.

Dans les cas prévus aux deux paragraphes précédents, la preuve contraire est réservée. Si la preuve du fait diffamatoire est rapportée, le prévenu sera renvoyé des fins de la plainte.

Dans tous autre circonstance et envers toute autre personne non qualifiée, lorsque le fait imputé est l'objet de poursuites commencées à la requête du ministère public, ou d'une plainte de la part du prévenu, il sera, durant l'instruction qui devra avoir lieu, sursis à la poursuite et au jugement du délit de diffamation.

§ 4. — *Délits contre les chefs d'États et agents diplomatiques étrangers.*

36. L'offense commise publiquement envers les chefs d'État étrangers sera punie d'un emprisonnement de trois mois à un an et d'une amende de 100 fr. à 3000 fr., ou de l'une de ces deux peines seulement.

37. L'outrage commis publiquement envers les ambassadeurs et ministres plénipotentiaires, envoyés, chargés d'affaires ou autres agents diplomatiques accrédités près du gouvernement de la République, sera puni d'un emprisonnement de huit jours à un an et d'une amende de 50 fr. à 2000 fr., ou de l'une de ces deux peines seulement.

§ 5. — *Publications interdites, immunités de la défense.*

38. Il est interdit de publier les actes d'accusation et tous autres actes de procédure criminelle ou correctionnelle avant qu'ils aient été lus en audience publique, et ce, sous peine d'une amende de 50 fr. à 1000 fr.

39. Il est interdit de rendre compte des procès en diffamation où la preuve des faits diffamatoires n'est pas autorisée. La plainte seule pourra faire publier la défense par le plaignant. Dans toute affaire civile, les cours et tribunaux pourront interdire le compte rendu du procès.

Ces interdictions ne s'appliqueront pas aux jugements, qui pourront toujours être publiés.

Il est également interdit de rendre compte des délibérations intérieures, soit des jurys, soit des cours et tribunaux.

Toute infraction à ces dispositions sera punie d'une amende de 100 fr. à 2000 fr.

40. Il est interdit d'ouvrir ou d'annoncer publiquement des souscriptions ayant pour objet d'indemniser des amendes, frais et dommages-intérêts prononcés par les condamnations judiciaires, en matière criminelle et correctionnelle, sous peine d'un emprisonnement de huit jours à six mois et d'une amende de 100 à 1000 fr., ou de l'une de ces deux peines seulement.

41. Ne donneront ouverture à aucune action les discours tenus dans le sein de l'une des Chambres, ainsi que les rapports ou toutes autres pièces imprimées par ordre de l'une des deux Chambres.

Ne donnera lieu à aucune action le compte rendu des séances publiques des deux Chambres, fait de bonne foi dans les journaux.

Ne donneront lieu à aucune action en diffamation, injure ou outrage, ni le compte rendu fidèle fait de bonne foi des débats judiciaires, ni les discours prononcés ou les écrits produits devant les tribunaux.

Pourront néanmoins les juges, saisis de la cause et statuant sur le fond, prononcer la suppression des discours injurieux, outrageants ou diffamatoires, et condamner qui il appartiendra à des dommages-intérêts. Les juges pourront aussi, dans le même cas, faire des injonctions aux avocats et officiers ministériels et même les suspendre de leurs fonctions. La durée de cette suspension ne pourra excéder deux mois, et six mois en cas de récidive, dans l'année.

Presse périodique (art. 5 à 14) et le chapitre 3 traite de l'*Affichage, du colportage et de la vente sur la voie publique* (art. 18 à 22). Le quatrième chapitre, intitulé : *Des crimes et délits commis par la voie de la presse ou par tout autre moyen de publication* (art. 23 à 41), est consacré à la législation pénale de la presse, et le cinquième chapitre a pour titre : *Des poursuites et de la répression* (art. 42 à 65). Le commentaire de ces deux derniers chapitres fait l'objet des titres 3 et 4 de notre traité.

22. La loi du 29 juill. 1881 contient en outre quelques dispositions transitoires (art. 66 à 70). Les art. 66 et 77 recevront leur explication dans l'ordre des matières auxquelles ces dispositions se rattachent.

23. Il y a lieu de signaler ici la disposition de l'art. 68, qui donne à la loi de 1881 son caractère de législation exclusive et nouvelle de la presse, en prononçant l'abrogation des anciennes lois. Cet article est ainsi conçu : « Sont abrogés les édits, lois, décrets, ordonnances, arrêtés, règlements, déclarations généralement quelconques, relatifs à l'imprimerie, à la librairie, à la presse périodique ou non périodique, au colportage, à l'affichage, à la vente sur la voie publique, et aux crimes et délits prévus par la loi sur la

presse et les autres moyens de publication, sans que puissent revivre les dispositions abrogées par les lois antérieures. Est également abrogé le second paragraphe de l'art. 31 de la loi du 10 août 1871 sur les conseils généraux, relatifs à l'appréciation de leurs discussions par les journaux ».

La disposition de l'art. 68 a été substituée aux deux dispositions qui formaient les art. 1 et 2 du projet de loi. L'art. 1 du projet, conçu dans les mêmes termes que l'art. 68 de la loi, prononçait de même une abrogation générale et absolue des lois sur la presse (D. P. 81. 4. 88, note 1). L'art. 2 contenait une nomenclature des dispositions inhérentes au droit de publication, suivant l'expression du rapporteur (Celliez et le Senne, *Loi de 1881, accompagnée des travaux de rédaction,* p. 44), mais placées dans le code pénal ou dans des lois spéciales étrangères à la législation de la presse, que l'on entendait excepter formellement de l'abrogation prononcée par l'art. 1. Les dispositions législatives formant cette nomenclature sont énumérées D. P. 81. 4. 88, note 1. Le projet y faisait figurer notamment les art. 201 et suiv. c. pén. portant répression des délits de provocation commis par les ministres des cultes; les art. 222 à 227 et 262 du même code relatif aux outrages envers les personnes

Pourront toutefois les faits diffamatoires étrangers à la cause donner ouverture, soit à l'action publique, soit à l'action civile des parties, lorsque ces actions leur auront été réservées par les tribunaux, et, dans tous les cas, à l'action contre des tiers.

Chap. 5. — *Des poursuites et de la répression.*

§ 1er. — *Des personnes responsables des crimes et délits commis par la voie de la presse.*

42. Seront passibles, comme auteurs principaux, des peines qui constituent la répression des crimes et délits commis par la voie de la presse dans l'ordre ci-après, savoir : 1° les gérants ou éditeurs, quelles que soient leurs professions ou leurs dénominations; 2° à leur défaut, les auteurs; 3° à défaut des auteurs, les imprimeurs; 4° à défaut des imprimeurs, les vendeurs, distributeurs ou afficheurs.

43. Lorsque les gérants ou les éditeurs seront en cause, les auteurs seront poursuivis, comme complices.

Pourront l'être au même titre et dans tous les cas toutes personnes auxquelles l'art. 60 c. pén. pourrait s'appliquer. Ledit article ne pourra s'appliquer aux imprimeurs pour faits d'impression, sauf dans le cas et les conditions prévus par l'art. 6 de la loi du 7 juin 1848 sur les attroupements.

44. Les propriétaires des journaux ou écrits périodiques sont responsables des condamnations pécuniaires prononcées au profit des tiers contre les personnes désignées dans les deux articles précédents, conformément aux dispositions des art. 1382, 383, 1384 c. civ.

45. (Modifié par la loi du 16 mars 1893.) Les crimes et délits prévus par la présente loi sont déférés à la cour d'assises.

Sont exceptés et déférés au tribunal de police correctionnelle les délits et infractions prévus par les art. 3, 4, 9, 10, 11, 12, 13, 14, 17, § 2 et 4, 28, § 2, 32, 33, § 2, 36, 37, 38, 39 et 40 de la présente loi. Sont encore exceptées et renvoyées devant les tribunaux de simple police les contraventions prévues par les art. 2, 15, 17, § 1 et 3, 21 et 23, § 3, de la présente loi.

46. L'action civile résultant des délits de diffamation prévus et punis par les art. 30 et 31 ne pourra, sauf dans le cas de décès de l'auteur du fait incriminé ou d'amnistie, être poursuivie séparément de l'action publique.

§ 2. — *De la procédure.*

A. — Cour d'assises.

47. La poursuite des crimes et délits commis par la voie de la presse ou par tout autre moyen de publication aura lieu d'office et à la requête du ministère public, sous les modifications suivantes : 1° dans le cas d'injure ou de diffamation envers les cours, tribunaux et autres corps indiqués en l'art. 30, la poursuite n'aura lieu que sur une délibération prise par eux en assemblée générale, et requérant les poursuites; ou, si le corps n'a pas d'assemblée générale, sur la plainte du chef du corps ou du ministre duquel ce corps relève; — 2° Dans le cas d'injure ou de diffamation envers un ou plusieurs membres de l'une ou de l'autre Chambre, la poursuite n'aura lieu que sur la plainte de la personne ou des personnes intéressées; — 3° Dans le cas d'injure ou de diffamation envers les fonctionnaires publics, les dépositaires ou agents de l'autorité publique autres que les ministres, envers les ministres des cultes salariés par l'Etat et les citoyens chargés d'un service ou d'un mandat public, la poursuite aura lieu, soit sur la plainte, soit d'office, sur la plainte du ministre dont ils relèvent; — 4° Dans le cas de diffamation envers

un juré ou un témoin, délit prévu par l'art. 31, la poursuite n'aura lieu que sur la plainte du juré ou du témoin qui se prétendra diffamé; — 5° ... (Abrogé par la loi du 16 mars 1893); — 6° Dans les cas prévus par les paragraphes 3 et 4 du présent article, le droit de citation directe devant la cour d'assises appartiendra à la partie lésée.

Sur sa requête, le président de la cour d'assises fixera les jours et heures auxquels l'affaire sera appelée.

48. Si le ministère public requiert une information, il sera tenu, dans son réquisitoire, d'articuler et de qualifier les provocations, outrages, diffamations et injures à raison desquels la poursuite est intentée, avec indication des textes dont l'application est demandée, à peine de nullité du réquisitoire de ladite poursuite.

49. Immédiatement après le réquisitoire, le juge d'instruction pourra, mais seulement en cas d'omission du dépôt prescrit par les art. 3 et 10 ci-dessus, ordonner la saisie de quatre exemplaires de l'écrit, du journal ou du dessin incriminé. Cette disposition ne déroge en rien à ce qui est prescrit par l'art. 28 de la présente loi. — Si le prévenu est domicilié en France, il ne pourra être arrêté préventivement, sauf en cas de crime.

En cas de condamnation, l'arrêt pourra ordonner la saisie et la suppression ou la destruction de tous les exemplaires qui seraient mis en vente, distribués ou exposés au regard du public. Toutefois, la suppression ou la destruction pourra ne s'appliquer qu'à certaines parties des exemplaires saisis.

50. La citation contiendra l'indication précise des écrits, des imprimés, placards, dessins, gravures, peintures, médailles, emblèmes, des discours ou propos publiquement proférés qui seront l'objet de la poursuite, ainsi que de la qualification des faits. Elle indiquera les textes de la loi invoquée à l'appui de la demande. — Si la citation est à la requête du plaignant, elle portera, en outre, copie de l'ordonnance du président; elle contiendra élection de domicile dans la ville où siège la cour d'assises, et sera notifiée tant au prévenu qu'au ministère public. Toutes ces formalités seront observées à peine de nullité de la poursuite.

51. Le délai entre la citation et la comparution en cour d'assises sera de cinq jours francs, outre un jour par 5 myriamètres de distance.

52. En matière de diffamation, ce délai sera de douze jours, outre un jour par 5 myriamètres.

Quand le prévenu voudra être admis à prouver la vérité des faits diffamatoires, conformément aux dispositions de l'art. 35 de la présente loi, il devra, dans les cinq jours qui suivront la notification de la citation, faire signifier au ministère public près la cour d'assises, ou au plaignant, au domicile par lui élu, suivant qu'il est à la requête de l'un ou de l'autre : 1° les faits articulés et qualifiés dans la citation, desquels il entend prouver la vérité; — 2° La copie des pièces; — 3° Les noms, professions et demeures des témoins par lesquels il entend faire sa preuve. Cette signification contiendra élection de domicile près la cour d'assises, le tout à peine d'être déchu du droit de faire la preuve.

53. Dans les cinq jours suivants, le plaignant ou le ministère public, suivant les cas, sera tenu de faire signifier au prévenu, au domicile par lui élu, la copie des pièces et les noms, professions et demeures des témoins par lesquels il entend faire la preuve contraire, sous peine d'être déchu de son droit.

54. Toute demande en renvoi, pour quelque cause que ce soit, tout incident sur la procédure suivie devront être présentés avant l'appel des jurés, à peine de forclusion.

ayant un caractère public; et, entre autres délits prévus par la législation étrangère au code pénal, les provocations à des attroupements réprimées par l'art. 6 de la loi du 7 juin 1848. — La Chambre avait réservé l'adoption des art. 1 et 2 du projet jusqu'à la fin de la discussion de la loi. A la séance du 5 févr. 1881 (Celliez et Le Senne, p. 625 et suiv.), la commission, par l'organe de M. Lisbonne, son rapporteur, proposa de supprimer, comme inutile et même comme dangereuse, la disposition de l'art. 2 du projet et de s'en tenir à celle de l'art. 1 qui, légèrement remaniée, devint l'art. 68 de la loi. « Nous devions asseoir, dit M. Lisbonne, la loi nouvelle sur un sol devenu libre, déblayé de toute espèce de précédents. C'est ce que nous avons voulu faire, c'est ce que nous avons fait. Nous avons abrogé d'une façon générale, sans rien excepter, ni réserver, toutes les codifications législatives, plus ou moins partielles, relatives aux crimes et aux délits commis par la presse ou autres moyens de publication. C'est ce qu'exprimait avec une suffisante netteté l'art. 1 que vous avez réservé et qui, moyennant certaine variante, deviendra l'art. 68 de la loi nouvelle... Telle est l'expression du principe d'abrogation. Ce principe

est absolu; il ne fait grâce à rien. L'art. 2 que vous avez réservé avait pour objet de déterminer ce que nous n'abrogions pas. Comme nous n'abrogeons que la législation relative à la presse et autres moyens de publication, mais entièrement, comme c'est à cette législation que nous devions exclusivement nous attacher, l'art. 2 devenait inutile. Cette disposition exceptait en effet, de l'abrogation, des lois, des arrêtés, des dispositions qui sont *étrangers à la législation sur la presse*. Nous avons considéré cette formule comme superflue. Elle n'était même pas sans inconvénients, en ce sens que si, dans l'énumération des textes non sujets à l'abrogation, nous eussions fait quelque omission, il aurait semblé que les dispositions simplement omises rentreraient implicitement dans le cadre des dispositions abrogées. C'était là un danger qu'il fallait éviter, et nous l'avons évité en généralisant d'une façon plus large la formule de l'art. 1, de manière à faire de l'art. 2 une superfétation ».

24. L'abrogation que prononce l'art. 68 est expresse et elle est générale et absolue. Elle atteint la législation antérieure de la presse dans toutes ses dispositions, non seulement dans celles qui sont contraires à la loi du 29 juill.

---

55. Si le prévenu a été présent à l'appel des jurés, il ne pourra plus faire défaut, quand bien même il se fût retiré pendant le tirage au sort. En conséquence, tout arrêt qui interviendra, soit sur le forme, soit sur le fond, sera définitif, quand bien même le prévenu se retirerait de l'audience ou refuserait de se défendre. Dans ce cas, il sera procédé avec le concours du jury et comme si le prévenu était présent.

56. Si le prévenu ne comparait pas au jour fixé par la citation, il sera jugé par défaut par la cour d'assises, sans assistance ni intervention des jurés.

La condamnation par défaut sera comme non avenue si dans les cinq jours de la signification qui en aura été faite au prévenu ou à son domicile, celui-ci forme opposition à l'exécution de l'arrêt et notifie son opposition tant au ministère public qu'au plaignant. Toutefois, si la signification n'a pas été faite à personne, ou s'il ne résulte pas d'acte d'exécution de l'arrêt que le prévenu en a eu connaissance, l'opposition sera recevable jusqu'à l'expiration des délais de la prescription de la peine. L'opposition vaudra citation à la première audience utile. Les frais de l'expédition, de la signification de l'arrêt, de l'opposition et de la réassignation pourront être laissés à la charge du prévenu.

57. Faute par le prévenu de former son opposition dans le délai fixé en l'art. 56, et de la signifier aux personnes indiquées dans cet article, ou de comparaître par lui-même au jour fixé en l'article précédent, l'opposition sera réputée non avenue et l'arrêt par défaut sera définitif.

58. En cas d'acquittement par le jury, s'il y a partie civile en cause, la cour ne pourra statuer que sur les dommages-intérêts réclamés par le prévenu. Ce dernier devra être renvoyé de la plainte sans dépens ni dommages-intérêts au profit du plaignant.

59. Si, au moment où le ministère public ou le plaignant exerce son action, la session de la cour d'assises est terminée, et s'il ne doit pas s'en ouvrir d'autre à une époque rapprochée, il pourra être formé une cour d'assises extraordinaire, par ordonnance motivée du premier président. Cette ordonnance prescrira le tirage au sort des jurés conformément à la loi. L'art. 81 du décret du 6 juill. 1810 sera applicable aux cours d'assises extraordinaires formées en exécution du paragraphe précédent.

B. — Police correctionnelle et simple police.

60. (Modifié par la loi du 16 mars 1893.) La poursuite devant les tribunaux correctionnels et de simple police aura lieu conformément aux dispositions du chap. 2 du tit. 1er du liv. 2 c. instr. crim., sauf les modifications suivantes : 1° Dans le cas d'offense envers les chefs d'États ou d'outrages envers les agents diplomatiques étrangers, la poursuite aura lieu soit à leur requête, soit d'office, sur leur demande adressée au ministre des affaires étrangères et par celui-ci au ministre de la justice. En ce cas, seront applicables les dispositions de l'art. 49 sur le droit de saisie et d'arrestation préventive, relatives aux infractions prévues par les art. 23, 24 et 25 ; — 2° Dans le cas de diffamation envers les particuliers, prévu par l'art. 32, et dans le cas d'injure prévu par l'art. 33, § 2, la poursuite n'aura lieu que sur la plainte de la personne diffamée ou injuriée; — 3° En cas de diffamation ou d'injure pendant la période électorale contre un candidat à une fonction élective, le délai de la citation sera réduit à vingt-quatre heures, outre le délai de distance; — 4° La citation précisera et qualifiera le fait incriminé; elle indiquera le texte de loi applicable à la poursuite, le tout à peine de nullité de ladite poursuite. Sont applicables au cas de poursuite et de condamnation les dispositions de l'art. 48 de la présente loi.

Le désistement du plaignant arrêtera la poursuite commencée.

C. — Pourvois en cassation.

61. Le droit de se pourvoir en cassation appartiendra au prévenu et à la partie civile, quant aux dispositions relatives à ses intérêts civils. L'un et l'autre seront dispensés de consigner l'amende, et le prévenu, de se mettre en état.

62. Le pourvoi devra être formé dans les trois jours, au greffe de la cour ou du tribunal qui aura rendu la décision. Dans les vingt-quatre heures qui suivront, les pièces seront envoyées à la cour de cassation, qui jugera d'urgence dans les dix jours à partir de leur réception.

§ 3. — *Récidives, circonstances atténuantes, prescriptions.*

63. L'aggravation des peines résultant de la récidive ne sera pas applicable aux infractions prévues par la présente loi.

En cas de conviction de plusieurs crimes ou délits prévus par la présente loi, les peines ne se cumuleront pas, et la plus forte sera seule prononcée.

64. L'art. 463 c. pén. est applicable dans tous les cas prévus par la présente loi. Lorsqu'il y aura lieu de faire cette application, la peine prononcée ne pourra excéder la moitié de la peine édictée par la loi.

65. L'action publique et l'action civile résultant des crimes, délits et contraventions prévus par la présente loi se prescriront après trois mois révolus, à compter du jour où ils auront été commis, ou du jour du dernier acte de poursuite, s'il en a été fait.

Les prescriptions commencées à l'époque de la publication de la présente loi, et pour lesquelles il faudrait encore, suivant les lois existantes, plus de trois mois à compter de la même époque, seront, par ce laps de trois mois, définitivement accomplies.

DISPOSITIONS TRANSITOIRES.

66. Les gérants et propriétaire de journaux existant au jour de la promulgation de la présente loi seront tenus de se conformer, dans un délai de quinzaine, aux prescriptions édictées par les art. 7 et 8, sous peine de tomber sous l'application de l'art. 9.

67. Le montant des cautionnements versés par les journaux ou écrits périodiques, actuellement soumis à cette obligation, sera remboursé à chacun d'eux, par le Trésor public, dans un délai de trois mois, à partir du jour de la promulgation de la présente loi, sans préjudice des retenues qui pourront être effectuées au profit de l'État ou des particuliers, pour les condamnations à l'amende et les réparations civiles auxquelles il n'aura pas été autrement satisfait à l'époque du remboursement.

68. Sont abrogés les édits, lois, décrets, ordonnances, arrêtés, règlements, déclarations généralement quelconques, sur l'imprimerie, la librairie, la presse périodique ou non périodique, au colportage, à l'affichage, à la vente sur la voie publique et aux crimes et délits prévus par les lois sur la presse et les autres moyens de publication, que sans puissent revivre les dispositions abrogées par les lois antérieures.

Est également abrogé le second paragraphe de l'art. 31 de la loi du 10 août 1871 sur les conseils généraux, relatif à l'appréciation de leurs discussions par les journaux.

69. La présente loi est applicable à l'Algérie et aux colonies.

70. Amnistie est accordée pour tous les crimes et délits commis antérieurement au 16 févr. 1881, par la voie de la presse ou autres moyens de publication, sauf l'outrage aux bonnes mœurs puni par l'art. 28 de la présente loi, et sans préjudice du droit des tiers.

Les amendes non perçues ne seront pas exigées. Les amendes déjà perçues ne seront pas remboursées, à l'exception de celles qui ont été payées depuis le 16 févr. 1881.

(V. l'addition à la fin du volume).

1881, mais même dans celles qui pourraient être compatibles avec les dispositions de cette loi.

25. Sont frappés, par cette abrogation expresse, les *édits, lois, décrets, ordonnances, arrêtés, réglements, déclarations,* généralement quelconques ayant pour objet : 1° la police de *l'imprimerie;* 2° celle de la *librairie;* 3° celle de la *presse périodique;* 4° celle de l'*affichage;* 5° celle du *colportage,* de la *distribution* et de la *vente sur la voie publique;* 6° la définition, la poursuite et la répression des crimes et délits qui peuvent être commis par la voie de la presse ou de tout autre moyen de publication. C'est au titre de la loi et, si le titre n'est pas une indication suffisante, c'est à l'objet principal de la loi qu'il faut s'attacher pour décider si cette loi a fait ou non partie de la législation proprement dite de la presse et si elle est ou non comprise dans l'abrogation expresse édictée par l'art. 68. On pourra consulter aussi le tableau annexé au rapport de M. Lisbonne (Celliez et Le Senne, p. 694) comprenant l'énumération des dispositions qui formaient notre ancienne législation de la presse et qui sont abrogées; mais il convient d'observer que cette énumération n'est pas complète et qu'en outre elle contient des dispositions appartenant à des lois ou règlements législatifs étrangers à la législation spéciale de la presse : art. 1, 3 et 4 du décret du 18 germ. an 10 (organisation des cultes); art. 1 et 2 du décret du 7 germin. an 13 (impression des livres d'église, heures et prières); art. 1 et 2 du décret du 20 févr. 1809 (manuscrits des archives et des bibliothèques de l'Etat), etc. — Sont abrogés expressément par l'art. 68 tous les *arrêtés préfectoraux* ou *municipaux* qui réglementaient le colportage ou l'affichage en vertu de la délégation de pouvoirs faite aux autorités locales par les lois abrogées, mais non pas ceux de ces arrêtés qui ont pour objet d'assurer le bon ordre et la sécurité dans les lieux publics (Conf. Barbier, *Code expliqué de la presse,* t. 2, n° 1020).

26. Au contraire, l'abrogation générale expresse de l'art. 68 n'atteint pas celle des anciennes dispositions législatives ayant trait à la presse, au droit de publication ou réprimant des crimes et délits commis par les moyens de publication visés dans la loi du 29 juill. 1881, qui se trouvent dans le code pénal ou dans des lois spéciales étrangères à la législation proprement dite de la presse. On lit à cet égard dans la circulaire du ministre de la justice du 9 nov. 1881 (D. P. 81. 3. 106) : « En résumé, tous les crimes et délits prévus *par les lois spéciales* dites de la presse qui n'ont pas trouvé place dans la loi actuelle sont abrogés sans exception. Mais les lois de presse ne contiennent pas tous les délits de publication; il en est en petit nombre qui sont prévus par les lois spéciales. Ces délits n'entrent pas dans les prévisions de la présente loi et doivent être considérés comme maintenus à moins qu'ils ne se relient à ceux qui sont abrogés d'une manière si étroite qu'ils ne puissent en être séparés. C'est ce que l'art. 68 exprime très clairement lorsqu'il vise limitativement les crimes et délits prévus par les lois sur la presse et les autres moyens de publication. La loi nous donne d'ailleurs, elle-même, deux exemples de cette distinction essentielle. Elle rappelle incidemment, à l'art. 43, comme étant toujours en vigueur, l'art. 6 de la loi du 7 juin 1848 qui punit les provocations publiques à des attroupements, par des discours ou des imprimés, parce qu'il s'agit là d'une loi qui, n'ayant nullement la presse pour objet, demeure en vigueur dans toutes ses dispositions. De même l'art. 68 abroge, par une disposition spéciale, l'art. 31 de la loi du 10 août 1871 qui interdit aux journaux d'apprécier la discussion des conseils généraux sans reproduire en même temps la portion du compte rendu y afférente, *parce que cette disposition, figurant dans une loi sur les conseils généraux, ne rentrait pas dans l'abrogation édictée par cet article* ». La cour de cassation a formulé la même règle d'interprétation de l'art. 68 dans les termes suivants : « Attendu que l'art. 68, qui a remplacé ces articles (1 et 2) du projet primitif a restreint l'abrogation aux délits prévus par les lois sur la presse et les autres moyens de publication; qu'il a rendu ainsi superflues les dispositions de l'art. 2, lequel a été supprimé; que cette rédaction nouvelle, loin de faire disparaître les réserves contenues dans cet article, a eu pour effet de les maintenir, ou même les étendre, en limitant formellement l'abrogation prononcée par l'art. 68 aux seuls délits de publication prévus par les lois sur la

presse et en laissant subsister, en conséquence, les délits de même nature, définis soit par le code pénal, soit par les lois spéciales » (Crim. rej. 28 juill. 1883, aff. Feuillant, D. P. 84. 1. 310).

27. Ainsi ne sont pas abrogées, par la disposition expresse de l'art. 68, toutes les dispositions législatives qui étaient visées dans l'énumération de l'art. 2 du projet primitif (D. P. 81. 4. 88. note 1). D'autre part, la règle formulée par la cour de cassation, d'accord avec les observations du rapporteur de la loi de 1881 et la circulaire du ministre de la justice du 9 nov. 1881, invite les tribunaux à ne pas considérer comme abrogées, par l'art. 68, d'autres dispositions relatives au droit de publication ou à des délits de publication et non comprises dans l'énumération de l'art. 2 du projet, bien qu'elles appartiennent soit au code pénal, soit à des lois spéciales étrangères à la législation de la presse.

28. L'art. 2 du projet visait : « Les art. 1, 3 et 4 de la loi du 18 germ. au 10 (publication des bulles, rescrits, etc.); L'art. 36 de la loi du 21 germ. an 11, et l'art. 1 de la loi du 29 pluv. an 13 (annonces ou affiches de remèdes non autorisés); Les art. 1 et 2 du décret du 7 germ. an 13 (impression des livres d'église); Les art. 1 et 2 du décret du 20 févr. 1809 (impression des manuscrits de l'Etat); L'art. 4 de la loi du 21 mai 1836 (distribution des billets de loteries interdites); L'art. 9 de la loi du 24 mai 1834 et l'art. 6 de la loi du 7 juin 1848 (provocation à des attroupements); L'art. 2 de la loi du 27 juill. 1849 (provocation aux militaires pour les détourner de leurs devoirs); Les art. 7 et 8 de la loi du 27 juill. 1879 (provocation à un rassemblement sur la voie publique, ayant pour objet la discussion, la rédaction ou l'apport de pétitions aux Chambres); L'art. 45 du décret du 2 févr. 1852 (outrages envers les bureaux électoraux); Le paragraphe 5 de l'art. 5 de la loi du 25 mai 1838 (action civile pour diffamation ou injure en justice de paix); Les art. 201, 202, 203, 204, 205, 206 c. pén. (attaques de la part des ministres des cultes); Les art. 222 à 227 du même code (outrages envers les dépositaires de l'autorité ou de la force publique dans l'exercice de leurs fonctions); Les art. 260 à 264 du même code (entraves au libre exercice des cultes); Les art. 419 et 420 du même code (fausses nouvelles de nature à troubler les marchés publics); Les lois et dispositions législatives ayant trait aux sociétés civiles et commerciales, à la propriété littéraire, industrielle ou artistique, et les dispositions du code d'instruction criminelle qui ne sont pas contraires à la loi du 29 juill. 1881 » (D. P. 81. 4. 88, note 1).

29. L'art. 2 du projet primitif a été supprimé, en raison du danger que présentait une énumération certainement incomplète; il n'est donc pas prudent de reprendre la tâche abandonnée par le législateur. Cependant on peut ajouter aux textes visés dans l'art. 2 du projet les dispositions suivantes, indiquées par M. Barbier (t. 2, n° 1021) comme n'étant pas atteintes par l'abrogation édictée dans l'art. 68 : Les ordonnances du 8 nov. 1780 et du 19 sept. 1829 (mesures de police concernant les bouquinistes); L'art. 642 du décret du 1er mars 1854 (interdiction aux militaires de faire aucune publication sans autorisation de l'autorité supérieure); Les dispositions législatives concernant la censure dramatique; Les art. 283, 284, 285, 286, c. pén. (distribution d'écrits sans nom d'auteur ou d'imprimeur); L'art. 313 du même code et l'art. 17 de la loi du 15 juill. 1845 (provocation à des réunions séditieuses); L'art. 3 de la loi du 24 mars 1872 (provocations tendant au développement de l'Internationale); L'art. 293 c. pén. (provocations faites dans les assemblées des associations illicites); L'art. 438 du même code (provocation à entraver les travaux autorisés par le Gouvernement); L'art. 442 du même code (provocation au pillage de denrées); Les art. 208 et 265 des deux codes de justice militaire (embauchage); Les art. 242 et 321 des mêmes codes (provocation à la désertion); L'art. 230 c. just. milit. pour l'armée de terre (provocation à l'insoumission); L'art. 86 c. pén. (offense au chef de l'Etat); L'art. 40 de la loi du 2 févr. 1852 (fausses nouvelles tendant à détourner des suffrages); L'art. 287 c. pén. (confiscation des planches et exemplaires des ouvrages obscènes); Les art. 288 et 289 c. pén. (responsabilité pénale des participants au délit d'outrages aux bonnes mœurs); L'art. 14 du tit. 13 du décret du 22 août 1791 (injures aux préposés aux douanes dans leurs fonctions).

30. L'abrogation *expresse* édictée par l'art. 68 n'est, d'ailleurs, pas la seule qui résulte de la loi du 29 juill. 1881. En outre des dispositions qui formaient notre ancienne législation de la presse et qui sont toutes entièrement supprimées, on doit décider encore, en vertu des règles générales du droit, que toutes les dispositions du code pénal ou des lois spéciales étrangères à la presse qui sont incompatibles avec les dispositions de la loi du 29 juill. 1881 sont ét demeurent *tacitement* abrogées par l'effet de cette loi. Cette abrogation tacite est, d'ailleurs, subordonnée à l'existence d'une contrariété formelle, d'une incompatibilité absolue entre la loi antérieure et la loi de 1881 ; si l'incompatibilité n'est pas absolue, les deux dispositions doivent être combinées ; si l'incompatibilité n'existe qu'en certaines parties de l'ancienne disposition, l'abrogation ne se produit que partiellement. En outre, on doit tenir compte de ce que la règle *posteriora prioribus derogant* n'est d'une application certaine que si la loi nouvelle est une loi spéciale et que le plus souvent une loi spéciale antérieure déroge même à une loi générale postérieure (V. *Rép.*, v° *Loi*, n° 548. Conf. Barbier, t. 2, n° 1022).

Par application de ces principes, nous verrons, au cours de ce traité : 1° que les art. 23 et 24 de la loi du 29 juill. 1881, qui répriment la provocation à commettre des crimes ou délits, n'abrogent pas implicitement les dispositions du code pénal ou des lois spéciales qui punissent certains faits spéciaux de provocation, notamment l'art. 6 de la loi du 7 juin 1848, réprimant la provocation à des attroupements ; 2° que l'art. 27 de la loi du 29 juill. 1881, édictant des pénalités contre les fausses nouvelles ayant troublé la paix publique, est une disposition générale qui n'abroge pas implicitement l'art. 419 c. pén., lequel punit spécialement les fausses nouvelles ayant opéré la hausse ou la baisse du prix des denrées ou des papiers ou effets publics ; 3° que ce même art. 27 n'abroge pas implicitement l'art. 414 c. pén. dans le cas spécial où c'est la publication de fausses nouvelles qui caractérise les manœuvres frauduleuses tendant à amener ou à maintenir une cessation concertée de travail ; 4° que l'art. 24 (provocation à certains crimes même non suivie d'effet) n'abroge pas implicitement les art. 305 et suiv. c. pén., qui punissent certaines menaces d'attentats contre les personnes (Conf. Barbier, *loc. cit.*) ; 5° que les art. 222 et suiv. c. pén. qui punissent l'outrage à l'égard de certaines personnes publiques non seulement dans l'exercice, mais encore à l'occasion de l'exercice de leurs fonctions, ne sont pas implicitement abrogées, même pour ce dernier cas, par les art. 31 et 33, § 1, de la loi du 29 juill. 1881 qui punissent la diffamation et l'injure contre les mêmes personnes à raison de leurs fonctions ou de leur qualité (*Contrà*, Barbier, *loc. cit.*). — Si même il arrive que le fait incriminé tombe également sous l'application soit de la disposition de la loi du 29 juill. 1881, soit de l'une des dispositions précitées du code pénal ou d'une loi antérieure, c'est cette dernière disposition qui, spécialisant davantage le délit, doit déterminer les poursuites dans les différents cas que nous venons d'examiner.

31. Lorsque, au contraire, la disposition de la loi du 29 juill. 1881 et celle d'un article du code pénal ou d'une loi antérieure étrangère à la presse ont exactement le même objet, si, par exemple, les deux incriminations sont identiques, celle du code pénal ou de la loi antérieure n'étant pas attachée à une circonstance particulière, à un élément constitutif spécial du délit sans intérêt au point de vue de l'application générale similaire de la loi de 1881, si, en un mot, les poursuites peuvent être indifféremment engagées en vertu de l'un ou de l'autre texte, on doit conclure à l'abrogation implicite du texte ancien.

On peut citer comme tacitement abrogés en tout ou en partie par la loi du 29 juill. 1881 avec les dispositions de laquelle ils sont incompatibles : l'art. 2 de la loi du 27 juill. 1849 (provocation aux militaires), remplacé purement et simplement par l'art. 25 de la loi de 1881 ; l'art. 86 c. pén. (offense envers le chef de l'Etat), dans celles de ses dispositions qui sont inconciliables avec l'art. 26 ; l'art. 287 du même code (confiscation des planches et exemplaires des ouvrages obscènes), inconciliable avec l'art. 49 ; les art. 288 et 289 du même code (responsabilité pénale des participants au délit d'outrage aux bonnes mœurs), qui font place, même dans le cas du délit dont il s'agit, aux responsabilités établies par les art. 42 et suiv. (Conf. Barbier, *loc. cit.*).

Nous aurons encore à examiner si l'art. 285, § 2, c. pén. n'est pas abrogé implicitement par les art. 42 et 43, et si les art. 469 c. instr. crim. et 10 de la loi du 20 avr. 1810 ne sont pas abrogés tacitement en ce sens que les règles spéciales établies par ces articles relativement à la compétence et au droit de poursuite sont inapplicables aux délits de presse déférés à la cour d'assises, par suite de leur incompatibilité avec les art. 45 et 47-6°. Quant aux dispositions du code d'instruction criminelle (art. 181 et 505) qui investissent les tribunaux d'une compétence exceptionnelle, en matière de délit d'audience, elles ne sont pas abrogées par les règles générales de compétence établies par la loi sur la presse. L'art. 45 de cette loi ne déroge pas non plus aux règles de la compétence des conseils de guerre (Conf. Barbier, *loc. cit.*).

32. L'art. 68, après avoir expressément abrogé toute la législation antérieure sur la presse, donne à cette mesure toute sa précision et toute sa portée en ajoutant : « sans que puissent revivre les dispositions abrogées par les lois antérieures ». Cette déclaration ne fait que confirmer l'abrogation directe résultant dudit article en ce qui concerne celles des dispositions déjà abrogées en 1881 qui faisaient partie de la législation de la presse ; car on peut dire qu'elles ne renaîtraient que pour être abrogées elles-mêmes en vertu de la disposition générale qui les atteint directement, en même temps et au même titre que les lois qui les avaient abrogées déjà. Mais, en ce qui concerne les dispositions soit du code pénal, soit des lois particulières étrangères à la presse, qui se trouvaient abrogées en 1881, par l'effet des lois antérieures sur la presse, la déclaration finale de l'art. 68, 1ᵉʳ al., n'est pas inutile. Ces dispositions qui, remises en vigueur, ne seraient pas comprises dans l'abrogation expresse édictée par l'art. 68, ne revivront pas, et les lois que l'art. 68 abroge conserveront, du moins vis-à-vis d'elles, leur effet abrogatif.

Cette solution ne doit cependant pas être admise d'une façon absolue, et on doit reconnaître que la déclaration dont il s'agit n'est impérative que en ce qui concerne celles des dispositions du code pénal ou des lois spéciales qui avaient été l'objet d'une abrogation expresse dans les lois de la presse. Il est, en effet, de principe que les lois générales auxquelles il a été dérogé par des lois spéciales, sans qu'elles aient été expressément abrogées, sont remises en vigueur dans toute leur étendue et relativement à toutes les matières qu'elles ont pour objet, lorsque la loi spéciale qui les avait paralysées vient elle-même à disparaître (Civ. cass. 9 juin 1841, *Rép.* v° *Douane*, n° 369. Conf. Barbier, t. 2, n° 1023). C'est ainsi que les art. 222 et suiv. et 262 c. pén. relatifs aux outrages envers les personnes publiques et les ministres du culte doivent être considérés comme ayant repris toute leur force même en ce qui concerne celles de leurs dispositions que les lois sur la presse de 1819 et 1822 avaient implicitement abrogées. La solution n'est pas douteuse, puisque les art. 222 et suiv. et l'art. 262 c. pén. figuraient dans l'art. 2 du projet primitif au nombre des dispositions antérieures qui n'étaient pas abrogées. C'est en ce sens que la cour de cassation s'est prononcée. Nous verrons toutefois que, dans un arrêt du 30 oct. 1885 (aff. Enault, D. P. 86. 1. 177), la chambre criminelle a admis une interprétation contraire de l'art. 68, en décidant que les dispositions des lois des 16-24 août 1790 et 19-22 juill. 1791 qui permettaient à l'autorité municipale de réglementer le colportage et le criage public, et qui se trouvaient tacitement abrogées par les art. 3 de la loi du 10 déc. 1830 et 1 de la loi du 16 févr. 1834, n'avaient pu revivre par le fait de l'abrogation de ces lois en vertu de l'art. 68.

Les questions que soulève l'application de l'art. 68 recevront, au surplus, leur développement au cours de ce traité, dans l'ordre des matières où elles se présentent.

33. L'art. 69 de la loi du 29 juill. 1881 porte que ladite loi est applicable à l'Algérie et aux colonies qui, sous le régime impérial, avaient été soumises à des lois particulières en matière de presse (Décr. 28 mars 1852, pour l'Algérie, D. P. 52. 4. 125 ; 20 févr. et 30 avr. 1852 pour les colonies, D. P. 52. 4. 67 et 138).

§ 2. — Droit comparé.

34. — I. Angleterre (V. *Rép.* n° 68). — Depuis la publication du *Répertoire*, deux lois ont été promulguées concernant la presse. La loi du 12 juill. 1877, sur le régime des prisons (*Annuaire de législation étrangère*, 1878, p. 30 et 33) a adouci le traitement de certains prisonniers astreints au travail forcé, parmi lesquels figurent notamment les condamnés pour sédition ou pour *seditious libel*. — La loi du 27 août 1881 (*Ann. de lég. étr.*, 1882, p. 128), applicable sur le territoire de l'Angleterre et de l'Irlande, a eu pour objet d'amender la loi sur les délits de presse, et de pourvoir à l'enregistrement des déclarations des propriétaires de journaux. L'art. 1 décide que les déclarations des propriétaires de journaux seront reçues par le même fonctionnaire que les déclarations des *joint-stock companies*. Les journaux (*news papers*) auxquels s'appliquent les dispositions de la loi comprennent tout écrit contenant des nouvelles ou informations publiques ou des remarques et observations sur ces matières, imprimé pour être publié et vendu en Angleterre ou en Irlande périodiquement ou par fractions, et par numéros à des intervalles n'excédant pas vingt-six jours entre la publication de deux fractions ou numéros. La mesure est applicable également aux journaux d'annonces. Tout compte rendu d'une réunion publique légalement formée, s'il est publié de bonne foi et dans l'intérêt public, jouira d'une immunité à moins que le journal n'ait refusé l'insertion d'une réponse raisonnable ou d'un document rectificatif adressé par le plaignant en son nom (art. 2). Aucune poursuite criminelle pour délit de presse (*libel*) ne peut être exercée contre un propriétaire, publicateur, ou éditeur de journaux, ou contre une personne quelconque responsable de la publication d'un journal sans le *fiat* ou autorisation écrite préalable du directeur des poursuites publiques, en Angleterre, ou de l'*attorney général* de Sa Majesté en Irlande (art. 3). — Sur l'exposé de la plainte, une cour de juridiction sommaire peut recevoir tout témoignage tendant à établir que la publication a été faite dans l'intérêt public, que les faits allégués sont vrais, que le compte rendu est fidèle et de bonne foi et publié sans malice, et tout témoignage utile à la défense en vertu des lois en vigueur. Si la cour estime qu'il y a de fortes présomptions que le défendeur serait acquitté par un jury, elle peut décider qu'il n'y a lieu de suivre (art. 4). Si la cour juge que la plainte est fondée, mais que les faits sont peu graves et n'encourraient pas une peine supérieure à celle qu'elle pourrait elle-même prononcer, elle peut faire donner lecture de la plainte à la personne assignée et lui demander si elle tient à paraître devant le jury. Sinon, et sur son consentement, elle sera jugée sommairement, et on pourra prononcer contre elle une amende qui n'excédera pas 50 livres. On suivra, même en Irlande, les règles de la juridiction sommaire, tracées par la section 7 de la loi de 1879 (art. 5). Les dispositions de la loi de 1859, ayant pour objet de prévenir les assignations vexatoires relatives à certains délits, sont applicables aux délits punis par la loi nouvelle de la presse (art. 6). Les autres dispositions de la loi ont pour objet de réglementer l'enregistrement des noms des propriétaires des journaux. Le *Board of trade* peut autoriser à n'enregistrer que certains d'entre eux considérés comme propriétaires *représentatifs* responsables (art. 7). Les déclarations doivent être faites chaque année au mois de juillet (art. 9). Toute partie intéressée peut, à toute époque, faire connaître les mutations (art. 11). Le registre des déclarations est public (art. 13). Le défaut d'envoi annuel des déclarations est puni d'une amende de 25 livres au maximum (art. 10), et les déclarations volontairement inexactes ou incomplètes d'une amende de 100 livres au maximum (art. 12). Sont considérées comme cours de juridiction sommaire, pour l'Angleterre, les cours instituées par la loi de 1879, et pour l'Irlande, les magistrats désignés par les lois sur la juridiction sommaire (art. 17). La loi n'est pas applicable en Ecosse (art. 19). En effet, cette loi a pour objet de rendre effective la responsabilité des propriétaires des journaux en échange des mesures qui les mettent à l'abri des poursuites criminelles non justifiées et exercées par malveillance; or, pendant les débats, il a été constaté qu'en fait aucune poursuite criminelle n'était

exercée en Ecosse, sans l'autorisation du procureur fiscal.

35. — II. Allemagne. — Le régime de la presse a été unifié dans toutes les parties de l'empire d'Allemagne, excepté l'Alsace-Lorraine (V. *infrà*, n° 41), par la loi du 7 mai 1874 (*Ann. de lég. étr.*, 1875, p. 76). — Les divers Etats conservent cependant le droit d'édicter des dispositions particulières sur l'affichage, le placardage, la distribution des diverses productions de la presse et sur la remise des exemplaires destinés aux bibliothèques ou aux collections publiques.

36. Aucun impôt spécial (timbre, cautionnement) ne peut être établi sur la presse qui doit supporter seulement les impôts généraux frappant l'industrie suivant les lois des divers Etats. — Tout imprimé doit porter le nom et la demeure de l'imprimeur. Tout imprimé destiné à la librairie ou à tout autre mode de diffusion doit mentionner, en outre, le nom et la demeure de l'éditeur, ou le nom et la demeure de l'auteur ou du publicateur, s'il y a publication à lieu sans intermédiaire. Sont exceptés les imprimés qui ne servent qu'aux besoins de l'industrie (formulaires, prix courants, cartes, etc.). — Tout journal ou écrit périodique doit indiquer le nom d'un rédacteur responsable. Ce rédacteur responsable doit être capable de disposer de ses biens, jouir de ses droits civiques et avoir son domicile ou sa résidence habituelle en Allemagne. — Un exemplaire de tout imprimé périodique doit être remis par l'éditeur à la police au moment de la distribution ou de l'envoi de chaque numéro.

37. Relativement aux délits commis par la voie de la presse, la responsabilité se détermine d'après les lois pénales ordinaires (V. code pénal allemand, *Ann. de lég. étr.* 1872, p. 80 et suiv.). — Si le délit résulte de la publication d'un écrit périodique, le rédacteur responsable est puni comme auteur principal à moins qu'il ne prouve qu'il n'est pas l'auteur de l'article incriminé. — Dans le cas de délit résultant de la publication d'un imprimé, si le rédacteur responsable, l'éditeur, l'imprimeur et le colporteur ne peuvent pas être punis comme auteurs ou complices en vertu du droit commun, ils sont toutefois passibles d'une amende et d'une peine de détention ou de prison ne pouvant excéder un an, en raison de leur négligence. Cependant chacune de ces personnes échappe à toute peine quand, avant le prononcé du jugement de première instance, elle désigne comme étant l'auteur ou le correspondant avec le consentement duquel la publication a eu lieu, ou comme étant l'éditeur de l'imprimé s'il ne s'agit pas d'un écrit périodique, ou enfin comme figurant avant elle dans l'énumération des personnes responsables, une personne qui se trouve à portée de la justice d'un Etat de la confédération. La même règle est applicable aux propagateurs d'imprimés étrangers, quand ces imprimés leur sont parvenus par la voie du commerce et de la librairie.

38. Il est interdit de publier l'acte d'accusation et les diverses pièces d'une procédure criminelle. — Les avis officiels communiqués par l'autorité publique doivent être insérés par le rédacteur responsable. Le droit de réponse appartient aux particuliers; la rectification doit être publiée sans frais quand elle ne dépasse pas les dimensions de l'article à publier.

Dans la plupart des cas, l'autorité administrative peut saisir l'écrit délictueux. Les tribunaux ont alors à statuer sur la confirmation ou la levée de la saisie.

39. Le code d'organisation judiciaire de l'Empire allemand, du 27 janv. 1877, défère les délits de presse au jury. Cependant une disposition de ce code déclare que les législations particulières des différents Etats sur la compétence en matière de presse ne sont pas modifiées. Dans tout l'Empire, la prescription, en ce qui concerne les délits commis par la voie de la presse est accomplie dans le délai de six mois. — Cette loi n'est pas applicable sur le territoire de l'Alsace-Lorraine.

40. Des mesures de police exceptionnelles ont été prises par la loi du 21 oct. 1878, applicables dans toute l'étendue de l'Empire et dirigées «contre les aspirations démocratiques socialistes présentant un danger général» (*Ann. de lég. étr.*, 1879, p. 119). Peuvent être interdites les publications dans lesquelles se manifestent d'une façon menaçante pour la paix publique, et en particulier pour l'union des diverses classes de la population, des aspirations démocratiques et sociales, socialistes ou communistes, ayant pour objet le renversement de l'ordre politique ou social existant (art. 11). L'interdiction peut être prononcée par les autorités de police de l'Etat, s'il s'agit de publications périodiques paraissant à l'intérieur, et par les autorités de police du district dans lequel se fait la publication. Le chancelier peut seul interdire la circulation de publications périodiques paraissant à l'étranger (art. 12). L'interdiction entraîne la saisie des écrits et celle des clichés et formes servant à la reproduction (art. 14). Quiconque aura distribué, vendu ou reproduit un écrit interdit ou frappé de saisie provisoire sera puni d'une amende de 1250 fr. au plus ou d'un emprisonnement de six mois au plus (art. 19). Dans les districts et localités dans lesquels la sûreté publique serait menacée par les aspirations prévues par la loi (art. 1, § 2), les autorités centrales des Etats confédérés pourront, pour la durée d'un an, interdire la distribution d'imprimés sur les voies publiques, rues et places et dans les autres lieux publics (art. 28). L'autorité centrale de chaque Etat fait connaître quels sont les fonctionnaires désignés par ces mots *autorités de police* et *police* (art. 29).

41. En Alsace-Lorraine, la loi française de 1868 a été maintenue en vigueur; mais l'art. 10 de la loi du 30 déc. 1871, sur l'organisation administrative (*Ann. de lég. étr.*, 1872, p. 497) confère à l'autorité des pouvoirs discrétionnaires dont l'exercice supprime, dans ce pays, toute liberté en matière de presse. Les lois françaises sur le colportage des imprimés et des dessins ont également conservé leur application en Alsace-Lorraine en vertu de l'art. 13 de la loi du 14 mars 1877, sur l'exercice des professions ambulantes (*Ann. de lég. étr.*, 1878, p. 195). Aux termes de la loi du 29 mars 1888 (*Ann. de lég. étr.*, 1888, p. 239), les lois du 25 mars 1822 et du 11 août 1848, sur les crimes et délits commis par la voie de la presse, sont toujours en vigueur sur le territoire d'Alsace-Lorraine.

42. — III. Autriche-Hongrie. — 1° *Autriche.* — La liberté de la presse est garantie par l'art. 13 de la loi constitutionnelle du 21 déc. 1867. La presse ne peut être soumise ni à la censure, ni au régime de l'autorisation préalable. La police de la presse et la répression des délits qui peuvent être commis par cette voie sont réglées par la loi du 17 déc. 1862 et par diverses dispositions du code d'instruction criminelle autrichien de 1873 (V. la traduction de ce code accompagnée de notes, par MM. Ed. Bertrand et Ch. Lyon-Caen). — Les journaux sont soumis au timbre et au cautionnement. Sont également soumis au cautionnement tous écrits périodiques paraissant plus de deux fois par mois et traitant, même accessoirement, de questions politiques, religieuses ou sociales. En 1874, la chambre des députés a rejeté une proposition tendant à la suppression de l'impôt du timbre sur les journaux. Les délits de presse sont déférés au jury. — Le 16 mars 1877, la chambre des députés a voté deux projets de loi tendant à la suppression du cautionnement et à la modification de la loi de 1861, relativement au colportage soumis par cette loi au régime de l'autorisation et à des prescriptions très rigoureuses (*Ann. de lég. étr.*, 1878, p. 209).

43. Un autre projet de modification aux lois antérieures a été, en 1880, renvoyé à la chambre des députés à la commission des lois pénales (*Ann. de lég. étr.*, 1881, p. 268). — L'art. 487 c. instr. crim. permet la saisie préventive des imprimés par la voie administrative. Le projet de 1880 limite, par dérogation à l'art. 487, les cas dans lesquels la saisie d'un imprimé peut avoir lieu sans ordre préalable du juge. La saisie ne pourra plus avoir lieu dans ces conditions qu'en cas de lèse-majesté, de délit contre les bonnes mœurs ou de danger imminent qu'une provocation à un crime ou à un délit fût suivie d'effet, si la saisie n'était pas opérée. La procédure dite *objective*, réglementée par l'art. 493, est presque complètement supprimée. L'art. 493 permet au ministère public, même quand il n'intente pas d'accusation contre une personne déterminée, de demander au tribunal de déclarer, dans l'intérêt public, qu'un écrit contient une infraction et qu'il est défendu de le répandre ultérieurement. La décision est rendue à huis clos par la cour de première instance, ou par le tribunal de district quand il s'agit d'une contravention. Cette procédure avait été critiquée comme contraire à la loi constitutionnelle qui défère

les délits de presse au jury. La nouvelle proposition ne permet plus d'appliquer l'art. 493 aux écrits publiés en Autriche. Quand la poursuite ou la condamnation d'une personne déterminée n'est pas possible, l'affaire doit être portée devant la cour d'assises qui peut prendre les mesures prescrites par les art. 33 et 37 de la loi sur la presse du 17 déc. 1862.

44. Le nouveau projet punit, comme auteurs principaux d'un crime ou d'un délit prévu par les lois pénales, ceux qui ont provoqués directement à le commettre, soit par des paroles proférées dans des lieux ou réunions publics, soit par des écrits ou des imprimés, soit par des images ou des emblèmes distribués, exposés ou mis en vente en public (art. 1). Font l'objet d'incriminations spéciales : la provocation directe à la désobéissance à une loi d'ordre public (art. 2); les attaques contre le roi et les Chambres (art. 3, 4 et 5), les attaques contre les chefs des gouvernements étrangers et leurs agents diplomatiques, mais seulement dans le cas où des dispositions analogues seraient portées par les législations étrangères (art. 6, 7 et 8); l'outrage aux mœurs (art. 9); la diffamation (art. 11) et l'injure (art. 12). La preuve de la vérité des faits diffamatoires est admise à l'encontre de tout corps constitué et de toute personne ayant agi dans un caractère public, par toutes les voies de droit et sauf la preuve contraire par les mêmes voies (art. 12). Tout condamné à un emprisonnement d'un an au moins pour délit de presse, s'il en commet un nouveau moins de cinq ans depuis qu'il a subi et prescrit sa peine, peut être condamné à une peine double du maximum porté par la loi contre le délit (art. 19).

45. — 2° Hongrie. — La loi V du 29 mai 1878, qui édicte un code pénal, déclare punissable (chap. 6) la provocation directe, par un moyen quelconque de publicité, à commettre un crime ou un délit, à désobéir aux lois ou ordonnances légalement rendues; l'excitation par les mêmes moyens à la haine des différentes classes, nationalités ou religions, les unes contre les autres, contre les institutions fondamentales de l'Etat, de la propriété et de la famille; l'attaque contre l'inviolabilité de la personne royale, l'ordre de succession au trône, la constitution de l'Etat, l'autorité des lois et de la constitution, l'union ou la communauté politique existant entre les différents pays composant l'Etat hongrois, contre les droits que le roi, le Reichstag, ses commissions et les délégations tiennent de la loi; l'apologie, par les mêmes moyens, d'un acte que la loi qualifie crime ou délit, ou de ses auteurs. Ces crimes et délits doivent être déférés aux tribunaux dans le délai de trois mois (*Ann. de lég. étr.*, 1879, p. 273). Une disposition du chapitre 51 (crimes et délits contre l'armée) punit ceux qui, au mépris d'une interdiction, donnent dans les journaux des renseignements sur les forces de l'armée austro-hongroise, l'état des forteresses, des arsenaux, des ressources en armes, etc.

46. Suivant les dispositions du chapitre 57, la diffamation et l'injure ne sont poursuivies que sur la dénonciation de la partie lésée, si c'est un particulier qui a été diffamé ou injurié ; si c'est un corps constitué ou un fonctionnaire, elles le sont après autorisation du corps constitué ou du ministre compétent; et si c'est contre la mémoire d'une personne décédée, sur la dénonciation des enfants, des ascendants, des frères et sœurs ou de l'époux du défunt. La preuve du fait diffamatoire ou injurieux est admise, lorsqu'il s'agit d'un fonctionnaire public ou d'un corps constitué; elle l'est aussi, dans certains cas, lorsqu'il s'agit d'un particulier, notamment lorsque lui-même en fait la demande ou que le prévenu démontre qu'il a agi dant un intérêt légitime. Ne constituent pas un délit, la diffamation ou l'injure produites au cours d'un débat judiciaire s'y rattachant directement, sauf l'action disciplinaire, s'il y a lieu (*Ann. de lég. étr.*, 1879, p. 281).

47. — IV. Belgique. — La presse est régie par le décret du 10 juill. 1831 et par le code pénal de 1867. Il n'y a ni cautionnement ni lois de police préventives. Les délits de presse sont déférés au jury. — Les imprimés doivent mentionner le nom et le domicile de l'auteur et de l'imprimeur. Les énonciations mensongères constituent un délit prévu et puni par les art. 299 et 300 c. pén.

48. L'outrage aux bonnes mœurs par distribution de chansons, de pamphlets ou autres écrits, imprimés ou non, et par distribution de figures ou d'images, est réprimé par les art. 383 et 384. — Ceux qui ont directement provoqué, par des discours, des imprimés ou des images, à commettre une action qualifiée crime ou délit sont punis comme auteurs principaux de cette action (art. 66). — Les atteintes portées à l'honneur ou à la considération des personnes font l'objet du chap. 5. La preuve des faits diffamatoires est autorisée vis-à-vis des personnes ayant agi dans un caractère public. Si le fait est relatif à la vie privée, le prévenu ne peut faire valoir que la preuve résultant d'un jugement ou de tout autre acte authentique. Si la preuve légale n'est pas rapportée quand elle permise, l'auteur de l'imputation est coupable de calomnie ; il est coupable de diffamation quand la preuve n'est pas permise par la loi. La peine portée soit contre la calomnie, soit contre la diffamation, à l'égard ou d'un corps constitué ou d'un individu, est celle de l'emprisonnement de huit jours à un an et d'une amende de 26 à 200 fr. La peine de l'injure est de huit jours à deux mois de prison et de 26 à 500 fr. d'amende, ou de l'une de ces deux peines seulement. — Sont punies de six mois à trois ans de prison, en vertu du décret du 30 juill. 1831 sur les délits de presse, les attaques dirigées contre l'autorité constitutionnelle du roi, l'inviolabilité de sa personne, les droits constitutionnels de la dynastie, les droits ou l'autorité des chambres. — L'offense au roi est punie de six mois à trois ans de prison et d'une amende de 300 à 3000 fr. Le coupable peut, en outre, être interdit de tout ou partie des droits mentionnés dans l'art. 42 c. pén. de 1810 pendant une durée de deux à cinq ans (L. 6 avr. 1847).

49. Le projet de revision du code pénal de 1867 apporte certaines modifications à la législation précédente. Quiconque, dit l'art. 22 de ce projet, aura imprimé ou sciemment distribué un imprimé quelconque sans l'indication vraie du nom et du domicile de l'auteur ou de l'imprimeur, sera puni de huit jours à deux mois de prison et d'une amende de 26 à 200 fr., ou d'une de ces peines seulement. L'amende seule sera prononcée si l'imprimé fait partie d'une publication dont l'origine est connue par son apparition antérieure.

50. — V. Bolivie. — La constitution promulguée le 15 févr. 1878 (*Ann. de lég. étr.*, 1879, p. 764) reconnaît dans son art. 4, à tout homme le droit de publier ses pensées, sur le territoire de la république, par la voie de la presse, sans censure préalable.

51. — VI. Brésil. — D'après les dispositions du code pénal promulgué le 16 déc. 1830 (*Ann. de lég. étr.*, 1878, p. 847), la responsabilité dans les délits de presse est soumise à des règles spéciales. Le délit ne provient que de la publication. On ne poursuit qu'un seul coupable : c'est d'abord l'imprimeur, s'il ne présente un écrit par lequel l'éditeur engage sa responsabilité ; puis l'éditeur, à moins qu'il ne présente un engagement par écrit de l'auteur ; enfin l'auteur, s'il a ainsi engagé sa responsabilité par écrit. La signature même de l'article n'engage pas la responsabilité de l'auteur, responsabilité que toute personne peut assumer au moyen d'un engagement écrit. — D'ailleurs, aucune mesure préventive ne paralyse la liberté de la presse. On n'exige pas de cautionnement.

52. — VII. Bulgarie. — La loi des 17-19 déc. 1887, sur la presse (*Ann. de lég. étr.*, 1888, p. 809, traduction de M. Théodoroff) proclame la liberté de l'imprimerie. Une déclaration préalable à l'ouverture d'une imprimerie ou d'un établissement de lithographie doit être faite au parquet (art. 1). Tout imprimé doit porter la signature de l'imprimeur ou du lithographe (art. 2). Tout journal ou écrit périodique doit indiquer, outre le nom de l'imprimeur, celui d'un rédacteur (art. 3). Pour être éditeur (gérant) ou rédacteur d'un écrit périodique, il faut être sujet bulgare, majeur, jouissant de ses droits civils et politiques, et avoir un domicile fixe en Bulgarie. La publication d'un écrit périodique est soumise à la nécessité d'une déclaration au parquet ; il suffit que cette déclaration soit faite dans les vingt-quatre heures de l'apparition du premier numéro (art. 7). Le droit de réponse est régi par les art. 10 et suiv. L'art. 16 proclame la liberté de l'introduction dans la principauté de livres, journaux et écrits périodiques étrangers. Cependant l'introduction de tout livre, journal ou écrit périodique contenant des articles délictueux, au sens de la loi bulgare, peut être interdite par décision du conseil des ministres parue

au *Journal officiel* (art. 16) L'introducteur ou le colporteur de l'écrit prohibé est puni d'une amende. L'écrit est confisqué (art. 17). — Les art. 12 à 15 et l'art. 17 (*in fine*) définissent les caractères du délit de presse et déterminent les responsabilités. C'est l'auteur de l'écrit qui en est responsable. S'il est inconnu, la responsabilité retombe sur l'éditeur ; si celui-ci même est inconnu, sur le propriétaire de l'imprimerie ; enfin, à défaut de l'imprimeur, sur le distributeur ou le vendeur. La reproduction d'un article délictueux est considérée comme un acte de complicité même si l'auteur de l'article n'est pas poursuivi. Enfin l'importateur et le colporteur d'écrits, prohibés en vertu de l'art. 17 et contenant des articles délictueux, sont punis comme s'ils étaient les auteurs de ces articles.

53. La deuxième partie de la loi contient l'énumération des faits délictueux et édicte les peines (art. 18 à 27). Les crimes et délits contre la chose publique sont aussi nombreux qu'ils l'étaient en France sous le régime du décret de 1852.

Les délits contre les personnes offrent certaines particularités : La *calomnie*, consistant dans l'attribution mensongère à autrui d'un acte criminel et infamant, est punie d'un mois à un an de prison et d'une amende de 1000 fr. au maximum (art. 28). La médisance ou l'attribution à autrui d'actes qui l'abaissent ou l'exposent au mépris de la société constitue le délit d'*injure*, puni de quinze jours à six mois de prison et d'une amende de 500 fr. au maximum (art. 29). La diffamation relative à la conduite publique des ministres, députés, fonctionnaires publics, ministres des cultes reconnus, officiers, institutions d'Etat ou institutions communales, est punie d'un mois à deux ans de prison. L'injure à l'égard des mêmes personnes, relativement à leur conduite publique, est punie de deux à neuf mois de prison (art. 30). Dans les cas de diffamation prévus par les art. 28 et 30, soit contre un particulier, soit contre un fonctionnaire public, le prévenu est autorisé à faire la preuve des faits diffamatoires (art. 31). La preuve n'est pas autorisée si le fait imputé touche à la vie privée de la personne diffamée, ou si cet acte constitue un délit envers un particulier et que celui-ci n'ait pas poursuivi ou qu'il se désiste après l'introduction des poursuites (art. 32). La preuve d'un acte délictueux ne peut être faite qu'au moyen d'un jugement passé en force de chose jugée (art. 33). Les contraventions prévues par le code pénal, telles que la divulgation de secrets professionnels, sont déclarées punissables quand elles sont commises par la voie de la presse (art. 34).

54. La troisième partie de la loi concerne la juridiction et la procédure. Tous les délits de presse, sans exception, sont déférés aux tribunaux de district, statuant en première instance (art. 35). La poursuite des délits de diffamation ne peut avoir lieu que sur la plainte du fonctionnaire ou du particulier lésé (art. 36). Celle des offenses contre les souverains étrangers ou les représentants des Etats étrangers ne peut avoir lieu que sur la plainte déposée par l'agent diplomatique ou par voie diplomatique. Dans les autres cas, le parquet poursuit d'office (art. 36). La procédure ne comporte pas d'instruction préalable (art. 37). La prescription est de six mois ; elle court du jour de la publication ou du dernier acte de poursuites (art. 43). Le jugement de condamnation emporte de plein droit l'insertion forcée en tête du premier numéro (art. 44). Le tribunal peut ordonner, en outre, l'insertion dans d'autres journaux, aux frais des condamnés (art. 45). La contrainte par corps est établie pour le recouvrement de l'amende, en cas d'insolvabilité (art. 46).

55. — VIII. Egypte. — La presse est régie par le décret du 26 nov. 1881 (*Ann. de lég. étr.* 1882, p. 754). L'exercice de la profession d'imprimeur est soumis à l'autorisation préalable du ministre de l'intérieur et au versement d'un cautionnement. L'autorisation peut toujours être retirée s'il y a lieu (art. 1). Les imprimeries clandestines sont fermées et les propriétaires, possesseurs ou dépositaires, sont punis d'une amende et de la confiscation du matériel (art. 2). Aucun écrit ne peut être imprimé avant une déclaration préalable de l'imprimeur, ni être mis en vente ou publié avant un dépôt préalable de cinq exemplaires au bureau de la presse au ministère de l'intérieur (art. 3) et ce plaine de saisie et de confiscation (art. 4). La saisie et la confiscation peuvent être pratiquées également si chaque exemplaire ne porte pas le vrai nom et la vraie demeure de l'imprimeur ou si l'ouvrage est déféré aux tribunaux pour son contenu (même article). — La publication de tout journal ou écrit périodique traitant de matières politiques, administratives ou religieuses est soumise à l'autorisation préalable du gouvernement. L'autorisation est personnelle et doit être renouvelée en cas de changement de gérant, rédacteur en chef, propriétaire ou administrateur (art. 11). Tout journal peut être suspendu ou supprimé dans l'intérêt de l'ordre public, de la religion ou des mœurs, par arrêté du ministre de l'intérieur après deux avertissements préalables, ou, sans avertissement préalable, par décision du conseil des ministres. L'avertissement peut être accompagné d'une amende (art. 13). L'introduction, la circulation et la mise en vente de tous les journaux et écrits publiés hors de l'Egypte peut être interdite par le ministre de l'intérieur, sous peine d'amende (art. 17). Tous distributeurs ou colporteurs de livres, écrits, brochures, gravures et lithographies doivent être pourvus d'une autorisation qui leur est délivrée sans frais (art. 19).

56. — IX. ÉQUATEUR. — La constitution de la république de l'Equateur a été réformée par le congrès pendant la session de 1887, en conformité des propositions formulées en 1886. Elle reconnaît la liberté de la parole et de la presse, limitée seulement par le respect dû à la religion, à l'ordre constitutionnel, à la décence, à la morale et à l'honneur (Ann. de lég. étr. 1887, p. 909).

57. — X. ESPAGNE. — La loi du 26 juill. 1883 (Ann. de lég. étr., 1884, p. 466) réglemente le droit qui appartient à tout Espagnol, en vertu de l'art. 13, § 2, de la constitution, de manifester sa pensée au moyen de l'imprimerie, de la lithographie, etc. (art. 1). Les imprimés sont divisés en catégories pour la publication desquelles des formalités de plus en plus minutieuses sont exigées, suivant qu'il s'agit d'un livre (art. 5), d'une brochure (art. 6), d'une feuille séparée et d'un placard pour affiche, à l'exception toutefois des circulaires et des imprimés dont l'on appelle en France *ouvrages de ville* ou *bilboquets* (art. 7). — La publication des *periodicos* ou journaux est assujettie, de la part de tout individu ou société qui veut en entreprendre la publication, à une *déclaration préalable* à l'autorité administrative, quatre jours au moins avant l'apparition du premier numéro (art. 8). La personne responsable devant l'administration et devant les tribunaux est le directeur ou, à défaut, le propriétaire, sans préjudice de la responsabilité civile et criminelle qui peut atteindre ceux qui commettent des délits ou des contraventions au moyen de la publication du journal. Lorsque la publication est fondée ou acquise par une société légalement constituée, le gérant encourt toutes les responsabilités civiles ou pénales qui pèsent sur le propriétaire (art. 9). Les directeurs doivent jouir de leur droits civils et politiques (art. 10). Le dépôt de trois exemplaires certifiés exacts est obligatoire (art. 11). Est obligatoire aussi la déclaration de tout changement de propriétaire ou imprimeur (art. 12). Le droit de réponse appartient aux dépositaires de l'autorité publique, aux corporations, aux particuliers (art. 14).

58. Les infractions à la loi qui ne constituent pas un délit prévu et puni par le code pénal sont réprimées administrativement, et passibles de peines applicables aux contraventions commises par l'emploi de l'imprimerie. Un recours est ouvert contre ces condamnations administratives, devant le juge d'instruction (*juez de instrución*), dans les trois jours et dans les conditions déterminées par la loi. La prescription est acquise après un délai de huit jours sans poursuites, à compter de la date où l'infraction a été commise (art. 19). — L'introduction et la circulation en Espagne de dessins, lithographies, photographies, gravures, estampes, médailles, vignettes et autres objets de même nature, ainsi que des brochures, feuilles et écrits périodiques en langue espagnole, imprimés à l'étranger, peuvent être prohibées par une décision prise en conseil des ministres (art. 20).

59. Les délits de presse sont prévus par les art. 16 et suiv. de la loi du 8 janv. 1879 (Ann. de lég. étr. 1880, p. 401). Ils sont fort nombreux et ne laissent à la liberté de discussion qu'un champ très étroit : attaque contre la religion de l'Etat, son culte ou ses ministres ou la morale chrétienne ; raillerie de toute autre religion comptant des adeptes en Espagne ; offenses à la personne du roi ; attaque

directe ou indirecte contre la forme de gouvernement ; injures ou railleries à l'adresse des assemblées législatives ; altération faite méchamment des délibérations des discours des députés et des sénateurs, etc..... Les délits de presse que prévoit la loi de 1879 sont punis des peines de droit commun portées au code pénal (Liv. 2. tit. 1, et tit. 2, sect. 1, 2 et 3). Ils entraînent, en outre, en vertu des art. 22 à 25 de la loi de 1879, la suspension du journal pour un temps variable suivant la gravité du délit. La suspension prononcée trois fois ou six fois en deux ans, suivant les circonstances, entraîne la suppression du journal. Dans tous les cas où la condamnation n'est pas exécutée et notamment lorsque les abonnements du journal supprimé sont servis par un autre journal (art. 27), il y a lieu, suivant les circonstances, à saisie, suspension, amende, suppression (art. 28 à 30). — L'action pénale doit être intentée dans les huit jours de la publication de l'imprimé (art. 41).

60. La loi du 8 janv. 1879 instituait, pour le jugement des délits de presse, un tribunal spécial, composé d'un président de chambre et de deux magistrats du tribunal dans le ressort duquel se publie le journal. Ces magistrats étaient désignés par le gouvernement. Un procureur de presse était désigné par le ministre de l'intérieur d'accord avec le ministre de grâce et justice. Mais ces dispositions sont abrogées. La loi du 20 juin 1888 (Ann. de lég. étr., 1888, p. 527 et suiv.), qui établit en Espagne la juridiction du jury en matière criminelle, porte : « Chap. 2. Compétence du tribunal du jury. — Art. 4. Le tribunal du jury connaîtra : ... 2° des procès pour délits commis par la voie de l'imprimerie, de la gravure ou de tout autre moyen mécanique de publication, exception faite des délits de lèse-majesté, et de ceux d'injures et de diffamation contre les simples particuliers. On considère comme tels, à ce point de vue, les fonctionnaires publics injuriés ou diffamés en raison de leurs actes privés ».

61. — XI. ÉTATS-UNIS D'AMÉRIQUE. — La presse est entièrement libre. Aucune loi n'établit de mesures préventives. La répression des délits commis par la voie de la presse n'est assurée que par les dispositions du droit commun. — Un acte du 3 mars 1873 (Ann. de lég. étr., 1874, p. 493), exécutoire dans le *district fédéral* (siège du gouvernement fédéral) et dans toutes les contrées appelées *territoires*, punit d'un emprisonnement de six mois à cinq ans, avec travail forcé, ou d'une amende de 100 à 2000 dollars pour chaque délit, toute vente, distribution, colportage ou annonce de toute publication obscène par le dessin ou l'imprimerie. — Divers Etats de l'Union américaine ont proclamé, dans leurs constitutions, la liberté de la presse.

62. — 1° *Californie.* — Aux termes de la constitution du 7 mai 1879, sect. 9 (Ann. de lég. étr., 1880, p. 836), tout citoyen peut librement parler, écrire, publier son opinion sur tous sujets, sauf à répondre de l'abus qu'il ferait de son droit. Aucune loi ne sera autorisée pour restreindre ou pour diminuer la liberté de la parole ou de la presse. — La section 7 établit en toute matière, civile et criminelle, le jugement par le jury. Dans toutes les poursuites criminelles pour diffamation, la preuve des faits allégués est permise devant le jury. Si le jury estime que les allégations prétendues diffamatoires sont conformes à la vérité et qu'elles ont été publiées pour de bons motifs et pour des fins justifiables, le prévenu est acquitté ; le jury est, d'ailleurs, juge du fait et du droit.

63. — 2° *Georgie.* — La constitution du 5 déc. 1877 (Ann. de lég. étr., 1878, p. 767) défend de faire aucune loi pour restreindre la liberté de la parole ou de la presse. Elle autorise, dans toute poursuite en diffamation, le prévenu à fournir la preuve du fait allégué.

64. — 3° *Louisiane.* — Constitution de 1879 (Ann. de lég. étr., 1880, p. 818). La loi ne peut ni supprimer, ni diminuer la liberté de la presse (art. 4). — Une loi du 26 déc. 1881 (Ann. 1882, p. 792) institue une commission des impressions publiques, indique ses devoirs, règle ce qui concerne les insertions au *Journal officiel* de l'Etat, fixe le prix des impressions publiques, etc.

65. — XII. HOLLANDE. — La presse n'est soumise ni au cautionnement ni à l'autorisation préalable. En 1869, l'impôt du timbre a été aboli.

66. — XIII. ITALIE. — La presse italienne est soumise au régime établi par la loi du 26 mars 1848, dont les dispositions ont été modifiées par la loi du 20 juin 1858. — Il n'y a ni autorisation préalable, ni cautionnement. Les délits de presse sont déférés au jury et couverts par la prescription de trois mois. — Les offenses et les injures publiques commises directement contre la personne du *pontife*, par des discours, des actes où par les moyens indiqués dans l'art. 1 de la loi sur la presse, sont punis des peines édictées par l'art. 19 de cette même loi (L. 13 mai 1871).— Il est interdit de publier, par le moyen de la presse, les actes de la procédure écrite dans les affaires criminelles, les ordonnances de renvoi et les actes d'accusation jusqu'à ce que le procès soit terminé par un débat public ou par une ordonnance de non-lieu. L'infraction est punie d'une amende et de la suppression de l'écrit (L. 6 mai 1877, *Ann. de lég. étr.*, 1878, p. 338).

67. — XIV. Serbie. — Loi des 12-24 mars 1881, sur la presse (*Ann. de lég. étr.*, 1882, p. 732). L'imprimerie et la librairie sont libres comme tout acte de commerce. Les imprimeurs et libraires doivent être majeurs et citoyens serbes (art. 1). Tout imprimé rendu public doit porter le nom et le domicile de l'imprimeur (art. 2). Les journaux ou écrits périodiques doivent avoir un gérant responsable, citoyen serbe, majeur et jouissant de tous ses droits civiques (art. 3). Toute publication de journal est soumise à la nécessité d'une déclaration préalable à la police. Toute mutation doit être également déclarée (art. 5). Un dépôt de chaque numéro distribué doit être fait à la police (art. 8). Le nom du gérant doit être imprimé sur chaque numéro (art. 9). Les journaux peuvent être saisis dans le cas d'offense au roi ou à la famille royale et dans le cas d'excitation à l'insurrection (art. 10). Le droit de réponse est réglé par des dispositions analogues à celles de la loi française (art. 11). L'entrée en Serbie des journaux publiés à l'étranger est libre sauf interdiction par le ministre de l'intérieur dans des cas déterminés (art. 13).

68. Le chapitre 4 de la loi, relatif aux crimes et aux délits de presse, prévoit et punit la provocation : aux crimes de haute trahison, à la désobéissance aux lois, à commettre un crime quelconque; l'apologie de faits qualifiés crimes, l'offense au roi, etc .., la publication de fausses nouvelles, l'outrage aux bonnes mœurs, la diffamation et l'injure, soit envers un corps constitué, soit envers un fonctionnaire public ou un particulier. — La preuve de la vérité des faits diffamatoires est autorisée par les voies ordinaires. Si la preuve est faite ou si les circonstances permettent de conclure que le prévenu a été de bonne foi, il n'y a pas de diffamation, mais il peut y avoir délit d'offense si le prévenu a agi de parti pris. La preuve n'est pas admise quand la personne diffamée a été acquittée pour le fait qui lui était imputé; elle n'est jamais admise quand le fait diffamatoire se rapporte à la vie privée. — La loi serbe punit encore l'offense envers un chef d'Etat étranger ou un agent diplomatique étranger. — Elle interdit de publier des actes d'accusation et les autres actes de procédure criminelle ou correctionnelle avant leur lecture publique, et de rendre compte des procès en diffamation où la preuve n'est pas autorisée. La responsabilité des crimes et délits commis par la voie de la presse atteint successivement l'auteur, à son défaut le gérant, à défaut de tous deux, l'imprimeur, enfin les revendeurs, colporteurs ou afficheurs (art. 31). Les propriétaires de journaux répondent des condamnations pécuniaires prononcées contre un gérant ou un rédacteur insolvables (art. 32). Les délits de presse sont déférés aux tribunaux de première instance dont les jugements sont susceptibles d'appel et de recours en cassation (art. 33 et 38). La poursuite est soumise à une plainte préalable (art. 33 et 34). La prescription est opérée par trois mois révolus à compter du jour du délit ou de l'acte de poursuite accompli. Les règles du code pénal concernant l'interruption de la prescription ne sont pas applicables (art. 40). Certains articles de cette loi ont été modifiés en 1883 (*Ann. de lég. étr.*, 1883, p. 911).

69. — XV. Suisse. — L'art. 55 de la constitution fédérale du 19 mai 1874 est ainsi conçu : « La liberté de la presse est garantie. Toutefois les lois cantonales statuent sur les mesures nécessaires à la répression des abus; ces lois sont soumises à l'approbation du Conseil fédéral. La Confédéra-

tion peut aussi statuer des peines pour réprimer les abus dirigés contre elle ou ses autorités ».

Les lois cantonales n'imposent à la presse ni autorisation, ni cautionnement, ni timbre. Les délits sont déférés au jury; ils sont périmés par une courte prescription.

TIT. 2. — POLICE GÉNÉRALE DE LA PRESSE ET AUTRES MOYENS DE PUBLICATION (*Rép.* nos 95 à 530).

CHAP. 1er. — De l'imprimerie (*Rép.* nos 96 à 185).

SECT. 1re. — DE LA LIBERTÉ DE L'IMPRIMERIE.

70. L'art. 5 du décret du 5 févr. 1810 et l'art. 11 de la loi du 21 oct. 1814 soumettaient l'exercice de la profession d'imprimeur à l'autorisation du Gouvernement (*Rép.* nos 97, 98 et suiv.). La première condition pour obtenir un brevet était qu'il se produisît une vacance parmi les imprimeurs dont le nombre était limité, pour Paris, à quatre-vingts, et pour les départements selon les besoins de la population (Décr. 5 févr. 1810, art. 3 et 7; 11 févr. 1811, art. 1. V. *Rép.* n° 104 et suiv.). Par décret du 14 déc. 1859 (D. P. 60. 4. 1) le nombre des imprimeurs en lettres de la ville de Paris fut porté de quatre-vingts à quatre-vingt-cinq.

71. L'art. 15 du projet de loi présenté en 1868, par le gouvernement impérial, proposait aux Chambres d'affranchir les professions d'imprimeur et de libraire de l'obligation du brevet. Tout imprimeur ou libraire devait seulement, à l'avenir, déclarer à la préfecture son intention d'établir ou de déplacer le siège de son industrie. Les imprimeries clandestines devaient être fermées. Mais on considéra que la suppression d'un monopole établi et respecté depuis soixante ans engagerait des questions d'indemnité et aussi des questions de responsabilité, ce qui fit écarter du texte de la loi du 11 mai 1868 le principe de la liberté de l'imprimerie (V. le rapport de M. Nogent Saint-Laurent, D. P. 68. 4. 52, note 1). L'art. 14 de la loi du 11 mai 1868 disposa seulement que les gérants de journaux seraient autorisés à établir une imprimerie exclusivement destinée à l'impression du journal. Il pouvait arriver, en effet, que les journaux qui allaient être fondés après la disparition du régime de l'autorisation préalable ne parvinssent pas à se faire imprimer par les titulaires de brevet. L'imprimerie spéciale que le gérant d'un journal était autorisé à établir pouvait être installée dans un local où se trouvait déjà une autre imprimerie, pourvu toutefois que l'affectation exclusive à la publication du journal fût maintenue conformément à la loi (Crim. rej. 8 mars 1873, aff. Duportal, D. P. 73. 1. 268). Une imprimerie spéciale pouvait, d'ailleurs, être régulièrement affectée à la publication de plusieurs journaux (V. D. P. 68. 3. 61, note 6).

72. Jusqu'à la chute de l'Empire, toutes les dispositions relatives au *brevet* et au *serment* (*Rép.* nos 98 et suiv.) et aux *imprimeries clandestines* (*Rép.* n° 119 et suiv.) demeurèrent en vigueur. Le décret du gouvernement de la Défense nationale en date du 10 sept. 1870 porte que « les professions d'imprimeur et de libraire sont libres » (art. 1). L'art. 4 ajoute qu' « il sera ultérieurement statué sur les conséquences du présent décret à l'égard des titulaires actuels de brevets ». Comme on le voit, cette disposition laissait au législateur le soin de décider si les titulaires de brevets d'imprimeur ou de libraire dépossédés de leur monopole avaient ou non des droits acquis à une indemnité, et de déterminer le mode de liquidation de cette indemnité et son imputation à la charge du Trésor ou des particuliers qui voudraient exercer, dans la suite, la profession d'imprimeur ou celle de libraire. — Ce décret reçut son exécution. La liberté de la profession d'imprimeur et de celle de libraire entra dans la pratique; mais aucune loi ne vint statuer sur les droits des titulaires de brevets dépossédés de leur monopole. Le conseil d'État, saisi d'une demande d'indemnité formée contre le ministre de l'intérieur, décida que la suppression du monopole attribué par le décret du 5 févr. 1810 aux imprimeurs munis de brevets, n'avait pas eu, de plein droit, pour effet d'obliger l'État à indemniser ces imprimeurs; que l'art. 4 du décret du 10 sept. 1870, qui a déclaré libre la profession d'imprimeur, n'avait eu d'autre objet que de réserver à une loi ultérieure le soin de statuer sur la conséquence de cette mesure en ce qui concernait les imprimeurs munis de brevets, et que, tant qu'aucune loi n'était intervenue, il n'appartenait pas au ministre de l'intérieur de constituer l'État débiteur d'indemnités en faveur des imprimeurs dépossédés de leur monopole (Cons. d'Ét. 4 avr. 1879, aff. Goupy, D. P. 79. 3. 49).

Il ne paraît pas que cette question d'indemnité ait préoccupé, en aucune façon, les auteurs de la loi du 29 juill. 1881. L'art. 1 porte que « l'imprimerie et la librairie sont libres ». Le rapport de M. Lisbonne constate que cette déclaration est formulée pour protester, en quelque sorte, contre les vexations qu'eut à subir, à certaines époques, la profession de libraire. Ce même rapport énumère les nombreuses dispositions abrogées, en cette matière, par l'art. 68 de la loi du 29 juill. 1881, dispositions au nombre desquelles figure le décret du 10 sept. 1870 (V. D. P. 81. 4. 65, note 1).

73. La loi du 29 juill. 1881 supprime presque toutes les obligations que la législation spéciale antérieure imposait aux imprimeurs, c'est-à-dire : 1° le brevet et le serment ; — 2° L'obligation, pour les imprimeurs, de tenir le livre spécial exigé pas l'art. 11 du décret du 5 févr. 1810, et par l'art. 2 de l'ordonnance du 24 oct. 1814 (*Rép.* n° 135) ; — 3° L'obligation de faire, à la préfecture, la déclaration préalable des écrits qu'ils se proposent d'imprimer (*Rép.* n°s 136 et suiv.). Cette obligation, établie par l'art. 14 de la loi du 21 oct. 1814, s'appliquait à tout écrit de quelque nature qu'il fût (*Rép.* n°s 137 et suiv.), notamment : aux journaux non politiques, rentrant, par leur caractère même, dans la classe générale des écrits (Paris, 20 juin 1855, aff. Beauté, D. P. 56. 5. 358) ; aux mandements des évêques (Circ. min. des cultes, 2 janv. 1861, D. P. 61. 3. 7) ; aux réimpressions aussi bien qu'aux impressions, par exemple à la brochure ayant pour objet une notice nécrologique qui n'est que la reproduction d'un article paru dans un journal (Aix, 22 nov. 1855, aff. Veuve Serf, D. P. 56. 2. 267. V. *Rép.* n° 147). Les journaux politiques et soumis au cautionnement étaient assujettis, relativement à la déclaration, à des règles spéciales (V. *infrà,* n°s 190 et suiv.). D'autre part, les instructions administratives exceptaient de la nécessité d'une déclaration préalable les ouvrages de ville ou bilboquets (V. *infrà,* n° 81 et *Rép.* n°s 137 et suiv.) ; — 4° La déclaration que le décret du 10 sept. 1870, art. 2, exigeait de toute personne qui voudrait exercer la profession d'imprimeur ou celle de libraire (L. 29 juill. 1881, art. 68, rapport de M. Lisbonne, n° 1 sous l'art. 1 de la même loi, D. P. 81. 4. 65 ; Circ. min. just., 9 nov. 1881, D. P. 81. 3. 106).

74. La loi du 29 juill. 1881 n'a maintenu à la charge de l'imprimeur que *deux* obligations spéciales : 1° l'obligation relative à l'impression du nom et du domicile de l'imprimeur (*Rép.* n°s 166 à 199. V. *infrà,* n°s 77 et suiv.), et 2° l'obligation relative au dépôt des imprimés (*Rép.* n°s 136 à 165. V. *infrà,* n°s 99 et suiv.). En outre, l'impression des journaux et écrits périodiques est assujettie à des formalités particulières, destinées à assurer la répression des délits (art. 9 et 11. V. *infrà,* n°s 161 et suiv.). — Le libre exercice de la profession d'imprimeur s'étend à tous les genres d'imprimerie, à l'imprimerie en taille-douce, comme à l'autographie et à la typographie. L'art. 4 de la loi du 29 juill. 1881 rend applicable à tous les genres d'impression et de reproduction, les obligations spéciales auxquelles sont assujettis les imprimeurs.

75. L'imprimerie reste, d'ailleurs, soumise à toutes les obligations résultant du droit commun en matière de propriété littéraire ou d'industrie, ou résultant des textes qui n'ont pas pour objet la police de la presse ; car l'art. 68 n'abroge que les lois, décrets, ordonnances et arrêtés faisant partie de la législation antérieure sur la presse (V. *suprà,* n° 26). — D'autre part, les dispositions des lois fiscales concernant l'imprimerie, la librairie et la presse, sont demeurées en vigueur (Circ. min. just. 9 nov. 1881, D. P. 81. 3. 106). Ainsi : 1° les imprimeurs restent soumis, comme par le passé, à *l'impôt des patentes* ; 2° toutes les lois relatives à *l'impôt du timbre* auquel sont assujettis certains imprimés (avis, annonces, prospectus, affiches et placards) sont demeurées en vigueur. Et quand des imprimés soumis au timbre sont mis en circulation en contravention à la loi, les imprimeurs sont encore passibles des pénalités édictées par les art. 68 et 69 de la loi du 28 avr. 1816 et par l'art. 10 de la loi du 16 juin 1824 ; 3° sont encore demeurés en vigueur la lettre de l'évêque diocésain, et le décret du 20 févr. 1809, qui défend l'impression des manuscrits des bibliothèques de l'empire sans autorisation du Gouvernement. Ces décrets étaient visés par l'art. 2 du projet, parmi les textes exceptés de l'abrogation générale que prononçait l'art. 1, devenu l'art. 68 de la loi (V. *suprà,* n° 28, et note 1 sous l'art. 68, D. P. 81. 4. 65 ; Barbier, t. 1, n° 4, p. 509).

76. Le ministère de l'imprimeur est-il facultatif ou forcé ? La question était controversée sous l'empire de la législation antérieure, en raison du monopole concédé aux titulaires de brevets. Suivant une opinion qui n'était pas sans force et qui s'appuyait de plusieurs décisions judiciaires, les imprimeurs investis du monopole ne pouvaient pas refuser arbitrairement l'emploi de leurs presses aux auteurs qui voulaient en faire un usage légitime. L'appréciation de cette légitimité était assurément chose délicate (V. *Rép.* n°s 180 à 185). Sous le régime du libre exercice établi par la loi du 29 juill. 1881, la question doit être résolue par les règles du droit commun ; or, en droit commun, tout industriel est libre d'accorder ou de refuser le secours de son industrie à la personne qui le sollicite : il est maître absolu de sa décision dont il n'a même pas à déduire les motifs (Barbier, t. 1, n° 5, p. 51). C'est en ce sens que, par application des art. 1134 et 1184 c. civ., la cour de cassation a jugé, sous le régime inauguré par le décret du 10 sept. 1870, que lorsqu'un imprimeur a contracté l'obligation d'imprimer un journal, en spécifiant que ce journal devrait toujours rester conservateur libéral, défendant la religion, la famille, la propriété, l'imprimeur peut se fonder sur ce que la ligne politique du journal a changé pour refuser de continuer l'impression et pour demander la résolution du contrat ; que, d'ailleurs, les juges du fond ont, à cet égard, un pouvoir souverain d'appréciation (Req. 6 nov. 1878) (1).

Sect. 2. — Des obligations imposées aux imprimeurs par la loi du 29 juill. 1881.

§ 1er. — Obligation d'indiquer, sur chaque exemplaire d'un ouvrage, les nom et domicile de l'imprimeur.

77. L'art. 2 de la loi du 29 juill. 1881 exige que tout imprimé rendu public porte l'indication du nom et du domicile de l'imprimeur. Cette obligation est reproduite des art. 15 et 17 de la loi du 21 oct. 1814 (*Rép.* n°s 166 à 179).

---

(1) (Pinault et Bochin C. Oberthur.) — La cour ; — Sur le moyen unique du pourvoi, tiré de la violation des art. 1382, 1134 et 1184 c. proc. civ. : — Attendu qu'il résulte de l'arrêt attaqué que, par acte sous seings privés, en date du 7 juin 1873, Oberthur s'est engagé envers Pinault et Bochin à imprimer le *Journal d'Ille-et-Vilaine* jusqu'au 1er mai 1887, sous la condition, textuellement insérée au traité, que le journal sera toujours conservateur libéral, défendant la religion, la famille et la propriété ; — Attendu que cet arrêt, pour appréciation des faits de la cause et par interprétation de la commune intention des parties, constate que Pinault et Bochin, propriétaires dudit journal, n'ont point exécuté les conditions du traité intervenu entre eux et Oberthur, et que celui-ci est bien fondé à en demander la résolution ; qu'il déclare notamment que la rédaction du *Journal* d'Ille-et-Vilaine a sensiblement et progressivement accentué sa politique, et que, depuis le 7 janv. 1873 jusqu'au 26 janv. 1876 inclusivement, Oberthur n'a cessé de se plaindre dans sa correspondance des nombreuses infractions qui étaient commises au traité passé entre Pinault et Bochin ; que ce dernier même a, dans plusieurs circonstances et spécialement par ses lettres des 20 juin et 25 août 1874, reconnu le bien fondé des réclamations de l'imprimeur ; — Attendu que ces constatations sont souveraines, qu'elles échappent au contrôle de la cour de cassation ; que, du reste, les demandeurs n'établissent, par la production d'aucun document, que l'arrêt, en les faisant, ait dénaturé l'objet et le caractère légal de la convention ; — Rejette, etc.
Du 6 nov. 1878.-Ch. req.-MM. Bédarrides, pr.-Talandier, rap.-Lacointa, av. gén., c. conf.-Roger, av.

Elle est applicable, en principe, à tous les imprimeurs. Jugé, antérieurement à la loi de 1881 et sous le régime de la loi du 11 mai 1868, que le gérant du journal qui use du droit d'établir une imprimerie spéciale pour la publication de sa feuille, n'est pas dispensé de l'obligation imposée à tout imprimeur d'indiquer sur les imprimés son nom et sa demeure; que cette indication est nécessaire aussi bien sur les numéros exceptionnels que sur les numéros ordinaires (Crim. rej. 13 juill. 1872, aff. Grard, D. P. 72. 1. 288. Conf. Giboulot, *Commentaire de la loi du 11 mai 1868 sur la presse*, n° 299).

78. — I. Des impressions et reproductions auxquelles cette obligation est applicable. — Elle est applicable à tous les imprimés rendus publics; à tout imprimé, quel que soit son peu d'étendue et d'importance (Crim. cass. 3 juin 1836 et 16 août 1839, *Rép.* n° 169); ... à l'ouvrage imprimé en France dans une langue étrangère, et exclusivement destiné au commerce avec l'étranger (*Rép.* n° 168; L. 29 juill. 1881, art. 4).

79. Elle est applicable à tous les genres d'imprimés et à tous les genres de reproductions destinés à être publiés (L. 29 juill. 1881, art. 4). La formule de l'art. 4 comprend tous les écrits reproduits à l'aide d'un procédé quelconque d'impression proprement dite, sans qu'il y ait à distinguer entre la lithographie, l'autographie et la typographie. A cet égard, la loi de 1881 confirme la législation et la jurisprudence antérieures (Ordonn. 8 oct. 1817; Crim. cass. 9 nov. 1849, aff. Jeanne, D. P. 49. 1. 304; 31 août 1850, aff. Ballard, D. P. 50. 5. 281). Il avait été jugé que les conditions prescrites par les lois sur l'imprimerie sont applicables à tout mode d'opérer, quelque imparfait qu'il soit, à l'aide duquel on obtient la multiplication d'un écrit et, par exemple, au mode de reproduction de circulaires manuscrites qu'un relieur a imaginé pour son usage, en se servant à cet effet des instruments de son état et d'une simple opération chimique (Crim. cass. 26 avr. 1862, aff. Micolei, D. P. 62. 1. 491); ... aux exemplaires d'un écrit tirés au moyen de planches ou clichés photographiques (Aix, 28 janv. 1859, aff. Nadal, D.P.60.2.19).

80. Les art. 14 et 15 de la loi de 1814 ne concernaient que l'impression des écrits. On en avait conclu que l'obligation d'indiquer le nom et la demeure de l'imprimeur ne concernait que les procédés impliquant la juxtaposition d'une planche de nature quelconque et pouvant, à ce titre, être considérés, dans le sens large du mot, comme des procédés d'impression. Encore fallait-il que ces procédés fussent employés à la reproduction d'un écrit, ou d'une image ou dessin accompagné d'un texte écrit (*Rép.* n° 170). Jugé, en ce sens, que l'art. 15 de la loi du 21 oct. 1814, qui exige l'indication du nom et de la demeure de l'imprimeur, n'est applicable aux photographies que dans le cas où elles reproduiraient des écrits (Angers, 26 mai 1873, aff. Brault, D. P. 74. 2. 63). — L'art. 4 de la loi de 1881 ne permet plus aucune incertitude. Les obligations de l'imprimeur s'imposent à l'emploi de tous les genres non seulement d'impression, mais de *reproduction*. Elles concernent donc tout procédé découvert ou à découvrir, alors même qu'il n'offrirait aucune analogie avec les procédés ordinaires de l'imprimerie. Elles concernent la reproduction de tous les produits de l'art susceptibles d'être multipliés par un procédé quelconque, tels que les dessins, morceaux de musique, gravures en taille-douce, à l'eau forte, estampes, lithographies, photographies, photogravures, etc. Tous ces procédés de reproduction ont été visés dans la discussion de l'art. 4 au Sénat (Conf. Barbier, n° 54, p. 68 et suiv.).

81. — II. De l'exception relative aux ouvrages de ville ou bilboquets. — Sont exceptés les ouvrages dits de ville ou bilboquets (L. 29 juill. 1881, art. 2). Sous la législation antérieure, l'exception était admise en vertu d'une tolérance résultant des instructions administratives (Circ. min. 1er août 1810; 16 juin 1830. V. *Rép.* n° 137 et suiv.); mais la règle, toujours en vigueur, était que la double obligation de la déclaration préalable et du dépôt s'appliquait à tous les imprimés, sans exception, même à ceux de la moindre étendue. Aussi avait-il été jugé que la tolérance du défaut d'accomplissement de ladite obligation pouvant toujours être modifiée ou retirée par l'Administration, il suffisait que le préfet, agissant en vertu d'instructions ministérielles, eût fait connaître aux imprimeurs que tels de

ces écrits, par exemple les affiches énonçant purement et simplement les titres d'ouvrages mis en vente, seraient à l'avenir exceptés de la tolérance, pour que, à partir dudit avis, l'omission de la déclaration ou du dépôt à l'égard de ces écrits, constituât une contravention ; qu'il importait peu que l'affiche dont la déclaration et le dépôt n'avaient pas été effectués concernât un ouvrage dont l'impression et la vente n'étaient pas interdites (Trib. corr. Tours, 2 mai 1868, aff. Mazereau, D. P. 68. 3. 95. Conf. Crim. cass. 31 juill. 1823, *Rép.* n° 140). — La solution serait différente aujourd'hui. La loi de 1881 érige en véritable droit l'exception qui n'était autrefois qu'une simple tolérance. Le pouvoir d'appréciation des tribunaux qui, suivant la doctrine et la jurisprudence, ne pouvait s'exercer qu'à défaut, par l'Administration, d'avoir désigné les imprimés qui devaient être considérés comme des ouvrages de ville (V. les arrêts précités; Conf. Chassan, *Traité des délits et contraventions de la parole, de l'écriture et de la presse*, t. 1, p. 524; Parant, p. 47), s'exercerait aujourd'hui dans une indépendance absolue des classements que l'Administration pourrait faire (Conf. Barbier, n° 13, p. 54).

82. La circulaire ministérielle du 16 juin 1830, citée *suprà*, n° 81, avait défini les ouvrages de ville ou bilboquets : « ceux qui, imprimés pour le compte de l'Administration ou destinés à des usages privés, ne sont pas susceptibles d'être répandus dans le commerce ». La circulaire du ministre de la justice du 9 nov. 1881 les désigne, à son tour, sous l'expression d' « imprimés destinés à des usages privés ».

Sont considérés par la jurisprudence comme des bilboquets : les cartes de visite, les adresses, les formules en blanc destinées à épargner le travail de bureau (*Rép.* n° 173); les annonces de mariage, de naissance, de décès, les affiches de vente ou de location et, d'une façon générale, les impressions purement relatives à des convenances de famille, de société ou à des intérêts privés (*Rép.* n° 139) et non susceptibles d'être répandues dans le commerce (*Rép.* n° 169).

83. Au contraire, ne sont pas considérés comme bilboquets : les placards pour les élections (Caen, 29 nov. 1849, aff. L... D. P. 50. 2. 32 et *Rép.* n° 140); Les circulaires invitant les citoyens à assister à une réunion publique (Crim. cass. 22 août 1850, aff. Tousch, D. P. 50. 5. 279; *Rép.* n° 140); ... Les pétitions adressées aux Chambres, notamment une pétition faisant corps avec un journal et destinée à être séparée (Crim. rej. 28 nov. 1850, aff. Quénec; 22 févr. 1850, aff. Ratery, D. P. 51. 1. 278 et 51. 5. 437 ; *Rép.* n° 142); ... Les mandements des évêques (Circ. min. des cultes, 2 janv. 1861, D. P. 61. 3. 7); ... Les professions de foi des candidats (Crim. rej. 18 déc. 1863, aff. Gounoulhon, D. P. 64. 1. 55); ... L'imprimé contenant une pétition destinée à être signée, alors même que l'étendue de la pétition se réduirait à trois lignes, surtout si elle exprime une adhésion raisonnée à un manifeste d'une réelle gravité demandant, par exemple, que des édifices soient affectés par l'autorité à l'exercice d'un culte dissident en vue d'en favoriser la formation (Bordeaux, 24 mai 1872, aff. Peychez, D. P. 73. 2. 128); ... Les affiches annonçant les représentations théâtrales (Crim. cass. 13 juill. 1872, aff. Dumas, D. P. 72. 1. 287); ... L'écrit dans lequel l'auteur discute une élection (Chambéry, 20 juill. 1872, aff. Bonne, D. P. 73. 2. 9); ... Une lettre imprimée par laquelle la commission administrative d'une société musicale autorisée s'adresse à chacun des membres de la société pour savoir s'il consent à voir son nom figurer sur la liste des membres honoraires réclamée par le préfet (Crim. cass. 20 févr. 1875, aff. Veuve Roche, D. P. 75. 1. 388); ... L'affiche émanée d'une société d'agriculture régulièrement autorisée, qui annonce un concours d'animaux de boucherie (Rennes, 8 févr. 1882, aff. Claiser, D. P. 82. 2. 33). — V. en sens contraire : Trib. Quimperlé, 17 déc. 1881 (même affaire, *ibid.*); ... L'avis par lequel un individu invite les électeurs à rayer son nom d'une liste électorale sur laquelle il a été porté sans son consentement (Rennes, 11 avr. 1883, aff. Brunet, D. P. 84. 2. 86).

84. Les *bulletins de vote* et les *circulaires commerciales* ou *industrielles* ne sont pas des bilboquets. Ils doivent donc porter la mention du nom et du domicile de l'imprimeur. La question était controversée sous l'empire de la législation antérieure. Cependant la jurisprudence, considérant que ces imprimés étaient destinés à un usage public ou devaient être répandus dans le commerce, les soumettait à la mention du nom et du domicile de l'imprimeur et au dépôt. L'art. 3 de la loi du 29 juill. 1881 a classé certainement ces imprimés en dehors de la catégorie des ouvrages de ville ou bilboquets. En effet, cet article vise simultanément les bilboquets et à côté d'eux les bulletins de vote et les circulaires industrielles et commerciales pour les affranchir de la formalité du dépôt. Ainsi la loi de 1881 ne confond pas ces deux catégories d'imprimés. Les bulletins de vote et les circulaires commerciales sont dispensés du dépôt; mais ce ne sont pas des bilboquets. Ils doivent donc porter la mention du nom et du domicile de l'imprimeur, puisqu'ils rentrent dans la classe générale des écrits qui ne sont pas dispensés de cette formalité (Circ. min. de la justice, 9 nov. 1881, D. P. 81. 3. 106. Conf. Barbier, t. 1, n° 12, p. 54). — On entend par circulaire commerciale les avis distribués *gratuitement;* les imprimés de cette nature, quand ils sont vendus, perdent le caractère de circulaire (Trib. Seine, 17 avr. 1883, *Le Droit* du 18 avr. 1883).

85. *Les consultations ou mémoires* signés par un avocat ou par un avoué étaient assimilés aux bilboquets par les circulaires du 1er août 1810 et par la jurisprudence antérieure à la loi de 1881 (*Rép.* n° 128). La même solution devrait être encore admise aujourd'hui. Cependant tous mémoires ou consultations sur procès signés par d'autres personnes qu'un avocat ou un avoué doivent indiquer le nom et le domicile de l'imprimeur, car la garantie spéciale qui motivait l'exception et qui résulte de la signature de l'avocat ou de l'avoué, n'existe plus alors (Conf. Barbier, t. 1, n° 11, p. 53).

86. Les dessins connus sous le nom de *dessins industriels* ou *dessins de fabrique,* même susceptibles d'être multipliés par un procédé de reproduction rapide, ne sont certainement pas assujettis à la formalité de l'indication du nom et de la demeure du dessinateur. Ces dessins sont restés en dehors des prévisions de l'art. 4, malgré la généralité de ses termes. — Quant aux vignettes gravées ayant un but de publicité commerciale, ce ne sont pas des dessins de fabrique. On doit, à notre avis, les assimiler aux circulaires commerciales, puisqu'elles ont le même but et que l'art. 4 ne permet pas d'établir une distinction entre la reproduction des écrits et celle des dessins. La question s'était posée devant la cour de Paris, mais elle n'a pas été résolue (V. Paris, 25 janv. 1889, aff. Fortin, D. P. 90. 2. 243).

87. — III. Des indications qui doivent être mentionnées par l'imprimeur. — L'imprimeur doit, dans tous les cas, indiquer son nom patronymique, la ville où il demeure et sa profession (*Rép.* n°s 175, 176; Chassan, t. 1, p. 442). Il peut se dispenser de mentionner également sa rue et le numéro de sa maison, s'il est suffisamment connu dans la ville qu'il habite. L'indication doit être faite régulièrement soit à la première, soit à la dernière page de l'imprimé. L'indication faite dans le corps de l'ouvrage ne constituerait cependant pas une contravention, en l'absence d'un texte formel, pourvu toutefois que l'indication fût assez apparente pour ne pas révéler, de la part de l'imprimeur, l'intention d'éluder la loi et d'échapper à la responsabilité.

88. Le nom et la demeure de l'imprimeur doivent se trouver sur chaque exemplaire de l'ouvrage. Telle était la disposition expresse de l'art. 15 de la loi de 1814. On doit la considérer comme reproduite par l'art. 2 de la loi de 1881, qui vise tout imprimé et, par conséquent, tout exemplaire pris isolément (V. toutefois, *infrà,* n° 98). Quant aux publications faites par livraisons, la mention du nom et de la demeure de l'imprimeur doit figurer sur chaque livraison (Crim. rej. 19 janv. 1848, aff. Alzine, D. P. 48. 1. 56. V. *Rép.* n° 178).

89. — IV. De la restriction de l'obligation de l'imprimeur aux ouvrages rendus publics. — L'obligation d'indiquer le nom et le domicile de l'imprimeur ne concerne que les imprimés *rendus publics* (art. 2) et tous les genres d'imprimés ou de reproductions *destinés à être publiés* (art. 4). Cette indication n'est pas nécessaire si l'ouvrage n'est destiné qu'aux besoins de la personne qui le fait imprimer, et si cet ouvrage ne doit pas être publié. Relativement aux ouvrages qui sont destinés à être publiés, l'indication n'est

obligatoire que lorsque l'imprimé est effectivement *rendu public,* et la contravention n'est commise qu'au moment où cet imprimé est l'objet d'un acte de publication quelconque.

90. Par quelles circonstances la contravention est-elle caractérisée? Suivant la jurisprudence antérieure, la contravention n'était pas terminée et qu'aucun exemplaire n'était sorti de l'imprimerie (Crim. 9 nov. 1849, aff. Jeanne, D. P. 49. 1. 304 et *Rép.* n° 179); mais la sortie d'un seul exemplaire défectueux suffisait pour constituer l'infraction, alors même que cet exemplaire était destiné non à être vendu, mais à servir au dépôt à la direction de la librairie (Crim. cass. 21 janv. 1854, aff. Carion, D. P. 55. 4. 251 et *Rép.* n° 485-8°). On était à cette époque sous l'empire de la loi du 21 oct. 1814, et les art. 15 et 17 de cette loi s'appliquaient à tout exemplaire imprimé, sans qu'il y eût à se préoccuper du fait de la publication. On pouvait alors considérer comme constitutif de l'infraction le seul fait de la sortie des ateliers d'un exemplaire défectueux, indépendamment de tout acte de publication. Mais, en présence des textes formels de la loi de 1881, la jurisprudence que nous venons de citer ne peut plus faire autorité. La contravention n'est plus consommée et l'imprimeur ne peut être poursuivi qu'à partir du moment où l'imprimé défectueux est rendu public.

91. Les actes constitutifs de la publicité donnée aux imprimés et reproductions ne sont pas précisés par les art. 2 et 4 de la loi de 1881. Il convient de s'en référer à la disposition de l'art. 23, qui considère comme faits de publicité, soit la vente ou la distribution d'imprimés, soit leur mise en vente ou leur exposition dans des lieux publics (V. *infrà,* n° 443. Conf. Barbier, t. 1, n° 19, p. 56). Ainsi les imprimés ne doivent pas être considérés comme rendus publics: 1° quand ils sortent des ateliers de l'imprimeur pour être portés chez le brocheur. C'était la solution admise même sous le régime de la loi de 1814 (Chassan, t. 1, n° 749); — 2° Quand les exemplaires destinés au dépôt sortent de l'imprimerie, solution contraire à celle de l'arrêt du 21 janv. 1854, cité *suprà* n° 90; — 3° Quand l'imprimeur remet à une personne, même autre que l'auteur, un exemplaire de l'ouvrage imprimé. Cependant, suivant un arrêt de la cour de cassation du 15 sept. 1837, cité au n° 179 du *Répertoire,* la remise d'un exemplaire à une personne autre que l'auteur suffirait à constituer la distribution de l'imprimé; l'imprimé serait alors, par ce seul fait, rendu public, et la contravention serait consommée. Mais on peut, à juste titre, critiquer cette décision. Le sens propre du mot « distribution » implique la remise de plusieurs exemplaires à diverses personnes. On peut invoquer, en faveur de cette interprétation, un arrêt postérieur de la cour de cassation du 11 mai 1854 aff. Hubin (D. P. 54. 5. 588. V. *Rép.* n° 433) qui a considéré la communication confidentielle d'un écrit à une seule personne comme constituant un fait de distribution (Conf. Barbier, t. 1, p. 57, n° 19); — 4° Quand les imprimés ont été expédiés par l'imprimeur au libraire, mais qu'ils n'ont encore été ni exposés par celui-ci, ni vendus, ni mis en vente. V. en sens contraire les arrêts cités au *Rép.* n° 162; mais il ne faut pas oublier que, sous l'empire de la loi de 1814, la cour de cassation considérait que la contravention était commise par le seul fait de la sortie d'un exemplaire défectueux des ateliers de l'imprimeur. En vertu de la loi de 1881, la publicité devient un élément essentiel de la contravention; on ne peut pas dire que le seul envoi de l'imprimeur au libraire rend l'imprimé public. Cette condition, sans laquelle il n'y a pas de contravention, n'est remplie que par l'exposition, la vente ou la mise en vente (Conf. Barbier, n° 19, p. 59. — *Contrà :* Faivre et Benoit-Lévy, *Code manuel de la presse,* p. 39 ; Bazile et Constant, *Code de la presse* p. 104).

92. Mais la contravention est consommée quand les imprimés défectueux sont placés dans les magasins du libraire, alors même qu'aucun d'eux n'a été ni vendu, ni exposé ; car il y a au moins, dans ce cas, mise en vente puisque les ouvrages attendent l'acheteur (Bordeaux, 24 nov. 1852, aff. Maggi, D. P. 52. 5. 440. Conf. Barbier, *loc. cit.*). De même, la contravention existe si l'imprimeur expédie directement l'ouvrage défectueux à sa clientèle ; car, en ce cas, il y a vente ou distribution.

93. — V. De l'infraction a l'obligation d'indiquer le

NOM ET LE DOMICILE DE L'IMPRIMEUR ET DE LA RÉPRESSION. — L'art. 2 de la loi de 1881 réprime l'infraction consistant dans l'omission soit du nom, soit du domicile de l'imprimeur. L'indication d'un faux nom ou d'une fausse adresse équivaut au défaut d'indication ; car l'imprimeur, en ce cas, n'indique pas son nom ou son domicile, et son action révèle même une intention d'éluder la loi qu'on ne rencontre pas dans le seul fait de l'omission.

94. L'art. 17 de la loi du 21 oct. 1814 punissait l'omission d'une amende de 3000 francs. L'indication d'un faux nom ou d'une fausse adresse entraînait l'application d'une amende de 6000 francs. Dans l'un et l'autre cas, il y avait lieu à saisie ou séquestre de l'ouvrage (V. *Rép.* n° 166). La contravention, étant punie d'une peine correctionnelle, était de la compétence du tribunal de première instance.

Cette législation rigoureuse disparaît avec l'art. 2 de la loi de 1881. On lit dans le rapport de M. Lisbonne que « la disposition de l'art. 2 n'a pour but ni pour résultat de restreindre la liberté de l'imprimerie. Elle ne peut, en effet, empêcher la perpétration d'un crime ou d'un délit ; elle ne fait qu'en assurer, dans la mesure du possible, la responsabilité » (D. P. 81. 4. 65, note 2).

95. La contravention est déférée au tribunal de simple police (art. 45) du lieu où la contravention a été commise, c'est-à-dire où l'ouvrage a été imprimé. Elle a pour sanction une amende de 5 à 15 francs, et ne donne plus lieu à la saisie ou au séquestre des imprimés défectueux.

En cas de récidive, la peine de l'emprisonnement est facultative. L'art. 2 dit qu'elle peut être prononcée. Elle peut varier de un à cinq jours suivant la disposition de l'art 480 c. pén. L'art. 483 c. pén. considère la récidive en matière de simple police comme étant caractérisée par deux contraventions quelconques commises dans les douze mois, et dans le ressort du même tribunal. La disposition de l'art. 2 déroge à cette règle en ce qu'il est nécessaire que les deux contraventions commises dans les douze mois procèdent du même fait (l'omission du nom ou de la demeure de l'imprimeur ou la fausse indication), et en ce que l'article n'exige pas, au moins textuellement, que les deux contraventions aient été commises dans le ressort du même tribunal. — L'art. 2 déroge également à la règle générale écrite dans l'art. 63 de la loi du 29 juill. 1881, en vertu duquel l'aggravation des peines, résultant de la récidive, n'est pas applicable aux infractions prévues par cette loi. L'état de récidive ne peut résulter au surplus que d'une condamnation définitive, ayant acquis l'autorité de la chose jugée au moment de la perpétration du fait qui donne lieu à la seconde poursuite (Crim. cass. 2 août 1856, aff. Drevelle, D. P. 56. 1. 379 ; 8 déc. 1865, aff. Passeron, D. P. 66. 5. 401).

96. L'infraction résultant du défaut d'indication ou de la fausse indication du nom et domicile de l'imprimeur n'a jamais eu que le caractère d'une contravention, alors même qu'elle était punie de peines correctionnelles par l'art. 15 de la loi de 1814. C'est, à n'en pas douter, une simple contravention en vertu de l'art. 2 de la loi du 29 juill. 1881, puisqu'elle a pour sanction des peines de simple police (c. pén. art. 1, c. inst. crim. art. 137). Il en résulte qu'elle est punissable *malgré la bonne foi* (V. les arrêts cités au *Rép.* n°^ 179 et 485. V. aussi *Rép.* n° 384 et v° *Contravention*, n° 1).

97. Le juge peut admettre des circonstances atténuantes. Sous l'empire de l'art. 15 de la loi du 11 mai 1868, il a été jugé que l'art. 463 du code pénal, qui permet les circonstances atténuantes, est applicable aux contraventions en matière d'imprimerie (Chambéry 12 déc. 1873, aff. Ménard, D. P. 74. 2. 154 ; Crim. rej. 7 févr. 1874, même affaire, D. P. 75. 1. 46. V. aussi Crim. cass. 24 juill. 1873, aff. N..., D. P. 73. 1. 398). Telle est d'ailleurs la disposition expresse de l'art. 64 de la loi du 29 juill. 1881. L'application de l'art. 463 du code pénal permet de réduire la peine de moitié, et de même d'abaisser l'amende jusqu'au chiffre de 1 franc.

98. Le cumul des contraventions d'imprimerie donne lieu au cumul des peines. C'est la règle générale que la jurisprudence dégage, en matière de contraventions, de l'art. 365 c. d'instr. crim., lequel ne prohibe le cumul des peines que dans le cas de poursuites de plusieurs crimes ou délits. — L'art. 64 de la loi du 29 juill. 1881 ne prohibe le cumul des peines, en matière de presse, que dans

le même cas. Jugé en ce sens, sous l'empire de la loi de 1814 : 1° que la publication d'un écrit, sans déclaration préalable avant l'impression et sans dépôt d'exemplaires avant la mise en vente, constitue une double contravention, pour la répression de laquelle il doit être prononcé deux amendes (Chambéry, 12 déc. 1873, aff. Ménard, D. P. 74. 2. 154) ; — 2° Que l'art. 15 de la loi du 11 mai 1868, en déclarant l'art. 463 c. pén. applicable, en matière d'infraction aux lois sur la presse, même aux contraventions, n'a pas supprimé l'obligation, pour le juge de réprimer chaque contravention par une amende distincte, lorsque la loi à laquelle il a été contrevenu prescrit le cumul ; que, par suite, spécialement, le juge correctionnel ne peut se contenter, même en cas de circonstances atténuantes, d'appliquer une seule amende à l'imprimeur qui, dans la publication d'un écrit, a contrevenu à deux prescriptions différentes de la loi du 21 oct. 1814 (Crim. cass. 24 juill. 1873, aff. R..., D. P. 73. 1 398). — Cependant, bien qu'il suffise, pour constituer la contravention, de l'omission du nom et de la demeure de l'imprimeur sur un seul exemplaire de l'ouvrage imprimé, on ne doit pas admettre qu'il y a autant de contraventions, donnant lieu au cumul des peines, qu'il y a d'exemplaires défectueux livrés au public. La loi qui punit d'une peine de simple police l'infraction dont il s'agit n'autorise certainement pas à relever contre l'imprimeur des milliers de contraventions donnant lieu à des milliers d'amendes, à l'occasion de la publication d'un ouvrage unique (Conf. Barbier, t. 1, n° 25).

§ 2. — De l'obligation de déposer les imprimés au moment de la publication.

99. L'art. 3 de la loi de 1881 exige que, au moment de la publication de tout imprimé, il en soit fait par l'imprimeur un dépôt de deux exemplaires, destinés aux collections nationales. En vertu de l'art. 4, cette disposition est applicable à tous les genres d'imprimés ou de reproductions destinés à être publiés ; mais le nombre des exemplaires à déposer est fixé à trois pour les estampes, la musique et, en général, les reproductions autres que les imprimés.

100. — I. DU LIEU DU DÉPÔT. — Les art. 4 de l'ordonnance du 24 oct. 1814 et 1 de l'ordonnance du 9 janv. 1828 exigeaient le dépôt d'un certain nombre d'exemplaires à Paris, au secrétariat de la direction générale de l'imprimerie et de la librairie et, dans les départements, au secrétariat de la préfecture. En vertu de l'art. 3 de la loi de 1881, le dépôt doit être fait au ministère de l'intérieur pour Paris ; à la préfecture, pour les chefs-lieux de département ; à la sous-préfecture, pour les chefs-lieux d'arrondissement, et pour les autres villes, à la mairie. Sous la législation antérieure, il a été jugé, avec raison, que le dépôt effectué à la sous-préfecture ne pouvait pas remplacer le dépôt prescrit à la préfecture pour tous les écrits imprimés dans le département (Crim. rej. 16 août 1851, aff. Leboyer, D. P. 51. 5. 317. V. *Rép.* n° 156). On devrait décider de même aujourd'hui qu'un ouvrage imprimé dans un chef-lieu de département ou d'arrondissement ne peut pas être régulièrement déposé à la mairie. — Si l'ouvrage a été imprimé dans une autre ville qu'un chef-lieu, on peut admettre que le dépôt soit à la sous-préfecture, soit à la préfecture, peut valablement remplacer le dépôt à la mairie ; car c'est surtout dans l'intérêt des déposants, et pour leur éviter un déplacement, que la loi de 1881, adoucissant les mesures prescrites par la loi de 1814, désigne la mairie comme lieu de dépôt, en outre de la préfecture et de la sous-préfecture (Conf. Barbier, t. 1, n° 31, p. 61). Si le même ouvrage est imprimé par le même imprimeur dans plusieurs départements, il y a lieu d'effectuer un dépôt spécial dans chaque département (V. *Rép.* n°^ 157 et 158).

101. — II. PAR QUI LE DÉPÔT DOIT ÊTRE EFFECTUÉ. — C'est l'imprimeur qui, aux termes de l'art. 3 de la loi de 1881, comme en vertu de la jurisprudence antérieure, est personnellement tenu d'effectuer le dépôt. Il ne peut pas se décharger de cette obligation en s'en remettant aux soins de l'auteur (Caen, 29 nov. 1849, aff. L..., D. P. 50. 2. 32, et *Rép.* n° 154). Il peut valablement charger un fondé de pouvoir d'effectuer le dépôt en son nom ; mais il demeure responsable de l'inaccomplissement de cette formalité sans pouvoir invoquer l'excuse de sa bonne foi. Le dépôt fait par l'imprimeur profite à son successeur, mais non pas à un autre imprimeur qui, à défaut du premier, achèverait l'ouvrage commencé (*Rép.* n° 153; Conf. de Grattier, *Commentaires sur les lois de la presse*, t. 1, p. 80). — Relativement au dépôt de trois exemplaires prescrit par l'art. 4, pour les estampes, la musique et, en général, les reproductions autre que les imprimés, l'art. 4 déclare seulement que les dispositions de l'art. 3 sont applicables : il en résulte que le dépôt dont il s'agit doit être effectué non par l'auteur, mais par l'industriel qui reproduit l'œuvre, soit par l'impression, soit par tout autre procédé (Conf. Barbier, t. 1, p. 72, n° 60).

102. — III. —Des imprimés et autres reproductions soumis a la formalité du dépôt. — Tous les imprimés sont soumis à la formalité du dépôt. Sont exceptés toutefois: 1° les ouvrages de ville ou bilboquets (V. *suprà*, n°ˢ 81 et suiv.); 2° les bulletins de vote et les circulaires commerciales (L. 29 juill. 1881, art. 3), bien que ces derniers imprimés ne soient pas, comme les ouvrages de ville, dispensés de la mention du nom et du domicile de l'imprimeur (V. *suprà*, n° 84). — Toutes les reproductions, telles que dessins, gravures, œuvres musicales, accompagnées ou non accompagnées d'un texte, quel que soit d'ailleurs le procédé de reproduction employé, sont soumises à la formalité du dépôt (art. 4). On doit en excepter toutefois les dessins de fabriques (V. *suprà*, n° 86). Quant aux emblèmes, c'est-à-dire aux insignes et aux figures symboliques, avec ou sans légendes, quand ils sont représentés par le dessin, la gravure, la lithographie, etc., ils sont soumis aux prescriptions des art. 2, 3 et 4, non pas, il est vrai, en raison de leur caractère d'emblèmes, mais parce qu'ils sont des reproductions susceptibles de se multiplier par le tirage et visés, dès lors, par l'art. 4. — Les emblèmes représentés par des objets en relief (fleurs de lis, bonnets phrygiens, etc.), ne rentrent pas dans la catégorie des reproductions par la presse. Ils constituent des modèles de fabrique en matière de propriété industrielle. Le dépôt en est prescrit soit par la loi du 19 juill. 1793 (art. 6 ; *Rép.* v° *Propriété littéraire*, p. 444), soit par la loi du 18 mars 1806 (art. 15; *Rép.* v° *Industrie et commerce*, p. 668); mais ce dépôt n'a pour objet que de réserver à l'auteur son droit de poursuivre contre les contrefacteurs; l'inaccomplissement du dépôt n'entraîne que la déchéance de ce droit. Si toutefois les emblèmes en relief sont accompagnés de légendes imprimées, l'application stricte de la loi de 1881 conduit à exiger le dépôt en double exemplaire de cette légende, avec l'indication du nom et du domicile de l'imprimeur, sur chacun des exemplaires. — Toutes ces observations sont applicables aux médailles non métalliques. Les médailles d'or, d'argent ou d'autres métaux, doivent être frappées dans l'atelier spécial destiné à cet usage, dans l'hôtel des Monnaies, et il est déposé deux exemplaires du bronze de chaque médaille à l'hôtel des Monnaies, et deux à la Bibliothèque (Arr. 5 germ. an 12, art. 2; *Rép.* v° *Monnaie*, p. 382).

103. — IV. De la destination des exemplaires déposés. — Le dépôt administratif, prescrit par la législation antérieure de la presse et maintenu par la loi de 1881, est destiné à l'enrichissement de nos collections nationales (L. 29 juill. 1881, art. 3). — D'après les art. 3 et 4 de l'ordonnance du 24 oct. 1814, les écrits imprimés et les estampes ou planches gravées, accompagnées d'un texte, devaient être déposés à cinq exemplaires, dont un pour la Bibliothèque, un pour le chancelier, un pour le ministre de l'intérieur, un pour le directeur général de la librairie et le cinquième pour le censeur. L'art. 3 prescrivait également le dépôt de cinq épreuves des planches gravées et estampes, dont deux pour la Bibliothèque, une pour le chancelier, une pour le ministre de l'intérieur et la cinquième pour le directeur général de la librairie. L'ordonnance du 9 janv. 1828 avait réduit à deux le nombre des exemplaires des écrits imprimés à déposer : l'un était destiné à la Bibliothèque, l'autre au ministre de l'intérieur. Les épreuves d'estampes et de planches gravées devaient être au nombre de trois, dont deux pour la Bibliothèque et la troisième pour le ministre de l'intérieur. — La même distinction est maintenue par l'art. 3 de la loi de 1881. « Le motif de cette distinction est dans la destination différente de ces ouvrages qui doivent être conservés en plus ou moins grand nombre dans les collections nationales » (Circ. min. just. 9 nov. 1881, D. P. 81. 3. 106). En ce qui concerne les imprimés, le dépôt est de deux exemplaires, dont l'un est envoyé par le ministre de l'intérieur à la Bibliothèque

nationale et le second est envoyé au ministère de l'instruction publique. Quant aux estampes, à la musique et, en général, à toutes les reproductions autres que les imprimés, le dépôt doit être fait en trois exemplaires (art. 4). Pour la musique, un exemplaire est destiné au ministère de l'instruction publique, un second à la Bibliothèque nationale, et le troisième aux archives du Conservatoire de musique. Pour les estampes et les autres reproductions, deux exemplaires sont remis à la Bibliothèque, et le troisième au ministère de l'instruction publique.

104. Toutefois il est nécessaire de préciser quelles sont les reproductions dont l'art. 4 exige le dépôt à trois exemplaires. Dans le projet voté par la Chambre des députés, le dépôt de trois exemplaires n'était expressément exigé que pour les estampes et pour la musique. M. Bozérian fit observer au Sénat qu' « en dehors des estampes et de la musique, on publie beaucoup d'autres choses destinées à être reproduites, comme les dessins, les gravures, les photographies, les photogravures, etc. ». Il proposa d'ajouter au texte de la Chambre les mots qui figurent aujourd'hui dans l'art. 4: « et, en général, les reproductions autres que les imprimés ». Il résuma le sens de son amendement en ces termes: « Tout ce qui sera imprimé devra être déposé à deux exemplaires ; tout ce qui ne sera pas imprimé devra être déposé à trois exemplaires ». L'amendement fut adopté. Cependant le but de cet amendement n'a pas été d'opposer aux reproductions obtenues par l'impression ; en effet, on doit considérer comme une impression toute reproduction obtenue par l'application d'une planche ; une estampe serait donc, en ce sens, un imprimé; or l'art. 4 distingue précisément l'estampe, dont on doit déposer trois exemplaires, de l'imprimé, qui ne comporte qu'un dépôt de deux exemplaires ; donc, au sens de cet article, le mot imprimé ne comprend pas toutes les reproductions qui peuvent être obtenues par l'impression. — Il est manifeste que, dans la pensée de M. Bozérian, comme dans le texte de l'art. 4, le mot *imprimé* s'applique à tous les *écrits* reproduits, soit par l'impression, soit par un procédé différent de ceux de l'imprimerie, comme un procédé photographique, par exemple, et qu'il n'y a lieu de déposer que deux exemplaires des écrits ainsi reproduits. Au contraire, tout produit de l'art autre qu'un écrit, tel qu'un paysage, un portrait, etc., doit être déposé en trois exemplaires, même s'il est reproduit au moyen de l'impression ou d'un procédé quelconque d'imprimerie.

105. Les estampes, la musique et toutes reproductions des produits de l'art, accompagnées de textes doivent être déposées en trois exemplaires; car le texte n'est que l'accessoire de ces reproductions. Au contraire, quand des dessins ou autres reproductions analogues sont placés dans le texte d'un ouvrage écrit et reproduit par l'impression, pour servir soit à l'intelligence, soit à l'ornement de ce texte, ils ne forment plus que l'accessoire du livre, et le dépôt n'est plus exigé qu'en deux exemplaires (Conf. de Grattier, t. 1, p. 110; Barbier, n° 59, p. 72. V. d'ailleurs *Rép.* n° 420). On peut remarquer, en faveur de cette solution, que, lors de la discussion au Sénat sur l'art. 4, la modicité relative de la valeur des reproductions, autres que les écrits imprimés, a été donnée comme une raison suffisante d'exiger le dépôt de trois exemplaires ; cette raison ne se rencontre plus pour les dessins, etc., intercalés dans le texte d'un livre.

106. Le dépôt n'a pas seulement pour but, comme le dit l'art. 3 de la loi de 1881, d'enrichir les collections nationales. C'est encore une mesure de police destinée à assurer la répression des crimes et délits commis par la voie de la presse, en plaçant toutes les productions de la presse, au moment de leur publication, sous les yeux de l'autorité. C'est pour ce dernier motif que l'art. 4 exige que le dépôt soit fait au moment de la publication. Il n'est pas nécessaire que le dépôt précède la publication ; il peut être concomitant à cette publication; mais il faut du moins que le dépôt soit effectué au moment même où le premier exemplaire est rendu public (Circ. min. just. 9 nov. 1881, D. P. 81. 3. 106).

107. Cette exigence de la loi, et la nécessité du dépôt par l'imprimeur lui-même, ont ce résultat que les exemplaires sont déposés dans l'état où ils se trouvent en sortant des presses. L'imprimeur remplit suffisamment son obligation en déposant l'imprimé qui provient de ses ateliers, quel que soit l'état matériel de l'exemplaire déposé, par exemple avant le brochage. Par suite, les exemplaires déposés sont souvent très défectueux, tandis qu'on devrait souhaiter que les exemplaires les plus achevés de toutes les œuvres de la presse fussent réunis dans nos collections publiques. On ne pourrait assurer ce résultat, en même temps que la surveillance de l'autorité, qu'au moyen d'un double dépôt, l'un effectué par l'imprimeur, dans les conditions prévues par l'art. 4, l'autre imposé à l'auteur ou à l'éditeur (V. Barbier, t. 1, p. 62, n° 34; Picot, *Revue des Deux Mondes*, du 1er févr. 1883).

108. En ce qui concerne les estampes et autres productions artistiques de même nature, l'art. 8 de l'ordonn. du 24 oct. 1814 exigeait que, sur les deux épreuves destinées à la Bibliothèque, l'une fût avant la lettre ou en couleur, s'il en avait été tiré de cette espèce. La loi de 1881 n'a pas reproduit cette disposition, pourtant bien profitable à l'enrichissement de nos collections nationales. Il semble que, malgré l'abrogation de l'ordonnance de 1814 et le silence de la loi de 1881, on pourrait exiger encore le dépôt d'une épreuve avant la lettre ou d'une épreuve en couleur; car lorsqu'il y a deux tirages, l'un d'épreuves avant la lettre ou d'épreuves coloriées, l'autre d'épreuves avant la lettre ou d'épreuves non coloriées, on peut soutenir qu'il y a deux reproductions distinctes, soumises chacune à la nécessité d'un dépôt particulier.

109. — V. De l'acte de dépôt et du récépissé. — Un acte de dépôt doit être dressé par l'Administration. L'art. 4 porte que « l'acte de dépôt mentionnera le titre de l'imprimé et le chiffre du tirage ». Cette disposition a été ajoutée par la commission du Sénat au texte adopté par la Chambre des députés. M. Pelletan, dans son rapport, en a fixé le véritable sens : « On pourrait dire, pour expliquer cette disposition, que le titre d'un ouvrage constitue une propriété; qu'il importait de fixer le droit de propriété par l'acte de dépôt; qu'il importait non moins de constater le chiffre du tirage. Quand un auteur vend une édition à un éditeur, il la vend tirée à un nombre déterminé d'exemplaires : si l'acte de dépôt ne les constate pas authentiquement, quel sera le moyen de vérifier, en cas de litige, que ce nombre a été ou n'a pas été dépassé? Mais la commission n'avait pas à s'occuper de la propriété littéraire, elle s'est surtout placée au point de vue de la répression; elle a pensé que l'importance du tirage serait, en certains cas, un motif déterminant de la poursuite; une publication tirée à quelques exemplaires pourrait ne présenter aucun danger, tandis qu'elle pourrait en offrir un si le tirage était considérable ».

110. Le dépôt est constaté par l'acte de dépôt que dresse l'Administration. Il est, en outre, constaté par le récépissé que l'Administration délivre à l'imprimeur. L'art. 7 de la loi du 27 juill. 1849 exigeait qu'il fût donné à l'imprimeur récépissé de son dépôt et de sa déclaration relative au titre de l'ouvrage et au chiffre du tirage. Cette disposition n'est pas reproduite par la loi de 1881; mais certainement l'imprimeur est toujours en droit d'exiger de l'Administration un récépissé qui lui permette de prouver qu'il a rempli son obligation. — Le récépissé doit indiquer, comme l'acte de dépôt, le nombre d'exemplaires déposés par l'imprimeur, la date du dépôt, le titre de l'imprimé et le chiffre du tirage. D'ailleurs le dépôt peut être prouvé, en cas de poursuite contre l'imprimeur, par tous les moyens de preuve admis par la loi. Jugé en ce sens : 1° qu'il n'y a aucune contravention de la part de l'imprimeur ni dans le fait d'avoir opéré le dépôt d'un imprimé à la préfecture avant d'avoir retiré un récépissé destiné à constater l'accomplissement de la formalité préalable de la déclaration, ni dans celui d'avoir publié et imprimé avant qu'il lui eût été fait délivrance du récépissé constatant le dépôt, alors qu'il est justifié d'ailleurs que ces formalités ont été remplies (Rennes, 25 août 1855, aff. Guéraud, D. P. 57. 2. 165); — 2° Que les récépissés que l'imprimeur doit demander à la préfecture, lorsqu'il y a la déclaration préalable à l'impression d'un ouvrage (une bulletin électoral) et plus tard le dépôt de deux exemplaires, ne sont pas absolument nécessaires pour prouver qu'il a rempli, et en temps utile, ces deux formalités; qu'ils peuvent, en cas de poursuite être suppléés, notamment, par la production des originaux des déclarations et par une reconnais-

sance du préfet; et que le défaut de représentation de ces récépissés par l'imprimeur s'il peut faire présumer l'inaccomplissement des formalités prescrites et donner lieu, de la part du ministère public à la mesure préventive de saisie des exemplaires de l'ouvrage, ne constitue pas, par lui-même, une contravention et ne peut, par suite, à lui seul, servir de base à une condamnation (Crim. rej. 16 nov. 1855, même affaire, D. P. 56. 1. 48). Ces décisions, intervenues sous l'empire de la loi du 27 juill. 1849, qui prévoyait la remise d'un récépissé à l'imprimeur, conservent toute leur autorité sous l'empire de la loi de 1881, qui ne dit rien à cet égard.

111. En cas de refus de l'Administration de recevoir le dépôt, l'imprimeur peut passer outre à la publication. Cette solution pouvait être douteuse sous l'empire de la loi du 24 oct. 1814, qui exigeait un dépôt préalable à la publication (V. les arrêts cités au *Rép.* n° 165). La cour de cassation avait cependant décidé que l'imprimeur pouvait être acquitté quand il justifiait qu'on avait refusé de recevoir son dépôt sous prétexte qu'il était incomplet (Crim. rej. 15 avr. 1854, aff. Migne). On admettait que l'imprimeur pouvait faire constater le refus de l'Administration par un procès-verbal d'huissier, et passer outre à la publication (*Rép.* n° 487; de Grattier, t. 1, p. 80; Fabreguettes, *Traité des infractions de la parole, de l'écriture et de la presse*, t. 1, n° 133). Cette mise en demeure n'est même plus nécessaire aujourd'hui. L'art. 3 de la loi de 1881 n'exige plus un dépôt *préalable*, mais un dépôt concomitant avec la publication. Il suffit, que le dépôt soit effectué au moment de la publication du premier exemplaire. (Sur les circonstances caractéristiques de la publication, V. *suprà*, n° 94) On a voulu que la publication ne pût éprouver ni entraves ni retard par suite du dépôt; c'est dans ce but qu'on a autorisé le dépôt à la mairie dans les villes qui ne sont pas chefs-lieux de département ou d'arrondissement, tandis que le dépôt exigé par la loi de 1814 devait toujours être fait à la préfecture.

112. La publication de l'écrit déposé peut avoir lieu tous les jours et à toute heure. Le dépôt peut donc être effectué, de même, tous les jours et à toute heure. Autrement, un refus arbitraire de l'autorité administrative pourrait empêcher, par exemple, la circulation d'un écrit dont les exigences de la lutte électorale auraient nécessité la publication à la veille du scrutin. On ne pourrait donc plus admettre aujourd'hui, comme un arrêt l'avait décidé sous l'empire de la loi de 1814 (Metz, 31 août 1835, *Rép.* n° 165), que le dépôt à la préfecture peut être refusé un jour férié. Au contraire, la cour de cassation a jugé que le dépôt légal des imprimés, prescrit par l'art. 3 de la loi du 29 juill. 1881, peut être effectué à toute heure et même la nuit; que l'imprimeur qui, par suite de refus de l'autorité administrative n'a pu opérer le dépôt légal, peut passer outre à la publication de l'imprimé, sauf à prouver par tous les moyens de droit et notamment par témoins, les diligences qu'il a faites pour effectuer le dépôt et le refus qui lui a été opposé (Crim. rej. 3 juill. 1886, aff. Florentin, D. P. 87. 1. 95).

113. — VI. De l'infraction a l'obligation du dépôt et de la répression de cette contravention. — Sous l'empire des art. 14 et 16 de la loi du 21 oct. 1814, l'imprimeur qui n'avait pas fait le dépôt administratif ou qui l'avait fait incomplètement, était puni d'une amende de 1000 fr. pour la première contravention, et de 2000 fr. pour la seconde (Ordonn. 24 oct. 1814, art. 4, et Ordonn. 9 janv. 1828, art. 1). Il y avait lieu à saisie ou séquestre des imprimés, quand l'imprimeur ne représentait pas les récépissés constatant le dépôt (*Rép.* n° 158). L'art. 3 de l'ordonnance du 24 oct. 1814 rendait ces dispositions pénales applicables aux estampes et aux planches accompagnées d'un texte. En ce qui concerne les estampes et les planches gravées sans texte, l'art. 8 de même ordonnance les soumettait également au dépôt; mais, à l'égard de ces dernières productions, l'omission du dépôt n'avait pour sanction que l'impossibilité de poursuivre les contrefacteurs en justice, conformément aux dispositions de la loi du 19 juill. 1793 (*Rép.* n° 149). — La loi du 29 juill. 1881 punit, dans tous les cas, la contravention de l'imprimeur à l'obligation du dépôt, d'une amende de 16 fr. à 300 fr. (art. 5). Cette sanction s'attache à l'omission du dépôt ou au dépôt irrégulier, soit des écrits imprimés qui doivent être déposés en deux exemplaires, soit à l'omission du dépôt ou au dépôt irrégulier des estampes, de la musique ou de toutes autres reproductions d'œuvres d'art que l'art. 4 soumet au dépôt à trois exemplaires.

114. La peine portée par l'art. 3 est-elle applicable à l'imprimeur qui a fait le dépôt du nombre d'exemplaires exigé par la loi, mais qui n'a pas indiqué le titre de l'imprimé et le chiffre du tirage? On peut faire valoir, à l'appui de la négative, un argument de texte que fournit la rédaction de l'art. 3. Le premier alinéa de cet article exige le dépôt, sous peine d'une amende de 16 à 300 fr. Le troisième alinéa veut que l'acte de dépôt, dressé par l'employé de l'Administration qui reçoit le dépôt, mentionne le titre de l'imprimé et le chiffre du tirage. Cette disposition suppose évidemment une déclaration de la part de l'imprimeur ; mais la déclaration n'est pas impérativement exigée de l'imprimeur, et le troisième alinéa n'établit pas, en cas d'inobservation de cette formalité, la sanction portée par le premier alinéa. Or, en matière criminelle, tout est de droit étroit ; les textes ne se suppléent pas, et l'on ne peut pas étendre au défaut de déclaration, la peine portée contre l'omission du dépôt. C'est en ce sens que l'on tranchait une controverse analogue, à laquelle donnait lieu l'application de l'art. 2 de l'ordonnance du 24 oct. 1814, rapproché de l'art. 14 de la loi du 14 octobre de la même année (V. *Rép.* n° 151. Conf. Dutruc, *Explication pratique de la loi du 29 juill.* 1881, p. 6 et 7). — Mais nous pensons qu'il y a lieu d'adopter l'opinion contraire. La disposition relative à la déclaration du titre de l'imprimé et du chiffre du tirage est empruntée à l'art. 7 de la loi du 27 juill. 1849, qui punissait de la même façon l'infraction à l'obligation du dépôt et l'infraction à l'obligation de la déclaration. Nul doute que le législateur n'ait voulu sanctionner cette dernière obligation. D'ailleurs, les trois premiers alinéas de l'art. 3 ne forment qu'un seul texte indivisible. L'obligation que le premier alinéa impose à l'imprimeur, sous peine d'amende, est celle d'effectuer un dépôt conforme aux prescriptions des alinéas 2 et 3. L'art. 3 punit non seulement le défaut de dépôt, mais certainement aussi le dépôt irrégulier. L'imprimeur est passible de l'amende, en dehors du cas où il ne fait aucun dépôt, dans le cas où il ne dépose pas le nombre d'exemplaires exigé soit par le premier alinéa de l'art. 3, soit par l'art. 4. Il est également passible de l'amende s'il fait un dépôt dans un autre lieu que ceux désignés par le deuxième alinéa. On doit admettre qu'il est encore punissable dans l'hypothèse où le dépôt qu'il effectue n'est pas accompagné de la déclaration du titre de l'imprimé et du chiffre du tirage, ou si cette déclaration n'est pas sincère en ce qui concerne le chiffre du tirage. D'ailleurs le quatrième alinéa de l'art. 3 commence par ces mots : « Sont exceptés de cette disposition.... » expressions qui se réfèrent à l'ensemble des trois alinéas précédents, et qui révèlent bien que, dans la pensée du législateur, ces trois alinéas ne forment qu'une disposition indivisible, qui édicte la peine de l'amende de 16 à 300 fr. contre toute contravention consistant soit dans l'omission du dépôt, soit dans un dépôt irrégulier (Conf. Barbier, t. 1, p. 65, n°s 44 et 45. — *Contrà* : Dutruc, *op. et loc. cit.*)

Ce dernier auteur soutient que la déclaration inexacte ou mensongère échappe à toute répression, au même titre que le défaut de déclaration, qui n'est pas d'après lui prévu par l'art. 3. M. Barbier, *loc. cit.*, fait justement observer que, même si l'on considère la déclaration comme n'étant pas obligatoire sous peine d'amende, on devrait en décider autrement quant à la fausse déclaration. En ce dernier cas, en effet, on peut soutenir que les imprimés non conformes à la déclaration n'ont pas fait, en réalité, l'objet d'un dépôt ; que l'imprimé publié sous un titre différent du titre déclaré, que les exemplaires tirés en sus du chiffre de tirage déclaré, n'ont pas été déposés. En un mot, si l'on n'admet pas la contravention qui consiste dans le défaut de déclaration, on doit, du moins, admettre que la déclaration mensongère comporte la contravention qui consiste dans le défaut de dépôt.

115. L'infraction aux dispositions des art. 3 et 4 est déférée aux tribunaux correctionnels (art. 45). Le tribunal compétent est celui du lieu où le dépôt devait être effectué (c. instr. crim. art. 139, 140, 166). La poursuite ne peut

donc pas avoir lieu devant tout tribunal dans le ressort duquel l'imprimé non déposé aurait été publié, comme s'il s'agissait d'un délit de presse dans lequel l'intention doit être recherchée (V. *Rép.* n° 511). L'omission ou l'irrégularité du dépôt ne constitue, en effet, qu'une contravention caractérisée par l'inaccomplissement de l'obligation matérielle imposée à l'imprimeur. D'où il suit que ce dernier ne peut pas invoquer sa bonne foi pour échapper à la répression. (Comp. *supra*, n° 96. V. aussi *Rép.* n°s 484 et suiv.).

116. Le juge peut admettre des circonstances atténuantes ; car l'art. 64 de la loi du 29 juill. 1881 déclare que l'art. 463 c. pén. est applicable à *tous les cas* qu'elle prévoit, c'est-à-dire aussi bien aux contraventions à la police de la presse qu'aux faits constituant des crimes ou des délits (Comp. *supra*, n° 97).

117. L'aggravation de peine, établie par l'art. 68 de la loi de 1881, pour le cas de récidive, n'est pas applicable à l'inaccomplissement de la formalité du dépôt. Il s'agit, en effet, d'une contravention punie de peines correctionnelles (V. *supra*, n° 113).

118. La règle qui prohibe le cumul des peines n'a pas d'application aux contraventions commises par l'imprimeur en matière de dépôt. Le tribunal doit prononcer autant de peines qu'il constate de contraventions (Trib. Seine 31 janv. 1883, *Lois nouvelles*, 1883, 3e part., p. 71, n° 123).

119. Le délai de trois mois, par l'expiration duquel l'action est prescrite, doit être compté du jour où l'imprimé dont le dépôt n'a pas été effectué ou n'a été effectué qu'irrégulièrement, a été rendu public (Conf. Barbier, t. 1, n° 49, p. 66).

120. — VII. Suppression du dépôt au parquet des écrits politiques. — En outre du dépôt administratif, l'art. 7 de la loi du 27 juill. 1849 exigeait que tous écrits traitant de matières politiques ou d'économie sociale et ayant moins de dix feuilles d'impression, à l'exception toutefois des journaux ou écrits périodiques, soumis à d'autres règles, fussent déposés par l'imprimeur au parquet du procureur de la République du lieu de l'impression, vingt-quatre heures avant toute publication ou distribution, avec indication du nombre d'exemplaires, à peine d'une amende de 100 à 500 fr. (*Rép.* n° 459). Sous l'empire de cette disposition, il a été jugé que le dépôt au parquet du procureur de la République de toute brochure de moins de dix feuilles d'impression, traitant de matières politiques ou économiques ne pouvait être remplacé légalement par le dépôt au parquet du procureur général, alors surtout que ce dernier dépôt n'a pas été accompagné de la déclaration du nombre d'exemplaires tirés (Douai, 10 mai 1874, aff. Crépin, D. P. 74. 2. 153). — La loi du 29 juill. 1881 supprime le dépôt au parquet exigé par l'art. 7 de la loi du 27 juill. 1849, dont la disposition est abrogée. Désormais, à l'exception des journaux ou écrits périodiques, soumis à des règles particulières, les brochures même traitant de matières politiques ou d'économie sociale et ayant moins de dix feuilles d'impression, ne sont soumises qu'au dépôt administratif prescrit par l'art. 3 de la loi de 1881.

121. — VIII. De l'effet du dépôt administratif relativement a la propriété artistique et littéraire. — Le dépôt administratif, prescrit par les art. 3 et 4 de la loi du 29 juill. 1881, suffit-il pour conserver aux auteurs leurs droits de propriété artistique ou littéraire ? — L'art. 6 de la loi du 19 juill. 1793 permet à l'auteur d'une œuvre artistique ou littéraire de poursuivre les contrefacteurs en justice que s'il a déposé deux exemplaires à la Bibliothèque nationale contre un récépissé qui lui sert de titre (V. *Rép.* v° *Propriété littéraire*). On a toujours admis que le dépôt administratif organisé par les lois de presse (Décr. 5 févr. 1810, art. 48 ; Ordonn. 24 oct. 1814, art. 4 et 8 ; Ordonn. 9 janv. 1828) se confondait avec le dépôt prescrit par la loi de 1793 et qu'il en tenait lieu au profit de l'auteur (Crim. rej. 1er mars 1834, *Rép.* v° *Propriété littéraire*, n° 437). Bien que la loi du 29 juill. 1881 ait modifié le lieu du dépôt et le nombre des exemplaires à déposer, qu'elle ait substitué au dépôt à la bibliothèque, le dépôt au ministère, à la préfecture, à la sous-préfecture ou même à la mairie, de deux exemplaires d'œuvres littéraires et de trois exemplaires des œuvres artistiques ; qu'enfin la bibliothèque ne reçoive qu'un exemplaire des œuvres littéraires, tandis que le cabinet des estampes garde deux exemplaires des œuvres artistiques, on doit admettre que le dépôt régulièrement effectué par l'imprimeur en conformité de l'art. 3 de la loi du 29 juill. 1881, suffit pour mettre l'auteur à l'abri de la déchéance du droit de propriété. Cette déchéance continue, d'ailleurs, d'être prononcée à défaut de dépôt par l'art. 6 de la loi de 1793, demeuré toujours en vigueur.

122. Le recépissé que l'Administration délivre à l'imprimeur ou au reproducteur, en même temps qu'il permet à celui-ci de prouver l'accomplissement des obligations qui lui sont imposées par la loi de la presse, sert de titre à l'auteur au point de vue de la conservation de son droit de propriété (L. 19 juill. 1793, art. 6; Ordonn. 24 oct. 1814, art. 9. Conf. Barbier, t. 1, p. 73, n° 62).

123. M. Barbier fait observer que néanmoins l'auteur peut avoir un grand intérêt, soit à effectuer lui-même un dépôt régulier de son œuvre, soit à veiller à ce que l'imprimeur ne dépose que d'excellents exemplaires de l'œuvre; car le dépôt d'exemplaires incomplets et informes au point de vue typographique n'assurerait pas à l'auteur la conservation de ses droits et privilèges (V. Paris, 8 oct. 1835, cité au *Rép.* v° *Propriété littéraire*, n° 441).

Sect. 3. — Des fondeurs de caractères, clicheurs, stéréotypeurs, fabricants de presses en tout genre et marchands d'ustensiles d'imprimerie (*Rép.* n°ˢ 186 à 188).

124. Ces différentes branches d'industrie, qui fournissent le matériel d'imprimerie, étaient assujetties à des obligations établies dans le but d'atteindre les imprimeurs eux-mêmes. L'art. 4 du décret du 22 mars 1852 les obligeait à tenir un livre coté et parafé et à y inscrire les ventes par ordre de dates et les noms, qualités et domicile, des acheteurs. Ils devaient, en outre, déclarer chacune des livraisons, à Paris, au ministère de l'intérieur, en province à la préfecture. — Ces professions sont affranchies aujourd'hui des formalités qui en restreignaient le libre exercice. La loi du 29 juill. 1881 a forcément proclamé leur liberté, par voie de conséquence, en proclamant la liberté de l'imprimerie. D'ailleurs, les dispositions qui réglementaient ces professions faisaient partie de la législation antérieure sur la presse. Ces dispositions sont donc abrogées, soit implicitement par l'art. 1 de la loi de 1881, soit expressément par son art. 68 (Conf. Barbier, t. 1, p. 49).

CHAP. 2. — De la librairie (*Rép.* n°ˢ 189 à 225).

125. Les libraires ont été constamment associés par la législation au sort des imprimeurs. La loi du 21 oct. 1814 les soumettait, comme les imprimeurs, à la nécessité du brevet et du serment (*Rép.* n°ˢ 189 à 211). L'art. 24 du décret du 17 févr. 1852 punissait d'un mois à deux ans de prison et d'une amende de 100 à 2000 fr. tout individu exerçant le commerce de la librairie sans avoir obtenu de brevet. Les libraires étaient, en outre, soumis à différentes obligations de police, dont la principale était de ne posséder et de ne mettre en vente aucun ouvrage sans nom d'imprimeur. En cas d'infraction à cette obligation particulière, le libraire était puni d'une amende de 2000 fr., qui pouvait être réduite à 1000 fr. si le libraire faisait connaître l'imprimeur (*Rép.* n°ˢ 212 à 225). — Le décret du 10 sept. 1870 rendit au libre exercice la profession de libraire. Il exigeait seulement une déclaration préalable au ministère de l'intérieur. Il réservait à une loi postérieure le soin de décider si les titulaires de brevets, dépossédés de leur monopole, seraient indemnisés (V. *supra*, n° 72).

La loi du 29 juill. 1881 proclame à son tour, dans son art. 1, que la librairie est libre. Les libraires sont donc affranchis du brevet, du serment et des obligations particulières qui leur incombaient en vertu des lois antérieures. Aucune indemnité n'a été reconnue en faveur des anciens libraires (V. *supra*, *loc. cit.*).

126. Sous le régime de la loi du 21 oct. 1814, il était indispensable de bien caractériser la profession de libraire et de déterminer exactement quelles personnes étaient soumises à l'obligation du brevet. On s'est demandé, notamment, si l'exploitation d'un cabinet de lecture rentrait dans l'exer-

cice du commerce de la librairie et pouvait avoir lieu sans brevet (V. *Rép.* n°ˢ 194 et 195). Citons, en faveur de l'affirmative, deux arrêts de cassation du 13 mai 1854, aff. Gauret et Pommiers (D. P. 54. 1. 211).

127. D'une façon générale, les lois réglementaires de la librairie (notamment, sous la législation antérieure, celles qui imposent la nécessité d'obtenir un brevet de libraire et de se soumettre à des conditions et à une surveillance spéciale) ne sont applicables qu'aux personnes qui font, de l'achat et de la vente des livres, leur profession habituelle. Ces lois ne sont point, dès lors, applicables aux instituteurs ou aux congrégations religieuses qui achètent, pour les revendre exclusivement à leurs élèves, même avec bénéfice, les livres destinés à l'instruction de ces élèves, des fournitures de livres ainsi limitées, n'ayant, pas plus que l'enseignement dont elles sont l'accessoire, un caractère commercial (Req. 21 mars 1864, aff. Laurent et cons., D. P. 64. 1. 252).

Il importe encore aujourd'hui de s'attacher à ces décisions, car la loi du 29 juill. 1881, tout en établissant la liberté du commerce de la librairie, a néanmoins laissé la profession de libraire soumise aux règles du droit commun et à l'application des textes qui ne faisaient pas partie de la législation spéciale sur la presse (V. *supra*, n° 26. Comp. *Rép.* n° 223).

De même, les libraires et bouquinistes qui vendent et achètent des livres d'occasion restent tenus de se conformer à l'ordonnance du 8 nov. 1780, qui défend à tous marchands d'acheter des objets d'occasion, et notamment des livres, de personnes inconnues, et qui leur enjoint, dans tous les cas, d'inscrire leurs ventes et achats d'objets d'occasion sur un livre de police (*Rép.* n° 212). Cette ordonnance est demeurée en vigueur depuis la loi du 29 juill. 1881, parce qu'elle prescrit des mesures générales de police applicables à tous les marchands qui vendent des objets d'occasion; par suite, on ne peut pas la considérer comme une ordonnance sur la presse abrogée par l'art. 68 de la loi de 1881. On doit également considérer comme ayant conservé toute sa force, l'ordonnance du préfet de police du 19 sept. 1829 (*Rép.* n° 224) qui, visant les dispositions de l'ordonnance de 1780, fait défense à tous les bouquinistes et à toute personne se livrant au commerce des livres dans le ressort de la préfecture de police, d'acheter aucun livre des enfants de famille, des écoliers et des domestiques, sans le consentement exprès et par écrit de leurs père, mère, tuteur ou maîtres. Cette ordonnance leur fait la même défense à l'égard de toutes personnes dont les noms et les demeures leur seraient inconnus. Elle leur prescrit de tenir deux registres sur lesquels ils doivent faire mention de leurs noms et qualités et inscrire, jour par jour, leurs achats, ventes et échanges de livres avec leurs titres, ainsi que les noms, surnoms, qualités et demeures de leurs vendeurs et des répondants de ces derniers (Conf. Barbier, t. 1, p. 50).

128. C'est surtout du colporteur qu'il importe de distinguer le libraire depuis la promulgation de la loi du 29 juill. 1881; car, tandis que la profession de libraire est entièrement libre en vertu de l'art. 1, celle de colporteur ne peut, aux termes de l'art. 18 (V. *infra*, n° 371. V. aussi *Rép.* n° 193), être exercée qu'après une déclaration préalable faite à l'autorité compétente. Le libraire est le vendeur d'imprimés sédentaire; le colporteur est le vendeur d'imprimés ambulant; il exerce son industrie sur la voie publique, il va au-devant des acheteurs. Le libraire a une maison de commerce, un magasin où il attend les acheteurs qui viennent à lui. Cependant on doit considérer comme libraires et non comme colporteurs, les étaleurs bouquinistes ou étalagistes; car ce sont des marchands sédentaires, bien qu'ils exercent leur industrie sur la voie publique. Ils ne sont donc pas tenus de faire la déclaration exigée des colporteurs par l'art. 18; mais ils ne peuvent pas faire leur étalage sur la voie publique sans l'autorisation de la police municipale, qui peut imposer des restrictions et des conditions à l'exercice de leur industrie (V. *Rép.* n° 191 et 192).

129. Sous l'empire de la loi du 21 oct. 1814, le brevet était spécial, personnel, incessible (V. *Rép.* n° 202-205). — Jugé que le libraire ne tenait de son brevet que le droit d'ouvrir un établissement unique de librairie et que, pour toute succursale dans la même ville comme dans une ville différente, une nouvelle autorisation était nécessaire (Aix, 17 avr. 1869, aff. Laffitte, D. P. 70. 2. 187). Cependant, bien que les brevets de libraire ne fussent pas dans le commerce et ne pussent pas être valablement cédés, on admettait qu'il était permis de traiter avec un libraire pour qu'il donnât sa démission (Nancy, 29 juin 1859, aff. Lhomme, D. P. 60. 2. 184). — En raison du monopole qui résultait du brevet, on décidait aussi que l'exercice du commerce de la librairie par des personnes non pourvues d'un brevet de libraire constituait, à l'égard des libraires brevetés de la localité où était commise cette infraction aux lois de la librairie, un quasi-délit qui ouvre à ces libraires une action en dommages-intérêts; que l'action appartenait individuellement à chacun des libraires lésés. et qu'il n'était pas besoin qu'ils fussent tous en cause (Req. 21 mars 1864, aff. Laurent et consorts, D. P. 64. 1. 252).

La proclamation du principe de la liberté de la librairie permet aujourd'hui à tout libraire d'installer où bon lui semble des succursales de son industrie et de céder son industrie comme tout autre fonds de commerce. Il subit, en même temps, la loi de la libre concurrence; et l'on a vu que les anciens titulaires de leur brevet n'ont même pas été considérés comme ayant droit à une indemnité pour la suppression de leur monopole (V. *supra*, n° 72).

130. L'art. 24 du décret du 17 févr. 1852 punissait de la peine d'un mois à deux ans d'emprisonnement et d'une amende de 100 à 200 fr. tout individu qui exerçait le commerce de la librairie sans avoir obtenu le brevet exigé par la loi du 21 oct. 1814. Cette disposition a été appliquée au libraire qui, n'ayant pas de brevet lors de la promulgation du décret du 17 févr. 1852, avait commis, en continuant son commerce sans brevet au delà des trois mois accordés pour régulariser sa position, la contravention prévue par l'art. 35 du décret, sans qu'il pût être excusé sous prétexte que l'autorisation exigée aurait été demandée avant l'expiration du délai et obtenue depuis la poursuite (Crim. cass. 13 mai 1854, aff. Gauret et aff. Pomiers, D. P. 54. 1. 211). — La contravention résultant de l'exercice sans brevet de la profession de libraire, ne pouvait pas non plus être excusée par la circonstance que le contrevenant n'aurait ouvert son magasin qu'à six personnes seulement (Pau, 29 mars 1860, aff. Larraze, D. P. 60. 5. 221). — Sous l'empire de l'art. 8 du décret du 11 août 1848, c'est-à-dire jusqu'à la promulgation de la loi du 11 mai 1868, les circonstances atténuantes ne pouvaient pas être admises en faveur de l'individu poursuivi pour l'infraction résultant du simple fait matériel d'avoir vendu des livres sans s'être muni du brevet de libraire (Même arrêt).

CHAP. 3. — Du droit de publication des ouvrages non périodiques.

131. La loi du 29 juill. 1881 ne contient aucune disposition restrictive de la liberté de publier des ouvrages non périodiques. Le chapitre 2 détermine au contraire les conditions auxquelles est soumise la publication des journaux et des écrits périodiques. D'autre part, l'art. 68 abroge toutes les dispositions des lois antérieures. Il résulte donc de l'esprit et du texte de la loi de 1881 qu'en matière d'œuvres littéraires ou artistiques non périodiques, la liberté de publication est absolue, quelles que soient les matières traitées par l'auteur. Ni celui-ci, ni l'éditeur n'ont à soumettre l'œuvre à aucun examen, ni contrôle préalable; ils n'ont à remplir aucune formalité. Seul l'imprimeur est tenu, sous sa responsabilité, de se conformer aux prescriptions des art. 2 et 4, relatifs à l'indication du nom et du domicile de l'imprimeur et au dépôt de tous les imprimés et autres reproductions. Ces prescriptions concernent, en effet, tous les ouvrages quels qu'ils soient, sans qu'il y ait à distinguer entre les productions périodiques et celles qui ne le sont pas.

132. L'ensemble des dispositions de la loi de 1881 comporte donc la disparition complète de la *censure* en ce qui concerne les écrits et les autres reproductions non périodiques. La censure des *écrits* non périodiques n'était plus en vigueur depuis longtemps (Décr. 5 févr. 1810, art. 13 et suiv.; L. 21 oct. 1814, tit. 1; Ordonn. 25 juill. 1830, art. 5). Il n'en était pas de même de la censure des dessins, gravures, lithographies, estampes, etc. (V. *Rép.* n°s 408 et suiv.). Cette censure, établie temporairement par la loi du 31 mars 1820, avait été maintenue par l'art. 12 de la loi du 25 mars

1822. Abolie par l'art. 5 de la loi du 8 oct. 1830, elle a été rétablie par l'art. 20 de la loi du 9 sept. 1835. Abolie de nouveau en 1848, elle a été restaurée par l'art. 22 du décret du 17 févr. 1852, en vertu duquel les dessins, gravures, lithographies, médailles, estampes, emblèmes ne pouvaient être publiés, exposés ou mis en vente sans l'autorisation préalable du ministre de l'intérieur à Paris et du préfet dans les départements. Cette disposition disparaît en vertu de l'art. 68 de la loi du 29 juill. 1881 (Conf. Barbier, n° 64, p. 74) V. *supra*, n° 23.

133. Les œuvres dramatiques, considérées comme des imprimés destinés à la publicité, sont soumises, comme tous autres imprimés, aux dispositions de la loi du 29 juill. 1881. Mais, au point de vue de la publication spéciale qu'elle reçoivent de la représentation théâtrale, elles étaient soumises à la censure dramatique, c'est-à-dire à l'autorisation du ministre de l'intérieur à Paris et du préfet dans les départements. Telle était, dans le dernier état de la législation antérieure, la règle édictée par le décret du 30 déc. 1852 (D. P. 52. 4. 231) (V. *Rép.*, v° *Théâtre*, n°s 73 et suiv.). — Ce décret est-il abrogé par la loi du 29 juill. 1881 ? Nous avons dit que l'art. 68 abroge toutes les lois sur la presse; mais il ne prononce pas l'abrogation des lois spéciales qui, sans être des lois sur la presse, répriment certains délits de publication (V. *supra*, n° 26). Or, doit-on considérer le décret du 30 déc. 1852 comme une disposition législative en matière de presse? On devra dire alors qu'il est abrogé par la loi du 29 juill. 1881. Les lois relatives à la censure dramatique ont certainement un rapport très prochain avec les lois de la presse. C'est par l'art. 21 de la loi du 9 sept. 1835, répressive des crimes et délits commis par la voie de la presse, que la censure dramatique fut rétablie sous le gouvernement de Juillet. Cependant, sauf en cette circonstance, la police de la presse et la police des théâtres ont toujours été réglées par deux législations très distinctes, si bien qu'on ne peut pas considérer comme des lois sur la presse les lois qui ont organisé la censure dramatique. On pourrait trouver quelque difficulté à résoudre la question, si le décret du 30 déc. 1852 visait la loi du 9 sept. 1835 qui, étant une loi de la presse, est certainement abrogée par la loi du 29 juill. 1881. On pourrait dire que le décret se trouve également atteint par cette loi; mais la loi de 1835 était abrogée depuis 1848, et le décret du 30 déc. 1852 ne vise que les lois des 30 juill. 1850 et 30 juill. 1851, spéciales à la police des théâtres. D'où il résulte que le décret du 30 déc. 1852 n'est pas au nombre des lois, décrets et règlements abrogés par la loi de 1881, et qu'il est toujours en vigueur (Conf. Barbier, t. 1, n° 66, p. 74 et suiv.).

134. Une autre restriction à la liberté de publication des œuvres non périodiques résulte de l'art. 642 du décret du 1er mars 1854 (D. P. 54. 4. 40). En vertu de cet article, « il est formellement interdit aux militaires de tous grades et de toutes armes, en activité de service, de publier leurs idées ou réclamations, soit dans les journaux, soit dans les *brochures*, sans la permission de l'autorité supérieure. Les militaires de la gendarmerie qui veulent faire imprimer un écrit doivent donc en demander l'autorisation au ministre, lequel accorde ou refuse suivant qu'il le juge convenable. Ceux qui contreviennent à cette prescription se mettent dans le cas d'être punis sévèrement ». La loi du 29 juill. 1881 n'a pu porter aucune atteinte à cette disposition, qui n'est pas une loi de presse, mais une loi relative à l'organisation de l'armée. Ainsi le ministre de la guerre est investi du droit de censure sur les écrits périodiques ou non périodiques des militaires (Conf. Barbier, t. 1, n° 65, p. 74).

CHAP. 4. — De la presse périodique.

135. On entend par écrits périodiques tous ceux dont la publication, conçue d'après un plan d'ensemble, doit avoir une durée indéterminée, soit qu'elle se produise à des époques fixes, soit qu'elle ait lieu irrégulièrement (*Rép.* n° 226; Barbier, t. 1, n° 73, p. 82; Douai, 23 juin 1854, *Rép.* n° 233). Les journaux ne sont qu'une espèce d'écrits périodiques.

136. Les lois du 9 juin 1819 et du 18 juill. 1828 ne considéraient comme périodiques que les écrits publiés plus d'une fois par mois, soit à jour fixe, soit irrégulièrement et par livraison. Il n'était pas question de la durée de la publication ; mais une décision du ministre des finances, en date du 11 mars 1822, affranchissait de l'impôt du timbre, les livraisons d'une publication s'il ressortait du plan même de l'ouvrage, que cette publication devait avoir un terme nécessaire.

La loi du 11 mai 1868, puis la loi du 29 juill. 1881, ont organisé la police de la presse périodique sans donner aucune indication relative aux caractères de la périodicité. Pendant la discussion de la loi de 1868, un amendement fut proposé, qui limitait et définissait les expressions « écrits périodiques » en y ajoutant les mots : « paraissant plus d'une fois par mois ». L'auteur de cet amendement faisait observer que, sans cette restriction, un livre publié par livraisons, réunirait les caractères de l'écrit périodique. Le rapporteur de la loi de 1868, M. Nogent Saint-Laurens, répondit à ces objections : « L'écrit périodique doit être soumis à la déclaration préalable, quelle que soit la périodicité ; c'est utile, c'est nécessaire. Quant à l'exemple du livre publié par livraisons, il ne saurait y avoir de difficulté sérieuse. Le livre est un écrit déterminé, qui a son commencement et sa fin, et, s'il est publié par livraisons, les livraisons ne représenteront qu'une périodicité passagère et limitée. Si, au contraire, l'écrit n'est pas la manifestation d'un sujet déterminé, s'il s'étend à toute espèce de matière et s'il prétend à une période indéterminée, alors ce n'est plus un livre, c'est un écrit périodique sans limite, et la déclaration préalable doit être accomplie. Il peut exister des journaux, des revues ayant le véritable caractère d'écrits périodiques et ne paraissant que tous les deux mois et même tous les trimestres. On reconnaîtra le livre publié par livraisons, à ce double signe : 1° la présence d'un sujet déterminé ; 2° la périodicité des livraisons circonscrites entre le commencement et la fin du sujet. On reconnaîtra le journal ou l'écrit périodique au caractère complexe de sa rédaction, et surtout à une *périodicité indéterminée* ».

Ces règles doivent être considérées comme toujours en vigueur ; car la loi du 29 juill. 1881 n'a fait que reproduire les termes de la loi du 11 mai 1868. Ce n'est donc pas la régularité ou l'irrégularité des livraisons successives, ni l'intervalle plus ou moins long qui les sépare qui imprime à la publication le caractère d'un écrit périodique. Il y a lieu seulement de rechercher si, par la nature de l'ouvrage ou du sujet traité, la publication doit avoir ou non un terme nécessaire (V. *Rép.* n° 383 ; Barbier, *loc. cit.*). Ainsi ne sont pas des écrits périodiques : un dictionnaire publié par livraisons (Décis. min. 11 mars 1832) ;... un code annoté, paraissant par livraisons ;... un roman paraissant en feuilletons formant une publication spéciale et non insérés dans un journal. Au contraire, lorsque la nature de la publication n'entraîne pas cette conséquence nécessaire, qu'elle doive avoir un terme, il n'y a pas lieu de tenir compte de l'intention que peut avoir l'éditeur de donner à la publication une courte durée, ni du fait que les livraisons successives, dont la publication peut continuer indéfiniment, sont destinées à former un volume (Crim. cass. 13 avr. 1835, *Rép.* n° 383). Il y a donc lieu de considérer comme des écrits périodiques, les recueils de jurisprudence ou de législation, les publications destinées à rendre compte des audiences d'un tribunal ou d'une cour de justice, et celles qui ont pour objet de rendre compte des ouvrages nouveaux (Trib. Seine, 22 janv. 1834, cité au *Rép.*, n° 383-6°). Mais la publication en volume d'une collection d'écrits qui ont été d'abord publiés périodiquement, ne constitue pas une publication périodique (Décis. min. fin. 24 août 1831, *Rép.* n° 38).

137. On a cité au *Rép.* n° 483-4°, un arrêt de la chambre des requêtes du 1er mars 1826, qui décide que des brochures ou écrits formant une série de publications par ordre de numéros et sous le titre commun d'un journal auquel se rattachent ces publications peuvent être considérés comme des écrits périodiques, alors même que leur apparition ne serait pas successive et certaine à des époques déterminées. Cette décision se justifie parce que les brochures dont il s'agit se rattachaient à la publication d'un journal ; mais il ne faudrait pas la généraliser. On ne doit pas considérer comme ayant le caractère d'un ouvrage périodique la publication de brochures ou de livres, formant individuellement un tout complet, alors même que

ces brochures paraîtraient sous un même format, sous un même titre, avec des numéros de série et formeraient ensemble une publication générale entreprise par un éditeur. On peut citer, parmi les écrits de cette nature, les ouvrages formant série qui sont publiés par la librairie de la Bibliothèque nationale (Conf. Barbier, *loc. cit.*, p. 84). Ne doivent pas non plus être considérés comme des écrits périodiques les ouvrages qui, publiés d'après une conception d'ensemble et sous la même direction, ne sont destinés à paraître que d'année en année, comme les calendriers, agendas, almanachs, annuaires, bulletins d'adresses, etc. Ce serait, en effet, exagérer la portée de la loi de 1881, dont le texte ne considère pas la réapparition dans un délai déterminé comme un caractère constitutif de la périodicité, que de considérer comme périodiques des publications annuelles.

138. D'après un arrêt de la cour d'Aix du 27 juin 1832, rapporté au *Rép.* n° 226, la publication faite irrégulièrement et plusieurs fois par mois, de bulletins extraits de divers journaux n'a pas le caractère d'écrit périodique. Cette décision nous a paru critiquable (Conf. de Grattier, t. 2, p. 12 ; Barbier, *loc. cit.*, p. 84). Mais il a été jugé avec raison : que l'envoi de Paris à divers journaux des départements de correspondances traitant de matières politiques ne peut, dans le cas même où cet envoi est périodique et où ces correspondances sont des exemplaires d'un même écrit obtenus par la polygraphie, être considéré comme un fait de publication d'un journal politique, que le ministère public serait en droit de poursuivre à défaut de justification d'une autorisation préalable du Gouvernement (Crim. cass. 30 juill. 1864 et Ch. réun. cass. 27 juin 1865, aff. Saint-Chéron, D. P. 64. 1. 326 et 65. 1. 244). Il s'agissait en effet, non d'une publication, mais d'une correspondance adressée aux directeurs de journaux par une agence de renseignements. C'était une collaboration d'ordre privé, une communication que ses auteurs ne livraient pas eux-mêmes à la publicité, et qui ne pouvait participer au caractère de périodicité du journal auquel elle était adressée que par son insertion dans ce journal même, insertion toujours facultative pour le directeur ou le gérant.

139. La loi du 29 juill. 1881 a supprimé l'ensemble des mesures préventives auxquelles était assujettie la presse périodique sous les législations antérieures. Les seules obligations qui soient aujourd'hui imposées à la presse périodique sont celles de la gérance, de la déclaration préalable et du dépôt (Circ. min. just. 9 nov. 1881, D. P. 81. 1. 306), et les obligations corrélatives au droit de réponse.

SECT. 1re. — DE LA SUPPRESSION DES MESURES PRÉVENTIVES DE POLICE ÉTABLIES PAR LES LOIS ANTÉRIEURES SUR LA PRESSE.

140. L'art. 5 de la loi du 29 juill. 1881 porte que « tout journal ou écrit périodique peut être publié sans autorisation préalable et sans dépôt de cautionnement, après la déclaration prescrite par l'art. 7 ». — Avant d'étudier les dispositions de la loi de 1881, nous rappellerons sommairement les mesures préventives que les régimes antérieurs avaient adoptées, et qui disparaissent en vertu de cette loi.

§ 1er. — Autorisation préalable. — Censure des journaux illustrés (*Rép.* n°s 228-233).

141. — I. AUTORISATION PRÉALABLE. — Le régime de l'autorisation préalable, établi sous le premier Empire, consacré sous la Restauration par la loi du 28 févr. 1817, aboli par la loi du 9 juin 1819, rétabli par celle du 31 mars 1820, et aboli de nouveau par la loi du 18 juill. 1828, avait reparu dans notre législation avec le décret du 17 févr. 1852 (*Rép.* n° 228. V *suprà*, n° 1). Sous ce régime, quiconque voulait fonder un journal ou écrit périodique, traitant de matières politiques ou d'économie sociale, devait en obtenir l'autorisation préalable du Gouvernement. — Que fallait-il entendre par les matières politiques ou d'économie sociale ? V. *Rép.* n°s 228 et 335 et *ibid.*, v° *Délit politique*, n° 27. Sur le point les controverses ont persisté sous le régime du décret du 17 févr. 1852 (V. les décisions analysées, *Table des vingt-deux années*, v° *Presse-outrage*, n°s 63 et suiv.).

Nous nous abstiendrons d'exposer la jurisprudence à laquelle cette législation, aujourd'hui abrogée, a donné lieu, et qui n'offre plus qu'un intérêt historique. On trouvera, d'ailleurs, le tableau complet de cette jurisprudence dans les tables de notre *Recueil périodique* (V. *Table alphabétique des vingt-deux années* (1845 à 1867) v° *Presse outrage*, n°° 29 et suiv., et *Table décennale* (1867 à 1877) eod. v°, n°° 1 et suiv.).

142. On a dit au *Rép.* n° 230 qu'en vertu de l'art. 1 du décret du 17 févr. 1852, l'autorisation du Gouvernement était nécessaire à raison de tous *changements* opérés dans le personnel des *gérants, rédacteurs en chef, propriétaires* ou *administrateurs* d'un journal. — V. sur l'application de cette règle : Crim. rej. 12 juin 1858, aff. Cottenest, D. P. 58. 1. 228 ; Cons d Et. 22 mai 1862, aff. Bonnet, D. P. 62. 3. 52.

143. Le régime de l'autorisation préalable a été supprimé par l'art. 1 de la loi du 11 mai 1868. L'art. 5 de la loi du 29 juill. 1881 proclame à nouveau que tout « journal ou écrit périodique peut être publié sans autorisation préalable ». Cette disposition n'était pas inutile, nonobstant la disposition antérieure de la loi du 11 mai 1868. En effet, celle-ci supprimait définitivement et complètement, sauf en ce qui concerne les représentations dramatiques (V. *supra*, n° 133), le régime de la *censure*. La *censure* consistait non pas dans l'autorisation générale, nécessaire pour fonder un journal ou une publication périodique, mais dans une autorisation spéciale que le Gouvernement délivrait, après examen préalable et censure de tout écrit ou de tout autre ouvrage d'art. Elle existait pour tous les écrits sans distinction en vertu du décret du 5 févr. 1810 ; elle avait été maintenue par la loi du 21 oct. 1814 pour la presse périodique et pour tous les écrits de moins de vingt feuilles d'impression. Supprimée par les lois de 1819, rétablie pour les journaux et pour les écrits périodiques, à titre de mesure provisoire par la loi du 31 mars 1820, elle avait disparu définitivement en ce qui concerne les *écrits* avec la législation de 1822 (V. *supra*, n° 132). Mais en ce qui concerne les dessins, gravures, estampes, etc., périodiques ou non périodiques, la *censure* avait été rétablie par l'art. 20 de la loi du 9 sept. 1835, dont l'art. 22 du 17 févr. 1852 avait reproduit la disposition, tout en substituant au mot de *censure* l'expression atténuée d'*autorisation préalable* (V. *Rép.* n°° 408 à 447). Or la loi du 11 mai 1868, en supprimant le décret du 17 févr. 1852 et la nécessité d'une autorisation préalable pour la publication des écrits périodiques, n'avait pas, en même temps, abrogé l'art. 22 du décret du 17 févr. 1852. Il en résultait cette condition particulière des journaux illustrés qu'ils pouvaient bien être fondés sans autorisation préalable au même titre que tout autre journal, mais que chacune des livraisons de ces journaux devait être soumise, avant sa publication, à l'autorisation du Gouvernement, qui exerçait un véritable droit d'examen et de censure sur les productions artistiques contenues dans ces livraisons. La loi du 29 juill. 1881 a voulu donner à la presse illustrée la liberté qu'elle accordait aux journaux en publiant que des écrits. Cette intention est marquée dans le rapport de M. Lisbonne : « Si le journaliste, dit-il, n'a plus à soumettre ses articles aux ciseaux de la censure, il n'y a que l'arbitraire qui puisse maintenir une différence entre la plume de l'écrivain et le crayon du dessinateur » (D. P. 81. 4. 65, note 5). L'art. 5 de la loi du 29 juill. 1881, en affranchissant « tout journal » de l'autorisation préalable, abroge virtuellement l'art. 22 du décret du 17 févr. 1852, et supprime la censure des journaux illustrés (Conf. Barbier, n° 74, p. 84). D'ailleurs, toutes les dispositions du décret du 17 févr. 1852 sont expressément abrogées par l'art. 68 de la loi du 29 juill. 1881 (V. *supra*, n° 23).

§ 2. — Du cautionnement (*Rép.* n°° 265 à 290).

144. La garantie du cautionnement introduite par l'art. 1 de la loi du 9 juin 1819 (*Rép.* n° 265), un moment supprimée en 1848, a subsisté dans la durée du gouvernement impérial (V. *supra*, n° 1). L'art. 3 du décret du 17 févr. 1852 soumettait à cette garantie la publication de tout journal *traitant de matières politiques ou d'économie sociale* (V. *Rép.* n° 267). — Sur la portée que la

jurisprudence donnait à ces expressions, V. *Table des vingt-deux années*, v° *Presse-outrage*, n°° 63 et suiv.

145. Supprimé par le décret du 10 oct. 1870 (D. P. 70. 4. 95), le cautionnement fut rétabli par l'art. 3 de la loi du 6 juill. 1871 (D. P. 71. 4. 133). Toutefois sa quotité fut modifiée (art. 3). D'autre part, sous l'empire de la loi de 1871, le cautionnement se présentait avec un caractère nouveau. Ce n'étaient plus seulement les journaux politiques, c'étaient encore tous les journaux et écrits périodiques non politiques, paraissant plus d'une fois par semaine, qui étaient astreints à fournir cette garantie (art. 2, V. *supra*, n° 9). La loi de 1871 exceptait seulement les feuilles quotidiennes ou périodiques ayant pour unique objet la publication des avis, annonces, affiches judiciaires, etc. Le cautionnement était affecté par privilège au payement des frais, dommages-intérêts et amendes, auxquels les propriétaires, gérants, ou auteurs des articles incriminés, pouvaient être condamnés, dans l'ordre de prélèvement indiqué. Il pouvait être grevé, en tout ou en partie, du privilège de second ordre au profit des bailleurs de fonds. Le propriétaire et le gérant du journal restaient obligés, dans les termes des lois antérieures, à posséder, en propre, une partie du cautionnement (art. 4). En cas de condamnations pécuniaires affectant le cautionnement, il devait y être satisfait dans la quinzaine, sinon le journal devait cesser sa publication, et ne pouvait la reprendre qu'après avoir justifié de la complète libération de son cautionnement (art. 5). L'infraction aux dispositions de cette loi était punie d'une amende de 100 à 2000 fr. et d'un emprisonnement de six jours à six mois. La responsabilité solidaire des amendes était prononcée contre celui qui avait publié le journal ou écrit périodique et contre l'imprimeur (art. 7). Les infractions aux dispositions de la loi de 1871 sur le cautionnement n'avaient que le caractère d'une contravention punissable en dehors de toute intention délictueuse et ne comportant pas l'excuse de la bonne foi. Par suite, elles étaient soumises à la juridiction des tribunaux correctionnels et non pas à celle du jury (Chambéry, 13 nov. 1873, aff. Ducret, journal *Le Savoyard*, D. P. 74. 2. 139).

146. Le législateur de 1881 a supprimé le cautionnement, malgré l'avantage qu'il présentait de garantir l'exécution des condamnations pécuniaires prononcées contre les journaux ; comme il constituait, en même temps, une mesure préventive et qu'il écartait de la profession de journaliste ceux qui n'étaient pas à même de fournir cette garantie, il n'était pas en harmonie avec le régime de liberté complète que la législation nouvelle se proposait d'inaugurer. M. Lisbonne a dit, à cet égard, dans son rapport : « D'origine essentiellement censitaire, le cautionnement est un non-sens dans un pays de suffrage universel. Qui a le droit de voter doit avoir la liberté d'écrire ainsi que de parler ; aucun obstacle préventif ne doit y être apporté ».

L'art. 69 porte : « Le montant des cautionnements versés par les journaux ou écrits périodiques, actuellement soumis à cette obligation, sera remboursé à chacun d'eux par le Trésor public dans un délai de trois mois, à partir du jour de la promulgation de la présente loi, sans préjudice des retenues qui pourront être effectuées au profit de l'Etat et des particuliers, pour les amendes et les réparations civiles auxquelles il n'aura pas été autrement satisfait à l'époque du remboursement ».

§ 3. — Signature des articles de journaux (*Rép.* n°° 354-358).

147. Les art. 3 et 4 de la loi du 16 juill. 1850 exigeaient que tout article de discussion politique, philosophique ou religieuse, et tout article de quelque étendue qu'il fût, publié dans les feuilles politiques ou non politiques, dans lequel étaient discutés les actes ou les opinions des citoyens et des intérêts individuels ou collectifs, fût signé par son auteur (*Rép.* n° 354). L'art. 21 du décret du 17 févr. 1852 défendit, à peine d'une amende de 1000 à 5000 francs contre les éditeurs ou gérants, de publier des articles signés par une personne privée de ses droits civils et politiques (*Rép.* n° 362). L'art. 9 de la loi du 11 mai 1868 reproduisait cette disposition, et en y ajoutant la défense, sous la même sanction, de publier des articles signés par une personne résidant à laquelle le territoire de la France était interdit. La jurisprudence appliqua ces dispositions dans les termes les plus rigoureux.

(V. les décisions analysées dans la *Table des vingt-deux années,* v° *Presse-outrage,* n°s 175 et suiv. et *Table décennale,* de 1867-77, n°s 84 et suiv.).

148. La loi du 16 juill. 1830, en imposant aux rédacteurs de journaux l'obligation de signer leurs articles de discussion politique, philosophique ou religieuse, se proposait de faire porter les responsabilités sur les véritables auteurs des délits commis par la voie de la presse, et d'atteindre les écrivains qui s'abritent derrière les gérants, le plus souvent étrangers à la rédaction. « Précaution illusoire ! dit le rapport de M. Lisbonne, puisque rien n'était plus facile que de cacher, sous une signature d'emprunt, le vrai nom du journaliste ». La loi de 1830 avait rarement atteint son but. Les auteurs de la loi de 1881 ne reproduisirent pas sa disposition ; en proclamant la liberté d'écrire, ils renoncèrent à faire correspondre, à cette liberté, une responsabilité réelle et sincère (Conf. Celliez et Le Senne, p. 65 ; Barbier, t. 1, n° 68, p. 79).

149. La loi du 29 juill. 1881 supprime également l'interdiction portée par le décret du 17 févr. 1852 et la loi du 11 mai 1868 de publier des articles signés par des personnes privées de leurs droits civils ou politique ou bannis du territoire français. « Faite pour des circonstances et des situations qui n'existent plus aujourd'hui, cette disposition, dont l'origine remonte au décret du 17 févr. 1852 (art. 21), ne saurait se concilier avec le régime de la liberté. Ou l'article est coupable, et alors il faut le poursuivre ; ou il est innocent, et alors on ne comprend plus que la signature puisse entraîner une condamnation » (Rapport de M. Lisbonne, D. P. 81. 4. 65).

§ 4. — **Timbre des écrits périodiques** (*Rép.* n°s 382 à 396).

150. L'impôt du timbre établi sur les journaux par les législations antérieures fut aboli par le décret du 5 sept. 1870. Jugé, en vertu de ce décret, que la suppression du droit de timbre sur les journaux ne modifie pas, au profit des abonnés, le prix des abonnements en cours d'exécution ; que, par suite, l'abonné n'est pas fondé à réclamer la restitution d'une partie du prix équivalente au montant du droit de timbre dont l'administration du journal bénéficie sur les numéros qu'il lui reste à servir (Trib. com. Seine, 15 mars 1871, aff. Orsat, D. P. 71. 5. 366).

151. L'Assemblée nationale frappa d'une surtaxe de 20 fr. par 100 kilogrammes le papier employé à l'impression des journaux et autres publications périodiques, *assujetties au cautionnement* (L. 4 sept. 1871, art. 7, D. P. 71. 4. 79). Cet impôt fut surélevé des 4 pour 100 additionnels établis par l'art. 2 de la loi du 30 déc. 1873 (D. P. 74. 4. 30). Étaient assujettis au droit spécial de 20 fr. par 100 kilogrammes les papiers employés à l'impression des suppléments d'un journal soumis au cautionnement, alors même que ces suppléments étaient consacrés exclusivement à la reproduction des débats législatifs ; l'immunité, autrefois accordée à ces suppléments relativement à l'impôt du timbre, n'était pas applicable à la taxe sur le papier (Crim. rej. 29 déc. 1875, aff. Paul Dalloz, journal *Le Moniteur universel,* D. P. 76. 1. 403).

152. La loi du 29 juill. 1881, en supprimant le cautionnement, a, par voie de conséquence, supprimé la surtaxe établie par les lois de 1871 et de 1873, puisque cette loi n'était applicable qu'aux feuilles assujetties au cautionnement (Circ. Dir. gén. Contr. indirect., 30 juill. 1881 ; Circ. Dir. gén. Douanes, 6 août 1881. V. Barbier, t. 1, n° 76, p. 85). Le papier employé pour l'impression des journaux ou écrits périodiques n'est plus soumis qu'au droit de 10 fr. par 100 kilogrammes dont l'art. 7 de la loi du 4 sept. 1871 a frappé tous les papiers à imprimer ou à dessiner.

§ 5. — **Suspension et suppression des journaux par mesure administrative** (*Rép.* n°s 403-406).

153. L'art. 32 du 17 févr. 1852 autorisait le Gouvernement à suspendre un journal : 1° après une condamnation prononcée pour contravention ou délit de presse contre le gérant responsable : la durée de la suspension pouvait être indéfinie dans ce cas ; 2° après deux avertissements motivés, alors même que le journal n'avait été l'objet d'aucune condamnation : en ce cas, la suspension n'était prononcée

que pour deux mois. En outre, un journal pouvait être supprimé, soit après une suspension judiciaire ou administrative, soit par mesure de sûreté générale, mais alors par un décret spécial du chef de l'État publié au *Bulletin des lois* (*Rép.* n° 404).

154. La suppression par décret du chef de l'Etat, insérée au *Bulletin des lois,* fut appliquée le 18 janv. 1858 à *La Revue de Paris* et au journal *Le Spectateur* (D. P. 58. 4. 9), le 29 janv. 1860, au journal *L'Univers* (D. P. 60. 4. 28); le 15 févr. 1860, au journal *La Bretagne* (D. P. 60. 4. 28); le 15 mars 1860, au journal *L'Algérie nouvelle* (D. P. 60. 4. 28), le 20 oct. 1860, à *La Gazette de Lyon* (D. P. 60. 4. 155).

155. A côté de la suppression par acte politique du Gouvernement, l'art. 32 du décret du 17 févr. 1852 prononçait la suppression de plein droit de tout journal : 1° en vertu de toute condamnation du gérant pour crime commis par la voie de la presse ; 2° quand le gérant avait subi deux condamnations pour délits et contraventions de presse dans l'espace de deux ans.

En même temps subsistait la suspension judiciaire des journaux autorisée par l'art. 15 de la loi du 27 juill. 1849. Enfin la supression du journal devait être prononcée par les tribunaux comme peine accessoire de certaines condamnations (*Rép.* n° 405).

156. Les mesures de rigueur issues du régime dictatorial de 1852 furent atténuées, dans une certaine mesure, par la loi du 2 juill. 1861 (D. P. 61. 4. 97. V. *suprà,* n° 2). — En vertu de cette loi, la suspension administrative ne pouvait plus être prononcée par le Gouvernement dans les deux mois qui suivaient une condamnation pour contravention ou pour délit de presse. Elle pouvait encore être prononcée après deux avertissements motivés, mais pour deux mois seulement, et tout avertissement administratif était périmé deux ans après sa date. La suppression de plein droit était abolie pour le cas où le journal aurait subi deux condamnations pour délits et contraventions dans l'espace de deux ans ; elle était maintenue en cas de condamnation pour crime. Le Gouvernement conservait le droit de suppression par décret. — Il fut fait usage de ce droit par décret du 2 août 1866 (D. P. 66. 4. 139) contre le journal *Le Courrier du dimanche.*

157. La suspension et la suppression des journaux par mesure administrative furent abolies par l'art. 10 de la loi du 11 mai 1868. La suppression de plein droit après une condamnation du gérant pour crime commis par la voie de la presse fut maintenue (art. 12).— La suspension judiciaire fut réglementée par le même article. Elle était facultative pour le juge et pouvait être prononcée pour une durée de quinze jours à deux mois, en cas de second délit autre que les délits contre les particuliers commis par le même journal dans les deux ans à partir d'une première condamnation, et pour une durée de deux à six mois si une troisième condamnation intervenait dans le même délai. Elle pouvait l'être enfin, pour la même durée, par un premier arrêt ou jugement, si le délit consistait dans la provocation à l'un des crimes prévus par les art. 86, 87 et 91 c. pén. ou dans le délit prévu par l'art. 9 de la loi du 17 mai 1819 (V. *suprà,* n° 4). Toutes ces mesures furent abrogées par les décrets du gouvernement de la Défense nationale. Cependant la suspension du journal publié sans avoir formé son cautionnement, ou sans avoir complété une condamnation, fut maintenu par la loi des 15-22 avr. 1871 (V. *suprà,* n° 8). Une disposition analogue de la loi du 29 juill. 1881 veut que le journal condamné pour avoir paru sans avoir accompli les formalités imposées par cette loi cesse sa publication (V. *infrà,* n°s 189 et suiv.).

158. L'art. 17 de la loi du 11 mai 1868 a laissé subsister également le droit qui appartient à l'autorité militaire, pendant l'état de siège, d'interdire les publications de nature à exciter ou à entretenir le désordre, conformément à l'art. 9 de la loi du 9 août 1849 (D. P. 49. 4. 143). L'interdiction prononcée par l'autorité militaire, en vertu des pouvoirs exceptionnels qui lui sont conférés pendant l'état de siège, constitue une mesure d'un caractère spécial qui ne peut pas être pleinement assimilée à la « suppression » du journal par mesure administrative. Jugé, en conséquence, que le tribunal correctionnel est compétent pour connaître de l'infraction consistant dans le fait d'avoir continué, sous un titre déguisé, la publication d'un journal interdit par l'autorité militaire dans un département en état de siège ; que l'arrêté d'interdiction pris par l'autorité militaire constitue une mesure de police, exécutoire seulement sur la portion du territoire déclarée en état de siège, et ne met pas obstacle à la publication du journal dans les autres parties du territoire ; — Que lorsque, devant le tribunal correctionnel, la prévention avait pour objet unique la reproduction, en dehors du rayon de l'état de siège, d'un journal dont la publication avait été interdite dans ce rayon, et qu'un acquittement a été prononcé, la cour d'appel ne peut pas y substituer une incrimination nouvelle et distincte, en déclarant le prévenu coupable du fait de publication dans les localités soumises à l'état de siège (Crim. cass. 13 févr. 1874, aff. Simon Hamon et Lhermiette, journal Le Suffrage universel, D. P. 74. 1. 129. — Contrà, Paris, 10 déc. 1873, même affaire, D. P. ibid.).

159. D'autre part, la cour de cassation a jugé que l'interdiction d'un journal par l'autorité militaire dans un département en état de siège ne peut pas être assimilée à la suppression ou à la suspension édictée par le décret du 17 févr. 1852 et par la loi du 11 mai 1868 ; que, par suite, la publication, sous un nom déguisé, d'un journal frappé d'interdiction par l'autorité militaire, en vertu de l'art. 9 de la loi du 9 août 1849, ne saurait être punie par l'autorité judiciaire des peines de l'art. 20 du décret du 17 févr. 1852 (Crim. cass. 10 avr. 1874, aff. Privé, journal La Ville de Paris; 23 avr. 1874, aff. Masquin, journal Le Corsaire, D. P. 74. 1. 325, et, sur renvoi, Orléans, 27 mai 1874, aff. Privé, journal La Ville de Paris, D. P. 74. 1. 222. — Contrà : Paris, 10 déc. 1873, aff. Simon et autres, journal Le Suffrage universel, D. P. 74. 1. 129, et les arrêts de la cour de Paris des 20 et 26 févr. 1874, cassés par les arrêts précités des 10 et 23 avr. 1874, D. P. 74. 1. 325).

160. La suppression d'un journal par mesure administrative n'était pas considérée par la jurisprudence comme constituant un fait de force majeure, quand elle avait été provoquée et déterminée par le propriétaire du journal (Req. 17 nov. 1868, aff. Villetard, journal Le Courrier du dimanche, D. P. 69. 1. 126). Jugé, au contraire, que l'interdiction d'un journal par arrêté du général commandant l'état de siège doit être considérée comme constituant un fait du prince ou de force majeure et que, en conséquence, l'inexécution des engagements contractés par les propriétaires du journal ainsi interdit envers un fermier d'annonces ne donne pas à ce dernier le droit de leur réclamer des dommages-intérêts (Lyon, 23 avr. 1874, aff. Fournier, journal La France républicaine, D. P. 75. 2. 37). C'est une application de la règle qui ne permet pas d'assimiler l'arrêté d'interdiction du commandant de l'état de siège à la suppression par mesure administrative. L'arrêt de la cour de Lyon constate, en effet, que l'arrêté d'interdiction n'implique pas par lui-même ipso facto la préexistence d'un délit ou d'une faute de la part des auteurs de la publication interdite. C'est une mesure d'ordre et de sûreté publique. Les tribunaux ne peuvent donc pas accepter ces arrêtés sans examen et « sans contrôle pour base de leurs jugements, comme impliquant toujours un délit ou une faute » ; et, d'autre part, « ils ne pourraient statuer en connaissance de cause qu'après avoir recherché et les motifs des arrêtés, ce qui serait de leur part un empiétement, une atteinte aux droits de l'autorité militaire et aux principes de la séparation des pouvoirs ».

SECT. 2. — DES OBLIGATIONS SPÉCIALES DE POLICE IMPOSÉES A LA PRESSE PÉRIODIQUE PAR LA LOI DU 29 JUILL. 1881.

161. Le paragraphe 1, chap. 2, de la loi du 29 juill. 1881, après avoir consacré le droit de publier un journal sans autorisation (art. 5), assujettit la création des journaux à deux obligations de police qui consistent dans la nécessité d'un gérant (art. 6), et dans celle d'une déclaration préalable à la publication (art. 7 et 8). Les infractions sont prévues et réprimées par l'art. 9.

162. La publication de chacune des feuilles ou livraisons de tout journal ou écrit périodique est, en outre assujettie : 1° à la nécessité d'un double dépôt administratif et judiciaire de chaque feuille ou livraison du journal ou de

l'écrit au moment de la publication (art. 10); 2° à l'obligation d'imprimer le nom du gérant au bas de chacun des exemplaires du journal ou de l'écrit (art. 11).

163. La circulation, la vente ou la distribution en France des journaux et écrits périodiques publiés à l'étranger sont réglementées par l'art. 14.

164. Enfin, les art. 12 et 13 ont pour objet les *rectifications* que les dépositaires de l'autorité publique ont le droit de faire dans les journaux, et les *insertions forcées* que toute personne nommée ou désignée dans un journal ou dans un écrit périodique a le droit d'adresser à ce journal ou à cet écrit en vertu du droit de *réponse*.

§ 1er. — De la gérance.

165. — I. DE LA PROPRIÉTÉ DES JOURNAUX ET DES ÉCRITS PÉRIODIQUES. — Le droit d'être propriétaire d'un journal n'était pas réglementé sous le premier Empire. Cette réglementation était, d'ailleurs, inutile, puisque le nombre des journaux était rigoureusement limité (Rép. p. 397). L'art. 1 de la loi du 18 juill. 1828 (Rép. p. 411) est la plus ancienne disposition en cette matière. En vertu de cet article et jusqu'en 1852, il fallut que le propriétaire d'un journal ou d'un écrit périodique eût la jouissance de ses droits civils, c'est-à-dire qu'il fût Français, majeur et non frappé d'interdiction légale ou judiciaire. — L'art. 1 du décret du 27 févr. 1852 ajouta de nouvelles rigueurs aux conditions restrictives établies par la loi de 1828, en ce qui concernait la propriété des journaux ou des écrits périodiques traitant de matières politiques ou d'économie sociale. Il fallut que le propriétaire eût à la fois la jouissance des droits civils et celle des droits politiques (D. P. 52. 4. 56). Cette double condition fut enfin exigée par la loi du 11 mai 1868 pour tous les propriétaires de journaux ou d'écrits périodiques, sans distinction entre ceux qui traitent et ceux qui ne traitent pas de matières politiques ou d'économie sociale (D. P. 68. 4. 52. Circ. min. int. 3 juin 1868, D. P. 68. 3. 61). Ainsi, d'après la loi de 1868, le failli non réhabilité, qui pouvait exercer la profession d'imprimeur ou celle de libraire, ne pouvait pas fonder un journal et l'exploiter en qualité de propriétaire (D. P. 68. 3. 57, notes 5 et 6). Une femme n'avait pas la capacité légale exigée pour éditer un journal de modes, de travaux de femme ou un recueil périodique destiné à l'instruction des enfants (D. P. ibid.).

166. Cependant les conditions de nationalité, de majorité et de jouissance des droits civils et politiques n'étaient exigées que des propriétaires fondateurs d'un journal. L'art. 12 de la loi du 18 juill. 1828 concédait aux héritiers incapables de ce fondateur et à sa veuve, le droit de lui succéder dans la propriété du journal, en vertu des règles de la propriété littéraire ; mais ils étaient obligés de présenter un gérant responsable dans le délai de trois mois (Rép. n° 232). En vertu de la loi du 11 mai 1868, si le journal était la propriété d'une société, les conditions fixées par cette loi n'étaient pas imposées aux associés commanditaires, mais seulement aux associés en nom.

167. La loi de 1881 reconnaît implicitement que tout journal dont la publication fait l'objet d'un droit de propriété, mais elle se borne à consacrer au profit de toute personne le droit de publier des écrits périodiques sans autorisation du Gouvernement. Elle ne trace aucune règle sur la propriété du journal, ni sur la capacité des propriétaires. L'art. 6 ne concerne, en effet, que les gérants. Les propriétaires et les fondateurs de journaux ne sont assujettis à aucune condition particulière de capacité. Par suite, les mineurs, les femmes, les interdits, les condamnés privés de leurs droits politiques, les faillis, les étrangers, ne sont pas exclus du droit de fonder un journal et d'en avoir la propriété, puisqu'ils ont la capacité générale d'être propriétaires. Il aurait pu sembler utile d'empêcher les étrangers de fonder un journal sur le territoire français; mais rien n'eût été plus facile que d'éluder cette interdiction au moyen d'une commandite, comme cela s'était pratiqué sous la législation antérieure.

168. Il n'est pas douteux qu'un journal ou écrit périodique puisse être la propriété d'une société. La société propriétaire d'un journal est nécessairement une société commerciale. Telle était la disposition expresse de l'art. 4 de la loi de 1828, qui ne reconnaissait comme pouvant être propriétaire d'un journal qu'une des sociétés définies et régies par le code de commerce. Un arrêt de la cour de Metz, du 3 juill. 1850 (aff. Quesne, D. P. 51. 2. 137), avait même exclu du droit de publier un journal les associations en participation, ce droit paraissant réservé, dans les termes de la loi de 1828, aux sociétés en nom collectif, en commandite ou anonymes. Sous l'empire de la législation antérieure, nous avons exprimé une opinion contraire (Rép. n° 243). Nous pensons, de même, que les termes de la loi de 1881 ne permettent pas, aujourd'hui, de refuser aux associations en participation le droit de se fonder pour publier un journal (Conf. Barbier, n° 70, p. 80). Mais une société qui a pour objet la publication d'un journal ne peut pas prétendre au caractère de société civile. M. Lisbonne a bien déclaré, dans son rapport (D. P. 81. 4. 68), « que toutes les formes de société consacrées par le droit civil et par le droit commercial continueront à se prêter à la fondation d'un journal »; mais il n'est pas au pouvoir des associés de choisir arbitrairement le caractère de la société qu'ils veulent former, et ce caractère ne dépend pas davantage de la forme adoptée, pour la constitution de la société. Tout dépend de l'objet en vue duquel est fondée la société, des opérations qu'elle entreprend; or la publication d'un journal étant une entreprise de commerce, la société qui a pour objet cette publication est nécessairement une société commerciale.

169. — II. De la gérance des journaux et écrits périodiques. — A. Nécessité d'un gérant responsable. — En vertu de l'art. 6 de la loi du 29 juill. 1881, tout journal ou écrit périodique doit avoir un gérant. La désignation d'une personne assumant, en quelque sorte d'office, la responsabilité des condamnations éventuelles qu'un journal ou un écrit périodique pourrait encourir, a toujours paru nécessaire pour assurer la répression des crimes et délits commis par la voie de la presse. Cependant, sous l'empire des lois antérieures, l'obligation d'avoir un gérant responsable n'était imposée qu'aux journaux et aux écrits périodiques assujettis au cautionnement (Rép). n° 238). Cette obligation ne concernait donc que les journaux traitant de matières politiques sous le régime de la loi du 9 juin 1819 (art. 1) et de la loi du 18 juill. 1828 (art. 6) et ceux qui traitaient de matière d'économie sociale à partir du décret du 17 févr. 1852 (art. 2) (V. suprà, n° 165). L'art. 3 de la loi du 6 juill. 1871 étendit cette obligation à tous les journaux qu'elle assujettit au cautionnement, c'est-à-dire, non seulement à tous les journaux politiques, mais encore à tous les journaux non politiques, paraissant plus d'une fois par semaine, à l'exception toutefois des feuilles quotidiennes ou périodiques spécialement énumérées par ledit article. En vertu de la loi de 1881, l'obligation d'avoir un gérant existe pour tous les journaux et écrits périodiques sans distinction, c'est-à-dire pour toutes les publications soumises à la déclaration préalable (Rapport de M. Lisbonne, D. P. 81. 4. 68. Circ. min. just. 9 nov. 1881, D. P. 81. 3. 106, n° 9).

170. La loi du 9 juin 1819 exigeait que la déclaration préalable révélât le nom d'un propriétaire ou d'un éditeur responsable (Rép. n° 238). On fit choix très habituellement d'un homme de paille, auquel un léger salaire, endossait les responsabilités effectives. La loi du 18 juill. 1828 se proposa de rendre les responsabilités effectives. L'art. 6 de cette loi disposa, relativement aux journaux qui n'auraient qu'un seul propriétaire, que ce propriétaire serait en même temps le gérant responsable de son journal. Relativement aux journaux exploités par plusieurs propriétaires ou par une société, le même article portait que les associés seraient tenus de choisir entre eux un, deux ou, au plus, trois gérants responsables, ayant chacun individuellement la signature sociale. Si la publication était faite par une société anonyme, la qualité de gérant responsable était attribuée de plein droit aux administrateurs de cette société. Il devait être propriétaire au moins d'une part ou action dans l'entreprise et posséder, en son nom, au moins un quart du cautionnement (Rép. n° 242). Ainsi le gérant établi par la loi de 1828 devait être intéressé dans l'entreprise; en outre, il était chargé de l'administration financière du journal et de la surveillance de la rédaction.

171. Il parut si facile d'éluder les responsabilités créées par la loi de 1828, et les propriétaires et rédacteurs de journaux eurent si souvent recours à des prête-noms, que le rapporteur de la loi du 27 juill. 1849 constata que la gérance « n'était, par elle-même, qu'une fiction légale derrière laquelle s'abritaient les écrivains ». Cependant la jurisprudence continua d'appliquer les dispositions de la loi de 1828 relatives à la gérance, notamment sous l'empire de la loi du 11 mai 1868 (Crim. cass. 30 avr. 1875, aff. Lecherbonnier, D. P. 76. 1. 41).

172. Les auteurs de la loi du 29 juill. 1881 ont admis que toute gérance serait nécessairement fictive, et ils ont jugé superflu de rééditer les mesures illusoires de la loi de 1828. Ils se sont bornés à exiger que tout journal ou écrit périodique eût un gérant, sans distinguer suivant que le journal serait publié par un propriétaire unique ou par une société : la règle est la même dans tous les cas (Rapport de M. Lisbonne, D. P. 81. 4. 68, note 1. Circ. min. just. 9 nov. 1881, D. P. 81. 3. 106, n° 9). Il est intéressant de constater les efforts tentés à la même époque par la législation anglaise pour rendre effective la responsabilité des propriétaires de journaux (V. suprà, n° 35).

173. — B. Conditions de capacité requises dans la personne du gérant. — Sous l'empire de l'art. 1 de la loi du 9 juin 1819, les éditeurs responsables, que les propriétaires des journaux ou des écrits étaient tenus de désigner, n'étaient assujettis à aucune condition spéciale de capacité. Il en fut autrement à partir de la loi du 18 juill. 1828. Elle imposa des conditions de capacité différentes au propriétaire du journal et au gérant responsable. Le premier devait être Français, majeur et jouissant des droits civils (art. 1); le second devait réunir les qualités requises par l'art. 980 du code civil (art. 5). Ainsi se trouvaient exclus de la gérance, les étrangers, les mineurs, les personnes privées de leurs droits civils et les femmes (Rép. n° 243). L'art. 1 du décret du 17 févr. 1852 et l'art. 1 de la loi du 11 mai 1868 étendirent encore les incapacités créées par la loi de 1828. En vertu de ces textes, qui ne permettaient la publication des journaux qu'aux Français majeurs, jouissant de la fois de leurs droits civils et politiques, outre les personnes que nous avons énumérées, les personnes privées de leurs droits politiques par l'effet de condamnations judiciaires et les faillis non réhabilités.

174. L'art. 6 de la loi du 29 juill. 1881 exige du gérant qu'il soit « Français, majeur, qu'il ait la jouissance de ses droits civils, et qu'il n'ait été privé de ses droits civiques par aucune condamnation judiciaire ». En vertu de cette disposition, ne peuvent être gérants de journaux : 1° Les étrangers, même ceux qui ont été autorisés à établir leur domicile en France et qui ont été admis, par le fait, à la jouissance des droits civils (V. Rép. n° 243 et l'arrêt cité ibid.); 2° Les mineurs, même les mineurs émancipés et ceux qui sont autorisés à faire le commerce; — 3° Les personnes qui sont privées de la jouissance des droits civils. Il faut admettre que le texte, malgré ses termes restrictifs, s'applique également aux personnes qui sont privées de l'exercice des droits civils, tout en en conservant la jouissance. On ne peut pas admettre, en effet, qu'un interdit pour cause de démence ou d'imbécillité, ni qu'une personne placée dans un établissement d'aliénés puisse assumer, en qualité de gérant d'un journal, les responsabilités attachées à la qualité et résultant de la publication (Conf. Faivre et Benoît-Lévy, p. 46 ; Dutruc, p. 48). — MM. Faivre et Benoît-Lévy (loc. cit.) enseignent, en outre, que l'art. 6 de la loi de 1881 exclut de la gérance « celui qui serait privé de l'exercice d'un seul des droits civils ». Cette exclusion s'appliquerait aux individus pourvus d'un conseil judiciaire, aux personnes destituées de la tutelle pour inconduite notoire, etc. Cette interprétation nous paraît étendre au delà de son objet la disposition de l'art. 6. Il n'y a pas, en effet, la même raison de décider à l'égard des personnes dont il s'agit qu'à l'égard de celles qui sont incapables de pourvoir par elles-mêmes à l'administration de leur personne et de leurs biens. La personne pourvue d'un conseil judiciaire, ou destituée de la tutelle, est capable en principe ; elle a la jouissance et l'exercice des droits civils en général. Elle est incapable seulement à raison de certains actes limitativement déterminés. Ainsi, elle peut figurer comme témoin dans un testament, bien que l'art. 980 c. civ. exige que les témoins d'un testament aient la jouissance des droits civils. On aurait donc dû les considérer comme capables de remplir les fonctions de gérant d'un journal sous l'empire de la loi du 9 juin 1828, qui renvoyait à l'art. 980 c. civ. On doit admettre la même solution en vertu de l'art. 6 de la loi de 1881, qui reproduit les termes de la loi de 1828 (Conf. Barbier, t. 1, n° 80, p. 88).

175. 4° Ceux qui ont été *privés de leurs droits civiques par une condamnation judiciaire.* — L'art. 1 de la loi du 11 mai 1868 exigeait du gérant qu'il eût la jouissance de ses droits politiques. D'après la définition de l'art. 42 c. pén., les droits civiques comprennent, outre les droits politiques proprement dits, certains droits conférés aux personnes dans un intérêt public, comme ceux de remplir les fonctions de juré ou des emplois publics, d'être expert ou témoin dans les actes et devant la justice. Toute condamnation à une peine criminelle emporte la perte totale des droits civiques, par l'effet de la dégradation civique attachée comme peine accessoire à la condamnation. Certaines condamnations correctionnelles emportent soit de plein droit, soit en vertu de la décision facultative du juge, la perte partielle des droits civiques (V. *supra*, v° *Peine*, n°ˢ 711 et suiv.). De plus, en dehors de l'application du code pénal, la perte de certains droits civiques est attachée de plein droit par les lois spéciales à certaines condamnations. C'est ainsi que les art. 8 de la loi du 31 mai 1850 et 15 du décret du 2 févr. 1852 défendent l'inscription sur les listes électorales, non seulement des individus qui ont été condamnés à des peines afflictives ou infamantes, mais aussi de ceux qui ont été condamnés à de simples peines correctionnelles à raison de certains délits. La loi du 21 nov. 1872 (D. P. 72. 4. 132) déclare les individus compris dans les mêmes catégories incapables d'être jurés. La loi de 1881 veut que le gérant ne soit privé de ses droits civiques *par aucune condamnation judiciaire*. Il semble que l'exclusion atteint non seulement les individus privés de la totalité des droits civiques ou de partie de ces droits, en vertu des dispositions du code pénal, mais aussi les individus qui sont déchus de leur capacité électorale et du droit d'être jurés par application des lois spéciales précités ci-dessus (Conf. Barbier, t. 1, n° 80, p. 89).

176. La loi de 1881 ne vise que les droits civiques. Par suite, les individus frappés de condamnations judiciaires qui n'emporteraient déchéance que des droits civils ou de famille figurant au nombre des droits mentionnés en l'art. 42 c. pén. resteraient capables d'être gérants, sauf dans le cas de déchéance résultant des lois du 31 mai 1850 et du 21 nov. 1872.

177. Le failli non réhabilité peut-il être gérant? Une vive controverse, aujourd'hui résolue dans le sens de la négative par la cour de cassation, s'est élevée sur cette question, en présence des termes de l'art. 6 de la loi du 29 juill. 1881. Cet article exige du gérant, d'une part, qu'il ait la jouissance de ses droits civils, d'autre part qu'il ne soit privé de ses droits civiques par aucune *condamnation judiciaire*. Or, on a fait observer, en faveur de la capacité d'exercer la gérance, que le failli n'est pas privé de ses droits civils. Ainsi, il peut être tuteur, curateur, membre d'un conseil de famille (V. *suprà*, vⁱˢ *Faillite*, n° 381, et *Minorité-tutelle-émancipation*, n°ˢ 270 et suiv.). Le failli satisfait donc à la première des conditions exigées par l'art. 6; il a la jouissance des droits civils. En ce qui concerne la seconde de ces conditions, il n'est pas douteux que le commerçant qui a cessé ses payements ne soit privé de ses droits civiques par l'effet du jugement qui le déclare en faillite. « L'exercice des droits de citoyen français *est suspendu* par l'état de débiteur failli », porte l'art. 5 de la constitution du 22 frim. an 8. Ainsi, le failli n'est pas seulement atteint par les incapacités commerciales édictées par l'art. 443 c. com., telles que celle d'entrer à la Bourse ou d'être admis à l'escompte de la Banque de France ; il est, en outre, privé du droit de vote pour les élections des prud'hommes, des tribunaux de commerce, des conseils municipaux, généraux et des assemblées législatives (V. *suprà*, v° *Faillite*, n°ˢ 372 et suiv.). Mais il faut observer que l'art. 6 de la loi de 1881 n'attache pas, d'une façon générale et absolue, l'incapacité d'être gérant à la privation des droits civiques, mais seulement à la privation de ces droits qui résulte d'une *condamnation judiciaire*. Ces mots ont une signification précise en droit ; ils s'entendent de la répression d'un délit par les tribunaux criminels. Il est impossible de faire rentrer dans cette expression les jugements déclaratifs de faillite. Ces décisions judiciaires, émanées des tribunaux de commerce, sont exclusives de toute idée de peine, et se bornent à constater un état de fait : la cessation des payements du commerçant mis en faillite. Dès lors, il n'est pas permis, en matière pénale, d'étendre à un cas non prévu par la loi l'incapacité qui s'attache exclusivement aux condamnations judiciaires. On doit le décider ainsi d'autant mieux que les lois antérieures, et notamment l'art. 15 du décret du 2 févr. 1852, ont toujours distingué la déchéance des droits civiques résultant d'une condamnation judiciaire, de la déchéance des mêmes droits attachée à la déclaration de faillite par les tribunaux français ou même par les tribunaux étrangers. Jugé, en ce sens, que le jugement déclaratif de faillite entraîne pas, par lui-même, privation de la jouissance des droits civils ; que, d'autre part, on ne peut pas assimiler la déclaration de faillite à une condamnation judiciaire ; que, par suite, un failli peut être gérant d'un journal, la loi sur la liberté de la presse se bornant à exiger que le gérant d'un journal ait la jouissance de ses droits civils et ne soit privé de ses droits civiques par aucune condamnation judiciaire (Paris, 12 juin 1886, aff. Jouve, D. P. 86. 2. 158 et, sur renvoi après cassation, Caen, 17 mars 1887, D. P. 87. 1. 281. Conf. Barbier, t. 1, n° 82, p. 91).

La cour de cassation a consacré, et avec raison, la doctrine contraire. Les faillis sont incapables d'être gérants de journaux parce que, s'ils ont la jouissance des droits civils, ils sont privés de leurs droits civiques en vertu de l'art. 5 de la constitution de l'an 8 et d'un grand nombre de lois postérieures concernant l'exercice de ces droits. A cet égard, l'art. 6 de la loi de 1881 ne comporte aucune distinction rationnelle entre les décisions judiciaires auxquelles est attachée la déchéance des droits civiques, et les mots de *condamnation judiciaire* s'entendent tout aussi bien de la décision d'un tribunal civil que d'un jugement émané de la juridiction répressive. Cette interprétation n'est pas extensive du texte de l'art. 6. On doit reconnaître, au contraire, que les termes de cet article ne sont pas de nature à marquer une modification de la condition du failli sous l'empire des lois antérieures de la presse. A aucune époque les faillis non réhabilités n'ont exercé les fonctions de gérant d'un journal. Sans doute, la loi du 18 juill. 1828, dont les dispositions sur ce point n'ont été modifiées qu'en 1852, ne frappait pas le failli d'incapacité relativement à la gérance des journaux. Cette loi n'exigeait du gérant que les conditions prescrites par l'art. 980 c. civ. ; il suffisait d'avoir la capacité d'être témoin testamentaire, et la jurisprudence de la cour de cassation reconnaît aux faillis cette capacité ; mais, à cette époque et depuis, il était à peu près impossible qu'en fait, un failli non réhabilité pût satisfaire aux autres exigences des lois ; car tantôt le gérant dut avoir un intérêt dans l'entreprise ou posséder des immeubles non hypothéqués et payant un chiffre d'impôts assez considérable, tantôt il dut être propriétaire de tout ou partie du cautionnement du journal atteignant parfois un chiffre important. L'art. 1 du décret du 17 févr. 1852 prononça l'incapacité du failli, en accordant le droit d'être gérant d'un journal « à tout Français, majeur et jouissant de ses droits civils et *politiques* ». Telle était aussi la disposition textuelle de l'art. 1 de la loi du 11 mai 1868. « Il est reconnu, disions-nous en annotant la loi de 1868 (D. P. 68. 4. 57), que, par ces expressions, le législateur veut la *jouissance simultanée* et des droits civils et des droits politiques. Ainsi une femme, *un failli non réhabilité*, qui ont la jouissance des droits civils, mais non des *droits politiques*, ne sont pas compris dans les termes de l'art. 1 ». Ainsi, tandis que l'art. 9 de la loi de 1868 permettait au failli non réhabilité de signer un article de journal, l'incapacité que cet article établissait n'étant applicable qu'aux personnes *privées tout à la fois* de leurs droits civils et politiques, l'art. 1 de cette loi lui défendait, au contraire, d'avoir la gérance d'un journal en exigeant du gérant qu'il eût tout à la fois la jouissance des droits civils et celle des droits politiques. — Telle était la condition du failli non réhabilité au moment de la promulgation de la loi du 29 juill. 1881. La différence entre le texte de l'art. 6 de cette loi et le texte de l'art. 1 du décret du 17 févr. 1852 et de l'art. 1 de la loi du 11 mai 1868 ne provient pas de l'intention que le législateur aurait voulu manifester d'effacer les restrictions antérieures. Elle s'explique par « l'un des buts multiples que s'est proposé le législateur de 1881 (qui) a été de reviser les lois antérieures sur l'affichage et la colportage et la vente sur la voie publique des imprimés de toute nature, comme le porte le titre du chapitre 3 ; à cet effet, la loi du 17 juin 1880 sur le colportage a été refondue avec celle du 29 juill. 1881, et c'est précisément à cette loi de 1880 que le projet avait emprunté la rédaction de l'art. 6 concernant les gérants et de l'art. 18 concernant les colporteurs ; c'est, dès lors, à la discussion de la loi de 1880 qu'il faut recourir pour apprécier la portée de la disposition qui lui a été empruntée... (or) la rédaction de l'art. 1 de la loi de 1880, tel qu'il avait été proposé au Sénat et adopté par lui, indiquait que, pour être colporteur, il ne fallait être privé ni de ses droits civils ni de ses droits politiques ; si ensuite, on a substitué à cette rédaction celle qui déclare que, pour être colporteur, il ne fallait avoir encouru aucune condamnation pouvant entraîner privation des droits civils et politiques, ce n'a été, exclusivement, que pour qu'on ne pût mettre en doute la capacité des femmes pour exercer cette profession, et nullement pour relever de leur incapacité toutes autres personnes privées par décisions judiciaires de leurs droits politiques et entre autres les faillis. Dès lors les faillis restent atteints par l'incapacité qui les frappe » (Crim. cass. 17 déc. 1886, aff. Jouve, D. P. 87. 1. 281 ; Ch. réun. cass. 22 juin 1887, même affaire, D. P. ibid. et les conclusions de M. l'avocat général Petiton, rapportées ibid. — Conf. Trib. corr. de la Seine, 5 mai 1886, aff. Jouve). C'est l'arrêt des chambres réunies que nous avons emprunté les considérations ci-dessus reproduites.

178. Les femmes sont-elles exclues de la gérance des journaux et des écrits périodiques? Elles étaient exclues de cette profession sous l'empire des lois antérieures. En effet, en vertu de la loi de 1828, le gérant d'un journal devait remplir les conditions que l'art. 980 c. civ. exige des témoins au testament (V. suprà, n° 174) ; or, ceux-ci doivent être du sexe masculin. D'autre part, les femmes se trouvèrent exclues de la gérance par les dispositions du décret du 17 févr. 1852, art. 1 et de la loi du 11 mai 1868, art. 1 qui n'accordaient le droit de gérer un journal qu'au Français jouissant tout à la fois des droits civils et des droits politiques. L'art. 6 de la loi du 29 juill. 1881 subordonne la capacité d'être gérant, non plus à la jouissance des droits civiques, mais à la condition de n'être pas privé des droits civiques par aucune condamnation judiciaire. Cette disposition ne statue qu'à l'égard des Français du sexe masculin, puisque, ayant seuls la jouissance des droits civiques, eux seuls peuvent en être privés par une condamnation judiciaire. Aucun autre texte n'ayant pour objet d'exclure les femmes de la gérance, il y a lieu de reconnaître qu'elles ont la capacité requise par la loi nouvelle. On lit à cet égard dans la circulaire du garde des sceaux du 9 nov. 1881 (D. P. 81. 3. 106, n° 9) : « La législation antérieure exigeait du gérant les conditions imposées par l'art. 980 c. civ. aux témoins du testament qui doivent être du sexe masculin. Ces conditions n'ont pas été reproduites; les femmes peuvent donc exercer aujourd'hui la gérance. Le rapporteur de la loi au Sénat en a fait la remarque expresse. Le doute pouvait provenir de ce que les femmes n'ont pas la jouissance des principaux droits civiques ; mais cette circonstance ne les exclut pas de la gérance ; on devra seulement exiger d'elles qu'elles n'aient subi aucune des condamnations qui font perdre les droits civiques aux Français mâles et majeurs. C'est ce que la cour de cassation (Crim. cass. 11 juill. 1879, aff. Martin, D. P. 80. 1. 398) avait déjà décidé pour le colportage, par interprétation d'une disposition analogue de la loi du 9 mars 1878 » (Conf. Dutruc, p. 17; Faivre et Benoît-Lévy, p. 46; Bazille et Constant, p. 123). — M. Barbier (t. 1, p. 90, n° 81) objecte sur cette interprétation que l'art. 6 de la loi du 29 juill. 1881 n'est pas assez clair pour marquer une innovation à l'état de choses antérieur. D'ailleurs, si l'on consulte les travaux préparatoires, on trouve en con-

tradiction le rapporteur de la commission du Sénat, M. Pelletan, et le rapporteur de la Chambre des députés, M. Lisbonne. Tandis que le premier déclare que l'art. 6 n'exclut pas les femmes de la gérance, cet article, suivant le second, « n'exige que certaines conditions de nationalité, d'âge, de sexe et de capacité civile ». Mais l'auteur n'en adopte pas moins la solution généralement admise. « En présence de ce désaccord, conclut M. Barbier (loc. cit.), l'interprète reste libre de son choix; et puisque, en définitive, il peut y avoir intérêt à attribuer aux femmes la gérance de certains journaux, traitant, comme les journaux de mode par exemple, de matières dans lesquelles elles ont une compétence toute particulière ; puisqu'il peut y avoir intérêt aussi à permettre à la veuve d'un gérant propriétaire de son journal de succéder à son mari dans cette gérance, il convient, ce nous semble, d'adopter l'interprétation la plus large et la plus libérale, qui, si elle n'est pas nettement affirmée, n'est pas non plus contredite par le texte de la loi ».

179. Les membres du Sénat et de la Chambre des députés peuvent-ils être gérants. On a dit au Rép. n° 244 qu'il était interdit aux députés, par l'art. 9 de la loi du 27 juill. 1849, de signer en qualité de gérant responsable aucun journal ou écrit périodique, à peine de 500 à 3000 fr. d'amende contre les imprimeurs et les propriétaires. L'art. 8 de la loi du 11 mai 1868 reproduisit cette interdiction, en l'appliquant aux membres du Sénat et du Corps législatif. La loi du 29 juill. 1881 ne contient aucune disposition de cette nature. « Il n'enous a pas paru nécessaire, dit le rapport de M. Lisbonne, de reproduire les dispositions qui interdisent à un membre du Sénat ou de la Chambre des députés de devenir le gérant responsable d'un journal ». Cette innovation a pour conséquence de permettre au journal signé par un député ou par un sénateur, en qualité de gérant, de bénéficier de l'immunité parlementaire dans le cas de poursuites dirigées pendant la durée d'une session.

180. Le gérant doit-il réunir certaines conditions de capacité intellectuelle? Suivant un arrêt de la cour d'Angers du 7 déc. 1847, cité au Rép. n° 262, celui qui est complètement illettré, que son défaut d'instruction rend incapable de comprendre le sens et la portée des articles à publier, ne peut pas être gérant d'un journal et doit être condamné pour la fausse déclaration qu'il a faite en prenant cette qualité. On doit observer, toutefois, que, dans l'espèce, la déclaration était mensongère également en ce qu'elle concernait les énonciations relatives à la copropriété du journal et au cautionnement. Sous l'empire de la loi de 1881, il ne semble pas que cette solution puisse être admise. Il résulte de l'ensemble des dispositions de cette loi que le gérant doit au moins savoir signer son nom, puisque l'art. 8 exige qu'il signe la déclaration préalable à la publication du journal, et que l'art. 10 veut qu'il dépose au parquet et à la préfecture des exemplaires de chaque feuille ou de chaque livraison, revêtus de sa signature. Mais la loi n'impose au gérant aucune autre condition particulière de capacité; elle ne l'oblige pas expressément à surveiller la rédaction du journal; et, dès lors, le ministère public ne serait pas autorisé à poursuivre, en vertu de l'art. 9 de la loi de 1881, comme ayant fait une déclaration fictive et mensongère à raison de son incapacité intellectuelle, un gérant complètement illettré. Il résulte, en effet, des déclarations de M. Lisbonne à la Chambre des députés, que, dans l'impossibilité reconnue de prévenir l'abus des gérances fictives, le législateur s'est borné à n'exiger que certaines conditions de nationalité d'âge et de capacité civile. Toute personne qui, réunissant d'ailleurs ces conditions, a fait la déclaration préalable prescrite par la loi et qui assume ainsi la responsabilité de la publication à faire, doit, en conséquence, être considérée comme un gérant acceptable (Conf. Barbier, t. 1, n° 84, p. 91).

181. Certaines infirmités naturelles constituaient, en vertu de l'art. 5 de la loi de 1828, un empêchement à la gérance, parce qu'elles ne permettent pas à ceux qui en sont atteints de comparaître, en qualité de témoins, dans un acte notarié. Ainsi les aveugles, les sourds-muets (Comp. suprà, v° Disposition entre vifs et testamentaires n°s 748 et suiv.. V. aussi Circ. min. just. 9 nov. 1881, D. P. 81. 3. 106, n° 9), ne pouvaient pas être gérants, sous l'empire de la loi 1828. Il n'en serait pas de même aujourd'hui, puisque les conditions de capacité du gérant d'un journal ou d'un écrit périodique ne sont plus empruntées à l'art. 980 c. civ.

182. La loi de 1881 impose implicitement au gérant la condition de résider en France. En effet, suivant le vœu de la loi, le gérant personnifie le journal. Il en est le répondant. C'est à lui qu'on doit pouvoir s'adresser s'il a été commis quelque délit ou si quelque préjudice a été causé (V. Rapport de M. Lisbonne à la Chambre des députés, D. P. 81. 4, 58, note 1). C'est dans ce but que l'art. 7 de la loi de 1881 exige que le nom et la demeure du gérant soient portées à la connaissance du parquet, avant la publication du journal, par une déclaration écrite et signée, et que toute mutation soit déclarée dans les cinq jours qui la suivent. La présence du gérant, au moment de la publication, est certainement exigée, puisque cette présence doit être constatée par la signature du gérant figurant en original sur les exemplaires déposés au parquet ou à la mairie (V. Bazille et Constant, nᵒˢ 44 et 46). Par suite, il a été jugé que la résidence à l'étranger est incompatible avec la gérance d'un journal publié en France; que, en conséquence, le gérant qui passe à l'étranger renonce à sa qualité. Et la continuation de la publication du journal, alors que le gérant passé à l'étranger n'a pas été remplacé, constitue une infraction à l'art. 6 de la loi de 1881 (Lyon, 23 janv. 1884, aff. Fauque, D. P. 84, 2. 116).

183. En outre, le gérant doit avoir sa demeure au lieu de la publication du journal. C'est ce qui résulte des art. 7 et 10 de la loi du 29 juill. 1881. La loi n'exige pas qu'il ait un domicile au lieu. Il suffit d'une résidence constituant un établissement fixe et notoire pour que la responsabilité du gérant ne devienne pas illusoire; et l'on ne peut assimiler, à la demeure exigée par la loi, le logement où le gérant n'aurait passé que quelques jours accidentellement (D. P. 84. 2. 116, note 3).

184. Sous l'empire des lois antérieures, le gérant devait offrir des garanties pécuniaires, afin que sa responsabilité effective fût assurée, et pour qu'il eût un intérêt personnel à prévenir les délits de presse. La loi de 1828 exigeait qu'il eût au moins une part ou une action dans l'entreprise (*Rép.* nᵒ 243) et qu'il fournit une certaine portion du cautionnement, dont l'importance a varié successivement en vertu des lois du 9 sept. 1835 du 14 déc. 1830 et du décret du 6 mars 1848 (*Rép.* nᵒ 280). La loi de 1881, ayant supprimé le cautionnement, il ne peut plus être question de l'obligation, pour le gérant, d'en être propriétaire en tout ou en partie. Elle n'exige de lui aucune garantie pécuniaire. En un mot, le gérant n'est soumis qu'à des conditions de capacité civile et politique (V. *suprà*, nᵒˢ 175 et suiv.).

185. — C. *Pouvoirs du gérant responsable.* — Le gérant, selon la loi du 29 juill. 1881, n'a plus aucune des attributions d'un véritable gérant. On n'exige de lui, ni qu'il ait des droits de propriété sur le journal, ni qu'il ait part à son administration et à sa rédaction (V. *suprà*, nᵒˢ 165 et suiv.). Il n'est appelé à remplir aucune fonction relative à l'exploitation du journal. Il n'a d'autre situation légale que celle d'une personne désignée dans la déclaration préalable, pour répondre éventuellement aux poursuites judiciaires dirigées contre le journal.

Ainsi le gérant n'est plus investi de la mission, que lui attribuait l'art. 5 de la loi du 18 juill. 1828, de surveiller par lui-même la rédaction du journal (*Rép.* nᵒ 249). Les règles que la jurisprudence avait tracées pour déterminer les droits respectifs du gérant et du rédacteur en chef, ceux du gérant et des rédacteurs particuliers (*Rép.* nᵒˢ 249 et 250) sont aujourd'hui sans application. « Le gérant peut être ou le propriétaire du journal, ou son directeur politique, ou l'un de ses rédacteurs, ou l'administrateur de l'entreprise, *ou toute autre personne* ». La loi ne règle ni le *choix de la personne,* ni la *durée de la fonction.* « Le gérant d'aujourd'hui peut n'être pas celui de demain » (Rapport de M. Lisbonne, D. P. 81. 4. 68, note 1).

186. L'économie de la loi du 29 juill. 1881 a pour conséquence de laisser l'administration financière du journal en dehors des attributions du gérant responsable de la publication. Cette administration restera donc aux mains du propriétaire ou, si le journal appartient à une société, aux mains des associés qui la représentent légalement suivant le droit commun, c'est-à-dire des gérants si la société est en nom collectif ou en commandite, des membres du conseil d'administration, s'il s'agit d'une société anonyme. Ainsi, contrairement aux dispositions des lois antérieures, le gérant d'un journal qui est la propriété d'une société en nom collectif ou en commandite, ne sera pas nécessairement le gérant de cette société chargé de l'administration commerciale de la société et disposant de la signature sociale. On admettra même, à notre avis du moins, que le gérant de la société nommé par les actionnaires peut, en vertu d'une clause des statuts, être chargé de nommer le gérant du journal.

187. L'art. 4 de la loi du 18 juill. 1828 autorisait la pluralité des gérants dont elle limitait le nombre à trois (*Rép.* nᵒ 1136). L'art. 7 de la loi du 11 mai 1868 confirmait cet état de choses, en exigeant le dépôt administratif et le dépôt judiciaire de divers exemplaires signés du gérant responsable, ou de l'un d'eux s'il y avait plusieurs gérants responsables. La loi du 29 juill. 1881 ne paraît avoir prévu dans aucune de ses dispositions l'existence de deux ou plusieurs gérants placés à la tête d'un journal ou écrit périodique; mais elle n'exclut cette faculté par aucune disposition. L'art. 6 porte simplement : « Tout journal ou écrit périodique aura *un* gérant ». D'autre part, on ne saurait tirer un argument décisif de l'art. 8, aux termes duquel les déclarations seront faites et signées *des gérants.* Mais l'esprit de la loi du 29 juill. 1881 « est incontestablement favorable à la liberté de la presse ... et l'on ne saurait, sans méconnaître ses intentions, admettre qu'elle ait entendu édicter, à ce point de vue, une rigueur nouvelle » (Crim. cass. 16 août 1884, aff. Schwob, D. P. 85. 1. 180. Conf. Barbier, t. 1, nᵒ 86, p. 91). — Cet auteur enseigne toutefois que le nombre des gérants ne peut être indéfini, ni supérieur à trois par application de l'art. 4 de la loi du 18 juill. 1828, auquel les lois subséquentes ne semblent pas avoir voulu déroger. Nous ne saurions partager cette opinion. A défaut d'une indication formelle en ce sens, nous pensons que la pluralité des gérants n'est l'objet d'aucune restriction sous l'empire de la loi de 1881.

188. Sur celui des cogérants qui encourt la responsabilité établie par l'art. 42 de la loi de 1881, V. *infrà,* tit. 4, ch. 1, sect. 3, art. 1, § 1.

§ 2. — De la déclaration préalable.

189. — I. Nécessité de la déclaration préalable. — Sous la législation antérieure à 1819, qui livrait la presse périodique à l'arbitraire du Gouvernement, en la soumettant à la nécessité d'obtenir une autorisation *préalable* (*Rép.* nᵒ 228, et *suprà,* nᵒ 141) ou à la censure (*Rép.* nᵒˢ 225 et suiv. et *suprà,* nᵒˢ 132 et 143), la création et la publication des journaux et écrits périodiques n'était pas soumise à la condition d'une déclaration préalable (*Rép.* nᵒ 225).

190. L'art. 1 de la loi du 9 juin 1819, succédant au régime de la censure et de l'autorisation, imposa, pour la première fois, à ceux qui voulaient fonder et publier un journal, l'obligation d'en faire connaître l'existence au moyen d'une déclaration antérieure à sa publication. Pendant la période de 1822 à 1828, où la nécessité d'une autorisation fut rétablie, la condition d'une déclaration préalable survécut néanmoins simultanément avec celle de l'autorisation. L'art. 1 de la loi du 18 juill. 1828, en supprimant de nouveau l'autorisation, maintint, comme une garantie nécessaire, la formalité de la déclaration (*Rép.* nᵒ 234).

191. Le décret du 17 févr. 1852 remit en vigueur le régime de l'autorisation préalable. Ce décret restait muet en ce qui concernait la nécessité d'une déclaration. — Cependant une circulaire du ministre de l'intérieur du 27 mars 1852 (D. P. 52. 3. 11) exprima l'opinion que cette dernière prescription devait être exigée simultanément avec celle relative à l'autorisation. L'auteur de l'exposé des motifs de la loi du 11 mai 1868 avait perdu de vue cette circulaire peut-être tombée en désuétude, quand il déclara que les nouvelles dispositions légales avaient pour objet de substituer la déclaration préalable au régime de l'autorisation en vigueur depuis 1852.

192. L'art. 6 de la loi du 18 juill. 1828 et l'art. 2 de la loi du 11 mai 1868, à la différence de la loi de 1819, dont la disposition ne concernait que les écrits s'occupant de matières politiques, ont imposé la formalité de la déclaration préalable à tout journal ou écrit périodique, même non politique.

193. Le régime de la simple déclaration préalable, resté en vigueur à partir de la loi de 1868, est adopté et confirmé par la loi de 1881. Le rapport de M. Lisbonne à la Chambre des députés (D. P. 81. 4. 68, note 2) dit que la déclaration du journal ou de l'écrit périodique qui va naître « constitue comme l'établissement même de son état civil ». Le texte de l'art. 7 de la loi de 1881 est ainsi conçu : « Avant la publication de tout journal ou écrit périodique, il sera fait au parquet du procureur de la République une déclaration contenant : 1° le titre du journal ou écrit périodique et son mode de publication ; 2° le nom et la demeure du gérant ; 3° l'indication de l'imprimerie où il doit être imprimé. Toute mutation dans les conditions ci-dessus énumérées sera déclarée dans les cinq jours qui suivront ». Une déclaration nouvelle n'est pas nécessaire quand un journal reprend sa publication après avoir cessé de paraître pendant un certain temps (*Rép.* nos 255 et 278 ; Besançon, 2 août 1833 et Crim. rej. 30 nov. 1833, *Rép.* n° 278).

194. — II. Journaux et écrits périodiques assujettis a la déclaration. — Sont soumis à la nécessité de la déclaration préalable : 1° tous les journaux et écrits périodiques, politiques ou non politiques. La loi du 29 juill. 1881 reproduit, à cet égard, la disposition de la loi du 11 mai 1868 ; elle ne fait aucune distinction et vise « tout journal ou écrit périodique », quel que soit son caractère (V. rapport, D. P. 81. 4. 67, note 2. Circ. min, just. 9 nov. 1881, D. P. 81. 3. 106, n° 10) ; — 2° Les dessins, gravures, musique, etc., paraissant périodiquement, quand ils sont accompagnés d'un texte. Dans le cas contraire, ils peuvent faire l'objet d'une publication périodique sans déclaration préalable ; car la loi ne concerne textuellement que les *écrits* périodiques ; — 3° Les *journaux illustrés*. Ce sont des écrits périodiques, et les dessins ou gravures qui les ornent ne leur font pas perdre ce caractère. Donc ils sont textuellement soumis par l'art. 7 à la déclaration préalable. On a vu d'ailleurs *suprà*, n° 143, que ces journaux font l'objet spécial de l'art. 5 qui permet leur publication sans autorisation préalable.

195. Les diverses éditions d'un même journal sont-elles soumises à des déclarations distinctes ? Les règles tracées à cet égard par la jurisprudence antérieure à la loi de 1881 demeurent applicables, dans le silence de cette loi. Ainsi des déclarations distinctes ne sont pas nécessaires, quand les diverses éditions sont la reproduction exacte l'une de l'autre. Quand les diverses feuilles publiées par le même gérant, sous le même titre et sortant des mêmes presses, sont la reproduction *principale* l'une de l'autre et ne contiennent d'autres additions que celles des actes, faits et nouvelles qui se sont produits dans l'intervalle des divers tirages, on doit les considérer comme les diverses éditions d'un même journal. Si, au contraire, les diverses feuilles dont il s'agit diffèrent dans leurs conditions de périodicité, l'une étant, par exemple, quotidienne et l'autre hebdomadaire, si elles diffèrent dans leur rédaction et dans leur prix, si elles sont vendues et distribuées séparément, elles doivent, comme deux journaux différents, faire l'objet de deux déclarations distinctes (V. les arrêts cités au *Rép.* n° 277 ; Conf. Trib. Privas, 27 juin 1873, *Gazette des tribunaux*, 30 juin 1873 ; Barbier, n° 89, p. 94).

196. — III. Lieu ou doit être faite la déclaration. — Les lois antérieures, en exigeant une déclaration préalable, n'avaient donné qu'un caractère purement administratif à cette formalité. C'était donc, en vertu de l'art. 3 de la loi du 9 juin 1819 (*Rép.* p. 407), au préfet de police à Paris, et dans les départements aux préfets, que cette déclaration devait être remise. L'art. 7 de la loi du 18 juill. 1828 désigna pour la recevoir, à Paris, la direction de la librairie (qui, depuis, fut rattachée au ministère de l'intérieur (*Rép.* p. 411 et n° 253) et, dans les départements, le secrétariat de la préfecture. L'art. 2 de la loi du 11 mai 1868 (D. P. 68. 4. 56) décida que la déclaration serait faite à la préfecture.

197. La loi de 1881 donne à la déclaration préalable un caractère tout nouveau. Cette formalité sera désormais purement judiciaire, car la presse ne relève plus que de la loi. (Rapport de M. Lisbonne, D. P. 48. 4. 68, note 2; Circ. min. just. 9 nov. 1881, D. P. 81. 3. 106, n° 10). Aussi n'est-ce

plus à la préfecture de police à Paris, et à la préfecture dans les départements, comme sous l'empire de l'art. 2 de la loi du 11 mai 1868, c'est, sur tout le territoire, au parquet du procureur de la République que la déclaration doit être faite (L. 29 juill. 1881, art. 7). Le parquet compétent est celui du lieu où le journal doit être publié. Il était dans la pensée des auteurs de la loi de 1881 de soustraire entièrement la presse au régime administratif. — Tout en constatant cette innovation, le garde des sceaux écrivit aux procureurs généraux : « Si l'autorité administrative ne reçoit plus elle-même les déclarations, elle n'en est pas moins intéressée à les connaître, quand ce ne serait que pour assurer l'exécution de l'art. 10, qui prescrit le dépôt de deux exemplaires entre ses mains. La loi ne contient aucune prescription à cet égard, mais il vous appartient d'y suppléer. Vos substituts devront porter à la connaissance des préfets ou sous-préfets les déclarations et les mutations. Dans les villes où ces actes seraient trop nombreux pour que des copies en puissent être transmises régulièrement, sans surcharger, outre mesure, le service des parquets, vos substituts se concerteront avec l'autorité administrative pour qu'elle puisse elle-même en prendre communication sur place » (Circ. min, just., 9 nov. 1881, D. P. 81. 3. 106).

198. — IV. Délai de la déclaration. — La déclaration doit précéder la publication du journal ou de l'écrit périodique qu'elle concerne. Autrement, elle n'atteindrait pas son but, qui est de prévenir les abus et le danger d'une publication clandestine et d'assurer la répression des délits qui peuvent se commettre au moyen de la publication (*Rép.* n° 238). L'art. 1 de la loi du 9 juin 1819 et l'art. 6 de la loi du 18 juill. 1828 n'avaient fixé aucun délai à observer entre la déclaration et la publication (*Rép.* p. 407 et 411). Au contraire, l'art. 2 de la loi du 11 mai 1868 exigea que la déclaration précédât d'au moins quinze jours la publication (D. P. 68. 4. 56). — L'art. 7 de la loi du 29 juill. 1881 revient aux dispositions des lois de 1819 et de 1828. Cet article exige seulement que la déclaration soit faite *avant* la publication. « Tout délai, dit le rapport (D. P. 81. 4. 68, note 2), est supprimé, et la publication pourra suivre immédiatement le dépôt de la déclaration, ce qui fait disparaître le caractère préventif de cette formalité.

199. — V. Énonciations que doit contenir la déclaration. — A cet égard, la loi du 29 juill. 1881 consacre des innovations importantes aux dispositions des lois antérieures. Sous la loi du 9 juin 1819, qui n'assujettissait à la déclaration préalable que les journaux et les écrits périodiques traitant de matières politiques, les seules énonciations exigées par l'art. 1 concernaient : 1° le nom et la demeure du propriétaire ou de l'éditeur responsable ; 2° l'imprimerie dans laquelle on se proposait d'imprimer le journal ou l'écrit. — D'après la loi du 18 juill. 1828 (art. 6), les déclarations concernant les journaux ou les écrits périodiques s'occupant de matières politiques et, en vertu du décret du 17 févr. 1852 (art. 6) celles concernant les journaux qui traitent de matières d'économie sociale devaient énoncer : 1° le titre du journal ou de l'écrit et les époques où il devait paraître ; 2° le nom et la demeure des gérants responsables ; 3° l'indication de l'imprimerie où le journal ou l'écrit devait être imprimé ; 4° le nom et la demeure de tous les propriétaires autres que les commanditaires, ainsi que leur part dans l'entreprise ; en outre, la déclaration devait contenir : 5° l'affirmation que les propriétaires et gérants réunissaient les conditions de capacité prescrites par la loi (*Rép.* p. 421). Quant aux journaux étrangers à la politique ou aux questions d'économie sociale, la déclaration qui les concernait n'était pas tenue d'énoncer le nom et la demeure du gérant responsable, ni d'affirmer la capacité des propriétaires. Il suffisait que les propriétaires et l'imprimeur fussent désignés (*Rép. ibid.*). La loi du 11 mai 1868 supprima pour tous les journaux, quel que fût l'objet de leur publication, la nécessité d'une affirmation de la capacité des propriétaires et des gérants. Elle exigea : 1° la désignation du titre et des époques de publication du journal ou de l'écrit ; 2° celle des gérants, même pour les journaux et les écrits non assujettis à la gérance, si, en fait, il en existait une ; 3° celle de l'imprimerie ; 4° celle des propriétaires autres que les commanditaires (D. P. 68. 4. 56).

200. Aux termes de l'art. 7 de la loi du 29 juill. 1881, la déclaration doit énoncer : 1° « le titre du journal ou écrit périodique », ce qui comprend les sous-titres aussi bien que le titre lui-même (*Rép.* n° 239) ; — 2° « Le mode de publication ». Cette mention ne consiste que dans l'indication des époques auxquelles doit paraître le journal ou l'écrit périodique. Telle était la règle fixée par les art. 6 de la loi de 1828 et 2 de la loi de 1868, dont la loi nouvelle n'a pas entendu s'écarter (V. Rapport de M. Lisbonne, D. P. 81. 4. 68). Cependant MM. Faivre et Benoît-Lévy (p. 50) enseignent que la déclaration doit indiquer, en outre, le format du journal et le genre de publication, indiquer, par exemple, s'il s'agit d'une publication illustrée, d'un journal politique ou littéraire ; mais cette interprétation est contredite par la législation antérieure, par les travaux préparatoires et par le sens des mots : « mode de publication » (Conf. Dutruc, p. 15 ; Barbier, t. 1, n° 91, p. 95). Si le journal doit avoir plusieurs éditions, il est très utile d'en faire la déclaration ; c'est même une mesure indispensable dans les cas où la jurisprudence considère les diverses éditions comme des journaux différents (V. *supra*, n° 195). La déclaration doit faire connaître si la publication est quotidienne, hebdomadaire, mensuelle, etc., le jour ou les jours de la semaine où elle doit avoir lieu, si elle se fait à jour fixe ; enfin, si la publication doit se faire irrégulièrement, il suffit de mentionner cette irrégularité (Conf. Barbier, n° 91, p. 95) ; — 3° « Le nom et la demeure du gérant ». S'il y a plusieurs gérants, ces indications doivent être fournies à l'égard de chacun d'eux ; — 4° « L'indication de l'imprimerie où le journal ou écrit périodique doit être imprimé ». Cette indication est exigée à raison des responsabilités que les art. 9, 11, 42 et 43, font peser sur l'imprimeur. Elle permet de retrouver l'imprimeur, si celui-ci néglige de se conformer à l'art. 2 en mentionnant son nom et son domicile sur chacun des exemplaires du journal. Jugé, sous l'empire de l'art. 2 de la loi du 11 mai 1868, qu'on doit considérer comme incomplète et insuffisante la déclaration déposée préalablement à la publication d'un journal, dans laquelle le déclarant se borne à faire connaître que le journal sera imprimé dans une imprimerie spécialement affectée à sa publication, sans localiser et préciser la situation de l'imprimerie (Crim. rej. 8 mars 1873, aff. Duportal, journal *L'Émancipation*, D. P. 73. 1. 268). — D'autre part, la déclaration au parquet, prescrite par l'art. 7 de la loi du 29 juill. 1881, doit contenir, en ce qui concerne l'indication de l'imprimerie, non seulement l'adresse de l'établissement où le journal est imprimé, mais aussi le nom de celui ou de ceux qui dirigent cet établissement (Crim. cass. 3 janv. 1884, aff. Delville, D. P. 84. 1. 371. Conf. Rapport de M. Lisbonne, D. P. 81. 4. 68 ; Celliez et Le Senne, p. 61 ; Chassan, t. 1, p. 492 ; de Grattier, t. 2, p. 186 ; Fabreguettes, t. 1, n° 303. — *Contrà* : Lyon, 7 août 1884, aff. Fronteau, gérant du journal *Le Droit anarchique*, D. P. 85. 2. 245 ; Barbier, t. 1, n° 91, p. 95).

201. D'après le projet de la commission, la déclaration devait énoncer, en outre, *le nom et la demeure des propriétaires*. La Chambre des députés vota cette disposition, en y ajoutant les mots : *autres que les commanditaires ou actionnaires*. Elle rejeta la seconde disposition du projet en vertu de laquelle cette déclaration devait être *accompagnée du dépôt des titres de propriété du journal ou écrit périodique*. On avait vu dans ce dépôt une sorte de cautionnement (D. P. 81. 4. 68, note 2). Le Sénat supprima toute déclaration relative aux propriétaires du journal, sur le rapport de M. Pelletan, ainsi conçu : « L'art. 7 exige qu'avant la publication d'un journal, la déclaration faite au parquet contienne *le nom et la demeure des propriétaires autres que les commanditaires ou actionnaires*. La Chambre des députés, en supprimant le cautionnement, a voulu mettre à la place le cautionnement vivant du propriétaire. Votre commission, cependant, n'a pas maintenu l'obligation de la déclaration des propriétaires. Il serait à craindre que le déclarant ne portât des noms de propriétaires apparents, et, dans ce cas, le poursuivant serait en présence d'une double difficulté, car il aurait à prouver non seulement que la déclaration est fausse, mais à démontrer quel est le vrai propriétaire » (D. P. 81. 4. 69). — A cet égard, la loi du 29 juill. 1881 est certainement sujette à critique. Elle déclare, dans son art. 44, que les propriétaires des journaux seront civilement responsa-

bles des condamnations pécuniaires prononcées au profit des tiers et, d'autre part, elle ne prend aucune mesure pour que ces propriétaires soient connus. M. Lisbonne avait fait observer à la Chambre que c'était illogique et dangereux. En même temps, si l'on voulait éviter les déclarations mensongères, il était indispensable d'exiger des propriétaires la justification de leurs titres et de leurs qualités. L'art. 7 de la loi du 18 juill. 1828 le voulait ainsi, et l'adoption du projet de la commission, dans sa teneur primitive, eût obtenu ce résultat. Il est à craindre que les intérêts légitimes des tiers ne soient compromis sous l'empire d'une loi qui supprime le cautionnement, tolère des gérants fictifs et permet aux propriétaires de ne pas se révéler (Barbier, t. 1, n° 92, p. 96. Conf. Celliez et Le Senne, p. 77).

202. — VI. De la déclaration des mutations. — La loi de 1819 ne contenait aucune prescription relative aux changements qui pouvaient survenir après la déclaration originaire, dans les énonciations qu'elle renfermait (*Rép.* n° 407). La déclaration de ces changements, imposée pour la première fois par l'art. 6 de la loi du 18 juill. 1828 (*Rép.* n° 254), fut également obligatoire en vertu de l'art. 2 de la loi du 11 mai 1868 (D. P. 68. 4. 56). D'après la disposition de ces deux lois, les mutations devaient être déclarées dans les quinze jours qui suivaient la mutation. L'art. 7 de la loi de 1881, *in fine*, porte : « Toute mutation dans les conditions ci-dessus énumérées sera déclarée dans les cinq jours qui suivront ».

203. En vertu de ce texte et des observations qui précèdent (*supra*, n°s 194 et suiv.), sont inapplicables aujourd'hui les décisions, rendues sous l'empire de la législation antérieure, en vertu desquelles : 1° on devait considérer, comme changement dans le personnel du journal, le remaniement des statuts de la société en commandite par actions qui a fourni les fonds de l'entreprise de la publication du journal, duquel il résultait que la forme de transmissibilité des actions était changée, que la proportion d'intérêts entre les associés était détruite et que la société prenait un caractère autre que celui qu'elle avait dans sa première organisation (Crim. 22 mars 1851, aff. *Le Démocrate du Var*, D. P. 63. 5. 294) ; — 2° l'obligation imposée à tout journal politique de se pourvoir d'une nouvelle autorisation de l'administration, en cas de changement du rédacteur en chef, devait être entendue en ce sens que cette autorisation était nécessaire, non pas seulement à l'entrée en fonctions du nouveau rédacteur en chef, mais encore à partir de la retraite de celui qui avait été agréé ; en sorte que la publication, faite dans l'intervalle sans le concours d'un rédacteur en chef agréé, constituait, de la part du gérant, une contravention ; — 3° Le fait du propriétaire-gérant d'un journal politique d'avoir formé une société en commandite pour l'exploitation de ce journal et d'avoir accepté l'adjonction d'un conseil de surveillance dont les pouvoirs s'étendaient jusque sur la rédaction constituait, même alors qu'il était dit dans l'acte de société qu'il restait propriétaire, un changement dans la propriété et l'administration de ce journal ; que, par suite, à défaut de déclaration de ce changement dans le délai voulu et de demande d'une nouvelle autorisation, le gérant était, avec raison, poursuivi pour contravention aux prescriptions des art. 6 de la loi du 18 juill. 1828 et 1 du décret du 19 févr. 1852 (Crim. cass. 16 janv. 1863, aff. journal *La Côte-d'Or*, D. P. 63. 1. 108). — Il résulte du texte même de l'art. 7 que, la loi n'exigeant aucune déclaration relative soit à la propriété, soit à la rédaction du journal, les mutations relatives soit à la propriété, soit à la rédaction, ne doivent pas être déclarées davantage.

204. Les seules mutations qui doivent être déclarées sont celles qui concernent : 1° le *titre du journal*, non seulement quand le titre est changé, mais aussi quand il subit des modifications, notamment par l'adjonction d'un sous-titre (V. Ch. réun. cass. 5 août 1851, aff. *Le Libéral du Nord*, D. P. 51. 1. 211, et *Rép.* n° 254). Quant à l'addition du millésime de l'année, elle peut ne pas être considérée comme une mutation à déclarer (V. en ce sens, Ch. réun. rej. 6 août 1834. — *Contrà* : Crim. cass. 4 avr. 1834, *Rép.* n° 254) ; — 2° Le *mode de publication*, c'est-à-dire les conditions de périodicité de la publication. Il y a même lieu à déclaration quand la mutation consiste dans la suppression temporaire, pour cause de manque de fonds, de l'un des jours auxquels, d'après la déclaration primitive, le journal doit paraître (Ch. réun. cass. 25 juin 1851, aff. Daviot, D. P. 51. 1. 170, et *Rép.* n° 256). — Sous l'empire de la loi du 11 mai 1868, il a été jugé que les changements dans les conditions de périodicité d'un journal doivent être portés à la connaissance du préfet au moyen d'une déclaration spéciale et expresse et qu'on estimerait à tort qu'en raison du dépôt d'exemplaires du journal à la préfecture il suffit, pour satisfaire à ladite obligation de déclaration, de l'avis relatif à ces mêmes changements qui est publié dans le journal à l'adresse du public (Trib. corr. de Chambéry, 11 janv. 1873, aff. *Le Patriote savoisien,* D. P. 73. 3. 16). La même solution est certainement applicable aujourd'hui ; ni l'insertion d'un avis dans le journal, ni le dépôt des exemplaires au parquet, ne dispenseraient d'une déclaration expresse au parquet, en cas de mutation dans les conditions de périodicité ; — 3° *Le nom et la demeure des gérants.* L'adjonction ou la retraite d'un gérant doivent être déclarées. Il en est de même du changement de domicile du gérant. La mutation du gérant par suite de décès est l'un des cas qui certainement exigent une déclaration ; pour cette déclaration, le délai de cinq jours est trop court, et les propriétaires seront souvent obligés de recourir à la désignation d'un gérant fictif dans le délai légal, sauf à le remplacer plus tard par un gérant sérieux. Jugé, antérieurement à la loi de 1881, que le propriétaire d'un journal ne peut être poursuivi correctionnellement pour avoir, à la suite d'une mutation dans la personne du gérant, continué à publier son journal, bien que la déclaration par lui faite à la préfecture ait été contestée par le préfet comme ne contenant pas la justification du droit de propriété du nouveau gérant sur une part de l'entreprise, si le préfet a renoncé à son action après la production de la justification demandée et que, par suite, la juridiction civile n'ait pas eu à constater l'irrégularité de la déclaration du journaliste (Crim rej. 30 avr. 1875, aff. Journal *La République de Brives,* D. P. 76. 1. 41). Il est évident qu'aujourd'hui la déclaration ne pourrait même pas être contestée pour le même motif, puisqu'elle n'a pas pour objet la propriété du journal ; — 4° *L'imprimerie :* il y a lieu de déclarer la mutation survenue soit dans le local où s'imprime le journal, soit dans la personne de l'imprimeur (*Contrà,* sur ce dernier point, Barbier, t. 1 n° 93, p. 97. V. *supra,* n°s 87 et suiv.).

205. L'art. 7 exige que toute mutation soit déclarée « dans les cinq jours qui suivront ». Ce délai n'est pas franc, c'est-à-dire que le *dies ad quem* n'est pas exclu de la computation. Ainsi la mutation opérée le 1er serait tardivement déclarée le 7. Mais le *dies à quo* ne doit pas être compté dans le délai. Telle est la règle générale admise par la jurisprudence dans tous les cas où le législateur n'en a pas décidé autrement (V. *supra,* v° *Délai,* n°s 7 et suiv.). D'ailleurs l'art. 7 exige la déclaration *dans* les cinq jours qui suivront la mutation et semble bien exclure ainsi de la computation du délai, non pas le *dies ad quem,* mais sans doute le *dies à quo* (Conf. Barbier, t. 1, n° 94, p. 97. — *Contrà :* Faivre et Benoît-Lévy (p. 51) et Dutruc (p. 15), qui comptent dans les cinq jours le *dies à quo*).

206. — VII. De la forme de la déclaration de publication ou de mutation (art. 7). — Sous l'empire des lois du 18 juill. 1828 et du 11 mai 1868, les déclarations relatives soit à la création d'un journal, soit aux mutations survenues depuis la déclaration originaire, devaient être signées par chacun des propriétaires ou par son fondé de pouvoir. Les déclarations devaient, de plus être accompagnées des pièces justificatives. La circulaire du ministre de l'intérieur du 3 juin 1868 (D. P. 68. 3. 61) prescrivit, en outre, que la déclaration fût faite sur papier timbré, et qu'il en fût délivré récépissé. Aux termes de l'art. 8 de la loi du 29 juill. 1881, toutes les déclarations relatives soit à la fondation du journal, soit aux mutations en cours de publication, doivent être faites *par écrit sur papier timbré et signées des gérants.* D'après le projet de la commission, la signature des propriétaires fondateurs ou de leurs successeurs était, en outre, exigée ; mais cette formalité ne fut pas maintenue : on la considéra inutile et même comme pouvant présenter de sérieux inconvénients en cas d'absence de l'un des propriétaires au moment d'une mutation sujette à déclaration dans les cinq jours (D. P. 81. 4.

69, note 1. Circ. min. just. 9 nov. 1881, D. P. 81. 3. 107, n° 10).

207 La déclaration doit être faite par le gérant. C'est ce qui résulte des termes de l'art. 7, puisque la déclaration ne doit porter que la signature du gérant. Il en était autrement sous l'empire de la loi du 11 mai 1868 ; et il avait été jugé que l'individu poursuivi pour fausseté de la déclaration par lui déposée pour faire connaître la publication d'un journal, ne pouvait objecter qu'il n'avait pas qualité pour remplir cette formalité, la loi n'ayant pas spécifié quelle qualité devrait avoir l'auteur de la déclaration (Crim. rej. 8 mars 1873, aff. Duportal, journal *L'Emancipation,* D. P. 73. 1. 268). Le même arrêt décidait que la déclaration déposée à la préfecture, en vue de rendre régulière la publication d'un journal nouveau, engageait la responsabilité de son auteur, même dans le cas où elle arrivait après une déclaration déjà faite pour le même journal, par un autre individu (le rédacteur en chef par exemple), si celle-ci était insuffisante et avait besoin d'être complétée. Cependant il a été jugé que le mandataire et caissier du propriétaire d'un journal n'est pas responsable de la déclaration incomplète faite à la préfecture, s'il n'en est ni gérant, ni propriétaire, ni éditeur (Lyon 27 mai 1873, aff. Mounard, Dichaud, journal *Le Guignol,* D. P. 74. 2. 27). — Aujourd'hui, le gérant seul étant obligé de faire la déclaration, toute personne qui se chargerait de déposer cette déclaration au parquet ne serait être considérée que comme le mandataire du gérant, et n'engagerait que la responsabilité de celui-ci dans le cas où la déclaration serait insuffisante ou incomplète. Les propriétaires et l'imprimeur n'ont pas qualité pour faire la déclaration en leur nom personnel ; ils ne devraient eux-mêmes être considérés, s'ils faisaient cette déclaration, que comme les mandataires du gérant. Cependant ils sont responsables des vices de cette déclaration, qu'elle ait été faite par eux au nom du gérant, ou par celui-ci en dehors de toute intervention de leur part (art. 9, V. *infrà,* n°s 210 et suiv.). Aussi la loi de 1881 veut-elle qu'ils veillent à l'accomplissement de cette formalité par le gérant.

208. L'art. 8 dit qu'il sera donné récépissé de la déclaration. Cette disposition impérative a pour objet de « soustraire la déclaration à l'examen préalable du parquet ; s'il lui était permis d'exiger, à ce moment, la preuve de la sincérité des énonciations qu'elle contient, on comprend à quels abus pourraient conduire son hostilité et même ses plus honorables scrupules. Le parquet doit la recevoir telle qu'elle est et il doit se borner à en constater le dépôt par la délivrance d'un simple récépissé » (Rapport de M. Lisbonne, D. P. 81. 4. 69, note 1). C'est ce que le garde des sceaux a constaté à son tour, en ces termes : « Le parquet donne un récépissé de la déclaration. Il ne peut pas le refuser, alors même que cette déclaration lui paraîtrait irrégulière ou inexacte ; mais il doit contrôler ensuite avec soin les énonciations qu'elle contient » (Circ. 9 nov. 1881, D. P. 81. 3. 107, n° 10).

209 Il résulte de ces observations que le parquet, après avoir délivré le récépissé que le gérant a le droit d'exiger de lui, a le devoir de contrôler les déclarations du gérant. Cependant la loi ne lui fournit aucun moyen de contrôle. L'art. 7 de la loi du 18 juill. 1828 exigeait du déclarant qu'il déposât des pièces justificatives à l'appui de ses dires. La loi du 29 juill. 1881 ne contient aucune disposition analogue, et n'oblige pas le gérant à déposer au parquet les pièces qui justifieraient notamment de sa capacité civile et politique en conformité de l'art. 6. En cas de refus de la part du gérant de fournir cette justification, le parquet ne peut donc diriger des poursuites contre lui qu'à la condition d'établir qu'en fait le gérant n'a pas la capacité requise par la loi (V. Barbier, t. 1, n° 98, p. 99).

§ 3. — Des infractions aux prescriptions de la loi relatives à la gérance, à la déclaration préalable et à celle des mutations.

210. — I. Du caractère et des éléments constitutifs de ces infractions. — L'art. 9 de la loi du 29 juill. 1881 prévoit et punit toutes contraventions aux dispositions des art. 6, 7 et 8. Cette désignation comprend : 1° la publication d'un journal ou d'un écrit périodique sans gérant ou avec un gérant incapable (art. 6) (V. *suprà*, nᵒˢ 169 et suiv.). Jugé, notamment, que le failli non réhabilité, qui contrevient à la défense qui lui est faite d'être gérant d'un journal, est passible de l'amende établie par l'art. 9 de la loi du 29 juill. 1881 (Crim. cass. 17 déc. 1886 et Ch. réun. cass. 22 juin 1887, aff. Jouve, D. P. 87. 1. 284); — 2ᵒ La publication d'un journal sans déclaration préalable (art. 7). (V. *suprà*, nᵒˢ 189 et suiv.); — 3ᵒ La publication précédée d'une déclaration irrégulière, c'est-à-dire incomplète, ne contenant pas toutes les énonciations exigées par la loi (art. 7) (V. *suprà*, nᵒˢ 199 et suiv.) ;... ou bien faite autrement que par écrit ou sur papier non timbré, ou non signée des gérants (art. 8) (V. *suprà*, nᵒˢ 200 et suiv.) ; — 4ᵒ La publication sans déclaration des mutations survenues dans les conditions qui sont sujettes à la déclaration de mutation (art. 7) (V. *suprà*, nᵒˢ 202 et suiv. ; — 5ᵒ La publication précédée d'une déclaration qui, régulière en la forme, contient des énonciations mensongères. « Au nombre des infractions se trouvent les fausses déclarations » (Rapport de M. Lisbonne, D. P. 81. 4. 68). Le garde des sceaux a fait également observer que la fausseté des énonciations contenues dans la déclaration constituerait une contravention, aussi bien que l'omission de la déclaration (Circ. min. just. 9 nov. 1881, D. P. 81. 3. 106). Jugé, en ce sens, que le gérant d'un journal, tenu de déposer au parquet, aux termes des art. 7 et 9 de la loi du 29 juill. 1881, une déclaration contenant l'indication de l'imprimerie où le journal doit être imprimé, contrevient aux prescriptions de cet article lorsqu'il donne une indication mensongère, relative au nom de l'imprimeur (Lyon, 7 août 1884, aff. Fronteau, gérant du journal *Le Droit anarchique*, D. P. 85. 2. 245). Cet arrêt décide d'ailleurs, que l'indication du nom de l'imprimeur n'est pas rigoureusement exigée (V. *suprà*, nᵒ 199). « Il suffit que la déclaration fournisse, dit cet arrêt, toutes les indications utiles à la constatation de l'identité et à la recherche possible de celui-ci, responsable, à défaut du propriétaire et du gérant, des infractions commises par la publication.... Mais il est évident aussi que la déclaration ne doit contenir aucune indication inexacte ou mensongère et qu'elle ne doit pas notamment, à peine de contravention, indiquer comme devant être l'imprimeur du journal tout autre que l'imprimeur véritable; que la fausseté ou l'irrégularité de la déclaration équivaut à l'omission de la déclaration et constitue, aussi bien qu'elle, la contravention prévue et punie par l'art. 9, de la loi du 29 juill. 1881 ».

211. On a rappelé *suprà*, nᵒ 196, que, sous l'empire des lois antérieures, la déclaration préalable avait un caractère *administratif*. Par suite, l'art. 10 de la loi du 18 juill. 1828 conférait à l'administration le droit d'en contester la régularité ou la sincérité avant toute publication (*Rép.* nᵒ 259). C'est pour permettre au préfet d'exercer utilement cette contestation que l'art. 2 de la loi du 11 mai 1868 exigea que la déclaration fût faite au moins quinze jours avant la publication (V. *suprà*, nᵒ 198). Si, avant toute publication délictueuse, le préfet contestait la sincérité de la déclaration qu'il avait reçue, cette contestation ayant un caractère purement civil devait être portée devant la juridiction civile (Lyon, 27 mai 1873, aff. Monnard, Déchaud, aff. journal *Le Guignol*, D. P. 74. 2. 27). L'art. 10 de la loi du 18 juill. 1828 décidait que le jugement aurait lieu sur mémoires, sommairement et sans frais. En vertu du même article, la contestation obligeait les intéressés à surseoir à la publication, si le journal n'avait pas encore paru. Le sursis n'était donc pas obligatoire si la déclaration contestée n'était applicable qu'à une simple mutation. Le jugement rendu sur la contestation était exécutoire par provision (*Rép.*, *ibid.*). — Quant à l'action publique, elle n'était ouverte que s'il y avait eu publication; car la déclaration, isolée de toute publication, n'était pas par elle-même constitutive d'un délit, et le ministère public n'était pas recevable à la critiquer (Crim. rej. 25 mai 1850, aff. Reynal, cité au *Rép.* nᵒ 259; Lyon, 27 mai 1873, précité, D. P. 74. 2. 27). Si, d'autre part, l'Administration avait laissé publier le journal sans user de son droit de contestation devant la juridiction civile, le ministère public pouvait intenter l'action correctionnelle (Lyon, 27 mai 1873, précité). Au contraire, si le préfet, après avoir contesté la déclaration, avait renoncé à son action après la production des justifications demandées, le fait par

le propriétaire d'avoir continué la publication du journal ne pouvait plus être l'objet de poursuites correctionnelles (Crim. rej. 30 avr. 1875, cité *suprà*, nᵒ 204).

212. En vertu de la loi du 29 juill. 1881, la déclaration préalable revêt un caractère purement judiciaire, qui la soustrait à la vérification administrative. Ainsi, d'une part, la publication peut suivre immédiatement la déclaration. Le délai de quinze jours disparaît (V. *suprà*, nᵒ 198). Et avec ce délai disparaissent en même temps la possibilité d'un débat civil engagé par l'Administration sur la régularité ou sur la sincérité de la déclaration, et le sursis qui en était la conséquence forcée (Rapport. D. P. 81. 4. 68, note 2; Circ. min. just. 9 nov. 1881, D. P. 81. 3. 106, nᵒ 10). On s'est expliqué *suprà*, nᵒ 197, sur l'intérêt que l'Administration peut avoir cependant à connaître les déclarations faites au parquet et le procédé par lequel ces déclarations doivent être portées à sa connaissance. Le pouvoir de contrôle précédemment réservé à l'Administration n'appartient plus qu'au ministère public. La répression rentre dans le droit commun. Cependant aujourd'hui, comme sous l'empire des lois antérieures, le seul fait d'une déclaration inexacte ou mensongère ne constitue pas à lui seul une contravention; il est indispensable qu'à cette circonstance vienne se joindre un acte de publication qui consomme la contravention et la rende punissable.

213. D'autre part, la publication est un fait successif et, tant qu'elle se renouvelle, elle empêche la prescription de courir. Ainsi la prescription ne commence légalement à courir que du jour de la dernière publication, et non pas du jour de la première publication faite sans gérant ou sans déclaration préalable, ni du jour où a eu lieu la déclaration irrégulière ou la fausse déclaration, ni de l'expiration du délai de cinq ans imparti pour la déclaration des mutations survenues (V. les arrêts cités au *Rép.* nᵒ 520; Conf. Chassan, t. 1, p. 577, note 1; de Grattier, t. 2, p. 164, XVIII; Barbier, t. 1, nᵒ 99, p. 101).

214. La constatation de la fraude dans la déclaration rentre dans l'appréciation des faits déférés au juge correctionnel. Elle est donc soumise, au point de vue de la preuve, aux règles du droit commun en matière de poursuites devant la juridiction répressive (V. *Rép.* nᵒ 262).

215. Les infractions aux prescriptions des art. 6, 7 et 8, sur la gérance et sur la déclaration préalable, sont jugées par les tribunaux correctionnels (art. 45) et punies de peines correctionnelles (art. 9) (V. *infra*, nᵒˢ 218 et suiv. et 244). Cependant elles ne constituent pas des délits proprement dits, mais des contraventions, qui sont punissables sans avoir égard à la bonne ou à la mauvaise foi de l'agent. Il s'agit, en effet, de simples infractions à des mesures préventives de police, destinées à faciliter la surveillance de la presse (*Rép.* nᵒˢ 484 et suiv.). Jugé, en ce sens, que l'infraction prévue et punie par l'art. 9 de la loi du 29 juill. 1881 est une simple contravention matérielle, qui ne peut être excusée par le procédé du contrevenant (Lyon, 7 août 1884, aff. Fronteau, D. P. 85. 2. 245).

216. — II. Des personnes responsables. — L'art. 9 désigne comme punissables, à raison des infractions commises aux prescriptions de la loi sur la gérance et sur la déclaration préalable, le propriétaire, le gérant ou, *à défaut*, l'imprimeur. La peine édictée par l'art. 9 est prononcée solidairement contre le propriétaire et le gérant, quand tous deux sont connus. L'imprimeur ne peut être poursuivi qu'à *leur défaut*, c'est-à-dire le cas où tous deux sont restés inconnus. C'est par inadvertance que le rapporteur M. Lisbonne a déclaré que la peine pourrait être prononcée contre ces trois personnes solidairement (Conf. Faivre et Benoît-Lévy, p. 55; Dutruc, p. 19; Barbier, t. 1, nᵒ 100, p. 101). — Si le journal appartient à une société par actions, les peines de l'art. 9 ne peuvent pas atteindre les simples actionnaires, mais seulement les propriétaires fondateurs ou leurs successeurs; en effet, d'après l'art. 8 du projet, ceux-ci devaient seuls signer la déclaration et c'était à eux que se référait l'art. 9; les propriétaires dont parle cet article ne devaient s'entendre que des propriétaires visés dans la rédaction de l'article précédent (Conf. Faivre et Benoît-Lévy, p. 55; Dutruc, p. 20; Barbier, nᵒ 100, p. 101). Nous pensons que la solution doit être la même à l'égard des sociétés en commandite simple; car elle est en harmonie parfaite avec l'esprit et le texte de la législation antérieure qui n'exigeait que la déclaration des noms des propriétaires autres que les commanditaires (L. 18 juill. 1828, art. 6). C'était également en ce sens que la Chambre des députés avait modifié le texte de l'art. 7, proposé par la commission.

217. La déclaration faite par une personne qui n'est ni le propriétaire, ni le gérant du journal, n'engagerait pas la responsabilité de son auteur devant la juridiction répressive et ne pourrait être considérée que comme l'exécution d'un mandat (V. *suprà*, n° 207).

Cependant celui qui a signé la déclaration en qualité de gérant ne pourrait pas se soustraire à la responsabilité en soutenant qu'il n'est qu'un gérant fictif, un prête-nom ; car, en prenant mensongèrement la qualité de gérant, il s'est soumis à toutes les obligations inhérentes à cette qualité (*Rép.* n°s 241 et 519-1°; Conf. Barbier, p. 101, n° 100).

218. — III. Des peines édictées par l'art. 9. — Le fait de publier, sans avoir fait les déclarations prescrites par la loi, un journal ou un écrit périodique soumis à cette déclaration, était puni par la loi du 9 juin 1819 (art. 6) d'un emprisonnement d'un mois à six mois et d'une amende de 200 à 1200 fr. (*Rép.* p. 407). — Le décret du 17 févr. 1852 supprima cette peine implicitement ; car, tout en laissant subsister la nécessité d'une déclaration préalable à côté de la condition d'autorisation qu'il avait rétablie, ce décret ne punissait que le défaut d'autorisation (*Rép.* n° 264). La loi du 11 mai 1868 (D. P. 68. 4. 52) punit la publication sans déclaration préalable de la peine qui formait, en vertu du décret de 1852, la sanction de la publication faite sans autorisation, c'est-à-dire d'un emprisonnement de six mois à deux ans, et d'une amende de 100 fr. à 2000 fr., par chaque feuille ou livraison publiée en contravention. — La loi du 6 juill. 1871 (D. P. 71. 4. 133) réduisit l'emprisonnement à la durée de six jours à six mois et maintint l'amende de 100 à 2000 fr. — La loi du 29 juill. 1881 a supprimé la peine de l'emprisonnement. Les infractions prévues par l'art. 9 ne sont punies que d'une *simple amende*.

219. Sous la législation antérieure, la déclaration *irrégulière* était punie des peines portées contre le défaut absolu de déclaration. Si la déclaration était reconnue *fausse*, la peine consistait, en vertu de l'art. 11 de la loi du 18 juill. 1828, dans une amende pouvant s'élever du dixième au quart du cautionnement. L'art. 2 de la loi du 11 mai 1868, qui n'avait spécialement prévu que les déclarations incomplètes ou insuffisantes, n'avait pas abrogé cette pénalité (Crim rej. 8 mars 1873, aff. Duportal, D. P. 73. 1. 268). — L'art. 9 de la loi de 1881 ne maintient aucune distinction entre le défaut de déclaration, la déclaration irrégulière et la déclaration reconnue fausse, au point de vue de la pénalité. Ces trois contraventions sont traitées identiquement. Dans tous les cas, la peine est celle de 50 à 500 fr. d'amende.

220. Cette peine consiste dans une *amende unique*, prononcée solidairement contre le propriétaire et le gérant si tous deux sont connus ; contre l'un d'eux seulement si l'autre est inconnu ; enfin contre l'imprimeur si le propriétaire et le gérant sont tous deux demeurés inconnus. (V. *suprà*, n° 216).

En outre, à partir du jour de la prononciation du jugement de condamnation, si ce jugement est contradictoire, ou à partir du troisième jour qui suit la notification du jugement s'il est par défaut, le journal ou l'écrit périodique ne peut continuer sa publication qu'après avoir accompli les formalités dont l'inobservation a donné lieu à l'application de l'amende de 50 à 500 fr. La prohibition de continuer la publication sans avoir rempli ces formalités résulte de plein droit, en vertu de la loi elle-même, du jugement de condamnation. Elle n'a pas besoin d'être prononcée et la publication doit cesser dans le délai légal, alors même que le jugement ne contient aucune injonction à cet égard, tant qu'il n'a pas été satisfait complètement au prescrit des art. 6, 7 et 8 de la loi de 1881.

221. L'art. 9 déroge au droit commun, suivant lequel l'opposition et l'appel sont suspensifs de l'exécution des jugements correctionnels. En principe, les tribunaux n'ont pas la faculté d'ordonner l'exécution provisoire de ces jugements. Par exception à cette règle, les auteurs de la loi de 1881 n'ont pas voulu permettre que la publication irrégulière du journal ou de l'écrit périodique fût continuée

pendant la durée des procédures d'opposition ou d'appel. L'art. 9 autorise, en conséquence, le tribunal correctionnel, en prononçant l'amende de 50 à 500 francs, à interdire la continuation de la publication par une disposition expresse du jugement et à ordonner l'exécution provisoire de cette disposition nonobstant opposition ou appel. L'art. 9 porte : « si l'exécution provisoire est ordonnée ». Nous pensons que ces expressions ne sont applicables qu'au chef du jugement en vertu duquel il est enjoint au journal de cesser sa publication ; mais non pas au chef relatif à l'amende ; car il s'agit d'une déroga tion aux règles fondamentales de la procédure criminelle ; elle n'a été introduite dans la législation de 1881 que pour éviter le scandale de nouvelles contraventions se répétant dans le délai d'opposition ou de condamnation ; on doit, en conséquence, la limiter aux nécessités qui l'ont fait admettre et restreindre le droit d'ordonner l'exécution provisoire à la suspension forcée de la publication (Conf. Barbier, t. 1 n° 101, p. 102).

222. — IV. Continuation de la publication après une condamnation soit pour défaut de déclaration, soit pour déclaration irrégulière ou fausse — Sous la législation antérieure à 1881, le journal condamné pour l'une de ces causes devait cesser immédiatement sa publication. Le gérant ne pouvait même pas, s'il s'agissait d'une déclaration de mutation non faite dans le délai légal, continuer la publication pendant un délai égal à celui de quinzaine que la loi lui accordait à partir de la mutation pour la déclarer (L. 18 juill. 1828, art. 6) (*Rép.* n° 263). L'infraction à cette défense n'était pas l'objet d'une pénalité spéciale. La répression en était assurée par les dispositions qui punissaient l'absence, l'irrégularité ou la fausseté de la déclaration (V. *suprà*, n°s 218 et suiv.). — En vertu de la loi du 29 juill. 1881, la publication irrégulière continue nonobstant une condamnation exécutoire (V. *suprà*, n° 221), il y a autant de contraventions nouvelles que de numéros publiés, et chacune de ces contraventions donne lieu à l'application d'une pénalité distincte, puisque les contrevenants puissent se prévaloir de la règle qui prohibe le cumul des peines. La peine consiste dans une amende de 100 fr. par chaque numéro publié.

223. Aux termes de l'art. 9, cette peine est prononcée « solidairement contre les mêmes personnes », c'est-à-dire contre les personnes désignées dans le premier paragraphe de l'art. 9, comme responsables de l'inaccomplissement des formalités relatives à la gérance et à la déclaration préalable. Il semble donc résulter du texte de l'art. 9 que, dans le cas de publication continuée nonobstant un jugement de condamnation, la peine de 100 fr. d'amende par chaque numéro publié en contravention doit être prononcée solidairement contre le propriétaire, le gérant et l'imprimeur (Rapport, D. P. 81. 4. 69; Circ. min. just. 9 nov. 1881, D. P. 81. 4. 107, n° 12). Ainsi, dans ce cas, la responsabilité de l'imprimeur ne serait plus subsidiaire comme pour la contravention primitive ayant motivé la condamnation. L'imprimeur serait au contraire tenu solidairement, soit avec le propriétaire, soit avec le gérant, soit avec l'un et l'autre, si tous deux sont connus. Cependant il n'est guère possible d'admettre que l'amende pour continuation de la publication irrégulière puisse atteindre d'autres personnes que celles qui ont été condamnées par le premier jugement emportant défense de continuer la publication. Le texte même de l'art. 9 fournit un argument en ce sens puisque, si le premier jugement est par défaut, l'amende de 100 fr. n'est encourue qu'à raison des numéros publiés à partir du troisième jour qui suit la notification ; or cette notification ne peut bien évidemment être faite qu'aux parties condamnées ; donc par l'imprimeur si le propriétaire ou le gérant, ou l'un des deux, était en cause lors du premier jugement. Il faut en conclure que l'amende de 100 fr. ne pourra jamais être prononcée solidairement contre le propriétaire et le gérant, puisque l'imprimeur ne peut pas être poursuivi en même temps qu'eux (Conf. Benoit-Lévy et Faivre, p. 56 ; Dutruc, p. 19 ; Barbier, t. 1, n° 103, p. 102).

224. L'amende de 100 fr. est encourue pour chaque numéro publié *à partir* soit *du jour* de la prononciation du jugement, soit du troisième jour qui suivra la notification, suivant que ce jugement est contradictoire ou par défaut. Comment doit-on calculer ce délai? Suivant MM. Faivre et Benoît-Lévy (p. 56), on doit considérer comme délictueuse la publication faite le jour même du jugement de condamnation, après la prononciation de ce jugement. D'autre part, en cas de jugement par défaut et suivant l'opinion des mêmes auteurs (*loc. cit.*), le délai de trois jours à compter de la notification serait un délai franc qui ne comprendrait ni le jour de la notification, ni le jour où le délai vient à expirer; de sorte que la notification ayant eu lieu, par exemple, à la date du 1er du mois, on ne devrait considérer comme délictueuse que la publication faite au plus tôt à la date du 5. — M. Barbier (t. 1, p. 103, n° 104) propose une solution très différente. Suivant la jurisprudence que cite cet auteur (C. cass. de Belgique, 10 mai 1832, aff. Palmers, D. P. 53. 5. 149; Toulouse, 28 janv. 1853, aff. Poux, D. P. 53. 2. 58), si le point de départ d'une disposition de loi est indiqué par ces mots : *à partir de tel jour*, cette désignation doit être considérée comme exclusive du *dies à quo*. Ainsi la première publication à laquelle on pourrait appliquer l'amende serait celle qui paraîtrait le lendemain du jugement. D'autre part, si le jugement est par défaut, le délai de trois jours à partir de la notification doit être calculé conformément aux règles suivies en matière de computation de délai; il n'y a pas lieu de compter le *dies à quo*, c'est-à-dire le jour même où la notification a lieu; mais on doit considérer comme délictueuse la publication faite le troisième jour qui suit celui de la notification. Ainsi la notification ayant été faite le 1er du mois, l'amende de 100 fr. pourrait être prononcée à raison d'un numéro publié le 4.

225. Nous avons exposé *suprà*, n° 220, que l'interdiction de continuer la publication est attachée de plein droit au jugement de condamnation prononcé pour infraction aux dispositions de la loi sur la gérance et sur la déclaration préalable. Nous avons dit également (n° 221) qu'en principe l'opposition et l'appel conservent, en cette matière, leur effet suspensif; mais que, par une dérogation au droit commun, le tribunal peut ordonner l'exécution provisoire du chef de son jugement prononçant expressément l'interdiction de continuer la publication irrégulière.— Dans le cas où l'exécution provisoire n'a pas été ordonnée, doit-on considérer que les *délais* d'opposition et d'appel seront, conformément au droit commun, suspensifs de l'exécution du jugement (c. instr. crim., art. 203, § 2)? M. Dutruc(n° 44) enseigne l'affirmative. Ainsi, d'après cet auteur, la publication pourra continuer pendant un délai de dix jours à partir soit de la prononciation du jugement contradictoire, soit de la notification du jugement par défaut. Les délais impartis par l'art. 9 courront concurremment avec les délais d'opposition ou d'appel; mais ils ne feront pas perdre au condamné le bénéfice de ces derniers délais plus étendus. Ce résultat ne peut être empêché que par l'exécution provisoire ordonnée par le juge.

Cette opinion ne nous paraît pas compatible avec l'art. 9 de la loi de 1881, dont le texte et l'esprit résistent également à l'application intégrale du principe en vertu duquel les délais d'opposition et d'appel suspendent l'exécution du jugement. Dans quels cas, en effet, l'art. 9 recevra-t-il son application? Si l'exécution provisoire est ordonnée nonobstant opposition ou appel, c'est le jour même de la prononciation ou de la notification du jugement que la publication irrégulière devra cesser. Si l'exécution provisoire n'est pas ordonnée, la publication pourra continuer jusqu'à l'expiration du délai de dix jours accordé pour former opposition ou appel. Dans quel cas alors la publication devra-t-elle cesser à partir du jour de la prononciation du jugement contradictoire ou du troisième jour suivant la notification du jugement par défaut? Il faut bien admettre que la disposition de l'art. 9 a pour objet de déroger à l'effet suspensif des *délais* d'opposition ou d'appel. Sans doute, l'acte d'opposition ou d'appel conserve lui-même son effet suspensif si l'exécution provisoire n'est pas ordonnée; par conséquent, si cet acte intervient, la publication pourra se continuer jusqu'au jugement définitif ou jusqu'à l'arrêt de confirmation; mais, pour que cette publication puisse être impunément accomplie, il est indispensable que l'acte d'opposition ou d'appel intervienne au plus tard le jour même de la prononciation, si le jugement est contradictoire, ou le troisième jour suivant celui de la notification, si le jugement

est par défaut. Si, au contraire, l'opposition ou l'appel n'interviennent pas aux dates que nous venons d'indiquer, la publication irrégulière continuée pendant les délais impartis pour procéder à ces actes exposerait les agents à des poursuites à partir de l'expiration des délais fixés par l'art. 9.

226. L'art. 9, 3e al., porte que « le condamné, même par défaut, peut interjeter appel ». C'est l'application pure et simple du droit commun. L'art. 203 c. instr. crim. décide, en effet, que le délai de dix jours pendant lequel l'appel est recevable court à partir du jour où le jugement a été prononcé s'il est contradictoire, et à partir du jour de sa signification s'il est par défaut. En cette matière, comme dans tous les cas régis par le droit commun, le condamné par défaut peut à son choix faire opposition au jugement dans les cinq jours de sa signification, ou, s'il le préfère, négliger cette voie de recours, et former appel même pendant le délai d'opposition (Conf. Dutruc, n° 45; Barbier, t. 1, n° 107, p. 105).

227. Le même alinéa de l'art. 9, *in fine*, dit qu'il sera statué par la cour dans le délai de trois jours; mais cette disposition n'est accompagnée d'aucune sanction. Il ne s'agit donc ici que d'une prescription réglementaire, dont l'inobservation n'entraîne pas la nullité de l'arrêt rendu. « La jurisprudence et les auteurs, dit M. Dutruc, p. 47, reconnaissent, de même un caractère purement comminatoire au délai d'un mois fixé par l'art. 209 c. instr. crim. pour le jugement des appels correctionnels » (Conf. *suprà*, v° *Appel en matière criminelle*, n° 80).

§ 4. — Du dépôt judiciaire et administratif des journaux ou écrits périodiques et de l'impression du nom du gérant.

228. Les auteurs de la loi de 1881, tout en réduisant à la nécessité d'une gérance et d'une simple déclaration préalable les conditions auxquelles serait subordonnée la création des journaux et des écrits périodiques, n'ont pas considéré comme suffisante, la surveillance que l'autorité judiciaire était ainsi mise à même d'exercer au début de la publication. A l'exemple des précédents législateurs, ils se sont préoccupés d'étendre le contrôle des pouvoirs publics sur chacun des numéros du journal ou de l'écrit qui paraîtraient successivement (Rapport de M. Lisbonne, D. P. 81. 4. 69, note 3). Les moyens de contrôle sur les publications en cours d'exécution consistent : 1° dans un double dépôt administratif et judiciaire d'un certain nombre d'exemplaires (art. 10); 2° dans l'obligation pour le gérant de faire imprimer son nom au bas de chacun des exemplaires de tout numéro publié (art. 11).

229. — I. Du double dépôt administratif et judiciaire. — Sous l'empire de la législation antérieure, le dépôt spécial aux publications périodiques n'était obligatoire que pour les journaux ou écrits périodiques s'occupant de matières politiques ou d'économie sociale (*Rép.* n° 374). Les autres journaux ou écrits périodiques n'étaient soumis qu'au dépôt administratif prescrit à tout imprimeur par l'art. 14 de la loi du 21 oct. 1814 (*Rép.* p. 404). — Le dépôt spécial aux journaux et aux écrits périodiques ne consistait d'abord, en vertu de l'art. 5 de la loi du 9 juin 1819, que dans le dépôt d'un seul exemplaire entre les mains de l'autorité administrative. L'art. 8 de la loi du 18 juill. 1828 prescrivit, en outre, le dépôt au parquet d'un second exemplaire. — L'art. 7 de la loi du 11 mai 1868 étendit à toute publication périodique, quelle qu'en fût la nature, en même temps que la condition d'une déclaration préalable, la nécessité d'un double dépôt administratif et judiciaire, effectué en deux exemplaires. Le dépôt administratif devait être effectué à la préfecture, dans les chefs-lieux de département, à la sous-préfecture, dans les chefs-lieux d'arrondissement, et à la mairie, dans les autres villes (L. 11 juin 1819, art. 5). A Paris, le lieu du dépôt était la préfecture de police (Ordonn. 9 juin 1819, art. 4). — Quant au dépôt judiciaire, il devait avoir lieu au parquet du tribunal de première instance du lieu de l'imprimerie ou à la mairie dans les villes où il n'y avait pas de tribunal de première instance (L. 18 juill. 1828, art. 8; 11 mai 1868, art. 7).

Aux termes de l'art. 10 de la loi du 29 juill. 1881, chaque feuille ou livraison de tout journal ou écrit périodique doit être déposée en double exemplaire, au parquet du procureur de la République, ou à la mairie, dans les villes où il n'y a pas de tribunal de première instance. Pareil dépôt doit être fait au ministère de l'intérieur, pour Paris et le département de la Seine, et, pour les autres départements à la préfecture, à la sous-préfecture, ou à la mairie dans les villes qui ne sont ni chefs-lieux de département, ni chefs-lieux d'arrondissement. — L'art. 10 est applicable, sans distinction, comme l'était déjà l'art. 7 de la loi de 1868, à tous les journaux ou écrits périodiques, politiques ou non politiques.

230. Le projet de la loi de 1881 ne comportait pas de dépôt spécial administratif et se bornait à exiger le dépôt judiciaire. Cela paraissait conforme à l'art. 7, qui n'avait exigé que la déclaration judiciaire des publications et des mutations (Rapport, D. P. 81. 4. 69, note 3). Les Chambres en décidèrent autrement. « Le dépôt des journaux ou écrits périodiques est double, dit la circulaire du ministre de la justice du 9 nov. 1881 (D. P. 81. 3. 107, nᵒˢ 13 et 14); il est à la fois judiciaire et administratif. Le premier est fait au parquet ou à la mairie dans les villes où il n'y a pas de tribunal. Le second est fait au ministère de l'intérieur, à Paris, et, dans les départements, à la préfecture, à la sous-préfecture ou à la mairie. Ils comprennent, l'un et l'autre, deux exemplaires signés du gérant. Dans les villes où il n'y a ni tribunal, ni sous-préfecture, la mairie, centralisant les deux dépôts, devra donc recevoir quatre exemplaires; les exemplaires, reçus par l'autorité municipale pour le compte de l'Administration et du parquet seront transmis par elle à leurs destinations respectives. — Les deux dépôts dont il s'agit ici, ajoute la même circulaire, sont indépendants de celui du journal, en tant qu'imprimé, prescrit par l'art. 3, qui doit être cumulé avec eux. Ces dépôts ne sont pas imposés aux mêmes personnes, et ils n'ont pas le même but. Le dépôt prévu à l'art. 3 est imposé aux imprimeurs pour tous les imprimés quelconques qui sortent de leurs presses pour être rendus publics, sans exception autre que celle des ouvrages de ville ou bilboquets. Les journaux y demeurent donc assujettis. Ce dépôt a un but spécial bien défini par l'article même : il est destiné à enrichir nos collections nationales de tous les imprimés nouveaux qui méritent d'être conservés. Le dépôt administratif prévu par l'art. 10 est mis, comme le dépôt judiciaire, non plus à la charge de l'imprimeur, mais à celle du gérant. Il a pour but de tenir l'Administration au courant de la presse périodique dont elle ne peut se désintéresser; il est fait pour son usage et non en vue de la destination spéciale prévue par l'art. 3 ».

231. En vertu d'une circulaire du ministre de l'intérieur du 3 juin 1868 (D.P. 68. 3. 61), l'un des exemplaires déposés à l'administration devait être adressé au ministre de l'intérieur, bureau de la presse départementale. Ces instructions n'ont pas été reproduites; mais, lorsque la mairie reçoit les deux dépôts dans les villes où il n'y a ni sous-préfecture, ni tribunal de première instance, l'autorité municipale doit, d'après la circulaire précitée du ministre de la justice, adresser au procureur de la République deux des quatre exemplaires qu'il a reçus et les deux autres au sous-préfet ou au préfet.

232. C'est le procureur de la République qui doit recevoir le dépôt judiciaire. Ce dépôt ne peut pas être suppléé par un dépôt fait au parquet du procureur général (Douai, 10 mars 1874, aff. Crépin et Stienne, D. P. 74. 2. 153-154).

233. La cour de Paris, par arrêt du 6 déc. 1872, avait décidé que le dépôt d'un exemplaire des journaux périodiques au parquet devait, sous l'empire de la loi du 6 juill. 1871, être fait dans le lieu où se trouvent les bureaux d'abonnement, de rédaction et d'administration du journal, même au cas où l'impression se faisait dans une localité d'un autre ressort. Elle avait pensé que le dépôt effectué dans de telles conditions permettrait plus facilement la poursuite et, au besoin, la saisie immédiate de toute publi-

cation dangereuse au point de vue de l'ordre et de la morale. En outre, elle tirait argument de l'art. 6 de la loi du 11 mai 1868, qui prescrivait le dépôt « au moment de la publication », et de l'art. 3 de la loi du 6 juill. 1871 déclarant : « que la publication sera censée faite au lieu où siègent l'administration et la rédaction du journal », l'art. 6 de cette même loi maintenant au surplus en vigueur les dispositions de la loi du 11 mai 1868 relatives à la déclaration préalable et au dépôt. Mais la cour de cassation, statuant sur le pourvoi formé contre cet arrêt, a décidé, au contraire, que le dépôt d'un exemplaire au parquet, prescrit au gérant de tout journal périodique, doit être effectué dans le lieu de l'impression de ce journal, alors même que le bureau de l'impression et de la rédaction se trouve dans une autre ville; sur ce point, l'art. 8 de la loi du 18 juill. 1828 est toujours en vigueur (Crim. cass. 5 avr. 1873, aff. Neymark, journal Le Rentier, D. P. 73. 1. 95). Cet arrêt est motivé sur le texte de l'art. 8 de la loi du 18 juill. 1828, aux termes duquel le dépôt de l'exemplaire pour minute de tout journal ou écrit périodique doit être fait, au moment de la publication, au parquet du lieu de l'impression. Cet article n'a été modifié ni par la loi du 11 mai 1868, dont l'art. 7 n'a eu d'autre objet que d'établir le dépôt administratif à côté du dépôt judiciaire, ni par la loi du 6 juill. 1871 qui, en rétablissant le cautionnement, aboli par un décret du gouvernement de la Défense nationale, et en graduant le taux du cautionnement suivant les localités, a défini le lieu de la publication du journal pour éviter les fraudes. En effet, « rien n'eût été plus facile que d'éluder la loi et, en faisant imprimer le journal dans un lieu où le chiffre du cautionnement était peu élevé, de se procurer les avantages de la publicité dans des centres importants et populeux, sans offrir les garanties que la loi avait eu pour but d'obtenir par l'élévation graduée du cautionnement ».

La décision de la cour de cassation nous paraît devoir être suivie sous l'empire de la loi de 1881. Bien que l'art. 10 porte que le dépôt judiciaire doit être effectué au parquet du procureur de la République, sans autre indication, c'est au précédent établi par la loi du 18 juill. 1828 qu'il faut se référer et l'on doit admettre que le parquet désigné pour recevoir le dépôt est celui du lieu de l'impression du journal ou de l'écrit périodique. On doit le décider ainsi d'autant mieux que la loi de 1881, en abrogeant le cautionnement et la loi du 6 juill. 1871, ôte l'argument qu'on pouvait tirer de l'art. 3 de cette loi. D'ailleurs, l'art. 10 de la loi de 1881 décide implicitement en faveur du parquet du lieu de l'impression, en rendant le dépôt obligatoire *au moment de la publication*; car la jurisprudence considère, comme un fait de publication, la remise des numéros du journal à l'administration chargée d'en effectuer le transport (Crim. rej. 29 janv. 1851, aff. Larcher, D. P. 51. 5. 429, cité au *Rép.* nᵒ 377).

234. L'art. 10 de la loi de 1881, qui reproduit à cet égard l'art. 6 de la loi du 11 mai 1868, n'exige pas que le dépôt soit préalable. Il suffit qu'il ait lieu « au moment de la publication ». Le juge d'instruction, dit M. Giboulot (*Comm. de la loi sur la presse du 4 mai 1868*, nᵒ 118), peut encore, au moyen d'une saisie, arrêter le départ ou la distribution des numéros ». — Pour satisfaire au vœu de la loi, il est, d'ailleurs nécessaire que le dépôt précède au moins d'un instant de raison le premier acte de publication du numéro déposé. — Jugé toutefois, sous l'empire de l'art. 7 de la loi du 11 mai 1868, que la disposition suivant laquelle le dépôt des journaux ou des écrits périodiques doit être effectué « au moment de la publication », doit être entendue en ce sens que le dépôt ne doit pas nécessairement précéder la publication mais qu'il peut avoir lieu à une époque concomitante, ou très peu de temps après (Besançon, 19 mars 1879) (1).

---

(1) (Tavernier, gérant du journal Le Courrier du Jura.) — Le 6 févr. 1879, jugement du tribunal correctionnel de Lons-le-Saunier ainsi conçu : — « Considérant que Tavernier, gérant du journal Le Courrier du Jura, est prévenu d'avoir, à Lons-le-Saunier, le 10 janv. 1879, omis de déposer à la préfecture du Jura, au moment de la publication, le numéro du 11 janvier dudit journal, ainsi qu'il y était tenu en sa qualité de gérant; du moins d'avoir effectué le dépôt postérieurement à la publication;

— Considérant en fait que, de l'information et des débats, il ne résulte pas d'une manière certaine que le numéro ci-dessus indiqué ait été publié avant d'être déposé au parquet et à la préfecture; qu'en effet, si, d'une part, deux témoins attestent qu'un exemplaire du numéro dont s'agit a été acheté, le 11 janvier, chez le libraire Marmorat et remis à M. le préfet, avant l'arrivée à la préfecture du commissionnaire chargé de faire le dépôt légal, il résulte, au contraire, des dépositions de quatre

235. Si le journal a plusieurs éditions contenant des articles différents, le gérant doit faire autant de dépôts qu'il paraît d'éditions (*Rép.* nº 375 ; de Grattier, t. 2, p. 171).

236. Les exemplaires déposés doivent être exactement conformes au spécimen déposé (*Rép.* nºˢ 375 et 376).

237. Les quatre exemplaires dont l'art. 10 prescrit le dépôt doivent être signés par le gérant. Cette formalité était remplie, sous l'empire de la loi du 9 juin 1819 (art. 5), par un propriétaire ou éditeur responsable; sous la loi du 18 juill. 1828 (art. 8), soit par le propriétaire unique du journal, soit par l'un des associés en nom si le journal était publié par une société en nom collectif ou en commandite, soit enfin par l'un des administrateurs s'il appartenait à une société anonyme. La loi de 1881, qui n'exige pas la déclaration du nom des propriétaires, mais seulement celle du nom du gérant, ne pouvait pas exiger d'autre signature sur les exemplaires déposés que celle du gérant (D. P. 81. 4. 69, note 3; Circ. min. just. 9 nov. 1881, D. P. 81. 3. 107, nº 13). En cas de pluralité de gérants, il suffit de la signature de l'un d'entre eux (V. *supra*, nº 3).

238. La signature du gérant doit être apposée non pas sur le manuscrit, mais sur le journal imprimé (*Rép.* nº 372).

239. L'art. 14 de la loi du 27 juill. 1849 interdisait au gérant condamné pour crime, délit ou contravention de presse, de signer le journal pendant toute la durée des peines d'emprisonnement et d'interdiction des droits civiques et civils. Cette disposition est abrogée par la loi de 1881. En conséquence, le gérant peut signer dans les exemplaires à déposer. — Si, toutefois, la condamnation prononcée contre lui emportait privation totale ou partielle des droits civiques, le gérant n'aurait plus qualité pour signer ces exemplaires, non pas en vertu de la disposition abrogée de la loi de 1849 (art. 14), mais en vertu de l'art. 6 de la loi du 29 juill. 1881, puisqu'il ne réunirait plus toutes les conditions de capacité exigées du gérant. D'ailleurs, la contravention consisterait ici dans la publication d'un journal par un gérant privé de ses droits civils et politiques. Ce n'est pas la peine édictée par l'art. 10, mais bien la peine portée par l'art. 9 pour infraction aux dispositions de l'art. 6, § 1, qui serait applicable (Conf. Barbier, t. 1, nº 114, p. 107. V. *Rép.* nº 373).

240. Si le gérant meurt ou vient à cesser ses fonctions pour une raison quelconque, l'art. 7 exige que la mutation du gérant soit déclarée dans les cinq jours (V. *supra*, nº 204). Dans cet intervalle, le dépôt d'exemplaires portant la signature d'un gérant demeure obligatoire si la publication n'est pas suspendue. Si le journal n'a pas plusieurs gérants, les propriétaires du journal devront s'entendre pour désigner l'un d'entre eux, ou même une tierce personne, à l'effet de remplir les fonctions de gérant. Si le journal continuait à paraître sans que les exemplaires de chacun des numéros parus fussent signés pour minute par un publicateur responsable et déposés par lui, les propriétaires encourraient

la peine portée non par l'art. 10, qui ne vise que le gérant, mais par l'art. 9, qui punit toute contravention à l'art. 6, § 1, exigeant que tout journal ait un gérant. L'art. 11 de la loi de 1881 commande également cette désignation immédiate d'un nouveau gérant, ou tout au moins d'un publicateur responsable, puisqu'il exige l'impression du nom du gérant sur chaque exemplaire de tout numéro publié, à peine d'amende contre l'imprimeur (Conf. Barbier, p. 108, nº 115).

241. L'art. 8 de la loi du 18 juin 1828 voulait que le dépôt judiciaire ordonné par cette disposition fût constaté par un *récépissé*. La loi du 29 juill. 1881, dont l'art. 8 exige la remise par le parquet d'un récépissé constatant les déclarations relatives à la fondation d'un journal et aux mutations ne reproduit pas la même prescription en ce qui concerne le dépôt administratif ou le dépôt judiciaire. Cependant le gérant a le droit de demander soit à l'Administration, soit au parquet, la délivrance d'un récépissé pour établir, si besoin est, qu'il a satisfait aux prescriptions de la loi (Conf. Barbier, t. 1, nº 112, p. 107). D'ailleurs, ce mode de justification n'étant pas, sous l'empire de la loi de 1828, exclusif de tout autre genre de preuve (*Rép.* nº 379). A plus forte raison, la preuve du dépôt pourrait-elle être faite aujourd'hui par tous les moyens propres à l'établir.

242. D'autre part, il n'est pas nécessaire que la contravention imputée au gérant d'un journal, de n'avoir pas signé l'exemplaire déposé au parquet du procureur de la République soit constatée par un procès-verbal. Cette contravention est suffisamment prouvée par la déclaration du juge correctionnel, que l'exemplaire déposé est celui joint aux pièces, qui effectivement n'est pas signé, et qu'il résulte du débat que, en réalité, le gérant n'a pas fait le dépôt d'un exemplaire signé en minute. Le juge correctionnel n'est pas tenu de mentionner la preuve spéciale qui a déterminé sa conviction. Il importe peu qu'il ait déclaré, en outre, que la contravention est établie par cela seul que le gérant ne représente pas un récépissé constatant un dépôt régulier, l'erreur commise étant sans intérêt, du moment que le motif qui la renferme se trouve surabondant (Crim. rej. 12 juill. 1866, aff. Perriquet, D. P. 66. 5. 372).

243. Pour le double dépôt que l'art. 10 de la loi de 1881 impose spécialement aux journaux et aux écrits périodiques l'indication du chiffre du *tirage* n'est pas exigée. Cette indication est seulement prescrite pour le dépôt exigé de l'imprimeur par l'art. 3, relativement à tous les imprimés destinés aux collections nationales.

244. L'omission du dépôt ne constitue pas un délit, mais une simple contravention de la compétence des tribunaux correctionnels (V. *supra*, nº 215). L'excuse de bonne foi ne peut donc pas être invoquée par le prévenu.

245. La responsabilité de cette contravention était imputable au gérant, sous l'empire de la loi du 18 juill. 1828.

---

autres témoins que les exemplaires, mis en vente chez Marmorat, n'étaient sortis de l'imprimerie qu'après le retour du commissionnaire qui avait dû faire le dépôt au parquet et à la préfecture; que de ces derniers témoignages, dont le tribunal n'a pas de raisons suffisantes pour suspecter la sincérité, il résulte un doute sérieux qui ne permet pas de retenir comme suffisamment justifié le fait de la publication du journal avant le dépôt ; que, dans tous les cas, il demeure établi par l'ensemble des témoignages ci-dessus, que la mise en vente chez les libraires Marmorat et Roche, ainsi que le dépôt au parquet et à la préfecture du même numéro du 11 janvier, ont eu lieu entre quatre heures trente minutes et cinq heures du soir, c'est-à-dire dans le laps de temps à peu près nécessaire à une seule personne pour faire cette distribution; — Considérant, en droit, que le dépôt légal de l'écrit périodique prescrit par les art. 7 de la loi du 11 mai 1868, et 8 de la loi du 18 juill. 1828, doit être effectué au moment de la publication; que, pris dans leur sens usuel, ces mots : « au moment » n'indiquent pas que le dépôt de l'écrit doit précéder la publication, mais seulement qu'il doit avoir lieu à une époque concomitante; qu'il n'est pas douteux que, si le législateur avait entendu maintenir dans les lois susvisées l'obligation du dépôt préalable, il l'aurait énoncé d'une manière expresse, comme il l'avait fait dans la loi du 21 oct. 1814, qui défend à l'imprimeur de publier un écrit avant d'avoir déposé le nombre prescrit d'exemplaires, et que l'on doit admettre que la modification apportée intentionnellement au texte des lois de 1828 et 1868 indique suffisamment la dispense du dépôt préalable;

prescrit par la loi de 1814; — Considérant qu'on ne saurait invoquer, pour faire admettre une interprétation contraire, un arrêt de la cour de cassation du 29 janv. 1831 (*Bull. crim.*, nº 35), d'après lequel la cour d'appel de la Martinique a fait une juste application de la loi, en déclarant que le gérant d'un journal avait contrevenu aux dispositions de la loi de 1828, pour avoir effectué le dépôt prescrit cinq heures après la publication; que si cet arrêt voit une violation de la loi dans le fait du dépôt effectué un certain temps après la publication, on ne saurait en conclure qu'il consacre le principe de l'obligation du dépôt préalable dont il ne fait aucune mention ; qu'il en résulte seulement que le texte de la loi qui prescrit le dépôt au moment de la publication ne permet pas un retard pareil à celui qui a motivé la poursuite; — Considérant que, d'après les données de l'information, le dépôt légal du numéro du 11 janvier ayant été effectué, sinon avant, du moins en même temps que la publication, le prévenu n'a pas contrevenu aux prescriptions de la loi; — Par ces motifs; — Renvoie Tavernier des fins de la poursuite ».

— Appel par le ministère public.

La cour; — ... Attendu qu'aux termes de l'art. 7 de la loi du 11 mai 1868, le dépôt légal doit avoir lieu au moment de la publication; qu'il résulte de l'instruction et des débats que le dépôt et la publication ont eu lieu simultanément, ou du moins avec une différence de temps tellement courte que la concomitance, suivant l'esprit de la loi, a existé; qu'il a donc été satisfait au prescrit de la loi de 1868 ; — Par ces motifs; — Confirme. — Du 19 mars 1879.-C. de Besançon, ch. corr.-M. d'Orival, pr.

Le gérant et l'imprimeur furent tous deux déclarés responsables par la loi du 6 juill. 1871 (D. P. 71. 4. 133). La loi du 29 juill. 1881 est revenue au système de la loi de 1828 et le gérant seul est responsable de l'inaccomplissement du dépôt (D. P. 81. 4. 69, note 3).

246. L'art. 8 de la loi du 18 juill. 1828 punissait d'une amende de 500 fr. l'omission du dépôt au parquet. La loi du 11 mai 1868, en exigeant simultanément avec le dépôt judiciaire le dépôt administratif, déjà prescrit par la loi du 9 juin 1819 (V. suprà, n° 229 et suiv.) n'ajoutait aucune sanction pénale à cette disposition. Cependant il a été jugé que l'omission du dépôt rend le gérant d'un journal passible de l'amende de 500 fr. prononcée par l'art. 8 de la loi du 18 juill. 1828, non seulement lorsque l'omission est relative au dépôt au parquet prescrit par cet article, mais aussi lorsque cette omission concerne le dépôt à la préfecture, à la sous-préfecture ou à la mairie, accessoirement exigé par l'art. 7 de la loi du 11 mai 1868 (Crim. rej. 12 déc. 1868, aff. Pasquet, D. P. 69. 1. 258). D'ailleurs une disposition expresse de la loi du 6 juill. 1871 (art. 6 et 7) fit cesser toute difficulté, en édictant un emprisonnement de six jours à six mois et une amende de 100 à 2000 fr. pour toute infraction aux dispositions de la loi de 1868, relativement au dépôt (D. P. 71. 4. 133).

L'art. 10 de la loi du 29 juill. 1881 établit une sanction identique pour le dépôt judiciaire et pour le dépôt administratif. « Chacun de ces dépôts sera effectué sous peine de 50 fr. d'amende contre le gérant ». Si donc aucun dépôt n'est effectué, le gérant encourt deux amendes distinctes chacune de 50 fr. qui se cumulent. Si, sur les dépôts prescrits un seul est effectué, une seule amende de 50 fr. doit être prononcée.

247. Le dépôt irrégulier équivaut à l'omission du dépôt. Si donc le dépôt n'est pas irrégulier, soit parce que les exemplaires déposés ne sont pas revêtus de la signature du gérant, soit parce que les numéros publiés ne sont pas conformes aux exemplaires déposés, l'amende est également encourue.

248. — II. De l'impression du nom du gérant. — La seconde des obligations de police auxquelles est assujettie la publication des journaux et des écrits périodiques est édictée par l'art. 11 dans les termes suivants : « Le nom du gérant sera imprimé au bas des exemplaires, à peine contre l'imprimeur, de 16 à 100 fr. d'amende pour chaque numéro publié en contravention de la présente disposition ».

249. Cette signature imprimée du gérant sur tous les exemplaires était exigée déjà par l'art. 8 de la loi du 18 juill. 1828, indépendamment du dépôt d'un certain nombre d'exemplaires portant la signature manuscrite du gérant. Cependant les lois précitées limitaient l'obligation d'imprimer le nom du gérant aux journaux et aux écrits périodiques traitant de matières politiques (Rép. n° 380). L'art. 1 du décret du 17 févr. 1852 l'étendit aux journaux et écrits traitant de matières d'économie sociale. — La loi du 11 mai 1868, qui avait étendu à tous les journaux et écrits périodiques, sans aucune distinction, l'obligation relative à la déclaration préalable et l'obligation relative au dépôt (V. suprà, n° 3), n'avait, au contraire, pas modifié la législation antérieure en ce qui concerne les journaux obligés de porter la signature imprimée du gérant. — L'art. 11 de la loi du 29 juill. 1881 est applicable à tous les journaux et écrits périodiques, quel que soit leur objet (D. P. 81. 4. 69, note 4).

250. La seule indication exigée est celle du nom du gérant. Cette indication a pour but d'assurer l'exercice de l'action en responsabilité pénale établie contre le gérant comme auteur principal des crimes ou des délits contenus dans le journal ou l'écrit (V. infrà, tit. 4, ch. 1, sect. 3, art. 1, § 1).

251. L'art. 11 exige que tous les exemplaires portent l'indication imprimée du nom du gérant. Cependant on ne doit pas considérer comme indispensable que le nom imprimé du gérant figure sur les exemplaires déposés en exécution de l'art. 10, qui doivent être revêtus de la signature manuscrite du gérant (Rép., n° 381).

252. C'est au bas de l'exemplaire que le nom du gérant doit être imprimé (art. 16). Il y aurait, en conséquence, contravention si ce nom était imprimé dans toute autre partie de la feuille, fût-il même placé en tête du journal (Rép. n° 381). Il ne doit pas précéder les annonces ; car ces annonces font partie du journal et peuvent engager la responsabilité du gérant (Rép., ibid. Conf. Chassan, t. 1, p. 521 ; Barbier, n° 116, p. 108).

253. En vertu de l'art. 8 de la loi du 18 juill. 1828, c'était l'imprimeur qui répondait pénalement du défaut d'indication du nom imprimé au bas de chacun des exemplaires des journaux ou écrits périodiques assujettis à cette indication. Le projet soumis aux Chambres en 1881 substituait la responsabilité du gérant à celle de l'imprimeur (D. P. 81. 4. 69, note 4) ; mais cette modification de la législation antérieure ne fut pas admise. En vertu de l'art. 11 de la loi du 29 juill. 1881, c'est, comme par le passé, l'imprimeur seul qui est atteint par la sanction pénale de l'obligation d'indiquer le nom imprimé du gérant (D. P. 81. 4. 69).

En cas d'infraction à cette obligation, l'art. 8 de la loi du 11 juill. 1828 édictait une amende de 500 fr. — La peine portée par l'art. 11 de la loi du 29 juill. 1881 consiste dans une amende de 16 à 100 fr. par chaque numéro publié en contravention ; mais les divers exemplaires d'un même numéro ne donnent lieu à l'application que d'une seule amende (Conf. Barbier, p. 101, n° 116).

§ 5. — Des insertions forcées (Rép. n°s 321 à 353).

254. La nécessité de parer à l'abus que la presse pouvait faire de ses moyens d'action égarant l'opinion publique, a conduit le législateur à réserver soit à l'Administration, soit aux particuliers, le droit d'exiger, dans des cas déterminés, certaines insertions obligatoires pour les journaux (Rép. n° 321). Le droit de l'Administration, très étendu sous l'empire des législations antérieures, est réduit par l'art. 12 de la loi du 29 juill. 1881 à un simple droit de rectification. Le droit de réponse, accordé aux particuliers nommés ou désignés dans un journal ou écrit périodique, est réglementé par l'art. 13 de la même loi.

255. — I. Des rectifications. — 1° Caractères du droit de rectification. — L'art. 8 de la loi du 9 juin 1819 obligeait tout gérant d'un journal ou écrit périodique à insérer « les publications officielles » à lui adressées « à cet effet par le Gouvernement ». La loi du 9 sept. 1835 (art. 18) et la loi du 27 juill. 1849 (art. 13) imposèrent au gérant l'obligation d'insérer « les documents officiels, relations authentiques, renseignements et rectifications » à lui adressés « par tous dépositaires de l'autorité publique », et « toute autre insertion réclamée par le Gouvernement par l'intermédiaire des préfets » (Rép. n° 322). L'art. 19 du décret du 17 févr. 1852 exigea du gérant l'insertion « des documents officiels, relations authentiques, renseignements, réponses et rectifications », à lui adressés « par tout dépositaire de l'autorité publique ». Sous l'empire du décret de 1852, les insertions officielles requises par l'Administration reçurent le nom de communiqués (Rapport de M. Lisbonne, D. P. 81. 4. 70, note 1. Circ. min. just. 9 nov. 1881, D. P. 81. 3. 107, n° 16).

256. On a dit au Rép. n° 324, que les fonctionnaires investis, par le décret de 1852, du pouvoir d'adresser aux journaux des communiqués, exerçaient ce pouvoir discrétionnairement. Cependant la circulaire du ministre de l'intérieur du 22 sept. 1865 (D. P. 65. 3. 73) traçait la ligne de conduite que les préfets devraient suivre à cet égard, en formulant les propositions suivantes : « Le communiqué n'est pour un journal ni une pénalité, ni même une entrave ; c'est simplement l'exercice, par l'Administration, du droit de réponse qui appartient à tous. Par suite, lorsque paraît dans un journal de son département un article inexact sur les actes de l'Administration, le préfet, après s'être fait rendre compte des faits, ne doit pas hésiter à en rétablir, quand il y a lieu, l'exactitude au moyen de l'envoi d'un communiqué ; mais son intervention ne doit dégénérer, ni en polémique abusive, ni surtout en polémique irritante ». La circulaire du ministre de l'intérieur en date du 3 juin 1868 (D. P. 68. 3. 61), adressée aux préfets après la promulgation de la loi du 11 mai 1868, qui n'innovait pas en cette matière, rappelait encore que le communiqué « devait se borner à redresser le chiffre erroné ou le fait inexact ». En outre, les préfets ne devaient adresser un communiqué à un journal qu'après l'avoir préalablement soumis au ministre de l'intérieur avec l'article auquel il répondait.

257. La loi du 29 juill. 1881 a mis fin au régime des communiqués. L'art. 12 est ainsi conçu : « Le gérant est tenu d'insérer gratuitement, en tête du plus prochain numéro du journal ou écrit périodique, toutes les rectifications qui lui seront adressées par un dépositaire de l'autorité publique, au sujet des actes de sa fonction qui auront été inexactement rapportés par ledit journal ou écrit périodique... ». Cette disposition différencie nettement le droit accordé à l'Administration soit du communiqué admis par les lois antérieures, soit du droit de *réponse* que l'art. 13 accorde aux particuliers nommés ou désignés dans un journal ou dans un écrit périodique (V. *infrà*, n° 277). En vertu de la loi, et non plus seulement d'après le vœu des instructions ministérielles, l'insertion exigée par les dépositaires de l'autorité publique ne peut plus dorénavant, avoir pour objet que la rectification du récit erroné d'un fait (V. Rapport de M. Lisbonne, D. P. 81. 4. 70, note 2 ; Circ. min. just. 9 nov. 1881, D. P. 81. 3. 107, n° 17). Ainsi l'Administration ne peut plus exiger l'insertion des *documents officiels*, relations authentiques et renseignements transmis aux journaux à cet effet. Les fonctionnaires n'ont plus de communications à faire aux journaux avec réquisition d'insertion forcée, en qualité de représentants du Gouvernement et dans l'intérêt public. D'autre part, ils conservent le droit d'adresser individuellement, dans leur intérêt propre et pour leur défense personnelle, une réquisition au journal qui les attaque au sujet des actes de leur fonction ; mais l'art. 12 ne leur réserve alors qu'un droit de réponse limité, moins étendu que celui des particuliers, restreint à la seule rectification des faits inexactement rapportés (Conf. Barbier, p. 109, n° 117. V. toutefois *infrà*, n° 263).

258. Sous l'empire du décret du 17 févr. 1852, la jurisprudence reconnaissait aux *communiqués* adressés aux journaux, par un dépositaire de l'autorité publique, le caractère des actes administratifs que les tribunaux doivent appliquer sans les interpréter, critiquer ou modifier. De là une double conséquence : Le gérant, prévenu d'infraction à l'art. 19 du décret du 17 févr. 1852, soutenait-il que le communiqué dont il avait refusé l'insertion était abusif ou excessif dans sa forme, les tribunaux étaient incompétents, *ratione materiæ*, pour apprécier la valeur de ce moyen de défense. Ils devaient reconnaître au communiqué force obligatoire en réprimant le refus d'insertion régulièrement constaté. Ils ne reconnaissaient, dans ce cas, au gérant d'autre droit que celui de demander un sursis pour soumettre le communiqué, qu'il prétendait abusif, à l'appréciation des chefs hiérarchiques du fonctionnaire qui en était l'auteur. Mais si le gérant prétendait légitimer son refus d'insertion par cette circonstance que l'écrit non inséré ne constituait pas légalement un communiqué, soit parce qu'il n'émanait pas d'un *dépositaire de l'autorité publique*, soit parce qu'il ne contenait pas des « documents officiels, relations authentiques, renseignements, réponses et rectifications », il appartenait aux tribunaux de vérifier cette assertion. Ainsi, les tribunaux pouvaient apprécier l'écrit rédigé par un dépositaire de l'autorité publique en réponse aux articles d'un journal, à l'effet de décider si cet écrit constituait légalement un communiqué ; mais ils ne pouvaient pas dénier à cet écrit le caractère obligatoire attaché aux communiqués, en se fondant sur ce qu'il aurait excédé en certaines parties, les limites d'une réponse, d'un renseignement ou d'une rectification (Crim. cass. 5 août 1853, aff. Journal *Le Maine* et aff. Journal *L'Union de la Sarthe*, D. P. 53. 1. 240 ; 20 nov. 1879, aff. Macé, gérant du journal *Le Petit Breton*, D. P. 81. 1. 396, et sur renvoi, Angers, 23 déc. 1879, D. P. 81. 2. 182).

259. Les rectifications, émanées des dépositaires de l'autorité publique conservent, sous l'empire de la loi du 29 juill. 1881, le caractère d'actes administratifs que l'on reconnaissait aux *communiqués* sous les lois antérieures. Par suite, les tribunaux de l'ordre judiciaire sont compétents pour apprécier si l'écrit non inséré constitue légalement une « rectification », au sens de la loi du 29 juill. 1881 ; mais lorsque cet écrit présente les caractères légaux d'une rectification, les tribunaux ne peuvent pas l'interpréter, le critiquer ou le modifier ; ils ne peuvent pas davantage lui dé-

nier force obligatoire en se fondant sur ce qu'il serait abusif en la forme (Conf. D. P. 81. 1. 396, notes 2, 3 et 4, *in fine*). Cependant, comme l'article 12 détermine l'étendue que peut avoir la rectification (V. *infrà*, n° 265), il appartient encore aux tribunaux d'apprécier si l'auteur de la rectification est demeuré dans les limites tracées à cet égard. On devrait aussi reconnaître au gérant le droit d'obtenir un sursis pour faire apprécier la rectification qu'il prétend abusive par les supérieurs hiérarchiques du fonctionnaire dont elle émane.

260. La question de savoir si l'écrit adressé par un dépositaire adressé au gérant d'un journal constituait ou non un communiqué était soumise au contrôle de la cour de cassation, sous l'empire du décret de 1852 (Crim. cass. 20 nov. 1879, cité *suprà*, n° 258). On devrait admettre la même solution à l'égard des rectifications autorisées par la loi du 29 juill. 1881.

261. — 2° *Publications soumises au droit de rectification*. — Le droit de rectification par voie d'insertion forcée, établi par l'art. 12 de la loi du 29 juill. 1881, ne peut être exercé, comme d'ailleurs le droit de réponse en général (V. *infrà*, n°s 266 et suiv.), qu'à l'égard des journaux ou écrits périodiques (D. P. 81. 4. 70, note 1).

262. — 3° *A qui appartient le droit de rectification*. — C'est aux « dépositaires de l'autorité publique » que l'art. 12 de la loi du 29 juill. 1881 accorde le droit de rectification. Ces expressions sont reproduites du décret du 17 févr. 1852, avec toute la portée qu'on leur a reconnue au *Rép.* n° 323, en commentant ce décret. La disposition de l'art. 12 est en conséquence applicable à tous dépositaires de l'autorité publique dans le sens le plus étendu du mot, c'est-à-dire à toutes les personnes qui, par une délégation médiate ou immédiate du Gouvernement, détiennent une part de l'autorité publique. C'est ce que le rapport a déclaré, en commentant cet article. — Jugé à cet égard, sous l'empire du décret du 17 févr. 1852 : 1° que les fonctionnaires de l'ordre judiciaire (les procureurs impériaux, notamment) ont, comme ceux de l'ordre administratif, le droit d'adresser aux journaux des réponses et rectifications que ceux-ci sont tenus d'insérer gratuitement en tête du plus prochain numéro (Crim. rej. 14 mai 1869, aff. Esminard, gérant de *L'Indépendant du Lot*, D. P. 69. 1. 310) ; — 2° Que les maires sont investis, en leur qualité de dépositaire de l'autorité publique, du droit d'adresser des communiqués aux journaux, et qu'ils peuvent en user dans l'intérêt de tous les services publics ou municipaux dont ils ont la direction ou la surveillance (Rennes, 9 juill. 1879, aff. Macé, gérant du journal *Le Petit Breton*, sur pourvoi, Crim. cass. 20 nov. 1879, D. P. 81. 1. 396, et sur renvoi, Angers, 23 déc. 1879, D. P. 81. 2. 182) ; — 3° Que la disposition d'un arrêt (spécialement en matière de diffamation et d'outrage), par laquelle la cour en a ordonné l'insertion dans un journal qui n'était pas en cause, ne peut avoir, en ce qui concerne ce journal, ni la force exécutoire ni l'autorité de la chose jugée ; mais que tout journal étant tenu, d'après l'art. 19 du décret du 17 févr. 1852, d'insérer les documents officiels qui lui sont adressés par les dépositaires de l'autorité publique, parmi lesquels sont les procureurs de la République, et une décision judiciaire étant un document officiel, le gérant d'un journal dans lequel le procureur de la République a requis l'insertion d'un arrêt contrevient audit article en refusant d'obtempérer à la réquisition : peu importe alors que l'arrêt soit à son égard *res inter alios acta* (Crim. cass. 13 août 1880, aff. Gérard, D. P. 81. 1. 273). — Cette dernière solution serait inapplicable aujourd'hui. Elle se justifiait, sous l'empire du décret de 1852, par les objets divers et très étendus que pouvait avoir un communiqué (V. toutefois *suprà*, n° 256). Mais il est évident que l'art. 12 de la loi du 29 juill. 1881 n'autorise pas le parquet à, à titre de rectification, l'insertion gratuite d'un arrêt dans un journal qui ne s'est pas lui-même rendu auteur ou complice du délit de diffamation réprimé par cet arrêt. — V. au surplus, en ce qui concerne l'énumération des fonctionnaires qu'on doit considérer comme revêtus de la qualité de dépositaires de l'autorité publique, *infrà*, n°s 767 et suiv.

263. Les dépositaires de l'autorité publique ne peuvent adresser des *rectifications* aux journaux qu'au sujet des actes de leur fonction qui auraient été inexactement rapportés. « La commission, dit, à cet égard, le rapport de M. Lisbonne (D. P. 81. 4. 70, note 1), tout en acceptant le principe du droit de réponse, le limite, quand il s'agit des représentants de l'autorité publique, aux rectifications qui ont trait aux actes de la fonction qui *auraient été inexactement rapportés*. Elle abroge le *communiqué* inauguré par l'art. 19 du décret du 17 févr. 1852, en n'autorisant le droit de réponse de la part des fonctionnaires publics que lorsqu'il s'agit de faire justice d'une assertion inexacte se rapportant à la fonction ». Il résulte de ces observations : 1° que la réponse du dépositaire de l'autorité publique doit avoir le caractère d'une rectification, c'est-à-dire qu'elle doit se borner au redressement des faits publiés, sans s'égarer dans des discussions, réflexions ou considérations variées; mais le mot de *rectifications* ne doit pas être pris dans une acception trop étroite; « il y a là, dit Barbier (n° 121, p. 111), une question de mesure et de bonne foi qu'il appartient au gérant d'apprécier à ses risques et périls » ; — 2° Que la réponse doit avoir été motivée par une publication précédente ayant trait aux actes de la fonction de celui qui requiert l'insertion. C'est là une différence essentielle entre la rectification et le communiqué. La rectification diffère, en outre, du droit de réponse proprement dit, en ce qu'il n'est pas nécessaire, pour l'exercice du droit de rectification, que le fonctionnaire public ait été nommé ou désigné dans le journal; il suffit que, sans faire allusion à la personne du fonctionnaire, le journal ait relaté ou commenté un acte de sa fonction ; — 3° Que les actes de la fonction aient été *inexactement rapportés*. C'est la condition essentielle de l'exercice du droit de rectification ; c'est, par suite, un élément constitutif de l'infraction prévue et réprimée par l'art. 12. Ainsi le dépositaire de l'autorité publique, dans le cas de poursuite contre le gérant d'un journal pour refus d'insertion, sera tenu d'établir que les faits relatifs à sa fonction dont il a rectifié le récit étaient inexactement rapportés. Le gérant, de son côté, devra toujours être admis à justifier son refus, en rapportant la preuve contraire dans les termes du droit commun (Conf. Barbier, n° 121, p. 111).

264. — 4° *Etendue de la rectification. — Place qu'elle doit occuper et caractères avec lesquels elle doit être composée.* — L'étendue des documents ou des articles dont les dépositaires de l'autorité publique pouvaient, à titre de communiqué, requérir l'insertion, n'était pas déterminée ni par la loi du 9 juin 1819 (art. 8), ni par celle du 9 sept. 1835 (art. 18), ni par celle du 27 juill. 1849 (art. 13) (D. P. 49. 4. 118), ni par le décret du 17 févr. 1852 (art. 19) (D. P. 52. 4. 56). Par suite, il avait été jugé que l'insertion devait être *intégrale*, quelle que fût l'étendue du document à insérer (Trib. cass. 5 août 1853, aff. du journal *Le Maine*; 5 août 1853, aff. du journal *L'Union de la Sarthe*, D. P. 53. 1. 240, cités au *Rép.* n° 489-7°).

265. Le projet de loi soumis à la Chambre des députés ne comportait aucune limitation du droit de rectification. « La réponse, dans l'hypothèse prévue par l'art. 12, dit le rapport de M. Lisbonne, est gratuite quelle qu'en soit l'étendue ». Cette limitation fut demandée par M. Lockroy, à la séance du 14 févr. 1881 : « Je voudrais, dit-il, que, sous prétexte de rectification, l'Administration ne pût pas abuser, comme elle l'a fait autrefois, de la faculté qui lui est donnée de répondre aux journaux qui attaquent ou critiquent ses actes. Vous vous rappelez tous, en effet, ce fait qui s'est passé sous l'Empire: un journaliste très connu publiait une brochure de 24 pages. Sous prétexte de répondre à ce journaliste, l'Administration remplit 22 pages de sa brochure. Il pourrait arriver que, s'armant de cet article, l'Administration, un jour, remplit 7, 8, 10 colonnes d'un journal, sous prétexte de lui répondre ». M. Lockroy proposait, en conséquence, d'ajouter que les rectifications ne dépasseraient pas le *triple* des articles auxquels elles répondraient. Cette proposition ne fut pas acceptée par la commission. M. Lisbonne le fit connaître à la séance du lendemain, 15 février : « Nous avons pensé, dit-il : 1° qu'il y aurait impossibilité de limiter prématurément la défense, alors qu'il n'est pas possible de limiter l'attaque; 2° que l'amendement de M. Lockroy placerait les agents du Gouvernement dans une situation plus défavorable que celle que l'art. 13 fait aux particuliers; 3° enfin qu'il y a un intérêt public de premier ordre à ce que la réponse à une attaque

qui concerne les fonctionnaires et les agents du Gouvernement soit la plus éclatante et la plus répandue possible ». Malgré l'opposition de la commission, l'amendement de M. Lockroy fut adopté. Enfin le Sénat réduisit du *triple* au *double* l'étendue du droit de rectification, « pour assimiler le droit du particulier au droit de l'autorité » (Rapport de M. Pelletan, D. P. 81. 4. 70, note 1). Le deuxième alinéa de l'art. 12 fut, en conséquence, rédigé dans les termes suivants : « Toutefois ces rectifications ne dépasseront pas le double de l'article auquel elles répondront ».

266. Cette rédaction loin de faire un traitement égal au fonctionnaire et au particulier les met dans une situation très différente. Le particulier, en effet, bénéficie de la gratuité pour l'insertion de sa réponse, jusqu'à concurrence du double de l'article qui l'a provoquée; mais il peut donner à sa réponse tout le développement qu'il juge à propos, à la seule condition de payer les frais d'insertion pour tout ce qui excède le double de l'article. Tel n'est pas le cas du dépositaire de l'autorité publique. Les lois de 1819, de 1835 et de 1849 n'autorisaient l'Administration à requérir l'insertion des *communiqués* que sous la condition du payement des frais de cette insertion (V. les dispositions citées *suprà*, n°s 255 et suiv.). Au contraire l'art. 19 du décret du 17 févr. 1852 décida que l'insertion serait gratuite (D. P. 52. 4. 56). L'art. 12 de la loi du 29 juill. 1881 impose au gérant l'obligation d'insérer gratuitement la rectification qu'il reçoit (Rapport de M. Lisbonne, D. P. 81. 4. 70, note 1. Circ. min. just. 9 nov. 1881, D. P. 81. 3. 107, n° 17). Ainsi l'insertion de la rectification est essentiellement gratuite; mais, en même temps, son étendue est limitée au double de l'article dont elle redresse les énonciations. Dès lors un dépositaire de l'autorité publique ne pourrait pas exiger l'insertion d'une rectification dont l'étendue dépasserait celle du double de l'article, même en offrant de payer le prix de l'excédent (D. P. 81. 4. 70, note 1. Conf. Faivre et Benoît-Lévy, p. 64; Barbier, n° 122, p. 112). Ce dernier auteur fait justement observer que les journaux et écrits périodiques étant des propriétés privées, aucune insertion, fût-elle accompagnée d'offres de payement, ne peut être obligatoire en dehors des termes de la loi, ni au delà de la mesure qu'elle indique.

267. Pour reconnaître si la rectification dépasse ou non le double de l'article à rectifier, on devra comparer le nombre des lettres qui entrent respectivement dans l'article et dans la réponse (Conf. Barbier, n° 113, p. 123).

268. D'autre part, si l'article est relatif à divers objets et contient des parties tout à fait étrangères aux faits à rectifier, il est rationnel d'admettre que l'étendue de la rectification doit être égale au double, non pas de l'article en son entier, mais seulement de la partie de cet article qui rapporte et commente inexactement l'acte de la fonction du dépositaire de l'autorité publique. Seulement cette division de l'article est parfois délicate, et l'on doit y apporter une extrême prudence (Conf. Barbier, *loc. cit.* Comp. de Grattier, t. 2, p. 353, VIII; Chassan, t. 1, n° 943 *bis*).

269. Si la rectification dépasse en étendue le double de l'article, le gérant peut refuser purement et simplement l'insertion requise. En effet, cette insertion n'est pas obligatoire puisque la rectification ne satisfait pas à l'une des conditions requises par la loi. D'autre part, le gérant ne peut pas être tenu d'insérer le texte qu'on lui remet jusqu'à concurrence du double de l'article, en n'insérant par le surplus. Le texte de l'art. 12 n'autorisant pas un procédé semblable. D'ailleurs, l'insertion ainsi tronquée de la rectification ne donnerait pas satisfaction au fonctionnaire qui aurait requise (Conf. Barbier, n° 125, p. 114. Comp. Schuermans, *Code de la presse belge*, p. 335). Enfin le fonctionnaire ne pourrait pas obtenir une insertion intégrale, en offrant de payer l'excédent du double de l'article (V. *suprà*, n° 265).

270. La place où l'insertion doit être faite n'était pas indiquée par l'art. 8 de la loi du 9 juin 1819 (*Rép.* p. 408). L'art. 18 de la loi du 9 sept. 1835 (*Rép.* p. 414), l'art. 13 de la loi du 27 juill. 1849 (D. P. 49. 4. 118) et l'art. 19 du décret du 17 févr. 1852 (D. P. 52. 4. 56) exigeaient que l'insertion des communiqués fût faite en tête du journal. Telle est aussi la prescription de l'art. 12 de la loi du 29 juill. 1881. Ainsi les rectifications doivent être insérées en tête du journal, et les membres du parquet doivent spécialement veiller à l'observation de cette prescription de la loi. (Circ. min. just. 9 nov. 1881, D. P. 81. 3. 107, n° 17).

271. Quels caractères le gérant doit-il employer pour l'impression des rectifications? La circulaire du ministre de l'intérieur en date du 30 mars 1832, relative à l'exécution du décret du 17 février de la même année (D. P. 53. 3. 44), voulait que les rectifications requises par l'autorité fussent composées typographiquement à l'aide des caractères employés pour les articles généraux de polémique, ou tout au moins semblables à ceux employés pour l'attaque. On ne rencontre à cet égard aucune prescription soit dans la loi de 1881, soit dans la circulaire intervenue pour son exécution (D. P. 81. 4. 70; 81. 3. 107, n° 17). — Dans le silence de la loi, différentes opinions sont en présence. MM. Faivre et Benoît-Lévy (p. 63) enseignent que « l'insertion doit être faite en caractères usités à la première page du journal ». M. Dutruc (p. 29, n° 62) rejette cette opinion comme arbitraire. Il n'admet pas que, en l'absence d'une disposition expresse, on impose au gérant l'obligation d'employer les caractères usités en première page « lorsque, par exemple, la rectification ne porte que sur un entrefilet imprimé en caractères très fins ». Cet auteur reconnaît pourtant que l'emploi de caractères d'une exiguïté dérisoire serait contraire au vœu de la loi. Il y a là, d'après lui, « une question d'appréciation et de bonne foi à laquelle on ne peut donner *a priori* une solution absolue ».

Nous n'hésitons pas à partager le sentiment de M. Barbier, qui s'éloigne également des deux systèmes que nous venons d'exposer. Suivant cet auteur (n° 124, p. 113) le gérant n'est pas tenu d'employer les caractères usités en première page, mais le choix des caractères n'est pas, d'autre part, abandonné à l'arbitraire du gérant. Celui-ci doit employer, pour la rectification les mêmes caractères que ceux au moyen desquels a été composé l'article rectifié. C'est une obligation légale qui résulte du texte même de l'art. 12. Il est vrai que l'article 13, qui traite du droit de réponse accordé à toute personne nommée ou désignée dans un journal, dispose expressément que l'insertion de la réponse « devra être faite à la même place et en mêmes caractères que l'article qui l'aura provoquée », et qu'on ne trouve pas la même disposition dans l'art. 12, au sujet du droit de rectification. Mais on ne comprendrait pas qu'au point de vue de leur défense, les fonctionnaires fussent traités autrement que les particuliers, c'est-à-dire qu'ils fussent placés dans des conditions d'infériorité vis-à-vis du provocateur. Telle n'était pas la pensée du rapporteur de la commission du Sénat, M. Pelletan, puisqu'il déclarait qu'on voulait assimiler le droit du particulier au droit de l'autorité (D. P. 81. 4. 70, note 1). Pour que le droit de réponse s'exerce utilement, il faut que la réponse attire l'attention des lecteurs au même degré que l'attaque elle-même, en offrant une composition d'égale importance, en occupant la même place, en ayant une étendue matérielle au moins égale. Si l'on étudie l'art. 12, on y voit, comme dans l'art. 13, le législateur, préoccupé de l'aspect extérieur de la réponse, déclarer que la rectification sera insérée en tête du journal, alors que la réponse des particuliers n'obtient que la place même de l'article provocateur. Puis l'art. 12 décide que la rectification peut avoir une étendue double de celle de l'article. « Il faut admettre, dit M. Barbier, *loc. cit.*, jusqu'à preuve du contraire, qu'il entend donner au répondant, non seulement le droit de développer sa pensée dans une insertion renfermant un nombre de lettres ou caractères double de celui employé dans l'article provocateur, mais aussi le droit d'exiger que cette rectification occupe sur le papier une surface double de celle qui a été consacrée à cet article. Or, dire que le répondant a droit au double, et quant au nombre des caractères, et quant à l'étendue matérielle, c'est dire en définitive que le gérant ne satisfait pas à l'obligation que la loi lui impose, quand, en faisant usage pour la réponse de caractères plus petits que ceux employés pour l'attaque, il fait tenir cette réponse dans un espace inférieur au double de celui qui a été réservé à l'article provocateur. Ainsi se déduit du texte même de l'art. 12 l'obligation pour le gérant de faire emploi dans la réponse de caractères au moins semblables à ceux employés dans l'attaque ».

272. — 5° *Délai de l'insertion.* — L'insertion des *communiqués* devait être faite le lendemain du jour de l'envoi des documents officiels par le Gouvernement, en vertu de l'art. 18 de la loi du 9 juin 1819 (*Rép.*, p. 408). L'art. 18 de la loi du 9 sept. 1835 et l'art. 13 de la loi du 27 juill. 1849 exigèrent dans le même délai l'insertion des documents officiels, mais décidèrent que toutes autres insertions seraient faites dans le plus prochain numéro. L'art. 19 du décret du 17 févr. 1852 exigea l'insertion dans le plus prochain numéro après le jour de la réception des pièces.

273. L'art. 12 de la loi du 29 juill. 1881 dispose que l'insertion des rectifications aura lieu *dans le plus prochain numéro*, c'est-à-dire dans le numéro dont la publication suit immédiatement la réception de la rectification (Circ. min. just. 9 nov. 1881, D. P. 81. 3. 107, n° 17). L'insertion doit être faite le jour de la réception, si le journal paraît ce jour-là même. On ne pourrait pas la remettre au lendemain en se fondant sur ce que le journal était composé avant la réception de la rectification : le gérant devrait, en pareil cas, procéder par voie de retranchement. L'ajournement de l'insertion ne serait justifié que si le journal était déjà tiré lors de la réception ou si le temps matériellement nécessaire à l'insertion faisait défaut (Conf. de Grattier, t. 2, p. 351, n° 111 ; Chassan, t. 1, n° 956 ; Barbier, n° 127, p. 115) : « Les tribunaux, dit Chassan, *loc. cit.*, ne doivent pas perdre de vue que la lettre et l'esprit de la loi exigent de la promptitude, et qu'il s'agit ici d'une contravention qui n'admet pas l'excuse tirée de la bonne foi ».

274. — 6° *Du refus d'insertion.* — *Sanction pénale.* — Le troisième alinéa de l'art. 12 est ainsi conçu : «En cas de contravention, le gérant sera puni d'une amende de 100 à 1 000 fr. ». Ce texte a reçu différentes interprétations au sujet du caractère de l'infraction commise par le gérant qui refuse d'insérer une rectification. — Il est important de rappeler d'abord que, sous la législation antérieure à 1881, le refus par le gérant d'insérer soit un communiqué de l'autorité, soit la réponse d'un particulier, constituait, suivant la doctrine et la jurisprudence, une simple contravention. Il en était ainsi, d'une façon générale, de toutes les infractions aux dispositions qui réglaient le droit de réponse, et le gérant n'était pas recevable à soutenir, par exemple, qu'il avait agi sans mauvaise foi en supprimant, dans l'insertion d'un communiqué, des mots sans importance (Crim. cass. 5 août 1853, aff. Journal *Le Maine* ; Crim. cass. 5 août 1853, aff. Journal *L'Union de la Sarthe*, D. P. 53. 1. 240, cités au *Rép.* n° 489-7°, et *suprà*, n° 258 ; Conf. de Grattier, t. 2, p. 400, note ; Chassan, t. 1, n° 956). Mais on doit observer qu'à cette époque le gérant ne pouvait pas se faire juge de la forme et de la teneur du communiqué qu'il recevait de l'autorité. Tel était, d'ailleurs, et tel est encore le principe admis d'une façon générale, relativement aux réponses des particuliers (V. *infrà*, n°s 279 et suiv.). L'autorité judiciaire elle-même n'était pas compétente pour formuler une appréciation à cet égard, et le fonctionnaire, auteur du communiqué, demeurait, sous le contrôle de ses supérieurs hiérarchiques, le maître absolu de donner au communiqué la forme et la teneur qu'il lui convenait d'adopter. Or les infractions à l'art. 12 de la loi de 1881, suivant MM. Faivre et Benoît-Lévy (p. 64) et Dutruc (p. 30), auraient un caractère tout différent, et l'art. 12 aurait introduit à cet égard un droit nouveau. Ces infractions ne seraient plus de simples contraventions, mais de véritables délits, supposant chez leur auteur une intention coupable et comportant, dès lors, l'excuse de la bonne foi. On doit reconnaître, en effet, nonobstant l'assertion contraire de MM. Celliez et Le Senne (p. 112), que le gérant n'est pas obligé d'insérer la communication d'un fonctionnaire qui ne remplirait pas toutes les conditions prescrites par l'art. 12. Ainsi le gérant peut, d'une façon très légitime, refuser d'insérer la réponse qu'il reçoit d'un *dépositaire de l'autorité publique*, dans les cas suivants : 1° si cette réponse n'a pas le caractère d'une *rectification* ; 2° si elle n'a pas trait à des *actes de la fonction* ; 3° si les actes de la fonction n'ont pas été inexactement rapportés par l'article que la réponse a pour objet de rectifier ; 4° si la rectification dépasse le double de cet article. Dès lors, il y a une question d'intention, dont l'examen se présente au juge. Le dépositaire de l'autorité publique n'est pas libre de donner à la rectification, comme autrefois au communiqué, la forme et la teneur de son choix. Les tribunaux doivent apprécier le refus opposé par le gérant et le déclarer, à l'occasion, légitime. L'excuse de la bonne foi peut être proposée par le gérant, admise par le juge. Il ne s'agit donc plus d'une contravention (D. P. 81. 4. 70, note 1, *in fine*).

Ces observations ne nous paraissent pas concluantes. Si l'on s'en tient au texte de la loi du 29 juill. 1881, on n'y trouve aucune indication en ce sens que les infractions dont il s'agit soient transformées en délits intentionnels. Bien au contraire, l'art. 12, *in fine*, se sert du mot *contravention* pour qualifier ces infractions. D'ailleurs, c'est dans le chapitre 2 relatif à la police générale de la presse périodique qu'il est traité du droit de rectification et du droit de réponse. Les contraventions en cette matière doivent être de la même nature que toutes les autres infractions aux lois de police de la presse. Quant à l'argument tiré des conditions que la rectification doit remplir pour que le gérant soit obligé de l'insérer, il est sans valeur. Il est vrai, sous l'empire du décret du 17 févr. 1852, le gérant ne pouvait pas se faire juge de la teneur et de la forme du communiqué, tandis que les termes de l'art. 12 de la loi de 1881 lui permettent de refuser l'insertion dans toutes les circonstances énumérées ci-dessus, où la rectification n'est pas conforme à la loi. Il en résulte bien que el droit de réponse des fonctionnaires est considérablement restreint par la loi nouvelle, et que la rectification est assujettie à des règles que ne connaissait pas autrefois le communiqué. Il n'en résulte pas que l'infraction à ces règles ait un caractère différent de celui des infractions similaires à l'époque du communiqué. A cette époque, si le gérant n'avait pas qualité pour apprécier la forme et la teneur du communiqué, on lui reconnaissait du moins le droit d'examiner si l'insertion requise réunissait ou non les caractères d'un véritable communiqué (Rennes, 9 juill. 1879, et sur pourvoi, Crim. cass. 20 nov. 1879, aff. Macé, D. P. 81. 1. 396, cités *suprà*, n° 262). — Il pouvait refuser l'insertion, suivant l'opinion même de M. Dutruc (n° 67), si le dépositaire de l'autorité publique lui adressait à titre de communiqué un article de polémique violente. C'est exactement le même droit que l'on reconnaît au gérant aujourd'hui, quand on lui permet de refuser l'insertion si la rectification n'est pas conforme à l'art. 12. Sans doute la rectification est soumise à des conditions plus nombreuses, et le gérant sera plus souvent à même d'en refuser l'insertion par des motifs légitimes; mais, lorsque la rectification réunit tous les caractères exigés par la loi pour être obligatoire, le refus d'insertion reste une contravention de même nature que par le passé. Rien, dans la loi de 1881, n'autorise à penser qu'il y ait désormais, dans ce refus, un délit dont l'intention de nuire et la mauvaise foi soient des éléments essentiels et constitutifs. Si donc la rectification émanée du dépositaire de l'autorité publique réunissait toutes les conditions exigées par l'art. 12, le gérant exciperait vainement de sa bonne foi et de l'absence de toute intention mauvaise pour excuser un refus d'insertion, ou une insertion incomplète, ou même un retard apporté dans l'insertion (Conf. Barbier, n° 128, p. 115; Comp. les arrêts précités, Crim. cass. 5 août 1853, cité *suprà*, n° 258).

275. Sous l'empire du décret du 17 févr. 1852, il a été jugé qu'en aucun cas un gérant ne saurait être responsable des conséquences de l'insertion d'un communiqué; que si, par son contexte, ce communiqué porte atteinte aux droits personnels du journaliste ou aux droits d'un tiers, la partie lésée, quelle qu'elle soit, peut s'adresser à la juridiction compétente pour demander contre l'auteur du communiqué la répression du délit commis ou la réparation du dommage causé (Angers, 23 déc. 1879, aff. Macé, gérant du journal *Le Petit Breton*, D. P. 81. 2. 182). — D'après les observations qui précèdent (V. *suprà*, n° 274), le refus d'insertion serait aujourd'hui légitime, en pareil cas, de la part du gérant, si l'insertion requise perdait, par suite des attaques dirigées contre un tiers, le caractère d'une rectification relative aux actes de la fonction de son auteur. Au contraire, il ne nous paraît pas douteux que, si les attaques dirigées contre les droits personnels du journaliste ou les droits d'un tiers rentraient nécessairement dans la rectification que le fonctionnaire a le droit d'adresser, le gérant ne pourrait pas refuser l'insertion, et ne serait pas, dès lors, responsable des conséquences qu'elle pourrait

avoir, sauf le recours de la partie lésée devant la juridiction compétente contre l'auteur de la rectification.

276. Les contraventions à l'art. 12 sont de la compétence des tribunaux correctionnels. — Le refus d'insertion et l'insertion incomplète ou tardive d'un communiqué étaient punis d'une amende de 100 à 1000 fr., sous l'empire de la loi du 9 juin 1819 (art. 12) (*Rép.* p. 408). La peine fut réduite à une amende de 50 à 500 fr. par l'art. 18 de la loi du 9 sept. 1835 (*Rép.* p. 414), et à une amende de 50 à 100 fr. par l'art. 13 de la loi du 27 févr. 1849 (D. P. 49. 4. 118). En vertu de l'art. 19 du décret du 17. févr. 1852, la peine était une amende de 50 à 1000 fr. L'Administration avait, en outre, la faculté de suspendre le journal ou l'écrit périodique pendant quinze jours au plus. Cette faculté de suspension administrative disparut avec l'art. 16 de la loi du 11 mai 1868, qui a réservé à l'autorité judiciaire seule le droit de prononcer la suspension des journaux et des écrits périodiques. — L'art. 12 de la loi du 29 juill. 1881 punit d'une amende de 100 à 1000 fr. les infractions à l'obligation d'insérer les rectifications requises par l'autorité.

277. — II. Du droit de réponse. — L'art. 13 de la loi du 29 juill. 1881 porte que « le gérant tenu d'insérer, dans les trois jours de leur réception ou dans le plus prochain numéro, s'il n'en était pas publié avant l'expiration des trois jours, les réponses de toute personne nommée ou désignée dans le journal ou écrit périodique, sous peine d'une amende de 50 à 500 fr.; sans préjudice des autres peines et dommages-intérêts auxquels l'article pourrait donner lieu' ». C'est la reproduction, en propres termes, de l'art. 11 de la loi du 25 mars 1822, qui imposait cette obligation « aux propriétaires ou éditeurs de tout journal ou écrit périodique » (*Rép.* n° 326).

278. Tandis que la loi du 9 juin 1819 (art. 8) accordait à l'autorité le droit de requérir l'insertion de documents officiels dans les journaux, le droit de réponse ne fut consacré dans notre législation, au profit des particuliers, que par la disposition de la loi de 1822, citée *suprà*, n° 277. Les lois du 9 sept. 1835 et du 21 avr. 1849 se bornèrent à régler l'exercice de ce droit quant à son étendue et quant à son prix (*Rép.* n° 326. V. *infrà*, n° 282). Le décret du 17 févr. 1852, relatif exclusivement aux insertions requises par l'autorité laissa subsister le droit de réponse des particuliers tel qu'il avait été créé par la loi de 1822 (*Rép.*, *ibid.*).

279. Le projet de la commission de la Chambre des députés n'accordait aux particuliers qu'un simple droit de «rectification ». On avait substitué le mot au mot « réponse », dans le but d'assimiler les particuliers aux fonctionnaires publics (D. P. 81. 4. 70, note 2). Cependant, à la séance du 24 nov. 1881, M. Cunéo d'Ornano fit observer que le mot de *rectification* semblait indiquer une réponse devant « se borner au redressement d'un fait erroné; que, cependant, il pouvait y avoir dans un article autre chose qu'une articulation de fait; qu'il pouvait s'y trouver des réflexions, des considérations d'ordre purement moral, qui touchent à l'honneur de la personne nommée ou désignée; qu'il fallait alors que cette personne eût droit non seulement à une simple rectification de fait, mais. à une réponse plus générale ». Il demanda, en conséquence, que le mot « réponse » de l'ancienne législation fût rétabli dans le texte de la loi nouvelle. La commission accepta cet amendement, et le mot «réponse » fut rétabli dans l'art. 13, tandis que le mot « rectification » subsistait dans l'art. 12, et restreignait le droit de réponse réservé aux représentants de l'autorité (D. P. 81. 4. 70, note 2. V. *suprà*, n°s 266).

280. Le droit de réponse accordé aux particuliers (il en est de même du droit de rectification qui appartient à l'autorité), ne peut s'exercer qu'à l'égard des journaux et des écrits périodiques. Jugé, en ce sens, sous l'empire de l'art. 11 de la loi du 25 mars 1822, que, par suite de ce principe, un article ou une lettre qui a été dans un journal l'objet d'une réponse peut être reproduit isolément dans un écrit non périodique, tel qu'un catalogue de libraire, sans que l'auteur de la réponse soit recevable à s'en plaindre, sans le droit de justifier d'un préjudice (Trib. com. Seine, 11 févr. 1859, aff. Cadot, D. P. 59. 3. 80). Les tribunaux ont cependant, dans un cas spécial, ordonné l'addition aux exemplaires non vendus d'un ouvrage (les *Mémoires du maréchal Marmont*) une rectification demandée par des tiers. Mais la rectification n'a rien de commun avec le droit de réponse fort étendu que les particuliers peuvent exercer vis-à-vis d'un journal.

281. Le texte de la loi du 29 juill. 1881 (art. 13) reproduisant identiquement les termes de l'art. 11 de la loi de 1822, il en résulte que les décisions de la jurisprudence en cette matière ont conservé toute leur autorité. On consultera donc utilement, sur l'étendue du droit de réponse, les observations présentées en 1822, par le garde des sceaux, M. de Peyronnet, à la Chambre des députés et rapportées au *Rép.* n° 327.

282. — 1° *A qui appartient le droit de réponse.* — L'art. 13 accorde à toute personne, par cela seul qu'elle a été nommée ou désignée dans un journal, le droit de répondre à l'article qui la nomme ou qui la désigne. — Il a été jugé, sous l'empire de la loi de 1822, que le droit de réponse peut être exercé même par un *fonctionnaire public* agissant, non comme représentant de l'autorité et à l'effet de requérir une insertion officielle, mais comme simple particulier, et à raison de la désignation dont il a été personnellement l'objet (Crim. rej. 31 déc. 1835, *Rép.* n°⁸ 339 et 352). La question pouvait paraître douteuse en vertu de la loi de 1881. On lisait en effet, dans le rapport de la commission : « Il a paru utile à la commission de distinguer par deux dispositions différentes les vérifications émanées de l'autorité publique et celles émanées des personnes privées... La commission, tout en acceptant le droit de réponse, l'a limité, quand il s'agit des représentants de l'autorité publique, aux rectifications qui ont trait aux actes de la fonction qui auraient été inexactement rapportés ». Cependant il est certain d'abord que, pour tout ce qui est étranger aux actes de sa fonction, le fonctionnaire a, comme tout particulier, le droit de réponse établi par l'art. 13. Fallait-il aller plus loin, et accorder le droit de réponse au fonctionnaire, même en ce qui concerne les actes de sa fonction, s'il avait été nommé ou désigné dans le journal? C'est en faveur de l'affirmative que la cour de cassation s'est prononcée. Elle a jugé, en effet, qu'en outre du droit qui, aux termes de l'art. 12 de la loi du 29 juill. 1881, appartient aux fonctionnaires publics de faire insérer dans les journaux des rectifications au sujet des articles qui concernent les actes de leurs fonctions, ils ont, comme toute personne, nommée ou désignée dans un journal, le droit de réponse consacré par l'art. 13 de la même loi (Crim. rej. 21 févr. 1889, aff. Dretzen, gérant du journal *Le Soleil*, D. P. 90. 1. 189; 10 avr. 1891, aff. Bitard, D. P. 92. 1. 80. — *Contrà :* Barbier, n° 146, p. 130).

Le fonctionnaire attaqué dans un journal relativement aux actes de ses fonctions peut donc choisir entre le bénéfice de l'art. 12 et celui de l'art. 13. Dans le premier cas, il pourra faire insérer sa réponse en première page; mais cette réponse ne pourra être qu'une simple rectification de fait, réduite au double de l'article qui l'a provoquée sans que le fonctionnaire soit autorisé à requérir une insertion plus étendue, même en offrant de payer le supplément. Dans le second cas, il pourra obtenir l'insertion accordée à toute personne nommée ou désignée dans un journal, mais aux mêmes conditions et à la même place qu'un simple particulier.

283. Il est généralement reconnu que le droit de réponse appartient aux êtres moraux, même quand ils ne constituent pas des personnes juridiques. Ainsi ce droit peut être exercé par les administrations, les corps constitués, les tribunaux, les compagnies, les associations, etc. « La réponse peut être alors adressée, soit par le chef de l'administration, du corps, etc., soit par les membres qui le composent » (de Grattier, t. 2, p. 101; Conf. Chassan, t. 1, n° 949; Barbier, n° 147, p. 131). Si c'est un être moral qui peut être considéré comme dépositaire de l'autorité publique, un tribunal par exemple, et s'il s'agit d'attaques dirigées contre les actes de la fonction, le droit de réponse pourra s'exercer soit en conformité de l'art. 12, soit en conformité de l'art. 13.

284. Le droit de réponse appartient-il aux gérants et aux journalistes qui ont été nommés ou désignés dans un autre journal? Le tribunal de la Seine, par jugement du 28 juill. 1874 (aff. *Le Figaro*, D. P. 75. 5. 351), a décidé « que les dispositions légales contenues dans l'art. 11 de la loi du 25 mars 1822 protègent les particuliers nommés ou désignés dans les journaux contre ces mêmes journaux, mais non les éditeurs de journaux contre d'autres éditeurs, pourvus les uns et les autres des mêmes moyens d'attaque et de défense; qu'autrement la justice serait appelée sans cesse à intervenir dans les polémiques quotidiennes occasionnées par des publications erronées, contradictoires, imprudentes ou passionnées ». Mais, à la suite de ces considérants, le tribunal déclarait qu'il n'y avait pas lieu, dans l'espèce, d'obliger les gérants défendeurs à insérer dans leurs feuilles l'article dont l'insertion avait été refusée, parce qu'il n'avait pas le caractère d'une réponse.

Sous l'empire de la loi de 1822, il a été jugé, au contraire, que la faculté qu'a le journaliste de répondre dans son journal, ne le prive pas du droit, qui appartient à toute personne désignée dans une feuille publique, de faire insérer sa réponse dans les colonnes de cette feuille; que, tout au moins, ce droit ne saurait être contesté lorsque, l'attaque ayant un caractère diffamatoire et sortant des limites d'une polémique ordinaire, le journaliste qu'elle atteint a un intérêt évident à démontrer aux lecteurs de la feuille, dans laquelle elle s'est produite, la fausseté de l'accusation portée contre lui (Rouen, 15 juill. 1870, aff. Santallier, D. P. 71. 2. 93; Conf. *Rép.* n° 340, et Douai, 16 juin 1845, *ibid.;* de Grattier, t. 2, p. 102; Rousset, *Code général des lois sur la presse*, p. 69, n° 591). Jugé dans le même sens, en vertu de la loi du 29 juill. 1881 qu'on ne saurait opposer sa qualité à un journaliste, pour refuser d'insérer la réponse requise par lui à l'article du journal dans lequel il est désigné (Paris, 16 août 1883). — Ces décisions nous paraissent très justes. Le cas d'attaque diffamatoire n'est, d'ailleurs, pas le seul où le journaliste ait intérêt à user du droit de réponse dans le journal où il a été désigné. L'intérêt est tout aussi évident lorsqu'il s'agit de rectifier des nouvelles fausses, même reproduites de bonne foi, qui sont de nature à compromettre la publication que ce journaliste dirige. Pour ce motif, il ne conviendrait pas, semble-t-il, de limiter le droit de réponse du journaliste par des distinctions que la loi n'a pas faites (D. P. 71. 2. 93, note 2).

285. Le gérant d'un journal pourra-t-il faire usage du droit de réponse alors qu'il n'a pas été personnellement l'objet d'une désignation particulière et que le journal auquel il appartient a seul été clairement désigné comme être collectif? La négative est enseignée par Chassan (t. 1, n° 950). Cet auteur soutient que « le droit de réponse s'il appartient à la personne du rédacteur ou du gérant, personnellement nommé ou désigné, ne compète pas au journal comme être intellectuel ou industriel ». Il cite, en ce sens, une décision du tribunal de Saint-Omer du 29 avr. 1840 (*Gazette des tribunaux*, 6 mai 1840), et une autre décision du tribunal de la Seine du 8 sept. 1843, aff. de Genoude (Conf. Dutruc, n° 74).

On a combattu cette opinion au *Rép.* n° 340. Comment refuser au journal considéré comme être industriel ou intellectuel le droit de réponse que l'on reconnaît à toute autre association? S'il est publié dans un journal un article injurieux, où l'on dit qu'un autre journal est mal écrit, qu'il est mal administré, qu'il est vendu à quelque mauvaise cause, etc., ne permettra-t-on pas au gérant de ce dernier journal de répondre à l'attaque dans les colonnes mêmes de la feuille provocatrice? Comme on l'a dit au *Rép., ibid.*, ce serait établir entre les journaux et toute autre association ou être moral une distinction que les motifs véritables et les termes généraux de la loi repoussent également (Conf. Barbier, t. 1, n° 148, p. 132). Jugé, en ce sens, que le directeur d'un journal a le droit de répondre à un article qui désignait son journal sans le désigner personnellement lui-même (Orléans, 28 sept. 1859) (1). — Sous l'empire de la loi du 29 juill. 1881, c'est au gérant seul que nous reconnais-

---

(1) (De la Fare et Jullien *C.* Lecesne.) — La cour; — En ce qui touche la fin de non-recevoir tirée du défaut de qualité du vicomte de la Fare et de Jullien pour agir au nom de la rédaction du journal *La France centrale :* — Considérant, d'une part,

qu'aucune fin de non-recevoir ne peut être opposée à Jullien, lequel n'agit que dans un intérêt individuel, comme l'un des rédacteurs du journal; — Considérant, d'autre part, qu'il résulte des termes de la citation du 1er août, rapprochés de la somma-

sons, en pareil cas, le droit de réponse. Les rédacteurs n'ont pas légalement qualité pour répondre aux attaques dirigées contre le journal lui-même ; ils ne peuvent exercer le droit de réponse que lorsqu'ils ont été personnellement nommés ou désignés d'une façon suffisante (Conf. Barbier, *loc. cit.*).

286. En ce qui concerne les héritiers de la personne nommée ou désignée, on discutait, sous le régime de la loi de 1822, la question de savoir s'ils pouvaient exercer ou non le droit de réponse aux lieu et place de leur auteur (*Rép.* n° 338). La question est tranchée en faveur des héritiers par l'art. 34 de la loi du 29 juill. 1881. Cet article, après avoir déclaré punissables les diffamations ou injures dirigées contre la mémoire des morts, lorsque les auteurs de ces diffamations ou injures auront eu l'intention de porter atteinte à l'honneur ou à la considération des héritiers vivants, ajoute que ceux-ci pourront *toujours* et, dès lors, en dehors même de la condition mise ainsi à la recevabilité de l'action pénale, user du droit de réponse prévu par l'art. 13 (V. *infrà*, tit. 3, chap. 4, sect. 2).

287. Le droit de réponse n'appartient qu'à ceux qui ont été nommés et désignés dans un journal sans leur consentement, ou hors des limites de ce consentement. Jugé, en conséquence, que le candidat au conseil général qui a remis sa profession de foi au directeur d'un journal, pour que ce dernier en fasse la publication, ne peut exiger l'insertion d'une réponse aux critiques qui ont accompagné la reproduction de ce document, si la discussion à laquelle s'est livré le journaliste est restée sérieuse et mesurée, et ne contient aucune attaque contre la personne du candidat (Douai, 29 janv. 1878, aff. Motte, D. P. 80. 2. 72. Comp. Trib. corr. Seine, 16 janv. 1847, aff. Danré, D. P. 47. 4. 391, et *Rép.* n° 329 ; Barbier, t. 1, n° 149, p. 133).

288. Le droit de réponse existe par cela seul que la personne est *désignée* d'une façon suffisante. Il n'est pas nécessaire qu'elle soit *nommée*. Tels sont les termes de la loi du 29 juill. 1881, conforme sur ce point à la loi de 1822 (*Rép.* n° 339). Jugé, par application de cette règle, qu'un député est suffisamment désigné dans un article de journal pour avoir le droit de réponse, aux termes de l'art. 13 de la loi du 29 juill. 1881, lorsqu'il résulte clairement de l'ensemble de l'article que la mère, expressément nommée, de ce député, n'aurait dû l'obtention d'un bureau de tabac qu'à l'influence de son fils (Paris, 15 nov. 1889, aff. Mataigne, D. P. 90. 2. 116. Comp. *Rép.* n° 339 ; Barbier, t. 1, n° 144, p. 129). — Jugé, d'autre part, que le droit de réponse à un article de journal n'est pas ouvert à une personne par cela seul que cet article touche à une situation dans laquelle elle se trouve avec d'autres, si l'article dont il s'agit est conçu d'une manière générale et n'appelle pas spécialement l'attention sur elle (Trib. Seine, 2 févr. 1870, aff. Pouyer-Quertier, D. P. 70. 3. 39).

289. C'est au juge du fait qu'il appartient de décider si la désignation est ou non suffisante ; et sa décision sur ce point est souveraine (Crim. rej. 29 nov. 1872, *Bull. crim.*, n° 295).

290. Une personne que le journal n'a eu l'intention ni de nommer, ni de désigner, ne peut prétendre faire insérer une réponse à un article nommant ou désignant une autre personne, sous prétexte qu'une similitude de nom ou de situation pourrait produire dans le public une confusion

plus ou moins regrettable (Paris, 31 juill. 1879, *Journ. min. publ.*, t. 22, p. 237 ; Dutruc, n° 75).

291. — 2° *Des caractères du droit de réponse et des conditions auxquelles est soumis son exercice.* — « Le droit pour toute personne nommée ou désignée dans un article de journal de répondre dans la même feuille a été introduit par l'art. 11 de la loi du 25 mars 1822, comme un moyen de défense *contre le journal lui-même* et les énonciations *libres* de ses rédacteurs » (Civ. rej. 6 janv. 1863, aff. Leymarie, D. P. 63. 1. 21). Le principe ainsi posé par la cour de cassation conduit à reconnaître que la personne nommée ou désignée dans un journal ne peut exiger l'insertion d'une réponse qu'autant que celle-ci est dirigée contre des énonciations émanées librement et spontanément des rédacteurs de ce journal. Ainsi le droit de réponse ne peut pas être exercé par une personne nommée ou désignée dans un *communiqué* inséré à la requête d'un dépositaire de l'autorité publique, puisque le journal était obligé de reproduire ce document (Trib. civ. Seine, 25 nov. 1868, aff. Lermina, D. P. 68. 3. 112).

292. Spécialement, en ce qui concerne le *Journal officiel*, il est constant que le gérant de ce journal, étant tenu de publier tous les documents officiels qui lui sont remis à cet effet par le Gouvernement ne peut encourir de ce fait aucune responsabilité (Trib. corr. Seine, 19 mars 1869, aff. Buet, D. P. 69. 3. 31. V. *infrà*, n° 295). Pour le même motif, la personne désignée dans une note du *Journal officiel* n'a pas le droit d'exiger l'insertion de sa réponse dans ce journal, lorsque la note a été adressée par le ministre de l'intérieur et publiée par son ordre (Trib. corr. Seine, 15 déc. 1874, aff. Stoffel, D. P. 75. 3. 352. Conf. Trib. civ. Seine, 25 nov. 1868, cité *suprà*, n° 291). Mais, bien que le ministère ait la direction du *Journal officiel*, non seulement politique, mais aussi littéraire et scientifique, le gérant de ce journal répond de tout article inséré dans la partie non officielle et qui n'a pas un caractère officiel ; il ne peut conséquemment contester le droit de réponse aux tiers qui justifieraient y être désignés (Trib. civ. Seine, 2 févr. 1870, aff. Pouyer-Quertier, D. P. 70. 3. 39). Même en ce qui concerne l'insertion des documents officiels, la responsabilité du gérant du *Journal officiel* pourrait être engagée et le droit de réponse pourrait s'exercer si l'insertion dont il s'agit avait été accompagnée de commentaires ; ces commentaires doivent être considérés comme l'œuvre personnelle du gérant et ne participent pas du caractère du document officiel auquel ils se rapportent (Civ. rej. 6 janv. 1863, cité *suprà*, n° 291).

293. L'insertion des documents officiels, notamment des comptes rendus des séances des deux Chambres, de celles des conseils généraux ou municipaux ou des comptes rendus des débats judiciaires, donne-t-elle ouverture au droit de réponse vis-à-vis des journaux ordinaires qui, à la différence du *Journal officiel*, n'étaient pas tenus de publier ces documents ? — Il est d'abord certain que le droit de réponse peut être exercé par toute personne nommée ou désignée dans l'un des comptes rendus, toutes les fois que le journal ne s'est pas borné à livrer à la publicité le document dans la forme et teneur qu'il avait reçues de l'autorité publique et qu'il se l'est approprié au moyen d'une rédaction, personnelle. Ce n'est plus alors un document officiel : c'est un article du journal. Cette règle admise, doit-on accorder

---

tion du 8 juin, qui l'avait précédée, que de la Fare, pour le cas où il ne serait pas apte à agir au nom de tous les rédacteurs et comme les représentant suffisamment, a entendu agir aussi bien que Jullien en son nom personnel, c'est-à-dire dans l'intérêt de sa seule individualité de simple rédacteur de *La France centrale;* — Que, dès lors, l'action intentée par de la Fare et Jullien a été à cet aspect une action individuelle qu'ils prétendaient appartenir à chacun d'eux, parce que chacun d'eux était au nombre des rédacteurs du journal (être collectif et personne morale), qui ne pouvait être intentée valablement que par le gérant responsable, — Qu'il reste donc à rechercher, au point de vue de la seconde fin de non-recevoir, si le comte de la Fare et Jullien, qui agissent comme individus, ont été suffisamment désignés par l'article auquel ils veulent répondre ; — Considérant qu'en nommant *La France centrale*, Lecesne désignait nécessairement au public les individus qui, prenant une part plus ou moins active à la rédaction du journal ou exerçant une influence appréciable et régulière sur sa di-

rection, étaient notoirement connus dans Blois et les environs comme étant au nombre de ses rédacteurs ou directeurs habituels, et, dès lors, présumés de plein droit en communication parfaite avec les opinions et tendances politiques de cette feuille; — Qu'il résulte de l'inspection des feuilles du journal, des autres documents du procès et d'une notoriété incontestable, que le comte de la Fare et Jullien étaient considérés comme étant du nombre des principaux rédacteurs ou directeurs de *La France centrale*, ou comme prenant par leur plume, à la composition de ce journal, une part plus grande peut-être que celle qu'ils y prenaient réellement ; — Qu'en conséquence, les imputations et reproches dirigés contre *La France centrale* atteignaient, dans l'esprit des lecteurs, de la Fare et Jullien ; — D'où il suit que c'est à tort que le jugement les déclare non recevables dans l'action qu'ils ont voulu tous deux formée en leur nom personnel; — Par ces motifs, infirme, etc.

Du 28 sept. 1859.-C. d'Orléans, ch. corr.-MM. Vilneau, pr.-Merville, av. gén., c. conf.-Andral, Poujet et Fougeren, av.

le droit de réponse quand le document publié n'est pas l'œuvre propre du journal et qu'il a été inséré dans sa forme et teneur officielles? La question paraît comporter des distinctions.

294. — *Comptes rendus des séances des deux Chambres.* — Antérieurement au décret du 17 févr. 1852, la rédaction de ces comptes rendus était abandonnée aux journaux, qui la faisaient librement et sous leur propre responsabilité. A cette époque, la cour de cassation avait jugé que l'attaque contenue dans le compte rendu d'une séance de l'Assemblée législative donnait ouverture au droit de réponse, alors même qu'il n'était pas allégué, par la personne nommée ou désignée, que la faisaient librement et sous leur propre responsabilité. A cette époque, la cour de cassation avait jugé que l'attaque contenue dans le compte rendu d'une séance de mauvaise foi (Crim. cass. 8 févr. 1850, aff. Journal Le Siècle, D. P. 50. 1. 69, et Rép. n° 337). Après la mise en vigueur du décret du 17 févr. 1852, la cour de cassation décida, au contraire, que l'insertion dans les journaux des comptes rendus des séances du Corps législatif n'ouvrait pas aux personnes désignées dans ces comptes rendus le droit de réponse établi par l'art. 11 de la loi du 25 mars 1822. Ce changement de la jurisprudence de la cour suprême était motivé dans les termes suivants : « Attendu que le droit pour toute personne nommée ou désignée dans un article de journal, de répondre dans la même feuille, a été introduit par l'art. 11 de la loi du 25 mars 1822, comme un moyen de défense contre le journal lui-même et les énonciations libres de ses rédacteurs; que, si antérieurement à 1852, les comptes rendus des assemblées législatives pouvaient donner lieu à l'exercice de ce droit, c'est qu'alors ces comptes rendus constituaient des exposés livrés à la libre rédaction de chacun et dont la publication par les journaux devait entraîner leur responsabilité; attendu qu'aux termes de la législation actuelle (Décr. 14 janv. 1852) les comptes rendus des séances du Corps législatif sont l'œuvre exclusive d'une commission légalement instituée; que la reproduction doit en être faite par les journaux sans aucune modification, addition ou retranchement; que, dès lors, en livrant ainsi, suivant leur droit, ce document officiel à la publicité, ils ne font que se conformer à la loi et n'encourent aucune responsabilité » (Civ. rej. 6 janv. 1863, aff. Leymarie, D. P. 63. 1. 21.—Aujourd'hui le décret du 17 févr. 1852 est abrogé. La rédaction des comptes rendus des séances des deux Chambres est abandonnée librement aux journaux. Les motifs qui ont déterminé la jurisprudence de 1863 ont disparu. Le régime inauguré par la loi du 29 juill. 1881 est le même que celui des lois antérieures à 1852. L'arrêt de la cour de cassation de 1850 retrouve, en conséquence, toute son autorité et, par application des principes qu'il proclame, on devrait décider que toute personne nommée ou désignée dans le compte rendu d'une séance de l'une ou l'autre Chambre, qu'un journal, autre que le *Journal officiel*, a librement publié, donne ouverture au droit de réponse. Cette solution devrait être admise alors même que le journal aurait reproduit sans aucun commentaire le texte du discours prononcé d'après la version du *Journal officiel*. Cependant, en 1850, on pouvait objecter à la doctrine de la cour de cassation que l'art. 22 de la loi du 17 mai 1819 disposait en thèse générale et d'une manière absolue que le compte rendu des assemblées législatives fait fidèlement et de bonne foi dans les journaux «ne donnera lieu à *aucune action* ». On pouvait à bon droit soutenir que cette disposition générale refusait à la personne nommée ou désignée non seulement l'action en diffamation, injure ou outrage, mais aussi l'action en insertion d'une réponse. Sous la loi du 29 juill. 1881, on peut objecter de même que l'art. 41, § 2, reproduit textuellement la disposition de l'art. 22 de la loi du 17 mai 1819. Il semble donc que tout compte rendu fidèle et de bonne foi des séances de l'une ou de l'autre Chambre, alors même qu'il ne serait pas la reproduction littérale de la version du *Journal officiel*, ne donne ouverture à *aucune action*, soit en dommages-intérêts, soit en insertion de réponse au profit de la personne nommée ou désignée (Conf. Barbier. n° 140, p. 127). L'art. 41, § 1, de la loi du 29 juill. 1881, permettrait également au gérant de refuser l'insertion d'une réponse au rapport émanant d'une commission parlementaire, que le journal aurait reproduit fidèlement et de bonne foi (Conf. Paris, 5 mars 1874, *Gazette des tribunaux* du 6 mars).

295. — *Reproduction de documents officiels.* — Le principe que proclame l'arrêt précité de la cour de cassation du 6 janv. 1863 (*suprà*, n° 294) conduisait à reconnaître que la reproduction littérale des documents officiels ne comporte pas l'exercice du droit de réponse; car ce droit ne peut s'exercer qu'à l'encontre des énonciations émanées du journal lui-même ou des documents que le journal a fait son œuvre propre, au moyen de la rédaction personnelle qu'il leur a donnée. Cette doctrine est pourtant sujette à critique. N'est-il pas manifeste que le gérant, libre de ne pas publier un document officiel ou d'en modifier la rédaction, est responsable de la publicité qu'il donne à ce document dans sa forme et teneur? Rédigées par tout autre et par le Gouvernement lui-même, elles deviennent, sous le rapport de la publicité qu'elles reçoivent, l'œuvre même du journal qui les reproduit de sa propre initiative et sans avoir une obligation de le faire. Sans doute, en fait, la reproduction des documents officiels destinés à la publicité et, comme le dit M. Barbier (n° 140, p. 127), « appartient, en quelque sorte, la publicité de la presse », n'entraînera pour le gérant qu'une responsabilité des plus affaiblies et le plus souvent nulle au point de vue du dommage causé et des réparations civiles; mais l'arrêt du 6 janv. 1863 est critiquable en ce qu'il affranchit, en droit, le gérant de la responsabilité qu'il assume par la publication et de l'obligation d'insérer les réponses que cette publication a provoquées. Quelle que soit donc la possibilité d'une condamnation éventuelle à des dommages-intérêts, nous pensons que le droit de réponse subsiste en principe, alors même que l'attaque consisterait dans la reproduction d'un document émané de l'autorité publique; car, d'une manière générale, la reproduction de ces documents ne bénéficie pas de l'immunité que nous avons admise exceptionnellement, en vertu de l'art. 41, § 1, de la loi de 1881, à l'égard des comptes rendus des séances des deux Chambres et des travaux des commissions parlementaires (Conf. Barbier, *loc. cit.*).

296. — *Comptes rendus des séances des conseils généraux et municipaux.* — Il a été jugé que la publication dans les colonnes d'un journal, sans critique et sans commentaire, des délibérations d'un conseil général, ne donne point aux personnes qui y sont nommées le droit d'exiger l'insertion de leur réponse dans ce journal; que l'art. 11 de la loi du 25 mars 1822 s'applique seulement au cas où le journaliste attaque, par des appréciations qui lui sont personnelles ou des assertions qui s'approprie, la délicatesse, l'honneur, l'intérêt ou l'amour-propre de ceux sur lesquels il appelle l'attention de l'opinion publique; que l'insertion peut être refusée, alors surtout que la réponse contient des insinuations malveillantes contre un tiers étranger à la délibération du conseil général et au fait de sa reproduction (Montpellier, 10 avr. 1866, aff. *Le Messager du Midi*, D. P. 66. 2. 101).

Après la promulgation de la loi du 29 juill. 1881, la cour de Paris s'est prononcée dans le même sens au sujet du procès-verbal d'une séance du conseil municipal de Paris publié dans le *Bulletin municipal officiel de la ville de Paris*. On sait que l'art. 58 de la loi du 5 avr. 1884, sur l'organisation municipale, a permis à toute personne de publier, *sous sa responsabilité*, les procès-verbaux des séances municipaux. Au contraire, d'après la règle édictée par l'art. 21 de la loi du 18 juill. 1837, les débats du conseil municipal de Paris ne pouvaient être publiés que sous l'approbation de l'autorité supérieure. Ce conseil municipal a, par une délibération du 5 juill. 1882, fondé le *Bulletin municipal officiel de la ville de Paris*, qui publie les procès-verbaux officiels de ses séances, arrêté par les membres du bureau et par eux transmis à cet effet. Une tierce personne, désignée dans l'un de ces procès-verbaux, avait prétendu exercer le droit de réponse à l'égard du *Bulletin municipal*. La cour d'appel, tout en constatant « que le journal (dont il s'agit) constitue une entreprise privée au regard de la législation sur la presse et que ladite entreprise est assujettie à toutes les obligations et à toutes les responsabilités procédant de la loi du 29 juill. 1881 », a rejeté cette prétention par le motif que, toutefois, le droit de toute personne nommée ou désignée dans un article de journal de répondre dans la même feuille a été édictée par l'art. 13 de la loi précitée comme un moyen de défense contre le journal lui-même et contre les énonciations personnelles de ses rédacteurs ; mais qu'il est sans application au cas où, comme dans l'espèce, le journal s'est borné à reproduire intégralement et sans commentaire un document émané d'une autorité publique ou d'un corps administratif ; que le compte rendu de la séance du conseil municipal dont s'agit a bien le caractère d'un document émané d'un corps administratif et qu'il a été livré à la publicité par ce corps administratif lui-même : que dès lors les gérants ou éditeurs de journaux, quels qu'ils fussent, ne pourraient être recherchés par les tiers pour réponse ou rectification à ce document par eux publié de bonne foi et sans modification ni commentaire ; que la loi sauvegarde d'ailleurs par d'autres moyens les droits des tiers que léserait la publication de documents de cette nature, soit en leur ouvrant éventuellement un recours en excès de pouvoir auprès de l'administration supérieure, soit en leur réservant, le cas échéant, la faculté de poursuivre correctionnellement la répression des allégations contenues auxdits documents qui auraient un caractère diffamatoire ou injurieux (Paris, 26 déc. 1883, aff. Nicoullaud, D. P. 85. 1. 133. Conf. Trib. corr. de la Seine, 7 juill. 1883, même affaire, *ibid.*).

Ces décisions ne sont, comme on le voit, que des applications de la jurisprudence établie par l'arrêt de la cour de cassation du 6 janv. 1863 (*suprà*, n° 294).

297. Mais, la cour de cassation, statuant sur le pourvoi formé contre l'arrêt de la cour de Paris du 26 déc. 1883, est revenue elle-même sur sa déclaration de principe de 1863, en décidant : « que le droit pour toute personne nommée ou désignée par un journal, de faire insérer une réponse dans la même feuille est général et absolu et n'admet de restriction que dans le cas où les termes de la réponse seraient contraires aux lois, aux bonnes mœurs, ou porteraient atteinte à l'honneur des tiers ou du journaliste ; que, par suite, le refus d'insertion dans le *Bulletin municipal de la ville de Paris* de la réponse d'une personne désignée dans ce journal ne peut se justifier par cette circonstance que le *Bulletin* s'est borné à reproduire intégralement et sans commentaire le compte rendu d'une séance du conseil municipal de Paris » (Crim. cass. 20 mars 1884, aff. Nicoullaud, D. P. 85. 1. 133). Contrairement à la règle trop large qu'elle avait tracée dans l'arrêt de 1863, la cour déclare « qu'aucune disposition de loi n'établit de restriction au droit de réponse en faveur des comptes rendus des délibérations des conseils municipaux ; que l'exercice d'une faculté qui se rattache au droit de la défense personnelle doit toujours trouver place là où l'attaque s'est fait jour et obtenir par la même voie le bénéfice de la publicité ne peut être le privilège de l'attaque parce que celle-ci s'est produite dans un compte rendu des séances d'un conseil municipal ; que le journaliste *libre de publier ou de ne pas publier ce compte rendu ne peut se soustraire aux conséquences de cette publication* ; que sans doute la personne lésée par un compte rendu peut poursuivre devant les juridictions répressives les outrages ou diffamations qui y seraient contenues ; mais que cette action est indépendante de celle qui a pour objet d'obtenir l'insertion d'une réponse ». Le même arrêt fait encore observer que la personne lésée peut avoir intérêt à détruire sur-le-champ l'effet des imputations dirigées contre elles, sans attendre la décision du juge de répression, et même à répondre à des attaques qui peuvent être très

préjudiciables, sans constituer pourtant ni crime, ni délit.

La sagesse pratique de cette décision, applicable à l'insertion de tous les documents ayant un caractère officiel dans un journal qui n'a pas l'obligation de les publier (V. *suprà*, n° 296), est manifeste surtout quand il s'agit des délibérations des conseils généraux ou municipaux. Les comptes rendus de leurs séances « abondent forcément, dit M. Barbier (t. 1, n° 141, p. 129), en questions de clochers et de personnes, et il est difficile d'imaginer une catégorie de publications à l'occasion desquelles il soit plus utile d'assurer le plein et complet exercice du droit de réponse ». Il y a lieu de remarquer, au surplus, que, tandis que les discours prononcés dans les assemblées législatives jouissent d'une immunité, les discours prononcés dans les réunions du conseil général ou du conseil municipal n'obtiennent pas la même privilège : de même aucune immunité n'est accordée au compte rendu des séances de ces conseils, fût-il d'ailleurs entièrement fidèle et de bonne foi. La personne injuriée ou diffamée dans ce compte rendu peut agir en injure ou diffamation tout à la fois contre le conseiller général ou municipal qui a prononcé le discours outrageant et contre le gérant du journal, qui, publiant le compte rendu, assume la responsabilité de la publicité qu'il donne à l'outrage. Il n'est pas logique de refuser le droit de répondre dans les cas où l'on est obligé d'accorder l'action en réparation, ce droit étant d'ailleurs tellement absolu qu'il peut être exercé sans qu'on justifie d'un intérêt (V. *infrà*, n°s 306 et suiv. Conf. Barbier, *loc. cit.*).

298. — *Compte rendu de débats judiciaires.* — Les comptes rendus de débats judiciaires donnent ouverture au droit de réponse, alors même que la personne nommée ou désignée ne prétendrait pas que le compte rendu est entaché d'infidélité ou de mauvaise foi. On ne peut pas invoquer ici l'art. 41 de la loi du 29 juill. 1881 ; car, tandis qu'aux termes du deuxième alinéa de cet article le compte rendu des séances publiques des deux Chambres, fait de bonne foi par les journaux, « ne donne lieu à *aucune action* » (V. *suprà*, n° 294), aux termes du troisième alinéa, le compte rendu fidèle, fait de bonne foi, des débats judiciaires ne donne lieu « à aucune action *en diffamation, injure ou outrage* », abondent les journaux. Jugé : dès lors : 1° que l'art. 41 de la loi du 29 juill. 1881, d'après lequel le compte rendu fidèle fait de bonne foi des débats judiciaires ne peut donner lieu à aucune action en diffamation, injure ou outrage, ne met pas obstacle au droit de réponse consacré par l'art. 13 de la même loi, le droit de réponse ne comportant l'exercice d'aucune action en diffamation, injure ou outrage (Dijon, 29 mars 1882, aff. Gauthey, D. P. 82. 2. 135) ; — 2° qu'un journaliste ne peut pas se prévaloir de l'art. 41 de la loi du 29 juill. 1881 pour refuser d'insérer les réponses des personnes qui se prétendent lésées par les énonciations du compte rendu d'un débat judiciaire ; que, par suite, lorsqu'un journal a annoncé que deux inculpés ont été condamnés par le tribunal correctionnel, le gérant ne peut pas refuser d'insérer la réponse rectificative par laquelle ces inculpés font connaître que la cour d'appel a prononcé leur acquittement ; que cette insertion ne pourrait-pas être refusée alors même que le journaliste aurait mentionné cet acquittement dans un précédent numéro du journal (Rouen, 29 mars 1884 (1). Conf. Crim. rej. 29 janv. 1842. *Rép.* n° 330-2° ; Chassan, t. 15, n° 932 ; Barbier, t. 1 n° 137, p. 124).

(1) (Dumanoir C. Duval, gérant du *Journal de Neufchâtel*.) — La cour ; — Sur le refus d'insertion : — Attendu qu'en annonçant, dans le *Journal de Neufchâtel* du 20 nov. 1883, que les époux Dumanoir avaient été condamnés, le 16 du même mois, à six jours d'emprisonnement pour détournement d'objets saisis, Duval n'a pas publié le jugement qui prononçait cette condamnation, et qui, dans certaines parties, contenait une atténuation des faits de la prévention ; qu'il a résumé à sa manière la poursuite et la décision intervenue, et que, malgré la déclaration que les époux Dumanoir lui avaient faite, par exploit du 17 novembre, qu'ils entendaient interjeter appel, il a ajouté à ce compte rendu, son œuvre personnelle, une phrase dubitative indiquant que les prévenus auraient, dit-on, interjeté appel ; qu'il a ainsi laissé planer sur les divers éléments de la prévention et sur son issue finale une incertitude qui pouvait nuire à la considération des époux Dumanoir, et qui, dans tous les cas, donnait de leur part ouverture au droit de réponse ; qu'en vain l'on a soutenu que

l'intimé, obligé par les nécessités de son journal de rendre compte de tout ce qui se passe à l'audience, ne pouvait se dispenser de publier cet article ; que Duval a reconnu qu'habituellement il ne rend presque jamais compte des délits forestiers ni des procès entre particuliers pour injures publiques ou autres ; que, faisant cette exception pour certains délits, il pouvait le faire pour d'autres ; que, dans l'espèce, il était tenu à d'autant plus de circonspection que, par leur sommation du 17 novembre, les appelants lui avaient fait défense de rendre compte de la poursuite et de son résultat ; qu'enfin, s'il voulait absolument publier le récit des différentes phases de ce procès, il lui était loisible de le faire dans d'autres termes, et qu'il agissait, en tout cas, à ses risques et périls ; — Attendu que l'immunité résultant de l'art. 41 de la loi du 29 juill. 1881, et affranchissant le journaliste de toute action en diffamation, injure ou outrage, pour le compte rendu fidèle et de bonne foi des débats judiciaires est distincte et indépendante du droit de réponse, tel que le

299. Un arrêt de la cour de Rennes du 27 janv. 1868 (1) a décidé qu'il n'y a pas lieu à réponse quand le journaliste se borne à reproduire exactement une *décision judiciaire*, sans l'accompagner d'aucun récit ou d'aucun commentaire qui soit son œuvre personnelle. — Cette décision nous paraît sujette à critique en ce qu'elle admet au droit de réponse une restriction qui n'est autorisée par aucun texte de loi. Le gérant ne pourrait opposer un refus légitime à la réquisition d'insérer la réponse que dans le cas où l'insertion de la décision judiciaire aurait été ordonnée par le juge, et où, par conséquent, le journal n'aurait pas été libre de refuser cette première insertion (V. *suprà*, nᵒˢ 291 et suiv. Conf. Barbier, *loc. cit.*).

300. La règle que le journal prend la responsabilité de tout article ou document qu'il publie et que, par suite, toute publication faite par un journal, sans y être obligé par la loi, donne ouverture au droit de réponse, est applicable, sans contestation possible, aux écrits des particuliers. Cela n'était pas discuté même à l'époque où la cour de cassation admettait une opinion contraire relativement à la publication des actes officiels. Jugé, en ce sens, que l'insertion dans un journal de la circulaire d'un candidat aux élections donne à l'adversaire de ce candidat, qui s'y trouve désigné, le droit d'exiger l'insertion dans le même journal, à titre de réponse, de sa propre circulaire ; que vainement le journal prétendrait que le droit de réponse n'existe que pour les articles émanés de ses rédacteurs, et pour ceux dont ils auraient accepté la responsabilité par leur signature ; que la loi ne fait point cette distinction, qu'elle accorde le droit de réponse contre tout ce que le journal a accueilli et vulgarisé, en dehors des documents émanés de l'autorité ; que l'insertion ne peut être refusée alors surtout que l'un des rédacteurs du journal s'était approprié la circulaire, en la

recommandant par quelques paroles approbatives à l'attention des lecteurs (Orléans, 29 mai 1863, aff. *Journal du Loiret*, D. P. 63. 2. 111).

301. Le même principe conduit à reconnaître que le droit de réponse peut être exercé même à l'occasion d'une simple annonce insérée dans le journal, alors même que le personnel du journal est demeuré absolument étranger à la rédaction de cette annonce. Il a été jugé, en effet, que si, en principe, les journaux ne peuvent refuser les insertions d'annonces qui leur sont demandées, c'est à la condition, toutefois, que ces insertions ne soient pas de nature à les exposer à des poursuites ou avertissements (Paris, 29 nov. 1861, aff. Panis, D. P. 62. 2. 96). Décidé même que les journaux ont le droit de refuser l'insertion des annonces qui ne leur conviennent pas, dans le cas même où elles ne seraient pas contraires à la loi, à l'ordre public ou aux bonnes mœurs, et, à plus forte raison, lorsqu'elles renferment quelque chose d'injurieux à leur égard ; que la circonstance que le prix a été versé d'avance au fermier des annonces ne porte aucune atteinte à ce droit, alors que la réception dudit versement n'a eu lieu que sous la réserve de l'agrément de la direction du journal (Trib. com. Seine, 30 nov. 1866, aff. Loyau de Sacy, D. P. 66. 3. 112). Le journal ayant, au point de vue commercial. le droit de ne pas insérer ou de modifier l'annonce qui lui était apportée, l'insertion qu'il en a faite volontairement l'oblige à souffrir l'exercice du droit de réponse (Conf. Barbier, t. 1, nᵒ 138, p. 124. — *Contrà*, Dutruc, nᵒ 75, *in fine*).

302. Il n'y a pas de distinction à faire, à cet égard, entre les *annonces judiciaires* et les annonces de toute autre nature. Jugé, cependant en sens contraire, que les annonces judiciaires ne comportent pas le droit de réponse (Amiens, 11 févr. 1864 (2). Conf. Dutruc, *loc. cit.*) ; mais on doit

---

règle l'art. 13 de la même loi ; qu'aucun texte ne permet au journaliste, qui a cru devoir rendre compte de débats de cette nature, de repousser les rectifications ou les réponses de ceux qui se prétendent lésés par les énonciations libres de ces comptes rendus ; que, loin de là, l'art. 13 confère à toute personne nommée ou désignée dans un journal le droit de faire insérer une réponse dans la même feuille ; que cette disposition est générale et absolue ; qu'elle n'admet de restriction qu'autant que les termes de la réponse seraient contraires aux lois, à la morale, ou porteraient atteinte à l'honneur des tiers ou du journaliste ; qu'aucun passage de la réponse signifiée par les époux Dumanoir à Duval, le 12 janvier dernier, et que celui-ci a refusé d'insérer, ne présente ce caractère ; que la mention faite par Duval dans le numéro du 15 janvier, de l'acquittement des époux Dumanoir, prononcé par la cour le 28 décembre précédent, ne peut équivaloir à la réponse que la partie plaignante a le droit de faire elle-même, et qu'elle rédige comme elle l'entend ; qu'en se refusant par suite à insérer l'arrêt du 28 décembre, dont les appelants faisaient le texte même de leur réponse, Duval a contrevenu à l'art. 13 de la loi du 29 juill. 1881 ; que, toutefois, en l'absence d'appel du ministère public du jugement qui l'a relaxé de ce chef de la prévention, il n'y a lieu de prononcer une condamnation ; — Par ces motifs ; — Statuant seulement au point de vue de l'action civile ; — Condamne Duval, sous une contrainte de 500 fr., laquelle, faute d'exécution, restera en condamnation définitive, à insérer dans le *Journal de Neufchâtel*, etc. Du 29 mars 1884.-C. de Rouen, ch. corr.-MM. Letellier, pr.-Reynaud, av. gén.-Jouvin et Hardouin, av.

(1) (Catel *C. Journal d'Ille-et-Vilaine.*) — La cour ; — Considérant que, dans le numéro du 24 sept. 1867 du *Journal d'Ille-et-Vilaine*, dont il est rédacteur en chef, Delaunay a publié le fait divers suivant, sous la rubrique : « Nouvelles locales et de l'Ouest : Par jugement du tribunal de police correctionnelle de Rennes, en date du 21 septembre courant, le sieur Catel, imprimeur à Rennes, a été condamné à la peine de 1000 fr. d'amende, pour avoir publié un écrit avant d'avoir effectué le dépôt prescrit par l'art. 14 de la loi du 21 oct. 1814 » ; — Considérant que cette publication a eu lieu dans le premier numéro qui a suivi le prononcé du jugement, et que ses termes, qui ne sont que la reproduction exate du dispositif de celui-ci, sans réflexion, sans commentaire, sans l'expression d'une opinion quelconque de la part du journaliste, n'étaient pas de nature à donner ouverture au droit de réponse, dans l'exercice du droit de réponse édicté par l'art. 11 de la loi du 25 mars 1822 ; — Qu'en effet, en se reportant à la discussion à laquelle donna lieu cet article, tant à la Chambre des députés qu'à la Chambre des pairs, la pensée du législateur se révèle avec clarté ; — Que, suivant l'auteur de l'amendement qui est devenu l'art. 11, son but a été de conjurer le danger de l'immixtion du journaliste dans la vie

domestique ou privée des citoyens, en donnant à ceux-ci le moyen de s'expliquer sans délai et sans intermédiaire « devant le tribunal où il aurait été traduit sans droit, sans nécessité, sans utilité pour le public » ; — Que, suivant le rapport de la Chambre des pairs, « la publicité deviendrait un moyen d'oppression, si elle permettait d'attaquer la réputation d'un citoyen sans qu'il pût descendre dans la même lice que son agresseur, pour y combattre à armes à peu près égales devant le même public » ; — Que le droit de réponse suppose donc nécessairement qu'un acte quelconque de la vie d'un citoyen a été l'objet, de la part d'un journaliste, sinon d'une attaque formelle, du moins d'une divulgation faite sans droit, sans nécessité, sans utilité pour le public, et que là où rien de semblable ne se rencontre, le droit de répondre n'existe pas ; — Qu'en effet, la faculté de répondre ne repose pas sur un fondement autre que celui du droit naturel de légitime défense qui appartient à chacun ; qu'elle n'est qu'un mode particulier de l'exercice de ce droit contre le journal lui-même et les énonciations libres et personnelles de ses rédacteurs, et que l'on ne comprendrait pas qu'une réponse pût être faite au journaliste qui, comme dans l'espèce, n'a rien dit de lui-même, n'a pas écrit un mot qui émanât de sa spontanéité propre, mais qui s'est borné à l'énonciation dans les termes à la fois les plus complets, les plus simples et les plus vrais, d'un fait qui, par sa nature, appartient essentiellement à la publicité, et qu'il était dans son droit de porter à la connaissance du public ; — Considérant que le public a intérêt à connaître les décisions judiciaires qui se produisent, et que la publicité des audiences, le devoir imposé aux juges de prononcer publiquement leurs jugements à peine de nullité, témoignent de la satisfaction assurée par la loi à même de cet intérêt reconnu par elle ; — Que, cet intérêt étant certain, le journaliste qui, en sa qualité d'organe de la publicité, se borne à la reproduction exacte du texte même du dispositif d'une décision judiciaire, loin d'abuser de son droit, n'en fait qu'un légitime usage et n'encourt l'obligation de subir aucune réponse ; — Qu'en fait, d'ailleurs, la prétendue réponse dont Catel entend imposer l'insertion à Delaunay. ne signalant aucune inexactitude commise par lui dans l'énoncé du jugement du 21 sept., n'y rectifiant quoi que ce soit, n'est, en réalité qu'un appel à l'opinion publique de la condamnation qui l'a atteint ; — Que, s'il peut être dans son droit de discuter cette condamnation, ce que la cour n'a pas à rechercher ici, et de publier sa discussion, à ses risques et périls, dans les journaux auxquels il conviendra de l'insérer, on ne saurait admettre qu'il ait le droit d'y contraindre Delaunay, sous prétexte d'une réponse adressée en apparence à celui-ci, et, dans la réalité des faits, à tout le monde, excepté lui ; — Par ces motifs, décharge Delaunay, etc. Du 27 janv. 1868.-C. de Rennes, ch. corr.-M. Taslé, pr.

(2) (Renaud *C. Mauprivez.*) — La cour ; — Considérant que, par suite de la saisie pratiquée sur les biens du sieur Delbarre,

observer que cette décision ne peut pas être justifiée par la circonstance que le journal est entièrement étranger à la rédaction de ces sortes d'annonces (V. *suprà*, nos 291 et suiv.).

D'autre part, l'arrêt précité de la cour d'Amiens est intervenu sous l'empire de l'art. 23 du décret du 17 févr. 1852, aux termes duquel les annonces judiciaires devaient être insérées à peine de nullité, dans le journal ou les journaux désignés chaque année par le préfet. On pouvait alors considérer que ce monopole plaçait les journaux désignés par le préfet en dehors du droit commun et ne leur laissait pas la liberté de refuser l'insertion des annonces judiciaires. Le décret du 28 déc. 1870 (D. P. 71. 4. 14) a mis fin au pouvoir du préfet en décidant que, provisoirement, les annonces judiciaires et légales pourraient être insérées au choix des parties, dans l'un des journaux publiés en langue française dans le département. Cette situation provisoire, durant encore aujourd'hui, le droit pour les journaux de refuser les annonces judiciaires après en avoir contrôlé la teneur a pour conséquence la faculté pour toute personne nommée ou désignée d'exercer le droit de réponse en cas d'insertion (Conf. Barbier, n° 138, p. 124).

303. On a toujours admis que, si le journal présente de nouvelles observations au sujet de la réponse qu'il a reçue de la personne nommée ou désignée dans un premier article, cette personne aura le droit de faire insérer une nouvelle réponse. Le droit de réplique est une conséquence nécessaire du droit de réponse et, s'il n'était pas accordé, les dispositions de la loi deviendraient illusoires (*Rép.* n° 331). On lit à cet égard la déclaration suivante dans le rapport de M. Lisbonne : « Il va de soi que le droit de se défendre persiste tant que dure la provocation » (Conf. Crim. rej. 21 févr. 1889, aff. Dretzen, gérant du journal *Le Soleil*, D. P. 90. 1. 189). — Cependant les polémiques ne peuvent être indéfiniment prolongées (Conf. motifs, Crim. rej. 19 juill. 1873, aff. De Talhouët, D. P. 77. 1. 67). — Il a été jugé que l'insertion d'une réplique pouvait être refusée quand les observations du journaliste sur la première réponse n'avaient aucun caractère de provocation et se bornaient

à certaines considérations générales (Trib. corr. Seine, 18 mai 1841, *Gazette des tribunaux* du 29). Postérieurement à la loi de 1881, la cour de cassation a décidé que, si toute personne désignée dans un journal a le droit d'y faire insérer une réponse, et si, en principe, elle est seule juge de l'opportunité et de la teneur de cette réponse, elle ne peut cependant pas user indéfiniment de ce droit et, notamment, prolonger à son gré un débat qu'elle a elle-même provoqué; que, par suite, celui qui, après avoir provoqué une réponse d'un tiers en le nommant dans une lettre adressée à un journal, laquelle répondait déjà à un article antérieur, a fait insérer une seconde réponse, n'a pas le droit d'exiger l'insertion d'une troisième réponse (Crim. rej. 25 mai 1882, aff. Barral, D. P. 83. 1. 48). En un mot il faut suivre la règle formulée par M. Lisbonne : Le droit de réponse persiste tant que dure la provocation de la part du journal. Le gérant peut refuser l'insertion même d'une seconde réponse, le second article du journal, loin d'être une provocation nouvelle, n'est qu'une défense à la provocation que contenait la première réponse. Il en serait de même à plus forte raison dans l'espèce jugée par la cour de cassation, où la personne désignée dans un premier article, après avoir, dans sa réponse, nommé une tierce personne, provoqué l'exercice du droit de réponse de la part de cette personne et obtenu l'insertion d'une seconde réponse à la lettre de ce tiers, demandait à répondre une troisième fois.

304. En principe, le droit de réponse est général et absolu. Toute personne a qualité pour l'exercer par cela seul qu'elle a été nommée ou désignée dans un journal. Elle est seule juge de la forme, de la teneur et de l'utilité de sa réponse. L'insertion ne peut être refusée qu'autant que la réponse serait contraire aux lois, aux bonnes mœurs, à l'intérêt légitime des tiers ou à l'honneur du journaliste. Telle est la formule du droit de réponse défini dans des termes presque toujours identiques par les arrêts de la cour de cassation (V. outre les arrêts rapportés au *Rép.* n° 328 et suiv. : Crim. cass. 19 nov. 1869, aff. Lavalle, D. P. 70. 1. 142 ; Crim. rej. 19 juill. 1873, aff. De Talhouët ; Civ. cass.

il fut dressé un cahier des charges dans lequel se trouvaient mentionnés deux baux concédant sur ces biens, aux époux Mauprivez, le droit d'extraire des pierres et d'exploiter une plâtrière ; — Que l'annonce de la vente eut lieu à la requête de l'avoué poursuivant, dans *L'Echo de l'Aisne*, journal d'insertions légales pour l'arrondissement de Château-Thierry ; — Que les époux Mauprivez, marchands de pierres et de plâtre, se prétendant lésés par certaines énonciations du cahier des charges, firent, à la date du 9 déc. 1863, un dire pour en demander la rectification ; — Et que, le 12 décembre suivant, avant qu'il eût été statué sur ce dire ils sommèrent le sieur Renaud, gérant de *L'Echo de l'Aisne*, de le reproduire, par le motif que la publicité de l'annonce était de nature à nuire à leur commerce ; — Que, sur le refus du sieur Renaud d'obtempérer à cette sommation, ils l'assignèrent, le 14 décembre, en vertu de l'art. 11 de la loi du 25 mars 1822, devant le tribunal de police correctionnelle de Château-Thierry, à fin d'insertion et de dommages-intérêts ; — Que, le 26 du même mois, il était fait droit à leur demande et aux réquisitions du ministère public tendant à la condamnation à l'amende ; — Que, le même jour, mais postérieurement au jugement correctionnel, le tribunal de Château-Thierry, siégeant en matière civile, rendait entre l'avoué poursuivant et les époux Mauprivez une décision par laquelle, repoussant le dire de ceux-ci, abandonné par eux à l'audience, il ordonnait purement et simplement que les baux consentis à leur profit seraient transcrits au cahier des charges ; — Qu'il s'agit de savoir aujourd'hui, sur l'appel du sieur Renaud, si l'art. 11 de la loi précitée est applicable à ce dernier ;

En droit : — Considérant que si la loi de 1822 oblige, sous des peines correctionnelles, les gérants des journaux à insérer la réponse de toute personne nommée ou désignée dans leur feuilles, il y a néanmoins exception à cette règle, et le gérant peut s'affranchir de son obligation, quand il n'est ni l'auteur de l'article qui a motivé la réponse, ni légalement responsable de l'article ; — Que cet exception ressort de la nature même des choses, et s'impose à l'esprit ; — Qu'en effet, là où le gérant d'un journal ne fait qu'obéir à la loi en livrant des documents d'intérêt privé à la publicité, il ne saurait y avoir matière à l'exercice du droit de réponse dans les termes de l'art. 11 précité ; qu'il serait contraire à la raison qu'il en fût autrement, car l'obligation d'insérer ces documents jointe à celle de produire les reconses, étant imposée à des feuilles d'annonces légales, en même temps qu'aux journaux politiques, cette obligation pourrait avoir les conséquences les plus fâcheuses, alors que les gérants se verraient dans la nécessité de

remplir chaque jour et gratuitement leurs colonnes de réponses sans intérêt pour le lecteur, et n'offrant pas, d'ailleurs, de suffisantes garanties d'exactitude ; — Que tel n'a pas été le but de la loi du 25 mars 1822 ; — Qu'elle a été faite pour donner satisfaction immédiate aux intéressés, quand la personnalité des gérants ou du journal est réellement en jeu, et non quand leur rôle, purement passif, les assimile à des instruments dans la main de ceux qui les font agir en conformité du code de procédure, comme il arrive en matière d'annonces de ventes sur saisie immobilière ; — Considérant que les annonces sont en effet l'œuvre exclusive de l'officier ministériel que la loi a institué pour les rédiger et en requérir la publication sous sa responsabilité personnelle ; — Qu'elles offrent par là même toute garantie aux gérants des journaux et au public ; — Que l'on n'en saurait dire ainsi des réponses émanées des tiers intéressés ; — Que l'on comprend parfaitement qu'entre l'officier ministériel qui a qualité pour affirmer un droit, et la partie adverse qui le conteste, c'est l'affirmation du premier qui prévale ; — Que ce motif, la reproduction des insertions judiciaires doit être faite sans aucune modification et sans être suivie de réponses tendant à en infirmer le contenu, à moins qu'il n'en ait été autrement ordonné par justice ;

Considérant que les personnes qui auraient à souffrir dans leurs intérêts moraux ou matériels de cette publicité ne restent pas désarmées contre elle ; que les annonces de la nature de celle dont il s'agit au procès ne sont que la reproduction en extrait du cahier des charges, et que, pour vider les contestations qui pourraient s'élever à l'occasion de sa rédaction, la loi a organisé une procédure spéciale à l'effet de sauvegarder les droits des tiers ; — Qu'en admettant que ceux-ci n'aient pas, dans le délai, présenté leurs dires au cahier des charges, ils ne sont pas déchus du droit de contester les énonciations d'une annonce judiciaire leur faisant grief, et de faire ordonner par la voie civile toujours ouverte pour l'insertion du jugement dans le journal même qui leur aurait involontairement porté préjudice ; — Considérant en fait, que les époux Mauprivez ont précisément suivi ces errements. en même temps qu'ils actionnaient le sieur Renaud devant le tribunal de répression ; — Qu'ils ont succombé au civil dans leur demande en rectification du cahier des charges dans laquelle ils persistaient au correctionnel, sans justifier de leur intérêt, suffisamment sauvegardé dans tous les cas par le droit qui leur appartient incontestablement d'exiger la publication, dans *L'Echo de l'Aisne*, du jugement civil ; — Infirme, etc. Du 11 févr. 1864.-C. d'Amiens, 2e ch.-M. Hardouin, pr.

aff. Roucole, D. P. 77. 1. 67; Crim. rej. 18 nov. 1881, aff. Robert, *infrà*, n° 307; 17 août 1883, aff. Vermont, D. P. 84. 1. 44; Crim. cass. 29 mars 1884, aff. Marcé, D. P. 85. 1. 94; 12 juill. 1884, aff. Bourgut, D. P. 86. 1. 47: Crim. rej. 8 mai 1890, aff. Pingeon, D. P. 90. 1. 452. Conf. Rouen, 8 mars 1879, aff. Lafaille, D. P. 80. 2. 30; Dijon, 29 mars 1883, aff. Gauthey, D. P. 82. 2. 135).

305. Ainsi le gérant n'est pas tenu d'insérer la réponse: *quand elle est contraire aux lois ou aux bonnes mœurs.* — Ce n'est pas seulement, en pareil cas, un droit pour le gérant, c'est un devoir pour lui de ne pas insérer la réponse; car en la publiant il assumerait la responsabilité des délits qu'elle contient. L'obligation d'insérer la réponse ne peut pas l'affranchir d'une obligation d'ordre supérieur et d'intérêt public, et devant celle-ci la première disparaît. Ce principe est clairement exprimé soit dans les observations présentées à la Chambre des députés par M. de Peyronnet sur l'art. 11 de la loi du 25 mars 1822, soit dans les arrêts de la cour de cassation (cités *suprà*, n° 304). D'ailleurs, en déclarant que le gérant n'est jamais responsable de la teneur des réponses qu'il reçoit et qu'il doit insérer, on aurait favorisé d'inévitables collusions entre les gérants de certains journaux et des tiers nommés avec intention, dans le but d'obtenir d'eux et de pouvoir insérer une réponse contenant des énonciations immorales ou délictueuses. (Conf. Barbier, n° 130, p. 118).

306. — *Quand elle est contraire à l'intérêt des tiers.* — La réponse est l'exercice du droit de légitime défense contre les attaques du journal. Elle ne doit pas en excéder les nécessités. Aussi le gérant ne doit-il pas insérer la réponse quand elle contient elle-même une attaque aux droits des tiers. Et ce n'est pas seulement dans le cas où la réponse contient à l'égard d'une tierce personne un délit caractérisé d'injure ou de diffamation, c'est aussi dans le cas où la réponse contient des appréciations blessantes, des insinuations malveillantes, des divulgations de nature à léser les intérêts moraux ou matériels et légitimes d'un tiers, que le gérant a le devoir et le droit de ne pas insérer la réponse; car il s'exposerait toujours, en la publiant, à des poursuites ou correctionnelles ou civiles suivant la nature de l'attaque dont il aurait accepté la responsabilité. — Jugé en ce sens: 1° que les observations adressées à un journal par la personne qui y a été nommée excèdent les limites du droit de réponse lorsqu'elles sont agressives; et, que, dans ce cas, le gérant est en droit d'en refuser l'insertion; qu'il en est ainsi, notamment lorsqu'elles expriment un doute sur la loyauté de celui auquel la réponse est adressée, ou encore lorsqu'elles imputent à un tiers des faits qui pourraient constituer un délit (Crim. cass. 21 janv. 1860, aff. Bourget, D. P. 60. 1. 105); — 2° Que le gérant d'un journal n'est pas tenu d'insérer la réponse d'un individu aux attaques dont il a été l'objet, si cette réponse contient, en outre, des articulations injurieuses pour des tiers (Civ. cass. 1er déc. 1875, aff. Roucole, D. P. 77. 1. 67); — 3° Que le journaliste peut se refuser à l'insertion d'une réponse dans laquelle de grands propriétaires sont pris à partie et dénoncés à l'animadversion publique, à cause de leurs préjugés et de leurs injustices

envers une classe de leurs concitoyens (Crim. cass. 29 mars 1884, aff. Marcé, D. P. 84. 1. 94); — 4° Que le gérant d'un journal, poursuivi en diffamation pour avoir publié une lettre diffamatoire à l'égard d'un tiers, n'est pas fondé à soutenir qu'il a été contraint d'insérer cette lettre en vertu du droit de réponse qui appartient à toute personne désignée dans un journal, ce droit n'imposant pas au gérant du journal l'obligation d'insérer des écrits qui, sous prétexte de réponse, contiennent des injures ou des diffamations contre des tiers (Limoges, 21 janv. 1888, aff. Robert de Massy, D. P. 89. 2. 189); — 5° Que la personne désignée dans un journal ne peut glisser dans sa réponse des appréciations contraires à l'intérêt légitime d'un autre journal, alors d'ailleurs que l'individu qui a provoqué la réponse n'est ni le gérant, ni l'éditeur, ni le propriétaire de cet autre journal; et qu'il appartient à la cour de cassation de contrôler, d'après les termes de l'arrêt attaqué et les articles de journaux versés aux débats, si l'individu qui a provoqué la réponse est le gérant, l'éditeur ou le propriétaire du journal visé dans cette réponse (Crim. rej. 8 janv. 1892, aff. Chenel, D. P. 92. 1. 440); — 6° Que l'insertion peut être refusée lorsque l'auteur de la réponse s'y livre à la critique d'un agent de l'autorité (Pau, 12 mars 1892, aff. Goldstein, D. P. 92. 2. 495. *Adde:* Crim. rej. 8 mai 1890 et Rouen, 8 mars 1879, cités *suprà*, n° 304, et les arrêts cités au *Rép.* n° 328).

307. Que faut-il entendre ici par les *tiers?* Ce sont les personnes étrangères à la rédaction ou à la publication de l'article qui donne lieu à l'exercice du droit de réponse. A ce titre, on ne pourra jamais considérer comme un tiers ne le gérant du journal, qui assume la responsabilité de tout article qu'il publie, ni le journal lui-même pris en qualité d'être intellectuel. Il a même été jugé que le propriétaire rédacteur en chef d'un journal, qui a fait insérer une lettre par laquelle il renvoyait un rédacteur ne peut pas être considéré comme un tiers, s'il est visé dans la réponse adressée au journal par ce rédacteur; que, par suite, le refus d'insérer cette réponse ne pourrait pas être motivé sur ce qu'elle porte atteinte aux intérêts du rédacteur en chef (Crim. rej. 18 nov. 1881) (1). — Mais si le propriétaire, le fondateur, le rédacteur en chef, ou toute autre personne attachée à la rédaction du journal, était demeurée complétement étrangère à la rédaction de l'article qui motive l'exercice du droit de réponse, on ne devrait pas cesser de les considérer comme des tiers (Trib. Saint-Flour, 20 janv. 1883, *La Loi* du 5 févr.).

308. On doit encore considérer comme des tiers les personnes qui, mêlées aux faits sur lesquels porte le débat, sont entièrement étrangères au débat lui-même, c'est-à-dire à la publication de l'article qui motive la réponse. Il n'y aura guère de tierces personnes nommées dans la réponse que celles qui auront pris part aux faits relatés dans l'article (Conf. Barbier, t. 2, n° 132, p. 120). — Dans cet ordre d'idées, il est certain que le journaliste est bien fondé à refuser d'insérer la réponse d'une personne à laquelle il avait imputé une usurpation de nom, quand la réponse est signée du nom usurpé. Jugé, en ce sens, que le journaliste est fondé à refuser

---

(1) (Robert C. Genay, Mayer, et Journal *La Lanterne*.) — La cour, — En ce qui concerne l'action publique mise en mouvement par la citation directe: — Attendu que le fait imputé à Genay, gérant de *La Lanterne*, constitue un délit de presse qui se trouve couvert par la loi d'amnistie du 29 juill. 1881; que, par suite, l'action publique est éteinte; — Déclare qu'il n'y a lieu de statuer sur le pourvoi à cet égard; — Mais attendu qu'il est de principe que l'amnistie ne peut préjudicier aux droits des tiers, et qu'en conséquence il échet de prononcer sur le pourvoi au point de vue de l'action civile; — Et attendu que Robert, qui avait été désigné sous le pseudonyme de Bonhomme Richard dans un article publié, le 21 févr. 1881, dans le journal *La Lanterne*, a usé du droit qui lui était accordé par l'art. 11 de la loi du 25 mars 1822, en adressant au gérant dudit journal une lettre rectificative dont il réclamait l'insertion; que ce droit est général et absolu; que c'est à celui qui l'exerce qu'il appartient de régler la forme et la teneur de sa réponse; que, si quelques limites ont été apportées par la jurisprudence à l'exercice de ce droit, c'est dans le cas seulement où les termes de la réponse seraient contraires à la loi, ou aux bonnes mœurs ou bien à l'honneur du journaliste, ou enfin à l'intérêt des tiers étrangers au débat; que le demandeur ne prétend pas que la

réponse de Robert, qu'il a refusé d'insérer, excédât la juste mesure et les besoins légitimes de la défense permise à la personne nommée ou désignée dans un journal; qu'il soutient seulement qu'elle renfermé une attaque contre Mayer, qui serait un tiers au regard de Robert; — Mais attendu que des constatations de l'arrêt il résulte que Mayer était le rédacteur en chef du propriétaire du journal *La Lanterne*, et que c'était lui qui, en cette qualité, avait envoyé à Robert la lettre de congé, origine du débat; que conséquemment le débat, en réalité, existait entre Mayer d'une part, et Robert de l'autre; que, dans cet état des faits souverainement constatés, c'est à bon droit que l'arrêt attaqué a déclaré que Mayer ne pouvait être considéré comme un tiers à l'égard de Robert, et que c'était à tort que l'insertion de la réponse de ce dernier avait été, sous ce prétexte, refusée par Genay; qu'en le décidant ainsi, et en prononçant une condamnation à des dommages-intérêts pour un fait constituant un délit, et ayant préjudicié à la partie civile, ledit arrêt, loin de violer l'art. 11 de la loi du 25 mars 1822 précité, en a fait une juste et saine application; Rejette, etc. Du 18 nov. 1881.-Ch. crim.-MM. de Carnières, pr.-de Lafaulotte, rap.-Ronjat, av. gén., c. conf.-Sabatier, av.

l'insertion de la réponse qui lui est adressée comme contraire à la loi et à l'intérêt des tiers, lorsque l'auteur de cette réponse, en la signant d'un nom usurpé, a commis par là le délit prévu et puni par l'art. 259 c. pén. et a porté en même temps atteinte à l'intérêt moral des tiers, c'est-à-dire de ceux qui étaient en possession légitime du nom usurpé (Caen, 26 mars 1890, aff. Dame Laprade, se disant Amélie de Bourbon, D. P. 91. 2. 207).

309. — *Quand elle porte atteinte à l'honneur du journaliste.* — Par cette expression, on doit entendre le rédacteur de l'article, le gérant du journal et le journal lui-même (Conf. Barbier, *loc. cit.*). Ainsi ce n'est pas seulement quand la réponse est de nature à causer un préjudice aux tiers, c'est aussi quand elle est offensante pour le journal, son représentant légal, ou le rédacteur de l'article qui provoque la réponse, que le refus d'insertion doit être tenu pour légitime. — Cependant les arrêts de la cour de cassation n'emploient pas des termes équivalents pour fixer la règle à l'égard du journaliste et à l'égard des tiers. Il suffit que la réponse porte préjudice aux *intérêts* légitimes des tiers ; il faut qu'elle soit offensante pour l'*honneur* du journaliste. C'est qu'à l'égard de celui-ci la polémique peut légitimement prendre des allures plus vives. L'attaque est venue de lui. La violence ou la modération, la mauvaise foi ou la loyauté dont il a fait preuve serviront de mesure à la réponse. Ses intérêts pourront souffrir sans qu'il y ait abus dans la défense, et celle-ci ne cessera d'être légitime que si l'honneur du journaliste est mis en jeu, sans toutefois qu'il y ait nécessairement dans la réponse, un délit caractérisé.

Il a été jugé : 1° que les juges saisis d'une réclamation pour refus d'insertion d'une réponse adressée à un journal décident avec raison que cette réponse n'est pas de nature à être publiée, lorsqu'ils reconnaissent, dans une des phrases qu'elle renferme, une provocation contraire à la loi et à la morale, où le journaliste peut voir une menace et un danger pour sa famille (Crim. rej. 6 janv. 1865, aff. De Richemont, D. P. 56. 1. 197) ; — 2° Que le gérant est autorisé, en faisant une insertion partielle de la réponse, à supprimer les passages contenant contre le journaliste des allégations offensantes et des imputations de faits délictueux, alors surtout que la lettre était moins une réponse qu'une provocation à continuer une polémique irritante, et se rapportait plutôt à une discussion de principes politiques qu'à la rectification de faits personnels (Crim. rej. 19 juill. 1874, aff. De Talhouët, D. P. 77. 1. 67) ; — 3° Que l'exercice du droit de réponse... est limité aux besoins d'une légitime défense ; que, par suite, non seulement la réponse ne doit contenir rien de contraire aux lois et aux bonnes mœurs, mais qu'elle ne doit rien renfermer d'offensant pour l'honneur et la considération de celui à qui elle est adressée, alors même que l'article qui l'a provoquée aurait été conçu dans les termes d'une vivacité regrettable (Crim. rej. 17 août 1883, aff. Vermont, D. P. 84. 1. 44) ; 4° Que c'est dépasser le droit de légitime défense que d'imputer au journaliste d'avoir demandé pour un établissement financier l'autorisation de prêter sur dépôt de titres « afin de payer les services rendus par de grosses bourses amies dont les annonces charitables, après lui avoir donné le jour, lui donnent encore le pain quotidien », et de l'accuser, d'avoir « en profitant d'une trahison, publié sans vergogne des documents volés » (Crim. cass. 29 mars 1884, aff. Marcé, D. P. 85. 1. 94. *Adde :* Crim. cass. 21 janv. 1860, cité *supra*, n° 306).

310. Mais la vivacité de la réponse envoyée à un journal n'autorise pas le gérant à en refuser l'insertion, sous prétexte qu'elle serait injurieuse pour des tiers ou pour lui, si cette vivacité a été provoquée par les termes de l'article auquel elle s'adresse (Civ. rej. 17 mars 1865, aff. Dupont, D. P. 65. 5. 308). Jugé cependant que la réponse à un article.de journal peut-être refusée à raison d'expressions blessantes pour le signataire de l'article, encore bien que l'article lui-même auquel il est répondu serait malveillant et diffamatoire (Trib. corr. Seine, 26 févr. 1883, aff. Mélin, D. P. 63. 3. 68). — De même, on ne peut pas considérer comme injurieuse pour le journaliste la réponse qui renferme des expressions ironiques, malicieuses et de nature à froisser l'amour-propre, alors surtout qu'elle a été provoquée par la persistance et la gravité de l'attaque (Rouen, 8 mars 1879, aff. Lafaille, D. P. 80. 2. 30). En un mot, dans l'ap-

préciation d'une réponse, les juges sont mal fondés à prendre en considération la nature et la forme de l'attaque, les besoins de la défense et la juste susceptibilité de la personne nommée ou désignée (Crim. rej. 8 mai 1890, aff. Pingeon, D. P. 90. 1. 452 ; 3 juin 1892, aff. Goldstein, D. P. 93. 1. 461. Conf. Metz, 23 mai 1850, *Rép.* n° 336; Crim. rej. 20 juill. 1854, *Rép.* n° 333 ; Barbier, t. 2, n° 132, p. 120 et suiv. et les auteurs cités au *Rép.* n° 335).

311. L'appréciation que les tribunaux ont à faire de l'article et de la réponse comparés, à l'effet de décider si les termes plus ou moins violents de la réponse étaient de nature à motiver un refus d'insertion de la part du gérant, ne constitue pas une déclaration souveraine en fait, mais bien une appréciation légale tombant sous le contrôle de la cour de cassation (Crim. rej. 31 déc. 1857, aff. Lardin, D. P. 58. 1. 142; Crim. cass. 21 janv. 1860, aff. Bourget, D. P. 60. 1. 105; Crim. rej. 6 janv. 1865, aff. De Richemont, D. P. 65. 1. 197; Civ. rej. 17 mars 1865, aff. Dupont, D. P. 65. 5. 308; Crim.rej. 19 juill. 1873, aff. De Talhouët, et Civ. cass. 1er déc. 1875, aff. Roucole, D. P. 77. 1. 67; Crim. rej. 17 août 1883, aff. Vermont, D. P. 84. 1. 44). — Jugé encore dans le même sens, que la déclaration d'un arrêt constatant que, sans être nommé, le plaignant est suffisamment désigné dans l'article de journal vis-à-vis duquel il a usé de son droit 'de réponse, est souveraine ; mais que le pourvoi fondé sur ce que le refus d'insertion était justifié parce que la réponse était contraire à l'intérêt des tiers ne peut être accueilli, lorsque l'arrêt attaqué déclare, à juste titre, que cette réponse ne portait atteinte ni à la loi, ni aux bonnes mœurs, ni à l'honneur du journaliste, ni à l'intérêt des tiers étrangers au débat, et que le plaignant n'a pas excédé la juste mesure et les droits légitimes de sa défense (Crim. rej. 10 avr. 1891, aff. Bitard, D. P. 92. 1. 80).

312. Ces restrictions sont les seules que la jurisprudence admette au droit de réponse. La réponse contient-elle des énonciations inexactes, ce n'est pas pour le gérant un motif légitime d'en refuser l'insertion, dès lors que la réponse erronée ne contient pourtant rien d'injurieux ni d'offensant (V. les arrêts cités au *Rép.* n° 530). La personne nommée ou désignée dans un article de journal est absolument libre de répondre dans telle *forme* qu'il lui convient d'adopter. Le gérant ne pourrait pas fonder son refus d'insertion sur les vices de rédaction que contiendrait la réponse (Conf. Barbier, t. 1, n° 135, p. 122).

313. On a cité au *Rép.* n° 345, un arrêt de la cour de cassation du 8 févr. 1850, qui permet de considérer le texte officiel d'un discours comme une réponse à l'article qui en a fait la critique. Il importe peu, en effet, que l'insertion réclamée n'ait pas été rédigée en vue de répondre à un article dont elle a précédé la publication dès lors que cette insertion constitue, comme dans l'espèce, une réponse à l'article dont il s'agit. Jugé, dans le même sens, que l'individu nommé dans un journal est seul juge de l'opportunité, de l'étendue, de la forme et de la teneur de la réponse dont il entend réclamer l'insertion, et n'est pas tenu, par suite, d'adresser, pour être publié à titre de réponse, exclusivement, un écrit émané de lui-même; qu'ainsi un candidat à la députation peut exiger qu'un journal publie, comme réponse à un article s'occupant de lui, une lettre d'un certain nombre d'électeurs dans laquelle, après un exposé de principes politiques, sa candidature est recommandée, alors que cette lettre est destinée à la publicité et ne contient rien de contraire aux lois ni à l'intérêt des tiers; que vainement, dans ce cas, le journaliste prétendrait justifier son refus par cette allégation que, en l'absence de certification de l'identité des signataires, il s'exposerait, en faisant la publication demandée, à des réclamations multipliées, si la lettre est signée pour copie conforme par le candidat, une telle attestation, jointe à celle de l'huissier, suffisant, à défaut d'indices contraires, pour mettre à couvert sa responsabilité (Crim. cass. 19 nov. 1869, aff. Lavalle, D. P. 70. 1. 142).

314. Cependant il faut du moins que l'insertion réclamée ait le caractère d'une réponse. On lit à cet égard dans, les conclusions de l'avocat général Plougoulm rapportées avec l'arrêt du 8 févr. 1850 (D. P. 50. 1. 69), les observations suivantes : « En laissant à la personne attaquée le choix de ses moyens de réponse, nous n'avons jamais songé à livrer le journal à tous les caprices de la fantaisie, et les tribunaux auront toujours le droit souverain d'apprécier si ce qu'on présente comme une réponse est réellement une réponse ». Mais il suffit que la réponse d'une personne visée par un article du journal ne dépasse pas les limites d'une défense légitime pour que l'insertion n'en puisse être refusée, sans que le journaliste ait le droit d'apprécier si la réponse rectifie plus ou moins directement les énonciations de l'article qui l'ont provoquée (Dijon, 29 mars 1882, aff. Gauthey, D. P. 82. 2. 135).

315. L'*excessive étendue* de la réponse n'est pas par elle-même un motif, pour le gérant, de refuser l'insertion. Il n'a qu'un droit, celui d'exiger le prix de la partie de la réponse qui excède le double de l'article qu'elle concerne (V. *suprà*, nos 264 et suiv.). Cependant si la réponse contenait des *développements tout à fait étrangers* à l'objet du débat, traitant d'une question différente, le gérant aurait-il la faculté de retrancher les passages qui n'offrent pas le caractère d'une réponse plus ou moins directe à l'article provocateur ? V. *infrà*, no 322.

316. On a dit au *Rép.* no 328, que la personne nommée ou désignée demeure seule juge de l'*opportunité* et de l'*utilité* de la réponse, aussi bien que de la forme et teneur qu'il convient de lui donner. C'est une appréciation qu'il n'appartient pas de faire au gérant, non plus qu'aux tribunaux. L'insertion est obligatoire, alors même que l'article de provocation n'aurait été ni injurieux, ni diffamatoire, ni malveillant, ni même inexact. La personne qui la requiert n'a rien à justifier, sinon qu'elle a été nommée ou désignée (V. *Rép.* no 328 et les arrêts cités *ibid.*).

317. Cependant on a combattu au *Rép.* no 333 une application qui paraissait trop large de la doctrine de la cour de cassation. La personne nommée ou désignée a-t-elle le droit de répondre, alors même qu'elle n'y aurait aucun intérêt appréciable ? Il semble qu'en cette matière, comme en toute autre, l'intérêt soit la mesure des actions. Il suffira sans doute, pour légitimer le droit de réponse, d'un intérêt quelconque et souvent très mince, même d'un simple intérêt d'amour-propre ; mais encore faudra-t-il que ce soit un intérêt appréciable. Le mot de *réponse* exige au moins qu'il y ait matière à réponse et que l'article contienne une assertion susceptible d'être réfutée, si vaine qu'elle soit, au profit de la personne que cette assertion concerne (V. les arrêts cités en ce sens au *Rép.* nos 329 et 330). C'est ainsi que le droit de réponse a été dénié à la personne, d'ailleurs insuffisamment désignée, qui prétend exercer le droit de réponse contre un article qui n'attaque ni sa délicatesse ni son honneur et qui ne peut pas nuire à ses intérêts (Trib. Seine, 2 févr. 1870, aff. Pouyer-Quertier, D. P. 70. 3. 39).

Les travaux préparatoires de la loi de 1881 offrent une indication très significative dans le sens de cette opinion. Le projet du gouvernement consacrait le droit de réponse dans les termes mêmes de la loi de 1822. La commission proposa de substituer le mot *rectification* au mot *réponse*. Cette proposition fut repoussée sur les observations de M. Cunéo d'Ornano ; mais ces observations sont bien différentes du langage que M. de Peyronnet tenait, en 1822, devant la Chambre des pairs. Il repoussait le mot de rectification, voulant qu'il fût permis à la personne nommée ou désignée dans un article de journal, non seulement de redresser une énonciation de faits erronés, mais encore de réfuter, en toute liberté, les réflexions et la susceptibilité de nature à porter atteinte à son honneur. « N'est-il pas permis de conclure de là, dit M. Barbier, t. 1, no 134, p. 122) qu'aux yeux du législateur de 1881, le droit de réponse n'existe qu'autant qu'il constitue réellement le droit de défense ; qu'en d'autres termes, il ne peut y avoir réponse que là où il y a inexactitude, attaque ou provocation, portant atteinte à l'honneur, aux intérêts, à la délicatesse ou à la susceptibilité de la personne nommée ? » (Comp. de Grattier, t. 21, p. 103-6°). — Cependant la cour de cassation a persisté dans sa doctrine antérieure en jugeant que la loi du 29 juill. 1881 n'a pas subordonné le droit de réponse à l'intérêt plus ou moins sérieux de celui qui l'exerce, et que le journaliste qui, sans motifs légitimes, a refusé l'insertion de la réponse faite par une personne nommée ou désignée dans une annonce publiée par son journal, doit être condamné au moins aux dépens envers la partie civile, si une réparation plus ample n'est pas jugée nécessaire ; qu'il ne peut être renvoyé de la poursuite sous

prétexte que la partie civile ne justifie d'aucun préjudice matériel ou moral à l'appui de sa demande en dommages-intérêts et que son action, par suite, manque de base (Crim. cass. 12 juill. 1884, aff. Bourget, D. P. 86. 1. 47).

Comme on le voit, la thèse est absolue. Par le seul fait qu'une personne a été nommée ou désignée dans un journal, il y a présomption légale qu'elle a intérêt suffisant à répondre. Jamais le défaut d'intérêt ne peut justifier un refus d'insertion de la part du gérant. Jamais les tribunaux ne sont, en pareil cas, autorisés à déclarer que l'action de la partie civile doit être rejetée, faute par elle d'établir qu'elle éprouve un dommage. Le refus d'insertion, quand il n'est motivé ni par la nature de l'écrit auquel il est répondu, ni par le contexte de la réponse, est toujours un délit donnant ouverture à l'action de la partie civile, et la réparation à laquelle cette action aboutit doit toujours consister, au moins dans la condamnation de l'auteur du délit, aux dépens à titre de dommages-intérêts.

318. Même en trouvant excessive la doctrine de la cour de cassation, on ne saurait approuver l'arrêt qui décide que si le journaliste, aux termes de l'art. 13 de la loi du 29 juill. 1881, est tenu d'insérer, dans les colonnes de son journal, la réponse de toute personne qu'il a nommée ou désignée dans l'écrit qu'il a publié, ce n'est qu'à la condition que la personne, par lui visée, n'aura pas, de son libre consentement, par le rôle politique qu'elle s'est donné, appelé sur elle l'attention de l'opinion, et provoqué un débat public en se faisant défendre par un journal dévoué à ses intérêts (Caen, 20 mars 1890, aff. Dame Laprade se disant Amélie de Bourbon, D. P. 91. 2. 207). En effet, nous avons reconnu *suprà*, no 309, que le droit de réponse appartient aux journalistes eux-mêmes. Rien n'autoriserait davantage à refuser le bénéfice de l'art. 13 à un personnage politique, par le motif qu'il aurait provoqué la discussion sur sa personne et qu'il aurait à sa disposition des journaux pour s'y faire défendre.

319. Les articles de critique littéraire ou scientifique ne sont soustraits par aucune disposition de la loi de 1881 à l'exercice du droit de réponse. On a exposé au *Rép.* no 329 la controverse à laquelle cette question a donné lieu. Dans l'intérêt de la libre discussion des œuvres soumises au public, on a soutenu que, la critique portant sur l'œuvre elle-même et non pas sur l'auteur, celui-ci n'est pas autorisé à répondre. La cour de cassation n'a jamais admis une telle prétention ; et, en effet, dans cette hypothèse, il n'est même pas permis d'invoquer le défaut d'intérêt à l'appui du refus d'insertion, l'auteur d'une œuvre critiquée ayant un intérêt légitime et très appréciable à la défendre (V. les arrêts cités au *Rép.* nos 328 et 329. Conf. Chassan, t. 1, no 951 ; de Grattier, t. 2, p. 104 et 105 ; Barbier, t. 1, no 136, p. 123).

320. La personne qui, nommée ou désignée dans un journal, use du droit de réponse, peut exiger que l'insertion de sa réponse ait lieu d'un seul contexte, sans intercalation d'observations critiques ou de réflexions. Ainsi jugé sous l'empire de l'art. 11 de la loi du 25 mars 1822 (Amiens, 2 juin 1869, aff. Tilloy et Recoupé, D. P. 69. 2. 191). Sauf que cette conséquence de la règle en vertu de laquelle cette personne est seule juge de la forme et de la teneur qui conviennent à sa réponse. La solution devrait donc être la même sous l'empire de la loi du 29 juill. 1881.

321. Cependant si la réponse contenait des passages contraires aux lois, à la morale publique, à l'intérêt des tiers, ou à l'honneur du journaliste lui-même, celui-ci pourrait sans aucun doute supprimer les passages dont il s'agit et se borner à insérer le surplus de la réponse (V. les arrêts cités au *Rép.* no 344-2° ; *Adde* : Riom, 14 janv. 1844, aff. De Pons, D. P. 47. 2. 220 ; Trib. Marseille, 9 févr. 1883, *France judiciaire*, t. 7, 2. 498. V. *suprà*, no 309). — Mais ce n'est là qu'une faculté, ce n'est pas une obligation pour le gérant. Il peut refuser l'insertion de la réponse tout entière par cela seul qu'elle contient certains passages contraires aux lois. Jugé, en ce sens, qu'aucune disposition de loi n'oblige le journaliste à diviser et à scinder la réponse qui lui est adressée, et son refus d'insertion ne peut être critiqué par le motif qu'il aurait pu au moins insérer les passages de la réponse qui ne portaient aucune atteinte à son honneur et à sa considération (Crim. rej. 17 août 1883, aff. Vermont, D. P. 84. 1. 44). — Cet arrêt décide, en outre, que lorsque, devant la justice, l'auteur de la réponse contenant des propos blessants pour le journaliste n'a offert d'en supprimer aucun passage, la cour d'appel refuse à bon droit d'en ordonner l'insertion. Il semble même qu'une offre de cette nature n'autoriserait pas la cour à ordonner l'insertion de la réponse ainsi réduite. La justice n'est appelée à résoudre qu'une seule question : celle de savoir si l'auteur de la réponse, telle qu'elle a été libellée au moment où elle a été adressée au journal, est resté ou non dans le droit de légitime défense. L'offre formulée devant la cour ne modifie pas les termes dans lesquels cette question s'est originairement posée (D. P. 84. 1. 44, note 2).

322. Quant aux passages qui n'offrent pas le caractère d'une réponse plus ou moins directe à l'article provocateur, parce qu'ils contiennent des développements tout à fait étrangers au débat, le gérant aura-t-il la faculté de les supprimer? On peut citer, en faveur de l'affirmative, les arrêts de la cour de Paris du 3 juin 1841, *Rép.* n° 344-3° et du 12 déc. 1846, aff. *La Démocratie pacifique*, D . P. 47. 2. 221-222 (Conf. Barbier, t. 1, n° 150, p. 133). En effet, si l'on ne peut pas reconnaître au gérant le droit de supprimer les passages qui ne lui semblent pas offrir un intérêt suffisant, il semble qu'on doive, au contraire, lui permettre de supprimer les passages qui n'ont pas même le caractère d'une réponse indirecte à l'article incriminé. Il aurait le droit de refuser l'insertion intégrale d'une réponse qui serait d'un bout à l'autre étrangère à l'objet du débat; pourquoi lui refuser le droit similaire de supprimer les passages qui ne font ni directement ni indirectement partie de la réponse? — Cependant la cour de cassation a jugé, en sens contraire, que le gérant n'a pas le droit de scinder la réponse dont l'insertion intégrale lui est demandée, en se constituant juge de l'utilité ou de l'inutilité de certains passages, et que les tribunaux ne pourraient valider un refus partiel d'insertion, sous prétexte que les parties supprimées ne constituent pas une réponse à la publication de l'article provocateur (Crim. cass. 26 mars 1841, *Rép.* 344-2°. Conf. Douai, 16 juin 1845, aff. Dayez, D. P. 48. 2. 11; Dijon, 29 mars 1882, aff. Gauthey, D. P. 82. 2. 135). Il est permis de croire que, sous l'empire de la loi du 25 juill. 1881, la décision précitée n'a pas perdu son autorité. On a vu, en effet, que la cour de cassation n'autorise ni le gérant ni les tribunaux à refuser l'insertion d'une réponse, alors même que son auteur serait manifestement sans aucun intérêt (V. *suprà*, n°ˢ 316 et suiv.). Dans tous les cas, l'insertion ne peut être refusée encore que la réponse s'étende sur des détails antérieurs ou concomitants au fait qui y a donné lieu, s'ils rentrent dans les nécessités de la défense de la personne nommée dans le journal (Pau, 12 mars 1892, aff. Goldstein, D. P. 92. 2. 495).

323. — 3° *Refus d'insertion. — Preuve de la remise de la réponse.* — Le journaliste qui estime ne pouvoir publier une réponse à lui adressée n'est tenu, ni d'en donner un avis motivé dans le numéro du journal où la réponse devrait paraître, ni de saisir lui-même la justice de l'appréciation de ses motifs ; il suffit que, sur la poursuite exercée par l'auteur de la lettre à raison de ce refus, il expose ses raisons au tribunal et les lui fasse agréer (Crim. rej. 6 janv. 1865, aff. De Richemont, D. P. 65. 1. 197).

324. La remise de la réponse est ordinairement constatée par un exploit d'huissier contenant sommation d'insérer. Cependant elle peut être constatée par un simple récépissé; et même, à défaut de preuve écrite, en cas de dénégation de la part du gérant, la preuve de la remise peut être faite par tous les moyens admis en matière criminelle.

325. C'est le gérant qui est responsable du défaut d'insertion. C'est donc à lui que la remise de la réponse doit être faite; mais le gérant est toujours responsable quand il demeure établi que la réponse lui est parvenue, alors même qu'elle aurait été remise au rédacteur en chef (Metz, 20 mai 1850, aff. Mérentié, D. P. 51. 2. 55, cité au *Rép.* n° 342. Conf. Chassan, t. 1, n° 957; de Grattier, t. 2, p. 352 ; Barbier, t. 2, n° 151, p. 134).

326. — 4° *Délai de l'insertion.* — En vertu de l'art. 13 de la loi du 29 juill. 1881, l'insertion des réponses doit être faite « dans les trois jours de leur réception ou dans le plus prochain numéro, s'il n'en était pas publié avant l'expiration des trois jours ». Il ne s'agit pas ici d'un délai franc ;

car le législateur se sert d'une formule inclusive qui comprend tout à la fois le *dies à quo* (jour de la réception) et le *dies ad quem* (jour de l'insertion). Une réponse reçue le 1ᵉʳ du mois doit donc être insérée au plus tard à la date du 3 (Conf. Barbier, t. 1, n° 152, p. 134).

327. S'il s'agit d'une réponse adressée à un journal hebdomadaire ou mensuel, la réponse doit être insérée dans le plus prochain numéro, si ce numéro paraît le surlendemain de la réception, c'est-à-dire le troisième jour du délai, ou s'il ne paraît qu'après l'expiration du délai de trois jours. Dans le cas où le journal hebdomadaire ou mensuel publie un numéro le jour même ou le lendemain de la réception de la réponse, ce numéro devra-t-il contenir l'insertion ? On a soutenu la négative au *Rép.* n° 343 ; mais la cour de cassation s'est prononcée en sens contraire. Elle a jugé que le délai de trois jours ne profite, en principe, qu'aux journaux quotidiens, et que les journaux hebdomadaires ou mensuels ne peuvent pas se prévaloir de ce délai pour différer à la semaine suivante ou au mois suivant l'insertion d'une réponse qui leur parvient la veille du jour ou le jour même où ils publient un numéro (Crim. cass. 9 août 1878, aff. Le Prince; *Bull. crim.* n° 184. Conf. Dutruc, n° 39 ; Faivre et Benoit-Lévy, p. 68 ; Barbier, t. 1, n° 152, p. 134 et suiv.). Ainsi le gérant d'un écrit périodique non quotidien peut se trouver contraint d'insérer la réponse le jour même où il le reçoit et le retard qu'il apporterait à l'insertion ne pourrait pas être excusé par cette circonstance qu'au moment où il a reçu la réponse, la composition de la feuille était entièrement achevée et que le tirage de deux pages était commencé, si d'ailleurs le temps matériel pour composer et pour tirer l'insertion ne faisait pas entièrement défaut (Crim. rej. 4 févr. 1847, aff. Vanderest, D. P. 47. 1. 56, cité au *Rép.* n° 343).

328. — 5° *Place de l'insertion et caractères avec lesquels elle doit être composée.* — L'art. 13 de la loi du 29 juill. 1881 met fin à toute controverse sur la place que doit occuper l'insertion et sur les caractères qu'il convient d'employer en la composant (Comp. *Rép.* n° 347). Cet article décide, en effet, que l'insertion doit être faite à *la même place et avec les mêmes caractères* que l'article qui l'a provoquée (V. Rapport, D. P. 81. 4. 70, note 2 ; Circ. min. just. 9 nov. 1881, D. P. 81. 3. 107, n° 18). L'attaque et la défense se trouvent ainsi placées sur un même pied d'égalité complète.

329. — 6° *Frais de l'insertion.* — En vertu de l'art. 11 de la loi du 25 mars 1822, qui a introduit dans notre législation le droit de réponse au profit des simples particuliers, la réponse était toujours gratuite car elle se rattachait au droit de légitime défense ; mais elle ne pouvait pas excéder le double de la longueur de l'article qui l'avait provoquée, alors même que son auteur offrait de payer le prix de l'excédent (*Rép.* n° 349). L'art. 17 de la loi du 9 sept. 1835 supprima toute limite à l'étendue de la réponse ; mais il n'accordait la gratuité que pour ce qui ne dépassait pas le maximum établi par la loi de 1822 ; le prix de l'insertion du surplus devait être payé. Le décret du 6 mars 1848 ayant abrogé la loi de 1835, le régime de l'art. 11 de la loi de 1822 fut remis en vigueur à partir de cette époque (V. *Rép.* n° 50). Mais la loi du 27 juill. 1849 (D. P. 49. 4. 118) rétablit, par son article 13, la disposition de la loi de 1835, tant en ce qui concerne la non-limitation du droit de réponse, qu'en ce qui concerne la nécessité de payer les frais d'insertion pour l'excédent du maximum fixé par la loi de 1822. — C'est à ce dernier système que s'est rallié le législateur de 1881. L'art. 13 de la loi du 29 juillet décide en effet, d'une part, que l'insertion sera gratuite quand la réponse ne dépassera pas le double de la longueur de l'article qui l'a provoquée, et, d'autre part, que, si elle le dépasse, le prix d'insertion sera dû pour le surplus seulement (D. P. 81. 4. 70, note 1 ; Circ. min. just. 9 nov. 1881, D. P. 81. 3. 107, n° 10).

330. Si l'article traite de divers sujets, l'insertion ne doit avoir lieu sans frais qu'autant que la réponse n'excède pas le double de la partie de l'article se rapportant à celui de ces sujets à l'occasion duquel la personne qui répond a été nommée. Mais l'insertion doit avoir lieu gratuitement si la réponse n'excède pas le double de la partie de l'article où est désigné l'auteur de cette réponse, alors même qu'elle dépasserait le double du *passage* du même article contenant l'articulation à laquelle il a été répondu. Spécialement, lorsqu'un feuilleton théâtral contient le compte rendu de plusieurs pièces distinctes, l'acteur critiqué, comme ayant joué dans une de ces pièces, peut exiger l'insertion gratuite de sa réponse si elle ne dépasse pas le double du compte rendu intégral de la pièce à l'occasion de laquelle il a été critiqué, encore qu'elle dépasse le double des lignes qui lui ont été spécialement consacrées (Trib. corr. de la Seine, 26 févr. 1863, aff. De Melin, D. P. 63. 3. 68). — Nous admettons sans difficulté le principe posé par ce jugement ; mais l'application qui en est faite nous paraît un peu trop large, car le compte rendu d'une pièce peut comprendre des parties tout à fait étrangères à l'interprétation de cette pièce, et c'est peut-être exagérer le droit de réponse que d'accorder à un acteur critiqué une réponse gratuite jusqu'à concurrence du double du compte rendu de la pièce en y comprenant tout ce qui a trait à la composition de la pièce elle-même (Conf. Barbier, t. 1, n° 154, p. 135).

331. L'insertion de l'excédent de la réponse devait être payée selon le *tarif* des annonces du *journal*, d'après les termes formels de l'art. 19 de la loi du 9 sept. 1835 (*Rép.* n° 349), dont la disposition fut implicitement remise en vigueur par l'art. 13 de la loi du 27 juill. 1849 (Circ. min. just. 9 nov. 1881, D. P. 81. 3. 107, n° 18). C'était donc le journal lui-même qui, seul maître de déterminer son tarif, fixait le prix des insertions forcées par le prix qu'il donnait aux annonces publiées par lui volontairement (V. Parant, *Lois de la presse,* t. 3, p. 441). On conçoit que le journal pouvait, sous un semblable régime, rendre très onéreux l'exercice du droit de réponse, en élevant son tarif dans de fortes proportions (Dutruc, n° 66).

332. L'art. 13 de la loi du 29 juill. 1881 s'est proposé de mettre fin à l'arbitraire des journaux en décidant que le prix des insertions forcées serait déterminé suivant le tarif des *annonces judiciaires* (D. P. 81. 4. 70 et 71, note 2 *in fine;* Circ. min. just. 9 nov. 1881, D. P. 81. 3. 107, n° 18). Ce but ne sera cependant atteint qu'au moyen d'une loi sur les annonces judiciaires. On sait que, en vertu de l'art. 23 du décret du 17 févr. 1852 sur la presse, les préfets avaient la mission de désigner ceux des journaux du département dans lesquels devaient être faites, à peine de nullité, les annonces judiciaires, et de *régler* en même temps le *tarif* de l'insertion de ces annonces. Cet article fut abrogé par un décret du gouvernement de la Défense nationale en date du 26 déc. 1870, qui laissa désormais aux parties la faculté de faire insérer les annonces judiciaires dans l'un des journaux publiés dans le département à leur choix. On a contesté l'application de ce décret, en faisant observer d'une part qu'il ne disposait qu'à titre provisoire et, d'autre part, qu'il ne pouvait pas être exécutoire dans le département de la Seine parce qu'il avait été promulgué pendant le siège de Paris par la délégation de Bordeaux et n'avait reçu dans Paris même aucune autre promulgation. Cette controverse n'offre plus aucun intérêt pour la solution de la question que nous examinons; car il n'est pas douteux que la disposition de l'art. 23 du décret du 17 févr. 1852 n'est plus aujourd'hui susceptible de produire aucun effet, le décret de 1852 se trouvant expressément abrogé par l'art. 68 de la loi du 29 juill. 1881.

Il en résulte qu'aujourd'hui le tarif des annonces judiciaires n'est déterminé par aucune loi et ne peut pas être déterminé par le préfet, en vertu d'une délégation de la loi. Par suite, aucun journal n'ayant le monopole des annonces judiciaires et tout journal demeurant libre de déterminer lui-même le prix auquel il consentira à insérer les annonces judiciaires, le prix des insertions forcées reste à débattre entre les parties, et la mesure prise par le législateur de 1881 dans l'art. 13 est illusoire. Le prix des insertions forcées sera déterminé par le tarif que le journal aura lui-même établi pour l'insertion des annonces judiciaires. S'il n'y a pas de tarif fixe, le prix de l'insertion sera librement débattu entre le gérant et la personne qui fait usage du droit de réponse. Enfin, en cas de contestation judiciaire, le tribunal pourra fixer le prix de l'insertion d'après la moyenne des prix habituellement acceptés par le journal pour les annonces judiciaires (Conf. Dutruc, n° 67 ; Faivre et Benoît-Lévy, p. 254 ; Barbier, t. 1, n° 154, p. 136).

333. Le gérant du journal peut-il subordonner l'insertion

de la réponse adressée à son journal ou écrit périodique au payement préalable du prix qui lui est dû à raison de ce qui excède le double de l'article auquel il est répondu? L'affirmative est enseignée par MM. de Grattier, t. 2, p. 352, Chassan, t. 1, n° 943, Dutruc, n° 70, Faivre et Benoît-Lévy, p. 68). Suivant l'opinion de ces auteurs, il serait injuste d'exposer le journal aux chances d'insolvabilité de l'auteur de la réponse. Le gérant peut, en conséquence, refuser légitimement les frais d'insertion si celui qui la requiert ne consigne par les frais de cette partie de l'insertion excédant le double de l'article. MM. Faivre et Benoît-Lévy ajoutent toutefois que le gérant serait au moins tenu, dans ce cas, d'insérer la réponse depuis le commencement, jusqu'à concurrence du double de l'article, sauf à laisser le surplus *sur le marbre.* — La jurisprudence antérieure à la loi de 1881 s'est toujours prononcée en faveur de l'opinion contraire (V. les arrêts cités au *Rép.* n° 351). Elle a conservé toute son autorité sous l'empire de cette loi qui ne contient pas de disposition expresse à l'égard de la difficulté qui nous occupe. Ni cette loi, ni les dispositions des lois antérieures n'ont soumis l'exercice du droit de réponse à la condition d'une offre préalable des frais que peut entraîner l'insertion. On comprend que cette insertion ne peut produire un effet utile que lorsqu'elle est faite immédiatement et que l'attaque est suivie sans aucun délai de la réponse ; or des contestations peuvent s'élever sur la longueur de la réponse qu'on ne peut connaître, à vrai dire, que lorsqu'elle est composée et sur le prix de l'insertion soit au sujet du tarif applicable, soit au sujet de l'étendue de l'insertion gratuite par comparaison avec l'article qui a provoqué la réponse. Ces contestations pourraient retarder la publication de la réponse pendant un assez long délai, et le droit que l'on accorderait au gérant de les faire naître en exigeant une consignation préalable du prix lui permettrait, après avoir, par son fait, donné lieu à l'insertion qu'on exige de lui, de paralyser l'exercice du droit de réponse au moyen d'une insertion tardive (Conf. Barbier, t. 1, n° 155, p. 137). Il a été jugé, en ce sens, que, lorsqu'une personne nommée ou désignée dans un journal use du droit de réponse, le gérant du journal n'a qu'un droit de créance pour le prix de la partie de l'insertion qui dépasse le double de la longueur de l'article qui a provoqué la réponse, et qu'il n'a pas le droit d'en exiger le payement préalable avant l'insertion ; mais qu'il peut se refuser à l'insertion de la réponse lorsqu'il lui est fait sommation de l'insérer gratuitement dans son entier (Pau, 12 mars 1892, aff. Goldstein, D. P. 92. 2. 495, et sur pourvoi, Crim. rej. 3 juin 1862, D. P. 93. 1. 461).

334. — 7° *Infractions à l'art. 13.* — *Compétence.* — *Sanction pénale.* — *Réparations civiles.* — Le refus d'insertion et, d'une manière générale, toutes les contraventions à l'art. 13 de la loi du 29 juill. 1881 sont des contraventions que la bonne foi de leur auteur ne peut pas excuser. Toutefois, il est entendu que la contravention n'existe et ne peut faire l'objet d'une poursuite et d'une répression que si l'auteur de la réponse a qualité à cet effet, et si, d'autre part, la teneur de la réponse n'excède pas le droit de légitime défense. Le gérant pourra donc toujours opposer, à titre d'exception, que l'auteur de la réponse n'était ni nommé ni désigné dans l'article qui a servi de prétexte à la réponse, ou bien que la réponse était diffamatoire, injurieuse, contraire aux lois ou aux mœurs, attentatoire aux intérêts du tiers ou à l'honneur du journaliste (V. *suprà,* n°⁸ 305 et suiv.).

335. Le ministère public a, sans difficulté, qualité pour poursuivre la répression des infractions à l'art. 13 de la loi du 29 juill. 1881, quand il a été saisi d'une plainte à raison d'un refus d'insertion ou d'une insertion irrégulière. Mais on a dit au *Rép:* n° 341 que le ministère public ne devra jamais agir d'office en pareille matière, bien qu'en droit son initiative ne soit subordonnée par aucun texte au dépôt d'une plainte préalable (Conf. les auteurs cités au *Rép. ibid. Adde :* Barbier, t. 1, n° 157, p. 137).

336. C'est devant le tribunal correctionnel que doit être portée l'action du ministère public saisi d'une plainte pour refus d'insertion, ou la poursuite de la partie civile introduite par citation directe. La question était controversée sous l'empire de l'art. 11 de la loi du 25 mars 1822 et de l'art. 1 de la loi du 15 avr. 1871. Elle était également controversée en Belgique, où il avait été jugé que le refus d'insertion de la réponse adressée à un journal n'est pas un fait de presse, et, par suite, ne peut, quoique réprimé par une loi de presse, être classé parmi les délits de presse dont la connaissance est déférée au jury (C. de Bruxelles, 23 mars 1871, aff. Journal *La Chronique*, D. P. 71. 2. 145). Mais quel sera le tribunal compétent *ratione loci?*

337. Il a été jugé que le refus ou l'omission d'insertion de la réponse d'une personne nommée ou désignée dans un journal peut être poursuivi devant tous les tribunaux dans le ressort desquels est publié et distribué le journal qui devait contenir cette réponse (Pau, 25 janv. 1883, aff. Justère, gérant de *L'Adour*, D. P. 83. 2. 119, et, sur pourvoi, Crim. rej. 10 nov. 1883, D. P. 84. 1. 370). La cour de Pau en donne pour motif que la publication du journal permet seule de constater l'absence de l'insertion de la réponse et que cette constatation peut être faite partout où le journal est distribué. La cour de cassation fonde sa décision qu'en matière de presse, c'est la publication de l'écrit coupable qui constitue le délit, que la poursuite peut donc être portée devant tout tribunal dans le ressort duquel l'écrit a été publié. Ni l'un, ni l'autre de ces motifs ne nous paraît justifier la solution des deux arrêts précités. D'une part, la constatation d'un délit ne doit pas être confondue avec le délit lui-même, avec les éléments qui le constituent. D'autre part, nous ne pouvons pas admettre que le délit résultant du refus d'insertion soit caractérisé par la publication préalable de l'article qui a motivé la réponse; le délit consiste uniquement dans la résistance que le gérant apporte à l'exercice du droit de réponse. Ce n'est pas là un fait de presse proprement dit, dont la poursuite est autorisée devant tous les tribunaux dans le ressort desquels est publié ou distribué le journal. La compétence ne peut donc résulter de la publication et de la distribution soit du numéro du journal qui contenait l'article provocateur, soit du numéro qui aurait dû contenir et qui ne contenait pas la réponse. De ces deux publications, l'une précède et l'autre suit la contravention du gérant. La première a donné naissance au droit de réponse; la seconde devait servir à l'exercice de ce droit; mais toutes deux sont étrangères à la contravention même, qui se place entre les deux publications. Or cette contravention, qui consiste dans le refus d'insertion ou dans une insertion incomplète ou tardive, n'est pas commise dans tous les lieux où le journal est publié ou distribué, mais seulement au siège de l'administration du journal, au lieu où il se compose et se publie. Par suite, en vertu des art. 23 et 63 c. instr. crim., c'est uniquement le tribunal dans le ressort duquel se trouve le siège de l'administration du journal, si ce tribunal est en même temps celui du domicile du gérant, qui nous paraît compétent pour connaître des infractions à l'art. 13 de la loi du 29 juill. 1881, sauf le cas exceptionnel où le gérant aurait reçu la réponse et composé le journal, sans insérer cette réponse, dans un lieu différent et dépendant d'un autre tribunal. Telle est la pratique constante; elle est d'accord avec la raison et nous paraît préférable au système de la cour de cassation (D. P. 83. 2. 117, note 1. Conf. Chassan, 2e éd., p. 665, n° 959; Schuermans, *Code de la presse*, t. 2, p. 369; Comp. Barbier, t. 1, n° 158, p. 138).

338. L'auteur de la réponse a, d'ailleurs, la faculté de négliger la voie de la poursuite correctionnelle et de se pourvoir devant la juridiction civile pour demander la réparation du dommage qu'il éprouve par suite du refus d'insertion du gérant. En ce cas, c'est devant le tribunal du domicile du gérant que l'action doit être portée, puisqu'il s'agit d'une demande personnelle et mobilière.

339. Les infractions à l'art. 13 de la loi du 29 juill. 1881 sont punies d'une amende de 50 à 500 fr. C'était également la peine prononcée par l'art. 11 de la loi du 25 mars 1822, par l'art. 17 de la loi du 9 sept. 1835 (*Rép.* p. 413) et par l'art. 13 de la loi du 27 juill. 1849 (D. P. 49. 4. 118).

340. L'art. 13 de la loi du 29 juill. 1881 ajoute que l'amende sera prononcée sans préjudice des *autres peines* et *dommages-intérêts* auxquels l'article pourrait donner lieu. Il résulte de cette disposition, d'abord que l'exercice du droit de réponse ne met pas obstacle à une poursuite ultérieure pour diffamation ou pour injures, dans le cas où l'article

provocateur contiendrait un délit caractérisé; ensuite, que la partie civile qui a obtenu des dommages-intérêts à raison du refus d'insertion peut encore en obtenir à raison du caractère injurieux ou diffamatoire de l'article qui a motivé la réponse.

341. Sous l'empire des lois antérieures, le refus d'insertion pouvait motiver une condamnation à des dommages-intérêts dont l'évaluation était laissée à l'arbitraire du juge (Crim. rej. 20 juill. 1854, *Rép.* n° 328-6°). Un amendement proposé lors de la discussion de la loi du 29 juill. 1881 voulait qu'en cas de refus d'insertion, il fût alloué à la personne lésée, par chaque jour de retard apporté volontairement à l'insertion requise, une *indemnité* de : 1° 50 fr. par mille exemplaires de tirage et au-dessous, du numéro renfermant l'article incriminé; 2° 1 fr. par chaque centaine d'exemplaires tirés en sus du premier mille, sans que le produit de cette indemnité pût être cumulé au delà de vingt jours. Cet amendement a été rejeté (D. P. 81. 4. 70, note 2). Les dommages-intérêts auxquels peut donner lieu le refus d'insertion sont, en conséquence, abandonnés à l'appréciation du juge. Ils sont prononcés soit par le tribunal correctionnel saisi conjointement de l'action civile, soit par le tribunal civil si l'auteur de cette réponse a préféré porter une demande devant cette juridiction.

342. La réparation la plus efficace, en cette matière, consiste presque toujours dans la publicité que le tribunal ordonnera au gérant de donner à la réponse qu'il a refusé d'insérer. Aussi, dans la pratique, les tribunaux condamnent-ils habituellement le gérant à insérer la réponse dans un délai déterminé et sous la contrainte d'un certain chiffre de dommages-intérêts par chaque jour de retard. Mais il a été jugé que, en prononçant cette condamnation, les tribunaux ne peuvent, sous prétexte d'urgence, ordonner l'exécution provisoire de leur jugement (Orléans, 29 janv. 1863, aff. *Journal du Loiret*, D. P. 63. 2. 211). On comprend très bien que l'exécution provisoire d'une telle condamnation équivaudrait à une condamnation définitive, et supprimerait l'appel en lui ôtant tout intérêt. L'art. 11 de la loi du 9 juin 1819 faisait même, en dehors de toute décision de justice à cet égard, une obligation aux éditeurs de journaux ou d'écrits périodiques d'insérer, dans l'une des feuilles ou des livraisons qui paraîtraient dans le mois du jugement ou de l'arrêt intervenu contre eux pour infraction aux lois sur la presse, un extrait contenant les motifs et le dispositif dudit jugement ou arrêt. Cette disposition est demeurée en vigueur jusqu'à la loi du 29 juill. 1881; et il a été jugé que l'insertion de l'extrait du jugement, à laquelle l'art. 11 de la loi du 9 juin 1819 assujettit l'éditeur d'un journal condamné, n'était obligatoire pour cet éditeur, alors même qu'il s'agissait d'un jugement contradictoire, que si le ministère public avait fait signifier l'extrait du jugement à l'éditeur; qu'on devait considérer comme insuffisante pour obliger l'éditeur à cette insertion la signification que la partie civile avait faite à l'avoué du prévenu (Trib. corr. d'Avranches, 14 avr. 1880, aff. Gibert et journal *L'Avranchin*.-MM. Lahougue, pr.-Mézaize, proc.). — L'art. 11 de la loi du 9 juin 1819 est abrogé par l'art. 68 de la loi du 29 juill. 1881, et l'insertion du jugement n'est plus légalement obligatoire en dehors d'une décision expresse de justice.

343. Les juges peuvent aussi ordonner, à titre de réparations civiles, l'insertion de la réponse et du jugement dans d'autres journaux aux frais du gérant. Ils pourraient encore ordonner l'*affiche*, aux frais du gérant, de la réponse et du jugement. C'est ce que la cour de Metz a décidé, par un arrêt du 23 mai 1850 (*Rép.* n° 348), dans une espèce où l'insertion de la réponse ne pouvait plus être ordonnée dans le journal qui avait publié l'article provocateur, ce journal ayant cessé de paraître (Comp. Dufruc, n° 80; Barbier, t. 1, n° 160, p. 139).

344. Les insertions ordonnées par décision de justice sont-elles obligatoires pour le journal que le jugement désigne, alors même qu'il n'était pas partie dans la cause? Les tribunaux ont, dans un certain nombre de cas, le droit d'ordonner l'affichage de leurs jugements ou leur publication dans les journaux. Il en est ainsi, notamment, dans les cas prévus par l'art. 1036 c. proc. civ., dont les dispositions sont applicables devant toutes les juridictions (Crim. rej. 28 juill. 1870, aff. Duportal, D. P.

72. 1. 156; 16 mai 1873, aff. Boulon et Lepic, D. P. 73. 1. 441). Il en est de même quand une disposition de loi spéciale autorise le juge à ordonner, à titre de peine. l'affiche ou l'insertion du jugement (c. pén., art. 36; L. 27 mars 1851, art. 6; c. com. art. 600 ; Règlem. 30 mars 1808, art. 102). Enfin les tribunaux peuvent ordonner l'affiche ou l'insertion de leur jugement à titre de réparation civile envers la partie lésée. Dans ces différents cas, les journaux qui sont désignés par le jugement pour en publier la teneur sont-ils obligés de faire cette publication, lorsqu'ils en sont requis par la partie qui a gagné son procès, moyennant le prix de l'insertion qui leur est offert ?

La question était très controversée sous l'empire de la législation antérieure à 1881. On soutenait, en faveur de l'affirmative, que l'art. 19 du décret du 17 févr. 1852 décidait la question contre la liberté des journaux. Les journaux, disait-on, doivent être considérés comme des dépositaires de l'autorité publique, et leurs jugements comme des documents officiels. Si donc le jugement contenait injonction à certains journaux d'en publier la teneur, ces journaux étaient obligés de faire la publication (V. Rép. n° 323). On pouvait invoquer, à l'appui de cette opinion l'arrêt de la cour de cassation du 13 août 1880 (Crim. cass. aff. Gérard, D. P. 81. 1. 273) qui, cassant un arrêt de la cour d'Alger du 5 juin 1879 (Journ. min. publ., t. 22, p. 121), a décidé que le gérant d'un journal est tenu, en vertu de l'art. 19 du décret du 17 févr. 1852, d'insérer un jugement auquel il est cependant étranger, quand cette insertion est requise par le procureur général agissant comme dépositaire de l'autorité publique. — Mais, en faveur de la liberté des journaux, on répondait que l'art. 19 du décret du 17 févr. 1852 était sans application au point en litige. Il ne paraissait pas possible de considérer le juge ordonnant l'impression de son jugement, aux frais et dans l'intérêt de l'une des parties, comme un dépositaire de l'autorité publique requérant l'insertion d'un document officiel. Le journal constitue, d'ailleurs, une propriété privée, dont les tribunaux ne peuvent pas disposer en dehors des cas expressément prévus par la loi (Comp. L. 9 sept. 1835. art. 18; 27 juill. 1849, art. 13, § ; Décr. 17 févr. 1852, art.19; V. Rép. n° 323; Chassan, t. 1, n° 961).

Cette dernière opinion doit prévaloir aujourd'hui sans contestation possible. La loi du 29 juill. 1881, en abrogeant l'art. 19 du décret du 17 févr. 1852, a fait cesser, en effet, toute controverse. Il importe peu que les jugements puissent être considérés comme des documents officiels et les tribunaux comme des dépositaires de l'autorité publique, puisque ces derniers n'ont plus, en vertu de leur titre, que le droit de requérir l'insertion des rectifications relatives aux actes de leur fonction. Si donc il est ordonné par justice qu'un jugement sera publié, au profit de l'une des parties en cause et moyennant le prix de l'insertion, dans un journal désigné audit jugement et d'ailleurs étranger au procès, cette décision ne peut avoir d'effet que du consentement du journal. Ainsi, malgré l'injonction de justice et l'offre du prix, ce journal est entièrement libre d'insérer ou de ne pas insérer le jugement. Il a bien plus encore l'entière liberté de débattre le prix de l'insertion avec celle des parties qui la requiert dans son intérêt. Telle a été, d'ailleurs, la déclaration expresse que M. Trarieux a faite à la Chambre des députés, au cours de la discussion de l'art. 14 (Séance du 25 janv. 1884. Conf. Dutruc, n° 84 et 85; Barbier, n° 161, p. 140).

345. Comme celui des plaideurs qui a gagné son procès est en droit de recouvrer sur son adversaire le montant des frais de l'insertion ordonnée par jugement, et pour éviter que l'insertion ne soit trop onéreuse pour l'autre partie, les tribunaux peuvent déterminer et déterminent habituellement le chiffre jusqu'à concurrence duquel pourra se faire le recouvrement des frais d'insertion. La détermination de ce chiffre ne concerne, d'ailleurs, que les rapports des parties en cause; elle est sans aucun effet vis-à-vis du journal qui consent à publier le jugement, et qui demeure libre de débattre et de déterminer son prix. Le jugement peut aussi décider à quelle place et en quels caractères l'insertion pourra être faite; et cette décision fixe l'obligation à cet égard, de la partie qui succombe.

§ 6. — De la condition des journaux ou écrits périodiques étrangers.

346. — I. Police de la presse périodique étrangère. — Les journaux et les écrits périodiques, imprimés et publiés à l'étranger, échappent nécessairement à l'application des mesures de police organisées à l'égard des journaux et des écrits périodiques publiés en France. Ils ne sont pas soumis, comme les journaux français, aux dispositions de la loi du 29 juill. 1881 relatives : 1° à la gérance; 2° à la déclaration préalable exigée dans le cas de création d'un nouveau journal ou de mutation dans les conditions sujettes à déclaration; 3° à la nécessité du double dépôt judiciaire et administratif qui doit être opéré au moment de la publication de chaque feuille ou livraison; 4° à l'obligation pour le gérant de faire imprimer son nom au bas de tout exemplaire de chacun des numéros ou de chacune des livraisons publiés.

347. La seule mesure préventive de police qui puisse être efficacement appliquée aux journaux ou aux écrits périodiques étrangers consiste dans l'autorisation préalable à leur publication en France. — Le régime de l'autorisation préalable ayant été supprimé d'une manière absolue par la loi du 18 juill. 1828, aucune entrave ne fut apportée, depuis cette époque, à la libre circulation en France des journaux étrangers. — Le décret du 17 févr. 1852 soumit à l'autorisation préalable du Gouvernement, en même temps que la publication de tous les journaux français traitant de matières politiques ou d'économie sociale, la circulation en France de tous journaux traitant des mêmes matières et publiés à l'étranger. Les introducteurs ou distributeurs d'un journal étranger dont la circulation n'était pas autorisée encouraient la peine d'un mois à un an d'emprisonnement et une amende de 100 fr. à 5000 fr. (Décr. 17 févr. 1852, art. 2). — La loi du 11 mai 1868 affranchit de l'autorisation préalable du Gouvernement la publication des journaux et écrits périodiques français; mais la circulation en France des journaux et des écrits périodiques étrangers, traitant de matières politiques ou d'économie sociale, demeura soumise à la nécessité de cette autorisation (Circ. min. just. 3 juin 1868, D. P. 68. 3. 64).

348. L'art. 14, 1er al., de la loi du 29 juill. 1881, est ainsi conçu : « La circulation en France des journaux ou écrits périodiques publiés à l'étranger ne pourra être interdite que par une décision spéciale délibérée en conseil des ministres ». Il résulte de cette disposition que la suppression de l'autorisation préalable (V. suprà, n° 141 et suiv.) s'étend non seulement aux journaux et aux écrits périodiques français, mais encore aux journaux et aux écrits périodiques étrangers. Ainsi l'art. 14 proclame, en principe, la liberté de circulation en France des journaux et des écrits périodiques imprimés et publiés en pays étrangers (D. P. 81. 4. 71, note 1; Circ. min. just. 9 nov. 1881, D. P. 81. 3. 107, n° 19). Cependant le même article apporte une double restriction à cette liberté. D'une part, une interdiction générale de circulation peut être prononcée contre un journal étranger par une décision spéciale du conseil des ministres (al. 1) ; d'autre part, « la circulation d'un numéro peut être interdite par une décision du ministre de l'intérieur » (al. 2).

Le droit d'interdiction que l'art 14 réserve au Gouvernement a fait l'objet de très vives critiques pendant la discussion de la loi. MM. Georges Périn et Edouard Lockroy, à la séance de la Chambre des députés du 25 janv. 1881, ont soutenu que, en accordant au Gouvernement la faculté d'interdire la circulation de certains journaux étrangers, on revenait d'une façon déguisée au système de l'autorisation préalable et à la législation abrogée de 1852. La différence des deux régimes ressortait cependant des explications contenues dans le rapport de M. Lisbonne : « Autre chose, disait le rapporteur, est soumettre la circulation des journaux étrangers à une autorisation préalable et absolue, autre chose est autoriser, en principe, leur circulation, en réservant au Gouvernement la faculté d'interdire par mesure spéciale, sous sa responsabilité devant l'opinion et les pouvoirs publics » (D. P. 81. 4. 71). Cependant cette faculté pourrait aboutir, au moyen d'interdictions multipliées, à une suppression complète de la liberté de circuler en France, pour la presse étrangère; mais il était nécessaire de parer à des dangers bien autrement redoutables. Si l'on observe que les journaux publiés à l'étranger ne sont pas soumis à l'obligation de la déclaration préalable qui s'impose aux journaux français; que, d'autre part, en cas de délit commis par les journaux étrangers, les gérants, les rédacteurs et les imprimeurs de ces journaux échappent à toute répression de la part de la justice française et que seuls le vendeur et le distributeur français des journaux étrangers sont exposés à l'application des lois pénales, on reconnaîtra qu'il était impossible d'assurer sans restriction à la presse étrangère les mêmes libertés qu'à la presse française. L'absence de déclaration préalable ne met pas en éveil la surveillance du Gouvernement. L'impossibilité d'atteindre les vrais coupables, en cas de délit, fait disparaître les responsabilités effectives. Il était donc indispensable de permettre au Gouvernement de suspendre, dans un intérêt public ou national, le bénéfice de la liberté de la presse, vis-à-vis d'un journal étranger spécialement désigné (Conf. Celliez et Le Senne, p. 113 et 1; Faivre et Benoît-Lévy, p. 74 et 75; Dutruc, nos 90, 94, 99; Barbier, t. 1, no 163, p. 141).

349. L'interdiction de circulation peut être prononcée à l'égard de toutes les publications étrangères, politiques ou non politiques, ayant le caractère de journaux ou d'écrits périodiques. Les écrits non périodiques, même ceux qui traitent de matières politiques, les livres étrangers par exemple, ne sont pas soumis à l'application des dispositions de l'art. 14 de la loi du 29 juill. 1881.

350. On doit considérer comme étrangers les journaux et les écrits périodiques qui sont livrés à la publicité hors du territoire français, alors même qu'ils sont publiés en langue française et rédigés par des écrivains français (Paris, 10 déc. 1868, aff. Barbieux, D. P. 69. 1. 529. Conf. Barbier, t. 1, no 164, p. 142).

351. L'art. 14, 1er al., permet au conseil des ministres d'interdire la circulation d'un journal publié à l'étranger. La délibération du conseil des ministres ne peut constituer une mesure générale. Elle doit être *spéciale*, en vertu de l'art. 14. On enseigne même que, vis-à-vis d'un journal étranger spécialement déterminé, l'interdiction ne peut pas avoir un caractère définitif, et qu'elle ne peut être prononcée que *pour un temps* ou *pour un nombre de numéros déterminés* (Faivre et Benoît-Lévy, p. 75). En sens contraire, on a également soutenu que l'interdiction prononcée par le conseil des ministres devait être absolue, sans détermination d'un délai quelconque. Le conseil n'aurait même pas la faculté de rapporter ultérieurement sa décision (Celliez et Le Senne, p. 115). — Ces deux opinions sont également inadmissibles. Le texte de l'art. 14 ne limite pas la durée de l'interdiction qu'il autorise le conseil des ministres à prononcer, ce qui détruit la doctrine de MM. Faivre et Benoît-Lévy. D'autre part, si l'on reconnaît au conseil des ministres le pouvoir de prononcer une interdiction définitive, il est rationnel de lui reconnaître aussi le droit de mettre une limite à la durée de l'interdiction qu'il prononce et celui de rapporter la délibération qui défendait la circulation d'un journal étranger pour un temps ou pour toujours. C'est à tort que, pour justifier leur opinion, MM. Celliez et Le Senne (*loc. cit.*) prétendent qu'en prononçant une interdiction temporaire, le conseil des ministres usurperait la fonction du ministre de l'intérieur, et qu'on rétablirait le régime de l'autorisation préalable en permettant au conseil des ministres de rapporter l'interdiction prononcée pour un temps illimité. Le ministre de l'intérieur ne peut interdire que la circulation d'un numéro; il ne lui appartient pas de prononcer l'interdiction de la circulation du journal pour un temps ou pour plusieurs numéros. D'autre part, le retrait de l'interdiction n'a pas d'autre effet que de restituer le bénéfice du droit commun à un journal frappé par une mesure exceptionnelle, que la nécessité seule autorise, et qui, suivant le vœu de la loi, doit cesser avec cette nécessité (Conf. Dutruc, nos 94 et 95; Barbier, t. 1, no 165, p. 142).

352. L'art. 14, 2e alinéa, permet au ministre de l'intérieur d'interdire, par une décision spéciale, la circulation d'un *numéro* de tout journal étranger. Cette disposition ne figurait pas dans le texte adopté par la Chambre des députés. Elle fut introduite par la commission du Sénat, et le rapporteur de cette commission en donna les motifs suivants : « Une réunion solennelle du conseil des ministres, pour arrêter à la frontière un numéro du journal, a le double inconvénient d'attacher trop d'importance à une feuille volante qui peut n'être qu'une ordure ou une infamie, et ensuite de la laisser circuler librement, en attendant que le conseil des ministres ait eu le temps de délibérer ». On a dit que les pouvoirs conférés au ministre de l'intérieur supprimaient la garantie accordée aux journaux étrangers de ne pouvoir être frappés d'un interdit de circulation en France que par une délibération spéciale du conseil des ministres; qu'en effet, s'il convient au ministre de l'intérieur d'interdire la circulation d'un journal, il y parviendra en renouvelant, pour chacun des numéros publiés, un arrêté d'interdiction (V. en ce sens, Faivre et Benoît-Lévy, p. 75, Dutruc, no 95). Cette objection a été réfutée par MM. Bazile et Constant (p. 147) dans les termes suivants : « Il est de principe que l'autorité administrative, quelle qu'elle soit, ne peut ni se servir de ses pouvoirs dans un but autre que celui pour lequel le législateur les lui a confiés, ni empiéter sur les pouvoirs attribués à une autre autorité administrative; l'acte intervenant dans ces deux cas est entaché d'excès de pouvoir; il doit être annulé conformément à la jurisprudence constante du conseil d'État. Or le ministre qui prendrait ainsi une suite d'arrêtés de suspension commettrait ce double excès de pouvoir; il se substituerait au conseil des ministres; il userait de ses pouvoirs pour arriver à une interdiction, alors que la loi les lui a confiés uniquement pour arrêter quelques numéros ». On ne saurait méconnaître la justesse de ces observations (Conf. Barbier, t. 1, no 166, p. 143).

353. — II. Infractions a l'art. 14. — Sanction pénale. — L'art. 2 du décret du 17 févr. 1852 punissait d'un emprisonnement d'un mois à un an et d'une amende de 100 fr. à 5000 fr. la publication en France de journaux étrangers sans l'autorisation préalable du Gouvernement (D. P. 52. 4. 56). L'art. 14, 3e al., de la loi du 29 juill. 1881 est ainsi conçu : « La mise en vente ou la distribution, faite *sciemment* au mépris de l'interdiction, sera punie d'une amende de 50 à 500 fr. ».

354. Les infractions à l'art. 2 du décret du 17 févr. 1852 ne constituaient que des contraventions matérielles, punissables indépendamment de toute intention coupable de la part de celui qui avait introduit ou distribué en France des journaux politiques étrangers, sans l'autorisation préalable du Gouvernement. Le contrevenant ne pouvait pas être excusé en raison de sa bonne foi, et notamment parce qu'il aurait cru, en l'absence de poursuites contre le rédacteur dudit journal, que la circulation de ce journal en France ne soulevait aucune difficulté légale (Crim. cass. 22 déc. 1859, aff. Dessaules, D. P. 60. 1. 194; Paris, 10 déc. 1868, aff. Barbeux, D. P. 69. 1. 529). — Doit-on décider, de même, que les infractions à l'art. 14 de la loi du 29 juill. 1881 ne constituent pas de véritables délits, mais des contraventions qui n'admettent pas l'excuse de la bonne foi? M. Dutruc (no 96) enseigne que ces infractions ont le caractère propre de délits intentionnels; car, dit-il, l'art. 14 subordonne « l'application de la peine à la condition déjà rappelée, que la vente ou la distribution ait été faite *sciemment* au mépris de l'interdiction »; or « la connaissance de l'arrêté d'interdiction de la part des vendeurs ou distributeurs implique nécessairement leur volonté d'enfreindre la loi en vertu de laquelle cette interdiction a été prononcée ». — Pour nous, les infractions dont il s'agit ne sont que des contraventions, et l'opinion de M. Dutruc renferme une confusion d'idées. Sans doute la contravention à l'art. 14 n'est punissable qu'à une double condition. Il faut d'abord qu'il y ait vente, mise en vente, colportage ou distribution d'un journal étranger frappé d'un interdit de circulation en France. Il faut ensuite que l'auteur de ce fait matériel ait agi en connaissance de l'arrêté d'interdiction. On a subordonné l'application de la peine à cette condition parce que, la libre circulation des journaux étrangers constituant le droit commun, il n'a pas paru juste de frapper le vendeur ou le colporteur d'un journal ou d'un numéro exceptionnellement frappé d'interdit, sans qu'il eût connaissance de la mesure d'exception. Les tribunaux devront donc faire cette double constatation avant de prononcer une condamnation en vertu de l'art. 14. La contravention dont il s'agit n'est donc pas exclusivement caractérisée par un fait matériel ; elle comporte un certain élément intentionnel, consistant dans la connaissance de l'arrêté d'interdiction. Mais ce n'est pas une circonstance de nature à transformer la contravention en délit. Si le plus souvent, et, en règle générale, on peut considérer que les contraventions consistent exclusivement dans un acte matériel, la volonté de l'homme peut cependant, en certain cas, par une disposition expresse de la loi, devenir un élément constitutif de la contravention. Il en est ainsi, notamment, suivant la jurisprudence de la cour de cassation, de la contravention qui consiste à introduire des bestiaux sur un chemin de fer (Crim. cass. 19 mai 1854, aff. Debrade, D. P. 54. 1. 215; Crim. rej. 3 avr. 1858, aff. Derbré, D. P. 58. 5. 59). Ce qui caractérise le délit, ce n'est pas seulement l'exécution d'un acte volontaire et prohibé par la loi, c'est l'intention coupable, la volonté d'accomplir un acte méchant ou nuisible. Cette intention coupable est tellement essentielle que, si le juge n'en constate pas l'existence, si l'auteur de l'action était de bonne foi, le délit disparaît. Quand il s'agit d'une infraction qui doit être punie par cela seul qu'elle a été commise volontairement, sans qu'il y ait à tenir compte de la bonne ou de la mauvaise foi de l'agent, cette infraction n'est pas un délit, mais une contravention. Or il est certain, en ce qui concerne l'application des peines portées par l'art. 14, qu'elles sont encourues par le vendeur ou le distributeur d'un journal étranger dont la circulation est interdite, par cela seul qu'il connaissait l'arrêté d'interdiction, alors même qu'il n'aurait pas eu d'intention mauvaise et que le journal vendu ou distribué n'aurait pas causé de trouble, ni de préjudice d'aucune sorte soit à l'ordre public, soit aux particuliers. Les infractions à l'art. 14 sont bien, dès lors, des contraventions, puisque la bonne foi ne peut pas servir à les excuser. Aussi, dans son rapport sur l'art. 48 du projet devenu l'art. 45, M. Lisbonne a-t-il classé ces infractions dans la catégorie des *contraventions matérielles* dont la connaissance a été cependant réservée aux tribunaux correctionnels (Conf. Barbier, t. 1, n° 168, p. 145).

355. Les peines portées par l'art. 14 de la loi du 29 juill. 1881 sont-elles applicables à l'introduction en France de journaux étrangers interdits? Le fait d'introduction et le fait de distribution en France d'un journal étranger, sans autorisation préalable du Gouvernement, étaient tous deux prévus et punis par l'art. 2 du décret du 17 févr. 1852. Au contraire, l'art. 14 de la loi du 29 juill. 1881 ne prévoit et ne punit que la mise en vente ou la distribution. En conséquence, il est certain que l'introduction en France d'un journal étranger frappé d'interdiction ne constitue pas un délit spécialement punissable.

356. L'introducteur ne pourra-t-il pas être poursuivi comme complice du vendeur ou du distributeur? On doit admettre qu'il ne pourra pas même être poursuivi comme complice, si l'on reconnaît à la vente et à la distribution le caractère d'une contravention, et non pas d'un délit (V. *suprà,* n° 354); car les art. 59 et 60 c. pén., sur la complicité, ne sont pas applicables aux contraventions de presse. En conséquence, ne sont punissables, en raison de cette infraction, que ceux qui s'en sont rendus coauteurs par une participation directe au fait de distribution. A cet égard, on peut considérer, comme impliquant une coopération personnelle et directe au fait de distribution, la seule détention, par un individu domicilié en France, de journaux politiques importés de l'étranger, alors même qu'il serait associé à une entreprise organisée pour l'introduction et l'écoulement de ces journaux ; mais on peut voir à bon droit, dans cette détention, une coopération à la distribution desdits journaux, s'il est établi que c'est chez ce détenteur que s'approvisionnent habituellement les agents chargés de la vente (Crim. cass. 3 avr. 1869, aff. Barbieux, D. P. 69. 1. 529). Cette décision a été rendue sous l'empire du décret du 17 févr. 1852; mais elle peut encore être suivie.

357. Suivant les termes de l'art. 14, l'arrêté d'interdiction pris par le conseil des ministres ou par le ministre de l'intérieur pour interdire la circulation soit d'un journal, soit d'un numéro de journal étranger, n'a pas d'autre sanction que l'amende prononcée contre les vendeurs ou les distributeurs qui ont contrevenu sciemment à cet arrêté. Si le Gouvernement n'a pas d'autre moyen d'assurer l'exécution de la mesure qu'il a prise, il faudra reconnaître que cette

exécution demeure très problématique. A quoi servira-t-il de prohiber la circulation d'un journal étranger, si le Gouvernement n'a pas le pouvoir de lui fermer l'accès du territoire français, s'il ne peut pas même en empêcher la vente ou la distribution, s'il doit se contenter de poursuivre tardivement les vendeurs et les distributeurs et de les faire condamner à une amende à peu près insignifiante? Cependant on chercherait vainement, en dehors de l'art. 14, un texte qui proclame, au profit du Gouvernement, le droit de saisir les journaux étrangers circulant en France au mépris d'un arrêté d'interdiction. L'art. 49 de la loi du 29 juill. 1881 dénie au contraire, d'une manière absolue en matière de presse, le droit de saisie. Cette règle ne souffre d'exception qu'en ce qui concerne les publications obscènes (art. 28 et L. 2 août 1882), et en ce qui concerne les publications dont le dépôt n'a pas été effectué; dans ce dernier cas, l'art. 49 autorise la saisie de quatre exemplaires. Cependant il faut bien reconnaître que l'art. 14 consacre, non pas il est vrai dans des termes exprès, mais du moins implicitement, une nouvelle dérogation à la règle posée dans l'art. 49. En autorisant le Gouvernement à interdire la circulation en France d'un journal étranger, il est manifeste que les législateurs de 1881 ont entendu lui reconnaître le pouvoir de saisir ces journaux quand ils pénètrent ou qu'ils circulent en France. Dans tous les discours prononcés lors de la discussion de l'art. 14, le droit d'interdire les journaux étrangers a pour expression équivalente *le droit d'arrêter à la frontière les journaux étrangers*; et ce pouvoir, qu'il s'agit de concéder ou de refuser au Gouvernement, est tantôt repoussé comme une mesure préventive incompatible avec l'esprit de la législation nouvelle, et tantôt défendu comme une garantie nécessaire contre les journaux étrangers qui, n'offrant pas la même responsabilité que les journaux français, ne peuvent pas, sans un péril public, obtenir la faveur de la même liberté (*Journ. off.* séances du 14, 15 et 25 janv. 1881). A la séance du 15 févr. 1881, MM. Lelièvre et Floquet ont même dit expressément que le Gouvernement puiserait dans l'art. 14 le droit d'arrêter un journal étranger pénétrant en France *par la voie de la poste.*

358. Il convient même de reconnaître que le droit d'interdire la circulation des journaux étrangers ne devait avoir primitivement, dans la pensée de la Chambre des députés, pour toute sanction, que la saisie des exemplaires introduits ou circulant en France au mépris de l'arrêté d'interdiction. En effet, le projet que la Chambre des députés a voté en seconde lecture ne prononçait aucune peine contre le vendeur ou les distributeurs du journal interdit. Il ne contenait que la disposition suivante : « La circulation en France des journaux ou écrits périodiques publiés à l'étranger peut être interdite que par une décision spéciale délibérée en conseil des ministres ». Cette disposition ne devait pas évidemment demeurer sans aucune sanction, et l'on est forcé de reconnaître que, dans la pensée de ses auteurs, elle comportait implicitement, mais nécessairement, le droit de saisir le journal interdit sur tout le territoire français, et notamment les exemplaires introduits par la voie de la poste. La commission du Sénat a proposé la disposition finale de l'art. 14, qui punit d'une amende la mise en vente et la distribution du journal interdit ; mais le rapporteur de la commission ne pensait même pas que, en raison de cette nouvelle sanction à la disposition de l'art. 14, on pût mettre en doute la portée de cette disposition, le caractère et l'étendue des pouvoirs qu'elle conférait au Gouvernement. Parlant, en effet, du droit qui serait accordé au ministre de l'intérieur d'interdire un numéro, M. Pelletan disait : « Une réunion solennelle du conseil des ministres *pour arrêter à la frontière* un numéro de journal, a ce double inconvénient... » (V. *suprà*, n° 354). Ainsi l'art. 14 confère certainement au Gouvernement le droit de saisir soit à la frontière, soit à l'intérieur du territoire français, les journaux étrangers dont il a interdit la circulation en France.

359. La disposition de l'art. 14 ainsi comprise ne constitue même pas une dérogation à la règle générale établie par l'art. 49, de sorte qu'on ne peut pas tirer argument de ce dernier article contre la solution que nous adoptons. L'art. 49, en effet, n'a d'autre but que de rejeter l'application, en matière de délits de presse, des art. 37, 38 et 87 à 90 du c. instr. crim., en vertu desquels les procureurs de la République et les juges d'instruction ont le droit de saisir tous les papiers et *effets* qui peuvent servir à la manifestation de la vérité. Or la saisie des journaux étrangers à laquelle il est procédé par le Gouvernement, en vertu de l'art. 14 et à la suite d'un arrêté d'interdiction, est une mesure de sûreté générale qui n'a rien de commun avec les saisies que le code d'instruction criminelle autorise en matière judiciaire.

CHAP. 5. — De la censure dramatique. — Renvoi
(*Rép.* n° 407).

360. Nous avons fait connaître que les dispositions de la loi du 29 juill. 1881, en proclamant la liberté de l'imprimerie (V. *suprà*, n°⁰ˢ 70 et suiv.) et de la librairie (*suprà*, n°⁰ˢ 125 et suiv.) et en affranchissant la presse périodique du régime de l'autorisation préalable (*suprà*, n°⁰ˢ 141 et suiv.), les publications illustrées et les productions de l'art du dessin du régime de la censure (*suprà*, n°⁰ˢ 132 et suiv. et *infrà*, n°362), n'ont pas modifié la législation antérieure concernant la police des représentations dramatiques. Au surplus, c'est *infrà*, v° *Théâtre*, comme nous l'avons fait au *Répertoire*, qu'il sera traité de tout ce qui concerne la censure dramatique.

CHAP. 6. — Des dessins, gravures, lithographies, estampes, médailles ou emblèmes (*Rép.* n°⁰ˢ 408 à 447).

361. On trouvera au *Rép.*, n°⁰ˢ 408 et suiv., l'exposé de la législation alors en vigueur sur la police des dessins, médailles et emblèmes. Quant à la jurisprudence postérieure au *Répertoire*, qui n'a plus d'intérêt pratique aujourd'hui (V. *infrà*, n° 362), on en trouvera le résumé dans les tables du *Recueil périodique* v° *Presse-outrage* (V. *Table des vingt-deux années*, n°⁰ˢ 220 et suiv. ; *Table décennale*, n°⁰ˢ 105 et suiv., *Nouvelle table décennale*, n° 75).

362. Sous l'empire du décret du 17 févr. 1852 (art. 22, les dessins, médailles et emblèmes étaient soumis à l'autorisation préalable. Cette autorisation n'est plus nécessaire aujourd'hui. — Nous avons dit *suprà*, n° 143, que la loi du 11 mai 1868 n'avait supprimé cette nécessité que pour la presse périodique. La loi du 29 juill. 1881 affranchit de l'autorisation préalable, non seulement la presse périodique illustrée (*suprà* n° 143), mais, d'une façon générale, toutes les reproductions par le dessin ou par les procédés artistiques. C'est ce qui résulte de l'art. 68 de la loi qui abroge expressément le décret du 17 févr. 1852. Le rapporteur de la Chambre des députés, M. Lisbonne, le constatait en ces termes : « Quant à la *censure*, sous le régime de laquelle vit encore la presse illustrée et qui empêche la libre publication des dessins ou gravures de toutes sortes, comment en justifier également le maintien ? Si toute restriction antérieure à la manifestation de la pensée doit être sévèrement proscrite, si le journaliste n'a plus à soumettre ses articles aux ciseaux de la censure, il n'y a que l'arbitraire qui puisse maintenir une différence entre la plume de l'écrivain et le crayon du dessinateur. Nous avons cru répondre à votre pensée en ne renouvelant aucune des dispositions relatives à cette autorisation, qui se trouve, dès lors, directement atteinte par l'art. 1 du projet (art. 68 de la loi) (Rapport, D. P. 81. 4. 69, note 5). Ainsi les dessins, gravures, lithographies ou estampes peuvent être publiés, exposés ou mis en vente sans l'autorisation du ministre de l'intérieur à Paris, ou des préfets dans les départements.

363. Ces reproductions ne sont soumises qu'aux mesures générales de police qui régissent l'imprimerie, c'est-à-dire à l'indication du nom de l'imprimeur (V. *suprà*, n°⁰ˢ 77 et suiv.), au dépôt administratif en trois exemplaires (V. *suprà*, n°⁰ˢ 99 et suiv.) et aux mesures de police qui régissent la presse périodique, quand elles font partie d'une publication périodique illustrée (V. *suprà*, n°⁰ˢ 161 et suiv.).

CHAP. 7. — Du colportage et de la vente sur la voie publique.

364. — I. Colportage et distribution. — La loi du 29 juill. 1881, ne définit pas le colportage et la distribution

des imprimés, qu'elle soumet à une réglementation spéciale. Nous nous référons à la définition de ces deux modes de publication qui a été donnée au *Rép.* n° 433. Leur trait commun consiste dans l'offre que l'agent de la publication fait au public, en proposant soit dans la rue, soit de maison en maison, de vendre ou de livrer gratuitement les imprimés dont il est porteur. Les expressions de colporteur et de distributeur sont souvent employées l'une pour l'autre dans les dispositions législatives. Cependant le colporteur doit s'entendre plus exactement de celui qui répand les imprimés de ville en ville, et le distributeur de celui qui les répand sur place (Barbier, p. 184, n° 209).

365. — II. Historique. — On a exposé au *Rép.* n° 422 et suiv. l'historique de la législation sur le colportage et la distribution, jusqu'au régime qui était en vigueur dans les premières années du second Empire. Cette matière était alors régie par l'art. 1 de la loi du 10 févr. 1834 (*Rép.* n° 413), qui assujettissait l'exercice de la profession de colporteur à l'autorisation préalable de l'Administration, et par l'art. 6 de la loi du 27 juill. 1849 qui soumettait à la nécessité de cette autorisation tous les actes de distribution ou de colportage même accomplis accidentellement. L'autorisation devait être donnée par le préfet de police, pour le département de la Seine, et par le préfet pour les autres départements ; la peine en cas d'infraction était un emprisonnement d'un mois à six mois et une amende de 25 à 500 fr. Les autorisations pouvaient toujours être retirées par l'autorité qui les avait accordées. — La portée de l'art. 6 de la loi du 27 juill. 1849 fut notablement étendue sous le régime impérial : les ouvrages destinés à être colportés furent soumis à *l'estampille* (V. *Rép.* n° 440. Aux circulaires ministérielles citées *ibid.*, *adde*, Circ. min. int. 11 sept. 1853).

366. La chute du Gouvernement impérial en 1870 ne mit pas fin au régime de l'estampille. Le comité d'examen des livres colportés (*Rép.* n° 440) cessa de fonctionner le 4 sept. 1870 ; mais, à partir du 27 sept. 1871, les bureaux de la presse et de la librairie au ministère de l'intérieur exercèrent les attributions autrefois confiées à la commission du colportage. Une circulaire du 7 oct. 1871 exempta, toutefois, de la formalité de l'estampille les ouvrages vendus dans les gares de chemins de fer, lesquels étaient, depuis 1861, soumis à une estampille particulière. Cette exemption fut retirée aux ouvrages dont il s'agit par la circulaire du duc de Broglie, ministre de l'intérieur, en date du 12 mai 1874. En même temps, il fut procédé à une revision générale des estampilles précédemment accordées, en vue de la vente par la voie du colportage.

367. On a vu au *Rép.* n° 429 que les bulletins de vote devaient être considérés comme des *écrits* au sens de l'art. 6 de la loi du 27 juill. 1849, que le colportage et la distribution de ces bulletins avaient été successivement réglementés par les lois de 1830, 1834 et 1849. Les lois électorales suspendirent l'application de ces règlements pendant la *période électorale*. La distribution des bulletins de vote et de tous écrits relatifs aux élections fut donc libre, sans autorisation préalable, pendant une période de quarante-cinq jours avant l'élection, sous l'art. 2 de la loi du 21 avr. 1849 (D. P. 49. 4. 92). La durée de la période électorale fut réduite à vingt jours par l'art. 2 de la loi du 16 juill. 1850 (D. P. 50. 4. 164). Il était toutefois nécessaire qu'un exemplaire des bulletins de vote ou écrits relatifs aux élections fût déposé au parquet avant leur distribution, revêtu de la signature du candidat (V. *Rép.* n° 443 et suiv.). — La formalité du dépôt au parquet, pour les bulletins de vote, fut supprimée par l'art. 3 de la loi du 30 nov. 1875, sur les élections législatives, en ce qui concerne les élections des députés (D. P. 76. 4. 6). Mais elle resta applicable aux autres élections, spécialement aux élections municipales (Crim. rej. 24 mai 1878, aff. Le Bastard, D. P. 78. 1. 280). Elle fut abolie pour toutes les élections par la loi du 20 déc. 1878 (D. P. 79. 4. 17). — En ce qui concerne les écrits électoraux, ils restaient soumis à la nécessité du dépôt au parquet, en vertu de la loi précitée du 30 nov. 1875. Ce dépôt était obligatoire, indépendamment du dépôt administratif prescrit par l'art. 14 de la loi du 21 oct. 1814 (V. *suprà*, n°⁰ˢ 99 et suiv.). L'art. 2 de la loi du 20 déc. 1878 supprima la formalité du dépôt au parquet, même en ce qui concernait les écrits électoraux, sous la condition toutefois qu'il s'agit d'écrits électoraux signés des candidats ou d'un ou plusieurs électeurs.

368. La loi du 29 déc. 1875 (art. 3) déclara que l'interdiction de vente et de distribution sur la voie publique ne pourrait plus être édictée par l'autorité administrative comme mesure particulière contre un journal déterminé. L'art. 6 de la loi du 27 juill. 1849 demeura en vigueur nonobstant cette disposition. — Ce régime subsista jusqu'à la loi du 9 mars 1878 (D. P. 78. 4. 9), qui, dans son art. 1, déclara que les dispositions des art. 1 de la loi du 16 févr. 1834 et 6 de la loi du 27 juill. 1849, concernant le colportage, ne s'appliqueraient pas désormais à la presse périodique. Cet article ajoutait : « Les journaux peuvent être librement colportés et distribués par toute personne moyennant une simple déclaration avec indication de domicile faite soit à l'administration municipale du lieu, soit à la sous-préfecture ; dans ce dernier cas, la déclaration produira son effet pour toutes les communes de l'arrondissement. La déclaration est constatée par un récépissé qui doit être représenté à toute réquisition des agents de l'autorité. » Le même article exigeait des déclarants qu'ils fussent Français et qu'ils n'eussent pas été privés de leurs droits civils ou politiques. L'art. 2 punissait d'une amende de 5 à 15 francs l'exercice de la profession de colporteur et distributeur de journaux sans déclaration préalable. Un emprisonnement facultatif d'un à cinq jours pouvait être ajouté à cette pénalité pécuniaire. Le tribunal de simple police était compétent pour connaître de la contravention. En cas de récidive, la peine de l'emprisonnement devait être nécessairement prononcée. La récidive devait être caractérisée dans les termes de l'art. 483 du code pénal. Ainsi, en ce qui concernait la presse périodique, le colportage n'était plus soumis au régime de l'autorisation. La loi du 9 mars 1878 se contentait d'exiger une déclaration préalable avec indication de domicile ; mais, d'autre part, elle assujettissait l'exercice de la profession de colporteur, du moins en ce qui concernait le colportage des journaux et des écrits, à des conditions de capacité jusque alors on n'avait pas exigées de ceux qui exerçaient ce métier. L'autorisation de colportage, accordée soit antérieurement, soit même postérieurement à la loi du 9 mars 1878. ne dispensait donc pas les colporteurs de journaux de faire la déclaration prescrite par cette loi et de remplir les conditions exigées par elle. Cette autorisation demeurait, d'ailleurs, nécessaire pour le colportage des écrits non périodiques (Circ. min. just. 30 juill. 1878, D. P. 78. 3. 88).

369. Les dispositions libérales de la loi de 1878 furent étendues au colportage des livres, brochures, lithographies et autres écrits imprimés, par la loi du 17 juin 1880 (D. P. 80. 4. 89). L'autorisation de colportage disparaissait définitivement. « Quiconque voudra exercer la profession de colporteur ou de distributeur, sur la voie publique ou privé, de livres, écrits, brochures, journaux, dessins, gravures, lithographies et photographies, sera tenu d'en faire la déclaration » dit l'art. 1 « .... et de justifier qu'il est Français et qu'il n'a pas encouru une condamnation pouvant entraîner privation de ses droits civils et politiques ». La déclaration devait être faite, en principe, à la préfecture du département où le colporteur avait son domicile. Cependant si le colporteur ne se proposait que de vendre ou de distribuer un journal ou une autre feuille périodique, il pouvait se contenter de faire sa déclaration soit à la mairie de la commune où devait avoir lieu la distribution, soit à la sous-préfecture, la déclaration ayant effet dans ce cas pour toutes les communes de l'arrondissement (art. 1). La déclaration devait contenir l'indication des nom, prénoms, profession, domicile, âge et lieu de naissance du déclarant. Elle était constatée par un récépissé. Tout colporteur ou distributeur devait être muni d'un catalogue contenant l'indication des objets énumérés à l'art. 1, destinés à la vente. Le catalogue devait être dressé sur un livret coté, visé et parafé à l'avance par le préfet ou le sous-préfet, ou par le maire si le colportage et la distribution ne devait avoir lieu que dans une commune. Les objets mentionnés au catalogue pouvaient seuls être colportés ou distribués, et comme moyen de contrôle, le récépissé et le catalogue devaient être représentés par le colporteur à toute réquisition de l'autorité compétente (art. 2). L'art. 3 exemptait expressément de la formalité de la déclaration préala-

ble, la distribution et le colportage accidentels. L'art. 4 frappait d'une amende de 5 à 15 fr. l'exercice de la profession de colporteur ou de distributeur sans déclaration préalable, ou après déclaration faite par un individu incapable en vertu de la disposition de l'art. 5 relatée ci-après, la fausseté de la déclaration, l'absence de catalogue, la détention par le colporteur ou distributeur d'objets non mentionnés au catalogue, le défaut de présentation à toute réquisition du récépissé ou du catalogue. Une peine d'emprisonnement d'un à cinq jours pouvait être facultativement prononcée contre les contrevenants. Elle était obligatoire dans les cas de récidive, de déclaration mensongère ou de déclaration faite par un individu incapable en vertu de l'art. 5. L'art. 463 c. pén. sur la déclaration de circonstances atténuantes pouvait être appliqué. L'art. 5 déclarait que des poursuites de droit commun pouvaient être exercées contre les colporteurs et distributeurs qui auraient sciemment colporté ou distribué des livres écrits, etc., présentant un caractère délictueux. Dans le cas de condamnation prononcée en vertu de cet article, les tribunaux pouvaient prononcer contre le condamné l'interdiction de l'exercice de la profession de colporteur ou de distributeur. L'art. 6 et dernier de la loi de 1880 abrogeait expressément l'art. 6 de la loi du 27 juill. 1849, l'art. 2 de la loi du 29 déc. 1875 et la loi du 9 mars 1878. Toutes autres dispositions législatives relatives au colportage étaient également abrogées.

La loi du 18 juin 1880 n'eut qu'une durée éphémère. Elle disparut, avec l'ensemble des lois sur la presse, dans la réforme législative de 1881. Mais la loi nouvelle emprunta la plupart des dispositions de la loi de 1880 sur le colportage.

370. — III. Liberté du colportage. — La pensée des auteurs de la loi du 29 juill. 1881 a été de proclamer en matière de colportage le principe de la liberté qui devait être désormais le régime de la presse et de la librairie. Les réformes accomplies par cette loi sont ainsi précisées dans la circulaire du garde des sceaux du 9 nov. 1881 (D. P. 81. 3. 106) : « La loi affranchit les colporteurs et distributeurs de l'autorisation préalable ; elle supprime le catalogue et le livret. Elle astreint les colporteurs et distributeurs à la seule déclaration de leurs nom, prénoms, profession, domicile, âge et lieu de naissance. Il leur en est délivré un récépissé qui doit être présenté à toute réquisition. La distribution et le colportage accidentel sont entièrement libres ; ils sont exemptés de la formalité même de la déclaration. Il n'est pas nécessaire que le colporteur soit Français et jouisse de ses droits civils et politiques ; ces conditions exigées par le projet de loi primitif (c'était la reproduction textuelle de la loi du 17 juin 1880) ont été supprimées au cours de la discussion, avec l'obligation du catalogue et du livret ».

371. — IV. De la profession de colporteur et du colportage accidentel. — L'art. 18 de la loi du 29 juill. 1881 est ainsi conçu : « Quiconque voudra exercer la profession de colporteur ou de distributeur sur la voie publique, ou en tout autre lieu public ou privé, de livres, écrits, brochures, journaux, dessins, gravures, lithographies et photographies, sera tenu d'en faire la déclaration à la préfecture du département où il a son domicile. Toutefois, en ce qui concerne les journaux et autres feuilles périodiques, la déclaration pourra être faite soit à la mairie, soit à la sous-préfecture. Dans ce dernier cas, la déclaration produira son effet pour toutes les communes de l'arrondissement ». — Les faits qui constituent le colportage et la distribution réglementés par la loi du 29 juill. 1881 restent les mêmes que sous l'empire de la législation antérieure. Mais, à l'imitation de la loi du 17 juin 1880, la loi de 1881 ne concerne que le colportage professionnel. Le colportage accidentel échappe désormais à toute réglementation, comme à toute répression. C'est ce qui résultait suffisamment déjà du texte de l'art. 18 : « Quiconque voudra exercer la profession de colporteur.... etc. ». Le législateur a tenu cependant à manifester sa volonté d'une façon plus expressive encore dans l'art. 20 : « La distribution et le colportage accidentels ne sont assujettis à aucune déclaration ».

372. L'intention du législateur est évidente ; mais est-il toujours aisé de distinguer le colportage professionnel du colportage accidentel ? Le rapporteur de la loi du 17 juin 1880 à la Chambre des députés, M. Ed. Millaud, s'est expliqué à cet égard dans les termes suivants, au cours de la discussion de la loi : « Nous avons pensé et nous avons jugé, je peux le dire, avec l'unanimité de cette Chambre, que lorsqu'il n'y aura pas le métier, la profession, c'est-à-dire l'habitude de distribuer, lorsque nous nous rencontrerons en présence d'un fait particulier ou de plusieurs faits isolés de colportage, en présence d'un acte accidentel et non professionnel, nous ne pouvions pas assujettir l'individu qui distribue ou colporte à la déclaration. Le député qui rentre dans son appartement et y distribue son discours, l'auteur qui donne le livre qu'il vient de publier, la personne qui, ayant écrit un article dans un journal, en remet un ou plusieurs exemplaires, sont autant de colporteurs accidentels. Lorsque le colportage n'est pas un métier, nous n'entravons même pas, par la nécessité d'une déclaration, la liberté de distribution. Si ce colportage n'est pas professionnel, s'il est un acte qui s'accomplit aujourd'hui et qui ne s'accomplira pas demain, nous avons entendu qu'il ne fût soumis à aucune déclaration.... Toutes les fois que le colportage constitue une profession, il est soumis à la nécessité de la déclaration; que si, au contraire, le colportage est un fait qui se produit aujourd'hui pour ne pas se présenter demain, dût-il se produire plus tard, nous ne croyons pas, dans ce cas, pouvoir l'exiger » (Séance du 15 mars 1878 à la Chambre des députés *Journ. off.* du 16 mars, p. 2125).

373. Malgré ces explications, la distinction introduite dans notre législation par la loi du 17 juin 1880 et consacrée définitivement par la loi du 29 juill. 1881 n'a pas satisfait tous les esprits. M. Andrieux a critiqué l'art. 20 de la loi du 29 juill. 1881, en objectant « qu'il détruit, d'ailleurs, complètement la précaution qu'on a cru devoir prendre dans les articles précédents, et que, en réalité, les trois articles combinés proclament, en fait, la liberté du colportage. L'art. 20 dit, en effet : « La distribution et le colpor-« tage accidentels ne sont assujettis à aucune déclaration ». Quand les agents de l'autorité arrêteront un colporteur qui n'aura pas fait la déclaration préalable, qui ne jouira pas de ses droits civils et politiques, il répondra : « Je colporte « accidentellement ». C'est la destruction des dispositions qui précèdent : il paraîtrait plus sage de déblayer le terrain de ces entraves inutiles, et de faire une législation sincèrement libérale » (Chambre des députés, séance du 25 janv. 1882, D. P. 81. 4. 65, note 2, sous l'art. 20).

374. La critique est certainement empreinte d'exagération. Les faits de distribution et de colportage ne pourront pas être considérés comme caractérisant l'exercice d'une profession et devront être réputés accidentels, quand ils se produiront comme des faits isolés, susceptibles ou non de se renouveler à des intervalles plus ou moins éloignés, mais ne formant pas une entreprise de publicité suivie. Ainsi les distributions des bulletins de vote et des écrits électoraux, devant prendre fin avec la période électorale à l'occasion de laquelle elles ont lieu, ne peuvent jamais constituer qu'un fait de colportage purement accidentel, dispensé de l'accomplissement des formalités établies par la loi du 25 juill. 1881. On sait, d'autre part, que les bulletins de vote, à la différence des autres écrits électoraux, sont dispensés du dépôt administratif que l'art. 3 prescrit à l'imprimeur (V. *supra*, n° 84). Le droit de colporter librement, et sans déclaration préalable, les bulletins de vote et les écrits électoraux a été formellement reconnu par la circulaire du ministre de l'intérieur en date du 10 avr. 1884, sur la loi du 5 avril de la même année, relative à l'organisation municipale (D. P. 84. 4. 33). Au contraire, « il y a lieu, dit M. Barbier (t. 1, n° 210, p. 187), de considérer comme exerçant la *profession* de colporteur ou de distributeur dans le sens de l'art. 18, non seulement les colporteurs et distributeurs indépendants, achetant et revendant leurs marchandises pour leur propre compte, ou louant leurs services à quiconque les réclame, mais aussi tous les individus qui se livrent à des faits de colportage ou de distribution se rattachant à une entreprise de propagande régulière et suivie, soit pour leur propre compte, soit pour le compte d'autrui, soit dans un but de lucre, soit dans un but désintéressé. Ainsi, nous pensons qu'il faut considérer comme colporteur de profession l'individu spécialement attaché au service d'un libraire, d'un éditeur, d'un auteur, d'un propriétaire de journal, et ayant pour fonction habituelle de colporter ou de distribuer dans le public des livres, brochures, journaux,

etc., du maître qui l'emploie. L'auteur qui irait lui-même au domicile de tiers inconnus pour leur proposer ses ouvrages deviendrait ainsi un colporteur de profession ; il en serait de même du libraire quittant son magasin, pour aller d'une façon habituelle offrir ses marchandises à domicile. Les zélateurs d'une œuvre de propagande religieuse, agissant avec esprit de suite et distribuant *gratuitement* sur la voie publique ou de maison en maison des brochures destinées à rallier des adhérents, devraient aussi être considérés comme exerçant la profession de colporteurs ou de distributeurs, de semblables distributions n'ayant évidemment point le caractère accidentel et devant, dès lors, être précédées d'une déclaration à l'autorité ».

375. Il appartient, d'ailleurs, au juge du fait de constater, soit en termes explicites, soit au moins implicitement, que le prévenu exerce habituellement la profession de colporteur, distributeur ou vendeur. C'est ainsi qu'il a été jugé que la condamnation aux peines de simple police, pour vente de journaux sans déclaration préalable, est légalement prononcée lorsque le juge constate que le prévenu n'a pas seulement procédé à une distribution accidentelle d'écrits, mais *qu'il a exercé* la *profession* de marchand de journaux sur la voie publique.

376. Le colportage professionnel réglementé par la loi du 29 juill. 1881 se manifeste par un double caractère : la *mobilité* de celui qui exerce cette profession et la *provocation* à acheter ou à recevoir le livre ou l'imprimé directement offert à l'acheteur ou au passant, à domicile ou sur la voie publique (V. Rapp. de M. Pelletan sur la loi du 17 juin 1880, *Journ. off.* 1879. p. 5269, 3° col. ; Rapp. de M. Millaud, *Journ. off.* des 5, 6, 7 avr. 1878, annexe n° 310 ; Barbier, t. 1, n° 209, p. 185).

377. Les art. 18 et suiv. sont applicables d'abord au colportage exercé sur la voie publique. Le colportage n'est plus soumis à l'autorisation préalable. Tout arrêté du maire ou du préfet ayant pour objet d'interdire spécialement, par mesure d'ordre ou de sécurité publique, la vente ou la distribution sur la voie publique des journaux, brochures, dessins, etc., serait entaché d'illégalité. — Toutefois les colporteurs et distributeurs de journaux et de livres sont tenus, comme tous les autres marchands exerçant une profession ambulante, de se soumettre aux arrêtés de l'autorité administrative, pris en vertu des art. 91 et 99 de la loi du 5 avr. 1884, dans le but d'assurer la commodité du passage dans les voies publiques et de maintenir le bon ordre dans les lieux publics en général. Ces arrêtés trouveraient, vis-à-vis des colporteurs comme à l'égard de tous autres, leur sanction dans l'art 471-15° c. pén. (V. le rapport de M. Millaud sur la loi du 17 juin 1880 (*Journ. off.* des 5, 6, 7 avr. 1878, p. 4041, 3° col).

378. Il a été jugé, sous l'empire de la loi du 27 juill. 1849, que le délit de colportage de journaux sans autorisation ne résultait pas du seul fait du *transport de journaux* à travers la voie publique ; il fallait qu'il s'y joignît, comme condition nécessaire, soit la vente ou remise, soit l'*offre de vente ou de remise* desdits journaux. Et l'on ne saurait considérer, comme équivalant à une offre de vente ou de remise, l'*intention*, *annoncée* par le prévenu, de vendre les journaux qu'on a surpris transportant sur la voie publique, alors surtout que cette intention, susceptible d'ailleurs de rétractation, ne devait être réalisée que par un débit à domicile (Crim. cass. 10 juill. 1875, aff. Châtelet, D. P. 77.1.414; Conf. Crim. rej. 18 juill. 1850, aff. Richard, D. P. 50. 1. 207). — Cette solution est encore exacte, en ce sens que le colportage réglementé par la loi du 29 juill. 1881 n'est caractérisé que par le fait de vendre, de remettre ou au moins d'offrir au public, c'est-à-dire à toute personne sans distinction, des livres, écrits, brochures, journaux ou dessins, etc. Il n'y a, d'ailleurs, aucune différence légale entre la remise gratuite et la remise à titre de vente.

379. Toutefois l'art. 18 est applicable non seulement au colportage exercé sur la voie publique, mais encore au colportage de maison en maison. Les faits de cette dernière catégorie échappaient naguère aux prévisions des lois du 10 déc. 1830 et du 16 févr. 1834. Il ne paraît pas douteux qu'ils soient, au contraire, compris dans la réglementation de 1881. Il est vrai que les art. 18 à 22 sont placés dans le § 2 du chap. 3, sous le titre : Du colportage et de la vente sur la voie publique. Si l'on n'avait égard qu'à cette rubrique, il faudrait dire que la loi de 1881 ne réglemente pas le colportage et la distribution quand ils sont faits à domicile, de maison en maison; mais l'art. 18 est textuellement applicable à toute personne voulant exercer la profession de colporteur ou de distributeur soit sur la voie publique. *soit en tout autre lieu public ou privé*. La loi du 29 juill. 1881 concerne donc non seulement le colportage ou la distribution sur la voie publique, mais aussi le colportage ou la distribution qui se fait au domicile des tiers.

A cet égard, une controverse s'est élevée sur le point de savoir si l'on devait considérer comme colporteurs des porteurs des journaux ou autres écrits périodiques chargés par les propriétaires, libraires ou éditeurs, de les remettre aux souscripteurs et abonnés. — Dans le sens de l'affirmative, il a été jugé que la nécessité d'une autorisation préfectorale s'appliquait aux porteurs de journaux ou écrits périodiques, chargés par les propriétaires, libraires ou éditeurs, de les remettre aux souscripteurs et abonnés, aussi bien qu'aux colporteurs qui les vendent et distribuent sur la voie publique ou dans leur domicile (Toulouse, 23 nov. 1873, aff. Femme Delmas, D. P. 74. 2. 1, et Douai, 26 nov. 1873, aff. Naëpels, D. P. 74. 2. 1); — Que, par suite, l'arrêté du préfet qui interdisait la vente et le colportage d'un journal sur la voie publique avait pour effet de rendre passible des peines de l'art. 6 de la loi du 27 juill. 1849 le fait de livraison du journal aux abonnés, opéré par un porteur salarié, non muni d'une autorisation spéciale postérieure à cet arrêté (Arrêt précité du 23 nov. 1873); — Qu'il importait peu que le porteur eût obtenu, avant l'arrêté, l'autorisation d'exercer la profession de colporteur et distributeur (Même arrêt); — Mais qu'aucune pénalité n'était applicable au gérant du journal qui avait livré au porteur les numéros destinés à être remis aux abonnés (Arrêt précité du 26 nov. 1873). — Mais, sur le pourvoi formé contre l'arrêt de la cour de Toulouse, la cour de cassation a jugé, au contraire, que la remise d'un journal faite par des porteurs au domicile des abonnés, ne constituait pas le fait de colportage ou de distribution réglementé par l'art. 6 de la loi du 27 juill. 1849; — Que, par suite, l'obligation d'une autorisation préfectorale ne s'appliquait pas aux porteurs de journaux ou écrits périodiques chargés de les remettre aux souscripteurs et abonnés..., alors même qu'il s'agissait d'un journal dont un arrêté préfectoral avait interdit le colportage et la vente sur la voie publique (Crim. cass. 5 févr. 1874, aff. Delmas, D. P. 74. 1. 89).

380. Il a été jugé, dans le même sens : 1° que l'arrêté préfectoral qui interdisait la vente, le colportage et la distribution d'un journal sur la voie publique, n'enlevait pas à l'administration de ce journal le droit de le faire distribuer aux abonnés par des porteurs de son choix, même dépourvus de toute autorisation préfectorale; qu'il importait peu, à cet égard, que les exemplaires distribués ne fussent point entourés de bandes portant l'adresse des abonnés; qu'on devait assimiler à des abonnés les personnes à qui l'administration du journal le faisait gratuitement et régulièrement distribuer, en raison, soit de leurs fonctions ou qualités, soit de leur collaboration, soit du bénéfice qu'elles lui procuraient par des insertions d'annonces ou autres communications; que, par suite, la circonstance qu'un porteur non autorisé avait été trouvé nanti d'un nombre d'exemplaires supérieur à celui des abonnés urbains du journal n'était pas suffisante pour le faire tomber sous le coup de l'art. 6 de la loi du 27 juill. 1849, ce porteur, salarié de l'administration du journal, n'ayant fait que se conformer à ses instructions en remettant les numéros aux personnes qui lui étaient désignées comme des abonnés ou comme devant être assimilées à des abonnés (Nîmes, 12 mars 1874, aff. Canau, D. P. 74. 2. 65); — 2° Que le transport sur la voie publique de numéros d'un journal destinés à être exclusivement remis aux abonnés ne constituait pas le délit de colportage non autorisé; mais que la remise à l'abonné d'un nombre de numéros supérieur à celui auquel il avait droit d'après son abonnement pouvait, selon les cas, être considérée comme un fait de distribution illicite (Crim. rej. 12 mai 1876, aff. Morinio et Pompeani, D. P. 78. 1. 394). Il a même été jugé que lorsqu'un journal non quotidien adressait à ses abonnés, moyennant une augmentation de prix, une autre feuille les

jours où il ne paraissait pas, la distribution des numéros de cette feuille, revêtus d'une bande à l'adresse des abonnés du premier journal, ne pouvait pas être poursuivie en raison de ce que la vente de la feuille supplémentaire était interdite sur la voie publique et de ce que les porteurs ne sont pas autorisés par le préfet (Toulouse, 3 déc. 1874, aff. Femme Sabin et Rigal, D. P. 76. 5. 331).

Ces décisions se justifient pleinement par ce motif que la distribution d'un journal à ses abonnés ou aux personnes qui doivent être assimilées à des abonnés en raison de leur participation à l'entreprise du journal ne constitue que l'exécution d'une convention antérieure entre les propriétaires du journal et ses abonnés, convention licite, en vertu de laquelle ces propriétaires se sont engagés à faire porter le journal au domicile des abonnés moyennant un prix fixé à l'avance. Il n'y a pas ici offre au public, provocation à l'achat du journal s'adressant à toute personne indistinctement, fait qui caractérise le colportage proprement dit et réglementé. — Il a été jugé, au contraire : 1° que la remise d'un certain nombre de numéros d'un journal, faite à des personnes qui n'étaient point abonnées à ce journal et n'avaient aucun droit à être assimilées à des abonnés, et cela, sans que le distributeur fût pourvu de l'autorisation prescrite par l'art. 6 de la loi du 27 juill. 1849, constituait le fait de colportage ou de distribution illicite prévu et puni par l'art. 6 précité (Paris, 27 mai 1875, aff. Clément, D. P. 76. 2. 64); — 2° Que le fait de transporter sur la voie publique, sous des enveloppes à l'adresse de personnes désignées, des journaux dont quelques-uns seulement étaient réellement destinés à ces personnes, constituait le délit de colportage illicite, alors que l'expédition faite aux destinataires indiqués sur les enveloppes n'était qu'un prétexte apparent pour couvrir un véritable colportage non autorisé (Crim. rej. 16 nov. 1877, aff. Punière, D. P. 78. 1. 282). Cette solution serait encore exacte sous l'empire de la loi du 29 juill. 1881, à la condition toutefois que le colportage illicite, c'est-à-dire exercé sans déclaration préalable, fût assez habituel pour constituer un colportage professionnel.

381. Bien que l'art. 18 concerne l'exercice du colportage non seulement sur la voie publique, mais en tout autre lieu public *ou privé*, on ne doit pas considérer comme un colporteur, au sens dudit article, celui qui vend, met en vente, offre ou livre gratuitement des imprimés ou des dessins, *dans son domicile propre*. Quand la loi du 29 juill. 1881 réglemente la propagande qui se fait même en un lieu privé, elle ne s'occupe pourtant, sous le nom de colporteur, que du distributeur ambulant et de la distribution faite au domicile des tiers, non du vendeur ou du distributeur sédentaire qui exerce son industrie dans son propre domicile. Comme nous l'avons dit *supra*, n° 372, ce qui caractérise l'industrie du colporteur, c'est la *mobilité*. Ainsi, l'on ne doit pas considérer comme des colporteurs ou distributeurs assujettis aux prescriptions de l'art. 18 de la loi du 29 juill. 1881 :

382. — 1° Les *libraires sédentaires*, qui vendent, dans leurs magasins, des livres, journaux ou autres imprimés ou dessins. La jurisprudence s'était cependant prononcée parfois en sens contraire sous le régime de l'art. 6 de la loi de 1849 (V. *Rép.* n°⁵ 434 et suiv.). Quand le décret du 10 sept. 1870 eut supprimé, pour les libraires, l'obligation du brevet et proclamé la liberté du commerce de la librairie sous la seule condition d'une déclaration préalable à l'autorité administrative, la jurisprudence s'attacha à distinguer les *libraires sérieux* des *libraires apparents ou fictifs*. Aux premiers elle reconnut sans difficulté le droit de vendre à leur domicile, sans aucune autorisation, des livres et des journaux, même les journaux dont la vente sur la voie publique était interdite par arrêté préfectoral. Au contraire, les personnes qui, n'exerçant pas réellement la profession de libraire, faisaient une déclaration dans le seul but de distribuer à leur domicile, le plus souvent dans la boutique où ils exerçaient un commerce différent, des livres et surtout des journaux, éludant ainsi la prohibition de vente sur la voie publique, furent considérés comme des libraires apparents ou fictifs. On leur appliqua l'art. 6 de la loi du 27 juill. 1849, sur le colportage, alors même qu'ils ne se livraient à aucun acte de vente ou de distribution en dehors de leurs magasins.

Jugé, en ce sens : 1° que l'industriel, un imprimeur lithographe, par exemple, qui a mis en vente et vendu des journaux dans son magasin, sans avoir préalablement obtenu l'autorisation préfectorale, ne peut, pour la justification de ce fait, se prévaloir d'une déclaration antérieure de son intention d'exercer le commerce de la librairie, si, en fait, jusque-là il n'avait pas encore réalisé cette intention (Crim. rej. 3 déc. 1875, aff. Moitoiret, D. P. 77. 1. 414); — 2° Que si les libraires peuvent, sans autorisation, vendre les journaux, même interdits sur la voie publique, ce droit ne leur appartient qu'autant qu'ils exercent sérieusement la profession de libraire; que le seul fait de la déclaration exigée par le décret du 10 sept. 1870 pour l'exercice de la profession de libraire ne saurait soustraire aux peines de l'art. 6 de la loi du 27 juill. 1849 l'individu qui, sans avoir été sérieusement libraire, n'a eu en vue que de se livrer à un colportage déguisé et de réaliser une véritable fraude à la loi (Crim. rej. 3 déc. 1875, aff. Simon, D. P. 76. 5. 349).

383. On ne doit plus aujourd'hui s'attacher à une distinction de cette nature, pour l'application de la loi du 29 juill. 1881. En présence de l'art. 1. qui proclame de la façon la plus absolue la liberté du commerce de la librairie affranchissant les libraires de toute formalité, même de la déclaration préalable que leur imposait le décret du 10 sept. 1870, il n'est plus permis de classer les libraires en deux catégories, les libraires sérieux et les libraires fictifs, et d'assimiler ces derniers aux colporteurs et distributeurs. C'est ce que le rapport de M. Lisbonne sur l'art. 1 constate expressément en ces termes : « Le projet ne distingue pas entre la librairie permanente et la librairie accidentelle. Il édicte la liberté absolue sans aucune espèce de restriction ». Ainsi l'on doit considérer comme un libraire, et non comme un colporteur, toute personne qui vend ou distribue, dans un magasin, des livres ou tout autre objet du commerce de la librairie, alors même que cette vente ou cette distribution ne serait pratiquée qu'accessoirement à un autre commerce. D'autre part, si la jurisprudence qui s'était formée sur l'application de l'art. 6 de la loi de 1849 considérait comme un colporteur, celui qui vendait ou distribuait des livres, des journaux ou des dessins dans son propre domicile quand il n'était pas libraire, il n'est plus de même à l'égard du libraire, surtout depuis le décret du 10 sept. 1870 (V. supra, n° 382). Aujourd'hui le texte et l'esprit de la loi du 20 juill. 1881 sont certainement d'accord pour écarter toute application aux libraires et, d'une façon générale, à tous ceux qui vendent ou distribuent dans leur propre domicile les livres ou des dessins, les dispositions légales auxquelles est soumise la profession de colporteur. On peut consulter utilement en ce sens le rapport de M. Millaud, Journ. off. 1879, p. 4040, 3° col., et celui de M. Pelletan, qui oppose aux libraires sédentaires les libraires marrons, au pied levé, au camp volant, qui seuls retiennent la qualité de colporteurs et sont soumis aux lois du colportage (Conf. Barbier, t. 1, p. 188, n° 211).

384. — 2° Les libraires étalagistes. — Ils font, il est vrai, sur la voie publique, le commerce de la librairie ; mais ils ne font acte de colportage. En effet, ils sont sédentaires ; ils exposent les marchandises qu'ils mettent en vente, mais ils ne provoquent pas et ne sollicitent pas le public par une invitation verbale à l'achat de ces marchandises. Ce sont donc bien moins des colporteurs que des commerçants assimilables aux libraires en boutiques, étalant leurs marchandises derrière les vitres de leur magasin (Conf. Rapport de M. le conseiller Guyho, D. P. 74. 1. 89; Barbier, t. 1, n° 212, p. 188. — Contrà : Fabreguettes, Traité des infractions de la parole, de l'écriture et de la presse, t. 1, n° 655).

385. Les libraires forains établis dans des baraquements. Les raisons de décider sont à peu près les mêmes, bien que leur industrie ne soit pas permanente comme celle du libraire étalagiste. Cette solution a pour elle, d'ailleurs, l'autorité de M. Millaud, le rapporteur de la loi du 18 juin 1880 à la Chambre des députés. Le rapport critique. en effet, la circulaire de M. de Persigny en 1853, en vertu de laquelle les libraires brevetés, étalant leur marchandise dans les champs de foire, se trouvaient soumis à la loi du colportage.

386. Que faut-il décider à l'égard des marchands établis dans les kiosques, ainsi qu'à l'égard des bibliothécaires des gares? Il serait assez logique de ne pas les considérer comme des colporteurs assujettis à la déclaration préalable, car ils sont sédentaires et ne provoquent pas les acheteurs. Le rapport de M. Pelletan sur la loi du 17 juin 1880 (Journ. off. 1879, p. 5, 269), était en ce sens : « Mais voici, dit-il, que plus tard, et contrairement à cette distinction entre le libraire à poste fixe et le libraire en camp volant, la police impériale assujettit le libraire sédentaire lui-même à la formalité de l'estampille, lorsqu'il exerce dans une gare de chemin de fer ou dans un kiosque; et, par ordre ministériel, il est décrété que vendre sur place équivaut à vendre par étape et que cette vente tombe de plein droit sous le coup de l'estampille ». Le service du colportage, supprimé le 4 sept. 1870, fut rétabli par la circulaire du 7 oct. 1871; mais cette circulaire comportait une exception en faveur des imprimés vendus par les bibliothécaires des gares. L'assimilation de ces bibliothécaires aux colporteurs fut établie de nouveau par la circulaire du duc de Broglie, en date du 12 mai 1874 (V. supra, n° 366). — Cette assimilation, malgré les critiques doctrinales dont elle est justement l'objet (V. Barbier, t. 1, n° 213, p. 189), est encore maintenue par l'Administration sous le régime actuel de la presse. La circulaire du ministre de l'intérieur, en date du 12 août 1880, sur l'application de la loi du 17 juin 1880, soumet expressément les bibliothécaires des gares aux mêmes conditions d'exercice que les colporteurs : « Que l'on considère les gares et leurs dépendances comme faisant partie ou non de la voie publique, il ne peut y avoir doute ». Et la pratique administrative est encore la même sous l'empire de la loi de 1881. Les marchands de brochures et de journaux établis dans les kiosques et les bibliothécaires des gares sont soumis à l'obligation de la déclaration préalable dont les libraires sont affranchis.

Dans tous les cas, il est certain que les étalagistes, les libraires forains, les marchands établis dans les kiosques, et les bibliothécaires des gares, sont, comme tous autres marchands exerçant un commerce sur la voie publique ou dans les lieux publics, soumis aux mesures de police locale que l'autorité municipale a le droit de prendre en vertu des art. 91 et suivants de la loi du 5 avr. 1884 (Conf. Barbier, t. 1, p. 188 et 189, n° 211 et 213).

387. M. Fabreguettes (t. 1, n° 652) enseigne qu'on ne doit pas considérer comme des colporteurs ou distributeurs les employés d'un libraire, chargés par lui de la distribution de tous livres, journaux, brochures, etc. « Le libraire, dit cet auteur, est un industriel, et non un colporteur. Il use d'un droit indiscutable en utilisant les services des employés de sa maison, sans même avoir à s'astreindre à une déclaration quelconque. Seuls les porteurs ou distributeurs qui ne sont pas attachés spécialement à une administration, et qui font métier de vendre ou de colporter des journaux divers, sont tenus à une déclaration ». — Nous pensons, avec M. Barbier (t. 1, p. 190, n° 215), que cette doctrine est beaucoup trop absolue. Nous ne pouvons pas admettre, en présence du texte de l'art. 18, qu'un libraire puisse, sans déclaration préalable, faire distribuer et colporter hors de son domicile, de place en place, de maison en maison, les marchandises de son commerce par un employé attaché à sa maison et salarié par lui, qui n'aura pas fait la déclaration, exigée par la loi des colporteurs de profession. Nous ne pouvons pas reconnaître à l'éditeur ou à l'administrateur d'un journal le droit d'employer des colporteurs ou distributeurs spéciaux qui se trouveraient affranchis de la déclaration préalable, par le seul fait d'être exclusivement au service de cet éditeur ou de cette administration et de ne vendre ou colporter que le journal publié par eux. Il est vrai que le rapport de M. Ed. Millaud sur la loi du 17 juin 1880 est en ce sens (Journ. off. avril 1879, p. 41, 49, 3° col.). Il est également vrai que l'art. 2 du projet primitif de cette loi tendait à consacrer le système que nous combattons. Cet article portait : « Toute personne qui aura fait la déclaration nécessaire à l'exercice du commerce de la librairie (déclaration exigée par le décret du 14 sept. 1870, alors en vigueur), tout éditeur ou gérant d'un journal, pourront user habituellement par eux-mêmes ou par les employés à leur service, sans déclaration préalable, du droit de distribuer ou de colporter des journaux, livres, écrits, brochures, gravures ou lithographiées ». Mais, dit M. Barbier (loc. cit.), « ce texte... disparut du projet..., et ne fut jamais soumis à la délibération des Chambres (V. 1re délib. Ch. des députés, Journ. off., 16 mars 1879). Il nous est donc permis de supposer que la commission et son rapporteur s'étaient aperçus entre temps que cette disposition bouleversait toute l'économie de leur projet de loi, en confondant d'une façon complète la librairie ambulante avec la librairie sédentaire ».

Ainsi, nous n'hésitons pas à considérer, comme un colporteur de profession, le libraire qui, non content de vendre dans son magasin aux acheteurs qui se présentent, emploie des agents salariés qui vont de place en place, de maison en maison, provoquent le public à l'achat des marchandises qu'ils proposent. Ces libraires sont soumis, non comme libraires, mais comme colporteurs, à l'obligation de la déclaration préalable. Cependant les libraires ont le droit d'utiliser les services de leurs employés pour tout ce qui concerne l'exercice de leur commerce. Ce commerce consiste essentiellement dans la vente des livres et des journaux dans le magasin même du libraire ; mais il comporte aussi l'emploi de courtiers et d'intermédiaires qui vont à domicile chercher des commandes et des souscriptions à certains ouvrages. Ces courtiers ne transportent pas avec eux les marchandises, et ne sont pas chargés de les vendre en les offrant à tout venant. Ils s'adressent à une clientèle spéciale. Ils se bornent à prendre des commandes et des souscriptions. Il n'est donc pas permis de les confondre avec ceux qui exercent la profession de colporteurs (Conf. Barbier, loc. cit.).

388.—V.Police du colportage.— Déclaration préalable. — La seule obligation que l'art. 18 de la loi du 29 juill. 1881 impose aux colporteurs de profession (V. suprà, n° 371) est celle de la déclaration préalable. « La déclaration, dit le rapport de M. Millaud sur la loi du 17 juin 1880 (Journ. off. avr. 1879, p. 4041, col. 1), permet la surveillance la plus utile du colporteur de profession et, par la facilité même qu'elle offre aux citoyens d'obéir à la loi, elle détourne les libraires ambulants des pratiques condamnables du colportage clandestin ».

389. La règle établie par l'art. 18 est que la déclaration doit être faite à la préfecture du département où le colporteur a son domicile. Par exception, si le colporteur se propose de vendre ou de distribuer que des journaux ou d'autres feuilles périodiques, la déclaration peut être faite soit à la mairie, soit à la sous-préfecture. Dans le premier cas, la distribution ne peut avoir lieu que dans la commune. Dans le second cas, aux termes de l'art. 18, in fine, la déclaration est valable pour toutes les communes de l'arrondissement. Si c'est à la préfecture du lieu de son domicile que le colporteur a fait sa déclaration, il peut exercer sa profession, colporter, distribuer ou vendre livres, journaux ou dessins, non seulement dans le département mais sur tout le territoire français. Cela résulte de ce que l'art. 18, pour déterminer la préfecture où doit avoir lieu la déclaration, s'attache au domicile du colporteur : on ne saurait donc exiger de celui-ci une déclaration nouvelle à la préfecture de tout département où il exercera son industrie (Conf. Barbier, t. 1, n° 217, p. 192).

390. L'art. 2 de la loi du 10 déc. 1830 exigeait que le colporteur renouvelât sa déclaration toutes les fois qu'il changeait de domicile. La loi de 1881 ne contient pas de disposition expresse à cet égard. Cependant, l'art. 18 obligeant quiconque voudra exercer la profession de colporteur à en faire la déclaration à la préfecture du département où il a son domicile, il semble qu'en cas de changement de domicile, sans déclaration nouvelle, le colporteur n'est plus en règle avec la loi. « Toutefois, dit Barbier, t. 1, n° 218, p. 192, comme en matière pénale tout est de droit étroit, il est douteux que le défaut d'indication d'un changement de domicile tombe sous le coup des peines portées par l'art. 21, qui ne prévoit formellement que l'absence ou la fausseté de la déclaration ».

391. L'art. 1 de la loi du 9 mars 1878 et l'art. 1 de la loi du 17 juin 1880 ne permettaient l'exercice de la profession de colporteur qu'à celui qui réunissait la double qualité d'être Français et de n'avoir pas été privé de ses droits civils ou politiques. Le colporteur devait attester, dans sa

déclaration, qu'il se trouvait dans les conditions requises par la loi (Comp. Crim. cass. 11 juill. 1879, aff. Veuve Martin, D. P. 80.1.395). — Le projet de la commission, chargée de rapporter la loi de 1881, reproduisait la disposition de l'art. 1 de la loi de 1880 ; mais on a considéré qu'il n'y avait lieu d'exiger du colporteur aucune condition particulière, le colportage n'étant pas l'exercice d'une fonction sociale, mais une industrie qui ne diffère en rien de toutes les autres et qu'il n'y a lieu d'interdire à personne. Ainsi la loi du 29 juill. 1881 permet l'exercice du colportage aux femmes, aux enfants mineurs, aux étrangers et aux personnes ayant subi des condamnations pouvant entraîner la perte des droits civils et politiques (Conf Barbier, t. 1, n° 219, p. 192).

392. La déclaration doit, aux termes de l'art. 19, contenir les nom, prénoms, profession, domicile, âge et lieu de naissance du déclarant. La déclaration est dispensée du timbre, parce qu'elle est prescrite dans un intérêt d'ordre public (Décis. min. fin. du 25 mai 1878, D. P. 79. 3. 87). Le fonctionnaire qui reçoit la déclaration, c'est-à-dire le préfet, le sous-préfet ou le maire, doit, en vertu de l'art. 19, délivrer immédiatement et sans frais au déclarant, un récépissé de sa déclaration. Ce récépissé est dispensé du timbre puisqu'il doit être délivré sans frais (Décis. min. fin. du 23 juin 1880, D. P. 80. 5. 365). — Si le fonctionnaire qui reçoit la déclaration refuse d'en délivrer récépissé, le déclarant peut faire constater ce refus par témoins. Il peut rendre sa situation plus régulière encore en faisant signifier sa déclaration par huissier. Ce procédé, suivi dans les cas analogues, a été conseillé aux colporteurs, soit par M. Fréminet lors de la discussion de la loi du 9 mars 1878 (V. D. P. 78. 4. 10. col. 2) soit par M. Franck-Chauveau pendant la discussion de la loi du 29 juill. 1881 (V. D. P. 81. 4. 73, note 1). M. Franck-Chauveau ajoutait que, dans l'acte d'huissier, le déclarant pouvait réserver la question des dommages-intérêts. En effet, l'art. 19, obligeant le préfet, le sous-préfet ou le maire qui reçoit une déclaration de colportage, à en délivrer immédiatement récépissé, le refus par ce fonctionnaire d'obéir à la loi paraît constituer une faute personnelle, donnant ouverture à l'action civile du citoyen dont le droit a été violé (V. D. P. 82. 3. 57, note). Mais si d'autres conflits a décidé que le refus de délivrance du récépissé constituait un acte d'administration, dont les tribunaux civils ne sont pas compétents pour apprécier la légalité (Trib. confl. 21 mai 1881, aff. Cunéo d'Ornano, D. P. 82. 3. 57).

393. — VI. Des infractions et des peines. — L'art. 21 punit d'une amende de 5 fr. à 15 fr. et d'un emprisonnement facultatif de cinq jours : 1° l'exercice de la profession de colporteur ou de distributeur sans déclaration préalable. — La contravention n'existe pas si les faits de colportage ou de distribution ne sont que des faits accidentels (V. suprà, n°s 373 et suiv.). C'est au ministère public de faire la preuve que les actes incriminés sont caractéristiques de l'exercice habituel de la profession de colporteur ; — 2° La fausseté de la déclaration, c'est-à-dire toute déclaration mensongère relative au nom, aux prénoms, à la profession, au domicile, à l'âge ou au lieu de naissance du déclarant. Dans le cas de déclaration mensongère, la peine de l'emprisonnement n'est plus seulement facultative ; aux termes du dernier alinéa de l'art. 21, elle doit être nécessairement prononcée ; — 3° Le défaut de présentation à toute réquisition du récépissé. — Sous l'empire de la loi du 9 mars 1878, les colporteurs étaient obligés déjà de représenter le récépissé dont ils doivent être porteurs à toute réquisition des agents de l'autorité. Toutefois, cette prescription légale était demeurée vaine, parce que la loi de 1878 ne lui donnait aucune sanction. Il a été jugé, en effet, que la loi du 9 mars 1878 sur le colportage des journaux et autres écrits périodiques n'attachait aucune sanction pénale à l'obligation, pour les colporteurs, de représenter à tout agent de l'autorité le récépissé de la déclaration qu'ils avaient dû faire à l'administration municipale ou à la sous-préfecture, et que l'art. 471, n° 15, c. pén., n'étant relatif qu'aux contraventions à des règlements légalement faits par l'autorité administrative ou municipale, ne pouvait servir de sanction à une loi qui n'édictait aucune peine (Crim. rej. 11 janv. 1879, aff. Peffert et Deschaumes, D. P. 80. 1. 443). L'art. 24 de la loi du 29 juill. 1881 a mis fin à cet état de choses, ne voulant pas qu'il fût désormais permis aux colporteurs, après avoir refusé toute justification aux agents de l'autorité, d'échapper à la poursuite dirigée contre eux en produisant devant le tribunal un récépissé régulier. Toutefois, « si le colporteur, dit M. Fabreguettes, t. 1, n° 670, n'avait pas de récépissé parce qu'il aurait dû, à cause de refus de l'autorité compétente, notifier sa déclaration par huissier, la représentation de l'exploit de sommation satisferait au vœu de la loi, de même que la production d'un certificat de témoins (V. suprà, n° 392).

394. L'emprisonnement doit être nécessairement prononcé en cas de récidive des deux contraventions de défaut de déclaration préalable et de défaut de présentation du récépissé aux agents de l'autorité, comme dans le cas de première contravention de déclaration mensongère (V. suprà, n° 392). Mais, malgré l'emploi du mot nécessairement. dans le texte de l'art. 21, la peine peut être réduite à une simple amende, même en cas de récidive ou en cas de déclaration mensongère, par l'effet d'une déclaration de circonstances atténuantes; car l'art. 463 c. pén. est applicable, en vertu de l'art. 64 de la loi de 1881 sur la presse, à toutes les infractions qu'elle prévoit (V. aussi l'observation de M. Drumel à la Chambre des députés, séance du 25 janv. 1881).

395. Les infractions prévues par l'art. 21 ne sont que des contraventions purement matérielles, justiciables du tribunal de simple police. Par conséquent, elles n'admettent pas l'excuse tirée de la bonne foi. — Elles sont exclusives de la complicité. Jugé, en ce sens, antérieurement à la loi du 29 juill. 1881, que l'infraction à l'art. 6 de la loi du 27 juill. 1849, qui soumet à la nécessité d'une autorisation préalable tout colportage ou distribution de livres, écrits, etc..., existant par le seul fait matériel, indépendamment de l'intention de l'agent et du caractère des écrits, constitue, non un délit, mais une simple contravention, et, dès lors, ne comporte pas les éléments constitutifs de la complicité prévue et punie par les art. 59 et 60 c. pén.; que, par suite, c'est à tort qu'un jugement correctionnel déclare un individu, à la charge duquel aucun fait direct et personnel de distribution n'est relevé, complice d'une distribution illicite d'écrits, en se fondant sur ce que l'auteur de la distribution agissait pour le compte et par les ordres de cet individu, lequel y avait seul intérêt (Crim. cass. 11 avr. 1856, aff. Cazeneuve, D. P. 56. 1. 198). — Il y eut cependant une dérogation à cette règle. L'art. 2 de la loi du 30 nov. 1875 disposa que le complice de l'infraction à l'art. 6 de la loi du 27 juill. 1849 serait puni des peines portées par cet article. Et, par application de l'art. 2 de la loi du 29 déc. 1875, il a été jugé qu'en matière de colportage d'écrits, tandis que l'auteur principal de l'infraction n'était pas excusé par sa bonne foi, le complice ne pouvait, au contraire, être puni que s'il est convaincu, non seulement d'avoir participé par l'un des modes définis dans l'art. 60 c. pén., à la distribution illicite, mais en outre d'avoir eu cette distribution devant s'opérer en fraude de la loi (Nîmes, 7 déc. 1877, aff. Guet, D. P. 78. 2. 87).

L'art. 2 de la loi de 1875 étant abrogé, le droit commun a repris son empire. Ainsi les seules personnes qui peuvent être déclarées responsables de la contravention sont celles qui ont directement pris part aux faits irréguliers de colportage ou de distribution.

396. Quant à la responsabilité pénale des vendeurs (libraires ou colporteurs), distributeurs et afficheurs en raison des crimes ou délits commis par la voie de la presse, elle est déterminée par les art. 22, 42 et 43 de la loi de 1881 (V. infrà, tit. 4, chap. 1, sect. 3, art. 1).

CHAP. 8. — **Des crieurs et des chanteurs sur la voie publique** (Rép. nos 452 à 482).

397. — I. Des crieurs (Rép. n° 453). — La loi du 29 juill. 1881 ne contient aucune disposition relative aux crieurs publics. Restaient-ils soumis aux dispositions des lois antérieures? Aux termes des lois du 14 déc. 1789, art. 50, des 16-24 août 1790, tit. 2, art. 3 et 4, des 19-22 juill. 1791, tit. 1, art. 46, l'autorité municipale ayant la police des rues, places, lieux et édifices publics, puisait dans ces attributions le droit de réglementer le criage public par des arrêtés trouvant leur sanction dans l'art. 471-15° c. pén. A cette régle-

mentation, facultative pour l'autorité municipale, fut substituée, sous la monarchie de Juillet, une réglementation législative. L'art. 3 de la loi du 10 déc. 1830 interdit d'annoncer les journaux, feuilles quotidiennes ou périodiques, les jugements et autres actes d'une autorité constituée, dans les rues, places et autres lieux publics, autrement que par leur titre. Aucun autre écrit imprimé, lithographié, gravé ou à la main, ne pouvait être crié sur la voie publique, qu'après que le crieur ou distributeur avait fait connaître à l'autorité municipale le titre sous lequel il voulait l'annoncer, et qu'après avoir remis à cette autorité un exemplaire de cet écrit (Rép. n° 464). Puis l'art. 1 de la loi du 16 févr. 1834, qui laissait en vigueur la disposition précitée enjoignit à quiconque voulait exercer, même temporairement, la profession de crieur, sur la voie publique, d'écrits, dessins ou emblèmes imprimés, lithographiés, autographiés, moulés, gravés ou à la main, d'en obtenir préalablement la permission de l'autorité municipale, permission qui pouvait être retirée quant aux vendeurs ou distributeurs. A cette autorité un exemplaire aussi la loi de 1834 (Rép. n° 456. V. aussi ibid., n° 423, et suprà, nos 365 et suiv.).

398. Les dispositions des lois de 1830 et de 1834 ont certainement cessé d'être en vigueur, l'art. 68 de la loi du 29 juill. 1881 déclarant abrogés « les édits, lois, décrets, ordonnances, arrêtés, règlements, déclarations générales ou particulières quelconques relatifs à l'imprimerie, à la librairie, à la presse périodique ou non périodique, au colportage, à l'affichage, à la vente sur la voie publique, etc. »..... Mais, à défaut de la réglementation législative abrogée, l'autorité municipale n'avait-elle pas retrouvé son pouvoir de réglementation administrative en vertu des lois de 1790 et de 1791, demeurées en vigueur? La raison de douter se trouvait dans le même art. 68 de la loi du 29 juill. 1881, lequel, en abrogeant les lois antérieures de la presse, déclare que cette abrogation ne fera pas revivre les dispositions abrogées par les lois antérieures. On objectait toutefois que c'était étendre la portée de la dernière disposition de l'art. 68, laquelle ne devait être considérée comme impérative qu'en ce qui concerne les dispositions antérieures dont les lois abrogées en 1881 avaient, elles-mêmes, prononcé l'abrogation expresse. C'est ainsi que la cour de cassation a reconnu que l'art. 68 remettait en vigueur les art. 222 et 262 c. pén., dans celles de leurs dispositions qui avaient été implicitement abrogées par les lois sur la presse de 1819 et de 1822. — Un nouvel argument en faveur du pouvoir réglementaire de l'autorité municipale résulta de la promulgation de la loi du 5 avr. 1884. Désormais, il ne s'agissait plus de savoir si les attributions conférées à l'autorité municipale relativement aux crieurs publics par les lois de 1790 et de 1791, supprimées en 1830 et 1834, revivaient ou restaient périmées, en vertu de l'art. 68 de la loi du 29 juill. 1881. Les lois de 1790 et de 1791 se trouvaient expressément abrogées. L'art. 97 de la loi du 5 avr. 1884 les remplaçait en disposant ainsi : « La police municipale a pour objet d'assurer le bon ordre, la sûreté et la salubrité publiques. Elle comprend notamment : 1° tout ce qui intéresse la sûreté et la commodité du passage dans les rues, quais, places et voies publiques; 2° le soin de réprimer les atteintes à la tranquillité publique; 3° le maintien du bon ordre dans les lieux publics ». On était donc en présence de deux textes : l'un, l'art. 18 de la loi du 29 juill. 1881, proclamant la liberté du colportage et n'assujettissait les colporteurs qu'à la nécessité d'une déclaration préalable; l'autre, l'art. 97 de la loi du 5 avr. 1884, déterminait les pouvoirs du maire en matière de police municipale. Il en résultait qu'aucun arrêté municipal ne pouvait porter atteinte à la liberté du colportage, soit en soumettant l'exercice de la profession de colporteur ou de distributeur sur la voie publique à une autorisation préalable, soit en interdisant le colportage ou la distribution de certains journaux, livres, dessins, etc. D'autre part, les arrêtés de l'autorité municipale destinés à maintenir l'ordre, à assurer la sécurité des citoyens, en prévenant les embarras et les encombrements, étaient obligatoires pour les colporteurs et les distributeurs, comme pour tous vendeurs de marchandises quelconques exerçant leur profession sur la voie publique. On devait même aller plus loin et décider que, si le colportage et la distribution des écrits étaient déclarés libres par la loi du 29 juill. 1881, cette loi n'avait pas en même temps proclamé la liberté du criage, dont elle ne parlait point; car le criage est un fait distinct du colportage et de la distribution considérés en eux-mêmes. Le criage peut intéresser gravement l'ordre public, la sécurité morale et matérielle des citoyens. On devait alors en conclure que l'art. 97 de la loi du 5 avr. 1884 conférait à l'autorité municipale le droit de réglementer le criage public des journaux, des imprimés et des dessins, aussi bien que le criage de toutes autres marchandises vendues sur la voie publique.

399. Il a été jugé, dans le sens des observations qui précèdent : 1° que, sous l'empire de la loi du 29 juill. 1881, comme auparavant, il appartient aux maires de réglementer la police des crieurs aussi bien d'imprimés et de journaux que d'autres marchandises (Motifs, Trib. simple pol. Besançon, 3 août 1882, aff. Journal *La Démocratie francomtoise*, D. P. 83. 3. 30); — 2° Qu'en réglementant le colportage et la distribution des journaux et des imprimés, la loi du 29 juill. 1881 n'a établi aucune règle concernant la profession de crieur public; que, par suite, un maire ne contrevient pas à cette loi quand il prend un arrêté en vertu duquel nul ne peut exercer la profession de crieur public sans autorisation de la municipalité (Trib. simple police de Châteauneuf, 13 déc. 1882, *Bull. des juges de paix*, 1883, p. 51). Le conseil d'État s'est prononcé dans le même sens, en jugeant que la loi du 24 juill. 1881 n'a pas modifié les pouvoirs de police appartenant à l'autorité municipale en ce qui concerne l'exercice de la profession de crieur public, consistant à faire à haute voix la publication des annonces diverses, telles que celles des ventes et des objets perdus; que le maire peut, sans excéder la limite de ses pouvoirs de police, subordonner à son autorisation préalable l'exercice de la profession de crieur public telle qu'elle est énoncée ci-dessus (Cons. d'Ét. 18 janv. 1884, aff. Belleau, D. P. 85. 3. 73. Conf. Barbier, t.1, n° 229, p. 196 et suiv. et t. 2, n° 1023, p 532 et suiv.). — Mais la cour de cassation n'a jamais consacré cette interprétation de l'art. 68 de la loi du 29 juill. 1881. Elle a décidé, au contraire : 1° que l'arrêté par lequel un maire interdit aux colporteurs de journaux de vendre les feuilles dont ils sont porteurs, en les annonçant autrement que par leur titre et leur prix, est illégal, le droit de réglementation qui résultait en cette matière pour l'autorité municipale des lois des 16-24 août 1790 et 22 juill. 1791 ayant cessé d'exister en vertu des lois des 10 déc. 1830 et 16 févr. 1834, et n'ayant pu revivre après l'abrogation de ces lois (Crim. cass. 30 oct. 1885, aff. Enault, D.P. 86. 1. 177); — 2° Que l'arrêté municipal pris pour réglementer le criage des journaux sur la voie publique est illégal et non obligatoire; que l'abrogation par l'art. 68 de la loi du 29 juill. 1881, des lois des 10 déc. 1830 et 16 févr. 1834, qui avaient enlevé à l'autorité municipale le droit de réglementer en cette matière qu'elle puisait dans les lois des 16-24 août 1790 et 22 juill. 1791, n'a pas fait revivre ces dernières dispositions; que l'art. 97 de la loi du 5 avr. 1884 a laissé subsister à cet égard l'état de choses créé par la loi du 29 juill. 1881 (Crim. cass. 16 févr. 1888, aff. Toulotte et Adam, D. P. 88. 1. 137).

400. La cour de cassation décidait toutefois que le fait, par un distributeur d'imprimés, de les annoncer à haute voix comme donnant des nouvelles importantes, alors qu'ils ne contiennent que des plaisanteries grossières, constitue le délit d'escroquerie, lorsque ces assertions mensongères sont corroborées par un fait extérieur (l'exhibition d'un intitulé dont les gros caractères sont disposés pour attirer les regards du public) ayant pour objet de faire naître l'espérance chimérique d'obtenir des renseignements sérieux sur un événement réel, cette exhibition étant de nature à tromper la bonne foi des acheteurs et ayant pour résultat de les amener à remettre des fonds au vendeur (Crim. rej. 19 déc 1884, aff. Dupraz, D. P. 85. 1. 41).

401. Cependant les abus auxquels donnait lieu, tous les jours, le criage des écrits sur la voie publique, devaient nécessairement solliciter l'attention du législateur, et en présence des décisions répétées de la cour de cassation qui refusait tout pouvoir réglementaire à l'autorité municipale. Dès 1883, une commission de la Chambre des députés, nommée pour examiner un projet de loi relatif aux manifestations sur la voie publique, fut saisie par M. Waldeck-Rous-

seau, alors ministre de l'intérieur, d'un article additionnel ainsi conçu : « Les journaux, placards, affiches et généralement tous écrits ou imprimés distribués ou vendus dans les rues ou lieux publics, ne peuvent être annoncés que par leur titre; aucun titre contenant des imputations ou expressions injurieuses pour une ou plusieurs personnes ne pourra être annoncé de vive voix publique. Les infractions aux dispositions qui précèdent seront punies d'un emprisonnement de six jours à un mois et d'une amende de 16 à 500 fr. ou de l'une de ces deux peines seulement ». « La question, disait au cours de la discussion, M. Waldeck-Rousseau, est celle de savoir si l'on peut faire de la voie publique, de nos rues, de nos boulevards, une voirie dans le sens antique du mot, où l'honneur des particuliers, comme des hommes publics pourra être traîné sous prétexte de colportage, et livré à la malignité des passants ». L'article additionnel fut adopté à l'unanimité le 16 févr. 1884; mais le Gouvernement ne provoqua pas une deuxième délibération de la loi, se trouvant en désaccord avec la Chambre sur la question de la juridiction en raison d'autres délits.

Le 19 mars 1887, M. Lefèvre-Pontalis soumit à la Chambre des députés une disposition analogue à l'article que M. Waldeck-Rousseau avait proposé en 1883. « La liberté des cris de la rue, disait l'exposé des motifs, y perpétue chaque jour le scandale, y trouble l'ordre, y porte atteinte aux bonnes mœurs, et peut susciter, en outre, même au point de vue de nos relations extérieures, des dangers de tous genres ». « Rien n'est plus vrai, ajoutait le rapport de M. de Verninac au Sénat. Il n'est pas un de nous qui n'ait été témoin des abus scandaleux qui déshonorent nos rues; il n'est pas un de nous qui ne soit chaque jour assourdi par des annonces quelquefois obscènes, le plus souvent injurieuses ou diffamatoires ». « La liberté de parler et d'écrire, disait encore M. Thellier de Poncheville dans son rapport à la Chambre des députés, peut être entière sans qu'il en soit de même de la liberté des réclames de la rue. Le passant est libre d'acheter ou de ne pas acheter le livre ou le journal ; il est libre encore de les lire ou de ne pas les lire et il ne peut s'en prendre qu'à lui-même des froissements que cette lecture peut lui faire éprouver. Mais il n'est pas libre de ne pas entendre la rue dont il doit se servir et qui en tout cas appartient à tous, les cris qui y sont proférés. Pourquoi l'obliger à subir le contact des injures, des diffamations, des obscénités ou des inepties qu'il plaira à un vendeur de proférer ? Le droit d'écrire suppose bien le droit de vendre ses écrits et par conséquent de les annoncer au public, mais non de lui en imposer l'audition ». En conséquence, la loi du 19 mars 1889 (D. P. 89. 4. 47) décide que « les journaux et tous les écrits ou imprimés distribués ou vendus dans les rues et lieux publics ne pourront être annoncés que par leur titre, leur prix, l'indication de leur opinion et les noms de leurs auteurs ou rédacteurs » (art. 1, 1er al.). L'art. 1 du projet de loi n'accordait que l'annonce du titre seul. Mais la commission de la Chambre avait voulu sauvegarder, plus que les législations antérieures ne l'avaient fait et plus que ne le faisait la proposition de loi, le droit d'annonce des écrits mis en vente. « Elle a cru que l'indication seule du titre pouvait être insuffisante pour renseigner le public ; qu'il serait souvent utile d'y joindre d'autres énonciations, dont personne n'aura le droit de s'offenser : le prix de vente, l'opinion ou la nuance du journal ou de l'écrit, le nom de l'auteur ou du rédacteur. Le texte primitif de la proposition a donc été complété en ce sens » (Rapport de M. Thellier de Poncheville).

402. Le deuxième alinéa de l'art. 1 est ainsi conçu : « Aucun titre obscène ou contenant des imputations, diffamations ou expressions injurieuses pour une ou plusieurs personnes ne pourra être annoncé sur la voie publique ». Cette disposition comble une lacune des lois antérieures. En effet, « le titre lui-même peut être injurieux ou diffamatoire, ou ce cas, la loi que l'on poursuit serait manqué, si on n'en interdisait pas l'annonce. Il est bien que la personne diffamée ou injuriée puisse poursuivre l'auteur de l'écrit devant la police correctionnelle ou devant la cour d'assises ; mais le remède sera souvent tardif et inefficace si, en attendant, la diffamation peut impunément se crier dans tous les carrefours. Ne convient-il pas de traiter les *titres obscènes* comme ceux qui seraient injurieux ou diffamatoires ? Sur l'observation même de M. Lefèvre-Pontalis, la majorité de la commission a pensé qu'il convenait de compléter sur ce point le texte de sa proposition. Le législateur ne saurait être indifférent à ce débordement de pornographie qui, dans nos grandes villes, contamine trop souvent la voie publique. Si la police, comme il faut le croire, n'est pas suffisamment armée pour y faire obstacle, nous ne devons pas négliger cette occasion de lui fournir une arme nouvelle » (Rapport de M. Thellier de Poncheville).

403. En vertu de l'art. 2 de la loi du 20 mars 1889, les infractions aux dispositions de ladite loi sont punies d'une amende de 1 fr. à 15 fr. et, en cas de récidive, d'un emprisonnement d'un jour à cinq jours. Toutefois, l'art. 463 c. pén. pourra toujours être appliqué. « La commission de la Chambre, a dit M. Thellier de Poncheville, a pensé qu'il n'y avait pas lieu de maintenir les peines correctionnelles portées dans le texte voté en première lecture en 1884. Il s'agit ici d'une simple contravention, d'une question de police de la rue. Si l'auteur, l'imprimeur et l'éditeur de l'écrit ou du journal ont commis un délit de presse, ils pourront être poursuivis conformément à la loi de 1881 ; c'est là un ordre d'idées tout différent de celui qui fait l'objet de nos préoccupations. Pour le crieur, il n'importe que l'écrit soit ou non délictueux, que lui-même soit ou non de bonne foi : il a commis une infraction matérielle ; c'est devant le juge de simple police qu'il sera traduit... Il ne sera passible que d'une amende et l'emprisonnement ne sera prononcé qu'en cas de récidive. L'encourra-t-il alors nécessairement ? La commission a pensé qu'il pouvait s'agir d'infractions très légères et qu'en pareille matière il se rencontrerait parfois des récidivistes qui ne seraient pas de bien gros coupables. Elle a donné au tribunal de simple police la faculté de leur appliquer les circonstances atténuantes, et par conséquent de leur infliger une simple amende ».

404. La question s'est posée de savoir si l'art. 1 de la loi du 19 mars 1889 devait avoir pour conséquence d'interdire aux vendeurs de journaux de signaler leur passage à son de trompe. L'affirmative eût été contraire au texte comme à l'esprit de la loi de 1889, dont elle eût étendu les termes arbitrairement. Jugé, en ce sens, que la loi du 19 mars 1889, qui interdit aux vendeurs de journaux dans les rues et lieux publics de les annoncer autrement que par leur titre, leur prix, l'indication de leur opinion et le nom de leurs auteurs ou rédacteurs, ne met aucun obstacle à ce que le colporteur annonce son passage, *à son de trompe* qu'en l'absence de tout arrêté municipal classant le cornet au nombre des instruments bruyants dont l'usage serait interdit sur la voie publique, et de toute constatation établissant que les sons de trompe ont dégénéré en bruits ou tapages injurieux ou nocturnes ayant troublé la tranquillité des habitants, le fait par un colporteur d'annoncer son passage à son de trompe échappe à toute répression (Crim. rej. 17 mai 1889, aff. Descamp, D. P. 90. 1. 143). — Jugé d'autre part que les prohibitions édictées par la loi des 19-20 mars 1889 ne peuvent s'appliquer au fait d'apposer à l'intérieur d'un magasin une affiche signalant en gros caractères un article de journal à l'attention du public (Crim. rej. 6 juill. 1889, aff. Morin, D. P. 89. 5. 376). Cette décision se réfère à l'exposé des motifs et aux discussions qui ont eu lieu devant la Chambre. On lit, en effet, dans le rapport de M. Thellier de Poncheville : « Une autre modification (au projet de loi) consiste dans la suppression des mots *placards* et *affiches*, qui nous ont paru inutiles. La commission n'avait pas à s'occuper des questions d'affichage, et, au point de vue de l'annonce, ces deux expressions n'ajoutaient rien aux mots : *écrits* ou *imprimés*, qui sont aussi compréhensifs que possible ».

405. — II. Des chanteurs (*Rép.* n° 482). — On a dit au *Rép.*, *ibid.*, qu'en vertu de la loi du 16 févr. 1834, les chanteurs sur la voie publique étaient tenus de se pourvoir d'une autorisation préalable de l'autorité municipale. Il résulte de la jurisprudence de la cour de cassation que les lois des 10-11 déc. 1830 sur les afficheurs et crieurs publics et du 16 févr. 1834 sur les crieurs publics sont abrogées par l'art. 68 de la loi du 29 juill. 1881 sur la liberté de la presse (Crim. cass. 30 oct. 1885, aff. Enault, D. P. 86. 1. 177 ; 16 févr. 1888, aff. Touloutte et Adam, D. P.

88. 1. 137, cités *suprà*, n° 499 ; Crim. rej. 21 févr. 1889, aff. Dretzen, D. P. 90. 1. 189. V. aussi *suprà*, v° *Affiche*, n° 71). En conséquence, aucun chanteur sur la voie publique ne peut être poursuivi en vertu de la loi du 16 févr. 1834. Jugé en ce sens que l'art. 68 de la loi du 29 juill. 1881 a abrogé les dispositions de loi relatives aux *chanteurs* sur la voie publique, aussi bien que les dispositions qui visent les *crieurs*, vendeurs et distributeurs d'écrits (Limoges, 29 déc. 1887 aff. Lallier, Séel et Pieral, D. P. 89. 2. 192).

Mais, à défaut de la législation de 1834 abrogée, l'arrêté d'un maire, rendu en vertu de l'art. 97 de la loi du 5 avr. 1884 sur l'organisation municipale et réglementant le chant dans les rues, serait-il entaché d'illégalité ? On doit, en faveur de la négative, remarquer que le chant dans les rues ne touche, ni de près ni de loin, à la liberté de la presse si large que puisse être l'acception de ce dernier mot. Il n'apparaît, dès lors, aucun motif de droit ou de raison pour dénier aux maires le droit de réglementer le chant sur la voie publique en vertu de « la mission d'assurer le bon ordre », dont ils sont spécialement investis par l'art. 97 de la loi précitée du 5 avr. 1884 (V. *suprà*, n° 398). Il convient d'ajouter que la loi du 19 mars 1889 (V. *suprà*, n° 401) relative aux annonces sur la voie publique, a enlevé à la jurisprudence qui déniait les droits des maires vis-à-vis des crieurs et distributeurs de journaux toute sa valeur, en limitant de nouveau les droits de ces crieurs et distributeurs.

CHAP. 9. — Des affiches et des afficheurs.

406. — V. *suprà*, v° *Affiche*, n°⁸ 35 et suiv. — Il a été jugé, depuis la publication de cet article, que les prescriptions de l'art. 30 de la loi du 8 juill. 1852 sur les affiches peintes et celles du décret du 25 août suivant ne sont pas applicables à des affiches sur papier collées derrière les vitres transparentes d'un kiosque-réclame (Besançon, 5 août 1891, aff. Coutançon, D. P. 93. 2. 163).

CHAP. 10. — Des contraventions. — Règles communes aux divers moyens de publication (*Rép.* n°⁸ 483 et 530).

Sect. 1re. — Caractères généraux des contraventions (*Rép.* n° 484).

407. Le mot *contravention*, employé dans les lois spéciales de la presse, n'a pas le sens étroit que lui donne l'art. 1 c. pén. et ne s'entend pas seulement des infractions qui sont punies de peines de police. Il désigne toutes les infractions qui ne comportent pas d'éléments intentionnels et qui consistent exclusivement dans un fait matériel : la violation d'une interdiction légale ou l'omission d'une formalité prescrite par la loi ou son accomplissement irrégulier (*Rép.* n°⁸ 484 et suiv.). Tel est aussi le sens du mot *contravention* dans le texte de la loi du 29 juill. 1881. Cette loi reconnaît des contraventions de presse punies de peines correctionnelles et des contraventions punies de peines de simple police. Elles ont ce caractère commun, que le juge n'a pas à se préoccuper de l'intention ou mauvaise foi de l'agent et ne doit s'attacher qu'à la constatation matérielle des faits. Pour distinguer la contravention du délit, on n'aura égard à la contravention si, comme l'a dit M. Barbier (t. 1, n° 230, p. 199), « l'infraction tient à l'ordre intellectuel des choses ou à l'ordre purement matériel ». « Les délits, en cette matière, dit Chassan (t. 1, p. 500), résident dans une manifestation d'opinion, ils ne peuvent exister qu'autant que l'écrit ou la parole sont appréciés dans la signification de leur contexte, dans l'intention qui les a dictés, dans l'opinion qui les constitue. A la différence du délit, la contravention n'a rien de commun avec la nature ni avec le sens de l'écrit ou de la parole ».

408. Quels sont les délits contraventionnels prévus par la loi du 29 juill. 1881 ? Nous considérons comme tels : 1° toutes les infractions prévues par les trois premiers chapitres de la loi, c'est-à-dire toutes les contraventions aux dispositions de police générale sur l'imprimerie et la librairie, sur la presse périodique, sur l'affichage, le colportage et la vente sur la voie publique. Toutefois, relativement au caractère de certaines de ces infractions, il y a des controverses que nous avons signalées, *suprà*, n° 354. D'autre part, certaines de ces infractions sont frappées seulement de peines de simple police (V. *suprà*, n⁰ˢ 113 et suiv., 210 et suiv.) ; — 2° Les infractions prévues par les art. 38, 39 et 40 de la loi du 29 juill. 1881, qui interdisent certaines publications (actes d'accusation, compte rendu des procès en diffamation, etc.). Ces infractions sont punies de peines correctionnelles ; elles sont prévues au chap. 4, sous la rubrique : *des crimes et délits commis par la voie de la presse...* ; mais, ainsi que nous l'avons dit *suprà*, n° 407, la première circonstance n'est pas caractéristique ; quant à la seconde, elle ne saurait prévaloir sur la réalité ; il s'agit, en effet, de contraventions matérielles, qui consistent dans un fait même dénué de toute intention coupable (Conf. Barbier, t. 1, n° 231, p. 199).

409. Toutes les contraventions de presse indistinctement, qu'elles soient frappées de peines correctionnelles ou de peines de simple police, ne comportant pas d'élément intentionnel, aucune d'elles n'admet l'excuse tirée de la *bonne foi* de son auteur (*Rép.* n⁰ˢ 485 et suiv. et les arrêts cités *suprà*, n° 436).

410. Les contraventions de presse, alors même qu'elles sont frappées de peines correctionnelles, étant punissables par le seul fait de leur constatation matérielle en dehors de toute intention coupable de la part de l'agent, ne comportent pas les éléments constitutifs de la *complicité* prévue et punie par les art. 59 et 60 c. pén. (*Rép.* n° 490 et les arrêts cités *suprà*, n⁰ˢ 356 et 395).

411. En ce qui concerne l'application de l'art. 463 c. pén., sur les *circonstances atténuantes*, aux délits contraventionnels et aux contraventions de presse, on a signalé au *Rép.*, n⁰ˢ 491, l'importante controverse qui s'était élevée sous le régime des lois antérieures. La jurisprudence avait continué de s'affirmer, d'une façon constante, dans le sens de la négative (V. notamment : Riom, 6 févr. 1850, aff. Colin, D. P. 52. 2. 71; Bordeaux, 9 mai 1860, aff. Gounouilhou, D. P. 60. 1. 467; Crim. cass. 3 déc. 1863, aff. Journal *L'Avenir*, D. P. 64. 1. 145).

412. L'art. 15 de la loi du 11 mai 1868 édicta la disposition spéciale qui permettait désormais d'étendre aux contraventions de presse le principe de l'atténuation des peines. Cet article décidait, en effet, que l'art. 463 c. pén. serait désormais applicable aux crimes, délits et *contraventions* commis par la voie de la presse. Jugé, par application de cet article, que les infractions des imprimeurs aux dispositions qui exigent la déclaration et le dépôt des ouvrages imprimés chez eux sont des contraventions en matière de presse, susceptibles par suite, depuis la loi du 11 mai 1868, de l'application de l'art. 463 c. pén. sur les circonstances atténuantes (Chambéry, 12 déc. 1873, aff. Ménard, D. P. 74. 2. 154).

413. L'art. 64 de la loi du 29 juill. 1881 déclare l'art. 463 c. pén. applicable dans tous les cas que prévoit ladite loi. Le principe de l'atténuation des peines s'étend donc, comme sous le régime de la loi de 1868 aux contraventions de presse punies de peines correctionnelles ou de peines de simple police. Si le prévenu bénéficie des circonstances atténuantes, la peine prononcée ne peut excéder la moitié de la peine édictée par la loi (V. *infrà*, n⁰ˢ 586 et 710).

Sect. 2. — Constatation des contraventions. — Saisies-séquestres (*Rép.* n° 494).

414. La loi du 29 juill. 1881 ne contient pas de disposition particulière en ce qui concerne le mode de constatation des contraventions de presse. Ces contraventions sont donc constatées, comme sous le régime des lois antérieures, soit à l'aide de procès-verbaux, soit par tout autre moyen de preuve admis en matière criminelle (c. instr. crim., art. 154 V. *Rép.* n⁰ˢ 494 et suiv.). — Quant au droit de *saisie*, V. *Rép.* n⁰ˢ 496 et suiv. et *infrà*, tit. 4, chap. 4.

Sect. 3. — Compétence (*Rép.* n° 503).

415. Relativement à la compétence, on a exposé au *Rép.* n° 505 la difficulté qui s'était élevée sous le régime de la loi du 8 oct. 1830, qui attribuait aux cours d'assises la con-

naissance des délits de presse. La jurisprudence s'était prononcée en ce sens que les tribunaux correctionnels étaient seuls compétents pour connaître des contraventions matérielles, et que les délits intentionnels étaient seuls réservés au jury. La controverse n'offrit plus d'intérêt du jour où l'art. 25 du décret du 17 févr. 1852 soumit à la juridiction correctionnelle tous les délits commis par la voie de la presse ou par tout autre moyen de publication.

L'art. 1 de la loi du 15 avr. 1871 restitua au jury la connaissance des délits commis par la voie de la presse. Aux termes de cet article, la poursuite devait avoir lieu désormais conformément au chapitre 3 (art. 16 à 23) de la loi du 27 juill. 1849, remis en vigueur, sauf les restrictions suivantes comprises en l'art. 2. « Les tribunaux correctionnels, disait cet article, continueront de connaître... des infractions purement matérielles aux lois, décrets et règlements sur la presse ». Cette disposition a donné lieu à certaines difficultés d'interprétation. Tant au point de vue de la compétence qu'à celui de l'application de l'art. 463 sur les circonstances atténuantes, il a paru quelquefois difficile de distinguer le délit de la contravention. Il a été jugé, sous le régime de la loi du 15 avr. 1871 : 1° que la publication dans un journal d'une adresse illégalement votée par un conseil municipal constitue, non un délit proprement dit de la presse, rentrant dans la compétence de la cour d'assises, mais une simple contravention ou infraction matérielle, de la compétence du tribunal correctionnel (Trib. corr. Lyon, 6 juin 1871, aff. Molière et Chanoine, D. P. 71. 3. 40); — 2° Que la compétence attribuée à la cour d'assises pour connaître « des délits commis par la voie de la presse » ne s'étend pas aux infractions aux prescriptions de police qui concernent le mode de publication et l'existence matérielle des journaux, et, notamment, la formalité de la déclaration préalable que doit faire celui qui veut éditer un journal, alors même que les auteurs de ces infractions auraient agi sciemment et non par ignorance ; que dans le cas où un journal pour lequel il a été fait une déclaration arguée de fausseté a été, en outre, publié sans nom d'imprimeur, la répression de cette dernière contravention n'est pas subordonnée à la reconnaissance préalable de la fausseté ou de l'irrégularité de la déclaration (Crim. rej. 8 mars 1873, aff. Duportal, journal *L'Emancipation*, D. P. 73. 1. 268).

416. La loi du 29 déc. 1875 restitua au tribunal correctionnel la connaissance de tous les délits et contraventions en matière de presse. La loi du 29 juill. 1881 est revenue au régime libéral des lois de 1830, 1849 et 1871. Les crimes et délits proprement dits commis par la voie de la presse sont de nouveau déférés au jury ; mais l'art. 45 maintient les contraventions purement matérielles dans la compétence exclusive des tribunaux correctionnels.

Sur la compétence territoriale, V. *Rép.* n° 511.

Sect. 4. — Poursuites. — Récidive. — Prescription. — Jugement. — Cumul des peines. — Appel. — Exécution (*Rép.* n° 515).

417. — 1° *Poursuites* (*Rép.* n° 515). — La loi du 29 juill. 1881 a tracé des règles spéciales relativement à la *forme de la citation*. Ces règles sont applicables aux contraventions de presse. — V. *infrà*, tit. 4, chap. 4, le commentaire de l'art. 60-3°.

418. — 2° *Récidive.* — L'aggravation de peine résultant de la récidive n'est jamais applicable en vertu des dispositions générales du code pénal (L. 29 juill. 1881, art. 63, al. 1. — V. *infrà*, tit. 3, chap. 6).

419. — 3° *Prescription* (*Rép.* n⁰ˢ 519 et suiv.). — En vertu de l'art. 65 de la loi du 29 juill. 1881, les contraventions de presse sont, comme toutes les infractions prévues par ladite loi, prescrites après trois mois révolus à compter du jour où elles ont été commises ou du jour du dernier acte de poursuite, s'il en a été fait.

420. — 4° *Jugement* (*Rép.* n° 521).

421. — 5° *Cumul des peines* (*Rép.* n° 523). — Aux termes de l'art. 365 c. instr. crim, en cas de conviction de plusieurs crimes ou délits, la peine la plus forte doit être seule prononcée. On a dit au *Rép.*, n⁰ˢ 523 et n° 526, que cette règle générale reçoit son application relativement aux contraventions qui sont punies de peines correctionnelles. Par exception, les peines se cumulent quand il est dérogé implicitement ou explicitement à la règle, soit par les dispositions d'une loi spéciale, soit en matière fiscale, en raison du caractère de réparations civiles attaché aux amendes (*ibid.*). — On a émis au *Rép.*, n° 526, suivant la règle générale ci-dessus énoncée, que les contraventions en matière de presse, quand elles sont frappées de peines correctionnelles, profitent de la disposition de l'art. 365 c. instr. crim. et ne peuvent pas entraîner des peines cumulées. Jugé en ce sens : 1° qu'à la différence du principe de l'atténuation des peines (sous le régime du décret du 11 août 1848) le principe de la non-cumulation des peines s'applique aux contraventions comme aux délits de la presse, les uns et les autres étant punis de peines correctionnelles (Crim. cass. 13 juill. 1860, aff. Gounouilhou, D. P. 60. 1. 467); — 2° Que l'art. 365 c. instr. crim., prohibitif du cumul des peines, régit toutes les réparations pénales qui n'en ont point été formellement exceptées, et .notamment les peines pécuniaires édictées pour les contraventions en matière de presse (Douai, 16 déc. 1867, aff. Journal L'*Ordre*, D. P. 68. 2. 41); — 3° Que la peine encourue pour une contravention de presse ne peut être prononcée cumulativement avec la peine plus forte dont le prévenu est passible pour un délit de droit commun reconnu à sa charge par le même jugement : à ce cas s'applique le principe général établi par l'art. 365 c. instr. crim. ; mais que l'emprisonnement et l'amende prononcés à titre de répression distincte de deux infractions, peuvent être maintenus, si ces deux peines sont édictées l'une et l'autre pour la répression de l'infraction la plus grave, et si elles se trouvent appliquées dans une juste mesure (Agen, 26 févr. 1869, aff. Esminard, gérant de L'*Indépendant du Lot*, D. P. 69. 1. 310); — 4° Que le gérant qui insère des articles politiques dans un journal non cautionné commet autant de contraventions qu'il y a eu de numéros successifs contenant ces articles ; mais que le principe prohibitif du cumul des peines s'applique à ces contraventions de presse comme aux délits, en raison du caractère correctionnel de la répression (Chambéry, 13 nov. 1873, aff. Ducret, journal Le *Savoyard*, D. P. 74. 2. 139); — 5° Que le principe du non-cumul des peines s'applique aux contraventions comme aux délits de presse; qu'il s'étend à toutes les infractions atteintes de peines criminelles ou correctionnelles qui n'en ont pas été implicitement ou explicitement exceptées, soit par des dispositions particulières du code pénal ou par des lois postérieures, soit par le caractère de réparations civiles attaché aux amendes en matière fiscale; qu'il s'applique notamment aux contraventions qui résultent de l'omission, par l'imprimeur, du dépôt au parquet du procureur de la République, d'affiches portant le nom d'un candidat au conseil général (Nîmes, 20 nov. 1874, aff. Royet, D. P. 75. 2. 48).

422. L'art. 63 de la loi du 29 juill. 1881, deuxième alinéa, porte : « En cas de conviction de plusieurs crimes ou délits prévus par la présente loi, les peines ne se cumuleront pas et la plus forte sera seule prononcée ». C'est la reproduction textuelle ou peu s'en faut de l'art. 365 c. instr. crim. La loi de 1881 ne contient aucune indication qu'il y ait lieu d'interpréter cet article autrement qu'il ne l'était par la jurisprudence antérieure à 1881. C'est donc l'opinion généralement admise que le principe prohibitif du cumul des peines s'étend non seulement aux crimes et aux délits intentionnels, mais encore aux délits contraventionnels, c'est-à-dire aux contraventions de presse qui sont punies de peines correctionnelles. Seules les contraventions proprement dites, c'est-à-dire les infractions qui sont frappées des peines de simple police, restent en dehors du texte de l'art. 63 de la loi de 1881 comme en dehors du texte de l'art. 365 c. instr. crim.

423. On devrait encore admettre toute dérogation résultant de dispositions exceptionnelles; mais il y a lieu d'observer d'une part que les dérogations établies par les lois antérieures sur la presse, signalées au *Rép.* n°* 523 et suiv., sont abrogées par la loi du 29 juill. 1881, qui ne laisse en vigueur aucun article de ces lois; d'autre part, que la loi du 29 juill. 1881 ne contient aucune dérogation à la règle tracée par l'art. 63. Cet article régit, dès lors, toutes les hypothèses et il faut admettre, d'une manière générale, que les peines ne peuvent pas être cumulées en cas de conviction de plusieurs contraventions frappées de peines correctionnelles (Conf. Barbier, t. 1, n° 238, p. 201; Fabreguettes, n° 2138, p. 397).

424. Les individus condamnés pour une même contravention de presse frappée de peines correctionnelles sont ils tenus *solidairement* des amendes, des restitutions, des dommages-intérêts et des frais? — L'art. 55 c. pén. prononce cette solidarité contre tous les individus condamnés pour un même *crime* ou pour un même *délit*. En ce qui concerne les *amendes* prononcées par le tribunal correctionnel pour contravention de presse, il a été jugé que la solidarité des amendes, n'étant prononcée que dans le cas de condamnation pour un même *crime* ou un même *délit*, est inapplicable aux individus condamnés pour une même contravention, encore qu'il s'agirait d'une contravention punie, par une loi spéciale, de peines correctionnelles, et déférée à la juridiction correctionnelle; qu'elle est inapplicable, notamment, aux individus condamnés comme coauteurs d'un fait d'introduction ou de distribution, en France, de journaux politiques étrangers sans l'autorisation du Gouvernement (Crim. cass. 3 avr. 1869, aff. Barbieux, D. P. 69. 1. 529). — Mais il a été décidé en sens contraire, d'une manière générale, que la solidarité des amendes doit être prononcée contre les individus condamnés pour le même délit, en toute matière correctionnelle et même dans les matières spéciales, encore que l'infraction appartiendrait à la classe des contraventions-délits (Crim. cass. 5 déc. 1872, aff. Daris, D. P. 72. 1. 432). La condamnation aux frais de la poursuite doit être prononcée solidairement contre tous les participants au même fait, aussi bien en matière de contraventions qu'en matière de crimes ou délits (Décr. 18 juin 1811, art. 506; Crim. rej. 20 mars 1851, aff. Petit, D. P. 69. 5. 226; 22 juin 1871, aff. Elissèche et Lespade, D. P. 71. 1. 267; Trib. Seine, 24 déc. 1874, aff. Palmé et Martinet, D. P. 75. 1. 241). De même, en ce qui concerne les restitutions et les dommages-intérêts prononcés pour contravention de presse, la condamnation est nécessairement solidaire puisque, même en matière de quasi-délit, tous les auteurs du même fait dommageable sont tenus solidairement à la réparation du préjudice causé (V. la dissertation de M. Giboulot, D. P. 75. 1. 241).

425. En matière de contraventions, l'*affiche* des jugements peut être ordonnée en vertu de l'art. 1036 c. proc. civ, mais non pas à titre de peine. Jugé, en ce sens, que, lorsque l'infraction aux lois sur la presse pour répression de laquelle une condamnation est prononcée est une simple contravention, le juge ne peut, s'il ajoute à la peine l'affiche du jugement, justifier cette disposition à l'aide de l'art. 26 de la loi du 26 mai 1819, qui ne s'applique qu'aux crimes et délits de presse; que, toutefois, cette disposition devant s'appuyer sur l'art. 1036 c. proc. civ., qui permet d'ordonner l'affiche du jugement en toute matière, dans un intérêt d'ordre public, l'erreur commise ne peut donner ouverture à cassation, ce qu'elle ne touche que la citation de la loi appliquée (Crim. rej. 16 mai 1873, aff. Boulon et Lepic, D. P. 73. 1. 441).

426. — 6° *Appel*, V. *Rép.* n° 529 et *infrà*, tit. 4, chap. 4.

427. — 7° *Pourvoi en cassation.* — La loi du 29 juill. 1881 a tracé, dans ses art. 61 et 62, des règles particulières concernant les pourvois en cassation en matière de presse. Ces règles sont applicables aux décisions judiciaires prononcées pour contravention (Conf. Barbier, n° 236, p. 201) V. *infrà*, tit. 4, chap. 4.

428. — 8° *Exécution* (Rép. n° 530) V. *infrà*, tit. 4, chap. 4.

SECT. 5. — DES CONTRAVENTIONS DE SIMPLE POLICE.

429. Certaines infractions à la loi du 29 juill. 1881 sur la presse sont punies de peines de simple police. Elles sont peu nombreuses. En voici l'énumération : 1° omission du nom ou du domicile de l'imprimeur sur tout imprimé rendu public, à l'exception toutefois des ouvrages dits de ville ou *bilboquets* (art. 2); — 2° Placard d'affiches particulières dans les lieux exclusivement destinés à recevoir les affiches des lois et autres actes de l'autorité publique. Impression sur papier blanc d'affiches particulières (art. 15); — 3° Lacération ou altération des affiches apposées par ordre de l'Administration dans les emplacements à ce réservés quand l'auteur de l'infraction est un simple particulier. La-cération ou altération des affiches électorales émanant de simples particuliers apposées ailleurs que sur les propriétés de ceux qui auront commis cette lacération ou altération (art. 17, al. 1 et 3); — 4° Exercice de la profession de colporteur ou de distributeur sans déclaration préalable, fausseté de la déclaration, défaut de présentation à toute réquisition du récépissé (art. 21); — 5° Injure non publique envers les particuliers (art. 33, al. 3).

430. Les contraventions punies de peines de simple police en vertu de la loi sur la presse sont soumises, en principe, au droit commun en matière de contraventions de simple police. Cependant la loi du 29 juill. 1881 déroge au droit commun en ce qui concerne ces contraventions : 1° quant aux *formes de la citation* (art. 60-3°). V. *infrà*, tit. 4, chap. 4; 2° quant aux règles du *pourvoi en cassation* (art 61 et 63); 3° quant à l'aggravation de peine résultant de la *récidive* (Comp. art. 483 c. pén. et art. 63, § 1). V. *infrà*, tit. 3; 4° quant à la *prescription* (Comp. art. 640 c. instr. crim. et art. 65). V. *infrà*, tit. 4, chap. 3, sect. 1. Nous avons dit *suprà*, n° 421, que le principe prohibitif du cumul des peines ne s'applique pas aux contraventions de simple police en matière de presse. C'est une application du droit commun; en effet l'art. 63, al. 2, n'y fait pas dérogation (V. *suprà*, n° 422). — Sur les circonstances atténuantes, V. *suprà*, n°s 97 et suiv., 116, 369, 394 et 411, et *infrà*, tit. 3, chap. 6.

TIT. 3. — DES CRIMES ET DÉLITS QUI PEUVENT SE COMMETTRE PAR LES DIVERS MOYENS DE PUBLICATION (Rép. n°s 531 à 540).

CHAP. 1er. — Notions générales sur les délits de presse.

431. Le chap. 4 de la loi du 29 juill. 1881 est intitulé : « Des crimes et délits commis par la voie de la presse ou par tout autre mode de publication ». C'est le chapitre le plus important de la loi. Il a pour objet de qualifier les crimes et les délits de presse. Avant d'examiner quelle est, à cet égard, l'économie de la loi du 29 juill. 1881, nous rappelons ici, en les complétant, les observations générales que nous avons présentées au *Rép.* n°s 531 et suiv. sur les délits de presse.

SECT. 1re. — DÉFINITION. — CARACTÈRES CONSTITUTIFS DES DÉLITS DE PRESSE. INTENTION.

432. Comme on l'a dit au *Rép.* (*Ibid.*), les délits de la parole ou de la presse ne sont pas envisagés comme des actes constitutifs de la complicité des crimes ou délits de droit commun, mais ils constituent des délits d'une nature spéciale, d'un caractère particulier. Or ce n'est pas dans la publicité de la parole ou de l'écrit qu'il convient de chercher ce caractère particulier; car il y a telle manifestation de la pensée par la parole ou par l'écrit rendus publics que le législateur érige en délit de droit commun. C'est ainsi que l'outrage public par paroles, envers un dépositaire de l'autorité publique dans l'exercice de ses fonctions, est un délit de droit commun, que répriment les art. 222 et suiv. c. pén. et qui n'est pas soumis aux lois spéciales de la presse. Il y a, de même, beaucoup d'autres délits qui se commettent au moyen de la publication de la parole ou de l'écrit, et qui ne constituent pas des délits de presse, bien qu'ils soient prévus de part en part du code pénal ou par des lois spéciales (Comp. c. pén., art. 201 à 206, 260 à 264, 306, 419 et 420; Décr. 2 févr. 1832, art. 40 et 45; L. 21 germ. an 11, art. 36; 21 mai 1836, art. 4). Ainsi ce n'est ni à l'instrument qui sert à commettre le délit (parole, écrit, presse, etc.), ni à la publicité donnée à la pensée qu'il convient de s'attacher pour définir le délit de presse. En théorie, on peut tenir pour exacte la définition de Chassan (t. 1, n°s 16 et suiv.), d'après laquelle le caractère propre des délits de presse serait d'être des délits *intellectuels immatériels*, n'occasionnant ordinairement qu'un désordre moral, sans produire immédiatement un dommage matériel pouvant être physiquement saisi et constaté; par suite, le délit de presse se distinguerait du délit de droit commun en ce que le corps du délit ne pourrait presque jamais être représenté. En fait, M. Barbier, n° 242, p. 203,

fait observer que le critérium de Chassan serait mis très souvent en défaut par nos lois. Délit de presse, en effet, la provocation suivie d'effet à l'aide de discours, d'écrits ou d'imprimés rendus publics, à commettre un crime ou un délit, bien qu'il y ait, en pareil cas, un dommage matériel physiquement constaté (V. *infrà*, n°s 568 et suiv. sur les art. 23 et 27 de la loi du 29 juill. 1881). Délit de droit commun, au contraire, prévu par l'art. 6 de la loi du 7 juin 1848, la provocation non suivie d'effet, bien qu'il n'y ait pas, en ce cas, de dommage matériel et qu'il soit impossible de représenter le corps du délit (V. *infrà*, n°s 588 et suiv.). Pas de corps du délit dans les outrages aux dépositaires de l'autorité publique, dont les art. 242 et suiv. c. pén. font des délits de droit commun. L'outrage aux bonnes mœurs est tantôt un délit de presse, puni par l'art. 28 de la loi du 29 juill. 1881, et tantôt un délit de droit commun puni par l'art. 1 de la loi du 2 août 1882, selon qu'il a été commis par le livre ou par la parole ou qu'il a été commis à l'aide d'un dessin, d'un écrit ou d'un imprimé autre que le livre.

433. Cependant, M. Barbier (*loc. cit*) fait justement observer que la distinction des délits de presse et des délits de droit commun est d'un intérêt considérable; car la législation de la presse établit, en vue de la poursuite et de la répression des délits spéciaux qu'elle concerne, des règles particulières pour la forme et pour le fond. Nous croyons, comme cet auteur, que la distinction est aussi facile à faire pratiquement qu'elle est arbitraire dans son trait caractéristique. Sont des délits de droit commun les manifestations publiques de la pensée que répriment les articles du code pénal ou des lois spéciales. Sont des délits de presse ou de publication proprement dits, les manifestations publiques de la pensée prévues par la législation spéciale de la presse refondue et codifiée dans la loi du 29 juill. 1881. Nous pensons donc qu'on peut définir les délits de presse et de publication, comme le fait M. Barbier : « les manifestations de la pensée dont la publication avec intention de nuire, est réprimée par la loi sur la presse ». Ainsi, d'une part, tous les délits de la pensée commis par la voie de la presse ne constituent pas des délits de presse proprement dits. D'autre part, il y a telles infractions à la loi sur la presse qui ne consistent pas dans des manifestations coupables de la pensée, mais qui sont tout simplement des contraventions matérielles à la police générale de la presse (V. *suprà*, n°s 407 et suiv., les explications données au sujet des infractions prévues par les trois premiers chapitres de la loi du 29 juill. 1881 et par le paragraphe 5 du chap. 4). Les caractères généraux des contraventions commises par la voie de la presse ont été indiqués *suprà*, n°s 113 et suiv., 210 et suiv. Nous allons traiter ici des caractères essentiels des délits proprement dits de presse ou de publication.

434. On a dit au *Rép.*, n° 532, que, suivant la définition de Portalis, l'intention de nuire doit se rencontrer dans les délits qui se commettent par la voie de la presse comme dans tous les autres délits, et qu'elle est essentielle pour caractériser le délit. Au fait matériel de la publication doit nécessairement s'ajouter une intention coupable et complexe. « Il faut, dit M. Rousset (n° 900 *bis*), pour la culpabilité en matière de délits de publication, *une double intention* que les juges doivent constater, savoir : 1° l'intention délictueuse relativement à l'*agression*, c'est-à-dire, l'*esprit d'injure*, la volonté agressive; 2° et l'*intention de publier* l'agression ou l'injure ».

435. En ce qui concerne l'intention de publier, la cour de cassation a jugé qu'en matière de fausses nouvelles, pour qu'il y ait publication ou reproduction d'une fausse nouvelle, il faut que l'inculpé ait eu l'intention ou la volonté de la publier sachant qu'elle était fausse et que, d'autre part, il y ait eu publication réellement effectuée (Ch. réun. rej. 13 mars 1855, aff. Bonneau, D. P. 55. 1. 65 et 138, cité au *Rép.* n°s 983 et 984). — En cette matière, comme en toute autre, le ministère public peut établir la preuve de l'intention, au moyen de tous les modes de preuve (*Rép.* n° 932). « Le ministère public, dit M. Rousset, n° 901, peut déduire la preuve de cette double intention délictueuse de tous les faits, de tous les écrits de nature à la rendre manifeste, de la différence même des caractères employés pour l'impression de certains mots de l'écrit incriminé ; et la meilleure preuve sera celle qui convaincra le mieux ». — La preuve de l'*intention de publier* résulte ordinairement des circonstances dans lesquelles se produit la publication. M. Barbier (t. 1, n° 279, p. 243) cite comme caractéristique de l'intention de publier, le fait par l'auteur de remettre un manuscrit à l'impression, le fait par l'agent d'un délit de la parole d'avoir tenu à haute voix, dans un lieu public ou dans une réunion publique, les propos ou les discours incriminés. Cependant la preuve de l'intention de publier peut rencontrer de réelles difficultés quand il s'agit de délits pouvant se commettre à l'aide de moyens de publications indéterminés et dans d'autres cas spéciaux (V. *infrà*, n°* 636 et suiv., sur l'art. 27).—Relativement à l'intention de publier, la bonne foi du prévenu ne prévaudrait pas contre la réalité des faits et l'auteur du discours ou de l'écrit incriminé serait responsable de la publicité effective de ce discours ou de cet écrit provenant de son fait, alors même qu'il aurait cru leur conserver un caractère confidentiel. Jugé, dans une espèce où le prévenu se prévalait d'une excuse de cette nature, qu' « on ne saurait considérer comme confidentielle une réponse destinée à être reportée par les délégués aux membres de la société musicale qui les avait envoyés » (Crim. cass. 18 nov. 1886, aff. Allais, D. P. 87. 1. 189).

436. De même, en ce qui concerne l'*intention agressive*, l'esprit d'injure, tous les genres de preuve sont offerts au ministère public (*Rép.* n° 532 et les autorités citées *ibid.* Conf. Barbier, t. 1, n° 279, p. 243). Quand l'écrit publié ou le discours proféré publiquement sont par eux-mêmes vicieux et dommageables, suivant le mot de Portalis, l'intention coupable se déduit des faits et résulte jusqu'à *preuve évidente* du contraire (*Rép. ibid.*). C'est ainsi qu'en matière de diffamation, la cour de cassation a toujours jugé que les imputations diffamatoires sont *réputées de droit* faites avec intention de nuire, mais que cette présomption peut disparaître s'il est relevé, dans la cause, des faits suffisants pour justifier de la bonne foi du prévenu (V. outre les autorités citées au *Répertoire* : Crim. cass. 19 févr. 1870, aff. Gouvin, D. P. 74. 5. 392-393 ; Crim. rej. 13 nov. 1875, aff. Griffe, D. P. 83. 5. 359 ; 26 févr. 1875, aff. Genevois, D. P. 77. 1. 186 ; 10 nov. 1876, aff. Bel et Parent, D. P. 77. 1. 44 ; 18 nov. 1881, aff. Reynier, *Bull. crim.*, n° 246 ; de Grattier, t. 1, p. 179 ; Chassan. t. 1, n° 529).

437. Par exception, dans certaines situations particulières, les rôles sont intervertis et c'est la bonne foi du prévenu qui doit être présumée. C'est ainsi qu'en matière de diffamation, il a été jugé que c'est au plaignant à prouver la mauvaise foi de l'auteur de la publication du fait diffamatoire, quand celui-ci était obligé de révéler en raison de la nature de ses fonctions (Crim. rej. 27 juin 1851, aff. Mermet. D. P. 51. 5. 416, cité au *Rép.* n° 887-1°). Jugé, dans le même sens, que l'imprimeur-gérant du *Journal officiel* n'a pu encourir aucune responsabilité en raison de l'insertion dans ce journal d'un document officiel, tel qu'un rapport adressé à un ministre, alors qu'il ne lui appartenait pas de se refuser à cette publication et qu'il s'est abstenu de tout commentaire (Trib. corr. Seine, 19 mars 1869, aff. Buet, D. P. 69. 3. 31).

438. D'autre part, le prévenu peut fournir la preuve contraire, celle de sa bonne foi, par tous les moyens possibles tirés soit de l'examen des écrits ou des propos incriminés, soit des circonstances extérieures. Cependant il n'est pas recevable, pour établir sa bonne foi, à prouver la vérité des faits diffamatoires, injurieux, offensants ou outrageants. Il n'y a d'exception qu'en vertu de l'art. 35 de la loi du 29 juill. 1881, dans les cas où la preuve est autorisée vis-à-vis des personnes publiques. De même encore, la simple affirmation par le prévenu de sa bonne foi, son ignorance de la loi, la notoriété du fait publié, la déclaration de la personne de qui le prévenu tient le récit du fait diffamatoire, etc., ne sont pas en droit des excuses valables et ne peuvent être invoquées, à moins de circonstances exceptionnelles, que pour atténuer, non pour effacer, la culpabilité (Crim. cass. 26 févr. 1875, aff. Genevois, D. P. 77. 1. 186 ; Chassan, t. 1, n°* 460 et suiv. ; Barbier, t. 1, n° 279, p. 244). Nous traiterons ces questions, spécialement en ce qui concerne la diffamation, en donnant le commentaire de l'art. 29 de la loi de 1881, *infrà*, chap. 4, sect. 2, art. 1.

Sect. 2. — De la publicité.

439. Une autre condition nécessaire pour constituer les délits de presse, c'est la publicité (*Rép.* n° 533). La publicité, sans doute, ne suffit pas pour caractériser le délit de presse (V. *supra*, n°* 432 et 435); mais, dès qu'elle fait défaut, ce délit ne saurait exister. Aussi les auteurs ont-ils adopté cette formule que, en cette matière, *c'est la publication qui fait le délit*. Sous le régime de la loi du 29 juill. 1881, comme en 1819, il est toujours exact de dire, avec M. de Serre : « Le but de la loi a été de punir seulement la publication; dans laquelle elle fait résider le délit ». C'est pour ce motif que l'auteur principal du délit de presse n'est pas, selon l'esprit et le texte de la loi de 1881, l'auteur de l'écrit dommageable et coupable, mais l'auteur de la publicité donnée à cet écrit. L'auteur de l'écrit n'est considéré que comme le complice du publicateur, du moins si ce dernier est connu et doit, par conséquent, répondre du fait matériel de la publication. Encore faut-il, pour que l'écrivain soit poursuivi comme complice, qu'il ait consenti à la publication et fourni sciemment les moyens de commettre le délit (V. *infrà*, n°* 584 et suiv. sur les art. 42 et suiv. de la loi de 1881).

440. Mais, il importe de le remarquer, la publicité n'est un élément essentiel du délit qu'en ce qui concerne les délits de presse proprement dits, c'est-à-dire les délits prévus et punis par les dispositions spéciales de la loi sur la presse. Au contraire, la publicité n'entre pas comme un élément essentiel dans la constitution de tous les délits qui se consomment par l'écriture, par la parole ou par la presse, mais qui sont définis et réprimés soit par le code pénal, soit par des lois spéciales. On peut citer le délit d'outrage en vers les fonctionnaires et les dépositaires de l'autorité publique, comme l'un de ces délits de la parole ou de la plume qui sont punis même quand la condition de publicité ne s'y rencontre pas, en vertu des art. 222 et suiv. c. pén. (Barbier, t. 1, n° 243, p. 204).

441. On peut exprimer sa pensée par la parole, l'écriture, le dessin, le geste. On peut la publier par des moyens divers, en parlant en public, en distribuant un écrit, etc. Mais toute publicité n'est pas dans tous les cas constitutive du délit de presse, et il y a lieu de rechercher, dans toutes les espèces, si la publicité est légalement suffisante pour caractériser le délit. On distingue, à cet égard, les délits qui peuvent se commettre par un moyen quelconque de publication, et d'autres termes par une publicité que la loi laisse indéterminée, et les délits qui ne sont caractérisés et susceptibles de répression que lorsqu'ils sont commis au moyen d'une publicité déterminée, c'est-à-dire par des moyens de publication limitativement désignés par la loi (Barbier, t. 1, n° 244, p. 205).

442. Dans la définition de certains délits, la loi du 29 juill. 1881 se contente de faire entrer la publicité comme un élément essentiel du délit, sans toutefois caractériser cette publicité en précisant quels modes de publication devront être considérés comme pouvant servir à commettre le délit. Telle est la définition légale du délit de fausses nouvelles, d'offense envers les chefs d'États étrangers, d'outrage envers les agents diplomatiques étrangers (art. 27, 36 et 37). C'est, en ce qui concerne ces délits et ceux dont la définition pourrait être analogue, une règle universellement admise que tous les modes d'expression de la pensée, quels qu'ils puissent être, peuvent servir à commettre l'infraction. Ainsi les délits que nous avons cités peuvent se commettre aussi bien par le geste que par la parole ou par l'écriture. — Seulement, quel que soit le mode employé pour manifester la pensée coupable, le juge du fait doit rechercher et retenir les circonstances constitutives de la publicité, et sa décision à cet égard est soumise au contrôle de la cour de cassation (V. *infrà* n°* 548 et suiv.). En effet, s'il n'est pas nécessaire que la pensée coupable se manifeste dans les conditions de publicité restrictivement énoncées par les art. 23 et 28 de la loi de 1881, il est du moins et toujours indispensable que cette pensée se manifeste avec publicité effective (Conf. Ch. réun. rej., 13 mars 1855, aff. Bonneau, D. P. 55. 1. 65, cité au *Rép.* n°* 983 et 984, et le réquisitoire de M. Nicias-Gaillard, avocat général, D. P. 55. 1. 138 ; Crim. cass. 25 juin 1858, aff. Beaumont, D. P. 58

1. 339 ; 9 janv. 1875, aff. Vaugon, D. P. 75. 1. 185-186 ; Crim. rej. 26 avr. 1877, aff. Nicolas et Chanry, D. P. 77. 1. 408).

443. Cependant, d'après l'économie de la loi du 29 juill. 1881, les circonstances caractéristiques de la publicité ne sont pas, sauf dans les cas que nous avons indiqués, laissées à l'appréciation du juge. C'est la loi qui détermine limitativement les modes de manifestation de la pensée et les circonstances constitutives de la publication qui caractérisent les délits qu'elle veut atteindre. Tel est l'objet des art. 23 à 28 de la loi. En vertu des dispositions de ces articles, la publicité est suffisamment caractérisée : 1° par des discours, cris ou menaces proférés dans des lieux ou réunions publics (art. 23) ; — 2° Par des écrits imprimés, vendus ou distribués, mis en vente ou exposés dans des lieux ou réunions, publics (Même article) ; — 3° Par des placards ou affiches exposés aux regards du public (Même article) ; — 4° Par la mise en vente, la distribution ou l'exposition de dessins, gravures, peintures, emblèmes ou images (art. 28). — Les faits d'offense au président de la République (art. 26), d'outrage aux bonnes mœurs (art. 28), de diffamation et d'injure (art. 30, 31, 32, 33), ne sont caractérisés comme délits de presse que s'ils ont été commis à l'aide de l'un des moyens de publication que nous avons énumérés. Si l'outrage se produit par un autre mode de manifestation que ceux indiqués dans les articles précités ; si, par exemple, il s'agit d'un outrage par geste, ou bien si la manifestation prévue par la loi n'était pas accompagnée de toutes les circonstances qui, d'après ce même article, caractérisent la publicité, le fait ne constitue pas un délit prévu par la loi du 29 juill. 1881 ; ce n'est plus un délit de presse, mais ce peut être un délit spécial prévu soit par l'art. 330, soit par les art. 222 et suiv. c. pén. Jugé en ce sens que les imputations diffamatoires et les injures ne tombent sous l'application des art. 29 et suiv. de la loi du 29 juill. 1881 que lorsqu'elles ont été commises par l'un des modes de publication déterminés par les art. 23 et 28 de la même loi ; par conséquent, dans le cas où il s'agit d'imprimés, lorsque ces imprimés ont été vendus ou distribués, mis en vente ou exposés dans des lieux ou réunions publics ; que toute suite, lorsqu'il résulte des questions posées au jury qu'il a été interrogé sur le point de savoir si le prévenu est coupable d'avoir injurié le maire d'une commune en publiant dans plusieurs numéros d'un journal divers articles incriminés, mais que rien n'indique si les numéros contenant ces articles ont été ou non vendus, mis en vente ou distribués, la condamnation prononcée contre le prévenu manque de base légale (Crim. cass. 13 juin 1890, aff. Wilmann, D. P. 90. 1. 451). On jugeait de même, sous l'empire de la législation antérieure, qu'une allégation diffamatoire propagée par des moyens autres que ceux mentionnés en l'art. 1 de la loi du 17 mai 1819, ne peut acquérir la publicité légale qui est un des éléments du délit de diffamation, quelle qu'ait été d'ailleurs la publicité effective (Riom, 13 nov. 1867, aff. Quinque, D. P. 67. 2. 233).

444. Les crimes et délits prévus par les art. 23, 24 et 25, c'est-à-dire les faits de provocation aux crimes et délits, ne peuvent être commis que par les moyens de publication énoncés dans l'art. 23, à l'exclusion de ceux qui sont énoncés dans l'art. 28. Ainsi la provocation aux crimes et délits commise au moyen de la mise en vente, de la distribution ou de l'exposition de dessins, gravures, peintures, emblèmes ou images, ne constitue pas un délit de presse (V. infrà, n°s 493, 568 et suiv.).

445. En résumé, donc, la publication est un élément essentiel de tout délit prévu par la loi sur la presse ; mais cette publication n'est pas dans tous les cas la même : pour certains délits, ceux qui sont punis par les art. 27, 36 et 37, c'est au juge qu'il appartient d'apprécier s'il y a eu publicité suffisante. Les délits prévus par les art. 26, 28, 30 à 33 ne sont caractérisés que s'ils ont été commis par l'un des modes de publication visés par l'art. 23, ou par l'un des modes visés par l'art. 28 ; quant aux délits de provocation prévus par les art. 23 à 25, ils ne peuvent être commis qu'à l'aide de l'un des moyens de publication énoncés dans l'art. 23.

§ 1er. — De la publication de la pensée par la parole.

446. — I. Des discours cris ou menaces et de leur prolifération. — En premier lieu, les délits de presse peuvent être commis au moyen de la publication de la pensée par la parole. Ce mode de publication consiste en des discours, cris ou menaces proférés dans des lieux ou réunions publics. La loi du 29 juill. 1881 reproduit, à cet égard, les termes et la pensée de la loi du 17 mai 1819. On doit prendre dans leur acception la plus étendue les expressions de discours, cris et menaces. M. G. Rousset (n° 855) dit que le terme de discours « comprend depuis le discours en quatre points jusqu'à un simple mot, même les discours à demi-mots, et quels qu'en soient les formes et le ton, prose, vers, chants, chansons, en plus bref toute parole parlée ». Suivant le même auteur (n° 856), le mot « cri » « s'applique à tout ce qui, de la voix humaine, cesse d'être la parole articulée : huées, hurlements, grognements, coassements, glapissements, vociférations, sifflets, etc. ». M. Fabreguettes (t. 1, p. 271, n°s 719 et 724) définit ainsi le discours et le cri : « Un discours (sermo), par opposition au cri (vociferatio), c'est une émission orale produite sans colère, sans surexcitation, sans forcer la voix ». « Le cri est une violente émission du son exprimant d'une manière spontanée un sentiment qui fait explosion. Le nombre des mots dont se compose un cri est nécessairement fort restreint et consiste le plus souvent, en une formule qui exprime, dans son laconisme plus ou moins énergique, l'admiration ou la haine, la joie ou la douleur » « On doit entendre par discours, dit encore M. Fabreguettes (t. 1, n° 727), toute parole ou propos ou lecture, quel que soit le ton de la phrase ou la forme du langage ».

447. L'emploi du mot menaces motive, de la part de M. G. Rousset (n° 857), une critique judicieuse. « La loi, dit-il, passe du domaine matériel des sons sur le domaine de la pensée ». « Le mot menace, ajoute M. Barbier (t. 1 n° 247) qui exprime, en effet, un sentiment, un acte intellectuel, ne se trouve point à sa place dans une énumération des moyens matériels de publier la pensée à l'aide de la voix ». M. Fabreguettes (t. 1, p. 272, n° 725) exprime la même pensée en disant que « la menace peut être contenue dans un discours ou dans un cri. » (Conf. de Grattier, t. 1, p. 124). Suivant ce dernier auteur (loc. cit.), la menace comprend aussi les gestes. Et il cite à l'appui de son sentiment l'art. 223 c. pén., qui met sur la même ligne l'outrage par geste et l'outrage par menaces, et les art. 305 et 306, qui punissent certaines menaces, spécifient qu'elles doivent avoir été faites par écrit ou verbalement, dans le but évident d'écarter toute application de ces mêmes articles aux menaces faites autrement que par parole ou par écrit, et notamment aux menaces par gestes. — Il nous est impossible de partager cette opinion. D'abord l'art. 223 c. pén. différencie de la façon la plus catégorique l'outrage par menaces de l'outrage par gestes. Le législateur n'a donc pas jugé suffisant, pour atteindre le geste, de punir la menace. Il a employé le mot menace dans le sens étroit de menace exprimée par la parole ou par l'écrit, de discours ou d'écrit menaçant. Tel est aussi le sens étroit qu'on doit, à défaut d'une indication contraire, lui donner dans les art. 23 à 28 de la loi de 1881. Le texte de ces articles est d'accord sur ce point avec l'esprit des lois sur la presse. Si le geste suffit pour caractériser l'outrage prévu par l'art. 223 c. pén., il ne sera, la plupart du temps, qu'une manifestation insuffisante, équivoque, inaperçue, sujette à toutes les interprétations de la pensée coupable qu'il avait pour but de communiquer. La publication de la pensée n'a pas paru offrir à la justice répressive un élément de certitude assez indiscutable pour entrer dans la catégorie des faits de presse punissables. C'eût été permettre les plus redoutables procès de tendance que de prévoir, par exemple, et de punir comme le crime ou le délit lui-même, la provocation par geste à commettre un crime ou un délit. A cela près que la menace dont il est question dans l'art. 23 de la loi de 1881 doit être exprimée par la parole, c'est-à-dire par le discours ou par le cri, nous sommes d'accord avec M. Fabreguettes (Rép. ibid.) que la menace doit s'entendre dans son sens naturel (Chauveau et Faustin Hélie, t. 3, n° 1126, de l'art. 276). Si la menace est écrite, elle rentre dans la catégorie des écrits et elle est punissable aux conditions de publicité prévues pour les écrits.

448. Qu'il y ait discours, cris ou menaces, il faut, pour que le délit soit caractérisé au point de vue de la publicité :

1° que ces discours, cris ou menaces aient été proférés ;
2° qu'ils aient été proférés dans des lieux ou réunions publics.

449. Le mot « proférés » se réfère aux discours comme aux *cris* et *menaces.* On a dit au *Rép.* n° 533 dans quelle pensée le législateur de 1819 a substitué le mot « proférés » au mot « tenus » qui figurait dans le projet de loi et qui avait été employé par les dispositions antérieures de l'art. 8 du décret du 18 juill. 1791 et des art. 102 et 207 du code pénal de 1810 (*Rép.*, v° *Crimes contre la sûreté de l'Etat*, p. 535). Il en résulte qu'on ne doit pas considérer comme revêtant le caractère de publicité exigé par la loi, des propos tenus à voix basse, dans un entretien confidentiel, alors même que cet entretien se produit dans un lieu public (Conf., outre les autorités citées au *Rép. :* Chassan, t. 1, p. 50; Barbier, t. 1, n° 248, p. 208; Fabreguettes, t. 1, n° 719, p. 271). Jugé, en ce sens : 1° que des imputations diffamatoires qui ont été simplement prononcées et non proférées, manquent du caractère de la publicité qui seule les faisait tomber sous l'application de la loi du 17 mai 1819, alors même que le lieu où les propos ont été tenus serait effectivement un lieu public (Crim. rej. 26 févr. 1875, aff. Genevois, D. P. 77. 1. 186); — 2° Qu'il en est de même des imputations simplement prononcées dans une conversation, qui est restée intime et privée, alors même que ladite conversation aurait été tenue dans un lieu de réunion (Alger, 9 juin 1877, aff. Carpentier, D. P. 79. 5. 327); — 3° Que la communication de faits diffamatoires adressée verbalement à quelques personnes n'a pas le caractère de discours proférés dans le sens de la loi du 17 mai 1819, et ne constitue pas, dès lors, le délit de diffamation (Caen, 13 mars 1878, aff. Larcher, D. P. 79. 2. 3) ; — 4° Que les propos diffamatoires, même tenus dans un lieu public, ne constituent le délit de diffamation qu'autant qu'ils y ont été proférés, c'est-à-dire prononcés à haute voix et de manière à pouvoir être entendus simultanément d'un plus ou moins grand nombre de personnes. En conséquence, des propos tenus dans un bureau des hypothèques d'un ton si peu élevé qu'un seul des employés présents, indépendamment de celui auquel le prévenu s'adressait, croit les avoir entendus, sans même pouvoir l'affirmer, ne présentent pas le caractère de publicité exigé par la loi (Crim. rej. 5 août 1882, aff. Salus, D. P. 83. 1. 43); — 5° Que des propos injurieux adressés à un garde, dans un lieu public, mais sur le ton ordinaire de la conversation, ne constituent que le délit d'outrage *non public* prévu par l'art. 224 c. pén. (Amiens, 19 janv. 1883, aff. Lefebvre, D. P. 83. 2. 214); — 6° Que, pour constituer le délit de diffamation, les propos diffamatoires doivent offrir le caractère de publicité qui, sous la loi du 29 juill. 1881, aussi bien que sous la loi du 17 mai 1819, suppose que ces propos ont été non seulement tenus, mais proférés dans des lieux ou réunions publics (Crim. cass. 23 août 1883, intérêt de la loi, aff. Sinnanaïk, *Bull. crim.*, n° 222; 23 août 1883, aff. Vexélard, D. P. 84. 1. 261).

450. Il suffit, d'ailleurs, pour que les discours, cris ou menaces soient réputés *proférés*, qu'ils aient été « tenus à haute voix et de manière à être ou à pouvoir être entendus d'un plus ou moins grand nombre de personnes » (Crim. cass. 11 juin 1831, *Rép.* n° 562-1°; 1er mars 1831, aff. Tripier, D. P. 51. 5. 417; Civ. rej. 2 juill. 1872, aff. Lejay et Alessandri, D. P. 74. 1. 398). Il a même été jugé qu'on doit considérer comme proférés les discours tenus dans un lieu public, sur le ton de la conversation ordinaire, de façon à pouvoir être entendus d'un certain nombre de personnes (Crim. cass. 26 nov. 1864, aff. Bravay, *Bull. crim.* n° 269; Crim. rej. 17 nov. 1883, aff. Clauzel, *Bull. crim.* n° 260. Conf. Barbier, t. 1, n° 248, p. 208; Fabreguettes, t. 1, n° 719, p. 271. Comp. toutefois Pau, 30 nov. 1871, aff. M..., D. P. 74. 2. 39).

451. La profération étant une condition nécessaire de la publicité sans laquelle il n'y a pas de délit de presse, il est nécessaire qu'elle soit constatée par le juge. Jugé, en ce sens, que lorsqu'il est simplement constaté par l'arrêt que le prévenu a *dicté* au greffier, dans son greffe qui pourtant est un lieu public, des propos diffamatoires dans le but unique de préparer l'outrage qu'il voulait faire consigner dans l'acte d'appel, ces constatations n'indiquent pas nécessairement que les propos diffamatoires aient été proférés dans le sens de l'art. 1 de la loi du

17 mai 1819 (Crim. rej. 20 déc. 1873, aff. Ribard, D. P. 74. 1. 393). — Mais l'expression de *proférés* n'a rien de sacramentel; elle peut être remplacée par des équivalents. Nul doute qu'il ne soit satisfait au vœu de la loi par l'arrêt qui constate que les propos ont été tenus sur une place publique, *de telle sorte qu'ils ont été entendus par un certain nombre de personnes* (Crim. rej. 17 nov. 1883, aff. Clauzel, *Bull. crim.*, n° 260. Conf. Fabreguettes, t. 1, n° 721, p. 721). Cet auteur (*Ibid.*, n° 723) conseille, toutefois, au ministère public de prendre soin, dans les assignations, d'employer toujours le mot *proféré.*

Pour être susceptibles de répression, les discours, cris ou menaces doivent être assez intelligibles pour que les auditeurs en aient pu saisir le sens (Fabreguettes, *ibid.* n° 728).

452. Quand un discours est écrit et qu'il a été lu à haute voix dans un lieu public, c'est l'écrit qui constitue le délit de presse; car l'écrit n'est punissable que s'il a été mis en vente, vendu, distribué, affiché ou exposé (Crim. rej. 23 nov. 1843, *Rép.* n° 934).

453. — II. Lieux publics et réunions publiques. — La loi met sur le même rang les délits commis dans les lieux publics et ceux commis dans les réunions publiques (*Rép.* n° 535). « C'est avec dessein, dit M. de Grattier (t. 1, p. 119), que la loi a dit « lieux ou réunions publics »; car un lieu peut être public sans qu'il y ait une réunion publique et, réciproquement, une réunion peut être publique hors d'un lieu public ».

454. Que faut-il entendre par les mots *lieux publics?* Chassan (t. 1, p. 47) les définit ainsi : « Ce sont les lieux qui sont ouverts ou accessibles à tout le monde, soit gratuitement, soit moyennant rétribution, ou certaines conditions d'admissibilité. On a dit au *Rép.* n° 535 qu'il faut distinguer, conformément au sentiment de Chassan, les lieux: 1° publics par leur nature; 2° publics par destination; 3° publics par accident. Cette classification est adoptée par la doctrine et par la jurisprudence (de Grattier, t. 1, p. 122; Parant, p. 68 et 69; Barbier, t. 1, n° 250, p. 208; Fabreguettes, t. 1, n° 329, p. 273; Crim. cass. 1er mars 1831, aff. Tripier, D. P. 51. 5. 417, 4 mai 1883, aff. De la Rouveraye, D. P. 83. 1. 482). Un lieu public par sa destination peut devenir lieu privé, et à l'inverse, un lieu privé peut devenir public (*Rép.* n° 535). Toutefois un lieu n'est pas public par cela seul qu'il n'est pas un lieu privé. On peut citer comme tels : le parquet du procureur de la République ou du procureur général, le cabinet du président, celui du juge d'instruction, etc.

455. Les *lieux publics par leur nature* sont ceux qui, d'une façon permanente et absolue, sont accessibles au public: les chemins publics, les rues, les places, les promenades publiques (*Rép.* n° 535; Crim. cass. 26 mars 1813, *Rép.* n° 865; 10 mars 1814, *Rép.* n° 548-1°), les quais, ports ou rades, les pâtis communaux, etc. (Fabreguettes, t. 1, n° 735, p. 275).

456. Les *lieux publics par leur destination* sont « ceux qui, sans l'être par leur nature, sont tels par l'objet auquel ils sont destinés ». On doit classer dans cette catégorie: 1° les temples, les églises, les musées publics, les bibliothèques publiques (Chassan, t. 1, p. 48; Barbier, t. 1, n° 252, p. 209; Fabreguettes, t. 1, n° 736, p. 275);

2° Les salles des séances du Sénat et de la Chambre des députés, quand le délibéré en secret n'est pas ordonné (Fabreguettes, *loc. cit.*);

3° Les salles d'audiences des cours et tribunaux (Crim. rej. 19 nov. 1829, *Rép.* n° 1196-1°) ... sauf en cas de *huis clos* déclaré (Barbier, *loc. cit.;* Fabreguettes, *loc. cit.*), les greffes des cours, tribunaux, conseils de préfecture (Crim. rej. 4 sept. 1823, *Rép.* n° 857-6° ; Crim. cass. 22 août 1828, *Rép. ibid.;* Crim. rej. 29 mars 1845, aff. Moisant, *Bull. crim.*, n° 119; 20 déc. 1873, aff. Ribard, D. P. 74. 1. 393) ; la salle des pas-perdus d'un palais de justice et les corridors non interdits au public qui y conduisent (Fabreguettes, *loc. cit.*); les vestibules des cours, tribunaux, conseils de préfecture (Crim. cass. 22 août 1828, précité);

4° Les bureaux des préfectures et des sous-préfectures (Crim. rej. 4 août 1826, *Rép.* n° 1394);

5° Les salles et les bureaux d'une mairie (Crim. cass. 26 nov. 1864, aff. Bravay, *Bull. crim.*, n° 269);

6° Les bureaux des ministères et ceux des compagnies

de chemins de fer, ou du moins ceux de ces bureaux qui, sans être ouverts à tous, sont cependant accessibles aux personnes qui ont des renseignements à demander pour des objets de service (Crim. rej. 28 avr. 1843, *Rép.* n° 857). — Dans les mêmes conditions, les bureaux de toutes autres entreprises de transport sont des lieux publics par destination (Fabreguettes, *loc. cit.*). Il a même été jugé que le bureau d'un chef de travaux d'une compagnie de chemin de fer est un lieu public quand il est constaté que ce bureau est accessible au public (Amiens, 1er juill. 1882, *Rec. d'Amiens*, p. 164). M. Barbier (*loc. cit.*) critique cette décision par le motif que « le bureau d'un chef de travaux n'est point en définitive destiné à recevoir le public » ;

7° Les bureaux du conservateur des hypothèques (Crim. rej. 5 août 1882, aff. Salus, D. P. 83. 1. 43);

8° Les bureaux des receveurs d'enregistrement ;

9° Les bureaux des trésoriers-payeurs généraux (Fabreguettes, *loc. cit.*); ceux des receveurs particuliers du Trésor et ceux des percepteurs et des receveurs municipaux ;

10° Les bureaux des employés des douanes et de l'octroi ;

11° Les dépôts de mendicité (Bordeaux, 20 mars 1851, aff. Dugat, D. P. 53. 2. 159);

12° Les classes d'un collège (Crim. cass. 9 nov. 1832, *Rép.* n° 857-5°);

13° Les salles d'un hôpital et ses dépendances publiques, notamment sa salle de bains (Angers, 4 janv. 1824, *Rép.* n° 857-4°);

14° Les hôtels, les restaurants, les cafés, alors même qu'il ne s'y trouverait qu'un seul consommateur avec le maître de l'établissement (Riom, 13 nov. 1867, aff. Quinque, D. P. 67. 2. 233);

15° Les salles de spectacle (Crim. cass. 2 juill. 1812, *Rép.* n° 857), les salles de concerts et de bals publics, les casinos (Fabreguettes, *loc. cit.*);

16° Les cabinets de lecture (Chassan, t. 1, p. 48; de Grattier, t. 1, p. 121, notes);

17° Les casernes. M. Fabreguettes (*loc. cit.*) ajoute : « quant à l'armée seulement ». Il semble plus exact de les considérer comme des lieux publics à l'égard de toute personne, quand elles sont occupées par la troupe (Barbier, *loc. cit.*; *Gaz. des tribunaux*, 7-8 déc. 1835);

18° Le toit d'une maison (Parant, p. 71 ; de Grattier, t. 1, p. 624);

19° Les chemins de fer et leurs dépendances, pendant leur ouverture au public;

20° Les voitures publiques et les wagons de chemins de fer. Cependant il a été jugé qu'une voiture publique n'est point un lieu public ouvert à tous allants et venants et qu'elle ne peut, dès lors, être considérée comme un lieu public (Crim. rej. 27 août 1831, *Rép.* n° 859-4°). Mais cette décision a été critiquée par les auteurs et n'a pas fait jurisprudence. « Une diligence, dit M. de Grattier (t. 1, p. 121), est véritablement ouverte à tous allants et venants qui se présentent pour prendre les places qui y vaquent en payant le prix convenu, comme l'est un café, une auberge, comme l'est un paquebot. En ce sens, c'est donc un lieu public » (Conf. Chassan, t. 1, p. 51). Un arrêt a consacré cette opinion en reconnaissant, aux wagons de chemins de fer et aux voitures publiques, le caractère de lieux publics par leur destination (Bordeaux, 25 mai 1881, aff. Guichamerie et Charbonneau, D. P. 81. 1. 968. Conf. Barbier, *loc. cit.*; Fabreguettes, *loc. cit.*);

21° L'étude d'un notaire, mais seulement pendant la durée des adjudications (Bourges, 22 juill. 1836, *Rép.* n° 862). — Cette énumération, on le comprend bien, ne saurait être limitative, et la jurisprudence pourra toujours reconnaître, en raison des circonstances, à tel ou tel lieu, le caractère d'un lieu public par la destination qu'il a reçue.

457. D'autre part, certains édifices ou établissements publics ne peuvent pas être considérés comme des lieux publics, par leur destination. Ainsi, ne sont pas des lieux publics : *les prisons* (Crim. rej. 31 mai 1822, *Rép.* n° 861);

le *greffe* d'une maison d'arrêt (Crim. rej. 19 sept. 1846, aff. Caron, D. P. 46. 1. 362), une *maison centrale* de détention et le *prétoire* de la justice disciplinaire de cette maison (Caen, 13 mars 1878, aff. Larcher, D. P. 79. 2. 3); un *presbytère* (Crim. cass. 2 août 1816, *Rép.* n° 859-2°); la cour d'un presbytère même quand elle sert momentanément de lieu de dépôt au bois destiné à des troupes en cantonnement (Crim. cass. 1er mars 1833, *Rép.* n° 940-1°. Conf. de Grattier, t. 1, p. 121, 124; Chassan, t. 1, n° 88, p. 49 ; Parant, p. 70; Grellet-Dumazeau, t. 1, n° 175 ; Barbier, t. 1, n° 252 *bis* ; Fabreguettes, t. 1, n° 740); le domicile d'un juge de paix, quand ce magistrat n'y tient pas ses audiences et n'y remplit qu'un bon office, non pas un ministère officiel (Metz, 18 oct. 1817; Riom, 24 déc. 1829, *Rép.* n° 860).

458. Les *magasins* et les *boutiques* ne sont pas des lieux publics, même aux heures où ils sont accessibles au public. « Si en effet, dit M. Barbier, *loc. cit.*, le public a un accès plus ou moins libre dans les boutiques des marchands, celles-ci n'ont cependant pas pour destination de recevoir ni de réunir le public; on conçoit donc très bien la distinction que fait la jurisprudence entre les boutiques et les auberges, cafés ou autres lieux créés en vue de recevoir le public et de l'y faire séjourner » (Crim. rej. 15 mars 1832, *Rép.* n° 651-1°; Caen, 8 janv. 1849, aff. Leroux, D. P. 51. 2. 117; Crim. cass. 1er mars 1851, aff. Tripier, D. P. 51. 5. 417). Mais les magasins et boutiques des marchands ne sont pas des lieux publics par destination, ils peuvent, en raison de certaines circonstances, être regardés comme des lieux publics par accident (V. *infrà*, n° 466).

459. Ne sont pas davantage des lieux publics : le *bureau d'un courtier de commerce* (Crim. rej. 29 nov. 1833, *Rép.* n° 866-1°) ; les *études des notaires, avoués, huissiers*. « En effet, dit M. Barbier, *loc. cit.*, si ces études sont ouvertes aux particuliers qui ont besoin du concours de ces officiers, elles ne sont pas cependant destinées à recevoir le public et celui-ci n'est pas admis à s'y introduire et à y séjourner librement. Il est donc juste de décider que ces études conservent, en principe, le caractère de lieux privés, sauf à devenir lieux publics par suite de certaines circonstances accidentelles » (V. *infrà*, n° 465). Jugé, en ce sens, que la publicité d'articulations diffamatoires contenues dans un exploit, et notamment dans un *procès-verbal d'offres réelles*, ne saurait résulter de cette seule circonstance que l'acte a été rédigé dans une étude d'huissier, signifié dans une autre étude d'huissier et présenté dans un bureau d'enregistrement (Crim. cass. 25 nov. 1859, aff. Nrazy, D. P. 59. 1. 513. Conf. Bourges, 22 juill. 1836, *Rép.* n° 862; de Grattier, t. 1, p. 121 ; Chauveau et Hélie, t. 6, p. 120 ; Fabreguettes, t. 1, n° 744). A plus forte raison ne peut-on considérer comme un lieu public le *cabinet d'un officier ministériel* (Riom, 13 nov. 1867, aff. Quinque, D. P. 67. 2. 233); et surtout celui d'un avocat (Fabreguettes, t. 1, n° 744).

460. Les collèges, pensionnats et écoles ne sont pas des lieux publics. Leur parloir seul a ce caractère, aux heures où il est ouvert au public (Barbier, t. 1, n° 252, p. 209). M. Fabreguettes (n°s 736 à 740) tient ces édifices pour publics quand ils reçoivent des externes, mais nous ne croyons pas pouvoir nous attacher à cette distinction. Seulement nous considérons que, pendant la tenue des classes, ou la réunion des élèves aux études, à la chapelle ou dans les cours de récréation, ces édifices servent à des réunions publiques.

461. Les *auberges* constituent-elles des lieux publics? Certaines décisions le déclarent en termes généraux (V. Crim. cass. 26 mars 1813, *Rép.* n° 865; Caen, 8 janv. 1849, aff. Leroux, D. P. 51. 2. 117). Mais des distinctions paraissent nécessaires. Si l'on doit considérer comme publiques par destination la salle à manger ou la salle commune (Crim. cass. 26 nov. 1864, aff. Bravay, cité *suprà*, n° 456; Trib. corr. Loudun, 5 nov. 1881) (1), il en est

---

(1) (De Soubeyran C. Petit.) — Le tribunal; — Sur la compétence : — Attendu que, si le baron de Soubeyran a été sousgouverneur du Crédit foncier de France, il n'a jamais été dépositaire de l'autorité publique; que les actes du demandeur en la susdite qualité n'étaient relatifs qu'à la gestion d'intérêts privés d'une société financière, et non d'un établissement public dont

la direction et l'administration lui avaient été confiées (art. 3 des statuts); qu'ils étaient étrangers à ce qui constitue les fonctions publiques, un service ou un mandat public; qu'en effet, la direction du Crédit foncier ne conférait aucune délégation des pouvoirs publics, aucune autorité sur l'ensemble des citoyens; qu'elle n'a été établie que pour régir et protéger les intérêts de cet impor-

autrement de la cuisine si le public n'y est pas habituellement reçu (Limoges, 21 août 1838, aff. Legrand, *Rép.*
n° 932-2°). D'autre part, les dépendances, publiques par
leur destination, d'une auberge peuvent, elles-mêmes,
perdre le caractère de lieux publics pendant le temps où
elles sont occupées par des particuliers qui en ont pris
possession sous la condition qu'eux seuls y seraient reçus.
On a cité au *Rép.*, n° 651-3°, un arrêt de la cour de
cassation, du 19 févr. 1835, qui s'est prononcé en sens contraire ; mais cette décision est sujette à critique ; car, du
moment où une salle d'auberge est louée *spécialement* et
privativement à certains particuliers, elle cesse d'être mise
à l'usage de tous et n'est pas plus, dès lors, un lieu public
que ne le serait un local quelconque, loué par les mêmes
personnes dans une habitation privée (de Grattier, t. 1, p. 120,
note 1. Conf. Barbier, t. 1, p. 212, n° 252). — Quant aux
chambres de l'auberge, occupées par des voyageurs, ce ne
sont évidemment pas des lieux publics, Fabreguettes, t. 1,
n° 738 ; Barbier, t. 1, n° 252).

462. Certaines dépendances d'un lieu public ne peuvent
pas être considérées comme publiques. Les clochers et la
sacristie d'une église ne sont pas, en principe, des lieux publics, sauf à le devenir par accident (Fabreguettes, t. 1,
n° 738 ; Grellet-Dumazeau, t. 1, n° 153 et 154; V. L. 5 avr.
1884 art. 101). De même, on ne doit pas considérer
comme des lieux publics, certaines parties d'édifices publics
affectés à des usages privés : les logements particuliers du
chef et des employés de l'établissement, dans un hôpital
(de Grattier, t. 1, p. 120 ; Fabreguettes, t. 1, n° 739); le
cabinet du préfet à la préfecture, du procureur général, du
procureur de la République, du président, du juge d'instruction au palais de justice, du maire à l'hôtel-de-ville ; la
salle d'une mairie dans laquelle est réunie une société de
secours mutuels (Trib. Corbeil, 10 févr. 1882, *La Loi*, du
18 février) ; la pièce où sont déposées les archives
d'une commune (Rouen, 22 mars 1851, aff. D..., D. P. 52.
2. 199); les couloirs du Sénat et de la Chambre des députés (V. Fabreguettes, t. 1, n°s 739 et 741, p. 276 et 277 ;
Barbier, t. 1, n° 252, *bis* p. 211; Crim. rej. 20 janv. 1883,
aff. Alype et Meurs, D. P. 84. 1. 127), qui peuvent toutefois
devenir par accident des lieux publics. V. *infra*, n° 465.
Chassan (t. 1, p. 48) ajoutait encore la salle des délibérations
du conseil municipal pendant qu'il est en séance ; mais,
d'après l'art. 4 de la nouvelle loi municipale, on doit adopter une solution contraire, puisque les séances des conseils
municipaux sont publiques (Conf. Fabreguettes, t. 1,
n° 739).

463. Une *loge de concierge* n'est pas un lieu public (Crim.
cass. 4 mai 1883, aff. De la Rouveraye, D. P. 83. 1. 482). En
effet, dit l'arrêt, la loge d'un concierge, dépendant d'une habitation privée, n'est pas, par sa nature ou sa destination, un
lieu dans lequel le public ait le droit de *pénétrer et de stationner ;* elle ne saurait devenir lieu public que dans des
circonstances exceptionnelles. Ces motifs nous paraissent
applicables même à la loge du concierge d'un édifice
public.

464. Enfin on doit observer, d'une façon générale, que les
lieux publics par destination perdent momentanément leur
caractère de publicité quand le public n'y est pas admis.
Nous avons cité (*supra*, n° 456-3°), les salles d'audience
lorsque le huis clos a été déclaré ; la salle principale d'une
mairie quand elle est momentanément occupée par les
membres d'une société de secours mutuels réunis sur con-

vocation individuelle et délibérant la porte fermée (*supra*,
n° 462); les salles communes d'une auberge, quand elles
sont louées par des particuliers pour les occuper privativement (n° 461). Citons encore les musées et les jardins publics, après l'heure de la fermeture des portes ; les salles de
spectacle ou de bal public quand elles sont louées par des
particuliers pour y donner une fête privée (de Grattier,
t. 1, p. 120, note 1; Barbier, t. 1, n° 232). « En résumé,
dit M. Barbier (t. 1, n° 552 *ter*, p. 211), de l'ensemble des
décisions qui précèdent, il résulte qu'il faut entendre par
lieux publics par leur destination, ceux-là seulement où
toute personne peut être appelée ou au moins admise à
pénétrer et à séjourner librement, soit d'une manière absolue, soit en remplissant certaines conditions générales
d'admissibilité, de telle sorte qu'il est permis de présumer
qu'en de tels lieux, il se trouve toujours un public pour
entendre et pour recueillir les propos qui y sont proférés.
Quant aux lieux privés où le public pénètre plus ou
moins librement, mais qui n'ont point pour destination de
le réunir et de l'y faire séjourner, ils conservent, en principe, leur caractère de lieux privés, et ne deviennent lieux
publics que par accident ».

465. Les *lieux publics par accident* « sont des lieux privés qui ne prennent un caractère de publicité qu'en raison de
la présence plus ou moins accidentelle d'un public dans lesdits lieux. Ne devenant publics qu'en raison de cette circonstance qu'un public plus ou moins considérable s'y trouve
réuni, on peut dire que le caractère public de ces lieux se
confond avec le caractère public des *réunions* qui s'y trouvent. Tout lieu privé où se tient une réunion publique devient, en effet, un lieu public par accident. Mais, dans un
sens plus étroit, cette dénomination vise plus spécialement
certains lieux, qui, comme les boutiques par exemple, tiennent à la fois du lieu public et du lieu privé, de telle sorte
qu'ayant déjà, par leur nature même, un certain caractère de
publicité, la présence d'un public même très restreint peut
suffire à leur donner le caractère de lieux publics » (Barbier, t. 1, n° 254). C'est ainsi que les *couloirs de la Chambre
des députés* (ou du Sénat), qui ne sont pas de leur nature
des lieux publics (V. *supra*, n° 462), peuvent le devenir en
fait lorsque des tiers sont admis à y pénétrer et à y circuler
avec les membres de la Chambre ; et la constatation de la
publicité résulte suffisamment d'une déclaration du jury
portant que les propos diffamatoires ont été tenus « dans
des lieux ou réunions publics, notamment dans les couloirs
de la Chambre des députés ». Il en est ainsi alors surtout
quand la déclaration du jury ajoute que les mêmes propos
ont été tenus dans les bureaux de plusieurs journaux (L.
29 juill. 1881, art. 23 ; Crim. rej. 20 janv. 1883, aff. Alype
et Meurs, D. P. 84. 1. 137). — Peuvent encore devenir des
lieux publics par accident : la loge d'un concierge (Comp.
supra, n° 463) et, par analogie, les dépendances communes, cours, escaliers, etc., des habitations privées. Ces dépendances deviennent des lieux publics lorsqu'un public
s'y trouve réuni. Jugé, en ce sens, que sont constitutifs du
délit de diffamation les propos proférés, avec intention de
nuire, dans l'escalier d'une maison habitée, et tendant à
mettre en doute la solvabilité des personnes qu'ils concernent, à porter atteinte à leur crédit ou à compromettre leurs
intérêts commerciaux, quand ces propos ont été tenus à
haute voix et de manière à être entendus dans la rue
(Paris, 2 janv. 1892, aff. Robin, D. P. 92. 2. 199).

466. Les *boutiques et magasins* des marchands ne sont

---

tant établissement de crédit ; que, par la nomination du gouverneur et du sous-gouverneur du Crédit foncier par le pouvoir
exécutif, l'État a voulu seulement s'assurer que les statuts et les
conditions des privilèges spéciaux dont il l'a investi fussent
observés par cet établissement; que, bien que nommés par l'État,
le gouverneur et les sous-gouverneurs occupent la même situation que les directeurs d'une entreprise industrielle ou financière
élus par une assemblée d'actionnaires ou par un conseil d'administration, étant rétribués par cette société comme s'ils avaient
été choisis par cette société même ; que, dès lors, l'art. 45, § 1,
de la loi du 29 juill. 1881 n'est pas applicable dans l'espèce ;
— Au fond : — Attendu qu'il résulte de l'enquête que Petit, le
21 août dernier, jour des élections des députés, a dit à haute
voix, devant un certain nombre de personnes, sur la place
publique de Ceaux, que le baron de Soubeyran avait volé
200 millions au Crédit foncier, qu'il les avait donnés à l'Italie

pour nous faire la guerre; que, le même jour et au même lieu,
il a de nouveau répété ces propos dans la salle commune d'une
auberge, en présence de nombreux consommateurs; — Attendu
que ces paroles renferment l'imputation d'un fait précis contraire
à l'honneur du baron de Soubeyran; qu'elles ont été proférées
dans l'intention de nuire au demandeur, qu'elles ont été publiques; — Attendu que ces propos diffamatoires ont causé préjudice
au baron de Soubeyran qui ne réclame cependant au défendeur
que 1 fr. de dommages-intérêts; qu'il y a lieu aussi de tenir
compte à Petit de la surexcitation anormale des esprits alors
produite par la période électorale, pour modérer l'application de
la peine; — Donne défaut contre Petit; — Statuant sur l'exception soulevée par le ministère public, se déclare compétent,
retient l'affaire; — Déclare Petit coupable, etc.

Du 5 nov. 1881.-Trib. corr. de Loudun.-MM. Magne, pr.-Bona
Christave, proc.

pas des lieux publics par leur destination, même aux heures où ils sont accessibles aux acheteurs (V. *suprà*, n° 458). Cependant ils deviennent momentanément publics dans des circonstances exceptionnelles qu'il appartient à la cour de cassation d'apprécier d'après les constatations du juge du fait. On a cité au *Rép.*, n° 551-1°, un arrêt (Crim. 15 mars 1852, aff. Gimbert) en vertu duquel la boutique d'un maréchal ferrant n'est pas publique, quand il n'y se trouve réunis que le maître, son fils et un tiers étranger. D'après un autre arrêt (Caen, 8 janv. 1849, aff. Leroux, D. P. 51. 2. 117; Conf. Crim. cass. 1ᵉʳ mars 1851, aff. Tripier, D. P. 51. 5. 417, cité *ibid.*, n° 862), un propos n'a pas le caractère de publicité requis par la loi de 1819, quand l'information ne constate la présence que d'un seul acheteur dans le magasin du premier étage où le propos a été proféré, et de deux ou trois au rez-de-chaussée. — Mais le caractère de publicité du lieu n'est pas contestable lorsqu'une vente à l'encan se fait dans un magasin ou qu'une exposition publique y est annoncée (Barbier, t. 1, n° 254, p. 243; Fabreguettes, t. 1, n° 743, p. 277). La publicité du lieu est encore suffisamment constatée par l'arrêt qui déclare en fait que les propos ont été proférés dans des boutiques d'épiciers ou autres et ce, en plein jour, les portes desdites boutiques ouvertes et accessibles à tous les habitants de la commune, et que plusieurs personnes qui s'y trouvaient ont entendu lesdits propos (Crim. rej. 27 sept. 1851, *Rép.* n° 862). Jugé dans le même sens qu'on doit considérer comme un lieu public la boutique d'un perruquier donnant sur la voie publique quand elle est ouverte à tout venant (Caen, 2 mars 1880, aff. Guilloux, D. P. 80. 2.218.) Lorsque, au contraire la porte du magasin est fermée ou quand il s'agit d'une boutique ouvrant sur une arrière-cour non publique, ou d'un arrière-magasin, la décision doit être inverse (Trib. Saint-Amand, 23 mars 1880 (1); de Grattier, t. 1, p.121; Fabreguettes, t. 1, n° 743, p. 277).

467. Un arrêt de la cour de Paris, du 28 févr. 1884, aff. Girard (*Lois nouv.* 1884, 3. p. 25), a décidé que le magasin d'un libraire *où le public a un libre accès* est un lieu public. Cette décision se justifie parce qu'il s'agissait dans l'espèce de *mise en vente* d'images obscènes, et que la mise en vente constitue un fait de publication susceptible d'être réprimé, le cas échéant, alors même qu'il n'a pas été accompli dans un lieu public (sauf une exception douteuse concernant le délit d'outrage aux bonnes mœurs prévu par la loi du 2 août 1882) (V. *infrà*, n°ˢ 662 et suiv.). — Mais M. Barbier (t. 1, n° 254) critique avec raison la solution donnée par la cour de Paris, laquelle est en désaccord avec l'ensemble de la jurisprudence. Le magasin d'un libraire n'est pas public par destination, ouvert à tout venant pour y pénétrer et pour y séjourner à son

gré. Son caractère accidentel de publicité ne peut donc résulter que de la présence effective du public et n'est pas suffisamment établi par la constatation que les acheteurs y ont un libre accès, car toutes les boutiques et tous les magasins des marchands sont dans ce cas, sans perdre leur caractère privé.

468. Les champs, les jardins non clos et les forêts particulières ne sont pas, en principe, des lieux publics; ce n'est qu'accidentellement qu'ils le deviennent (Conf. Chassan, t. 1, n° 86; Barbier *loc. cit.*) Jugé, en ce sens, qu'un clos de vignes appartenant à plusieurs particuliers ne peut être considéré comme lieu public, et qu'on serait également mal fondé à prétendre qu'au jour où l'on en fait la récolte, ce lieu renferme une réunion publique, puisque les propriétaires du clos ont conservé le droit d'en interdire l'entrée à tous autres qu'à leurs gens (Poitiers, 19 déc. 1820, *Rép.* n° 861. — *Contrà* : Metz, 7 nov. 1825, *Rép.* n° 726-5°). Cet arrêt décide à tort qu'un champ est, en principe, un lieu public, sans qu'il y ait à rechercher si les propos proférés ont été entendus ou non. — Mais il a été jugé, avec raison, que l'injure proférée sur un chemin servant à l'exploitation d'une propriété et en même temps au passage pour aller à deux habitations voisines doit être considérée comme injure publique, alors surtout qu'elle a été articulée à haute voix et de manière à être entendue des personnes qui passaient en ce moment (Crim. rej. 3 janv. 1861, aff. Dubreuil, D. P. 61. 1. 142).

469. On doit considérer comme un lieu public par accident le domicile d'un juge quand il y tient audience; mais non pas son cabinet quand il fait office de conciliateur (Poitiers, 10 févr. 1858, aff. Gilbert, D. P. 59. 2. 75), ni son domicile quand il n'y procède à aucun acte public de son ministère (V. les arrêts cités au *Rép.* n° 860. Conf. Fabreguettes, t. 1, n° 745).

470. Les locaux privés deviennent des lieux publics par accident quand ils sont loués pour un spectacle, pour une réunion publique, etc. (Fabreguettes, *loc. cit.*).

471. Des propos proférés dans un lieu privé ne prennent pas un caractère punissable par cette circonstance qu'ils ont été successivement répétés à diverses personnes qui les ont divulgués; car ce n'est pas l'auteur de ces propos qui est responsable de leur publication (Dijon, 7 mars 1877, aff. Seguin, *infrà*, n°515; Chassan, t. 1, p. 378, 390; Fabreguettes, t. 1, n°746).

472. Suffit-il que les propos incriminés aient été tenus dans un lieu public pour qu'il y ait, en fait, la publicité requise par l'art. 23? Ne faut-il pas, en outre, qu'ils aient été proférés en présence du public, c'est-à-dire d'un certain nombre de personnes? On a cité au *Rép.*, n° 535, que la publicité implique la présence du public ou la communica-

---

(1) (Babillot *C.* Debœuf.) — Le tribunal; — Attendu que le docteur-médecin Babillot a cité Debœuf, pharmacien, devant le tribunal de police correctionnelle, à l'effet de s'entendre condamner à lui payer la somme de 2000 fr. à titre de dommages-intérêts, pour avoir, à Saucoins, depuis moins de trois ans, tenu publiquement contre lui des propos de nature à porter atteinte à son honneur et à sa considération; que plusieurs témoins, entendus à l'audience, ont déclaré que, dans le courant de l'année 1879, à des jours différents, ils se sont présentés à la pharmacie Debœuf pour y faire exécuter des ordonnances formulées par le docteur Babillot; qu'à cette occasion, et pendant qu'il préparait les médicaments, Debœuf aurait dit aux uns : « Babillot est un farceur, ses remèdes ne produisent aucun effet, ils ne vous guérissent pas »; qu'à d'autres il aurait dit : « Les remèdes administrés par Babillot sont des remèdes de cheval, il n'y entend rien. Allez trouver un autre médecin, qui ait plus longtemps que Babillot pratiqué à l'hôpital »; qu'à un autre enfin Debœuf aurait dit : « Vous avez de la chance de vous être guéri entre les mains de Babillot. Souvent il ne sait pas pour quelle maladie il traite ses clients »; — Attendu que chacun de ces propos, leur ensemble surtout, dénote évidemment de la part de Debœuf une intention malveillante envers Babillot, à la considération duquel il paraît avoir voulu nuire en sa qualité de médecin; — Mais attendu qu'indépendamment du caractère diffamatoire des faits en eux-mêmes, la loi de 1819 exige un mode spécial d'articulation sans lequel le délit de diffamation ne saurait exister; qu'il faut que les imputations diffamatoires aient été proférées dans des lieux ou réunions publics; — Attendu que Debœuf a tenu les propos dont il s'agit dans sa pharmacie, en exécutant les ordonnances de Babillot; qu'il n'a pas été allégué

ni d'ailleurs démontré que ces propos, tenus sur le ton de la conversation, aient été entendus par quelque autre personne que le client venu pour demander des médicaments, et dont la présence à ce moment-là dans la pharmacie aurait pu aggraver l'effet déjà fort regrettable des réflexions malveillantes de Debœuf; — Attendu que l'officine d'un pharmacien ne saurait être réputée lieu public par sa nature; qu'il n'est point permis, en effet, à tout venant de s'y introduire et d'y entrer, comme, par exemple, dans un café, dans une salle d'auberge ou dans une gare de chemin de fer; — Attendu, par suite, que si les propos incriminés étaient de nature à porter atteinte à la considération du médecin Babillot, on ne saurait admettre qu'au caractère diffamatoire de ces allégations soit venue se joindre la publicité requise comme complément essentiel du délit de diffamation; que vainement on soutiendrait que la publicité a été acquise par le soin qu'aurait pris Debœuf de répéter ses imputations à plusieurs personnes; qu'en effet, la publicité toute spéciale, qui est un des éléments substantiels du délit, a été définie par la loi du 17 mai 1819, et qu'en présence de ses termes rigoureusement limitatifs, on ne saurait admettre que la publicité, qui ne résulte pas d'un fait pris isolément, puisse au contraire se rencontrer dans le concours de plusieurs faits identiques; — Attendu que de tout ce qui précède il résulte qu'à défaut de publicité, les propos diffamatoires imputés à Debœuf ne tombent point sous l'application des articles visés dans la citation; qu'il y a lieu, dès lors, de renvoyer le prévenu des fins de la plainte portée contre lui; — Par ces motifs; — Déclare Debœuf non suffisamment convaincu d'avoir commis le délit de diffamation dont il était prévenu; — En conséquence, l'acquitte, etc.

Du 23 mars 1880.-Trib. corr. de Saint-Amand.

tion au public; que la loi ne fait pas de distinction entre les lieux publics et les réunions publiques et semble définir les uns par les autres; qu'il paraît donc nécessaire que, dans tous les cas, les propos aient été proférés *en présence de plusieurs personnes ou de manière à être entendus par elles* (V. aussi *Rép.* n°ˢ 864 et 932). Cette opinion est combattue par la plupart des auteurs et par la jurisprudence. On considère que, dans la pensée du législateur de 1881, la publicité du discours incriminé se trouve suffisamment caractérisée par la nature du lieu dans lequel il a été proféré, sans qu'il y ait à tenir compte de la présence, en ce lieu, d'un plus ou moins grand nombre de personnes. — Ce principe est applicable sans difficulté à tout propos proféré dans un lieu public soit par nature, soit par destination. Il ne reçoit exception que relativement aux lieux publics par accident, qui ne sont tels qu'en raison de la présence momentanée du public (V. Barbier, t. 1, n° 253 ; Fabreguettes, t. 1, n°ˢ 732 et suiv.).

On a cité au *Répertoire,* dans le sens de l'opinion contraire, un arrêt de la cour de Bourges du 22 mars 1822 (*Rép.* n° 863) et un arrêt de la cour de cassation du 2 août 1832 (*Rép.* n°ˢ 532 et 1391) ; mais la jurisprudence est allée s'affermissant dans la pensée que la nature du lieu caractérise par elle-même la publicité requise par la loi. Déjà dans un arrêt du 2 juill. 1812 cité au *Rép.* n° 857-2°, la cour de cassation, chambre criminelle, disait : « Ni l'art. 367, ni l'art. 375 c. pén., en caractérisant comme coupable du délit de calomnie celui qui, dans des réunions ou lieux publics, profère l'une des imputations spécifiées dans ces articles, n'ont distingué le cas où cette imputation est entendue d'un grand nombre de personnes et acquiert de la publicité, de celui où elle n'est entendue que de deux ou même d'une seule personne ; d'après ces dispositions de la loi, le délit est déterminé par la nature seule du lieu où l'imputation est proférée, sans aucune limitation ni restriction ; d'où il suit que, dès qu'un tribunal reconnaît et déclare que l'imputation a eu lieu dans une salle de spectacle, au moment où le public y était assemblé, il ne peut écarter le caractère de publicité ». Un arrêt du 26 mars 1813 (*Rép.* n° 865) disait également que, pour constituer le délit de calomnie réprimé par l'art. 367 c. pén., l'imputation calomnieuse n'a pas besoin « d'être faite dans une réunion publique ; il suffit qu'elle le soit dans un lieu que sa qualité de lieu public ouvre à tout le monde ; en effet, dans un lieu de cette nature, il y a toujours ou réunion ou passage de citoyens, et conséquemment toujours aussi présomption nécessaire et légale de publicité de l'imputation ». Ces deux arrêts ont été rendus sous l'empire de l'art. 367 c. pén., maintenant abrogé ; mais les lois de la presse n'ont modifié les circonstances de publicité déterminées par cet article, qu'en exigeant la profération des propos incriminés.

En 1864, la cour de Nîmes avait décidé que des propos n'étaient pas publics ayant été proférés d'abord dans un bureau de mairie, puis dans une auberge, mais en présence de trois personnes seulement. Cet arrêt a été cassé par les motifs suivants : « On ne saurait admettre que, pour qu'il y ait publicité, *il faut qu'il se trouve un public dans ce lieu public,* puisque ce serait confondre le lieu public avec la réunion publique et exiger la réunion de ces deux circonstances pour constituer la publicité ; il résulte, au contraire, tant du texte que de l'esprit de la loi, que, dès l'instant où l'imputation a eu lieu dans un lieu public de sa nature ou par destination, il suffit qu'elle se soit produite de manière à être entendue de personnes qui se trouvaient ou auraient pu se trouver dans ce lieu pour constituer l'élément légal de publicité » (Crim. cass. 26 nov 1864, aff. Bravay, *Bull. crim.,* n° 269. Conf. Crim. rej. 1ᵉʳ août 1845, aff. Journé, D. P. 45. 4. 415, cité au *Rép.* n° 863). Jugé, dans le même sens : 1° que la salle commune d'un café est un lieu public dans le sens de la loi du 17 mai 1819, alors même qu'il ne s'y trouve qu'un seul consommateur avec le maître de l'établissement (Riom, 13 nov. 1867, aff. Quinque, D. P. 67. 2. 233); — 2° Que la preuve de la publicité d'une diffamation résulte suffisamment de cette circonstance, relevée par l'arrêt, que les propos diffamatoires ont été tenus dans une *place publique* et *proférés* à haute voix, de manière à ce qu'ils *pussent* être entendus de *tous* ceux qui *auraient* passé sur cette place ;

que, par suite, il y a lieu de rejeter le pourvoi basé sur cette circonstance que les propos n'auraient été entendus que par une seule personne (Crim. rej. 22 juin 1872, aff. Bruneau, *Bull. crim.,* 1872, n° 150). En résumé, dit M. Fabreguettes, t. 1, n° 733, « ce qui constitue la publication, c'est la possibilité pour le public d'entendre les paroles incriminées ; c'est pour cela que les propos confidentiels, même tenus dans un lieu public, ne sont pas réputés publics ».

473. C'est au juge du fait qu'il appartient d'apprécier, dans chacune des espèces qui lui sont soumises, si l'on rencontre les circonstances constitutives de la publicité légale (de Grattier, t. 1, p. 119 ; Chassan, t. 1, p. 34; Grellet-Dumazeau, t. 1, n°ˢ 127 et suiv.; Crim. rej. 27 déc. 1823 et 4 août 1832, *Rép.* n° 871-3°). Ainsi, d'une part, le juge peut constater que les propos incriminés, bien qu'ils aient été tenus dans un lieu public n'ont reçu toutefois aucune publicité effective, et il peut dès lors renvoyer le prévenu des fins de la plainte, en raison du défaut de publicité, sans violer aucune loi et sans encourir la censure de la cour de cassation (Barbier, t. 1, n° 253). C'est par application de ce principe qu'il a été jugé qu'un outrage commis en présence d'une tierce personne placée à une distance qui ne lui permettait pas d'entendre les paroles constitutives de cet outrage a pu être considéré comme un outrage non public, sans qu'une telle appréciation de faits puisse tomber sous la censure de la cour de cassation (Crim. rej. 30 juill. 1852, aff. Léger, D. P. 52. 5. 445 et *Rép.* n° 614). Jugé, dans le même sens, que, bien qu'un propos pouvant porter atteinte à la considération de celui contre lequel il était dirigé ait été tenu sur une place publique, le juge du fait a pu décider que la condition de publicité nécessaire pour donner au fait incriminé le caractère de diffamation ne se rencontrait pas dans la cause, s'il est établi qu'il a été adressé à un seul individu et à un moment où personne ne passait à proximité (Crim. rej. 29 déc. 1865, aff. Maurin, D. P. 66. 1. 192).

474. D'autre part, ainsi qu'on l'a fait remarquer au *Rép.* n° 861, des propos doivent être considérés comme publics, alors même qu'ils ont été tenus dans une propriété particulière, s'ils ont été entendus dans un lieu public voisin de cette propriété, par exemple, s'ils émanaient d'une personne qui, placée dans sa chambre, les faisait entendre au loin, les fenêtres ouvertes ou fermées, avec ou sans porte-voix. Cette interprétation est en harmonie avec le mot *proféré.* Un discours est *proféré* dans un lieu public quand il y parvient (Conf. Barbier, t. 1, n° 255 ; Fabreguettes, t. 1, n° 733). A l'inverse, on devrait considérer comme publics les propos tenus dans un lieu public où ne se trouvait personne, s'ils ont été proférés de manière à être entendus des particuliers qui se trouvaient dans les propriétés privées voisines de ce lieu public (Fabreguettes, t. 1, n° 733 ; Grellet-Dumazeau, t. 1, n° 740 ; Chassan, t. 1, p. 42). — Il y a toutefois une différence notable entre l'hypothèse où les propos incriminés ont été tenus dans un lieu public et celle où ces propos, tenus dans un local privé, sont parvenus dans un lieu public. Dans le premier cas, la publicité doit être présumée volontaire de la part de celui qui a proféré ces propos dans un lieu public ; dans le second cas, la prévention doit établir que l'auteur des propos a voulu se faire entendre au dehors (Conf. Barbier, t. 1, n° 253). C'est donc à tort qu'il a été jugé, d'une façon générale et absolue, qu'on doit considérer, comme diffamation publique, la diffamation résultant des propos proférés dans un lieu attenant à la voie publique (Trib. civ. Alby, 1ᵉʳ juin 1857, aff. N..., D. P. 58. 3. 64). Mais, au contraire, il a été très bien jugé : 1° que les propos injurieux adressés par une partie à un juge de paix dans un cabinet particulier communiquant avec la salle d'audience, mais au moment où la porte est fermée, ne constitue pas un outrage public, encore que ces propos seraient arrivés jusqu'aux personnes réunies dans la salle, si rien ne prouve que le délinquant ait agi avec l'intention de se faire entendre à l'extérieur ; mais qu'il en est autrement des propos du même genre, proférés au moment de rentrer dans la salle d'audience, pendant que la porte du cabinet était ouverte, et sur le seuil même de cette porte (Poitiers, 10 févr. 1858, aff. Gilbert, D. P. 59. 2. 75) ; — 2° Que les propos diffamatoires, même tenus dans un lieu privé, et, par exemple, dans une cour fermée, doivent être considérés comme ayant le caractère de publicité prescrit par les art. 1 et 14 de la loi du 17 mai 1819, et, dès lors, sont punissables, lorsque, d'une part, ces propos arrivent et sont portés dans un lieu public où ils vont frapper les oreilles des personnes qui s'y trouvent, et que, d'autre part, l'individu auquel ils sont imputés avait la volonté d'être entendu au dehors (Orléans, 14 juin 1869, aff. Claveau, D. P. 69. 2. 187).

475. — III. Des réunions publiques (*Rép.* n° 536). — Les discours susceptibles de constituer un délit de presse sont punissables non seulement quand ils ont été proférés dans un lieu public, mais aussi quand ils ont été proférés dans une réunion publique. Il en résulte qu'une réunion peut être publique bien qu'elle soit tenue dans un lieu privé; car la distinction ne peut avoir d'intérêt qu'à cette condition (de Grattier, t. 1, p. 119; Chassan, t. 1, p. 52; Barbier, t. 1, p. 256; Fabreguettes, t. 1, n° 747; Crim. cass. 10 janv. 1824, *Rép.* n° 652; Crim. rej. 26 janv. 1826, *Rép.* n° 871-6°; Nancy, 31 déc. 1844, aff. Prunier, D. P. 45. 5. 324, cité au *Rép.* n° 726-2°). A l'inverse, une réunion privée peut se tenir dans un lieu public momentanément affecté à cette destination (*Rép.* n° 536; V. *suprà*, n° 465).

476. Quand la réunion sera-t-elle publique? La doctrine et la jurisprudence sont d'accord sur ce point que, pour déterminer le caractère de publicité de la réunion, on ne doit pas s'attacher seulement au *nombre* des personnes réunies, mais qu'il faut avoir égard, en outre, aux conditions de leur admission dans le lieu de réunion (Barbier, t. 1, n° 256; Fabreguettes, t. 1, n° 348 et suiv.). — Pour que la réunion soit publique, il est d'abord indispensable qu'il y ait un certain nombre de personnes simultanément présentes, un nombre suffisant pour qu'on puisse dire qu'il y a une réunion. Les lois sur la presse n'ont pas déterminé de minimum; c'est au juge d'apprécier, dans chaque espèce, d'après les circonstances de la cause. « On ne peut, sans arbitraire, dit M. Grellet-Dumazeau, t. 1, n° 182, déterminer à quel nombre de personnes on doit reconnaître une réunion : qu'elle soit composée d'une multitude ou d'un petit nombre de personnes, de deux seulement, par exemple, ce n'en est pas moins une réunion. Ce n'est pas le nombre qui lui imprime un caractère légal, c'est sa nature. En effet, le législateur n'attache pas l'élément de publicité au fait seul de réunion, mais au fait de *réunion publique*. Il faudra donc certaines circonstances : le concours de plusieurs personnes et le caractère public de ce concours ». Ainsi la présence de trois personnes étrangères les unes aux autres, dans un endroit qui n'est public ni par nature, ni par destination, ne suffirait pas, à défaut d'autres circonstances, pour caractériser une réunion publique (Crim. rej. 15 mars 1832, *Rép.* n° 651-1°; de Grattier. t. 1, p. 119; Barbier, *loc. cit.* V. *infrà*, n° 483).

477. Au point de vue de l'exercice du droit de réunion, la loi du 30 juin 1881, D. P.81. 4. 101, sur la liberté de réunion, a distingué la réunion publique de la réunion privée. La première est accessible soit à tous les citoyens, soit à certaines catégories d'individus remplissant des conditions spéciales. La seconde est formée par convocation personnelle et individuelle. Cette distinction ne peut servir à l'application de la loi sur la presse, car la réunion privée, telle que la définit la loi du 30 juin 1881, peut fort bien être une réunion publique au point de vue de la détermination du délit de presse. La convocation individuelle ne suffit pas en cette matière pour imprimer à la réunion un caractère privé. Il faut avoir égard encore et surtout au nombre des assistants et à la nature des relations existant entre eux (Barbier, *loc. cit.*). « D'une manière générale, dit M. Fabreguettes (t. 1, n° 753), il faut dire qu'une réunion est publique lorsque le public y est admis, avec ou sans condition, gratuitement ou moyennant une rétribution ». Ainsi l'on doit considérer comme publiques, au sens des art. 23 et suiv. de la loi du 29 juill. 1881 : les réunions publiques organisées en conformité des art. 1 à 9 de la loi du 30 juin 1881 sur la liberté de réunion; la réunion des créanciers d'une faillite présidée par un juge-commissaire, relative au vote d'un concordat (Crim. rej. 1er févr. 1851, aff. Rousseau, D. P. 51. 4. 418, cité au *Rép.* n° 926); la réunion des créanciers convoqués pour un ordre amiable (Crim. rej. 21 avr. 1864, aff. Rouveure, D. P. 65. 5. 305); la classe d'un collège composée à la fois d'élèves internes et d'élèves externes (Crim. cass 9 nov. 1832, *Rép.* n° 857-5°; Parant, p. 70; de Grattier, t. 1, p. 121; Barbier, t. 1, n° 256,

p. 219; Fabreguettes, t. 1, n° 751, p. 279). Nous pensons même qu'on devrait considérer comme une réunion suffisamment publique, au point de vue spécial des lois sur la presse la classe composée seulement d'élèves internes (V. *suprà*, n° 460); les réunions de personnes dans un cours gratuit, dans un concert, dans un musée public ou dans une bibliothèque publique, dans une distribution de prix, une séance publique d'académie, une conférence, un bal ministériel ou préfectoral sans invitation personnelle (Fabreguettes, t. 1, n° 752; de Grattier, t. 1, p. 121).

478. Toutefois il importe de distinguer les réunions publiques des réunions privées, qui tiennent à la liberté individuelle, qui sont protégées par l'inviolabilité du domicile et qui sont licites (Crim. rej. 9 janv. 1869, aff. de Sanbert-Larcy, D. P. 69. 1. 113). On est d'accord pour reconnaître que, si nombreuses qu'elles soient, les *réunions de famille, d'amis ou de connaissances* ne constituent pas des réunions publiques, quel que soit d'ailleurs l'objet de ces réunions, qu'elles aient pour but le spectacle, les danses ou autres distractions, ou des études graves et même la politique (*Rép.* n° 536; Chassan, t. 1, p. 47; de Grattier, t. 1, p. 119; Parant, p. 68; Barbier, *loc. cit.;* Fabreguettes, t. 1, n° 754) et quelle que soit la nature du local où se tient la réunion.

479. A quels signes reconnaîtra-t-on qu'il s'agit d'une réunion privée? Le critérium donné par M. Fabreguettes (*loc. cit.*) est celui-ci : En aucun cas la réunion ne cessera d'être privée, si son mode d'organisation *ne donne aucune place au public*. Cet auteur ajoute : « Tout tiendra au mode de convocation. Il faudra que les lettres ou invitations soient rigoureusement individuelles, qu'on n'entre qu'avec elles. L'introduction d'une seule personne non invitée fera dégénérer la réunion en réunion publique ». — Nous admettons sans difficulté que l'introduction d'une personne étrangère peut changer le caractère de la réunion; mais nous ne pensons pas que le fait de l'invitation individuelle soit nécessaire pour que la réunion ait le caractère privé, ni qu'il suffise toujours à lui donner ce caractère. C'est à la nature des relations existant entre les membres de la réunion qu'il faut s'attacher. S'agit-il d'amis, de parents, de personnes en relations mondaines antérieures, la réunion sera privée, n'eût-elle été précédée d'aucun envoi d'invitations personnelles. Au contraire, la réunion sera publique, au sens des lois de la presse, si les convocations individuelles ont été adressées à des personnes n'ayant entre elles aucune relation sociale (Conf. Barbier, *loc. cit.*). C'est ainsi qu'un jugement du tribunal de Corbeil du 3 févr. 1882 (*Lois nouvelles*, 1883. 3. p. 52) nous paraît, ainsi qu'à M. Barbier, t. 1, p. 440, sujet à critique en ce qu'il a décidé que les membres d'une *société de secours mutuels*, réunis dans un lieu privé sur convocations individuelles, ne constituaient pas une *réunion publique*. Il semble qu'en raison du nombre des membres qui composent une société de ce genre, et surtout en raison de la nature de leurs relations n'ayant aucun caractère privé, la réunion devait être considérée comme publique (*Contrà*, Fabreguettes, t. 1, n° 757). Cependant la cour de cassation paraît tenir compte, avant tout, du fait de la convocation individuelle. Elle a décidé qu'une réunion, tenue dans une maison particulière, peut prendre le caractère de réunion publique lorsque, par suite d'une grande facilité d'admission expliquée par un usage local, elle comprend, en nombre relativement considérable, des personnes de conditions diverses; qu'il en est ainsi, spécialement, des assemblées tenues dans certaines campagnes, à l'occasion du cassage et de l'écalage des noix, assemblées qui se terminent ordinairement par des danses; et que, par suite, le fait d'avoir tenu, dans de telles réunions, des propos de nature à offenser la morale publique et religieuse, est avec raison considéré comme passible de l'application de l'art. 8 de la loi du 19 mai 1819 (Crim. rej. 26 mai 1859, aff. Hénin, D. P. 59. 1. 240).

480. Conformément au principe posé *suprà*, n° 478, il a été décidé : 1° que les propos tenus dans une réunion du comité d'une association d'artistes ayant un caractère public n'ont pas la publicité qui est un des éléments du délit de diffamation (Paris, 19 mars 1885, aff. Chaigneau, D. P. 85. 2. 150); — 2° Que la diffamation envers les particuliers ne constitue point un délit, lorsque les propos diffamatoires ont été proférés dans une réunion non publique; que l'assemblée des actionnaires d'une société réunie conformément à ses statuts pour délibérer sur des intérêts communs, en vertu d'une convocation individuellement adressée à chacun des associés et hors la présence de toute personne étrangère, ne peut être considérée comme une réunion publique, quel que soit le nombre des assistants, si d'ailleurs le public n'y a été nullement admis (Paris, 13 déc. 1887, aff. Alexandre, D. P. 88. 2. 275).

481. Lorsqu'une réunion se tient dans un lieu public, on doit en général présumer qu'elle est publique. Tel serait le cas d'un bal donné dans un théâtre. Cependant si la salle a été louée par un particulier et mise par lui à la disposition de plusieurs personnes connues de lui, qui se sont cotisées, sans qu'il y ait eu de souscription à laquelle les étrangers aient été admis à prendre part, la réunion n'est pas publique (de Grattier, t. 1, p. 120 et Trib. Seine, 19 avr. 1836, cité par cet auteur).

482. Quand une réunion s'est formée dans un lieu privé, elle devient publique dans le cas où les autorités locales y pénétrent soit sur des réclamations sorties du sein de la réunion, soit pour opérer une perquisition (de Grattier, t. 1, p. 119; Crim. rej. 26 janv. 1826, Rép. n° 866-1°; Nancy, 31 déc. 1844, aff. Prunier, D. P. 45. 5. 324, cité au Rép. n° 726-2°).

483. Une réunion, en quelque sorte permanente, organisée dans un lieu privé, par exemple un cercle composé d'un grand nombre de personnes (de plus de 1000 personnes, dans l'espèce), et dans lequel peut être admis tout individu satisfaisant à certaines conditions indiquées, est une réunion publique, en ce sens spécialement, que des propos diffamatoires tenus dans une semblable réunion doivent être réputés avoir été tenus publiquement, quand même ils n'ont été entendus que de quelques personnes, s'il est établi qu'ils ont pu l'être par un grand nombre (Crim. rej. 14 août 1857, aff. Daumas, D. P. 63. 5. 298). — A notre avis, on ne devrait pas conclure, d'une façon générale, de cette décision, que les cercles sont dans tous les cas des réunions publiques. Ici la publicité résultait de ce que le cercle était ouvert à tout individu satisfaisant à certaines conditions; il en serait différemment d'un cercle composé et recruté dans des conditions de choix et d'admissibilité sérieuses. La solution admise par l'arrêt revient à dire que « lorsqu'il est établi en fait que les propos ont été proférés dans une réunion dont le caractère public est reconnu, il importe peu qu'ils aient été entendus par un plus ou moins grand nombre d'assistants » (Barbier, loc. cit. V. suprà, n° 476).

484. A l'inverse, les réunions tenues dans un lieu privé doivent être présumées des réunions privées. Ont essentiellement ce caractère les réunions de famille, d'amis, ou de connaissances dans une habitation particulière, telles, par exemple, que les réunions dites « veillées ». (Crim. rej, 21 juin 1855, aff. Catin, Bull. crim., n° 222).

485. La réunion publique suppose avant tout une réunion; il est donc nécessaire que la présence simultanée d'un certain nombre de personnes soit constatée sur le lieu où le propos incriminé a été proféré. Le passage même fréquent, mais successif, de différentes personnes en ce lieu ne constituerait pas la publicité requise par la loi de 1881, si d'ailleurs il ne s'agit pas d'un lieu public par nature ou par destination (Crim. cass. 4 mai 1883, aff. De la Rouveraye, D. P. 83. 1. 482; Fabreguettes, t. 1, n° 360).

486. Il y a des réunions qui, par leur nature même et par la volonté de la loi, ne sont pas publiques. C'était le cas des réunions des conseils municipaux avant la loi du 5 avr. 1884. Ces réunions n'étaient pas publiques lors même que le percepteur y prenait part ainsi que les contribuables les plus imposés (Grellet-Dumazeau, t. 1, n° 191; Chassan, t. 1, p. 49; Crim. rej. 8 nov. 1844, aff. Herment, D. P. 45. 1. 31; Rouen, 22 mars 1851, aff. D. C. L., D. P. 52. 2. 199). Jugé dans le même sens : 1° que les propos diffamatoires tenus contre un tiers dans une séance du conseil municipal par un membre de ce conseil ne sauraient, l'élément de publicité manquant en pareil cas, donner lieu qu'à une poursuite pour injure verbale, de la compétence du tribunal de simple police, et non à une poursuite correctionnelle pour diffamation (Crim. rej. 25 juill. 1861. aff. Guth, D. P. 61. 1. 435); — 2° Que les imputations injurieuses et diffamatoires adressées au maire dans une réunion

du conseil municipal, au moment ou à l'occasion de l'exercice de ses fonctions, ne peuvent être considérées comme proférées publiquement, alors même que les contribuables les plus imposés auraient été adjoints ce jour-là aux conseillers municipaux pour concourir à la délibération, que dès lors, la peine encourue par le délinquant est, non pas celle prononcée par l'art. 6 de la loi du 25 mars 1822, qui réprime les injures publiques envers des fonctionnaires dans l'exercice de leurs fonctions mais celle prononcée par l'art. 222 c. pén., qui réprir es mêmes outrages sans exiger la publicité (Crim. cass. 23 nov. 1871, aff. Buthet, D. P. 71. 1. 355); — 3° Que, sous le régime antérieur à la loi du 5 avr. 1884, les propos diffamatoires et injurieux tenus dans le sein du conseil municipal et inscrits sur le registre des délibérations manquaient du caractère légal de publicité nécessaire à l'existence du délit de diffamation ou d'injure publique; mais qu'ils constituaient la contravention d'injure non publique, prévue par la dernière disposition de l'art. 33 de la loi du 29 juill. 1881 (Civ. rej. 26 oct. 1887, aff. Rolland, D. P. 88. 1. 13.V. aussi infrà, n°s 527 et suiv.).

Cette solution ne présente plus aujourd'hui qu'un intérêt rétrospectif; car les séances des conseils municipaux sont devenues publiques en vertu de la législation municipale de 1884. Cependant elle est encore applicable au cas de formation du conseil en comité secret.

487. Les séances des assemblées législatives sont publiques; mais cette circonstance n'a pas d'intérêt au point de vue de la répression des délits de parole que les membres de ces assemblées pourraient commettre : ces délits sont couverts par l'immunité dite parlementaire, l'art. 41 de la loi du 29 juill. 1881 portant que les discours tenus dans le sein de l'une des deux Chambres ne peuvent donner ouverture à aucune action.

488. Au contraire, la publicité accordée par l'art. 28 de la loi du 20 août 1871 aux séances des conseils généraux et par l'art. 54 de la loi du 10 avr. 1884 aux séances des conseils municipaux transforme ces assemblées en réunions publiques au sens de la loi sur la presse. Les salles où ces conseils délibèrent sont des lieux publics par leur destination. Il en résulte que les discours prononcés dans ces assemblées, s'ils ont un caractère délictueux, réunissent toutes les conditions de publicité voulue pour donner ouverture soit à l'action publique, soit à l'action civile; car les conseillers généraux et municipaux ne bénéficient pas de l'immunité accordée par l'art. 41 de la loi du 29 juill. 1881 aux seuls membres du Sénat et de la Chambre des députés (V. infrà, tit. 4, ch. 1, sect. 3, art. 1). — Cependant le caractère légal de réunion privée appartient encore aujourd'hui aux assemblées du conseil général et du conseil municipal, quand ces assemblées se tiennent en comité secret (V. L. 10 août 1871, art. 28; L. 5 avr. 1884, art. 54).

489. Sont des réunions privées par leur nature et par la loi les séances des conseils d'arrondissement à l'égard desquelles la publicité n'a jamais été admise (Loi du 22 juin 1833, modifiée par la loi du 23 juill. 1870, art. 13 à 19 V. Fabreguettes, t. 1, n° 761; Barbier, t. 1, n° 256 bis, p. 220). — Sur la publicité qui résulte de la communication au public du registre des délibérations, V. infrà, n°s 527 et suiv.

490. Jugé, conformément à ce qui vient d'être exposé : 1° que, sous l'empire de la loi du 5 avr. 1884, la publicité des allégations diffamatoires dirigées contre un habitant, dans le sein du conseil municipal, résulte suffisamment de ce que la séance était ouverte au public et que les allégations diffamatoires ont été reproduites dans le compte rendu affiché à la porte de la mairie (Caen, 5 janv. 1887, aff. Pédanel, D. P. 90. 2. 366); — 2° Que les séances des conseils municipaux étant publiques, à moins de comparaison en comité secret, les imputations diffamatoires consignées dans la délibération d'un conseil municipal ont le caractère de publicité nécessaire pour constituer la diffamation (Montpellier, 2 nov. 1888, aff. Bayl, D. P. 89. 2. 255); — 3° Que l'allégation même, dans une séance publique du conseil municipal, que, « si la commune est obligée de s'imposer extraordinairement, c'est la faute de la justice boiteuse qui l'a condamnée », constitue, lorsqu'il résulte des circonstances qu'elle s'adresse à certains magistrats déterminés, le délit d'injure publique envers le tribunal qui a rendu le jugement et la cour qui l'a confirmé (Limoges, 4 avr. 1889, aff. Magadoux, D. P. 91. 2. 301).

491. M. Fabreguettes (*loc. cit.*) considère comme n'étant pas publique, en vertu de la loi, la réunion des jurés, des défenseurs et d'un plus ou moins grand nombre de témoins à l'audience, lorsque le huis clos a été prononcé. Il cite, à l'appui de son opinion, un arrêt de la cour de cassation du 4 août 1832 (*Rép.* n° 1391); mais cet arrêt ne tranche pas la question. Nous partageons l'avis contraire, exprimé par M. Barbier (t. 1, n° 255, p. 220): « Il nous paraît certain, dit-il, que la salle d'audience cesse, en ce cas, d'être un lieu public; mais il est très douteux, à notre avis, qu'une réunion relativement nombreuse, composée de diverses catégories de personnes étrangères les unes aux autres et appelées à remplir un devoir public, puisse être considérée comme réunion privée ».

M. Fabreguettes (*loc. cit.*) indique encore comme des réunions qui légalement ne sont pas publiques, celle des détenus dans le prétoire disciplinaire d'une maison d'arrêt, et l'assemblée des cours et tribunaux dans la salle des délibérations.

§ 2. — De la publication de la pensée par l'écriture. et par le dessin (*Rép.* n° 534).

492. — I. Des modes de publication de la pensée par l'écriture et par le dessin en général. — Le second mode de communication de la pensée, c'est l'écriture. Les règles de publicité tracées par la loi de 1881, relativement à la parole écrite, sont applicables à tous les genres d'écriture. Les art. 23 et suivants parlent à la fois des écrits et des imprimés et mettent ainsi sur la même ligne, au point de vue de la perpétration des délits de presse, les écrits à la main et ceux qui sont reproduits par un mode quelconque d'impression (V. *suprà*, n°ˢ 432 et suiv.).

493. La communication de la pensée peut avoir lieu non seulement par l'écriture, mais par le dessin qui exprime, non l'idée formulée par la parole, mais l'image conçue par l'esprit. La publicité du dessin est soumise aux mêmes règles que la publicité de l'écriture, relativement aux délits de presse, prévus par l'art. 28 de la loi de 1881, qui peuvent être commis par ce genre de publication. On a dit *suprà*, n°444, que les délits de provocations réprimés par les art. 23, 24 et 25 ne se commettent pas à l'aide du dessin. L'art. 28 est textuellement applicable aux « dessins, gravures, peintures, emblèmes ou images ». Par ces mots, la loi embrasse tous les produits de l'art du dessin ou de l'imagerie, quel que soit le procédé employé et quelle que soit la matière sur laquelle est reproduit le dessin ou l'image. Cet article comprend, sans contestation, les lithographies, photographies etc. (Comp. Crim. cass., 22 avr. 1854, aff. Paulin, D. P. 54. 1. 164).

494. Par *emblème*, on entend généralement une figure symbolique accompagnée d'une légende; mais certains signes symboliques ont par eux-mêmes et sans le secours d'une légende la valeur d'un emblème. Telle la fleur de lis qui est l'emblème de la maison de France, dont elle forme les armes (Crim. cass. 1er févr. 1861, aff. Jules César, D. P. 61. 1. 137). L'expression d'emblème convient non seulement aux figures exécutées sur une surface plane, mais encore à celles qui sont représentées en *relief*. Jugé qu'on peut considérer comme emblèmes des bustes ou statuettes représentant certains personnages (Trib. corr. de la Seine, 4 déc. 1844, *Gazette des tribunaux*, du 5 décembre);... des médailles à l'effigie du duc de Bordeaux (Crim. cass. 2 janv. 1845, aff. De Rohan-Chabot, D. P. 45. 1. 78);... une girouette surmontée d'une fleur de lis (Crim. cass., 20 sept. 1832, *Rép.* n° 583,... des statuettes avec épigraphes (Douai, 12 août 1844, aff. Bion, D. P. 45. 2. 11;... des terres cuites de grand modèle représentant un chien et un loup (symboles de la fidélité et du vol)... avec légendes contenant des allusions blessantes (Trib. corr. d'Hazebrouck, 31 juill. 1847, aff. Théry, D. P. 47. 1. 367. — *Contrà*: Douai, 26 août 1847, même affaire);... des savons portant figurés dans leur pâte des dessins ou figures symboliques (Crim. cass, 22 avr. 1854, aff. Paulin, D. P. 54. 1. 164);... des bijoux fleurdelisés (Crim. cass., 1er févr. 1861, précité). — Cependant, ainsi qu'on l'a dit au *Rép.*, n° 415,

les œuvres de la sculpture ne rentrent pas en général dans les termes employés par la loi de 1819 et par l'art 28 de la loi de 1881. On ne peut les poursuivre comme instruments des délits de publication qu'à la condition de pouvoir les considérer comme des emblèmes et cette condition n'est remplie que si la statue présente effectivement un caractère emblématique. Ce mode de publication de la pensée est resté en dehors des prévisions du législateur (Conf. Barbier, t. 1, n° 257, p. 222).

495. L'art. 23 de la loi de 1881 vise spécialement les placards et affiches, qui ne diffèrent de l'écrit ou imprimé et du dessin que comme l'espèce du genre. Les écrits, imprimés ou dessins de cette nature retiennent le nom de placards ou d'affiches à raison du mode de publication qui leur est le plus habituel: l'exposition aux regards du public. Cependant ils ne sont pas affranchis des règles générales tracées pour tous les écrits sans distinction. Les placards et les affiches peuvent donc servir à la perpétration des délits de presse, non seulement quand ils sont exposés aux regards du public, mais aussi dans les autres cas de publicité prévus par la loi de 1881, qui sont les cas de vente, de mise en vente et de distribution. D'autre part, et à raison de l'assimilation complète qu'il y a lieu de faire entre toutes les reproductions du même genre, nous admettrons que les placards et affiches n'offrant aux regards du public que des dessins ou des images ne peuvent pas servir à la perpétration des délits de provocation définis par les art. 23, 24 et 25, qui ne peuvent être commis que par l'écriture et la parole, non par le dessin (V. *suprà*, n° 444. Conf. Barbier, t. 1, n° 257, p. 222).

496. L'écriture, l'imprimé, le dessin ne sont punissables qu'autant qu'ils sont rendus publics (Conf. Fabreguettes, t. 1, n° 763). Aux termes des art. 23 et 28, ils sont rendus publics quand ils ont été *vendus* ou *distribués*, *mis en vente* ou *exposés dans des lieux* ou *réunions publics*, ou « exposés aux regards du public ». Est-il nécessaire, pour constituer la publicité légale ainsi définie, que les actes de publication énumérés par la loi de 1881 se soient accomplis dans un lieu public ou dans une réunion publique? Cette circonstance est essentielle dans le cas d'exposition. En est-il de même dans les cas de mise en vente? Sous l'empire de la loi de 1819, la doctrine et la jurisprudence décidaient unanimement que la publicité du lieu ou de la réunion n'était exigée que pour le cas d'exposition, qu'elle était inutile au contraire dans les cas de vente, de mise en vente et de distribution, ces faits suffisant par eux-mêmes à constituer la publicité légale, alors même qu'ils sont opérés clandestinement (*Rép.* n° 584; Chassan, t. 1, n° 69; de Grattier. t. 1, p. 124-XI; Parant, p. 150; Crim. cass. 16 août 1833, *Rép.* n° 584; Crim. rej. 17 août 1839, *Rép.* n° 867-1°; Bordeaux, 24 nov. 1852, aff. Maggi. D. P. 52. 5. 440; Crim. rej. 13 janv. 1866, aff. Maurice Joly, D. P. 67. 1. 50; Angers, 26 mai 1873, aff. Brault, D. P. 74. 2. 63).

En présence d'une affirmation aussi constante, aussi répétée, s'il eût voulu s'écarter des anciens errements, le législateur de 1881 s'en serait expliqué en termes exprès: son silence est la confirmation de l'interprétation qu'avait reçue la loi de 1819. Il est vrai que l'on peut signaler une différence entre le texte de l'art. 23 et celui de la disposition correspondante (art. 1) de la loi de 1819. Il y avait, dans ce dernier texte, une virgule entre les mots *mis en vente* et *ou exposés*; elle a disparu dans la rédaction de la loi du 29 juill. 1881. Mais on s'accorde à considérer cette différence comme insignifiante. D'ailleurs, la rédaction de l'art. 49 suffirait pour trancher la question : cet article, en autorisant la saisie des « exemplaires mis en vente, distribués ou exposés au regard du public », indique très nettement que la mise en vente et la *distribution* constituent par elles-mêmes, et indépendamment de toute circonstance, la publicité exigée par la loi. Jugé, en ce sens: 1° que la publicité n'est pas un élément essentiel de la distribution d'écrits diffamatoires (Crim. rej. 20 janv. 1883, aff. Alype et Meurs, D. P. 84. 1. 137); — 2° Que la vente et la distribution d'écrits ou imprimés contenant des imputations diffamatoires constituent à elles seules la publication sans autre circonstance, et notamment sans celle de la publicité du lieu ou de la réunion (Crim. rej. 24 mai 1884, aff. Pomlieu ou de la réunion (Crim. rej. 24 mai 1884, aff. Pomlieu, D. P. 86. 1. 143. Conf. Barbier, t. 1, n° 258; Fabreguettes, t. 1, n° 765. V. toutefois *infrà*, n°s 662 et suiv., la disposition de la loi du 2 août 1882 sur la publicité en matière d'outrage aux bonnes mœurs).

497. — II. De la vente — La vente dont s'occupent les lois de la presse, et notamment l'art. 23 de la loi de 1881, est celle qui constitue un fait de publication. Il est évident que la vente faite par l'auteur ou par un cessionnaire des droits de l'auteur d'un *manuscrit* ou d'un *dessin original* n'est pas un acte de publication, alors même que l'œuvre ainsi vendue est destinée à être reproduite et publiée ; c'est qu'une telle vente est bien un préliminaire de la publication, mais non pas la publication, ni même le premier fait de publication (Conf. Chassan, t. 1, n° 96 ; de Grattier, t. 1, p. 126, XII ; Barbier, t. 1, n° 259, p. 223 ; Fabreguettes, t. 1, n° 766, p. 282). De même, la publicité prévue par la loi de 1881 ne serait pas caractérisée par la vente qu'un particulier, par exemple un bibliophile, ferait d'ouvrages de sa bibliothèque ; le vendeur ne fait pas, en pareil cas, acte de publicateur (Barbier, *loc. cit.*).

498. La vente à titre commercial, c'est-à-dire la livraison moyennant un prix, de plusieurs exemplaires ou même d'un seul exemplaire, d'un écrit ou d'un imprimé, est un fait de publication et suffit dès lors pour motiver l'application des dispositions pénales, si l'ouvrage est délictueux (Conf. Chassan, t. 1, n° 76 ; de Grattier, t. 1, p. 125 ; Grellet-Dumazeau, t. 1, n° 199 ; Crim. rej. 19 janv. 1866, aff. Maurice Joly, D. P. 67. 1. 505 ; Barbier, *loc. cit.* ; Fabreguettes, *loc. cit.*). Cette solution est expressément consacrée par la législation anglaise en vertu de laquelle la vente d'un seul livre dans la boutique d'un libraire suffit pour rendre celui-ci responsable de la publication (V. Christ. sur Blackst, liv. 4, ch. 2, n° 14).

499. Tous les écrits étant placés sur la même ligne que les imprimés, il n'est pas douteux que la vente d'un manuscrit fait en plusieurs copies constituerait une publication : c'est la vente de l'œuvre, la vente de la propriété littéraire du manuscrit qui ne peut pas être considérée comme une publication (Grellet-Dumazeau, t. 1, n° 200 ; Fabreguettes, t. 1, n° 767).

500. La distribution d'un journal à ses abonnés est considérée par M. Grellet-Dumazeau (t. 1, n° 208) comme une vente et par M. Fabreguettes (t. 1, n° 768) tout à la fois comme une vente et comme une distribution. Dans l'une et dans l'autre opinion, c'est un acte de publicité.

501. La preuve de la vente d'un ouvrage délictueux peut-elle résulter de la mention de cette vente par un libraire ? V. dans le sens de l'affirmative, *Rép.* n° 965.

502. — III. De la mise en vente. — La publication est réalisée par le seul fait de la mise en vente, sans qu'il y ait eu vente consommée. De même que pour la vente, la mise en vente d'un seul exemplaire est constitutive de la publicité quand il s'agit d'un manuscrit reproduit à différents exemplaires ou d'une œuvre reproduite par un procédé quelconque d'impression (Barbier, t. 1, n° 260, p. 223 ; Crim. cass. 15 sept. 1837, *Rép.* n° 179).

503. La loi ne définit pas la mise en vente. « C'est, dit Barbier (*loc. cit.*), une tentative de vente à l'aide d'une offre ou d'une annonce de l'ouvrage ». Elle est, en général, opérée par le seul fait du dépôt des exemplaires de l'écrit, de l'imprimé, du dessin, par l'auteur, l'imprimeur, l'éditeur ou leurs représentants chez les libraires, les marchands de journaux ou dans les kiosques (Fabreguettes, t. 1, n° 804). Elle est caractérisée par le seul fait qu'un ouvrage est annoncé comme étant mis en vente. Ainsi la preuve de la mise en vente résultera suffisamment de la reproduction d'affiches ou de prospectus, ou bien encore de témoignages affirmant que l'ouvrage a été annoncé ou offert en vente ; — ... Ou de ce fait qu'un colporteur ou distributeur sur la voie publique aurait été trouvé porteur d'un ou de plusieurs exemplaires de l'écrit, de l'imprimé ou du dessin délictueux (Comp. de Grattier, t. 1, p. 126 ; Barbier, *loc. cit.*; Fabreguettes, t. 1, n° 805, *Rép.* n° 970).

504. L'envoi d'une caisse de livres à un libraire constitue-t-il par lui-même et dans tous les cas un fait de publication, vis-à-vis de l'expéditeur quel qu'il soit ? L'affirmative est enseignée par MM. de Grattier (*loc. cit.*) et Fabreguettes (t. 1, n° 807). Mais nous pensons, avec M. Barbier (*loc. cit.*), que l'envoi dont il s'agit ne constitue

la publicité que s'il peut être considéré, de la part de l'expéditeur, comme un fait de vente ou de mise en vente. Telle sera l'expédition faite par l'*auteur* ou par l'*éditeur* à un libraire ou par le libraire à un autre libraire ; mais l'expédition faite par l'imprimeur à l'éditeur n'est que l'exécution du contrat en vertu duquel l'imprimeur s'est obligé à reproduire l'ouvrage et à en livrer les reproductions à l'éditeur ; elle n'est pour l'imprimeur ni un fait de vente, ni un fait de mise en vente (V. *supra*, n°s 497 et suiv.). La distinction résulte d'un arrêt qui décide que le commissionnaire convaincu d'avoir acheté en France et expédié à l'étranger des photographies obscènes ou dont l'émission dans le public n'a pas été autorisée, est avec raison considéré comme ayant commis en France un fait de mise en vente de ces photographies, passible de l'application des art. 1 et 8 de la loi du 17 mai 1819 et 22 du décret du 17 févr. 1852, mais d'où il résulte implicitement que le commissionnaire qui achèterait soit en France des imprimés obscènes et qui les expédierait à la *maison de commerce étrangère* pour le compte de laquelle il aurait fait cet achat, ne pourrait être recherché comme s'étant rendu personnellement coupable en France d'un fait de vente ou de mise en vente (Crim. cass. 11 août 1864, aff. Kolbé, D. P. 65. 1. 320). En effet, dit Barbier (*loc. cit.*), ce commissionnaire aurait bien acheté en France, mais il n'y aurait ni vendu, ni mis en vente.

505. Il a été jugé qu'il y a mise en vente d'un dessin par cela seul qu'un dessin se trouve dans le magasin d'un marchand de gravures ou d'estampes, alors même qu'il est renfermé dans un portefeuille (Bordeaux, 24 nov. 1852, aff. Maggi, D. P. 52. 5. 440, cité au *Rép.* n° 417-1°). Cette décision ne doit pas être prise dans un sens trop absolu. Sans doute, il est indifférent que l'ouvrage délictueux soit ou non placé dans le magasin, et qu'il s'y trouve ou non à la vue des acheteurs. En effet, la mise en vente n'exige pas d'exposition ni d'étalage. Jugé, en ce sens, que, par exposition et mise en vente de dessins, l'art. 22 du décret du 17 févr. 1852 a entendu deux faits différents, en sorte qu'il suffit d'avoir montré des dessins non autorisés en vue de les vendre, encore qu'on ne les ait pas mis à l'étalage, pour être passible des peines prononcées par cet article (Angers, 27 oct. 1871, aff. François, D. P. 71. 2. 147). Il n'importe donc pas que l'ouvrage délictueux soit déposé dans le magasin ou dans l'arrière-magasin du libraire ; le dépôt, même en ce lieu reculé, peut faire présumer que l'ouvrage y est mis en vente et, à ce point de vue, l'arrêt précité de la cour de Bordeaux est à l'abri de la critique ; mais cette présomption peut être combattue par la preuve contraire et nous pensons, avec M. Barbier (*loc. cit.*), qu'il serait trop absolu de dire que le dépôt dont il s'agit est une mise en vente. Tout dépend des circonstances. C'est ainsi qu'il a été jugé qu'il n'y a pas mise en vente de la part du libraire, par cela seul que des livres ont été trouvés dans son arrière-boutique, si ces livres étaient renfermés dans des caisses *encore clouées* (Amiens, 8 mars 1823, *Rép.* n° 970). Mais, suivant la remarque de M. de Grattier (t. 1, p. 127), « si le libraire était en même temps l'éditeur de l'ouvrage, cette circonstance pourrait établir contre lui une présomption suffisante de mise en vente malgré des exemplaires trouvés dans les caisses encore fermées puisqu'il serait certain que ces caisses étaient par lui destinées à être vendues et que, si elles lui étaient adressées par l'auteur ou par l'imprimeur, il ne pouvait en ignorer le contenu ». — Si les livres ont été trouvés dans des caisses *défaites* dans l'arrière-boutique du libraire, il y a présomption de mise en vente, alors même que le libraire ne serait pas l'éditeur de l'ouvrage ; mais le libraire est recevable à prouver qu'il venait seulement de déballer ces livres et qu'il n'avait pas eu le temps de les examiner (Chassan, t. 1, p. 543 ; de Grattier, t. 1, p. 127 : Barbier, *loc. cit.*; Fabreguettes, t. 1, n° 809 ; Crim. cass. 21 janv. 1854, aff. Carion, D. P. 55. 5. 251).

506. — IV. De la distribution. — C'est le mode de publication qui consiste à répandre, à répartir, à remettre à différentes personnes les exemplaires d'un écrit, d'un imprimé ou d'un dessin (*Rép.* n° 433). Cependant on l'entend aussi de la communication successive à différentes personnes d'un écrit en un seul et même exemplaire, ainsi d'une lettre missive. C'est de la communication matérielle de l'écrit lui-même qu'il s'agit ; la communication *verbale* de son contenu n'est pas un fait de distribution (V. *infrà*, nᵒˢ 515 et suiv. Conf. Barbier, t. 1, nᵒ 261 ; Fabreguettes, t. 1, nᵒˢ 770 et 773).

507. La remise d'un seul exemplaire à une seule personne peut être suffisante pour caractériser la distribution et, d'autre part, la remise même de plusieurs exemplaires à différentes personnes peut ne pas constituer un fait de distribution. Tout dépend des circonstances qui accompagnent la remise : il y a lieu de rechercher avant tout si cette remise a été faite dans l'intention de publier, de répandre l'ouvrage dans le public. Sous cette réserve, nous admettons volontiers que, s'il s'agit d'un ouvrage imprimé, la remise d'un seul exemplaire doit, en principe, être considérée comme un fait de distribution ; car l'impression annonce déjà l'intention de publier. et la remise d'un seul exemplaire est alors la réalisation de ce dessein (Crim. cass. 15 sept. 1837, *Rép.* nᵒ 179 ; Chassan, t. 1, nᵒ 727 ; de Grattier, t. 1, p. 91. — *Contrà*, Grellet-Dumazeau, t. 1, nᵒˢ 202 et suiv.).

Cependant cette solution ne doit pas être absolue. S'il s'agit d'un ouvrage imprimé à un petit nombre d'exemplaires, retiré par l'auteur lui-même de l'imprimerie et distribué par lui personnellement à des parents et à des amis, la remise d'un ou de plusieurs exemplaires effectuée dans ces conditions, n'étant pas faite dans une intention de publicité, ne constitue pas une distribution au sens de la loi de 1881 (Conf. Fabreguettes, t. 1, nᵒ 778 ; Barbier, *loc. cit.*). M. Fabreguettes ajoute même « que les faits postérieurs à cette distribution intime seront sans influence. Un parent ou un ami peu délicat pourra mettre en vente ou vendre l'exemplaire qui lui a été donné, ou le distribuer sans que, pour cela, l'auteur puisse être inquiété. Ce sera seulement le vendeur ou distributeur qui commettra la publication et en sera responsable, si l'œuvre est délictueuse ». Nous adoptons entièrement cette manière de voir. — S'agit-il d'un manuscrit, la remise d'un exemplaire ne doit pas faire présumer l'intention de publier; elle ne constitue la publication que si le manuscrit a été reproduit à plusieurs exemplaires dans le but d'être répandu en dehors du cercle des relations intimes de son auteur (V. Fabreguettes, *loc. cit.*).

508. En vertu de ce principe, que c'est l'intention de publier qui caractérise la publication prévue par les lois de la presse, la jurisprudence a constamment refusé de voir une publication par distribution dans la communication matérielle d'un écrit, d'un imprimé ou d'un dessin, faite à quelques personnes *à titre confidentiel* (Bordeaux, 2 mai 1833, *Rép.* nᵒ 869 ; Crim. rej. 29 nov. 1833, nᵒ 866-1 ; 11 mai 1854, aff. Hubin, D. P. 54. 5. 588 et *Rép.* nᵒ 433). Jugé, dans le même sens : 1ᵒ que l'outrage envers un fonctionnaire public, en raison de ses fonctions, ne saurait être considéré comme ayant le caractère de publicité exigé par l'art. 6 de la loi du 25 mars 1822, par cela qu'il est contenu dans une lettre manuscrite écrite sous la dictée d'un notaire par son clerc et lue par lui à un tiers à titre de confidence; alors surtout qu'il n'est pas établi que c'est dans l'étude du notaire qu'ont eu lieu cette dictée et cette lecture (Crim. rej. 8 mai 1856, aff. Berthélemy, D. P. 56. 1. 272); — 2ᵒ Que l'imputation que renferme un écrit imprimé, dont les termes dégénéreraient en injures, ne peut donner lieu à une condamnation pour diffamation, si le juge déclare en fait que cet écrit n'a reçu aucune publicité (Crim. cass. 1860, art. Légies et Segond, D. P. 60. 5. 291); — 3ᵒ Qu'un outrage envers un fonctionnaire public n'a pas le caractère de la diffamation publique prévue par la loi du 17 mai 1819, dans le cas où il y a eu seulement communication d'un exemplaire d'un écrit injurieux à trois personnes, lecture par le possesseur de l'écrit devant des tiers, même dans un lieu public, et transmission du manuscrit d'une personne à une autre (Pau, 30 nov. 1871, aff. M..., D. P. 94. 2. 89); — 4ᵒ Qu'un écrit n'est pas rendu public par le seul fait de l'impression ; mais qu'il reçoit une publicité suffisante par le fait de sa distribution à diverses personnes, surtout si ce n'est pas une distribution confidentielle qui en a été faite (Crim. rej. 18 nov. 1881, aff. Reynier, *Bull. crim.*, nᵒ 246). — Il importe peu que la communication confidentielle en ait amené d'autres par suite de l'indiscrétion de la personne qui l'avait reçue, si elles ont

été faites également dans le cercle des relations particulières, et sans qu'il y ait eu concert (Bourges, 4 janv. 1854, aff. Roger, D. P. 54. 5. 588 et *Rép.* nᵒ 433; Barbier, *loc. cit.*). Au contraire, quand les circonstances de la distribution révèlent chez son auteur l'intention de publier l'ouvrage, soit que les exemplaires en aient été remis à un grand nombre de personnes, soit que, en petit nombre, ils aient été répandus en dehors du cercle de l'intimité, il n'importe pas alors que la distribution ait été faite ouvertement ou qu'elle ait été clandestine. Sous son apparence faussement confidentielle, elle n'en constitue pas moins la publication (Crim. rej. 17 août 1839, aff. Praboulet; 23 mars 1844, *Rép.* nᵒ 867-2ᵒ). Ces arrêts sont applicables au cas où l'imprimé ou écrit unique serait successivement retiré et remis de façon à être ainsi colporté. Il en doit être décidé de même à plus forte raison, quand il s'agit d'une distribution qui, faite à un assez grand nombre d'exemplaires, est accompagnée de l'intention manifeste de donner à la distribution une nouvelle extension (Crim. rej. 19 janv. 1866, cité *suprà*, nᵒ 498. Conf. Fabreguettes, t. 1, nᵒ 773 et 774; Barbier, *loc. cit.*). D'une façon générale, on ne peut pas considérer comme confidentielle la remise faite à un grand nombre de personnes (Fabreguettes, t. 1, nᵒ 776; de Grattier, t. 1, p. 125). Ces règles sont applicables quel que soit le mode de distribution, en cas d'*envoi* comme en cas de *remise* directe.

509. La distribution n'est délictueuse que si le distributeur avait connaissance du contenu de l'écrit ou de l'imprimé et le distribuait dans le but de le propager. Les faits prévus par les art. 23 et suiv. sont, en effet, des délits intentionnels, non des contraventions. Le juge devra donc apprécier les circonstances de la cause, afin de déterminer le caractère de la distribution et de rechercher si elle a été faite sciemment (Chassan, t. 1, p. 140 ; Fabreguettes, t. 1, nᵒ 777).

510. — V. De l'exposition dans des lieux ou réunions publics. — Des placards ou affiches exposés aux regards du public. — La loi du 29 juill. 1881 prévoit au dernier mode de publication, la publication par *exposition*. Ce mode de publication peut être employé pour tous les écrits, impressions ou dessins. Il convient spécialement aux placards ou affiches, qui ne sont ordinairement publiés que par exposition. C'est le seul motif pour lequel, à notre avis, la loi de 1881 s'est expliquée spécialement à l'égard de ce genre d'écrits. Nous considérons, en effet, comme des expressions équivalentes, le texte de l'art. 23 : « exposés dans des lieux ou réunions publics » et celui de l'art. 28 : « exposés aux regards du public » (Conf. Barbier, t. 1, nᵒ 262. — *Contrà*, Fabreguettes, t. 1, nᵒˢ 811 et 819).

511. Tandis que la vente, la mise en vente et la distribution constituent, par elles-mêmes, une publication suffisante de la pensée rendue par l'écriture ou par le dessin, l'exposition n'est une publication que sous la condition d'avoir été faite dans un lieu public ou dans une réunion publique (V. *suprà*, nᵒˢ 453 et suiv. ce qui a été dit au sujet des lieux et des réunions qu'on doit considérer comme publics). Il y a publicité par exposition : 1ᵒ quand l'écrit ou le dessin est exposé dans un lieu public ; — 2ᵒ Quand il est exposé dans un lieu privé qui devient public par accident ou bien dans un lieu privé où se forme une réunion publique, alors même que ce lieu serait ordinairement inaccessible aux regards du public. Cependant, en ce cas, M. Barbier (*loc. cit.*) fait justement observer qu'il faut tenir compte de l'intention du propriétaire du lieu ; car il ne serait pas responsable d'un fait indépendant de sa volonté, qui aurait eu pour résultat de transformer momentanément en un lieu public un local privé ; — 3ᵒ Quand ils sont exposés dans un lieu privé, mais de telle façon qu'ils puissent être aperçus du public, qu'ils soient placés à sa vue, sous ses regards. M. Fabreguettes (t. 1, nᵒ 820) soutient que ce dernier mode de publicité n'existe que pour les placards ou affiches. Nous ne croyons pas qu'il y ait à établir de distinction entre les placards et les affiches et tous autres écrits imprimés ou dessins (Conf. Barbier, *loc. cit.*).

512. Il n'est pas nécessaire, pour constituer la publicité, que l'écrit soit dans un lieu public, soit dans un lieu privé, ait été réellement aperçu du public, sauf la preuve à fournir de l'existence du délit (Parant, p. 71 ; Fabreguettes, t. 1, nᵒ 811). Jugé que, s'il est vrai qu'on ne puisse regarder comme publique l'exposition de signes séditieux, faite par un individu dans l'intérieur de sa maison d'habitation, on ne peut refuser ce caractère à l'exposition de pareils signes sur le toit de cette maison, dans un lieu apparent et exposé aux regards du public; et l'arrêt qui déclare qu'il n'y a pas eu publicité ne saurait être maintenu, sous le prétexte qu'il ne se serait livré qu'à une appréciation de fait qui échapperait à la censure de la cour de cassation (Crim. cass. 20 sept. 1832, *Rép.* n° 583). « Le terme *exposition* dit M. Fabreguettes (t. 1, n° 812) est très compréhensif. Il s'applique à l'écrit ou imprimé étalé ou laissé sur une table, dans un café, dans un cabinet de lecture, etc. Il comprend l'étalage, l'apposition le long du mur, sur la voie publique, à la porte d'un magasin. Ainsi la publicité par exposition est caractérisée par une affiche collée au vitrage intérieur d'une boutique et exposée, dans ces conditions, aux regards du public (Crim. rej. 17 nov. 1883, aff. Clauzel, *Bull. crim.* n° 260. Conf. Barbier, *loc. cit.* ; Fabreguettes, *loc. cit.*). Jugé dans le même sens que le fait, par un photographe, d'avoir exposé dans une vitrine une image photographique refusée pour défaut de ressemblance, après l'avoir modifiée de manière à rendre ridicule ou méprisable la personne représentée, constitue, à l'égard de celle-ci, une injure publique, passible de dommages-intérêts (Trib. de paix de Marly-le-Roi, 16 févr. 1870, aff. T..., D. P. 70. 3. 104).

513. On a dit *supra*, n° 463, que la loge d'un concierge n'est pas un lieu public. Il a, par suite, été jugé que la publicité de la diffamation ne résulte pas du séjour d'une carte postale dans cette loge, y fût-elle exposée sur une table, à la vue des personnes qui vont et viennent successivement en ce lieu, à moins toutefois qu'il ne se forme dans la loge une réunion de personnes (Crim. cass. 4 mai 1883, aff. de la Rouveraye, D. P. 83. 1. 482).

514. Il ne faut pas confondre l'exposition d'un écrit avec le dépôt de cet écrit. Le dépôt effectué même dans un lieu public ne constitue pas la publicité si l'écrit n'a pas été mis en évidence. Et il a été jugé que l'écrit diffamatoire déposé sous la voie publique, mais placé sous une enveloppe qui le dérobe aux regards, et dont un passant ne peut prendre connaissance que par un acte personnel de sa part et étranger à l'auteur de l'écrit, ne peut être considéré comme exposé dans un lieu public; que, dans ces circonstances, l'élément de publicité constitutif du délit de diffamation fait défaut (Nancy, 18 févr. 1886, aff. Deschanet, D. P. 86. 2. 275). « La loi, dit Fabreguettes (t. 1, n° 813), n'admet la publicité qu'autant qu'il y a eu exposition ou affichage. Cette disposition est sage et juste. C'est pour le communiquer, le montrer au public, l'impressionner dans tel ou tel sens, qu'il a été exposé à ses regards. Il peut y avoir là un danger, mais ce danger n'existe plus quand l'écrit a été classé dans les archives d'un greffe qui sont publiques uniquement parce qu'elles font partie d'un dépôt placé

sous la garde de l'autorité publique et renfermant des actes émanés de cette autorité, mais qui ne sont pas exposés aux regards des personnes qui pénètrent dans le greffe » (Conf. Barbier, t. 1, n° 262. V. *infrà*, n°ˢ 532 et suiv.).

§ 3. — Publicités diverses.

515. — I. Des lettres missives. — En principe, la lettre missive ayant un caractère confidentiel et circulant close ou renfermée dans une enveloppe, la remise directe ou l'envoi qui en est fait par la poste à son destinataire ne constitue pas un fait de publicité (Dijon, 7 mars 1877 (1), Chassan, t. 1, n° 419 et suiv.; Grellet-Dumazeau, t. 1, n° 207 ; Barbier, t. 1, n° 263 ; Fabreguettes, t. 1, n° 788). Mais la publicité résultera de la communication que le mandataire fera de cette lettre missive à diverses personnes, ou de la publication qu'il en fera par tout autre moyen. En ce cas, le tiers lésé par les imputations délictueuses que la lettre missive contiendrait à son égard pourra poursuivre la réparation du préjudice causé contre le destinataire, auteur de la publicité, et aussi contre l'auteur de la lettre, à moins que la publication n'ait été faite contre la volonté de ce dernier (Amiens, 22 févr. 1839 ; *Rép.* v° *Lettre missive*, n° 710; Chassan, t. 1, n° 77 *in fine*). — D'autre part, on doit considérer qu'une lettre missive adressée en plusieurs exemplaires à diverses personnes, dans un but de publicité, est suffisamment rendue publique par le fait de cet envoi. Jugé en ce sens : 1° que la publicité d'imputations diffamatoires résulte suffisamment de ce qu'elles ont été répandues par la voie de lettres missives qu'il était recommandé aux destinataires de communiquer le plus possible (Crim. rej. 29 juill. 1858, aff. Mouret, D. P. 58. 5. 284) ; — 2° Que l'imputation diffamatoire contenue dans une lettre circulaire, dont les différents exemplaires ont été distribués par la poste, reçoit, par le fait de cette distribution, la publicité définie par l'art. 1 de la loi du 17 mai 1819 (Crim. rej. 7 mai 1880, aff. Milon, *Bull. crim.* n° 92. Conf. Liège, 24 mai 1823, *Rép.* n° 867 ; Chassan, t. 1, p. 40, n° 525 ; de Grattier, t. 1, n° 125 ; Barbier, *loc. cit.* ; Fabreguettes, t. 1, n° 789).

516. Si les imputations délictueuses contenues dans une lettre missive sont dirigées contre la personne même du destinataire et que celui-ci rende ces imputations publiques, soit en communiquant, soit en exposant la lettre, il ne pourra pas faire peser la responsabilité de la publication sur l'auteur de la lettre. Jugé, en vertu de ce principe, qu'un outrage adressée à un fonctionnaire n'est public dans les sens de l'art. 6 de la loi du 25 mars 1882 que lorsque la publicité a eu lieu par le fait du prévenu, et non lorsqu'elle provient de la personne offensée elle-même, en ce que, par exemple, cette personne (un juge de paix) a donné lecture à l'audience qu'elle tenait, de la lettre qui renferme l'ou-

(1) (Seguin C. Bertin.) — La cour ; — En ce qui touche les injures contenues dans les lettres closes : — Considérant que le tribunal en a connu comme juridiction du premier et du second degré tout à la fois; qu'il a statué en dernier ressort et que l'appel sur ce chef n'est pas recevable ; — En ce qui touche la correspondance par télégrammes et cartes postales : — Considérant que, si elle contient l'imputation de certains faits de nature à porter atteinte à l'honneur, à la considération et au crédit de Seguin, elle ne constitue point un des moyens de publicité énoncés dans l'art. 1 de la loi du 17 mai 1819, qui, aux termes de l'art. 14 de la même loi, sont un élément essentiel du délit de diffamation ; — En ce qui touche les propos rapportés par le témoin Chesneau : — Considérant qu'ils ne paraissent point avoir été proférés dans des lieux ou réunions publics comme le veulent les articles précités; que leur répétition à un certain nombre de personnes en particulier, leur divulgation subséquente par ces personnes, ne sauraient remplacer les conditions de publicité nécessaires au moment de leur émission par le prévenu pour constituer le délit de diffamation ; — En ce qui touche les lettres écrites à l'huissier Richard : — Considérant qu'elles ne sont pas plus que celles adressées à Seguin un moyen de publicité dans le sens légal ; — Qu'ainsi le tribunal a vu à tort, dans les faits de la cause, le délit de diffamation ;
Mais attendu qu'en annonçant aux témoins Chesneau, Maupin et autres, que Seguin était un homme ruiné, lui devant 40 000 fr.,

qu'il allait le faire déclarer en faillite, que toute la côte en retentirait, Bertin a révélé l'intention de répandre à Gevrey et lieux voisins, sur le compte de Seguin, une nouvelle préjudiciable qu'il savait fausse, connaissant la solvabilité de son patron, ne pouvant, d'ailleurs, se prétendre son créancier de 40 000 fr. ; — Attendu que, pour atteindre ce but, il écrivit à l'huissier Richard, de Gevrey, notamment le 15 déc. 1876, que Seguin lui devait beaucoup; qu'il voulait le poursuivre de suite pour 40 000 fr. et les frais en sus; qu'à cet effet il le chargeait d'étudier à fond sa situation hypothécaire et commerciale, lui recommandant expressément d'aller pour cela dans tous les endroits; — Que, conformément à ces instructions, Richard a communiqué les lettres à Pétrot qui les a lui-même communiquées à Gardey; qu'enfin le contenu en a été ainsi successivement divulgué, et est devenu public ; — Attendu que la propagation d'une fausse nouvelle ainsi obtenue, même en dehors des moyens annoncés par l'art. 1 de la loi du 17 mai 1819, constitue le délit prévu et puni par l'art. 15 du décret du 17 févr. 1852; — Par ces motifs, déclare les appels non recevables en ce qui concerne les contraventions d'injures simples jugées en dernier ressort par ledit jugement; — Réformant au contraire en ce qui concerne les faits qualifiés diffamatoires; — Déclare le prévenu coupable du délit de publication de fausse nouvelle faite de mauvaise foi.
Du 7 mars 1877.-C. de Dijon, ch. corr.-MM. Julhiet, pr.-Cardot, av. gén.-Perriquet et Massin, av.

trage (Crim. rej. 8 mai 1856, aff. Berthélemy, D. P. 56. 1. 272 ; Conf. Barbier, *loc. cit.*). Le fait matériel de la distribution ne suffit pas pour établir la culpabilité du simple distributeur ; mais, quand la distribution a été faite du consentement exprès ou tacite des auteurs, éditeurs, imprimeurs, ce fait suffit pour autoriser contre ces derniers l'exercice des actions nées du délit (Chassan, t. 1, p. 45 ; Barbier, *loc. cit.*). Ces principes reçoivent une intéressante application en ce qui concerne les employés de l'administration des Postes. Ceux-ci sont, en ce qui concerne les lettres missives, les agents ordinaires de la distribution et de la publicité qui en résulte ; mais, comme ils ne font en cela que remplir un devoir et s'acquitter d'un service public, ils n'encourent aucune responsabilité (Crim. cass. 17 août 1850, aff. Jacquemart, D. P. 50. 5. 370 ; 8 avr. 1853, aff. Thieffries, D. P. 53. 1. 221). — D'ailleurs, le fait de remettre à l'administration des Postes dans le but de les faire distribuer à leurs destinataires respectifs, les différents exemplaires d'une lettre missive peut être justement considéré comme une participation directe et personnelle à la distribution ; et ce fait est suffisant pour que l'auteur de la lettre soit poursuivi comme agent et comme auteur principal de la distribution (Barbier, *loc. cit.* Conf. Besançon, 13 juill. 1870, aff. X... et Z..., D. P. 76. 5. 348 et Crim. cass. 8 mai 1875, aff. Dugoüre, D. P. 77. 1. 43).

517. — II. Circulaires et bulletins adressés par des agences de renseignements. — Jugé : 1° qu'il y a délit de diffamation de la part des individus qui, placés à la tête d'une agence de renseignements, fournissent à leurs abonnés des notes sur la solvabilité de certaines personnes, lorsque les renseignements contenus dans ces notes peuvent porter atteinte à l'honorabilité ou à la considération de ceux auxquels ils s'appliquent ; qu'en vain pour se soustraire aux peines édictées par la loi du 26 mai 1819, les inculpés invoqueraient, soit le caractère confidentiel des communications par eux faites à leurs abonnés, ce caractère disparaissant dès qu'il est établi que ces communications ont été adressées à des intervalles réguliers à toutes les personnes qui avaient souscrit ou souscriraient en qualité d'abonnés,... soit l'absence de toute intention de nuire, cette intention résultant suffisamment de ce que l'inculpé a pu, avant d'agir, prévoir les conséquences préjudiciables de l'acte auquel il se livrait (Aix, 19 févr. 1869, aff. Lasneau, D. P. 69. 2. 83) ; — 2° Que le tiers qui, intervenant dans les relations d'une exploitation financière avec ses clients, a fait concevoir à ceux-ci des doutes sur la solvabilité de la compagnie, puis les a informés, par une circulaire écrite à la suite d'une demande de mise en faillite émanée de lui, et adressée à plus de six cents d'entre eux, que la compagnie, ne tenant pas ses engagements, se trouvait sous le coup de poursuites judiciaires auxquelles il les invitait à s'associer, est avec raison déclaré coupable de diffamation, alors qu'il n'a agi qu'avec intention de nuire, et que, par cette manœuvre, il a amené la ruine de l'entreprise (Paris, 19 mars 1859, aff. Hugelmann, D. P. 70. 2. 214).

Mais il a été jugé, au contraire, que le gérant d'une agence de renseignements qui, sur des demandes expresses et spéciales, et en exécution du contrat intervenu entre l'agence et ses abonnés, a fourni à ceux-ci des bulletins contenant des renseignements défavorables sur la solvabilité d'un commerçant, ne peut être poursuivi du chef comme coupable du délit de diffamation. Il importe peu que lesdits bulletins soient ensuite parvenus en des mains étrangères, du moment que la publicité qui a pu en résulter n'est point due à l'initiative et au fait personnel du gérant (Trib. civ. Seine, 15 mars 1878 et Paris, 27 avr. 1878, aff. Allemand, D. P. 79. 2. 38).

518. — III. Des correspondances postales ou télégraphiques circulant à découvert. — La loi de finances de 1872 a autorisé l'administration des Postes et des Télégraphes à fabriquer et à mettre en vente, au prix de 10 centimes, des cartes circulant à découvert (V. *suprà*, v° *Postes*, n° 29). Ce mode de correspondance facilitant les relations industrielles et commerciales ; il s'est rapidement généralisé, et, depuis cette époque, chaque année a vu s'accroître le chiffre de cette vente et des revenus qu'elle procure au Trésor. Les cartes-télégrammes rendent des services de même nature. Mais, à côté de ces avantages, est bientôt apparu un

mal qu'on n'avait pas soupçonné : ces cartes, détournées de leur utile emploi par la cupidité, la vengeance ou les passions politiques, ont servi à faire pénétrer sûrement l'injure ou la diffamation, avec l'estampille de l'État, pour ainsi dire jusque dans le foyer domestique. De pareils actes, malgré leur immoralité et leurs conséquences, ne sont cependant frappés par la loi pénale, au moins dans la plupart des cas, que comme de simples contraventions ; à ne consulter que la législation existante, et sauf des circonstances qui ne se rencontrent que rarement, ils ne constituent pas les délits d'injure publique ou de diffamation. D'après cette législation, en effet, la publicité est un élément essentiel de ces deux délits, mais non une publicité quelconque, mais seulement celle qui se produit à l'aide des moyens limitativement énoncés par l'art. 23 de la loi du 29 juill. 1881 (D. P. 81. 4. 65). Pour que le délit existe légalement, s'il s'agit d'un écrit, il faut que cet écrit ait été vendu ou distribué, mis en vente ou exposé dans des lieux ou réunions publics. Or, ni le dépôt dans les bureaux de l'administration des Postes et Télégraphes d'une correspondance injurieuse ou diffamatoire circulant à découvert, ni le passage de cette correspondance par les mains soit d'un concierge, soit de serviteurs, soit de l'entourage du destinataire, à moins d'incidents exceptionnels dont la preuve est toujours difficile, ne rentrent dans les termes de la loi. Dès lors pas de délit, mais une contravention insignifiante, frappée d'une peine de simple police, comme le serait la diffamation ou l'injure contenue dans une lettre fermée, absolument confidentielle ». Tel est l'exposé que présentait M. Mazeau dans son rapport au Sénat sur le projet de la loi du 13 juin 1887 (V. *infrà*, n° 519). En effet, ainsi qu'on l'a dit *suprà*, v° *Lettres missives*, n° 22, la jurisprudence était, fixée en ce sens que. les imputations contenues dans une carte postale adressée directement au domicile du destinataire ne constituaient pas le délit de diffamation publique, mais seulement la contravention d'injure simple ; qu'il importait peu que cette carte eût séjourné dans la loge du concierge de la maison habitée par le destinataire ; qu'il n'en serait autrement que si ladite carte avait été exposée dans un lieu où le public avait le droit de pénétrer et de stationner, ou encore dans une réunion constituée par la présence simultanée de plusieurs personnes dans un même local (V. notamment : Rouen, 24 juill. 1872, aff. Vernier, D. P. 74. 2. 28 ; Trib. corr. Montpellier, 2 févr. 1876, aff. D..., D. P. 78. 3. 7 ; Dijon, 7 mars 1877, aff. Séguin, *suprà*, n° 515 ; Crim. cass. 4 mai 1883, aff. De la Rouveraye, D. P. 83. 1. 482. — V. toutefois : Trib. corr. Seine, 2 juill. 1873, aff. Mathieu, D. P. 74. 3. 79). Or, disait le rapport de M. Mazeau, si cette jurisprudence a « dû paraître un peu rigoureuse ou subtile », elle est « juridiquement irréprochable aux yeux de ceux qui n'oublient pas que, en matière pénale surtout, le respect des définitions légales est, pour tous les intérêts, la meilleure des garanties ». Mais, si cette jurisprudence échappait à la critique, elle révélait une lacune dans notre législation, puisque toute une catégorie d'actes coupables, dont la fréquence augmentait chaque jour, n'était l'objet d'aucune répression efficace.

519. Dans le but d'obvier au mal, la Chambre des députés fut saisie, par MM. Steenackers et Dutailly, d'un projet qui, pour supprimer l'infraction, supprimait l'instrument à l'aide duquel elle se commettait. Ce projet remplaçait la carte postale par la carte fermée dont le prix serait réduit à 10 centimes. L'avis du ministre des postes et télégraphes fut défavorable à cette proposition. Il était à craindre pour le Trésor que la carte fermée à dix centimes ne fît une concurrence sérieuse à la lettre ordinaire frappée d'un timbre de 15 centimes ». Le rapport de M. Mazeau ajoutait « que l'usage des cartes ouvertes est profondément entré dans les habitudes du commerce et de l'industrie, qu'ils en apprécient les avantages et qu'il serait singulier de les en priver sous le prétexte que des malfaiteurs en abusent. Que de choses utiles devraient disparaître si une semblable considération pouvait jamais prévaloir ». Mais antérieurement, à la date du 29 nov. 1884, M. Roque (de Fillol) avait déposé un autre projet de loi, dont l'article unique était ainsi conçu : « Les peines édictées contre les délits de diffamation ou d'injure sont applicables à tout individu qui, au moyen de cartes postales, se sera rendu coupable des mêmes délits ». Ce projet devint la loi du 11 juin 1887 (D. P. 87. 4. 53) concernant la diffamation et l'injure commises par les correspondances postales ou télégraphiques circulant à découvert. — L'art. 1 de cette loi punit d'un emprisonnement de cinq jours à six mois, et d'une amende de 25 à 3000 fr., ou de l'une de ces deux peines seulement quiconque aura expédié, par l'administration des Postes et des Télégraphes, une correspondance à découvert contenant une diffamation, soit envers les particuliers, soit envers les corps, ou les personnes désignées par les art. 26, 30, 31, 36 et 37 de la loi du 29 juill. 1881. Si la correspondance contient une injure, cette expédition sera punie d'un emprisonnement de cinq jours à deux mois et d'une amende de 16 fr. à 300 fr., ou de l'une de ces deux peines seulement.

Ainsi que le fait remarquer le rapport de M. Mazeau, le délit que définit la loi du 13 juin 1887 « est un délit sui generis, ayant des éléments constitutifs qui lui sont propres ». Il faut, au point de vue de la publicité, le distinguer des délits de diffamation et d'injures publiques, prévus et punis par la loi de 1881. C'est dans ce but qu'on abandonna d'abord la rédaction du projet de M. Roque (de Fillol). Puis la commission du Sénat modifia le texte voté par la Chambre des députés qui était ainsi conçu : « Seront considérées comme diffamation et injures publiques, et punies comme telles, la diffamation et l'injure commises à l'aide d'une carte postale, etc. ». « Nous ne croyons pas, dit le rapport de M. Mazeau, que cette assimilation même éloignée soit juridiquement exacte, et nous nous bornerons à dire : Quiconque aura expédié, par l'administration des Postes et des Télégraphes, une correspondance à découvert contenant une diffamation... etc ».

520. Le délit existe « dès qu'avec une intention coupable, la correspondance a été expédiée, c'est-à-dire déposée dans les boîtes ou les bureaux de la poste pour être envoyée à son destinataire ». C'est cette circonstance du dépôt à la poste, de la remise à l'administration des Postes, en vue de la transmission au destinataire, qui caractérise le délit; or cette circonstance, on l'a vu suprà, n'est, à aucun degré, constitutive de la publicité telle que la définit la loi de 1881 ; le législateur de 1887 voulait atteindre non pas la publicité absolue, mais la diffusion dans un milieu intime, dans la famille et dans la domesticité, à laquelle la diffamation ou l'injure étaient destinées par leur auteur, qui se servait pour cela de la carte postale. C'est pourquoi l'expédition est considérée comme une publication suffisante de la pensée coupable. — Toutefois le délit spécial, prévu par la loi de 1887, n'existe que si l'expédition a lieu par l'administration des Postes et des Télégraphes. Il ne faut pas perdre de vue qu'on a voulu surtout prévenir l'abus « des facilités que donne leur institution de l'Etat » (Rapport de M. Mazeau). Expédiées par une autre voie, les correspondances à découvert qui contiendraient des diffamations ou des injures ne seraient punissables qu'en vertu de la loi du 29 juill. 1881 et dans les conditions de publicité définies par cette loi. — Le texte délibéré par la Chambre des députés exigeait, pour qu'il y eût délit, non seulement que la correspondance eût été expédiée, mais encore qu'elle eût été transmise. En retranchant cette dernière expression, la commission sénatoriale disait par l'organe de son rapporteur : « Il est évident toutefois qu'il n'y aura plainte ou demande de poursuites qu'autant que cette correspondance aura été connue de celui qui en était l'objet, soit qu'elle lui ait été directement transmise par la poste, soit qu'elle ait été remise à un tiers qui lui en aura donné connaissance. C'est sans doute ce que la rédaction adoptée par la Chambre avait

voulu dire ; mais elle pouvait prêter à l'équivoque et nous l'avons modifiée ».

Nous considérons comme contraire au texte de la loi de 1887 et aux explications qui précèdent, sinon dans ses solutions du moins dans ses motifs, un arrêt aux termes duquel, en matière de diffamation ou d'injures au moyen de correspondances postales ou télégraphiques circulant à découvert, comme en matière de presse, la poursuite devant les tribunaux correctionnels doit avoir lieu conformément aux règles générales du code d'instruction criminelle; que, par suite, le tribunal du lieu où la carte postale a été adressée, est compétent pour statuer sur cette poursuite, le délit n'étant définitivement réalisé que par la circulation à découvert de la carte postale et par sa remise au destinataire ou sa distribution au lieu où elle est adressée (Dijon, 5 déc. 1888, aff. Pierron, D. P. 90. 2. 280). Cependant il a été jugé, dans le même sens, que la loi du 11 juin 1887, en réprimant l'expédition des correspondances injurieuses et diffamatoires à découvert, n'a point fait attribution exclusive de compétence au tribunal du lieu de l'expédition; qu'elle a entendu se référer au droit commun, c'est-à-dire aux dispositions de l'art 63 c. instr. crim.; que, par suite, le lieu où une carte postale a été adressée et distribuée peut être considéré comme étant essentiellement le lieu du délit (Grenoble, 19 mars 1891) (1).

521. Les peines portées par la loi de 1887 sont applicables à la diffamation et à l'injure commises « par toute correspondance circulant à découvert ». Le texte délibéré par la Chambre des députés visait la diffamation et l'injure commises à l'aide d'une carte postale, d'une carte-télégramme ou de tous autres objets de correspondances circulant à découvert. Ces derniers mots ne paraissent pas avoir une signification très claire. Mais l'énumération des instruments du délit avait pour inconvénient de laisser peut-être en dehors de la disposition pénale des formes de correspondances imprévues. De là l'expression générique définitivement adoptée « toute correspondance circulant à découvert » quelle qu'en soit d'ailleurs la forme, carte postale, carte-télégramme, ou toute autre (Rapport de M. Mazeau).

522. Les auteurs de la loi de 1887 ont donné au juge une grande latitude pour l'application de la peine, parce que « le nombre et la portée des communications aux intermédiaires varieront à l'infini, que les degrés et les suites de ce genre de publicité seront différents selon le lieu, la qualité et le caractère des personnes, qu'enfin cette diversité dans les circonstances du fait amènera naturellement, pour chaque cas, une appréciation particulière de la gravité du délit (Rapport de M. Mazeau).

523. En ce qui concerne les caractères de la diffamation et de l'injure, autres que la publicité, la loi du 13 juin 1887 s'en réfère aux dispositions générales de la loi du 29 juill. 1881 (V. infrà, n° 849 et suiv.; 1032 et suiv). — Relativement à la compétence, V. infrà, tit. 4, ch. 3.

524. — IV. Des journaux et des écrits périodiques. — Ici doit-on suivre les règles générales et décider que les journaux et les écrits périodiques ne seront réputés publiés que si l'on a fait usage de l'un des modes de publication déterminés par l'art. 23? L'opinion qui prévaut est que la publication des journaux et des écrits périodiques résulte suffisamment des dépôts des exemplaires signés en minute que fait le gérant en vertu de l'art. 10 de la loi du 29 juill. 1881 (autrefois en vertu de l'art. 8 de la loi du 18 juill. 1828). En effet, ce dépôt doit avoir lieu au moment de la publication. Toutefois, comme le dépôt n'est, par lui-même, ni une vente, ni une mise en vente, ni une distribution, ni une exposition aux regards du public, on concilie les

(1) (Poite-Thiers.) — La cour: — Attendu que la loi du 11 juin 1887 en réprimant l'expédition des correspondances injurieuses et diffamatoires à découvert n'a nullement fait attribution exclusive de compétence au tribunal du lieu de l'expédition; — Qu'il résulte, au contraire, de son art. 2 qu'en matière de compétence elle a entendu se référer au droit commun, c'est-à-dire aux dispositions de l'art. 63 c. instr. crim. et qu'il importe de décider que le lieu où la carte postale a été adressée ou distribuée est essentiellement le lieu du délit prévu et puni par la loi de 1887 ; — Attendu encore qu'il est de jurisprudence constante que les notaires ne peuvent être consi-

dérés, à raison de leurs fonctions, ni comme fonctionnaires publics ni comme citoyens chargés d'un service public, que dès lors, et à tous les points de vue, c'est avec raison que le tribunal de Grenoble s'est déclaré compétent;

Par ces motifs, la cour, — Rejette comme mal fondé l'appel émis par Poite-Thiers contre le jugement du tribunal de Grenoble en date du 19 févr. 1891, en conséquence, ledit jugement pour sortir son plein et entier effet, etc...

Du 19 mars 1891.-C. de Grenoble, ch. corr.-MM. Monin, pr.-Benedetti, rap.-Saint-Aubin, av. gén.-Burnier (du barreau de Lyon) et Morin, av.

art. 10 et 23, en disant que le dépôt crée seulement une présomption de publication contre le gérant ou le rédacteur du journal. Cette présomption n'est cependant pas absolue (*juris et de jure*) ; mais c'est au gérant ou au journaliste d'en détruire l'effet en rapportant la preuve que la publication a, en fait, été suspendue ou arrêtée, et qu'il n'y a pas eu de vente, de distribution ou d'exposition. Ces règles particulières ont dû être adoptées à cause de la facilité de diffusion des journaux et des écrits périodiques (Chassan, t. 1, p. 38, n° 70 ; de Grattier, t. 1, p. 127-XV ; Fabreguettes, t. 1, n°s 779 et 780). — M. Barbier (t. 1, n° 272) combat cette doctrine par des raisons qui nous paraissent décisives. L'art. 23 de la loi de 1881 ne fait, au point de vue des circonstances qui caractérisent la publicité, aucune distinction entre les journaux et les écrits périodiques et les autres écrits ou imprimés. La preuve de la réalisation de l'une de ces circonstances, de l'emploi effectif de l'un des modes de publication que la loi détermine, est à la charge du ministère public ou de la partie civile, en vertu d'un principe incontesté : *Actori incumbit probatio*. En ce qui concerne les journaux et les écrits périodiques, rien dans l'art. 23 ne permet de déroger à cette règle en dispensant la partie poursuivante de fournir la preuve qu'elle doit rapporter pour la publication de tout autre écrit. Est-ce l'art. 10 de la loi de 1881 qui lui fournit cette preuve au moyen d'une présomption résultant du dépôt ? L'art. 1 exige du gérant, à titre de mesure de police, un double dépôt judiciaire et administratif, *au moment* de la publication ; mais cet article ne dit pas que le dépôt sera considéré comme équivalant à la publication. Il signifie seulement que la publication pourra suivre immédiatement le dépôt sans contrevenir aux mesures de police adoptées par la loi de 1881. C'est aussi « au moment de la publication » que l'imprimeur est tenu de faire le dépôt de tous les imprimés sortant de ses presses. Telle est la disposition de l'art. 3 de la loi de 1881, tandis que l'art. 14 de la loi du 21 oct. 1814 portait « *avant* la publication ». Pourquoi ne dirait-on pas aussi que le dépôt fait par l'imprimeur est une présomption de publication que le gérant ou le rédacteur devront faire tomber au moyen d'une preuve contraire ? Cependant personne ne soutiendrait une pareille doctrine.

525. La remise de ballots de journaux soit dans les bureaux de la poste, soit dans les bureaux d'une compagnie de chemins de fer, à l'adresse d'un ou de plusieurs correspondants ou abonnés est-elle constitutive, par elle-même et encore que les journaux ne soient pas parvenus à leurs destinataires, de la publicité prévue par l'art. 23 ? On cite en faveur de l'affirmative (Chassan, t. 1, p. 38, note 4) un débat soulevé par *la Gazette de France*, dont un numéro avait été arrêté à la poste. Après une condamnation prononcée par la cour d'assises, le pourvoi du journal fut rejeté par le motif que la déclaration du jury constatait suffisamment le fait de la publication (Crim. rej. 30 avr. 1842, *Gazette des trib.* 1er mai 1842. V. aussi *ibid.* 19 févr. 1842). Mais suivant M. Barbier (*loc. cit.*), l'argument tiré de cet arrêt n'est pas décisif. La remise à la poste ou au chemin de fer autorise, sans aucun doute, l'application au gérant de l'amende prononcée par l'art. 10, parce que cet article ne définit pas la publication, n'énumère pas les faits de publication punissables s'ils ont précédé le dépôt. C'est ainsi qu'il a été jugé que la remise de numéros d'un journal à un entrepreneur de transports constitue une publication de ce journal dans le sens de l'art. 8 de la loi du 18 juill. 1828 et, par suite, contrevient aux dispositions de cet article, si elle a eu lieu avant le dépôt au parquet qui doit précéder la publication (Crim. rej. 29 janv. 1851, aff. Larcher, D. P. 51. 5. 429. V. *suprà*, n°s 99 et suiv.). Quand il s'agit, au contraire, d'appliquer les art. 23 et suiv. « il est plus difficile d'admettre, dit M. Barbier, que le même fait suffise à *lui seul* pour constituer la publication du journal dans le sens de l'art. 23 ; car il est très contestable qu'on puisse voir un fait réel de distribution ou de mise en vente dans cette circonstance que les exemplaires du journal ont été envoyés à la poste, s'il est d'ailleurs établi que leur départ a été arrêté ». M. Fabreguettes (t. 1, n° 783) pense, au contraire, que la remise à la poste ou à une compagnie de chemins de fer d'un seul ballot contenant un certain nombre d'exemplaires d'un journal ou d'un écrit périodique adressé par le gérant ou l'éditeur à une seule personne, son mandataire ou représentant, constitue la distribution ou la mise en vente la plus caractérisée. Vainement dira-t-on que la publicité réelle ne commencera qu'au moyen de la distribution opérée par le destinataire; « il faudrait en effet, dit cet auteur, regarder celui-ci (le destinataire) comme ne faisant avec l'expéditeur qui l'a préposé qu'une seule et même personne, la loi serait éludée avec une facilité singulière. Il suffirait, à l'auteur d'un dessin ou d'un écrit, de multiplier le nombre de ses représentants et de répandre ainsi des milliers d'exemplaires, sans qu'on pût considérer qu'il y a publication par le seul fait de la remise à la poste ou à la gare, et il importe peu que l'envoi ait été saisi à la gare, avant que la compagnie du chemin de fer ait fait l'expédition ». L'opinion de M. Fabreguettes nous paraît devoir être adoptée sur ce point. Comp. Aubry et Rau, t. 8, p. 289 et suiv., § 760 *ter*.

526. La publication doit être présumée faite quand les facteurs, chargés de la distribution ou de la vente d'un journal, sont sortis des bureaux de l'imprimerie ou du journal, nantis des exemplaires du numéro à vendre ou à distribuer. Mais le gérant ou l'éditeur conserve le droit de faire la preuve contraire en établissant que ces facteurs ont été rappelés avant tout acte de distribution ou de vente (Fabreguettes, t. 1, n° 782). Il a été jugé que la publication commise dans un journal, imprimé et publié à l'*étranger en langue étrangère*, peut être considérée comme ayant eu lieu en France, et est, en conséquence, justiciable des tribunaux français, lorsque le numéro où se trouvait inséré l'article diffamatoire, a été adressé en France et y a été même, par la voie de la poste, distribué dans divers établissements publics où se réunissaient des compatriotes du particulier diffamé, le fait d'une telle distribution constituant en *France une publicité suffisante* pour que le délit soit susceptible d'y être poursuivi (Paris, 25 janv. 1867, aff. Biernawski, D. P. 68. 2. 96).

527. — V. Délibérations des conseils municipaux, des conseils généraux et des conseils d'arrondissement consignées au registre des délibérations. — On a dit *suprà*, n° 514, qu'un écrit n'est pas rendu public par le fait de son dépôt dans un lieu public; qu'il faut, en outre, qu'il y soit exposé aux regards du public. L'application de ce principe n'est pas sans difficulté en ce qui concerne le texte des délibérations des conseils municipaux. La loi du 5 avr. 1884, sur l'organisation municipale, reproduisant les dispositions analogues des lois antérieures, exige que les délibérations des conseils municipaux soient inscrites par ordre de date sur un registre côté et parafé par le préfet ou par le sous-préfet. Elles sont signées par tous les membres présents à la séance, ou mention est faite de la cause qui les a empêchés de signer. Tout habitant ou contribuable a le droit de demander communication sans déplacement et de prendre copie totale ou partielle des procès-verbaux des délibérations. Ce registre, déposé aux archives de la mairie et communicable à tous les habitants ou contribuables qui tous ont le droit de copier les délibérations, ne doit-il pas être tenu pour exposé dans un lieu public ? Dès lors, les délibérations qui contiendraient des énonciations délictueuses, notamment des diffamations ou des injures, ne pourraient-elles pas donner ouverture soit à l'action répressive du ministère public, soit à l'action de la partie civile en réparation du dommage causé ?

La question a été fréquemment débattue sous l'empire des lois antérieures à celle du 5 avr. 1884, qui n'admettaient pas, comme celle-ci, la publicité des séances du conseil municipal (V. *suprà*, n° 486), en sorte que l'individu diffamé ou injurié au cours d'une séance ne pouvait introduire aucune demande en dommages-intérêts, s'il n'était pas recevable à motiver sa demande sur le procès-verbal de la délibération, relatant la diffamation ou l'injure. L'Administration avait écarté d'abord la solution affirmative en élevant une question préalable de compétence. Le conseil d'État décidait d'après la loi des 60 de la loi des 14-22 déc. 1789, le citoyen qui se croit personnellement lésé par un acte quelconque d'un *corps municipal* ne peut qu'exposer ses motifs de plainte à *l'autorité administrative supé-*

rieure, laquelle y fait droit, s'il y a lieu, après vérification des faits ; que, dès lors, c'est à cette autorité qu'il appartient de connaître de l'*action en diffamation* intentée par un particulier contre les signataires d'une délibération du conseil municipal, en raison des imputations outrageantes pour lui que contiendrait cette délibération ; que telle doit être, d'ailleurs, la conséquence du principe de la séparation des pouvoirs administratif et judiciaire (Cons. d'État, 17 août 1866, aff. Benoît d'Azy, D. P. 67. 3. 59); et qu'il n'y a pas lieu de distinguer, à cet égard, entre la diffamation écrite, qui résulterait de la délibération elle-même, et la diffamation simplement verbale qui résulterait de propos tenus dans le cours de la discussion (Bourges, 25 mai 1866, aff. Benoist d'Azy, D. P. 66. 2. 103; Poitiers, 31 janv. 1873, aff. Laprade, D. P. 75. 2. 77. Conf. les arrêts cités au *Rép.* n° 1169 et les arrêts cités *infrà*, n° 528. — *Contrà*, Aix, 8 août 1878, aff. Ville de Marseille, D. P. 79. 2. 161). La juridiction administrative elle-même a fini par reconnaître que l'art. 60 de la loi des 14-22 déc. 1789, donnant à tout citoyen qui se croit personnellement lésé par un acte quelconque d'un corps municipal le droit d'exposer ses motifs de plainte à l'autorité municipale, laquelle y fait droit, s'il y a lieu, n'a pas entendu interdire toute autre action en raison de ces actes; que dès lors, l'autorité judiciaire peut être saisie d'une action en diffamation contre les signataires d'une délibération d'un conseil municipal, en raison des imputations outrageantes pour un citoyen que renfermerait ladite délibération (Com. f. f. Cons. d'Ét. 7 mai 1874, aff. Taxil, D. P. 72. 3. 17). C'est en ce sens que s'est prononcé le tribunal des conflits (Trib. confl. 28 déc. 1878, aff. Mollis, D. P. 79. 3. 56; 13 déc. 1879, aff. Anduze, D. P. 80. 3. 102, cités *suprà*, v° *Compétence administrative*, n° 80). Jugé, dans le même sens : 1° que l'autorité judiciaire est compétente pour connaître d'une action en diffamation intentée par un particulier contre un maire pour avoir lu au conseil municipal un document contenant l'allégation de faits de nature à porter atteinte à la considération du demandeur, pour avoir laissé insérer ce document dans le procès-verbal et pour avoir communiqué ce procès-verbal, aux gérants des journaux qui l'ont publié (Trib. confl. 22 mars 1884, aff. Bisauld, D. P. 84. 3. 118); — 2° Que l'autorité judiciaire n'est pas compétente pour connaître d'une demande en dommages-intérêts formée par un architecte contre la commune en raison du préjudice que lui avaient causé des imputations diffamatoires insérées dans les délibérations du conseil municipal; que, par suite, le conseil de préfecture, saisi d'une pareille demande à l'occasion d'un litige relatif à des travaux dirigés par cet architecte, doit se déclarer incompétent (Cons. d'Ét. 28 mars 1890, aff. Commune du Val, D. P. 91. 3. 94). Toutefois un arrêt du conseil d'État du 13 déc. 1889 (aff. Cadot, D. P. 91. 3. 41) a décidé que l'autorité administrative était compétente pour statuer sur le litige résultant du refus du conseil municipal et du maire de faire droit à la demande d'indemnité formée par un ancien employé communal en raison de l'atteinte portée à sa considération professionnelle par les allégations insérées dans une délibération du conseil municipal. D'après le texte même de l'arrêt, cette solution n'est applicable qu'à la demande formée contre la commune elle-même, dont la responsabilité pécuniaire ne peut pas être engagée par les termes diffamatoires de la délibération, sauf à l'intéressé à poursuivre, s'il s'y croit fondé, devant l'autorité judiciaire, les auteurs du propos qu'il considérerait comme diffamatoire.

528. La compétence de l'autorité judiciaire étant reconnue pour statuer sur la demande en indemnité fondée sur les termes d'une délibération du conseil municipal, il reste à résoudre la question de savoir si cette délibération doit être considérée comme rendue publique par son inscription au registre déposé dans les archives de la commune, et si, par conséquent, les expressions délictueuses, notamment les diffamations et les injures contenues dans cette délibération, peuvent donner ouverture, en vertu de la loi sur la presse, soit à l'action publique, soit à l'action de la partie civile devant les tribunaux de répression? Avant la loi du 5 avr. 1884 sur l'organisation municipale, il a été jugé, dans le sens de l'affirmative : 1° que les tribunaux de police correctionnelle sont compétents pour connaître d'un délit de diffamation résultant des énonciations d'une délibération d'un conseil municipal, et imputé à des membres de ce conseil (Bourges, 25 mai 1866, aff. Benoist d'Azy, D. P. 66. 2. 103); — 2° Que le fait de l'insertion au registre des délibérations du conseil municipal d'une délibération contenant des imputations diffamatoires pour un conseiller ou un habitant et prononçant, dans l'espèce, la radiation de la liste des affouagistes, peut être poursuivi par celui-ci devant le tribunal correctionnel comme constitutif d'un délit de diffamation publique (Dijon, 3 juill. 1872, aff. Maria, D. P. 77. 5. 353); — 3° Que le registre des délibérations d'un conseil municipal, déposé aux archives de la mairie où tous les habitants et contribuables peuvent en prendre communication, constitue un écrit exposé dans un lieu public; que, par suite, l'insertion d'imputations diffamatoires dans une délibération du conseil municipal constitue le délit de diffamation publique (Poitiers, 31 janv. 1873, aff. Laprade, D. P. 75. 2. 78; Amiens, 14 janv. 1875, aff. Rabelle, *ibid.* ; Poitiers, 12 févr. 1875, aff. Bureau, D. P. 75. 2. 77; Bastia, 23 déc. 1875, aff. Conseillers municipaux de Calenzana, D. P. 76. 5. 347); — 4° Que l'individu lésé par l'insertion, dans une délibération de conseil municipal, d'imputations diffamatoires ou de censures outrageantes, spécialement le ministre du culte outragé à raison de ses fonctions et de sa qualité, est recevable à poursuivre devant le tribunal correctionnel la répression de la diffamation ou de l'outrage commis à son égard; on prétendrait à tort qu'il ne peut que réclamer de l'autorité administrative supérieure le redressement ou la suppression de la délibération dont il se plaint (Alger, 7 mars 1877, aff. M... et N..., D. P. 77. 2. 86).

Mais la cour de cassation a consacré la solution contraire et décidé que le registre des délibérations d'un conseil municipal déposé aux archives de la mairie ne peut pas, malgré la faculté donnée à tous les habitants et contribuables d'en prendre communication, être considéré comme un écrit exposé dans un lieu public; que, par suite, l'inscription d'une délibération diffamatoire sur ce registre ne constitue pas la publicité caractérisée par la loi de 1819, qui seule peut donner compétence à la cour d'assises et empêche de poursuivre l'action civile séparément de l'action publique (Civ. rej. 19 janv. 1875, aff. Lamm et consorts, D. P. 75. 1. 324; Crim. cass. 25 févr. 1875, aff. Rabelle et Dufresne, D. P. *ibid.*; Crim. rej. 6 août 1875, aff. Grognot, Bissey et Guisin, D. P. 76. 1. 461; Req. 7 juill. 1880, aff. Cancalon et consorts, D. P. 82. 1. 71-72. Conf. Rouen, 22 mars 1851, aff. D..., D. P. 52. 1. 199; Trib. corr. du Puy, 27 nov. 1876, aff. Experton, D. P. 77. 5. 353).

La solution nous paraît devoir être la même sous l'empire de la loi du 5 avr. 1884, et nous ne saurions approuver les arrêts qui décident que, sous l'empire de la loi du 5 avr. 1884, qui a établi la publicité des séances des conseils municipaux, l'insertion d'une délibération diffamatoire dans le registre des délibérations d'un conseil municipal, déposé aux archives de la mairie, constitue la diffamation publique prévue et punie par l'art. 32 de la loi du 29 juill. 1881 (Chambéry, 4 déc. 1884, aff. Conseillers municipaux de Frontenex, D. P. 85. 2. 270; Montpellier, 2 nov. 1888, aff. Bayle, D. P. 89. 2. 255). Rien n'est changé dans les conditions de publicité des délibérations. Consignées sur le registre, elles demeurent dans les archives et sont à la disposition des habitants et des contribuables qui peuvent en prendre copie. Aujourd'hui comme autrefois, elles ne sont pas *exposées* aux regards du public, et il est toujours vrai de dire qu'elles ne sont pas un écrit « opérant lui-même la publication de son contenu » (Req. 7 juill. 1880, précité).

529. Cependant la loi du 5 avr. 1884 assure un recours

plus facile et plus certain contre les membres du conseil municipal aux personnes offensées dans une délibération. Même antérieurement, on a toujours admis, et cette décision s'imposait en vertu de la loi de 1819, que la publicité des délibérations d'un conseil municipal et, par suite, le caractère délictueux des énonciations diffamatoires, injurieuses ou outrageantes qui y sont contenues, peuvent résulter de circonstances soit concomitantes, soit postérieures à cette inscription; qu'il n'y a pas à distinguer entre le cas où la publication de l'écrit diffamatoire ou outrageant a été l'œuvre directe de son auteur et celui où elle a été l'œuvre de tiers, lorsque l'écrit était destiné par son auteur à la publicité; que tel est le cas, notamment, où la délibération du conseil municipal a été communiquée ou lue par le secrétaire de la mairie à plusieurs personnes qui en ont pris copie, et où le registre était exposé sur une table, si c'est en exécution de la volonté des rédacteurs de cette délibération qu'elle a été publiée, et si elle contenait la mention qu'elle devrait être affichée (Crim. 6 août 1875, cité *suprà* n° 528, Conf. Barbier, t. 1, n° 268). Or, la loi du 5 avr. 1884 (art. 54) décide que les séances du conseil municipal seront désormais.publiques; elle décide encore que le compte rendu de ces séances sera affiché par extrait à la porte de la mairie; elle veut enfin que le procès-verbaux des séances des conseils municipaux contiennent les noms des membres qui ont pris part à la discussion et l'analyse de leur opinion (art. 51 et 56) (Req. 27 déc. 1886, aff. Maire et conseillers municipaux de la commune de Vallière, D. P. 87. 1. 312). On conçoit que, dans les cas où des propos délictueux auront été tenus en séance publique et où ces propos seraient répétés dans le procès-verbal de la séance, ce procès-verbal fournira souvent à l'intéressé une preuve à l'appui de sa demande. D'autre part, si des allégations offensantes ont été insérées dans la délibération, et si cette délibération est rendue publique postérieurement à son inscription au registre, soit dans le cas où l'affiche par extrait reproduirait la partie diffamatoire ou injurieuse de la délibération, soit par le fait d'un tiers qui en aurait pris copie, cette publication, postérieure à l'inscription, donnerait ouverture à l'action publique et à l'action de la partie civile devant les tribunaux de répression. Il est évident toutefois que l'action ne pourrait être dirigée que contre ceux des membres du conseil qui ont pris une part directe et personnelle au délit en prononçant ou en s'appropriant, par leurs votes et par l'apposition de leur signature, les allégations diffamatoires ou injurieuses que contient le procès-verbal. Ceux-là seuls sont responsables de la publicité, mais cette responsabilité leur incombe dans tous les cas, alors même qu'ils ne sont pas les auteurs de la publicité, puisqu'ils devaient la prévoir et qu'ils sont réputés l'avoir voulue. — Jugé, en ce sens : 1° que le maire ou le conseiller sur l'initiative duquel le conseil municipal a pris une délibération contre un habitant (prononçant, par exemple, sa radiation de la liste des affouagistes) est à bon droit poursuivi comme responsable de la diffamation contenue dans les motifs de cette délibération, alors qu'il les avait préparés à l'avance, et qu'il en avait fait une œuvre personnelle (Dijon, 3 juill. 1872, aff. Maria, D. P. 77. 5. 352, cité *suprà*, n° 528); — 2° Que le maire, sous la présidence duquel a eu lieu la délibération délictueuse, peut être poursuivi devant le tribunal correctionnel, bien qu'il n'ait été ni l'instigateur ni le rédacteur de la déclaration outrageante et qu'il ait même voulu en faire adoucir les termes, s'il a, en définitive, adopté et voté avec les autres conseillers la rédaction proposée et s'est approprié en apposant sa signature au bas de la délibération; qu'il prétendrait vainement que l'action dirigée contre lui n'est pas recevable parce que le fonctionnaire outragé n'a pas poursuivi en même temps les autres membres du conseil municipal (Nancy, 22 nov. 1875, aff. Humbert, D. P. 78. 2. 28); — 3° Que les membres d'un conseil municipal qui signent le procès-verbal de l'une des séances où sont relatés des propos malveillants tenus sur le compte d'un tiers par plusieurs conseillers dont les noms ne sont pas indiqués, assument la responsabilité de ces propos et sont solidairement responsables du dommage causé au tiers par la publicité donnée à ce document, alors surtout que la discussion où ont été tenus ces propos est suivie d'une déli-

bération prise à l'unanimité (Req. 27 déc. 1886, aff. Maire et conseillers municipaux de la commune de Vallière, D. P. 87. 1. 312, précité. Conf. Barbier, t. 1, n° 268).

530. En ce qui concerne la délibération des conseils généraux et celles des conseils d'arrondissement, la question de publicité, dit M. Barbier, t. 1, n° 268, « se pose et se résout dans les mêmes termes; elle présente même un intérêt particulier en ce qui concerne les conseils d'arrondissement, dont les séances restent toujours privées » (V. *suprà*, n° 528).

531. Il convient d'observer que la délibération inscrite au registre reçoit, par ce fait, une publicité suffisante pour caractériser les délits qui n'exigent pas l'emploi de l'un des modes de publication prévus par l'art. 23 (Crim. rej. 26 avr. 1877, aff. Nicolas et Chany, D. P. 77. 1. 403. V. *infrà*, n° 549).

532. — VI. Actes déposés dans les greffes. — Actes authentiques. — Registres de réclamations. — Les actes déposés dans les archives d'un greffe de cour d'appel, de tribunal, de conseil de préfecture, etc., ne doivent pas être considérés comme *exposés* dans un lieu public; il en est de ces actes comme des délibérations des conseils municipaux. Bien qu'ils soient placés dans un lieu public par destination et qu'ils soient communicables aux intéressés, ils ne sont pas mis en évidence et sous les regards du public. Ce sont, d'ailleurs, des actes encore moins publics par eux-mêmes que les délibérations des conseils municipaux, car il n'appartient pas à tout habitant ou contribuable d'en prendre communication et copie; c'est le greffier qui en donne communication et qui en délivre expédition aux seules parties que ces actes concernent, et encore sous le contrôle du président ou du parquet. La cour de cassation s'était d'abord prononcée en sens contraire au sujet d'une plainte en faux déposée dans un greffe (Crim. cass. 22 août 1828, *Rép.* n° 857-6°. Conf. Chassan, t. 1, p. 423; Parant, p. 87); mais elle a bientôt répudié cette doctrine (Crim. règl. de juges, 22 févr. 1839, *Rép.* n° 869-7°). Cependant elle a jugé que la publicité d'imputations outrageantes et diffamatoires résulte suffisamment de ce qu'elles ont été énoncées dans un acte déposé au greffe, c'est-à-dire en un dépôt public, alors surtout que, signifié aux parties en cause, cet acte est destiné à être l'objet d'une discussion en audience publique (Crim. cass. 20 mai 1865, aff. Blondeau, de Combas, D. P. 65. 1. 406); mais il faut remarquer qu'il s'agissait, dans l'espèce, du délit d'outrage public envers un fonctionnaire, et que l'art. 6 de la loi du 25 mars 1822 ne déterminait pas les éléments de la publicité constitutive de ce délit. Cette décision peut donc être suivie dans tous les cas où la loi de 1881 se contente d'exiger une publicité indéterminée; mais il laisse entière la question de savoir si l'acte déposé dans un greffe est, par ce fait même, rendu public au sens des art. 23 et suiv. de la loi de 1881, c'est-à-dire *exposé* dans un lieu public, circonstance essentielle pour l'application desdits articles. Or, sur ce point, la cour de cassation s'est une seconde fois prononcée de la façon la plus expresse en jugeant que, bien qu'un greffe soit un lieu public par sa nature (V. *suprà*, n° 456) et sa destination, les déclarations diffamatoires ou outrageantes insérées dans un acte déposé aux archives d'un greffe ne doivent pas être considérées comme exposées dans un lieu public et ne présentent pas, dès lors, les caractères du délit de diffamation écrite ou d'outrage public par écrit rentrant dans la compétence du jury (Crim. rej. 20 déc. 1873, aff. Ribaud, D. P. 74. 1. 393. Conf. Barbier, t. 1, n° 267; Fabreguettes, t. 1, n° 814). En effet, porte l'arrêt, le dépôt, consigné dans les archives d'un greffe, est « confié à la garde et à la surveillance d'un dépositaire légalement responsable », et « les actes classés dans les archives d'un greffe ne sont livrés ni aux libres investigations, ni aux regards des personnes qui y pénètrent quand il est ouvert au public; conséquemment, le dépôt d'un acte d'appel dans ces archives ne doit pas être assimilé à l'exposition d'un écrit dans un lieu public, exposition d'où résulterait une présomption légale de publicité ». — Le même arrêt décide que les imputations diffamatoires sur les magistrats insérées dans l'acte d'appel formé au greffe contre leur décision, alors que ledit acte n'a reçu au dehors aucune publicité, mais a été simplement porté par le greffier à la connaissance des magistrats outragés, conformément à l'intention des prévenus, ne constituent pas le délit d'outrage public, réprimé par l'art. 6 de la loi du 25 mars 1822, mais le délit d'outrage par un écrit non rendu public, puni par l'art. 222 c. pén., solution qui n'est pas entièrement contradictoire avec l'arrêt de 1865, ce dernier arrêt relevant, outre la circonstance de dépôt au greffe, celle de la signification aux parties en cause et de discussion en audience publique. Cependant la solution adoptée sur ce point avait été combattue par le rapporteur, M. Dupré-Lasalle (D. P. 74. 1. 395, note 1).

533. Par les raisons qui viennent d'être déduites, un acte authentique n'est pas par lui-même, en raison du caractère d'authenticité dont il est revêtu, un acte rendu public au point de vue de l'application des art. 23 et suiv. de la loi de 1881. Les énonciations délictueuses qui seraient contenues dans un acte authentique ne peuvent pas donner ouverture à l'action publique ou à l'action de la partie civile en vertu des articles précités, si l'acte n'a pas été rendu public par sa vente, sa mise en vente, sa distribution ou son exposition. Il en est ainsi, notamment, des insertions diffamatoires ou injurieuses contenues dans un testament, notarié (Crim. cass. 7 mars 1823, *Rép.* n° 869-6°. Conf. Barbier, t. 1, n° 270; Fabreguettes, t. 1, n° 794). — De même, en ce qui concerne les énonciations délictueuses contenues dans les actes de procédure judiciaire, on devra s'en référer aux dispositions expresses des art. 23 et suiv. de la loi de 1881, pour décider si ces énonciations sont ou non rendues publiques. Ainsi une enquête adressée à un juge-commissaire contre un syndic n'est pas publique, tant qu'elle n'a pas été distribuée, affichée etc. (*Rép.* n° 869; Fabreguettes, t. 1, n° 798). Il en est de même des requêtes d'avoué à avoué (Crim. cass. 27 août 1818, *Rép.* n° 869-9°; Barbier, *loc. cit.*; Fabreguettes, t. 1, n° 798); ... d'un procès-verbal d'enquête dressé par un juge (Chassan, t. 1, n° 370; Fabreguettes, *loc. cit.*); des actes d'huissier. Ces actes ne sont pas publics, alors même qu'ils ont été rédigés dans l'étude de l'huissier, signifiés dans l'étude d'un autre huissier et présentés au bureau d'enregistrement (Conf. de Grattier, t. 1, p. 202; Chassan, t. 2, p. 423; Rousset, p. 106, n° 506; Barbier, *loc. cit.*; Fabreguettes, *loc. cit.*). C'est qui a été jugé relativement aux citations entre particuliers (Crim. régl. de jugs, 22 févr. 1839, *Rép.* n° 869-7°); ... aux procès-verbaux d'offres réelles (Crim. cass. 25 nov. 1859, aff. Mazy, D. P. 59. 1. 513); ... aux exploits ordinaires d'huissier en général (Douai, 8 mai 1883, aff. Lougatte, D. P. 83. 2. 149, et sur pourvoi, Crim. rej. 10 août 1883, D. P. 84. 1. 319); ... aux actes d'appel signifiés aux parties (Crim. cass. 23 nov. 1883, cité par Barbier, t. 1, n° 270. *Contrà*, Nîmes, 14 déc. 1848, aff. B..., D. P. 50. 5. 372).

534. On doit observer, d'ailleurs, que les exploits d'huissier signifiés au cours d'une instance, ou préalablement à une instance, bénéficient de l'immunité que la loi de 1881 concède aux écrits et mémoires qui ne sont produits que devant les tribunaux (V. *infrà*, tit. 4, chap. 1, sect. 4, art. 3). Cependant, sous l'empire de la loi du 25 mars 1822, on considérait qu'un exploit d'huissier, contenant des énonciations outrageantes pour un magistrat, recevait, par le fait de sa signification, soit à ce magistrat, soit à un tiers, une publicité suffisante pour caractériser le délit d'outrage public, prévu par la loi de 1822 sans détermination des circonstances caractéristiques de la publicité (Crim. cass. 30 nov. 1844, aff. Duporzon, D. P. 45. 4. 415; Crim. rej. 5 juin 1845, même affaire, D. P. 45. 1. 348). — Ces arrêts serviront d'indication en ce qui concerne les délits de presse où la publicité reste indéterminée en vertu de la loi de 1881; mais ils n'ont plus d'application possible aux délits de diffa-

mation et d'injure, les art. 31 et 33 de la loi de 1881 exigeant dans tous les cas, pour la perpétration de ces délits, que les imputations diffamatoires ou injurieuses dirigées, soit contre des particuliers, soit contre des fonctionnaires, aient été rendues publiques par l'un des moyens énoncés en l'art. 23. Les imputations diffamatoires ou injurieuses consignées dans un exploit d'huissier à l'adresse d'un magistrat ne pourraient être poursuivies aujourd'hui que sous la qualification d'outrage envers un magistrat commis par un écrit non rendu public (c. pén. art. 222; Douai, 8 mai 1883; Crim. rej. 10 août 1883; Crim. cass. 23 nov. 1883, cités *suprà*, n° 533).

535. Les arrêts des préfets ou des maires qui ont un caractère individuel ne sont pas rendus publics par le fait de leur notification à la personne intéressée, s'ils ne sont portés qu'à la connaissance de cette seule personne. Ils ne reçoivent de publicité que lorsqu'ils sont affichés ou distribués. Les arrêtés qui ont un caractère général sont publiés par la voie de l'insertion au bulletin, de l'affichage, de la proclamation etc. (L. 5 avr. 1884, art. 58; Fabreguettes, t. 1, n° 799).

536. Les registres de réclamations qui, dans les *gares de chemins de fer* (et à Paris dans les bureaux d'omnibus et de la compagnie des Petites-Voitures), sont mis à la disposition des voyageurs pour consigner leurs plaintes, ne sont pas des écrits exposés dans un lieu public au sens de l'art. 23 ; car ces registres ne sont communiqués aux voyageurs que sur leur demande, et personne ne peut prendre copie de ce qu'ils contiennent. Dès lors les expressions blessantes qu'un voyageur aurait consignées sur ce registre à l'adresse d'un employé de la compagnie, ne pourraient. en aucun cas, constituer le délit de diffamation ou celui d'injure publique (Paris, 5 juill. 1884, aff. D'Hubert) (1). Cet arrêt a réformé un jugement contraire du tribunal de la Seine en date du 31 mars 1884.

537. — VII. Bulletins électoraux. — Le bulletin électoral qui contient, en outre de la désignation régulière du candidat, quelques mots écrits, doit être considéré comme un écrit distribué ou exposé dans un lieu public, par le fait de la communication qui en est faite aux électeurs présents au moment du dépouillement. C'est dans ces limites qu'il convient d'approuver un jugement (Trib. Compiègne, 8 mars 1881) cité par M. Fabreguettes (t. 1, n° 800), aux termes duquel « il y a publicité, par l'effet d'une sorte de distribution ou d'exposition aux regards du public lors du dépouillement du scrutin, dans le fait par un électeur de déposer dans l'urne électorale un bulletin contenant quelques mots écrits ». — M. Barbier (t. 1, n° 266) fait observer avec raison que le dépôt des bulletins ne peut pas, en lui-même, constituer une publication, mais qu'on peut y voir une participation directe à la publicité qui résultera de la communication du bulletin lors du dépouillement, et résultat devant être prévu par l'électeur.

D'autre part, il a été jugé qu'il y a diffamation dans le fait, par le maire, président du bureau électoral, de donner, lors du dépouillement du scrutin, lecture à haute voix de bulletins de vote contenant des expressions outrageantes et l'imputation de faits de nature à porter atteinte à l'honneur et à la considération d'un candidat, alors que cette lecture a été manifestement donnée avec l'intention de nuire à ce dernier (Besançon, 2 avr. 1881, aff. Bernays, D. P. 82. 2. 35). La publicité résulte ici, non plus de la communication ou de l'exposition du bulletin, mais de la profération de son contenu dans la salle du vote. Si l'auteur des imputations diffamatoires est connu, il pourra être poursuivi comme complice du publicateur (Barbier, *loc. cit.*).

(1) (D'Hubert C. Véroudart.) — La cour; — Statuant sur l'appel interjeté par d'Hubert, du jugement contre lui rendu, et y faisant droit : — Considérant que l'écrit incriminé n'a pas été rendu public par l'un des moyens exprimés en l'art. 23 de la loi du 29 juill. 1881 ; que, si tout voyageur a le droit de requérir l'ouverture du registre des réclamations, pour y insérer ses propres plaintes, c'est dans ce seul but que le registre est mis à sa disposition, et qu'il ne lui est pas permis de prendre connaissance des autres réclamations qui y ont été déjà consignées par d'autres voyageurs; qu'il n'est pas allégué et encore moins établi en fait que le verso du cinquième feuillet du registre, où se trouve inscrite la plainte du prévenu, ait été accidentellement

exposé aux regards du public à un moment quelconque ; qu'au surplus, le registre dont s'agit est de sa nature un document essentiellement secret, puisqu'on ne saurait admettre qu'institué par la loi elle-même pour recevoir les plaintes des citoyens, portées notamment contre les agents des compagnies de chemins de fer, il devint, entre les mains de ces mêmes agents, la base de poursuites en diffamation contre les réclamants ; qu'ainsi, l'acte du prévenu ne tombe pas sous l'application de la loi du 29 juill. 1881 ; — Par ces motifs ; — Émendant ; — Décharge d'Hubert des condamnations contre lui prononcées.
Du 5 juill. 1884.-C. de Paris, ch. corr.-MM. Faure-Biguet, pr. Pradines, av. gén.-Duquet et Brun, av.

538. — VIII. Des pétitions adressées a l'autorité publique. — Les plaintes adressées à un dépositaire de l'autorité publique ne sont pas des écrits rendus publics en raison de la qualité du destinataire ; mais elles peuvent constituer une dénonciation calomnieuse, si le destinataire est un magistrat de l'ordre administratif ou judiciaire (c. pén. art. 373 ; Crim. rej. 18 juill. 1828, Rép. n° 726), ou le délit d'outrage pourrait la plainte est dirigée contre un fonctionnaire et, par exemple, quand elle est adressée à un ministre contre un de ses subordonnés (c. pén. art. 224 ; Rép. n°s 869-3°, 4° et 5° ; Montpellier, 4 juill. 1843, Gazette des tribunaux, n° 30 ; Chassan, t. 1, n° 527). — Mais la plainte, qui n'est pas publique par le seul fait de l'envoi ou de la remise à un dépositaire de l'autorité, peut être rendue publique par la distribution ou l'exposition d'écrits ou de mémoires reproduisant les imputations contenues dans la plainte. En ce cas, la personne que visait la plainte pourrait relever tout à la fois le délit de dénonciation calomnieuse et celui de diffamation (c. pén. art. 373 ; L. 29 juill. 1881, art. 35 ; Crim. rej. 18 oct. 1821, Rép. n° 870 ; Chassan, t. 1, n° 501 ; de Grattier, t. 1, p. 181 ; Barbier, t. 1, n° 271).

539. Ces règles ne concernent que les plaintes individuelles ou du moins confidentielles, même revêtues de plusieurs signatures. On doit, au contraire, reconnaître le caractère d'un écrit rendu public à la pétition collective qui circule de main en main, qui est colportée, transmise de l'un à l'autre. « Il y a entre les pétitionnaires qui, bien souvent, ne se connaissent pas entre eux, une divulgation forcée » (Fabreguettes, t. 1, n° 796. Conf. Chassan, t. 1, n° 77 ; de Grattier, t. 1, p. 126). Tout dépendra d'ailleurs des circonstances en ce qui concerne la répression, et l'on ne pourra poursuivre les signataires d'une pétition diffamatoire qu'à la charge d'établir leur mauvaise foi. Jugé en ce sens : 1° que le délit d'injure envers un fonctionnaire public est réputé commis par l'un des moyens de publication auxquels se réfère le décret du 22 mars 1848, lorsque ce délit est contenu dans un écrit (une pétition) qui, colporté dans une localité, a été soumis à la signature d'un certain nombre de personnes (art 52) ; qu'on objecterait vainement que la publicité exigée par le décret ne peut résulter que de la vente, de la mise en vente, distribution ou affiche de l'écrit incriminé (Req. 3 avr. 1850, aff. Palegry, D. P. 50. 1. 155) ; — 2° Que l'imputation diffamatoire, contenue dans une demande en radiation d'un citoyen de la liste électorale, est à bon droit considérée comme publique quand le demandeur, au lieu de se borner à remettre sa réclamation au maire, lui a donné, dans une intention malicieuse, de la publicité par communication ou délivrance de copies à des tiers non compétents (Crim. rej. 27 janv. 1866, aff. Danizan, D. P. 66. 1. 237. Conf. Barbier, loc. cit.) ; — 3° Qu'une allégation diffamatoire contre un maire est publique, quand elle est contenue dans une pétition même réputée confidentielle, si ladite pétition, signée de plusieurs personnes, a été adressée au supérieur hiérarchique du maire (le préfet) et était destinée à être communiquée à ce maire pour provoquer ses explications

(Bourges, 1er août 1883, aff. Châtemfort et autres, D. P. 85. 2. 110). Il convient d'observer que cette dernière circonstance est caractéristique du délit d'outrage au maire, et qu'elle est indifférente au point de vue de la diffamation (V. infrà, n° 540). — Toutefois, il a été jugé que les communications successives, à différentes personnes, d'une adresse politique contenant une attaque contre les droits que l'empereur tenait de la constitution, ne constituaient pas la publication de cet écrit, s'il était établi qu'elles avaient été faites dans des lieux non publics, et en vue d'obtenir le plus secrètement possible des adhésions et des signatures (Crim. rej. 11 déc. 1858, aff. De Curzon, D. P. 59. 1. 93).

540. Les pétitions aux Chambres et les protestations en matière électorale sont-elles des écrits rendus publics par le fait de leurs auteurs ? Suivant une première opinion, le pétitionnaire ou le protestataire serait pleinement responsable de la publicité résultant du rapport de la pétition ou de la protestation à la Chambre des députés et de son insertion au Journal officiel. C'est une publicité prévue, par conséquent voulue, par le signataire, puisqu'elle est commandée par le devoir du rapporteur, sénateur ou député. En ce cas, s'il y a diffamation ou tout autre délit de presse, l'auteur de la pétition ou de la protestation doit être puni comme auteur principal de la diffamation, le sénateur ou le député, chargé du rapport, bénéficiant de l'immunité que l'art. 41 de la loi de 1881 accorde aux membres des deux Chambres (Trib. corr. Seine, 7 mars 1817 et 3 janv. 1829, Gazette des tribunaux, 19 sept. 1828 et 4 janv. 1829 ; Nîmes, 23 mars 1877) (1). — Ce système est à bon droit rejeté par M. Barbier (t. 1, n° 274). Il est impossible que le signataire de la pétition ou de la protestation soit considéré comme l'auteur principal d'une publicité qui résulte de la lecture d'un rapport ou d'un discours prononcé à la tribune, puisqu'il n'a aucune part directe à cette publication. Pourrait-on soutenir que le signataire est tout au moins complice, dans les termes de l'art. 60 c. pén., d'une publicité à laquelle il a pris une participation indirecte ? Il est vrai que l'agent de la publication matérielle, un membre de l'une des deux Chambres : il est couvert par l'immunité qui résulte de l'art. 41 ; il remplit un devoir ; il ne commet pas de délit. En l'absence du délit chez l'auteur principal de la publication, comprend-on qu'il y ait un complice responsable ? Sans doute, en droit, le complice ne bénéficie pas des excuses qui font disparaître la culpabilité personnelle de l'auteur principal. Mais il ne s'agit pas ici d'une excuse personnelle au profit de l'auteur principal d'un délit ; par la volonté de la loi, la lecture faite ou le discours prononcé à la tribune ne peuvent être incriminés ; ils sont réputés des actes légitimes du mandat législatif ; l'immunité est accordée, non pas au sénateur ou au député, mais « aux discours tenus dans le sein de l'une des deux Chambres » qui, aux termes de l'art. 41, « ne donnent ouverture à aucune action ». Ainsi, en raison de ce fait du discours ou du rapport à la tribune, aucune action ne peut être intentée : aucune, c'est-à-dire ni contre le sénateur ou le député qui a pris la parole, ni contre le pétitionnaire ou protestataire, son prétendu complice. Jugé, en ce sens, que les allégations diffamatoires

---

(1) (Autard et autres C. André.) — La cour ; — Attendu qu'à l'occasion des opérations législatives du 20 févr. 1876, dans l'arrondissement d'Avignon, les appelants ont fait parvenir à la Chambre des députés et à la commission d'enquête nommée par elle, des attestations signées d'eux et d'autres personnes, certifiant que les femmes Richard, Espier et le sieur Vian avaient déclaré, en leur présence, certains faits relatifs à cette élection ; — Attendu que ces attestations, les signataires n'allèguent ni n'imputent de leur chef aucun fait à M. l'abbé André, mais certifient seulement que les femmes Richard, Espier et le sieur Vian ont dit en leur présence ce qui est relaté dans ces attestations ; — Attendu que ces attestations n'étaient pas fournies par eux qu'au point de vue de la vérification de l'élection ; que, dans ces déclarations, ils se sont évidemment proposés pour objectif la critique de cette élection sans que rien dans la cause établisse qu'en agissant ainsi ils aient eu pour but de diffamer le sieur André ; — Attendu qu'il résulte de toutes les circonstances et des documents de la cause, que les faits recueillis dans ces attestations ont été réellement déclarés par les personnes y indiquées ; que ces mêmes personnes ont confirmé le fond de ces déclarations dans une information qui a eu lieu sur une plainte pour fausses nouvelles et menaces de mort déposée par

le sieur André ; — Attendu que le droit de protestation en matière d'élections serait illusoire si l'indication des faits qui seraient de nature à vicier une élection ne pouvait se produire sans exposer les protestataires à des poursuites en diffamation ; qu'il suffit que ceux-ci soient de bonne foi ; que les faits signalés par eux aient un lien direct et certain avec l'élection ; qu'enfin ces protestations aient en vue l'exercice d'un droit civique et qu'il n'y ait pas eu de leur part intention coupable de diffamer ; — Attendu que, dans ces conditions, les appelants n'ont pas à supporter la responsabilité de la publicité qui devait être la conséquence forcée des révélations qu'ils soumettaient au pouvoir législatif, seul compétent pour les apprécier au point de vue des principes de droit public appliqués à l'élection du 20 févr. 1876 ; qu'on ne leur reproche pas de les avoir publiés autrement, et qu'ainsi tombe, d'autre part, le fait de propagation relevé par les premiers juges ; — Attendu qu'en l'état de ces faits, le délit de diffamation imputé à Autard et consorts n'étant pas établi, il y a lieu de réformer le jugement qui a reconnu le délit constant à leur charge ;

Par ces motifs, infirme.

Du 23 mars 1877.-C. de Nîmes, ch. corr.-MM. Guiraud, pr.-Rousselier, av. gén.-Carcassonne et Gautier, av.

contenues dans une protestation contre une élection législative, adressée au président de la Chambre des députés, ne présentent pas le caractère de publicité intentionnelle et délictueuse qui est un des éléments constitutifs de la diffamation, lorsque la publication n'en a été faite que par le rapporteur de l'élection à la tribune, la publicité étant de l'essence des débats parlementaires comme des débats judiciaires (Bourges, 14 janv. 1879, aff. Champagnac, D. P. 79. 2. 149).

541. Toutefois, si le signataire ne peut pas être déclaré complice d'une diffamation dont la publicité résulterait du discours ou du rapport fait à la tribune, il ne peut pas bénéficier de l'immunité parlementaire accordée autrefois par l'art. 21 de la loi du 17 mai 1819, aujourd'hui par l'art. 41 de la loi du 29 juill. 1881, pour repousser l'action civile en dommages-intérêts fondée sur le préjudice résultant de la pétition elle-même. Jugé en ce sens que l'art. 21 de la loi du 17 mai 1819, aux termes duquel les discours prononcés dans le sein des Chambres et les rapports ou autres pièces imprimés par l'ordre de l'une des Chambres ne donnent lieu à aucun action, est inapplicable aux pétitions ou protestations adressées à la Chambre des députés contre une élection ; que, par suite, le signataire d'un pareil document est responsable, au point de vue de la loi civile, des allégations qui s'y trouvent contenues, lorsqu'il est constaté que, par malveillance ou même par légèreté, il a usé du droit de protestation contrairement à la vérité, de manière à tromper la religion des députés, et à compromettre ainsi la réputation d'autrui (Paris, 13 janv. 1880, aff. Lemaitre, D. P. 81. 2. 189 ; Conf. Bourges, 14 janv. 1879, cité *suprà*, n° 540).

542. On peut même considérer la protestation électorale, et la pétition adressée aux Chambres, comme un écrit rendu public, sans être obligé de tenir compte du rapport écrit ou verbal qui en a été fait à la tribune, et par nous nous adoptons pleinement la pensée de M. Barbier : « N'est-il pas en effet de jurisprudence, dit cet auteur (t. 1, n° 274), que la communication d'un écrit, faite dans un but de publicité à un nombre plus ou moins considérable de personnes, est constitutive de la publication par distribution ? Et n'est-ce point le cas de faire application de cette jurisprudence ? La publicité par distribution ne saurait surtout être douteuse, quand la pétition ou la protestation est collective, quand elle a été colportée, quand elle a été répandue à plusieurs exemplaires, etc., etc. » (Conf. Trib. comm .Vendôme, 10 oct. 1846, aff. Dessaigne, D. P. 46. 3. 165, et sur appel, Orléans, 31 mai 1847, D. P. 47. 2. 161. V. *suprà*, n° 540). — Toutefois, comme le fait observer M. Barbier (*loc. cit.*), on ne pourrait pas motiver la poursuite sur la publicité, cependant prévue par l'auteur de la protestation, qui résulte du compte rendu des débats auxquels cette protestation a donné lieu ; car les comptes rendus fidèles et de bonne foi des séances des Chambres jouissent de la même immunité que les discours tenus dans leur sein : le pétitionnaire ne peut donc être ni l'agent ni le complice de ce nouveau fait de publication qui n'est pas délictueux.

543. Enfin, il est certain que c'est l'abus, non l'usage légitime du droit de pétition, qui seul peut donner ouverture soit à l'action pénale, soit à l'action civile contre le pétitionnaire (Paris, 13 janv. 1880, cité *suprà*, n° 541). Jugé, dans le même sens, qu'une pétition adressée au sous-préfet et dont l'objet principal est d'arguer de nullité les opérations d'une assemblée d'électeurs municipaux, quoique renfermant en elle-même l'exercice d'un droit garanti par la loi à tout électeur auprès de l'autorité appelée à vérifier le résultat de certaines opérations électorales, ne constitue point une des écrits que couvre l'immunité de l'art. 23 de la loi du 17 mai 1819 ; que, par suite, les électeurs signataires d'une pétition ou réclamation de cette nature ne peuvent ne être responsables, au point de vue de la loi civile, suivant qu'ils sont, ou non, restés dans la vérité, ou qu'ils ont agi avec imprudence ou méchanceté (Metz, 19 févr. 1867, aff. d'Attel, D. P. 67. 2. 45).

§ 4. — Preuve de la publicité. — Pouvoir de contrôle de la cour de cassation.

544. Les circonstances qui caractérisent la publicité, c'est-à-dire les faits de profération dans un lieu public ou dans une réunion publique, de vente, de mise en vente, de distribution, d'exposition aux regards du public, se prouvent par tous les moyens de preuve qui sont admis en matière criminelle : par procès-verbaux, par témoins, par lettres saisies chez l'inculpé ou ailleurs (Chassan, t. 1, n° 275 ; Barbier, t. 1, n° 275), spécialement par la mention, faite sur les livres d'un libraire, qu'il a vendu des écrits délictueux (V. *suprà*, n°s 502 et suiv. Conf. Barbier, *loc. cit.* — *Contrà*, Paris, 14 janv. 1830, *Rép.* n° 965).

545. Les pouvoirs des juges du fait à l'effet d'apprécier les circonstances constitutives de la publicité ont été d'abord définis d'une façon très large par la cour de cassation. Elle leur reconnaissait à cet égard un pouvoir souverain, et considérait comme suffisante la mention que les faits n'avaient pas eu lieu publiquement (Crim. rej. 29 mars 1822, *Rép.* n° 871-2°). Il leur appartenait notamment de déclarer quelles circonstances étaient caractéristiques d'un lieu public ou d'une réunion publique (Crim. rej. 27 déc. 1823, *Rép.* n° 871-3°). Les juges étaient seulement tenus, à peine de nullité, de constater que le délit de presse avait reçu la publicité qui est l'un de ses éléments essentiels (Crim. cass. 7 janv. 1826, *Rép.* n° 871-4°), et de relever, dans les énonciations du jugement, les faits desquels il pouvait résulter, au moins implicitement, que les propos imputés au prévenu avaient été tenus ou dans un lieu public ou dans une réunion publique (Crim. cass. 3 janv. 1822, *Rép.* n° 872 ; Crim. rej. 26 janv. 1826, *Rép.* n° 871-6°). Il était encore nécessaire que les deux circonstances de lieu public et de réunion publique fussent toutes deux relevées au moins implicitement ; et les arrêts qui, pour établir la non-publicité du délit, se contentaient de dire qu'il n'avait pas été commis dans un lieu public, sans constater, en outre, qu'il n'avait pas eu lieu dans une réunion publique, encouraient la cassation (Crim. cass. 10 janv. 1824, *Rép.* n° 652).

546. La jurisprudence actuelle de la cour de cassation renferme dans des limites plus étroites les pouvoirs du juge du fait. Il est vrai qu'elle n'exige pas, et en ce point elle est conforme à la jurisprudence antérieure, que la publicité soit explicitement affirmée dans l'arrêt ; elle tient pour suffisant que la publicité ressorte de l'ensemble des dispositions et des énonciations de l'arrêt (Crim. rej. 20 août 1847, aff. Jobredot, D. P. 47. 1. 366 ; 5 juin 1869, aff. Barat-Lemoine, D. P. 70. 1. 235 ; 20 janv. 1883, aff. Alype et Meurs, D. P. 84. 1. 137). Mais elle proclame que, « s'il appartient aux tribunaux de reconnaître et de constater les circonstances de fait de nature à constituer les délits qui leur sont déférés, il appartient à la cour de cassation de rechercher et de déclarer si les circonstances relevées par eux présentent les caractères constitutifs de ces délits » (Crim. cass. 25 nov. 1859, aff. Meurs-Mazy, D. P. 59. 1. 513) ; qu'en matière de diffamation par la voie de la presse, il appartient à la cour de cassation de contrôler et de rectifier les appréciations du juge du fait relativement à l'existence des éléments légaux du délit dans l'écrit incriminé (Crim. cass. 4 mars 1887, aff. Granier, D. P. 88. 1. 142. Conf. Crim. cass. 11 avr. 1874, aff. Drouhet, D. P. 74. 1. 406 ; Crim. rej. 19 févr. 1874, aff. De Tounens, D. P. 74. 1. 406-407). Appliquant ce principe à la publicité, qui est un des éléments essentiels du délit de presse, la cour de cassation reconnaît la souveraineté du juge du fait pour relever et pour constater les circonstances matérielles de fait et de lieu qui peuvent être constitutives de la publicité ; mais elle se réserve de contrôler toujours la déclaration explicite ou implicite des tribunaux sur la question de savoir si les faits constatés sont ou non constitutifs de la publicité définie par la loi ; et elle annule, pour défaut de motifs, les arrêts qui ne lui permettent pas d'exercer ce contrôle, en omettant de relater les circonstances de fait et de lieu d'où résulterait la publicité. — Jugé en ce sens : 1° que la publicité, qui forme l'un des caractères constitutifs de la diffamation commise envers un particulier, n'est pas suffisamment établie lorsque, d'une part, le jugement se borne à constater que le prévenu a tenu les propos qui lui sont imputés, la loi exigeant que les propos diffamatoires aient été *proférés*, et, d'autre part, le même jugement ne désigne pas les lieux où les discours ont été tenus, encore que la citation ferait connaître qu'ils l'auraient été dans des boutiques d'épicier, cette désignation ayant pu être modifiée par les débats (Crim. cass. 1er mars 1851, aff. Tripier, D. P. 51. 5. 417) ; — 2° Que le juge saisi d'une poursuite en diffamation est souverain pour constater les circonstances desquelles résulterait la publicité des articulations incriminées ; mais que l'appréciation qu'il fait de ces circonstances, et notamment la déclaration qu'elles constituent effectivement des éléments de publicité, tombe sous le contrôle de la cour de cassation (Crim. cass. 25 nov. 1859, précité).

547. Les règles sont les mêmes, soit que la décision consiste en un jugement motivé d'un tribunal correctionnel, soit qu'elle émane de la cour d'assises; par suite, dans les accusations pour délits de presse déférées au jury, il est nécessaire que les circonstances de fait constitutives de la publicité légale soient précisées dans les questions posées au jury (Crim. cass. 4 mars 1882, aff. Albertini, D. P. 82. 1. 236).

548. Les règles tracées par la jurisprudence de la cour de cassation sont applicables à tous les délits de presse proprement dits, puisque la publicité entre comme un élément essentiel dans la définition de tous ces délits (V. *suprà*, n° 439) ; mais il y a lieu de tenir compte, dans leur application, des distinctions qui existent entre les délits qui supposent une publicité déterminée et ceux qui sont perpétrés au moyen d'une publicité quelconque.

Pour les premiers, les circonstances de fait et de lieu relevées par le jugement ou précisées dans les questions soumises au jury devront être caractéristiques de l'un des modes de publicité désignés par les art. 23 et suivants de la loi du 29 juill. 1881. — Cette condition n'est pas, il faut le reconnaître, rigoureusement imposée par l'arrêt de la cour de cassation du 20 janv. 1883, cité *suprà*, n° 546, qui, après avoir décidé que les couloirs de la Chambre des députés ne sont des lieux publics que par accident, lorsque des tiers sont admis à y pénétrer et à y circuler avec des membres de la Chambre, ajoute que la constatation de la publicité résulte suffisamment d'une déclaration du jury portant que les propos diffamatoires ont été tenus dans des lieux ou réunions publics, notamment dans les couloirs de la Chambre des députés. Cet arrêt constate, en outre, il est vrai, que la déclaration du jury ajoutait que les mêmes propos avaient été tenus dans les bureaux de plusieurs journaux ; mais cette déclaration même ne nous paraît pas suffisamment explicite (V. D. P. 84. 1. 137, notes 4 et 5; Barbier, t. 1, n° 277. p. 242. Comp. *suprà*, n° 465).

549. Quand il s'agit de délits caractérisés par une publicité que la loi du 29 juill. 1881 laisse indéterminée dans les éléments qui la constituent, le pouvoir des juges du fait est plus étendu ; car ils recherchent librement et suivant leur appréciation personnelle, en dehors même des prévisions des art. 23 et suivants, les circonstances qui paraissent donner au délit un caractère de publicité. En ce sens elle a jugé que les conditions nécessaires, aux termes de l'art. 1 de la loi du 17 mai 1819, pour que la diffamation puisse être considérée comme publique, ne sont pas exigées lorsqu'il s'agit du délit d'outrage public envers un fonctionnaire; qu'en pareil cas. les juges ont un pouvoir souverain d'appréciation pour déterminer les circonstances de nature à établir la publicité de l'outrage ; qu'ainsi, notamment, ils peuvent faire résulter cette publicité du dépôt aux archives de la commune du registre des délibérations du conseil municipal où se trouvent consignées les expressions outrageantes adressées au fonctionnaire, et de la communication de ce registre à plusieurs particuliers (Crim. rej. 26 avr. 1877, aff. Nicolas et Charry, D. P. 77. 1. 403).

Mais la cour de cassation se réserve toujours de contrôler l'appréciation des tribunaux et de décider si cette appréciation est exacte par la valeur des circonstances relevées au jugement, pour opérer la publicité effective et voulue par l'agent qui est nécessaire pour caractériser le délit.

Elle veille spécialement à ce que, pour tous les délits susceptibles d'être caractérisés par une publicité indéterminée, la déclaration des tribunaux dans le sens de la non-publicité ne soit jamais exclusivement motivée sur l'absence dans la cause des circonstances énumérées par l'art. 1 de la loi de 1819 (aujourd'hui par l'art. 23 de la loi de 1881), laquelle pouvant avoir néanmoins une publicité suffisante (V. en ce qui concerne notamment : la diffamation publique envers un fonctionnaire public, réprimée par l'art. 6 de la loi du 25 mars 1822, aujourd'hui abrogé (art. 61 de la loi de 1881 : Crim. rej. 18 juill. 1828, aff. De Magnoncourt, *Rép.* n° 726-1°); ... le délit de fausse nou-

velle : Crim. rej. 13 mars 1855, aff. Bonneau, D. P. 55. 1. 65, et réquisitoire de M. Nicias Gaillard, D. P. 55. 1. 138; 25 juin 1858, aff. Beaumont, D. P. 58. 1. 338).

En outre. la cour suprême a toujours contrôlé l'appréciation des tribunaux et déclaré si les faits relevés par eux étaient ou non susceptibles d'opérer la publicité. Ainsi elle a jugé que l'individu. trouvé possesseur d'un écrit contenant des offenses envers le chef de l'Etat et une excitation à la haine entre citoyens, ne peut être l'objet de poursuites par cela seul qu'il a remis l'écrit à un tiers, si cette remise a été confidentielle et s'il n'en est résulté aucune publicité (Crim. 11 mai 1854, aff. Hubin, D. P. 54. 1. 591).

Sect. 3. — De l'ensemble des crimes et délits de la presse prévus par les lois antérieures, et de ceux que la loi du 29 juill. 1881 et les lois postérieures ont maintenus.

550. Le seul fait de publication qualifié *crime* par la législation antérieure, c'est-à-dire la provocation à un crime, *suivie d'effet*, a été maintenu avec sa qualification de crime par la loi du 29 juill. 1881. Quant aux faits qualifiés *délits* par les lois antérieures, les uns sont implicitement supprimés en vertu de l'abrogation générale édictée par l'art. 68 de la loi de 1881 : ces délits ont cessé d'exister comme n'ayant que les caractères de délits d'*opinion*, de *doctrine* ou de *tendance* (D. P. 81. 4. 73, note 5); d'autres sont maintenus par la loi du 29 juill. 1881; d'autres enfin sont demeurés punissables en vertu du code pénal, soit en vertu de lois spéciales autres que celle de 1881.

§ 1er. — Délits supprimés par la loi du 29 juill. 1881.

551. La loi du 29 juill. 1881 a supprimé, comme n'étant que de simples délits d'opinion, un certain nombre de faits de publication appartenant soit à la classe des délits de provocation, soit à la classe des délits contre la chose publique, soit enfin à la classe des délits résultant des publications interdites.

552. Dans la classe des *délits de provocation*, dont le nombre est réduit à quatre par la loi du 29 juill. 1881 (V. *infrà*, n° 588 et suiv.), sont supprimés : 1° la provocation à des crimes et délits, *non suivie d'effet*, délit prévu et puni par les art. 2 et 3 de la loi du 17 mai 1819 (*Rép.* n° 542 et suiv.). Cependant cette provocation non suivie d'effet est demeurée punissable quand elle s'applique à certains crimes (V. *infrà*, n° 588 et suiv.); — 2° La désobéissance aux lois, délit prévu par l'art. 6 de la loi du 17 mai 1819 (*Rép.* n° 597 et suiv. et 604); — 3° Le port public de tous signes extérieurs de ralliement non autorisés par la loi ou par les règlements de police, délit prévu par les art. 5 de la loi du 17 mai 1819, 9 de la loi du 25 mars 1822 et 6 du décret du 11 août 1848 (*Rép.* n° 577 et suiv.). Mais les *cris* et *chants séditieux* sont restés punissables (V. *infrà*, n° 595); — 4° L'exposition dans des lieux ou réunions publics, ou la distribution ou mise en vente de tous signes ou symboles propres à propager l'esprit de rébellion ou de trouble à la paix publique, délit prévu par l'art. 6 du décret du 11 août 1848 (*Rép.* n° 582); — 5° L'excitation à la haine et au mépris du Gouvernement, délit prévu par l'art. 4 du décret du 11 août 1848 (*Rép.* n° 584 et suiv.); — 6° Le délit d'excitation à la haine ou au mépris les uns contre les autres, prévu par l'art. 7 du décret du 11 août 1848 (*Rép.* n° 584 et suiv.); — 7° Le délit d'enlèvement ou dégradation des signes publics de l'autorité, opéré en haine ou au mépris de cette autorité, délit que prévoyait et réprimait l'art. 6 du décret du 11 août 1848 (*Rép.* n° 578 et suiv.).

553. Les délits de *publication contre la chose publique* sont réduits à trois par la loi du 29 juill. 1881. Sont supprimés dans cette classe de délits de presse : 1° le délit d'attaque à la constitution, au principe de la souveraineté du peuple et du suffrage universel, prévu par les art. 1 de la loi du 11 août 1848 et 1 de la loi du 29 déc. 1875 (*Rép.* n° 574); — 2° Le délit d'attaque contre les droits et l'autorité du Sénat et du Corps législatif établi soit par les art. 1, 2 et 4 de la loi du 17 mai 1819, soit par l'art. 1 de la loi du 11 août 1848 (*Rép.* n° 571); — 3° Le délit d'attaque contre le respect dû aux lois et l'inviolabilité des droits qu'elles ont consacrés, prévu par l'art. 3 de la loi du 27 juill.

1849 (*Rép.* n° 597); — 4° Le délit d'apologie de faits qualifiés crimes et délits par la loi, prévu par la même disposition (*Rép. ibid.*); — 5° Le délit d'outrage envers la République. Ce délit prévu par l'art. 4 de la loi du 11 août 1848 (*Rép.* n°s 630 et suiv.) avait été remis en vigueur par la loi du 29 déc. 1875, sur la répression des délits qui peuvent être commis par la voie de la presse ou par tout autre moyen de publication et sur la levée de l'état de siège (D. P. 76. 4. 30), dont l'art. 1 était ainsi conçu : « Toute attaque par l'un des moyens énoncés en l'art. 1 de la loi du 17 mai 1819, soit contre les lois constitutionnelles, soit contre les droits et les pouvoirs du gouvernement de la République qu'elles ont établi, sera punie des peines édictées par l'art. 1 du décret du 11 août 1848 ». Ces peines étaient celles d'un emprisonnement de trois mois à cinq ans et d'une amende de 300 à 6000 fr. (*Rép.* n°s 571 et suiv. V. aussi D. P. 48. 4. 146). Le deuxième alinéa de l'art. 1 de la loi de 1875 autorisait l'atténuation de ces peines par application de l'art. 463 c. pén. Les dispositions dont il s'agit, promulguées au milieu de circonstances exceptionnelles, au moment où l'Assemblée nationale était sur le point de se séparer, avaient paru le corollaire indispensable de la levée de l'état de siège déclaré pendant la guerre de 1870 et maintenu par suite des faits insurrectionnels de 1871. Elles ne parurent pas de nature à trouver place dans l'économie de la loi du 29 juill. 1881 ; — 6° Le délit d'outrage envers le Sénat et la Chambre des députés, prévu par les art. 7 et 15 de la loi du 25 mars 1822 (*Rép.* n°s 653 et suiv., 1421 et suiv.). Ce délit est devenu le délit de diffamation ou d'injure que répriment les art. 30 et 33 de la loi du 29 juill. 1881 ; — 7° Le délit d'attaque contre la liberté des cultes, le principe de la propriété et les droits de la famille, que punissait l'art. 3 du décret du 11 août 1848 (*Rép.* n°s 605 et suiv.); — 8° Le délit d'outrage à la morale publique et religieuse prévu par l'art. 8 de la loi du 17 mars 1819, et le délit d'outrage aux religions reconnues par l'État, prévu par l'art. 1 de la loi du 25 mars 1822 (*Rép.* n°s 617 et suiv. et v° *Culte,* n°s 88 et suiv.).

554. Le nombre des délits résultant de *publication interdite* est réduit à trois (V. *infrà,* n°s 535 et suiv.) Dans cette classe de délits sont supprimés : 1° le délit de publication, dans un écrit périodique, de faits relatifs à la vie privée. Ce délit fut introduit dans la législation de la presse par l'art. 11 de la loi du 11 mai 1868, dont la disposition à laquelle est resté attaché le nom de M. de Guilloutet, député, était ainsi conçue : « Toute publication dans un écrit périodique relative à un fait de la vie privée constitue une contravention punie d'une amende de 500 fr. ». C'était une innovation considérable, dont le commentaire, donné par le ministre de la justice dans une circulaire du 4 juin 1868 (D. P. 68. 3. 57 et suiv.), se résumait dans les solutions suivantes : l'insertion dans un écrit périodique d'une publication relative à un fait de la vie privée était punissable sur la plainte de la partie intéressée, quelle qu'eût été l'intention de l'auteur et sans que celui-ci pût être admis à l'établir, pour sa justification, l'exactitude du fait publié ; d'autre part, on ne pouvait poursuivre que dans les cas de diffamation et d'injure l'exposé ou la critique des actes qui relèvent de la vie publique ; et, par acte de la vie publique, il fallait entendre ceux qui interviennent, non pas seulement dans l'exercice d'une fonction publique, mais encore dans l'accomplissement d'une mission qu'on se donne ou d'un rôle qu'on s'attribue dans l'industrie, dans le théâtre, etc., si cette mission ou ce rôle appelle les regards et l'attention du public. On ne devait pas considérer comme interdite par l'art. 11 la publication de procès concernant des discussions de fortune ou de famille, si les tribunaux saisis n'avaient pas interdit le compte rendu de ces procès. Enfin, le ministère public était autorisé à poursuivre, sans plainte préalable des personnes lésées, les comptes rendus judiciaires dans lesquels le journaliste défigure partiellement ou avec une légèreté coupable les dépositions d'experts, de médecins ou de fonctionnaires. Dans la pensée de la loi de 1881, la vie privée se trouve suffisamment protégée par les dispositions qui punissent l'injure et la diffamation, sans que l'auteur de l'écrit injurieux ou diffamatoire soit admis à prouver la vérité du fait articulé par lui touchant la vie privée ; — 2° Le délit de compte rendu des procès pour délits de presse, prévu par

l'art. 17 du décret du 17 févr. 1852 (*Rép.* n°s 307 et suiv.); — 3° Le délit de compte rendu des séances des conseils municipaux et des conseils généraux, prévu par l'art. 26 de la loi du 5 mai 1855 et par l'art. 31 de la loi du 10 août 1871 (D. P. 54. 4. 56 et 71.4. 123) ; — 4° Le délit de compte rendu infidèle et de mauvaise foi des séances des Chambres ou des audiences des cours et tribunaux, prévu par l'art. 7 de la loi du 25 mars 1822 (*Rép.* n° 990 et suiv.).

§ 2. — Faits de publication délictueux demeurés punissables en vertu du code pénal ou des lois spéciales.

555. Les faits de publication que réprimaient certaines dispositions du code pénal ou des lois spéciales n'ayant pas pour objet de réglementer la presse sont demeurés punissables en vertu de ces textes, même depuis la promulgation de la loi du 29 juill. 1881. En effet, l'art. 68 de cette loi n'a pas abrogé toutes les dispositions relatives aux délits de publication, mais seulement celles qui étaient comprises dans les lois sur la presse proprement dites (V. *suprà,* n°s 24 et suiv.).

556. Les articles du code pénal où se rencontrent des délits de publication non abrogés par la loi de 1881 sont : 1° les art. 201 à 203 qui punissent, comme *abus d'autorité,* les *discours* prononcés par des *ministres du culte* en assemblée publique dans l'exercice de leur ministère et contenant... soit la critique ou censure du Gouvernement, d'une loi, d'un décret ou de tout autre acte de l'autorité publique;... soit une provocation directe à la désobéissance aux lois ou aux autres actes de l'autorité publique;...soit l'excitation d'une partie des citoyens à s'armer ou à se soulever contre les autres (c. pén., art. 202 et 203). Quant aux art. 204 à 206, relatifs aux critiques, censures, provocations dirigées, par parole ou par écrit, par les ministres des cultes contre l'autorité publique, ces délits, tout en constituant des délits de publication, sont entièrement étrangers à la matière de la presse et sont classés sous la rubrique : *abus d'autorité.* Ils sont maintenus, et l'on a pris soin de les réserver expressément dans la discussion, comme on l'avait fait dans l'art. 2 du projet (Circ. min. just. 9 nov. 1881, D. P. 81. 3. 106); — 2° Les art. 222 à 227 c. pén. relatifs aux outrages par paroles, par écrits ou dessins non rendus publics. (Circ. précitée du min. de la just.). Le doute était d'autant moins permis en ce qui concerne ces articles, que les outrages en question ne sont pas caractérisés par les mêmes circonstances qui sont constitutives de la diffamation ou de l'injure envers les personnes dont il s'agit, aux termes des art. 31 et 33, § 1, de la loi du 29 juill. 1881. En effet, d'une part, ces outrages sont atteints par le code pénal quand ils ont été commis *dans l'exercice* de la fonction ; la loi de 1881 punit, au contraire, la diffamation ou l'injure commise en dehors de la fonction, et seulement *en raison* de la qualité de la fonction de la personne diffamée ou injuriée (V. *infrà,* n°s 737 et suiv.); d'autre part, la diffamation ou l'injure, non commise pendant l'accomplissement de la fonction, n'est punissable, en vertu de la loi du 29 juill. 1881, qu'autant qu'elle a eu lieu dans certaines conditions de perpétration et de publicité, sans lesquelles elle retombe, comme outrage, sous l'application des dispositions précitées du code pénal (V. *infrà,* n°s 725 et suiv.); — 3° Les art. 260 à 264, concernant l'outrage par paroles ou gestes, soit envers *les objets d'un culte,* dans les lieux destinés à ce culte ou servant à son exercice, soit envers un ministre du culte dans sa fonction. La loi du 29 juill. 1881 serait, d'ailleurs, applicable à la diffamation ou à l'injure qui seraient commises en raison seulement de la fonction ou de la qualité de ministre du culte, mais sous les conditions de publicité qui caractérisent ce délit et en l'absence desquelles, dans le silence du code pénal, ce fait échapperait à toute répression ; — 4° L'art. 293, qui réprime la provocation à des crimes ou à des délits dans les assemblées des membres d'une association non autorisée, sans exiger que ces assemblées soient publiques ; — 5° Les art. 419 et 420 c. pén. qui punissent, comme atteinte à la liberté du commerce, les fausses nouvelles semées dans le public et ayant opéré la hausse ou la baisse du prix des denrées ou marchandises ou des papiers et effets publics au-dessus ou au-dessous des prix qu'aurait déterminés la concurrence naturelle et libre du commerce (Circ. précitée du min. de la just.).

557. Les art. 285 à 289 c. pén. qui frappent les crieurs, afficheurs, vendeurs, distributeurs, imprimeurs et auteurs d'écrits renfermant, outre une provocation à des crimes ou délits, une infraction à la défense faite à toute personne de publier ou distribuer des imprimés sans nom d'auteur ou d'imprimeur, et les crieurs, vendeurs, distributeurs, imprimeurs, graveurs et auteurs de chansons, pamphlets, figures ou images contraires aux bonnes mœurs, sont-ils toujours en vigueur ? V. *infrà*, nᵒˢ 1294 et suiv., où sont commentés les art. 42 et 43 de la loi du 29 juill. 1881.

§ 3. — **Faits demeurés délictueux en vertu de lois spéciales étrangères à la législation de la presse.**

558. Ces faits sont demeurés punissables, parce que les lois spéciales qui les avaient prévus et définis ont survécu à la législation de 1881 sur la presse, en raison de la nature particulière des intérêts que les lois dont il s'agit avaient pour objet de sauvegarder.

559. Dans la catégorie des délits de provocation, sont demeurés punissables : 1ᵒ en vertu de l'art. 6 de la loi du 7 juin 1848, les provocations à un attroupement. Jugé, en ce sens, que l'art. 68 de la loi du 29 juill. 1881 sur la presse n'a pas abrogé toutes les dispositions relatives aux délits de publication, mais seulement celles qui étaient comprises dans les lois sur la presse proprement dites ; que, spécialement, l'art. 6 de la loi du 7 juin 1848, qui prévoit et réprime toute provocation directe à un attroupement armé ou non armé, par des discours proférés publiquement et par des écrits ou des imprimés affichés ou distribués, n'a pas été abrogé par la loi du 29 juill. 1881 ; que, par suite, le délit de provocation directe à un attroupement continue d'être de la compétence de la juridiction correctionnelle, conformément à l'art. 4 du décret du 25 févr. 1852, qui n'a été modifié en ce point par aucune disposition légale (Crim. rej. 28 juill. 1883, aff. Feuillant, D. P. 84. 1. 310) ; — 2ᵒ En vertu des art. 7 et 8 de la loi du 22 juill. 1879 (D. P. 79. 4. 66), les provocations à un rassemblement sur la voie publique, ayant pour objet la discussion, la rédaction ou l'apport de pétitions aux Chambres.

560. Dans la catégorie des délits contre les *personnes*, les outrages envers les bureaux électoraux sont demeurés punissables en vertu de l'art. 45 du décret du 2 févr. 1852.

561. Enfin, dans la catégorie des infractions résultant de *publications interdites*, citons : 1ᵒ les publications non autorisées par le Gouvernement, soit des bulles, brefs, rescrits, décrets, mandats, provisions ou autres expéditions de la *cour de Rome*, même ne concernant que les particuliers, soit des décrets de *synodes ou conciles généraux étrangers*, publications qui sont encore aujourd'hui punissables par application des art. 1 et 3, tit. 1, de la loi du 18 germ. an 10 ; 2ᵒ l'impression et la publication non autorisées par l'évêque diocésain des *livres d'église*, heures et prières (art. 1 et 2, L. 7 germ. an 13) ; 3ᵒ l'impression et la publication non autorisées par le Gouvernement, des manuscrits des archives du ministère des affaires étrangères et des bibliothèques nationales, départementales, communales ou autres établissements publics (Décr. 20 févr. 1809) ; 4ᵒ toutes annonces de remèdes secrets, délit prévu par l'art. 36 de la loi du 20 germ. an 11 ; 5ᵒ toute annonce par avis, affiches ou autres moyens quelconques de publication de *loteries* prohibées (L. 21 mai 1836, art. 4).

§ 4. — **Crimes et délits prévus par les lois antérieures sur la presse et maintenus par la loi du 29 juill. 1881.**

562. Les infractions que définissaient les lois antérieures sur la presse et qui sont maintenues par la loi du 29 juill. 1881 sont au nombre de quinze et divisées en quatre classes. Ces infractions sont punissables, en vertu de la loi nouvelle, quand elles résultent de la manifestation de la pensée par l'écrit, par le dessin ou par la parole dans les conditions de perpétration et de publicité que détermine la loi de 1881. « La loi nouvelle ne reconnaît qu'un petit nombre de délits. Elle est restée en deçà de la nomencla-

ture classique de la loi de 1819 » (Circ. min. just. 9 nov. 1881, nᵒˢ 24 et suiv., D. P. 81. 3. 109).

563. — I. FAITS DE PROVOCATION. — C'est la seule classe d'infractions qui renferme des crimes. Elle comprend : 1ᵒ la provocation à des crimes ou délits quelconques *suivie d'effet*. Cette provocation est punie tantôt comme un crime et tantôt comme un délit, selon que le fait qui en a été la suite est un crime ou un délit ; — 2ᵒ La provocation à certains crimes, même *non suivie d'effet*. En ce cas, la provocation n'est jamais qu'un délit ; — 3ᵒ La provocation caractérisée par des *cris ou chants séditieux* ; — 4ᵒ La provocation adressée *à des militaires* des armées de terre ou de mer, pour les détourner de leurs devoirs.

564. — II. DÉLITS CONTRE LA CHOSE PUBLIQUE. — Cette classe d'infractions comprend : 1ᵒ le délit d'offense au *président de la République* ; 2ᵒ le délit de publication et de reproduction de *fausses nouvelles*, de pièces fabriquées falsifiées ou mensongèrement attribuées à des tiers, ayant troublé la paix publique ; 3ᵒ le délit d'*outrages aux bonnes mœurs*. Les dispositions de la loi de 1881 relatives à ce délit ont été modifiées et remplacées en partie par la loi du 2 août 1882.

565. — III. DÉLITS CONTRE LES PERSONNES. — Ces délits sont : 1ᵒ la *diffamation* soit envers certains corps, soit envers certaines personnes qualifiées, soit envers des particuliers ; 2ᵒ l'*injure* envers les mêmes corps ou envers les mêmes personnes ; 3ᵒ la diffamation ou l'injure contre la *mémoire des morts* ; 4ᵒ le délit d'offense envers les *chefs d'Etats étrangers* ; 5ᵒ le délit d'outrage envers les *agents diplomatiques* accrédités auprès du gouvernement de la République. Les dispositions de la loi du 29 juill. 1881 relatives à ces deux derniers délits ont été modifiées par la loi du 16 mars 1893.

566. — IV. PUBLICATIONS INTERDITES. — Sont qualifiés délits : 1ᵒ la publication des actes d'accusation et de tous autres actes de procédure criminelle, avant que ces actes aient été lus à l'audience ; 2ᵒ le compte rendu des procès en diffamation où la preuve de la vérité des faits diffamatoires est exceptionnellement admise ; le compte rendu des débats sur les instances en divorce ou en séparation de corps (Loi sur le divorce du 27 juill. 1884, art. 3, D. P. 84. 97) ; le compte rendu des procès en matière civile dont le compte rendu a été interdit par les cours ou tribunaux ; le compte rendu des délibérations intérieures des jurys et des cours et tribunaux ; 3ᵒ l'ouverture ou l'annonce de souscriptions ayant pour objet d'indemniser des amendes, frais et dommages-intérêts prononcés par des condamnations judiciaires en matière criminelle et correctionnelle.

567. Les manifestations de la pensée qui viennent d'être énumérées sont d'un ordre purement intellectuel. Le législateur de 1881 leur a cependant maintenu le caractère punissable qu'elles avaient sous la législation antérieure. Il fallait assurer la sécurité publique ou privée contre les périls que lui font courir ou dont la menacent gravement en certains cas les provocations qui forment la première classe des délits de la presse. Ces provocations sont même restées punissables comme crimes, étant considérées comme constitutives de la complicité, lorsqu'elles ont eu pour objet un crime consommé ou tenté. Il fallait protéger la chose publique contre le trouble moral que peuvent lui causer l'offense au chef de l'Etat, les fausses nouvelles ou les outrages aux mœurs qui forment les délits de la deuxième classe : Il fallait sauvegarder l'honneur, la considération ou la dignité des personnes contre le préjudice moral que les diffamations ou les injures peuvent lui faire éprouver. Il fallait défendre la considération des chefs d'Etats étrangers ou des agents qu'ils ont accrédités auprès du Gouvernement français contre l'offense et l'outrage. Enfin, il fallait prévenir les inconvénients ou le scandale auxquels donnerait lieu le compte rendu des procès d'une certaine nature : de là les délits de publications interdites.

CHAP. 2. — **Provocation aux crimes et aux délits.**

568. L'art. 1 de la loi du 17 mai 1819 déclarait punissable la provocation à toute action réputée crime ou délit. Si la provocation était suivie d'*effet*, son auteur était considéré et puni comme complice du crime ou du délit ; la provocation qui n'était suivie d'*aucun effet* constituait un délit spécial, et la peine était plus ou moins sévère selon que la provocation avait eu pour objet un crime ou un délit. (Même loi, art. 2 et 3, *Rép.* n° 541). — En outre, la provocation à certaines actions, non qualifiées crimes ou délits, était réprimée par des dispositions particulières. La provocation à la *désobéissance aux lois* était punie par l'art. 6 de la loi du 17 mai 1819. La provocation adressée à des militaires dans le but de les détourner de leurs devoirs militaires et de l'obéissance qu'ils doivent à leurs chefs était prévue et punie par l'art. 2 de la loi du 27 juill. 1849 (V. *infrà*, n°° 608 et suiv.). L'art. 1 de la loi du 27 févr. 1858 (D. P. 58. 4. 14), reproduction à peu près textuelle de l'art. 1 de la loi du 9 sept. 1835 (*Rép.* n° 542), punissait d'un emprisonnement de deux à cinq ans et d'une amende de 500 à 10 000 fr. la provocation, non suivie d'effet, aux crimes prévus par les art. 86 et 87 c. pén. Enfin l'art. 8 de la loi du 25 mars 1822 punissait d'un emprisonnement de six jours à deux ans et d'une amende de 16 à 4000 fr. les *cris séditieux* proférés publiquement.

569. Toutes ces dispositions sont abrogées par l'art. 68 de la loi du 29 juill. 1881. Elles sont remplacées par le texte des art. 23 à 25, au sujet desquels la circulaire du ministre de la justice en date du 9 nov. 1881 s'est exprimée dans les termes suivants : « La provocation aux crimes et délits n'a pas été maintenue dans les termes de la loi de 1819. Les art. 23 et 24 y ajoutent une condition : ils exigent, comme l'ancien art. 102 c. pén., qu'elle ait été directe : ils suppriment, en outre, la provocation par dessins, gravures, peintures et emblèmes. Sous ces modifications, l'art. 23, comme la loi de 1819, assimile à la complicité proprement dite la provocation à des crimes ou à des délits suivie d'effet, ou même à la tentative de crime, lorsque cette tentative réunit les conditions de la tentative légale, c'est-à-dire lorsqu'elle n'a manqué son effet que par des circonstances indépendantes de la volonté de son auteur. La provocation à la tentative de simples délits, même dans les cas où cette tentative est assimilée par la loi au délit lui-même, n'est pas punie. En ce qui concerne la provocation non suivie d'effet, la loi nouvelle s'est attachée au système du code pénal (ancien art. 102) complété par la loi du 18 juill. 1891. Elle ne la punit qu'autant qu'il s'agit de crimes de meurtre, de pillage et d'incendie, ou des crimes contre la sûreté de l'État prévue par les art. 75 à 101 c. pén. L'art. 24, deuxième alinéa, punit les *cris séditieux* et les *chants* que la jurisprudence leur assimilait déjà. La loi ne pouvait laisser ces actes impunis lorsque le code pénal réprime les simples bruits ou tapages injurieux ou nocturnes qui troublent la tranquillité publique. L'art. 25 punit la provocation aux militaires pour les détourner de leurs devoirs et de l'obéissance qu'ils doivent à leurs chefs dans tout ce qu'ils commandent pour l'exécution des lois et règlements militaires. C'est la reproduction de l'art. 2 de la loi du 27 juill. 1849, avec une définition plus rigoureuse du délit. La loi de 1849 réservait les peines plus graves de la tentative d'embauchage ; cette réserve a été omise dans l'art. 25 comme inutile, mais il a été entendu que les textes des codes de justice militaire relatifs à la tentative d'embauchage, subsistent en entier et qu'il n'était rien innové par la loi à cet égard ». — La provocation à la désobéissance aux lois ne constitue plus un délit sous l'empire de la loi du 29 juill. 1881 qui ne reproduit pas, comme des dispositions, le texte de l'art. 6 de la loi du 17 mai 1819. La provocation, non suivie d'effet, aux crimes prévus par les art. 86 et 87 c. pén. est encore réprimée, pourvu qu'elle ait été directe, non pas en vertu de l'art. 1 de la loi du 27 févr. 1858, abrogé en 1870 (V. *suprà*, n° 568), mais en vertu de l'art. 24 de la loi du 29 juill. 1881 » (Conf. Barbier, t. 1, n° 282, p. 246).

Sect. 1re. — De la provocation a des crimes ou délits suivie d'effet.

570. La provocation, suivie d'effet, à une action qualifiée crime ou délit, est considérée, par l'art. 23 de la loi du 29 juill. 1881, comme constituant un fait de complicité du crime ou du délit et, par suite, elle est punie des peines portées contre l'auteur même du crime ou du délit (art. 23 précité et art. 59 c. pén.).

Pour tomber sous l'application de l'art. 23 de la loi de 1881, le crime ou le délit de provocation doit être caractérisé par les circonstances suivantes. Il faut : 1° qu'il y ait une provocation *directe* et rendue *publique* à l'aide d'un des moyens de publication prévus par l'art. 23, dans une intention coupable ; 2° que cette provocation ait pour objet une action qualifiée crime ou délit par le code pénal ou par une loi spéciale ; 3° que cette provocation ait été suivie d'effet.

571. — I. De la provocation. — 1° *Provocation directe.* — L'art. 23 de la loi du 29 juill. 1881 déroge au droit commun. L'art. 60 c. pén. punit, comme complices d'une action qualifiée crime ou délit, ceux qui ont *provoqué* à cette action, mais à la condition que la provocation ait eu lieu par *dons, promesses, menaces, abus de pouvoir, machinations ou artifices coupables*. Il punit également ceux qui ont *donné des instructions* pour commettre l'action qualifiée crime ou délit. La provocation dont l'orateur ou l'écrivain se rend coupable est d'une autre nature, et l'art. 60 c. pén. n'eût pas été suffisant pour l'atteindre. Cette provocation n'a pas recours aux dons, aux promesses, aux menaces, etc. Elle ne consiste pas davantage en instructions précises données en vue du crime à commettre. Elle est caractérisée par tout excès de la parole ou de la plume de nature à provoquer l'agent à commettre le crime ou le délit. Elle n'est donc pas constitutive de la complicité de droit commun, telle que la définit l'art. 60 c. pén. Aussi les lois antérieures contenaient-elles des dispositions particulières à l'égard des provocations par la voie de la presse. L'art. 2 de la loi du 18 juill. 1791 punissait ceux qui avaient provoqué, par des discours ou des écrits rendus publics, à commettre un crime, « de la même peine prononcée par la loi contre les auteurs du crime » (*Rép.*, v° *Crimes contre la sûreté de l'Etat*, p. 535). Le code pénal de 1810 ne reproduisit pas cette disposition générale et, se bornant à définir, dans l'art. 60, la complicité de droit commun, négligea les provocations par la voie de la presse. « Cela tient, dit M. Fabreguettes (t. 1, n° 687), à l'état de la presse en 1810 et au despotisme d'alors ». Cependant on trouve, dans le code pénal, un certain nombre d'applications particulières du principe formulé par la loi de 1791. C'est ainsi que les art. 102 et 217 c. pén. punissaient, comme auteurs de certains crimes ou délits, ceux qui avaient provoqué à les commettre, en dehors des conditions déterminées par l'art. 60 (V. aussi les art. 201 à 206, 283, 293, 313, 438, § 2, 441, 442 c. pén.; Fabreguettes, t. 1, n° 690). La loi du 17 mai 1819 énonça de nouveau le principe établi par la loi de 1791; elle en étendit l'application en réprimant, dans son art. 1, la provocation, non seulement à tout crime, mais encore à tout délit par l'un des moyens énoncés aussi audit article. Cet article déclarait que les provocateurs seraient *réputés* complices ; mais il évitait de leur donner cette qualification (*Rép.* n° 406). — Sous l'empire de ces diverses législations, il n'était pas possible, d'ailleurs, de confondre la provocation, par la voie de la presse, avec la complicité par provocation que définit l'art. 60 c. pén.; elle en différait, non seulement par les *moyens employés*, mais encore par les *résultats* ; car elle était punissable, même quand elle n'était pas suivie d'effet, et malgré l'absence du *fait principal*, qui est une condition essentielle de la complicité du droit commun.

La loi du 29 juill. 1881 punit le discours ou l'écrit qui a donné la pensée du crime, ou du délit, qui l'a fait naître chez l'agent, qui l'a inspirée à celui-ci, comme une participation intellectuelle au crime ou au délit, équivalente à la perpétration et constitutive, par elle-même et sans le concours d'aucune autre circonstance, de la complicité. Aussi, l'art. 23 ne fait-il, à l'exemple des lois antérieures, qu'*assimiler* à un véritable complice l'auteur des provocations que cet article réprime. « Seront punis *comme complices*..., etc.» (V. D. P. 81. 4. 75, note 1).

572. Toutefois, la provocation, ainsi déclarée punissable comme crime ou délit de publication, n'est pas toute provocation quelconque par le discours ou par l'écrit. Il faut d'abord qu'il y ait un lien entre elle et le crime ou le délit qu'elle a eu pour objet. La législation antérieure à 1819, sans exiger une provocation par la voie de la presse offrît, avec l'acte criminel, le lien étroit de la complicité légale, voulait, du moins, que, pour engager la responsabilité pénale du provocateur, le crime ou le délit eût été la conséquence *spéciale et directe* du discours ou de l'écrit incriminé. L'art. 102 c. pén. exigeait de même que la provocation eût eu lieu *directement*. Cependant l'art. 1 de la loi du 17 mai 1819 avait abandonné cette sage restriction : il prévoyait purement et simplement la provocation sans la caractériser ; et, de la généralité même de l'expression, on avait conclu que la provocation même *indirecte* était un acte de complicité. C'était ouvrir la porte à tous les procès de tendance en dispensant le juge de constater la relation de cause à effet entre la provocation et l'acte criminel. L'art. 23 de la loi de 1881 n'a n'a pas consacré ce système. Il exige, et avec raison, que la provocation soit *directe* (V. Rousset, n° 937 ; Barbier, t. 1, n° 284, p. 248). — Au cours de la discussion, les orateurs parlementaires se sont efforcés de définir le sens et la portée de ces mots : *provocation directe*. Au Sénat, M. Bozérian a expliqué que la complicité prévue par l'art. 23 n'existerait que s'il y avait provocation s'appliquant *directement* à un *fait spécial*, que l'on pouvait établir la relation directe de la cause à l'effet (*Journal officiel*, séance du 15 juill. 1881). Les orateurs de la Chambre des députés se sont exprimés en termes non moins explicites. A la séance du 29 janv. 1881, M. Agnel dit également à la Chambre des députés : « Il faut que la provocation soit directe... c'est-à-dire qu'il y ait une relation incontestable, légalement établie entre le fait de la provocation et le crime ou le délit qui en aurait été la conséquence ». A la même séance, M. Léon Renault disait : « Il est nécessaire qu'il y ait, entre le crime ou le délit commis et la provocation émanant du journal, un *lien immédiat, non douteux* ». A la séance du 31 janvier, M. Ribot disait à son tour en réponse à une interruption de M. Gatineau : « L'article voté par la Chambre n'assimile la provocation au crime lui-même qu'à la condition bien expressément entendue par nous et formulée dans le texte même, qu'il y ait un *lien applicable direct, certain* entre la provocation et le crime ». D'autre part, le rapport de M. Lisbonne (D. P. 81. 4. 75, note 1) contient expressément cette déclaration : « La provocation ne sera donc punie des peines de la complicité que lorsqu'elle sera *directe et spéciale*, c'est-à-dire lorsqu'elle consistera dans les efforts directs d'un individu pour que d'autres individus exécutent un crime déterminé et prévu par la loi pénale ». Citons encore les paroles du garde des sceaux à la séance de la Chambre des députés du 25 janv. 1881 (*Journal officiel* du 26) : « Est-ce qu'il y a place à l'arbitraire lorsqu'on vient vous dire : « Vous ne poursuivrez qu'à la condition que « vous reconnaîtrez qu'il y a un lien intime, indissoluble, « entre la provocation et tel fait défini par la loi pénale ». — La cour de cassation a consacré cette interprétation de la loi en jugeant qu' « aux termes des art. 23 et 24 de la loi du 29 juill. 1881, pour que la provocation qu'ils prévoient, donne lieu à une répression pénale, il est absolument nécessaire qu'il y ait provocation directe à commettre des délits et crimes déterminés par la loi pénale, c'est-à-dire qu'il y ait une relation précise et incontestable et un lien étroit entre le fait de la provocation et les crimes qui sont visés dans la prévention » (Crim. rej. 5 janv. 1883, aff. Farant, D. P. 84. 1. 95).

Il est bon d'observer, d'ailleurs, avec M. Barbier (t. 1, n° 284, p. 249), que si la preuve de la relation directe entre la provocation et le crime est à la charge de l'accusation, cette preuve pourra, dans certains cas, être fournie d'une façon très complète. Les circonstances de temps, de lieu, dit cet auteur, la précision de la provocation, la preuve acquise que l'auteur du crime ou du délit a lu l'écrit provocateur, etc., pourront, ce nous semble, dans bien des cas, mettre en pleine lumière l'influence directe, certaine et même décisive exercée par le provocateur sur l'agent du crime ou du délit ».

573. — 2° *Publicité.* — La provocation prévue par l'art. 23 de la loi de 1881 diffère de la provocation définie par l'art. 60 comme constitutive de la complicité du droit commun, en un autre point essentiel. Elle doit être *publique*, tandis que la provocation prévue par l'art. 60 peut être indifféremment clandestine ou publique. Il ne suffit même pas d'une publicité quelconque, pour caractériser le fait de provocation prévu par l'art. 23 ; il faut que la provocation ait été perpétrée par l'un des moyens de publication que l'art. 23 détermine limitativement. A cet égard, la loi de 1881 contient une innovation. L'art. 1 du décret du 18 juill. 1791 punissait la provocation rendue publique, soit par des placards ou affiches, soit par des écrits, soit par des discours, c'est-à-dire au moyen de la parole ou de l'écrit imprimé ou non imprimé (*Rép.*, v° *Crimes contre la sûreté de l'Etat*, p. 535). Les art. 102 et 217 c. pén. punissaient « les discours, les placards ou affiches et les écrits imprimés » : la provocation au moyen d'écrits non imprimés échappait, en conséquence, à l'application de ces articles. L'art. 1 de la loi de 1819 atteignit la provocation manifeste non pas seulement par la parole ou par l'écrit imprimé ou non imprimé, mais aussi par le dessin. Ainsi tombaient sous la disposition répressive de cet article : les discours, les cris ou menaces, les écrits, les imprimés, les placards et affiches auxquels étaient assimilés pour la première fois *les dessins, les gravures, les peintures ou emblèmes*.

L'art. 23 de la loi de 1881 revient au système de la loi de 1791. La provocation à commettre un crime ou un délit n'est punissable que lorsqu'elle s'est produite par la parole ou par l'écrit par des discours, cris ou menaces ou par des écrits imprimés ou non imprimés, des placards ou des affiches, mais non pas quand elle s'est manifestée par des dessins, gravures, peintures ou emblèmes (V. *suprà*, n° 569). Ces moyens de publication avaient d'abord été visés dans le projet de la commission ; mais ils furent retranchés du texte définitivement adopté, sur les observations de M. Gatineau devant la Chambre des députés : « Ce n'est pas, dit-il, sans avoir donné lieu à de sérieuses objections que cette provocation avait été introduite dans la loi de 1819. Elle ne peut jamais être *directe*, elle est toujours indirecte ». Cependant la provocation par gravures, lithographies, etc., est encore punissable, sous la condition d'avoir été directe, dans le cas de l'art. 6 de la loi du 7 janv. 1848 sur les attroupements (V. *suprà*, n° 559 ; Fabreguettes, t. 1, n° 702).

574. Le discours ou l'écrit qui renferme la provocation doit nécessairement avoir été rendu *public* par l'un des procédés de publication énumérés dans l'art. 23. Il faut : pour les *discours, cris ou menaces*, qu'ils aient été « proférés dans des lieux ou réunions publics » ; pour les *écrits* et les *imprimés*, qu'ils aient été « vendus ou distribués, mis en vente ou exposés dans des lieux ou réunions publics » ; pour les *placards ou affiches*, qu'ils aient été « exposés aux regards du public ». Les *lieux publics* s'entendent des lieux ouverts au public *par leur nature* et des lieux ouverts au public *par leur destination*, sans distinction entre ceux qui sont accessibles au public d'une façon permanente et ceux qui ne lui sont ouverts qu'accidentellement. A on toujours assimilé aux *lieux publics*, les *assemblées* ou *réunions publiques* (Décr. 1791, art. 1, *Rép.* v° *Crimes contre la sûreté de l'Etat*, p. 535, c. pén. de 1810, art. 102 et 217 ; L. 17 mai 1819, art. 1 ; *Rép.* p. 406). Telle est aussi la solution consacrée par l'art. 23 de la loi de 1881. Par suite de cette assimilation, il ne suffit pas, pour constater la non-publicité de la provocation, de déclarer que les discours incriminés ne se sont pas produits dans un lieu public ; il doit être, en outre, constaté qu'ils ne se sont pas produits dans une réunion publique (*Rép.* n° 535).

575. Le crime ou le délit de provocation par la parole n'est pas caractérisé par le seul fait que le discours provocateur aurait été *tenu* dans un lieu public ou dans une réunion publique. Cette circonstance était suffisante sous l'empire de l'art. 8 du décret du 18 juill. 1791 (*Rép.* p. 535) et des art. 102 et 217 c. pén. Il faut aujourd'hui que les discours, cris ou menaces aient été *proférés*. Cette réforme établie par l'art. 1 de la loi du 17 mai 1819 a été consacrée de nouveau par l'art. 23 de la loi de 1881 (D. P. 81. 4. 75, note 1). Nous renvoyons d'ailleurs à l'exposé général que nous avons fait *suprà*, n°s 439 et suiv., de toutes les questions relatives à la publicité. Toutes les solutions que nous avons données à cet égard sont applicables au crime ou au délit de provocation par la parole ou par l'écrit rendus publics.

576. Cependant, au sujet d'une question que nous avons examinée au *Rép.* n° 535, et *suprà*, n° 472, nous pensons, avec M. Barbier (t. 1, n° 285, p. 250), que, en matière de crime ou de délit de provocation par la voie de la presse, la publicité du *lieu* où les discours, cris ou menaces ont été *proférés*, n'est pas suffisante, quand il ne s'y joint pas, *en fait*, la présence d'une ou plusieurs personnes par qui ces cris ou menaces aient été entendus. De même, il est indispensable que les écrits ou imprimés ou les placards ou affiches, distribués, mis en vente ou exposés dans un lieu public, soit effectivement tombés sous les yeux d'une ou de plusieurs personnes. «... En matière d'injures, de diffamations, d'outrages, dit M. Barbier (*loc. cit.*), la jurisprudence , par une interprétation rigoureuse et parfois subtile des textes, se contente souvent d'une publicité plutôt fictive que réelle. C'est ainsi qu'elle relève l'élément de publicité dans l'imputation diffamatoire, quand elle a été proférée dans un lieu public même désert, quand l'écrit qui la renferme a été communiqué à quelques personnes seulement, autrement qu'à titre purement confidentiel, etc.; or ces décisions qui s'expliquent et se justifient à la rigueur, quand il s'agit de réprimer des diffamations ou des injures, ne sauraient être acceptées, suivant nous, quand il s'agit de complicité par provocation ; pour justifier ce genre de complicité, le législateur, au cours de la discussion, n'a cessé d'évoquer l'image de l'orateur public ou du journaliste, abusant de la puissance de la parole ou de la presse pour exister les passions mauvaises ; et ce n'est, en effet, qu'autant que les discours ou les écrits sont produits dans certains milieux, et qu'ils reçoivent une publicité bien réelle, que le provocateur qui n'a recours ni aux dons, ni aux promesses, ni aux machinations coupables peut, sans injustice, être assimilé à un complice. Aussi, en bonne législation, il y aurait lieu, à notre avis, de distinguer les moyens de publication à l'aide desquels peuvent se commettre les diffamations et autres délits de publication analogues. La suppression de la publication par dessins, gravures, emblèmes, etc., comme moyen de réaliser la provocation punie par l'art. 23, est un premier pas fait dans cette voie ».

577. — 3° *Intention criminelle.* — L'*intention coupable* est, en vertu des règles générales de notre droit pénal, un élément essentiel du délit de provocation par la voie de la presse. Mais comment cette intention doit-elle être caractérisée ? Il faut aujourd'hui répudier l'opinion qui avait prévalu sous l'empire de la loi de 1819. On enseignait alors que l'auteur de la provocation doit être réputé complice du crime ou du délit qui l'a suivie, alors même qu'il n'a pas eu l'intention que cette provocation fût suivie d'effet, « alors même, dit Chassan (t. 1, p. 22), que le crime ou le délit réalisé n'aura pas été présent à son esprit, pourvu qu'il soit démontré que la publication, quoique faite seulement dans le but d'exciter les passions, a été cependant le véhicule du crime ou du délit ; car la loi n'exige pas, comme élément de complicité, ni comme élément de l'intention, l'espérance immédiate de la réalisation expresse du crime ou du délit qui a été la suite de la provocation ». Cette théorie ne saurait prévaloir contre le texte de l'art. 23 de la loi du 29 juill. 1881, qui exige que la provocation ait été « directe ». L'intention coupable n'existera que s'il est « clairement démontré que l'auteur de la provocation a eu l'intention de provoquer au fait qui a été commis » (Rapport de M. Lisbonne, p. 73). Ainsi la complicité par provocation sera caractérisée quand, au fait de la provocation par un discours ou par un écrit rendus publics, au crime ou au délit qui aura suivi cette provocation, à la relation directe de cause à effet constatée entre le discours ou l'écrit provocateur et la détermination de l'agent du crime ou du délit, se joindra, chez l'auteur de la provocation, la volonté claire et certaine d'inspirer la pensée du crime et d'en amener l'exécution (Conf. Barbier, t. 1, n° 289, p. 251. V. aussi Fabreguettes, t. 1, n° 705, p. 268).

578. Mais, sous le régime de l'art. 23, aussi bien que sous l'empire des lois antérieures, on doit présumer l'intention coupable toutes les fois que la provocation résultera d'un discours ou d'un écrit manifestement répréhensibles. L'intention se révélera dans l'ensemble ou dans les détails du discours ou de l'écrit poursuivi ; elle se révélera par des mots soulignés ou écrits en lettres italiques, par une phrase inachevée ou laissée en suspens par une suite de points (Chassan, t. 1, p. 22). On a même décidé que le ministère public pouvait chercher une preuve de l'intention coupable dans des articles antérieurs à celui qui contient la provocation (Crim. rej. 25 nov. 1831, *Rép.* v° *Peine,* n° 183; 1er juill. 1847, aff. Pic, D. P. 47. 1. 246 ; 20 janv. 1848, cités par Fabreguet-

tes, t. 1, n° 705 ; Chassan, t. 1, p. 23 ; Parant, p. 342); mais cette solution n'est admissible que si l'intention résulte déjà suffisamment de l'article poursuivi et des termes de la provocation : les articles antérieurs ne peuvent être qu'un supplément de preuve; c'était le sens des décisions précitées, et c'est l'esprit de la loi de 1881, qui exclut tous les procès de tendance. — C'est à l'auteur de la provocation à faire tomber, au moyen de la preuve contraire, la présomption de culpabilité intentionnelle qui s'attache au discours ou à l'écrit poursuivi (Barbier, t. 1, n° 287). D'ailleurs, en cette matière comme en toute autre, l'intention ne fait pas l'objet d'une question spéciale et n'a pas besoin d'être affirmée distinctement du fait de la provocation; elle se résout dans la question complexe relative à la culpabilité de l'accusé de provocation (de Grattier, t. 2, p. 134 ; Chassan, t. 1, p. 23 ; Portalis, rapport au Conseil des Cinq-Cents, *Choix de rapports,* t. 16, p. 199 ; Fabreguettes, t. 1, n° 705).

579. — II. Objet de la provocation. — La provocation, telle qu'elle vient d'être définie, était punissable en vertu de l'art. 1 du décret du 18 juill. 1791, lorsqu'elle avait pour objet les crimes de meurtre, de pillage, d'incendie, et, en général, une désobéissance à la loi ; d'après les art. 102 et 217 c. pén. de 1810, lorsqu'elle avait pour objet les crimes contre la *sûreté de l'État* et le délit de rébellion. L'art. 1 de la loi du 17 mai 1819 étendit ses prévisions à la provocation ayant pour objet toute action qualifiée *crime* ou *délit.* L'art. 23 de la loi du 29 juill. 1881 a la même portée et vise la provocation à toute action qualifiée crime ou délit. La provocation à commettre une contravention est et a toujours été impunie, parce que la loi n'admet pas de complicité en matière de contravention (D. P. 81. 4. 75, note 1. V. *infrà,* n° 580).

580. — III. Nécessité que la provocation ait été suivie d'effet. — Pour que la provocation tombe sous l'application de l'art. 23, il est nécessaire qu'elle ait été *suivie d'effet* c'est-à-dire qu'elle ait été suivie de l'exécution effective de « l'action qualifiée crime ou délit » qu'elle avait directement pour but d'inspirer. Il s'agit, en effet, d'une complicité, et la complicité suppose toujours un fait principal et punissable (Barbier, t. 1, n° 286). Cette disposition est générale et absolue : l'art. 23 reçoit application toutes les fois qu'il y a provocation au moyen d'un discours ou d'un écrit rendus publics, à commettre l'un des faits qualifiés crime ou délit, soit par le code pénal, soit par une loi spéciale.—Nous admettons cependant, avec M. Barbier (t. 1, n° 289, p. 252), qu'il faut réserver le cas où l'action qualifiée crime ou délit est elle-même une *provocation,* punie comme fait principal par le code pénal ou par une loi spéciale (V. *infrà,* n°s 723 et suiv., 737 et suiv.).

581. Quand la provocation a eu pour objet direct une action qualifiée crime, elle est punissable, non seulement quand il y a eu crime, mais aussi quand il y a eu simple tentative de crime, à la condition toutefois que cette tentative présente les caractères définis par l'art. 2 c. pén., c'est-à-dire qu'elle ait été caractérisée par un commencement d'exécution et qu'elle n'ait manqué son effet que par des circonstances indépendantes de la volonté de son auteur. S'agit-il au contraire d'un délit, la provocation n'est pas punissable quand elle n'a été suivie que de la tentative du délit, non du délit exécuté. C'est en ce sens que la commission du Sénat modifia le projet de la loi de 1881 : « La tentative d'un crime, dit le rapport de M. Pelletan, est toujours assimilée au crime lui-même quand cette tentative s'est manifestée dans les conditions indiquées par l'art. 2 c. pén. Il n'en est pas de même pour les délits. La tentative à leur égard n'est punie que dans des cas spéciaux et en vertu des dispositions particulières de nos lois (art. 3, 179, 241, 245, 388, 400, 401 c. pén. et loi du 27 mars 1851). La commission a pensé qu'il serait excessif d'étendre la complicité, résultant d'une provocation par parole ou par écrit, à des cas spéciaux dans lesquels la simple tentative n'est assimilée que par exception au délit lui-même. Elle n'a donc maintenu la disposition adoptée par la Chambre que pour tentative de crime, et elle l'a rédigée en ces termes : cette disposition sera également applicable lorsque la provocation n'aura été suivie que d'une tentative de crime prévue par l'art. 2 c. pén. ».

582. La disposition de l'art. 23 n'est pas applicable à la provocation à commettre une action qualifiée *contravention*. Le rapport de M. Lisbonne en donne la raison : « La loi, dit-il, n'admettant pas de complicité en matière de contraventions, il ne saurait y avoir à leur égard de provocation à réprimer ». D'où il suit que l'art. 23 n'est pas plus applicable aux délits contraventionnels qu'aux simples contraventions ; ils ne diffèrent que par le taux de la peine et par la juridiction qui doit en connaître ; au point de vue de la criminalité, ils appartiennent à la même catégorie ; ils ne comportent ni les uns ni les autres d'élément intentionnel, de même qu'ils n'admettent pas de complicité. Ces principes ont été consacrés par la jurisprudence (Crim. cass. 18 janv. 1867, aff. Delavault, D. P. 67. 1. 233 ; 3 avr. 1869, aff. Barbieux, D. P. 69. 1. 529). Ils doivent être suivis pour l'application de l'art. 23 (Conf. Barbier, t. 1, n° 293. — *Contrà*, Fabreguettes, t. 1, n° 703). M. Barbier fait observer que la provocation à commettre une contravention pouvait, sous l'empire de l'art. 6 de la loi du 17 mai 1819, constituer un fait de provocation à la désobéissance aux lois, mais ce délit n'existe plus (V. *suprà*, n° 552).

583. La question de savoir s'il existe une relation entre les discours ou les écrits provocateurs et l'action qualifiée crime ou délit qui a suivi leur publication est une question de fait. C'est au jury, non pas à la cour d'assises, qu'il appartient de la résoudre. Jugé, en conséquence, qu'en présence d'un verdict déclarant l'accusé coupable d'avoir provoqué directement les auteurs de violences ou de voies de fait exercés sur un commissaire de police dans l'exercice de ses fonctions, et d'avoir provoqué directement les auteurs de pillages de propriétés mobilières accomplis en bande et à force ouverte, la cour d'assises a dû faire aux faits reconnus constants l'application des art. 23 et 24 de la loi du 29 juill. 1881, 59, 228, 231, 440 c. pén., sans avoir à rechercher s'il existait une relation entre les propos provocateurs et les faits criminels perpétrés postérieurement (Crim. rej. 18 sept. 1890, aff. Martin et Tennevin, D. P. 91. 1. 186).

584. — IV. APPLICATION RESPECTIVE DE L'ART. 23 ET DE L'ART. 60 C. PÉN. — COMPÉTENCE. — La provocation par la voie de la presse, à la condition qu'elle offre tous les caractères décrits par l'art. 60 c. pén., peut constituer la complicité de droit commun en même temps que la complicité spéciale définie par l'art. 23 de la loi de 1881. Tantôt, en effet, la provocation contenue dans un discours ou dans un écrit rendus publics constituera une manœuvre caractéristique de l'escroquerie ; ce sera, par exemple, une menace de chantage (c. pén. art. 400, § 2) ; alors l'article de journal ou le discours prononcé devient un élément constitutif du délit et l'auteur de l'article tombe sous le coup de l'art. 60, non pas comme provocateur, mais comme ayant fourni un moyen de commettre le délit. Il en sera de même en cas de menaces ou de manœuvres à la hausse et à la baisse des marchandises ou des effets publics (c. pén. 419) (Fabreguettes, t. 1, n° 688). Tantôt le discours ou l'article contiendra une provocation accompagnée de promesses, de menaces ou d'instructions pour commettre l'action qualifiée crime ou délit que l'orateur ou l'écrivain veut provoquer ; alors la provocation tombe en même temps sous l'application de l'art. 60 c. pén. et sous l'application de l'art. 23 de la loi de 1881. En pareil cas, nous n'hésitons pas à penser que c'est la complicité de droit commun que les poursuites devront relever de préférence au délit de presse. « La provocation, dit M. Rousset (p. 111, n° 934), n'étant réellement un acte de complicité, c'est-à-dire de coparticipation au crime ou délit, que par les effets de suggestion et de détermination qu'elle produit dans la pensée de l'agent, c'est par ce côté psychologique, qui fait le fond de l'art. 60 c. pén., que le fait doit uniquement s'apprécier et se qualifier. L'art. 1 de la loi de 1819 (aujourd'hui l'art. 23 de la loi de 1881) n'est qu'une loi de supplément, à laquelle il ne convient de recourir que lorsque les règles du droit commun sont insuffisantes. C'est, d'ailleurs, pour ce cas qu'elle a été faite ; le droit commun doit donc prévaloir toutes les fois que la spécialité de la situation ne range pas l'infraction d'une manière absolue sous les coups de la loi spéciale ». Cette solution a pour elle le précédent historique des procès suivis en 1831 contre Armand Marrast et en 1841 contre Dupoty (Conf. Chassan, t. 1, n° 431 ; Barbier, t. 1, n° 290). M. Fabreguettes, t. 1, n° 695, se range

à la même opinion en faisant observer que « c'est, en effet, une règle que les principes du code pénal s'appliquent aux matières spéciales, toutes les fois qu'il n'y a pas dérogation expresse et tacite à ces principes ». — De la règle qu'il vient de rappeler, M. Fabreguettes fait ressortir cette conséquence que l'orateur ou l'écrivain réputé complice, en vertu de l'art. 23 de la loi de 1881, de l'action qualifiée crime ou délit qu'il a provoquée, peut avoir lui-même, en vertu de l'art. 60 c. pén., un complice dans celui qui l'a excité par dons, promesses ou menaces à la provocation ou qui lui a donné des instructions pour la commettre, par exemple en lui fournissant les matériaux de l'article ou du discours incriminé.

585. La provocation par la voie de la presse étant assimilée à la complicité, l'auteur de la provocation est puni des peines portées contre l'auteur même de l'action qualifiée crime ou délit. C'est ce qui résulte de la combinaison des art. 23 de la loi de 1881 et 59 c. pén. (V. *suprà*, n° 580). Quelle conséquence faut-il tirer de cette règle au point de vue de la compétence ? Considéré comme un complice en vertu de la loi sur la presse, le provocateur sera-t-il traduit devant la juridiction de droit commun qui connaîtra des poursuites dirigées contre l'auteur principal de l'action qualifiée crime ou délit ? M. Fabreguettes (t. 1, n° 823) enseigne que le provocateur est justiciable comme complice des mêmes juridictions que l'auteur principal : « tantôt cour d'assises, tantôt tribunaux correctionnels selon les cas ». Nous pensons au contraire, avec M. Barbier (t. 1, n° 289) que la complicité spéciale établie par l'art. 23 de la loi de 1881, pour être punie des peines portées contre l'auteur de l'action provoquée, n'en constitue pas moins une infraction aux lois de la presse, et que l'accusation dirigée contre l'auteur de la provocation doit être instruite et jugée comme un procès de presse. Elle doit donc être dans tous les cas déférée à la cour d'assises. Ce qui le prouve, c'est d'abord le seul fait de l'insertion de la disposition de l'art. 23 dans la loi du 29 juill. 1881, qui constitue le code spécial de la presse. Le fait est d'autant plus significatif que, dans différents pays de l'Europe qui ont imité les dispositions de notre code pénal, on a ajouté au texte de notre art. 60 sur la complicité de droit commun, un quatrième paragraphe reproduisant à peu près les termes de l'art. 1 de la loi du 17 mai 1819. Or, M. Ribot, avait un moment proposé à la Chambre des députés d'adopter une mesure semblable et de faire de la provocation par la voie de la presse un cas nouveau de complicité de droit commun (Fabreguettes, t. 1, n° 694 ; Celliez et le Senne, p. 240). On n'a pas donné suite à ce projet, et l'insertion de l'art. 23 dans la loi de 1881 a fait de la provocation par le discours ou par l'écrit un crime ou un délit de presse. Comment expliquer dans un autre sens les dispositions des art. 42, 43, 47, 49, 65 de la loi de 1881, qui toutes visent simultanément les *crimes* et les délits de presse ? Le seul fait qui soit puni comme un crime par la loi de 1881 est précisément la provocation à commettre une action qualifiée crime : c'est donc nécessairement un crime de presse, ou les articles précités n'ont aucune portée en tant qu'ils se réfèrent à des crimes de presse.

586. Par application du principe qui vient d'être dégagé, on décidera d'abord que l'auteur du discours ou de l'écrit provocateur, sera, dans tous les cas, justiciable de la cour d'assises, en vertu de l'art. 45, alors même que l'action provoquée, qualifiée simplement délit, ne relève que des tribunaux correctionnels (Barbier, *loc. cit.*). — L'art. 49 s'opposera à la *saisie* des écrits considérés comme provocateurs et à l'*arrestation préventive* de l'accusé, sauf toutefois le cas où la provocation aurait eu pour objet une action qualifiée crime, et à la condition qu'elle ait été suivie d'effet, c'est-à-dire du crime ou de la tentative légale du crime ; car l'art. 49 autorise, par exception, l'arrestation préventive de l'auteur d'un crime de presse, et nous avons dit que la provocation suivie d'effet à commettre un crime est le seul crime prévu par la loi de 1881. — On devra suivre les règles tracées par les art. 47 à 62, sur la procédure criminelle en matière de presse. — L'auteur du crime ou du délit de provocation ne sera pas passible de l'aggravation de peine portée contre la *récidive* (art. 63). S'il bénéficie des *circonstances atténuantes*, la peine ne pourra pas excéder la moitié de celle édictée par la loi (art. 64). L'action publique et l'action civile résultant de la provocation au crime ou au délit seront prescrites par trois mois (art. 65). — Les poursuites dirigées contre l'auteur principal du crime ou du délit ne cesseront pas d'être régies par le droit commun. M. Barbier pense, toutefois, qu'on devra tenir compte de la *connexité* reliant ces poursuites à l'action dirigée contre le provocateur.

587. Les règles de l'*imputabilité*, telles qu'elles sont déterminées par les art. 42 et suiv. de la loi du 29 juill. 1881, devront être observées. Tous ceux qui ont participé à une publication poursuivie comme caractérisant un crime ou un délit de la presse sont atteints par la loi, soit comme auteurs soit comme complices. La même personne est tantôt considérée comme auteur principal et tantôt comme complice, selon la part plus ou moins importante qu'elle a prise à la publication. L'auteur d'un article peut être incriminé comme auteur principal, si le journal n'a pas de gérant ; dans le cas contraire, il n'est que le complice du gérant. Peuvent être également poursuivis comme complices du gérant, tous ceux qui ont pris à la publication délictueuse une part susceptible de constituer la complicité dans les termes de l'art. 60 c. pén., notamment les vendeurs ou distributeurs du journal, ceux qui ont fourni au rédacteur de l'article incriminé des matériaux ou des instructions, etc. Les imprimeurs seuls bénéficient d'une exception au droit commun (V. *infrà*, tit. 4, chap. 1. sect. 3, art. 1).

Ainsi diverses personnes peuvent être simultanément mises en cause comme responsables du crime ou du délit de provocation. Supposons que le gérant soit en cause, il est poursuivi comme auteur principal de la provocation ; tous les autres, l'auteur, les vendeurs, les distributeurs, etc., ne sont que des complices. Ainsi le fait de provocation imputable au gérant constitue, tout à la fois, un acte de complicité spéciale dans le crime ou le délit de droit commun dont l'agent est poursuivi comme auteur principal (L. 1881, art. 23), et un crime ou délit de presse spécial dont le gérant est l'auteur principal (art. 42) et dont sont complices tous ceux qui ont pris à la publication une part suffisante pour caractériser la complicité dans les termes de l'art. 60 c. pén. Il en résulte que les peines établies contre l'action qualifiée crime ou délit seront applicables en vertu de l'art. 23, au gérant comme complice par provocation du crime ou du délit, et à l'auteur de l'article provocateur, aux vendeurs, distributeurs, etc., comme complices non du crime ou du délit provoqué, mais du crime ou du délit de provocation imputable au gérant. « Cette complicité en sous-ordre, dit M. Barbier (t. 1, n° 291), des coparticipants de la personne juridiquement réputée auteur principal de la provocation, pourrait bien faire tomber sous le coup des pénalités de l'art. 23 certains faits de participation se reliant *directement* à la provocation et ne se rattachant néanmoins que par des liens *indirects* au crime ou au délit principal, ce qui est assurément contraire à l'esprit de la loi. Mais il n'est guère à craindre que le jury se laisse égarer par des subtilités juridiques et consente jamais à associer, au sort de l'auteur du crime ou délit principal, des personnes autres que celles qui, au point de vue de la raison et du fait, sont les véritables auteurs intellectuels et moraux de la provocation » (Conf. de Grattier, t. 1, p. 155 ; Fabreguettes, t. 1, n° 695).

Si les provocations sont contenues dans des imprimés qui ne portent ni nom d'imprimeur ni nom d'auteur, la responsabilité de la publication retombe sur les crieurs, afficheurs, vendeurs ou distributeurs qui, par application des art. 42 et 43 de la loi du 29 juill. 1881 et 60 c. pén., encourent la peine édictée par l'art. 23, c'est-à-dire la peine même portée contre l'action qualifiée crime ou délit dont l'exécution a été l'effet de la provocation. — Cependant l'art. 285, § 2, c. pén. exempte des peines de la complicité, et ne punit que d'un emprisonnement de six jours à trois mois les crieurs, afficheurs, vendeurs et distributeurs qui font connaître ceux de qui ils tiennent l'écrit imprimé sans nom d'auteur ou d'imprimeur. Cette disposition est-elle toujours en vigueur ? Nous pensons qu'il faut répondre affirmativement. En effet, l'art. 68 de la loi du 29 juill. 1881 ne prononce pas l'abrogation expresse de l'art. 285, § 2, c. pén. D'autre part, il ne semble pas qu'il résulte une abrogation tacite des art. 42 et 43 de la loi de 1881, qui déterminent, en matière de presse, la responsabilité respective des auteurs et des com-

plices ; car il est admis qu'on ne doit considérer comme abrogées tacitement que les dispositions de la loi ancienne qui sont incompatibles avec les dispositions de la loi nouvelle ; or, comme le fait observer M. Barbier (t. 1, n° 292), « il n'y a pas ici incompatibilité réelle. et il est aisé de combiner les art. 42 et 43 avec la disposition spéciale de l'article 285, § 2, dont le but est d'assurer le moyen de connaître par les révélations intéressées d'un comparse, les véritables coupables ».

Sect. 2. — De la provocation non suivie d'effet.

588. La provocation qui n'a pas été suivie d'effet ne peut être considérée comme un acte de complicité d'un crime ou d'un délit qui n'a pas été commis ; mais elle constitue, par elle-même, un acte répréhensible et dangereux pour l'ordre public, susceptible de revêtir une qualification criminelle et de tomber sous une répression légale. Aussi la loi du 17 mai 1819, après avoir décidé que le provocateur serait réputé complice de toute action qualifiée crime ou délit qui aurait été l'effet de la provocation, et qu'il serait puni comme tel, avait érigé en délit particulier la provocation non suivie d'effet. En cas de provocation à commettre un ou plusieurs crimes, la peine était de trois mois à cinq ans de prison et d'une amende de 50 fr. à 6000 fr. La provocation à commettre un ou plusieurs délits était punie de trois jours à deux ans de prison et d'une amende de 30 fr. à 4000 fr. ou de l'une de ces deux peines seulement, sauf le cas où l'auteur même du délit n'aurait été puni que d'une peine moins grave ; cette dernière peine pouvait seule alors être prononcée contre le provocateur. — Lors de la discussion de la loi de 1881, la question s'agita au Parlement, de savoir si la provocation non suivie d'effet demeurerait au rang des délits de presse. On fut d'accord sans difficulté pour laisser sans répression la provocation à commettre un délit. Il n'en fut pas de même pour la provocation à commettre une action qualifiée crime. « La provocation, dit le rapport de M. Lisbonne à la Chambre des députés, est, dans cette hypothèse (quand elle n'a pas été suivie d'effet) comme dans celle où elle a été suivie d'effet, *un acte*, et non pas l'expression d'une opinion, la manifestation d'une doctrine ou d'une tendance ; elle est une véritable menace à la sécurité publique ; elle cause un trouble, c'est-à-dire un dommage appréciable à la société ou à l'individu ; elle tombe, à ce titre, sous l'application des principes les moins contestables du droit commun, dans les dispositions duquel elle trouve plus d'une analogie ». Mais on répondait : « Il ne suffit pas qu'en matière pénale un préjudice soit possible, il faut encore qu'il soit certain. Les esprits n'ont pas été troublés, si les intérêts n'ont pas été alarmés par une provocation qui n'a été qu'une voix dans le désert, où est le préjudice ? et si la provocation a troublés et alarmés, comment pouvoir saisir le corps du délit au fond des esprits et en mesurer la criminalité mesurée elle-même sur l'étendue du dommage. Une loi qui n'a aucun moyen humain de faire cette mesure n'a pas le droit de punir » (Rapport de M. Pelletan au Sénat).

Cette dernière théorie n'a pas prévalu. On a abandonné la doctrine erronée que contenait l'exposé des motifs de la loi du 17 mai 1819, où la provocation non suivie d'effet était envisagée comme une tentative. Il était facile de comprendre que la définition de la tentative prévue par l'art. 2 c. pén., qui n'est jamais un acte préparatoire, mais un acte d'exécution, ne pouvait pas convenir à la provocation par la voie de la presse. La loi de 1881 envisage donc la provocation non suivie d'effet comme un délit spécial ; mais, s'attachant au système que l'art. 2 de la loi du 18 juill. 1791 et l'ancien art. 102 c. pén., avaient autrefois consacré, elle ne punit la provocation non suivie d'effet *que dans des cas déterminés*. La provocation non suivie d'effet ne tombe sous une répression légale que lorsqu'elle a eu pour objet d'inciter à commettre l'un des crimes prévus par les art. 75 et suiv. c. pén. jusques et y compris l'art. 101. Cette provocation ne constitue elle-même qu'un délit de presse, dont la peine est de trois mois à deux ans d'emprisonnement et de 100 fr. à 3000 fr. d'amende (L. 29 juill. 1881, art. 24).

589. La provocation non suivie d'effet n'est punissable que si elle a été *directe*. Telle est la disposition expresse de l'art. 24. « Il faut, dit M. Barbier (t. 1, n° 296), qu'elle soit manifeste, patente, flagrante, que non seulement par son esprit, mais par ses termes mêmes, elle excite à commettre un fait déterminé constituant l'un des crimes prévus par l'art. 24 » (V. en ce sens Crim. rej. 5 janv. 1883, aff. Farant, D. P. 84. 1. 95). Il n'est donc pas possible de renouveler aujourd'hui, sous la dénomination de provocation non suivie d'effet, et en vertu de l'art. 24, les anciennes accusations d'attaques contre la constitution, d'excitation à la haine et au mépris du Gouvernement. Ces délits spéciaux, que punissaient les art. 1 et 4, § 1, du décret du 11 août 1848, abrogés par la loi de 1881, ne sauraient revivre comme provocations à l'attentat puni par l'art. 87 c. pén. Si violents que soient les termes du discours ou de l'écrit, tant qu'il en ressort exclusivement une attaque dans le domaine purement intellectuel des idées ou des sentiments, on n'est pas en présence de la provocation directe réprimée par l'art. 24. Il faut, pour la caractériser, qu'il y ait, par la parole ou par l'écrit, un appel à la force, une excitation formelle à commettre l'une des actions qualifiées crimes qui sont visées par l'art. 24. C'est en ce sens que la cour de Paris s'est prononcée, le 9 févr. 1883, en rendant un arrêt de non-lieu sur les poursuites dirigées contre le prince Napoléon, en raison de placards qu'il avait fait afficher dans Paris. Ce motif, pris de ce que le fait de dénigrer avec acrimonie, dans un manifeste, les institutions de la République et d'y affirmer un prétendu droit plébiscitaire en dehors duquel rien ne serait légitime, ne constitue pas une provocation directe à commettre l'un des crimes contre la sûreté de l'État prévus par les art. 75 et suiv. jusques et y compris l'art. 101 c. pén. (Le Droit, 10 févr. 1883).

590. La provocation non suivie d'effet n'est punissable, en vertu de l'art. 24, qu'à la condition d'avoir été commise à l'aide d'un des moyens de publication énoncés en l'art. 23 (V. supra, n° 573).

591. Il est nécessaire qu'elle ait eu pour objet d'exciter à commettre l'un des crimes suivants : 1° parmi les crimes contre les particuliers prévus au tit. 2 du code ceux de meurtre, expression générale qui doit s'entendre du meurtre proprement dit, de l'assassinat, du parricide, de l'infanticide, de l'empoisonnement, de tous les crimes en un mot qui sont prévus par les art. 295 à 304 c. pén.; de pillage puni par l'art. 440 c. pén., et d'incendie puni par l'art.434 du même code ; — 2° Les crimes contre la sûreté extérieure de l'État prévus par les art. 75 à 85 c. pén. (port d'armes contre la France, entretien d'intelligences avec l'ennemi, livraison des plans de fortifications, etc.), et les crimes contre la sûreté intérieure de l'État, punis par les art. 86 à 101 c. pén. (attentats et complots ayant pour but de changer le Gouvernement, crimes tendant à troubler l'État par la guerre civile, l'emploi illégal de la force armée, la dévastation et le pillage publics).

592. A l'égard de cette dernière catégorie d'actions qualifiées, il importe de remarquer que la provocation sera toujours facile à distinguer de l'attentat qu'elle a pour objet de susciter. Les attentats réprimés par les art. 87 et 91 c. pén. ne sont jamais caractérisés que par des actes matériels d'incitation, par des actes, dit M. Rousset, p. 124, n° 1051, « dont la perpétration est de nature à exciter par voie d'exemple à suivre, et non des actes immatériels, tels que des excitations orales ou écrites ». Quand la loi du 10 juin 1853 vint modifier le texte primitif de l'art. 87 c. pén., M. de la Guéronière avait dit, dans le même sens, dans son rapport: « Pour qu'il y ait attentat, il faut un acte extérieur ; les discours et les écrits ne constituent pas un attentat ». Ces principes ont inspiré l'arrêt de la cour de Paris du 9 févr. 1883, cité supra, n° 589, quand il a décidé que le fait d'avoir publié ou affiché un écrit, quels qu'en soient les termes, ne saurait par lui-même constituer un attentat, au sens des art. 87 et 91 c. pén. en l'absence de toute attaque matérielle et violente contre la paix publique et la forme du Gouvernement.

593. L'intention coupable est requise pour constituer le délit de provocation non suivie d'effet. Nous admettons bien, avec M. Barbier (t. 1, n° 300), qu'il n'est pas rigoureusement nécessaire que l'auteur de la provocation se soit proposé de déterminer l'exécution immédiate de l'attentat qu'il a préconisé ; mais il nous paraît du moins nécessaire qu'il ait eu directement en vue de préparer l'esprit public à cet attentat.

594. La responsabilité du délit de provocation non suivie d'effet est imputable à toutes les personnes qui ont pris part à la publication provocatrice, suivant les règles générales d'imputabilité tracées en matière de presse (V. supra, n°s 587 et suiv.). La cour d'assises est compétente pour connaître de la poursuite (art. 431).

SECT. 3. — DES CRIS ET CHANTS SÉDITIEUX.

595. — I. OBSERVATIONS GÉNÉRALES. — Le délit de cris séditieux a été prévu, pour la première fois, par l'art. 5 de la loi du 9 nov. 1815, relative à la répression des cris séditieux et des provocations à la révolte (Rép., p. 405). Étaient punissables, en vertu de cette loi, tous cris ou discours proférés dans les lieux publics ou destinés à des réunions habituelles de citoyens, soit lorsqu'ils constituaient des menaces d'attentat contre la sûreté de l'État, soit lorsqu'ils avaient pour but « d'affaiblir par des calomnies et des injures, le respect dû à la personne ou à l'autorité du roi, ou à la personne des membres de sa famille », ou d'exciter à la désobéissance au roi ou à la charte constitutionnelle, soit lorsqu'on y invoquait « le nom de l'usurpateur ou d'un individu de sa famille ou de tout autre chef de rébellion ». La peine établie par l'art. 10 de cette loi consistait dans un emprisonnement de trois mois à cinq ans et une amende de 50 fr. à 20 000 fr., la surveillance de la haute police pendant cinq ans au plus à partir de l'expiration de la peine et la faculté pour le juge de prononcer, contre le coupable, l'interdiction des droits mentionnés en l'art. 42 c. pén., pendant cinq ans au moins et dix ans au plus. Si les cris séditieux avaient été proférés dans le palais du roi ou sur son passage, l'art. 3 de la même loi prononçait la peine de la déportation (Rép. ibid.). — L'art. 5-1° de la loi du 17 mai 1819 atteignait les cris séditieux publiquement proférés par une double disposition. Si ces cris renfermaient une attaque contre l'inviolabilité de la personne du roi, contre l'ordre de successibilité au trône, contre l'autorité constitutionnelle du roi et des Chambres, ils étaient considérés comme provocation à un crime non suivie d'effet, et punis à ce titre, par application de l'art. 2 de la loi, d'un emprisonnement de trois mois à cinq ans et d'une amende de 50 fr. à 6000 fr. Tous autres cris séditieux étaient assimilés à la provocation à commettre un délit, non suivie d'effet, et punis des peines portées par l'art. 3, c'est-à-dire d'un emprisonnement de trois jours à deux ans et d'une amende de 30 fr. à 4000 fr. ou de l'une de ces deux peines seulement (Rép. p.406). Cette assimilation ne fut pas maintenue par la loi du 25 mars 1822, qui incrimina comme un délit spécial (art. 8) « tous cris séditieux publiquement proférés », et frappa ce délit d'un emprisonnement de six jours à deux ans et d'une amende de 16 fr. à 4000 fr. (Rép. p. 408).

596. En 1881, l'incrimination des cris séditieux rencontra des adversaires décidés. Lors de la première délibération devant la Chambre des députés, M. Cunéo d'Ornano avait demandé la suppression pure et simple de l'article relatif aux cris séditieux : « La Chambre a voulu, dit-il, supprimer tous les délits d'opinion pour ne maintenir que des délits de droit commun, qui sont prévus par le code, et punis de pénalités spéciales. Or, si le cri séditieux est un véritable appel à la sédition, il rentre alors dans les dispositions générales que vous avez maintenues en matière de provocation ; s'il constitue un simple fait de désordre, il peut tomber sous les dispositions de nos lois qui prévoient le tapage injurieux » (Séance du 2 févr. 1881). A la séance du 15 févr. 1881, où l'article relatif aux cris séditieux vint en deuxième délibération. M. Gatineau renouvela les objections que cet article motivait : « Le texte actuel se contente de dire que le cri séditieux sera puni, mais il ne l'indique pas, il ne le définit pas, de telle sorte que le cri séditieux, échappant à l'analyse et à la description, devient ce qu'il y a de plus vague du monde. L'histoire nous montre que le cri qui est séditieux à certains moments devient louable à une autre époque, et que le cri qui avait été inoffensif à une date devient plus tard, séditieux, c'est-à-dire dangereux ». Le rapporteur, M. Lisbonne, répondait à ces observations : « Le délit que vous nous proposez de repousser est un délit de droit commun. Il a sa source, son origine, sa justification dans l'art. 479 c. pén. ; c'est un tapage, mais un tapage d'une gravité particulière... Si nous avons maintenu dans le projet de loi le délit de cris séditieux, c'est qu'il constitue un trouble matériel, une agression plus ou moins violente qui peut être suivie de désordres et de collisions plus ou moins regrettables, selon le temps et le lieu, par la surexcitation qu'elle peut occasionner ».

597. Dans le projet soumis à la Chambre des députés, on avait, à l'imitation de la loi de 1822, considéré les cris séditieux comme constitutifs d'un délit spécial, et ce délit faisait l'objet de l'art. 30, classé sous la rubrique : *Délits contre la chose publique*. C'est aussi la classification qui avait été adoptée par la Chambre des députés. Mais cette classification fut modifiée par le Sénat, et la disposition concernant les cris séditieux fut transportée, dans le paragraphe 1 (provocation aux crimes et délits), selon le principe admis par l'art. 5 de la loi du 17 mai 1819, qui avait pris théoriquement à tâche de n'incriminer que des délits de droit commun (D. P. 81. 4. 74, note). Cependant il s'agit bien d'un délit spécial. En effet, dit M. Barbier (t. 1, n° 303), il est très vrai que le cri séditieux, s'il renferme une *provocation directe* à commettre un crime, peut être atteint soit par l'art. 23, soit par l'art. 24, § 1. de la loi sur la presse, de même il peut rentrer dans les prévisions de l'art. 479 c. pén., s'il est soit *injurieux*, soit *nocturne*. Et cela reste vrai en présence de la disposition spéciale qui punit le cri séditieux en lui-même; mais à défaut de cette [disposition, on voit immédiatement que des cris manifestement séditieux échapperaient à toute répression. Par exemple, on contestera difficilement le caractère séditieux du cri « A bas la République! » ou « Vive le roi! » poussé en plein jour, sur la place publique, sous le régime républicain; or, il est manifeste qu'à défaut de la disposition spéciale de l'art. 24, § 2, ces exclamations n'auraient pu être en aucune façon incriminées, puisqu'elles ne renferment aucune provocation directe à commettre un crime ou un délit, et que, d'autre part, il est impossible de les considérer comme injurieux ou nocturnes ».

Le deuxième alinéa de l'art. 24 de la loi de 1881 est ainsi conçu : « Tous ces cris et chants séditieux, proférés dans des lieux ou réunions publics, seront punis d'un emprisonnement de six jours à un mois et d'une amende de 16 fr. à 500 fr., ou de l'une de ces deux peines seulement ». Les éléments constitutifs du délit prévu par l'art. 24 sont : 1° des cris ou des chants ayant un caractère séditieux ; 2° la profération de ces cris ou chants dans des lieux ou réunions publics; 3° l'intention criminelle de celui qui les a proférés.

598. — II. Cris et chants ayant un caractère séditieux. — La loi du 29 juill. 1881 incrimine et confond dans la même pénalité deux actions qui troublent la tranquillité publique, qui sont des faits de désordre, « des procédés d'agression particulièrement violents » (Barbier, t. 1, n° 304): les *cris* et les *chants* séditieux. Ces actions ne pouvaient rester impunies, lorsque le code pénal réprime les simples bruits ou tapages injurieux ou nocturnes qui troublent la tranquillité des habitants (Circ. min. just. 9 nov. 1881, D. P. 81. 3. 108, n° 27). Les lois antérieures n'avaient incriminé que les *cris*. Suivant un arrêt de la cour de Bordeaux du 11 nov. 1880 (aff. Jorget : -MM. Bourgade, pr.-Rozier, subst.-Cunéo-d'Ornano, av.) dont on peut tenir la définition pour exacte, la dénomination de *cris* « n'est applicable qu'à une violente émission de voix, exprimant, d'une manière spontanée, un sentiment qui fait explosion;... le nombre de mots dont se compose un cri doit être naturellement fort restreint et consiste le plus souvent en une formule qui exprime, avec un laconisme plus ou moins énergique, l'admiration ou la haine, la joie ou la douleur ». Partant de cette définition, l'arrêt précité s'était refusé à assimiler à un cri, un *chant* composé d'un grand nombre de vers et durant plusieurs minutes. Cette interprétation ne prévalut pas devant la cour de cassation; elle décida qu'un chant séditieux (spécialement la *Marseillaise des Charentes*, dont le refrain se termine par les mots : « Vive Napoléon! » tumultueusement vociféré dans une réunion ou un lieu publics, constituait non pas un discours, mais bien une série de cris, rentrant (sous l'empire de la loi du 29 déc. 1875) dans la compétence du tribunal correctionnel, et non de la cour d'assises. (Crim. rej. 2 déc. 1880, aff. Mallet et autres, D. P. 81. 1. 143. Conf.

Crim. cass. 11 mars 1881, aff. Salet et autres, D. P. 81. 1. 443; Trib. corr. Seine, 7° ch., 19 mars 1869, aff. Boulet et autres, D. P. 71. 5. 305). C'est pour couper court à toute difficulté d'interprétation que, sur la proposition de M. Trarieux, à la séance du 2 févr. 1881, la Chambre des députés introduisit les mots *ou chants* dans le texte de la commission, qui ne prévoyait que les *cris*. Il existe, en effet, suivant la remarque de M. Barbier (t. 2, n° 304), de grandes analogies entre les chants et les cris séditieux, et « la plupart des partis politiques ont leurs chants de triomphe et de combat, comme ils ont leurs cris de ralliement et de révolte ».

599. Cependant, il y aura lieu de distinguer, en dehors des *chants* ou *discours* ou *propos séditieux* du *cri* séditieux; car ces discours ou propos ne sont pas punissables en vertu de l'art. 24, § 2, s'ils n'ont pas le caractère d'un cri, c'est-à-dire s'ils ne tiennent pas dans une formule courte et faisant en quelque sorte explosion, suivant la définition de la cour de Bordeaux (V. *supra*, n° 598). Sur l'appel formé présentera souvent des difficultés. Ainsi, il a été jugé que le fait, par un Arabe se disant marabout, de proférer publiquement, en présence de nombreux indigènes, le propos suivant : « Préparez vos chevaux, donnez-leur de l'orge; car les Français ne doivent plus rester longtemps en Algérie! » constitue le délit de *cris séditieux* (Trib. Constantine, 28 juill. 1881, aff. Ben-Saïd-Djemel). Sur le pourvoi formé contre ce jugement, la cour d'appel d'Alger décida que le fait incriminé ne constituait pas le délit de cris séditieux, mais celui de *provocation directe*, non suivie d'effet, à commettre l'un des crimes contre la sûreté de l'État, prévus par les art. 75 à 101 c. pén., et que ce fait tombait, par conséquent, sous l'application du premier alinéa de l'art. 24 (Alger, 13 août 1881, même affaire. V. sur le pourvoi formé contre cet arrêt, Crim. 29 sept. 1881, *supra*, v° *Amnistie*, n° 25).

600. Dans quels cas les cris ou les chants prennent-ils le caractère *séditieux?* Le délit de cris ou chants séditieux est, par son mobile et par la nature de sa manifestation, un *délit politique* (Circ. min. just. 22 juin 1849, D. P. 49. 3. 60). La loi du 9 nov. 1815, la seule qui ait donné une définition de ce délit, prévoyait différentes hypothèses (V. *supra*, n° 595) qui toutes consistaient dans une attaque contre le gouvernement du roi. Pas de définition dans les lois de 1819 et de 1822; d'où latitude pour le juge de constater le cri séditieux dans des cas qui restent indéterminés, même en dehors des hypothèses de la loi de 1815. Cependant le cri séditieux est toujours, et dans tous les cas, celui qui attaque le Gouvernement; car l'art. 5 de la loi de 1819 et l'art. 8 de la loi de 1822 font partie d'une série de dispositions qui punissent les attaques ayant pour but d'ébranler ou de détruire le Gouvernement (V. en ce sens, Chassan, t. 1, n°s 353 et 354 ; Crim. rej. 24 juill. 1876, aff. Astolfi et Orsini, *Bull. crim.*, n° 174). — Sous l'empire de la loi de 1881, les *cris*, auxquels sont ajoutés les *chants* séditieux, n'ont pas changé de caractère. S'ils sont érigés en délits et classés parmi les délits de provocation, c'est que, dans la pensée du législateur de 1881, comme dans l'esprit des lois antérieures, ils impliquent une provocation à la rébellion contre le gouvernement établi, un appel à la révolte, provocation sans doute *indirecte* et, par suite, insuffisante, soit pour transformer le cri séditieux en un acte de complicité des crimes ou délits qui auraient pu la suivre, soit même pour les punir des peines de la provocation non suivie d'effet. On peut donc admettre, avec M. Barbier (*loc. cit.*), qu'un cri est séditieux quand il est « inspiré par l'esprit politique » et qu'il tend « à provoquer au renversement du Gouvernement, et aux attaques dirigées contre sa forme, son principe ou contre la personne de celui ou de ceux qui en sont la plus haute expression ».

601. Suivant un projet de loi concernant les manifestations sur la voie publique que la Chambre des députés a voté en première lecture le 16 févr. 1884, mais qui n'a pas été définitivement adopté, le délit de cris séditieux devrait être puni de peines plus sévères que celles de l'art. 24, 2° al., de la loi de 1881, et l'art. 2 du projet contenait une définition précise du cri séditieux. Devait être réputé cri séditieux : celui qui « provoque soit au rétablissement de la Monarchie, soit au renversement de la République ou des pouvoirs institués par elle ». Ces pouvoirs, suivant M. Maigne, auteur de la définition précitée, « ne sont pas seulement le pouvoir exécutif, mais aussi bien la Chambre et le Sénat que le président de la République ». Ce sont là des indications qui, même en l'absence d'une définition législative, peuvent guider l'appréciation du juge. — Jugé, sous le régime impérial, que le fait d'entonner le *refrain* de *la Marseillaise* au moment où des sergents de ville essayent de dissiper un rassemblement, constitue le délit de cris séditieux, lorsqu'il a eu pour objet de provoquer la résistance aux ordres de l'autorité (Trib. corr. de la Seine, 7e ch., 19 mars 1869, aff. Boulet, D. P. 71. 5. 305. Comp. Barbier, t. 1, n° 304). Mais il a été jugé que, sous le régime républicain, le fait d'une femme d'avoir chanté *la Marseillaise* en plein jour, à sa fenêtre, ne peut être poursuivi ni comme constitutif du délit de chant séditieux, ni comme constitutif de la contravention de tapage injurieux (Crim. cass. 28 mai 1851, aff. Croux, D. P. 52. 5. 523).

La question ne peut plus se poser aujourd'hui, *la Marseillaise* étant devenue chant national. On doit considérer comme séditieux, sous le régime républicain, les cris de : « A bas la République ! Vive le président ! Vive le roi ! Vive l'empereur ! Vive la Commune ! Vive l'anarchie ! » De même aussi, le cri de « Vive la république sociale ! » En effet, « un cri qui est devenu le signal et le symbole de la guerre civile ne saurait rester impuni » (Circ. min. just. 22 juin 1849, D. P. 49. 3. 60 ; Conf. Paris, 18 août 1849, aff. Dufetel, D. P. 49. 2. 223). « Sont également séditieux, sous le gouvernement de la République, les *chants* qui sont des diatribes contre ce gouvernement, ou qui, malgré la banalité de leurs paroles, sont connus comme étant les chants de combat d'un parti politique ennemi du pouvoir » (Barbier, *loc. cit.* Conf. Crim. rej. 2 déc. 1880, et Crim. cass. 11 mars 1881, cités *supra*, n° 598).

602. Au contraire, les cris qui sont de nature à troubler la paix publique, qui sont de violentes attaques contre certains corps constitués ou des exhortations à résister aux agents de l'autorité ne constituent pas le délit de *cris séditieux*, s'ils n'ont pas pour but d'atteindre le Gouvernement lui-même et de provoquer son renversement. Ainsi les cris « A bas l'armée ! A bas la police ! A bas les agents ! » ne sont pas punissables en vertu du 2e alinéa de l'art. 34. Ces cris doivent être poursuivis soit comme outrages envers des dépositaires de l'autorité publique, en vertu des art. 222 et suiv. c. pén., soit comme injures envers les corps constitués, délit prévu par les art. 30 et 33 de la loi de 1881, soit enfin, comme provocation à commettre des crimes ou délits, en vertu des art. 23 et 24, § 1 (Conf. Barbier, *loc. cit.*).

603. — III. Publicité. — Les cris séditieux n'étaient punissables en vertu de l'art. 5 de la loi du 9 nov. 1815, que s'ils avaient été proférés « dans des lieux publics ou destinés à des réunions de citoyens » ; et, en vertu de l'art. 5 de la loi du 17 mai 1819 et de l'art. 8 de la loi du 25 mars 1822, que s'ils avaient été proférés « publiquement ». — L'art. 24, § 2, de la loi de 1881 fait également de la publicité une condition essentielle et constitutive du délit de cris ou chants séditieux. Cette publicité doit se produire dans les circonstances que l'art. 24 a pris soin de déterminer. Il faut que, les cris ou chants aient été *proférés*. V. *supra*, n° 446 et suiv., le sens qu'il convient de donner à cette expression. Il faut, en outre, que le fait de proférer se soit produit dans *des lieux* ou *réunions publics*. V. *supra*, n° 453 et suiv., ce qu'il faut entendre par des lieux publics et par des réunions publiques.

604. — IV. Intention criminelle. — Elle est nécessaire en vertu du droit commun, puisque les cris ou chants séditieux sont un délit (Conf. Crim. cass. 11 juin 1831, *Rép.* n° 562-1°). Elle consiste dans la volonté d'attaquer le Gouvernement (Barbier, t. 1, n° 306).

605. — V. Application respective des art. 23 et 24. — Compétence. — Les cris ou chants séditieux ne sont punissables, en vertu de l'art. 24, 2e alinéa, que s'ils constituent le délit spécial de provocation, *même très indirect*, que cette disposition a prévue. S'il s'agissait de cris ou de chants ayant tous les caractères d'une provocation *directe* à commettre un crime ou un délit, c'est l'art. 23 sur la provocation suivie d'effet qui serait applicable (V. *supra*, n°s 580 et suiv.) ou l'art. 24, § 1, sur la provocation non suivie d'effet (V. *supra*, n°s 588 et suiv.) ; car les délits dont il s'agit

peuvent être commis, suivant la prévision même de ces articles, à l'aide de discours, cris, etc. (Conf. Alger, 13 août 1881, cité *supra*, n° 599 ; Barbier, t. 2, n° 310). D'autre part, les discours, propos, exhortations verbales qui ont un caractère *séditieux*, mais qui ne sont ni des *cris* ni des *chants*, ne peuvent pas être incriminés en vertu du 2e alinéa de l'art. 24. Ils peuvent l'être en vertu des art. 23 et 24, 1er alinéa, s'ils constituent des provocations *directes* à commettre des crimes ou délits. L'exhibition, la distribution ou la vente de *symboles* ou *emblèmes* séditieux n'est plus un délit (V. *supra*, n°s 494 et 552).

606. Le délit de cris ou chants séditieux est imputable à la personne qui les a proférés publiquement ; mais ceux qui, par dons, promesses ou menaces, ont provoqué les agents du délit à cette profération peuvent être poursuivis comme complices en vertu de l'art. 60 du code pénal, qui forme le droit commun et qui est applicable aux crimes et délits de presse (Crim. rej. 25 avr. 1884, cité par Barbier, t. 1, n° 265).

607. Le délit de cris ou chants séditieux est de la compétence de la cour d'assises (L. 1881, art. 45). Jugé, toutefois, sous la législation antérieure que le tribunal correctionnel est compétent pour statuer sur un délit de cris séditieux proféré à l'audience de ce tribunal ; qu'en effet, la loi du 8 oct. 1830, en ce qui concerne les délits correctionnels dont elle attribue la connaissance au jury, n'a nullement modifié la juridiction exceptionnelle et d'ordre public établie par l'art. 181 c. inst. crim. (Paris, 18 août 1849, aff. Dufetel, D. P. 49. 2. 223. Conf. Nîmes, 2 juill. 1885, *Gazette des tribunaux*, juillet 1885).

Sect. 4. — De la provocation adressée aux militaires des armées de terre et de mer dans le but de les détourner de leurs devoirs.

608. L'art. 25 de la loi du 29 juill. 1881 est ainsi conçu : « Toute provocation par l'un des moyens énoncés en l'art. 23, adressée à des militaires des armées de terre ou de mer, dans le but de les détourner de leurs devoirs militaires et de l'obéissance qu'ils doivent à leurs chefs dans tout ce qu'ils leur commandent pour l'exécution des lois et règlements militaires peuvent être punie d'un emprisonnement d'un à six mois et d'une amende de 16 à 100 fr. ». Cette disposition est empruntée à l'art. 2 de la loi du 27 juill. 1849, auquel le législateur de 1881 a fait subir toutefois certaines modifications.

609. Il s'agit ici d'un délit spécial, qui ne rentre pas dans le cadre des délits ordinaires de provocation. Ce n'est plus un fait de complicité par provocation, adressée non d'effet dans une action qualifiée crime ou délit ; ce n'est plus une provocation adressée indistinctement à un citoyen quelconque. C'est une provocation à des faits indéterminés d'indiscipline, adressée aux militaires des armées de terre ou de mer et prenant son caractère délictueux dans les devoirs particuliers que le service militaire impose aux citoyens appelés sous les drapeaux. — Le délit punissable en vertu de l'art. 25 suppose : 1° qu'il y a provocation adressée à des militaires des armées de terre ou de mer ; 2° que cette provocation a été rendue publique par l'un des moyens de publication énoncés en l'art. 23 ; 3° qu'elle a eu pour objet de détourner les militaires provoqués de leurs devoirs militaires et de l'obéissance qu'ils doivent à leurs chefs ; 4° qu'elle a été faite dans une intention criminelle.

610. — I. Existence d'une provocation. — La provocation prévue par l'art. 25 est punissable, qu'elle soit *directe* ou *indirecte* et qu'elle soit ou non *suivie d'effet*. Le texte de l'art. 25 ne comporte aucune restriction. Il en était de même du texte de l'art. 2 de la loi du 27 juill. 1849, dont les auteurs donnaient une interprétation semblable (Rousset, p. 128). En outre, il y a lieu de remarquer qu'à la séance du 31 janv. 1881, M. Léon Renault, parlant au nom de la commission de la Chambre des députés, s'est exprimé dans le sens que nous indiquons : « Après avoir refusé d'atteindre la provocation ordinaire, quand elle n'a pas été suivie d'effet, nous avons, sans nous préoccuper des conséquences, frappé *toute* provocation adressée à l'armée... » (Conf. Barbier, t. 1, n° 312).

611. — II. Publicité. — Le délit prévu par l'art. 2 de la loi du 27 juill. 1849 était punissable quand il avait été réalisé à l'aide de l'un des moyens de publication déterminés par l'art. 1 de la loi du 17 mai 1819. Il pouvait donc résulter, comme toute provocation à un crime ou délit, soit de discours, cris ou menaces proférés dans des lieux ou réunions publics, soit d'écrits ou imprimés vendus ou distribués, mis en vente ou exposés dans des lieux ou réunions publics, soit de placards ou affiches exposés aux regards du public, soit même de dessins, gravures, peintures ou emblèmes, alors assimilés, en matière de provocation, à des écrits ou imprimés (Circ. min. just. 1er août 1849, D. P. 49. 3. 90, n° 2). — Le délit punissable en vertu de l'art. 25 doit avoir été réalisé à l'aide de l'un de ces moyens de publication, à l'exception toutefois du dernier; car l'art. 25 se réfère aux moyens de publication « énoncés en l'art. 23 », et ce dernier article n'admet pas les crimes et délits de provocation à l'aide des dessins, gravures, peintures ou emblèmes (V. suprà, n°s 492 et suiv. et 569).

612. — III. Objet de la provocation. — L'art. 2 de la loi du 27 juill. 1849 punissait la provocation adressée aux militaires des armées de terre et de mer, quand elle avait pour but de les détourner de leur devoir et de l'obéissance qu'ils doivent à leurs chefs (D. P. 49. 4. 118 et Rép. n°s 589 et suiv.). En 1881, des voix s'élevèrent pour repousser cette disposition qui avait, disait-on, le tort grave de consacrer la théorie de l'obéissance passive et de favoriser les coups d'Etat. A la suite d'une longue discussion sur les devoirs d'obéissance militaire, le projet qui reproduisait purement et simplement le texte de la loi de 1849, fut modifié. A ces mots : « provocation adressée aux militaires dans le but de les détourner de leurs devoirs militaires et de l'obéissance qu'ils doivent à leurs chefs », on ajouta : « dans tout ce qu'ils leur commandent pour l'exécution des lois et règlements militaires ». Le législateur de 1881 entendait marquer ainsi et marquait très nettement que l'art. 25 ne saurait être appliqué qu'à ceux qui provoquent un refus d'obéissance à des ordres émanés d'un chef qui, en les donnant, « obéit lui-même à la loi et à la constitution », et que, dès lors, il n'y aurait pas délit de la part du citoyen qui, pour paralyser un abus d'autorité, tenterait, par des exhortations, de ramener les militaires à l'exercice de leurs devoirs (D. P. 81. 4. 76, note 2).

613. L'art. 2 de la loi du 27 juill. 1849 se terminait par une réserve ainsi conçue : « sans préjudice des peines plus graves prononcées par la loi, lorsque le fait constituera une tentative d'embauchage ou une provocation à une action qualifiée crime ou délit ». L'art. 25 de la loi du 29 juill. 1881 devait contenir, d'après le projet, une réserve semblable relative à la tentative d'embauchage et « à la provocation à une action qualifiée crime ». Cette disposition finale a disparu de la rédaction définitive sur le rapport de M. Pelletan, au Sénat. Elle était complètement inutile. En effet, les provocations que prévoit l'art. 25 ont pour objet des faits d'indiscipline militaire; elles ont un caractère particulier; elles seraient caractérisées par des discours ou par des écrits tendant à inspirer aux militaires des armées de terre ou de mer, un esprit d'insubordination, contenant des médisances sur le compte de leurs chefs, etc. (Rép. n° 589). Les provocations dont le caractère est plus grave, celles qui ne sont plus seulement une simple atteinte à la discipline de l'armée, mais qui tendent à faire commettre à des militaires une action déterminée, qualifiée crime ou délit figurant par exemple, au nombre des crimes et délits prévus et punis par la législation militaire codifiée par les codes de justice militaire du 9 juin 1857 (art. 204 à 265) pour l'armée de terre (D. P. 57. 4. 125 et suiv.) et du 4 juin 1858 (art. 262 à 368) pour l'armée de mer (D. P. 58. 4. 103 et suiv.), constituent des crimes ou délits de provocation. Elles auraient été punissables, en vertu des art. 1, 2 et 3 de la loi du 17 mai 1819, même en l'absence de toute réserve insérée dans l'art. 2 de la loi de 1849. Elles sont punissables en vertu des art. 23 et 24 de la loi du 29 juill. 1881, nonobstant la suppression de la réserve que contenait le projet de l'art. 25; cette réserve était, d'ailleurs, incomplète et pouvait donner matière à des difficultés, car elle ne concernait que la provocation à des faits qualifiés crimes. Il n'est pas douteux, en effet, que l'art. 23 a laissé sous l'application des art. 23 et 24, § 1, les provocations directes et spéciales à des crimes ou délits, qu'elles s'adressent à des

militaires ou à des individus de l'ordre civil, cet article réprimant la provocation à toute action qualifiée crime ou délit par une loi quelconque.

614. Cependant l'application des art. 23 et 24 soulève une difficulté, en ce qui concerne la tentative d'embauchage, c'est-à-dire la provocation tendant à faire passer des militaires à l'ennemi ou à des rebelles armés. Le crime d'embauchage est puni de mort (L. 21 brum. an 5; c. just. mil. 9 juin 1857, art. 208 ; c. just. mar. 4 juin 1858, art. 265, D. P. 57. 4. 125, et 58. 4. 104. V. Rép. v° Organisation militaire, n° 755). Les dispositions de ces lois militaires punissant de mort la tentative d'embauchage et faisant consister cette tentative dans une provocation suivie ou non d'effet, sans distinguer entre la provocation par la voie de la presse et celle commise autrement et par exemple par dons, promesses, etc., il en résulte que ces lois étaient applicables aux provocations de cette nature, à l'exclusion de la loi sur la presse. L'embaucheur encourait donc la peine de mort. Cependant l'art. 5 de la constitution du 4 nov. 1848 ayant aboli la peine de mort en matière politique et cette peine étant remplacée par la déportation dans une enceinte fortifiée en vertu de l'art. 1 de la loi du 8 juin 1850, on s'était demandé si la tentative d'embauchage réalisée par la voie de la presse, par le discours ou par l'écrit, exposait l'orateur ou le journaliste à l'application de la peine de mort portée par la loi militaire. La négative était indiquée dans la circulaire du ministre de la justice du 1er août 1849 (D. P. 49. 3. 90, n° 2), qui se prononçait pour l'application, en pareil cas, des lois de la presse, ce qui n'était pas résoudre la question. D'autre part, si les dispositions de la loi militaire étaient et demeurent certainement applicables à la tentative d'embauchage, il y avait lieu de se demander si ce délit n'a pas, dans certains cas, le caractère d'un délit politique. Ce caractère n'est pas celui « de la provocation à passer à l'ennemi » ; mais n'est-ce pas, en cas de troubles insurrectionnels celui « de la provocation à passer aux rebelles armés » ? Tout en appliquant la loi militaire à cette dernière provocation, n'y a-t-il pas lieu de substituer à la peine de mort, celle de la déportation dans une enceinte fortifiée ? C'est à l'occasion de cette difficulté que fut retranchée, du texte définitif de l'art. 25, la réserve qu'on avait introduite dans le projet, à l'imitation de l'art. 2 de la loi du 27 juill. 1849. A la séance de la Chambre des députés du 5 févr. 1881, M. Ballue rappela que Gaston Crémieux, à la suite des faits insurrectionnels de 1871, avait été condamné à mort par un conseil de guerre et fusillé comme coupable de tentative d'embauchage à l'aide de discours et allocutions. M. Maurice Rouvier dit alors : « M. Gaston Crémieux a été exécuté en violation de la loi qui a aboli la peine de mort en matière politique ». Le Sénat, sur la proposition de sa commission, supprima la disposition finale de l'art. 25. Le rapport de M. Pelletan motivait ainsi cette suppression : « La question de savoir si la provocation par la voie de la presse pouvait être considérée comme une tentative d'embauchage a été plusieurs fois discutée. La peine de cette infraction étant la mort, on s'est demandé si l'application de cette peine à l'auteur d'un article de journal ne serait pas en opposition avec la suppression de la peine de mort en matière politique. La commission n'avait pas à trancher la question; mais elle n'a rien voulu laisser subsister dont on pût tirer argument » (Comp. Barbier, t. 2, n°s 315 et 322). Au surplus, c'est le conseil de guerre qui est seul compétent pour juger les prévenus du crime d'embauchage même quand ils ne sont pas militaires (c. just. mil. 9 juin 1857, art. 64, D. P. 57. 4. 118).

615. — IV. Intention criminelle. — Elle est nécessaire pour caractériser la provocation prévue par l'art. 25, en vertu des règles de droit commun, puisque l'infraction punie sous ce titre est un délit.

616. — V. Poursuite. — Compétence. — Peines. — Le délit de provocation adressée à des militaires par la voie de la presse pour les détourner de leurs devoirs militaires et de l'obéissance qu'ils doivent à leurs chefs peut être poursuivi directement par le ministère public, sans dépôt préalable d'une plainte du ministre de la guerre (Crim. rej. 8 janv. 1892, aff. Dejoux, D. P. 92. 1. 629). — Ce délit est de la compétence de la cour d'assises (V. infrà, tit. 4, ch. 3). La peine prononcée par l'art. 2 de la loi du 27 juill. 1849 était celle d'un emprisonnement d'un mois à deux ans et d'une amende de 25 fr. à 4000 fr. (D. P. 49. 4. 120). La loi du 29 juill. 1881 a réduit l'emprisonnement à la durée d'un mois à six mois et l'amende à la somme de 16 à 100 fr. (D. P. 81. 4. 76, note 2).

CHAP. 3. — Délits contre la chose publique.

617. La législation antérieure avait prévu, pour la défense du Gouvernement contre les excès de la presse, différents faits qui étaient classés au nombre des délits de provocation, et qui étaient incriminés sous le nom d'*attaques* contre les droits et l'autorité du chef de l'Etat ou contre l'ordre de successibilité au trône (L. 17 mai 1819, art. 4; L. 25 mars 1822, art. 2; L. 29 nov. 1830, art. 1,; L. 9 sept, 1835, art. 7; *Rép.* n°s 550 et suiv.); d'excitation à la haine et au mépris du Gouvernement (L. 17 mai 1819, art. 1; L. 11 août 1848, art. 4; *Rép.* n° 564); d'attaques contre les droits et l'autorité du Sénat et du Corps législatif (L. 17 mai 1819, art. 4; L. 25 mars 1822, art. 2; L. 29 nov. 1830, art. 1; L. 11 août 1848; *Rép.* n° 571); d'attaques contre la constitution, le principe de la souveraineté du peuple et du suffrage universel (L. 11 août 1848, art. 1; *Rép.* n° 574). Ces délits n'existent plus. Les dispositions qui les prévoyaient sont abrogées (V. *supra*, n° 552). — Le législateur de 1881 a pensé toutefois que la tolérance pour les idées ne devait pas aller jusqu'à permettre les plus extrêmes violences de langage, les attaques personnelles, les injures, les diffamations, les outrages adressés au président de la République, aux corps constitués, aux ministres, aux fonctionnaires publics, aux particuliers eux-mêmes. A côté des délits d'*attaques* incriminées comme provocations, la législation antérieure prévoyait, sous la dénomination générale d'*outrages* (*Rép.* n° 611), les offenses envers la personne du chef de l'Etat (*Rép.* n°s 630, 638) et les offenses envers les membres de sa famille (*Rép.* n° 646), les offenses envers le Sénat et la Chambre des députés (*Rép.* n° 653), les outrages envers les personnes revêtues d'un caractère public (*Rép.* n° 675), la diffamation et l'injure envers ces mêmes personnes, envers les corps constitués et les particuliers (*Rép.* n° 811). En vertu de la loi du 29 juill. 1881, les délits d'offenses envers les membres de la famille du chef de l'Etat (L. 9 nov. 1815, art. 5; L. 17 mai 1819, art. 9), ceux d'offenses envers le Sénat et la Chambre des députés (L. 17 mai 1819, art. 11; L. 25 mars 1822, art. 7; Décr. 11 août 1848, art. 2), ceux d'outrages commis publiquement envers les personnes revêtues d'un caractère public (L. 25 mars 1822, art. 6), sont supprimés. Les autres sont maintenus. Le délit d'offenses envers le président de la République devient le premier des délits classés sous la rubrique: « Délits contre la chose publique ».

618. A côté du délit d'offense au président de la République, la loi du 29 juill. 1881 incrimine, comme constituant également des atteintes à la chose publique, la publication gé- néreusement attribuée ou d'une pièce fabriquée ou mensongèrement attribuée à un tiers, quand il est résulté de cette publication un trouble à la paix publique, et un outrage aux bonnes mœurs. Ce dernier délit a paru constituer un fait si répréhensible de la liberté, et il est devenu si fréquent, que les dispositions de la loi sur la presse, jugées bientôt insuffisantes, ont été modifiées profondément par la loi du 2 août 1882. Leur application est restreinte aujourd'hui à la publication des livres obscènes et à la profération des discours outrageants pour les bonnes mœurs. L'outrage aux bonnes mœurs commis par tout écrit ou imprimé autre que les livres, par affiche ou par dessin, gravure, etc., est un délit de droit commun.

619. D'autre part, les délits d'outrages envers les personnes revêtues d'un caractère public demeurent ou sont replacés sous l'application des art. 222 et suiv. c. pén. La diffamation et l'injure envers ces mêmes personnes, envers les corps constitués et envers les particuliers, sont incriminés sous la rubrique: « Délits contre les personnes » et cette troisième classe des délits de presse comprend, en outre, l'offense envers les chefs d'Etats étrangers et l'outrage envers des agents diplomatiques que la législation antérieure incriminait également (*Rép.* n°s 669 et 913. V. *infra*, n°s 715 et suiv.).

SECT. 1re. — OFFENSE AU PRÉSIDENT DE LA RÉPUBLIQUE.

620. Le délit d'offense envers la personne du chef de l'Etat, considéré dans notre ancienne législation française comme un crime de lèse-majesté, apparaît en 1815 dans notre législation moderne sous l'incrimination de *cris séditieux* (L. 9 nov. 1815). La peine est celle de l'emprisonnement de trois mois à cinq ans et de 50 fr. à 20 000 fr. d'amende, avec renvoi sous la surveillance de la haute police pendant cinq ans au plus et faculté, pour le juge, de prononcer l'interdiction des droits mentionnés en l'art. 42 c. pén. pour cinq ans au moins et dix ans au plus. — L'art. 9 de la loi du 17 mai 1819 prévoit l'*offense* envers la personne du roi et punit le coupable d'un emprisonnement de six mois à cinq ans et d'une amende de 500 fr. à 10 000 fr., avec faculté d'interdiction de tout ou partie des droits mentionnés en l'art. 42 c. pén. pendant un temps égal à la durée de l'emprisonnement auquel le coupable avait été condamné et à partir du jour où la condamnation aura été subie. — En 1832, la loi de revision du code pénal transforme le délit d'offense envers la personne du roi en délit de droit commun et maintient les pénalités établies par la loi de 1819, au moyen d'une disposition additionnelle à l'art. 86 c. pén. — Avec l'art. 2 de la loi du 9 sept. 1835, l'offense envers le roi redevient un délit de presse ; mais la loi contient une double incrimination. L'offense qui a eu « pour but d'exciter à la haine ou au mépris de la personne du roi ou de son autorité constitutionnelle » est considérée comme un attentat à la sûreté de l'Etat, même quand elle n'a pas été suivie d'effet ; elle est justiciable de la Chambre des pairs et punie de la détention, avec une amende de 10 000 fr. à 50 000 fr. (art. 2). Toute autre offense est punie en conformité de l'art. 9 de la loi du 17 mai 1819 (art. 3) (V. *Rép.* n°s 634 et 635). — L'art. 1 de la loi du 27 juill. 1849 punit l'offense envers le président de la République des peines édictées par l'art. 2 du décret du 11 août 1848 pour l'offense envers l'Assemblée nationale, c'est-à-dire d'un emprisonnement d'un mois à trois mois et d'une amende de 100 fr. à 3000 fr. (D. P. 48. 4. 146; D. P. 49. 4. 118; *Rép.* n° 636). — La loi du 10 juin 1853 rétablit dans le texte de l'art. 86 c. pén. la disposition additionnelle introduite en 1832, supprimée en 1835. L'offense envers la personne de l'empereur fut, en vertu de cette disposition, punie d'un emprisonnement de six mois à cinq ans et d'une amende de 400 fr. à 10 000 fr., avec faculté d'interdiction de tout ou partie des droits mentionnés en l'art. 42 c. pén. pendant un temps égal à celui de l'emprisonnement auquel le coupable avait été condamné, et à compter du jour où il aurait subi sa peine (*Rép.* n° 636). Cependant on considéra toujours l'art. 9 de la loi du 17 mai 1819 qui portait la même peine, comme demeuré simultanément en vigueur. On appliquait cet article ou l'art. 86, suivant que l'offense avait été commise ou non par l'un des moyens énumérés dans l'art. 1 de la loi de 1819. — L'art. 12 de la loi du 11 mai 1868 (*supra*, n°s 153 et suiv.) attacha la peine de la suspension facultative du journal, pendant une durée de deux à six mois, à un premier jugement ou arrêt de condamnation encourue pour délit prévu par l'art. 9 de la loi du 19 mai 1819. — L'avènement de la République n'eut pas pour effet de rendre inapplicable l'art. 86 c. pén. et l'art. 1 de la loi de 1819 : le non seul du chef de l'Etat se trouvait changé; mais les dispositions édictées contre l'offense envers la personne du roi et envers la personne de l'empereur protégeaient la personne du président de la République. — Signalons enfin que l'art. 1 de la loi du 29 déc. 1875 (D. P. 76. 4. 30), renouvelant l'effort des lois antérieures, réprima toute *attaque* par l'un des moyens énoncés en l'art. 1 de la loi du 17 mai 1819, soit contre les lois constitutionnelles, soit contre les droits et les pouvoirs du gouvernement de la République. Les peines applicables étaient celles édictées par l'art. 1 du décret du 11 août 1848 : un emprisonnement de trois mois à cinq ans et une amende de 300 fr. à 6000 fr. (D. P. 48. 4. 146).

621. La loi du 29 juill. 1881 a supprimé le délit d'*attaques* contre les lois constitutionnelles (V. *supra*, n° 553). Elle a maintenu le délit d'offense envers le chef de l'Etat. L'art. 26 est ainsi conçu : « L'offense au président de la

45

République par l'un des moyens énoncés dans l'art. 23 et dans l'art. 28 est punie d'un emprisonnement de trois mois à un an et d'une amende de 100 fr. à 3 000 fr. ou de l'une de ces deux peines seulement ». — Dans le projet de la loi, l'expression d'*outrage* était employée pour caractériser l'offense envers le président de la République (D. P. 81. 4. 77, note 1). Le Sénat substitua l'expression d'*offense* à celle d'outrage. La seule raison de cet amendement, qui n'a donné lieu à aucune discussion, se trouve dans le rapport de M. Pelletan. « L'offense, y est-il dit, est le terme consacré ; par cela seul qu'il est exceptionnel, il convient mieux à la situation exceptionnelle du chef de l'Etat ». Le rapport qui précéda la loi de 1819 avait justifié ainsi cette dénonciation spéciale d'offense : « On a pensé qu'il existait des êtres individuels ou collectifs, placés si haut dans le respect des hommes, que le trait le plus empoisonné, bien que lancé contre eux, ne peut les atteindre ; quoi qu'on publie à leur sujet, peu importe, en ce qui les concerne personnellement ; il y a délit, mais il n'y a pas dommage ; il y a un criminel, mais il ne peut pas y avoir de victime. Voilà un délit particulier, que le mot *offense* caractérise d'une manière parfaite ». « La disposition de l'art. 26, dit M. Lisbonne, se substitue aux art. 4 et 9 de la loi du 17 mai 1819, 15 et 16 de la loi du 25 mars 1822, 2 et 3 de la loi du 9 sept. 1835, 1, 2 et 4 du décret du 11 août 1848, 1 de la loi du 27 juill. 1849, et 1 de la loi du 29 déc. 1875. Elle ne remplace ces divers textes de lois, qui demeurent absolument abrogés, elle n'en a retenu qu'un seul élément : l'outrage envers le chef de l'Etat.

622. Le projet de loi (art. 29, 1er al., devenu l'art. 26) contenait une disposition additionnelle ainsi conçue : « La même pénalité est applicable à tout outrage commis par l'un des moyens énoncés en l'art. 26 (art. 23 de la loi) envers la République, le Sénat ou la Chambre des députés ». Cette disposition ne fut pas adoptée. Par son vote, dit M. Barbier (t. 1, n° 336), la Chambre marquait nettement la distinction qui, suivant elle, devait être faite entre la *personne vivante*, *agissant du président de la République*, et ces êtres abstraits ou collectifs, qu'on appelle la République, la Chambre ou le Sénat ».

623. Le délit punissable en vertu de l'art. 26 suppose : 1° une offense adressée à la personne du président de la République ; 2° la publicité donnée à cette offense par l'un des moyens de publication énoncés en l'art. 23 et dans l'art. 28 ; 3° une intention criminelle chez l'auteur de l'offense.

624. — I. De l'offense. — Quel sens convient-il d'attacher à cette expression ? Quel caractère les discours, les écrits ou les dessins doivent-ils présenter pour être punissables comme offense au président de la République ? Si l'on consulte les précédents historiques, on voit que l'art. 5 de la loi du 9 nov. 1815, en punissant les *cris séditieux* tendant à « affaiblir, par des calomnies ou des injures, le respect dû à l'autorité ou à la personne du roi » (V. *supra*, n° 595) n'avait en pour objet que de protéger le chef de l'Etat contre la calomnie ou l'injure, délits que le code pénal définissait alors à l'égard des particuliers. L'art. 9 de la loi du 17 mai 1819 étendit beaucoup plus loin la protection de la personne du roi. Au texte du projet qui contenait les expressions « d'imputations ou d'allégations offensantes ou d'injures », fut substitué le mot d'*offense*. La pensée du législateur était donc qu'il pouvait y avoir offense dans un discours, un écrit ou dessin qui ne contenait pourtant ni l'injure caractérisée, ni la diffamation, le nouveau délit qui venait d'être substitué au délit de calomnie du code pénal (Crim. rej. 4 mars 1831, *Rép.* n° 642). Sous le nom d'offense, on incrimina, dès lors, les simples irrévérences de langage, les critiques polies, les plaisanteries familières (*Rép.* n° 641). Le mot offense fut maintenu par l'Assemblée législative dans l'art. 1 de la loi du 27 juill. 1849. On avait, il est vrai, pendant la discussion, critiqué la jurisprudence antérieure (D. P. 49. 4. 127). Mais le rapporteur fit observer que « le mot *outrage* serait impropre ; car le dénigrement systématique peut se commettre avec un certain ménagement dans l'expression... Le mot *offense* a paru à la commission seul propre à y pourvoir, parce qu'il comprend toutes les nuances d'attaque, sans porter atteinte au droit de critique et de libre discussion ». M. Odilon Barrot, président du con-

seil, dit également : « Quant à l'*outrage*, quant au mot *injure*, ce sont des définitions... qui, dans le langage des lois, et même dans le langage du monde, ne peuvent pas s'appliquer à cette série d'*insinuations*, qui, même *revêtues des formes les plus polies en apparence*, ne sont que plus perfides et n'arrivent que plus sûrement à la dégradation des pouvoirs contre lesquels elles sont dirigées. C'est pour cela que le mot offense a été inséré dans la loi ». Il dit encore que ce mot n'excluait pas la responsabilité du président de la République, ne portait pas atteinte au droit de critiquer et de censurer ses actes, ni au droit de demander sa mise en accusation. — Toutefois l'offense n'est pas seulement dans la nature de l'imputation, mais aussi dans sa forme et dans son intention ; c'est au jury qu'il appartient de l'apprécier souverainement (D. P. 49. 4. 125 et 126. V. aussi *Rép.* n° 640). Ainsi, d'après la loi de 1849, le délit d'offense au président de la République comprenait non seulement les diffamations et les injures, mais encore « les attaques moins caractérisées qui, sans renfermer d'imputations précises contraires à l'honneur, sans contenir de termes grossiers, sans aller jusqu'à l'invective, pouvaient cependant porter une atteinte à la dignité et à l'autorité du président de la République » (Barbier, t. 2, n° 337). Cette interprétation très large de l'expression d'*offense* conduisit le tribunal de la Seine, depuis le rétablissement de la République en 1871, à considérer comme un délit ces paroles adressées par Gambetta au président de la République : « Quand la France aura fait entendre sa voix souveraine, *il faudra se soumettre ou se démettre* » (Trib. corr. Seine, 11 sept. 1877, *Gazette des tribunaux* du 12 septembre).

625. L'art. 26 de la loi du 29 juill. 1881, en incriminant l'*offense* au président de la République, a-t-il donné à cette expression toute la portée qu'elle avait dans l'art. 9 de la loi du 17 mai 1819 et dans l'art. 1 de la loi du 27 juill. 1849 ? On sait que le projet prévoyait l'*outrage*, et non l'*offense*. On avait écarté ce mot qui, disait le rapport de M. Lisbonne, ne pouvait trouver place dans une loi de liberté en raison des souvenirs qui s'y attachaient dans l'histoire des causes criminelles. Quant à l'outrage, c'est la gradation, c'est l'augmentatif de l'injure. Comme l'injure semble avoir une gravité plus grande quand elle s'attaque au pouvoir ou à ses représentants..., le législateur, d'accord avec l'usage, emploie dans ce cas-là l'expression d'outrage au lieu d'injure. Nous conformant à cette tradition législative, nous avons employé le mot *outrage* pour exprimer l'*injure* ou l'*insulte envers le président de la République* ». M. Marcou dit aussi pendant la discussion : « L'outrage commence lorsque l'attaque devient grossière, indécente ; alors cette attaque se convertit en insulte, en outrage. Voilà où est la limite ». En substituant le mot d'offense à celui d'outrage, le Sénat ne paraît pas avoir voulu donner une portée plus extensive à la disposition qu'il modifiait (V. *supra*, n° 624). M. Lisbonne le constata dans son rapport à la Chambre des députés (Séance du 24 juill. 1881) : « L'expression d'outrage qui n'est, dans le système de la loi nouvelle, que l'injure s'adressant à des fonctionnaires publics, nous avait semblé, par cela même, mieux définie, moins vague que celle d'offense, dont l'interprétation discrétionnaire des tribunaux a maintes fois abusé. Le Sénat a substitué l'expression d'offense à celle d'outrage. La seule raison de cet amendement qui n'a donné lieu à aucune discussion se trouve dans le rapport : l'offense est le terme consacré, dit l'honorable rapporteur ; par cela seul qu'il est exceptionnel, il convient mieux à la situation exceptionnelle du chef de l'Etat. Si tel est l'unique motif de la substitution, il doit être bien entendu que, pour qu'elle puisse tomber sous le coup de la loi, *l'offense devra réunir*, *dans l'application*, *les mêmes conditions et caractères que l'outrage*, tel que le prévoit l'art. 29, § 2, de la nouvelle loi. La nécessité de bien définir le délit se conciliera, par cette interprétation, avec la tradition législative que le Sénat a voulu sauvegarder ». — Il n'est donc pas douteux que la volonté du législateur de 1881 n'ait été d'incriminer que les offenses ayant le caractère d'un *outrage*, c'est-à-dire celles qui constitueraient, commises envers un particulier, soit le délit de *diffamation*, soit le délit d'*injure* (expression outrageante, terme de mépris ou invective), et qui sont les unes et les autres comprises sous la dénomination d'*outrage* quand elles sont adressées à un fonctionnaire public dans l'exercice de ses fonctions (V. *infrà*, nᵒˢ 725 et suiv.). L'art. 26 n'atteint donc ni la critique, ni la censure des actes du président de la République, ni les écrits ou les discours qui font remonter jusqu'à lui la responsabilité et le blâme des actes de son gouvernement, ni les insinuations ou les irrévérences de langage de nature à diminuer l'autorité du président ou à affaiblir le pouvoir qu'il tient de la constitution. Il faut qu'il y ait *diffamation*, c'est-à-dire imputation ou allégation d'un fait déterminé de nature à porter atteinte à l'honneur ou à la considération. L'allégation d'un fait de nature à *froisser la susceptibilité* ne suffirait pas. Ou bien il faut qu'il y ait *injure*, c'est-à-dire expression de la pensée brutale, grossière : un mot *offensant* ne suffirait pas s'il ne revêt pas la forme d'une invective ou d'un terme de mépris (art. 29) (Conf. Barbier, t. 1, nᵒ 337). Il faut convenir toutefois que les discussions législatives n'entraînent pas l'interprétation du juge, et que le texte de l'art. 26, rapproché des indications fournies par la législation antérieure, est susceptible d'une application plus extensive.

626. Dans tous les cas, il est certain que, pour être punissable en vertu de l'art. 26, l'offense doit viser la personne même du président de la République. Sans doute, quand on discutait l'art. 1 de la loi du 27 juill. 1849, M. Odilon Barrot a pu déclarer que c'était moins l'individu, la personne du chef de l'État qu'il s'agissait de protéger, que le pouvoir érigé par la « constitution ; mais cette observation ne peut pas servir à l'interprétation de l'art. 26. La loi du 29 juill. 1881 a, en effet, supprimé tous les délits d'*attaques* contre la constitution, contre les droits du président et des Chambres, que la législation de 1849 admettait; elle n'a certainement pas fait revivre les délits supprimés, sous la forme d'offense, au président de la République. L'offense, dit M. Dutruc (nᵒ 176), « pour tomber sous l'application de la loi, doit être dirigée contre la *personne même* du chef de l'État; de telle sorte que des allégations offensantes qui n'attaqueraient que les actes du Gouvernement n'auraient point le caractère de l'offense réprimée par l'art. 26. De telles attaques peuvent sans doute atteindre le chef de l'État, en tant qu'il fait partie du Gouvernement qu'elles visent; mais elles ne réfléchissent pas plus contre lui que contre les autres pouvoirs qui entrent dans la composition du Gouvernement, et elles n'en sont pas moins étrangères à sa personne même, soit qu'on le considère sous le rapport du caractère public dont il est revêtu, soit qu'on l'envisage au point de vue de la vie privée (Conf. Trib. corr. Seine, 8 janv. 1880, *Journal du ministère public*, t. 23, p. 3 et suiv.). Mais il en serait autrement et il y aurait offense envers le chef de l'État, si l'on faisait remonter vers lui en termes *injurieux*, *violents* ou *grossiers*, le blâme d'un acte du Gouvernement... On peut se demander si, restreinte ainsi à l'offense envers le président de la République, la disposition de l'art. 26, au lieu de figurer dans le paragraphe consacré aux délits *contre la chose publique* n'aurait pas dû être placée sous le paragraphe distinct qui concerne les délits contre les personnes » (Conf. Barbier, t. 1, nᵒ 338. Comp. Fabreguettes, t. 1, nᵒˢ 968 et 969).

627. L'art. 26 ne comporte aucune distinction entre les offenses qui ont trait aux fonctions ou à la qualité du président de la République et celles qui se rapportent aux actes de sa vie privée. Les unes et les autres sont également punissables en vertu de la disposition précitée. C'est un caractère distinctif des délits d'*offenses* ou d'*outrages* prévus par la loi sur la presse (art. 26, 36 et 37). En effet, les *outrages* prévus par les art. 222 et suiv. c. pén. ne sont punissables, en vertu de ces dispositions de droit commun, que lorsqu'ils sont adressés à des fonctionnaires publics, dans l'exercice ou à l'occasion de l'exercice de leurs fonctions (V. *infrà*, nᵒˢ 725 et suiv.).

628. Le but de l'art. 26 étant de mettre le président de la République, pendant la durée des hautes fonctions dont il est investi, à l'abri de toute atteinte outrageante pour sa personne, on devra décider, comme le faisait la jurisprudence antérieure à la loi de 1881, que les actes de sa vie antérieure à son élection sont protégés contre le délit d'offense, aussi bien que les actes accomplis depuis son avènement au pouvoir (Paris, 13 mai 1828, *Rép.* nᵒ 644 et Cour d'ass. de l'Isère, 29 nov. 1841, *Rép.* nᵒ 644 et 1534-1ᵒ. Conf. *Rép. ibid.*; Barbier, t. 1, nᵒ 340).

629. Mais l'art. 26 ne protège le président de la République que pendant la durée de ses fonctions. Il a été jugé que l'allégation d'un fait susceptible de porter atteinte à l'honneur et à la considération d'un souverain déchu ne constitue pas le délit d'offense, même si le fait se réfère à l'époque où le souverain était en possession du pouvoir (Crim. rej. 24 mai 1879, aff. Louis-Eugène-Napoléon Bonaparte, D. P. 79. 1. 273). Il conviendrait également de refuser l'application de l'art. 26 aux offenses dirigées contre le président de la République qui a cessé d'exercer le pouvoir pour cause de déchéance ou pour toute autre cause (démission, expiration de la durée du pouvoir, mort) (Comp. toutefois, Crim. rej. 24 avr. 1823, *Rép.* nᵒ 537). — Toutefois les offenses qui ont trait aux fonctions exercées naguère par l'ancien président de la République ou à la qualité dont il a été revêtu seraient punissables, soit comme diffamation, soit comme injure envers un dépositaire de l'autorité publique (Arrêt précité du 24 mai 1879). Les offenses qui auraient trait seulement à la vie privée de l'ancien président, pendant la durée des pouvoirs qu'il a exercés, seraient punissables comme diffamation ou comme injure envers un particulier (Barbier, t. 1, nᵒ 347).

630. Le cri : « A bas le président de la République ! » peut être punissable, en vertu de l'art. 24, § 2, comme un *cri séditieux* s'il a été dirigé moins contre la personne du président que contre le gouvernement de la République, et en vertu de l'art. 26, comme délit d'offense au président, quand ce cri a été proféré directement contre lui et qu'il constituait une aggression contre sa personne, par exemple quand il a été proféré en présence du président (Barbier, t. 1, nᵒ 346).

631. — II. PUBLICITÉ. — L'offense envers le président de la République, pour être punissable en vertu de l'art. 26, doit avoir été commise « par l'un des moyens énoncés dans l'art. 23 et dans l'art. 28 », c'est-à-dire « soit par des discours, cris ou menaces proférés dans des lieux ou réunions publics, soit par des écrits, des imprimés vendus ou distribués, mis en vente ou exposés dans des lieux ou réunions publics; soit par des placards ou affiches exposés aux regards du public » (art. 23. V. *suprà*, nᵒˢ 439 et suiv., 510 et suiv.); soit par la mise en vente, la distribution ou l'exposition de dessins, gravures, peintures, emblèmes ou images « (art. 28. V. *suprà*, nᵒˢ 492 et suiv.).

Les moyens énoncés dans l'art. 23 sont ceux que visaient l'art. 5 de la loi du 9 nov. 1815. L'art. 9 de la loi du 17 mai 1819 les visait également et admettait, en outre, le délit d'offense par le *dessin* (art. 28). L'art. 2 de la loi du 9 sept. 1835 et l'art. 1 de la loi du 27 juill. 1849 étaient conformes à l'art. 1 de la loi de 1819, en ce qui concerne les moyens de perpétration du délit d'offense envers le chef de l'État.

632. L'art. 86 c. pén. revisé par la loi du 28 avr. 1832 et l'art. 86 c. pén. revisé par la loi du 10 juin 1853 exigeaient seulement que l'offense eût été commise « publiquement ». On en concluait que l'offense envers la personne du roi (texte de 1832) ou envers la personne de l'empereur (texte de 1853) tombait sous l'application de l'art. 86 c. pén., non seulement lorsqu'elle avait été commise par l'un des moyens énoncés en l'art. 1 de la loi de 1819, mais encore lorsqu'elle avait été commise par *gestes*. Jugé, en ce sens, qu'il y avait offense punissable dans le fait d'avoir lacéré et foulé aux pieds, sur une place publique, des estampes représentant le roi (Crim. règl. de juges, 31 juill. 1834, *Rép.* nᵒ 641 et *ibid.*, vᵒ *Délit politique*, nᵒ 11-2ᵒ). La proclamation de la République en 1870 n'avait pas eu pour effet d'abroger l'art. 86 c. pén. qui demeurait applicable aux offenses commises « publiquement » envers le président de la République. C'est la doctrine consacrée en 1849 par la cour de cassation quand elle jugeait que l'art. 87 c. pén. qui réprime « l'attentat dont le but est soit de détruire, soit de changer la forme du Gouvernement, soit d'exciter les habitants à s'armer contre l'autorité royale », se réfère au régime monarchique, il ne s'ensuit pas que cet article ait été abrogé par l'établissement du gouvernement républicain ; que, par suite, il est applicable à l'attentat commis contre ce dernier gouvernement » (Crim. rej. 17 févr. 1849, aff. Raspail et Quentin, D. P. 49. 1. 51). Les auteurs de la loi de 1881 ne mettaient, d'ailleurs, pas en doute que l'art. 86 c. pén. fût encore en vigueur au moment où s'élaborait la législation nouvelle (Discours de MM. Agniel, Ballue et Lisbonne, Chambre des députés, séances des 27 et

31 janv. 1881, Celliez et Le Senne, p. 192 et 193, et p. 353 et 354). — La loi du 29 juill. 1881 n'a-t-elle pas abrogé l'art. 86 c. pén. ? L'offense *par gestes* au président de la République est-elle encore punissable en vertu de l'art. 86? ou bien échappe-t-elle désormais à toute répression, l'art. 26 étant seul applicable au délit d'offense et ne visant pas ce moyen de perpétration du délit? L'intention certaine des législateurs de 1881 était de supprimer, en matière d'offense en président de la République, toute autre disposition que celle de l'art. 26. On en trouve la preuve dans le projet de loi qui prévoyait « tout outrage commis *publiquement d'une manière quelconque* », ce qui devait s'entendre de l'outrage *par gestes* aussi bien que de tout autre, et ce qui comportait la disparition de l'art. 86. C'est par inadvertance et par une similitude de rédaction avec les anciennes lois de la presse, qu'on a voulu maintenir la rédaction primitive de la commission s'est trouvée modifiée, faisant place au texte de l'art. 26. Cependant l'art. 86 c. pén. n'est pas expressément abrogé ; car l'art. 68 ne porte abrogation expresse que des lois antérieures *sur la presse* et l'art. 86 c. pén. appartient à la législation de droit commun. D'autre part, l'art. 26 de la loi de 1881 n'est incompatible avec l'art. 86 c. pén. qu'en ce qui concerne les offenses qu'il prévoit, c'est-à-dire celles qui sont commises par le discours, par l'écrit ou par le dessin. On ne peut donc pas dire que l'art. 86 c. pén. est, soit expressément, soit tacitement abrogé par l'art. 26 de la loi de 1881, en ce qui concerne l'offense *par gestes* envers le président de la République. D'ailleurs l'art. 222 c. pén., qui punit l'outrage par gestes envers les magistrats de l'ordre administratif ou judiciaire, ne concerne pas le chef de l'État. L'offense *par gestes* au président de la République peut donc, à la rigueur, constituer encore un délit punissable en vertu de l'art. 86 c. pén. ; mais, comme les peines prononcées par cet article (emprisonnement de six mois à cinq ans et amende de 500 fr. à 10000 fr. avec interdiction facultative des droits mentionnés en l'art. 42 pendant un temps égal à la durée de l'emprisonnement prononcé) sont bien plus rigoureuses que celles de l'art. 26, il y aurait lieu, semble-t-il, pour le juge, de rester, au point de vue des condamnations à prononcer, dans les limites tracées par ce dernier article pour l'offense commise autrement que *par gestes* (V. Barbier, t. 2, n° 344).

633. — III. Intention criminelle. — Elle est nécessaire d'après le droit commun, puisque l'offense au président de la République est un délit. On peut appliquer ici les principes qui ont été développés au sujet de l'outrage contre la morale publique et religieuse incriminé par l'art. 8 de la loi du 17 mai 1819 : « Est-ce à dire, faisait observer M. Rousset (n°s 1503 et suiv.), qu'une attaque violente, un mot outrageant et même plusieurs, échappés à l'emportement d'une conviction passionnée, dans la défense d'une doctrine sérieuse, seront toujours punissables ? Non... L'intention outrageante, sans laquelle il n'est pas de délit, faillirait alors à ces outrages ; la pensée pour qui ces expressions échappées ont été, *non le but*, mais un *accident de la discussion*, la pensée, qui ne les a ni préméditées, ni voulues, ne saurait en être responsable ». — La preuve de l'intention coupable est à la charge du ministère public, si l'intention coupable n'est pas manifestement révélée par la nature même de l'imputation ou par la grossièreté du langage écrit ou parlé ou par la brutalité du dessin. Dans ce dernier cas, en effet, la présomption est contre le prévenu ; mais il peut, par tous les moyens possibles, tenter de fournir la preuve contraire.

634. La vérité du fait diffamatoire dont l'imputation au président de la République constitue le délit d'offenses prévu par l'art. 26 ne fait pas disparaître le délit et n'excuse pas son auteur. La preuve n'en est jamais admise, alors même que l'imputation est relative aux actes accomplis par le président de la République dans l'exercice de ses fonctions. On n'admet pas ici les règles qui ont prévalu en ce qui concerne la diffamation commise envers les fonctionnaires publics et les corps constitués (art. 35. V. *infrà*, n° 848). La distinction exceptionnelle dont est revêtu le chef de l'État ne permettait pas que sa vie, ses actes, fussent discutés et sa dignité compromise dans un débat judiciaire. C'est ce qui a toujours été reconnu, notamment lors de la discussion

de l'art. 1 de la loi du 27 juill. 1849 : « La portée légale du mot *offense*, disait alors M. Rouher, c'est que la preuve de la vérité des faits allégués ou imputés, de quelque nature qu'ils soient, est inadmissible et n'excuse pas ». M. Lisbonne a, d'ailleurs, constaté, dans la partie spéciale de son rapport qui concerne l'art. 48 du projet devenu l'art. 45 de la loi du 29 juill. 1881, que la preuve des faits diffamatoires était inadmissible en ce qui concerne le délit spécial d'offense au président de la République (V. Celliez et Le Senne, p. 534. Conf. Chassan, t. 1, n° 286, et t. 2, n° 1084 ; Fabreguettes, t. 1, n° 971 ; Barbier, t. 1, n° 342).

635. Le délit d'offense au président de la République, défini par l'art. 26, est un délit de presse, de la compétence de la cour d'assises (art. 45. V. *infrà*, tit. 4, chap. 3, sect. 1, art. 1, § 1). — Si l'offense commise *par gestes* est poursuivie en vertu de l'art. 86 c. pén., elle doit être déférée au tribunal correctionnel, comme délit de droit commun.

Sect. 2. — Publication ou reproduction de nouvelles fausses, de pièces fabriquées, falsifiées ou mensongèrement attribuées a des tiers.

636. Le délit de fausses nouvelles a son origine dans la disposition exceptionnelle de l'art. 8 de la loi du 9 nov. 1815, qui déclarait coupables d'*actes séditieux* « toutes personnes qui répandraient ou accréditeraient soit des alarmes touchant l'inviolabilité des *propriétés qu'on appelle nationales*, soit des bruits d'un prétendu rétablissement soit des *droits féodaux*, soit des nouvelles tendant à alarmer les citoyens sur le maintien de l'*autorité légitime* et à ébranler leur fidélité ». La peine était un emprisonnement de trois mois à cinq ans et une amende de 50 fr. à 20000 fr., avec renvoi obligatoire sous la surveillance de la haute-police, après l'expiration de la peine, pendant cinq ans au plus, et faculté pour le juge d'ajouter à la condamnation l'interdiction des droits mentionnés en l'art. 42 c. pén. pendant cinq ans au moins et dix ans au plus (*Rép.* p. 405 et n° 976). — Cette disposition ne devait pas survivre à la situation politique en vue de laquelle on l'avait édictée. Ce fut l'art. 4 de la loi du 27 juill. 1849 qui, pour la première fois, réprima d'une manière générale : « la publication ou reproduction faite *de mauvaise foi*, de nouvelles fausses, de pièces fabriquées, falsifiées ou mensongèrement attribuées à des tiers, lorsque ces nouvelles ou pièces *seront de nature à troubler la paix publique* », et qui punit ce délit d'un emprisonnement d'un mois à un an et d'une amende de 50 fr. à 1000 fr. (D. P. 49. 4. 118). — L'art. 15 du décret du 17 févr. 1852 supprima les deux conditions auxquelles le délit de fausses nouvelles était soumis en vertu de la loi de 1849. Il punit *toute* « publication ou reproduction de nouvelles fausses, de pièces fabriquées ou falsifiées ou mensongèrement attribuées à des tiers » sans exiger ni que cette publication ou reproduction eût été faite à troubler la paix publique, ni même qu'elle eût été faite de mauvaise foi. Ces deux circonstances, qui étaient constitutives du délit, devinrent simplement des circonstances aggravantes. Désormais, le délit de fausses nouvelles était puni : 1° d'une amende de 50 fr. à 1000 fr., s'il n'y avait ni trouble possible pour la paix publique, ni mauvaise foi ; 2° d'un emprisonnement d'un mois à un an et d'une amende de 500 fr. à 1000 fr., si la publication ou la reproduction avait lieu avec l'une ou l'autre de ces deux circonstances ; 3° du maximum de ces deux peines, si les deux circonstances aggravantes se trouvaient réunies (D. P. 52. 4. 56, et *Rép.* n° 926).

637. L'art. 27 de la loi du 29 juill. 1881 est ainsi conçu : « La publication ou reproduction de nouvelles fausses, de pièces fabriquées, falsifiées ou mensongèrement attribuées à des tiers, lorsque, faite de mauvaise foi, elle aura troublé la paix publique, ou aura été susceptible de la troubler, sera punie d'un emprisonnement d'un mois à un an et d'une amende de 50 fr. à 1000 fr. ou de l'une de ces deux peines seulement, lorsque la publication ou la reproduction aura troublé la paix publique et qu'elle aura été faite de mauvaise foi ». Cette disposition supprime le délit contraventionnel de publication de fausses nouvelles faite de bonne foi. L'intention, la *mauvaise foi*, la conscience, chez celui qui la publie, que la nouvelle est fausse, en un élément essentiel du délit. Il faut, en outre, qu'une autre circonstance constitutive du délit se rencontre : il est nécessaire, non plus seulement, comme en vertu de la législation de 1849, que la fausse nouvelle ait été *de nature à troubler* la paix publique, mais *qu'elle l'ait effectivement troublée.*

La disposition concernant les fausses nouvelles avait été l'objet de vives critiques, et la suppression en avait été énergiquement demandée, mais sans succès, à la Chambre des députés, par MM. Émile de Girardin et Gatineau (Séances des 1er et 15 févr. 1881), au Sénat, par M. Jules Simon (Séance du 15 juill. 1881).

638. Deux autres délits spéciaux de publication de fausses nouvelles sont prévus: le premier par les art. 419 et 420 c. pén. qui punissent ceux qui, par des faits faux ou calomnieux, semés à dessein dans le public, ont opéré la hausse et la baisse du prix des denrées ou marchandises ou des papiers et effets publics, au-dessus ou au-dessous du prix résultant de la concurrence naturelle et libre du commerce (*suprà*, v° *Industrie et commerce*, n°s 530 et suiv., 535 et suiv., 542 et suiv.; *Rép.* eod. v°, n°s 415 et suiv.); le second, par l'art. 40 du décret du 2 févr. 1852 qui punit les fausses nouvelles au moyen desquelles on surprend ou détourne des suffrages ou on détermine l'abstention d'un ou plusieurs électeurs (*Rép.*, v° *Organisation administrative*, n°s 1038 et suiv. et D. P. 52. 4. 49). La loi du 29 juill. 1881 a laissé subsister ces deux délits (Rapport de M. Lisbonne, D. P. 81. 4. 77, note 2; Circ. min. just. 9 nov. 1881, D. P. 81. 3. 112, n° 75). — Dans le cas où la fausse nouvelle publiée ou reproduite serait susceptible d'incrimination, tout à la fois en vertu de l'art. 17 et en vertu de l'une des dispositions spéciales qui viennent d'être indiquées, c'est par application de cette dernière disposition que la poursuite devrait avoir lieu, conformément à la règle, consacrée par la jurisprudence, que les lois spéciales dérogent aux lois générales, même postérieures (*Rép.* n° 979. Conf. Rousset, n° 1321; Barbier, t. 1, n° 360). — Nous devons encore signaler, comme étant en vigueur à côté de l'art. 27, l'art. 15 de la loi du 24 juill. 1867 (D. P. 67. 4. 98) qui punit des peines portées par l'art. 405 contre l'escroquerie : 1° ceux qui, par simulation de souscriptions ou de versements, ou par *publication* faite de mauvaise foi, de souscriptions ou versements qui n'existent pas ou de tous autres *faits faux*, ont obtenu ou tenté d'obtenir des souscriptions ou des versements; 2° ceux qui, pour provoquer des souscriptions ou des versements ont, de *mauvaise foi*, attribué les noms de personnes désignées, contrairement à la vérité, comme étant ou devant être attachées à la société à un titre quelconque.

639. Les circonstances constitutives du délit de fausse nouvelle défini par l'art. 27 de la loi de 1881 sont : 1° la fausseté d'une nouvelle publiée ou reproduite, ou bien la fabrication, la falsification d'une pièce ou son attribution mensongère à un tiers; 2° l'existence d'un fait de publication ou de reproduction de cette nouvelle ou de cette pièce; 3° un trouble occasionné à la paix publique ; 4° la mauvaise foi de l'auteur de la publication ou de la reproduction.

640. — I. FAUSSES NOUVELLES. — Suivant la définition de M. Faustin Hélie, « la *nouvelle* est la narration d'un fait ». On doit la distinguer de l'*appréciation*, c'est-à-dire « du commentaire ou de la critique de ce fait ». C'est la fausseté de la nouvelle que punit l'art. 27. La fausse application d'un fait qui est vrai ne constitue pas le délit de fausse nouvelle, à moins que cette appréciation ne dénature le fait au point de le transformer et d'en altérer la vérité.

Sur la fausseté de la nouvelle, il a été jugé : 1° qu'il y a fausse nouvelle dans le fait d'attribuer faussement à un fonctionnaire public des paroles ou des mesures qu'il n'a ni dites, ni ordonnées (Crim. rej. 24 févr. 1854, aff. Brodu); — 2° que la déclaration mensongère, faite à des magistrats ou autres fonctionnaires publics, d'un vol dont on prétend avoir été la victime, lorsqu'elle est répétée et publiée par celui qui l'a faite, de façon à répandre l'alarme dans le public, prend le caractère du délit de publication de fausses nouvelles réprimé par l'art. 15 du décret du 17 févr. 1852 (Colmar, 31 mars 1857, aff. Brassel, D. P. 58. 2. 67); — 2° Que la nouvelle répandue dans le public qu'un banquier est au-dessous de ses affaires et que, sous peu, sa banque sera en faillite, est une fausse nouvelle dans le sens de l'art. 15 du décret du 17 févr. 1852, si ce banquier établit à tous ses engagements et, notamment qu'il, trois mois après l'allégation, il est encore à la tête de sa maison, alors d'ail-

leurs que cette nouvelle a jeté le trouble sur la place de commerce où il exerce sa profession (Riom, 13 nov. 1867, aff. Quinque, D. P. 67. 2. 233); — 3° Qu'il y a délit de publication de fausse nouvelle dans le fait d'un journaliste d'avoir, tout en racontant des scènes de désordre qui se sont réellement produites, altéré les éléments essentiels de ces scènes, et, par exemple, d'avoir transformé en une manifestation politique, en donnant une importance exagérée à quelques cris demeurés sans écho, une démonstration dirigée uniquement contre l'interdiction d'un spectacle par l'autorité locale (Crim. rej. 17 juill. 1868, aff. Poulain de Maisonville, D. P. 69. 1. 390); — 4° Que le délit de publication de fausse nouvelle résulte spécialement du fait du prévenu d'avoir raconté faussement et de mauvaise foi qu'il avait été l'objet d'une tentative d'assassinat (Crim. rej. 9 janv. 1875, aff. Vaugon, D. P. 75. 1. 185) ; — 5° Que l'annonce d'un journal qu'il publiera des articles politiques d'un éminent collaborateur que ses hautes fonctions obligent à garder l'anonyme, constitue la publication d'une nouvelle fausse de nature à porter un préjudice moral à des tiers (Crim. cass. 27 juill. 1875, aff. Menetière, D. P. 76. 1. 401).

641. La circonstance que la nouvelle fausse, pour la publication de laquelle un journal est poursuivi, a réellement circulé à l'état de bruit ou de rumeur, ne fait pas disparaître le délit, le journaliste devant s'assurer de l'exactitude même des nouvelles qu'il ne fait que reproduire (Crim. rej. 21 mars 1868, aff. Terme et Eyma, journal *L'Epoque*, D. P. 68. 1. 505). En tout cas, il n'est pas douteux que la publication d'une nouvelle reconnue fausse, et qui est de nature à occasionner un dommage à la chose publique ou à des intérêts privés, ne soit punissable, même quand elle a été effectivement puisée par le journaliste dans des rumeurs du moment, si c'est comme nouvelle de la journée, et non comme rumeur, qu'il a présenté au public le fait par lui raconté (Crim. cass. 9 janv. 1864, aff. Journal *Le Sémaphore*, D. P. 64. 1. 49). De même, la reproduction d'une nouvelle fausse ne perd pas son caractère délictueux par cette circonstance que l'article reproduit serait suivi, sous forme de réserve, d'une note de l'autorité annonçant l'ouverture d'une enquête sur les faits allégués; c'est là seulement une cause d'atténuation (Crim. rej. 30 janv. 1858, aff. Gérant du journal *Le Siècle* et autres, D. P. 58. 1. 378).

642. D'autre part, toute publication d'un fait faux constitue une publication de *fausse nouvelle*, sans qu'il y ait lieu de distinguer entre le cas où le fait publié est présenté comme venant de se passer et celui où un certain laps de temps s'est écoulé depuis que ce fait se serait produit. C'est du moins ce qui résulte de certaines décisions. Ainsi jugé, par application de l'art. 15 du décret du 17 févr. 1852, relativement au cas où, dans un ouvrage publié en 1858, il était fait mention d'un fait faux présenté comme s'étant produit dans la guerre à laquelle la France a pris part en 1854 et en 1855 (Trib. corr. Seine, 2 juin 1858, aff. G. Proudhon et autres, D. P. 59. 3. 40. V. toutefois la note sur ce jugement. V. aussi Barbier, t. 1, n° 350). — Décidé, dans le même sens, que le délit de publication de fausse nouvelle résulte de la prétendue révélation, dans un article de journal, d'un fait faussement imputé à un tiers et de nature à occasionner un dommage à la chose publique ou privée, quelle que soit la date qui lui ait été assignée; qu'il en est ainsi, spécialement, de l'imputation à un candidat à une élection de faits faux qu'on prétend emprunter à l'histoire de sa conduite politique sous un gouvernement antérieur (Crim. rej. 15 déc. 1877, aff. Artus et Minard, D. P. 79. 5. 328).

643. L'erreur sur un accessoire d'un fait vrai, lorsque, à l'égard d'un tiers, cet accessoire constitue un fait principal et grave, dont la fausse indication, dans un article de journal, est de nature à lui nuire, donne à la publication de cet article le caractère de publication de fausse nouvelle (Crim. rej. 8 nov. 1861, aff. Journal *L'Opinion nationale* et aff. Journal *Le Siècle*, D. P. 62. 1. 385).

Il est évident, toutefois, que toute nouvelle, si insignifiante qu'elle soit, ne peut pas être poursuivie par cela seul qu'elle ait été reconnue inexacte (*Rép.* n° 983). Jugé que, bien qu'une *nouvelle* ait été reconnue inexacte, il n'y a pas lieu d'incriminer la publication qui en a été faite, s'il s'agit d'une nouvelle insignifiante, sans portée et sans gravité. Et cela, alors surtout qu'elle a été produite, non d'une manière affirmative, mais seulement comme un bruit qui s'est répandu, circonstance qui a été reconnue conforme à la vérité (Colmar, 26 août 1862, aff. Hournissel, journal *Le Courrier du Bas-Rhin*, D. P. 62. 1. 489).

644. Un propos ne renfermant qu'une opinion erronée ou un simple mensonge ne peut être assimilé à une *fausse nouvelle;* il en est ainsi, notamment, de l'affirmation, reconnue inexacte, que tous les habitants de la commune auraient accompli leur part de prestations (Crim. rej. 15 déc. 1865, aff. Boutant, D. P. 66. 1. 137).

645. L'annonce de *faits,* même de nature à troubler la paix publique, faite à titre de pronostics ou de prédictions, ne tombe pas sous l'application des dispositions répressives du délit de publication de *fausses nouvelles,* alors que celui qui en est l'auteur n'a pas annoncé ou laissé entendre qu'il fondait ses prédictions sur des données actuelles ou déterminées (Crim. rej. 28 juin 1860, aff. Berthou, D. P. 60. 1. 293).

646. Il convient de remarquer que les décisions intervenues sous le décret de 1852 (V. *suprà,* nos 640 et suiv.) ne peuvent être consultées qu'en tenant compte de l'élément intentionnel exigé par l'art. 27 de la loi de 1881. Ainsi l'on ne saurait admettre sans restriction la jurisprudence en vertu de laquelle la fausse nouvelle pouvait résulter de la reproduction d'une rumeur ou d'un bruit ayant circulé dans le public ou d'un article de journal rapporté sous toutes réserves (Crim. rej. 30 janv. 1858 et 8 nov. 1861; Crim. cass. 9 janv. 1864, cités *suprà,* nos 641 et 643). Ces décisions pouvaient s'expliquer, parce que les reproductions dont il s'agit étaient poursuivies comme contraventions et paraissaient punissables, alors même que la bonne foi de leurs auteurs n'était pas douteuse (V. *suprà,* n° 637 et *infrà,* nos 655 et suiv.). Le Gouvernement, dans un communiqué inséré dans la *Gazette des tribunaux* du 19 mai 1852, accentuait encore la pensée du décret : « Plusieurs journaux, dans l'espoir de se soustraire aux peines prononcées contre les auteurs de fausses nouvelles, emploient des périphrases ou des formes dubitatives, telles que : *on dit, on annonce,* pour répandre des bruits de diverses natures qui ne reposent sur aucun fondement. Ces formes, quelles qu'elles soient, ne laissant pas que d'accréditer de fausses nouvelles et n'étant qu'un subterfuge qui tend à rendre illusoire l'art. 15 du décret du 17 févr. 1852, ne sauraient mettre les journaux qui les emploient à l'abri des peines portées par ce décret ». M. Barbier (t. 1, n° 356) fait, au sujet de ce communiqué et des arrêts précités, les réflexions suivantes : « Sans doute, il ne saurait suffire à un journaliste de présenter une nouvelle sous forme dubitative pour mettre sa responsabilité à couvert. Mais quand l'emploi de cette forme n'est pas un subterfuge, quand la nouvelle ainsi annoncée a déjà été réellement publiée par d'autres journaux ou qu'elle a été apportée au journaliste par la rumeur publique, et que ces faits sont établis, le journaliste ne saurait être inquiété... Aujourd'hui que la mauvaise foi est toujours un élément essentiel du délit, il est bien évident que la loi ne peut pas atteindre la reproduction simplement imprudente d'une nouvelle inexacte, et l'emploi de la forme dubitative, joint à cette circonstance que le journaliste a réellement puisé la nouvelle inexacte dans d'autres journaux ou dans la rumeur publique, suffira à ne laisser aucun doute sur sa bonne foi ».

647. L'art. 27 réprime, comme la publication d'une fausse nouvelle, celle de *pièces fabriquées, falsifiées* ou *mensongèrement attribuées à un tiers.* Ce n'est, en effet « qu'un mode spécial et particulièrement grave de mettre en circulation des fausses nouvelles. La pièce *fabriquée* est celle qui est entièrement fausse : sa fabrication constitue en elle-même une altération de la vérité, saivant l'expression de M. Rousset (n° 1357). La pièce *falsifiée* celle « qui, vraie en elle-même, a été seulement altérée en quelques-unes de ses parties. » (Am. Vente, *Traité des fausses nouvelles,* n° 57). « *L'attribution mensongère d'une pièce à un tiers* n'implique en rien son altération partielle ou totale. C'est un mensonge qui porte, non pas sur la sincérité de la pièce, mais sur l'indication de son auteur » (Am. Vente, *ibid.*).

648. Comment la disposition de l'art. 27 doit-elle se concilier avec l'application des art. 145 et suiv., 150 et suiv.

c. pén., qui punissent le faux en écriture ? Il a été jugé que la fabrication d'une pièce portant faussement le nom d'un tiers, et publiée de mauvaise foi dans un journal, ne doit pas être considérée comme un faux en écriture ; elle ne constitue que le délit de presse réprimé par l'art. 27 de la loi du 29 juill. 1881, et n'est punissable que lorsque sa publication a eu pour résultat de troubler la paix publique ; que, par suite, la personne qui a fait insérer dans un journal une lettre missive qu'elle a falsifiée, et qui est mensongèrement attribuée à un tiers dont elle porte la fausse signature ne saurait être poursuivie comme ayant commis le crime de faux en écriture privée, alors même qu'elle a agi dans l'intention de nuire à ce tiers auquel la publication de cette lettre fausse pouvait occasionner un préjudice ; et qu'elle échappe à toute répression pénale, si la publication de la lettre dans le journal n'a pas eu pour résultat de troubler la paix publique (Alger, 28 janv. 1886, aff. Forcioli, D. P. 87. 2. 49). — Suivant cet arrêt, pour qu'il y ait faux, il est indispensable qu'il y ait eu fabrication d'une pièce imitant l'écriture ou portant la fausse signature de la personne à qui elle est attribuée ; il ne suffit pas qu'il y ait eu fabrication d'une prétendue *copie* d'une pièce qui n'a jamais existé. En conséquence, s'il s'agit d'une lettre missive, il est nécessaire qu'il y ait eu fabrication d'un écrit qui constitue la lettre même, son original, et il ne saurait y avoir faux si l'inculpé s'est borné à fabriquer une copie de la lettre prétendue, la copie n'étant pas censée émaner de la personne à qui elle est attribuée. Cette décision est très critiquable. Il paraît impossible d'admettre que la fabrication d'une pièce fausse ne puisse pas être incriminée comme constituant un faux par cela seul que la pièce fabriquée est destinée à être reproduite par un journal et qu'elle y a été insérée. La cour d'Alger objecte, il est vrai, que la loi de 1881 a prévu la fabrication des pièces fausses destinées à être rendues publiques par la voie de la presse, qu'elle la punit de peines correctionnelles lorsqu'elle a troublé la paix publique et la laisse sans répression lorsqu'elle n'a pas produit ce résultat. Mais c'est là une erreur : l'art. 27 de la loi de 1881, en effet, s'occupe de la *reproduction* et non de la *fabrication* de la pièce ; d'où la conséquence que la fabrication continue d'être régie par le code pénal et doit être punie de peines afflictives et infamantes lorsqu'elle réunit les éléments constitutifs du crime de faux en écriture publique, en écriture de commerce ou en écriture privée.

649. L'usage de la pièce fausse est également punissable comme crime d'usage de faux, alors même que la pièce est destinée à être publiée ou reproduite. Il semble même que la remise de la lettre fausse au gérant, pour qu'il l'insère dans son journal, constitue le crime d'usage, car, dès ce cas, il y a production de la pièce fausse, application de cette pièce à l'usage auquel elle a été destinée et accomplissement du but que son auteur s'est proposé (Conf. Hélie et Chauveau, *op. cit.,* t. 2, n° 728). — Mais l'usage d'une pièce fausse suppose nécessairement la production de cette pièce ; or le journal ne la produit pas matériellement, il ne peut qu'en attester l'existence sans en fournir la preuve : d'où la conséquence que la reproduction d'une lettre ou de toute autre pièce fausse dans un journal peut être réprimée comme un délit spécial, mais ne saurait constituer l'usage criminel réprimé par l'art. 151 c. pén. Tel est donc le but de l'art. 27 de la loi du 29 juill. 1881 : il incrimine un fait qui ne constitue ni le faux, ni l'usage du faux ; il laisse sous l'application des dispositions du code pénal et la fabrication de la pièce fausse et l'usage criminel de la pièce fabriquée. C'est sa reproduction en public de la copie de cette pièce, c'est sa reproduction par la voie de la presse dont il fait un délit spécial, dans les conditions spéciales de mauvaise foi et de trouble apporté à la paix publique (D. P. 87. 2. 49, note 1, 2 et 3).

650. — II. Publication ou reproduction. — En faisant suivre le mot « publication » du mot « reproduction », le législateur a voulu qu'il fût bien entendu que celui qui reproduisait ou propageait une nouvelle ou une pièce fabriquée ou falsifiée par un tiers (sachant qu'elle était fausse) était punissable au même titre que celui qui mettait le premier dans la circulation la nouvelle ou la pièce fabriquée ou falsifiée par lui-même » (Barbier, t. 1, n° 352).

651. Ni l'art. 4 de la loi de 1849, ni l'art. 15 du décret de 1852 n'indiquaient un mode particulier de publicité nécessaire pour constituer le délit. A leur imitation, l'art. 27 de la loi de 1881 ne contient aucune référence aux moyens de publication indiqués dans l'art. 23 et dans l'art. 28. On a exposé au *Rép.* nᵒˢ 980 et suiv. la controverse qui s'était élevée, sous la législation antérieure, dans le silence des textes. Suivant un premier système motivé sur ce que le décret de 1852 était intitulé *Décret organique sur la presse*, la publication ou reproduction d'une fausse nouvelle ou de pièces assimilées à la fausse nouvelle n'était délictueuse que si elle avait été faite par la voie de la *presse*, à l'exclusion de tout autre moyen de publication, c'est-à-dire au moyen de la distribution d'un écrit, tiré à un certain nombre d'exemplaires, périodique ou non périodique (*Rép.* nᵒ 981). — D'après une autre opinion, le délit de fausses nouvelles était caractérisé par toute publication ou reproduction faite à l'aide de l'un des moyens applicables aux provocations à des crimes ou délits (ce sont les moyens indiqués dans l'art. 23 de la loi de 1881) (*Rép.* nᵒ 980). Enfin, suivant un troisième système, qui a été consacré par les chambres réunies de la cour de cassation et qui nous a paru préférable (*Rép.* nᵒ 983), l'emploi d'un des modes de publicité déterminés par les dispositions de la loi de la presse n'est même pas nécessaire ; il suffit, pour que la *fausse* nouvelle ou les pièces qui lui sont assimilées soient réputées publiées, que la publication ou reproduction en ait été réellement effectuée *par quelque moyen que ce soit*, et alors même que ce ne serait pas par la voix de la presse ou par l'un des moyens énoncés dans la disposition spéciale aux crimes et délits de provocation, nulle relation n'existant entre l'article concernant le délit de fausse nouvelle et cette disposition (*Rép.* nᵒ 983). Ainsi la publication est suffisamment caractérisée par l'insertion de la nouvelle dans un journal, si celui qui l'a racontée, même dans une simple conversation, en a fait le récit en vue de cette insertion (Crim. rej. 21 mars 1868, aff. Terme et Eyma, D. P. 68. 1. 503). — Il a été jugé qu'il y a publication de fausse nouvelle dans le fait du prévenu qui a, sur des chemins publics, et à plusieurs reprises, raconté faussement et de mauvaise foi, à haute voix et devant un certain nombre de personnes, qu'il avait été l'objet d'une tentative d'assassinat (Crim. rej. 9 janv. 1875, aff. Vaugon, D. P. 75. 1. 183). — Mais il n'est pas nécessaire, en présence du texte de l'art. 27, que la fausse nouvelle ait été *proférée* dans un lieu public ou dans une réunion publique, une publication effective pourrait résulter de *propos semés à voix basse dans le public* (Barbier, t. 1, nᵒ 352).
Comme l'a dit avec raison M. le premier avocat Nicias Gaillard, dans ses conclusions sur l'affaire jugée par les chambres réunies le 13 mars 1855, « pour constituer le délit, ce n'est pas assez de l'*émission* de la nouvelle ; il faut que celui qui l'a émise ait eu le *dessein de la rendre publique*, et que le résultat, c'est-à-dire la *publicité*, ait répondu à son intention ». Ainsi l'individu prévenu d'avoir inventé dans une conversation particulière une nouvelle fausse qui, depuis, a circulé dans le public, est avec raison renvoyé des fins de la poursuite lorsqu'il n'est pas établi que cette publicité ait été prévue par lui. La simple émission ou la reproduction d'une nouvelle fausse dans une conversation particulière ne devient donc délictueuse qu'à la double condition que cette émission ou cette reproduction aient été faites dans l'intention de publier la nouvelle et l'intention effectivement rendue publique (V. la jurisprudence sur ce point, exposée au *Rép.* nᵒˢ 980 et suiv. *Adde :* Crim. rej. 25 juin 1858, aff. Beaumont, D. P. 58. 1. 338 ; Poitiers, 5 févr. 1875, aff. Morisset, D. P. 76. 1. 401).
652. La publication d'une fausse nouvelle peut se faire « à l'aide d'un signal quelconque ; tel serait le cas, par exemple, où un individu répandrait la fausse nouvelle d'un incendie en sonnant le tocsin » (Barbier, t. 1, nᵒ 352).
653. — III. Trouble causé a la paix publique. — Sous l'empire du décret du 17 févr. 1852, la publication ou reproduction de fausses nouvelles devenait délictueuse par cela seul qu'elle pouvait léser même un intérêt seulement privé, bien que la paix publique ne fût ni troublée, ni susceptible d'être troublée par cette publication (Crim. cass. 29 juill. 1875, aff. Menetière, D. P. 76. 1. 401). — Toutefois

le délit n'existait qu'autant qu'un préjudice matériel ou moral était causé, soit à la chose publique, soit à des intérêts privés ; la fausseté seule de la nouvelle ne suffirait pas pour justifier des poursuites contre celui qui l'avait publiée ou reproduite (Crim. rej. 8 nov. 1861, aff. Journal *L'Opinion nationale* et aff. Journal *Le Siècle*, D. P. 62. 1. 385). Et le même motif conduisait à décider qu'il n'y avait pas délit dans la publication ou reproduction d'une nouvelle fausse, si cette nouvelle était insignifiante et sans portée (Colmar, 26 août 1862, cité *suprà*, nᵒ 643).
Le projet de loi de 1881 revenait au système de la loi de 1849 (V. *suprà*, nᵒ 636) et n'incriminait la publication d'une fausse nouvelle ou d'une pièce fabriquée que lorsqu'elle *serait de nature à troubler* la paix publique ; cette rédaction fut modifiée, et, sur la proposition de M. Floquet, les Chambres décidèrent que le délit punissable serait subordonné à la condition nécessaire que la publication ou reproduction d'une fausse nouvelle ou d'une pièce fabriquée eût effectivement *troublé la paix publique* (art. 27, D. P. 81. 4. 77, note 2. V. *suprà*, nᵒ 637). — La règle établie par l'art. 27 a été reconnue applicable même aux publications qui ont eu lieu sous l'empire de l'ancienne législation sur la presse, celle-ci ayant été remplacée, au moment où la décision a été rendue, par une disposition législative plus favorable au prévenu (Bourges, 24 nov. 1881, aff. Brulfert, D. P. 83. 2. 189). Jugé, par application de l'art. 27, que la fausse nouvelle qui ne porte atteinte qu'à des intérêts privés ne peut donner lieu qu'à des réparations civiles devant la juridiction civile (Amiens, 23 juin 1892, aff. Masson, D. P. 93. 2. 268).
654. Dans quel cas pourra-t-on dire que la paix publique a été troublée ? A la séance du Sénat du 18 juin 1881, M. Jules Simon, qui combattait la disposition inscrite dans l'art. 27, prétendit qu'on se trouvait en présence d'une circonstance impossible à déterminer : « Qu'est-ce que c'est qu'un trouble ? Est-ce qu'un carreau brisé sera un trouble ? un soufflet donné ? une querelle dans un café ? Ou bien faudra-t-il un trouble sur la voie publique ? Faudra-t-il une blessure ? Faudra-t-il que le trouble ait duré longtemps ? qu'il se soit produit dans la journée ? Faudra-t-il qu'on établisse la relation directe entre le trouble produit et la fausse nouvelle dont il est question ? Faudra-t-il que ce soit dans la ville où la fausse nouvelle a été publié ? Y aura-t-il une prescription ? Est-ce qu'au bout de huit jours ou quinze jours l'article sera encore en suspicion si les troubles se produisent ? Je dis que pour tout cela, vous avez devant vous la passion et que la passion interviendra dans la décision qui sera prise ». Le rapporteur, M. Pelletan, fit à ces observations une réponse assez vague. Il ne suffira pas que la fausse nouvelle aboutisse « à un petit tapage des rues, à casser les vitres d'un café... ce n'est pas là un trouble. Le trouble de la paix publique est beaucoup plus profond ». Il faut s'en tenir à l'indication donnée par la circulaire du ministre de la justice du 9 nov. 1881 : l'art. 27 ne punit les fausses nouvelles « qu'autant qu'elles ont été publiées de mauvaise foi et qu'elles ont apporté un *trouble réel* à la paix publique. La loi ne définit pas ce trouble ; ce sera aux tribunaux... à l'apprécier dans chaque espèce particulière » (D. P. 81. 3. 106). — Suivant M. Barbier (t. 2, nᵒ 353), le trouble réel apporté à la paix publique « doit s'entendre non seulement d'un trouble *matériel*, d'une émeute, d'une rixe, d'un désordre des rues, mais encore d'un *trouble moral* assez profond pour impressionner gravement l'esprit public et pour s'accuser par certains faits extérieurs, notamment par la fuite des habitants d'une commune effrayés par la fausse nouvelle d'un crime, par un arrêt des transactions, par une baisse des fonds publics etc. (si la fausse nouvelle était publiée dans le dessein d'atteindre ce dernier résultat, l'art. 419 c. pén. trouverait son application). C'est ainsi qu'on comprenait le trouble à la paix publique dans la doctrine et la jurisprudence antérieure à 1881 (V. Rousset, nᵒˢ 1361 et suiv.), et c'est ainsi, pensons-nous, qu'on doit continuer à l'entendre ; la seule portée du texte nouveau étant de supprimer un délit de tendance, en exigeant qu'un trouble se soit réellement produit, tandis que, sous la législation de 1849 et de 1852, il suffisait que le juge pût, par induction, décider que le trouble aurait pu se produire. Un trouble réel est nécessaire, tandis qu'autrefois un trouble hypothé-

tique pouvait suffire à constituer le délit, mais la notion de ce trouble n'a pas changé ». En résumé, suivant M. Barbier (t. 2, n° 354), la fausse nouvelle punissable en vertu de l'art. 27 est celle qui « revêt un caractère assez *général* pour faire impression sur l'esprit public ou au moins pour alarmer un très grand nombre d'individus. Le trouble à la paix publique peut résulter, en effet, non seulement d'une nouvelle intéressant la politique générale ou l'ordre public, mais encore d'une nouvelle étrangère à la politique, jetant l'alarme dans des groupes considérables d'intérêts privés » (V. Rousset, n° 1361). — Si l'on se range à cette opinion, il faudra considérer comme des précédents de jurisprudence, faisant encore autorité, les arrêts de la cour de Colmar du 31 mars 1857 (aff. Brassel, D. P. 58. 2. 67) et de la cour de Riom du 13 nov. 1867 (aff. Quinque, D. P. 67. 2. 233). Il en sera de même d'un autre arrêt, aux termes duquel celui qui a faussement annoncé la résolution prise par les directeurs d'une grande exploitation industrielle d'abaisser le salaire de leurs ouvriers ne saurait, dans le cas où cette nouvelle aurait provoqué un soulèvement des intéressés, échapper aux peines édictées par l'art. 27, en soutenant que la nouvelle par lui publiée se renfermait dans la limite des intérêts privés (Paris, 6 août 1866, aff. *Gazette des tribunaux*, 7 août 1883. Conf. Barbier, *loc. cit.*).

655. — IV. Mauvaise foi. — Intention de nuire. — L'art. 4 de la loi du 27 juill. 1849 avait expressément subordonné l'existence du délit de fausse nouvelle à la *mauvaise foi* constatée de l'auteur de la publication (D. P. 49. 4. 124). Ce fut encore une condition que l'art. 15 du décret du 17 févr. 1852 supprima en tant qu'elle était constitutive du délit, et qui fut transformée en circonstance aggravante (Crim. rej. 21 mars 1868, aff. Terme et Eyma, journal L'*Époque*, D. P. 68. 1. 505; Crim. cass. 9 janv. 1864, aff. *Le Sémaphore*, D. P. 64. 1. 49). Ainsi la publication ou la reproduction d'une fausse nouvelle, qui n'avait pas été faite de mauvaise foi, constituait une infraction purement matérielle aux lois sur la presse. C'était une contravention et non pas un délit (Crim. rej. 29 avr. 1858, aff. Jobard, D. P. 58. 5. 282; Dijon, 21 août 1866, aff. Jobard, D. P. 67. 2. 29; Besançon, 21 févr. 1874, aff. Perrot, journal L'*Indépendant de la Haute-Saône*, D. P. 74. 2. 113; Rennes, 24 juin 1874, aff. Douard, journal Le *Phare de la Loire*, D.P. 74. 2. 245; Crim. rej. 11 nov. 1875, aff. Tesseyr et Desquiers, journaux La *Liberté* et L'*Univers*; 2 déc. 1875, aff. Million-Picaillon, journal Le *Réveil du Dauphiné*, et 11 févr. 1876, aff. Valabrègue, cités ensemble D. P. 76. 1. 401). Il en était de même de la publication, faite de bonne foi, de pièces fabriquées ou falsifiées (arrêt du 11 févr. 1876).

En raison de ce caractère de contravention, la publication ou la reproduction de fausses nouvelles ou de pièces fabriquées, faite de bonne foi, demeura dans la compétence des tribunaux correctionnels, même sous le régime de la loi du 15 avr. 1871 qui avait attribué à la cour d'assises la connaissance des *délits* de presse (V. les arrêts précités). La cour d'assises n'était compétente que pour juger le *délit* de fausse nouvelle, c'est-à-dire la publication ou la reproduction, faite de mauvaise foi, d'une fausse nouvelle ou d'une pièce fabriquée, qu'elle fût ou non de nature à troubler la paix publique.

Aujourd'hui, il n'y a plus, en cette matière, de contravention et de délit juxtaposés. La contravention a disparu. L'intention coupable est toujours requise pour constituer l'infraction punissable : cette intention est toujours un délit et, par suite, elle est de la compétence de la cour d'assises. Le rapport de M. Lisbonne, faisant allusion à la disposition abrogée du décret de 1852, dit à cet égard : « L'art. 27 abroge ces contraventions et ces demi-délits et revient aux dispositions de la loi de 1849. La reproduction sera, comme par le passé, nécessairement assimilée à la publication; mais il faudra prouver contre elle, comme contre la publication, qu'elle a été faite avec intention de nuire, par des personnes qui savaient que la nouvelle était fausse ou que les pièces étaient fabriquées, falsifiées ou mensongèrement attribuées à des tiers ». Ainsi, pour que la publication ou la reproduction soit réputée « faite de mauvaise foi » au sens de l'art. 27, il ne suffit pas que son auteur ait eu connaissance de la fausseté de la nouvelle ou de la pièce qu'il

livrait à la publicité, il faut encore qu'il ait eu l'*intention de nuire*. « Cette intention, dit Barbier (t. 1, n° 355), doit s'entendre de la volonté d'accréditer et de propager dans le public une fausse nouvelle qui, en raison de sa gravité même, est *de nature* à troubler la paix publique. Mais il n'est pas nécessaire d'établir contre le prévenu qu'en publiant ou reproduisant la nouvelle qu'il savait fausse, il se proposait d'*apporter un trouble réel* à la paix publique ». Ainsi la fausse nouvelle ayant effectivement troublé la paix publique, condition sans laquelle les poursuites n'auraient pas pu avoir lieu (V. *suprà*, n° 653 et suiv.), le prévenu n'établit pas sa bonne foi en prouvant que l'événement a dépassé ses prévisions, qu'il savait bien que la nouvelle fausse publiée par lui pouvait troubler la paix publique, mais qu'il n'avait pas voulu ni cherché ce résultat qui ne lui paraissait pas devoir résulter nécessairement de la publication : il faut qu'il démontre que la nature même de l'information publiée, son insignifiance et son peu de portée, devaient écarter de sa pensée toute appréhension d'occasionner un trouble à la paix publique. « Attendu, dit un arrêt rendu sous la loi de 1849, que la nature même de la pièce fausse, dans ses rapports avec l'effet qu'elle peut produire en troublant la paix publique, est sans doute une des circonstances constitutives du délit spécifié par l'art. 4 de la loi précitée, mais que, d'après le texte et l'esprit de ce même article, la *mauvaise foi ne se rattache directement qu'au fait de publication ou reproduction* de nouvelles fausses, de pièces fabriquées falsifiées ou mensongèrement attribuées à un tiers, et que, *par cela même, elle s'étend aux conséquences possibles et éventuelles* de cette publication (Crim. rej. 6 déc. 1850, aff. Nefftzer, D. P. 51. 1. 258. Conf. *Rép.* n° 978; Barbier, *loc. cit.*).

656. La publication ou la reproduction d'une fausse nouvelle, qui a été faite de mauvaise foi et qui a troublé la paix publique, en même temps qu'elle constitue le délit prévu par l'art. 29, peut réunir les éléments de quelque autre délit punissable soit en vertu du droit commun, soit en vertu d'une loi spéciale (V. *suprà*, n° 638), lorsque cette publication ou reproduction est susceptible d'être incriminée comme délit de fausse nouvelle prévu par les art. 419 et 420 c. pén. ou par l'art. 40 de la loi du 2 févr. 1852, ou bien comme infraction à l'art. 15 de la loi du 24 juill. 1881, punissable conformément à l'art. 405 c. pén., ou encore comme délit de publication de pièces fabriquées, falsifiées ou mensongèrement attribuées à des tiers avec les incriminations de faux et d'usage de faux (*suprà*, n°s 647 et suiv.). Il peut arriver également que les faits susceptibles d'être incriminés en vertu de l'art. 29 constituent, en même temps, le délit d'offense au président de la République, à un chef d'État étranger, etc., ou, ce qui se présentera souvent, le délit de diffamation ou d'injure prévu par la loi de 1881. Les deux délits résultant du même fait pourront être poursuivis simultanément, «l'accusation, dit M. Faustin Hélie (*Instruction criminelle*, t. 3, p. 615), pouvant, sur un même fait, multiplier les chefs, pourvu qu'ils soient tous contenus dans la même action ».

657. Le fait peut aussi être poursuivi sous l'une des incriminations, à défaut de l'autre, avec observation des règles de poursuites particulières à cette incrimination. Ainsi le même fait pourra être poursuivi soit d'office comme fausse nouvelle, soit en vertu d'une plainte préalable, comme diffamation. Jugé, en ce sens, en vertu des lois antérieures : 1° que la publication d'imputations fausses à l'égard d'un tiers, si elle peut constituer vis-à-vis de celui-ci le délit de diffamation, n'en est pas moins une publication d'une fausse nouvelle, et, à ce titre, peut être poursuivie par le ministère public, même en l'absence de plainte de la partie lésée (Crim. rej. 30 janv. 1858, aff. Gérant du *Siècle* et autres, D. P. 58. 1. 378) ; — 2° Que la publication ou reproduction d'un article contenant, à l'égard d'un tiers, des imputations dénuées de fondement, alors qu'il n'a pas, en l'absence d'une intention délictueuse, le caractère de diffamation, n'en constitue pas moins le délit de *publication d'une nouvelle fausse*, et, à ce titre, justifie le choix que, pour le jugement de son action en dommages-intérêts, le plaignant a fait de la juridiction correctionnelle (Crim. rej. 8 nov. 1861, aff. Journal L'*Opinion nationale*, et aff. Journal Le *Siècle*, D. P. 62. 1. 385) ; — 3° Que la fausse imputation d'un crime à un tiers dans des propos qui auraient été tenus publiquement peut, outre le délit de diffamation, constituer le délit de publication d'une nouvelle fausse; que le fait peut être poursuivi aussi bien sous l'une que sous l'autre qualification ; que, dès lors, c'est à tort que le juge correctionnel, saisi de la connaissance d'un tel fait en tant qu'il constituerait la publication d'une nouvelle fausse, déciderait, sans vérifier si les éléments de ce délit se rencontrent dans les actes incriminés, que, « s'agissant de propos qui intéressent uniquement la probité et l'honneur de tierces personnes, il peut y avoir lieu à poursuite pour diffamation, mais jamais pour publication de fausses nouvelles » (Crim. cass. 11 févr. 1864, aff. Fille Foucault, D. P. 64. 1. 193); — 4° Que le prévenu qui échappe à toute condamnation pour diffamation en raison de sa bonne foi justifiée peut être puni comme coupable soit de publication de fausse nouvelle, soit de publication d'une pièce faussement attribuée à un tiers, l'excuse tirée de la bonne foi n'étant pas admissible à l'égard des contraventions (Dijon, 21 août 1866, aff. Jobard, D. P. 67. 2. 29); — 5° Qu'une allégation dont la preuve, en tant qu'allégation diffamatoire, est prohibée par l'art. 28 du décret de 1852, peut être punie tout à la fois comme constituant le délit de diffamation et comme constituant, en même temps, le délit de fausse nouvelle, infraction qui ne peut exister légalement qu'à la condition que la fausseté du fait inspecté sera prouvée (Trib. corr. Moulins, 16 août 1867, aff. Quinque, D. P. 67. 2. 233); — 6° Que la publication d'un article de journal peut constituer en même temps le délit de fausse nouvelle sans mauvaise foi et celui de diffamation envers des particuliers, l'auteur d'une imputation diffamatoire pouvant, en effet, être poursuivi, quand même il a cru à la réalité des allégations dont il a fait le récit, pourvu qu'il ait eu l'intention de nuire (Douai, 22 juill. 1874, aff. Masure, journal Le Progrès du Nord, D. P. 74. 1. 394). — Ajoutons que la fausse nouvelle qui se produit sous la forme d'une pièce mensongèrement attribuée à un tiers peut motiver, de la part de celui-ci, une action en diffamation si la pièce publiée sous son nom est de nature à porter atteinte à son honneur ou à sa considération (Conf. de Grattier, p. 186; Grellet-Dumazeau, t. 1, n° 114 ; Barbier, t. 1, n° 354).

658. La publication d'une fausse nouvelle peut aussi dégénérer en délit d'escroquerie. Jugé, à cet égard, que le fait, par un distributeur d'imprimés, de les annoncer à haute voix comme donnant des nouvelles importantes, alors qu'ils ne contiennent que des plaisanteries grossières, constitue le délit d'escroquerie, si ces assertions mensongères sont corroborées par une manœuvre qui, telle que l'exhibition d'un intitulé portant, en gros caractères, disposés de manière à attirer les regards du public : Explosion de gaz au Corps législatif pendant la séance, a eu, à la fois, pour objet de faire naître chez les acheteurs l'espérance chimérique d'obtenir des renseignements sérieux sur un événement réel, et pour résultat de les amener à remettre à l'auteur de cette manœuvre le prix de l'imprimé (Crim. rej. 19 déc. 1884, aff. Dupraz, D. P. 85. 1. 44).

659. La responsabilité civile étant indépendante de l'existence d'un délit, la fausse nouvelle qui ne réunit pas toutes les conditions nécessaires pour être punissable en vertu de l'art. 29, et qui n'est pas susceptible de revêtir une autre qualification, peut néanmoins donner lieu à une action civile en dommages-intérêts (V. le rapport de M. Lisbonne). Ainsi la fausse nouvelle qui n'est pas punissable parce qu'elle n'a pas causé de trouble à la paix publique peut donner lieu à l'action civile de la personne qu'elle concerne et dont elle blesse l'intérêt particulier. De même pour la fausse nouvelle publiée sans mauvaise foi. Jugé, en ce sens, avant la loi de 1881, que le gérant d'un journal est responsable du dommage causé par une fausse annonce, bien qu'il l'ait insérée de bonne foi (Bordeaux, 2 déc. 1840, Rép. n° 836).

Toutefois, l'intérêt étant la mesure des actions et l'application de l'art. 1382 c. civ. supposant l'existence d'une faute et d'un préjudice également démontrés, a été jugé : 1° que la publication, faite de bonne foi par un journal, d'une nouvelle communiquée par la police et annonçant la faillite d'un commerçant et son arrestation sous inculpation de banqueroute frauduleuse, ne saurait donner ouverture à une action en dommages-intérêts contre le gérant du journal, lorsqu'il est établi que le fait de l'arrestation à la suite de la déclaration de faillite est vrai, et que la publicité dont il a été l'objet n'a causé aucun préjudice au demandeur (Bordeaux, 20 mai 1887, aff. Dubreuil, D. P. 88. 2. 274-275) ; — 2° Que la publication d'une fausse nouvelle ne saurait servir de base à une action en dommages-intérêts qu'autant qu'elle a causé un préjudice à la personne qui a été visée ; et que l'application de ce principe s'impose encore plus strictement lorsque, dans l'animation d'une période électorale, la prétendue fausse nouvelle a uniquement visé le demandeur, candidat, au point de vue de ses tendances politiques ou économiques (Riom, 27 avr. 1891, aff. Olivier, D. P. 92. 2. 520).

660. En matière de fausses nouvelles, il appartient au juge du fait de rechercher et de déclarer souverainement si les faits dont le récit est incriminé sont vrais ou faux. Mais le contrôle de la cour de cassation s'étend à l'interprétation et à la qualification que le juge du fait donne à ce récit ; elle peut, en conséquence, examiner l'écrit poursuivi et en déterminer le sens et la portée, pour décider si le récit mensonger qu'il contient constitue une fausse nouvelle ou simplement une appréciation erronée d'un fait ou d'un ensemble de faits (Crim. rej. 30 janv. 1858, aff. Gérant du Siècle et autres, D. P. 58. 1. 378; 17 juill. 1868, aff. Poulain de Maisonville, D. P. 69. 1. 390). Ce contrôle ne s'étend pas aux circonstances extrinsèques retenues par le juge du fait. — Jugé, en ce sens, que si le juge correctionnel, saisi d'une prévention de publication de fausses nouvelles dans un journal, est souverain pour apprécier l'écrit incriminé dans ses rapports avec les circonstances extrinsèques de la cause, il n'en est pas de même quant à l'appréciation de l'écrit pris en lui-même ; il appartient, par suite, à la cour de cassation de rechercher si, tout en admettant l'appréciation du juge du fait sur les circonstances extrinsèques, l'article ne renferme pas tous les éléments du délit relevé par la poursuite (Crim. cass. 9 janv. 1864, aff. Le Sémaphore, D. P. 64. 1. 49).

En ce qui concerne le droit de contrôle de la cour de cassation sur la publicité, V. suprà, n°s 544 et suiv.), il a été jugé que les tribunaux apprécient souverainement, d'après les éléments de fait et les circonstances de la cause, si la publication de mauvaise foi d'une nouvelle fausse de nature à troubler la paix publique a eu lieu par des discours proférés en public, ou bien par des propos simplement tenus devant diverses personnes (Crim. rej. 9 janv. 1875, aff. Vaugon, D. P. 75. 1. 185).

On sait que les juges du fait apprécient souverainement la question d'intention (V. suprà, n° 655).

661. La cour d'assises est compétente pour juger le délit de fausses nouvelles (art. 45), et, en vertu d'une règle générale sur la compétence ratione loci en matière de délit de publication (V. infrà, tit. 4, chap. 3, sect. 1, art. 2), la poursuite peut être formée devant toute cour d'assises dans le ressort de laquelle la fausse nouvelle a été publiée (Crim. rej. 30 janv. 1858, cité suprà, n° 660).

Sect. 3. — Outrages aux bonnes mœurs.

662. La législation antérieure réprimait l'outrage à l'une des religions reconnues par l'État (L. 25 mars 1822, art. 1; Rép. p. 409), l'outrage à la morale publique et religieuse (L. 17 mai 1819, art. 8; Rép. p. 406) et l'outrage aux bonnes mœurs (L. 17 mai 1819, art. 8, Rép. et n°s 616 et suiv.). Les deux premiers de ces délits ont été considérés comme des délits d'opinion ; ils ont été supprimés par la loi du 29 juill. 1881; mais le délit d'outrage aux bonnes mœurs a été maintenu, les publications obscènes ne pouvant être rangées parmi les délits d'opinion (D. P. 81. 4. 78, note 1).

663. Les bonnes mœurs sont protégées contre les atteintes résultant des actions contraires à la pudeur par les dispositions des art. 330 à 335 c. pén. qui répriment comme délits contre les particuliers les attentats à la pudeur et l'outrage public à la pudeur. En même temps, l'art. 287 c. pén avait prévu comme un délit contre la chose publique les manifestations de l'esprit de débauche qui, sans atteindre la pudeur ou la sécurité morale de personnes déterminées, sont une offense à l'honnêteté publique. Cette disposition punissait d'un emprisonnement d'un mois à un an et d'une amende de 16 fr. à 500 fr. « toute exposition ou distribution de chansons, pamphlets, figures ou images contraires aux bonnes mœurs ». Les planches et les exemplaires, imprimés ou gravés, de l'objet du délit étaient confisqués. L'art. 8 de la loi du 17 mai 1819 punit le délit spécial d'outrage aux bonnes mœurs, commis par l'un des moyens énoncés en l'art. 1 de ladite loi, d'un emprisonnement d'un mois à un an et d'une amende de 16 fr. à 500 fr. C'est ce même article qui prévoyait simultanément et confondait dans la même répression le délit d'outrage à la morale publique et religieuse. Le dénigrement théorique de la morale et la publication obscène, le délit d'opinion et l'attentat d'ordre intellectuel étaient ainsi l'objet d'une complète assimilation (*Rép.* n°s 622, 624 et suiv.).

664. La loi du 29 juill. 1881 a maintenu le délit d'outrage aux bonnes mœurs qu'elle a considéré comme un délit de droit commun et, déterminée par l'exemple donné dans les pays de libre discussion, en Angleterre et aux Etats-Unis (D. P. 81. 4. 78, note 1), elle a, contrairement à l'économie générale de ses dispositions, aggravé les pénalités établies par la législation antérieure. L'art. 28 est ainsi conçu : « L'outrage aux bonnes mœurs commis par l'un des moyens énoncés en l'art. 23 sera puni d'un emprisonnement de un mois à deux ans et d'une amende de 16 fr. à 2000 fr. Les mêmes peines seront applicables à la mise en vente, à la distribution ou à l'exposition de dessins, gravures, peintures, emblèmes ou images obscènes. Les exemplaires de ces dessins, gravures, peintures, emblèmes ou images obscènes, exposés au regard du public, mis en vente, colportés ou distribués seront saisis ». Le projet qui avait été d'abord voté par la Chambre des députés et par le Sénat visait, dans une seule et même disposition, tous les moyens de publication à l'aide desquels peut être commis le délit d'outrage aux bonnes mœurs. Ce projet fut remanié, et le texte actuel adopté à la suite des observations suivantes que fit au Sénat, à la séance du 16 juill. 1881, M. Robert de Massy, au nom de la commission : « Nous avons voté l'art. 28 relatif à l'outrage aux bonnes mœurs, dans lequel se trouve compris un cas particulier d'outrage aux bonnes mœurs, la mise en vente, l'exposition de dessins, gravures, emblèmes obscènes ; nous avons renvoyé à la juridiction des cours d'assises, par l'art. 45, tous les outrages aux bonnes mœurs. On nous a fait observer qu'il y a presque partout, et particulièrement à Paris, tant de délits d'outrages aux bonnes mœurs par dessins et images obscènes, que renvoyer ces cas particuliers devant les assises, c'est rendre la répression presque impossible. La commission vous propose donc, dans l'art. 28, de faire deux paragraphes particuliers : 1° l'outrage aux bonnes mœurs, puis, 2° un paragraphe à part pour l'outrage aux bonnes mœurs par la voie des emblèmes dont je vous parlais ; et alors dans l'article où la compétence, l'art. 45, la commission vous manifeste le désir de comprendre cet outrage particulier aux bonnes mœurs parmi les délits qui sont de la compétence de la police correctionnelle. Ainsi, nous rédigerions en deux paragraphes ce qui était en un seul dans l'art. 28; et, à l'art. 45, § 2, nous comprendrions le paragraphe relatif aux emblèmes obscènes, énoncés en l'art. 28, au nombre des cas qui ne vont pas aux assises, mais à la police correctionnelle ». La loi du 29 juill. 1881 distingue donc, parmi les outrages aux bonnes mœurs : 1° ceux qui sont commis par la *parole* ou par l'*écrit* (V. *infra*, n°s 674 et suiv.). Ceux-là étaient déférés à la cour d'assises en vertu de l'art. 45 et bénéficiaient de toutes les règles spéciales établies par la loi sur la presse ; — 2° Ceux qui sont commis par le *dessin* (V. *infra*, n°s 692 et suiv.). Ceux-ci étaient justiciables de la police correctionnelle, et, par dérogation à l'art. 49, la saisie préventive des dessins, gravures, peintures, emblèmes ou images obscènes était autorisée (art. 28, al. 2).

665. Les dispositions de la loi de 1881 ne tardèrent pas à paraître insuffisantes pour la répression des outrages aux bonnes mœurs commis par l'*écrit*. Des imprimés obscènes, des brochures à bon marché, des journaux éphémères, répandus à profession, propageaient le scandale, à l'abri de toute saisie préventive et sans appréhension de la justice, trop lente à venir, et trop solennelle pour être toujours mise en mouvement, de la cour d'assises (V. le rapport de M. Devaux, sénateur, sur le projet de loi soumis aux

Chambres en 1882, D. P. 82. 4. 106, note 1). Le projet de loi présenté par le Gouvernement retranchait le délit d'outrage aux bonnes mœurs de la législation spéciale de la presse et le rattachait à l'ensemble des faits qualifiés par le code pénal ; il en assurait la répression : 1° en établissant, par une simple addition à l'art. 330 c. pén., une assimilation complète entre le délit d'outrage public à la pudeur et le délit d'outrage aux bonnes mœurs à l'aide de publications obscènes, de discours, de chants ou de cris ; 2° en faisant rentrer ces délits, par une seconde disposition, dans l'application du droit commun, soit en ce qui touche les formes et les conditions de la poursuite, soit en ce qui touche les règles de la complicité (D. P. 82. 4. 106, note 1). Mais il était guère possible d'assimiler complètement le délit d'outrage public à la pudeur et le délit d'outrage aux bonnes mœurs par publications obscènes, parce que, de l'avis de tous les criminalistes, le délit prévu par l'art. 330 c. pén. suppose une action. L'action est la caractéristique, en quelque sorte, et c'est pour cela que l'art. 287 c. pén., abrogé plus tard par la loi du 17 mai 1819, avait réprimé, par une disposition spéciale, le délit d'outrage aux bonnes mœurs par exposition ou distribution de chansons, pamphlets, figures ou images. La distinction entre les deux délits étant donc conforme aux principes du droit criminel, et c'est avec raison que la Chambre des députés repoussa ensuite l'assimilation proposée par le Gouvernement. Cependant la Chambre adopta, sur le second projet, les vues du Gouvernement ; « elle pensa qu'il fallait laisser au délit d'outrage aux bonnes mœurs son véritable caractère, le rejeter hors de la loi qui régit la presse (ce sont les propres expressions du rapporteur) et qu'il était plus conforme aux règles d'une bonne législation pénale, au lieu de modifier soit l'art. 330 c. pén., soit la loi du 29 juill. 1881, d'atteindre par des pénalités spéciales le délit d'une nature spéciale qu'elle avait à examiner » (Rapport de M. Devaux au Sénat, D. P. 82. 4. 106, note 1). Les dispositions qu'elle vota, et qui furent adoptées par le Sénat, formèrent le texte de la loi du 2 août 1882, ainsi conçue : « Art. 1. Est puni d'un emprisonnement d'un mois à deux ans et d'une amende de 16 fr. à 3000 fr. quiconque aura commis le délit d'outrage aux bonnes mœurs par la vente, l'offre, l'exposition, l'affichage ou la distribution gratuite, sur la voie publique ou dans les lieux publics, d'écrits, d'imprimés autres que le livre, d'affiches, dessins, gravures, peintures, emblèmes ou images obscènes. — Art. 2. Les complices de ces délits dans les conditions prévues et déterminées par l'art. 60 c. pén. seront punis de la même peine, et la poursuite aura lieu devant le tribunal correctionnel, conformément au droit commun et suivant les règles édictées par le code d'instruction criminelle. — Art. 3. L'art. 463 c. pén. s'applique aux délits prévus par la présente loi. — Art. 4. Sont abrogées toutes les dispositions contraires à la présente loi ».

En conséquence, il y a aujourd'hui deux délits d'outrages aux bonnes mœurs : 1° l'outrage aux bonnes mœurs commis par la *parole*, c'est-à-dire par des *discours*, *chants* ou *cris* obscènes ou bien par *écrits*, mais dans un seul cas, celui du *livre*, est un délit de presse, prévu par l'art. 28, 1er al. de la loi du 29 juill. 1881, puni par cet article d'un emprisonnement d'un mois à deux ans et d'une amende de 16 fr. à 2000 fr. justiciable de la cour d'assises en vertu de l'art. 45 et soumis à toutes les dispositions spéciales de la même loi ; — 2° L'outrage aux bonnes mœurs commis par *écrits*, par *imprimés* autres que le livre, par *affiches*, *dessins*, *gravures*, *peintures*, *emblèmes* ou *images* est un délit de droit commun prévu par la loi du 2 août 1882, puni d'un mois à deux ans et de prison et de 16 fr. à 3000 fr. d'amende déféré aux tribunaux correctionnels, et soumis aux règles ordinaires établies par le code pénal en matière de complicité et de circonstances atténuantes et par le code d'instruction criminelle en matière de procédure (Conf. Barbier, t. 1, n° 361).

§ 1er. — Caractères communs au délit d'outrage aux mœurs de l'art. 28 de la loi de 1881 et au délit d'outrage aux mœurs de la loi du 2 août 1882.

666. Ces caractères consistent : 1° dans une publication *obscène ;* 2° dans l'*intention criminelle* chez l'agent du délit ; 3° dans la *publicité.*

667. — I. Publication obscène. — Le délit d'outrage aux bonnes mœurs ne devrait pas, a-t-on dit lors de la discussion de la loi de 1882, faire l'objet d'une incrimination, car il est indéfinissable ; la détermination de ce qu'il faut entendre par publication *obscène* dépend en effet d'une appréciation essentiellement arbitraire. Ces critiques n'ont pas prévalu (V. D. P. 82. 4. 106, note). — Par outrage aux bonnes mœurs l'art. 8 de la loi de 1819 désignait « particulièrement les outrages qui blessent la pudeur, les manifestations de l'esprit de débauche ». Il est permis, dit M. Barbier (t. 1, n° 362), « d'affirmer que la loi tolère la publication qui va jusqu'à la licence sans atteindre à l'obscénité. Entre le licencieux et l'obscène, la différence se sent mieux qu'elle ne s'explique ; Littré l'indique en définissant le licencieux « ce qui offense la pudeur ». L'obscénité, dit un jugement du tribunal correctionnel de la Seine du 11 juin 1884 11° chambre) existe là où, quels que soient le genre et la diversité des écoles, l'art n'intervient pas pour relever l'idéal ; où l'appel aux instincts, aux appétits grossiers, n'est contrarié, vaincu par aucun sentiment plus puissant. L'obscène, en d'autres termes, c'est le licencieux qui s'étale brutalement, qui ne se dissimule pas sous les voiles de l'art ; c'est le licencieux aggravé par la grossièreté de la forme ou par la recherche voulue de sujets, de descriptions, de situation visant directement à éveiller dans l'imagination des idées malsaines et dénotant chez l'auteur l'intention perverse de s'adresser principalement à l'esprit de luxure et de débauche ». Nul doute, suivant cet auteur, qu'on ne puisse plus aujourd'hui, après la suppression du délit d'outrage à la morale publique, renouveler, en vertu des lois sur l'outrage aux bonnes mœurs, des procès aux tendances, aux allures libres et même licencieuses de certains auteurs ou de certaines écoles littéraires. Citons, sous la législation antérieure, l'acquittement de Flaubert poursuivi pour la publication de *Madame Bovary* et, sous les lois en vigueur aujourd'hui, un arrêt de la cour de Paris du 27 mars 1884, qui a prononcé l'acquittement de M. Worms éditeur d'une publication licencieuse, intitulée *La ceinture de chasteté* (Barbier, *loc. cit.*).

668. Toute édition nouvelle d'un ouvrage publié constitue un fait nouveau de publication, qui peut donner lieu à de nouvelles poursuites. L'autorité de la chose jugée n'a lieu que relativement à l'édition sur laquelle est intervenue la décision judiciaire. Par suite l'acquittement, prononcé sur une poursuite d'outrage aux mœurs résultant d'une publication considérée par le parquet comme obscène, ne met pas, en cas de réimpression de l'ouvrage, l'éditeur de la nouvelle publication à l'abri d'une condamnation. De même, la condamnation motivée par la première édition n'empêche pas l'acquittement de l'auteur d'une seconde édition, après un nouvel examen de l'ouvrage (Conf. Barbier, t. 1, n° 366). C'est ainsi que les éditions nouvelles ne bénéficient pas de la *prescription* acquise à la première publication d'un ouvrage délictueux (Rép. n° 1295. V. *infrà*, n° 708).

669. — II. Intention criminelle. — L'outrage aux bonnes mœurs étant un délit, suivant la prévision soit de l'art. 28 de la loi de 1881 soit de l'art. 1882, il en résulte que son incrimination est subordonnée à l'existence, chez l'agent, d'une intention coupable en vertu de la règle établie par l'art. 64 c. pén. pour tous les faits qualifiés crimes ou délits. On peut même dire, avec M. Barbier (t. 1, n° 363), que « l'intention perverse de l'auteur et des publications est à la fois l'élément *essentiel* et *caractéristique* du délit d'outrage aux bonnes mœurs. — Pour apprécier cette intention, il faut tenir compte du but principal poursuivi par l'auteur, du public auquel s'adresse l'œuvre, du mode de publication employé (à ce point de vue la brochure peut être appréciée plus sévèrement que le livre), du style, de la forme, etc., etc. ». Ainsi l'outrage aux bonnes mœurs peut résulter d'une publication obscène sans qu'on y rencontre aucune *expression* obscène. Il serait caractérisé par la distribution de cartes manuscrites répandues dans le public pour annoncer l'ouverture d'une maison de débauche (Crim. cass. 15 mai 1838 ; *Rép.* n° 629).

670. Les juges du fond ont qualité pour juger souverainement la queston d'*intention* et pour se prononcer sur le caractère *obscène* des paroles, des écrits ou des dessins poursuivis, car la loi n'a pas dit et ne pouvait pas dire en quoi consistait l'obscénité ; mais il appartient à la cour de cassation de contrôler l'appréciation *légale* des juges du fond sur le point de savoir si les paroles, écrits ou dessins déclarés obscènes constituent ou non l'*outrage aux bonnes mœurs* (V. *suprà*, v° Cassation, n° 418, et *Rép.* eod. v°, n°s 1224 et suiv., 1746 et suiv.; Crim. cass. 19 juill. 1838, *Rép.* n° 629). En conséquence, les juges du fait, afin de permettre à la cour de pouvoir exercer son contrôle et d'apprécier le bien ou mal fondé de la décision déférée à sa censure, doivent faire connaître les discours, écrits, dessins, etc., qui ont déterminé la condamnation et indiquer les expressions, descriptions, situations, attitudes, etc., qui caractérisent l'outrage aux bonnes mœurs (Crim. cass. 14 mai 1857, aff. Forest, D. P. 57. 1. 312). — Il a été jugé, sous le régime des lois de 1881 et de 1882 : 1° que les constatations des juges du fond, tant au point de vue de l'intention délictueuse des prévenus que quant au caractère obscène des faits incriminés (des dessins, dans l'espèce), sont souveraines et échappent au contrôle de la cour de cassation ; que l'arrêt qui constate que des dessins offensent ouvertement la pudeur, soit par la licence du sujet, soit par la brutalité de la forme, et que le prévenu n'a poursuivi, par leur publication, qu'une spéculation contre les bonnes mœurs, motive suffisamment sa décision, en permettant à la cour de cassation de reconnaître que les faits incriminés ont été légalement qualifiés d'outrage aux bonnes mœurs (Crim. rej. 14 mars 1889, aff. Roques et Lanier, D. P. 89. 1. 390) ; — 2° Que l'arrêt de condamnation constate suffisamment l'intention coupable de l'auteur de la publication obscène en déclarant qu'il n'a eu d'autre but de provoquer une curiosité malsaine (Crim. rej. 17 nov. 1892, aff. Worms, D. P. 93. 1. 213).

671. — III. Publicité. — L'outrage aux bonnes mœurs n'est punissable, soit en vertu de la loi de 1881, soit en vertu de la loi de 1882, qu'autant qu'il est public ; mais les deux incriminations se distinguent l'une de l'autre précisément par les moyens de publication employés pour commettre le délit (V. *suprà*, n°s 664 et suiv., *infrà*, n°s 674 et suiv., 692 et suiv.).

672. Conformément au principe général exposé *suprà*, n° 545, il appartient à la cour de cassation d'apprécier si les circonstances du fait relevées par l'arrêt sont constitutives de la publicité *légale* (V. *suprà*, n° 544 et suiv.). Pour permettre à la cour de cassation d'exercer ce contrôle, les circonstances de publicité doivent, à peine de nullité, être précisées, dans les questions soumises au jury, soit en ce qui concerne l'auteur principal, soit en ce qui concerne les complices (V. *suprà*, n° 547. Conf. Barbier, t. 1, n° 365).

§ 2. — Du délit d'outrage aux bonnes mœurs régi par l'art. 28 de la loi du 29 juill. 1881.

673. Le premier alinéa de l'art. 28 de la loi du 29 juill. 1881 vise l'outrage aux bonnes mœurs commis par la *parole* ou par l'*écrit*. Le deuxième alinéa se réfère à l'outrage aux bonnes mœurs commis par le *dessin*. Par suite de la loi du 2 août 1882, ce deuxième alinéa n'a plus d'application, et le premier ne s'applique plus à l'outrage aux bonnes mœurs commis par l'*écrit*, à l'exception du *livre*. En résumé, l'outrage aux bonnes mœurs prévu et puni par l'art. 28 de la loi du 29 juill. 1881 est celui qui est commis par la *parole* ou le *livre* (V. *suprà*, n° 664 et suiv.).

674. — I. Outrage aux bonnes mœurs commis par la parole. — L'art. 28 se réfère aux moyens de publication énoncés en l'art. 23. Il en résulte que le délit d'outrage aux bonnes mœurs peut être commis d'abord par des *discours, cris ou menaces proférés dans des lieux ou réunions publics* (V. *suprà*, n°s 453 et suiv.). Pourquoi le délit commis de cette manière demeure-t-il un délit de presse, quand l'outrage aux bonnes mœurs commis par l'*écrit*, le livre seul excepté, et par le *dessin*, ont été soumis aux règles du droit commun ? Il serait difficile de donner à cette question une réponse satisfaisante (Conf. Barbier, t. 1, n° 384). Voici l'explication que le rapporteur du Sénat, M. Devaux, donnait à cet égard : « S'il n'y avait un intérêt capital à une prompte promulgation du projet de loi adopté par la Chambre, quelques-uns de nos collègues auraient désiré que cette loi visât l'outrage aux bonnes mœurs se manifestant par des chants obscènes. Il ne s'agit pas, bien entendu, des chansons écrites, et qui se distribuent dans des lieux publics : celles-là sont des écrits qui tombent directement sous l'application de la loi ; mais il eût été désirable que cette loi s'étendît aux chants et aux cris obscènes qui se produisent trop souvent en public. Mais il y a urgence à sévir contre un délit qui se multiplie tous les jours, et danger à retarder, par une modification, la promulgation d'une loi dont tout le monde proclame la nécessité. Il n'y a pas, d'ailleurs, à craindre l'impunité ; le délit commis de cette manière est réprimé par la loi du 29 juill. 1881, et il suffira, pour l'atteindre efficacement, d'appliquer cette loi avec vigilance et fermeté » (D. P. 82. 4. 106, notes 9 et 10).

675. Il a été jugé, sous l'art. 8 de la loi de 1819, que le fait d'un individu de tenir des propos obscènes, dans la rue, à des femmes suivant la même chemin que lui, constitue le délit d'outrage à la morale publique et aux bonnes mœurs (Paris, 8 juin 1867, aff. N.., D. P. 67. 5. 329). — Par application de l'art. 28 de la loi de 1881, il a été décidé que le juge de simple police se déclare à bon droit incompétent lorsque le fait incriminé consiste dans des chants nocturnes qui, tout en étant de nature à troubler la tranquillité des habitants, ont un caractère obscène et, par suite, constituent le délit d'outrage aux bonnes mœurs (Crim. rej. 14 juin 1884, aff. Petit, D. P. 85. 1. 220).

676. Comment doit-on concilier l'art. 28 de la loi de 1881 avec la disposition de la loi du 19 mars 1889 (D. P. 89. 4. 47) relative aux annonces sur la voie publique, qui punit d'une amende d'un franc à quinze francs et, en cas de récidive, d'un emprisonnement d'un jour à cinq jours, le fait de crier le « titre obscène » d'un écrit ou imprimé distribué ou vendu dans les rues et lieux publics ? Ce fait paraît bien constituer le délit d'outrage aux bonnes mœurs commis au moyen d'un cri obscène publiquement proféré. Sera-t-il donc susceptible d'être incriminé arbitrairement soit comme délit, soit comme contravention ? Ou bien faut-il admettre que la loi du 19 mars 1889 déroge au cas particulier de l'art. 28 de la loi de 1881 ? Il n'est pas douteux que la loi de 1889 est issue de l'impossibilité matérielle où l'on était d'appliquer l'art. 28 (et les art. 29 et suiv., sur la diffamation et l'injure) aux annonces sur la voie publique ; il aurait fallu déférer à la cour d'assises les crieurs de journaux ! Cependant la nécessité d'une répression s'imposait. L'exposé des motifs, rédigé par l'auteur du projet de loi, M. Lefèvre-Pontalis, le constatait (V. aussi le rapport au Sénat de M. de Verninac).

La loi votée en 1889 réglemente les annonces sur la voie publique en défendant : 1° d'annoncer les écrits ou imprimés autrement que « par leur *titre*, leur prix, l'indication de leur opinion et les noms de leurs auteurs ou rédacteurs » (V. *infrà*, n° 697) ; — 2° D'annoncer *même le titre*, quand il est obscène ou qu'il contient des imputations diffamations ou expressions injurieuses pour une ou plusieurs personnes ». Puis elle punit de peines de simple police les infractions aux dispositions réglementaires qu'elle établit. Le rapport de M. Thellier de Poncheville à la Chambre des députés fait connaître, avec la plus entière certitude, la pensée des auteurs de la loi de 1889 : « L'art. 2 de la proposition de loi portait seulement que « les infractions aux dispositions « qui précèdent seront punies d'un emprisonnement d'un jour « à cinq jours et d'une amende d'un franc à quinze francs ». Quant à la sanction à donner aux prohibitions de la loi, la commission de la Chambre, a pensé, avec M. Lefèvre-Pontalis, qu'il n'y avait pas lieu de maintenir les peines correctionnelles portées dans le texte voté en première lecture en 1884. Il s'agit ici d'une simple contravention, d'une question de police de la rue. Si l'auteur, l'imprimeur et l'éditeur de l'écrit ou du journal a commis un délit de presse, il pourra être poursuivi conformément à la loi de 1881 ; c'est là un ordre d'idées tout différent de celui qui fait l'objet de nos préoccupations. Pour le crieur, il n'importe que l'écrit soit ou non délictueux, que lui-même soit ou non de bonne foi ; il a commis une infraction matérielle : c'est devant le juge de simple police qu'il sera traduit » (D. P. 89. 4. 47, note 3).

Ainsi l'annonce sur la voie publique du « titre obscène »

d'un écrit ou d'un imprimé constitue : 1° le délit d'outrage aux bonnes mœurs, de la part de l'auteur ou de l'éditeur de l'écrit publié ; 2° une simple contravention aux dispositions réglementaires de la loi de 1889 de la part du crieur. En ce qui concerne ce dernier, la loi de 1889 admet *à priori*, sans permettre de discussion à cet égard, l'inexistence de l'élément intentionnel nécessaire pour constituer le délit d'outrage aux bonnes mœurs. Il n'est donc pas douteux que le crieur du *titre obscène* d'un écrit ou d'un imprimé, distribué ou vendu sur la voie publique au lieu public, ne peut plus être poursuivi en vertu de l'art. 28 de la loi de 1881, et qu'à l'égard de ce fait, la loi de 1889 déroge audit art. 28. On a préféré la justice plus expéditive et plus sûre du tribunal de simple police à la justice illusoire de la cour d'assises qu'il était impossible de saisir en raison du peu d'importance de chacun des faits pris en particulier, et qui était, dès lors, impuissante à réprimer un ensemble de faits devenus graves par leur répétition constante. Cependant la présomption qui résulte de la loi de 1889 ne nous paraît pas exister en dehors des termes de cette loi. Le crieur de journal ne commet pas le délit d'outrage aux bonnes mœurs quand il annonce le titre obscène du journal, à la condition qu'il ne fasse aucune autre annonce obscène que celle du titre. Si l'annonce obscène est autre chose que l'indication du titre, le crieur commet, sans doute une contravention à la loi de 1889, pour avoir annoncé un écrit ou imprimé autrement que par son titre, etc.; mais rien n'empêche, en théorie du moins, qu'il soit en même temps poursuivi pour délit d'outrage aux bonnes mœurs, en vertu de l'art. 28 de la loi de 1881, car son action est susceptible d'être incriminée sous cette double qualification. Il ne s'agit plus, d'ailleurs, de la simple répétition à haute voix du titre obscène du journal ; il y a un fait personnel de la part du crieur, qui a composé lui-même son annonce obscène, et ce fait exclut la bonne foi. Mais, dans la pratique, il ne paraît pas probable qu'on poursuive autre chose que la contravention, et qu'on incrimine le délit devant la cour d'assises.

677. — II. Outrage aux bonnes mœurs commis au moyen du livre. — La loi du 2 août 1882 visant tous les imprimés « autres que le livre » a laissé l'art. 28 en vigueur en ce qui concerne ce genre d'écrit. « La commission, dit le rapport de M. Dreyfus, a défini plus nettement encore le délit qu'il s'agit de réprimer, en exceptant formellement le livre des dispositions de l'art. 1. Le livre, par son prix, par son étendue, par l'intention de l'auteur, par le plan, par le public auquel il s'adresse, par les conditions dans lesquelles il se vend, ne présente pas les mêmes dangers que l'écrit, l'imprimé ou la gravure obscène. Le livre restera donc soumis aux dispositions de l'art. 28 de la loi du 29 juill. 1881 ; il bénéficiera du privilège de la législation spéciale et continuera à être soumis à la compétence de la cour d'assises » (D. P. 82. 4. 106, note 1).

La question de savoir si un écrit a les caractères d'un livre est parfois assez délicate (D. P. 82. 4. 105, note 1, n° 9). C'est surtout au prix qu'il convient de s'attacher pour la résoudre : plus le prix est élevé, et moins considérable est le nombre de lecteurs, moins grand aussi le danger résultant de la diffusion d'un écrit obscène (Conf. Barbier, t. 1, n° 369). Il a été jugé qu'on ne pouvait pas considérer comme étant un livre, au sens de la loi du 2 août 1882, une brochure de dix pages, contenant environ deux cent cinquante vers (Trib. corr. Seine, 11° ch., 26 déc. 1882, cité par M. Barbier, t. 1, n° 369).

678. Les revues doivent être considérées comme ayant le caractère du livre, ainsi que l'enseigne M. Fabreguettes (t. 1, p. 370 et 371), « soit parce que quelques-unes d'entre elles ont un format considérable et plusieurs feuilles, soit surtout parce qu'elles constituent des publications sérieuses, d'un esprit de suite prolongé, destinées à constituer, par la réunion des leurs numéros dûment paginés, de véritables livres » (V. conf. Barbier, *loc. cit.*). Au contraire, on ne devra pas considérer comme ayant le caractère du livre les publications paraissant par livraisons à bon marché. Jugé, notamment, qu'un écrit s'annonçant comme devant être d'une étendue assez considérable et paraissant par livraisons à 10 centimes, ne peut, en raison des conditions dans lesquelles la publication et la vente en sont effectuées, être considéré comme un livre (Trib. corr. de la Seine, 20 nov. 1883 et 10 janv. 1884, cités par Barbier, t. 1, p. 369). — On doit appliquer cette décision aux romans que les journaux publient en feuilleton, et, dit M. Barbier (loc. cit.), dans tous les cas analogues, surtout quand il apparaîtra que la publication par livraisons à bon marché n'est qu'une ruse employée pour dissimuler le véritable caractère de la publication. Jugé, en ce sens, que, si le livre est excepté des prévisions de la loi du 2 août 1882, il n'en est pas de même des livraisons de quelques pages, vendues ou distribuées isolément, alors même qu'elles sont destinées à former plus tard un livre par leur réunion avec une longue série de livraisons analogues (Crim. rej. 17 nov. 1892, aff. Wormus, D. P. 93. 1. 213).

679. La répression de l'outrage aux bonnes mœurs commis au moyen du *livre illustré* présente une difficulté particulière. Il semble qu'on est en présence d'un ouvrage indivisible : si le texte et les illustrations sont également obscènes, la disposition répressive applicable doit être la même et pour l'un et pour les autres ; le livre est un livre alors même qu'il est illustré, les dessins ou gravures qu'il contient n'étant que l'accessoire du texte et ne servant qu'à son explication. De là cette conséquence que le livre illustré devrait bénéficier de l'exception admise par la loi de 1882 et être exclusivement justiciable, pour ses dessins obscènes aussi bien que pour son texte obscène, de l'art. 28 de la loi du 29 juill. 1881. Cependant le texte des deux lois ne permet pas cette interprétation. L'art. 28 de la loi de 1881 avait, sous deux dispositions distinctes, incriminé l'outrage aux bonnes mœurs commis par la parole ou par l'écrit d'une part, et le même délit commis par le dessin, d'autre part. Ce dernier mode de publication avait été considéré comme beaucoup plus redoutable en matière d'outrage aux bonnes mœurs. *Segnius irritant animum demissa per aurem, quam quæ sunt oculis subjecta fidelibus.* Le premier alinéa de l'art. 28 attribuait donc à la cour d'assises la répression des écrits obscènes, sans en autoriser la saisie préventive. Le deuxième alinéa déférait au tribunal correctionnel les dessins, gravures, peintures, emblèmes ou images obscènes, en même temps qu'il en autorisait la saisie préventive. Or cette disposition de l'art. 28, 2e al., ne distinguait pas entre les dessins, gravures, etc., publiés isolément et ceux qui étaient accompagnés de texte, publiés notamment dans le corps d'un livre. Il en résultait que, si l'outrage aux bonnes mœurs était commis par la voie d'un *livre illustré*, le texte obscène tombait sous l'application du premier alinéa de l'art. 28, les dessins obscènes sous le coup du second alinéa. Le texte était justiciable de la cour d'assises et les illustrations du tribunal correctionnel. Celles-ci pouvaient faire l'objet d'une saisie préventive et le texte non. « Ce qui était vrai de *tout imprimé illustré* sous la loi de 1881, reste vrai du *livre illustré* depuis la loi du 2 août 1882 » (Barbier, t. 1, n° 370). En vertu de cette loi, tous les imprimés, *autres que le livre* et tous les dessins, gravures, peintures, emblèmes ou images, quand ils constituent par leur obscénité le délit d'outrage aux bonnes mœurs, sont soumis aux dispositions du droit commun et déférés au tribunal correctionnel. Il n'y a d'exception que pour une seule et unique sorte d'écrit : le livre, « et, en énumérant ensuite les dessins, gravures etc., sans faire aucune exception pour les dessins ou gravures pouvant se trouver dans un livre, il montre clairement que l'exception qu'il fait pour le livre ne vise celui-ci qu'en tant qu'écrit imprimé et que cette exception ne s'étend pas aux dessins, gravures ou images qui peuvent accompagner le texte » (Barbier, loc. cit.).

Ainsi l'outrage aux bonnes mœurs commis par la publication d'un livre illustré est, en ce qui concerne le texte obscène, un délit de presse visé par l'art. 28 de la loi du 29 juill. 1881, justiciable de la cour d'assises et affranchi de la saisie préventive de l'imprimé délictueux ; en ce qui concerne les illustrations obscènes, c'est un délit de droit commun, justiciable du tribunal correctionnel, autorisant la saisie préventive des dessins incriminés et régi exclusivement par la loi du 2 août 1882. Jugé, en ce sens que, si la loi du 2 août 1882, qui a pour objet la répression des outrages aux bonnes mœurs, excepte le livre des règles qu'elle a tracées à l'égard des imprimés, elle n'a pas étendu

cette exception aux dessins, qui demeurent soumis à ces règles sous quelque forme qu'ils soient vendus, distribués ou exposés, et spécialement lorsque, insérés dans le texte, ils en constituent l'illustration (Crim. rej. 19 nov. 1892, aff. Wormus, D. P. 93. 1. 213). — La distinction qui se trouve établie entre le texte et les dessins d'un livre obscène illustré se justifie, au moins dans le cas où la publication de ce livre a lieu par exposition ; car l'image obscène étalée sur la voie publique ou mise à la vitrine d'un libraire n'est pas moins blessante pour les regards des passants parce qu'elle se trouve sur la couverture ou dans le corps d'un livre (Barbier, loc. cit.).

680. L'éditeur ou le libraire ne peut pas s'opposer à la saisie des images obscènes qui forment l'illustration d'un livre, sous prétexte que le texte est en même temps saisi contrairement à la prohibition de l'art. 49 de la loi de 1881. En effet la saisie ne porte en droit que sur les images. L'éditeur ou le libraire peut seulement séparer ces images du texte et soustraire celui-ci à la saisie, quand cette opération peut être exécutée matériellement (Conf. Barbier, loc. cit.). Si le texte n'est pas poursuivi, parce qu'il n'est pas obscène, mais simplement licencieux, les dessins obscènes qui l'accompagnent pourront être déférés séparément au tribunal correctionnel. Dans le cas où le texte et les dessins sont également obscènes, l'incrimination du texte attribue compétence à la cour d'assises pour juger les dessins, en raison de la connexité, la cour d'assises ayant plénitude de juridiction. Ajoutons que les circonstances constitutives de la publicité diffèrent selon qu'il s'agit du texte ou des dessins du livre illustré (V. *infrà*, n° 693).

681. L'outrage aux bonnes mœurs ne peut pas résulter de la publication d'un ouvrage scientifique contenant des dessins offensants pour la pudeur, quand ces dessins ne sont que l'explication du texte ; car le but poursuivi par l'auteur est alors légitime, et ses intentions ne sauraient être incriminées (de Grattier, t. 1, p. 163. Conf. Barbier, t. 1, n° 371). Cependant, si les *dessins* qui servent à l'explication du texte sont *exposés* aux regards du public dans le but d'exciter une curiosité malsaine, ce fait d'exposition pourra constituer, à la charge du libraire, un délit d'outrage aux bonnes mœurs, dont l'auteur ne saurait en rien partager les responsabilités s'il est demeuré étranger à cet acte particulier de publication (art. 42) (V. *infrà*, tit. 4, sect. 3, art. 1. Conf. Barbier, t. 1, n° 371). Si l'ouvrage n'est scientifique que par les apparences et par le nom, si la science n'y sert que de prétexte à l'obscénité, il y faudra voir un outrage aux bonnes mœurs caractérisé (Fabreguettes, t. 1, p. 1026 ; Barbier, loc. cit.). Du reste, l'incrimination du texte et du dessin comportera l'application de toutes les distinctions que nous avons retracées au sujet du livre illustré en général (Conf. Barbier, loc. cit.).

682. — III. Application des dispositions de la loi sur la presse. — 1° *Publicité.* — Le livre obscène ne peut, suivant la disposition expresse de l'art. 28, être poursuivi que s'il a été rendu public par l'un des moyens énumérés en l'art. 23. Le délit d'outrage aux bonnes mœurs est donc caractérisé : 1° par la vente, la distribution ou la mise en vente du livre obscène, de tels faits opérant par eux-mêmes la publication (V. *suprà*, n°s 497 et suiv.) ; 2° par la distribution dans des lieux ou réunions publics (V. *suprà*, n°s 540 et suiv.). — En ce qui concerne la publicité du dessin qui contient un livre illustré, au point de vue de l'incrimination d'un outrage aux bonnes mœurs, V. *suprà*, n° 679.

683. — 2° *Saisie préventive.* — L'art. 49 de la loi sur la presse interdit la saisie des ouvrages incriminés. Il interdit, à plus forte raison, la saisie des planches, clichés ou autres corps du délit. Par exception, et dans le cas d'omission du dépôt prescrit par les art. 3 et 10, le juge d'instruction est autorisé à saisir quatre exemplaires de l'ouvrage poursuivi. Ces quatre exemplaires doivent être restitués après le jugement, alors même que ce est de condamnation ; car la loi de 1881 n'autorise la confiscation d'aucun exemplaire, et les tribunaux ne peuvent ordonner la suppression ou la destruction que des exemplaires qui seraient publiés après la condamnation (V. *infrà*, n° 688). Ces règles sont applicables au livre obscène incriminé comme contenant un délit d'outrage aux bonnes mœurs (Barbier, t. 1, n°s 376 et

374). L'art. 49 ajoute, il est vrai : « Cette disposition ne déroge en rien à ce qui est prescrit par l'art. 28 de la présente loi ». Mais, d'une part, cette référence n'a jamais concerné les *écrits* obscènes, car le deuxième alinéa de l'art. 28 n'autorisait la saisie préventive que dans le cas d'outrage aux bonnes mœurs commis par le *dessin*. Ensuite, le deuxième alinéa de l'art. 28 n'ayant plus d'application en vertu de la loi du 2 août 1882, qui l'a complètement absorbé, la référence de l'art. 48 n'a plus elle-même aucun intérêt.

684. — 3° *Compétence*. — Le délit d'outrage aux bonnes mœurs commis par la voie du *livre* est de la compétence de la cour d'assises (art. 45) (C. d'assises de la Seine, 26 mai 1884, aff. Marie Colombier, publication du livre intitulé *Sarah Barnum; 27 déc. 1884, aff. Bonnetain, publication intitulée *Charlot s'amuse*).

685. — 4° *Peines*. — Les peines applicables au délit d'outrage aux bonnes mœurs commis par la voie du *livre* sont celles que porte l'art. 28 : un emprisonnement d'un mois à deux ans et d'une amende de 16 à 2000 fr. (V. *suprà*, n° 664). L'arrêt peut, en outre, ordonner, après condamnation, la saisie et la suppression ou la destruction de tous les exemplaires du livre condamné qui seraient mis en vente, distribués ou exposés au regard du public (art. 49). Cette disposition ne concerne pas les exemplaires demeurés en la possession du libraire ; il n'est pas tenu de les représenter ; il peut même exiger la restitution des quatre exemplaires saisis préventivement dans le cas d'omission du dépôt. Mais il pourrait être considéré, suivant les circonstances, comme ayant *mis en vente* les exemplaires du livre condamné par le seul fait de leur dépôt dans son magasin ou dans son arrière-magasin (V. *suprà*, n° 305).

686. La suppression ou la destruction sont une mesure d'ordre, une condamnation contre l'ouvrage lui-même; elles sont autorisées à l'égard de tous les exemplaires de l'*édition* condamnée, alors même que ces exemplaires sont rendus publics par des personnes qui n'étaient pas parties en cause (V. *infrà*, n° 703). Cette saisie ne met aucun obstacle à la poursuite qui peut être intentée contre tous ceux qui, postérieurement à l'arrêt de condamnation, vendraient, distribueraient, mettraient en vente ou exposeraient en public les exemplaires de l'édition condamnée (art. 42 et 43). L'auteur et l'éditeur précédemment condamnés ne pourront être poursuivis, en pareil cas, que s'il est établi qu'ils ont sciemment participé au nouveau fait de publication, par exemple en vendant, ou en remettant pour être vendus, les exemplaires incriminés à la personne, au libraire par exemple, qui les a publiés. — Quant aux règles d'imputabilité qu'il y a lieu d'observer, V. *infrà*, tit. 3, sect. 4, art. 1).

687. C'est à la cour, non pas au jury, qu'il appartient d'ordonner la saisie et la destruction. Cette mesure est facultative en cas de condamnation. Elle n'est jamais autorisée en cas d'acquittement (V. *infrà*, tit. 4, chap. 4). Lorsque la destruction totale ne paraît pas nécessaire, l'arrêt peut se borner à prescrire la suppression ou la destruction des seules parties délictueuses (art. 49, *in fine*) (Circ. min. just. 9 nov. 1884, D. P. 81. 3. 106).

Si la cour a ordonné la destruction totale et qu'il soit fait une réimpression du livre, expurgé des passages que le jury a expressément condamnés comme délictueux, la destruction ne peut avoir lieu en vertu de l'arrêt de la cour ; car on est en présence d'une édition nouvelle (Chassan, t. 17, n° 197 ; Barbier, t. 1, n° 383).

Pour opérer la saisie, c'est-à-dire l'appréhension des exemplaires qui doivent être détruits ou supprimés, il suffit d'un procès-verbal d'un officier de police ou de justice, dressé dans la forme ordinaire (Chassan, t. 2, n° 1929 ; Barbier, t. 1, n° 380).

688. La cour ne peut pas ajouter, aux condamnations qu'elle prononce, celle de la confiscation des planches et des exemplaires imprimés du livre que le jury a condamné pour outrage aux bonnes mœurs. L'art. 287 c. pén. qui prévoyait toute exposition ou distribution de chansons, pamphlets, figures ou images contraires aux bonnes mœurs, punissait ce délit d'un mois à un an de prison, de 16 à 500 fr. d'amende et de la confiscation des planches et des exemplaires imprimés ou gravés de chansons, figures ou

autres objets du délit. La loi du 17 mai 1819, dont l'art. 8 prévoyait d'une façon générale l'outrage aux bonnes mœurs et comprenait ainsi les délits prévus antérieurement par l'art. 287 c. pén., n'avait pas reproduit la disposition finale de cet article et n'en avait pas davantage prononcé l'abrogation expresse. On pouvait soutenir que cette disposition finale se trouvait abrogée tacitement par la loi du 17 mai 1819, soit parce que l'art. 8 devait être considéré comme ayant absorbé entièrement l'art. 287 c. pén., soit parce que l'art. 26, en disposant que tout arrêt de condamnation ordonnerait la suppression ou la destruction de tous les objets saisis et de ceux qui pourraient l'être, devait être considéré comme ayant implicitement aboli la peine de la confiscation portée par l'art. 287 c. pén., *in fine*. Cependant la question était douteuse. « La loi de 1819, disait le rapport de M. Lisbonne sur la loi de 1881, n'ayant pas reproduit la fin de l'art. 287, et cet article n'ayant pas été l'objet d'une abrogation spéciale, on paraît fondé à soutenir qu'aux peines de l'amende et de la prison doit s'ajouter celle de la confiscation des planches ayant servi à l'impression des écrits ou des dessins incriminés, et des exemplaires imprimés ou gravés qui, n'ayant encore reçu aucune publicité, ont pu concourir à l'accomplissement du délit. Mais, ajoutait M. Lisbonne, à l'avenir, il n'y aura d'applicables au délit d'outrage aux bonnes mœurs que les dispositions qui seront contenues dans la loi nouvelle » (D. P. 81. 4. 78, note 1). En présence d'une déclaration aussi précise, la peine de la confiscation prononcée par l'art. 287 c. pén. doit, sans aucun doute, être considérée comme abolie. D'ailleurs, l'art. 49, § 3, à l'imitation de l'art. 26 de la loi de 1819, pourvoit à la suppression ou destruction des écrits ou dessins condamnés. En outre, tandis que l'art. 8 de la loi de 1819 reproduisait exactement les dispositions pénales de l'art. 287 c. pén. pour la prison et pour l'amende, l'art. 28 de la loi de 1881 a établi un nouveau système de pénalité, en élevant considérablement les peines de l'emprisonnement et de l'amende. « Il y a donc, comme le dit M. Barbier, t. 1, n° 367, incompatibilité entre les dispositions pénales de l'art. 287 c. pén. et celles des art. 28 et 49, § 3, de la loi du 29 juill. 1881 ». — L'art. 28 de la loi de 1881 étant la seule disposition pénale encore applicable à l'outrage aux mœurs commis par le livre, il résulte des observations qui précèdent que la confiscation des exemplaires du livre condamné ne peut pas être prononcée par la cour. — Doit-il en être de même, en ce qui concerne les dessins, gravures, etc., qui font partie d'un livre illustré? V. *suprà*, n° 679.

689. — 5° *Réimpressions*. — *Nouvelles éditions*. — La loi du 29 juill. 1881 ne renouvelle pas la disposition de l'art. 26 de la loi du 26 mai 1819, qui ordonnait la publication par extraits dans le *Moniteur officiel* de tous arrêts portant condamnation d'un ouvrage et prescrivait la saisie et la suppression de ses exemplaires (*Rép.* n° 982). Il ne reproduit pas non plus celle de l'art. 27, portant que quiconque, après la condamnation d'un écrit, de dessins ou gravures, les réimprimera, vendra ou distribuera, subira la maximum de la peine qu'aurait pu encourir l'auteur. Ainsi la circonstance qu'une édition antérieure de l'ouvrage a été condamnée n'a plus pour effet, comme sous l'art. 27 de la loi du 17 mai 1819, de faire porter la peine au maximum, en cas de nouvelle condamnation. Ce n'est plus qu'un précédent judiciaire qui pourra être pris en considération, s'il y a lieu, et dans la mesure où le juge estimera qu'il convient de faire. — M. Barbier (t. 1, n° 379) résume exactement les principes actuellement applicables aux deux propositions suivantes : « 1° l'arrêt qui, condamnant un ouvrage obscène, a ordonné la saisie et la destruction de tous les exemplaires qui seraient rendus publics, n'a de force ni d'autorité qu'à l'égard des exemplaires de l'édition sur laquelle il statue; 2° toute nouvelle édition d'un ouvrage (que cet ouvrage ait été antérieurement acquitté ou condamné) constitue un fait nouveau de publication pouvant donner lieu à un examen nouveau du contenu de l'ouvrage et à de nouvelles poursuites ».

§ 3. — De l'outrage aux bonnes mœurs régi par la loi du 2 août 1882.

690. L'outrage aux bonnes mœurs que régit la loi de

1882, et que cette loi soustrait entièrement à la législation de la presse pour le soumettre au droit commun, est celui qui est commis : 1° au moyen d'écrits, d'imprimés autres que le livre ou d'affiches obscènes; c'était antérieurement un délit de presse visé par le premier alinéa de l'art. 28 de la loi du 29 juill. 1881, qui se trouve abrogé sauf en ce qui concerne l'outrage aux bonnes mœurs commis par la voie du livre (V. suprà, nos 677 et suiv.); 2° au moyen de dessins, gravures, peintures, emblèmes ou images obscènes; c'est le délit que prévoyait le deuxième alinéa de l'art. 28 de la loi du 29 juill. 1881 et qui était déjà en vertu de cette loi, sous certains rapports, notamment en ce qui concerne la compétence, un délit de droit commun. Le deuxième alinéa de l'art. 28 est abrogé en tant que disposition pénale, et remplacé par la loi du 2 août 1882. Mais, à un autre point de vue, ce même alinéa doit être considéré comme ayant gardé son autorité : c'est le seul texte de la loi de 1881 qui détermine les moyens de publication des dessins, gravures, peintures, emblèmes ou images (V. suprà, nos 492 et suiv.). Différents articles de la loi sur la presse renvoient à cet art. 28. La théorie de publicité qu'il contient doit être toujours admise, à moins qu'il n'y soit dérogé.

691. — I. Outrage aux bonnes mœurs commis au moyen d'écrits, d'imprimés autres que le livre ou d'affiches obscènes. — Sur ce qui a été dit sur les caractères qui distinguent le livre ou autres écrits ou imprimés, V. suprà, n° 677. Sur ce qu'il faut entendre par un écrit, un imprimé ou une affiche obscène au point de vue de la réalisation du délit d'outrage aux bonnes mœurs, V. suprà, n° 495. — Le mot affiche n'est, par lui-même, qu'une expression relative au mode de publication, soit d'un écrit ou imprimé, soit d'un dessin, etc. ; mais il est plus particulièrement usité quand il s'agit d'écrits ou d'imprimés, et c'est en ce sens qu'il est employé dans l'art. 1 de la loi du 2 août 1882.

692. — II. Outrage aux bonnes mœurs commis au moyen de dessins, gravures, peintures, emblèmes ou images obscènes. — Sur ce qu'il faut entendre par dessins, gravures, peintures, emblèmes ou images, V. suprà, nos 492 et suiv. Ainsi qu'on l'a vu ibid., peu importe quel est le procédé artistique ou technique employé pour la reproduction des figures. Jugé, à cet égard : 1° que l'étalage dans la montre d'une boutique et la mise en vente de photographies représentant des sujets indécents et obscènes constitue le délit d'outrage à la morale publique et aux bonnes mœurs (Trib. corr. Nantes, 16 mars 1864, aff. Lamarre, D. P. 64. 3. 21) ; — 2° Que la mise en vente dans un lieu public de photographies obscènes constitue le délit d'outrage aux bonnes mœurs (Alger, 16 mars 1878, aff. Témime, D. P. 79. 2. 92). — De même toutes les œuvres de la sculpture, quand elles sont obscènes, tombent sous le coup de la loi du 2 août 1882. Cependant M. Barbier (t. 1, n° 386) fait observer que ces œuvres ne sont comprises sous la désignation d'emblèmes que lorsqu'elles présentent le caractère emblématique (V. suprà, n° 494), et que l'expression d'images, qui ne se trouvait pas dans le texte de la loi de 1819, n'a sans doute été introduite dans l'art. 28 de la loi du 29 juill. 1881 et dans l'art. 1 de la loi du 2 août 1882 que pour y désigner, dans le sens vulgaire de ce mot, les estampes plus ou moins grossièrement coloriées, les produits quelconques de l'imagerie. Mais, comme le dit très bien le même auteur, « dans un sens abstrait, l'image est la représentation d'un objet quelconque, aussi bien par la sculpture que par le dessin ». Il est donc permis à l'interprète de la loi de 1882 de prendre le mot image dans cette acception élevée et large, pour atteindre les œuvres de la sculpture dont le caractère d'obscénité manifeste constituera un véritable outrage aux bonnes mœurs. Tel a été le sentiment de la cour de Paris, qui a condamné, en vertu de la loi du 2 août 1882, l'exposition ou la mise en vente de statuettes présentant un caractère obscène (Paris, 11 août 1885, aff. Mursmurikidis, cité par Barbier, t. 1, n° 386, p. 330).

693. — III. Publicité. — L'art. 28 de la loi du 29 juill. 1881, dans son premier alinéa relatif à l'outrage aux bonnes mœurs commis par la parole ou par l'écrit, renvoyait à l'art. 23. Le délit n'était donc caractérisé que « par des discours, cris ou menaces proférés dans des lieux ou réunions publiques » ou « par des écrits, des imprimés vendus ou distribués, mis en vente ou exposés

dans des lieux ou réunions publics, ou enfin par des placards ou affiches exposés aux regards du public ». Le deuxième alinéa de l'art. 28 visait « la mise en vente, la distribution ou l'exposition de dessins, gravures, peintures, emblèmes ou images obscènes ». C'était une nouvelle application de la théorie classique de la publicité en matière de presse, telle qu'elle avait été établie pour la première fois par l'art. 1 de la loi du 17 mai 1819, et telle qu'elle entrait dans l'économie générale de la loi du 29 juill. 1881. Il était, depuis 1819, de doctrine et de jurisprudence constantes que les mots : « dans des lieux ou réunions publics » ne se référaient qu'à l'expression « exposés », et que la vente, la distribution et la mise en vente opéraient par elles-mêmes la publication malgré le caractère privé du lieu et en dehors de toute réunion publique (V. suprà, n° 497 et suiv.). Ces règles demeurent applicables au délit d'outrage aux bonnes mœurs commis par la parole et à celui qui est commis par la presse (V. suprà, n° 677 et suiv.). Mais l'art. 1 de la loi du 2 août 1882 paraît s'en écarter. L'art. 1 punit « quiconque aura commis le délit d'outrage aux bonnes mœurs, par la vente, l'offre, l'exposition, l'affichage ou la distribution gratuite sur la voie publique ou dans des lieux publics, d'imprimés autres que le livre, d'affiches, dessins, etc. ». Ne résulte-t-il pas de cette rédaction que, pour constituer l'outrage aux bonnes mœurs, il faut que la vente, l'offre et la distribution aient eu lieu, aussi bien que l'affichage ou l'exposition, « sur la voie publique ou dans des lieux publics » ? Suivant M. Barbier, l'article doit être entendu en ce sens que la condition d'avoir eu lieu « sur la voie publique ou dans des lieux publics » n'est exigée qu'en ce qui concerne l'exposition, l'affichage et la distribution gratuite. Si l'on admet cette interprétation qui peut se concilier avec le texte de la loi, le fait de distribuer gratuitement à domicile, soit des écrits ou des imprimés autres que des livres, soit des dessins, gravures, peintures, emblèmes ou images obscènes, ne constituerait pas le délit d'outrage aux bonnes mœurs. Au contraire, la vente ou la mise en vente des mêmes objets seraient, par elles-mêmes et indépendamment de la publicité du lieu où elles se produisent, des faits de publication suffisants pour caractériser l'outrage aux bonnes mœurs. L'art. 1 de la loi du 2 août 1882 serait ainsi en harmonie avec les art. 23 et 28 de la loi du 29 juill. 1881 (V. toutefois Paris, 28 févr. 1884, aff. Girard, Lois nouvelles, 1884, 3. p. 23). Cet arrêt paraît admettre que la vente ou la mise en vente d'images obscènes n'est punie par l'art. 1 de la loi du 2 août 1884 qu'autant qu'elles se produiraient dans des lieux publics.

694. — IV. Application du droit commun aux outrages aux bonnes mœurs prévus par la loi du 2 août 1882. — L'art. 2 de la loi du 2 août 1882 porte que « les complices de ces délits dans les conditions prévues et déterminées par l'art. 60 c. pén. seront punis de la même peine », et que « la poursuite aura lieu devant le tribunal correctionnel, conformément au droit commun, et suivant les règles édictées par le code d'instruction criminelle ». En vertu de cette disposition, sont entièrement soustraits à la législation de la presse les outrages aux bonnes mœurs commis au moyen : 1° d'un écrits ou imprimés et affiches autres que le livre ; 2° de dessins, gravures, peintures, emblèmes ou images. Ces délits sont désormais régis par le droit commun en ce qui concerne: 1° les personnes punissables; 2° la compétence ; 3° la saisie et l'arrestation préventive et le mode de poursuite; 4° la prescription.

695. — 1° Personnes punissables. — L'auteur de la publication est toujours l'auteur principal du délit. Ceux qui ont participé à la publication, soit en la préparant, soit en la consommant, peuvent être poursuivis comme complices, à la condition qu'ils aient agi sciemment, c'est-à-dire en connaissance du caractère délictueux des écrits, imprimés ou dessins publics (c.-pén., art. 60). La loi du 29 juill. 1881 n'a pas eu à se préoccuper, au point de vue de la complicité, des délits de presse qui se commettent par la parole, où l'auteur principal est nécessairement l'agent unique de la publication, et où la complicité ne peut s'établir que dans les termes de l'art. 60. En ce qui concerne les crimes ou délits de presse qui se commettent par l'écrit ou par le dessin et qui impliquent la pluralité d'agents, les art. 42 et 43 de la loi du 29 juill. 1881, tout en s'inspirant de la règle générale établie par le code pénal, ont créé un système particulier de responsabilité pénale, par l'effet duquel on doit considérer comme auteurs principaux du crime ou du délit : 1° le gérant ou l'éditeur; 2° à défaut du gérant ou de l'éditeur, l'auteur; 3° à défaut de l'auteur, l'imprimeur ; 4° à défaut de l'imprimeur, les vendeurs, distributeurs et afficheurs V. *infrà*, tit. 4, chap. 1, sect. 1, art. 1). — Ces règles, qui étaient applicables, en vertu de la loi du 29 juill. 1881, aux outrages aux bonnes mœurs comme à tout autre délit prévu par la loi de la presse, ne s'appliquent plus, en vertu de la loi du 2 août 1882, qu'à l'outrage aux bonnes mœurs commis par la voie du livre. En ce qui concerne les outrages aux bonnes mœurs commis, soit dans tous autres écrits, soit par dessins, gravures, peintures, emblèmes ou images, ceux qui en sont les auteurs ou les complices doivent, en vertu des art. 1 et 2 de cette loi, être punis conformément au droit commun.

696. Il faudra d'abord considérer comme auteurs principaux du délit tous ceux qui ont accompli les faits de publication. Le gérant est toujours l'auteur principal du délit commis dans un journal ou dans un écrit périodique puisque, en vertu de l'art. 6 de la loi du 25 juill. 1881, il est, de droit, le publicateur responsable de ce journal ou de cet écrit. Les vendeurs, libraires, distributeurs, colporteurs, et afficheurs du journal peuvent être poursuivis comme coauteurs du délit, car ils ont concouru avec le gérant au fait de la publication et ils ne peuvent pas invoquer l'art. 42 de la loi de 1881 pour n'encourir qu'une responsabilité subsidiaire. M. Barbier (t. 1, n° 394) pense, au contraire, qu'ils ne font en réalité que consommer la publication et ne peuvent être mis en cause que comme complices. « Toutefois, ajoute cet auteur, si les ouvrages vendus ou distribués ne portent ni nom d'éditeur, ni nom d'auteur, ni nom d'imprimeur, et si les vendeurs ou distributeurs ne révèlent pas les noms de ceux de qui ils tiennent les écrits, ils apparaissent alors non plus comme les agents auxiliaires, mais comme des agents principaux de la publication et doivent être mis en cause comme auteurs principaux du délit ».

697. On sait que le colporteur ou distributeur d'un écrit contenant un outrage aux bonnes mœurs, qui a annoncé cet écrit dans des rues ou lieux publics sous un « titre obscène », est passible des peines de simple police portées par la loi du 19 mars 1889 (V. *suprà*, n° 676). En droit, cette responsabilité n'est pas inconciliable avec celle qui est établie par les art. 1 et 2 de la loi du 2 août 1882 et par l'art. 60 c. pén. En effet, le colporteur, dans le cas qui nous occupe, a commis : 1° un outrage aux bonnes mœurs qualifié délit et prévu par la loi de 1882, en vendant, offrant, ou distribuant un écrit imprimé obscène ; 2° un outrage aux bonnes mœurs par paroles en criant le titre obscène de l'écrit vendu, mis en vente ou distribué. Ce second fait n'est plus punissable comme délit en vertu de l'art. 28 de la loi de 1881 ; il constitue la contravention punie par la loi du 19 mars 1889; mais cette circonstance n'est pas de nature à mettre obstacle à l'incrimination du délit prévu par la loi du 2 août 1882. Nous reconnaissons toutefois qu'il serait conforme à la pensée des auteurs de la loi de 1889 de ne poursuivre le crieur que pour la contravention et de laisser à l'éditeur, à l'auteur, à l'imprimeur, la responsabilité du délit (V. *suprà*, n° 676). Mais il faut admettre alors que le colporteur qui n'aura pas annoncé de titre obscène et ne pourra pas, dès lors, être poursuivi pour la contravention résultant de cette annonce, ne pourra pas davantage être poursuivi comme auteur ou complice du délit d'outrage aux bonnes mœurs par vente ou mise en vente d'un écrit obscène ; car peut-on le traiter plus sévèrement que celui qui, aux mêmes faits de publication, a ajouté l'annonce d'un titre obscène?

698. Si l'outrage aux bonnes mœurs est commis dans un écrit périodique, il semble que l'éditeur sera, dans tous les cas, responsable comme auteur principal, bien qu'on ne puisse pas lui donner cette qualité en vertu de la loi sur la presse. En effet, soit qu'il ait pris l'initiative de la publication, et qu'il ait assumé la charge de faire imprimer l'ouvrage délictueux et de le répandre sous sa responsabilité personnelle, soit qu'il ait seulement prêté son concours à l'auteur et à l'imprimeur pour le délit et la mise en circula-

tion de l'ouvrage, il a pris une part directe au fait de la publication qui constitue le délit; il en est le seul auteur ou l coauteur; mais dans l'un et l'autre cas, il doit être pour suivi comme auteur principal (*Contrà*, Barbier, loc. cit). Les vendeurs, distributeurs et afficheurs peuvent être poursuivis également comme auteurs principaux (V. *suprà*, n° 695).

699. L'auteur de l'ouvrage obscène est toujours un complice quand le délit est commis dans un journal ou dans un écrit périodique ayant un gérant, ou dans un écrit périodique dont l'éditeur s'est chargé, sous sa responsabilité personnelle, de l'impression et de l'édition. Il est auteur principal, si le journal qu'il a fait paraître n'a pas de gérant, ou s'il est lui-même l'éditeur de l'écrit non périodique. Enfin il peut être poursuivi comme auteur principal conjointement avec l'éditeur, s'il a gardé pour lui l'initiative de la publication et s'il y a pris part (Comp. Barbier, *loc. cit.*).

700. L'imprimeur ne peut pas prétendre, comme dans le cas où il s'agit d'un délit prévu par la loi de 1881, que le seul fait d'avoir mis des presses au service d'un auteur ou d'un éditeur n'engage pas sa responsabilité pénale. Il peut être poursuivi comme complice, en vertu de l'art. 60, dans le cas où sa participation à la publication d'un ouvrage obscène dont l'éditeur, le gérant ou l'auteur sont poursuivis, se réduit à l'impression de l'ouvrage. Il est, au contraire, un auteur principal quand il a pris, soit seul, soit avec l'auteur ou l'éditeur, une part directe à la publication, à la vente, mise en vente ou distribution de l'ouvrage imprimé.

701. En dehors des personnes qui viennent d'être énumérées. l'art. 60 permet encore de poursuivre, comme complices du délit d'outrage aux bonnes mœurs, tous ceux qui ont sérieusement concouru à la publication, par exemple : ceux qui ont fourni des notes ou éléments pour servir à la rédaction de l'écrit obscène ; ceux qui, par dons ou promesses, en ont provoqué la rédaction ; les propriétaires des journaux qui en ont préparé ou facilité la publication ; les libraires, les représentants du propriétaire ou du gérant du journal dans une autre ville, etc. — Jugé, en ce sens, que la loi du 2 août 1882 n'atteint pas seulement les vendeurs ou distributeurs d'écrits ou de dessins obscènes, mais aussi ceux qui, par les moyens définis en l'art. 60 c. pén. sur la complicité aident à commettre le délit d'outrage aux bonnes mœurs, ou à en faciliter la consommation ; qu'elle atteint, par conséquent, l'individu convaincu d'avoir livré des numéros d'un journal contenant une gravure et des détails obscènes, sachant que les acheteurs n'en ont pris livraison qu'avec l'intention de les exposer et de les mettre en vente sur la voie publique (Bordeaux, 16 mars 1891, aff. Renault, D. P. 92. 2. 528). Décidé, cependant, que le seul fait de la détention des clichés de photographies obscènes ne suffit pas pour caractériser la complicité du délit d'outrage à la morale publique et aux bonnes mœurs, alors que le prévenu n'a pris aucune part à la vente ou distribution des photographies (Crim. cass. 1er mai 1874, aff. Pichat, D. P. 75. 1. 235).

702. Les complices peuvent être poursuivis séparément et même malgré l'acquittement de l'auteur principal. Quand ils sont mis en cause avec l'auteur principal, il peut advenir que celui-ci soit acquitté en raison de sa bonne foi ou pour une autre cause et qu'ils soient, eux, condamnés. Jugé que, dans le cas de délit d'outrage aux bonnes mœurs commis par des dessins obscènes insérés dans un journal illustré, il n'y a pas lieu à l'application de la loi sur la presse; que conséquemment, les poursuites auxquelles ce délit donne lieu doivent s'exercer contre les complices dans les termes du droit commun, et que les individus prévenus de complicité objecteraient vainement qu'ils ne peuvent être poursuivis alors que les auteurs du délit (dans l'espèce, les vendeurs ou distributeurs du journal incriminé) n'ont pas été mis en cause (Crim. rej. 14 mars 1889, aff. Roques et Lanier, D. P. 89. 1. 390).

703. Dans tous les cas, ceux qui ont pris une part directe ou indirecte au fait de la publication ne peuvent être poursuivis, soit comme auteurs principaux, soit comme complices, qu'à la condition d'avoir agi sciemment. Ainsi l'auteur dont l'écrit aurait été publié à son insu ou sans son assentiment, ne pourrait pas être condamné comme complice du gérant ou de l'éditeur (Barbier, t. 1, n° 394). — Mais il a été jugé que la circonstance d'autres journaux contenant antérieurement ces mêmes dessins et écrits obscènes n'avaient pas été poursuivis, ne peut servir d'excuse au fait d'avoir livré ces dessins et écrits à des agents de distribution, pour qu'ils fussent répandus dans le public ; que l'individu poursuivi pour complicité du délit d'outrage aux bonnes mœurs ne peut invoquer à sa décharge le défaut de preuve que les imprimés par lui remis aux vendeurs auraient été réellement vendus, lorsqu'il n'est pas allégué qu'un seul exemplaire soit revenu en sa possession et lorsque les faits de la cause établissent leur vente effective (Bordeaux, 16 mars 1891, aff. Renault, D. P. 92. 2. 528).

704. — 2° *Compétence.* — Tandis que l'outrage aux bonnes mœurs commis par la parole ou par le livre continue d'être déféré au jury en vertu des art. 28, 1er al., et 45 de la loi du 29 juill. 1881, et de la restriction faite à l'égard du livre par l'art. 1 de la loi du 2 août 1882, les outrages aux bonnes mœurs commis par tous écrits, imprimés ou affiches autres que le livre sont déférés au tribunal correctionnel, ainsi que les outrages aux bonnes mœurs commis par dessins, gravures, peintures ou emblèmes qui étaient déjà déférés à cette juridiction en vertu du deuxième alinéa de l'art. 28 de la loi de 1881 (L. 2 août 1882, art. 2 ; Rapport, D. P. 82. 4. 106, note nos 7, 9, et 10).

705. — 3° *Saisie, arrestation préventive et poursuite.* — On a vu *suprà,* n° 683, dans quelle mesure restreinte la saisie préventive était autorisée par la loi du 29 juill. 1881. L'art. 2 de la loi du 2 août 1882, en disposant que la poursuite des outrages aux bonnes mœurs commis par des écrits ou imprimés autres que le livre, et par des « dessins, gravures, peintures, emblèmes ou images obscènes » aura lieu suivant les règles édictées par le code d'instruction criminelle, autorise la saisie préventive dans les termes de l'art. 35 de ce code. Le juge pourra donc procéder à la saisie de tout ce qui paraît avoir servi à commettre le délit, ainsi que de tout ce qui paraît en avoir été le produit, enfin de tout ce qui peut servir à la manifestation de la vérité. Le législateur n'a pas voulu que, pour les outrages de ce genre, la répression n'eût lieu qu'après le moment où le bénéfice du délit serait « acquis aux spéculateurs éhontés qui, avant tout, envisagent le profit de leur méfait » (Rapport, D. P. 82. 4. 105, note n° 7). La saisie a pour but : 1° de constater le délit ; 2° d'empêcher la propagation des écrits, dessins, etc., obscènes. Le magistrat pourra donc saisir non seulement les exemplaires écrits, imprimés, dessinés, gravés etc., mais aussi la composition et les planches. Quant aux presses, elles ne doivent pas, à moins de circonstances exceptionnelles, être comprises dans la saisie ; ce serait méconnaître le but de cette mesure et outrepasser les limites dans lesquelles elle peut être prise (Chassan, t. 2, n° 1515. Conf. Barbier, t. 1, n° 388).

706. La saisie ne peut être ordonnée que lorsque les imprimés ou les dessins ont été rendus publics et que le délit a été consommé (Chassan, t. 2, nos 1501 et suiv.). Elle ne peut être opérée que par le juge d'instruction ou par un officier de police judiciaire délégué par le juge d'instruction, sur les réquisitions du ministère public. Cependant, en cas de flagrant délit, l'art. 9 c. inst. crim. accorde à tout officier de police judiciaire, en raison de sa fonction qui consiste « à rechercher et à rassembler la preuve du délit » le droit de mainmise sur les écrits ou dessins délictueux. Suivant M. Barbier (*loc. cit.*), cette mainmise ne peut se justifier « qu'autant qu'elle apparaît comme nécessaire pour suivre la poursuite du délit ». La mesure dont il s'agit n'a, d'ailleurs qu'un caractère provisoire ; elle doit être suivie d'une saisie régulière pratiquée par le magistrat compétent (Chassan, t. 2, nos 1509 et suiv. ; Grattier, t. 1, p. 364 ; Rousset n° 374 ; Barbier, *loc. cit.*).

707. L'arrestation préventive est interdite par l'art. 49 de la loi de 1881, en matière de délits de presse ou de publication, pour le prévenu domicilié en France. La loi du 2 août 1882 l'autorise, en conformité des art. 113 et suiv. c. instr. crim., pour les outrages aux bonnes mœurs qu'elle prévoit. Les prévenus pourront être mis sous mandat d'arrêt ou de dépôt, conformément au droit commun. Ils pourront jouir du bénéfice de la liberté provisoire ; mais ce bénéfice ne leur appartiendra pas de droit cinq jours après l'interrogatoire, alors même qu'ils seraient domiciliés, parce que le maximum de la peine qu'ils encourent n'est pas inférieur à deux ans de prison (c. instr. crim., art. 113 ; L.

2 août 1882, art. 1). — Le principe d'après lequel le droit commun est applicable au délit d'outrage aux bonnes mœurs prévu par la loi du 2 août 1882 conduit encore à décider, en ce qui concerne la poursuite, que ce délit comporte la procédure des flagrants délits, établie par la loi du 20 mai 1863, tandis que la voie de la citation directe et celle de l'information préalable sont seules ouvertes par les délits que prévoit la loi du 29 juill. 1881, et notamment par l'outrage aux bonnes mœurs commis par le livre et punissable en vertu de l'art. 28 de cette loi. En cas de flagrant délit, le mandat de dépôt pourra être décerné par le procureur de la République (L. 20 mai 1863, art. 1 et 2).

708. — 4° *Prescription.* — Les délits prévus par la loi du 2 août 1882 ne sont prescrits que par trois ans, conformément au droit commun, tandis que la prescription de trois mois, édictée par l'art. 65 de la loi du 29 juill. 1881, est applicable aux outrages aux bonnes mœurs qui restent placés sous l'empire de cette loi.

709. — V. PÉNALITÉS. — La peine que prononce la loi du 2 août 1882 est la même que celle de la loi du 29 juill. 1881, pour la prison : un mois à deux ans. L'amende a le même minimum : 16 fr.; mais le maximum est de 3000 fr. au lieu de 2000. — Conformément au droit commun, ces pénalités sont susceptibles, en cas de récidive, de l'aggravation édictée par les art. 57 et 58. c. pén.; en conséquence, la prison doit être portée au maximum de deux ans, soit dans le cas d'une première condamnation pour crime supérieur à une année d'emprisonnement, soit dans le cas d'une première condamnation de même durée pour délit. Le juge a la faculté d'élever ce maximum au double. Au contraire, la récidive n'entraîne pas d'aggravation de peine à l'égard des outrages aux bonnes mœurs que continue de régir la loi du 29 juill. 1881 (art. 63 de cette loi). — L'art. 463 c. pén. sur les circonstances atténuantes est applicable, en vertu de l'art. 3 de la loi du 2 août 1882, aux outrages aux bonnes mœurs que réprime cette loi. Le pouvoir de réduction que le tribunal correctionnel exerce à l'égard de ces délits ne subit pas la restriction que lui apporte, en matière de délits de presse, l'art. 64 de la loi du 29 juill. 1881. Ainsi, en cas de déclaration de circonstances atténuantes, la peine prononcée peut excéder la moitié de celle qui est édictée par l'art. 1 de la loi de 1882. Le juge peut même n'accorder aucune réduction de peine, cette réduction n'étant pas le reflet nécessaire de l'admission de circonstances atténuantes (*Rép.* v° *Peine,* n° 555). Les peines prononcées contre l'auteur principal sont applicables également aux complices (c. pén., art. 59-60).

710. Le tribunal peut-il ajouter, aux peines portées par la loi du 2 août 1882, la confiscation des exemplaires imprimés ou gravés, des écrits, des figures ou autres objets du délit qui ont été saisis préventivement et celle des planches qui ont servi à l'impression de l'écrit ou de la figure, en vertu de l'art. 287 c. pén. ? Nous avons dit *suprà,* n° 688, que cette disposition devait être considérée comme abrogée par l'art. 28 de la loi du 29 juill. 1881, et qu'elle était inapplicable aux outrages aux bonnes mœurs commis par le livre ; mais, comme la loi du 2 août 1882 abroge à son tour l'art. 28 de la loi de 1881 en ce qui concerne les outrages aux bonnes mœurs commis par les écrits et imprimés autres que le livre et par le dessin, et que ces délits sont replacés sous l'application du droit commun, l'effet de cette loi n'est-il pas d'autoriser de nouveau, en ce qui les concerne, la confiscation édictée par l'art. 287 c. pén.? Nous ne le pensons pas. Comme on l'a exposé *suprà, ibid.,* l'art. 287 c. pén. a été l'objet d'une abrogation complète et absolue, bien qu'elle ne soit pas expresse, en vertu de la loi du 29 juill. 1881 ; or il est de principe qu'une loi abrogée n'est pas remise en vigueur par la seule disparition de la loi qui avait opéré l'abrogation (Crim. cass. 8 sept. 1809, *Rép.* v° *Lois,* n° 562). Cette règle doit être suivie surtout dans l'application du droit criminel, où les pénalités doivent résulter d'une disposition impérative, d'un texte précis, sans qu'il soit jamais permis de procéder par voie d'induction et de suppléer au silence du législateur. D'ailleurs, la loi du 2 août 1882 contient, au point de vue des délits qu'elle prévoit, un système complet de pénalités, différent de celui de l'art. 287 c. pén., différent encore de celui de l'art. 28 de la loi de 1881. Il serait arbitraire d'y faire entrer une peine qu'il ne mentionne pas, celle de la confiscation, en vertu d'une disposition pénale abrogée par la loi de 1881 (Conf. Barbier, t. 1, nᵒˢ 392).

Il faut admettre en conséquence que les exemplaires de l'ouvrage obscène, et tous autres objets saisis préventivement, devront être restitués à leur propriétaire s'il les réclame, aussi bien en cas de condamnation que dans le cas d'acquittement. Ce résultat est sans grand danger puisque tout nouveau fait de publication pourra donner lieu à une nouvelle saisie préventive et à de nouvelles poursuites.

711. Le tribunal pourra-t-il ordonner la suppression ou la destruction des exemplaires qui seraient rendus publics après condamnation? Nous avons exposé *supra*, nᵒˢ 685 et suiv., que le tribunal peut ordonner cette mesure, en vertu de l'art. 49, § 3, de la loi du 29 juill. 1881, pour tous les ouvrages condamnés par application de cette loi; que, par suite, les exemplaires d'un livre condamné comme obscène, qui seraient rendus publics après la condamnation, peuvent être saisis et supprimés ou détruits, si le jugement l'a ainsi ordonné. Mais l'art. 49 de la loi de 1881 n'est aucunement applicable aux outrages aux bonnes mœurs prévus par la loi de 1882; d'autre part, la loi du 2 août 1882 n'a pas reproduit la disposition de l'art. 49 de la loi du 29 juill. 1881, et il n'est pas permis, surtout en matière pénale, de suppléer au silence du législateur (Conf. Barbier, t. 1, nᵒˢ 367 et 391). — La suppression des écrits poursuivis comme obscènes et caractérisant le délit d'outrage aux bonnes mœurs de la loi de 1882, ne pourrait pas être ordonnée même dans le cas où ces écrits seraient en même temps injurieux, outrageants ou diffamatoires, par application de l'art. 41, § 4, de la loi du 29 juill. 1881. En effet, cet article ne concerne que les écrits qui sont produits en justice pour la défense des parties en cause; il ne concerne pas ceux qui font l'objet de l'incrimination (Conf. Barbier, *loc. cit.*, nᵒ 393).

Cette suppression ne pourrait pas davantage être ordonnée en vertu de la disposition de l'art. 1036 c. proc. civ. qui, d'une façon générale, autorise les tribunaux, dans les causes dont ils sont saisis, à supprimer, même d'office, des écrits, et à les déclarer calomnieux : car si cette disposition, plus large que celle de l'art. 41 de la loi de 1881, autorise la suppression d'écrits qui ne sont ni diffamatoires ni injurieux, mais simplement inconvenants et qui n'ont pas été directement produits en justice, il ne concerne du moins que les écrits faits en vue d'une cause dont le juge est déjà saisi et dans le but d'influer sur la décision du procès pendant (Crim. cass. 28 juill. 1870, aff. Bergeroud et de Fouchécour, D. P. 72. 1. 156. Conf. Rousset, nᵒ 2418; Barbier, t. 1, nᵒ 393). Cependant, s'il y a partie civile en cause, la suppression des écrits délictueux pourra être ordonnée, sur les conclusions de cette partie, à titre de réparation civile, en vertu de l'art. 1382 c. civ. En effet, l'art. 1036 c. proc. civ., en même temps qu'il permet au juge d'ordonner la suppression des écrits dans une cause pendante, lui permet aussi d'ordonner l'impression et l'affiche du jugement; or la jurisprudence admet que l'impression et l'affiche d'un jugement peuvent être ordonnées, en dehors des cas prévus par l'art. 1036 c. proc. civ., à titre de réparations civiles (V. *supra*, vᵒ *Affiches*, nᵒ 18). Il y a, évidemment, même raison de décider en ce qui concerne la suppression des écrits délictueux (Conf. Rousset, nᵒ 2312; Barbier, *loc. cit.*).

712. Les peines établies par la loi du 2 août 1882 ne comportent pas, en dehors de l'application de l'art. 463 c. pén., une autre cause d'atténuation que l'art. 288 c. pén. accordait : 1ᵒ aux crieurs, vendeurs ou distributeurs qui faisaient connaître la personne qui leur avait remis l'objet du délit; 2ᵒ à quiconque faisait connaître l'imprimeur ou le graveur; 3ᵒ même à l'imprimeur ou au graveur lorsqu'ils faisaient connaître l'auteur ou la personne qui les avaient chargés de l'impression ou de la gravure. Les peines correctionnelles d'emprisonnement et d'amende que l'art. 287 c. pén. prononçait contre ces personnes en raison du délit d'outrage aux bonnes mœurs dont elles s'étaient rendues coupables, comme auteurs principaux ou complices, étaient réduites à des peines de simple police, en vertu de la disposition précitée de l'art. 288. L'art. 288 c. pén. n'était pas au nombre de ceux que l'art. 28 de la loi du 17 mai 1819 avait expressément abrogé ; on pouvait donc soutenir qu'il était encore

en vigueur sous l'application de cette loi. Mais cet est certainement abrogé soit par la loi du 29 juill. 188 42 et 43), soit même par l'art. 4 de la loi du 2 août 1882, qui abroge « toutes les dispositions contraires à la présente loi ». Ainsi il n'a pas pu revivre par l'effet de l'abrogation de l'art. 28 de la loi de 1881 en ce qui concerne l'outrage aux bonnes mœurs par écrits ou par imprimés autres que le livre et par dessins, et, d'ailleurs, il ne fait pas partie du système de pénalité établi par la loi du 2 août 1882.

713. L'art. 289 c. pén., qui portait que, dans tous les cas où l'auteur serait connu, il subirait le maximum de la peine, était déjà considéré comme abrogé par la loi de 1819; il l'est sans aucun doute par la loi de 1881 et par celle du 2 août 1882, car il est inconciliable avec leurs dispositions (Conf. Barbier, t. 1, nᵒ 395).

714. L'art. 15, § 6, du décret du 2 févr. 1852 ne permettait pas d'inscrire sur les listes électorales les individus condamnés pour outrage à la morale publique ou religieuse ou pour outrage aux bonnes mœurs en vertu de l'art. 8 de la loi du 17 mai 1819. Aujourd'hui, le délit d'outrage aux bonnes mœurs n'entraîne pas d'incapacité politique, cette peine n'étant pas comprise comme peine accessoire au nombre de celles que prononcent soit l'art. 28 de la loi du 29 juill. 1881, soit la loi du 2 août 1882. C'est, d'ailleurs, ce qui résulte formellement des explications fournies au cours de la discussion de la loi (D. P. 82. 4. 106, note 1). Il en eût été autrement si la disposition qui punit ce délit eût été rattachée, comme le voulait le projet de loi, à l'art. 330 c. pén. (V. *supra*, nᵒ 665). — Les individus condamnés pour outrage aux bonnes mœurs, soit en vertu de la loi du 29 juillet 1881, soit en vertu de la loi du 2 août 1882, ne figurent pas non plus parmi les personnes qui sont déclarées incapables en vertu de la loi du 8 déc. 1883 relative à l'élection des juges consulaires.

CHAP. 4. — Délits contre les personnes.

715. Les délits contre les personnes qui peuvent être commis par la parole, par l'écrit ou par le dessin ont été réprimés par les lois de la presse tantôt sous la désignation d'offenses, tantôt sous celles d'outrages, tantôt sous l'incrimination plus précise de diffamation ou d'injure. Toutes les dispositions pénales qui concernaient ces délits et les commentaires auxquels elles ont donné lieu ont été réunis au *Rép.*, nᵒˢ 611 et suiv., au chapitre intitulé *Des outrages*. Ce chapitre comprenait d'abord les délits, d'un ordre plus abstrait, d'outrage à la religion, à la morale publique et religieuse ou aux bonnes mœurs (*Rép.* nᵒ 616). Les deux premiers sont supprimés. Le dernier a été maintenu au nombre des délits contre la chose publique (V. *supra*, nᵒ 664). Le délit d'offense au président de la République (*Rép.* nᵒ 630) a été aussi classé dans cette catégorie (V. *supra*, nᵒ 621), moins judicieusement peut-être, car on pouvait le considérer comme un délit contre les personnes.

716. En abrogeant toutes lois antérieures sur la presse, l'art. 68 de la loi du 29 juill. 1881 a supprimé les incriminations d'offenses envers les membres de la famille du chef de l'Etat (*Rép.* nᵒ 630. V. *supra*, nᵒ 617); d'offense envers les Chambres (*Rép.* nᵒ 653. V. *supra*, nᵒˢ 553 et 617); d'outrage commis publiquement d'une manière quelconque envers les personnes revêtues d'un caractère public que désignait l'art. 6 de la loi du 25 mars 1822 (*Rép.* nᵒ 730. V. *supra*, nᵒ 617 et *infra*, nᵒ 728). Au contraire, ainsi que nous l'avons vu *supra*, nᵒˢ 28 et 556, les dispositions du code pénal relatives aux délits de la parole, de la plume et du crayon, ne sont pas atteintes par l'abrogation prononcée par la loi du 29 juill. 1881 (art. 68). Il en résulte que les délits d'outrages envers les personnes revêtues d'un caractère public, prévus par les art. 222 et suiv. c. pén. (*Rép.* nᵒ 730 et suiv.), sont demeurés punissables en vertu de ces articles.

D'autre part, la loi du 29 juill. 1881 incrimine comme constituant des « délits contre les personnes » : 1ᵒ la diffamation ; 2ᵒ l'injure, en distinguant, au point de vue des conditions de la poursuite et au point de vue de la répression, si ces délits ont été commis envers des corps constitués, des personnes revêtues d'un caractère public ou de simples particuliers ou encore envers la mémoire des morts (V. *Rép.* n° 811 et suiv., 814 et suiv., 918 et suiv.).

Enfin sous une rubrique particulière « délits contre les chefs d'Etats et agents diplomatiques étrangers », la loi du 29 juill. 1881 (art. 36 et 37) incrimine : 3° l'offense envers les chefs d'Etats étrangers (*Rép.* n° 669); 4° l'outrage envers les agents diplomatiques accrédités près du Gouvernement français (*Rép.* n° 913),faits que nous considérons comme des délits contre les personnes.

717. Nous examinerons successivement : 1° les délits d'outrage prévus et punis par les art. 222 et suiv. c. pén.; 2° les délits « contre les personnes » prévus et punis par la loi du 29 juill. 1881.

Le trait qui distingue essentiellement ces deux classes de délits réside dans la publicité, qui est indifférente pour l'application des art. 222 et suiv. c. pén. aux faits d'outrages que ces articles prévoient, tandis qu'elle est nécessaire pour caractériser les délits prévus par la loi sur la presse. Au demeurant, les outrages sont des délits de droit commun; les autres infractions susvisées sont régies par la législation spéciale de la presse (V. *infrà*, n° 721).

Sect. 1re. — Outrages envers les personnes revêtues d'un caractère public (*Rép.* n° 675).

§ 1er. — Observations générales. — Caractères du délit d'outrage. — Publicité. — Intention. — Preuve des faits outrageants. — Provocation.

718. On a défini au *Rép.*, n° 675 et suiv., les caractères généraux du délit d'outrage envers les personnes revêtues d'un caractère public. L'expression d'outrage, très générale et très vague, « comprend tout ce qui, d'une manière quelconque, peut blesser ou offenser la personne à laquelle il est adressé » (Paris, 2 janv. 1891, aff. Moro, D. P. 92. 1. 105). Il consiste en toute parole, tout geste, toute menace, tout écrit, tout dessin susceptible d'offenser. — « Il n'est point nécessaire que la parole ou l'écrit incriminé soit caractérisé par un mot grossier, un terme de mépris ou une invective; l'outrage peut, en effet, se rencontrer sous des expressions en apparence inoffensives ou même polies; il existe légalement dès que, en réalité, ces expressions, quelle qu'en soit la forme extérieure, comportent, en raison des circonstances, un sens injurieux et diffamatoire » (Crim. rej. 8 mai 1891, aff. Moro, D. P. 92. 1. 105).

L'insuffisance de la définition légale de ce délit livre l'appréciation du juge à l'arbitraire; il est donc à désirer, en pareille matière, que le juge ne montre pas trop de susceptibilité soit pour lui-même, soit pour les autres personnes publiques qu'il a mission de protéger contre de véritables offenses, non contre des irrévérences sans gravité (*Rép.* n° 675).

719. La publicité de l'outrage n'était pas, en vertu du code pénal, un élément essentiel du délit. Public ou non, l'outrage est punissable en vertu des art. 222 et suiv. L'art. 6 de la loi du 25 mars 1822 porta des pénalités nouvelles contre le délit d'outrage commis publiquement à raison des fonctions ou de la qualité; mais les art. 222 et suiv. c. pén. restaient en vigueur pour tous les cas auxquels l'art. 6 précité n'était pas applicable. Cet article est abrogé par la loi du 29 juill. 1881 (art. 68). Il en résulte que, la législation du code pénal se trouvant de nouveau seule applicable au délit d'outrage, la publicité n'est jamais, aujourd'hui, un élément essentiel du délit. Quand l'outrage est commis au moyen d'un écrit ou d'un dessin, la non-publicité de cet écrit ou de ce dessin est même exigée par l'art. 222 comme une condition nécessaire pour l'application de cet article (V. *infrà*, n° 783 et suiv.).

720. Les éléments particuliers du délit d'outrage sont : 1° qu'il y ait un acte ou une parole d'une nature offensante, c'est-à-dire que l'outrage soit commis par paroles, gestes ou menaces ou par un écrit ou un dessin non rendus publics; 2° que l'outrage s'adresse à l'une des personnes revêtues d'un caractère public, au moins momentané, que désignent les art. 222 et suiv. c. pén.; 3° qu'il soit commis vis-à-vis de cette personne dans l'exercice ou à l'occasion de l'exercice de ses fonctions; 4° qu'il soit commis en la présence de la personne outragée, ou du moins que

son auteur ait eu l'intention de le faire parvenir à la connaissance de cette personne et que celle-ci en ait effectivement reçu connaissance.

L'outrage envers les personnes publiques désignées dans les art. 222 et suiv. c. pén. est un délit de droit commun. Il est soumis, en conséquence, non pas aux règles spéciales des lois sur la presse, notamment de la loi du 29 juill. 1881, mais aux règles générales du code pénal et du code d'instruction criminelle. Ce sont ces règles générales qui déterminent les conditions du droit de poursuite, la forme de la citation, la compétence, la prescription, etc.

721. L'intention coupable est, comme toujours, un élément essentiel du délit. Il faut, chez l'auteur de l'outrage, l'intention d'offenser. On verra plus loin les différentes applications que la jurisprudence a faites ici de cette règle du droit commun. — L'intention coupable ne peut pas être quelconque. Il faut qu'il y ait eu volonté d'outrager l'une des personnes, ou plus exactement l'une des fonctions visées par les art. 222 et suiv. c. pén. Il est donc nécessaire que l'outrage ait été fait sciemment à l'une de ces personnes, c'est-à-dire en connaissance de sa qualité. Commis dans une intention blessante, mais dans l'ignorance de cette qualité, l'outrage n'est plus qu'une injure simple envers un particulier, et n'est punissable que sous cette qualification. — Il faut encore que l'auteur de l'outrage ait voulu le faire parvenir à la connaissance de la personne outragée (V. *infrà*, n° 824 et suiv.).

722. L'appréciation de l'intention rentre, comme toujours, dans les attributions souveraines des juges du fait (V. notamment Crim. rej. 23 nov. 1861, aff. Fabiani, D. P. 62. 1. 52; 7 févr. 1868, aff. Fabrigat, D. P. 68. 1. 408). Leur appréciation est souveraine notamment en ce qui concerne l'intention de faire parvenir les outrages signalés au magistrat ou au fonctionnaire intéressé (Crim. rej. 14 févr. 1874, aff. Dubarbier, D. P. 74. 1. 179. V. Barbier, t. 2, n° 671 et 681). La circonstance que l'auteur de l'outrage serait lui-même revêtu d'un caractère public ne fait pas disparaître le délit. La cour de cassation, statuant relativement à des propos outrageants adressés au maire par un ministre du culte chargé, par une délégation épiscopale, de l'inspection des comptes de la fabrique, a décidé que des propos tenus dans l'exercice d'une inspection administrative n'en doivent pas moins être considérés comme engageant la responsabilité de leur auteur, lorsqu'ils dépassent les limites du mandat à lui confié et qu'ils sont empreints de malveillance (Crim. rej. 8 mai 1869, aff. Constance, D. P. 70. 1. 93). Cependant, s'il s'agissait du fait d'un supérieur hiérarchique de la personne outragée, il y aurait lieu d'apprécier si l'on est en présence d'un véritable outrage ou d'une réprimande que le rang et la fonction du prévenu autorisaient et rendaient légitime malgré sa vivacité. C'est une question de mesure. — Il résulte du même principe qu'un maire, des conseillers municipaux, peuvent être poursuivis en vertu de l'art. 222, en raison des outrages contenus dans une délibération du conseil municipal à l'adresse d'un ancien maire (V. Nancy, 22 nov. 1875, aff. Humbert, D. P. 78. 2. 28).

723. La preuve des imputations outrageantes n'est jamais admise sur une poursuite pour délit d'outrage; car la vérité de ces imputations ne ferait pas disparaître le délit; ce n'est pas, en effet, le fonctionnaire, c'est la fonction même que les art. 222 et suiv. c. pén. ont pour objet de protéger et la vérité des imputations dirigées contre le fonctionnaire ne fait pas disparaître l'irrévérence commise envers l'autorité qu'il représente (V. les arrêts cités au *Rép.* n° 1506). — Il a été jugé en ce sens, sous l'empire des art. 20 et suiv. de la loi du 26 mai 1819, dont les dispositions ont été remises en vigueur par les art. 3 de la loi 15 avr. 1871 et 7 de la loi du 29 déc. 1875,que l'immunité accordée par la loi à l'auteur d'une imputation diffamatoire qui administre la preuve des faits par lui imputés à une personne ayant agi avec un caractère public, ne s'applique qu'aux délits spéciaux prévus par les lois du 17 mai 1819 et 25 mars 1822, et non point aux délits de droit commun réprimés par le code pénal (Nancy, 21 mars 1876, aff. Cordier, D. P. 78. 2. 30). Il convient de remarquer que, même dans le cas de l'art. 6 de la loi de 1822, la preuve de la vérité de l'imputation outrageante produite publiquement

n'était pas admise, contrairement à l'assertion de cet arrêt.
— Dans le cas de poursuite pour outrage, la preuve ne
serait pas admise sous l'empire de la loi du 29 juill. 1881,
alors même que l'outrage aurait été commis par la parole
et serait caractérisé par des imputations diffamatoires (Conf.
Barbier, t. 2, n° 596).

724. Enfin la provocation, qui est une excuse légale en
matière d'injures simples envers un particulier, n'efface
pas l'outrage commis envers une des personnes publiques
désignées dans les art. 222 et suiv. c. pén.; elle en atté-
nue seulement la gravité (Crim. cass. 2 févr. 1871, aff.
Anrigal, D. P. 71. 1. 72; Nancy, 21 mars 1876, cité *suprà*,
n° 723; Rennes, 3 déc. 1885, aff. Bahuel, D. P. 86. 2. 259;
Toulouse, 29 juin 1892, aff. Martimor, D. P. 93. 2. 41. Conf.
les arrêts cités au *Rép.* n°s 1332 et suiv.; Barbier, t. 2,
n° 597).

§ 2. — Des dispositions légales applicables au délit d'outrage.
— Abrogation de l'art. 6 de la loi du 25 mars 1822. — Application respective des art. 222 et suiv. c. pén. et des art. 31 et 33,
§ 1, de la loi du 29 juill. 1881 sur la presse.

725. Antérieurement à la promulgation de la loi de 1881,
la répression du délit d'outrage était assurée par différentes
dispositions restées simultanément en vigueur. D'une part,
le code pénal, modifié par la loi du 13 mai 1863, punissait
l'outrage aux magistrats et aux jurés, dans l'exercice ou à
l'occasion de l'exercice de leurs fonctions, par paroles, par
écrit ou dessin non rendus publics (art. 222), par gestes ou
menaces (art. 223), avec aggravation de peine si l'outrage
par paroles ou par gestes ou menaces avait eu lieu à l'audience d'une cour ou d'un tribunal ; — l'art. 224 punissait
l'outrage fait par paroles, gestes ou menaces à tout officier
ministériel ou agent dépositaire de la force publique et à
tout citoyen chargé d'un ministère de service public, dans
l'exercice ou à l'occasion de l'exercice de ses fonctions ; —
l'art. 225 prévoyait le cas où l'outrage aurait été dirigé contre
un commandant de la force publique. D'autre part, l'art. 16
de la loi du 17 mai 1819 réprimait les diffamations envers
les dépositaires ou agents de l'autorité publique, et l'art. 6
de la loi du 25 mars 1822, l'outrage fait publiquement d'une
manière quelconque aux membres des deux Chambres, aux
fonctionnaires publics, aux ministres des cultes, aux jurés
et aux témoins, à raison de leur qualité ou de leur ministère. On a vu au *Rép.* n°s 701 et suiv. comment ces diverses
dispositions se combinaient entre elles, et à quelles hypothèses elles étaient respectivement applicables.

726. Aujourd'hui l'art. 6 de la loi de 1822 n'est plus en
vigueur ; il est expressément abrogé par l'art. 68 de la loi
du 29 juill. 1881. Au contraire, l'abrogation prononcée par
ce dernier texte n'atteint pas les art. 222 et suiv. c. pén.,
relatifs à l'outrage (V. *suprà*, n° 719). Mais, d'autre part, les
art. 31 et 33, § 1, de la loi du 29 juill. 1881 répriment les diffamations et les injures commises à l'aide de paroles ou menaces proférées dans les lieux ou réunions publics, envers
les dépositaires de l'autorité et autres personnes publiques
désignées audit article, à raison de leurs fonctions et de
leur qualité. Quelle est la sphère d'application respective
des art. 222 et suiv. c. pén. et des art. 31 et 33, § 1, de la
loi du 29 juill. 1881? Est-ce en vertu du code pénal, est-ce
en vertu de la loi sur la presse que devront être incriminés les faits qui seraient tout à la fois susceptibles d'être qualifiés délit d'outrage et délit de diffamation ou d'injure?
La distinction présente un intérêt considérable. En effet,
s'il y a outrage, toutes les règles qui concernent la poursuite, la compétence, les circonstances atténuantes, la prescription, etc., en matière de délits de droit commun, seront
applicables (V. *suprà*, n° 721). S'il y a diffamation ou injure
publique, il y a lieu d'appliquer les mesures d'exception établies par la loi sur la presse relativement à la nécessité
d'une plainte préalable, à la compétence du jury, à la prescription de trois mois, etc. La preuve de la vérité
de l'imputation incriminée ne sera pas admise s'il y a poursuite pour diffamation (V. *suprà*, n° 723); elle ne le sera pas
non plus en cas d'injures; elle sera recevable s'il y a diffamation.

727. Il faut écarter d'abord les hypothèses où toute
confusion est impossible. Quand le prévenu n'a pas pro-

féré les paroles incriminées en présence du fonctionnaire
attaqué ou avec l'intention, du moins, qu'elles fussent portées à sa connaissance, il ne peut pas être question d'outrage, car un des éléments de la qualification fait défaut
(V. *suprà*, n° 720). Quand les paroles incriminées n'ont pas
été proférées publiquement, la loi sur la presse est inapplicable, car la publicité forme un élément essentiel des faits
auxquels elle s'applique.

728. Ces hypothèses écartées, un premier point, qui n'est
pas douteux, c'est que les art. 222 et suiv. c. pén. sont
seuls applicables à l'outrage commis « dans l'exercice des
fonctions de la personne outragée ». L'art. 31 et 33, § 1, de
la loi de 1881 sont inapplicables en pareil cas, car ils ne
répriment que la diffamation ou l'injure *à raison de la fonction ou de la qualité*. L'exercice de la fonction n'est donc
protégé que par le code pénal. C'est là un principe qui repose sur une tradition constante. Il avait été proclamé, en
ces termes, lors de la discussion de la loi de 1819, par
le rapporteur M. Courvoisin (*Moniteur* du 11 avr. 1819) :
« Les art. 222, 223, 224, 225, 226 et 227 c. pén. sont implicitement abrogés en ce qui concerne les injures et les
diffamations commises par l'un des moyens énoncés en
l'art. 1 de la présente loi, envers les magistrats ; quant aux
outrages qu'ils auraient reçus dans l'exercice de leurs fonctions, la répression de ce délit reste soumise aux dispositions du code ». C'est en ce sens que nous nous étions prononcés au *Rép.* n° 701 (V. les autorités cités *ibid.* et les arrêts cités n° 702). Depuis cette époque, il a été jugé, dans
le même sens, sous l'empire de la législation antérieure à
1881, que, si l'outrage par paroles, fait publiquement à
un fonctionnaire, à raison de ses fonctions, rentre dans les
termes de l'art. 6 de la loi du 25 mars 1822, l'outrage par
paroles, dans l'exercice des fonctions, qu'il soit ou non
public, ou à l'occasion de cet exercice, mais sans publicité,
a continué à être puni par l'art. 222 c. pén. ; que d'ailleurs
l'art. 222 c. pén., modifié par la loi du 13 mai 1863, n'a pas
cessé d'être applicable aux outrages par paroles adressés,
publiquement ou non publiquement, à un magistrat dans
l'exercice de ses fonctions (Crim. cass. 20 mars 1875, aff.
Gilon, D. P. 75. 1. 385).

Aucune disposition de la loi de 1881 n'était de nature à
modifier cette jurisprudence : la nouvelle loi de la presse
définissait à nouveau les délits de diffamation et d'injure
publique ; mais ces délits étaient antérieurement prévus
par les lois de 1819 et 1822. L'art. 68 abrogeait l'art. 6
de la loi du 25 mars 1822 ; mais cet article ne concernait
pas les outrages « dans l'exercice des fonctions ». Quant
aux art. 222 et suiv. ; ils n'étaient abrogés ni expressément
ni implicitement. Aussi la cour de cassation a-t-elle jugé
que les outrages adressés, publiquement ou non, à des
magistrats, fonctionnaires ou agents dépositaires de l'autorité publique dans l'exercice de leurs fonctions, sont, depuis
la loi du 29 juill. 1881 comme avant, prévus et punis par
les art. 222 et 224 c. pén. ; que la poursuite peut, en conséquence, avoir lieu, sans plainte préalable du fonctionnaire
ou de l'agent outragé (Crim. rej. 25 nov. 1882, aff. Godard,
D. P. 83. 1. 227. Conf. Douai, 21 mars 1883, aff. Faucompret, D. P. 83. 2. 166-167).

729. Les art. 222 et suiv. c. pén. sont exclusivement
applicables à l'outrage commis « dans l'exercice de
la fonction » de celui qui en est atteint, sans qu'il y ait à
distinguer suivant qu'il est ou non diffamatoire, public ou
non public, relatif ou étranger à la fonction elle-même. Peu
importe également qu'il ait été réalisé par paroles, par gestes ou par menaces (V. *infrà*, n°s 779 et suiv., 794 et suiv.).
— En ce qui concerne les outrages commis au moyen
d'écrits ou de dessins, V. *infrà*, n° 783 et suiv.

730. Relativement aux outrages commis en dehors de
l'exercice des fonctions, mais « à l'occasion de l'exercice des
fonctions », la conciliation des art. 222 et suiv. c. pén. avec
les dispositions de la loi sur la presse offre, au contraire, de
sérieuses difficultés. Les art. 222 et suiv. n'ont jamais cessé
d'être applicables à ces outrages quand ils n'ont pas été
commis publiquement (V. Crim. cass. 23 nov. 1875, aff.
Berthel, D. P. 71. 1. 355 ; Nancy, 21 juin 1875, aff. Raison, D. P. 76. 5. 356), et la solution est la même à cet
égard depuis la loi de 1881 que sous l'empire des dispositions antérieures. Mais l'art. 6 de la loi du 25 mars 1822, en

punissant l'outrage fait publiquement d'une manière quelconque aux fonctionnaires publics, aux jurés et aux témoins à raison de leur qualité, avait restreint la sphère d'application des art. 222 et suiv. La jurisprudence tenait pour équivalentes ces deux expressions : l'une, celle des art. 222 et suiv. c. pén. « à l'occasion de l'exercice des fonctions »; l'autre, celle de la loi de 1822 « à raison de sa qualité ». Et comme la loi de 1822 était applicable à l'outrage fait d'une manière quelconque, il en résultait que les outrages par paroles, gestes ou menaces envers un magistrat, un juré, ou un agent dépositaire de la force publique « à l'occasion de l'exercice de ses fonctions » se trouvaient soustraits, quand ils avaient été commis publiquement, à l'application des art. 222 et suiv. c. pén., pour tomber désormais sous la répression exclusive de l'art. 6 précité. Ainsi cet article avait opéré l'abrogation partielle des articles précités du code pénal.

731. La loi du 29 juill. 1881, qui abroge, à son tour, l'art. 6 de la loi du 25 mars 1822, ne contient aucune disposition similaire. Elle ne prévoit pas les délits d'outrages. A-t-elle remis en vigueur, dans toute l'étendue primitive de leur application, les art. 222 et suiv. c. pén.? et doit-on décider que ces articles atteignent aujourd'hui, comme avant la loi de 1822, non seulement les outrages commis dans l'exercice des fonctions, mais aussi tous les outrages commis, publiquement ou non, à l'occasion de l'exercice des fonctions? La question est très délicate.

Il y a lieu d'écarter d'abord une objection tirée du texte de l'art. 68 qui, en déclarant abrogées toutes les lois antérieures sur la presse, ajoute : « sans que puissent revivre les dispositions abrogées par les lois antérieures ». L'application littérale de cette disposition conduirait à laisser sans aucune répression les outrages commis publiquement par gestes ou par paroles non proférées, lesquels, n'étant plus atteints par l'art. 6 de la loi du 25 mars 1822, ni par les art. 222 et suiv. c. pén., et n'étant susceptibles d'être poursuivis comme injure ou diffamation, ne constitueraient ni un délit de droit commun, ni un délit de presse. Telle n'est certainement pas la portée de l'art. 68. Il résulte des déclarations de M. Lisbonne à la Chambre des députés (Séance du 5 févr. 1881) que cet article n'est que la reconnaissance de ce principe incontestable et formellement consacré par la jurisprudence, que « les lois pénales ne revivent pas par le fait de l'abrogation des lois qui les ont abrogées ». Or le principe de droit commun ainsi formulé spécialement dans la loi sur la presse ne concerne que les dispositions expressément abrogées par une loi qui vient elle-même à faire l'objet d'une abrogation : ces dispositions ne revivent pas de plein droit. Il en est autrement des lois générales qui ont fait l'objet d'une abrogation tacite résultant de l'impossibilité de les concilier avec une loi postérieure et spéciale : elles reprennent toute leur vigueur quand cette loi spéciale vient à disparaître (V. *suprà*, n° 32).

732. Ainsi, on doit tenir pour certain que l'abrogation de l'art. 6 de la loi du 25 mars 1822 a remis en vigueur les art. 222 et suiv. c. pén. dans leurs dispositions relatives aux outrages commis « à l'occasion de l'exercice des fonctions », et que ces articles devront être appliqués toutes les fois qu'ils seront conciliables avec les dispositions de la loi de 1881. Nul doute qu'ils ne soient applicables aux outrages par gestes et aux outrages par paroles non proférées, commis publiquement. — Mais seront-ils également applicables aux outrages par paroles proférés publiquement à l'occasion de l'exercice de la fonction? Et cela en présence du texte des art. 31 et 33, § 1, de la loi du 29 juill. 1881 qui répriment les diffamations et les injures, commises à l'aide de paroles ou menaces proférées dans des lieux ou réunions publics, envers les dépositaires de l'autorité et autres personnes publiques désignées audit article, à raison de leurs fonctions et de leur qualité? Si l'on tient toujours pour équivalents ces mots « à raison de leurs fonctions et de leur qualité » et ceux-ci « à l'occasion de l'exercice des fonctions » (V. *suprà*, n° 730), il est difficile de ne pas considérer comme inconciliables, dans l'hypothèse en question, les art. 31 et 33, § 1, de la loi de 1881 et les art. 222 et suiv. c. pén. Le même fait peut être susceptible d'être qualifié d'outrages ou bien de diffamation ou d'injures; et, comme il est impossible de laisser, à l'arbitraire du ministère public ou du juge, l'option entre les deux qualifications, on est conduit logiquement à reconnaître que les art. 31 et 33, § 1, de la loi de 1881, excluent, au cas dont il s'agit, l'application des art. 222 et suiv. c. pén. Telle est la thèse soutenue par M. Barbier, t. 2, n° 523.

733. La cour de cassation n'a pas adopté cette opinion. Pour elle, les art. 222 et suiv. c. pén. sont restés pleinement en vigueur à côté des dispositions de la loi du 29 juill. 1881. C'est ainsi qu'elle avait décidé antérieurement que l'art. 6 de la loi du 25 mars 1822 n'avait point abrogé l'art. 16 de la loi du 17 mai 1819 relatif à la diffamation commise envers les fonctionnaires publics; que ces deux dispositions, n'ayant rien de contradictoire ou d'inconciliable, étaient susceptibles d'une exécution simultanée (Crim. rej. 20 mars 1875, aff. Gilon, D. P. 75. 1. 385). En d'autres termes, le délit d'outrages, même commis publiquement et par paroles « à l'occasion de l'exercice des fonctions », doit être considéré comme distinct du délit de diffamation ou d'injures publiques adressées à un fonctionnaire ou dépositaire ou agent de l'autorité « à raison de sa fonction ou de sa qualité ». Ainsi des termes jusque-là tenus pour équivalents devront avoir désormais leur signification spéciale et leur valeur relative. — Le motif de cette innovation est donné par M. le conseiller Saint-Luc Courborieu, chargé du rapport sur un pourvoi porté devant la cour de cassation (aff. Buor de la Voye, D. P. 83. 1. 225): « Nous n'ignorons pas que, sous l'empire des lois du 17 mai 1819 (art. 19) et du 25 mars 1822 (art. 6), votre jurisprudence assimilait les outrages publics par paroles, à l'occasion des fonctions, aux injures verbales publiques, en raison des fonctions. Mais cette assimilation n'avait pas été admise, en présence d'une question de compétence : la juridiction correctionnelle statuait dans tous les cas ; la jurisprudence n'avait alors à se préoccuper que de la répression la plus efficace et la plus conforme aux diverses dispositions légales alors en vigueur. Aujourd'hui, au contraire, il s'agit de savoir, après l'abrogation de l'art. 19 de la loi du 17 mai 1819 et de l'art. 6 de la loi du 25 mars 1822, qui répriment les injures et outrages publics, si, quant à la compétence, au point de vue des exigences les plus impérieuses de l'ordre et de la sécurité, dans un intérêt de bonne administration de la justice et pour se conformer à la pensée de la loi nouvelle, il ne faut pas appliquer toutes les dispositions de l'art. 224 c. pén., en ne réservant au jury que l'appréciation et le jugement des diffamations et des critiques injurieuses dirigées par la voie de la presse ou dans les lieux et réunions publics, contre des fonctionnaires à raison de leurs fonctions ou de leur qualité ».

734. Le même rapport justifie en ces termes « le maintien sans restriction » des art. 222 et suiv., concurremment avec les dispositions de la loi sur la presse : « Non seulement le législateur, en 1881, a volontairement écarté l'expression *outrage*, mais le rapporteur a fait des déclarations très importantes à ce sujet à l'occasion de l'art. 33, relatif à l'injure publique, et de l'art. 68, qui abroge les lois antérieures. En proposant l'art. 33, le rapporteur disait : « Le projet ne punit que la diffamation ou l'injure dans les cas prévus par le paragraphe 3 du chapitre 4; il n'emploie l'expression d'*outrage* que dans le paragraphe 2, dont nous avons déjà exposé les motifs (Il s'agissait de l'outrage envers le président de la République, et cette expression a disparu dans la rédaction définitive et a été remplacée par le mot offense). Les explications du rapporteur sur l'art. 68 sont particulièrement utiles... Aussi la circulaire de M. le garde des sceaux, relative à l'application de la loi du 29 juill. 1881, indique-t-elle comme étant maintenues les dispositions des art. 222 et 224 c. pén. (D. P. 81. 3. 112, n° 7). Ainsi, en principe, soit qu'on consulte le texte de la loi de 1881 (art. 33), soit qu'on interroge le rapporteur et la circulaire du garde des sceaux, l'art. 224 c. pén. n'est pas expressément abrogé ; on peut même dire, avec la circulaire, qu'il est maintenu sans restriction ».

735. Quant à la distinction précise du délit d'outrages par paroles « à l'occasion de l'exercice des fonctions » et du délit de diffamation ou d'injures contre un fonctionnaire « à raison de sa qualité », elle est faite par M. le conseiller

Saint-Luc Courborieu dans les termes suivants: « Le législateur, en 1881, a maintenu les entières dispositions de l'art. 224 c. pén. qui assimile complètement les outrages par paroles proférées, avec ou sans publicité, dans l'exercice même des fonctions, aux outrages adressés aux agents à l'occasion de l'exercice même de ces fonctions. Ce que le législateur, en 1881, a entendu réserver au jury, c'est l'appréciation des poursuites dirigées contre les gérants des journaux, à raison d'articles publiés par la voie de la presse, ou contre les orateurs dans les réunions ou lieux publics, pour diffamations, ou même pour simples critiques injurieuses dirigées contre les fonctionnaires, dépositaires ou agents de l'autorité, à raison de leurs fonctions ou de leur qualité : la juridiction du jury en pareille occurrence a paru être la sauvegarde nécessaire du droit d'examen, de discussion, de contrôle et de censure des actes du Gouvernement et de ses agents. Voilà la pensée du législateur; elle s'éloigne singulièrement des outrages par paroles, prévus par la loi pénale, à l'occasion des fonctions comme dans l'exercice même des fonctions ». Il convient d'ajouter avec M. le conseiller rapporteur que, « dans la pratique, il sera quelquefois difficile de marquer sûrement la limite entre les critiques injurieuses et publiques, réservées à l'appréciation du jury et les outrages publics par paroles, à l'occasion des fonctions ». Tout dépendra des « circonstances du fait ». — Malgré cette difficulté pratique, la jurisprudence est aujourd'hui constante en ce sens que les art. 222 et suiv. c. pén. sont restés en vigueur en ce qui concerne les délits d'outrages « à l'occasion de l'exercice des fonctions ». Il a été jugé : 1° que la loi du 19 juill. 1881 n'a pas abrogé l'art. 224 c. pén.; que l'injure et la menace verbales, lorsqu'elles sont adressées à un fonctionnaire public ou à un agent de l'autorité dans l'exercice ou à l'occasion de l'exercice de ses fonctions, sont qualifiées outrages par l'art. 224 c. pén.; qu'elles rentrent, même quand la publicité les aggrave, dans les termes de cet article, et que, de même que les outrages par gestes et menaces, elles sont de la compétence des tribunaux correctionnels, sans qu'il y ait nécessité d'une plainte préalable de l'agent outragé ; que c'est seulement lorsque les attaques dirigées contre les fonctionnaires ou agents de l'autorité, par la voie de la presse ou par des discours proférés dans des lieux ou réunions publics, renferment des imputations diffamatoires ou des appréciations et expressions injurieuses « à raison de leurs fonctions ou de leur qualité », que ces attaques sont justiciables de la cour d'assises (Crim. cass. 15 mars 1883, aff. De Buor de la Voye, D. P. 83. 1. 225, et sur renvoi, Bordeaux, 31 mars 1883-MM. Dulamon, pr.;-Calmon, av. gén.;-Vernhe, av.;-Conf. Crim. rej. 29 juin 1883, aff. Lion Armentiers, D. P. 84. 1. 308; 12 juill. 1883, aff. Jourdan, D. P. 84. 1. 261; Douai, 8 mai 1883, aff. Lougatte, D. P. 83. 2. 149, et sur pourvoi, Crim. rej. 10 août 1883, D. P. 84.1. 309; Crim. cass. 23 août 1883, aff. Vexclard, D. P. 84. 1. 261; 23 août 1883, aff. Sinnanaik; Crim. rej. 16 nov. 1883, aff. Goubaux, D. P. 84. 1. 261; Lyon, 14 mars 1884, aff. Pianelli, D. P. 85. 2. 262); — 2° Que l'injure verbale adressée à un citoyen chargé d'un ministère de service public (dans l'espèce, un instituteur communal), dans l'exercice ou à l'occasion de l'exercice de ses fonctions, revêt la qualification d'outrages et rentre dans les termes de l'art. 224 c. pén., alors même que cet outrage incriminerait plutôt la vie privée que la vie publique de la personne outragée ; que, l'art. 68 de la loi du 29 juill. 1881 ayant abrogé l'art. 6 de la loi du 25 mars 1822, l'art. 224 c. pén. est applicable à tout outrage fait aux personnes qui y sont désignées, dans l'exercice ou à l'occasion de l'exercice de leurs fonctions, même quand cet outrage s'est produit publiquement; que la juridiction correctionnelle est dès lors, seule compétente pour connaître du délit dont il s'agit (Caen, 10 mars 1886, aff. Marie, D. P. 87. 2. 45) ; — 3° Qu'il n'y a, au point de vue de l'application de l'art. 222 c. pén., aucune distinction à établir entre les outrages adressés à un fonctionnaire à l'occasion de ses fonctions, et ceux qui lui sont adressés à raison de ses fonctions (Crim. cass. 2 févr. 1889, aff. Bletteau, D. P. 90. 1. 188); — 4° Qu'à la différence des injures envers les fonctionnaires ou des agents de l'autorité prévues par la loi du 29 juill. 1881, les outrages par paroles adressés, publique-

ment ou non, à un magistrat ou à un agent de l'autorité, tombent sous le coup des art. 222 et 224 c. pén., et peuvent être poursuivis sans plainte préalable de celui qui en a été l'objet (Crim. rej. 5 juin 1890, aff. Bonnefond, D. P. 90. 1. 494); — 5° Que la loi du 29 juill. 1881 sur la liberté de la presse n'a pas abrogé les art. 223 et suiv. c. pén. ; que les art. 31 et 33 de la loi précitée n'ont prévu que les injures non qualifiées outrages par la loi pénale et qui sont adressées à un représentant de l'autorité publique ou à un fonctionnaire, à raison de sa qualité ou de sa fonction, soit par la voie de la presse, soit par des discours prononcés dans des lieux et réunions publics, tandis que l'art. 222 c. pén. s'applique aux outrages par paroles, par gestes ou par menaces, adressés à un magistrat directement, soit dans l'exercice, soit à l'occasion de l'exercice de ses fonctions, alors que ces outrages n'ont été proférés ni par la voie de la presse, ni dans les réunions publiques ; qu'il ne suffit pas, d'ailleurs, que l'outrage ait été public et proféré en présence d'un groupe considérable de personnes pour que l'art. 222 cesse d'être applicable, et si la publicité et la présence de nombreux témoins peuvent constituer des circonstances aggravantes du délit d'outrage, elles ne peuvent avoir pour résultat ni d'en modifier le caractère, ni de le rendre passible de poursuites devant une autre juridiction que celle des tribunaux correctionnels (Pau, 16 août 1890, aff. Busy, Bladi, et frères Soubielle, D. P. 91. 2. 147).

736. Dans d'autres hypothèses, au contraire, la distinction établie par la cour de cassation a conduit à écarter la qualification d'outrage. Il a été jugé : 1° que l'outrage par écrit adressé à un magistrat ne tombe sous le coup de l'art. 222 c. pén. qu'autant qu'il n'a pas été l'objet d'une publication antérieure ou concomitante à la réception par le magistrat de l'écrit outrageant ; que si la réception par le magistrat de l'écrit outrageant a été postérieure ou même concomitante à la publication de cet écrit dans un journal, le fait rentre dans les prévisions de la loi du 29 juill. 1881 sur la presse ; et que la juridiction correctionnelle est alors incompétente pour connaître du délit (Crim. cass. 31 oct. 1890, aff. Chasse de Lavalette, D. P. 91. 1. 45). Dans l'espèce, il s'agissait d'un outrage par écrit; or, l'art. 222 n'est applicable que si l'écrit au moyen duquel est commis l'outrage n'a pas été rendu public. Il était donc impossible d'appliquer cet article, puisque l'écrit avait été publié avant ou au moment d'être envoyé au magistrat qu'il attaquait ; — 2° Que les propos offensants proférés dans un lieu public, notamment dans un café, à l'adresse d'un magistrat (dans l'espèce, un maire), non à l'occasion de l'exercice de ses fonctions, mais à raison de sa qualité et de ses fonctions, constituent, non pas le délit d'outrage prévu par l'art. 222 c. pén. et justiciable des tribunaux correctionnels, mais le délit d'injure et de diffamation puni par les art. 29, 31 et 33 de la loi du 29 juill. 1881, et soumis à la compétence de la cour d'assises (Bastia, 15 juin 1892, aff. Bonelli, D. P. 92. 2. 480).

§ 3. — Des personnes comprises dans les dispositions du code pénal relatives aux outrages (*Rép.* n° 732).

737. La rubrique placée en tête des art. 222 et suiv. c. pén. désigne les personnes que ces articles ont pour objet de protéger contre les délits d'outrages sous la qualification générale de dépositaires de l'autorité et de la force publique. Cette dénomination est applicable : 1° aux magistrats de l'ordre administratif ou judiciaire aux jurés (art. 222 et 223); 2° aux officiers ministériels, aux agents dépositaires de la force publique et aux citoyens chargés d'un ministère de service public (art. 224); 3° à ceux qui, parmi les dépositaires de la force publique, ont la qualité de commandants de la force publique (art. 225). Ces trois classes de personnes ne doivent pas être confondues ; il y a deux motifs : d'abord les peines de l'outrage sont différentes suivant la catégorie à laquelle appartient la personne outragée ; ensuite, l'outrage commis par écrits ou dessins non rendus publics n'est punissable que s'il est dirigé contre une des personnes comprises dans la première catégorie (Barbier, t. 2, n° 643, p. 164). A ces trois classes il faut ajouter les ministres des cultes (c. pén., art. 262; *Rép.* n° 732).

738. — I. Magistrats de l'ordre administratif ou judiciaire et jurés. — On a dit, au *Rép.*, n° 733, quelle est l'origine du mot *magistrat*, et quel sens il convient de lui reconnaître dans l'art. 222 c. pén. Il s'applique, a-t-on dit, à tout officier d'administration, de judicature ou de police qui exerce une autorité. M. Blanche (t. 4, n° 90) dit à cet égard : « Sans avoir la prétention de donner une définition que la loi n'a pas osé entreprendre, je dirai qu'il ressort de l'ensemble de notre législation que l'on doit, en général, attribuer la qualité de magistrat au fonctionnaire qui exerce par une délégation directe de la loi, soit dans l'ordre judiciaire, soit dans l'ordre. administratif, une portion de l'autorité publique, avec le droit de commandement ou de juridiction ». — A l'époque où les art. 222 et 223 étaient encore en vigueur, dans les termes de leur rédaction primitive, une interprétation extensive du mot *magistrat* avait été proposée. M. Grellet-Dumazeau voulait qu'on entendît par ce mot tous les fonctionnaires ou dépositaires de l'autorité publique, à la seule exception des officiers ministériels ou des agents et commandants de la force publique, protégés par les art. 224 et 225. La cour de cassation avait d'abord condamné cette doctrine, en refusant d'appliquer l'art. 222 aux outrages adressés à un percepteur des contributions directes, simple fonctionnaire public n'ayant pas la qualité de magistrat (Crim. rej. 26 juill. 1821, *Rép.* n° 741) ; mais elle avait ensuite jugé que les art. 222 et suiv. c. pén. ne sont pas exclusivement applicables aux magistrats de l'ordre administratif ou judiciaire, et qu'ils s'appliquent à tous les dépositaires de l'autorité et de la force publique, parce que la rubrique de la section à laquelle appartient l'art. 222 c. pén. comprend non seulement les magistrats, mais tous les dépositaires de l'autorité et de la force publique. Nous avons combattu cette doctrine en faisant remarquer (*Rép.* n° 742) que les rubriques ne sauraient jamais prévaloir contre le texte parce qu'elles n'ont pas été votées. — Cette controverse doit être tenue pour close depuis que l'addition apportée au texte du code pénal par la loi du 13 mai 1863 a mis, au nombre des personnes protégées par l'art. 224, les citoyens chargés d'un ministère de service public. En vertu de ce nouveau texte, tous les fonctionnaires ou dépositaires de l'autorité qui ne sont ni des magistrats, ni des officiers ministériels, ni des agents de la force publique, trouvent contre le délit d'outrages, dans l'art. 224, une protection qu'on ne pouvait pas demander pour eux à l'art. 222, sans méconnaître le sens et la portée du mot *magistrat*. Au nombre des fonctionnaires, le commissaire du Gouvernement a cité les percepteurs, reconnaissant ainsi, après la cour de cassation, qu'ils n'étaient des magistrats protégés par l'art. 222 (V. D. P. 63. 4. 103. Conf. Barbier, t. 2, n° 644).

739. Ce qui constitue la qualité de magistrat dans le sens de l'art. 222 c. pén. c'est, comme nous l'avons dit au *Rép.* n° 737, l'aptitude permanente qu'il confère à celui qui est investi d'une magistrature, et non l'acte accidentel dérivant de cette magistrature et qui en est l'exercice. Il faut en conclure qu'un magistrat est protégé contre l'outrage qui le vise en cette qualité, alors même qu'il n'exerce aucun acte de sa fonction. Tel est le cas de l'adjoint outragé en cette qualité, en la présence du maire (Crim. rej. 10 mai 1845, cité au *Rép.* n° 737). — Il convient d'ajouter que le magistrat est protégé par l'art. 222 contre tous les outrages qui visent un acte quelconque dérivant de ses fonctions, alors même que cet acte ne constitue pas l'exercice de la juridiction ou du commandement dont l'investiture fait sa qualité de magistrat (Crim. 12 juill. 1812, et Agen, 25 mai 1838, cités au *Rép.*, v° *Fonctionnaire public*, n°s 131 et 132).

740. — A. *Magistrats de l'ordre administratif.* — On doit considérer comme tels « tous les fonctionnaires investis de la juridiction administrative... et tous ceux ayant pouvoir de prendre des arrêtés et des mesures d'ordre obligeant les citoyens » (Barbier, t. 2, n° 645). Cette qualification convient : 1° aux ministres, soit comme juges administratifs, soit comme exerçant le pouvoir réglementaire. Ainsi jugé spécialement en ce qui concerne le ministre des cultes (Paris, 24 nov. 1891, aff. Gouthe-Soulard, D. P. 92. 2.523); 2° aux préfets (Douai, 8 mai 1883, aff. Louzatte, D. P. 83. 2. 149; Crim. rej. 10 août 1883, même affaire, D. P. 84. 1.

309); 3° aux sous-préfets (Crim. rej. 12 mars 1875, aff Malagis, D. P. 75. 1. 385) ; 4° aux membres du conseil d'Etat; 5° aux membres de la Cour des comptes; 6° aux conseillers de préfecture (Bastia, 28 mars 1876, aff. Pianelli, D. P. 77. 2. 19) ; 7° aux membres des conseils de revision (Crim. rej. 12 mars 1875, aff. Malagis, D. P. 75. 1. 385). — Nous pensons qu'on doit encore considérer comme magistrats de l'ordre administratif les sous-secrétaires d'Etat, en raison de leur aptitude permanente à remplacer les ministres empêchés ou absents (Barbier, t. 2, n° 649. Conf. Conclus. de M. le procureur général Dauphin, *La Loi* du 4 déc. 1880), ainsi que les secrétaires généraux de préfecture, qui ont la même aptitude pour remplacer les préfets dans les mêmes cas et qui remplissent, en outre, les fonctions de commissaire du Gouvernement auprès des conseils de préfecture (Barbier, t. 2, n° 648. Conf. *Rép.*, v° *Mise en jugement*, n°s 48 et 49).

741. Les maires sont protégés contre l'outrage par l'art. 222 c. pén. dans tous les actes qu'ils font en qualité de maires (*Rép.* n° 734; Barbier, *loc. cit.*, n° 646). Ainsi le maire est un magistrat de l'ordre administratif, dans le sens de l'art. 222, soit qu'il préside le conseil municipal (Crim. rej. 23 août 1844 et 17 mai 1845, cités au *Rép.* n° 734 ; 20 juill. 1866, aff. Colson, D. P. 66. 5. 374; Crim. cass. 23 nov. 1874, aff. Berthet, D. P. 74. 1. 335; Bourges, 31 juill. 1874, aff. G..., D. P. 75. 2. 172; Nancy, 24 juin 1875, aff. Raison, D. P. 76. 5. 356; 22 nov. 1875, aff. Humbert, D. P. 78. 2. 28; Crim. cass. 20 mars 1875, aff. Gilon, D. P. 75. 1. 385; Nancy, 24 mars 1876, aff. Cordier, D. P. 78. 2. 30; Crim. cass. 16 févr. 1889, aff. Boulais, D. P. 90. 1. 188); ... soit qu'il assiste aux réunions du conseil de fabrique, où il est appelé de droit comme représentant de la commune et pour veiller à ses intérêts (Crim. cass. 28 août 1823, *Rép.* n° 766 ; Crim. rej. 8 mai 1869, aff. Constance, D. P. 70. 1. 93);... soit qu'il préside la commission scolaire de la commune (Crim. rej. 16 nov. 1883, aff. Goubaux, D. P. 84. 1. 261);... soit qu'il exerce, comme représentant du pouvoir central, la police municipale, notamment quand, après avoir prescrit de faire abattre un chien enragé qui parcourt les rues de la commune, il abat lui-même cet animal (Crim. rej. 30 juill. 1886, aff. Mercier, D. P. 87. 1. 139) ; ... soit qu'il exécute, comme agent du pouvoir central, les ordres qu'il en a reçus, par exemple, en faisant afficher un placard annonçant une nouvelle politique (Crim. cass. 1er mars 1833, aff. Tangus-Gueguen, *Bull. crim.* n° 82). — Le maire est aussi, dans certains actes de ses fonctions, magistrat de l'ordre judiciaire (V. *infra*, n° 756).

742. Les adjoints au maire sont des *magistrats de l'ordre administratif*, alors même qu'ils ne sont pas investis d'une délégation du maire, et même quand le maire est présent, en raison de leur aptitude permanente à exercer tous les actes des fonctions du maire, le cas échéant (Crim. rej. 10 mai 1845, cité *supra*, n° 739; Crim. cass. 16 févr. 1889, aff. Boulais, D. P. 90. 1. 188).

743. Il en est de même des commissaires de police. Aux termes d'un arrêt de la cour de cassation (Crim. rej. 7 août 1818), cité au n° 739, ils ne seraient des magistrats que dans l'exercice des fonctions du ministère public auprès des tribunaux de simple police. Mais on a dit, *ibid.*, n° 738, que, suivant une jurisprudence constante, on devait les considérer comme des magistrats de l'ordre administratif ou de l'ordre judiciaire, dans tous les actes qu'ils accomplissent en leur qualité. — Cette jurisprudence a été critiquée par M. Barbier, t. 2, n° 650. C'est à tort, suivant cet auteur, que les arrêts cités au *Rép. ibid.* se fondent sur la rubrique qui précède les art. 222 et suiv. pour distribuer les personnes protégées par ces articles en deux catégories : les dépositaires de l'autorité publique ayant qualité pour ordonner, et les dépositaires de la force publique ayant pour mission de faire exécuter les ordres de l'autorité supérieure, d'où il résulterait que les commissaires de police, en raison de l'ensemble de leurs attributions et notamment du pouvoir qu'ils ont de requérir la force publique, ne sont pas de simples agents dépositaires de l'autorité publique et qu'ils doivent être, dès lors, considérés comme des magistrats. C'est au texte même des art. 222 et suiv. qu'il convient de s'attacher, dit M. Barbier, et d'après ce texte, la distinction s'établit, non pas entre dépositaires de l'autorité publique et dépositaires de la force publique, mais bien entre les magistrats de l'ordre administratif ou judiciaire d'une part, et d'autre part les agents dépositaires ou même les commandants de la force publique. Or, par agents dépositaires de la force publique, agents que la loi oppose aux magistrats et qu'elle place sur la même ligne que les officiers ministériels, il faut entendre non seulement les agents d'exécution proprement dits, mais aussi les agents de l'autorité ayant pouvoir de verbaliser et de requérir la force publique; autrement, on devrait dire que des agents subalternes, comme les gardes champêtres ou les préposés des douanes, qui tiennent de la loi le pouvoir de verbaliser et de requérir la force publique, sont des magistrats.

Quelle que soit la valeur de cette critique doctrinale, la jurisprudence ne s'est pas modifiée. Il a été jugé : 1° qu'un commissaire de police est un magistrat de l'ordre administratif et judiciaire ; que, par suite, l'outrage qui lui est adressé à raison de ses fonctions, tombe sous l'application de l'art. 222, § 1, c. pén. (Amiens, 4 déc. 1863, aff. Voveux, D. P. 64. 5. 288) ; — 2° Que le fait de dire à un commissaire de police revêtu de son écharpe et procédant à l'expulsion de religieux, en exécution des décrets du 29 mars 1880 : « Vos enfants auront un jour à rougir de vous », constitue le délit d'outrage à un magistrat de l'ordre administratif prévu par l'art. 222 c. pén. (Paris, 20 janv. 1881, aff. Cochin et de Lassus, D. P. 83. 2. 212) ; — 3° Que l'arrêt qui, en rappelant des propos et gestes insultants adressés à plusieurs reprises et sous diverses formes à un commissaire de police, ajoute que, par suite de ces faits, le délit poursuivi en vertu des art. 222 et 223 c. pén. est établi contre le prévenu, et le déclare coupable d'avoir outragé par gestes et paroles un magistrat, dans l'exercice de ses fonctions, justifie par des motifs suffisants la décision rendue (Crim. rej. 29 juin 1883, aff. Léon Armentiers, D. P. 84. 1. 308). Ainsi le commissaire de police doit être considéré comme un magistrat, non seulement dans l'exercice de ses attributions judiciaires (V. infrà, n° 755), mais alors même qu'il exerce ses fonctions administratives (Conf. Crim. rej. 12 juill. 1883, aff. Jourdan, D. P. 84. 1. 261).

744. L'outrage fait par un Français à un consul de sa nation, dans l'exercice ou à l'occasion de l'exercice de ses fonctions, constitue le délit prévu par les art. 222 et 223 c. pén. (Rép. v° Consul, n°44).

745. Ne doivent pas être considérés comme des magistrats de l'ordre administratif ou judiciaire, protégés par les art. 222 et 223 c. pén. : 1° le chef de l'Etat. Les outrages qui lui sont adressés sont punis, quand ils ont été publics, sous la qualification d'offenses, soit en vertu de l'art. 86 c. pén., soit en vertu de la loi du 29 juill. 1881. Les outrages non publics ne paraissent pas tomber sous le coup des art. 222 et 223, car ces articles ne visent pas le chef de l'Etat (Conf. Barbier, t. 2, n° 653).

746. 2° Les sénateurs et les députés (Crim. rej. 20 oct. 1820; 9 nov. 1820, cités au Rép. n° 654). L'art. 6 de la loi du 25 mars 1822 punissait l'outrage fait publiquement d'une manière quelconque aux membres des deux Chambres à raison de leurs fonctions ou de leur qualité. Cette disposition laissait sans répression l'outrage non public et l'outrage public dans l'exercice des fonctions quand il n'était pas relatif à celles-ci. L'art. 6 de la loi du 25 mars 1822 se trouvant abrogé par la loi du 29 juill. 1881, les outrages publics ou non publics adressés soit aux sénateurs soit aux députés dans l'exercice ou à l'occasion de l'exercice de leurs fonctions ne sont punissables que lorsque les outrages réunissent les caractères légaux de l'injure ou de la diffamation. On ne pourrait admettre une autre solution que si l'on considérait les sénateurs et les députés comme des citoyens chargés d'un ministère de service public dans les termes de l'art. 224 c. pén., ce qui ne serait pas, semble-t-il, une juste interprétation de cet article (Conf. Barbier, t. 2, n° 654. V. infrà, n° 775).

747. 3° Les membres des conseils généraux, des conseils d'arrondissement et des conseils municipaux, car leur qualité de mandataire des électeurs ne fait pas d'eux des magistrats de l'ordre administratif (Crim. rej. 17 mai 1845, cité au Rép. n° 734; Nancy, 21 mars 1876, aff. Cordier, D. P. 78. 2. 30). Cependant ils peuvent revêtir cette qualité

quand ils sont accidentellement chargés d'exercer les fonctions d'une magistrature administrative, en vertu d'une délégation de la loi ou du pouvoir exécutif (Arrêt précité du 21 mars 1876, motifs; Barbier, t. 2, n° 655). — Peut-on les considérer comme des citoyens chargés d'un ministère de service public? V. infrà, n° 775.

748. 4° Les percepteurs des contributions directes (Crim. rej. 26 juill. 1821, Rép. n°s 741. Mais V. suprà, n° 738 et infrà, n° 773).

749. 5° Les ingénieurs des mines, lors des visites de surveillance qu'ils font sous l'autorité des préfets, en exécution de l'ordonnance du 22 mai 1843 et du décret du 24 déc. 1851, dans les établissements particuliers qui emploient des chaudières et machines à vapeur (Douai, 10 mai 1853, Rép. n° 740. V. toutefois Rép., ibid.).

750. 6° Le président d'une société de secours mutuels, même nommé par le chef de l'Etat (Crim. rej. 13 mai 1859, aff. Fourcade et Camboulin, D. P. 59. 1. 432).

751. 7° Le président d'un collège électoral n'est pas, en raison de cette seule fonction, un magistrat de l'ordre administratif protégé contre les outrages par les art. 222 et 223. Le contraire a cependant été jugé par un arrêt de la cour de cassation (Crim. rej. 19 août 1837 cité au Rép. n° 742). Nous avons critiqué cette décision, en ce qu'elle est motivée sur la rubrique et non sur le texte des articles appliqués (V. Rép. ibid.). Nous pensons, avec M. Barbier, t. 2, n° 651, que la qualité qu'il convient de reconnaître au président d'une assemblée électorale est celle de citoyen chargé d'un ministère de service public (V. infrà, n° 772 et suiv.). — Cependant, si l'assemblée électorale est présidée par un maire ou par un adjoint, l'outrage que celui-ci reçoit doit être puni comme outrage envers un magistrat de l'ordre administratif; car, en présidant un collège électoral, le maire ou l'adjoint accomplit un acte de sa fonction de maire ou d'adjoint (Agen, 25 mai 1838, cité au Rép. n° 734 et v° Fonctionnaire public, n° 132. V. suprà, n° 741).

752. 8° En ce qui concerne les assesseurs, choisis, soit parmi les conseillers municipaux, soit parmi les électeurs sachant lire et écrire, on doit sans hésitation leur refuser la qualité de magistrat de l'ordre administratif; car c'est au président du bureau qu'appartient exclusivement la police de l'assemblée. Ne doit-on pas les considérer comme des citoyens chargés d'un ministère de service public? V. infrà, n° 775. Il convient, d'ailleurs d'observer que l'art. 45 du décret du 2 févr. 1852 punit d'un emprisonnement d'un mois à un an et d'une amende de 100 à 2000 fr. les membres d'un collège électoral qui, pendant la réunion, se rendent coupables d'outrages ou de violences envers le bureau ou envers l'un de ses membres. La question de l'application des art. 222 et suiv. c. pén. est donc restreinte au cas d'outrage adressé au président d'un collège électoral ou à ses assesseurs, en dehors de la réunion, par une personne quelconque, ou, pendant la réunion, par une personne qui ne fait pas partie du collège électoral. — L'art. 45 du décret de 1852 est applicable aux outrages adressés, pendant la réunion, par un membre du collège électoral, soit au président du bureau, soit à ses assesseurs (V. Barbier, t. 2, n° 651).

753. — B. Magistrats de l'ordre judiciaire. — Toute personne qui remplit les fonctions de juge ou d'officier du ministère public est un magistrat de l'ordre judiciaire; au sens de l'art. 222 c. pén. Ainsi sont des magistrats de l'ordre judiciaire : les membres de la cour de cassation, des cours d'appel, des tribunaux civils de première instance et des tribunaux de commerce, et, à ce titre, les avocats ou les avoués appelés à suppléer les juges ou les membres du ministère public (Rép. n° 747); les juges de paix; les prud'hommes (Rép. n° 736); les membres du Sénat, quand le Sénat est constitué en cour de justice; les membres des conseils de guerre pour l'armée de terre et l'armée de mer; les membres des tribunaux maritimes commerciaux; les membres du ministère public et les juges d'instruction (V. Rép. v°s Organisation judiciaire, n°s 341 et suiv., 475 et suiv., 488 et suiv., 714 et suiv. ; Organisation militaire, n°s 804 et suiv., 930 et suiv. ; Organisation maritime, n°s 983 et suiv. ; 408 et suiv.).

754. Doit-on reconnaître cette qualité aux officiers de

police judiciaire autres que les membres du parquet et les juges d'instruction ? Nous admettons l'affirmative pour les préfets des départements et le préfet de police à Paris quand, en vertu de l'art. 10 c. inst. crim., ils font personnellement ou ils requièrent les officiers de police judiciaire de faire tous actes nécessaires à la constatation des crimes, délits et contraventions. Il semble, en effet, difficile de ne pas reconnaître la qualité de magistrat à ceux qui peuvent requérir les magistrats comme les procureurs et les juges d'instruction (Conf. Barbier, t. 2, n° 657).

755. Les commissaires de police, les maires et les adjoints, à défaut des commissaires de police, remplissant, en vertu de l'art. 144 c. instr. crim., les fonctions du ministère public près des tribunaux de simple police. Ils sont magistrats de l'ordre judiciaire dans tous les actes qui se rattachent à ces fonctions, soit en ce qui concerne la constatation des contraventions, soit en ce qui concerne les réquisitions à l'audience. Sont-ils magistrats quand, pour la répression des crimes et des délits, ils agissent en qualité d'officiers de police judiciaire, auxiliaires du procureur de la République, en vertu des art. 8, 48 et 50 c. inst. crim. ? La négative résultait de l'arrêt de la cour de cassation du 7 août 1848, cité *suprà*, n° 743, qui ne reconnaissait la qualité de magistrat aux commissaires de police que dans l'exercice des fonctions du ministère public auprès des tribunaux de simple police. Mais nous avons dit que la jurisprudence est constante en sens contraire (V. *Rép.* n° 738 et *suprà*, n° 743). — M. Barbier, qui critique la jurisprudence en tant qu'elle reconnaît la qualité de magistrats de l'ordre administratif aux commissaires de police agissant dans le cercle de leurs attributions administratives, admet volontiers « que, dans la sphère de leurs fonctions judiciaires, les commissaires de police (et il faut en dire autant des maires ou adjoints) ont dans tous les cas la qualité de magistrats, soit qu'ils agissent comme officiers du ministère public en matière de contraventions de police, soit qu'ils agissent comme officiers de police judiciaire auxiliaires du procureur de la République. Il suffit, en effet, que, dans l'ordre judiciaire, ils exercent certaines fonctions dont la qualité indiscutable de magistrats pour que cette qualité les suive et les protège dans tous les actes par eux accomplis en qualité d'officiers judiciaires » (Barbier, t. 2, n° 658).

756. On doit encore considérer comme des magistrats de l'ordre judiciaire, les maires et les adjoints quand ils remplissent les fonctions d'officiers de l'état civil pour l'établissement des actes de naissance, de mariage, de décès, etc., sous la surveillance du procureur de la République (Conf. Barbier, *loc. cit.*).

757. Bien que les gardes champêtres, les gardes forestiers et les officiers de gendarmerie soient rangés, par l'art. 9 c. inst. crim., au nombre des officiers de police judiciaire, ils ne sont évidemment pas des magistrats. Ce sont des dépositaires ou des commandants de la force publique (V. *infra*, n° 769).

758. Les greffiers, que certains textes (L. 20 avr. 1810, art. 3; Ordonn. 3 mars 1815) comprennent parmi les membres des tribunaux auxquels ils sont attachés, ne sont pas des magistrats (Poitiers, 28 avr. 1842, *Rép.* v° *Greffe*, n° 36; Crim. cass. 4 juill. 1846, cité *ibid.*). Mais ils sont protégés contre les outrages, sinon comme officiers ministériels, du moins comme citoyens chargés d'un ministère de service public (V. *infra*, n° 766).

759. En ce qui concerne les membres des conseils de guerre, la cour de cassation décidait qu'ils étaient de véritables juges, égaux, en cette qualité, quel que fût leur grade, appelés à statuer sur la culpabilité non d'un inférieur, mais d'un accusé ; elle avait décidé, par suite, que l'outrage commis envers l'un des membres du conseil de guerre devait être puni, même quand il avait été commis par un militaire, non comme délit d'insulte à un supérieur, en vertu des lois militaires, mais comme outrage de droit commun envers un magistrat de l'ordre judiciaire, en vertu des art. 222 et 223 c. pén. (Crim. 31 janv. 1845, cité au *Rép.* n° 770-2°). — Les codes de justice militaire promulgués pour l'armée de terre, le 9 juin 1857 (art. 115 et 119), et pour l'armée de mer le 4 juin 1858 (art. 145) ont consacré d'autres principes. En vertu de ces dispositions, les assistants, témoins et accusés, militaires ou assimilés aux militaires, quels que

soient leur grade ou rang, qui se rendent coupables envers le conseil ou l'un de ses membres (au nombre desquels figurent l'officier rapporteur et le greffier) de voies de fait ou d'outrages ou menaces par propos ou gestes, sont condamnés, séance tenante, aux peines portées contre les voies de fait ou outrages commis envers des supérieurs pendant le service. Si les auteurs de ces voies de fait ou outrages ne sont ni militaires, ni assimilés aux militaires, les peines portées par le code pénal sont seules applicables. Ainsi les membres des conseils de guerre ne sont des magistrats de l'ordre judiciaire protégés contre les outrages par les art. 222 et 223 c. pén., qu'à l'égard des non-militaires. Jugé en ce sens que le greffier d'un conseil de guerre fait partie intégrante et est membre dudit conseil ; qu'en conséquence, les propos menaçants et injurieux adressés à l'audience, par un militaire inculpé, au greffier du conseil de guerre, ne sont point passibles des peines portées par l'art. 224 c. pén. contre les outrages à un officier ministériel, mais constituent l'outrage à un membre du conseil de guerre prévu et réprimé par les art. 119 et 224 c. just. mil. (Crim. cass. 7 juill. 1881, aff. Obrefeld, D. P. 81. 1. 441).

760. Les commissions municipales chargées de la revision des listes électorales rendent de véritables décisions judiciaires, susceptibles d'appel devant le juge de paix. Les membres de ces commissions sont, en conséquence, protégés contre le délit d'outrage par l'art. 222, en qualité de magistrats de l'ordre judiciaire (Crim. rej. 20 déc. 1873, aff. Ribard, D. P. 74. 1. 392, Sol. impl.).

761. En ce qui concerne les membres des commissions municipales scolaires instituées par la loi du 28 mars 1882 sur l'enseignement primaire obligatoire, M. Barbier (t. 2, n° 663) est porté à leur reconnaître la qualité de magistrat de l'ordre judiciaire, parce que les commissions dont il s'agit peuvent, en cas d'infraction à la loi précitée, ordonner, à titre de peine, l'inscription à la porte de la mairie des noms, prénoms et qualités des personnes responsables des enfants, avec indication des faits relevés contre elle. Il nous semble qu'il n'y a rien de commun entre ces attributions scolaires et l'administration de la justice, et qu'il y aurait abus de langage et confusion d'idées à considérer les membres des commissions scolaires comme des magistrats de l'ordre judiciaire. On peut admettre que le maire, à qui appartient, en cette qualité, la présidence de la commission scolaire de sa commune, soit, en vertu du principe énoncé *suprà*, n° 741, considéré, dans l'exercice de cette fonction, comme un magistrat de l'ordre administratif (Conf. Barbier, *ibid.*). Quant aux autres membres de la commission, ils peuvent être considérés comme des citoyens chargés d'un ministère de service public dans l'exercice de toutes leurs fonctions, c'est-à-dire aussi bien dans celles qui consistent à punir par voie d'inscription les personnes responsables des enfants que dans celles qui consistent à surveiller et à encourager la fréquentation des écoles et à faire subir des examens aux enfants (V. Barbier, n° 663).

762. Les membres des conseils de discipline (conseil de l'ordre des avocats, chambres des notaires, des avoués, des huissiers, etc., conseils académiques, conseils supérieurs et conseils départementaux de l'instruction publique) ne sont pas des magistrats de l'ordre judiciaire, car leurs attributions diffèrent de l'administration de la justice civile ou criminelle, et leur composition est entièrement différente de celle des tribunaux (Conf. Barbier, t. 2, n° 664). On a signalé toutefois, au *Rép.* n° 775, que, sous la législation antérieure à l'abolition des gardes nationales prononcée par la loi du 25 août 1871, les art. 222 et 223 avaient été considérés comme applicables aux outrages adressés aux membres des conseils de discipline de la garde nationale (Conf. Trib. Seine, 23 sept. 1836, aff. *Gazette des tribunaux*, 24 sept. 1836. — *Contrà* : Grellet-Dumazeau, t. 1, p. 293).

763. **C. Jurés.** — La rédaction primitive des art. 222 et 223 (c. pén. de 1810) ne concernait pas les jurés. C'est la loi du 13 mai 1863 qui les range sur la même ligne que les magistrats de l'ordre judiciaire en modifiant, à cet effet, le texte des articles précités. « Par la nature même de leurs fonctions, dit le rapport de M. de Belleyme, les jurés sont plus exposés que personne aux menaces écrites ou verbales de ceux dont ils tiennent ou dont ils ont tenu le sort dans leurs mains. Lorsqu'ils participent, en quelque sorte, à l'autorité de la magistrature, il est juste de leur faire partager avec elle la protection de la loi ». Nous pensons, ainsi que M. Barbier, t. 2, n° 665, que le rédacteur de ce rapport n'avait en vue que les membres des jurys siégeant auprès des cours d'assises, mais que les membres des jurys d'expropriation n'en sont pas moins, eux aussi, protégés par les art. 222 et 223; car ils participent, de la même manière que les jurés de la cour d'assises, à l'autorité de la magistrature; et, d'ailleurs, le texte ne distingue pas.

764. La disposition des art. 222, 223 c. pén., qui punit les outrages commis envers les jurés dans l'exercice de leurs fonctions ou à l'occasion de cet exercice, protége aussi bien les jurés de session que les jurés de jugement, les jurés de session se trouvant, par le fait de leur désignation en audience publique, revêtus d'un caractère public et appelés, par une vocation spéciale, à participer au fonctionnement de la justice criminelle (Crim. rej. 8 mai 1891, aff. Moro, D. P. 92. 1. 105). En effet, comme le constate l'arrêt précité, l'art. 222, conçu dans des termes généraux et absolus, « n'a pas distingué entre les jurés de session et les jurés de jugement; la loi du 21 nov. 1872 et le code d'instruction criminelle donnent indifféremment aux uns et aux autres le nom de jurés et, si les derniers, après avoir prêté le serment exigé par l'art. 312 dudit code, sont seuls définitivement investis de la plénitude de leur ministère, en vue d'une affaire déterminée, il n'en est pas moins vrai que les premiers, dès qu'ils ont été désignés par la voie du sort, en audience publique, pour faire le service d'une session d'assises, et individuellement instruits de cette désignation conformément à la loi, se trouvent, par cela même, revêtus d'un caractère public et appelés par une vocation spéciale, sous le titre légal de jurés, à participer au fonctionnement de la justice criminelle; dans ces conditions, il est naturel que les art. 222 et 223 c. pén. n'aient pas distingué entre eux et les jurés de jugement, et la divulgation de leurs noms par la voie de la presse, plusieurs jours avant l'ouverture de la session, les exposant d'une manière toute particulière à des obsessions ou à des menaces à raison des fonctions qu'ils sont appelés à remplir ».

765. Les motifs mêmes que l'on vient de rapporter conduisent à une solution inverse en ce qui concerne les jurés portés sur la liste annuelle du jury. En effet, cette liste n'a aucun caractère de publicité; elle est légalement ignorée du public et des intéressés; elle comprend un grand nombre de noms (3000 pour le département de la Seine; 400 au moins, 600 au plus pour les autres départements, L. 21 nov. 1872, art. 6), cette liste est bien moins, à proprement parler, la liste du jury que la liste sur laquelle sera pris le jury. Parmi les citoyens relativement nombreux portés sur la liste annuelle, bien peu seront appelés pour tenir une session d'assises. Il n'y a, dès lors, aucune raison d'étendre à leur profit la protection que les art. 222, 223 c. pén. assurent aux jurés outragés dans l'exercice ou à l'occasion de l'exercice de leurs fonctions.

766. — II. Des officiers ministériels, des agents dépositaires et des commandants de la force publique; des citoyens chargés d'un ministère de service public (Rép. n°ˢ 743 et suiv.). — A. Des officiers ministériels. — Sur le sens qu'il faut attacher d'une façon générale à cette qualification, V. suprà, v° Fonctionnaire public, n°ˢ 14 et 141; Rép. eod. v°, n° 243. « On désigne sous cette qualification, dit M. Barbier, t. 2, n° 666, certains officiers publics ayant le monopole de faire, dans l'intérêt des particuliers, certains actes qui exigent des conditions d'aptitude et de moralité particulières, et tenant de la loi de leur institution la faculté de transmettre leur charge à un successeur présenté par eux et agréé par le Gouvernement ». Sont officiers ministériels au sens de l'art. 224 c. pén. : 1° les avocats à la cour de cassation (Barbier, loc. cit.), mais non les avocats à la cour d'appel auxquels nous avons reconnu toutefois la qualité d'officiers de justice protégés contre les outrages par l'art. 91 c. pén. qui prononce un emprisonnement ne pouvant excéder un an et une amende qui ne peut être moindre de 25 fr. ni excéder 300 fr. (Rép. n° 747);

2° Les avoués (Crim. cass. 2 févr. 1874, aff. Anrigal, D. P. 74. 1. 71), mais seulement quand ils exercent leurs fonctions d'avoué, qui sont de représenter les parties en justice. Jugé, en effet, que l'avoué qui assiste à une réunion de créanciers dans un ordre amiable agit en qualité de mandataire, et non en qualité d'avoué; que, par suite, les injures qui lui sont adressées ne peuvent être qualifiées d'outrages envers un officier ministériel dans l'exercice de ses fonctions (Crim. cass. 28 mars 1879, aff. Wesner. D. P. 79. 3. 330);

3° Les huissiers (V. les arrêts cités au Rép. n° 743);

4° Les agents de change;

5° Les commissaires-priseurs (Conf. Barbier, t. 2, n° 666);

6° Les notaires (V. Rép. n° 745 et 746. V. toutefois infrà, n° 814);

7° Les greffiers (V. en ce sens Poitiers, 28 avr. 1842, cité au Rép. v° Greffe, n° 36; Barbier, t. 2, n°ˢ 666 et 660). Mais il a été jugé, en sens contraire, que les greffiers, bien qu'ils ne soient pas des magistrats (V. suprà, n° 758), sont membres des juridictions près desquelles ils exercent leurs fonctions, et non officiers ministériels (Crim. cass. 7 juill. 1881, aff. Obrefeld, D. P. 81. 1. 441);

8° Les courtiers privilégiés (V. suprà, v° Bourse de commerce, n° 233. Conf. Barbier, t. 2, n° 666).

Au contraire, il ne semble pas que la qualité d'officiers ministériels appartienne aux courtiers de marchandises assermentés, bien que la loi du 18 juill. 1866 sur la liberté du courtage leur ait réservé le monopole de certaines ventes publiques, cette loi ne leur accordant pas, en même temps, le droit de présenter leurs successeurs (Barbier, loc. cit.). Elle n'appartient pas non plus aux porteurs de contrainte (Conf. Barbier, loc. cit.— Contrà: Douai, régl. de juges, 30 juin 1832, cité au Rép. v° Fonctionnaire public, n° 161). Mais on doit les classer les uns et les autres parmi les citoyens chargés d'un ministère de service public.

767. — B. Agents dépositaires de la force publique (Rép. n° 748 et suiv.). Ainsi qu'on l'a dit au Rép. n° 748, la force publique a été instituée pour assurer l'observation des lois et des règlements; bien que la loi du 18 juill. 1866 sur la liberté du courtage leur ait réservé ... On entend par agents de la force publique tous ceux qui ont reçu pour mission de contraindre par la force à cette observation et de faire exécuter les ordres ou décisions des magistrats de l'ordre administratif ou judiciaire ayant pour but l'observation des lois. Il n'y a pas à distinguer entre les agents qui font eux-mêmes emploi de la force et ceux qui la mettent en œuvre (Conf. Barbier, t. 2, n° 667).

768. Sont agents de la force publique : 1° les commissaires de police (Conf. Barbier loc. cit. V. toutefois suprà, n° 755);

2° Les gardes champêtres agissant en la qualité, qui leur est conférée par l'art. 16 c. instr. crim., d'officiers de police judiciaire, chargés de faire la police rurale ou de procéder à l'arrestation de tous individus surpris en flagrant délit ou dénoncés par la clameur publique, ou encore procédant, en vertu de l'art. 40 de la loi du 24 juill. 1867, dans le territoire pour lequel ils sont assermentés, à la recherche des contraventions aux règlements de police municipale (Poitiers, 11 mars 1843, cité au Rép. n° 904; Nancy, 7 nov. 1854, aff. Dame Bichard, D. P. 56. 2. 288; Crim. rej. 9 janv. 1858, aff. Duparc, D. P. 58. 5. 289; Douai, 28 févr. 1860, Journ. de droit crim., n° 7037; Bourges, 31 mai 1863, Journ. min. publ., t. 6, p. 137; Grenoble, 18 juill. 1873, aff. Peyronnard, D. P. 74. 2. 111; Nîmes, 6 avr. 1876, aff. Brahic, D. P. 77. 2. 31). — Les arrêts précités du 7 nov. 1854 et du 9 janv. 1858, intervenus sous l'empire de l'art. 6 de la loi du 25 mars 1822, décidaient même que les gardes champêtres devaient être considérés comme des fonctionnaires publics, et que les outrages à eux adressés publiquement dans l'exercice ou à raison de leurs fonctions, tombaient sous l'application, non de l'art. 224 c. pén., mais des dispositions plus sévères de l'art. 6 précité de la loi de 1822. — Il convient aussi d'observer, avec M. Barbier, loc. cit., que les gardes champêtres, « toutes les fois qu'ils agissent en exécution des ordres qui leur ont été donnés par l'autorité supérieure, sont toujours protégés contre les outrages par le même art. 224, sinon comme dépositaires de la force publique, au moins comme citoyens chargés d'un ministère de service public » ;

3° Les gardes forestiers agissant en qualité d'officiers de police judiciaire en vertu de l'art. 16 précité c. instr. crim., chargés de la police forestière, ou procédant à des arrestations dans les cas de flagrant délit ou de dénonciation par la clameur publique ; — Les gardes des particuliers sont placés sous la même protection que les gardes de l'Etat ou ceux des communes (*Rép.* v° *Fonctionnaires publics*, n° 146; Crim. rej. 2 juill. 1846, aff. Roussinaux, D. P. 46. 4. 301 ; Amiens, 19 janv. 1883, aff. Lefebvre, D. P. 83. 2. 214) ;

4° Les agents préposés au maintien de l'ordre et désignés sous les noms d'agents de police, appariteurs, sergents de ville, gardiens de la paix. La qualité d'agents de la force publique ne peut pas leur être refusée dans l'exercice des fonctions qui leur sont confiées par l'art. 77 du décret du 18 juin 1811, c'est-à-dire quand ils prêtent main-forte aux huissiers ou qu'ils procèdent, hors la présence de ces officiers ministériels, à l'arrestation des prévenus, accusés ou condamnés (Crim. cass. 28 août 1829, *Rép.* v° *Fonctionnaire public*, n° 143 ; Crim. rej. 9 mars 1833, *Rép.* n° 904-7° ; Douai, 21 mars 1883, aff. Faucompret, D. P. 83. 2. 166). — Lorsque ces agents remplissent les fonctions de surveillance qui leur sont confiées par l'autorité municipale, sont-ils encore des agents de l'autorité publique? La négative résulte de différents arrêts (Crim rej. 9 mars 1833, cité au *Rép.* n° 904-7° ; Liège, 15 mars 1836, *Rép.* v° *Fonctionnaire public*, n° 143 ; Pau, 31 juill.1857, aff. De N..., D. P. 58. 2. 209).Mais il a été jugé, au contraire, que les sergents de ville sont des agents dépositaires de la force publique, protégés dans l'exercice à eux adressés dans l'exercice ou à l'occasion de l'exercice de leurs fonctions de surveillance par l'art. 224 c. pén. (Crim. cass. 8 janv. 1870, aff. Quenver, D. P. 70. 1. 315). Si cette dernière opinion ne devait pas prévaloir, il faudrait du moins accorder aux agents de police dans leurs fonctions de surveillance la qualité de citoyens chargés d'un ministère de service public (Barbier, *loc. cit.*);

5° Les gendarmes. Il a même été jugé, sous l'empire de la législation antérieure à 1881, que des gendarmes en tournée de surveillance pour le maintien de l'ordre sont des représentants ou des agents de l'autorité publique; que, dès lors, le fait de leur adresser publiquement des injures à l'occasion de l'accomplissement de ce service, et, par exemple, à l'occasion de leur intervention pour faire cesser un tapage, tombe sous l'application, non de l'art. 224 c. pén. mais des dispositions plus sévères des art. 16 et 19 de la loi du 17 mai 1819 (Crim. cass. 10 juin 1869, aff. Tcha'o M'ou, D. P. 70. 1. 239). Dans tous les cas, même avant la loi du 29 juill. 1881, la qualité d'agents dépositaires de la force publique était reconnue, sans contestation, aux gendarmes (Crim. rej. 23 déc. 1880, aff. Lefevre, D. P. 81. 1. 392). L'abrogation de la loi de 1819 par la loi du 29 juill. 1881 n'apporte donc aucun obstacle à l'application de l'art. 224 relativement aux outrages envers les gendarmes. — M.Barbier (*loc. cit.*)pense que les gendarmes sont protégés en qualité d'agents de la force publique, même lorsqu'ils procèdent à des actes qui ne comportent pas l'emploi de la force ; il ajoute que, dans l'exécution de ces actes, à défaut de la qualité d'agents de la force publique, il faudrait leur accorder celle de citoyens chargés d'un ministère de service public, en sorte que l'art. 224 demeurerait toujours applicable. L'opinion de cet auteur paraît fondée sur l'un et sur l'autre point. — Les sous-officiers et les brigadiers de gendarmerie seraient aussi des agents dépositaires de la force publique dans le cas où l'on ne leur reconnaîtrait pas celle de commandants de la force publique qui appartient, sans contestation, aux officiers de l'armée (V. *infra*, n° 770) ;

6° Les sous-officiers, brigadiers, caporaux et soldats de l'armée de terre et de mer. La qualité d'agents dépositaires de la force publique leur est reconnue et leur appartient d'une façon générale et permanente, car ils sont chargés du maintien de l'ordre à l'intérieur aussi bien que de la défense du pays contre les ennemis de l'extérieur (Conf. Barbier, *loc. cit.*). L'art. 224 est donc applicable à tous les outrages qu'ils reçoivent quand ils sont sous les armes et qu'ils remplissent un service, alors même que ce service ne consiste pas dans l'exécution par la force du prescrit des lois ou des décisions de l'autorité. Jugé en ce sens qu'un maréchal des logis de l'armée (dans l'espèce, un maréchal des logis d'artillerie), lorsqu'il est violenté ou outragé dans l'exercice ou à l'occasion de l'exercice de ses fonctions, doit être considéré comme un agent de la force publique au sens des

art. 224 et 230 c. pén. (Crim. rej. 14 mars 1889, aff. Pruès, D. P. 89. 1. 487. Conf. *Rép.* v° *Fonctionnaire public*, n° 56; Morin, *Dict. de droit crim.*, v° *Agent de la force publique* ; Barbier, *loc. cit.*);

7° La qualité de dépositaires de la force publique était accordée autrefois aux sous-officiers, brigadiers, caporaux et soldats de la garde nationale, dissoute en vertu de la loi du 25 août 1871 (Crim. rej. 5 août 1831, cité au *Rép.* n° 1105-4°); — La même solution doit être admise relativement aux hommes de la réserve et à ceux de l'armée territoriale pendant le temps qu'ils passent sous les drapeaux (Crim. cass. 2 févr. 1889, aff. Batteau, D. P. 90. 1. 188. Conf. Barbier, *loc. cit.*);

8° Les citoyens qui font partie des compagnies de pompiers régulièrement organisées ont été considérés aussi comme des agents dépositaires de la force publique (Bourges, 20 août 1829, *Rép.* v° *Fonctionnaire public*, n° 142); on ne saurait au moins leur refuser, dans les missions qui leur sont confiées, le caractère de citoyens chargés d'un ministère de service public (Dijon, 20 mai 1879, aff. Picard, D. P. 93. 2. 41, note 6 et 7, *a*);

9° Les préposés des douanes. En effet, la loi du 6 août 1791 leur confère le droit de requérir les commandants militaires et prescrit à la gendarmerie de leur prêter main-forte. On doit observer que la portée de l'art. 224 n'est pas restreinte, en ce qui concerne les douaniers, par l'art. 14 du titre 13 du décret du 22 août 1791 qui défend, à peine de 500 fr. d'amende, d'injurier, de maltraiter et même de troubler d'une façon quelconque ces agents dans l'exercice de leurs fonctions. L'amende de 500 fr. dont il s'agit n'a que le caractère d'une réparation civile au profit du Trésor, en raison du préjudice que la fraude ou la contrebande eût pu lui faire éprouver au moyen du trouble exercé sur les douaniers. Elle est donc prononcée sans préjudice des dispositions répressives qui sont applicables aux faits de trouble s'ils ont le caractère de crimes ou de délits de droit commun. D'ailleurs, elle n'est applicable qu'aux injures, voies de fait ou autres actes de trouble exercés contre les douaniers dans l'exercice même de leurs fonctions. Elle peut alors être prononcée, le cas échéant, cumulativement avec les peines édictées par l'art. 224 c. pén. Quant aux outrages dirigés contre les douaniers à raison de leur qualité ou à l'occasion de l'exercice de leurs fonctions, mais en dehors de cet exercice, l'art. 224 est seul applicable (Crim. rej. 2 déc. 1875, aff. Maspoli, D. P. 76. 1. 236, et le rapport de M. le conseiller Saint-Luc-Courborieu, *ibid.* Conf. Barbier, t. 2, n°s 667 et 712).

769. — C. *Commandants de la force publique.* — On a dit au *Rép.*, n° 749, qu'en vertu de l'art. 225 c. pén. la peine est plus grave quand l'outrage est adressé à un dépositaire de la force publique ayant un rang supérieur. Ces agents sont désignés par l'art. 225 sous la qualification de commandants de la force publique. La controverse à laquelle avait donné lieu l'interprétation de ces expressions (V. *Rép. ibid.*) peut être considérée comme définitivement close.

Il faut reconnaître d'abord que la qualité de commandants de la force publique appartient aux officiers d'une façon permanente. Elle s'attache à leur grade, à leur rang dans la hiérarchie militaire, et la circonstance qu'ils ont ou non des troupes sous leurs ordres au moment de l'outrage est, en ce qui les concerne, indifférente pour l'application de l'art. 225. Jugé en ce sens : 1° qu'un capitaine en uniforme est, dans le lieu de sa garnison, un commandant de la force publique dans le sens de l'art. 225 c. pén., même en dehors des cas où il est à la tête de sa compagnie (Angers, 2 juin 1873, aff. Touzard, D. P. 73. 2. 143) ; — 2° Que l'outrage adressé publiquement, dans un café, à un officier de la garnison en tenue et portant les insignes de son grade, constitue, non pas une offense envers un simple particulier, mais un outrage à un commandant de la force publique (Alger, 2 mars 1877, aff. Caron, D. P. 78. 2. 256). M. Barbier (t. 2, n° 669) fait observer avec raison que si ces deux arrêts ont pu constater utilement que l'officier outragé était revêtu de son uniforme et se trouvait dans sa garnison au moment de l'outrage, il ne s'agit point là de circonstances qui soient essentielles pour l'application de l'art. 225. « L'autorité de l'officier, dit-il, n'est point circonscrite par la loi à une certaine étendue de territoire, et partout son uniforme a droit au même respect. Quant à la circonstance que l'officier ne serait pas revêtu de ses insignes au moment de l'outrage, elle ne saurait avoir d'autre effet que d'atténuer la gravité et même de faire disparaître complètement le délit, au cas où il serait prouvé que la qualité de l'officier était inconnue de l'auteur de l'outrage ». En résumé, l'officier a ·la qualité permanente de commandant de la force publique, qu'il soit ou non dans sa garnison, qu'il porte ou non son uniforme, qu'il ait ou non des troupes sous ses ordres au moment où il reçoit un outrage. — Cette solution est applicable non seulement aux officiers de l'armée active, mais aux officiers de la réserve et de l'armée territoriale quand ils sont sous les drapeaux. Ainsi jugé relativement à un chef de bataillon d'un régiment territorial au cours d'une séance de la société de tir de ce régiment (Crim. cass. 2 févr. 1889, aff. Bletteau, D. P. 90. 1. 188).

770 En ce qui concerne les sous-officiers, brigadiers et caporaux, tout le monde tient aujourd'hui pour inacceptable la théorie de MM. Chauveau et Hélie (t. 3, p. 153) qui leur refuse la qualité de commandants de la force publique, non seulement quand ils sont seuls, mais aussi quand ils sont à la tête d'un poste ou d'un détachement. Il est admis sans contestation que « l'art. 225 protège tout militaire, quel que soit son grade, qui exerce le commandement à l'instant où il est outragé, n'eût-il sous ses ordres qu'un seul militaire » (Barbier, t. 2, n° 669; Conf. Rép. n° 749 et les arrêts cités ibid.; Carnot, sous l'art. 225; Blanche, t. 4, n° 175). Telle est aussi la solution implicite d'un arrêt décidant que le sous-officier de gendarmerie qui fait un acte de ses fonctions sans être assisté d'aucun des hommes de sa brigade, doit être considéré comme un agent, et non comme un commandant de la force publique, en ce sens que l'outrage qui lui est adressé dans une telle situation ne donne lieu qu'à l'application de l'art. 224 c. pén. (Pau, 31 juill. 1857, aff. De N..., D. P. 58. 2. 209. — V. dans le même sens Paris, 14 nov. 1867, Journ. de droit crim., 1867, p. 358). Cet arrêt reconnaît la qualité de commandant de la force publique à un sous-lieutenant d'infanterie faisant partie d'un bataillon de marche; mais, comme on l'a vu plus haut, la même solution eût été applicable alors même que ce sous-lieutenant n'aurait pas eu de troupes sous ses ordres, puisqu'il s'agissait d'un officier.

771. En dehors de l'exercice effectif du commandement, c'est-à-dire quand ils n'ont aucun militaire sous leurs ordres, les sous-officiers, brigadiers et caporaux ont un rang trop subalterne dans l'armée pour que la qualité de commandants de la force publique puisse être considérée comme attachée d'une manière permanente à leur grade (Conf. Limoges, 23 nov. 1851, cité au Rép. n° 749; Pau. 31 juill. 1857, cité suprà, n° 770). Mais une exception doit être admise en ce qui concerne les maréchaux des logis et les brigadiers de gendarmerie agissant dans l'intérêt du service qui leur est confié et dans l'étendue du territoire de leur brigade. Cette solution, contraire à la doctrine des deux arrêts précités et aux termes d'un arrêt de la cour de cassation du 14 janv. 1826 cité au Rép. n° 749, paraît aujourd'hui consacrée définitivement. Jugé en ce sens que le brigadier de gendarmerie qui fait un acte de ses fonctions sur le territoire assigné à sa brigade doit, même dans le cas où il n'est assisté d'aucun des hommes sous ses ordres, être considéré, non comme un simple agent, mais comme un commandant de la force publique; que, par suite, l'outrage à lui adressé dans une telle situation est passible de l'aggravation de peine prononcée par l'art. 225 c. pén. (Colmar, 27 avr. 1858, aff. Wagner, D. P. 59. 2. 27; Conf. Rennes, 15 mars 1853, cité au Rép. n° 749; Grenoble, 19 déc. 1872, et sur pourvoi, Crim. rej. 24 mai 1873, aff. Thomas, D. P. 74. 1. 183). Ce dernier arrêt décide expressément qu' « aux termes des dispositions générales, et notamment des art. 12, 15, 125, 222 et suiv. du décret du 1er mars 1854, sur l'organisation de la gendarmerie, les brigadiers de cette arme sont de véritables commandants de la force publique dans l'étendue du territoire assigné à leur brigade et quand ils agissent dans le cercle de leurs attributions ».

772. — D. Citoyens chargés d'un ministère de service public. — L'art. 224 c. pén. de 1810 ne les concernait pas. L'art. 230 les protégeait, au contraire, contre les violences et les voies de fait, au même titre que les officiers ministériels

et les agents dépositaires de la force publique. La loi du 13 mai 1863, pour les protéger également contre le délit d'outrage, leur étendit la disposition de l'art. 224 par une modification au texte dudit article. L'exposé des motifs faisait valoir, en faveur de cette modification, l'hésitation que les tribunaux éprouvaient à comprendre sous « la dénomination d'agents de la force publique, les surveillants des halles et marchés, les gardiens des maisons centrales, les agents des contributions indirectes et d'autres encore. Il en résulte que les outrages commis envers ces agents restent impunis. Pour prévenir toute hésitation sur ce point, on emprunte à l'art. 230 une désignation dont les termes génériques paraissent devoir assurer la répression dans tous les cas ». M. Juin, commissaire du Gouvernement, fit observer qu'il était nécessaire de mettre le texte de l'art. 224 en harmonie avec celui de l'art. 230, parce que la cour de cassation refusait aux percepteurs, par exemple, la protection contre les outrages à laquelle ces fonctionnaires avaient le même droit que les officiers ministériels. La qualification de citoyens chargés d'un ministère de service public est une expression très large. Elle convient à toutes les personnes qui, sans être ni des magistrats, ni des dépositaires ou agents de l'autorité, sont cependant revêtues d'un caractère public et qui sont nommées par le pouvoir exécutif à un emploi institué dans un intérêt public (Conf. Barbier, t. 2, n° 668; Fabreguettes, t. 2, n° 1576).

773. Sont des citoyens chargés d'un ministère de service public et protégés, à ce titre, contre les outrages, par l'art. 224 c. pén. modifié par la loi du 13 mai 1863 : 1° les surveillants des halles et marchés (Paris, 21 juin 1838, Rép. v° Fonctionnaire public, n° 148); 2° Les gardiens de prison (Crim. règl. de juges, 11 févr. 1842, Rép., v° Fonctionnaire public, n° 149-5°); 3° Les agents des contributions indirectes (Rép. n° 755); 4° Les percepteurs des contributions directes (Rép. n° 741). — Tous les fonctionnaires énumérés ci-dessus sont expressément désignés dans l'exposé des motifs précité; 5° Les fonctionnaires de l'enseignement. La qualité de citoyens chargés d'un ministère de service public a été reconnue, notamment, aux instituteurs communaux (Caen, 10 mars 1886, aff. Marie, D. P. 87. 2. 45). — Il n'y a pas à distinguer à cet égard entre les instituteurs laïques et les instituteurs congréganistes, s'il s'agit d'une école communale, c'est-à-dire si l'instituteur est un instituteur public (Trib. Montpellier, 8 févr. 1873, aff. Colomès, D. P. 73. 3. 32. Conf. Barbier, t. 2, n° 491). Jugé en ce sens qu'il faut considérer comme chargés d'un service public les sœurs faisant partie du personnel enseignant de l'école du Sacré-Cœur-de-Marie qui a été instituée à Pondichéry et qui fonctionne sous l'autorité supérieure du gouvernement colonial (Crim. rej. 25 juill. 1884, aff. De Condinguy, Bull. crim. n° 248. — Contra, Montpellier, 14 juill. 1873, aff. Colomès, D. P. 74. 2. 31). — Quant aux instituteurs libres, ils ne sont pas, il est vrai, nommés par le pouvoir; mais ils sont tenus de lui faire certaines déclarations; ils sont soumis au contrôle de ses inspecteurs; ils peuvent être révoqués par lui. Ne doit-on pas leur reconnaître la qualité de citoyens chargés d'un ministère de service public, placés sous la protection de l'art. 224 contre les outrages? V. en ce sens, Barbier, t. 2, n° 491; Reverchon, Revue critique, 1875, p. 36); 6° Les professeurs des facultés sont aussi compris dans la désignation de l'art. 224. Sous l'empire de la législation antérieure, on n'a jamais refusé de leur reconnaître la qualité de fonctionnaires publics, ni de leur accorder, à ce titre, la protection des lois de 1819 et de 1822. Jugé en ce sens que les outrages qui leur sont adressés en raison de leurs fonctions, tombent sous l'application de l'art. 6 de la loi du 25 mars 1822 (Crim. rej. 8 nov. 1844, aff. Gérant de L'Univers, D. P. 45. 1. 28; Paris, 8 mars 1856, aff. Roland, D. P. 56. 2. 148; Crim. cass. 31 mai 1856, aff. Regeard, D. P. 56. 1. 34); 7° Sont encore des citoyens chargés d'un ministère de service public, comme fonctionnaires d'un enseignement, tous ceux qui concourent au service de l'instruction publique, les membres du conseil supérieur de l'instruction publique, les inspecteurs, les recteurs, les membres des commissions scolaires, les proviseurs des lycées, les principaux des collèges, les professeurs et les maîtres adjoints, répétiteurs ou surveillants à la nomination du pouvoir (*Rép.* n° 1514; Grellet-Dumazeau, t. 1, p. 396);

8° Les employés des administrations publiques auxquels une certaine part d'autorité est déléguée; par exemple les receveurs d'enregistrement. Jugé, antérieurement à 1881, qu'ils sont des fonctionnaires publics et qu'ils étaient, à ce titre, protégés contre les outrages publics à raison de leurs fonctions ou de leur qualité par l'art. 6 de la loi du 25 mars 1822 (Poitiers, 17 févr. 1858, aff. Guisin, D. P. 58. 2. 171);

9° Les employés des postes et télégraphes (Trib. com. de la Seine, 22 sept. 1881, *La Loi* des 3-4 octobre);

10° Les employés de l'octroi (Crim. rej. 14 mai 1842, *Rép.*, v° *Rébellion*, n° 36-3°);

11° D'une façon générale, la disposition de l'art. 224 qui punit l'outrage fait aux citoyens chargés d'un ministère de service public s'applique à toutes les personnes à qui l'on reconnaissait, au point de vue de l'art. 6 de la loi du 25 mars 1822, la qualité de fonctionnaire public, c'est-à-dire tous les agents qui, par la nature et l'étendue de leurs fonctions, sont des délégués directs de l'autorité publique, quel que soit d'ailleurs le mode de leur nomination; tels sont: les agents voyers, dont les fonctions tiennent à la police judiciaire et qui peuvent dresser, en matière de voirie vicinale, des procès-verbaux ayant force probante (Crim. cass. 28 juill. 1859, aff. Poindextre, D. P. 59. 1. 513); — Les directeurs des établissements publics d'aliénés, mais non pas les directeurs des asiles privés d'aliénés, car ce ne sont que de simples particuliers, et l'art. 224 ne les protège pas (Même arrêt; Crim. rej. 29 mai 1884, aff. Labitte, *Bull. crim.*, n° 184. — *Contrà* : Trib. corr. de la Seine, 11° ch., 28 juill. 1882, *Gaz. des trib.* du 29 juillet. V. toutefois, *infrà*, n° 774); — Les surveillants jurés de la pêche maritime (Crim. règlement de juges, 12 mars 1842, *Rép.*, v° *Fonctionnaire public*, n° 149-2°); — Les gendarmes, les agents de police, les gardes champêtres dans le cas où ils n'agissent pas comme agents dépositaires de la force publique; notamment pour les gardes champêtres, quand ils surveillent, sous les ordres du maire, l'évacuation des lots de bois d'affouage (Crim. cass. 4 août 1826, *Rép.*, v° *Fonctionnaire public*, n° 153), quand ils font exécuter les arrêtés de l'autorité municipale (Crim. cass. 2 mai 1839, *Rép.*, v° *Fonctionnaire public*, n° 149-1°. Conf. L. 24 juill. 1867, art. 20), quand ils procèdent à la constatation de contraventions à la police urbaine, en vertu d'un arrêté préfectoral (Besançon, 3 févr. 1866, *suprà*, v° *Fonctionnaire public*, n° 34), quand ils procèdent, avec des pompiers, à la visite des fours et cheminées, en conformité d'un ordre du maire (Dijon, 20 mai 1879, aff. Picard, D. P. 93. 2. 41, notes 6 et 7, a). — Les pompiers qui accompagnent le garde sont aussi, dans le même cas, des citoyens chargés d'un ministère de service publc (Même arrêt). — Jugé dans le même sens que le commandant d'une compagnie de sapeurs-pompiers, régulièrement et légalement organisée, a le caractère d'un citoyen chargé d'un ministère de service public, et que, par suite, l'outrage qui lui est adressé tombe sous l'application de l'art. 224 c. pén. (Toulouse, 29 juin 1892, aff. Martimor, D. P. 93.2.41. Conf. Barbier, t. 2, n° 668; Fabreguettes, t. 2; n° 1576. V. *suprà*, n° 768-8°).

774. La qualité de citoyen chargé d'un ministère de service public a encore été reconnue : 1° aux membres de la commission chargée par l'Etat de diriger et de surveiller une exposition universelle (celle de 1867) (Req. 31 janv. 1877, aff. Guyot-Montpayroux, D. P. 78. 1. 58); — 2° Aux personnes à qui cette commission a délégué temporairement une partie de ses attributions, comme l'employé qui a été nommé membre du conseil d'admission de l'une des classes de l'exposition et secrétaire de la réunion des bureaux de l'un des groupes entre lesquels étaient répartis les objets destinés à être exposés et qui, de plus, a été rétribué comme chef du service de publicité de l'exposition (Même arrêt); — 3° Au chef de service attaché, moyennant rétribution, à la commission d'une exposition universelle (celle de 1867) (Riom, 3 août 1876, aff. Guyot-Montpayroux, D. P. 77. 2. 20); — 4° Aux aumôniers chargés par l'Etat, moyennant rétribution, du service du culte dans un établissement public (*Rép.* n° 1514); — 5° Aux médecins et internes attachés au service d'un établissement public (Orléans, 16 août 1836, *Rép.* n° 1514); — 6° Aux pharmaciens rétribués par l'Etat

comme chargés d'un service dans un établissement public (*Rép.* n° 1514); — 7° Aux sages-femmes attachées par l'Etat, moyennant rétribution, au service d'un établissement public (*Rép.* n° 1514); — 8° A l'individu chargé de conduire au chef-lieu un prévenu de vol pour le mettre à la disposition de l'autorité judiciaire (Crim. rej. 9 oct. 1846, *Bull. crim.*, n° 274); — 9° A l'individu désigné par le maire pour remplir provisoirement les fonctions de garde champêtre en ce qui concerne la police rurale (Aix, 25 janv, 1878, aff. Gilles;-MM. Lescouvé, pr.;-Soubrat, av. gén.;-Bessat, av.); — 10° Aux experts commis par justice et procédant à une opération ou vérification (un bornage par exemple), en exécution du jugement qui les a nommés (Trib. corr. Fontainebleau, 10 sept. 1869, aff. Lebœuf, D. P. 69. 3. 104; Crim. cass. 9 mars 1877. aff. Delhaye, D. P. 78. 1. 393; Caen, 3 janv., 1880, *Journ. du min. public*, 1880, p. 208. — *Contrà* : Trib. civ. Seine, 26 janv. 1870, aff. Monginot, D: P. 70. 3. 76, sur appel, Paris, 2 avr. 1870, D. P. 72. 2. 210 et sur pourvoi Crim. rej. 9 nov. 1872, D. P. 73. 1. 76); — 11° Aux syndics de faillite (Riom, 9 mai 1866, aff. X..., D. P. 83. 5. 364 ; Dijon, 15 avr. 1868; Crim. rej. 12 févr. 1880, aff. Changenet, D. P. 80. 1. 139); — 12° Au délégué ayant mandat du préfet pour la recherche du phylloxera, en vertu des lois du 15 juill. 1878 et 2 août 1879 (Poitiers, 23 déc. 1879) mais non pas aux ouvriers accompagnant ce délégué (Même arrêt); — 13° A l'agent de recensement nommé par un arrêté municipal pris en conformité des instructions du ministre de l'intérieur (Trib. des Andelys, 15 juill. 1886, aff. Picard, D. P. 87. 3. 55); — 14° Aux membres d'une association syndicale instituée pour le curage d'une rivière (Trib. de Châtillon-sur-Seine, 29 mars 1866, aff. N..., D. P. 66. 3. 48); — 15° A l'individu chargé de la surveillance de chantiers communaux (Limoges, 8 janv. 1885, *La Loi* du 20 janvier).

775. D'autre part, la loi de 1863 n'a pas étendu la portée de l'art. 224 et la protection que cet article institue contre l'outrage : 1° aux conseillers municipaux (Nancy, 21 mars 1876, aff. Cordier, D. P. 78. 2. 30); 2° aux conseillers d'arrondissement; 3° aux conseillers généraux (*suprà*, n° 747); 4° aux membres des deux Chambres (V. *suprà*, n° 746). Le mandat dont ils sont investis par la délégation du suffrage universel ne les transforme pas en agents du pouvoir ; ils ne détiennent aucune part de l'autorité publique. Ce ne sont pas des citoyens chargés d'un ministère de service public, au sens de l'art. 224 c. pén.;... à moins toutefois qu'ils ne soient accidentellement investis d'une mission spéciale de nature à leur conférer cette qualité (Arrêt précité du 21 mars 1876, Conf. Barbier, t. 2, n° 668). Mais ils sont protégés par l'art. 31 de la loi du 29 juill. 1881 contre la diffamation et les injures (V. *infrà*, n° 930 et sect. 2, art. 2).

776. Sous l'empire de la législation antérieure, il a été jugé que les membres des commissions administratives des hospices ne sont pas des fonctionnaires publics ; que, dès lors, les injures à eux adressées, à l'occasion des délibérations auxquelles ils ont pris part, sont à tort considérées comme constitutives du délit d'outrage envers des fonctionnaires publics à raison de leurs fonctions, prévu par les art. 19 et 20 de la loi du 17 mai 1819 et par l'art. 6 de la loi du 25 mars 1822 (Crim. cass. 23 mai 1862, aff. Dithurbide, D. P. 62. 1. 392). La même solution avait été appliquée aux administrateurs des hospices (Crim. rej. 27 nov. 1840, D. P. 42. 1. 200); aux médecins des établissements (Riom. 21 août 1841, D. P. 41. 2. 210); et aux directeurs des dépôts de mendicité (Bordeaux, 20 mars 1851, D. P. 53. 2. 139 ; V. aussi *Rép.* n° 903).

777. Il a encore été jugé : 1° que le secrétaire d'une mairie n'est ni un fonctionnaire, ni un citoyen chargé d'une mission de service public, mais un simple employé n'ayant ni caractère officiel, ni responsabilité publique ; que, dès lors, l'art. 224 est inapplicable au fait d'avoir adressé à cet employé les épithètes de voleur et de faussaire (Nancy, 21 mai 1890, aff. Baicry, D. P. 92. 2. 207); — 2° Que le témoin qui assiste un huissier pratiquant une saisie n'est pas investi d'une délégation de la puissance publique et, par suite, n'est pas un citoyen chargé d'un ministère de service public; que, dès lors, les outrages dont ce témoin est l'objet dans le cours d'une saisie ne tombent pas sous l'application de l'art. 224 c. pén. (Crim. cass. 27 févr. 1892, aff. Lavigne, D. P. 92. 1. 552).

§ 4. — De quelle manière les outrages peuvent être commis.

778. Les règles étant différentes à certains égards, suivant qu'il s'agit d'outrages envers des magistrats de l'ordre administratif ou judiciaire, ou des jurés (art. 222 et 223), ou bien envers des officiers ministériels, des agents dépositaires ou commandants de la force publique, ou des citoyens chargés d'un ministère de service public (art. 224 et 225), il convient d'examiner successivement l'une et l'autre hypothèses.

A. — Outrages envers des magistrats de l'ordre judiciaire ou des jurés.

779. — I. Outrage par paroles (*Rép.* n° 784). — En ce qui concerne l'outrage par paroles, il existait une différence, ainsi qu'on l'a exposé au *Rép.* n° 784, entre les délits prévus par l'art. 6 de la loi du 25 mars 1822 et ceux que réprime l'art. 222 du code pénal. Le premier de ces dispositions punissait l'outrage fait d'une manière quelconque aux personnes publiques, à la seule condition qu'il eût été commis publiquement; le juge était donc, en cas d'outrage par parole, entièrement libre d'apprécier et de punir l'offense suivant sa conscience et sans règle légale. Au contraire, l'art. 222 du code pénal, qui punit l'outrage par paroles (ou par écrits et dessins non rendus publics) envers des magistrats de l'ordre administratif ou judiciaire ou envers des jurés, et qui est demeuré seul en vigueur, depuis l'abrogation de l'art. 6 de la loi du 25 mars 1822, par la loi de 1881, exige que l'outrage tende à inculper l'honneur ou la délicatesse de la personne outragée. Jugé avant la loi de 1881 : 1° que l'outrage adressé publiquement à un fonctionnaire public, en raison de ses fonctions, constitue le délit prévu et puni par l'art. 6 de la loi du 25 mars 1822, alors même qu'il n'inculperait pas l'honneur et la délicatesse de ce fonctionnaire : cette dernière condition n'est nécessaire que dans le cas du délit d'outrage par paroles prévu et réprimé par l'art. 225 c. pén. (Crim. rej., 8 mai 1856, aff. Berthélemy, D. P. 56. 1. 272) ; — 2° Que la protestation verbale d'un assistant contre l'expulsion d'un avocat ordonnée par le conseil de préfecture ne constitue pas le délit d'outrage par paroles tendant à inculper l'honneur ou la délicatesse du magistrat dans l'exercice de ses fonctions, puni par l'art. 222 c. pén., mais bien le délit d'outrage publiquement fait d'une manière quelconque, puni par l'art. 6 de la loi du 25 mars 1822 (Bastia, 28 mars 1876, aff. Pianelli, D. P. 77. 2. 19).

780. On a vu au *Rép.* n° 781, que les expressions employées par l'art. 222, « tendant à inculper leur honneur ou leur délicatesse », ont fait naître une controverse. Suivant une doctrine défendue par M. le procureur général Dupin (V. son réquisitoire, D. P. 51. 1. 102) l'application de l'art. 222 c. pén. devait se restreindre aux seuls outrages qui présentent les caractères de la diffamation et de l'injure et qui contiennent l'imputation d'un vice déterminé. Cette doctrine n'a pas prévalu et la cour de cassation a jugé que l'art. 222 s'applique à toute expression injurieuse manifestant le mépris pour le fonctionnaire auquel elle est adressée, pour ses actes et pour ses fonctions (Crim. 8 mars 1851, aff. Trournier, et Ch. réun. cass. 17 mars 1851, aff. Dubreuil, D. P. 51. 1. 99 et 103 et *Rép.* n° 784) et aux paroles proférées contre un magistrat, dans une intention de mépris pour son caractère ou pour ses actes (Crim. 26 janv. 1854, aff. Dumoulin et Ch. réun. cass. 25 juin 1855, aff. Colombier, D. P. 55. 1. 430 et 431). Il a été jugé, dans le même sens : 1° que les paroles proférées contre un magistrat, dans l'exercice de ses fonctions, doivent être considérées comme inculpant l'honneur de ce magistrat et constituent, dès lors, le délit d'outrage prévu par l'art. 222 du code pénal lorsqu'elles expriment un sentiment de mépris pour ses actes ; — 2° Que des expressions de dédain et de mépris, adressées à un maire à l'occasion d'un acte de ses fonctions, étant de nature à diminuer le respect des citoyens pour le caractère dont il est revêtu, tendent à inculper son honneur et sa délicatesse dans le sens de l'art. 222 c. pén., et constituent, dès lors, le délit d'outrage réprimé par cet article (Crim. cass. 22 août 1879, aff. Cordier, D. P. 80. 1. 240).

781. On a cité au *Rép.* n° 684 et 782 de nombreuses

applications du principe admis, en cette matière, par la jurisprudence. De même, ont été considérées comme constituant le délit d'outrage envers des magistrats par paroles tendant à inculper leur honneur ou leur délicatesse: 1° cette exclamation adressée à un juge de paix, dans la salle d'audience, et au moment où il vient de rendre une décision : « Jamais il n'y a eu un jugement plus mal rendu ! » (Crim. rej. 28 mars 1856, aff. Lami-Cheval, D. P. 56. 5. 359); — 2° Le reproche adressé par un particulier à un commissaire de police d'être venu chez un particulier avec la gendarmerie pour violer son domicile, et la déclaration faite à ce commissaire de police par le même particulier, qu'il ne se serait pas abaissé à le faire appeler dans son habitation (Crim. rej. 7 nov. 1856, aff. Dérivay, D. P. 56. 5. 357); — 3° Le fait d'un individu qui, d'audience par ordre du président, d'avoir adressé à ce magistrat, dans la rue, des interpellations agressives au sujet de son expulsion et de lui avoir barré le passage avec un bâton pour l'obliger à donner des explications, alors surtout qu'il a donné lieu à une scène scandaleuse (Crim. 16 déc. 1859, aff. Faure, D. P. 59. 5. 300) ; — 4° Le fait de dire, à l'audience d'un tribunal de police, que, pour un dîner que telle personne indiquée lui payerait, le commissaire de police remplissant les fonctions du ministère public ferait rendre des jugements tant que cette personne voudrait (Crim. cass. 22 août 1862, aff. Crespin, D. P. 62. 5. 258); — 5° Le fait d'une partie d'avoir dit au président du tribunal devant lequel elle a plaidé, que, si elle a perdu son procès, c'est que l'adversaire lui a avait envoyé un présent (Crim. 17 août 1865, aff. veuve Clément, D. P. 65. 1. 503);— 6° le fait par un conseiller municipal, d'avoir, à l'ouverture d'une discussion sur des travaux exécutés par le maire sur un chemin rural en vertu d'une décision du conseil municipal, adressé un démenti à ce magistrat en pleine séance dudit conseil (Crim. rej. 20 juill. 1866, aff. Colson, D. P. 66. 5. 373); — 7° L'interpellation: « Vous en avez menti! », adressée à un maire dans une salle de la mairie, avant ou après la séance du conseil municipal (Crim. cass. 20 mars 1873, aff. Gilon, D. P. 75. 1. 385 ; Bourges, 31 juill. 1874, aff. G..., D. P. 75. 2. 172); — 8° Le fait par un électeur d'avoir, pour motiver sa prétention d'apposer son propre cachet sur la boîte du scrutin, allégué que des fraudes avaient été commises aux précédentes élections et qu'il voulait en empêcher le renouvellement, ce fait étant de nature à inculper l'honneur et la délicatesse du maire et de l'adjoint, spécialement chargés de veiller sur la boîte du scrutin : peu importe que cet électeur ne les ait pas nommés et ait affirmé à l'audience n'avoir pas eu l'intention de les outrager, s'il est demeuré établi pour le juge que c'est bien à ces fonctionnaires que lesdits propos s'adressaient et qu'ils ont été dictés par un sentiment de rancune et d'irritation (Crim. rej. 7 févr. 1868, aff. Fabrigat, D. P. 68. 1. 408) ; — 9° Le fait, par un plaideur, d'avoir dit « que le juge de paix l'avait condamné à tort et que c'était une canaille » (Douai, 10 juin 1874, aff. G..., D. P. 75. 2. 172); — 10° Les paroles suivantes adressées par un conseiller municipal à l'ancien maire de la commune, alors conseiller, dans une séance du conseil : « Je ne comprends pas comment vous osez venir ici, après avoir été révoqué pour votre mauvaise administration ! » (Nancy, 21 mars 1876, aff. Cordier, D. P. 78. 2. 30); mais non pas ces mots: « Vieille bourrique, je ne fais pas comme toi, je n'ai pas mes dettes! » adressés par un conseiller municipal à un autre conseiller, dans une séance du conseil; ces expressions n'ayant pas trait aux fonctions de maire que la personne injuriée avait antérieurement exercées, ne pouvant, dès lors, l'atteindre qu'en sa qualité de conseiller municipal et ne constituant qu'une injure simple (Même arrêt); — 11° Le fait d'un individu qui, au cours d'une visite de lieux et d'une expertise ordonnée par un juge de paix, interpelle ainsi ce magistrat sur le ton du mécontentement et avec une attitude inconvenante : « Vous devriez être honteux d'avoir choisi un tel expert; vous êtes plus porté pour un garde que pour un propriétaire! » (Crim. cass. 9 mars 1877, aff. Delhaye, D. P. 78. 1. 395);— 12° Le fait d'insérer dans un acte d'huissier signifié à un préfet à l'occasion d'un acte de sa fonction, qu'il s'est « créé le droit de prendre un arrêté par une inadvertance et une légèreté singulière » et qu'il a agi sans discerne-

ment (Crim. rej. 10 août 1883, aff. Lougatte, D. P. 84. 1.
309); — 13° Le fait par un individu, attaché comme reporter
à la rédaction d'un journal, de s'être présenté chez quatre
membres du jury, désignés par la voie du sort en audience
publique, pour faire le service de la session d'une cour
d'assises dont l'ouverture se trouvait dès cette époque fixée
à une date alors prochaine, de les avoir successivement
priés verbalement de lui faire connaître leur opinion sur
l'influence de l'hypnotisme dans ses rapports avec la criminalité et spécialement dans une affaire capitale qui figurait
au rôle de la session, d'avoir ainsi cherché à obtenir,
sous une forme plus ou moins directe, l'avis de ces jurés
sur la culpabilité des accusés dans cette affaire et d'avoir
offensé ces jurés dans leur honneur, en leur témoignant,
par le caractère même de son interpellation, qu'il les
croyait capables de manquer gravement à leur devoir.
(Crim. rej. 8 mai 1891, aff. Moro, rédacteur du journal *Le
Matin*, D. P. 92. 1. 105). — V. aussi Paris, 20 janv. 1884,
aff. Cochin et de Lassus, D. P. 83. 2. 212, cité *suprà*,
n° 743. — Jugé, au contraire, que la déclaration mensongère, faite à un des magistrats de l'ordre administratif ou judiciaire, d'un vol dont on prétend avoir été victime, ne constitue pas le délit prévu par l'art. 222 c. pén. alors qu'elle n'a
été accompagnée d'aucune expression offensante et n'a eu
d'autre but que d'exciter la pitié des créanciers du déclarant
et de les déterminer à lui accorder des délais (Colmar,
31 mars 1857, aff. Brassel, D. P. 58. 2. 67). Aux termes du
même arrêt, la déclaration dont il s'agit ne constituait pas
non plus le délit d'outrage public commis d'une manière
quelconque que réprimait l'art. 6 de la loi du 25 mars
1822; elle pouvait seulement, si elle était répétée et publiée, constituer le délit de fausses nouvelles puni par
l'art. 15 du décret du 17 févr. 1852. Décidé, de même, que
l'individu, qui déclare mensongèrement, à un substitut du
procureur de la République, qu'il a été témoin d'un assassinat, ne saurait être, de ce chef, déclaré coupable du délit
d'outrages à un magistrat de l'ordre judiciaire; qu'en effet,
une pareille déclaration ne saurait porter atteinte à l'honneur ou à la délicatesse de ce magistrat (Orléans, 13 févr.
1886, aff. Paret, D. P. 92. 2. 117, note).

782. En ce qui concerne l'intention, qui est un élément
essentiel du délit d'outrage (V. *suprà*, n° 721), il a été jugé :
1° que le fait d'avoir adressé à un commissaire de police une
déclaration mensongère de vol, qui a amené cet officier de
police judiciaire à se livrer à des recherches et perquisitions dépourvues d'objet, ne constitue le délit réprimé
par l'art. 222 c. pén. qu'autant que l'auteur de la dénonciation a agi avec l'intention d'outrager le fonctionnaire
inutilement mis en mouvement par sa plainte; que, par
suite, on ne saurait y voir le délit d'outrage, lorsqu'on ne peut
supposer que la dénonciation a été faite dans une intention
malveillante à l'égard d'un tiers, et, par exemple, lorsqu'elle
émane d'un locataire qui, ayant des difficultés avec son propriétaire au sujet du payement de ses loyers, a cherché
à faire soupçonner celui-ci d'être l'auteur du vol supposé
(Besançon, 31 mai 1871, aff. Caron, D. P. 73. 2. 53); —
2° Que le juge du fait constate suffisamment l'intention d'outrager quand il déclare que le prévenu ne s'est fait aucune
illusion sur la portée outrageante de ses démarches (ayant
pour but, dans l'espèce, d'amener des jurés à lui faire connaître leur opinion sur la culpabilité d'un accusé) et qu'à
supposer qu'il ait pu tout d'abord ne pas s'en rendre un
compte exact, son indécision à cet égard a dû être de courte
durée, à la suite des avertissements qu'il a reçus (Crim.
rej. 8 mai 1891, cité *suprà*, n° 781).

783. — **II. OUTRAGE PAR ÉCRIT OU DESSIN NON RENDUS
PUBLICS.** L'art. 222 c. pén., dans sa rédaction primitive,
ne punissait pas les outrages par écrit. D'où l'importante
controverse que nous avons exposée au *Rép.* n° 791 et
suiv.: devait-on assimiler à l'outrage par paroles l'outrage
par écrit? La question avait divisé la jurisprudence; mais
un arrêt de la cour de cassation, rendu le 11 févr. 1839,
chambres réunies, avait définitivement consacré la
solution négative (*Rép.* n° 792-3° et 794). La chambre
criminelle s'était rangée à cette doctrine par un arrêt du
30 août 1851, cité au *Rép.* n° 792. Depuis, il avait été jugé
encore, dans le même sens, que l'outrage puni par l'art.
222 c. pén. ne pouvait résulter d'une simple lettre missive

adressée exclusivement au fonctionnaire public, objet des
expressions outrageantes de cette lettre, encore qu'il fût
de nature à porter atteinte à l'honneur et à la délicatesse
de ce fonctionnaire (Crim. rej. 8 mai 1856, aff. Berthélemy,
D. P. 56. 1. 272). Cependant les outrages par écrit ou par
dessin rendus publics avaient été transformés en délits
par la loi du 17 mai 1819, et plus tard par l'art. 6 de la loi
du 25 mars 1822, qui punissait l'outrage fait publiquement
d'une manière quelconque aux fonctionnaires publics, à
raison de leurs fonctions, ce qui s'entendait aussi bien de
l'outrage écrit que de l'outrage verbal. L'outrage par écrit
ou dessin non rendus publics et l'outrage fait publiquement par écrit ou dessin dans l'exercice de la fonction,
mais à raison de la vie privée et non de la fonction,
échappaient à cette disposition. Le premier ne pouvait être
puni qu'à titre d'injure simple, et ne constituait jamais
qu'une contravention. Le second pouvait, suivant la nature
de l'écrit et les circonstances de la publicité, constituer
la diffamation ou l'injure prévues par les lois de la presse.

784. La loi du 13 mai 1863 modifia le texte de l'art. 222,
en assimilant, au point de vue de la répression, l'outrage
par écrit ou par dessin non rendus publics à l'outrage par
paroles. La réforme législative de 1863 entraîna les conséquences suivantes en matière d'outrage par écrit ou
par dessin envers les personnes désignées par l'art. 222 :
1° les peines de l'art. 222 étaient applicables si l'écrit ou
le dessin d'où résultait l'outrage n'avaient pas été rendus
publics; 2° si l'écrit ou le dessin avaient été rendus
publics, l'art. 6 de la loi du 25 mars 1822 conservait son
application toutes les fois que l'outrage avait été reçu à
raison de la fonction ou de la qualité (V. notamment
Crim. rej. 2 mai 1878, aff. Prignet, D. P. 79.1.48). — Dans
le même cas, l'outrage relatif à la vie privée pouvait, suivant la nature de l'outrage et les circonstances de la
publicité, constituer une diffamation ou une injure qualifiée,
punie par les lois de la presse, ou seulement une injure
punie des peines de simple police.

785. L'art. 6 de la loi du 25 mars 1822 étant abrogé
par la loi du 29 juill. 1881, l'art. 222 c. pén. n'est plus à
combiner qu'avec les art. 31 à 33 de la loi du 1881
(V. *suprà*, n° 726). Cette combinaison conduit aux résultats suivants : 1° les outrages par écrit ou par dessin
non rendus publics faits aux magistrats de l'ordre administratif ou judiciaire ou à des jurés, dans l'exercice
ou à l'occasion de l'exercice de leurs fonctions, sont,
comme antérieurement, passibles des peines portées par
l'art. 222 c. pén. M. Barbier, n° 614, pense qu'on ne
doit considérer un écrit ou un dessin comme n'étant
pas rendu public, non seulement quand il n'a reçu aucune
publicité, mais aussi quand la publicité qu'il a reçue n'a
pas été obtenue par l'un des moyens de publication déterminés par les art. 23 et 28 de la loi de 1881. Avant la loi
de 1881, les outrages qui n'avaient pas le caractère de
diffamations ou d'injures commises à l'aide des moyens
déterminés par l'art. 1 de la loi du 17 mai 1819 et qui
avaient cependant reçu, par un moyen quelconque, une
certaine publicité, tombaient sous l'application de l'art. 6
de la loi du 25 mars 1822, et l'application de l'art. 222, modifié par la loi du 13 mai 1863, se trouvait ainsi limité
aux seuls écrits et dessins n'ayant reçu aucune publicité.
L'abrogation des lois de 1819 et de 1822 doit entraîner une
application plus large de l'art. 222. « Le but du législateur
de 1863, dit M. Barbier, *loc. cit.*, ayant été, en effet, com-
bler une lacune et de punir les outrages par écrit du dessin
que ne réprimait pas la législation sur la presse, c'est évidemment se conformer à sa volonté que de considérer
aujourd'hui comme non public, dans le sens de l'art. 222 :
tous les écrits ou dessins qui ne réunissent pas les conditions de publicité voulues pour tomber sous le coup de la
loi de 1881 »; — 2° Les outrages par écrit ou par dessin
rendus publics à l'aide d'un des moyens déterminés par
les art. 23 et 28 de la loi de 1881 (V. *suprà*, n°s 492 et
suiv.), faits aux personnes désignées par l'art. 222 c.
pén. à l'occasion de l'exercice de leurs fonctions, ne peuvent être réprimés qu'en vertu des art. 31 et 33-1° de la
loi sur la presse quand ils réunissent tous les caractères
légaux de la diffamation et de l'injure et alors même qu'ils
auraient été reçus par la personne outragée dans l'exer-

cice de ses fonctions ; — 3° Les mêmes outrages, quand ils sont relatifs, non pas à l'exercice des fonctions, mais à des actes de la vie privée, ne peuvent être punis que comme diffamations ou injures envers des particuliers, en vertu des art. 32 et 33-2° de la loi de 1881, sans, d'ailleurs, qu'il y ait à distinguer suivant qu'ils ont été reçus dans l'exercice ou en dehors de l'exercice des fonctions ; — 4° Enfin les outrages par écrit ou dessin qui consistent en des irrévérences ou des grossièretés non susceptibles d'être qualifiées injure ou diffamation et qui, d'autre part, ont été rendus publics, ne sont réprimés ni par les art. 222 et suiv. c. pén., ni par les dispositions de la loi sur la presse. Ils peuvent toutefois, quand ils sont commis à l'audience, constituer des délits d'audience et être punis comme tels (V. Barbier, t. 2, n° 616).

786. Avant la loi du 29 juill. 1881, il a été jugé que les séances des conseils municipaux ne sont point des réunions publiques ; qu'en conséquence, les imputations diffamatoires ou outrageantes envers un fonctionnaire public, pour faits relatifs à ses fonctions, qui sont insérées dans une délibération du conseil municipal, ne constituent pas le délit de diffamation prévu par l'art. 16 de la loi du 17 mai 1819, ni le délit d'outrage public puni par l'art. 6 de la loi du 25 mars 1822, mais bien le délit d'outrage par écrit et non public, réprimé par l'art. 222 c. pén. ; que, spécialement, le passage suivant d'une délibération du conseil municipal : « Attendu qu'il n'y a qu'au rôle affouagiste de 1872 qu'il a été dérogé à cette règle par des moyens frauduleux employés par le maire récemment déchu, et cela au au profit du demandeur, neveu dudit maire, et autres de ses parents et amis », constitue le délit d'outrage par écrit et non public envers un magistrat de l'ordre administratif (Nancy, 22 nov. 1875, aff. Humbert, D. P. 78. 2. 28). D'autre part, depuis la promulgation de cette loi, il a été décidé que le défaut de publicité est un élément constitutif du délit d'outrage par écrit adressé à un magistrat, prévu par l'art. 222 c. pén. ; qu'en conséquence, si l'écrit outrageant a été rendu public à une époque antérieure ou concomitante à celle de la réception, la juridiction correctionnelle est incompétente ; que le prévenu est justiciable de la cour d'assises (Crim. cass. 31 oct. 1890, aff. Charre de Lavalette, D. P. 91. 1. 45, et, sur renvoi, Toulouse, 11 févr. 1891, D. P. 92. 2. 290).

787. Par le mot *écrit*, il faut entendre, d'une façon très large, tout moyen de reproduire la parole par l'écriture. Ainsi l'outrage peut être commis non seulement au moyen de la remise d'un manuscrit, mais aussi par l'emploi de l'écriture imprimée, gravée, photographiée, etc. Seulement, il ne faut pas que l'imprimé, la gravure ou la photographie dont l'envoi ou la remise constitue l'outrage ait été rendu public ; autrement l'art. 222 deviendrait inapplicable. Par le mot *dessin*, il faut entendre, dans un sens également très large, tous les produits des arts variés du dessin, les images et même les emblèmes. En effet, comme l'a dit le rapporteur au Corps législatif, en 1863 : « un écrit, un emblème, un dessin injurieux... peuvent constituer un outrage aussi grave qu'un outrage par paroles » (D. P. 63. 4. 89. V. Barbier, t. 2, n° 612).

788. La loi de 1863, en introduisant dans l'art. 222 les mots « par écrit ou par dessin non rendus publics », n'a pas modifié l'ensemble du texte de cet article. Il en résulte que, pour constituer l'outrage, il est indispensable que l'écrit ou le dessin qui sert à le commettre soit, comme les paroles ou les gestes ou menaces, de nature à inculper l'honneur ou la délicatesse du magistrat auquel ils sont adressés. On a vu d'ailleurs, *supra*, n° 718, quelle interprétation large est donnée par la jurisprudence à ces expressions. — Jugé, à cet égard, qu'on doit considérer comme un outrage punissable, d'après l'art. 222 c. pén., la lettre qu'un archevêque adresse au ministre des cultes, dont il est, dans l'ordre temporel, le subordonné, en réponse à une circulaire de ce ministre invitant, en termes modérés, les archevêques et évêques à s'abstenir de toute participation aux pèlerinages ouvriers à Rome, alors que cette lettre, envisagée dans son ensemble, constitue une protestation hautaine et irrévérencieuse, et contient, dans plusieurs de ses passages, des expressions de dédain et de mépris pour l'autorité du ministre ; qu'il en est ainsi spécialement de la lettre dans laquelle l'archevêque reproche en termes blessants au mi-

nistre l'invitation qu'il a faite, la déclarant sans droit, sans motif, et inutile, lui annonce qu'il n'en tiendra aucun compte, l'accuse de manquer de sincérité, insinue qu'il puise ses inspirations, non dans sa conscience et le sentiment de son devoir, mais dans la franc-maçonnerie, dont il serait le docile instrument, reproche au Gouvernement, et par conséquent au ministre des cultes, d'avoir fait des excuses à un souverain étranger et d'avoir ainsi compromis l'honneur et la dignité de la France, et enfin de ne manquer aucune occasion d'insulter la religion catholique ; et que c'est en vain que le prévenu soutient qu'il n'a pas eu l'intention d'outrager le ministre des cultes, cette prétention ne pouvant prévaloir contre le sens grammatical et la pensée des attaques violentes contenues dans la lettre (Paris, 24 nov. 1891, aff. Gouthe-Soulard, archevêque d'Aix, D. P. 92. 2. 523).

789. La modification introduite dans l'art. 222 permettrait d'appliquer aujourd'hui cet article à l'outrage résultant d'une lettre missive adressée exclusivement au magistrat outragé, à la condition que les expressions de cette lettre fussent de nature à porter atteinte à son honneur et à sa délicatesse (V. Crim. rej. 8 mai 1856, cité *supra*, n° 783) ; ... de l'apposition d'un placard demandant l'expulsion d'un magistrat, pourvu toutefois qu'elle ait été faite dans un lieu privé : apposé dans un lieu public, ce placard serait autrefois tombé sous le coup de l'art. 6 de la loi du 25 mars 1822 (Crim. cass. 20 avr. 1867, aff. Chassagnès, D, P. 67. 1. 462) ; il serait aujourd'hui, suivant sa teneur, punissable ou non en vertu de la loi de 1881 sur la presse (V. *supra*, n°s 510 et suiv.). Il échapperait à l'application de l'art. 222, alors même qu'il aurait été rendu public, par une exposition sous les yeux du magistrat outragé, dans le lieu même et dans l'instant où il procédait à l'un des actes de ses fonctions administratives ou judiciaires : en effet, la non-publicité de l'écrit outrageant est indispensable pour autoriser l'application de l'art. 222. — L'outrage au moyen d'un écrit non rendu public résulterait aussi de l'insertion d'expressions outrageantes dans un acte signifié par ministère d'huissier. Ainsi il a été jugé que faire insérer, dans un acte d'huissier signifié à un préfet à l'occasion d'un acte de sa fonction, « qu'il s'est créé le droit de prendre un arrêté par une inadvertance et une légèreté singulières... et qu'il a agi sans discernement », c'est manifestement commettre envers lui une offense de nature à porter atteinte à son honneur et à sa considération, puisqu'elle tend à diminuer le respect des citoyens pour autorité morale et le caractère dont il est revêtu (Crim. rej. 10 août 1883, aff. Lougatte, D. P. 84. 1. 309) ; ... alors surtout que ces expressions ont été maintenues après avertissement qu'elles paraissaient outrageantes pour le préfet (Douai, 8 mai 1883, même affaire D. P. 83. 2. 149).

790. Il a été jugé, avant la loi de 1881, que les imputations outrageantes envers des magistrats, insérées dans l'acte d'appel formé au greffe contre leur décision, alors que ledit acte n'a reçu au dehors aucune publicité, mais a été simplement porté par le greffier à la connaissance des magistrats outragés conformément à l'intention des prévenus, ne constitue pas le délit d'outrage public réprimé par l'art. 6 de la loi du 25 mars 1822, mais le délit d'outrage par écrit non rendu public, puni par l'art. 222 c. pén. (Nîmes, 27 juin 1873, et sur pourvoi, Crim. rej. 20 déc. 1873, aff. Ribard, D. P. 74. 1. 393).

791. Décidé encore que l'avoué poursuivi pour outrages envers un magistrat dans un écrit non rendu public, par application de l'art. 222 c. pén., ne peut décliner la compétence de la juridiction correctionnelle et revendiquer la juridiction disciplinaire, sous le prétexte que les outrages prétendus seraient contenus dans un acte de procédure par lui signé et déposé au greffe du tribunal, en sa qualité d'avoué, alors que la récusation dont il s'agit s'est produite au cours d'une poursuite disciplinaire dirigée contre le prévenu lui-même (Crim. rej. 1er avr. 1887, aff. Guégan, D. P. 88. 1. 140).

792. L'écrit contenant l'outrage ne peut, d'ailleurs, être considéré comme rendu public et échapper, pour cette raison, à l'application de l'art. 422, que si la publicité qu'il a reçu est le fait de son auteur. Jugé en ce sens, avant la loi de 1881, qu'un outrage adressé à un fonctionnaire n'est public dans le sens de l'art. 6 de la loi du

22 mars 1822, qu'autant que la publicité a eu lieu par le fait du prévenu, et non lorsqu'elle provient de la personne offensée elle-même, en ce que, par exemple, cette personne (un juge de paix) a donné lecture, à l'audience qu'elle tenait, de la lettre contenant l'outrage (Crim. rej. 8 mai 1856, aff. Barthélemy, D. P. 56. 1. 292).

793. Relativement à l'intention, qui est un élément nécessaire du délit d'outrage (V. *suprà*, n° 722), il a été jugé, dans l'espèce citée *suprà*, n° 788, que le prévenu soutiendrait en vain qu'il n'a pas eu l'intention d'outrager le ministre des cultes, cette prétention ne pouvant prévaloir contre le sens grammatical et la pensée des attaques violentes contenues dans la lettre incriminée (Paris, 24 nov. 1891, aff. Gouthe-Soulard, D. P. 92. 2. 523).

794. — III. Outrages par gestes ou par menaces. — Ces outrages, lorsqu'ils s'adressent à un magistrat ou à un juré, sont réprimés par l'art. 223 c. pén. Ils doivent, aux termes de l'article, avoir été reçus, soit dans l'exercice, soit à l'occasion de l'exercice des fonctions. Il n'est pas nécessaire que l'outrage ait été public (V. *suprà*, n° 719). On a dit au *Rép.* n° 797 (V. aussi *suprà*, n° 719) que, l'art. 6 de la loi du 25 mars 1822 réprimant l'outrage fait publiquement d'une manière quelconque à un fonctionnaire public à raison de ses fonctions, la portée de l'art. 223 s'était trouvée restreinte, en vertu de cette disposition postérieure, aux outrages adressés publiquement ou non, dans l'exercice même de la fonction, et aux outrages non publics à l'occasion de l'exercice de la fonction. Mais l'abrogation de l'art. 6 de la loi de 1822 par la loi du 29 juill. 1881 (V. *suprà*, n°s 726) a rendu à l'art. 223 sa pleine application. Ainsi tombent sous le coup de ces dispositions répressives tous les outrages par gestes ou menaces, publics ou non publics, adressés aux personnes qu'il désigne, dans l'exercice ou à l'occasion de l'exercice de leurs fonctions (Conf. Barbier, t. 2, n° 620).

795. Le geste se distingue de la voie de fait en ce qu'il n'atteint pas matériellement celui à qui il s'adresse (*Rép.* n° 799). Aussi a-t-on critiqué, *ibid.*, l'arrêt de la cour de cassation (Crim. cass. 5 janv. 1835) qui avait considéré comme un outrage par geste le fait de cracher au visage d'un officier ministériel. Il y avait, à l'époque où cet arrêt a été prononcé, une impossibilité absolue de réprimer le fait dont il s'agit en vertu des art. 228 et suiv. c. pén., qui se bornaient à prévoir le cas où les dépositaires de l'autorité publique auraient été frappés. Les art. 228 et 230 c. pén. ont été modifiés par la loi du 13 mai 1863, qui a puni des mêmes pénalités que les coups toutes sortes violences ou voies de fait commises envers les magistrats et agents de l'autorité. Le fait de cracher au visage d'un fonctionnaire devrait être réprimé aujourd'hui. non comme un outrage par gestes, en vertu de l'art. 222, mais comme une voie de fait, en vertu de l'art. 228 ou de l'art. 230. C'est ce qui résulte expressément du rapport sur la loi de 1863 (D. P. 63. 4. 90). « En faut dire autant du fait d'arracher les insignes d'un agent de l'autorité, de le saisir au corps, de le secouer, de le renverser, de lui jeter de la boue ou des ordures » (Barbier, t. 2, n° 622). D'ailleurs les art. 228 et 230 ne prévoient que les violences et voies de fait adressées aux magistrats et agents de l'autorité dans l'exercice ou à l'occasion de l'exercice de leurs fonctions. La voie de fait commise en dehors de l'exercice de la fonction et dans un sentiment d'animosité d'ordre privé ne serait justiciable que de l'art. 311 c. pén. ou de l'art. 475-8° c. pén. (délit de coups et blessures, violences ou voies de fait envers un particulier, ou jet de corps dur ou d'immondice contre quelqu'un).

796. Ainsi qu'on l'a dit au *Rép.*, n°s 798 et 799, il n'est pas nécessaire que l'outrage fait à un magistrat ou à un juré soit caractérisé par un geste de nature à inculper l'honneur ou la délicatesse de la personne outragée, alors même qu'il s'agisait d'un magistrat ou d'un juré ; car l'art. 223 n'a pas reproduit à cet égard l'exigence de l'art. 222 (Conf. Barbier, t. 2, n°s 620 et 624). Cependant il est nécessaire, pour qu'il y ait lieu d'appliquer la peine, que l'outrage par geste soit caractérisé par un geste véritablement outrageant. — Sur le caractère de certains gestes, il n'y a pas d'hésitation possible ; ainsi, c'est un outrage manifeste que de lever la main sur autrui ou de le menacer d'une canne (Barbier, t. 2, n° 620). La jurisprudence a déclaré, de même, qu'il y avait

outrage par geste : 1° dans le fait de fixer du regard un magistrat avec une persistance provocante, de passer et de repasser devant lui pour le narguer, et de le heurter volontairement du coude (Crim. rej. 28 janv. 1876, aff. Romei, *Bull. crim.*, n° 32) ; ... dans le fait de s'asseoir dans une salle d'audience devant le juge en lui tournant le dos et en refusant, soit de se retourner, soit de quitter la salle (Montpellier, 14 août 1870, *Journ. min. publ.*, 1872, n° 273). Mais « un sourire ironique, un applaudissement, un haussement des épaules, ne pourraient raisonnablement, du moins en règle générale, être interprétés comme outrages par gestes ; en présence de pareils faits, le tribunal devrait, dans tous les cas, pour mettre sa décision à l'abri de la censure de la cour suprême, relever avec soin les circonstances d'où pourrait s'induire l'intention outrageante et constater cette intention » (Barbier *loc. cit.*; Crim. cass. 14 janv. 1881, aff. Morin, *Bull. crim.* n° 10. V. *Rép.* n° 800).

797. L'outrage par menaces est placé, par l'art. 223, sur la même ligne que l'outrage par gestes. Comme on l'a exposé au *Rép.*, n° 801, la loi ne fait aucune distinction entre les menaces verbales et les menaces par écrit, et elles sont, par conséquent, soumises aux mêmes peines. Tel n'est pas l'avis de M. Barbier (t. 2, n° 623). Cet auteur fait observer d'abord que les art. 222 et 224 c. pén., dans leur ancien texte, se bornaient à punir l'outrage par paroles (V. *suprà*, n° 783), laissant de côté les écrits, alors même qu'ils auraient contenu les imputations les plus injurieuses. Or, dans l'échelle des délits, l'outrage par menaces était réprimé comme un délit d'ordre inférieur (V. l'exposé des motifs, *Rép.* v° *Fonctionnaire public*, n° 43, note 1). En second lieu, l'art. 19 de la loi du 19 juill. 1791, d'où les art. 222 et suiv. ont tiré leur origine, était ainsi conçu : « Les outrages ou menaces par paroles ou par gestes, faits aux fonctionnaires publics dans l'exercice de leurs fonctions, seront punis... ». L'intention des auteurs du code pénal n'était donc pas, d'après M. Barbier, de considérer l'écrit comme un moyen de perpétration du délit d'outrage. La loi du 13 mai 1863 n'a pas modifié le texte des art. 222 et 224 au point de vue de l'outrage par menaces. Il est vrai toutefois que, dans le cas de menaces adressées par écrit non rendu public à un magistrat de l'ordre administratif ou judiciaire dans l'exercice ou à l'occasion de l'exercice de ses fonctions, il y aurait un délit d'outrage : mais ce délit tomberait sous la répression de l'art. 222 c. pén. comme outrage par écrit non rendu public, et non pas sous l'application de l'art. 223, comme outrage par menaces.

798. Si la menace est faite par gestes, on peut indifféremment qualifier le délit d'outrage par geste ou d'outrage par menace, puisque, dans l'une ou l'autre qualification, le délit est frappé de la même peine. Mais si la menace est faite par paroles à un magistrat, il importe de savoir si le délit commis est un outrage par paroles ou un outrage par menace; car, dans ce dernier cas, c'est l'art. 223 qui est applicable et, dans le premier, ce sont les pénalités plus graves établies par l'art. 222.

Ainsi qu'on l'a fait observer au *Rép.*, n° 801, il n'y aura lieu d'appliquer l'art. 222 que dans le seul cas où la menace sera caractérisée par des paroles tendant à inculper l'honneur ou la délicatesse du magistrat outragé, c'est-à-dire, suivant la définition donnée par la cour de cassation (V. *suprà*, n° 780), quand la menace sera formulée dans des termes de mépris ou des expressions injurieuses de nature à diminuer le respect des citoyens pour l'autorité morale du magistrat menacé et outragé et pour le caractère dont il est revêtu. Il est évident que, dans ce cas, la menace, qui ne fait qu'aggraver l'outrage, ne saurait l'effacer. M. Barbier, t. 2, n° 624, fait en conséquence observer que la menace verbale n'est punissable en vertu de l'art. 223 que dans le seul cas où l'outrage est caractérisé par la menace elle-même, mais qu'elle soit formulée dans des termes injurieux ou méprisants. Tel serait le fait par un individu de dire à un magistrat qui viendrait l'arrêter : « Si vous avancez, je vous tue ! » (Comp. Bordeaux, 28 janv. et 15 avr. 1835, *Rép.* n° 802). — On a cité au *Rép.*, n° 801, un autre exemple d'outrage par menace : certaines paroles adressées à un juge de paix qui avait ordonné une descente sur lieux. Cet exemple était fourni par un arrêt de la chambre criminelle de la cour de cassation du 8 oct. 1842 (*Gaz.*

des trib., 26 oct. 1842); mais la décision de cet arrêt ne serait plus en harmonie avec la jurisprudence qui a défini ce qu'il faut entendre par « paroles tendant à inculper l'honneur ou la délicatesse ». On se trouve ici en présence d'une menace formulée dans des termes injurieux et méprisants, et ce n'est pas la menace elle-même, la menace seule, qui caractérise le délit.

799. Ainsi qu'on l'a vu au *Rép.*, n° 802, il ne faut pas confondre l'outrage par menace, prévu par les art. 223 et 224 c. pén., avec les délits de menace d'attentat, de violences ou de voies de fait contre les personnes, punis par les art. 305 à 308, les menaces d'incendie prévues par l'art. 436 et les menaces de destruction ou de dérangement des voies ferrées prévues par la loi du 15 juill. 1845. Les menaces d'attentat, d'incendie ou de déraillement, quand elles sont écrites, sont punies plus ou moins sévèrement, suivant qu'elles sont ou non faites avec ordre ou condition. Quand elles sont verbales ou quand elles sont écrites, mais ne consistent qu'en menaces de violences ou voies de fait, elles ne sont punissables qu'autant qu'elles sont faites avec ordre ou condition. « L'outrage n'est pas le but de ces menaces; elles visent à effrayer la personne qui les reçoit, à exercer sur elle une contrainte morale, ordinairement dans le but d'en obtenir l'accomplissement d'un fait.

La peine est, dans tous les cas, la même, que les menaces dont il s'agit soient adressées à un simple particulier ou à un agent de l'autorité. Quand la menace est faite à un agent de l'autorité, on n'appliquera les art. 222 ou 223 et suiv. que dans les cas où les art. 305 et suiv. seront inapplicables, c'est-à-dire quand il s'agira de menaces d'attentat, violences ou voies de fait contre les personnes, d'incendie, de destruction ou de dérangement des voies ferrées, qui, d'une part, seront purement verbales et, d'autre part, ne seront pas accompagnées d'ordre ou de condition. En effet, si les menaces verbales étaient accompagnées d'ordre ou de condition, les art. 305 et suiv. seraient seuls applicables, car il n'y a pas de motif pour que le dépositaire de l'autorité soit moins bien protégé qu'un simple particulier (V. les arrêts cités au *Rép.* n° 802. Conf. Barbier, t. 2, n° 627).

800. La publicité de la menace ne semble pas prévue par les art. 305 et suiv., qui se sont préoccupés de la violence morale exercée directement et presque toujours occultement par le délinquant sur sa victime; mais tout ce qu'il en faut conclure, c'est que la circonstance de la publicité de la menace est indifférente pour l'application de ces articles. « Ainsi, dit M. Barbier, *loc. cit.*, des menaces d'attentat à la vie de certains magistrats ou jurés dirigées contre eux par la voie de la presse pourraient fort bien être atteintes par les art. 305 ou 306. La circonstance que le délinquant aurait recouru à la presse pour commettre le délit ne pourrait d'ailleurs, en aucun cas, avoir pour conséquence de le faire dégénérer en délit de presse, puisqu'il n'y a de délits de presse proprement dits que ceux qui sont prévus par la loi sur la presse, et que cette loi ne renferme aucune incrimination similaire à celle des art. 305 et suiv. ». — Mais il ne faut pas confondre la menace d'attentat adressée par la voie de la presse avec la provocation directe aux attentats. Le premier délit, punissable en vertu des art. 305 et suiv. c. pén., suppose l'intention manifestée par son auteur d'exécuter lui-même sa menace. Le second, qui consiste dans la provocation faite à autrui de commettre un attentat est un délit de presse prévu par les art. 23 et 24 de la loi du 29 juill. 1881. Jugé, en ce sens, qu'un cour d'appel ne peut, à l'occasion d'une poursuite dirigée pour menaces d'attentat envers les personnes, fonder une décision d'incompétence sur le double motif que le prévenu ne paraît pas avoir eu l'intention de mettre ses menaces à exécution et que les articles de journal incriminés constituent, en réalité, des provocations au meurtre prévues par l'art. 24 de la loi du 29 juill. 1880, et ressortissant à la cour d'assises (Crim. cass. 8 févr. 1884, aff. Lissagaray, et le rapport de M. Gast, D. P. 84. 1. 305). Cet arrêt déclare que « si le délit prévu par l'art. 306 c. pén. peut être commis par la voie de la presse, aucune disposition de la loi du 29 juill. 1881 n'en attribue, dans ce cas, la connaissance à la cour d'assises... ». La cour de cassation ajoute, d'ailleurs, que « en admettant même que l'élément de fait (l'intention de la part du prévenu de

mettre personnellement ses menaces à exécution), dont l'existence avait paru douteuse à la cour d'appel (Paris, 13 déc. 1883, même affaire, D. P. *ibid.*), fût réellement nécessaire pour caractériser le délit de menaces prévu par l'art. 306 c. pén., il ne pouvait appartenir qu'au juge du fond de reconnaître si la prévention satisfaisait ou non à cette condition, dont l'absence, dans cet ordre d'idées, aurait pu motiver une décision de relaxe, mais non une décision d'incompétence ». C'est cet excès de pouvoir qui a déterminé la cassation de l'arrêt prononcé sur la compétence.

801. M. Barbier (t. 2, n° 628) fait encore observer que la loi de la presse ne contient pas d'incrimination contre certaines menaces qui constituent des délits spéciaux et demeurent sous l'application des textes du code pénal ou des lois spéciales qui les visent, alors même qu'ils ont été commis par la voie de la presse. « Telles sont les menaces tendant à corrompre les fonctionnaires (c. pén. art. 179); les menaces tendant à entraver le libre exercice des cultes (c. pén. art. 260); les menaces proférées par les mendiants (c. pén. art. 276); les menaces de mort faites dans les circonstances prévues par l'art. 344 c. pén.; les menaces tendant à entraver la liberté des enchères (c. pén. art. 412); les menaces tendant à porter atteinte au libre exercice de l'industrie ou du travail (c. pén. art. 414 à 415); les menaces faites dans les circonstances prévues par les art. 6, 7 et 9 de la loi du 24 mai 1834 sur les détenteurs d'armes ou de munitions de guerre; les menaces en matière électorale tendant à influencer le vote » (Décr. 2 févr. 1852, art. 39).

B. — *Outrages aux officiers ministériels, aux agents dépositaires de la force publique ou aux citoyens chargés d'un ministère de service public.*

802. L'art. 224 c. pén., qui réprime les outrages adressés aux personnes comprises dans ces diverses catégories, ne vise que ceux qui sont commis par paroles, gestes ou menaces. On n'y retrouve pas la mention ajoutée par la loi du 13 mai 1863, à l'égard des magistrats ou jurés, de l'outrage par écrit ou dessin non rendus publics. Un amendement ayant pour objet de faire étendre l'art. 224 à l'outrage par écrit ou par dessin a même été repoussé (Rapport, D. P. 63. 4. 89, note, n° 86). Ainsi l'art. 224 a continué, depuis la loi de 1863, à ne viser que les outrages par paroles, gestes ou menaces. Il en résulte que les outrages par écrit ou par dessin, adressés aux personnes visées par l'art. 224, n'étaient punissables, avant la loi de 1881, que lorsqu'ils tombaient sous le coup des dispositions de l'art. 6 de la loi du 25 mars 1822, et qu'ils ne le sont aujourd'hui qu'autant qu'ils remplissent les conditions prévues par les art. 31 ou 33, § 1, de la loi du 29 juill. 1881. Dans le cas contraire, c'est-à-dire s'ils ne constituent pas des diffamations ou injures rendues publiques par l'un des moyens de publication déterminés par ladite loi, ils ne sont que des contraventions d'injures simples, punies des peines édictées par l'art. 471 c. pén.

803. Ainsi qu'on l'a vu au *Rép.* n° 789, l'art. 224 c. pén. ne dit pas, comme le fait l'art. 222, que les paroles doivent être de nature à inculper l'honneur ou la délicatesse de la personne outragée. Nous avons pensé, néanmoins, que la loi ne devait pas se montrer plus sévère à l'égard des outrages commis envers les personnes désignées dans l'art. 224 qu'à l'égard des outrages envers les magistrats ou les jurés. Cette opinion n'a pas prévalu. La jurisprudence décide que l'art. 224 n'exige pas, à la différence de l'art. 222, que les paroles desquelles ressort le délit d'outrage soient de nature à inculper l'honneur ou la délicatesse de l'agent outragé, et laisse aux tribunaux un pouvoir d'appréciation souveraine sur la portée et les conséquences des paroles prononcées (Paris, 2 janv. 1868, aff. Robinet et Laurent, D. P. 70. 5. 280; Poitiers, 1er juill. 1883, aff. La Roche-Saint-André, D. P. 83. 2. 177). Il a été jugé, notamment, par application de cette règle, que les cris : « A bas la police ! à bas la rousse ! » proférés contre des sergents de ville et des inspecteurs de police, rentrent dans la classe des outrages réprimés par l'art. 224 (Arrêt précité du 2 janv. 1850. V. aussi dans le même sens : Pau, 7 avr. 1859, aff. Dupont, D. P. 67. 2. 199; Bordeaux, 28 févr. 1867, aff. Bernard, D. P. 67. 2. 199, cités *suprà*, v° *Gendarme*, n° 43).

804. La jurisprudence a considéré comme un outrage par paroles caractérisé, dans les termes des art. 224 et 225 c. pén. : 1° l'empêchement apporté à la leçon d'un professeur au moyen de huées, de vociférations, d'interpellations ou d'un bruit quelconque destiné à couvrir les paroles de l'orateur (Paris, 8 mai 1856, aff. Roland, D. P. 56. 2. 148) ; — 2° Le fait d'un individu qui, se présentant au bureau de l'enregistrement pour y acquitter une amende, refuse de se tenir découvert et dit au receveur, en présence des personnes qui s'y trouvent, qu'il est trop petit garçon pour le forcer à rester découvert, qui, enfin, lorsque le receveur lui annonce qu'il rédige un procès-verbal contre lui, lui répond : « Je me f... de votre procès-verbal ! » (Poitiers, 17 févr. 1858, aff. Guérin, D. P. 58. 2. 171) ; — 3° Le fait d'avoir traité de « voleurs » les membres d'une association syndicale instituée pour le curage d'une rivière, dans une discussion engagée au sein du conseil municipal sur les opérations auxquelles elle s'est livrée, et en présence des membres de cette association présents à la séance comme conseillers (Trib. Châtillon-sur-Seine, 29 mars 1866, aff. N..., D. P. 66. 3. 48) ; — 4° Le fait d'avoir dit au client d'un avoué, après avoir appliqué à celui-ci, en le désignant du geste, les épithètes d' « âne » et de « bête » : « Je ne comprends pas que vous laissiez conduire vos affaires par un tel homme » (Crim. cass. 2 févr. 1871, aff. Anrigal, D. P. 71. 1. 71) ; — 5° L'appellation de « crapule », adressée publiquement à l'une des personnes désignées dans les art. 222 et suiv. c. pén., notamment à un officier de l'armée (Alger, 2 mars 1877, aff. Caron, D. P. 78. 2. 256) ; — 6° Le fait d'adresser publiquement à un fonctionnaire public l'épithète de « souteneur de filles » (Alger, 27 oct. 1877, aff. Mohamed ou Ramdan Saïd, D. P. 79. 5. 330) ; — 7° Le fait de crier : « A bas les crocheteurs ! », sur le passage d'agents de police qui accompagnaient des religieux expulsés, après avoir coopéré à l'ouverture des portes et cellules de l'établissement de ces religieux (Paris, 20 janv. 1881, aff. Leroy de la Brière, D. P. 83. 2. 213) ; — 8° Le fait d'un individu qui, mis en état d'arrestation pour ivresse manifeste, a traité l'agent de police procédant à cette arrestation de « lâche, fainéant, crève de faim » (Douai, 21 mars 1883, aff. Faucompret, D. P. 83. 2. 166) ; — 9° Le fait de dire publiquement : « Vous n'êtes qu'un drôle ! » à un commandant de sapeurs-pompiers dans l'exercice ou à l'occasion de l'exercice de ses fonctions (Toulouse, 29 juin 1892, aff. Martimor, D. P. 93. 2. 41).

805. Mais, bien entendu, le délit n'existe, dans tous les cas, que s'il y a intention d'outrager (V. supra, n° 722). Aussi a-t-il été jugé : 1° que la proposition d'une récompense adressée secrètement à un fonctionnaire public pour l'engager à faire un acte contraire à son devoir, si elle a pu et dû blesser sa délicatesse, ne peut néanmoins être qualifiée d'outrage dans le sens de l'art. 224 c. pén., alors que celui qui l'a faite n'avait d'autre but que de se rendre ce fonctionnaire favorable, et qu'il n'en est résulté aucune atteinte à l'honneur et à la considération de celui-ci (Crim. rej. 25 janv. 1866, aff. Laferrière, D. P. 66. 1. 235) ; — 2° Que l'individu qui s'empare d'un procès-verbal rédigé contre lui, et dont le garde champêtre était porteur, ne commet point, par ce fait, en l'absence d'intention délictueuse, le délit d'outrage par gestes envers un garde champêtre dans l'exercice de ses fonctions (Nîmes, 6 avr. 1876, aff. Brahle, D. P. 77. 2. 51) ; — 3° Que le délit d'outrage envers les agents de la force publique dans l'exercice ou à l'occasion de l'exercice de leurs fonctions n'existe pas, lorsqu'il résulte de la prévention que les prévenus ne se sont livrés envers les agents à aucune menace ni à aucun geste précis dont on puisse déterminer le caractère et la portée au point de vue délictueux, que les paroles qu'ils ont adressées à ces agents, prises dans leur sens propre, n'avaient rien d'outrageant, c'est-à-dire rien qui impliquât diffamation, injure, invective, mépris ou moquerie, et qu'elles avaient pour but unique d'accentuer de la voix la résistance passive et non punissable opposée à l'exécution d'une mesure prescrite par l'autorité (dans l'espèce l'installation d'une institutrice laïque dans la maison d'école) ; que le délit d'outrage envers un agent de la force publique dans l'exercice ou à l'occasion de l'exercice de ses fonctions existe, au contraire, lorsque la prévention établit, à la charge de l'inculpé, des

paroles, des gestes et des menaces qui révèlent l'intention d'offenser cet agent et qui sont de nature, par le mépris jeté sur la personne de ce dernier, alors qu'il exerçait ses fonctions, à diminuer le respect dû à son autorité morale, autant qu'au caractère dont il est revêtu (Dijon, 16 oct. 1890, aff. Chapuy-Laurent et Lamarque, D. P. 91. 2. 149).

806. On s'est demandé si la déclaration d'un délit imaginaire faite à un agent de la force publique constitue par elle-même le délit d'outrage envers ce dernier. Plusieurs auteurs l'ont résolue négativement (V. Blanche, Études pratiques sur le code pénal, t. 4, n° 109 ; Chauveau et Faustin Hélie, Théorie du code pénal, 5e éd., t. 3, n° 978 ; Garraud, Traité théorique et pratique du droit pénal français, t. 3, n° 417, p. 568). « Comment, dit ce dernier auteur, une dénonciation mensongère, conçue en termes respectueux et ne contenant aucune expression ou imputation offensante, serait-elle de nature à constituer un outrage par paroles, si elle était faite verbalement, un outrage par écrit non rendu public, si elle était faite par écrit ? La qualification d'outrage par parole ou par écrit ne peut être, en effet, attribuée, par voie d'induction et de raisonnement, à une dénonciation qui est formulée dans des termes n'ayant eux-mêmes rien d'outrageant ». La jurisprudence paraît admettre, à cet égard, une distinction déjà indiquée au Rép. n° 681. La solution dépendra de l'intention du dénonciateur : l'outrage existera lorsque le but qu'il s'est proposé était de se jouer des agents auxquels il a fait la dénonciation mensongère, en les engageant dans des recherches frustratoires dont le résultat devait être une perte de temps, et peut-être la moquerie chez les témoins de leurs vains efforts ; au contraire, il n'y aura point délit d'outrage si cette intention faisait défaut. Ainsi, plusieurs arrêts ont décidé que la dénonciation d'un délit qu'on sait ne pas exister, faite à la gendarmerie, avec l'intention de provoquer de sa part des recherches et des démarches frustratoires, constitue le délit d'outrage puni par l'art. 224 c. pén. (Aix, 1er juin 1870, aff. Barbaroux, D. P. 70. 2. 202 ; Douai, 29 avr. 1874, aff. Fouillon, D. P. 75. 2. 3 ; Poitiers, 1er juill. 1883, aff. La Roche-Saint-André, D. P. 83. 2. 117). Aux termes de ce dernier arrêt, l'intention coupable résulte, en pareil cas, de ce que le prévenu n'a pu se méprendre sur le résultat de ses démarches, ni en ignorer les suites. Au contraire, il a été jugé que la dénonciation à la gendarmerie d'un délit qu'on sait ne pas exister ne saurait constituer le délit d'outrage puni par l'art. 224 c. pén., s'il apparaît que le prévenu n'a pas eu l'intention d'outrager l'agent inutilement mis en mouvement par cette dénonciation (Douai, 20 mars 1883, aff. Despicht, D. P. 83. 2. 177 ; Paris, 13 janv. 1892, aff. Lucet, D. P. 92. 2. 117) ; ... si l'agent n'a pas été directement appelé par le prévenu à constater le prétendu délit (Arrêt précité du 20 mars 1883) ; ... ou si la gendarmerie n'a pas été mise en mouvement par le déclarant lui-même (Trib. corr. Fontainebleau, 4 déc. 1891, aff. Lucet, D. P. 92. 2. 117. V. aussi : Colmar, 31 mai 1857, aff. Brassel, D. P. 58. 2. 67 ; Besançon, 31 mai 1871, aff. Caron, D. P. 73. 2. 53 ; Orléans, 23 févr. 1886, aff. Paret, D. P. 92. 2. 117). Dans les espèces sur lesquelles ont statué ces derniers arrêts, il s'agissait de dénonciations faites à des magistrats. Il y avait, dès lors, un motif spécial pour que l'inculpation d'outrage ne fût pas admise : c'est qu'une dénonciation mensongère ne saurait évidemment porter atteinte à l'honneur ou à la délicatesse du magistrat qui la reçoit, ce qui rend impossible, en pareil cas, l'application de l'art. 222 c. pén. (V. supra, n° 779).

§ 5. — Dans quelles circonstances l'outrage est réputé commis « dans l'exercice des fonctions » ou « à l'occasion de l'exercice des fonctions ». (Rép. n°s 690 et suiv. et 759 et suiv.).

807. Pour que l'outrage soit punissable en vertu du code pénal, il ne suffit pas qu'il ait été commis envers une des personnes publiques visées par les art. 222 et suiv. ; il faut qu'il ait été fait à cette personne dans l'exercice ou à l'occasion de l'exercice de ses fonctions. Bien que la pénalité soit dans tous les cas la même, il faut distinguer ces deux circonstances avec soin. Si la personne outragée était dans l'exercice même de ses fonctions, il importe peu que l'outrage se soit produit à l'occasion de la fonction ou à l'occasion de faits d'ordre privé ; car c'est la dignité de la fonction que la loi protège, et l'intérêt public dont elle veut assurer le service sans trouble (V. *suprà*, n° 729 et *Rép.* n°s 689 et 739 ; Crim. cass. 27 août 1858, *Bull. crim.*, n° 241, et Crim. rej. 30 déc. 1858, *Bull. crim.*, n° 326). — Jugé, en ce sens, que l'art. 222 c. pén. « a prévu tout à la fois et soumis à la même disposition pénale les outrages faits avec ou sans publicité à des magistrats de l'ordre administratif ou judiciaire dans l'exercice de leurs fonctions et ceux qui leur sont faits seulement à l'occasion de cet exercice ; que ces deux genres d'outrage ont cependant des caractères différents; que les premiers, quoique commis dans l'exercice des fonctions du magistrat insulté, peuvent être étrangers à ces mêmes fonctions et ne concerner que sa vie privée ; que les seconds ont toujours rapport à des faits relatifs à ses fonctions ou à sa qualité; que ceux-ci ne peuvent nuire qu'à la délicatesse ou à l'honneur du magistrat; que ceux-là n'atteignent pas seulement la personne du fonctionnaire, mais blessent aussi et essentiellement l'autorité même qu'il exerce et la loi dont il est en ce moment l'organe, en même temps qu'ils jettent le désordre dans un service d'intérêt public (Crim. cass, 20 mars 1875, aff. Gilon, D. P. 75. 1. 385).

808. Un autre intérêt de la distinction, signalé par ce même arrêt, et qui est moins appréciable aujourd'hui, c'est que les lois de la presse ont plus ou moins restreint l'application des art. 222 et suiv., en ce qui concerne les outrages à l'occasion de l'exercice des fonctions, tandis que, relativement aux outrages dans l'exercice des fonctions, ces mêmes articles ont toujours conservé toute leur vigueur répressive. En effet, sous l'empire de l'art. 6 de la loi du 25 mars 1822, qui punissait les outrages faits aux fonctionnaires publics à raison de leur qualité, quand ces outrages avaient été commis publiquement, la jurisprudence considérait les art. 222 et suiv. c. pén. comme abrogés tacitement à l'égard des outrages commis « à l'occasion de l'exercice des fonctions », la disposition de l'art. 6 de la loi de 1822 étant seule applicable à ces délits (V. *Rép.*, n° 704). Aujourd'hui encore on a vu que, suivant une doctrine soutenue notamment par M. Barbier, les art. 222 et suiv. sont tacitement abrogés par les art. 31 et 33, § 1, de la loi du 29 juill. 1881, en ce qui concerne les outrages par paroles commis publiquement et susceptibles de constituer une diffamation ou une injure à raison de la fonction ou de la qualité; nous avons dit que la jurisprudence est contraire à cette doctrine (V. *suprà*, n° 733). Toutefois, la distinction que la jurisprudence établit entre la diffamation et l'injure à raison de la fonction ou de la qualité, et l'outrage par paroles commis publiquement dans l'exercice des fonctions, distinction qui n'est pas toujours facile à saisir en fait, conserve encore un certain intérêt, au point de vue de l'application respective des art. 222 et suiv. c. pén., et des articles précités de la loi sur la presse, la distinction primordiale entre les outrages dans l'exercice des fonctions et les outrages à l'occasion de l'exercice des fonctions.

809. — I. Outrages adressés et reçus dans l'exercice des fonctions. — Dans quels cas pourra-t-on dire qu'un magistrat ou un fonctionnaire de la catégorie de ceux que vise l'art. 224 a été outragé dans l'exercice de ses fonctions?

Pour qu'il y ait délit d'outrage « dans l'exercice des fonctions », quatre conditions sont nécessaires, mais suffisantes; il faut : 1° que le magistrat ou le fonctionnaire outragé soit investi de ses fonctions par l'autorité supérieure compétente; 2° qu'il se trouve sur un point du ressort dans lequel il a qualité pour exercer ses fonctions; 3° qu'il accomplisse un acte tenant à son ministère; 4° que sa qualité soit connue de l'auteur de l'outrage.

810. — 1° *Investiture*. — Il faut d'abord que la personne outragée soit véritablement investie de la qualité de magistrat ou de fonctionnaire. Il faut donc qu'elle ait été promue à la fonction publique permanente, ou à l'emploi momentané qu'elle exerce, par l'autorité supérieure instituée pour nommer à cette fonction ou à cet emploi. Mais que faut-il décider pour le cas où cette nomination serait illégale?

On admet, d'une façon générale, que la loi ne distingue pas entre l'exercice légal et l'exercice illégal des fonctions, et que respect est dû à toute fonction qui est exercée avec une régularité apparente, en vertu d'une nomination faite par l'autorité supérieure, sauf aux intéressés à discuter devant le juge compétent la validité des actes émanés de celui qui est revêtu de cette fonction (Crim. cass. 26 juin 1851, aff. Queyroy, D. P. 51. 1. 210, et *Rép.* n° 687-3°; Crim. cass. 5 avr. 1860, aff. Pinsart, D. P. 60. 1. 247. Conf. Barbier, t. 2, n° 641).

Il a été jugé, toutefois, que l'outrage adressé à un fonctionnaire public dans l'exercice ou à l'occasion de l'exercice de ses fonctions n'est pas punissable comme tel si l'offensé a été illégalement investi des fonctions à l'occasion desquelles ont été proférés contre lui les propos dont il se plaint ; et qu'il appartient au tribunal correctionnel de statuer, en pareil cas, sur l'exception tirée de l'illégalité de l'exercice desdites fonctions par le plaignant; que, spécialement, ne peut être considéré comme fait à un fonctionnaire public, l'outrage adressé à un greffier de justice de paix, à raison des fonctions d'adjoint au maire auxquelles il a été nommé par l'autorité supérieure, et qu'il n'a pu légalement exercer en conservant ses fonctions de greffier (Nîmes, 15 mars 1871, aff. Cabeillac, D. P. 71. 2. 29). Nous avons critiqué cette décision (D. P. 71. 2. 29, note 1), qui nous a paru en contradiction avec le principe admis par la jurisprudence (V. aussi Barbier, *loc. cit.*).

811. Quant à la prestation de serment, elle n'est pas nécessaire pour assurer au magistrat ou fonctionnaire la protection des art. 222 et suiv. Jugé, en ce sens, que le citoyen promu à un emploi public qu'il exerce ostensiblement et sous l'autorité du Gouvernement, dans le cas où il n'aurait pas prêté serment et où, par suite, il ne pourrait dresser des procès-verbaux ayant force probante, en est pas moins un fonctionnaire public, protégé, en cas d'injures pour faits relatifs à ses fonctions, par l'art. 19 de la loi du 17 mai 1819 (Arrêts des 26 juin 1851 et 5 avr. 1860, cités *suprà*, n° 810. Conf. Barbier, t. 2, n° 641).

812. En ce qui concerne les officiers municipaux, il était de règle autrefois qu'ils n'étaient régulièrement investis de leurs fonctions qu'à partir de leur *installation*. Mais depuis le décret du 5 sept. 1870, qui a aboli le serment politique et, par suite, la cérémonie de l'installation, ces fonctionnaires tiennent leur investiture du seul fait de leur nomination par l'autorité compétente et par leur acceptation constatée par une prise de possession (V. D. P. 75. 1. 329, note). Il a été jugé, en conséquence, que l'art. 6 de la loi du 25 mars 1822 est applicable à l'outrage verbal adressé publiquement dans la salle de la mairie à un maire nommé par décret et régulièrement avisé de sa nomination, au moment où il venait de prendre possession effective de ses fonctions (Crim. rej. 19 nov. 1874, aff., D. P. 75. 1. 329).

813. Si le magistrat ou le fonctionnaire avait cessé d'exercer ses fonctions au moment où l'outrage est commis, il pourrait encore être question, à son égard, d'outrage à l'occasion de l'exercice des fonctions (V. *infrà*, n° 823), mais non pas d'outrage dans l'exercice des fonctions. Toutefois, aux termes d'un arrêt, il suffit, pour constituer l'outrage dans l'exercice des fonctions, que l'outrage ait été adressé pendant cet exercice, bien qu'il ne soit parvenu au fonctionnaire outragé que lorsque cet exercice avait cessé (Besançon, 9 déc. 1882, aff. Debief, D. P. 83. 2. 42).

814. — 2° *Ressort*. — « Quand le magistrat ou le fonctionnaire agit hors de son ressort, dit Chassan, t. 1, n° 568, ce n'est pas un défaut de compétence ou de juridiction qui peut lui être opposé, c'est un défaut absolu de droit et de qualité » (Conf. Barbier, t. 2, n° 640). Mais, dans l'étendue de ce ressort, le magistrat ou le fonctionnaire doit être considéré comme étant dans l'exercice de ses fonctions, partout où il se trouve au moment où il accomplit un acte tenant auxdites fonctions, et non pas seulement quand il accomplit cet acte dans le lieu destiné à l'exercice de ses fonctions ou dans le local ordinaire où est le siège de son administration (Chassan, t. 1, n° 567).

Ainsi doivent être considérés comme commis dans l'exercice des fonctions : 1° les outrages adressés à un magistrat dans son domicile privé, au moment où il y donne audience aux officiers ministériels ou aux plaideurs (Req. 28 déc. 1807, *Rép.* n° 763; Crim. rej. 17 nov. 1808, *Rép.* n° 691; Crim. rej. 16 août 1810, *Rép.* n° 764. — *Contrà* : Bourges, 6 mars

1807, *Rép.* n° 690. Comp. Barbier, t. 2, n° 636); — 2° A un magistrat sur les lieux où il s'est transporté pour procéder à une enquête civile ou à un acte d'information (Crim. rej. 17 therm. an 10, *Rép.* n° 691); — 3° Au commissaire de police dans une réunion publique qu'il est chargé de surveiller (Crim. cass. 4 juill. 1833, *Rép.* n° 760, 7 sept. 1849, aff. Cinglant, D. P. 50. 5. 376); — 4° Au maire, pendant qu'il préside une séance du conseil municipal (Crim. rej. 20 juill. 1866, aff. Cohon, D. P. 66. 5. 374; Crim. cass. 23 nov. 1871, aff. Berthet, D. P. 71. 1. 355. V. *suprà*, n° 741), ... même quand il attend, dans une salle de la mairie, les conseillers municipaux convoqués par lui (Crim. cass. 20 mars 1875, aff. Gilon, D. P. 75. 1. 385);... mais non pas quand, après la levée de la séance du conseil municipal, il s'entretient avec des conseillers sur cette séance, dans la salle redevenue publique (Bourges, 31 juill. 1874, aff. G..., D. P. 74. 2. 172); quand il préside une séance du conseil de fabrique (Crim. cass. 28 août 1823, *Rép.* n° 766; 8 mai 1869, aff. Constance, D. P. 70. 1. 93), quand il est appelé avec le sous-préfet à concourir aux opérations du conseil de revision de l'armée territoriale (Crim. rej. 12 mars 1875, aff. Malagré, D. P. 75. 1. 385); quand il accompagne les commissaires classificateurs des propriétés pour les impôts (Crim. cass. 28 févr. 1828, *Rép.* n° 693-3°);... mais non quand il accompagne les contrôleurs des contributions directes dans l'opération du recensement des portes et fenêtres (Poitiers, 19 janv. 1842, *Rép.* n°s 694 et 711-2°); — 5° Aux agents de la force publique dans tous les lieux où ils se trouvent pour assurer l'exécution des lois, des ordres ou ordonnances de l'autorité publique, des mandats de justice ou des jugements, et notamment pour remplir une mission de surveillance à eux confiée (Crim. cass. 4 mars 1808, *Rép.* v° *Rébellion*, n° 35-2°. V. toutefois, Pau, 31 juill. 1857, aff. De N..., D. P. 58. 2. 209); — 6° A plus forte raison, au procureur de la République, quand il donne audience au parquet, c'est-à-dire dans le lieu spécialement affecté à l'exercice de ses fonctions (Crim. rej. 21 nov. 1884, aff. Bellamy, D. P. 85. 1. 336).

815. — 3° *Acte tenant aux fonctions.* — Pour que les art. 222 et suiv. c. pén. soient applicables, il faut que le magistrat ou le fonctionnaire, au moment où l'outrage est commis envers eux, soient occupés à l'accomplissement d'un acte rentrant par sa nature dans les attributions qui leur sont confiées (V. les arrêts cités *suprà*, n° 814).

Est commis dans l'exercice des fonctions l'outrage adressé : 1° à des agents dépositaires de la force publique, notamment à des gendarmes, au moment où, en exécution d'un jugement de condamnation à l'emprisonnement, ils se présentent à la porte d'une maison pour arrêter le condamné qui s'y était réfugié (Crim. rej. 23 déc. 1880, aff. Lefebvre, D. P. 81. 1. 392); — 2° A un commissaire de police agissant par ordre de ses chefs, à l'effet de protéger, sur la plainte d'un père de famille, une jeune fille contre les persécutions et les insultes que le prévenu dirigeait contre elle (Crim. rej. 29 juin 1883, aff. Armentiers, D. P. 84. 1. 308); — 3° Par un notaire envers un procureur de la République devant lequel il comparaît pour répondre de faits qui font l'objet d'une poursuite disciplinaire (Crim. rej. 21 nov. 1884, aff. Bellamy, D. P. 85. 1. 336); — 4° A un notaire, quand il donne, aux parties intéressées, sur leur réquisition, lecture d'un testament mystique et dont il est dépositaire et dont il a rédigé l'acte de suscription (Crim. cass. 22 juin 1809, *Rép.* n°s 687-2°). — Au contraire, n'est pas commis dans l'exercice des fonctions, l'outrage fait à un adjoint dans une séance du conseil municipal présidée par le maire (Crim. rej. 10 mai 1845, aff. Freslon, D. P. 45. 4. 410. V. toutefois, Crim. cass. 16 févr. 1889, aff. Boulais, D. P. 90. 1. 188); ou à un avoué quand il assiste à une réunion de créanciers dans un ordre amiable, car, en pareil cas, il ne représente pas son client en qualité d'officier ministériel, mais comme un simple mandataire (Crim. cass. 28 mars 1879, aff. Wisner, et sur renvoi, Dijon, 14 mai 1879, D. P. 79. 1. 275). Il a été jugé, dans le même sens, que lorsqu'un magistrat, appelé à déposer devant un tribunal correctionnel, est outragé à l'audience à raison de sa déposition, le fait tombe sous le coup, non de l'art. 223 c. pén., mais des art. 31 et 33, § 1, de la loi du 29 juill. 1881 (Paris, 20 nov. 1888, aff. Fonterberg, D. P. 89. 2. 235). En effet, l'acte de

déposer en justice n'est l'attribution d'aucune fonction publique; c'est la charge et le droit de tout citoyen. Le magistrat appelé en témoignage ne paraît donc pas à l'audience en qualité de magistrat, mais en qualité de témoin, et c'est en cette qualité qu'il reçoit l'outrage qui lui est fait en raison de sa déposition.

816. S'il est nécessaire que l'acte du magistrat ou du fonctionnaire soit un acte de sa fonction, il n'est pas nécessaire que cet acte rentre dans les limites de sa compétence et de ses pouvoirs, ni qu'il soit accompli dans les formes légales. « Chacun peut demander par les voies judiciaires toutes réparations légitimes, lorsqu'il prétend qu'il existe, soit une illégalité, soit une irrégularité dans l'ordre en vertu duquel le fonctionnaire a agi, ou même dans l'exécution à laquelle il a été procédé en vertu d'un mandat émané d'une autorité régulièrement constituée »; mais « nul ne peut échapper à l'application de l'art. 222 et outrager impunément un magistrat, sous prétexte d'une illégalité qui ne serait pas flagrante et qui ne constituerait pas une violation manifeste et indiscutable du droit. Sauf cette réserve, nécessaire à la protection de la liberté de tous, provision est due au titre et à la qualité du fonctionnaire, dont l'ordre public serait compromis au plus haut degré ». Tels sont les motifs d'un arrêt de la cour de Paris du 29 janv. 1881 (aff. Cochin et de Lassus, D. P. 83. 2. 212-213. Conf. Crim. cass. 1er avr. 1813, *Rép.* n° 688; Crim. rej. 22 août 1840, *Rép.* v° *Fonctionnaire public*, n° 138; Crim. cass. 22 août 1867, aff. Billot, D. P. 68. 1. 286). Par application de ces principes, ont été considérés comme outragés dans l'exercice de leurs fonctions : 1° des militaires qui, agissant en vertu d'un jugement de condamnation dont ils étaient munis, pénétraient dans le domicile du condamné malgré son refus, bien qu'ils ne fussent assistés ni du juge de paix, ni d'un officier municipal (Crim. cass. 12 juin 1834, *Rép.* n° 769, et *Rép.* v° *Instruction criminelle*, n° 316); — 2° Un huissier qui récolait des meubles précédemment saisis, un jour férié et sans la permission du juge exigée par l'art. 1037 c. proc. civ. (Crim. cass. 12 juin 1834, *Rép.* n° 769); — 3° Un commissaire de police revêtu de son écharpe et procédant à l'expulsion de religieux, en exécution des décrets du 29 mars 1880, l'illégalité de ces décrets et de leur exécution par voie administrative n'étant pas flagrante, en raison des lois sur lesquelles ils sont appuyés et des délibérations des Chambres (Paris, 20 janv. 1881, aff. Cochin et de Lassus, D. P. 83. 2. 212); — 4° Et, pour les mêmes motifs, à des agents de police qui accompagnaient des religieux expulsés, après avoir coopéré à l'ouverture des portes et cellules de l'établissement de ces religieux, alors surtout que la qualité des agents n'a été ni méconnue ni contestée, et qu'ils ont agi dans la limite des ordres donnés par leurs supérieurs hiérarchiques (Paris, 20 janv. 1881, aff. Leroy de la Brière, D. P. 83. 2. 213). — Jugé de même que l'outrage adressé à un fonctionnaire public à l'occasion de l'exercice de ses fonctions est punissable, alors même que ce fonctionnaire ne serait pas dans l'exercice absolument légal et nécessaire de ses fonctions, si d'ailleurs il croyait légalement les remplir et qu'il ait nettement excipé de sa qualité (Rennes, 3 déc. 1885, aff. Rahuel, D. P. 86. 2. 259). — V. en outre, en matière de rébellion, les décisions qui, par application des mêmes principes, ont déterminé soit des condamnations même dans le cas d'exercice illégal ou abusif des fonctions (Crim. rej. 5 janv. 1821, Crim. cass. 26 févr. 1829 et 26 déc. 1839, *Rép.* v° *Rébellion*, n°s 37-2° et 34-3°), soit des acquittements en cas d'illégalité flagrante et de violation manifeste et indiscutable du droit ou de la liberté individuelle (Limoges, 14 janv. 1826; Riom, 4 janv. 1827; Crim. rej. 7 avr. 1837; Bourges, 10 mai 1838; *Rép.* v° *Rébellion*, n°s 39-6°, 39-1°, 38, 39-8°. V. aussi *ibid.*, n° 33 et suiv.; Barbier, t. 2, n° 640).

817. D'ailleurs, l'outrage qui serait adressé à un fonctionnaire accomplissant un acte d'une illégalité flagrante et qui ne saurait, dès lors, être qualifié d'outrage commis dans l'exercice des fonctions, pourrait encore être poursuivi comme outrage à l'occasion de l'exercice des fonctions, s'il se rapportait, en même temps qu'à l'acte illégalement accompli, à d'autres actes de la fonction, ceux-là réguliers (Crim. cass. 20 févr. 1830, *Rép.* n° 693-1°. Conf. Barbier, t. 2, n° 640). — Enfin l'outrage qui, en raison de l'illégalité flagrante de l'acte accompli par le fonctionnaire outragé, ne pourrait pas être poursuivi comme commis dans l'exercice de la fonction et qui, se rapportant exclusivement à cet acte, ne serait pas susceptible d'être qualifié d'outrage à l'occasion de l'exercice de la fonction, pourrait au moins être poursuivi comme injure envers un particulier, sauf, dans le dernier cas, au prévenu, à faire valoir l'excuse de provocation (Barbier, *loc. cit.* Conf. L. 29 juill. 1881, art. 33).

818. — 4° *Connaissance de la qualité.* — Pour que les art. 222 et suiv. soient applicables, il faut que la qualité du magistrat ou du fonctionnaire n'ait pas été ignorée de celui qui les a outragés. L'ignorance de cette qualité ferait dégénérer le délit d'outrage en simple injure envers un particulier (Crim. rej. 10 juill. 1807, *Rép.* n° 696-2° ; Crim. règl. de juges, 26 mars 1813, *Rép.* n° 695 ; Crim. cass. 11 oct. 1821, *Rép.* v° *Rébellion*, n° 43 ; Pau, 31 juill. 1857, aff. De N.., D. P. 58. 2. 209 ; Paris, 20 janv. 1881, aff. Cochin et de Lassus et aff. Leroy de la Brière, D. P. 83. 2. 213 ; Rennes, 3 déc. 1885, aff. Rahuel, D. P. 86. 2. 259 ; Barbier, t. 2, n° 638).

819. Quand il est établi que l'auteur de l'outrage n'a pas ignoré la qualité de la personne publique offensée par lui, la circonstance que cette personne ne portait pas son costume ni son insigne ne fait pas disparaître le délit (*Rép.* n° 695). Toutefois, étant de nature à diminuer l'autorité morale du magistrat ou du fonctionnaire, elle peut être, dans certains cas, considérée comme une circonstance atténuante (Crim. cass. 11 oct. 1821, *Rép.* v° *Rébellion*, n° 43. Conf. Barbier, *loc. cit.*). La bonne foi, d'ailleurs, doit se présumer et, s'il y a doute sur la connaissance que le prévenu pouvait avoir de la qualité du magistrat ou de l'agent de l'autorité non revêtu du costume ou des insignes de sa fonction, ce doute doit faire écarter l'application des art. 222 et suiv. (*Rép.* n° 696).

820. — II. OUTRAGES A L'OCCASION DE L'EXERCICE DES FONCTIONS. — Ce qui caractérise l'outrage à l'occasion de l'exercice des fonctions, c'est qu'il a été déterminé par un acte ou par l'exercice habituel des fonctions, qu'il ait été commis en haine des fonctions, ou par ressentiment d'un acte des fonctions. En conséquence, et sauf la distinction établie par la jurisprudence entre l'outrage public par parole à l'occasion de l'exercice des fonctions et la diffamation ou l'injure en raison des fonctions ou de la qualité, il est encore exact de dire qu'« il n'y a aucune différence, sinon au point de vue grammatical, du moins au point de vue de la loi et de la pénalité, entre les expressions suivantes, tour à tour employées par le législateur et par les magistrats : outrages faits à l'occasion de ses fonctions, à raison de ses fonctions, à raison de sa qualité, à raison de faits relatifs à ses fonctions ; ces diverses formules, employées dans les arrêts, entraînent toujours les mêmes conséquences juridiques (D. P. 75. 1. 385, notes 1, 2, 3, 4 et 5 ; Conf. Barbier, t. 2, n° 639).

Au surplus, l'outrage peut s'adresser à l'homme privé aussi bien qu'au fonctionnaire; dirigé contre l'homme privé, pourvu qu'il soit commis en haine des fonctions ou de la qualité, à raison d'un acte ou de l'ensemble des fonctions, il est punissable comme outrage « à l'occasion de l'exercice des fonctions ». A ce sujet, il convient de remarquer qu'un outrage peut être commis à l'occasion de l'exercice des fonctions, sans avoir lieu à raison des fonctions ou de la qualité. Tel est le cas pris pour exemple par M. Grellet-Dumazeau (t. 2, n° 661) d'un individu condamné pour vol, qui, rencontrant son juge après la condamnation, lui dit : « Misérable, tu aurais dû m'épargner, car tu as volé toi-même telle chose, tel jour, à telle heure! » C'est, d'ailleurs, une question d'intention; et il a été jugé, en ce sens, que l'individu poursuivi pour avoir injurié un officier malade qui cherchait du secours chez lui sans pouvoir se faire comprendre, ne peut alléguer, pour sa justification, qu'il devait croire cet officier en état d'ivresse, lorsque c'est moins à l'homme supposé ivre qu'au représentant de l'armée que ses injures s'adressaient (Angers, 2 juin 1873, aff. Touzard, D. P. 73. 2. 143).

821. Sous l'empire de la législation antérieure à 1881, il a été jugé que l'outrage public envers un fonctionnaire tombe sous l'application de l'art. 6 de la loi du 25 mars 1822, alors même qu'il lui a été adressé, non à l'occasion

de l'exercice de ses fonctions proprement dites, mais à l'occasion de l'accomplissement d'un devoir de haute convenance (tel que l'assistance à une cérémonie nationale et publique), si, d'ailleurs, il n'était tenu de ce devoir qu'en raison de ses fonctions et de sa qualité ; — Que faire remarquer dans un compte rendu, en des termes qui laissent à dessein supposer une abstention intentionnelle, qu'un fonctionnaire désigné n'assistait pas au *Te Deum* chanté en présence des autorités locales à l'occasion de la fête de l'empereur, c'est commettre, à l'égard de ce fonctionnaire, un outrage public à raison de ses fonctions ou de sa qualité ; que, toutefois, cette insinuation serait à tort considérée comme attaquant la probité ou l'honneur du fonctionnaire contre lequel elle est dirigée ; qu'au point de vue de la gravité, elle renferme seulement une atteinte à sa considération (Bastia, 18 sept. 1861 et sur pourvoi Crim. rej. 23 nov. 1861, aff. Fabiani, D. P. 62. 1. 52). Jugé encore qu'il y a délit d'outrage à l'occasion de l'exercice des fonctions, dans le fait d'outrager un garde champêtre en raison de son refus de faire un acte qu'il considère comme n'étant pas de son ressort (Grenoble 18 juill. 1873, aff. Peyronnard, D. P. 74. 2. 111. — Comp. Crim. cass. 13 mars 1812, *Rép.* n° 746 ; Crim. rej. 22 août 1840, *Rép.* v° *Fonctionnaire public*, n° 138 ; Crim. rej. 10 mai 1845, aff. Freslon, D. P. 45. 4. 410 ; Barbier, t. 2, n° 639).

822. Au surplus, les juges du fond se livrent à une constatation de fait qui est souveraine et qui échappe au contrôle de la cour de cassation, lorsqu'ils déclarent que c'est à l'occasion de l'exercice de ses fonctions qu'un agent de la force publique a été violenté et outragé (Crim. rej. 14 mars 1889, aff. Prués, D. P. 89. 1. 487. Conf. Crim. rej. 6 août 1875, aff. Grognot et autres, D. P. 76. 1. 461. V. aussi Crim. rej. 19 mai 1876, aff. Lenoir, D. P. 77. 1. 5). Et cette constatation est suffisamment faite par l'arrêt portant que le maire d'une commune se trouvait avec le sous-préfet au chef-lieu du canton où l'un et l'autre étaient, en vertu de la loi, appelés à concourir aux opérations du conseil de revision de l'armée territoriale qui se tenait ce jour-là audit chef-lieu de canton, et que le prévenu, appelé lui-même devant ce conseil comme faisant partie de l'armée territoriale, en proférant les paroles outrageantes qui ont motivé la poursuite, les a nécessairement adressées aux fonctionnaires ci-dessus désignés, à l'occasion de l'exercice de leurs fonctions (Crim. 12 mars 1875, aff. Malagré, D. P. 75. 1. 385).

823. L'expiration des fonctions n'empêche pas l'application des peines de l'outrage quand le délit a été commis à l'occasion des fonctions exercées antérieurement. Jugé : 1° que l'outrage public fait à un ancien fonctionnaire, à raison des fonctions expirées qu'il a exercées, est, comme l'outrage fait au fonctionnaire encore en exercice, réprimé par l'art. 6 de la loi du 25 mars 1822 (Crim. rej. 23 mars 1860, aff. Sain, D. P. 61. 5. 379) ; — 2° Que l'art. 222 c. pén., qui punit l'outrage aux fonctionnaires à l'occasion de l'exercice de leurs fonctions est applicable à l'outrage commis envers un ancien fonctionnaire relativement à des fonctions expirées (Nancy, 19 mai 1875, aff. Bretzner, D. P. 76. 5. 355. — Conf. Nancy, 21 juin 1875, aff. Raison, D. P. 76. 5. 396 ; Nancy, 22 nov. 1875, aff. Humbert, D. P. 78. 2. 28).

§ 6. — De la présence de la personne outragée et des circonstances qui tiennent lieu de cette présence (*Rép.* n° 697).

824. Nous avons soutenu, sous l'empire des art. 222 et suiv. c. pén. non encore modifiés par la loi du 13 mai 1863, qu'il était nécessaire, pour caractériser le délit d'outrage, que l'insulte eût été reçue par le fonctionnaire présent en personne au moment où elle lui était adressée. Hors de la présence du fonctionnaire outragé, l'insulte ne pouvait avoir, à notre avis, que le caractère de l'injure ou de la diffamation (*Rép.* n° 697 et les auteurs cités, *ibid.*). La jurisprudence était en sens contraire (*Rép.* n° 696). La cour de cassation a une jurisprudence ainsi « que la disposition de l'art. 222 c. pén. a été édictée essentiellement dans le but de faire respecter le caractère public du magistrat et la loi qui l'en investit; que son application ne saurait, dès lors, dépendre ici de la circonstance que l'offenseur et le magistrat offensé aient été en présence l'un de l'autre, au moment de la perpétration de l'outrage, ni de l'intention où le prévenu était réellement que l'injure par lui émise atteignît le magistrat qui en est l'objet ou parvint à sa connaissance » (Crim. cass. 14 mai 1861, aff. Lelaidier, D. P. 61. 1. 401). Par un arrêt postérieur, elle décidait encore que « l'art. 222 c. pén. n'est pas restreint dans sa portée, au cas seulement où le fonctionnaire public outragé serait présent; que le fonctionnaire, absent de sa personne n'en peut pas moins être réellement attaqué dans son honneur et sa considération, et que c'est le but de protection marqué par la loi » (Crim. rej. 30 nov. 1861, aff. De Rambourgt, D. P. 63. 1. 51).

825. Cette interprétation rigoureuse, qui faussait la pensée des art. 222 et suiv. c. pén. et forçait le sens du mot *outrage*, a dû se modifier après le vote de la loi du 13 mai 1863. En proposant à la Chambre des députés d'assimiler, au point de vue pénal, l'outrage par écrit ou par dessin, non rendus publics, à l'outrage par paroles, gestes ou menaces, le rapporteur, M. de Belleyme, précisa les caractères du délit dans les termes suivants : « A nos yeux, l'outrage par écrit se caractérise par deux faits décisifs, sans lesquels il n'existe pas : le premier c'est qu'il parvienne à la connaissance de celui qui en est l'objet; le second, c'est que ce résultat soit obtenu par la volonté de la personne incriminée... Ce double caractère n'appartient pas uniquement à l'outrage par écrit; il convient également à l'outrage verbal: telle est la pensée que l'art. 222 a voulu rendre en se servant du mot *reçu*.

Les discussions auxquelles les dispositions présentées ont donné lieu, à la Chambre des députés, établissent nettement que le législateur a entendu consacrer l'interprétation exposée par le rapporteur de la loi (V. D. P. 63. 4. 101 et 102, note 3. V. Barbier, t. 2, n° 629).

Ainsi, pour que l'outrage fait à un magistrat, ou à un juré soit punissable en vertu de l'art. 222 modifié par la loi du 13 mai 1863, il est tout à la fois nécessaire qu'il ait été adressé à ce magistrat ou juré et qu'il ait été reçu par lui. Bien que les mêmes expressions n'aient pas été simultanément introduites dans le texte des art. 223, 224 et 225, par la loi du 13 mai 1863, il faut admettre que la double condition d'un outrage adressé et reçu est nécessaire pour constituer le délit, quel que soit le moyen employé pour commettre l'outrage et quelle que soit la personne publique outragée (Conf. Barbier, t. 2, n° 632).

826. Dans quel cas cette double condition sera-t-elle remplie? Quand il s'agit d'un outrage commis « dans l'exercice même des fonctions », il paraît indispensable, pour que l'outrage ait été adressé et reçu, que le fonctionnaire outragé ait été présent ou du moins qu'il ait entendu les paroles outrageantes, qu'il ait vu le geste outrageant. « Comment, dit M. Barbier (t. 2, n° 633), des paroles outrageantes pourraient-elles être réputées adressées à un magistrat et reçues par lui dans l'exercice de ses fonctions, du moment où elles auraient été prononcées en dehors de sa présence et sans qu'il pût les entendre? Ne serait-il pas contraire au sens commun de considérer comme adressées à un magistrat, dans l'exercice de ses fonctions, des paroles outrageantes tenues en dehors de sa présence, à un tiers qui irait plus tard les lui répéter à un moment où il remplirait un devoir de sa charge » (Conf. Rép. n° 698). — Cependant il a été jugé, en sens contraire, qu'il n'est pas nécessaire, pour constituer le délit d'outrage public à un magistrat dans l'exercice de ses fonctions, que cet outrage ait été connu de ce magistrat à l'instant même où il lui a été adressé; qu'il importe donc peu que le magistrat outragé n'ait eu connaissance de l'outrage que plus tard, alors qu'il n'était plus dans l'exercice de ses fonctions, cette circonstance ne pouvant avoir pour effet de faire considérer l'outrage comme reçu par le magistrat, non dans l'exercice, mais seulement à l'occasion de l'exercice de ses fonctions; que, par suite, ce délit tombe sous l'application, non de la loi sur la presse du 29 juill. 1881, mais de l'art. 222 c. pén., et, des lors, est de la compétence du tribunal correctionnel (Besançon, 9 déc. 1882, aff. Debief, D. P. 83. 2. 42).

Si l'outrage est commis au moyen d'un écrit non rendu public, il ne sera réputé adressé et reçu dans l'exercice des fonctions que si l'écrit outrageant a été placé par la volonté de l'auteur du délit sous les yeux du fonctionnaire outragé dans l'instant où celui-ci s'acquittait d'un acte ou d'un devoir de son emploi (Conf. Barbier, t. 2, n° 633).

827. Quand il s'agit de l'outrage « à l'occasion de l'exercice des fonctions », il y a lieu, suivant M. Barbier, t. 2, n° 630, de distinguer. L'outrage est-il commis par paroles? il ne sera réputé adressé et reçu par le fonctionnaire outragé que si celui-ci était présent, ou du moins si les paroles outrageantes ont été prononcées intentionnellement de façon à être entendues par lui. C'est une interprétation conforme au rapport de M. de Belleyme et à la déclaration de M. Ernest Picard, au cours de la discussion de la loi du 13 mai 1863 (V. D. P. 63. 4. 162, note, col. 2 et 3). L'outrage est-il commis par écrit ou par dessin non rendu public? il faut que l'écrit outrageant soit adressé au magistrat lui-même ou à une personne qui puisse, en raison de sa situation vis-à-vis de lui, être considérée comme un intermédiaire obligé, choisi par l'auteur de l'outrage pour l'intention de le faire parvenir à son adresse. « Il est juste, en effet, dit M. Barbier, *loc. cit.*, que l'écrit outrageant qu'on lui fait intentionnellement parvenir par un intermédiaire plus ou moins forcé. Quand il s'agit, au contraire, de l'outrage par paroles, on ne saurait réputer directement adressées au magistrat les paroles outrageantes dites à un tiers chargé de les lui répéter. Le magistrat, en pareil cas, ne reçoit pas l'injure, il n'en perçoit qu'un écho plus ou moins fidèle. Il ne s'établit pas alors, entre l'offenseur et l'offensé, ce rapport direct et personnel qui constitue précisément l'outrage et qui, d'après les déclarations faites par le législateur de 1863, ne peut résulter que de cette circonstance, que les paroles outrageantes ont été prononcées en présence du magistrat ou au moins entendues par lui ».

Cependant la jurisprudence n'admet aucune distinction, à cet égard, entre l'outrage par paroles et l'outrage par écrit. Dans les deux cas, il faut, et il suffit : 1° que l'outrage parvienne à la connaissance du fonctionnaire outragé; 2° que ce résultat ait été voulu par l'auteur de l'outrage. La réalisation de ces deux conditions constitue l'outrage adressé et reçu à l'occasion de l'exercice des fonctions.

828. Ainsi il a été jugé, dans le cas d'outrages par paroles : 1° « que le nouvel art. 222 exige, comme condition constitutive du délit d'outrage qu'il caractérise, que l'outrage reçu par le magistrat lui ait été adressé; que, la portée de cette condition, qui a été ajoutée à celles qui suffisaient, selon l'ancienne rédaction de l'article, pour constituer le délit, conduit nécessairement à cette pensée, qu'aujourd'hui l'outrage, quand il n'est pas public, doit être direct, en ce sens que les paroles outrageantes doivent être prononcées en présence du magistrat, ou tout au moins en présence de personnes placées vis-à-vis de lui dans un état de relations tel que le prévenu, en les prononçant, ait entendu les faire arriver par cet intermédiaire jusqu'au magistrat outragé; que c'est la ce qui ressort manifestement de la discussion à laquelle a donné lieu, devant le Corps législatif, la revision de l'art. 222, et, spécialement, de la déclaration de l'un des commissaires du Gouvernement » (Crim. rej. 15 déc. 1863, aff. Boutant, D. P. 66. 1. 132); — 2° Que le fait d'avoir méchamment proféré, devant témoins, des propos tendant à inculper l'honneur et la délicatesse d'un magistrat à l'occasion de l'exercice de ses fonctions, quoiqu'il ait été commis hors la présence de celui-ci, le délit d'outrage réprimé par l'art. 222 c. pén. (modifié par la loi du 13 mai 1863), si les propos ont été portés à la connaissance dudit magistrat, et si c'est à la volonté de celui qui les a tenus qu'est dû ce résultat; que, par suite, est avec raison déclaré coupable d'un tel outrage le plaideur qui, dans une intention malveillante, a adressé à l'huissier du justice de paix, à l'occasion d'une enquête ordonnée par le juge de paix, des propos inculpant l'honneur et la délicatesse de ce magistrat, alors que ces propos ont été rapportés à celui-ci et n'ont été tenus, de l'aveu même de leur auteur, que pour qu'ils lui fussent rapportés (Crim. rej. 17 mars 1866, aff. Frumenc-Lafond, D. P. 67. 1. 46); — 3° Qu'il y a délit d'outrage public à un fonctionnaire à l'occasion de l'exercice de ses fonctions, tombant sous l'application de l'art. 6 de la loi du 25 mars 1822, dans le fait d'un plaideur qui dit publiquement dans un cabaret, au garde champêtre et au greffier de la mairie, que « le juge de paix l'avait condamné à tort et que c'était une canaille » (Douai, 10 juin 1874, aff. G..., D. P. 75. 2. 172); — 4° Que, dans le cas d'allégations outrageantes pour un ancien maire, insérées dans une délibération du conseil municipal, l'outrage doit être considéré comme ayant été adressé à ce magistrat, dans le sens de l'art. 222, alors que c'est en sa présence qu'a été proposée et lue à haute voix la déclaration incriminée (Nancy, 22 nov. 1875, aff. Humbert, D. P. 78. 2. 28); — 5° Qu'il y a délit d'outrages par paroles prévu par l'art. 222 c. pén. dans le fait, par un conseiller municipal, de tenir, au cours d'une séance non publique du conseil et en présence du maire, des propos offensants pour le préfet, si les juges du fait constatent que ces propos lui ont été été rapportés et que l'inculpé a eu la volonté que le maire les rapportât à son supérieur hiérarchique (Crim. rej. 27 mai 1876, aff. Vinçon, *Bull. crim.* n° 129); — 6° Que l'existence des délits d'outrages prévus soit par l'art. 222 c. pén., soit par l'art. 6 de la loi du 25 mars 1822, n'est pas subordonnée à la présence du fonctionnaire outragé, alors que les propos offensants étaient adressés à une personne placée vis-à-vis de lui dans des relations telles que le prévenu entendait les faire parvenir ainsi jusqu'au fonctionnaire (Nancy, 19 mai 1875, aff. Bretynec et 21 juin 1875, aff. Raison, D. P. 76. 5. 356); — 7° Que l'outrage par paroles envers un magistrat, prévu par l'art. 222 c. pén., n'est punissable que lorsqu'il a été adressé au magistrat lui-même, ou lorsque, adressé à un tiers, il est parvenu à la connaissance du magistrat par la volonté de son auteur; que l'arrêt de condamnation doit, en conséquence, pour justifier l'application de la peine, énoncer à la fois l'intention du prévenu que l'outrage soit porté à la connaissance du magistrat, et le fait que le magistrat a eu connaissance des outrages, et, dans le silence de l'arrêt sur ce dernier point, par exemple, le fait constaté manque de l'un des éléments constitutifs du délit (Crim. cass. 16 nov. 1888, aff. Masse, D. P. 89. 1. 271). — Un arrêt (Nancy, 22 nov. 1875, aff. Humbert, D. P. 78. 2. 28), statuant dans une espèce où des allégations outrageantes pour un ancien maire avaient été insérées dans une délibération du conseil municipal, déclare que l'outrage devait être considéré comme ayant été adressé à ce magistrat dans le sens de l'art. 222, alors que la déclaration incriminée avait été proposée et lue à haute voix en sa présence. Mais s'il relève cette dernière circonstance, c'est seulement parce qu'elle prouvait d'une manière certaine que l'outrage était parvenu au maire et l'avait personnellement atteint.

829. Dans le cas d'outrages par écrits non rendus publics, il a été décidé : 1° que l'insertion, dans un écrit non rendu public, de propos outrageants pour des magistrats, constitue, bien que les propos aient été tenus hors la présence de ceux-ci, le délit d'outrage réprimé par l'art. 222 c. pén., si l'écrit qui les contenait a été communiqué aux magistrats outragés par le tiers qui en était dépositaire, et si cette communication a eu lieu conformément à l'intention du prévenu (Crim. rej. 20 déc. 1873, aff. Ribard, D. P. 74. 1. 393); — 2° Qu'il y a délit d'outrage envers un magistrat, prévu par l'art. 222 c. pén., dans le fait, par un avocat poursuivi disciplinairement, d'envoyer au président du tribunal, faisant fonctions de conseil de discipline, une réponse contenant des outrages de nature à inculper l'honneur ou la délicatesse du procureur de la République, alors que l'auteur de l'écrit savait qu'il serait communiqué ce magistrat, que l'envoi en a été fait dans ce but et c'est même pour lui donner l'occasion de faire cet envoi qu'il avait été élu bâtonnier (Crim. rej. 14 févr. 1874, aff. Dubarbier, D. P. 74. 1. 179); — 3° Qu'il importe peu qu'un acte d'huissier, contenant des expressions outrageantes pour le préfet,

n'ait pas été adressé au préfet lui-même, s'il a été remis à des personnes (en l'espèce, à un percepteur pris comme receveur municipal) dans un état de relations tel avec le préfet que le prévenu entendait certainement, par cet intermédiaire, les faire arriver au préfet (Douai, 8 mai 1883, aff. Lougatte, D. P. 83. 2. 149); — 4° Qu'une lettre adressée à un maire, dans l'exercice et à l'occasion de l'exercice de ses fonctions, et qui renferme des allégations de nature à entacher gravement l'honneur et la probité de ce magistrat, ne constitue pas, alors même que, conformément aux intentions de son auteur, elle est lue en séance publique du conseil municipal, le délit prévu par l'art. 31 de la loi du 29 juill. 1881, mais le délit prévu par l'art. 222 c. pén.; que, par suite, c'est aux tribunaux correctionnels qu'il appartient d'en connaître (Nancy, 20 janv. 1886, aff. Thouvenin et Périller, D. P. 86. 2. 260). Dans l'espèce, l'arrêt constate que les prévenus savaient que la lettre outrageante avait été remise en séance par l'intermédiaire d'un conseiller municipal, donnerait à haute voix lecture de la lettre incriminée, suivant un usage établi dans la commune, ce qui effectivement avait eu lieu. — Mais, d'autre part, il a été jugé : 1° que l'outrage à un magistrat par écrit non public ne tombe sous l'application de l'art. 222 c. pén. que s'il a été envoyé directement à ce magistrat ou adressé à un tiers chargé de le lui communiquer; qu'ainsi ce délit ne se rencontre pas dans les imputations calomnieuses contre un maire, renfermées dans une dénonciation adressée au parquet contre un tiers, bien que cette dénonciation ait été communiquée au maire par le procureur de la République, si cette communication a eu lieu malgré la défense du dénonciateur (Montpellier, 3 mai 1869, aff. R. B..., D. P. 74. 5. 398); — 2° Que l'outrage envers des magistrats à l'occasion de l'exercice de leurs fonctions, dans un écrit non rendu public, n'est punissable qu'autant que ledit écrit a été adressé aux magistrats eux-mêmes, ou tout au moins est parvenu à leur connaissance par la volonté de son auteur; que, par suite, doit être annulé comme ne faisant pas connaître tous les éléments constitutifs du délit, l'arrêt qui, après avoir constaté la volonté expresse de l'inculpé de faire parvenir les outrages aux magistrats visés par lui, s'est abstenu d'indiquer si ces magistrats en avaient eu réellement connaissance (Crim. cass. 29 janv. 1880, aff. Chevassu-Périgny, D. P. 80. 1. 346); — 3° Qu'il n'y a pas d'outrage envers un fonctionnaire (dans l'espèce, un commissaire de police), dans le fait de signaler par un écrit adressé soit au procureur de la République, soit à l'autorité administrative, des faits de nature à entraîner la mise en jugement ou la destitution dudit fonctionnaire; qu'un tel écrit, n'étant pas destiné à être transmis à ce dernier, ne saurait tomber sous le coup de l'art. 222 c. pén., mais constitue une dénonciation dans le sens de l'art. 373 c. pén.; que, par suite, la fausseté des faits articulés doit être déclarée par l'autorité compétente pour que le ministère public soit recevable à poursuivre l'auteur de l'écrit pour dénonciation calomnieuse (Amiens, 29 août 1878) (1).

§ 7. — Des outrages adressés aux ministres des cultes et aux témoins.

830. — I. Ministres des cultes légalement reconnus (*Rép.* n°s 713 et suiv.). — Ils ne rentrent dans aucune des

(1) (Lempereur.) — La cour; — Considérant que les écrits adressés par le prévenu à M. le sous-préfet et au procureur de la République de Valenciennes constituent, par leur nature, leur esprit et leurs termes, une dénonciation contre le sieur Bague, commissaire de police à Denain, dénonciation qui ne peut être déclarée calomnieuse que si les faits allégués sont reconnus faux par l'autorité compétente; — Que le ministère public ne rapporte point cette preuve de leur fausseté et ne poursuit point d'ailleurs le sieur Lempereur pour dénonciation calomnieuse; — Considérant que la prévention a pour base un prétendu délit d'outrage commis par Lempereur contre le sieur Bague à l'occasion de l'exercice de ses fonctions et qui serait contenu dans les écrits susénoncés : — Mais que ces écrits n'étaient point adressés au fonctionnaire dont il s'agit, et qu'il n'est point établi que Lem-

pereur ait eu pour but de les faire parvenir à l'adresse du sieur Bague, sous le prétexte d'une dénonciation faite aux autorités administratives et judiciaires qui devaient lui en donner connaissance pour provoquer ses explications; — Que les écrits incriminés conservent donc leur caractère pur et simple de dénonciation, et que les qualifications qu'ils renferment à l'endroit du commissaire de police Bague rentrent naturellement dans l'esprit de la dénonciation elle-même dont elles sont l'accessoire;

Confirme le jugement dont est appel; déclare le ministère public non recevable dans son action, renvoie le prévenu des fins de la prévention, etc.

Du 29 août 1878.-C. d'Amiens, ch. corr.-MM. Bagneris, cons. pr.-Noyelle, subst.-Durand, av.

catégories de personnes publiques protégées contre les outrages par les art. 222 et suiv. c. pén. ; mais l'art. 262 du même code punit les outrages qui leur sont adressés dans leurs fonctions. L'art. 6 de la loi du 25 mars 1822 vint plus tard édicter à leur égard une double disposition relative aux outrages qui leur sont adressés publiquement, soit dans l'exercice de leurs fonctions, soit à raison de leurs fonctions ou de leur qualité. L'une de ces dispositions, celle qui concernait les outrages commis publiquement dans l'exercice des fonctions, fut textuellement reproduite par l'art. 5 de la loi du 11 août 1848. Par l'effet de cette législation, l'art. 262 ne fut désormais applicable qu'aux outrages non publics commis envers les ministres des cultes légalement reconnus dans l'exercice de leurs fonctions. Quant aux outrages non publics à raison des fonctions ou de la qualité, ils échappaient à toute répression en tant que délit d'outrages et ne pouvaient constituer qu'une injure simple. L'outrage commis publiquement dans l'exercice des fonctions ou à raison des fonctions tombait sous les dispositions répressives du délit d'outrage, alors même qu'il réunissait les caractères de la diffamation ou de l'injure publique. Jugé, en ce sens, que l'imputation d'avoir commis des actes déshonnêtes, dirigée contre un curé, dans un esprit de vengeance, par un sacristain qu'il avait révoqué, constituait, non le délit de diffamation, mais celui d'outrage envers un ministre de la religion catholique à raison de ses fonctions, délit prévu par l'art. 6 de la loi du 25 mars 1822 (Dijon, 1er avr. 1857, aff. Colette, D. P. 58. 2. 122).

831. L'art. 5 de la loi du 11 août 1848 et l'art. 6 de la loi du 25 mars 1822 sont abrogés par la loi du 29 juill. 1881. Il faut en conclure que, nonobstant les termes de l'art. 68 de cette loi, l'art. 262 c. pén. a repris tout son empire et que, par suite, sont punissables en vertu de cet article tous les outrages commis envers les ministres des cultes légalement reconnus dans l'exercice de leurs fonctions, sans distinction entre ceux qui sont clandestins et ceux qui ont été commis publiquement, sans qu'il y ait lieu d'excepter les outrages consistant en des attaques susceptibles de caractériser une diffamation ou une injure publique dans les termes de la loi de 1881, enfin sans que l'on doive distinguer entre les attaques relatives à la vie publique et celles qui auraient trait à la vie privée. — Décidé, en sens contraire, que l'art. 262 c. pén. n'est applicable qu'aux outrages non publics commis envers un ministre du culte dans l'exercice de ses fonctions, et que les injures proférées publiquement contre un ministre du culte, soit à raison de ses fonctions ou de sa qualité, soit même dans l'exercice de ses fonctions, tombent sous l'application exclusive de l'art. 33, § 1, de la loi du 29 juill. 1881, et sont justiciables de la cour d'assises (Bourges, 13 juill. 1883, Le Droit, du 29 octobre).

832. Il faut toutefois observer que l'art. 262 ne vise que les outrages par paroles ou par gestes. Ainsi les outrages commis par écrits rendus publics, même dans l'exercice des fonctions et tous les outrages par paroles ou par écrits commis publiquement à l'occasion des fonctions ou en raison de la qualité, ne sont pas punissables comme délits d'outrage ; ils peuvent seulement, suivant les cas et selon qu'ils se rapportent à la vie publique ou à la vie privée, être poursuivis, soit comme diffamation ou injure publique, en vertu des art. 31 et 33, § 1, ou des art. 32 et 33, § 2, de la loi du 29 juill. 1881 (Conf. Barbier, t. 2, nos 526 et 710).

833. Pour que cet art. 262 soit applicable, il n'est d'ailleurs pas nécessaire que le ministre du culte soit dans l'exercice régulier de ses fonctions (Contrà, Barbier, t. 2, no 710). On doit appliquer ici les règles générales tracées par la jurisprudence, et nous n'admettons pas la solution adoptée par un arrêt aux termes duquel le ministre du culte qui, à l'enterrement civil d'une femme, intervient, malgré le mari, pour bénir la fosse au cimetière, cesse d'être protégé, son intervention n'étant pas légale, par les dispositions qui répriment soit les atteintes au libre exercice du culte, soit les outrages adressés au ministre du culte dans l'exercice légal de ses fonctions ;... alors même que ladite intervention aurait été demandée par un membre de la famille de la défunte, si, d'ailleurs, celui-ci a négligé de se munir d'une décision de la justice l'autorisant à faire procéder à la cérémonie religieuse ; que, par suite, les cris injurieux tels

que ceux « à bas la calotte ! » prononcés contre le ministre du culte en pareil cas, par le mari ou les assistants, ne doivent être réprimés que comme injures proférées envers un simple particulier (Bruxelles, 16 juin 1876, aff. Rousseau et Delfosse, D. P. 80. 5. 299). « Quant à l'attaque, réalisée à l'aide d'écrits ou dessins non rendus publics, elle ne peut, lors même qu'elle se produit dans l'exercice des fonctions du ministre du culte, être réprimée que comme injure simple en vertu des art. 33. in fine, de la loi sur la presse et 471, § 12, c. pén. » (Barbier, t. 2, no 526).

834. — II. Témoins (Rép. nos 718 et suiv.). — L'art. 6 de de la loi du 25 mars 1822 traitait également et punissait de la même peine l'outrage commis envers un juré à raison de ses fonctions et l'outrage commis envers un témoin à raison de sa déposition (V. sur l'application de cette loi, postérieurement à la publication du Répertoire : Crim. cass. 19 avr. 1855, aff. Lescour, D. P. 56. 5. 360; Crim. rej. 5 mars 1858, aff. Barrier, D. P. 58. 5. 290; Crim. cass. 4 janv. 1862. aff. Gence, D. P. 62. 1. 197; Crim. rej. 28 déc. 1876, aff. Pilteau, Bull. crim., no 264; Rennes, 19 févr. 1879, aff. Le Meillour, D. P. 80. 2. 165).

L'abrogation de l'art. 6 de la loi du 25 mars 1822 fait disparaître le délit d'outrage envers un témoin à raison de sa déposition. L'attaque outrageante dont ce témoin serait l'objet à raison de sa déposition est punissable en vertu des art. 31 et 33, § 1, de la loi du 29 juill. 1881, quand elle constitue une diffamation ou une injure (V. infrà, no 987).

§ 8. — Des peines de l'outrage.

835. L'outrage par paroles envers les magistrats de l'ordre administratif ou judiciaire était puni, par l'ancien art. 222 c. pén., d'un emprisonnement de six jours à deux ans (Rép. no 804). La loi du 13 mai 1863 rendit cette disposition applicable aux outrages commis envers les jurés. — En même temps, cette loi définissait un nouveau délit en prévoyant le cas où l'outrage commis envers les magistrats ou les jurés aurait été réalisé au moyen d'un écrit ou d'un dessin non rendus publics. Aux termes du projet de loi, l'outrage commis par ce dernier moyen devait être puni d'un emprisonnement de quinze jours à un an (D. P. 63. 4. 102, notes). Mais cette distinction, au point de vue de la peine, entre l'outrage commis par paroles et l'outrage par écrit ou par dessin non rendus publics, ne fut pas adoptée. Les Chambres décidèrent que la pénalité serait la même pour l'un et pour l'autre délit ; seulement, on abaissa le minimum à quinze jours conformément au projet de loi, et le maximum de deux ans, déterminé par l'ancien art. 222, fut maintenu. L'outrage par gestes ou menaces avait été considéré par le code pénal comme un délit moins grave que l'outrage par parole et la peine édictée contre ce délit par l'art. 223 consistait dans un emprisonnement d'un mois à six mois (Rép. no 804). Le projet déposé par le Gouvernement en 1863 n'apportait aucune modification à l'art. 223. La commission de la Chambre des députés fit au texte de cet article un seul remaniement : elle ajouta les jurés aux magistrats, et cette nouvelle disposition ayant voté sans qu'il ait été rien innové relativement à la peine. L'outrage par gestes ou menaces, qu'il fût adressé à l'égard d'un magistrat ou d'un juré, demeura passible des peines portées par l'ancien art. 223, c'est-à-dire d'un emprisonnement d'un mois à six mois. Ainsi le minimum de la peine applicable à l'outrage par gestes ou menaces, fixé à un mois de prison, se trouvait supérieur au minimum de la peine applicable au délit d'outrage par paroles ou par écrit, abaissé à quinze jours de prison, tandis que le maximum de deux ans de prison, applicable à l'outrage par paroles ou par écrit, témoignait que la législateur considérait toujours ce délit comme beaucoup plus grave que l'outrage par gestes ou menaces dont la peine ne pouvait pas dépasser six mois de prison. Ce défaut d'harmonie entre les deux textes tient à ce que l'abaissement du minimum de la pénalité dans l'art. 222 ne s'est produit que dans le cours de la discussion relative à la modification de cet article et, pendant la discussion relative à l'art. 223, on a perdu de vue ce qui venait d'être décidé pour l'article précédent.

836. Si l'outrage a été commis à l'audience d'une cour

ou d'un tribunal, il y a une aggravation de peine. L'outrage par paroles en vertu de l'ancien texte du code pénal
et l'outrage par écrit ou par dessin non rendus publics en
vertu de la loi du 13 mai 1863, adressés à un magistrat de
l'ordre administratif ou judiciaire ou bien, depuis 1863, à
un juré, sont, dans ce cas, punissables d'un emprisonnement
de deux ans à cinq ans; l'outrage par gestes ou menaces
est puni d'un emprisonnement d'un mois à deux ans
(art. 222 et art. 223). — Sur le sens qu'il faut donner au mot
audience, V. *Rép*. n°s 971 et suiv.

837. On a exposé au *Rép.* n° 773 que l'aggravation de
peine ne s'applique qu'aux outrages envers les magistrats
ou les jurés qui siègent à l'audience où ces outrages ont été
commis. Jugé, en ce sens, que le paragraphe 2 de l'art 222
ne peut s'appliquer au magistrat qui ne rend pas la justice
et ne fait même pas partie du tribunal ou de la cour devant
lesquels l'outrage a été commis, par exemple au commissaire de police qui se trouve présent, en dehors de son
service, dans la salle d'audience où le juge de paix siège
en conciliation (Amiens, 4 déc. 1863, aff. Voveux, D. P. 64.
5. 288).

838. Tous les tribunaux quels qu'ils soient, tenant des
audiences, doivent être considérés comme rentrant dans les
termes et l'esprit des art. 222 et 223 (*Rép*. n° 774). C'est ce
que nous décidions *ibid.* en ce qui concerne les conseils de
guerre. Mais, depuis, les codes de justice militaire ne se sont
pas arrêtés aux considérations qu'avait fait valoir le réquisitoire du procureur général Dupin et qui nous avaient paru
décisives. Ces codes déclarent formellement que l'accusé ou
assistant militaire qui commet un outrage ou une voie de
fait envers le conseil de guerre ou l'un de ses membres est
puni, quel que soit son grade, de la peine portée contre les
outrages ou voies de fait envers des supérieurs pendant le
service (C. just. milit. pour l'armée de terre, du 9 juin
1857, art. 115, D. P. 57. 4. 121 ; C. just. milit. pour
l'armée de mer, du 4 juin 1858, art. 145, D. P. 58. 4. 97).
— Ces dispositions ne sont applicables qu'aux accusés et
aux assistants militaires. L'assistant non militaire qui
outragerait à l'audience un des membres du conseil de
guerre encourrait certainement l'application des art. 222 et
223, ainsi que l'aggravation de peine comportée par les circonstances (V. *suprà*, n°s 835 et suiv.).

839. Les art. 222 et 223 ne sont applicables aux outrages
commis à l'audience que si ces outrages sont de nature à
inculper l'honneur ou la délicatesse du magistrat qui les
reçoit (V. *suprà*, n° 779). Les outrages qui sont commis à
l'audience et qui ne présentent pas ce caractère sont punis : ...
ceux-contre envers un juge de paix, sous la qualification
d'irrévérence grave ou d'insulte, d'un emprisonnement de
trois jours au plus (V. c. proc. civ. art. 11); ceux commis
envers les membres d'un tribunal ou d'une cour sous la
qualification d'outrage, d'un emprisonnement d'un mois au
plus et d'une amende de 25 à 300 fr. (V. même code, art. 91
et 470). Quant aux individus qui, assistant aux audiences,
contreviendraient au devoir leur qui leur est imposé de s'y
tenir découverts, dans le respect et le silence, ou qui y
exciteraient du tumulte de quelque manière que ce soit,
le président ou le juge auquel appartient la police de l'audience, les fera expulser; et, si les contrevenants résistent
à ses ordres, ou rentrent, il ordonnera les arrêter et de
les conduire dans la maison d'arrêt où ils seront reçus et
retenus pendant vingt-quatre heures (V. c. proc. civ.,
art. 88, 89 et 470; c. instr. crim., art. 504). — Ces
mesures n'excluent pas l'application des peines auxquelles
pourraient donner lieu les faits prévus par la loi pénale
dont le tumulte serait accompagné, et notamment l'application des peines encourues en raison des outrages que
répriment les art. 11 et 90 c. proc. civ., 222 et 223 c. pén.

840. Sur le cas où le manquement de respect aura lieu
devant un juge de paix, de la part des parties elles-mêmes,
V. c. proc. civ., art. 10. — Sur le trouble causé à l'audience
d'un tribunal ou d'une cour par un individu y remplissant
une fonction, V. c. proc. civ., art. 90 et 470).

841. Suivant l'ancien texte des art. 224 et 225 c. pén.,
l'outrage fait par paroles, gestes ou menaces envers les
officiers ministériels ou les agents dépositaires de la force
publique était puni d'une simple amende de 16 à 200 fr. La
peine était de six jours à un mois d'emprisonnement, si

l'outrage avait été dirigé contre un commandant de la
force publique (V. *Rép*. n° 804). Aux officiers ministériels et
aux agents dépositaires de la force publique, la loi du 13 mai
1863 a ajouté les citoyens chargés d'un ministère de service
public; et, à la peine manifestement insuffisante établie par
l'ancien art. 224, cette loi a substitué la double peine de
l'emprisonnement de six jours à un mois et de l'amende
de 16 fr. à 200 fr., avec faculté pour le juge de ne prononcer
cer à son choix que l'une de ces deux peines seulement
(Exposé des motifs, D. P. 63. 4. 82, note, n° 29, Rapport,
D. P. 63. 4. 89, note, n° 88).

842. La loi du 13 mai 1863, ayant transporté dans l'art.
224 l'emprisonnement de six jours à un mois édicté par
l'art. 225, a dû le remplacer dans ce dernier article par
un emprisonnement plus élevé, pour maintenir, au point
de vue de la répression, une distinction entre l'outrage
adressé à un commandant de la force publique et l'outrage
adressé à un simple agent dépositaire de la force publique.
En vertu du nouvel art. 225, l'outrage envers un commandant de la force publique est puni d'un emprisonnement de quinze jours au moins et trois mois au plus. Il est,
en outre, permis au juge d'ajouter, à cette peine, une
amende facultative de 16 fr. à 500 fr. (Exposé des motifs et rapport, D. P. 63. 4. p. 82, note, n° 30 et p. 89,
note, n° 88). Ces peines peuvent être abaissées, conformément à l'art. 463 c. pén., par une déclaration de circonstances atténuantes.

843. Les art. 226 et 227 c. pén. autorisent le juge à
condamner l'offenseur à faire réparation à l'offensé (*Rép.*
n° 805 et suiv.). Ces dispositions ne sont pas abrogées; mais
elles ne sont plus en harmonie avec l'état des mœurs, et,
dans la pratique, elles semblent tomber tout à fait en désuétude.

844. En vertu de l'art. 262 c. pén., l'outrage par paroles
ou par gestes envers les ministres du culte dans l'exercice
de leurs fonctions (V. *suprà*, n°s 830 et suiv.) est puni d'un
emprisonnement de quinze jours à six mois et d'une amende
de 16 à 500 fr. (V. *Rép*. v° *Culte*, n° 100 et *suprà*, cod. v°,
n°s 49 et suiv.).

Sect. 2. — De la diffamation et de l'injure.

845. Les délits contre les personnes, que prévoit la loi
du 29 juill. 1881 comme pouvant être commis par la voie
de la presse ou par tout autre moyen de publication, sont :
1° le délit de diffamation, défini par l'art. 29 de la loi précitée et puni : par l'art. 30, quand il est commis contre les
corps constitués énumérés audit article; par l'art. 31, quand
il est commis contre les personnes investies d'une fonction
publique ou contre celles qui leur sont assimilées; par
l'art. 32, quand il est commis contre de simples particuliers;
— 2° Le délit d'injure, que l'art. 29 définit également, et qui
est puni par l'art. 33, § 1, s'il a été commis envers les corps
constitués ou les personnes qualifiées désignées dans les
art. 30 et 31, et par l'art. 33, § 2, s'il a eu lieu contre de simples particuliers. — L'art. 34 assure la répression des délits de
diffamation ou d'injure envers la mémoire des morts. — La
loi du 11 mai 1868 punissait, en outre, le délit de publication de faits quelconques relatifs à la vie privée; mais ce délit
n'existe plus, la loi de 1868 étant abrogée par l'art. 68 de la
loi du 29 juill. 1881.

Art. 1er. — De la diffamation.

846. On a exposé au *Rép.*, n° 813, que la diffamation n'entrait pas dans l'ensemble des faits qualifiés délits par le
code pénal de 1810. Les art. 367 à 372 c. pén. se bornaient
à punir la calomnie commise envers des particuliers et, par
définition même, ce délit comportait pour le prévenu la
faculté d'échapper à toute condamnation en rapportant la
preuve légale de la vérité du fait diffamatoire supposé calomnieux. — L'imputation diffamatoire dirigée contre les personnes revêtues d'un caractère public, qui sont énumérées
dans les art. 222 et 224 c. pén., se confondait avec le
délit d'outrage envers les magistrats de l'ordre administratif ou judiciaire, les officiers ministériels ou les agents dépositaires de la force publique dans l'exercice ou à l'occasion
de l'exercice de leurs fonctions. Jamais le prévenu n'était
autorisé, pour échapper aux poursuites, à rapporter la preuve
de la vérité du fait diffamatoire dont l'imputation à un ma-

gistrat ou à un fonctionnaire était poursuivie comme un délit d'outrage.

847. C'est la loi du 17 mai 1819 qui, reprenant l'idée apparue dans un projet de loi de l'an 5 sur les délits de presse, créa le délit de diffamation. Elle en donna la définition dans son art. 13 ; elle en détermina, dans son art. 14, les conditions au double point de vue des modes de perpétration et de la publicité, qui fut, dès l'origine, un élément essentiel de la diffamation comme de tous les délits prévus par la législation spéciale de la presse et des autres moyens de publication. Ainsi disparut le délit de calomnie envers les particuliers, que prévoyaient les art. 367 et suiv. c. pén. de 1810. En même temps, la loi de 1819 restreignait l'application des art. 222 et suiv., sur l'outrage, en incriminant, dans son art. 16, la diffamation dirigée contre les fonctionnaires désignés sous le nom de dépositaires ou agents de l'autorité publique, à raison de leurs fonctions ou de leur qualité. — En ce qui concerne le droit de rapporter la preuve du fait diffamatoire, la loi du 26 mai 1819, adoptant l'inverse du système du code pénal de 1810, interdit cette preuve en principe, et par suite, dans tous les cas, vis-à-vis des particuliers, et l'autorisa au contraire, par exception, dans le cas de diffamation contre les dépositaires ou agents de l'autorité publique ou contre toute personne ayant agi dans un caractère public (art. 20). Au surplus, la preuve était admise dans le cas où la diffamation visait certaines personnes collectives qui, n'étant pas comprises dans l'énumération donnée par les art. 222 et 224, devaient être considérées comme de simples particuliers dans les termes des art. 367 et suiv. c. pén. de 1810. Tels étaient les corps constitués, désignés par l'art. 15 de la loi de 1819, et les agents diplomatiques agréés auprès du gouvernement français, visés par l'art. 16. Le délit de diffamation n'existait pas envers la personne du roi, ni envers les souverains ou chefs des gouvernements étrangers ; car elle rentrait dans le délit d'offense créé par les art. 9 et 12 de la même loi (V. supra, nᵒˢ 620 et suiv.

La loi de 1819 est restée, jusqu'en 1881, la loi fondamentale en matière de diffamation. L'art. 6 de la loi du 25 mars 1822 établit le délit d'outrage commis publiquement, à raison de leurs fonctions ou de leur qualité, envers les membres de l'une des deux Chambres, les fonctionnaires publics, les ministres de l'une des religions légalement reconnues en France, les jurés et les témoins ; mais ce délit différait, par ses caractères essentiels, de la diffamation.

848. La loi du 29 juill. 1881 maintient le délit de diffamation au nombre des délits qui se commettent par la voie de la presse ou par les autres moyens de publication. Elle emprunte à la loi de 1819, avec la définition de ce délit, les modes de perpétration et les conditions de publicité que cette loi avait indiqués. De même que la loi de 1819, elle laisse sous l'empire des art. 222 et suiv. c. pén. de 1810, modifié par la loi du 13 mai 1863, les outrages qui ne renferment pas d'imputation diffamatoire, et même les imputations diffamatoires qui réunissent les caractères du délit d'outrage commis dans l'exercice ou à l'occasion de l'exercice des fonctions (V. supra, nᵒˢ 725 et suiv.). — Elle punit par des dispositions spéciales la diffamation contre les corps constitués et contre les personnes publiques. L'énumération qu'elle fait de ces personnes comprend le plus grand nombre de celles que le code pénal et la loi complémentaire de 1863 protègent contre l'outrage, et toutes celles que visaient les lois abrogées de 1819 et de 1822. — Elle autorise le prévenu à rapporter la preuve des faits diffamatoires, quand l'imputation concerne un corps constitué ou une personne publique, mais non pas quand la diffamation a été commise contre les particuliers, sauf en ce qui concerne les administrateurs d'entreprises commerciales ou industrielles. — La loi de 1881 s'écarte de la loi de 1819 en ce qui concerne la diffamation commise envers les agents diplomatiques accrédités auprès du gouvernement français. A leur égard, elle n'incrimine que le délit d'outrage, dont la qualification générale exclut la nécessité d'une diffamation ou d'une injure proprement dite (V. infra, nᵒ 1082).

§ 1ᵉʳ. — Des caractères généraux de la diffamation.

849. L'art. 13 de la loi du 17 mai 1819 définissait en ces termes la diffamation : « Toute allégation ou imputation

d'un fait qui porte atteinte à l'honneur ou à la considération de la personne ou du corps auquel le fait est imputé est une diffamation » (Rép. nᵒ 814). Ce texte est exactement reproduit dans l'art. 29 de la loi du 29 juill. 1881. Ainsi la diffamation diffère essentiellement de l'ancien délit de calomnie puni par les art. 369 et 372 c. pén. de 1810, en ce qu'il n'est pas nécessaire que les faits imputés soient faux pour qu'il y ait diffamation. « La diffamation, disait la garde des sceaux, M. de Sene, lors de la discussion de la loi de 1819, n'implique pas nécessairement la fausseté du fait ; elle laisse seulement d'une part, l'intention de nuire et, de l'autre, le dommage causé » (Rép. nᵒˢ 613 et 846). Si la preuve de la vérité du fait diffamatoire est admise à l'égard de certaines personnes, ce n'est là qu'une exception qui laisse, en principe, à l'imputation, même non justifiée, son caractère de délit de diffamation. La preuve admise par la loi de 1881 est, d'ailleurs, affranchie des rigueurs de la preuve légale organisée par le code pénal de 1810, en matière du délit de calomnie.

850. En vertu de l'art. 29 de la loi du 29 juill. 1881, il est nécessaire pour constituer le délit de diffamation : 1ᵒ qu'il y ait allégation ou imputation d'un fait ; — 2ᵒ Que ce fait soit de nature à porter atteinte à l'honneur ou à la considération ; — 3ᵒ Que la personne à laquelle le fait est imputé soit désignée ; — 4ᵒ Qu'il y ait eu emploi de certains modes de perpétration de la diffamation ; — 5ᵒ Qu'il y ait eu publicité ; — 6ᵒ Enfin, en vertu de la règle générale du droit pénal applicable à tous les délits (sauf de très rares exceptions, l'homicide par imprudence par exemple), qu'il y ait eu intention de nuire. — Ces trois derniers caractères sont communs à la diffamation et à l'injure.

851. — I. Allégation ou imputation d'un fait déterminé. — On entend par allégation l'assertion qui n'est produite que sur la foi d'autrui, ou qui est empreinte d'un doute (Rép. nᵒ 816). L'imputation, c'est l'assertion qui se produit avec le caractère d'une affirmation (Rép. ibid). — La loi du 29 juill. 1881, de même qu'autrefois la loi de 1819, ne fait aucune différence au point de vue de la qualification du délit entre l'allégation et l'imputation ; elle tient pour diffamatoire, au même titre, celui qui, de lui-même, publie un fait diffamatoire et celui qui propage le fait diffamatoire dont un autre est l'inventeur (Crim. rej. aff. Génevois, 26 févr. 1875, Bull. crim., nᵒ 73). De même l'énonciation du fait diffamatoire sous la forme dubitative est tenue pour l'équivalent d'une affirmation absolue, et l'expression d'un simple soupçon suffit à motiver des poursuites pour diffamation (Rép. nᵒ 816). « D'une façon générale, dit M. Barbier, t. 1, nᵒ 404, il appartient au juge de dégager les interprétations ou obligations diffamatoires des habiletés de forme, des allusions ou des réticences sous lesquelles elles se dissimulent quelquefois ». Jugé en ce sens que la diffamation est caractérisée, non seulement quand il y a imputation, mais encore quand il y a simplement allégation d'un fait portant atteinte à l'honneur et à la considération de la personne ; que l'article de journal qui désigne une personne déterminée comme étant l'auteur, sinon certain, au moins probable, d'un fait diffamatoire, renferme l'allégation constitutive de la diffamation ; que, par suite, l'arrêt qui, par une appréciation souveraine des circonstances de la cause, décide qu'une telle désignation existe dans l'article incriminé, et en conclut que le délit est constitué, fait une saine application de la loi (Crim. rej. 24 avr. 1879, aff. Cuinet, D. P. 79. 1. 436).

852. Comme on l'a exposé au Rép. nᵒ 817, des expressions purement hypothétiques ne sauraient être considérées comme une allégation de nature à constituer une imputation diffamatoire ; toutefois, suivant M. Barbier, t. 1, nᵒ 404, l'allégation ou l'imputation diffamatoire peut se produire même sous la forme d'une hypothèse : il n'y a pas à cet égard de règles générales et invariables, la décision à intervenir dépend de l'intention des prévenus et des circonstances de la cause. Il a été jugé, à cet égard, que l'allégation de faits éventuels ou conditionnels, si blessants qu'ils puissent paraître, ne sauraient constituer le délit de diffamation (Rennes, 27 mars 1878, aff. Journal L'A..., D. P. 80. 2. 68).

853. La dénégation peut, suivant les circonstances, être ou non considérée comme une forme de diffamation (Rép. nᵒ 819). — La diffamation peut être indirecte et se produire par voie d'allusion ou d'ironie (*Rép*. n° 820). Jugé, en ce sens, que l'imputation diffamatoire peut résulter d'un article de journal qui laisse entendre qu'un individu se trouverait compromis dans certaines affaires criminelles, à raison d'une participation plus ou moins directe au fait poursuivi (Crim. rej. 15 janv. 1869, aff. Mazure et Vrignault, D. P. 69. 1. 380).

854. Pour qu'il y ait délit de diffamation, il faut que l'imputation ou l'allégation incriminée porte sur un fait précis et déterminé (*Rép*. n° 821). De simples qualifications, non accompagnées de l'articulation d'un fait, n'ont pas le caractère d'une diffamation, quelle qu'en soit la gravité et même lorsqu'elles consistent en une qualification qui serait empruntée à des crimes ou à des délits, telle que l'épithète d'assassin, de faux témoin, d'escroc ou de voleur (V. les arrêts cités au *Rép. ibid.*). — Dans quel cas le fait allégué ou imputé offrira-t-il une précision suffisante pour qu'il y ait diffamation? « La loi, dit Barbier, t. 1, n° 404 *bis*, nous fournit elle-même un *criterium* auquel il convient de recourir dans tous les cas embarrassants. En autorisant en effet (au moins quand il s'agit de diffamation envers les personnes publiques) la preuve des imputations diffamatoires, la loi nous indique que les imputations qui ont ce caractère sont les imputations suffisamment précises pour être susceptibles d'être prouvées en justice; de telle sorte qu'il est permis de dire que, là où l'imputation ne se présente pas avec un degré de précision suffisant pour être susceptible d'une preuve judiciaire, il peut bien y avoir injure, mais non diffamation » (Conf. Grellet-Dumazeau, t. 1, n° 26). Pour emprunter les termes d'un arrêt de la cour de cassation, il faut que le reproche (l'allégation ou l'imputation) se produise « sous la forme d'une articulation précise de faits de nature à être, sans difficulté, l'objet d'une preuve et d'un débat contradictoire » (Crim. rej. 29 juill. 1865, aff. Desmarets, D. P. 66. 1. 48). L'imputation incriminée doit avoir ce caractère, non seulement dans le cas où la preuve de la vérité du fait articulé est autorisée, c'est-à-dire dans le cas de diffamation envers les personnes publiques, hypothèse à laquelle se réfère l'arrêt précité, mais aussi dans le cas où cette preuve n'est pas permise, c'est-à-dire à l'égard des simples particuliers. Ce principe conduit à reconnaître l'impossibilité de trouver une diffamation dans l'emploi des qualifications précitées ou d'autres semblables. Il n'est pas possible, en effet, de prouver d'une façon abstraite que tel individu est un voleur, un faussaire, un usurier. Ces expressions renferment l'imputation d'un vice déterminé, mais non pas d'un fait déterminé (Crim. cass. 31 janv. 1867, aff. Vindry, D. P. 68. 1. 96). Il n'y aurait pas diffamation non plus si l'on avait dit d'un individu qu'il a commis un vol, un faux, ou qu'il a fait des prêts usuraires. Sous une autre forme, il s'agit d'imputations de même nature que les précédentes. Elles ne sont pas assez précises pour que la preuve en soit possible.

855. La preuve ne serait possible que si les faits de vol, de faux, d'usure, étaient précisés. Il convient d'observer, d'ailleurs, que cette précision ne doit pas nécessairement s'étendre à toutes les circonstances du fait imputé. Il suffit, suivant les termes de la loi, que le fait allégué ou imputé soit « un fait déterminé ». Si vous accusez un individu de vous avoir volé votre cheval, le fait est déterminé sans que vous ayez ajouté à votre imputation, le lieu, l'heure, le jour et les circonstances du vol. — Le fait serait encore déterminé suivant M. Barbier, *loc. cit.*, dans le cas où l'imputation, sans préciser les circonstances de date ou de lieu où un vol aurait été commis, sans même faire connaître l'objet volé, indiquerait au moins la personne qui a été victime de ce vol; mais cette théorie paraît un peu large. — C'est, au contraire, avec raison que M. Barbier (*loc. cit.*) considère que les expressions de « failli » ou de « banqueroutier » renferment, en elles-mêmes, l'imputation d'un fait suffisamment précis et déterminé (la faillite et la banqueroute) pour que la preuve de la vérité de ce fait puisse être faite en justice.

856. Il y a lieu d'ajouter, avec M. Barbier, *loc. cit.*, que, « pour apprécier la qualification légale qu'il convient d'attribuer à tels propos ou telles expressions, le juge peut prendre pour base de ses appréciations, non seulement les paroles et expressions considérées en elles-mêmes et d'une

façon abstraite, mais aussi les circonstances de fait extrinsèque de nature à révéler la véritable intention de l'auteur et à faire connaître le sens que le public auquel il s'adresse sera naturellement porté à donner à ses paroles. Ainsi des paroles qui, à elles seules et prises d'une façon abstraite, ne constituent pas des imputations diffamatoires peuvent emprunter ce caractère de gravité aux circonstances dans lesquelles elles se produisent. — Inversement, nous dirons qu'une allégation ou imputation qui, *in abstracto*, présente une portée diffamatoire, peut, à raison des circonstances, dégénérer en une simple injure. Il en résulte qu'une même expression peut, sans contradiction, être considérée tantôt comme une diffamation, tantôt comme une injure. Par exemple, l'expression de *galérien*, prise dans son sens propre, renferme, en elle-même, l'imputation d'un fait précis, parfaitement susceptible de faire l'objet d'une preuve et présente ainsi les caractères d'une véritable diffamation. Mais si celui auquel s'il résulte des circonstances que l'auteur de cette expression n'a ni voulu faire croire, ni fait croire en réalité à personne que celui auquel il s'adressait fût réellement un ancien galérien, il est évident que cette qualification ne présente plus alors que le caractère d'une invective, d'un terme de mépris, en un mot d'une simple injure ».

857. Ces règles d'interprétation ont été fréquemment appliquées par la jurisprudence sous l'empire de l'art. 13 de la loi du 17 mai 1819 (V. les arrêts cités au *Rép*. n°s 822 et suiv.) Il a été jugé, dans le même sens, qu'il n'y a pas de diffamation à défaut d'imputation ou d'allégation d'un fait déterminé: 1° dans l'imputation qu'un homme est « sans foi et sans honneur » (Crim. cass. 5 déc. 1861, aff. Normand, D.P. 62. 5. 258); — 2° Dans l'article d'un journal qui, à l'occasion de l'annonce de la mise en liberté de personnes qu'un juge d'instruction avait fait préventivement arrêter, énonce une réflexion générale, abstraction faite de toute personne et de toute application, sur les pouvoirs conférés par la loi au magistrat instructeur (Crim. cass. 21 nov. 1862, aff. Hommel, D. P. 62. 1. 489); — 3° Dans le fait d'avoir, dans un écrit rendu public, appliqué à un officier ministériel la qualification de faussaire, sans indication des circonstances de temps et de lieu dans lesquelles un crime de faux aurait été commis par ledit officier ministériel (Crim. rej. 29 juill. 1865, aff. Desmarest, D. P. 66. 1. 48); — 4° Dans l'imputation qu'un homme est « un parvenu, parti de rien et arrivé très rapidement à la fortune » (Crim. cass. 11 janv. 1873, aff. Fortier, D. P. 73.1. 389); — 5° Dans ces expressions proférées publiquement : « Si l'armée française n'avait pas été aussi lâche, les Prussiens ne seraient pas venus jusqu'ici » (Paris, 8 déc. 1874, aff. Lemarié, D. P. 76. 2. 22); — 6° Dans un article de journal qui impute à un candidat des doctrines politiques et sociales que l'auteur de cet article présente comme réprouvées par tous les honnêtes gens (Rennes, 27 mars 1878, aff. Journal *L'A...*, D. P. 80. 2. 68); — 7° Dans une allégation vague et indéterminée, qui ne se rattache à aucun fait précis, quelle que soit sa gravité, spécialement, dans l'allégation d'un article de journal que « la doctrine de l'obéissance passive paraît, au moment où écrit le rédacteur, former, dans une certaine partie de la magistrature, toute la théorie du devoir et de la probité juridique ». Il ne peut y avoir là qu'une injure (Crim. 11 avr. 1878, aff. Million-Picaillon, D. P. 78. 1. 477); — 8° Dans le reproche fait à un candidat à la députation d'être prêt à voter toute guerre qui plairait au Gouvernement, (Rennes, 25 mars 1879, aff. Larère et Peigné, D. P. 80. 2. 166). — Décidé, dans le même sens, sous l'empire de la loi du 29 juill. 1881, que, dans l'allégation qu'une personne est le « chef de la réaction » dans une commune, ou « est toujours en contact avec la réaction », on ne saurait voir qu'une faute quasi délictuelle, pouvant donner ouverture à une action civile en réparation du préjudice causé, soumise à la prescription ordinaire et non à celle de trois mois, applicable au délit de diffamation (Req. 27 déc. 1886, aff. Main et conseillers municipaux de la commune de Vallières, D. P. 87. 1. 312).

858. Au contraire, il a été jugé que l'imputation d'un fait déterminé se rencontre : 1° dans le fait d'avoir traité un individu de voleur, de coquin, d' « homme de mauvaise foi prenant le chemin du bagne » (Crim. rej. 4 nov. 1861, aff.

Viviani, D. P. 66. 1. 361). Mais cet arrêt paraît contraire aux principes formulés par la cour de cassation elle-même; car, dans les expressions retenues par l'arrêt, il est impossible de découvrir un fait déterminé susceptible de preuve en justice (Conf. Barbier, t. 1, n° 405. V. *suprà*, n° 854) ; — 2° Dans le reproche d'avoir commis un délit de chasse dans des circonstances de temps et de lieu déterminées (Crim. rej. 4 août 1865, *Bull. crim.* n° 166) ; — 3° Dans le reproche d'avoir été le coaccusé de tel assassin (Crim. rej. 10 août 1866, *Bull. crim.* n° 206). — Jugé aussi, sous l'empire de la loi du 29 juill. 1881, qu'il y a délit de diffamation dans des imputations formulées à une table d'hôte dans ces termes : « Un tel (officier ministériel) pouvait inspirer confiance autrefois; mais il a bien changé depuis, et je ne comprends pas qu'une société puisse lui confier ses affaires. Je suis en procès avec lui, je vous communiquerai mon dossier et vous verrez : ou je suis un infâme menteur, ou il n'a pas le droit de porter la robe qu'il porte! » (Crim. rej. 15 févr. 1883, aff. Deshayes, D. P. 83. 1. 276). — Décidé encore que l'imputation de « cornard » adressée publiquement au mari, pour être portée par lui à la connaissance de sa femme, constitue, à l'égard de celle-ci, soit le délit d'injure, soit le délit de diffamation, cette expression comportant à l'égard de la femme l'imputation soit d'un vice déterminé, soit d'un fait déterminé (Bourges, 17 août 1877) (1).

859. L'imputation d'un fait indéterminé, quand elle porte atteinte à l'honneur ou à la considération, est punissable comme délit ou comme contravention d'injure, suivant qu'elle a été rendue publique ou non (V. *infrà*, n°s 1031 et 1037).

860. — II. Fait portant atteinte a l'honneur ou a la considération. — Pour constituer le délit de diffamation, il est nécessaire que le fait déterminé, dont l'allégation ou l'imputation est incriminée, soit un fait de nature à porter atteinte à l'honneur ou à la considération de la personne à laquelle il est imputé. Cette condition est essentielle et, la circonstance qu'elle manque en fait étant constatée, le fait imputé ou allégué doit être déclaré non diffamatoire. Jugé, notamment, que le fait par un journaliste d'avoir, sans le consentement de son auteur, publié une lettre confidentielle révélant, par exemple, un complot et accuse entre ses mains par suite d'une communication, ne constitue par lui-même, tout déloyal qu'il soit, aucun délit, s'il est déclaré que la lettre publiée ne contient pas de diffamation (Crim. rej. 18 mai 1872, aff. Thibault, D. P. 72. 1. 152).

861. Il convient de remarquer, à ce point de vue, que c'est l'imputation elle-même que le juge doit considérer, et non pas les circonstances extérieures, le résultat que l'imputation a produit en fait, ni la personne à laquelle elle était adressée, pour déterminer si l'imputation est ou non diffamatoire. En d'autres termes, ce que le juge doit rechercher, la question qu'il doit résoudre en droit, est de savoir non pas si l'imputation du fait a porté atteinte à l'honneur ou à la considération de la personne attaquée, mais si le fait imputé est *de nature* à porter atteinte à l'honneur ou à la considération de cette personne (Grellet-Dumazeau, t. 1, n°s 76 à 81 et 86 ; Barbier, t. 1, n° 409). Cela n'est vrai, toutefois, qu'en ce qui concerne la recherche de l'existence du délit et de ses éléments juridiques; au contraire, pour en apprécier la gravité, le juge doit avoir égard aux circonstances les plus contingentes. Rien n'est plus variable, en effet, que la gravité d'une imputation diffamatoire : les considérations de temps, de lieu et d'intention, y ont une influence décisive, aussi bien que la situation personnelle de l'agent du délit et celle de la personne diffamée. Il ne faut pas perdre de vue, d'ailleurs, que l'absence d'intention coupable aurait même pour effet de faire disparaître le délit (Conf. Barbier, *loc. cit.*).

Un fait portant atteinte à l'honneur quand il est contraire, soit à la probité, soit à la loyauté sur lesquels les bases de

l'honneur pris dans un sens général, et sans avoir égard à telle ou telle condition particulière de l'individu dans la société (*Rép.* n° 826). Un fait porte atteinte à la considération quand il détruit ou diminue « l'estime que chacun peut avoir pour son auteur », quand il suppose chez son auteur l'absence ou la défaillance, non pas des qualités qui, pour tout le monde, constituent l'honneur, mais « des autres qualités morales qui font un bon négociant, un bon avocat, un bon médecin », suivant les expressions de M. de Serres en 1819 (*Rép.* n° 828). Quant aux qualités de talent et de mérite qui font la réputation et la célébrité, elles relèvent du qui, s'ils étaient vrais du droit de critique (V. *infrà*, n° 895). — Il est évident que les qualités qui fondent la considération sont essentiellement variables, « non seulement d'après le temps et les mœurs, mais aussi d'après la position » que la personne diffamée « occupe dans la société, le rôle qu'elle y joue, le rang qu'elle tient dans le monde » (Barbier, t. 1, n° 409).

862. — 1° *Fait contraire à l'honneur.* — Les faits qui ont un caractère diffamatoire comme contraires à l'honneur sont, en première ligne, ceux qui tombent sous l'application d'une loi pénale ou qui, s'ils étaient vrais, exposeraient la personne à laquelle ils sont imputés à des poursuites criminelles ou correctionnelles, ainsi que le disait, en matière de calomnie, l'ancien art. 367 c. pén. Il faut admettre, en thèse générale, que l'imputation ou l'allégation d'un fait qualifié crime ou délit par la loi pénale est constitutive du délit de diffamation si, d'ailleurs, les autres conditions essentielles de ce délit s'y trouvent réunies.— Cette règle n'est pourtant pas absolue, car il y a des faits qualifiés délits qui ne portent pas atteinte à l'honneur, ni même à la considération. Tels sont les délits d'homicide ou de blessure par imprudence, certains délits de presse, de chasse, de pêche, etc. Suivant les circonstances, tel ou tel de ces délits portera ou ne portera pas atteinte à la considération. C'est ainsi que la cour de cassation a pu voir une diffamation dans l'imputation d'un délit de chasse (Crim. rej. 4 août 1865, *Bull. crim.* n° 166). A l'inverse, il a décidé que le fait de rappeler qu'une personne a subi une condamnation pour coups et blessures ne constitue pas une imputation diffamatoire de nature à justifier une action en dommages-intérêts lorsque, dans le milieu et dans les circonstances où les propos ont été tenus, ils n'ont pu porter atteinte à l'honneur et à la considération de celui à qui ils s'adressaient et n'ont pu, dès lors, lui causer aucun préjudice (Trib. civ. Bourgoin, aff. Faguet, D. P. 86. 3. 71).

Par application de la règle que l'on vient d'exposer, il a été jugé qu'il y a diffamation : 1° dans le fait d'avoir publié, dans un journal, qu'une compagnie fermière d'un établissement thermal trompe le public sur la nature des produits qu'elle lui livre, qu'elle donne accès, dans ses salons, à des personnes d'une immoralité notoire, qu'elle se livre à des spéculations condamnées par la morale publique : de telles allégations, étant de nature à nuire à l'honneur et à la considération de la compagnie et de son directeur, ne peuvent être considérées comme constituant seulement des injures publiques (Crim. cass. 10 août 1865, aff Callou, D. P. 66. 1. 360); — 2° Dans l'imputation, par la voie de la presse, d'avoir publiquement usurpé un nom ayant une apparence nobiliaire, en l'apposant au bas des articles d'un journal et d'une pétition adressée à l'autorité (Crim. rej. 18 déc. 1841, aff. Mauduit et Glais-Bizoin, D. P. 75. 1. 281); — 3° Dans l'allégation malveillante et publique qu'un candidat au conseil général, que son concurrent usurpe sciemment le titre de noblesse dont il est en possession (Crim. rej. 3 juill. 1875, aff. Richard, D. P. 75. 1. 494. Comp. les arrêts cités au *Rép.* n° 825 et Trib. de la Seine, 6 janv. 1846, *Rép.* n° 832); — 4° Dans l'imputation, aux prêtres de différentes villes, d'avoir commis des outrages aux mœurs (Toulouse, 21 juill. 1881, *infrà*,

---

(1) (Th... *C.* Tal...) — La cour; — Attendu que les expressions « cornichon » et « cornard » qui, d'après Th..., lui auraient été adressées publiquement, ne renferment point, à l'égard dudit Th..., l'imputation d'un vice déterminé ; — Mais attendu que la qualification de cornard impliquerait, relativement à la femme, l'imputation, soit d'un vice déterminé qui, dans la pensée de l'inculpée, devait être portée par Th... à la connaissance de sa femme, soit d'un fait déterminé consistant dans des actes d'in-

conduite suffisamment caractérisés et constituant le délit de diffamation ; — Que, relativement à la femme Th..., la juridiction correctionnelle était compétente; qu'elle l'est également relativement à Th... à raison de la connexité existant entre les faits dont il se plaint et ceux qui sont personnels à sa femme; — Par ces motifs, — Dit mal jugé; en conséquence, dit que la juridiction correctionnelle était compétente, etc.
Du 17 août 1877.-C. de Bourges (ch. corr.).

n° 874) ; — 5° Dans le fait imprimer et répandre à un très grand nombre d'exemplaires deux arrêts qui avaient condamné un négociant à des dommages-intérêts pour tromperie dans la marchandise vendue, en donnant des dimensions typographiques spéciales, dans le but d'attirer l'attention du pubic, au motif de l'un de ces arrêts qui constatait ce fait (Motifs, Bordeaux, 11 nov. 1890, aff. Lacarrière, D. P. 91. 2. 6); — 6° Dans l'imputation à une femme d'avoir voulu empoisonner une de ses filles, en ajoutant qu'elle allait être arrêtée incessamment pour ce fait et d'avoir été exposée à des poursuites motivées par une tentative d'empoisonnement (Bordeaux, 29 janv. 1892, aff. Nouès, D. P. 92. 2. 391).

863. Les faits prohibés par les lois pénales ne sont pas les seuls qui portent atteinte à l'honneur ; on doit également considérer comme diffamatoires les imputations ou allégations de faits qui, même échappant aux prévisions de la loi pénale, sont contraires au sentiment d'honneur dont la source est dans la loyauté et la probité et qui exposent la personne diffamée au mépris ou à la haine (*Rép.* n° 825. V. *suprà*, n° 861). En ce sens, il a été jugé : 1° que l'article de journal dans lequel un individu est représenté comme faisant attaquer, dans une feuille publique dont il aurait secrètement la haute direction, des fonctionnaires auxquels en même temps il prodiguerait ostensiblement des compliments et des marques d'obséquiosité, est avec raison condamné comme diffamatoire (Crim. rej. 24 juin 1869, aff. Barbe, D. P. 70. 1. 434) ; — 2° Qu'il y a délit de diffamation dans l'action d'imputer à quelqu'un, de mauvaise foi, dans un journal, un fait de dénonciation politique qui n'a pu être l'accomplissement du devoir légal imposé par l'art. 30 c. instr. crim., alors surtout qu'on signale ce fait à l'opinion publique comme un acte coupable qui doit être jugé par elle avec sévérité (Crim. rej. 5 sept. 1872, aff. Rabier, D. P. 73. 1. 46); — 3° Qu'il y a délit de diffamation dans l'acte d'appel d'une décision rendue par une commission municipale en matière d'élection où il est dit : « sous toutes réserves d'actions en dommages-intérêts, à raison de leur radiation (des appelants) des listes électorales, qu'ils considèrent avoir été faite sans raisons valables et seulement pour satisfaire les opinions politiques des membres de la commission » (Crim. rej. 20 déc. 1873, aff. Richard, D. P. 74. 1. 393); — 4° Que l'accusation adressée à un écrivain de faire, dans un journal, l'éloge d'un fonctionnaire et de ne pas l'épargner dans une autre feuille, constitue le délit de diffamation, et non pas le délit d'injure publique (Crim. cass. 11 avr. 1874, aff. Drouhet, D. P. 74. 1. 406); — 5° Qu'il y a délit de diffamation dans l'imputation à un journaliste d'avoir agi sans bonne foi et sans loyauté, spécialement d'avoir tronqué une lettre en omettant d'insérer des passages qui le gênaient, alors que cette allégation fausse, contenue dans un autre journal, a été inventée dans l'intention exclusive de lui nuire et de le déconsidérer (Crim. rej. 18 nov. 1874, aff. Perrot, journal *L'Indépendant de la Haute-Saône*, D. P. 75. 1. 281); — 6° Dans l'allégation d'un article de journal qu'un prêtre « a pris part à un système de dénonciation habilement organisé contre l'ancien maire de la commune ; et cela pour servir la rancune de ceux auxquels il était appelé cependant à prêcher l'amour des uns, pour les autres » (Crim. rej. 18 juin 1874, aff. Mariat, D. P. 75. 1. 398) ; — 7° Dans l'allégation d'un article de journal qu'un homme politique, « étranger aux notions du plus vulgaire patriotisme, n'a vu dans la présence des armées ennemies sur le sol du pays que l'occasion de satisfaire une inavouable vanité » (Crim. rej. 17 juill. 1874, aff. Gouache, journal *L'Union républicaine de l'Eure*, D. P. 75. 1. 97); — 8° Dans la note d'un journal qui impute à un individu, signalé comme ayant autrefois réclamé l'expulsion des Frères de la Doctrine chrétienne, et qui avait protesté contre ce fait, de n'avoir eu, par ses protestations contre ce fait qualifiées d'impudentes, d'autre but que « de complaire à certains personnages en face desquels il tenait à décliner la responsabilité de sa proposition contre les ignorantins » (Crim. rej. 11 juin 1875, aff. Simond, D. P. 75. 1. 494); — 9° Dans le fait d'imputer à un maire de favoriser l'accomplissement des devoirs du garde champêtre de la commune, pour l'employer à des travaux exclusivement profitables au maire et à sa

famille (Bourges, 1er août 1883, aff. Châteaufort, Pinault et autres, D. P. 85. 2. 110); — 10° Dans l'insinuation produite à diverses reprises dans un journal qu'un maire et un adjoint, abusant de leur position, se seraient fait décharger indûment d'une partie de leurs contributions (Crim. rej. 14 mars 1884, aff. Moinelle et Rozette, D. P. 85. 1. 90); — 11° Dans l'imputation, dirigée contre un écrivain, d'être un mauvais Français, cupide, mangeant en Allemagne l'argent que son collaborateur lui avait gagné en France (Paris, 9 juill. 1890, aff. Journal *Le Figaro*, D. P. 91. 2. 62. V. Douai, 5 juin 1844 et 10 juin 1844, *Rép.* n° 911. V. aussi *Rép.* n° 833).

864. L'imputation de faits réprouvés par la morale doit aussi être considérée comme portant sur un fait contraire à l'honneur, et comme étant de nature à constituer le délit de diffamation (*Rép.* n° 833). Ainsi, porte sur un fait diffamatoire : toute imputation dirigée contre la vertu d'une femme (*Rép.* n° 834-1°); l'imputation à une homme marié de vivre en concubinage avec une femme libre (Limoges, 14 mars 1828, *Rép.* n° 834-1°); la même imputation dirigée contre un prêtre (Trib. corr. Neufchâteau, 2 déc. 1885, aff. Cœurdacier.-M. Barrabino, pr.), l'imputation à un individu de faits d'excitation à la débauche même non punissables, en ce qu'ils ne rentrent pas dans les termes de l'art. 334 c. pén. (*Rép.* n° 833). — De même, il a été jugé : 1° qu'il y a lieu de considérer comme outrageante et diffamatoire l'allégation, dans un acte de récusation, que le magistrat récusé est lié avec l'adversaire par une amitié si intime qu'il ne craindrait pas de s'accompagner ce dernier jusque chez sa concubine pour s'y livrer à son goût dominant pour le jeu (Crim. cass. 20 mai 1865, aff. Blondeau de Combas, D. P. 65. 1. 406); — 2° Qu'il y a diffamation dans le fait, par le rédacteur d'un article de journal, d'imputer à une religieuse d'être accouchée dans un wagon de chemin de fer (Bourges, 24 nov. 1881, aff. Brulfert, D. 83. 2. 189); — 3° Qu'il y a délit de diffamation dans le fait d'imputer à quelqu'un d'avoir dissimulé l'original d'un bail qui aurait fourni la preuve que la copie n'était pas conforme à l'original et avait été altérée dans une de ses clauses importantes, en ajoutant que la production de cette pièce aurait été sa condamnation et aurait fait éclater au grand jour sa duplicité et sa mauvaise foi (Crim. rej. 6 nov. 1886, aff. Milon, D. P. 88. 1. 47).

865. — 2° *Fait contraire à la considération.* — La considération tenant aux qualités morales que chacun doit avoir et exercer dans sa condition personnelle et sociale, on peut commettre le délit de diffamation en imputant à autrui un fait qui porte atteinte à la considération privée, soit à la considération professionnelle. Bien que l'exposé des motifs de M. le garde des sceaux de Serres (*Rép.* n° 828) et le rapport sur la loi de 1819 (*Rép.* n° 829) n'aient expressément visé que la considération professionnelle, rien dans leur langage n'exclut l'idée que l'atteinte à la considération privée ne soit constitutive de la diffamation (*Rép.* n° 828, Barbier, t. 1, n° 412).

866. Un fait porte atteinte à la considération privée quand il constitue l'inobservation ou l'oubli « des vertus et des règles de conduite qui font l'honnête homme, le bon père de famille, le citoyen honorable », suivant l'expression de M. Grellet-Dumazeau (t. 1, n° 83). Les faits de cette nature se rattachent à une conception plus étroite et plus individuelle du devoir que les faits contraires aux règles générales de la morale où l'on voit une atteinte à l'honneur (V. *suprà*, n° 862). Il y a sinon atteinte à l'honneur, du moins atteinte à la considération privée dans l'imputation, par la voie de la presse, qu'un individu s'est donné la mort, surtout quand l'article attribue ce suicide à des motifs d'intérêt (Rouen, 30 déc. 1841, aff. Barbier, t. 1, n° 412); dans le fait d'imputer à quelqu'un la paternité d'un enfant naturel (Trib. Rouen, 1837, *Gazette des tribunaux*, 28-29 août 1837, cité par Barbier, t. 1, n° 412). — De même, il y a délit de diffamation, le fait imputé étant de nature à porter atteinte à la considération privée : 1° dans la communication, par la voie de la presse ou par tout autre moyen de publication, de renseignements sur la solvabilité de certaines personnes, même lorsque ces renseignements sont fournis par une agence (Aix, 19 févr. 1869, aff. Lasneau, D. P. 69. 2. 83); — 2° Dans l'allégation d'un journal, qu'un particulier n'a accepté la succession de son père que sous bénéfice d'inventaire, alors que l'article renferme des réflexions blessantes, des rapprochements injurieux, des interprétations malveillantes, et enfin l'imputation méchante d'avoir manqué de générosité et méconnu les devoirs de la piété filiale (Crim. rej. 14 janv. 1875, aff. Journal *L'Avenir de la Haute-Saône*, D. P. 75. 1. 281. V. aussi Aix, 26 juill. 1838, cité au *Rép.* n° 831 et *ibid.*, *suprà*, v° *Office*, n° 293-1°); — 3° Dans un article de journal qui impute à une personne d'avoir obtenu par fraude la bénédiction pontificale (Caen, 26 mars 1890, aff. Dame Laprade, se disant Amélie de Bourbon, D. P. 91. 2, 207); — 4° Dans des imputations formulées en ces termes : « Les époux X... ont tort de faire tant d'embarras, dans un an ils auront fait faillite »; ou encore : « Les époux X... feraient beaucoup mieux de payer leurs dettes que d'acheter un piano » (Paris, 2 janv. 1892, aff. Epoux Robin, D. P. 92. 2. 199).

867. Un fait porte atteinte à la considération professionnelle quand, suivant l'expression de M. de Serres, il est de nature à diminuer ou à détruire « l'estime que chacun peut avoir à cet égard ». Aucune difficulté ne peut se présenter à cet égard quand l'imputation est relative à l'oubli ou à l'inexistence des qualités morales, des vertus particulières que chaque profession spéciale, chaque état particulier, exige de celui qui exerce cette profession ou occupe cet état, en un mot quand il s'agit de l'imputation à autrui d'un fait contraire aux devoirs de son état. Par application de ces principes, il a été jugé : 1° qu'il y a délit de diffamation dans l'imputation adressée à un fonctionnaire, dans un compte rendu d'un *Te Deum* chanté en présence des autorités locales, à l'occasion de la fête du chef de l'Etat (l'empereur), qu'il n'y assistait pas, si son abstention y est signalée en termes qui font supposer qu'elle était intentionnelle (Bastia, 18 sept. 1861, aff. Fabiani, D. P. 62. 1. 53); — 2° Qu'il y a diffamation de la part du tiers qui, intervenant dans les relations d'une compagnie financière avec ses clients, a fait concevoir à ceux-ci des doutes sur la solvabilité de la compagnie, puis les a informés, par une circulaire écrite à la suite d'une demande de mise en faillite émanée de lui et adressée à plus de six cents d'entre eux, que la compagnie, ne tenant pas ses engagements, se trouvait sous le coup de poursuites judiciaires auxquelles il les invitait à s'associer, alors qu'il n'a agi qu'avec l'intention de nuire et que, par cette manœuvre, il a amené la ruine de l'entreprise (Paris, 19 mars 1869, aff. Hugelmann, D. P. 70. 2. 214); — 3° Qu'il y a délit de diffamation dans l'écrit qui reproche à un conseil de revision d'avoir apporté trop de hâte dans ses opérations, et ajoute que, de cette hâte, il est résulté certains choix un peu hasardés (Crim. rej. 13 août 1874, aff. Levaillant, D. P. 75. 1. 41); — 4° Que l'imputation adressée à un conseiller général chargé, par le préfet, de distribuer des fonds de secours provenant d'une souscription publique, de n'avoir point justifié de l'emploi de ces fonds, constitue le délit de diffamation, si le journaliste, en reproduisant l'article d'une autre feuille, l'a fait précéder et suivre de réflexions qui lui sont propres, et s'est abstenu de reproduire la note publiée dans la première feuille et justifiant de l'emploi régulier des fonds (Crim. cass. 15 mai 1875, aff. Bornier, D. P. 76. 5. 345); — 5° Que l'imputation adressée au président d'un comité de secours aux blessés « d'avoir refusé de rendre compte du reliquat de fonds provenant de souscriptions, d'avoir, à raison de ce fait, perdu la confiance du conseil général et de s'être vu, pour la même cause, exclu du conseil municipal », constitue le délit de diffamation, surtout lorsque cette imputation est accompagnée d'expressions blessantes (Crim. rej. 21 juill. 1876, aff. Siret, gérant du journal *Le Courrier de la Charente*, *Bull. crim.*, n° 172); — 6° Que l'affirmation, dans un journal, que les maîtres d'une institution désignée doivent leurs succès à ce qu'ils sont dans l'habitude de communiquer d'avance à leurs élèves les problèmes à résoudre pour le concours d'admission à telle école du Gouvernement, et qu'ils les ont fait encore à l'occasion d'un récent concours, constitue le délit de diffamation tant envers les élèves qu'envers les maîtres, une telle imputation étant de nature à porter atteinte à l'honneur et à la délicatesse des uns et des autres (Crim. rej. 12 janv. 1877, aff. Mallet, gérant de *La Tribune*,

D. P. 77. 1. 187); — 7° Que l'imputation de « cornard » adressée au mari publiquement, pour être portée par lui à la connaissance de sa femme, constitue, à l'égard de celle-ci, soit le délit d'injure, soit le délit de diffamation, cette expression comportant, à l'égard de la femme, l'imputation soit d'un vice déterminé, soit d'un fait déterminé (Bourges, 17 août 1877, *suprà*, n° 858) ; — 9° Que l'imputation dirigée contre un ancien sous-préfet « d'être resté coi chez lui » durant des troubles qui se sont manifestés dans sa résidence, constitue le délit de diffamation (Rennes, 27 mars 1878, aff. Journal *L'A...*, D.P. 80. 2. 68); — 10° Qu'il y a lieu de considérer comme diffamatoires, à l'égard d'une société financière, les écrits qui allèguent qu'elle aura bientôt des comptes sévères à rendre aux actionnaires et à la justice, qu'elle se livre à une circulation d'effets considérable, à une loterie déguisée, qu'il y a lieu pour les déposants, en retirant leurs dépôts, de bien vérifier si on leur rend exactement les mêmes numéros, et qu'une instruction judiciaire pourrait seule faire connaître avec autorité si ladite société fonctionne dans des conditions de régularité (Crim. rej. 1er août 1879, aff. Chevaldonné et autres, D. P. 80. 1. 142); — 11° Qu'il y a délit de diffamation à l'égard d'un employé dans l'allégation que sa correspondance offre du désordre et que ses recettes sont inexactes, cette allégation impliquant, de la part de l'employé, un oubli répété de ses devoirs professionnels (Crim. rej. 7 mai 1880, aff. Milon, *Bull. crim.* n° 92); — 12° Que le directeur d'un café-concert est diffamé dans un article de journal annonçant qu'un constat d'huissier, dressé à la suite d'inspections faites, simultanement par l'Assistance publique et par la Société des auteurs et compositeurs de musique, à établi que les recettes déclarées par le directeur ne sont pas en rapport avec le nombre des personnes qui fréquentent ce café, sans qu'il y ait à tenir compte du caractère de nouvelle donné à l'article incriminé (Crim. rej. 18 mars 1881, aff. Leroux, *Bull. crim.* n° 81); — 13° Qu'un article de journal imputant à un citoyen d'avoir, lorsqu'il était adjoint au maire d'une commune, faussement affirmé sur état un certain nombre de voyages et de s'être fait payer le prix de ces prétendus voyages, constitue une diffamation contre un fonctionnaire public à raison de ses fonctions, diffamation justiciable de la cour d'assises (C. d'ass. de la Seine, 15 oct. 1881, aff. Minot, D. P. 83. 2. 147); — 14° Que l'imputation, adressée publiquement à un commerçant, de laisser protester les traites tirées sur lui, surtout lorsqu'il les, a acceptées, a tous les caractères de la diffamation prévue et punie par la loi sur la presse (Crim. rej. 10 déc. 1886, aff. Patin, D. P. 87. 1. 364); — 15° Qu'il y a diffamation dans l'écrit qui reproche à un notaire d'avoir, par prudence et pour se mettre à couvert, cherché à faire passer un acte par un autre notaire et de s'être décidé à le recevoir, au refus de son confrère, parce que le temps pressait et parce qu'il fallait que la partie, au nom de laquelle cet acte était dressé, eût réglé toutes ses affaires avant de s'expatrier (Crim. cass. 4 mars 1887, aff. Granier, D. P. 88. 1. 142); — 16° Que les articles dans lesquels un journaliste reproche à un conseiller municipal d'abuser de ses fonctions et de sa situation pour faire accepter par les fournisseurs de la ville des fournitures de mauvaise qualité, pour colloquer à la ville des résidus de bois pourris à 500 pour 100 de bénéfice, d'avoir opprimé l'entrepreneur, et dans lesquels il ajoute que ce conseiller municipal a été pincé et « wilsonné », renferment le délit de diffamation envers un citoyen chargé d'un service ou d'un mandat public, prévu et puni par l'art. 31 de la loi du 29 juill. 1884 (Pau, 11 juin 1889, aff. Magenc, D. P. 90: 2. 55); — 17° Que le fait d'imputer à un journaliste « d'exploiter la publicité judiciaire des feuilles qui n'ont pas de religion, d'avoir fait mensongèrement un compte rendu venimeux et faux, d'inspirer à ses confrères un sentiment tel qu'ils s'éloignent de lui comme par un mouvement involontaire », présente les éléments constitutifs du délit de diffamation (Paris, 17 févr. 1892, aff. Vonoven, D. P. 92, 2. 313); — 18° Qu'il y a délit de diffamation dans le fait de dire d'un avoué, dans un journal, « que la mauvaise foi vient de lui, et que l'avocat est victime d'un coup de Jarnac longuement étudié dans le silence du cabinet par un avoué moins naïf que l'avocat, pire que cela » (Trib. Charleville, 3 mars 1892, aff. Rambourg,

D. P. 92. 2. 494); — 19° Que ce délit existe pareillement dans les propos suivants tenus à l'adresse d'un conseiller municipal, ancien maire, par un de ses collègues, en séance publique : « X... a profité de ses fonctions de maire pour voler à la commune un droit de puisage qu'elle avait dans la cour de sa maison. X... est un voleur ! » (Bourges, 31 mars 1892. aff. Gautron, D. P. 92, 2. 338).

868. L'imputation de faits que la loi autorise, sanctionne ou prescrit, ne peut pas avoir, en principe, un caractère diffamatoire, quel qu'en ait été le mobile, et encore que son auteur l'ait faite avec l'intention d'atteindre l'honneur de la personne contre laquelle il l'a dirigée (*Rép.* n° 833. V. aussi *Rép.* n°s 827 et 929). Il a été jugé en ce sens que, la légalité des commissions mixtes de 1852 et de leurs actes n'étant pas susceptible d'être contestée, l'imputation d'avoir fait partie d'une commission mixte ne saurait, en ce qu'il n'en résulte aucune atteinte à l'honneur et à la considération de celui auquel est adressé ce reproche, être réprimée comme diffamation (Crim. rej. 3 févr. 1877, aff. Cival, D. P. 77. 1. 281). Mais il a jugé, en sens contraire, qu'en l'état des esprits et de la législation, les commissions mixtes ayant été flétries par l'histoire et par la conscience publique et les magistrats qui en ont fait partie se trouvant exclus de toutes les juridictions, l'imputation d'en avoir fait partie constitue une atteinte à l'honneur et à la considération, sans qu'il y ait à examiner la légalité desdites commissions (Bourges, 30 nov. 1883 (1). — V., dans le même sens, Barbier, t. 1, n° 415). Suivant cet auteur « un acte, pour avoir été légalement accompli, ne saurait échapper au jugement de l'histoire et de l'opinion ; et quand cet acte est blâmable en soi, quand il est sévèrement jugé par l'opinion publique, le juge peut. sans violer aucune loi, déclarer que l'imputation de cet acte est de nature à nuire à l'honneur et à la considération ». Et M. Barbier rappelle que, d'après un arrêt de la cour de cassation, la diffamation peut résulter de l'imputation d'avoir subi une injure sans en demander réparation par les armes, bien que le duel tombe, d'après la jurisprudence, sous le coup des lois pénales, non seulement parce que la considération dépend surtout de l'opinion publique (Crim. cass. 24 mai 1844, *Rép.* n° 827). Nous pensons qu'il est imprudent de s'écarter arbitrairement de la règle que nous avons exposée, et la solution consacrée par la cour de cassation nous paraît mieux fondée. Jugé également, et avec raison, qu'il n'y a pas diffamation dans l'imputation, adressée à un ancien député de l'Empire, d'avoir voté toutes les guerres entreprises par ce gouvernement, cette allégation n'entachant ni l'honneur, ni la considération du député (Rennes, 25 mars 1879, aff. Larère et Peigné, D. P. 80. 2. 166).

869. Les faits qui sont de nature à porter atteinte à la considération politique, à la considération artistique ou littéraire peuvent être allégués ou imputés sans qu'il y ait délit de diffamation, à la condition toutefois de ne pas dépasser les droits de la critique (*Rép.* n°s 835 et suiv.). Les règles qu'il convient de suivre, à cet égard, nous

paraissent se rattacher à la question générale de l'intention nécessaire pour constituer le délit de diffamation. Nous examinerons donc *infrà*, n°s 894 et suiv., quelles concessions il convient de faire à l'exercice du droit de critique. à l'exercice du droit électoral, à la liberté des polémiques entre journalistes. Quant aux immunités et aux prescriptions relatives aux imputations et aux allégations diffamatoires qui peuvent être contenues dans des discours prononcés ou dans des écrits produits devant les tribunaux, dans les comptes rendus des débats judiciaires, elles font l'objet d'une disposition spéciale de la loi du 29 juill. 1881 (art. 41) dont nous donnerons le commentaire *infrà*, tit. 4, chap. 1, sect. 4, art. 2 et 3. — Relativement aux imputations ou aux allégations de même nature, contenues dans la délibération d'un conseil municipal, V. *infrà*, tit. 4, chap. 1, sect. 4, art. 1.

870. Sur la constatation de l'imputation diffamatoire, V. *infrà*, tit. 4, chap. 4, sect. 3.

871. Sur les pouvoirs respectifs des juges du fait et de la cour de cassation, V. *infrà*, n°s 910 et suiv.

872. — III. Désignation de la personne contre laquelle l'imputation diffamatoire est dirigée. — Pour que l'imputation d'un fait de nature à porter atteinte à l'honneur ou à la considération constitue le délit de diffamation, il est nécessaire qu'elle soit dirigée contre une personne déterminée (*Rép.* n° 839). Cette personne peut être collective, et les personnes collectives peuvent être organisées soit dans un intérêt public (corps constitués, cours, tribunaux, armées, administrations publiques, art. 30), soit dans un intérêt privé (sociétés commerciales, congrégations religieuses, art. 32). — Il n'est pas nécessaire que la personne contre laquelle est dirigée l'imputation diffamatoire soit nommée ; il suffit qu'elle soit désignée. Peu importe comment, dans quels termes et par quelles indications de lieu, de profession, de qualité, la désignation est faite ; une désignation quelconque suffit, pourvu qu'elle soit claire et qu'il n'y ait aucun doute raisonnable (*Rép.* n° 839). Ce sont les mêmes principes qui régissent l'exercice du droit de réponse (V. *suprà*, n°s 277 et suiv.).

873 Il a été jugé : 1° que le tiers, nommé dans un article de journal par une simple indication d'initiale, n'en est pas moins recevable à exercer des poursuites contre le journal, si les juges reconnaissent, d'après l'ensemble des circonstances dans lesquelles la publication a eu lieu, que la désignation était suffisante (Crim. rej. 29 avr. 1858, aff. Jobard, D. P. 58. 5. 286) ; — 2° Que, pour avoir le droit de se plaindre d'écrits injurieux ou diffamatoires, il n'est pas nécessaire d'avoir été expressément nommé dans les écrits ; qu'il suffit d'y avoir été clairement désigné pour qu'un préjudice personnel ait été soufflert par suite de l'infraction pénale (Toulouse, 21 juill. 1881, *infrà*, n° 874) ; — 3° Que, lorsque deux ordres religieux ont obtenu une grande notoriété et fait des acquisitions importantes dans une ville, il y a désignation suffisante dans l'article dirigé contre « un des membres d'une congrégation religieuse qui, établie

---

(1) (Balandreau C. Thuriot et David.) — LA cour ; — Considérant qu'il est suffisamment établi que, dans la soirée du 19 août dernier, à Nevers, au moment où venait d'être proclamée l'élection de M. Balandreau comme membre du conseil d'arrondissement, et dans la salle même du scrutin où se trouvaient réunis de nombreux citoyens, Thuriot et David ont à haute voix proféré les paroles suivantes : « M. Balandreau a fait partie des commissions mixtes... nous l'affirmons... nous le prouverons... on nous enverra à Cayenne ! » ; — Considérant que les prévenus ont déclaré qu'à leurs yeux c'est une infamie d'avoir fait partie des commissions mixtes ; que, dès lors, en imputant ce fait à Balandreau, Thuriot et David ont entendu lui reprocher un acte déshonorant ; qu'en ajoutant ces mots : « on nous enverra à Cayenne », ils ont voulu faire supposer que Balandreau était capable de participer à l'occasion aux excès politiques les plus odieux ; qu'en agissant ainsi, ils ont clairement manifesté l'intention de nuire à Balandreau ; — Considérant que les commissions mixtes ont été flétries par l'histoire et par la conscience publique ; — Considérant que le législateur a récemment consacré cette flétrissure dans la loi du 30 août 1883 ; que la paragraphe 4 de l'art. 11 de cette loi décide que les magistrats ayant fait partie des commissions mixtes ne pourront être maintenus dans aucune juridiction ; que leur exclusion des fonctions judiciaires est incontestablement motivée par leur indignité ; que,

dès lors, imputer à une personne d'avoir fait partie des commissions mixtes, c'est lui attribuer un fait constituant une incapacité légale fondée sur l'indignité, et, par suite, porter atteinte à son honneur et à sa considération ; — Considérant qu'en l'état des esprits et de la législation, il n'y a pas lieu d'examiner si les commissions mixtes ont été légalement instituées ; — Considérant, d'ailleurs, que les délits relevés et poursuivis par le plaignant sont des délits de circonstance, soumis aux variations que l'opinion publique imprime aux choses politiques ; — Considérant, néanmoins, que les imputations relevées à la charge des prévenus ne précisent pas suffisamment les circonstances de temps et de lieu pour constituer le délit de diffamation ; — Mais considérant que ces propos sont autant d'invectives, de termes de mépris et d'expressions outrageantes renfermant les éléments essentiels du délit d'injures ; — Considérant que Balandreau n'a jamais fait partie des commissions mixtes ; que les propos dont il a été l'objet lui ont causé un préjudice dont lui est dû réparation ; que cette réparation doit consister : 1° en une somme d'argent dont la cour a les éléments suffisants pour déterminer le chiffre ; 2° en une certaine publicité donnée au présent arrêt ; — Par ces motifs ; —Déclare bien fondés les appels du ministère public, etc.

Du 30 nov. 1883.-C. de Bourges, ch. corr.-MM. Vidal, pr.-Douarche, av. gén.-Balandreau et Laguerre, av.

depuis quelques années dans la ville, s'est rapidement enrichie » (Crim. rej. 29 janv. 1875, aff. Masure, journal Le Progrès du Nord, D. P. 75. 1. 393. V. aussi Crim. rej. 7 févr. 1868, aff. Fabrégat, D. P. 68. 1. 408; 18 juin 1874, aff. Mariat, D. P. 75. 1. 39; Caen, 14 nov. 1889, aff. Abbé Patey, D. P. 90. 2. 352). Et la preuve de cette désignation peut être cherchée non seulement dans l'article lui-même, mais encore dans les circonstances extérieures (Arrêt précité du 14 nov. 1889).— Mais il a été décidé, au contraire, que le délit de diffamation doit être écarté, malgré le caractère diffamatoire de l'imputation consistant, par exemple, dans la révélation d'un complot, qu'un journal aurait publiée sans l'assentiment de son auteur, lorsque le juge déclare qu'il n'y a pas eu désignation suffisante de la personne à laquelle ce complot serait imputable (Crim. rej. 18 mai 1872, aff. Thibault, D. P. 72. 1. 152). D'autre part, bien que le plaignant soit désigné par son nom, la désignation peut être insuffisante quand ce nom est très répandu et qu'il n'est accompagné, dans l'écrit diffamatoire, par aucune indication relative à la profession ou à la demeure (Trib. Seine, 18 avr. 1883, aff. Webb, Lois nouvelles, 1883, p. 78 ; Barbier, t. 1, n° 408).

. **874.** Dans le cas où la diffamation, par les termes vagues dans lesquels la désignation est conçue, atteint une pluralité de personnes, chacune d'elles a qualité pour demander la réparation du préjudice qui lui a été causé (Crim. rej. 16 août 1879, aff. Laporte et Vincent, D. P. 80. 1. 144). Jugé, en ce sens : 1° que lorsque l'imputation diffamatoire dirigée contre une seule personne (un membre d'une

communauté religieuse) est formulée de façon à rejaillir sur d'autres, en laissant planer le soupçon sur chacune d'elles, toutes (les membres de la communauté désignée) ont le droit de se porter individuellement partie civile (Crim. rej. 29 janv. 1875, aff. Masure, journal Le Progrès du Nord, D. P. 95. 1. 393); — 2° Que l'imputation d'un fait entachant l'honneur d'une religieuse autorise la congrégation à laquelle appartient cette religieuse à porter plainte en diffamation (Bourges, 24 nov. 1881, aff. Brulfert, D. P. 83. 2. 189. V. aussi Crim. rej. 12 janv. 1877, cité suprà, n° 867-6°); — 3° Que lorsqu'il est allégué, par un article de journal, que le curé de la commune de C... a refusé à la première communion un enfant dont le cierge n'avait pas été acheté chez lui, le juge du fait décide souverainement que, d'après les éléments du débat, l'écrit poursuivi a voulu désigner un prêtre du diocèse dans lequel se publie ledit journal, et que, s'il n'a parlé que d'un seul ecclésiastique, l'imputation diffamatoire, répétée avec insistance, a été formulée de façon à rejaillir sur tous les curés dudit diocèse dont la paroisse porte un nom commençant par la lettre C, et les a exposés tous, pendant plusieurs mois, à des investigations et à des soupçons non fondés (Même arrêt) ; — 4° Que lorsque des journaux, dans une série d'articles publiés sous la rubrique : outrages aux mœurs par des prêtres, imputent ces outrages aux prêtres de plusieurs villes, les prêtres d'une de ces villes sont fondés à poursuivre individuellement, chacun en son nom personnel, pour diffamation, l'auteur des articles dont il s'agit (Toulouse, 21 juill. 1881) (1). — « Toutefois, dit M. Barbier, t. 1, n° 408, » il

---

(1) (Curés de Toulouse C. Blairet, rédacteur en chef du journal La Dépêche.) — La cour : — Attendu que les appelants, curés des paroisses de la ville de Toulouse, se trouvant injuriés et diffamés par deux articles du journal La Dépêche, publiés à Toulouse dans les numéros des 3 et 6 juin dernier, ont assigné devant le tribunal correctionnel Louis Blairet, signataire de l'article du 3 juin, et le directeur-gérant du journal, pour obtenir réparation du préjudice qui leur a été causé par la publication de ces articles; — Attendu que les poursuivants ont déclaré dans leur assignation agir tant en leur nom personnel, que comme représentant, en leur qualité, les prêtres de Toulouse; — Attendu, à ce dernier point de vue, que, si le curé, vis-à-vis des divers ecclésiastiques dont le clergé de sa paroisse, exerce une hiérarchie et une autorité morale, il ne saurait être assimilé à un chef d'administration exerçant sur ses subordonnés un droit de juridiction ou de discipline; que ce curé ne peut donc être considéré comme le représentant légal et le défenseur naturel du clergé qui lui prête son concours, et ne saurait être admis à poursuivre en cette qualité, devant le tribunal, la répression des faits dont le clergé aurait eu à souffrir; que, sous ce rapport, l'action des demandeurs a été à bon droit écartée par les premiers juges; — Attendu que, déclarée recevable en tant qu'elle était exercée par les poursuivants en leur nom personnel, elle a été repoussée par le motif qu'ils n'avaient par été atteints individuellement par les injures et les diffamations contenues dans les articles poursuivis; — Attendu que, pour avoir le droit de se plaindre d'écrits injurieux ou diffamatoires, il n'est pas nécessaire d'avoir été expressément nommé dans les écrits; qu'il suffit d'y avoir été suffisamment désigné pour qu'un préjudice personnel ait été souffert par suite de l'infraction pénale, que ce point est souverainement apprécié par le juge, d'après les circonstances de la cause; — Attendu que, lorsque les imputations injurieuses ou diffamatoires ont été intentionnellement formulées d'une manière générale et vague, et de façon à viser une pluralité de personnes, chacune de ces personnes, atteintes par le soupçon qu'on laisse planer sur elles, a droit et qualité pour demander la réparation du préjudice qui lui a été causé; mais a-t-il été jugé par la cour de cassation que l'imputation d'un fait diffamatoire dirigée contre un membre non dénommé d'une congrégation religieuse rejaillissant sur tous les membres de cette corporation, par la raison qu'il laisse planer le soupçon sur chacun d'eux, les autorise à se porter individuellement partie civile; qu'ainsi encore la cour de cassation a jugé que, lorsque des imputations diffamatoires dirigées contre le curé d'une paroisse dont le nom commence par un C peuvent rejaillir sur tous les curés du même diocèse dont la paroisse porte un nom commençant par la même lettre, chacun de ces curés, sur lequel ces imputations laissent planer un soupçon, peut se porter partie civile comme victime de la diffamation; que c'est là ce que les imputations laissent planer ce soupçon (D. P. 80. 1. 144); — Attendu qu'en dehors de cette doctrine, les intérêts les plus sacrés et les plus légitimes resteraient sans défense contre les terribles dangers de la diffamation, s'il suffisait au diffamateur, pour se mettre à l'abri, de la diriger contre plusieurs à la fois, sans nommer personne, afin de

se ménager cette trop facile excuse que précisément il n'a pas visé celui ou ceux qui lui demandent raison de ses attaques; qu'il n'y a donc à vérifier que le point savoir si les plaignants ont été suffisamment désignés et s'ils ont souffert un dommage; — Attendu que, dans le numéro du journal La Dépêche, publié à Toulouse, le 3 juin dernier, il a été inséré un article signé Louis Blairet et intitulé « Outrages aux mœurs par des prêtres »; qu'après avoir, dans le premier paragraphe, affirmé qu'il ne se passe pas un seul jour sans que cinquante journaux républicains de France soient obligés d'enregistrer chacune des infamies commises par plusieurs prêtres, plusieurs congréganistes, sur de tout jeunes enfants, ou de jeunes femmes, toujours sous la rubrique : « Outrages aux mœurs, commis par des ecclésiastiques.. Il faut en finir à la fin! » l'article ajoute qu'à Paris, Lyon, Bordeaux, Nantes, Marseille, Toulouse, ces faits se reproduisent avec une violence nouvelle : « les rues ne sont plus sûres, les porteurs de soutanes sont plus à redouter que les voleurs et les assassins ; les petits garçons, les femmes ne peuvent s'arrêter le soir devant une boutique, sans être bientôt l'objet des propositions infâmes d'un ecclésiastique quelconque »; — Attendu qu'il est certain que les demandeurs, prêtres à Toulouse, ont été visés par les imputations injurieuses et diffamatoires contenues dans ces deux articles; qu'après avoir écrit en tête du premier : « Outrages aux mœurs par des prêtres », l'auteur indique, dans l'article placé sous cette rubrique, quels sont les prêtres dont il entend parler; qu'il y est dit, en effet, que ces faits se reproduisent avec une violence nouvelle à Toulouse, comme dans les autres grandes villes, que les rues ne sont plus sûres; que les petits garçons et les femmes ne peuvent s'arrêter le soir devant une boutique sans être l'objet des propositions infâmes d'un ecclésiastique quelconque; et, dans le Bulletin local, on annonce que, si on ne publie pas les documents qu'on possède, c'est pour ne pas jeter le trouble dans les familles; qu'il importe peu que ces imputations odieuses et de mauvaise foi ne soient pas dirigées contre un prêtre de Toulouse expressément dénommé; que les soupçons nés d'affirmations pareilles sont de nature à planer sur tous les prêtres de Toulouse, à porter atteinte à leur considération, et à faire impression sur les lecteurs qui, ne les connaissant pas, mal disposés ou prévenus, acceptent sans contrôle tout ce que leur dit le journal; que, lorsqu'il a exprimé sans réserve cette idée que les porteurs de soutane sont plus à redouter que les voleurs et les assassins, Blairet ne peut prétendre avoir excepté les curés de Toulouse qui ne seraient pas atteints par cette outrageante assimilation; que, sans doute, l'honneur des curés de Toulouse et leur moralité sont au-dessus de pareilles attaques, ainsi que Blairet lui-même l'a formellement reconnu devant le tribunal, mais que l'intention coupable et l'infraction pénale n'en subsistent pas moins; — Attendu que les imputations injurieuses et diffamatoires par lesquelles les poursuivants ont été atteints sont d'autant plus regrettables, que Blairet affirme et en met la preuve des faits qu'il signale et dont il a scrupuleusement contrôlé l'exactitude; qu'il ajoute à l'appui de ces affirmations que « depuis quelques mois, quinze cents ecclésiastiques ont été condamnés au bagne pour outrages aux mœurs,

convient de ne rien exagérer, et quand l'imputation, visant un groupe considérable de personnes, ne cause en réalité à aucune d'elles un préjudice personnel, le délit de diffamation ne peut être relevé par aucune des personnes appartenant à ce groupe ». Il a été jugé, en ce sens : 1° que les individus qui appartiennent à une profession (celle des artistes dramatiques, par exemple) attaquée d'une manière blessante dans un article de journal, n'ont pas qualité pour exercer contre l'auteur une action en dommages-intérêts, s'ils n'ont pas été personnellement désignés, et alors, surtout que l'auteur admet des exceptions aux critiques exagérées ou inconvenantes que renferme son article ; qu'il en est ainsi même des représentants d'une société de secours établie avec l'autorisation du Gouvernement pour l'utilité des personnes qui appartiennent à la profession attaquée, cette qualité ne leur donnant aucun titre pour défendre en justice les intérêts moraux et collectifs de ladite profession (Trib. Seine, 19 août 1863, aff. baron Taylor et autres, D. P. 63. 3. 67) ; — 2° Qu'une société composée de négociants appartenant à une profession déterminée ne peut poursuivre en diffamation l'article de journal qui a dirigé contre cette profession des critiques injurieuses, si elles ont un caractère général ; qu'il n'en serait autrement que s'il y avait eu, dans l'article dont il s'agit, ou dans l'un de ses passages, une application spéciale de ces critiques à ladite société (Trib. corr. Seine, 3 janv. 1868, aff. Le Courrier français, D. P. 68. 3. 23) ; — 3° Qu'un député appartenant au groupe dit « des 363 » n'a pu, faute de désignation suffisante, poursuivre un journaliste qui avait diffamé ce groupe (Rouen, 7 sept. 1877, Gazette des tribunaux du 9 sept. 1877).

875. Au surplus, toutes les questions relatives à la désignation de la partie plaignante sont des questions de fait sur lesquelles il appartient aux tribunaux de statuer souverainement. Ainsi échappent au contrôle de la cour de cassation : 1° l'acquittement du prévenu de diffamation motivé sur ce que le plaignant n'est pas suffisamment désigné dans l'écrit rendu public qui contient les imputations diffamatoires (Crim. rej. 18 mai 1872, aff. Thibault, D. P. 72. 1. 152) ; — 2° La déclaration par le juge correctionnel que le plaignant, s'il n'est pas nommé dans l'article de journal poursuivi comme injurieux et diffamatoire, y est du moins désigné (Crim. rej. 29 nov. 1872, aff. Gayet, journal La Caricature, D. P. 72. 5. 359) ; — 3° L'appréciation et la constatation des juges du fond sur le point de savoir quelle est la personne diffamée qui, sans être nommée, est simplement désignée (Crim. rej. 29 janv. 1875, aff. Masure, journal Le Progrès du Nord, D. P. 75. 1. 393) ; — 4° La déclaration d'un arrêt, fondée non seulement sur les termes de l'article de journal poursuivi, mais encore sur les circonstances qu'il puise en dehors et qu'il en rapproche, que l'imputation, relevée dans ledit article comme diffamatoire ou outrageante, désigne directement et personnellement le plaignant (Crim. rej. 3 févr. 1877, aff. Cival, D. P. 77. 1. 281) ; — 5° La déclaration du juge correctionnel que les plaignants, s'ils ne sont pas nommés dans l'article de journal incriminé, y sont néanmoins désignés (Crim. rej. 16 août 1879, aff. Laporte et Vincent, D. P. 80. 1. 144).

876. — IV. Intention de nuire. — 1° *Caractères généraux de l'intention de nuire.* — En vertu des règles ordinaires du droit pénal, l'intention coupable est un des éléments essentiels du délit de diffamation (*Rép.* n° 874). La volonté de formuler l'imputation diffamatoire et la volonté de la publier sont nécessaires ; mais elles ne suffisent pas. L'intention punissable consiste ici dans le dessein de porter atteinte à l'honneur ou à la considération, ou du moins, dans la conscience, chez l'agent de l'imputation diffamatoire,

du préjudice moral ou matériel que cette imputation doit occasionner par la publicité qu'elle reçoit. Il a été jugé, par application de cette règle : 1° que le délit de diffamation n'existe qu'autant qu'il y a eu, chez l'auteur de la publication ou des propos incriminés, intention de porter atteinte à l'honneur et à la considération de la personne qu'il désignait (Crim. rej. 29 avr. 1858, aff. Jobard, D. P. 58. 5. 283) ; — 2° Que la diffamation implique nécessairement, de la part de son auteur, la volonté de diffamer, et que l'appréciation de cette volonté est abandonnée aux juges du fait ; que spécialement, l'écrit dans lequel une personne est signalée comme ayant joué, sur une montagne, le rôle de la mère de Dieu, dans une apparition simulée, destinée à surprendre la crédulité de deux pâtres, peut être considéré comme n'ayant pas un caractère diffamatoire, en raison de la bonne foi de son auteur, et en l'absence de tout reproche possible de légèreté ou d'imprudence, le fait raconté ayant été rendu vraisemblable par les actes et les propos suffisamment constatés de la personne à laquelle il a été imputé ; et qu'une telle imputation ne peut, dans ces circonstances, servir de base même à une condamnation purement civile à des dommages-intérêts (Req. 17 mai 1858, aff. De Lamerlière, D. P. 58. 1. 248) ; — 3° Que l'imputation, notamment dans un article de journal, de faits qui sont de nature à nuire à la considération, ne constitue le délit de diffamation qu'autant qu'elle a été faite dans une intention malveillante (Trib. corr. Seine, 20 juill. 1858, aff. Vély-Pacha, D. P. 59. 3. 16) ; — 4° Que le fait d'un conseiller municipal d'avoir dit, dans la discussion d'un article du budget communal concernant le traitement du garde champêtre, que cet agent « a fait deux faux procès-verbaux », a pu, alors que les dépositions des témoins ne donnaient à ce propos d'autre portée que celle d'une observation mal exprimée sur la capacité ou l'incapacité du garde champêtre, être considéré par le juge, en vertu de son droit souverain d'appréciation, comme étant dépourvu de tout caractère injurieux ou diffamatoire (Crim. rej. 25 juill. 1861, aff. Gredh, D. P. 61. 1. 455) ; — 5° Que le délit de diffamation, supposant nécessairement la mauvaise foi ou l'intention de nuire, ne se rencontre pas dans l'erreur du journaliste qui, en annonçant la poursuite criminelle de faits réellement commis, a donné, relativement au coupable, des indications inexactes, pouvant contre sa volonté faire planer le soupçon de ces faits sur une personne déterminée d'une autre localité ; qu'il en est ainsi surtout lorsqu'il est établi qu'à l'égard de cette personne le journaliste, quel que soit le sentiment qui a inspiré son article, n'a et ne pouvait avoir aucune disposition malveillante (Montpellier, 4 juin 1861, aff. Journal L'Opinion nationale, D. P. 62. 1. 385) ; — 6° Que la partie qui, dans une réunion convoquée pour un ordre amiable, a articulé, pour faire rejeter une créance, des faits d'une nature grave, a pu néanmoins, si elle n'a pas agi véritablement dans l'intention de nuire, être considérée comme non coupable du délit de diffamation ; il en est ainsi, notamment, lorsque les propos ont été tenus au milieu d'un échange d'explications fort vives, tendant au rejet des créances respectivement présentées, et en réponse à une interpellation du juge-commissaire (Crim. rej. 21 avr. 1864, aff. Rouveure, D. P. 65. 5. 305) ; — 7° Que le fait d'avoir imputé un vol à un tiers est, avec raison, déclaré dépourvu de caractère injurieux ou diffamatoire, lorsqu'il se réduit, d'après l'appréciation souveraine du juge saisi de la poursuite, « à une manifestation de soupçons et à une réclamation d'un objet cru volé, émises de bonne foi sans aucune intention de nuire et sans légèreté, eu égard aux circonstances » (Crim.

---

attentats à la pudeur, viol, commis avec ou sans violence », ce qui est de nature à rendre vraisemblable ce qu'il vient d'alléguer contre les prêtres de Toulouse, comme contre ceux de Paris, Lyon, Bordeaux, Nantes et Marseille ; que ce sont là des procédés odieux et des excès coupables par lesquels la presse qui les emploie se déshonore ; qui, tombant sous les coups de la loi, doivent être justement réprimés, et dont ceux qui en ont souffert doivent obtenir réparation ; — Attendu que les faits ci-dessus constituent les délits d'injure et de diffamation envers des particuliers, prévus et punis par les art. 13, 14 et 18 de la loi du 17 mai 1819, dont il a été donné lecture ; — Par ces motifs ; — Disant droit à l'appel

relevé, réformant le jugement du tribunal de Toulouse, sauf en ce qui touche la recevabilité de l'action des curés en leur qualité ; — Dit et déclare que les articles du journal La Dépêche, dont Blairet est le gérant, sont injurieux et diffamatoires pour les demandeurs, curés des paroisses de la ville de Toulouse, et portent atteinte à leur considération, d'où il est résulté pour eux un préjudice ; — Ce faisant déclare recevable l'action en dommages intentée par les poursuivants, individuellement et en leurs noms personnels, etc.

Du 21 juill. 1881.-C. de Toulouse, ch. corr.-De Bermond, pr.-Delmas, av. gén.-Albert, av.

rej. 25 août 1864, aff. Demoiselles Coti Nunzia, D. P. 65. 1. 319) ; — 8° Que le gérant d'un journal qui y a inséré de bonne foi une annonce diffamatoire pour un tiers, de qui elle était censée émaner, annonce dont il ignorait le caractère diffamatoire et qui avait été déposée en son absence dans ses bureaux par un individu qui avait pris faussement le nom de ce tiers, ne peut être considéré ni comme auteur ni comme complice du délit de diffamation (Dijon, 21 août 1866, aff. Jobard, D. P. 67. 2. 29) ; — 9° Qu'il n'y a pas délit de diffamation dans la délibération d'un conseil municipal qui, sans intention de nuire et sans obéir à une pensée d'hostilité ou de dénigrement contre une compagnie de chemin de fer, fait ressortir l'insuffisance et la défectuosité de l'unique voie ferrée existante, ainsi que le danger d'une interruption de service pouvant résulter de l'état des travaux et de la voie (Douai, 26 déc. 1873, aff. Conseil municipal de Lillebonne, D. P. 74. 2. 223) ; — 10° Que l'imputation dirigée contre une personne, dans un article de journal, d'avoir rompu un projet de mariage par des scrupules de libre penseur et par répugnance à se soumettre aux exigences et aux prescriptions de l'Eglise catholique, peut être considéré, malgré sa malveillance, comme ne constituant pas le délit de diffamation, s'il est déclaré que, d'après les circonstances auxquelles cet article fait allusion, son auteur n'a pas eu l'intention de porter atteinte à l'honneur et à la considération de cette personne (Crim. rej. 26 janv. 1877, aff. Jangot, D. P. 77. 1. 89-90) ; — 11° Qu'il n'y a pas délit de diffamation, en raison de l'absence de toute intention de nuire, dans le cas où un individu, venant de perdre un billet de banque et dominé par l'intérêt sérieux, pressant et légitime qu'il avait de le recouvrer, impute publiquement à un tiers, mais à tort, de le lui avoir volé (Crim. rej. 11 août 1877, aff. Thorain, D. P. 79. 1. 236. V. aussi Aix, 25 mars 1892, aff. Bayol, D. P. 92. 2. 499).

877. A l'inverse, l'intention de nuire ne suffit jamais à elle seule pour constituer le délit de diffamation; il faut toujours qu'il se joigne à cette intention l'imputation effective d'un fait de nature à porter atteinte à l'honneur et à la considération (Civ. cass. 21 nov. 1862, aff. Hommel, journal *Le Courrier du Bas-Rhin*, D. P. 62. 1. 489; Crim. cass. 31 déc. 1863, aff. Ribel et Crim. rej. 17 mars 1864, aff. Robin et Hyenne, D. P. 64. 1. 103).

878. L'auteur de l'imputation diffamatoire peut être réputé avoir agi avec une intention coupable, quoique son *but* n'ait pas été de nuire à la personne diffamée, par cela seul qu'il a pu et dû prévoir les conséquences préjudiciables de cette imputation (*Rép.* n° 878). Jugé, en ce sens : 1° que le gérant d'une agence de renseignements qui fournit à ses abonnés des bulletins contenant des imputations de faits diffamatoires pour les tiers, dans une forme non confidentielle, ne peut, pour faire disparaître le délit de diffamation attaché à de semblables communications (V. *supra*, n° 866), se prévaloir de ce qu'il ne les aurait faites que pour éclairer ceux envers lesquels l'agence était liée, et non dans une intention nuisible, cette intention résultant suffisamment de la connaissance qu'il avait du caractère préjudiciable d'un mode de renseignements que des contrats d'abonnement n'autorisaient et ne pouvaient autoriser (Aix, 19 févr. 1869, aff. Lasneau, D. P. 69. 2. 83); — 2° Que celui qui a fourni à un journal, pour y être publié, le compte rendu de la séance d'un conseil municipal, renfermant des imputations diffamatoires pour un tiers, ne saurait exciper, pour établir sa bonne foi, de l'usage où il est de rendre sommairement compte des délibérations de ce conseil, s'il n'a pu ignorer que cet écrit, destiné à la publicité, était de nature à porter atteinte à l'honneur et à la considération de la personne y désignée (Poitiers, 13 févr. 1885, aff. Bérauld, D. P. 86. 2. 200); — 3° Qu'il n'est pas nécessaire, pour constituer le délit de diffamation, que l'auteur d'une imputation de nature à porter atteinte à l'honneur et à la considération d'une personne inconnue de lui, se soit proposé pour but spécial de nuire à cette personne en publiant, dans un journal, la fausse nouvelle qui contenait l'imputation dont s'agit; que l'intention de nuire existe chez l'auteur de l'imputation diffamatoire par cela seul qu'il a conscience du dommage matériel ou moral qui pourra résulter de la publicité donnée à cette imputation pour la personne qui en est l'objet (Bordeaux, 26 déc. 1890) (1).

879. Le gérant d'un écrit périodique ne peut échapper à la responsabilité qui lui incombe à raison des imputations diffamatoires contenues dans cet écrit, en excipant de son ignorance du contenu des articles publiés sous sa signature (Crim. rej. 29 nov. 1860, aff. Gounouilhou, D. P. 61. 1. 45; 19 mai 1878, aff. Lenoir, journal *La République fran-*

(1) (Crabit C. journal *La France du Sud-Ouest*.) — LA COUR; — Attendu que Jean Crabit a réuni, dans une seule et même poursuite en diffamation, Alexandre Arjo, gérant du journal *La France du Sud-Ouest*, et Henri Gounouilhou, directeur gérant du journal *La Petite Gironde*; — Attendu que, dans son numéro du 8 févr. 1890, le journal *La France* a publié, sous la rubrique « Le crime de Chadenne », un long article dans lequel l'auteur, après avoir rendu compte des résultats d'une perquisition domiciliaire opérée par les magistrats instructeurs chez un sieur H... à Tenachères, présente une série d'inductions tendant à établir la culpabilité du sieur H..., signale le sieur H... comme l'assassin de Pierre Crabit, et clôt l'écrit incriminé en disant : « Nous pouvons dire, en terminant, que l'enquête est aujourd'hui terminée et que l'arrestation est imminente ; elle aura eu lieu vraisemblablement à l'heure où paraîtront ces lignes » ; — Attendu que si Jean Crabit n'est pas dénommé dans l'article incriminé, il est clairement désigné comme l'auteur de l'assassinat : 1° par l'indication de ses liens de parenté avec la victime ; 2° par sa qualité d'héritier ; 3° par les énonciations relatives à son domicile ; — Que d'ailleurs, Arjo reconnaît loyalement que c'est effectivement Jean Crabit qui était visé dans les imputations contenues dans l'écrit précité ; — Attendu que, parmi les trois éléments dont se compose le délit de diffamation, il en est deux dans la cause qui échappent à toute discussion, savoir : 1° le caractère diffamatoire des imputations qui servent de base à la poursuite ; 2° la publicité ; — Que les premiers juges ont prononcé l'acquittement d'Arjo en se fondant sur ce que l'intention de nuire ne serait pas caractérisée, et c'est encore exclusivement sur ce terrain que le prévenu place sa défense devant la cour ; — Attendu qu'en statuant ainsi le tribunal a méconnu des principes certains en droit et manifestement confondu le but poursuivi avec l'intention ; — Attendu, d'abord, qu'il est de jurisprudence constante que les imputations diffamatoires sont réputées de plein droit faites avec intention de nuire, et cette présomption ne peut fléchir qu'en présence de faits justificatifs suffisants pour faire admettre la bonne foi ; — Attendu, d'autre part, que l'intention de nuire est légalement caractérisée lorsque l'auteur de la diffamation a eu conscience des conséquences préjudiciables qui pouvaient en résulter pour la personne diffamée ; — Attendu que les premiers

juges ont cru pouvoir faire résulter l'absence d'intention de nuire : 1° de ce que l'auteur de l'article incriminé ne connaissait pas Jean Crabit et n'était par conséquent animé à son égard d'aucun sentiment malveillant ; 2° de ce qu'il avait pour but de renseigner les lecteurs sur un fait passionnant à un haut degré l'opinion publique dans la « région » ; — Mais attendu qu'il importe peu que l'auteur de la diffamation n'ait pas eu pour but spécial de nuire au plaignant qu'il ne connaissait pas ; qu'il importe peu encore qu'il ait cru obéir aux mobiles les plus louables ; que le but, quelque utile qu'il paraisse, ne justifie pas les moyens employés pour l'atteindre ; qu'en imputant volontairement à Jean Crabit un fait qui porte atteinte à son honneur et à sa considération, Arjo lui a causé intentionnellement un préjudice ; d'où la conséquence que le délit est caractérisé ; — Attendu que le prévenu revendique vainement, en faveur de la presse, une prétendue immunité qui n'a aucune base légale, et qui, si elle était consacrée, constituerait un véritable danger pour l'ordre public ; — Attendu que si la presse a pour mission de satisfaire la curiosité publique, elle n'est point autorisée en rendant compte d'événements de nature à intéresser l'opinion, à imputer à des particuliers, dont le nom est mêlé à ces événements, des faits de nature à porter atteinte à leur honneur ou à leur considération ; — Qu'il est manifeste que la théorie plaidée au nom des faits nombreux, sans garantie et sans défense, l'honneur des personnes de la vie privée ; — Attendu que, pour essayer de justifier sa bonne foi, Arjo prétend vainement qu'en désignant Jean Crabit comme l'assassin de son oncle, il n'a fait que reproduire un bruit généralement répandu dans le pays ; — Qu'il est évident, ainsi que d'ailleurs que l'a décidé la cour de cassation, qu'une circonstance de cette nature ne saurait avoir le caractère d'un fait justificatif ; — Qu'il faut ajouter, dans la cause, que le journal *La France* agissait avec d'autant plus de témérité en accréditant ainsi une rumeur de cette nature, que les imputations qui lui sont reprochées étaient publiées après une perquisition domiciliaire qui avait donné des résultats absolument négatifs, et qui semblait, par conséquent, avoir contredit le bruit dont le journal se faisait imprudemment l'écho ; — Qu'ainsi, le délit imputé à Arjo est indiscutablement établi ; — Attendu, toutefois, qu'il existe dans la cause des circonstances exceptionnel-

çaise, D. P. 77. 1. 5; Crim. cass. 7 nov. 1884, aff. Bérauld, D. P. 86. 1. 142; Poitiers, 13 févr. 1885, même affaire, D. P. 86. 2. 200).

880. Si, en l'absence d'intention coupable, l'imputation diffamatoire perd son caractère délictueux, elle peut du moins constituer un quasi-délit en raison de la faute ou de l'imprudence commise par l'auteur de l'imputation. Jugé, en ce sens, que l'allégation, répétée en plusieurs circonstances, que des diamants qu'on suppose avoir été distraits de la succession d'une personne décédée ont été vus dans la corbeille de mariage du fils de l'un des héritiers, constitue, de la part de l'auteur de cette allégation, quelle qu'ait été sa bonne foi, une imprudence ayant pour résultat de nuire à l'honneur et à la considération de l'héritier sur lequel on fait peser un soupçon de détournement; et cette imprudence peut donner lieu à des dommages-intérêts (Orléans, 5 mars 1890, aff. De Cosnac, D. P. 91. 2. 160). Mais le client qui, à l'occasion de réserves insérées dans un inventaire, donne à un notaire, en dehors de son étude, des explications intimes tendant à justifier lesdites réserves par l'existence d'un fait entachant l'honneur d'une tierce personne, ne commet aucune faute de nature à le rendre passible de dommages-intérêts (Même arrêt).

881. — 2° *Cas où l'imputation diffamatoire constitue l'accomplissement d'un devoir.* — La publication d'une imputation diffamatoire ne peut pas constituer un délit quand l'auteur de cette publication s'y trouvait obligé, et qu'elle constituait pour lui l'accomplissement d'un devoir. Jugé, en ce sens : 1° que l'imprimeur gérant du *Journal officiel* qui insère dans ce journal un document officiel, tel qu'un rapport adressé à un ministre, alors qu'il ne lui appartient pas de se refuser à cette publication, et qu'il s'est abstenu de tout commentaire, ne saurait être déclaré coupable de diffamation envers le tiers nommé ou désigné dans ce document, l'intention malveillante faisant défaut en pareil cas

(Trib. corr. Seine, 19 mars 1869, aff. Buet, D. P. 69. 3. 31); — 2° Qu'il y a lieu de rejeter une action en dommages-intérêts fondée sur une prétendue diffamation, lorsque l'auteur des propos soi-disant diffamatoires n'a fait que se soumettre à une obligation légale, ou échanger des appréciations confidentielles, sous l'empire d'une préoccupation légitime et de bonne foi; spécialement, lorsqu'il est établi qu'il s'est borné à faire part au procureur de la République de faits qui demeuraient inexpliqués, mais étaient susceptibles d'être expliqués par un crime, à répondre aux questions qui lui étaient posées à ce sujet par l'officier de police judiciaire chargé de l'enquête, et à entretenir de ses soupçons des personnes qui avaient déjà connaissance des mêmes faits (Req. 7 févr. 1887, aff. Jausselin, D. P. 89. 1. 77); — 3° Qu'il n'y a pas délit de diffamation, faute d'intention de nuire, dans le fait de l'actionnaire qui, sans animosité personnelle, mais justement préoccupé de la situation de la société, révèle devant ses coassociés les antécédents commerciaux d'un administrateur (Paris, 13 mai 1887, aff. Alexandre, D. P. 88. 2. 275); — 4° Qu'il n'y a pas délit de diffamation dans la délibération d'un conseil municipal qui, sans intention de nuire et sans obéir à une pensée d'hostilité ou de dénigrement, réfute les récriminations d'une partie adverse de la commune et, dans un intérêt exclusivement communal, poursuit, en appréciant les prétentions et les actes de cette partie, l'entier bénéfice d'un jugement rendu contre elle (Montpellier, 2 nov. 1888, aff. Bayle, D. P. 96. 2. 255).

882. — 3° *Cas où l'imputation diffamatoire constitue l'exercice d'un droit.* — L'exercice d'un droit n'est jamais un acte punissable; il n'y a donc pas délit de diffamation dans le fait d'imputer à autrui un acte de nature à porter atteinte à son honneur et à sa considération, toutes les fois que cette imputation constitue, de la part de son auteur, l'exercice d'un droit. L'application de ce principe a

---

lement atténuantes; — Que d'une part, en effet, le journal *La France* a reproduit une imputation qui était de notoriété publique dans la région; — Que, d'autre part, dans des numéros publiés postérieurement à l'article incriminé, ce journal a non explicitement, mais virtuellement rétracté les imputations contenues dans le numéro du 8 févr. 1890;

En ce qui concerne H. Gounouilhou; — Attendu que, dans son numéro du 9 février dernier, le journal *La Petite Gironde* dont H. Gounouilhou est le gérant responsable, a publié, sous le titre : « Le crime de Saint-Aignan », un article qui peut se décomposer en deux parties bien distinctes; — Que dans la première partie de l'écrit incriminé, l'auteur rend compte des résultats d'une perquisition domiciliaire opérée chez Jean Crabit, et son récit est d'une scrupuleuse exactitude; — Attendu que, dans la deuxième partie de l'article, le rédacteur relate les bruits qui circulent dans la région et signalent Jean Crabit comme l'assassin de son parent Pierre Crabit; — Que l'écrit incriminé se termine par le passage suivant : « Bref, le crime d'Aignan demeure entouré d'un impénétrable mystère. L'instruction se heurte à des difficultés exceptionnelles, car, nous le répétons encore une fois, les renseignements que nous venons de donner ne sont que des bruits recueillis dans le public et auxquels la justice ne peut pas et ne doit pas donner trop légèrement créance »; — Attendu que si des réserves ainsi formulées atténuent considérablement la portée des allégations contenues dans l'article incriminé, elles ne sont pourtant pas susceptibles de leur enlever tout caractère diffamatoire; — Que Gounouilhou reconnaît, d'ailleurs, que la publicité et le caractère diffamatoire des allégations qui servent de base à la poursuite sont indéniables, et excipe exclusivement de l'absence d'intention de nuire; — Que sauf quelques nuances de rédaction, le cas de Gounouilhou étant identique à celui du prévenu Arjo, les raisons juridiques ci-dessus déduites doivent faire repousser, tant à l'égard de l'un qu'à l'égard de l'autre, l'excuse de la bonne foi; — Qu'il est certain que l'intention de nuire se présume de droit dans les imputations diffamatoires, que cette présomption ne s'évanouit qu'en présence de faits justificatifs suffisants pour démontrer la bonne foi du diffamateur; — Que dans la cause, Gounouilhou ne saurait puiser un fait justificatif dans cette circonstance que l'écrit incriminé aurait reproduit un bruit généralement répandu dans la région; — Attendu que, dans des conclusions déposées, Gounouilhou critique vivement, au nom de la liberté de la presse, la théorie de droit consacrée par le présent arrêt et déjà affirmée par la cour dans un arrêt récent; — « Attendu, dit-il, que l'intention de nuire ne saurait consister uniquement dans la connaissance qu'aurait l'écrivain de la portée de ses écrits; que s'il suffisait que l'auteur de la diffamation se soit rendu compte des conséquences préjudicia-

bles qui pouvaient résulter de l'article publié pour que le délit fût caractérisé, l'existence de l'intention se trouverait subordonnée à la matérialité de l'écrit; — Que cette obligation de la loi s'explique d'autant mieux que, sans cela, la presse ne saurait exister comme moyen d'information »; — Attendu qu'en formulant ses objections, Gounouilhou oublie que si la jurisprudence décide, sagement d'ailleurs, que l'intention de nuire est présumée de droit dans les imputations diffamatoires, cette présomption peut fléchir devant la preuve de faits justificatifs suffisants pour faire admettre la bonne foi; — Qu'ainsi, à ce premier point de vue, l'intention de nuire n'est pas nécessairement liée à la matérialité de l'écrit incriminé; — Attendu, d'un autre côté, que si l'intention de nuire constitue incontestablement un des éléments essentiels du délit de diffamation, cette intention est légalement caractérisée lorsque l'auteur des imputations a eu conscience des conséquences préjudiciables qui pouvaient en résulter; — Que cette définition ne fait pas évidemment abstraction de l'élément moral, puisqu'elle fait consister l'intention de nuire dans une disposition d'esprit en vertu de laquelle l'agent voit les conséquences de l'acte qu'il commet, c'est-à-dire dans un fait psychique relevant manifestement de l'ordre moral; — Attendu enfin que Gounouilhou soutient vainement que cette interprétation de la loi apporterait au régime de la presse de telles entraves qu'elle ne pourrait plus exister comme moyen d'information; — Que les journaux, sans exagérer la prudence et la circonspection, trouveront aisément le moyen de donner satisfaction à la curiosité publique, dans ce qu'elle peut avoir de légitime, en évitant l'écueil de la diffamation; — Attendu, d'ailleurs, qu'en pareille matière il n'existe aucune immunité en faveur de la presse; — Que le législateur a clairement indiqué le seul niveau : les franchises de la presse s'arrêtent là où commence la diffamation à l'encontre des particuliers; — Qu'il devait nécessairement en être ainsi, l'honneur des personnes représentant un intérêt social autrement respectable que celui qui se réclame de la satisfaction à donner à la curiosité publique; — Qu'ainsi Gounouilhou, n'invoquant aucun fait justificatif susceptible de faire accueillir l'excuse de la bonne foi, le délit de diffamation est nettement caractérisé;...

Mais attendu que, si le délit est constant, il faut reconnaître que la diffamation imputable à Gounouilhou a été atténuée dans la plus large mesure par les réserves qui accompagnent les allégations diffamatoires dans l'article incriminé;

Par ces motifs; — Infirme le jugement rendu par le tribunal correctionnel de Libourne le 7 nov. 1890; — Emendant, déclare Arjo et Gounouilhou coupables du délit de diffamation, etc. Du 26 déc. 1890.-C. de Bordeaux, ch. corr.-MM. Olive, pr.-Latroquère, av. gén.-Bretenet, Boui et David, av.

soulevé des questions délicates dont la solution a varié au gré des mœurs publiques et des régimes politiques qui se sont succédé en France. Dans quels cas, pour le critique, pour le journaliste, pour le citoyen, en littérature, en art, en politique, la publication d'un fait qui porte atteinte à l'honneur ou à la considération d'autrui est-elle un droit? Où sont exactement les limites de la discussion permise et des abus intolérables? Où commence l'attentat à la sécurité des personnes et à la tranquillité publique? Ce sont des points que le législateur et la jurisprudence ont essayé de définir dans une foule d'hypothèses où les nuances sont parfois difficiles à saisir, tantôt en s'inspirant du principe autoritaire comme sous le décret de 1852, tantôt en faisant, à la liberté, les concessions les plus étendues, comme sous le régime de la loi de 1881.

883. — A. *Vérité ou notoriété du fait diffamatoire.* — La vérité du fait diffamatoire, ou même sa notoriété ne sont pas, en principe, une excuse pour le diffamateur. En d'autres termes, nul n'a le droit de publier ou de propager un fait qui porte atteinte à l'honneur ou à la considération d'autrui, par le seul motif que ce fait est vrai ou même qu'il est notoire (*Rép.* n°s 846 et suiv. Conf. Barbier t. 1, n° 407). Jugé, en ce sens : 1° que le délit de diffamation ne disparaît pas par cette circonstance que l'imputation incriminée serait de notoriété publique (Crim. rej. 6 févr. 1875, aff. Genevois, D. P. 77. 1. 186) ; — 2° Que, la vérité du fait diffamatoire étant sans influence sur l'existence du délit de diffamation, la circonstance que l'article incriminé n'a fait que reproduire un bruit généralement répandu dans le pays est inopérante au point de vue de la bonne foi du journaliste (Bordeaux, 26 déc. 1890, *suprà*, n° 878). Cette circonstance pourrait seulement motiver, en faveur du prévenu, l'admission de circonstances atténuantes (Même arrêt).

884. Il en était ainsi d'une façon générale et sans aucune exception sous l'empire du décret de 1852, dont l'art. 28 disposait qu'en aucun cas la preuve par témoins ne serait admise pour établir la réalité des faits injurieux ou diffamatoires. Le rétablissement du régime parlementaire en France devait apporter à cette règle une importante exception. Quand l'imputation concerne des personnes ayant un caractère public et qu'elle est relative à leurs fonctions ou à leur qualité, le prévenu doit être renvoyé des fins de la plainte, s'il rapporte la preuve des faits imputés (art. 35, al. 1). Et la loi assimila aux personnes ayant un caractère public les administrateurs des entreprises financières, industrielles ou commerciales faisant publiquement appel au crédit (art. 35, al. 2). Il en est de même des corps constitués, des armées de terre et de mer, des administrations publiques (V. *infrà*, n° 920). En d'autres termes, dans les hypothèses prévues par l'art. 35, al. 1 et 2, l'imputation diffamatoire constitue, pour toute personne, l'exercice d'un droit, si le fait imputé est vrai, alors même qu'il serait de nature à nuire à l'honneur ou à la considération d'autrui, mais à charge pour le prévenu de rapporter la preuve de son imputation. A part cette exception, la vérité du fait diffamatoire n'est jamais une excuse légale et péremptoire du délit de diffamation (*Rép.* n°s 851 et suiv. Conf. Barbier, t. 1, n° 407).

885. Si, à part l'exception signalée au numéro précédent, la vérité du fait diffamatoire ne constitue pas une excuse légale et péremptoire du délit de diffamation, elle constitue néanmoins un élément considérable de la décision que le juge doit rendre en fait sur l'intention de nuire de la part du prévenu. Dans certains cas, sans doute, la vérité du fait imputé rendra sa divulgation d'autant plus grave; mais, le plus souvent, elle diminuera la responsabilité de l'agent du délit, en même temps que le préjudice causé. Il pourra même arriver que cette vérité apporte au juge une démonstration si complète que le prévenu n'a pas eu d'intention coupable, c'est-à-dire qu'il n'a ni voulu ni cru nuire à l'honneur ou à la considération d'autrui, que son acquittement en résulte comme une conséquence forcée, non pas en droit, mais en fait (Conf. Barbier, t. 1, n° 407).

La prohibition de la preuve des faits diffamatoires n'en subsiste pas moins tout entière : cette preuve ne saurait être recevable par cela seul que le prévenu déclare qu'il ne cherche non pas une excuse légale, mais un moyen d'établir la pureté de ses intentions et l'absence de tout préjudice.

Seulement le prévenu sera admis à démontrer sa bonne foi au moyen de jugements ou autres actes authentiques, par lesquels les faits imputés auraient été constatés antérieurement. Il pourra même, en cas de dénégation, verser ces documents au débat. Cette faculté ne peut lui être refusée, parce qu'il ne s'agit pas ici d'établir, au moyen d'une preuve que la loi défend, la réalité des faits imputés mais d'invoquer, dans l'intérêt de la défense, la preuve déjà faite, et légalement faite, de cette réalité. C'est ainsi que, suivant les termes de l'ancien art. 370 c. pén., le prévenu de calomnie était à l'abri de toute peine quand il rapportait la preuve légale des faits calomnieux; cette preuve légale, qui ne peut fournir au prévenu de diffamation aucune excuse péremptoire, doit lui permettre du moins d'établir qu'il n'a pas agi dans une intention coupable ou malveillante. Tel serait, par exemple, le cas d'un journaliste qui, ayant signalé un candidat aux élections comme étant frappé d'inéligibilité par l'effet d'une condamnation, prétendrait avoir agi dans un intérêt public, et, pour le démontrer, invoquerait l'autorité du jugement de condamnation.

886. Le prévenu peut encore produire des pièces et faire entendre des témoins dans le but d'établir sa bonne foi, non pas au moyen de la preuve de la vérité du fait qui lui est interdit, mais en prouvant qu'il a eu des raisons de croire à la vérité de ces faits, circonstance qui pourrait, sinon faire disparaître, du moins atténuer la culpabilité. Ainsi un prévenu peut être admis à prouver, même par témoins, qu'il n'a fait que répéter un fait qui était de notoriété publique (Chassan, t. 1, n° 55);... ou appeler à l'audience les personnes de qui il tient le fait répété pour lui, pour leur faire déclarer qu'en effet, elles le lui avaient bien rapporté (Chassan, t. 2, n° 1835 ; C. d'assises du Calvados, 7 août 1843, *Gazette des tribunaux* du 12 août). Mais il appartient, en pareil cas, aux juges de veiller rigoureusement à ce que les témoins se renferment dans les questions spéciales qui leur sont posées, de façon à ce que, sous prétexte d'établir sa bonne foi, le prévenu ne fasse pas indirectement une preuve que la loi lui interdit (Barbier, t. 1. n° 407).

887. — B. *Provocation.* — La provocation n'est pas une excuse légale en matière de diffamation, à la différence de la règle établie en matière d'injures publiques envers les particuliers par l'art. 33 de la loi du 29 juill. 1881 (V. *infrà*, n°s 1050 et suiv.). Jugé que la diffamation ne cesse pas d'être délictueuse lorsqu'il y a eu provocation (Poitiers, 10 févr. 1855, aff. N..., D. P. 55. 2. 109; Crim. cass. 18 nov. 1886, aff. Allard, D. P. 87. 1. 189). Décidé, notamment, que les imputations diffamatoires dirigées contre un avoué ne sauraient trouver une excuse dans l'allégation de la dissimulation, au cours d'une instance, par cet officier ministériel, d'une pièce capitale au procès, lorsque la pièce dont il s'agit appartient à la partie adverse qui aurait négligé de la communiquer, en laissant ignorer au plaignant si elle la verserait au débat (Trib. civ. Charleville, aff. Raimbourg, D. P. 92. 2. 494; Crim. cass. 10 nov. 1876, aff. Bel et Parent, D. P. 77. 1. 44. Conf. Crim. cass. 25 mars 1847, *Rép.* n° 1333). La provocation n'est même pas, comme pour les crimes et délits prévus par les art. 321 et suiv. c. pén., une cause légale d'atténuation de la peine du délit de diffamation (*Rép.* n° 1332).

888. Cependant, il est permis au juge du fait, en présence de certaines provocations de nature à faire disparaître la responsabilité de l'auteur de l'imputation diffamatoire, de déclarer ce dernier non coupable à défaut de toute intention de nuire. Jugé, en ce sens : 1° que s'il est vrai, en thèse générale, que celui qui, atteint par des incriminations, en adresse d'autres à son adversaire, ne peut se prévaloir devant la justice d'une espèce de compensation dans les injures et faire absoudre ses torts par ceux qui les ont précédés, cette règle ne saurait être appliquée à celui qui s'est borné à se défendre en repoussant, même avec une énergie violente, une violente accusation (Paris, 19 mars 1860, aff. Dupanloup, D. P. 60.1. 206); — 2° Qu'il n'y a pas diffamation dans le fait d'avoir relevé avec une certaine vivacité, dans un journal, une insinuation malveillante et rendue publique, qu'on était en droit de ne pas laisser sans réponse (Trib. corr. Toulon, 5 janv. 1867, aff. Durand, D. P. 67. 3. 7); — Jugé, d'ailleurs, que si la diffamation et même l'injure, quand elle est passible de peines correctionnelles, ne cessent pas d'être délictueuses lorsqu'il y a eu simplement provocation, il n'en est pas de même dans le cas où l'auteur de la diffamation ou de l'injure n'a point agi avec l'intention de nuire (Crim. rej. 13 nov. 1875, aff. Griffe, D. P. 83. 5. 358).

889. — C. *Production d'écrits en justice, comptes rendus de débats judiciaires, etc.* — Ne peuvent donner lieu à aucune action pénale ou civile, pour diffamation (ni pour injure ou pour outrage), les imputations contenues dans les discours prononcés ou les écrits produits devant les tribunaux (art. 41, § 3, 4 et 5) ;... les comptes rendus des débats judiciaires, quand ils sont fidèles et faits de bonne foi (art. 41, § 3) (V. *infrà*, tit. 4, chap. 1, sect. 4). — Quant aux imputations diffamatoires qui seraient contenues dans les discours ou écrits des magistrats, dans les dépositions des témoins et les rapports d'experts, et à celles qui résulteraient de la teneur d'un jugement, V. *infrà*, n° 1375.

890. — D. *Publication de jugements.* — Les jugements peuvent toujours être publiés, alors même qu'ils interviennent sur des procès dont le compte rendu est interdit (L. 29 juill. 1881, art. 39, § 2). Cette publication constituant l'exercice d'un droit, il en résulte que le journaliste ne peut pas être poursuivi du chef de diffamation, alors même que le jugement publié relaterait des faits de nature à nuire à l'honneur ou à la considération des tiers. « Mais, dit très justement M. Barbier (t. 1, n° 433), la publication, qu'autorise ainsi formellement la loi, est celle qui est l'œuvre de la presse et qui, se produisant à une époque contemporaine du jugement, complète en quelque sorte la publicité de l'audience. Quant aux publications faites longtemps après l'audience et dans le but malveillant de rappeler les faits qui y sont relatés, elles ne jouiraient d'aucune immunité et entraîneraient contre les publicateurs les peines de la diffamation ». Jugé en ce sens que, si la prohibition de rendre compte de certains débats, édictée par l'art. 39 de la loi du 29 juill. 1881, n'est pas applicable à la publication du jugement, laquelle est toujours autorisée, le fait par un journaliste de reproduire le texte d'un jugement peut, dans certains cas, réunir tous les éléments du délit de diffamation ; que, spécialement, il y a diffamation punissable dans la reproduction réitérée et accompagnée de commentaires malveillants, que l'on fait d'un journal, dans l'intention de nuire à un avocat, candidat au conseil général, d'un arrêt qui réduit les honoraires stipulés par cet avocat d'un de ses clients et qui annule les billets que le client avait souscrits en garantie du payement des honoraires (Agen, 30 janv. 1890, aff. Durroux et Labordère, D. P. 91. 2. 270).

891. Quant à la publication d'un jugement par la partie au profit de laquelle il a été rendu, elle peut, en vertu des mêmes principes, constituer, dans certains cas, le délit de diffamation. C'est ce qui a été décidé relativement à la publication, par voie d'affiches, d'un jugement correctionnel dont l'affichage n'avait pas été ordonné (Trib. corr. Grenoble, 7 déc. 1826, *Gazette des tribunaux*, 2 janv. 1827). C'est ce qu'on devrait encore décider relativement à la publication par insertion dans les journaux, avec intention de nuire, d'un jugement dont l'insertion n'aurait pas été ordonnée (V. L. 29 juill. 1881, art. 39 et *infrà*, n° 1142). — Mais, quand l'insertion a été ordonnée, la publicité qu'on donne au jugement, au moyen d'un tirage du numéro qui le contient plus fort que le tirage habituel, doit être considérée comme légitime (Trib. corr. Seine, 6 juin 1844, *Gazette des tribunaux* du 7 juin ; Grellet-Dumazeau, t. 1, n° 255 ; Barbier, t. 1, n° 436). — Jugé aussi qu'en principe, la partie qui a obtenu une décision que le juge a prescrit l'insertion dans certains journaux, aux frais de la partie condamnée, peut la faire insérer en outre, dans d'autres journaux, à ses propres frais, sans se rendre passible de dommages-intérêts (Aix, 6 févr. 1857, aff. Vermare, D. P. 57. 2. 133 ;... mais que cette insertion dans les journaux autres que ceux désignés par le jugement pourrait donner lieu à des dommages-intérêts si elle avait été faite avec intention de nuire et si elle avait, en effet, porté préjudice à la partie condamnée (Même arrêt, V. *infrà*, n° 1141).

892. — E. *Imputations contenues dans les discours tenus aux Chambres, les protestations en matière électorale, les actes notariés, etc.* — Ne donnent ouverture à aucune action les discours tenus dans le sein de l'une des deux Chambres, ainsi que les rapports et toutes autres pièces imprimées par ordre de l'une des deux Chambres (art. 41, § 1. V. *infrà*, tit. 4, chap. 1, sect. 4). Les imputations contenues dans une protestation en matière électorale sont-elles constitutives du délit de diffamation, quand elles sont de nature à porter atteinte à l'honneur ou à la considération du candidat ou d'un tiers? V. *suprà*, v° *Droit politique*, n°s 410 et suiv. V. aussi Barbier, t. 1, n° 438.

893. Quant aux imputations contenues dans des délibérations de conseils municipaux ou de conseils généraux etc., V. *infrà*, n° 1359.

894. — F. *Critique en matière d'art, de science et de littérature.* — Les droits de la critique en matière d'art, de science et de littérature n'autorisent jamais la diffamation (*Rép.* n° 835). Il est permis à la critique d'attaquer l'œuvre librement. Livrée par son auteur à la publicité, l'œuvre appartient au jugement du public. Mais la personne même de l'auteur, son honneur et sa considération privée et professionnelle, son caractère et sa probité artistique, scientifique ou littéraire, doivent être soigneusement respectés. La critique de l'œuvre ne saurait se confondre avec le dénigrement de la personne de l'auteur et de ses actions. Ainsi c'est diffamer un écrivain ou un savant, que de l'accuser de plagiat ; c'est diffamer un peintre, que de dire que le tableau qu'il expose comme étant un original n'est qu'une copie ; c'est diffamer un sculpteur que de dire de la statue qu'il expose comme modelée n'est que moulée (Grellet-Dumazeau, t. 1, n° 112 ; Barbier, t. 1, n° 414). Jugé, en ce sens : 1° que la critique a le droit de juger librement et même sévérité les œuvres de la science, de la littérature et des arts, mais à la condition d'apporter ses appréciations un esprit de justice et de sincérité, et non une intention de dénigrement injuste ou d'exagération malveillante, et en outre de respecter le caractère des personnes dont elle discute publiquement les œuvres ou le talent ; l'écrivain qui s'écarte de ces règles engage même pénalement sa responsabilité ; que, spécialement, l'article de journal dans lequel le rédacteur de la chronique théâtrale dénonce une actrice qui doit faire ses débuts à un théâtre, comme ayant eu des procès avec son directeur et ayant menacé de l'huissier un journaliste qui avait critiqué son jeu, « moyens bons, dit-il, pour attirer l'attention du public », est avec raison considéré comme excédant les limites du droit de critique et comme entaché de diffamation (Trib. corr. Seine, 26 févr. 1863, aff. De Melin, D. P. 63. 3. 68. Conf. Trib. corr. Seine, 7 févr. 1844, *Gazette des tribunaux* du 8 févr. ; 17 mai 1844, *Gazette des tribunaux* du 18 ; Crim. cass. 10 mai 1845, *Rép.* n° 835) ; — 2° Que c'est diffamer un graveur que de lui imputer d'avoir déshonoré son art en signant des planches scandaleusement mauvaises, et d'avoir fait preuve d'une entière élasticité de conscience en alléguant pour excuse la rémunération dérisoire qu'il avait reçue pour ce travail (Paris, 24 janv. 1882, *La Loi*, t. 2, n° 28) ; — 3° Que l'imputation, dirigée contre un écrivain d'avoir manqué à la fois de probité littéraire et de délicatesse dans le règlement d'intérêts pécuniaires avec son collaborateur, constitue le délit de diffamation (Paris, 9 juill. 1890, aff. Journal *Le Figaro*, D. P. 91. 2. 62).

895. — G. *Droits de la critique en ce qui concerne les actes des personnes revêtues d'un caractère public.* — Les mêmes règles sont applicables, sous le régime de la liberté de la presse, à la critique des actes de personnes qui sont revêtues d'un caractère public. Tous les hommes qui prennent part à la conduite des affaires publiques appartiennent à la discussion. Leurs opinions, leurs aptitudes, leurs qualités, leurs tendances, sont matières à controverse, livrées par eux-mêmes au jugement du public dont ils sollicitent la faveur et la confiance. Ce n'est pas à dire, toutefois, qu'il soit permis de porter atteinte à l'honneur ou à la considération des hommes publics : les imputations diffamatoires dirigées contre eux de mauvaise foi sont punissables (Bourges, 1er août 1883, aff. Châteaufort, Pinault et autres, D. P. 85. 2. 110. Conf. Crim. rej. 17 juill. 1874, aff. Bonhomet et Dreyfus, D. P. 75. 1. 97 ; 13 août 1874, aff. Levaillant, D. P. 75. 1. 41 ; Crim. cass. 15 mai 1875, aff. Bornier, D. P. 76. 5. 345 ; Crim. rej. 30 déc. 1873, aff. Ribard, D. P. 74. 1. 393 ; Rennes, 27 mars 1878, aff. Périer, D. P. 81. 2. 68 ; Crim.

rej. 2 août 1878, aff. Guelle, D. P. 79. 1. 47. V. aussi Crim. rej. 3 févr. 1877, aff. Cival, D. P. 77. 1. 281 et Bourges, 30 nov. 1883, *suprà*, n° 868). — Mais si elles sont relatives aux fonctions ou à la qualité, et si la preuve en est fournie, le délit de diffamation disparaît, ainsi qu'on l'a vu *suprà*, n° 884. Il pourra seulement y avoir délit d'outrage. Ainsi il a été jugé que la simple qualification ou appréciation de faits imputés à un fonctionnaire public, et qui ont été reconnus constants, n'a pas les caractères du délit de diffamation défini par l'art. 13 de la loi du 17 mai 1819 ; que, spécialement, il n'y a pas diffamation dans l'article de journal qui, après avoir imputé à un chef de service de l'exposition universelle de 1867 d'avoir passé avec un tiers un traité illicite dont la preuve a été faite, ajoute que ce traité « constituait un acte d'escroquerie ou de concussion » ; mais que l'appréciation formulée en ces termes a le caractère d'un outrage fait publiquement à un fonctionnaire public à raison de ses fonctions (Crim. rej. 13 déc. 1877, aff. Giry et Assézat de Bouteyre, D. P. 78. 1. 89).

896. — H. *Comptes rendus, discussions dans les journaux.* — La nécessité, pour la presse périodique, de satisfaire la curiosité publique, de rendre compte des événements qui peuvent intéresser l'opinion, ne saurait excuser la diffamation, surtout à l'égard des particuliers (V. Bordeaux, 26 déc. 1890, *suprà*, n° 878). Jugé, en ce sens : 1° qu'il y a diffamation de la part d'un journaliste qui, pour satisfaire la curiosité des lecteurs, ajoute au récit d'un crime des détails individuels de nature à porter atteinte à l'honneur des accusés, et affirme, après leur mise en liberté par une ordonnance de non-lieu, que beaucoup de personnes continuent à croire à leur culpabilité (Paris, 17 juill. 1874, aff. Lebœuf et Guignard, D. P. 75. 5. 345) ; — 2° Que l'absence d'intention de nuire ne peut pas résulter de cette circonstance que les journaux ont été dans l'impossibilité presque absolue de contrôler les incidents dont ils rendaient compte, qu'ils ont agi par légèreté, dans un désir exclusif de satisfaire la curiosité du public et sans être armés par aucun sentiment d'animosité contre la personne diffamée (Paris, 18 juill. 1883, *Gazette des tribunaux* du 19 juill. et Conf. Rouen, 5

nov. 1846, aff. Déat, D. P. 46. 4. 415). — Décidé, d'autre part, que le droit de discuter les opinions et de défendre les principes ne peut autoriser l'attaque dirigée contre un particulier et destinée à lui nuire ; que, spécialement, le fait, par un journal, de publier la désignation d'un magasin ouvert le dimanche, en la faisant suivre d'une invitation aux mères de famille de n'y jamais rien acheter, excède les droits du journaliste et le rend passible de dommages-intérêts envers le propriétaire du magasin (Req. 8 mai 1876, aff. Desquiers, journal *L'Univers*, D. P. 76. 1. 259).

897. — I. *Faits historiques.* — Quant aux faits d'un intérêt général qui se rattachent à l'histoire contemporaine, soit qu'ils concernent des fonctionnaires, soit qu'ils aient trait aux actes des particuliers, ils appartiennent au jugement de l'historien. Le récit et l'appréciation de ces faits, quand ils sont empreints de sincérité et exempts de haine et de malveillance, ne constituent pas le délit de diffamation, l'écrivain ne pouvant pas être considéré comme ayant eu l'intention de nuire à l'honneur ou à la considération des personnes mêlées aux événements qu'il a rapportés (Trib. corr. Seine, 13 janv. 1841, *Gazette des tribunaux* du 14 ; 23 avr. 1841, *Gazette des tribunaux* du 24 ; Trib. civ. Seine, 1er déc. 1842, *Gazette des tribunaux* du 4 ; 16 nov. 1843, *Gazette des tribunaux* du 17 ; Chassan, t. 1, n° 478 ; Grellet-Dumazeau, t. 1, n° 93 ; Barbier, t. 1, n° 433). Il a été jugé qu'en retraçant un fait historique l'écrivain n'est pas tenu de relater toutes les versions fournies sur un point obscur par les récits contemporains de l'événement : il a le droit de s'arrêter à la version qui lui paraît la plus certaine et, s'il est impartial dans l'exercice de ce droit, le choix qu'il fait ne peut pas donner ouverture contre lui à l'action judiciaire des familles que sa narration aurait blessées ; — Que l'historien a pu légitimement substituer la forme, plus vive et plus saisissante du dialogue, à la forme impersonnelle du récit qu'il a reproduit, dès lors qu'il a eu pour but de mettre en relief la pensée des personnages figurant dans la version qu'il a préférée et dont il a d'ailleurs fidèlement rappelé les principaux traits (Paris, 26 avr. 1865) (1).

898. — J. *Polémiques entre journalistes.* — Les polémi-

(1) (A. Dumas C. de Préfontaine.) — Le 2 mars 1864, jugement du tribunal civil de la Seine, ainsi conçu : — Attendu que dans le livre d'Alexandre Dumas père, intitulé *La route de Varennes*, les traits principaux de l'attitude de Préfontaine, dans la nuit du 22 juin 1791, ne sont pas, comme le suppose la demande, entièrement dus à l'imagination de l'auteur ; — Qu'ils ont été tirés presque tous d'une relation publiée en 1815 par le comte de Moustier, l'un des gardes du corps qui accompagnaient le roi et la reine ; mais que Dumas les a donnés comme empruntés à une brochure d'un autre de ses gardes du corps, M. de Valory ; — Que s'il n'y avait eu, de la part de l'écrivain, que cette confusion d'un nom avec un autre nom, ce ne serait pas, pour le demandeur, petit-fils de M. de Préfontaine, un sujet suffisant de plainte ; — Mais attendu que Dumas a introduit dans son récit deux détails qui ne se trouvent ni dans la brochure de M. de Valory, ni dans celle de M. de Moustier, et qui sont, pour la mémoire du major, plus fâcheux encore qu'ils ne le sont dans le récit même du comte de Moustier : — Attendu, en effet, que, dans M. de Moustier, la scène de la porte refermée au moment où il entrait et forcée par lui, sa prière au maître de la maison d'indiquer le chemin pour sortir de Varennes du côté de Stenay, la réponse de l'interlocuteur : « Je le ferais bien, mais je serais perdu ! » ; l'insistance de M. de Moustier, réclamant ce service pour une dame, la réplique : « Nous savons bien ce que c'est, ce n'est point une dame », tout cela, du moins, se serait passé hors de la présence de la reine ; — Qu'au contraire, dans le livre d'Alexandre Dumas, la reine est descendue de voiture, a pris le bras de M. de Valory, tous deux s'avancent, la porte se referme ; M. de Valory s'élance à la repousse ; il demande la route de Stenay pour une femme en danger : « Monsieur, répond le gentilhomme, la femme qui est derrière vous n'est pas simplement une femme », et baissant la voix : « c'est la reine » ; — Que la circonstance de cette porte fermée à la face même d'une femme, d'une reine fugitive, aurait une aggravation gratuite du rôle de Préfontaine ; — Attendu que l'autre détail, dont sa mémoire se trouve chargée par l'imagination de Dumas, c'est le langage qu'il prête à Louis XVI ; après un renseignement obtenu du major, il suppose que le roi lui dit : « Monsieur, je vous remercie ; maintenant vous pouvez rentrer chez vous ; personne ne vous a vu, personne ne vous a entendu, il ne vous arrivera donc rien » ; — Attendu que cette apostrophe mêlée de bonté, mais aussi de méprisante ironie, tombant de la bouche du roi, aurait pesé comme une sentence sur la tête du major

chevalier de Saint-Louis ; — Attendu que Dumas termine son récit en disant : « Tout le monde ignora cette entrevue, qui serait encore ignorée si M. de Valory n'avait, dans sa brochure, raconté dans tous les détails » ; — Que dans sa préface, il avait protesté du scrupule apporté par lui dans les recherches historiques accompagnant ceux de ses romans dont la fable se rattache à l'histoire, et avait invoqué l'autorité notamment des mémoires de M. de Valory : — Attendu que l'erreur même commise dans l'invocation du dernier nom, au lieu du premier, n'est pas indifférente ; qu'elle prêtait à l'un, l'apparence d'une exactitude que n'aurait pu avoir l'autre dans les circonstances auxquelles chacun des deux gardes du corps avait diversement pris part ; — Attendu que le témoignage de Valory était honorable pour Préfontaine, et qu'il importe au petit-fils de celui-ci que ce témoignage soit, comme il y conclut, désormais reproduit à la suite du livre de Dumas ; — Attendu que les inexactitudes de Dumas n'ont pas été commises avec l'intention de nuire ; — Attendu, quant à l'éditeur Michel Lévy, qu'il s'est toujours déclaré prêt à faire toute rectification ordonnée ; — Par ces motifs, condamne Dumas et Michel Lévy, dans le mode de ce jour, publier à la suite du volume intitulé : *La route de Varennes*, sur tous les exemplaires leur restant actuellement, une note ainsi rédigée : « En exécution d'un jugement du tribunal civil de la Seine, du 2 mars 1864, en comme contre-partie des détails donnés aux pages 162, 163, 164 et 165, de ce volume, concernant M. de Préfontaine, on imprime l'extrait suivant d'une brochure de M. de Valory : — Et un homme respectable, M. de Préfontaine... dont la maison devait servir de refuge aux relais était préparés pour Sa Majesté, n'avait été ni prévenu ni mis dans le secret. Ce secret pouvait être calculé à sa foi, et il eût, sans aucun doute, indiqué les gués et fourni les chevaux pour passer la rivière de Varennes... Ce fut devant sa maison que les voitures s'arrêtèrent. La reine descendit de la sienne et s'y fit conduire par M. de Malden ; elle y resta un moment » ; — Fait défense à Dumas et à Michel Lévy de, à l'avenir, mettre en circulation aucun exemplaire de *La route de Varennes*, sans l'addition présente, sous réserve, en faveur du demandeur, de tous ses droits, en cas de contravention constatée, etc. — Appel par A. Dumas.

LA COUR ; — Considérant que l'honneur des familles, quelque respectable qu'il soit, n'a rien de plus à demander à l'histoire que de la bonne foi et de l'exactitude ; — Qu'il n'existe point de vérité que l'histoire n'ait le droit de dire ; que tous les événe-

ques auxquelles se livrent les journalistes entre eux sont, comme tous les écrits rendus publics, régies par les lois relatives à la diffamation (Crim. rej. 24 avr. 1879, aff. Cuin et gérant du journal *L'Indépendance*, D. P. 79. 1. 436). « Attendu, dit cet arrêt, que la loi du 17 mai 1819 édicte des dispositions générales, applicables à tous les citoyens ; qu'aucune classe de personnes ne saurait prétendre à un privilège qui aurait pour effet de la placer en dehors de ces dispositions ; que si la polémique entre journalistes comporte certaines franchises, la liberté de la discussion ne doit jamais dégénérer en licence, et encore moins assurer l'impunité à une imputation ou à une allégation qui revêt un caractère diffamatoire, et par conséquent délictueux ». Cependant le juge du fait peut ici, par une appréciation souveraine, écarter l'intention diffamatoire, en se basant sur les provocations, les nécessités de la réplique et autres circonstances de même nature (Même arrêt, motif, V. *suprà*, nº 888). Ainsi l'accusation adressée dans un journal au rédacteur d'une autre feuille d'être « plein de tendresse pour la Commune de Paris et pour les bandits de la Révolution et pour l'Internationale », ne constitue pas le délit de diffamation ou d'injure, si ces imputations sont justifiées par les marques de sympathie données par le plaignant à la Commune de Paris et par les conditions de la polémique poursuivie entre les deux journaux (Crim. cass. 11 avr. 1874, aff. Besuchret, D. P. 74. 1. 406).

899. — K. *Polémiques électorales.* — Les nécessités et les ardeurs des luttes électorales n'autorisent pas les polémiques diffamatoires par la voie de la presse ou dans les réunions publiques. La loi du 29 juill. 1881, pas plus que la loi du 17 mai 1819, n'accorde à cet égard aucune franchise à la période électorale. Cependant, il est bien certain que, pendant cette période, la liberté de discussion doit être entière en ce qui concerne la valeur des candidats en présence, leurs opinions, leurs actes et les garanties qu'ils offrent aux électeurs de bien gérer le mandat qu'ils sollicitent. Il y a là des circonstances de fait qui doivent être appréciées par le juge, et peuvent le conduire à prononcer l'acquittement par la constatation d'absence de toute intention de nuire à la part de l'auteur de l'imputation diffamatoire. Mais ce dernier ne peut pas trouver une excuse légale et péremptoire dans la circonstance que la diffamation aurait été commise pendant la période électorale. — L'application de ces règles n'est pas toujours aisée dans la pratique, et la limite entre la discussion permise et la diffamation intolérable n'apparaît pas toujours avec évidence. Ainsi il a été jugé que l'écrit qui vise uniquement les opinions politiques et religieuses d'un candidat ne tombe pas sous l'application de l'art. 11 de la loi du 11 mai 1868 ; que la loi du 17 mai 1819, qui a protégé contre des allégations injurieuses, même vraies, l'honneur et la considération des simples particuliers, n'a pas placé sous la même

sauvegarde la considération politique et les intérêts électoraux des candidats ; que les électeurs ont le droit de discuter la personne et les titres des candidats, d'apprécier leur aptitude et leur honorabilité, d'interroger tous les actes de leur vie publique et extérieure, de contrôler leurs opinions, leurs votes et leurs tendances, enfin, de rechercher, sous tous les rapports qui intéressent l'ordre politique, si les candidats méritent la confiance de leurs concitoyens ; qu'en pareil cas, il appartient aux tribunaux d'apprécier s'il a été fait un usage légitime du droit de discussion ou s'il y a eu un abus condamnable, en recherchant l'intention qui a animé la parole ou l'écrit de l'électeur, suivant qu'il a voulu exercer un droit et remplir un devoir, ou qu'il a obéi à un esprit de malveillance ; que, par suite, il n'y a pas délit de diffamation ni d'injure publique dans l'apposition d'affiches annonçant aux électeurs qu'un candidat « les trompe et ment » en se disant l'ami de la religion ; ... alors surtout que le comité auquel appartient ce candidat s'était, dans une affiche antérieure, servi des mêmes expressions à l'égard des candidats du comité rival (Chambéry, 12 avr. 1876, aff. Bel et Parent, D. P. 76. 2. 150). Ainsi, d'après cet arrêt, dans les polémiques qui s'engagent au cours de la période électorale, le droit de discuter le candidat comporterait le droit de diriger contre lui des imputations même attentatoires à sa considération politique ou d'employer à son égard des expressions même injurieuses, si ces imputations ou ces injures, appréciées au point de vue de l'intention de leur auteur, peuvent trouver leur explication dans les entraînements de la lutte électorale et sous la seule condition, dès lors, qu'elles n'en excèdent pas les nécessités et n'aillent pas, notamment, jusqu'à la calomnie ou jusqu'à des attaques contre la vie privée. L'intention coupable serait donc, en matière électorale, exceptionnellement couverte par la vérité du fait diffamatoire, alors que cette circonstance ne fait pas disparaître le délit de diffamation envers les particuliers.

Ainsi résumée, la doctrine de cet arrêt est certainement inexacte ; c'est ce qu'a décidé la cour de cassation, tout en rejetant le pourvoi du plaignant. Elle a jugé, en effet, que le droit des électeurs de discuter les candidats, leur opinion et leurs actes, ne peut aller jusqu'à la diffamation ; qu'ainsi l'affiche reprochant à des candidats d'exprimer des sentiments qu'ils n'éprouvent pas, de tromper et de mentir, contient une imputation diffamatoire ; que cette diffamation ne cesse pas d'être délictueuse lorsqu'il y a une provocation ; mais que, si les imputations diffamatoires sont réputées de droit faites avec une intention coupable, cette présomption peut disparaître en présence de faits suffisants pour faire admettre la bonne foi ; qu'il en est ainsi lorsqu'il est établi que le comité des prévenus avait été vivement attaqué, et qu'ils ont usé de leur droit de répondre en se servant des expressions mêmes employées contre eux et qui dépassaient leur

---

ments de la vie publique sont de son domaine ; que tous les ouvrages qui parlent en son nom jouissent indistinctement des mêmes franchises en partageant les mêmes devoirs ; — Que l'histoire n'est pas tenue, lorsqu'elle rencontre un point obscur ou diversement raconté par les relations du temps, de rapporter les différentes versions auxquelles il a donné lieu, mais seulement de choisir, avec impartialité, celle qui lui paraît la plus sûre, et que, si ce point vient à soulever une controverse, ce n'est point devant les tribunaux qu'elle peut trouver ses juges ; — Considérant qu'il existe, sur l'anecdote racontée dans le livre intitulé : *La route de Varennes*, et aujourd'hui débattue entre les parties, deux versions opposées dont qu'elles émanent l'une et l'autre d'hommes également sincères, MM. de Valory et de Moustier, anciens gardes du corps, qui accompagnèrent la famille royale dans sa fuite ; — Que, d'après Valory, « M. de Préfontaine, gentilhomme anciennement attaché au prince de Condé, et dont la maison, bâtie à l'entrée de Varennes, eût pu avec sécurité servir de refuge aux relais préparés pour le roi, n'avait été ni prévenu, ni mis dans le secret ; que sans aucun doute, s'il y eût été mis, il eût indiqué les gués et fourni même au besoin les chevaux pour passer la rivière ; — Que ce fut devant sa maison que les voitures s'arrêtèrent, que la reine, s'y étant fait conduire par M. de Malden, y resta un moment » ; — Que le fait, au contraire, qui se dégage de la relation de Moustier, c'est qu'au bruit des voitures, au moment où elles atteignirent l'habitation de Préfontaine, une porte s'étant ouverte et une lumière ayant paru, de Moustier s'avança vers cette lumière, repoussa la porte qui se refermait à son approche,

et, se trouvant en face de Préfontaine, le pria de lui indiquer la route de Stenay ; mais que Préfontaine, qui avait reconnu ou deviné, sous leur déguisement, le roi et la reine, répondit sans donner de renseignement en exprimant la crainte de se compromettre ; qu'il se rendit pourtant auprès du roi avec lequel il causa un instant, et qu'ensuite il conduisit de Moustier chez le commandant des hussards de Lauzun ; — Que c'est à cette dernière version que Dumas s'est attaché ; qu'il en rappelle fidèlement les principaux traits ; qu'il donne à la sienne la même physionomie, et qu'on ne peut raisonnablement lui faire un reproche d'avoir préféré à l'autorité de Valory, étranger à l'épisode dont il parle, celle de Moustier, témoin et acteur de la scène qu'il raconte ; — Que Dumas, il est vrai, moins scrupuleux que Valory, obéit aux caprices de son imagination, soit en plaçant la reine derrière Valory, quand Préfontaine refuse d'indiquer la route de Stenay ; soit en attribuant à Louis XVI, quand Préfontaine quitte la berline royale, des paroles que le prince n'a pas prononcées ; mais que la présence plus ou moins rapprochée de la reine ne change pas le caractère de l'anecdote, et que l'appellant, pas les paroles qu'il met dans la bouche du roi, ne fait que reproduire la relation et les appréciations de de Moustier, en tirant sa conséquence de la situation, et en substituant à la forme impersonnelle du récit et à l'observation de l'écrivain la forme plus vive et plus saisissante du dialogue ; — Par ces motifs, infirme ; déclare de Préfontaine mal fondé dans sa demande, etc.

Du 26 avr. 1865.-C. de Paris, 2ᵉ ch.-MM. Guillemard, pr.-Roussel, subst.-Duverdy et Desèze, av.

pensée, enfin, que leur unique mobile a été l'intérêt de la défense et l'intention de contredire même violemment leurs adversaires sans les diffamer (Crim. rej. 10 nov. 1876, aff. Bel et Parent, D. P. 77. 1. 44).

900. Il a été jugé, dans le même sens : 1° qu'il n'y a pas diffamation, en l'absence des conditions constitutives de ce délit en lui-même, dans la circulaire dont l'auteur, candidat à la députation, se borne, après avoir rappelé les votes de son concurrent comme député dans la dernière législature, à une critique théorique et abstraite du système dont ces votes lui paraissent être l'expression, encore que l'exposé des conséquences de ce système serait empreint d'une certaine exagération (Crim. cass. 31 déc. 1863, aff. Reibel, D. P. 64. 1. 103); — 2° Que l'électeur ou le journaliste qui, en discutant une candidature en vertu du droit qu'il tient du principe de la liberté électorale, a dirigé exclusivement ses critiques contre le candidat à la députation sans cesser de respecter l'homme privé, ne saurait être passible de poursuites pour diffamation, par cela seul qu'il se serait trompé en classant le candidat dans un parti extrême qui n'est pas le sien, et que son appréciation aurait été exprimée dans un langage empreint d'une violence regrettable, si d'ailleurs ces exagérations ne vont pas jusqu'à atteindre la considération politique du candidat, et à compromettre les chances de son élection; alors surtout que les critiques incriminées ont été exprimées sans intention malveillante, en réponse à des attaques très ardentes, et dans le but d'éclairer les électeurs; qu'il en est ainsi, spécialement, de l'électeur qui, se tenant exclusivement dans le domaine de la politique, présente le candidat à la députation comme devant, par suite d'une humble acceptation des conditions d'un parti extrême, voter avec lui toutes les mesures pouvant porter atteinte au libre exercice de la religion que ce parti voudrait étouffer (Angers, 10 avr. 1878, aff. Fleury et Dangin; Chambéry, 25 mai 1876, aff. B..., D. P. 77. 2. 84); — 3° Que la presse périodique, même au cours de la période électorale, demeure soumise, comme en temps ordinaire, à l'égard des candidats ou des autres citoyens, aux lois qui protègent les particuliers contre les injures et les fonctionnaires publics contre les outrages à raison de leurs fonctions ou de leur qualité (Crim. rej. 19 mai 1876, aff. Lenoir, journal *La République française*, D. P. 77. 1. 5); — 4° Que lorsqu'un journal, sans aucune mauvaise intention et dans le seul but de renseigner les électeurs sur les opinions d'un candidat, impute à ce dernier d'avoir eu des sympathies pour la commune insurrectionnelle de Paris, ce journal ne commet pas un délit de diffamation; mais que s'il a qualifié le candidat d'hypocrite, d'apostat, de renégat, l'emploi de ces expressions constitue le délit d'injures publiques (Montpellier, ch. corr. 5 févr. 1878;-MM. de la Bauny, pr.;-Dupuy, av. gén.;-de Brezets et Agnel, av.); — 5° Que s'il est permis de discuter la situation politique et les titres d'un candidat dans une élection, et dès lors de rappeler, critiquer et blâmer ses votes comme membre d'une ancienne assemblée (le Corps législatif sous l'Empire), c'est à la condition de ne pas le diffamer, le délit de diffamation contre ce candidat demeurant punissable dans la période électorale comme en tout autre temps; que le fait d'imputer, sans être en mesure d'en fournir la preuve, à un ancien député, d'avoir voté, contrairement à son opinion, à son devoir et à son mandat, en cédant à la pression du pouvoir, et en faisant acte de serviteur complaisant d'un régime odieux, les fonds affectés aux dépenses de la dernière guerre, de manière à attacher son nom au pilori de l'histoire, constitue le délit de diffamation puni par les art. 13 et 18 de la loi du 17 mai 1819 (Crim. rej. 7 juin 1878, aff. Maget, D. P. 79. 1. 436); — 6° Que le droit qui appartient à tout citoyen, en matière électorale, d'apprécier librement le mérite des divers candidats, n'implique pas la faculté de les diffamer; que, par suite, l'auteur d'une circulaire électorale portant qu'un candidat, membre du conseil général, a compromis l'intérêt public en allongeant le parcours des chemins vicinaux pour desservir ses propriétés, se rend coupable du délit de diffamation (Crim. rej. 2 août 1878, aff. Guelle, D. P. 79. 1. 47); — 7° Qu'il y a délit de diffamation dans le fait, par le maire, président du bureau électoral, de donner, lors du dépouille-

ment du scrutin, lecture à haute voix de bulletins de vote contenant l'imputation de faits de nature à porter atteinte à l'honneur et à la considération d'un candidat, alors que cette lecture a été manifestement faite avec l'intention de nuire à ce dernier (Besançon, 2 avr. 1881, aff. Bernays, D. P. 82. 2, 35); — 8° Que le fait d'imputer publiquement, à l'occasion des élections d'un syndicat d'eaux d'irrigation, au directeur de ce syndicat, sollicitant le renouvellement de son mandat, d'avoir à se reprocher des faits de détournement d'eau, ne constitue pas le délit de diffamation de la part de l'électeur qui formule cette imputation sans intention de nuire et dans le seul but d'éclairer les électeurs (Alger, ch. corr. 9 janv. 1879;-MM. Carrère, pr.;-Fau, av. gén.;-Castelli et Doudart de la Grée, av.); — 9° Que les dispositions légales qui punissent la diffamation et l'injure sont applicables au cours de la période électorale et que la loi du 29 juill. 1881 sur la liberté de la presse n'a pas dérogé à ce principe; qu'il y a diffamation dans l'article de journal qui reproche à un candidat « la répudiation des traditions libérales de sa famille, le délaissement éhonté des souvenirs laissés par son aïeul, l'entente et l'alliance avec les plus mortels ennemis de celui-ci (Crim. rej. 11 janv. 1883, aff. Collignon et Vezin, D. P. 84. 1. 372); — 10° Que la bonne foi du prévenu peut être considérée comme démontrée lorsqu'il résulte des circonstances de la cause que le journaliste poursuivi, en rappelant, au cours de la période électorale, des faits de nature à porter atteinte à l'honneur d'un candidat, a eu en vue, non de diffamer ce dernier, mais d'éclairer les électeurs sur sa moralité (Rouen, 13 févr. 1886, aff. Beylot, D. P. 87. 2. 79); — 11° Que la liberté de discussion qui appartient aux citoyens pendant la période électorale ne peut aller jusqu'à permettre aux journaux de publier impunément, contre un candidat, des articles injurieux ou diffamatoires, sous prétexte de renseigner les électeurs sur la valeur morale de ce candidat (Agen, 30 janv. 1890, aff. L... et D... journal *L'Appel au peuple*, cité *suprà*, n° 890).

901. La demande en radiation d'un citoyen de la liste électorale constitue moins l'exercice d'un droit que l'accomplissement d'un devoir. Si donc elle est motivée sur un fait vrai et de nature à faire opérer la radiation, la demande, fût-elle inspirée par une pensée malveillante, bénéficie de l'immunité accordée aux écrits qui sont produits devant les tribunaux, alors du moins qu'elle ne reçoit d'autre publicité que celle de l'audience du juge de paix (art. 41) (Conf. Barbier, t. 1, n° 439). — Jugé, toutefois, qu'une pareille demande, fondée sur la déchéance résultant d'une condamnation correctionnelle, prend le caractère de diffamation, lorsqu'elle est formée moins pour accomplir un devoir civique que pour nuire à celui contre lequel elle est dirigée, et lorsque, dans ce but, il lui est donné une publicité inutile. Il en est ainsi dans le cas même où cette demande ne contiendrait pas l'articulation du fait qui aurait motivé la condamnation (Crim. rej. 27 janv. 1866, aff. Danizan D. P. 66. 1. 237).

Si, au contraire, le fait est faux, il n'est pas douteux qu'il y ait délit de diffamation quand la demande a été formée et rendue publique dans une intention malveillante. Mais l'auteur de la demande peut avoir été trompé ou s'être trompé de bonne foi. En ce cas, la demande de radiation du nom d'un électeur, fondée sur le prétendu état de faillite de cet électeur, ne présente pas les caractères légaux du délit de diffamation, lorsque l'auteur de cette demande n'est pas animé de l'intention de nuire, mais exerce de bonne foi le droit accordé par la loi à tout électeur inscrit; qu'elle peut toutefois donner ouverture à une action en dommages-intérêts par application des dispositions de droit commun de l'art. 1382 c. civ., en raison de l'imprudence avec laquelle a agi le réclamant et du préjudice qu'il a causé à la personne dont il a à tort demandé la radiation (Bordeaux, 16 avr. 1886, aff. Beylot, D. P. 87. 2. 79).

902. — 4° *Intention de nuire.* — L'intention de nuire est présumée de droit. Sans doute, en matière de diffamation, comme en toute autre, la preuve de la culpabilité qui comporte la preuve de l'intention est à la charge de l'accusation, et il n'y a pas ici d'exception aux règles ordinaires de la preuve devant les tribunaux criminels (*Rép.* n° 883). Mais quand un discours ou un écrit contiennent des imputations de nature à porter atteinte à l'honneur ou à la considération, qu'ils sont diffamatoires par leur teneur même, ils portent en eux une preuve de l'intention de nuire suffisante pour que l'accusation n'ait rien autre à démontrer. La jurisprudence est depuis longtemps fixée en ce sens. C'est ce qui résulte des décisions citées au *Rép.* n° 883.

Depuis, de nombreux arrêts ont de nouveau consacré cette règle que les imputations diffamatoires de nature à porter atteinte à l'honneur et à la considération sont de droit réputées faites avec une intention coupable (Crim. rej. 21 juill. 1876, aff. Siret, gérant du journal *Le Courrier de la Charente, Bull. crim.*, n° 172; Crim. rej. 11 août 1879, aff. Thorin, D. P. 79. 1. 236 ; 10 févr. 1883, aff. Debia et autres, D. P. 83. 1. 364; Crim. cass. 7 nov. 1884, aff. Bérauld, D. P. 86. 1. 142; Crim. rej. 13 nov. 1875, aff. Griffe, D. P. 83. 5. 358 ; Poitiers, 13 févr. 1884, aff. Bérauld, D. P. 86. 2. 200; Rouen, 13 févr. 1886, aff. Évode Chevalier, D. P. 86. 2. 258 ; Caen, 14 nov. 1889, aff. Patey, D. P. 90. 2. 352; Bordeaux, 26 déc. 1890, *suprà*, n° 878), et que cette présomption ne disparaît que'en présence de faits justificatifs suffisants pour démontrer la bonne foi du diffamateur. Un arrêt constate donc suffisamment les éléments constitutifs du délit de diffamation lorsqu'il déclare que les imputations portées par les prévenus contre les plaignants, commerçants étaient de nature à compromettre gravement ceux-ci aux yeux du public dans leurs intérêts moraux et matériels et à porter atteinte à leur honneur et à leur considération, et lorsque, d'autre part, il relève à la charge des prévenus des pratiques vénales et la publication d'articles diffamatoires contre d'autres commerçants (Arrêt précité du 10 févr. 1883 et autres. Jugé, de même que le délit existe dès lors que l'existence des imputations diffamatoires est constatée, à moins que les juges n'énoncent les circonstances propres à établir l'absence d'intention coupable ; qu'il y a donc violation de la loi lorsque le prévenu de diffamation est acquitté par le seul motif que sa mauvaise foi ne serait pas établie; qu'un simple doute émis sur le point de savoir si le gérant d'un journal a pris, avant son impression, connaissance d'un compte rendu diffamatoire, est insuffisant pour exclure la présomption de mauvaise foi (Arrêt précité du 7 nov. 1884).

Mais il a été jugé que, bien que les imputations de nature à nuire à l'honneur soient réputées de droit faites avec une intention coupable, cette présomption, qui ne serait pas détruite par une simple affirmation contraire, peut disparaître en présence de faits justificatifs suffisants pour faire admettre la bonne foi (Crim. rej. 13 nov. 1875, aff. Griffe, D. P. 83. 5. 358).

903. L'intention de nuire doit, d'ailleurs, être prouvée lorsque les expressions du discours ou de l'écrit incriminé ne sont pas absolument et manifestement répréhensibles (*Rép.* n° 1484). Cette preuve peut alors être recherchée dans d'autres éléments de fait que le discours ou l'écrit incriminé. Le ministère public peut, sans encourir le reproche de renouveler les procès de tendance, citer, nonobstant l'opposition du prévenu, d'autres écrits du même auteur, étrangers à l'article poursuivi. Il suffit qu'il ne fasse pas résulter, de ces éléments étrangers, le délit qu'il prétend contenu dans un écrit déterminé (Crim. rej. 25 nov. 1831, *Rép.* n° 1433-2°). Jugé, dans le même sens que les juges correctionnels ont pu, pour déclarer diffamatoires les imputations contenues dans un écrit rendu public, s'appuyer sur des lettres confidentielles, que le prévenu a postérieurement adressées au plaignant, et relever, dans les termes injurieux qu'elles renferment, l'indice de l'intention malveillante qui a inspiré la publication dudit écrit, sans qu'on en puisse induire qu'ils ont entendu faire résulter de ces éléments eux-mêmes le délit qu'ils ont condamné (Crim. rej. 1er juin 1866, aff. Toussaint, D. P. 66. 1. 510).

Quant à la preuve de la bonne foi du prévenu, contraire à la présomption résultant des imputations elles-mêmes, les juges du fond peuvent la rechercher dans toutes les circonstances de la cause, relevées ou non par le prévenu. Ils peuvent prendre en considération, notamment, le degré d'intelligence ou d'éducation du prévenu (*Rép.* n° 1306).

904. L'intention de nuire doit être constatée par le juge du fond, aussi bien que les autres éléments constitutifs du délit. Jugé en ce sens que, dans le cas où un arrêt décide

que des publications contiennent des expressions excessives, cette appréciation n'implique pas qu'elles ont été faites dans l'intention de nuire et qu'elles sont, par suite, diffamatoires (Crim. cass. 19 févr. 1870, aff. Jouvin, D. P. 74. 5. 392). Mais, comme l'intention de nuire est présumée de droit quand les discours ou les écrits incriminés sont par eux-mêmes de nature à porter atteinte à l'honneur ou à la considération, il n'est pas nécessaire que l'existence de cette intention soit expressément déclarée par le juge; il suffit qu'elle résulte implicitement de la décision (Conf. Barbier, t. 1, n° 451). Jugé, en ce sens : 1° qu'en matière de diffamation, l'intention de nuire ressort suffisamment de la déclaration de culpabilité du prévenu, sans qu'il soit besoin que le juge du fait constate explicitement cette intention et au moment qu'il ne la dénie pas (Crim. rej. 4 août 1865, aff. Pineau, D. P. 66. 5. 367); — 2° Que le gérant d'un journal, en cas de publication d'un article reconnu diffamatoire, n'échappe à la responsabilité pénale encourue que dans le cas où il est expressément déclaré qu'il a agi sans intention de nuire; que par suite, la condamnation du gérant est suffisamment justifiée par la décision constatant qu'il a connu l'article avant l'impression et qu'il sait de qui il émane, alors qu'il s'agit d'un article dont les allusions sont transparentes et désignent la personne diffamée de manière à la faire facilement reconnaître (Crim. rej. 11 nov. 1865, aff. Labaume, D. P. 67. 5. 325); — 3° Que l'intention de nuire est suffisamment affirmée dans le jugement déclarant un prévenu coupable de diffamation, lorsque le juge du fait, par appréciation souveraine des circonstances, reconnaît qu'elles sont exclusives de la bonne foi invoquée par celui-ci (Crim. rej. 5 sept. 1872, aff. Rabier, D. P. 73. 1. 46; 18 mars 1881, cité *suprà*, n° 867-12°); — 4° Qu'un arrêt constate suffisamment l'intention de nuire, qui forme l'un des éléments constitutifs du délit de diffamation, lorsqu'il déclare que les imputations portées par les prévenus contre les plaignants commerçants, étaient de nature à compromettre gravement ceux-ci aux yeux du public dans leurs intérêts moraux et matériels, et à porter atteinte à leur honneur et à leur considération, et lorsque, d'autre part, il relève à la charge des prévenus des pratiques vénales et la publication d'articles diffamatoires contre d'autres commerçants (Crim. rej. 10 févr. 1883, aff. Debia, D. P. 83. 1. 364).

905. Si, au contraire, les juges du fond prononcent l'acquittement du prévenu sur le motif qu'il n'y a pas eu de sa part intention de nuire, ils doivent énoncer les circonstances qui déterminent leur décision en détruisant la présomption attachée aux imputations de nature à porter atteinte à l'honneur ou à la considération (Crim rej. 13 nov. 1875, aff. Griffe, D. P. 83. 5. 358; 10 nov. 1876, aff. Bel et Parent, D. P. 77. 1. 44 ; Crim. cass. 7 nov. 1884, aff. Bérauld, D. P. 86. 1. 142; Crim. rej. 25 avr. 1885, aff. Sainte-Colombe, D. P. 85. 1. 479; Crim. cass. 12 févr. 1891, aff. Muratel, D. P. 92. 1. 176).

906. L'appréciation de l'intention de nuire présente à résoudre une question de fait, qui rentre dans les attributions souveraines des juges du fond (Crim. rej. 5 sept. 1872, aff. Rabier, D. P. 73. 1. 46; 19 févr. 1874, aff. de Touneim, D. P. 74. 1. 406 ; 24 juill. 1876, aff. Siret, cité *suprà*, n° 902; 10 nov. 1876, aff. Bel et Parent, D. P. 79. 1. 44; 11 août 1877, aff. Thorain, D. P. 79. 1. 236, etc.).

907. — V. De la publicité. — La publicité est une condition essentielle du délit de diffamation punie par les art. 30, 31 et 32 de la loi du 29 juill. 1881, soit lorsqu'il a été commis envers les corps constitués ou les personnes publiques désignés par ces articles, soit lorsqu'il a été commis envers de simples particuliers (*Rép.* n°s 856 et suiv.; Crim. cass. 25 févr. 1860, aff. Aycard, D. P. 60. 5. 291). D'ailleurs, il ne suffit pas que les propos diffamatoires aient reçu une publicité quelconque. Les articles précités déterminent les modes de publicité de la diffamation en renvoyant, à cet égard, aux art. 23 et 28.

Ainsi les imputations ou allégations de faits de nature à porter atteinte à l'honneur ou à la considération d'autrui ne sont punissables, du moins en tant que diffamation, que lorsqu'elles résultent : soit de discours, cris ou menaces proférés dans des lieux ou réunions publics (art. 23); soit d'écrits ou d'imprimés vendus ou distribués, mis en vente ou exposés dans des lieux ou réunions publics (même article); soit de placards ou affiches exposés aux regards du public (même article); soit enfin de dessins, gravures, peintures, emblèmes ou images, mis en vente, distribués ou exposés (art. 28). La diffamation rendue publique par d'autres moyens de publication que ceux qui sont spécifiés dans les art. 23 et 28, de même que celle qui n'a reçu aucune publicité, ne constitue pas un délit. — L'existence et la répression du délit de diffamation sont soumises à toutes les règles de publicité dont nous avons donné le commentaire et les applications à tous les délits de presse en général (V. *suprà*, n°s 439 et suiv.).

908. Mais les diffamations qui ne sont pas publiques, ou qui n'ont été rendues publiques qu'au moyen d'un procédé de publication non prévu par les art. 23 et 28 de la loi du 29 juill. 1881, doivent-elles nécessairement demeurer impunies? Cette question a été posée au *Rép.* n° 872, et elle a été résolue par la négative, parce que la diffamation qui n'est pas susceptible d'être poursuivie comme telle à défaut de publicité est toujours une injure, et que l'injure non publique est une contravention passible des peines de simple police en vertu des art. 471 c. pén. et 33, § 3, de la loi du 29 juill. 1881 (Conf. Barbier, t. 1, n° 442, p. 378). Jugé dans le même sens : 1° que le seul devoir imposé au juge est de ne pas frapper la diffamation comme délit, s'il n'y a pas eu publicité; que l'imputation que renferme un écrit imprimé dont les termes dégénéreraient en injures, ne peut donner lieu à une condamnation pour délit de diffamation, lorsque le juge déclare en fait que cet écrit n'a reçu aucune publicité (Crim. cass. 25 févr. 1860, aff. Aycard, D. P. 60. 5. 291); — 2° Que la diffamation non rendue publique par un des moyens énumérés par l'art. 1 de la loi du 17 mai 1819 peut constituer une contravention passible de peines de simple police, aussi bien qu'un quasi-délit de nature à servir de base à une action en dommages-intérêts (Civ. rej. 19 janv. 1875, aff. Lamm, D. P. 75. 1. 324); — 3° Que la diffamation verbale non publique est assimilée à la contravention d'injures (Paris, 19 mars 1885, aff. Chaigneau, D. P. 85. 2. 150) et réprimée par l'art. 471 n° 11, c. pén. (Crim. cass. 18 nov. 1886, aff. Allard, D. P. 87. 1. 189); qu'en effet, cette disposition n'a pas été abrogée par l'art. 68 de la loi du 29 juill. 1881, dont l'application doit être bornée aux dispositions législatives réprimant les injures commises par la voie de la presse et par des discours proférés dans des lieux ou réunions publics (Arrêt précité du 19 mars 1885).

909. Cependant, il faut observer que la diffamation non publique commise à l'égard des personnes publiques désignées soit dans l'art. 222, soit dans les articles 224 et 225 c. pén., peut constituer le délit d'outrage envers un magistrat ou un commandant ou un agent de la force publique, dans l'exercice ou à l'occasion de l'exercice de ses fonctions (V. *suprà*, n° 727). Il en est autrement de la diffamation commise par écrit ou par affiche vis-à-vis d'une des personnes désignées aux art. 224 et 225 c. pén., c'est-à-dire vis-à-vis d'un commandant ou un agent de la force publique, d'un officier ministériel ou d'un citoyen chargé d'un ministère de service public (V. *suprà*, n° 802); les diffamations de cette nature, à l'égard des personnes dont il s'agit, ne peuvent être poursuivies, quand elles ne sont pas publiques, que comme des contraventions d'injures punies par l'art. 471 c. pén.

910. — VI. Des pouvoirs respectifs des juges du fond et de la cour de cassation. — Ici, comme en toute autre matière, il appartient à la cour de cassation de contrôler la solution donnée par les juges du fond aux questions de droit; mais il importe de déterminer avec précision les points qui constituent les questions de droit en matière de diffamation.

911. Nous avons exposé *suprà*, n° 906, que la question d'intention est une pure question de fait, et que la sentence des juges du fond échappe, sur ce point, au contrôle de la cour de cassation. Cependant le pouvoir des juges du fond, à cet égard, n'est pas sans limites. Ainsi, on a vu *suprà*, n° 902, que des écrits, propos ou dessins qui sont par eux-mêmes diffamatoires, doivent être présumés publiés dans une intention coupable, et que la bonne foi du prévenu ne peut résulter que de faits justificatifs constituant une preuve

contraire à la présomption de culpabilité. C'est là une règle de droit qui serait méconnue par le juge si, des propos diffamatoires ou injurieux étant déclarés constants, le relaxe du prévenu n'était motivé que sur une simple déclaration d'absence d'intention coupable ; et une pareille décision encourrait la censure de la cour de cassation (Crim. rej. 10 nov. 1876, aff. Bel et Parent, D. P. 77. 1. 41. Conf. Barbier, t. 1, n° 451, p. 381).

912. Il est manifeste que le point de savoir si le plaignant a été ou non suffisamment désigné par le discours, l'écrit ou le dessin incriminé est une question de pur fait qui échappe dans tous les cas au contrôle de la cour suprême (V. *suprà*, n° 875).

913. Relativement à la publicité, le juge saisi d'une poursuite en diffamation est souverain pour constater les circonstances desquelles résulterait la publicité des articulations incriminées ; mais l'appréciation qu'il fait de ces circonstances et notamment la déclaration qu'elles constituent effectivement des éléments de publicité, tombe sous le contrôle de la cour de cassation (Crim. cass. 25 nov. 1859, aff. Meurs-Mazy, D. P. 59. 1. 513). Ainsi la cour suprême se réserve d'apprécier si les faits matériels constitutifs de la publicité, tels qu'ils sont déclarés constants par l'arrêt attaqué, caractérisent la publicité légale déterminée par les art. 23 et 28 de la loi du 29 juill. 1881, comme autrefois par l'art. 1 de la loi du 17 mai 1819.

914. Enfin, en ce qui concerne les discours, les écrits ou les dessins mêmes qui sont incriminés comme injurieux ou diffamatoires, le contrôle de la cour de cassation s'exerce, en tous les points, sur l'appréciation des juges du fond. Ceux-ci n'ont d'attributions souveraines que pour constater la teneur du discours et de l'écrit, ou les détails du dessin ; mais la cour suprême revise leur appréciation sur le caractère diffamatoire ou injurieux de ce discours, écrit ou dessin. Contient-il l'imputation ou l'allégation d'un fait déterminé ? Ce fait est-il de nature à porter atteinte à l'honneur ou à la considération de la personne désignée ? Ou bien le propos tenu, l'écrit publié ou le dessin sont-ils constitutifs du délit d'injure ? Ce ne sont point là des questions de fait, mais autant de questions de droit rentrant dans la compétence de la cour suprême. Telle est la doctrine exposée au *Rép.* n° 863 (Conf. Barbier, t. 1, n° 454, p. 382). Toutefois, on a cité (*Rép. ibid.*) des autorités en sens contraire (V. aussi Fabreguettes, t. 1, n° 1165). Mais la jurisprudence est fixée dans le sens du *Répertoire* : elle décide, d'une manière constante, qu'il appartient à la cour de cassation de vérifier si le discours ou l'écrit incriminé présente les caractères légaux du délit de diffamation, et, notamment, s'il contient l'allégation d'un fait de nature à porter atteinte à l'honneur ou à la considération du plaignant. Les appréciations des juges du fond, à cet égard, sont donc soumises à la revision de la cour suprême (Crim. cass. 21 nov. 1862, aff. Hoummel, D. P. 62. 1. 489 ; 31 déc. 1863, aff. Reibel et 17 mars 1864, aff. Robin et Hyenne, D. P. 64. 1. 103 ; Crim. rej. 4 nov.1861, aff. Viviani, et Crim.cass. 10 août 1865, aff. Callou, D. P. 66. 1. 361 ; Crim. cass. 11 janv. 1873, aff. Fortier, D. P. 73. 1. 389 ; Crim. rej. 19 févr. 1874, aff. De Tounens, et Crim. cass. 11 avr. 1874, aff. Drouhet, D. P. 74. 1. 406 ; Crim. rej. 29 janv, 1875, aff. Masure, D. P. 75. 1. 393; 10 nov. 1876, aff. Bel et Parent, D. P. 77. 1. 44 ; 25 avr. 1885, aff. Sainte-Colombe, D. P. 85. 1. 479 ; Civ. rej. 17 mai 1886, aff. Estrade, D. P. 87. 1. 54; Crim. cass. 4 mars 1887, aff. Granier, D. P. 88. 1. 142). Comme exemple de l'exercice de droit de contrôle que la cour de cassation s'est réservé en cette matière, on peut citer, notamment, un arrêt, aux termes duquel il importe peu que, dans l'écrit qualifié de diffamatoire, ne se trouve pas littéralement l'imputation dirigée contre le plaignant d'avoir eu recours à des moyens « déloyaux et malhonnêtes », que le juge correctionnel y a relevé à l'effet de justifier la condamnation prononcée, s'il est démontré, pour la cour de cassation, qu'en qualifiant ainsi les allégations et imputations de l'écrit, le juge correctionnel ne les a pas détournées de leur sens et en a fait au contraire une saine interprétation (Crim. rej. 1er juin 1866, aff. Toussaint, D. P. 66. 1. 510).

915. La nécessité de mettre la cour de cassation à même d'exercer son droit de contrôle oblige les juges du fond, à peine de cassation pour insuffisance de motifs, à viser expressément, dans leurs arrêts, le texte des discours ou des écrits, le sujet ou le détail des dessins, qui leur paraît caractériser le délit dont ils adoptent la qualification légale. C'est un point de jurisprudence constante (V. *infra*, tit. 4, ch. 4).

916. Les juges du fond, pour constater l'existence de la diffamation ou de l'injure, leur gravité, l'étendue du préjudice soufert par le plaignant, peuvent avoir égard à tous les faits de la cause et à des circonstances extrinsèques, à des éléments de fait étrangers au discours, à l'écrit, au dessin poursuivi. Ainsi quand le caractère injurieux ou diffamatoire de l'allégation ou de l'imputation, quand la précision du fait imputé n'apparaissent pas nettement au seul examen du discours, de l'écrit ou du dessin poursuivi, les tribunaux peuvent trouver la preuve que le caractère injurieux ou diffamatoire existe, que le fait est suffisamment précis, par le concours de circonstances, extérieures qui font disparaître toute équivoque. Or la recherche et la constatation de ces circonstances, aussi bien que l'appréciation du rapport qui existe entre elles et le discours incriminé et du caractère que ce discours leur emprunte, sont dans les attributions souveraines du juge du fond. — Celui-ci ne doit pas perdre de vue, toutefois, que les circonstances extérieures ne sont jamais suffisantes pour imprimer le caractère d'injure ou de diffamation à un discours, écrit ou dessin qui ne serait par lui-même susceptible d'aucun sens injurieux ou diffamatoire. Si donc l'arrêt attaqué est fondé tout à la fois sur des circonstances extrinsèques et sur le texte incriminé, il encourt la cassation toutes les fois qu'il contient une interprétation contraire à la teneur même du discours ou de l'écrit poursuivi. Ainsi, il a été jugé : 1° que si, dans une poursuite exercée contre le rédacteur d'un journal pour outrage envers un fonctionnaire, la cour de cassation ne peut reviser la décision des juges du fait en ce qui touche la constatation de l'intention qui a présidé à la publication de l'article incriminé, il lui appartient d'examiner si, dans l'appréciation des conséquences et de l'influence qu'a pu produire cette publication, les juges du fait ne se sont pas arrêtés à une interprétation manifestement contraire aux termes et à l'esprit de l'écrit incriminé (Crim. rej. 23 nov. 1861, aff. Fabiani, D. P. 62. 1. 53); — 2° Que si le juge correctionnel, saisi d'une prévention de publication de fausses nouvelles dans un journal, est souverain pour apprécier l'écrit incriminé dans ses rapports avec les circonstances extrinsèques de la cause, il n'en est pas de même quant à l'appréciation de l'écrit pris en lui-même; qu'il appartient, par suite, à la cour de cassation de rechercher si, tout en admettant l'appréciation du juge du fait sur les circonstances extrinsèques, l'article ne renferme pas tous les éléments du délit relevé par la poursuite (Crim. cass. 9 janv. 1864, aff. *Le Sémaphore*, D. P. 64. 1. 49), ces règles sont applicables en matière de diffamation et d'injure.

917. Il est évident que les juges du fond sont souverains appréciateurs, en cette matière, des éléments constitutifs du dommage causé. Jugé, à cet égard, que, dans la condamnation qu'ils infligent à un journal pour attaques abusives contre un particulier, ils peuvent prendre en considération l'aggravation du préjudice résultant de la polémique entretenue par ce journal au cours du procès, sans être tenus de rapporter ni le texte, ni la date précise de cette polémique (Req. 8 mai 1876, aff. Desquiers, D. P. 76. 1. 259).

§ 2. — De la diffamation envers les cours, les tribunaux, les armées de terre et de mer, les corps constitués et les administrations publiques.

918. — I. Observations générales. — Le délit de diffamation, quand il est commis à l'égard de certaines personnes publiques collectives, encourt des pénalités plus rigoureuses, en même temps qu'il est soumis à des conditions particulières d'existence et de poursuite. Il était frappé d'un emprisonnement de quinze jours à deux ans et d'une amende de 50 à 4000 fr. par l'art. 15 de la loi du 17 mai 1819, toutes les fois qu'il avait eu lieu envers « les cours, tribunaux ou autres corps constitués ». L'art. 5 de la loi du 25 mars 1822 avait maintenu l'emprisonnement de quinze jours à deux ans et porté l'amende à 150 fr. au minimum et à 5000 fr. au maximum, dans le cas de diffamation commise

par l'un des moyens énoncés en l'art. 1 de la loi du 17 mai 1819 « envers les cours, tribunaux, corps constitués, autorités ou administrations publiques ». L'art. 9 de la loi du 9 sept. 1835 autorisa les tribunaux, dans tous les cas de diffamation prévus par les lois, à élever les peines qui y sont portées, suivant la gravité des circonstances, au double du maximum, soit pour l'emprisonnement, soit pour l'amende. Le condamné pouvait, en outre, être interdit, en tout ou en partie, des droits mentionnés dans l'art. 42 c. pén. pendant un temps égal à la durée de l'emprisonnement (*Rép.* n° 893). La loi du 9 sept. 1835 fut abrogée par le décret du 6 mars 1848 (*Rép.* n° 25) et c'était l'art. 5 de la loi du 25 mars 1822 qui était applicable en cette matière à l'époque de la promulgation de la loi du 29 juill. 1881.

L'art. 30 de cette loi punit d'un emprisonnement de huit jours à un an et d'une amende de 100 à 3000 fr., ou de l'une de ces deux peines seulement, la diffamation commises par l'un des moyens énoncés en l'art. 23 et en l'art. 28 « envers les cours, les tribunaux, les armées de terre ou de mer, les corps constitués et les administrations publiques ».

919. Le délit défini par l'art. 30 doit réunir d'abord tous les caractères généraux de la diffamation punissable, suivant la définition qui en est donnée par l'art. 29, § 1 : imputation d'un fait déterminé (*supra*, n°ˢ 851 et suiv.); imputation d'un fait de nature à porter atteinte à l'honneur ou à la considération de la personne publique collective diffamée (*supra*, n°ˢ 860 et suiv.); désignation de cette personne collective (*supra*, n° 872 et suiv.); intention de nuire, publicité donnée à la diffamation, par la parole, par l'écrit ou par le dessin, à l'aide de l'un des moyens de publication déterminés par les art. 23 et 28 de la loi de 1881 (V. *supra*, n°ˢ 877 et suiv.).

920. Ce délit est soumis, en outre, à la réalisation de certaines conditions particulières sans lesquelles il n'existe pas ou ne peut pas être poursuivi. Il est nécessaire : 1° que la diffamation concerne une personne publique collective rentrant dans l'énumération de l'art. 30 : « cours, tribunaux, armées de terre ou de mer, corps constitués et administrations publiques »; 2° que l'imputation ou l'allégation diffamatoire soit relative aux fonctions dont ces corps sont investis; 3° que la poursuite ait été précédée d'une délibération prise par le corps diffamé en assemblée générale, et requérant la poursuite, ou, si le corps n'a pas d'assemblée générale, sur la plainte du chef de corps ou du ministre duquel ce corps relève (art. 47, § 1); 4° que le prévenu ne rapporte pas la preuve de la vérité du fait diffamatoire, cette preuve étant exceptionnellement autorisée dans le cas de diffamation envers les corps constitués par l'art. 35, § 1.

921. — II Des personnes publiques collectives, spécifiées par l'art. 30. — 1° *Cours et tribunaux*. — Ils étaient expressément désignés dans l'art. 15 de la loi du 17 mai 1819 et dans l'art. 5 de la loi du 25 mars 1822; ils le sont encore dans l'art. 30 de la loi du 29 juill. 1881 (Circ. min. just. 9 nov. 1881, D. P. 81. 3. 108, n° 34). On doit entendre ces mots dans leur signification la plus étendue. L'art. 30 concerne donc la diffamation commise, non seulement envers les tribunaux civils et les cours d'appel, mais encore envers tous les corps investis de la juridiction extraordinaire : la cour de cassation, la cour des comptes, le conseil d'Etat, les conseils de préfecture, les tribunaux de commerce, les tribunaux militaires, maritimes, les conseils de prud'hommes, les commissions électorales, les commissions scolaires, etc.

Il en est de même des diffamations qui seraient dirigées contre une justice de paix ou un tribunal de police, bien que la juridiction n'y soit exercée que par un juge unique, si la diffamation concerne un acte du tribunal et présenté comme tel. — Dans le cas où la diffamation présenterait le caractère d'une attaque personnelle contre le magistrat lui-même, c'est l'art. 31 qui serait applicable (Conf. Barbier, t. 2, n° 463).

922. — 2° *Armées de terre et de mer.* — Les armées de terre et de mer sont mises pour la première fois au nombre des corps constitués qui sont l'objet d'une protection spéciale contre la diffamation. Ni l'art. 15 de la loi du 17 mai 1819, ni l'art. 5 de la loi du 25 mars 1822 n'en faisaient mention.

Et par interprétation de ces articles, la jurisprudence avait refusé de considérer comme des corps constitués : 1° une brigade de gendarmerie (Poitiers, 14 déc. 1830, *Rép.* n° 897-1°) ou la gendarmerie dans son ensemble (*Rép. ibid.*); 2° la garde nationale (Crim. cass. 29 avr. 1831, *Rép.* n° 897-2° et v° *Garde nationale*, n° 19). Il avait été jugé, de même, que la qualification de corps constitués n'appartient qu'à des corps dont l'existence est permanente et dont la réunion est toujours possible pour prendre, en assemblée générale, lorsqu'ils ont été diffamés ou injuriés, la délibération requérant les poursuites, exigée par l'art. 4 de la loi du 26 mai 1819 ; qu'en conséquence, l'art. 5 de la loi du 25 mars 1822, qui punit les délits de diffamation et d'injure envers un corps constitué, ne peut s'appliquer aux imputations injurieuses ou diffamatoires adressées à l'armée (Alger, 24 juill. 1873, aff. Joseph Raynaud, D. P. 76. 2. 22. Conf. Crim. rej. 9 févr. 1877, aff. Roiffé, D. P. 77. 1. 414; Chassan, t. 1, n° 445).

923. Il convient d'observer toutefois que, l'art. 4 de la loi du 25 mars 1822 punissant la diffamation envers « les autorités publiques », cette disposition, qui n'a pas été reproduite par la loi du 29 juill. 1881, permettait de réprimer la diffamation commise envers le corps d'officiers. Jugé, en ce sens : 1° que les officiers de l'armée territoriale exercent une fonction qui, pour n'être pas toujours active, n'en est pas moins permanente en leur personne et que l'outrage collectif qui leur est fait, en raison de cette qualité, s'adresse nécessairement à des autorités publiques; que par suite, cet outrage, s'il revêt d'ailleurs tous les caractères de la diffamation ou de l'injure publique, tombe sous l'application de l'art. 5 de la loi du 25 mars 1822 (Crim. rej. 2 déc. 1876) (1); — 2° Que le fait d'avoir imputé, à l'occasion de la guerre de 1870, des faits diffamatoires à une catégorie d'officiers encore en activité de service, et dont aucun n'est individuellement désigné, est, avec raison, qualifié diffamation envers les autorités publiques, et, comme tel, puni des peines prononcées par l'art. 6 de la loi du 25 mars 1822 (Crim. rej. 9 févr. 1877, cité *suprà*, n° 922).

924. D'autre part, la législation antérieure punissait les atteintes portées à la paix publique en excitant le mépris des citoyens les uns contre les autres (L. 25 mars 1822, art. 10, 9 sept. 1835, art. 8. Décr. 11 août 1848, art. 7). Ces dispositions atteignaient les attaques dirigées contre certaines classes de citoyens ou contre certaines professions déterminées, par exemple les attaques dirigées contre les magistrats, les prêtres, les bourgeois, les nobles, les propriétaires, les journalistes, etc. Elles atteignaient évidemment aussi les attaques dirigées contre les armées de terre et de mer et qui n'étaient pas à cette époque susceptibles d'être qualifiées de diffamation envers un corps

constitué. C'est ce que décidait expressément l'arrêt de la cour d'Alger du 24 juill. 1873, cité *suprà*, n° 922.

925. Ce que n'admettait, en aucun cas, la législation antérieure, c'est que le délit de *diffamation* pût être commis à l'égard d'une classe de citoyens. En effet, disait Royer-Collard, dans la discussion de la loi de 1822, « les classes n'ont pas besoin d'être défendues en tant que classes, puisqu'elles n'existent pas; ce sont des êtres de raison, de pures opérations de nos esprits qui ne tombent pas sous l'action de la loi et qu'il est aussi impossible de protéger qu'il le serait de les punir. De leur côté, les individus, les particuliers n'ont pas besoin d'être défendus contre des accusations générales, par cela seul que les accusations générales ne sont pas des accusations particulières, individuelles. Personne n'entend, a-t-on jamais entendu que les vices généraux d'une profession, par exemple, fussent les vices personnels de tous ceux qui l'exercent ». Cette règle de la législation antérieure est admise entièrement par la loi de 1881. Il n'y a pas de délit de diffamation contre une classe de citoyens ou contre une profession déterminée. Ainsi l'art. 30 de la loi de 1881 n'est certainement pas applicable aux imputations diffamatoires visant les magistrats, la magistrature, les fonctionnaires en général, sans aucune désignation particulière de tel ou tel corps de magistrature ou d'administration. La loi de 1881 a même réalisé, dans cette voie, une innovation considérable en supprimant le délit d'excitation à la haine et au mépris des citoyens les uns contre les autres (V. *suprà*, n° 552). Cependant par dérogation au principe qu'elle consacrait à nouveau et dont elle étendait l'application, elle a, par mesure d'exception, défini le délit de diffamation contre les armées de terre et de mer, en assimilant à des corps constitués ces deux classes de citoyens. En disposant ainsi, la loi de 1881 comblait une lacune, suivant l'appréciation du ministre de la justice (Circ. 9 nov. 1881, D. P. 81. 3. 108, n° 34). Mais, dit M. Barbier, t. 2, n° 4, elle avait l'inconvénient grave d'introduire « pour la première fois dans notre législation sur la presse, un véritable délit d'opinion, alors que son but général était de bannir de la loi nouvelle tous les délits présentant ce caractère ».

926. L'art. 30 est applicable soit que la diffamation vise l'armée tout entière, soit qu'elle concerne une fraction déterminée de l'armée, par exemple un régiment, même une brigade de gendarmerie (Conf. Barbier, t. 2, n° 464).

927. — 3° *Corps constitués.* — Cette désignation, reproduite des art. 15 de la loi du 17 mai 1819 et 5 de la loi du 25 mars 1822, convient à tous les corps auxquels la constitution, ou les lois organiques qui en forment le complément, ont attribué une partie de l'autorité ou de l'administration publique (*Rép.* n° 894 et les auteurs cités). La loi de 1881, aussi bien que les lois antérieures, suppose, en outre, que

---

(1) (Defol, gérant du journal *Le Progrès des Côtes-du-Nord.*) La cour ; — Sur le premier moyen du pourvoi, tiré de la violation de l'art. 4, § 2, de la loi du 25 mars 1822, en ce que l'article incriminé ne contiendrait qu'une censure légitime d'un acte d'un ministre : — Attendu qu'il est établi que, le 2 avril dernier, à Saint-Brieuc, Defol, gérant du journal *Le Progrès des Côtes-du-Nord*, a publié un article où on lit notamment : « Que les officiers de l'armée territoriale sont tous, à quelques exceptions près, des hobereaux de province et des saute-ruisseaux choisis par l'arbitraire et la faveur parmi les moins dignes, et exposant à la risée de l'Europe une armée postiche et ridicule »; — Attendu que ces expressions outrageantes ne sauraient être envisagées comme une critique sérieuse des actes d'un ministre; que l'arrêt attaqué déclare outrageantes qu'elles s'adressaient aux officiers de l'armée territoriale, et plus particulièrement aux officiers du 74e régiment d'infanterie de cette armée; que, dès lors, il n'y avait pas lieu à l'application du paragraphe 2 de l'art. 4 de la loi du 25 mars 1822, dont il suit que cette disposition n'a pas été violée; — Sur le deuxième moyen, tiré d'une violation de l'art. 5 de la même loi, en ce que l'arrêt attaqué aurait, à tort, considéré l'armée territoriale comme un corps constitué, et les officiers de cette armée comme des autorités publiques : — Attendu que l'arrêt attaqué n'a point dit que l'armée territoriale fût un corps constitué; — Qu'il résulte de ses termes qu'il a constaté et qu'il a voulu réprimer un délit d'injures, commis par la voie de la presse envers les officiers de l'armée territoriale pris collectivement, et plus spécialement envers le corps des officiers du 74e régiment, et, qu'à bon droit, il a prononcé contre l'auteur de ce délit les peines portées par l'art. 5 de la loi

du 25 mars 1822, puisque, d'une part, cet article punit les injures envers les autorités publiques, et que, d'autre part, les officiers de l'armée territoriale, fonctionnaires de l'ordre militaire, investis du commandement, sont des autorités publiques dans le sens de la disposition précitée; — Attendu que, vainement, le demandeur leur conteste ce caractère, en soutenant que, jusqu'à la mobilisation de l'armée territoriale, ses officiers demeurent de simples particuliers; — En effet, en exécution de la loi du 24 juill. 1873, l'armée territoriale existe, et qu'en vertu de l'art. 30 de cette loi, elle peut être réunie, toutes les fois que le ministre de la guerre le juge utile; — Que les hommes qui la composent ont été enrégimentés, les cadres formés et les officiers nommés; — Que ces officiers exercent une fonction qui, pour n'être pas toujours active, n'en est pas moins permanente en leur personne, et que l'outrage collectif qui leur est fait, à raison de cette qualité, s'adresse nécessairement à des autorités publiques; — Attendu, qu'à plus forte raison, il en est ainsi dans l'espèce, puisque l'arrêt attaqué constate que l'écrit incriminé a été publié à Saint-Brieuc le jour même où, dans cette ville, le 74e régiment de l'armée territoriale était convoqué pour répondre à l'appel, où les militaires de ce régiment étaient tenus de se réunir pour la première fois réunis sous les ordres de leurs officiers, qui se trouvaient, dès lors, dans l'exercice réel de leurs fonctions; — D'où il suit qu'il a été fait une légale application de l'art. 5 de la loi du 25 mars 1882; — Et, attendu d'ailleurs la régularité de l'arrêt; — Par ces motifs,

Rejette.

Du 2 déc. 1876.-Ch. crim.-MM. de Carnières, pr.-Dupré-Lasale, rap.-Desjardins, av. gén.-Roger, av.

les corps désignés sous le nom de corps constitués ont une existence permanente et que la réunion en est toujours possible, puisque, en vertu de l'art. 47 de cette loi, reproduit de l'art. 4 de la loi du 17 mai 1819, la poursuite du délit de diffamation ne peut avoir lieu qu'en vertu d'une délibération du corps diffamé prise en assemblée générale (*Rép.* n° 896. — *Contrà*, Barbier, t. 2, n° 465).

928. Sont des corps constitués d'après les caractères que nous avons indiqués *suprà*, n° 927 : 1° le Sénat et la Chambre des députés (*Rép.* n° 896 ; Barbier, t. 2, n° 465) ; — 2° Le conseil d'Etat, les conseils généraux, les conseils d'arrondissement, les conseils municipaux (*Rép. ibid.*, Crim. rej. 28 avr. 1826, *Rép.* n° 898, Barbier, *loc. cit.*) ; — 3° Le conseil supérieur de l'instruction publique (Trib. Seine, 12 janv. 1881, *La Loi*, du 14 janvier) et les conseils académiques (Trib. corr. Lille, 17 janv. 1881, *La Loi*, du 17-18 janvier. Conf. *Rép.* n° 896, Barbier, *loc. cit.*) ; — 4° Les conseils de revision pour le recrutement de l'armée, « attendu qu'ils sont investis d'une partie de l'autorité ou de l'administration publique et qu'ils ont une juridiction permanente » (Crim. rej. 13 août 1874, aff. Levaillant, gérant du journal *La République de Nevers*, D. P. 75. 1. 41) ; — 5° Les facultés de droit, de médecine, de théologie (Conf. Barbier, *loc. cit.*). Jugé en ce sens, notamment, que les facultés de théologie protestante sont investies, au même titre que les autres facultés de l'Etat, d'une partie de l'autorité publique et possèdent une juridiction permanente, qu'elles tiennent notamment de la loi le droit exclusif de délivrer les certificats d'aptitude exigés pour la collation des grades de bachelier, de licencié et de docteur en théologie ; qu'elles sont donc de véritables corps constitués (Crim. rej. 27 févr. 1885, aff. Martinaud, D. P. 85. 1. 336).

Les cours et tribunaux, qui sont l'objet d'une désignation expresse dans le texte de l'art. 30 (V. *suprà*, n° 918), auraient été compris sans cette désignation, en qualité de corps constitués, dans la disposition générale dudit article. Doit être également considéré, comme un corps constitué, le conseil des ministres, puisqu'il est dépositaire d'une part de l'autorité et de l'administration publique et que son existence est permanente et sa réunion toujours possible (Conf. Barbier, *loc. cit.*).

929. Au contraire, on ne doit pas considérer comme des corps constitués, au sens de l'art. 30 de la loi de 1881 : 1° l'armée, les brigades de gendarmerie, les gardes nationales, les corps d'officiers. Mais la diffamation commise envers l'armée ou des fractions déterminées de l'armée est punissable en vertu de la désignation expresse contenue dans l'art. 30 (V. *suprà*, n° 918) ; — 2° Les collèges électoraux (Rennes, 15 févr. 1838, *Rép.* n° 897, et son pourvoi, Crim. rej. 25 mai 1838, *Rép.* n° 1528) ; — 3° Le clergé d'une paroisse (Toulouse, 21 juill. 1881, *suprà*, n° 874), ou le clergé d'un diocèse (Crim. rej. 19 nov. 1874, aff. Cazelles, D. P. 75. 1. 281, sol. impl.) ; — 4° L'ordre des avocats, les compagnies de notaires, d'avoués, d'huissiers, etc., et le conseil de l'ordre des avocats ou les chambres de discipline des compagnies de notaires ou d'officiers ministériels, parce que ces corps ne détiennent aucune part de l'autorité ou de l'administration publique, et que les attributions des conseils ou des chambres de discipline se réduisent à une surveillance intérieure (Douai, 1er mars 1831, *Rép.* n° 1403 ; Crim. rej. 9 sept. 1836, *Rép.* n°s 897-4° et 1517 ; Bastia, 17 févr. 1838, journal *Le Droit*, du 8 mars ; Chambéry, 20 juill. 1872, aff. Bonne et autres, D. P. 73. 2. 9). Telle n'est pas l'opinion de M. Barbier : « A supposer, dit cet auteur, *loc. cit.*, que les corps judiciaires dont nous parlons ne soient réellement investis d'aucune portion de l'autorité ou de l'administration publique, ce qui nous paraît très contestable surtout à l'égard des conseils et des chambres de discipline, il est au moins certain que ces corps et leurs chambres sont organisés par la loi elle-même dans un but supérieur d'intérêt public, en vue d'assurer la bonne administration de la justice ; cela suffit pour que la presse ait le droit de censurer leurs actes, à la condition de rester dans la vérité, et pour que nous puissions affirmer qu'il est plus conforme au texte et à l'esprit de la loi de ranger ces agrégations au nombre des corps constitués que de les assimiler à des associations privées ».

930. En ce qui concerne le Sénat et la Chambre des dé-

putés, il faut remarquer que, sous l'empire des lois antérieures, les diffamations dirigées contre ces assemblées n'étaient pas réprimées comme diffamations commises envers des corps constitués, et qu'elles faisaient l'objet d'une incrimination spéciale qui, sous le nom d'offenses envers les Chambres, comprenait les délits de diffamation, d'injures et d'outrages et résultait soit de l'art. 11 de la loi du 17 mai 1819, soit de l'art. 2 du décret du 11 août 1848.

En 1881, le délit d'outrage envers le Sénat et la Chambre des députés, délit que prévoyait l'art. 29 du projet, n'a pas trouvé place dans la nouvelle loi de la presse, dont il a été écarté après une longue discussion. La contradiction qui existe entre cette résolution et la disposition de l'art. 30 qui permet d'incriminer l'outrage aux Chambres comme diffamation ou comme injure envers les corps constitués a été relevée par M. Barbier (t. 2, n° 466). Cet auteur ne pense pas que le législateur ait « entendu renverser son œuvre réfléchie de la veille, en incriminant, sous la qualification de diffamation et d'injures, les mêmes actes qu'il avait refusé de punir sous la qualification d'outrages ». Il est obligé, toutefois, de reconnaître que les comptes rendus de la discussion de l'art. 30 à la Chambre des députés (Séance du 15 févr. 1881, Celliez et Le Senne, p. 463 et 464) établissent que le Sénat et la Chambre des députés ont été visés comme faisant partie des corps constitués protégés par l'art. 30. Nous estimons que l'expression de « corps constitués » et l'interprétation qu'elle comporte (V. *suprà*, n° 922) ne permet pas d'adopter une autre solution.

931. On ne doit établir aucune distinction entre les diffamations commises envers les Chambres pendant la durée d'une session et celle qui aurait lieu dans l'intervalle des sessions (*Rép.* n° 663) ;... ni entre la diffamation commise envers la Chambre entière et celle qui vise une fraction de cette Chambre par exemple la majorité ou la minorité (*Rép.* n° 660) ;... ni entre la diffamation qui concerne les Chambres considérées comme des corps politiques et celle qui a pour objet les fonctions judiciaires exercées par l'une d'elles, c'est-à-dire par le Sénat constitué en haute cour de justice (L. 24 févr. 1875, art. 9, D. P. 75. 4. 36),... ni entre la diffamation commise par l'un des membres de la Chambre diffamée et celle qui serait le fait de toute autre personne, sauf à respecter l'immunité parlementaire établie par l'art. 41 de la loi du 29 juill. 1881 (*Rép.* n° 661). — Que faudrait-il décider pour le cas où la Chambre serait dissoute ? Des arrêts rendus sous la loi de 1819 ont décidé que l'offense en pareil cas n'était pas punissable (*Rép.* n° 661).

932. — 4° *Administrations publiques.* — L'art. 15 de la loi du 17 mai 1819 ne les désignait pas. L'art. 5 de la loi du 25 mars 1822 les a, pour la première fois, en matière de diffamation, assimilées aux cours et tribunaux et aux corps constitués, en ajoutant aux personnes collectives susceptibles d'être diffamées « les autorités ou administrations publiques » (V. *suprà*, n° 918). L'art. 30 de la loi du 29 juill. 1881 a reproduit cette disposition, mais en supprimant le mot *autorités* (V. *infrà*, n° 936).

933. Les administrations publiques se distinguent des corps constitués en ce que, tout en participant à la gestion des diverses branches du service public, ils ne forment pas un corps organisé (*Rép.* n° 900). Par administration publique on entend la réunion hiérarchique des fonctionnaires chargés de l'administration d'une partie des intérêts de l'Etat. Ainsi les Douanes, les Contributions directes et indirectes, l'Enregistrement, les Postes et Télégraphes forment des administrations publiques. — Mais cette expression doit être entendue dans un sens plus large. Elle comprend d'abord tous les établissements utiles au service public, tels que les intendances sanitaires, l'administration de la police des villes (Crim. cass. 16 juin 1832, *Rép.* n° 687), l'administration des préfectures et sous-préfectures. Elle comprend encore les administrations ayant pour objet exclusif la charité publique, tels que les hospices, les bureaux de bienfaisance (Rapport de M. Chifflet à la Chambre des députés, séance du 14 janv. 1822). Jugé, en ce sens, qu'aux termes des art. 910 et 937 c. civ., les hospices constituent des établissements publics ; que, par conséquent, leur administration constitue une administration publique ; qu'elle constituerait tout au moins une réunion de citoyens chargés d'un service public ; que, par suite, la cour d'assises est seule compétente pour connaître du délit de diffamation commis envers la commission administrative d'un hospice (Trib. civ. Meaux, 13 févr. 1884) (1).

934. Suivant M. Barbier, t. 2, n° 467, il faudrait donner aux mots : *administration publique* une interprétation beaucoup plus extensive encore. D'après lui, sont des administrations publiques toutes les institutions de crédit placées sous le patronage et la surveillance de l'Etat, telles que la Banque de France, le Comptoir d'escompte, le Crédit foncier, etc. On peut dire, à l'appui de cette opinion, que la protection accordée par l'Etat à ces établissements et l'intérêt qu'a le public au contrôle des actes de leur administration militent en faveur de la libre discussion de ces actes; qu'ils autorisent la révélation et la preuve des faits contraires à l'honneur ou à la considération, que les administrateurs de ces établissements auraient commis dans leur gestion. Mais la jurisprudence est en sens contraire. Jugé, en ce qui concerne la Banque de France, que le caractère public dont elle est investie, par suite des privilèges dont l'Etat l'a dotée, ne lui enlève

pas sa nature originelle d'association formée à Paris entre capitalistes et d'institution particulière (Trib. corr. Seine, 4 mai 1882, motif, *infrà*, n° 973). L'art. 30 ne saurait donc s'appliquer à cet établissement.

935. M. Barbier (*loc. cit.*) va plus loin, et soutient qu'un établissement privé ou particulier doit être considéré comme une administration publique, au point de vue de l'application de l'art. 30, par cela seul qu'il a été créé par la loi ou par le Gouvernement dans un but d'intérêt général ou d'utilité publique. Suivant cet auteur, on doit interpréter l'art. 30 en le rapprochant des art. 31 et 32, et l'on est alors amené à reconnaître que tout être moral ou collectif chargé d'un service ou d'un mandat public doit compte de ses actes à l'opinion dans les mêmes conditions que le citoyen chargé d'un service ou d'un mandat public ; que la preuve des faits diffamatoires est autorisée contre l'un et l'autre, au même titre, soit en vertu de l'art. 30, soit en vertu de l'art. 31, et que l'être moral ou collectif n'échappe à cette loi que s'il rentre dans la catégorie des particuliers diffamés dans leur vie privée et visés par l'art. 32. M. Barbier admet bien que cette interprétation ne conduira pas à considérer

---

(1) (Commiss. de l'hospice de Meaux *C.* journal Le *Publicateur de Meaux*.) — LE TRIBUNAL; — Attendu qu'en matière de délit de presse, la juridiction de la cour d'assises est de droit commun (L. 29 juill. 1881, art. 45) ; que la juridiction correctionnelle ne peut statuer que sur les diffamations commises contre les particuliers; que la raison de cette distinction a été d'abord de soustraire à la juridiction correctionnelle tous les faits d'intérêt public, puis de les soumettre à la preuve des faits diffamatoires ; qu'il y a donc lieu d'examiner ici si la commission administrative diffamée en raison de ses fonctions, peut être considérée comme une simple réunion de particuliers; — Attendu que, jusqu'ici, la jurisprudence ne s'est occupée que d'injures ou diffamations commises envers un ou plusieurs membres des commissions administratives des hospices, et non envers une commission entière; que, dans tous les arrêts qui créent des précédents, le débat portait uniquement sur le point de savoir si les membres, pris isolément, étaient assimilables à des fonctionnaires ou à des agents de l'autorité, opinion qui ne pouvait, d'ailleurs, être admise, puisque les membres des commissions administratives n'ont aucune délégation de l'autorité publique ; mais que la commission administrative ayant été diffamée dans son ensemble, et en tant que commission, la question est de savoir si l'on se trouve en face des administrations publiques indiquées, dans l'art. 5 de la loi du 25 mars 1822, aujourd'hui abrogé, et dans l'art. 30 de la loi du 29 juill. 1881, qui le remplace; — Attendu que la cour de cassation, cassant à juste titre, par arrêt du 23 mai 1862 aff. Dithurbide (D. P. 62. 1. 392), la décision de la cour de Pau, qui assimilait un membre d'une commission administrative à un fonctionnaire, disait dans ses motifs « qu'aux termes des lois de la matière et notamment des art. 9 et 10 de la loi des 7 et 13 août 1831, la commission administrative des hospices délibère en général sur toutes les recettes et dépenses des établissements hospitaliers, sur les actions judiciaires et transactions; que ces délibérations sont soumises au conseil municipal; que, par conséquent, les actes du sieur T..., en qualité de membre de la commission administrative des hospices, n'étaient relatifs qu'à des intérêts privés d'un établissement municipal, etc., etc.» ; — Mais attendu que cet exposé, parfaitement suffisant pour faire juger qu'un membre d'une commission administrative n'est pas un fonctionnaire ou un agent de l'autorité publique, est insuffisant pour résoudre la question qui occupe actuellement le tribunal ; — Attendu, à cet égard, que la commission administrative est, aux termes de la loi du 6 août 1879, art. 1, nommée partie par le préfet, partie par le conseil municipal; que l'art. 7 de l'ordonnance du 31 oct. 1821, non réformé par la loi des 7-13 août 1851, considère les services de ces commissions comme des services publics comptant pour la Légion d'honneur ; — Attendu, au surplus, que le 14 janv. 1822, dans la discussion de la Chambre des députés, sur le vote de l'art. 5 de la loi du 25 mars 1822, le rapporteur dit : « Le projet de loi, dans son art. 5, a pour objet de protéger, non seulement les tribunaux et corps constitués, mais les autorités et administrations publiques; cet oubli dans la loi précédente ne peut subsister. Comment, en effet, refuser protection à ces administrations dont la charité seule est le mobile et la récompense ? » — Attendu qu'il résulte de ces termes qu'on comprenait les commissions administratives des hospices parmi les administrations publiques dont parle ledit article; — Attendu enfin que les mots « administrations publiques » ont été reproduits par l'art. 30 de la loi du 29 juill. 1881, actuellement en vigueur; — Attendu qu'aux termes de l'art. 1 de la loi des 7-13 août 1851, l'hospice peut être tenu de recevoir tout étranger tombant malade sur le territoire de la commune; — Attendu, de plus, qu'aux termes des art. 910 et 937 c. civ., les hospices constituent des établissements publics; que, par conséquent, leur administration constitue une administration publique : — Attendu que l'examen des fonctions de la commission administrative des hospices ne peut que confirmer cette règle; que ces fonctions, fort étendues, se manifestent par voie de direction, par voie d'action, par voie de surveillance, et enfin par voie d'assemblée délibérante; que c'est précisément au point de vue de la surveillance, de la direction ou de l'action, parties essentiellement d'intérêt public, et non d'intérêt exclusivement privé, que l'article incriminé a été écrit; — Et pour entrer dans plus de détails sur les fonctions des commissions administratives: — Attendu qu'aux termes de l'art. 7 de la loi des 7-13 août 1851, la commission est chargée de diriger et de surveiller le service intérieur et extérieur de l'hospice, c'est-à-dire qu'elle comprend l'admission des malades et les soins à leur faire donner; que, pour les fonctions d'action, elle délègue des membres qui ont le pouvoir exécutif; qu'aux termes de l'art. 14 de la loi sus-visée, elle nomme son secrétaire, l'économe, les médecins et chirurgiens, qu'elle ne peut les révoquer qu'avec l'autorisation du préfet; — Attendu même, en ce qui concerne les fonctions délibérantes, que les décisions qu'elle prend ne sont pas toutes soumises au conseil municipal; qu'en effet, celles qui indiquent le mode et les conditions des marchés pour fournitures et entretien dont la durée n'excède pas une année, c'est-à-dire la plupart de celles qui assurent l'alimentation et les objets nécessaires aux soins, sont, aux termes de l'art. 8 de la loi sus-visée, exécutoires trente jours après la notification officielle faite au préfet, si celui-ci ne les a pas annulées ; que les seules délibérations soumises au conseil municipal sont celles prévues par les art. 9 et 10 de la susdite loi, lesquels articles ne visent d'ailleurs que la gestion des intérêts financiers; — Attendu qu'il faudrait faire complètement abstraction de la mission de charité publique dont la commission administrative d'un hospice est investie, pour dire qu'elle s'occupe uniquement d'intérêts privés; qu'on ne peut admettre un seul instant que, lorsque cette commission est diffamée dans celles de ses fonctions de surveillance, de direction et d'action qui ont trait à la charité publique, la preuve des faits diffamatoires ne puisse être admise; qu'on aboutirait cependant à ce résultat si on décidait que la juridiction correctionnelle devant laquelle la preuve de ces faits ne peut être faite, est seule compétente ; — Attendu enfin que même en admettant que la commission administrative d'un hospice ne soit pas une administration publique, on serait tout au moins obligé de reconnaître qu'elle se compose de citoyens chargés d'un service public temporaire ou permanent; que les mots « citoyens chargés d'un service temporaire ou permanent » qui ne se trouvaient pas dans les art. 16 de la loi du 17 mai 1819, 5 et 6 de la loi du 25 mars 1822, articles aujourd'hui abrogés et remplacés par les art. 30 et 31 de la loi du 29 juill. 1881, n'ont été insérés dans ledit art. 31 qu'à l'effet de protéger tous les services publics quelconques, dont les membres ne pouvaient pas entrer dans la qualification de fonctionnaires ou agents de l'autorité publique, et aussi à l'effet de faire admettre la preuve des faits diffamatoires dans les mêmes conditions; — Attendu donc que la commission administrative de l'hospice de Meaux constitue une administration publique, ou tout au moins une réunion d'individus chargés d'un service public; — Attendu que, pour les diffamations et injures commises à raison de leurs fonctions contre les administrations publiques et les citoyens chargés d'un service public, la compétence des assises résulte du droit commun, et spécialement des art. 30, 31, 33, § 1, 35 et 45 de la loi du 29 juill. 1881; — Par ces motifs; — Se déclare incompétent, etc.

Du 13 févr. 1884.-Trib. de Meaux.-M. Allaire, pr.

comme des administrations publiques tous les établissements reconnus d'utilité publique. Ainsi les associations littéraires, scientifiques ou autres et les congrégations religieuses, reconnues par décret établissements d'utilité publique, conservent le caractère d'établissements privés et ne peuvent être comprises dans l'énumération de l'art. 30. Mais M. Barbier admet, par exemple, que les sociétés de secours mutuels approuvées, ou reconnues comme établissements d'utilité publique (Décr. 14 juin 1851), sont des êtres collectifs publics protégés contre la diffamation par l'art. 30, et non des êtres collectifs privés placés, par l'art. 32, au rang des particuliers. Il prétend, du moins, que l'administration de ces sociétés doit être considérée comme une administration publique au sens de l'art. 30, au même titre que l'administration des hospices ou des bureaux de bienfaisance. — C'est, à notre avis, forcer le texte de l'art. 30 et le sens des mots : « administration publique ». De même, la jurisprudence décide, en ce qui concerne les caisses d'épargne, que, bien qu'elles aient été créées dans un but d'intérêt général et d'utilité publique, elles ne sont que des établissements privés (V. suprà, v° Établissements d'épargne et de prévoyance, n° 11 ; C. d'assises de la Charente, 16 déc. 1882, motifs, infrà, n° 972 ; Crim. rej. 7 déc. 1883, aff. Freydier, D. P. 84. 1. 312).

936. L'art. 30 de la loi de 1881, en reproduisant le texte de l'art. 5 de la loi du 25 mars 1822, a supprimé le mot : autorités, sur la définition duquel on n'était pas d'accord (Rép. n° 900). Cette expression ne devait évidemment pas avoir un sens identique à celui des mots « corps constitués », ni à celui des mots « administration publique », employées simultanément dans le même texte. Il nous avait paru logique d'admettre, avec Grellet-Dumazeau (t. 1, p. 258) qu'elle dé- signait des agrégations d'hommes revêtus de fonctions publiques, qui ne forment ni les corps constitués, parce qu'elles ne tiennent pas à l'ensemble des pouvoirs constitutionnels, ni des administrations publiques, parce qu'elles ne partici- pent à la gestion d'aucune branche du service public. On était d'accord pour classer au nombre de ces autorités les parquets des cours et des tribunaux. — La suppression du mot autorités n'empêche pas cependant que les membres du ministère public près d'une cour ou d'un tribunal, diffamés collectivement, ne soient protégés par la disposition de l'art. 30, soit à titre de corps constitué, soit à titre d'adminis- tration publique. Il résulte, en effet, de la circulaire du mi- nistre de la justice du 9 nov. 1881 (D. P. 81. 3. 108, n° 34) que le mot autorités a été supprimé comme faisant double emploi avec les deux autres (Conf. Barbier, t. 2, n° 468).

937. — III. De la relation qui doit exister entre la diffamation et la fonction ou la qualité du corps diffamé. — A l'imitation des art. 15 de la loi du 17 mai 1819 et 5 de la loi du 25 mars 1822, l'art. 30 de la loi du 29 juill. 1881 n'exige pas, en termes formels, que la diffamation envers les corps qui y sont énumérés se rapporte aux fonctions dont ces corps sont investis, tandis que d'après l'art. 31, qui protège les personnes publiques individuellement diffamées, la diffamation doit avoir lieu « à raison des fonctions ou de la qualité ». M. Fabreguettes, t. 1, n° 1271, enseigne que cette différence de rédaction a été intentionnelle de la part du législateur de 1881, qui a voulu consacrer un véritable privilège établi déjà par les lois antérieures. « L'intérêt puissant qu'il y a, dit-il, à préserver les cours, corps constitués, etc., a fait que le législateur a édicté des peines contre les imputations dont ils sont l'objet indépen- damment de toute relation avec leurs fonctions. Par consé- quent, dans le cas où l'on ne pourrait pas appliquer l'art. 222, § 2, c. pén., nul autre texte pourra être invoqué ». Ainsi, dans le cas où un journal imputerait à l'ensemble des magistrats composant une cour ou un tribunal des faits d'ordre privé qui seraient de nature à porter atteinte à l'hon- neur ou à la considération de ce corps constitué considéré comme personnalité collective, l'art. 30 serait applicable. En conséquence, c'est à la cour d'assises que serait défé- rée la connaissance du délit, en vertu de l'art. 45 de la loi de 1881, et cependant la preuve des faits diffamatoires ne pourrait pas être admise, en raison de la prohibition de l'art. 35. — Nous ne saurions adhérer à cette interpré- tation de l'art. 30. On jugeait, sous l'empire de la loi du 1822, que l'art. 5 de cette loi ne pouvait s'appliquer

à la diffamation commise, notamment envers les cours et tribunaux, qu'autant qu'elle aurait eu lieu à raison de leurs fonctions (Crim. rej. 27 févr. 1832, Rép. n° 153). Nous don- nons la même interprétation à l'art. 30, et nous pensons qu'il y a entre cet article et la disposition de l'art. 31, non pas une différence essentielle, mais une simple différence de rédaction et, au fond, la plus complète analogie. Si les ex- pressions : « à raison de la fonction ou de la qualité » ne se trouvent pas dans le texte de l'art. 30, c'est que les corps constitués, les cours et tribunaux, etc., en un mot les per- sonnes fictives visées par l'art. 30, ne peuvent avoir d'exis- tence que par l'exercice des fonctions publiques dont elles sont investies. Leur entité cesse avec leurs fonctions, ne se conçoit pas en dehors d'elles, ni au delà. Elles n'ont pas et ne peuvent pas avoir de vie privée. Elles ne peuvent pas être atteintes dans leur honneur ou dans leur considération d'êtres moraux ou fictifs, par les actes accomplis individuel- lement dans la vie privée par les membres qui les com- posent. Il était donc inutile de dire que l'art. 30 serait ap- plicable dans le cas où les corps constitués, cours et tribu- naux, etc., auraient été diffamés à raison de leurs fonctions, puisque telle était la seule hypothèse possible d'une diffa- mation envers ces personnes. Les diffamations d'ordre privé dirigées contre l'ensemble des conseillers formant une cour d'appel ne sont donc susceptibles d'être poursuivies qu'à la requête de chacun des conseillers qui se croirait visé in- dividuellement, et sous la qualification de diffamation en- vers des particuliers (Conf. Barbier, t. 2, n° 457).

938. Il n'y a pas lieu de distinguer entre la diffamation commise dans l'exercice et la diffamation commise à l'occa- sion de l'exercice des fonctions, la généralité de l'art. 30 ne comportant aucune restriction, tandis que l'art. 31 ne punit la diffamation individuelle envers les personnes publiques qui s'y trouvaient énumérées que si la diffamation a eu lieu « à raison de leurs fonctions ou de leur qualité ». Il est à remarquer, toutefois, que la diffamation dans l'exercice des fonctions présentera presque toujours le caractère d'un délit de droit commun, le délit d'outrage par paroles, gestes ou menaces envers des dépositaires de l'autorité ou de la force publique dans l'exercice de leurs fonctions. En ce cas, ce seront les art. 222 et suiv. c. pén. qui seront applicables.

939. On a dit au Rép. n° 898 que l'irrégularité dans la composition ou dans les actes du corps constitué ne font pas obstacle à l'application des dispositions particulières qui le protègent contre la diffamation. C'est ce qu'on déci- dait sous l'empire de l'art. 5 de la loi du 25 mars 1822 (Crim. cass. 28 avr. 1826, et sur renvoi, Riom, 19 mars 1827 Rép. n° 898). C'est ce qu'il convient de décider encore pour l'application de l'art. 30. En effet, l'outrage fait à un corps constitué ne blesse pas moins l'ordre public lorsqu'il a lieu à l'occasion d'un acte susceptible d'annulation et de réfor- mation, que lorsqu'il est fait à l'occasion d'un acte inatta- quable en la forme et au fond ; dans tous les cas, l'outrage s'adresse à un corps constitué, c'est-à-dire à une collection d'individus revêtus de fonctions publiques (Rép. n° 898. Conf. Barbier, t. 2, n° 458).

940. En vertu des règles générales établies en matière de diffamation, il est nécessaire que le corps constitué qui porte plainte ait été suffisamment désigné dans l'imputation diffa- matoire (V. suprà, n° 872).

941. La diffamation atteint-elle le corps lui-même ou vise-t-elle ses membres individuellement ? C'est une question de fait, dont la connaissance souveraine appartient aux juges du fond, et qu'ils peuvent résoudre en ayant égard soit aux discours ou aux écrits incriminés, soit même aux circonstances extrinsèques de la cause. Il peut arriver que le discours ou l'écrit diffamatoire vise nommément certains magistrats ou certains fonctionnaires et que la diffamation, soit en raison de sa teneur, soit en raison des circonstances extrinsèques, atteigne la considération ou l'honneur de la cour ou du tribunal, ou de l'administration dont font partie les magistrats ou les fonctionnaires nommément désignés ; alors l'imputation diffamatoire caractérise un double délit et peut donner lieu à poursuites soit sur la plainte individuelle des personnes publiques nommées, en vertu de l'art. 31, soit sur la plainte collective du corps constitué, en vertu de l'art. 3 (Conf. Barbier, t. 2, n° 461). En effet, on ne doit pas considérer comme indispensable que la diffamation soit expressément dirigée contre le corps lui-même, et la poursuite en vertu de l'art. 30 est justifiée toutes les fois que la diffamation dirigée contre un certain nombre de magistrats ou de fonctionnaires est de nature à rejaillir contre le corps entier (Crim. rej. 24 févr. 1832, *Rép.* n° 1529; Crim. rej. 9 févr. 1877, aff. Roiflé, D. P. 77. 1. 414).

La tribunal saisi d'une plainte en diffamation par la voie de la presse, envers un corps constitué, n'excède pas son pouvoir en recherchant si les actes critiqués émanent véritablement de ce corps, et s'ils sont l'œuvre d'une réunion ou d'un corps reconnu comme constitué par la loi (Crim. cass. 28 avr. 1826, *Rép.* n°s 898 et 899). Mais ce tribunal est incompétent pour rechercher si un corps constitué et, par exemple, un conseil municipal dont on attaque les actes, était composé d'un nombre suffisant de membres présents, ou si la présence de ses membres a été suffisamment constatée, une telle recherche excédant le pouvoir des tribunaux, qui ne peuvent ni réformer, ni annuler les actes des corps administratifs, ni s'immiscer dans leur examen d'une manière quelconque (Même arrêt). Cette recherche est d'ailleurs inutile au point de vue de l'application de l'art. 30. Il suffit, en effet, que le juge reconnaisse qu'il y a diffamation à l'égard d'un corps constitué pour qu'il admette la plainte de ce corps, sans se préoccuper de savoir s'il était composé régulièrement ou non ou s'il était dans l'exercice régulier ou irrégulier de ses fonctions, puisque, dans l'une et l'autre hypothèse, la diffamation existe également (Conf. Barbier, t. 2, n° 469. V. *suprà*, n° 939).

942. — IV. De la nécessité d'une plainte préalable. — La diffamation envers les corps constitués ne peut pas motiver une poursuite d'office de la part du ministère public. L'art. 47 exige que le ministère public ait été saisi par une délibération du corps constitué prise en assemblée générale, et requérant poursuites, ou par une plainte du chef du corps ou du ministre dont il relève, quand le corps diffamé n'a pas d'assemblée générale V. sur cette disposition, *infrà*, n°s 1206 et suiv.).

943. Le désistement du corps diffamé ne ferait pas obstacle à la continuation des poursuites régulièrement engagées par le parquet saisi d'une plainte. D'autre part, le droit de citation directe devant la cour d'assises n'appartient pas au corps diffamé. C'est ce qui résulte de la combinaison des paragraphes 1 et 6 de l'art. 47. — L'action civile résultant de la diffamation prévue par l'art. 30 ne peut être poursuivie devant les tribunaux civils séparément de l'action publique (art. 46). Mais le corps diffamé peut-il se constituer partie civile devant la juridiction répressive soit dans les termes de sa réquisition ou plainte lui-même, soit au cours des poursuites engagées par le parquet sur cette réquisition ou plainte? C'est un droit qui ne peut pas être contesté à ceux des corps constitués, visés par l'art. 30, qui sont des personnes civiles, possédant un patrimoine et investies de l'aptitude d'ester en justice. Mais que doit-on décider relativement aux autres corps, c'est-à-dire aux cours, aux tribunaux, aux conseils généraux, municipaux, etc...? Il semble que la pensée du législateur de 1881 a été de leur accorder, au point de vue particulier des lois sur la presse, la personnalité civile qui leur fait défaut dans le cours ordinaire de la vie civile. « La loi sur la presse, dit M. Barbier, t. 2, n° 471, reconnaît, en effet, que ces corps ont un patrimoine d'honneur et de considération à défendre et leur confère expressément le droit de se plaindre des diffamations ou injures dirigées contre eux; n'est-ce pas reconnaître très clairement qu'au point de vue de la diffamation ou de l'injure, ces corps constituent de véritables personnes juridiques ayant une existence légale et jouissant de certains droits? Il est vrai que la loi (art. 47) ne reconnaît expressément à ces corps qu'un seul droit, celui de se plaindre; mais le droit de plainte ne renferme-t-il pas implicitement celui de se constituer partie civile? Ne serait-il pas injuste qu'un corps diffamé, contre lequel la preuve des faits diffamatoires est admise ne le pût, lorsque le ministère public a donné suite à sa plainte, intervenir aux débats, pour défendre son honneur et obtenir une légitime réparation de l'offense, en concluant à l'insertion dans les journaux du jugement à intervenir? Cette interprétation se trouve d'ailleurs confirmée par les termes généraux de l'art. 46, qui

semble bien supposer que tous les corps visés par l'art. 30 peuvent exercer l'action civile résultant des délits de diffamation ou d'injure, à la condition, s'il s'agit de diffamation, que cette action ne soit pas poursuivie séparément de l'action publique ».

944. — V. Preuve de la vérité du fait diffamatoire. — Les auteurs d'imputations diffamatoires contre les corps constitués, les armées de terre ou de mer et les administrations publiques sont recevables à prouver, par les voies ordinaires, la vérité du fait diffamatoire allégué ou imputé par eux (art. 35). Cette preuve n'est admise qu'en ce qui concerne les faits relatifs aux fonctions. Telle est la disposition expresse de l'art. 35. Nous avons d'ailleurs exposé *suprà*, n° 937, que l'art. 30 n'est applicable que dans la seule hypothèse d'une diffamation relative aux fonctions et qu'un corps constitué ne peut être l'objet d'imputations diffamatoires d'ordre privé. — La preuve contraire est réservée. Si la preuve du fait diffamatoire est rapportée, le prévenu doit être renvoyé des fins de la plainte (V. sur les dispositions de l'art. 35, *infrà*, chap. 4, sect. 3).

§ 3. —.De la diffamation envers les personnes revêtues d'un caractère public.

945. — I. Observations générales. — La diffamation à l'égard des personnes qui sont revêtues d'un caractère public est soumise, comme la diffamation à l'égard des corps constitués, à des conditions particulières d'existence et de poursuite, et à des pénalités plus rigoureuses que celles de la diffamation à l'égard des particuliers. L'art. 16 de la loi du 17 mai 1819 punissait la diffamation envers tout dépositaire ou agent de l'autorité publique, pour des faits relatifs à ses fonctions, d'un emprisonnement de huit jours à dix-huit mois et d'une amende de 50 fr. à 3000 fr. On a exposé au *Rép.*, n° 902, comment l'application de cette disposition se combinait soit avec les art. 222 et suiv. c. pén., modifiés par la loi du 13 mai 1863, qui punissait l'outrage par paroles, gestes ou menaces adressés aux magistrats de l'ordre administratif ou judiciaire, aux jurés, aux officiers ministériels, aux citoyens chargés d'un ministère de service public, aux commandants et aux agents de la force publique, et l'outrage par écrit ou par dessin non rendu public aux magistrats ou aux jurés; soit avec l'art. 6 de la loi du 25 mars 1822, qui punissait l'outrage fait publiquement d'une manière quelconque, à un fonctionnaire public à raison de sa qualité. — L'art. 31 de la loi du 29 juill. 1881 substitue aux deux dispositions de l'art. 16 de la loi du 17 mai 1819 et de l'art. 6 de la loi du 25 mars 1822 qui sont abrogées (art. 68), la disposition suivante : « Sera punie de la même peine (un emprisonnement de huit jours à un an et une amende de 100 fr. à 3000 fr., ou une de ces deux peines seulement, prononcées par l'art. 30 contre la diffamation envers les corps constitués) la diffamation commise par les mêmes moyens, à raison de leurs fonctions ou de leur qualité, envers un ou plusieurs membres de l'une ou de l'autre Chambre, un fonctionnaire public, un dépositaire ou agent de l'autorité publique, un ministre de l'un des cultes salariés par l'Etat, un citoyen chargé d'un service ou d'un mandat public temporaire ou permanent, un juré ou un témoin, à raison de sa déposition ». Nous avons dit que l'art. 31 de la loi du 29 juill. 1881 laissait en vigueur les art. 222 et suiv. c. pén., qui prévoient des délits de droit commun, dans la législation du code pénal et nous avons exposé comment la législation du code pénal en matière d'outrage se combinait avec la loi de la presse sur la diffamation (V. *suprà*, n°s 726 et suiv.).

946. Le délit prévu par l'art. 31 doit réunir tous les caractères généraux de la diffamation punissable, telle qu'elle est définie par l'art. 29, § 1. Il faut qu'il y ait une allégation ou une imputation d'un fait déterminé; que ce fait soit de nature à porter atteinte à l'honneur ou à la considération de la personne revêtue d'un caractère public diffamé; que cette personne soit suffisamment désignée; qu'il y ait eu intention de nuire de la part de l'auteur de l'imputation; que cette imputation ait été rendue publique par la parole, par l'écrit ou par le dessin, à l'aide d'un des moyens de publication déterminés par les art. 23 et 28 de la loi de 1881 (V. *suprà*, nᵒˢ 851 et suiv.).

947. Ce délit est soumis, en outre, à la réalisation de certaines conditions sans lesquelles il n'existe pas ou ne peut pas être poursuivi. Il est nécessaire : 1ᵒ que la personne diffamée soit comprise dans l'une des catégories de personnes publiques énumérées dans l'art. 31; 2ᵒ que le fait imputé soit relatif aux fonctions ou à la qualité de la personne diffamée, ou à sa déposition s'il s'agit d'un témoin. Quand l'imputation concerne un fait de la vie privée, la diffamation n'est punissable qu'en vertu de l'art. 32, comme toute diffamation envers un particulier ; 3ᵒ que la poursuite ait été précédée d'une plainte de la personne diffamée ou qu'elle ait lieu d'office sur la plainte du ministre dont cette personne relève; 4ᵒ que le prévenu ne rapporte pas la preuve de la vérité du fait diffamatoire, cette preuve étant exceptionnellement autorisée dans le cas de diffamation envers les personnes publiques visées dans l'art. 31, par l'art. 35, § 4.

948. V. en ce qui concerne la compétence, *infrà*, tit. 4, chap. 3; ... les poursuites dirigées soit par le ministère public, soit par la partie lésée, *infrà*, tit. 4, chap. 1 et 4.

949. — II. Des personnes protégées contre le délit de diffamation par l'art. 31. — 1ᵒ *Membres du ministère.* — Les ministres n'étaient expressément désignés ni par l'art. 16 de la loi du 17 mai 1819, ni par l'art. 6 de la loi du 25 mars 1822. Néanmoins la diffamation commise envers eux était passible des peines portées par la première de ces dispositions, comme atteignant des « dépositaires de l'autorité publique ».

L'art. 31 désigne expressément les ministres et les fait sortir de la catégorie générale des dépositaires de l'autorité, qu'il protège comme eux (D. P. 81. 4. 78). Cet article employant, au lieu du mot « ministre » celui de « membre du ministère », on est d'accord pour reconnaître qu'il concerne aussi les sous-secrétaires d'État (Conf. Fabreguettes, t. 1, nᵒ 1293; Barbier, t. 2, nᵒ 474).

L'application de l'art. 31 suppose une diffamation dirigée contre un ou plusieurs membres du ministère désignés individuellement. Dirigée contre le ministère tout entier, pris collectivement, la diffamation tombe sous le coup de l'art. 30 (V. *suprà*, nᵒˢ 918 et suiv.).

950. — 2ᵒ *Membres de l'une ou de l'autre Chambre.* — Ils n'étaient pas protégés, en cas de diffamation, par l'art. 16 de la loi du 17 mai 1819, car il était impossible de les considérer comme « dépositaires de l'autorité publique ». Ils n'étaient pas protégés non plus contre le délit d'outrage, diffamatoire ou non diffamatoire, défini par les art. 222 à 224 c. pén., car ils n'étaient pas des magistrats et n'étaient au surplus compris dans aucune autre des catégories de personnes publiques visées par lesdits articles. Ils sont protégés, en vertu de la loi du 29 juill. 1881, contre la diffamation par l'art. 31, et contre l'outrage non diffamatoire par l'art. 33 qui punit l'injure commise envers eux (V. *infrà*, nᵒ 1042).

Le délit défini par l'art. 31 consiste dans la diffamation commise envers les membres de l'une ou de l'autre Chambre pris individuellement. Si la diffamation atteint la Chambre elle-même considérée dans son ensemble, elle tombe sous le coup de l'art. 30, qui punit la diffamation envers les corps constitués (V. *suprà*, nᵒˢ 927 et suiv.).

951. — 3ᵒ *Fonctionnaires publics et dépositaires ou agents de l'autorité publique.* — L'art. 16 de la loi du 17 mai 1819 ne concernait que « les dépositaires ou agents de l'autorité publique ». L'art. 6 de la loi du 25 mars 1822 protégeait « les fonctionnaires publics » contre l'outrage commis publiquement. L'art. 31 de la loi du 29 juill. 1881 reproduit la disposition de la loi de 1819 en ce qui concerne les dépositaires ou agents de l'autorité publique; il étend cette disposition aux fonctionnaires publics; il remplace, à leur égard, l'art. 6 de la loi de 1822, relativement à l'outrage ayant les caractères de la diffamation; l'outrage non diffamatoire envers les uns et les autres est puni, comme injure, par l'art. 33.

952. Le texte de l'art. 31 enlève tout intérêt à la distinction qu'il y avait lieu d'établir entre les fonctionnaires publics d'une part et, d'autre part, les agents ou dépositaires de l'autorité publique, et met fin aux controverses qui s'étaient élevées à cet égard (V. *Rép.* nᵒˢ 902 et suiv.). Il est certain, d'ailleurs, que les mots « fonctionnaires pu-

blics », dans le sens où ils étaient employés par les auteurs de la loi du 25 mars 1822, comprenaient les agents ou dépositaires de l'autorité publique (*Rép.* nᵒ 903). Les agents ou dépositaires de l'autorité publique ne sont qu'une catégorie de fonctionnaires publics, la plus importante par les attributions qui lui sont confiées : ce sont les agents préposés à l'exécution des ordres de l'autorité supérieure. C'étaient les seuls fonctionnaires que l'art. 16 de la loi du 17 mai 1819 protégeât contre la diffamation. Au contraire, tous les fonctionnaires publics étaient, sans distinction de catégories, protégés contre l'outrage diffamatoire ou non diffamatoire, commis publiquement, par l'art. 6 de la loi de 1822; mais les fonctionnaires qui n'étaient pas des agents ou dépositaires de l'autorité publique n'étaient pas protégés contre la diffamation quand elle ne réunissait pas les conditions constitutives du délit d'outrage (*Rép.* nᵒ 902).

953. L'art. 31 de la loi du 29 juill. 1881 protège tous les fonctionnaires publics sans distinction, et c'est surabondamment qu'elle ajoute : « les agents ou dépositaires de l'autorité publique », étant donné qu'il n'y a aucun intérêt à distinguer, dans l'application d'une mesure devenue générale, une catégorie de la classe des fonctionnaires. Sous l'empire de l'art. 6 de la loi du 25 mars 1822, la jurisprudence considérait comme des fonctionnaires publics, dans le sens de cette disposition, non seulement les agents qui ne pouvaient alors être poursuivis en raison d'actes relatifs à leurs fonctions, sans l'autorisation du conseil d'État, mais encore tous les agents qui, par la nature et à raison même de leurs fonctions, sont des délégués directs de l'autorité publique, quel que soit d'ailleurs le mode de leur nomination (Crim. cass. 28 juill. 1859, aff. Poindextre, D. P. 59. 1. 513. Comp. *suprà*, nᵒ 773-11ᵒ). D'autre part, elle refusait la qualité de fonctionnaire public, au point de vue de l'application de cette même loi de la presse, à certaines personnes que des lois spéciales ont, il est vrai, qualifiées de fonctionnaires publics, comme les notaires, les commissaires-priseurs, etc., mais qui n'exercent aucune portion de l'autorité publique, qui ne sont pas des agents de l'administration publique, qui ne gèrent aucune branche des intérêts publics (Crim. cass. 14 avr. 1831, *Rép.* nᵒ 1403 ; Bordeaux, 21 mars 1860, aff. Chavanat, D. P. 60. 5. 118).

Ces arrêts déterminent exactement le sens qu'il convient de donner aux mots « fonctionnaires publics » et « agents ou dépositaires de l'autorité publique », dans le sens de l'art. 31 de la loi du 29 juill. 1881. Sont compris sous cette désignation :

1ᵒ les magistrats de l'ordre administratif ou judiciaire visés par l'art. 222 c. pén. V. *suprà*, nᵒˢ 738 et suiv.

2ᵒ Les agents dépositaires de la force publique, visés par l'art. 224 c. pén. et les commandants de la force publique visés par l'art. 225 (V. *suprà*, nᵒˢ 767 et 769). On a constamment décidé, sous l'empire de la loi du 17 mai 1819, que les agents dépositaires de la force publique devaient être considérés, au point de vue de l'application de l'art. 19 de cette loi en matière de diffamation, comme des dépositaires ou agents de l'autorité publique. L'art. 31 les comprend, sans aucun doute, dans la désignation très large de fonctionnaires, de dépositaires et d'agents de l'autorité publique, empruntée tout à la fois à la loi de 1819 et à l'art. 6 de la loi du 25 mars 1822. Ainsi sont protégés par l'art. 31: les gendarmes (Limoges, 23 nov. 1851, *Rép.* nᵒ 743); — Les appariteurs et agents de police. Jugé, en ce sens, que les appariteurs et agents de police, quoique n'étant plus aujourd'hui que des agents subalternes de l'autorité municipale, ont cependant la qualité d'agents de l'autorité publique, dans le sens de l'art. 19 de la loi du 17 mai 1819, qui punit de peines correctionnelles l'injure adressée à des fonctionnaires pour faits relatifs à leurs fonctions (Crim. cass. 5 avr. 1860, aff. Pinsart, D. P. 60. 1. 247; Conf. Crim. cass. 8 janv. 1870, aff. Quesver, D. P. 70. 1. 315); — Les gardes champêtres. C'est ainsi qu'il a été jugé, sous l'empire de la législation antérieure, que l'outrage adressé publiquement à un garde champêtre, dans l'exercice de ses fonctions de police judiciaire, tombe sous l'application non de l'art. 224 c. pén., qui réprime les outrages adressés aux agents de la force publique, mais sous l'application des dispositions plus sévères de l'art. 6 de la loi du 25 mars 1822, qui réprime les outrages publics envers les fonctionnaires (Crim. rej. 9 janv. 1858, aff. Duparc, D. P. 58. 5. 289); — Les gardes forestiers et les gardes des particuliers (V. suprà, n° 768-3°) ; — Les officiers de sapeurs-pompiers (Grenoble, 9 mai 1834, Rép. n° 682);... — Un colonel commandant de la garde mobile (Crim. rej. 15 mai 1873, aff. Anterrieu et Pagès, D. P. 74.1. 498); — Les officiers de l'armée territoriale (Crim. rej. 2 déc. 1876 aff. Le Foll, Bull. crim. n° 238); — Les brigadiers de gendarmerie (V. suprà, n° 768-5°); — Les officiers ou sous-officiers commandant une troupe (V. suprà, n°s 769 et suiv.), etc.

3° Les agents du Gouvernement qui, sous l'empire de l'art. 75 de la constitution de l'an 8, maintenant abrogé en vertu du décret du 9 sept. 1870, ne pouvaient être poursuivis qu'ensuite d'une autorisation du conseil d'Etat. En effet, d'après la jurisprudence de la cour de cassation, le titre d'agent du Gouvernement, au sens de l'art. 75 de la constitution de l'an 8, convenait à tous les employés de l'Etat qui, dépositaires d'une partie de son autorité, agissent au nom du Gouvernement et sous sa direction médiate ou immédiate et font partie de la puissance publique. Ainsi sont des fonctionnaires publics, au sens de l'art. 31 de la loi sur la presse, tous ceux à qui la jurisprudence accordait le titre d'agents du Gouvernement dans le sens de l'art. 75 de la constitution de l'an 8. Tels sont : le directeur d'une maison centrale de détention (Rép. v° Mise en jugement, n° 81);... les fonctionnaires attachés aux armées comme administrateurs (Rép. ibid., n° 84);... les commissaires, contrôleurs et administrateurs de la marine (Rép. ibid., n° 86);... les syndics des gens de mer (Rép. ibid., n° 87);... les inspecteurs des halles et marchés de Paris (Rép. ibid., n° 92);... les ingénieurs et conducteurs des ponts et chaussées (Rép. ibid., n°s 101 et 102);... les préposés des douanes (Rép. ibid., n° 115);... les administrateurs généraux des postes aux lettres (Rép. ibid., n° 146);... les gardes d'écluse et de halage (Rép. ibid., n° 123).

4° Les receveurs et percepteurs des contributions directes (Ch. réun. cass. 5 brum. an 9, Rép. v° Forfaiture, n° 4 ; Poitiers, 19 janv. 1842, Rép. n° 711) et tous les collecteurs de deniers publics quels qu'ils soient, receveurs municipaux (Crim. cass. 23 mars 1827, Rép. v° Forfaiture, n° 65-3°), receveurs d'octroi (Crim. rej. 21 janv. 1813, Rép. eod. v°, n° 33-3°; receveurs de l'enregistrement (Poitiers, 17 févr. 1858, aff. Guérin, D. P. 58. 2. 171, V. suprà, n° 773-8°).

5° Les employés des contributions indirectes (Bordeaux, 4 août 1853, Rép. n° 711).

6° Les agents voyers (Crim. cass. 28 juill. 1859, aff. Poindextre, D. P. 59. 1. 513 V. suprà, n° 773-11°).

7° Les agents des chemins de fer, désignés par l'art. 23 de la loi du 25 juill. 1845 comme investis d'attributions impliquant une délégation de l'autorité publique (Paris, 17 févr. 1855, Rép. n° 938). — Jugé, dans le même sens : que les agents des chemins de fer nommés par les compagnies concessionnaires et assermentés doivent être réputés agents de la force ou de l'autorité publique; que, dès lors, les injures publiquement adressées à un chef de gare pour des faits relatifs à ses fonctions sont passibles des peines portées en l'art. 19 de la loi du 17 mai 1819 (Grenoble, 7 nov. 1862, aff. Godard, D. P. 63. 2. 66); — Qu'un chef de station ou de gare de chemin de fer est un agent ou dépositaire de l'autorité publique, protégé à ce titre contre la diffamation et l'injure par les art. 16 et 19 de la loi du 17 mai 1819 (Toulouse, 24 déc. 1874, aff. Blanc, D. P. 77. 5. 347). — Cette solution ne semble pas pouvoir être étendue à un sous-chef de gare non assermenté. La jurisprudence qui vient d'être rappelée se fonde, en effet, sur ce que l'art. 23 de la loi du 15 juill. 1845, qui a organisé la police des chemins de fer, a conféré aux agents assermentés des compagnies une délégation de l'autorité publique; or tel n'est pas le cas d'un sous-chef de gare non assermenté, agent auxiliaire, auquel n'appartient ni le pouvoir de constater les crimes, délits et contraventions prévus par la loi de 1845, ni le droit de requérir la force publique. — La situation d'un sous-chef de gare des chemins de fer de l'Etat ne paraît pas, sous ce rapport, différente de celle d'un agent du même ordre des compagnies concessionnaires. Cet agent ne peut être considéré comme un citoyen chargé d'un service public, et la circonstance qu'il

reçoit un traitement sur les fonds de l'Etat ne semblerait pas suffisante pour lui attribuer le caractère d'un fonctionnaire public. Ainsi que l'explique le rapport du ministre des travaux publics qui a précédé le décret du 28 mai 1878 sur l'organisation administrative des chemins de fer rachetés et provisoirement exploités par l'Etat (D. P. 78. 4. 69), l'administration des chemins de fer de l'Etat ne forme pas, à proprement parler, une administration publique; elle n'est « qu'une annexe de nos administrations, pouvant fonctionner à côté d'elles d'une manière indépendante et sans autre lien que celui d'un contrôle exact et rigoureux »... « Toute idée de personnel d'Etat affecté à l'exploitation de ces lignes, ajoute le ministre, doit être écartée ». La question se posait à l'occasion d'une espèce soumise à la cour de cassation; mais elle a pu être résolue (Crim. rej. 17 juill. 1886, aff. Thireau, D. P. 86. 1. 473).

8° Les gardes établis pour la perception d'un droit de péage (Orléans, 12 mai 1845, Rép. n° 904-2°);

9° Les préposés du trésorier colonial (Crim. cass. 6 août 1852, Rép. n° 904-1°);

10° Les fonctionnaires de l'enseignement, et notamment les professeurs des facultés, que la jurisprudence tient pour fonctionnaires publics au sens des lois de la presse, parce qu'ils donnent l'enseignement au nom de l'Etat (Crim. rej., 8 nov. 1844, Rép. n° 1513; Paris, 8 mars 1856, aff. Roland, D. P. 56. 2. 148; Crim. cass., 31 mai 1856, aff. Rogeard, D. P. 56. 1. 311.

11° Le médecin chargé par un préfet de l'inspection d'eaux thermales privées (Crim. cass. 19 mai 1860, aff. Labard, D. P. 60. 1. 363).

954. C'est en vertu de l'art. 31 que doit être poursuivie la diffamation dirigée contre un fonctionnaire qui a cessé ses fonctions et qui, rendu à la vie privée, n'est plus qu'un simple particulier, si la diffamation a trait à ses anciennes fonctions ou à son ancienne qualité. La diffamation présente, en pareil cas, le même caractère et le même degré de gravité que lorsqu'elle est dirigée contre un personnage encore en fonctions. C'est, dans l'une et l'autre circonstance, la fonction qui est attaquée et que la loi protège. En outre, il ne faut pas « qu'une destitution officieuse ou une démission donnée à propos » fassent obstacle à la recevabilité de la preuve des faits diffamatoires (Rép. n° 1510. Conf. Barbier, t. 2, n° 478; Crim. rej., 23 mars 1860, aff. Sain, D. P. 61. 5. 379; Nancy, 19 mai 1875, aff. Bretzner, D. P. 76. 5. 355; 22 nov. 1875, aff. Humbert, D. P. 78. 2. 28. V. suprà, n° 813).

955. Les fonctionnaires nommés par l'autorité compétente sont protégés par l'art. 31, alors même que l'acte au sujet duquel ils ont été diffamés a été accompli par eux avant d'avoir reçu l'investiture régulière de leurs fonctions (V. suprà, n°s 811 et suiv., et infrà, n° 985).

956. Le fonctionnaire ou l'ancien fonctionnaire est protégé par l'art. 31, alors même que l'acte de ses fonctions au sujet duquel il a été diffamé n'est pas un acte légalement accompli dans les limites et l'exercice régulier de ses attributions et qu'il se trouve, par suite, annulable pour incompétence, vice de formes, violation de la loi ou excès de pouvoir (Conf. Barbier, n° 479, V. suprà, n° 816).

957. Le chef de l'Etat, pendant la durée de sa magistrature, n'est considéré par la loi sur la presse ni comme un fonctionnaire public, ni comme un simple particulier. Les injures, les diffamations, les outrages dirigés contre sa personne, ayant trait ou non à sa qualité, constituent le délit spécial d'offense prévu et puni par l'art. 26 de la loi du 29 juill. 1881 (V. suprà, n°s 624 et suiv.); mais cet article cesse d'être applicable au terme du mandat qui lui a été confié. Dès cette époque, la diffamation dirigée contre lui est punissable soit en vertu de l'art. 31, soit en vertu de l'art. 30, suivant qu'elle vise l'homme public ou le simple particulier. C'est ce que la cour de cassation a jugé sur une plainte en diffamation concernant la mémoire de Napoléon III (Crim. rej. 24 mai 1879, aff. Villain-Landaiserie, gérant du journal Le Siècle, D. P. 79. 1. 273).

958. Les fonctionnaires étrangers, non accrédités auprès du gouvernement français en qualité d'agents diplomatiques, ne peuvent être considérés en France que comme de simples particuliers, et les diffamations qui les concernent, alors même qu'elles ont trait à l'exercice de leurs fonctions

ne tombent, en aucun cas, sous l'application de l'art. 31 de la loi du 29 juill. 1881. — Les agents diplomatiques étrangers ne sont ni des fonctionnaires publics au sens de l'art. 31, ni des particuliers au sens de l'art. 32 ; mais l'art. 37 prévoit, à leur égard, le délit spécial d'outrages (V. *infrà*, nᵒˢ 1082 et suiv.). — Quant aux consuls étrangers, le délit d'outrage défini par l'art. 37 n'existe pas contre eux ; mais, quand ils sont diffamés à l'occasion de l'exercice de leurs fonctions, sont-ils protégés en vertu de l'art. 31, en raison de l'*exequatur* qui leur est accordé par le gouvernement français et qui leur confère, en France, un caractère public ? L'affirmative avait été jugée par le tribunal de la Seine le 12 avr. 1883 (*Gaz. des tribunaux* du 13 avril). mais c'est la doctrine contraire qui a prévalu. Jugé en effet : 1° que les consuls étrangers en France ne sont pas des agents diplomatiques, et que la diffamation commise publiquement envers eux n'est point punie par l'art. 37 de la loi du 29 juill. 1881, qui ne s'applique qu'aux ambassadeurs, ministres plénipotentiaires, envoyés, chargés d'affaires ou autres agents diplomatiques accrédités près du gouvernement de la République ; qu'ils ne peuvent non plus être considérés comme citoyens chargés d'un service public, dans le sens de l'art. 31 de la loi précitée, l'agrément qui, sous le nom d'*exequatur*, est donné par le président de la République à leur nomination ne leur attribuant pas la qualité de dépositaires d'une partie de l'autorité publique ; que, par suite, le tribunal correctionnel est seul compétent pour statuer sur l'action en diffamation intentée par un consul étranger, alors même qu'il prétendrait avoir été diffamé à l'occasion de ses fonctions (Paris, 28 juin 1883, aff. Rubi, D. P. 84. 2. 115, et sur pourvoi, Crim. rej. 9 févr. 1884, D. P. 84. 1. 307).

959. En ce qui concerne les chefs d'Etats étrangers, l'art. 36 de la loi du 29 juill. 1881 réprime comme un délit spécial toute offense commise envers eux (V. *infrà*, nᵒˢ 1071 et suiv.); mais l'application de cet article suppose que ces chefs d'Etat sont en fonctions. Dès qu'ils ne sont plus au pouvoir, les diffamations commises à leur égard eussent-elles pour objet des actes de leurs anciennes fonctions, ne sont punissables qu'en vertu de l'art. 32, comme diffamation commise envers des particuliers.

960. — 4° *Ministres de l'un des cultes salariés par l'Etat.* — Avant la loi de 1881, la diffamation envers les ministres de l'un des cultes salariés par l'Etat n'était pas l'objet de dispositions particulières. D'autre part, et malgré les textes spéciaux qui protégaient contre l'outrage les ministres du culte (V. *suprà*, nᵒˢ 830 et suiv.), ceux-ci n'étaient pas considérés comme des fonctionnaires dans le sens des lois de la presse. D'où la conséquence qu'ils étaient traités, non comme des personnes revêtues d'un caractère public, mais comme de simples particuliers, au triple point de vue : 1° de l'admissibilité de la preuve de la vérité des faits diffamatoires ; 2° de l'interdiction de porter l'action civile devant les tribunaux civils ; 3° de la compétence du juge de l'action publique (*Rép.* nᵒ 1525 et les autorités qui s'y trouvent citées). Jugé, en ce sens, qu'un curé n'est pas un fonctionnaire public, et que, par suite, la diffamation dont il aurait été l'objet en sa qualité de ministre du culte serait à tort considérée, même depuis la loi du 15 avr. 1871, qui a rétabli la compétence de la cour d'assises en matière de délits de presse, comme ne pouvant être déférée qu'à cette dernière juridiction (Poitiers, 20 juill. 1872, aff. Mesnin, D. P. 72. 2. 161. Conf. Crim. cass. 5 déc. 1872, aff. Malardeau, D. P. 72. 1. 465. — *Contrà* : Trib. corr. Besançon, 31 mai 1872, aff. Curé de Rongières, D. P. 72. 1. 465, note 1). — La loi du 29 juill. 1881 a innové sur ce point : l'art. 31 assimile complètement les ministres de l'un des cultes salariés par l'Etat aux autres personnes qu'il protège contre le délit de diffamation (D. P. 81. 4. 79, note 1).

961. Les cultes salariés de l'Etat ne s'entendent que de ceux qui ont été légalement reconnus. Ils se distinguent des cultes simplement autorisés par le Gouvernement et qui subviennent eux-mêmes à leurs dépenses (V. *Rép.* vᵒ *Culte*, nᵒˢ 79 et suiv.). L'art. 31 de la loi du 29 juill. 1881, comme l'art. 5 de la loi de 1848 dont il reproduit la désignation, ne concerne pas les ministres des cultes non légalement reconnus, c'est-à-dire non salariés par l'Etat. — Jugé, à plus forte raison, que la disposition de la loi du 29 juill. 1881, qui assimile les ministres de l'un des cultes salariés par l'Etat

aux fonctionnaires publics, au point de vue de la protection qu'elle leur accorde contre les diffamations dont ils peuvent être l'objet par une voie quelconque de publication, n'est pas applicable aux ministres d'un culte étranger, habitant l'étranger, qu'aucune loi ni rapport ne rattache à l'Etat (Crim. rej. 8 juin 1889, aff. Asutach-Chêne, D. P. 89. 5. 374-375).

962. L'art. 31 s'applique à tous les ecclésiastiques, même à ceux qui, après avoir reçu les ordres sacrés, ne remplissent aucun ministère. On avait proposé d'introduire à cet égard une distinction dans le texte de l'art. 6 de la loi du 25 mars 1822 ; mais l'amendement fut rejeté (séance du 29 janv. 1822), sur cette observation que la loi du 18 germ. an 10 reconnaît comme ministres de la religion tous les ecclésiastiques sans distinction, dont la position peut changer suivant la volonté de leur évêque diocésain, mais dont le caractère est indélébile (*Rép.* nᵒ 715). En effet, le ministre du culte qui n'exerce pas le ministère sacré peut être diffamé, sinon à raison de sa fonction, du moins à raison de sa qualité (Conf. Barbier, t. 2, nᵒ 484). Cependant la protection de l'art. 31 ne s'étendrait pas au prêtre qui serait rentré dans la vie séculière nonobstant les canons de l'Eglise (*Rép.* nᵒ 715). On a dit au *Rép.*, nᵒ 716, que les diacres et les sous-diacres n'étaient probablement pas compris sous la désignation de ministres du culte dans le sens des lois relatives aux outrages. C'est aussi l'interprétation que nous croyons la plus exacte de l'art. 31 de la loi de 1881.

963. L'art. 31 de la loi du 29 juill. 1881 ne met pas obstacle à l'application de l'art. 262 c. pén., en vertu duquel sont punis les outrages, ayant ou non le caractère de diffamation, commis publiquement ou non, envers le ministre d'un culte reconnu dans l'exercice de ses fonctions. Il n'est pas applicable, d'ailleurs, à l'outrage commis non publiquement à l'occasion de la fonction, alors même qu'il réunirait tous les caractères de la diffamation. Mais cet outrage ne serait pas simplement punissable des peines de police, en vertu de l'art. 33, § 3, de la loi de 1881, comme injures envers un particulier ; il tomberait sous le coup de l'art. 224 c. pén., comme outrage envers un citoyen chargé d'un ministère de service public. C'est du moins ce que l'on peut soutenir en s'appuyant sur ce que la loi de 1881 a placé dans cette classe de personnes les ministres du culte en leur reconnaissant un caractère public. Mais les peines de l'injure non publique envers les particuliers seraient seules applicables aux outrages commis envers le ministre d'un culte autorisé seulement, et surtout d'un culte non autorisé, à raison de sa qualité.

964. — 5° *Citoyens chargés d'un service ou d'un mandat public, temporaire ou permanent.* — Les citoyens chargés d'un service public, protégés contre les violences ou voies de fait par une disposition particulière, celle de l'art. 230 c. pén., n'étaient pas mieux protégés contre les délits d'outrage, de diffamation et d'injure, que les simples particuliers, antérieurement du moins à la loi du 13 mai 1863. Ni l'art. 26 de 1810, ni l'art. 16 de la loi du 17 mai 1819, ni l'art. 6 de la loi du 25 mars 1822, ne les mentionnaient. Et la peine applicable soit aux outrages, soit aux diffamations ou aux injures qui leur étaient adressés dans l'exercice ou à l'occasion de l'exercice de leurs fonctions était celle même qu'aurait encourue l'auteur d'un semblable délit envers un particulier. Cependant leur assimilation aux particuliers s'arrêtait à la question de pénalité ; et comme l'art. 20 de la loi de 1819 avait rendu l'admissibilité de la preuve des faits diffamatoires commune à toute personne ayant agi dans un caractère public, alors même que cette personne appartenait au point de vue de la répression à la classe des simples particuliers, il en résultait que la diffamation commise envers un citoyen chargé d'un service public était soumise aux règles de la diffamation envers les personnes publiques au triple point de vue : 1° de la preuve de la vérité du fait diffamatoire imputé ; 2° de la compétence du juge de répression ; 3° de l'interdiction de porter l'action civile devant le juge civil.

Nous avons exposé *suprà*, nᵒ 772, que la loi du 13 mai 1863 a étendu la disposition de l'art. 224 c. pén. aux outrages commis envers « les citoyens chargés d'un ministère de service public » dans l'exercice ou à l'occasion de l'exercice de leurs fonctions ; mais les diffamations qui n'avaient pas les caractères du délit d'outrage continuaient à n'être punissables, en vertu de l'art. 16 de la loi du 17 mai 1819, que des peines de la diffamation envers les particuliers. L'art. 31 de la loi du 29 juill. 1881 a fait cesser cette anomalie. A côté du délit d'outrage prévu par l'art. 224, il définit le délit de diffamation envers les « citoyens chargés d'un service ou d'un mandat public, temporaire ou permanent », à raison de ses fonctions ou de sa qualité (D. P. 81. 4. 78).

965. Quelles sont les personnes que l'art. 31 comprend sous cette désignation ? Suivant une jurisprudence constante, les termes employés par le législateur de 1881 n'ont pas une signification sensiblement différente des expressions introduites en 1863, dans le texte de l'art. 224 c. pén. Suivant la définition donnée par M. le conseiller Vételay dans un rapport à la cour de cassation (D. P. 83. 1. 436), on entend par citoyens chargés d'un ministère de service public, en dehors des fonctionnaires publics à qui cette désignation convient bien évidemment, les citoyens qui, sans avoir la qualité de fonctionnaires publics « ont reçu, à titre temporaire ou permanent, une délégation de la puissance publique... Les expressions employées par le législateur de 1881 ne sont pas, il est vrai, absolument semblables à celles dont ont usé les auteurs du code pénal et de la réforme du 13 mai 1863; l'art. 31 de la loi du 29 juill. 1881 parle d'un citoyen chargé d'un ministère ou d'un mandat public, temporaire ou permanent, tandis que les textes précités du code pénal ont pour objet de protéger le citoyen chargé d'un ministère de service public. Il semble certain cependant que, si les mots sont un peu différents, si le législateur de 1881 a paru s'attacher à être un peu plus explicite, on a voulu, aussi bien en 1810 qu'en 1863 et 1881, viser la même catégorie de personnes ». — *Contrà*, Barbier, t. 2, n° 485.

966. Doivent, notamment, être considérés comme tels : 1° les membres des conseils généraux, des conseils d'arrondissement et des conseils municipaux. — On les considérait déjà comme agissant dans un caractère public au point de vue de l'application de la loi de 1819 (*Rép.* n° 1526). Au cours de la discussion de la loi de 1881, ils ont été désignés expressément comme étant au nombre des citoyens chargés d'un mandat public (Discours de M. Pelletan au Sénat, séance du 11 juill. 1881). — Jugé en ce sens: 1° que la cour d'assises est seule compétente pour connaître des imputations injurieuses ou diffamatoires dirigées par la voie de la presse contre un conseiller municipal à raison de ses fonctions, par ce motif que les fonctions de conseiller municipal constituent un mandat public temporaire (Amiens, 15 juill. 1882) (1); — 2° Que le tribunal correctionnel est incompétent pour juger un délit de diffamation commis envers un conseiller général. Il en est ainsi quand bien même certaines imputations paraîtraient contre l'homme privé, si elles ont avec d'autres imputations visant l'homme public, une connexité évidente et tendent au même but (Nancy, 18 août 1882) (2). Conf. Trib. Compiègne, 13 juin 1882, *Le Droit* du 18 juin; Verdun, 30 juin 1882, *ibid.*, 20 juillet).

2° Les délégués sénatoriaux (Riom, 17 mai 1876 et Crim. rej. 28 juill. 1876, aff. Génébrier, D. P. 77. 1. 44; Bourges, 17 oct. 1889, aff. Gravier, D. P. 91. 2. 85. Conf. Barbier, t. 2, n° 489). L'arrêt précité du 28 juill. 1876 est motivé sur ce que « aucune assimilation ne saurait être établie entre les électeurs concourant, en vertu d'une loi générale, à l'élection soit des corps délibérants, soit des députés, et les électeurs spécialement délégués pour procéder à la nomination des membres du Sénat; que les premiers prennent part à l'élection en vertu d'un droit qui leur est propre, qui dérive de leur seule qualité de Français, habilitée de certaines con-

---

(1) Blaulot *C.* Tugaut et Trolard: journal *Le Libéral de l'Oise.*) — Le 13 juin 1822, le tribunal de police correctionnelle de Compiègne a rendu le jugement suivant : — « Statuant sur l'exception d'incompétence opposée par Tugaut et Trolard : — Attendu qu'aux termes de l'art. 45 de la loi du 29 juill. 1881, les infractions prévues par ladite loi doivent être déférées à la cour d'assises; que, dès lors le jury devient, en principe, juge souverain de tous les délits commis par la voie de la presse ou par la parole; que, toutefois, le législateur a fait exception pour les diffamations ou injures commises envers les particuliers; — Attendu que la question soumise à l'appréciation du tribunal est donc celle de savoir si Blaulot a été injurié seulement comme simple particulier; — Attendu qu'il suffit ainsi qu'au surplus le plaignant le déclare lui-même dans sa citation, de rapprocher les termes de l'article incriminé du procès-verbal de la séance du conseil municipal de Noyon du 16 mai 1882, pour se convaincre que c'est à raison de l'attitude prêtée audit Blaulot pendant cette séance que l'article dont il se plaint justement a été inséré dans *Le Libéral de l'Oise* du 21 mai suivant; qu'il y est présenté comme ayant été sommé de s'expliquer sur le procès-verbal que lui-même avait rédigé et comme n'ayant pas eu la dignité de défendre son œuvre; qu'après avoir formulé cette imputation, l'auteur de l'article ajoute : « Ce monsieur a eu dans « sa vie mille occasions, pas une de moins, de montrer qu'il était « un homme, et chaque fois le courage lui a manqué. Venant de « ce personnage, une lâcheté de plus n'étonnera personne » ; — Attendu qu'il est évident que ces mots : « une lâcheté de plus » s'appliquent au rôle que Blaulot aurait joué, tout à la fois dans la rédaction du procès-verbal sus-daté et dans la discussion dont ce procès-verbal a été l'objet dans la séance suivante; qu'ils s'adressaient donc à Blaulot, uniquement à raison de sa qualité de conseiller municipal secrétaire du conseil; — Attendu que les fonctions de conseiller municipal constituent un mandat public temporaire: qu'à ce titre, Blaulot rentre essentiellement dans la catégorie des citoyens dont parle l'art. 31 de la loi du 29 juill. 1881; que, dès lors, l'injure publique dont il se plaint échappe à l'appréciation de la juridiction correctionnelle; — Attendu que vainement il allègue qu'à l'appui de sa plainte, il n'a relevé que le passage de l'article où il est fait allusion à son manque de courage pendant toute sa vie, et que ce passage suffit pour constituer une injure envers un particulier; — Attendu qu'il est impossible de scinder ledit article; qu'il existe entre ses diverses parties une corrélation des plus intimes; que l'une ne saurait s'expliquer raisonnablement sans l'autre, et que Blaulot lui-même, en citant l'article tout entier, n'a entendu faire aucune distinction, à leur égard; que, dans cette situation, la cour d'assises, investie de la plénitude de juridiction en matière de presse, a seule droit de connaître des injures qui peuvent en résulter; que c'est donc avec raison que Tugaut et Trolard déclinent la compétence de la juri-

diction correctionnelle ; — Par ces motifs ; — Sans s'arrêter ni avoir égard au chef relatif à l'allocation de dommages-intérêts, lequel n'est ni recevable ni fondé ; — Se déclare incompétent, et Renvoie Blaulot à se pourvoir ainsi qu'il avisera, et le condamne, etc. »

Appel par M. Blaulot. La cour. — Considérant qu'à la date du 31 mai 1882, M. Blaulot, se prétendant injurié par un article inséré le 21 du même mois, dans le journal *Le Libéral de l'Oise*, a fait citer devant le tribunal correctionnel de Compiègne, Tugaut et Trolard, le premier comme ayant publié ledit article, le second comme en étant l'auteur; — Considérant que l'examen de cet article, en ce qui touche la juridiction appelée à connaître du fait, objet de la poursuite, est absolument distinct de l'appréciation des griefs du plaignant sur le point de savoir s'ils sont fondés ou non; ne saurait être préjugé à l'occasion d'une question de compétence; — Adoptant les motifs des premiers juges; — Confirme, etc. Du 15 juill.-1882.-C. d'Amiens, ch.-MM. de Cassières, pr.-Grenier, av. gén.

(2) (Maury *C.* journal *Le Progrès de la Meuse.*) — Le gérant du journal *Le Progrès de la Meuse*, assigné, pour diffamation, devant la juridiction correctionnelle, par le sieur Maury, membre du conseil général de la Meuse, a opposé l'incompétence de cette juridiction, par ce motif que les articles incriminés visaient la vie publique, et non la vie privée du plaignant. Le 30 juin 1822, jugement du tribunal de Verdun ainsi conçu : « Attendu que, dans le cours de la polémique violente qu'ont soulevée les élections municipales entre les journaux *Le Républicain de Verdun* et *Le Progrès de la Meuse*, il n'a été fait dans *Le Progrès* aucune allusion à la vie privée de Maury; que les imputations dont il est l'objet dans les articles incriminés n'ont manifestement trait qu'à sa conduite dans sa situation politique, et sont uniquement dirigées contre l'homme public, à raison de sa qualité de conseiller général, et à l'occasion de ses rapports avec ses collègues, durant l'exercice de son mandat ; — Attendu, dès lors, qu'aux termes de l'art. 45 de la loi du 29 juill. 1881, la cour d'assises est seule compétente pour statuer sur lesdits faits; — Se déclare incompétent, etc. ».

Appel par M. Maury. La cour. — Attendu que, si les propos tenus par *Le Progrès de la Meuse* contre Maury, relevés par l'appelant, paraissent dirigés contre l'homme privé, il existe entre eux et les propos visant l'homme public une connexité évidente ; que les expressions dont s'agit étaient dirigées contre une même personne, bien qu'on ait pu la considérer celle-ci sous deux aspects différents, et qu'elles tendent au même but ; — Par ces motifs ; — Confirme, etc. Du 18 août 1882.-C. de Nancy, ch. corr.-MM. d'Hannoncelles, pr.-Durier (du barreau de Paris) et Lallement, av.

ditions d'âge et d'identité, et qu'il est vrai de dire que, pour agir en qualité de citoyens, ils n'en agissent pas moins comme simples particuliers ; que les seconds, au contraire, tiennent leur mandat, non d'une disposition de la loi commune, mais d'une délégation toute personnelle émanée des conseils municipaux, appelés à délibérer spécialement à cet égard, et que l'accomplissement de ce mandat, qui touche à un intérêt politique de premier ordre, dont la loi a pris soin d'assurer l'exécution par une sanction pénale, implique, de la part de celui qui en est investi, l'exercice au moins temporaire d'une fonction publique ».

3° Les membres d'un bureau électoral (Crim. rej. 19 août 1837, *Rép.* n° 742; Crim. rej. 28 févr. 1845, *Rép.* n° 905 ; Conf. Barbier, t. 2, n° 490).

4° Les fonctionnaires de l'enseignement : les membres du conseil supérieur de l'instruction publique, les inspecteurs, les recteurs, les membres des commissions scolaires, les proviseurs des lycées, les principaux des collèges, les professeurs et les maîtres adjoints et répétiteurs ou surveillants à la nomination du pouvoir. Si ces personnes ne sont pas des fonctionnaires publics au même titre que les professeurs des facultés, à qui cette qualité est reconnue par la jurisprudence, ce sont certainement des citoyens chargés d'un service public au sens de l'art. 31 de la loi sur la presse (*Rép.* n° 1514. V. Trib. Marseille, 18 mai 1870, aff. Lieutaud, D. P. 72. 2. 131. Conf. Barbier, t. 2, n° 491). — Les instituteurs publics communaux sont aussi des citoyens chargés d'un service public permanent (V. ce qui a été dit *suprà*, n° 773-5°, relativement au délit d'outrage), et l'art. 31 leur est, dès lors, applicable.

5° L'individu que le maire a désigné pour remplir provisoirement les fonctions de garde champêtre chargé de la police rurale (Aix, 25 janv. 1878, cité *suprà*, n° 774-9°).

6° Le garde champêtre et les pompiers qui procèdent à la visite des fours et cheminées, en vertu de la mission qui leur a été confiée par l'autorité compétente (Dijon, 20 mai 1879, *suprà*, v° *Garde-champêtre*, n° 68).

7° Les cantonniers (Douai, 23 janv. 1882) (1).

8° Les syndics de faillite (V. anal. Riom, 9 mai 1866, aff. X..., D. P. 83. 5. 364; Dijon, 15 avr. 1868, aff. Pelletier, *suprà*, n° 774-10° ; Crim. rej. 12 févr. 1880, aff. Changenet, D. P. 80. 1. 139).

9° Le directeur d'une ferme-école instituée par le Gouvernement (Paris, 26 avr. 1875, aff. Kirgenes de Planta, D. P. 75. 2. 215).

10° L'adjudicataire d'un service public, mais seulement dans le cas où l'adjudication a pour effet d'attribuer à l'adjudicataire une délégation des droits de l'autorité. Jugé, en ce sens, que l'adjudicataire des droits de place dans les halles et marchés d'une commune doit être considéré comme un citoyen chargé d'un service public dans le sens de l'art. 31 de la loi du 29 juill. 1881 ; que, par suite, le tribunal correctionnel est incompétent pour connaître des imputations diffamatoires dirigées contre cet adjudicataire à raison de ses fonctions (Bourges, 23 déc. 1882, aff. Roghi, D. P. 83. 2. 168). Cet arrêt porte, en effet, « que si, dans

ses rapports avec la ville avec laquelle il a traité, l'adjudicataire des droits de place n'est lié que par un contrat purement privé, la situation est tout autre quand il s'agit des rapports dudit adjudicataire avec le public; que le produit des taxes municipales connues sous la dénomination de droits de place constitue, pour le budget des villes, une ressource qui donne lieu à une recette; que, pour le public auquel les tarifs municipaux sont imposés d'autorité, qui n'a le droit ni de les discuter, ni de refuser le payement des redevances qu'ils établissent, les recettes effectuées en vertu desdits tarifs sont une véritable contribution affectée aux besoins de la ville; que, sans être un fonctionnaire proprement dit, l'adjudicataire qui a reçu mission et pouvoir de recouvrer le produit de ces tarifs n'agit, vis-à-vis du public contribuable, qu'en qualité d'agent délégué et en exécution d'un mandat qu'il tient de l'autorité municipale; qu'il est, dès lors, chargé de s'acquitter d'un mandat ou d'un service public, et qu'à ce titre il se trouve revêtu d'une qualité qui permet de le classer dans la catégorie des personnes désignées par les termes intentionnellement larges de l'art. 31 de la loi du 29 juill. 1881 ». Jugé, dans le même sens, que l'adjudicataire du service d'une halle, autorisé par l'administration municipale à recouvrer les droits de pesage et les droits d'octroi et substitué à cet effet au receveur municipal, est un citoyen chargé d'un service ou d'un mandat public dans le sens de l'art. 31 (Trib. corr. Marseille, 27 juin 1884 (*Gaz. des tribunaux* du 12 juillet). Mais il a été jugé, d'autre part, que la commission des ordinaires des corps de troupe, chargée de pourvoir à l'alimentation du corps de troupe qu'elle représente, est investie d'un service public, elle n'a point la faculté de subdéléguer à un tiers le service dont elle est chargée; que, par suite, la personne avec qui la commission des ordinaires passe un marché de fournitures pour la troupe, spécialement l'adjudicataire de la fourniture de la viande, ne peut être considérée, à aucun égard, comme lui étant substituée et comme pourvoyant personnellement à un service public, que, dès lors, la diffamation dont cette personne, en sa qualité d'adjudicataire des fournitures de vivres pour la troupe, a été l'objet, doit être soumise à la juridiction du tribunal correctionnel, et non pas à celle de la cour d'assises, et que la vérité des imputations diffamatoires dirigées contre elle ne peut alors être établie en justice (Paris, 2 août 1892, aff. Marquis de Morès et autres, journal *Le Gil-Blas*, D. P. 92. 2. 525).

11° Les simples particuliers qui sont temporairement agents de l'autorité et qui exercent un emploi dans un intérêt général; ainsi, le chef de service rétribué, attaché à la commission d'une exposition universelle (Riom, 3 août 1876, aff. Guyot-Montpayroux, D. P. 77. 2. 20 et, sur pourvoi, Req. 31 janv. 1877, D. P. 78. 1. 58, V. *suprà*, n° 774-3°). Jugé, de même, que le citoyen qui a participé à la direction d'une mission d'exploitation ayant le caractère de service public (dans l'espèce, la mission française de l'Ouest africain) à laquelle il a été adjoint par arrêté ministériel, doit être considéré comme chargé d'un mandat public (Paris, 25 avr. 1885) (2).

---

(1) (Ghislain.) — La cour; — Attendu que, le 12 sept. 1881, Coquelet, cantonnier assermenté à Louvroil, ayant constaté, devant la porte de Ghislain, un dépôt de matières fécales, sur la route nationale de Paris à Bruxelles, dont il a la surveillance, se rendit chez Ghislain pour lui dire de faire disparaître ce dépôt; qu'en son absence, il s'adressa à sa femme; que, peu après, Ghislain vint le trouver à son travail, sur la route, lui reprocha d'avoir été impoli chez lui, et le traita de gros nono, lâche, fainéant; — Attendu que ces outrages ont été adressés à Coquelet à l'occasion de l'exercice de ses fonctions de cantonnier, puisque c'est à la suite d'observations faites par lui, en sadite qualité, pour encombrement de la voirie, que Ghislain l'a outragé; — Attendu qu'un cantonnier n'a pas pour mission exclusive de réparer et d'entretenir les routes; qu'aux termes des lois de voirie, notamment des art. 49 et 50 du décret du 16 déc. 1811, les cantonniers doivent faire connaître chaque jour aux conducteurs des ponts et chaussées et au maire de leur commune les abus et délits qui seraient commis dans l'étendue de leur canton, et que les maires sont tenus de dresser sur-le-champ un rapport ou procès-verbal des plaintes du cantonnier; que la loi du 30 mai 1842 charge les piqueurs et cantonniers-chefs de constater les délits de grande voirie; — Attendu qu'en admettant même que Coquelet, simple cantonnier, ne puisse dresser direc-

tement des procès-verbaux, il n'en aurait pas moins pour mission de constater les délits commis sur son canton, et d'en faire rapport à ses chefs ou au maire, et qu'en cette qualité il doit être rangé parmi les citoyens chargés d'un ministère de service public; qu'il suit de là que les outrages qui lui ont été adressés l'ont été à un citoyen chargé d'un ministère de service public, et tombent sous l'application de l'art. 224 c. pén.; — Par ces motifs; — Réformant; — Condamne Ghislain à 16 fr. d'amende, etc.

Du 23 janv. 1882.-C. de Douai, ch. corr.-MM. le cons. Hibon, pr.-Delegorgue, av. gén.-De la Gorce, av.

(2) (Blondel C. Genay, gérant du journal *La Lanterne*.) — La cour; — Considérant que Blondel, se trouvant diffamé par divers articles publiés dans le journal *La Lanterne*, au cours du mois de juillet 1884, a fait citer, devant le tribunal correctionnel de la Seine, Genay, gérant de ce journal; — Considérant que Genay a excipé de l'incompétence dudit tribunal, par ce motif que Blondel a fait partie de la mission Brazza, et que les articles incriminés ont été dirigés, non contre un simple particulier, mais contre un fonctionnaire public, ou tout au moins contre un citoyen chargé d'un service ou d'un mandat public, à raison de ses fonctions; — Considérant que c'est à bon droit que le

967. Au contraire, la jurisprudence considère comme n'étant pas des citoyens chargés d'un service ou d'un mandat public, temporaire ou permanent, au sens de l'art. 31 de la loi du 29 juill. 1881 : 1° les électeurs, parce qu'ils exercent des droits qui leur sont propres et personnels en vertu des lois constitutionnelles, à la différence des délégués sénatoriaux investis d'un mandat public par délégation du conseil municipal (*Rép.* n° 1528. V. aussi *suprá,* n° 966-2° ; Crim. rej. 28 juill. 1876, aff. Génébrier, D. P. 77. 1. 41). Il est peut-être regrettable, comme le fait observer M. Barbier, t. 2, n° 488, que les fraudes en matière électorale, publiquement dénoncées dans l'intérêt général, ne puissent être l'objet d'une preuve fournie par le prévenu.

2° Le candidat aux fonctions électives : En effet, « s'il appelle la discussion sur sa personne en se présentant aux suffrages de ses concitoyens, il n'agit pas néanmoins en cette qualité dans un caractère public, et il demeure, au regard de la loi sur la diffamation, un simple particulier » (*Rép.* n° 1527 ; Crim. rej. 23 mai 1874, aff. Tuck et Perrot, D. P. 75. 1. 233 ; Rennes, 9 mars 1879, aff. Larère et Peigné, D. P. 80. 2. 166 ; Crim. rej. 1er juin 1888, aff. Delpierre et Rochefort, D. P. 88. 1. 448). La solution est d'autant moins douteuse, sous l'empire de la loi de 1881, que le Sénat et la Chambre des députés ont rejeté des propositions tendant à comprendre, par voie de désignation expresse, les candidats aux fonctions électives dans l'énumération de l'art. 31.

3° Les instituteurs libres et même, suivant une opinion, les instituteurs publics communaux congréganistes (V. *suprá,* n°s 773-5° et 966).

4° Les employés intérieurs des administrations publiques, qui ne sont ni des fonctionnaires, ni des agents ou dépositaires de l'autorité publique, mais concourent à un service public sous les ordres d'un fonctionnaire supérieur; ainsi les employés des ministères, des préfectures, un employé de sous-préfecture, secrétaire du sous-préfet (Crim. rej. 22 août 1851, *Rép.* n° 1511). Jugé, dans le même sens, que l'employé de préfecture, chef de division ou autre, n'est ni fonctionnaire public, ni dépositaire de l'autorité, et ne peut non plus être rangé parmi les personnes agissant dans un caractère public ; qu'il en est encore ainsi dans le cas où, par une délégation spéciale du préfet, il a été chargé de la répartition entre les employés de sa division d'une indemnité purement accidentelle et indépendante du traitement assigné à leur emploi (Crim. rej. 25 nov. 1875, aff. Lavech, gérant de *La République de Brive,* D. P. 83. 5. 360). Jugé de même que le chef adjoint du cabinet d'un ministre ne peut être considéré ni comme un fonctionnaire public, ni comme un dépositaire ou un agent de l'autorité publique, ni comme un citoyen chargé d'un service ou mandat public ; que, par suite, la diffamation dont il est l'objet à l'occasion de son emploi est de la compétence des tribunaux correctionnels, et non de la cour d'assises (Crim. rej. 31 juill. 1885, aff. Delahodde et Delattre, et Crim. cass. 29 oct. 1885, aff. Lutaud, D. P. 86. 1. 391 ; et sur renvoi, Rouen, 30 janv. 1886), *Le Droit* du 21 févr. Les décisions de la cour de cassation sont motivées sur ce que, « appelé personnellement par le ministre à diriger son cabinet, révocable à sa volonté, destiné à le suivre dans sa retraite, il n'appartient pas à la hiérarchie administrative ; qu'il n'est revêtu d'aucun caractère public, n'exerce par lui-même aucun pouvoir, et qu'il n'est associé aux travaux de son chef

que dans la mesure d'un concours purement privé et à titre de simple auxiliaire; que, dans ces conditions, étranger en réalité à la gestion des intérêts publics et dépourvu de toute initiative personnelle, il doit être considéré, relativement aux imputations diffamatoires dont il est l'objet, comme appartenant à la classe des particuliers » (*Contrá,* Paris, 12 mai 1885, aff. Lutaud, D. P. 86. 1. 391).

Cette jurisprudence est critiquée par M. Barbier, t. 2, n° 495. Suivant lui, les employés ou préposés des administrations publiques, bien qu'ils n'aient pas le pouvoir propre de prendre des arrêtés ou des décisions et que leurs travaux soient purement préparatoires, n'en ont pas moins une part d'influence et d'autorité si réelle, si effective, si bien reconnue par la loi elle même (C. pén. art. 177. V. *Rép.* v° *Forfaiture* n°s 33, 109, 110, 111) qu'on doit les tenir certainement pour des citoyens chargés d'un service public dans le sens de l'art. 31. « Il n'est pas moins vrai, ajoute cet auteur, de dire que ces employés doivent également compte de leurs actes à l'opinion, au même titre que les fonctionnaires eux-mêmes. Concevrait-on, par exemple, qu'un journaliste dénonçât un employé du ministère de la guerre comme coupable d'avoir livré à l'ennemi les plans de mobilisation de l'armée, et que, poursuivi en diffamation à raison de ce fait, il ne fût pas admis à en rapporter la preuve? » D'après M. Barbier, on doit assimiler aux agents ou préposés permanents des administrations publiques les aides ou employés qu'un chef de service est autorisé à s'adjoindre en vertu de la loi elle-même et en tant que les besoins du service l'exigent (Crim. rej. 9 déc. 1843, *Rép.* v° *Forfaiture,* n° 113) ; mais non pas les commis que les employés de l'Administration peuvent occuper à leurs frais pour les aider dans le travail dont ils sont chargés (*Rép.* n° 1511, et v^is *Fonctionnaire public,* n° 55, et *Mise en jugement,* n° 118).

5° Les greffiers salariés ou simples scribes qui rédigeaient les procès-verbaux des séances des comités de surveillance que la Convention nationale avait institués en 1793 dans les départements, les districts et les communes, et les membres des sociétés populaires établies dans les diverses communes de France en 1793 et 1794 ; car lesdites sociétés ne formaient pas des corps constitués et ne pouvaient pas déléguer une part quelconque de l'autorité publique qui ne leur a jamais appartenu (Crim. rej. 24 mars 1877, aff. Peauger, journal *Le Progrès de la Haute-Vienne, Bull.* crim., n° 88).

6° Les secrétaires de mairie (Agen, 10 mai 1850, aff. Roux, D. P. 50. 2. 126; Poitiers, 12 févr. 1875, aff. Bureau, D. P. 75. 2. 77-78; Crim. rej. 22 juin 1883, aff. Sustendal et Tilloy, D. P. 84. 1. 216. — *Contrá,* Barbier, t. 2, n° 495).

7° Les architectes municipaux (Poitiers, 23 juill. 1886, aff. Couty, D. P. 87. 2. 138).

8° Le commissaire enquêteur désigné pour procéder à une enquête sur des travaux proposés par un conseil municipal dans l'intérêt de la commune, parce que, « ayant seulement pour mission, aux termes des art. 3 et 4 de l'ordonnance du 23 août 1835, de recevoir les déclarations des habitants et d'émettre son avis sur l'utilité des travaux proposés, il n'a d'autre utilité que celle que peut lui donner son expérience et l'honorabilité de son caractère » (Crim. règl. de juge, 22 févr. 1890, aff. Doussinelle, D. P. 91. 1. 46).

9° Les membres des commissions administratives des hospices. En effet, si, aux termes des art. 7 à 10 de la loi

tribunal a accueilli cette exception ; qu'il est constant, en effet, que Blondel, adjoint à la mission par arrêté ministériel, a visité des postes, s'est enquis de leurs besoins, a arrêté les comptes des employés, fait des commandes de marchandises, pris les mesures nécessaires pour leur transport ainsi que pour leur emploi ; que, de plus, son propre registre copie de lettres le montre, au cours du deuxième semestre de l'année 1883, correspondant, en qualité de représentant de la mission, avec le commandant du Gabon, les officiers de la marine de l'État, les capitaines des navires de commerce, le chef du service administratif de Libreville et les autres fonctionnaires de la colonie, délivrant des ordres de payement sur la caisse du trésorier-payeur, écrivant notamment, le 10 janv. 1884, à un sieur Saint-John, dans les termes suivants : « J'ai l'avantage de vous remettre, sur le trésor du Gabon, un chèque, n° 7749, de 2632 fr. 70, pour solde de toutes les factures faites par la mission française de l'Ouest africain, de mai à fin décembre 1883 », et signant : « Pour le commissaire du Gouvernement dans l'Ouest

africain, L. Blondel » ; adressant enfin directement au ministre de l'instruction publique des rapports mensuels signés de lui, en la même qualité, lui remettant, le 8 janv. 1884, sa démission, et lui en expliquant les causes ; — Considérant qu'il est donc hors de doute que Blondel gérait, en l'absence de Brazza et par délégation de lui, les intérêts dont toute la nature de la mission dans la région où il résidait; qu'il n'est pas contesté que ces intérêts eussent le caractère d'intérêts publics; que, ainsi, Blondel était un citoyen chargé d'un mandat public; que peu importe d'ailleurs qu'il n'agît que comme délégué de Brazza; qu'adjoint par l'État à un service public, puis investi de la direction d'une partie de ce service, il était responsable, non seulement vis-à-vis de Brazza, mais encore vis-à-vis de l'État, dont il gérait l'affaire et dont les fonds étaient à sa disposition dans une mesure déterminée ;

Par ces motifs ; — Confirme, etc.
Du 25 avr. 1885.-C. de Paris.-MM. le cons. Bresselle, pr.-Potier, av. gén.-Strauss et Jullien, av.

des 7-13 août 1851, ces commissions sont chargées de diriger et de surveiller le service intérieur et extérieur des établissements hospitaliers, si elles délibèrent sur les recettes et les dépenses de ces établissements, sur les actions judiciaires et transactions, sur l'acceptation des dons et legs qui les concernent, sur tous les actes enfin qui se rapportent à l'administration des biens et revenus desdits établissements ; si leurs délibérations sont soumises, dans certains cas, soit au contrôle du préfet, soit à l'approbation du conseil municipal, ces précautions prises par la loi ne changent pas la nature des fonctions attribuées aux membres des commissions administratives, qui, quel que soit le mode de leur nomination, ne sont chargés en réalité que de gérer les intérêts privés d'un établissement municipal. Telle était la solution admise sous l'empire de la législation antérieure (Crim. rej. 27 nov. 1840, Rép., n° 1516 ; Crim. cass. 23 mai 1862, aff. Dithurbide, D. P. 62. 1. 392 ; Crim. rej. 16 mars 1872, aff. Garcin et Peyrusson, D. P. 72. 1. 159). Elle a été maintenue par la cour de cassation, par interprétation de l'art. 31 de la loi du 29 juill. 1881 (Civ. cass. 27 févr. 1885, aff. Parriel, D. P. 85. 1. 379. Conf. Bourges, 31 mai 1888, aff. Destenay, D. P. 90. 2. 31 — Contrà : Trib. civ. Meaux, 13 févr. 1884, suprà, n° 933 ; Toulouse, 5 juin 1884 (1) cassé par l'arrêt précité du 27 févr. 1885). La doctrine de la cour de cassation est vivement combattue par les auteurs : « C'est, dit M. Barbier (t. 2, n° 492), faire bon marché du texte et de l'esprit de la loi que de déclarer que des citoyens désignés par le Gouvernement pour administrer un hospice, c'est-à-dire un établissement public, et pour remplir des fonctions touchant à des intérêts généraux du premier ordre, ne sont chargés d'aucun service ou mandat public et agissent en qualité de simples particuliers » (V. dans le même sens : Dutruc, n° 227; Fabreguettes, t. 1, p. 475 ; Béquet, Répertoire du droit administratif, v° Assistance publique. Comp. Req. 5 nov. 1850, aff. Petitbon-Gillonnière, D. P. 50. 1. 329). — Dans tous les cas, on doit admettre que le maire qui est président de droit de la commission administrative des hospices, s'il est diffamé en cette qualité, doit être considéré, à l'inverse des autres membres de la commission, comme un citoyen chargé d'un service ou d'un mandat public, ou plus exactement, comme un magistrat dans l'exercice de ses fonctions. En effet, aux termes de la loi du 21 mai 1873 (art. 3) « la présidence de cette commission appartient au maire, ou à l'adjoint, ou au conseiller municipal remplissant dans leur plénitude les fonctions de maire » (V. suprà, v° Hospices, n°s 27 et 28). Lors donc que le maire préside la commission administrative des hospices, il y siège en raison même de sa qualité de magistrat municipal ; il y représente la commune dont il surveille les intérêts ; il y est essentiellement dans l'exercice de ses fonctions administratives, et les deux qualités dont il est alors investi, celle de maire et celle de président, sont indivisibles. Diffamé comme président de la commission

administrative, le maire l'est en même temps et nécessairement comme maire ; et le délit tombe, dès lors, sous l'application des art. 31 et 45 de la loi du 29 juill. 1881. C'est ce que la cour de cassation a déclaré, sans dérogation à sa jurisprudence en ce qui concerne les membres des commissions administratives (Crim. cass. 10 nov. 1892, aff. Bouiller, D. P. 93. 1. 21).

968. On a considéré aussi comme des citoyens chargés d'un service public, dans le sens des lois de la presse, les médecins attachés au service d'un hôpital (Orléans, 16 août 1836, Rép. n° 1514) et les sœurs d'hôpital investies par la commission administrative de la surveillance interne et externe de cet établissement (Trib. de Boulogne-sur-Mer cité par Barbier, t. 2, n° 492). M. Barbier est d'un avis conforme sur les deux points ; mais ces deux décisions ne nous paraissent pas d'accord avec la jurisprudence de la cour de cassation, et nous ne croyons pas qu'une commission administrative puisse investir ses délégués d'une qualité que ses membres n'auraient pas eux-mêmes.

969. Le directeur d'un établissement public d'aliénés doit certainement être considéré comme un citoyen chargé d'un service ou d'un mandat public dans le sens de l'art. 30 de la loi de 1881 (Conf. Trib. corr. Seine, 11e ch., 28 juill. 1882, Gazette des tribunaux, du 29 juillet); en effet, la cour de cassation lui reconnaît la qualité de citoyen chargé d'un ministère de service public dans le sens de l'art. 224 c. pén. (Crim. rej. 29 mai 1884, cité suprà, n° 773). Ce même arrêt dénie au contraire la qualité de citoyen chargé d'un ministère de service public, dans le sens de l'art. 224 c. pén., au directeur d'un établissement privé d'aliénés tandis que le jugement précité du tribunal correctionnel de la Seine dit que le directeur d'un établissement privé qui a traité avec un département pour l'entretien des aliénés de ce département dans les termes de l'art. 4 de la loi du 1838 est, au même titre que le directeur d'un établissement public d'aliénés appartenant au département, chargé d'un service public, dans le sens de l'art. 31 de la loi sur la presse. M. Barbier, loc. cit., qui partage cette manière de voir, trouve les deux décisions conciliables ; mais le sentiment du tribunal de la Seine est certainement contraire à la doctrine de la cour de cassation qui est d'interpréter l'art. 31 par l'art. 224 c. pén.

970. Les membres d'un conseil de fabrique sont-ils visés par l'art. 31? On fait observer, en faveur de la solution négative, « que leurs fonctions, précisées par l'art 1 du décret du 30 déc. 1809, sont des fonctions purement privées ; qu'ils ne sont que les gérants des intérêts privés des fabriques » (Aix, 14e mars 1884, aff. H..., D. P. 91. 2. 37, notes 1 et 2, a). — L'opinion contraire s'appuie sur ce que les membres des conseils de fabrique sont nommés par les représentants des pouvoirs publics, placés sous leur surveillance et révocables par le ministre, et sur ce que, d'autre part, ils sont chargés d'une mission qui dépasse la limite des intérêts privés. On peut invoquer ici l'autorité de la cour de

(1) (Tailhade, gérant du Courrier du Tarn-et-Garonne C. Parriel.) — La cour ; — Attendu que la loi du 29 juill. 1881, en accordant à la presse la garantie du jury et la faculté de prouver la vérité des faits diffamatoires imputés à certaines personnes par elle déterminées, a voulu soumettre au contrôle de l'opinion les actes de ces personnes se rattachant à leurs fonctions, et notamment, aux termes de l'art. 31 de cette loi, ceux de tous les citoyens chargés d'un service ou d'un mandat public; — Attendu que, pour être fidèle au texte de cet article et à l'esprit qui l'a inspiré, il convient de l'interpréter dans le sens le plus large; qu'il n'exige pas le moins du monde, pour que la cour d'assises soit compétente, que celui qui se prétend diffamé soit revêtu d'une portion de l'autorité publique; qu'il suffit que ce ne soit pas une personne privée, et que, d'une manière quelconque, soit en vertu d'une élection, soit par suite d'une délégation de l'autorité, il soit appelé à gérer, administrer ou contrôler la chose publique ou les intérêts publics ou généraux ; — Attendu qu'envisagé de ce point de vue, le mandat des administrateurs des hospices est un mandat public ; que les hospices, en effet, établis dans l'intérêt général pour l'utilité des pauvres, des malades, constituent des établissements publics ; qu'en outre, le règlement général sur la comptabilité publique, en date du 31 mai 1862, définissant les deniers publics dans son article premier, déclare que les deniers publics sont ceux de l'État, du département, des communes et des établissements publics ou de bienfaisance ; que les administrateurs des hospices,

par conséquent, étant appelés à gérer ou déterminer l'emploi des deniers publics, ne sauraient certainement être considérés comme des administrateurs ou gérants de la fortune privée ; — Attendu que ce caractère de mandataires publics résulte encore de leur mode de nomination. puisqu'ils sont ou nommés par le préfet ou délégués par le conseil municipal ; de ce qu'ils sont présidés par le maire, qui fait partie du conseil d'administration, avec voix prépondérante ; du budget des dépenses et recettes par eux dressé, et qui doit être soumis à l'examen du conseil municipal et à l'approbation du préfet ; et enfin de la situation de leurs trésoriers et receveurs qui sont assujettis au cautionnement, et dont les registres sont vérifiés, suivant l'importance de la recette, par le conseil de préfecture ou par la Cour des comptes ; que toutes ces circonstances sont la preuve manifeste que les administrateurs des hospices sont investis d'un mandat public ; que c'est donc à tort que le tribunal correctionnel de Moissac s'est déclaré compétent pour connaître de la diffamation adressée au sieur Parriel à raison de sa qualité d'administrateur de l'hospice de la commune de Lauzerte, et qu'il convient de réformer sa décision ;

En ce qui touche le refus d'insertion, et le moyen pris de la connexité de cette contravention avec le délit de diffamation :... (Sans intérêt).

Par ces motifs, etc.
Du 5 juin 1884.-C. de Toulouse, ch. corr.-MM. Bermond, pr.-Mestre-Mel, av. gén.,c. conf.-Busson, av.

cassation elle-même qui a considéré le fabricien comme un véritable fonctionnaire public en déclarant, par application de l'art. 197 c. pén., que le fabricien qui se maintenait en fonctions après un arrêté de révocation, commettait le délit d'usurpation de fonctions (Crim. rej. 30 oct. 1886, aff. Rogat, D. P. 87. 1. 507). Jugé, en ce sens, que le trésorier d'un conseil de fabrique est un fonctionnaire public, ou tout au moins un citoyen chargé d'un service ou d'un mandat public, dans le sens de l'art. 31 de la loi du 29 juill. 1881 (Montpellier, 25 oct. 1890, aff. Roques, D. P. 91. 2. 37; Conf. Barbier, t. 2, n° 492). On peut remarquer toutefois qu'il s'agissait, dans l'espèce soumise à la cour de Montpellier, non pas d'un membre quelconque, mais du trésorier du conseil de fabrique et cette circonstance n'a peut-être pas été sans influence sur la décision rendue.

971. Les membres d'un bureau de bienfaisance ne sont pas, à notre avis, chargés d'un service ou d'un mandat publics, dans le sens de l'art. 31. Il faut décider autrement en ce qui concerne le maire, président de ce bureau; car il y représente la commune et se trouve dans l'exercice de ses fonctions de magistrat municipal (Crim. rej. 22 août 1861, aff. Marex, D. P. 61. 5. 242). — Quant au médecin, désigné par un bureau de bienfaisance pour soigner les indigents, il n'est certainement pas investi d'un service ou d'un mandat public, car « la commune ne lui délègue aucune part de l'autorité publique qu'elle détient; elle le paye uniquement pour qu'il exerce, à l'égard des malades indigents, sa profession de médecin; et ce médecin des indigents, même quand il est diffamé à raison de cette qualité, reste au rang des particuliers qui doivent s'adresser à la juridiction correctionnelle » (Paris, 16 nov. 1892, aff. Guerdat, D. P. 92. 2. 239). — Le médecin, ré-

tribué par la commune pour constater officiellement les décès et pour autoriser les inhumations, est dans une situation très différente, et la cour d'assises de la Seine, par arrêt du 24 août 1883 (La Loi, 1883, n° 200) a décidé qu'il est un citoyen chargé d'un service public (Conf. Barbier, t. 2, n° 498).

972. Les caisses d'épargne, bien qu'elles aient tous les caractères d'institutions d'utilité publique et qu'elles rentrent dans la catégorie des établissements de bienfaisance, sont des établissements privés qui s'administrent eux-mêmes, conformément à leurs statuts particuliers, sous l'autorité des lois et la surveillance du pouvoir (V. suprà, n° 935). Leurs agents, et notamment leurs administrateurs, contrôleurs et caissiers, quel que soit le mode de leur nomination, ne sont pas des employés de l'administration publique, et ne peuvent pas être considérés comme chargés d'un service ou d'un mandat public au sens de l'art. 31 (C. d'ass. de la Charente, 16 déc. 1882, aff. Bonnaud (1); Crim. rej. 10 févr. 1883, aff. Chardin et Butrière, D. P. 83. 1. 436-437; 7 déc. 1883, aff. Freydier, D. P. 84. 1. 312. — Contrà : Barbier, t. 2, n° 492).

973. La Banque de France et le Crédit foncier sont des établissements privés et s'administrant eux-mêmes, bien qu'ils aient été créés dans l'intérêt du crédit public, que la loi leur ait concédé des privilèges et qu'ils soient, vis-à-vis de l'Etat, dans une certaine situation de dépendance (V. suprà, n° 934). En conséquence, le gouverneur de la Banque de France, les directeurs de ses comptoirs, bien qu'ils soient nommés par le Gouvernement, le secrétaire général de la Banque et ses autres agents, ne sont ni des fonctionnaires publics, ni des citoyens chargés d'un service ou d'un mandat public (Trib. corr. Seine, 4 mai 1882 (2). — Contrà :

(1) (Bonnaud C. Chardin et Ruhierre, et journal Le Suffrage universel.) — La cour; — Attendu que, l'ordre des juridictions étant d'ordre public, M. le procureur de la République, du reste partie jointe, a qualité pour soulever l'exception d'incompétence qu'il propose à la cour; — Attendu que, si, dans son assignation, Bonnaud fait suivre son nom et son prénom de l'indication de sa qualité de caissier de la caisse d'épargne de Jarnac et de préposé de l'octroi de cette ville, c'est seulement en sa qualité de caissier et pour un fait de l'exercice de ses fonctions de caissier, qu'il se prétend diffamé par deux articles publiés dans les numéros du 23 août et du 28 nov. 1882 du journal Le Suffrage universel; que c'est à raison de ce titre de caissier de caisse d'épargne que, se qualifiant de citoyen chargé d'un service public, il a, par citation devant la cour d'assises, demandé, pour réparation de la diffamation qu'il allègue, la condamnation de Chardin, comme gérant du Suffrage universel, en 4000 fr. de dommages-intérêts, et la déclaration de responsabilité civile pour ces dommages-intérêts de Ruhierre, administrateur de la société, propriétaire de ce journal; — Attendu que les caisses d'épargne, bien que créées dans un intérêt général et assimilables sous certains rapports à des établissements d'utilité publique, ne sont que des établissements privés; que le patronage que leur accorde l'autorité publique et la surveillance dont elle les entoure ne peuvent en faire des établissements publics; que, fondées par l'initiative privée, elles s'organisent elles-mêmes, rédigent elles-mêmes chacune leurs statuts particuliers, nomment seules ou font nommer, par l'effet d'une délégation émanée d'elles, leurs employés dont le maintien et la révocation sont entre leurs seules mains; — Attendu, dès lors, que les caisses d'épargne ne sauraient donner à leurs employés un caractère public qu'elles n'ont pas elles-mêmes, et, établissements de bienfaisance privée, charger ces mêmes employés d'un service public ou leur conférer un mandat public; — Attendu, par suite, que c'est à tort et par une fausse appréciation de la nature de ses fonctions que Bonnaud a porté sa plainte et sa demande devant la cour d'assises — Par ces motifs; — Se déclare incompétente pour connaître de l'action intentée par Bonnaud à Chardin et à Ruhierre; — Ren voie la cause et les parties devant la juridiction qui doit en connaître.
Du 16 déc. 1882.-C. d'ass. de la Charente.-MM. le cons. Morand, pr.-Mongié-Carsuzan, proc.

(2) Dubois de Jancigny C. Blée, Mercier et Bataille, rédacteur du journal La Bourse.) — A la suite d'un article diffamatoire publié dans le journal La Bourse, M. Dubois de Jancigny, ancien directeur et secrétaire général de la Banque de France, a assigné, devant le tribunal correctionnel de la Seine, pour diffamation, le directeur du journal, M. Ed. Blée, M. Mercier, son gérant, et le rédacteur de l'article, M. A. Bataille. — M. Blée a opposé l'incompétence du tribunal dans les termes suivants : — « Plaise au tribunal : — Attendu qu'aux termes de l'art. 31 de la loi du

juill. 1881 sur la presse, la diffamation est punissable lorsqu'elle s'adresse à un agent de l'autorité publique, à un citoyen chargé d'un service ou d'un mandat public temporaire ou permanent; mais que la diffamation, audit cas, doit être déférée à la juridiction de droit commun en pareille matière, c'est-à-dire au jury, aux termes de l'art. 45 de la loi précitée; — Attendu que l'art. 35 range dans la même catégorie et renvoie devant la même juridiction les directeurs ou administrateurs de toute entreprise industrielle, commerciale ou financière, faisant publiquement appel au crédit; — Attendu que M. Dubois de Jancigny n'est en rien recherché dans l'article comme homme privé, mais à raison des hautes fonctions dont il a été longtemps investi par le Gouvernement dans la gestion de la Banque de France, établissement public, créé, dirigé et investi de privilèges exorbitants dans un intérêt public; que c'est donc à son nom et comme chargé d'un service ou d'un mandat public qu'il aurait été diffamé, ce qui, d'ailleurs, est absolument dénié; — Attendu, subsidiairement, que la Banque de France rentre dans la catégorie des entreprises industrielles, commerciales ou financières, que M. Dubois de Jancigny a été l'un de ses directeurs; qu'à quelque point de vue qu'on se place, le jury seul est compétent pour connaître de la plainte; — Se déclarer incompétent. »
Le tribunal; — Attendu que le caractère public dont la Banque de France est investie par suite des privilèges dont l'Etat l'a dotée ne lui enlève pas sa nature originelle; qu'elle a été et reste une association formée à Paris entre capitalistes; — Attendu qu'elle est placée par son gouverneur sous la surveillance de l'Etat et régie par des statuts qu'elle ne peut pas modifier sans l'autorisation gouvernementale; que cette organisation spéciale n'a pas pour conséquence d'entraîner la perte de sa personnalité et de la réduire à la situation de propriété de l'Etat; qu'elle a été créée et reconnue pour être une institution particulière; que les privilèges qui lui ont été octroyés n'ont pas altéré ni modifié sa situation; — Attendu que le directeur d'un comptoir d'escompte administre son comptoir sous la surveillance et le contrôle de la Banque de France de Paris; qu'il exerce les fonctions dans les limites des attributions dont elle jouit; qu'il n'est responsable de sa gestion qu'envers elle; qu'il ne doit de comptes qu'à elle seule; que son devoir est d'exécuter les arrêtés du conseil général et de se conformer aux instructions du gouverneur; — Attendu que la qualité de fonctionnaire public appartient à la personne qui, nommée par le Gouvernement, en reçoit, en même temps que son investiture, une portion quelconque de l'autorité publique; — Attendu que le directeur d'un comptoir d'escompte, quoique nommé par le Gouvernement, ne participe en rien à la gestion de la chose publique et n'est investi d'aucun mandat ou délégation de l'autorité publique; — Attendu que le secrétaire général, malgré sa haute position, n'est qu'un employé de la Banque de France; qu'il tient son élévation qu'à elle seule, et n'a aucune attache directe avec le Gouvernement;
Attendu qu'en admettant que la Banque de France soit l'un de

Barbier, t. 2, p. 493). La même solution doit être admise, et pour les mêmes motifs, en ce qui concerne les gouverneurs, sous-gouverneurs, directeurs et autres agents du Crédit foncier (Trib. corr. Loudun, 5 nov. 1881, *suprà*, n° 461. — *Contrà :* Barbier, t. 2, n° 493). — Mais peut-être pourrait-on, du moins, considérer les gouverneurs, directeurs de la Banque de France et du Crédit foncier, comme des directeurs ou administrateurs d'entreprises industrielles, commerciales ou financières faisant publiquement appel à l'épargne ou au crédit et considérer dès lors que, dans le cas de diffamation commise à leur égard, et justiciable du tribunal correctionnel, la preuve des faits diffamatoires est exceptionnellement admissible par application de l'art. 35 ? V. *infrà*, n° 1861.

974. Les directeurs des compagnies de chemins de fer sont à la tête de sociétés privées et s'administrant elles-mêmes, quoique leur objet soit d'intérêt public et qu'elles soient concessionnaires de l'État pour la construction et l'exploitation des lignes de chemins de fer. Les directeurs de ces compagnies, bien que leur nomination soit soumise à l'agrément du Gouvernement, ne nous paraissent donc pas chargés d'un service ou d'un mandat public au sens de l'art. 31 ; car ils ne sont dépositaires d'aucune part de l'autorité publique et ne font pas partie de l'administration publique (V. toutefois, *suprà*, n° 953-7°. — *Contrà*, Trib. corr. La Roche-sur-Yon, 1er oct. 1887, *Gaz. des tribunaux* du 5 octobre ; Barbier, t. 2, n° 494).

975. Le président ou le trésorier d'une société de secours mutuels reconnue n'est pas un magistrat, dans le sens de l'art. 222 c. pén., alors même qu'il a été nommé par décret du chef de l'État. C'est ce que la cour de cassation a jugé, par un arrêt de rejet du 13 mai 1859, aff. Fourcade, D. P. 59. 1. 432). On devrait décider encore qu'il n'est pas un citoyen chargé d'un ministère de service public au sens de l'art. 224, depuis la modification apportée au texte de cet article, par la loi du 13 mai 1863 ; car il n'est délégataire d'aucune portion de la puissance publique et ne fait pas partie de l'administration publique. Ces motifs nous conduisent à ne pas reconnaître en lui un citoyen chargé d'un service ou d'un mandat public, dans le sens de l'art. 31 de la loi sur la presse. Telle est du moins la stricte application de l'interprétation donnée à cet article en général par la cour de cassation (*Contrà :* Barbier, t. 2, n° 492).

976. Les officiers ministériels, qui sont expressément désignés par l'art. 224 c. pén. mais ne sont pas l'objet d'une semblable désignation dans l'art. 31, sont-ils du moins visés par ce dernier article comme citoyens chargés d'un service ou d'un mandat public ? Bien que certains d'entre eux soient appelés des fonctionnaires publics dans le texte des lois spéciales qui les instituent, la jurisprudence a refusé constamment, dans l'interprétation des lois de la presse, avant comme depuis 1881, de voir en eux soit des fonctionnaires publics, soit des citoyens agissant dans un caractère public, soit enfin des citoyens chargés d'un service ou d'un mandat public. En effet, quoiqu'ils tiennent leur titre du Gouvernement, ils ne reçoivent aucune délégation et ne sont investis d'aucune part de l'autorité publique ; ils n'exercent leurs fonctions que dans des intérêts privés et en vertu de pou-

voirs qui leur sont conférés par des particuliers. Ainsi jugé en ce qui concerne : 1° les avoués (Crim. rej. 5 sept. 1836, *Rép.* n° 1517 ; 24 juill. 1883, aff. Maurin, D. P. 86. 1. 477 ; 29 mai 1886, aff. Amagat, D. P. 87. 1. 142 ; 3 févr. 1888, aff. Rassat et Ponet, D. P. 87.1.142). Décidé spécialement que l'avoué qui s'est engagé vis-à-vis de l'Administration, moyennant certaines remises, à faire, auprès des propriétaires des terrains à exproprier pour l'établissement d'un chemin de fer, les démarches propres à obtenir de leur part l'acceptation des prix déterminés par l'ingénieur en chef, n'a pas pour cela la qualité de citoyen chargé d'un service ou d'un mandat public, dans les termes de l'art. 31 de la loi du 29 juill. 1881 sur la presse (Arrêt précité du 29 mai 1886) ; — 2° Les notaires (Crim rej. 9 sept. 1836, *Rép.* n° 1517 ; Riom, 13 nov. 1846, aff. Hyvert, D. P. 47.2. 37 ; Bordeaux, 21 mars 1860, aff. Chavanat, D. P. 60. 5. 118 ; Toulouse, 12 août 1875, aff. Courségelongue, cité avec Req. 4 juill. 1876, D. P. 77. 1. 59 ; Crim. rej. 15 juin 1883, aff. Gagnepain, D. P. 84. 1. 91-92 ; 21 juin 1884, aff. Morel, D. P. 86. 1. 48) ;... alors même que le notaire serait diffamé à raison de la mission de séquestre et de liquidateur que la justice lui a confiée (Arrêt précité du 12 août 1875) ; — 3° Les huissiers (Crim. rej 25 juin 1834, *Rép.* n° 1517 ; 18 juill. 1885) (1) ; — 3° Les commissaires-priseurs (Paris, 2 avr. 1884, aff. Chansel, D. P. 85. 2. 31 ; Crim. rej. 24 juill. 1884, même affaire, D. P. 85. 2. 31. — *Contrà :* Trib. corr. Seine, 26 déc. 1883, même affaire, *Gaz. des trib.*, du 26, réformé par l'arrêt précité de la cour de Paris, Conf. Fabreguettes, t. 1, n°s 1281 et 1291). — M. Barbier, t. 2, n° 48, combat cette jurisprudence : « Peu importe, dit-il, que les intérêts qu'ils (les officiers ministériels) ont mission de protéger et de défendre soient des intérêts privés! Il n'en est pas moins vrai que c'est en vertu d'un mandat public à eux conféré par le pouvoir, dans un but d'utilité générale, qu'ils exercent leurs fonctions. La plupart des officiers ministériels sont, d'ailleurs, qualifiés de fonctionnaires publics ou de dépositaires de l'autorité par les lois de leur institution ; l'art. 224 c. pén. les range également au nombre des dépositaires ou agents de l'autorité publique et les protège à ce titre contre les outrages commis envers eux, par paroles, gestes ou menaces, dans l'exercice ou à l'occasion de l'exercice de leurs fonctions. Et comment ne pas voir, en effet, des dépositaires de l'autorité publique dans le notaire qui appose la formule exécutoire au bas des actes authentiques, dans l'huissier qui exécute les ordres de justice, dans le commissaire-priseur qui procède à une vente publique et tient de la loi le pouvoir de requérir la force publique, etc. A plus forte raison, comment ne pas voir dans ces personnes des citoyens chargés d'un service ou d'un mandat public ! » M. Barbier, *loc. cit.* invoque même l'autorité d'un arrêt de la cour de cassation du 31 déc. 1835 (*Rép.* n° 1518), où il reconnaît qu'un huissier agit dans un caractère public lorsqu'il procède à des actes d'exécution en vertu d'un mandat de justice. Cette opinion ne serait sans doute pas suivie par la jurisprudence actuelle.

977. Les avocats sont, bien moins encore que les officiers ministériels, des citoyens chargés d'un service ou d'un

---

ces établissements industriels et financiers faisant appel à l'épargne et au crédit visés par l'art. 35 de la loi du 29 juill. 1881, la juridiction correctionnelle n'en reste pas moins compétente pour connaître de la plainte déposée par Dubois de Jancigny ; — Par ces motifs ; — Se déclare compétent, etc.

Du 4 mai 1882.-Trib. corr. de la Seine, 10e ch.-MM. Gressier, pr.-Laffon, subst., vc. conf.-Cléry, Durieux et Coulon, av.

(1) (Legeay *C.* Lévy.) — Le 26 févr. 1885, arrêt de la cour d'Alger ainsi conçu : — LA COUR ; — Attendu que les imputations injurieuses et diffamatoires relevées à la requête de Lévy contre Legeay s'adressent à Lévy en sa qualité d'huissier, et à raison d'actes de son ministère ; — Attendu que, bien que nommés par le Gouvernement, les huissiers ne sont ni des fonctionnaires publics, ni des dépositaires ou agents de l'autorité publique, ni des citoyens chargés d'une manière permanente ou temporaire d'un service ou d'un mandat public ; qu'en effet, lorsqu'ils agissent à la requête des particuliers, ils exercent leur ministère ou à raison d'intérêts purement privés, en vertu des pouvoirs qui leur sont conférés dans chaque affaire par ceux qui recourent à leur intervention ; que si, lorsqu'ils agissent à la

requête du ministère public ou d'une administration publique, ils procèdent dans un intérêt général, ils n'exercent au nom de l'État aucune portion de la puissance publique dont aucune partie ne leur est déléguée ; qu'il suit de là que les délits de diffamation et d'injures commis envers eux doivent être déférés, non pas à la juridiction des cours d'assises, mais bien à celle des tribunaux correctionnels ; que c'est, bien à bon droit que Lévy, se prétendant injurié et diffamé par Legeay, à raison de sa qualité et d'actes de son ministère, a porté son action devant la juridiction correctionnelle ; — Par ces motifs, etc. — Pourvoi en cassation par Legeay.

LA COUR ; — Attendu que l'arrêt est régulier en la forme ; que la cour, en statuant sur la juridiction correctionnelle était compétente pour connaître de l'action en diffamation intentée par Lévy, huissier, contre Legeay, a fait une saine appréciation des art. 31 et 32 de la loi du 29 juill. 1881 ; — Attendu, d'ailleurs, qu'aucun moyen n'a été produit à l'appui du pourvoi ; — Rejette le pourvoi formé contre l'arrêt de la cour d'Alger, du 26 févr. 1885, etc.

Du 18 juill. 1885.-Ch. crim.-MM. Ronjat, pr.-Falconnet, rap.-Loubers, av. gén.-Lehmann, av.

mandat public dans le sens de l'art. 31 (*Rép.* n°. 1319; Chassan, t. 2, p. 460; Douai, 10 nov. 1884 (1). Vainement on soutient, à l'appui de la doctrine contraire, que l'avocat doit prêter serment, qu'il est seul admis à la plaidoirie, au moins devant certaines juridictions, enfin qu'il est un auxiliaire officiel de la justice (Grellet-Dumazeau, t. 1, p. 412).
Il n'en est pas moins vrai que l'avocat ne détient aucune part soit de la puissance, soit de l'administration publique.— Suivant M. Barbier, t. 2, n° 502, la vérité est que l'avocat, dans l'exercice des actes de sa profession, agit tantôt comme un simple particulier, tantôt comme un citoyen chargé d'un service ou d'un mandat public. Nous admettons cette solution dans un seul cas : quand, en vertu de l'art. 35 du décret du 14 déc. 1810, l'avocat est appelé à suppléer un juge ou un officier du ministère public ; comme il exerce, sans être magistrat, les fonctions de la magistrature, nous le considérons, en pareil cas, comme investi d'un service ou d'un mandat public temporaire (*Rép.* n° 1520; Chassan. t 2, n° 1376, Douai, 10 nov. 1884, précité). Il nous paraît que, dans l'exercice de cette délégation du pouvoir judiciaire, l'avocat est aussi bien protégé contre la diffamation ou l'injure par l'art. 31 de la loi sur la presse que contre le délit d'outrage par l'art. 222 c. pén. (V. *suprà*, n° 753). Mais nous nous séparons de M. Barbier, quand il admet que l'avocat est chargé d'un service public : 1° quand il est désigné d'office pour défendre un accusé ou une partie en matière civile; 2° quand il est désigné par le procureur de la République, en vertu de l'art. 467 c. civ., pour donner son avis sur une transaction intéressant un mineur. Si le ministère de l'avocat est en pareil cas forcé, ce ministère n'en est pas moins d'ordre purement privé. En échange du privilège de son ordre, il est tenu d'accepter la mission de plaider ou de consulter, qui lui est imposée dans les deux cas susvisés; mais cette mission ne concerne, en l'un et l'autre cas, que des intérêts privés. Nous admettons moins encore cette dernière proposition de M. Barbier, qu'il y a lieu de considérer la diffamation envers l'avocat comme commise

(1) (X... *C.* Dujardin, gérant du journal *Le Progrès du Nord*). — A la suite d'un article publié par *Le Progrès du Nord*, M. X... avocat du barreau de Lille, a cité pour diffamation, devant le tribunal correctionnel de cette ville, le gérant, M. Dujardin, et la société du journal, comme civilement responsable. — Par jugement du 20 sept. 1884, le tribunal a statué comme il suit sur l'exception d'incompétence proposée par M. Dujardin : — Attendu que, dans son numéro du 9 août 1884, le journal *Le Progrès du Nord* a inséré un article ayant pour titre : « Un avocat peu scrupuleux », se terminant par ces mots : « Il n'en eût certes pas été quitte à si bon marché »; que X... se prétendant diffamé par ledit article, a assigné Dujardin, gérant du journal, et la société du *Progrès du Nord*, dont la raison sociale est Dujardin et compagnie, civilement responsable ; — Attendu que Dujardin a déclaré n'être pas l'auteur de l'article, mais en accepter comme gérant la responsabilité; qu'il décline la compétence du tribunal par le motif que la diffamation, si elle avait été commise, l'aurait été envers un avocat à l'occasion de l'exercice de ses fonctions, c'est-à-dire envers un citoyen chargé d'un service ou mandat public, et, comme telle, serait justiciable, non du tribunal correctionnel, mais de la cour d'assises ; — Attendu que, dans l'exercice de leur profession, où ils se montrent à bon droit jaloux de leur indépendance, les avocats défendent des intérêts privés et non ceux de la société confiés aux magistrats du ministère public; qu'ils ne détiennent aucune part, soit de la puissance, soit de l'administration publique que si, en retour de la protection qu'elle leur accorde et des immunités qu'elle leur assure, la loi leur impose, à titre de devoir professionnel, la défense d'office des accusés, il ne s'ensuit pas qu'ils puissent être considérés comme chargés d'un service ou d'un mandat public, au sens de l'art. 31 de la loi du 29 juill. 1881 ; qu'ils peuvent être, par exception et temporairement, appelés à compléter le tribunal ; mais qu'alors, leur caractère d'avocat disparaît sous celui de magistrat; que les diffamations commises envers eux en tant qu'avocats tombent sous l'application des art. 32 et 60 de ladite loi ; — Se déclare compétent, etc. — Appel par M. Dujardin.
La cour; — Adoptant les motifs des premiers juges ; — Confirme, etc.
Du 10 nov. 1884.-C. de Douai, ch.-corr.-MM. Honoré, pr.-Maxime Lecomte et Merlin, av.

(2) (Lavignac *C.* Vallet.) — Le sieur Lavignac a cité le sieur Vallet devant le tribunal correctionnel de Bordeaux, en raison d'imputations diffamatoires relatives à l'exécution de la mission

envers un citoyen chargé d'un service public, toutes les fois qu'elle lui imputerait des manquements aux devoirs de sa profession. Ce n'est pas le jury, c'est le conseil de l'ordre des avocats qui doit connaître, en pareil cas, de la réalité des manquements professionnels imputés à l'avocat.

978. Les experts n'étaient pas considérés comme agissant dans un caractère public, sous l'empire de l'art. 20 de la loi du 26 mai 1819 (Riom, 21 avr. 1841, *Rép.* n° 1515). Jugé, dans le même sens, que l'expert, même quand il fait une opération sur commission du juge d'instruction, n'agit pas dans un caractère public; que, par suite, la personne poursuivie pour articulation diffamatoire, produite contre un expert à l'occasion de l'opération qui lui a été confiée, ne peut être admise à prouver pour sa justification l'exactitude du fait allégué (Trib. corr. Seine, 26 janv. 1870, aff. Halbronn, D. P. 70. 3. 76, sur appel, Paris, 2 avr. 1870, même affaire, D. P. 72. 2. 209, et, sur pourvoi, Crim. rej. 9 nov. 1872, même affaire, D. P. 73. 1. 96). La cour de cassation motivait sa décision sur ce que les experts « chargés seulement d'émettre leur avis, n'ont d'autre autorité que celle que peuvent leur donner leur expérience et leurs lumières, sans que leur opinion puisse, à aucun titre, s'imposer aux magistrats ou aux parties; qu'ils n'exercent, dès lors, aucune portion de la puissance publique ». Cependant la cour de cassation a jugé plus tard, sur l'application de l'art. 224 c. pén., que les experts procédant en vertu d'un mandat de justice sont, au sens dudit article, des citoyens chargés d'un ministère de service public (Crim. cass. 9 mars 1877, aff. Delhaye, D. P. 78. 1. 395, V. *suprà*, n° 774-10°). Cette interprétation de l'art. 224 devrait logiquement conduire à considérer les experts comme des citoyens chargés d'un service ou d'un mandat public dans le sens de l'art. 31 de la loi du 29 juill. 1881. Cependant la cour de cassation a maintenu sur ce point, sa jurisprudence antérieure (Bordeaux, 8 janv. 1885, et sur pourvoi, Crim. cass. 5 juin 1885) (2). Conf. Trib. Fontainebleau, 10 sept. 1869, aff. Lebœuf, D. P. 69. 3. 104; Barbier, t. 2, n° 503). — L'opinion qu'on

qui avait été confiée au demandeur en qualité de capitaine expert par ordonnance du président du tribunal de commerce, à l'effet de visiter un navire stationnant dans le port de Bordeaux. — Vallet opposa l'incompétence du tribunal, le demandeur devant être considéré comme un citoyen chargé d'un service ou d'un mandat public dans le sens de l'art. 31 de la loi sur la presse.
— Le tribunal accueillit cette exception et sur l'appel de Lavignac la cour de Bordeaux confirma le jugement par un arrêt en date du 8 janv. 1885, ainsi conçu :
La cour; — Attendu que les premiers juges ont bien apprécié les faits de la cause; qu'on ne saurait, en effet, considérer comme un simple particulier le capitaine expert chargé de visiter un navire; qu'il est investi de ces fonctions par une ordonnance du président du tribunal de commerce; qu'il devient ainsi, non le mandataire des parties, qui provoquent sa nomination, mais bien le délégué de la justice, dont il a pour mission de préparer et d'éclairer la décision ; qu'il est impossible de ne pas voir en lui un citoyen chargé d'un service ou d'un mandat public, dans le sens de l'art. 31 de la loi du 29 juill. 1881 ; — Confirme, etc.
— Pourvoi en cassation par Lavignac.
La cour; — Sur le moyen unique du pourvoi, tiré de la violation des art. 31, 32 et 45 de la loi du 29 juill. 1881, en ce que l'arrêt attaqué a décidé que les imputations diffamatoires dirigées contre Lavignac, en sa qualité d'expert, étaient justiciables de la cour d'assises ; — Attendu, en fait, que le sieur Vallet, qualifié d'horloger observateur de la marine, a publié, dans le numéro du 5 mai 1884 du *Journal de Bordeaux*, une lettre par laquelle il prétend que le sieur Lavignac, désigné comme capitaine expert par le président du tribunal de commerce de cette ville, aurait abusé de cette qualité pour lui faire une concurrence déloyale ; que le sieur Lavignac, se prétendant diffamé par cette publication, a fait citer Vallet, auteur de l'article, et Barrère, gérant du journal, devant le tribunal correctionnel de Bordeaux, qui s'est déclaré incompétent ; que cette décision a été confirmée par l'arrêt attaqué, par le motif que, Lavignac ayant été diffamé en sa qualité d'expert, c'était devant la cour d'assises qu'il aurait dû porter son action ; — Attendu, en droit, que les experts, désignés par les magistrats ou par les tribunaux pour fournir à la justice le secours de leurs lumières, ne peuvent être considérés, ni comme des fonctionnaires publics, ni comme des agents ou des dépositaires de l'autorité publique, ni comme des citoyens investis d'un mandat ou d'un service public, dans le sens de l'art. 31 de la loi du 29 juill. 1881; qu'ayant seulement pour mission de faire des constatations matérielles ou d'émettre leur avis sur telles ou telles questions qui leur sont

adoptera, relativement aux experts, doit s'étendre, par identité de motifs, aux arbitres rapporteurs devant les tribunaux de commerce (V. c. proc. civ. art. 429 et c. pén. art. 177 et 179).

979. Les arbitres forcés étaient considérés, antérieurement à la loi de 1856 qui a supprimé leur institution, comme agissant dans un caractère public, alors même qu'ils avaient été nommés par les parties amiables compositeurs (Ch. réun. rej. 15 mai 1838, *Rép.* v° *Arbitrage*, n°s 106 et 107). La même solution avait été admise en ce qui concerne les arbitres volontaires (Rouen, 4 mars 1837, *Gazette des tribunaux*, 6 et 7 mars). Il convient de suivre encore la même doctrine ; car l'arbitre volontaire fait office de juge ; il ne diffère pas, à cet égard, de l'arbitre forcé aujourd'hui disparu et, comme ce dernier, c'est de la loi elle-même qu'il tient l'organisation de ses pouvoirs et son caractère public (c. proc. civ. art. 1003. V. aussi c. pén. art. 177 et 179).

980. Les liquidateurs judiciaires, institués par la loi du 4 mars 1889, n'assistent les commerçants placés en état de liquidation judiciaire que pour des intérêts privés ; ils ne participent pas à l'autorité du juge-commissaire et n'exercent aucune portion de la puissance publique ; ils ne peuvent donc être assimilés à des citoyens chargés d'un service public. En conséquence, les diffamations dont ils sont l'objet par la voie de la presse, en leur qualité de liquidateurs, sont de la compétence des tribunaux correctionnels (Crim. cass. 12 juin 1891, aff. Delahaye, D. P. 92. 1. 171). Mais il en est autrement en ce qui concerne les syndics de faillite (V. *suprà*, n° 774-11°).

981. Il a été jugé que les membres d'une chambre de commerce, chargés de transmettre au ministre, en qualité de rapporteurs, l'avis de cette chambre sur un objet rentrant dans les attributions qui lui sont confiées, doivent être considérés comme ayant agi dans un caractère public (Dijon, 13 août 1879) (1).

982. Les membres d'une association syndicale instituée pour le curage d'une rivière doivent être considérés comme investis d'un service ou d'un mandat public dans le sens de l'art. 31, si l'on admet qu'ils ont la qualité de citoyens chargés d'un ministère de service public visés par l'art. 224 c. pén., ainsi que l'a jugé le tribunal de Châtillon-sur-Seine, le 29 mars 1866 (D. P. 66. 3. 48. V. *suprà*, n° 774-14°. Comp. Barbier, t. 2, n° 500).

983. Les lieutenants de louveterie n'étaient pas protégés par l'art. 75 de la constitution de l'an 8 et pouvaient être, en conséquence, poursuivis sans l'autorisation du conseil d'Etat, à raison des délits par eux commis en leur qualité. Ils ne sont pas, en effet, dépositaires d'une part quelconque de la puissance publique. Ils ne doivent pas, dès lors, être considérés comme des citoyens chargés d'un service ou d'un mandat public dans le sens de l'art. 31. — M. Barbier (t. 2, n° 509) motive la décision contraire sur ce que ces officiers sont nommés par le Gouvernement, que leurs fonctions ont été instituées dans le but de détruire les loups et autres animaux nuisibles, c'est-à-dire dans un intérêt public (V. *Rép.*, v° *Chasse*, n°s 502 et suiv.); mais ces circonstances ne sont pas suffisantes, suivant la doctrine de la cour de cassation, pour motiver l'application de l'art. 31.

984. Il a encore été jugé : 1° que le journaliste, qui publie son opinion sur des sujets même d'intérêt général, n'agit point dans un caractère public ; en conséquence, la diffamation commise contre lui à l'occasion de ces articles ne comporte pas la preuve de la vérité des faits imputés, et ne donne pas lieu à la compétence du jury (Crim. rej. 25 janv. 1873, aff. Engelhard, D. P. 73. 1. 289). L'exactitude de cette solution n'est pas contestable ; en effet, le journaliste qui publie son opinion sur les affaires du pays, use d'un droit qui appartient à tous les citoyens, et dont l'exercice ne lui communique à aucun degré un caractère public ; — 2° Que le simple maréchal des logis de cavalerie, n'étant pas comptable de deniers publics et n'étant pas, même temporairement, chargé de tenir la caisse du régiment ou de l'escadron, ne peut être considéré comme un citoyen chargé d'un service ou mandat public ; que, par suite, la diffamation dont il est l'objet à raison des fonctions de son grade est de la compétence du tribunal correctionnel, et non de la cour d'assises (Bordeaux, 16 nov. 1886, aff. Martin, D. P. 87. 2. 250). Mais il en serait autrement, si le sous-officier avait été diffamé en qualité d'agent dépositaire ou de commandant de la force publique. V. *suprà*, n°s 768-6°, 770 et 771.

985. Le fonctionnaire qui, promu à un emploi public, l'exerce ostensiblement et sous l'autorité du Gouvernement, sans avoir encore prêté serment et sans avoir, dès lors, qualité pour dresser des procès-verbaux ayant force probante doit, tout au moins, être considéré comme un citoyen

soumises d'une manière déterminée, ils n'ont d'autre autorité que celle que peuvent leur donner leur expérience et l'honorabilité de leur caractère, sans que leur opinion, qui peut toujours être contestée par les parties, puisse à aucun titre s'imposer aux magistrats ; que, s'ils sont des auxiliaires de la justice, ils ne sont chargés ni momentanément, ni d'une manière permanente, d'aucune partie de l'administration publique ; — D'où il suit qu'en déclarant la juridiction correctionnelle incompétente pour statuer sur l'action en diffamation introduite par Lavignac dans les circonstances ci-dessus relatées, l'arrêt attaqué a fait une fausse application de l'art. 31 de la loi du 29 juill. 1881, et violé les dispositions des art. 32 et 45 de la même loi ; — Casse, etc.

Du 5 juin 1885.-Ch. crim.-MM. Ronjat, pr.-Sallantin, rap.-Loubers, av. gén.

(1) (Giros C. Simon et autres.) — La cour ; — Considérant que Giros, jugeant sa considération atteinte par la publication d'une brochure intitulée : *Protestation contre le projet de concession du canal de Saint-Dizier à Vassy*, a poursuivi devant le tribunal de police correctionnelle, pour diffamation, Stanislas Simon, auteur de la brochure, Lucas et Carnaudet, rédacteur et imprimeur du journal *L'Impartial* qui l'a reproduite ; — Considérant que, par jugement du 23 mai dernier, le tribunal a condamné Simon à 25 fr. d'amende, Nicolle à 100 fr. de la même peine, et tous deux aux dépens et à l'insertion du jugement dans plusieurs journaux de la Haute-Marne à titre de réparations civiles ; que les autres prévenus ont été acquittés ; — Considérant que Simon, Giros et Nicolle ont interjeté appel de ce jugement ; — Sur l'appel de Simon : — Considérant que, devant la cour, Giros a déclaré retirer sa plainte à l'égard de Simon, et qu'il conclut à ce qu'il lui soit donné acte de cette déclaration ; — Considérant que cette déclaration, qui équivaut à un désistement de l'action civile, est sans effet sur l'action publique et laisse entière la disposition du jugement qui a condamné Simon à une amende, qu'il y a donc lieu d'apprécier le mérite de son appel et d'y statuer ; — Considérant que Simon reconnaît avoir rédigé, fait imprimer et distribuer la brochure qui donne lieu à

la poursuite ; qu'après avoir discuté le projet de concession du canal de Saint-Dizier à Vassy à divers points de vue, notamment en ce qui concerne le tracé du canal et le tarif du péage proposés, l'auteur conteste que la chambre de commerce de Saint-Dizier ait approuvé la concession sollicitée par le sieur Festugière, comme l'énoncent les rapports officiels ; qu'il ajoute que cette chambre n'a point dit ce qu'on lui a fait dire, que la personne chargée de transmettre son avis en a dénaturé le sens, puis termine par ces mots : « Il y a, de ce fait, une preuve certaine et authentique ; M. Gayard présidait ce jour-là la chambre de commerce de Saint-Dizier, il a écrit à M. le ministre une lettre extrêmement grave (suit la teneur de cette lettre) dans laquelle l'ancien vice-président de la chambre de commerce expose que, réunie le 22 août 1878 sous sa présidence, la chambre, en reconnaissant l'utilité publique du canal, a subordonné sa déclaration à des modifications de tracé et de tarif et à l'exécution de l'entreprise de l'Etat, « le péage proposé par le concessionnaire devant grever trop lourdement les marchandises ; que Giros, membre de la chambre, a été chargé de rédiger et de transmettre la délibération, mais qu'il l'a fait d'une manière inexacte en laissant croire que la chambre avait donné son approbation à la concession sollicitée par Festugière, alors qu'elle s'y était formellement opposée et qu'elle avait fait des réserves expresses contre le tracé et le tarif du péage ; qu'enfin il proteste contre son rapport, parce qu'il n'est pas l'expression fidèle des vœux de la chambre et qu'il n'est revêtu ni de sa signature ni de celle du secrétaire ; — Considérant que Simon soutient qu'en publiant cette lettre et en s'associant aux appréciations qu'elle renferme sur la conduite de Giros, il a usé du droit qui appartient à toute personne de faire connaître et de discuter les actes des mandataires de l'autorité ou de ceux qui agissent dans un caractère public et que telle a été la situation du sieur Giros dans le cas particulier ; — Considérant, en droit, qu'aux termes des art. 20 de la loi du 26 mai 1819, 3 de la loi du 15 avr. 1871 et 7 de la loi du 29 déc. 1875, la preuve des faits diffamatoires peut être faite en cas d'imputation contre toute personne ayant agi dans un caractère public à l'occasion de ces faits ; que le décret du 3 sept. 1851 sur l'organisation des chambres de commerce les

chargé d'un service ou d'un mandat public. Jugé, en ce sens, que l'outrage adressé au fonctionnaire public non encore assermenté tombe sous le coup des art. 222 et suiv. c. pén. (Crim. cass. 26 juin 1851, aff. Queyroy, D. P. 51. 1. 210. V. *suprà*, n° 811), et que l'art. 19 de la loi du 17 mai 1819 est applicable aux injures qui lui sont adressées publiquement (Crim. cass. 5 avr. 1860, aff. Pinsart, D. P. 60. 1. 247). L'art. 31 de la loi de 1881 est également applicable en pareil cas. — Il faut en dire autant du fonctionnaire illégalement investi par suite, par exemple, de l'incompatibilité de ses fonctions avec un autre emploi qu'il n'aurait pas cessé de remplir (Conf. D. P. 71. 2. 29, note. V. *suprà*, n° 810).

986. La disposition de l'art. 31 de la loi du 29 juill. 1881 relative à la diffamation envers les citoyens chargés d'un service public s'applique à un étranger temporairement employé par le gouvernement français; et l'on doit considérer comme chargé d'un service ou mandat public l'étranger pourvu d'un commandement de troupes auxiliaires opérant dans un pays étranger pour le compte de la France et placé sous les ordres d'un officier supérieur français; par suite, il appartient à la cour d'assises de statuer sur l'action en diffamation à raison d'allégations diffamatoires sur cet étranger relatives à la conduite qu'il a tenue dans cet emploi (Crim. rej. 5 juill. 1883, aff. De Biville et autres, D. P. 84. 1. 431. Conf. Paris, 24 janv. 1883, même affaire, *Le Droit* du 26 janvier).

987. — 6° *Témoins.* — Le témoin n'est protégé par l'art. 31 que s'il a été diffamé ou injurié « à raison de sa déposition ». Par interprétation du texte de l'art. 31, la jurisprudence décide, en conséquence, que cet article n'est applicable qu'aux témoins proprement dits, c'est-à-dire aux personnes qui déposent sous la foi du serment, et non pas à celles qui ne sont entendues, pour un motif quelconque, qu'à titre de renseignement, sans être admises à prêter serment; ces dernières ne sont pas des témoins au sens légal du mot (Montpellier, 2 avr. 1835, aff. Berge, D. P. 55. 5. 350; Paris, 23 févr. 1883, aff. Rameau, D. P. 83. 2. 135-136).

988. — 7° *Jurés.* — Les jurés sont expressément compris dans l'énumération des personnes que l'art. 31 de la loi du 29 juill. 1881 protège contre la diffamation et l'injure. Ils étaient, de même, expressément visés par l'art. 6 de la loi de 1882. L'art. 31, parlant des jurés en général, est applicable non seulement aux membres des jurys criminels, mais encore aux membres des jurys d'expropriation (Comp. *su-*

prà, n° 763). — Il serait encore applicable, suivant Chassan (t. 1, p. 416) et de Grattier (t. 11, p. 172), aux membres des jurys médicaux et des jurys de revision. Les jurés de ces deux dernières catégories seraient, dans tous les cas, protégés par l'art. 31, sinon comme jurés, du moins comme citoyens chargés d'un service ou d'un mandat public (Conf. Barbier, t. 2, n° 512).

989. — III. DE LA RELATION QUI DOIT EXISTER ENTRE LA DIFFAMATION ET LA FONCTION OU LA QUALITÉ DE LA PERSONNE DIFFAMÉE OU AVEC LA DÉPOSITION DU TÉMOIN. — La diffamation envers les personnes revêtues d'un caractère public qui sont désignées ou visées par l'art. 31 de la loi du 29 juill. 1881, ne tombe sous l'application des peines particulières établies par cet article, que lorsqu'elle a été commise envers les personnes dont il s'agit « à raison de leurs fonctions ou de leur qualité ». La diffamation envers un fonctionnaire n'est pas punissable en vertu de l'art. 31 quand elle est étrangère aux fonctions ou à la qualité de la personne diffamée et n'incrimine que sa conduite et ses actes comme simple particulier (*Rép.* n° 689; Paris, 13 mars 1847, *Rép.* n° 687; Crim. rej. 13 juill. 1872, aff. Marcailhou, D. P. 72. 1. 287; 17 juill. 1874, aff. Gouache, journal *L'Union républicaine de l'Eure*, D. P. 75. 1. 97; Bourges, 12 mars 1885, aff. Gablin frères, gérant et imprimeur du *Progrès de l'Indre*, D. P. 85. 2. 278; Pau, 11 juill. 1885, aff. Dubertrand, D. P. 87. 2. 41; Crim. rej. 17 juill. 1886, aff. Thireau, D. P. 86. 1. 473; Orléans, 17 janv. 1888, aff. Robert de Massy, D. P. 89. 2. 189). En effet « en dehors de ses fonctions ou de sa qualité, le fonctionnaire n'est plus qu'un simple particulier, n'ayant droit à aucune protection particulière, et ne devant compte à personne de sa vie privée » (Barbier, t. 2, n° 514).

990. Dans quel cas doit-on considérer les personnes désignées ou visées par l'art. 31 comme diffamées à raison de leurs fonctions ou de leur qualité ? Ces expressions sont reproduites du texte de l'art. 6 de la loi du 25 mars 1822. Le législateur de 1881 les a préférées aux termes plus étroits de la loi du 17 mai 1819, dont l'art. 16 punissait la diffamation envers les dépositaires ou agents de l'autorité publique pour des faits relatifs à leurs fonctions, et dont l'art. 20 n'autorisait la preuve des faits diffamatoires contre les personnes ayant agi dans un caractère public que dans le cas d'imputations de faits relatifs à leurs fonctions. En présence de ces deux derniers textes, la jurisprudence exigeait qu'il y eût une corrélation nécessaire entre les fonctions ou la qualité de la personne diffamée et la nature des faits qui lui étaient

---

déclare établissements d'utilité publique (art. 9); que leurs attributions consistent notamment à éclairer le Gouvernement sur les faits et les intérêts généraux de l'industrie et du commerce (art. 11); qu'il suit de là que les membres d'une chambre de commerce sont au nombre des personnes dont les actes appellent le contrôle et la publicité, lorsqu'ils se rattachent aux attributions qui leur sont conférées; que dès lors Giros, en transmettant au ministre la délibération de la chambre de commerce de Saint-Dizier, du 22 août 1878, en vertu de la délégation spéciale qu'il en avait reçue, a agi dans un caractère public; — Considérant en fait, que Simon a imputé à Giros d'avoir modifié le sens de cette délibération en substituant ses vues propres à celles de la chambre; mais, qu'en avançant ce fait dans la brochure qu'il a publiée, il a immédiatement administré la preuve en faisant insérer à la suite la lettre susvisée du vice-président de la chambre de commerce de Saint-Dizier, qui présidait la séance du 22 août 1878 et qui avait qualité, plus que tout autre, pour contester l'exactitude du procès-verbal de cette délibération; que l'authenticité de cette lettre et son exactitude ne peuvent être révoquées en doute; — Qu'au surplus sa teneur a été pleinement confirmée par le témoignage du sieur Guyard entendu devant le tribunal comme témoin, à la requête du plaignant lui-même; — Considérant en outre qu'il résulte implicitement des rapports officiels faits à la Chambre des députés et au Sénat les 16 déc. 1878 et 6 avr. 1879, que l'avis de la chambre de commerce de Saint-Dizier n'a pas été transmis à ces assemblées d'une manière conforme à sa délibération du 22 août, puisqu'on lit dans ces rapports que cette chambre aurait émis des vœux très pressants en faveur de la prompte exécution des travaux et de la concession sollicitée et que « aucune objection n'a été présentée au sujet du tarif proposé par le concessionnaire », alors qu'il est constant que la chambre de commerce de Saint-Dizier avait repoussé le tarif proposé, ainsi que l'exécution du canal par d'autres que par l'État; — Considérant que Giros prouve que son rapport sur la délibération du 22 août a été accepté et ratifié par la chambre de commerce dans ses séances des 10 févr.

et 11 mars 1879; mais que cette objection perd toute sa valeur, si l'on considère, d'une part, que plusieurs des membres de cette chambre qui avaient pris part aux délibérations du 22 août n'ont pas assisté aux séances dont il s'agit, et d'autre part, que le motif principal mis en avant par Giros pour obtenir cette ratification de la chambre de commerce et que la délibération rédigée par lui était jointe au dossier de l'enquête, et qu'il était, par conséquent, impossible de la méconnaître; — Considérant que devant la preuve des faits allégués par Simon disparaîtrait le délit de diffamation qui lui était reproché; — Sur l'appel de Giros contre Lucas et Carnaudet: — Considérant qu'en reproduisant dans le journal *L'Impartial* qui se publie à Saint-Dizier la brochure de Stanislas Simon, revêtue de nombreuses adhésions, les prévenus ont dû se croire autorisés à prêter leur publication le concours de leur journal dans l'intérêt du commerce et de l'industrie du pays, sans qu'on doive nécessairement leur attribuer l'intention de nuire à Giros; qu'au surplus, les motifs donnés sur l'appel de Simon et qu'ils invoquent en leur faveur s'appliquent à eux et les mettent à l'abri de toute pénalité; — Que ces mêmes motifs commandent la même décision en ce qui concerne l'article du 30 mars qui reproduit sous une autre forme l'imputation adressée à Giros d'avoir dénaturé la délibération de la chambre de commerce; — ... Par ces motifs; — Statuant sur les appels, interjetés des prévenus et par la partie civile, du jugement du tribunal correctionnel de Vassy en date du 23 mai 1879, met ladite interpellation à néant; — Donne acte à Giros de sa déclaration qu'il retire sa plainte à l'égard de Simon; — Renvoie Simon de la poursuite; en conséquence, le décharge des condamnations prononcées contre lui par les premiers juges; — Ordonne que le jugement dont est appel sortira son plein et entier effet en ce qui concerne Lucas et Carnaudet; en conséquence, le renvoie des préventions et délits de diffamation et de publication de fausses nouvelles qui leur étaient imputés. Du 13 août 1879.-C. de Dijon, 3e ch.-MM. Saverot, pr.-Cardot, av. gén.-Cabary, Cléry (du barreau de Paris) et Goujet, av.

imputés. Il fallait que ces faits rentrassent dans l'exercice même des fonctions dont était revêtue la personne diffamée et par exemple, qu'un député eût été diffamé pour des faits tenant à l'exercice du pouvoir législatif ou un magistrat pour des faits tenant à l'administration de la justice. C'est ainsi qu'il avait été jugé, sous l'empire de la loi de 1819, que toutes les fois que la diffamation commise par la voie de la presse, envers un député, ne portait pas sur des faits accomplis dans l'exercice de ses fonctions à la Chambre, mais sur des faits qu'on supposait avoir été provoqués par son influence auprès du Gouvernement, il devait être réputé atteint dans sa vie privée, et non dans sa qualité de fonctionnaire (Paris, 4 mai 1839, aff. Delaroche, *Rép.* nᵒ 668); que l'imputation injurieuse, faite à un député, d'avoir sollicité un emploi, n'est un fait relatif à ses fonctions qu'autant qu'il peut se rattacher à un acte de participation à l'exercice du pouvoir législatif (Crim. rej. 25 nov. 1843, *Rép.* nᵒ 1531); ou encore, que le magistrat qui sollicitait de l'avancement n'agissant point, à cet égard, dans un caractère public, les imputations diffamatoires dont cette demande avait été le prétexte ne pouvaient être regardées comme relatives à ses fonctions, et qu'en conséquence, c'était aux tribunaux correctionnels qu'il appartenait d'en connaître (Crim. rej. 28 févr. 1843, aff. Crestin, D. P. 45. 1. 352). — Cette interprétation de la loi de 1819, pour étroite qu'elle fût, se trouvait justifiée par le texte des art. 16 et 29 qu'il s'agissait d'appliquer. Elle ne pouvait pas être admise quand il s'agissait, au contraire, d'appliquer l'art. 6 de la loi du 25 mars 1822. Il n'était plus ici nécessaire que l'outrage eût été déterminé par un fait rentrant dans l'exercice de la fonction de la personne outragée. Il suffisait que l'outrage eût été commis à raison de la fonction ou de la qualité (V. *suprà*, nᵒˢ 820 et suiv.).•

L'art. 31 de la loi du 29 juill. 1881, en reproduisant les termes mêmes de l'art. 5 de la loi du 25 mars 1822, a voulu que l'imputation fût punissable comme diffamation envers une personne revêtue d'un caractère public toutes les fois qu'elle s'adresserait à la fonction ou à la qualité de la personne diffamée, alors même que le fait imputé, tout en étant du domaine de la vie publique, ne constituerait pas un acte de la fonction même. « En résumé, dit M. Barbier, t. 2, nᵒ 514, toutes les diffamations ou injures qui attaquent dans le fonctionnaire la personne publique et qui ont pour cause, soit les fonctions qu'il remplit, soit la qualité dont il est investi, tombent sous le coup de l'art. 31. Au contraire, les diffamations ou injures qui ont pour cause des faits de la vie privée du fonctionnaire, lors même que le but de l'agresseur est de nuire à la personne publique et que la qualité de cette personne est énoncée dans les imputations tombant sous le coup des art. 32 et 33, § 2, qui répriment les diffamations et injures envers les particuliers ».

991. La jurisprudence a consacré ces principes d'interprétation par de nombreux arrêts. La relation entre la diffamation et l'injure et les fonctions ou la qualité de la personne diffamée ou injuriée a été reconnue exister dans les cas suivants. Il a été jugé : 1ᵒ que l'imputation dirigée contre un préfet, de s'être, dans une partie de chasse, hautement couvert de son titre de préfet pour résister aux injonctions des gardes forestiers, constitue une attaque contre un fonctionnaire, à raison de sa vie publique, et que, dès lors, la plainte en diffamation portée par le fonctionnaire auquel cette imputation est faite, est de la compétence exclusive du jury (Crim. cass. 17 janv. 1851, aff. *Le Courrier républicain de la Côte-d'Or*, *Rép.* nᵒ 1532); — 2ᵒ Que les faits relatifs à l'accomplissement des fonctions d'un délégué sénatorial ne se bornent pas au dépôt du bulletin dans l'urne, mais peuvent s'étendre, suivant les circonstances, aux divers agissements du délégué, surtout au moment de l'élection, et qui sont de nature à exercer sur le vote une certaine influence dans l'intérêt ou au préjudice d'un candidat; que spécialement, ces paroles : « J'aimerais mieux voir venir les Prussiens que de voir passer la liste conservatrice ! », prononcées dans la cour de la préfecture réservée aux délégués, entre deux tours de scrutin et à l'ouverture du second tour, dans le but d'influencer l'élection, doivent être considérées comme proférées dans l'exercice du mandat de délégué sénatorial; que, par suite, il y a lieu d'autoriser le journaliste, poursuivi pour avoir reproduit ces propos, à établir qu'ils ont été proférés par le plaignant en diffamation (Crim. rej., 28 juill. 1876, aff. Génébrier, D. P. 77. 1. 41); — 3ᵒ Que la diffamation contre un délégué sénatorial doit être réputée commise à raison de sa qualité lorsque l'article incriminé a trait à l'organisation d'une réunion électorale préparée et présidée par le délégué (Bourges, 17 oct. 1889, aff. Gravier, D. P. 91. 2. 85); — 4ᵒ Qu'on doit considérer comme étant relatives aux fonctions ou à la qualité, les imputations ou les injures qui sont adressées à un fonctionnaire, à raison d'actes ne rentrant pas dans l'exercice même de ses fonctions, mais découlant desdites fonctions et accomplis par lui en sa qualité de fonctionnaire; qu'il en est ainsi, spécialement, des imputations diffamatoires ou injurieuses adressées à un maire à l'occasion de la présidence d'une distribution de prix (Paris, 28 nov. 1879, aff. Cointry, journal *Le Pays*-MM. Pujet, pr.-Loubers, av. gén.-Lachaud, av.), ou au sujet de démarches qu'il aurait faites à l'évêché pour obtenir le déplacement d'un desservant (Chambéry, 29 nov. 1879, aff. A..., M. Roë, pr.); — 5ᵒ Que l'art. 31 de la loi du 29 juill. 1881 est applicable à l'imputation dirigée contre un adjoint, d'avoir affirmé faussement, sur un état, qu'il avait fait un certain nombre de voyages, et de s'être fait payer le prix de ces prétendus voyages qu'il n'avait pas accomplis (C. d'assises de la Seine, 15 oct. 1884, aff. Minot, D. P. 83. 2. 147).

992. On devrait aussi considérer l'art. 31 comme applicable à l'imputation portant sur un fait qui, sans rentrer dans l'exercice même des fonctions, constituait cependant pour le fonctionnaire, à raison de sa qualité, un devoir de haute convenance (V. *suprà*, nᵒ 821; Crim. 23 nov. 1861, D. P. 62. 1. 52); ... à la diffamation ou à l'injure adressée à un garde champêtre à raison de son refus de faire un acte qu'il considère comme n'étant pas dans ses attributions. Ainsi jugé en ce qui concerne le délit d'outrage, sur l'application de l'art. 224 c. pén. (Grenoble, 18 juill. 1873, aff. Peyronnard, D. P. 74. 2. 111. V. *suprà*, nᵒ 821); ... aux imputations diffamatoires adressées à un professeur de faculté relativement à ses cours oraux. Si la diffamation avait trait à la publication des leçons écrites du professeur, l'art. 31 cesserait d'être applicable; car la publication dont il s'agit ne rentre pas dans les fonctions du professeur (Crim. rej. 8 nov. 1844, *Rép.* nᵒ 1513). — M. Barbier (t. 2, nᵒ 515) fait remarquer que, même dans ce dernier cas, les imputations pourraient tomber sous le coup de l'art. 31, si, en définitive, elles étaient dirigées non contre l'écrivain ou le publiciste usant, comme tout citoyen, du droit de publier ses œuvres, mais contre le professeur même, attaqué en cette qualité; ... aux imputations d'un journal qui signale le changement survenu dans les opinions politiques d'une personne, changement qui, en présence de la nomination de cette personne aux fonctions de président d'un tribunal au lendemain d'une révolution, est qualifiée de conversion intéressée. Il a été jugé, toutefois, qu'une imputation de cette nature est étrangère aux fonctions remplies par le magistrat diffamé et que, par suite, c'est le tribunal correctionnel qui est compétent pour connaître de l'action formée à l'occasion de cet article (Crim. rej. 13 nov. 1875, aff. Griffe, D. P. 83. 5. 360); mais il s'agissait alors d'appliquer les art. 16 et 29 de la loi de 1819, et l'art. 31 de la loi de 1881 comporte une interprétation différente (Conf. Barbier, t. 2, nᵒ 515).

993. La diffamation ou l'injure ont été, au contraire, déclarées sans aucun rapport avec les fonctions ou la qualité dans les hypothèses suivantes. Il a été jugé : 1ᵒ que l'articulation publiée contre un maire, consistant à dire que son élection est le résultat d'une ambition effrénée, qu'elle est une insulte pour la famille, qu'elle doit exciter contre lui l'animadversion des citoyens, qu'il s'impose à eux comme un proconsul, qu'il n'offre aucune garantie morale pour son administration, etc., etc., constitue une injure grave, étrangère aux fonctions de celui qui en est l'objet (Req. 23 juin 1846, aff. Peauger, *Rép.* nᵒ 822-5ᵒ); — 2ᵒ Qu'on doit regarder comme une diffamation se rapportant à la vie privée du fonctionnaire le fait de dire d'un chef militaire qui, étant député, avait tué en duel un de ses collègues, à la suite d'une expression offensante lui ayant été adressée par ce dernier, qu'il l'a lâchement assassiné (Lyon, 5 mars 1849, aff. Bugeaud, D. P. 49. 5. 320) ; — 3ᵒ Que la juridiction correctionnelle est seule compétente pour connaître de la diffamation commise par la voie de la presse envers un fonctionnaire public, en sa qualité d'électeur et à raison de faits électoraux et pour statuer sur l'action en dommages-intérêts résultant de cette diffamation, ... encore que les faits imputés à ce fonctionnaire, et, par exemple, une distribution d'argent destinée à influencer les électeurs fussent justiciables de la cour d'assises (Crim. cass. 23 févr. 1850, aff. Maynard, *Rép.* n° 1528-2°. — 4° Que la diffamation commise par la voie de la presse envers un fonctionnaire public, à l'occasion de faits se rattachant à ses fonctions, mais qui n'ont été appréciés dans l'article diffamatoire qu'au point de vue de la position privée ou de famille du fonctionnaire, n'est point réputée relative à ses fonctions dans le sens de la loi ; qu'ainsi, l'imputation faite à un aide de camp du président de la République d'avoir, en cette qualité, porté au préfet de police l'ordre d'enlever des arbres de la Liberté, et notamment celui qui avait été planté au lieu où le père de cet aide de camp (le maréchal Ney) avait reçu la mort, imputation accompagnée de cette réflexion qu'il eût été de son devoir personnel de faire excepter ce dernier arbre de la mesure prescrite, est réputée s'adresser à l'homme privé et non au fonctionnaire (Crim. rej. 19 sept. 1850, aff. Bareste, D. P. 50. 5. 378, *Rép.* n° 1532-2°) ; — 5° Que la démarche conciliatrice faite par un agent de police au domicile d'un habitant, pour l'engager à réparer un dommage attribué à un enfant mineur, étant en dehors des fonctions de l'agent, les injures qui lui sont adressées à ce dernier ne peuvent être considérées comme se rapportant à l'exercice de ses fonctions (Crim. cass. 12 mars 1864, aff. Bastien, D. P. 64. 5. 292) ; — 6° Que la dénonciation faite par un juge de paix (dans l'espèce, une dénonciation en matière politique) n'est pas nécessairement un acte de ses fonctions, la loi l'autorisant à agir au besoin comme simple particulier ; qu'en tout cas, la délation, étant une action odieuse qui n'est jamais imposée à un officier public, ne saurait être présentée par le diffamateur comme un acte que le juge de paix a dû accomplir dans l'exercice de ses fonctions (Crim. rej. 16 mars 1872, aff. Garcin et Peyrusson, D. P. 72. 1. 139) ; — 7° Que le tribunal correctionnel seul est compétent pour connaître de l'imputation d'ivrognerie et de l'allégation d'une condamnation en simple police pour faits se rattachant à ce vice, alors même qu'elles sont dirigées contre un membre de la Nièvre, 4 févr. 1874, aff. Robin, D. P. 75. 2. 34). La solution devrait différer pourtant si le fait imputé d'ivrognerie avait trait à l'exercice de la fonction (Conf. de Grattier, p. 466 ; Barbier, t. 2, n° 516) ; — 8° Que le tribunal correctionnel est seul compétent pour connaître des diffamations dirigées contre la vie privée d'un fonctionnaire public, alors que les imputations diffamatoires se rapportent à une époque où il n'était revêtu d'aucune fonction publique, et alors même que le journaliste a agi par un mobile politique (Crim. rej. 17 juill. 1874, aff. Gouache, D. P. 75. 1. 97) ; — 9° Que le tribunal correctionnel est compétent pour connaître de la diffamation par voie de la presse contre un député, lorsque les faits allégués se rapportent exclusivement à sa vie privée, et nullement à sa qualité de député, qui n'était même pas énoncée dans l'article incriminé (Crim. cass. 24 juill. 1874, aff. Roche, D. P. 75. 1. 237) ; — 10° Que le conseiller général qu'un préfet, choisi comme intermédiaire par les souscripteurs, en dehors de sa situation officielle, a chargé de distribuer aux habitants du canton, victimes de la guerre, les fonds de secours recueillis par un comité, n'agit pas dans un caractère public ; qu'en conséquence, la diffamation dirigée contre lui à l'occasion de l'accomplissement de cette mission est de la compétence de la juridiction correctionnelle (Crim. cass. 15 mai 1875, aff. Bornier, D. P. 76. 5. 345) : — 11° Qu'il importe peu qu'un chef de division, chargé par le préfet de répartir des fonds de secours, remplisse en même temps les fonctions de secrétaire du conseil de préfecture, ces fonctions étant étrangères à la répartition dont il s'agit ; que, par suite, l'imputation par un journal, contre ce chef de division, de s'être approprié l'indemnité qu'il était chargé de distribuer n'atteint que la personne privée et rentre, à ce titre, dans la compétence des tribunaux correctionnels et non de la cour d'assises (Crim. rej. 25 nov. 1875, aff. Lavech, D. P. 83. 5. 360) ; — 12° Que les tribunaux correc-

tionnels sont compétents pour connaître d'une action en diffamation pour imputations dirigées contre un ancien conseiller municipal, alors qu'aucune de ces imputations ne lui a été adressée à raison ou à l'occasion de ses fonctions, et que sa qualité n'est rappelée dans l'écrit diffamatoire que pour apprécier plus sévèrement sa conduite actuelle (Chambéry, 4 déc. 1884, aff. Conseillers municipaux de Frontenex, D. P. 85. 2. 270) ; — 13° Que la juridiction correctionnelle est compétente pour connaître des imputations diffamatoires dirigées contre une personne investie d'une fonction publique, si ces imputations ont exclusivement trait à la vie privée de la personne diffamée et se rapportent pour la plupart à une époque où cette personne n'était pas encore fonctionnaire public (Bourges, 12 mars 1885, aff. Frère Gablin, D. P. 85. 2. 278) ; — 14° Que la diffamation envers un fonctionnaire public n'est de la compétence de la cour d'assises qu'autant que les faits diffamatoires articulés contre ce fonctionnaire ont rapport à sa vie publique, et qu'il est accusé d'avoir commis des abus dans les faits qui constituent l'exercice proprement dit de ses fonctions ou au moyen de l'influence que sa qualité même lui procure ; que si l'auteur des diffamations envers un fonctionnaire public à raison d'un fait dépendant de sa vie privée a eu pour but d'atteindre, non le simple particulier, mais le fonctionnaire public, il n'en résulte pas que le tribunal correctionnel cesse d'être compétent ; que le reproche adressé à l'administration des Contributions indirectes d'avoir usé de complaisance et d'indulgence pour un fonctionnaire haut placé ne constitue pas une diffamation envers ce fonctionnaire, à raison de sa qualité, alors qu'il ne lui est pas imputé d'avoir agi auprès de ladite administration pour obtenir l'abandon d'un procès-verbal dressé contre lui (Pau, 11 juill. 1885, aff. Dubertrand, D. P. 87. 2. 41) ; — 15° Qu'un délégué cantonal pour l'instruction primaire ne peut être considéré comme un citoyen chargé d'un service ou d'un mandat public, au sens de l'art. 31 de la loi du 29 juill. 1881, lorsqu'il accompagne, comme simple particulier et ami, l'inspecteur primaire venant passer le bail d'un bâtiment destiné à une école communale (Crim. rej. 6 nov. 1886, aff. Milon, D. P. 88. 1. 47) ; — 16° Que l'allégation qu'un sénateur sortant a, au cours même de son mandat, pris l'engagement de se retirer à l'expiration de ce mandat, en échange d'une compensation, constitue une diffamation envers un particulier, et non une diffamation envers un membre du Sénat à raison de sa fonction ou de sa qualité (Orléans, 17 janv. 1888, aff. Robert de Massy, D. P. 89. 2. 189) ; — 17° Que le reproche adressé à un adjoint au maire d'avoir fui le pays, pour se dérober aux demandes de ses nombreux créanciers, constitue une diffamation envers un particulier, alors même que, par ces imputations étrangères à la qualité et aux fonctions d'adjoint, l'auteur de la diffamation a cherché à atteindre l'homme public plus que l'homme privé (Limoges, 21 janv. 1888, aff. Barrat, D. P. 89. 2. 189) ; — 18° Que c'est à bon droit que la juridiction correctionnelle se déclare compétente pour apprécier l'imputation diffamatoire dirigée par la voie de la presse contre un particulier signalé comme ayant mis à profit sa haute situation politique de son frère et la connaissance qu'il avait de ses projets, pour se créer une fortune scandaleuse en faisant acheter à vil prix, à la suite d'une campagne de baisse, par une banque dont ce particulier était l'administrateur et l'actionnaire, les valeurs qu'une mesure ultérieure, opérée aux dépens des contribuables, devait faire hausser considérablement, alors que les faits ainsi présentés ne peuvent être considérés comme dérivant de l'exercice du mandat de député dont le plaignant a été revêtu à une autre époque, mais en sont, au contraire, entièrement indépendants ; que le prévenu n'est pas non plus fondé à revendiquer la juridiction criminelle sous le prétexte que le particulier qui se plaint d'avoir été diffamé était conseiller général, alors que cette qualité a été manifestement étrangère aux imputations dirigées contre lui, et n'est pas même mentionnée dans l'article incriminé (Crim. rej. 1er juin 1888, aff. Delpierre et Rochefort, D. P. 88. 1. 448) ; — 19° Que les articles d'un journal dans lesquels un négociant, investi des fonctions de conseiller prud'homme et de juge consulaire, est accusé de tromper ses clients sur la qualité de la marchandise qu'il leur livre, doivent être considérés comme visant uniquement le négociant, et non le conseiller municipal et le juge consulaire (Pau, 11 juin 1889, aff. Magenc, D. P. 90. 2. 55); — 20° Que le gérant d'un journal poursuivi pour avoir, dans des articles de cette feuille, diffamé dans sa vie privée un particulier, adjoint au maire, en lui imputant de s'être fait le courtier et le courrier d'un préfet lors des élections législatives, et d'avoir « troqué électoralement pour son fils le troisième régiment de marine contre un régiment de ligne ». n'est pas fondé à décliner la juridiction correctionnelle, sous le prétexte qu'il avait eu l'intention de diffamer non l'homme privé, mais l'homme public, et que ses attaques se rattachaient à des imputations d'ordre électoral et politique dirigées contre le préfet, lesquelles, si elles étaient poursuivies, seraient de la compétence de la cour d'assises (Crim rej. 6 juin 1890, aff. Crauffon, D. P. 90. 1. 489).

994. La règle d'après laquelle les outrages réprimés par le code pénal ne constituent un délit qu'autant qu'ils ont été adressés à la personne outragée ou portés intentionnellement à sa connaissance (V. *suprà*, n°s 824 et suiv.), ne saurait être étendue aux délits de diffamation et d'injures que prévoient et punissent les art. 31 et 33 de la loi de 1881. Cette loi n'exige pas, en effet, comme l'art. 222 c. pén., que la diffamation ou l'injure aient été adressées à la personne diffamée ou injuriée et reçues par elle. Il suffit que la diffamation ou l'injure se rapporte à sa fonction ou à sa qualité.

995. La diffamation ou l'injure adressée au ministre d'un des cultes salariés par l'État, notamment aux ministres du culte catholique, sont punissables, en vertu de l'art. 31 de la loi de 1881, non seulement quand elles sont relatives aux actes du ministère ecclésiastique, mais alors même qu'elles ont trait à la seule qualité de prêtre, considérée en dehors du ministère ecclésiastique, que la personne diffamée n'exerce pas, tout en ayant reçu les ordres sacrés (V. *suprà*, n° 962, Trib. Grenoble, 18 janv. 1882, aff. Dagorne C. Million et Bergès, gérant et rédacteur du journal *Le Réveil du Dauphiné*-MM. Mourral, pr.-Monin, proc. ; Lair, *Revue critique*, 1883, p. 431; Fabreguettes, t. 1, n° 1296; Barbier, t. 2, n° 518).

996. Les diffamations ou les injures qui sont adressées à un témoin ne sont pas punissables en vertu de l'art. 31 quand elles ont trait à la qualité du témoin, mais seulement quand elles sont relatives à sa déposition. C'est la déposition qui constitue l'acte public dont l'accomplissement est l'objet d'une protection particulière; et dont le témoin doit compte à l'opinion (Paris, 23 févr. 1883, aff. Rameau, D. P. 83. 2. 135-136). Les seuls faits dont la preuve soit admissible, à l'encontre du témoin diffamé ou injurié, sont ceux qui démontreraient ou bien qu'il n'avait pas la capacité nécessaire pour déposer en justice, ou bien qu'il a fait une déposition mensongère. La loi de 1822 n'admettait aucune preuve contre le témoin outragé; la loi de 1881 ne peut admettre et n'admet la preuve que pour les faits relatifs à la déposition. Si donc, à l'occasion de la déposition, des imputations diffamatoires se produisent qui ont trait à des faits étrangers à cette déposition, si, par exemple, ces imputations tendent à discréditer le témoin à raison de faits de sa vie privée, à raison d'une faillite ou d'une condamnation antérieure qui n'emporte pas incapacité de déposer en justice, la preuve de ces imputations ne sera pas admise, et le délit sera punissable non pas en vertu de l'art. 31, mais comme une diffamation envers un simple particulier (Crim. rej. 13 août 1841, *Rép.* n° 707).

La seule condition qui soit exigée pour l'application de l'art. 31, c'est que la diffamation ou l'injure soient relatives à la déposition. Il n'est pas nécessaire que le délit se produise pendant la déposition, ni à l'audience et au cours des débats, ni même en la présence des témoins (Arrêt précité du 13 août 1841). Mais il faut que le témoin ait effectivement déposé, et qu'il ait déposé sous la foi du serment; il ne suffirait pas que le délit d'outrage eût été commis à l'audience au moment où il allait déposer, au sujet de la déposition qu'il devait faire, si le juge avait renoncé à entendre cette déposition (Montpellier, 2 avr. 1855, *Rép.* n° 923).

997. S'il n'est pas nécessaire que la diffamation ou l'injure se soit produite à l'audience, il y a lieu de remarquer que cette circonstance permettrait d'atteindre les discours ou écrits constitutifs de la diffamation, en vertu d'autres dispositions pénales que celles de la loi sur la presse. Les discours ou écrits diffamatoires ou injurieux se produisant à l'audience d'une cour, d'un tribunal civil ou d'un tribunal correctionnel, peuvent être réprimés sur-le-champ, en vertu de l'art. 181 c. instr. crim. par le juge en présence duquel est commis le délit, alors même que ce délit viserait un témoin à raison de sa déposition. En effet, la règle générale de compétence inscrite dans l'art. 181 c. instr. crim., ne subit aucune dérogation par ce fait que la loi du 29 juill. 1881 a attribué, en principe, à la cour d'assises, la connaissance du délit dont il s'agit. La compétence de la cour d'assises souffre donc exception lorsque la diffamation est commise dans les circonstances prévues par l'art. 181 c. instr. crim. (Amiens, 26 mai 1882, *Rec. d'Amiens*, 1882, p. 158; Crim. cass. 19 déc. 1884, aff. Brunet. *Bull. crim.* n° 346).

En ce qui concerne les imputations diffamatoires ou injurieuses adressées à un témoin à raison de sa disposition, il y a lieu d'avoir égard à la qualité des personnes qui les ont produites. Le juge ne doit perdre de vue ni l'art. 319 c. instr. crim., qui permet soit à l'accusé, soit à son conseil de dire, tant contre le témoin que contre sa déposition, tout ce qui peut être utile à la défense, ni l'art. 41 de la loi du 29 juill. 1881 qui déclare, en principe, dans l'intérêt de la liberté de la défense, que les écrits produits et les discours prononcés en justice, soit par les parties, soit par leurs conseils, ne donnent ouverture à aucune action en diffamation ou injure. Cependant les immunités de la défense ne sont pas absolues et les restrictions que les immunités comportent résultent de l'art. 41 lui-même (V. *infrà*, n°1371 et suiv.).

998. La relation existant entre la diffamation ou l'injure et les fonctions ou la qualité de la personne diffamée ou injuriée est une condition substantielle du délit défini par l'art. 31; elle doit, dès lors, être constatée dans le jugement. Elle peut résulter des discours ou des écrits mêmes qui sont l'objet d'une incrimination; elle peut aussi ressortir de l'examen des circonstances extrinsèques de la cause. L'appréciation des tribunaux à cet égard est, d'ailleurs, soumise au contrôle de la cour de cassation, qui a fait souvent usage de son pouvoir de revision, en décidant que l'art. 31 n'était pas applicable à des imputations diffamatoires dirigées, notamment : contre un député à raison de faits étrangers à l'exercice du pouvoir législatif (Crim. rej. 4 mai 1839 et 25 nov. 1843, *Rép.* n° 1531) ; ... 2° et 3° contre un magistrat au sujet de démarches tentées pour obtenir de l'avancement (Crim. rej. 28 févr. 1845, *Rép.* n° 1532-1°) ; ... contre un maire à propos de faits de brigue électorale (Crim. rej. 7 sept. 1849, aff. Cinglant, D. P. 50. 5. 377);... contre un juge de paix comme auteur de dénonciations politiques (Crim. rej. 16 mars 1872, aff. Garcin et Peyrusson, D. P. 72. 1. 159). V. *suprà*, n°s 990 et 993). Cette jurisprudence semble contredite par certains arrêts aux termes desquels il appartient aux juges du fond de constater les relations des outrages avec les fonctions et la qualité de la personne outragée (Crim. rej. 6 août 1875, aff. Grognot, Bissey et Guérin, D. P. 76.1. 461; 19 mai 1876, aff. Lenoir, D. P. 77. 1. 58 ; Req. 31 janv. 1877, aff. Guyot-Montpayrou, D. P. 78. 1. 58 ; Crim. rej. 10 févr. 1883, aff. Chardin, D. P. 83. 1. 436).

« À notre avis, dit M. Barbier, t. 2, n° 521, une pareille appréciation, d'où dépend la qualification d'injure, porte incontestablement sur une question de droit et doit tomber, en principe, sous le contrôle de la cour suprême. Toutefois, quand cette appréciation se base non seulement sur l'écrit considéré en lui-même, mais aussi sur certaines circonstances extérieures, qui échappent naturellement au contrôle de la cour suprême, celle-ci, par la force même des choses, ne peut plus exercer, dans sa plénitude, son droit de contrôle; et, en pareil cas, elle ne doit en faire usage qu'autant qu'il résulte du seul examen de l'écrit que le juge du fait a manifestement donné une fausse interprétation au texte et à l'esprit de l'écrit incriminé (Conf. en ce sens : Crim. rej. 23 nov. 1861, aff. Fabiani, D. P. 62. 1. 52; Crim. cass. 9 janv. 1864, aff. Journal *Le Sémaphore*, D. P. 64. 1. 49). En se plaçant à ce point de vue, on peut constater que les contradictions de la jurisprudence sont plus apparentes que réelles ».

999. — IV. De la nécessité d'une plainte préalable. — V. le commentaire de l'art. 47 de la loi du 29 juill. 1881, *infrà*, n°s 1205 et suiv.

1000. — V. De la preuve de la vérité du fait diffama-toire. — V. le commentaire de l'art. 35 de la loi du 29 juill. 1881, *infrà*, tit. 4, chap. 4, sect. 6.

§ 4. — De la diffamation envers les particuliers.

1001. Le délit de diffamation envers les particuliers a été défini par l'art. 18 de la loi du 17 mai 1819 et substitué par cette disposition au délit de calomnie des art. 367 et suiv. c. pén. de 1810. Il était puni, en vertu de l'article précité de la loi de 1819, d'un emprisonnement de cinq jours à un an et d'une amende de 25 fr. à 2000 fr., ou de l'une de ces deux peines seulement (*Rép.* p. 406). — L'art. 32 de la loi du 29 juill. 1881, qui remplace l'art. 18 de la loi de 1819 et qui prévoit la diffamation envers les particuliers, a ré-duit l'emprisonnement à une durée de cinq jours à six mois et maintenu l'amende au taux de 25 fr. à 2000 fr. Il laisse au juge, comme auparavant, la faculté de ne prononcer que l'une de ces deux peines seulement.

1002. Pour être punissable en vertu de l'art. 32, la diffa-mation doit réunir tous les caractères constitutifs du délit de diffamation, tels qu'ils sont énumérés au paragraphe 1 du présent chapitre.

Sont des particuliers, au sens de l'art. 32, tous in-dividus autres que les personnes qualifiées, énumérées ou visées par l'art. 31, les chefs d'État français (art. 26) ou étrangers (art. 36) et les agents diplomatiques (art. 37). Les personnes qualifiées, désignées ou visées par l'art. 31, sont également comprises sous cette dénomination, quand elles ont été l'objet d'imputations diffamatoires qui ne sont pas relatives à leurs fonctions ou à leur qualité (V. *supra*, n° 993).

1003. L'art. 32 s'applique non seulement aux diffamations commises envers les individus, mais aussi envers les per-sonnes collectives, envers les êtres moraux ayant la per-sonnalité civile : ainsi, aux sociétés commerciales, en nom collectif, en commandite simple, en commandite par actions ou anonymes, ainsi qu'aux sociétés civiles empruntant la forme des sociétés de commerce (Paul Pont, *Sociétés civiles*, p. 94 et suiv.; Aubry et Rau, 3ᵉ éd., t. 1, p. 190 et note 15; Barbier, t. 2, n° 534), et peut-être aussi les sociétés civiles n'ayant pas adopté la forme d'une société de commerce (Comp. Paul Pont, *loc. cit.*; Barbier, *loc. cit.* Comp. *infrà*, vᵒ *Société*; *Rép.* eod. vᵒ, n° 182); les con-grégations autorisées, les associations littéraires, scienti-fiques et autres, quand elles ont été déclarées d'utilité pu-blique par décret du chef de l'État; les syndicats profes-sionnels de patrons ou d'ouvriers constitués conformément aux prescriptions de la loi du 21 mars 1884.

1004. Certaines personnes collectives, qui n'ont pas la personnalité civile mais sont revêtues d'un caractère public et constituent des corps politiques, sont protégées contre le délit de diffamation par la disposition exception-nelle de l'art. 30. On a vu, d'autre part, que la jurispru-dence refuse la protection de l'art. 31 à certaines personnes collectives telles que l'ordre des avocats, les compagnies d'avoués, de notaires, etc., les grandes institutions de crédit, Banque de France, Crédit foncier, Caisse d'épargne, etc., ces personnes collectives ne pouvant pas être assimilées aux citoyens chargés d'un service ou d'un mandat public. (V. *supra*, nᵒˢ 972 et suiv.). Il est certain que celles de ces per-sonnes collectives qui ne jouissent pas de la personnalité civile et, d'une façon générale, tous les êtres moraux qui n'ont pas la personnalité civile et la capacité d'ester en jus-tice d'une façon générale, ne sont pas des particuliers au sens de l'art. 32 et ne peuvent pas agir en diffamation en vertu de cet article. Ainsi : les sociétés civiles non consti-tuées en la forme des sociétés de commerce, sauf le doute qui peut s'élever au sujet de leur caractère et de leurs droits (V. *supra*, n° 1003); les congrégations non autorisées; les associations littéraires, scientifiques et autres non reconnues d'utilité publique; le conseil de l'ordre des avocats et les compagnies d'officiers ministériels (V. *supra*, nᵒˢ 976 et suiv.). — *Contra*, Barbier, t. 2, n° 539); les sociétés irrégulière-ment formées et dont la nullité serait reconnue sur l'excep-tion proposée par le prévenu de diffamation (Crim. cass. 24 juill. 1854, aff. Gerson-Lévy, D. P. 55. 1. 41); les syndicats professionnels constitués en dehors des prescriptions de la loi du 21 mars 1884, etc. — L'art. 32 serait bien moins encore

applicable aux imputations concernant des classes de citoyens (noblesse, bourgeoisie, magistrature, clergé, ordre des avocats en général, etc.) qui, à moins d'une spé-cification à tel ou tel groupe d'individus, au barreau de telle ville, par exemple, ne peuvent pas constituer un dé-lit de diffamation faute d'une désignation suffisante de la personne diffamée (Trib. corr. Seine, 3 janv. 1868, aff. *Le Courrier français*, D. P. 68. 3. 23; Trib. Seine, 19 févr. 1885, *La Loi* du 20 février, V. *supra*, n° 874). — Quant aux person-nes ayant qualité pour porter plainte, soit au nom de la per-sonne collective diffamée ayant la capacité d'ester en justice, soit dans le cas de diffamation contre un être moral qui ne jouit pas de la personnalité civile, V. *infrà*, nᵒˢ 1236 et suiv.

1005. Le prévenu de diffamation envers un particulier n'est jamais admis à faire la preuve de la vérité des faits qu'il a imputés au plaignant, cette preuve n'étant pas de nature à faire disparaître le délit (V. *supra*, n° 887). Une dérogation est admise au principe en ce qui concerne les diffamations commises envers les directeurs et administra-teurs des entreprises industrielles et financières faisant publiquement appel au crédit : les faits qui leur sont impu-tés, et qui ont trait à la gestion de ces entreprises, sont sus-ceptibles d'être offerts en preuve par le prévenu, qui bénéfi-cie d'un acquittement si la preuve est administrée (art. 35) (V. *supra*, n° 884, et *infrà*, tit. 4, chap. 4, sect. 6).

1006. Les tribunaux correctionnels sont seuls compé-tents pour connaître de la diffamation envers les parti-culiers (art. 45); et cette compétence est admise par la jurisprudence, même à l'égard des diffamations envers les directeurs et administrateurs des entreprises industrielles et financières, bien que la preuve des faits imputés soit rece-vable à leur égard (art. 45) (V. *infrà*, nᵒˢ 1594 et 1595).

Quant aux règles relatives à la poursuite du délit de diffamation contre un particulier, V. *infrà*, n° 1221).

§ 5. — De la diffamation dirigée contre la mémoire des morts.

1007. — I. Jurisprudence antérieure a la loi de 1881. — Les lois antérieures de la presse ne prévoyant pas le cas d'attaque à la mémoire des morts, une grave controverse s'était élevée sur le point de savoir si ces lois, en punissant la diffamation et l'injure contre les personnes, avaient éten-du leur protection aux morts aussi bien qu'aux personnes vivantes.

Suivant un système qui avait prévalu devant les cours d'appel, la diffamation ou l'injure contre la mémoire des morts n'était pas punissable, du moins quand elle n'avait été dirigée que contre le défunt. On considérait que l'exercice de l'action pénale pour diffamation ou pour injure était essentiellement personnel à celui qui avait été l'objet d'une attaque de cette nature et pouvait se dédaigner; que cette action ne passait point à ses héritiers; que, d'ailleurs, la fa-mille pouvait toujours agir par la voie civile pour obtenir la réparation du dommage que lui faisait éprouver une diffamation commise envers la mémoire d'un de ses mem-bres décédé. Il paraissait aussi que les immunités de l'histoire, relativement à ceux qui ont exercé des fonctions publiques, sont exclusives de la responsabilité pénale édic-tée en matière de diffamation (*Rép.* n° 1128). Le droit de plainte des héritiers de la personne diffamée ou injuriée après son décès ne pouvait être reconnu que si les imputa-tions malveillantes, dirigées contre le défunt, atteignaient personnellement ses héritiers en même temps que leur auteur (*Rép. ibid.*) (C. d'assises de la Seine, 18 août 1819, aff. Martainville, D. P. 60. 1. 201, note, 2ᵉ col., 3ᵉ al.; Trib. corr. Seine, 19 avr. 1829, aff. La Chalotais, *Rép.*, vᵒ *Ins-truction criminelle*, n° 104-1° et D. P. 60. 1. 202, note, col. 1; Bruxelles, 16 févr. 1827, *Rép.*, vᵒ *Instruction crimi-nelle*, n° 104-3°; Paris, 11 juill. 1836, *Rép.* n° 1128; Trib. corr. Seine, 8 nov. 1836, aff. Chéron, D. P. 60. 1. 202, note, col. 2; Paris, 14 août 1839, *Rép.*, vᵒ *Instruction cri-minelle*, n° 103; 19 mars 1860, aff. Dupanloup, D. P. 60. 1. 201; Rennes, 2 nov. 1865, aff. Perrin et Peltier, D. P. 67. 1. 131, et sur renvoi de cassation, Angers, 28 mai 1866, même affaire, D. P. 67. 1. 132. Conf. outre les auto-rités citées au *Rép.* n° 1128, D. P. 60. 1. 201, note; Faus-tin Hélie, t. 2, p. 362 et suiv.).

1008. Mais la cour de cassation condamna cette doctrine. Saisie pour la première fois de la question par le pourvoi formé contre l'arrêt de la cour de Paris du 19 mars 1860, cité *suprà*, n° 1007, elle a jugé que la définition du délit de diffamation, donnée par l'art. 13 de la loi du 17 mai 1819, comprend indistinctement les imputations dirigées, soit contre les vivants, soit contre la mémoire des morts ; que, dans le dernier cas, les poursuites peuvent avoir lieu sur la plainte des héritiers (Crim. cass. 24 mai 1860, aff. Dupanloup, D. P. 60. 1. 201). Elle a jugé de même, sur le pourvoi formé contre l'arrêt de la cour de Rennes précité, du 22 nov. 1865 (Crim. cass. 23 mars 1866, aff. Perrin et Peltier, D. P. 67. 1. 132) et, sur le nouveau pourvoi, motivé, dans la même affaire, par l'arrêt précité de la cour d'Angers saisie du renvoi, en date du 28 mai 1866 (D. P. *ibid.*) (Ch. réun. cass. 1er mai 1867, aff. Perrin et Peltier, D. P. 67. 1. 129). Comp. le rapport de M. le conseiller Quinaut, *ibid.*, p. 133 et les conclusions conformes de M. Delangle, procureur général. « Aux termes de l'arrêt des chambres réunies, « en admettant que les immunités de l'histoire doivent faire décider autrement en ce qui concerne la mémoire des individus qui ont appartenu à la vie publique, le droit de plainte ne saurait être refusé aux héritiers d'un individu qui a toujours vécu en simple particulier, pour poursuivre des imputations diffamatoires ayant trait à la vie privée de leur auteur, alors d'ailleurs que, en raison des circonstances et par une connexité nécessaire, ces imputations ont, vis-à-vis d'eux, le caractère d'une attaque personnelle ; tel est le cas où l'enfant d'une personne décédée a été interpellé dans un lieu public comme fils d'un soustracteur ou d'un individu qui aurait détourné des valeurs à lui confiées ; et, pour être déclaré recevable dans sa plainte contre l'auteur du propos, il importe peu que, dans ses conclusions originaires, l'enfant n'ait déclaré agir que comme héritier poursuivant la diffamation dirigée contre son auteur ; en pareil cas, en effet, l'intérêt personnel qui sert de base à son action, résulte ostensiblement de ce que l'injure réfléchit nécessairement sur lui et atteint sa propre considération, et de ce qu'à cette solidarité morale se joint une solidarité de fait consistant en ce qu'il a été compris dans l'injure en même temps que son auteur ».

1009. Depuis cet arrêt, il a encore été jugé que le délit de diffamation, prévu et défini par l'art. 13 de la loi du 17 mai 1819, peut résulter, non seulement des imputations dirigées contre les vivants, mais aussi de celles dirigées contre la mémoire des morts (Lyon, 11 déc. 1868, aff. Héritiers Vaïsse, D. P. 69. 2. 74 ; Crim. rej. 5 juin 1869, aff. Labaume, D. P. 70. 1. 233) ; — Qu'en pareil cas, le droit de plainte appartient aux héritiers ; qu'au surplus, le droit de plainte des héritiers est incontestable lorsque la diffamation, en raison de la nature des articulations malveillantes desquelles elle résulte, les atteint personnellement, lorsque, par exemple, elle met en doute la légitimité des sources de la fortune qu'ils ont recueillie dans la succession de la personne diffamée (Arrêt précité du 11 déc. 1868)... qu'il n'y a pas à distinguer entre les individus qui ont toujours vécu comme simples particuliers et ceux qui ont rempli de leur vivant des fonctions ou emplois publics ; qu'en tout cas, est punissable la diffamation envers un fonctionnaire décédé, qui n'atteint pas moins l'homme privé que le fonctionnaire ; que l'auteur d'un article diffamatoire attaquant un individu décédé a pu être déclaré coupable de diffamation, non seulement envers celui-ci, mais aussi envers ses héritiers, bien qu'il en ignorât l'existence, si, en fait, son article, rédigé dans une intention malveillante, porte préjudice aux héritiers en même temps qu'à l'auteur dont ceux-ci défendent la mémoire ; ... sauf aux juges à appliquer, pour la répression cumulative des deux délits, que la peine la plus forte ; et qu'en pareil cas, la circonstance que les héritiers n'auraient pas relevé dans la citation le délit commis à leur égard, n'a pu faire obstacle à ce que le tribunal comprît ce délit dans son jugement, si cette omission a été réparée dans les conclusions de première instance et si aucune exception n'a été élevée par le prévenu ; que l'aggravation de peine encourue par l'auteur, lorsque la personne diffamée est un fonctionnaire public, doit être appliquée même dans le cas de diffamation envers un mort (Arrêt précité du 5 juin 1869).

1010. En outre, après la promulgation de la loi du 29 déc. 1875 sur la presse, dont l'art. 6 subordonnait l'exercice de l'action, soit à la plainte du fonctionnaire offensé, soit à une réquisition du ministre de la justice sur la demande du ministre dans le département duquel ce fonctionnaire se trouvait, il a été jugé que le droit de plainte n'a pas été enlevé, par l'article précité, aux héritiers des dépositaires ou agents de l'autorité publique, le droit de plainte n'étant pas devenu, par l'effet de cette disposition, personnel au fonctionnaire diffamé ou injurié, et pouvant être exercé par ses héritiers, indépendamment du pouvoir d'initiative du ministre (Crim. rej. 24 mai 1879, aff. Villain-Laudaiserie, gérant du journal *Le Siècle*, D. P. 79. 1. 273.

1011. — II. Art. 34 de la loi de 1881. — Le projet primitif de la loi du 29 juill. 1881 ne contenait aucune disposition spéciale concernant la diffamation ou l'injure envers la mémoire des morts. Cette disposition fut proposée par la commission du Sénat. Elle est devenue l'art. 34 de la loi, ainsi conçu : « Les art. 29, 30 et 31 ne seront applicables aux diffamations ou injures dirigées contre la mémoire des morts que dans les cas où les auteurs de ces diffamations ou injures auraient en l'intention de porter atteinte à l'honneur ou à la considération des héritiers vivants. Ceux-ci pourront toujours user du droit de réponse prévu par l'art. 13 ». C'est la condamnation du système adopté jusqu'à cette époque par la cour de cassation. Voici dans quels termes le rapporteur de la commission sénatoriale, M. Pelletan, justifiait cette mesure législative : « Peut-on, en fait de diffamation, assimiler les morts aux vivants, les ressusciter dans la personne de leurs descendants, pour permettre à ceux-ci, n'importe à quelle date et quel que soit leur degré de parenté, de venir demander, en vertu de la procuration du sang, à venger la mémoire de leur généalogie ? La jurisprudence a essayé de résoudre ce problème. La plupart des cours d'appel, et entre autres la cour de Paris, 19 mars 1860, aff. Dupanloup, D. P. 60. 1. 206, repoussent le délit de diffamation au delà de l'existence... La cour de cassation professe une opinion contraire : « Attendu, dit-elle, que le mot *personne* employé dans « l'art. 13 de la loi du 24 mai 1819 comprend les vivants « et les morts, la loi ne les distinguant pas... » (Civ. cass. 24 mai 1860, aff. Dupanloup, D. P. 60. 1. 201. — V. aussi Ch. réun. cass. 1er mai 1867, aff. Perrin et Peltier, D. P. 67. 1. 129). Mais si la loi ne distingue pas, la nature elle-même avait fait d'avance la distinction. Confondre ce qui sent avec ce qui ne sent plus, ce qui veut, avec ce qui ne veut plus, c'est faire violence à la langue aussi bien qu'à la réalité. La loi exige pour un procès en diffamation la volonté formelle du diffamé. Lui seul, de son vivant, a le droit de l'intenter, et la loi supposerait qu'à sa mort il a repassé son droit tout personnel à un homme souvent encore à naître, et qu'il revit, bon gré, mal gré, dans la personne de cet héritier, et qu'il veut, par la volonté de cet héritier, tirer vengeance d'un siècle de distance, d'une diffamation qu'il a dédaignée peut-être pendant sa vie et qu'il a dédaignée ! Et si, par hasard, un héritier veut poursuivre, et qu'un autre héritier au même degré fasse opposition à la poursuite parce qu'elle peut nuire plutôt que servir à la mémoire du défunt, auquel des deux le tribunal donnera-t-il raison ? ... »

1012. Le projet du Sénat souleva des objections : « Le projet du Sénat, disait M. Lisbonne dans son rapport verbal à la Chambre des députés (Séance du 24 juill. 1881), déclare délictueuses les diffamations et les injures contre la mémoire des morts, dans les cas où les auteurs de ces faits auront eu l'intention d'outrager les héritiers vivants. Cette restriction due à des préoccupations par trop exclusives pour les immunités de l'histoire, et qui cesse de protéger les personnalités modestes auxquelles l'histoire ne songe pas, a un grave inconvénient : c'est de créer un texte dont l'application pratique est de nature à donner lieu aux plus sérieuses difficultés et aux décisions les plus contradictoires. Votre commission, en vous proposant cependant de l'adopter, s'est déterminée par cette seule considération, qu'en se bornant à refuser le caractère de délit aux diffamations ou injures envers les morts dans le cas où le diffamateur n'a pas eu l'intention d'attaquer les héritiers vivants, la disposition nouvelle laisse dans le droit commun l'action civile, de la part de ces derniers, en dommages-intérêts. Ce n'est, en effet, que la répression pénale que dénie le texte nouveau, ce n'est pas la réparation qui prend sa source dans la simple faute et le préjudice causé, abstraction faite de toute intention criminelle ».

1013. On est d'accord pour reconnaître que le texte de l'art. 34, tel qu'il a été publié par le *Journal officiel* et par le *Bulletin des lois*, contient une erreur matérielle. Il porte, en effet : les art. 29, 30 et 31 ne seront pas applicables, etc. Or les textes que l'on a entendu viser en réalité sont les art. 31, 32 et 33 (V. D. P. 81. 4. 79, note 4. Conf. Barbier, t. 2, n° 547).

1014. — III. Caractères du délit de diffamation envers la mémoire des morts. — Dans quelles conditions la diffamation envers la mémoire des morts est-elle punissable en vertu de l'art. 34 ? La question n'est pas sans difficulté, et la rédaction de cet article n'est ni très claire, ni très heureuse. Il est certain d'abord que le législateur de 1881 a écarté tout à fait le système adopté par la cour de cassation, suivant lequel la diffamation constituait le même délit, qu'elle fût dirigée contre les vivants ou contre les morts, l'action pénale appartenant, en ce dernier cas, à l'héritier, en sa seule qualité d'héritier, comme représentant de la personne diffamée après sa mort, comme ayant qualité pour venger l'injure de cette personne en son lieu et place, sans avoir à justifier d'un dommage ou d'un intérêt personnel. Sur ce point, l'art. 34 ne permet aucune hésitation. La diffamation dirigée contre la mémoire des morts, et qui ne veut atteindre et insulter que cette mémoire, n'est pas un délit et ne peut pas motiver une action pénale de la part des héritiers. Ainsi sont sauvegardés les droits de l'histoire au moyen d'une disposition générale qui s'étend, sans obliger le juge à faire des distinctions toujours délicates, aussi bien à la mémoire de ceux qui n'ont recherché ni acquis, pendant leur vie, aucun titre pour appartenir à l'histoire qu'à la mémoire des personnages qui ont marqué leur place dans les souvenirs de la postérité (Conf. Barbier, t. 2, n° 548 ; Fabreguettes, t. 1, n° 1342).

La généralité de cette règle n'est pas à l'abri de la critique et la loi du 29 juill. 1881, qui a sagement établi une distinction entre la vie publique et la vie privée des citoyens, en autorisant la preuve des faits diffamatoires dans le cas de poursuites à la requête des personnes qualifiées dans l'art. 31, aurait pu, dans toutes les hypothèses, abandonner à la libre discussion la mémoire de ces personnes en tout ce qui concerne les actes de leur vie publique et protéger, par une disposition pénale, l'offense à la mémoire de toute personne attaquée dans sa vie privée. La faculté d'introduire une action civile séparée, quand il s'agira de morts diffamés dans leur vie privée, demeure aux héritiers comme le seul moyen de faire respecter la mémoire de leur auteur, et cette ressource a paru suffisante pour faire écarter l'action publique (V. *suprà*, n° 1012, le rapport de M. Lisbonne. Comp. Fabreguettes, t. 1, n° 1342).

1015. La diffamation (ou l'injure) envers la mémoire des morts devient un délit punissable en vertu de l'art. 34 « dans le cas où les auteurs de la diffamation (ou de l'injure) auraient eu l'intention de porter atteinte à l'honneur ou à la considération des héritiers ». Suivant une certaine doctrine, cet article écarte définitivement et dans toutes les hypothèses, le délit de diffamation envers la mémoire des morts. La diffamation ne peut être poursuivie par l'héritier que si elle a été dirigée intentionnellement contre lui, en même temps que contre son auteur, et si elle l'atteint lui-même dans son honneur, personnel ou sa propre considération. « Il n'est pas douteux, dit Barbier, t. 2, n° 548, que cet article doit être entendu en ce sens : les diffamations ou injures envers la mémoire des morts ne constituent point des délits. Mais quand ces diffamations ou injures sont dirigées contre la personne même des héritiers vivants, ceux-ci peuvent en poursuivre la réparation dans les termes du droit commun, qui donne le droit de plainte à toute personne diffamée ou injuriée soit directement, soit indirectement ». — Cette interprétation de l'art. 34 se recommande du rapport de M. Pelletan au Sénat cité *suprà*, n° 1011. On invoque, notamment, le passage suivant : « Votre commission n'admet le délit de diffamation de morts qu'autant qu'elle passe par-dessus leur tombe pour aller frapper des vivants. La loi n'a plus alors devant elle des ombres de personnes, elle a des personnes réelles qui ont

pu subir un dommage et qui ont droit à une réparation ». Le commentaire de l'art. 34, contenu dans la circulaire du garde des sceaux du 9 nov. 1881 (D. P. 81. 3. 106), est plus explicite encore : « L'art. 34 résout législativement la question controversée de la diffamation envers les morts. La cour de cassation a décidé que la diffamation pouvait résulter des seules imputations dirigées contre la mémoire des morts ; la cour de Paris et d'autres cours d'appel repoussaient cette doctrine. Quelques arrêts admettaient cependant un système mixte, dans les imputations contre les morts, toutes les fois que les héritiers étaient personnellement atteints par ces imputations, alors même qu'elles n'auraient pas été dirigées intentionnellement contre eux. La loi a rejeté ces deux systèmes, comme étant de nature à porter atteinte aux droits de l'histoire. Elle n'autorise les héritiers à poursuivre les imputations diffamatoires ou injurieuses dirigées contre leurs auteurs qu'autant que les diffamateurs auront eu l'intention de porter atteinte à leur propre considération. Elle repousse donc entièrement la diffamation envers les morts. La réserve qu'elle fait, au profit des héritiers, ne consacre pas un droit nouveau ; elle aurait été inutile à formuler s'il n'avait fallu écarter les solutions antérieures de la jurisprudence. L'action n'est, en effet, dans ce cas, que l'action personnelle de l'héritier diffamé ».

Cette règle absolue, qu'il n'y a pas de délit de diffamation envers les morts, étant admise, M. Barbier (t. 2, n° 549) en déduit logiquement les conséquences : « La seule action qui appartient aux héritiers, dit-il, n'étant autre que l'action personnelle qui appartient à tout individu personnellement diffamé ou injurié, il est évident qu'elle appartient à tous les héritiers, sans distinction de degré, comme elle appartiendrait d'ailleurs à tout individu personnellement atteint par les imputations dirigées contre le mort, lors même que cet individu n'aurait point la qualité d'héritier. Il est évident aussi que, pour qualifier le délit, pour régler les questions relatives à la compétence, ou à la preuve, pour apprécier si l'imputation diffamatoire ou injurieuse s'adresse à un particulier ou à une personne publique à raison de ses fonctions, il faut faire abstraction de la personnalité du mort et ne considérer que la personne des héritiers plaignants. Les imputations diffamatoires ou injurieuses qui, en tant qu'elles s'adressent au mort, ne peuvent constituer un délit, renferment-elles en même temps des diffamations ou injures adressées aux vivants, par voie directe ou indirecte ? Toute la question est là. Les juges du fait auront à apprécier si les plaignants sont suffisamment désignés, si l'auteur des imputations a eu l'intention de nuire à leur propre considération... Enfin la circonstance que les imputations diffamatoires ou injurieuses seraient adressées au mort relativement aux fonctions publiques qu'il exerçait de son vivant, ne saurait être d'aucune influence sur les questions de preuve et de compétence que peut soulever l'action des héritiers personnellement diffamés ou injuriés, leur action ne pouvant avoir pour objet de venger la mémoire du mort, mais seulement de venger leur propre considération. Ce n'est évidemment qu'au cas où les imputations diffamatoires ou injurieuses dirigées contre le mort contiendraient en même temps des diffamations ou injures personnelles envers un héritier à raison des fonctions publiques qu'il exercerait que celui-ci devrait porter son action devant la cour d'assises et que le prévenu serait autorisé à rapporter la preuve des faits diffamatoires personnellement imputés à l'héritier ».

1016. Nous avons quelque peine à souscrire à cette interprétation, qui dénature la disposition de l'art. 34. Dire que les art. 29, 30 et 31, ou plus exactement les art. 31, 32 et 33, ne seront applicables aux diffamations ou injures dirigées contre la mémoire des morts que dans l'hypothèse déterminée que prévoit l'art. 34, cela ne revient pas à dire qu'en aucun cas, la diffamation ou l'injure envers la mémoire des morts ne peut constituer un délit. Si telle eût été la pensée du législateur de 1881, il l'eût exprimée simplement. Il n'était pas nécessaire, à cet effet, de recourir à la formule de l'art. 34 : car, la déclaration expresse que la diffamation envers les morts n'est pas un délit, il était inutile d'ajouter que la diffamation envers leurs héritiers visés personnellement demeurait punissable en vertu des articles précédents, vérité qu'il était impossible de nier sans retrancher de la loi tout ce qui a trait à la diffamation et sans admettre que ce délit ne peut être commis ni contre les morts, ni contre les vivants. A notre avis, c'est bien la diffamation envers la mémoire des morts. qui est punissable dans l'hypothèse prévue par l'art. 34. Mais elle ne l'est que dans cette hypothèse seulement. En cela la doctrine absolue de la cour de cassation est rejetée par le législateur de 1881. — Ainsi nous admettons d'abord que le premier élément du délit défini par l'art. 34 est l'imputation, à la mémoire d'une personne morte, d'un fait de nature à porter atteinte à l'honneur ou à la considération de cette personne. Il n'est en aucune façon nécessaire que cette diffamation soit accompagnée ou mélangée d'une autre imputation diffamatoire dirigée contre la personne de l'héritier. Nous admettons, en second lieu, que l'action motivée par l'imputation diffamatoire envers la mémoire d'un mort ne peut être exercée par les héritiers que si leur intérêt personnel est en jeu. « La loi n'admet la diffamation des morts qu'autant qu'elle passe sur leur tombe pour aller frapper des vivants » (Rapport de M. Pelletan au Sénat). Donc elle l'admet en ce cas. Sans doute l'action que l'héritier « exerce a pour base la lésion qu'il a éprouvée » ; « c'est cette lésion, et non sa qualité de descendant, qui constitue son titre » (Fabreguettes, t. 2, n° 1343). Ce qu'il importe de dégager du texte de l'art. 34, c'est que l'application de cet article admet et suppose un dommage résultant, pour les héritiers, d'une diffamation produite contre la mémoire de leur auteur décédé, c'est-à-dire de la publication d'un fait déterminé de nature à nuire à l'honneur ou à la considération, imputé non pas à eux-mêmes, mais à la mémoire du mort. C'est cette imputation à la mémoire du mort qui donne ouverture à l'action pénale quand, en même temps qu'elle atteint cette mémoire, elle nuit à l'honneur ou à la considération des héritiers, sans qu'aucune imputation ait été dirigée contre eux personnellement.

A cet égard, le législateur de 1881 a consacré le sentiment des tribunaux et des cours d'appel en désaccord avec la cour de cassation (V. suprà, nᵒˢ 1607 et suiv.). Ainsi l'art. 34 autoriserait certainement, de la part de l'héritier, une action pénale motivée : sur ce qu'il aurait été traité en un lieu public de « fils d'un soustracteur » ou d'un « individu qui aurait détourné des valeurs à lui confiées » (Rennes,

2 nov. 1865; Angers, 28 mai 1866; Ch. réun. 1ᵉʳ mai 1867, aff. Perrin et Peltier, D. P. 69. 1. 129, cités suprà, n° 1007); ... ou sur une imputation qui met en doute la légitimité des sources de la fortune que les héritiers de la personne diffamée ont recueillie dans la succession de celle-ci (Paris 11 juill. 1836, Rép. n° 1128 ; Lyon, 11 déc. 1868, aff. Héritiers Vaïsse, D. P. 69. 2. 74, cité suprà, n° 1009 ; Trib. Lyon, 9 janv. 1884, Moniteur judiciaire du 15 février) ; ... ou même (car, dans les deux hypothèses qui précèdent, on peut dire qu'il y a diffamation directe et personnelle contre les héritiers), sur l'imputation faite à un mort d'avoir usurpé un titre nobiliaire, ou sur le rappel d'une condamnation judiciaire encourue par l'auteur du plaignant (Comp. Barbier, t. 2, n° 549).

1017. Sur un point seulement le législateur de 1881 a condamné la jurisprudence antérieure des tribunaux et des cours d'appel, en même temps qu'il répudiait entièrement celle de la cour de cassation. L'arrêt de la cour de Lyon du 11 déc. 1868, cité suprà, n° 1016, et, après lui, l'arrêt de rejet de la chambre criminelle du 5 juin 1869, aff. Labaume, D. P. 70. 1. 233, avaient admis que l'auteur d'un article diffamatoire attaquant un individu décédé pouvait être déclaré coupable de diffamation envers un héritier, bien qu'il ignorât l'existence de cet héritier, si, en fait, son article, rédigé dans une intention malveillante, portait préjudice à ce dernier (V. suprà, n° 1009). A cet égard, l'art. 34 a fait cesser tous les doutes. « L'intention de porter atteinte à l'honneur ou à la considération des héritiers vivants » est la condition constitutive du délit que définit cet article. La diffamation envers la mémoire des morts n'est un délit punissable « que dans ce cas ». Ainsi, dans le cas où l'auteur de l'imputation diffamatoire a ignoré l'existence des héritiers, dans le cas où, tout en connaissant leur existence, il n'a pas voulu les atteindre directement dans leur honneur et dans leur considération, n'ayant eu l'intention que de s'en prendre à la mémoire du mort, il n'y a pas de délit, alors même qu'en fait l'imputation dirigée contre la mémoire du mort aurait porté dommage aux héritiers (Trib. corr. Albi, 2 août 1884) (1).

1018. La preuve que l'auteur de la diffamation ou de l'injure envers la mémoire d'une personne décédée a eu l'intention de porter atteinte à l'honneur ou à la considération des héritiers vivants est à la charge de l'héritier ou du ministère public. On ne doit pas appliquer ici la règle sui-

---

(1) (Grimaud et Jean C. Poirier, gérant du journal La Souveraineté du peuple.) — Le tribunal ; — En la forme : — Attendu que l'action diffamatoire personnellement engagée par la dame Grimaud, veuve du sieur Joseph Jean, et des sieurs Eugène et Hippolyte Jean, frères de ce dernier, contre le sieur Edmond Poirier, rédacteur en chef et gérant responsable du journal La Souveraineté du peuple, est irrecevable ; que ces mots : héritiers vivants, de l'art. 34 de la loi du 29 juill. 1881, doivent, en effet, être pris dans sens relativement restreint ; qu'il suit de là que l'héritier qui occupe, dans l'ordre de succession, le degré le plus proche, est le seul à qui ladite action compète ; qu'au cas particulier, cet héritier est Hippolyte Jean, mineur du défunt ; et que, dans ces circonstances, seule la demande introduite en son nom par sa tutrice légale doit être examinée au fond ; — A cet égard : — Attendu que ledit art. 34, en rendant applicables les art. 29, 31, 32 et 33 de la même loi aux diffamations et injures dirigées contre la mémoire des morts que dans le cas où les auteurs de ces diffamations ou injures auraient eu l'intention de porter atteinte à l'honneur ou à la considération des héritiers vivants, le tribunal doit rechercher : 1° si l'article incriminé contient d'abord une diffamation ou une injure contre la mémoire du défunt, Joseph Jean ; 2° si, ensuite, et au cas de l'affirmative, l'auteur dudit article, par conséquent, de la diffamation ou de l'injure, a eu, en agissant ainsi, l'intention de porter atteinte à l'honneur ou à la considération du fils mineur Jean (Joseph-Hippolyte) ; — Sur le premier point : — Attendu que la diffamation résulte surabondamment de ce fait, de la part du journaliste, d'avoir représenté le défunt comme un « pervertisseur sans vergogne », et de cet autre encore de l'avoir accusé « de s'être approprié le montant d'une souscription destinée à payer l'amende à laquelle avait été condamné, sous l'Empire, un journal de la localité » ; — Sur le deuxième point : — Attendu que l'intention de nuire au mineur, en diffamant son père, résulte aussi du rapprochement, dans le même article, des passages où la diffamation se trouve, de l'entrefilet où il est dit : « Et son fils et ses deux frères et son gendre ont eu la délicate attention de ne pas vouloir qu'il perde une parcelle de sa réputation méritée, et protestent, etc., etc... » ; que cette réputation

ne pouvait être, dans l'esprit de l'article poursuivi, que celle qui venait de créer lui-même au défunt, « celle de pervertisseur sans vergogne, et d'homme capable de s'approprier le bien d'autrui » ; — Attendu qu'en imputant au fils de n'avoir pas voulu que son père, la perde, ledit auteur a, en réalité, représenté ce fils comme un jeune homme malhonnête, et l'a ainsi diffamé à l'aide des imputations mêmes qu'il avait dirigées contre le père ; — Mais que, si Edmond Poirier, ou le correspondant anonyme dont il est le gérant responsable, n'avait pas eu l'intention de flétrir le fils en procédant ainsi, il n'eût pas opéré ces rapprochements, et se serait abstenu même de parler de lui ; qu'en présence de ces précisions la difficulté, dans l'espèce, doit être résolue à l'aide des principes généraux du droit commun en matière de diffamation ; — Attendu qu'à ce point de vue, l'intention de nuire résulte suffisamment de la seule imputation, dirigée contre autrui, de faits diffamatoires ; — Attendu qu'on excipe, à la vérité, de ce que le passage où il est parlé du fils n'est pas spécialement visé dans la citation ; mais qu'une telle obligation ne s'imposait pas au demandeur, dans l'espèce ; que seuls doivent être visés et détaillés les faits diffamatoires ; et qu'il peut en être différemment en ce qui touche ceux desquels on veut simplement induire l'intention de nuire, que ces derniers peuvent résulter de l'article lui-même ou de tous les autres faits ou circonstances de la cause ; qu'en insérant donc dans son journal l'article incriminé, Edmond Poirier s'est volontairement placé sous le coup de la loi ; — Attendu conséquemment, qu'il y a lieu d'accueillir la demande de la dame Grimaud ès qualité; et que le tribunal a, dans la cause, des éléments suffisants pour apprécier les dommages qui doivent lui être alloués en cette même qualité ; — Par ces motifs... — Déclare irrecevable l'action introduite en son nom personnel par la dame Grimaud et les sieurs Eugène et Hippolyte Jean, frères de Joseph Jean ; — La rejette en conséquence ; — Et disant droit au contraire sur celle dirigée au nom du mineur Hippolyte Jean, fils du défunt; — Condamne Edmond Poirier, en sa qualité de rédacteur en chef et gérant responsable du journal La Souveraineté du peuple, à payer à ladite dame Grimaud, etc.

Du 2 août 1884.-Trib. corr. d'Albi.-M. Gaillard, pr.

vant laquelle, en matière de diffamation ou d'injure, la preuve de la bonne foi incombe, en principe, au prévenu ; car l'imputation diffamatoire envers la mémoire d'un mort ne fait pas nécessairement présumer l'intention de nuire à ses héritiers. Cependant la preuve de cette intention peut résulter de simples présomptions, suivant le droit commun en matière criminelle et, comme le fait très justement observer M. Barbier (t. 2, n° 549) l'intention « se présumera facilement quand les outrages seront dirigés contre la mémoire d'un mort dont la vie modeste n'appartient pas à l'histoire ; » elle « sera au contraire facilement écartée quand ces outrages s'attaqueront à la mémoire d'un homme sur lequel l'histoire, en raison du rôle qu'il a joué, a le droit de porter un jugement ». Il est, d'ailleurs, évident que, si l'héritier est personnellement désigné dans l'écrit diffamatoire dirigé contre la mémoire de son auteur, l'intention de lui nuire et de porter atteinte à son honneur ou à sa considération se présumera suivant la règle admise en matière de diffamation (Trib. corr. d'Albi, 2 août 1884, *suprà*, n° 1017).

1019. En résumé, le délit de diffamation envers la mémoire des morts, défini et puni par l'art. 34, est caractérisé, suivant nous, par la réunion des circonstances suivantes : 1° l'imputation, dirigée contre un mort, d'un fait déterminé de nature à nuire à l'honneur ou à la considération de sa mémoire ; 2° un préjudice matériel ou moral résultant, pour les héritiers de la personne morte, de l'imputation dirigée contre la mémoire de celle-ci ; 3° l'intention, de la part de l'auteur de la diffamation, de porter atteinte à l'honneur ou à la considération des héritiers du mort dont la mémoire a été diffamée. — Le délit ainsi déterminé est punissable s'il réunit, d'ailleurs, toutes les conditions constitutives de la diffamation, telles que les définit l'art. 29 (V. *suprà*, n°s 849 et suiv.).

1020. — IV. DISPOSITIONS PÉNALES APPLICABLES. — Le délit prévu par l'art. 34 est punissable des peines portées par les art. 31, 32 et 33, suivant les distinctions établies par ces différents articles.

1021. — V. COMPÉTENCE. — PREUVE DES FAITS DIFFAMATOIRES. — Ainsi qu'on l'a vu *suprà*, n° 1015, *in fine*, M. Barbier enseigne que l'imputation prévue par l'art. 34 est punissable des peines édictées par les art. 31 et 32, suivant les distinctions établies par ces deux articles, peut être susceptible d'être déférée à la cour d'assises ou au tribunal correctionnel (art. 45) et d'être ou non traduite en preuve (art. 35), suivant que l'héritier de la personne morte sera lui-même au nombre des personnes qualifiées par l'art. 31 ou ne sera qu'un simple particulier visé par l'art. 32. Cette thèse ne nous paraît pas admissible. L'imputation dont il s'agit est celle d'un fait reproché au mort. C'est donc uniquement la personne du mort qu'il faut considérer. Si donc le défunt a appartenu à l'une des classes de personnes protégées par l'art. 31, et si l'imputation dirigée contre lui est relative aux fonctions qu'il a exercées ou à la qualité dont il a été revêtu, ou enfin à la déposition qu'il a faite comme témoin, la cour d'assises sera, par là même, compétente et la preuve de l'imputation sera recevable. Ce fait, au contraire, est-il relatif à la vie privée du défunt, que celui-ci ait ou non exercé des fonctions publiques, toute preuve est prohibée et le tribunal correctionnel doit être compétent, conformément à l'art. 32 (Conf. Fabreguettes, t. 2, n° 1349).

1022. — VI. EXERCICE DE L'ACTION CIVILE. — RÉPARATIONS CIVILES. — Les héritiers de la personne dont la mémoire a été diffamée ne pourront pas exercer l'action civile séparément de l'action publique (art. 46) lorsque l'imputation sera relative aux fonctions ou à la qualité du défunt ou à sa déposition comme témoin. On pourrait soutenir une thèse contraire en s'appuyant sur cette déclaration de M. Lisbonne à la Chambre des députés : « La disposition nouvelle laisse dans le droit commun l'action civile de la part des héritiers en dommages-intérêts. Ce n'est, en effet, que la répression pénale que dénie le texte nouveau ; ce n'est pas la réparation qui prend sa source dans la simple faute et le préjudice causé, abstraction faite de toute intention criminelle. » Mais il ne faut pas perdre de vue que l'action de la personne diffamée ou de ses héritiers n'est jamais qu'une action civile, alors cependant qu'elle résulte d'un délit et qu'elle est portée devant une juridiction répressive. Elle

est de même nature que toute action de la partie civile issue d'un fait qualifié crime ou délit. Or, en matière de diffamation, d'une façon générale, cette action de la partie civile est soumise à une règle particulière : défense de porter l'action à fin civile, séparément de l'action publique, devant le juge civil, par dérogation au droit commun, toutes les fois que le fait sera susceptible d'être prouvé à la décharge du prévenu (V. *infrà*, n°s 1630 et suiv.). Pour admettre une exception dans le cas de diffamation envers la mémoire du mort et d'action exercée par les héritiers, il faudrait une dérogation en termes exprès à la règle de l'art. 46.

1023. D'autre part, les héritiers pourront exercer l'action civile en dommages-intérêts résultant de l'art. 1382 c. civ. devant le tribunal civil toutes les fois que l'imputation dirigée contre la mémoire de leur auteur ne concernera que sa vie privée, ou bien lorsqu'elle manquera de l'un des éléments nécessaires pour constituer un délit punissable, par exemple, dans le cas où la diffamation envers la mémoire d'un mort n'aura pas été accompagnée de l'intention de nuire aux héritiers du défunt. Seulement, dans ce cas, les héritiers seront tenus d'établir devant le juge civil la réalité du dommage qu'ils éprouvent et qui sert de base à leur action. Ils auront, devant le tribunal civil, la charge de démontrer la fausseté de l'imputation et, faute par eux de fournir cette preuve, le juge civil pourra, suivant les circonstances, dénier l'existence de tout préjudice ou ne reconnaître qu'un dommage fort atténué (Paris, 17 avr. 1858, aff. Perrotin, D. P. 60. 2. 109. Comp. Fabreguettes, t. 2, n° 1349). — Il pourra arriver que le défendeur invoque les franchises de l'histoire : de là une question qu'il appartiendra aux magistrats de résoudre. En effet, la réparation n'est due, aux termes de l'art. 1382, qu'autant que le dommage, matériel ou moral, est le résultat d'une faute. Or, si l'écrivain n'a rien dit que de vrai, s'il a révélé loyalement ce que l'étude lui a appris, s'il n'a ni dénaturé les faits ni calomnié les personnes, il n'a commis aucune faute, et par conséquent ne doit aucune réparation. Si le tribunal estime que les droits de l'historien ont été dépassés, qu'une faute a été commise, il prononcera une condamnation.

1024. Mais, disait-on au *Rép.*, n° 1117, « quel sera le mode de réparation admissible en cette matière ? Ce mode est-il unique et consiste-t-il uniquement dans la prestation ou le payement d'une somme d'argent ? La nécessité des choses ne commande-t-elle pas, au contraire, d'admettre tous les modes qui conduisent plus efficacement et plus convenablement à la réparation demandée ? Nous inclinons vers l'interprétation qui multipliera les moyens de réparer le mal involontairement causé ». Ainsi les juges « pourront allouer des dommages-intérêts ; et la famille trouvera alors dans le jugement et une satisfaction morale et une satisfaction matérielle. — La condamnation emportera défense de continuer la vente jusqu'à ce que l'ouvrage ait reçu les modifications nécessaires, puisque toute vente ultérieure d'un exemplaire non corrigé constituerait un nouveau fait dommageable et, par conséquent, motiverait une nouvelle action ». Si l'ouvrage n'a été publié qu'après la mort de son auteur et ne peut plus être corrigé par lui, il faudra « concilier dans ce cas, la légitime satisfaction due à la famille lésée, d'une part avec le respect de la propriété littéraire, et d'autre part avec l'intérêt public qui peut s'attacher à la conservation d'un monument historique ? Il ne nous paraît pas douteux que les héritiers pourraient demander la suppression des passages calomnieux ». — Les tribunaux pourront adopter une autre solution très rationnelle et très équitable qui placera la vérité à côté de l'erreur, le remède à côté du mal : celle d'imposer à l'éditeur l'obligation « d'insérer dans tous les exemplaires de l'ouvrage restant à sa disposition, ainsi que dans toutes les éditions ultérieures, à la suite du volume contenant les imputations diffamatoires, les documents rectificatifs produits par les héritiers ». C'est la satisfaction morale que les héritiers du prince Eugène de Beauharnais demandèrent et obtinrent à la suite de la publication des mémoires posthumes du duc de Raguse, dans lesquels ils avaient cru trouver des imputations calomnieuses pour la mémoire du vice-roi d'Italie (Trib. Seine, 24 juill. 1857, et Paris, 17 avr. 1858, cité *suprà*, n° 1023 ; Comp. D. P. 60. 1. 201, note ; Barbier, t. 2, n° 551).

1025. — VII. Héritiers désignés par l'art. 34. — Le droit de poursuivre la diffamation commise envers la mémoire des morts est concédé par l'art. 34 « aux héritiers vivants ». On a soutenu que l'exercice de l'action tendant à la répression du délit n'appartient qu'à l'héritier qui occupe, dans l'ordre de la succession, le degré le plus proche (Faivre et Benoît-Lévy, p. 168 ; Trib. Albi, 2 août 1884, *suprà*, n° 1017). Mais il ne faut pas oublier que cette action n'est accordée aux héritiers qu'à raison du préjudice qui leur est indirectement causé par la diffamation dirigée contre la mémoire de leur auteur; que, d'autre part, la recevabilité de l'action est subordonnée à la preuve que l'auteur de la diffamation, en attaquant la mémoire du mort, a eu l'intention d'atteindre ses héritiers, dans leur honneur et dans leur considération, Donc, tous les héritiers, sans distinction ni limitation de degré de parenté, trouvent, dans la solidarité de famille qui les unit au mort diffamé, le droit de se prévaloir de la disposition de l'art. 34, à la seule condition de démontrer, chez le prévenu, l'intention de porter atteinte à l'honneur ou à la considération de la famille, des héritiers du défunt en général. Le même droit appartient à chacun d'eux individuellement, à la charge de faire cette preuve en ce qui le concerne. Ainsi l'action accordée par l'art. 34 « aux héritiers vivants » appartient même à l'héritier qui a renoncé à la succession ; elle appartient encore à l'enfant naturel reconnu, bien que ce dernier ne soit pas héritier dans le sens de l'art. 756 c. civ. (Crim. rej. 27 mai 1881, aff. Princes de Lusignan, D. P. 82. 1. 391); mais toujours sous la condition qu'ils aient été visés intentionnellement (Conf. Fabreguettes, t. 2, n° 1348 ; Barbier, t. 2, n°549).

1026. L'action formée par une personne à l'effet d'obtenir la répression d'une diffamation ou d'une injure qu'elle a reçue passe à ses héritiers, si elle vient à mourir en cours d'instance (Montpellier, 22 déc. 1825, *Rép.* n° 1126, et les autorités cités *ibid.* Conf. Barbier, t. 2, n° 552). L'héritier de celui qui a été diffamé ou injurié peut-il intenter une action civile à raison de ce fait, lorsque son auteur ne l'a pas exercée de son vivant? On a soutenu la négative au *Rép.*, n° 1127, et telle est encore notre opinion. En effet, la loi, en exigeant une plainte pour la mise en mouvement de l'action publique, montre que, dans sa pensée, l'action en réparation de la diffamation ou de l'injure doit être considérée comme exclusivement personnelle à celui qui est atteint par le délit. Lorsque, de son vivant, la personne diffamée ou injuriée n'a pas porté plainte, on peut présumer qu'elle a voulu couvrir d'un oubli ou de son pardon le fait qui lui ouvrirait une action en réparation (Conf., outre les autorités citées au *Rép.* n° 1127, M. Barbier, t. 2, n° 552). — Toutefois MM. Chassan (t. 2, n° 1208) et Barbier (t. 2, n° 552) admettent que, si la diffamation ou l'injure faite à une personne morte avant d'en avoir demandé réparation, était de nature à causer aux héritiers un dommage réel, ceux-ci pourraient, en vertu de l'art. 1382 c. civ., exercer une action civile en dommages-intérêts, Nous admettons cette théorie sous la réserve que l'imputation diffamatoire ne soit pas de celles où la preuve est admise à la décharge du prévenu; car l'action civile ne pouvant pas, dans ce cas, être exercée séparément de l'action pénale, ne peut plus être formée par les héritiers dès que l'action pénale est éteinte (V. *suprà*, n° 1022). Il est, d'ailleurs, bien entendu que, si ces héritiers avaient été visés personnellement en même temps que leur auteur, l'action leur appartiendrait aussi personnellement en vertu des art. 29 et suiv.

1027. — VIII. Droit de réponse concédé par l'art. 34. — L'art. 34 contient une disposition finale ainsi conçue : « Ceux-ci (les héritiers) pourront toujours user du droit de réponse prévu par l'art. 13 ». La circulaire de la garde des sceaux du 9 nov. 1881 (D. P. 81. 3. 106) en a donné le commentaire dans les termes suivants : « L'art. 34 accorde par une disposition nouvelle, aux héritiers qui ne sont pas diffamés personnellement, lorsqu'il s'agit d'écrits périodiques ou de journaux, une faculté qui sauvegarde leurs intérêts, tout en respectant les franchises de l'écrivain. Ils pourront user du droit de réponse, réglé par l'art. 13, pour repousser les imputations dirigées contre la mémoire de leurs auteurs, alors même qu'ils n'auront été ni nommés ni désignés personnellement ». Le droit de réponse appartient à « ceux-ci », c'est-à-dire aux héritiers vivants qui sont désignés dans le premier alinéa de l'art. 34 ; donc à tous les héritiers sans distinction, ni limitation de degré de parenté (V. *suprà*, n° 1025). Il eût été peut-être plus rationnel de n'accorder le droit de réponse qu'aux héritiers du degré le plus proche d'accord entre eux pour arrêter les termes de la réponse à faire. En effet, il s'agit ici d'un droit accordé aux héritiers, non plus en considération du dommage qu'ils éprouvent personnellement, mais pour leur permettre la défense de la mémoire de leur auteur (V. *infra*, n° 1028); ce droit ne devrait, dès lors, appartenir qu'à ceux qui continuent la personne du mort diffamé. Cette limitation du droit de réponse aurait en même temps l'avantage d'affranchir les journaux de l'obligation d'insérer les réponses multiples qui leur seraient adressées par chacun des héritiers isolément. Mais le texte de l'art. 34 ne permet pas une autre interprétation que celle que nous avons admise (Conf. Barbier, t. 2, n° 550).

1028. Les héritiers « pourront toujours », c'est-à-dire, même dans le cas où l'hypothèse que prévoit le premier alinéa de l'art. 34 ne se réaliserait pas, c'est-à-dire où les auteurs des diffamations ou injures dirigées contre la mémoire des morts n'auraient pas eu l'intention de porter atteinte à l'honneur ou à la considération des héritiers. En d'autres termes, les héritiers pourront user du droit de réponse, qu'ils aient ou non le droit de poursuivre la répression de la diffamation ou de l'injure commise envers la mémoire de leur auteur décédé (Conf. Dutruc, n° 250 ; Barbier, t. 2, n° 550). On doit, en effet, écarter le système dans lequel le mot *toujours* donnerait aux héritiers le droit de réponse alors même que les écrits dans lesquels leur auteur décédé serait nommé ou désigné « ne constitueraient ni injure, ni diffamation » (Faivre et Benoît-Lévy, p. 160), et contiendraient même un éloge au lieu d'un blâme. Cette interprétation serait manifestement contraire à la pensée du législateur, et l'on ne peut pas interpréter le deuxième alinéa de l'art. 34 en le détachant de la disposition principale que cet article a pour but de consacrer. De même encore, le droit de réponse que concède l'art. 34 prenant sa justification dans une diffamation ou injure dirigée contre la mémoire d'un mort, l'article dont il s'agit n'a pas tranché la question de savoir si les héritiers peuvent exercer le droit de réponse au nom de leur auteur qui est décédé sans en avoir fait usage après avoir été diffamé ou injurié de son vivant (V. *suprà*, n° 1026).

1029. C'est le droit de réponse « prévu par l'art. 13 » que l'art. 34 concède aux héritiers du mort diffamé ou injurié. Les héritiers ne sont donc admis à en user que si la diffamation ou l'injure est contenue dans un journal ou écrit périodique, conformément aux termes de l'art. 13 (V. *suprà*, n° 280). Vis-à-vis des publications non périodiques, les héritiers peuvent, au moyen d'une action civile et d'un jugement, obtenir les rectifications que la loi ne leur accorde pas le droit de faire directement (V. *suprà*, n° 1024). D'ailleurs, l'exercice du droit de réponse ne fait pas obstacle soit à la poursuite du délit, soit à l'action civile, dans le cas où elles sont autorisées (Comp. Barbier, t. 2, n° 550).

Art. 2. — De l'injure.

1030. La loi des 19-22 juill. 1791 et le code du 3 brum. an 4, art. 605, n° 7 avaient puni l'injure verbale des peines de simple police, sans donner d'ailleurs aucune définition de cette infraction. — Le code pénal de 1810 distingua l'injure de la calomnie, en incriminant toutes injures ou expressions outrageantes qui ne renferment l'imputation d'aucun fait précis. Aux termes de l'art. 375, l'injure ainsi définie était un délit frappé d'une amende de 16 fr. à 500 fr., à la double condition qu'elle renfermât l'imputation d'un vice déterminé et qu'elle eût été « proférée dans des lieux ou réunions publics ou insérée dans des écrits, imprimés ou non, qui auraient été répandus et distribués ». Au contraire, l'injure qui n'avait pas « ce double caractère de gravité et de publicité ne donnait lieu qu'à des peines de simple police », aux termes de l'art. 376 du même code. — La loi du 17 mai 1819 reproduisit la définition de l'injure donnée par le code de 1810, et consacra la distinction qu'il avait établie. Suivant l'art. 13 de cette loi, toute expression outrageante, terme de mépris ou invective, qui ne renferme l'imputation d'aucun fait, est une injure. D'après l'art. 19, l'injure contre les particuliers est punie d'une amende de 16 à 500 fr. Mais aux termes de l'art. 20, l'injure qui n'est pas publique ou qui ne renferme l'imputation d'aucun vice déterminé continue d'être punie des peines de simple police (*Rép.* n° 921). — Ainsi l'injure se distingue essentiellement du délit de diffamation défini par l'art. 13 de la loi de 1819, par le caractère qui la distinguait déjà de la calomnie dans l'économie du code pénal de 1810: elle ne contient l'imputation d'aucun fait. Elle constitue soit un délit, soit une contravention: un délit quand elle réunit cette double condition de renfermer l'imputation d'un vice déterminé et d'être publique; une contravention, quand l'un de ces caractères fait défaut, c'est-à-dire quand elle consiste dans une expression outrageante qui ne contient l'imputation d'aucun vice, alors même que cette expression a été proférée publiquement, ou bien quand elle contient l'imputation d'un vice déterminé, pourvu qu'elle n'ait pas été publique.

1031. La loi du 29 juill. 1881 maintient la distinction fondamentale que la législation antérieure avait établie entre l'injure et la diffamation. L'art. 29 qui, dans son premier alinéa, définit la diffamation et la fait consister dans l'allégation ou l'imputation d'un fait qui porte atteinte à l'honneur ou à la considération, ajoute (al. 2) : « Toute expression outrageante, terme de mépris ou invective qui ne renferme l'imputation d'aucun fait, est une injure ». Puis la loi de 1881 maintient l'ancienne distinction entre l'injure qui est un délit et l'injure qui est une contravention; mais, pour établir cette distinction, elle ne s'attache plus qu'à l'un des caractères exigés simultanément, soit par le code de 1810, soit par la loi du 17 mai 1819 : le caractère de publicité. Désormais, pour déterminer la compétence et la pénalité, il n'y a plus à se préoccuper de savoir si l'injure contient ou non l'imputation d'un vice déterminé, question qui ne laissait pas d'embarrasser le juge et de prêter à des solutions contradictoires. Une seule question doit être examinée : l'injure est-elle publique? c'est un délit. Ne l'est-elle pas? c'est une contravention, alors même qu'elle contiendrait l'imputation d'un vice déterminé. En effet, aux termes de l'art. 33, 2e al., l'injure commise envers les particuliers par l'un des moyens énoncés en l'art. 23 et en l'art. 28, est punie d'un emprisonnement de cinq jours à deux mois et d'une amende de 16 fr. à 300 fr., ou de l'une de ces deux peines seulement. Si l'injure n'est pas publique, elle n'est punie que de la peine prévue par l'art. 471 c. pén. (art. 33, al. 3). — La distinction entre les injures qui renferment et celles qui ne renferment pas l'imputation d'un vice déterminé ne peut désormais que servir à mesurer la peine dans la limite du minimum au maximum établis par la loi, et du bénéfice des circonstances atténuantes (art. 63) (V. *infrà*, n°s 1179 et suiv.).

§ 1er. — Du délit d'injure.

1032. — I. Caractères généraux. — Les éléments constitutifs du délit d'injure sont, en vertu des art. 29 et 33 (2e al.) de la loi du 29 juill. 1881 : 1° l'emploi d'une expression outrageante, d'une invective, d'un terme de mépris ne renfermant l'imputation d'aucun fait déterminé; 2° l'intention de nuire; 3° l'absence de provocation; 4° la publicité donnée à l'injure.

1033. — 1° *Des expressions outrageantes, termes de mépris ou invectives, constitutifs de l'injure.* — En vertu de la loi de 1881, conforme sur ce point à la législation antérieure, il n'y a injure punissable, soit comme délit, soit comme contravention, qu'autant que les expressions employées rentrent dans la définition générale de l'injure. Ainsi il a été jugé que l'injure considérée en elle-même, et abstraction faite de la condition de publicité ou de non-publicité qui en fait un délit ou une contravention, ne résulte, en l'absence de la preuve, bien établie, d'une intention blessante, ni du fait de dire d'une personne qu'elle a la gale ou la teigne (Crim. cass. 15 janv. 1808, *Rép.* n° 935-2°);... ni du fait d'avoir donné le nom d'une personne à un chien (*Rép.* n° 953);... ni du fait d'appeler une personne agent de police (*Rép.* n° 948) (il en serait autrement en cas d'emploi de l'épithète de « mouchard » *Rép. ibid.*);... ni de la qualification d'agent d'affaires donnée à un avocat (Lyon, 26 août 1836, *Rép.*

n° 949). — Décidé, dans le même sens, que l'esprit de dénigrement dans lequel a été rédigé un écrit dirigé contre une personne y désignée ne suffit pas pour faire considérer cet écrit comme injurieux; il faut encore que les expressions employées par l'écrivain pour traduire sa pensée soient effectivement injurieuses ou blessantes (Crim. cass. 21 nov. 1862, aff. Hoummel, D. P. 62. 1. 489; Civ. cass. 31 déc. 1863, aff. Reibel, D. P. 64. 1. 103; Civ. rej. 17 mars 1864, aff. Robin, D. P. 64. 1. 104. *Rép.* n° 999).

Cependant, comme le dit M. Barbier (t. 2, n° 444), « l'injure ne suppose pas nécessairement la violence ou la grossièreté dans la forme: cela résulte de la définition même de la loi; car, si l'invective ou le terme de mépris implique l'idée de violence ou de grossièreté dans la manifestation de la pensée, il n'en est pas de même de l'expression outrageante, l'outrage résultant évidemment de tout propos de nature à porter atteinte à l'honneur ou à la considération, quelle que soit la forme donnée à l'expression de la pensée ».

1034. Sont caractéristiques du délit d'injure défini par l'art. 29 : en premier lieu les paroles injurieuses qui, bien que proférées publiquement, ne constituaient pas un délit et n'étaient passibles que de peines de simple police, sous l'empire de la loi du 17 mai 1819, parce qu'elles n'ont qu'un sens général et vague, et que, malgré leur inconvenance et leur grossièreté, elles ne contiennent pas l'imputation d'un vice déterminé : telles sont : 1° les paroles suivantes : « B... de sot, b... d'animal, cochon, crois-tu m'en remontrer? Je ne te crains pas! » (Angers, 22 juin 1863, aff. Wacyenburgh D. P. 63. 2. 219); — 2° L'épithète d' « oiseau galeux », qui n'est qu'une invective grossière et sans précision (Colmar, 12 juin 1866, aff. Dreyfus, D. P. 66. 2. 139); — 3° L'injonction « Taisez-vous, misérable! » adressée par un inspecteur de police à un individu qu'il conduisait au poste (Orléans, 5 août 1868, aff. Parent, D. P. 69. 1. 377); — 4° L'expression de « canaille » (Crim. cass. 20 août 1842, *Rép.* n° 926; Riom, 13 nov. 1867, aff. Quinque, D. P. 67. 2. 233); — 5° L'expression « homme taré », alors même qu'elle a été proférée publiquement (Rennes, 30 mai 1877, aff. D..., D. P. 78. 2. 232); — 6° Les expressions « cornichon » et « cornard » adressées publiquement à un mari (Bourges, 17 août 1877, aff. Th..., *suprà*, n° 858-5°).

1035. En second lieu, les propos outrageants qui, sous l'empire de la loi du 17 mai 1819, constituaient un délit quand ils avaient été proférés publiquement ou publiés par la voie de la presse, parce qu'ils renfermaient l'imputation d'un vice déterminé, et qui ne sont pas caractéristiques de la diffamation à défaut d'une imputation de fait précis et déterminé. Tels sont : 1° la déclaration faite publiquement qu'un homme est « sans foi et sans honneur » (Crim. cass. 5 déc. 1861, aff. Normand, D. P. 62. 5. 258); — 2° Des paroles injurieuses, telles que « canaille, vaurien, crapule », qui, à elles seules, et prises d'une façon abstraite, ne constitueraient pas l'imputation d'un vice déterminé (V. *suprà*, n° 1034), mais qui peuvent emprunter ce caractère de gravité aux circonstances dans lesquelles elles se sont produites, et qui, dès lors, si elles avaient été proférées publiquement, devenaient justiciables des tribunaux correctionnels (Nîmes, 23 févr. 1865, aff. B..., D. P. 92. 2. 43); — 3° Le fait d'avoir, dans un écrit rendu public, appliqué à un officier ministériel la qualification de « faussaire », sans indication des circonstances de temps et de lieu dans lesquelles un crime de faux aurait été commis par ledit officier ministériel (Crim. rej. 29 juill. 1865, aff. Desmarets, D. P. 66. 1. 48); — 4° L'épithète de « vagabond » (Colmar, 12 juin 1856, aff. Dreyfus, D. P. 66. 2. 139); — 5° Celle de « voleur » (Crim. rej. 31 janv. 1867, aff. Vindry, D. P. 68. 1. 96; Bourges, 31 mars 1892, aff. Jautron, D. P. 92. 2. 328). Conf. en ce qui concerne l'épithète de « fripon », Crim. rej. 1er févr. 1851, aff. Rousseau, *Rép.* n° 926); — 6° Le fait d'avoir dit d'un homme, dans une lettre rendue publique, que « c'est un parvenu parti de rien et arrivé très rapidement à la fortune », ce qui est lui imputer un vice déterminé, si par l'ensemble de la lettre on laisse entendre qu'il aurait employé, pour arriver très promptement à la fortune, des moyens déshonnêtes qui, seuls, expliqueraient son rapide succès (Crim. cass. 11 janv. 1873, aff. Fortin D. P. 73. 1. 389); — 7° L'épithète de « communard » adressée, dans un article de journal, à un ancien fonctionnaire (C. d'assises des Pyrénées-Orientales, 24 janv. 1874, aff. Souesme, D. P. 74. 2. 97); — 8° L'expression d' « hypocrite » qui renferme l'imputation d'un vice déterminé et constitue le délit d'injure publique, alors même qu'elle est contenue dans une citation d'un évangile faite par un article de journal, si elle fait allusion à des pèlerins précédemment nommés (Dijon, 19 nov. 1873, aff. Verdot, D. P. 74. 1. 273); — 9° Les expressions d' « hypocrite », d' « apostat », de « renégat » employées publiquement à l'égard d'un candidat (Montpellier, 5 févr. 1878, aff. Lacour et autres, journal Le Ralliement, MM. de la Baume, pr.-Dupuy, av. gén.-de Brezets et Agnel, av.); — 10° L'épithète d' « insolent » adressée publiquement à un agent de l'autorité (Toulouse, 24 déc. 1874, aff. Blanc, D. P. 77. 5. 350); — 11° L'épithète de « grand fat » (Crim. rej. 14 janv. 1875, aff. Baubichon) (1) ; — 12° L'épithète de « cornard » adressée au mari et considérée comme un délit d'injure, sinon de diffamation, envers la femme, car elle implique, en ce qui concerne la femme, l'imputation d'un vice déterminé, sinon d'un fait déterminé (Bourges, 17 août 1877, aff. Th..., supra, n° 858-5°); — 13° Les mots « radical honteux », adressés dans un journal à un candidat (Rennes, 27 mars 1878, aff. C. L. M., journal L'A..., D. P. 80. 2. 68).

1036. Depuis la promulgation de la loi du 29 juill. 1881, et par application des art. 29 et 33 de ladite loi, il a été jugé : 1° que l'article dans lequel il est dit que l'ancien adjoint « était dans les conditions d'un émissaire suspect et qu'il avait besoin d'émarger pour services ténébreux », constitue le délit d'injure publique, justiciable de la cour d'assises

---

(1) (Baubichon). — La cour ; — Sur le moyen unique, pris de la violation prétendue des art. 13, § 2, et 24 de la loi du 17 mai 1819, en ce que le fait reconnu constant présentant les caractères d'une contravention de simple police, la juridiction correctionnelle aurait dû accueillir l'exception d'incompétence, présentée par le prévenu in limine litis; — Attendu qu'il résulte des constatations de l'arrêt que Louis Baubichon avait été traduit en police correctionnelle pour avoir, à diverses reprises, publiquement et à haute voix, traité un sous-lieutenant du 68e régiment d'infanterie de ligne de « grand serin, grand imbécile, grand original et grand fat », et spécialement sur la place publique, en présence de ses chefs et au milieu de ses camarades réunis pour une cérémonie non relative aux fonctions militaires ; — Attendu que la cour d'appel de Bourges, dans son arrêt du 3 déc. 1874, a reconnu avec raison que les mots « grand fat » renfermant l'imputation d'un vice déterminé, c'est-à-dire de vanité outrée et, par suite, de sottise et d'impertinence orgueilleuse ; — Que conséquemment, à raison du double caractère de gravité et de publicité exigé par la loi, le fait reproché au prévenu et les autres propos connexes rentraient dans la compétence de la juridiction correctionnelle, saisie par une ordonnance du juge d'instruction ; — D'où il suit que la cour d'appel, loin de violer les art. 13 et 20 de la loi du 17 mai 1819, a fait une exacte application de ces dispositions législatives ; — Rejette, etc. Du 14 janv. 1875.-Ch. crim.-MM. de Carnières, pr.-Saint-Luc Courboriéu, rap.-Thiriot, av. gén.-Sabatier, av.

(2) (X...) — Nous, juge de paix ; — Sur la nature des propos : — Attendu que, d'après Joseph X..., l'abbé X... l'aurait traité publiquement, le 10 avril dernier, de va-nu-pieds, de mendiant, de sans-culotte, et de franc-maçon ayant affaire avec le diable ; que ces propos ne renfermant l'imputation d'aucun fait déterminé sont une injure, et non une diffamation, aux termes de l'art. 29, § 2, de la nouvelle loi sur la presse, du 29 juill. 1881.

Sur la compétence du juge ; — Attendu que ces propos, ainsi qualifiés, donnaient au plaignant le droit d'agir à son choix, soit au criminel, soit au civil, et même de provoquer l'action publique en portant plainte ; que son action criminelle devait être portée devant le tribunal correctionnel, si l'injure a été publique, en vertu de l'art. 45, § 2 de la loi nouvelle, et devant le tribunal de simple police si l'injure n'a pas été publique, en vertu du même article, § 3 ; que, dans l'un et l'autre cas, l'action civile devait toujours être portée devant le juge de paix, en vertu de l'art. 5, n° 5, de la loi de 1838 sur les justices de paix, article auquel la loi nouvelle n'a rien changé, et qui est, aujourd'hui comme hier, d'une application générale en matière d'injures de toute nature, publiques ou privées, simples ou diffamatoires, verbales ou par écrit, autres toutefois que la diffamation écrite et l'offense par la voie de la presse ; que, dès lors, Joseph X..., en actionnant l'abbé X... directement devant notre juridiction en

---

(C. d'assises de la Seine, 15 oct. 1881, aff. Minot, D. P. 83. 2. 147); — 2° Que les expressions de « va-nu-pieds, de mendiant, de sans-culotte et de franc-maçon ayant affaire avec le diable » ne contiennent pas l'imputation d'un fait précis et ne constituent pas, dès lors, le délit de diffamation, mais celui d'injure quand ces expressions ont été proférées publiquement (Trib. de paix de Clelles, 21 juill. 1883) (2); — 3° Que la désignation d'un tiers sous le nom d' « Alphonse » ne renferme que des imputations vagues par leur généralité, n'indique qu'une manière d'être, une habitude; qu'elle ne présente pas l'indication précise et déterminée d'un fait ; que, par suite, elle ne constitue pas le délit de diffamation, mais seulement celui d'injures publiques, même quand cette imputation est reproduite dans une série d'articles de journal (Orléans, 22 févr. 1887, aff. Reffray, D. P. 88. 2. 286); — 4° Qu'on doit considérer, comme ayant pour base des injures, l'action fondée sur le fait, par les défendeurs, d'avoir traité la plaignante de misérable et de fille vicieuse (Bordeaux, 29 janv. 1892, aff. Nouès, D. P. 92. 2. 391. — V. Aussi Limoges, 4 avr. 1889, aff. Magadoux, D. P. 91. 2. 301 ; Paris, 17 avr. 1892, aff. Vonoven, D. P. 92. 2. 313).

1037. Le trait essentiel qui, suivant l'art. 29 de la loi de 1881, distingue la diffamation de l'injure consistant en ce que le premier de ces délits est caractérisé par l'imputation d'un fait déterminé, il en résulte que, lorsque le fait imputé n'est pas suffisamment précis pour permettre d'appliquer les peines de la diffamation, l'imputation vague, et pourtant de nature à porter atteinte à l'honneur ou à la considération qui est déférée au juge, est punissable comme délit d'injure, de même que la diffamation non rendue publique (V. supra, n° 908. Conf. Barbier, t. 2, n° 444).

1038. — 2° De l'intention de nuire. — Conformément au

---

payement d'une somme de 2000 fr. de dommages-intérêts pour réparation civile des propos diffamatoires ou injurieux dont il pouvait avoir à se plaindre, a régulièrement procédé (voir un jugement du tribunal de Grenoble du 26 janv. 1872);

Sur la question de prescription : — Attendu, en fait, qu'à la première audience l'abbé X... a déclaré que, pour n'avoir rien injurié le premier dans le pré de la cure en le traitant entre autres de race de corbeaux..., il croyait devoir, avant tout, soulever une question préjudicielle et invoquer purement et simplement la prescription de trois mois autorisée en pareil cas par l'art. 65 de la loi de 1881 ; — Attendu que la citation introductive d'instance étant du 7 juillet et. les propos du 3 avril suivant, plus de trois mois se sont écoulés entre le fait et la poursuite ; — Attendu, en droit, que la loi du 29 juill. 1881, quoique qualifiée de loi sur la presse, ne vise pas seulement les délits de presse proprement dits, mais aussi les délits de diffamation et d'injure commis par la parole publique (art. 23 et 33, §§ 2 et 3) ; que cette loi, qui a abrogé celle de 1819, déclare d'une manière générale dans son art. 65 que « l'action publique et l'action civile des crimes, délits et contraventions prévus par la présente loi, seront prescrites après trois mois révolus à compter du jour où ils auront été commis ou du jour du dernier acte de poursuite s'il en a été fait » ; que cet article est incontestablement applicable à l'espèce qui nous est soumise, puisque les injures entre particuliers figurent au nombre des délits prévus et punis par cette loi (art. 33); — Attendu que l'action civile en dommages-intérêts, exercée seule et séparément, sans action criminelle comme dans l'espèce, est parfaitement soumise, comme celle-ci, à la prescription commune de trois mois, quand bien même l'injure serait privée et n'aurait pas été rendue publique par un des moyens indiqués en l'art. 23 de ladite loi ; — Attendu que l'art. 640 c. instr. crim., invoqué par Joseph X..., article qui accorde un an pour les contraventions de police, a été virtuellement abrogé par l'art. 65 précité, la loi nouvelle ayant voulu, comme l'enseignent les commentateurs, mettre fin le plus tôt possible aux procès basés sur les propos injurieux ou diffamatoires en limiter l'exercice à un court délai ; — Attendu enfin qu'on ne saurait non plus se retrancher dans les prescriptions ordinaires, trente ans par exemple, en disant avec une certaine apparence de raison, que l'action est fondée seulement sur le préjudice causé, c'est-à-dire sur le droit commun (c. civ. art. 1382), parce que l'injure, comme la diffamation, sont des faits délictueux intéressant l'ordre public, comme tels, régis par des lois particulières ; — Par ces motifs ; — Statuant uniquement sur la question préjudicielle : — Déclarons Joseph X... forclos et non recevable dans son action, pour cause de prescription de trois mois, avec dépens. Du 21 juill. 1883.-Trib. de paix de Clelles.-M. Plot, juge de paix.

droit commun et aux règles que nous avons développées *suprà*, n°s 876 et suiv., en matière de diffamation, l'intention de nuire, de causer à autrui un dommage matériel ou moral, de l'atteindre dans son honneur, sa considération, sa dignité, est un élément essentiel du délit d'injure.

1039. — 3° *De la publicité.* — La publicité est un élément essentiel du délit d'injure. Comme en matière de diffamation, la publicité qui caractérise légalement le délit est celle qui résulte d'un des modes de publication déterminés par les art. 23 et 28 de la loi du 29 juill. 1881. Les règles qui ont été développées *suprà*, n°s 446 et suiv., 492 et suiv. reçoivent ici leur entière application. — Le texte de l'art. 33 fait cesser toute incertitude sur le point de savoir si le délit d'injure peut être commis par le dessin (V. *suprà*, n° 1032. Comp. *Rép.* n° 932).

1040. Indépendamment des conditions ci-dessus énumérées, il faut, pour qu'il y ait délit d'injure, que la personne ou le corps qui se prétend victime de l'injure ait été suffisamment désigné par l'auteur du délit. Les règles, à cet égard, sont les mêmes qu'en matière de diffamation (V. *suprà*, n°s 872 et suiv.). — Il n'est, d'ailleurs, pas nécessaire que le plaignant ait été présent au moment où l'injure a été dirigée contre lui; c'est là une condition spéciale au délit d'outrage (V. *suprà*, n°s 824 et suiv.).

1041. La vérité des injures proférées n'est jamais une excuse légale et péremptoire du délit. En aucun cas, même lorsqu'il s'agit d'imputations injurieuses adressées à un fonctionnaire public à raison de ses fonctions ou de sa qualité, la loi n'autorise le prévenu à faire la preuve de la vérité de ces imputations et n'attache à cette preuve le bénéfice de l'acquittement (V. *suprà*, n° 883 et *infrà*, tit. 4, chap. 4, sect. 1, art. 4, § 2).

1042. — II. De l'injure publique envers les corps ou les personnes désignés par les art. 30 et 31 de la loi du 29 juill. 1881. — L'art. 15 de la loi du 17 mai 1819 punissait l'injure envers les corps constitués de la même peine que la diffamation (*Rép.* n° 936). L'art. 16 de cette loi, qui réprimait la diffamation envers les dépositaires ou les agents de l'autorité publique, était neuf relativement à l'injure commise envers eux. — La loi du 25 mars 1822 (art. 5) assimilait les autorités ou administrations publiques aux corps constitués, et punissait de la même peine la diffamation ou l'injure commise publiquement envers les unes ou les autres.

En vertu du premier alinéa de l'art. 33 de la loi de 1881, « l'injure commise par les mêmes moyens (ceux énoncés en l'art. 23 et l'art. 28: c'est ce qui résulte de la corrélation entre l'art. 33 et l'art. 30, relatif à la diffamation) envers les corps ou les personnes désignés par l'art. 30 et 31 de la présente loi, sera punie d'un emprisonnement de six jours à trois mois et d'une amende de 18 fr. à 500 fr. ou de l'une de ces deux peines seulement ». Le délit d'injure publique défini par cet article se distingue, comme le délit de diffamation, du délit d'outrage envers les personnes désignées aux art. 222 et suiv. c. pén. dans l'exercice ou à l'occasion de l'exercice de leurs fonctions et punis par lesdits articles, sans distinction entre les outrages commis publiquement et ceux qui n'ont pas reçu de publicité, par suite de l'abrogation de l'art. 6 de la loi du 25 mars 1822 (V. *suprà*, n°s 725 et suiv.). Notons toutefois que les personnes visées par les art. 224 et 225 c. pén. ne sont point protégées par ces articles contre l'outrage par écrit ou par dessin, de sorte que ce genre d'outrage n'est jamais punissable que comme délit d'injure en vertu de l'alinéa 1 de l'art. 33, s'il a été public, ou en vertu de l'art. 471 c. pén., si la publicité fait défaut (V. *suprà*, n° 1031. Comp. Barbier, t. 2, n° 450).

1043. Les lois antérieures, qui voulaient que l'injure, pour constituer un délit envers les simples particuliers, fût caractérisée par l'imputation d'un vice déterminé (V. *suprà*, n° 1030), n'étendaient pas cette exigence au délit d'injure commis envers les corps constitués ou les personnes revêtues d'un caractère public (*Rép.* n° 939; Crim. cass. 5 avr. 1860, aff. Pinsart, D. P. 60. 1. 247). A plus forte raison cette condition n'est-elle pas nécessaire aujourd'hui, la définition générale du délit d'injure ne comportant aucune distinction entre la simple invective et l'imputation d'un vice déterminé (V. *suprà*, n° 1031).

1044. Bien que le premier alinéa de l'art. 33 soit muet

à cet égard, l'injure envers une personne revêtue d'un caractère public n'est punissable, en vertu dudit article, que lorsqu'elle est relative à la fonction ou à la qualité de la personne injuriée, ou à sa déposition s'il s'agit d'un témoin. L'injure qui s'adresse aux actes de la vie privée du fonctionnaire public n'est punissable qu'à titre d'injure envers un particulier : c'est le deuxième alinéa de l'art. 33 qui est applicable, bien si l'injure est publique (*Rép.* n° 941; Crim. régl. de juges, 24 déc. 1819, *ibid.*). Jugé, de même, que la cour d'assises n'est pas compétente pour statuer sur l'action intentée contre un journaliste à raison de l'injure publique adressée par lui à un candidat à une élection législative et dirigée contre l'homme privé à raison de sa candidature (C. d'ass. de la Seine 15 oct. 1881, aff. Minot, D. P. 83. 2. 147. — Conf. Crim. cass. 12 mars 1864, aff. Bastien, D. P. 64. 5. 292; Crim. rej. 16 mars 1872, aff. Garcin et Peyrusson, D. P. 72. 1. 159; Bourges, 31 mars 1892, aff. Jautron, D. P. 92. 2. 338; — Barbier, t. 2, n° 541).

1045. Les injures relatives à des fonctions irrégulièrement exercées sont punissables, en vertu de l'art. 33, § 1, comme les diffamations le sont en pareil cas (V. *suprà*, n°s 955 et suiv.).

1046. L'injure adressée à un ancien fonctionnaire public à raison des fonctions qu'il a exercées était, aussi bien que l'injure faite au fonctionnaire en exercice, réprimée par l'art. 19 de la loi du 17 mai 1819 (C. d'ass. des Pyrénées-Orientales, 24 janv. 1874, aff. Jouesme, D. P. 74. 2. 97). La solution est la même sous l'empire de la loi de 1881 (V. *suprà*, n° 954).

1047. A la différence de l'injure commise contre les particuliers (V. *infrà*, n° 1050), celle qui s'adresse dans les art. 30 et 31 de la loi de 1881, reste punissable, bien qu'il y ait eu provocation.

1048. C'est au jury que sont déférées les injures punies par le premier alinéa de l'art. 33 (V. *infrà*, n° 1580 et suiv.); mais la preuve des imputations injurieuses n'est pas autorisée, comme celle des imputations diffamatoires (V. *infrà*, n° 1853).

1049. — III. De l'injure publique envers les particuliers. — Le délit d'injure envers les particuliers était puni, sous l'art. 375 c. pén. et plus tard en vertu de l'art. 19, § 2, de la loi du 17 mai 1819, d'une amende de 16 fr. à 500 fr. Cette peine est aggravée par la loi du 29 juill. 1881. Le deuxième alinéa de l'art. 33 porte en effet : « L'injure commise de la même manière (par l'un des moyens énoncés en l'art. 23 et en l'art. 28) envers les particuliers, lorsqu'elle n'aura pas été précédée de provocation, sera punie d'un emprisonnement de cinq jours à deux mois et d'une amende de 16 fr. à 300 fr. ou de l'une de ces deux peines seulement ».

1050. — *Excuse résultant de la provocation.* — A la différence de ce qui est admis en matière de diffamation (V. *suprà*, n°s 887 et suiv.), la provocation est, aux termes de l'art. 33, § 2 et 3, une excuse légale du délit d'injure commis envers les particuliers. Cet article, en effet, ne punit l'injure envers les particuliers que « lorsqu'elle n'aura pas été précédée de provocation ». Antérieurement à la loi de 1881, la provocation était aussi une excuse de l'injure, en vertu de l'art. 471-11° c. pén. mais cette excuse n'était applicable qu'à la contravention d'injure, et des termes mêmes de l'art. 471, il résultait que la provocation n'excusait pas le délit d'injure prévu par l'art. 375 c. pén., puis par l'art. 19, § 2, de la loi du 17 mai 1819. En vertu des paragraphes 2 et 3 de l'art. 33 de la loi de 1881, la provocation excuse le délit aussi bien que la contravention d'injure; mais le délit n'est excusable que s'il a été commis envers un particulier; la provocation n'excuse pas le délit d'injure commis envers un fonctionnaire public à raison de ses fonctions ou de sa qualité (V. *suprà*, n° 1047).

En matière d'injure, la provocation n'est pas seulement une cause légale de diminution de peine, comme en matière de crime ou délit de meurtre, coups et blessures (art. 321, n° 17). Elle effaçait entièrement la contravention en vertu de l'art. 471 c. pén.; il résulte aussi de l'art. 33 de la loi de 1881 qu'elle fait entièrement disparaître le délit ou la contravention d'injure; appliquée soit au délit d'injure, soit à la contravention, elle en détruit complètement le caractère délictueux ou répréhensible et elle est exclusive de toute peine (D. P. 81. 4. 79, note 3).

1051. L'art. 471-11° c. pén. n'avait pas défini la provocation dont il faisait une excuse de la contravention d'injure. La loi nouvelle, après avoir étendu l'exception de la provocation au délit d'injure, ne détermine pas davantage les caractères légaux, de la provocation et le juge de répression conserve, dès lors, le droit d'en déclarer discrétionnairement l'existence (D. P. *ibid.*). On peut donc considérer comme applicables aujourd'hui soit au délit, soit à la contravention d'injure, les décisions intervenues sous la législation antérieure, d'après lesquelles la contravention d'injure est excusable : lorsqu'il y a eu réciprocité d'injures (Crim. rej. 7 mai 1808, *Rép.* nᵒˢ 1324-1° et 1326) ;... lorsque les injures ont été provoquées par la conduite de celui auquel elles ont été adressées (Crim. rej. 9 nov. 1820, *Rép.* n° 1329-1° et 1328 ; Crim. cass. 25 févr. 1860, aff. Aycard, D. P. 60. 5. 291 ; Bordeaux, 13 janv. 1834 *ibid.*, 1329-1° et 1381-11°); ... lorsque les torts sont réciproques (Crim. rej. 11 oct. 1827, *Rép.* nᵒˢ 1329-2° et 1072); ... lorsque les paroles injurieuses ont été proférées en réponse à des violences accompagnées de paroles outrageantes (Orléans, 5 août 1868, sous Ch. réun. cass. 22 avr. 1869, aff. Parent, D. P. 69. 1. 379). — Depuis la promulgation de la loi du 29 juill. 1884, il a été jugé : 1° que le fait, de la part de la partie plaignante, d'avoir la première injurié le prévenu, efface le délit d'injures publique commis envers un particulier (Trib. corr. Corbeil, 26 oct. 1881, aff. Vautrin, MM. Bernard, pr.-Fardeuil (du barreau de Paris) et Roucher, av.) ; — 2° Que le fait de dire d'un citoyen, dans un article de journal qu' « il fait partie d'une coterie d'hommes qui ont la haine de tout progrès et le mépris de la classe ouvrière, qui n'ont d'autres principes que leurs appétits et d'autre guide que leur haine », a le caractère d'une provocation susceptible d'excuser le passage d'un écrit où l'auteur de cette provocation est traité de sot, d'irresponsable et d'inconscient (Crim. cass. 28 févr. 1890, aff. Peyrabout et Paquet, D. P. 91. 1. 46).

1052. Il devient également nécessaire d'examiner s'il y a eu provocation, même quand l'injure s'adresse à une personne investie d'un caractère public, si l'injure est réputée avoir été commise envers un simple particulier, parce qu'elle n'a eu lieu ni dans l'exercice, ni à l'occasion de l'exercice de la fonction de cette personne. Jugé, à cet égard, que la démarche conciliatrice, faite par un agent de police au domicile d'un habitant pour l'engager à réparer un dommage attribué à son enfant mineur, ne peut être considérée comme un acte abusif ou une provocation de nature à faire excuser les injures non publiques que l'habitant a adressées à l'agent à cette occasion (Crim. cass. 12 mars 1864, aff. Bastien, D. P. 64. 5. 292).

1053. La provocation rend l'injure non punissable, quel que soit l'intervalle de temps qui s'est écoulé entre cette provocation et l'injure (Crim. rej. 18 août 1836, *Rép.* n° 1330 et *ibid.*, v° *Peine*, n° 470-2°). Il faut cependant que cet intervalle ne soit pas assez long pour qu'on n'aperçoive plus aucun lien entre la provocation et l'injure. Dans l'espèce précitée, l'intervalle était de quelques heures, et il a été très bien jugé qu'on ne peut considérer comme une provocation servant d'excuse à des injures commises par la voie de la presse des articles de journal, également injurieux, parus plusieurs mois avant les articles incriminés (Orléans, 22 févr. 1887, aff. Deffray, D. P. 88. 2. 286).

L'injure peut être considérée comme provoquée même par des actes, et notamment par des injures ne s'adressant pas à son auteur, s'ils atteignent une personne s'identifiant avec ce dernier. Ainsi l'injure proférée par un mari contre l'individu qui venait d'injurier sa femme est couverte par l'exception de provocation (Crim. rej. 10 nov. 1829, *Rép.* n° 1324-2°).

1054. Si l'injure est publique, faut-il que la provocation ait également été publique? L'affirmative semble résulter du passage suivant du rapport de la loi de 1881 : « La publicité de la provocation a paru compenser la publicité de l'injure » (D. P. 81. 4. 79, note 3). Il semble pourtant difficile de faire de la publicité l'un des éléments légaux d'une exception qui, dans le silence de la loi, est nécessairement abandonnée au pouvoir d'appréciation du juge.

1055. En ce qui concerne le cas où il y a incertitude

sur celui des deux individus qui a provoqué l'autre, V. *Rép.* n° 1331.

1056. L'art. 33, § 2, traite de la même façon l'injure commise verbalement et celle qui est commise par écrit ou par dessin. La provocation est donc toujours une excuse légale du délit d'injure dans l'un et l'autre cas (Conf. Barbier, t. 2, n° 542).

1057. Sous la législation antérieure, il y avait intérêt à constater l'existence de la légitime défense et à la distinguer de la provocation, car elle était exclusive de toute culpabilité en ce qui concernait le délit d'injure, que la provocation n'excusait pas. Ainsi il avait été jugé que si, en thèse générale, la personne qui, atteinte par des incriminations, en adresse d'autres à son adversaire, ne peut se prévaloir, devant la justice, d'une espèce de compensation entre les injures et faire absoudre ses torts par ceux qui les ont provoqués, cette règle ne peut être appliquée à celui qui s'est borné à se défendre en repoussant, même avec une énergie violente, une violente accusation (Paris, 19 mars 1860, aff. Dupanloup, D. P. 60. 1. 206). — La distinction faite par cet arrêt entre la provocation et la légitime défense conserve sa grande utilité, même sous la loi de 1881, lorsqu'il s'agit d'injures envers les personnes publiques, la seconde de ces exceptions continuant alors à être seule admissible, à l'exclusion de la première.

1058. On a vu *supra*, nᵒˢ 887 et suiv. et 1050, que l'exception de provocation n'efface pas le délit de diffamation. Toutefois, la provocation rendrait non punissable une diffamation non publique, ce genre de diffamation rentrant dans les termes de la contravention d'injure qui, même sous la législation antérieure à la loi de 1881, a toujours comporté cette exception.

1059. Le délit d'injure envers les particuliers est de la compétence du tribunal correctionnel (art. 45, § 2) (V. *infrà*, n° 1594).

§ 2. — De la contravention d'injures non publiques.

1060. Ainsi qu'on l'a vu *supra*, n° 1030, d'après la législation antérieure à la loi du 29 juill. 1884, l'injure n'était considérée comme une contravention passible des peines de simple police qu'à la double condition : 1° qu'elle ne contînt pas l'imputation d'un vice déterminé, et 2° qu'elle ne fût pas publique. La loi du 29 juill. 1881, pour distinguer le délit de la contravention en matière d'injures, ne s'attache plus au caractère résultant de l'imputation d'un vice déterminé. C'est la publicité seule qui fait un délit de l'injure contenant ou non l'imputation d'un vice déterminé (V. *supra*, n° 1031). Aux termes du troisième alinéa de l'art. 33, « si l'injure n'est pas publique, elle ne sera punie que de la peine prévue par l'art. 471 c. pén. L'injure n'est pas publique, soit quand elle n'a reçu aucune publicité, soit quand elle a été rendue publique par un moyen différent de ceux qui sont déterminés par les art. 23 et 28 de la loi de 1881 (V. *supra*, n° 1039).

Sous l'empire de la loi de 1819, l'injure qui ne réunissait pas les conditions de gravité et de publicité exigées pour constituer le délit d'injure était une contravention de droit commun; car l'art. 20 de la loi précitée portait simplement que l'injure simple continuerait d'être punie des peines de simple police (Comp. Crim. cass. 19 sept. 1856, aff. Longin, D. P. 56. 1. 419). Aujourd'hui, sans aucun doute, l'injure non publique est une contravention prévue et punie par la loi sur la presse; car, d'une part, l'art. 33 définit la contravention et prononce la peine qui lui est applicable, en ne renvoyant à l'art. 471 que pour indiquer, au moyen de ce renvoi, le *quantum* de la peine; d'autre part, l'art. 45 déclare expressément que la contravention prévue par l'art. 33, § 3, est déférée aux tribunaux de simple police (Conf. Barbier, t. 2, n° 543). — Par suite, il est hors de doute que l'injure non publique est punissable, sans qu'il y ait à distinguer si elle a été commise verbalement ou bien par écrit ou par dessin. Ce point était discutable sous la législation antérieure, car l'art. 471, en punissant « ceux qui ont proféré contre quelqu'un des injures », paraissant ne viser que l'injure verbale; et c'était dans cette disposition même, non dans la loi de 1819, qu'il fallait chercher les éléments de la contravention d'injure. Cependant la référence à l'art. 376 c. pén., qui se trouvait dans l'art. 471, avait permis à la jurisprudence de ne pas établir de distinction entre l'injure écrite et l'injure verbale (*Rép.* n° 951. V. les autorités citées dans le même sens, *ibid.*). C'est aujourd'hui l'art. 33, § 3, de la loi sur la presse qu'il faut consulter et qui doit donner seul la raison de décider. Or, cet article ne distingue pas entre les divers moyens de perpétration de l'injure. Ainsi, l'injure verbale et l'injure écrite, quand elles ne sont pas publiques, constituent, l'une et l'autre, la contravention d'injure punissable en vertu de l'art. 33 des peines portées par l'art. 471 c. pén.

1061. Les injures non publiques constituant une contravention prévue par la loi de la presse, il en résulte que la poursuite et la répression des infractions de cette nature sont soumises aux règles spéciales établies par la loi du 29 juill. 1881 par dérogation au droit commun. Ainsi la citation devant le tribunal de simple police devra, conformément à l'art. 60, § 3, à peine de nullité, préciser et qualifier le fait incriminé et indiquer le texte de loi applicable (V. *infrà*, tit. 4, chap. 4, sect. 3). Les art. 61 et 62 sont applicables aux pourvois en cassation (V. *infrà*, tit. 4, chap. 4, sect. 4, art. 4). Sont également applicables les art. 63 et 64 sur la récidive et sur les circonstances atténuantes (V. *infrà*, n°s 1173 et suiv., 1179 et suiv.). Est au contraire inapplicable l'art. 474 c. pén., en vertu duquel la peine d'emprisonnement aura toujours lieu, en cas de récidive, pendant trois jours au plus, contre toutes les personnes mentionnées en l'art. 474 ; en effet, ce n'est plus l'art. 471, mais l'art. 33 de la loi de 1881 qu'il y a lieu d'appliquer ; en outre, l'art. 63 de la loi de 1881 porte que l'aggravation des peines résultant de la récidive n'est jamais applicable aux infractions prévues par la loi sur la presse (V. *infrà*, n° 1173). Enfin, l'action publique et l'action civile résultant des contraventions d'injures non publiques se prescrivent par trois mois révolus à compter du jour où elles ont été commises, ou du jour du dernier acte de poursuite, conformément à l'art. 65 de la loi de 1881 (V. *infrà*, n°s 1484 et suiv. Conf. Barbier, *loc. cit.*).

1062. Les injures simples envers les fonctionnaires publics, c'est-à-dire celles qui ne renfermaient pas l'imputation d'un vice déterminé ne constituaient pas, sous la loi de 1819, la contravention prévue et punie par l'art. 471 c. pén. et, quand elles étaient publiques, elles étaient punissables comme délit (V. *suprà*, n° 1042). L'art. 33, troisième alinéa, punit sans distinction toute injure non publique, qu'elle soit commise envers un particulier ou qu'elle vise un fonctionnaire public, à raison de ses fonctions ou de sa qualité. Cependant il y aura lieu d'appliquer, non l'art. 33, troisième alinéa de la loi de 1881, mais l'un des art. 222 et suiv. c. pén. à l'injure non publique adressée à l'un des dépositaires ou agents de l'autorité ou de la force publique visés par ces articles, dans l'exercice ou à l'occasion de l'exercice de leurs fonctions. L'art. 33 n'est exclusivement applicable à l'injure commise envers un fonctionnaire public que : 1° si le fonctionnaire injurié n'est pas compris dans l'énumération donnée par les art. 222 et suiv. ; 2° si l'injure est commise par un écrit ou par un dessin non rendus publics envers les personnes visées par les art. 224 et 225 c. pén. ; 3° si l'injure est commise en dehors de l'exercice des fonctions et n'est pas relative aux fonctions ou à la qualité : 4° si elle a été commise hors de la présence du fonctionnaire injurié ou d'une personne qualifiée pour le représenter (V. *suprà*. n°s 725 et suiv., 779 et suiv., 807 et suiv., 824 et suiv.).

1063. La diffamation qui n'est pas publique, constitue une injure d'une gravité exceptionnelle, constituant certainement la contravention d'injure prévue par le troisième alinéa de l'art. 33 (V. *suprà*, n°s 908 et 1037).

1064. L'intention de nuire est un élément essentiel de la contravention d'injure comme du délit d'injure (V. *suprà*, n° 1038), par exception à la règle d'après laquelle les contraventions sont punissables, abstraction faite de tout élément intentionnel. Ainsi il a été jugé que l'imputation diffamatoire publiquement adressée à un tiers qui, en raison de la bonne foi de son auteur, ne peut pas davantage être réprimée comme injure simple, cette contravention n'existant que dans le cas où les propos injurieux ont été proférés publiquement (Crim. rej. 11 août 1877, aff. Thorain, D. P. 79.4. 236).

1065. La provocation est une excuse légale de la contravention d'injure (V. *suprà*, n° 1030).

§ 3. — De l'injure envers la mémoire des morts.

1066. L'art. 34 de la loi de 1881 étend aux injures dirigées contre la mémoire des morts les dispositions pénales de l'art. 33, al. 2 et 3 (V. *suprà*, n° 1011). Mais cette application est subordonnée, aussi bien que lorsqu'il s'agit d'une diffamation, à cette condition essentielle, « que les auteurs de ces injures aient eu l'intention de porter atteinte à l'honneur ou à la considération des héritiers vivants ».

Tout ce que nous avons exposé *suprà*, n°s 1014 et suiv., relativement à la diffamation envers les morts, nous paraît applicable au délit d'injure publique et à la contravention d'injure non publique commis envers leur mémoire, en tenant compte, toutefois, des caractères qui distinguent la diffamation de l'injure, notamment au point de vue de la recevabilité de la preuve des imputations et de l'excuse tirée de la provocation (V. *suprà*, n°s 1040 et suiv., et 1049).

§ 4. — Des pouvoirs respectifs des juges du fond et de la cour de cassation en matière d'injure.

1067. Les pouvoirs respectifs des juges du fond et de la cour de cassation sont les mêmes qu'en matière de diffamation : 1° pour la recherche, la constatation en fait et, d'autre part, la qualification en droit des expressions outrageantes, termes de mépris ou invectives qui constituent l'injure ; 2° pour la recherche et la constatation des éléments de fait qui constituent la publicité, et pour leur appréciation en droit au point de vue de la distinction entre le délit et la contravention d'injure ; 3° pour l'appréciation de l'intention coupable de la part du prévenu (V. *suprà*, n°s 910 et suiv.).

1068. En ce qui concerne l'existence d'une provocation, il a été jugé « que l'art. 471, n° 11, c. pén. n'a pas défini les caractères que doit revêtir la provocation pour excuser les injures simples ; que, dès lors, l'appréciation du juge relativement aux faits qui, à ses yeux, constituent la provocation, est souveraine et qu'elle échappe au contrôle et à la censure de la cour de cassation (Crim. rej. 18 août 1864, aff. Pruvost, D. P. 64. 5. 293 ; Conf. Crim. rej. 9 nov. 1820, *Rép.* n° 1328 ; Comp. Crim. rej. 4 juill. 1812, *Rép. ibid.*). Cependant il a été jugé, plus récemment, qu'il appartient à la cour de cassation de contrôler l'interprétation donnée par un arrêt à des écrits publiés et d'en déterminer le sens et la portée, non seulement dans leurs rapports avec la qualification légale d'injure, mais encore en ce qui concerne l'excuse tirée de ce que les injures auraient été précédées de provocation ; que les écrits publiés forment un ensemble inséparable et que, pour reconnaître dans ceux qui sont incriminés l'existence du délit d'injure, il est nécessaire d'apprécier si ceux qui y sont opposés n'ont pas provoqué ces injures (Crim. cass. 28 févr. 1890, aff. Peyrabout et Paquet, D. P. 91. 1. 46).

1069. En ce qui concerne les pouvoirs que se reconnaît la cour de cassation pour contrôler la décision des juges du fond sur la qualification de corps constitués ou sur celle des personnes énumérées ou visées par l'art. 31, V. *suprà*, n°s 951 et suiv., 965 et suiv. ; ... sur la relation qui doit exister entre l'injure et la fonction ou la qualité de la personne injuriée, V. *suprà*, n° 998.

Sect. 3. — Délits contre les chefs d'États et agents diplomatiques étrangers.

1070. La loi du 29 juill. 1881 incrimine sous cette rubrique : 1° l'offense envers les chefs d'États étrangers ; 2° l'outrage envers les agents diplomatiques accrédités près du gouvernement de la République, faits qui nous ont paru rentrer dans la classe des délits contre les personnes. La loi du 16 mars 1893 (D. P. 93. 4. 64) a attribué aux tribunaux correctionnels la connaissance de ces deux délits.

§ 1er. — Offense envers les chefs d'États étrangers.

1071. L'art. 12 de la loi du 17 mai 1819 punissait d'un emprisonnement d'un mois à trois ans et d'une amende de 100 fr. à 5000 fr. « l'offense par l'un des moyens énoncés en l'art. 1 de ladite loi, envers la personne du souverain ou envers celle des chefs des gouvernements étrangers ». L'art. 36 de la loi du 29 juill. 1881 reproduit cette incrimination dans les termes suivants : « L'offense commise publiquement envers les chefs d'Etats étrangers sera punie d'un emprisonnement de trois mois à un an et d'une amende de 100 fr. à 3000 fr., ou de l'une de ces deux peines seulement ».

1072. Il faut, pour constituer ce délit : 1° qu'il y ait une attaque ayant le caractère d'offense ; 2° qu'elle soit dirigée contre la personne d'un chef d'Etat étranger ; 3° qu'elle soit commise publiquement ; 4° qu'il y ait une intention criminelle de la part de l'agent.

1073. — I. Offense. — Le projet primitif contenait l'expression d'*outrage*. La commission du Sénat introduisit dans le texte le mot d'*offense* (D. P. 81. 4. 81, note 1). Il est employé dans l'art. 37 avec le même sens et la même portée que dans l'art. 26, concernant le président de la République. C'est l'équivalent, au sens le plus large, de l'outrage, quand l'outrage s'adresse à un chef d'Etat (V. *supra*, n° 624). Cependant l'offense envers les chefs d'Etats étrangers diffère de l'offense au président de la République au point de vue des moyens employés pour commettre le délit (V. *infra*, n° 1080).

1074. — II. Chefs d'États étrangers. — Les auteurs de la loi du 29 juill. 1881 n'ont pas jugé nécessaire de reproduire la distinction que la loi du 17 mai 1819 établissait entre « les souverains étrangers » et les « chefs des gouvernements étrangers ». Cette distinction n'existait que dans les mots, puisque la peine était la même, soit que l'offense eût été adressée au souverain d'un Etat monarchique étranger, soit qu'elle eût été dirigée contre le chef du pouvoir exécutif d'un Etat républicain (*Rép.*, n° 670). L'art. 36 de la loi de 1881 confond souverains et présidents de république dans la même appellation : celle de chefs d'Etats étrangers.

1075. L'offense envers un chef d'Etat étranger est punissable alors même qu'il n'existe pas de réciprocité législative dans le pays de ce chef d'Etat, à l'égard du président de la République française. Il avait été question d'introduire cette condition dans la loi de 1819, et cette proposition, qui ne fut pas admise à cette époque, n'a pas été renouvelée lors de la discussion de la loi de 1881 (V. *Rép.* n° 671).

1076. L'offense doit être dirigée contre la personne même du chef d'Etat étranger. L'art. 12 de la loi du 17 mai 1819 le disait expressément, en visant l'offense commise envers la personne du souverain et envers celle des chefs des gouvernements étrangers. La garde des sceaux, M. de Serre, avait tenu à constater que la loi n'incriminait pas « la critique, et encore moins la discussion, des actes des souverains étrangers, critique qu'il importe de laisser parfaitement libre ». Bien que l'art. 36 de la loi de 1881 soit moins explicite, il n'est pas susceptible d'une application différente. Ainsi les attaques dirigées contre un gouvernement étranger et contre ses actes, tant qu'elles n'en font pas remonter le blâme d'une manière offensante jusqu'à la personne du chef de ce gouvernement, ne sauraient constituer le délit d'offense prévu par l'art. 36 (Trib. corr. de la Seine, 8 janv. 1880, *Journ. min. pub.*, t. 23, p. 3 ; Dutruc, n° 272 ; Fabreguettes, n° 1044 ; Barbier, t. 2, n° 713. Comp. *supra*, n° 626).

1077. L'offense aux chefs d'Etats étrangers est punissable sans qu'il y ait à distinguer entre l'offense qui se rapporte aux fonctions ou à la qualité, et celle qui concerne les actes de la vie privée. En effet, aussi bien, d'ailleurs, que l'art. 26 relatif aux offenses au président de la République, ne comporte aucune distinction.

1078. L'art. 36 protège les chefs d'Etats étrangers contre les offenses qui concernent les actes de leur vie publique ou privée même antérieurs à leur avènement ou à leur investiture : en effet, ces offenses portent atteinte à la fonction, à la magistrature suprême ou à la souveraineté, car l'art. 36 a pour objet de protéger dans l'intérêt des rapports du Gouvernement français avec l'étranger (Conf. *supra*, n° 628).

1079. Mais les dispositions pénales de l'art. 36 ne sont pas applicables à un chef d'Etat étranger qui a quitté le pouvoir à la suite d'une abdication, d'une déchéance, ou bien au terme de ses pouvoirs. A son égard, il ne peut plus être question du délit d'offense, ni même d'outrage envers un dépositaire de l'autorité publique à l'occasion de fonctions expirées (V. *supra*, n° 959. Comp. *supra*, n° 629). Il ne peut agir que pour diffamation ou pour injure et, à l'égard de

ces deux incriminations, il doit être considéré comme un simple particulier, alors même que l'imputation diffamatoire ou l'injure auraient trait au pouvoir exercé ou aux actes accomplis dans l'exercice du pouvoir. La désignation de « dépositaire de l'autorité publique », ne concerne, dans nos textes de loi, que les agents du gouvernement français ; et, si elle peut convenir à un ancien président de la République française outragé, diffamé ou injurié, en raison des actes accomplis pendant sa magistrature, elle ne désigne en aucun cas un chef d'Etat étranger. Les art. 32 et 33, § 2, sont donc seuls applicables, soit que l'action ait été introduite par l'ancien chef d'Etat lui-même, soit que ses héritiers poursuivent, dans les termes de l'art. 34, la diffamation ou l'injure commise envers sa mémoire (*Rép.* n°* 672, 673, 674 ; Chassan, t. 1, p. 436 ; de Grattier, t. 1, p. 174 ; Barbier, t. 1, n° 716 ; Paris, 12 sept. 1834, cité au *Rép.* n° 672 ; Crim. rej. 24 mai 1879, aff. Villlain-Landaisière, D. P. 79. 1. 273. Comp. *supra*, n° 1011 et suiv.). — Il est, d'ailleurs, bien entendu qu'on ne pourrait pas considérer comme diffamatoires les écrits purement politiques qui n'attaqueraient le chef d'Etat étranger qu'à raison des actes de son gouvernement ayant amené sa déchéance, ou dans ses projets pour rentrer de vive force dans ses anciens Etats (Paris, 12 sept. 1834 précité). Ce sont là, a-t-on dit au *Rép.*, n° 674, des faits politiques qui sont du domaine de l'histoire, et non de la compétence des tribunaux de répression.

1080. — III. Publicité. — L'offense envers les chefs d'Etats étrangers n'était punissable, en vertu de l'art. 12 de la loi du 17 mai 1819, que si elle avait été commise par l'un des moyens prévus en l'art. 1 de ladite loi, c'est-à-dire « par des discours, cris ou menaces proférés dans les lieux ou réunions publics, ou par des écrits ou des dessins vendus, mis en vente, distribués, ou exposés dans des lieux ou réunions publics ». L'art. 36 de la loi du 29 juill. 1881 ne contient pas de référence semblable aux moyens de publication énumérés dans ses art. 23 et 28. Il se borne à exiger que l'offense ait été commise « publiquement ».

M. Fabreguettes (t. 2, n° 1642) interprète la disposition de l'art. 36 en ce sens que la publicité ne devra pas nécessairement être caractérisée par les circonstances de vente, de mise en vente, de distribution, de profération ou d'exposition dans des lieux ou des réunions publics, qu'elle demeure indéterminée, qu'elle est laissée à l'appréciation du juge. Il soutient, au surplus, que l'offense punissable est seulement celle qui a été commise par la parole, par l'écrit ou par le dessin, car ce sont les seuls modes de réalisation du délit dont le législateur de 1881 ait eu la volonté de s'occuper. L'art. 36 ne serait donc pas applicable aux offenses commises par des sifflets, des huées, des gestes irrespectueux, des salutations ironiques, etc. — Cette interprétation n'est pas la nôtre. Il est certain que la loi du 17 mai 1819 ne prévoyait que l'offense commise par la parole, par l'écrit ou par le dessin. L'offense par des sifflets ou par des gestes échappait à toute répression. Mais, en modifiant la formule de la loi de 1819, le législateur de 1881 a voulu mettre fin à un état de choses assurément regrettable. La disposition de l'art. 36 est aussi peu restrictive que possible. Il suffit que l'offense ait été commise « publiquement ». C'est l'expression qu'on rencontrait déjà à l'art. 6 de la loi du 25 mars 1822, relatif à l'outrage commis « d'une manière quelconque ». On la rencontrait également dans l'art. 5 de la loi du 11 août 1848, et on la trouve encore dans l'art. 86 c. pén. avec la même portée et la même dessein d'atteindre les outrages et les offenses que ces dispositions pénales incriminent, quel que soit d'ailleurs le moyen employé publiquement pour réaliser ces délits. Le but de l'art. 36, qui est d'assurer à la France des relations internationales exemptes de difficultés, ne serait pas atteint s'il était permis d'offenser impunément les souverains étrangers par des huées, des sifflets ou des gestes. On pourra, sans doute, objecter que l'art. 26, qui se réfère aux art. 23 et 28, ne punit pas cette sorte d'offense quand il s'agit du président de la République ; mais, en pareil cas, l'art. 86 c. pén. est applicable ; il ne serait pas applicable, au contraire, à l'égard des chefs d'Etats étrangers. C'est, sans doute, ce qui explique la formule très large employée par l'art. 36 (Conf. Barbier, t. 2, n° 714. Comp. *supra*, n°* 631 et suiv.).

1081. — VI. Intention criminelle. — L'intention d'offenser est nécessaire pour constituer le délit d'offense aux chefs d'Etats étrangers. C'est l'application du droit commun, puisque le fait punissable est un délit. — Si l'offense consiste dans l'imputation d'un fait déterminé de nature à porter atteinte à l'honneur ou à la considération, la vérité du fait imputé n'est jamais un cas d'excuse légale, et la preuve de cette vérité n'est point admise, alors même que le fait imputé serait relatif aux actes du pouvoir souverain ou de la magistrature suprême (Comp. *suprà*, n° 634). Mais l'examen, la censure, la discussion, le blâme de ces actes, constituent l'exercice des droits de la critique ou de l'histoire et ne peuvent pas être incriminés comme des offenses, lorsque rien ne révèle, de la part de leur auteur, l'intention d'offenser la personne du chef d'Etat étranger (V. *suprà*, n°s 620, 624 et suiv.).

§ 2. — Outrages aux agents diplomatiques accrédités près du gouvernement de la République.

1082. Il était nécessaire d'assurer aux agents diplomatiques qui représentent les nations étrangères auprès de la France et résident sur son territoire, sur la foi des conventions internationales et des lois de l'hospitalité, la protection qu'on accordait aux chefs d'Etats étrangers contre les écarts de la presse. Les deux mesures se complétaient nécessairement l'une par l'autre. Cependant la loi du 17 mai 1819 n'avait pas eu recours à des dispositions semblables dans l'un et l'autre cas. Tandis qu'elle définissait l'offense aux chefs d'Etats étrangers (art. 12, V. *suprà*, n° 1071), elle se bornait à prévoir « la diffamation envers les ambassadeurs, ministres plénipotentiaires, envoyés, chargés d'affaires, ou autres agents diplomatiques accrédités auprès du roi » (art. 17), et l'injure envers les mêmes personnes (art. 19). La peine était un emprisonnement de huit jours à dix-huit mois et une amende de 50 fr. à 3000 fr., ou l'une de ces deux peines seulement, pour la diffamation ; un emprisonnement de cinq jours à un an, et une amende de 25 fr. à 2000 fr., ou l'une de ces deux peines seulement, pour l'injure (*Rép.* n° 406). — La loi du 29 juill. 1881 ne contient, en matière de diffamation et d'injure aucune disposition particulière aux agents diplomatiques (V. *suprà*, n° 958). Elle incrimine l'outrage commis à leur égard. L'art. 37 est ainsi conçu : « L'outrage commis publiquement envers les ambassadeurs et ministres plénipotentiaires, envoyés, chargés d'affaires ou autres agents diplomatiques accrédités près du gouvernement de la République, sera puni d'un emprisonnement de huit jours à un an et d'une amende de 50 fr. à 2000 fr., ou de l'une de ces deux peines seulement ». C'est le seul cas où la loi du 29 juill. 1881 se serve du mot *outrage* en matière de délits contre les personnes (V. *suprà*, n°s 673 et suiv. en ce qui concerne l'outrage aux bonnes mœurs). Cette expression doit être considérée comme équivalente à celle d'offense, employée dans les art. 26 et 36. L'offense est, en effet, la qualification particulière que nos lois donnent à l'outrage quand il est dirigé soit contre la personne de l'Etat, soit contre un chef d'Etat étranger (V. *suprà*, n° 1073).

1083. Il faut, pour constituer ce délit : 1° qu'il y ait une attaque ayant le caractère d'outrage ; 2° qu'elle soit dirigée contre la personne d'un ambassadeur, ministre plénipotentiaire, envoyé, chargé d'affaire ou de tout autre agent diplomatique accrédité près du gouvernement de la République ; 3° qu'elle ait eu lieu publiquement ; 4° qu'il y ait eu, de la part de l'auteur de l'outrage, une intention criminelle.

1084. — I. Outrage. — Nous considérons cette expression comme ayant exactement le même sens et la même portée que celle *d'offense*, employée dans le texte de l'art. 36 (V. *suprà*, n° 673). Conf. Barbier, t. 2, n° 720).

1085. — II. Agents diplomatiques. — L'art. 37 ne distingue pas entre les divers agents diplomatiques ; ils sont donc tous énumérés ou visés dans sa disposition, quel que soit leur titre particulier. Ainsi l'art. 37 comprend les quatre classes d'agents diplomatiques reconnues actuellement par le droit international, savoir : 1° celle des ambassadeurs, légats ou nonces ; 2° celle des envoyés, ministres plénipotentiaires et internonces pontificaux ; 3° celle des ministres résidents ; 4° celle des chargés d'affaires. — L'art. 37 exige expressément que l'agent diplomatique outragé soit accrédité près du gouvernement de la République. En effet, la seule

investiture que l'agent tient du gouvernement de son pays, le mandat qu'il en a reçu d'aller le représenter, de veiller au maintien de ses droits et à la sauvegarde de ses intérêts, ne suffit pas à lui conférer, en France, le titre, la qualité, les avantages, la situation d'un agent diplomatique. Il faut, en outre, qu'il soit accrédité auprès du gouvernement français, ou auprès du ministre des affaires étrangères de France, s'il s'agit d'un chargé d'affaires. Ainsi l'art. 37 n'est pas applicable à l'outrage commis envers un agent secret envoyé en France pour y sauvegarder les intérêts d'un pays étranger, sans que sa mission ait été notifiée officiellement au gouvernement de la République (Bluntschli, *Droit international*, art. 242 ; Barbier, t. 2, n° 721);... ni à l'outrage commis envers les agents ou commissaires chargés par leur Gouvernement d'une commission étrangère au droit international, telle que la conclusion d'un emprunt privé, d'achat de vivres, de munitions de guerre, etc. (Bluntschli, art. 241 ; Barbier, t. 2, n° 241).

1086. Du texte même de l'art. 37, il résulte que cet article ne concerne que les agents diplomatiques étrangers accrédités en France. Quant aux agents diplomatiques français, ils doivent être considérés, soit comme des fonctionnaires publics, soit comme des dépositaires ou agents de l'autorité publique (*Rép.* n° 317). En ce qui les concerne, le délit d'outrage est puni par l'art. 224 c. pén., la diffamation et l'injure, par les art. 31 et 33, § 1, quand la diffamation ou l'injure a trait à leurs fonctions ou à leur qualité, et, dans ce cas, la preuve de la vérité du fait diffamatoire est admise contre eux (V. *infrà*, tit. 4, chap. 4, sect 1, art. 4, § 2).

1087. Les consuls étrangers résidant en France n'ont ni le titre, ni le rang, ni le caractère d'agents diplomatiques ; uniquement chargés de protéger les intérêts commerciaux de leurs nationaux, et autorisés, au moyen de la formalité de l'*exequatur*, à exercer leurs attributions sur le territoire français, ils ne représentent pas le gouvernement qui les a nommés auprès du gouvernement français, avec lequel ils n'ont aucune communication officielle (Paris, 28 juin. 1883, aff. Rubi, D. P. 84. 2. 115, et sur pourvoi, Crim. rej. 9 févr. 1884, même affaire, D. P. 84. 1. 307 ; Bluntschli, *op. cit.*, art. 244, p. 157). Il a été jugé, spécialement, que les traités du 13 mars 1769 et du 7 janv. 1882, qui ont réglé entre la France et l'Espagne la situation respective de leurs agents consulaires, ne les ont pas élevés au rang d'agents diplomatiques ; que, par suite, les outrages commis publiquement envers le consul d'Espagne à Paris, ne sont pas passibles de la pénalité exceptionnelle édictée par l'art. 37 de la loi du 29 juill. 1881, et sont de la compétence des tribunaux correctionnels (Paris, 28 juin 1883, et Crim. rej. 9 févr. 1884 précités). Les consuls étrangers n'ont pas davantage des fonctionnaires publics ou agents de l'autorité publique au sens de l'art. 31 de la loi de 1881, et les outrages dirigés contre eux ne sont punissables que sous l'incrimination de diffamation ou d'injure envers des particuliers (art. 32 et 33, § 2, Comp. les deux arrêts précités Barbier, t. 2, n° 722. V. *suprà*, n° 958).

1088. L'outrage envers un agent diplomatique étranger est punissable alors même qu'il n'existe pas de réciprocité législative, dans le pays de cet agent, à l'égard des diplomates français (Comp. *suprà*, n° 1075).

1089. L'outrage doit être dirigé contre la personne même de l'agent diplomatique étranger ; on ne doit pas donner cette qualification à la discussion, à l'examen critique, à la censure de ses actes ou de sa mission, tant que l'intention outrageante n'apparaît pas dans le discours ou dans l'écrit (Comp. *suprà*, n° 1081).

1090. L'outrage est punissable sans qu'il y ait à distinguer si l'outrage contre l'agent diplomatique étranger est attaqué dans sa vie privée, ou si l'outrage se rapporte à ses fonctions ou à sa qualité (Comp. *suprà*, n° 1076).

1091. La preuve n'est jamais admise dans le cas où l'outrage consiste dans une imputation diffamatoire ayant trait aux fonctions ou à la qualité (Comp. *suprà*, n° 1081) ; car la loi s'est proposé d'atteindre l'outrage, quel qu'il soit, de nature à blesser les susceptibilités du gouvernement étranger de qui relève l'agent diplomatique outragé.

1092. L'outrage envers un agent diplomatique accrédité auprès du Gouvernement français est punissable, en vertu de l'art. 37, même quand il a été commis par un étranger, dès qu'il a eu lieu en France (Crim. cass. 22 juin 1826, *Rép.* n° 1130 et *ibid.* v° *Lois*, n° 451).

1093. L'outrage adressé à un agent diplomatique étranger qui a cessé ses fonctions, ou qui a cessé d'être accrédité auprès du gouvernement français, n'est pas punissable en vertu de l'art. 37 ; en effet, cet agent n'est plus qu'un simple particulier, et ce n'est qu'en cette qualité qu'il peut poursuivre, en vertu des art. 32 et 33 de la loi de 1881, la diffamation ou l'injure dont il est l'objet, alors même que ces délits auraient trait aux fonctions qu'ils a exercées, ou à la qualité dont il a été revêtu (Conf. *Rép.* n° 915 ; de Grattier, t. 1, p. 215 ; Rousset, n° 1744 ; Dutruc, n° 275 ; Fabreguettes, t. 2, n° 1656 ; Barbier, t. 2, n° 723. Comp. *suprà,* n° 1079).

1094. — III. Publicité. — Les dispositions de la loi du 17 mai 1819 (art. 17 et 19) qui protégeaient les agents diplomatiques étrangers contre la diffamation et contre l'injure, exigeaient que ces délits eussent été commis par l'un des moyens de publication qui leur étaient propres en vertu de l'art. 1 de la loi précitée (D. P. 81. 4. 81, note 2). L'art. 37 de la loi du 29 juill. 1881, qui substitue aux dispositions spéciales de la loi de 1819 sur la diffamation et l'injure envers les agents diplomatiques étrangers l'incrimination d'outrage, est applicable à la seule condition que « l'outrage ait eu lieu publiquement ». Ainsi l'outrage est punissable, qu'il ait été commis par la parole, par l'écrit ou par le dessin, sans qu'il soit nécessaire qu'il y ait eu profération de discours, cris ou menaces dans des lieux ou réunions publics, ou bien vente, mise en vente, distribution ou exposition dans des lieux ou réunions publics d'écrits ou d'imprimés ou de dessins, peintures, etc., la question de savoir si le discours, l'écrit ou le dessin outrageants ont été suffisamment rendus publics, étant laissée à l'appréciation des juges du fait.

L'outrage est également punissable quand il a été commis par des gestes, des sifflets ou des huées. C'est ce que nous avons admis par interprétation de l'art. 36, relativement à l'offense aux chefs d'États étrangers. L'art. 36 et l'art. 37 sont, en effet, deux dispositions exactement corrélatives, où les mots d'offense et d'outrage ont une signification équivalente, et où la publicité intervient dans des conditions entièrement semblables pour caractériser l'un et l'autre délit, tandis que l'art. 26, qui prévoit l'offense au président de la République, se réfère aux moyens de publication énumérés dans les art. 23 et 28, et se trouve complété par l'art. 86 c. pén. (V. *suprà,* n° 1080). — Suivant M. Barbier (t. 2, n° 720), l'outrage, quand il est commis par la parole, par l'écrit ou par le dessin, n'est pas punissable, en vertu de l'art. 37, que s'il réunit tous les éléments constitutifs de la diffamation ou de l'injure, l'outrage n'étant alors qu'une expression compréhensive de ces deux délits (Comp. *suprà,* n° 624).

1095. — IV. Intention criminelle. — L'intention d'outrager est nécessaire pour caractériser l'outrage aux agents diplomatiques étrangers, cet acte étant qualifié délit.

§ 3. — Compétence. — Poursuite. — Loi du 16 mars 1893.

1096. D'après la loi du 29 juill. 1881, les délits d'offense aux chefs d'États étrangers et d'outrage aux agents diplomatiques étrangers étaient déférés à la cour d'assises (art. 45). Cette attribution de compétence était sujette à critique : puisque la preuve d'un fait diffamatoire n'est jamais admise contre un souverain étranger ou contre un agent diplomatique étranger, puisqu'il ne s'agit pas d'un délit relevant de l'opinion, mais d'une mesure de sûreté extérieure pour l'État, il était assez difficile de comprendre pourquoi les incriminations résultant des art. 36 et 37 étaient laissées à l'appréciation du jury. Aussi, lors de la discussion de la loi de 1881, le Gouvernement et la commission de la Chambre des députés s'étaient trouvés d'accord pour demander que la compétence relative à ces délits fût attribuée aux tribunaux correctionnels. Cette opinion, qui n'avait pas prévalu, a été consacrée par la loi du 16 mars 1893, portant modification de l'art. 45, 49 et 60 de la loi du 29 juill. 1881. L'art. 1 de cette loi, modifiant l'art. 45 de la loi de 1881, met au nombre des délits exceptés de la compétence générale de la cour d'assises en matière de presse, et déférés

au tribunal de police correctionnelle (V. *infrà,* n°s 1591 et suiv.), ceux qui sont prévus notamment par les art. 36 et 37, c'est-à-dire l'offense aux chefs d'États étrangers et l'outrage aux agents diplomatiques étrangers. Les motifs de la modification proposée ont été développés dans le rapport de M. Trarieux au Sénat, et dans celui de M. Laserre à la Chambre des députés, sur le projet présenté par le Gouvernement. V. aussi les explications présentées par M. Develle, ministre des affaires étrangères, et M. Ribot, président du conseil (D. P. 93. 4, note).

1097. La poursuite, « dans le cas d'offense envers les chefs d'États ou d'outrages envers les agents diplomatiques étrangers, a lieu soit à leur requête, soit d'office, sur leur demande adressée au ministre des affaires étrangères et par celui-ci au ministre de la justice ». Telle était la disposition de l'art. 47, § 5, de la loi du 29 juill. 1881, et telle est aujourd'hui celle de l'art. 60-1° de la même loi, en vertu de la loi du 16 mars 1893 qui abroge la première des dispositions précitées (art. 2) et qui modifie la seconde (art. 1). Ces modifications ne sont que la conséquence logique du principe posé, qui est de faire passer aux règles de procédure sur la police correctionnelle des prescriptions qui ne sont pas maintenues au chapitre de la cour d'assises.

1098. La loi du 16 mars 1893 contient une autre modification importante à la loi du 29 juill. 1881. Elle autorise (art. 1), dans les cas prévu par les art. 36 et 37, la saisie et l'arrestation préventive, que l'art. 49 permettait relativement aux seuls délits prévus par les art. 23, 24 et 25 (V. *infrà,* tit. 4, chap. 4, sect. 1, art. 1, § 1, et sect. 2, § 2).

CHAP. 5. — Publications interdites.

1099. A l'imitation des lois antérieures, la loi du 29 juill. 1881 a interdit, sous une sanction pénale de faire certaines publications. Il est interdit de publier : 1° les actes d'accusation, et tous autres actes de procédure criminelle ou correctionnelle, avant qu'ils aient été lus en audience publique (art. 38) ; 2° le compte rendu des procès en diffamation où la preuve des faits diffamatoires n'est pas autorisée ; 3° le compte rendu des procès même en matière civile, dont les tribunaux ont interdit la publication ; 4° le compte rendu des délibérations intérieures soit des jurys, soit des cours et tribunaux (art. 39) ; 5° l'ouverture ou l'annonce de souscriptions ayant pour objet des amendes, frais et dommages-intérêts prononcés par des condamnations judiciaires en matière criminelle ou correctionnelle (art. 40) ; 6° la reproduction des débats sur les instances en divorce et en séparation de corps. Cette interdiction a été portée par la loi du 27 juill. 1884 (D. P. 84. 4. 97) sous la peine édictée par l'art. 39 de la loi du 29 juill. 1881.

1100. La loi du 29 juill. 1881 n'a pas renouvelé, mais, au contraire, elle a supprimé, en vertu de la disposition générale de son art. 68 : 1° la défense de réimprimer, vendre ou distribuer des écrits, dessins ou gravures frappés de condamnations (L. 26 mai 1819, art. 27. V. *Rép. ibid.*, n° 962). Ces faits peuvent toutefois motiver de nouvelles poursuites (V. *supra*, n°s 689 et 710, et *infrà*, n°s 1678 et suiv.) ; mais le crime ou le délit qui résulte de la nouvelle publication n'est plus passible de l'aggravation de peine qu'entraînait la préexistence d'une condamnation antérieure (*Rép.* n° 962) ; — 2° l'interdiction de rendre compte des procès pour délits de presse (Décr. 17 déc. 1852, art. 17, D. P. 52. 4. 56. V. *Rép.* n°s 307 et suiv.). Cette interdiction était levée déjà par la loi du 12 févr. 1872, D. P. 72. 4. 24 (V. *infrà,* n° 1120) ; — 3° l'interdiction de publier les noms des jurés, excepté dans le compte rendu de l'audience où le jury aura été constitué (L. 9 sept. 1835, art. 10. *Rép.* n° 313 abrogé par le décret du 6 mars 1848, D. P. 49. 4. 129 et remis en vigueur par l'art. 11 de la loi du 27 juill. 1849, D. P. 49. 4. 118. V. *Rép.* n° 313).

1101. Sous le régime impérial, il était, en outre, interdit (*Rép.* n°s 292 et suiv.) de rendre compte des séances du Sénat autrement que par la reproduction des articles insérés au *Journal officiel* (Constit. 14 janv. 1852, art. 24, D. P. 52. 4. 35 et Décr. 17 févr. 1852, art. 16, D. P. 52. 4. 56), et des séances du Corps législatif autrement que par la reproduction du procès-verbal officiel (Constit. précitée

du 14 janv. 1852, art. 30 et Décr. 17 févr. 1852,art. 14).
Plus tard, le sénatus-consulte du 2 févr. 1861 (D. P. 61. 4.
30) autorisa la reproduction des débats insérés *in extenso*
dans le *Journal officiel*. Ce mode de publication était applicable aux débats du Sénat comme à ceux du Corps législatif.
— La liberté de rendre compte des séances du Sénat et de
celles du Corps législatif fut rendue aux journaux, dès avant
la chute de l'Empire, par les art. 4 du sénatus-consulte du
8 sept. 1869 (D. P. 69. 4. 70) et 29 du sénatus-consulte du
21 mai 1870 (D. P. 70. 4. 1) qui, en soumettant à la
publicité les séances du Sénat, ont assimilé complètement
à ce point de vue les deux assemblées. Des interdictions
de cette nature n'étaient pas conciliables avec la constitution actuelle et avec le régime de la liberté de la presse.
L'art. 41 de la loi du 29 juill. 1881 constate expressément
qu'il est permis de rendre compte des séances de l'une et
de l'autre Chambre. Quant au compte rendu infidèle et
de mauvaise foi des débats législatifs ou judiciaires, qui
constituait un délit prévu par l'art. 7 de la loi du 25 mars
1822 (*Rép.* nᵒˢ 990 et suiv.), il ne fait plus l'objet d'une
incrimination particulière; mais il donne ouverture aux
actions qui peuvent naître des délits ou quasi-délits constitués par l'infidélité du compte rendu, en conformité
des dispositions générales de la loi sur la presse.

1102. Sous la rubrique « publications interdites, immunités de la défense », la loi du 29 juill. 1881 s'occupe
successivement des interdictions énumérées *suprà*, nᵒ 1099,
et des immunités qui sont accordées : 1ᵒ aux discours tenus
dans le sein de l'une des deux Chambres, ainsi qu'aux
rapports et autres pièces imprimées par leur ordre; 2ᵒ aux
comptes rendus, faits de bonne foi dans les journaux,
des séances publiques des deux Chambres; 3ᵒ aux comptes
rendus fidèles et faits de bonne foi des débats judiciaires;
4ᵒ aux discours prononcés et aux écrits produits devant
les tribunaux (art. 41). Ces immunités, qui se rattachent
directement à l'exercice de l'action publique et de l'action civile résultant des délits de presse, ne paraissent
pas avoir leur place indiquée dans le titre des crimes et
délits qui s'emmettent par la voie de la presse. Nous
en renvoyons l'examen *infrà*, nᵒˢ 1339 et suiv.. Nous ne
donnerons donc ici que la présentation des art. 38, 39 et
40 de la loi du 29 juill. 1881 répondant à la première partie
de la rubrique du paragraphe 5 de cette loi : « publications
interdites ».

Sect. 1ʳᵉ. — De l'interdiction de publier les actes d'accusation et tous autres actes de procédure criminelle ou
correctionnelle avant qu'ils aient été lus en audience
publique.

1103. L'interdiction dont il s'agit a été introduite dans
la législation de la presse par l'art. 10, § 1, de la loi du
27 juill. 1849 (D. P. 49. 4. 118), ainsi conçu : « Il est interdit de publier les actes d'accusation et aucun acte de procédure criminelle, avant qu'ils aient été lus en audience publique, sous peine d'une amende de 100 fr. à 2000 fr. En
cas de récidive commise dans l'année, l'amende pourra être
portée au double et le coupable condamné à un emprisonnement de dix jours à six mois ». L'art. 38 de la loi du 29 juill.
1881 renouvelle l'interdiction; il en précise l'étendue; il en

modifie la peine. Cet article porte,en effet : « Il est interdit de
publier les actes d'accusation et tous autres actes de procédure criminelle, avant qu'ils aient été lus en audience publique, et ce, sous peine d'une amende de 50 fr. à 1000 fr. ».
La récidive n'entraîne aucune aggravation de peine : telle
est la disposition générale de l'art. 63 de la loi du 29 juill.
1881.

Cette interdiction a pour objet d'éviter les inconvénients résultant de la publicité donnée aux actes de procédure avant l'ouverture des débats criminels, publicité qui,
parfois, faisait connaître l'accusation longtemps avant la
défense et pouvait créer, notamment dans l'esprit du jury
de jugement, des préventions contre l'accusé. Tels sont les motifs exposés par M. Labordère lors de la discussion de la loi
du 27 juill. 1849 à l'appui de la proposition qu'il avait faite
de porter cette interdiction (*Rép.* nᵒ 988). En 1881, M. Lisbonne a dit, dans le même sens, que la disposition de
l'art. 38 « a été considérée comme une garantie due à ceux
qui sont appelés à se défendre devant la justice répressive ».
— M. Barbier, t. 2, nᵒ 223, formule, à cet égard, les critiques
suivantes : « Certes, dit-il, le but que s'est proposé le législateur est en soi excellent... » Mais l'art. 38 n'interdit « que
les publications qui sont la reproduction plus ou moins littérale des actes d'accusation et de tous les actes de procédure
criminelle ou correctionnelle, formant les documents officiels du procès; or ces publications sont, à tout prendre,
celles qui font courir le moindre péril à la bonne administration de la justice, étant bien moins de nature à égarer
l'opinion que les publications plus ou moins fantaisistes
dans lesquelles les chroniqueurs judiciaires avancent des
faits mal contrôlés, discutent les preuves, et concluent, à la
suite d'une information personnelle, à la culpabilité, ou à
l'innocence de l'accusé... Si, par respect pour les habitudes
prises et par crainte d'imposer à la curiosité publique un
trop grand sacrifice, on ne veut point aller jusqu'à interdire
d'une façon absolue toutes publications de nature à créer un
courant d'opinion favorable ou défavorable aux accusés, il
serait, à notre avis, bien plus logique, prenant en quelque
sorte le contre-pied de l'art. 38, d'interdire, avant l'audience,
toutes publications autres que celles qui se borneraient à
reproduire ou à résumer fidèlement, sans commentaire, les
documents officiels de l'instruction ».

1104. Quoique la disposition précitée de la loi de
1849 ne mentionnât, après les actes d'accusation, que les
actes de procédure criminelle, il était admis qu'elle devait
être appliquée non seulement aux actes de procédure portant sur des faits qualifiés crimes, mais encore à ceux
qui concernaient de simples délits. Jugé, notamment, qu'elle
était applicable à un arrêt portant, après exposé des faits,
renvoi de divers négociants devant la police correctionnelle,
sous la prévention du délit de coalition (Crim. cass. 18 juin
1851, aff. Rives, D. P. 51. 1. 168 et *Rép.* nᵒ 989). L'art. 38
de la loi de 1881 met fin à cette difficulté d'interprétation,
en faisant porter l'interdiction sur les actes d'accusation et
tous autres actes de procédure criminelle ou correctionnelle. Ainsi la publication d'une assignation devant le
tribunal correctionnel, avant l'audience où elle doit être
lue, constitue le délit prévu par l'art. 38 de la loi du 29 juill.
1881 (Crim. rej. 6 mars 1884, aff. Bayard, gérant du journal *Le Ralliement*, D. P. 85. 1. 135; Toulouse, 4 juin 1884) (1).

1105. L'art. 38 vise également tout acte d'information

(1)(Chabrié C. Bayard, gérant du journal *Le Ralliement*.)—L'instance en diffamation formée par M. Chabrié contre M. Bayard,
gérant du journal *Le Ralliement*, est revenue devant le tribunal
correctionnel de Moissac à la suite de l'arrêt de la cour de cassation du 6 mars 1884 (D. P. 85. 1. 135-136) qui a rejeté définitivement les exceptions de nullité d'exploit et d'incompétence
proposées par le prévenu. — Le 2 août 1884, le tribunal a prononcé le jugement suivant : « Attendu que *Le Ralliement* a publié, dans le numéro du 7 nov. dernier, un article commençant
par ces mots : « Une explication nécessaire », et finissant par
ceux-ci : « Assistera aux débats de cette affaire »; que cet article
contient le texte d'une assignation devant le tribunal de police
correctionnelle de Bordeaux, donnée à Chabrié à la requête des
époux Lamarque, et dans laquelle ceux-ci imputent à Chabrié
des faits constituant des abus de confiance à leur préjudice; que
lecture de cette pièce n'a été faite. en audience publique que le
9 du même mois; — Attendu que Chabrié, se croyant lésé et
diffamé par cette publication, a cité Bayard, par application des

art. 29, 32, 33 et 38 de la loi du 29 juill. 1881, sur la liberté de
la presse; — Attendu qu'en principe, la seule publication d'un
acte d'accusation ou de tout autre acte de procédure criminelle
ou correctionnelle ne saurait constituer une diffamation ou une
injure; que telle est bien la pensée du législateur, puisqu'en
édictant les prohibitions de l'art. 10 de la loi du 27 juill. 1849 et
de l'art. 38 de la loi du 29 juill. 1881, il a voulu punir un fait
assuré jusque-là de l'impunité, malgré les atteintes qu'il portait
aux immunités de la défense, en exposant l'inculpé à se voir
condamné en public avant d'avoir été mis en situation de se
défendre; que la vérité de cette proposition résulte des travaux
préparatoires de la loi de 1849; qu'elle a été consacrée, au moins
implicitement, par la jurisprudence de la cour de cassation,
puisque la publication anticipée d'un acte d'accusation a été par
elle plusieurs fois déclarée punissable des peines portées en
l'art 10 de ladite loi, et jamais de celles prévues en matière de
diffamation; — Attendu que le mobile du législateur de 1849 et
de 1881 est inconciliable avec la thèse contraire; qu'en effet, un

préparatoire établi par un officier de police judiciaire, tout procès-verbal d'interrogatoire, de témoignage ou de constat dressé par le juge d'instruction ou par ceux auxquels il a donné commission rogatoire, tout rapport d'expert, etc. Mais il a été jugé qu'un rapport adressé par le chef de la police de sûreté au chef de la police municipale, sur une affaire criminelle, n'est qu'un résumé de renseignements et d'impressions ne présentant pas les caractères de l'acte de procédure dont la publication est interdite (Trib. Seine, 1re ch. 17 août 1882, *Gazette des tribunaux* du 18 août 1882).

1106. L'interdiction portée par l'art. 38 s'applique à la reproduction partielle aussi bien qu'à la reproduction totale des actes visés par cet article, et l'interdiction de publier, avant leur lecture à l'audience, les actes d'accusation et aucun acte de procédure criminelle ou correctionnelle, s'applique même à une relation du contenu de ces actes, faite en forme de résumé, mais présentant, avec eux, une évidente similitude, le texte n'y fût-il reproduit que dans quelques passages. C'est ce qui a été jugé sous l'empire de l'art. 10 de la loi du 27 juill. 1849 (Crim. rej. 31 mars 1854, aff. Dayez, D. P. 54. 1. 66; *Rép.* n° 989). Toutefois, dit M. Barbier, t. 2, n° 728, il ne faut pas perdre de vue que c'est la publication du document officiel lui-même que l'art. 38 interdit et punit. Sans doute, il ne suffira pas, pour échapper à l'application de cette disposition d'avoir démarqué plus ou moins habilement un acte de procédure criminelle et d'y avoir pratiqué certaines coupures; mais il ne suffira pas non plus, pour en encourir l'application, d'avoir fait de larges emprunts à cet acte de procédure.

acte d'accusation énonce nécessairement des imputations déshonorantes, et que, dès lors, si la publication prématurée pouvait être entreprise par la voie de la diffamation, la disposition dont s'agit serait d'autant plus sans objet que la diffamation est réprimée par des peines plus graves que l'infraction à l'art. 38 de la loi de 1884; — Attendu, d'ailleurs, que cette théorie est conforme aux principes généraux qui régissent la matière; qu'on ne se rend coupable de diffamation qu'en imputant à quelqu'un des actes déconsidérants; qu'imputer un fait, c'est l'affirmer, s'en porter soi-même garant; que publier une assignation à la requête d'un tiers dénommé, sans s'associer directement ou indirectement aux imputations que cet acte de procédure contient, c'est non pas imputer, non pas affirmer des choses dolosives pour l'honneur de l'assigné, mais simplement publier une nouvelle, annoncer aux lecteurs que les tribunaux vont avoir à apprécier les griefs articulés par un citoyen contre un autre citoyen; qu'il y a une raison puissante de distinguer entre l'auteur d'une imputation et le publicateur de la nouvelle; que le premier, en affirmant personnellement, commande en quelque sorte la croyance; le second, au contraire, en se bornant à raconter, retient moins l'attention; que l'un a mis les faits au jour, que l'autre s'en fait uniquement l'écho sans en prendre la responsabilité; — Attendu, enfin, qu'en matière pénale tout est de droit étroit, et que la loi doit être interprétée restrictivement; — En fait; — Attendu qu'en dehors de l'assignation prémentionnée, l'article du 7 nov. ne renferme nulle imputation d'aucun fait portant atteinte à l'honneur ou à la considération du plaignant, ni aucune expression outrageante à son encontre; que le rédacteur a eu même le soin de faire précéder le texte de l'exploit extrajudiciaire de cette déclaration significative : « Nous n'avons pas évidemment à nous prononcer encore », déclinant ainsi toute solidarité avec les époux Lamarque; qu'il a donc réservé son opinion, et par là même mis en garde ses lecteurs; qu'il n'a rien affirmé contre Chabrié, c'est-à-dire qu'il ne lui a rien imputé; que, par suite l'acte qu'on lui reproche est dépourvu du caractère essentiel au délit de diffamation; — Attendu, sans doute, que la malveillance du *Ralliement* à l'égard du plaignant s'est manifestée par divers articles qui ont précédé ou suivi la publication incriminée;

« Mais attendu que, si l'intention de nuire est un des éléments indispensables de la diffamation, elle n'est pas à elle seule constitutive de ce délit, même quand elle accompagne un fait susceptible de causer à autrui un dommage; que, de ce qu'un fait est punissable indépendamment de l'intention de nuire, il ne suit pas que cette intention, quand elle l'accompagne, en change le caractère légal; qu'elle n'a d'autre effet que de le faire apprécier avec plus de sévérité par les tribunaux, lesquels, au lieu d'être tenus d'infliger une peine fixe, se meuvent avec une grande latitude dans l'application de la loi; que, notamment, l'infraction prévue par l'art. 38 de loi sur la presse est punie d'une amende qui varie de 50 à 1000 fr., suivant les circonstances;

« Attendu qu'on objecte vainement qu'en n'attribuant pas au fait incriminé le caractère d'une diffamation, on laisse désarmé celui qui en est victime; que celui-ci, en effet, peut poursuivre la réparation du préjudice qu'il souffre, soit devant les tribunaux civils, en vertu de l'art. 1382, c. civ., soit même devant les tribunaux

« Pour qu'il en soit ainsi, il faut encore, à notre avis, dit cet auteur, que cette publication remplisse l'une ou l'autre des conditions suivantes : ou bien, qu'elle soit présentée au public comme étant une analyse ou un extrait du document officiel lui-même; ou bien quand elle est présentée aux lecteurs comme l'œuvre personnelle du journal, qu'elle conserve, par sa forme; par sa rédaction, par son ensemble, les caractères et la physionomie générale du document officiel, de telle sorte que le public puisse être naturellement amené à penser que l'article qu'il a sous les yeux, n'est autre chose que le document officiel lui-même » (Conf. Trib. com. de la Seine, 9e ch. 11 juill. 1885, et Paris, 12août 1885) (1).

1107. Bien que l'art. 10 de la loi du 27 juill. 1849 fût placé sous un chapitre intitulé : « Dispositions relatives aux journaux et écrits périodiques », on admettait, en raison de la généralité de ses termes, qu'il s'appliquait à tous écrits quelconques. Ainsi il a été jugé que la publication que la loi avait entendu interdire s'entendait, non pas exclusivement d'une reproduction dans les journaux, mais de toute publication quelconque, telle qu'une reproduction dans un mémoire distribué par avance (Trib. corr. Lyon, 24 févr. 1858, aff. Bodhuilt, D. P. 58. 3. 40). — Cette solution doit être admise sans aucune difficulté, pour l'application de l'art. 38 de la loi de 1881, puisque le chapitre dans lequel cet article est placé porte pour titre : « Des crimes ou délits commis par la voie de la presse ou par tout autre moyen de publication ».

répressifs, ainsi qu'il appert de l'arrêt de compétence du 6 mars 1854 rendu par la Cour suprême sur le pourvoi de Bayard; que, par suite, à tous les points de vue, en ce qui touche le délit de diffamation ou d'injure, le prévenu est en voie de relaxe; que ce qui précède rend inutile l'examen du point de savoir si, ce délit hypothétiquement admis, il serait ou non couvert par la prescription : — Mais attendu qu'en publiant un acte de procédure correctionnelle, avant qu'il eût été lu en audience publique, le gérant du *Ralliement* a commis l'infraction prévue par l'art. 38 de la loi sur la presse, ainsi conçu : « Art. 38. Il est interdit de publier les actes d'accusation et tous les autres actes de procédure criminelle ou correctionnelle avant qu'ils aient été lus en audience publique, et ce, sous peine d'une amende de 50 à 1,000 fr. »; — Attendu que la demande en réparation et en dommages-intérêts formée par Chabrié est juste et bien fondée; que la publication anticipée d'une pièce articulant contre lui des accusations odieuses, sans qu'il ait pu soumettre en même temps au public la réfutation de ces accusations, laquelle aurait pu résulter aisément de la publication d'une série de documents judiciaires, de titres libératoires souscrits par les époux Lamarque eux-mêmes, que le long temps écoulé entre l'infraction dont s'agit et la solution non encore intervenue, par la faute des époux Lamarque, du procès qu'ils ont introduit, ont porté à Chabrié un préjudice que le tribunal apprécie; — Par ces motifs; Relaxe ledit Bayard des délits de diffamation et d'injure qui lui sont reprochés; — Dit n'y avoir lieu, par suite, d'examiner le point de savoir si l'action résultant de ces prétendus délits est ou non prescrite; — Le déclare, au contraire, atteint et convaincu d'avoir, dans le journal *Le Ralliement*, portant la date du 7 nov. 1883, publié une citation au tribunal de police correctionnelle de Bordeaux, donnée à Chabrié à la requête des époux Lamarque, avant que cet acte eût été lu en audience publique, etc. »; — Appel par M. Bayard.

La cour; — Adoptant les motifs des premiers juges — Confirme, etc.

Du 4 juin 1884.-C. Toulouse.-M. Bernard, pr.

(1) (X..., gérant du *Journal des Débats*). — La publication anticipée d'un acte d'accusation (affaire Pel) ayant motivé des poursuites contre un certain nombre de journaux, le tribunal correctionnel de la Seine a prononcé le 11 juill. 1885, à l'égard de trois gérants poursuivis, le jugement suivant : — « Attendu que l'art. 10 de la loi du 29 juill. 1881 interdit la publication, avant l'ouverture des débats, de l'acte d'accusation et de tous actes de procédure; que la prohibition s'entend, non seulement de toute reproduction intégrale, mais encore de toute reproduction partielle desdits actes, les motifs de prohibition étant les mêmes; — Attendu qu'il faut entendre par reproduction partielle même celle qui consiste à ne prendre dans l'acte d'accusation que des paragraphes ou des phrases de cet acte, quelque arrangement que l'on donne à l'article publié, si cet article conserve, avec ces emprunts, le caractère et la physionomie dudit acte d'accusation, ainsi que l'ont jugé plusieurs des journaux *La France, Les Débats, Le Cri du Peuple*, etc. ».

Appel par le gérant du *Journal des Débats*.

1108. L'art. 38 ne fait aucune distinction entre la publication à l'aide d'écrits ou d'imprimés et la publication à l'aide de la parole. La lecture publique d'un acte d'accusation ou de toute autre pièce d'une procédure criminelle ou correctionnelle constitue donc le délit prévu par l'art. 38. Il n'est même pas nécessaire que la publicité de l'écrit ou de la parole soit réalisée par l'un des moyens énoncés en l'art. 23 (Conf. Barbier, t. 2, n° 729).

1109. On a signalé au *Rép.*, n° 988, la controverse à laquelle ont donné lieu les travaux préparatoires de la loi du 27 juill. 1849, et les motifs de l'interdiction portée par son art. 10, sur la question de savoir si l'acte d'accusation pouvait être légalement publié avant les débats, soit par l'accusé lui-même, soit avec son autorisation. Suivant un système, l'interdiction dont il s'agit étant établie dans l'intérêt de l'accusé ou du prévenu, on ne devrait pas l'appliquer à une publication qui serait faite ou autorisée par cet accusé ou ce prévenu lui-même. D'après un autre système, au contraire, la prohibition est absolue, et ne peut, dès lors, disparaître par l'effet du consentement de l'accusé ou du prévenu. Cette dernière opinion, à laquelle nous nous étions ralliés, a prévalu. Il a été jugé, en ce sens, que la prohibition frappe la publication anticipée de pièces appartenant à une procédure criminelle aussi bien lorsqu'elle est faite dans l'intérêt de la défense que lorsqu'elle est de nature à lui préjudicier (Trib. corr. Lyon, 24 févr. 1858, cité *suprà*, n° 1107. Conf. Barbier, t, 2, n° 730). — Cependant l'art. 39 admet une exception à la règle générale établie par l'art. 38 : le plaignant en diffamation a le droit de publier sa plainte. V. (*infrà*, n°s 1123 et 1138).

1110. La publication anticipée des actes d'une procédure criminelle ou correctionnelle ne peut pas avoir et n'a pas pour sanction d'entraîner la nullité de cette procédure ou celle des actes publiés (Crim. rej. 17 févr. 1843, aff. Besson, motifs *Rép.* n° 989 et *ibid.*, v° *Instruction criminelle*, n° 1231). — Elle entraîne l'application des peines portées par l'art. 38, sur la poursuite d'office du ministère public. D'ailleurs l'inculpé auquel cette publication a pu causer un préjudice a qualité pour le déférer au juge de répression. Spécialement, il est recevable à poursuivre la publication anticipée d'une assignation en police correctionnelle dont il a été l'objet, aucune disposition ne réservant exclusivement, en cette matière, le droit de poursuite au ministère public (Crim. rej 6 mars 1884, aff. Bayard, gérant du journal *Le Ralliement*, D. P. 85. 1. 135. Conf. Toulouse, 4 juin 1884, même affaire, cité *suprà*, n° 1104).

1111. Mais la publication anticipée d'un acte de procédure criminelle ou correctionnelle, quand elle est de nature à porter atteinte à l'honneur ou à la considération du prévenu ou de toute autre personne donne-t-elle ouverture, en même temps qu'à l'application de l'art. 38, à l'action en diffamation de la personne diffamée par la pièce publiée? Oui, suivant M. Barbier, t. 2, n° 731 ; car la publication, puisqu'elle est anticipée et qu'elle est interdite, ne peut pas être considérée comme le compte rendu d'un débat judiciaire et bénéficier, à ce titre, de l'immunité accordée par l'art. 41, § 3 (V. *infrà*, n°s 1360 et suiv.). Il y a deux infractions à la loi, qui sont punissables simultanément et motivent une double poursuite (Comp. Crim. rej. 30 janv. 1858, aff. Gérant du *Siècle*, D. P. 58. 1. 379 ; Crim. cass. 11 févr. 1864, aff. Foucault, D. P. 64. 1. 193).

Ces observations ne nous semblent pas décisives. Ni la loi de 1849, ni la loi du 29 juill. 1881 ne paraissent avoir admis que la publication d'un acte de procédure criminelle, d'un acte d'accusation par exemple, donneraient ouverture à l'action en diffamation ou en injure. Il eût été manifestement inutile, alors, de punir, par une disposition spéciale,

la publication anticipée de ces actes ; il suffisait de ne pas la comprendre dans l'immunité concédée aux comptes rendus des débats judiciaires. L'acte publié étant, pour ainsi dire, nécessairement injurieux ou diffamatoire, la publication anticipée aurait trouvé sa sanction inévitable dans les dispositions qui punissent la diffamation et l'injure. La pensée très différente du législateur ressort de cette circonstance que, soit en 1849, soit en 1881, il a puni la publication anticipée de peines inférieures à celles de la diffamation et de l'injure. Il est bien difficile, en effet, d'assimiler à la diffamation et à l'injure la publication anticipée d'un acte d'accusation. En réalité, le journal qui reproduit cet acte, sans y ajouter de commentaire désobligeant pour l'accusé, le plus souvent même en y ajoutant des réserves sur le développement et sur l'issue du débat judiciaire qui va s'engager, ne dirige contre l'accusé aucune imputation, aucune allégation. Il ne fait pas œuvre personnelle ; il n'affirme rien ; il n'avance rien, du moins aucun fait déterminé contre l'accusation. Il ne se porte garant que de l'existence du document officiel dont il donne la teneur. Et si l'on peut, à l'extrême rigueur, trouver à cette publication anticipée une incrimination possible de diffamation ou d'injure, il faut convenir que les deux actions diffèrent entièrement par leurs caractères matériels et moraux. Le but du journal ne sera pas ordinairement de porter atteinte à l'honneur ou à la considération de l'accusé ; c'est assez qu'il ne craigne pas de compromettre sa défense, dans l'empressement qu'il met à satisfaire la curiosité du public. Si même l'intention de nuire à l'honneur ou à la considération de l'accusé était relevée en fait, elle ne suffirait pas à constituer la diffamation ou l'injure, à défaut d'un autre élément de fait non moins nécessaire : des imputations diffamatoires, ou des expressions injurieuses, imputables personnellement à celui qui a publié, par anticipation, l'acte de procédure criminelle (Conf. Toulouse, 4 juin 1884, *suprà*, n° 1104).

1112. L'interdiction de publier les actes d'une procédure criminelle ou correctionnelle cesse, en vertu de l'art. 38, du moment où ces actes ont été lus en audience publique. Malgré ces expressions, il est certain que les peines de la publication anticipée ne sont pas encourues par celui qui publie, après la clôture des débats, un acte de procédure dont lecture n'a pas été donnée à l'audience, ou dont lecture a été donnée dans une audience à huis clos (Bordeaux, 18 nov. 1873, aff. Jeoffroy, D. P. 77. 5. 344). Les peines de la publication anticipée prévue par l'art. 38 ne sont pas davantage applicables à la publication des actes d'une instruction criminelle définitivement close sans renvoi à l'audience d'un tribunal de répression, soit par l'effet de la prescription, soit en vertu d'une ordonnance ou d'un arrêt de non-lieu ayant acquis force de chose jugée (Barbier, t. 2, n° 732).

1113. La publication des actes d'une procédure criminelle ou correctionnelle, quand elle ne tombe pas sous le coup de l'art. 38 pour avoir été faite avant la lecture de ces actes à l'audience, n'est point, par cela seul, toujours et dans tous les cas à l'abri d'une incrimination. Elle est punissable en vertu de l'art. 39, quand elle concerne un procès dont la loi interdit de rendre compte. Elle peut motiver une plainte en diffamation ou en injure, lorsqu'elle ne présente pas le caractère de compte rendu fidèle et fait de bonne foi d'un débat judiciaire.

1114. Sous la loi du 27 juill. 1849, on n'était pas d'accord sur le caractère qu'il convenait d'attribuer à la publication anticipée d'un acte d'accusation. On a soutenu au *Rép.*, n° 987, qu'il s'agissait, non pas d'une simple contravention matérielle aux lois de la presse, mais d'un véritable délit, punissable à raison de l'intention de son auteur. C'est en ce sens que le tribunal de Lyon s'était prononcé,

La cour; — Considérant que, dans son numéro du 11 juin, le *Journal des Débats* a publié un article sous le titre : « Bulletin judiciaire : affaire Pel » ; que cet article n'est que la reproduction la plus souvent littérale et presque intégrale de l'acte d'accusation; qu'il n'y a pas à s'arrêter à cette considération que l'article ne mentionne pas que ce qui est publié est l'acte d'accusation lui-même; que la loi, en interdisant la publication des actes d'accusation et de tous autres actes de procédure criminelle ou correctionnelle avant qu'ils aient été lus en audience publique, a voulu que le débat, avec tous ses éléments juridiques d'appré-

ciation, fût soumis aux juges qui ont à en connaître, avant que, par des publications antérieures ou presque concomitantes, et d'autant plus dangereuses que l'impression qui peut être produite est plus rapprochée de la décision, il soit, sous quelque forme et quelque dénomination que ce puisse être, donné connaissance de ces mêmes éléments; — Adoptant au surplus les motifs des premiers juges;
Confirme, etc.
Du 12 août 1885.-C. de Paris, ch. corr.-MM. Boucher-Cadart, pr.-Sarrut, subst.-Léon Renault, av.

du moins implicitement, par jugement du 24 févr. 1858 (aff. Bodhuilt, D. P. 58. 3. 40). — On pourrait soutenir que le fait de publication anticipée d'un acte d'accusation ou de tout autre acte d'une procédure criminelle a conservé le caractère d'un délit proprement dit en vertu de la loi du 29 juill. 1881, puisque l'art. 38, qui prévoit ce fait, est inscrit au chap. 4 et classé par conséquent sous la rubrique : « Des crimes ou délits commis par la voie de la presse, etc. ». Mais cette circonstance n'est pas décisive ; car, pour interpréter une disposition légale, surtout en droit criminel, il n'est pas sûr de s'attacher aux rubriques, qui ne sont pas soumises au vote des Chambres. Il est certain que le législateur de 1881 a voulu punir l'infraction à l'art. 38, sans autoriser aucun débat sur l'intention de l'auteur de la publication anticipée, sans admettre aucune excuse tirée de sa bonne foi ou des motifs légitimes qui pourraient justifier son action. Cette indication, qui ressort du texte même de l'art. 38, est confirmée par le rapport de M. Lisbonne sur l'art. 48 du projet devenu l'art. 45 de la loi, où il est dit que les tribunaux correctionnels sont investis de la connaissance des infractions prévues par les art. 41, 42 et 43 du projet, qui sont devenus les art. 38, 39 et 40 de la loi, parce que les infractions dont il s'agit ne sont que des contraventions matérielles, exclusives de toute faute intentionnelle (Conf. Celliez et Le Senne, p. 554 ; Rousset, n° 2481 ; Fabreguettes, t. 2, n° 1666 ; Barbier, t. 2, n° 733). — Les règles de la complicité ne sont donc pas applicables en cette matière. Seul, l'auteur du fait matériel de la publication anticipée peut être poursuivi comme auteur de la contravention prévue par l'art. 38 : on ne peut pas mettre en cause, en même temps que le gérant ou l'éditeur, le rédacteur de l'article ou toute autre personne réputée complice en vertu de l'art. 60 c. pén. Les rédacteurs ne peuvent être poursuivis qu'à défaut d'un gérant ou d'un éditeur responsable, l'imprimeur à défaut d'un rédacteur connu, les vendeurs ou distributeurs à défaut de l'imprimeur et chacun d'eux est punissable comme auteur principal (V. suprà, n° 410 et infrà, n°s 1275 et suiv.).

1115. L'infraction prévue par l'art. 38 est de la compétence des tribunaux correctionnels (L. 1881, art. 45) ; elle peut être portée devant tout tribunal dans le ressort duquel l'acte d'accusation ou les pièces de la procédure criminelle ont été publiés par anticipation (Crim. rej. 6 mars 1884, aff. Bayard, gérant du journal Le Ralliement, D. P. 85. 1. 135-136). — La répression de ce délit peut être poursuivie devant le tribunal correctionnel, non seulement par le ministère public agissant d'office, mais aussi par citation directe à la requête de la personne accusée, prévenue ou inculpée, aux intérêts de laquelle la publication anticipée porte préjudice en livrant l'accusation à l'opinion publique, avant que celle-ci ait connaissance des moyens de défense (Toulouse, 4 juin 1884, suprà, n° 1104 ; Conf. Barbier, t. 2, n° 735. V. aussi infrà, tit. 4. ch. 3, sect. 1, art. 1, § 2 et art. 2).

1116. La question de savoir si la publication incriminée présente ou non les caractères de la publication anticipée d'un acte d'accusation ou d'une pièce de procédure criminelle, au sens de l'art. 38 de la loi de 1881, s'apprécie d'après le contexte de l'écrit poursuivi, et constitue une question de droit soumise au contrôle de la cour de cassation (Crim. rej. 31 mars 1854, aff. Dayez, D. P. 54. 1. 166 et Rép. n° 989).

Sect. 2. — De l'interdiction de rendre compte de certains débats judiciaires et des délibérations intérieures de jurisprudence des cours et des tribunaux.

§ 1er. — Des débats judiciaires dont il est interdit de rendre compte.

1117. — I. Historique. — Art. 39 de la loi du 29 juill. 1881. — La plus ancienne interdiction en cette matière figure parmi les dispositions de la loi du 18 juill. 1828 dont l'art. 16 était ainsi conçu : « Dans les procès qui ont pour objet la diffamation, si les tribunaux ordonnent, aux termes de l'art. 64 de la charte, que les débats auront lieu à huis clos, les journaux ne pourront, à peine de 2000 fr. d'amende, publier les faits de diffamation, ni donner l'extrait des mémoires ou écrits quelconques qui les contien-

draient ». — La loi du 9 sept. 1835 a imprimé un tout autre caractère à l'interdiction dont on s'occupe. Elle porte, art. 10 : « Il est interdit aux journaux et écrits périodiques de rendre compte des procès pour outrages ou injures et des procès en diffamation, où la preuve des faits diffamatoires n'est pas admise par la loi. Ils pourront seulement insérer la plainte sur la demande du plaignant. Dans tous les cas, ils pourront insérer le jugement » (Rép. p. 413). Après l'abrogation de la loi de 1835 par le décret du 6 mars 1848 (D. P. 48. 4. 40), la loi du 27 juill. 1849 a, dans son art. 11, fait revivre la même interdiction, mais en l'appliquant à tout mode de publication, et non pas seulement aux journaux ou écrits périodiques (D. P. 49. 4. 118). La peine portée par l'art. 10 de la loi du 9 sept. 1835 consistait dans un emprisonnement d'un mois à un an, et dans une amende de 500 fr. à 5000 fr. (Rép. p. 413). En vertu de l'art. 11 de la loi du 27 juill. 1849, elle se réduisait à une amende de 200 fr. à 3000 fr., avec faculté, pour le juge, de la porter au double en cas de récidive (D. P. 48. 4. 118).

1118. Ainsi, sous la loi de 1828, l'interdiction de publier un procès en diffamation dépendait de l'exercice de la faculté qui appartenait au juge d'ordonner ou de ne pas ordonner le huis clos ; à partir de la loi de 1835, l'interdiction, en quelque sorte judiciaire, de la loi de 1828, a été remplacée par une interdiction naissant de plein droit de la nature même du procès. Les lois de 1835 et de 1849 ont, de plus, frappé de la même interdiction non pas seulement les procès en diffamation, comme le faisait la loi de 1828, mais encore les procès pour outrages ou injures (Rép. n° 302). — Ces dispositions avaient pour objet de prévenir les inconvénients de la publication, par voie de compte rendu, de débats portant sur des faits dont le caractère délictueux résultait précisément de la publicité qui en avait accompagné la perpétration. Il était rationnel que cette publicité, déclarée illicite quant aux faits incriminés, fût également prohibée quant aux procès auxquels ils donnaient lieu, la publication de ces procès devenant alors une aggravation du dommage causé par le délit (Rép. n° 302). Mais ces considérations mêmes justifiaient l'exception que les lois de 1835 et de 1849 avaient apportée à l'interdiction de rendre compte de semblables procès, en rattachant cette défense à la prohibition, faite par l'art. 20 de la loi du 26 mai 1819, de prouver la vérité des faits diffamatoires, et en affranchissant de cette interdiction ceux de ces procès où la preuve est admise à la décharge du prévenu.

1119. L'interdiction, ainsi limitée aux procès ayant leur cause dans des imputations injurieuses, outrageantes ou diffamatoires, non couvertes par la preuve de la vérité des faits diffamatoires, atteignait le compte rendu des procès relatifs : 1° au délit d'offense envers les chefs de l'Etat (L. 1819, art. 16 et 19, Rép. n° 304 ; Conf. Trib. corr. Saint-Jean-d'Angely, 9 janv. 1875, aff. H...-MM. Sorin-Dessources, pr.-Piet-Latourdie, proc.-Ramband, av. — Contrà : Aix, 16 nov. 1877, aff. Simorre-MM. Lescouvé, pr.-Soubrat, av. gén.-Abram, av.) ; — 2° Au délit d'offense, envers les chefs d'Etats étrangers ; — 3° Au délit de diffamation ou d'injure envers les agents diplomatiques étrangers ; — 4° Au délit de diffamation ou d'injure envers les corps constitués ; — 5° Au délit de diffamation ou d'injure envers les particuliers (Rép. n° 304). Mais elle demeurait étrangère, à raison de l'admissibilité de la preuve des faits diffamatoires, aux délits de diffamation ou d'injure envers les dépositaires ou agents de l'autorité publique, et au délit d'outrage public envers les personnes qualifiées, de l'art. 16 de la loi du 25 mars 1822. De la corrélation étroite, ainsi établie par les lois de 1835 et de 1849, entre l'interdiction de publier le compte rendu des procès en diffamation, pour outrages et injures, et celle de prouver la vérité des faits diffamatoires, il résultait, d'une part, que la question de savoir si la publication du procès était permise ou défendue se confondait avec celle de savoir si la personne diffamée, outragée ou injuriée, appartenait ou n'appartenait pas à l'une des catégories de personnes à l'égard desquelles la preuve des faits diffamatoires était autorisée ; et, d'autre part, que, même pour les personnes dont la qualité comportait la preuve de la vérité des faits diffamatoires, il fallait que la diffamation, l'injure ou l'outrage fussent, par leur mode de perpétration, susceptibles de cette preuve. (V. *infrà*, n⁰ˢ 1123 et suiv.). On décidait, notamment, que le principe de l'interdiction reprenait son empire lorsqu'il s'agissait de diffamation, d'outrage ou d'injures proférées verbalement et non par écrit, la preuve de la vérité des faits diffamatoires étant alors inadmissible (V. *infrà*, tit. 4, chap. 4, sect. 1, art. 4, § 2; Crim. cass. 29 févr. 1868, aff. Barlatier, gérant du journal *Le Sémaphore*, et aff. Lieutaud, gérant du journal *La Gazette du Midi*, D. P. 68. 1. 189-190; Ch. réun. cass. 28 déc. 1868, D. P. 69. 1. 308 et Grenoble, 25 févr. 1869, mêmes affaires, D. P. 69. 2. 206. — *Contrà* ; Montpellier, 24 janv. 1868, cassé par l'un des arrêts précités du 29 févr. 1868, D. P. 68. 2. 45).

1120. Plus tard, le décret du 17 févr. 1852 (art. 17, § 1) interdit d'une façon générale de rendre compte des procès pour délits de presse, à peine d'une amende de 50 à 5000 fr. (art. 10). La poursuite pouvait seulement être annoncée et le jugement pouvait dans tous les cas être publié (D. P. 52. 4. 56). Cette disposition ne s'appliquait pas aux comptes rendus des procès pour contraventions de presse, ni à ceux des procès débattus devant un tribunal civil, même en réparation du dommage causé par un fait susceptible d'être qualifié délit (*Rép.* n° 307). Comme on l'a vu *suprà*, n° 10, elle a été abrogée par la loi du 12 févr. 1872 (D. P. 72. 4. 24).

1121. A côté de ces interdictions, résultant d'une disposition législative expresse et directe, il appartenait encore aux tribunaux, dans des cas non spécifiés par la loi, d'empêcher la publication du compte rendu des débats portés devant eux. Sous l'empire de la loi du 18 juill. 1828, les tribunaux ne pouvaient exercer ce droit qu'en prononçant le huis clos; en effet, ce même art. 16 de la loi de 1828 qui, dans un premier alinéa, interdisait, en pareil cas, le compte rendu des procès pour diffamation, contenait un second alinéa ainsi conçu: « Dans toutes les affaires civiles ou criminelles où un huis clos aura été ordonné, les journaux ne pourront, sous la même peine (2000 francs d'amende), publier que le prononcé du jugement ». De la décision qui prononçait le huis clos résultait de plein droit l'interdiction du compte rendu du procès (*Rép.* n° 299). On sait que le droit, pour les cours et tribunaux, de prononcer le huis clos est établi par l'art. 87 c. proc. civ. qui en détermine les conditions (V. *Code de procédure civile annoté*, art. 87, n⁰ˢ 1 et suiv.). Ce droit a été reproduit en matière criminelle dans l'art. 64 de la charte constitutionnelle du 4 juin 1814 (*Rép.*, v° *Droit constitutionnel*, p. 326), dans l'art. 55 de la charte du 14 août 1830 (*Rép. ibid.*, p. 334) et dans l'art. 81 de la constitution du 4 nov. 1848 (D. P. 48. 4. 202); il a survécu à ces dispositions constitutionnelles dont l'abrogation a laissé debout l'art. 27 c. proc. civ. susceptible d'une application générale (*Rép.* n° 299). Cependant l'art. 17, § 2, du décret du 17 févr. 1852 accorda aux tribunaux le pouvoir d'interdire directement, et sans avoir à prononcer le huis clos, le compte rendu du procès dans toutes les affaires civiles, correctionnelles ou criminelles. L'interdiction ne pouvait pas s'appliquer au jugement qui pouvait toujours être publié. Le mépris de cette interdiction entraînait, en vertu de l'art. 18 du décret précité, l'application d'une amende de 50 fr. à 5000 fr.

1122. L'art. 39 de la loi du 29 juill. 1881 maintient, comme la législation antérieure : 1° des interdictions de comptes rendus de débats judiciaires résultant de plein droit de la loi elle-même; 2° des interdictions facultatives pour les tribunaux, résultant de leur décision, et non subordonnées au prononcé du huis clos. Cet article est ainsi conçu : « Il est interdit de rendre compte des procès en diffamation où la preuve des faits diffamatoires n'est pas autorisée. La plainte seule pourra être publiée par le plaignant. Dans toute affaire civile, les cours et tribunaux pourront interdire le compte rendu du procès. Ces interdictions ne s'appliqueront pas aux jugements, qui pourront toujours être publiés... Toute infraction à ces dispositions sera punie d'une amende de 100 fr. à 2000 fr. ».

Une nouvelle interdiction, résultant directement de la loi, a été prononcée par l'art. 3 de la loi du 27 juill. 1884, sur le divorce (D. P. 84. 4. 97) ainsi conçu : « La reproduction des débats sur les instances en divorce ou en séparation de corps est interdite, sous peine de l'amende de 100 fr. à 2000 fr. édictée par l'art. 39 de la loi du 30 juill. 1881 ».

1123. — II. Débats judiciaires dont le compte rendu est directement interdit par la loi. — 1° *Procès en diffamation où la preuve des faits diffamatoires n'est pas autorisée* (L. 29 juill. 1881, art. 39). — L'interdiction que la loi de 1881 contient en cette matière est inspirée par les mêmes considérations qui avaient motivé l'interdiction formulée par la loi du 9 sept. 1835 et par la loi du 27 juill. 1849. On lit, en effet, dans le rapport de M. Lisbonne: « C'est la pensée de protéger tout autant, sinon davantage, le plaignant que le prévenu contre les atteintes d'une bruyante et funeste publicité, qui a fait introduire dans notre législation l'interdiction de rendre compte des procès en diffamation dans lesquels la preuve des faits diffamatoires n'est pas autorisée. Le plaignant a voulu l'ombre et le silence. Il faut que sa volonté soit respectée et qu'on ne fasse pas entendre, en dehors et au loin, le bruit du scandale qu'on n'aura pas évité dans l'enceinte du tribunal ».

Ainsi la loi du 29 juill. 1881, contrairement à la législation antérieure, n'interdit que le compte rendu des procès en diffamation. Elle excepte de cette interdiction ceux de ces procès où la preuve de la vérité des faits diffamatoires peut être faite contre le diffamé. Par suite, il est aujourd'hui permis de rendre compte des procès concernant les délits suivants, dont le compte rendu était interdit sous la législation antérieure, parce qu'ils ne comportent pas, pour le prévenu, le droit de faire la preuve des faits diffamatoires, parce que ce ne sont pas des procès en diffamation : procès pour offense au président de la République (L. 1881, art. 26);... pour offense aux chefs d'Etats étrangers (art. 36); pour outrages aux agents diplomatiques étrangers (art. 37); pour injures soit envers les corps constitués (art. 30); soit envers les particuliers (art. 33);... soit enfin, envers les personnes qualifiées de l'art. 31 (art. 33); non pas, en ce qui concerne ces derniers, par le motif d'ailleurs exact et suffisant que ces délits ne comportent pas l'admissibilité de la preuve des faits diffamatoires, mais simplement parce qu'il ne s'agit pas de procès en diffamation (Conf. Barbier, t. 2, n° 739). — Quant aux outrages régis par le code pénal (V. *suprà*, n° 718 et suiv.), il est hors de doute que les procès auxquels ces outrages donnent lieu sont toujours demeurés étrangers à l'interdiction du compte rendu; car celle-ci n'a jamais eu pour objet que les procès nés des diffamations, outrages ou injures réprimés par les lois spéciales de la presse; c'était un trait commun à cette interdiction et à l'interdiction corrélative de prouver la vérité des faits diffamatoires. — L'exception apportée à cette interdiction pour les procès en diffamation où la preuve de la vérité des faits diffamatoires peut être faite contre le diffamé, s'applique désormais à des classes de diffamés nettement déterminées : ce sont toutes celles qu'énumèrent les dispositions des art. 30 et 31 sur le délit de diffamation envers les corps, ou les personnes qualifiées (V. *suprà*, n⁰ˢ 919 et suiv.; 949 et suiv.). Il n'y a pas lieu de distinguer entre la diffamation écrite et la diffamation verbale, la possibilité de prouver la vérité des faits diffamatoires, corrélative du droit de publication des procès, étant, depuis la loi de 1881, commune à l'une et à l'autre diffamation (V. *suprà*, n° 1119).

1124. L'interdiction de rendre compte des débats législatifs ou judiciaires dont il est en général permis de rendre compte, était une peine que, sous la législation antérieure, les tribunaux avaient le droit de prononcer contre les propriétaires et éditeurs de journaux déclarés coupables d'infidélité et de mauvaise foi dans le compte rendu des séances des Chambres ou des audiences des cours et tribunaux. Cette pénalité a disparu, de même que le délit qu'elle avait pour but de frapper (art. 41) (V. *infrà*, n⁰ˢ 1353 et suiv., 1360 et suiv.).

L'interdiction du compte rendu des procès en diffamation s'applique, de même que la défense de rapporter la preuve des faits diffamatoires, aussi bien devant la juridiction civile, quand la partie lésée a choisi la voie de l'action ordinaire en dommages-intérêts, que devant la juridiction correctionnelle. Elle ne reçoit d'exception que dans le cas où l'articulation diffamatoire serait dirigée contre un dépositaire ou agent de l'autorité, et concernerait un fait entrant dans l'exercice des fonctions de celui-ci (Trib. corr. Seine, 11 sept. 1868, aff. De Villemessant, D. P. 69. 3. 55 ; Crim. rej. 15 janv. 1869, aff. Ruault, gérant du *Libéral de Seine-et-Oise*, D. P. 69. 1. 307). — L'interprétation contraire pourrait s'appuyer sur les mots *plainte* et *plaignant* qui figurent dans l'art. 39; mais il faut convenir qu'elle serait en opposition avec la pensée certaine du législateur ; le compte rendu des procès en diffamation porte une égale atteinte à la considération de la personne diffamée, que le procès ait eu lieu devant le tribunal civil ou devant le tribunal correctionnel. Ajoutons que la plainte comprend, au sens large du mot, aussi bien la demande en dommages-intérêts formée devant le juge civil que la citation directe en police correctionnelle. D'ailleurs, cette question ne peut pas être posée à l'occasion des procès en diffamation envers les corps, ou les personnes qualifiées, contre lesquels la preuve du fait diffamatoire est admise en vertu de l'art. 35, pour une double raison : d'abord, la poursuite ne peut pas, en pareil cas, être portée devant les tribunaux civils (art. 46) (V. *infrà*, nᵒˢ 1654); ensuite, le compte rendu de l'affaire, dans le même cas, n'est pas interdit.

1125. De ce que le compte rendu d'un procès pour diffamation tombe sous l'incrimination spéciale établie par l'art. 39, il ne faudrait pas conclure que ce compte rendu ne donne en même temps ouverture à l'action en diffamation. On pourrait, il est vrai, soutenir qu'à ce point de vue le compte rendu, prohibé par l'art. 39, est cependant couvert par l'immunité que l'art. 41 accorde au compte rendu fidèle et fait de bonne foi des débats judiciaires (V. *infrà*, nᵒˢ 1360 et suiv.); mais on ne peut pas admettre que cette immunité profite à un compte rendu interdit expressément par la loi. Il faut reconnaître que l'action exercée par le ministère public à fin d'application de l'art. 39 au délit, ou plus exactement la contravention de compte rendu interdit, n'apporte aucun obstacle à l'exercice de la poursuite pour diffamation de la part du particulier lésé quand le compte rendu interdit reproduit les faits diffamatoires ayant motivé le procès dont les débats sont reproduits. — Toutefois le tribunal saisi d'une prévention de compte rendu d'un procès de diffamation, interdit par l'art. 39, n'est pas, par cela même, implicitement saisi d'une plainte en diffamation et, bien que le fait soit susceptible de cette double incrimination, le tribunal ne doit statuer que sur la première lorsque la diffamation n'est pas relevée dans la citation comme un chef de poursuite distinct, mais seulement comme une conséquence de la publication du compte rendu du procès en diffamation (Crim. rej. 31 juill. 1874, aff. Drouhet, *Bull. crim.*, nᵒ 220).

1126. « D'autre part, dit M. Barbier, t. 2, nᵒ 743, de ce que l'art. 39 n'interdit pas les comptes rendus des procès en diffamation où la preuve est admise, ni des procès pour injures, outrages ou offenses, il ne résulte en aucune façon que ces comptes rendus soient absolument libres et ne puissent, quand ils reproduisent les imputations déjà poursuivies, donner ouverture à une action en diffamation, injure, outrage ou offense. Toutefois, ils seraient protégés par l'art. 41, § 3, et ne pourraient donner lieu à aucune action de cette nature s'ils constituaient des comptes rendus fidèles, faits de bonne foi, des débats judiciaires ». — Sur la publication, par voie de compte rendu ou autrement, de procès autres que des procès en diffamation, mais dans lesquels se sont produites des imputations diffamatoires, soit pour l'une des parties, soit pour des tiers, diffamations que l'art. 41 de la loi de 1881 déclare non punissables ou punissables selon qu'elles sont relatives ou étrangères à la cause, V. *infrà*, nᵒˢ 1360 et suiv., 1371 et suiv.

1127. — 2ᵒ *Procès en divorce ou en séparation de corps* (L. 27 juill. 1884, art. 3). — L'art. 3 de la loi du 27 juill. 1884, sur le divorce, interdit la reproduction des débats auxquels donnent lieu les instances en divorce ou en séparation de corps, sans qu'il soit besoin que le juge prononce cette interdiction. Cette disposition est à remarquer. Il s'agit, en effet, d'un procès civil auquel s'applique l'interdiction de compte rendu réservée par la loi de la presse aux seuls procès de diffamation et sous la sanction établie par cette loi, tandis qu'en toute autre affaire civile le compte rendu n'est prohibé que lorsqu'une décision de la cour ou du tribunal qui en est saisi en a interdit la reproduction. Les motifs qui ont déterminé le législateur à donner au juge civil cette faculté, à savoir les inconvénients d'une

publicité qui, venant s'ajouter à celle de l'audience, serait de nature à porter atteinte à la considération des parties ou des tiers (V. *infrà*, nᵒ 1129), s'appliquent, en effet, d'une manière absolue, à des procès de la nature de ceux dont il s'agit ici, et ne comportent pas le pouvoir d'appréciation du juge. C'est ce que le rapport met en relief. « Quel est, y est-il dit, l'objet de ces débats spéciaux? Les affaires de ménage, la connaissance des relations des époux entre eux, les secrets domestiques de la nature la plus intime à la fois et la plus délicate, l'inconduite des uns, la grossièreté des autres, les confidences arrachées par le désespoir à des cœurs ulcérés. Pourquoi ajouter à la cruauté de ces situations en multipliant, par la presse, la publicité de tels débats, en dehors de celle de la prétoire! » (D. P. 84. 4. 109, note 3). Toutefois, l'interdiction de publier les débats des procès en divorce ou en séparation de corps a soulevé des objections (D. P. *ibid.*). — Sur l'étendue de cette interdiction, V. *infrà*, nᵒˢ 1132 et suiv.

1128. M. Barbier (t. 2, nᵒ 753) fait observer que « les auteurs de la loi du 27 juill. 1884, au lieu d'incorporer la disposition qui nous occupe dans la loi sur la presse, en ont fait un paragraphe additionnel de l'art. 370 c. civ. Il résulte de ce vice de codification que la nouvelle infraction, n'étant ni prévue, ni punie par la loi sur la presse, échappe aux règles spéciales édictées par cette loi, notamment en ce qui concerne la procédure de la poursuite, la prescription de l'action, etc. ». La publication du compte rendu d'un procès de divorce ou de séparation de corps est donc un délit, ou plutôt une contravention de droit commun, déférée au tribunal correctionnel. La peine seule est empruntée à l'art. 39 de la loi du 29 juill. 1881 par un renvoi inséré dans la loi du 27 juill. 1884.

1129. — III. Pouvoir conféré aux cours et tribunaux d'interdire le compte rendu des procès portés devant eux. — L'art. 39 de la loi de 1881 confère aux cours et tribunaux le pouvoir d'interdire le compte rendu des procès dont ils sont saisis, quand le huis clos est ordonné. Mais il limite l'exercice de ce pouvoir aux affaires civiles, sans l'étendre aux matières criminelles ou correctionnelles, comme le faisait le décret de 1852. « Cette seconde interdiction, dit M. Lisbonne dans son rapport, se justifie encore plus facilement que la première, puisqu'il ne s'agit ici que des débats d'une nature intime, et que la juridiction devant laquelle ils sont portés n'est appelée qu'à juger des affaires dans lesquelles n'est pas en jeu l'intérêt de la société. C'est pour cette raison que l'art. 39, emprunté à l'art. 17 du décret du 17 févr. 1852, limite la faculté, pour les tribunaux, d'interdire le compte rendu des procès aux matières civiles et, à la différence de cet article, ne l'étend pas aux matières criminelles et correctionnelles. L'interdiction de rendre compte en matière civile n'est qu'une application de la règle générale édictée par l'art. 87 c. proc. civ., mais que ne reproduisent pas les art. 153, 190 et 519 c. instr. crim. Voilà pourquoi l'art. 39 n'autorise pas les tribunaux à interdire le compte rendu des procès en matière criminelle ou correctionnelle, sauf, bien entendu, le cas où le huis clos est requis et ordonné » (D. P. 81. 4. 81, note 4). Les juges civils peuvent, en effet, lorsqu'en n'usant pas du droit que leur donne l'art. 87 c. proc. civ., de faire fléchir jusqu'au principe de la publicité de l'audience, empêcher qu'à cette publicité limitée qui s'y maintiennent ne se joigne celle, beaucoup plus étendue, qui résulte du compte rendu des débats, lorsqu'ils penseront que la publication qui en serait faite « pourrait porter atteinte à la considération des parties ou des tiers, l'intérêt de la société n'étant pas alors en jeu » (D. P. *ibid.*). En matière criminelle ou correctionnelle, au contraire, la publicité des débats entraîne nécessairement la liberté du compte rendu, liberté qui ne peut disparaître que si la publicité de l'audience elle-même a été supprimée.

La loi de 1881 ne s'occupe plus, comme le faisait l'art. 16 de la loi de 1828, du cas où, soit en matière civile, soit en matière criminelle ou correctionnelle, l'interdiction de compte rendu résulterait du seul fait que les débats ont lieu à huis clos. En matière civile, comme en matière criminelle, il n'existe que lorsqu'une décision formelle l'a prononcée, l'art. 39 ne distinguant pas entre les procès jugés à huis clos et ceux où l'audience est restée publique : elle n'est plus la conséquence forcée du huis clos (D. P. 81. 4. 81, note 3). Au contraire, dans les affaires criminelles ou correctionnelles, dont le compte rendu n'est et ne peut être interdit que pour les procès jugés à huis clos, le juge n'a pas de décision d'interdiction à rendre; l'interdiction du compte rendu naît de plein droit du huis clos, par application de l'art. 38 qui prohibe la publication des actes de la procédure criminelle avant leur lecture en audience publique. Elle est, dès lors, sanctionnée non pas par l'art. 39, mais par l'art. 38. Telle est, du moins, l'opinion exprimée dans le rapport de M. Lisbonne. — M. Barbier est d'un avis contraire. Suivant cet auteur (t. 2, n° 751), aucun texte n'autorise les tribunaux à interdire, sous une sanction pénale quelconque, le compte rendu des affaires criminelles ou correctionnelles, même quand celles-ci sont jugées à huis clos. La déclaration de M. Lisbonne ne saurait, alors qu'il s'agit d'édicter une prohibition et de la sanctionner par une peine, suppléer au silence de la loi. Quant à l'art. 38, qui vise par son texte toute publication des actes de procédure criminelle avant leur lecture en audience publique, il n'a d'autre objet que de punir les publications anticipées de nature à compromettre les intérêts de l'accusation ou de la défense. (Conf. Bordeaux, 18 nov. 1873, aff. Jeoffroy, D. P. 77. 5. 344); et ce serait méconnaître l'esprit de cette disposition que de l'appliquer au compte rendu d'un procès criminel déjà jugé à huis clos. Si même ce compte rendu a été fait fidèlement et de bonne foi, il ne peut donner ouverture à aucune action pour diffamation, injure ou outrage, car il bénéficie de l'immunité concédée par l'art. 41 de la loi de 1881, sans distinction entre les procès jugés en audience publique et ceux dans lesquels le huis clos a été ordonné. M. Barbier admet seulement que le compte rendu d'un procès jugé à huis clos donnerait ouverture à des poursuites pour outrage aux bonnes mœurs, s'il reproduisait, dans une intention mauvaise, certains détails obscènes d'un procès.

1130. L'expression *affaire civile*, employée par l'art. 39 de la loi de 1881 s'entend aussi des affaires commerciales; les tribunaux de commerce peuvent, dès lors, comme les juges civils, user du droit d'interdiction établi par cet article (Comp. *Rép.* n° 309).

1131. La défense, que la loi sur la presse autorise les tribunaux à faire aux journaux, de rendre compte des affaires portées devant eux, est une mesure d'ordre public et de police, dont l'initiative appartient à ces tribunaux, et à laquelle ils peuvent, dès lors, recourir, sans avoir préalablement entendu le ministère public (Crim. rej. 23 avr. 1857, aff. Combe, D. P. 57. 1. 200). Sous l'empire du décret du 17 févr. 1852, qui autorisait cette défense, non seulement dans les affaires civiles, mais encore dans les affaires criminelles ou correctionnelles, il avait été jugé, par application du même principe, que l'interdiction du compte rendu de l'affaire pouvait être ordonnée par la cour d'assises, sans qu'il fût besoin d'interpeller l'accusé et son conseil sur l'opportunité de cette mesure; l'accusé ne pouvait, en ce cas, se plaindre d'aucune atteinte portée à son droit de défense, s'il ne résultait pas du procès-verbal qu'il eût demandé à présenter des observations ou qu'il eût été empêché d'en produire (Crim. rej. 24 févr. 1860, aff. Millons et autres, D. P. 60. 1. 369).

1132. — IV. Etendue de l'interdiction de compte rendu des procès. — On a précisé au *Rép.*, n° 297, les caractères du compte rendu. Rendre compte, disait-on, c'est raconter. Le compte rendu d'une audience est donc le rapport plus ou moins détaillé de ce qui s'y est passé. Peu importe la forme donnée à ce récit (Crim. cass. 12 mai 1837, et Ch. réun. cass. 2 mars 1838, *Rép.* n° 297. Conf. Orléans, 27 mai 1851, aff. Tavernier, 1873, *ibid.* et D. P. 52. 2. 87). L'art. 16 de la loi du 17 juill. 1828 défendait, en ce qui concerne les procès de diffamation, la publication « des faits diffamatoires et des mémoires ou écrits qui les contenaient ». L'art. 10 de la loi du 9 sept. 1835 et l'art. 11 de la loi du 27 juill. 1849 interdisaient le compte rendu « des débats ». L'art. 17 du décret du 17 févr. 1852 permit aux cours et tribunaux d'interdire le compte rendu « du procès ». Ce sont les expressions mêmes qu'on retrouve dans l'art. 39 de la loi du 29 juill. 1881. L'art. 3 de la loi du 27 juill. 1884 interdit le compte rendu « des débats » (V. *suprà*, n° 1127).

1133. On doit admettre d'abord que les expressions de « compte rendu du procès » comprennent non seulement les débats qui se produisent à l'audience, mais aussi les faits qui motivent la poursuite ou l'instance, tout ce qui concerne l'instruction de l'affaire et la procédure qui précède l'audience. Cette interprétation est la seule qui réalise pleinement les intentions du législateur ; elle est implicitement consacrée par l'art. 39, qui, en effet, n'excepte de l'interdiction qu'il ordonne ou qu'il autorise qu'un seul des actes de la procédure antérieure à l'audience : le premier de ces actes, la plainte, que le plaignant conserve le droit de publier (Conf. Chassan, t. 1, n° 919 ; Barbier, t. 2, n° 738 ; Crim. rej. 17 mars et 27 avr. 1854, aff. Dayez et aff. Arnold, D. P. 54. 1. 165 et 166 ; Trib. corr. Seine, 30 juill. 1863, aff. Pauline de Melin, D. P. 69. 3. 68 ; Crim. cass. 29 mai 1869, aff. Duportal, D. P. 69. 1. 434). Cependant l'interdiction de rendre compte d'un procès ne s'étend pas à la simple annonce, notamment dans un journal, de l'action ou de la poursuite, sans indication détaillée des faits qui y donnent lieu, et malgré la désignation des parties : il n'y a pas là un véritable compte rendu du procès (*Rép.* n° 305).

1134. Il n'est pas nécessaire que le compte rendu publié soit complet. La reproduction, même partielle, de la plainte sans le consentement du plaignant, des plaidoiries ou des réquisitions du ministère public, constituerait un compte rendu dans le sens de l'art. 39.

1135. Ne faut-il pas du moins, pour qu'il y ait un compte rendu punissable, que le récit publié touche au fond de l'affaire, qu'il reproduise les faits diffamatoires en tout ou en partie, ou ceux du procès civil dont le compte rendu a été interdit judiciairement, ou ceux enfin du procès de divorce ou de séparation de corps? En faveur de l'affirmative, on peut dire que le but du législateur a été d'empêcher que la publication des pièces du procès ou des débats ne renouvelât et n'aggravât le dommage résultant de la diffamation ou le scandale des querelles privées et des discordes intimes entre époux (Comp. Paris, 17 janv. 1838, cité par Barbier, t. 2, n° 738 ; Toulouse, 20 févr. 1869, aff. Duportal, gérant de *L'Emancipation* de Toulouse, D. P. 69. 1. 434). Cependant la cour de cassation donne aux expressions : « compte rendu d'un procès », un sens beaucoup plus rigoureux. Elle a jugé : 1° « qu'on ne peut assimiler au compte rendu d'une audience l'article de journal qui, parlant d'une poursuite judiciaire, se borne à une simple narration et à l'appréciation du dénouement qu'a eu cette poursuite devant la justice ; mais qu'il en est autrement de l'article qui, « après avoir fait connaître la comparution du prévenu, sa tenue, sa physionomie et sa mise, la plainte et l'inculpation, raconte les faits, et rend compte non seulement de l'arrestation et de l'information, mais aussi de l'opinion soutenue par l'organe du ministère public, de la plaidoirie du défenseur, en y ajoutant l'annonce du jugement » ; qu'il en est de même de l'article qui, « s'expliquant sur les débats d'une affaire en appel, fait connaître le rapport, la plaidoirie du défenseur, le réquisitoire du ministère public, tels que celui d'un appel interjeté par le ministère public, à la barre, en faveur de l'un des prévenus, l'introduction de celui-ci au débat, l'arrêt rendu par la cour, et qui, enfin, reproduit l'allocution prononcée par le président à l'occasion de la mise en liberté des prévenus acquittés » (Crim. rej. 13 févr. 1869, aff. Lechevallier, gérant de *L'Ordre et la Liberté de Caen*, D. P. 69. 1. 388); — 2° que l'interdiction du compte rendu d'un procès s'oppose non seulement à la reproduction des articles poursuivis, mais aussi à la relation, sous une forme quelconque, des actes de la procédure, des débats, des plaidoiries, ainsi que des incidents ou des impressions d'audience (Crim. cass. 29 mai 1869, aff. Duportal, D. P. 69. 1. 433, cassant l'arrêt précité de la cour de Toulouse. V. aussi Crim. cass. 29 mai 1869, autre aff. Duportal, D. P. *ibid.*); qu'ainsi constitue une contravention à cette interdiction l'article dans lequel un journaliste, condamné pour un délit de presse, après avoir indiqué la poursuite dirigée contre lui, fait connaître le rapport présenté devant le juge d'appel par l'un des conseillers, les réquisitions du ministère public et la plaidoirie de l'avocat, signale les impressions de l'auditoire et met en relief la présence à l'audience d'un fonctionnaire de l'ordre administratif (Crim. cass. 29 mai 1869, 1er arrêt précité); qu'il en est de même de l'article dans lequel le même journaliste ajoute à l'indication de la nature de la prévention portée contre lui, des renseignements faisant connaître la portée des réquisitions prises par le ministère public et contenant une analyse tant du réquisitoire que de la défense, et relate l'incident produit par des applaudissements donnés par une partie de l'auditoire aux paroles du procureur impérial (Crim. cass. 29 mai 1869, 2° arrêt précité).

Il a été jugé, conformément à la doctrine de la cour de cassation : 1° que l'interdiction de rendre compte des procès en diffamation, et en général des procès pour délit de presse, ne s'applique pas seulement aux débats de l'audience, mais aussi au fond même de chaque affaire; que, par suite, il y a compte rendu illicite lorsqu'un journaliste, défendeur à une poursuite en diffamation, au lieu de reproduire purement et simplement le jugement qui l'a condamné, donne son appréciation sur ce jugement, en rappelant à l'appui tout à la fois les prétentions de la partie plaignante et ses propres moyens de défense (Trib. corr. Seine, 30 juill, 1863, aff. Pauline de Melin, D. P. 69. 3. 67); — 2° Qu'il y a compte rendu illicite lorsque, même sans reproduire l'article incriminé (dans l'espèce un article poursuivi comme excitant à la haine et au mépris du Gouvernement), non plus que les paroles du ministère public et du défenseur, le journaliste donne, dans un article, la physionomie des débats, renseignant le lecteur sur les circonstances matérielles ou accessoires de l'audience, et appréciant sommairement le réquisitoire et la défense, ainsi que le jugement intervenu (Trib. corr. Saint-Etienne, aff. Le Nordez, gérant du journal La Loire, D. P. 69. 3. 67) ; — 3° Qu'il en est ainsi surtout lorsque le journaliste parle dans son article des écrits incriminés et donne textuellement un extrait de l'un des discours prononcés dans les débats (Trib. corr. Seine, 17 mars 1869, aff. Sittler, gérant du journal Le Palais, D. P. 69. 3. 67); — 4° Que, dans les procès en diffamation, il est interdit de rendre compte, non pas seulement des débats de l'audience, mais encore de tout ce qui s'y passe, ce qui comprend sa physionomie, sa partie matérielle ainsi que les divers incidents qui y sont soulevés, même sur les questions de compétence et de droit; que, spécialement, c'est contrevenir à cette interdiction que de publier la plaidoirie du défenseur du prévenu sur une exception d'irrecevabilité de la poursuite, alors surtout que les faits diffamatoires s'y trouvent indirectement reproduits (Trib. corr. Seine, 25 nov. 1875, aff. Du Lac, D. P. 77. 3. 111).

1136. La circonstance que le prévenu de diffamation était accessoirement poursuivi pour un délit de droit commun, tel qu'un délit de vol, ne fait pas tomber l'interdiction de rendre compte du procès ; mais l'interdiction, en pareil cas, est limitée au chef relatif à la diffamation (Trib. corr. Seine, 17 mars 1869 cité *suprà*, n° 1135).

1137. Le journaliste qui a rendu compte d'un procès en diffamation est à bon droit actionné en dommages-intérêts par celle des parties à laquelle ce compte rendu, alors même qu'il ne serait pas infidèle et de mauvaise foi, cause un préjudice, comme étant de nature à produire sur le public une impression plus défavorable à sa cause que la publication pure et simple du jugement (Trib. corr. Seine, 30 juill. 1863, cité *suprà*, n° 1133).

1138. Lorsqu'il s'agit d'une action en diffamation, les art. 10 de la loi du 9 sept. 1835 et 11 de la loi du 27 juill. 1849 (D. P. 49. 4. 118) portaient que la plainte « pourra seulement être annoncée sur la demande du plaignant ». L'art. 39 de la loi du 29 juill. 1881 dit que « la plainte seule pourra être publiée par le plaignant ». Ainsi le plaignant est autorisé non pas seulement à annoncer qu'il a formé une plainte, mais à publier le texte soit de la plainte proprement dite qu'il a déposée au parquet, soit de la citation qu'il a donnée devant le tribunal correctionnel, soit de l'assignation en dommages-intérêts qu'il a fait signifier devant le tribunal civil. C'est une exception à l'art. 39 et en même temps à l'art. 38, c'est-à-dire une exception tout à la fois à l'interdiction de rendre compte des procès pour diffamation et à celle de publier les actes des procédures criminelles avant leur lecture en audience publique (V. *suprà*, n°° 1103 et suiv., 1117 et suiv.). « En consacrant cette double exception, dit M. Barbier (t. 2, n° 744), le législateur a sans doute obéi à cette pensée qu'il serait injuste de condamner la personne diffamée à rester silencieuse sous le coup de la diffamation, et qu'il convenait de l'autoriser à faire entendre dans le public une protestation immédiate »

1139. C'est le plaignant seul qui est autorisé à rendre la plainte publique. Il suit de là qu'il y a délit dans le journal qui annonce une plainte en diffamation, s'il ne justifie pas du consentement du plaignant (Trib. corr. Seine 6 déc. 1867, aff. Le Courrier français, D.P.68.3.24). A défaut de réclamation de la part du plaignant, l'annonce de la plainte devrait être réputée avoir été faite avec son assentiment (D. P. 68. 3. 24, note 3).

1140. L'interdiction de rendre compte d'un procès soit en matière de diffamation ou de divorce ou de séparation de corps, soit en vertu d'une décision judiciaire, ne s'étend pas au jugement. Il en était ainsi, d'après l'art. 10 de la loi du 9 sept. 1835 et l'art. 11 de la loi du 27 juill. 1849, en ce qui concerne les procès pour outrages, injures ou diffamations. Quant à l'interdiction établie par l'art. 17 du décret du 17 févr. 1852, de publier les procès civils, criminel ou correctionnels, dont les cours et tribunaux auraient interdit le compte rendu, elle était également limitée au procès lui-même, à l'exclusion du jugement. — L'art. 39 de la loi de 1881 dispose pareillement, pour les procès en diffamation, que l'interdiction d'en rendre compte s'applique au procès, mais reste étrangère au jugement, que pourra toujours être publié ; et pour les procès civils dont les cours et tribunaux auront interdit le compte rendu, et qu'il ne peut pas être défendu de publier le jugement, c'est dans le même ordre d'idées que l'art. 3 de la loi du 27 juill. 1884 se borne, lorsqu'il s'agit d'instances en divorce ou en séparation de corps, à interdire la reproduction des débats et garde le silence sur le jugement.

Ces dispositions consacrent donc, d'une façon générale, le droit de publier le jugement, même quand il est intervenu sur un procès dont le compte rendu est interdit. Ce droit n'est pourtant pas sans limites. « En premier lieu, dit M. Barbier, t. 2, n° 750, il est certain que l'art. 39, dont le but général est la réglementation du compte rendu judiciaire, n'entend parler que de la publication des jugements, qui suit immédiatement ou au moins de très près l'audience dans laquelle ils ont été rendus et qui continue, en quelque sorte, la publicité de cette audience. La publication d'un jugement ancien, faite dans le but malveillant de rappeler une condamnation infligée à un individu, ne saurait évidemment jouir d'aucune immunité particulière » (V. en ce sens Agen, 30 janv. 1890, aff. Durroux et Labordère, D. P. 91. 2. 270, cité *suprà*, n° 890).

1141. En second lieu, la publication du jugement, alors même qu'elle est contemporaine du procès, peut constituer un abus du droit consacré par le législateur. Il ne faut pas perdre de vue qu'il s'agit ici du droit, pour les journaux et pour les écrits périodiques, de rendre compte des procès et, quand le compte rendu est interdit, de publier au moins les jugements, de leur propre initiative, soit dans un but scientifique, soit pour satisfaire la curiosité de leurs lecteurs. Cependant l'art. 39 est conçu dans des termes si généraux que l'une des parties en cause y trouverait, sans aucun doute, le droit de publier le jugement rendu à son profit, alors même que cette publication ne serait pas autorisée par le dispositif du jugement lui-même (Crim. 2 févr. 1883, aff. Déchaume, Bull. crim. n° 33). Mais des insertions multipliées dans des journaux autres que ceux désignés par le jugement, pourraient motiver, de la part de l'adversaire, une demande en dommages-intérêts, si ces insertions avaient été faites avec intention de nuire et si elles avaient, en effet, porté préjudice à la partie condamnée (Aix, 6 févr. 1857, aff. Vermare, D. P. 57. 3. 153). Jugé, dans le même sens que, si le droit de publier les jugements appartient à la presse périodique, en vertu des dispositions qui ont pour objet de la réglementer, les dispositions spéciales dont il s'agit ne peuvent pas avoir pour résultat de laisser, impunément et sans droit, porter préjudice à autrui ; que le fait d'insérer en entier dans un journal un jugement dont l'insertion n'a été autorisée que par extrait peut donner lieu à des dommages-intérêts contre la partie qui en est l'auteur ; que l'insertion, même par extrait, d'un jugement peut motiver une demande en dommages-intérêts quand elle n'a pas été autorisée, et alors surtout que cette insertion a été faite dans une forme telle que le public pouvait croire qu'elle était faite en exécution du jugement lui-même (Aix, 6 déc. 1867) (1).

1142. Une partie pourrait-elle, sans autorisation du tribunal, publier le jugement, non par la voie des journaux, mais au moyen de placards ou d'affiches? L'art. 39 est conçu en termes généraux, et consacre le droit de publication des jugements sans spécifier aucun mode particulier de publication et, par conséquent, sans en exclure aucun. Néanmoins l'emploi d'un pareil mode pourrait être considéré comme excessif et motiver une action en dommages-intérêts en vertu du principe général que quiconque exerce un droit d'une façon abusive et nuisible à autrui engage sa responsabilité (Barbier, *loc. cit.*).

1143. Le journal qui publie un jugement, soit d'une façon spontanée, soit sur la demande de l'une des parties, sans y être obligé par une décision de justice ordonnant l'insertion, peut subir l'exercice du droit de réponse de la part de toute personne désignée ou nommée dans le jugement ; car ce droit existe par cela seul que l'insertion n'était pas forcée, et alors même qu'elle ne constitue pas un acte répréhensible (V. *suprà*, n°s 282 et suiv.).

1144. Le mot « jugement », au sens que lui donne l'art. 39, ne comprend que les motifs et le dispositif de la décision judiciaire ; la publication des qualités du jugement étant la reproduction fidèle de tous les actes de la procédure et des moyens développés par les parties, équivaudrait à un compte rendu. Elle est donc frappée d'interdiction par l'art. 39 dans les procès spécifiés audit article (Conf. Barbier, *loc. cit.*).

1145. On a vu *suprà*, n° 1129, que, dans les affaires civiles, l'interdiction de rendre compte ne peut plus résulter de la prononciation du huis clos et qu'il faut, alors même que cette mesure a été prise, une interdiction expresse de compte rendu faite par la cour ou par le tribunal, pour que l'art. 39 de la loi de 1881 puisse être applicable au cas où cette interdiction serait enfreinte ; qu'au contraire, dans les affaires criminelles ou correctionnelles, l'interdiction du compte rendu est la conséquence nécessaire du huis clos ordonné, sans que le juge ait à rendre, à cet égard, aucune décision (V. *suprà*, n° 1129).
— L'art. 16 de la loi du 18 juill. 1828 disposait que, dans toutes les affaires civiles ou criminelles dans lesquelles un huis clos a été ordonné, les journaux ne peuvent publier que le prononcé du jugement. Par application des termes absolus de cette disposition, il a été jugé : 1° que, même dans le cas où le huis clos n'a été ordonné qu'après la lecture de l'arrêt de renvoi et de l'acte d'accusation, les journaux ne peuvent publier que le jugement prononcé dans l'affaire, si, d'ailleurs, la mesure a été prise dès la première audience et maintenue jusqu'à la clôture des débats ; que, par suite, il y a délit de la part du journaliste, non pas seulement à reproduire des détails empruntés aux débats protégés par le huis clos, mais encore à publier ceux qui ont été exposés dans les documents lus en audience publique, surtout si, au lieu de reproduire textuellement tout ou partie de ces documents, il donne un compte rendu (Aix, 14 févr. 1873, aff. Faucon, journal *Le Travailleur des villes et des campagnes* D. P. 73. 2. 66) ; — 2° Que la publication de l'acte d'accusation, dans une affaire où le huis clos a été ordonné même pour la lecture de cet acte, se confond, lorsque le rédacteur a contrevenu, en outre, à la défense de rendre compte des débats, avec cette contravention ; qu'elle ne doit être réprimée comme contravention séparée que lorsqu'elle a été faite par anticipation et avant que l'acte d'accusation ait été lu devant le jury (Bordeaux, 18 nov. 1873, aff. Jeoffroy, D. P. 77. 5. 344). L'art. 16 de la

---

(1) (Augarde C. Menut.) — La cour ; — Attendu que, pour apprécier sainement les faits relevés au procès, il convient de rechercher quelle a été l'intention du législateur quand il a édicté le décret du 17 févr. 1852 ; — Attendu que ce décret n'a eu pour objet que de réglementer les droits et les devoirs de la presse périodique, d'indiquer à ceux qui se servent de ce moyen de publication ce qu'il leur était interdit de dire, ce qu'ils avaient la faculté d'écrire sans encourir une responsabilité pénale ; — Attendu qu'il est facile de comprendre les motifs qui ont dicté les dispositions de l'art. 17 de ce décret : interdiction de reproduire les débats pour que la relation de ceux-ci n'eût pas pour résultat d'exciter des passions, des rancunes, de l'irritation, soit par la reproduction des débats eux-mêmes, soit par le peu de fidélité de ces comptes rendus ; d'autre part, autorisation de rendre compte de la décision, celle-ci ne présentant pas les mêmes inconvénients, établissant d'ailleurs judiciairement les faits, et servant ainsi d'exemple et d'appréciation pour l'avenir ; — Attendu que cette loi, véritable réglementation de la matière au point de vue des inhibitions ou de la faculté d'écrire et de publier, n'a pour but que de déterminer les choses permises ou prohibées eu égard à la répression ; — Mais que ses dispositions spéciales ne sauraient jamais être étendues de telle manière que, annulant les dispositions générales de la loi civile, elles pussent arriver à ce résultat de laisser impunément porter, sans en avoir le droit, préjudice à autrui, ce qu'elle a voulu précisément empêcher ; — Attendu qu'un jugement ordonnant que la décision rendue sera insérée dans un journal constitue, soit une peine que nul n'a le droit d'aggraver, soit une réparation civile proportionnée au tort éprouvé, que les juges ont mesurée au préjudice causé et qu'il n'est pas permis d'étendre au delà des limites posées ; — Attendu qu'il s'agit au procès de savoir si Augarde a, par son fait et volontairement, aggravé à tort la position faite à Menut par les décisions judiciaires qui ont frappé celui-ci, si, par suite, il lui a causé un préjudice qu'il n'avait pas le droit de lui imposer, et s'il lui en doit réparation aux termes de l'art. 1382 c. civ. ; — Attendu qu'au cours du procès, Augarde a reconnu qu'il était l'auteur de la double insertion, au *Messager de Provence*, des articles qui ont motivé la plainte de Menut ; — Que cette déclaration a été réitérée dans ses conclusions écrites, ainsi que cela est consigné au jugement dont est appel, puis au cours des débats devant la cour, et qu'une dénégation tardive ne saurait détruire les conséquences à tirer de ces aveux ; — Attendu que le tribunal de Brignoles avait, par jugement du 20 déc. 1863, autorisé Augarde à faire insérer sa décision *par extrait* dans le *Messager de Provence* ; — Qu'au lieu de faire publier cet extrait dans le journal, c'est le jugement dans tout son contexte qui a été publié, et particulièrement avec ses motifs ; qu'il y a là pour la condition de Menut quelque chose de plus grave et de plus compromettant que ne l'aurait été l'insertion, telle que la justice l'avait ordon-

née ; — Attendu que si le journaliste est autorisé à rendre compte des décisions judiciaires en matière de presse, il ne saurait être admis que cette faculté de donner connaissance au public d'une contestation plus ou moins faite pour exciter la curiosité, entraîne le droit, pour tout autre, de faire insérer un jugement devant nuire à la considération d'autrui ; — Attendu que si Augarde avait, à la vérité et en particulier, un droit à cet égard en vertu de la décision intervenue, il a outrepassé cette faculté, puisqu'il a fait insérer le jugement *en entier*, tandis qu'il ne devait, aux termes du jugement, l'insérer *que par extrait*, ce qui a été fait dans le but évident d'aggraver le préjudice résultant légitimement de la condamnation ; — Attendu que les mêmes raisons s'appliquent à l'insertion par extrait de l'arrêt de la cour du 20 févr. 1864. Cette insertion n'avait pas été ordonnée ; le journaliste avait un droit incontestable d'annoncer que le jugement de Brignoles avait été confirmé ; mais Augarde, en fournissant au journal un extrait de l'arrêt en forme officielle, autorisant ainsi cette insertion, non pas aux nouvelles intitulées *chronique*, mais sous le titre écrit en majuscules : « *Extrait des minutes du greffe de la cour impériale d'Aix* », lui revêtait d'un caractère d'authenticité propre à faire croire au public que l'insertion constituait une nouvelle disposition répressive ordonnée par la cour, puisque cet extrait était conforme à tous ceux qui sont ainsi officiellement délivrés pour être publiés, qu'il contenait le dispositif du jugement soumis à l'appel, c'est-à-dire la mention de la culpabilité de Menut, la confirmation de cette décision, et, par suite, l'affirmation nouvelle de ses torts, le tout sous la signature du greffier en chef de la cour, lequel n'a pas eu à intervenir dans la rédaction autrement qu'en copiant textuellement les actes pour lesquels il était demandé copie ; — Attendu qu'il y a, dans cette forme de procéder substituée à une simple annonce qui était due au journal, une évidente exagération des droits accordés par la loi, dont l'effet est d'aggraver mal à propos le tort fait à celui qui est condamné l'insertion de la décision qui l'atteint ; — Attendu encore que le jugement ayant été reproduit dans son intégralité, Augarde n'avait pas besoin, dans l'intérêt de sa réputation, de faire derechef insérer l'extrait de l'arrêt, puisque, satisfaction lui étant donnée aux termes du jugement, il excédait, par cette nouvelle insertion, la faculté que le tribunal lui avait accordée et que la cour avait purement et simplement maintenue, sans l'aggraver ; — Attendu que si Menut a éprouvé un préjudice qui ne devait pas lui être imposé, il a droit à une réparation, mais qu'il faut, à cet égard, considérer que c'est lui qui, par une première insertion, légitime à la vérité, d'un jugement obtenu par lui 'contre Piloy, a réveillé la source de discussions fâcheuses qui avaient précédé, ce qui doit faire réduire la somme des dommages-intérêts à lui adjugés ; — Par ces motifs, infirme, etc.
Du 6 déc. 1867.-C. d'Aix, 2e ch.-MM. de Fortis, pr.-Desjardins, av. gén.-Guillebert et Rigaud, av.

loi de 1828 ne cessait d'être applicable qu'aux comptes rendus déjà publiés lors de la décision prescrivant le huis clos (*Rép.* n° 301).

Cet article, remplacé, en ce qui touche les affaires civiles, par l'art. 39 de la loi de 1881, qui subordonne l'interdiction à une décision spéciale, est abrogé, dans sa disposition relative aux affaires criminelles, par l'art. 68 de la même loi (V. *suprà*, n° 23). La loi de 1881 ayant fait rentrer la publication des procès criminels ou correctionnels, pour lesquels le huis clos a été prononcé, dans la disposition générale de l'art. 38, qui interdit de publier les actes d'accusation et tous autres actes de procédure criminelle ou correctionnelle « avant qu'ils aient été lus en audience publique », il en résulte que la publication de tout acte lu à l'audience publique, avant la prononciation du huis clos, est licite, encore qu'elle ait été faite postérieurement à cette pronociation, et que, dès lors, elle ne saurait, en cas pareil, être limitée au jugement, comme on le décidait sous la loi de 1828. Mais il a été jugé (et ce point n'est pas douteux) que la lecture, à l'audience, de l'acte d'accusation n'autorise pas la publication des faits et des débats d'une affaire jugée à huis clos (accusation d'attentat à la pudeur), de manière à en faire connaître l'origine, la gravité et la part que d'autres personnes non inculpées auraient prise à l'action (Dijon, 20 déc. 1843, *Rép.* n° 299). L'auteur de la publication ne saurait, d'ailleurs, pour se soustraire à l'application de la peine, invoquer l'usage abusif (sous la loi de 1828) de rendre compte des débats judiciaires, malgré le huis clos (Même arrêt) (Comp. toutefois *Rép.* n° 299 et *suprà*, n° 1129).

1146. La publication d'un article rendant compte d'un procès en diffamation ne constitue, sauf le cas d'infidélité et de mauvaise foi, qu'une contravention et non un délit de presse ; dès lors, la complicité de l'imprimeur, d'après les principes qui régissent la répression des contraventions, n'est pas punissable (Trib. corr. Saint-Etienne, 16 févr. 1869, aff. Le Nordez, gérant du journal *La Loire*, D. P. 69. 3. 67. Comp. *suprà*, n° 410, et *infrà*, n°s 1314 et suiv.).

1147. Les juges du fond ne sont pas appréciateurs souverains de ce qui constitue un compte rendu prohibé par la loi. Ils ont le droit de constater le point de fait ; mais il appartient à la cour de cassation d'examiner si la loi a été sainement appliquée au fait tel qu'il a été reconnu par les juges du fond (*Rép.* n° 298 et *ibid.* v° *Cassation*, n°s 1208 et suiv., 1784 et suiv. V. *suprà*, n°s 1132 et suiv.).

§ 2. — De l'interdiction de rendre compte des délibérations intérieures des jurys ou des cours et tribunaux.

1148. L'interdiction de rendre compte des délibérations intérieures, soit des jurys, soit des cours et tribunaux, a été édictée, pour la première fois, par l'art. 10 de la loi du 9 sept. 1835 (*Rép.* n° 312). Elle a été reproduite, après l'abrogation de cette loi, par le décret du 6 mars 1848 (D. P. 48. 4. 60), dans l'art. 11 de la loi du 27 juill. 1849 (D. P. 49. 4. 118). Elle est maintenue par l'art. 39 de la loi de 1881 (D. P. 81, 4. 81, note 4). — Cette interdiction a pour but d'assurer le secret des délibérations, auquel sont astreints les magistrats et les jurés, et qui forme une garantie de leur indépendance et de l'autorité de leurs décisions.

La loi n'impose le secret qu'à l'égard de la délibération. L'interdiction ne s'étend pas au delà. Il n'est pas défendu, notamment, de rendre compte d'un fait qui s'est produit dans la salle des délibérations au moment où les jurés ou les juges y étaient réunis, si ce fait ne tenait pas nécessairement à la délibération, bien qu'elle en ait été la cause. Ainsi, dans le cas où un des jurés, par exemple, se serait livré à une voie de fait contre un de ses collègues, ce ne serait pas contrevenir à l'art. 39 que d'en rendre compte (*Rép.* n° 312). Mais « la prohibition s'applique aux délibérations, quels qu'en soient l'objet et le résultat, et à toutes les circonstances de la délibération intérieure. Elle s'applique, notamment, à une délibération sur des matières d'ordre intérieur, de discipline, sur l'examen d'un projet de loi, d'une adresse » (Chassan, t. 1, n° 971 ; Conf. de Grattier, t. 2, p. 327, n° 12 ; Rousset, n° 2206 ; Barbier, t. 2, n° 752). L'indication faite publiquement du chiffre des voix composant la majorité qui s'est formée

sur telle ou telle question est une violation du secret de la délibération, punissable en vertu de l'art. 39 (Crim. cass. 24 févr. 1837, *Rép.* v° *Instruction criminelle*, n° 828 ; Chassan, t. 1, n° 974). Jugé, de même, que la publication ou reproduction, par le gérant d'un journal, d'une lettre d'un juré révélant que, dans une affaire capitale, le jury dont il a fait partie n'a accordé des circonstances atténuantes à l'accusé qu'en vue de protester contre la peine de mort, constitue, de la part du journaliste, le délit de compte rendu d'une délibération intérieure du jury (Trib. corr. Seine, 21 juin 1864, aff. des journaux *La Nation* et *Le Temps*, D. P. 64. 3. 92). Dans cette affaire, les gérants des journaux ont été seuls poursuivis, sans que le juré dont la lettre avait été livrée à la publicité ait pu être mis en cause comme complice, parce que l'incrimination dont il s'agit ne constitue qu'un fait contraventionnel, et non pas un délit proprement dit (Comp. *suprà*, n°s 410, 1114, 1146).

1149. La prohibition de rendre compte des délibérations intérieures des tribunaux emporte celle de publier, avant lecture en audience publique, la décision qui est le résultat de la délibération (Rouen, 13 août 1847, aff. Cazavan, D. P. 47. 2. 224 ; Paris, 24 déc. 1847, aff. Léoutre, D. P. 47. 4. 391 ; cité au *Rép.* n° 312).

1150. L'infraction prévue par le deuxième alinéa de l'art. 39 peut être réalisée par tous les modes de publication, quels qu'ils soient. Ainsi l'art. 39 serait applicable au fait d'un juré qui rendrait compte oralement dans un lieu public des délibérations auxquelles il a pris part.

1151. L'art. 39 est applicable aux délibérations intérieures des cours, des tribunaux et de tous les jurys participant à l'administration de la justice, aux jurys d'expropriation comme aux jurys criminels. La loi ne fait aucune distinction (Comp. *suprà*, n° 988).

Les lois de 1835 et de 1849 interdisaient, en outre, de publier le nom des jurés excepté dans le compte rendu de l'audience où le jury avait été constitué. Toute publication faite en dehors de ce compte rendu était considérée comme une menace à l'adresse des jurés désignés. La loi du 29 juill. 1881 n'a pas reproduit cette interdiction. Peut-être est-il permis de le regretter (Comp. Fabreguettes, t. 2, n° 1694 ; Barbier, t. 2, n° 752).

SECT. 3. — DE L'INTERDICTION D'OUVRIR OU D'ANNONCER DES SOUSCRIPTIONS POUR LE PAYEMENT DE CONDAMNATIONS JUDICIAIRES (*Rép.* n°s 314 et suiv.).

1152. L'interdiction « d'ouvrir ou d'annoncer publiquement des souscriptions ayant pour objet d'indemniser des amendes, frais et dommages-intérêts prononcés par des condamnations judiciaires » a été édictée pour la première fois par l'art. 11 de la loi du 9 sept. 1835, à peine d'un emprisonnement d'un mois à un an et d'une amende de 500 fr. à 5000 fr. La loi du 9 sept. 1835 ayant été abrogée par le décret du 6 mars 1848, la même interdiction a été de nouveau édictée, dans les mêmes termes, par l'art. 5 de la loi du 27 juill. 1849, sous la sanction d'un emprisonnement de même durée et d'une amende de 500 fr. à 1000 fr. — Cette interdiction est maintenue, mais avec une étendue restreinte par l'art. 40 de la loi du 29 juill. 1881, ainsi conçu : « Il est interdit d'ouvrir ou d'annoncer publiquement des souscriptions ayant pour objet d'indemniser des amendes, frais et dommages-intérêts prononcés par des condamnations judiciaires en matière criminelle et correctionnelle, sous peine d'un emprisonnement de huit jours à six mois, et d'une amende de 100 fr. à 1000 fr. ou de l'une de ces deux peines seulement ». Les lois de 1835 et de 1849 interdisaient l'ouverture ou l'annonce d'une souscription ayant pour objet d'indemniser des amendes, frais et dommages-intérêts prononcés par toute condamnation judiciaire, sans distinguer entre les condamnations prononcées au civil et celles émanées d'un juge de répression. Les mots « en matière criminelle et correctionnelle » ayant été ajoutés par la loi de 1881 à ceux « prononcés par des condamnations judiciaires » qu'employaient ces lois, il en résulte qu'une souscription publique pourrait être ouverte pour indemniser d'une condamnation civile (D. P. 81. 4. 81, note 5).

1153. Les souscriptions publiques sont seules défendues : la prohibition ne s'applique pas aux souscriptions particulières faites sans publicité (*Rép.* n° 315). C'est ce que constatait le rapport de M. Sauzet sur la loi de 1835, cité *ibid.* Dans son rapport sur la loi de 1881 (Cellier et Le Senne, p. 503), M. Lisbonne disait de même : « Ce n'est pas le fait d'ouvrir une souscription ayant pour objet d'indemniser des frais des condamnations encourues en cour d'assises ou en police correctionnelle qui peut, par lui-même, constituer une action punissable. Chacun est libre de disposer à son gré de ses sympathies et de son argent. C'est la publicité donnée à l'ouverture de la souscription ou à l'annonce de cette ouverture que la loi a entendu prohiber et punir. On a craint que ces manifestations ne prissent le caractère d'une protestation contre les décisions judiciaires et que leur autorité ne s'en trouvât infirmée. Nous n'avons pas cru pouvoir renoncer à cette prévoyante disposition ».

Il suffit, d'ailleurs, pour être punissable en vertu de l'art. 40, que l'ouverture de l'annonce de la souscription ait eu lieu publiquement. Peu importe par quels moyens a été réalisée cette publicité ; il n'est pas nécessaire que ce soit un des moyens énumérés dans les art. 23 et 28. Ainsi, comme le constatait la circulaire du ministre de l'intérieur, M. Dufaure, en date du 1er août 1849, citée au *Rép.* n° 314, l'interdiction de l'art. 40 ne concerne pas seulement les ouvertures ou annonces de souscription par la voie des journaux et écrits périodiques, mais encore tout acte patent et notoire ayant pour but de provoquer les citoyens à indemniser un individu condamné en matière criminelle ou correctionnelle. Il y a donc infraction à l'art. 40 dans le fait de provoquer publiquement à une souscription, et, par exemple, de déposer une liste de souscription dans un café ou autre lieu public pour indemniser d'une condamnation prononcée en matière criminelle ou correctionnelle ; et le maître de l'établissement devrait être considéré comme responsable de ce fait, s'il s'était passé publiquement chez lui (*Rép.* n° 314). Il convient d'observer toutefois, avec M. Barbier (t. 2, n° 755), qu'on ne pourrait poursuivre le maître de l'établissement en même temps que l'auteur du dépôt qu'en le considérant comme coauteur de la publication interdite, réalisée par l'exposition d'un écrit aux regards du public ; on ne pourrait pas l'inculper comme complice de ce fait, la jurisprudence n'admettant pas que les règles de la complicité soient applicables aux contraventions correctionnelles. Il s'agit, en effet, suivant l'expression du rapporteur de la loi de 1835 « d'une contravention toute matérielle », punissable sans aucun égard à l'intention qui a dirigé son auteur (V. *suprà*, n° 410. — *Contrà* : Chassan, t. 1, n° 981 ; Fabreguettes, t. 2, n° 1703).

1154. Une quête, faite de maison en maison, avec un certain caractère de publicité, dans le but prévu par l'art. 40, rentre-t-elle sous la prohibition de cet article ? L'affirmative, répond M. Barbier, *loc. cit.*, peut faire quelque difficulté ; car autre chose est une quête, autre chose l'ouverture d'une souscription, seul mode de manifestation formellement proscrit par la loi. Dans tous les cas, l'art. 40 atteindrait certainement le fait de présenter de porte en porte une liste de souscription (Chassan, t. 1, p. 674, note 1).

1155. Il faut que la souscription ouverte ou annoncée ait pour objet d'indemniser un condamné des amendes, frais et dommages-intérêts prononcés par le jugement de condamnation. Par suite, lorsqu'une souscription ouverte a pour objet de fournir aux frais d'un appel ou d'un pourvoi en cassation, l'annonce de cette souscription ne constitue pas une infraction à l'art. 40 (*Rép.* n° 317). Jugé, en ce sens, sous l'empire de l'art. 11 de la loi du 9 sept. 1835, que l'annonce de souscriptions, ouvertes dans le but de faciliter aux prévenus la formation d'un appel, ne constituait pas une contravention à cette disposition, qui défendait d'ouvrir des souscriptions pour indemniser des condamnés des condamnations intervenues contre eux (Douai, 23 août 1847, aff. Leleux, D. P. 47. 2. 214, et *Rép. ibid.*).

Il faut, depuis la loi du 29 juill. 1881, que les amendes, les frais et dommages-intérêts aient été prononcés par une condamnation « en matière criminelle ou en matière correctionnelle ». Sans aucun doute, l'ouverture ou l'annonce d'une souscription ayant pour objet d'indemniser quelqu'un des condamnations prononcées contre lui par un tribunal civil n'est pas interdite par l'art. 40. Il en est de même des condamnations prononcées par le tribunal de simple police. En effet, le législateur ne considère pas, en général, les mots « matières criminelle et correctionnelle » comme embrassant les contraventions de simple police. Ces contraventions, d'ailleurs, sont de peu d'importance, n'occasionnent qu'un scandale restreint, et leur répression n'a que peu de retentissement (Conf. Chambéry, 4 déc. 1890, aff. Faure, D. P. 91. 1. 445). — Mais cette disposition prohibe les souscriptions destinées à indemniser des condamnations encourues en cour d'assises ou en police correctionnelle, et dès lors, elle s'applique aux condamnations encourues pour exercice illégal de la médecine sans usurpation de titre, bien que ces infractions ne soient frappées que de peines de simple police, ces condamnations étant prononcées par la juridiction correctionnelle (Crim. rej. 21 févr. 1891, même affaire, D. P. *ibid.*).

1156. La défense de publier l'annonce de souscriptions ayant pour objet d'indemniser des amendes et frais prononcés par des condamnations judiciaires s'applique même aux annonces indirectes. Il y a lieu de voir une annonce de cette nature dans l'article de journal qui, après avoir rappelé le fait d'une condamnation de presse prononcée contre un écrivain y désigné, ajoute : « On annonce qu'une souscription a été ouverte parmi les étudiants pour racheter à la bibliothèque que cet écrivain a mise en vente pour payer l'amende et les frais de justice de son procès » (Crim. rej. 2 août 1862, aff. Aubry-Foucault, D. P. 62. 1. 445. Conf. *Rép.*, n° 316 ; Crim. rej. 26 août 1836, aff. Journaux *La Mode* et *La Gazette de Flandre et d'Artois*; Bourges, 23 févr. 1837, cités au *Rép., ibid.*; Barbier, t. 2, n° 757). — Mais il a été jugé que l'inscription, en tête du numéro d'un journal, en caractères très apparents, d'un prix plus élevé, dit prix d'un numéro exceptionnel, ne saurait, par cela seul qu'elle serait suivie immédiatement de la mention d'une condamnation à l'amende prononcée la veille contre la rédaction, être considérée comme constituant l'ouverture indirecte d'une souscription pour aider au payement de cette amende (Trib. corr. Seine, 1er juin 1870, aff. Barberet, gérant de *La Marseillaise*, D. P. 70. 3. 79). V. dans le même sens un arrêt de la cour de cassation suivant lequel la contravention consistant dans l'annonce indirecte d'une souscription illégale a pu être déclarée ne pas résulter de la répétition, par un autre journal, d'un article du journal condamné, dans lequel ce dernier annonçait la mise en vente de la relation de son procès, sans que cette appréciation tombe sous la censure de la cour suprême (Crim. rej. 26 août 1836, précité, *Rép.* n° 316-1°).

1157. La cour de cassation exerce son pouvoir de contrôle sur l'appréciation des juges du fond en ce qui concerne le point de savoir si les faits déclarés constants, et les écrits visés par le jugement ou l'arrêt attaqué, sont susceptibles d'être qualifiés d'annonce ou d'ouverture d'une souscription interdite. Elle a jugé : 1° que la contravention résultant de l'annonce indirecte d'une souscription illégale a pu être déclarée résulter d'un seul fait d'annonce, et non pas seulement de la réitération de ce fait, sans qu'il y ait ouverture à cassation (Crim. rej. 1er sept. 1836, *Rép.* n° 316-2°); 2° que le jugement qui condamne un rédacteur de journal, à raison de l'annonce d'une souscription ayant pour objet d'indemniser d'amendes et frais prononcés d'un délit de presse, contient un exposé suffisant du fait incriminé, lorsque, transcrivant l'article poursuivi, il déclare y voir une annonce indirecte d'une souscription, faite contrairement aux prohibitions de l'art. 5 de la loi du 27 juill. 1849 (Crim. rej. 2 août 1862, aff. Aubry-Foucault, D. P. 62. 1. 445).

CHAP. 6. — Des peines.

1158. Le chapitre 4 de la loi du 29 juill. 1881 (art. 23 à 41) traite des crimes et délits commis à l'aide de l'un des moyens de publication dont la police est réglementée dans les chapitres précédents. Le chapitre 5 est intitulé : « Des poursuites et de la répression ». Il s'occupe successivement : § 1. Des personnes responsables des crimes et délits commis par la voie de la presse (art. 42, 43 et 44); — § 2. De la procédure (art. 47 à 62); — § 3. De la récidive, des circonstances atténuantes et de la prescription (art. 63, 64, et 65).

Nous n'examinerons ici que ce dernier paragraphe du chapitre 5, en ce qui concerne les règles communes à toute peine applicable aux crimes, délits ou contraventions qui sont commis par la voie de la presse ou par tout autre moyen de publication. Nous renvoyons au titre suivant l'examen des paragraphes 1 et 2, et du paragraphe 3 en ce qui touche la prescription (art. 65). Les dispositions dont il s'agit concernent, en effet, l'exercice de l'action publique et de l'action civile qui naissent des crimes, délits et contraventions commis par la voie de la presse ou par tout autre moyen de publication. Ainsi qu'on l'a dit au *Rép.*, n° 1016, il n'y a pas lieu de développer, au sujet des délits spéciaux de la presse, les principes généraux de droit pénal, applicables en toute matière criminelle à moins qu'il n'y soit expressément dérogé. Nous n'avons à examiner que les spécialités des dispositions pénales de la loi sur la presse.

1159. On avait observé au (*Rép., ibid.*) que, depuis la loi de 1819 jusqu'à celle du 9 sept. 1835, le besoin de la rigueur dans la répression en matière de presse avait suivi une progression ascendante, et que la réaction déterminée par la révolution de 1848 dans le sens des mesures indulgentes n'avait pas survécu à cette crise politique.

Les rigueurs du régime imposé à la presse par le décret du 17 févr. 1852 firent, pendant toute la durée du second Empire, l'objet des protestations constantes de la presse périodique et des revendications sans cesse renouvelées des députés de l'opposition au Corps législatif (V. *suprà*, n° 3). Ces attaques déterminèrent le Gouvernement à proposer au vote des Chambres le projet de la loi qui fut promulguée le 11 mai 1868. Cette loi, en même temps qu'elle adoucissait les règlements de police imposés à la presse, en supprimant l'autorisation préalable, la suspension et la suppression par mesure administrative (V. *suprà*, n° 5), et qu'elle limitait les cas de suppression et de suspension judiciaires, faisait prévaloir, en ce qui concerne les pénalités, le système des amendes sur celui de l'emprisonnement, et déclarait l'art. 463 c. pén., sur les circonstances atténuantes, applicable non seulement aux crimes et aux délits, mais encore aux contraventions commises par la voie de la presse.

1160. La loi du 29 juill. 1881, sur la liberté de la presse, devait nécessairement apporter, dans les pénalités qu'elle établissait, l'esprit d'indulgence qui avait déterminé ses dispositions sur la police de la presse et sur l'incrimination des faits punissables. Il convient d'observer qu'en ce qui concerne les pénalités, il n'y a plus aucune distinction à faire entre la presse périodique et les autres moyens de publication (V. *Rép.* n° 1016 et 1041). Les peines sont de même nature et les règles à suivre pour l'application de ces peines sont les mêmes, qu'il s'agisse d'un délit commis par la voie de la presse périodique ou d'un délit commis par tout autre moyen de publication.— La loi de 1881 statue, dans ses art. 63 et 64, sur l'application des peines par elle édictées, en les considérant au point de vue : 1° de la récidive (V. *infrà*, n° 1173 et suiv.); 2° de la règle du non-cumul des peines (V. *infrà*, n° 1176 et suiv.); 3° et de l'application du bénéfice des circonstances atténuantes (V. *infrà*, n° 1179 et suiv.).— En ce qui concerne les causes d'excuse en matière d'infraction à la loi de 1881, V. *infrà*, n° 1185 et suiv.).

1161. — I. Pénalités édictées par la loi de 1881. — 1° *Peines d'emprisonnement et d'amende.* — Les peines d'emprisonnement et d'amende prononcées à raison des infractions prévues par la loi de 1881 sont tantôt des peines de simple police et tantôt des peines correctionnelles. Les peines criminelles sont limitées à des faits de complicité (V. *infrà*, n° 1163).

1162. En matière d'infractions à la police de l'imprimerie, de la presse périodique, de l'affichage et du colportage, les peines sont, pour quelques-unes de ces infractions, des peines de simple police, à la différence de ce qui avait lieu avant la loi de 1881, et pour les autres, des peines correctionnelles. Sont frappés de peines de simple police : 1° l'infraction à l'obligation imposée à l'imprimeur d'indiquer son nom et son domicile sur tout imprimé rendu public et non excepté de cette obligation (art. 2) (V. *suprà*, n° 95); — 2° Le fait de placarder des affiches particulières dans les lieux exclusivement réservés à l'affichage des lois et aux autres actes de l'autorité publique (art. 15) (V. *suprà*, v° *Affiche*, n° 28) ; — 3° L'impression, sur papier blanc, d'actes autres que ceux émanés de l'autorité publique (V. *ibid.* n° 42); — 4° L'enlèvement, la lacération ou l'altération d'affiches apposées, par ordre de l'Administration, dans les emplacements à ce destinés (art. 17). (V. *ibid.* n° 64); — 5° L'enlèvement, la lacération ou l'altération d'affiches électorales, émanés de simples particuliers, et apposées ailleurs que sur les propriétés de ceux qui auront commis cette lacération ou altération (V. *suprà*, *ibid.*); — 6° L'exercice de la profession de colporteur ou de distributeur sur la voie publique, sans déclaration préalable ou sur une déclaration fausse (art. 21) (V. *suprà*, n° 393. V. aussi, en ce qui concerne les crieurs et les chanteurs sur la voie publique, n° 398 et suiv.); — 7° Et la non-représentation, à toute réquisition, du récépissé de la déclaration (V. *suprà*, n° 393).

Sont passibles d'une amende correctionnelle les autres infractions de police prévues par la loi de 1881, savoir : 1° L'omission, par l'imprimeur, du dépôt, au moment de la publication, de tout imprimé non exempté de cette formalité (art. 3 et 4) (V. *suprà*, n° 113 et suiv.); — 2° La publication, sans gérant, de journaux ou écrits périodiques (art. 6 et 9) (V. *suprà*, n° 218 et suiv.); — 3° Le défaut de déclaration, soit des publications de cette nature, lors de leur création, soit des mutations survenues dans les conditions que doit constater la déclaration, ou l'irrégularité de cette déclaration (art. 7, 8 et 9) (V. *suprà*, n° 218 et suiv.); — 4° La continuation d'une publication irrégulière de journaux et écrits périodiques, après condamnation pour l'une des infractions ci-dessus (art. 9) (V. *suprà*, n° 222 et suiv.); — 5° L'omission du dépôt auquel sont assujettis les journaux ou écrits périodiques, au moment de la publication de chaque feuille ou livraison de ces journaux et écrits (art. 10) (V. *suprà*, n° 246); — 6° Le défaut d'impression du nom du gérant d'un journal ou écrit périodique, au bas de chacun des exemplaires de ce journal ou de cet écrit (art. 11) (V. *suprà*, n° 253); — 7° Le refus d'insertion ou l'insertion tardive, par le gérant d'un journal ou écrit périodique : soit des rectifications qui lui ont été adressées par un dépositaire de l'autorité publique, au sujet d'actes de sa fonction qui auraient été inexactement rapportés dans ce journal ou cet écrit; soit de la réponse de toute personne nommée ou désignée dans les mêmes journaux ou écrits (art. 12 et art. 13) (V. *suprà*, n° 274 et 339); — 8° La mise en vente ou la distribution qui serait faite sciemment, en France, au mépris d'une interdiction légalement intervenue, de journaux ou écrits périodiques publiés en pays étranger (art. 14) (V. *suprà*, n° 353). La loi de 1881 s'est montrée toutefois plus rigoureuse pour l'une des infractions à la police de l'affichage; elle punit, à la fois, d'un emprisonnement et d'une amende correctionnelle, l'enlèvement, la lacération ou l'altération, par un fonctionnaire ou agent de l'autorité publique, soit d'affiches apposées par ordre de l'Administration, soit d'affiches électorales émanées de simples particuliers, à moins qu'elles n'aient été apposées dans les emplacements réservés à l'affichage des lois et autres actes de l'autorité publique (art. 17) (V. *suprà*, v° *Affiche*, n° 46).

1163. Parmi les délits de publication, il y en a deux qui ne sont punissables que d'une amende correctionnelle. Tous les autres encourent les peines correctionnelles de l'emprisonnement et de l'amende, soit avec obligation, pour le juge, d'appliquer ces deux peines cumulativement, soit avec faculté de ne prononcer que l'une d'elles.

Les délits de publication qui ne donnent lieu qu'à une amende correctionnelle sont ceux résultant de l'infraction: 1° à l'interdiction de publier les actes d'accusation et tous autres actes de procédure criminelle ou correctionnelle, avant qu'ils aient été lus en audience publique (art. 38) (V. *suprà*, n° 1103 et suiv.); et 2° à l'interdiction de rendre compte, soit des procès en diffamation où la preuve des faits diffamatoires n'est pas autorisée, soit des procès civils dont les cours et tribunaux ont interdit le compte rendu, soit des instances en séparation de corps ou en divorce (art. 39) (V. *suprà*, n° 1123 et suiv.).

Sont passibles d'emprisonnement et d'amende cumulativement : 1° le délit de provocation à certains crimes, restée sans effet (art. 24) (V. *suprà*, n° 588 et suiv.); 2° le délit de provocation, adressée à des militaires de l'armée de terre ou de mer, dans le but de les détourner de leurs devoirs militaires et de l'obéissance qu'ils doivent à leurs chefs dans tout ce que ceux-ci leur commandent pour l'exécution des lois et règlements militaires (art. 25) (V. *suprà*, nos 608 et suiv.); 3° le délit d'outrage aux bonnes mœurs (art. 28, et art. 1 de la loi du 2 août 1882) (V. *suprà*, nos 664 et suiv.).

Sont passibles d'emprisonnement et d'amende, avec faculté, pour le juge, de n'appliquer que l'une de ces deux peines: 1° le délit de cris ou chants séditieux (art. 24) (V. *suprà*, n° 597); — 2° le délit d'offense envers le président de la République (art. 26) V. (*suprà*, nos 624); — 3° Le délit de publication ou reproduction de nouvelles fausses, de pièces fabriquées, falsifiées ou mensongèrement attribuées à des tiers (art. 27) (V. *suprà*, nos 637); — 4° Le délit de diffamation envers les personnes collectives énumérées dans l'art. 30, ou envers les personnes qualifiées, énumérées dans l'art. 31, ou envers les particuliers (V. *suprà*, nos 918, 943 et suiv., 1001 et suiv.); — 5° Le délit d'injure envers les mêmes corps ou les mêmes personnes (art. 33) (V. *suprà*, nos 1043 et suiv.); — 6° Le délit de diffamation ou d'injure contre la mémoire des morts (art. 34) (V. *suprà*, nos 1020 et 1066); — 7° Le délit d'ouverture ou d'annonce publique de souscriptions ayant pour objet d'indemniser des amendes, frais et dommages-intérêts prononcés par des condamnations judiciaires, en matière criminelle ou correctionnelle (art. 50) (V. *suprà*, nos 1151 et suiv.).

Les crimes ou délits résultant d'une provocation suivie d'effet, que prévoit l'art. 23, sont passibles des peines criminelles ou correctionnelles applicables à l'action qui a fait l'objet de la provocation (art. 23) (V. *suprà*, nos 570 et 585).

En ce qui concerne la nature des peines encourues par les colporteurs ou distributeurs d'écrits délictueux (art. 22 et art. 41), V. *suprà*, nos 396 et suiv. et *infrà*, nos 1294 et suiv.

1164. — 2° *Peines accessoires.* — A. *Suppression des écrits délictueux.* — L'art. 26 de la loi du 26 mai 1819 portait: « Tout arrêt de condamnation contre les auteurs ou complices des crimes et délits commis par voie de publication ordonnera la suppression ou la destruction des objets saisis ou de ceux qui pourront l'être ultérieurement, en tout ou en partie, suivant qu'il y aura lieu pour l'effet de la condamnation ». L'art. 49, al. 3, de la loi du 29 juill. 1881 porte qu' « en cas de condamnation, l'arrêt pourra ordonner la saisie et la suppression ou la destruction des exemplaires qui seraient mis en vente, distribués ou exposés au regard du public ». Le quatrième alinéa du même article ajoute que « toutefois la suppression ou la destruction pourra ne s'appliquer qu'à certaines parties des exemplaires saisis », c'est-à-dire à la portion de l'œuvre déclarée criminelle ou délictueuse (Rapport de M. Lisbonne, D. P. 81. 4. 85, note 2, *in fine*).

1165. La suppression d'un écrit ne peut être prononcée que lorsqu'il y a eu condamnation. Il en était ainsi déjà sous l'art. 26 de la loi de 1819 (Crim. cass. 20 juin 1840, aff. Delavigne et autres, *Rép.* n° 1037). C'est encore la disposition expresse de l'art. 49 de la loi de 1881. D'ailleurs, la suppression ne peut être prononcée que lorsque la condamnation atteint l'écrit lui-même, c'est-à-dire quand elle est motivée par le caractère délictueux de cet écrit, et non pas quand elle atteint le prévenu sans viser le caractère de l'écrit, c'est-à-dire quand elle a pour objet une irrégularité dans la publication ou dans la distribution de l'écrit (Crim. cass. 17 août 1860, aff. Poplinaux, D. P. 60. 1. 422).

1166. La suppression ou la destruction autorisée par l'art. 41 de la loi de 1881, diffère sur des points essentiels des mesures semblables qu'établissait l'art. 26 de la loi du 26 mai 1819. Cette dernière loi enjoignait au juge, en prononçant la condamnation, d'ordonner la destruction « des objets saisis et de tous ceux qui pourraient l'être ». La destruction était donc obligatoire pour le juge. Elle devait atteindre tous les exemplaires de l'écrit délictueux saisis préventivement et tous ceux qui pourraient être saisis à fin de destruction en vertu de la sentence de condamnation. Elle portait non seulement sur les exemplaires de l'écrit condamné, mais sur tous les objets saisis ou pouvant l'être, c'est-à-dire la composition, les clichés, les planches ou les pierres (*Rép.* nos 1033 et 1034). — Au contraire, la suppression ou la destruction, autorisée par l'art. 49 de la loi de

1881, n'est pas obligatoire mais simplement facultative pour le juge. Elle ne peut atteindre que les exemplaires de l'écrit délictueux. Son exécution est, d'ailleurs, subordonnée à un fait éventuel, postérieur à la condamnation qui la prononce: la mise en vente, la distribution ou l'exposition au regard du public de l'écrit condamné. Ainsi la destruction ne peut pas atteindre les exemplaires saisis préventivement; d'ailleurs, la saisie préventive n'est autorisée, par la loi de 1881, que pour quatre exemplaires de l'écrit, du journal ou du dessin incriminé, et dans le seul cas d'omission du dépôt prescrit par les art. 3 et 10 (art. 49, al. 1) (V. *suprà*, nos 90 et suiv.; 228 et suiv.; 683, 686 et suiv. *infrà*, nos 1678 et suiv.).

1167. Les exemplaires saisis doivent être remis à leur publicateur après la condamnation. Ils ne peuvent être saisis de nouveau à fin de destruction que s'ils font l'objet d'une publication nouvelle. La saisie et la destruction ordonnées par le jugement de condamnation ne peuvent, d'ailleurs, s'appliquer qu'aux exemplaires de l'édition condamnée. Le jugement ou l'arrêt ne seraient susceptibles d'aucune exécution relativement aux éditions publiées à une époque postérieure (V. *suprà*, nos 685 et 686. Conf. Barbier, t. 2, nos 376, 378 et 992). — Il y a lieu de remarquer que la mesure autorisée par l'art. 49, al. 3, ne peut pas être prise à l'égard des imprimés ou dessins obscènes, condamnés par application de la loi du 2 août 1882 (V. *suprà*, nos 705 et suiv. Conf. Barbier, t. 2, nos 367 et 391).

1168. La suppression d'un écrit délictueux peut être prononcée non seulement à titre de peine, mais aussi à titre de réparation envers la partie lésée, notamment par le juge devant lequel l'action civile a été intentée séparément de l'action publique (V. *infrà*, n° 1266).

En ce qui concerne la *suppression* des discours ou écrits injurieux outrageants ou diffamatoires prononcés ou produits devant les tribunaux (art. 41), V. *infrà*, nos 1401 et suiv.;... les *injonctions* ou la *suspension* que les juges peuvent, dans le même cas, infliger aux avocats et aux officiers ministériels, V. *infrà*, n° 1441 et suiv.

1169. — B. *Impression et affiche de la condamnation.* — En vertu de l'art. 11 de la loi du 9 juin 1819, les éditeurs d'un journal ou d'un écrit périodique étaient tenus d'insérer, dans l'une des feuilles ou livraisons paraissant dans le mois du jugement ou de l'arrêt intervenu contre eux, un extrait contenant les motifs et le dispositif de ce jugement ou de cet arrêt, sous peine d'une amende de 100 fr. à 1000 fr. édictée par l'art. 12 de la même loi (*Rép.* p. 408). L'art. 26 de la loi du 26 mai 1819 disposait, en outre, qu'au cas de condamnation pour crimes ou délits de publication, l'impression ou l'affiche de l'arrêt pourraient être ordonnées aux frais du condamné. — Cette dernière disposition constituait, comme la première, une véritable peine. Elle n'était applicable qu'au cas de condamnation pour crimes et délits de publication. Il avait, en conséquence, été jugé que les tribunaux de répression ne pouvaient pas ajouter à la peine d'une simple contravention, l'affiche du jugement s'autorisant de l'art. 26 de la loi du 17 mai 1819 (Crim. rej. 16 mai 1873, aff. Boulon et Lepic, D. P. 73. 1. 441). S'autorisant de l'art. 26 de la loi du 17 mai 1819, le même arrêt leur reconnaissait cependant le droit d'imposer cette mesure à la partie condamnée, par application de la disposition générale de l'art. 1036 c. proc. civ. qui permet d'ordonner l'affiche en toute matière, dans un intérêt d'ordre public.

L'art. 11 de la loi du 9 juin 1819 et l'art. 26 de la loi du 26 mai 1819 sont tous deux abrogés par la loi du 29 mai 1881 (art. 68) (V. *suprà*, nos 23 et suiv.) Sous le régime actuel de la presse, c'est exclusivement en vertu de l'art. 1036 c. proc. civ. que les tribunaux ont désormais, quelle que soit la nature de l'infraction, la faculté que leur attribuait l'art. 26 de la loi précitée, sans que, dès lors, cette faculté doive être limitée aux crimes et délits de publication. Mais l'affiche et l'impression du jugement, ayant cessé de constituer une peine, dans l'hypothèse où elles seraient, comme le prévoyait la loi de 1819, l'accessoire d'une condamnation pour crime ou délit de publication, ne peuvent plus jamais être ordonnées qu'à la charge par le juge de constater, soit les considérations d'ordre public qui l'ont déterminé à prescrire d'office cette mesure, soit la demande de la partie lésée tendant à cette fin (V.

suprà, v° *Peine*, n°⁸ 822 et 823). Lorsque la partie lésée conclut à l'insertion du jugement dans les journaux, à titre, par exemple, de réparation des imputations diffamatoires dirigées contre son auteur, les juges qui la prescrivent sont réputés ne l'avoir ordonnée que comme supplément de dommages-intérêts, et n'ont pas besoin de relever, dans leur décision, les raisons d'ordre public dont la constatation n'est nécessaire que lorsque cette mesure est prise d'office (Civ. rej. 19 janv. 1875, aff. Lamm et consorts, D. P. 75. 1. 321).

1170. — C. *Réparation d'honneur.* — La réparation d'honneur, autorisée par l'art. 227 c. pén., est spéciale au délit d'outrage prévu par les art. 222 et suiv. de ce code. Cette pénalité, d'ailleurs tombée en désuétude, ne peut être étendue, dans le silence de la législation spéciale de la presse, aux délits de diffamation ou d'injure soit envers les corps constitués, soit envers les personnes qualifiées. — L'art. 71 du décret du 15 nov. 1811 (*Rép.* n° 959), sur les injures contre les membres de l'Université, article d'après lequel il doit être fait à l'offensé telle excuse et réparation que le conseil estime convenable, n'est également susceptible d'aucune extension.

1171. — D. *Réparations civiles.* — Quant aux réparations civiles qui peuvent être accordées à la personne lésée par un délit de presse, V. *suprà*, n° 1024, et *infrà*, n° 1266.

1172. — II. DES PÉNALITÉS ABROGÉES PAR LA LOI DU 29 JUILL. 1881. — La loi du 29 juill. 1881 a supprimé, les peines accessoires consistant : 1° dans l'instruction obligatoire, pour le juge, de tous les objets saisis préventivement et de tous ceux qui pourraient l'être après la condamnation (L. 26 mai 1819, art. 26) (V. *suprà*, n° 1166); — 2° Dans l'obligation, pour les journaux ou écrits périodiques, d'insérer par extrait les condamnations prononcées contre eux (L. 9 juin 1819, art. 11) (V. *suprà*, n° 1169); — 3° Dans l'impression ou l'affiche de l'arrêt de condamnation qui pouvait être ordonnée, à titre de peine, aux frais du condamné (L. 26 mai 1819, art. 26) (V. *suprà*, n° 1169). La loi du 29 juill. 1881 a supprimé en outre la peine de la suspension et de la suppression judiciaire. On a vu *suprà*, n° 157, que la suspension et la suppression par mesure administrative, établies par le décret du 17 févr. 1852 (D. P. 52. 4. 56), avaient été abrogées par l'art. 11 de la loi du 11 mai 1868.

La suspension judiciaire des journaux pendant un temps déterminé avait été autorisée par l'art. 15 de la loi du 18 juill. 1828, suivant la gravité du délit et pour le cas où ce délit aurait été commis par le même gérant dans les conditions de la récidive définie par l'art. 58 c. pén. (*Rép.* p. 412). L'art. 12 de la loi du 9 sept. 1835 (*Rép.* p. 413) autorisa l'application de cette pénalité : 1° dans le cas d'une seconde ou ultérieure condamnation contre le même gérant ou contre le même journal, dans le cours d'une année ; 2° comme peine accessoire de toute condamnation pour *crime* de presse. L'art. 15 de la loi du 27 juill. 1849 (D. P. 49. 4. 130) en permit, à son tour, l'application : 1° toutes les fois qu'une seconde ou ultérieure condamnation pour crime ou délit serait encourue dans la même année par le même gérant ou par le même journal ; 2° à raison de toute condamnation, fût-elle la première, pour provocation à l'un des crimes contre la sûreté de l'État prévu par les art. 87 et 91 c. pén. Les dispositions avaient fait place à l'art. 12 de la loi du 11 mai 1868 (D. P. 68. 4. 62), en vertu duquel la suspension du journal ou de l'écrit périodique pouvait être prononcée par les tribunaux : 1° en cas de récidive dans les deux années à partir d'une première condamnation pour délits de presse autres que ceux commis envers les particuliers, avec augmentation de la durée de la suspension au cas d'une troisième condamnation dans le même délai ; 2° à raison de tout jugement ou arrêt de condamnation pour provocation à l'un des crimes prévus par les art. 86, 87 et 91 c. pén., ou pour délit d'offense envers le chef de l'État. — Toute condamnation pour crime entraînait de plein droit la suppression du journal (Même article). -

Les pénalités de la suspension et de la suppression judiciaires ont disparu par l'effet de l'abrogation générale prononcée par l'art. 68 de la loi du 29 juill. 1881, qui atteint l'art. 12 de la loi du 11 mai 1868 (V. *suprà*, n°⁸ 4 et 23 et suiv.).

1173. — III. RÉCIDIVE. — Les caractères de la récidive légale sont définis par l'art. 56 c. pén. (V. *Rép.*, v° *Peine*, n°⁸ 253 et suiv.). La loi du 17 mai 1819, après avoir érigé en crimes et délits spéciaux les crimes et délits de publication, détermina, sous son art. 25, l'effet aggravant de la récidive sur les peines applicables à ces crimes ou délits. Il y était dit : « En cas de récidive des crimes et délits prévus par la présente loi, il pourra y avoir lieu à l'aggravation de peine prononcée par le chap. 4, liv. 1, c. pén. » (*Rép.* p. 406). La loi de 1819 laissait ainsi dans le droit commun les conditions constitutives de l'état de récidive légale et l'aggravation pénale qui s'y trouve attachée (c. pén. art. 56, 57 et 58) ; mais elle rendait facultative cette aggravation pénale qui, au contraire, doit être nécessairement prononcée dans le système du code pénal. Quant aux infractions à la police de la presse ou des divers moyens de publication, elles échappaient à l'application du droit commun sur la récidive (c. pén. art. 57 et 58 c. pén. ne concernant que les délits proprement dits, soit qu'elles eussent le caractère de simples contraventions de police, soit qu'elles fussent étranger aux contraventions régies par des lois spéciales (V. *Rép.* n°⁸ 1020 et suiv.). L'art. 25 de la loi de 1819 a survécu à la loi du 25 mars 1822 et au décret du 17 févr. 1852, qui n'ont apporté aucun changement aux pénalités édictées par cette loi. — Cet article est abrogé par l'effet de la disposition générale de l'art. 68 de la loi de 1881 et l'art. 63 de cette loi contient une règle nouvelle et une disposition exceptionnelle en fait de récidive, dans le sens le plus favorable à la liberté de la presse. Cet article est ainsi conçu, dans son premier alinéa : « L'aggravation des peines résultant de la récidive ne sera pas applicable aux infractions prévues par la présente loi ». En vertu de cet article, l'aggravation de peine résultant de la récidive n'est plus applicable aux infractions prévues par la loi du 29 juill. 1881.

1174. L'expression *infractions*, dont se sert l'art. 63, embrasse tous les crimes et les délits de publication, ainsi que les contraventions à la police de l'imprimerie, de la presse périodique, de l'affichage et du colportage qui sont frappées de peines correctionnelles. Mais celles de ces contraventions qui ne sont passibles que de peines de simple police seront toutes passibles d'une certaine aggravation de peine, en cas de condamnation pour une contravention de même nature, dans les douze mois antérieurs à la nouvelle contravention. Ces contraventions sont celles qui résultent : ... 1° de l'omission de l'indication, par l'imprimeur, de son nom ou de son domicile sur tout imprimé rendu public, et non excepté de cette formalité (art. 2 et 4) (V. *suprà*, n° 95); — 2° Du fait de placarder des affiches particulières sur les emplacements réservés à l'affichage des lois et autres actes de l'autorité publique (art. 15) (V. *suprà*, v° *Affiche*, n° 28) ; — 3° De l'impression, sur papier blanc, d'actes ou des actes de l'autorité publique (V. *suprà*, *ibid.*) ; — 4° De l'exercice de la profession de colporteur ou distributeur sur la voie publique, sans déclaration préalable (art. 21) (V. *suprà*, n° 393) ; — 5° Du défaut de représentation du récépissé de la déclaration, à toute réquisition (V. *suprà*, *ibid.*). — L'aggravation pénale consiste, à l'égard des trois premières contraventions, qui ne sont punies, en elles-mêmes, que d'une amende, dans l'addition facultative d'un emprisonnement de simple police (art. 2 et 15) (V. *suprà*, n° 95 et v° *Affiche*, n° 28) ; et, à l'égard des deux dernières, qui sont punies de l'emprisonnement et de l'amende, ou de l'une de ces deux peines seulement, dans l'obligation de prononcer l'emprisonnement (art. 21) (V. *suprà*, n° 394). — Les seules contraventions de simple police dont la peine ne soit pas aggravée par la récidive sont : 1° l'enlèvement, la lacération ou l'altération, soit d'affiches apposées par ordre de l'Administration, dans les emplacements réservés, soit d'affiches électorales apposées ailleurs que sur les propriétés de ceux qui les ont enlevées, lacérées ou altérées (art. 17) (V. *suprà*, v° *Affiche*, n° 64) ; 2° et l'exercice de la profession de colporteur ou de distributeur sur la voie publique, à la faveur d'une déclaration mensongère (art. 21) (V. *suprà*, n° 393). Malgré l'état de récidive du contrevenant, ces deux contraventions restent passibles, la première, de l'amende de simple police seule prononcée par l'art. 15 ; la seconde, des peines obligatoires de l'emprisonnement et de l'amende que lui applique l'art. 21.

1175. La disposition exceptionnelle de l'art. 63 produit son effet, d'après les termes mêmes dans lesquels cet article est rédigé, non seulement dans l'hypothèse où les deux condamnations qui, d'après le droit commun, donneraient lieu à l'aggravation de peine résultant de la récidive, sont encourues toutes deux en vertu de la loi sur la presse, mais encore quand l'une des condamnations a été prononcée pour un délit de droit commun et que l'autre a eu lieu pour délit de presse (Conf. Barbier, t. 2, n° 1005).

1176. — IV. Non-cumul des peines. — L'art. 63, 2° al, de la loi du 29 juill. 1881 contient la disposition suivante : « En cas de conviction de plusieurs crimes ou délits prévus par la présente loi, les peines ne se cumuleront pas, et la plus forte sera seule prononcée ». C'est la reproduction de la règle générale établie par l'art. 365 c. inst. crim., qui s'applique aussi bien aux crimes et délits prévus par des lois spéciales qu'à ceux que prévoit le code pénal (V. *supra*, v° *Peine*, n° 117 et suiv.). Cependant l'état de la législation antérieure rendait nécessaire, en 1881, l'affirmation expresse, de la part du législateur, que les crimes et délits prévus par la loi sur la presse seraient dorénavant soumis au droit commun en ce qui concerne le non-cumul des peines. On a exposé au *Rép.*, n° 1018, les modifications successives qu'a subies la législation sur ce point, jusqu'à la loi du 16 juill. 1850 (art. 9) qui admettait le cumul des peines pour les faits postérieurs à la première poursuite, tout en n'autorisant pourtant que le cumul des peines pécuniaires (D. P. 30. 4. 171). Le décret du 17 févr. 1852, dont les art. 25 et 27 ne statuaient que sur la compétence et la procédure, n'a rien changé à cette dernière disposition, qui est demeurée en vigueur jusqu'au régime inauguré par la législation actuelle. Les auteurs de la loi de 1881 étaient donc obligés d'exprimer leur volonté de revenir à l'application intégrale de l'art. 365 c. instr. crim.

1177. L'art. 63 de la loi de 1881 n'applique la prohibition du cumul qu'aux peines encourues pour crimes ou délits de publication (D. P. 81. 4. 87 note 3). L'art. 365 c. instr. crim. ne parle aussi que des crimes et des délits. On est d'accord pour reconnaître que l'art. 365 n'est pas applicable aux contraventions de simple police prévues soit par le code pénal, soit par les lois spéciales. Il est également certain que la règle du non-cumul des peines, reproduite par l'art. 63 de la loi de 1881, doit être écartée quand il s'agit d'infraction à la police de l'imprimerie, de la presse périodique, de l'affichage et du colportage ou de la distribution sur la voie publique, que la loi de 1881 frappe de peines de simple police (V. *supra*, n° 98, 422 et 430). Mais la prohibition du cumul s'étend-elle aux peines encourues pour celles de ces infractions qui, tout en ne constituant que des contraventions, puisqu'elles sont punissables abstraction faite de tout élément intentionnel, sont néanmoins passibles de peines correctionnelles ? (V. *supra*, n° 421 et suiv.). En règle générale, et par interprétation de la disposition de droit commun édictée par l'art. 365 c. inst. crim., la cour de cassation avait refusé d'abord le bénéfice du non-cumul des peines aux délits contraventionnels, de telles infractions, quelle qu'en fût la peine, ne constituant pas moins, comme les contraventions de simple police, des infractions matérielles, non susceptibles d'être couvertes par la bonne foi de leur auteur, et distinctes, dès lors, des délits que vise exclusivement l'art. 365 c. instr. crim. (Crim. cass. 9 août 1851, aff. Cassagne, D. P. 51. 1. 279; V. aussi Trib. Auxerre, 24 mai 1855, aff. Hérissé, D. P. 55. 3. 46. Sol. impl.; Paris, 6 mars 1858, aff. Hérissé, D. P. 58. 2. 201). Mais cette jurisprudence a été bientôt abandonnée, et un grand nombre d'arrêts ont décidé que la prohibition du cumul des peines est applicable, en matière de presse, aux infractions de police comme aux infractions délictueuses, dès qu'elles sont frappées de peines correctionnelles, sans qu'il y ait lieu de tenir compte de la différence qui sépare les unes et les autres, au point de vue de l'élément intentionnel : il suffit, d'après ces arrêts, qu'il y ait identité dans la nature de la peine (Crim. rej. 8 mai 1852, aff. Delbrel, D. P. 52. 5. 443; Crim. cass. 26 juill. 1855, aff. Trémollière et Jacquet, D. P. 55. 1. 380-381; 13 juill. 1860, aff. Gounouilhou, D. P. 60. 1. 467; Douai, 16 déc. 1867, aff. Journal *L'Ordre*, D. P. 68. 2. 41; Agen, 26 févr. 1869, aff. Peyrat, D. P. 69. 1. 310, et sur pourvoi, Crim. rej. 14 mai 1869, D. P. *ibid.*; Chambéry, 20 juill. 1872, aff. Bonne et autres, D. P. 73. 2.

9; Nîmes, 20 nov. 1874, aff. Proyet, D. P. 75. 2. 48; Crim. cass. 14 janv. 1875, aff. Duc de Marmier, D. P. 75. 1. 281). L'art. 63 de la loi du 29 juill. 1881 doit, en effet, recevoir la même interprétation que l'art. 365 c. instr. crim. dont il n'est qu'une application en matière de presse, et les mots « crimes ou délits » doivent y être entendus exactement dans le même sens, c'est-à-dire que le cumul, soit des peines criminelles, soit des peines correctionnelles est toujours prohibé, que les peines de cette seconde catégorie soient applicables à des délits intentionnels ou qu'elles répriment de simples contraventions matérielles. Nous ne voyons pas, en effet, quelles raisons pourraient justifier une jurisprudence contradictoire, admettant, en matière de contraventions de presse, une interprétation différente de celle qui est donnée pour tous les autres délits contraventionnels, à la même règle et aux mêmes termes dans lesquels cette règle est formulée. L'intention du législateur de 1881 n'était assurément pas douteuse et le rapporteur, M. Lisbonne, s'en expliquait ainsi : « Nous avons encore ici adopté une décision favorable à la liberté. Nous avons répudié les dispositions spéciales de l'art. 9 de la loi du 10 juill. 1850 qui dérogeait dans un sens rigoureux à l'art. 365 c. instr. crim. Nous repoussons absolument le cumul qu'acceptait dans une certaine mesure cette loi de 1850 » (Celliez et Le Senne, p. 618).

1178. Cependant le cumul des peines correctionnelles doit avoir lieu quand il s'agit de certaines infractions à l'égard desquelles il est dérogé expressément ou implicitement à la règle générale par la loi qui les prévoit. C'est ainsi que la loi du 21 oct. 1814, qui prononçait des amendes correctionnelles pour infraction à la police de l'imprimerie, en imposait formellement le cumul dans son art. 16 (*Rép.* p. 404). Il était décidé, en conséquence, que l'art. 365 c. instr. crim., prohibitif du cumul des peines, ne s'appliquait pas aux amendes encourues par les imprimeurs pour plusieurs contraventions (Crim. cass. 14 août 1846, aff. Dieulafoy, D. P. 46.1. 336; Paris, 24 juill. 1850, aff. Plon, D. P. 51. 5. 390; Crim. cass. 17 mai 1851, aff. Mangin, D. P. 51. 1. 215); et que la loi du 11 mai 1868, en déclarant l'art. 463 c. pén. sur les circonstances atténuantes, applicable en matière d'infractions aux lois sur la presse, fussent-elles de simples contraventions, n'a pas supprimé l'obligation, pour le juge, d'appliquer des amendes distinctes à l'imprimeur qui, dans la publication d'un écrit, a contrevenu à deux prescriptions différentes de la loi du 21 oct. 1814 (Crim. cass. 24 juill. 1881, aff. N..., D. P. 73. 1. 398).

De même, un jugement du tribunal correctionnel de la Seine du 31 janv. 1883 (*Gaz. des tribunaux*, 1er févr. 1883) a admis le cumul des peines correctionnelles en matière de contraventions multiples à l'art. 3 de la loi de 1881, qui punit l'omission du dépôt. « Il est, en effet, permis de penser, dit M. Barbier, t. 2, n° 1006, que cet article en prescrivant le dépôt de tout imprimé sous peine d'une amende de 16 à 300 fr., entend que toute infraction à cette disposition donne lieu à une peine particulière, sans qu'il y ait lieu de confondre les peines en cas de pluralité d'infractions ». Cependant ce n'est point la considération qui a déterminé le tribunal et le jugement, n'ayant point d'égard à la jurisprudence que nous avons signalée, est motivé sur ce principe erroné que la règle prohibitive du cumul des peines est inapplicable aux contraventions même punies de peines correctionnelles. C'est cette même erreur de principe qui motive un autre jugement de la onzième chambre du tribunal de la Seine en date du 8 juin 1882 (*Le Droit*, du 9) qui a admis le cumul des peines correctionnelles en matière d'infractions multiples à l'art. 39 (compte rendu prohibé). Il est vrai qu'il est difficile de trouver une dérogation à l'art. 63 dans l'art. 39, et qu'il n'était guère possible de motiver sur cette dérogation le cumul des peines (Conf. Barbier, *loc. cit.*).

1179. — V. Circonstances atténuantes. — 1° *Infractions auxquelles est applicable le bénéfice des circonstances atténuantes*. — Il est de règle que la faculté accordée par l'art. 463 c. pén., au juge de répression, d'admettre des circonstances atténuantes, est limitée aux seuls délits prévus par le code pénal (V. *suprà*, v° *Peine*, n° 562). Cette faculté ne pouvait donc être étendue aux délits qui font l'objet de la législation spéciale sur la presse et les divers moyens de publication que par l'effet d'une disposition expresse permettant aux juges de l'exercer. On a exposé au *Rép.* n° 1028 et suiv. les règles qui ont été successivement en vigueur sur ce point sous l'empire des diverses lois de la presse, à partir de celle du 19 mai 1819 jusqu'à celle du 27 juill. 1849 (art. 23), qui était en vigueur lors de la publication du *Répertoire*, ainsi que la jurisprudence qui avait appliqué et interprété ces règles (V., pour la jurisprudence postérieure, *Table des vingt-deux années*, v° *Presse*, n°s 601 et suiv.).

La loi du 11 mai 1868 a mis fin aux variations et aux distinctions que l'on rencontrait dans les arrêts relatifs à cette matière, en édictant, dans son art. 15, une règle générale ainsi conçue : « L'art. 463 c. pén. est applicable aux crimes, délits et contraventions commis par la voie de la presse ». Jugé, par application de cette disposition, que, depuis la loi du 11 mai 1868, l'art. 463 c. pén., sur les circonstances atténuantes, est applicable aux contraventions en matière d'imprimerie, et spécialement aux infractions des imprimeurs aux art. 14 et 16 de la loi du 21 oct. 1814, exigeant la déclaration et le dépôt des ouvrages qu'ils impriment (Crim. rej. 7 févr. 1874, aff. Minard, D. P. 75. 1. 46).

Cette règle a été de nouveau consacrée par l'art. 64 de la loi du 29 juill. 1881 : « L'art. 463 c. pén., porte cet article, est applicable dans tous les cas prévus par la présente loi. Lorsqu'il y aura lieu de faire cette application, la peine prononcée ne pourra excéder la moitié de la peine édictée par la loi ».

1180. Dans son rapport à la Chambre des députés, M. Lisbonne a donné, de l'art. 64, le commentaire suivant (D. P. 81. 4. 87. note 4) : « Nous avons évité de nous servir de l'expression *délits*, pour ne pas donner lieu à l'équivoque et laisser supposer que nous refusions le bénéfice des circonstances atténuantes aux infractions qui sont plutôt des contraventions matérielles que des délits intentionnels. Nous avons profité, à cet égard, de l'expérience du passé et avons été avertis par les controverses qu'avaient provoquées les dispositions des art. 8 du décret du 11 août 1848, 23 de la loi du 27 juill. 1849 et qu'avait voulu faire cesser l'art. 11 de la loi du 11 mai 1868. Comme il n'y aura plus d'autre loi, en matière de crimes, de délits ou de contraventions commis par la voie de la presse ou de la parole, que celle-ci, l'application de l'art. 463 à tous les cas prévus par cette loi ne permettra plus aucune espèce de doute ». Ainsi, en vertu de l'art. 64 de la loi du 29 juill. 1881, l'art. 463 c. pén. applicable dans tous les cas prévus par cette loi, c'est-à-dire : 1° aux crimes de publication que réprime l'art. 23 (V. *suprà* n°s 570 et suiv.) ; 2° aux délits de publication punis par le même article et par les art. 24 à 40 (V. *suprà*, n°s 588 et suiv.; 845 et suiv.) ; 3° et aux infractions à la police de l'imprimerie, de la presse périodique, de l'affichage et du colportage, que régissent les art. 2 à 22 (V. *suprà*, n°s 411 et suiv.), sans excepter même celles de ces infractions qui ne sont punies que de peines de simple police, en par analogie avec la disposition de l'art. 483 c. pén., qui déclare l'art. 463 applicable à toutes les contraventions de simple police prévues par ce code (Conf. Barbier, t. 2, n° 1007). — « L'application des circonstances atténuantes aux infractions de presse qui ont le caractère de contraventions, doit être déterminée non par le degré de criminalité, l'infraction pouvant exister sans intention coupable, mais par la prise en considération des circonstances extrinsèques, qui excusent, atténuent ou expliquent le fait défendu par la loi ». Cette règle, tracée par la circulaire du ministre de la justice en date du 4 juin 1868 (D. P. 68. 3. 57) pour l'exécution de l'art. 15 de la loi du 11 mai 1868, devra guider le juge dans l'application de l'art. 463 c. pén., en vertu de l'art. 64 de la loi du 29 juill. 1881.

1181. La faculté, pour le juge, d'admettre des circonstances atténuantes en matière de délits de presse, ne peut être exercée qu'à l'égard des délits de presse proprement dits ; elle ne s'étend pas aux délits de presse auxquels se joignent, comme éléments délictueux, d'autres actes ne rentrant pas dans la classe des faits de presse, et réprimés par une loi spéciale qui ne renferme pas la même faculté (Paris, 16 déc. 1868, aff. Delescluze, D. P. 69. 1. 482, note 1 ; Rennes, 20 janv. 1869, aff. Mangin, gérant du *Phare de la Loire*, D. P. 69. 1. 483 ; Crim. rej. 2 avr. 1859 (deux arrêts), même affaire et aff. Guyot, gérant de *L'Indépendant du Midi*, D. P. 69. 1.

481). Décidé, spécialement, sous la loi de sûreté générale du 27 févr. 1858, que le bénéfice de l'art. 463 c. pén. n'est pas applicable à un délit de manœuvres à l'intérieur résultant d'un fait d'ouverture, dans un journal, d'une souscription ayant un caractère de démonstration politique, lorsque, à ce fait, s'ajoute, de la part de son auteur, une participation effective aux manœuvres incriminées (Mêmes arrêts). L'art.463 c. pén. redeviendrait, au contraire, applicable au délit qui consisterait exclusivement dans la publication de l'article provocateur (V. D. P. 69. 1. 481, note 4). Nous ne voyons pas, toutefois, dans quelle hypothèse, cette jurisprudence pourrait recevoir son application, sous le régime de la loi de 1881.

1182. — 2° *Peines applicables en cas de déclaration de circonstances atténuantes.* — Lorsque la déclaration de circonstances atténuantes porte sur un crime, la peine à appliquer, par l'effet de l'atténuation qui en résulte, est graduée par l'art. 463 c. pén. Le juge est alors obligé de se conformer à cette gradation de pénalités (D. P. 81. 4. 87, note 4). Quand la déclaration des circonstances atténuantes intervient sur la poursuite d'un délit, l'art. 463 c. pén., tout en déterminant les peines qui remplacent alors celles édictées par la loi, laisse au juge le pouvoir de prononcer ces dernières peines, l'atténuation qu'elles peuvent subir étant purement facultative (V. *suprà*, v° *Peine*, n° 567 et suiv.). La loi du 11 août 1848 n'avait pas enlevé au juge la faculté qu'il puisait ainsi dans le droit commun, ce qui impliquait qu'il lui était permis de ne pas tenir compte, non seulement d'une déclaration de circonstances atténuantes qui émanerait de lui, mais encore de celle qui aurait été accordée par le jury, alors appelé à statuer sur le plus grand nombre des délits de publication, en vertu de la loi du 8 oct. 1830 qui avait remis en vigueur l'art. 14 de la loi du 17 mai 1819, momentanément abrogé par la loi du 25 mars 1822 (V. *infrà*, n°s 1195 et 1203). Afin d'assurer l'effet de la déclaration du jury sur les délits de publication, l'art. 23 de la loi du 27 juill. 1849, après avoir rendu l'art. 463 c. pén. applicable aux nouveaux délits qui y étaient prévus, ajouta : « Lorsqu'en matière de délit, le jury aura déclaré l'existence de circonstances atténuantes, la peine ne s'élèvera jamais au-dessus de moitié du maximum déterminé par la loi ». — A son tour, la loi du 11 mai 1868, enchaînant, en sens inverse, à l'égard de l'amende, les pouvoirs du juge, pour le cas de déclaration de circonstances atténuantes, lui imposa de ne jamais abaisser l'amende à un chiffre inférieur à 50 fr. (D. P. 68. 4. 63) (Comp. Nîmes, 11 févr. 1875, aff. Clément, D. P. 76. 2. 114).

1183. L'art. 64 de la loi du 29 juill. 1881, dans sa disposition finale, reproduit la règle tracée par l'art. 23 de la loi de 1849 : « Lorsqu'il y aura lieu de faire l'application de l'art. 463 c. pén., la peine prononcée ne pourra excéder la moitié de celle édictée par la loi ». Il étend cette règle en lui donnant une portée générale. On devra la suivre non seulement quand la déclaration de circonstances atténuantes émanera du jury, mais « dans tous les cas », c'est-à-dire quand cette déclaration interviendra dans une condamnation pour crime, pour délit, ou même de simple police. D'autre part, l'art. 64 n'a pas reproduit la disposition de l'art. 15 de la loi du 11 mai 1868, qui défendait d'abaisser l'amende au-dessous de 50 fr. Le minimum est donc déterminé par la gradation qui se trouve dans l'art. 463 c. pén. Le maximum seul est limité par l'art. 64 de la loi de 1881. M. Lisbonne a donné en ces termes les motifs de la règle tracée dans l'art. 64 : « A la différence du cas où la condamnation prononcée est une peine afflictive ou infamante, lorsque la peine est une peine correctionnelle, l'art. 463 n'oblige pas le juge à la graduer. La peine est une, c'est l'amende ou l'emprisonnement. L'admission de circonstances atténuantes de la part du jury a seulement pour effet de donner à la cour la faculté de se mouvoir entre le minimum et le maximum de la peine elle-même, de telle sorte que la cour d'assises peut ne tenir aucun compte de cette partie du verdict. Nous avons voulu faire disparaître cette anomalie qui a si souvent surpris les jurés, affecté l'opinion publique et causé dommage au prévenu. Notre article décide que, lorsqu'il y aura lieu de faire l'application de l'art. 463, la peine prononcée ne pourra excéder la moitié de celle édictée par la loi ; c'est une sorte de gradation que nous avons introduite dans les pénalités correctionnelles » (Rapport, D. P. 81. 4. 87, col. 2). — Il a été jugé, d'ailleurs, que l'art. 64 ne doit pas être entendu en ce sens que la peine prononcée par la loi ne dépassera jamais la moitié du *minimum* de la peine édictée (Crim. rej. 25 avr. 1891, aff. Daille, D. P. 91. 5. 420).

1184. — VI. Circonstances justificatives. — La loi du 29 juill. 1881 s'en est référée au droit commun en ce qui concerne les faits qui sont de nature à détruire complètement le caractère punissable de l'infraction, c'est-à-dire quant aux faits justificatifs. Ainsi les causes qui rendent non punissables les crimes, délits et contraventions de droit commun, doivent également recevoir leur application en matière de crimes ou délits de publication et d'infractions à la police de la presse et des divers moyens de publication (V. en ce qui concerne les circonstances justificatives d'après le droit commun, *supra*, v° *Peine*, n°s 335 et suiv.; — *Rép.* eod. v°, n°s 368 et suiv.).

1185. L'excuse tirée de la bonne foi est applicable à tous les crimes et délits de publication, en vertu de la disposition générale de l'art. 64 c. pén. L'intention criminelle forme, en effet, l'un des éléments constitutifs de tout crime ou délit de publication (V. en ce qui concerne les faits qualifiés crimes ou délits par les art. 23 à 40 de la loi du 29 juill. 1881 et particulièrement en ce qui concerne le délit de diffamation, *supra*, n°s 877 et suiv.).

La bonne foi peut-elle également être invoquée, en matière d'infractions à la police de la presse ou des divers moyens de publication, que punit la loi de 1881, dans les dispositions relatives à la police de l'imprimerie, de la presse périodique, de l'affichage et du colportage? Il est hors de doute que celles de ces infractions qui ne sont passibles que de peines de simple police sont soumises à la règle du droit commun, d'après laquelle les contraventions de simple police ne comportent pas l'excuse de la bonne foi. Mais les infractions à la police de la presse et des moyens de publication, infractions que la législation antérieure à la loi de 1881 frappait toutes de peines correctionnelles, sont, pour le plus grand nombre de celles que la loi nouvelle a conservées, soumises encore à des pénalités de même nature. La question de savoir si l'excuse tirée de la bonne foi en est exclue, comme pour les infractions passibles de peines de simple police, n'a pas été tranchée par la loi de 1881. La solution ne peut donc en être empruntée qu'à la jurisprudence qui s'est formée, sur cette question, avant la loi nouvelle, et qui garde, dès lors, tout son intérêt. — Tous les arrêts s'accordent à déclarer l'excuse de la bonne foi inapplicable aux infractions à la police de la presse et des divers moyens de publication, ces infractions constituant une véritable contravention punissable comme fait matériel, indépendamment de la bonne ou de la mauvaise foi de son auteur quoique la législation spéciale ait jugé cru devoir en élever les pénalités jusqu'à des peines correctionnelles : portant atteinte au même ordre d'intérêts que les contraventions de simple police, elles ont les mêmes caractères au point de vue des éléments qui les constituent, et échappent à la définition du délit que renferme l'art 1 c. pén. (V. *supra*, n°s 215, 334, 354, 395 et 407, et v° *Peine*, n° 352). Décidé ainsi que l'excuse de la bonne foi ne couvre pas les infractions à la police de l'imprimerie (V. *supra*, n°s 95, 1113 et suiv.; Crim. cass. 16 juin 1826, *Rép.* n°s 485-4° et 158; 4 mai 1832, *ibid.*, n° 485-5°; Metz, 31 août 1833, *ibid.*, n° 485-4°; Montpellier, 1er févr. 1847, aff. Serville, D. P. 47. 2. 55; Chambéry, 20 juill. 1872, aff. Bonne et autres, D. P. 73. 2. 9). Jugé également, en ce qui concerne les infractions à la police de la presse périodique (art. 5 à 14), que l'excuse de la bonne foi ne peut être invoquée : ni par le gérant qui n'a pas fait au parquet le dépôt qu'il est tenu d'effectuer au moment de la publication de chaque feuille du journal ou écrit périodique (Paris, 22 avr. 1835, *Rép.* n° 489-2°), sans qu'il puisse exciper de ce qu'il s'agissait d'éditions diverses de la même feuille, que le gérant a pu se croire dispensé de déposer, à raison du peu d'importance des différences existant entre elles (Crim. cass. 18 avr. 1839, *Rép.* n°s 489-3° et 375);... ni par le gérant qui n'a pas signé l'exemplaire déposé au parquet (art. 10), sans qu'il soit admis à invoquer la circonstance qu'il aurait

été absent au moment de la publication et que son mandataire aurait, par erreur, déposé un exemplaire autre que celui signé à l'avance par lui (Crim. cass. 16 avr. 1841, *Rép.* n° 489-1°) ;... et cela, malgré la tolérance dont de semblables contraventions auraient été l'objet (Crim. cass. 21 sept. 1844, *Rép.* n°s 489-5° et 268-4°);... ni par le gérant qui ne fait pas intégralement dans son journal les insertions qui lui sont imposées par la loi (art. 11 et 13), sans qu'il puisse exciper de ce que les mots supprimés étaient sans importance (Crim. cass. 5 août 1853, aff. Journal *L'Union de la Sarthe* D. P. 53. 1. 240). — Quant à la police de la presse périodique étrangère, il a été décidé de même encore, sous le décret du 17 févr. 1852, que l'introduction sans autorisation, en France, de journaux politiques ou d'économie sociale, publiés à l'étranger, ne comporte pas l'admission de l'excuse tirée de la bonne foi du contrevenant et de l'innocuité des publications introduites (art. 14);... ni de l'excuse tirée de ce que le contrevenant aurait cru, en l'absence de poursuite contre le rédacteur dudit journal, que la circulation de ce journal en France ne soulevait aucune difficulté légale (Paris, 10 déc. 1868, aff. Barbieux, D. P. 69. 1. 529. V. au surplus, sur cette question, *supra*, n° 354).

1186. En matière de délit d'injure entre les particuliers, l'art. 33 de la loi du 29 juill. 1881 ajoute, aux circonstances qui sont justificatives en vertu du droit commun, l'excuse de la provocation qui, pour les crimes et délits de droit commun à l'égard desquels elle a été admise par le code pénal, n'entraîne qu'une diminution dans le degré de la peine (V. *supra*, n° 1050 et suiv.).

1187. — VII. Non-rétroactivité. — Dispositions transitoires de la loi du 25 juill. 1881. — Amnistie. — On a rappelé au *Rép.* n° 1017, cette règle de droit commun que la loi n'a pas d'effet rétroactif (V. *supra*, v° *Lois*, n°s 117 et suiv., et *Rép.* eod. v°, n° 182 et suiv.); règle que l'on a fait fléchir en matière pénale, dans l'intérêt de l'inculpé. C'est ainsi qu'un délit d'outrages et de violences commis hors de l'audience envers un magistrat avant la mise en vigueur du code pénal de 1810, mais jugé sous l'empire de ce code, n'a été passible que des peines qu'il édictait comme étant plus douces que celles portées par le code pénal de 1791 (Crim. cass. 26 juill. 1811, cité au *Rép.* n° 1017). Ces principes, entièrement applicables à la législation de la presse, devaient régir sans contestation possible l'application respective des lois abrogées par l'art. 68 de la loi du 29 juill. 1881 et des dispositions pénales de cette même loi constituant à elle seule le nouveau code de la presse. Cependant les modifications profondes apportées au régime administratif antérieur de la presse nécessitaient des mesures transitoires qui ont fait l'objet des art. 66 et 67, placés dans un chapitre intitulé « Dispositions transitoires », avec l'art. 68 portant abrogation générale des lois antérieures sur la presse (V. *supra*, n°s 23 et suiv.), l'art. 69 qui déclare la loi de 1881 applicable à l'Algérie et aux colonies, et l'art. 70 accordant une amnistie).

1188. Les art. 66 et 67 sont relatifs, le premier aux nouvelles déclarations auxquelles les gérants et propriétaires de journaux ont dû être assujettis, en raison des nouvelles règles édictées par les art. 7 et 8 (V. *supra*, n°s 189 et suiv.); le second, à la restitution des cautionnements, versés antérieurement par les journaux ou écrits périodiques et devenus sans objet par suite de l'art. 5 (V. *supra*, n°s 144 et suiv., 189 et suiv.). Ces dispositions n'ont plus d'intérêt aujourd'hui.

1189. L'art. 70 de la loi du 29 juill. 1881 accordait « amnistie pour tous les crimes et délits commis antérieurement au 16 févr. 1881, par la voie de la presse ou autres moyens de publication, sauf l'outrage aux bonnes mœurs puni par l'art. 28 de la présente loi, et sans préjudice du droit des tiers ». En vertu du deuxième alinéa de l'art. 70, les amendes non perçues ne devaient plus être exigées. Les amendes déjà perçues ne devaient pas être restituées, à l'exception de celles qui avaient été payées depuis le 16 févr. 1881. La disposition de l'art. 70 de la loi du 29 juill. 1881 a été confirmée par une autre loi du même jour, dont l'article unique portait : « L'amnistie prévue par la loi sur la liberté de la presse sera appliquée à tous les crimes et délits commis antérieurement au 21 juill. 1881 ». La loi du 29 juill. 1881 limitait l'amnistie qu'elle accordait pour tous les crimes et délits, commis par la voie de la presse ou autres moyens de .publication, à ceux qui seraient antérieurs au 16 févr. 1881, jour du vote de cette loi par la Chambre des députés. Après le vote du Sénat, la loi de 1881 ayant été de nouveau soumise à la Chambre des députés le 21 juillet, c'est à cette dernière date qu'on a reporté celle fixée par l'art 70 de la loi de 1881 (D. P. 81. 4. 89, note 3). L'art. 70 excepte de l'amnistie le délit d'outrage aux bonnes mœurs, à l'exemple d'une précédente loi d'amnistie du 2 avr. 1878 (D. P. 78. 4. 25), et à la différence d'une seconde loi d'amnistie, du 11 juill. 1880 (D. P. 80. 4. 57).—Sur le délit d'outrage aux bonnes mœurs, V. *suprà*, nᵒˢ 662 et suiv. V., sur les questions auxquelles a donné lieu l'interprétation de l'art. 70, *suprà*, vᵒ *Amnistie*, nᵒ 25.

1190. Ainsi qu'on l'a vu *suprà*, vᵒ *Amnistie*, nᵒˢ 43 et suiv., les droits des tiers restent entiers malgré l'amnistie, d'où la conséquence que la partie, lésée par le délit à l'égard duquel une amnistie a éteint l'action publique, conserve le droit d'exercer l'action civile que lui ouvre l'art. 3 c. instr. crim. Lorsque l'amnistie est survenue avant que la partie lésée ait porté cette action devant les tribunaux, la juridiction compétente pour en connaître ne peut être que la juridiction civile, le droit, accordé par l'art. 3 c. instr. à la partie lésée, de saisir de sa demande le juge de répression, lui étant enlevé dès que l'action publique n'est plus susceptible d'être exercée. Aussi, l'art. 46 de la loi de 1881, qui reproduit, en cela, la disposition de l'art. 4 de la loi du 15 avr. 1871, fait-il fléchir, pour le cas d'amnistie comme pour celui où le prévenu est décédé, l'incompétence des tribunaux civils relative à l'action civile pour diffamation envers les corps, ou les personnes énumérées dans les art. 30 et 31 de la même loi (V. *infrà*, nᵒˢ 1259). Mais il en est autrement lorsque le juge de repression était déjà saisi au moment de la promulgation de la loi d'amnistie. Décidé, en effet, que la juridiction correctionnelle saisie de l'action publique et de l'action civile résultant d'un délit de la compétence de cette juridiction, et, notamment, d'un délit de diffamation envers un particulier, est restée compétente, à l'exclusion de la juridiction civile, pour statuer sur cette dernière action, encore que la première été étreinte par l'effet d'une loi d'amnistie, si cette loi n'est survenue qu'au cours de la poursuite (V. *suprà*, vᵒ *Amnistie*, 16 et suiv.).

1191. La juridiction correctionnelle, demeurée compétente pour connaître, quant aux intérêts civils, du délit amnistié dont elle se trouvait déjà saisie au moment de l'amnistie, n'en doit pas moins constater l'existence de ce délit, les tribunaux correctionnels ne pouvant condamner le prévenu à des dommages-intérêts envers la partie lésée qu'autant que le fait poursuivi devant eux est reconnu délictueux. Telle est, en effet, la règle que l'art. 58 de la loi de 1881 a étendue même à la cour d'assises en matière de crimes ou délits de publication (V. *infrà*, nᵒˢ 1264). Le juge de répression ne peut donc retenir, au point de vue de l'action civile, la connaissance du délit dont il était saisi au moment où a eu lieu l'amnistie, qu'autant qu'il eût été compétent, s'il n'y avait pas eu d'amnistie, pour connaître de l'action publique née de ce délit. De là une difficulté : Que décider si l'amnistie porte sur un délit dont le jugement lui a été enlevé par la loi intervenue au cours de la poursuite, et, par exemple, sur un délit qui, poursuivi devant un tribunal correctionnel avant la loi de 1881, figure au nombre de ceux que l'art. 45 de cette loi a déférés aux cours d'assises? D'une jurisprudence qu'on peut considérer comme constante, et qui a été appliquée à la suite du changement de compétence résultant de l'art. 45 précité, il résulte, d'une part, que les tribunaux correctionnels sont tenus de se dessaisir des poursuites commencées devant eux à raison des délits que la loi de 1881 a déférés aux cours d'assises, si, lors de la promulgation de cette loi, ils n'avaient pas encore statué sur le fond ; d'autre part, que la juridiction correctionnelle reste, au contraire, compétente pour connaître d'une prévention qui, au moment de l'attribution que la loi de 1881 en a faite à la cour d'assises, avait déjà été suivie d'une décision au fond, qui ne pouvait plus être soumise qu'aux voies de recours ouvertes contre les décisions judiciaires, et, par exemple, la voie de l'appel (art. 45) (V. *infrà*, chap. 4. sect. 2, § 5). La même distinction a été appliquée, en cas d'amnistie survenue au cours de la poursuite, à l'action civile qui survit à cette amnistie. C'est ainsi qu'il a

été décidé : 1ᵒ que le juge correctionnel doit se dessaisir de cette action, si le délit poursuivi devant lui a été placé dans les attributions du jury avant toute décision au fond (Riom, 27 déc. 1881, aff. Evêque de Moulins, D. P. 83. 2. 191); — 2ᵒ Que la juridiction correctionnelle reste compétente pour statuer définitivement sur la même action, lorsque, au moment où a été promulguée la loi qui attribue aux cours d'assises la classe de délits à laquelle appartient celui dont la réparation est poursuivie, le fond avait déjà été l'objet d'une décision soumise aux juges du second degré (Toulouse, 19 août 1881, aff. Curés de Toulouse, D. P. 82. 2. 13 ; Lyon, 24 août 1881, aff. Brac de la Perrière, *ibid.* ; Crim. rej. 17 mars 1882, aff. Rouanet et Narbonne, D. P. 83. 1. 181).

Cette distinction doit pareillement être étendue au cas où l'action civile survit à l'action publique par l'effet non d'une loi d'amnistie, mais de la suppression législative du délit, par exemple, au cas où la poursuite aurait sa cause dans le délit de publication d'un fait relatif à la vie privée, délit que punissait l'art. 11 de la loi du 11 mai 1868, et que la loi de 1881 a abrogé (art. 68). (Arrêt précité du 24 août 1881, sol. impl.)

TIT. 4. — DE LA POURSUITE DES CRIMES, DÉLITS ET CONTRAVENTIONS COMMIS PAR LA VOIE DE LA PRESSE OU PAR TOUT AUTRE MOYEN DE PUBLICATION.

1192. Le chapitre 5 et dernier de la loi du 29 juill. 1881 est intitulé : *Des poursuites et de la répression.* Il comprend trois paragraphes : § 1. *Des personnes responsables des crimes et délits commis par la voie de la presse.* Sont inscrits sous cette rubrique : 1ᵒ les art. 42, 43 et 44 déterminant les personnes qui peuvent être poursuivies pénalement comme auteurs principaux ou complices ou qui sont civilement responsables des crimes ou des délits de presse; 2ᵒ les art. 45 et 46, réglant la compétence en matière de crimes, délits et contraventions de presse. — § 2. *De la procédure*, comprenant trois divisions : A. *Cour d'assises* (art. 47 à 59) ; B. *Police correctionnelle et simple police* (art. 60) ; C. *Pourvoi en cassation* (art. 61 et 62). — § 3. *Récidive, circonstances atténuantes, prescription* (art. 63 à 65).

1193. Pour nous conformer à l'ordre du commentaire rationnel et théorique de la législation sur la presse, adopté au *Répertoire*, nous avons examiné au titre précédent, dans le chapitre 6 intitulé : *Des peines*, les dispositions des art. 63 et 64 sur le non-cumul des peines en cas de récidive et sur les circonstances atténuantes. Ces dispositions, contenant des règles communes à toute peine applicable aux crimes, délits et contraventions prévus par la loi sur la presse et concernant leur répression, se rattachaient étroitement au titre consacré à la définition de ces crimes ou délits.

Le présent titre, relatif exclusivement à la poursuite des crimes, délits et contraventions commis par les divers moyens de publication, comprendra dans le chapitre 1, relatif aux actions qui naissent de ces crimes, délits et contraventions : 1ᵒ le commentaire des art. 47 et 60 (chap. 5, § 2, *Procédure*), qui déterminent dans quels cas l'action publique peut être exercée d'office et dans quels cas elle est subordonnée à la formation d'une plainte préalable de la partie lésée, soit devant la cour d'assises, soit devant le tribunal correctionnel, et qui accordent à la partie lésée, dans des cas déterminés, le droit de former son action civile par voie de citation directe devant la juridiction répressive et même devant la cour d'assises ; 2ᵒ Le commentaire des art. 42, 43 et 44 (Chap. 5, § 1, *Personnes responsables*), qui règlent l'ordre des responsabilités pénales entre les personnes responsables des crimes ou délits de presse; — 3ᵒ Le commentaire de l'art. 41, placé dans le chapitre 4 de la loi du 29 juill. 1881 intitulé : *Des crimes et délits commis par la voie de la presse* et groupé, avec les art. 38 à 40, sous le paragraphe 5 de ce chapitre et sous la rubrique : *Publications interdites, immunités de la défense.* Cet article consacre les immunités accordées par la loi aux discours tenus dans les deux Chambres, aux rapports et aux pièces imprimés par leur ordre, au compte rendu fait de bonne foi des séances publiques des deux Chambres, au compte rendu fidèle et de bonne foi des débats judiciaires, aux discours prononcés et aux écrits produits devant les tribunaux. Ces immunités limitent l'exercice des actions qui naissent des faits qualifiés crimes ou délits par la loi de la presse. — Le chapitre 2, concernant les exceptions, et notamment la prescription, contient le commentaire de l'art. 65 (Chap. 5, § 3, *Récidive*, etc.). — Le chapitre 3 est consacré aux règles de compétence établies par les art. 45 et 46 (Chap. 5, § 1, *Personnes responsables*). Enfin le chapitre 4 traite de la procédure devant la cour d'assises, les tribunaux de police correctionnelle et de simple police et la cour de cassation. Il comprend le commentaire : 1° des art. 47 à 62 (Chap. 5, § 2, *Procédure*); 2° de l'art. 35, relatif à la preuve des faits diffamatoires ou injurieux, disposition qui appartient au chapitre 4 de la loi du 29 juill. 1881 : *Des crimes et délits*, § 3, *Délits contre les personnes*.

CHAP. 1er. — Des actions que font naître les crimes, délits et contraventions commis par les divers moyens de publication (*Rép.* n°s 1054).

1194. Les crimes, délits et contraventions commis par les divers moyens de publication donnent ouverture à l'action publique et à l'action civile, conformément à la règle générale établie par l'art. 1 c. inst. crim., reconnue par notre ancienne législation de la presse (*Rép.* n° 1054) et consacrée de nouveau par la loi du 29 juill. 1881. Cette loi, remplaçant toute la législation antérieure abrogée, a pris soin de déterminer par des dispositions expresses : 1° et 2° les conditions auxquelles serait soumis l'exercice de l'une et de l'autre action (art. 47 et 60); 3° les personnes qui seraient responsables pénalement, comme auteurs principaux ou complices, et celles qui seraient civilement responsables des crimes ou délits de presse (art. 42, 43 et 44); 4° enfin les immunités qui seraient accordées à certains discours et à certains écrits et mettraient obstacle à l'exercice de l'action publique et de l'action civile, en même temps que les conditions de ces immunités (art. 38 à 40). Ces dispositions font l'objet des quatre sections du présent chapitre.

Sect. 1re. — De l'action publique (*Rép.* n° 1055).

1195. En règle générale, le ministère public a le droit de poursuivre d'office la répression des crimes, délits et contraventions prévus par les lois pénales (c. instr. crim., art. 1). Le principe que l'action du ministère public est entièrement indépendante de la plainte de la partie lésée, est la règle des poursuites pour délits de presse. La loi du 26 mai 1819 le reconnaissait, dans son article premier, tout en apportant au principe de nombreuses dérogations, motivées sur le caractère particulier des délits de presse, sur le danger des débats qu'ils soulèvent, sur l'intérêt de la paix publique et la nécessité de laisser à chacun le soin de décider s'il vaut mieux pour son repos et pour sa considération, relever un outrage ou le négliger (V. l'exposé de M. de Serre, *Rép.* n° 1055). Ces restrictions, abolies, pour un certain nombre de délits, par l'art. 17 de la loi du 25 mars 1822 (*Rép.* n° 1055), furent rétablies par l'art. 5 de la loi du 8 oct. 1830 (*Rép.* n° 1056). — Sous le décret du 17 févr. 1852, c'était une question très discutée de savoir si l'art. 5 de la loi du 8 oct. 1830 devait être considéré comme abrogé à son tour et si le ministère public pouvait agir d'office avec toute la latitude que la loi du 25 mars 1822 laissait à son initiative, ou si l'action publique restait soumise à la plainte préalable de la partie lésée dans tous les cas prévus par la loi de 1819 (*Rép.* n° 1057).

1196. La loi du 29 juill. 1881 trace des règles précises, analogues à las dispositions de la loi de 1819. Comme l'art. 1 de cette loi, l'art. 47 pose également en principe, à propos des crimes et délits commis par la voie de la presse ou par tous autres moyens de publication de la compétence de la cour d'assises, que la poursuite en aura lieu d'office, à la requête du ministère public. Cet article est ainsi conçu : « La poursuite des crimes et délits commis par la voie de la presse, ou par tous autres moyens de publication, aura lieu d'office et à la requête du ministère public, sous les modifications suivantes :... ». L'application du même principe aux délits de publication de la compétence des tribunaux correctionnels et aux infractions à la police de l'imprimerie, de la presse périodique, de l'affichage et du colportage, de la compétence des mêmes tribunaux ou des tribunaux de simple police, résulte de l'art. 60, aux termes duquel « la poursuite devant les tribunaux correctionnels et de

simple police aura lieu conformément aux dispositions du chapitre 2 du titre 1 du livre 2 c. instr. crim., sauf les modifications suivantes.... ». Cependant, ainsi qu'on le voit, les art. 47 et 60 dérogent à ce principe en ce qui concerne la poursuite de certains délits, de la compétence soit des cours d'assises, soit des tribunaux correctionnels.

Nous examinerons : 1° dans quels cas l'action publique peut être exercée d'office ; 2° dans quels cas elle ne peut être exercée qu'en vertu d'une plainte.

Art. 1er. — *Des cas où l'action publique peut être exercée d'office, soit devant la cour d'assises, soit devant les tribunaux correctionnels ou devant le tribunal de simple police.*

1197. La détermination des crimes, délits et contraventions que le ministère public a qualité pour poursuivre d'office, résulte implicitement des art. 47 et 60 : toutes les infractions à l'égard desquelles aucune restriction n'est apportée expressément à l'action publique peuvent être poursuivies d'office, en vertu de la règle générale de l'art. 1 c. instr. crim. que retracent les dispositions précitées.

1198. I. Crimes et délits de publication de la compétence des cours d'assises, a l'égard desquels l'action publique peut être exercée d'office. — Ces crimes et délits sont : 1° tous les crimes et délits de provocation, savoir : le crime de provocation suivie d'effet, à toute action qualifiée crime (art. 23) (V. *suprà*, n°s 570 et suiv.); le délit de provocation, suivie d'effet, à toute action qualifiée délit (même article) (V. *suprà*, *ibid.*); le délit de provocation, non suivie d'effet, à certains crimes (art. 24) (V. *suprà*, n° 588 et suiv.); le délit de cris ou chants séditieux (art. 24) (V. *suprà*, n°s 595 et suiv.); le délit de provocation adressée à des militaires, dans le but de les détourner de leurs devoirs militaires (art. 25) (V. *suprà*, n°s 608 et suiv. Conf. Crim. rej. 8 janv. 1892, aff. Dejoux, D. P. 92. 1. 629); — 2° Parmi les délits contre la chose publique : le délit d'offense au président de la République (art. 26) (V. *suprà*, n°s 620 et suiv.); le délit de publication ou de reproduction de fausses nouvelles, de pièces fabriquées, falsifiées ou mensongèrement attribuées à des tiers, ayant troublé la paix publique (art. 27) (V. *suprà*, n°s 636 et suiv.); le délit d'outrage aux bonnes mœurs prévu par l'art. 28 (V. *suprà*, n°s 662 et suiv.). — Quant au délit d'outrage aux bonnes mœurs, régi par la loi du 2 août 1882, c'est un délit de droit commun à l'égard duquel la poursuite d'office est directement autorisée par l'art. 1 c. instr. crim. (V. *suprà*, n°s 694 et suiv., 705 et suiv.).

1199. — II. Délits de la compétence des tribunaux correctionnels a l'égard desquels l'action publique peut être exercée d'office. — Aux termes de l'art. 1 c. instr. crim., le ministère public peut, devant les tribunaux correctionnels, poursuivre d'office la répression des délits de droit commun, soit par voie de citation directe, soit par voie d'information préalable. Le même principe a été posé par l'art. 1 de la loi du 26 mai 1819, à l'égard des délits de publication que cette loi a laissés exceptionnellement dans la compétence de la juridiction correctionnelle (*Rép.* n° 407); par l'art. 17 de la loi du 25 mars 1822, sous laquelle le délits de publication se trouvaient tous déférés aux tribunaux correctionnels (*Rép.* p. 410); par l'art. 4 de la loi du 8 oct. 1830, qui n'a, de nouveau, attribué à la juridiction correctionnelle que la connaissance de certains délits de publication (*Rép.* p. 412); par l'art. 27 du décret du 17 févr. 1852, qui a rétabli le régime de la loi de 1822, sur la compétence des tribunaux correctionnels pour les délits de publication indistinctement. On ne trouve formulé dans aucune des autres lois qui, depuis la loi du 26 mai 1819, ont réglé la poursuite des délits de publication de la compétence des tribunaux correctionnels, savoir : les lois du 8 avr. 1831, du 9 sept. 1835, du 15 avr. 1871 et du 29 déc. 1875, qui sont intervenues, les trois premières à la suite de l'abrogation, par la loi de 1830, de la compétence exclusive attribuée à ces tribunaux par la loi de 1822, relativement à tous les délits de publication (*Rép.* p. 411 et 414; D. P. 49. 4. 118) et les deux dernières, à la suite de l'abrogation du décret de 1852 où la même compétence se trouvait rétablie (D. P. 71. 4. 46; *ibid.* 76. 4. 33). Ces diverses lois, en effet, se sont uniquement occupées, à l'égard des délits de publication, de l'action directe admise devant la cour d'assises à côté de la procédure de l'information préalable, et non de l'action directe à exercer devant les tribunaux correctionnels. L'art. 60 de la loi de 1881 ne parle pas davantage de l'action d'office du ministère public : il s'en réfère au droit commun (D. P. 81. 4. 86).

1200. Peuvent, en conséquence, être poursuivis d'office à la requête du ministère public tous les délits et toutes les contraventions que la loi du 29 juill. 1881 (art. 45) défère aux tribunaux correctionnels, à l'exception : 1° des délits de diffamation et d'injure envers les particuliers, que l'art. 60 excepte expressément, et dont la poursuite exige une plainte préalable de l'intéressé ; 2° des délits d'offense aux chefs d'États étrangers et d'outrage aux agents diplomatiques accrédités près du gouvernement de la République, que la loi du 16 mars 1893 a soustraits à la compétence du jury pour les déférer au tribunal correctionnel, mais dont la poursuite reste soumise à la nécessité d'une plainte (V. *infrà,* n° 1597).

1201. — III. CONTRAVENTIONS DE LA PRESSE DÉFÉRÉES AUX TRIBUNAUX DE SIMPLE POLICE. — L'action publique résultant des infractions matérielles qui, parmi celles que prévoient les art. 2 à 22 de la loi du 29 juill. 1881, ne constituent que des contraventions proprement dites, justiciables des tribunaux de simple police, peut, en principe, être exercée d'office par le ministère public, en conformité de la disposition générale de l'art. 1 c. instr. crim. (art. 60). Sous la loi du 26 mai 1819, on discutait la question de savoir si cette règle ne devait pas souffrir une exception relativement à la contravention d'injure non publique et aux diffamations non publiques qui, ne constituant pas un délit, se confondaient avec la contravention d'injure et étaient punissables comme telles. La poursuite de cette contravention n'était-elle pas subordonnée, comme l'était la poursuite des délits de diffamation et d'injure, à la plainte de la personne intéressée ? La cour de cassation avait jugé d'abord que les poursuites exercées devant le tribunal de police à raison d'un fait d'injure qui ne présente les caractères ni du délit d'injure, ni du délit de diffamation, ne sont point subordonnées à une plainte préalable de la partie lésée (Crim. cass. 19 sept. 1856, aff. Porcher, D. P. 56. 1. 419). Plus tard, elle a jugé, au contraire, que la nécessité d'une plainte de la partie lésée pour mettre en mouvement l'action publique en matière de diffamation ou d'injure s'applique même à la poursuite des injures non publiques envers les particuliers, dont la connaissance est attribuée au tribunal de simple police (Crim. rej. 22 avr. 1864, aff. Labagaude, D. P. 64. 1. 400).

1202. L'art. 60 de la loi du 29 juill. 1881 consacre la doctrine du premier de ces arrêts. Cet article, ainsi que nous l'avons dit *suprà,* n°1196, dispose, d'une façon générale, que la poursuite devant les tribunaux correctionnels et de simple police aura lieu conformément aux dispositions du livr. 2, titre 1, c. instr. crim., sauf les modifications suivantes... ». Or, aucune des modifications qui suivent ne concerne les contraventions de simple police. Celle qui consiste à subordonner l'action du ministère public à la plainte de la partie lésée, en matière de diffamation ou d'injure envers les particuliers, ne vise que les délits prévus par l'art. 32 et par l'art. 33, § 2, sans viser également le paragraphe 3 du même article ; il en résulte clairement que l'art. 60 n'a entendu subordonner à la condition exceptionnelle de la plainte préalable que l'action publique exercée devant les tribunaux correctionnels à raison des délits prévus dans les deux premières dispositions, et qu'il a maintenu affranchie de cette condition l'action publique intentée devant les tribunaux de simple police, à raison de la contravention punie dans le troisième (D. P. 81. 4. 86). — Notons que, même sous la loi de 1819, on n'a jamais contesté au ministère public le pouvoir de poursuivre d'office les tapages injurieux appelés *charivaris,* parce que ce genre d'outrage ne rentre pas dans la définition de l'injure (V. *supra,* n°s 1034 et suiv. ; Crim. cass. 13 oct. 1836, *Rép.* n° 1069, et *ibid.,* v° *Contravention,* n° 471. Comp. Crim. rej. 14 juin 1884, aff. Petit, D. P. 85. 1. 220).

ART. 2. — *Des cas où l'exercice de l'action publique est subordonné à la plainte de la partie lésée* (*Rép.* n° 1070).

1203. La loi du 26 mai 1819, après avoir, dans son art. 1,

donné, en principe, au ministère public, le droit de poursuivre d'office la répression des crimes et des délits de publication (V. *supra,* n° 1193), disposait, dans son art. 5, que, en cas de délit de diffamation ou d'injure, la poursuite n'aurait lieu que sur la plainte de la partie qui se prétendrait lésée (*Rép.* p. 407). Elle ne distinguait pas, d'ailleurs, s'il s'agissait d'une diffamation ou d'une injure de la compétence de la cour d'assises ou de la compétence des tribunaux correctionnels (*Rép.* p. 407). La même condition était reproduite dans l'art. 17 de la loi du 25 mars 1822, qui déférait à la juridiction correctionnelle la poursuite de tout délit de diffamation ou d'injure, comme celle de tous autres délits de publication ; mais la loi de 1822 limitait la nécessité d'une plainte à la poursuite des délits de diffamation et d'injure envers les particuliers. Elle en exceptait le cas où ces délits auraient été commis envers les corps, ou les personnes qualifiées. On retrouve dans l'art. 4 de la loi du 8 oct. 1830 la condition d'une plainte préalable rétablie pour les délits de diffamation ou d'injure, envers ces corps ou personnes, qui sont de nouveau déférés aux cours d'assises, et pour les mêmes délits contre les particuliers, qui sont laissés aux tribunaux correctionnels (Conf. Crim. rej. 19 juin 1828 et 1er juill. 1830, *Rép.* n° 1068; 13 mai 1831, *Rép.* n° 1067). — Le décret du 17 févr. 1852, qui attribua aux tribunaux correctionnels, comme la loi de 1822, le jugement de tout délit de diffamation ou d'injure ainsi que de tous autres délits de publication, en renvoyant (art. 27), quant aux formes de la poursuite, aux dispositions du code d'instruction criminelle, n'avait pas en même temps réservé la nécessité d'une plainte, ainsi que l'avait fait la loi de 1822. On avait alors agité la question de savoir si la plainte n'avait pas cessé d'être obligatoire, sinon quand la diffamation ou l'injure visait de simples particuliers, du moins lorsqu'elle atteignait une personne ayant agi dans un caractère public. Il est, d'ailleurs, constant que cette plainte est redevenue obligatoire sous la loi du 15 avr. 1871, comme elle l'était d'après celles de 1819 et de 1830. En outre, la loi du 29 déc. 1875, qui enleva aux cours d'assises, sinon tous les délits de publication, du moins ceux de diffamation ou d'injure envers toute personne, maintint implicitement la condition d'une plainte préalable, même pour les personnes qualifiées, en permettant d'y suppléer par une plainte émanée des autorités de qui relevaient ces personnes (V. *infrà,* n° 1211).

1204. La loi de 1881, qui a rétabli, à son tour, pour le cas de diffamation ou d'injure, comme pour les autres délits de publication, la double compétence de la cour d'assises et du tribunal correctionnel, a mis fin à toute difficulté. Les délits qui s'y trouvent prévus sous la rubrique de délits contre les personnes, et qui se réduisent aux délits de diffamation et d'injure publique définis par l'art. 29, ne peuvent pas être poursuivis d'office. En ce qui concerne ceux des délits de diffamation et d'injure dont la connaissance est attribuée à la cour d'assises, c'est-à-dire : 1° les délits de diffamation ou d'injure contre les corps énumérés dans l'art. 30 et 2° les délits de diffamation ou d'injure contre les personnes qualifiées, visées dans l'art. 31, l'art. 47 soumet l'exercice de l'action publique à la plainte de ces corps ou de ces personnes, ou à celles des autorités visées dans cet article.

1205. — I. DÉLITS DE PUBLICATION, DE LA COMPÉTENCE DES COURS D'ASSISES, A L'ÉGARD DESQUELS L'ACTION PUBLIQUE NE PEUT PAS ÊTRE EXERCÉE D'OFFICE. — 1° *Délits de diffamation ou d'injure envers les corps énumérés dans l'art.* 30. — Les corps indiqués dans l'art. 30 sont : les cours, tribunaux et autres corps constitués, les armées de terre et de mer, les administrations publiques (art. 30) (V. *supra,* n°s 921 et suiv.).

1206. — A. *Cours et tribunaux et autres corps constitués.* — Aux termes de l'art. 4 de la loi du 26 mai 1819, les délits de diffamation et d'injure contre les cours, tribunaux et autres corps constitués ne pouvaient être poursuivis qu'après une délibération de ces corps, prise en assemblée générale, et requérant la poursuite (*Rép.* n° 1075). La nécessité de cette autorisation a été supprimée par l'art. 17 de la loi du 25 mars 1822 et rétablie par l'art. 4 de la loi du 8 oct. 1830. — L'art. 27 du décret du 17 févr. 1852 ayant déclaré que la poursuite des délits de presse aurait lieu « dans les formes et délais prescrits par le code d'instruction criminelle », on s'est demandé, sous l'empire de ce décret, si le ministère public n'y puisait pas, d'une manière absolue, le pouvoir d'agir d'office, que lui accorde le droit commun. On indiquera *infrà*, n° 1211, les éléments de cette controverse, qui concernait également l'action pour diffamation et pour injure envers les fonctionnaires publics. L'art. 6 de la loi du 29 déc. 1875 avait mis fin à la difficulté, en disposant formellement qu'au cas de diffamation ou d'injure contre les cours, tribunaux et autres corps constitués, « la poursuite aura lieu d'office ».

1207. L'art. 47-1° de la loi de 1881 revient au système des lois de 1819 et de 1830 et décide que, dans le cas d'injure ou de diffamation envers les cours, tribunaux ou autres corps indiqués en l'art. 30, et susceptibles de se former en assemblée générale, la poursuite ne pourra avoir lieu que sur la réclamation prise par eux, dans cette assemblée, et requérant les poursuites.

1208. La législation antérieure, qui prévoyait le délit d'offense envers l'une des Chambres législatives, subordonnait la poursuite de ce délit à l'autorisation préalable de la Chambre offensée (L. 26 mai 1819, art. 2). En outre, l'art. 15 de la loi du 25 mars 1822 et l'art. 30 de la loi du 8 oct. 1830 investissaient la Chambre offensée du droit de traduire à sa barre, sur la simple réclamation de l'un de ses membres, l'auteur de l'offense. Ces dispositions ont entièrement disparu. Il n'y a plus de délit d'offense envers les Chambres. La diffamation ou l'injure sont les seuls délits prévus contre elles par la loi du 29 juill. 1881. Ces délits n'ont, en ce qui les concerne, rien qui les distingue, ni dans la définition, ni dans la répression, ni dans les conditions de la poursuite, des mêmes délits commis envers les autres corps constitués. La diffamation ou l'injure commise envers l'une ou l'autre Chambre ne peut donc être poursuivie que « sur une délibération prise en assemblée générale et requérant des poursuites ».

1209. — B. *Armées de terre et de mer.* — La loi du 17 mai 1819 ne prévoyait pas de délits de publication contre les armées de terre et de mer et, par conséquent, la loi du 26 mai de la même année n'avait eu à déterminer dans quelles conditions ces délits pourraient être poursuivis. Jugé, sous cette loi, qu'un commandant de gendarmerie n'a pas qualité pour porter plainte, au nom de l'armée, du délit d'injure commis envers elle (Paris, 8 déc. 1874, aff. Lemarié D. P. 76. 2. 22).

En vertu de l'art. 47 de la loi de 1881, la poursuite, en cas de diffamation ou d'injure contre les armées de terre ou de mer, ne peut avoir lieu que sur la plainte soit du chef du corps diffamé, soit du ministre de la guerre. — Rappelons que les conseils de revision pour le recrutement de l'armée sont des corps constitués (V. *suprà*, n° 928); la diffamation ou l'injure dirigée contre l'un de ces conseils ne peut donc être poursuivie que sur une délibération prise en assemblée générale et requérant des poursuites (Crim. rej. 13 août 1874, aff. Levaillant, gérant du journal *La République de Nevers*, D. P. 75. 1. 41).

1210. — C. *Administrations publiques.* — La loi du 25 mars 1822, dont l'art. 5 a, pour la première fois, assimilé à la diffamation et à l'injure envers un corps constitué, la diffamation et l'injure commises contre les administrations publiques (V. *suprà*, n° 932), n'avait pas eu à réglementer les conditions de la poursuite, cette poursuite pouvant, en vertu de l'art. 17 de la même loi, être exercée d'office par le ministère public (V. *suprà*, n° 1203). Après l'abrogation de l'art. 17 précité par la loi du 8 oct. 1830 (V. *suprà*, n° 1199), il y eut nécessité de déterminer à qui appartenait le droit de porter une plainte au nom de ces administrations, dépourvues d'une assemblée générale qui pût prendre la délibération alors prescrite par l'art. 4 de la loi de 1819 (V. *suprà*, n° 1206). Il était admis, à cet égard, que le chef d'une administration publique avait le droit de porter plainte à raison des diffamations et injures commises envers cette administration attaquée collectivement (Crim. rej. 16 juin 1832, *Rép.* n° 1062; 3 janv. 1861, aff. Dubreuil, D. P. 61. 1. 142).

C'est ce mode de procéder que l'art. 47-1° de la loi du 29 juill. 1881 consacre en ce qui concerne les administrations publiques. Ces corps étant de ceux qui n'ont pas d'assemblée générale pouvant délibérer une réquisition de

poursuites, le ministère public ne peut agir que sur la plainte « du chef du corps ou du ministre duquel ce corps relève ». Telle serait la plainte portée par le préfet de police au sujet de diffamations commises contre les agents de son administration (Crim. rej. 16 juin 1832, *Rép.* n° 1062). On doit considérer comme chef ayant qualité pour faire la plainte, non pas seulement le directeur particulier du service administratif contre lequel l'injure est dirigée, mais aussi le fonctionnaire supérieur dans le département duquel ce service est compris avec d'autres services (Crim. rej. 3 janv. 1861, aff. Dubreuil, D. P. 61. 1. 142). C'est ce que ledit arrêt a jugé spécialement sur la plainte formée par le directeur de l'administration intérieure de la Guadeloupe, à la suite de propos outrageants proférés contre les membres de l'administration de l'enregistrement dans cette colonie. — Sur le droit qui appartient aux membres des corps constitués de porter plainte individuellement à raison d'une diffamation ou d'une injure collective (V. *infrà*, n° 1240).

1211. — 2° *Délits de diffamation ou d'injure envers les personnes qualifiées visées dans l'art. 31.* — En vertu de l'art. 5 de la loi du 26 mai 1819, les diffamations et les injures commises envers les personnes qualifiées énumérées dans les art. 16 et 19 de la loi du 17 mai 1819, c'est-à-dire envers les dépositaires et les agents de l'autorité publique, à raison de leurs fonctions ou de leur qualité, par les moyens de publication déterminés dans l'art. 1 de la même loi, ne pouvaient être poursuivis que sur la plainte de la partie lésée. La nécessité de cette plainte avait été supprimée par l'art. 17 de la loi du 25 mars 1822; puis elle avait été rétablie par l'art. 5 de la loi du 8 oct. 1830. — Nous avons eu déjà l'occasion de signaler (*suprà*, n° 1206) la controverse à laquelle a donné lieu, à la suite, le décret du 17 févr. 1852, dont l'art. 27 renvoyait, pour la poursuite des délits de presse et de publication, aux formes et aux délais prescrits par le code d'instruction criminelle (*Rép.* n° 1057). Il a été jugé, d'une part, que, depuis le décret du 17 févr. 1852, la poursuite du délit d'outrage envers les fonctionnaires publics n'était plus subordonnée à la plainte de la partie lésée; que l'art. 5 de la loi du 26 mai 1819, qui exigeait cette plainte préalable, avait été abrogé par la disposition du décret précité (art. 27) qui soumettait aux formes prescrites par le code d'instruction criminelle les poursuites des délits commis par la voie de la presse ou tout autre moyen de publication (Paris, 8 mars 1856, aff. Roland et autres, D. P. 56. 2. 148. Conf. Limoges, 25 juin 1852, aff. Bardon, D. P. 53. 2. 7; Dijon, 19 sept. 1856, aff. Beaux, D. P. 58. 2. 122). Mais, d'autre part, suivant l'opinion qui avait prévalu, le décret de 1852 devait être entendu en ce sens qu'il avait réglé les formes et délais, mais non les conditions de l'exercice de la poursuite qui tenaient au fond du droit, et que l'art. 5 de la loi de 1819 avait conservé son application, même depuis ce décret (Crim. cass. 31 mai 1856, aff. Rogeard, D. P. 56. 1. 311. Conf. Montpellier, 3 déc. 1855, aff. Falgous, D. P. 56. 1. 311, cité au *Rép.* n° 1057; Besançon, 27 janv. 1860, aff. Lebrun D. P. 60. 2. 17. V. aussi Aix, 3 mai 1867, aff. Ripert, D. P. 67. 5. 326).

La loi du 29 déc. 1875 (D. P. 76. 4. 33) se prononça implicitement dans le sens de cette dernière opinion, en se bornant à disposer, dans son art. 6, que la plainte exigée par la loi de 1819 pourrait être suppléée par un ordre du ministre de la justice sur la demande du ministre duquel relèverait la partie lésée.

1212. Les lois de 1819 et de 1875 ne réglaient que le mode de poursuites applicable aux délits de diffamation et d'injure envers les dépositaires ou agents de l'autorité publique, seules personnes visées dans les art. 16 et 19 de la première de ces deux lois. Aussi, après le rétablissement de l'art. 5 de la loi de 1819 par la loi du 8 oct. 1830, s'était-on demandé si cet article devait être étendu au délit d'outrage public contre lequel l'art. 6 de la loi du 25 mars 1822, complétant les art. 16 et 19, § 1, de la loi du 17 mai 1819, protégeait tous les fonctionnaires publics, les membres des Chambres législatives, les ministres des cultes légalement reconnus, les jurés et les témoins (V. *suprà*, n° 945). La question était résolue affirmativement en ce qui concerne les outrages commis envers les fonctionnaires publics (Crim. rej. 25 sept. 1847, aff. Malin-Dinge, D. P. 47. 4. 390 et *Rép.* n° 1105; Limoges, 29 juin

1850, D. P. 51. 1. 101 et *Rép.* n° 1057; Poitiers, 26 oct. 1850, *Rép.* n° 1060; Crim. cass. 31 mai 1856, aff. Rogeard, D. P. 56. 1. 311 ; 20 avr. 1867, aff. Chassagnie, D. P. 67. 1. 462; 20 mars 1875, aff. Gilon, D. P. 75. 1. 385; Crim. rej. 19 mai 1876, aff. Lenoir, D. P. 77. 1. 5; Angers, 13 sept. 1880, aff. Périer, D. P. 81. 2. 68. — *Contrà*, Amiens, 28 juill. 1855, aff. Lelièvre, D. P. 56. 2. 148).

1213. La question paraissait plus délicate à résoudre en ce qui concernait les autres personnes qualifiées dont l'art. 6 de la loi de 1822 contenait l'énumération et à qui ne s'appliquaient pas les dispositions spéciales aux dépositaires ou agents de l'autorité publique et aux citoyens revêtus d'un caractère public, sur la compétence du jury, sur l'admissibilité de la preuve de la vérité des faits diffamatoires et sur l'interdiction de porter devant la juridiction civile les actions en diffamation et même, sous le décret du 22 mars 1848, les actions en injure (V. *infrà*, ch. 3, sect. 1, art. 1, § 1 ; ch. 4, sect. 1, art. 4, et ch. 3, sect. 2, § 2). On admettait qu'une plainte était obligatoire pour les membres de l'une des Chambres législatives et pour les témoins, sinon en vertu de la disposition de l'art. 5 de la loi de 1819, relative aux dépositaires ou agents de l'autorité publique, du moins en vertu de la disposition du même article concernant les simples particuliers (V. *infrà*, n° 1221). — Il y avait controverse à l'égard des ministres des cultes (V. Metz, 30 janv. 1856, aff. Didier, D. P. 57. 2. 20; Crim. cass. 25 juin 1846, D. P. 46. 1. 304, cité au *Rép.* n° 1060-2°; 5 déc. 1872, aff. Malardeau, D. P. 72. 1. 465; 4 avr. 1874, aff. Jeannot, D. P. 74. 1. 275; Chambéry, 16 févr. 1877, aff. Pitton, D. P. 77. 2. 203).

1214. Quant aux jurés, la cour de cassation les considérait comme ayant une situation *sui generis*, qui ne permettait de les assimiler ni aux dépositaires de l'autorité publique, ni aux simples particuliers, visés par l'art. 5 du 26 mai 1819, d'où la conséquence que la poursuite de l'outrage commis contre eux demeurait soumise au droit commun et pouvait, dès lors, être exercée d'office (Crim. cass. 8 févr. 1831, aff. Robert, D. P. 51. 1. 175, et, sur renvoi, Nancy, 9 avr. 1831, D. P. 51. 5. 439, cités au *Rép.* n° 1061).

1215. Ainsi, avant 1881, les diffamations et les injures envers les dépositaires ou agents de l'autorité publique visés dans l'art. 16 et 19 de la loi du 17 mai 1819 ne pouvaient être poursuivies qu'ensuite de la plainte préalable exigée par l'art. 5 de la loi du 26 du même mois, ou en vertu de la double intervention ministérielle qui pouvait suppléer à la plainte aux termes de l'art. 6 de la loi du 29 déc. 1875 (V. *suprà*, n° 1211), la jurisprudence était, d'autre part, incertaine sur les conditions dans lesquelles pouvait être engagée la poursuite des diffamations et injures commises envers les personnes qualifiées que visait l'art. 6 de la loi du 25 mars 1822. — L'art. 47 de la loi nouvelle simplifie l'intervention ministérielle autorisée par la loi de 1875, en y substituant la plainte directe du ministre dans le département duquel se trouve la personne diffamée ou injuriée, sans y ajouter l'ordre du garde des sceaux. Quant aux personnes qualifiées à l'égard desquelles la poursuite de la diffamation ou de l'injure ne pourra avoir lieu d'office, le même article met fin aux divergences que l'on vient de signaler, en interdisant de poursuivre d'office la diffamation et l'injure commises à l'égard de toutes les personnes comprises dans l'énumération que renferme l'art. 31, énumération où l'on retrouve, à la fois, les personnes qualifiées visées par la loi de 1819 et par celle de 1822, et, en outre, les citoyens chargés d'un service ou d'un mandat public (V. *suprà*, n°s 949 et suiv.).

1216. L'art. 47, précisant, en outre, les conditions préalables à l'exercice de l'action du ministère public en ce qui concerne les diverses personnes énumérées dans l'art. 31, distingue entre celles de ces personnes qui relèvent d'un ministre et celles qu'on ne peut rattacher à aucun ministère. En cas de diffamation ou d'injure, à raison de sa fonction ou de sa qualité, contre une personne relevant d'un ministre, l'art. 47-3° dispose que la poursuite aura lieu soit sur sa plainte, soit sur la plainte du ministre (D. P. 81. 4. 84). Les personnes, énumérées dans l'art. 47-3°, qui relèvent d'un ministre, sont : 1° les fonctionnaires publics; 2° les dépositaires ou agents de l'autorité publique; 3° les ministres des cultes salariés par l'Etat; 4° les citoyens chargés d'un service ou d'un mandat public. Lorsque la diffamation

ou l'injure est commise contre une personne qui, bien que protégée, à raison de sa fonction ou de sa qualité, par l'art. 31, n'appartient à aucun département ministériel, la poursuite ne peut en être exercée que sur sa plainte. Les personnes, énumérées dans l'art. 47-2° et 4°, qui ne relèvent d'aucun, ministre, sont : 1° les membres de l'une ou de l'autre Chambre; 2° les jurés; 3° les témoins.

1217. Les ministres se trouvant compris dans les expressions « dépositaires de l'autorité publique », de l'art. 6 de la loi de 1875, il avait été décidé, sous cette loi, que la poursuite du délit d'outrage public envers un ministre, à raison de sa fonction, pouvait avoir lieu conformément à cet article, d'ordre du garde des sceaux, sur la demande à lui adressée par le ministre outragé, procédant dans sa propre cause (Crim. rej. 19 mai 1876, aff. Lenoir, D. P. 77. 1. 5). La suppression de l'intervention du garde des sceaux, que prescrivait la loi de 1875, indépendamment de la demande à se contenter d'une plainte préalable du ministre diffamé ou injurié. En effet, dès que la loi nouvelle permet la poursuite sur la seule plainte du ministre duquel relève le fonctionnaire diffamé ou injurié, et sans intervention du garde des sceaux, il n'y avait plus de place, en cas de diffamation ou d'injure contre ce ministre lui-même, à l'alternative entre la plainte de la partie lésée et la réquisition de poursuite destinée à la remplacer : c'est la plainte de ce ministre qui, se confondant alors avec la plainte ministérielle dont parle l'art. 47-3° pour les dépositaires de l'autorité publique, mettra l'action publique en mouvement.

1218. La disposition de l'art. 47-3°, concernant les citoyens chargés d'un service ou d'un mandat public, constitue également une importante innovation. Avant la loi de 1881, ces citoyens n'avaient d'abord été protégés contre les délits de diffamation ou d'injure que comme simples particuliers. Une plainte préalable était donc toujours nécessaire, conformément à l'art. 5 de la loi du 26 mai 1819, et il était décidé, spécialement, que la poursuite de l'outrage adressé aux professeurs de l'Université était subordonnée à la plainte des personnes outragées, qu'il eût eu lieu dans l'exercice ou seulement à raison de leurs fonctions (Crim. cass. 31 mai 1856, aff. Rogeard, D. P. 56. 1. 311). Plus tard, la loi du 13 mai 1863 ayant compris les citoyens chargés d'un service public dans l'art 224 c. pén., qui les protégeait exclusivement, quels que fussent les modes de perpétration de cet outrage et sa relation avec le mandat public du citoyen outragé, la plainte était devenue inutile, comme pour tous les outrages prévus et punis par le code pénal.

La loi de 1881 rétablit la nécessité d'une plainte préalable, à l'égard des délits de diffamation et d'injure qui seraient commis envers ces citoyens, à l'aide de l'un des moyens de publication caractéristiques des délits en question. Seulement ce n'est plus, comme en 1819, un simple particulier qui porte plainte, c'est une des personnes qualifiées que vise l'art. 31 Aussi l'art. 47 admet-il que la plainte du citoyen chargé d'un service public peut être remplacée par celle du ministre de qui le citoyen outragé relève à l'égard du service public dont il est chargé.

1219. Il faut observer, en outre, que la plainte n'est exigée que lorsqu'il s'agit de poursuivre un délit de diffamation ou d'injure prévu et réprimé par la loi de la presse. Au contraire, l'action publique peut être intentée d'office par le ministère public quand le fait poursuivi tombe sous le coup de l'art. 224 c. pén. On sait que cet article n'est pas abrogé, que le délit qu'il prévoit se distingue de la diffamation et de l'injure, et c'est qu'il soit un délit de droit commun et que, depuis la loi du 13 mai 1863, ce délit peut être poursuivi, vis-à-vis d'un citoyen chargé d'un service public (V. *suprà*, n°s 718 et suiv.). C'est donc ici le droit commun qu'il faut appliquer. Le ministère public peut agir d'office et sans plainte préalable toutes les fois qu'il poursuit, en vertu des art. 222, 223, 224 et 262 c. pén., un délit d'outrage envers l'une des personnes qualifiées dans ces articles, soit dans l'exercice, soit à l'occasion de l'exercice de leurs fonctions, délit qui, d'ailleurs, en vertu du droit commun réglé par les art. 1 et 182 c. instr. crim. reste dans la compétence des tribunaux correctionnels. Ainsi, le ministère public a qualité pour poursuivre d'office la répression de tout outrage commis dans l'exercice de ses fonctions : contre un magistrat (Douai, 1er mars 1831, *Rép.*

n°s 1064 et 1405), notamment, à l'audience (Crim. rej. 5 juin 1851, aff. Dubois, D. P. 52. 5. 443);... contre un maire (Crim. cass. 19 janv. 1850, aff. Boutet, D. P. 50. 1. 68; 20 mars 1875, aff. Malagré, D. P. 75. 1. 385); contre un ministre du culte (Crim. cass. 10 janv. 1833, *Rép.* n° 1063; Trib. des Sables-d'Olonne, 30 mai 1841, *ibid.*; Crim. cass. 5 déc. 1872, aff. Malartreau, D. P. 72. 1. 465 ; 4 avr. 1875, aff. Jeannot, D. P. 74. 1.275);... ou contre un citoyen chargé d'un service public. Il peut agir de même si l'outrage n'a été commis qu'à l'occasion de l'exercice des fonctions, sans publicité ou même publiquement et à l'aide de l'un des moyens de publication prévus par l'art. 23 de la loi de 1881 (V. *suprà*, n°s 733 et suiv.).

1220. — II. Délits de publication de la compétence des tribunaux correctionnels a l'égard desquels l'action publique ne peut pas être exercée d'office. — Par dérogation aux règles du droit commun, tracées dans le chap. 2, tit. 1, liv. 2, c. instr. crim. et rappelées par l'art. 60 de la loi du 29 juill. 1881, relativement à l'ensemble des infractions de presse déférées aux tribunaux correctionnels (V. *supra*, n° 1196), la poursuite ne peut pas être exercée d'office devant ces tribunaux : 1° relativement aux délits de diffamation et d'injure commis envers les particuliers (art. 60) ; 2° relativement aux délits d'offense envers les chefs d'Etats étrangers et d'outrage envers les agents diplomatiques accrédités près du gouvernement de la République (L. 16 mars 1893, art. 1, D. P. 93. 4. 64).

1221. — 1° *Délits de diffamation ou d'injure envers les particuliers.* — Jamais la poursuite de ces délits n'a été autorisée d'office. Depuis la loi du 26 mai 1819 qui, d'une façon générale, avait subordonné l'action publique, en matière de diffamation ou d'injure, à la nécessité d'une plainte de la partie lésée, la même règle a été constamment maintenue par les lois de la presse pour le cas où ces délits sont commis envers des particuliers (L. 25 mars 1822, art. 17 ; L. 8 oct. 1830, art. 4, *Rép.* p. 410 et 412; Décr. 17 févr. 1852, art. 27, D. P. 52. 4. 56; L. 15 avr. 1871, D. P. 71. 4. 44 ; 29 déc. 1875, art. 6, D. P. 76. 4. 33. — L'art. 60 de la loi du 29 juill. 1881, adoptant le même principe, dispose que la poursuite n'aura lieu que sur la plainte de la personne diffamée ou injuriée, s'il s'agit de diffamation ou d'injure de la compétence des tribunaux correctionnels, c'est-à-dire commise envers des particuliers, et tombant, dès lors, sous l'application des art. 32 et 33, § 2 (D. P. 86. 4. 86). — V. *suprà*, n°s 1001 et suiv.). Cependant les injures non publiques dont le caractère est celui d'une contravention de simple police peuvent être poursuivies sans qu'il y ait eu plainte de la partie lésée (V. *suprà*, n°s 1061 et suiv.).

1222. — 2° *Délits d'offense envers les chefs d'Etats étrangers et d'outrage aux agents diplomatiques accrédités près du gouvernement de la République.* L'art. 3 de la loi du 26 mai 1819 portait le délit d'offense envers la personne d'un souverain étranger ou celle des chefs de gouvernements étrangers, délit alors prévu et puni par l'art. 12 de la loi du 17 du même mois (V. *suprà*, n°s 1077 et suiv.) ne pourrait être poursuivi que « sur la plainte ou à la requête du souverain ou du chef du gouvernement qui se croira offensé ». L'art. 5 de la même loi disposait que les délits de diffamation et d'injure envers les agents diplomatiques étrangers accrédités auprès du roi, délits alors prévus et punis par les art. 15 et 19, § 1, de la loi du 17 mai 1819 (V. *suprà*, n° 1082) ne pourraient être poursuivis que sur leur plainte. L'art. 6 de la loi du 29 déc. 1875, déterminant la procédure de la plainte, par une disposition analogue à celle qui concernait les dépositaires ou agents de l'autorité publique, disposa que la poursuite pourrait être exercée, « soit à la requête des souverains ou chefs des gouvernements étrangers, soit d'office sur leur demande adressée au ministre des affaires étrangères, et, par celui-ci, au ministre de la justice » (D. P. 76. 4. 33). Cette loi ne s'occupait pas du délit de diffamation ou d'injure envers les agents diplomatiques étrangers.

1223. L'art. 47-5° de la loi du 29 juill. 1881 est ainsi conçu : « Dans le cas d'offense envers les chefs d'Etats ou d'outrage envers les agents diplomatiques étrangers, la poursuite aura lieu, soit à leur requête, soit d'office, sur leur demande adressée au ministre des affaires étrangères et, par celui-ci, au ministre de la justice ». Cet article

reproduit donc la disposition de l'art. 6 de la loi du 29 déc. 1875 relativement à l'offense aux chefs d'Etats étrangers, et il étend cette disposition au délit d'outrage aux agents diplomatiques accrédités près du gouvernement de la République, qui remplace les anciens délits de diffamation ou d'injures envers ces mêmes agents (D. P. 81. 4. 84. V. *suprà*, n°s 1082 et suiv.). — L'art. 47 est aujourd'hui abrogé, en cette partie, par la loi du 16 mars 1893 (D. P. 93. 4. 64) qui a attribué aux tribunaux correctionnels la connaissance des deux délits dont il s'agit, lesquels sont prévus par les art. 35 et 36 de la loi de 1881. Mais la disposition retranchée du texte de l'art. 47 a été maintenue et transférée dans l'art. 60 ; la modification n'a pas eu d'autre but que de mettre les deux articles en harmonie avec la nouvelle disposition de l'art. 45 relative à la juridiction.

1224. — III. Des délibérations des corps constitués requérant les poursuites (*Rép.* n°s 1075 et suiv.). La délibération n'est assujettie à aucune forme particulière ; il faut seulement qu'il en résulte la preuve qu'elle a été prise en assemblée générale et qu'elle requiert des poursuites (*Rép.* n° 1083). Les juges suppléants n'ont voix délibérative que lorsqu'ils remplacent un juge, comme dans toutes les assemblées des tribunaux (L. 11 avr, 1838, art. 11, *Rép.* n° 1082).

1225. Si la diffamation ou l'injure ont été commises envers une chambre ou section d'un tribunal, ou d'un autre corps constitué, la réquisition de poursuites n'en doit pas moins être délibérée en assemblée générale. La délibération de la fraction offensée ne suffirait pas (*Rép.* n° 1080).

1226. Une plainte, même collective, des membres du corps diffamé ou injurié ne saurait suppléer à la délibération de l'assemblée générale de ce corps, avec réquisition de poursuites (Crim. cass. 3 août 1850, aff. Prion, D. P. 50. 5. 386 et *Rép.* n° 1075). — Si la diffamation a été dirigée contre une assemblée temporaire, composée de personnes appartenant à différents corps, aucun de ceux-ci n'a qualité pour prendre, en assemblée générale, une réquisition de poursuite (Toulouse, 31 juill. 1823, *Rép.* n° 1107-3°).

1227. — IV. Des plaintes. — 1° *Formes de la plainte.* — L'art. 63 c. instr. crim. en disposant que toute personne qui se prétendra lésée par un crime ou par un délit pourra en rendre plainte, n'assujettit cette plainte à aucune forme particulière (V. *Rép.*, v° *Instruction criminelle*, n°s 189 et suiv.). Il résulte toutefois de l'art. 183 du même code, applicable aux plaintes comme aux citations, que le plaignant doit y énoncer les faits sur lesquels porte sa plainte. L'art. 6 de la loi du 26 mai 1819 paraissait être plus exigeant. Il voulait que la plainte de la partie lésée par un crime ou délit de publication, renfermât, à peine de nullité, non seulement l'articulation, mais encore la qualification du fait incriminé. Cependant, il était décidé, à cet égard, que lorsque la plainte était suivie d'une instruction, le défaut de spécification, dans cette plainte, des faits sur lesquels elle portait était couvert par l'articulation et la qualification de ces faits dans le réquisitoire pris par le ministère public, en conformité du même article, car le réquisitoire devait aussi contenir toutes les énonciations exigées dans la plainte (Crim. cass. 17 janv. 1851, aff. *Le Courrier républicain de la Côte-d'Or*, D. P. 51. 1. 106 et *Rép.* n° 1532). D'autre part, il était constant que, lorsque le ministère public saisi par la plainte, usait du droit de citation directe, limité, sous la loi de 1819, à la poursuite devant la juridiction correctionnelle, puis étendu, par la loi du 8 avr. 1831, à celle exercée devant la cour d'assises, les énonciations de cette citation étaient d'autant plus propres à compléter la plainte qu'elles se trouvaient précisément dans l'acte signifié au prévenu (V. *infrà*, n°s 1723 et suiv.). — Il résultait de cette jurisprudence que, malgré les prescriptions impératives de l'art. 6 de la loi de 1819, en ce qui concerne les formes de la plainte exigées par l'art. 5 de la même loi pour la recevabilité de la poursuite en matière de diffamation et d'injure, l'inobservation de ces formes n'était pas de nature à entraîner la nullité de la poursuite, puisqu'on devait la retrouver, à peine de nullité, dans le réquisitoire à fin d'information et, à défaut d'information préalable, dans la citation du ministère public donnée après la plainte. Il était, d'ailleurs, indifférent que la plainte portât sur une diffamation ou une injure de la compétence de la cour d'assises ou de la compétence des tribunaux correctionnels. En effet, pour que la citation en police correctionnelle pût suppléer à l'absence, dans la plainte, des énonciations prescrites par l'art. 6 de la loi de 1819, on décidait que cette citation devait les contenir, comme au cas de citation devant la cour d'assises (V. *infrà*, n°s 1723 et suiv.).

Les difficultés d'interprétation relatives soit aux formes de la plainte, soit aux notifications ultérieures propres à y suppléer, disparurent avec le décret du 17 févr. 1852, qui, après avoir déclaré les tribunaux correctionnels seuls compétents pour connaître du délit de publication, a fait retomber dans le droit commun la procédure à suivre devant cette juridiction. Ce décret a continué à régir les formes de la plainte, de l'arrêt de renvoi et de la citation, soit devant la cour d'assises, soit devant les tribunaux correctionnels, après le rétablissement, de la double compétence du jury et de la juridiction correctionnelle, par la loi du 15 avr. 1871 (V. *infrà*, n°s 1573 et suiv., 1592 et suiv.).

1228. C'est dans cet état de la jurisprudence qu'est intervenue la loi de 1881. Les formes de la plainte y sont pareillement laissées sous l'empire du droit commun. La citation, devenue nécessaire, qu'il y ait ou qu'il n'y ait pas eu d'information préalable, est seule réglementée d'une manière spéciale, devant la cour d'assises, par l'art. 50, et devant les tribunaux correctionnels, par l'art. 60.

La loi nouvelle n'ayant soumis la plainte à aucune forme sacramentelle, on doit tenir pour certain que, depuis cette loi, comme sous la législation antérieure, il suffit, pour qu'il y ait une plainte régulière, de nature à mettre en mouvement l'action publique, que la partie qui se prétend lésée manifeste clairement l'intention de provoquer cette action (*Rép.* n° 1095 ; Crim. rej. 29 mai 1886, aff. Rémond, D. P. 87. 1. 89. V. aussi (Motif) Besançon, 27 janv. 1860, aff. Lebrun, D. P. 61. 2. 17). La jurisprudence qui s'est établie à cet égard est applicable à tout délit de diffamation ou d'injure, quelle que soit la juridiction appelée à en connaître. Il faut donc écarter la décision d'un arrêt aux termes duquel la plainte ne peut s'entendre que de l'acte authentique et légal que la loi désigne par ce mot, et que les lettres écrites au sous-préfet ou même au chef du parquet ne peuvent en tenir lieu (Bourges, 22 avr. 1831, *Rép.* n°s 1096-1°, 1056). — Au contraire, il a été jugé, en vertu de la règle que la plainte n'est soumise à aucune forme sacramentelle : 1° qu'on devrait considérer comme constituant une plainte préalable de la partie lésée la démarche que cette partie aurait faite auprès des membres du parquet pour leur signaler, en demandant la cessation de ce scandale, une affiche contenant à son adresse des imputations diffamatoires (Limoges, 25 juin 1852, aff. Bardon, D. P. 53. 2. 7) ; — 2° Que la plainte résulte suffisamment de l'envoi fait au ministère public, par un fonctionnaire, du procès-verbal qu'il a dressé lui-même de propos diffamatoires dont il a été l'objet (Crim. rej. 9 janv. 1858, aff. Duparc, D. P. 58. 5. 286 ; Conf. Angers, 18 déc. 1882, *Lois nouvelles*, 83. 3. 68) ; — 3° Qu'il n'est pas nécessaire que la plainte soit visée dans la citation ou dans le jugement, et qu'il suffit qu'elle se trouve au dossier (Crim. rej. 29 nov. 1858, aff. Gounouilhou et Lavertujon, D. P. 64. 1.45) ; — 4° Que la nécessité d'une plainte préalable de la partie lésée, pour mettre en mouvement l'action publique en matière de diffamation, n'implique pas que cette plainte doive, à peine de nullité, être datée ; qu'il suffit, par suite, que son antériorité ait été établie devant le juge du fait (Crim. rej. 18 janv. 1861, aff. Pirolle, D. P. 61. 1. 186) ; — 5° Que la plainte nécessaire pour mettre en mouvement l'action publique en matière de diffamation et d'injure n'est soumise à aucune forme déterminée, et peut, dès lors, se produire valablement sous la forme d'une lettre adressée par le plaignant au procureur de la République ; et que l'interprétation en vertu de laquelle le juge du fait a trouvé dans le texte même de cette lettre et dans divers éléments de fait puisés dans le débat, la preuve de l'intention du plaignant de provoquer des poursuites, ne tombe sous le contrôle de la cour de cassation qu'en ce qui concerne la vérification du point de savoir si elle n'est pas en contradiction avec les termes de ladite lettre (Crim. rej. 20 juin 1873, aff. Malardeau, D. P. 73. 1. 269) ; — 6° Que la loi du 29 juill. 1881 n'a soumis à aucune forme particulière la plainte de la personne diffamée ou injuriée, nécessairement préalable à toute

poursuite pour diffamation ou injure envers les particuliers ; et que le point de savoir si l'action du ministère public a été suffisamment provoquée par la plainte de la personne diffamée ou injuriée est une question de fait soumise à l'appréciation des magistrats saisis de la poursuite (Crim. rej. 29 mai 1886, aff. Rémond, D. P. 87. 1. 89).

1229. Malgré l'affranchissement de toute forme sacramentelle, la plainte doit se produire sous une forme qui permette de constater l'existence d'une plainte véritable (*Rép.* n° 1107 et Crim. rej. 29 mai 1886, *ibid.*; 25 sept. 1847, D. P. 47. 4. 390 et *Rép.* n° 1103). Jugé dans le même sens : 1° que dans le cas où les parties lésées se trouvent être le chef du parquet et son substitut, récusés par le prévenu en termes outrageants et diffamatoires, la seule circonstance que ces magistrats se seraient abstenus et auraient été remplacés, dans l'exercice de l'action publique, par un juge suppléant, ne saurait tenir lieu de la plainte exigée, alors surtout que rien, dans la procédure, n'établit qu'il y ait eu délégation formelle de l'exercice de l'action publique au juge suppléant qui a remplacé les magistrats récusés (Crim. cass. 20 mai 1865, aff. Blondeau de Cambas, D.P. 65. 1. 407) ; — 2° Que la plainte ne saurait résulter davantage de la seule circonstance que la partie lésée aurait déposé comme témoin sur les propos diffamatoires proférés contre elle (Aix, 3 mai 1867, aff. Ripert, D. P. 67. 5. 326) ; — 3° Que l'on ne saurait considérer comme une plainte pouvant mettre l'action publique en mouvement, la lettre par laquelle la partie lésée porte les faits à la connaissance du sous-préfet, ni la déposition de cette partie recueillie, soit par la gendarmerie sur l'ordre du sous-préfet, soit par le juge de paix sur l'invitation du procureur de la République (Angers, 13 sept. 1880, aff. Périer, D. P. 81. 2. 68) ; — 4° Qu'un procès-verbal rédigé par un maire agissant en cette qualité pour constater des outrages dont il aurait été l'objet, sans manifester l'intention de demander des poursuites à l'occasion des injures qui lui auraient été adressées comme simple particulier, a pu être considéré comme ne constituant pas la plainte exigée par la loi (Crim. rej. 29 mai 1886, aff. Rémond, D. P. 87. 1. 89. Comp. Crim. rej. 23 févr. 1832, *Rép.* n° 1095-1°). — Il n'y aurait même pas l'équivalent d'une plainte dans le fait que la partie lésée aurait formé une action en dommages-intérêts devant la juridiction civile. On objecterait vainement qu'en livrant à la publicité et à la discussion, au point de vue civil, la diffamation ou l'injure dont elle a été l'objet, cette partie a implicitement laissé au ministère public sa liberté d'action ; car saisir un tribunal civil, ce n'est pas provoquer l'action publique, c'est, au contraire, manifester la volonté d'éviter ou d'en empêcher l'exercice (*Rép.* n° 1098).

1230. De même que la plainte émanée directement de la personne intéressée, la plainte formée soit par un chef de corps (art. 47-1°), soit par un ministre, au nom d'un corps qui n'a pas d'assemblée générale (art. 47-1°), ou d'un fonctionnaire public ou d'une personne assimilée (art. 47-3°), est affranchie de toute forme sacramentelle. Jugé, en ce sens, que la plainte, générale dans ses termes, par laquelle un ministre défère d'office au ministre de la justice un article de journal offensant pour un fonctionnaire de son département, pour saisir la juridiction correctionnelle ; que, dès lors, l'auteur de l'article incriminé, s'il vient, par suite de cette plainte, à être condamné, par exemple, pour délit de diffamation, ne peut se faire un moyen de cassation de ce que ce délit ne s'y trouvait pas spécialement dénoncé (Crim. rej. 9 févr. 1877, aff. Roiffé, gérant du journal *La Sentinelle*, D. P. 77. 1. 414).

1231. Le droit d'action du ministère public en matière de diffamation commise par la voie de la presse envers un fonctionnaire public n'est subordonné qu'à la plainte du fonctionnaire diffamé ou du ministre dont il relève, sans qu'il y ait lieu d'exiger que cette plainte soit notifiée au prévenu (Crim. cass. 28 févr. 1891, aff. Roger, D. P. 91. 1. 494; Crim. rej. 8 janv. 1892, aff. Dejoux, D. P. 92. 1. 629). Le prévenu peut seulement exiger la justification de la plainte préalable à l'action du ministère public. Mais aucun texte ne l'autorise à exiger que notification lui en soit faite, et on ne peut aggraver les restrictions que le législateur a cru devoir apporter à l'exercice de l'action du ministère public.

D'après les dispositions du code d'instruction criminelle, la plainte doit être adressée à l'une des autorités compétentes pour la recevoir, c'est-à-dire : au juge d'instruction, au procureur de la République ou aux officiers auxiliaires de police désignés dans les art. 48 et 50 de ce code, c'est-à-dire aux juges de paix, aux officiers de gendarmerie, aux maires ou à leurs adjoints et aux commissaires de police (V. *Rép.* v° *Instruction criminelle*, n°ˢ 380 et suiv.). La plainte peut encore être adressée au procureur général qui a, dans le ressort de la cour d'appel, la direction supérieure de l'action publique et au ministre de la justice, qui en est le régulateur suprême. L'art. 47 le déclare expressément en ce qui concerne le ministre, pour le cas particulier visé par le paragraphe 5. — Jugé, à cet égard, que la lettre adressée par un maire au préfet, qui l'a reçue, non comme officier de police judiciaire, mais comme magistrat de l'ordre administratif, ne saurait mettre en mouvement l'action publique, quoique le préfet auquel elle a été adressée l'ait transmise au ministre public (Besançon, 27 janv. 1860, aff. Lebrun, D. P. 60. 2. 17). Mais la plainte préalable, nécessaire pour autoriser la poursuite de l'outrage public qui a été fait à un fonctionnaire dans l'exercice de ses fonctions, et par exemple au moment où il dressait un procès-verbal, résulte suffisamment de la consignation à ce procès-verbal des faits constitutifs de l'outrage avec déclaration qu'il sera remis au parquet pour qu'il soit statué ce qu'il appartiendra (Crim. 9 janv. 1858, aff. Duparc, D. P. 58. 5. 286. — *Contrà* : Montpellier, 2 avr. 1855, aff. Berge, D. P. 55. 5. 350. — Comp. Crim. cass. 29 mai 1845, D. P. 46. 1. 152 et *Rép.* n° 1093-2°, et aussi Crim. rej. 23 févr. 1832, *Rép.* n° 1095-1°). — Notons, en ce qui concerne la plainte des chefs d'État et celle des agents diplomatiques étrangers, qu'elle doit être adressée aux affaires étrangères et parvenir, par son intermédiaire, au ministre de la justice (art. 47-5°).

1232. — 2° *Personnes qui ont qualité pour porter plainte.* — Dans les différents cas prévus par la loi de la presse où l'exercice de l'action publique est subordonné à la plainte de la personne intéressée, la plainte doit émaner de cette personne elle-même. Jamais ce principe n'a subi de dérogation en ce qui concerne la mise en mouvement de l'action publique pour les délits de diffamation ou d'injure commis envers les simples particuliers (*Rép.* n° 1091). Il n'en a pas été de même en ce qui concerne la poursuite des délits de diffamation ou d'injure commis à l'égard des fonctionnaires publics et des personnes qui leur sont assimilées ; la loi du 29 déc. 1875 d'abord, puis la loi du 29 juill. 1881 ont admis que, pour certaines de ces personnes, la plainte peut émaner d'une autorité ayant, avec la personne qui a été diffamée ou injuriée, des rapports hiérarchiques déterminés. Il y a même un cas où la plainte ne peut pas être formée par la partie lésée : c'est le cas de diffamation ou d'injures envers un corps constitué qui n'a pas d'assemblée générale, tel que les armées de terre et de mer ou les administrations publiques ; la plainte, en ce cas, doit nécessairement émaner du chef du corps ou du ministre duquel ce corps relève (art. 47-1°). (V. *suprà*, n°ˢ 920, 1134 et suiv.). — Pour les fonctionnaires, les dépositaires ou agents de la force publique, les ministres des cultes salariés par l'État, les citoyens chargés d'un service ou d'un mandat publics, l'injure qui leur est adressée peut être poursuivie par le ministère public sur la plainte du ministre sous l'autorité duquel ces personnes exercent leurs fonctions ou remplissent leur mandat (art. 47-3°). Au contraire, dans le cas d'injure ou de diffamation soit envers un ou plusieurs membres de l'une ou de l'autre Chambre, soit envers un juré ou un témoin, la poursuite n'aura lieu, dit l'art. 47, 2° et 4°, que sur la plainte du sénateur, du député, du juré ou du témoin qui se prétendra injurié ou diffamé. — Du reste, la plainte du ministre, dans les cas où elle peut suppléer celle de la personne intéressée placée sous l'autorité de ce ministre, n'exclut pas le droit pour cette personne de porter plainte directement aux autorités compétentes et de mettre elle-même en mouvement, s'il lui plaît, l'action publique. Alors, en vertu de la règle générale, la plainte doit émaner directement et personnellement du fonctionnaire, et non d'un tiers, même du chef hiérarchique ; et il a été jugé, spécialement, qu'un préfet ne peut saisir régulièrement le ministère public d'une plainte qu'il aurait reçue d'un maire, et dans laquelle il ver-

rait le délit d'outrage à un magistrat de l'ordre administratif (Besançon, 27 janv. 1860, aff. Lebrun, D. P. 60. 2. 17).

1233. Dans le cas d'offense envers les chefs d'États étrangers, c'est aussi sur leur demande, adressée au ministre des affaires étrangères, que la poursuite doit avoir lieu. Il est entendu que la demande n'a pas besoin d'être formulée par le souverain lui-même, mais par le ministre qui le représente. Seulement les ambassadeurs ou autres agents diplomatiques n'auraient pas qualité pour demander des poursuites de leur propre initiative, à raison de l'offense faite au chef de leur État : ils devraient justifier qu'ils ont reçu de leur gouvernement mission d'adresser la demande de poursuites au ministre des affaires étrangères. Dans le cas d'outrage envers un agent diplomatique étranger, la plainte doit émaner de cet agent lui-même et, notamment, il ne suffirait pas de la plainte formulée par le successeur de cet agent sans un mandat déterminé.

1234. Si la personne diffamée ou injuriée n'est pas maîtresse de ses droits, l'action publique peut être mise en mouvement sur la plainte de son représentant légal. Ainsi le tuteur d'un mineur ou d'un interdit diffamé ou injurié a qualité pour porter plainte en son nom (*Rép.* n° 1090). Toutefois cette intervention n'est pas indispensable ; et il a été jugé que si, au cas de diffamation ou d'injure, il est nécessaire que la partie plaignante soit maîtresse de ses droits quand elle se porte partie civile, il n'en est pas de même quand elle se borne à dénoncer le fait diffamatoire ou injurieux dont elle a été l'objet, et à demander qu'il soit poursuivi et réprimé, sauf au ministère public à apprécier s'il y a lieu d'intenter la poursuite ; que spécialement la plainte en diffamation d'un mineur suffit pour mettre l'action publique en mouvement (Crim. cass. 5 févr. 1857, aff. Blondeau, D. P. 57. 1. 109).

1235. Lorsque la diffamation ou l'injure ont été commises contre une femme mariée, le délit dont elle est victime ne peut pas être poursuivi par le parquet sur la plainte du mari, car celui-ci n'est pas le représentant légal de sa femme dans les actions judiciaires, ni, dès lors, dans les actes qui forment une condition de l'exercice de ces actions. C'est à la femme qu'il appartient d'apprécier s'il lui convient de livrer à la publicité des débats judiciaires les propos diffamatoires ou injurieux dont elle a été l'objet ; la plainte doit donc émaner d'elle seule et de sa libre volonté (*Rép.* n° 1088). On avait toutefois exprimé au *Rép.*, n° 1089, avec quelque réserve, l'opinion que la femme mariée, pour mettre par sa plainte l'action publique en mouvement, doit être pourvue de l'autorisation de son mari ou, à défaut, de l'autorisation de justice, à l'effet de former la plainte. Cependant la cour de cassation a consacré la doctrine contraire ; elle admet que la femme mariée peut porter plainte sans autorisation : le droit de porter plainte au parquet n'exige pas de « la plénitude de la capacité », et, « si certaines plaintes peuvent offrir moins de garanties, eu égard aux personnes dont elles émanent, soit quant à la réalité des faits dénoncés, soit quant à l'opportunité de la poursuite réclamée, la loi a laissé au discernement et à la prudence du ministère public le soin d'apprécier le caractère de la plainte, et de juger s'il doit accorder ou refuser le concours demandé à son ministère » (Crim. rej. 5 févr. 1857, aff. Blondeau, D. P.) 57. 1. 109). — Il est bien entendu que le mari peut former la plainte en son nom personnel toutes les fois que la diffamation ou l'injure dirigée contre sa femme, est de nature à l'atteindre lui-même dans son propre honneur ou dans sa considération (Crim. cass. 14 germ. an 13, *Rép.* n° 1087 ; *Rép.* v° *Instruction criminelle*, n° 98 ; Motif Crim. rej. 20 oct. 1820, *Rép.* n° 1120. Comp. *suprà*, n°ˢ 866-7° et suiv.).

Le droit de porter plainte pour diffamation ou pour injure envers un individu qui est décédé postérieurement à la perpétration du délit n'est pas transmissible à ses héritiers : il s'agit, en effet, d'un de ces droits qui sont exclusivement attachés à la personne de celui au profit de qui ils se sont ouverts (*Rép.* n° 1127). Mais si la personne diffamée ou injuriée a formé la plainte de son vivant, les effets de cette plainte se produisent au profit des héritiers (*Rép.* n° 1126), et même au profit des enfants qui n'étaient pas encore nés à l'époque où elle a eu lieu (Montpellier, 22 déc. 1825, *Rép.* n° 1126). — Quant au droit qui appartient aux héritiers, en vertu de l'art. 34, de poursuivre les diffamations et les injures commises après la mort de leurs auteurs et envers leur mémoire, V. *suprà*, n°⁵ 1008 et suiv., 1030 et suiv.

1236. En cas de diffamation ou d'injure envers les personnes collectives, la loi du 29 juill. 1881 n'a déterminé par qui la plainte pourrait être faite en leur nom qu'à l'égard de celles de ces personnes qui ont un caractère public, c'est-à-dire à l'égard des corps constitués énumérés dans l'art. 30 (V. *suprà*, n° 1232). A l'égard des réunions de personnes qui ne rentrent pas dans la classe des corps constitués, il faut, pour déterminer par qui la plainte sera faite en leur nom, se conformer aux règles générales sur l'exercice des actions qui appartiennent aux êtres collectifs (V. *suprà*, v° *Action*, n°⁵ 55 et suiv.; — *Rép.* eod. v°, n°⁵ 275 et suiv.). La diffamation ou l'injure atteint-elle une réunion qui forme un être moral reconnu par la loi, la plainte peut être portée en son nom par ceux qui ont le droit de la représenter en justice (*Rép.* n° 1123). Ainsi, en cas de diffamation ou d'injure envers une société commerciale, la plainte peut être formée par son gérant, si la société est en nom collectif, ou par ses administrateurs, si elle est anonyme (Trib. corr. Seine, 3 janv. 1868, aff. *Le Courrier français*, D. P. 68. 3. 23. Conf. Crim. cass. 21 juill. 1854, aff. Gerson Lévy, D. P. 55. 1. 41, cité au *Rép.* n° 1125. — Conf. aussi *Rép.*, n° 1123, en ce qui concerne un établissement public, tel qu'un collège ou un hospice, qui peut porter plainte par ses administrateurs). S'agit-il, au contraire, d'une réunion qui ne forme pas un être moral et n'a pas, comme tel, une existence légale lui permettant d'ester en justice, s'agit-il d'une société civile (V. toutefois *infrà*, v° *Action*, n°⁵ 56 et suiv.) et, par exemple, d'une société d'assurances mutuelles, la plainte pour diffamation ou pour injure envers cette société ne peut émaner que de ses membres agissant en leur nom personnel (Crim. cass. 21 juill. 1854, précité). Jugé, de même, que la commission représentative des vins à Paris n'est pas un être moral pouvant agir en justice, notamment pour poursuivre les écrits diffamatoires dans lesquels elle est nommée ; que toutefois, lorsque les membres qui se présentent en son nom ont déclaré subsidiairement agir en leur nom personnel, ils sont, sous ce second rapport, recevables dans leur action (Trib. corr. Seine, 3 janv. 1868, précité).

1237. Les électeurs ne constituant pas davantage un corps distinct et organisé ayant le droit d'agir en justice, des électeurs qui se prétendent diffamés comme tels ne peuvent que se plaindre individuellement de ce délit (Rennes, 15 févr. 1838, *Rép.* n° 1124, 897-5°). — La plainte est régulièrement formée, comme émanant d'un représentant légal : en cas de diffamation ou d'injure contre ceux qui exploitent un écrit périodique ou un journal, par le gérant de cette publication (*Rép.* n° 1093);... en cas de diffamation ou d'injure contre l'ordre des avocats du barreau d'une ville, par le bâtonnier (Chambéry, 20 juill. 1872, aff. Bonne et autres, D. P. 73. 2. 9);... en cas de diffamation ou d'injure envers les avoués près d'un tribunal, par les avoués pris individuellement, les avoués attachés à un tribunal ou à une cour ne formant pas un corps constitué, dans le sens de l'art. 30 (Douai, 1ᵉʳ mars 1831, sous Crim. rej. 14 avr. 1831, *Rép.* n° 1075 et 1405. V. *suprà*, n° 929);... en cas de diffamation ou d'injure contre le clergé en général, avec application spéciale de l'écrit diffamatoire ou injurieux au clergé d'un diocèse déterminé, par l'évêque de ce diocèse (Crim. rej. 19 nov. 1874, aff. Cazelles et autres, D. P. 75. 1. 283);... Mais non par les curés d'une ville en cas de diffamation commise à l'encontre du clergé de leurs différentes paroisses, parce que, malgré la hiérarchie et l'autorité morale qu'ils ont vis-à-vis des ecclésiastiques formant ce clergé, ce ne sont pas des chefs d'administration au sens de l'art. 5 de la loi du 25 mars 1822 (ni des « chefs de corps » au sens de l'art. 47-1° de la loi de 1881) (Toulouse, 24 juill. 1881, aff. Curés de Toulouse, *suprà*, n° 874).

1238. En cas de diffamation ou d'injure envers une congrégation religieuse autorisée, la plainte peut être formée par le directeur de cette congrégation (*Rép.* n° 1122, et *ibid.*, v° *Organisation administrative*, n° 457); mais ce droit ne peut pas s'étendre au directeur d'une congrégation religieuse non autorisée, dont les membres, protégés contre la diffamation ou l'injure, bien que leur réunion n'ait pas d'existence légale, ne sont alors admis à se plaindre qu'en leur nom personnel (*Rép.* ibid.). — Si l'imputation diffamatoire dirigée contre une seule personne (un membre d'une communauté religieuse) est formulée de façon à rejaillir sur d'autres, en laissant planer le soupçon sur chacune d'elles, toutes, et, par exemple, tous les membres de la communauté désignée, ont le droit de se porter individuellement partie civile (Crim. rej. 29 janv. 1875, aff. Masure, D. P. 75. 1. 394). Décidé, de même, que le directeur d'une école, diffamée, dans son personnel, par des imputations dirigées contre une institutrice non désignée faisant partie de ce personnel, a qualité pour exercer l'action en diffamation ; en tout cas, lorsque cette qualité n'a été contestée ni dans l'instruction, ni devant la cour criminelle, mais a, au contraire, été expressément reconnue par le prévenu, le moyen ainsi présenté pour la première fois devant la cour de cassation n'est pas recevable, alors surtout qu'il soulève une appréciation à la fois de fait et de droit (Crim. rej. 25 juill. 1884, aff. Journal *Le Progrès*, D. P. 85. 1. 223).

1239. Le droit de porter plainte individuellement n'appartient pas seulement aux membres des réunions ou sociétés qui ne sont pas des personnes morales et qui ne peuvent pas poursuivre en justice les diffamations et les injures dirigées contre elles; il appartient aussi aux membres des sociétés commerciales atteints personnellement par la diffamation ou l'injure collective, bien que ces sociétés puissent plaider par leurs représentants, et même aux membres des corps constitués, bien que la loi détermine, à l'égard des corps, par qui la plainte peut être faite. Jugé, en ce sens, que les membres d'un corps constitué (spécialement des conseillers municipaux), atteints personnellement par une diffamation qui a été adressée à ce corps, ont le droit de poursuivre, individuellement et sans délibération préalable du corps constitué, la réparation du délit (Crim. rej. 28 mai 1891, aff. Burtel, gérant du *Républicain de l'Est*, D. P. 91. 1. 399).

1240. — 3° *De la nécessité que la plainte précède la poursuite*. — La plainte de la partie lésée à laquelle est subordonné l'exercice de l'action du ministère public, pour diffamation ou injure, doit précéder cette action à peine de nullité de tous actes de procédure antérieurs au moment où elle est intervenue. Décidé, en ce sens, que, en cas de diffamation ou d'injure adressées à des tiers, dans des discours prononcés ou dans des écrits produits en justice, l'action du ministère public n'est recevable que quand la plainte du tiers diffamé ou injurié a ouvert l'instance (Montpellier, 2 avr. 1855, aff. Berge, D. P. 55. 5. 343).

1241. Cependant il n'est pas nécessaire, au cas d'information, que la plainte précède la procédure relative à l'instruction. Jugé, en ce sens, que la poursuite d'un délit d'outrage envers un fonctionnaire public, commencée d'office par le ministère public, est régularisée par la plainte de ce fonctionnaire lorsqu'elle intervient avant l'ordonnance de renvoi en prévention rendue par le juge d'instruction; il n'est pas nécessaire qu'elle précède le premier acte de la poursuite (Crim. rej. 23 août 1872, aff. Denize, D. P. 73. 1. 169).

1242. La même condition d'antériorité s'applique à la réquisition de poursuites qui, en matière de diffamation ou d'injure envers certaines personnes, peut remplacer la plainte.

1243. — 4° *De l'absence de plainte et de la plainte tardive*. — En l'absence d'une plainte de la partie lésée, la poursuite et la condamnation sont nulles (*Rép.* n° 1086). Décidé, par application de cette cause de nullité, que lorsque les débats viennent à prouver que le plaignant s'est lui-même rendu coupable de diffamation ou d'injure envers le prévenu, le ministère public ne peut, à raison de ce fait, requérir aucune condamnation contre le plaignant, si le prévenu n'a pas lui-même rendu plainte (Crim. rej. 11 oct. 1827, *Rép.* n° 1072).

1244. La même nullité frappe la poursuite et la condamnation intervenues sur une plainte émanée d'une personne sans qualité (V. *suprà*, n°⁵ 1232 et suiv.), ou sur une plainte non préalable à la poursuite, lorsque la procédure n'a pas été reprise après cette plainte (V. *suprà*, n° 1240). Elle s'étend au cas d'absence, de nullité ou de tardiveté de la réquisition de poursuite qui remplace la plainte dans les cas spécifiés par l'art. 47.

1245. La nullité dont il s'agit est d'ordre public ; d'où la double conséquence : qu'elle doit être relevée d'office (Aix, 3 mai 1867, aff. Ripert, D. P. 67. 5. 326) ; et que le prévenu est recevable à s'en prévaloir en tout état de cause, et, notamment, pour la première fois, devant les juges d'appel (Même arrêt) ou devant la cour de cassation (Crim. cass. 20 avr. 1867, aff. Chassagnie, D. P. 67. 1. 462).

1246. — 5° *Des effets de la plainte sur l'exercice de l'action publique*. — En matière de diffamation ou d'injure, lorsque l'action publique a été régulièrement provoquée par la plainte de la partie lésée, le ministère public est-il tenu de déférer à cette plainte? Il est admis que le ministère public conserve sa liberté d'action, quand la plainte porte sur une diffamation ou une injure envers un simple particulier (*Rép.* n° 1073). Il est même dans la pratique habituelle du ministère public de ne jamais suivre sur la plainte des particuliers, et de laisser toujours au plaignant le soin de poursuivre lui-même s'il le juge à propos.

1247. Le ministère public n'a-t-il pas, au contraire, le devoir d'engager l'action publique quand il est saisi par la délibération d'un corps constitué requérant des poursuites pour diffamation ou injure envers ce corps, ou par la plainte de l'une des personnes qualifiées qui sont visées dans l'art. 31? Nous avons signalé au *Rép.*, n° 1073, la controverse qui s'est élevée sur cette question. Pour l'affirmative, on fait observer qu'un refus de poursuite serait une nouvelle atteinte à la dignité de ces corps ou de ces personnes. Ce système, outre qu'il subordonne l'indépendance du ministère public à une distinction qui ne repose sur aucun texte de loi, est contraire aux observations faites par le garde des sceaux, dans l'exposé des motifs de la loi du 26 mai 1819, sur la portée de la plainte exigée, pour la mise en mouvement de l'action publique (V. *supra*, n° 1195). On y lit, en effet : « Ce n'est pas à dire cependant qu'il suffira de la plainte d'une partie pour déterminer l'action publique. Toutes les fois que le délit de diffamation ou d'injure est plutôt une atteinte à l'intérêt privé qu'à celui de la société, et c'est presque toujours le cas, la partie publique laisse à la partie civile le soin d'obtenir elle-même réparation ».

De ce passage de l'exposé des motifs de la loi de 1819, il résulte que le ministère public peut refuser de poursuivre devant la juridiction répressive le délit de diffamation ou d'injure sur lequel porte la plainte, parce que ce refus laisse entière l'action civile du plaignant (*Rép.* n° 1073).

1248. Il est à remarquer, d'ailleurs, que l'exercice de cette action civile n'en recevait pas moins, pour le cas où la plainte n'aboutissait pas à des poursuites, une atteinte qui, déjà grave sous la loi de 1819, est devenue, depuis, plus sérieuse encore. Si, dans le système de la loi de 1819, la partie lésée demeurait libre, en présence d'un refus de poursuite de la part du ministère public, d'agir, soit par voie de demande en dommages-intérêts devant la juridiction civile, soit par voie de citation directe devant la juridiction répressive, c'est seulement lorsqu'elle se plaignait d'un délit de diffamation ou d'injure de la compétence du tribunal correctionnel, l'action civile née de ce délit étant alors régie par la disposition générale de l'art. 3 c. instr. crim. Le plaignant, privé du concours du ministère public, n'avait, au contraire, que la ressource d'une demande en dommages-intérêts au civil, quand sa plainte portait sur une diffamation ou une injure de la compétence du jury, dans l'impossibilité où le plaçait la loi de 1819 de saisir directement le jury ou la cour d'assises en dehors de ce concours, la ladite loi n'admettant devant la cour d'assises, à l'égard des délits comme à l'égard des crimes de diffamation, que la procédure de l'information préalable. Le droit, pour le plaignant, d'agir seul devant le juge de répression, aussi bien que devant le juge civil, lui a été rendu, il est vrai, pendant un temps, par la loi du 25 mars 1822, qui a attribué exclusivement la connaissance des délits de publication aux tribunaux correctionnels. Mais la loi du 8 oct. 1830, en rétablissant la double compétence de la cour d'assises et de la juridiction correctionnelle à l'égard des délits de publication, a enlevé de nouveau au plaignant, obligé de suppléer à l'inaction du ministère public, le droit d'exercer, devant un autre juge que le juge civil, l'action en dommages-intérêts résultant des délits de diffamation ou d'injure replacés dans les attributions du jury. Le plaignant n'a pas trouvé davantage la faculté d'agir devant la cour d'assises, à défaut du ministère public, dans la loi du 8 avr. 1831, qui a créé, en faveur de ce dernier, sans l'étendre à la partie lésée, le droit de saisir la cour d'assises, par voie de citation directe, du jugement des délits de publication, ni dans la loi du 9 sept. 1835, qui s'est bornée à rendre le même mode de poursuite commun aux crimes de publication.

Le décret du 22 mars 1848, allant plus loin encore, a fait perdre jusqu'à la ressource d'une action devant la juridiction civile, aux fonctionnaires publics et à tout citoyen ayant agi dans un caractère public, diffamés, injuriés ou outragés publiquement, à raison de leurs fonctions, en leur interdisant de saisir de leur action les tribunaux civils. L'interdiction prononcée par le décret de 1848 continua de subsister sous la loi du 27 juill. 1849, intervenue après l'abrogation de la loi du 9 sept. 1835 par le décret du 6 mars 1848 (D. P. 48. 4. 40). Cette interdiction survécut également au décret du 17 févr. 1852, qui a rendu le jugement des délits de publication aux tribunaux correctionnels, de sorte que le plaignant n'a recouvré, en vertu de ce décret et par l'effet du changement qu'il opérait dans la juridiction, que le droit de citation directe admis en police correctionnelle, mais sans pouvoir opter pour la juridiction civile, comme il en avait eu le droit sous la loi de 1822.

La loi du 15 avr. 1871, en attribuant de nouveau au jury la connaissance des délits de publication, a de nouveau mis obstacle à toute poursuite du plaignant, sans le concours du ministère public, toutes les fois qu'il s'agissait d'une diffamation ou d'une injure placée dans la compétence du jury, puisque d'une part le droit de citation directe n'appartenait pas au plaignant devant la cour d'assises et que, d'autre part, il continuait de lui être interdit de saisir les tribunaux civils de sa demande. La loi du 29 déc. 1875, en rétablissant la compétence du tribunal correctionnel a replacé le plaignant dans la situation qui lui était faite par le décret de 1852 : droit de citation directe en police correctionnelle, mais pas d'option facultative pour la juridiction civile.

Ainsi lorsque les plaignants étaient des fonctionnaires ou des citoyens ayant agi dans un caractère public, diffamés, injuriés ou outragés dans l'exercice de leurs fonctions, ces plaignants, en vertu des lois antérieures au décret du 22 mars 1848, étaient, en cas de refus de poursuites de la part du ministère public, dans la nécessité de former leur action devant les tribunaux civils, lorsque le délit dont elles se plaignaient était de la compétence de la cour d'assises. Depuis le décret de 1848, tantôt le refus de poursuites ne leur a laissé, en sens inverse, que la possibilité d'agir directement devant la juridiction répressive lorsque cette juridiction était le tribunal correctionnel, et tantôt ce refus les a privés de tout moyen d'action, lorsque la connaissance du délit était attribuée à la cour d'assises.

1249. La loi du 29 juill. 1881 a voulu respecter l'indépendance du ministère public et sauvegarder en même temps les droits des personnes qualifiées à l'égard desquelles elle rétablissait la compétence du jury pour le jugement des délits de diffamation et d'injure (art. 45); et, comme elle refusait à ces personnes la faculté de porter leur action devant les tribunaux civils (Même article), elle a créé pour elles, au cas particulier, le droit de citation directe devant la cour d'assises (art. 47). Ainsi, en cas de refus, de la part du ministère public, de poursuivre sur leur plainte, elle peuvent agir devant le jury directement.

1250. Le droit de citation directe devant la cour d'assises n'est cependant pas accordé à toutes les personnes dont la qualité détermine la compétence du jury, et dont l'action ne peut pas être portée séparément de l'action publique devant le tribunal civil. Ce droit n'appartient, en vertu de l'art. 47, qu'aux fonctionnaires publics, aux dépositaires ou agents de l'autorité, aux ministres du culte, aux jurés et aux témoins. Il n'appartient ni aux corps constitués énumérés dans l'art. 30, ni aux membres du ministère, ni aux membres de l'une ou de l'autre Chambre législative. En ce qui concerne les personnes dont il s'agit, l'action ne peut être intentée par le ministère public qui a seul, en principe, qualité pour saisir la cour d'assises. Le ministère public, indépendant dans l'exercice de l'action, peut, s'il le juge à propos, ne pas donner suite soit à la délibération, soit à la plainte qui lui est adressée. Le droit des plaignants est aussi entièrement paralysé par le refus de concours du ministère public, sans lequel ils ne peuvent pas saisir directement la cour d'assises, alors que le recours au tribunal civil leur reste dans tous les cas fermé.

1251. La qualification donnée par le plaignant au fait dont il demande la répression ne lie pas le ministère public. Il en est de même de l'omission ou de l'indication des éléments qui constituent le délit et qui déterminent la compétence, notamment de la circonstance de publicité de la diffamation ou de l'injure (Crim. rej. 5 juin 1845, aff. Duporzon, D. P. 45. 1. 348).

1252. La plainte de la partie lésée, encore qu'elle ait été restreinte à l'un des auteurs du fait de diffamation incriminé, suffit pour donner au ministère public, le droit de comprendre d'office dans la poursuite tous les coauteurs ou complices de ce délit (Crim. rej. 23 mars 1860, aff. Sain, D. P. 61. 5. 380).

Le ministère public qui, sur la plainte régulière de la partie lésée, a introduit une action pour diffamation ou pour injure, peut-il, sans une nouvelle plainte, interjeter appel du jugement intervenu? V. *infrà*, chap. 4, sect. 2, § 5.

1254. — 7° *Du désistement de la plainte et de l'effet du désistement.* — Le désistement, comme la plainte, n'est soumis à aucune forme sacramentelle. C'est au ministère public qu'il doit être adressé et, pas plus que la plainte elle-même, il n'a besoin d'être signifié au prévenu.

1255. Le désistement s'entend de la renonciation aux effets d'une plainte déjà formée; mais la plainte elle-même pourrait être rendue non recevable par l'effet d'une renonciation antérieure (*Rép.* n° 1319). La partie lésée pourrait, notamment, être considérée comme ayant renoncé à provoquer, par une plainte, la répression d'un délit de diffamation ou d'injure lorsqu'elle a transigé avec celui qui s'en est rendu l'auteur, sur ses intérêts civils (*Rép.* n° 1094). — Mais la renonciation de la personne diffamée ou injuriée au droit de demander la répression du délit doit être formellement établie (*Rép.* n° 1321). Elle ne résulte pas de ce qu'un témoin diffamé à l'audience, à l'occasion de sa déposition, n'a fait, séance tenante, aucune réclamation devant le tribunal (Crim. rej. 27 brum. an 11, cité au *Rép.* n° 1321), ni de ce que la personne diffamée et l'auteur de la diffamation ont bu et mangé ensemble, surtout par suite d'une invitation commune, qu'ils ont reçue d'un tiers (*Rép.* n° 1320. Comp. en outre, Crim. rej. 12 oct. 1816, *Rép.* n° 1304 et Crim. cass. 4 nov. 1824, *Rép.*, v° *Chose jugée*, n° 402).

1256. En principe, l'action publique, une fois mise en mouvement par la partie lésée, ne peut plus être arrêtée par le désistement de cette partie, mais par le désistement du ministère public (c. instr. crim., art. 2. V. *Rép.* v° *Instruction criminelle*, n° 129). Par application de cette règle et sous l'empire des anciennes lois de la presse, on admettait généralement qu'en matière de diffamation ou d'injure, alors même que la plainte était une condition essentielle de l'exercice de l'action du ministère public, le désistement du plaignant ne faisait obstacle à la poursuite que si elle n'était pas encore commencée. Le désistement laissait, au contraire, à l'action publique son libre cours, si, au moment où il était intervenu, cette action se trouvait déjà mise en mouvement par l'effet d'une ordonnance ou d'un arrêt de renvoi ou d'une citation directe à la requête du ministère public (*Rép.* n° 1102; Crim. cass. 7 sept. 1850, aff. Siébert, D. P. 50. 5. 386 et 28 mai 1852, aff. Tomasi, D. P. 52. 1. 144, cités au *Rép.* n° 1102; Dijon, 13 avr. 1879, *Rép.*, n° 981). Cependant un système contraire donnait au désistement une portée absolue et prétendait en étendre les effets même à des poursuites commencées (C. d'ass. de Gand, 5 mai 1834, *Rép.* n° 1548-1°). — Cette doctrine, qui déroge à la règle générale du code d'instruction criminelle, est consacrée par la loi du 29 juill. 1881. L'article 60 ne se préoccupe même pas de l'effet du désistement antérieur aux poursuites; il ne statue qu'à l'égard du désistement postérieur : « Le désistement du plaignant arrêtera la poursuite commencée ».

1257. Comme il y a ici une dérogation aux effets habituels du désistement de la partie civile sur l'action publique déjà exercée, cette dérogation doit être rigoureusement limitée à la poursuite que vise l'art. 60, c'est-à-dire à la poursuite des délits de presse qui ne peuvent être incriminés par le ministère public qu'en vertu d'une plainte préalable et qui sont déférés aux tribunaux correctionnels (Circ. min. just. 9 nov. 1881, D. P. 81. 3. 111, n° 66). Suivant l'économie de la loi du 29 juill. 1881, il ne s'agissait que des délits de diffamation ou d'injure envers les simples par-

ticuliers. Relativement aux délits d'injure ou de diffamation envers les corps constitués (art. 30) ou envers les personnes qualifiées énumérées dans l'art. 31, l'effet de la réquisition ou de la plainte exigée par l'art. 47 ne peut pas être paralysé par le désistement du plaignant lorsque, sur cette réquisition ou sur cette plainte, la poursuite est déjà commencée par le ministère public au moment où le désistement intervient. En effet, l'art. 47 ne contient pas de dérogation semblable à celle de l'art. 60 relativement aux effets du désistement sur la poursuite déjà commencée à l'égard des délits de presse qui sont déférés à la cour d'assises et qui ne peuvent être poursuivis qu'en vertu d'une plainte ou d'une réquisition de poursuite. Les effets de ce désistement demeurent donc réglés par le droit commun. Il en était de même en vertu de la loi du 29 juill. 1881 relativement aux délits d'offense aux chefs d'Etats étrangers et d'outrage aux agents diplomatiques accrédités près du gouvernement de la République, délits prévus par les art. 36 et 37 et déférés à la cour d'assises par l'art. 47. Mais la loi du 16 mars 1893, qui a mis la connaissance de ces délits dans les attributions des tribunaux correctionnels et modifié en ce sens l'art. 45 de la loi de 1881, n'a modifié l'art. 60 qu'en y transférant la disposition abrogée par le paragraphe 5 de l'art. 47 de la même loi (art. 1 et 2). L'art. 1 ajoute expressément que « le reste de l'art. 60 » est maintenu « sans modification ». La disposition finale de cet article relative aux effets du désistement s'applique, par suite, tous les délits visés par cet article dans son texte nouveau tel qu'il est établi par la loi du 16 mars 1893.

Ainsi le désistement du plaignant a pour effet d'arrêter la poursuite commencée dans le cas où le ministère public agit en vertu d'une plainte : 1° soit pour offense envers un chef d'Etat étranger; 2° soit pour outrage envers un agent diplomatique accrédité près du gouvernement de la République; 3° soit enfin pour diffamation ou pour injure envers un particulier.

Sect. 2. — De l'action civile (*Rép.* n° 1114).

1258. L'action civile en réparation du dommage causé par les délits de la presse ou par tous autres moyens de publication appartient, en vertu du droit commun, à toute personne qui a souffert de ce dommage (c. instr. crim. art. 1, *Rép.* n° 1114). C'est au droit commun que se réfèrent, en principe, les art. 47 et 60 de la loi du 29 juill. 1881, concernant les actions qui naissent des crimes et délits de la presse. — Toutefois, les règles ordinaires de l'action civile sont modifiées par les art. 46 et 47.

En vertu de l'art. 3 c. instr. crim., la personne qui a été lésée par un crime, par un délit ou par une contravention a la faculté de poursuivre l'action civile, en même temps que l'action publique et devant les mêmes juges, c'est-à-dire devant le tribunal de répression, ou d'exercer cette action séparément de l'action publique, c'est-à-dire devant les tribunaux civils. Quand il s'agit d'un fait qualifié crime, l'exercice de l'action civile devant la cour d'assises ne peut avoir lieu que si le procureur général a saisi juridiction de la connaissance de l'action publique. La partie civile intervient alors dans l'instance engagée pour faire valoir ses droits; mais elle ne peut pas mettre en mouvement l'action publique en saisissant la cour d'assises par voie de citation directe. Elle peut seulement provoquer par une plainte l'initiative du ministère public. Dans le cas où le ministère public n'agit pas d'office ou ne donne pas suite à la plainte, la partie civile a toujours la ressource de porter sa demande en réparation du préjudice souffert devant le tribunal civil. Quand il s'agit au contraire d'un délit ou d'une contravention de la compétence soit du tribunal correctionnel, soit du tribunal de simple police, la personne qui a souffert de ce délit ou de cette contravention peut, à son gré, saisir de sa demande en réparation du dommage souffert soit le tribunal civil, soit le tribunal de répression et mettre, dans ce dernier cas, en mouvement, par la voie de la citation directe, l'action du ministère public qui se trouve partie jointe au procès. — Rien n'est modifié à ces règles en ce qui concerne l'action civile résultant des délits et contraventions de la presse qui sont déférés aux tribunaux correctionnels et de simple police, l'art. 60 renvoyant d'une façon générale aux dispositions du code d'instruction criminelle, sans dérogation d'aucune sorte à l'égard de l'action civile. Il en résulte que, pour les délits de diffamation et d'injure envers les particuliers et pour ceux d'offense aux chefs d'Etats étrangers et d'outrage aux agents diplomatiques étrangers, les personnes intéressées ont la faculté soit de porter plainte au parquet, soit de citer directement devant le tribunal correctionnel l'auteur ou les auteurs et les complices du délit, soit de porter leur demande en réparation devant le tribunal civil. Si elles ont eu recours à la plainte et que le ministère public ait saisi le tribunal correctionnel, elles peuvent encore porter leur réclamation soit devant ce tribunal, en se constituant parties civiles, soit devant le tribunal civil après la décision du juge correctionnel sur la poursuite du parquet. La faculté d'option entre la juridiction civile et celle du tribunal de simple police existe également pour l'exercice de l'action civile née des faits que la loi du 29 juill. 1881 qualifie de simples contraventions. Ces dispositions sont conformes à celles de la législation antérieure (V. l'**addition à la fin du volume**).

1259. Relativement aux délits de presse déférés au jury, sous le régime de celles de nos anciennes lois de la presse qui admettaient la compétence de la cour d'assises, l'application des règles du code d'instruction criminelle sur l'exercice de l'action civile avait souffert des difficultés. Depuis le décret du 22 mars 1848, il n'était plus permis à la partie lésée de saisir à son choix les tribunaux civils; elle ne pouvait porter que devant la cour d'assises sa demande en réparation du préjudice causé par une diffamation (V. *supra*, n° 1248). Suivant un système, on devait en conclure que la partie civile ne pouvait pas être réduite à la seule ressource d'une plainte destinée peut-être à rester sans effet et se trouver ainsi paralysée, par l'exercice de son droit à des dommages-intérêts, par l'inaction du ministère public. Il fallait donc reconnaître à cette partie, par dérogation au droit commun et en raison de la restriction apportée à l'exercice de son action civile, le droit de citation directe devant la cour d'assises (C. d'ass. Vaucluse, 31 juill. 1871, aff. Bordone, D. P. 73. 2. 187; 1ᵉʳ août 1871, aff. Aymard, D. P. 73. 2. 187; C. d'ass. Nièvre, 4 févr. 1874, aff. Robin, D. P. 75. 2. 34). Cependant, malgré la gravité de la considération sur laquelle s'appuyaient ces décisions, d'autres arrêts s'en tenaient rigoureusement au droit commun et déniaient, en conséquence, à la partie civile elle-même, contraire de s'adresser à la cour d'assises, toute autre initiative que celle de la plainte, seule voie qui lui fût ouverte pour saisir cette juridiction (C. d'ass. Var, 23 janv. 1872, aff. Martin et Portanier, D. P. 73. 2. 187; C. d'ass. Loire-Inférieure, 6 juin 1874, aff. Fairand, D. P. 74. 2. 221 ; C. d'ass. Hérault, 24 nov. 1874, aff. Galabert, D. P. 75. 2. 119).

La loi du 29 juill. 1881 (D. P. 81. 4. 84) supprime toute controverse, en consacrant expressément des dérogations importantes aux règles du code d'instruction criminelle, relativement à l'exercice de l'action civile, née de certains des délits qu'elle défère à la cour d'assises. D'abord, aux termes de l'art. 46, l'action civile résultant des délits de diffamation prévus et punis par les art. 30 et 31, c'est-à-dire commis vis-à-vis des corps constitués ou des personnes qualifiées visés dans ces dispositions, ne peut pas être poursuivie séparément de l'action publique, sauf dans le cas de décès de l'auteur du fait incriminé ou d'amnistie (*supra*, n° 1248 et *infra*, nᵒˢ 1633 et suiv.). Il est donc dérogé à l'art. 3 c. instr. crim. en ce que les corps et les personnes qualifiées dont il s'agit sont privés de la faculté de porter leur demande en réparation de la diffamation ou de l'injure devant le tribunal civil, soit en dehors de toute poursuite de la part du ministère public, soit ensuite de l'arrêt intervenu sur cette poursuite. Leur demande à fins civiles ne peut être portée que devant la cour d'assises en même temps que l'action publique. D'autre part, l'art. 47 accorde, contrairement aux règles ordinairement suivies, le droit de citation directe devant la cour d'assises pour diffamation ou pour injure à certaines des personnes qualifiées qui sont privées de la faculté d'agir devant les tribunaux civils. Cet article contient, en effet, une disposition finale ainsi conçue : « 6° Dans les cas prévus par les paragraphes 3 et 4 du présent article, le droit de citation directe devant la cour d'assises appartiendra à la partie lésée. Sur sa requête, le président de la cour d'as-

sises fixera les jours et heures auxquels l'affaire sera appelée ».

1260. Les dispositions des art. 46 et 47 comportent les applications suivantes : 1° en ce qui concerne les crimes et les délits de provocation (art. 23 à 25), les délits contre la chose publique, c'est-à-dire l'offense au président de la République, la publication ou la reproduction de fausses nouvelles et l'outrage aux bonnes mœurs (art. 26 à 28), l'action civile résultant de ces crimes et délits ne peut être portée devant la cour d'assises qu'accessoirement à la poursuite engagée par le ministère public. La partie lésée n'a pas le droit de citation directe ; elle ne peut saisir le juge de répression que par la voie de la plainte. En revanche, elle peut porter sa demande en réparation du préjudice souffert devant le tribunal civil. C'est l'application du droit commun ; — 2° En ce qui concerne l'un des délits contre les personnes déférés à la cour d'assises, c'est-à-dire la diffamation, soit envers les corps constitués, soit envers les personnes qualifiées (art. 30, 31), l'exercice de l'action de la partie lésée devant le tribunal civil est supprimé, contrairement à l'art. 3 c. instr. crim. Par une autre dérogation au droit commun, le droit de citation directe devant la cour d'assises est accordé : en premier lieu, aux fonctionnaires publics, aux dépositaires ou agents de l'autorité publique autres que les ministres, aux ministres des cultes salariés par l'Etat et aux citoyens chargés d'un service ou d'un mandat public (art. 47-3°); en second lieu aux jurés et aux témoins (art. 47-4°). Ce droit est dénié au contraire, en premier lieu, aux cours, tribunaux et autres corps indiqués en l'art. 30 ; en second lieu, aux membres de l'une et de l'autre Chambres et aux ministres (Arg. *à contrario*, art. 47-6°); ces derniers sont précisément exclus des nombre des dépositaires de l'autorité publique, dans le paragraphe 3 de l'art. 47, que vise la disposition du paragraphe 6. Pour les corps constitués, les sénateurs, les députés et les ministres, l'exercice de l'action civile est entièrement subordonné à l'exercice de l'action publique, dont ils ne peuvent provoquer la mise en œuvre que par la voie de la plainte. Le droit de ces corps ou de ces personnes qualifiées à demander la réparation du dommage résultant de la diffamation peut donc être paralysé par le refus d'action du ministère public (V. *supra*, n° 1250 et suiv.); — 3° En ce qui concerne le délit d'injure envers les corps, ou les personnes désignées par les art. 30 et 31 (art. 33. § 1), l'action civile peut être exercée séparément du droit commun. Cependant le droit de citation directe est accordé devant la cour d'assises, pour délit d'injure, aux mêmes personnes qualifiées à qui ce droit appartient en matière de diffamation. Il n'y avait pourtant pas la même raison de décider ainsi, puisque l'exercice de l'action civile ne souffrait pas la même restriction.

1261. Suivant le texte originaire de l'art. 47, on n'aurait pas dû concéder le droit de citation directe en cour d'assises aux chefs d'Etats et aux agents diplomatiques étrangers dans les cas d'offense et d'outrage prévus par les art. 36 et 37; en effet, la disposition du paragraphe 6 de l'art. 47 ne se référait pas à ces délits compris dans le paragraphe 5, puisqu'elle ne vise que les paragraphes 3 et 4. Il est à remarquer, d'ailleurs, que l'art. 46 ne refuse pas aux intéressés le droit de saisir les tribunaux civils. Cependant il n'y avait là qu'une omission de pure inadvertance, tenant à ce que le projet de la commission attribuait la connaissance de ces délits aux tribunaux correctionnels, devant lesquels la faculté de citation directe existe de plein droit (D. P. 81. 4. 84, note 1); on a négligé de les viser dans le paragraphe 6, après l'adoption de l'amendement qui les a enlevés à la juridiction correctionnelle pour les déférer au jury (D. P. 81. 4. 84, note 1). L'intention du législateur était révélée par le texte lui-même, puisque le paragraphe 5 porte que « dans les cas d'offense envers les chefs d'Etat ou d'outrage envers les agents diplomatiques étrangers, la poursuite aura lieu soit à leur requête, soit d'office, sur leur demande, etc... » Toute difficulté a disparu par l'effet de la loi du 16 mars 1893, qui a attribué compétence aux tribunaux correctionnels pour juger ces délits ; l'exercice de l'action civile est donc régi par le droit commun (V. *supra*, n° 1258).

1262. L'exercice du droit de citation directe devant la cour d'assises, que la loi de 1881 accorde aux personnes qualifiées, visées *suprà*, n° 1260, envers lesquelles auraient été commis des délits de diffamation et d'injure, a soulevé une difficulté pour le cas où la poursuite serait exercée par ces personnes contre les magistrats dénommés dans les art. 479 et suiv. c. instr. crim., ou contre les fonctionnaires désignés dans l'art. 10 de la loi du 20 avr. 1810. Bien que ces magistrats ou ces fonctionnaires soient, en principe, justiciables de la cour d'appel, à raison des délits qui leur sont imputés, la jurisprudence, paraît avoir reconnu qu'ils ne peuvent invoquer ce privilège de juridiction lorsqu'il s'agit de délits de publication de la compétence de la cour d'assises. Le privilège dont il s'agit ne redeviendrait applicable que pour les délits de diffamation ou d'injure restés dans les attributions de la juridiction correctionnelle (V. *infrà*, n°s 1591 et suiv.). Mais les mêmes dispositions ajoutent que le droit de citation, devant la juridiction correctionnelle, des magistrats ou des fonctionnaires dont on s'occupe, appartient au procureur général, et non à la partie lésée. Il suit de là que, quand il y a lieu de saisir la juridiction correctionnelle, la partie lésée est privée de l'action directe qu'elle tient alors du droit commun, quelle que soit la nature du délit, et sans distinction, par conséquent, entre les délits de publication et tous autres délits (c. instr. crim., art. 479). En est-il de même à l'égard de l'action directe admise devant la cour d'assises par la disposition spéciale de l'art. 47 de la loi du 1881 ? Jugé, sur cette question, que l'art. 47, § 6, de la loi du 1881 ne donne aux parties civiles le droit de citation directe devant la cour d'assises que dans les cas et dans les limites où elles pouvaient auparavant user de ce droit devant les tribunaux correctionnels, et qu'en conséquence il n'appartient qu'au procureur général de poursuivre les magistrats dénommés dans les art. 479 et suiv. c. instr. crim., et les fonctionnaires désignés dans l'art. 10 de la loi du 20 avr. 1810, pour des délits de diffamation justiciables de la cour d'assises (Crim. cass. 4 juill. 1884, aff. Mazas, D. P. 85. 1. 129. V. dans le même sens : Limoges, 4 1889, aff. Magadoux, D. P. 91. 2. 301). — M. Barbier (t. 2, n° 882, p. 395) refuse de se ranger à cette opinion : le droit de citation directe devant la cour d'assises est, dit-il « un droit absolument nouveau, créé par le législateur de 1881 en vue de certains délits de presse présentant un caractère plus ou moins politique ; et, à vrai dire, il ne s'agit pas de savoir si l'art. 47 de la loi de 1881 a abrogé, en ce qui concerne le droit de poursuites exclusivement réservé au procureur général, l'art. 479 c. instr. crim., lequel n'a jamais statué en vue du cas réglé par l'art. 47, mais bien de rechercher s'il a été dans la pensée du législateur de 1881 d'étendre au nouveau cas prévu par l'art. 47 l'application de l'art. 479. Or, pour ceux qui sont pénétrés des intentions très libérales dont étaient animés les rédacteurs de la loi sur la presse, il ne peut guère être douteux que ceux-ci n'auraient jamais consenti à sacrifier le droit de citation directe de la partie lésée par un délit déféré à la cour d'assises à raison de son caractère plus ou moins politique, à la crainte de voir certaines poursuites vexatoires dirigées contre les fonctionnaires placés sous la protection des art. 479 et 483 c. instr. crim. et 10 du décret du 20 avr. 1810 ».

1263. Le droit de citation directe exercé par la partie lésée devant la cour d'assises en vertu de l'art. 47 de la loi de 1881, ou devant le tribunal correctionnel en vertu de l'art. 3 c. instr. crim., peut se trouver paralysé au point de vue des débats à engager sur cette citation, lorsque le ministère public use de la faculté qui lui appartient de requérir une information préalable. C'est un pouvoir qui lui est reconnu par l'art. 48 en matière de diffamation ou d'injure de la compétence de la cour d'assises, et par l'art. 60 en matière de diffamation ou d'injure de la compétence des tribunaux correctionnels. Seulement, en pareil cas, si la citation ne produit pas son effet, ce n'est pas par le fait du ministère public qui s'est borné à requérir une instruction, c'est par une décision du juge, c'est-à-dire par une déclaration de non-lieu émanée soit du magistrat instructeur, soit de la chambre d'accusation appelés à examiner, en toute souveraineté d'appréciation, s'il existait ou non des charges suffisantes pour motiver un renvoi devant le tribunal de répression. — Le droit du magistrat instructeur ou de la chambre des mises en accusation de prononcer un

non-lieu existe à plus forte raison quand la partie lésée s'est contentée de recourir à la voie de la plainte (Colmar, 28 mai 1851, aff. Schohn, D. P. 52. 2. 109).

L'ordonnance de non-lieu du juge d'instruction laisse encore à la partie lésée, le droit de former une demande en dommages-intérêts devant le tribunal civil ; il en est de même de l'arrêt de non-lieu en matière de diffamation ou d'injure. Au contraire, l'arrêt de non-lieu sur la prévention de diffamation prévue par l'art. 46 ne permet pas à la partie lésée de poursuivre cette action séparément de l'action publique (V. *supra*, n° 1259).

1264. L'exercice de l'action civile devant la cour d'assises fait encore l'objet d'une disposition exceptionnelle, applicable à la poursuite de tous les crimes et délits de presse qui sont déférés à cette juridiction. L'art. 58 de la loi du 29 juill. 1881 décide qu'en cas d'acquittement par le jury, la cour devra renvoyer le prévenu de la plainte « sans dépens ni dommages-intérêts au profit du plaignant » (V. *infrà*, n° 1926). Ainsi, dans les cas de diffamation visés par le paragraphe 6 de l'art. 47, si le droit de citation directe devant la cour d'assises permet à la personne diffamée, comme personne qualifiée, de poursuivre elle-même, devant le juge de répression, la réparation que l'art. 46 lui interdit de réclamer devant la juridiction civile (V. *supra*, n° 1259), il n'en faut pas cependant conclure que son action s'exerce dans les mêmes conditions qu'au civil. Il ne suffira pas, en effet, qu'elle justifie d'un dommage causé, ou, en d'autres termes, de l'existence d'un simple quasi-délit. Il sera nécessaire que la poursuite aboutisse à une condamnation pénale, la loi de 1881 enlevant aux cours d'assises, en matière de crimes ou délits de publication, l'attribution qu'il tiennent du droit commun de prononcer des dommages-intérêts au profit de la partie civile, en cas d'acquittement du prévenu. De là l'utilité du droit que conserve, au contraire, la personne qui peut ne relève qu'une injure de la compétence du jury, d'opter entre son action devant les tribunaux civils et son droit de citation directe devant la cour d'assises. L'action civile, résultant des délits de diffamation prévus et punis par les art. 30 et 32, peut d'ailleurs être poursuivie séparément de l'action publique soit dans le cas de décès de l'auteur du fait incriminé, soit dans le cas d'amnistie (art. 46) (V. *infrà*, n° 1633 et suiv.).

1265. C'est le droit commun qui détermine quelles personnes ont qualité pour exercer l'action civile née d'un crime ou d'un délit de presse ou de publication (c. instr. crim. art. 1). Ces personnes sont les mêmes que celles qui, pour les délits dont la poursuite est subordonnée à une plainte, ont le droit de porter cette plainte (V. *supra*, n°s 1232 et suiv.). Toutefois le droit d'exercer l'action civile se distingue du droit de plainte, en ce que l'action civile ne peut être formée que par une personne capable d'ester en justice, tandis qu'une simple plainte, fût-elle une condition de la recevabilité de l'action publique, peut émaner de toute personne lésée, qu'elle soit ou ne soit pas maîtresse de ses droits (V. *supra*, n° 1234. V. aussi *Rép.* n°s 1118 et suiv.).

1266. Les réparations civiles que la partie lésée peut obtenir ne consistent pas seulement dans l'allocation d'une somme d'argent. L'art. 1382 c. civ. ne spécifie aucun mode particulier de réparation ; il convient donc d'admettre tous les modes de réparation qui conduisent le plus efficacement à la réparation du préjudice occasionné par le délit de presse. Ainsi les tribunaux, quel que soit d'ailleurs le caractère civil ou répressif de la juridiction saisie, peuvent ordonner, sur les conclusions de la personne intéressée, non à titre de peine, mais à titre de réparations civiles, soit l'insertion d'une réponse dans le journal qui a refusé de l'insérer, soit l'impression du jugement, dans divers journaux, soit l'affiche du jugement, soit l'insertion de certaines rectifications sur les exemplaires de l'ouvrage incriminé. Ils peuvent, en outre, ordonner la suppression des écrits sur la demande de la partie diffamée ou injuriée (*Rép.* n° 1117) **(V. l'addition à la fin du volume).**

1267. En cas d'acquittement du prévenu, la juridiction répressive ne peut accorder aucune réparation à la partie civile, en vertu de l'art. 58 de la loi de 1881, si la cour d'assises est saisie, et en vertu du droit commun (art. 3 et 191 c. instr. crim. et 60 de la loi de 1881) si c'est le tribunal correctionnel. Au contraire, le plaignant peut être condamné à des dommages-intérêts envers le prévenu acquitté. — Toutefois les dommages-intérêts, la saisie et la suppression, de l'écrit dommageable, l'affiche et l'insertion du jugement peuvent être ordonnés par la cour d'appel, en l'absence d'appel du ministère public et au profit de la partie civile seule appelante (V. *infrà*, chap. 3, sect. 2, § 2).

Sect. 3. — Des personnes responsables des crimes et délits commis par la voie de la presse.

1268. La loi du 29 juill. 1881 (chap. 5, § 1) détermine, dans les art. 42, 43 et 44, la nature de la responsabilité pénale ou civile encourue par les agents des crimes et délits commis par la voie de la presse. Ces articles ne concernent pas les personnes responsables des crimes et délits de publication commis au moyen de la parole. La raison en est que, relativement aux infractions de cette nature, « l'application du droit commun ne présentera aucune difficulté; (leur) perpétration ne révèle, en général, que l'idée d'un seul coupable, et ce n'est que par exception, qu'à l'action principale se rattachent des faits de complicité » (Rapport de M. Lisbonne, D. P. 81. 4. 83, note 2. Conf. Circ. min. just. 9 nov. 1881, D. P. 81. 3. 109, n° 41). Les art. 42 à 44 ne concernent pas davantage les personnes punissables à raison des contraventions prévues et punies par les art. 1 à 22, parce que les dispositions qui concernent ces infractions spécifient les contrevenants dont chacune de ces contraventions engage la responsabilité pénale (Circ. min. just. précitée). Les articles dont il s'agit ont exclusivement en vue de déterminer les responsabilités résultant des crimes et délits prévus et punis par les art. 23 à 41, quand ces infractions ont été commises par la voie de la presse. Les crimes et délits commis par ce moyen de publication exigent, en effet, le concours de plusieurs agents. « La pensée, pour être publiée, donne lieu à trois ordres de faits distincts : la rédaction, l'impression, la publication; et à chacun de ces faits correspond d'habitude l'intervention de trois personnes différentes, l'écrivain, l'imprimeur et le publicateur, qu'il s'appelle gérant s'il publie un journal, éditeur, libraire-éditeur ou de toute autre dénomination, s'il publie un livre ou une brochure » (Rapport de M. Lisbonne, D. P. 81. 4. 83, note 2; Circ. min. just. précitée). Enfin, il y a une quatrième catégorie de personnes concourant à la perpétration du délit: ce sont les vendeurs, colporteurs ou distributeurs, qui « propagent le délit », suivant l'expression du rapporteur, ou plus exactement qui « le consomment », aux termes de l'art. 60 c. pén. (Comp. Barbier, t. 2, n° 806, p. 320).

La loi du 29 juill. 1881 n'a pas laissé le classement de ces différentes responsabilités sous l'application du droit commun. Elle détermine, en matière de crimes ou délits commis par la voie de la presse : 1° les personnes qui sont punissables comme auteurs principaux (art. 42); 2° celles qui sont punissables comme complices (art. 43); 3° celles qui ne sont tenues que d'une responsabilité civile (art. 44).

Art. 1er. — De la responsabilité pénale.

1269. Les différents agents d'un crime ou d'un délit se divisent en deux catégories : les auteurs et les complices. L'auteur, l'agent principal, est celui qui accomplit matériellement le fait réprouvé par la loi (*Rép.* n° 1131). Les crimes et délits de publication, notamment ceux qui sont commis par la voie de la presse, consistent dans le fait de la publication d'un écrit délictueux. Il suit de là que l'auteur principal d'un crime ou d'un délit commis par la voie de la presse, celui que désignent comme tel les règles du droit commun, n'est et ne peut être que l'auteur même de la publication. C'est le gérant, tenu de signer les numéros ou les exemplaires, si le délit résulte de la publication d'un journal ou d'un écrit périodique. C'est l'éditeur, si le délit résulte de la publication d'un écrit non périodique. C'est enfin le vendeur, le distributeur ou l'afficheur, si la publication est directement réalisée par leur entremise et s'ils ne sont pas seulement les agents auxiliaires de la publication entreprise par le gérant ou par l'éditeur (*Rép.* n°s 1131 et suiv.).

1270. Le délit consistant dans le fait de la publication, il en résulte encore que la qualité d'auteur principal ne saurait être attribuée, en principe, à l'auteur de l'écrit publié,

du moins quand il n'est pas lui-même l'agent de la publication et qu'il se borne à procurer au gérant ou à l'éditeur l'instrument du crime et du délit. « La responsabilité morale retombe tout entière sur l'écrivain, dit le rapport de M. Lisbonne, tout le monde le sent. Voilà pourquoi on a pu soutenir qu'il était seul coupable et qu'il devait être seul puni. Mais, au point de vue des principes de la législation, les choses changent d'aspect. Si c'est la publication qui fait le délit, c'est le publicateur qui devient l'auteur principal, et l'écrivain qui lui a fourni les moyens de le commettre ne doit être considéré que comme son complice. Ce n'est pas là une fiction, c'est une réalité qui s'impose ». — Ne peut pas davantage être considéré comme auteur du délit l'imprimeur qui fournit seulement ses presses pour imprimer l'écrit délictueux et pour en faciliter la publication. L'imprimeur ne devient un auteur principal qu'en prenant, avec le rôle de gérant ou celui d'éditeur, l'initiative apparente et, partant, la responsabilité du fait de la publication.

1271. L'écrivain et l'imprimeur qui n'ont participé à la publication qu'en fournissant, l'un l'écrit à publier, l'autre son concours pour l'impression de cet écrit, sont des complices, à la condition, voulue par l'art. 60 c. pén. pour toute complicité, qu'ils aient agi sciemment, c'est-à-dire en connaissance de la publication projetée. — Les afficheurs, distributeurs, colporteurs et vendeurs qui ont été les auxiliaires de l'éditeur ou du gérant et qui ont consommé la publication peuvent être, eux aussi, poursuivis comme complices, toujours sous la condition, exigée par l'art. 60 c. pén., qu'ils aient agi sciemment, c'est-à-dire en connaissance du caractère délictueux de l'écrit qu'ils vendaient, mettaient en vente, affichaient ou distribuaient. — Peuvent encore être poursuivis comme complices, par application de la disposition même de l'art. 60 c. pén., toutes personnes autres que l'auteur, l'imprimeur, les afficheurs, vendeurs, distributeurs et colporteurs qui, par dons, promesses, menaces, abus d'autorité ou de pouvoir, machinations ou artifices coupables, auront provoqué à la publication de l'écrit délictueux ou donné des instructions pour cette publication; qui auront procuré des instruments ou tout autre moyen qui aura servi à la publication, sachant qu'ils devaient y servir, ou qui auront, avec connaissance, aidé ou assisté le gérant ou l'éditeur dans les faits qui auront préparé ou facilité la publication ou dans ceux qui l'auront consommée.

1272. Antérieurement à 1881, ces différentes applications du droit commun se dégageaient de la jurisprudence, dans le silence à peu près complet de nos lois de la presse sur les responsabilités pénales encourues. C'était, d'ailleurs, le droit commun que consacraient les quelques dispositions expresses concernant ces responsabilités : l'art. 8 de la loi du 18 juill. 1828, qui décidait que les délits de presse seraient poursuivis contre les gérants comme auteurs principaux, et contre les auteurs des articles comme complices; l'art. 24 de la loi du 17 mai 1819, en vertu duquel les imprimeurs ne pouvaient être poursuivis que comme complices lorsque les auteurs étaient mis en jugement. Cependant, il y avait dans cet article une dérogation à l'art. 60 c. pén., car il en résultait contre les imprimeurs une présomption d'avoir concouru à la publication, en conséquence du caractère délictueux des écrits imprimés par eux, quand ils n'avaient pas rempli, relativement à ces écrits, les obligations prescrites par la loi sur la police de l'imprimerie (Conf. Barbier, t. 2, n° 807, p. 323).

1273. Succédant aux applications du droit commun faites par la jurisprudence antérieure, les dispositions légales de la loi de 1881 sur les responsabilités pénales encourues à raison des crimes et délits de presse sont ainsi conçues : « Art. 42. Seront passibles, comme auteurs principaux, des peines qui constituent la répression des crimes et délits commis par la voie de la presse, dans l'ordre ci-après, savoir: 1° les gérants ou éditeurs, quelles que soient leurs professions ou leurs dénominations; 2° à leur défaut, les auteurs; 3° à défaut des auteurs, les imprimeurs; 4° à défaut des imprimeurs, les vendeurs, distributeurs ou afficheurs. — Art. 43. Lorsque les gérants ou les éditeurs seront en cause, les auteurs seront poursuivis comme complices. Pourront l'être au même titre et dans tous les cas, toutes personnes auxquelles l'art. 60 c. pén. pourrait s'appliquer. Ledit article ne pourra s'appliquer aux imprimeurs pour faits d'impression, sauf dans le cas et les conditions prévus par l'art. 8 de la loi du 7 juin 1848 sur les attroupements ». — Aux termes de ces dispositions, la responsabilité, à titre d'auteur principal, du gérant ou de l'éditeur, est maintenue. L'auteur et l'imprimeur ont, en vertu de l'art. 43, la qualité de complices du gérant ou de l'éditeur. Ils encourent, en outre, une responsabilité subsidiaire à titre d'auteurs principaux, l'auteur à défaut du gérant ou de l'éditeur, l'imprimeur à défaut de ces derniers et à défaut de l'auteur, en vertu de l'art. 42. Les vendeurs, distributeurs et afficheurs encourent une responsabilité plus subsidiaire encore, à titre d'auteurs principaux, en vertu du même article.

1274. Les responsabilités subsidiaires établies par l'art. 42 sont empreintes de rigueur et dérogent au droit commun. En effet, elles atteignent l'auteur et l'imprimeur bien qu'ils soient restés étrangers à la publication. Elles élèvent, contre les personnes qui doivent les subir, une présomption légale de culpabilité dont elle ne permet pas d'exciper de leur qualité, ni de leur bonne foi. « En se refusant à faire connaître les coupables, dit le rapport de M. Lisbonne, ou en prêtant son concours à des personnes résidant à l'étranger », la personne que la loi déclare auteur principal, à leur défaut, « n'aura-t-elle pas volontairement assumé la responsabilité de la publication ? »

§ 1er. — Des auteurs principaux.

1275. En vertu de l'art. 42, sont punissables dans l'ordre suivant, à titre d'auteurs principaux : 1° les gérants ou les éditeurs « quelles que soient leur profession ou leur dénomination » ; 2° les auteurs, à défaut des gérants ou éditeurs ; 3° les imprimeurs à défaut des auteurs ; 4° les vendeurs, distributeurs et afficheurs à défaut des imprimeurs (V. supra, n° 1273).

1276. — I. Responsabilité des gérants ou éditeurs. — 1° Gérants de publications périodiques. — Il n'y a de gérant, dans le sens de la loi sur la liberté de la presse, qu'autant qu'il s'agit d'un journal ou d'un écrit périodique (Paris, 6 déc. 1889; aff. Girbal et autres, D. P. 90. 2. 230). On a dit supra, n° 169, que l'auteur du fait de publication est légalement et d'office le gérant désigné dans la déclaration préalable (art. 7), tenu de signer pour minutes les deux exemplaires déposés au parquet de chaque numéro du journal ou de chacune des livraisons de l'écrit périodique (art. 10), tenu enfin de faire imprimer son nom au bas de tous les exemplaires de chaque numéro ou de chacune des livraisons (art. 11). « Le gérant, dit le rapport de M. Lisbonne, c'est le répondant auquel on s'adresse tout d'abord, quand un délit est commis ou un préjudice causé. Sa présence empêche les recherches de s'égarer, comme elle prévient les mesures de rigueur, que pourrait, à son défaut, nécessiter la découverte de la vérité ». On a également fait observer supra, n° 185, que cette responsabilité principale du gérant correspondait, sous la loi du 18 juill. 1828, à une participation effective du gérant à la publication du journal, mais que, cette participation ayant été le plus souvent illusoire dans la pratique, la loi du 29 juill. 1881 n'avait laissé au gérant que la responsabilité pénale, sans lui conférer aucun des pouvoirs d'un véritable gérant. L'art. 8 de la loi du 18 juill. 1828 prétendait atteindre une responsabilité véritable, une culpabilité certaine, quand il disposait que la personne tenue de signer les numéros de tout journal ou écrit périodique, c'est-à-dire le propriétaire ou bien l'un des gérants responsables ou l'un des administrateurs de la société en nom collectif, en commandite ou anonyme à qui le journal appartenait, était « responsable de son contenu et passible de toutes les peines portées par la loi, à raison de la publication des articles ou passages incriminés ». L'art. 42 de la loi de 1881 s'inspire beaucoup moins d'une considération d'équité que d'une nécessité de police quand il impose, en première ligne, la responsabilité pénale des crimes ou délits commis dans un journal ou tout autre écrit périodique au gérant créé par cette loi et demeuré le plus souvent étranger à la rédaction et à la publication de l'écrit délictueux.

1277. La disposition de l'art. 42, en ce qui concerne le gérant est vivement critiquée par M. Barbier. Suivant cet

auteur (t. 2, n° 811, p. 331), le gérant « doit être admis à prouver son défaut de participation effective et volontaire à la publication incriminée, sauf au juge à se montrer justement sévère sur les moyens de preuve employés, et à exiger notamment que le gérant lui fasse connaître le vrai rédacteur ». M. Barbier en donne pour raison qu'il ne peut pas « exister en droit criminel de présomptions légales de culpabilité n'admettant pas la preuve contraire » ; qu'il était déjà fort difficile de rencontrer une présomption de cette nature dans la loi de 1881 ». Il soutient donc « que, même quand le gérant accepte la responsabilité qui pèse sur lui, si l'on reconnaît qu'il n'est qu'un vulgaire procureur à la prison, qu'un plastron derrière lequel s'abritent les vrais publicateurs du journal, il appartient à la justice de rétablir les faits et les responsabilités et de mettre en cause, comme auteurs principaux du délit, les publicateurs de fait (directeurs, administrateurs etc.), en vertu de cette règle fondamentale, que c'est le publicateur effectif, quelle que soit sa dénomination, qui est l'auteur principal du délit ».

1278. Nous ne saurions souscrire à cette théorie, dont le défaut consiste, à notre avis, à ne tenir aucun compte de la responsabilité légale que la loi de 1881 impose au gérant, ni du but en vue duquel elle a maintenu l'institution de la gérance. Sans doute le gérant peut et doit être acquitté s'il est déclaré de bonne foi, puisque les faits qualifiés crimes ou délits ne sont punissables qu'à raison de l'intention coupable de leurs auteurs. Ce que nous n'admettons pas, c'est que le gérant soit déclaré de bonne foi, à raison de sa qualité, de l'insuffisance ou du néant de ses pouvoirs de contrôle sur la direction ou la rédaction du journal, de l'impossibilité où sa situation subordonnée l'a mis de prendre connaissance de l'écrit délictueux ou de s'opposer à sa publication. Ce que nous n'admettons pas davantage, c'est que le gérant puisse s'affranchir de la responsabilité légale en révélant les publicateurs de fait, ni que, sur son indication, les directeurs, administrateurs, etc., en un mot les propriétaires du journal puissent être poursuivis à sa place comme auteurs principaux du crime ou du délit de presse. La jurisprudence est en ce sens (V. Limoges, 21 janv. 1888, aff. Barrat, D. P. 89. 2. 189; Paris, 9 janv. 1890, aff. Pouillet, D. P. 91. 2. 36; 17 févr. 1892, aff. Vanhoven, D. P. 92. 2. 313, et sur pourvoi, Crim. rej. 17 juin 1892, D. P. 93. 1. 130) (V. l'addition à la fin du volume). Nous ne voyons guère d'autre moyen, pour le gérant, d'échapper à sa responsabilité, que de prouver qu'il a volontairement assumé sa situation, que d'établir ou que l'article a été publié malgré lui, contre sa volonté, par surprise ou par violence, à l'extrême rigueur, qu'il n'a pas été à même de comprendre l'article incriminé, d'en deviner le sens et d'en apprécier le caractère criminel ou délictueux. Nous considérons donc que les décisions intervenues sous la loi du 18 juill. 1828, en ce qui concerne la recevabilité des excuses invoquées par le gérant pour échapper à la responsabilité, sont applicables sous la loi du 29 juill. 1881 (Comp. Rennes, 14 oct. 1830, aff. Mangin, D. P. 52. 5. 436; Crim. rej. 29 nov. 1860, aff. Gounouilhou et Lavertujon, D. P. 61. 1. 45; Dijon, 21 août 1866, aff. Jobard, D. P. 67. 2. 29; Aix, 19 févr. 1869, aff. Lasneau, D. P. 69. 2. 83; Trib. corr. Seine, 19 mars 1869, aff. Buet, D. P. 69. 3. 31).

1279. La loi du 29 juill. 1881 n'interdit pas la pluralité des gérants. Dans le cas où deux gérants existent, c'est à celui-là seul dont le nom et la signature figurent sur le numéro d'un journal qu'incombe la responsabilité des articles délictueux que ce numéro peut contenir, au point de vue tant de l'action publique que de l'action civile. En conséquence, est nulle l'assignation signifiée dont ni le nom ni la signature n'apparaissent sur le journal incriminé (Crim. cass. 16 août 1884, aff. Schwob, D. P. 85. 1. 180; Conf. Orléans, 19 nov. 1850, aff. Grouhental, D. P. 55. 2. 200).

1280. Si le numéro poursuivi ne portait pas la mention imprimée du nom du gérant sur tous les exemplaires, celui-ci n'en serait pas moins responsable comme auteur principal du fait de publication incriminé; il serait, en outre, punissable pour l'infraction commise à l'art. 10. Dans ce cas, la responsabilité incomberait à tous les gérants du journal ou de l'écrit (Conf. Rép. n° 1136). — Le gérant n'échapperait pas davantage à la responsabilité pour n'avoir pas signé en minute les deux exemplaires qui doivent être déposés au parquet ; mais il serait, en même temps, punissable pour infraction à l'art. 11. Le gérant pourrait toutefois être admis à justifier qu'il a refusé sa signature pour ne pas concourir à la publication d'un écrit délictueux ; mais il devrait, en outre, établir qu'il a quitté ses fonctions ; sinon il serait, dans tous les cas, passible des peines portées par les art. 10 et 11, et sa bonne foi pourrait être difficilement admise en ce qui concerne le délit de publication. Le seul moyen certain qu'il aurait de se mettre à l'abri de toute responsabilité consisterait à donner à l'imprimeur avis de son refus de signer le journal et d'y laisser imprimer son nom, et d'aviser en même temps le parquet de sa démission des fonctions de gérant (Comp. Chassan, t. 1, p. 131 ; Barbier, t. 2, n° 812, p. 333).

1281. Le gérant ne serait pas admis à se faire remplacer par un tiers pour cause d'absence et, en cas de poursuite, à rejeter sur ce tiers, signataire du numéro poursuivi, la responsabilité de la publication. On trouve au *Rép.*, n° 1136, un arrêt contraire, de la cour de Douai, du 24 mai 1831, rendu sous la loi de 1828 ; mais les dispositions de la loi de 1881 sur la gérance ne permettent pas au gérant de se choisir un remplaçant, même en cas d'absence, ni pour l'exercice de ses fonctions, ni pour l'application de sa responsabilité.

1282. Si le gérant est décédé depuis le fait de publication qui a donné lieu aux poursuites, l'action pénale lui survit à l'égard des personnes qui sont punissables comme complices ; car l'action publique n'est pas éteinte contre le complice par le décès de l'auteur principal (V. *Rép.* n° 1132). Mais ce décès ne donne pas ouverture à l'action subsidiaire que l'art. 42 permet d'exercer contre les personnes punissables comme auteurs principaux à défaut du gérant. Jugé, en ce sens, que, lorsqu'une diffamation est commise par la voie d'un journal ayant un gérant ou un éditeur, c'est sur le gérant ou l'éditeur que pèse la responsabilité pénale et civile, et que, s'il vient à décéder, l'action civile en réparation du dommage peut se suivre contre ses héritiers ; mais que la juridiction répressive est incompétente pour en connaître ; que l'action pénale demeure seulement ouverte contre ceux dont la complicité serait établie dans les termes de l'art. 60 c. pén. (Paris, 5 mars 1884, aff. Billault de Gérainville, D. P. 85. 2. 30).

1283. Le gérant étant responsable, en sa seule qualité de gérant, de la publication de l'article délictueux inséré dans son journal, il n'est pas nécessaire que du fond énoncent conformément à l'art. 195 c. instr. crim. les faits susceptibles d'entraîner la responsabilité pénale et la condamnation du gérant poursuivi, notamment pour outrage envers un fonctionnaire public, si c'est en cette qualité de gérant qu'il a été cité, qu'il a comparu et qu'il a été jugé, et si, dans son interrogatoire, il a reconnu la publication de l'article poursuivi et en a assumé la responsabilité (Crim. rej. 19 mai 1876, aff. Lenoir, D. P. 77. 1. 5).

1284. — 2° *Éditeurs.* — Les règles de la responsabilité pénale sont les mêmes à l'égard des éditeurs d'écrits non périodiques qu'à l'égard des gérants des journaux des écrits périodiques (Paris, 17 févr. 1892, aff. Vonhoven, D. P. 92. 2. 313, et, sur pourvoi, Crim. rej. 17 juin 1892, D. P. 93. 1. 130). L'art. 42 classe dans la même catégorie de personnes punissables, à titre d'auteurs principaux des crimes ou délits de presse, les gérants ou éditeurs, quelles que soient leur profession ou leur dénomination. C'est surtout à l'égard des éditeurs que cette partie du texte est destinée à prévenir toute équivoque. — Ainsi est responsable, en vertu de l'art. 42, non seulement l'éditeur de profession, libraire ou imprimeur, entreprenant habituellement la publication d'écrits non périodiques, mais quiconque, en fait, a réalisé la publication de l'ouvrage incriminé. Jugé, en ce sens, que, lorsqu'il s'agit d'écrits non périodiques, on doit considérer comme éditeur celui qui a remis le manuscrit à l'imprimeur, a payé les frais d'impression, fait les déclarations au ministère de l'intérieur et signé, en prenant à tort la qualité de gérant, les numéros mis par lui en vente et distribués (Paris, 6 déc. 1889, aff. Girbal, Jamet et autres, D. P. 90. 2. 230).

Il convient d'observer qu'en ce qui concerne les éditeurs, leur désignation comme auteurs principaux du délit commis par la publication d'un écrit non périodique correspond à une responsabilité véritable, bien différente de la responsabilité légale du gérant ; car l'éditeur n'entreprend guère qu'à bon escient la publication d'un livre ou d'une brochure. L'éditeur est néanmoins recevable à plaider sa bonne foi et sa méprise sur le caractère de l'écrit poursuivi (Comp. Barbier, t. 2, n° 815, p. 335).

1285. — II. Responsabilité des auteurs. — L'auteur d'un écrit contenant un crime ou un délit commis par la voie de la presse ou par tout autre moyen de publication a toujours été considéré comme pénalement responsable de ce délit en qualité de complice. Cette responsabilité pèse encore sur les auteurs en vertu de l'art. 43 de la loi de 1881, lorsque les gérants ou les éditeurs sont en cause (V. *infrà*, n°s 1320 et suiv.).

1286. Outre cette responsabilité pénale en qualité de complice, l'art. 42 déclare que les auteurs d'un écrit criminel ou délictueux seront punissables, en qualité d'auteurs principaux du crime ou du délit, « à défaut de gérant ou d'éditeur ».

Il importe de préciser avec exactitude le sens de ces mots : « à défaut », de gérant ou d'éditeur. Dans quels cas les auteurs seront-ils considérés, non comme les complices du fait de publication imputable au gérant ou à l'éditeur, mais comme les auteurs principaux de ce fait de publication ? Évidemment d'abord, l'art. 42, n'accorde pas une faculté d'option à la partie poursuivante. Ni le ministère public, ni la personne lésée n'ont le droit de négliger le gérant ou l'éditeur et, ne l'ayant pas mis en cause, de prétendre infliger à l'auteur de l'écrit poursuivi, la qualité d'auteur principal du crime ou du délit. Ensuite, l'art. 42 ne signifie pas qu'on pourra poursuivre l'auteur en qualité d'auteur principal du crime ou du délit lorsqu'il ne sera pas possible d'infliger cette responsabilité au gérant ou à l'éditeur, soit parce que celui-ci sera décédé depuis la publication, soit parce qu'il se sera mis, depuis la même époque, à l'abri des poursuites en passant à l'étranger. En effet, c'est la nature de la participation à un crime ou à un délit qui détermine le caractère des responsabilités ; les événements accomplis postérieurement, ne dénaturant pas la participation au délit, ne peuvent pas modifier les responsabilités encourues. Ainsi la responsabilité subsidiaire, infligée par l'art. 42 à l'auteur, suppose qu'à l'origine, au moment de la publication délictueuse, il n'y a pas eu de gérant ou d'éditeur punissable en qualité d'auteur principal. Dans le cas contraire, l'auteur n'est jamais punissable qu'en qualité de complice ; il peut l'être, d'ailleurs, en cette qualité, nonobstant le décès du gérant, puisqu'en droit commun le décès de l'auteur principal n'empêche pas les poursuites dirigées contre le complice (Paris, 5 mars 1884, aff. Billault de Gérainville, D. P. 85. 2. 30. Conf. Barbier, t. 2, n° 809, p. 325).

1287. L'auteur est responsable en qualité d'auteur principal toutes les fois qu'il n'y a pas eu de gérant ou d'éditeur, c'est-à-dire toutes les fois que l'auteur n'a pas eu recours à l'intermédiaire d'une autre personne pour la publication de l'écrit délictueux. La disposition de l'art. 42 est alors pleinement justifiée, l'auteur ayant été lui-même le gérant de son journal ou l'éditeur de son livre ou de sa brochure. L'auteur est également responsable, en vertu de l'art. 42, toutes les fois que le gérant ou l'éditeur est inconnu. En refusant alors de révéler le nom du gérant ou de l'éditeur par l'intermédiaire duquel s'est opérée la publication, l'auteur apparaît comme l'auteur principal de cette publication et devient punissable en cette qualité.

1288. En serait-il de même si le gérant ou l'éditeur, d'ailleurs connu, résidait à l'étranger au moment de la publication ? Suivant l'opinion émise par M. Floquet pendant la discussion, et par M. Lisbonne dans son rapport (D. P. 84. 4. 82, note 2), l'auteur est punissable en qualité d'auteur principal du délit quand le gérant ou l'éditeur réside à l'étranger, absolument comme dans le cas où il est inconnu. C'est une dernière hypothèse où l'auteur est punissable « à défaut » du gérant. En prêtant son concours à des personnes résidant à l'étranger, dit le rapport de M. Lisbonne, l'auteur aura volontairement assumé la responsabilité de la publication. Jugé, en ce sens : 1° que le rédacteur d'un article de journal incriminé ne peut être passible, comme auteur principal, des peines édictées par la loi sur la presse, que s'il n'y a pas de gérant ou d'éditeur connu, ou si, par le fait de sa résidence à l'étranger, il échappe à la poursuite (Aix, 6 janv. 1883, aff. Brochier, D. P. 85. 2.

154); — 2° Qu'en matière de crimes et délits commis par la voie de la presse, la responsabilité pénale n'incombe à l'écrivain, comme auteur principal du délit, qu'à défaut des gérants ou éditeurs, et qu'elle cesse de lui incomber comme auteur principal lorsque les gérants ou éditeurs sont ou peuvent être appelés devant la justice (Crim. rej. 28 juill. 1883, aff. Brochier et autres, D. P. 84. 1. 310). — Nous devons signaler toutefois la judicieuse critique de M. Barbier (t. 2, n° 809, p. 325): « Si la publication en France, dit-il, procède du fait direct de l'éditeur étranger, en d'autres termes, si l'on peut relever à la charge de ce dernier, des faits matériels de publication accompli ou au moins consommés en France (vente, mise en vente, distribution par la voie de la poste ou autrement), cet éditeur étranger, qui a fait acte d'éditeur ou de publicateur en France et qui s'est rendu justiciable des tribunaux français, est l'auteur principal du délit et doit, s'il est poursuivi, être mis en cause, en cette qualité. Quant aux autres participants français, que l'éditeur soit ou non mis en cause, ils ne peuvent être poursuivis que comme complices. Si, au contraire, l'éditeur étranger ne fait pas acte d'éditeur en France, en y lançant l'ouvrage, si c'est en dehors de la participation directe de cet éditeur agissant en ladite qualité que l'ouvrage pénètre en France et y est mis en vente ou distribué par les libraires et colporteurs français, ce sont ces derniers qui sont les véritables agents principaux de la publication en France et qui doivent être poursuivis à titre d'auteurs principaux du délit. Il n'est point, d'ailleurs, inexact de dire, en pareil cas, que c'est à défaut d'éditeur, d'auteur et d'imprimeur que les libraires et autres vendeurs sont incriminés comme auteurs principaux, la publication en France s'opérant alors, en dehors de la participation directe et volontaire de ces diverses personnes, qui ne peuvent en être déclarées responsables aux yeux de la loi française, ni comme auteurs principaux, ni comme complices ».

1289. Dans le cas prévu par l'art. 42, c'est-à-dire quand le gérant ou l'éditeur ne peut pas être appelé devant la justice, l'auteur de l'écrit délictueux ne peut pas échapper à la responsabilité qui lui est infligée en qualité d'auteur principal, alors même que la publication n'est certainement pas son fait. Cette responsabilité suppose, toutefois, que l'auteur a « refusé de faire connaître les coupables », ou qu'il a « prêté son concours à des personnes résidant à l'étranger » et qu'il a ainsi « volontairement assumé la responsabilité de la publication » (Rapport D. P. 82. 4. 83, note 2). En d'autres termes, dans le cas de l'art. 42, l'auteur ne peut être poursuivi comme auteur principal du délit que s'il a pris à la publication une part qui aurait permis de le poursuivre en qualité de complice d'un gérant ou d'un éditeur connu ou présent. Ce qui caractérise la responsabilité spéciale établie par l'art. 42, c'est précisément que l'auteur encourt la responsabilité d'un auteur principal là où il ne devrait être poursuivi que pour sa complicité, bien qu'il n'y ait aucune nécessité d'intervertir les rôles, le complice pouvant toujours être poursuivi, même dans l'impossibilité de poursuivre l'auteur principal.

1290. D'après ce qui précède, l'auteur de l'écrit poursuivi ne peut pas réduire sa responsabilité aux limites de la part qu'il a prise à la publication, quand le gérant réside à l'étranger. Il ne peut arriver à ce résultat qu'en désignant le gérant ou l'éditeur, lorsque celui-ci est inconnu. Mais, comme il n'y a de délit que s'il y a une intention coupable, on doit admettre que l'auteur échappe à toute responsabilité s'il établit que la publication a été faite contre sa volonté sur le territoire français; il en est ainsi dans le cas où le manuscrit lui aurait été soustrait ou n'aurait été communiqué par lui que sous la condition qu'il ne serait pas publié, ou encore si l'auteur s'était opposé par acte extra-judiciaire, ou de toute autre manière efficace et certaine, à la publication. En effet, aucune condamnation n'est possible contre lui en qualité d'auteur principal alors que cette condamnation serait impossible sur une poursuite pour complicité. — Sur les conditions de la poursuite dirigée contre l'auteur en qualité de complice d'un gérant ou d'un éditeur connu et présent (V. infrà, n°s 1306 et suiv.).

1291. — III. RESPONSABILITÉ DES IMPRIMEURS. — Sous la législation antérieure, l'imprimeur ne pouvait jamais être poursuivi qu'à titre de complice de la publication de l'écrit délictueux qu'il avait imprimé. La loi du 29 juill. 1881 l'affranchit de toute responsabilité en qualité de complice, lorsque le seul fait de l'impression constitue toute la part qu'il a prise à la publication. Sa complicité est donc subordonnée à des conditions nouvelles (V. infrà, n°s 1315 et suiv.). Mais, en même temps qu'il obtient cette immunité, l'imprimeur se voit infliger, alors même qu'il n'a pas eu d'autre rôle que d'imprimer l'écrit, une responsabilité exceptionnelle et dérogatoire aux règles du droit commun. En vertu de l'art. 42, il peut être poursuivi en qualité d'auteur principal du délit, à défaut de l'auteur. L'imprimeur encourt en quelque sorte d'office la responsabilité que lui inflige l'art. 42. Il ne peut pas se soustraire à cette responsabilité quand le gérant ou l'éditeur et l'auteur sont à l'étranger. Il ne peut s'y soustraire en désignant soit le gérant ou l'éditeur, soit l'auteur, quand ceux-ci sont inconnus (V. supràr, n°s 1286 et suiv.).

1292. L'art. 42 ne place qu'en troisième ordre la responsabilité de l'imprimeur. Il ne peut donc être poursuivi qu'à défaut : 1° du gérant ou de l'éditeur; 2° de l'auteur. Ainsi, même en l'absence de l'auteur, l'imprimeur ne peut pas être poursuivi quand des poursuites sont dirigées contre le gérant ou l'éditeur en qualité d'agent principal de la publication et, par conséquent, d'auteur principal du délit. La responsabilité qui frappe en première ligne le gérant ou l'éditeur et celle encourue en seconde ligne par l'auteur sont deux exclusives de la responsabilité subsidiaire de l'imprimeur (D. P. 81. 4. 83, note). Il a été jugé, en ce sens : 1° que l'imprimeur, contre lequel n'est relevé aucun fait constitutif de complicité étranger à sa profession, ne peut être recherché pénalement qu'autant qu'il n'y aurait pas eu de gérant ou d'éditeur du journal au moment de la publication de l'article incriminé (Paris, 5 mars 1884, aff. Billault de Gérainville, D. P. 85. 2. 30); — 2° Que l'imprimeur d'un journal ne peut être responsable des infractions commises dans la publication de cette feuille périodique lorsque le gérant, présent au moment où les infractions ont eu lieu, a pris ultérieurement la fuite; mais qu'il en est autrement pour les infractions commises, lorsque le gérant était déjà passé à l'étranger, et avait même légalement cessé d'exercer la gérance : que, dans ce dernier cas, l'imprimeur est tenu de s'assurer, toutes les fois qu'il imprime un numéro du journal, que toutes les conditions légales ont été remplies (Lyon, 23 janv. 1884, aff. Fauque, imprimeur du Drapeau noir, D. P. 84. 2. 116). — Décidé, d'autre part, que l'imprimeur d'une affiche diffamatoire, condamné en première instance à défaut de l'auteur de l'affiche alors inconnu, doit être acquitté en cour d'appel, s'il fait connaître l'auteur de l'affiche (Besançon, 8 juill. 1892, aff. Cairage, D. P. 93. 2. 269).

1293. S'il s'agit d'une publication qui a été faite par voie de vente, de distribution ou d'affiche, il importe peu que les poursuites soient ou non dirigées contre les vendeurs, distributeurs ou afficheurs; c'est l'imprimeur qui est responsable, en qualité d'auteur principal du délit, par le seul fait que la publication n'a pas été l'œuvre d'un éditeur ou d'un gérant, et que l'auteur est inconnu ou réside à l'étranger (D. P. 81. 4. 83. note 1).

1294. — IV. RESPONSABILITÉ DES VENDEURS, DISTRIBUTEURS OU AFFICHEURS. — Lorsque la publication d'un écrit criminel ou délictueux n'est pas l'œuvre d'un éditeur ou d'un gérant, qu'elle est directement faite par des vendeurs ambulants ou sédentaires, libraires ou colporteurs, par des distributeurs ou des afficheurs, ce sont eux qui doivent être considérés comme les auteurs principaux du crime ou du délit, puisqu'ils sont les agents du fait de publication, dont l'écrivain a seulement fourni l'instrument. On ne peut pas dire ici que leur concours a simplement eu pour objet de consommer la publication et le délit, comme dans le cas où il y a un éditeur ou un gérant (Rép. n° 1152).

1295. Cependant l'art. 285 c. pén., spécial au cas de provocation à des crimes ou délits par voie de distribution, vente ou affiches d'écrits anonymes, c'est-à-dire n'indiquant ni le nom de l'auteur, ni celui de l'imprimeur, disposait que les vendeurs, distributeurs ou afficheurs devaient être punis comme complices du provocateur. L'art. 287 c. pén., relatif au délit d'outrage aux bonnes mœurs par vente, distribution ou exposition de dessins, gravures ou emblèmes paraît, au contraire, avoir considéré ces agents de publication comme les auteurs principaux du délit. Cependant, le rôle des vendeurs, distributeurs ou afficheurs n'étant que secondaire, l'art. 285 c. pén. n'édictait contre eux qu'une peine inférieure à celle encourue par l'auteur ou l'imprimeur, lorsqu'ils révélaient le nom, soit de l'un, soit de l'autre. L'art. 288 accordait pareillement une atténuation de peine aux vendeurs ou distributeurs de chansons, pamphlets, figures ou images contraires aux bonnes mœurs qui auraient fait connaître soit l'auteur, soit l'imprimeur ou le graveur. « Que sont-ils ordinairement, disait l'exposé des motifs? De pauvres gens qui trouvent, dans ce métier facile, 2 ou 3 fr. à gagner par jour. Ce sont des instruments qu'il convient de disperser et de punir, mais avec discrétion ; c'est à la tête qu'il faut atteindre et l'imprimeur, s'il est découvert, conduira lui-même à l'auteur ; c'est ainsi que, d'échelon en échelon, on atteindra le but, en frappant ou ménageant les coups, non seulement d'après les circonstances particulières de chaque affaire, mais aussi d'après les principes qui ont l'intérêt social pour base » (Rép. n° 476). Les atténuations de peine dont il s'agit n'étaient d'ailleurs accordées que si l'écrit ou le dessin vendu, distribué ou affiché ne portait aucun nom ni d'auteur ni d'imprimeur, et comme récompense de la révélation que le publicateur faisait de l'un ou de l'autre. Elles étaient, en outre, limitées aux crimes ou délits de provocation prévus par l'art. 285 et au délit d'outrage aux bonnes mœurs réprimé par l'art. 287, elles ne s'étendaient pas aux vendeurs, distributeurs ou afficheurs d'écrits ou d'ouvrages faisant eux-mêmes connaître l'auteur ou l'imprimeur puisque alors il n'y avait pas lieu de les révéler, ni aux cas où ces écrits et ouvrages renfermaient des crimes ou délits autres que ceux qui étaient expressément appelés à en bénéficier.

La loi du 17 mai 1819 (art. 1 et 2) attribua la qualité d'auteurs principaux aux vendeurs, distributeurs ou afficheurs, relativement aux faits de provocation résultant de tous écrits, dessins, gravures, peintures ou emblèmes. L'art. 8 de la même loi les déclarait punissables, en la même qualité, à raison du délit d'outrage aux bonnes mœurs commis par vente, distribution ou exposition de dessins, gravures ou emblèmes ; cet article laissait, en même temps, subsister à leur profit le bénéfice de l'atténuation de peine concédé par l'art. 288 c. pén. L'art. 5 de la loi du 10 déc. 1830 (Rép. n° 412) les soumit également, en la même qualité, aux peines encourues pour tous « crimes et délits résultant de la nature même de l'écrit ».

1296. C'est en présence de ce système de pénalités que s'est trouvé le législateur de 1881. La loi du 29 juill. 1881 n'a fait aucune distinction entre les écrits anonymes et ceux qui portent soit un nom d'auteur, soit le nom de l'imprimeur. L'art. 42 envisage uniquement l'hypothèse où il ne peut y avoir de poursuite contre l'imprimeur ou contre l'auteur et déclare qu'à défaut de l'auteur ou de l'imprimeur, les vendeurs, distributeurs ou afficheurs encourront les peines applicables au crime ou au délit que renferme l'écrit. Cette responsabilité les atteint alors même que l'auteur ou l'imprimeur sont déclarés dans l'écrit ; mais il ne faut pas oublier qu'elle suppose l'impossibilité de poursuivre l'auteur ou l'imprimeur et, quand ils sont nommés, cette impossibilité n'existe que s'ils résident à l'étranger.

1297. Dans les cas où l'art. 42 leur est applicable, c'est-à-dire quand ils sont poursuivis à défaut de l'auteur ou de l'imprimeur, les vendeurs, distributeurs ou afficheurs ne sont pas recevables à exciper de leur ignorance du caractère délictueux ou criminel de la publication. Ils étaient admis, au contraire, à faire valoir cette exception sous la législation antérieure, alors même qu'ils ne révélaient pas le nom de l'auteur ou de l'imprimeur ; mais, dans le système de la loi du 29 juill. 1881, ils assument de plein droit la responsabilité de la publication en refusant de faire connaître le nom de l'auteur ou celui de l'imprimeur, résident ou non, et en prêtant leur concours à un auteur ou à un imprimeur résidant à l'étranger (V. supra, n° 1274).

1298. Si, au contraire. l'auteur ou l'imprimeur sont mis en cause, les vendeurs, distributeurs ou afficheurs cessent d'encourir la responsabilité rigoureuse que l'art. 42 ne fait peser sur eux qu'à raison de l'impossibilité de poursuivre

l'imprimeur ou l'auteur. Quelle est alors leur situation ? Ils n'en restent pas moins responsables comme auteurs principaux du crime ou du délit, puisqu'ils sont les agents directi de la publication (Rép. n° 1153). Cette considération a fait écarter la disposition du projet qui, dans le cas de poursuites exercées contre l'imprimeur ou l'auteur, affranchissait les vendeurs, distributeurs ou afficheurs de toute répression : on a fait observer que ces poursuites n'effaçaient pas leur qualité de publicateurs (D. P. 81. 4. 83, note 1). Ils tombent alors sous le coup de l'art. 22 ainsi conçu : « Les colporteurs et distributeurs pourront être poursuivis, conformément au droit commun, s'ils ont sciemment colporté ou distribué des livres, écrits, brochures, journaux, dessins, gravures, lithographies et photographies, présentant un caractère délictueux, sans préjudice des cas prévus par l'art. 42 ». C'est la reproduction de l'art. 5 de la loi du 17 juin 1880 qui portait : « Les colporteurs et distributeurs pourront être poursuivis conformément au droit commun, s'ils ont sciemment colporté ou distribué des livres, écrits, etc., présentant un caractère délictueux » (D. P. 80. 4. 90). La loi de 1881 énumère avec plus de précision les objets dont le caractère délictueux sera de nature à motiver des poursuites basées sur le droit commun (D. P. 81. 4. 73, note 4) : dans cette énumération figurent, en effet, tous les objets pour lesquels l'art. 18 prescrit la formalité de la déclaration préalable (V. supra, n° 371).

D'ailleurs, la régularité du colportage ou de la distribution ne met pas les colporteurs ou distributeurs à l'abri de la responsabilité pénale établie contre eux par le droit commun ; elle ne les met à l'abri que de l'application de l'art. 21, qui prévoit et punit les infractions matérielles commises par les colporteurs ou distributeurs de profession aux obligations de police qui leur sont imposées. L'art. 22 statue pour le cas où les ouvrages colportés ou distribués ont un caractère délictueux, et il est applicable tant au colportage régulier qu'au colportage irrégulier, et aussi bien à ceux qui font acte de colportage accidentellement qu'aux colporteurs de profession (Comp. Rép. n° 167 et suiv.).

1299. Il y a lieu de remarquer que l'art. 22 réserve, par un renvoi formel à l'art. 42, la responsabilité spéciale établie par cet article contre les colporteurs ou distributeurs d'imprimés dont on ne peut poursuivre ni l'éditeur, ni l'auteur, ni l'imprimeur. Ce qui distingue, de cette responsabilité spéciale, la responsabilité de droit commun résultant de l'art. 22, c'est que le colporteur ou distributeur poursuivi en vertu de l'art. 42, ne peut être maintenu en cause que s'il est établi qu'il a colporté ou distribué l'écrit ou le dessin délictueux sciemment, c'est-à-dire en connaissance de son caractère délictueux. Cette condition indispensable se réalisant, le colporteur ou distributeur sera punissable conformément au droit commun, c'est-à-dire en qualité de coauteur s'il est poursuivi en même temps que l'auteur ou l'imprimeur, en qualité seulement de complice, s'il est poursuivi en même temps que le gérant ou l'éditeur. Dans le premier cas, en effet, à côté de la responsabilité qui pèse d'office sur l'auteur ou l'imprimeur par la volonté de la loi et en vertu de l'art. 42, il y a place pour la responsabilité très réelle encourue par le colporteur comme agent direct de la publication ; dans le second cas, le colporteur ou distributeur doit être considéré comme ayant seulement assisté le gérant ou l'éditeur, agent principal de la publication, dans les faits qui ont consommé le délit (V. supra, n° 1269 et 1271).

Il peut arriver encore que les vendeurs, distributeurs ou afficheurs soient les seuls auteurs de la publication et qu'ils aient agi en dehors de toute participation du gérant, de l'éditeur ou de l'auteur. Tel serait le fait d'un libraire ou d'un colporteur qui, de sa propre initiative, vendrait ou offrirait des exemplaires d'une édition condamnée sur la poursuite dirigée à une époque antérieure contre l'auteur ou l'éditeur. Ces derniers ne seraient évidemment pas punissables, et la responsabilité pèserait tout entière sur le libraire ou le colporteur, seul auteur du délit puisqu'il est l'agent unique de la publication.

1300. Il a été jugé, sous la loi du 17 mai 1819, que le délit d'outrage à la morale publique et aux bonnes mœurs réalisé par l'étalage dans la montre d'une boutique et la mise en vente de photographies représentant des sujets indécents et obscènes, est punissable non seulement de la part du mari au nom duquel se fait le commerce, mais aussi de la part de la femme, lorsqu'elle est préposée à la vente et surtout lorsqu'elle s'en occupe plus activement que le mari (Trib. corr. Mantes, 16 mars 1864, aff. Lamarre, D. P. 64. 3. 21).

1301. La disposition de l'art. 22 de la loi du 29 juill. 1881 sur la presse, qui permet de poursuivre les colporteurs ou distributeurs ayant colporté ou distribué des imprimés présentant un caractère délictueux, s'applique aux simples contraventions aussi bien qu'aux crimes ou délits. En conséquence, le colportage ou la distribution, faits sciemment, d'un imprimé qui ne porte pas l'indication du nom et du domicile de l'imprimeur, constitue une contravention passible de l'amende édictée par l'art. 2 de la loi du 29 juill. 1881 (Crim. cass. 30 déc. 1893, aff. Dutriez, D. P. 93. 1. 366). On doit observer que, si l'imprimeur est poursuivi en même temps que le colporteur, tous deux sont punissables, au même titre, comme auteurs de la contravention. Le colporteur ne peut pas être considéré comme un complice de l'imprimeur, car les règles de la complicité sont inapplicables en matière de contraventions (V. suprà, n° 410 et infrà, n° 1324).

1302. L'art. 283 c. pén. réprimait, en outre, toute publication, c'est-à-dire, toute vente, distribution ou affichage d'écrits ne portant l'indication ni du nom de l'auteur, ni de celui de l'imprimeur, en d'autres termes, d'écrits anonymes, alors même que ces écrits ne renfermeraient ni crime, ni délit; cet article comportait une atténuation de peine pour le cas de révélation par le prévenu, soit de la personne qui lui avait remis l'écrit, soit de l'imprimeur. Le bénéfice de cette atténuation de peine fut enlevé au libraire, en ce qui concerne la révélation du nom de l'auteur, par l'art. 19 de la loi du 21 oct. 1814, qui ne réduisait la peine que si le libraire faisait connaître le nom de l'imprimeur. Ces dispositions avaient été maintenues par l'art. 26 de la loi du 17 mai 1819. Elles sont abrogées par la loi de 1881, dont l'art. 2 n'exige plus l'énonciation du nom de l'auteur sur les écrits imprimés et se borne à imposer à l'imprimeur l'obligation d'indiquer son nom et son domicile sur ces écrits, sans incriminer le fait de ceux qui les ont vendus, affichés ou distribués sans nom d'imprimeur (V. suprà, n°s 77 et suiv.).

1303. Quant à la responsabilité pénale encourue par les colporteurs ou distributeurs, à raison de délits autres que ceux prévus par la loi de 1881, ce qui concerne la distribution d'écrits renfermant une provocation directe à un attroupement armé ou non armé, prévue par l'art. 6 de la loi du 7 juin 1848, V. suprà, n° 559, et en ce qui concerne la distribution des billets d'une loterie interdite (L. 21 mai 1836, art. 4), V. suprà, n° 561.

1304. L'art. 5 de la loi du 17 juin 1880 contenait une dernière disposition ainsi conçue : « Les tribunaux pourront prononcer l'interdiction de l'exercice de la profession de colporteur ou de distributeur, contre tout individu condamné en vertu du présent article (D. P. 80. 4. 90). Cette dernière disposition ne se retrouve pas dans l'art. 22 de la loi de 1881. Elle s'expliquait en présence de l'art. 12 de la loi du 11 mai 1868 qui, tout en enlevant au Gouvernement la faculté de suspension ou de suppression administrative établie par le décret du 17 févr. 1852, permettait cependant la suppression, par jugement, d'un journal ou écrit périodique condamné (D. P. 68. 4. 52. V. suprà, n°s 4, 153 et suiv.). Une telle faculté n'étant plus accordée même à l'autorité judiciaire, la disposition précitée de la loi de 1880 ne pouvait pas être logiquement maintenue par la loi de 1881. « Il n'est pas possible, est-il dit dans le rapport, que l'auteur principal du délit, le journaliste, conservant la liberté de son industrie, soit admis à continuer, au lendemain de sa condamnation, la rédaction de son journal, et que le colporteur, simple complice, soit atteint dans son droit au travail » (Rapport, D. P. 81. 4. 73, note 4).

§ 2. — Des complices.

1305. L'art. 43 dispose : 1° que lorsque les gérants ou les éditeurs seront en cause, les auteurs seront poursuivis comme complices ; 2° que toutes personnes auxquelles l'art. 60

c. pén. pourrait s'appliquer pourront être également poursuivies comme complices ; 3° que cet article ne sera pas applicable aux imprimeurs pour faits d'impression, sauf dans le cas et les conditions prévus par l'art. 6 de la loi du 7 juin 1848 sur les attroupements.

1306. — I. Responsabilité des auteurs. — L'art. 2 de la loi du 9 juin 1819 déclarait les auteurs des articles insérés dans les journaux ou écrits périodiques, solidairement responsables avec les propriétaires ou éditeurs de ces journaux. L'art. 8 de la loi du 18 juill. 1828 précisa la responsabilité de l'auteur ; après avoir posé en principe la responsabilité du publicateur du journal ou de l'écrit, cet article ajoutait : « sans préjudice de la poursuite contre l'auteur ou les auteurs desdits articles ou passages comme complices » (Rép. p. 411). C'était l'application pure et simple du droit commun (V. suprà, n° 1270).

En vertu de la loi du 29 juill. 1881, l'auteur de l'écrit ou de l'ouvrage incriminé peut être poursuivi comme auteur principal du délit, lorsqu'on pourra ou ne peut pas atteindre le gérant de l'écrit périodique ou l'éditeur de l'écrit non périodique qui a publié cet écrit ou cet ouvrage (art. 42) (V. suprà, n°s 1285 et suiv.). D'autre part, l'auteur pourra être poursuivi comme complice, lorsque les gérants ou les éditeurs sont mis en cause (art. 43). L'auteur est donc alternativement soumis soit à la responsabilité éventuelle et subsidiaire, créée par l'art. 42, soit à la responsabilité directe comme complice édictée par l'art. 43 (D. P. 81. 4. 82).

1307. Faut-il conclure de là que l'auteur devra toujours être puni, sauf une simple différence dans la qualification sous laquelle il y aura lieu de le poursuivre selon que le gérant ou l'éditeur pourra ou ne pourra pas être également l'objet de la même poursuite? S'il en était ainsi, il faut reconnaître que la disposition de l'art. 42, en vertu de laquelle l'auteur n'est punissable « qu'à défaut du gérant », n'aurait aucune portée puisque l'auteur n'échapperait à la responsabilité qui pèse sur l'auteur principal que pour être frappé de la même peine en qualité de complice. Il faut, en conséquence, admettre que la responsabilité qui résulte, pour l'auteur, de l'art. 43, consiste dans une complicité spéciale, différente de la complicité de droit commun, admise autrefois pour l'auteur par la loi du 18 juill. 1828. En effet, l'action qui résulte de la complicité de droit commun, telle que l'admettait la loi de 1828, peut être exercée séparément de l'action qui est ouverte contre l'auteur principal du délit ; elle survit même à l'extinction de cette dernière action par une cause qui lui est propre. L'art. 43 subordonne, au contraire, la poursuite de l'auteur, en qualité de complice de l'agent ou de l'éditeur, à la mise en cause de ces derniers. D'où il suit que, lorsque le gérant ou l'éditeur, agents principaux de la publication, ne sont pas mis en cause, alors qu'ils pourraient l'être, l'auteur n'est soumis ni à la responsabilité subsidiaire que l'art. 42 lui fait encourir comme s'il était lui-même l'agent de la publication, cette responsabilité ne l'atteignant que si le gérant ou l'éditeur ne peuvent pas être poursuivis, ni aux peines de la complicité dont le frappe l'art. 43, l'auteur n'étant punissable en qualité de complice que sur une action exercée simultanément contre lui et contre le gérant ou l'éditeur. Jugé, en ce sens : 1° que l'auteur d'un article de journal dont la publication constitue un crime ou un délit de presse échappe à la fois à l'application de l'art. 42, si le gérant peut être poursuivi, et à celle de l'art. 43, si aucune poursuite n'est exercée contre ce gérant (Aix, 6 janv. 1883, D. P. 85. 2. 154, et sur pourvoi, Crim. rej. 28 juill. 1883, aff. Brochier, D. P. 84. 1. 310) ; — 2°... (**V. l'addition à la fin du volume**). — Le décès du gérant ou de l'éditeur ferait obstacle à toute poursuite contre l'auteur soit en vertu de l'art. 42 soit en qualité de complice, bien que cette cause d'extinction de l'action publique par rapport à l'agent principal du crime ou du délit laisse subsister, suivant le droit commun, la responsabilité pénale du complice (V. suprà, n° 1286).

L'interprétation donnée par la cour de cassation à l'art. 43 a été l'objet de vives critiques. On a soutenu que l'action dirigée contre le complice est toujours indépendante de la poursuite dirigée contre l'auteur principal. La loi de 1881, a-t-on dit, ne déroge par aucune disposition expresse à cette règle de droit commun. L'art. 43, en disant que les auteurs seront poursuivis comme complices lorsque les gérants ou les éditeurs seront en cause, se réfère tout simplement à l'art. 42. Il réserve la responsabilité à titre d'auteur principal que cet article inflige aux auteurs « à défaut du gérant ou de l'éditeur, c'est-à-dire quand ces derniers seront inconnus ou résideront à l'étranger. Il déclare les auteurs punissables en qualité de complices dans tous autres cas, c'est-à-dire toutes les fois que les gérants seront mis en cause ou qu'ils auraient pu être mis en cause. La combinaison des art. 42 et 43 assure, dans toutes les éventualités, la punition de l'écrivain qui, au point de vue moral et dans la pensée du législateur de 1889, porte la véritable responsabilité du délit de publication (Trib. Pau, 16 mai 1883, *Lois nouvelles*, 1884. 3. p. 6; Paris, 10 juill. 1884, *Gazette des tribunaux* du 2 août; 5 mars 1884, aff. Billault de Gérainville, D. P. 85. 2. 30, cité *suprà*, n° 1286, qui autorise la poursuite de l'auteur comme complice en cas de décès du gérant. Conf. Lisbonne, *Revue des lois nouvelles* (1884, t. 3, p. 9); Barbier, t. 2, n° 810, p. 328. Comp. Observations présentées à la Chambre des députés sur la demande en autorisation de poursuite de M. Talandier, séance du 22 janv. 1884, *Journal officiel* du 23).

1308. Nous avons dit *suprà*, n° 290, qu'à notre sentiment, l'auteur poursuivi en vertu de l'art. 42 pouvait obtenir son acquittement, à la condition d'établir que la publication a été faite contre son gré et malgré son opposition. Poursuivi comme complice, l'auteur administrera plus facilement encore, le cas échéant, la preuve de sa bonne foi, car le ministère public ne peut plus invoquer contre lui la présomption légale qui, dans le cas de l'art. 42, le fait considérer comme l'agent principal de la publication. S'il était établi que la remise de l'ouvrage à l'éditeur n'avait, dans l'intention de l'auteur, d'autre but que de le communiquer ou de le soumettre à un examen, il n'y aurait aucun fait de complicité imputable à l'auteur dans la publication (V. en ce sens Crim. cass. 16 févr. 1829, *Rép.* n° 535 et *ibid.*, v° *Dénonciation calomnieuse*, n° 119). Jugé, de même, que la seule communication d'un écrit au gérant du journal qui l'a publié ne suffit pas pour faire considérer comme punissable celui qui a fait cette communication (Crim. rej. 11 févr. 1876, aff. Valabrègue, D. P. 76. 1. 401-403).— Jugé, toutefois, que l'auteur d'un article diffamatoire est passible des peines de la complicité, s'il n'a pas pris les mesures nécessaires pour empêcher la publication du numéro du journal auquel il a livré cet article (Douai, 11 janv. 1872, aff. G..., D. P. 74. 2. 223).

1309. La constatation de l'intention coupable de l'auteur de l'écrit peut être implicite ; spécialement, elle résulte suffisamment de la déclaration que l'auteur de l'écrit a participé au fait principal de la publication, en livrant cet écrit au journal qui l'a publié et en y apposant sa signature (Crim. rej. 29 mars 1844, *Rép.* n° 1140).

1310. Il est évident que l'auteur serait punissable, non plus en qualité de complice, mais en qualité d'auteur principal ou de coauteur du délit, s'il avait fait acte de gérant ou d'éditeur, c'est-à-dire s'il avait été l'agent ou l'un des agents directs de la publication ; il n'est complice que s'il s'est borné à fournir l'instrument du délit, c'est-à-dire l'écrit ou le dessin poursuivi et s'il est demeuré étranger à sa publication (D. P. 81. 4. 82 et 83, note 1). Il a été jugé, en ce sens, que la publication d'un article diffamatoire dans un journal peut engager la responsabilité de celui qui en a fourni la rédaction, non pas seulement en qualité de complice du fait de la publication, mais aussi, suivant les circonstances, en qualité d'auteur principal ; et que le juge correctionnel a pu condamner le rédacteur de l'article comme auteur principal, alors qu'il lui a paru, par une appréciation souveraine des éléments de la cause, que la responsabilité du gérant et de l'imprimeur devait être écartée (Crim. rej. 5 juin 1869, aff. Barat-Lemoine, D. P. 70. 1. 235).

1311. Il importe de déterminer qui l'on doit entendre par l'expression d'*auteur*. C'est d'abord, sans aucune difficulté, celui qui a composé, rédigé ou tracé l'écrit ou le dessin poursuivis. Mais d'autres personnes ne peuvent-elles pas être considérées, à raison de leur situation particulière, comme les auteurs de l'œuvre délictueuse ? Il a été jugé que le directeur du journal et le secrétaire de la rédaction d'un journal ou écrit périodique ne peuvent être condamnés comme complices du fait de la publication des articles délic-

tueux qui y sont insérés que si leur coopération à ces articles est prouvée (Rennes, 27 mars 1878, aff. C..., D. P. 80. 2. 68). — Le rédacteur en chef d'un journal n'est pas dans le même cas. On considère qu'il peut être poursuivi, comme auteur de l'article incriminé, toutes les fois que l'auteur ne s'est pas révélé (*Rép.* n° 1142; Crim. rej. 8 sept. 1837, cité au *Rép.* n° 1132-1°). Si le véritable auteur est connu, la responsabilité pénale de la publication de l'article criminel ou délictueux ne peut, en principe, peser que sur le gérant comme auteur principal et sur le rédacteur de l'article comme complice, sauf l'application de l'art. 42 à ce rédacteur si le journal n'a pas de gérant. Jugé, sur ce point, que la seule qualité de rédacteur en chef d'un journal n'entraîne pas la responsabilité pénale des articles publiés par ce journal (Trib. corr. Seine, 3 janv. 1868, aff. Journal *Le Courrier français*, D. P. 68. 3. 23 ; Crim. rej. 5 juill. 1873, aff. Duportal et Marcou, journal *L'Emancipateur et la Fraternité*, D. P. 74. 1. 407). Le rédacteur en chef peut, d'ailleurs, être poursuivi comme auteur ou coauteur de la publication, s'il y a pris une part directe et s'il a fait acte de gérant (*Rép.* n° 1142 ; Crim. rej. 5 juill. 1873, précité). Jugé, notamment, que la responsabilité pénale du gérant touchant la publication d'articles délictueux fournis par des tiers n'exclut pas celle du rédacteur en chef, lorsqu'il est établi qu'il a participé à la publication en autorisant l'insertion de l'article ; et que la déclaration du jury établit suffisamment et légalement la complicité du rédacteur en chef, lorsqu'elle le reconnaît coupable d'avoir publié l'article délictueux (Crim. rej. 19 janv. 1872, aff. Duportal, journal *L'Emancipation de Toulouse*, D. P. 72. 1. 156).

1312. L'art. 43, qui subordonne la poursuite de l'auteur comme complice à la mise en cause du gérant ou de l'éditeur, n'a envisagé que l'hypothèse où l'auteur a remis son écrit ou son dessin au gérant d'un journal ou écrit périodique, ou à l'éditeur d'un écrit non périodique. Il ne prévoit pas le cas où l'auteur a remis directement son œuvre soit à des vendeurs, libraires ou colporteurs, soit à des distributeurs ou afficheurs qui, étant les agents de la publication, deviennent les auteurs du crime ou du délit résultant de cette publication (V. *suprà*, n° 1294 et suiv.). En effet, en vertu de l'art. 42, l'auteur, à défaut du gérant ou d'un éditeur, assume la responsabilité qui incombe à l'auteur principal du délit. Il n'est pas punissable comme complice, et il n'est pas nécessaire, pour que la poursuite dirigée contre lui soit recevable, que ceux qui ont vendu, distribué ou affiché son œuvre pour son compte soient mis en cause, cette omission ne concernant que le gérant ou les éditeurs. Les vendeurs, distributeurs ou afficheurs ne sont même soumis à la responsabilité subsidiaire de l'art. 42, en leur qualité d'agents principaux de la publication, qu'à défaut de l'auteur et de l'imprimeur, sauf leur responsabilité en qualité de coauteur du crime ou du délit quand ils ont concouru sciemment à la publication imputable à l'auteur ou à l'imprimeur (art. 22) (V. *suprà*, n° 1298).

1313. En vertu de l'art. 289 c. pén., l'auteur d'un écrit anonyme renfermant une provocation à des crimes ou à des délits et publié par voie de vente, distribution ou affiche, était passible du maximum de la peine applicable à cette provocation. La même aggravation de peine était également infligée à l'auteur de dessins ou gravures dont l'exposition ou la distribution constituait le délit d'outrage public aux bonnes mœurs, réprimé par l'art. 287. La loi du 17 mai 1819 ayant remplacé, dans son art. 8, l'art. 287 c. pén. par une autre disposition pénale, avait, par cela même, abrogé la partie de l'art. 289 qui se référait à l'art. 287. D'autre part, comme l'art. 26 de la même loi ne mentionnait pas l'art. 289 au nombre des dispositions du code pénal qu'il déclarait abrogées, certains commentateurs soutenaient que la loi de 1819 avait maintenu l'aggravation pénale prononcée contre l'auteur qui a voulu échapper à la répression en se cachant sous le voile de l'anonyme. — La loi du 29 juill. 1881, en se bornant à frapper l'auteur d'un écrit dont la publication constitue un crime ou un délit, tantôt comme auteur principal et tantôt comme complice, sans reproduire l'aggravation pénale de l'art. 289 c. pén. crée un système de pénalité complet, qui exclut le maintien de ce dernier article. L'art. 28 de la loi précitée qui a remplacé l'art. 8 de la loi de 1819 ne comporte pas davantage une aggravation de peine contre l'auteur anonyme de dessins, gravures, etc., caractéristiques du délit d'outrage aux bonnes mœurs. — On ne trouve aucune disposition de cette nature dans la loi du 2 août 1882.

1314. — II. Responsabilité des imprimeurs. — L'art. 285 c. pén. avait déterminé la responsabilité de l'imprimeur dans le cas de publication d'un écrit contenant une provocation à des faits qualifiés crimes ou délits : l'imprimeur était punissable comme complice du provocateur. Cet article appartenait à une législation où le caractère particulier des crimes et délits de publication n'était pas encore précisé. Il considérait l'imprimeur comme complice du provocateur, c'est-à-dire de celui qui avait remis à l'imprimeur l'écrit délictueux. Ce partage de responsabilité révèle que, dans la pensée du législateur de 1810. l'auteur de l'écrit devait être considéré comme l'agent principal du crime ou du délit de provocation, bien qu'il se borne à en fournir l'instrument, et qu'il ne soit, dès lors, que le complice du publicateur, au même titre que l'imprimeur. La même inexactitude de langage se rencontrait dans l'art. 285, en ce qui concernait les crieurs, vendeurs, distributeurs et afficheurs (V. *suprà*, n° 1295). D'ailleurs, sous l'art. 285 c. pén., l'imprimeur, soumis aux règles du droit commun sur la complicité. pouvait exciper de sa bonne foi et n'était punissable, par application de l'art. 60, que s'il avait imprimé l'ouvrage poursuivi en connaissance de son caractère criminel ou délictueux ; il importait peu, à cet égard, qu'il eût ou qu'il n'eût pas rempli les obligations de police que lui imposait alors l'art. 41 du décret du 5 févr. 1810, et notamment qu'il n'eût pas mentionné sur l'écrit imprimé par lui son nom et le nom de l'auteur.

L'art. 24 de la loi du 17 mai 1819 détermina l'étendue et les conditions de la responsabilité de l'imprimeur dans les termes suivants : « Les imprimeurs des écrits dont les auteurs seraient mis en jugement en vertu de la présente loi, et qui auraient rempli les obligations prescrites par le titre 2 de la loi du 21 oct. 1814, ne pourront être recherchés pour le simple fait de l'impression, à moins qu'ils n'aient agi sciemment, ainsi qu'il est dit à l'art. 60 c. pén. ». Comme on le voit, cette disposition maintenait à l'imprimeur la qualification de complice que lui donnait déjà l'art. 285 c. pén., sans s'expliquer toutefois sur le point de savoir si elle entendait en faire le complice de l'auteur et persister à regaider ce dernier comme l'agent principal du crime ou du délit : ce n'est, en effet, qu'en vertu de l'art. 8 de la loi du 18 juill. 1828 que l'auteur a été formellement rangé parmi les simples complices du publicateur. L'art. 24 de la loi de 1819 étendait la responsabilité de l'imprimeur, en qualité de complice, à tous les crimes et délits de publication prévus par ladite loi (*Rép.* n° 1143).

Cependant l'application de cette responsabilité était subordonnée à une distinction que n'établit pas dans l'art. 285 c. pén. et qui constituait une dérogation au droit commun : si l'imprimeur avait contrevenu aux mesures concernant la police de l'imprimerie, mesures que réglementaient alors les art. 11 et suiv. de la loi du 21 oct. 1814, succédant au décret du 5 févr. 1810, l'imprimeur était punissable en qualité de complice des crimes ou délits de publication que pouvait renfermer l'écrit imprimé par lui, à raison du seul fait de l'impression, soit qu'il eût, soit qu'il n'eût pas agi sciemment (*Rép.* n° 1143). Au contraire, s'il s'était mis en règle avec les prescriptions de police, il n'était punissable que s'il avait imprimé l'écrit poursuivi, en connaissance de son caractère criminel ou délictueux ; il était donc excusable quand il avait été de bonne foi, cette circonstance étant exclusive de toute complicité punissable dans les termes de l'art. 60 c. pén. (V. pour l'application des dispositions précitées : Trib. corr. Lyon, 24 févr. 1858, aff. Bodhuilt, D. P. 58. 3. 40; Grenoble, 25 juill. 1869, aff. Chaliat, D. P. 70. 2. 181; Douai, 17 janv. 1872, aff. G..., D. P. 74. 2. 223).

1315. L'art. 43 de la loi du 29 juill. 1881 pose en principe que la disposition de l'art. 60 c. pén. sur la complicité n'est jamais applicable à l'imprimeur pour les seuls faits d'impression (D. P. 81. 4. 83, note 1). Ainsi le simple fait d'impression n'entraîne en aucun cas, contre l'imprimeur d'un écrit contenant l'un des crimes ou délits de publication prévus par la loi de 1881, ni la responsabilité pénale absolue tenant au seul fait matériel de l'impression qui résultait de la loi de 1819, en cas d'inobservation des règlements, ni la

responsabilité tenant à la connaissance du caractère criminel ou délictueux de l'écrit imprimé résultant de l'application de l'art. 60 c. pén., que la loi de 1819 faisait à l'imprimeur lorsqu'il avait observé les règlements de police. Les difficultés d'appréciation que soulevait. en fait, la recherche de la culpabilité de l'imprimeur basée sur sa connaissance du caractère délictueux de la publication, ont déterminé le législateur de 1881 à ne pas laisser subsister ce genre de complicité qui, sous les lois antérieures, s'attachait au fait d'impression (D. P. 81. 4. 83, note 1).

1316. L'immunité accordée à l'imprimeur ne comporte qu'une seule exception : elle concerne l'hypothèse prévue par l'art. 6 de la loi du 7 juin 1848 sur les attroupements. Cet article punit, en effet, les imprimeurs, graveurs, lithographes, de tout écrit affiché ou distribué, contenant une provocation directe à un attroupement armé ou non armé, comme complices de cette provocation, lorsqu'ils auront agi sciemment.

1317. A part cette exception, l'imprimeur ne peut plus être frappé des peines de la complicité des crimes et délits commis par la voie de la presse qu'à raison d'actes de complicité distincts du fait même de l'impression. c'est-à-dire à raison d'autres faits que celui d'avoir fourni sciemment l'instrument du crime ou du délit. Cependant le seul fait de l'impression peut motiver une poursuite contre l'imprimeur, en vertu de l'art. 42, c'est-à-dire lorsqu'il est punissable à titre d'auteur principal du crime ou du délit, à défaut soit du gérant ou de l'éditeur, soit de l'auteur de l'écrit incriminé.

1318. Il est manifeste, d'ailleurs, que l'imprimeur qui serait en même temps l'éditeur du livre ou le gérant du journal imprimé par ses soins ne pourrait pas exciper de sa qualité d'imprimeur pour échapper à la responsabilité que lui imposerait le fait de la publication dont il aurait été le principal agent (Rapport, D. P. 81. 4. 83, note 1. Conf. Crim. rej. 20 juin 1851, aff. Larcher, D. P. 51. 5. 425. M. Barbier (t. 2, n° 817, p. 336) cite encore le cas où l'imprimeur serait sorti de son rôle normal en louant sciemment ses presses, ses caractères et ses ouvriers à l'éditeur ou à l'auteur d'un ouvrage délictueux (Comp. Trib. corr. Seine, 20 nov. 1883, *Lois nouvelles*, 1883. 3. 148-360).

1319. L'imprimeur, exempté de toute responsabilité pénale à raison du seul fait de l'impression, sans que le juge ait eu à rechercher s'il avait agi sciemment ou non, ne reste-t-il pas néanmoins soumis à la responsabilité civile du préjudice causé par l'œuvre sortie de ses presses? La question se posait, sous la loi de 1819, dans le cas où l'imprimeur bénéficiait d'une déclaration de non-culpabilité (*Rép.* n° 1150). Il était, en vertu de cette loi, protégé par une présomption de bonne foi qui devait être admise jusqu'à preuve contraire. Cette présomption a reçu de la loi du 29 juill. 1881 la force d'une présomption *juris et de jure*. Cependant l'immunité complète que l'art. 43 accorde à l'imprimeur ne peut avoir plus d'effet que n'en aurait eu, sous la législation précédente, une déclaration de non-culpabilité; cette immunité n'est donc pas inconciliable avec la constatation d'un fait dommageable ou d'un quasi-délit de nature à donner lieu à des réparations civiles (*Rép. ibid.*). Sous la loi de 1819, il a été décidé, en ce sens, que, l'immunité édictée par l'art. 24 de la loi du 17 mai 1819, en faveur de l'imprimeur qui n'a pas agi sciemment, ne s'appliquant qu'aux poursuites ayant pour but une répression pénale, l'acquittement de l'imprimeur par le jury ne fait pas obstacle à ce qu'il puisse être condamné à des réparations civiles comme ayant commis un acte de légèreté et d'imprudence (Req. 22 févr. 1875, aff Gounouilhou, D. P. 75. 1. 324. V. aussi Poitiers, 12 mai 1874, même affaire, *ibid.*) Il a été jugé dans le même sens, en vertu de la loi du 29 juill. 1881, que l'art. 43 de la loi du 29 juill. 1881, aux termes duquel les imprimeurs ne peuvent pas être poursuivis comme complices des crimes et délits commis par la voie de la presse, pour faits d'impression, si ce n'est dans les cas et conditions prévus par l'art. 6 de la loi du 7 juin 1848 sur les attroupements, n'est pas exclusif de l'application des dispositions des art. 1382 et suiv. c. civ.; que, par suite, l'imprimeur d'affiches contenant des imputations calomnieuses ou des fausses nouvelles, peut être poursuivi devant la juridiction civile en réparation du préjudice causé au demandeur par l'apposition de ces affiches, et condamné à des dommages-intérêts (Paris, 26 juin 1889, aff. Perreau, D. P. 90. 2. 277. Conf. Trib. civ. Chambéry, 25 janv. 1882, *Lois nouvelles* 1883, 3. p. 52; Trib. civ. Seine, 13 avr. 1883, *La Loi*, 1883, n° 88; Discours de M. Agniel, Ch. des députés, 15 févr. 1881, Celliez et Le Senne, p. 565). Cependant M. Barbier (t. 2, n° 818, p. 336) fait observer que cette doctrine « va directement contre le but de la loi de 1881, en rétablissant la censure de l'imprimeur qui, se trouvant placé en présence de l'éventualité d'une responsabilité civile, s'arrogera le droit d'examiner et de discuter le sens et les termes des écrits dont l'impression lui sera confiée. Ce qui résulte, ajoute cet auteur, de la disposition finale de l'art. 43, c'est que l'imprimeur, en droit, n'est pas tenu de lire les écrits qui lui sont remis à l'impression, qu'en haine de la censure indirecte qu'il pourrait exercer à l'encontre des écrivains, il est même, en quelque sorte, invité à ne pas lire ce qu'il imprime, de telle sorte qu'il n'y a de sa part, ni faute, ni négligence à laisser sortir de ses presses un écrit délictueux ». M. Barbier conclut en déclarant qu' « il convient, au moins, de ne déclarer l'imprimeur responsable qu'autant que le caractère délictueux de l'écrit apparaît d'une façon manifeste ».

1320. — III. Responsabilité des complices autres que l'auteur ou l'imprimeur. — A part l'art. 8 de la loi du 18 juill. 1828 concernant la responsabilité de l'auteur et l'art. 24 de la loi du 17 mai 1819, succédant à l'art. 283 c. pén. et concernant la responsabilité de l'imprimeur, les lois antérieures de la presse ne contenaient pas de dispositions sur la complicité des crimes ou délits de publication; elles s'en référaient donc implicitement au droit commun, quant à la désignation de toutes autres personnes que l'auteur ou l'imprimeur pouvant être poursuivies en qualité de complices (*Rép.* n° 1131).

L'art. 43 de la loi du 29 juill. 1881, qui déroge aux règles ordinaires de la complicité : 1° à l'égard de l'auteur, en ne permettant de le poursuivre comme complice que conjointement avec le gérant; 2° à l'égard de l'imprimeur, en supprimant vis-à-vis de lui le cas de complicité résultant du seul fait de l'impression (V. *suprà*, n° 1315), déclare, au contraire, expressément, que la disposition générale de l'art. 60 est applicable à toutes autres personnes (D. P. 81. 4. 83. note 1). Ainsi toutes personnes autres que l'auteur et l'imprimeur peuvent être poursuivies comme complices d'un crime ou d'un délit de publication, lorsqu'elles se sont rendues coupables de l'un des faits quelconques de complicité incriminés dans l'art. 60 c. pén. Cet article est, notamment, applicable à toute personne autre que l'imprimeur qui a fourni sciemment les moyens de commettre le délit (Bordeaux, 30 déc. 1891, aff. Lacroutille, D. P. 92. 1. 471). La poursuite étant réglée par ce même article, il en résulte que l'action exercée contre le complice est indépendante de l'action dirigée contre l'auteur principal. Enfin la complicité dont il s'agit est entièrement subordonnée à la constatation de l'élément intentionnel, exigé par l'art. 60 pour qu'il y ait complicité punissable.

1321. Sur l'application des règles ordinaires de la complicité aux crimes et aux délits de publication, il a été jugé, avant la loi du 29 juill. 1881, que le fait par un individu (un aubergiste, par exemple), chez lequel des livres séditieux ont été déposés par des inconnus, d'avoir aidé et assisté ceux-ci dans la vente ou distribution de ces livres, sachant bien qu'il s'agissait d'ouvrages (politiques) dont le contenu pouvait donner lieu à des poursuites, ne le rend pas complice des délits renfermés dans ces livres, s'il n'est pas établi qu'il en ait connu le texte, et qu'il ait pu ainsi apprécier les pensées coupables qui y étaient exprimées (Metz, 7 févr. 1854, aff. Oudin, D. P. 55. 5. 349). — Il a été jugé, par application de l'art. 43 de la loi du 29 juill. 1881 : 1° qu'on doit considérer comme étant suffisamment motivé l'arrêt qui, en prononçant une condamnation pour complicité du délit d'injures et de diffamations commises par la voie de la presse, constate que le prévenu dirigeait le journal dans lequel ont été publiés les articles incriminés, qu'il prenait une part active à sa composition et à sa publication, que le gérant n'était que son prête-nom, et qu'il a personnellement effectué, dans une proportion considérable, des ventes de numéros de cette feuille avec la

pleine connaissance du scandale des imputations diffamatoires qui y étaient contenues (Crim. rej. 3 déc. 1886, aff. Pessailhan et Scrosoppi, D. P. 88. 5. 383); — 2° Que la complicité du délit de diffamation par la voie de la presse est établie et ressort suffisamment des constatations d'un arrêt, lorsqu'il déclare que, pour se venger d'un article publié par un tiers, le prévenu a acheté un journal, y a attaché un rédacteur salarié par lui et a fait commencer contre la partie civile une campagne de diffamation et d'injures (Crim. rej. 16 mai 1889, aff. Lacroix et Chuchana, D. P. 89. 1. 318. V. aussi Crim. cass. 24 avr. 1890, aff. Delloye et Dhalluin-Carion, D. P. 90. 1. 453). — Comme on le voit, l'application que l'art. 43 fait de l'art. 60 c. pén. aux crimes et aux délits de publication permet de poursuivre, en qualité de complices, les propriétaires du journal dans lequel a paru un article criminel ou délictueux, lorsque leur participation à cette publication n'est pas douteuse et qu'elle a eu lieu de mauvaise foi. Quant au directeur de journal, qui n'est ni le gérant de ce journal, ni le signataire de l'article diffamatoire paru dans le journal, il ne peut pas être déclaré responsable, aux termes de la loi du 29 juill. 1881, de la publication dudit article (V. *suprà*, n°s 1272 et suiv.). Il ne peut davantage être réputé complice, conformément au droit commun et par application des art. 59 et 60 c. pén., du délit de diffamation résultant de l'article inséré dans le journal, si le plaignant n'établit pas en fait qu'il a participé à la publication de cet article ou que, du moins, il a connu cette publication (Paris, 13 janv. 1893, aff. Epoux Renult, D. P. 93. 2. 243).

1322. Il y avait, dans le projet de loi, une autre disposition qui devait trouver place dans l'art. 43, et qui déclarait l'art. 60 c. pén. inapplicable « aux vendeurs, distributeurs et afficheurs pour faits de vente, distribution ou affichage » (D. P. 81. 4. 83, note 1). C'était l'équivalent de la situation faite aux imprimeurs à raison du seul fait d'impression. La disposition dont il s'agit a été supprimée comme contraire à celle de l'art. 22 de la loi de 1881, qui déclare les colporteurs ou distributeurs punissables « conformément au droit commun, s'ils ont sciemment colporté ou distribué des livres ou écrits présentant un caractère délictueux ». On a vu que les vendeurs (libraires ou colporteurs), les distributeurs et les afficheurs sont punissables en qualité d'auteurs principaux, en vertu de l'art. 42, toutes les fois que les poursuites ne peuvent pas être dirigées contre le gérant ou contre l'éditeur, ni contre l'auteur, ni contre l'imprimeur (V. *suprà*, n°s 1294 et suiv.). Nous avons admis encore que, si l'auteur ou l'imprimeur sont poursuivis en qualité d'auteurs principaux du crime ou du délit, à défaut de gérant, l'art. 22 permet de poursuivre les vendeurs distributeurs ou afficheurs comme coauteurs du délit, parce qu'ils ont été les agents directs de la publication dont la responsabilité pèse sur l'auteur ou l'imprimeur que par la volonté de la loi (V. *suprà*, n° 1298). Lorsque, au contraire, la publication a été le fait d'un gérant ou d'un éditeur, il résulte tant de l'art. 22 que de l'art. 43 que les vendeurs, distributeurs ou afficheurs ne peuvent être poursuivis qu'en qualité de complices et comme ayant aidé ou assisté l'auteur de la publication dans les faits qui ont consommé le délit, sous la condition qu'ils aient agi sciemment, c'est-à-dire en connaissance du caractère criminel ou délictueux de l'écrit qu'ils ont vendu ou distribué. C'est, en effet, l'application du droit commun (art. 22), ou de l'art. 60 c. pén. (art. 43). — Jugé, en ce sens, qu'on doit considérer comme complices du délit de diffamation commis par la voie d'un imprimé ceux qui, connaissant le caractère diffamatoire de cet imprimé, l'ont crié, placardé, ou fait afficher et répandre (Paris, 6 déc. 1889, aff. Girbal, D. P. 90. 2. 230). Ces poursuites peuvent avoir lieu sans préjudice de celles qui sont autorisées par la loi du 19 mars 1889. V. *suprà*, n°s 402 et suiv.).

1323. Les règles ordinaires de la complicité sont déclarées applicables au délit d'outrage aux bonnes mœurs commis autrement que par le livre ou par la parole, délit qui a cessé d'être punissable en vertu de l'art. 28 de la loi de 1881, pour tomber sous le coup de la loi du 2 août 1882. Elles atteignent, dans ce cas, tous ceux qui ont participé sciemment à la publication délictueuse par l'un des moyens indiqués dans l'art 60 c. pén., sans en excepter ni l'auteur ni l'imprimeur (V. *suprà*, n°s 695 et suiv.).

1324. — IV. Application des art. 42 et 43 aux délits de presse exclusivement. — Contraventions. — Les dispositions des art. 42 et 43 qui déterminent les responsabilités pénales, ne sont applicables qu'aux participants aux crimes et aux délits proprement dits de la presse, c'est-à-dire aux faits de publication qualifiés crimes ou délits par la loi du 29 juill. 1881 et à ceux qui pourraient leur être assimilés plus tard par des lois spéciales. Or il y a des délits qui, bien que commis par la voie de la presse, ne sont pas des délits de presse proprement dits. Tels sont : le délit d'outrages même publics, réprimé par les art. 222 et 224 c. pén. (Caen, 10 mars 1886, aff. Marie, D. P. 87. 2. 45. V. *suprà*, n° 725 et suiv.) ; — Le délit d'atteinte à la liberté du travail (Montpellier, 20 mai 1886, aff. Duc-Quercy, D. P. 87. 2. 102. V. *suprà*, n° 556) ; — Le délit d'escroquerie (Paris, 25 janv. 1887, aff. Cora, D. P. 87. 2. 252. V. *suprà*, n° 440) ; — Celui de chantage. Ces délits ne sont pas régis par la loi du 29 juill. 1881. Ainsi lorsqu'un délit, bien que commis par la voie de la presse, spécialement un délit de chantage, est étranger à la matière des délits que prévoit et punit la loi du 29 juill. 1881, le prévenu, poursuivi en vertu du droit commun, ne peut se prévaloir des dispositions spéciales édictées par cette loi quant à la répartition des responsabilités pénales.L'auteur de l'article incriminé ne peut, notamment, obtenir son relaxe par le motif que le gérant du journal contenant cet article ne serait pas en cause (Lyon, 16 nov. 1887, aff. Escorbia, D. P. 88. 2. 175. V. *suprà*, n° 440 et 1307. V. l'addition à la fin du volume).

1325. Ainsi que nous l'avons dit *suprà*, n° 410, celles des infractions prévues par la loi du 29 juill. 1881 qui ne constituent que de simples contraventions punissables à raison du seul fait matériel, et sans qu'il y ait à tenir compte de l'intention de leur auteur ne comportent pas l'application des règles de la complicité. Le gérant, l'auteur, l'imprimeur, le propriétaire du journal encourent les peines édictées contre ces infractions lorsqu'elles leur sont directement imputables, en qualité d'auteurs ou de coauteurs de la contravention. C'est ainsi qu'il a été jugé que, dans le cas des contraventions prévues par l'art. 7 de la loi du 6 juill. 1871, l'imprimeur du journal encourt la même responsabilité pénale et directe que le propriétaire ou gérant, et non pas seulement la responsabilité civile des amendes prononcées contre le propriétaire ou gérant; qu'ainsi celui qui a publié le journal et l'imprimeur sont également passibles des peines de l'art. 5 du décret du 17 févr. 1852, avec solidarité relativement aux amendes, dans le cas de publication d'un article politique dans un journal sans versement préalable d'un cautionnement, et dans le cas d'omission du dépôt des exemplaires du journal au parquet; qu'ils doivent aussi être condamnés solidairement aux frais (Crim. cass. 26 févr. 1875, aff. Palmé et Martinet, journal *L'Echo de Rome*, et 9 avr. 1875, aff. Jouin et Cochet, journal *Paris à l'eau forte*, D. P. 75. 1. 241). Mais aucun des agents de la publication n'est punissable en qualité de complice en vertu de l'art. 60 c. pén. — Il a cependant été jugé que la disposition du code pénal qui déclare les complices d'un délit passibles de la même peine que l'auteur principal est applicable à toutes les infractions que la loi punit de peines correctionnelles, même en l'absence d'intention coupable, et notamment aux contraventions en matière de presse; que, spécialement, l'écrivain qui a rédigé pour un journal des articles contenant un compte rendu illicite des débats du Corps législatif doit être puni comme complice de la publication de ce compte rendu (Poitiers, 22 nov. 1866, aff. Delavault, D. P. 67. 2. 69). Cet arrêt a été cassé, et la cour de cassation a déclaré, au contraire, que la disposition du code pénal qui déclare les complices d'un délit passibles de la même peine que l'auteur principal ne s'applique pas aux infractions prévues par les lois spéciales qui, bien que punies de peines correctionnelles, ne constituent que des contraventions, en ce que la loi ne fait pas dépendre leur répression de la preuve d'une intention mauvaise de l'agent; qu'il en est ainsi, spécialement, en matière d'infractions aux lois de presse; et que par suite, l'infraction à la défense de publier des comptes rendus des séances du Corps législatif ou du Sénat lorsque les comptes rendus officiels ne peut, en ce qu'elle constitue une contravention matérielle, être poursuivie que contre le gérant du journal, coupable du fait de la publication du compte rendu illicite, sans qu'il y ait lieu de mettre en cause, comme complice, le rédacteur qui a fourni le compte rendu (Crim. cass. 18 janv. 1867, aff. Delavault, D. P. 67. 1. 233). L'art. 55 c. pén. dispose que « tous les individus condamnés pour un même crime ou pour un même délit seront tenus solidairement des amendes, des restitutions, des dommages-intérêts et des frais ». La même obligation solidaire existe, en ce qui concerne les réparations civiles et les frais, pour les individus condamnés à raison d'une même contravention (*Rép.*, v° *Responsabilité*, n° 82 et *suprà*, v° *Frais et dépens*, n° 65. V. l'addition à la fin du volume). — La loi du 29 juill. 1881, ne contenant aucune disposition particulière à cet égard, consacre implicitement l'application du droit commun aux crimes et délits de publication ainsi qu'aux contraventions à la police de la presse. Par suite, les auteurs, coauteurs et complices d'un crime ou d'un délit de publication sont tenus tous, au même titre, de réparer le dommage causé par la publication criminelle ou délictueuse à laquelle ils ont participé. Leur responsabilité est solidaire; la solidarité s'étend aux dommages-intérêts et aux frais, non seulement envers le ministère public, mais encore envers la partie civile. Il en serait de même des réparations civiles et des frais que pourrait entraîner, au profit d'un tiers, une contravention à la police de la presse punie de peines correctionnelles ou seulement de peines de simple police. C'est relativement à la solidarité des amendes seulement qu'il y a lieu de distinguer les délits intentionnels des contraventions.

Or il a été jugé qu'il ne peut exister de complicité de la contravention de publication, faite de bonne foi, de pièces fabriquées ou falsifiées (Crim. rej. 11 févr. 1876, aff. Valabrègue, D. P. 76. 1. 401. — *Adde* : Trib. corr. Saint-Etienne, 19 févr. 1869, aff. Le Nordez, D. P. 69. 3. 68; Crim. rej. 3 avr. 1869, aff. Barbieux, D. P. 69. 1. 329.

1326. Par exception à cette règle, l'art. 2 de la loi du 29 déc. 1875, a déclaré punissables les complices de la contravention de colportage non autorisé ; mais cette loi a été abrogée par la loi du 17 juin 1880 (V. *suprà*, n° 368 et 369).

Art. 2. — *Responsabilité civile.*

1327. En vertu du droit commun, la responsabilité civile atteint toutes les personnes qui sont responsables pénalement. L'art. 55 c. pén. dispose que « tous les individus condamnés pour un même crime ou pour un même délit seront tenus solidairement des amendes, des restitutions, des dommages-intérêts et des frais ».

1328. La responsabilité civile des personnes qui sont pénalement responsables des crimes et des délits de publication existe alors même qu'elles ne sont l'objet d'aucune poursuite de la part du ministère public, sauf dans les cas où la loi de 1881 ne permet pas de poursuivre l'action civile séparément de l'action publique (V. *suprà*, n° 1259 et *infrà*, n° 1650 et suiv.). Elle existerait, suivant le droit commun, même dans le cas d'acquittement prononcé sur la poursuite du ministère public ; mais il est dérogé à cette règle par l'art. 58 de la loi de 1881 en ce qui concerne les verdicts de non-culpabilité émanés du jury et, sauf controverse, n'est applicable aux déclarations de non-culpabilité du tribunal correctionnel (V. *suprà*, n° 1264, et *infrà*, ch. 4, sect. 2, § 4).

1329. La responsabilité civile des personnes qui sont punissables à raison des crimes et des délits de publication est la seule qui puisse se rencontrer en ce qui concerne les écrits non périodiques. Quand il s'agit de crimes ou délits commis par la presse périodique, cette responsabilité suffit à garantir les droits des tiers et l'acquittement des réparations civiles, si les journaux sont assujettis à la mesure préventive du cautionnement, et si le gérant est obligé de posséder une part dans la propriété du journal. Il en est autrement, on le conçoit, lorsque les tiers, se trouvant en présence d'un gérant ordinairement insolvable, n'ont pas de recours sur un cautionnement fourni d'avance qui a l'effet d'assurer le payement des condamnations éventuelles encourues par le journal. Il importe alors de faire apparaître la responsabilité civile des propriétaires.

1330. Sous la loi du 18 juill. 1828, les propriétaires de journaux ou écrits périodiques étaient placés dans une situation différente suivant que le journal ou l'écrit périodique traitait ou ne traitait pas de matières politiques. Dans le premier cas, le journal étant soumis à l'obligation de la gérance et à celle du cautionnement, ses propriétaires n'encouraient aucune responsabilité pénale à raison des crimes ou délits de publication qui pouvaient y être commis. Il n'y avait d'exception à cette règle que si le propriétaire était unique, car alors, il avait de plein droit, en vertu de l'art. 6 de la loi de 1828, la qualité de gérant et la responsabilité pénale attachée à cette qualité. Dispensés de la responsabilité pénale, les propriétaires du journa_ n'étaient assujettis par aucune disposition spéciale à la responsabilité civile. On les considérait comme en étant pleinement affranchis au moyen du cautionnement que le journal avait fourni et de la responsabilité personnelle du gérant. Jugé en ce sens que le propriétaire d'un journal s'est substitué pour la surveillance et la direction de la rédaction, répond exclusivement, non seulement des actes des rédacteurs qui entraînent une responsabilité pénale, mais aussi de ceux qui motiveraient seulement des poursuites civiles ; que par suite, l'individu qui se borne à poursuivre un journal devant la juridiction civile, à raison d'un article qu'il prétend lui causer préjudice, ne peut comprendre dans sa poursuite le propriétaire du journal, en même temps que le gérant (Bourges, 20 févr. 1877, aff. Levaillant et de Girerd, D. P. 77. 2. 171). Telle fut également la condition des propriétaires des journaux et écrits périodiques traitant de matières d'économie sociale, sous l'art. 2 du décret du 17 févr. 1852 qui astreignit ces journaux au cautionnement et à la gérance, et, sous l'art. 3 de la loi du 6 juill. 1871, la condition des propriétaires de tous journaux ou écrits périodiques autres que les feuilles ayant pour unique objet la publication d'avis, annonces, etc. (V. supra, n° 144).

Au contraire, lorsque le journal, par la nature des matières qu'il traitait, n'était assujetti ni au cautionnement, ni à la gérance, les propriétaires de ce journal étaient responsables pénalement des crimes ou délits de publication qui pouvaient y être commis (Rép. n° 1134). Cette responsabilité pénale emportait, en vertu du droit commun, la responsabilité civile (c. pén. art. 55. V. supra, n° 1327). D'ailleurs, le propriétaire d'un journal ou d'un écrit périodique pour lequel la gérance n'était pas obligatoire ne pouvait pas se décharger de la responsabilité pénale à laquelle il était soumis, en se substituant un gérant (Crim. rej. 29 juin 1844, Rép. n° 1137).

1331. La loi du 29 juill. 1881 ayant rendu la gérance obligatoire pour tous les journaux ou écrits périodiques, qu'ils appartiennent à un seul ou à plusieurs propriétaires et quels qu'en soient la nature et le mode de périodicité, la responsabilité pénale ne pouvait plus atteindre que le gérant. Le propriétaire ou les propriétaires du journal en étaient affranchis, sauf dans les cas où, prenant eux-mêmes la qualité de gérant, ou bien participant directement à la publication de l'article criminel ou délictueux, ils sont punissables en qualité de gérant ou comme complices du gérant (V. supra, n°s 1276 et suiv., 1283 et 1321). Leur responsabilité civile n'est donc pas attachée à une responsabilité pénale, qu'ils n'encourent pas ; et, comme la loi de 1881 n'a pas, à côté de l'institution de la gérance, maintenu l'obligation du cautionnement, il en serait résulté que le payement des condamnations pécuniaires prononcées contre le journal n'aurait été garanti que par la solvabilité, le plus souvent illusoire, du gérant, sauf le recours contre l'imprimeur, à raison de la légèreté ou d'imprudence de sa part (V. supra, n° 1319).

Les auteurs de la loi de 1881 voulurent donner aux droits des tiers la garantie de la responsabilité civile des propriétaires. Suivant le projet, cette responsabilité devait être absolue. L'art. 47, devenu l'art. 44, fut d'abord adopté par la Chambre des députés avec la teneur suivante : « Les propriétaires de journaux ou écrits périodiques seront civilement responsables des condamnations pécuniaires prononcées contre les personnes désignées dans les deux articles précédents » (D. P. 81.·4. 83, note 2).Cette disposition, très vivement attaquée par M. Floquet pendant la séance du 15 févr. 1881 (Celliez et Le Senne, p. 560), ne triompha que grâce aux considérations que faisait valoir M. Agniel : « Examinons franchement et nettement la question, dit cet orateur. Voulez-vous, oui ou non, le droit, pour les propriétaires d'un journal, de diffamer, d'injurier, d'encaisser au besoin les bénéfices de la diffamation, et en même temps

voulez-vous, pour ce spéculateur immoral et prudent, voulez-vous le droit d'être à l'abri, non seulement de la responsabilité pénale, mais encore de la responsabilité civile? Vous avez à opter entre le droit du propriétaire du journal et le droit qu'ont tous les citoyens d'être respectés, de n'être pas diffamés, de n'être pas injuriés, et, lorsqu'ils ont subi diffamation ou outrage, d'obtenir une réparation pécuniaire contre celui qui a la responsabilité primordiale et qui doit la supporter ».

Si l'art. 44 eût été voté définitivement dans les termes que nous venons de rappeler, il en serait résulté que les propriétaires des journaux ou écrits périodiques auraient été civilement responsables des condamnations pécuniaires ayant leur cause dans les crimes et délits que renfermaient les journaux ou écrits dont ils ont la propriété, sans qu'il fût nécessaire de constater à leur charge ni une faute, une imprudence ou une négligence personnelle, comme l'exigent les art. 1382 et 1383 c. civ., ni une participation quelconque soit au choix du gérant, soit à la direction ou au contrôle de ses opérations, dans le sens de l'art. 1384 du même code, concernant la responsabilité du commettant. La rédaction primitive ne fut pas maintenue, et, sur la proposition de la commission du Sénat, on ajouta, au texte de l'art. 44, les mots : « conformément aux dispositions des art. 1382, 1383, 1384 c. civ. ». Le rapport de M. Pelletan au Sénat dit, au sujet de cette modification : « La propriété d'un journal peut se constituer de bien des façons diverses : elle peut appartenir à un ou plusieurs individus, à des sociétés de caractères différents, dans lesquelles la participation des intéressés, tant à la propriété elle-même qu'à la direction et au contrôle, sera plus grande ou plus restreinte, plus active ou plus effacée. Dans ces cas divers. la responsabilité prévue par cet article sera celle qui résulte du droit commun, et elle se mesurera conformément aux règles des lois civiles ou commerciales. Le propriétaire ou les propriétaires ont-ils commis une faute ou une négligence dommageable, les art. 1382 et 1383 c. civ. les atteindront ; ils répondront aussi des condamnations prononcées au profit des tiers contre le gérant, dans le cas où celui-ci aurait le caractère de préposé dans le sens de l'art. 1384 c. civ. ». M. Lisbonne, commentant à la Chambre des députés le nouveau texte voté par le Sénat, dit aussi : « Tandis que la disposition votée par vous déclarait les propriétaires responsables d'une façon absolue, celle que le Sénat propose fait dégénérer la règle en une question d'espèce. L'art. 44 nouveau renvoie expressément, mais uniquement aux règles posées par les art. 1382, 1383 et 1384 c. civ. Pour qu'une semblable disposition ne soit pas considérée comme superflue, il faut que ses auteurs y aient attaché une portée juridique quelconque ; les gérants seront considérés, à moins de circonstances exceptionnelles, comme étant les préposés des propriétaires de journaux dans le sens qu'a voulu donner à cette expression le législateur de 1804 » (D. P. 81. 4. 83, note 2).

1332. Ainsi, dans la pensée des auteurs de la loi de 1881, la responsabilité civile des propriétaires de journaux ou d'écrits périodiques n'est engagée que selon les règles du droit commun. Ils sont donc responsables : 1° du dommage occasionné par leurs fautes ou leurs négligences personnelles (art. 1382 et 1383); 2° du dommage occasionné par le gérant du journal ou de l'écrit périodique, considéré comme leur préposé (art. 1384).

Cette seconde application du droit commun n'est pas sans difficulté. La responsabilité édictée par l'art. 1384 à la charge du commettant suppose que celui-ci a le droit de donner à ses préposés des ordres et des instructions sur la manière de remplir les fonctions dont ils sont chargés. Ce ne sont pas là les rapports qui existent ou qui doivent exister entre les propriétaires d'un journal et son gérant, ses rédacteurs, imprimeurs et vendeurs. Aussi, dit la circulaire du ministre de la justice du 9 nov. 1881 (D. P. 81. 3. 109, n° 42) « la jurisprudence hésitait à admettre, sauf dans certains cas exceptionnels, que le fait du gérant engageât la responsabilité des propriétaires du journal. D'après la disposition nouvelle de l'art. 44, le gérant devra être réputé, en principe, le préposé des propriétaires qui deviendront, en conséquence, responsables de son fait dans les termes du droit commun ». Cependant, comme il s'agit en définitive d'appliquer le droit commun, et comme il ne sera pas toujours conforme à la réalité de considérer le gérant comme le préposé des propriétaires du journal, la responsabilité civile des propriétaires à raison des condamnations pécuniaires prononcées contre le gérant ne s'impose pas comme une règle inévitable; les juges auront, au contraire, à rechercher. à l'occasion de chaque poursuite. si le gérant a été véritablement le préposé du propriétaire et s'il a pu, par son fait, engager la responsabilité de celui-ci. « Les tribunaux, dit M. Barbier, t. 2, n° 825, p. 347, devront sans hésiter déclarer les propriétaires civilement responsables des condamnations pécuniaires prononcées contre leurs gérants, quand ceux-ci apparaîtront comme des gérants fictifs, n'exerçant en fait aucun contrôle sur la rédaction et agissant sous les ordres des maîtres qui les salarient; et comme les gérants fictifs sont de beaucoup les plus nombreux, il peut être vrai de dire, à ce point de vue, que, sauf dans des cas exceptionnels, les gérants sont les préposés des propriétaires. La question sera plus délicate pour les tribunaux quand ils se trouveront en présence de gérants sérieux; il leur appartiendra alors d'apprécier la part d'indépendance laissée au gérant et l'étendue du droit de direction et de surveillance réservé aux propriétaires et de décider suivant les circonstances, en ne perdant jamais de vue le légitime intérêt des tiers ». — Jugé, en ce sens, que le gérant d'un journal doit être réputé, aux termes de l'art. 44 de la loi du 29 juill. 1881, le préposé des propriétaires de ce journal; et que, dès lors, ceux-ci sont responsables de son fait, conformément aux dispositions de l'art. 1384 c. civ.; ...alors d'ailleurs que, gérant illusoire, il est dans un état complet de subordination vis-à-vis des propriétaires du journal (Grenoble, 16 févr. 1893, aff. Chevelu, D. P. 93. 2. 225).

1333. De ce que la responsabilité civile des propriétaires n'est pas une règle absolue et doit être déterminée dans chaque espèce, par les circonstances, il résulte que l'arrêt qui, en mettant à la charge des propriétaires d'un journal la responsabilité des condamnations pécuniaires prononcées contre le gérant, ne fait pas connaître à quel titre cette responsabilité est encourue, et ne vise à cet égard ni l'art. 44 de la loi du 29 juill. 1881, ni les art. 1382, 1383, 1384 c. civ., doit être cassé pour défaut de motifs (Crim. cass. 5 mai 1892, aff. Deroule et d'Hubert, D. P. 93. 1. 270).

1334. « Les propriétaires responsables, dit la circulaire du ministre de la justice du 9 nov. 1881 (D. P. 81. 3. 109, note 42), seront ceux auxquels la loi civile ou commerciale reconnaîtra cette qualité ». Le journal peut appartenir soit à un particulier, soit à une société. L'exploitation d'un journal n'a le caractère civil que lorsqu'elle est faite par ses rédacteurs eux-mêmes. Hors ce cas, c'est un acte de commerce. La société fondée pour l'exploitation d'un journal a donc nécessairement le caractère d'une société commerciale et, puisqu'elle a, dès lors, une personnalité civile, c'est elle qui est responsable, qu'elle soit anonyme, en commandite simple ou par actions, ou en nom collectif, sans qu'en aucun cas les tiers lésés par la publication du journal puissent appeler en cause les actionnaires, les commanditaires, ni même les administrateurs, gérants ou associés en nom, pris en leur nom personnel (Barbier, t. 2, n° 829, p. 346).

Les tiers auront parfois quelque difficulté à connaître les propriétaires du journal. On a vu suprà, n° 201, que la disposition primitive de l'art. 7 exigeait que la déclaration préalable. faite au parquet, contînt le nom et la demeure des propriétaires autres que les commanditaires et actionnaires. Cette obligation fut supprimée de la loi par un vote du Sénat. Le rapport supplémentaire de M. Lisbonne constate que, par suite de cette suppression, la recherche des propriétaires sera faite selon les règles du droit commun. Quand il s'agira d'un journal exploité par une société commerciale, les tiers intéressés pourront consulter, dans les dépôts publics, les statuts de la société, dont la loi du 24 juill. 1867 exige la publication à peine de nullité. Les tiers seront, d'ailleurs, recevables à faire par tous les moyens, et notamment par témoins et même par simples présomptions, la preuve de la qualité des propriétaires qui se déroberaient aux poursuites (Grenoble, 16 févr. 1893, aff. Chevelu, D. P. 93. 2. 225. **V. l'addition à la fin du volume**).

1335. Les condamnations pécuniaires, dont les propriétaires de journaux sont déclarés civilement responsables

par l'art. 44. ne s'entendent que des condamnations purement civiles. Le rapport de M. Lisbonne disait que cette responsabilité comprendrait non seulement les dommages-intérêts et les dépens, mais encore les amendes. On fit remarquer que la jurisprudence n'inflige aux commettants, en vertu de l'art. 1384, que l'une responsabilité purement civile, ne comprenant pas les amendes prononcées contre leurs préposés, sauf le cas où des lois spéciales en ont décidé autrement. Pour se conformer au droit commun et pour supprimer toute équivoque à cet égard, on ajouta, sur la proposition du rapporteur lui-même, aux mots du texte primitif : « condamnations pécuniaires prononcées », ceux-ci : « au profit des tiers ». La responsabilité civile des propriétaires ne s'étend donc qu'aux dommages-intérêts et aux frais. Jugé, en ce sens, que la responsabilité édictée par l'art. 44 de la loi du 29 juill. 1881 ne sape les cas où la loi en dispose autrement, s'applique qu'aux restitutions et dommages-intérêts, et non à l'amende; que l'article précité ne fait aucune exception à ce principe, et que, dès lors, l'arrêt qui déclare le directeur de la société anonyme d'un journal responsable de toutes les condamnations pécuniaires prononcées contre le gérant, fait une fausse application de la loi (Crim. cass. 3 mai 1892, aff. Deroule et d'Hubert, D. P. 93. 1. 270).

1336. Suivant le droit commun, l'action en responsabilité civile contre le commettant peut être portée, soit devant le tribunal de répression, accessoirement à l'action publique dirigée contre le préposé, soit devant le tribunal civil par action principale. — Dans le premier cas, le commettant ne peut pas être condamné à des réparations civiles si le juge de répression se trouve dessaisi de l'action publique contre le préposé, notamment par le décès de celui-ci, ni lorsqu'il acquitte le préposé. Ces règles sont applicables à l'action en responsabilité civile contre les propriétaires des journaux ou écrits périodiques, que l'art. 44 déclare responsables « des condamnations pécuniaires prononcées au profit des tiers » contre les personnes pénalement responsables (Conf. Paris, 5 mars 1884, aff. Billaut de Gérainville, D. P. 85. 2. 30).

1337. Si, au contraire, l'action en responsabilité civile est portée devant le tribunal civil, la partie lésée peut agir directement, sans avoir à mettre en cause l'auteur du délit (Req. 19 févr. 1866, aff. Monnet, D. P. 66. 1. 421). Cette règle est également applicable à la responsabilité civile des propriétaires du journal, bien que le texte se réfère aux condamnations prononcées contre les auteurs de la publication délictueuse, à raison du renvoi au droit commun que contient la disposition finale de l'art. 44.

1338. La chose jugée vis-à-vis de l'auteur du délit par le tribunal de répression n'est pas opposable au propriétaire du journal poursuivi plus tard devant le tribunal civil, et le propriétaire du journal est recevable, devant cette juridiction, à discuter la responsabilité du gérant et le quantum des dommages-intérêts prononcés contre lui ; il n'a donc pas à supporter nécessairement les condamnations pécuniaires qui ont frappé le gérant (V. suprà, v° Chose jugée, n°s 126 et suiv.; infrà, v° Responsabilité, et Rép. eod. v° n° 524. Conf. Barbier, t. 2, n° 830, p. 347).

Sect. 4. — Des immunités accordées par la loi.

1339. L'action publique et l'action civile résultant des faits de publication qualifiés crimes ou délits par la loi de 1881 sont paralysées, à l'égard de certains discours et de certains écrits, par les immunités que leur concède l'art. 41 de la loi précitée. L'art. 41 contient quatre dispositions, qui concernent : 1° les discours tenus dans le sein de l'une des deux Chambres, et les rapports ou toutes autres pièces imprimées par l'ordre de l'une des deux Chambres ; 2° les comptes rendus des séances publiques des deux Chambres ; 3° les comptes rendus des débats judiciaires ; 4° les discours prononcés et les écrits produits devant les tribunaux.

Art. 1er. — Immunités concernant les discours tenus dans le sein de l'une des deux Chambres, ainsi que les rapports et autres pièces imprimés par leur ordre.

1340. D'après l'art. 43 de la constitution du 24 juin 1793 et l'art. 110 de la constitution du 5 fruct. an 3 (Rép.

p. 299, 306), les membres des assemblées parlementaires ne pouvaient être recherchés, accusés ni jugés en aucun temps pour les opinions énoncées dans le sein de ces assemblées. L'art. 21 de la loi du 17 mai 1819 reproduisit la même immunité, en ces termes : « Ne donneront ouverture à aucune action les discours tenus dans le sein de l'une des deux Chambres, ainsi que les rapports ou toutes autres pièces imprimés par ordre de l'une des deux Chambres ». Cette immunité a été, de nouveau, consacrée par l'art. 13 de la loi constitutionnelle sur les rapports des pouvoirs publics, du 16 juill. 1875, qui porte : « Aucun membre de l'une ou l'autre Chambre ne peut être poursuivi ou recherché à l'occasion des opinions ou votes émis par lui dans l'exercice de ses fonctions ». La disposition insérée dans la loi constitutionnelle avait paru suffisante aux auteurs du projet de la loi de 1881. Ce ne fut qu'au cours de la discussion qu'on introduisit dans l'art. 41 la disposition du paragraphe premier, qui reproduit en propres termes la teneur de l'art 21 de la loi du 17 mai 1819 (D. P. 81. 4. 82, note 1).

1341. L'immunité dont il s'agit ne couvre que les discours tenus dans l'une des deux Chambres et les rapports ou pièces imprimés par leur ordre. Elle est étrangère au membre de l'une ou l'autre des deux Chambres, ou au tiers qui reproduiraient hors de l'enceinte de la Chambre, et sans l'ordre de celle-ci, les discours qui y ont été prononcés (Rép. n° 1160).

1342. Elle ne s'étend pas non plus aux documents parlementaires qui seraient imprimés, non par ordre des Chambres, mais par l'initiative privée d'un député, ou de toute autre personne, d'un journaliste, par exemple (Contrà, Trib. Seine, 12 déc. 1884, Gazette des tribunaux du 13). Cependant, si cette reproduction était fidèle et de bonne foi, elle serait protégée par le paragraphe 2 de l'art. 41 (V infra, n°s 1359 et suiv.). — Notons que le sénateur ou le député qui serait punissable à raison d'un discours ou d'un écrit extra-parlementaire, ne pourrait être poursuivi ou arrêté pendant la durée d'une session qu'avec l'autorisation de la Chambre dont il fait partie (Constitution du 15 juill. 1875, art. 14).

1343. L'immunité parlementaire a un caractère absolu. Elle couvre tous les faits de publication qualifiés crimes ou délits quels qu'ils soient, résultant d'un discours tenu dans l'une des deux Chambres ou d'un écrit imprimé par leur ordre : la provocation à un crime contre la sûreté de l'Etat et l'offense au président de la République ou à un chef d'Etat étranger, aussi bien que la diffamation et l'injure envers un particulier. Elle n'autorise « aucune action » à raison de ces faits : ni l'action publique devant la cour d'assises ou le tribunal correctionnel, ni l'action civile, ni l'action disciplinaire, si le député ou le sénateur fait partie d'un corps constitué ou d'une compagnie ayant juridiction disciplinaire sur ses membres.

1344. L'immunité établie en faveur des discours tenus au sein de l'une des Chambres n'est pas seulement accordée à ses membres : elle s'étend aux commissaires du Gouvernement chargés de soutenir la discussion des projets de loi, et aux personnes appelées devant les Chambres pour y fournir des explications que ces personnes, venant dans un intérêt public se conformer au vœu de l'assemblée, doivent être en situation de donner avec une entière indépendance (Rép. n° 1163. Conf. Motifs, Paris, 13 janv. 1880, aff. Lemaître, D. P. 81. 2. 189. — Contrà, Barbier, t. 2, n° 762, p. 259).

1345. Elle s'étend non seulement aux discours prononcés à la tribune publique, mais à tous ceux qui sont tenus par les députés ou par les sénateurs dans l'exercice de leurs fonctions (Conf. Constit. 15 juill. 1875, art. 13, cité suprà, n° 1340), notamment aux discours prononcés dans les commissions (Conf. Barbier, loc. cit.). — Elle s'applique également aux pièces lues dans une séance publique de l'une ou l'autre des deux Chambres, la Chambre étant seule juge de la légalité ou de la convenance de la lecture qui a été faite devant elle (Rép. n° 1161).

1346. L'immunité s'étend à toutes les pièces qui sont imprimées par l'ordre des Chambres, non pas seulement à celles qui sont destinées aux membres des Chambres dans le but de faciliter la discussion, mais encore à celles dont

les Chambres ordonnent l'impression dans un but de publicité extérieure (Conf. Barbier, t. 2, n° 763, p. 259). — Mais elle ne s'applique pas à un écrit, qui n'a pas été lu à la Chambre, et que son auteur, membre de cette Chambre, a fait imprimer ou distribuer, encore qu'un tel écrit ait eu pour objet de justifier la conduite du membre qui l'a publié, et, notamment, d'expliquer (sous la loi de 1819) son refus de prêter serment (Chambre des pairs, 24 nov. 1839, Rép. n° 1159) ; ... ni à une pétition, même signée par l'un des membres de la Chambre à laquelle elle est adressée (Rép. n° 1164).

1347. L'impression au Journal officiel d'une pétition ou d'une protestation dont un député aurait été amené à donner lecture pendant la discussion ne confère pas à cette pièce le caractère d'un document imprimé par ordre de la Chambre (Trib. civ. Reims du 6 déc. 1878, et, sur appel, Paris, 13 janv. 1880, cité suprà, n° 1344). L'immunité couvre sans doute la publication résultant de la lecture de cette pièce, mais non pas celle qui résulte de l'insertion au Journal officiel. — Cependant il a été jugé, au contraire, que l'insertion au Journal officiel des dépositions faites dans une enquête parlementaire donne à ces dépositions le caractère de pièces imprimées par l'ordre des Chambres (Trib. Seine, 12 déc. 1884. Gazette des tribunaux du 13). M. Barbier approuve cette décision : « Il nous semble, dit-il, que, toutes les fois qu'un document parlementaire est communiqué par la questure au Journal officiel, pour être imprimé, il y a lieu de considérer ce document, en tant qu'il n'est publié que par ce journal, comme pièce imprimée par l'ordre de la Chambre ».

1348. L'immunité ne couvrirait pas la reproduction faite par d'autres journaux du document paru dans le Journal officiel.

1349. L'immunité de l'art. 41, § 1, concède aux discours tenus dans le sein de l'une des deux Chambres, et aux pièces imprimées par leur ordre, ne peut pas être invoquée en faveur des protestations qui sont adressées à l'une des deux Chambres et, par exemple, en faveur de l'écrit dans lequel un électeur proteste contre l'élection d'un député (Trib. Vendôme, 10 oct. 1846, aff. Dessaignes, D. P. 46. 3. 165 ; Orléans, 31 mai 1847, aff. Renou-Ruet. D. P. 47. 2. 161, Sol. impl.; Bourges, 14 janv. 1879, aff. De Bourgoing, D. P. 79. 2. 149 ; Paris, 13 janv. 1880, cité suprà, n° 1344), notamment, en alléguant qu'il tient d'un tiers que celui-ci a reçu de ce député une somme d'argent pour lui procurer des électeurs, alors surtout que, sommé à l'audience de se porter régulièrement dénonciateur du fait allégué, il a gardé le silence (Jugement précité du 10 oct. 1846). En tout cas, le signataire de protestations adressées à l'une des deux Chambres est responsable, au point de vue de la loi civile, des allégations qui s'y trouvent contenues, lorsqu'il est constaté que, par malveillance ou même par légèreté, il a usé du droit de protestation contrairement à la vérité, de manière à tromper la religion des députés et à compromettre ainsi la réputation d'autrui (Arrêt précité du 13 janv. 1880). Jugé, toutefois, que les allégations diffamatoires contenues dans une protestation contre une élection législative adressée au président de la Chambre des députés, ne présentent pas le caractère de publicité intentionnelle et délictueuse qui est un des éléments constitutifs de la diffamation, quoique la lecture publique en ait été faite par le rapporteur de l'élection à la tribune, la publicité étant de l'essence des débats parlementaires comme des débats judiciaires (Arrêt précité du 14 janv. 1879). — Il résulte de ces décisions que l'auteur de la protestation ne peut pas invoquer l'immunité parlementaire pour couvrir sa responsabilité. Cependant il n'est responsable ni de la publicité que la protestation reçoit par le fait de sa lecture à la tribune, ni de la publicité qu'elle reçoit par le fait de son insertion au Journal officiel. Etranger à la publication, l'auteur de la protestation n'est punissable ni comme auteur principal du délit dont cette protestation contiendrait les éléments, ni comme complice du même délit, puisque la publication résulte soit de la profération du discours à la tribune par un membre de la Chambre, soit de la vente ou mise en vente du Journal officiel constitue un fait parfaitement licite et ne pouvant donner ouverture à aucune action. L'auteur de la pétition ne peut donc être tenu, le cas échéant, que d'une action en dommages-intérêts devant les tribunaux civils, en vertu de l'art. 1382 c. civ. (Bourges, 14 janv. 1879, précité ; Conf. Paris, 13 janv. 1880 précité). Il peut encore être poursuivi pour dénonciation calomnieuse (c. pén. art. 373 Conf. Bourges, 14 janv. 1879 précité). Il peut même être poursuivi, s'il y a lieu, pour diffamation ou pour injure ; car nous admettons, avec M. Barbier (t. 2, n° 764, p. 261) que la publicité résulte suffisamment de la distribution ou de la communication qui a été faite de la pétition aux membres de la Chambre à laquelle elle était adressée. De cette publication, mais de cette publication seule, non de celle qui l'a suivie par la lecture à la tribune et l'impression au *Journal officiel*, l'auteur de la pétition est responsable. Seulement il ne faut pas perdre de vue que l'exercice d'un droit et l'accomplissement d'un devoir civique ne peuvent pas être érigés en délits, que l'exercice légitime du droit de pétition ou de protestation ne donne ouverture à aucune action, à défaut d'intention coupable, et que nous avons raisonné exclusivement dans l'hypothèse d'un protestataire de mauvaise foi, inspiré par l'esprit de dénigrement et ayant d'ailleurs occasionné à autrui un préjudice appréciable (V. *suprà*, n°ˢ 434 et suiv.; 876 et suiv. Conf. Barbier, *loc. cit.*).

1350. L'immunité parlementaire doit-elle être étendue aux discours tenus au sein des conseils généraux, des conseils d'arrondissement ou des conseils municipaux ? La question était discutée sous les lois antérieures (*Rép.* n° 1167). D'après une opinion, dans toutes les assemblées composées de mandataires légaux ayant pour mission de défendre ou de gérer les intérêts publics, l'immunité consacrée par la loi à l'égard des membres des deux Chambres pouvait être également invoquée (*Rép.* n° 1168). Mais, il était plus généralement admis que l'immunité dont jouissent les discours prononcés dans le sein de l'une des deux Chambres ne pouvait pas être étendue, par analogie, aux discours tenus dans les séances, notamment, d'un conseil municipal (Crim. rej. 22 août 1840, *Rép.* n° 1169-1°, et v° *Fonctionnaire public*, n° 138-2° ; 17 mai 1845, aff. De Réville, D. P. 45. 1. 347 ; 30 nov. 1861, aff. De Rambourg, D. P. 63. 1. 50 ; Crim. cass. 22 janv. 1863, aff. Ailhaud et Gauthier, D. P. 63. 1. 51). Décidé, par suite, que les conseillers municipaux répondent, même au point de vue pénal, lorsqu'elle sont injurieuses, outrageantes ou diffamatoires, des imputations dirigées par eux, dans leurs explications au sein du conseil, contre des personnes présentes ou contre des tiers (Mêmes arrêts. — V. *suprà*, n°ˢ 527 et suiv.).

Il résulte du rapport sur la loi de 1881 que, conformément à cette jurisprudence, le législateur n'a pas entendu appliquer aux membres des conseils généraux et des conseils municipaux l'immunité exclusivement parlementaire de l'art. 41. « Votre commission, dit le rapporteur, a pensé que l'intérêt d'ordre majeur, qui avait engagé le législateur à soustraire les discours prononcés dans l'une ou l'autre Chambre, ne saurait exister au même degré pour les délibérations d'un conseil général ou d'un conseil municipal ; elles restent donc sous l'empire du droit commun ; elles peuvent donner lieu à une poursuite en diffamation » (D. P. 81. 4. 82, note 1). « Cette responsabilité, néanmoins, continue le rapport, ne saurait être absolue : un conseiller général, un conseiller municipal, est appelé, par l'obligation de sa charge, à donner son opinion sur tel ou tel autre individu ; il la donne, non dans un sentiment personnel de haine, mais dans l'intérêt général du département ou de la commune dont il est le représentant. Celui-là aura-t-il ensuite à répondre en justice de l'accomplissement de son devoir ? En assurément, ce qu'on viendrait lui reprocher n'est plus un acte diffamatoire, un acte administratif et, par conséquent, ne peut être incriminé ». C'est l'application du principe en vertu duquel l'exercice d'un droit ou l'accomplissement d'un devoir ne peuvent pas être transformés en délits (V. *suprà*, n°ˢ 881 et suiv.).

Ainsi les discours prononcés dans le sein du conseil général ou d'un conseil municipal, les rapports, procès-verbaux de séances et autres documents inscrits au registre des délibérations ou imprimés par ordre de ces conseils, ne bénéficient pas de l'immunité que l'art. 41, 1° al., accorde aux seuls discours et documents parlementaires. Ils peuvent donner ouverture soit à l'action publique, soit

à l'action civile résultant des délits de publication qu'ils contiendraient. Ces délits ne résultent cependant jamais de l'exercice légitime du mandat du conseiller général ou du conseiller municipal ; ils ne peuvent être caractérisés que par un abus de ce mandat et supposent une intention coupable, un fait dommageable et la publicité requise pour les délits de presse. C'est cet élément qui a fait défaut, jusqu'en 1884, aux imputations diffamatoires ou injurieuses contenues dans les délibérations des conseils municipaux, à celles qui étaient contenues dans les délibérations des conseils généraux, antérieurement à 1871, et qui manque encore aujourd'hui à celles qui sont contenues dans les délibérations des conseils d'arrondissement (V. *suprà*, n° 527 et suiv.).

1351. Quant à la compétence, il est dit également dans le rapport sur la loi de 1881 que c'est au juge ordinaire qu'est laissé le soin de décider ce qui pourra constituer, de la part d'un conseiller municipal, un fait délictueux ou un acte de sa fonction. V. toutefois *infrà*, n°ˢ 1618 et suiv., sur les pouvoirs respectifs de la juridiction administrative et des tribunaux ordinaires, relativement aux imputations diffamatoires ou injurieuses contenues dans des actes administratifs.

Art. 2. — *Immunités concernant les comptes rendus.*

1352. La loi du 29 juill. 1881 avait, comme les lois antérieures, à se préoccuper des nécessités d'information devenues tous les jours plus impérieuses par suite du rétablissement du régime parlementaire, des progrès de l'instruction et de la multiplicité des journaux politiques, affranchis du cautionnement, à gros tirage et à bon marché. Ne serait-il pas permis de rendre compte des débats parlementaires ou des débats judiciaires, sans s'exposer à des poursuites de la part du ministère public, et surtout de la part des particuliers, lorsque cette publication serait susceptible d'être qualifiée crime ou délit en vertu des définitions et des prévisions de la loi sur la presse et qu'elle serait de nature à léser des intérêts publics ou privés ? L'art. 41 accorde à ces comptes rendus une immunité : aux comptes rendus des séances publiques des deux Chambres, l'immunité absolue qui appartient aux débats et aux documents parlementaires, à la seule condition qu'ils soient faits de bonne foi ; aux comptes rendus des débats judiciaires, une immunité plus restreinte, qui met obstacle qu'aux actions nées de la diffamation, de l'injure ou de l'outrage, sous la double condition que le compte rendu soit fidèle et qu'il ait été fait de bonne foi.

§ 1er. — *Compte rendu des séances publiques des deux Chambres fait de bonne foi.*

1353. L'art. 22 de la loi du 17 mai 1819 disposait que « le compte fidèle des séances publiques de la Chambre des députés, rendu de bonne foi dans les journaux, ne donnerait lieu à aucune action ». Il n'était question, dans cet article, que des comptes rendus des séances de la Chambre des députés, les séances de la Chambre des pairs étant alors secrètes, aux termes de l'art. 32 de la charte de 1814 (*Rép.* v° *Droit constitutionnel*, p. 327). L'art. 22 de la loi du 17 mai 1819 est devenu commun aux comptes rendus des séances de la Chambre des pairs, après que la charte de 1830 eut, dans son art. 27, déclaré que ces séances seraient publiques, comme celles de la Chambre des députés (*Rép.* v° *Droit constitutionnel*, p. 334). — L'art. 24 de la constitution du 14 janv. 1852 ayant établi pour le Sénat la non-publicité des séances, à l'exemple de ce qu'avait fait la charte de 1814 pour la Chambre des pairs, le droit d'en rendre compte s'est, de nouveau, trouvé restreint aux séances de l'autre Chambre, c'est-à-dire du Corps législatif (D. P. 52. 4. 35). Toutefois, l'interdiction de rendre compte des séances du Sénat n'était pas absolue : suivant l'art. 16 du décret du 17 févr. 1852, il était interdit de rendre compte des séances du Sénat, autrement que par la reproduction des articles insérés au *Journal officiel*, sous peine, aux termes de l'art. 18 du même décret, d'une amende de 50 fr. à 5000 fr. (D. P. 52. 4. 56). Le compte rendu des séances du Corps législatif lui-même soumis à une grave restriction par l'art. 24 de la constitution précitée. Il y était dit : « Le compte rendu des séances du Corps législatif par les journaux ou tout autre moyen de publication ne consistera que dans la reproduction du procès-verbal dressé à l'issue de chaque séance par les soins du président du Corps législatif ». L'art. 14 du décret du 17 févr. 1852 punissait d'une amende de 1000 fr. à 5000 fr. toute contravention à cette prescription (D. P. 52. 4. 56). Plus tard, le sénatus-consulte du 2 févr. 1861 ajouta, à ce mode de publication des débats du Corps législatif, celui consistant dans la reproduction des débats insérés *in extenso* dans le *Journal officiel*, en vertu du même sénatus-consulte. Les mêmes modes de reproduction étaient autorisés pour les séances du Sénat.

La liberté du compte rendu des séances, soit du Sénat, soit du Corps législatif, a été rendue aux journaux par les art. 4 du sénatus-consulte du 8 sept. 1869 et 29 du sénatus-consulte du 21 mai 1870, qui, en soumettant à la publicité les séances du Sénat, ont assimilé complétement, à ce point de vue, les deux assemblées. Le délit prévu par les art. 14 et 16 du décret du 17 févr. 1852 a, dès lors, disparu. L'art. 41 de la loi de 1881 consacre ce dernier état de la législation dans son paragraphe 2, ajouté au projet, par voie d'amendement, comme le paragraphe 1 (V. *suprà*, n° 1340). Il y est dit, en effet : « Ne donne lieu à aucune action le compte rendu des séances publiques des deux Chambres fait de bonne foi par les journaux » (D. P. 81. 4. 81. note 1).

1354. Sous la loi de 1819 pour les débats de la Chambre des députés, sous la charte de 1830 pour les débats de la Chambre des pairs et de la Chambre des députés, sous les sénatus-consultes de 1869 et de 1870 pour les débats du Sénat et du Corps législatif, les comptes rendus ne jouissaient de la liberté qu'à la double condition d'être fidèles et de bonne foi. L'art. 7 de la loi du 25 mars 1822 prévoyait, comme un délit spécial, l'infidélité et la mauvaise foi dans le compte rendu des séances des Chambres. Ce délit était puni d'une amende de 1000 fr. à 6000 fr., et, en outre, pour le cas, soit de compte rendu offensant envers l'une ou l'autre Chambre, ou envers l'un des pairs ou députés, d'un emprisonnement d'un mois à trois ans, avec faculté pour le juge, dans ces deux cas, d'interdire « pour un temps limité ou pour toujours, aux propriétaires du journal ou écrit périodique, de rendre compte des débats législatifs ». La violation de cette interdiction était punie de peines doubles de celles qui viennent d'être énoncées. — La fidélité et la bonne foi du compte rendu des débats législatifs était hors de discussion lorsque ce compte rendu reproduisait le texte inséré dans le *Journal officiel*. On avait dit, en effet, lors de la discussion de l'art. 7 de la loi du 25 mars 1822 qu'« il n'y a pas de délit dans la publication de ce qui est public de droit ; donc il n'y a pas de délit dans la publication pure et simple des débats de la Chambre (*Rép.* n° 997). La question de savoir si le compte rendu était fidèle et fait de bonne foi ne pouvait donc s'élever qu'à l'égard du « compte rendu fait par un journal qui a apprécié la séance à sa manière et qui en rend compte » (D. P. 81. 4. 81, note 1, col. 2). D'ailleurs, l'infidélité ne suffisait pas pour donner lieu à l'application de l'art. 7 de la loi de 1822 ; il était encore nécessaire que le compte rendu fût fait de mauvaise foi. C'était donc l'infidélité intentionnelle des débats législatifs que la loi de 1822 érigeait en délit (*Rép.* n° 998).

1355. L'art. 41 de la loi du 29 juill. 1881 accorde aux journaux la pleine liberté de rendre compte des débats parlementaires dans n'importe quelle forme. Ils peuvent reproduire les comptes rendus officiels qui leur sont communiqués par les Chambres, sous trois formes (*in extenso, analytique, sommaire*) ; ils peuvent aussi indiquer eux-mêmes « à leur manière », le compte rendu des séances. L'art. 41 ne leur impose qu'une condition, c'est de rédiger ce compte rendu de bonne foi ; il n'exige pas, en même temps, que le compte rendu soit fidèle ; car il a paru aux auteurs de la loi de 1881 que les deux conditions se confondaient (D. P. 81. 4. 82, note 1). — Ce n'est pas tout: il n'y a plus de délit spécial résultant de la mauvaise foi du compte rendu. La loi du 29 juill. 1881 ne contient pas de disposition analogue à l'art. 7 de la loi du 25 mars 1822 (D. P. 81. 4. 82, note 1). L'art. 41 n'exige la bonne foi du compte rendu que comme la condition de l'immunité qu'il lui concède. L'auteur d'un

compte rendu rédigé de mauvaise foi n'est donc pas punissable à raison même de ce fait ; seulement il n'est plus à l'abri de l'action pénale ou de l'action civile résultant des crimes ou délits de presse que pourraient contenir les discours, pièces ou rapports reproduits ou analysés dans ce compte rendu (D. P. 81. 4. 81, note, 2° col.).

1356. L'immunité que l'art. 41, § 2, accorde aux comptes rendus des débats parlementaires, quand ils sont faits de bonne foi, est entière et absolue : ces comptes rendus, quelle qu'en soit la forme, qu'ils soient officiels ou bien l'œuvre personnelle du rédacteur, ne peuvent donner lieu à aucune action, soit publique, soit civile (Comp. *suprà*, n° 1343). Ainsi l'auteur du compte rendu non seulement sera à l'abri de toute répression par l'effet de sa bonne foi, ce qui est une application du droit commun, mais encore il n'aura pas à réparer le dommage causé par l'inexactitude de son récit, bien qu'il y ait à une faute, aux termes de l'art. 1382 c. civ. « Ce serait là évidemment, dit M. Barbier (t. 2, n° 770, p. 226), un résultat déplorable ; mais il n'est guère à craindre qu'il se produise dans la pratique, tant l'auteur d'un compte rendu infidèle éprouvera toujours de difficulté à établir sa bonne foi, c'est-à-dire son intention d'être exact ». — L'immunité dont il s'agit entraîne cette conséquence, suivant le même auteur (*loc. cit.*), que les comptes rendus des débats parlementaires, faits de bonne foi, ne peuvent, alors même qu'ils émanent de la libre rédaction des journaux, donner ouverture à l'exercice du droit de réponse au profit des personnes qui y sont nommées ou désignées.

1357. L'immunité concédée par le deuxième alinéa de l'art. 41 ne profite qu'aux journaux, d'après le texte de la disposition. Cependant il faut bien admettre qu'elle s'étend à la presse périodique en général, et même au compte rendu publié de bonne foi dans un écrit non périodique ; car il n'y a aucune raison de distinguer, et l'art. 41, en visant les journaux, se réfère tout simplement au cas le plus ordinaire (Comp. Barbier, t. 2, n° 769, p. 266).

1358. De même que sous les lois antérieures, l'immunité ne s'applique, en vertu de l'art. 41, qu'aux comptes rendus des séances publiques de l'une des Chambres (D. P. 81. 4. 82); elle ne s'étend pas au compte rendu des séances secrètes, ni à celui des délibérations des commissions. Cependant l'art. 68 de la loi de 1881 abroge l'art. 7 de la loi du 9 juin 1819, en vertu duquel les éditeurs de tout journal ou écrit périodique ne pouvaient rendre compte des séances secrètes des Chambres que dans le cas où elles, sans leur autorisation, sous peine d'une amende de 100 à 1000 fr. portée par l'art. 12 de la même loi (*Rép.* p. 408). Cette interdiction comprenait non pas seulement les séances secrètes de l'assemblée générale du Corps législatif, mais aussi celles de ses bureaux et des commissions chargées, d'après la législation et le règlement, de l'examen et du rapport des projets de loi (Douai, 16. déc. 1867, aff. Journal L'*Ordre*, D. P. 68. 2. 14, et sur pourvoi, Crim. rej. 4 avr. 1868, même affaire, D. P. 68. 1. 185). La loi de 1881 ne contenant aucune disposition de même nature, il résulte simplement de l'art. 41 que le compte rendu d'une séance secrète ne constitue pas par lui-même un fait punissable, mais que les débits pouvant résulter de sa publication, n'étant pas couverts par l'immunité réservée aux seuls comptes rendus des séances publiques, sont susceptibles d'être poursuivis soit par l'action publique, soit par l'action civile.

1359. Le décret du 17 févr. 1852 (art. 16 et 18) défendait, sous peine de 50 fr. à 5000 fr. d'amende, de rendre compte des séances non publiques du conseil d'Etat. Cette disposition est abrogée par l'art. 68 de la loi de 1881. D'autre part, le compte rendu des séances publiques du conseil d'Etat, siégeant au contentieux, est soumis à l'application du paragraphe 3 de l'art. 41, relatif aux comptes rendus des débats judiciaires (V. *infrà*, n° 1386).

L'art. 31 de la loi du 10 août 1871 interdisait aux journaux, sous peine de 50 fr. à 500 fr. d'amende, d'apprécier une discussion du conseil général, sans reproduire la portion du compte rendu officiel afférente à cette discussion, compte rendu qui devait être établi jour par jour par les conseils généraux, et tenu à la disposition de tous les journaux du département durant les quarante-huit heures qui suivaient la séance (D. P. 71. 4. 123; V. *suprà*, n°ˢ 23 et 26).
— V., pour l'application de cet article, la jurisprudence

analysée dans la *Table décennale* (1867 à 1877), v° *Presse-outrage*, n°s 43 et suiv.

L'art. 68, deuxième alinéa, porte abrogation expresse de l'art. 31 de la loi du 10 août 1871. La loi du 29 juill. 1881 ne contient, d'ailleurs, aucune disposition particulière concernant les comptes rendus des séances des conseils généraux, des conseils d'arrondissement et des conseils municipaux. Les comptes rendus des séances de ces conseils ne sont pas punissables par cela seul qu'ils seraient infidèles et rédigés de mauvaise foi ; mais, alors même qu'ils reproduiraient purement et simplement la teneur des procès-verbaux officiels, ils ne bénéficient d'aucune immunité. Leur publication donne donc ouverture, dans tous les cas et quelle que soit la forme adoptée pour leur rédaction, à l'action publique ou à l'action civile résultant des diffamations ou de tous autres délits qui peuvent s'y rencontrer ; ils autorisent, dans tous les cas, l'exercice du droit de réponse par ceux qui y sont nommés ou désignés (Crim. cass. 20 mars 1884, aff. Nicoublaud, *Bull. crim.* n° 96).

§ 2. — Compte rendu des débats judiciaires.

1360. Les lois antérieures ne s'occupaient du compte rendu des débats judiciaires que pour interdire le compte endu de certains procès (V. *suprà*, n°s 1099 et suiv.) et pour punir, d'une façon générale, les comptes rendus infidèles ou faits de mauvaise foi. L'art. 7 de la loi du 25 mars 1822 faisait, de l'infidélité et de la mauvaise foi dans les comptes rendus des audiences des cours et tribunaux, par les journaux ou écrits périodiques, un délit spécial, soit pour le cas de simple infidélité et mauvaise foi, soit pour celui où le compte rendu serait injurieux envers la cour. le tribunal ou l'un des magistrats, des jurés ou des témoins ; il punissait ce délit des mêmes peines que les comptes rendus infidèles et de mauvaise foi des séances des Chambres (V. *suprà*, n° 1354 ; *Rép.*, p. 410). Aucune disposition spéciale n'accordait aux comptes rendus des débats judiciaires une immunité semblable à celle que l'art. 23 de la loi du 17 mai 1819 avait établie pour ces débats eux-mêmes, afin d'en assurer la liberté ; cet article ne visait que les discours et les écrits qui seraient prononcés ou produits devant les tribunaux. En l'absence de toute immunité, la jurisprudence admettait que les comptes rendus des débats judiciaires étaient soumis à l'application de toutes les dispositions légales relatives aux délits de publication. On trouvera au *Répertoire* de nombreuses décisions rendues en vertu de ce principe (Crim. rej. 18 oct. 1821, *Rép.* n° 870-1° ; Trib. corr. Grenoble, 7 déc. 1826, *Rép.* n° 849 ; Crim. rej. 25 juin 1831, *Rép.* n°s 1210-2°, 1491-2° ; 24 juill. 1832, *Rép.* n° 1213-1° ; 16 nov. 1843, *Rép.* n°s 1210-1°, 1470-2° ; Paris, 24 avr. 1847, aff. Christofle. D. P. 47. 2. 197 et *Rép.* n° 870 ; Crim. rej. 15 juin 1854, aff. De Colmant, D. P. 54. 1. 264, et *Rép.* n° 1210. V. en outre : Crim. rej. 4 avr. 1857, aff. Barville, D. P. 57. 1. 264 ; 6 nov. 1863, aff. Claivaz, D. P. 54. 1. 51 ; Crim. cass. 15 déc. 1864. aff. William et Thomazeau, D. P. 65. 1. 45 ; Paris, 16 avr. 1870, aff. Momot et cons. D. P. 70. 2. 121 ; Lyon, 18 août 1876, aff. Jangot, D. P. 77. 1. 89). Cependant une opinion contraire s'était déclarée en faveur de la liberté de donner aux procès, par voie de compte rendu, une publicité qui n'était qu'additionnelle à celle de l'audience. Dans cette opinion, la publicité obligatoire de l'audience impliquait forcément la publicité facultative des débats, aussi bien que celle des décisions intervenues (D. P. 57. 1. 89, note 1).

L'art. 41 de la loi du 29 juill. 1881 a tranché la difficulté en assimilant le compte rendu des débats judiciaires à la production en justice, par les parties ou leurs représentants, des discours et écrits relatifs à la cause, et en faisant bénéficier le compte rendu de l'immunité qui couvre ces discours et écrits (D. P. 81. 4. 82. note 1). Le paragraphe 3 de l'article précité porte, en effet : « Ne donneront lieu à aucune action en diffamation, injure ou outrage, ni le compte rendu fidèle, fait de bonne foi, des débats judiciaires, ni les discours prononcés ou les écrits produits devant les tribunaux ».

1361. L'immunité est accordée à tous les écrits, sans distinction entre les journaux et publications périodiques et les publications non périodiques (*Contrà :* Barbier, t. 2, n° 777, p. 270).

1362. L'immunité accordée aux comptes rendus des débats judiciaires n'est pas absolue comme celle qui couvre les comptes rendus des débats législatifs. L'art. 41, § 3, ne dit pas que les comptes rendus des débats judiciaires ne donneront ouverture à « aucune action » ; mais bien qu'ils ne donneront ouverture à « aucune action en diffamation, injure ou outrage ». Cette immunité ne s'applique donc pas aux crimes et délits de provocation prévus par les art. 23 à 27 de la loi du 1881. Les délits de diffamation ou d'injure dont l'immunité du paragraphe 3 de l'art. 41 a pour effet de détruire la responsabilité pénale et civile sont ceux que prévoient et punissent les art. 30 et 33, § 1, concernant les diffamations et les injures envers les corps constitués ; les art 31 et 33, § 1, concernant les diffamations ou injures envers les personnes qualifiées ; les art. 32 et 33, § 2, concernant les diffamations ou injures envers les simples particuliers (V. *suprà*, n°s 1001 et suiv.) et l'art. 34 concernant les diffamations ou injures envers la mémoire des morts (V. *suprà*, n°s 918 et suiv. ; 945 et suiv. ; 1001 et suiv. ; 1007 et suiv. ; 1042 et suiv. ; 1051 et suiv. ; 1066).

1363. L'art. 41 dit encore que les comptes rendus des débats judiciaires ne donneront ouverture à aucune action « en outrage ». Le sens de cette expression est difficile à saisir. Evidemment d'abord l'art. 41, § 3, ne vise pas les délits d'outrages régis par le code pénal, d'abord parce que ce ne sont pas des délits de publication, ensuite parce que les art. 222 et suiv. c. pén. ne concernent pas l'outrage par un écrit public (V. *suprà*, n°s 717 et 783). Concerne-t-il le délit d'offense au président de la République (art. 26) ? celui d'offense aux chefs d'Etats étrangers (art. 36) ? Il n'est pas permis de l'affirmer sans réserve (Conf. Barbier, t. 2, n° 776, p. 269). Il vise, sans discussion possible, les faits qualifiés d'outrages aux agents diplomatiques accrédités près du gouvernement de la République (art. 37). S'étend-il également au délit d'outrage aux bonnes mœurs ? M. le baron de Larcy l'a indiqué au Sénat, à la séance du 15 juill. 1881 (D. P. 81. 4. 82. note 2). Cela paraît pourtant contraire à l'esprit de la loi, car s'il est un délit, dit M. Barbier, à raison duquel le compte rendu fidèle et de bonne foi ne doive point jouir d'une immunité particulière, c'est bien le délit d'outrage aux bonnes mœurs ».

1364. Le compte rendu fidèle et de bonne foi des débats judiciaires ne peut donner ouverture à aucune action, c'est-à-dire ni à l'action du ministère public en répression du délit, ni à l'action civile de la partie lésée, dans le cas de diffamation, d'injure ou d'outrage. Nous ajoutons encore : ni à l'action disciplinaire (V. *suprà*, n° 1343). D'autre part, toute personne nommée ou désignée dans ces comptes rendus, fussent-ils fidèles et de bonne foi, peut user du droit de réponse (Dijon, 29 mars 1882, aff. Gauthey, D. P. 82. 2. 135 ; Rouen, 29 mars 1884, *Rec. de Rouen et de Caen*, 1884, p. 139. Conf. Barbier, t. 2, n° 776, p. 269).

1365. Pour que l'immunité soit applicable, il faut qu'il s'agisse d'un article ayant le caractère d'un compte rendu. Cette désignation ne peut convenir à une reproduction partielle des débats. La reproduction partielle constitue bien un compte rendu punissable en vertu de l'art. 39 de la loi de 1881 ou de l'art. 3 de la loi sur le divorce, quand elle s'applique à un procès dont il est interdit de rendre compte (V. *suprà*, n° 1134) ; mais elle ne saurait constituer le compte rendu fidèle et fait de bonne foi protégé contre toute action en diffamation, injure ou outrage. Jugé, en ce sens : 1° que des imputations, qui seraient de nature à porter atteinte à l'honneur et à la considération d'une partie, ne peuvent être placées sous la protection de l'immunité établie par l'art. 41 de la loi du 29 juill. 1881, au profit du compte rendu fidèle et fait de bonne foi des débats judiciaires, qu'autant que l'article qui les contient a réellement le caractère d'un compte rendu, c'est-à-dire qu'il met en regard, fût-ce en résumé ou partiellement, l'attaque et la défense ; que la reproduction, quelque fidèle qu'elle soit, de la plaidoirie d'un seul des avocats de la cause ne saurait, dès lors, jouir de cette immunité (Crim. cass. 15 mai 1884, aff. Raspail, D. P. 85. 1. 328) ; — 2° Que l'article d'un journal qui, à l'occasion d'un débat engagé devant un tribunal correctionnel, contient des énonciations inexactes et étrangères à ce débat, ainsi que des appréciations personnelles du rédacteur, n'a pas le caractère de compte rendu d'un débat judiciaire (Dijon, 29 mars 1882, aff. Gauthey, D. P. 82. 2. 133).

Ainsi le compte rendu, pour bénéficier de l'immunité qui résulte de l'art. 41, doit offrir avant tout le caractère d'un récit du procès, reproduisant sous une forme quelconque, mais dans son ensemble et dans ses traits essentiels, la physionomie du débat.

1366. L'infidélité et la mauvaise foi du compte rendu ne sont plus des faits punissables, car la loi de 1881 ne reproduit pas la disposition pénale contenue dans l'art. 7 de la loi du 25 mars 1822; mais, pour bénéficier de l'immunité concédée par l'art. 41, § 3, le compte rendu doit être fidèle et fait de bonne foi. Il doit être fidèle, c'est-à-dire exact, il doit donc reproduire sinon la teneur matérielle des discours prononcés ou des écrits produits en justice, du moins leur sens véritable, sans dénaturer les impressions qui peuvent en résulter (Barbier, t. 2, n° 774, p. 268 ; Rousset, n° 1382). Il est fait de bonne foi quand son auteur a eu l'intention de le faire exact. « Par cela même qu'un compte rendu est fidèle, dit M. Barbier (loc. cit.), il est donc fait de bonne foi dans le sens de l'art. 41 ; et son auteur est protégé par cet article, lors même qu'il serait établi contre lui qu'il a agi dans une intention malveillante à l'égard de la partie qui se plaindrait de ce compte rendu ». — Il peut arriver, au contraire, qu'un compte rendu fait de bonne foi ne soit pas fidèle malgré la bonne foi de son auteur ; que celui-ci, voulant faire un récit exact des débats, ait effectivement manqué d'exactitude par erreur, par inattention, par inhabileté ; en ce cas, si l'article renferme des imputations injurieuses ou diffamatoires, ceux que ces imputations ont lésés peuvent poursuivre la répression du délit contre les personnes qui sont responsables du compte rendu ; celles-ci n'échapperont à la condamnation pénale qu'en fournissant la preuve que le compte rendu a été écrit sans intention de nuire aux plaignants. Dans tous les cas, les intéressés peuvent demander aux tribunaux civils la réparation du préjudice que leur a causé la faute, la maladresse ou la négligence d'un rédacteur de bonne foi (Conf. Barbier, loc. cit.).

1367. Par application du principe : *Reus excipiendo fit actor*, c'est au prévenu qui invoque une cause d'immunité à établir qu'il le trouve, en effet, dans les circonstances dont il entend se prévaloir pour sa défense : il peut faire cette preuve en tout état de la cause. Jugé, en ce sens, que le journaliste poursuivi pour diffamation, qui prétend que l'article incriminé n'est que le compte rendu d'un débat judiciaire, et qui invoque par suite l'immunité de l'art. 41 de la loi du 29 juill. 1881, est tenu d'établir que les faits par lui imputés au plaignant ont été fidèlement empruntés à un débat judiciaire ; que, bien que, dans le dispositif de ses conclusions devant la cour d'appel, le prévenu n'ait pas demandé expressément l'audition de témoins sur ce point, mais ait conclu purement et simplement à son renvoi de la plainte, la cour n'en a pas moins le droit d'ordonner la preuve demandée par lui en première instance; et qu'elle ne commet ni l'ordonnant aucun excès de pouvoir; qu'on ne peut en ce cas reprocher à l'arrêt une omission de statuer au fond (Crim. rej. 16 août 1884, aff. Schwob, D. P. 85. 1. 181).

1368. Il appartient aux juges du fond d'apprécier souverainement si le compte rendu injurieux d'un procès est infidèle et de mauvaise foi (Crim. rej. 13 févr. 1869, aff. Lechevallier, D. P. 69. 1. 388 ; Nimes, 26 déc. 1872, aff. Le Progrès du Midi, D. P. 74. 2. 93 ; Crim. rej. 19 févr. 1874, aff. De Tounens, D. P. 74. 1. 406).

1369. L'art. 16 de la loi du 25 mars 1822 attribuait compétence pour la répression des comptes rendus infidèles ou de mauvaise foi des audiences des cours et tribunaux, délit prévu par l'art. 7 de la même loi, aux juges qui avaient tenu ces audiences (Comp. Caen, 31 août 1868 et, sur pourvoi, Crim. rej. 13 févr. 1869, aff. Lechevallier, gérant de *L'Ordre et la Liberté de Caen*, D. P. 69. 1. 388). — La loi du 15 avr. 1871, attributive de compétence au jury (V. *supra*, n° 8), avait néanmoins laissé subsister la compétence spéciale accordée aux tribunaux, pour la répression des comptes rendus infidèles de leurs audiences par l'art. 16 de la loi du 25 mars 1822 (Nimes 26 déc. 1872, aff. *Le Progrès du Midi*, D. P. 74. 2. 93. V. toutefois Crim. rej. 14 janv. 1881, aff. Tony-Loup, D. P. 81. 1. 192).

La compétence spéciale dont il s'agit a disparu avec le délit dont elle avait en vue la répression. L'infidélité et la mauvaise foi du compte rendu ne donnent plus ouverture qu'à l'action née du délit de diffamation ou d'injure devant les juridictions compétentes, en vertu de la loi de 1881. En effet, le Sénat a repoussé, sur les observations de M. Griffe, un amendement de M. le Royer ainsi conçu : « Dans le cas où le compte rendu des débats judiciaires donnerait ouverture à une action en justice, cette action sera portée devant le tribunal qui a connu de l'affaire » (Celliez et Le Senne, p. 536 et suiv.). Ce sera donc à la juridiction saisie de l'action en diffamation, injure ou outrage de décider si le compte rendu des débats qui ont été portés devant d'autres juges est ou non infidèle ou de mauvaise foi.

1370. L'immunité résultant de l'art. 41, § 3, ne s'applique pas aux comptes rendus, même fidèles et faits de bonne foi : 1° des procès dont il est interdit de rendre compte (procès en diffamation ou en divorce, procès civils dont la loi ou le tribunal ont interdit de rendre compte. V. *supra*, n°° 1123 et suiv.; 1129 et suiv.). Cela n'est pas douteux, bien que la loi ne le dise pas expressément. On ne peut pas admettre, en effet, qu'un compte rendu dont la publication constitue par elle-même un fait spécialement punissable en vertu de la loi de la presse soit, par l'effet de cette circonstance, abrité contre toute répression des délits résultant de la teneur de ce compte rendu, notamment des diffamations qu'il peut contenir. Jugé, en ce sens, qu'une condamnation intervienne à la requête du ministère public, pour publication, par un journal, d'un compte rendu interdit par l'art. 39 de la loi du 29 juill. 1881, ne fait pas obstacle à ce qu'un particulier, diffamé dans ce compte rendu, saisisse à son tour la juridiction correctionnelle en vertu de l'art. 32 de la même loi (Orléans, 30 oct. 1888, aff. Bertrand, D. P. 90. 2. 102 ; Conf. discours de M. Pâris, séance du 15 juill. 1884, Celliez et Le Senne, p. 532 *in fine*) ; — 2° Des procès jugés à huis clos. Cette solution doit être admise, bien qu'il n'existe aucune disposition prohibant le compte rendu des procès jugés à huis clos (V. *supra*, n° 1129) parce que le droit de publication en matière de compte rendu des débats judiciaires n'est reconnu par la loi que comme un complément de la publicité de l'audience. Cette considération conduit à reconnaître que l'immunité s'applique au compte rendu de la partie des débats qui a eu lieu en audience publique, avant la décision qui a ordonné le huis clos ou après le retrait de cette décision (Conf. Barbier, loc. cit.) ; — 3° Des procès qui ne sont pas contemporains du compte rendu. C'est l'application du principe en vertu duquel le droit de publication des comptes rendus n'est admis que parce que, « comme un corollaire de la publicité des débats judiciaires et comme un élément du contrôle exercé par l'opinion publique » (Crim cass. 15 mai 1884, aff. Raspail, D. P. 85. 1. 328). « Le compte rendu d'anciens débats judiciaires, dit, en ce sens, M. Barbier (loc. cit.) même fidèlement rapportés, pourrait, en conséquence, donner ouverture à une action en diffamation ou en injure contre son auteur, et aboutir à la condamnation de ce dernier, s'il paraissait avoir agi, non dans un intérêt scientifique ou historique, mais bien dans le but malveillant de rappeler dans le temps avait effacé le souvenir » (V. *supra*, n°° 890, 894, 897).

Art. 3. — *Immunité concernant les discours prononcés ou les écrits produits devant les tribunaux.*

1371. Le code pénal de 1810, après avoir réprimé, dans ses art. 367 à 372, le délit de calomnie, et, dans son art. 375, le délit d'injure, s'occupait (art. 377), des imputations calomnieuses ou des injures qui seraient contenues « dans les écrits relatifs à la défense des parties ou dans les plaidoyers ». Ces écrits ou ces plaidoyers n'y étaient l'objet d'aucune immunité. L'art. 377 se bornait, pour le cas d'imputations calomnieuses, à donner aux juges saisis de la contestation à propos de laquelle elles se seraient produites devant eux, le pouvoir de prononcer la suppression des discours ou des écrits qui les renfermeraient et de suspendre provisoirement leurs auteurs des fonctions qu'ils exerceraient près la cour ou le tribunal, mais avec obligation de renvoyer, pour le jugement du délit, devant les juges compétents ; pour le cas d'injures, il investissait les mêmes juges de la faculté d'ordonner la suppression des discours ou des écrits injurieux, de faire des injonctions aux auteurs du délit, de les suspendre de leurs fonctions et de statuer sur les dommages-intérêts, sans que cette faculté fît obstacle, s'il n'en avait pas été usé, à la poursuite du délit devant les tribunaux compétents. — La loi du 17 mai 1819, qui a substitué au délit de calomnie le délit de diffamation, et établi, quant au délit d'injure, un nouveau système de répression (V. *suprà*, nos 847 et suiv. et 1031), a, dans son art. 26, abrogé l'art. 377 précité du code pénal. Elle posa, pour la première fois, en principe, dans son art. 23, que les discours prononcés ou les écrits produits devant les tribunaux « ne donneront lieu à aucune action en diffamation ou injure ». Toutefois elle attribuait exclusivement aux juges saisis de la cause le pouvoir de prononcer la suppression des écrits injurieux ou diffamatoires, de condamner qui il appartiendra en des dommages-intérêts, de faire des injonctions aux avocats ou officiers ministériels, ou même de les suspendre de leurs fonctions pour un temps déterminé. D'ailleurs, une double restriction était apportée à cette immunité : l'art. 23 laissait dans le droit commun, d'une part, l'action publique ou l'action civile des parties, à raison des faits diffamatoires étrangers à la cause, sous la condition qu'elle eût été réservée par les juges, et, d'autre part, l'action civile des tiers, sans cette dernière condition.

L'art. 41, § 3, de la loi de 1881 reproduit la même immunité qu'il applique aux mêmes délits de diffamation et d'injure ou d'outrage et qu'il accompagne pareillement des pouvoirs de suppression, d'injonction et de suspension déjà édictés dans la loi de 1819, avec les mêmes restrictions en ce qui concerne soit les faits diffamatoires étrangers à la cause, soit l'action civile des tiers.

1372. L'immunité qui couvre les discours prononcés et les écrits produits devant les tribunaux est relative aux mêmes délits que l'immunité accordée aux comptes rendus des débats judiciaires ; les deux immunités résultent, d'ailleurs, de la même disposition, celle du paragraphe 3 de l'art. 41 (V. *suprà*, n° 1360). Il y a donc lieu de se référer aux observations formulées *suprà*, nos 1362 et 1363, sur les mêmes mots « diffamation, injure ou outrage », employés dans cet article. L'immunité, qui ne s'étend même pas à tous les délits de publication, ne couvre pas, bien entendu, les délits de droit commun qui peuvent résulter des discours ou des écrits prononcés ou produits en justice. C'est ainsi, notamment qu'elle ne fait pas obstacle à la poursuite du délit de dénonciation calomnieuse (V. *suprà*, v° *Dénonciation calomnieuse*, n° 18).

§ 1er. — Discours et écrits relatifs à la cause. — Conditions de l'immunité.

1373. L'immunité que l'art. 41, § 3, accorde aux discours prononcés et aux écrits produits devant les tribunaux est soumise à différentes conditions qui se rapportent : 1° à la nature des discours ou écrits susceptibles d'être couverts par l'immunité ; 2° à la relation des imputations diffamatoires ou des injures ou outrages qu'ils renferment avec la cause dans laquelle ils ont été produits ; 3° à la nécessité d'une production en justice de ces discours et écrits ; 4° aux personnes auxquelles s'applique l'immunité.

1374. — I. Discours et écrits susceptibles d'être couverts par l'immunité de l'art. 41, § 3. — Le mot *discours*, dans l'art. 41, § 3, doit être pris dans le sens le plus large. Il s'applique aux plaidoiries, aux simples observations, soit des avocats, avoués et agréés, soit des parties elles-mêmes, et s'étend aux simples propos (*Rép.* n° 1194).

1375. On a vu au *Rép.*, nos 1182 et suiv., que c'était, sous la loi du 17 mai 1819, une question controversée de savoir si l'art. 23 concernait seulement les droits de la défense et si l'immunité résultant de cet article n'existait que pour les discours et les écrits des parties et de leurs défenseurs. On a dit que, l'art. 23 ne contenant aucune distinction, il était rationnel de considérer l'immunité comme applicable aux discours et aux écrits des magistrats, aux dispositions des témoins et aux rapports d'experts (*Rép.* nos 1182 et 1191 ; Req. 22 févr. 1825, *ibid.*, v° *Prise à partie*, n° 18). Jugé, en ce sens, que l'interdiction de toute poursuite pour diffamation à raison des articulations contre des tiers contenues dans les discours prononcés devant les tribunaux, toutes

les fois que le juge n'a pas expressément constaté que les faits diffamatoires sont étrangers à la cause, s'applique également, que, par suite, c'est à tort qu'un témoin est condamné pour délit de diffamation résultant de ce que, dans sa déposition devant les assises, il aurait dirigé contre un tiers une imputation diffamatoire, s'il n'a fait que répondre à une question à lui posée sur ce point par le président, et s'il s'est proposé, en cela, de venir en aide à l'accusé. Peu importe qu'il ait agi de mauvaise foi envers la partie diffamée (Crim. cass. 8 déc. 1876, aff. Helft, D. P. 77. 1. 505, et sur renvoi, Angers, 5 févr. 1877, D. P. 77. 5. 348).

Les adversaires de cette doctrine, tout en prétendant que l'art. 23 de la loi du 17 mai 1819 et aujourd'hui l'art. 41, § 3, de la loi de 1881, qui en est la reproduction, n'ont eu pour but que d'assurer la liberté de la défense et n'accordent d'immunité qu'aux discours et aux écrits des parties et de leurs conseils, admettent cependant que nulle action pénale ou civile ne peut être donnée contre un magistrat, un témoin ou un juré à raison des discours ou écrits diffamatoires ou injurieux qu'il aurait produits pour les besoins de son office ou de sa mission. Seulement cette immunité ne résulte pas pour eux des dispositions précitées. Elle n'a pas besoin, dit M. Barbier (t. 2, n° 779, p. 272) « d'être proclamée par un texte spécial, car elle résulte « suffisamment de ce principe supérieur que là où il y a accomplissement d'un devoir commandé par la loi, il ne peut être question ni de délit, ni de responsabilité » (Conf. outre les autorités citées, au *Rép.*, nos 1182 et suiv., Rousset, n° 2383 et suiv. ; Crim. cass. 20 oct. 1835, *Rép.*, v° *Discipline judiciaire*, n° 213-2° ; Fabreguettes, t. 2, n° 1726, p. 213).

C'est à ce dernier point de vue que s'est placée la cour de cassation dans un arrêt aux termes duquel le témoin dont la déposition ne s'est produite à l'audience que sous le contrôle du président des assises, ne peut ultérieurement être attaqué devant aucune juridiction sous le prétexte que cette déposition contiendrait des allégations diffamatoires pour des tiers ; que, par suite encore, est entachée d'excès de pouvoir la décision par laquelle une chambre des notaires, s'arrogeant le droit de connaître d'une déposition faite par un notaire en cour d'assises, prononce contre lui une peine disciplinaire, en alléguant que cette déposition est contraire à la vérité et diffamatoire pour les membres de ladite chambre (Req. 5 août 1884, aff. Jacquin, intérêt de la loi, D. P. 84. 1. 457). — Ainsi qu'on l'a fait remarquer dans la note sur cet arrêt, « ce n'est ni de l'art. 23 de la loi de 1819, ni de l'art 41 de la loi de 1881 qu'il faut faire ressortir l'immunité dont doit jouir le témoignage émis en justice. Il trouve la base de cette immunité dans l'ensemble des dispositions de la loi en vertu desquelles le témoin est obligé de déposer, de ne rien celer aux juges, et de leur parler sans aucune crainte ».

1376. Le mot *écrits* n'est pas moins général que le mot *discours*. Il doit s'appliquer à tous les actes, mémoires, observations écrites, manuscrits ou imprimés qui tendent à justifier les conclusions des parties. Il comprend les écrits imprimés comme qui ne le sont pas (*Rép.* n° 1198 ; Crim. rej. 3 juin 1825, *ibid.*). L'immunité ne s'étendrait pourtant pas à des lettres confidentielles, dites indûment dans un mémoire produit en justice (Req. 24 juill. 1862, aff. De Montléart, D. P. 62. 1. 521). Au contraire, l'art. 41 serait applicable aux imputations diffamatoires ou injurieuses contenues dans des lettres missives qui seraient régulièrement parvenues entre les mains de la partie plaidante qui les produit en justice (Barbier, t. 2, n° 786, p. 283). Cet auteur fait remarquer que, lorsque l'écrit (lettre missive, certificat) produit en justice par la partie est l'œuvre d'un tiers, celui-ci n'est point protégé, en principe, par l'art. 41 contre une action en diffamation ou injure ; toutefois, si ce tiers ne pouvait être considéré comme étant l'auteur principal de la publication, il pourrait indirectement bénéficier de l'immunité, la complicité ne pouvant exister là où il n'y a pas un fait principal punissable ».

1377. On a discuté le point de savoir si l'immunité couvre les diffamations ou les injures résultant d'un mémoire produit devant la cour d'assises. La négative s'appuie sur ce que la défense orale est seule admise devant la cour d'assises (Crim. rej. 11 août 1820, *Rép.* n° 1215 et *ibid.* v° *Défense*, n° 125). On a dit au *Rép.*, n° 1215, que cette solution rigoureuse n'est pas en harmonie avec la disposition générale qui protège tous les écrits produits en justice (Conf. Barbier, *loc. cit.*). L'immunité ne pourrait, d'ailleurs, être refusée qu'au mémoire traitant de l'objet de l'accusation soumise au jury. S'il s'agit d'un incident qui doive être jugé par la cour d'assises sans l'assistance des jurés, le débat n'est plus nécessairement oral, et les mémoires, étant autorisés, jouissent sans aucun doute, du bénéfice de l'immunité (*Rép.* n° 1215).

1378. Quant aux discours prononcés dans les causes qui, en sens inverse, se jugent exclusivement sur mémoires et non sur plaidoiries, telles que les affaires d'enregistrement, ils jouissent de l'immunité concédée par l'art. 41, cet article visant de la façon la plus générale les « discours prononcés devant les tribunaux » (*Rép.* n° 1195).

1379. — II. RELATION ENTRE LES DISCOURS OU ÉCRITS ET LA CAUSE DANS LAQUELLE ILS SONT PRONONCÉS OU PRODUITS. — On doit considérer comme étant relatifs à la cause tous les discours et tous les écrits qui signalent des faits ou qui renferment des arguments tendant à justifier les conclusions des parties (*Rép.* n° 1194; Lyon, 16 févr. 1826, *ibid.*). Les discours et écrits qui ne servent pas à justifier les conclusions des parties doivent être réputés étrangers à la cause. Telle serait l'imputation verbale ou par écrit d'un abus de confiance, d'une escroquerie ou d'un faux, dirigée par l'une des parties contre l'autre dans le débat engagé, par exemple, sur une action possessoire (Crim. cass. 21 mai 1836, *Rép.* n°s 1216 et 1223). Jugé, dans le même sens, que la partie qui, pour accuser un magistrat, a articulé contre lui, sans utilité pour sa cause, et par pure malveillance, des imputations outrageantes et de nature à le déconsidérer, ne peut opposer, aux poursuites en diffamation dont elle est l'objet à raison de ce fait, l'immunité accordée aux écrits produits en justice, si les imputations incriminées sont étrangères à l'affaire (Aix, 3 déc. 1864, aff. Blondeau de Combas, D. P. 65. 1. 407). Si, au contraire, il s'agissait dans le procès d'un fait délictueux, notamment d'un fait d'usure qui ne serait pas complètement établi, et si, dans le but de le rendre vraisemblable, on invoquait d'autres faits de même nature qui se trouveraient judiciairement constatés, on ne pourrait considérer ces dernières imputations comme étrangères à la cause. Il y a là, du reste, une question d'appréciation assez délicate ; mais une grande indulgence doit être accordée à la défense, parce qu'ils sont souvent l'effet d'un entraînement ou d'une préoccupation qui a sa source dans une prétention légitime (*Rép.* n° 1216). — Sur les règles concernant les écrits étrangers à la cause, V. *infrà*, n°s 1450 et suiv.

1380. — III. TRIBUNAUX DÉSIGNÉS DANS L'ART. 41. — Il est admis qu'en accordant une immunité aux discours et aux écrits produits devant les tribunaux, l'art. 41 de la loi de 1881, comme auparavant l'art. 23 de la loi du 17 mai 1819, désigne sous l'expression de tribunaux toutes les juridictions contentieuses de droit commun ou d'exception. L'immunité s'applique aux discours et aux écrits produits devant la cour de cassation, les cours d'appel, les tribunaux civils de première instance et aussi devant les juges de paix, les tribunaux de commerce, les conseils des prud'hommes (*Rép.* n° 1175. V. Metz, 26 févr. 1861, *Rép.* n°s 1220 et 935-3°).

1381. Est-elle applicable aux discours prononcés et aux écrits produits devant un tribunal qui, tout en exerçant la juridiction contentieuse, n'a pas qualité pour rendre une décision sur le fond de l'affaire dont il est saisi ? Dans le sens de la négative, on peut invoquer la corrélation étroite qui existe entre les trois derniers paragraphes de l'art. 41 : l'immunité que le paragraphe 3 accorde aux discours et aux écrits prononcés ou produits en justice a pour condition nécessaire l'exercice des pouvoirs de répression que les paragraphes 4 et 5 ne reconnaissent qu'aux juges saisis de la cause et statuant sur le fond. Le rapport du duc de Broglie à la Chambre des pairs sur la loi de 1819 (séance du 8 mai 1819) disait en ce sens : « Si les écrits dont il est fait mention dans l'art. 23 sont désignés comme ne donnant ouverture à aucune action, c'est parce que les tribunaux sont déjà saisis ». Telles sont les considérations sur lesquelles s'appuient certains arrêts qui ont refusé l'immunité aux discours prononcés et aux écrits produits : 1° devant les chambres du conseil dont les attributions ont été transportées aux juges d'instruction par la loi du 19 juill. 1856

(Crim. cass. 22 août 1828, *Rép.* n° 857-6°) ; — 2° Devant les chambres de mise en accusation (Crim. cass. 18 oct. 1821, *Rép.* n° 1178 ; 7 déc. 1821, *Rép.* v° *Instruction criminelle*, n° 1048 ; — 3° Devant les juges de paix, tenant le bureau de conciliation (Aix, 30 avr. 1845, aff. Charabot, D. P. 46. 4. 413).

Ce système peut cependant être combattu par les raisons les plus graves. D'abord la généralité des termes dans lesquels le paragraphe 3 de l'art. 41 accorde à la défense une immunité ne permet pas d'en refuser le bénéfice à certains discours ou à certains écrits sur le seul motif qu'ils ne peuvent pas être l'objet des mesures de répression prévues par les paragraphes 4 et 5, parce qu'ils sont prononcés ou produits devant des tribunaux qui n'ont pas compétence pour statuer sur le fond du procès. En outre, on peut soutenir que les pouvoirs de répression dont il s'agit sont accordés à tout juge saisi du fond, par opposition à l'incident que font naître les imputations diffamatoires ou injurieuses, c'est-à-dire que ces pouvoirs peuvent être exercés par toute juridiction devant laquelle ces imputations sont produites à l'occasion d'un litige dont elle est appelée à connaître, soit qu'elle ait à statuer sur le fond même de ce litige, soit qu'elle ait à se prononcer seulement sur un incident ou sur une question de compétence (V. *infrà*, n° 1405). Dans tous les cas, le juge d'instruction ou le magistrat conciliateur aurait qualité pour dresser procès-verbal des imputations produites en sa présence, pour donner acte à l'une des parties de ses réserves, et même pour déclarer les faits diffamatoires étrangers à la cause en l'état où elle se présentait devant lui. Ce procès-verbal et les pièces elles-mêmes qui en auront fait l'objet seront le plus souvent produits ultérieurement, comme les documents du procès, devant le tribunal qui doit en connaître au fond, et qui, dès lors, pourra réprimer les imputations diffamatoires en conformité des paragraphes 4 et 5 de l'art. 41 (Bastia, 27 déc. 1834, *Rép.*, v° *Compétence criminelle*, n° 622-6° ; Req. 30 déc. 1851, aff. du Martray, D. P. 52. 1. 154 ; Rennes, 21 avr. 1869, aff. Brelet, D. P. 69. 2. 168 ; Req. 17 août 1881, cité par Barbier, t. 2, n° 784. « Si l'on remarque, en outre, dit M. Barbier, *loc. cit.* p. 281, que les diffamations étrangères à la cause et concernant des tiers, peuvent toujours et indépendamment de toute réserve, donner ouverture à une action séparée, à la requête de ces derniers, on voit qu'en définitive, le système qui fait bénéficier des immunités de la défense les discours tenus et les écrits produits devant les juridictions qui ne sont pas appelées à statuer sur le fond proprement dit, ne porte aucune atteinte grave aux droits des parties ou des tiers qui peuvent avoir à souffrir des abus du droit de défense ».

C'est cette dernière opinion qui paraît prévaloir en jurisprudence (*Rép.* n°s 1176 et 1214). Un arrêt de la cour de Grenoble du 21 déc. 1872 (aff. Abrard, D. P. 74. 2. 48) l'a formulée dans les termes suivants : « Attendu qu'on ne saurait limiter la disposition principale de l'art. 23 de la loi du 17 mai 1819 (art. 41, § 3) aux débats judiciaires qui s'agitent devant les tribunaux appelés à statuer sur les procès engagés, sous prétexte qu'eux seuls, étant saisis de la cause, peuvent, aux termes subséquents du même article, et en statuant sur le fond, prononcer la suppression des écrits injurieux ou diffamatoires, et condamner qui il appartient aux dépens ; que cette seconde disposition déroge à la première dans les conditions qu'elle indique, mais n'en restreint pas l'étendue ; que ce n'est pas l'interdiction générale de l'action en diffamation ou injure pour tous les discours prononcés ou les écrits produits devant les tribunaux, mais la faculté exceptionnelle de la suppression ou de la condamnation aux dommages-intérêts qui est subordonnée au cas où le tribunal saisi de la cause peut statuer et statue effectivement sur le fond du procès ; que si la décision sur le fond ne peut intervenir, soit parce qu'un abandon, un désistement, une transaction vient la rendre inutile, soit parce qu'elle ne rentre pas dans les attributions à raison desquelles le tribunal se trouve saisi de la cause, l'immunité subsiste sans restriction avec toute la force de la disposition générale qui l'établit et des considérations qui l'ont fait consacrer ». Jugé, en ce sens, que la défense d'une partie devant le juge de paix tenant le bureau de conciliation jouit, comme toute défense devant un tribunal, des immunités établies par l'art. 23 de la loi du 17 mai 1819; que, par suite, les propos tenus dans cette défense ne peuvent donner lieu à une condamnation pour diffamation, lorsqu'il est constaté qu'ils n'étaient pas étrangers à la cause (Crim. rej. 4 mars 1869, aff. Proubet, D. P. 69. 1. 531; Grenoble, 21 déc. 1872, aff. Abrard, D. P. 74. 2. 48; Civ. rej 17 août 1884, aff. Pellerin, D. P. 82. 1. 297-298). Cette solution s'applique aux explications présentées par les parties comparaissant sur simple avertissement (Grenoble, 21 déc 1872, précité) comme aux imputations diffamatoires contenues dans la citation en conciliation qui a été lue à l'audience (Bordeaux, 8 août 1833, Rép. n° 1214; Civ. rej. 17 août 1881, précité).

1382. L'immunité s'étend aux discours et aux écrits prononcés ou produits devant les tribunaux exerçant la juridiction disciplinaire. Jugé en ce sens que les immunités établies en faveur des écrits diffamatoires ou outrageants produits devant les tribunaux, sont générales et applicables devant toutes les juridictions, et que c'est aux tribunaux devant lesquels ces écrits sont produits qu'il appartient d'en connaître, sauf la réserve énoncée dans le paragraphe 3 de l'art. 41 de la loi du 29 juill. 1881; que, dès lors, sont couverts par l'immunité consacrée par le paragraphe 3 de l'art. 41 de la loi du 29 juill. 1881, les outrages formulés contre un magistrat dans une demande de récusation et de renvoi pour cause de suspicion légitime produite devant un tribunal statuant sur la poursuite disciplinaire intentée contre un avoué (Crim. cass. 14 janv. 1888, aff. Guégan, D. P. 88. 1. 136. et sur renvoi, Caen. 17 mars 1888, D. P. 89. 2. 92).

1383. L'immunité s'étend aux explications présentées et aux pièces produites, non devant le tribunal lui-même, mais devant un de ses membres investi d'une juridiction spéciale en vertu de la loi ou en vertu d'une obligation, et par exemple, devant le juge chargé du rapport dans une affaire jugée sur instruction écrite (Req. 30 déc. 1851, aff. Du Martroy, D. P. 52. 1. 154, cité au Rép. n° 1199); devant le juge tenant l'audience des référés (Paris, 30 juin 1884, Lois nouvelles, 1884. 3. 134); devant le président du tribunal civil statuant sur un règlement de qualité (Ordonn. prés. trib. Redon, aff. G..., D. P. 69. 3. 103); ou devant le juge commissaire à une faillite. Jugé en ce sens: 1° que le juge-commissaire à une faillite qui préside l'assemblée des créanciers réunis pour procéder à la vérification des créances tient une audience, et que, dès lors, les discours prononcés devant lui doivent être considérés comme prononcés devant un tribunal; que, par suite, les allégations diffamatoires produites devant ce juge par un créancier contre un autre créancier ne peuvent donner lieu à une action en diffamation qu'autant qu'elles sont étrangères à l'objet de la réunion, et que l'action du prétendu diffamé a été réservée par le tribunal devant lequel le procès-verbal de contredit a été porté (Rennes, 21 avr. 1869, aff. Brelet, D. P. 69. 2. 168); 2° Que les propos diffamatoires tenus dans une réunion de créanciers devant le juge-commissaire d'une faillite ne peuvent donner lieu à une action en diffamation que dans le cas où les imputations ont été déclarées étrangères à la cause par le juge auquel acte en a été demandé (Bastia, 19 mai 1876, aff. Sanguinetti, D. P. 77. 2. 38). La même immunité couvre les imputations diffamatoires contenues dans une requête à fin de révocation du syndic d'une faillite, bien que le rapport du juge-commissaire et les explications du syndic soient alors entendus par le tribunal en chambre du conseil, l'affaire n'en devant pas moins être jugée contradictoirement à l'audience, avec faculté, pour le syndic, d'y prendre telles conclusions qu'il appartiendra. Par suite, l'action en diffamation formée par ce syndic, même en vertu de réserves, n'est pas recevable, s'il est établi que les imputations à raison desquelles elle a été réservée, se rattachaient directement à la cause (Civ. rej. 17 août 1881, aff. Pellerin, D. P. 82. 1. 297).

1384. Les arbitres constituant un tribunal dans le sens de l'art. 41, § 3, l'immunité judiciaire s'applique aux discours tenus et aux écrits produits devant eux. D'ailleurs, les discussions devant la juridiction arbitrale manquant de l'un des caractères essentiels de la diffamation, la publicité, les discours tenus ou les écrits produits devant les arbitres ne sauraient le plus ordinairement contenir une diffamation (Rép. n° 1181). Dans tous les cas les arbitres, n'ayant pas de juridiction, ne peuvent pas supprimer les écrits diffamatoires produits devant eux; mais ils peuvent déclarer les imputations diffamatoires étrangères à la cause (Conf. Barbier, t. 2, n° 784, p. 282, V. infrà, n° 1408).

1385. Les conseils de préfecture sont des tribunaux dans le sens de l'art. 41, § 3. En conséquence, les mémoires produits devant ces conseils ne donnent lieu à aucune action en diffamation ou en injure (Crim. cass. 21 juill. 1838, Rép. n° 1177).

1386. Il en est de même du conseil d'Etat. Jugé en ce sens que l'art. 23 de la loi du 17 mai 1819, qui décide que les discours prononcés ou les écrits produits devant les tribunaux ne donneront lieu à aucune action en diffamation ou injure, s'applique aux réclamations faites devant le conseil d'Etat contre l'élection des membres des conseils généraux; et même aux pièces et certificats produits à l'appui de ces réclamations, lorsqu'ils en sont le complément inséparable; qu'il n'importe qu'ils émanent d'un tiers étranger à la protestation, si les faits qu'ils constatent viennent à l'appui de cette protestation (Rennes, 22 janv. 1879, aff. De Boishamon, D. P. 79. 2. 105).

1387. L'immunité s'étend encore aux mémoires produits devant la Cour des comptes (Rép. n° 1117).

1388. Mais l'immunité accordée aux mémoires sur procès ne peut, en raison même de sa nature, être invoquée que devant les juridictions contentieuses (V. suprà, n° 1380. Conf. Crim. cass. 2 août 1821, Rép. n° 1213-2°; 21 mars 1861, aff. Legentil, D. P. 61. 5. 377). Jugé, en conséquence : 1° que le bénéfice de cette immunité est à tort appliqué à un mémoire contenant des articulations diffamatoires, qui a été adressé au préfet pour demander la résiliation d'un marché; qu'à supposer que ce mémoire pût avoir pour effet de saisir le conseil de préfecture, il y aurait encore lieu de refuser l'immunité, si les imputations diffamatoires qu'il renferme sont dirigées non contre l'une des parties, mais contre un tiers étranger à l'affaire (Crim. cass. 21 mars 1861, aff. Legentil, D. P. 51. 5. 377); 2° Qu'une pétition ou réclamation adressée au sous-préfet et dont l'objet principal est d'arguer de nullité les opérations d'une assemblée d'électeurs municipaux, quoique renfermant en elle-même l'exercice d'un droit garanti par la loi à tout électeur auprès de l'autorité appelée à vérifier le résultat de certaines opérations électorales, ne constitue point un de ces écrits que couvre l'immunité de l'art. 23 de la loi du 17 mai 1819 (Metz, 19 févr. 1867, aff. d'Attel, D. P. 67. 2. 45); — 3° Que l'art. 23 de la loi du 17 mai 1819, d'après lequel les écrits produits devant les tribunaux ne donnent lieu à aucune action en diffamation, est inapplicable à la délibération d'un conseil municipal, prise au rejet de la décision du conseil de préfecture sur une demande en autorisation de plaider (Bastia, 23 déc. 1875, aff. Bonaccorsi, D. P. 76. 5. 332); — 4° Que les allégations diffamatoires ou injurieuses contenues dans une protestation adressée à l'une des deux Chambres à l'occasion de l'élection d'un de ses membres, ne bénéficient pas de l'immunité résultant de l'art. 23 de la loi du 17 mai 1819 (art. 41, § 3) parce que les Chambres n'exercent pas le pouvoir judiciaire, mais le pouvoir législatif, quand elles statuent sur la validation ou l'invalidation d'un de leurs membres (Bourges, 14 janv. 1879) (1).

1389. — IV. Production en justice. — Les discours ne

---

(1) (Champagnat, Mallet-Perrotat et Bourgeot C. de Bourgoing.) — La cour; — Considérant qu'il est établi, en fait, que le 24 févr. 1876, les appelants ont adressé à la Chambre des députés une protestation contre la régularité de l'élection du baron de Bourgoing, dans laquelle ils imputaient au candidat qui venait d'être élu, d'avoir, le jour du tirage au sort des jeunes gens de la classe de 1875, à la Charité, offert au nommé Minot, vigneron, de faire exempter son fils du service militaire, si ledit Minot et les siens voulaient voter pour lui; que l'original de cette protestation

n'est pas représenté, mais qu'une copie certifiée conforme à l'original a été délivrée par l'archiviste de la Chambre des députés et est jointe au dossier du baron de Bourgoing; que ce dernier a introduit une action devant la juridiction civile en réparation du dommage que lui a causé cette protestation qualifiée par lui tantôt d'imputation diffamatoire, tantôt de dénonciation calomnieuse; — Considérant que cette protestation ne constitue ni le délit de diffamation ni celui de dénonciation calomnieuse; qu'il lui manque pour être qualifiée de diffama-

peuvent être considérés comme prononcés devant les tribunaux, selon les termes de l'art. 41, § 3, que lorsqu'ils ont été prononcés en présence des juges, parce que c'est dans ce cas seulement qu'ils se rattachent à la défense des parties (*Rép.* n° 1196). Ainsi, ne sont pas réputées avoir eu lieu dans un discours prononcé en justice, les injures proférées par un plaideur contre son adversaire, dans la salle d'audience, en présence du barreau et du public, mais pendant que les juges délibéraient (Crim. rej. 19 nov. 1829, *Rép.* n° 1196-1°); ou après la décision du juge (Grenoble, 9 mai 1834, *Rép.* n°° 1196-2° et 682-2°); ou, à plus forte raison, hors de l'audience (Crim. cass. 7 juill. 1827, *Rép.* n° 1156-3°).

1390. Pour jouir de l'immunité accordée par l'art. 41, § 3, les écrits doivent avoir été *produits*, c'est-à-dire en prenant ce mot dans son sens usuel, avoir été employés à la défense de l'une des parties, avoir été portés à la connaissance des magistrats par un moyen quelconque (*Rép.* n° 1199). Toutefois, il n'est pas nécessaire que ces écrits aient été produits comme pièces du procès; il suffit qu'ils aient été produits, en réalité, durant le cours de l'instance, et portés à la connaissance des magistrats (Crim. cass. 6 févr. 1829, *Rép.* n°° 1199-1° et 1221-5°; Bastia, 27 déc. 1834, *Rép.* v° *Compétence criminelle*, n° 622). — Mais il faut que l'écrit ait été remis, d'une manière quelconque, à l'occasion d'un procès, aux magistrats saisis de la cause (Bastia, 27 déc. 1834, *Rép.* v° *Compétence criminelle*, n° 622; Agen, 23 déc. 1851, aff. Benech, D. P. 52. 2. 117). Ainsi, ne doit pas être réputé produit un écrit imprimé relatif à un procès, mais qui n'a pas été remis aux magistrats (Colmar, 27 juin 1836, *Rép.* n° 1202-3°). De même, un écrit, fût-il destiné à être produit en justice, peut être déclaré non produit au procès, quoiqu'il ait été imprimé et qu'un exemplaire soit tombé entre les mains du ministère public (Crim. rej. 12 sept. 1829, *Rép.* n° 1202-1°). De même encore, un écrit, bien qu'il ait été imprimé au cours des débats portés devant une cour d'appel, et que divers passages aient été signalés comme diffamatoires et discutés devant elle par les avocats, a pu être déclaré n'avoir pas été produit au procès, s'il n'y a été l'objet d'aucune distribution. En conséquence, l'action en diffamation intentée par suite de la publication ultérieure de ce mémoire a pu être reçue, encore qu'elle n'ait pas été réservée par la cour d'appel, lorsque cette cour a refusé de statuer sur l'action en suppression de mémoire, en se fondant sur ce que la distribution n'était pas constante (Crim. rej. 24 déc. 1830, *Rép.* n° 1202-2°).

1391. La remise d'un seul exemplaire à un magistrat délégué constitue une production. Ainsi, la pièce qui serait remise au juge rapporteur dans une affaire en délibéré ou devant le juge sur instruction par écrit, serait produite, dans le sens de la loi (*Rép.* n° 1203. V. *suprà*, n° 1390). Jugé qu'un mémoire injurieux fourni, dans le cours d'un procès, au juge rapporteur, par l'une des parties, est réputé, à raison de la connaissance que ce juge a dû en donner aux autres membres du tribunal, et encore qu'il n'ait pas été préalablement signifié à l'autre partie, avoir été produit dans le sens de l'art. 23 de la loi du 17 mai 1819, et ne peut, dès lors, donner lieu à des dommages-intérêts contre son auteur (Req. 30 déc. 1851, aff. De Martroy, D. P. 52. 1. 154). Il en serait autrement, toutefois, s'il était déclaré, en fait, que le mémoire a été confié à un juge, moins en vue de l'éclairer comme juge qu'en raison de relations d'amitié ou de parenté, ou enfin dans un but tout autre que celui d'instruire le magistrat touchant l'affaire sur laquelle il doit statuer (*Rép.* n° 1203).

1392. Pour qu'un écrit judiciaire soit réputé produit, il n'est pas nécessaire que cet écrit ait été signifié (Crim. rej. 3 juin 1825, *Rép.* n° 1198; Crim. cass. 6 févr. 1829, *ibid.*, n° 1221-5°; Bastia, 27 déc. 1834, *ibid.*, v° *Compétence criminelle*, n° 622; Agen, 23 déc. 1851, cité *suprà*, n° 1390).

1393. Il n'est pas non plus nécessaire que l'écrit porte la signature d'un avocat attaché au barreau du tribunal appelé à connaître de la contestation; par exemple, un mémoire peut être réputé produit devant la cour de cassation, quoiqu'il soit signé par un avocat non attaché à cette cour (Crim. rej. 12 sept. 1829, *Rép.* n°° 1200 et 1202-1°). On n'exige même pas qu'il soit signé par un avocat ou par un avoué (Crim. rej. 3 juin 1825, *Rép.* n°° 1198 et 1200 : Crim. cass. 6 févr. 1829, *ibid.*, v° 1200; Crim. rej. 12 sept. 1829, *ibid.*; Bastia, 27 déc. 1834, *ibid.* V. toutefois Rennes, 6 déc. 1834, *Rép.* n° 1201 et *ibid.* v° *Mise en jugement*, n° 54-6°).

1394. On doit considérer comme ayant le caractère d'un écrit produit en justice un mémoire distribué, par l'une des parties, au cours d'une instance, même à des magistrats autres que ceux qui sont saisis du procès (*Rép.* n° 1205), ou aux membres du barreau (*Rép.* n° 1205). La même caractère appartient au mémoire relatif à une contestation soumise à un tribunal et adressé au chef de l'Etat, lorsque ce mémoire rapporte exactement les mêmes faits que ceux qui ont été présentés aux juges saisis (Paris, 15 déc. 1825, *Rép.* n° 1206). Il en serait autrement d'une distribution ou d'une remise opérées dans l'unique but de porter atteinte à l'honneur ou à la considération de l'adversaire (*Rép.* n° 1206), et du cas, par exemple, où il s'agit d'un mémoire distribué à d'autres qu'aux juges, sans utilité pour la cause et l'intérêt légitime de la défense de son auteur (Crim. rej. 14 déc. 1838, (*Rép.* n°° 1204 et 1211).

1395. L'immunité qui couvre, en cas de diffamation, d'injure ou d'outrage, les actes légalement produits en justice et, notamment, les actes distribués à l'occasion d'une défense, s'applique même aux actes qui n'ont pas été lus à l'audience, et n'y ont été l'objet d'aucune discussion (*Rép.* n° 1255). Toutefois, cette immunité ne protégerait que la

---

tion, l'élément de publicité intentionnelle et délictueuse; la publication en ayant été faite par le rapporteur de l'élection de M. de Bourgoing, à la tribune de la Chambre des députés, la publicité étant de l'essence des débats parlementaires comme des débats judiciaires; qu'il lui manque, pour être qualifiée de dénonciation calomnieuse, la décision de l'autorité compétente sur la fausseté du fait dénoncé; que la Chambre des députés, observatrice scrupuleuse du principe de la séparation des pouvoirs, en validant l'élection de M. de Bourgoing, a déclaré, par l'organe du son rapporteur, qu'il ne lui appartenait pas de se poser en juge de ce fait; que si la fausseté du fait allégué contre M. de Bourgoing était moralement démontrée, elle n'est pas établie dans les formes juridiques; — Considérant que, la qualification de délit étant écartée, il y a lieu de rechercher si les appelants n'ont pas commis, au préjudice du baron de Bourgoing, un fait quasi délictueux dont, aux termes des principes généraux du droit, ils lui doivent réparation; — Considérant que, quelque grande que doive être la latitude laissée aux électeurs pour signaler aux pouvoirs parlementaires les actes de fraude, de corruption, d'intimidation, qui pourraient altérer et vicier une élection, cette latitude a cependant des limites; que consacrer la doctrine contraire, ce serait encourager d'intolérables excès, et que le plus funeste résultat de cette théorie serait d'éloigner de la lutte électorale des hommes qui, disposés à affronter une lutte ardente mais loyale, ne le seraient pas à subir des outrages et des calomnies qui, bien qu'immérités, laissent trop souvent d'irréparables traces; que pour discerner l'usage licite du droit de protestation de l'abus de ce même droit, les tribunaux n'ont qu'à rechercher,

dans la plénitude de l'indépendance de leur appréciation, en dehors de toute inspiration autre que celle de la justice et des lois, si l'auteur d'une protestation, contenant allégation de faits portant atteinte à l'honneur et à la considération d'un candidat ou de tout autre individu mêlé au débat électoral, a été de bonne ou de mauvaise foi; — Considérant que le fait articulé contre le baron de Bourgoing dans la protestation du 24 févr. 1876, contenait, pour employer les expressions mêmes du rapporteur de l'élection, une accusation très grave; que plus l'accusation dirigée contre un homme, dont l'honorabilité personnelle est inattaquée, était grave, plus l'obligation était rigoureuse, pour les signataires de la protestation, de chercher à vérifier et à connaître cette accusation avant, en dehors de la déclaration de Minot, des indices sérieux de probabilité; que, au lieu d'accueillir le récit de Minot avec la réserve que commandait la prudence la plus vulgaire, les protestataires se sont hâtés de se l'approprier, et que, par la manière dont ils ont permis que leur protestation collective fût rédigée, ils ont laissé entendre qu'ils mettaient la stricte exactitude des faits délictueux imputés à M. de Bourgoing sous la garantie de leur témoignage personnel; — Considérant que ces circonstances sont exclusives de leur bonne foi; — Considérant que, en fixant à 500 fr. le chiffre des dommages-intérêts qui devaient être alloués à M. de Bourgoing, les premiers juges ont fait une juste estimation du préjudice qui lui a été causé par Champagnard et consorts; — Par ces motifs, rejette l'appel, etc.

Du 14 janv. 1879.-C. de Bourges, ch. civ.-MM. Boivin-Champeaux, 1er pr.-Poux-Franklin proc. gén.-Mater et Thiot-Varenne, av.

liberté des discussions judiciaires, on ne doit pas classer parmi les actes produits en justice, au point de vue de l'irresponsabilité pénale ou civile des imputations diffamatoires, injurieuses ou outrageantes contenues dans ces actes : une plainte injurieuse, déposée dans un greffe, sans qu'il y ait procès antérieur entre son auteur et l'individu injurié, et sur laquelle a été rendue une ordonnance, non contradictoire, qui a déclaré n'y avoir lieu à suivre (Douai, 22 août 1828, *Rép.* n°s 1212 et 857. — *Contrà*, Barbier, t. 2, n° 786, p. 285); ...une opposition faite, sans assignation devant le tribunal et sans constitution d'avoué, à un commandement signifié par une commune à son débiteur (Crim. rej. 10 août 1883, aff. Lougatte, D. P. 84. 1. 309); mais non l'opposition à commandement qui serait suivie d'un procès (Chassan, t. 1, p. 360; Barbier, *loc. cit.*); ... des écrits publiés, notamment, par un avocat en dehors de tout débat judiciaire (Crim. rej. 26 avr. 1856, aff. Cazeneuve, D. P. 56. 1. 268); ...une brochure distribuée au public après le prononcé du jugement (Crim. rej. 14 mars 1874, aff. Lorbaud, D. P. 74. 1. 406). Décidé, de même, que le juge du fait dénie avec raison le caractère de mémoire sur procès à un écrit qu'il déclare avoir trait seulement à un pourvoi dans l'intérêt de la loi, et sur lequel il a été définitivement statué, bien que ce pourvoi ait été dirigé contre un arrêt rendu en faveur de l'auteur dudit écrit dans une instance encore pendante (Crim. rej. 7 mars 1863, aff. Mirès, D. P. 63. 1. 377).

1396. L'immunité qui couvre l'auteur d'un écrit produit en justice ne saurait être contestée devant la cour de cassation, sous prétexte de distribution de l'écrit en dehors de l'audience, si le fait n'a été relevé ni devant les juges de première instance, ni devant les juges d'appel. A cet égard, on ne saurait considérer comme une articulation précise de ce fait le reproche, énoncé dans la citation au prévenu, « d'avoir produit verbalement et de les avoir fait ultérieurement imprimer et publier », alors qu'une distribution du mémoire, faite aux juges depuis la production verbale à l'audience et pendant le délibéré, suffit à expliquer cette énonciation (Crim. rej. 31 janv. 1873, aff. Blin, D. P. 73. 1. 89).

1397. L'immunité n'existe qu'à l'égard des discours prononcés ou des écrits produits dans la cause même où étaient parties l'auteur de ces discours ou de ces écrits et la personne contre laquelle sont dirigées les imputations diffamatoires, les injures ou les outrages qu'ils renferment; elle ne saurait être appliquée à la distribution ou à la publication d'écrits produits dans un autre procès (Crim. rej. 23 mars 1844, *Rép.* n° 1209). Jugé, dans le même sens, que l'immunité concernant les mémoires produits en justice n'a été accordée qu'aux parties plaidantes et, par suite, ne saurait couvrir la distribution qu'un mandataire de l'une des

parties a faite d'un mémoire relatif à un autre procès, et dans lequel un tiers se prétend diffamé, alors même que ladite production serait considérée comme pouvant être utile à la cause de cette partie (Crim. cass. 9 juin 1859, aff. Urtin, D. P. 61. 1. 450).

1398. — V. Personnes qui ont droit à l'immunité. — L'immunité qui résulte de l'art. 41, § 3, protège d'abord les parties en cause d'une façon générale et quelle que soit leur qualité (*Rép.* n° 1182; Caen, 17 mars 1888, aff. Guégan, D. P. 89. 2. 92). Elle s'étend à leurs avocats, avoués et agréés. Elle s'étend même, d'une façon générale, aux défenseurs des parties, c'est-à-dire à tous ceux qui représentent ou qui assistent les parties en cause devant les tribunaux (Crim. rej. (sol. impl.) 4 avr. 1861, aff. Viviani, D. P. 66. 5. 369. Conf. Barbier, t. 2, n° 783, p. 278); notamment aux conseils ou défenseurs officieux qui assistent près des justices de paix (Trib. corr. Domfront, 29 mars 1879) (1) ;... ou même au particulier qui assiste la partie en cause devant le juge des référés, et qui intervient au débat oral pour exercer le droit de défense (Paris, 30 juin 1884, *Lois nouvelles*, 1881. 3, p.434).

Au contraire, l'immunité ne peut pas être étendue à un tiers, étranger à la contestation, qui publie ou distribue un mémoire relatif à cette contestation (*Rép.* n° 1209. V. toutefois, Rennes, 22 janv. 1879, aff. De Boishamon, D. P. 79. 2. 105).

1399. D'autre part, l'immunité ne protège que le mandataire judiciaire proprement dit; elle n'est donc applicable qu'aux discours ou aux écrits de celui qui représente ou qui assiste, en qualité de défenseur ou conseil, une des parties plaidantes devant un tribunal. Jugé, en ce sens : 1° que l'agent d'affaires qui, s'étant présenté devant le juge de paix comme mandataire d'une partie, s'est laissé aller à proférer contre l'adversaire de son mandant des allégations diffamatoires, ne peut, alors qu'il a reconnu avoir tenu ces propos en son nom personnel, et non pour le compte de son client, prétendre à l'immunité accordée par l'art. 23 de la loi du 17 mai 1819, en vue de la liberté de la défense, aux discours prononcés devant les tribunaux (Crim. rej. 4 avr. 1861, aff. Viviani, D. P. 66. 5. 369); — 2° Que l'immunité ne s'étend pas au notaire qui, en qualité de mandataire d'une commune, s'adresse au préfet du département, étranger, comme tel, au litige pouvant exister entre la commune et son débiteur (Crim. rej. 10 août 1883, aff. Lougatte, D. P. 84. 1. 309).

1400. En ce qui concerne les magistrats et les experts, on a exposé *suprà*, n° 1375, la controverse qui s'est élevée sur le caractère de leurs réquisitoire, conclusions, rapports présentés verbalement ou par écrit, ainsi que relativement aux dépositions des témoins. Suivant le dernier état de la jurisprudence, ils sont, à raison même de

---

(1) (Roussel C. Amiard.) — Le tribunal; — Attendu que Roussel a, le 27 février dernier, interjeté appel d'un jugement rendu, sur la plainte d'Amiard, par M. le juge de paix du canton de Flers, statuant comme juge de simple police; que ce jugement, portant la date du 17 févr. 1879, a prononcé par défaut, contre Roussel, une condamnation en 5 fr. d'amende, 20 fr. de dommages-intérêts et aux dépens; — Attendu qu'il est énoncé dans le jugement dont est appel que, le 2 févr. 1879, à l'audience de la justice de paix de Flers, Roussel assistait comme conseil un sieur Buffard, plaidant contre un sieur Lemoine; que Lemoine produisit, pour justifier ses soutiens, un certificat délivré par Amiard, architecte à Flers; qu'après avoir entendu la lecture de ce certificat, Roussel voulut contester la valeur de cette pièce et s'écria : « Un certificat de M. Amiard! une lettre de M. Amiard! ça ne signifie rien!... »; — Attendu que Roussel soutient que les faits qui lui sont imputés, et contre lesquels il proteste, ne pouvaient autoriser M. le juge de paix à prononcer contre lui la condamnation qui vient d'être rappelée; que, comme conseil ou défenseur officieux de Buffard, il était protégé contre l'action d'Amiard par les dispositions de l'art. 23 de la loi du 17 mai 1819, et que, dans tous les cas, les propos qui lui sont reprochés ne seraient pas relatifs à des faits étrangers à la cause; qu'il demande, en conséquence, la réformation du jugement du 17 février dernier; — Attendu, sur le premier moyen, que l'art. 23 contient des dispositions générales et absolues, s'applique à tous ceux qui présentent la défense des parties; que toute autre interprétation méconnaîtrait l'esprit de la loi et donnerait aux expressions dont le législateur s'est servi un sens et une portée qu'elles n'ont pas; — Attendu, en effet, que l'immunité mentionnée dans l'art. 23 n'a pas été établie en faveur des per-

sonnes et n'a été accordée qu'aux discours prononcés ou aux écrits produits devant les tribunaux; que la loi n'a donc pu créer, ainsi que l'a décidé le premier juge, un privilège dont les avocats ou les officiers ministériels devaient seuls profiter; — Attendu que le système consacré par M. le juge de paix conduirait à des conséquences inacceptables; qu'il en résulterait que l'art. 23 ne protégerait pas la partie qui présente elle-même sa défense, que cependant le droit, pour la partie, au privilège établi par l'art. 23, ne lui a jamais été contesté; — Attendu que si l'art. 23 s'applique à la partie, il est impossible que celui qui la représente devant la justice, à quelque titre que ce soit, comme mandataire ou comme conseil, ne jouisse pas des immunités dont la partie elle-même pourrait bénéficier; — Attendu qu'il est constant, en fait, que le 20 févr. 1879, Roussel, avec l'agrément de M. le juge de paix, assistait comme conseil le sieur Buffard, dans le procès que lui avait intenté Lemoine; — Attendu, sur le second moyen, que les propos imputés à Roussel, en admettant qu'ils aient été tenus, ne constitueraient que des défenses aux moyens qui étaient employés contre la partie dont il défendait les intérêts; qu'ils rentraient dans la cause; qu'à ces divers points de vue la plainte portée par Amiard contre Roussel devait être rejetée par le juge de paix, qu'il y a donc lieu de réformer le jugement dont est appel;

Par ces motifs; — Juge bien fondé l'appel, porté par Roussel, du jugement rendu par M. le juge de paix du canton de Flers, le 17 février dernier; — En conséquence, réforme ledit jugement et renvoie Roussel des fins de la plainte.

Du 29 mars 1879.-Trib. corr. de Domfront.-MM. Le Marquand, pr.-Mézaise, proc.-Laisné-Deshayes (du barreau de Caen) et Chambay, av.

leur office ou du service ou mandat public qu'ils remplissent, à l'abri des poursuites pour diffamation, injure ou outrage, sans qu'on ait à leur faire application de l'immunité résultant de l'art. 41.

§ 2. — *Des pouvoirs accordés aux juges du fond pour la répression des discours ou écrits diffamatoires, injurieux ou outrageants qui bénéficient de l'immunité parce qu'ils sont relatifs à la cause où ils sont prononcés ou produits.*

1401. L'art. 41, § 3, de la loi de 1881, tout en déclarant que les discours prononcés ou les écrits produits devant les tribunaux ne donneront lieu à aucune action en diffamation, injure ou outrage, n'affranchit pas cependant de toute responsabilité les auteurs des imputations diffamatoires, injurieuses ou outrageantes couvertes par cette immunité. Il les soumet à un système spécial de répression, qui consiste dans la faculté donnée aux juges saisis du fond du procès où ces imputations se sont produites : 1° de prononcer la suppression des discours injurieux, outrageants ou diffamatoires ; 2° de condamner à des dommages-intérêts à qui il appartiendra ; 3° de faire les injonctions aux avocats et aux officiers ministériels et même de les suspendre de leurs fonctions pendant un temps déterminé.

1402. — I. Suppression des discours ou écrits injurieux, outrageants ou diffamatoires. — L'art. 23 de la loi de 1819, empruntant à l'art. 1036 c. proc. civ. la mesure que cet article établit par voie de disposition générale, autorisa les juges à ordonner la suppression des écrits injurieux, outrageants ou diffamatoires produits devant eux et bénéficiant de l'immunité à raison de leur circonstance et de leur relation avec l'objet du procès. — Ni l'art. 1036 c. proc. civ., ni l'art. 23 de la loi de 1819 ne parlaient des discours. C'était, par suite, un point controversé que le pouvoir des juges d'ordonner la suppression des discours, et notamment des plaidoiries écrites des avocats (*Rép.* n° 1263. V. pour l'affirmative, Bordeaux, 7 août 1844, aff. Ballanger, D. P. 45. 2. 83 et *Rép.* n° 1218).

L'art. 41, § 3, de la loi de 1881 tranche la question en disposant que les juges pourront ordonner la suppression « des discours injurieux, outrageants ou diffamatoires » (D. P. 81. 4. 81, note 1, col. 2).

1403. Cet article gardant le silence à l'égard des écrits, on en a conclu que les tribunaux ne pouvaient plus prononcer leur suppression, le cas échéant, qu'en vertu de la disposition générale de l'art. 1036 c. proc. civ. (Trib. civ. Seine, 10 déc. 1884, *Gaz. des trib.* du 18 décembre). Mais l'opinion contraire est généralement admise. Elle se fonde sur ce que l'art. 41, § 4, reproduit la disposition de l'art. 32 de la loi du 17 mai 1819. Cet article ne parle pas, d'ailleurs, de la suppression des discours *prononcés*, mais de celle des discours, ce qui s'entend aussi bien des discours écrits que des discours parlés. En outre, la distinction serait injustifiable, la suppression se comprenant mieux encore pour les écrits que pour les paroles. C'est en ce sens que se sont exprimés M. Lisbonne dans son rapport et M. Ninard dans la discussion au Sénat. Dans le système contraire, il faudrait aller jusqu'à dénier au juges du fond le pouvoir d'accorder des dommages-intérêts et de prononcer des peines disciplinaires quand il s'agirait d'écrits, l'art. 1046 c. proc. civ. ne leur conférant pas ce pouvoir, qui ne concernerait que les discours, en vertu de l'art. 41 (Conf. Fabreguettes, t. 2, n° 1740 ; Dutruc, n° 324 ; Barbier, t. 2, n° 792, p. 292).

1404. Au surplus, l'art. 1036 c. proc. civ. reste appli-

cable dans certains cas où la disposition de l'art. 41 serait insuffisante. C'est ainsi que les juges pourraient, en vertu de cet article, ordonner la suppression d'un écrit renfermant un outrage prévu par l'art. 222 ou l'un des articles suivants du code pénal, tandis que l'art. 41, § 3, en autorisant la suppression pour les cas d'imputations diffamatoires injurieuses ou outrageantes ne se réfère qu'aux faits d'outrages prévus par la loi de la presse (V. *supra,* n° 1402. Conf. Barbier, *loc. cit.*).

1405. — 1° *Juges qui peuvent ordonner la suppression.* — L'art. 41, § 3, de la loi de 1881, reproduisant, à l'égard des discours, injurieux, outrageants ou diffamatoires prononcés en justice, les expressions dont l'art. 23 de la loi de du 17 mai 1819 se servait à l'égard des écrits, dispose que les juges pourront ordonner la suppression de ces discours, en statuant sur le fond. On en a conclu que ce pouvoir de la contestation principale, et n'appartenait pas au juge saisi d'un incident, à celui qui se déclarerait incompétent (de Grattier, t. 1, p. 244 ; Rousset, n° 2409 ; Cons. d'Et. 19 janv. 1860, aff. Schultess, D. P. 63. 3. 62). — Cette opinion n'est pas fondée. Malgré les expressions dont il s'agit, il est certain que le juge peut user du pouvoir de répression que lui confère la disposition précitée, même lorsqu'il n'a à statuer que sur une question étrangère au fond du procès, par exemple, sur une question de compétence ou toute autre exception, ne soulevât-elle qu'un simple incident : le fond s'entend ici de l'affaire à laquelle se rapporte le discours par opposition à la diffamation ou à l'injure et à l'outrage qui peuvent motiver la suppression. Autrement, il faudrait décider que la cour de cassation, qui ne connaît jamais du fond des affaires, ne pourra jamais prononcer la suppression d'un mémoire diffamatoire ou injurieux produit devant elle. Alors même que le juge n'est pas saisi de la question principale, ses attributions lui permettent de juger l'incident porté devant lui ou de déclarer son incompétence. Il statue alors sur le fond au sens de l'art. 41, il prononce un jugement relatif au litige pendant devant lui. Cela suffit pour qu'il puisse en même temps ordonner la suppression du discours ou de l'écrit diffamatoire (*Rép.* n° 1260. Conf. Barbier, t. 2, n° 795, p. 298). Il a été jugé, en ce sens, à l'époque où la suppression des écrits était régie par la loi de 1819, que la cour de cassation peut ordonner la suppression d'un mémoire injurieux produit devant elle, bien qu'elle ne connaisse pas du fond des affaires où un pourvoi lui a été déféré (Crim. cass. 26 août 1837, *Rép.* n° 1269). Décidé, de même : 1° que les écrits ou discours diffamatoires ou injurieux peuvent donner lieu soit à la suppression, soit à des dommages-intérêts, quoique les juges ne soient saisis que d'une question de compétence (Crim. rej. 22 août 1851, aff. Capo de Feuillide, D. P. 51. 5. 419) ; — 2° Que l'art. 23 de la loi du 17 mai 1819 doit être interprété en ce sens que le tribunal appelé à prononcer la suppression d'écrits ou mémoires en statuant sur le fond, doit s'entendre du tribunal qui statue définitivement sur le litige à l'occasion duquel la production de ces écrits ou mémoires a été faite alors même qu'il s'agirait d'une demande incidente à l'action principale encore pendante (Lyon, 24 juin 1871) (1). Cette solution concorde avec l'opinion suivant laquelle l'immunité prévue par l'art. 41 s'étend aux discours et aux écrits prononcés ou produits même devant les juridictions d'instruction et les juges de paix tenant le bureau de conciliation (V. *supra,* n° 1381).

1406. Le pouvoir de suppression dont on s'occupe appartient à tous les tribunaux, civils ou criminels, ordinaires ou d'exception (*Rép.* n° 1270). Ainsi, il peut être

(1) (François des Guidi C. héritiers des Guidi.) — La cour ;... — Sur la demande en suppression du mémoire publié par François Guidi : — Attendu que François Guidi oppose à cette demande une fin de non-recevoir tirée de ce qu'il ne s'agit, dans la cause, que d'un incident de partage et de liquidation, ce qui, aux termes de l'art. 23 de la loi du 17 mai 1819, ne permettrait pas à la cour de statuer quant à présent du moins sur cette question ; — Considérant qu'à la vérité, l'article ci-dessus indiqué veut que le tribunal, saisi d'une demande en suppression d'écrits ou mémoires, décide la suppression en statuant sur le fond ; — Mais que ces expressions *statuer sur le fond,* doivent s'entendre de ce qui fait l'objet de la contestation en dehors de la diffamation et de l'injure, et qu'il suffit, pour que le vœu de la loi soit

accompli, que le juge ait plus à revenir sur le point du litige spécialement agité devant lui ; — Qu'ainsi, dans l'espèce, en ce qui concerne la validité du mariage contesté, et la prétention de qui François à la moitié de la part revenant aux héritiers d'André, la cour statue réellement au fond dans ce sens attribué à ces mots par la loi particulière dont l'application est demandée ; — Par ces motifs, sur la question de validité du mariage, rejette la déclinatoire proposé par François Guidi ; dit qu'il a été bien jugé ; — Confirme, etc. ; — Ordonne la suppression du mémoire imprimé portant au procès sous la signature de François Guidi, et à la date du 15 nov. 1870, etc.

Du 24 juin 1871.-C. de Lyon, 1re ch.-MM. Baudrier, pr.-de Prandière, av. gén.-Dubost et Mathevon, av.

exercé par le Sénat constitué en cour de justice; par les tribunaux de commerce (*Rép.* n° 1270) ; par les juges de paix (V. *suprà*, n° 1380).

1407. Le même droit appartient aux tribunaux administratifs : au conseil d'Etat (Cons. d'Et. 19 janv. 1860, aff. Schulten, D. P. 63. 3. 62 ; 30 janv. 1862, aff. Dubrulle, D. P. 62. 3. 28 ; 18 avr. 1866, aff. De Colmont; 12 juill. 1866, aff. Dame Adeline ; 28 juill. 1866, aff. Elect. de Sénozan ; 19 mai 1868, aff. Soupault, D. P. 69. 3. 63. 87 et 98 ; 6 nov. 1880, aff. Izard, D. P. 82. 3. 37 ; 1er juill. 1881, aff. Elect. d'Anet et aff. Elect. de Salons-la-Tour ; 13 janv. 1882, aff. Elect. de Paussac ; 31 mars 1882, aff. Elect. de Siguet ; 4 août 1882, aff. Elect. de Villeneuve-des-Chanoines, D. P. 84. 5. 399 et 400; 22 févr. 1884, aff. Elections de Puylaurens, D. P. 85. 3. 85 ; 16 juill. 1886, aff. Commune de Saint-Loup, D. P. 87. 3. 124 ; 25 févr. 1887, aff. Elect. d'Hyet, D. P. 88. 5. 384 ; 20 janv. 1888, aff. Gardès, D. P. 89. 3. 28 ; 29 mars 1889, aff. Elect. d'Arcueil-Cachan, D. P. 90. 3. 69 ; 27 juill. 1889, aff. Elect. de Siméac, D. P. 91. 3. 26 ; Trib. des conflits, 20 juill. 1889, aff. Jumel de Noireterre, D. P. 91. 3. 11) ; au tribunal des conflits, aux conseils de préfecture (Cons. d'Et. 30 janv. 1862 précité, D. P. 62. 3. 28 ; Cons. préf. Seine, 20 avr. 1880, aff. Patry, D. P. 80.3.71). — Toutefois, il n'appartient pas aux tribunaux administratifs de statuer sur la suppression des passages injurieux que contiendraient les mémoires produits devant eux, lorsque la demande de suppression n'est qu'un incident d'un litige principal dont ils ont été incompétemment saisis (Cons. d'Et. 19 janv. 1860, précité, D. P. 63. 3. 62).

1408. Quant aux arbitres constitués en tribunal arbitral, il a été jugé que la partie qui prétend avoir à se plaindre d'un mémoire produit par son adversaire, devant les arbitres, juges de leur contestation, ne peut en demander la suppression qu'à la juridiction ordinaire, et seulement après le jugement du fond de la contestation par les arbitres juges (Paris, 23 juin 1825, *Rép.* n° 1272).

1409. Le pouvoir de suppression n'appartient pas aux magistrats devant lesquels il n'y a ni publicité, ni débats, et, par exemple, à la Chambre des mises en accusation (Crim. cass. 18 oct. 1821 et 7 déc. 1821, *Rép.* n° 1178, et v° *Instruction criminelle*, n° 1048 ; Bastia, 27 déc. 1834, *Rép.* n° 1179, et v° *Compétence criminelle*, n° 622-2). Toutefois, lorsque la chambre d'accusation déclare qu'il n'y a lieu de poursuivre, soit parce qu'il n'y a point de charges suffisantes contre l'inculpé, soit parce que le fait incriminé ne constitue ni délit, ni contravention, aucun tribunal ne devant être saisi, après cette chambre, du fait qui lui était déféré, c'est elle-même qui doit ordonner la suppression des écrits diffamatoires produits devant elle (*Rép.* n° 1180. — V. *suprà*, n° 1381).

1410. Il a été jugé que la compétence du président du tribunal pour le règlement des qualités ne s'étend pas au jugement de la demande en suppression, pour cause d'injure, des conclusions déposées à l'appui d'une opposition à ces qualités. En pareil cas, il y a lieu de renvoyer l'incident au tribunal entier (Ordon. prés. trib. Redon, 1er févr. 1869, aff. M. G..., D. P. 69. 3. 103). Cette décision est critiquée par M. Barbier (t. 2, n° 795, p. 299). En effet, dit cet auteur, une fois « que le jugement est rendu et que ses qualités sont réglées, le tribunal est complètement dessaisi et n'a plus à statuer sur le fond. La demande en suppression qui est portée devant lui constitue alors une action principale et séparée : or un écrit protégé par les immunités de la défense ne peut être supprimé que par les juges du fond ».

1411. — 2° *Suppression des discours ou des écrits.* — En vertu de l'art. 41 de la loi de 1881, les tribunaux peuvent ordonner la suppression de tous discours et de tous écrits prononcés ou produits devant eux, par cela seul qu'ils sont

injurieux, outrageants ou diffamatoires, sans qu'il y ait à distinguer entre les discours ou écrits relatifs à la cause et ceux qui y sont étrangers, ni entre les discours ou écrits concernant les parties en cause et ceux qui sont de nature à causer des dommages aux tiers (*Rép.* n° 1259). Jugé, en ce sens : 1° que le conseil d'Etat peut prononcer la suppression des écrits injurieux pour les tiers, qui sont produits dans les instances suivies devant lui (Cons. d'Et. 6 mai 1880, aff. Izard, D. P. 82. 3. 37) ; — 2° Que, d'après l'art. 1036 c. proc. civ., il appartient au conseil d'Etat de prononcer, même d'office, la suppression d'une partie d'un mémoire produit à l'arrêté lui est déféré (Cons. d'Et. 25 févr. 1887, aff. Elect. d'Hyet, D. P. 88. 5. 384).

1412. Il suffit, dès lors, pour justifier la suppression, que les tribunaux déclarent que les faits articulés dans les écrits produits sont injurieux (Cass. 14 juin 1854, aff. Deschamps, D. P. 54. 1. 389). A cet égard, le pouvoir discrétionnaire que la cour de cassation reconnaît aux tribunaux est fort étendu. Il a été jugé : 1° que le pouvoir accordé aux tribunaux d'ordonner la suppression des écrits produits devant eux, lorsqu'ils sont injurieux ou diffamatoires, et d'accorder des dommages-intérêts, à raison de ces écrits, accessoirement au procès qui leur est soumis, est subordonné à la simple déclaration du caractère injurieux ou diffamatoire de l'écrit supprimé; qu'il n'est pas nécessaire qu'il soit constaté, en outre, que les imputations ayant motivé la suppression eussent été de nature à servir de base à une action en diffamation, si elles n'avaient pas été couvertes par les immunités de la défense (Req. 6 juill. 1864, aff. Marcand, D. P. 65. 1. 87) ; — 2° Que la suppression prononcée par les juges du fond est suffisamment justifiée par la déclaration que les écrits produits au procès offrent une série d'allégations inexactes, irréfléchies, exagérées et par là, de nature à blesser le caractère honorable des parties en cause (Civ. rej. 24 juill. 1867) (1). — 3° Qu'un mémoire ou écrit versé dans un procès est, en vertu de la disposition générale et absolue de l'art. 1036 c. proc. civ., passible de suppression, avec impression et affiche du jugement, par cela seul qu'il paraît, aux juges saisis de la cause, excessif, irrévérencieux ou inconvenant, alors même qu'il ne présenterait pas le caractère légal de la diffamation ou de l'injure (Crim. rej. 28 juill. 1870, aff. Bergerand et de Fouchécourt, D. P. 72. 1. 156. V. encore Req. 6 juin 1882, aff. Lacotte et Varenne, D. P. 83. 1. 49).

1413. Sur la question de savoir si l'écrit ou le discours dont on demande la suppression a un caractère injurieux ou diffamatoire de nature à motiver cette mesure, il a encore été jugé : 1° que l'allégation, contre une personne, d'avoir tel jour, en pleine connaissance de cause, chassé sans permission sur le terrain d'autrui, est avec raison considérée comme une imputation injurieuse et diffamatoire, de nature à motiver la suppression du mémoire judiciaire qui la renferme (Crim. rej. 4 août 1865, aff. Pineau, D. P. 66. 5. 366) ; — 2° Que les juges peuvent ordonner la suppression d'un mémoire diffamatoire envers l'adversaire et outrageant pour la mémoire de son épouse prédécédée (Lyon, 9 févr. 1872, aff. Dumolin, D. P. 73. 1. 468). — Jugé, d'autre part, que le mari, qui se fonde sur le second mariage contracté par sa femme après leur séparation de corps pour réclamer la remise des enfants confiés primitivement à celle-ci, ne peut pas demander la suppression du nom du second mari pris par la femme dans sa requête d'appel (Paris, 4 janv. 1876, aff. De Bauffremont, D. P. 78. 2. 68). Décidé encore que, lorsqu'une pièce produite devant le conseil d'Etat ne renferme pas d'imputations injurieuses ou diffamatoires caractérisées, quelques regrettables écarts de langage ne suffisent pas pour en faire

(1) (Syndic Lartigue C. Lefèvre et Tiphaine.) — Le 27 août 1864, arrêt de la cour de la Réunion ainsi conçu :... « En ce qui touche la demande en suppression des mémoires publiés sous le nom de Lacaze et signés Lesfauris : — Attendu que ces écrits, conçus en des termes qui s'écartent de la saine discussion des faits, la seule permise en justice, offrent encore dans leur ensemble une série d'allégations inexactes, irréfléchies, exagérées et par là de nature à blesser les caractères honorables des diverses parties en cause ;... Ordonne la suppression, etc... » — Pourvoi en cassation par le syndic Lacaze :... 3° Violation de l'art. 23 de

la loi du 26 mai 1819, et excès de pouvoirs, en ce que l'arrêt a ordonné la suppression de mémoires sans déclaration, dans les motifs, qu'ils fussent injurieux ou diffamatoires.

La cour ; — Sur le troisième moyen : — Attendu que l'arrêt attaqué qualifie et caractérise certains passages des mémoires produits par le demandeur dans des termes qui suffisent pour en expliquer et en justifier la suppression ;... Par ces motifs, rejette, etc.

Du 24 juill. 1867.-Ch. civ.-MM. Pascalis, pr.-Aylies, rap.-Blanche, av. gén., c. conf.-Hérold, Brugnon et Guyot, av.

ordonner la suppression (Cons. d'Et. 27 mai 1892, aff. Pétichet, D. P. 93. 3. 82).

1414. Le pouvoir discrétionnaire qui appartient aux juges du fond leur permet d'ordonner ou de refuser, suivant la gravité des circonstances, la suppression des écrits produits devant eux (Crim. cass. 17 juin 1817, *Rép.* n° 1274 et *ibid.*, v° *Commune*, n° 1770; Req. 8 mai 1876, aff. Desquiers, D. P. 76. 1. 259). Décidé, notamment, que bien que certains passages d'une requête contiennent l'allégation de faits de nature à porter atteinte à la considération d'une partie, cependant la cour peut rejeter la demande en suppression de ces passages s'ils sont indispensables pour faire connaître les faits de la cause et justifier les conclusions prises contre la partie (Req. 19 juin 1888, aff. Guégan, D. P. 88. 1. 449). — Il appartient également aux juges de n'ordonner que la suppression partielle de l'écrit produit en justice, en la faisant porter seulement sur les passages diffamatoires ou injurieux de cet écrit, par exemple, sur un passage de l'assignation blessant pour le défendeur (Arrêt précité du 17 juin 1817). Jugé, dans le même sens, que lorsqu'une partie demande qu'il lui soit donné acte de ses réserves relatives à certains passages du mémoire en défense et des annotations marginales ajoutées par la partie adverse sur sa propre requête, le conseil d'Etat peut se borner à ordonner la suppression desdits passages, s'il estime qu'il sera ainsi fait une suffisante réparation du tort causé de ce chef au concluant (Cons. d'Et. 13 janv. 1882, aff. Elect. de Paussac, D. P. 84. 5. 400).

1415. Au point de vue de la détermination du caractère injurieux, outrageant ou diffamatoire d'un discours ou d'un écrit produit en justice, on considère comme applicable le principe suivant lequel, en matière de diffamation, l'intention de nuire ressort suffisamment de la déclaration de culpabilité du prévenu, sans qu'il soit besoin que le juge du fait constate explicitement cette intention (Crim. rej. 4 août 1865, aff. Pineau, D. P. 66. 5. 368). L'insertion, dans un mémoire sur un procès, d'imputations diffamatoires de leur nature, a pu néanmoins être considérée comme ayant été effectuée sans intention de nuire, lorsque ce mémoire et les pièces qu'il reproduit n'ont reçu aucune publicité en dehors de la communication aux avocats de la cause et de la distribution aux magistrats appelés à statuer sur la contestation (Crim. rej. 4 mai 1865, aff. Schoenfeld, D. P. 65. 1. 247).

1416. Le pouvoir de suppression qui appartient aux tribunaux s'étend à tous les écrits produits en justice. La suppression peut donc s'appliquer à des écrits qui n'ont pas été signifiés et non signés ni d'un avocat, ni d'un avoué, la production en justice étant possible en l'absence de ces formalités (V. *suprà*, n°s 1376, 1392 et suiv.; Req. 22 nov. 1809; Bordeaux, 27 mars 1833; Rennes, 26 janv. 1835, *Rép.* n° 1261-1°, 2° et 3°, et *ibid.*, v° *Défense*, n° 239). Jugé que l'exercice du droit de suppression n'est pas subordonné à la condition que l'écrit ait été directement produit en justice; il suffit que les juges en aient eu connaissance à l'occasion de la cause, et qu'il soit certain que sa publication a eu pour objet d'influer sur la décision du procès (Crim. rej. 28 juill. 1870, aff. Bergerand et de Fouchécourt, D. P. 72. 1. 156). — Toutefois, la suppression d'un mémoire ne peut être ordonnée, sur la demande qui en est formée incidemment à une demande principale, lorsque ce mémoire n'a pas été distribué aux membres du tribunal et qu'il ne fait pas partie des pièces du procès (Rouen, 7 mars 1835, *Rép.* n° 1262, et *ibid.*, v° *Avocat*, n° 357);... Même décision à l'égard d'un mémoire qui, déposé à la préfecture, n'a cependant pas été produit en justice (Poitiers, 16 janv. 1849, aff. Deladvignières, D. P. 50. 2. 47). Jugé aussi qu'un tribunal peut refuser d'ordonner la suppression d'un mémoire produit, si ce mémoire n'a pas été imprimé en un nombre d'exemplaires supérieur à celui qui était nécessaire à l'instruction du procès (Req. 10 mai 1870, aff. Beurdeley, D. P. 71. 1. 60).

1417. Le pouvoir de suppression qui appartient aux tribunaux ne peut pas s'exercer sans aucune réserve à l'égard de tous les écrits produits devant eux. Ainsi il n'appartient pas aux tribunaux d'ordonner la suppression d'un passage prétendu diffamatoire d'un testament notarié, les dispositions de lois relatives aux écrits injurieux ou diffamatoires produits devant les tribunaux ne pouvant s'étendre aux clauses ou déclarations formant la substance des actes authentiques (Req. 7 mars 1876, aff. Pinson, D. P. 77. 1. 253). Il a été jugé aussi que l'art. 23 de la loi du 17 mai 1819, qui permet aux parties de demander et aux tribunaux de prononcer la suppression des écrits injurieux ou diffamatoires produits en justice, ne peut être appliqué à une lettre écrite par un maire au préfet et à une délibération du conseil municipal d'une commune, produites à l'appui du mémoire en défense présenté au nom de cette commune dans une instance devant le conseil d'Etat (Cons. d'Et. 19 mars 1868, aff. Soupault, D. P. 69. 3. 98). — Cette dernière décision n'est pas à l'abri des critiques; car il ne s'agit plus ici de pièces authentiques consultées au procès, mais de documents rédigés en vue du procès lui-même (V. D. P. *ibid.*, note. Comp. Barbier, t. 2, n° 792, p. 294).

1418. De ce que la production en justice est la condition du pouvoir de suppression qui appartient aux juges, en vertu de l'art. 41 de la loi de 1881, il résulte que la suppression ne peut pas être prononcée, en cas de désistement de l'instance principale au cours de laquelle le discours a été prononcé ou l'écrit produit (*Rép.* n° 1267);... ni lorsque la partie qui a fait la production retire le document produit. Jugé, en ce sens : 1° qu'il n'y a pas lieu d'ordonner la suppression d'une pièce injurieuse pour la partie qui s'en plaint, lorsque la partie qui l'avait produite a déclaré la retirer du débat et n'entende s'en prévaloir (Cons. d'Et. 12 juill. 1866, aff. Dame Adeline, D. P. 69. 3. 87); — 2° Qu'il n'y a pas lieu, pour le conseil d'Etat, de statuer sur les conclusions d'une partie tendant à la suppression de certains passages d'un mémoire produit par son adversaire, alors que celui-ci a déclaré retirer ces passages (Cons. d'Et. 1er juill. 1881, aff. Elect. d'Anet, D. P. 84. 5. 400. V. aussi Cons. d'Et. 4 août 1882, aff. Elect. de Villeneuve-les-Chanoines, D. P. 84. 5. 400). Il a même été jugé que, dans une affaire introduite devant le conseil d'Etat par le ministère d'un avocat près ce conseil, si l'avocat d'une partie a déclaré, en produisant une pièce émanée de son client, qu'il ne s'appropriait pas une certaine partie de cette pièce, il n'y a pas lieu, pour le conseil d'Etat, de statuer sur les conclusions prises par l'Administration, mise en cause dans l'instance, à l'effet de faire supprimer, comme injurieuse pour elle, la pièce dont il s'agit (Cons. d'Et. 18 avr. 1866, aff. De Colmont, D. P. 69. 3. 63).

1419. — 3° *Exercice du pouvoir de suppression soit d'office, soit sur la demande des intéressés.* — La suppression des écrits injurieux, outrageants ou diffamatoires est autorisée par la loi aussi bien dans l'intérêt des parties que dans des vues d'ordre public. Il en résulte qu'elle peut être ordonnée soit sur la demande de la partie qui a été outragée, injuriée ou diffamée, soit sur les conclusions du ministère public, soit même d'office par le tribunal (*Rép.* n° 1264 et 1265).

Jugé, en ce qui concerne la demande à fin de suppression formée par une partie : 1° que la personne diffamée peut faire ordonner la suppression de l'écrit jugé diffamatoire ou des passages de cet écrit qui ont ce caractère (Amiens, 24 avr. 1884, aff. Pourcelle-Violette, D. P. 85. 2. 109); — 2° Qu'une partie est recevable à demander au conseil de préfecture et, en appel, au conseil d'Etat, la suppression des passages injurieux d'un mémoire produit devant le conseil de préfecture (Cons. d'Et. 16 juill. 1886, aff. Commune de Saint-Loup, D. P. 87. 3. 124); — 3° Qu'une partie est recevable à demander au conseil d'Etat la suppression des passages injurieux contenus dans un mémoire d'un adversaire (Cons. d'Et. 20 janv. 1888, aff. Gardès, D. P. 89. 3. 28). — Décidé, toutefois, qu'une partie en cause devant le conseil d'Etat n'est pas recevable à demander qu'un jugement soit rejeté du débat, lorsque ce jugement ne la concerne pas, et ne peut, dès lors, lui faire grief (Cons. d'Et. 31 mars 1882, aff. Elections de Siguer, D. P. 84. 5. 400).

1420. Lorsque l'imputation injurieuse ou diffamatoire est dirigée contre l'une des parties plaidantes dans le débat principal, celle-ci forme sa demande en suppression du discours ou de l'écrit qui lui porte préjudice par voie de conclusions incidentes, dans la forme usitée devant la juridiction qui est saisie du fond. Que doit-on décider lorsque cette imputation, d'ailleurs relative à la cause, atteint une tierce personne, notamment un avocat, un avoué, un témoin, un expert, ou toute autre personne ayant la qualité de fonctionnaire ou simple particulier, étrangère au procès ou du moins n'y figurant pas comme partie en cause? Cette personne n'a pas l'action en diffamation, puisqu'il ne s'agit pas de discours ou d'écrits étrangers à la cause. Son intervention ne sera pas toujours justifiée en vertu du droit commun; elle est même impossible en vertu de l'art. 466 c. proc. civ., s'il s'agit d'imputations produites en appel; car cet article n'autorise aucune intervention devant les juges d'appel, si ce n'est de la part de ceux qui auraient droit de former tierce opposition. Cependant les tiers étrangers au procès doivent être, mieux que les parties elles-mêmes, protégés contre les attaques que les ardeurs de la lutte n'excusent pas, à leur égard, au même degré. On admet donc que l'art. 41, en attribuant, au juge du fond une compétence spéciale dans des termes qui sont applicables aux tiers aussi bien qu'aux parties, autorise dans tous les cas leur intervention (Conf. Barbier, t. 2, n° 794, p. 297). L'intervention de tiers concluant à la suppression d'écrits diffamatoires ou injurieux est donc recevable devant les juridictions répressives (Crim. rej. 19 juill. 1851, aff. Recepon, D. P. 51. 5. 417) et devant les tribunaux civils (Req. 7 nov. 1838, cité par Barbier, *ibid.*; 2 juill. 1866, aff. Maillet, D. P. 66. 1. 430; Lyon, 13 janv. 1870) (1). Elle est recevable en première instance (Mêmes arrêts) et aussi en appel, nonobstant la disposition de l'art. 466 c. proc. civ. (Req. 10 févr. 1869, aff. Savidan, D. P. 70. 1. 135).

1421. La suppression peut, en outre, être demandée par le ministère public, en dehors de toute initiative de la personne lésée. Spécialement, lorsqu'un mémoire, produit en réponse aux conclusions du ministère public, contient des termes diffamatoires pour un avocat de la cause, le ministère public peut demander la suppression de ce mémoire, bien que l'avocat diffamé n'ait pris aucunes conclusions à cet égard (Rennes, 12 juin 1834, *Rép.* n° 1264).

1422. En ce qui concerne les tiers, V. *infrà*, nos 1475 et suiv.

1423. Enfin la suppression peut également être ordonnée d'office par le juge; c'est ce que déclare formellement l'art. 1036 c. proc. civ., auquel n'ont dérogé ni l'art. 23 de la loi de 1819, qui en reproduisait la disposition, ni l'art. 41 de la loi du 29 juill. 1881 (V. *suprà*, nos 1402 et suiv.; Req. 17 mars 1808, *Rép.* n° 1205 et *ibid.*, v° *Cassation*, n° 118; Cons. d'Et. 6 nov. 1880, aff. Izard, D. P. 82. 3. 37; 1er juill. 1881, aff. Elections de Salons-la-Tours, D. P. 84. 5. 399; Bastia, 8 févr. 1888, aff. Agostini, D. P. 88. 2. 317).

1424. Les juges ne peuvent ordonner la suppression qu'en statuant sur le fond. Ils ne peuvent donc statuer que par un seul et même jugement tant sur la suppression que sur le litige lui-même, soit au fond, soit en vidant une question incidente, soit en déclarant leur incompétence (V. *suprà*, n° 1405, Conf. de Gratier, t. 1, n° 241; Barbier, t. 2, n° 795, p. 298).

1425. — 4° *Modes de suppression.* — Le mot *suppression*, de l'art. 41, doit s'entendre, non d'une destruction matérielle, mais d'une simple suppression des actes dans leur application à la cause (*Rép.* n° 1275, Conf. Barbier, t. 2, n° 292, p. 294). Cependant il a été jugé, en sens contraire, que la suppression doit s'entendre d'un acte matériel, et que les tribunaux peuvent, dès lors, ordonner la radiation des termes contraires au respect et à l'obéissance qui leur

est due, insérés dans des actes signifiés (Paris, 7 août 1810, *Rép.* n° 1275). — La suppression matérielle est, en effet, impossible pour les discours parlés; elle ne peut consister que dans un blâme à la partie ou à son défenseur. Elle n'est pas possible quant il s'agit des clauses diffamatoires ou injurieuses d'un écrit formant titre. Elle est inutile dans tous les cas, puisque les écrits qu'elle atteint n'ont reçu que la publicité de l'audience et ne seraient plus couverts par l'immunité, ni par conséquent à l'abri d'une poursuite pour diffamation ou pour injure s'ils recevaient une publicité extérieure.

1426. Le tribunal peut encore décider que les écrits supprimés seront remis à la partie adverse ou déposés au greffe, pour que le greffier appose en marge, et en regard du passage supprimé, la mention suivante : « supprimé par jugement du tribunal » (Trib. La Rochelle, 21 août 1873, aff. Princesse de Craon, D. P. 75. 1. 226-227).

1427. La suppression d'un écrit diffamatoire peut être ordonnée, non seulement dans la citation qui le renferme, mais aussi dans les qualités du jugement qui reproduit la citation (Req. 10 févr. 1869, aff. Savidan, D. P. 70. 1. 135).

1428. La suppression des écrits injurieux ou diffamatoires produits dans une instance devant le conseil d'Etat peut, s'il y a lieu, être accompagnée de l'expression formelle d'un blâme (Cons. d'Et. 28 juill. 1866, aff. Elections de Sénozan, D. P. 69. 3. 98).

1429. Lorsqu'un tribunal prononce la suppression d'un écrit diffamatoire produit devant lui, dans un procès dont il est saisi, l'impression de son jugement, qu'il est libre d'ordonner avec ou sans affiche, doit être faite dans les bornes, s'il a été décidé qu'elle aurait lieu sans affiche (Req. 14 juin 1854, aff. Deschamps, D. P. 54. 1. 389). Mais le juge, et notamment un conseil de préfecture, après avoir ordonné la suppression, dans un mémoire, de passages injurieux, ne peut ordonner que son arrêté sera imprimé aux frais de la partie, dans le même format que ce mémoire, et à un certain nombre d'exemplaires qui seront déposés au greffe du conseil chargé d'en faire la distribution (D. P. 75. 3. 100, note 4)

1430. On a vu au *Rép.* n° 1279 que la suppression ne met obstacle ni à l'action publique, ni à l'action civile, dans le cas où ces actions peuvent s'exercer, notamment à raison d'une diffamation en justice non couverte par l'immunité judiciaire. Jugé, en ce sens, sous l'art. 377 du code pénal de 1810, que le droit attribué aux magistrats, par l'art. 377 de ce code, de prononcer la suppression des écrits ou mémoires produits devant eux et contenant des imputations calomnieuses, n'exclut pas le droit des parties de déférer ultérieurement ces mêmes écrits aux tribunaux compétents (Crim. rej. 17 févr. 1818, *Rép. ibid.*).

1431. — II. Dommages-intérêts. — Le droit de suppression n'a pas été considéré comme étant, dans tous les cas, une compensation à l'immunité judiciaire, suffisante pour sauvegarder les intérêts privés atteints par des discours ou par des écrits prononcés ou produits en justice. En conséquence, l'art. 23 de la loi du 17 mai 1819 autorisait les tribunaux, non seulement à user, le cas échéant, du droit de suppression des discours ou des écrits jouissant de l'immunité, mais encore à « condamner qui appartiendra à des dommages-intérêts » (*Rép.* p. 406). La même disposition se retrouve textuellement dans l'art. 41 de la loi de 1881 (D. P. 81. 4. 82, note 1).

---

(1) Durand et Vial C. Damour.) — Jugement du tribunal de Lyon ainsi conçu : — « Sur la demande incidente de Me Damour, avoué dans la cause : — Attendu que Me Damour, avoué des consorts Vial, intervenant personnellement et régulièrement, demande la suppression des mémoires imprimés ou manuscrits produits par Durand comme contenant des articulations injurieuses et diffamatoires envers lui, par application de l'art. 23 de la loi du 17 mai 1819; — Attendu que, dans la cause, Me Damour n'est point un tiers, et que l'application de l'article précité le rend recevable; — Attendu que les mémoires dont il s'agit se rattachent à la cause et contiennent, en effet, une discussion des faits du procès; — Que, par les termes exprimés aux mémoires, Durand accuse Me Damour d'être l'organisateur du procès, de mauvaise foi, d'erreurs volontaires sur des faits faux, et enfin de n'avoir fait ce procès que par haine et vengeance contre Durand, et non dans l'intérêt de ses clients; — Attendu que ces articulations sont, en effet, tout à la fois injurieuses et diffamatoires; que la susceptibilité de Me Damour est légitime, alors que, jouis-

sant d'une honorabilité incontestée, de la confiance du tribunal, ainsi qu'il la mérite, il a été attaqué par d'outrageuses imputations; — Que c'est parce que Me Damour comprend les devoirs de son ministère et avait obéi à ses inspirations d'honnête homme, qu'il ne s'est pas borné au strict accomplissement d'actes de procédure dans un procès grave et délicat, mais s'est fait le tuteur de ses clients pour soutenir leurs droits, pour rechercher les torts de leurs adversaires, les moyens employés pour causer le dommage consommé; — Attendu que la demande principale est fondée et la faute commune; que la demande incidente l'est aussi; — Par ces motifs, statuant sur la demande incidente de Me Damour, recevant celui-ci intervenant, ordonne la suppression de la note imprimée, etc. ». — Appel par Armand Vial et Durand.

La cour; — En ce qui concerne l'incident et la demande contre Me Damour : — Adoptant les motifs des premiers juges; — Confirme, etc.
Du 13 janv. 1870. -C. de Lyon, 1re ch.

1432. Le droit qui appartient ainsi aux tribunaux de condamner qui il appartiendra à des dommages-intérêts, comme réparation du préjudice résultant d'imputations diffamatoires, d'injures et d'outrages couverts par l'immunité judiciaire (V. *suprà*, n° 1371), doit leur être reconnu, à plus forte raison, lorsqu'il s'agit d'imputations qui ne bénéficient pas de l'immunité (*Rép.* n° 1283). C'est ce que nous avons admis *suprà*, n° 1411, relativement à l'exercice du droit de suppression. — Cependant, il y a une différence essentielle, au point de vue de l'exercice de l'action de la partie lésée et de la compétence du tribunal appelé à statuer sur les dommages-intérêts, entre le cas où l'imputation diffamatoire, outrageante ou injurieuse bénéficie de l'immunité et le cas inverse. En effet il a été jugé, dans la première hypothèse, que les dommages-intérêts auxquels peut avoir droit la partie diffamée ou injuriée dans un discours prononcé ou dans un écrit produit en justice, alors même que les imputations dont elle se plaint ne lui donneraient aucune action pour diffamation ou injure, ne peuvent être alloués qu'incidemment à la contestation où ces imputations se sont produites et par les juges saisis de cette contestation : ils ne peuvent faire l'objet d'une action séparée, eût-elle été réservée (Rouen, 30 janv. 1879, aff. Pellerin, D. P. 82. 1. 298). Au contraire, la partie diffamée ou injuriée dans des discours ou écrits n'ayant pas droit à l'immunité a la faculté d'opter pour l'action séparée qui lui est alors ouverte sous la condition qu'elle lui ait été réservée, et de porter cette action devant la juridiction répressive ou devant la juridiction civile (art. 46) (V. *infrà*, n° 1654 et suiv.).

1433. Les dommages-intérêts que les juges sont autorisés à prononcer, en vertu de l'art. 41 de la loi de 1881, ne peuvent être alloués que sur la demande de la personne lésée. Le juge ne peut pas les allouer d'office, comme il peut, d'office, ordonner la suppression du discours ou de l'écrit (V. *suprà*, n° 1419). D'où il suit que la chambre des mises en accusation n'a pas le pouvoir de prononcer des dommages-intérêts à raison des mémoires injurieux ou diffamatoires produits devant elle, les parties privées n'étant pas en présence, et des conclusions régulières ne pouvant pas, dès lors, être prises à ce sujet (*Rép.* n° 1180).

1434. Si la demande de dommages-intérêts est formée par une partie plaidante, elle se produit sous la forme de conclusions incidentes. L'art. 41 autorise l'intervention des tiers, même en cause d'appel et devant toutes les juridictions, pour former la demande incidente en dommages-intérêts que prévoit cet article (V. *suprà*, n° 1420). Ainsi les avocats ou les avoués, contre lesquels seraient tenus des discours ou produits des écrits diffamatoires ou injurieux, ont le droit de faire prononcer des dommages-intérêts à leur profit par les juges de la cause (*Rép.* n° 1283).

1435. Des dommages-intérêts peuvent également être réclamés par les témoins et par les experts contre lesquels auraient été dirigées des imputations diffamatoires ou injurieuses que ne comportait pas leur défense. Le même droit appartient aux magistrats (*Rép.* n° 1284).

1436. Une demande de dommages-intérêts ne pourrait être formée par un juré diffamé ou injurié qu'autant qu'il se récuserait, qu'un nouveau jury serait constitué et que de nouveaux débats seraient ouverts (*Rép.* n° 1284).

1437. La suppression des écrits diffamatoires ou injurieux peut, dans certains cas, être considérée comme constituant une réparation suffisante et être prononcée à titre de dommages-intérêts (Crim. rej. 5 avr. 1839, *Rép.* n° 1537, et *ibid.*, v° *Compétence criminelle*, n° 607; Crim. rej. 3 mars 1842, *Rép.* n° 1537. V. *suprà*, n° 1266).

1438. Les discours ou écrits qui peuvent motiver la condamnation incidente à des dommages-intérêts par application de l'art. 41 de la loi de 1881, sont ceux qui peuvent être réputés produits en justice, selon les termes de cet article (V. *suprà*, n°s 1390 et suiv.). Cependant il a été jugé que l'impression d'un mémoire, écrit par un fils contre son père et contenant des imputations injurieuses pour ce dernier, constitue une diffamation susceptible d'entraîner une condamnation en dommages-intérêts, alors même que ce mémoire n'a pas été produit dans l'instance comme pièce du procès, si cependant il a été transmis officieusement au père, de telle sorte que l'injure est parvenue jusqu'à lui

(Aix, 18 août 1870, aff. Granoux, D. P. 71. 2. 249). Cet arrêt pouvait se justifier, à la rigueur, par la circonstance que le mémoire dont il s'agit, quoique non classé dans les pièces du procès, pouvait être considéré comme produit, parce qu'il était venu, d'une manière quelconque, à la connaissance des juges.

1439. La condamnation incidente aux dommages-intérêts, qu'autorise l'art. 41, peut atteindre, sans distinction, toute personne qui prononce ou produit en justice des discours ou des écrits renfermant, contre l'une des parties, des imputations diffamatoires, injurieuses ou outrageantes. Ainsi les avocats et les avoués peuvent, aussi bien que les parties elles-mêmes, être condamnés à des dommages-intérêts lorsque, sans nécessité, ils s'écartent de la modération que la bienséance et les devoirs de leur profession leur imposent (*Rép.* n° 1283). Aux termes du décret du 14 déc. 1810, l'avocat ne doit jamais avancer, dans ses plaidoiries, des faits contraires à l'honneur des parties sans en avoir reçu charge expresse, et par écrit, de son client ou de l'avoué de celui-ci. De cette disposition il résulte que la responsabilité de ces imputations ne peut, dans aucun cas, peser sur le client que s'il les a expressément autorisées : son silence ne peut lui être reproché comme une approbation. Le juge doit demander à l'avocat qui se livre à des imputations diffamatoires la preuve de son mandat à cet égard : si l'avocat ne produit pas ce mandat, il doit être seul responsable (*Rép.* n° 1218. Conf. Barbier, t. 2, n° 793, p. 295. — *Contrà*, Bordeaux, 7 août 1844, aff. Ballanger, D. P. 45. 2. 83). Il est d'ailleurs hors de doute que des dommages-intérêts ne pourraient être prononcés contre la personne qui, pour obéir aux lois ou à ses devoirs, aurait dénoncé, dans un mémoire produit ou dans un discours tenu en justice, les faits parvenus à sa connaissance (*Rép.* n° 1189). — Mais on peut se demander comment le juge saisi du fond pourra être saisi de la demande incidente en dommages-intérêts formée, non contre l'une des parties en cause, mais contre des tiers, notamment contre les avocats ou avoués de la cause, qui ne sont point parties au procès engagé sur le fond. « Les principes généraux du droit, dit M. Barbier, t. 2, n° 773, nous paraissent s'opposer formellement à ce qu'une condamnation à des dommages-intérêts, en réparation du préjudice causé à la personne diffamée ou injuriée, puisse être prononcée contre les avocats ou avoués, sans que ceux-ci soient personnellement mis en cause et appelés à se défendre. Ce serait donc par voie d'action incidente, à joindre au procès sur le fond, pour être statué sur le tout par un seul et même jugement, que la personne offensée devrait agir. Pour échapper à ces embarras de procédure, la personne offensée, toutes les fois qu'elle aura à se plaindre d'imputations diffamatoires étrangères à la cause, aura tout intérêt à agir par voie d'action ultérieure, conformément au dernier paragraphe de l'art. 41 ».

1440. En principe, c'est au tribunal saisi de l'instance au cours de laquelle se produisent les imputations diffamatoires, les injures ou les outrages bénéficiant de l'immunité, qu'il appartient de prononcer, s'il y a lieu, la condamnation à des dommages-intérêts. Une exception a été apportée à cette règle par l'art. 50 de la loi du 22 juill. 1889, sur la procédure à suivre devant les conseils de préfecture. Cet article, après avoir déclaré applicable des art. 85, 88 et suiv., c. proc. civ. et celles de l'art. 41 de la loi du 29 juill. 1881, ajoute (al. 2) : « Néanmoins, si des dommages-intérêts sont réclamés à raison des discours et des écrits d'une partie ou de son défenseur, le conseil de préfecture réservera l'action, pour être statué ultérieurement par le tribunal compétent, conformément au dernier paragraphe de l'art. 41 précité » (V. *suprà*, v° *Organisation administrative*, n° 155).

1441. — III. Injonction et suspension. — Les discours prononcés ou les écrits produits devant les tribunaux, lorsqu'ils sont injurieux, outrageants ou diffamatoires, peuvent donner lieu, malgré l'immunité qui leur est accordée par l'art. 41 et en dehors de la suppression et des dommages-intérêts qui peuvent être prononcés, le cas échéant, à l'exercice du pouvoir disciplinaire. — Le pouvoir disciplinaire dont il s'agit ici s'exerce à l'égard des avocats et des officiers ministériels (*Rép.* n° 1276). Il a sa source : 1° dans l'art. 1036 c. proc. civ. qui dispose que « les tribunaux, suivant la gravité des circonstances, pourront, dans les causes dont ils seront saisis, prononcer, même d'office, des injonctions... » ; 2° dans l'art. 103 du décret du 20 mars 1808, qui, complétant l'article précédent, porte que « dans les cours et tribunaux de première instance, chaque chambre connaîtra des fautes de discipline qui auraient été commises ou découvertes à son audience » ; 3° dans l'art. 16 de l'ordonnance du 20 nov. 1822, d'après lequel les dispositions de cette ordonnance qui réglementent les pouvoirs des conseils de discipline des avocats ne dérogent pas « au droit qu'ont les tribunaux de réprimer les fautes commises à leur audience par les avocats ».

1442. Les peines disciplinaires que les tribunaux peuvent ainsi infliger aux avocats et aux officiers ministériels pour contravention aux lois, consistent, aux termes de l'art. 102 du décret de 1808 : 1° dans l'injonction d'être plus exact ou circonspect ; 2° dans des défenses de récidiver ; 3° dans des condamnations de dépens, en leur nom personnel ; 4° dans une suspension temporaire. Les tribunaux ont, en outre, la faculté d'ordonner l'impression du jugement aux frais du condamné, et de provoquer une destitution s'il s'agit d'officiers ministériels.

L'art. 23 de la loi du 17 mai 1819, appliquant, pour le cas de diffamations ou d'injures commises en justice, deux des peines disciplinaires édictées dans la disposition ci-dessus, portait : « Les juges pourront aussi faire des injonctions aux avocats et officiers ministériels, ou même les suspendre de leurs fonctions » (*Rép.* p. 406). L'art. 41 de la loi de 1881 reproduit les mêmes pénalités (D. P. 81. 4. 82, note 1).

1443. L'expression générale *injonctions*, employée par la loi de 1819, puis par la loi de 1881, s'entend, conformément à l'art. 102 précité du décret de 1808, de l'injonction « d'être plus exact et plus circonspect » (V. *suprà*, n° 1442; *Rép.* n° 1276).

1444. Quant à la suspension, elle consiste dans la suspension à temps visée au même décret (V. *suprà*, n° 1442; *Rép.* n° 1276). L'art. 23 de la loi de 1819 en fixait la durée au maximum de six mois pour la première infraction et, en cas de récidive, à un an au moins et cinq ans au plus (*Rép.* p. 406). L'art. 41 de la loi de 1881 réduit la durée de cette suspension au maximum de deux mois, maximum qu'elle permet d'élever à six mois en cas de récidive, sans déterminer aucun minimum, même pour le récidiviste. De plus, la récidive n'est aggravante qu'autant qu'elle a eu lieu dans l'année de la précédente condamnation (D. P. 81. 4. 82, note 1).

1445. Le pouvoir de prononcer les injonctions comportant les peines de l'avertissement ou de la réprimande ou une suspension contre les avocats ou officiers ministériels, doit être limité aux cours et tribunaux devant lesquels ces avocats ou officiers ministériels sont appelés à exercer leur profession, c'est-à-dire, à représenter les parties en leur qualité. Il n'appartient pas à des tribunaux exceptionnels, tels que les tribunaux de commerce ou les juges de paix, auxquels n'est pas dévolue la juridiction disciplinaire (V. *Rép.* n° 1279, et *suprà*, n°s 1380 et 1406). En tout cas, il est hors de doute qu'un tel pouvoir n'appartient pas à des arbitres.

1446. Une ordonnance du 30 mars 1835, portant règlement de l'exercice de la profession d'avocat devant la Chambre des pairs constituée en cour de justice, a conféré à cette haute juridiction les attributions disciplinaires résultant de l'ordonnance de 1822, et astreint les avocats à observer devant elle les devoirs qui leur sont imposés devant la cour d'assises (V. *suprà*, n° 1439. V. aussi *Rép.*, v° *Avocat*, n° 100, et *Rép.* eod. v°, p. 471, note 2). — Les mêmes attributions, et, dès lors, le pouvoir d'appliquer aux avocats les peines disciplinaires édictées en matière de diffamation ou d'injure et d'outrage commis en justice, semblent devoir également appartenir, par identité de raison, au Sénat, constitué en cour de justice, conformément à l'art. 9 de la loi du 24 févr. 1875 (D. P. 75. 4. 36).

1447. Les injonctions et la suspension ne peuvent être prononcées que d'office par les juges; les parties n'ont pas le droit d'en requérir l'application. C'est ce qui résulte des termes formels de l'art. 1036 c. proc. civ. (*Rép.* n° 1280).
— Sur la responsabilité, au point de vue disciplinaire : 1° des avocats, V. Ord. 20 nov. 1822, art. 15, *suprà*, v° *Avocat*, n°s 166 et suiv., et *Rép.* n°s 369 et suiv. V. aussi Crim. cass. 5 oct. 1815, *Rép.* n° 1303-1° ; — 2° Des officiers ministériels, V. Décr. 30 mars 1808, art. 102 et 103 ; *suprà*, v°s *Avoué*, n°s 97 et suiv., et *Rép.* eod. v°, n°s 282 et suiv.; *Huissier*, n°s 59 et suiv., et *Rép.* eod. v°, n°s 118 et suiv.

1448. Les peines disciplinaires qui peuvent être infligées aux avocats ou aux officiers ministériels, en vertu de l'art. 41 de la loi de 1881, laissent subsister les pénalités différentes ou plus graves qui seraient encourues, soit devant le juge de paix, en vertu des art. 10 et 11 c. proc. civ. (V. *suprà*, v° *Organisation judiciaire*, n°s 259 et suiv.; *Rép.* eod. v°, n°s 472 et suiv.) ; soit devant les cours ou tribunaux de première instance, en vertu des art. 88, 91 et 470 c. proc. (V. *suprà*, v° *Organisation judiciaire*, n°s 189 et suiv., et *Rép.* eod. v°, n°s 307 et suiv.);...soit à raison des délits d'outrage, demeurés régis par le code pénal (V. *suprà*, n°s 718 et suiv.). Décidé également que l'outrage à l'audience, envers un magistrat, commis par un avocat, peut être frappé des peines disciplinaires prononcées par les art. 18 et 43 de l'ordonnance de 1822, et notamment d'une suspension d'une année, et même de la radiation, sans que le juge soit obligé de s'en tenir à la peine de la suspension autorisée pour le cas de production en justice d'écrits injurieux ou diffamatoires (Crim. rej. 25 janv. 1834, *Rép.* n° 1276, et v° *Avocat*, n° 352. Conf. Barbier, t. 2, n° 709, p. 223). — L'art. 41 de la loi du 29 juill. 1881 ne met pas non plus d'obstacle à l'application de l'art. 181 c. instr. crim. qui permet soit au tribunal correctionnel, soit au tribunal civil, de juger et de réprimer séance tenante les délits commis à son audience, alors même que le délit commis à l'audience constituerait une diffamation, une injure ou un outrage, ni à l'application de l'art. 505 c. instr. crim. qui autorise tous les tribunaux, quels qu'ils soient, ordinaires ou d'exception, à juger et à réprimer, séance tenante, les injures accompagnant un tumulte qui se produirait à leur audience. Décider autrement, dit M. Barbier (t. 2, n° 790), serait « méconnaître à la fois le véritable esprit de l'art. 41, qui n'entend protéger la défense que contre les actions en diffamation ou injures, qui pourraient être intentées contre les parties plaidantes par tous ceux qui se prétendraient lésés par leurs discours ou écrits et le véritable esprit des art. 181 et 505 c. instr. crim. qui, dans un intérêt supérieur d'ordre public, veulent donner aux juges les pouvoirs nécessaires pour punir toute atteinte à la dignité de l'audience. Quand une diffamation ou une injure est punie séance tenante par le juge en vertu des articles 181 et 505 c. inst. crim., ce n'est pas à vrai dire l'injure faite à la personne diffamée ou injuriée que le juge réprime, mais bien le trouble apporté à la majesté de l'audience et le manquement au respect dû à la justice. Et cela est si vrai que le juge, en pareil cas, est saisi de plein droit du délit, indépendamment de toute réquisition du ministère public et de toute plainte de la partie lésée ».

1449. On reconnaissait autrefois aux conseils de préfecture, de même qu'aux tribunaux judiciaires, le droit d'infliger aux avocats ou aux officiers ministériels une peine disciplinaire pour les fautes commises à l'audience de ces conseils. Ce droit leur a été enlevé par l'art. 50 de la loi du 22 juill. 1889, al. 3 (Comp. *suprà*, n° 1440). Ils conservent seulement, aux termes de la même disposition, le pouvoir d'adresser des injonctions aux avocats ou aux officiers ministériels (V. *suprà*, v° *Organisation administrative*, n° 156).

§ 3. — Discours et écrits étrangers à la cause. — Exceptions à l'immunité.

1450. L'immunité établie en faveur des discours prononcés ou des écrits produits devant les tribunaux est limitée, comme les besoins de l'attaque ou de la défense, aux discours et écrits relatifs à la cause. Pourquoi serait-elle accordée à des discours ou à des écrits étrangers au procès ? Cette distinction, formellement établie par l'art. 23 de la loi du 17 mai 1819 (V. *suprà*, n° 1406; Rennes, 22 janv. 1879, aff. De Boishamon, D. P. 79. 2. 105), est reproduite dans l'art. 41 de la loi du 29 juill. 1881 (D. P. 81. 4. 82). Mais, alors que l'immunité accordée aux discours et aux écrits relatifs à la cause les met à l'abri de toute action pour diffamation, pour injure ou pour outrage (V. *suprà*, n°s 1373 et suiv.), l'art. 41, § 5, déclare seulement que les *faits diffamatoires* étrangers à la cause sont exceptés du bénéfice de cette immunité. Il en résulte que les injures, même étrangères à la cause, comme celles qui s'y rapportent, et les outrages visés par l'art. 41 n'ayant que le caractère d'injures et ne contenant pas d'imputations diffamatoires, qu'ils soient ou non relatifs à la cause, ne donnent jamais lieu à l'exercice d'une action ultérieure de la part soit du ministère public, soit de la partie lésée. A l'égard de ces délits, quand ils sont contenus dans des discours prononcés ou dans des écrits produits en justice, il n'y a d'autres voies de répression que celles qui sont spécialement tracées par le paragraphe 4 de l'art. 41, sans préjudice de l'application des art. 181 et 505 c. instr. crim. ou de l'art. 222 c. pén., s'il y a lieu de recourir à ces dispositions (V. *suprà*, nᵒˢ 1401 et suiv., et 1448 ; Conf. Barbier, t. 2, nᵒ 800, p. 304).

1451. Sur la question de savoir dans quels cas les discours ou écrits prononcés ou produits devant les tribunaux doivent être considérés comme relatifs ou comme étrangers à la cause, V. *suprà*, nᵒˢ 1379 et suiv. D'une façon générale, on doit reconnaître avec M. Barbier (t. 2, nᵒ 802, p. 306) que « les imputations diffamatoires étrangères à la cause... sont celles qui sont inutiles à la justification des conclusions des parties, ou qui, par un abus manifeste du droit de défense, introduisent dans le débat des éléments étrangers au procès pendant ».

1452. L'action qui peut naître de discours ou d'écrits étrangers à la cause est soumise, quant à son exercice, à une importante distinction, selon qu'elle est ouverte à l'une des parties au procès dans lequel ces discours ou écrits ont été prononcés ou produits, ou qu'elle appartient à des tiers. En effet, le dernier alinéa de l'art. 41 de la loi de 1881, reproduisant une disposition de l'art. 23 de la loi du 17 mai 1819, dit que, par exception à l'immunité accordée sous les réserves que nous avons examinées *suprà*, nᵒˢ 1401 et suiv., aux discours et aux écrits produits en justice, les faits diffamatoires étrangers à la cause pourront donner ouverture soit à l'action publique, soit à l'action civile des parties, « lorsque ces actions leur auront été réservées par les tribunaux, et, dans tous les cas, à l'action civile des tiers ».

A. — De l'exercice de l'action publique et de l'action civile réservées aux parties à raison des discours ou des écrits étrangers à la cause.

1453. Les faits diffamatoires, étrangers à la cause et concernant l'une des parties, peuvent donner ouverture soit à l'action publique, soit à l'action civile de la partie lésée. Toutefois ces actions ne peuvent être exercées qu'à la condition d'avoir été réservées expressément à la partie lésée.

1454. — I. Nature de l'action qui peut être réservée.— L'art. 23 de la loi du 17 mai 1819 était ainsi conçu : « Pourront toutefois les faits diffamatoires étrangers à la cause donner ouverture soit à l'action publique, soit à l'action civile des parties, lorsqu'elle leur aura été réservée par les tribunaux » (*Rép.* n. 406). Les expressions : « lorsqu'elle leur aura été réservée » se rapportant seulement, si on les interprète dans leur sens grammatical, à l'action civile des parties, on en avait conclu que le ministère public restait libre d'exercer l'action publique pour diffamation sans qu'il fût besoin que cette action lui eût été réservée et bien que la partie diffamée eût négligé d'en faire l'objet de la réserve prescrite et qu'elle se trouvât, dès lors, déchue de son action civile (*Rép.* n. 1226). La jurisprudence, sans s'arrêter à cet argument de texte, décidait que la nécessité des réserves exigées par l'art. 23, § 4, de la loi de 1819, s'étendait à l'action publique (Crim. rej. 5 juin 1828 ; *Rép.* n. 1228-1° ; 12 sept. 1829, *ibid.*, nᵒˢ 1228-1° et 1206-1°). L'art. 41 de la loi du 29 juill. 1881 consacre cette dernière solution. Le texte ne permet plus, en effet, l'équivoque à laquelle prêtait la loi de 1819. La réserve est donc nécessaire pour le ministère public, comme pour les parties privées.

1455. Sur les poursuites du ministère public, la partie diffamée peut intervenir et former une demande en dommages-intérêts devant le juge de répression, alors même que son action civile ne lui a pas été formellement réservée. M. Barbier (t. 2, nᵒ 804, p. 311) pense même que les réserves du ministère public permettraient à la partie privée diffamée de porter sa demande en dommages-intérêts devant le tribunal civil, par voie d'action principale. — D'autre part,

si c'est l'action civile qui seule a été réservée sur les conclusions de la partie diffamée, celle-ci peut agir soit devant le tribunal civil, soit devant le tribunal de répression par la voie de la citation directe ou par celle de la plainte (Conf. Barbier, t. 2, nᵒ 804, p. 311).

1456. L'action qui résulte de discours ou d'écrits étrangers à la cause et contenant des imputations diffamatoires peut être réservée à la partie lésée et peut être exercée par elle ultérieurement, alors même que les juges du fond ont, en vertu de l'art. 41, prononcé la suppression de ces discours ou de ces écrits, ou même lorsqu'ils ont frappé de peines disciplinaires les avocats ou les officiers ministériels coupables de ces imputations. Dans l'un et l'autre cas, la partie diffamée peut agir soit devant le tribunal civil, soit devant le tribunal de répression par voie de citation directe ou par voie de plainte.

Il en est autrement lorsque les juges du fond ont statué sur les dommages-intérêts réclamés par les conclusions prises devant eux par la partie diffamée, en vertu de l'art. 41. La règle *non bis in idem* s'oppose à ce que cette partie renouvelle sa demande à fins civiles par voie d'action ultérieure et principale. Mais rien n'empêche que l'action publique, alors, d'ailleurs, qu'elle a été réservée, puisse être exercée sur la plainte de la partie diffamée, postérieurement à la décision des juges du fond sur les dommages-intérêts (Conf. Barbier, t. 2, nᵒ 799, p. 304).

1457. — II. Juges compétents pour réserver l'action en diffamation. — Ce sont les tribunaux devant lesquels sont prononcés les discours ou produits les écrits diffamatoires étrangers à la cause. Il n'y a aucune distinction à faire entre ceux qui sont saisis du fond même du litige et ceux qui n'ont à statuer, au moment de la production, que sur des incidents ou des exceptions ou qui déclarent leur incompétence. Les observations présentées *suprà*, n. 1405, à l'égard des tribunaux qui ont le pouvoir de suppression en statuant sur le fond, sont entièrement applicables ici (Conf. *Rép.* nᵒ 1237. Comp., toutefois, Crim. rej. 21 sept. 1838, *Rép.* nᵒ 1197).

1458. Le droit de réserver l'action née des imputations diffamatoires appartient à tout tribunal devant lequel ces imputations se sont produites, quelle que soit la nature de sa juridiction, exceptionnelle ou de droit commun. Ainsi un conseil de préfecture devant lequel se produisent des propos de cette nature a qualité pour accorder les réserves dont il s'agit (Crim. rej. 21 juill. 1833, *Rép.* nᵒ 1221 ; Crim. cass. 28 déc. 1878, aff. Jacquinot, D. P. 79. 1. 137, sol. impl. Conf. *Rép.* nᵒ 1177).

1459. — III. Personnes entre lesquelles l'action en diffamation doit et peut être réservée. — C'est exclusivement lorsque les imputations diffamatoires étrangères à la cause sont dirigées contre l'une des parties, que l'action publique et l'action civile nées de ces imputations doivent être réservées, à peine de ne pas pouvoir être exercées ultérieurement (*Rép.* nᵒ 1216). Au contraire, ces réserves sont inutiles quand il s'agit de tiers, car l'art. 41, § 5 leur reconnaît, dans tous les cas, l'exercice de leur action civile. Il importe donc de préciser exactement quelles personnes sont des parties en cause et quelles personnes sont des tiers au sens de l'art. 41.

1460. En général, ceux-là seuls sont parties dans un procès qui y figurent soit en leur nom personnel, soit comme représentants légaux des personnes qui s'y trouvent directement intéressées. Nous avons déjà dit *suprà*, nᵒ 1439 et suiv., que les mots *tiers et parties* ne sont pas employés en ce sens étroit dans l'art. 23 de la loi du 17 mai 1819 (*Rép.* nᵒˢ 1241 et 1242), ni dans l'art. 41 de la loi du 29 juill. 1881. Sont des parties, au sens de l'art. 44, et sont, par suite, dans la nécessité, lorsqu'elles sont diffamées par les discours ou les écrits produits en justice et qu'elles veulent exercer ultérieurement l'action qui leur appartient, de se faire réserver l'exercice de cette action, non seulement les parties au sens ordinaire de ce mot, mais tous ceux qui, figurant au procès à un titre légal comme parties plaidantes, doivent être réputés présents au moment où la diffamation se produit, et peuvent intervenir immédiatement pour faire réserver leur action. C'est ainsi, et à ce point de vue, qu'on doit considérer comme des parties : 1° les avocats chargés de plaider au procès pour l'une des parties; 2° les officiers ministériels qui occupent pour l'une d'elles (V. *suprà*, n°. 1398, *Rép.* n° 1242) ; 3° les agréés et tous les défenseurs ayant mandat de représenter ou de défendre l'une des parties devant les tribunaux (V. *suprà, ibid.*); 4° les personnes figurant ès qualités dans un procès, alors même qu'elles sont diffamées par l'imputation de faits qui leur sont personnels et qui sont étrangers au débat; car, si elles ne sont pas parties en cause, elles sont du moins des parties plaidantes au sens de l'art. 41, au même titre que les défenseurs; 5° le magistrat qui remplit l'office du ministère public dans une instance; car il y est partie principale ou partie jointe. — Mais il a été jugé que, dans une instance correctionnelle d'appel où le procureur général procède en vertu d'attributions qui lui sont propres, les imputations diffamatoires, dirigées dans un mémoire contre le procureur impérial personnellement, sont réputées dirigées contre un tiers et non contre un magistrat partie au procès: elles peuvent, dès lors, être l'objet d'une poursuite en diffamation, sans même qu'il soit besoin que des réserves aient été faites à cet effet et qu'il en ait été donné acte (Crim. rej. 8 mars 1861, aff. Antoni, D. P. 61. 5. 376). — Au reste, les imputations diffamatoires dirigées contre le ministère public, dans des discours ou des écrits tenus ou produits à l'audience où il siège, constituent le délit d'outrage à un magistrat dans l'exercice de ses fonctions, punissable conformément au droit commun en vertu de l'art. 222 c. pén., et ne bénéficiant pas de l'immunité que l'art. 41 de la loi de 1881 n'accorde qu'à des délits de presse (V. *suprà*, n° 1372, *Rép.* n° 1241; Grellet-Dumazeau, t. 2, n° 930; Carré, *Lois de la procédure*, t. 1, p. 232; Barbier, t. 2, n° 803, p. 307; Crim. cass. 16 août 1806, *Rép.* n° 1242; Nîmes, 20 févr. 1823, *Rép.* n° 1253). A ce point de vue donc, toute réserve d'une action ultérieure est inutile. Au contraire, M. Fabreguettes (t. 2, p. 244) enseigne, mais son opinion est isolée, que dans l'art. 41, comme dans la langue ordinaire du droit, le mot partie s'applique exclusivement aux parties ayant un intérêt direct et personnel au procès et y figurant en leur nom personnel.

1461. Toutes personnes autres que les parties plaidantes que nous avons énumérées sont des tiers et peuvent exercer l'action née des imputations diffamatoires dont elles sont l'objet, sans que cette action leur ait été réservée. Ainsi, sont des tiers au sens de l'art. 41 : 1° la personne qui, sans mandat judiciaire, assiste l'une des parties en cause en qualité de simple conseil, mais ne la défend pas. Elle ne peut pas être réputée présente au moment de la diffamation, puisque sa présence est entièrement facultative (Nîmes, 20 févr. 1823, *Rép.* n°s 1243 et 1253-2°).

2° *Les témoins.* — La question a été controversée en ce qui les concerne (*Rép.* n° 1244). Certains arrêts les ont considérés comme des parties au sens de l'art. 23 de la loi du 17 mai 1819 (art. 41), à raison du rôle qu'ils jouent dans le procès (Crim. rej. 11 août 1820, *Rép.*, v° *Défense*, n° 125 ; Crim. cass. 23 août 1838; Nîmes, 27 mai 1841, *Rép.* n° 1254). Un arrêt subordonne, toutefois, la qualité de partie qu'il reconnaît au témoin à la condition que celui-ci ait effectivement fait une déposition au procès (Montpellier, 2 avr. 1855, *Rép.* n° 1244). Jugé dans le même sens que les témoins appelés à déposer dans un procès doivent être considérés comme y étant parties dans les sens de l'art. 23 de la loi du 17 mai 1819, et, par suite, que les propos diffa-

matoires tenus à leur égard par l'une des parties ne peuvent donner ouverture à une action en diffamation, soit publique, soit civile, que si, d'une part, l'action, a été réservée par les juges saisis du procès où se sont produits les faits diffamatoires, et que si, d'autre part, les mêmes juges ont déclaré que ces faits étaient étrangers à la cause; que, par suite, un propos diffamatoire tenu, à l'audience du tribunal de simple police, par l'inculpé contre le rédacteur du procès-verbal de la contravention, cité comme témoin à la requête du ministère public, ne peut être l'objet d'une poursuite, lorsque le juge de police ne l'a pas réservée, en déclarant, en outre, que l'imputation diffamatoire était étrangère à la cause (Metz, 27 nov. 1867, aff. Wagner, D. P. 68. 2. 38). — Cette opinion ne nous paraît pas devoir être suivie. Il ne suffit pas de jouer un rôle dans un procès pour y être considéré comme partie, quel que soit le sens étendu qu'on donne à cette expression dans l'art. 41. Il est injuste de réputer présent, au moment où la diffamation se produit, un témoin qui, le plus souvent dans les procès civils et souvent aussi dans les procès criminels, ne sera pas effectivement présent dans la salle d'audience et qui, n'apprenant parfois les imputations dirigées contre lui qu'après le prononcé du jugement, n'aura pas pu faire réserver son action par le juge du fond. Même présent, le témoin n'étant pas assisté d'aucun conseil, on ne saurait se prévaloir du silence qu'il aura gardé, ni lui objecter le silence des juges qui auront pu croire à la vérité d'imputations contre lesquelles rien ne les met en garde. Enfin, si les juges ont d'office supprimé le discours ou l'écrit injurieux, s'ils ont prononcé des peines disciplinaires, il est plus injuste encore d'empêcher le témoin, qui n'a pas demandé la réserve de son action, de faire valoir, devant les juges civils, son droit à obtenir des dommages-intérêts (*Rép.* n° 1244; Parant, p. 402; de Grattier, t. 2, p. 472; Grellet-Dumazeau, t. 2, p. 411; Barbier, t. 2, n° 803; Caen, 13 juin 1844, *Rép.* n° 1253-3° ; Nancy, 9 nov. 1857 (1); Trib. Nevers, 13 janv. 1876, aff. Martin, D. P. 77. 2. 38; Cour d'ass. de la Seine, 22 nov. 1884, *Gazette des tribunaux*, du 23). Toutefois, il convient d'observer que les imputations diffamatoires dirigées contre un témoin ne peuvent donner lieu à aucune action quand elles sont utiles à la défense. L'art. 319 c. instr. crim. permet, en effet, aux parties et à leurs défenseurs de dire contre les témoins et contre leurs dépositions tout ce qui peut être utile à la défense. Ce principe est applicable devant toutes les juridictions, sauf au juge saisi par la plainte du témoin à tenir compte des circonstances (Conf. Barbier, *loc. cit.*).

3° *Les experts.* — (Grenoble, 28 juin 1832, *Rép.* n° 1246. Conf. Barbier. *loc. cit.*).

4° La victime d'un crime ou d'un délit quelconque qui ne s'est pas porté partie civile dans l'instance ouverte par le ministère public devant le juge de répression. Elle peut donc poursuivre ultérieurement la réparation du dommage que lui causeraient les imputations diffamatoires étrangères au procès, dirigées contre elle au cours du débat, sans avoir fait réserver son action (Crim. 5 juill. 1851, aff. Maillard, D. P. 51. 5. 408).

5° Les magistrats qui font un acte de leurs fonctions, dans une affaire soumise à un tribunal. Ils doivent être regardés comme des tiers, parce qu'ils n'ont point de conclusions à prendre dans l'instance, en leur nom personnel. Les diffa-

<hr>

(1) (Hervelin.) — La cour; — Attendu qu'il est constant, en fait, et avoué par le prévenu, que, devant le juge de paix du canton d'Auverville, le 2 juill. 1857, pendant que ce magistrat procédait publiquement à une enquête civile, le prévenu, partie civile au procès, a interrompu la déposition du témoin Guérin, et a dit hautement : « Monsieur le juge de paix, n'écoutez pas ce témoin, c'est un faux témoin ! », ce qui constitue un outrage fait publiquement à un témoin à raison de sa déposition; — Attendu que l'abstention du juge, soit de donner acte du propos tenu devant lui, soit de prononcer une peine répressive du délit commis à son audience, n'a aucune influence sur la poursuite ultérieure du même délit ; — Attendu que l'art. 6 de la loi du 25 mars 1822 punit d'une peine correctionnelle l'outrage fait publiquement à un témoin à raison de sa déposition; que cette disposition est générale et absolue et ne fait aucune distinction du lieu où le délit a été commis, pourvu que l'outrage ait eu lieu publiquement; — Attendu que la loi du 17 mai 1819,

art. 23, n'est nullement applicable à l'espèce; qu'il ne s'agit dans cet article que de discours ou écrits prononcés ou produits devant les tribunaux, ce qui s'applique plus spécialement aux diffamations des parties les unes contre les autres ou contre des tiers; qu'il n'y est pas question des témoins, et que c'est seulement la loi de 1822 qui a pris soin de les protéger en édictant une peine contre toute personne qui les outragerait publiquement à raison de leur déposition; — Qu'en tous cas, cette loi de 1822, postérieure à celle de 1819, est de préférence applicable; — Que c'est à tort que les premiers juges se sont appuyés du droit qu'a la partie de dire contre un témoin tout ce qui est utile à sa défense; que ce droit est puisé dans la disposition de l'art. 319 c. instr. crim., et c'est accordé qu'à l'accusé ou au prévenu qui a à se défendre de l'action publique répressive, et non à une partie civile procédant devant la justice civile; — Par ces motifs, infirme; condamne Hervelin, etc.

Du 9 nov. 1857.-C. de Nancy, ch. corr.-MM. Riston, pr.-Alexandre, 1er av. gén.-Lombard, av.

mations ou injures commises publiquement contre eux, à l'occasion de l'exercice de leurs fonctions, dans des discours ou des écrits prononcés ou produits en justice, peuvent donc être poursuivies, sans qu'il soit nécessaire que l'action ait été réservée (*Rép.* n° 1247. Conf. Barbier, *loc. cit.*; Riom, 20 déc. 1826, *Rép.* n° 1256-2° ; Req. 21 févr. 1838, *ibid.*, n° 1256-1° et v° *Avocat*, n° 416. Comp. toutefois, Grenoble, 3 janv. 1827, *ibid.*, n° 1257-2°). Jugé, de même, que lorsque la partie qui a frappé d'appel une sentence du juge de paix, en arguant de faux un procès-verbal de ce juge, pris pour base de la sentence, produit contre le juge de paix, devant les juges d'appel, une imputation de faux, au lieu de recourir à la voie de l'inscription de faux, cette imputation diffamatoire doit être considérée comme ayant été commise envers un tiers, et peut, par suite, être poursuivie sans qu'il soit besoin que les juges d'appel aient réservé l'action tendant à la faire réprimer (Crim. rej. 23 août 1872, aff. Denize, D. P. 73. 1. 169). V. toutefois, au sujet des magistrats remplissant l'office du ministère public, en qualité de partie principale ou de partie jointe, et diffamés par des imputations de faits personnels, ce que nous avons dit, *suprà*, n° 1460. — Alors même que les réserves sont inutiles, les juges du fond doivent faire droit à la demande du ministère public requérant ces réserves au sujet des actions à former ultérieurement pour imputations diffamatoires étrangères à la cause, dirigées contre un magistrat (Crim. cass. 3 oct. 1820, *Rép.* n° 1230 et v° *Commune*, n° 889; 28 avr. 1827, *Rép.* n° 1257-1°). Jugé, avant la loi du 17 mai 1819, que ces réserves pouvaient être faites d'office par la cour de cassation, au sujet des imputations outrageantes dirigées contre la magistrature en général dans un mémoire produit devant cette cour (Crim. cass. 10 avr. 1818, *Rép.* n° 1257-3°). D'ailleurs les réserves seront le plus souvent inutiles à un autre point de vue, les imputations étrangères à la cause dirigées contre un magistrat constituant ordinairement le délit de droit commun, prévu par l'art. 222, d'outrage à un magistrat dans l'exercice ou à l'occasion de l'exercice de ses fonctions (V. *suprà*, n° 1448).

6° Un candidat dont un requérant demande la proclamation comme élu, mais qui n'a pas signé la requête au conseil d'Etat. Il n'est pas une partie, dans le sens de l'art. 41 de la loi du 29 juill. 1881, et peut, dès lors, former une action civile contre les auteurs d'une production faite devant le conseil d'Etat et qu'il considère comme diffamatoire, sans que ses droits aient été réservés par ledit conseil ; dès lors, il est non recevable à lui demander de rejeter cette pièce du débat comme lui étant diffamatoire (Cons. d'Et. 31 mars 1882, aff. Elect. de Siguer, D. P. 84. 5. 400).

1462. Quant aux personnes qui ne peuvent être actionnées en diffamation, par la partie diffamée, qu'autant que l'action a été réservée, elles s'entendent de celles qui sont couvertes, en principe, par l'immunité judiciaire, mais à l'égard desquelles la circonstance que l'imputation diffamatoire porte sur des faits étrangers à la cause a entraîné la privation de cette immunité (Sur les personnes qui ont droit à l'immunité judiciaire, V. *suprà*, n°ˢ 1398 et suiv.). Ainsi, l'action en diffamation ne peut être exercée que si elle a été réservée, lorsque la diffamation émane de l'une des parties (V. *suprà*, n° 1459 ; *Rép.* n° 1216). La diffamation est réputée émanée de la partie, quand celle-ci a fait plaider par un avocat des faits diffamatoires non couverts par l'immunité judiciaire, c'est-à-dire étrangers à la cause (Rouen, 7 mars 1835, *Rép.* n° 1218-1°, et v° *Avocat*, n° 357). — Sont considérés comme parties dans l'instance, au point de vue soit de la nécessité, soit de la possibilité d'une réserve préalable à l'action en diffamation de la partie diffamée, les avocats ou les officiers ministériels, qui se sont livrés à des imputations diffamatoires étrangères à la cause. Ils ne peuvent pas exciper du mandat reçu de leurs clients pour échapper à la responsabilité pénale de leur délit (*Rép.* n°ˢ 1217, 1219 et v° *Avocat*, n° 357. V. *suprà*, n° 1439).

1463. Les magistrats et les témoins sont-ils responsables des imputations diffamatoires par eux dirigées contre l'une des parties, si ces imputations sont étrangères à la cause ? — En ce qui concerne les membres du ministère public, il est manifeste qu'une grande latitude doit être laissée aux paroles et aux écrits émanés d'eux dans l'exercice de leurs fonctions. Jugé, par suite, qu'une partie n'a pas, en principe, d'action en diffamation pour les imputations dirigées contre elle par les membres du ministère public, dans leurs conclusions (Crim. rej. 11 janv. 1851, aff. Bachelet, D. P. 51. 5. 407). Décidé, de même, que le tribunal devant lequel des paroles diffamatoires sont prononcées par l'organe du ministère public ne doit point en donner acte à cette partie, ni ordonner le dépôt au greffe du réquisitoire (Crim. cass. 23 déc. 1822, *Rép.* n° 1185-1° et v°. *Instruction criminelle*, n° 1193). — Mais, lorsque les bornes assignées au ministère public par les exigences de ses fonctions ont été dépassées, et surtout lorsque l'intention de nuire a dicté des paroles diffamatoires étrangères à la cause, le magistrat qui les a prononcées doit en subir la responsabilité (Req. 29 janv. 1834, *Rép.* n° 1186, et v° *Cassation*, n° 69. V. d'ailleurs *suprà*, n° 1375).

Quand l'imputation diffamatoire étrangère à la cause résulte d'un acte émané d'un tribunal composé de plusieurs membres, la partie lésée peut, par la voie civile de la prise à partie, obtenir la condamnation de tous les membres du tribunal indistinctement. *Rép.*, n° 1187. V. aussi *infrà*, v° *Prise à partie*.

1464. A l'égard des témoins, il a été décidé qu'ils sont responsables des imputations diffamatoires contenues dans leurs dépositions, quand elles sont étrangères à la cause, à moins qu'ils n'aient fait que répondre, fût-ce avec une intention nuisible, à une interpellation du président (V. *suprà*, n° 1461 ; Crim. cass. 10 mai 1821, *Rép.* n°ˢ 887-2°, 875-1° ; 8 déc. 1876, aff. Helft, D. P. 77. 1. 505). Mais il a été jugé, en termes généraux, que la loi, en exigeant du témoin appelé à déposer en justice le serment de dire toute la vérité et de parler sans crainte, a garanti par là même à sa déposition la sécurité la plus absolue, sauf le cas où elle constituerait un faux témoignage, et qu'en conséquence, le témoin, dont la déposition ne s'est produite, à l'audience que sous le contrôle du président, ne peut ultérieurement être attaqué devant aucune juridiction sous le prétexte que cette déposition contiendrait des allégations diffamatoires non couvertes par l'immunité judiciaire comme étrangères à la cause. Est, dès lors, entachée d'excès de pouvoir la décision par laquelle une chambre des notaires, s'arrogeant le droit de connaître d'une déposition faite par un notaire en cour d'assises, prononce contre lui une peine disciplinaire, en alléguant que cette déposition est contraire à la vérité et diffamatoire pour les membres de ladite Chambre (Req. 5 août 1884, aff. Chambre des notaires de Remiremont, D. P. 84. 1. 457).

1465. — IV. DÉCISION CONCERNANT LA RÉSERVE DE L'ACTION EN DIFFAMATION. — L'action en diffamation, à raison des discours ou écrits prononcés ou produits en justice, dans lesquels des faits diffamatoires étrangers à la cause ont été imputés à l'une des parties, n'étant recevable que si les juges saisis de cette cause, l'ont réservée à la partie qui se prétend diffamée, il en résulte que de simples réserves exclusivement émanées de celle-ci ne suffisent pas pour l'autoriser à agir ; il faut qu'une décision expresse ait accueilli ses réserves (*Rép.* n° 1220 ; Req. 2 mai 1893, aff. Muret, D. P. 93. 1. 288). — D'un autre côté, il est également constant que les juges ne peuvent réserver l'action en diffamation à la partie qui la requise que sous la condition que les faits diffamatoires par elle relevés soient étrangers à la cause, ceux qui s'y rapporteraient ne pouvant donner ouverture à cette action (V. *suprà*, n°ˢ 1393 et suiv.). Jugé, sur ce point, que des outrages contenus dans une demande de récusation produite devant un tribunal statuant disciplinairement et se rattachant à cette demande même, qui n'ont pas été rendus publics, ne peuvent faire l'objet de la réserve autorisée par le paragraphe 5 de l'art. 41 de la loi du 29 juill. 1881, et que c'est le tribunal saisi de l'affaire à l'occasion de laquelle ces outrages se sont produits, qui a compétence pour statuer dans les termes du paragraphe 4 (Crim. cass. 14 janv. 1888, aff. Guégan, D. P. 88. 1. 236).

1466. C'est de l'existence de cette dernière condition que les juges, appelés à statuer sur les réserves faites devant eux, ont exclusivement à s'occuper, les questions que peut soulever l'action en diffamation elle-même rentrant dans la compétence des juges de cette action (*Rép.* n° 1224;

Req. 2 mai 1893, aff. Muret, D. P. 93. 1. 288). Il faut, en outre, que les faits signalés leur soient présentés comme ayant un caractère diffamatoire, l'action en diffamation étant seule susceptible d'être réservée. D'où il suit que les réserves pourraient être rejetées, s'il était hors de doute que les imputations sur lesquelles elles portent sont de simples injures ou outrages, dont la répression doit être immédiate (V. *suprà*, n° 1450). On peut donc considérer comme n'étant pas à l'abri de la critique un arrêt qui a décidé qu'en refusant de donner acte au ministère public des réserves qu'il a faites de poursuivre l'auteur d'un mémoire renfermant des imputations diffamatoires étrangères à la cause, et en se bornant à ordonner la suppression de ce mémoire, le juge n'a fait qu'user d'une faculté qui lui est accordée par la loi (Crim. rej. 5 juin 1828, *Rép.* n° 1228-2°).

1467. La décision qui accueille les réserves doit-elle, à peine de nullité, constater que les faits diffamatoires relevés dans ces réserves sont étrangers à la cause, et l'omission de cette constatation rend-elle, dès lors, l'action en diffamation non recevable, aussi bien que le défaut absolu de réserves ? La cour de cassation semblerait, dans un arrêt, s'être prononcée en faveur de la recevabilité d'une action au sujet de laquelle le juge de la cause avait simplement donné acte de la réserve d'exercer des poursuites correctionnelles en raison d'écrits ou mémoires produits devant lui, sans constater que les faits diffamatoires qui s'y trouvaient contenus étaient étrangers à la cause. Il a été jugé, en effet, que le juge correctionnel, saisi en vertu de réserves accordées dans de telles circonstances, a pu examiner et résoudre négativement la question négligée par le juge civil, sans violer, en agissant ainsi, soit les règles de sa compétence, soit l'autorité de la chose jugée (Crim. rej. 4 mai aff. 1863, Schoenfeld, D. P. 65. 1. 247). Toutefois, il est à remarquer que, dans l'espèce où cet arrêt a été rendu, la fin de non-recevoir, tirée de ce que le juge des réserves n'avait pas déclaré que les faits diffamatoires dont il autorisait la poursuite étaient étrangers à la cause, n'avait pas été proposée devant le juge de répression qui ne pouvait la suppléer d'office (V. *infrà*, n° 1474). L'unique question résolue par la cour de cassation était celle de savoir si, en présence de cette omission, le juge correctionnel, devenu compétent pour connaître d'une action non contestée au point de vue de sa recevabilité, pouvait apprécier la relation des faits poursuivis avec la cause dans laquelle ils s'étaient produits, et déclarer qu'ils s'y rattachaient. L'arrêt précité se borne à décider qu'un simple donné acte des réserves n'équivalant pas à la constatation de la condition d'extranéité prescrite par la loi, le juge de l'action en diffamation avait pu déclarer étrangères à la cause les imputations incriminées, et rejeter comme mal fondée une poursuite qui eût dû être rejetée comme non recevable, si la fin de non-recevoir avait été proposée. Il est, en effet, de jurisprudence constante que le défaut de constatation que les faits diffamatoires sont étrangers à la cause, dans la décision qui réserve l'action en diffamation, élève contre cette action,

même réservée, une fin de non-recevoir (*Rép.* n° 1221; Crim. cass. 2 avr. 1825, *Rép.* n°s 1221-6° et 1249-3° ; 6 févr. 1829, *ibid.*, n°s 1221-2° et 5° ; 6 févr. 1829, *ibid.*, n° 1221-5° ; Bastia, 27 déc. 1834, *ibid.*, n° 221-7° et v° *Compétence criminelle*, n° 622 ; Crim. cass. 23 nov. 1835, *ibid.*, n°s 1221-2° et 1249-2° ; Crim. rej. 3 mars 1837, *ibid.*, n° 1228-1° ; 21 juill. 1838, *ibid.*, n° 1221-3° et 1177).

Il a été jugé dans le sens des observations précédentes : 1° que la décision par laquelle la juridiction civile donne purement et simplement acte de la réserve d'exercer des poursuites correctionnelles en raison d'écrits ou mémoires produits devant elle, n'implique pas nécessairement, bien que les réserves doivent être accordées dans ce cas seulement, que les faits soient à ses yeux étrangers au procès; la loi exige à cet égard une déclaration expresse et motivée (Crim. rej. 4 mai 1865, précité); — 2° Que le tribunal qui donne acte à l'une des parties de ses réserves de poursuivre son adversaire, à l'occasion d'allégations diffamatoires contenues dans la plaidoirie de celui-ci, doit constater qu'elles sont étrangères à la cause (Crim. cass. 28 déc. 1878, aff. Jaquinot, D. P. 79. 1. 137); — 3° Que l'action en diffamation résultant des discours prononcés en justice n'est recevable devant le juge ultérieurement saisi que lorsque les faits diffamatoires ont été spécifiés et déclarés étrangers à la cause par le tribunal précédemment saisi de la contestation principale; qu'on doit tenir pour insuffisantes des réserves conçues en termes vagues et généraux (Rouen, 28 mars 1879) (1); — 4° Que l'action en diffamation doit être déclarée non recevable par cela seul que les réserves dont elle a été l'objet ont eu lieu en termes vagues et qu'elles ne font pas connaître, notamment, qu'il s'agit d'imputations étrangères à la cause (Civ. rej. 17 août 1881, aff. Pellerin, D. P. 82. 1. 297-298).

1468. Il faut, en outre, que les faits diffamatoires, dont la poursuite ultérieure est réservée, soient précisés dans la décision qui renferme cette réserve. On devrait considérer, notamment, comme inefficace, une décision dans laquelle le juge se serait borné à dire : « Déclare réserver à telle partie son action civile contre telle autre partie, en raison des imputations étrangères à la cause dirigées contre elle et par lesquelles elle se prétend lésée ». Le vague d'une telle disposition la rendrait évidemment inutile, puisqu'elle laisserait à prouver : 1° quelles sont les imputations qui ont donné lieu à la réserve; et 2° en quoi ces imputations sont étrangères à la cause (*Rép.* n° 1224). Jugé, en ce sens : 1° que les écrits produits devant un tribunal ne peuvent donner ouverture à une action en diffamation, de la part de l'une des parties, devant un autre tribunal, si le premier juge n'a pas précisé les faits diffamatoires et étrangers à la cause pour lesquels il a réservé l'action de cette partie (Agen, 23 déc. 1851, aff. Benech, D. P. 52. 2. 117); — 2° Que l'action en diffamation n'est pas recevable, si le tribunal qui a donné acte des réserves n'a pas à la fois précisé les allégations prétendues diffama-

---

(1) (Pigeron C. Jacquinot.) — La cour de Rouen était saisie de cette affaire par le renvoi que lui en avait fait l'arrêt précité de la cour de cassation du 28 déc. 1878. — La cour; — Attendu que, d'après le premier paragraphe de l'art. 23 de la loi du 17 mai 1819, les discours prononcés ou les écrits produits devant les tribunaux ne donnent lieu à aucune action en diffamation ou injure; que le dernier paragraphe du même article admet une exception à cette règle générale pour le cas où les faits diffamatoires sont étrangers à la cause et où les réserves ont été accordées par les tribunaux; — Attendu que la jurisprudence et la doctrine ont à bon droit reconnu : 1° que les réserves pour être utiles, doivent spécifier les faits prétendus diffamatoires, afin que l'action en diffamation se trouve exactement circonscrite devant le tribunal qui doit en connaître; 2° que c'est au juge, devant lequel le discours ou propos ont été tenus, qu'il appartient de déclarer qu'ils étaient étrangers à la cause ; qu'il s'ensuit que des réserves vagues et générales sont insuffisantes pour autoriser, par dérogation à la règle générale ci-dessus rapportée, une action en diffamation; — Or, attendu que les réserves dont se prévaut Pigeron et qui lui ont été accordées par le conseil de préfecture de Seine-et-Marne, dans sa séance du 16 févr. 1878, sont ainsi conçues : « Il est donné acte au sieur Pigeron des réserves formulées par lui oralement à l'audience du 15 février pendant que le sieur Jacquinot développait les motifs par lui invoqués à l'appui de la réclamation »; que ces réserves, qui ne

précisent rien et ne s'expliquent pas sur le point de savoir si les faits sont étrangers à la cause, ne réunissent pas les conditions nécessaires pour rendre admissible l'action de Pigeron; qu'ainsi c'est à tort que le tribunal de Melun a passé outre et statué au fond ; — Attendu qu'en vain Pigeron excipe de ce que le moyen tiré de l'insuffisance des réserves aurait été tardivement proposé; que d'une part, en fait, le jugement par défaut comme celui rendu sur l'opposition commence par s'expliquer sur la recevabilité, ce qui prouve que, tant par le ministère public que par le défendeur lorsqu'il a comparu, le moyen a été proposé avant toute autre défense ; que, d'une autre part, il s'agit là d'une fin de non-recevoir du fond qui, destinée à faire respecter le principe d'ordre public posé par le premier paragraphe de l'art. 23 précité, participe elle-même de ce caractère d'ordre public et peut dès lors être invoquée en tout état de cause; — Par ces motifs : — Sans avoir égard aux conclusions et moyens invoqués par Pigeron lesquels sont rejetés, déclare insuffisantes et nulles les réserves accordées à Pigeron, par le conseil de préfecture de Seine-et-Marne le 16 févr. 1878; dit et juge que l'action dudit Pigeron manque de base légale; — Le déclare non recevable dans sa demande, met en conséquence à néant le jugement dont est appel.

Du 28 mars 1879.-C. de Rouen, 4e ch.-MM. Lehucher, pr.-Gaultier de la Ferrière, av. gén.-Lajoye et Strauss (du barreau de Paris), av.

toires et déclaré ces allégations étrangères au procès débattu à sa barre (Crim. cass. 28 déc. 1878, cité *suprà*, n° 1467-2°. Conf. Civ. rej. 17 août 1881, cité *suprà*, n° 1467-4°).

1469. Cette précision des faits diffamatoires, dans la décision qui en réserve la poursuite, pourrait, à elle seule, équivaloir à une déclaration expresse que ces faits sont étrangers à la cause, s'il en résultait qu'ils sont bien un tel caractère (*Rép.* n° 1222). Ainsi, une telle déclaration résulte suffisamment d'une décision où il est dit que le fait diffamatoire auquel s'applique la réserve consiste en une imputation de faux en écriture authentique et publique ne portant pas sur des pièces dont dût dépendre le sort du procès où cette imputation s'est produite (Crim. rej. 21 mai 1836, *Rép.* n° 1223). Jugé, pareillement, que le fait du juge d'avoir, en statuant sur le fond, donné acte à une partie de conclusions incidentes par elles prises « à fin de poursuivre son adversaire en diffamation pour avoir tenu contre elle tels propos indiqués », implique virtuellement et juridiquement, d'une part, que les faits auxquels cet acte se rapporte étaient diffamatoires et, d'autre part, qu'ils étaient étrangers à la cause (Crim. rej. 4 avr. 1861, aff. Viviani, D. P. 66. 5. 370).

1470. D'autre part, la précision des faits n'est pas exigée quand le tribunal rejette les conclusions à fin de réserve de l'action publique ou de l'action civile, parce que les faits ne sont pas étrangers à la cause. Jugé, en ce sens : 1° que la déclaration par le juge, à l'appui de la décision déniant le droit d'exercer les poursuites en diffamation contre l'auteur d'écrits produits dans un procès, que les faits articulés dans ces mémoires ne sont pas étrangers à la cause, n'a pas besoin d'être autrement motivée, et échappe, comme fondée sur une appréciation de fait souveraine, au contrôle de la cour de cassation (Crim. rej. 4 mai 1865, aff. Schœnfeld. D P. 65. 1. 247) ; — 2° Que le fait par le juge de constater que les paroles prononcées par un avocat, au cours de sa plaidoirie, et en exposant les raisons qui avaient pu déterminer sa partie à consentir un acte de libéralité en faveur de l'adversaire, et que ces paroles n'excédaient pas les immunités de la défense, constitue la déclaration que les paroles incriminées n'étaient point étrangères à la cause (Req. 2 mai 1893, aff. Muret, D. P. 93. 1. 288. V. d'ailleurs, *suprà*, n° 1465).

1471. Ce n'est qu'après les débats sur le fond de la contestation que le tribunal qui en est saisi peut apprécier, en connaissance de cause, si les imputations diffamatoires reprochées à l'une des parties étaient utiles à sa défense : ce n'est donc qu'en statuant sur le fond qu'il peut accorder ou refuser des réserves à cet égard. Par suite, lorsqu'un mémoire, produit devant un conseil de préfecture, renferme des imputations diffamatoires, l'action publique ne peut être intentée à raison de ces imputations, avant qu'il ait été statué sur le fond de la contestation (Motifs, Crim. rej. 21 juill. 1838, *Rép.* n°s 1236 et 1221). Il suit de là, qu'à l'égard des discours ou des écrits qui ont pour objet la défense des parties devant les tribunaux, l'action publique et l'action civile se trouvent suspendues jusqu'au jugement du fond de l'affaire où la production a eu lieu (*Rép.* n° 1231). — M. Barbier (t. 2, n° 804) enseigne, au contraire, qu'en l'absence d'une disposition spéciale d'où l'on puisse induire que le juge doive nécessairement statuer sur les réserves et sur le fond par un seul et même jugement, il y a lieu de décider que le décerné-acte pourrait, si les circonstances l'exigeaient, être valablement prononcé avant le jugement sur la contestation principale.

1472. La décision qui réserve l'action en diffamation, pour des faits diffamatoires imputés à l'une des parties, devant, à peine de non-recevabilité de l'action, constater que les faits dont la poursuite est réservée sont étrangers à la contestation au cours de laquelle l'imputation s'est produite, cette constatation, qui tranche définitivement la question d'immunité judiciaire, a, pour le juge de l'action en diffamation, l'autorité de la chose jugée. Il n'y a plus lieu de mettre en débat devant lui ni la réalité des discours ou des écrits par lesquels se prétend lésé celui qui intente l'action, ni la question de savoir si les imputations, en raison desquelles l'action a été intentée, se rapportent ou ne se rapportent pas à la cause (*Rép.* n° 1231. Req. 2 mai 1893, aff. Muret, D. P. 93. 1. 288). Le débat ne peut donc porter que

sur la qualification légale de l'imputation poursuivie, sur sa publicité et sur l'intention de son auteur, c'est-à-dire, sur les conditions juridiques de la diffamation dont l'appréciation appartient essentiellement au juge appelé à réprimer pénalement ou civilement ce délit. — Jugé, toutefois, que le tribunal correctionnel, saisi d'une plainte en répression d'articulations diffamatoires contenues dans un mémoire distribué dans une instance civile, est compétent pour apprécier l'exception tirée de ce que ce mémoire aurait le caractère d'écrit produit pour la défense à l'action dont les juges civils étaient saisis. Et c'est avec raison qu'il retient la cause, lorsque le mémoire, nonobstant quelques détails relatifs à la contestation pour le jugement de laquelle il a été reproduit, est reconnu par lui ne s'y rattacher que d'une manière insuffisante, et appartient en réalité à un autre procès jugé par une autre juridiction (Crim. rej. 15 déc. 1854, aff. De Colmont, D. P. 64. 5. 290).

M. Barbier, t. 2, n° 804, se demande « ce qui adviendrait si, en l'état du fond, par une disposition expresse et motivée, déclarait diffamatoires les faits étrangers à la cause. Il pense « qu'en ce cas, la partie contre laquelle auraient été décernées ces réserves pourrait faire infirmer en appel, ce jugement comme rendu par un juge incompétent. Mais si ce jugement acquérait force de chose jugée, il faudrait bien admettre alors que la question de diffamation ne se présenterait plus entière devant le tribunal ultérieurement saisi, dont le rôle se bornerait à faire application de la peine, sous réserve de la question de preuve des faits diffamatoires au cas où celle-ci serait admissible ».

1473. — V. Effets du défaut de réserves de l'action en diffamation et caractère de l'exception qui en résulte. — Il est hors de doute que l'action en diffamation fondée sur des imputations diffamatoires dirigées contre l'une des parties, dans une contestation judiciaire, et portant sur des faits étrangers à la cause, n'est recevable que si elle a été réservée par le juge saisi de cette contestation. Jugé, à cet égard, qu'un plaignant en diffamation ne peut poursuivre le prévenu en raison de nouvelles diffamations dénoncées à l'audience, s'il n'a pas demandé acte de ses réserves d'en poursuivre la répression devant les juges compétents (Nîmes, 25 janv. 1839, *Rép.* n° 1221-4°). L'action publique étant alors non recevable par suite de non-réserve, la partie diffamée se trouve déchue à la fois, du droit d'exercer son action civile et de la faculté de provoquer, par une plainte, l'exercice de l'action publique (*Rép.* n° 1235. V. *suprà*, n°s 1459 et suiv.). Il suit de là que les diffamations commises envers une partie, dans des discours ou des écrits prononcés ou produits en justice, resteront impunies si l'action en diffamation n'a pas été réservée, encore qu'elles consistent dans l'imputation de faits étrangers à la cause, aussi bien que les diffamations couvertes par l'immunité judiciaire (*Rép.* n° 1232). L'insuffisance des réserves aurait le même effet que le défaut complet de réserves (Rouen, 28 mars 1879, *suprà*, n° 1467-3°).

1474. Mais la fin de non-recevoir qui s'élève ainsi contre l'action en diffamation non réservée, bien que la diffamation soit protégée par l'immunité judiciaire, n'est pas d'ordre public (*Rép.* n° 1232). Jugé, en ce sens, que l'obligation imposée à celui qui veut demander, devant les tribunaux, la réparation civile des diffamations commises contre lui, de se faire réserver cette action n'a été édictée que dans un intérêt privé ; et que, par suite, la partie qui se croit diffamée a formé son action, sans que cette réserve ait été requise ou obtenue, si elle veut le défendeur, au lieu d'opposer une fin de non-recevoir, réponde à cette action, et forme même une demande reconventionnelle, il ne peut, après avoir succombé devant le premier degré de juridiction, exciper pour la première fois en appel de ce défaut de réserve et prétendre que des motifs d'ordre public faisaient un devoir aux juges de repousser l'action formée par le demandeur sans y avoir été autorisé (Req. 7 août 1844, *Rép.* n° 1233). Le débat qui s'engage alors sur une telle action peut porter, non seulement sur son existence, en fait et en droit, de la diffamation poursuivie, mais encore sur le point de savoir si les imputations incriminées se rattachent ou ne se rattachent pas à la cause, et si, en conséquence, l'immunité judiciaire doit ou ne doit pas leur être appliquée ; ... à la différence du cas où le juge a été saisi de l'action en diffamation, à la suite des réserves prescrites par la loi, la décision qui accorde ces réserves ayant définitivement tranché, contre la partie dont elle a autorisé la poursuite, la question d'immunité (V. *suprà*, n° 1472. Crim. rej. 15 déc. 1854, aff. De Colmont, D. P. 54. 5. 290; 4 mai 1865, aff. Schoenfeld, D. P. 65. 1. 247. Conf. Barbier, t. 2, n° 804). Cependant il a été jugé, en sens contraire, que le moyen tiré de l'insuffisance des réserves constitue une fin de non-recevoir d'ordre public et que, par suite, ce moyen peut être présenté, quel que soit l'état de la cause (Rouen, 28 mars 1879, *suprà*, n° 1467).

B. — De l'action des tiers et de leur intervention.

1475. Lorsque les faits diffamatoires sont imputés à des tiers, il eût été déraisonnable de subordonner leur action à des réserves qu'ils sont dans l'impossibilité de demander au juge de la contestation principale. Aussi l'art. 41, § 5, renouvelant à cet égard la disposition de l'art. 23 de la loi du 17 mai 1819, déclare-t-il que les faits diffamatoires étrangers à la cause pourront donner ouverture, « dans tous les cas, à l'action civile des tiers ». Ainsi l'exercice de l'action civile du tiers diffamé dans des discours ou des écrits qui ne bénéficient pas de l'immunité judiciaire n'est pas subordonnée à la réserve qui forme, au contraire, pour le même cas, une condition nécessaire de l'exercice de l'action des parties diffamées (*Rép.* n° 1252, D. P. 81. 4. 82, note 1).

1476. — I. Nature de l'action ouverte aux tiers sans réserve préalable. — L'art. 23 de la loi du 17 mai 1819 désignait sous la seule expression d'*action civile*, les droits qu'il reconnaissait aux tiers la faculté d'exercer sans réserve préalable. Cependant on a toujours admis que cette expression devait s'entendre aussi bien de l'action publique que de l'action à fins civiles (*Rép.* n° 1252; Crim. rej. 7 nov. 1834, *Rép.* n°s 1252 et 1412; 17 juin 1842, *Rép.* n° 1252-1°, 5 juill. 1851, aff. Mailliard, D. P. 51. 5. 408). C'est en lui donnant une semblable étendue qu'on doit interpréter la même expression d'action civile dans le texte de l'art. 41 de la loi du 29 juill. 1881. Le tiers diffamé peut, à son choix, former une demande en dommages-intérêts devant le tribunal civil ou saisir le juge de répression, soit par la voie de la plainte, soit par la voie de la citation directe (Crim. rej. 13 déc. 1883, aff. Bellet, *Bull. crim.* n° 281). — Le ministère public peut également exercer l'action publique alors qu'il y ait eu de réserve, mais sous la condition de la plainte préalable exigée par la loi de 1881 (Comp. Montpellier, 2 avr. 1855, aff. Berge, D. P. 55. 5. 343). Si la demande en dommages-intérêts est poursuivie séparément de l'action publique, elle doit être portée devant le juge de paix dans le cas où la diffamation a été verbale (Req. 9 déc. 1863, aff. Victor Dubourg, D. P. 64. 1. 144. — Conf. sur ces différentes propositions: Barbier, t. 2, n° 805, p. 317; Fabreguettes, t. 2, n° 1803 et *infrà*, chap. 3, sect. 2).

1477. — II. Personnes qui doivent être considérées comme des tiers. — V. sur ce point les explications présentées *suprà* n° 1461.

1478. — III. Conditions de l'action des tiers. — L'art. 41 de la loi de 1881, en disposant, à l'exemple de l'art. 23 de la loi de 1819, que l'imputation de faits diffamatoires étrangers à la cause donnera ouverture à l'action publique, soit à l'action civile de la partie diffamée, si ces actions lui ont été réservées, et, dans tous les cas, à l'action civile des tiers, a-t-il entendu, par ces dernières expressions, non seulement affranchir les tiers de la nécessité d'une réserve de leur action, mais encore faire fléchir à leur profit, d'une manière absolue, l'immunité judiciaire édictée dans le paragraphe 3 du même article, c'est-à-dire les autoriser à poursuivre toute imputation de faits diffamatoires dirigée contre eux, sans distinction entre ceux qui seraient relatifs à la cause et ceux qui lui seraient étrangers? La jurisprudence qui s'était établie sous l'art. 23 de la loi de 1819 n'a pas admis que les mots : « dans tous les cas », déjà employés par cette loi quant à l'action des tiers, dussent recevoir une telle interprétation. Ces mots, rapprochés de ceux « faits diffamatoires étrangers à la cause » qui dominent toute la phrase, font uniquement opposition à la condition de la réserve exigée pour l'action des parties, et que la loi n'a pas voulu étendre à l'action des tiers. Sauf cette différence

dans l'exercice des deux actions, l'une et l'autre sont soumises aux mêmes conditions d'existence. Il faut, pour qu'elles soient recevables, que l'on soit en dehors de l'immunité judiciaire accordée, en principe, aux discours et écrits prononcés ou produits devant les tribunaux, immunité opposable aux tiers aussi bien qu'aux parties, dès qu'il s'agit d'imputations de faits justifiées par les nécessités de la cause où elles soient eu lieu. L'ouverture de l'une et l'autre action est donc, par identité de raisons, subordonnée à une vérification préalable de ces nécessités, sauf cette différence que la vérification doit être faite par le juge appelé à statuer sur la réserve ou par le juge de l'action en diffamation elle-même, selon que la diffamation alléguée a été commise envers une partie ou envers un tiers (V. *Rép.* n°s 1248 et 1249; Crim. cass. 2 avr. 1825, *Rép.* n° 1249-3°; Civ. cass. 23 nov. 1835, *ibid.*, n° 1249-2°; Crim. rej. 14 déc. 1838, *ibid.*, n°s 1249-1° et 1211. V. aussi *ibid.*, n°s 1228-3° et 1202-1°; Nimes, 20 févr. 1823, *ibid.*, n°s 1250 et 1253-2°). Il a été jugé dans le même sens : 1° que la personne qui se prétend diffamée par des imputations contenues dans un écrit produit en justice n'est recevable à exercer des poursuites en diffamation que dans le cas où il est déclaré que ces imputations sont étrangères à l'instance; et cela, aussi bien lorsque cette personne est un tiers que lorsqu'elle est une des parties en cause (Crim. rej. 31 janv. 1873, aff. Blin, D. P. 73. 1. 89; — 2° Que les tribunaux, saisis d'une action en diffamation intentée par un tiers, en raison d'écrits produits dans une instance engagée entre l'auteur de ces écrits et une autre partie, ne peuvent condamner le prévenu de diffamation à des dommages-intérêts, s'ils n'ont préalablement déclaré que les imputations contenues dans les écrits incriminés étaient étrangères à la cause (Crim. cass. 8 déc. 1876, aff. Helft, D. P. 77. 1. 505).

Le législateur de 1881 se trouvant ainsi placé en présence d'une jurisprudence qui fixait définitivement l'interprétation qu'on devait donner à la disposition de l'art. 23 de la loi de 1819, relative aux conditions d'existence de l'action des tiers diffamés en justice, s'est borné à reproduire cette disposition. La jurisprudence antérieure conserve donc son autorité pour l'interprétation de la disposition finale de l'art. 41. Il suit de là que toute action, en dommages-intérêts, est refusée au tiers contre lequel des imputations diffamatoires ont été commises devant les tribunaux à raison de faits relatifs à la cause. Le tribunal civil ou le tribunal de répression saisi de l'action publique ou de l'action civile nées de la diffamation dirigée contre un tiers, a la double mission de rechercher si les faits imputés à ce tiers sont diffamatoires et s'ils sont étrangers à la cause à l'occasion de laquelle l'imputation s'est produite. A défaut de l'une ou de l'autre de ces constatations, l'action du tiers soit à fins pénales, soit à fins civiles, doit être rejetée (Conf. Barbier, t. 2, n° 805, p. 317; C. d'ass. Seine, 22 nov. 1884, *Gazette des tribunaux*, du 23). Jugé en ce sens, qu'un électeur n'est pas fondé à demander la suppression, comme injurieux, du passage d'une requête renfermant simplement l'articulation d'un fait invoqué comme preuve du défaut de sincérité du scrutin et comme moyen à l'appui de la protestation (Cons. d'Et. 29 mars 1889, aff. Elect. d'Arcueil-Cachan, D. P. 90. 3. 69);... Ou des passages d'un mémoire renfermant, à l'appui d'une demande en annulation des opérations électorales, l'articulation d'un fait dont l'exactitude est reconnue (Cons. d'Et. 27 juill. 1889, aff. Elect. de Séméac, D. P. 91. 3. 26).

1479. L'action des tiers diffamés par l'imputation de faits étrangers à la cause, n'étant subordonnée à aucune réserve de la part des juges du fond, il en résulte que cette action peut être formée et jugée avant que la décision des juges du fond sur la contestation principale n'ait été prononcée. Toutefois le tribunal saisi de l'action en diffamation pourrait surseoir à statuer jusqu'à la décision sur le fond, s'il le jugeait nécessaire pour mieux s'éclairer sur la question de l'extranéité des faits (Riom, 20 déc. 1826, *Rép.* n° 1256. Conf. Barbier, t. 2, n° 805).

1480. — IV. Droit d'intervention. — Si un tiers diffamé par des discours prononcés ou des écrits produits dans un procès engagé entre d'autres personnes ne peut pas exercer d'action en diffamation lorsque les faits imputés sont relatifs à la cause, peut-il du moins intervenir devant le juge de l'affaire principale, soit pour réclamer la suppression du discours ou de l'écrit diffamatoire, soit pour demander des dommages-intérêts, en vertu du paragraphe 4 de l'art. 41 ? Certains arrêts ont décidé que les tiers doivent se pourvoir par action séparée pour demander la suppression des écrits produits devant un tribunal, par lesquels ils se prétendent diffamés ou injuriés (V. *suprà*, n° 1420 ; Grenoble, 9 août 1828, *Rép.* n° 1547-2° ; Grenoble, 28 juin 1832, *Rép.* n° 1246. V. aussi Orléans, 5 août 1815, *Rép.* n° 1549-1°, et v° *Intervention*, n° 72 ; Paris, 21 déc. 1840, *Rép.* n° 1547-3°, et v° *Intervention*, n° 71). Mais c'est dans le sens de la recevabilité de l'intervention des tiers que s'est fixée la jurisprudence. Jugé, à cet égard : 1° que les tiers ont qualité pour intervenir dans un procès, à raison des faits diffamatoires relatifs à la cause et contenus dans un écrit produit à ce procès, afin de faire ordonner, par le juge saisi de l'instance principale, la réparation du préjudice résultant de la diffamation, avec insertion dans un journal du chef de l'arrêt prononçant cette réparation (Crim. rej. 19 juill. 1851, aff. Recepon, D. P. 51. 5. 417) ; — 2° Que si les tiers, contre lesquels les diffamations ou injures ont été commises dans les écrits produits devant les tribunaux, n'ont ni une action pénale ni l'action civile accessoire dérivant des art. 1, 2 et 3, c. instr. crim., lorsque les faits diffamatoires sont relatifs à la cause, ils peuvent, par voie d'intervention au procès où les écrits dont ils se plaignent ont été produits, en demander la suppression et obtenir la réparation du préjudice à eux causé (Req. 2 juill. 1866, aff. Maillet, D. P. 66, 1. 4) ; — 3° Que le juge, devant lequel des écrits injurieux ou diffamatoires sont produits, étant seul compétent pour en prononcer la suppression, un tiers est recevable à intervenir dans l'instance pendante devant une cour d'appel pour demander, avec des dommages-intérêts, la suppression de mémoires produits devant la cour par une des parties et contenant à son égard l'imputation de faits diffamatoires (Paris, 20 nov. 1863, aff. De la Valette, D. P. 63. 2. 222 ; Req. 10 févr. 1869, aff. Savidan, D. P. 70. 1. 135 ; Toulouse, 12 août 1875, aff. Courré-Gelongue, D. P. 77. 1. 59). Et la cour est compétente pour statuer sur cette demande, alors même qu'elle émanerait d'un notaire nommé par justice séquestre et liquidateur de la succession litigieuse. On prétendrait à tort que l'intervenant doit, à raison de sa qualité de notaire et de la mission qu'il tient de la justice, être considéré comme un dépositaire ou un agent de l'autorité, et ne peut, en conséquence, poursuivre la réparation de la diffamation dont il a été l'objet que devant la cour d'assises (Arrêt précité du 12 août 1875).

Il a été précédemment jugé, de même, que l'avocat de l'une des parties peut intervenir, en appel, pour demander la suppression de mémoires imprimés et signifiés dans l'instance d'appel par l'autre partie et injurieux à son égard (Rouen, 25 mars 1808, *Rép.* n° 1546-1°). — Cependant le tiers qui se prétend lésé dans sa considération par les motifs d'un jugement n'est pas recevable à intervenir en appel pour demander la suppression de ces motifs, alors que le dispositif ne contient aucune disposition ni aucune expression qui le concerne : ici ne s'applique pas le droit d'intervention accordé au tiers qui se plaint d'avoir été diffamé par des écrits produits en justice (Req. 2 juill. 1866, aff. D... et M..., D. P. 66. 1. 476) ; ... sauf au tiers ainsi lésé par les motifs d'un jugement à se pourvoir contre le jugement par les voies ordinaires, si les motifs qu'il soutient être diffamatoires à son égard sont, en effet, de nature à constituer un délit (Même arrêt, V. *suprà*, n° 1470). — Décidé encore que la prévenue (l'institutrice d'un enfant) qui, dans un procès intenté par une femme contre son mari, est désignée comme complice d'un adultère reproché à celui-ci, est recevable, même alors qu'il s'agirait d'une instance en séparation de corps, à intervenir pour poursuivre le redressement des imputations diffamatoires dirigées contre elle et la suppression des écrits les contenant (Rennes, 30 mai 1876, aff. Dame J..., D. P. 77. 2. 51) ; que ce droit d'intervention ne peut pas être limité, quant à l'enquête, à une simple assistance de l'intervenante, exclusive de toute participation à cette enquête et, notamment, de la faculté de provoquer, au besoin, une contre-enquête (Même arrêt. V. au surplus, *suprà*, v° *Intervention*, n° 51).

1481. Suivant M. Barbier, t. 2, n° 805, les tiers ont même le droit d'intervenir devant le juge du fond, dans le seul but de faire constater que ces imputations diffamatoires sont étrangères à la cause et de conclure, comme l'art. 41 en fait une obligation aux parties, à ce que leur action soit réservée. Elles ont intérêt à procéder de la sorte parce que le juge du fond est mieux placé que tout autre pour bien apprécier la question d'extranéité. Ils en puisent le droit dans les termes de l'art. 41, § 5, qui leur reconnaît le droit d'agir dans tous les cas, c'est-à-dire soit que l'action leur ait été réservée, soit qu'elle ne l'ait pas été. Peu importe que leur intervention soit ou non recevable suivant les règles du droit commun, puisqu'elle est autorisée par l'art. 41 pour le cas spécial dont il s'agit. « Si d'ailleurs, ajoute M. Barbier, *loc. cit.*, on refusait aux tiers le droit d'intervenir pour conclure à cette seule fin, sous prétexte que les réserves dont ils demandent acte leur sont inutiles pour exercer leur action, ceux-ci, pour se faire admettre comme intervenants, n'auraient qu'à conclure à la suppression des écrits ou discours diffamatoires ; ils seraient, dès lors, parties au procès, et les juges du fond ne pourraient, en conséquence, se refuser à statuer sur leurs conclusions tendant à se faire réserver leur action ultérieure, demeurée intacte nonobstant la décision ordonnant la suppression ».

1482. Si, sur l'intervention du tiers diffamé, les juges du fond déclarent que les faits diffamatoires ne sont pas étrangers à la cause, et refusent de faire droit aux conclusions tendant à la réserve de l'action, l'intervenant ne peut plus exercer ultérieurement cette action devant le juge compétent ; car il est définitivement jugé que les imputations, étant relatives à la cause, doivent bénéficier de l'immunité judiciaire. Si, au contraire, le juge du fond réservait l'action en constatant l'extranéité des faits diffamatoires, ce point serait définitivement jugé et ne pourrait pas être mis en question devant le juge ultérieurement saisi de l'action en diffamation (V. *suprà*, n° 1472).

Enfin l'action en diffamation serait recevable devant le tribunal civil ou le tribunal de répression, nonobstant la décision des juges du fond, s'ils avaient refusé d'admettre l'intervention du tiers ou, malgré l'insuffisance de cette décision, s'ils avaient omis de statuer sur ses réserves sans statuer expressément sur l'extranéité des faits diffamatoires. Le juge saisi de l'action en diffamation aurait alors à statuer tout à la fois sur l'extranéité des faits et sur leur qualification (V. *suprà*, n° 1474. Conf. Barbier, *loc. cit.*).

CHAP. 2. — Des exceptions.

1483. Parmi les exceptions qui peuvent être opposées par les individus poursuivis comme responsables pénalement ou civilement d'un crime, d'un délit ou d'une contravention de presse, les unes tiennent au fond, c'est-à-dire à l'action elle-même, les autres ne tiennent qu'à la forme c'est-à-dire aux règles de la procédure (V. *infrà*, chap. 4). Nous ne nous occupons ici que des premières et, comme au *Rép.* n°s 1288 et suiv., nous n'examinerons que celles des exceptions tenant à l'action elle-même qui offrent des difficultés particulières au point de vue de la poursuite des délits de publication.

Sect. 1re. — De la prescription.

1484. — I. PRESCRIPTION. Délai. — D'après les art. 637, 638 et 640 c. instr. crim., l'action publique et l'action civile se prescrivent : 1° quand elles résultent d'un crime, après dix années révolues à compter du jour où le crime aura été commis, ou du dernier acte d'instruction ou de poursuite, à l'égard même des personnes qui n'y seraient pas impliquées ; 2° quand elles résultent d'un délit, après trois années révolues à compter de la même époque ; 3° quand elles résultent d'une contravention de police, après une année révolue à compter du jour où elle aura été commise, même lorsqu'il y aura eu procès-verbal, saisie, instruction ou poursuite ; et s'il y a eu jugement définitif, susceptible d'appel, à compter de la notification de l'appel qui en aura été interjeté.

Le législateur de 1819, qui a défini pour la première fois les crimes et les délits spéciaux de publication, a apporté à celles de ces trois dispositions qui concernent l'action publique et l'action civile nées d'un crime ou d'un délit une grave modification. En vertu de l'art. 29 de la loi du 26 mai 1819, l'action publique résultant des crimes et délits commis par la voie de la presse ou par tout autre moyen de publication se prescrivait par six mois révolus à compter du fait de publication qui donnait lieu à la poursuite ou après un an à compter du dernier acte d'instruction ou de poursuite, même à l'égard des personnes qui n'y étaient pas impliquées. Quant à l'action civile, elle ne se prescrivait dans tous les cas, c'est-à-dire en matière de crimes ou de délits, que par trois années à compter du fait de la publication. — La loi du 25 mars 1822, qui a soumis le jugement des crimes de publication aux cours d'assises, et celui des délits aux tribunaux correctionnels, a laissé subsister les dispositions de la loi de 1819 en matière de prescription. Mais, comme cette loi définissait de nouveaux délits de publication, notamment le délit d'outrage commis publiquement envers des fonctionnaires publics ou des ministres du culte (art. 6), et qu'elle ne réglait pas en même temps la prescription applicable à ces nouveaux délits, la jurisprudence l'a divisée sur l'application qu'il convenait de leur faire ou de la prescription de six mois, en conformité de la loi de 1819 (Crim. rej. 16 avr. 1829, *Rép.* n° 1290-2°), ou de la prescription de trois ans, en vertu de l'art. 638 c. instr. crim. (Metz, 24 juill. 1822, *Rép.* n° 1290-1°).

1485. L'art. 27 du décret du 17 févr. 1852, en disposant que la poursuite des délits de publication aurait lieu dans les formes et les délais établis par le code d'instruction criminelle, avait-il entendu faire entrer, dans cette expression *délais*, même le délai dans lequel l'action publique et l'action civile résultant de ces délits devraient être intentées, et, dès lors, en faire retomber la prescription sous l'application de l'art. 638 c. instr. crim.? La question fut vivement controversée (*Rép.* n° 1290). Plusieurs arrêts la résolurent dans le sens du maintien de la prescription de six mois établie par l'art. 29 de la loi du 26 mai 1819 (Rouen, 23 juin 1864, aff. Patin, D. P. 64. 2. 211; Trib. corr. Marseille, 23 janv. 1868, aff. N..., D. P. 69. 3. 55; Nancy, 22 mai 1871, aff. Pierson, D. P. 71. 2. 105; Limoges, 12 janv. 1872, aff. Relier, D. P. 72. 2. 92. Conf. Rousset, p. 138, notes 328 et 729). La plupart des cour d'appel et la cour de cassation jugèrent, dans un sens opposé, que l'art. 27 du décret du 17 févr. 1852 avait abrogé la législation de 1819 en ce qui concernait la prescription des délits de publication (*Rép.* n° 1290; Circ. min. just. 27 mars 1852, D. P. 52. 3. 11; Metz, 30 janv. 1856, aff. Didier, D. P. 57. 2. 20; Pau, 14 juill. 1862, aff. Harguindigny, D. P. 63. 5. 292; Colmar, 2 mai 1865, aff. Mock, D. P. 65. 2. 78; Dijon, 12 juill. 1865, aff. Dutron, D. P. 65. 2. 224; Lyon, 13 mars 1867, aff. Poyet, D. P. 69. 2. 138; Crim. cass. 8 juin 1872, aff. De Cosnac, D. P. 72. 1. 283; Aix, 11 juill. 1872, aff. Dauphin, D. P. 72. 2. 210; Amiens, 20 févr. 1873. aff. Decroix, D. P. 74. 2. 56; Crim. cass. 31 juill. 1874, aff. Jogand et Bourelly, journal *La Jeune République de Marseille*, D. P. 75. 1. 97; Poitiers, 12 févr. 1875, aff. Bureau, D. P. 75. 2. 78; Crim. rej. 14 févr. 1878, aff. Merguy, D. P. 78. 1. 286). — Ceux de ces arrêts qui sont postérieurs à la loi du 15 avr. 1871 décidaient aussi que cette loi, tout en rendant au jury la connaissance des délits de presse, n'avait pas modifié le délai ordinaire de trois ans rétabli par le décret de 1852, ni remis en vigueur l'art. 29 de la loi du 17 mai de 1819.

L'interprétation que la jurisprudence donnait au décret de 1852 consacrait les résultats suivants : Relativement aux faits de publication qualifiés *crimes*, l'action publique et l'action civile étaient restées prescriptibles conformément à la loi de 1819 ; la première, par six mois à compter du jour où le crime avait été commis, ou par un an à partir du dernier acte d'instruction ou de poursuite, et la seconde par trois années à compter du fait de la publication. En ce qui concerne les délits, l'action publique et l'action civile étaient devenues prescriptibles, conformément à l'art. 638 c. instr. crim., par trois années à partir, non plus seulement du fait de la publication, comme sous la loi de 1819, mais aussi du dernier acte de poursuite ou d'instruction.

1486. La loi de 1819 ne s'occupait pas de l'action publique ou de l'action civile résultant des contraventions, passibles de peines de simple police. La prescription en demeurait donc soumise au droit commun ; d'où la consé-

quence qu'elles étaient prescriptibles par un an, conformément à l'art. 640 c. instr. crim. quand il s'agissait, notamment de la contravention d'injure simple (Crim. rej. 18 août 1838, *Rép.* n° 1290-4°). Quant aux infractions à la police de la presse et des autres moyens de publication, il était décidé que cette prescription était également, en l'absence de toute disposition spéciale, régie par le code d'instruction criminelle ; mais on jugeait qu'il y avait lieu d'appliquer la prescription de trois ans de l'art. 638 c. instr. crim., de telles infractions étant toutes, avant la loi de 1881, passibles de peines correctionnelles et ne pouvant, dès lors, être assimilées aux contraventions de simple police prévues par l'art. 640 du même code (Douai, 4 juin 1841, *Rép.* n° 519-2°; Crim. cass. 4 sept. 1842, *ibid.*, n° 519-3° ; Paris, 17 août 1843, *ibid.*, n° 519-2°). Une prescription spéciale de trois mois était, toutefois, édictée par l'art. 13 de la loi du 9 juin 1819, sur la police de la presse périodique, à l'égard de certaines infractions aux dispositions de cette loi aujourd'hui abrogées, qui concernaient, soit l'interdiction faite aux journaux de rendre compte des séances secrètes des Chambres (art. 7), soit la non-insertion des publications officielles qui leur seraient adressées par le Gouvernement (art. 8), et celle des condamnations prononcées contre eux (art. 11) (*Rép.* p. 408).

1487. L'art. 65 de la loi de 1881 n'a pas maintenu ces prescriptions diverses ; il crée pour les crimes, les délits et les infractions de police qui y sont prévus et réprimés, une prescription unique qu'il rend commune à l'action publique et à l'action civile, et est réduite à trois mois (D. P. 81. 4. 87, note 5). Le délai de la prescription est ainsi réduit à trois mois, sans aucune distinction, pour toutes les infractions qui sont prévues par la loi du 29 juill. 1881, quelles que soient d'ailleurs la qualification et les peines de cette infraction. Cette courte prescription est, en conséquence, applicable (Conf. Barbier, t. 2, n° 1008, p. 439) même aux crimes de provocation prévus par l'art. 23, qui sont punis, comme faits de complicité, des peines portées contre l'auteur du crime provoqué (V. en ce sens une réponse de M. Lisbonne, rapporteur, à une question de M. Lorois, Ch. des dép. séance du 1er févr. 1881, Celliez et Le Senne, p. 168). Elle est applicable à l'action résultant d'imputations diffamatoires dirigées contre un témoin dans un récit étranger à la cause (Limoges, 8 août 1888, aff. Soleilhavoult, D. P. 89. 2. 45); elle l'est aussi aux simples contraventions, telles que celles d'injures envers des particuliers (Trib. pol. Clelles, 21 juill. 1883, *suprà*, n° 1036). — Toutefois, il est nécessaire de remarquer que la prescription spéciale de trois mois, édictée par l'art. 65 de la loi du 29 juill. 1881, ne s'applique qu'aux délits de publication prévus et réprimés par cette loi, et qu'elle ne s'étend pas aux délits définis et réprimés par le code pénal, et, notamment, au délit de chantage, alors même qu'il a été commis par la voie de la presse (Lyon, 16 nov. 1887, aff. Escorbia, D. P. 88. 2. 175). Pour la même raison, les délits d'outrage prévus par les art. 222 et suiv. c. pén., ayant le caractère de délits de droit commun, ne sont prescriptibles que par trois ans, en vertu de l'art. 638 c. instr. crim. (V. *suprà*, n° 747. *Adde* Crim. rej. 29 mai 1886, aff. Rémond, D. P. 87. 1. 89).

1488. A un autre point de vue, la loi du 29 juill. 1881 soumet sans aucune distinction, à la prescription de trois mois, les diverses actions auxquelles les délits de presse peuvent donner naissance (Rennes, 5 févr. 1890, aff. Boulais, D. P. 91. 2. 269). Ainsi sont prescrites par trois mois : 1° l'action publique contre les personnes responsables, à titre d'auteurs ou de complices, des faits de publication qualifiés crimes, délits ou contraventions par la loi du 29 juill. 1881 (V. *suprà*, n°s 1195 et suiv., 1267 et suiv.) ; — 2° L'action civile contre les mêmes personnes, que cette action soit exercée accessoirement à l'action publique et devant le juge de répression, par la voie de la citation directe ou par celle de la constitution de partie civile sur la poursuite du ministère public, ou qu'elle soit poursuivie isolément devant les tribunaux civils (V. *suprà*, n°s 1200 et suiv., 1327 et suiv.; Crim. rej. 16 mars 1882, aff. Tanneguy de Wogan, D. P. 82. 1. 239 ; Nancy, 15 déc. 1883, aff. De Lamotte, D. P. 84. 2. 54; Paris, 19 mars 1885, aff. Chaigneau, D. P. 85. 2. 150; 20 mars 1885, aff. Breton, D. P. 85. 2. 264; Besançon, 9 juill. 1885, aff. Pétolat, D. P. 88. 2. 224 ; Civ. rej. 26 oct. 1887, aff. Rolland, D. P. 88. 1. 13 ; Bordeaux, 11 nov. 1890, aff. Lacarrière, D. P. 91. 2. 6 ; Paris, 2 janv. 1892, aff. Époux Robin, D. P. 92. 2. 199 ; Civ. cass. 5 janv. 1892, aff. Lécluse, D. P. 92. 1. 45 ; Grenoble, 26 nov. 1892, aff. Gros, D. P. 93. 2. 270) ; — 3° L'action poursuivie, soit à la requête du ministère public, soit à la requête de la partie civile, contre les personnes que la loi du 29 juill. 1881 déclare civilement responsables des infractions qu'elle prévoit (V. *supra*, n°s 1330 et suiv.; Rennes, 5 févr. 1890 précité).

La prescription de trois mois a été déclarée notamment applicable à l'action civile exercée devant le juge de paix conformément à l'art. 5-5° de la loi du 25 mai 1838. pour réparation du préjudice causé par des injures verbales publiques ou non publiques, ou par des diffamations verbales non publiques qui se confondent avec la contravention d'injure (V. *supra*, n°s 908 et 1063, et *infrà*, n°s 1601 et suiv.; Paris, 19 mars 1885; Req. 21 déc. 1885, aff. Paviot, D. P. 86. 1. 317; Civ. rej. 26 oct. 1887, précités.Conf. Trib. de paix de Clelles, 21 juill. 1883, aff. N..., *supra*, n° 1036; Grenoble, 26 nov. 1892, précité Trib. civ. Mortain, aff. Dalin, D. P. 89. 1. 37).

1489. La prescription de trois mois, établie par l'art. 65 de la loi du 29 juill. 1881, ne s'applique aux actions civiles en responsabilité d'un dommage qu'autant que ces actions ont réellement et exclusivement pour base un crime, un délit ou une contravention prévus par cette loi, et par conséquent cette prescription est inapplicable à l'action civile intentée en raison d'une imputation qui n'a aucun des caractères du délit de diffamation (Civ. rej. 17 mai 1886, aff. Estrade, D. P. 87. 1. 54. Conf. Bordeaux, 16 avr. 1886, aff. Beylot, D. P. 87. 2. 79). — Jugé encore, en ce sens, que la prescription de trois mois établie par l'art. 65 de la loi du 29 juill. 1881 sur la presse ne s'applique aux actions civiles en responsabilité d'un dommage qu'autant que ces actions ont réellement pour base un crime, un délit ou une contravention prévus par cette loi, et, par conséquent, que cette prescription est inapplicable à l'action civile intentée en réparation du préjudice causé par des articles de journaux qui ne renferment ni injure ni diffamation (Paris 16 nov. 1886, aff. Chaudet, D. P. 87. 2. 171. Conf. Nancy, 14 mai 1892, aff. Syndicat de Nouzon, D. P. 92. 2. 433).

Au reste, il n'appartient pas à l'auteur de la faute ou du dommage d'attribuer arbitrairement l'action dirigée contre lui les caractères d'une action fondée sur une infraction aux lois sur la presse, pour la faire déclarer éteinte par a prescription spéciale édicté en cette matière (Mêmes arrêts).

1490. De son côté, le demandeur ne pourrait pas soustraire son action civile à la prescription de trois mois en qualifiant de simple quasi-délit un fait prévu comme un crime, un délit ou une contravention par la loi sur la presse. Jugé, en ce sens : 1° que la demande en dommages-intérêts introduite devant un tribunal civil par une assignation fondée sur le préjudice résultant d'un article de journal qui constitue, vis-à-vis du demandeur, le délit de diffamation, ne change pas de caractère par suite du dépôt de conclusions nouvelles motivant l'allocation des dommages-intérêts sur l'application des art. 1382 et 1383 c. civ.; et que l'action n'en est pas moins soumise à la prescription de trois mois édictée par l'art. 65 de la loi du 29 juill. 1881, bien qu'elle ait été portée soit directement devant la juridiction civile (Nancy, 15 déc. 1883, aff. De Lamotte, D. P. 84. 2. 54 ; Paris, 20 mars 1885, aff. Breton, D. P. 85. 2. 264; Besançon, 9 juill. 1885, aff. Pétolat, D. P. 88. 2. 221); — 2° Que la demande en dommages-intérêts fondée sur un acte constitutif du délit de diffamation est soumise à cette prescription lors même que l'assignation viserait, non pas le délit de diffamation, mais simplement l'art. 1382 c. civ. (Paris, 2 janv. 1892, aff. Époux Robin, D. P. 92. 2. 199); — 3° Qu'il importe peu que les faits soient qualifiés quasi-délit, s'ils constituent en réalité, et d'après les énonciations de la demande, une infraction aux dispositions pénales de la loi sur la presse (Grenoble, 26 nov. 1892, aff. Gros, D. P. 93. 2. 270).

1491. Le délai de trois mois doit se compter non pas à raison de trois fois trente jours, mais par l'échéance de trois mois, jour pour jour, d'après le calendrier grégorien. Telle est la jurisprudence au point de vue du droit commun (V. *supra*, v° *Prescription criminelle*, n° 5). — Il résulte, d'ailleurs, du texte même de l'art. 65 que le *dies à quo*, c'est-à-dire le jour du délit ou celui du dernier acte

de poursuite ne compte pas dans la supputation du délai, puisque c'est seulement « après trois mois révolus à compter de ce jour » que la prescription est acquise (Comp. *supra*, v° *Prescription criminelle*, n° 4. Conf. Barbier, t. 2, n° 1008, p. 498).

1492. La prescription de l'action publique résultant d'un fait de publication qualifié crime, délit ou contravention par la loi du 29 juill. 1881, est d'ordre public, conformément au droit commun. Elle peut donc être proposée en tout état de la cause. Elle doit être relevée d'office par le juge, même quand l'affaire est en instance d'appel ou qu'elle est pendante devant la cour de cassation (Crim. cass. 14 févr. 1874, aff. Vibert, D. P. 75. 1. 190 ; Crim. rej. 28 juill. 1882, aff. Bagnoli, D. P. 83. 1. 42). Seulement, il est nécessaire, devant la cour de cassation, que l'exception de prescription soit justifiée par les constatations de fait de l'arrêt attaqué, ou qu'elle résulte de la procédure soumise à la cour (Crim. rej. 13 févr. 1880, aff. Baisset, *Bull. crim.* n° 33). — D'ailleurs le moyen tiré de la prescription ne pourrait plus être invoqué soit devant le juge d'appel, soit devant la cour de cassation, s'il était intervenu une décision définitive, passée en force de chose jugée, soit sur ce moyen, soit sur le fond (Crim. rej. 28 juill. 1882, précité ; Amiens, 5 avr. 1884, aff. Lalouette,D. P. 85. 2. 103). — Sur l'ensemble de ces règles de droit commun, V. *Rép.*, v° *Prescription criminelle*, n°s 19, 176 et suiv., et *supra*, eod. v°, n°s 204 et suiv. Sur leur application à l'action publique, résultant des délits de presse, V. *Rép.* n° 1302. Conf. Barbier, t. 1, n° 1016, p. 518.

1493. La prescription de l'action civile est-elle également d'ordre public, et peut-elle être suppléée d'office par le juge quand elle n'est pas proposée par l'auteur du délit de presse? La question, ainsi qu'on l'a vu *supra*, v° *Prescription criminelle*, n° 210 et suiv., a été diversement résolue. L'opinion qui paraît prévaloir en jurisprudence est que la règle édictée par l'art. 2223 c. civ., est applicable à l'action civile résultant d'un délit, alors du moins que cette action est exercée séparément de l'action publique. Cependant certains arrêts refusent d'appliquer cette règle à l'action civile résultant d'un délit de presse. Par une interprétation stricte de l'art. 65 de la loi de 1881, ils décident que la prescription de trois mois applicable à cette action comme à l'action publique constitue, à l'égard de l'une et de l'autre, une exception d'ordre public; ils décident en conséquence que le juge civil, saisi de la demande à fins civiles, doit suppléer d'office le moyen tiré de la prescription quand il n'est pas proposé par le défendeur, absolument comme le juge de répression doit. le faire quand les deux actions résultant du délit de presse sont portées simultanément devant lui (Nancy, 15 déc. 1883, aff. De Lamotte, D. P. 84. 2. 54 ; Paris, 2 janv. 1892, aff. Époux Robin, D. P. 92. 2. 199). Ce dernier arrêt décide, par voie de conséquence, que l'acquiescement à un jugement autorisant la preuve des faits diffamatoires ne rend pas la partie dont il émane irrecevable à interjeter appel de ce jugement, lorsque la preuve a été ordonnée nonobstant la prescription acquise, c'est-à-dire en violation d'une loi d'ordre public. — Ces solutions sont contraires à la jurisprudence de la cour de cassation, qui reconnaît un caractère absolu à la règle de l'art. 2223 c. civ. et qui en a fait l'application même aux matières placées sous une législation spéciale, notamment en matière d'enregistrement (Civ. cass. 31 mai 1847, aff. Allotte, D. P. 47. 4. 379 ; Req. 25 févr. 1891, aff. Bézard, D. P. 91. 5. 406). De même, en matière de presse, elle a jugé que la défense faite au juge, par l'art. 2223 c. civ., de suppléer d'office le moyen tiré de la prescription, est absolue; qu'elle s'applique, notamment, au cas où il s'agit de l'action portée devant la juridiction civile pour la réparation du dommage causé par un crime ou par un délit; que la loi du 29 juill. 1881, en fixant un délai spécial pour la prescription de l'action publique et de l'action civile résultant des crimes, délits et contraventions prévus par cette loi, n'a pas dérogé à la règle de l'art. 2223 c. civ. (Civ. cass. 5 janv. 1892, aff. Lécluse D. P. 92. 1. 45).

1494. — II. Point de départ de la prescription. L'art. 65 de la loi de 1881, reproduisant en cela les dispositions des art. 637, 638 et 640 c. instr. crim., fait partir la prescription en matière de crimes, délits ou contraventions,

« du jour où ils auront été commis ». L'art. 29 de la loi du 26 mai 1819, qui donnait à la prescription le même point de départ, ajoutait que cette prescription, lorsqu'il s'agirait d'un crime ou d'un délit commis dans un écrit imprimé, ne pourrait commencer à courir qu'autant que la publication aurait été précédée du dépôt prescrit à l'imprimeur par la loi du 21 oct. 1814 (V. *suprà*, n° 100), et, en outre, de la déclaration préalable à l'impression, qu'exigeait alors la même loi, et qui est aujourd'hui supprimée (V. *suprà*, n° 73). Cette condition a été implicitement abrogée par le décret du 17 févr. 1852, à l'égard des délits de publication dont la prescription est retombée sous l'application du droit commun, en vertu de ce décret. Elle n'était restée applicable qu'à la prescription concernant les crimes de publication, prescription que la loi de 1819 régissait encore (V. *suprà*, n°ˢ 1485). Elle ne s'étendait pas à la prescription en matière de contraventions ou d'infractions à la police de la presse et des autres moyens de publication, que la loi de 1819 n'avait pas soustraites à la prescription ordinaire de l'art. 640 c. inst. crim. (V. *suprà*, n° 1486). — La loi de 1881 qui a conservé l'obligation du dépôt, antérieurement imposée à l'imprimeur (V. *suprà*, n° 99), n'en fait pas dépendre le cours de la prescription, malgré l'abréviation considérable de sa durée (D. P 81. 4. 87). C'est, dans tous les cas du jour où l'infraction a été commise que la prescription commence à courir.

1495. Ce point de départ est facile à déterminer en ce qui concerne les contraventions. Les unes consistent dans un simple acte matériel : impression d'affiches sur papier blanc (art. 15, § 3), lacération d'affiches (art. 17) ; injure simple (art. 33, § 3). Les autres ne sont, il est vrai, consommées que par un fait de publication, mais ce fait de publication, le seul ou le premier qui se produit, consommant la contravention, la réalisant d'une façon définitive, détermine aussi nécessairement le point de départ de la prescription. Ainsi la prescription de la contravention d'omission du dépôt prescrit par l'art. 3 est accomplie par trois mois à compter du jour de la publication de l'imprimé non déposé. — Les contraventions consistant dans la publication d'un journal sans avoir satisfait aux prescriptions des art. 6 et suiv., relatives à la gérance et à la déclaration préalable, sont consommées par la publication du premier numéro. Ces contraventions seront donc prescrites trois mois révolus après le jour de cette publication. Si toutefois d'autres numéros paraissent sans que les formalités aient été remplies, chaque publication constitue une nouvelle contravention qui se prescrira par le même temps. Ainsi le délai de la prescription ne devra pas être compté pour toutes les contraventions antérieures à partir de la publication du dernier numéro, comme s'il était question d'une contravention successive (V. Motifs, Crim. cass. 3 sept. 1842, *Rép.* n° 520). Il y a une série de contraventions qui se prescrivent chacune par trois mois à compter du fait particulier de publication qui la consomme, et dont les plus récentes peuvent encore être poursuivies quand les plus anciennes bénéficient déjà de la prescription acquise (Toulouse, 14 avr. 1842, *Rép.* n° 520-2°. Conf. Barbier, t. 2, n° 1009, p. 499). — Quant à l'infraction aux dispositions des art. 12 et 13 concernant le droit de réponse, la contravention commise par le gérant se prescrit à partir du jour de la publication du numéro qui devait contenir la réponse, puisque c'est ce fait de publication qui permet de constater le refus d'insertion (Conf. Barbier, *loc. cit.* V. *suprà*, n°ˢ 272 et 337).

1496. La détermination du point de départ de la prescription est beaucoup plus délicate en matière de crimes et de délits de presse, non pas, il est vrai, à l'égard de ceux qui sont commis par la parole, puisque le fait de publication qui constitue le crime ou le délit est un fait instantané (Barbier, *loc. cit.*), mais pour les crimes et les délits qui sont commis par des écrits, des imprimés ou des dessins : la publication consistant alors en des faits multipliés, répétés, renouvelés, elle se prolonge pendant un temps plus ou moins long. Il n'y a pourtant pas là une série de crimes ou de délits punissables, et partant prescriptibles, distinctement les uns des autres. Il n'y a qu'un seul crime ou délit, susceptible d'une seule poursuite et d'une seule répression, soumis dès lors à une seule prescription de trois mois. Devra-t-on compter ces trois mois à partir du plus ancien fait de publication ou à partir du dernier ? — Il faut remarquer

d'abord qu'on ne doit tenir compte que des faits de publication imputables à celui que la loi désigne comme l'auteur principal de la publication et du délit. C'est entre le plus ancien et le dernier des faits de publication imputables au gérant ou à l'éditeur qu'il faut opter. Quand la prescription est acquise au dernier de ces faits, les actes de publication imputables aux vendeurs, distributeurs, colporteurs, afficheurs, etc., ne sont pas de nature à motiver des poursuites puisqu'ils ne caractérisent que des faits de complicité, l'éditeur étant connu, et que, le fait principal étant prescrit, les complices ne peuvent plus être poursuivis (Crim. rej. 29 déc. 1882, aff. Sicard, D. P. 84. 1. 369. Conf. Barbier, *loc. cit.* V. toutefois C. d'ass. Seine, 15 févr. 1886, *Gazette des tribunaux*, 15-16 févr. 1886).

Il semblerait rationnel de ne compter le délai de la prescription qu'à dater du dernier fait de publication, puisque le délit s'est perpétué jusque-là, qu'il a été renouvelé par ce fait et qu'il n'a cessé que depuis cette époque. On pouvait, sous la loi du 26 mai 1819, invoquer à l'appui de cette opinion le texte de l'art. 29, en vertu duquel le délit de presse était prescrit par six mois révolus à compter *du fait de publication qui donnait lieu à la poursuite*. Il a été jugé en ce sens que l'action, en raison de la diffamation commise par la voie d'un journal envers une personne qui habite l'une des colonies françaises, ne court que du jour où ce journal y est publié, et non de celui où il paraît dans la métropole (Paris, 2 juin 1835, *Rép.* n° 1296). Cette solution n'eût été, dans tous les cas, admissible que si le fait de publication auquel se trouve ainsi rattaché le point de départ de la prescription avait été l'œuvre de l'auteur de la publication originaire, et non d'un tiers (*Rép.* n° 1296). Mais c'était le premier fait de publication, le fait le plus ancien imputable au gérant ou à l'éditeur ou à ceux que la loi désignait à leur défaut, qui devait être pris pour point de départ de la prescription. Telle était certainement la pensée du législateur, qui avait considéré, suivant l'expression de M. de Serre dans l'exposé des motifs de la loi de 1819, qu'il serait tyrannique, après un long intervalle, de punir « une publication à raison de tous ses effets possibles les plus éloignés, lorsque la disposition toute nouvelle des esprits peut changer du tout au tout les impressions que l'auteur lui-même se serait proposé de produire dans l'origine, lorsque enfin le long silence de l'autorité élève une présomption si forte contre la criminalité de la publication ». Cette solution résultait implicitement, semble-t-il, des différents arrêts qui, sous la loi de 1819, décidaient qu'en l'absence d'une publication réelle, la déclaration préalable et le dépôt de l'imprimé étaient insuffisants pour faire courir la prescription ; ils admettaient donc que cette prescription courait du plus ancien fait de publication (Crim. cass. 18 sept. 1829, Crim. rej. 18 déc. 1835 et 8 sept. 1824, cités au *Rép.* n° 1292. V. aussi Crim. rej. 13 déc. 1855, aff. Roussel, D. P. 56. 1. 159 ; 4 févr. 1876, aff. Jules Marc et autres, *Bull. crim.*, n° 37).

La solution contraire serait en opposition manifeste avec le texte, et encore plus avec l'esprit de la loi du 29 juill. 1881. Il est certain, en effet, que le législateur a voulu restreindre plutôt qu'étendre les droits de l'action publique et l'action civile servent à protéger contre les délits de presse ; il est inadmissible que la poursuite puisse être autorisée d'une façon illimitée, et à jamais en quelque sorte, comme elle le serait si l'on tenait les délits de presse pour des faits successifs, incessamment renouvelés tant que l'édition d'un écrit susceptible d'incrimination ne serait pas épuisée et que cet écrit serait mis en vente dans le magasin d'un éditeur ou les bureaux d'un journal (D. P. 90. 1. 237, notes 1 et 2. Conf. Barbier, t. 2, n° 1009, p. 501). Cette doctrine a été formellement consacrée par la cour de cassation. Jugé en effet : 1° qu'en matière de diffamation par la voie d'écrits imprimés, la prescription court du jour où, par la publication, ces écrits ont été portés à la connaissance du public ; qu'on ne peut prétendre que chaque fait ultérieur de vente, de mise ou vente ou de distribution de l'écrit diffamatoire constitue un fait nouveau de publication, à partir duquel seulement courrait le délai de la prescription (Crim. rej. 11 juill. 1889, aff. Leymarie, D. P. 90. 1. 237, et le rapport de M. le conseiller Sallantin, D. P. *ibid.*) ; — 2° Qu'en matière de diffamation par la voie de la presse, la prescription court du jour où, par la publication, l'écrit diffamatoire a été porté à la connaissance du public, sans qu'il y ait à établir, sous ce rapport, aucune distinction entre les délits résultant de la publication d'écrits périodiques et ceux résultant de la publication d'un livre; qu'on ne peut fixer le point de départ de la prescription au jour seulement où la feuille incriminée est parvenue au lieu de la résidence ou du domicile du plaignant, et que, par suite, lorsque la partie civile réside à l'étranger, il n'est pas nécessaire que l'arrêt constate à quelle date le livre incriminé a été publié dans le pays qu'elle habite (Crim. rej. 28 mars 1890, aff. Brault et 26 avr. 1890, aff. Padoa-Bey, D. P. 90 1. 453).

1497. Lorsqu'il s'agit d'une publication nouvelle, ou d'une réimpression, la prescription ne remonte pas au jour de la publication primitive, mais court seulement à partir du jour de chacune des publications nouvelles ou de la réimpression (Crim. rej. 13 déc. 1855, aff. Roussel, D. P. 56. 1. 159. Conf. *Rép.* n° 1295 ; Toulouse, 30 déc. 1836 et les autorités citées *ibid.* ; Barbier, t. 1, n° 1010, p. 501. — *Contrà*, Legraverend, t. 1, p. 93. éd. 1823). Il s'agit, en effet, d'un fait nouveau de publication constituant un délit distinct de celui qui résultait de la précédente édition. Ce délit donne lieu à une nouvelle action, prescriptible par un nouveau délai de trois mois. La circonstance que la première édition n'avait pas donné lieu à des poursuites permettrait seulement aux auteurs de la nouvelle publication poursuivie d'invoquer leur bonne foi (Conf. Barbier, *loc. cit.*).

1498. Quant à la publication nouvelle d'ouvrages déjà condamnés, la prescription du délit spécial qui en résultait, aux termes de l'art. 27 de la loi du 26 mai 1819, ne courait pareillement qu'à partir de cette publication (Crim. rej. 23 avr. 1830, *Rép.* n° 1295-2°). Un arrêt a même décidé que la prescription de six mois édictée par la loi de 1819 était inapplicable à ce délit (Crim. rej. 19 nov. 1852, aff. Delbreil, D. P. 52. 5. 444). La publication d'un ouvrage déjà condamné ne peut plus être incriminée, depuis la loi nouvelle qui a abrogé l'art. 27 de la loi de 1819 sans en reproduire la disposition, que si elle renferme un des crimes ou délits prévus par cette loi ; et c'est le jour de cette publication qui forme le point de départ de la prescription de l'action.

1499. Les exemplaires de l'édition nouvelle d'un ouvrage condamné ne pourraient pas être saisis ou détruits en vertu du jugement portant condamnation de l'édition précédente (V. *suprà*, n° 1166).

Quant à la mise en vente, après condamnation, d'exemplaires appartenant à l'édition condamnée, « elle constitue, dit M. Barbier, t. 2, n° 1011, p. 502, un fait nouveau de publication, qui non seulement autorise la saisie et la destruction en vertu de l'art. 49, § 3, mais qui donne aussi ouverture à une action nouvelle contre l'auteur ou de nouveau fait de publication ».

1500. — III. INTERRUPTION DE LA PRESCRIPTION. — L'art. 65 de la loi de 1881, prévoyant le cas où, avant l'expiration du délai de la prescription, il serait procédé à des actes de poursuite, en fait une cause d'interruption de la prescription non encore accomplie ; il reporte alors le point de départ de la prescription au dernier de ces actes.

Les actes de poursuite produisent leur effet interruptif de la prescription à l'égard de toutes les infractions que prévoit la loi de 1881, sans que l'art. 65 distingue entre les crimes, les délits et les contraventions. La distinction se rencontrait, au contraire, dans la loi de 1819, qui n'admettait cette cause d'interruption que pour les crimes ou délits de publication, à l'exclusion des contraventions, conformément au droit commun (c. instr. crim., art. 637, 638 et 640) (V. *suprà*, n° 1484). L'action concernant les infractions à la police de la presse bénéficiait seule, parmi les contraventions, de cette cause d'interruption, parce que ces infractions étaient, en raison de leurs pénalités correctionnelles, assimilées aux délits, et en ce qui concerne la prescription (V. *suprà*, n° 1486).

1501. Rappelons que, suivant le droit commun, l'acte de poursuite interrompt la prescription alors même qu'il est ignoré des auteurs du délit en vue de la constatation de la punition duquel il est fait (Ch. réun. cass. 27 févr. 1865, aff. Boudier, D. P. 67. 1. 95), et que, d'autre part, cet acte n'interrompt la prescription que s'il n'est point nul en la forme et s'il émane de personnes ayant qualité pour agir (V. *suprà* v° *Prescription criminelle*, n°s 136 et suiv.).

1502. En matière de crimes, de délits ou de contraventions de presse, quels sont, en vertu de l'art. 65 de la loi du 29 juill. 1881, les actes de poursuites qui interrompent la prescription ? La question se pose tant au point de vue de l'action publique qu'à celui de l'action civile. — Sur ce qu'il faut entendre, en général, par acte de poursuite, V. *suprà*, v° *Prescription criminelle*, n°° 93 et suiv.; *Rép.* eod. v°, n°° 105 et suiv.

Il y a lieu de remarquer que, tandis que l'art. 637 c. instr. crim. attribue l'effet interruptif de la prescription à tous les actes de poursuite et d'instruction, l'art. 65 de la loi de 1881 ne vise que les actes de poursuite. Elle n'admettrait donc comme interruptifs de la prescription que les actes au moyen desquels l'action publique est exercée, ceux qui ont pour effet la mise en jugement du prévenu. Elle exclurait ceux qui servent à constater le délit et à en rassembler la preuve. Mais cette interprétation doit être écartée, car la distinction n'est pas rationnelle, et elle n'est pas imposée par le texte de l'art. 65. On peut, en effet, sans forcer le sens des mots, considérer les actes d'instruction comme des actes de poursuite. Rien dans les travaux préparatoires ne permet d'attribuer une autre pensée aux auteurs de la loi de 1881, et le rapporteur, M. Lisbonne, a déclaré dans une dissertation publiée postérieurement (*Lois nouvelles*, 1884. 3. p. 9 et suiv.) que, « par acte de poursuite, la loi de 1881 a entendu également tous actes d'instruction qui s'y rattachent ou y adhèrent, tous actes qui se confondent avec la poursuite elle-même, et ont pour but de la faire aboutir » (V. en ce sens : Trib. corr. Pau, 16 mai 1883, *Lois nouvelles*, 1884. 3. p. 7).

1503. — 1° *Action publique.* — En matière de crimes ou délits de publication, le premier des actes de poursuite, interruptifs de la prescription, est la citation, donnée au prévenu, par le ministère public ou par la partie lésée à fin de comparution, soit devant la cour d'assises, soit devant la juridiction correctionnelle, soit devant la juridiction de simple police (Grenoble, 8 févr. 1883, aff. Sœur Saint-Charles, D. P. 84. 2. 55 ; Crim. rej. 14 mars 1884, aff. Moinette et Rozette, D. P. 85. 1. 90 ; 24 mai 1884, aff. Pommier, D. P. 86. 1. 143 ; 29 mai 1884, aff. Sablon de la Salle, D. P. 85. 1. 381 ; Crim. cass. 27 juin 1884, aff. Despiau-Goulard, D. P. 85. 1. 135 ; Montpellier, 7 avr. 1892, aff. Astruc, Coutyson et autres, D. P. 93. 2. 84-85).

La prescription de l'action publique est également interrompue par l'assignation donnée à la requête de la personne lésée devant le tribunal civil (Bordeaux, 16 avr. 1886, aff. Beylot, D. P. 87. 2. 79). En effet, l'acte de poursuite émané de cette personne est de la même nature et doit avoir, sur la prescription de l'action publique, le même effet interruptif, quelle que soit la juridiction choisie pour connaître de la demande. Au contraire, la seule plainte de la partie lésée ne serait pas un acte de poursuite, au sens de l'art. 65, et, conformément au droit commun, elle ne serait interruptive de la prescription que si le plaignant y déclarait formellement qu'il se porte partie civile (Crim. rej. 29 mars 1856, aff. Gentil, D. P. 56. 1. 269 ; Trib. Saint-Jean-d'Angély, 16 déc. 1881, aff. Léon Meurice, D. P. 82. 2. 91).

1504. Bien entendu, la citation donnée soit à la requête du ministère public, soit à la requête de la partie civile, n'interromprait pas la prescription, si elle était nulle par inobservation des formes légales, notamment en matière de presse, des formalités prescrites par les art. 50 et 60 de la loi de 1881 (V. *infrà*, chap. 4, sect. 1, art. 1, § 2, et sect. 2, § 1 ; Crim. rej. 14 mars 1884, 29 mai 1884, cités *suprà*, n° 1503). Il en serait de même d'une assignation en diffamation ou pour injure frappée de nullité parce qu'elle aurait été décernée contre l'auteur d'un article paru dans un journal, sans que le gérant du journal ait été appelé en cause (Montpellier, 7 avr. 1892, cité *suprà*, n° 1503).

1505. La prescription ne serait pas davantage interrompue par la citation donnée à la requête d'une personne n'ayant pas qualité pour se plaindre du délit de presse ou d'une personne n'ayant pas la capacité d'ester en justice. Remarquons toutefois, qu'en matière de presse notamment, la citation donnée à la requête du prodigue seul interrompt la prescription de trois mois, alors même que son conseil judiciaire n'est intervenu dans la poursuite que plus de trois mois après le jour du délit (Crim. cass. 27 juin 1884, aff. Despiau-

Goulard, D. P. 85. 1. 135). Sans doute, il serait plus régulier que la citation fût donnée tout à la fois au nom du conseil judiciaire et au nom de l'incapable; mais il est admis que l'assistance du conseil judiciaire est suffisamment réalisée par son intervention dans l'instance engagée par le prodigue (Paris, 12 déc. 1861, aff. Cave, D. P. 62. 5. 186).

1506. La prescription serait interrompue par la citation donnée devant un juge incompétent (V. *suprà*, v° *Prescription criminelle*, nos 143 et suiv.).

1507. En cas d'information préalable requise par le ministère public, soit en vertu de l'art. 48, pour les crimes ou délits de la compétence de la cour d'assises, soit en vertu de l'art. 60 pour les délits de la compétence des tribunaux correctionnels, tous actes d'instruction, faits par un magistrat ou un officier de police judiciaire ayant qualité pour instruire ou poursuivre sur le fait du délit, sont également interruptifs de la prescription (*Rép.* n° 1297);... alors même que ces actes auraient eu lieu devant un juge incompétent (V. *suprà*, n° 1506). — Il est indispensable, d'ailleurs, que l'acte d'information, le réquisitoire introductif par exemple, ne soit pas nul pour inobservation des formalités légales. Jugé, en ce sens, que le réquisitoire introductif déposé sans plainte préalable de la partie lésée, ne contenant aucune des qualifications et mentions prescrites par l'art. 48 de la loi du 29 juill. 1881, et ne visant que le délit d'outrages envers un maire, prévu par l'art. 222 c. pén., ne peut servir de base à une poursuite dirigée pour injure à un particulier en vertu de la loi du 29 juill. 1881, et n'a pu, dès lors, interrompre la prescription spéciale édictée par cette loi (Crim. rej. 29 mai 1886, aff. Rémond, D. P. 87. 1. 89).

1508. Le même effet interruptif est pareillement attaché à une décision par défaut (Rouen, 27 janv. 1853, aff. X..., D. P. 53. 2. 98; Crim. rej. 28 nov. 1857, aff. Lecomte, D. P. 58. 1. 93 ; Nîmes, 27 mars 1862, aff. Duplantier, D. P. 62. 5. 252; *Rép.* v° *Prescription criminelle*, nos 122 et suiv. ; Barbier, t. 2, n° 1013, p. 506). Jugé, à cet égard, que l'arrêt par défaut rendu par la cour d'assises, contre le prévenu d'un délit de publication qui n'a pas comparu sur la citation, a légalement interrompu la prescription, sans que le prévenu puisse exciper, pour faire considérer ce jugement comme non avenu, de l'omission de la notification de la liste du jury, la cour d'assises, en ce cas, procédant seule sans l'assistance de jurés (Crim. cass. 24 févr. 1883, aff. Malinge, D. P. 83. 1. 228; 15 mars 1883, aff. Louis Albertini, D. P. 84. 1. 430. V. aussi *infrà*, ch. 4, sect. 1, art. 7). — En cas d'opposition à la décision par défaut, la prescription ne reprend son cours qu'à partir de cette opposition. Par suite, lorsque après une condamnation par défaut pour délit de publication et l'opposition formée au jugement, trois mois se sont écoulés depuis cette opposition sans qu'il ait été fait d'acte de poursuite, la prescription est acquise (Montpellier, 1er déc. 1883, aff. Cauvy, D. P. 84. 2. 55).

1509. Lorsqu'un jugement intervenu sur la poursuite d'un délit de publication a été frappé d'appel par le ministère public ou par l'individu condamné, la prescription de l'action publique, comme celle de l'action civile, est interrompue par l'acte d'appel, et elle reprend son cours à compter de cet acte. Si donc plus de trois mois se sont écoulés sans qu'il ait été exercé d'acte de poursuite depuis l'appel interjeté, l'action publique et l'action civile sont prescrites (Paris, 28 nov. 1883, aff. Pommier, D. P. 84. 2. 80; Limoges, 27 déc. 1883, aff. Audouin, *ibid.* ; Amiens, 7 mars 1884, aff. Pourcelle-Darras, D. P. 85. 2. 109 ; Amiens, 24 avr. 1884, même affaire, D. P. 85. 2. 103 ; Crim. rej. 3 nov. 1887, aff. Peignaud et Touraille, D. P. 89. 1. 227; Crim. cass. 15 nov. 1889, aff. Mataigne, D. P. 90. 2. 116; 30 nov. 1889, aff. Chaulet, D. P. 90. 1. 4051). Jugé, spécialement : 1° que le bénéfice de la prescription est acquis bien que, en cas d'appel par le condamné, l'acte d'appel n'ait pas été notifié à la partie civile, l'appel en matière correctionnelle pouvant être formé par simple déclaration au greffe (Paris, 28 nov. 1883, précité) ; — 2° Qu'en matière criminelle, tout acte de poursuite interrompt la prescription au profit de toutes les parties, alors même qu'il n'émane que de l'une d'elles ; que l'appel, même formé par le prévenu, ayant pour effet de saisir la juridiction supérieure, indépendamment de toute citation à un jour déterminé, a le caractère d'un acte de poursuite; que, par suite, si le gérant d'un

journal condamné pour refus d'insertion a fait appel de la décision rendue contre lui, il ne peut opposer la prescription pour se soustraire à la citation à comparaître devant la cour délivrée par le procureur général plus de trois mois après le jugement du tribunal, mais moins de trois mois après l'acte d'appel (Paris, 15 nov. 1889, précité); — 3° Que la prescription en matière de délits de presse est applicable non seulement à l'action principale, mais encore à la procédure relative aux incidents nés de la poursuite ; que, dès lors, elle est acquise par le prévenu quand trois mois se sont écoulés sans poursuites depuis l'appel interjeté par lui d'un jugement qui l'avait condamné pour diffamation; qu'on ne saurait prétendre que le bénéfice de la prescription ne doit profiter dans ce cas qu'aux parties civiles, et que, le prévenu n'ayant pas fait les diligences nécessaires pour qu'il fût statué sur son appel avant l'expiration du délai fixé par l'art. 65 de la loi du 29 juill. 1881, la condamnation se trouve maintenue (Crim. cass. 30 nov. 1889, précité). — En ce qui concerne l'appel formé par la partie civile, V. *infrà*, nos 1520 et 1521.

1510. Sont interruptives de la prescription courue depuis l'acte d'appel : 1° les assignations données par suite de cet appel à la requête du procureur général; 2° l'opposition de la partie civile à un arrêt par défaut (Crim. rej. 3 nov. 1881, cité *suprà*, n° 1509).

1511. La constitution d'avoué devant le tribunal n'est pas un acte interruptif de la prescription en matière de presse (Trib. civ. Blois, 13 mars 1890, aff. Lécluse, D. P. 92. 1. 45). De même la constitution d'un avoué devant la cour par la partie incriminée ne peut être assimilée à un acte de poursuite, et n'interrompt pas la prescription qui a recommencé à courir à partir de l'appel (Civ. rej. 26 oct. 1887, aff. Rolland, D. P. 88. 1. 13).

1512. N'ont pas davantage le caractère d'actes de poursuite, les sommations de communication de pièces ou de mise au rôle (Trib. civ. Blois, 13 mars 1890, cité *suprà*, n° 1511). Quant à la mise de la cause au rôle de la cour, elle ne peut non plus être invoquée par l'intimé comme ayant interrompu la prescription, alors que cette mise au rôle, au lieu d'émaner de lui, est l'œuvre de l'avoué de l'appelant (Civ. rej. 26 oct. 1887, cité *suprà*, n° 1511. Conf. Trib. civ. Blois, précité).

1513. Les conclusions signifiées par l'intimé à l'appelant constituent un acte de poursuite ; mais cet acte interrompt tardivement, et la prescription extinctive de l'action est acquise à l'appelant, alors qu'avant la signification des conclusions de l'intimé, il s'est écoulé plus de trois mois depuis que l'appel a été interjeté contre lui (Civ. rej. 26 oct. 1887, cité *suprà*, nos 1511 et 1512).

1514. Les jugements incidents, préparatoires, interlocutoires ou statuant sur la compétence, sont des actes d'instruction qui interrompent la prescription de l'action publique et de l'action civile (V. *suprà*, v° *Prescription criminelle*, n° 156).

1515. Doit-on considérer la remise de cause comme un jugement incident, ou du moins comme un acte d'instruction interruptif de la prescription? V. sur cette question, *suprà*, v° *Prescription criminelle*, nos 112 et suiv. *Adde*, dans le sens des décisions citées au n° 114 : Trib. Périgueux, 29 nov. 1892, aff. Justin V..., D. P. 93. 2. 363.

1516. Quant à l'instance engagée par la citation donnée au prévenu, soit à fin de comparution devant le juge (V. *suprà*, n° 1503), soit pour suivre sur une opposition (V. *suprà*, n° 1510) ou sur un appel (V. *suprà*, n° 1513), elle ne suspend pas le cours de la prescription jusqu'à ce qu'il ait été statué sur cette citation, qui n'a un effet interruptif (V. *suprà*, nos précités). Décidé, en conséquence, que la prescription édictée par la loi de 1881 est acquise, lorsque plus de trois mois se sont écoulés entre la date de la citation et celle de l'audience où se produisent les débats par suite de cette citation, sans qu'il soit permis de prendre en considération les usages d'un tribunal relatifs à la fixation de la date de l'audience, notamment pour les affaires entre parties, ces usages n'ayant de valeur que comme règlement intérieur et n'empêchant pas les actes de poursuite (Grenoble, 8 févr. 1883, aff. Sœur Saint-Charles, D. P. 84. 2. 53).

1517. Le pourvoi en cassation est tout à la fois interruptif et suspensif de la prescription. Ainsi, la prescription interrompue par un pourvoi en cassation reprend son cours à partir de l'arrêt qui a statué sur ce pourvoi, et non à partir du pourvoi lui-même. Mais le pourvoi n'a pour effet de suspendre le cours de la prescription que pendant la durée de l'instance devant la cour de cassation ; la prescription recommence à courir au moment où, par la solution donnée au pourvoi, l'impossibilité d'agir a cessé (V. *suprà*, v° *Prescription criminelle*, n°ˢ 130 et suiv.).

1518 Mais la prescription peut être interrompue postérieurement, notamment par la citation donnée au prévenu par le ministère public à fin de comparution devant les juges saisis du fond pour faire une preuve ordonnée par l'arrêt contre lequel le pourvoi rejeté avait été formé (Crim. rej. 27 janv. 1883, aff. Castillon et autres, D. P. 84. 1. 311). Jugé, de même, qu'en matière de délit de presse, la signification d'un arrêt de cassation, avec assignation devant la cour de renvoi, faite aux prévenus à la requête du procureur général près la cour dont l'arrêt a été cassé, est régulière et a pour effet d'interrompre la prescription de trois mois édictée par l'art. 65 de la loi du 29 juill. 1881 ; qu'en admettant même que le procureur général près la cour dont l'arrêt a été cassé fût incompétent pour faire notifier l'arrêt de cassation, cette incompétence ne serait que relative, et la notification faite à sa requête n'en réunirait pas moins les caractères exigés par les art. 637 et 638 c. instr. crim., pour interrompre le cours de la prescription (Caen, 26 mars 1890, aff. Dame Laprade se disant Amélie de Bourbon, D. P. 91. 2. 207).

1519. Les actes de poursuite ou d'instruction ont pour effet d'interrompre la prescription même à l'égard des individus non impliqués dans ces actes, la loi de 1881 n'ayant pas dérogé à la règle posée à cet égard par l'art. 637 c. instr. crim. (V *suprà*, v° *Prescription criminelle*, n° 201). Jugé, spécialement, que la citation régulièrement donnée à l'agent principal d'un délit de publication, et, par exemple, au gérant d'un journal, interrompt la prescription vis-à-vis de son complice, et, notamment, vis-à-vis de l'auteur de l'article incriminé, encore que cet auteur n'y ait pas été compris : il suffit, dès lors, que la citation donnée ultérieurement au complice lui ait été notifiée dans les trois mois de la citation adressée à l'agent principal du délit (Crim. rej. 29 mai 1884, aff. Sablon de la Salle, D. P. 85. 1. 381). Le complice, ainsi poursuivi par une citation intervenue en temps utile, n'est pas recevable à critiquer la validité de la citation adressée à l'agent principal, même en tant qu'acte interruptif de la prescription dont il excipe, si la régularité en a été déclarée, quant à ce dernier, par une décision passée en force de chose jugée (Même arrêt) **(V. l'addition à la fin du volume).**

1520. Les actes de poursuite faits à la requête de la partie lésée, quand elle exerce son action en dommages-intérêts, en même temps que l'action publique, devant le juge de répression, soit qu'elle ait procédé par voie de citation directe ou qu'elle ait porté plainte en se constituant partie civile, interrompent la prescription de l'action publique aussi bien que la prescription de l'action civile, parce qu'ils tendent à la répression du délit comme à la réparation du préjudice causé (V. *suprà*, v° *Prescription criminelle*, n°ˢ 107 et suiv. Conf. Barbier, t. 2, n° 1017, p. 519). Il faut reconnaître le même caractère à l'appel et au pourvoi de la partie civile quand ces recours sont formés contre des jugements ou arrêts incidents, préjugeant le fond ou statuant sur la compétence. Au contraire, l'opposition de la partie civile à un jugement par défaut, son appel et son pourvoi ne sont pas interruptifs de la prescription en ce qui concerne l'action publique, s'ils sont dirigés contre des jugements ou arrêts rendus sur le fond. Ces recours ne sont ouverts, en effet, à la partie civile que pour la sauvegarde de ses intérêts particuliers, et leur exercice ne protège que son action à fins de réparation du dommage qu'elle a subi.

1521. Si la partie civile exerce son action séparément devant le tribunal civil, les actes de poursuite qu'elle fait n'ont aucune influence sur l'action publique et ne la conservent pas. — Quant à l'action civile dirigée contre les personnes civilement responsables du délit de publication (V. *suprà*, n°ˢ 1330 et suiv.), elle n'interrompt la prescription ni de l'action publique, ni de l'action civile contre l'auteur du délit (Grenoble, 8 févr. 1883, aff. Sœur Saint-Charles, D. P. 84. 2. 55).

1522. — 2° *Action civile.* — Quand elle est exercée concurremment avec l'action publique, elle est subordonnée à celle-ci et se prescrit en même temps qu'elle. Les actes de poursuite qui interrompent la prescription de l'action publique interrompent aussi la prescription de l'action civile (V. *suprà*, n°ˢ 1503 et suiv.).

Mais le recours exercé par le ministère public contre une décision statuant sur le fond, l'appel émis par lui d'un jugement d'acquittement, ou le pourvoi formé par lui contre un arrêt d'acquittement, n'ont pas pour effet d'interrompre ni de suspendre la prescription de l'action civile, si la partie civile ne forme pas de son côté un appel ou un pourvoi ; car le ministère public n'a pas qualité pour attaquer la décision intervenue au point de vue des intérêts de la partie civile. D'autre part, l'appel ou le pourvoi de la partie civile interromprait la prescription de l'action civile, alors même que l'action publique viendrait à être prescrite par l'inaction du ministère public, qui aurait laissé passer en force de chose jugée l'acquittement du prévenu (Conf. Barbier, t. 2, n° 1017, p. 518 et suiv.).

1523. Lorsque l'action civile est exercée séparément, par quels actes la prescription de cette action peut-elle être interrompue? L'interruption résulte, sans aucun doute, de l'assignation par laquelle la partie lésée saisit la juridiction civile de sa réclamation (Bordeaux, 16 avr. 1886, aff. Beylot, D. P. 87. 2. 79). Mais cette prescription reprend son cours à partir de la date de l'assignation, et elle est acquise s'il s'écoule trois mois sans qu'aucun acte utile conserve l'action (Même arrêt). — L'appel formé soit par la partie civile contre le jugement qui a rejeté sa demande, soit par la partie poursuivie, condamnée en première instance, a également pour effet d'interrompre la prescription ; mais, dans l'un et l'autre cas, celle-ci recommence à courir et s'accomplit par le laps de trois mois à partir de l'acte d'appel, si aucun acte interruptif n'intervient durant ce délai. Jugé que le demandeur qui, en réparation d'injures verbales, a obtenu en première instance une condamnation à des dommages-intérêts, et est intimé en appel par le défendeur condamné, ne cesse pas d'être partie poursuivante au procès; qu'il reste tenu, dès lors, de protéger contre la prescription, par des actes de poursuite, l'exercice de son action ; que, par suite, la prescription est acquise contre ledit demandeur, alors que, comme dans l'espèce, il laisse passer plus de trois mois depuis l'appel relevé contre lui, sans faire aucun acte de poursuite devant le juge du second degré (Req. 21 déc. 1885, aff. Paviot, D. P. 86. 1. 317. *Adde*, dans le même sens : Crim. rej. 26 oct. 1887, aff. Roland, D. P. 88. 1. 13; Trib. Mortain, 16 avr. 1886, aff. Datin, D. P. 89. 1. 37).

1524. Les actes de poursuite qui, une fois l'instance engagée, interrompent la prescription s'ils interviennent à moins de trois mois d'intervalle de l'assignation ou de l'appel pour le premier d'entre eux, et ensuite à moins de trois mois les uns des autres, sont, aux termes du rapport de M. le conseiller Petit (Req. 14 mai 1884, *La Loi*, 1884, n° 131) les actes de procédure valablement faits devant les tribunaux civils et annonçant l'intention de poursuivre l'instance. Suivant M. Barbier (t. 2, n° 1018, p. 521), on peut dire d'une façon générale que « les actes de poursuite visés par l'art. 65 se confondent avec les actes qui, aux termes des art. 397 et suiv. c. proc. civ., ont pour effet d'interrompre la péremption de l'instance » (V. *suprà*, v° *Péremption*, n°ˢ 56 et suiv. ; *Rép. eod.* v°, n°ˢ 174 et suiv. *Adde* Crim. rej. 4 avr. 1873, aff. Orsini, D. P. 73. 1. 221).

Cependant le caractère d'acte de poursuite interruptif de la prescription de l'action civile en matière de délit de presse a été refusé à la constitution d'avoué par le défendeur ou par l'intimé bien que cet acte soit de nature à couvrir la péremption d'instance (Req. 21 déc. 1885, aff. Paviot, D. P. 86. 1. 317; Trib. civ. Mortain, 16 avr. 1886, aff. Datin, D. P. 89. 1. 37). Ce caractère a été reconnu à la signification de la quittance de l'amende consignée (Paris, 20 mars 1885, aff. Breton, D. P. 85. 2 264), aux conclusions de l'intimé (Même arrêt. Conf. Trib. civ. Mortain, 16 avr. 1886 précité). Il doit en être de même de l'avenir à l'audience, de la sommation de communiquer les pièces, la mise au rôle, les remises de cause légalement constatées et ordonnées sur la demande des parties, les jugements incidents et les décisions sur le fond qui n'ont pas acquis la force de chose jugée,

V. *suprà*, n°ˢ 1508 et suiv. Comp. Barbier, t. 2, n° 1018, p. 521) **(V. l'addition à la fin du volume)**.

1525. Tous les actes de poursuite exercés par le ministère public qui sont interruptifs de l'action publique interrompent en même temps l'action civile, alors qu'elle n'est pas encore formée ou qu'elle est formée séparément devant le tribunal civil. Ainsi la partie lésée peut encore former utilement sa demande en dommages-intérêts dans les trois mois du jugement statuant définitivement sur l'action publique, lequel, d'ailleurs, n'a pas eu pour effet de substituer la prescription de droit commun à la courte prescription établie par l'art. 65 (Crim. cass. 3 août 1841, *Rép.* v° *Prescription criminelle*, n° 98 ; Req. 28 févr. 1855, aff. Commune d'Altkirch, D. P. 55. 1. 343 ; Civ. rej. 14 mars 1853, aff. Juret Cathelinois, D. P. 53. 1. 83 ; Civ. cass. 6 mars 1855, aff. Commune de Beccory, D. P. 55. 1. 84. Conf. Mangin, n° 355 ; Barbier, t. 2, n° 1018, p. 522).

1526. Par application de la loi d'amnistie du 29 juill. 1881 pour les délits de presse, qui a éteint l'action publique, mais sans porter atteinte aux droits des tiers, il a été jugé que, si la partie civile qui avait porté sa demande devant le juge de repression a laissé s'écouler plus de trois mois depuis la promulgation de la loi sans faire aucun acte d'instruction ou de poursuite, l'action civile s'est trouvée éteinte par la prescription (Crim. rej. 16 mars 1882, aff. Tanneguy de Wogan, D. P. 82. 1. 239).

1527. — 3° *Action civile contre les personnes civilement responsables.* — Cette action est prescriptible par trois mois, comme l'action civile dirigée contre l'auteur du délit de publication, soit que les personnes civilement responsables aient été citées devant le juge de répression en même temps que l'auteur du délit, soit qu'on les poursuive séparément devant le tribunal civil (Comp. *suprà*, v° *Prescription criminelle*, n° 85).

1528. La prescription de cette action est interrompue par tous les actes qui seraient interruptifs de l'action civile dirigée contre l'auteur du délit, soit en même temps que l'action publique, soit séparément (V. *suprà*, n° 1522). Elle est interrompue par les actes de poursuite du ministère public exerçant l'action publique. — La citation qui serait donnée aux personnes civilement responsables devant le juge de répression, sans mise en cause de l'auteur du délit dans les trois mois du fait de publication poursuivi, serait donnée devant un juge incompétent ; mais elle interromprait l'action civile contre les personnes citées, sans toutefois interrompre la prescription de l'action publique (V. *suprà*, n°ˢ 1506 et 1521). — D'autre part le recours par la voie de l'appel ou du pourvoi en cassation, de la part des personnes civilement responsables, contre la décision qui intervient sur le fond, est indépendant de celui du prévenu. Jugé, en conséquence, que lorsque trois mois se sont écoulés sans aucun acte interruptif de prescription depuis l'appel interjeté par le propriétaire d'un journal contre le jugement qui l'a déclaré civilement responsable des condamnations encourues par le gérant pour délit de diffamation, l'action en responsabilité civile doit être déclarée éteinte à son égard, bien que, le gérant n'ayant pas relevé appel de la condamnation prononcée contre lui, cette condamnation soit rendue définitive à son égard ; qu'en ce cas, la poursuite à fin de responsabilité civile contre le propriétaire du journal devient indépendante de celle exercée contre l'agent du délit et, tandis que celle-ci tombe sous l'empire des dispositions de l'art. 642 c. instr. crim., l'autre continue d'être régie par l'art. 65 de la loi de 1881 (Rennes, 5 févr. 1890, aff. Boulais, D. P. 91. 2. 269).

Toutefois, suivant l'opinion de M. Barbier (t. 2, n° 525, p. 1019), les actes interruptifs de la prescription de l'action civile contre les personnes civilement responsables, s'ils n'ont aucune influence à l'endroit de l'action publique, interrompent la prescription de l'action civile contre les auteurs du délit de publication parce que ceux-ci sont tenus, solidairement avec la partie civilement responsable, de la réparation du préjudice causé.

1529. — IV. Suspension de la prescription. — La suspension de la prescription, qui ne résulte d'aucune disposition du code d'instruction criminelle, n'est admise par la jurisprudence que dans le cas d'impossibilité absolue, légale ou matérielle, d'agir en justice (V. *suprà*, v° *Prescrip-*

tion criminelle, n°ˢ 148 et suiv.). La prescription de l'action civile est suspendue pendant l'exercice de l'action publique, quand elle est portée séparément devant le tribunal civil (c. instr. crim. art. 3). La prescription de l'action publique et celle de l'action civile sont suspendues pendant l'instruction du pourvoi en cassation (V. *suprà*, n° 1517). Elle n'est suspendue, ni pour l'une ni pour l'autre action, par l'instance engagée devant le tribunal, ni par l'instance d'appel (V. *suprà*, n° 1516). La prescription de l'une et de l'autre action est suspendue pendant la durée de la session des Chambres quand l'auteur du délit de publication est un sénateur ou un député, si l'obstacle résultant de l'immunité parlementaire n'est pas levé par un vote de la Chambre ; et l'impossibilité d'agir où cette immunité place le ministère public et la partie lésée est tellement absolue que la citation donnée sans autorisation pendant la session serait entachée de nullité (V. *suprà*, v° *Prescription criminelle*, n° 155).

1530. D'autre part, la cour de cassation n'admet pas que la résidence ou le domicile éloigné du lieu de la publication constitue pour le plaignant une impossibilité matérielle d'agir, suffisante pour suspendre la prescription. Elle a décidé, notamment, que, si le plaignant réside à l'étranger, la prescription court néanmoins suivant la règle générale indiquée *suprà*, n° 1496, à dater du jour du premier fait de publication, et non pas du jour où le livre incriminé a été publié dans le pays habité par le plaignant (Crim. rej. 28 mars 1890, aff. Brault, et 26 avr. 1890, aff. Padoa-Bey, D. P. 90. 1. 453).

1531. Il convient de remarquer enfin que, conformément au droit commun, le temps écoulé avant le début de la suspension doit être compté dans le délai de trois mois à parfaire après qu'elle a cessé ; ... à moins toutefois, ce qui est le cas ordinaire, que la suspension de la prescription n'ait été déterminée par un acte interruptif tel, par exemple, que le pourvoi en cassation (V. *suprà*, n° 1517).

Sect. 2. — De la chose jugée (*Rép.* n° 1303).

1532. Les règles du droit commun sont applicables, sans dérogation, à la chose jugée résultant des décisions rendues en matière de presse. La loi du 29 juill. 1881 ne contient à cet égard aucune disposition particulière. On doit, dès lors, considérer comme ayant conservé leur autorité les précédents intervenus sous la législation antérieure et cités au *Rép.* n°ˢ 1303 et 1304. — V. aussi, sur les effets de la chose jugée résultant de la décision du juge du fond sur l'extranéité, ou sur la relation avec la cause, des faits diffamatoires imputés dans des discours ou des écrits produits en justice, *suprà*, n° 1472 ;... sur l'autorité de la chose jugée par un arrêt de non-lieu intervenu sur la dénonciation par le prévenu des faits diffamatoires, relativement à la recevabilité de la preuve de ces faits quand elle est autorisée par la loi, *infrà*, sect. 4, § 3.

Sect. 3. — Des causes d'excuse (*Rép.* n° 1305).

1533. La loi du 29 juill. 1881 ne contenant aucune disposition particulière à cet égard, s'en réfère au droit commun. Nous renvoyons au *Rép.*, n°ˢ 1305 et suiv., pour les particularités que l'exception tirée d'une cause d'excuse peut offrir en matière de presse. — V. aussi en ce qui concerne l'exception tirée de la bonne foi, *suprà*, n°ˢ 1458 et suiv.

Sect. 4. — Des exceptions spéciales à l'action en diffamation et en injure (*Rép.* n°ˢ 1348 et suiv.).

1534. Les exceptions dont il s'agit consistent : 1° dans la renonciation du plaignant à son action ; 2° dans la provocation ; 3° dans la nécessité de surseoir aux poursuites.

§ 1er. — De la renonciation à l'action (*Rép.* n° 1719).

1535. La loi du 29 juill. 1881 ne contient pas de disposition relative à cette exception. On doit l'admettre toutefois, quand la renonciation réunit tous les caractères d'une remise de dette (*Rép.* n° 1320). — La renonciation peut être expresse ou tacite ; mais la preuve n'en peut être reçue que suivant les règles édictées par la preuve des contrats civils (*Rép.* n° 1319). — La renonciation du plaignant à l'action civile met obstacle à l'exercice de l'action publique lorsque la plainte n'est pas encore formée, puisque le plaignant renonce au

droit de former la plainte à laquelle est subordonné l'action du ministère public (V. *supra*, n° 1203 et suiv. ; *Rép*. n° 1323).
Le retrait de la plainte après la citation donnée par le ministère public ne peut avoir pour effet d'arrêter les poursuites que si le ministère public y consent (*Rép*. n° 1102. V. *supra*, n°ˢ 1254 et suiv.).

§ 2. — De la provocation (*Rép*. n°ˢ 1324 et suiv.).

1536. L'art. 471-11° c. pén. faisait de la provocation une cause d'excuse légale de la contravention d'injure, c'est-à-dire de l'injure qui n'avait pas été faite publiquement, et qui ne contenait d'ailleurs l'imputation d'aucun vice déterminé. Dans tous les autres cas prévus par la législation antérieure de la presse, notamment dans le cas de poursuite pour diffamation ou pour délit d'injure, la provocation n'était qu'une cause d'atténuation (*Rép*. n°ˢ 1324 et suiv. V. *supra*, n°ˢ 1050).
La loi du 29 juill. 1881, en même temps qu'elle s'attache exclusivement à la circonstance de publicité pour différencier le délit de la contravention d'injure, qui tous deux sont caractérisés par un terme de mépris, une expression outrageante ou une invective contenant ou non l'imputation d'un vice, mais ne contenant pas l'imputation d'un fait déterminé (art. 29) (V. *supra*, n° 1031), a fait de la provocation une cause légale d'excuse non seulement de la contravention d'injure non publique, mais aussi du délit d'injure publique commis envers les particuliers (art. 33, § 2 et 3). — D'autre part, la provocation n'est jamais une cause légale d'excuse du délit de diffamation ; elle n'excuse pas non plus l'injure publique envers les corps constitués ou les personnes qualifiées désignées dans l'art. 31. Elle ne peut donc pas être proposée comme une exception à l'action intentée contre ces délits. Elle n'est qu'une cause d'atténuation de la culpabilité et de la peine, et cet effet n'est pas spécial aux délits de diffamation et d'injure : il se produirait en cas de poursuite résultant de tout autre délit de presse ou d'un délit de droit commun. Néanmoins, si la diffamation n'avait pas été publique, elle se confondrait avec la contravention d'injure, et serait excusable, à ce titre, à raison de la provocation. — V. pour l'examen détaillé des questions relatives à la provocation en matière de diffamation ou d'injure, *supra*, n°ˢ 1050 et suiv.

§ 3. — Du sursis à la poursuite et au jugement du délit de diffamation (*Rép*. n°ˢ 1337 et suiv.).

1537. — I. Nécessité de ce sursis dans ses rapports avec la législation antérieure à la loi de 1881. — Le code pénal de 1810 qui ne réprimait comme délictueuses que le délit de calomnie, que les imputations diffamatoires publiques dont la preuve légale, c'est-à-dire la preuve au moyen d'un jugement ou d'un acte authentique, ne serait pas rapportée (V. *supra*, n° 846), ouvrait au prévenu le moyen d'arriver à cette preuve en disant, dans l'art. 372 : « Lorsque les faits imputés seront punissables suivant la loi, et que l'auteur de l'imputation les aura dénoncés, il sera, durant l'instruction de ces faits, sursis à la poursuite et au jugement du délit de calomnie. Bien que la loi du 17 mai 1819 ait considéré ces mêmes imputations comme délictueuses sans réserver à leur auteur le moyen de justification tiré soit de la preuve légale ci-dessus spécifiée, soit, à plus forte raison, de toutes autres preuves (V. *supra*, n° 847), il était dit pareillement, dans l'art. 25 de la loi du 26 du même mois, que : « lorsque les faits imputés seront punissables selon la loi, et qu'il y aura des poursuites commencées à la requête du ministère public, ou que l'auteur de l'imputation aura dénoncé ces faits, il sera, durant l'instruction, sursis à la poursuite et au jugement du délit de diffamation » (*Rép*. p. 407).
L'art. 35 de la loi de 1881, après avoir déterminé les cas où, à raison de la qualité de la personne diffamée, la preuve de la vérité des faits diffamatoires est admissible (V. *supra*, n° 848, 883 et suiv., et *infra*, chap. 4, sect 1, art. 4, § 2), ajoute aussi dans son dernier paragraphe : « Dans toute autre circonstance et envers toute autre personne non qualifiée, lorsque le fait imputé est l'objet de poursuites commencées à la requête du ministère public, ou d'une plainte de la part du prévenu, il sera, durant l'instruction qui devra avoir lieu, sursis à la poursuite et au jugement du délit de diffamation » (D. P. 81. 4. 80).

1538. — II. Délits a l'égard desquels il y a lieu a sursis. — L'art. 372 c. pén. de 1810, qui prescrivait le sursis à la poursuite du délit de calomnie lorsque les faits imputés étaient punissables, et que le prévenu les avait dénoncés, se référait, comme le délit de calomnie lui-même, au cas d'imputations diffamatoires envers des particuliers (*Rép*. n° 1364). Quant aux personnes qui, à raison de leur caractère public, ou de leur qualité, étaient protégées contre tout outrage diffamatoire ou non diffamatoire, par les art. 222, 223, 224 et 262 c. pén. de 1810, la disposition précitée de l'art. 372, limitée au délit de calomnie envers les particuliers, leur était étrangère, aussi bien que la recevabilité de la preuve des faits qui pouvaient leur être imputés.
L'art. 25 de la loi du 26 mai 1819, après avoir interdit, en principe, la preuve de la vérité des faits diffamatoires, et l'avoir exceptionnellement admise pour le cas de diffamation envers les dépositaires ou agents de l'autorité publique et toute personne ayant agi dans un caractère public, décida, d'une manière générale, qu'il serait sursis à la poursuite et au jugement du délit de diffamation, en cas de poursuites commencées à la requête du ministère public, ou de dénonciation du prévenu : aucune distinction n'y était établie entre les diffamations susceptibles d'être justifiées par la preuve de la vérité des faits diffamatoires et celles dont l'auteur ne pouvait pas prétendre à cette immunité (Crim. cass. 24 avr. 1821. *Rép*. n°ˢ 1361 et 741). — Toutefois, la question était controversée quant à ces dernières diffamations. A l'égard des premières, l'application du bénéfice du sursis n'était pas douteuse, puisque cette mesure ne tendait qu'à fournir au prévenu la cause justificative qu'il était admis à prouver devant le juge même de la diffamation (*Rép*. n° 1364). Seulement, on s'était demandé si la preuve qui serait acquise ainsi contre le plaignant, sur des poursuites à l'appui desquelles le ministère public était autorisé à ne faire entendre que des témoins, pouvait profiter au prévenu, même sous l'empire de l'art. 18 de la loi de 1822, et plus tard, de l'art. 28 du décret du 17 févr. 1852, qui ne lui permettaient pas d'établir la vérité des faits diffamatoires à l'aide de ce genre de preuve (V. *infra*, chap. 4, sect. 1, art. 4, § 2). Au reste, la question cessa de se présenter lorsque l'art. 3 de la loi du 15 avr. 1871 et l'art. 7 de la loi du 29 déc. 1875 rétablirent le système des preuves justificatives par les voies ordinaires, conformément à l'art. 20 de la loi du 26 mai 1819 (V. *infra*, *ibid*).

1539. L'application du sursis à la poursuite d'un délit de diffamation comportant la preuve de la vérité des faits diffamatoires a-t-elle été maintenue par la loi de 1881? La rédaction de l'art. 35, sur ce point, est équivoque. Après avoir posé la règle de l'admissibilité de la preuve de la vérité des faits diffamatoires pour le cas de diffamation envers les personnes qualifiées qu'il désigne, cet article prescrit le sursis « dans toute autre circonstance, et envers toute autre personne non qualifiée ». Ces expressions « envers toute autre personne non qualifiée » ne sont pas limitatives. Si le prévenu d'une diffamation que ne peut pas couvrir la vérité du fait diffamatoire a droit au sursis, ce sursis doit avoir lieu, à plus forte raison, pour le cas de diffamation envers une personne qualifiée, puisque la décision à intervenir contre cette personne, relativement aux faits qui lui sont imputés, peut fournir à l'auteur de l'imputation la preuve justificative de la vérité de ces faits, et tenir lieu de la preuve qu'il est autorisé à rapporter directement devant le juge du délit de diffamation (V. *infra*, chap. 4, sect. 1, art. 4, § 2). — M. Fabreguettes, t. 2, n° 1395, et M. Barbier. t. 2, n° 575, n° 119, enseignent, au contraire, qu'en vertu de l'art. 35, le sursis ne doit pas avoir lieu quand la poursuite en diffamation est exercée sur la plainte d'une personne qualifiée et que la preuve des imputations diffamatoires est admise. Le premier de ces auteurs trouve la distinction très rationnelle. M. Barbier la critique, au contraire; mais il estime que le texte est formel. La cour d'assises a, d'après lui, le droit de refuser le sursis. « Mais, d'autre part, dit-il, rien ne s'opposerait à ce que la cour d'assises ou le tribunal renvoyassent l'affaire à une autre session ou au premier jour, de façon à ce qu'elle ne revint à l'audience qu'après qu'une solution serait intervenue sur la plainte du prévenu ou les poursuites du ministère public ». Nous croyons les intérêts de la justice et les droits de la défense mieux assurés par l'interprétation plus large dont le dernier alinéa de l'art. 35 nous paraît susceptible. L'utilité du sursis est beaucoup plus restreinte dans l'hypothèse d'une diffamation qui ne comporte pas la justification du prévenu au moyen de la preuve des faits diffamatoires (V. *infrà*, n° 1561).

1540. Sous la loi nouvelle, comme sous l'ancien art. 25 de la loi du 26 mai 1819, le sursis ne peut être ordonné que lorsqu'il s'agit d'une véritable diffamation (*Rép.* n° 1361). Ainsi, il n'y a pas lieu à sursis au cas de simple délit d'injure envers un particulier (*Rép.* n° 919). Il a été jugé aussi que l'art. 25 de la loi du 26 mai 1819, qui ordonnait de surseoir à la poursuite des délits de diffamation contre un fonctionnaire public lorsque l'auteur de l'imputation avait dénoncé les faits, était inapplicable au cas où l'imputation s'était produite avec le caractère d'un outrage (Crim. rej. 13 nov. 1873, aff. Delouche, D. P. 74. 1. 484). Cette solution était admise soit que l'outrage commis publiquement tombât sous l'application de l'art. 6 de la loi du 25 mars 1822, soit qu'il fût punissable en vertu des art. 222 et suiv. c. pén. (Conf. Crim. rej. 3 août 1850, aff. Prion, D. P. 50. 5. 380). Elle est encore applicable sous la loi du 29 juill. 1881.

1541. — III. Conditions du sursis. — Le sursis à la poursuite et au jugement du délit de diffamation est subordonné à la condition : 1° que les faits dont l'imputation est incriminée fassent l'objet soit de poursuites commencées, soit d'une plainte de la part du prévenu de diffamation ; 2° que ces poursuites ou cette plainte s'appliquent à des faits personnels au diffamé et identiques à ceux qui font l'objet de l'imputation dirigée contre lui.

Quant au droit, pour le juge de l'action en diffamation, d'apprécier s'il s'agit de faits punissables (V. *infrà* n°s 1555 et suiv.).

1542. — 1° *Poursuites commencées ou plainte du prévenu de diffamation.* — L'art. 372 c. pén. de 1810 ne mentionnait, comme cause de sursis à la poursuite et au jugement du délit de calomnie, que le cas où il y aurait dénonciation ou plainte portée par le prévenu, au sujet des faits par lui imputés au diffamé. Cet article gardait le silence sur l'effet suspensif de poursuites qui auraient été commencées contre ce dernier, soit d'office par le ministère public, soit sur une dénonciation ou une plainte émanée de tout autre que le prévenu de calomnie. L'effet suspensif d'une telle poursuite n'en était pas moins certain. Dès qu'il se trouvait attaché à une simple dénonciation portée par le prévenu dans le but de provoquer des poursuites contre celui qui prétendait avoir été calomnié, il devait, à plus forte raison, résulter de l'exercice de ces poursuites elles-mêmes, sans qu'on eût à distinguer entre les poursuites exercées d'office et celles qui auraient eu leur cause dans une dénonciation ou dans une plainte, ni à se préoccuper de l'auteur de cette plainte ou de cette dénonciation : ce n'est qu'en l'absence de poursuites qu'une dénonciation émanée du prévenu personnellement était nécessaire. Aussi l'art. 20 de la loi du 26 mai 1819, réglementant ce sursis en matière de diffamation, débit que la loi du 17 mai 1819 venait de substituer au délit de calomnie, a-t-il prescrit ce sursis, tant pour le cas de poursuites exercées à la requête du ministère public, que pour celui où le prévenu aurait dénoncé les faits imputés par lui.

L'art. 35 de la loi de 1881 renouvelle l'obligation du sursis, dans l'un et l'autre cas, en disposant qu'il y a lieu à sursis lorsque le fait imputé fait l'objet de poursuites commencées à la requête du ministère public ou d'une plainte de la part du prévenu.

1543. — A. *Poursuites commencées.* — Des poursuites commencées à la requête du ministère public, à raison des faits contenus dans une imputation diffamatoire, entraînent la nécessité du sursis à la poursuite et au jugement du délit de diffamation, sans qu'il soit besoin que ces poursuites aient été précédées d'une dénonciation ou d'une plainte de la part du prévenu (*Rép.* n° 1345). Dans le silence de la loi sur ce qu'on doit entendre par les expressions *poursuites commencées*, le sursis n'est pas subordonné à la justification d'un acte déterminé d'instruction et de poursuite (D. P. 80. 1. 479, notes 1 et 2). Décidé, à cet égard, que les poursuites en présence desquelles le juge saisi du délit de diffamation est tenu de surseoir à l'instruction et au jugement, doivent être réputées commencées, dès que le procureur

général a enjoint à l'un de ses substituts d'exercer ces poursuites (Crim. cass. 9 août 1878, aff. Leprince. D. P. 80. 1. 479). Une simple déclaration du ministère public est une justification suffisante du commencement des poursuites, sans qu'il appartienne au juge appelé à prononcer le sursis de contrôler l'exactitude ou d'apprécier la valeur de cette déclaration (D. P. 80. 1. 479, notes 1 et 2). Jugé, sur ce second point, que la cour d'appel, saisie d'une plainte en diffamation, est tenue d'ordonner le sursis à la poursuite et au jugement de cette plainte, par cela seul que le procureur général déclare à l'audience qu'il a donné l'ordre d'ouvrir une instruction sur les faits diffamatoires, et affirme que cette instruction doit être réellement commencée (Arrêt précité du 9 août 1878).

1544. — B. *Plainte du prévenu de diffamation.* — D'après l'art. 25 de la loi du 26 mai 1819, une simple dénonciation tendant à provoquer une instruction et des poursuites contre la personne diffamée, à raison des faits diffamatoires à elle imputés, suffisait pour imposer au juge du délit de diffamation l'obligation de surseoir jusqu'à ce qu'il eût été statué sur cette dénonciation (*Rép.* n° 1346). L'art. 372 c. pén. de 1810 se contentait également d'une dénonciation du prévenu, pour motiver le sursis à la poursuite et au jugement du délit de calomnie. Il résultait de là que le prévenu avait droit au sursis aussi bien lorsqu'il faisait une dénonciation comme tiers non lésé que lorsqu'il faisait une plainte comme partie lésée, selon la distinction établie par les art. 30 et 63 c. instr. crim. entre la dénonciation et la plainte (*Rép.* n°s 1337 et suiv.).

L'art. 35 de la loi de 1881 remplace par l'expression *plainte* le mot *dénonciation* des anciens art. 372 c. pén. de 1810, et 25 de la loi du 26 mai 1819 (D. P. 81. 4. 80). Jugé, en vertu de cette disposition, qu'une dénonciation ne saurait suffire pour servir de base au sursis : le prévenu ne peut plus obtenir un sursis que s'il procède par la voie d'une plainte, voie qui implique que les faits imputés lui ont causé un préjudice (Crim. rej. 1er mars 1883, aff. Ponet, D. P. 83. 1. 279. V. aussi observ. *ibid.*, et D. P. 81. 4. 80, note 1).

1545. Les anciens art. 372 c. pén. de 1810, et 25 de la loi du 26 mai 1819, exigeaient que la dénonciation émanât du prévenu (*Rép.* n° 1346). Ainsi l'individu qui se serait borné à répéter, dans sa dénonciation, les faits dénoncés par un autre que lui n'était pas fondé à exciper de cette dénonciation émanée d'autrui, pour obtenir un sursis dont la lettre et l'esprit de la loi limitaient le bénéfice à celui qui était à la fois l'auteur de l'imputation et le dénonciateur des faits imputés (*Rép.* n° 1350). On décidait, en effet, que le sursis ne pouvait être prononcé à raison d'une dénonciation venant d'un tiers non compris dans la poursuite en diffamation (Crim. cass. 9 août 1878, aff. Leprince, D. P. 80. 1. 479).

Il doit en être de même, à plus forte raison, dans le système de l'art. 35 de la loi de 1881 qui n'accorde le bénéfice du sursis qu'au prévenu personnellement lésé par les faits imputés ; ce prévenu ne saurait manifestement exciper d'une plainte qui, faite par un tiers, permet de supposer que ce tiers a seul été lésé, et que, dès lors, c'est uniquement par lui que l'imputation diffamatoire peut être réputée avoir été provoquée par le fait du diffamé (D. P. 81. 4. 80, note 1). Le prévenu n'aurait droit à un sursis que si, sur la plainte à laquelle il est resté étranger, des poursuites avaient été commencées, la personne du plaignant, et même l'existence d'une plainte, devenant indifférentes, lorsqu'il s'agit de cette première cause de sursis (V. *supra*, n° 1543 ; *Rép.* n° 1350).

1546. Sous la loi de 1819, l'effet suspensif étant attaché à toute dénonciation même émanée du prévenu non lésé par les faits contenus à la fois dans son imputation diffamatoire et dans sa dénonciation, il se manifeste que le prévenu ne pouvait être tenu de se constituer partie civile, après avoir fait sa dénonciation (Montpellier, 22 nov. 1841, *Rép.* n° 1356 ; Bordeaux, 2 juill. 1846, *ibid.*), ni dès lors, de consigner préalablement les frais des poursuites provoquées par sa dénonciation, surtout lorsque, à défaut de préjudice personnel, il n'était pas admis à se porter partie civile (Arrêt précité du 22 nov. 1841). — La loi nouvelle ne lui impose pas davantage l'obligation de se constituer partie civile, bien qu'elle n'autorise le sursis qu'au profit du prévenu investi du droit de plainte, et qui a, par conséquent, la faculté d'exercer une action civile à raison des faits par lui imputés au diffamé : elle se borne à exiger une plainte (D. P. 81. 4. 80, note 1).

1547. La plainte n'a d'effet suspensif que lorsqu'elle a été adressée à l'autorité compétente, une plainte adressée à toute autre autorité n'étant pas propre à déterminer directement des poursuites contre la personne qui en est l'objet (*Rép.* n° 1346). Jugé, spécialement, à l'époque où la dénonciation du prévenu était assimilée à une plainte (V. *suprà*, n° 1544), que le sursis ne pouvait être ordonné sur une dénonciation faite à l'autorité judiciaire, et notamment au juge d'instruction, contre une personne justiciable des tribunaux militaires (Lyon, 10 déc. 1880, aff. Ponet, D. P. 81. 2. 101. Conf. Crim. cass. 15 juin 1815, *Rép.* n° 1346.)

1548. La plainte doit être faite dans la forme déterminée par les art. 31 et 63 c. instr. crim. Ainsi, on ne peut considérer comme une véritable plainte donnant lieu à sursis, ni des conclusions incidentes prises à l'audience, dans l'instance en diffamation (*Rép.* n° 1346) ; ni le fait, par le prévenu d'une diffamation résultant de ce qu'il a publiquement imputé au diffamé un acte dommageable et délictueux, de se borner à en poursuivre la réparation par l'exercice d'une simple action civile, au lieu d'en provoquer la répression pénale (Crim. cass. 7 mars 1817 ; Crim. rej. 24 avr. 1818 ; Bruxelles, 23 mai 1829, *Rép.* n° 1347) ; ni même une déclaration d'inscription de faux contre l'acte qui a amené l'imputation par laquelle le plaignant en diffamation se prétend lésé (*Rép. ibid.*).

1549. La plainte portant sur les faits contenus dans l'imputation diffamatoire a un effet suspensif de la poursuite et du jugement du délit de diffamation, quoiqu'elle soit postérieure à la plainte en diffamation : la loi n'exige pas qu'elle soit antérieure à cette dernière plainte (*Rép.* n° 1349 ; Crim. rej. 26 juill. 1821, *ibid.* n° 741). Mais s'il y a lieu à sursis, quelles que soient les dates respectives des deux plaintes, ne doit-on pas se préoccuper de la date de la plainte du prévenu de diffamation par rapport à celle de l'imputation diffamatoire elle-même? V. *Rép.* n° 1349. Dans un système, la plainte du prévenu ne rend pas le sursis obligatoire lorsque l'imputation d'où résulte la diffamation n'a été publiée qu'après cette plainte, l'imputation diffamatoire qui porte sur des faits dont la justice est déjà saisie et que, seule, elle a le droit d'apprécier, conservant son caractère délictueux, alors même qu'une condamnation serait ultérieurement prononcée contre le diffamé (Crim. cass. 27 juin 1811, *Rép.* n° 1349). Mais, suivant une autre opinion, l'effet suspensif de la plainte du prévenu est absolu. Il est acquis à ce prévenu, même au cas où son imputation porterait sur des faits à l'égard desquels il avait déjà formé sa plainte.

1550. Lorsque la plainte du prévenu de diffamation s'applique à la fois à des faits compris dans l'imputation et à d'autres faits qui y sont étrangers, les faits étrangers à l'imputation ne mettent point obstacle au sursis. Seulement, le jugement qui intervient sur les faits non imputés doit rester sans influence sur la décision relative à la diffamation (*Rép.* n° 1348).

1551. — 2° *Faits auxquels doivent s'appliquer les poursuites commencées ou la plainte du prévenu de diffamation.* — Des poursuites commencées, ou une plainte du prévenu de diffamation, ne peuvent donner lieu à un sursis qu'autant que les faits sur lesquels elles portent sont personnels à l'auteur de la plainte en diffamation. Ainsi, ne peut motiver un sursis, la plainte dans laquelle l'individu prévenu d'avoir dirigé contre le plaignant en diffamation une imputation d'assassinat, se contente de provoquer une information sur ce fait, sans le mettre à la charge personnelle de la personne qu'il a diffamée (Lyon, 10 déc. 1880, aff. Ponet, D. P. 81. 2. 101. Conf. Crim. cass. 18 sept. 1845, aff. Dupuy D. P. 45. 1. 398 ; Orléans, 31 mai 1847, aff. Renou-Ruet, D. P. 47. 2. 161).

1552. Il est nécessaire, en outre, qu'il y ait identité entre les faits dont l'imputation est incriminée comme constitutive du délit de diffamation et ceux qui font l'objet de la poursuite ou de la plainte invoquée comme cause du sursis (*Rép.* n° 1348 ; Crim. cass. 28 févr. 1812 ; 21 mai 1836 ; 9 nov. 1839, cités au *Rép. ibid.*). Jugé, de même, depuis la loi de 1881, qu'une plainte adressée au procureur de la République ne peut motiver le sursis lorsque les faits

dénoncés sont essentiellement différents de ceux qui ont donné lieu à l'action en diffamation (Crim. rej. 7 juill. 1881, aff. Cancalon, D. P. 83. 1. 143).

1553. Si la plainte du prévenu de diffamation ne relève, comme étant seuls punissables, que quelques-uns des faits sur lesquels portait son imputation diffamatoire, il doit être sursis au jugement des autres faits, lorsque ces derniers ne sont que l'accessoire de l'imputation principale (Crim. cass. 26 juill. 1821, *Rép.* n° 1344) Lorsqu'il n'y a entre eux aucune connexité, le juge du délit de diffamation peut statuer sur l'imputation diffamatoire des faits restés étrangers à la plainte du prévenu, sans attendre la décision à intervenir sur les faits auxquels cette plainte a été limitée (*Rép.* n° 1344).

1554. — IV. Décision relative au sursis. — Lorsque les conditions du sursis sont remplies, ce sursis peut être prononcé, soit sur la demande du prévenu de diffamation, soit sur la réquisition du ministère public, soit même d'office. Il convient toutefois d'ajouter que si le sursis n'a pas été requis, il ne peut résulter de nullité de ce qu'il n'aurait pas été prononcé d'office. Il s'agit là, en effet, d'une exception qui tient plutôt à l'intérêt privé qu'à l'intérêt public, et bien que les juges puissent d'office suppléer les moyens de droit, surtout en matière criminelle, leurs décisions ne sauraient être cassées par le motif qu'ils n'ont pas été au-devant d'une difficulté qu'en fait ils pouvaient ignorer (*Rép.* n° 1357).

La demande en sursis peut être accueillie en tout état de cause, même en appel (*Rép.* n° 1359).

1555. Le sursis dont les conditions sont remplies est-il obligatoire pour le juge? Il est hors de doute que le juge de l'action en diffamation est tenu de surseoir jusqu'à ce qu'il ait été statué sur les poursuites exercées contre le plaignant en diffamation, lorsque ces poursuites sont exercées devant une autre juridiction (*Rép.* n° 1343 ; Crim. cass. 6 mars 1812, *Rép. ibid.*). — Mais le juge de l'action en diffamation peut-il refuser le sursis, en se fondant sur ce que les faits poursuivis contre le plaignant en diffamation, ou qui sont l'objet de la plainte du prévenu, ne sont pas légalement punissables? Avant la loi de 1881, la difficulté naissait des termes dans lesquels ont été successivement conçus, d'abord l'art. 372 c. pén. de 1810, en matière de délit de calomnie, et ensuite, l'art. 25 de la loi du 26 mai 1819, en matière de délit de diffamation. Ces articles disposaient qu'il y avait lieu à sursis, lorsque « les faits imputés seront punissables, selon la loi, et qu'il y aura des poursuites commencées à la requête du ministère public, ou que l'auteur de l'imputation aura dénoncé ces faits » (*Rép.* p. 407). Ne devait-on pas conclure de là que le juge auquel le sursis était réclamé avait compétence, non seulement pour vérifier s'il existait une poursuite ou une dénonciation, mais encore pour examiner si les faits poursuivis ou dénoncés étaient, conformément aux expressions des articles précités, « punissables selon la loi » ? On admettait que, lorsqu'un tribunal se trouvait déjà saisi de l'action publique relativement aux faits imputés au plaignant, les juges du délit de calomnie ou de diffamation étaient tenus d'attendre que ce tribunal eût prononcé, afin d'éviter la contrariété de décisions qui pouvait résulter de leur jugement anticipé (*Rép.* n°s 1351, 1338, 1342). Mais, dans des espèces où il n'y avait qu'une simple plainte ou dénonciation de la part du prévenu de diffamation, le pouvoir d'apprécier si le fait dénoncé devait entraîner l'application d'une peine était reconnu au juge de la demande de sursis (*Rép.* n°s 1339 et suiv.; Crim. cass. 18 sept. 1845, aff. Dupuy, D. P. 45. 1. 398. V. aussi concl. de M. l'avocat général Baudoin, rapportées avec Lyon, 16 déc. 1880, aff. Ponet, D. P. 81. 2. 101).

1556. L'art. 35 de la loi de 1881 n'a pas reproduit les expressions : « lorsque les faits seront punissables », des anciens art. 372 c. pén. de 1810 et 25 de la loi du 26 mai 1819. Il ordonne, d'une manière générale, qu'il soit sursis à la poursuite et au jugement du délit de diffamation, dès que « le fait imputé est l'objet de poursuites commencées à la requête du ministère public, ou d'une plainte de la part du prévenu ». Le nouvel article enlève donc au juge le pouvoir de refuser le sursis en se livrant à une appréciation de criminalité qui ne saurait appartenir qu'au juge appelé à statuer sur la poursuite.

Il résulte, à plus forte raison, des termes généraux de cet

article, que le sursis ne dépend plus de la nature de la répression à laquelle tendent les poursuites sur la plainte du prévenu, et que, par exemple, il doit être ordonné même au cas où le fait imputé ne serait passible que d'une peine disciplinaire, cas dans lequel, au contraire, il n'y aurait pas eu lieu à sursis sous la loi de 1819, soit qu'il y eût poursuites commencées ou seulement plainte ou dénonciation du prévenu de diffamation (Crim. cass. 28 sept. 1815, *Rép.* n° 1339 et *ibid.*, v° *Exception*, n° 183).

1557. Est-il nécessaire que la poursuite provoquée par la plainte soit légalement recevable? On peut tenir pour constant que le sursis ne doit pas être prononcé lorsque la plainte s'applique à un fait, même punissable, qui serait couvert par une amnistie (*Rép.* n° 1341); ... ou à l'égard duquel l'action publique a été déclarée prescrite par un arrêt de la chambre des mises en accusation, passé en force de chose jugée (Bruxelles, 23 mai 1829, *Rép.* n°* 1341 et 1347). — Mais le juge pourrait-il refuser le sursis en déclarant lui-même l'existence de cette dernière cause d'extinction de l'action publique? La question était controversée même sous la loi de 1819 qui donnait au juge de la diffamation le droit d'examiner si la plainte ou la dénonciation du prévenu portait sur un fait punissable (V. *suprà*, n° 1555). Le juge de la diffamation se trouvant alors en présence d'une exception qui laisse au fait dénoncé son caractère intrinsèque de fait punissable, on soutenait, dans un système, qu'il n'avait pas le pouvoir d'examiner le mérite d'une telle exception et la valeur juridique des circonstances qui s'y rattachaient, ce pouvoir étant exclusivement réservé au juge de la plainte (*Rép.* n° 1341). La cour de cassation s'était prononcée en sens contraire, dans un arrêt où elle avait reconnu implicitement au juge de la diffamation le droit de vérifier non seulement si le fait dénoncé par le prévenu présentait les caractères d'un fait punissable, mais encore s'il n'avait pas cessé d'être punissable en vertu de la prescription, et si, à ce titre, il n'échappait pas à l'éventualité de poursuites qui pouvaient seule devenir une cause de sursis. Cet arrêt n'a cassé la décision qui avait refusé le sursis, en relevant le fait d'une prescription acquise, que parce qu'elle avait, à tort, appliqué la prescription relative aux délits dans une espèce qui ne comportait que la prescription criminelle (Crim. cass. 9 mai 1845, aff. Bousquet, D. P. 46. 4. 413).

La loi de 1881 rend le sursis obligatoire dès que les faits dont l'imputation constitue le délit de diffamation sont l'objet, de la part du prévenu, d'une plainte dirigée personnellement contre l'auteur de la plainte en diffamation et applicable aux mêmes faits, sans que le juge ait à rechercher s'il s'agit de faits punissables ou non punissables, dès lors, le droit d'apprécier les exceptions qui sont de nature à paralyser l'effet de la plainte du prévenu, et notamment, un moyen tiré de la prescription ne sort-il pas également de la compétence du juge devant lequel le sursis est réclamé? L'art. 35, en disposant que le sursis aura au jugement de la diffamation « durant l'instruction qui devra avoir lieu », n'a-t-il pas réservé la connaissance de ces exceptions, comme celle du fond de la plainte, au juge de l'information? V. D. P. 81. 4. 80, note 1. La cour de cassation a jugé, à cet égard, et malgré la généralité de la disposition nouvelle, que si le sursis s'impose au juge de la diffamation, c'est seulement lorsque le fait dénoncé dans la plainte du prévenu peut faire l'objet d'une information judiciaire, et que, en conséquence, il n'y a pas lieu de surseoir au jugement de la diffamation, si l'action publique se trouve éteinte par la prescription (Crim. rej. 7 juill. 1882, aff. Cancalon, D. P. 83. 1. 143).

1558. Le sursis ne serait pas obligatoire pour le juge de la diffamation si la plainte du prévenu était dirigée contre un individu décédé; car la mort mettant fin à l'exercice de l'action publique et le fait imputé cessant dès lors d'être susceptible d'une répression, le sursis devient inutile puisqu'il ne peut pas aboutir à une décision du juge faisant ressortir la vérité ou la fausseté de l'imputation (Crim. cass. 21 mai 1836, *Rép.* n°* 1340 et 1348. Conf. Barbier, t. 2, n° 578, p. 121).

1559. Le sursis ne serait pas non plus obligatoire dans le cas où les faits imputés seraient *amnistiés* (*Rép.* n° 1341; Conf. Barbier, *loc. cit.*).

1560. Il ne le serait pas davantage si les faits imputés

n'avaient pu causer aucun préjudice au prévenu de diffamation et ne pouvaient, dès lors, être de sa part l'objet d'une véritable plainte (V. *suprà*, n° 1227); ... ou si la plainte à laquelle le ministère public n'a donné aucune suite était aussi abandonnée par son auteur : une telle plainte ne pourrait motiver ni un sursis, ni même le maintien du sursis prononcé (Crim. rej. 2 oct. 1817, *Rép.* n° 1355). Jugé. en ce sens, que la plainte suppose un fait punissable ayant causé un dommage à celui qui se plaint ; qu'en conséquence, il n'y a pas lieu à sursis quand les faits imputés n'ont pu causer aucun préjudice au prévenu de diffamation (Crim. rej. 1er mars 1883, aff. Ponet, D. P. 83. 1. 279).

1561. Le juge de la diffamation est-il obligé de surseoir, lorsque, sur la réclamation d'un sursis, après une plainte déposée par le prévenu à raison des faits contenus dans l'imputation diffamatoire incriminée, le ministère public annonce, à l'audience, qu'il ne sera donné aucune suite à cette plainte? Sous la loi de 1819, la question était controversée. Suivant un premier système, l'art. 25 de cette loi, en ordonnant que, sur la dénonciation, par le prévenu de diffamation, des faits imputés, il fût donné à l'instruction, à la poursuite et au jugement du délit de diffamation. n'entendait attacher un effet suspensif qu'à la plainte adressée directement au juge d'instruction : quand le prévenu avait pris cette voie, une simple déclaration du ministère public ne pouvait mettre obstacle à l'information ni autoriser, dès lors, un refus de sursis. Mais quand le prévenu de diffamation se bornait à adresser sa dénonciation ou sa plainte au ministère public, le ministère public restait libre de ne pas provoquer une instruction, et sa déclaration qu'il entendait ne donner aucune suite à cette dénonciation ou à cette plainte était exclusive de la nécessité d'un sursis, alors sans résultat possible, en présence de la règle qui consacre l'indépendance absolue de l'action publique. — Dans un autre système, on déniait au ministère public le droit d'enlever ainsi au prévenu le bénéfice du sursis attaché au fait de sa dénonciation. L'action publique cessait-on. dans ce cas particulier, d'être indépendante. et le juge, quoiqu'il eût le droit d'apprécier les causes du sursis (V. *suprà*, n° 1555 et suiv.), ne pouvait faire de la déclaration, de la part du ministère public, qu'il ne suivra pas, un motif de refus de sursis; le magistrat chargé de l'exercice de l'action publique étant alors mis en demeure d'agir (*Rép.* n°* 1351 et suiv.). — C'est en faveur du second système que s'était prononcée la jurisprudence (Crim. cass. 8 déc. 1837, *Rép.* n° 1352 et *ibid.*, v° *Dénonciation calomnieuse*, n° 14; Crim. rej. 5 juill. 1844, *Rép.* n° 1352-3°. Observ. Conf. *Rép.* n° 1352). Décidé, dans le même système ne pouvaient, si ces faits avaient été l'objet d'une plainte de la part de l'auteur de l'imputation, refuser de surseoir à la poursuite et au jugement de ce délit, en s'autorisant de la simple déclaration du ministère public qu'il n'y avait lieu de donner suite à la dénonciation (Crim. rej. 1er août 1879, aff. Chevaldonné et autres, D. P. 80. 1. 142): et cela, quel que fût le temps écoulé depuis la plainte sans qu'il eût été fait aucun acte d'instruction (*Rép.* n° 1354). — De la nécessité du sursis, même en présence de la déclaration du ministère public qu'il entendait ne donner aucune suite à la plainte du prévenu de diffamation, on tirait pareillement la conséquence que, si le sursis avait été prononcé, il y avait obligation, pour le ministère public, de poursuivre sur cette plainte, et que, le juge devant lequel la prévention de diffamation était cité de nouveau pour qu'il lui fût fait application des peines de la diffamation, avait le devoir de conserver à ce prévenu le bénéfice du sursis qu'il avait précédemment obtenu, jusqu'à ce qu'il eût été statué sur sa plainte à la diligence du ministère public seul (Montpellier, 22 nov. 1841; Bordeaux, 2 juill. 1846, *Rép.* n° 1352).

L'art. 35 de la loi de 1881 a tranché la difficulté. Il ne se borne pas, en effet, à rendre le sursis obligatoire pour le juge, par cela seul qu'il y a eu, de la part du prévenu de diffamation. une plainte susceptible d'ouvrir contre le plaignant en diffamation, et à raison des faits imputés par lui, une information judiciaire (V. *suprà*, n° 1556); mais se préoccupant, en outre, des conséquences du sursis en ce qui touche le ministère public, il ajoute que l'instruction, durant laquelle le sursis est obligatoire, *devra avoir lieu*

(D. P. 81. 4. 80, note 1. Conf. Barbier, t. 2, nº 590, p. 125).
Il y a donc une atteinte portée par la loi même à l'indépendance de l'action du ministère public, qui, d'ailleurs, s'il est obligé d'ouvrir l'information, reste libre de conclure dans le sens qui lui paraîtra préférable (Barbier, ibid.).

1562. La jurisprudence antérieure à la loi de 1881 n'admettait qu'une seule exception à la règle qu'elle avait établie: quand il s'agit d'imputations dirigées contre un des fonctionnaires ou des dignitaires protégés par les art. 479 c. instr. crim. et 10 de la loi du 20 avr. 1810, il a été jugé que, le procureur général étant exclusivement compétent, en ce cas, pour décider quelle suite il convient de donner à la plainte, le refus de ce magistrat, de poursuivre sur la plainte du prévenu de diffamation, met obstacle à tout sursis (Crim. cass. 11 nov. 1842, Rép. nº 1353 et ibid., vº Dénonciation calomnieuse, nº 92; Crim. rej. 1er août 1879, aff. Chevaldonné et autres, D. P. 80. 1. 142) « Il convient de remarquer, dit M. Barbier, t. 2, nº 591, p. 126, que cette décision n'a rien perdu de son autorité sous l'empire de la loi nouvelle, bien que celle-ci impose expressément au ministère public l'obligation de suivre sur la plainte. Elle n'est point basée, en effet, sur ce motif que le procureur général est libre de suivre ou de ne pas suivre sur la plainte du prévenu, mais bien sur cette considération que les inculpés, dans le cas de l'art. 479, devant être directement cités sans instruction préalable (Orléans, 18 août 1845, aff. Blanchet, D. P. 46. 2. 58) devant la cour d'appel à la requête du procureur général, l'écrit émané de ce magistrat et portant refus d'exercer l'action, constitue une véritable décision sur le mérite des faits allégués, ayant la même portée qu'une ordonnance de non-lieu. Mais les mêmes raisons de décider ne se rencontrent plus, quand les faits imputés aux mêmes personnes constituent des crimes. En ce cas, en effet, la loi délègue au premier président les fonctions de juge d'instruction, au procureur général les fonctions confiées ordinairement au procureur de la République, et à la chambre des mises en accusation le droit de statuer sur l'instruction ainsi faite (c. instr. crim. art. 480) Le procureur général qui refuserait alors de faire ouvrir l'instruction sur la plainte du prévenu violerait, suivant nous, l'art. 35 de la loi sur la presse, aussi manifestement que le ferait un procureur de la République refusant d'agir dans un cas ordinaire ». Ces observations sont de tous points conformes à la décision récente de la cour de cassation sur les pouvoirs d'information du procureur général et du premier président et à la distinction que cet arrêt établit à cet égard entre les poursuites pour crimes (c. instr. crim., art. 480) et les poursuites pour délits (art. 479) contre les fonctionnaires ou dignitaires désignés dans ce dernier article (Crim. cass. 15 juin 1893, aff. De Lesseps et autres, D. P. 93. 1. 607).

1563. — V. Effets de la décision rendue après le sursis. — Sous le code pénal de 1810. le sursis au jugement du délit de calomnie, jusqu'à ce qu'il eût été statué sur la poursuite ou la dénonciation du fait imputé, pouvait aboutir, quant à la preuve de la vérité de ce fait, à une constatation judiciaire formant la preuve légale alors susceptible de faire disparaître le délit de calomnie (V. supra, nº 1537). Depuis la loi du 26 mai 1819, et sous la loi nouvelle, le même moyen de justification peut aussi résulter de la décision à intervenir sur le sursis, lorsque ce sursis a été prononcé à propos d'un délit de diffamation commis envers une personne soumise à la preuve du fait diffamatoire (V. supra, nºs 1539). Lorsque, au contraire, il s'agit d'une diffamation dont le caractère délictueux ne peut disparaître par l'effet de la preuve de la vérité du fait diffamatoire, le sursis ne saurait évidemment aboutir à une décision légalement justificative de cette diffamation (Rép. nº 1360; Barbier, t. 2, nº 593, p. 127). Cependant, le sursis ordonné par l'art. 35 de la loi de 1881, et par la législation antérieure, est accordé à l'auteur d'une semblable diffamation, et c'est même la seule hypothèse qu'ait été textuellement visée dans la loi nouvelle dont la disposition ne peut être étendue à la poursuite exercée à raison d'une diffamation comportant la preuve du fait diffamatoire que par voie d'interprétation (V. supra, loc. cit.).

Quelle peut être alors l'utilité du sursis et de la décision préjudicielle qui en a été la suite? Cette décision et, dès lors, le sursis qui a permis de la rendre avant le jugement du délit de diffamation, ont un triple intérêt. L'appréciation

préalable de la vérité ou de la fausseté des faits diffamatoires, bien qu'elle soit sans influence sur l'existence même du délit de diffamation, importe, en effet : 1º au plaignant en diffamation. qui a souffert dans son honneur et sa considération un préjudice dont il n'obtiendrait qu'une réparation imparfaite, si la condamnation du diffamateur intervenait avant que la poursuite où les faits diffamatoires sont mis en question, ait abouti à une démonstration judiciaire de la fausseté de ces faits (Motif, Montpellier, 22 nov. 1841, Rép. nº 1352-2º) ; — 2º A l'action publique, en ce que la preuve de la fausseté de l'imputation sera aggravante de la culpabilité du prévenu, et permettra l'application d'une peine plus élevée (Rép. nº 1352) ; — 3º Au prévenu de diffamation, qui n'est pas, sans doute, justifié de plein droit par la preuve judiciaire de la vérité des faits connus dans son imputation, mais dont la culpabilité peut être considérablement atténuée si cette preuve lui est acquise (Rép. nº 1352). Jugé même, sur ce dernier point, que celui qui, victime d'un vol, en accuse publiquement un tiers, peut être déclaré non coupable du délit de diffamation. à défaut d'intention criminelle. si, ayant dénoncé le délit, il est parvenu à faire condamner ce tiers (Bordeaux, 14 avr. 1833, Rép. nº 855; Conf. Barbier, loc. cit.). En cela, la situation de l'individu qui impute publiquement à un autre individu un fait diffamatoire encore impuni, et qu'il porte à la connaissance de la justice, se distingue profondément de celle de l'individu qui publie, avec le dessein de nuire un fait déjà réprimé: le premier peut puiser dans sa plainte, si elle est justifiée, une cause d'atténuation et même de non-culpabilité. qui ne saurait s'étendre au second. Il était, dès lors, rationnel que le juge du délit ne pût se prononcer qu'après la décision provoquée par cette plainte (Rép. nº 1337). Et, en présence de l'influence que peut ainsi exercer sur le jugement du délit de diffamation la constatation préalable de la vérité ou de la fausseté du fait diffamatoire, sur la poursuite exercée contre le plaignant en diffamation, on comprend que la loi de 1891 n'ait pas subordonné l'effet suspensif de cette poursuite, ou de la plainte qui l'a provoquée, à la condition qu'elles concernent un fait punissable, comme l'exigeait la législation antérieure (V. supra, nº 1537).

CHAP. 3. — De la compétence.

1564. L'art. 45 de la loi du 29 juill. 1881 détermine la compétence relative à l'action publique résultant des crimes et délits de publication définis par cette loi et des infractions à la police de l'imprimerie, de la presse périodique, de l'affichage et du colportage. Néanmoins, l'art. 45 ne concerne que la compétence d'attribution (ratione materiæ) des tribunaux de répression. La loi de 1881 ne contient aucune disposition particulière sur la compétence territoriale, qui doit être déterminée suivant le droit commun, en ayant égard à la nature des faits qui caractérisent le délit de presse. L'art. 46 contient une disposition particulière relative à l'action civile qui résulte de certains délits.

Sect. 1re. — Compétence relative a l'action publique.

Art. 1er. — Compétence d'attributions.

1565. Les lois antérieures de la presse avaient appliqué le droit commun aux faits qu'elles qualifiaient crimes en les déférant à la cour d'assises. conformément à la règle générale écrite dans l'art. 217 c. inst. crim. C'est la cour d'assises qui était compétente, sous la loi du 17 mai 1819, pour juger les provocations suivies d'effet & des crimes prévus soit par le droit commun, soit par des lois spéciales. C'est aussi la cour d'assises qui, sous la loi du 9 sept. 1835, devait connaître des faits qualifiés crimes par les art. 1 et 2 de cette loi, c'est-à-dire des provocations, même non suivies d'effet, aux crimes d'attentat à la sûreté intérieure de l'État prévus par les art. 86 et 87 c. pén. et à l'offense publique envers le roi, lorsqu'elle avait pour but d'exciter à la haine ou au mépris de sa personne et de son autorité constitutionnelle. Toutefois, la loi de 1835 permettait aussi de déférer le jugement de ces crimes de publication à la Chambre des pairs constituée en cour de justice. Cette attribution spéciale de compétence a disparu en vertu du décret du 6 mars 1848 (D. P. 48. 4. 40).

1566. La connaissance des délits appartient, d'après le droit commun, aux tribunaux correctionnels (c. inst. crim. art. 179). L'application de cette règle aux délits de publication a subi de nombreuses vicissitudes.

La loi du 26 mai 1819, promulguée quelques jours après la loi du 17 du même mois, qui venait, pour la première fois, de faire des délits de publication l'objet d'une législation spéciale (V. *suprà*, n°ˢ 439 et suiv.), posa en principe que ces délits seraient, aussi bien que les crimes, déférés aux cours d'assises. Elle ne laissait dans les attributions des tribunaux correctionnels que les délits de diffamation ou d'injure envers les particuliers, prévus par les art. 17 et 19, § 2, de la loi du 17 mai 1819, et les délits de diffamation ou d'injure verbale envers toute personne, eussent-ils été commis envers les corps constitués et les dépositaires de l'autorité publique, protégés contre ces délits par les art. 15, 16 et 19, § 1. de la loi du 17 mai 1819 (*Rép.* p. 407). — L'art. 17 de la loi du 25 mars 1822 rendit aux tribunaux correctionnels la connaissance de tout délit de presse ou de publication. Cette loi réservait, toutefois, aux Chambres législatives et aux cours et tribunaux, dans ses art. 15 et 16, la faculté de statuer sur les délits de comptes rendus infidèles et faits de mauvaise foi, de leurs séances ou de leurs audiences, et sur les offenses que lesdits comptes rendus pourraient contenir envers ces Chambres et ces cours ou tribunaux (V. *suprà*, n°ˢ 534 et 1101). — La loi du 8 oct. 1830 rétablit, par son art. 1, la compétence du jury pour tous les délits de publication, en se bornant à en excepter : 1° par son art. 2, emprunté à la loi du 26 mai 1819, les délits de diffamation et d'injure envers les particuliers et les délits de diffamation ou d'injure verbale envers toute personne; 2° par son art. 3, emprunté à la loi du 25 mars 1822, le cas où les Chambres, cours et tribunaux croiraient devoir user de la faculté que leur attribuaient les art. 15 et 16 de cette dernière loi (*Rép.* p. 412). — Le décret du 17 févr. 1852 proclama de nouveau, dans son art. 25, la compétence des tribunaux correctionnels en matière de délits de publication, comme le faisait la loi de 1822 (D. P. 52. 4. 56). — L'art. 1 de la loi du 15 avr. 1871 replaça ces délits dans le domaine de la cour d'assises, dont l'art. 2 détacha seulement les diffamations ou injures envers les particuliers, à l'exemple des lois de 1819 et de 1830, l'injure verbale envers toute personne, mais non la d'ffamation verbale, à la différence de la loi de 1819, et, en outre, le délit d'outrage aux bonnes mœurs par la publication, l'exposition, la distribution et la mise en vente de dessins, gravures, lithographies, peintures ou emblèmes, que prévoyait alors l'art. 8 de la loi du 17 mai 1819 (V. *suprà*, n° 666). — Enfin, la loi du 29 déc. 1875, après avoir maintenu, en principe, dans son art. 4, la compétence de la cour d'assises à l'égard des délits de publication, enleva à cette juridiction, par l'art. 5, non plus seulement les délits de diffamation ou d'injure envers les particuliers, celui d'injure verbale envers une personne quelconque et celui d'outrage aux bonnes mœurs par dessins ou emblèmes. mais encore tout délit de diffamation ou d'injure, tout délit d'outrage, expressions qui se référaient nécessairement au délit d'outrage réprimé par l'art 6 de la loi du 25 mars 1822, dont ne s'étaient pas d'ailleurs occupées les lois de 1819, de 1830 et de 1871, tout délit d'outrage aux bonnes mœurs résultant, non pas seulement d'un dessin ou d'un emblème, comme le voulait la loi de 1871, mais aussi d'un écrit, et, en outre, le délit d'offense envers le président de la République, le délit d'offense envers l'une des deux Chambres, le délit d'offense envers la personne d'un souverain ou du chef d'un gouvernement étranger, les délits de publication ou de reproduction de nouvelles fausses, de pièces fabriquées, falsifiées ou mensongèrement attribuées à des tiers, la provocation à un délit, suivie ou non suivie d'effet, le délit d'apologie de faits qualifiés crimes ou délits par la loi, le délit de cris séditieux publiquement proférés (D. P. 76. 4. 33). Par suite de ces exceptions, la compétence de la cour d'assises se trouvait donc limitée, depuis la loi de 1875, à un petit nombre de délits, dont quelques-uns ont survécu à la loi de 1881, mais parmi lesquels figuraient surtout les délits d'opinion que cette dernière loi a abrogés. — Pour l'énumération de l'ensemble des délits de publication maintenus ou supprimés par la loi de 1881, V. *suprà*, n°ˢ 550 et suiv.

1567. L'attribution faite aux Chambres législatives et aux cours et tribunaux (V. *suprà*, n° 1564) de la connaissance du délit de compte rendu infidèle ou de mauvaise foi de leurs séances ou de leurs audiences, avait survécu aux diverses lois qui viennent d'être citées (Haute cour de justice, 26 oct. 1849, aff. Journal *La Tribune des peuples*, D. P. 49. 1. 266 ; Crim. rej. 4 janv. 1850, aff. Dusautoir, D. P. 50. 1. 70; 19 avr. 1850, même affaire, D. P. 50. 1. 141; Orléans, 27 mai 1851, aff. Elbach, D. P. 52. 2. 87; Crim. rej. 18 mai 1872, aff. Bardy, D. P. 72. 1. 158; Alger, 5 oct. 1872, aff. Bardy, D. P. 73. 2. 142; Nîmes, 25 déc. 1872, aff. Journal *Le Progrès du Midi*, D. P. 4. 2. 93; Crim. rej. 5 juill. 1873, aff. Duportal et Marcou, D. P. 74. 1. 407. — *Contrà*, Trib. corr. Lille, 6 nov. 1849, aff. *Messager du Nord*, D. P. 49. 5. 317). Il était décidé que le pouvoir réservé à chaque juridiction, de réprimer les infidélités contenues dans les comptes rendus de ses audiences, n'enlevait pas à la juridiction répressive la connaissance des autres délits (spécialement de la diffamation et de la publication de fausses nouvelles) commis dans un écrit qui pourrait constituer un compte rendu infidèle. mais qui ne serait pas incriminé à ce point de vue; et qu'en conséquence, le tribunal correctionnel était compétent pour statuer sur l'action de la partie civile tendant uniquement à obtenir la réparation de délits de diffamation et de fausses nouvelles, alors même que ces délits impliqueraient des infidélités dans un compte rendu de débats judiciaires ayant eu lieu devant une autre juridiction (Crim. rej. 14 janv. 1881, aff. Tony-Loup, D. P. 81. 1. 192).

La compétence exceptionnelle concernant le délit de compte rendu infidèle et de mauvaise foi a disparu, avec ce délit lui-même, depuis la loi de 1881 (V. *suprà*, n°ˢ 534 et 1101).

1568. La loi du 29 juill. 1881 consacre la dérogation au droit commun qui résultait des lois de 1819, de 1830, de 1871 et de 1875, et que la loi de 1822 et le décret du 17 févr. 1852 avaient au contraire rejetée. Elle dispose que les délits de presse et de publication sont, en principe, de la compétence de la cour d'assises (Circ. min. just. 9 nov. 1881, D. P. 81. 3. 109, n° 45). La commission de la Chambre des députés, jugeant qu'il y avait lieu de procéder par voie d'attributions particulières, avait repris les diverses infractions que le projet de loi qualifiait de crimes, de délits ou de contraventions; en tenant compte du caractère particulier de chacune d'elles, elle les avait nominativement attribuées aux cours d'assises, aux tribunaux correctionnels ou aux juges de simple police, selon qu'elles se rapprochaient davantage de la compétence de l'une ou de l'autre de ces trois juridictions. Mais, dans l'intervalle de la première délibération à la seconde, elle crut devoir procéder autrement. Elle adopta, comme juridiction de règle générale, la cour d'assises, se bornant à spécialiser les exceptions; le jury devient donc, en quelque sorte, juge d'attribution en matière de délits commis par la presse ou par la parole. « Ce système, dit M. Lisbonne, procède d'un principe, au lieu d'une classification. Tel est le nouvel art. 45. Il constitue une des dérogations les plus libérales au droit commun en matière de compétence, et l'une des améliorations les plus larges des règles des juridictions » (Séance du 14 févr. 1881, D. P. 81. 4. 83, note 1).

1569. Quant aux exceptions apportées à ce principe, elles ne pouvaient pas être empruntées à la loi de 1875, sous laquelle les délits non compris dans ces exceptions et demeurés, dès lors, de la compétence des cours d'assises, étaient, pour la plupart, des délits abrogés par la loi nouvelle (V. *suprà*, n° 1564 ; Circ. min. just. 9 nov. 1818, D. P. 84. 4. 309, n° 45). La cour d'assises n'eût été compétente qu'à l'égard des délits de provocation prévus par les art. 23 et 24, et des provocations adressées à des militaires de l'armée de terre ou de mer dans le but déterminé par l'art. 25, puisque les autres délits de publication punissables sous la loi nouvelle rentreraient tous dans les exceptions de la loi de 1875. L'art. 45 de la loi du 29 juill. 1881, tel qu'il est applicable ensuite de la modification qu'il a subie en vertu de la loi du 16 mars 1893 (V. *suprà*, n° 1096), est ainsi conçu : « Les crimes et délits prévus par la présente loi sont déférés à la cour d'assises. Sont exceptés et déférés au tribunal de police correctionnelle les délits et infractions prévus par les art. 3, 4, 9, 10, 11, 12, 13, 14, 17, § 2 et 4; 28, § 2; 32, 33, § 2; 36, 37, 38, 39 et 40 de la présente loi. Sont encore exceptées, et renvoyées devant les tribunaux de simple police, les contraventions prévues par les art. 2, 15, 17, § 1 et 3; 21 et 33, § 3 de la présente loi ».

1570. Il est de principe que les lois de compétence, en matière criminelle, régissent les infractions même antérieures à leur promulgation (V. *suprà*, v° *Lois*, n° 208 et suiv.). Jugé, en vertu de ce principe, que l'art. 45 de la loi de 1881 est devenu, dès sa promulgation, applicable aux délits commis antérieurement, alors même qu'ils auraient été l'objet de poursuites, pourvu qu'il n'y ait pas eu jugement définitif à leur égard, et qu'en conséquence, le tribunal correctionnel, qui se trouvait, lors de la promulgation de la loi de 1881, saisi d'une action en diffamation envers un ministre du culte, n'a pu, après que la nouvelle loi a déféré ce délit à la cour d'assises, retenir l'action civile à fin de dommages-intérêts (Riom, 27 déc. 1881, aff. Evêque de Moulins, D. P. 83. 2. 191).

1571. Bien que les lois de compétence en matière criminelle soient immédiatement applicables aux infractions antérieures, la juridiction dont la compétence est supprimée doit cependant rester saisie lorsque la prévention était déjà jugée au fond au moment où est intervenue la loi nouvelle. Spécialement, l'art. 45 de la loi de 1881, en attribuant à la cour d'assises la connaissance des délits de presse, n'a pas eu pour effet de dessaisir la juridiction correctionnelle de ceux de ces délits qui, au moment de sa promulgation, étaient déférés au juge d'appel (Toulouse, 19 août 1881, aff. Curés de Toulouse, D. P. 82. 2. 13; Lyon, 24 août 1881, aff. Brai de Perrière, *ivi l.*; Crim. rej. 18 févr. 1882 (deux arrêts), aff. Génay et Dupuy et aff. Périuet, D. P. 82. 1. 135; 17 mars 1882, aff. Rouanet et Narbonne, D. P. 83. 1. 141. V. les rapports de MM. les conseillers Bertrand et Dupré-Lasale, qui accompagnent les deux arrêts précités du 18 févr. 1882, arrêts rendus contrairement aux conclusions de M. le procureur général Bertauld, *ibid.* V. aussi *suprà*, v° *Lois*, n°ˢ 208 et suiv.).

§ 1er. — Compétence de la cour d'assises.

1572. — I. Crimes de publication. — La cour d'assises connaît en premier lieu, conformément au droit commun et à l'application qui en est faite à cet égard par l'art. 45 de la loi de 1881, des seuls crimes qui puissent actuellement être commis par la voie de la presse ou par tous autres moyens de publication, c'est-à-dire des provocations suivies d'effet, à des crimes prévus soit par le droit commun, soit par des lois spéciales (V. *suprà*, n° 568 et suiv.).

1573. — II. Délits de publication. — Les délits de publication qui, en vertu de la règle générale de compétence édictée par l'art. 45 de la loi de 1881, doivent, par dérogation au droit commun, être déférés aux cours d'assises, sont tous les délits prévus par la loi de 1881, à l'exception de ceux qui sont énumérés dans l'art. 45 comme expressément attribués aux tribunaux correctionnels. Ainsi, sont de la compétence de la cour d'assises : 1° tous les délits de provocation (V. *suprà*, n°ˢ 570 et suiv.); 2° les délits contre la chose publique, à l'exception du délit d'outrage aux bonnes mœurs commis seulement que par la parole ou par le livre (V. *suprà*, n°ˢ 662 et suiv.); 3° les délits contre les personnes, autres que ceux de diffamation ou d'injure envers les particuliers (V. *suprà*, n°ˢ 713 et suiv.).

1574. Le délit d'offense envers les chefs d'États étrangers et le délit d'outrage envers les agents diplomatiques étrangers, que l'ancien art. 45 attribuait à la cour d'assises, sont aujourd'hui de la compétence du tribunal correctionnel, en vertu de la modification résultant de la loi du 16 mars 1893 (V. *suprà*, n°ˢ 1074 et suiv.).

1575. — 1° *Délits de provocation.* — Ces délits, énumérés *suprà*, n° 569, sont tous de la compétence de la cour d'assises qui, dès lors, peut seule connaître : 1° de la provocation à un délit, punie comme acte de complicité du délit provoqué, et dont la loi subordonne, dès lors, le caractère punissable à la condition qu'elle ait été suivie d'effet (V. *suprà*, n°ˢ 570 et suiv.); — 2° De la provocation, même non suivie d'effet, et où ne se rencontre pas, par suite, l'élément essentiel de la complicité, lors-

qu'elle s'applique à certains crimes (V. *suprà*, n°ˢ 588 et suiv.); — 3° Des cris et chants séditieux proférés dans des lieux ou réunions publics (V. *suprà*, n°ˢ 595 et suiv.); — 4° De la provocation adressée à des militaires de l'armée de terre ou de mer, dans le but de les détourner de leurs devoirs militaires (V. *suprà*, n° 608 et suiv.). Les deux premiers et le quatrième de ces délits de provocation étaient également déférés au jury, sous la législation précédente, qui ne les comprenait pas, en effet, dans les délits de publication dont elle laissait exceptionnellement la connaissance aux tribunaux correctionnels; mais le troisième avait été enlevé à la compétence du jury par la loi du 29 déc. 1875 (V. *suprà*, n° 1366).

1576. Les autres délits renfermant des provocations ou des excitations ou manifestations séditieuses assimilées à une provocation, que la même législation n'avait pas exceptés de la compétence du jury, et qui ont disparu avec la loi nouvelle, étaient : la provocation à tout crime ou à tout délit, non suivie d'effet; — La provocation à la désobéissance aux lois; — L'excitation à la haine et au mépris des citoyens les uns contre les autres, ayant troublé la paix publique; — L'excitation à la haine ou au mépris du Gouvernement; — Le port public de signes de ralliement non autorisés; — L'exposition publique, distribution ou mise en vente de signes ou symboles propres à propager l'esprit de rébellion ou à troubler la paix publique; — L'enlèvement ou la dégradation des signes publics de l'autorité, en haine et au mépris de cette autorité (V. *suprà*, n° 552).

1577. — 2° *Délits contre la chose publique.* — Sur les trois délits auxquels la loi de 1881 a réduit les délits de publication contre la chose publique, et qui sont énumérés *suprà*, n° 564, deux sont de la compétence exclusive de la cour d'assises. Ainsi, doivent toujours être déférés au jury : 1° le délit d'offense envers le président de la République (V. *suprà*, n°ˢ 620 et suiv.); — 2° Le délit de publication ou de reproduction de nouvelles fausses, de pièces fabriquées, falsifiées ou mensongèrement attribuées à des tiers, qui aura troublé la paix publique et aura été faite de mauvaise foi (V. *suprà*, n°ˢ 636 et suiv.). L'art. 1 de la loi du 15 avr. 1871 n'attribuait compétence à la cour d'assises, à l'égard de ce dernier délit, que si la publication incriminée avait eu lieu par l'un des moyens déterminés dans l'art. 1 de la loi du 17 mai 1819, moyens auxquels le délit de fausse nouvelle n'est pas nécessairement subordonné (V. *suprà*, n° 636 et suiv.). De là des arrêts avaient conclu que le délit de publication de fausses nouvelles rentrait dans la compétence de la cour d'assises ou dans celle des tribunaux correctionnels selon qu'on y rencontrait la publicité caractérisée par l'art. 1 de la loi de 1819, ou tout autre mode de publicité (Alger, 24 juill. 1873, aff. Joseph Raynaud, D. P. 76. 2. 24; Crim. rej. 9 janv. 1875, aff. Vaugon, D. P. 75. 1. 185). Sous la loi nouvelle, tout délit de publication d'une fausse nouvelle est de la compétence de la cour d'assises, quel qu'en ait été le mode de perpétration et de publicité, l'art. 45 renvoyant à l'art. 27, où ce délit est puni par cela seul qu'il y ait eu publication et trouble effectivement causé à la paix publique, sans que l'incrimination dépende d'un mode de publicité déterminé (V. *suprà*, n° 651).

1578. Le troisième et dernier des délits contre la chose publique, c'est-à-dire le délit d'outrage aux bonnes mœurs, n'est plus, depuis la loi du 2 août 1882, de la compétence de la cour d'assises, que s'il tombe encore sous l'application de la loi de 1881, en un mot s'il a été commis dans un livre ou par parole. Ce délit rentre dans la compétence des tribunaux correctionnels, lorsqu'il y a eu emploi de l'un des autres moyens de perpétration et de publicité qu'énonce la loi de 1881 combinée avec celle de 1882 (V. *suprà*, n° 85).

1579. Les délits contre la chose publique que la législation précédente attribuait à la cour d'assises, et que la loi de 1881 a abrogés, étaient ceux résultant : des attaques contre la constitution, le principe de la souveraineté du peuple et du suffrage universel; des attaques contre le respect dû aux lois et à l'inviolabilité des droits qu'elles ont consacrés; de tout outrage envers la République; de tout outrage à la morale publique et religieuse, ou envers l'une des religions reconnues par l'État; des attaques contre la liberté des cultes, le principe de la propriété et les droits de la famille (V. *suprà*, n° 553). Les autres délits contre la chose publique mentionnés *ibid.*, qui sont également abrogés par la loi de 1881, étaient, depuis la loi du 29 déc. 1875, de la compétence des tribunaux correctionnels (V. *suprà*, n° 1566).

1580. — 3° *Délits contre les personnes.* — Ces délits, qui, sous la loi nouvelle, se réduisent aux délits de diffamation ou d'injure, comme sous la loi du 17 mai 1819, par suite de l'abrogation du délit d'outrage prévu par l'art. 6 de la loi du 25 mars 1822 (V. *suprà*, n° 565), sont tantôt de la compétence des tribunaux correctionnels, et tantôt de la compétence des cours d'assises. Les délits de diffamation ou d'injure sont, en effet, de la compétence des tribunaux correctionnels, lorsqu'ils ont été commis contre des particuliers (V. *infrà*, n° 1594 et suiv.). Ils sont de la compétence des cours d'assises, lorsqu'ils ont été commis soit contre les corps constitués, visés dans l'art. 30, soit contre les personnes qualifiées, qui sont énumérées dans l'art. 31 (art. 30, 31, 33, § 1. V. *suprà*, n°s 918 et suiv.; 949 et suiv.).

En attribuant ainsi à la cour d'assises la connaissance des délits de diffamation et d'injure contre les corps constitués de l'art. 30 et contre les personnes qualifiées de l'art. 31, la loi de 1881 édicte, à l'égard de ces deux délits, une règle de compétence nouvelle. Elle s'écarte, à la fois des lois de 1819 et de 1830, qui laissaient subsister la compétence des tribunaux correctionnels, lorsqu'il s'agissait de diffamation ou d'injure verbale envers toute personne (V. *suprà*, n°s 1566 et suiv.; Grenoble, 27 avr. 1872, aff. Bermond, D. P. 72. 2. 209; Crim. rej. 13 nov. 1873, aff. Delouche, D. P. 74. 1. 184); de la loi de 1871, qui, tout en étendant la compétence des cours d'assises même aux diffamations verbales contre les corps et les personnes ci-dessus désignés, continuait à en excepter les injures verbales (V. *suprà*, *loc. cit.*) ; et surtout de la loi de 1875 qui, dans le dernier état de la législation, enlevait, d'une manière absolue, aux cours d'assises le jugement de tout délit quelconque de diffamation ou d'injure, quelle que fût la personne diffamée ou injuriée, et sans se préoccuper du mode de perpétration de ce délit (V. *suprà*, *ibid.*).

1581. Parmi les personnes énumérées dans l'art. 31, se trouvent les témoins (V. *suprà*, n° 987). Les témoins étant dépourvus de tout caractère public, on en conclut, même depuis la loi du 25 mars 1822 qui assimilait l'outrage dont ils auraient été l'objet à raison de leur déposition, à l'outrage commis contre un fonctionnaire public, qu'ils retombaient dans la classe des simples particuliers, au point de vue de la preuve de la vérité des faits diffamatoires, et, dès lors, de la compétence (V. *suprà*, n°s 996 et 1566). La loi de 1881 ne permet plus de soustraire le témoin à la preuve de la vérité des faits diffamatoires qui lui sont imputés à raison de sa déposition (V. *suprà*, n° 946); la cour d'assises est donc seule compétente, à l'exclusion de la juridiction correctionnelle, pour connaître de la diffamation dirigée contre un témoin à raison de sa déposition (Paris, 23 févr. 1883, aff. Rameau, D. P. 83. 2. 135). Toutefois l'art. 181 c. instr. crim., qui attribue aux cours et tribunaux le jugement des délits commis dans leur enceinte, reste applicable au délit d'injure commis envers un témoin, et, notamment, à l'audience d'un tribunal correctionnel (Crim. cass. 19 déc. 1884, aff. Brunet, D. P. 85. 1. 380).

1582. L'incompétence des tribunaux correctionnels en matière de diffamation ou d'injure contre les corps ou les personnes qualifiées, est d'ordre public. Jugé à cet égard, antérieurement à la loi de 1881, que l'incompétence peut être déclarée d'office, même en appel, encore que la cour ne se trouve saisie que de l'appel du prévenu et qu'il puisse résulter du renvoi de la poursuite à la cour d'assises par suite du changement de qualification du fait incriminé, une aggravation de pénalité (Aix, 27 avr. 1872, aff. Vidal, D. P. 74. 2. 32).

1583. La diffamation ou l'injure commises envers l'un des corps ou l'une des personnes désignés dans les art. 30 et 31 de la loi de 1881, ne sont de la compétence de la cour d'assises que lorsqu'elles réunissent les éléments constitutifs du délit de diffamation ou d'injure prévus par cette loi. Il est nécessaire, par suite, que les imputations diffamatoires ou injurieuses dirigées contre ces corps ou contre ces personnes aient été commises dans les conditions de perpé-

tration et de publicité que déterminent les art. 23 et 28 de la loi de 1881, et que les art. 30 à 33 ont rendues communes aux délits de diffamation et d'injure (art. 29. V. *suprà*, n°s 919 et 946). En dehors de ces conditions, la diffamation ou l'injure dirigées contre l'une des personnes énumérées dans l'art. 31, à raison de sa fonction ou de sa qualité, prennent, aussi bien que toute diffamation ou injure adressées aux mêmes personnes dans l'exercice de leurs fonctions, le caractère du délit d'outrage prévu et réprimé par les art. 222 et suiv. c. pén., délit soumis aux règles de compétence du droit commun. Décidé, à cet égard, antérieurement à la loi du 5 avr. 1884, que les séances d'un conseil municipal, n'étant pas des réunions publiques (V. *suprà*, n° 486 et suiv.), et les pièces déposées aux archives de la commune ne pouvant pas être considérées comme exposées dans un lieu public (V. *suprà*, n°s 527 et suiv., 532 et suiv.), c'est au tribunal correctionnel que doivent être portées les poursuites auxquelles peuvent donner lieu les imputations diffamatoires dirigées contre le maire, à raison de ses fonctions, dans le compte de gestion lu en séance du conseil municipal par le receveur communal, et déposé, avec les procès-verbaux du conseil, aux archives de la commune (Rouen, 22 mars 1851, aff. D..., D. P. 52. 2. 199).

1584. Outre les conditions de perpétration et de publicité dont on vient de parler, il faut encore, pour que la diffamation ou l'injure commises envers les corps ou les personnes désignées dans les art. 30, 31 et 33, § 1, soient de la compétence de la cour d'assises, que cette diffamation ou cette injure se rapportent à la fonction du corps ou de la personne injuriée ou diffamée (V. *suprà*, n°s 937 et suiv., 986 et suiv.). Décidé, à cet égard : 1° que le tribunal correctionnel est seul compétent pour connaître de la diffamation commise par la voie de la presse contre un député, lorsque les faits allégués se rapportent exclusivement à sa vie privée, et nullement à sa qualité de député, qui n'était même pas énoncée dans l'article incriminé (Crim. cass. 24 juill. 1874, aff. Roche, D. P. 75. 1. 237. Conf. Crim. rej. 11 août 1892, aff. Boyer, D. P. 93. 1. 399-400); — 2° Que la diffamation envers un fonctionnaire public ou envers un agent de l'autorité publique ou un citoyen chargé d'un service public ne rentre dans la compétence de la cour d'assises que lorsqu'elle se rapporte aux actes de la vie publique de la personne diffamée, mais non lorsque les imputations diffamatoires, étrangères à la qualité ou aux fonctions de celle-ci, n'ont incriminé que sa conduite et ses actes comme simple particulier (Lyon, 13 mars 1847, aff. Paya, D. P. 47 2. 41; 4 janv. 1848, aff. Journal *Le Peuple*, D. P. 49. 2. 98; Trib. corr. Saint-Étienne, 15 janv. 1848, aff. Robert, D. P. 48. 3. 16; Lyon, 5 mars 1849, aff. Bugeaud, D. P. 49. 5. 320; Crim. rej. 13 juill. 1872, aff. Marcailhou, D. P. 72. 1. 287; C. d'ass. de la Nièvre, 4 févr. 1874, aff. Robin, D. P. 75. 5. 234); notamment, des actes accomplis à une époque où ce fonctionnaire n'était encore revêtu d'aucune fonction publique (Crim. rej. 17 juill. 1874, aff. Gruache, D. P. 75. 1. 97; 11 août 1892, précité). — Il n'importe, d'ailleurs, que la diffamation dirigée contre une personne publique contienne l'imputation de faits accomplis par cette personne dans un but politique, s'ils ne se rattachaient pas à sa fonction (Crim. rej. 16 mars 1872, aff. Gareix et Peyrusson, D. P. 72. 1. 139). A plus forte raison, la cour d'assises est-elle incompétente lorsque l'imputation se rapportant à des faits qui avaient un mobile politique, est dirigée contre une personne qui a cessé d'être investie d'une fonction publique (Crim. rej. 17 juill. 1874, aff. Gruache, D. P. 75. 1. 97); ... ou contre un particulier, auquel sont reprochés, par exemple, des dénonciations qui se seraient produites à l'occasion des événements de décembre 1851 (Crim. rej. 5 sept. 1872, aff. Rabier, D. P. 73. 1. 46).

1585. Lorsqu'une des personnes qualifiées, énumérées dans l'art. 31, est diffamée à la fois dans sa vie publique et dans sa vie privée, elle a la faculté de limiter sa plainte aux faits relatifs à la vie privée et de porter l'action qu'elle exerce contre son diffamateur devant les tribunaux correctionnels (Crim. rej. 15 févr. 1834, *Rép.* n°s 1533-2° et 333; 19 avr. 1849, aff. Faurès, D. P. 49. 5. 324; 15 mai 1873, aff. Anterrieu et Pagès, D. P. 74. 1. 498; 4 janv. 1884, aff. Meslé, D. P. 84. 1. 168; 8 nov. 1888, aff. Finat, D. P.

89. 1. 272: Crim. cass. 28 févr. 1889, aff. Tardieu, D. P. 90. 1. 144; Pau, 11 juin 1889, aff. Magenc, D. P. 90. 2. 55; Crim. rej. 19 févr. 1891, aff. Hérault, D. P. 91. 5. 414).

1586. Cette faculté d'option cesse toutefois de lui appartenir, s'il y a in divisibilité absolue entre les imputations concernant la vie publique et la vie privée de la personne diffamée (Motif, Crim. rej. 15 févr. 1834, cité *supra*. n° 1585).

Jugé, en ce sens : 1° que la personne diffamée, dans un article de journal, par des imputations qui s'adressent à sa qualité de fonctionnaire public, et au nombre desquelles se trouvent certaines autres imputations qui, prises isolément, pourraient être considérées comme ne se rapportant qu'à sa vie privée, ne peut restreindre son action à ces dernières imputations et en saisir la juridiction correctionnelle, si elles se lient essentiellement aux premières, tendent au même but et ne sont que l'appréciation ou la conséquence des actes imputés au fonctionnaire (Crim. cass. 4 juill. 1851, aff. Seguin, D. P. 51. 1. 230); — 2° Qu'un conseiller municipal, diffamé à raison de ses fonctions, ne peut pas soutenir que le tribunal correctionnel est compétent parce que la plainte ne relève qu'un passage de l'article constituant une injure envers un particulier, lorsqu'il est impossible de scinder l'article poursuivi et qu'il existe une corrélation intime entre ses diverses parties, dont l'une ne peut pas s'expliquer sans l'autre; que, dans ce cas, la cour d'assises est seule compétente pour statuer sur l'ensemble des diffamations et injures contenues audit article, à raison de la plénitude de juridiction qui lui appartient en matière de presse (Amiens, 15 juill. 1882, aff. Blanlot, *supra*, n° 966); — 3° Que le tribunal correctionnel, saisi d'une citation fondée sur des allégations diffamatoires relatives à la conduite d'un maire et à sa vie privée, ne peut se déclarer compétent, alors même que le poursuivant n'aurait invoqué que sa qualité de particulier, si l'ensemble des allégations contenues dans cet écrit, et tendant toutes à déconsidérer l'homme public, forment entre elles un tout connexe et indivisible (Grenoble, 23 janv. 1884, aff. Gubout, D. P. 84. 2. 117); — 4° Que la victime d'une diffamation et d'une injure, qui se rencontrent dans le même écrit ou dans un même discours, peut relever l'un des propos outrageants devant la juridiction correctionnelle et l'autre devant la cour d'assises, lorsqu'elle a été offensée successivement comme particulier et comme personne publique. le rapprochement et la juxtaposition de deux paroles offensantes n'empêchant pas qu'elles puissent rester indépendantes l'une de l'autre et revêtir deux caractères différents; mais qu'il en est autrement, et que la cour d'assises doit être seule saisie, si les paroles visant soit la personne publique, soit le particulier, sont en quelque sorte confondues ensemble et se trouvent réunies par un lien d'indivisibilité (Bourges, 31 mars 1892, aff. Jautron, D. P. 92. 2. 338. Conf. Crim. rej. 5 juill. 1883. 3 nov. 1887, cités *infrà*, n° 1589. Crim. cass. 28 févr. 1889, Pau, 11 juin 1889, Crim. rej. 19 févr. 1891, cités *suprà*, n° 1585).

1587. Mais une simple connexité entre les imputations relatives à la vie publique et celles concernant la vie privée de la personne diffamée n'implique pas nécessairement l'individisibilité de ces imputations Jugé en ce sens : 1° que l'individu auquel un article de journal impute d'avoir, comme député, soutenu par ses discours la légitimité de l'usure qu'il était dans l'habitude de pratiquer comme banquier, peut ne relever que cette imputation d'usure et en saisir la juridiction correctionnelle (Nancy, 28 août 1850, D. P. 51. 2. 176); — 2° Que la juridiction correctionnelle ainsi saisie ne peut se déclarer incompétente, ni sous prétexte que la qualification injurieuse de *chevalier d'industrie* se trouverait dans une phrase où le plaignant ne serait attaqué qu'en sa qualité de maire, lorsque l'ensemble de l'article précise la nature de l'injure et démontre qu'elle n'est dirigée que contre la vie privée;... ni sous prétexte d'individisibilité, lorsque les diverses imputations diffamatoires ou injurieuses qui se trouvent dans l'article incriminé sont distinctes, indépendantes, et qu'il n'existe entre elles qu'une certaine connexité en raison de leur publication dans une même feuille et dans un même but (Crim. cass. 28 févr. 1889, aff. Tardieu, D. P. 90. 1. 144); — 3° Que si des imputations diffamatoires visant, les unes le fonctionnaire à raison de ses fonctions, les autres l'homme privé, sont distinctes et indépendantes, bien que publiées dans un même

article de journal, la juridiction correctionnelle est compétente pour connaître des imputations diffamatoires relatives aux faits de la vie privée (Crim. rej. 11 août 1892, aff. Boyer, D. P. 93. 1. 399-400). — Jugé cependant que la cour d'assises est seule compétente pour juger la diffamation commise envers un conseiller général, alors même que les imputations relevées dans la citation paraissent dirigées contre l'homme privé, s'il y a une connexité évidente entre ces imputations et si elles tendent au même but (Nancy, 18 août 1882, aff. Maury, n° 966).

Dans tous les cas lorsqu'il n'y a pas indivisibilité entre les imputations dirigées contre la vie privée du fonctionnaire public et les attaques à sa personne publique, le prévenu, poursuivi limitativement à raison des imputations concernant la vie privée, n'est pas fondé à décliner la juridiction correctionnelle sous le prétexte qu'il visait spécialement à un but unique, sa révocation (Crim. rej. 19 févr. 1891, aff. Hérault, D. P. 91. 5. 414).

1588. Le fonctionnaire diffamé dans sa vie publique et dans sa vie privée ne peut exercer son droit d'option entre la poursuite devant le tribunal correctionnel et la poursuite devant le jury, qu'à la charge de déclarer dans sa plainte, en la restreignant aux faits dont la connaissance appartient à l'une ou à l'autre de ces juridictions (Crim. cass. 17 janv. 1851, aff. *Le Courrier républicain de la Côte-d'Or*, D. P. 51. 1. 107). V. *infrà*, chap. 4, sect 1, art. 1, § 2, et sect. 2, § 1. — Mais il appartient à la juridiction correctionnelle, saisie d'une plainte en diffamation portée par une personne investie d'une fonction publique, de décider, par appréciation des articulations contenues dans la citation, et à raison de l'indication expresse dans cet exploit de l'art. 32 de la loi de 1881, relatif à la diffamation commise envers les particuliers, que, nonobstant certaines énonciations surabondantes et le visa erroné de l'art. 31 s'appliquant à la diffamation commise envers les fonctionnaires publics, la poursuite n'a pour objet que la diffamation commise envers un particulier. Jugé : 1° qu'il en est ainsi, notamment, lorsque les imputations relevées, dans la citation, comme ayant un caractère diffamatoire, sont exclusivement relatives à la vie privée du plaignant, et ne relèvent que des faits antérieurs à sa nomination à une fonction publique, quand même il serait fait allusion, dans la citation, aux conséquences que la diffamation peut entraîner pour le fonctionnaire en le compromettant aux yeux de l'opinion publique et de ses chefs hiérarchiques (Crim. rej. 3 août 1883, aff. Proust, D. P. 84. 1. 43; 4 janv. 1884, aff. Meslé, D. P. 84. 1. 168); — 2° Qu'il importe peu que la citation vise sans distinction la totalité des articles injurieux et diffamatoires, lorsque le caractère privé de ceux que le plaignant a entendu seulement poursuivre ressort tant de la nature de la saisie que des dispositions légales visées (Crim. rej. 8 nov. 1888, aff. Finat, D. P. 89. 1. 272).

1589. L'individu diffamé dans un journal, tant en sa personne publique qu'en sa personne privée, ne pouvant saisir de sa plainte les tribunaux correctionnels, sans limitant cette plainte aux imputations relatives à sa vie privée (V. *suprà*, n° 1585), le tribunal correctionnel auquel est déféré d'une manière générale, un article renfermant des imputations relatives à la vie publique et à la vie privée du plaignant, doit-il se déclarer incompétent, et renvoyer le prévenu devant la cour d'assises qui a plénitude de juridiction pour apprécier l'ensemble de ces imputations? V. dans le sens de l'affirmative les arrêts cités au *Rép.* n° 1534. Toutefois, l'opinion contraire a prévalu. Jugé en effet: 1° que le tribunal correctionnel saisi de l'appréciation d'une série d'articles de journaux, par lesquels le plaignant prétend avoir été diffamé dans sa vie privée, peut se déclarer incompétent relativement à ceux qui s'attaquent à des actes de la vie publique du plaignant, et statuer sur ceux qui se réfèrent à sa vie privée; peu importe qu'il y ait connexité entre ces diverses imputations diffamatoires, s'il n'y a pas indivisibilité; ainsi, le tribunal correctionnel peut se dessaisir de l'article qui attaque le diffamé même colonel commandant de la garde mobile, et apprécier les autres articles qui se réfèrent d'une manière générale à son honneur militaire et à sa considération personnelle (Crim. rej. 15 mai 1873, aff. Anterrine et Pagès, D. P. 74. 1. 498); — 2° Que le tribunal correctionnel, saisi d'une citation fondée sur des allégations diffamatoires relatives à la conduite d'un étranger, chargé d'un service public par le gouvernement français, et sur d'autres allégations se rapportant à la vie privée de cet étranger, peut, s'il n'y a pas indivisibilité entre ces diverses imputations, retenir l'examen de celles qui sont relatives à la vie privée, tout en se déclarant incompétent sur les autres faits (Crim. rej. 5 juill. 1883, aff. De Béville, Hans et de Croiziac, D. P. 83. 1. 431); — 3° Que lorsque la poursuite exercée par une partie civile pour imputations diffamatoires porte-sur des faits qui touchent en même temps à la vie publique d'un fonctionnaire et à sa vie privée, il appartient au juge correctionnel saisi de scinder ces faits, s'il n'y a pas indivisibilité entre eux, et de se déclarer compétent relativement à la diffamation qui atteint le particulier, tout en déclarant son incompétence pour les faits qui atteignent l'homme public (Crim. rej. 3 nov. 1887, aff. Peignaud et Touraille, D. P. 89. 1. 221); — 4° Que le tribunal correctionnel ne peut pas se déclarer incompétent par le motif que la citation comprend l'intégralité de l'article incriminé, lorsque l'exploit indique nettement que le plaignant ne dénonce que les injures touchant uniquement à sa vie privée, et lorsqu'il y est déclaré qu'il n'agit que comme simple particulier et non comme fonctionnaire public (Crim. cass. 23 févr. 1889, aff. Tardieu, D. P. 90. 1. 144).

1590. Les principes qui viennent d'être exposés conduisent à décider que la connexité des imputations, dirigées dans un même article de journal à la fois contre un simple particulier et contre un fonctionnaire public, n'entraîne pas la compétence de la cour d'assises relativement à l'action publique introduite sur la plainte ou sur la citation directe du particulier, à raison d'une indivisibilité absolue entre les imputations diffamatoires. Jugé en ce sens : 1° que lorsque des particuliers et des fonctionnaires publics ont été signalés, dans un même article de journal, comme ayant fait des dénonciations et proscriptions, on prétendrait à tort que le journaliste doit être traduit, pour diffamation, devant la cour d'assises, en ce qui concerne les imputations contre les premiers aussi bien qu'en ce qui concerne les imputations contre les seconds, si l'existence d'un concert entre les personnes désignées n'est pas même articulée, et s'il n'est signalé ainsi aucune connexité entre des faits qui par leur nature ne sont pas indivisibles (Crim. rej. 5 sept. 1872, aff. Rabier, D. P. 73. 1. 46); — 2° Que le simple particulier qui se prétend diffamé a le droit de s'adresser à la juridiction correctionnelle, alors même qu'un fonctionnaire, diffamé par le même écrit, avait précédemment porté son action devant la cour d'assises; que les prévenus invoqueraient vainement, à défaut d'indivisibilité, une sorte de connexité entre les faits imputés au simple particulier et ceux reprochés au fonctionnaire public par le même écrit, pour soutenir que le premier aurait dû intervenir aux débats devant la cour d'assises, sous peine de se trouver déchu du droit de poursuivre (Crim. rej. 19 mai 1882, aff. De Rochefort-Luçay et Delpierre, D. P. 83. 1. 47); — 3° Que le particulier diffamé en même temps qu'un fonctionnaire public, dans un même article de journal, a le droit de poursuivre individuellement et en l'absence de toute action du fonctionnaire public, la réparation du délit dont il a été victime, et que le tribunal correctionnel est compétemment saisi de sa plainte; que le fait d'avoir incidemment mêlé le nom d'un particulier à des actes blâmables imputés à un fonctionnaire ne constitue pas une diffamation punissable, lorsque rien n'autorise à prétendre que le prévenu ait eu l'intention de désigner ce particulier comme ayant participé sciemment aux actes du fonctionnaire (Aix, 25 mars 1892, aff. Bayol, D. P. 92. 2. 499).

§ 2. — Compétence des tribunaux correctionnels.

1591. Les tribunaux correctionnels sont compétents, en vertu de l'art. 45 de la loi du 29 juill. 1881, pour connaître de l'action publique concernant : 1° les délits de publication que cet article excepte expressément de la compétence de la cour d'assises; 2° les infractions à la police de l'imprimerie, de la presse périodique, de l'affichage et du colportage qui sont punies de peines correctionnelles.

1592. — I. Délits de publication. — Les délits de publication prévus par la loi de 1881 qui ont été placés par cette loi dans les attributions des tribunaux correctionnels, sont au nombre de huit. Ces délits appartiennent, l'un à la classe des délits contre la chose publique, deux autres à la classe des délits contre les personnes et les cinq derniers, à la classe des publications interdites. qu'ils embrassent tout entière. Il faut ajouter à ces huit délits l'offense aux chefs d'Etats étrangers et l'outrage aux agents diplomatiques étrangers, déférés aux tribunaux correctionnels par suite de la modification apportée par la loi du 16 mars 1893 au texte de l'art. 45 de la loi de 1881 (V. supra, n° 1574).

1593. — 1° Délits contre la chose publique. — Sur les trois délits réprimés par la loi de 1881 comme délits de publication contre la chose publique (V. supra, n° 1577), un seul est de la compétence des tribunaux correctionnels, c'est le délit d'outrage aux bonnes mœurs, prévu par l'art. 28. La connaissance du délit d'outrage aux bonnes mœurs n'est attribuée à la juridiction correctionnelle qu'avec une importante restriction. L'art. 45, reproduisant à l'égard de l'outrage aux bonnes mœurs le système de la loi de 1871, ne le faisait rentrer dans le droit commun, sur la compétence en matière de délits, que lorsqu'il s'agissait de l'outrage prévu par le paragraphe 2 de l'art 28, c'est-à-dire d'un outrage aux bonnes mœurs commis au moyen de dessins, gravures, emblèmes ou images obscènes. L'outrage aux bonnes mœurs commis par paroles ou par écrits, imprimés ou non imprimés, que prévoit le paragraphe 1 du même article, demeurait soumis à la compétence des cours d'assises. La loi du 2 août 1882, sans aller aussi loin que la loi de 1875, qui déférait dans tous les cas l'outrage aux bonnes mœurs aux tribunaux correctionnels, a laissé ce délit dans la compétence de la cour d'assises, lorsqu'il est commis dans un livre ou par la parole. Mais l'emploi de tout autre mode de perpétration le soumet, depuis la loi précitée de 1882, à la juridiction correctionnelle (V. supra, n° 1578). — Il a été jugé qu'un dessin obscène pouvant être considéré isolément, abstraction faite de l'imprimé qui le contient, la juridiction correctionnelle est compétente pour connaître des poursuites dirigées contre un dessin obscène, alors même que ce dessin est contenu dans un livre (Paris, 20 mars 1890, aff. Joseph Roy, D. P. 90. 2. 76. Comp. supra, n° 679).

1594. — 2° Délits contre les personnes. — Les délits de diffamation et d'injure sont de la compétence des tribunaux correctionnels, lorsqu'ils ont été commis envers des particuliers. Cette règle est demeurée invariable à travers les fluctuations de la législation antérieure à la loi de 1881 sur la compétence en matière de délits de publication (V. supra, n°s 1565 et suiv.).

1595. Il est d'ailleurs indifférent, quant aux délits de diffamation, qu'il s'agisse d'une hypothèse où la preuve des faits diffamatoires a été exceptionnellement admise par la loi de 1881, bien que la personne diffamée soit un simple particulier (art. 35). V. infrà, chap. 4, sect. 1, art. 4, § 2. Décidé, sur ce point, que les directeurs ou administrateurs des entreprises industrielles, commerciales ou financières, faisant publiquement appel à l'épargne ou au crédit, bien que, au point de vue de l'admissibilité de la preuve, ils soient assimilés par l'art. 35, § 2, de la loi du 29 juill. 1881, aux fonctionnaires publics et aux personnes chargées d'un service ou d'un mandat public, ne perdent pas leur caractère de simples particuliers, et ont, par conséquent, le droit de saisir la juridiction correctionnelle lorsqu'ils sont diffamés (Aix, 17 mars 1882 (1) ; Trib. corr. Seine, 4 mai 1882,

---

(1) (Guerdat, gérant du journal Le Progrès de Nice C. Bischoffsheim.) — Du 2 déc. 1881, jugement du tribunal correctionnel de Nice, ainsi conçu : — « Le tribunal; — Attendu que Guerdat, cité pour diffamation devant le tribunal correctionnel, propose l'incompétence de ce tribunal, se fondant sur ce que le plaignant Bischoffsheim, ayant été administrateur d'une entre-

prise financière qui fit appel publiquement au crédit, aurait dû porter sa plainte devant la cour d'assises; — Attendu, il est vrai, que les articles qui motivent la prévention, publiés par Guerdat dans Le Progrès de Nice, ne s'adressent pas à Bischoffsheim comme homme privé, mais critiquent uniquement sa participation aux emprunts du Honduras; — Attendu que, le plaignant

suprà, n° 973; Crim. cass. 29 juin 1882, aff. Préaud et Vidal, D. P. 82. 1. 383; Paris, 6 janv. 1883, même affaire, D. P. 83. 2. 167; Crim. rej. 21 juin 1884, aff. Morel, D. P. 86. 1. 96). — Cette attribution de compétence au tribunal correctionnel a été reconnue, notamment, applicable à l'action en diffamation formée contre un journal par le directeur et le secrétaire général de la Banque de France, attaqués à raison de faits relatifs à leurs fonctions (Trib. corr. Seine, 4 mai 1882, précité).

1596. — 3° *Délit d'offense envers les chefs d'Etats étrangers.* — Ce délit, attribué à la juridiction correctionnelle par la loi du 29 déc. 1875, placé par la loi de 1881 dans les attributions de la cour d'assises, a été soumis de nouveau à la compétence des juges correctionnels par la loi du 16 mai 1893 (V. *suprà*, n°s 1096 et suiv., 1566, 1569).

1597. — 4° *Délits d'outrage envers les agents diplomatiques étrangers accrédités auprès du gouvernement de la République.* — Ce délit, sur lequel la loi du 29 déc. 1875 gardait le silence, bien qu'elle eût excepté de la compétence de la cour d'assises le délit d'offense envers les chefs d'Etats étrangers, tombait incontestablement, depuis la loi de 1881, sous l'application de la règle générale qui consacre la compétence du jury en matière de délits de publication; mais il est aujourd'hui de ceux que les tribunaux correctionnels par la loi du 16 mai 1893 (V. *suprà*, n°s 1096 et suiv., 1566, 1569).

1598. — 5° *Publications interdites.* — Les dispositions qui interdisent certaines publications, et qui ont trouvé place dans la loi de 1881, sont au nombre de cinq. On peut considérer quatre de ces dispositions comme ne comportant que des infractions matérielles exceptées, à raison de ce caractère même, de la compétence du jury, sous les lois de 1819, 1830, 1871 et 1875 (V. notamment : L. 15 avr. 1871, art. 2 ; L. 29 déc. 1875, art. 5). Ce sont les infractions qui

résultent de la publication des actes d'accusation et de tous autres actes de procédure criminelle ou correctionnelle avant qu'ils aient été lus en audience publique; du compte rendu des procès en diffamation où la preuve de la vérité des faits diffamatoires n'est pas admise ; du compte rendu de toute affaire civile dont la publication a été interdite par les cours et tribunaux; du compte rendu des délibérations intérieures, soit des jurys ou cours et des tribunaux (V. *suprà*, n°s 1103 et suiv., 1117 et suiv., 1148 et suiv.). — La cinquième des dispositions précitées est celle qui interdit l'ouverture ou l'annonce publique de souscriptions ayant pour objet d'indemniser du montant des amendes, frais ou dommages-intérêts prononcés par des condamnations criminelles ou correctionnelles (V. *suprà*, n° 1152). L'infraction à cette dernière disposition constitue bien un délit intentionnel qui, sous les lois antérieures attributives de compétence au jury, devait être déféré à la cour d'assises.

L'art. 45 de la loi du 29 juill. 1881 ne peut soulever aucune difficulté d'interprétation. Toutes les infractions prévues par l'art. 40, c'est-à-dire tous les délits de publications interdites, sans distinction entre ceux qui supposent une intention coupable et ceux qui peuvent être considérés comme des contraventions matérielles, sont déférées aux tribunaux correctionnels.

1599. — II. Infractions a la police de l'imprimerie, de la presse périodique, de l'affichage et du colportage. — Ces infractions étaient implicitement laissées dans la compétence des tribunaux de droit commun par la loi du 26 mai 1819, qui n'attribuait aux cours d'assises que les délits de publication (V. *suprà*, n° 1566). L'application des règles de compétence du droit commun à l'égard de toute infraction matérielle à la police de la presse a été expressément formulée dans l'art. 2-4° de la loi du 15 avr. 1871 et dans l'art. 5 de la loi du 29 déc. 1875. Conf. Rennes, 24 juin

---

eût-il été, ou non, administrateur de ces entreprises, l'exception d'incompétence n'est pas fondée ; — Attendu que la loi du 29 juill. 1881 a distingué, en cas de diffamation, deux catégories de personnes qui peuvent en être l'objet; que pour les personnes ayant à un titre quelconque été dépositaires de l'autorité publique, c'est l'art. 31 qui est applicable au diffamateur; que pour toutes les autres personnes appelées par le législateur sous le nom générique de *particuliers*, ce sont les dispositions de l'art. 32 qui les protègent; — Attendu que, dans le premier cas, l'art. 45, qui fixe les attributions de chaque juridiction, renvoie le délinquant devant la cour d'assises, et, dans le second cas, c'est-à-dire pour la diffamation envers les particuliers, la poursuite a lieu devant le tribunal correctionnel; — Attendu que, la compétence de chaque juridiction ainsi réglée par les articles qu'on pourrait appeler organiques de la loi, l'art. 35 ajoute que la preuve des faits diffamatoires sera permise, pour ce qui a trait à leurs fonctions et administration, à la fois contre l'agent de l'autorité et le particulier qui a été administrateur d'une entreprise financière, et semble ainsi établir entre ces deux personnes une analogie de situation, d'où l'on voudrait inférer que l'administrateur de l'entreprise financière devient, comme l'est l'agent de l'autorité, justiciable de la cour d'assises; — Attendu que c'est en vue de l'intérêt général qui peut être en cause que l'art. 33 a créé une exception, le droit en faveur du diffamateur de l'agent de l'autorité de faire la preuve des faits diffamatoires, et pour les mêmes motifs que cette faculté a été ensuite accordée à celui qui dénonce l'administrateur d'une entreprise financière, dont la gestion a pu compromettre des intérêts publics très importants; que, si des considérations du même ordre ont pu faire appliquer la même mesure à ces deux personnes, celles-ci ont conservé toujours le caractère et la qualité propre à chacune d'elles; que l'administrateur d'une entreprise privée est resté un particulier justiciable de son tribunal, qui aura à lui appliquer les dispositions particulières de la loi le concernant; — Attendu, dit-on, que la preuve devant, d'après l'art. 35, être faite par les voies ordinaires, aucune preuve ne peut être produite devant une autre juridiction que la cour d'assises, qui est la juridiction ordinaire en matière de presse ; — Attendu que si par voie ordinaire le législateur a entendu parler simplement des moyens, de la forme de la preuve, d'ailleurs seul argument de texte, tiré du paragraphe 1 de l'art. 35, ne serait plus applicable au second paragraphe de cet article, relatif à l'administrateur d'une entreprise financière, qui ne reproduit plus ces expressions; — Attendu que l'art. 47, traitant de la procédure devant la cour d'assises, énumère les différents cas et conditions où l'action pour injures et diffamation doit lui être soumise, et ne fait aucune mention de l'administrateur d'une entreprise financière; — Attendu enfin qu'en supposant la cour d'assises appelée à juger dans un cas de diffamation contre un administrateur d'entreprise privée qui est toujours

un particulier, elle ne pourrait appliquer au prévenu les dispositions de l'art. 31, encourues pour diffamation envers un agent de l'autorité; — Lui appliquera-t-elle l'art. 32? Mais cet article a été réservé formellement au tribunal correctionnel ; ce serait la confusion de tout ordre de juridiction, etc. ». — Appel.

La cour; — Attendu, en droit, qu'au cas de poursuite en diffamation, la loi du 29 juill. 1881 distingue deux catégories de personnes auxquelles la diffamation peut s'attaquer; que l'art. 31 de la loi est applicable au diffamateur, quand les personnes diffamées ont été, à un titre quelconque, dépositaires de l'autorité publique; que toutes autres personnes, confondues par le législateur sous la dénomination générique de *particuliers*, sont protégées par les dispositions de l'art. 32; que, dans le premier cas, aux termes de l'art. 45, le délinquant est renvoyé devant la cour d'assises, et que, dans le second, c'est-à-dire quand il s'agit de diffamation envers les particuliers, la poursuite a lieu devant le tribunal correctionnel; — Attendu que, la compétence de chaque juridiction se trouvant ainsi réglée, la preuve des faits diffamatoires sera, aux termes de l'art. 35 de la loi, rendue permise tout à la fois contre les agents de l'autorité et contre les particuliers ayant administré une entreprise financière, à raison, soit de leurs fonctions, soit de leur administration; qu'au premier abord, l'article précité semblerait établir entre les deux catégories de personnes dont s'agit une analogie de situation, d'où résulterait, comme conséquence, la juridiction commune de la cour d'assises au cas de diffamation envers un administrateur d'entreprise financière et au cas de diffamation envers des agents de l'autorité; — Attendu néanmoins que le législateur, dans l'art. 35 de la loi, a bien pu, par mesure d'intérêt général, réserver exceptionnellement la preuve des faits diffamatoires au dénonciateur de l'administrateur d'une entreprise financière, dont la gestion intéresse directement le public, comme au diffamateur lui-même d'un agent de l'autorité; mais que, si des considérations du même ordre ont fait appliquer la même règle aux deux cas, ces différentes personnes n'en conservent pas moins le caractère et la qualité propres à chacune d'elles; que, sous la réserve de l'exception relative à la preuve, l'administrateur d'une entreprise financière reste un simple particulier, dont le diffamateur devient justiciable du tribunal correctionnel et passible seulement des peines portées à l'art. 32 de la loi; — Attendu, enfin, que l'art. 47, traitant de la procédure devant la cour d'assises, énumère les différents cas où l'action pour injures et diffamation doit être soumise au jury; que ledit article ne faisant aucune mention de l'administrateur d'une entreprise financière, le tribunal correctionnel reste seul compétent pour juger de la plainte quand la diffamation s'adresse à une personne de cette qualité, etc.

Par ces motifs, etc.

Du 17 mars 1882.-C. d'Aix, ch. corr.-M. Caresme, pr.

1874, aff. Douard, journal *Le Phare de la Loire*, D. P. 74. 2. 245). L'art. 45 de la loi de 1881 reproduit la même règle, en déférant, par un renvoi spécial à chacune des dispositions qui les concernent, celles de ces infractions qui sont passibles de peines correctionnelles, aux tribunaux correctionnels, et celles des mêmes infractions qui sont passibles de peines de simple police aux tribunaux de simple police (V. *infrà*, § 3).

1600. Les infractions à la police de l'imprimerie, de la presse périodique, de l'affichage et du colportage, qui, punies de peines correctionnelles, se trouvent, à raison de cette pénalité, soumises à la juridiction correctionnelle, consistent : 1° quant à la police de l'imprimerie, dans l'omission, par l'imprimeur, du dépôt administratif de tout imprimé (art. 3) (V. *suprà*, n°s 99 et suiv.); — 2° Quant à la police de la presse périodique, dans le défaut de gérance des journaux ou écrits périodiques (art. 6) (V. *suprà*, n°s 165 et suiv., 210 et suiv.); dans l'omission ou l'irrégularité de la déclaration qui doit précéder la publication des journaux ou écrits périodiques, ou suivre certaines mutations (art. 7) (V. *suprà*, n°s 189 et suiv., 210 et suiv.); dans l'omission, par le gérant, du dépôt judiciaire et administratif d'exemplaires du journal ou de l'écrit (art. 10) (V. *suprà*, n°s 228 et suiv.); dans l'omission du nom du gérant au journal ou écrit périodique, au bas de chacun des exemplaires (art. 11)(V. *suprà*, n°s 248 et suiv.); dans le refus d'insertion, soit des rectifications requises des gérants de journaux ou écrits périodiques par les dépositaires de l'autorité (art. 12) (V. *suprà*, n°s 274 et suiv.); soit des réponses qui leur sont adressées par les particuliers (art. 13) (V. *suprà*, n°s 334 et suiv.); dans la mise en vente ou la distribution, en France, des journaux ou écrits périodiques dont la circulation a été régulièrement interdite (art. 14) (V. *suprà*, n°s 353 et suiv.); — 3° Quant à la police de l'affichage, dans la lacération ou altération, par un fonctionnaire public, d'affiches soit administratives, soit électorales (art. 17) (V. *suprà*, n° 406).

§ 3. — Compétence du tribunal de simple police.

1601. — I. Infractions a la police de l'imprimerie, de la presse périodique, de l'affichage et du colportage. — La loi de 1881 range dans la classe des contraventions de simple police un certain nombre d'infractions matérielles aux dispositions concernant la police de l'imprimerie, de l'affichage ou du colportage, que les lois antérieures frappaient de peines correctionnelles, aussi bien que celles énumérées *suprà*, n° 1600, et qui ne sont plus passibles que de peines de simple police, à raison de leur peu de gravité (Circ. min. just. 9 nov. 1881, D. P. 81. 3. 109, n° 45). La connaissance en est enlevée, par suite, aux tribunaux correctionnels, et déférée, par application du droit commun, aux tribunaux de simple police, juges des contraventions proprement dites (c. inst. crim. art. 138 et L. 1881 art. 45).

Les infractions dont il s'agit ici consistent : 1° quant à la police de l'imprimerie, dans l'omission, par l'imprimeur, de l'indication de son nom et de sa demeure, sur tout imprimé rendu public (art. 2) (V. *suprà*, n°s 77 et suiv., 93 et suiv.); — 2° Quant à la police de l'affichage, dans l'apposition d'affiches particulières sur les lieux réservés aux affiches de l'autorité publique; dans l'impression, sur papier blanc, des affiches autres que celles des actes émanés de l'autorité (art. 15); dans la lacération ou altération, par d'autres que des fonctionnaires ou agents de l'autorité, des affiches administratives apposées sur les lieux qui leur sont réservés, ou des affiches électorales émanées de simples particuliers (art. 17)(V. *suprà*, n° 606); — 3° Quant à la police du colportage et de la vente sur la voie publique, dans l'omission ou la fausseté de la déclaration préalable à l'exercice de la profession de colporteur ou distributeur; dans le défaut de présentation, à toute réquisition, du récépissé de cette déclaration (art. 21) (V. *suprà*, n°s 393 et suiv.).

1602. — II. Contravention d'injure. — On a indiqué *suprà*, n°s 1060 et suiv., les caractères de la contravention d'injure. L'injure constitutive d'une simple contravention n'étant passible, aux termes de l'art. 471-11°, que d'une peine de simple police, l'art. 45 de la loi de 1881 en défère le jugement, dans sa disposition finale, aux tribunaux de simple police (art. 33 et 45) (D. P. 81. 4. 83). Il en était ainsi déjà en vertu de l'art. 14 de la loi du 26 mai

1819, combiné avec l'art. 20 de la loi du 17 du même mois (*Rép.* 406 et 407). — *L'expression « injure »*, employée par les art. 33 et 45 de la loi de 1881, comprend les diffamations commises sans les conditions de publicité auxquelles cette loi en a subordonné le caractère délictueux (V. *suprà*, n° 1063). — Décidé, par application de la règle de compétence ainsi établie en matière de contravention d'injure, d'une part, que la tribunal de simple police, seul compétent pour connaître d'une plainte en injure ou en diffamation non publique, et des diffamations prononcées par le prévenu, dans sa défense à l'audience, ne peut en renvoyer la connaissance au tribunal correctionnel, ce dernier tribunal étant incompétent *ratione materiæ* (Nîmes, 25 janv. 1839, *Rép.* n° 1381-7° et 1221-4°); et, d'autre part, que le juge de police ne peut se saisir d'une citation pour propos offensants, lorsque ces propos, s'ils étaient prouvés, constitueraient, non pas une injure simple, mais une véritable diffamation publique (Crim. cass. 13 janv. 1873, aff. Julien, D. P. 73. 1. 92).

1603. D'ailleurs les injures et les diffamations qui ne sont pas susceptibles d'être qualifiées délits en vertu de la loi de 1881, parce qu'elles n'ont pas été commises publiquement, ne sont de simples contraventions punissables en vertu de l'art. 471 c. pén., que si elles ont été commises envers des particuliers, ou bien si elles ont été adressées aux corps énumérés dans l'art. 30, ou à celles des personnes qualifiées visées dans l'art. 31 qui ne figurent pas en même temps dans les art. 222 et suiv. c. pén. Il ne faut pas perdre de vue que ces injures ou diffamations non publiques constituent le délit d'outrage quand elles s'adressent aux personnes publiques visées dans les articles précités du code pénal et que, par suite, elles sont exclusivement de la compétence des tribunaux correctionnels en vertu du droit commun (V. *suprà* n° 720. Crim. cass. 13 mars 1823, *Rép.* n° 1389-1°; 15 févr. 1828, *Rép.* n°s 1383 et 1389-3°; 6 août 1852, aff. Jusselain, D. P. 52. 5. 438; 5 avr. 1860, aff. Pinsart, D. P. 60. 1. 247; Crim. rej. 25 août 1864, aff. Cotti-Nunzia, D. P. 65. 1. 319; Crim. cass. 13 avr. 1866, aff. Vigneau, D. P. 66. 1. 414).

1604. Le tribunal correctionnel saisi d'un délit d'injure est compétent pour apprécier des injures qui, prises en elles-mêmes, ne constitueraient que de simples contraventions, si elles sont relevées par le prévenu comme fait de provocation (art. 33)(V. *suprà*, n°s 1050 et suiv.; Crim. rej. 27 juill. 1810, *Rép.* n° 1393-1°).

1605. Il résulte de la disposition générale de l'art. 192 c. instr. crim. que le tribunal correctionnel auquel une contravention d'injure a été incompétemment déférée a compétence pour connaître de cette contravention et prononcer les peines de simple police qui lui sont applicables, si le prévenu n'a pas conclu au renvoi (Crim. cass. 16 avr. 1841, *Rép.* n°s 1393-2° et 930). L'art. 192 c. instr. crim. porte que, dans ce cas, le jugement du tribunal correctionnel sera en dernier ressort (*Rép.* n° 1394). Jugé, à cet égard, que lorsqu'un tribunal correctionnel, saisi d'une plainte pour outrage envers un fonctionnaire, n'a reconnu dans les faits articulés que de simples injures envers un particulier passibles des peines de l'art. 471-11° c. pén., peines dont il a fait l'application en dernier ressort, les juges d'appel peuvent déterminer leur compétence d'après une nouvelle appréciation des faits et décider, par exemple, que le fait imputé a le caractère d'un délit, et que, dès lors, la décision des premiers juges était susceptible d'appel (Crim. rej. 4 août 1826, *Rép.* n° 1394).

§ 4. — Des exceptions aux règles de compétence établies par la loi du 29 juill. 1881.

1606. — I. Compétence en matière de délits de publication non prévus par la loi de 1881. — L'attribution générale de compétence, qui résulte pour la cour d'assises de l'art. 45 de la loi du 29 juill. 1881, ne concerne que les délits de publication spécialement prévus et punis par cette loi (Paris, 18 avr. 1883, aff. Feuillant, D. P. 83. 2. 118).

Les délits de publication prévus par le code pénal demeurent soumis aux juridictions du droit commun (Circ. min. just. 9 nov. 1881, D. P. 81. 3. 112, n° 75). Ainsi, les tribunaux correctionnels restent compétents, à l'exclusion des cours d'assises, pour connaître : 1° des délits prévus par les art. 201 et 202 c. pén., et consistant, de la part d'un ministre du culte, à avoir, dans l'exercice de ses fonctions et dans des discours prononcés en assemblée publique, soit critiqué ou censuré le Gouvernement, une loi ou un acte de l'autorité publique, soit provoqué à la désobéissance aux lois ou autres actes de l'autorité publique, si cette provocation n'a pas été suivie d'effet, et n'est, dès lors, punissable que comme délit (Même circulaire, ibid.); — 2° Des délits d'outrages publics commis envers les personnes qualifiées, dans l'exercice de leurs fonctions, et prévus par les art. 222 et 224 c. pén. (V. supra, n° 728, Même circulaire, ibid.; Crim. règl. de juges, 19 mai 1827, Rép. [n° 1389-2°]; ainsi que des outrages commis envers les mêmes personnes, à l'occasion seulement de leurs fonctions (V. supra, n°s 730 et suiv.; Amiens, 9 janv. 1883, aff. Lefebvre, D. P. 83. 2. 214; Douai, 8 mai 1883, aff. Lougatte, D. P. 83. 2. 149); — 3° De la responsabilité pénale établie par l'art. 293 c. pén. contre les chefs, directeurs ou administrateurs d'associations de plus de vingt personnes, à raison des provocations à des crimes ou à des délits faits dans les assemblées de ces associations, par affiche, publication ou distribution d'écrits (Aix, 23 juill. 1874, aff. Chapuis et autres, D. P. 73. 2. 229); — 4° Des délits d'outrage public envers les ministres du culte dans l'exercice de leurs fonctions, prévus par l'art. 263 c. pén. (Circ. préc. 9 nov. 1881, n°s 75 et 76); — 5° Du délit de dénonciation calomnieuse, prévu par l'art. 373 c. pén., même lorsqu'il a été commis envers un fonctionnaire public, et avec une publicité qui pourrait donner lieu à des poursuites en diffamation (Crim. rej. 19 janv. 1848, aff. Warnery, D. P. 48. 1. 162; 7 sept. 1849, aff. Cinglant et Béra, D. P. 50. 5. 377); — 6° Des délits, prévus par les art. 419 et 420 c. pén., de fausses nouvelles ayant pour but et pour résultat d'opérer la hausse ou la baisse des marchandises ou effets publics (Circ. précitée, n°s 75 et 76).

1607. A plus forte raison, le tribunal correctionnel demeure-t-il compétent à l'égard des délits de droit commun dont la publicité ne forme pas un élément essentiel, bien qu'elle puisse y intervenir accidentellement. Jugé, en ce sens, que, fût-il commis par la voie de la presse ou de la parole, le délit d'escroquerie ne change pas de nature et ne relève pas d'une juridiction exceptionnelle; que, d'ailleurs, il ne figure pas parmi les délits que la loi sur la liberté de la presse défère à la cour d'assises; il est justiciable des tribunaux correctionnels (Paris, 25 janv. 1887, aff. Cora et cons., D. P. 87. 2. 232).

1608. Sont encore de la compétence des tribunaux correctionnels, et non de celle des cours d'assises, les délits de publication prévus par les lois spéciales autres que la loi de 1881, et, par exemple, le délit d'annonces ou affiches de remèdes secrets, prévu par l'art. 36 de la loi du 21 germ. an 11 (V. supra, n° 581; Circ. précitée, n°s 75 et 76); le délit de distribution de billets de loteries non autorisées, prévu par l'art. 4 de la loi du 21 mai 1836 (V. supra, ibid.; Même circulaire, ibid.); le délit de provocation publique à des attroupements, prévu par l'art. 6 de la loi du 7 juin 1848 (V. supra, n° 559; Paris, 18 avr. 1883, aff. Feuillant, D. P. 83. 2. 118, et sur pourvoi, Crim. rej. 28 juill. 1883, D. P. 84. 1. 310. Même circulaire, n°s 74 et 76); les délits de fausses nouvelles en matière électorale, ayant eu pour effet de surprendre des suffrages ou de déterminer des abstentions, prévu par l'art. 40 du décret du 2 févr. 1852 (V. supra, n° 638. Même circulaire, n°s 75 et 76); le délit d'outrage public envers les bureaux électoraux ou envers leurs membres, prévu par l'art. 45 du même décret (V. même circulaire, ibid., et supra, n° 560).

1609. Le Sénat constitué en cour de justice, conformément à l'art. 9 de la loi constitutionnelle du 24 févr. 1875, est compétent pour connaître des attentats commis contre la sûreté de l'Etat, alors même qu'ils sont réalisés par la voie de la presse ou par tout autre moyen de publication (Conf. Barbier, t. 2, n° 841, p. 357).

1610. — II. Modifications de la compétence relativement aux délits commis a l'audience. — L'art. 181 c. instr. crim. accorde aux cours et tribunaux ordinaires jugeant civilement ou correctionnellement, compétence pour réprimer séance tenante les délits correctionnels, commis dans l'enceinte et pendant la durée de l'audience. Cette compétence exceptionnelle et d'ordre public n'est pas atteinte par la loi

du 29 juill. 1881, ni en ce qui concerne les faits que cette loi défère aux tribunaux correctionnels, ni même à l'égard de ceux dont elle attribue la connaissance au jury (Crim. cass. 27 févr. 1832, Rép. n° 1433; Paris, 18 août 1849, aff. Dufetel, D. P. 49. 2. 223; Amiens, 26 mai 1882, Lois nouvelles 1883, 3. p. 59; Angers, 11 oct. 1882, Revue critique, 1882, p. 425; Crim. cass. 19 déc. 1884, aff. Brunet, D. P. 85. 1. 380; Nîmes, 2 juill. 1885, Gazette des tribunaux du 8 juillet; Barbier, t. 2, n° 839, p. 357). L'exercice de cette juridiction exceptionnelle est, d'ailleurs, purement facultatif.

1611. Les tribunaux de l'ordre judiciaire, soit ordinaires, soit d'exception, et même tous juges faisant publiquement un acte d'instruction, sont autorisés par l'art. 505 c. instr. crim. à réprimer séance tenante les injures qui accompagnent un tumulte causé à leur audience ou dans le lieu où se fait publiquement une instruction. Il s'agit encore ici d'une règle de compétence d'ordre public à laquelle il n'est pas dérogé par la loi de 1881; et l'on doit admettre, avec M. Barbier, t. 2, n° 840, p. 357, qu'un juge de paix, « tenant audience civile ou de simple police, est compétent pour punir de peines correctionnelles une injure (ou diffamation) proférée contre un particulier et même, en tenant compte de la jurisprudence rapportée supra, n° 1610, une injure dirigée contre une personne publique, notamment contre un témoin à raison de sa déposition, ce dernier délit ne soit, en principe, justiciable que de la cour d'assises ».

1612. — III. Modifications de la compétence a raison de la qualité de l'inculpé. — 1° Compétence de la 1re chambre de la cour d'appel. — L'attribution aux cours d'assises du jugement des délits de presse et de publication s'étend-elle aux délits commis par les personnes à l'égard desquelles les art. 479 et suiv. c. instr. crim. et 10 de la loi du 20 avr. 1810 ont établi la juridiction privilégiée des cours d'appel (V. supra, n° 1562).

Sous la loi de 1830, il avait été décidé que l'attribution aux cours d'assises de la connaissance des délits de publication était absolue, et qu'en conséquence elle emportait, en ce qui concerne les délits de presse ou de publication commis par des magistrats, abrogation des art. 479 et 483 c. instr. crim., la juridiction spéciale édictée par ces articles ne pouvant être invoquée que pour les délits de presse ou de publication laissés exceptionnellement dans la compétence des tribunaux correctionnels (Crim. cass. 14 avr. 1831, Rép. n° 1405-1°. V. aussi les conclusions de M. le procureur général Dupin, citées, D. P. 85. 1. 129, note).

Depuis la loi de 1881, la question a été soulevée devant la cour de cassation à l'occasion du pourvoi formé contre un arrêt de cour d'assises, qui avait déclaré l'autorité judiciaire incompétente pour connaître d'une diffamation commise dans un acte administratif. Le conseiller rapporteur se demandant si, dans tous les cas, la cour d'assises n'était pas incompétente par application des dispositions précitées de l'art. 479 c. instr. crim. et de l'art. 10 de la loi du 20 avr. 1810, a exprimé l'avis que la partie civile n'avait pu légalement « saisir cette juridiction d'un délit qu'elle n'était pas compétente pour apprécier, non plus ratione materiæ, mais ratione personæ, à raison de la qualité de l'inculpé » (D. P. 85. 1. 130). La cour de cassation, sans trancher formellement la difficulté, s'est bornée à décider que la cour d'assises n'aurait pu, en tout cas, être régulièrement saisie que par le procureur général, conformément à l'art. 479 c. instr. crim., et à la loi de 1810, le droit de citation directe créé au profit de la partie lésée par l'art. 47, même pour le cas de diffamation ou d'injure par la compétence des cours d'assises, étant soumis aux restrictions qu'il eût rencontrées devant la juridiction correctionnelle (V. infra, art. 47, n°s 159 et suiv.; Crim. cass. 4 juill. 1884, aff. Mazas, D. P. 85. 1. 129). Postérieurement, un arrêt de la cour de Limoges, en date du 4 avr. 1889 (aff. Magadoux, D. P. 91. 2. 301), a décidé que la loi du 29 juill. 1881, sur la liberté de la presse, n'a pas abrogé l'art. 479 c. instr. crim.; en conséquence, le délit d'injures publiques envers une cour ou un tribunal, imputé à un suppléant de juge de paix, n'est pas de la compétence de la cour d'assises.

Nous ne saurions nous rallier à cette opinion. La doctrine admise par l'arrêt du 14 avr. 1831, sur les conclusions de M. Dupin, nous paraît avoir reçu de la loi du 29 juill. 1881 une consécration plus certaine encore. En conférant au jury la plénitude de la compétence en matière de délits de presse, les auteurs de la loi de 1881 n'ont pas eu besoin, pour abroger partiellement, à l'égard de ces délits, l'art. 479 c. instr. crim. et l'art. 10 de la loi du 20 avr. 1810, de s'en expliquer expressément, comme le dit l'arrêt précité de la cour de Limoges ; il leur a suffi de n'apporter aucune dérogation, pour le cas particulier dont il s'agit, à la disposition générale de l'art. 45. L'esprit de la loi est, d'ailleurs, manifeste : la volonté du législateur de 1881 était de faire « une loi d'affranchissement et de liberté », de réaliser « les vœux qu'ont de tout temps exprimés les orateurs les plus avancés du parti républicain » (Rapport de M. Lisbonne). A ce point de vue, le jury était bien la juridiction par excellence, celle qui devait offrir à tous les prévenus, sans distinction, les garanties les plus désirables et l'interprétation la plus sincère de l'opinion publique. Si la question s'est posée pour les auteurs de la loi de 1881, on peut donc affirmer sans témérité qu'ils n'ont pas voulu exclure du bénéfice de la juridiction du jury les magistrats et les dignitaires visés dans l'art. 479 c. instr. crim. et dans l'art. 10 du décret de 1810, pour leur conserver le privilège d'être jugés, sans premier degré d'instance, par la cour d'appel. Au surplus, les personnes dont il s'agit sont soumises, à raison des délits de presse, à la compétence de la cour d'assises en vertu de la loi de 1881, sans qu'il ait été nécessaire, pour obtenir ce résultat, de faire subir une abrogation partielle aux dispositions précitées. En effet, ces dispositions ne défèrent à la cour d'appel que les délits à raison desquels les magistrats désignés dans l'art. 479 et les personnages à qui le décret de 1810 étend le privilège de juridiction seraient justiciables des tribunaux correctionnels. Il est vrai que l'art. 479 parle des « délits emportant une peine correctionnelle », et l'on prend texte de cette expression pour donner à la question une solution différente (V. le rapport précité, D. P. 85. 1. 130) ; mais l'expression qu'on trouve dans l'art. 10 du décret du 20 avr. 1810 est celle de « délits de police correctionnelle ». D'ailleurs, à l'époque de la promulgation de l'art. 479, aucun délit puni de peines correctionnelles n'était déféré à la cour d'assises, et les mots « délits emportant une peine correctionnelle » équivalaient à ceux de « délits déférés aux tribunaux correctionnels ». — Ce qu'il importe d'observer surtout, c'est la raison d'être du privilège de juridiction établi par l'art. 479. On n'a pas voulu qu'un magistrat fût justiciable de ses inférieurs ou de ses collègues. Le décret de 1810 n'a pas voulu que des personnes investis de hautes dignités ou de grands emplois fussent justiciables de magistrats placés au-dessous d'eux dans la hiérarchie des fonctions publiques. De là le privilège de juridiction concernant les délits. Quand il s'agit d'un crime, aucun privilège n'est accordé, parce que la juridiction compétente est alors le jury, et que le jury est aux yeux du législateur le juge qui offre, à tous les prévenus, le plus de garantie d'impartialité et d'indépendance. Il ne peut pas être question du privilège de juridiction de l'art. 479 en matière de délits de publication, puisque ces délits sont de la compétence de la cour d'assises et non des tribunaux correctionnels. Si l'on objecte que l'art. 479 établit des règles spéciales d'instruction et de poursuite concernant les prévenus privilégiés, nous répondrons que ces règles peuvent et doivent être suivies dans tout ce qu'elles ont de conciliable avec la poursuite en cour d'assises (V. infrà, chap. 4, sect. 1. Conf. notes 2, 3 et 4, D. P. 85. 1. 129 ; Barbier, t. 2, n° 843, p. 359). — L'arrêt précité de la cour de Limoges offre cette particularité, qu'il s'appuie sur l'art. 479 pour reconnaître au procureur général le droit de poursuivre sans plainte préalable de la partie lésée, alors qu'il s'agissait d'un délit de dénonciation calomnieuse, délit de droit commun, pour la poursuite duquel les dispositions de la loi de 1881, exigeant une plainte, n'ont pas d'application.

1613. Le privilège de juridiction résultant de l'art. 479 reprend son empire pour le jugement des délits de publication qui sont exceptionnellement déférés aux tribunaux correctionnels. Ainsi la première chambre de la cour d'appel est compétente pour juger ces délits quand ils sont commis : 1° par un juge de paix, un membre du tribunal correctionnel ou de première instance, ou un officier chargé du ministère public près l'un de ces tribunaux *hors de ses* fonctions (c. instr. crim. art. 479) ; — 2° Par un juge de paix ou de police, ou un juge faisant partie d'un tribunal de commerce, un officier de police judiciaire, un membre d'un tribunal correctionnel ou de première instance, ou un officier chargé du ministère public près l'un de ces juges ou tribunaux, dans l'exercice de ses fonctions (art. 483) ; — 3° Par un grand officier de la Légion d'honneur, un général commandant une division ou un département, un archevêque, un évêque, un président de consistoire, un membre de la cour de cassation, de la Cour des comptes, d'une cour d'appel, ou un préfet (L. 20 avr. 1810, art. 10) (V. au surplus *suprà*, n° 1562).

1614. La cour d'appel serait également compétente pour juger les délits que la loi du 29 juill. 1881 défère aux tribunaux correctionnels, si ces délits étaient commis par des membres de l'Université ou étudiants, dans l'intérieur des établissements de l'Université ; l'art. 160 du décret du 15 nov. 1811 concernant le régime de l'Université (*Rép.* v° *Organisation de l'instruction publique*, p. 1345) décide en effet que les procureurs généraux peuvent requérir et la cour d'appel ordonner que des membres de l'Université ou étudiants, prévenus de crimes ou délits, soient jugés par ladite cour, « ainsi qu'il est dit pour ceux qui exercent certaines fonctions, à la loi du 20 avr. 1810, art. 10, et au code d'instr. crim. art. 479 (On admet que ce texte ne concerne que les crimes et délits commis dans l'intérieur des établissements de l'Université (V. Legraverend, t. 2, p. 662 ; Chassan, t. 2, p. 646). Mais, à notre point de vue, la règle de compétence qu'il établit ne peut pas être applicable aux crimes et aux délits de publication que la loi de 1881 défère au jury (V. *suprà*, n° 1612).

1615. — 2° *Juridictions disciplinaires.*—Leurs attributions ne font aucun obstacle à l'application de l'art. 45 de la loi de 1881. Ainsi l'avocat est soumis, relativement aux délits que peuvent renfermer les écrits publiés par lui, même comme conseil d'une partie, mais en dehors de tout débat judiciaire, aux règles du droit commun, soit quant à la compétence, soit quant à l'application de la peine ; c'est à tort qu'il prétendrait n'être justiciable à cet égard que du conseil de discipline de son ordre (L. 20 nov. 1822, art. 15, 16 et 17 ; Crim. rej. 26 avr. 1836, aff. Cazeneuve, D. P. 56. 1. 268). De même, les art. 44, 71, 73 du décret du 15 nov. 1811 qui attribuent à la juridiction universitaire le pouvoir de connaître disciplinairement des injures, diffamations ou calomnies commises par un membre de l'Université envers un autre membre (*Rép.* v° *Organisation de l'instruction publique*, p. 1342 et 1343), ne font point obstacle à ce que les injures ou diffamations soient poursuivies devant l'autorité judiciaire (Chassan, t. 2, n° 2306 ; Faustin Hélie, t. 6, p. 788 ; Montpellier, 29 avr. 1837, *Le Droit*, du 12 mai ; Barbier, t. 2, n° 844, p. 363).

1616. — 3° *Compétence des conseils de guerre.* — Les militaires de l'armée de terre ou de l'armée de mer et les assimilés, quand ils sont présents sous les drapeaux ou considérés comme tels, sont justiciables du conseil de guerre pour tous crimes ou délits, sans distinction entre les délits prévus par le code militaire et ceux qui sont réprimés par le code pénal ou par les lois spéciales (c. just. mil. du 9 juin 1857 pour l'armée de terre, art. 55 et suiv. ; c. just. mil. du 4 juin 1858 pour l'armée de mer, art. 76 et suiv.). Cette règle générale est applicable aux faits qualifiés crimes ou délits de publication par la loi du 29 juill. 1881. Ainsi les militaires ou marins et assimilés, en activité de service ou portés présents sur les contrôles, sont justiciables des conseils de guerre pour les délits qui sont de la compétence des tribunaux correctionnels, et aussi pour ceux qui sont de la compétence de la cour d'assises. On ne doit point admettre qu'il y ait sur ce dernier point une dérogation résultant de l'attribution générale de compétence que la loi de 1881 a faite au jury, puisque le conseil de guerre est un véritable jury, dont les attributions comprennent toutes les infractions commises par des militaires, qu'elles soient en vertu du droit commun déférées à la cour d'assises ou aux tribunaux correctionnels (Conf. Chassan, t. 2, n° 2335 ; Parant, p. 253 ; de Grattier, t. 1, p. 405 et t. 2, p. 217 ; Pégat, p. 79 ; Barbier, t. 2, n° 845, p. 363).

1617. D'ailleurs, les délits commis par la voie de la presse impliquant la pluralité d'agents, les militaires qui auront pris part à ces délits seront déférés soit à la cour d'assises, soit aux tribunaux correctionnels en vertu des art. 76 c. just. mil. pour l'armée de terre et 103 c. just. mil. pour l'armée de mer, qui disposent expressément que lorsque la poursuite d'un crime, d'un délit ou d'une contravention comprend des individus non justiciables des tribunaux militaires et des individus justiciables de ces tribunaux, tous les prévenus indistinctement sont déférés à la juridiction de droit commun (V. *suprà*, v° *Organisation militaire*, n°s 492 et suiv.).

1618. — IV. Compétence administrative. — Séparation des pouvoirs. — Aux termes de l'art. 60 de la loi des 14-22 déc. 1789, le citoyen qui se croit personnellement lésé par un acte quelconque d'un corps municipal ne peut qu'exposer ses motifs de plainte à l'autorité administrative supérieure, laquelle y fait droit, s'il y a lieu, après vérification des faits (*Rép.* v° *Commune*, n° 169). De cette disposition, le conseil d'État a, jusqu'en 1871, conclu, dans de nombreuses décisions, que le particulier qui se prétend diffamé par les énonciations d'un acte administratif, et spécialement par les termes d'une délibération d'un conseil municipal, ne peut obtenir de réparation par voie d'action correctionnelle, et qu'il doit saisir de sa plainte l'autorité administrative supérieure, laquelle a, dans ce cas, droit d'en connaître et de statuer elle-même au fond (Cons. d'Et. 14 févr. 1842, aff. Dessaux, D. P. 55. 3. 1, note; 6 sept. 1842, 9 déc. 1842, 11 avr. 1848, *Rép.* n° 1401; 11 nov. 1851, aff. Déoux, D. P. 55. 3. 1; 18 mai 1854, aff. L... et S..., *ibid.*; 17 août 1866, aff. Benoît d'Azy, D. P. 67. 3. 59; 25 mai 1870, aff. Girod, D. P. 70. 3. 74); — Qu'ainsi, c'est à l'autorité administrative qu'il appartient de connaître de l'action en diffamation intentée par un particulier, membre ou non du conseil municipal, contre les signataires d'une délibération de ce conseil, à raison des imputations outrageantes pour lui que contiendrait cette délibération (Décisions précitées des 17 août 1866 et 25 mai 1870); ... notamment, contre le maire qui a pris part à la délibération (Décision précitée du 6 sept. 1842); sans qu'il y ait lieu de distinguer la diffamation écrite qui résulterait de la délibération elle-même, et la diffamation simplement verbale qui résulterait de propos tenus dans le cours de la discussion (Décision précitée du 25 mai 1870). Jugé aussi que la suppression d'imputations diffamatoires contenues dans la délibération d'un conseil municipal doit être poursuivie, non devant le conseil d'État, mais seulement devant l'autorité supérieure (Cons. d'Et. 6 mai 1863, aff. Messager, D. P. 64. 3. 29). C'est dans le même sens qu'un arrêt de cour d'appel a décidé que, les expressions diffamatoires contenues dans la délibération d'un conseil municipal ne pouvant donner lieu à une action en diffamation devant les tribunaux de la part du membre auquel ces expressions s'appliquent, l'individu lésé par cette délibération doit en poursuivre l'annulation devant l'autorité administrative (Nancy, 17 juill. 1846, aff. Mayeur, D. P. 46. 2. 236), et qu'un autre arrêt a pareillement jugé que l'autorité administrative est exclusivement compétente pour connaître de la diffamation résultant d'un arrêté préfectoral (C. d'ass. du Tarn, 8 mars 1883, aff. Mazas, rapporté sous un arrêt de la cour de cassation qui l'a cassé par d'autres motifs, D. P. 85. 1. 129).

1619. Mais la cour de cassation et la plupart des cours d'appel ont repoussé la jurisprudence qui précède, en décidant, au contraire : 1° que la répression des délits qui peuvent être commis dans l'intérieur des conseils municipaux, telle que celui d'outrage ou de diffamation, peut être poursuivie devant l'autorité judiciaire sans porter atteinte à l'indépendance du pouvoir administratif ou à la liberté des discussions (Crim. rej. 17 mai 1845, aff. De Rhéville, D. P. 45 1. 347); — 2° Que l'autorité judiciaire est compétente pour statuer sur l'action en diffamation intentée contre le maire et les conseillers signataires d'une délibération du conseil municipal, à raison des imputations diffamatoires que peut renfermer cette délibération (Rouen, 17 nov. 1853, aff. Conseil municipal du Havre, D. P. 54. 5. 388; Bourges, 25 nov. 1866, aff. Benoît d'Azy, D. P. 66. 2. 103; Dijon, 3 juill. 1872, aff. Maria, D. P. 77. 5. 353; Poitiers, 31 janv. 1873, aff. Laprade, D. P. 78. 2. 78; Nancy, 22 nov. 1875, aff. Humbert, D. P. 78. 2. 28; Alger, 7 mars 1877, aff. M... et N..., D. P. 77. 2. 86; Req. 7 juill. 1880, aff. Cancalon, D. P. 82. 1. 71-72). — Au reste, dès 1871, le conseil

d'État s'était lui-même prononcé en faveur de la compétence de l'autorité judiciaire, et il a décidé, conformément aux arrêts qui viennent d'être cités, que l'art. 60 de la loi des 14-22 déc. 1789, en donnant à tout citoyen qui se croit personnellement lésé par un acte quelconque d'un corps municipal le droit d'exposer ses motifs de plainte à l'autorité municipale, n'a pas entendu interdire toute autre action en raison de ces actes; que, dès lors, l'autorité judiciaire était saisie d'une action en diffamation contre les signataires d'une délibération d'un conseil municipal ou contre un arrêté préfectoral, à raison des imputations diffamatoires, pour un citoyen, que ces actes contiendraient (Cons. d'Et. 7 mai 1871, aff. Taxil, D. P. 72. 3. 17).

Le tribunal des conflits a tranché la question dans ce dernier sens, par un arrêt portant que l'autorité judiciaire est incompétente pour statuer sur une action formée par un particulier, contre un maire, à raison d'un délit que ce fonctionnaire aurait commis en insérant dans la délibération du conseil municipal des énonciations ayant le caractère d'injures publiques ou d'une diffamation envers le demandeur (Trib. des confl. 28 déc. 1878, aff. Moulin, D. P. 79. 3. 56) Depuis la loi nouvelle, le conseil d'État a également jugé que le conseil de préfecture est incompétent pour connaître d'une demande en dommages-intérêts formée par un ingénieur contre la ville, à raison d'imputations diffamatoires qui seraient contenues dans la délibération du conseil municipal, portant suppression de son emploi (Cons. d'Et. 12 janv. 1883, aff. Cadot, D. P. 84. 3. 75. — V. aussi *suprà*, n° 527).

1620. Néanmoins le principe de la séparation des pouvoirs, consacré par l'art. 3, tit. 2, de la loi du 24 août 1790 et par le décret du 16 fruct. an 3, s'oppose à ce que l'autorité judiciaire non seulement rapporte ou modifie un acte administratif, mais encore l'interprète ou le censure (V. *suprà*, v° *Compétence administrative*, n°s 280 et suiv.). Les tribunaux saisis de l'action en diffamation ne sont compétents que si l'imputation diffamatoire ou l'injure insérée dans un acte administratif ne fait pas partie de la substance de cet acte et peut en être détachée sans l'altérer, ni le modifier ; alors l'imputation se distingue de l'acte administratif et constitue un fait personnel à l'auteur de cet acte, que le principe de la séparation des pouvoirs ne saurait protéger. Le juge doit, en ce cas, non seulement déclarer sa compétence, mais statuer immédiatement. L'imputation injurieuse ou diffamatoire tient-elle au contraire si étroitement à l'acte administratif qu'on ne peut la blâmer sans critiquer l'acte lui-même, ni la détacher de cet acte sans lui enlever sa raison d'être et sa justification, le juge doit, en ce cas, surseoir à statuer jusqu'à ce que le conseil d'État, statuant au contentieux, préjudiciellement à l'action pendante devant les tribunaux de l'ordre judiciaire, ait apprécié la légalité de l'acte et de ses motifs. Si le conseil d'État adopte les motifs incriminés, le tribunal doit se déclarer incompétent ; s'il les rejette, le tribunal doit se déclarer compétent et statuer sur l'imputation diffamatoire, dont le caractère est désormais celui d'un fait personnel à l'auteur de l'acte administratif (V. *suprà*, v° *Compétence administrative*, *loc. cit.*; Rapport de M. le conseiller Sevestre D. P. 85. 1. 129 ; Aucoc, t. 1, p. 684 ; Barbier, t. 2, n° 847, p. 367). Jugé en ce sens : 1° que l'autorité judiciaire à laquelle est déférée une plainte en diffamation par la voie de la presse envers un conseil municipal n'est pas compétente pour apprécier les vices de forme de la délibération qui a donné lieu à la diffamation (Crim. cass. 28 avr. 1826, et, sur renvoi, Riom, 19 mars 1827, *Rép.* n°s 1401-2° et 808) ; — 2° Que l'insertion d'une note, faite dans une publication officielle par les ordres d'un fonctionnaire à qui les règlements donnent le droit de la prescrire, constitue un acte administratif, et que, dès lors, au cas où, dans la note ainsi insérée, il n'est relevé aucun passage pouvant être détaché et apprécié isolément, l'autorité judiciaire est incompétente pour connaître de l'action en diffamation intentée contre le fonctionnaire qui a ordonné cette insertion (Trib. confl. 22 avr. 1882, aff. Soleillet, D. P. 83. 3. 94).

1621. — V. Compétence des conseils de guerre résultant de l'état de siège. — L'art. 8 de la loi du 9 août 1849 sur l'état de siège décide que les tribunaux militaires peuvent (si l'autorité militaire veut en dessaisir les tribunaux ordinaires) être saisis de la connaissance des crimes et délits contre la sûreté de la République, contre la constitution, contre l'ordre et la paix publique, quelle que soit la qualité des auteurs principaux et des complices. Le rapporteur de la commission chargée d'élaborer cette loi a déclaré qu'un délit de la presse rentrant dans l'énumération de l'art. 8, ne pouvait pas être soustrait au droit commun de l'état de siège (*Moniteur*, 1849, p. 2654). L'art. 70 c. just. mil. dispose, d'ailleurs, que les conseils de guerre dans le ressort duquel se trouvent les communes et les départements déclarés en état de siège et les places de guerre assiégées ou investies, connaissent de tous les crimes et délits commis par les justiciables des conseils de guerre aux armées, sans préjudice de l'application de la loi du 9 août 1849, sur l'état de siège.

La loi du 29 juill. 1881 ne déroge évidemment à cette attribution de compétence établie en vue de circonstances exceptionnelles de péril national, d'insurrection ou de guerre étrangère. Les faits de publication qui seront le plus souvent soumis aux conseils de guerre, comme rentrant dans l'énumération de l'art. 8 de la loi de 1849, sont les crimes et délits de provocation et le délit de fausses nouvelles (V. *suprà*, nos 568 et suiv.).

1622. D'autre part, l'autorité militaire, ayant, en vertu de l'art. 9 de la loi de 1849, le droit, pendant l'état de siège, de faire des perquisitions de jour et de nuit dans le domicile des citoyens, et d'interdire les publications et les réunions qu'elle juge de nature à exciter ou à entraîner le désordre, peut, dans les lieux soumis à l'état de siège, suspendre ou supprimer les journaux, prohiber le colportage et saisir toutes publications qu'elle juge dangereuses (V. *suprà*, nos 158 et suiv.).

1623. Sur les circonstances qui autorisent la déclaration de l'état de siège par une loi, par décret du président de la République ou par décision du commandant militaire dans les places de guerre et postes militaires, et sur la désignation des lieux soumis à l'état de siège et la détermination de sa durée (V. L. 3 avr. 1878, D. P. 78. 4. 27, et *suprà*, v° *Place de guerre*, nos 18 et suiv. V. aussi Fabreguettes, t. 1, nos 172 et suiv.; Barbier, t. 2, n° 846, p. 363).

Art. 2. — *Compétence territoriale.*

1624. D'après l'art. 12 de la loi du 26 mai 1819, qui réglait la compétence territoriale en matière de crimes ou délits de publication, les juges compétents étaient : 1° à l'égard des infractions résultant de la publication d'écrits soumis au dépôt et pour lesquelles cette formalité avait été remplie, les juges du lieu du dépôt ou de la résidence du prévenu ; — 2° A l'égard des mêmes infractions, en cas d'inobservation de la formalité du dépôt, les juges du lieu de la résidence du prévenu ou du lieu de la saisie soit des écrits, soit des instruments de publication ; — 3° A l'égard de toutes autres infractions, les juges du lieu du délit, de la résidence du prévenu ou du lieu où il avait été trouvé, conformément aux règles du droit commun (c. instr. crim. art. 63). Toutefois, l'art. 12 de la loi de 1819 permettait au plaignant, pour le cas particulier de diffamation ou d'injure commise même dans un écrit assujetti au dépôt, de porter son action devant le juge du lieu de la publication de cet écrit, si ce lieu était, en même temps, celui de son propre domicile (*Rép.* n° 407). — Le décret du 17 févr. 1852, en soumettant, par son art. 27, la poursuite des délits de presse ou de publication aux dispositions du code d'instruction criminelle, a abrogé l'article 12 de la loi de 1819, pour lui substituer les règles ordinaires de compétence établies par le droit commun (D. P. 52. 4. 56). Le décret de 1852 a donc supprimé, en matière de délits de publication résultant d'écrits assujettis au dépôt la compétence du juge du lieu du dépôt, ou du lieu de la saisie, à défaut de dépôt (Crim. rej. 30 janv. 1858, aff. Gérant du *Siècle*, D. P. 58. 1. 379 ; 8 nov. 1861, aff. Sauvestre et Guéroult et aff. De la Bédollière et Sougère, D. P. 62. 1. 385). L'art. 8 de la loi du 29 déc. 1875 a rétabli la compétence du juge du lieu du dépôt (D. P. 76. 4. 34).

1625. Comme le décret de 1852, la loi de 1881, qui ne détermine, dans son art. 45, qu'une compétence d'attributions, laisse dans le droit commun tout ce qui concerne la compétence territoriale en matière de crimes, délits ou contraventions de presse ou de publication (Circ. min. just.

9 nov. 1881, D. P. 81. 3. 110, n° 46). Cette compétence demeure, dès lors, réglée par l'art 63 c. instr. crim.; d'où il suit que les juges devant lesquels l'action publique devra être portée sont les juges soit du lieu du délit, soit de la résidence du prévenu, soit du lieu où le prévenu aura été trouvé (Crim. rej. 27 févr. 1885, aff. Parriel, D. P. 85. 1. 379 ; 14 févr. 1889, aff. Friedmann, D. P. 90. 1. 187 ; 24 janv. 1891, aff. Martinet, D. P. 91. 1. 187). La loi de 1881 exclut, au contraire, la compétence du juge du lieu du dépôt, juge qui était redevenu compétent depuis la loi du 29 déc. 1875, et celle du juge du lieu de la saisie, définitivement supprimée par le décret de 1852. Cette dernière compétence ne pouvait pas, d'ailleurs, être rétablie par la loi de 1881, la saisie des écrits délictueux n'étant plus autorisée, à titre de mesure d'instruction, que dans le cas d'omission du dépôt prescrit par les art. 2 et 10 (V. *infrà*, ch. 4, sect. 1, art. 1, § 1).

1626. Le lieu du délit, lorsqu'il s'agit d'un délit de publication résultant d'un écrit imprimé, s'entend de tous les lieux où cet écrit a été publié, et non pas seulement de celui où il a été imprimé (Arrêts cités *suprà*, n° 1624). Jugé également, depuis la loi de 1881, qu'en matière de presse, la poursuite d'un délit peut être portée devant tout tribunal dans le ressort duquel l'écrit a été publié, et que cette règle de compétence s'applique notamment à la poursuite exercée contre un journal à raison de la non-insertion, dans ce journal, de la réponse d'une personne qui y a été nommée ou désignée (V. *suprà*, nos 274 et suiv., 323 et suiv.; Pau, 24 janv. 1883, aff. Justère, D. P. 83. 2. 117 ; Crim. cass. 27 févr. 1885, et Crim. rej. 14 févr. 1889, cités *suprà*, n° 1625);… ou à raison de la publication anticipée d'un acte de procédure criminelle ou correctionnelle (art. 38) (V. *suprà*, nos 1103 et suiv.; Crim. rej. 6 mars 1884, aff. Bayard, gérant du *Ralliement*, D. P. 85. 1. 135. *Adde* : Crim. rej. 14 févr. 1889, aff. Friedman, D. P. 90. 1. 187. — Comp. toutefois *suprà*, n° 337).

1627. Que décider à l'égard d'un délit de presse ou de publication commis en pays étranger ? Avant la loi du 27 juin 1866, l'art. 7 c. instr. crim. ne permettait de poursuivre en France que les crimes commis en pays étranger par un Français contre un autre Français. Cette disposition ne pouvait donc recevoir son application aux délits de presse ou de publication (*Rép.* n° 1417). Il avait été décidé, en conséquence, que le délit d'outrage commis en pays étranger contre un fonctionnaire public français, même par un Français, n'était pas punissable en France (Douai, 18 mai 1837, *Rép. ibid.*). Mais la loi de 1866, qui a remplacé l'article précité, autorise la poursuite, en France, de tout Français coupable d'un crime ou même d'un simple délit commis à l'étranger envers un Français ou un étranger, sous la condition que l'inculpé soit de retour en France, et, en cas de délit, que le fait soit puni par la législation du pays où il a été commis, que l'action soit exercée à la requête du ministère public, et qu'elle soit précédée d'une plainte de la partie lésée ou d'une dénonciation officielle au l'autorité française ou de l'autorité du lieu du délit. La règle nouvelle ainsi édictée par la loi de 1866 est commune à tous les délits, et s'applique, dès lors, aux délits de presse ou de publication (*Rép. ibid.*). — Il est, d'ailleurs, hors de doute que les délits de presse ou de publication commis en France, même par un étranger contre un autre étranger, sont, en vertu du droit commun, de la compétence des tribunaux français (Crim. rej. 22 juin 1826, *Rép.* n° 1417, et v° *Lois*, n° 451). Décidé, à cet égard, que la diffamation commise dans un journal imprimé et publié à l'étranger, en langue étrangère, peut, en conséquence, justiciable des tribunaux français, lorsque le numéro où se trouvait inséré l'article diffamatoire a été adressé en France et y a été, même par la voie de la poste, distribué dans divers établissements publics où se réunissaient des compatriotes du particulier diffamé, le fait d'une telle distribution constituant en France une publicité suffisante pour que le délit soit susceptible d'y être poursuivi (Paris, 25 janv. 1867, aff. Bienawski, D. P. 68. 2. 96).

Sect. 2. — Compétence relative a l'action civile.

1628. La loi du 29 juill. 1881 ne contient pas de disposition générale sur la compétence relative à l'action civile, qui demeure en conséquence déterminée par le droit commun. On ne trouve dans cette loi qu'une disposition exceptionnelle sur la compétence relative à l'action civile, née des délits de diffamation ou d'injure, envers les corps ou les personnes désignés dans les art. 30 et 31 : celle de l'art. 46, qui ne permet pas de poursuivre l'action civile séparément de l'action publique (V. *suprà*, n° 1564).

§ 1er. — De la compétence facultative du juge de répression ou des tribunaux civils.

1629. — I. Droit d'option de la partie lésée. — Dans le silence de la loi spéciale de la presse, la compétence est déterminée par l'art. 3 c. instr. crim., aux termes duquel l'action civile en réparation du dommage causé par un crime, par un délit ou par une contravention, peut être exercée soit en même temps et devant les mêmes juges que l'action publique, soit séparément devant la juridiction civile, sauf l'effet suspensif de l'action publique (V. *Rép.*, v° *Instruction criminelle*, n° 138. Comp. *Rép.* v° *Presse*, n° 1448).

1630. — II. Compétence du juge de répression. — La partie lésée peut opter pour le juge de répression, soit en se portant partie civile dans l'instance engagée par le ministère public, conformément à l'art. 63 c. instr. crim., soit par voie de citation directe, conformément à l'art. 182 c. instr. crim. Cette faculté d'exercer le droit de citation directe appartient à la partie lésée même devant la cour d'assises, dans les cas particuliers où elle est tenue de porter son action devant le juge de répression (L. 1881, art. 47, V. *suprà*, n° 1239). — Lorsque la partie lésée opte pour la juridiction répressive, elle doit s'adresser aux juges appelés, en vertu de l'art. 45, à statuer sur l'action publique (V. *suprà*, nos 1568 et suiv.).

1631. Le juge de répression ne pouvant connaître de l'action civile que s'il en est saisi accessoirement à l'action publique, devient incompétent pour statuer sur l'action civile lorsqu'il est dessaisi de l'action publique. Son incompétence à l'égard de l'action civile est donc la suite nécessaire du jugement par lequel il prononce l'acquittement du prévenu. — Cette règle est applicable sans restriction aux jugements d'acquittement prononcés par les tribunaux correctionnels et par le juge de simple police (Crim. cass. 2 mai 1851, aff. d'Arlincourt, D. P. 51. 1. 143 ; Crim. rej. 25 févr. 1869, aff. Bégis, D. P. 69. 1. 392). Jugé aussi que l'arrêt qui, acquittant le prévenu à raison de sa bonne foi, l'a déchargé en conséquence non seulement de la peine prononcée par les premiers juges, mais aussi des dommages-intérêts alloués à la partie civile, est réputé avoir entendu simplement déclarer l'incompétence de la juridiction correctionnelle pour connaître, en l'état, de l'action civile exercée devant elle, et non pas avoir décidé au fond que cette action n'est pas justifiée (Crim. rej. 18 août 1877, aff. Thorain, D. P. 79. 1. 236).

1632. La règle précitée souffre, suivant le droit commun, une dérogation relative à l'action civile portée devant la cour d'assises accessoirement à la poursuite criminelle. Après la déclaration de non-culpabilité du jury et l'acquittement qui en est la suite forcée, la cour, sans assistance du jury, demeure compétente pour statuer sur les dommages-intérêts réclamés par la partie civile. La loi du 29 juill. 1881 supprime cette attribution spéciale de compétence en matière de délits de presse, en déclarant l'action civile éteinte par l'effet du verdict d'acquittement. Telle est la portée de l'art. 58, qui refuse à la cour d'assises le droit d'accorder des dommages-intérêts à la partie civile après l'acquittement du prévenu (V. *infrà*, chap. 4, sect. 1, art. 6).

1633. Le juge de répression devient-il également incompétent pour statuer sur l'action civile lorsque l'action publique s'éteint pour une cause quelconque (décès, prescription, amnistie, jugement sur l'action publique passé en force de chose jugée) ? Il est certain que l'extinction de l'action publique survenant avant l'introduction de l'instance, la partie lésée ne pourrait plus saisir de sa demande à fins civiles le tribunal de répression (Crim. rej. 12 déc. 1850, aff. Chabrié. D. P. 51. 5. 11 ; Montpellier, 15 janv. 1855, aff. Souffron, D. P. 55. 5. 11 ; Crim. rej. 22 déc. 1870,

aff. Vezhinet, D. P. 71. 1. 192). C'est pour ce motif que l'art. 46 fait cesser la défense qu'il porte, de poursuivre l'action civile relative à certains délits de diffamation séparément de l'action publique, pour le cas de décès de l'auteur du délit ou pour le cas d'amnistie.

1634. Au contraire, lorsque le juge de répression a été compétemment saisi, à l'origine, de l'action civile portée devant lui accessoirement à l'action publique, il demeure compétent pour statuer sur l'action civile tant qu'elle n'est pas prescrite, alors même que l'action publique serait éteinte par l'effet soit d'une amnistie, soit du décès du prévenu. — La cour de cassation n'avait d'abord reconnu cette compétence au juge de répression que dans le cas où il est intervenu une décision sur le fond au moment où se produit l'événement qui éteint l'action publique (Crim. rej. 24 août 1854, aff. Gaudet, D. P. 54. 1. 293 ; 10 mai 1872, aff. Mathieu, D. P. 72. 1. 331. — *Contrà*, Paris, 13 juin 1872, aff. Paradis, D. P. 72. 2. 164). C'est ainsi que le juge correctionnel reste certainement compétent pour statuer isolément sur l'action civile en cas d'opposition ou d'appel, alors même que l'action publique est irrévocablement jugée (Crim. cass. 21 juill. 1859, aff. Caviole, D. P. 59. 1. 331 ; Crim. rej. 18 juin 1863, aff. Faure, D. P. 63. 1. 384).

Aujourd'hui, la cour de cassation décide que la condition d'une décision intervenue sur le fond n'est même plus nécessaire. Elle considère qu'il « est de principe en droit que lorsque la juridiction répressive a été saisie à la fois de l'action publique et de l'action civile, ces deux actions étant indépendantes l'une de l'autre, s'il survient ensuite des événements qui désarment l'action publique, ces événements ne peuvent avoir aucune influence sur l'action civile, qui reste isolément soumise à l'appréciation du juge originairement saisi ». Ainsi l'amnistie, accordée par la loi du 29 juill. 1881 sur la presse, a éteint l'action publique, mais n'a porté aucune atteinte aux droits des tiers qu'elle a expressément réservés. Par suite, le juge correctionnel qui, antérieurement à la promulgation de la loi de 1881, avait été saisi à la fois de l'action publique et de l'action civile résultant d'un délit de diffamation envers un particulier, est demeuré compétent pour statuer sur l'action civile (Crim. rej. 16 mars 1882, sur le pourvoi formé contre un arrêt de la cour de Riom du 28 déc. 1881, aff. Talon, D. P. 82. 1. 239 ; Conf. Crim. rej. 12 août 1881, aff. Tanneguy de Wogan, D. P. 82. 1. 239 ; Trib. corr. Nevers, 13 août 1881, aff. Brultert, D. P. 83. 1. 289 ; Crim. rej. 19 mars 1882, aff. Ronanet et Narbonne, D. P. 83. 1. 141 ; Paris, 15 nov. 1889, aff. Mataigne, D. P. 90. 2. 116. V. aussi *suprà*, nos 1189 et suiv.).

Toutefois, dit M. Barbier (t. 2, n° 855, p. 376), quand aucune décision sur le fond n'a encore été rendue, il semble que le juge correctionnel ne puisse rester valablement saisi de l'action civile qu'autant que la loi qui accorde l'amnistie n'attribue pas la connaissance du délit amnistié à une autre juridiction.

1635. — III. Compétences respectives des tribunaux civils d'arrondissement et du juge de paix. — Si la partie lésée opte pour la juridiction civile, elle doit porter son action devant les tribunaux compétents en matière civile (*Rép.* n° 1452). Ainsi l'action civile résultant d'un crime, d'un délit ou d'une contravention prévus par la loi du 29 juill. 1881, est de la compétence du juge de paix, si les dommages-intérêts n'excèdent pas le taux de 200 fr., et de la compétence des tribunaux civils lorsqu'ils excèdent cette somme (L. 25 mai 1838, art. 1. V. *suprà*, v° *Compétence civile des tribunaux de paix*, nos 8 et suiv.; *Rép.* eod. v°, nos 15 et suiv.).

La loi civile a pourtant admis une exception à cette règle générale. D'après l'art. 5 de la loi du 25 mai 1838, sur les justices de paix, les juges de paix connaissent, sans appel, jusqu'à la valeur de 100 fr. et à charge d'appel, à quelque valeur que la demande puisse s'élever, des actions civiles, soit pour diffamation verbale, soit pour toute injure verbale ou par écrit, commises autrement que par la voie de la presse. V. *suprà*, eod. v°, nos 75 et suiv., et *Rép.*, *ibid.*, nos 185 et suiv.

1636. — 1° Diffamation. — En ce qui concerne la diffamation, l'action doit être portée devant le juge de paix, si la diffamation est verbale, quel que soit le chiffre des dommages-intérêts réclamés (*Rép.* n° 1453; Pau, 18 mars 1845, aff. C..., D. P. 45. 4. 413). Décidé, notamment, que le juge de paix est compétent, à l'exclusion du tribunal civil, pour connaître d'une action en dommages-intérêts fondée sur la propagation verbale de prétendues diffamations et calomnies contenues dans un testament (Req. 7 mars 1876, aff. Pinson, D. P. 77. 1. 253). Jugé aussi que les tribunaux de commerce sont incompétents pour connaître d'une diffamation même seulement verbale, bien qu'ils soient juges des engagements entre commerçants, qu'ils résultent d'un contrat ou qu'ils se forment sans convention; en effet, le fait par un commerçant d'en diffamer un autre ne se rattache pas à son négoce (Bordeaux, 23 mai 1872, aff. Pénicaud, D. P. 72. 2. 153. Conf. Trib. com. Seine, 29 sept. 1845, *Gazette des tribunaux* du 30; Barbier, t. 2, n° 859, p. 379). — Toutefois, c'est au tribunal de commerce, et non au juge de paix, qu'il appartient de connaître d'une demande de dommages-intérêts pour réparation du préjudice causé par une diffamation verbale, lorsque cette diffamation a été le moyen employé pour commettre un acte de concurrence déloyale, et, par exemple, a eu pour objet de déprécier le fonds de commerce du demandeur (Paris, 9 juill. 1867, aff. Hiraux, D. P. 67. 2. 196).

1637. Le juge de paix est compétent quant à la diffamation verbale, qu'elle soit publique ou non publique, car la loi de 1838 en attribue la connaissance à ce magistrat par cela seul qu'elle est verbale (Pau, 18 mars 1845, aff. C..., D. P. 45. 4. 413; Req. 30 déc. 1846, aff. Meynadier, D. P. 47. 4. 150; Trib. Albi, 1ᵉʳ juin 1857, aff. N..., D. P. 58. 3. 64; Req. 31 mai 1864, aff. Besnard, D. P. 64. 1. 361).

1638. Si, au contraire, la diffamation est écrite, les règles qui déterminent la compétence respective des tribunaux civils et des juges de paix reprennent leur empire (*Rép.*, v° *Compétence civile des tribunaux de paix*, n° 183). Ainsi, l'action en réparation civile d'une diffamation par écrit n'est de la compétence du juge de paix que si les dommages-intérêts n'excèdent pas 200 francs, en vertu de la règle générale de compétence édictée par l'art. 1 de la loi du 25 mai 1838 (Req. 14 janv. 1861, aff. Vuidepot, D. P. 61. 1. 372). Elle est, au contraire, de la compétence des tribunaux civils, lorsque les dommages-intérêts réclamés excèdent 200 fr. (Limoges, 14 déc. 1848, aff. Blanchard, D. P. 49. 2. 70; Req. 22 nov. 1865, aff. Hubert, D. P. 66. 1. 252; Bordeaux, 22 févr. 1866, aff. Lespinasse, D. P. 66. 2. 244; Metz, 19 févr. 1867, aff. d'Attel, D. P. 67. 2. 45).

1639. — 2° *Injures.* — En cas d'injure, l'attribution de l'action civile au juge de paix est absolue. Outre qu'on n'a pas plus à se préoccuper de la publicité ou de la non-publicité du fait que lorsqu'il s'agit d'une diffamation verbale, cette attribution s'applique aux injures écrites aussi bien qu'aux injures verbales; l'action civile pour injure diffère, en cela, de l'action civile pour diffamation (V. *suprà*, n°ˢ 1637 et 1638).

1640. Cependant la loi de 1838 laisse les injures écrites dans la compétence des juges ordinaires, lorsqu'elles ont eu lieu par la voie de la presse (V. *suprà*, n° 1634). Par suite, l'action civile, formée à raison d'une injure commise par la voie de la presse, est de la compétence du juge de paix lorsque les dommages-intérêts réclamés n'excèdent pas le taux de 200 fr., et de la compétence des tribunaux civils, lorsqu'ils excèdent cette somme (V. *suprà*, n° 1638; *Rép.*, v° *Compétence civile des tribunaux de paix*, n° 196).

On ne doit pas classer parmi les injures commises par la voie de la presse les injures contenues dans un manuscrit ou au moyen d'une peinture. Dès lors, l'action civile en réparation de ces injures rentre dans la compétence illimitée du juge de paix (V. *suprà*, n° 1639; *Rép.*, n° 195). Sont, au contraire, commises par la voie de la presse toutes injures contenues dans des livres, journaux, imprimés, gravures, photographies ou dessins obtenus à l'aide de la presse ou d'un procédé quelconque de reproduction (*Rép.* *ibid.*; Barbier, t. 2, n° 858, p. 378).

1641. La compétence du juge de paix relativement à l'action civile formée pour diffamation verbale et pour injure verbale ou par écrit, autrement que par la voie de la presse, que cette diffamation ou injure ait été publique ou non publique, a été reconnue par de nombreuses décisions intervenues depuis la loi du 29 juill. 1881 (V. notamment:

Trib. de paix de Clelles, 21 juill. 1883, aff. X..., *suprà*, n°1036; Paris, 19 mars 1885, aff. Chaigneau, D. P. 85. 2. 150; Req. 7 févr. 1887, aff. Jausselin, D. P. 89. 1. 77). — Jugé, en conséquence, que le tribunal civil est incompétent pour connaître directement d'une action civile pour diffamation verbale ou pour injures publiques ou non publiques, verbales ou par écrit, autrement que par la voie de la presse, ces actions rentrant, aux termes de l'art. 5, § 5, de la loi du 25 mai 1838, dans la compétence du juge de paix, sans appel jusqu'à la valeur de 100 francs et, à charge d'appel, à quelque somme que la demande puisse s'élever (Orléans, 18 juill. 1890, aff. Portheault, D. P. 91. 2. 144). — Cette règle étant d'ordre public, puisqu'il s'agit d'une incompétence *ratione materiæ*, le tribunal civil, saisi directement, est dans l'obligation de renvoyer d'office les parties à se pourvoir devant la juridiction compétente. Et il importe peu que le demandeur n'ait invoqué à l'appui de son action que l'art. 1382 c. civ., le choix fait par la partie lésée de la juridiction devant laquelle elle porte son action et les textes de loi qu'elle invoque ne pouvant avoir pour résultat de changer le caractère légal des faits qui servent de base à cette action (Même arrêt du 18 juill. 1890). — M. Barbier, t. 2, n° 857, p. 377, soutient que l'incompétence des tribunaux d'arrondissement dans ce cas, aussi bien que dans celui où la demande fondée sur une diffamation écrite n'excéderait pas 200 francs, est purement relative et doit être proposée *in limine litis*. On devrait alors décider que les parties sont présumées avoir renoncé au premier degré de juridiction, que le tribunal d'arrondissement connaît de l'action civile comme juge d'appel, et que l'affaire ne peut pas être à nouveau portée devant la cour d'appel (Lyon, 2ᵉ ch., 28 nov. 1884, aff. Hennequin C. Berthilier.-MM. Montalon, pr.-Bloch, av. gén.-Clair et Meunier, av.).

1642. D'autre part, le juge de paix est incompétent *ratione materiæ*, pour connaître des actions civiles pour diffamation ou injures attribuées aux tribunaux civils d'arrondissement. Il doit se dessaisir d'office, et l'exception peut être proposée en tout état de cause, même en appel. La prorogation de la juridiction du juge de paix ne peut pas résulter, en effet, de la circonstance que le défendeur a accepté devant lui le débat au fond, mais seulement d'une déclaration expresse des parties signée d'elles (Civ. rej. 9 mars 1857, aff. Bourdier, D. P. 57. 1. 125).

1643. Le juge civil qui statue sur l'action civile exercée à raison d'une infraction commise par la voie de la presse ou par tous autres moyens de publication, ne peut apprécier cette infraction que comme quasi-délit, et n'a pas le droit de déclarer délictueux le fait à lui déféré. Toutefois, il a été décidé, à cet égard, que lorsqu'une cour d'appel, saisie de l'action civile en réparation d'un préjudice causé par la voie de la presse, a qualifié de diffamatoires les imputations contenues dans l'écrit incriminé, il ne s'ensuit pas que cette qualification imprime au fait un caractère délictueux, et que cette cour ait excédé les limites de sa compétence, si, d'ailleurs, on ne la rencontre nulle part dans les motifs de l'arrêt, et si elle n'a d'autre objet que de faire ressortir la gravité de l'injure, et d'élever le chiffre des dommages-intérêts au-dessus de celui que les premiers juges avaient déterminé (Req. 23 juin 1846, aff. Peauger et Adam, D. P. 46. 1. 225).

1644. — IV. Compétence territoriale. — La compétence territoriale est déterminée: 1° quand l'action civile est portée devant le juge de répression, d'après les règles concernant l'action publique (V. *suprà*, n°ˢ 1624 et suiv.); 2° quand l'action civile est portée devant le juge civil, par le domicile du défendeur, puisqu'il s'agit d'une action personnelle et mobilière, conformément à la règle de droit commun : *actor forum sequitur rei* (Barbier, t. 2, n° 860, p. 379).

1645. — V. Exercice du droit d'option. — La faculté d'option entre les juges de répression et les juges civils s'étend aux parties et aux tiers qui se prétendent lésés par des imputations diffamatoires ou injurieuses contenues dans des discours prononcés ou dans des écrits produits devant les tribunaux, lorsque ces imputations sont de nature à autoriser une action civile, en ce qu'elles portent sur des faits étrangers à la cause (art. 41) (V. *suprà*, n°ˢ 1455 et suiv.). Les expressions *action civile* qu'on lisait dans l'art. 23 de la loi du 17 mai 1819, et qui sont reproduites dans l'art. 41 de la loi nouvelle, n'impliquent pas, en effet, l'obligation de saisir la juridiction civile, à l'exclusion de la juridiction répressive, l'action de la partie lésée étant une action civile aussi bien lorsqu'elle est portée devant la première de ces juridictions, que lorsqu'elle est formée devant la seconde (Nîmes, 20 févr. 1823, *Rép.* n° 1450-2° et 1253-2°; Crim. cass. 6 nov. 1823, *ibid.*, n° 1450-4°; Crim. rej. 14 déc. 1838, *ibid.*, n° 1450-3° et 1211). La plainte en diffamation élevée devant une juridiction de répression, à raison des imputations diffamatoires contenues dans un mémoire judiciaire produit à son audience, saisit cette juridiction tout à la fois de l'action publique et de l'action civile : on soutiendrait à tort qu'elle doit, en pareil cas, renvoyer l'affaire devant la juridiction civile (Crim. rej. 31 janv. 1873, aff. Blin, D. P. 73. 1. 89).

1646. Si la partie lésée choisit la juridiction civile, c'est, conformément à la règle que nous avons retracée *suprà*, n°s 1635 et suiv., le juge de paix qui est compétent pour connaître des actions pour diffamation verbale ou injures autres que celles commises par la voie de la presse, même lorsqu'elles résultent de discours ou écrits prononcés ou produits devant un *tribunal civil*, à supposer qu'elles ne soient pas couvertes par l'immunité judiciaire (Req. 9 déc. 1863, aff. Viet-Dubourg, D. P. 64. 1. 214).

1647. La partie lésée ne peut pas porter son action en dommages-intérêts devant le juge civil lorsqu'elle s'est d'abord pourvue par la voie criminelle et qu'elle a ainsi épuisé son droit d'option. La règle : *una via electa non datur recursus ad alteram*, est applicable en matière de presse comme en droit commun (*Rép.* n° 1454 et *ibid.*, v° *Instruction criminelle*, n°s 150 et suiv.).

1648. Toutefois cette fin de non-recevoir cesse d'être applicable à la partie dont l'action, introduite d'abord devant le juge de répression, a été déclarée non recevable. La partie lésée, quoiqu'elle se soit alors pourvue par la voie criminelle, selon les termes de la loi de 1838, n'en conserve pas moins le droit de revenir devant le juge civil, la loi de 1838 supposant nécessairement, lorsqu'elle l'en déclare déchu, que le juge de répression a été régulièrement saisi (*Rép.* n° 1454). Ainsi, l'action civile en dommages-intérêts pour diffamation verbale est du ressort de la justice de paix bien qu'une action pour les mêmes faits ait été portée devant un tribunal correctionnel, si ce tribunal s'est déclaré incompétent (Paris, 11 mai 1840, *Rép.* n° 1454). Dans le cas où l'action aurait été portée devant le juge de paix comme juge de simple police, la déclaration d'incompétence de ce juge ne ferait pas obstacle à ce que la partie lésée saisît de sa demande le même magistrat statuant comme juge civil (*Rép.* v° *Compétence civile des tribunaux de paix*, n° 487).

1649. La défense d'agir au civil après option pour la voie criminelle ne saurait davantage être appliquée à la partie diffamée ou injuriée qui, après avoir porté son action devant le juge de répression, s'en est désistée avant qu'il ait été statué sur cette action (*Rép.* v° *Compétence civile des tribunaux de paix*, n° 186)... ou qui, après s'être constituée partie civile, s'est désistée de sa déclaration dans les vingt-quatre heures et avant le jugement, en vertu du droit que lui confère l'art. 66 c. instr. crim. — Sur les effets de ce désistement quant à l'action publique, V. *suprà*, n°s 1254 et suiv.

§ 2. — De la compétence exclusive du juge de répression relativement à l'action civile résultant des délits de diffamation lorsque la preuve des faits est autorisée par l'art. 35.

1650. — I. De la défense de poursuivre l'action civile séparément de l'action publique. — Avant 1848, il était de jurisprudence constante que le droit accordé par l'art. 3 c. instr. crim. à toute personne lésée par un crime, un délit ou une contravention, d'exercer son action civile, soit devant le juge de l'action publique, soit devant la juridiction civile, appartenait à toute personne lésée par un crime ou délit de publication, même lorsqu'il s'agissait d'une diffamation susceptible d'être couverte par la preuve de la vérité des faits diffamatoires, c'est-à-dire d'une diffamation envers des dépositaires ou agents de l'autorité publique ou des citoyens ayant agi dans un caractère public. Bien que la loi du 26 mai 1819 eût attribué au jury la connaissance des diffamations de cette nature et l'appréciation de la vérité ou de la fausseté des imputations qui les caractérisaient, la faculté d'opter entre le jury et les tribunaux civils ne paraît pas avoir été contestée au fonctionnaire diffamé pendant la période écoulée entre la loi du 26 mai 1819 et la loi du 25 mars 1822; elle devait, à plus forte raison, lui être maintenue sous cette dernière loi, d'après laquelle le jugement des délits de publication, et, notamment, des délits de diffamation envers toute personne, appartenait, non plus au jury, mais à la juridiction correctionnelle (V. *suprà*, n° 1566).

1651. La question de la recevabilité, devant les tribunaux civils, de l'action du fonctionnaire ou du citoyen diffamé à raison d'un fait de fonction ou d'un acte public, s'est fréquemment élevée depuis la loi du 8 oct. 1830, qui a remplacé dans les attributions du jury la connaissance du délit de diffamation et l'appréciation de la preuve, offerte par le prévenu, de la vérité des faits diffamatoires. Elle a été constamment résolue en ce sens que la personne publique diffamée à raison de ses fonctions ou de sa qualité n'en conservait pas moins, en vertu du droit commun, la faculté d'agir devant les tribunaux civils (Req. 29 janv. 1840; 4 août 1841, *Rép.* n° 1448-1°; Limoges, 28 et 31 déc. 1841, et sur pourvoi, Req. 21 févr. 1843, Douai, 7 janv. 1842, Bourges, 14 mai 1842, cités au *Rép.* n° 1398; Orléans, 13 déc. 1843, Paris, 22 janv. 1844, *Rép.* n° 1440-2°; Rouen, 20 nov. 1845, aff. Censeur-Normand, D. P. 46. 4. 412; Req. 29 juin 1846, aff. Peauger et Adam, D. P. 46. 1. 225; Douai, 30 nov. 1846, aff. Vanderest, D. P. 47. 2. 20; Montpellier, 27 janv. 1847, aff. Lefranc, *ibid.*, et sur pourvoi, Civ. rej. 5 mai 1847, D. P. 47. 1. 113; Req. 23 nov. 1847, aff. Vanderest, D. P. 47. 4. 385). Mais comme la jurisprudence, très critiquable d'ailleurs à cet égard, admettait en même temps que la preuve de la vérité des faits diffamatoires imputés à des personnes ayant agi avec un caractère public n'était autorisée que devant le jury (V. *infrà*, chap. 4, sect. 1, art. 4, § 2), il en résultait que le diffamé, soumis à la preuve de la vérité des faits diffamatoires à lui imputés, pouvait enlever à l'auteur de la diffamation le bénéfice de sa justification devant le jury, en portant son action devant le juge civil.

C'est pour mettre fin à cet abus qu'intervint le décret du 22 mars 1848, ainsi conçu : « Art. 1er. Les tribunaux civils sont incompétents pour connaître des diffamations, injures ou autres attaques dirigées par la voie de la presse ou par tout autre moyen de publication, contre les fonctionnaires ou contre tout citoyen revêtu d'un caractère public, à raison de leurs fonctions ou de leur qualité; ils renverront devant qui de droit toute action en dommages-intérêts fondée sur des faits de cette nature. — Art. 2. L'action civile résultant des délits commis par la voie de la presse ou par tout autre voie de publication, contre les fonctionnaires ou contre tout citoyen revêtu d'un caractère public, ne pourra, dans aucun cas, être poursuivie séparément de l'action publique; elle s'éteindra de plein droit par le seul effet de l'extinction de l'action publique » (D. P. 48. 4. 61).

— Ainsi le décret du 22 mars 1848 remédiait aux conséquences forcées d'un droit d'option qu'une disposition formelle pouvait seule retirer à la partie lésée (V. Observ. D. P. 46. 1. 225, note). Mais ce décret ne se bornait pas à déclarer la juridiction civile incompétente à l'égard des actions en diffamation que l'auteur des imputations diffamatoires est admis à combattre en prouvant la vérité de ses imputations. Il étendait l'incompétence des tribunaux civils à toutes injures ou attaques dirigées contre un fonctionnaire ou un citoyen revêtu d'un caractère public, sans se préoccuper du juge qui était appelé à les réprimer, ni du point de savoir si elles renfermaient ou non l'articulation de faits diffamatoires susceptibles d'être prouvés. Il n'y avait donc pas de corrélation entre la compétence exclusive que le décret de 1848 attribuait au juge de répression, et le besoin d'assurer à l'auteur de l'imputation diffamatoire le droit de faire devant le jury la preuve que les arrêts antérieurs lui refusaient devant le juge civil. Dès lors, le décret de 1848 a survécu à l'abrogation, par le décret du 17 févr. 1852, de la compétence du jury en matière de délits de publication (V. *suprà*, n° 1566). Il a été décidé que la prohibition qui y était faite au fonctionnaire diffamé de former son action devant les tribunaux civils, était applicable même à une action pour diffamation verbale, bien que, d'une part, cette diffamation fût, comme tout délit de publication, régie par le décret de 1852, et qu'elle eût d'ailleurs toujours été de la compétence des tribunaux correctionnels et bien que, d'autre part, elle ne comportât pas la preuve de la vérité des faits diffamatoires, preuve que le décret de 1852 avait limitée à la diffamation écrite, comme le faisait la loi de 1819, en la déclarant, en outre, admissible devant la juridiction correctionnelle, et en l'étendant, à l'exemple de la loi de 1822, aux injures écrites (Req. 29 mai 1854, aff. Labarthe, D. P. 55. 1. 65. V. *infrà*, chap. 4, sect. 1, art. 4, § 2).

1652. La loi du 15 avr. 1871 a apporté des restrictions à la règle d'incompétence consacrée par le décret de 1848. Après avoir, dans son art. 3, admis devant le jury, dont elle rétablissait les attributions en matière de délits de publication (V. *suprà*, n° 1566), la preuve de la vérité des faits diffamatoires, en cas d'imputation contre les dépositaires ou agents de l'autorité ou contre un citoyen revêtu d'un caractère public, à raison de leurs fonctions ou de leur qualité, c'est à l'admissibilité de cette preuve qu'elle a rattaché, dans son art. 4, l'incompétence du juge civil pour connaître d'une telle imputation : « L'action civile, y est-il dit, résultant des délits à l'occasion desquels la preuve est permise par l'article ci-dessus, ne pourra, sauf le cas de décès de l'auteur du fait incriminé ou d'amnistie, être poursuivie séparément de l'action publique. Dans tous les autres cas, elle s'éteindra de plein droit par le seul fait de l'extinction de cette action (D. P. 71. 4. 46). L'incompétence des tribunaux civils s'est donc trouvée restreinte en vertu de cette loi, aux actions contre lesquelles la preuve de la vérité des faits diffamatoires était autorisée, et qui, à ce titre, rentraient dans la compétence du jury, c'est-à-dire aux actions pour diffamation écrite, comme sous la législation antérieure, et aux actions pour diffamation verbale que la loi de 1871 a attribuée au jury, aussi bien que la diffamation écrite. L'art. 4 de la loi de 1871 a continué, sous la loi du 29 déc. 1875, à régir l'action civile des fonctionnaires ou des citoyens ayant agi dans un caractère public, pour diffamation commise envers eux à raison de leurs fonctions ou de leurs actes, sauf le changement apporté par cette dernière loi dans la compétence du juge de répression, qui restait exclusivement appelé à statuer sur la vérité ou la fausseté des faits diffamatoires, les délits de diffamation ou d'injure étant déférés d'une manière absolue à la juridiction correctionnelle (V. *suprà*, n° 1566; Nîmes, 10 nov. 1879, aff. Monnier, D. P. 80. 2. 133).

1653. Quant aux personnes que frappait l'interdiction édictée successivement par le décret de 1848 et par la loi de 1871, elles sont qualifiées de fonctionnaires dans le décret de 1848, et de dépositaires ou agents de l'autorité publique dans l'art. 4 de la loi de 1871 rapproché de l'art. 3 de la même loi. Le décret de 1848 et la loi de 1871 visent également tout citoyen revêtu d'un caractère public. Le droit d'opter entre la juridiction civile et la juridiction répressive subsistait donc en même temps que la défense de prouver la vérité des faits diffamatoires, à l'égard des personnes qualifiées qui n'appartenaient pas à l'une de ces catégories, c'est-à-dire à l'égard des corps constitués, des membres de l'une des Chambres, des ministres du culte, des jurés et des témoins.

1654. L'art. 46 de la loi du 29 juill. 1881 consacre de nouveau la dérogation au droit commun que le décret de 1848 et la loi de 1871 avaient établie. Cet article porte, en effet, que « l'action civile résultant des délits de diffamation prévus et punis par les art. 30 et 31 ne pourra, sauf dans le cas de décès de l'auteur du fait incriminé ou d'amnistie, être poursuivie séparément de l'action publique ». Il établit une corrélation complète entre l'admissibilité de la preuve des faits diffamatoires et l'incompétence de la juridiction civile : 1° au point de vue du délit qui comporte cette preuve et auquel s'applique cette incompétence : c'est la diffamation telle que la définit l'art. 29 de la loi de 1881 (V. *suprà*, n° 846 et suiv.) ; — 2° Au point de vue des personnes qui ont à subir la preuve et qui sont privées du droit d'opter pour le juge civil : ce sont les corps et les personnes qu'énumèrent les art. 30 et 31, contre lesquels est admise, en effet, la preuve de la vérité des faits diffamatoires (V. *suprà*, n° 921 et suiv., 945 et suiv. Conf. Fabreguettes, t. 2, n° 1923). On ne doit pas y comprendre les directeurs ou administrateurs d'entreprises financières qui, en vertu de

l'art. 35, sont exceptionnellement soumis à la preuve de la vérité des faits diffamatoires à eux imputés, parce que ces dernières personnes, dont l'action n'est pas de la compétence du jury, mais doit être de la compétence du juge correctionnel, ne figurent pas dans l'art. 31, seul visé par l'art. 46.

1655. — II. Délits auxquels l'interdiction prononcée par l'art. 46 est applicable. — L'incompétence des tribunaux civils résultant de l'art. 46 n'est applicable qu'à une action civile ayant sa cause dans une diffamation qui réunit tous les éléments constitutifs du délit défini, par l'art. 29 (V. *suprà*, n° 846 et suiv.; Req. 3 avr. 1850, aff. Palégry, D. P. 50. 1. 155; Civ. rej. 2 juill. 1872, aff. Léjay et Alessandri, D. P. 74. 1. 398; 19 janv. 1875, aff. Lamm et consorts, D. P. 75. 1. 321; Crim. cass. 25 févr. 1875, aff. Rabelle et Dufresne, D. P. 75. 1. 321-323; Req. 7 juill. 1880, aff. Cancalon et cons., D. P. 82. 1. 71 ; Pau, 11 juin 1884, aff. Magenc, D. P. 90. 2. 55). Elle ne saurait donc être étendue au cas de diffamation non publique, diffamation qui ne comporte pas, en effet, la preuve de la vérité des faits diffamatoires (Req. 14 janv. 1861, aff. Vuidepot, D. P. 61. 1. 372). Ainsi, l'action en dommages-intérêts, intentée par un fonctionnaire à raison de propos diffamatoires simplement tenus contre lui dans des lieux publics, est complètement portée devant la juridiction civile (Civ. rej. 2 juill. 1872 précité. V. *suprà*, n° 449). Il en est de même de l'action civile fondée sur une diffamation commise, même envers une personne qualifiée, dans le mémoire adressé au préfet, préalablement à l'introduction d'une action judiciaire contre une commune (Req. 14 janv. 1861 précité. V. *suprà*, n° 538 et suiv.); dans la délibération d'un conseil municipal (Civ. rej. 19 janv. 1875 et Req. 7 juill. 1880 précités).

1656. A plus forte raison les tribunaux civils peuvent-ils connaître d'une action civile basée sur des imputations qui n'ont pas même un caractère diffamatoire, en ce qu'elles ne se réfèrent à aucun fait de nature à être prouvé, et, par exemple sur des dénonciations téméraires constitutives d'un simple quasi-délit (Riom, 11 févr. 1880, aff. Fauchet, D. P. 80. 2. 67); ou sur des imputations, dont le défaut de précision est exclusif de l'existence d'une diffamation et, par suite, de la possibilité d'une preuve (Req. 3 août 1874, aff. Arrazat et Anterrieu, D. P. 74. 1. 494 (V. *suprà*, n° 854 et suiv.); ou sur des imputations s'appliquant à des faits précis, mais non diffamatoires (Rennes, 25 mars 1879, aff. Larrère et Peigné, D. P. 80. 2. 161. V. *suprà*, n° 860 et suiv.); ou enfin depuis la loi de 1881, sur des imputations simplement injurieuses, en l'absence de toute articulation ou allégation d'un fait déterminé, alors même qu'elles impliqueraient un fait diffamatoire susceptible d'être prouvé (V. *suprà*, n° 859, 1031 et 1037, et *infrà*, chap. 4. sect. 1, art. 4, § 2). — Il a été jugé, d'ailleurs, que lorsqu'un journal a dirigé contre une personne des imputations ne constituant pas légalement une diffamation, il n'y a pas lieu de casser l'arrêt d'une chambre civile de la cour d'appel qui statue sur l'action civile du demandeur, alors même qu'il aurait considéré l'écrit comme renfermant une diffamation (Req. 3 août 1874, précité).

1657. L'incompétence des tribunaux civils, ainsi empruntée par la loi nouvelle à la législation antérieure, est d'ordre public, et peut, dès lors, être proposée pour la première fois en appel (Nîmes, 10 nov. 1879, aff. Monnier, D. P. 80. 2. 133). Jugé, de même, que l'action civile du fonctionnaire, diffamé pour des faits relatifs à ses fonctions, ne pouvant être poursuivie séparément de l'action publique, le tribunal civil, saisi de l'action en dommages-intérêts d'un chef de service à l'exposition universelle de 1867 pour diffamation relative à son intervention dans l'adjudication du catalogue, est incompétent, et ne peut pas autoriser la preuve des faits diffamatoires même avec le consentement des deux parties (Riom, 3 août 1876, aff. Guyot-Montpayroux, D. P. 77. 2. 20. Conf. Toulouse, 17 juin 1881, aff. Bertrand, D. P. 83. 1. 401).

1658. Il convient toutefois de faire observer que les qualifications employées dans la citation du demandeur ne changent pas la nature et le caractère légal des faits dont il demande réparation. Ainsi, il a été jugé que l'ancien député au Corps législatif, candidat à la députation en 1877, à qui des imputations de ce genre ont été publiquement adressées par un journal, peut, bien que dans la citation il les ait qualifiées d'imputations mensongères, calomnieuses, perfides, poursuivre devant la juridiction civile, en vertu de l'art. 1382 c. civ., la réparation du préjudice qui lui a été causé (Rennes, 25 mars 1879, aff. Larrère et Peigné, D. P. 80. 2. 166; Comp. Orléans, 18 juill. 1890, aff. Portheaut, D. P. 91. 2. 144).

1659. — III. Circonstances qui font cesser l'interdiction prononcée par l'art. 46. — L'art. 46 de la loi de 1881 fait cesser l'interdiction de saisir les tribunaux civils d'une action civile ayant sa cause dans une diffamation susceptible d'être couverte par la preuve de la vérité des faits diffamatoires, lorsque la personne diffamée est dans l'impossibilité de s'adresser au juge de répression, par suite de l'extinction de l'action publique résultant, soit du décès de l'auteur de la diffamation (c. instr. crim. art. 3); ... soit d'une amnistie, l'amnistie n'étant, en principe, prononcée que sous la réserve de l'action civile des tiers (L. 25 févr. 1875, art. 3. V. aussi *suprà*, n° 1190). Cette exception à l'incompétence des tribunaux civils, que ne prévoyait pas le décret de 1848, se trouvait déjà formulée dans la loi de 1871 (V. *suprà, ibid.*).

1660. L'art. 4 de la loi de 1871 ajoutait que l'action civile s'éteint par le seul fait de l'extinction de l'action publique (V. *ibid.*). Cette dernière cause d'extinction de l'action civile n'est pas expressément prévue par la loi de 1881 ; mais elle résulte nécessairement de la règle établie par cette loi, relativement à l'indivisibilité de l'action publique et de l'action civile et de la détermination des deux exceptions apportées à la règle. — Il a été jugé que, lorsque l'action civile a été poursuivie d'abord simultanément avec l'action publique, elle peut être jugée séparément par la juridiction civile devant laquelle elle a été renvoyée par suite de la cassation de l'arrêt de la cour d'assises pour vice de formes (Req. 22 févr. 1875, aff. Gounouilhou, D. P. 75. 1. 324).

1661. La règle de l'art. 46 ne comporte aucune autre exception. « Ainsi, dit M. Barbier, t. 2, § 854, p. 313, dans le système qui dénie le droit de citation directe devant la cour d'assises au fonctionnaire diffamé par une des personnes qualifiées dans les art. 479, 483 c. instr. crim. et 10 de la loi de 1810, on ne saurait admettre, comme correctif, le droit appartenant à ce fonctionnaire de saisir la juridiction civile, au cas où le procureur général refuserait de suivre sur sa plainte. En effet, sous l'empire de la loi du 15 avr. 1871, l'interdiction d'exercer l'action civile séparément s'imposait aux fonctionnaires, bien que ceux-ci n'eussent pas le droit de citation directe ; et, sous l'empire de la loi de 1881, cette interdiction s'impose incontestablement aux ministres et aux membres des Chambres, comme aux autres personnes publiques visées par l'art. 31, bien que les membres du ministère ou des Chambres ne puissent agir par citation directe. » (V. *suprà*, n°s 1250, 1260 et 1612, et *infrà*, chap. 4, sect. 1, art. 1, § 2).

1662. L'indivisibilité de l'action civile et de l'action publique, à raison du délit de diffamation que spécifie l'art. 46 de la loi de 1881, n'entraîne que la prohibition d'exercer la première action séparément de la seconde. Elle ne s'oppose pas à ce que, dans l'instance où les deux actions ont été simultanément engagées devant le juge de répression, l'action civile soit l'objet d'une décision distincte de celle définitivement intervenue sur l'action publique et postérieure à cette décision (Req. 22 févr. 1875, aff. Gounouilhou, D. P. 75. 1. 324 ; Crim. cass. 2 août 1878, aff. Guelle, D. P. 79. 1. 47). Décidé, spécialement, que l'interdiction d'exercer l'action civile séparément de l'action publique, lorsqu'il s'agit du délit de diffamation à l'occasion duquel la preuve de la vérité des faits diffamatoires est permise, ayant pour unique but d'empêcher l'exercice de l'action civile séparément de l'action publique, ne porte pas atteinte aux droits conférés à la partie civile par l'art. 202 c. instr. crim., et qu'en conséquence, lorsque la partie diffamée a, conformément au vœu de cet article, saisi la juridiction correctionnelle, elle a le droit d'interjeter appel du jugement qui a acquitté le prévenu et de réclamer devant la cour des dommages-intérêts, alors même que l'action publique se trouverait éteinte par le défaut d'appel de la part du ministère public (Arrêt précité du 2 août 1878). De même, que lorsque l'action civile a été poursuivie simultanément avec l'action publique, elle peut être jugée séparément par la juridiction civile devant laquelle elle a été renvoyée, par suite de la cassa-

tion de l'arrêt de la cour d'assises, pour vice de forme (Arrêt précité du 22 févr. 1875).

1663. Le fonctionnaire public, tout à la fois diffamé et injurié, peut, s'il le juge à propos, négliger les imputations diffamatoires, et porter devant le juge civil compétent l'action résultant de l'injure. Le juge civil devra statuer, à moins qu'il n'y ait une indivisibilité manifeste entre les injures et les imputations diffamatoires (V. *suprà*, n° 1586). D'autre part, si les imputations diffamatoires sont dirigées dans un même article de journal tout à la fois contre un fonctionnaire et contre un particulier, ce dernier peut saisir les tribunaux civils tandis que l'art. 46 demeure applicable au fonctionnaire, à moins d'indivisibilité entre les deux ordres de diffamation ce qui déterminerait l'incompétence du juge civil (Montpellier, 17 mars 1882, *Lois nouvelles*, 1883. 3. p. 112, et la note de M. Lisbonne ; Barbier, t. 2, p. 852, p. 373. — Comp. *suprà*, n° 1590).

1664. Dans les cas exceptionnels où les fonctionnaires diffamés sont admis à poursuivre séparément l'action civile, la preuve des faits diffamatoires peut-elle être faite par le défendeur devant le tribunal civil et emporte-t-elle son renvoi des fins de la poursuite? V. *infrà*, chap. 4, sect. 1, art. 4, § 2.

CHAP. 4. — De la procédure.

1665. La loi du 29 juill. 1881 détermine, dans les art. 48 et suiv. les formes de la procédure applicables aux poursuites dirigées pour crimes ou délits de publication, devant la cour d'assises, et dans l'art. 60 les formes de la procédure applicables à la poursuite des délits de publication de la compétence des tribunaux correctionnels et aux contraventions de la compétence des tribunaux de simple police.

Sect. 1re. — Procédure devant la cour d'assises.

Art. 1er. — *Des formalités antérieures à la comparution devant la cour d'assises.*

1666. Avant la loi du 26 mai 1819, la poursuite des crimes et délits de presse et de publication était, aussi bien que la compétence, soumise aux dispositions du code d'instruction criminelle (*Rép.* n° 1465. V. *suprà*, n° 1195). Les cours d'assises, dont la compétence était alors limitée aux faits de publication ayant le caractère d'un crime, ne pouvaient en être saisies conformément aux règles de l'instruction criminelle, applicables à la poursuite de tous autres crimes, qu'après une instruction préalable, et par un arrêt de renvoi de la chambre des mises en accusation (C. instr. crim. art. 133, 217 et suiv. V. *suprà*, n° 1248).

La loi du 26 mai 1819 (art. 6, 8 et 13), après avoir étendu la compétence de la cour d'assises aux délits de publication, en laissa la poursuite sous l'empire des règles de l'instruction criminelle concernant les crimes ; et dès lors, à l'égard des délits déférés à la juridiction de la cour d'assises, la nécessité de l'information préalable et du renvoi par la chambre des mises en accusation se trouva maintenue. — L'art. 17 de la loi du 25 mars 1822 ayant replacé tous les délits de presse et de publication dans le domaine des tribunaux correctionnels, la poursuite de ces délits se trouva régie par l'art. 182 c. instr. crim. qui, à côté de l'information préalable, admet la voie de la citation directe ; la procédure obligatoire de l'information et de la mise en accusation ne concerna plus que les crimes. — La loi du 8 oct. 1830 rétablit la procédure de la loi de 1819, en même temps que la compétence de la cour d'assises (V. *suprà*, n°s 1248 et 1566).

1667. Ce parallélisme absolu entre la compétence des cours d'assises et la procédure à suivre pour les saisir entraînait des complications et des lenteurs que la nature spéciale des délits et même des crimes de presse et de publication rendait souvent inutiles. Peu après la loi de 1830, la loi du 8 avr. 1831, voulant simplifier les poursuites exercées devant la cour d'assises, en matière de délits de presse ou de publication, donna au ministère public le droit de les déférer directement à cette cour, tout délit comportant, en effet, par sa nature, l'exercice de ce droit. Toutefois, elle assujettit l'exercice du ministère public devant la cour d'assises à l'intervention du président (V. *infrà*, § 2). — Plus tard, l'art. 24 de la loi du 9 sept. 1835, et, après l'abrogation de cette loi par le décret du

22 août 1848 (D. P. 48. 4. 40), l'art. 16 de la loi du 27 juill. 1849 (D. P. 49. 4. 130), étendirent le même droit à la poursuite des crimes de publication, qui furent ainsi distingués des crimes ordinaires, pour lesquels la nécessité de l'information préalable est absolue. Ces lois simplifiaient, en même temps, le mode d'exercice de l'action directe, en supprimant l'intervention du président. — Le régime de l'action directe disparut, à son tour, avec le décret du 17 févr. 1852, qui, à l'exemple de la loi de 1822, soumit une seconde fois les crimes et délits de presse et de publication, à la compétence du droit commun (art. 25. V. *suprà*, n° 1566, et aux modes de poursuite déterminés par le code d'instruction criminelle (art. 27). L'instruction et la mise en accusation préalables redevenaient donc obligatoires pour les crimes, l'action directe étant limitée aux délits retombés dans la compétence de la juridiction correctionnelle (*Rép.* n° 1469). L'art. 1 de la loi du 15 avr. 1871, en faisant renaître la compétence des cours d'assises, en matière de délits de presse et de publication, remit en vigueur le mode de poursuite antérieur au décret de 1852, c'est-à-dire qu'il permit au ministère public de choisir entre la procédure d'information préalable et le droit de citation directe créé par la loi de 1831 et élargi par les lois de 1835 et de 1849 (D. P. 71. 4. 44). Le même système se retrouvait dans la loi du 29 déc. 1875 (D. P. 76. 4. 30), qui s'est bornée à restreindre la compétence des cours d'assises, en leur enlevant la connaissance de certains délits de publication (V. *suprà*, n° 1566).

La loi de 1881, qui fait, elle aussi, de la cour d'assises la juridiction compétente en principe pour le jugement des délits de publication, consacre le mode de poursuite organisé par les lois de 1831 et de 1849, et conservé par celles de 1871 et de 1875. — V. *suprà*, n° 1568. Elle reconnaît au ministère public la faculté de poursuivre devant la cour d'assises la répression des crimes et délits de publication soit par la voie de l'information préalable, comme le prévoit expressément l'art. 48, soit par la voie de la citation directe, ce qui résulte implicitement de l'art. 50, où sont déterminées les formes de la citation.

1668. En matière de presse, comme pour toutes les poursuites qui sont soumises au droit commun, le ministère public est seul juge de la voie qu'il y a lieu d'adopter pour la poursuite. Seulement, il ne peut pas renoncer à celle qu'il a choisie d'abord, pour recourir à l'autre. Il ne peut donc pas dessaisir le juge d'instruction qu'il a requis d'informer, en citant directement le prévenu devant le tribunal; et, s'il a, au contraire, cité d'abord directement, l'affaire ne peut plus être mise en information que par une décision du tribunal saisi. D'autre part, la partie lésée, qui a le droit de citation directe en matière de presse, même devant la cour d'assises (V. *suprà*, n° 1249), ne peut pas user de ce droit quand, sur la plainte qu'elle a d'abord formée, le ministère public a requis une information (Crim. cass. 7 juin 1821, *Rép.* v° *Instruction criminelle*, n° 788; Nancy, 4 déc. 1847, aff. Goury, D. P. 48. 2. 199; Paris, 29 nov. 1850, aff. Jouvin, D. P. 51. 2. 15; Trib. corr. Bordeaux, 7 août 1868, aff. Richard, D. P. 69. 3. 30; Alger, 5 févr. 1875, aff. B..., D. P. 75. 2. 120). — Ces règles sont applicables, notamment, quand il est intervenu une ordonnance de non-lieu, la citation directe ne serait fondée sur des charges nouvelles : il n'y a lieu, en pareil cas, qu'à la reprise de l'information (Bordeaux, 7 août 1868 et Alger, 5 févr. 1875 précités ; Crim. cass. 22 mars 1856, aff. Ronconi, D. P. 56. 1. 231). — Il est, d'ailleurs, constant que le ministère public est libre de requérir une information, même en présence d'une citation directe de la partie lésée.

1669. La juridiction saisie par la citation de la partie doit surseoir à statuer jusqu'à la clôture de l'information requise par le ministère public (arg. c. instr. crim. art. 3. Conf. Crim. cass. 18 juin 1824, *Rép.* n° 1553; Barbier, t. 2, n° 887, p. 399). Toutefois, lorsque le même fait est susceptible d'une double qualification, il peut être poursuivi par la voie de la citation directe comme constituant un délit de diffamation, par exemple, bien qu'il ait donné lieu à une information encore ouverte pour délit de fausse nouvelle (Crim. rej. 1er août 1867, aff. Leroi; Crim. cass. 19 déc. 1867, aff. Hardy, et Crim. rej. 28 mai 1868, aff. Mouillade, D. P. 70. 1. 369 et la note. Conf. Barbier, *loc. cit.*).

§ 1er. — De la procédure en cas d'information préalable requise par le ministère public.

1670. En accordant au ministère public, avec la faculté de citer directement le prévenu devant la cour d'assises (art. 60), le droit de requérir, s'il le juge plus opportun, une information préalable (art. 48), la loi de 1881 tranche une question qui s'était élevée sous les lois antérieures, à l'égard de l'information préalable. On avait soutenu, en effet, que le droit de citation directe, dont se trouvait investi le ministère public, était exclusif de la procédure d'information et de mise en accusation préalable de loi de 1819, bien que l'option entre cette procédure et celle de l'action directe fût d'une pratique courante sous la loi du 27 juill. 1849 (D. P. 73. 1. 396, note). Cette faculté d'option a été formellement admise, sous la loi du 15 avr. 1871, par un arrêt de la cour de cassation, portant qu'en matière de délit de presse ou de publication le ministère public peut, selon les circonstances, requérir l'information ordinaire par le juge d'instruction en vue d'arriver à un arrêt de renvoi devant la cour d'assises, ou citer directement le prévenu, pour rapprocher du délit le jugement à intervenir; on dirait à tort qu'il n'a que ce droit de citation directe (Crim. cass. 17 mai 1873, aff. Procureur général de Besançon, D. P. 73. 1. 396). La loi nouvelle fait disparaître, à cet égard, toute difficulté.

1671. — I. Du réquisitoire introductif. — La loi du 26 mai 1819, sous laquelle l'instruction et mise en accusation préalables, en matière de crimes et délits de la compétence des cours d'assises, étaient obligatoires, exigeait (art. 6) que le réquisitoire du ministère public tendant à l'information, contînt l'articulation et la qualification du fait poursuivi, à peine de nullité de la poursuite (*Rép.* p. 407. V. *suprà*, n° 1257).

L'art. 48 de la loi de 1881 reproduit cette disposition en la complétant. Il porte, en effet, que « si le ministère public requiert une information, il sera tenu, dans son réquisitoire, d'articuler et de qualifier les provocations, outrages, diffamations et injures à raison desquels la poursuite est intentée, avec indication des textes dont l'application est demandée, à peine de nullité du réquisitoire de ladite poursuite. « Par *articulation*, dit M. Barbier (t. 2, n° 888, p. 400), il faut entendre l'énonciation nette et précise des faits de provocation, d'outrage, de diffamation, d'injure qui font l'objet de la plainte, des circonstances de temps, de lieu, de publicité, qui impriment aux faits les caractères d'une infraction déterminée et réprimée par la loi. La qualification est la dénomination légale de l'infraction poursuivie ».

1672. L'art. 48 exige que le réquisitoire du ministère public à fin d'information renferme, outre l'articulation et la qualification du fait poursuivi, l'indication du texte dont l'application est demandée (D. P. 81. 4. 84. Circ. min. just. 9 nov. 1881, D. P. 81. 3. 111, n° 61).

Cependant il n'est pas nécessaire que le réquisitoire contienne la transcription du texte de l'article qui édicte la peine applicable au fait incriminé : il suffit que le numéro de cet article y soit visé (Crim. rej. 10 mars 1882, aff. Delpierre et de Rochefort, D. P. 82. 1. 190). C'est la même interprétation qui donne la jurisprudence lorsqu'il s'agit de la citation directe (V. *infrà*, § 2). La loi n'exige pas non plus même un simple visa, soit de l'article qui définit le délit poursuivi, soit des articles qui déterminent les personnes punissables, comme auteurs principaux ou comme complices (Arrêt précité du 10 mars 1882. — V. *infrà*, *ibid.*).

1673. L'articulation, la qualification et l'indication ou visa des textes dont l'application est demandée sont prescrites, par l'art. 48, à peine de nullité du réquisitoire et de la poursuite (D. P. 81. 4. 84; Circ. min. just. 9 nov. 1881, D. P. 81. 3. 111, n° 61). Cette disposition est très rigoureuse puisque, dès le début des poursuites et avant l'information qui a pour but d'assurer leur exacte direction, elle oblige le ministère public à préciser tous les éléments du délit. Cependant la disposition de l'art. 48 est absolue, et sa première conséquence est d'imposer au juge d'instruction le devoir de prononcer d'office la nullité du réquisitoire introductif d'instance qui ne satisfait pas au prescrit dudit article. Ce point ne peut plus être controversé comme il l'était sous la législation antérieure (Conf. Barbier, t. 2, n° 889, p. 401.

Comp. dans le même sens : de Grattier, t. 2, p. 337 et Grellet-Dumazeau, t. 2, nos 1045 et 1046, et en sens contraire : Carnot, p. 100; Chassan, t. 2, n° 1492).

1674. Si le juge d'instruction informe sur le réquitoire irrégulier, la chambre des mises en accusation doit en prononcer la nullité d'office et annuler en même temps tous les actes postérieurs de la poursuite (Crim. rej. 28 déc. 1854, aff. Lallemand, D. P. 55. 1. 183).

Si la chambre d'accusation, au lieu d'annuler le réquisitoire et l'instruction, rend un arrêt de renvoi devant la cour d'assises, cet arrêt contient une violation de la loi qui donne ouverture à cassation. Alors, ou bien l'arrêt sera signifié au prévenu, ou bien cette formalité, qui n'est obligatoire que pour la poursuite des crimes, sera négligée. Dans le premier cas, l'arrêt de renvoi acquerra l'autorité de la chose jugée à défaut d'un pourvoi formé dans les trois jours de la signification ; les irrégularités de la procédure antérieure se trouveront, par ce fait, définitivement couvertes (V. Rép., v° Instruction criminelle, n° 1137). Dans le cas contraire, le prévenu peut se pourvoir contre l'arrêt de renvoi qui ne lui a pas été signifié, car le défaut de signification, qui ne fait pas courir le délai du pourvoi, ne rend pas néanmoins le pourvoi non recevable. La cour d'assises ne devra toutefois surseoir à statuer que si le pourvoi est formé avant le tirage au sort du jury (c. instr. crim. art. 301). — Si le prévenu comparaît devant la cour d'assises sans s'être pourvu contre l'arrêt de renvoi non signifié, il ne peut pas soumettre la nullité de cet arrêt et la procédure qui l'a précédé à la cour d'assises, dont l'incompétence est manifeste ; mais, après l'arrêt de cette cour sur le fond, il pourra encore se pourvoir en cassation contre l'arrêt de renvoi, qui n'a pas acquis force de chose jugée, et faire annuler cet arrêt en même temps que la condamnation qui l'a suivi (c. instr. crim. art. 408). — Il convient d'observer que les poursuites, annulées en vertu de l'art. 48, peuvent être reprises sur un nouveau réquisitoire introductif d'instance, tant que la prescription n'est pas acquise (Conf. sur ces divers points, Barbier, loc. cit.).

1675. — II. De l'information et des pouvoirs du juge d'instruction. — Après le réquisitoire introductif, l'affaire doit suivre son cours selon les règles ordinaires : le juge d'instruction est tenu de procéder à l'information, conformément aux art. 71 à 86 c. instr. crim. pour l'audition des témoins, et aux art. 127 à 136 qui règlent la mission du juge d'instruction après que l'instruction est achevée.

1676. En matière de presse, comme en matière de crime ou de délit régi par le droit commun, l'instruction est essentiellement secrète jusques et y compris l'arrêt de mise en accusation ; le prévenu n'a donc pas le droit d'exiger, au cours de l'information, la communication de la procédure et ne peut, devant la cour de cassation, se faire un grief du refus qui lui a été opposé de ce chef (Crim. rej. 21 nov. 1891, aff. Martinet, D. P. 92. 1. 33). Cependant les dispositions du code d'instruction criminelle, en vertu desquelles l'instruction doit rester secrète jusqu'au dernier interrogatoire de l'accusé, ne sont pas prescrites à peine de nullité. — Aucune disposition du code d'instruction criminelle n'interdit la communication de la procédure criminelle à un tiers (et à plus forte raison au prévenu ou à son conseil). La loi du 29 juill. 1881 sur la presse ne l'interdit pas davantage, mais en prohibe seulement la publication (Crim. rej. 6 janv. 1893, aff. Rambert et Ayachi, D. P. 93. 1. 102).

1677. Cependant les pouvoirs qui appartiennent au juge d'instruction en vertu du droit commun subissent d'importantes dérogations en matière de presse. L'art. 49 de la loi de 1881 détermine les mesures préventives que peut prendre le juge d'instruction, au cas d'information préalable, soit à l'égard de l'œuvre incriminée, soit contre la personne de l'inculpé.

1678. — III. Saisie préventive. — L'art. 89 c. instr. crim. donne au juge d'instruction le droit d'opérer la saisie de tous papiers et effets qui peuvent servir à la manifestation de la vérité. L'art. 15 de la loi du 21 oct. 1814, relative à la liberté de la presse, autorisait pareillement la saisie de tout ouvrage déféré aux tribunaux à raison de son contenu. La loi du 28 déc. 1817 prescrivait que l'ordre de saisir et le procès-verbal fussent notifiés, dans les vingt-quatre heures, à la partie saisie, qui avait le droit d'y

former opposition. Il devait être statué sur cette opposition, à la diligence du ministère public, dans un délai de huitaine dont l'expiration, sans qu'aucune décision fût intervenue, entraînait, de plein droit, la péremption de la saisie et l'obligation de restituer l'ouvrage saisi à son propriétaire.

1679. La loi du 26 mai 1819, statuant également sur le droit de saisie d'un œuvre, à raison de son contenu, limita ce droit au seul cas où l'ouvrage renfermerait soit un crime, soit un délit de la compétence de la cour d'assises, c'est-à-dire au cas où il y avait lieu à l'information obligatoire alors prescrite par cette loi. C'est, en effet, à propos de l'information ouverte sur ces crimes et délits, que l'art. 7 de la loi de 1819 conférait au juge d'instruction la faculté d'ordonner « la saisie des écrits, imprimés, placards, dessins, gravures, emblèmes ou autres instruments de publication » (Rép. n° 1465. V. suprà, n° 1666). Sous la loi de 1819, il n'y avait donc pas lieu à saisie, dans le cas où il s'agissait des délits que la même loi laissait dans la compétence des tribunaux correctionnels, c'est-à-dire pour les délits de diffamation ou d'injure envers les particuliers, et pour les délits de diffamation verbale ou d'injure envers toute personne (V. suprà, n° 1566). — La loi de 1819, après avoir ainsi restreint aux crimes et délits de presse, de la compétence de la cour d'assises, le droit de saisie des objets incriminés, prenait, comme la loi de 1817, le soin de donner à la procédure une rapidité qui permit à la partie saisie d'être promptement fixée sur le sort de la mainmise opérée sur son ouvrage. Dérogeant, en faveur de la liberté de la presse, aux dispositions du code d'instruction criminelle, elle assujettissait à certains délais les opérations du magistrat instructeur et la décision à rendre sur les résultats de l'instruction. C'est ainsi qu'elle prescrivait : 1° la notification du procès-verbal de saisie à la personne sur qui la saisie avait été faite, dans les trois jours de ce procès-verbal (art. 7) ; — 2° L'achèvement de l'instruction dans les huit jours de cette notification ; — 3° La transmission immédiate des pièces au procureur général, en cas de renvoi à la chambre des mises en accusation, avec obligation, pour ce magistrat, de faire son rapport dans les cinq jours de la réception de ces pièces, et, pour la chambre des mises en accusation, de prononcer dans les trois jours du rapport (art. 10). Si la partie civile produisait, dans le délai du rapport, la requête autorisée par l'art. 247 c. instr. crim., ces délais étaient portés à dix jours à partir de la production. Leur inobservation entraînait la péremption de la saisie et l'extinction de l'action publique, si elle tendait à la répression d'un simple délit (art. 11).

1680. Ces dérogations au code d'instruction criminelle ont été abrogées par l'art. 17 de la loi du 25 mars 1822, qui, en replaçant les délits de presse et de publication dans la compétence des tribunaux correctionnels, a soumis la poursuite de ces délits, et, à plus forte raison, celle des crimes, aux règles de procédure tracées par le code d'instruction criminelle (Rép. n° 1466. Rapport sur la loi de 1881, D. P. 81. 4. 85, note 2). — La loi du 8 avr. 1831 a remis en vigueur, dans son art. 5, la procédure spéciale de la loi de 1819 après le rétablissement, par la loi du 8 oct. 1830, des règles de la compétence de la cour d'assises en matière de délits de publication (Rép. n° 1468. — V. suprà, n° 1667). Les lois des 9 sept. 1835 et du 27 juill. 1849 ne se sont pas occupées de la saisie préventive (Rép. p. 414 et D. P. 49. 4. 118). Le décret du 27 févr. 1852, après avoir déféré aux tribunaux correctionnels tous les délits de publication, a, de nouveau, soumis au droit commun la mesure de la saisie préventive, par suite du renvoi général contenu, dans son art. 27, aux formes et délais du code d'instruction criminelle (D. P. 52. 4. 56. V. aussi Rapport sur la loi de 1881, D. P. 81. 4. 85, note 2).

1681. Sous la loi du 15 avr. 1871, qui rétablissait la compétence de la cour d'assises inaugurée par la loi de 1819, on s'est demandé si les règles de procédure de la même loi, notamment celles qui tendaient à accélérer la marche de l'instruction pour le cas de saisie, se trouvaient également rétablies. L'art. 1 de la loi de 1871, ayant simplement remis en vigueur, avec la compétence de la cour d'assises, la loi du 27 juill. 1849, qui n'avait aucun trait à la procédure organisée par la loi de 1819, la cour de cassation en a conclu que cette procédure était restée sous le coup de l'abrogation dont l'avait frappée le décret de 1852, et, que dès lors, elle avait continué à être régie par le code d'instruction criminelle (Crim. rej. 3 juill. 1874, aff. Bonhomet et Dreyfus, journal *L'Avenir de la Sarthe*, D. P. 75. 1. 100; 17 juill. 1874, aff. Gouache, journal *L'Union républicaine de l'Eure*, D. P. 75. 1. 101 ; 31 juill. 1874, aff. Jogan et Bourelly, journal *La Jeune République de Marseille*, D. P. 75. 1. 97, et la note ; 25 août 1877, aff. Leprince, *Bull. crim.*, n° 207). Il devait donc en résulter qu'il n'était pas nécessaire, en cas de saisie ordonnée par le juge d'instruction, ni que le procès-verbal de saisie fût notifié à l'inculpé dans les trois jours du procès-verbal de saisie, conformément à l'art. 7 de la loi du 26 mai 1819 (Arrêts précités du 3 juill. 1874 et du 25 août 1877); ni que l'ordonnance de renvoi devant la chambre de mises en accusation fût rendue dans le délai de dix jours fixé par l'art. 11 de la même loi, à peine de péremption de la saisie et d'extinction de l'action publique exercée pour un délit (Arrêt précité du 3 juill. 1874. — V. *suprà*, n° 1679). La même interprétation a dû, à plus forte raison, être donnée à l'art. 4 de la loi du 29 déc. 1875, qui, tout en consacrant, comme la loi de 1871, la règle de compétence de la loi de 1819, en détachait la plupart des délits pour les déférer aux tribunaux correctionnels (V. *suprà*, n° 1566).

1682. La mesure préventive de la saisie, maintenue par la législation antérieure et suivie, depuis le décret de 1852, d'une procédure soumise au droit commun, n'est plus autorisée par la loi du 29 juill. 1881. « Nous n'avons pas cru, dit le rapport, devoir adopter ces dispositions (de la loi de 1819) qui peuvent donner lieu à de graves abus. La saisie illimitée de toute une édition, s'il s'agit d'écrits ou imprimés ordinaires, de tout un tirage, s'il s'agit de journaux,... est une mesure exorbitante, quelles que soient les précautions que l'on prenne pour accélérer la marche de la procédure. Nous avons voulu interdire d'une façon absolue le droit de saisie. Nous ne faisons qu'une seule exception à cette interdiction, c'est au cas où le dépôt prescrit par les art. 3 et 10 de la loi nouvelle n'aurait pas été effectué. Et même, dans ce cas, la saisie devra se borner à quatre exemplaires de l'écrit ou quatre numéros du journal incriminé. Plus de saisie préventive dans le sens juridique de cette expression, mais une simple mesure pour constater l'identité de l'objet incriminé » (D. P. 81. 4. 84, note 2. Conf. Circ. min. just. 9 nov. 1881, D. P. 81. 3. 110, n° 52). L'art. 49 porte, en effet, que : « immédiatement après le réquisitoire, le juge d'instruction pourra, mais seulement en cas d'omission du dépôt prescrit par les art. 3 et 10 ci-dessus, ordonner la saisie de quatre exemplaires de l'écrit, du journal ou du dessin incriminé ». Ainsi la saisie, n'étant plus, en vertu de cette disposition, qu'un moyen de constater « l'identité de l'objet incriminé », n'est autorisée que sous une distinction : le dépôt administratif prescrit pour tout imprimé (art. 3) et, en outre, le dépôt judiciaire exigé pour les journaux et écrits périodiques (art. 10) ont-été faits, aucune saisie ne peut être ordonnée. Si, au contraire, le dépôt n'a pas eu lieu, la saisie est permise, mais dans les limites de la constatation d'identité de l'ouvrage poursuivi, que l'absence d'un acte de dépôt a rendue nécessaire (V. *suprà*, n°s 1166, 90 et suiv., 228 et suiv., 683).

1683. Suivant le projet, l'art. 49 autorisait en vue de cette constatation d'identité la saisie de quatre exemplaires de l'écrit ou de dix numéros du journal incriminé. La disposition définitivement votée a assimilé les journaux aux autres écrits, en réduisant la faculté de saisie à quatre exemplaires pour ces deux catégories d'instruments de publicité (D. P. 81. 4. 85, note 2).

1684. Le droit de saisie ainsi restreint dans sa condition et dans son application, n'est, d'ailleurs, autorisé par la loi de 1881, comme sous la législation précédente, qu'en matière de crimes ou de délits de la compétence de la cour d'assises, poursuivis par voie d'information ; il ne s'étend pas aux délits de la compétence des tribunaux correctionnels, alors même qu'ils seraient l'objet d'une instruction préalable, en vertu de l'art. 60.

1685. La saisie ne peut davantage être ordonnée, s'agit-il d'un crime ou d'un délit de la compétence des cours d'assises, si la poursuite en est exercée par voie d'action directe,

le droit de prescrire cette saisie appartenant exclusivement au juge d'instruction, et impliquant, dès lors, une information préalable, dans les termes de l'art. 48 ; c'est ce qui résulte très nettement de la suppression d'une disposition finale du projet qui déclarait la disposition de l'art. 49 « commune au procureur de la République et au juge d'instruction » (D. P. 81. 4. 85, note 2).

1686. A plus forte raison, le droit de saisie ne peut-il recevoir son application au cas de simples infractions à la police de l'imprimerie, de la presse périodique, de l'affichage et du colportage (V. *suprà*, n° 1600). Ainsi disparaît la mesure autorisée par l'art. 15 de la loi du 21 oct. 1814, en vertu duquel il y avait saisie et à séquestre de tout ouvrage publié sans dépôt préalable, ou sans indication du nom et de la demeure de l'imprimeur, sauf restitution après le payement des amendes encourues pour les contraventions.

1687. La saisie autorisée par l'art. 49 ne frappant qu'un petit nombre d'exemplaires de l'ouvrage incriminé, l'instruction au cours de laquelle elle a été ordonnée, et les décisions à intervenir sur les résultats de cette instruction, ne sont plus assujetties aux délais de la loi de 1819; elles demeurent régies par le droit commun (Rapport, D. P. 81. 4. 84, note 2. — V. *suprà*, n° 1679 et suiv.).

1688. L'art. 49 porte qu'il n'est pas dérogé à l'art. 28. Cet article, qui réprime le délit d'outrage aux bonnes mœurs ordonnait, dans son paragraphe 2, la saisie après dépôt, et sans limitation, de tous dessins, gravures, peintures, emblèmes ou images obscènes, ayant été l'objet de l'un des modes de publication déterminés par cette disposition. Le délit d'outrage aux bonnes mœurs, prévu par l'art. 28, devenait ainsi une cause de saisie préventive, bien que celle-ci fût de la compétence des tribunaux correctionnels, et que la saisie réglée par l'art. 49 ne soit admise qu'en matière de délits de la compétence de la cour d'assises. La saisie conditionnelle et limitée, autorisée, par l'art. 49, était, au contraire, demeurée applicable aux écrits et imprimés contraires aux bonnes mœurs, qui se trouvaient énumérés dans le paragraphe 1 du même art. 28. — L'art. 1 de la loi du 2 août 1882, en faisant sortir de la législation sur la presse, pour le soumettre au droit commun, le délit d'outrage aux bonnes mœurs commis soit à l'aide de l'un des moyens énoncés au paragraphe 2 de l'art. 28 de la loi de 1881, soit à l'aide des moyens spécifiés au paragraphe 1 de cet article, autres que le livre, n'a conservé qu'au livre le bénéfice de l'art. 49, quant à l'exercice du droit de saisie (V. *suprà*, n°s 683 et suiv., 705 et suiv.).

1689. — IV. ARRESTATION PRÉVENTIVE. — L'art. 31 de la loi du 26 mai 1819 déclarant applicables à la poursuite des crimes et délits de presse ou de publication les dispositions du code d'instruction criminelle auxquelles il n'était pas dérogé par cette loi, l'inculpé pouvait être mis en état d'arrestation préventive en vertu d'un mandat de dépôt ou d'arrêt décerné par le juge d'instruction, conformément aux art. 91 et suiv. c. instr. crim., en cas d'inculpation d'un fait de nature à emporter une peine criminelle ou un emprisonnement correctionnel (*Rép.* n° 1471). On décidait que l'arrestation préventive pouvait être ordonnée, même non en état d'un journal assujetti au cautionnement (Paris, 23 mars 1832, *Rép.* n° 1472). D'autre part, l'art. 114 c. instr. crim., alors en vigueur, permettait la mise en liberté provisoire de cet inculpé, quand la prévention ne portait que sur un simple délit, à la charge, par l'inculpé, de donner un cautionnement dont l'art. 119 fixait le minimum à 500 fr., et le maximum au double de l'amende prononcée par la loi contre le délit poursuivi, sans qu'il pût être inférieur à 500 fr., ni au triple du dommage civil, arbitré par le juge d'instruction. Le juge avait d'ailleurs la faculté de le refuser. Ce bénéfice de la mise en liberté provisoire sous caution était également accordé à l'individu poursuivi pour un délit de publication, par l'art. 28 de la loi du 26 mai 1819, mais avec plus d'extension. Il était admis, même au cas d'inculpation ayant le caractère d'un crime. Le cautionnement qui en formait la condition n'était soumis à aucun minimum, et le maximum était du double de l'amende édictée par la loi, sans qu'on eût à se préoccuper de la valeur du dommage civil. De plus, la mise en liberté provisoire était obligatoire, pour le juge, dès que l'inculpé la demandait, et satisfaisait à l'obligation du cautionnement (*Rép.* p. 407).

1690. L'arrestation préventive de l'auteur de l'œuvre incriminée, avec son correctif de la mise en liberté provisoire, a subi toutes les vicissitudes législatives que nous avons signalées à propos de la saisie de cette œuvre elle-même (V. *supra*, nos 1678 et suiv.). Les conditions en ont donc été successivement régies, depuis la loi de 1819, par le droit commun, sous la loi du 25 mars 1822 ; par la loi de 1819, sous la loi du 8 avr. 1831, qui l'a remise en vigueur. Cependant l'art. 15 de la loi du 27 juill. 1849 admit, par dérogation à l'art. 28 de la loi de 1819, que la mise en liberté sous caution ne serait pas obligatoire au cas d'inculpation de provocation à l'un des crimes prévus par les art. 87 et 91 c. pén. (D. P. 49. 4. 130, note 14). L'arrestation préventive fut de nouveau régie par le droit commun sous le décret du 27 févr. 1852, dont l'art. 27 a soumis la poursuite des crimes et délits de publication aux formes et délais du code d'instruction criminelle. C'est dans ce dernier état de la législation qu'est intervenue la loi de 1881, puisque les lois des 15 avr. 1871 et 29 déc. 1875 n'ont rien modifié la procédure de l'information (V. *supra*, n° 1667).

1691. En vertu de l'art. 49 de la loi de 1881, l'arrestation préventive de l'individu inculpé d'un fait de publication punissable est l'objet d'une réglementation toute nouvelle. Cet article dit, en effet, que, si le prévenu est domicilié en France, il ne pourra être arrêté préventivement qu'en cas de crime ». Ainsi, l'arrestation préventive qui, jusque-là, était permise à l'égard de tout inculpé d'un crime ou d'un délit de publication passible de la peine de l'emprisonnement est limitée : 1° au cas où l'inculpation porte sur un crime, c'est-à-dire sur la provocation à un crime, prévue par l'art. 23 (Circ. min. just. 9 nov. 1881, D. P. 81. 3. 110, n° 54. V. *supra*, nos 570 et suiv.) ; — 2° Et, en outre, au cas où l'inculpé poursuivi pour un simple délit n'est pas domicilié en France (Circ. précitée).

1692. La loi de 1881 n'exige que le délit de publication commis par un inculpé non domicilié en France entraîne la peine de l'emprisonnement, comme le fait l'art. 94 c. instr. crim. parce que les délits de publication sont tous passibles de cette peine.

1693. La mesure de l'arrestation préventive est toujours subordonnée à la condition que la poursuite ait lieu par voie d'information préalable, la poursuite par voie d'action directe ne la comportant pas, à défaut d'intervention du juge d'instruction, et la procédure sur les flagrants délits étant inapplicable aux délits de presse et de publication (V. *infra*, § 2).

1694. Il faut, de plus, qu'il s'agisse d'une inculpation s'appliquant à un fait de la compétence de la cour d'assises, l'arrestation préventive étant interdite d'une manière absolue en matière de délits de la compétence des tribunaux correctionnels (V. *infra*, sect. 2).

1695. Conformément à l'art. 49 de la loi de 1881, l'arrestation préventive ne pouvait pas avoir lieu, à la différence de la saisie préventive (V. *supra*, n° 1688), au cas de poursuite pour délit d'outrage aux bonnes mœurs, même quand ce délit résultait de la vente, de l'offre, de l'affichage ou de la distribution par la voie publique ou dans des lieux publics, de dessins, peintures, gravures, emblèmes et images obscènes, énoncés dans le paragraphe 2 de l'art. 28 (V. *supra*, nos 664 et suiv.). La loi du 2 août 1882 ayant soumis au droit commun le délit d'outrage aux bonnes mœurs, lorsqu'il serait commis à l'aide de ces moyens et, en outre, à l'aide des écrits et imprimés spécifiés au paragraphe 1 du même art. 28, autres que le livre, a rendu la mesure de l'arrestation préventive applicable au délit dont il s'agit, sauf le cas où il aurait eu lieu par la parole ou le livre, cas qui demeure régi par la loi de 1881. Le délit d'outrage aux bonnes mœurs, prévu par la loi de 1882, autorise l'arrestation préventive, bien qu'il soit de la compétence des tribunaux correctionnels ; en effet, cette arrestation cesse alors d'être régie par la loi de 1881, qui ne la permet qu'en matière de délits de publication de la compétence des cours d'assises. La condition que l'inculpé ne soit pas domicilié en France cesse également d'être obligatoire (V. *supra*, nos 705 et suiv.).

1696. Au moment de la promulgation de la loi du 29 juill. 1881, il a été jugé que la disposition de l'art. 49 qui supprime la détention préventive en matière de délits de presse devait avoir pour conséquence immédiate la mise en liberté des inculpés de semblables délits détenus préventivement (Crim. rej. 29 sept. 1881, aff. Saïd-ben-Ahmed-ben-Djemel, *Bull. crim.* n° 226).

1697. L'arrestation préventive de l'auteur d'une infraction à la loi du 29 juill. 1881 n'étant autorisée par l'art. 49 de cette loi, lorsque l'auteur de l'infraction est domicilié en France, que si le fait incriminé constitue un crime, il en résulte que l'individu arrêté en dehors des conditions prévues par ledit article est fondé à réclamer des dommages-intérêts de ceux qui ont procédé à cette arrestation illégale ou qui l'ont requise. L'action engagée par la personne illégalement arrêtée passe à ses héritiers (Lyon, 26 févr. 1890, aff. Veuve Coiraton et autres, D. P. 91. 2. 21).

1698. L'interdiction d'arrêter préventivement les prévenus de délits de presse domiciliés en France ne permet pas au juge d'instruction de délivrer contre eux des mandats de dépôt ou d'arrêt. On ne peut pas lui contester le droit de délivrer des mandats de comparution. Devrait-on lui reconnaître celui de délivrer des mandats d'amener ? M. Barbier, t. 2, n° 891, p. 403, s'est prononcé pour la négative, tout en admettant que le mandat d'amener n'est qu'un moyen de contraindre le détenu à paraître devant le juge, et n'est pas l'acte initial de la détention préventive interdit par l'art. 49. « Cependant, dit-il, le texte de l'art. 49, § 2, en disposant que le prévenu ne peut être arrêté préventivement, paraît exclure formellement le mandat d'amener, qui, pourrait, d'ailleurs, avoir pour effet de soumettre l'inculpé à une détention préalable d'une certaine durée, le juge d'instruction n'étant tenu de procéder à l'interrogatoire que dans les vingt-quatre heures de l'arrestation (c. instr. crim., art. 39) ». Cette opinion pourrait encore s'appuyer sur l'art. 100 c. instr. crim. ainsi conçu : « Néanmoins, lorsque après plus de deux jours depuis la date du mandat d'amener le prévenu aura été trouvé hors de l'arrondissement de l'officier qui a délivré ce mandat et à une distance de plus de cinq myriamètres du domicile de cet officier, ce prévenu pourra n'être pas contraint de se rendre au mandat ; mais alors le procureur de la République de l'arrondissement où il aura été trouvé et devant lequel il sera conduit décernera un mandat de dépôt en vertu duquel il sera retenu dans la maison d'arrêt ».

Ces objections n'ont pas paru décisives à la cour de cassation. Elle a jugé que l'art. 49 de la loi du 29 juill. 1881, défendant que le prévenu d'un délit de presse domicilié en France puisse être arrêté préventivement, sauf en matière de crime, ne s'oppose nullement à ce que le juge d'instruction, au cas où le prévenu ne se présente pas sur mandat de comparution, décerne un mandat d'amener ; que le mandat de dépôt qui, dans le cas spécial de l'art. 100 c. instr. crim., pourrait être la suite du mandat d'amener n'étant, pour le procureur de la République, que facultatif, et ne pouvant en outre être considéré que comme une mesure de translation, le prévenu ne peut prétendre que, dans ce cas même, le mandat d'amener aboutit nécessairement à une détention préventive ; enfin, que la chambre de mises en accusation qui, saisie de conclusions du prévenu tendant à faire juger que la délivrance d'un mandat d'amener est incompatible avec l'art. 100 c. instr. crim., déclare d'une façon générale que l'art. 49 de la loi du 29 juill. 1881 n'exclut nullement la possibilité de lancer contre le prévenu un mandat d'amener et juge par là même implicitement que ce mandat peut avoir tous les effets légaux, rend un arrêt suffisamment motivé (Crim. rej. 24 janv. 1891, aff. Martinet, D. P. 91. 1. 187, et les conclusions de M. l'avocat général Baudouin rapportées *ibid.*).

1699. Dans le cas exceptionnel où l'art. 49 autorise l'arrestation préventive de l'inculpé d'un crime ou d'un délit de presse ou de publication, il est manifeste que la rigueur d'une pareille mesure est tempérée par le bénéfice de la mise en liberté provisoire. La loi de 1881 n'en parle pas ; mais il y a lieu d'appliquer ici le droit commun, qui réglait la liberté provisoire avant la loi nouvelle, en vertu de l'art. 27 du décret du 17 févr. 1852, cité *supra*, n° 1690. Il est à remarquer à cet égard : 1° que l'art. 113 c. instr. crim., modifié par la loi du 14 juill. 1865, admet la mise en liberté provisoire en toute matière criminelle ou correction-nelle, et que, dès lors, l'individu inculpé d'un crime de publica-tion peut l'obtenir, même au cas de poursuites pour pro-vocation à l'un des crimes prévus par les art. 87 et 91 c. pén., cas dans lequel la loi du 27 juill. 1849 le lui refusait (V. *suprà*, n° 1690) ; — 2° Qu'en vertu du même article, la mise en liberté provisoire est de droit, sans nécessité du cau-tionnement qu'exigeait l'art. 28 de la loi de 1819, cinq jours après l'interrogatoire, lorsque la prévention a pour objet un délit puni d'un emprisonnement dont le maximum est infé-rieur à deux ans d'emprisonnement, à moins qu'il ne s'agisse d'un prévenu déjà condamné pour crime ou pour délit à un emprisonnement de plus d'une année ; — 3° Que, lorsque la mise en liberté provisoire ne se trouve pas acquise de droit, le cautionnement est devenu facultatif pour le juge, alors que l'art. 28 de la loi de 1819 en faisait une condition obli-gatoire de cette mise en liberté (V. *suprà*, n° 1689). — Quant au chiffre du cautionnement que l'ancien art. 119 c. instr. crim. fixait à 500 fr. au moins et que la loi de 1819 avait laissé sans détermination, il a cessé d'être soumis à un minimum, même avant la loi de 1865, en vertu du décret du 25 mars 1848.

1700. — V. Saisie après condamnation. — L'art. 49 porte que, « en cas de. condamnation, les juges peuvent ordonner la saisie et la suppression ou destruction de tous les exem-plaires qui seraient mis en vente, distribués ou exposés aux regards du public », sauf à n'appliquer ce droit de saisie, de suppression ou de destruction, qu'à une partie des exem-plaires de l'œuvre incriminée, c'est-à-dire à la portion de l'œuvre déclarée criminelle ou délictueuse (Rapport, D. P. 81. 4. 85, note 2, *in fine*). La saisie, la suppression ou la destruction des exemplaires condamnés cesse alors d'avoir le caractère préventif qui l'a fait interdire, en principe, par la loi nouvelle. Ces mesures deviennent ainsi une véritable sanction pénale du crime ou du délit qui les ont motivées. Elles se relient donc à la théorie des peines en matière de crimes ou de délits de presse ou de publication (V. *suprà*, n°ˢ 1164 et suiv.).

1701. — VI. Des ordonnances du juge d'instruction. — Lorsque l'information est terminée, le juge d'instruction rend son ordonnance de non-lieu ou de renvoi soit devant la chambre des mises en accusation soit devant le tribunal correctionnel, dans les formes et conditions prescrites par les art. 127 et suiv. c. instr. crim. C'est en confor-mité de ces dispositions qu'il a été jugé, sous la loi de 1819, que la chambre du conseil (aujourd'hui le juge d'instruc-tion) et la chambre d'accusation appelées, au cas de diffa-mation commise contre un fonctionnaire public par la voie de la presse, à connaître de la plainte de ce fonctionnaire, ont le droit de vérifier s'il y a charges suffisantes du délit qui leur est dénoncé, et ne sont pas tenues de renvoyer, en l'absence de ces charges, l'auteur de la diffamation préten-due devant la cour d'assises ; que, par suite, s'il leur paraît établi que le fonctionnaire public qui se prétend diffamé a commis en effet la faute qui lui est reprochée dans l'article incriminé, elles doivent déclarer qu'il n'y a pas lieu à sui-vre à raison du délit de diffamation contre l'auteur de cet article (Colmar, 28 mai 1851, aff. Sezon, D. P. 52. 2. 109).

1702. Cependant le pouvoir qui appartient, suivant le droit commun, au juge d'instruction de rechercher et de dé-terminer la véritable qualification qui convient au fait in-criminé, en modifiant au besoin celle qui résulte du réqui-sitoire introductif, est restreint en matière de presse par l'art. 48. Le juge d'instruction doit rendre une ordonnance de non-lieu si le fait ne lui paraît pas punissable ou suffi-samment établi (c. instr. crim. art. 128). Il rend une or-donnance de renvoi, si le fait résultant d'ailleurs de charges suffisantes lui paraît constituer le crime, le délit ou la con-travention que visent l'articulation, la qualification et l'indi-cation de texte contenues dans le réquisitoire introductif. En ce cas, les art. 129, 130 et 133 c. d'instr. crim. sont ap-plicables sans dérogation. Il en est autrement lorsqu'il ré-sulte de l'information que les faits incriminés constituent un crime ou un délit autre que le crime, ou le délit visé dans le réquisitoire introductif. Les indications de ce réquisitoire étant alors inexactes, le réquisitoire nul, et nuls également

les actes de procédure et d'instruction qui l'ont suivi, le juge d'instruction devra rendre une ordonnance de non-lieu mo-tivée sur la nullité du réquisitoire introductif. A défaut par lui de le faire, ce soin appartiendra à la chambre des mises en accusation.

1703. Cette règle est admise par M. Barbier, t. 2, n° 894, p. 407, pour les faits de publication qualifiés crimes et pour ceux des faits de même nature qualifiés délits qui sont de la compétence de la cour d'assises. Mais cet auteur ajoute que « le juge d'instruction pourrait procéder à l'in-formation, s'il reconnaissait que les faits précisés par le ré-quisitoire et indiqués dans celui-ci comme constitutifs d'un délit attribué à la cour d'assises ne constituent, en réalité, qu'un délit de la compétence des tribunaux correctionnels, les poursuites devant ces tribunaux ne pouvant être décla-rées nulles à raison du défaut d'observation, dans le réqui-sitoire introductif qui leur sert de base, des conditions de forme prescrites par l'art. 48 ». Ce dernier article est, il est vrai, visé par l'art. 60 concernant la poursuite de-vant les tribunaux correctionnels et de simple police. « Sont applicables, porte le cinquième alinéa de l'art. 60, au cas de poursuite et de condamnation les disposi-tions de l'art. 48 de la présente loi ». M. Dutruc (p. 117) a soutenu qu'il faut lire « art. 49 », et non pas « art. 48 » et voici comment il justifie cette rectification : « L'article qui portait le n° 48, au moment où l'art. 59 du projet (art. 60 de la loi) a été voté par la Chambre des députés, n'est point le même que celui qui a pris ce numéro dans la loi. Lors de ce vote, l'art. 48 contenait les dispositions qui cons-tituent actuellement l'art. 49, ainsi qu'on le voit par les explications que M. Lisbonne a données dans la séance du 4 févr. 1881, et par la lecture des articles faite au moment du vote par le président, soit dans cette même séance, soit dans celle du 17 févr. Il aurait donc fallu, dans la ré-daction définitive, substituer le chiffre 49 au chiffre 48, et c'est par un oubli regrettable que ce dernier chiffre y a été maintenu. L'erreur, s'il en était besoin, serait encore dé-montrée par le contexte même de chacun des deux articles 48 et 49 de la loi. L'art. 48 est celui qui indique les énoncia-tions que doit contenir le réquisitoire du ministère public à fin d'information. L'art. 49 trace les règles concernant la saisie de l'écrit ou des dessins délictueux au moment de la poursuite, la détention préventive de l'inculpé et enfin la saisie et la suppression ou destruction de l'écrit ou du des-sin en cas de condamnation. Qui pourrait hésiter à recon-naître que ce sont les dispositions de ce dernier article, et non celles du précédent, que l'art. 60 a entendu rendre appli-cables au cas de poursuite et de condamnation correction-nelles ? Comment expliquerait-on l'emploi de ces dernières expressions, si le législateur avait voulu rappeler l'art. 48, qui est complètement étranger au cas de condamnation ? » (Conf. Barbier, *loc. cit.*, et t. 2, n° 964, p. 472).

Pour judicieuses qu'elles soient, ces observations sont en contradiction manifeste avec la disposition qu'elles ont pour objet de rectifier. Aussi la cour de cassation n'a-t-elle pas admis la rectification proposée, parce qu'il n'est pas permis au juge de modifier un texte législatif, à moins qu'il ne soit démontré qu'il est le résultat d'une erreur maté-rielle, et parce que rien ne prouve que, dans l'art. 60 de la loi du 29 juill. 1881, l'art. 48 ait été visé par erreur au lieu de l'art. 49 (Crim. cass. 13 juin 1891, aff. Plumeau, D. P. 92. 1. 77). La cour de cassation reconnaît, en conséquence, à l'art. 48 toute la portée d'une règle générale, applicable aux poursuites engagées par voie d'information préalable au sujet des crimes et délits de publication, et même des simples contraventions à la police de la presse, sans distinc-tion entre les infractions déférées à la cour d'assises (art. 48) et les infractions de la compétence des tribunaux correc-tionnels (art. 60).

1704. Dans tous les cas, et pour toutes les infractions, la qualification spéciale et définitive sous laquelle le fait pour-suivi peut être renvoyé devant la juridiction compétente et jugé par elle, doit nécessairement, et à peine de nullité de toute la procédure, avoir été exactement déterminée par le procureur de la République dans le réquisitoire introductif. Si la qualification du réquisitoire est inexacte, il n'y a de place que pour une ordonnance ou un arrêt de non-lieu. et, en cas de renvoi illégal, pour un jugement ou pour un arrêt d'acquittement. La méconnaissance de cette règle absolue par le juge d'instruction ou par la chambre d'accusation donne ouverture à cassation. Jugé, en ce sens : 1° que la chambre d'accusation, saisie par l'opposition du ministère public à une ordonnance de non-lieu, est investie du droit de modifier la qualification donnée aux faits incriminés dans le réquisitoire introductif et dans l'instruction, mais à la condition que l'action du ministère public ait été régulièrement mise en mouvement quant au nouveau délit relevé dans la qualification nouvelle; que, par suite, lorsque le réquisitoire introductif n'a relevé à la charge du prévenu qu'un délit de droit commun, tel que le fait d'outrage à un magistrat dans l'exercice ou à l'occasion de l'exercice de ses fonctions prévu par l'art. 222 c. pén., la chambre des mises en accusation ne peut substituer à ce délit un délit prévu par la loi du 29 juill. 1881, tel que le délit d'injure à un particulier, pour lequel le droit de poursuite était subordonné à des formalités spéciales prescrites à peine de nullité, et en outre à la plainte préalable de la partie lésée (Crim. rej. 29 mai 1886, aff. Rémond, D. P. 87. 1. 89); — 2° Que lorsqu'un réquisitoire introductif n'a relevé à la charge de l'inculpé qu'un délit de droit commun, tel que le fait d'outrage à un magistrat dans l'exercice ou à l'occasion de l'exercice de ses fonctions, prévu par l'art. 222 c. pén., la poursuite ne peut se transformer et aboutir régulièrement à une ordonnance de renvoi en police correctionnelle pour le délit d'injure publique à un particulier réprimé par l'art. 33, § 2, de la loi du 29 juill. 1884, quand ces conditions, a renvoyé l'inculpé devant le tribunal correctionnel sous la prévention d'injures publiques envers un particulier, délit prévu par l'art. 33, § 2, de la loi du 29 juill. 1881, et l'arrêt qui l'a condamné pour injures simples par application de l'art. 33, § 3 de la même loi (Crim. cass. 13 juin 1891, aff. Plumeau, D. P. 92. 1. 77); — 3° Que, sous l'empire de la loi du 29 juill. 1881, les cours et tribunaux ne peuvent se fonder sur l'instruction et les débats auxquels ils ont procédé, pour changer la qualification attribuée par la partie lésée aux faits articulés dans sa plainte et dénaturer soit en l'aggravant, soit en la restreignant, la prévention ainsi fixée; que, par suite, lorsque la citation a qualifié les faits qu'elle a précisés, de délit de diffamation aux termes de l'art. 29 de la loi du 29 juill. 1881, le tribunal ou la cour d'appel ne peut, en écartant ce délit comme n'étant ni établi ni caractérisé, y substituer le délit d'injure prévu et puni par l'art. 33 de la même loi (Crim. cass. 31 oct. 1891, aff. Hébert, D. P. 92. 1. 73. — V. en sens contraire, sous les lois antérieures de la presse qui, ne contenant pas de dispositions semblables à l'art. 48 de la loi de 1881, permettaient au juge d'instruction et aux tribunaux de modifier les qualifications du réquisitoire conformément au droit commun : Dijon, 21 août 1866, aff. Jourdain, D. P. 67.2 . 29 ; Crim. rej. 15 déc. 1865, aff. Boutant, D. P. 66. 1. 137).

1705. Il y a lieu de remarquer que, dans le cas de non-lieu ou même d'acquittement motivé sur ce que les faits poursuivis ne sont pas punissables sous la qualification que leur a donné le réquisitoire introductif et sur ce que ce réquisitoire est nul au point de vue de la poursuite des mêmes faits sous une qualification différente qu'il ne contient pas, le ministère public peut, si la prescription n'est pas acquise, renouveler les poursuites par voie de citation directe ou par un nouveau réquisitoire régulier à fin d'information. C'est du moins ce qu'on peut soutenir par analogie des décisions de la cour de cassation en matière d'attentat à la pudeur, les arrêts de cette cour admettant « qu'une même scène, après avoir été l'objet d'une accusation criminelle et d'un acquittement, peut motiver encore une action correctionnelle, si la nouvelle prévention, bien que reproduisant quel-

ques circonstances de l'accusation primitive, y ajoute des éléments nouveaux qui viennent caractériser le délit ; qu'il n'y a plus alors identité de l'acte dans le sens de l'art. 360 c. instr. crim. » (Crim. rej. 1er août 1867, aff. Le Roi, D. P. 70. 1. 370; Crim. cass. 19 déc. 1867, aff. Hardy, ibid.; Crim. rej. 28 mai 1868, aff. Mouillade, D. P. 70. 1. 371. Comp. Barcier, t. 2, n° 894, p 409).

1706. En matière de presse les recours ouverts contre les ordonnances du juge d'instruction sont les mêmes que ceux du droit commun (c. instr. crim. art. 135; V. Rép. v° Instruction criminelle, n° 844 et suiv.).

1707. — VII. De la procédure devant la chambre des mises en accusation et des arrêts de non-lieu ou de renvoi. — La chambre des mises en accusation doit intervenir dans la poursuite des crimes et aussi des délits de presse déférés à la cour d'assises, lorsque cette poursuite est engagée par voie d'information préalable. En effet. les pouvoirs ordinaires du juge d'instruction ne lui permettent pas de saisir directement la cour d'assises ; en matière de presse, la loi de 1881 ne lui confère aucun pouvoir exceptionnel à cet égard. Devant la chambre des mises en accusation, il est procédé conformément aux art. 217 et suiv. c. instr. crim. Toutefois, l'art. 48 de la loi de 1881 impose à la chambre d'accusation l'obligation d'annuler le réquisitoire qui ne contient pas les énonciations prescrites à peine de nullité, et celle de rendre un arrêt de non-lieu si la qualification sous laquelle le fait est incriminé dans le réquisitoire n'est pas celle qui le rend punissable (V. suprà, n° 1704). D'autre part, la cour ne peut décerner contre l'inculpé une ordonnance de prise de corps que s'il s'agit d'un crime (art. 49. § 2).

1708. Toutes les décisions de la chambre des mises en accusation statuant soit sur que des incidents, soit sur le fond, doivent être motivées à peine de nullité. Cette chambre est, d'ailleurs, tenue de statuer sur tous les chefs de réquisition qui lui sont soumis par le ministère public (Crim. cass. 18 avr. 1850, aff. N..., D. P. 50. 5. 319 ; 8 mars 1851, aff. Troussier, D. P. 51. 1. 103) et aussi sur les conclusions développées dans les mémoires des parties (Rép. v° Instruction criminelle, n° 1112). Jugé, spécialement en matière de presse, que la chambre des mises en accusation saisie, dans une poursuite de diffamation envers un fonctionnaire public, de conclusions expresses demandant à la cour de prononcer la nullité du réquisitoire et de l'ordonnance de mise en prévention, par application de l'art. 48 de la loi du 29 juill. 1881, ne peut se borner à déclarer au prévenu qu'elle en prend note de ses réserves ; mais doit rendre sur ce chef une décision motivée (Crim. cass. 7 juin 1889, aff. Saint-Quentin et Joly, D. P. 89. 5. 379). Sur le pourvoi en cassation contre les arrêts de la chambre d'accusation, V. infrà, n° 1815, et sect. 4. — Sur l'autorité de ces arrêts, V. infrà, n° 1906.

1709. — VIII. Notification de l'arrêt de renvoi. — Rédaction et signification d'un acte d'accusation. — En matière de presse, lorsque la poursuite a lieu par voie d'information, est-il nécessaire de signifier au prévenu d'un crime ou d'un délit de publication l'arrêt de la chambre d'accusation qui le renvoie devant la cour d'assises ? Doit-on aussi rédiger et lui signifier un acte d'accusation ? Ces formalités ne sont pas aussi nécessaires quand il s'agit d'un délit que lorsqu'il s'agit d'un crime.

1710. — 1° Poursuite d'un crime de publication, par voie d'information préalable. — D'après le droit commun, qui subordonne le jugement des crimes à une information préalable, les formalités qui précèdent la comparution de l'accusé renvoyé devant la cour d'assises, par un arrêt de la chambre des mises en accusation, sont réglées par les art. 291 à 307 c. instr. crim. Parmi ces formalités, figurent d'abord la notification, à l'accusé, de l'arrêt de mise en accusation qui lui fait connaître son renvoi devant la cour d'assises et celle de l'acte d'accusation qui lui fait connaître l'objet de l'accusation (V. suprà, n° 1707 et suiv.).

Le même mode de procéder est applicable à l'individu poursuivi à raison d'un crime de publication, lorsqu'il a été procédé contre lui par voie d'information et de mise en accusation. C'est ce qui résultait de l'art. 31 de la loi du 26 mai 1819, sous lequel l'information préalable était obligatoire, et qui se référait, quant à la procédure antérieure à la comparution de l'accusé devant la cour d'assises, aux règles établies par le code d'instruction criminelle (*Rép.* p. 407). Aucun changement n'a été apporté à cette disposition de la loi de 1819 par celles des lois postérieures qui n'ont eu pour objet de régler que l'action directe admise facultativement pour les crimes et délits de publication, à côté de la procédure de l'information préalable. A plus forte raison, la comparution de l'individu poursuivi pour un crime de publication était-elle demeurée régie par le code d'instruction criminelle pendant les périodes intermédiaires où la poursuite et la compétence en matière de presse ont été replacées sous les règles du droit commun, c'est-à-dire sous la loi du 25 mars 1822, et sous le décret du 17 févr. 1852 (D. P. 52. 4. 56).

1711. Dans le cas de poursuite pour crime de publication par voie d'information préalable, la procédure qui sépare l'arrêt de renvoi à la cour d'assises de la comparution de l'accusé est régie, dans le silence de la loi de 1881, par les art. 291 à 307 c. instr. crim. Il y a donc lieu, vis-à-vis de l'accusé renvoyé en cour d'assises pour un crime de publication : 1° de lui signifier l'arrêt de renvoi ; 2° de rédiger un acte d'accusation, et de le lui signifier, le tout dans les conditions prescrites par le droit commun (Circ. min. just. 9 nov. 1881, D. P. 81. 3. 111, n° 62. V. aussi, D. P. 82. 1. 236, note 1. Conf. Barbier, t. 2, n° 903). C'est par l'acte d'accusation que l'accusé d'un crime de publication est averti du fait qui lui est reproché et de la qualification légale de ce fait. Le procureur général est tenu, en effet, à peine de nullité, d'exposer dans cet acte d'accusation, aux termes de l'art. 241 c. instr. crim. : 1° la nature du crime qui forme la base de l'accusation ; 2° le fait et toutes les circonstances qui peuvent aggraver ou diminuer la peine. Cet acte doit être notifié à l'auteur du crime de publication, comme dans toute autre poursuite pour crime, en même temps que l'arrêt de renvoi, conformément à l'art. 242 c. instr. crim. L'accusé n'a pas à recevoir de citation (D. P. 82. 1. 236, note 1. V. *infrà*, n° 1744).

1712. — 2° *Poursuite d'un délit de publication par voie d'information préalable.* — La loi du 26 mai 1819, qui exigeait une information préalable même à l'égard des délits, dès que la connaissance en était attribuée à la cour d'assises, chargeait, par son art. 13, la chambre des mises en accusation de prononcer le renvoi devant la cour d'assises de l'inculpé d'un délit de publication, aussi bien que lorsqu'il s'agissait d'un crime (V. *suprà*, n°s 1707 et suiv.). Elle exigeait la signification de l'arrêt de renvoi au prévenu, mais elle ne prescrivait pas la rédaction d'un acte d'accusation. Sous cette législation, la connaissance de la prévention résultant, pour le prévenu, à défaut d'acte d'accusation, de la notification de l'arrêt de renvoi prescrite par l'art. 15 de la loi de 1819. C'est pourquoi l'art. 15 de la loi de 1819 exigeait que cet arrêt contînt l'articulation et la qualification du fait formant la base de l'accusation, tandis que, d'après l'art. 234 c. instr. crim., l'arrêt de renvoi, pour un crime, complété, en principe, par l'acte d'accusation, doit simplement mentionner les réquisitions prises par le procureur général en conformité de l'art. 224, et le nom de chacun des juges (V. *Rép.* v° *Instruction criminelle*, n°s 1127 et suiv.). Quant à l'ajournement devant la cour d'assises, il résultait, d'après l'art. 17, de la notification, au prévenu, de l'ordonnance du président, portant fixation du jour du jugement.

1713. Sous la loi du 29 juill. 1881, le ministère public, lorsqu'il veut appeler devant la cour d'assises le prévenu d'un délit de publication, n'est plus tenu, comme sous la législation antérieure, de requérir une ordonnance du président et de procéder par voie de notification de cette ordonnance : pour tout prévenu, la loi nouvelle établit un seul mode d'ajournement, c'est celui de la citation, soit qu'il y ait une information préalable soit qu'il y ait exercice de l'action directe (Circ. min. just. 9 nov. 1881, n° 62, D. P. 81. 3. 111).

D'autre part, le ministère public doit préciser, en fait et en droit, dans cette citation, tous les éléments du délit qui fait l'objet de la prévention (V. *infrà*, n°s 1722 et suiv.). Il en résulte : 1° que la signification de l'arrêt de renvoi n'est prescrite ni par le code d'instruction criminelle, puisqu'il s'agit d'un simple délit, ni par la loi spéciale de la presse qui, ne contenant aucune disposition impérative à cet égard, ne laisse pas, d'autre part à l'arrêt de renvoi, l'utilité qu'il avait,

sous la loi de 1819, de faire connaître au prévenu l'objet des poursuites dirigées contre lui ; — 2° Que l'acte d'accusation est inutile et ferait double emploi avec la citation, qui en remplit le but en avertissant le prévenu de la nature, des circonstances et de la qualification des faits qu'on relève contre lui. — En ce qui concerne l'acte d'accusation, il avait été jugé déjà sous la loi de 1819 qu'il était inutile de le dresser et de le notifier après la signification de l'arrêt de renvoi rédigé dans les termes des art. 13 et 15, c'est-à-dire contenant l'articulation et la qualification du fait poursuivi (Crim. rej. 10 avr. 1847, aff. Drouillard, D. P. 47. 1. 90 ; Crim. cass. 6 mars 1874, aff. Raspail père et fils, D. P. 74. 1. 277). Sous la loi de 1881, la cour de cassation a jugé qu'en matière de délits, commis par la voie de la presse, la notification de l'arrêt portant renvoi devant la cour d'assises, la rédaction d'un acte d'accusation et la signification de cet acte ne sont prescrites par aucune disposition légale, encore que l'accomplissement de ces formalités paraisse conforme à l'usage et à l'intérêt d'une bonne administration de la justice (Crim. cass. 4 mars 1882, aff. Albertini, D. P. 82. 1. 236).

M. Barbier (t. 2, n° 903, p. 419) admet que la rédaction et la signification d'un acte d'accusation peuvent être considérées comme superflues à raison des formes prescrites par la loi de 1881 pour la citation ; on peut voir à cet égard, dans l'art. 50 de cette loi, une dérogation tacite aux art. 241 et 242 c. instr. crim. « Mais, dit-il, en ce qui concerne la notification de l'arrêt de renvoi prescrit par l'art. 242 c. instr. crim. et dont l'omission dans les affaires ordinaires entraîne la nullité des débats et de l'arrêt de condamnation (Crim. 24 janv. 1856, aff. Meaurin, D. P. 56. 1. 111), il n'est pas en droit de raison suffisante pour en faire une formalité purement facultative quand il s'agit d'un renvoi en cour d'assises à raison d'un délit de presse.... L'intérêt de la défense exige, en effet, que le prévenu connaisse l'arrêt qui le renvoie en cour d'assises, parce qu'il forme la base des poursuites, qui précise l'objet de la prévention, qui peut, en outre, avoir statué sur certaines exceptions par lui proposées dans les mémoires qu'il est admis à soumettre à la chambre d'accusation, qui peut enfin être entaché de vices lui permettant d'en faire prononcer immédiatement la nullité et d'éviter une comparution en cour d'assises. D'autre part, dans un intérêt supérieur d'ordre public et de bonne administration de la justice, le législateur a voulu que l'arrêt de renvoi fût passé en force de chose jugée avant la comparution du prévenu en cour d'assises afin que les vices de la procédure antérieure à cet arrêt fussent définitivement purgés et que les débats pussent s'engager sur un terrain solide. Or il est évident que ce résultat ne peut pas être atteint quand l'arrêt de renvoi n'est pas notifié, cette notification marquant le point de départ du délai de trois jours pendant lequel le prévenu peut se pourvoir en cassation contre l'arrêt de renvoi » (V. *suprà*, n° 1674). M. Barbier considère donc la notification de l'arrêt de renvoi soit à personne, soit à domicile, « comme une formalité substantielle, dont l'accomplissement est commandé, en matière de délits de presse comme en toute autre matière, moins par l'intérêt d'une bonne administration de la justice que par l'intérêt de la défense ». Il convient d'ailleurs de remarquer que la circulaire du ministre de la justice du 9 nov. 1881 (D. P. 81. 3. 41, n° 62) invite les procureurs généraux à faire notifier l'arrêt de renvoi intervenu sur une poursuite pour délit de publication.

§ 2. — De la procédure par voie de citation directe.

1714. Ainsi qu'on l'a dit *suprà*, n°s 1667 et suiv., le ministère public n'est pas obligé de recourir à la procédure d'information pour saisir la cour d'assises d'un délit de publication placé sous la compétence du jury, ou même d'un crime de publication. L'art. 48 lui reconnaît implicitement le droit de saisir directement la cour d'assises par une citation signifiée à l'accusé ou au prévenu. L'art. 47 reconnaît expressément le même droit à la partie civile (V. *suprà*, n°s 1259 et suiv. et 1667 et suiv.). La citation doit atteindre un double but. Elle a pour objet : 1° d'ajourner l'accusé ou le prévenu à comparaître devant la cour d'assises ; 2° de lui faire connaître la nature de l'accusation ou de la prévention dont il est l'objet et de le mettre à même de préparer sa défense.

1715. — I. Ajournement de l'accusé ou du prévenu. — La loi du 26 mai 1819, qui n'admettait pas la citation directe devant la cour d'assises et qui, supprimant en matière de presse l'acte d'accusation, exigeait, dans tous les cas de poursuite pour crime ou pour délit de publication, la signification d'un acte d'accusation, la signification d'un arrêt de renvoi articulant et qualifiant les faits incriminés (art. 13) (V. suprà, n° 1712), faisait résulter l'ajournement devant la cour d'assises, de la notification, au prévenu de l'ordonnance du président portant fixation du jour du jugement (art. 17) (V. suprà, ibid.). Cette notification devait être faite à sa personne, s'il se trouvait en état d'arrestation (art. 24) et à sa personne ou à son domicile, s'il n'était pas détenu, c'est-à-dire s'il n'avait pas été frappé d'un mandat d'arrêt, ou s'il avait obtenu sa mise en liberté provisoire (art. 17) (V. suprà, n° 1689). — Ce mode d'ajournement fut emprunté par la loi du 8 avr. 1831 qui a reconnu pour la première fois, au ministère public, le droit de saisir la cour d'assises directement, c'est-à-dire sans information préalable, d'un délit de publication (V. suprà, n° 1667). L'art. 2 de cette loi disposait que le président fixerait, par son ordonnance, le jour de la comparution, sur le réquisitoire du ministère public, et que l'ajournement du prévenu résulterait de la notification de cette ordonnance et de ce réquisitoire. C'est la notification du réquisitoire ainsi présenté par le ministère public, à fin de fixation du jour de la comparution, qui faisait connaître au prévenu l'objet de la prévention. Elle remplissait le même but que la signification de l'acte d'accusation, au cas d'information préalable en matière de crimes, et que la signification de l'arrêt de renvoi, au cas d'information préalable, en matière de délit (V. suprà, n°ˢ 1710 et 1712). L'art. 24 de la loi du 9 sept. 1835, après avoir étendu à la poursuite des crimes de publication le droit d'action directe du ministère public, que la loi de 1831 n'avait établi qu'en matière de délits, a supprimé la nécessité de l'intervention du président, en permettant au ministère public de faire seul la citation devant la cour d'assises. La citation est ainsi devenue le moyen d'instruire l'individu poursuivi du crime ou du délit contre la prévention duquel il est appelé à se défendre (V. suprà, n° 1713 et infrà, n° 1722).

Le même mode d'ajournement et d'avertissement a été successivement maintenu par l'art. 16 de la loi du 27 juill. 1849, après l'abrogation de la loi de 1835 (D. P. 49. 4. 130), par le décret du 6 mars 1848 (D. P. 48. 4. 40); par l'art. 5 de la loi du 15 avr. 1871, après l'abrogation de la loi de 1849, par le décret du 17 févr. 1852 (D. P. 52. 4. 56), dont l'art. 27 supprimait la compétence de la cour d'assises à l'égard des délits, replaçant la poursuite sous l'empire du droit commun (D. P. 71. 4. 44); par la loi du 29 déc. 1875, qui ne contenait pas de dispositions de procédure concernant la poursuite des crimes et délits de publication (D. P. 76. 4. 30).

1716. La loi de 1881, qui admet pareillement l'action directe devant la cour d'assises pour les crimes et délits de publication et qui permet non seulement au ministère public, mais encore à la partie lésée, d'exercer cette action, en subordonne l'exercice à une citation, comme les lois de 1835, 1849 et 1871. Elle détermine, dans son art. 50, les énonciations que cette citation doit contenir lorsqu'elle émane du ministère public, et lorsqu'elle émane de la partie lésée (V. infrà, n°ˢ 1722 et suiv., et 1765). Elle maintient, pour le ministère public, la dispense de l'intervention du président, qui résultait déjà de la législation antérieure. Ainsi le ministère public, lorsqu'il veut appeler devant la cour d'assises le prévenu d'un délit de publication, n'est pas tenu, comme le voulait autrefois la loi de 1819, de requérir une ordonnance du président et de procéder par voie de notification de cette ordonnance. Les rapports du ministère public et du président des assises rendent, en effet, cette formalité inutile : « il suffira que le ministère public se concerte, à cet effet, avec le président » (Circ. min. just. 9 nov. 1881, D. P. 81. 3. 111, n° 62). Le ministère public ajourne donc, dans tous les cas, le prévenu ou l'accusé, au moyen d'une citation donnée pour la plus prochaine session de la cour d'assises et pour l'audience convenue officieusement entre le président et lui. Lorsque les poursuites sont dirigées à la requête du ministère public et qu'il y a en cause

une partie civile régulièrement constituée, celle-ci doit être avisée du jour de l'audience (Conf. Barbier, t. 2, n° 911).

L'intervention du président est, au contraire, exigée lorsque l'action directe est exercée par la partie lésée. « Sur sa requête, dit, en effet, l'art. 47, dernier alinéa, de la loi de 1881, le président de la cour d'assises fixera les jours et heures auxquels l'affaire sera appelée ». Copie de l'ordonnance du président, intervenue sur la requête de la partie civile, doit être donnée en tête de la citation signifiée au prévenu, à peine de nullité de la poursuite (art. 50).

1717. — II. Des cours d'assises extraordinaires. — Dans le but de faciliter l'exercice de l'action directe soit au ministère public, soit à la partie civile, dans le délai très court de trois mois fixé pour la prescription, l'art. 59 de la loi de 1881 décide que « si, au moment où le ministère public ou le plaignant exerce son action, la session de la cour d'assises est terminée, et s'il ne doit pas s'en ouvrir d'autre à une époque rapprochée, il pourra être formé une cour d'assises extraordinaire, par ordonnance motivée du premier président. Cette ordonnance prescrira le tirage au sort des jurés conformément à la loi. L'art. 81 du décret du 6 juill. 1810 sera applicable aux cours d'assises extraordinaires formées en exécution du paragraphe précédent ». Cette formation d'une cour d'assises extraordinaire est autorisée par la disposition générale de l'art. 259 c. instr. crim. qui, après avoir posé en principe que la tenue des assises aura lieu chaque département) tous les trois mois, ajoute : « Elles pourront se tenir plus souvent, si le besoin l'exige ». L'exercice du droit de citation directe devant la cour d'assises, en matière de crimes ou délits de publication, pouvant rendre fréquemment nécessaires des sessions extraordinaires d'assises, on rencontre, sur ce point, des dispositions spéciales dans les diverses lois intervenues depuis la création du régime de l'action directe.

1718. L'art. 27 de la loi du 9 sept. 1835 renfermait la disposition suivante : « Si, au moment où le ministère public exerce son action, la session de la cour d'assises est terminée, et s'il ne doit pas s'en ouvrir d'autre à une époque rapprochée, il sera formé une cour d'assises extraordinaire par ordonnance motivée du premier président. Cette ordonnance prescrira le tirage au sort des jurés conformément à l'art. 388 c. instr. crim., et elle désignera le conseiller qui doit présider. Dans les chefs-lieux des départements où ne siègent pas les cours royales, le président du tribunal de première instance sera de droit président de la cour d'assises si le ministre de la justice ou le premier président n'en a pas désigné un autre ». Cet article n'était, quant à la fixation de l'ouverture des assises, qu'une simple application de l'art. 20 de la loi du 20 avr. 1810, qui charge le premier président de la cour d'assises de fixer le jour des assises, soit ordinaires, soit extraordinaires, et qui a ainsi abrogé l'art. 260 c. instr. crim. d'après lequel la mission dont il s'agit était donnée au président de la cour d'assises ; mais, relativement à la présidence de la cour, elle s'écartait de la disposition de l'art. 81 du décret du 6 juill. 1810 où il est dit : « Dans les cas, prévus par l'art. 259 c. instr. crim., d'une tenue extraordinaire d'assises, les présidents de la dernière assise sont nommés de droit pour présider l'assise extraordinaire. En cas de décès ou empêchement légitime, le président de l'assise sera remplacé à l'instant où la nécessité de la tenue de l'assise extraordinaire sera connue ; le remplacement sera fait par le premier président. L'ordonnance de remplacement contiendra l'époque fixée de l'ouverture de cette assise ». L'art. 27 de la loi du 9 sept. 1835 dérogeait également, pour les assises tenues dans les chefs-lieux des départements où ne siègent pas les cours d'appel, aux dispositions des art. 252 et 253 c. instr. crim., d'après lesquelles la présidence des cours d'assises ne peut jamais appartenir qu'à un conseiller, sauf le cas où, depuis la notification faite aux jurés en exécution de l'art. 389 c. instr. crim., le président de la cour d'assises se trouve dans l'impossibilité de remplir ses fonctions.

L'art. 22 de la loi du 27 juill. 1849, en reproduisant la partie de l'art. 27 de la loi de 1835 relative aux conditions de la tenue d'une cour d'assises extraordinaire et à son mode de formation, renvoyait, au contraire, en ce qui concerne la présidence de cette cour, à l'art. 81 précité du décret du 6 juill. 1810 (D. P. 49. 4. 118). La nomination des assesseurs était, d'ailleurs, demeurée régie par les art. 16 de la loi du 20 avr. 1810 et 82 du décret du 6 juillet suivant, quant aux cours d'assises des chefs-lieux où siège une cour d'appel, et par l'art. 253 c. instr. crim. quant aux cours d'assises des autres départements.

1719. L'art. 8 de la loi du 29 déc. 1875, afin d'éviter, en matière de crimes ou délits de publication, la nécessité d'assises extraordinaires, disposa que si le ministère public exerçait son action après la clôture de la session ordinaire, ou à un moment qui ne permettait plus de citer le prévenu en temps utile, les crimes ou délits seraient déférés à toute cour d'assises du ressort qui serait ouverte ou à celle qui s'ouvrirait le plus prochainement, et, dans le cas où.plusieurs cours d'assises seraient ouvertes en même temps dans le même ressort, à la cour d'assises la plus rapprochée (D. P. 76. 4. 30).

1720. La loi de 1881 revient au système de la loi du 27 juill. 1849, dont elle reproduit littéralement la disposition dans son article 59. Du nouvel article il résulte que si la cour d'assises compétente *ratione loci* (V. *suprà*, nos 1624 et suiv.), n'est pas ouverte ou ne peut pas être saisie en temps utile lors de la citation, le crime ou le délit ne peut plus être déféré, comme le prescrivait la loi de 1875, à une autre cour d'assises du ressort. Le ministère public ne peut que provoquer, de la part du premier président, l'ouverture d'assises extraordinaires ; toutefois, la multiplicité des lieux où certains délits de publication sont réputés commis lui permet souvent d'échapper à cette obligation(V. *suprà*, n° 222 ; Circ. min. just. 9 nov. 1881, D. P. 81. 3. 111, n° 65). Le ministère public n'aurait pas eu la même ressource sous la législation précédente où la compétence était, le plus souvent, déterminée par le domicile du prévenu.ou par le lieu, soit du dépôt, soit de la saisie des écrits poursuivis (V. *suprà*, nos 1624 et suiv.).

1721. La faculté ainsi ouverte au ministère public par la loi nouvelle appartient également à la partie lésée qui fait usage de son droit de citation directe. Si donc, dans cette dernière hypothèse, le président, auquel la partie lésée est tenue de présenter requête à fin de fixation du jour où l'affaire sera appelée, constate l'impossibilité de faire une fixation utile, c'est devant le premier président que la même partie devra se pourvoir pour demander la convocation d'assises extraordinaires. « Mais il ne devrait être déféré à cette requête que dans des cas exceptionnels. La loi n'a pas voulu priver le plaignant devant la cour d'assises de la faculté de citation qu'il avait devant le tribunal correctionnel, mais il serait excessif, pour lui procurer l'exercice souvent téméraire de ce droit, d'imposer légèrement aux jurés la fatigue et au Trésor les frais de la tenue d'assises extraordinaires » (Circ. 9 nov. 1881, citée *suprà*, n° 1720, D. P. 81.3.110, n° 56. V. *suprà*, nos 1717 et 1720).

1722. — III. Enonciation que doit contenir la citation. — Parmi les énonciations que doit contenir la citation, les unes doivent se rencontrer dans toute citation qu'elle émane du ministère public ou qu'elle émane de la partie lésée, les autres sont spéciales à la citation donnée à la requête de la partie lésée poursuivant un délit de publication par la voie de l'action directe en cour d'assises.

1723. — 1° *Enonciations obligatoires dans toutes les citations soit à la requête du ministère public, soit à la requête de la partie lésée*. — Ces énonciations ont pour but de faire connaître à l'individu poursuivi par voie de citation, devant la cour d'assises, à raison d'un crime ou d'un délit de publication, l'objet de la poursuite. La citation, dans le cas d'action directe, ayant pour effet de saisir la cour d'assises, de déterminer l'objet des poursuites soumises à sa juridiction et d'avertir en même temps l'accusé ou le prévenu du fait de publication que l'on incrimine, tient lieu tout à la fois d'arrêt de renvoi et d'acte d'accusation. Il faut, dès lors, que la citation précise, en fait et en droit, tous les éléments sur lesquels repose l'accusation ou la prévention du crime ou du délit de presse poursuivi. — D'après l'art. 2 de la loi du 8 avr. 1831, qui exigeait la notification au prévenu de l'ordonnance sur réquisitoire portant fixation du jour de la comparution, qui devait être signifié en même temps que l'ordonnance, devait contenir l'articulation et la qualification des provocations, attaques, offenses, outrages, faits diffamatoires ou injures à raison desquels la poursuite était intentée (V. *suprà*, nos 1671 et suiv.). L'art. 24 de la loi du 9 sept. 1835, qui a supprimé la nécessité du réquisitoire et de l'ordonnance, exigea les mêmes énonciations dans la citation (*Rép.*, p. 414). L'art. 16 de la loi du 27 juill. 1849 voulut que la citation contînt « l'indication précise de l'écrit ou des écrits, des imprimés, placards, dessins, gravures, peintures, médailles ou emblèmes incriminés, ainsi que l'articulation et la qualification des délits qui ont donné lieu à la poursuite ». C'est à cette disposition que se référait la loi du 18 avr. 1871, en rétablissant devant la cour d'assises l'action directe supprimée par le décret du 17 févr. 1852.

1724. Aux termes de l'art. 50 de la loi de 1881, la citation, lorsqu'elle émane du ministère public, doit, à peine de nullité de la poursuite, contenir 1° l'indication précise des écrits, des imprimés, placards, dessins, gravures, peintures, médailles, emblèmes, discours ou propos publiquement proférés, qui seront l'objet de la poursuite ; 2° la qualification des faits ; 3° l'indication « des textes de loi invoqués à l'appui de la demande » (D. P. 81. 4. 85). Cette dernière mention n'était pas exigée par la législation précédente (V. *suprà*, n° 1723).

1725. — A. *Indication précise des écrits, dessins ou discours poursuivis*. — L'art. 183 c. d'instr. crim. concernant la citation directe à raison des délits de droit commun devant le tribunal correctionnel se borne à dire que la citation « énoncera les faits ». Les dispositions concernant la citation directe en cour d'assises pour crimes et délits de publication se sont montrées plus impérieuses. L'art. 24 de la loi du 9 sept. 1835, reproduisant à cet égard l'exigence de l'art. 2 de la loi du 8 avr. 1831, prescrivit « l'articulation des faits ». — A l'imitation de l'art. 16 de la loi du 27 juill. 1849, la loi du 18 avr. 1871, l'art. 50 de la loi du 29 juill. 1881 prescrit « l'indication précise des écrits, des imprimés, placards, dessins, gravures, peintures, médailles, emblèmes, discours ou propos publiquement proférés qui seront l'objet de la poursuite. » On ne pourrait donc plus trouver aujourd'hui d'application aux décisions intervenues sous le décret de 1852 et concernant, d'ailleurs, la citation directe devant les tribunaux correctionnels, investis alors de la connaissance de tous les délits de presse, décisions portant 1° qu'il suffit que le ministère public joigne à la citation des numéros du journal poursuivi, sans qu'il soit tenu d'incriminer spécialement, dans la citation, tels ou tels des articles qu'ils renferment, pour que chacun de ces numéros soit considéré dans toutes ses parties comme base de la poursuite (Crim. cass. 1er juill. 1854, aff. *La Gazette des affaires*, D. P. 54. 1. 289 ; 5 juin 1869, aff. Barat-Lemoine, D. P. 70. 1. 235) ; — 2° Qu'il n'est pas nécessaire, au cas où l'action est dirigée individuellement contre plusieurs prévenus, et, notamment, contre les membres d'un conseil municipal, à raison d'imputations diffamatoires contenues dans une délibération de ce conseil, que la citation précise la part de chacun d'eux dans le fait poursuivi (Crim. cass. 22 janv. 1863, aff. Ailhaud et Gauthier, D. P. 63. 1. 31 ; Bourges, 25 mai 1866, aff. Benoît d'Azy, D. P. 66. 2. 203) ; — 3° Que le juge saisi d'une plainte en diffamation résultant de divers passages d'un écrit, articulés dans la citation, peut motiver la condamnation en ajoutant aux passages signalés d'autres portions du même écrit (Crim. rej. 8 juill. 1832, aff. Maillard, D. P. 52. 5. 437. Comp. Riom, 24 déc. 1829, *Rép.* nos 1097 et 860 ; Crim. rej. 17 juill. 1874, aff. Gouache, D. P. 75. 1. 97).

1726. D'autre part, si la citation doit contenir l'indication précise de l'écrit incriminé, il n'est pas nécessaire qu'elle le reproduise littéralement ; il suffit qu'elle le désigne par son titre, la signature qui l'accompagne, et la date du numéro du journal dans lequel il a été publié (Crim. rej. 29 mai 1884, aff. Sablon de la Salle, D. P. 85. 1. 381);... ou qu'elle renferme, avec les dates et les numéros du journal contenant les articles incriminés, les premiers et derniers mots de ces articles (Crim. rej. 3 juin 1847, aff. Boullenois, D. P. 47. 4. 383 ; Crim. cass. 15 févr. 1850, aff. Amy, D. P. 50. 1. 94 ; Crim. rej. 28 mars 1884, aff. Bernard, D. P. 85. 1. 183).

1727. La citation, qui spécifie et reproduit les imputations diffamatoires publiées dans un journal, est valable, alors même qu'elle ne mentionnerait pas expressément l'article qui les contient et le numéro de ce journal (Crim. rej. 14 mars 1884, aff. Moinelle et Rozette. D. P. 85. 1. 90). Mais, lorsque la citation énonce des imputations diffamatoires contenues dans deux placards, et qui atteindraient celui contre lequel elles sont dirigées dans sa vie publique et dans sa vie privée, cette énonciation cesse d'être précise, si les conclusions prises par le poursuivant au début de l'audience restreignent l'objet de la citation aux diffamations contre l'homme privé, sans spécifier les imputations diffamatoires auxquelles la poursuite s'est ainsi trouvée limitée (Grenoble, 23 janv. 1884, aff. Gerbout, D. P. 84. 2. 117) (**V. l'addition à la fin du volume**).

1728. — B. *Qualification du fait poursuivi.* — La qualification du fait poursuivi était exigée par la loi de 1819, en matière de diffamation et d'injure. Le décret de 1852 en supprima la nécessité. La loi de 1881 l'exige pour tout délit de publication. Jugé, à cet égard, que si le mot outrage n'est pas synonyme de l'expression injure, cette qualification satisfait au vœu de la loi, même au cas de citation pour injure, surtout lorsqu'elle se réfère à des faits précédemment articulés (Bordeaux, 9 janv. 1839, *Rép.* n° 1470-1°). Il a été jugé que la précision et la qualification exigées par la loi du 29 juill. 1881 s'appliquent non à la personne poursuivie. mais au fait incriminé; que, par suite, le prévenu de diffamation n'est pas fondé à demander la nullité de la citation par le motif que cette citation n'énonce pas s'il est poursuivi comme auteur principal ou comme complice; que la citation aux termes de laquelle un particulier est prévenu d'avoir commis le délit de diffamation en « faisant publier » une lettre dans un journal, indique, d'ailleurs, suffisamment que ce particulier est poursuivi comme complice, et non comme auteur principal (Paris, 9 janv. 1890, aff. Pouillet, D. P. 91. 2. 36). — Décidé, d'autre part, que la citation qui, après avoir indiqué avec détail les faits constitutifs du délit principal de diffamation, impute au prévenu de s'être rendu complice par aide et assistance, précise et qualifie suffisamment le fait incriminé au regard du complice et, par conséquent, satisfait aux prescriptions de l'art. 60, § 3 (ou de l'art. 50) de la loi du 29 juill. 1881 (Crim. rej. 24 nov. 1892, aff. Louharesse, D. P. 93. 1. 463).

1729. — C. *Indication du texte de loi applicable à la poursuite.* — La législation antérieure de la presse ne prescrivait pas d'énoncer dans la citation le *texte de loi* applicable à la poursuite. La jurisprudence décidait que cette obligation n'était pas la conséquence implicite de l'obligation d'énoncer le fait incriminé et sa qualification légale (Bordeaux, 9 janv. 1839, *Rép.* n° 1470-1°). La loi de 1881 a fait de l'une et l'autre indication une condition formelle de la validité de la citation, pour que le prévenu, averti tout à la fois du fait qu'on lui impute, de la qualification et du texte de loi applicables à ce fait, soit mis plus complètement en mesure de se défendre. De nombreuses décisions sont intervenues pour déterminer la portée de la disposition de l'art. 50, et aussi l'art. 60, relatif à la citation devant les tribunaux correctionnels, contiennent à cet égard.

1730. L'indication des textes de la loi invoquée à l'appui de la poursuite doit se trouver, non seulement dans l'original, mais encore dans la copie de la citation (Crim. rej. 19 juill. 1883, aff. Weiss, journal *La Gazette des tribunaux*, D. P. 84. 1. 263). Les prescriptions des art. 50 et 60 de la loi de 1881 ne sont pas observées quand une erreur est commise dans l'énonciation du texte applicable à la poursuite, alors même que cette erreur n'existe que dans la copie de la citation, la copie tenant lieu d'original à l'égard de la partie citée (Rennes, 20 févr. 1889, aff. Blatier, D. P. 90. 2. 271. Conf. Crim. rej. 29 nov. 1889, aff. Crohari, D. P. 90. 1. 456).

1731. Les textes de loi que doit énoncer la citation sont les articles qui édictent la peine applicable au fait poursuivi (Crim. rej. 10 mars 1882, aff. Delpierre et de Rochefort, D. P. 82. 1. 190; Orléans, 5 août 1885, aff. Rabier, D. P. 86. 2. 46). Il n'est pas besoin dans la citation de viser, en outre, l'article qui définit le délit (Même arrêt);... ni l'article qui détermine les personnes soumises à la responsabilité pénale ou civile de ce délit (Mêmes arrêts). Jugé, dans le même sens, que les « textes de loi applicables à la poursuite », qui en matière de diffamation, doivent, à peine de nullité, être indiqués dans la citation sont exclusivement

ceux qui prononcent une peine; que, par suite, il n'est pas nécessaire que la citation vise l'art. 42 de la loi du 29 juill. 1881 qui détermine l'ordre dans lequel les gérants ou éditeurs, auteurs, imprimeurs, distributeurs ou afficheurs, sont passibles de peines légales (Paris, 9 janv. 1890, aff. Pouillet, D. P. 91. 2. 36).

1732. La loi n'exige pas davantage que le texte de loi qui sert de base à la poursuite soit transcrit dans la citation (Crim. rej. 10 mars 1882 cité *supra*, n° 1731; Grenoble, 8 févr. 1883, aff. Dame Saint-Charles, D. P. 84. 2. 55-56). Il suffit que les articles applicables au délit soient indiqués par leur numéro d'ordre (Trib. corr. de la Seine, 17 août 1881, aff. Contesenne, D. P. 82. 2. 92).

1733. Jugé d'une façon générale que la citation qui précise, par l'indication des dates et des numéros d'un journal, ainsi que par leurs premiers et derniers mots, les articles incriminés comme diffamatoires, et qui contient, en outre, la qualification des faits et le visa des dispositions de loi invoquées à l'appui de la demande, satisfait aux prescriptions de l'art. 50 de la loi du 29 juill. 1881 (Crim. rej. 28 mars 1884, aff. Charles et Jean Bernard, D. P. 85. 1. 183).

1734. Les articles applicables au fait demeuré énoncés dans la citation (Trib. corr. Seine, 18 janv. 1882, aff. Cousin, D. P. 83. 2. 38, note 1 ; Rennes, 30 janv. 1884, aff. De Lambilly, D. P. 84. 2. 27). Décidé, à cet égard, que l'énonciation de la disposition de la loi concernant le fait incriminé doit être considérée comme inexacte, et, dès lors, comme non avenue, dans la citation qui contient une indication erronée du millésime de la loi du 29 juill. 1881 où elle est puisée, alors surtout que cette citation n'indique pas qu'il s'agit de la loi sur la presse (Même arrêt. — Comp. D. P. 84. 2. 87, note 3); — 2° Que la citation en matière de presse est nulle, lorsqu'elle contient une indication erronée du millésime de la loi du 29 juill. 1881, et que cette indication ne peut être suppléée par aucun équivalent (Pau, 30 avr. 1887, aff. Bazergue, D. P. 90. 2. 271 ; 19 janv. 1889, aff. Dangeay, *ibid.*; Rennes, 20 févr. 1889, aff. Blatier, *ibid.*); — 3° Que la citation serait nulle, alors même qu'elle énoncerait que la poursuite a pour objet la répression d'un délit d'injure publique et de diffamation (Pau, 19 janv. 1889, précité). — Toutefois, la citation pourrait être considérée comme valable, alors même qu'elle contiendrait une erreur relative au millésime de la loi, si elle indiquait en même temps qu'il s'agit de la loi sur la presse (Pau, 30 avr. 1887 et 19 janv. 1889 précités). Jugé, dans le même sens, que l'erreur commise dans l'indication du millésime de la date de la loi sur la presse, par l'énonciation du 29 juill. 1889 au lieu du 29 juill. 1881, dans la copie de la citation donnée au prévenu, ne saurait entraîner la nullité de la citation, alors que cette loi est indiquée sous la dénomination de loi sur la presse (Crim. rej. 29 nov. 1889, aff. Crohari, D. P. 90. 1. 456).

1735. — 2° *Énonciations que doit contenir la citation à la requête de la partie lésée, lorsqu'elle a qualité pour exercer l'action directe.* — La législation antérieure à la loi de 1881 gardait le silence sur le droit de la partie lésée d'exercer l'action directe devant la cour d'assises; l'exercice en est réglementé pour la première fois par la loi de 1881 (D. P. 81. 4. 85). — V. *supra*, n° 1259). — La citation directe, lorsqu'elle émane de la partie lésée, est d'abord assujettie à toutes les énonciations que doit renfermer la citation donnée par le ministère public (V. *supra*, n° 1723). D'autre part, elle se distingue de cette dernière citation sur trois points. La citation donnée par la partie lésée doit contenir, outre les indications qui sont obligatoires pour le ministère public : 1° copie de l'ordonnance que cette partie est tenue, aux termes de l'art. 47, de se faire délivrer par le président de la cour d'assises, à fin de fixation des jours et heures auxquels l'affaire sera appelée; 2° élection de domicile au lieu où siège la cour d'assises (D. P. 81. 4. 85). — Cette élection de domicile était également imposée à la partie civile dans les affaires soumises, par la loi du 26 mai 1819, à une instruction obligatoire et à la nécessité d'un arrêt de renvoi (V. *supra*, n° 1712).

En outre, la partie civile est tenue de notifier sa citation, non pas seulement au prévenu, mais encore au ministère public (Comp. *supra*, n° 1716).

1736. — 3° *Nullité résultant de l'inobservation des pres-*

criptions de l'art. 50. — L'art. 50 porte que toutes les formalités qu'il prescrit « seront observées à peine de nullité de la poursuite » (D. P. 81. 4. 86). Cette nullité n'est pas attachée par l'art. 183 c. instr. crim. à l'inobservation des formes de la citation directe pour les délits de droit commun. — Lorsque la poursuite comprend plusieurs faits et que la citation ne les articule pas tous, cette poursuite n'est nulle que relativement à ceux de ces faits qui ne sont ni articulés, ni qualifiés, et se trouve circonscrite aux faits dont la citation contient l'articulation et la qualification (Riom, 24 déc. 1829, *Rép.* n° 860). Il en résulte que, pour le cas d'imputation d'injure, les faits relevés dans la citation ne peuvent être punis que comme simple contravention, si les circonstances caractéristiques de la publication y avaient été omises (Même arrêt).

1737. D'après quelques décisions, la nullité tirée de l'inobservation des formes prescrites par l'art. 60 pour la validité de la citation devant le tribunal correctionnel, en matière de délits de publication, est une nullité d'ordre public ; d'où la conséquence qu'elle doit être prononcée d'office par le juge (Trib. civ. Seine, 16 août 1881, aff. Contesenne, D. P. 82. 2. 92 ; Trib. Compiègne, 22 nov. 1881, aff. Blondel, D. P. 83. 2. 28, note 1 ; Trib. Oran, 14 déc. 1881, aff. Perrier, *ibid.* ; Trib. Seine, 18 janv. 1882, aff. Cousin, *ibid.*) ; qu'elle peut être prononcée en tout état de cause, et même pour la première fois en appel (Paris, 4 févr. 1882, aff. Duc, D. P. 83. 2. 39).

Au contraire, de nombreux arrêts ont fait, à la citation dont il s'agit, l'application de la disposition de l'art. 173 c. proc. civ., suivant laquelle toute nullité d'exploit est couverte si elle n'est proposée avant toute défense ou défense autres que les exceptions d'incompétence (V. *infrà*, art. 2). Décidé, dans ce dernier sens, que les énonciations auxquelles l'art. 50 de la loi de 1881 a assujetti la citation devant la cour d'assises et que l'art. 60 exige également pour la citation devant le tribunal correctionnel, n'ayant été prescrites que dans l'intérêt du prévenu, le moyen de nullité tiré soit du défaut de précision et de qualification du fait incriminé, soit de la non-indication du texte de loi applicable à la poursuite, doit, conformément à l'art. 173 c. proc. civ., être proposé *in limine litis*, et que, notamment, il est non recevable, si le prévenu ne l'a invoqué qu'après avoir donné son assentiment à une demande d'enquête de la partie civile (Angers, 17 juill. 1882, aff. Challuau, D. P. 83. 2. 183). Jugé également que ce moyen de nullité ne peut être proposé pour la première fois en appel (Agen, 5 mai 1882, aff. Issiot, D. P. 83. 2. 38 ; Besançon, 26 mai 1882, aff. Jurand, *ibid.* ; Civ. cass. 21 juill. 1884, aff. Besson, D. P. 85. 1. 167). Jugé encore que la nullité édictée par l'art. 60, § 3, de la loi du 19 juill. 1881, qui exige qu'en matière de diffamation la citation indique le texte de la loi applicable à la poursuite, n'est pas d'ordre public ; que, par suite, lorsque le prévenu a reconnu, dans ses conclusions, que la citation lui a imputé le double délit d'injure publique et de diffamation, il n'appartient pas à la cour d'appel de rechercher si l'énonciation du délit ayant été faite en termes alternatifs n'a pas été, par suite, de nature à faire naître une confusion dans l'esprit du prévenu (Orléans, 5 août 1885, aff. Rabier, D. P. 86. 2. 46). Décidé, à plus forte raison, que la nullité tirée de l'inobservation de l'art. 60 ne peut être invoquée pour la première fois devant la cour de cassation (Crim. rej., 10 févr. 1883, aff. Debia, Lorin et Cluzel, D. P. 83. 1. 364).

1738. On avait décidé de même, avant la loi de 1881 et sous la législation qui, depuis le décret du 17 févr. 1852, exigeait dans la citation, sinon la qualification, du moins l'énonciation du fait incriminé : 1° que l'omission, dans une citation donnée par des héritiers, pour diffamation envers la mémoire de leur auteur, de la circonstance que le délit aurait été commis, en même temps, envers eux-mêmes, condition aujourd'hui indispensable à la recevabilité de la poursuite, ne fait pas obstacle à ce que le jugement imprime au délit cette dernière qualification, si elle a été réparée dans les conclusions de première instance et si aucune exception n'a été élevée par le prévenu contre la citation (Crim. rej. 5 juin 1869, aff. Labaume, D. P. 70. 1. 233) ; — 2° Qu'il est permis à l'auteur de la plainte de prouver par témoins que les imputations diffamatoires ont eu lieu dans des circonstances

non spécifiées par la citation, si le prévenu accepte le débat sur les points mis en lumière par l'enquête (Crim. rej. 3 juill. 1875, aff. Richard, D. P. 75. 1. 494).

1739. Toutefois, la nullité tirée de l'inobservation de l'art. 60 ne peut être couverte que dans les conditions édictées par l'art. 173 c. proc. civ. Ainsi, elle ne saurait être considérée comme couverte par le seul effet de la comparution du prévenu à l'audience, pour demander le renvoi de l'affaire à un autre jour (Rennes, 30 janv. 1884, aff. De Lambilly, D. P. 84. 2. 87) ; ... ou lorsqu'il s'est borné à proposer l'incompétence du tribunal correctionnel (ou de la cour d'assises) sans défendre au fond (Rennes, 20 févr. 1889, aff. Blatier, D. P. 90. 2. 271).

1740. L'art. 50 de la loi du 29 juill. 1881, en exigeant, à peine de nullité, que la citation contienne la qualification des faits, n'a pas interdit aux plaignants de qualifier inexactement les faits incriminés, pourvu que la qualification réelle se trouve également dans la citation. En conséquence, la citation qui qualifie le fait à la fois de diffamation et d'injure n'est pas entachée de nullité, quoique ce fait ne constitue d'autre délit que celui de diffamation et qu'il ne constitue à aucun titre le délit d'injure (Limoges, 29 déc. 1887, aff. Lachaud et Janetaud, D. P. 89. 2. 232).

1741. Il appartient aux juges d'apprécier, suivant les circonstances, si les indications ajoutées dans la citation à celles qui sont prescrites à peine de nullité sont de nature à jeter quelque obscurité sur l'objet de la poursuite et à paralyser la défense. Ainsi les mots « et suivants » ajoutés aux articles visés dans la citation n'entachent pas cette citation de nullité, ces mots n'indiquant expressément aucun texte de loi et ne pouvant par conséquent induire le prévenu en erreur sur l'objet de la poursuite (Orléans, 5 août 1885, aff. Rabier, D. P. 86. 2. 46).

1742. Il n'y a pas d'autres formalités spéciales à la citation directe pour crime ou délit de presse devant la cour d'assises. Ainsi la citation peut, sans qu'il en résulte la nullité de la poursuite, ne pas viser la plainte de la partie lésée à laquelle est subordonnée l'action du ministère public pour diffamation envers un corps constitué ou une personne publique (Crim. rej. 29 nov. 1858, aff. Lavertujon et Gounouilhou, D. P. 61. 1. 45).

1743. Les formalités prescrites par l'art. 50 concernant l'action directe en cour d'assises, et de même celles qui sont prescrites par l'art. 60 concernant l'action directe devant le tribunal correctionnel, ne sont exigées que pour la validité des citations proprement dites, servant à l'ajournement du prévenu et à l'introduction de l'instance devant la juridiction de jugement. Ainsi, elles ne sont pas obligatoires pour la validité de la réassignation donnée « en procédant sur et aux fins de l'exploit introductif d'instance », par suite d'un jugement de remise prononcé hors la présence des prévenus, et à l'effet d'éviter la prescription au cours de la remise (Trib. Seine, 15 févr. 1883, aff. Domicent, gérant du journal *La Réforme*, *Gazette des tribunaux* du 16 févr. 1883). — De même, en matière de diffamation, la partie civile qui a saisi la juridiction correctionnelle par une assignation régulière renfermant l'énonciation des propos incriminés et l'indication du texte de loi applicable, n'est pas tenue de reproduire ces mentions dans un avenir signifié au prévenu pour changer le jour de sa comparution, alors même qu'elle déclarerait, dans cet acte, lui donner au besoin nouvelle assignation (Bordeaux, 30 déc. 1886, aff. Martin, D. P. 87. 5. 349).

§ 3. — Des formalités à remplir dans toutes les affaires soumises au jury.

1744. — I. De la citation au prévenu. — Ainsi qu'on l'a vu *supra*, n°* 1710 et suiv., la procédure déterminée par les art. 294 à 307 c. instr. crim. n'est applicable aux poursuites de presse devant la cour d'assises, qu'à l'égard des *crimes* de publication déférés à cette cour ensuite d'une information préalable. En ce cas, la notification à l'accusé de l'arrêt de renvoi et de l'acte d'accusation lui font connaître son ajournement à l'audience de la cour d'assises et la nature des faits qui lui sont reprochés. On a vu également *supra*, n°* 1714 et suiv. que le ministère public peut, sans recourir à la procédure d'information, citer directement devant la cour d'assises l'auteur d'un délit et même l'auteur d'un crime de publication et que le droit de citation directe appartient aussi à la partie civile. La citation est encore une formalité nécessaire dans un dernier cas : celui de poursuite, après information, d'un fait de publication qualifié *délit*. En effet, ainsi que nous l'avons dit *suprà*, n° 1713, il n'y a pas lieu, en pareil cas, de rédiger et de signifier au prévenu un acte d'accusation. D'autre part, la signification de l'arrêt de renvoi n'est pas obligatoire et ne ferait pas, d'ailleurs, connaître suffisamment au prévenu les faits qui lui sont reprochés. Enfin, le président n'ayant plus à rendre une ordonnance fixant le jour du jugement, l'ajournement du prévenu ne peut plus résulter de la notification de cette ordonnance.

La citation est donc la formalité indispensable : 1° pour faire connaître au prévenu le jour où il devra comparaître devant la cour d'assises ; 2° pour lui faire connaître les faits qui sont l'objet de la prévention contre laquelle il devra se défendre. Cette nécessité d'une citation est la même, soit qu'il y ait action directement introduite par la citation pour crime ou pour délit de publication, soit qu'il y ait eu une instruction et que la cour d'assises soit saisie par un arrêt de renvoi pour *délit* de publication. Seule la procédure d'information préalable pour *crime* de publication ne comporte pas de citation en cour d'assises (Circ. min. just. 9 nov. 1881, D. P. 81. 3. 111, n° 62. V. *suprà*, n°ˢ 1710 et 1711).

1745. La citation devant remplir le même objet dans l'un et l'autre cas, les dispositions de l'art. 50 de la loi du 29 juill. 1881 sont applicables à la citation après information préalable et arrêt de renvoi, comme à la citation directe. Dans l'un et l'autre cas, la citation doit contenir, à peine de nullité de la poursuite, toutes les énonciations prescrites afin de préciser, en fait et en droit, les éléments de la prévention (Circ. min. just. 9 nov. 1881, D. P. 81. 3. 111, n° 62. V. *suprà*, n°ˢ 1722 et suiv.). Les énonciations que doit contenir la citation faite après information et arrêt de renvoi ne peuvent pas être suppléées par les énonciations identiques que doit également contenir le réquisitoire à fin d'information, ce réquisitoire, exclusivement adressé au juge d'instruction, n'étant pas notifié au prévenu (V. *suprà*, n°ˢ 1671 et suiv.).

1746. Il ne s'agit ici que des énonciations obligatoires dans les citations données à la requête du ministère public. Il ne peut pas être question des énonciations qui sont spécialement imposées à la partie lésée, car celle-ci n'a pas le droit de saisir directement la cour d'assises par une citation quand il y a eu information requise par le parquet et arrêt de renvoi (V. *suprà*, n° 1263).

1747. Quant à la date de la comparution du prévenu, elle est indiquée par le ministère public après entente avec le président de la cour d'assises, mais sans ordonnance de ce magistrat (V. *suprà*, n° 1716).

1748. — II. Du délai entre la citation et la comparution en cour d'assises. — En vertu de l'art. 51, « le délai entre la citation et la comparution en cour d'assises sera de cinq jours francs, outre un jour par cinq myriamètres de distance ».

L'art. 51 n'est pas applicable à l'accusé contre lequel il a été procédé, à raison d'un crime, par voie d'*information préalable*, une citation n'étant pas alors nécessaire. Il concerne seulement les deux cas où l'on doit recourir à une citation, c'est-à-dire le cas de poursuite d'un délit par voie d'information préalable, et le cas de poursuite par voie d'action directe soit d'un crime, soit d'un délit de publication.

1749. — 1° *Poursuite d'un crime de publication par voie d'information préalable.* — Lorsqu'il y a eu information et renvoi en cour d'assises à raison d'un crime, ce n'est pas par une citation, mais conformément aux dispositions du code d'instruction criminelle en matière de crimes de droit commun que, sous la loi de 1881, comme sous la législation antérieure, l'accusé doit être appelé à comparaître devant cette cour. La comparution est fixée par l'art. 309 c. instr. crim., au jour indiqué pour l'ouverture des assises, après l'expiration : 1° du délai de vingt-quatre heures qui doit suivre la signification de l'arrêt, afin de permettre le dépôt, au greffe de la cour, des pièces à conviction et la conduite de l'accusé dans la maison de justice au lieu de la tenue des assises (c. instr. crim. art. 292) ; — 2° Du délai, également de vingt-quatre heures, dans lequel le prévenu doit être interrogé par le président de la cour d'assises, ou par le

juge qu'il aura délégué à cet effet (c. instr. crim. art. 293) ; — 3° Du délai de cinq jours donné à l'accusé pour proposer contre l'arrêt de renvoi les moyens de nullité admis par l'art. 299 (c. instr. crim. art. 296) ;... sauf renonciation de l'accusé au bénéfice de ce dernier délai (c. instr. crim. art. 309).

1750. — 2° *Poursuite d'un délit de publication par voie d'information préalable.* — Les dispositions du code d'instruction criminelle qui ne régissent que la poursuite des crimes étaient inapplicables au cas de renvoi devant la cour d'assises, après une information préalable, pour un simple *délit* de publication. L'art. 17 de la loi du 26 mai 1819 exigea que la comparution fût précédée, dix jours au moins à l'avance, outre un jour par cinq myriamètres de distance, de la notification du réquisitoire à fin de fixation de l'audience et de l'ordonnance du président. Cette disposition constituait la citation (V. *suprà*, n° 1715). Cette disposition est restée en vigueur sous celles des lois postérieures à la loi de 1819 qui ont maintenu la compétence des cours d'assises à l'égard des délits de publication, et qui ne se sont occupées, d'ailleurs, que de la procédure relative à l'action directe. — Depuis la loi nouvelle, le prévenu d'un délit de publication est appelé à comparaître devant la cour d'assises, même quand il y a eu information préalable, par une simple citation, comme au cas d'action directe (V. *suprà*, n°ˢ 1713 et 1744). Le délai qui doit s'écouler entre la citation après information et le jour de la comparution est le même que celui prescrit pour l'hypothèse d'une citation directe.

1751. — 3° *Poursuite d'un crime ou d'un délit de publication par voie de citation directe.* — La loi du 8 avr. 1831, qui a investi le ministère public du droit de saisir directement la cour d'assises du jugement des délits de publication, sans l'obliger, comme il le faisait la loi du 26 mai 1819, à requérir une information préalable (V. *suprà*, n°ˢ 1667 et 1715), avait emprunté à cette dernière loi, non seulement le mode d'ajournement qui s'y trouvait établi à l'égard du prévenu d'un délit de publication, renvoyé en cour d'assises à la suite de l'information, mais encore le délai de la comparution. Son art. 2, reproduisant l'art. 17 de la loi de 1819, exigeait, comme pour le cas d'information préalable, réglé par ce dernier article, que le jour de la comparution fût fixé, sur réquisitoire du ministère public, par une ordonnance du président (V. *suprà*, n° 1715), et en fixait le délai, conformément à la même disposition, à dix jours au moins, à partir de la notification de cette ordonnance et du réquisitoire (*Rép*. p. 413). — L'art. 24 de la loi du 9 sept. 1835, après avoir étendu aux crimes le droit de citation directe créé par la loi de 1819, a réduit le délai de la citation à trois jours, comme pour les citations du droit commun devant les tribunaux correctionnels, réglés par l'art. 184 c. instr. crim. (*Rép*. p. 414). Le même délai a été successivement adopté par l'art. 16 de la loi du 27 juill. 1849, après l'abrogation de la loi de 1835 (D. P. 49. 4. 130), par le décret du 6 mars 1848 (D. P. 48. 4. 40) ; par l'art. 1 de la loi du 15 avr. 1871 et par l'art. 4 de la loi du 29 déc. 1875 (D. P. 71. 4. 44 ; 76. 4. 32). Les mêmes lois accordaient, en outre, un jour par cinq myriamètres de distance (V. *ibid*.).

C'est aussi le même délai de trois jours qui devait être observé, en vertu du droit commun, sous le décret du 27 févr. 1852, dont les art. 25 et 27 soumettaient la poursuite des délits de publication aux règles de compétence et aux formes et délais du code d'instruction criminelle (V. *suprà*, n°ˢ 1566 et 1667).

1752. Aux termes de l'art. 51 de la loi de 1881, « le délai entre la citation et la comparution en cour d'assises n'est plus de dix jours, comme sous la loi de 1831, ni de trois jours comme sous les lois de 1849, 1871 et 1875, et sous le décret de 1852, mais de cinq jours », avec augmentation d'un jour par cinq myriamètres de distance, conformément aux lois précitées (D. P. 81. 4. 85).

Le même délai est commun à la citation directe et à la citation après information (V. *suprà*, n°ˢ 1714, 1744).

1753. Le délai de cinq jours outre un jour par cinq myriamètres de distance est un délai franc.

1754. Conformément à la disposition générale de l'art. 1033 c. proc. civ., les fractions de moins de quatre myriamètres ne doivent pas être comptées ; celles de quatre myriamètres et au-dessus augmentent le délai d'un jour entier (Crim. rej. 1ᵉʳ mai 1885, aff. Durand et autres, *Bull.*

crim., n° 131; Dutruc, n° 387; Barbier, t. 2, n° 921.— V. en sens contraire: Fabreguettes, t. 2, n° 2021).

1755. La citation doit indiquer le jour de la comparution; mais il n'est pas nécessaire qu'elle indique l'heure de l'audience (Crim. rej. 16 mai 1884, aff. Belotte, gérant du journal *Le Progrès du Midi, Bull. crim.*, n° 171).

1756. La procédure établie par la loi du 20 mai 1863 (D. P. 63. 4. 169) pour le jugement des flagrants délits était inapplicable, en vertu de l'art. 7 de cette loi, aux délits de publication, même à l'époque où ces délits étaient exclusivement déférés aux tribunaux correctionnels par le décret du 27 févr. 1852; et elle demeure plus étrangère encore à ces délits depuis qu'ils sont rendus à la compétence de cours d'assises. Par suite, l'abréviation de délai que comporte la procédure du flagrant délit n'a jamais lieu dans les procès de presse.

1757. En matière de diffamation et à raison de la procédure nécessitée par la recevabilité de la preuve des faits diffamatoires devant la cour d'assises, le délai entre la citation et la comparution du prévenu est, en vertu de l'art. 52, « de douze jours outre un jour par cinq myriamètres » (D. P. 81. 4. 86. V. *infrà*, n° 1779).

1758. « La loi sur la presse, dit M. Barbier, t. 2, n° 922, p. 439, n'indique pas quelle est la sanction de l'inobservation des délais impartis par les art. 51 et 52, § 1. Dans le silence de la loi, il y a lieu de s'en référer aux dispositions de l'art. 48 c. instr. crim., qui prononce non pas la nullité de la citation délivrée à trop bref délai, mais la nullité de la condamnation qui serait prononcée par défaut contre la personne citée ». — Au surplus, le prévenu qui comparaîtra devant la cour d'assises au jour fixé par la citation donnée à trop bref délai, devra prendre soin de présenter sa demande tendant à la remise de l'affaire, avant l'appel des jurés (V. *infrà*, art. 2).

1759. — III. Interrogatoire du prévenu. — Interpellation du président concernant le choix d'un conseil. — Désignation d'office de ce conseil. — Avertissement sur le pourvoi en cassation contre l'arrêt de renvoi.— En cas de renvoi devant la cour d'assises après information préalable, à raison d'un crime de publication, le président de la cour d'assises doit procéder à l'interrogatoire de l'accusé dans les vingt-quatre heures au plus tard après son arrivée dans la maison de justice et lui faire les interpellations ordonnées par les art. 294 et suiv. c. instr. crim. On a vu, en effet, *suprà*, n° 1710, que la procédure est identique à celle qui doit être suivie pour la poursuite des crimes de droit commun.

1760. Au contraire, les formalités de l'interrogatoire et des interpellations ne peuvent pas trouver leur place dans les poursuites pour un crime de publication par voie de citation directe, ou pour délit de publication, soit par la même voie, soit même après information préalable. Ces formalités ne peuvent, en effet, s'appliquer qu'à un accusé placé dans les liens d'une ordonnance de prise de corps (Circ. min. just. 9 nov. 1884, D. P. 81. 3. 111, n° 62). L'interrogatoire du président diffère à cet égard de l'interrogatoire prescrit au juge d'instruction par l'art. 93 c. instr. crim., à la suite du mandat de comparution ou du mandat d'amener. Cet interrogatoire est une formalité substantielle de la poursuite des délits de publication quand cette poursuite a lieu par voie d'information préalable ; son omission entraîne la nullité de la procédure (Crim. cass. 16 nov. 1849, aff. Marc Dufraisse, D. P. 50. 5. 381).

Il a été jugé, dans le sens des observations qui précèdent, qu'en matière de délit de publication, il n'y a pas lieu à l'interrogatoire prescrit par l'art. 293 (Crim. rej. 28 juill. 1820, aff. Legracieux) ; ... ni à l'interpellation sur le choix d'un conseil, ou à la désignation d'office de ce conseil (Crim. rej. 24 avr. 1884, aff. Crié, *Bull. crim.*, n° 140) ; ... « ni, par suite, à l'avertissement à donner au prévenu qu'il a encore un délai de cinq jours pour faire valoir les causes de nullité énoncées dans l'art. 299 contre l'arrêt de renvoi qui lui a été notifié (et contre lequel il a déjà pu se pourvoir dans les trois jours de la notification à raison de tous les moyens quelconques de nullité) (c. instr. crim. art. 373) (Barbier, t. 2, n° 904).

1761. — IV. Communication de la procédure. — Elle est due, conformément à l'art. 302 c. instr. crim., après l'interrogatoire, dans le cas de poursuite pour crime de publica-

tion après information préalable. Si c'est un délit de publication qui est l'objet de la poursuite par voie d'information préalable, la communication des pièces de la procédure est due à partir de la citation. « Le refus de communiquer la procédure en temps utile pour permettre la préparation de la défense justifierait une demande de sursis devant la cour d'assises, à laquelle il devrait être fait droit sous peine de violer les droits de la défense » (Barbier, t. 2, n° 905; Conf. Crim. rej. 14 mai 1835, *Rép.* v° *Instruction criminelle,* n° 947; *Rép.* eod. v°, n° 1276; Metz, 22 mai 1866, *Journal de droit criminel*, n° 824).

1762. Le conseil de l'accusé ou du prévenu peut prendre ou faire prendre, aux frais de celui-ci, copie de telles pièces du procès qu'il juge utiles à la défense (c. instr. crim. art. 305). Il y a lieu, en vertu du même article, de délivrer gratuitement aux accusés d'un crime de publication, une copie des procès-verbaux constatant le fait incriminé et des déclarations écrites des témoins; mais cette prescription n'est pas obligatoire à l'égard des prévenus d'un délit de publication, ces derniers n'étant pas placés sous la main de justice (Conf. Barbier, t. 2, n° 905; Fabreguettes, t. 2, n° 2044).

1763. — V. Notification de la liste des jurés. — D'après l'art. 395 c. instr. crim., la liste des jurés doit être notifiée à l'accusé, à peine de nullité, la veille du jour déterminé pour la formation du jury de jugement. Cette disposition est strictement applicable à l'égard de l'accusé d'un crime de publication. Ainsi la signification de la liste du jury doit lui être faite à personne, et la veille même du jour de la formation du jury de jugement. Serait nulle la notification faite autrement qu'à personne, et celle faite avant ou après le jour indiqué par l'art. 395.

1764. La notification n'est prescrite par l'art. 395 qu'en ce qui concerne la liste des jurés de la session. Pour la liste des jurés complémentaires, la notification n'est pas obligatoire à peine de nullité (Crim. rej. 6 déc. 1883, aff. Bergé, *Bull. crim.* n° 274).

1765. Dans toutes les poursuites pour délits de publication, qu'il y ait information préalable ou citation directe, la notification de la liste du jury est. comme en matière de crime, une formalité substantielle prescrite à peine de nullité des débats et de l'arrêt de condamnation (Crim. cass. 8 déc. 1881, aff. Prax-Pâris, D. P. 82. 1. 42; 23 mai 1884, aff. Tournier, D. P. 90. 2. 37, note 3 *a*).

1766. Toutefois, les conditions dans lesquelles cette formalité doit être remplie ne peuvent être exactement celles que prévoit l'art. 395, par suite de cette circonstance que le prévenu n'est pas en état d'arrestation. D'abord la notification à personne peut être suppléée, à l'égard des prévenus libres, par la notification au domicile réel; mais la notification faite au greffe de la cour d'assises est nulle (Crim. rej. 20 juill. 1832, aff. Bailly, *Rép.* v° *Instruction criminelle,* n° 1669-2°). De même, en matière de diffamation, la notification de la liste des jurés doit être faite, à peine de nullité, au domicile réel du prévenu, et non au domicile élu par lui en conformité de l'art. 52, dernier alinéa, de la loi du 29 juill. 1881, en vue de la preuve des faits diffamatoires (Crim. rej. 1er mai 1885. aff. Conseillers municipaux de Romorantin, D. P. 86. 1. 231).

1767. D'autre part, la nullité résultant de ce que la notification n'aurait pas été faite la veille de la formation du jury de jugement, en conformité de l'art. 395, n'atteint les débats et l'arrêt de condamnation que si la notification a été tardive. Au contraire, le prévenu ne peut se prévaloir se plaindre de l'anticipation du délai qui, loin de lui être préjudiciable, constitue une faveur en lui donnant un temps plus long pour préparer l'exercice du droit de récusation (Crim. rej. 19 mai 1832, et 20 juill. 1832, *Rép.* nos 1199-2° et 1506-1° ; Crim. rej. 28 févr. 1889, aff. A. Piat, D. P. 90. 1. 190. Conf. Barbier, t. 2, n° 906).

1768. Le délai d'un jour imparti par l'art. 395 c. instr. crim. doit, quand la notification est faite à un prévenu libre, non domicilié dans le lieu où siège la cour d'assises, être augmenté des délais de distance. Ces délais de distance devraient, si l'on s'en rapportait au droit commun, consister dans une augmentation d'un jour par cinq myriamètres, en vertu de la disposition de l'art. 184 c. instr. crim. Mais, déjà sous les lois de 1819 et de 1849, on avait écarté l'application de l'art. 184 c. instr. crim. et décidé que l'augmentation du délai de la signification de la liste des jurés devait être d'un jour par cinq myriamètres de distance en vertu du mode de calcul du délai de distance que ces lois adoptaient pour la comparution devant la cour d'assises du prévenu non détenu (Crim. rej. 11 avr. 1850, aff. Mousset, D. P. 50. 5. 383). A cette époque, l'art. 1033 c. proc. civ., qui contient une disposition générale sur le délai de distance, ne fixait ce délai qu'à un jour par trois myriamètres. Cet article, modifié aujourd'hui par la loi du 3 mai 1862, fixe l'augmentation à un jour par cinq myriamètres. C'est cette règle générale que reproduit la loi du 29 juill. 1881, quand elle détermine, dans l'art. 51, le délai qui doit s'écouler entre la citation et la comparution du prévenu devant la cour d'assises. En conséquence, il a été jugé que le délai de distance qui doit être observé dans la notification de la liste des jurés au prévenu d'un délit de presse est réglé par les dispositions spéciales de la loi du 29 juill. 1881, et non par celles de l'art. 184 c. instr. crim.; que, par suite, ce délai est d'un jour par cinq myriamètres de distance entre le domicile du prévenu et le lieu où siège la cour d'assises.

Mais, comme la loi du 29 juill. 1881 se borne à fixer le délai normal de distance, sans s'expliquer sur la fraction qui pourrait motiver un supplément de délai, il y a lieu d'appliquer la disposition du paragraphe 4 de l'art. 1033 c. proc. civ., qui a le caractère d'une règle de droit commun, et d'augmenter le délai d'un jour entier par fraction de quatre myriamètres et au-dessus (Crim. rej. 1er mai 1885, aff. Conseillers municipaux de Romorantin, D. P. 86. 1. 231). L'arrêt précité du 11 avr. 1850 avait, au contraire, jugé sur ce dernier point qu'on ne devait pas prendre en considération les fractions de cinq myriamètres ; d'où la conséquence que la notification faite à un prévenu domicilié à moins de dix myriamètres du lieu où siège de la cour d'assises, était régulièrement faite l'avant-veille du jour fixé pour la formation du jury de jugement. — La contradiction qui existe entre ces deux décisions s'explique par cette circonstance que le texte primitif de l'art. 1033 a été modifié dans l'intervalle, par la loi du 3 mai 1862, qui en a singulièrement élargi l'application. Le texte nouveau, ainsi que l'a déclaré le rapporteur, établit une règle uniforme, non seulement' pour les délais de comparution, mais « pour tous les actes à l'accomplissement desquels est attaché un délai de distance » (D. P. 62. 4. 46, note 7). Cette règle a donc bien réellement le caractère d'une disposition de droit commun, et doit être observée en toute matière (D. P. 86. 1. 231, note 4).

1769. L'omission de la notification de la liste du jury ne peut constituer un moyen de nullité au profit du prévenu d'un délit de presse qui, s'étant abstenu de comparaître sur la citation, a été jugé par la cour d'assises procédant seule sans l'assistance de jurés ; en conséquence, l'arrêt par défaut rendu dans ces circonstances est valable et a légalement interrompu la prescription de trois mois (Crim. cass. 24 févr. 1883, aff. Malinge, D. P. 83. 1. 228 ; 15 mars 1883, aff. Louis Albertini, D. P. 84. 1. 430).

1770. Quand la liste des jurés n'a pas été notifiée au prévenu, il y a lieu, la procédure n'étant pas en état, de renvoyer purement et simplement l'affaire à une autre session ; la citation demeure antérieurement au prévenu demeure valable (C. d'ass. du Loiret, 26 juill. 1888, aff. Prochasson, D. P. 90. 2. 37. Conf. C. d'ass. d'Alger, 1er févr. 1883, *Gazette des tribunaux*, du 17 février ; Barbier, t. 2, n° 906).

1771. C'est à la partie civile poursuivant par voie de citation directe une cour d'assises la réparation d'un délit de diffamation ou d'injure commis par la voie de la presse, et non au procureur général, qu'incombe l'obligation de faire au prévenu la notification de la liste des jurés. En conséquence, à défaut de cette notification, les dépens doivent être mis à la charge de la partie civile, et ces dépens comprennent le coût des citations à témoins et de la notification aux prévenus (C. d'ass. du Loiret, 26 juill. 1888, et C. d'ass. d'Alger, 1er févr. 1883, cités *suprà*, n° 1770. Conf. Crim. rej. 28 févr. 1889, aff. A. Piat, D. P. 90. 1. 190).

Si la poursuite a lieu à la requête du ministère public, c'est à lui qu'il appartient de notifier au prévenu la liste des jurés ; mais la partie civile déjà constituée a intérêt à s'assurer de l'accomplissement de cette formalité et

peut la remplir à défaut par le ministère public d'avoir fait la notification, car, ainsi que le dit l'arrêt précité de la cour de cassation du 28 févr. 1889, il importe peu à l'accusé que la notification de la liste des jurés lui advienne par les soins du ministère public ou par ceux de la partie civile.

1772. — VI. Notification de la liste des témoins. — Elle doit être faite conformément à l'art. 315 c. instr. crim. soit à l'accusé ou au prévenu par le procureur général ou par la partie civile, soit au procureur général par l'accusé ou le prévenu. La notification doit comprendre les nom, profession et résidence des témoins. Elle doit avoir lieu vingt-quatre heures au moins avant l'examen de ces témoins, ce délai devant être augmenté, s'il y a lieu, des délais de distance.

1773. La notification dont il s'agit ne doit pas être confondue avec la notification que la loi de 1881 impose spécialement au prévenu de diffamation qui veut être admis à faire la preuve des faits diffamatoires (V. *infrà*, n°s 1782 et suiv.).

1774. — VII. Significations a faire a la partie civile. —« Lorsqu'il y a une partie civile en cause, dit M. Barbier, t. 2, n° 910, p. 425, le ministère public doit lui notifier les actes qu'elle a intérêt à connaître. La loi n'a pas spécifié les actes qui devaient lui être signifiés ; mais la raison indique suffisamment qu'on devra lui faire connaître l'arrêt de renvoi, et surtout le jour fixé pour le jugement (Chassan, t. 2, n° 1609). — Les notifications seront faites à la partie civile, soit à personne, soit au domicile réel, soit au domicile qu'aux termes de l'art. 68 c. instr. crim., elle est tenue d'élire dans l'arrondissement communal où se fait l'instruction » (Conf. L. 26 mai 1819, art. 24). — En ce qui concerne les notifications à la partie civile, contre laquelle on entend faire la preuve des faits, V. *infrà*, n°s 1782 et suiv.

§ 4. — Des formalités spéciales à remplir préalablement à la preuve des faits diffamatoires dans les cas où cette preuve est admise.

1775. — I. Juridictions devant lesquelles est applicable la procédure spéciale a la poursuite du délit de diffamation. — La poursuite du délit de diffamation n'est l'objet d'une procédure spéciale qu'au cas de diffamation susceptible d'être couverte par la preuve de la vérité des faits diffamatoires. Avant la loi de 1881, la juridiction devant laquelle il y avait lieu d'appliquer cette procédure, était celle du jury : 1° sous la loi du 26 mai 1819 qui a créé la compétence du jury en matière de délits de publication ; — 2° Sous la loi du 8 oct. 1830, qui a rétabli la même compétence, abrogée par la loi du 25 mars 1822, et dont l'art. 4 disposait que la poursuite des crimes et délits de publication aurait lieu devant la cour d'assises, conformément à la loi du 26 mai 1819 (*Rép.* p. 412) ; — 3° Sous la loi du 15 avr. 1871, qui a de nouveau rétabli le principe de la compétence de la cour d'assises, à l'égard des délits de publication, après l'abrogation qu'en avait frappée le décret du 17 févr. 1852 (D. P. 71. 4. 44. V. *supra*, n° 1566). Le délit de diffamation comportant la preuve de la vérité des faits diffamatoires est rentré dans les attributions des juges correctionnels, comme tous autres délits de publication, sous la loi du 25 mars 1822 et le décret du 17 févr. 1852, et par exception à la compétence du jury en matière de délits de publication, sous la loi du 29 déc. 1875 (V. *supra*, *ibid.*). D'après les mêmes lois, le ministère public avait le droit qu'il aurait eu devant la cour d'assises de prouver la vérité des faits diffamatoires (V. *infrà*, art. 4, § 2).

1776. La loi de 1881 a de nouveau attribué au jury le jugement des délits de diffamation comportant la preuve de la vérité des faits diffamatoires (V. *supra*, n°s 1568 et 1580). Toutefois, il est certaines personnes envers lesquelles la preuve de la vérité des faits diffamatoires est admissible, bien que la diffamation commise contre elle soit de la compétence des tribunaux correctionnels : ces personnes, que l'art. 35 a ajoutées aux corps et aux personnes qualifiées dans l'art. 30 et 31, sont les directeurs ou administrateurs d'entreprises industrielles, commerciales ou financières faisant publiquement appel au crédit (V. *supra*, n° 1595).

La procédure particulière que les art. 52 et 53 ont organisée quant à la preuve de la vérité des faits diffamatoires, se réfère donc, en principe, à des poursuites à exercer devant le jury. Aussi ces articles sont-ils placés au

70

chap. 5, § 2 de la loi de 1881, qui traite de la procédure sous la rubrique spéciale à la cour d'assises. Néanmoins, la procédure dont il s'agit doit être également suivie devant la juridiction correctionnelle, dans le cas de poursuites dirigées contre les directeurs et administrateurs désignés dans l'art. 35. Jugé, en ce sens, que l'art. 52 de la loi du 29 juill. 1881, qui détermine les formalités à remplir par le prévenu qui veut être admis à prouver la vérité des faits diffamatoires, est applicable même au cas où cette preuve est autorisée devant la juridiction correctionnelle, par exemple dans le cas où la diffamation est dirigée contre un administrateur d'une entreprise financière; que, par suite, la preuve ne peut être admise en l'absence des significations que cette disposition exige (Crim. cass. 29 juin 1882, aff. Bischoffsheim, D. P. 82. 1. 383; Paris, 6 janv. 1883, aff. Préaud et Vidal, D. P. 83. 2. 167; Crim. rej. 12 janv. 1883, aff. Bischoffsheim, D. P. 84. 1. 142; Rouen, 29 déc. 1883 (1); Crim. rej. 21 juin 1884, aff. Morel, D. P. 86. 1. 96; 24 juill. 1885, aff. Dubois, D. P. 86. 1. 432. — Contrà, Trib. corr. Lille, 28 janv. 1882 (2).

1777. — II. Délai de la citation en matière de diffamation. — Sous la loi du 26 mai 1819, qui prescrivait une information préalable obligatoire, la procédure à suivre, si le prévenu de diffamation voulait user de son droit de prouver la vérité des faits diffamatoires, précédait l'ajour-

nement devant la cour d'assises. Elle avait son point de départ dans l'arrêt de renvoi, et devait être terminée avant cet ajournement. Il n'était donc pas nécessaire de modifier le délai à observer entre l'ajournement et la comparution. Ce délai demeurait fixé à dix jours à partir de la notification tant de l'ordonnance du président indicative du jour des débats, que du réquisitoire tendant à obtenir cette ordonnance, notification qui valait alors citation (V. suprà, n° 1715). Cette procédure impliquait l'existence d'un arrêt de renvoi faisant connaître au prévenu l'objet de la prévention et le mettant ainsi à la fois en mesure et en demeure, avant tout ajournement, de faire la preuve de la vérité des faits diffamatoires et de remplir les formalités qui s'y rattachent. Or la procédure de la citation directe, qui fut autorisée à côté de la procédure d'information préalable, par la loi du 8 avr. 1831 pour les délits, et par la loi du 9 sept. 1835 pour les crimes et délits de publication, et qui fut maintenue dans la suite par les lois du 27 juill. 1849 et du 14 avr. 1871, ne comportait pas d'arrêt de renvoi (V. suprà, n°s 1715 et suiv.). Il n'y avait pas non plus d'arrêt de renvoi dans le cas de poursuite pour diffamation soit par voie de citation directe, soit par information préalable sous la loi du 25 mars 1822 et le décret du 27 févr. 1852, qui ont attribué tous les délits de publication aux tribunaux correctionnels, ni sous la loi du 29 déc. 1875, qui déférait, exceptionnelle-

(1) (Préaud et Vidal C. Ricard.) — L'arrêt de la cour de Paris, du 6 janv. 1883 (D. P. 83. 2. 167) ayant été cassé par arrêt de la chambre criminelle du 19 juill. 1883, l'affaire a été renvoyée devant la cour de Rouen.

La cour; — Sur la déchéance prononcée par le tribunal de la Seine quant à la demande des appelants tendant à prouver la vérité des faits diffamatoires; — Adoptant les motifs qui ont déterminé les premiers juges; — Attendu, de plus, que si, lorsqu'il s'agit de la procédure à suivre pour prouver la vérité des faits diffamatoires contre les directeurs d'entreprises commerciales ou financières faisant publiquement appel à l'épargne et au crédit, l'art. 60 de la loi du 29 juill. 1881, qui traite des poursuites correctionnelles, paraît difficile à concilier avec les prescriptions de l'art. 52, placé dans la section des cours d'assises, cette circonstance tient à ce que le paragraphe 2 de l'art. 35 a été introduit dans la loi par voie d'amendement; que, lorsque, dans une pensée de haute moralité, le Sénat a permis de prouver, contre les directeurs de ces entreprises, les faits qui auraient servi à tromper la crédulité publique, il a complété, en ce sens, le projet de la Chambre des députés, sans juger utile de créer une procédure spéciale, pour réglementer la preuve de ces faits; mais, qu'en assimilant sous ce rapport les directeurs d'entreprises aux fonctionnaires publics, il a entendu à la fois et les soumettre aux mêmes moyens de preuve et leur accorder les mêmes garanties; qu'il n'a point voulu les exposer à ce que la preuve des faits, ayant par eux-mêmes une gravité exceptionnelle, fût faite à l'audience, sans avis préalable, sans communication de pièces, sans aucune de ces formalités protectrices que l'art. 52 assure aux fonctionnaires publics; que cette pensée du Sénat a été ensuite celle de la Chambre, en sorte que les tribunaux, chargés d'interpréter cette loi, ne sortent pas de leur rôle, lorsqu'ils l'appliquent dans le sens et avec la portée que le législateur a entendu lui donner; — Attendu, d'ailleurs, que l'art. 52, édicté d'abord en vue de la juridiction des cours d'assises, vise expressément l'art. 35, et qu'il ne distingue point entre le cas où la preuve des faits diffamatoires est réclamée contre un fonctionnaire public et celui où elle intéresse les directeurs d'entreprises financières; — Sur la nécessité de la notification; — Attendu qu'en prescrivant au plaignant de notifier, à peine de nullité, la citation au ministère public, l'art. 50 s'est placé dans l'hypothèse la plus habituelle, celle d'une poursuite en cour d'assises; que, lorsque le litige rentre dans la compétence des juges correctionnels, il n'y a lieu d'observer que celles des prescriptions de cet article qui sont d'une application utile devant cette juridiction; que la notification au ministère public n'est pas de ce nombre; qu'en ce qui touche, d'un autre côté, le point de départ du délai de cinq jours, ce délai doit courir, non du jour de la notification au ministère public, puisque cette notification n'est pas nécessaire, mais du jour de la citation qui met les prévenus en demeure de se défendre; que Préaud et Vidal, ayant laissé passer ce délai sans remplir les formalités exigées par l'art. 52, ont, à ce point de vue, encouru la déchéance; — En ce qui concerne l'injure : — Attendu que, dans l'hypothèse où les expressions employées par les appelants à l'égard de Ricard constitueraient des injures, les premiers juges ont à tort refusé à Préaud et Vidal de prouver la provocation; qu'en effet, l'art. 33 de la loi du 29 juillet ne punit l'injure publique envers les particuliers qu'autant que cette injure n'a pas été provoquée; que l'absence de provocation est donc l'élément constitutif du délit,

et que la preuve de cette provocation rentre, par suite, dans le droit de défense des prévenus; — Attendu que, vainement, on soutiendrait que l'art. 35, en autorisant contre les directeurs d'entreprises financières la preuve de la vérité des imputations diffamatoires et injurieuses, a conféré aux prévenus un droit beaucoup plus considérable; que les mots : « imputations diffamatoires et injurieuses » ne s'entendent que des imputations diffamatoires qui seraient en même temps injurieuses; qu'ils ne s'appliquent point aux expressions simplement injurieuses; qu'à la différence de la diffamation, qui se réfère nécessairement à un fait, l'injure n'est qu'un terme de mépris, la forme donnée à une pensée outrageante; que, si l'on peut prouver un fait, on ne prouve pas une expression outrageante, et que le législateur de 1881, pas plus que celui de 1819, n'a pu vouloir faire décider par justice que cette qualification serait plus ou moins méritée; — Attendu que, nulle part, l'art. 35 n'autorise contre les fonctionnaires publics la preuve des imputations injurieuses; qu'elle n'a point fait des directeurs d'entreprises financières une troisième catégorie de personnes, et qu'en les traitant, pour la preuve des faits diffamatoires, comme des fonctionnaires publics, elle les considère, pour tout le reste, comme de simples particuliers; que c'est, en effet, la juridiction correctionnelle qui est seule compétente; que, sauf l'exception unique, résultant de l'art. 52, la procédure à suivre est celle applicable aux particuliers; qu'enfin, les peines prononcées contre ceux qui les diffament ou les injurient sont celles qui protègent les particuliers; que, dans l'espèce, Préaud et Vidal étant éventuellement prévenus d'avoir injurié publiquement un particulier, peuvent invoquer le bénéfice de l'art. 33, et établir, dans les conditions ordinaires de preuve, la provocation qui ferait disparaître le délit; — Par ces motifs; — Déclare Préaud et Vidal déchus de prouver contre Ricard la vérité des faits diffamatoires, les appelants n'ayant pas, dans les cinq jours de la citation, rempli les formalités prescrites par l'art. 52 de la loi du 29 juill. 1881; — Confirme à cet égard le jugement dont est appel; — Le réformant, au contraire, en ce qui touche l'injure; — Admet Préaud et Vidal à prouver par toutes les voies de droit qu'ils ont été provoqués, etc.

Du 29 déc. 1883.-C. de Rouen, 4e ch.-MM. Letellier, pr.- Reynaud, av. gén.-Marais et Bligny, av.

(2) (X... C. Journal financier.) — Le gérant d'un journal financier, assigné pour diffamation par le sieur X..., directeur d'une compagnie d'assurances, offrit de faire par témoins la preuve des faits diffamatoires. Le demandeur répondit que la preuve n'était pas recevable à défaut par le prévenu d'avoir fait, dans les cinq jours de la citation, les significations exigées par l'art. 52 de la loi du 29 juill. 1881.

Le tribunal; — Attendu que l'art. 52 de la loi du 29 juill. 1881, pour le cas où la preuve est admise en matière de diffamation, règle la procédure devant la cour d'assises; que l'art. 60, relatif à la procédure devant les tribunaux correctionnels et de simple police, ne reproduit pas cette disposition et renvoie, quant à la preuve, aux règles tracées par le chap. 2, titr. 1, liv. 2, c. instr. crim.; qu'il n'est pas possible d'appliquer, par voie d'analogie, l'art. 52 aux poursuites correctionnelles, puisque, en cette matière, le délai de citation est seulement de trois jours francs; — Par ces motifs; — Ordonne que les témoins seront entendus.

Du 28 janv. 1882.-Trib. corr.-de Lille.-MM. Parenty, pr.- Bastid, subst.-Ovigneur et Werquin, av.

ment, aux mêmes tribunaux le délit de diffamation, après le rétablissement de la compétence du jury en matière de délits de publication par la loi de 1871. En l'absence d'un arrêt de renvoi, le prévenu ne pouvait être averti de la prévention que par la notification de l'ajournement et du réquisitoire prescrits par la loi de 1831, ou par la citation en cour d'assises sous les lois de 1835, 1849 et 1871, ou enfin par la citation en police correctionnelle après ou sans information, sous la loi du 25 mars 1822 et le décret du 17 févr. 1852 et sous la loi du 29 déc. 1875 (V. *suprà*, n⁰ˢ 1715 et 1744). La procédure de la loi de 1819 devenait donc impraticable, devant le jury, quand le ministère public agissait par action directe, et devant la juridiction correctionnelle, de quelque manière qu'elle eût été saisie. Une citation pouvait seule faire courir les délais des significations respectives auxquelles était subordonnée la preuve de la vérité des faits diffamatoires.

Cependant, le délai à observer entre la citation et la comparution était resté fixé, malgré l'éventualité de ces significations, à un délai plus court que celui que la loi de 1819 accordait aux parties pour les faire, c'est-à-dire : sous la loi du 8 avr. 1831, au délai de dix jours à partir de la notification de l'ordonnance et du réquisitoire mentionnés *suprà*, n⁰ 1715 ; sous les lois postérieures des 9 sept. 1835, 27 juill. 1849, 15 avr. 1871 et 29 déc. 1875, au délai de trois jours à partir de la citation émanée du ministère public, sans intervention du président ; enfin, sous la loi de 1822 et le décret de 1852, au même délai de trois jours, conformément à l'art. 184 c. instr. crim. (V. *suprà*, n⁰ 1751).

1778. Le prévenu, se trouvant ainsi dans l'impossibilité de mettre en règle sa procédure de preuve avant la comparution, pouvait seulement obtenir un sursis aux débats, à la charge, pour lui, de déclarer qu'il entendait user du bénéfice de la preuve qui lui était permise. Ce sursis fut régularisé devant la cour d'assises, par l'art. 3 de la loi de 1871, où il était dit que : « les délais prescrits par la loi de 1819 courront à partir du jour où la citation aura été donnée », et que « l'affaire ne pourra être portée à l'audience avant l'expiration de ces délais » (D. P. 71. 4. 46) ; et, devant les tribunaux correctionnels, par l'art. 7 de la loi de 1875, qui portait : « La preuve des faits diffamatoires, dans le cas où elle est autorisée par la loi, aura lieu devant le tribunal correctionnel, conformément aux art. 20 à 35 de la loi du 26 mai 1189. Les délais prescrits par ces articles courront du jour où la citation aura été donnée » (D. P. 76. 4. 33).

De cette législation, il fallait conclure que les délais établis par la loi de 1819 en vue de la preuve de la vérité des faits diffamatoires, bien qu'ils eussent la citation pour point de départ, comme le délai de la comparution, n'en laissaient pas moins subsister la faculté de citation à trois jours pour comparaître soit devant la cour d'assises, soit devant le tribunal correctionnel. La citation était régulière dès que le délai ordinaire y avait été observé (V. *suprà*, n⁰ˢ 1748 et suiv.). Décidé, en ce sens, sous la loi de 1875, qui formait le dernier état de la législation antérieure à la loi de 1881, qu'en matière de diffamation par la voie de la presse contre un fonctionnaire public, comme en toute autre matière correctionnelle, le délai de l'assignation donnée au prévenu est de trois jours francs, outre celui des distances ; encore que le prévenu qui veut prouver la vérité des faits diffamatoires ait un délai plus étendu pour indiquer les témoins par lesquels il entend faire cette preuve, la loi n'ayant pas attaché à l'inobservation de ce second délai dans la citation la peine de nullité (Lyon, 6 juin 1879, aff. Ponet et autres, D. P. 81. 2. 77).

1779. Le système adopté par la loi de 1881 est plus simple. L'art. 52 augmente le délai de la citation, afin d'y comprendre les délais des significations préalables à la preuve de la vérité des faits diffamatoires, et fait de l'inobservation du délai ainsi calculé en prévision de ces significations une cause de nullité de la citation, contrairement à ce qui était décidé sous la législation antérieure (V. Lyon. 6 juin 1879, cité *suprà*, n⁰ 1778). Le délai de la citation est, en effet, porté à douze jours, et distribué entre les parties pour faire, s'il y a lieu, leurs significations. Il est de douze jours francs, outre un jour par cinq myriamètres de distance (D. P. 81. 4. 86, note 1 ; C. d'ass. de la Haute-Garonne, 17 nov. 1892, aff. Repmale, D. P. 93. 2. 326).

1780. Ce délai spécial est commun à toute poursuite pour diffamation autorisant la preuve de la vérité des faits diffamatoires, qu'il y soit procédé par voie d'action directe ou par voie d'information, conformément à l'art. 48, le prévenu d'un délit de publication ne pouvant, même après une information préalable et un arrêt de renvoi, être considéré comme averti de l'objet de la prévention que par une citation renfermant les énonciations prescrites par l'art. 50 (V. *suprà*, n⁰ˢ 1744 et suiv.). La loi nouvelle se sépare encore, en cela, de la législation antérieure, sous l'empire de laquelle les significations préalables à la preuve de la vérité des faits diffamatoires devaient, en cas d'information, précéder l'ajournement, ou l'hypothèse où le délit était déféré à la juridiction correctionnelle, où le prévenu, à défaut d'un arrêt de renvoi conforme à la loi de 1819, ne pouvait être ajourné, soit après information, soit sur action directe, que par une citation (V. *suprà*, n⁰ˢ 1712, 1715 et suiv., et *infrà*, sect. 2, § 1).

1781. — III. Significations préalables a la preuve de la vérité des faits diffamatoires. — Ces significations sont prescrites, les unes au prévenu de diffamation, les autres au ministère public ou à la partie lésée.

1782. — 1⁰ *Significations à faire par le prévenu de diffamation.* — Ces significations doivent être envisagées au point de vue : 1⁰ du délai dans lequel elles doivent être faites ; 2⁰ des énonciations qui y sont prescrites ; 3⁰ des personnes auxquelles elles doivent être faites.

1783. — A. *Délai des significations à faire par le prévenu.* — Aux termes des art. 21 et 22 de la loi du 26 mai 1819, restés en vigueur jusqu'à la loi de 1881, les significations imposées au prévenu de diffamation, qui voulait user de son droit de prouver la vérité des faits diffamatoires, devaient avoir lieu, à peine de déchéance, dans les huit jours de la notification de l'arrêt qui le renvoyait devant la cour d'assises, après l'information préalable alors obligatoire, ou de son opposition au même arrêt, s'il avait été rendu par défaut (*Rép.* p. 407). Ce délai ne pouvait, en l'absence d'un arrêt de renvoi, courir qu'à partir de la citation, soit au cas d'action directe devant la cour d'assises, soit au cas de poursuite, par une voie quelconque, devant la juridiction correctionnelle, sous les lois qui attribuaient à cette juridiction la connaissance des délits de diffamation. La loi du 15 avr. 1871 avait, d'ailleurs, tranché dans ce sens la difficulté qui naissait du silence de la législation antérieure, en disposant, par son art. 3, que le délai de huit jours imparti au prévenu de diffamation, par l'art. 21 de la loi de 1819, pour faire ses significations, courait à dater de la citation (D. P. 71. 4. 46). La même disposition se retrouvait dans l'art. 7 de la loi du 29 déc. 1875 qui, en matière de diffamation, attribuait compétence à une juridiction correctionnelle (D. P. 76. 4. 36. V. *suprà*, n⁰ˢ 1566 et 1775).

1784. L'art. 52 de la loi de 1881 qui, pour la première fois, fait entrer les délais des significations préalables à la preuve de la vérité des faits diffamatoires dans le délai de la comparution, en leur donnant également la citation pour point de départ, réduit le délai accordé au prévenu à cinq jours. Les cinq jours donnés au prévenu par imputation sur le délai qui doit s'écouler entre la citation et la comparution, délai que le même article fixe à douze jours, ont, pour point de départ exclusif le jour de la citation introductive d'instance. La signification prévue par l'art. 12 doit, aux termes de cet article, avoir lieu « dans les cinq jours qui suivront la notification de la citation ». Ainsi le délai commence à courir le lendemain du jour de la citation, et il est accompli le cinquième jour qui suit cette notification mais le jour même de la citation ne compte pas dans le délai, car il est vrai que la signification doit avoir lieu dans les cinq jours qui suivront la citation, et non dans les cinq jours de la citation (Conf. Faivre et Benoît-Lévy, p. 243 ; Fabreguettes, t. 2, n⁰ 2037 ; Barbier, t. 2, n⁰ 925 ; Crim. rej. 18 juill. 1885, aff. Congar et 24 juill. 1885, aff. Dubois, D. P. 86. 1. 432 ; 8 juill. 1885, aff. Badan-Sieck et Dame Cagnant, D. P. 88. 1. 44 ; 5 janv. 1886, aff. Drumont et Flammarion, D. P. 88. 1. 191-192. *Contrà*, Dutruc, n⁰ 393).

1785. « Il ne nous paraît pas douteux, dit M. Barbier *loc. cit.*, que ce délai de cinq jours doive être augmenté à raison d'un jour par cinq myriamètres de distance entre le domicile du prévenu et le siège de la cour d'assises ; s'il en était autrement, le prévenu, dans certains cas, serait dans l'impossibilité matérielle de faire en temps utile sa signification à la partie poursuivante. Il est manifeste, d'ailleurs, que le législateur (V. le rapport de M. Lisbonne) a réglé le délai de comparution devant la cour d'assises, en matière de diffamation, sur le temps qui lui a paru nécessaire à l'échange des significations préalables à la preuve ; et, si ces significations avaient dû nécessairement être échangées dans les dix jours qui suivent celui de la notification de la citation, le délai de douze jours pour la comparution n'aurait pas dû être augmenté à raison des distances ».

1786. La citation dont la notification fait courir le délai de cinq jours imparti par l'art. 52 de la loi du 29 juill. 1881, est l'exploit introductif d'instance. Une assignation nouvelle procédant aux fins de l'exploit originaire ne peut dessaisir le tribunal régulièrement saisi, et servir de point de départ à un nouveau délai, en relevant le prévenu de la déchéance qu'il a encourue pour n'avoir pas fait la notification prescrite par l'art. 52 dans les cinq jours de la citation (Crim. rej. 18 juill. 1885, aff. Congar ; 24 juill. 1885, aff. Dubois, D. P. 86. 1. 432). De même, le délai imparti par l'art. 52 ne peut pas être prorogé par le défaut de comparution du prévenu à l'audience pour laquelle il a été cité (Crim. rej. 5 janv. 1888, aff. Drumont et Flammarion, D. P. 88. 1. 191-192).

Il a été jugé d'autre part, que, en cas de condamnation par défaut pour diffamation envers un fonctionnaire public et d'opposition de la part du condamné, un nouveau délai de cinq jours, pour la signification de la preuve des faits diffamatoires, court à dater de l'opposition. En effet, en vertu de l'art. 56, l'opposition vaut citation à la première audience utile, c'est-à-dire à la première audience disponible, suffisamment distante de la citation pour que le délai de douze jours puisse être observé (Cour d'ass. de la Seine, 15 nov. 1881, aff. Minot, D. P. 83. 2. 148. Conf. note de M. Lisbonne, Lois nouvelles, 1883. 3. p. 21 ; Cour d'ass. du Cher, 22 janv. 1883, Gazette des tribunaux du 1er mars 1883 ; Barbier, t. 2, n° 923, p. 442).

1787. — B. Enonciations que doivent contenir les significations à la requête du prévenu. — Sous le régime de l'information préalable, établi par la loi du 26 mai 1819, le prévenu qui, renvoyé à la cour d'assises, pour délit de diffamation, voulait user de son droit de prouver la vérité des faits diffamatoires, était tenu, aux termes de l'art. 24 de cette loi, et dans le délai fixé par le même article, d'une part, de signifier au plaignant : 1° ceux des faits articulés et qualifiés dans l'arrêt de renvoi dont il offrait de prouver la vérité ; 2° la copie des pièces ; 3° les noms, professions et demeures des témoins par lesquels il entendait faire sa preuve ; et, d'autre part, de faire, dans la signification, élection de domicile près la cour d'assises devant laquelle il était renvoyé ; — le tout à peine de déchéance de son droit à la preuve des faits dont le caractère diffamatoire formait la base de la prévention (V. suprà, n° 1783).

Sous les lois postérieures, ce sont les faits articulés et qualifiés dans la citation qui, en l'absence d'un arrêt de renvoi, durent être énoncés dans l'offre de preuve, soit lorsque la cour d'assises était saisie par voie de citation directe, soit lorsque la législation en vigueur attribuait aux tribunaux correctionnels la connaissance des délits de diffamation (V. suprà, n° 1775). A la vérité, la loi du 15 avr. 1871, en réglant la procédure de la preuve de la vérité des faits diffamatoires pour le cas d'action directe devant la cour d'assises, avait renvoyé purement et simplement à la disposition de l'art. 24 de la loi de 1819, au sujet des énonciations que doivent contenir les significations à la requête du prévenu ; mais il est manifeste que ce renvoi n'était applicable qu'en distinguant entre la procédure par voie d'information préalable et la citation directe (V. D. P. 71. 4. 46).

1788. L'art. 52 de la loi de 1881 reproduit textuellement, quant aux énonciations que doit contenir la signification prescrite au prévenu, la disposition de l'art. 24 de la loi de 1819. Seulement, en ce qui concerne les faits diffamatoires dont l'imputation est incriminée, le nouvel art. 52 cite que ces faits sont ceux articulés et qualifiés, non plus dans l'arrêt de renvoi, comme le disait la loi de 1819, mais dans la citation. La citation est, en effet, le seul moyen d'ajourner le prévenu de diffamation, même devant la cour d'assises ; il n'y a donc plus

lieu, désormais, de faire, entre le cas de citation directe et le cas d'information préalable, la distinction dont nous avons parlé suprà, n° 1787.

1789. Il résulte de la disposition expresse de l'art. 53 que le prévenu n'est jamais admis à prouver que les faits diffamatoires relevés par la partie poursuivante. L'offre de preuve et la preuve pourraient être étendues à d'autres faits imputés et cependant non poursuivis dans la citation, s'il y avait indivisibilité entre ces faits et ceux qui sont poursuivis (V. infrà, art. 4, § 2).

1790. En ce qui concerne la copie des pièces, M. Barbier, t. 2, n° 924, enseigne que les pièces de toute nature, écrits ou imprimés dont le prévenu entend faire usage à l'effet d'établir la vérité de ses imputations, doivent être reproduites in extenso. Il combat, d'autre part, l'opinion émise par M. Fabreguettes (t. 2, n° 200, p. 34) suivant laquelle le ministère public pourrait exiger que les pièces fussent sur timbre et enregistrées, avant d'être soumises à la discussion. Aucun texte n'accorde un pareil droit au ministère public. D'ailleurs la copie intégrale des pièces, même sur papier libre, n'est pas impérieusement exigée par la loi de 1881. — Jugé la disposition de l'art. 52 de la loi du 29 juill. 1881, qui exige la signification de la « copie des pièces » pour la recevabilité de la preuve par écrit de la vérité des faits diffamatoires, doit être entendue en ce sens qu'à défaut d'une copie intégrale des pièces, le prévenu doit au moins signifier des extraits précisant les faits à établir ; qu'un simple visa de pièces dont les passages incriminés ne sont pas même précisés, serait insuffisant (Bordeaux, 28 oct. 1886, aff. Lafargue, D. P. 88. 2. 95).

1791. Comme sous la loi de 1819, le prévenu doit, en outre : 1° notifier au plaignant les noms, professions et demeures des témoins par lesquels il entend faire la preuve ; 2° faire élection de domicile dans le lieu où siège la cour d'assises.

1792. — C. A qui les significations du prévenu doivent être faites. — D'après l'art. 24 de la loi de 1819, sous laquelle le délit de diffamation ne pouvait être poursuivi que par voie d'information préalable, c'est au plaignant, et non au ministère public, que le prévenu, qui voulait prouver la vérité des faits diffamatoires, était tenu de signifier son offre de preuve, les formalités préalables à cette preuve étant antérieures à l'ajournement qui, seul, mettait l'inculpé en présence du ministère public devant la cour d'assises (V. suprà, n° 1777). Il était, d'ailleurs, indifférent que le plaignant se fût ou non constitué partie civile au cours de l'information que sa plainte avait provoquée : la loi de 1819 ne distinguait pas.

1793. La signification était faite au domicile que le plaignant était tenu d'élire près la cour d'assises, immédiatement après l'arrêt de renvoi, en exécution de l'art. 24 de la même loi, ou au greffe de la cour, à défaut de cette élection de domicile. Sous la loi du 25 mars 1822 et sous le décret du 27 févr. 1852, la signification devait être faite, à plus forte raison, au plaignant qui saisissait directement de son action en diffamation la juridiction correctionnelle, devenue seule compétente pour connaître des délits de publication, et dès lors, pour statuer sur la preuve de la vérité des faits diffamatoires, autorisée devant elle par la loi et par le décret précités (V. suprà, n° 1775). Il en était de même, sous la loi du 29 déc. 1875 qui, par exception à la compétence générale du jury de la loi du 15 avr. 1871 venait de rétablir en matière de délits de publication, déférait le délit de diffamation aux tribunaux correctionnels, toujours en maintenant au prévenu, le droit de prouver la vérité des faits diffamatoires par lui imputés au plaignant (V. suprà, ibid.). Dans ces divers cas, la signification imposée au prévenu devait incontestablement être faite à la partie diffamée seule, et non au ministère public, n'ayant pas pris l'initiative de la poursuite, était étranger à la procédure concernant la preuve des faits diffamatoires, aussi bien que lorsque la preuve était offerte, avant tout ajournement, sur le renvoi prononcé, en vertu de la loi de 1819, comme conséquence d'une information (V. suprà, n° 1777).

1794. Mais la considération qui avait déterminé le législateur de 1819 à tenir le ministère public en dehors des significations faites à l'appui de cette offre de preuve ou contre elle, disparaissait quand on se trouvait en présence, soit de l'action directe devant la cour d'assises, dont les lois des 8 avr. 1831, 9 sept. 1835, 27 juill. 1849 et 15 avr. 1871 réservaient l'exercice exclusif au ministère public, soit d'une citation en police correctionnelle émanée du ministère public, directement ou après information, sous le régime de la compétence des tribunaux correctionnels à l'égard des délits de publication, ou, tout au moins, du délit de diffamation (V. supra, n° 1775). Par l'effet de la citation donnée à sa requête en cour d'assises ou en police correctionnelle, le ministère public se trouvait manifestement le contradicteur du prévenu, au moment où celui-ci avait à signifier une offre de preuve dont les délais ne partaient que de cette citation (V. supra, n° 1777).

Dans ces diverses hypothèses était-ce encore au plaignant et non au ministère public que l'offre de preuve devait être adressée, comme dans le cas d'information préalable sous la loi de 1819? On retrouve ici une omission analogue à celle qu'on a déjà relevée à propos du délai des significations. Cette omission tient, d'une part, à ce que les lois de 1831, 1835 et 1849 ont négligé de mettre la procédure de la loi de 1819, sur la preuve de la vérité des faits diffamatoires, en harmonie avec le régime de l'action directe qu'elles créaient et organisaient, devant la cour d'assises, à côté du régime de l'information préalable de la loi de 1819; d'autre part, à ce que la loi du 25 mars 1822 et le décret du 17 févr. 1852, après avoir autorisé la preuve de la vérité des faits diffamatoires devant les tribunaux correctionnels, devenus seuls compétents pour connaître des délits de publication, n'ont pas davantage fait connaître la procédure à suivre en présence de ce changement de juridiction. Nous avons dit supra, n° 1777, que l'art. 3 de la loi du 15 avr. 1871, pour la poursuite en cour d'assises, et l'art. 7 de la loi du 24 déc. 1875 pour la poursuite devant les tribunaux correctionnel, sont donné pour point de départ au délai dans lequel l'offre de preuve doit être signifiée, la citation au lieu de l'arrêt de renvoi. Mais quant à la signification elle-même, les lois précitées de 1871 et 1875 se référaient simplement à la loi de 1819 (Rép. p. 407).

Fallait-il en conclure que ces lois persistaient à concentrer entre le prévenu et le diffamé les significations relatives à la preuve de la vérité des faits diffamatoires, bien que ces significations dussent être faites à un moment où l'action publique était engagée déjà par la citation que le prévenu avait reçue du ministère public, et bien que le diffamé, simple plaignant, ne fût pas partie dans la poursuite? Cette solution soulevait une véritable difficulté. En effet, sous la loi de 1819, à la suite d'une information et d'un arrêt de renvoi, le plaignant, seul appelé à recevoir la signification, était tenu de faire, immédiatement après cet arrêt de renvoi, élection de domicile près la cour d'assises, et, à défaut d'élection de domicile, le prévenu était autorisé à signifier son offre de preuve au greffe de la cour (V. supra, n° 1787). Dans l'hypothèse d'une action directe, une élection de domicile, sans laquelle la signification au plaignant, étranger à la citation, n'était pas possible, s'imposait donc toujours; mais elle ne pouvait être faite qu'après la citation, substituée à l'arrêt de renvoi, et auprès soit de la cour d'assises, si l'action était exercée devant le jury, en vertu des lois de 1831, 1849 ou 1871, soit du tribunal correctionnel, si elle était exercée devant la juridiction correctionnelle, sous le régime de la loi de 1822, du décret de 1852 ou de la loi de 1875 (V. supra, n° 1775).

C'est dans ces termes que la question s'est présentée, sous la loi de 1819, dans une espèce où la cour de cassation a décidé que cette loi, en soumettant la preuve de la vérité des faits diffamatoires aux formalités établies par les art. 2 à 25 de la loi de 1819, a continué à mettre le ministère public en dehors de ces formalités, en exigeant seulement qu'elles fussent accomplies entre le prévenu et le plaignant, qui se trouvait tenu de faire son élection de domicile après la citation substituée à l'arrêt de renvoi. D'où la conséquence qu'à défaut d'élection de domicile, le prévenu n'avait que la ressource de la signification au greffe, conformément à l'art. 24 de la loi de 1819, sans qu'il lui fût permis d'y suppléer par une signification au ministère public qui émanait la citation (Crim. rej. 16 mai 1874, aff. Dubern, D. P. 74. 1. 323).

1795. La loi de 1881 met fin à ces incertitudes de la législation. Elle supprime la signification qui devait être faite au plaignant, par le seul effet de sa plainte (D. P. 81. 4. 86, note 2). Elle veut que cette signification soit adressée, selon les cas, au ministère public qui cesse, dès lors, de rester étranger à la preuve des faits diffamatoires, ou au plaignant. Le prévenu doit faire sa signification au ministère public, si la poursuite est exercée à la requête du procureur général, soit par voie de citation directe, soit après une information et sur les plaintes ou réquisitions exigées par l'art. 47 (V. supra, n° 1203, D. P. 81. 4. 86, note 2). Il doit la faire au plaignant, mais seulement si la poursuite est intentée à la requête de celui-ci, ou, en d'autres termes, si c'est lui qui a saisi le juge de répression, en vertu du droit de citation directe que lui accorde l'art. 47, lorsque l'action est de la compétence de la cour d'assises, ou l'art. 184 c. instr. crim., pour le cas particulier où cette action est de la compétence de la juridiction correctionnelle (V. supra, n° 1258 et suiv.).

1796. Si le plaignant, au lieu d'agir par citation directe, s'est seulement porté partie civile sur la poursuite du ministère public, il faut distinguer : quand le plaignant s'est constitué partie civile avant la citation du ministère public, ce qui implique une information préalable, le prévenu est tenu de lui adresser sa signification aussi bien qu'au ministère public, car la poursuite doit être alors considérée comme introduite à la requête non seulement du ministère public, mais encore de la partie lésée, en ce qui concerne les significations que le prévenu doit faire à cette partie, et réciproquement. Mais, lorsque la partie lésée n'a pris la qualité de partie civile qu'au cours du délai de la citation, ou pendant les débats, la procédure préparatoire à la preuve des faits diffamatoires reste concentrée entre le ministère public et le prévenu qui ne saurait être tenu de faire à la partie civile une signification que celle-ci ne l'a pas mis en demeure de lui adresser en même temps qu'au ministère public. Relativement à cette signification, le plaignant doit être réputé ne s'être pas porté partie civile en temps utile. Le ministère public y a seul intérêt, et c'est exclusivement à sa diligence que la preuve contraire pourra être fournie, sauf à la partie civile à bénéficier de cette preuve, sa prise de qualité étant régulière au point de vue de la condamnation, jusqu'à la clôture des débats (c. instr. crim., art. 67). M. Barbier (t. 2, n° 926) enseigne, au contraire, « que le prévenu, quand il est poursuivi à la requête du ministère public, n'est pas tenu de faire sa signification à fin de preuve au plaignant, alors même que celui-ci se serait régulièrement constitué partie civile dans sa plainte ».

1797. La signification à faire au plaignant doit lui être adressée : 1° s'il a agi par citation directe, au domicile élu que doit contenir cette citation, en vertu de l'art. 50 (V. supra, n° 1787); 2° si le plaignant s'est constitué partie civile avant la citation du ministère public au domicile élu dans l'acte de constitution, conformément à l'art. 68 c. instr. crim.

La loi nouvelle n'a point eu à parler de la signification au greffe, qu'autorisait la législation précédente, à défaut de l'élection de domicile que la seule existence de la plainte imposait au plaignant en même temps qu'il obligeait le prévenu à lui signifier son offre de preuve (V. supra, ibid.). Le prévenu n'a, en effet, aucune signification à faire, ni au plaignant qui, dans sa citation directe, n'a pas fait l'élection de domicile prescrite par l'art. 50, la citation étant alors frappée d'une nullité qui entraîne la nullité de la poursuite, ni au plaignant qui, dans l'acte par lequel il s'est constitué partie civile au cours de l'instruction, n'a pas fait l'élection de domicile prescrite par l'art. 68 c. instr. crim., cet article dispensant alors le prévenu de toute signification à la partie civile.

1798. — D. Sanction de l'inobservation, par le prévenu, des formalités préalables à la preuve de la vérité des faits diffamatoires. — Le prévenu qui n'a pas fait la signification à lui prescrite par l'art. 52 de la loi de 1881, ou qui l'a faite soit tardivement, soit irrégulièrement au point de vue des formes auxquelles elle est assujettie ou des personnes à qui elle doit être adressée, est déchu de son droit à la preuve de la vérité des faits diffamatoires (D. P. 84. 4. 86, note 2 ; C. d'ass. de la Haute-Garonne, 17 nov. 1892, aff. Bepmalé, D. P. 93. 2. 326). Il en était de même sous la législation précédente à l'égard du prévenu qui n'avait pas fait la signification que lui prescrivait, en cas d'information préalable, l'art. 21 de la loi de 1819 et, en cas d'exercice de l'action directe devant la cour d'assises ou de poursuite devant les tribunaux correctionnels, les art. 3 de la loi de 1871 et 7 de la loi de 1875, combinés avec l'art. 21 de la loi de 1819 (V. *suprà*, n° 1783).

1799. La déchéance dont le prévenu est ainsi frappé à défaut ou en cas de tardiveté de la signification est d'ordre public. C'est ce qu'on décidait sous les lois du 27 juill. 1849, du 15 avr. 1871 et du 29 déc. 1875 pour le cas de défaut ou de tardiveté de la signification qui devait être faite au plaignant, figurant ou non aux débats engagés par la citation du ministère public (V. *suprà*, n° 1794). D'où l'on concluait, d'une part, que la déchéance pouvait être relevée d'office par la cour d'assises ou le tribunal correctionnel, et proposée pour la première fois devant la cour de cassation, et d'autre part, que la déchéance devait être prononcée sans que la renonciation du plaignant, à s'en prévaloir, pût avoir pour effet de la couvrir (Crim. cass. 9 mars 1850, aff. Tessier de la Motte, D. P. 50. 1. 139 ; Crim. rej. 16 mai 1874, aff. Dubern, D. P. 74. 1. 323 ; Lyon, 10 déc. 1880, aff. Ponet, D. P. 81. 2. 101 ; Crim. rej. 1er avr. 1881, aff. Bellet et Ponet, D. P. 81. 1. 333). Jugé, spécialement : 1° sous la loi de 1871, que le prévenu de diffamation, cité directement par le ministère public devant la cour d'assises, pouvait d'office être déclaré déchu du droit de faire la preuve des faits diffamatoires, s'il avait omis de signifier au plaignant, dans le délai légal, les faits articulés et la copie des pièces, et s'il s'était borné à notifier, après ce délai une liste de témoins au procureur général (Arrêt précité du 16 mai 1874); — 2° Sous la loi de 1875, que le prévenu de diffamation alors admis, devant le tribunal correctionnel, à faire la preuve des faits diffamatoires, devait, à peine de déchéance, notifier à la partie civile, dans le délai légal, non seulement les noms, professions et demeures des témoins par lesquels il entendait faire sa preuve, mais encore les faits articulés et qualifiés dont il se proposait de prouver la vérité, et que cette déchéance ne pouvait être couverte par la renonciation de la partie civile (Arrêt précité du 1er avr. 1881).

Jugé, de même, depuis la loi du 29 juill. 1881 : 1° que les règles et conditions auxquelles est soumis le droit de faire la preuve des faits diffamatoires sont d'ordre public, et que le consentement de la partie plaignante ne peut relever la partie poursuivie des déchéances par elle encourues (Cour d'assises de la Seine, 15 nov. 1884, aff. Minot, D. P. 83. 2. 148) ; — 2° Que la déchéance résultant du défaut de notification de l'offre de preuve, dans le délai déterminé par l'art. 52, est d'ordre public et ne peut pas être couverte par la renonciation du plaignant à s'en prévaloir (Crim. rej. 24 juill. 1885, aff. Dubois, D. P. 86. 1. 432 ; 8 juill. 1887, aff. Badan-Siech et dame Cagnant, D. P. 88. 1. 44)... que bien qu'en principe la personne civilement responsable soit habile à exercer, comme le prévenu lui-même, toutes les exceptions justificatives des faits qui forment l'objet de la prévention, elle ne peut relever de la déchéance, au moyen d'une procédure ultérieure, le prévenu qui, par l'inobservation des formalités prescrites par l'art. 52 de la loi du 29 juill. 1881, s'est rendu personnellement non recevable à faire la preuve des faits diffamatoires ; qu'à défaut de signification dans le délai fixé par l'art. 52, la preuve des faits diffamatoires ne peut être administrée ni par le prévenu, ni par aucune autre personne pour lui (Crim. rej. 8 juill. 1887, aff. Badan-Siech et dame Cagnant, D. P. 88. 1. 44) ; ... — Que la déchéance édictée par l'art. 52 de la loi du 29 juill. 1881 sur la presse est absolue et qu'elle doit être prononcée d'office par le juge (Crim. rej. 5 janv. 1888, aff. Drumont et Flammarion, D. P. 88. 1. 191-192).

1800. La déchéance dont il s'agit frappe pareillement le prévenu, avec le même caractère de déchéance d'ordre public, pour le cas particulier où le délit de diffamation, comportant la preuve de la vérité des faits diffamatoires, doit être exceptionnellement admis à la juridiction correctionnelle parce qu'il est dirigé contre les directeurs ou administrateurs de l'une des entreprises financières visées dans le paragraphe 2 de l'art. 35 de la loi de 1881 (V. *suprà*, n° 1776). Décidé sur ce dernier point : 1° que,

l'art. 52 de la loi de 1881 qui détermine les formalités à remplir par le prévenu qui veut être admis à prouver la vérité des faits diffamatoires, est applicable même au cas où cette preuve est autorisée devant la juridiction correctionnelle, en ce que la diffamation est dirigée contre un administrateur d'une entreprise financière. D'où la conséquence que la preuve ne peut être admise, en l'absence de la signification prescrite par l'art. 52; et que, à plus forte raison, la cour d'appel ne peut ordonner cette preuve sans y être provoquée par les conclusions du prévenu, et malgré l'opposition de la partie diffamée (Crim. rej. 29 juin 1882, aff. Bischoffsheim, D. P. 82. 1. 383 ; 12 janv. 1883, même affaire, D. P. 84. 1. 142); — 2° Que, dans le cas où la preuve des faits diffamatoires est admise devant la juridiction correctionnelle, la procédure à suivre pour l'admission de la preuve est réglée par l'art. 52 de la loi du 29 juill. 1881, et que les prescriptions de cet article doivent être observées à peine de déchéance (Crim. rej. 24 juill. 1885, aff. Dubois, D. P. 86. 1. 432); — 3° Que la déchéance, dont le prévenu est frappé à défaut ou en cas de tardiveté de l'exécution desdites prescriptions légales, peut être relevée d'office par le tribunal correctionnel, Bordeaux, 28 oct. 1886, aff. Lafargue, D. P. 88. 2. 95).

1801. — 2° *Significations à faire par le ministère public ou par le plaignant.* — Lorsque le prévenu de diffamation est admis, pour se disculper, à prouver la vérité des faits diffamatoires, la preuve contraire est également recevable (art. 35) (V. *infrà*, art. 2, § 2). La signification se rapportant à cette preuve contraire n'était exigée que du plaignant, partie ou non partie aux débats, lorsque, en vertu des lois en vigueur, l'offre de preuve de la vérité des faits diffamatoires devait lui être exclusivement adressée, c'est-à-dire : 1° devant la cour d'assises, sous le régime de l'information préalable établi par la loi de 1819, et sous le régime de l'action directe admis par les lois des 8 avr. 1831, 9 sept. 1835, 27 juill. 1849 et 15 avr. 1871, combinées avec l'art. 21 de la loi de 1819 (V. *suprà*, n°s 1792 et suiv.); — 2° Devant les tribunaux correctionnels, sous la loi du 25 mars 1822 et le décret du 17 févr. 1852, qui attribuaient à ces tribunaux la connaissance de tout délit de publication et sous la loi du 29 déc. 1875, qui, par exception à la compétence de la cour d'assises, que la loi du 15 avr. 1871 avait rétablie, en principe, à l'égard des délits de publication, réservait aux mêmes tribunaux le jugement du délit de diffamation (V. *suprà*, n°s 1777 et 1794).

1802. Aux termes de l'art. 22 de la loi de 1819, resté en vigueur jusqu'à la loi de 1881, le délai de la signification à faire par le plaignant était de huit jours à partir de l'expiration des huit jours accordés au prévenu pour sa propre signification (*Rép.* p. 407). Ce premier délai courait à dater de l'arrêt de renvoi, en cas d'information préalable et à dater de la citation, en cas d'exercice, par le ministère public, de son action directe devant la cour d'assises, ou de poursuite devant le tribunal correctionnel.

1803. L'art. 22 de la loi de 1819 prescrivait au plaignant de comprendre dans sa signification la copie des pièces à produire et d'y énoncer les noms, professions et demeures des témoins à faire entendre pour combattre les allégations du prévenu. Cette dernière mention était devenue inutile, de la part du plaignant, comme de la part du prévenu, sous la loi du 25 mars 1822 et sous la loi du 17 févr. 1852, qui interdisaient de prouver par témoins la vérité des faits diffamatoires. Elle redevint, au contraire, obligatoire avec le rétablissement de la preuve testimoniale, d'abord devant la cour d'assises, par la loi du 15 avr. 1830, abrogative de celle de 1822, et par la loi du 15 avr. 1871 abrogative du décret de 1852, puis en dernier lieu, devant la juridiction correctionnelle, par la loi du 29 déc. 1875, qui attribuait les délits de diffamation à cette juridiction.

1804. L'art. 53 de la loi de 1881 qui, à l'exemple de l'art. 22 de la loi de 1819, réglemente la preuve contraire à celle que le prévenu offre pour établir la vérité des faits diffamatoires, veut que la signification tendant à cette preuve contraire soit faite par les personnes à qui le prévenu a dû signifier son offre de preuve. Dès lors, la signification doit être faite soit par le plaignant, si c'est lui qui a saisi la cour d'assises en vertu du droit de citation directe que lui confère l'art. 47, ou le tribunal correctionnel appelé exceptionnellement à statuer sur le délit de diffamation commis envers les personnes visées dans le paragraphe 2 de l'art. 35 ; ... soit par le ministère public, si c'est ce magistrat qui a formé l'action en diffamation, en l'absence d'une citation directe émanée de la personne diffamée, ou si, sur cette citation, il a requis une information préalable et s'est ainsi approprié la poursuite ; ... soit par le plaignant et par le ministère public, si le plaignant s'est constitué partie civile au cours d'une information requise par le ministère public (V. *suprà*, nᵒˢ 1795 et suiv.).

1805. Le plaignant ou le ministère public doivent adresser leur signification au prévenu au domicile par lui élu dans sa propre signification (V. *suprà*, nᵒ 1797).

1806. Le délai de la signification à faire au prévenu est de cinq jours à partir de l'expiration des cinq jours auxquels ce prévenu a droit, à dater de la citation, pour signifier son offre de preuve, et non plus de huit jours, comme sous l'art. 22 de la loi de 1819, resté applicable jusqu'à la loi de 1881. Les cinq jours ainsi réservés pour la signification tendant à la preuve contraire doivent être calculés comme le délai donné au prévenu pour la signification de son offre de preuve (V. *suprà*, nᵒˢ 1783 et suiv.). C'est un délai franc, et la signification du plaignant doit avoir lieu dans les cinq jours qui suivent celui de la signification faite par le prévenu.

1807. Les prescriptions concernant la teneur de la signification à fin de preuve contraire prescrite par l'art. 53, sont conformes à celles qu'édictait l'art. 22 de la loi de 1819. Cette signification doit donc contenir : 1ᵒ la copie des pièces invoquées à l'appui de la preuve contraire à celle offerte par le prévenu ; 2ᵒ l'indication des noms, professions et demeures des témoins à faire entendre pour arriver à cette preuve (V. *suprà*, nᵒ 1803). — La signification de l'art. 53 diffère de celle de l'art. 52, en ce qu'il n'est besoin d'y énoncer ni l'articulation et la qualification des faits diffamatoires imposés au prévenu dans le but de circonscrire la preuve principale, ni une élection de domicile de la part du plaignant, cette élection de domicile résultant déjà de sa citation, ou de l'acte par lequel il s'est porté partie civile (V. *suprà*, nᵒˢ 1787 et 1797). — La signification que réglemente l'art. 53 est prescrite à peine de déchéance, aussi bien que celle de l'art. 52 (D. P. 81. 4. 86. — V. *suprà*, nᵒˢ 1798 et suiv.).

Art. 2. — *Des demandes en renvoi et des incidents.*

1808. — I. Procédure spéciale aux demandes en renvoi et aux incidents. — L'art. 54 de la loi de 1881 prévoit l'hypothèse où l'une des parties comparantes proposerait des demandes en renvoi, ou soulèverait des incidents de nature à retarder l'ouverture des débats au fond sur le crime ou le délit déféré à la cour d'assises.

Aucune disposition particulière n'existait, à cet égard, ni dans la loi du 26 mai 1819, sur la procédure à suivre devant la cour d'assises, en matière de poursuite de crimes ou délits de publication, poursuite alors subordonnée au régime de l'information préalable, conformément au droit commun (V. *suprà*, nᵒ 1666) ; ... ni dans la loi du 8 avr. 1831, qui, à côté de la procédure d'information préalable, autorisa le ministère public à saisir directement la cour d'assises des délits de publication (V. *suprà*, nᵒ 1667) ; ... ni dans la loi du 9 sept. 1835, qui, après avoir étendu aux crimes de droit de citation directe, en réglementant de nouveau le mode d'exercice (V. *suprà*, *ibid.*).

1809. C'est la loi du 27 juill. 1849 qui, la première, a soumis les demandes en renvoi ou les incidents soulevés devant la cour d'assises, en matière de crimes ou de délits de publication, à une procédure particulière dont le but a été de rendre plus rapide le jugement des crimes ou délits. L'art. 18 portait que « toute demande en renvoi pour quelque cause que ce fût, tout incident sur la procédure suivie, devaient être présentés avant l'appel et le tirage au sort des jurés à peine de forclusion ». Cette disposition se référait à la double opération prescrite par l'art. 399 c. instr. crim., pour arriver à la formation du jury de jugement, et qui consiste, d'une part, dans l'appel des jurés dont les noms doivent être déposés dans l'urne

pour être ensuite tirés au sort, et d'autre part, dans ce tirage au sort.

De l'art. 18 de la loi de 1849, combiné avec la disposition du code d'instruction criminelle qu'on vient de citer, il résultait que les demandes en renvoi et les incidents pouvaient, sous l'empire de cette loi, être présentés après l'appel des jurés qui précédait le tirage au sort, et tant que cette dernière formalité n'était pas accomplie, ou, en d'autres termes, tant que le jury de jugement ne se trouvait pas constitué. L'art. 18 de la loi de 1849, abrogé par le décret du 17 févr. 1852, à l'égard des délits de publication que ce décret a déférés aux tribunaux correctionnels, a été remis en vigueur par l'art. 1 de la loi du 15 avr. 1871 (D. P. 71. 4. 44. — V. *suprà*. nᵒ 1667).

1810. L'art. 54 de la loi de 1881 substitue aux expressions de l'art. 18 de la loi de 1849 : « avant l'appel et le tirage au sort des jurés », celles : « avant l'appel des jurés », sans y ajouter les mots : tirage au sort. Les demandes en renvoi et les incidents dont s'occupait la loi de 1849, et que vise de nouveau l'art. 54 de la loi de 1881, doivent donc désormais être présentés même avant l'appel des jurés fait préalablement au tirage au sort, et ne peuvent plus être formées dès que l'opération de la constitution du jury de jugement est commencée. « Toutefois, dit M. Barbier (t. 2, nᵒ 933), ces mots « avant l'appel des jurés » peuvent aussi s'entendre en ce sens : « tant que l'opération de l'appel n'est pas accomplie », et cette opération peut n'être réputée définitivement accomplie qu'au moment où commence l'opération du tirage au sort, de telle sorte que la forclusion ne serait encourue que lorsque commencerait cette opération. A l'appui de cette interprétation, on peut invoquer le passage suivant du rapport de M. Lisbonne : « Si le prévenu a été présent à l'appel des jurés, il devra formuler toute demande en renvoi et soulever tout incident de procédure avant le tirage au sort des jurés à peine de forclusion ». Ce que le législateur de 1881 a voulu éviter, c'est que le prévenu puisse se réserver jusqu'à la fin de l'opération du tirage au sort, et suivant les résultats de cette opération, la faculté de faire valoir, ou non, une demande en renvoi ou en nullité de la procédure ».

1811. La règle tracée par l'art. 54 est applicable à toutes les parties en cause, car la disposition dont il s'agit ne fait aucune distinction entre le ministère public d'une part, la partie civile d'une part, et d'autre part, le prévenu. Ainsi toute demande en renvoi et tout incident, qu'ils soient soulevés par la partie poursuivante ou par le prévenu, doivent, à peine de forclusion, être présentés avant l'appel des jurés.

1812. — II. Demandes en renvoi. — Le ministère public, la partie lésée, agissant par voie de citation directe ou en qualité de partie civile, et enfin le prévenu doivent présenter, dans les conditions prescrites par l'art. 54, toutes demandes « qui, basées sur une cause existante au jour de la comparution, tendent soit à une remise de l'affaire, soit à un renvoi devant une autre cour d'assises ou une autre juridiction » (Barbier, t. 2, nᵒ 934). Telles sont : 1ᵒ la demande ayant pour objet la remise de l'affaire à un jour ultérieur, ou à une autre session, soit pour cause de maladie, ou soit pour une autre cause légitime ; — 2ᵒ La demande en sursis, autorisée par l'art. 35, § 4, de la loi de 1881, pour le cas où le fait imputé fait l'objet de poursuites à la requête du ministère public ou d'une plainte de la part du prévenu (V. *suprà*, nᵒˢ 1537 et suiv.) ; — 3ᵒ La demande de remise motivée sur ce que la citation a été donnée à trop bref délai. En ce cas, la remise est de droit et, si la cour ne l'accorde pas, le prévenu se retirant avant que l'appel des jurés, la condamnation qui interviendrait contre lui par défaut serait nulle (Barbier, *loc. cit.*) ; — 4ᵒ Les demandes tendant au renvoi de l'affaire d'une cour d'assises à une autre cour d'assises, notamment pour cause de sûreté publique ou de suspicion légitime, s'il s'agit du ministère public, et pour cause de suspicion légitime seulement, s'il s'agit de la partie lésée ou du prévenu. D'après le droit commun, la partie privée, qui a procédé volontairement devant la cour d'assises, ne peut plus être reçue à demander le renvoi de l'affaire pour cause de suspicion légitime, qu'à raison de circonstances survenues au cours des débats ; cette fin de non-recevoir ne s'étend pas au ministère public (c. instr. crim. art. 543). L'art. 54 de la loi de 1881 ne reproduisant pas cette distinction, il s'en-suit qu'en matière de crimes et délits de presse ou de publi-cation, le ministère public est tenu, aussi bien que la partie lésée ou le prévenu, de former sa demande en renvoi, même pour cause de suspicion légitime, avant l'opération de l'appel des jurés : — 5° Les demandes en règlement de juges. La demande en règlement de juges, dont la procédure est déterminée par les art. 525 et suiv. c. instr. crim., doit, même en vertu du droit commun, être formée avant la constitution du jury. C'est également avant cette opéra-tion que, pour tout procès criminel, la requête en proro-gation du délai de la comparution doit être présentée au président de la cour d'assises, conformément à l'art. 306 c. instr. crim. En matière de crimes ou délits de publica-tion, les mêmes demande ou requête doivent être pré-sentées, non pas seulement avant la constitution complète du jury, mais avant l'appel des jurés (V. *suprà*, n° 1810).

1813. En ce qui concerne la demande en renvoi pour incompétence, V. *infrà*, n° 1815.

1814. — III. Incidents. — Les incidents qui, aux termes de l'art. 54 de la loi de 1881, doivent, comme les demandes en renvoi, être soulevés avant l'appel des jurés, et dont la cause est, dès lors, antérieure à la comparution devant la cour d'assises, peuvent se rattacher : 1° en cas d'informa-tion préalable, aux actes de l'instruction, à l'arrêt de renvoi et à la procédure intermédiaire qui suit l'arrêt de renvoi, pour un accusé détenu à raison d'un crime de publication, ou la citation, pour l'accusé non détenu ; — 2° En cas de citation directe, à cette citation (V. *suprà*, n°s 1744 et suiv.) ; — 3° Et, dans les deux cas, à certains autres inci-dents, tels que ceux nés d'une exception d'incompétence, ou de la procédure spéciale à la preuve de la vérité des faits diffamatoires, organisée par les art. 52 et 53 (V. *suprà*, n°s 1775 et suiv.).

1815. Lorsque la poursuite est exercée par voie d'infor-mation préalable, les nullités dont peuvent se trouver en-tachés les actes de l'instruction, l'arrêt de renvoi, ou les actes d'instruction qui se placent entre cet arrêt et la com-parution devant la cour d'assises, ne donnent lieu qu'à un recours en cassation, soit contre l'arrêt de renvoi, soit con-tre l'arrêt définitif (c. instr. crim. art. 299 et 408). Les règles ordinaires de l'instruction criminelle ayant, elles-mêmes, enlevé à ces nullités, en l'absence d'un recours en cassation contre l'arrêt de renvoi, tout effet suspensif des débats, les incidents qui peuvent en être le résultat ne sau-raient être soulevés lors de l'appel des jurés, ni, dès lors, rentrer dans ceux que réglemente l'art. 54 de la loi de 1881. Ces incidents ne seraient pas utilement proposés avant qu'après l'appel des jurés, et il n'est pas besoin, dès lors, de les placer sous le coup de la forclusion prononcée par l'art. 54. Il en est de même de l'exception d'incompé-tence qui serait invoquée contre une poursuite par voie d'information préalable, une telle exception ayant été ran-gée au nombre des moyens de nullité de l'arrêt de renvoi. Si l'arrêt de renvoi a été notifié au prévenu, celui-ci doit former, dans le délai légal, le pourvoi en cassation fondé sur les moyens de nullité de l'arrêt et, notamment, sur l'incompétence de la juridiction déterminée par cet arrêt. A défaut de pourvoi dans le délai légal, les nul-lités sont définitivement couvertes, l'arrêt de renvoi passe en force de chose jugée et son autorité s'impose à la cour d'assises. — Si l'arrêt de renvoi n'a pas été notifié au prévenu, celui-ci peut encore se pourvoir en cassation, avant ou pen-dant les débats et même après l'arrêt de condamnation ; mais la cour d'assises ne peut ni statuer sur la validité de la procédure et de l'arrêt de renvoi, ou sur sa compétence déterminée par cet arrêt, ni surseoir à statuer sur le fond en attendant l'arrêt de la cour de cassation sur le pourvoi.

1816. L'art. 54 de la loi de 1881 régit, au contraire, l'incident soulevé par la demande en nullité de la citation adressée, en vertu de l'art. 50, soit au prévenu d'un délit de publication poursuivi par voie d'information soit à l'individu poursuivi par voie de citation directe, à rai-son d'un crime ou d'un délit de publication (V. *suprà*, n° 1744). Lorsque la citation ne renferme pas les énon-ciations exigées par l'art. 50, la nullité doit donc en être demandée et pourrait être utilement proposée avant l'ap-pel des jurés.

1817. L'art. 54 de la loi de 1881 est pareillement appli-cable à l'exception d'incompétence élevée contre une pour-suite par voie de citation directe, le recours en cassation ne pouvant pas s'ouvrir contre un arrêt de renvoi qui n'existe pas.

1818. L'art. 54 régit dans tous les cas les incidents re-latifs à la nullité des actes de procédure qui se placent entre l'arrêt de renvoi et la comparution du prévenu (significa-tion de cet arrêt, interrogatoire de l'accusé en cas de crime, signification de la liste des jurés, citation à comparaître, signification à fin de preuve des faits diffamatoires). Ces in-cidents sont de la compétence de la cour d'assises et doi-vent être soulevés avant, à peine de forclusion, avant l'appel des jurés (Conf. Barbier, t. 2, n° 935).

1819. Les mots « demandes en renvoi » de l'art. 54, ne comprennent pas les moyens préjudiciels tendant au renvoi du prévenu des fins de la poursuite, mais seulement les moyens dilatoires tenant qu'à la procédure et non à l'action elle-même. L'art. 54 a pour objet d'empêcher le prévenu de retarder le jugement du procès de presse. Il ne lui enlève pas la faculté d'opposer jusqu'au bout les excep-tions péremptoires (prescription, chose jugée, amnistie) qui doivent déterminer son acquittement : « Ce sont là, en effet, dit M. Barbier, t. 2, n° 936, des moyens d'ordre pu-blic, qui doivent être relevés d'office par le juge, auxquels le prévenu ne peut renoncer ni expressément, ni tacitement, et qu'il doit être admis à faire valoir en tout état de cause. La cour d'assises est donc tenue de statuer sur ces excep-tions, à quelque moment qu'elles soient soulevées devant elle ; mais si elles ne sont proposées qu'au cours des débats, le pourvoi formé contre les arrêts rendus sur ces excep-tions ne sera pas suspensif, et ne sera soumis à la cour de cassation qu'après l'arrêt définitif de la cour d'assises (c. instr. crim., art. 304 modifié par la loi du 10 juin 1853).

1820. L'art. 54 ne concerne pas davantage les excep-tions préjudicielles résultant des immunités établies par l'art. 41 (V. *suprà*, n°s 1339 et suiv.). Ces immunités tou-chent au fond du droit, et la défense peut s'en prévaloir en tout état de la cause.

1821. De même, les nullités dont sont frappées les signi-fications préalables à l'ouverture des débats, en matière de preuve des faits diffamatoires, peuvent être proposées en tout état de cause, et doivent même être prononcées d'office. — Ne faut-il pas conclure de cette règle que la non-recevabilité de la preuve peut alors être proposée, même après l'appel des jurés ? L'affirmative résulte implicitement des arrêts qui ont attaché à la déchéance encourue par le prévenu ou par le plaignant qui ne se sont pas conformés aux dispositions impératives des art. 52 et 53 le caractère d'une déchéance d'ordre public que le ministère public peut relever, et que la cour d'assises peut prononcer d'office, malgré toute renonciation de la partie intéressée. Ajoutons que, dans les cas où sont intervenus ces arrêts, le moyen de nullité n'avait pas été, en fait, soulevé lors de l'appel des jurés (V. *suprà*, n° 1799).

1822. — IV. De la forclusion. — L'art. 54 veut que toutes demandes en renvoi pour quelque cause que ce soit, ou tout incident sur la procédure suivie, soit présenté avant l'appel des jurés, à peine de forclusion.

En vertu de cette disposition, la forclusion atteint tous les moyens de nature à faire prononcer le renvoi et toutes les nullités de la procédure, sans distinguer entre les causes de renvoi et les nullités qui sont d'ordre public et celles qui ne le sont pas. L'art. 54 n'est pas, à cet égard, à l'abri de la critique. Sa disposition a pour but d'empêcher le prévenu de retarder la solution du procès de presse en soulevant des incidents sur lesquels interviendraient des arrêts suivis de pourvois suspensifs. Cette préoccupation, que pouvait concevoir le législateur de 1849, ne devait pas exister pour les auteurs de la loi de 1881, puisque la loi du 10 juin 1853, modifiant l'art. 304 c. inst. crim. a disposé que tous les pourvois formés après le tirage au sort des jurés n'empêcheraient pas la cour d'assises de statuer au fond. On pouvait donc laisser à la cour d'assises le pouvoir d'examiner, même après l'appel des jurés, cette préoccupa-tion, que pouvait concevoir le législateur de nullité ou de renvoi qui, tenant à l'ordre public, ne sont pas couverts par la comparution du prévenu : eût-elle rejeté les moyens proposés, le pourvoi formé contre son arrêt né 'eût pas empêché de procéder à l'examen du fond et n'eût pas, dès lors, retardé la solution de l'affaire. Néanmoins, la disposition de l'art. 54 étant générale, il en résulte que le prévenu, lorsqu'il n'a pas fait valoir, avant l'appel des jurés, un moyen de renvoi ou de nullité ayant le caractère d'une règle d'ordre public, est forclos en ce sens qu'il ne peut plus faire valoir ce moyen devant la cour d'assises.

1823. La forclusion n'a cependant pas les mêmes conséquences à l'égard des moyens de renvoi ou de nullité, qui sont d'ordre public, qu'à l'égard des moyens de renvoi ou de nullité susceptibles d'être couverts par la comparution du prévenu. Pour ces derniers, la forclusion est définitive. En effet, l'art. 55 décide que le prévenu présent à l'appel des jurés ne peut plus faire défaut, même en se retirant pendant le tirage au sort (V. *infrà*, n° 1829). Le prévenu ayant comparu, la nullité qu'il n'a pas fait valoir est couverte ; le renvoi qu'il n'a pas proposé ne peut plus être prononcé par la cour d'assises. La forclusion a, notamment, un caractère définitif à l'égard de la nullité d'une citation qui ne serait pas conforme aux prescriptions de l'art. 50.

S'agit-il au contraire de moyens de renvoi ou de nullité formant des règles d'ordre public, la forclusion résultant de l'art. 54, tout en mettant obstacle à ce que le prévenu les invoque en cour d'assises, ne l'empêche pas de s'en prévaloir devant la cour de cassation. Il est hors de doute que, dans le cas où la poursuite a été précédée d'une information, la forclusion ne porte aucune atteinte au droit que le code d'instruction criminelle réserve au prévenu ou au ministère public, de faire valoir, contre l'arrêt de condamnation, les nullités qui se rencontreraient soit dans les actes de l'instruction, soit dans l'arrêt de renvoi, soit dans la procédure postérieure à cet arrêt et antérieure à la comparution (V. *suprà*, n°s 1814 et suiv.). Ainsi, en cas de renvoi pour crime de publication, la déchéance encourue à l'égard du pourvoi contre l'arrêt de renvoi non attaqué dans les délais des art. 296 et 298 c. instr. crim., laisse subsister le droit de soumettre à la cour de cassation, après l'arrêt définitif, les moyens de nullité énumérés dans l'art. 299 ; elle a rendu seulement non recevable un pourvoi ayant pour effet de suspendre le cours des débats (c. instr. crim., art. 297 et 301). A cette déchéance survit donc le droit de proposer, à l'appui du pourvoi en cassation contre l'arrêt définitif : 1° tout moyen d'incompétence ; 2° la nullité qui serait tirée du caractère non criminel du fait incriminé ; 3° celle tirée de ce que l'arrêt de renvoi a été rendu sans que le ministère public ait été entendu ; 4° celle tirée de ce que l'arrêt de renvoi n'a pas été rendu par le nombre de juges fixé par la loi (c. instr. crim. art. 299).

1824. L'exception d'incompétence que le prévenu peut soulever dans le cas d'une poursuite par voie de citation directe est au nombre des demandes en renvoi qui doivent, à peine de forclusion, être proposées avant l'appel des jurés et au nombre des moyens que peut relever le pourvoi formé contre l'arrêt définitif. « Il convient toutefois de remarquer, dit M. Barbier, t. 2, n° 937), que si le moyen d'incompétence n'a pas été soulevé devant la cour d'assises, avant l'appel des jurés, il ne pourra être, ce semble, utilement invoqué, dans le pourvoi en cassation contre l'arrêt de condamnation, qu'autant qu'il s'agira d'incompétence *ratione loci*, puisque la cour d'assises a la plénitude de juridiction ».

1825. Le moyen tiré de la nullité des significations préalables à la preuve des faits diffamatoires est au nombre de ceux que le prévenu forclos, en vertu de l'art. 54, peut invoquer dans son pourvoi contre l'arrêt définitif.

1826. « Quand les demandes en renvoi ou les incidents sur la procédure suivie seront proposés avant l'appel des jurés, il doit être statué par la cour sur ces demandes et incidents préalablement à la formation du jury de jugement ; car, d'une part, le droit que la loi reconnaît au prévenu de faire défaut, à condition de se retirer avant le tirage au sort (art. 310), doit, s'il l'exige, lui être réservé en vue du cas où sa demande serait repoussée, et, d'autre part, le prévenu a le droit d'exiger que l'arrêt à intervenir sur sa demande préjudicielle précède le tirage au sort du jury, afin que son pourvoi contre cet arrêt, si celui-ci n'est pas purement préparatoire, suspende les poursuites (c. instr. crim. art. 301

modifié par la loi du 10 juin 1853 ; Barbier, t. 2, n° 938).

1827. En ce qui concerne le pourvoi en cassation contre les décisions rendues par la cour d'assises ou par son président, sur les demandes en renvoi ou sur tous incidents de procédure qui auraient été formés en temps utile, V. *infrà*, sect. 4.

Art. 3. — *Comparution devant la cour d'assises.*

1828. — I. Caractère de la comparution devant la cour d'assises. — L'art. 55 de la loi de 1881 détermine dans quelles conditions l'individu, traduit devant la cour d'assises sur la poursuite dirigée contre lui à raison d'un crime ou d'un délit de publication, sera réputé avoir comparu, au point de vue du caractère contradictoire des débats à engager et des décisions à intervenir.

D'après le droit commun, la comparution de celui qui est renvoyé en cour d'assises, sous l'accusation d'un crime, par un arrêt de la chambre des mises en accusation, résulte du fait de s'être présenté, au jour fixé pour l'ouverture des débats, devant cette cour réunie aux jurés (c. instr. crim. art. 309 et 310). La comparution était réalisée par les mêmes circonstances en vertu de l'art. 17 de la loi du 26 mai 1819, au cas de poursuite d'un crime ou d'un délit de publication de la compétence de la cour d'assises, après l'information préalable alors obligatoire (V. *suprà*, n° 1666). Les conditions de la comparution étaient les mêmes sous la loi du 25 mars 1822, qui avait limité la compétence des cours d'assises aux crimes de publication, et en avait soumis la poursuite aux règles établies par le code d'instruction criminelle (V. *suprà*, *ibid.*), et sous la loi du 8 avr. 1831, qui, après le rétablissement, par la loi du 8 oct. 1830, de la compétence du jury en matière de délits de publication, autorisa le ministère public, à saisir la cour d'assises non seulement par voie d'information préalable, comme sous la loi de 1819, mais encore par voie de citation directe (*Rép.* p. 413).

1829. La loi du 9 sept. 1835, dont l'art. 25 étendit aux crimes de publication le droit de citation directe que le ministère public ne pouvait jusqu'alors exercer que pour la poursuite des délits, modifia, pour la première fois, les conditions de la comparution de la personne traduite en cour d'assises, à raison de l'un de ces crimes ou délits. Elle laissa subsister le mode de comparution emprunté au droit commun par la loi de 1819, lorsqu'il s'agissait de la poursuite d'un crime de publication, par voie d'information préalable. Mais quand la poursuite avait lieu soit par citation directe, soit pour un délit, soit sur citation directe ou après information préalable, l'arrêt de renvoi étant alors également accompagné d'une citation, elle voulut enlever au prévenu, libre de comparaître ou de ne pas comparaître, le moyen de retarder, en ne se présentant pas à l'audience, la décision définitive : elle disposa, en conséquence, que lorsque l'opération de l'appel des jurés et du tirage au sort serait commencée en présence du prévenu, l'arrêt à intervenir sur le fond serait définitif et non susceptible d'opposition, quand même ce prévenu se retirerait de l'audience après le tirage du jury ou durant le cours des débats. — Après l'abrogation de la loi de 1835, par le décret du 6 mars 1848 (D. P. 48. 4. 40), l'art. 19 de la loi du 27 juill. 1849 (D. P. 49. 4. 130) reproduisit en ces termes la disposition précitée : « Après l'appel et le tirage au sort des jurés, y est-il dit, le prévenu, s'il a été présent à ces opérations, ne pourra plus faire défaut. En conséquence, tout arrêt qui interviendra soit sur la preuve, soit sur le fond, sera définitif, quand bien même le prévenu se retirerait de l'audience ou refuserait de se défendre. Dans ce cas, il sera procédé avec le concours du jury, comme si le prévenu était présent ». Cette disposition exceptionnelle, devenue sans application sous le décret du 17 févr. 1852, qui ne laissait au jury que la connaissance des crimes de publication, dont la poursuite ne pouvait avoir lieu que suivant les formes déterminées par le code d'instruction criminelle, a été remise en vigueur par l'art. 1 de la loi du 15 avr. 1871 qui a rétabli la compétence de la cour d'assises en matière de délits de publication et en a de nouveau soumis la poursuite aux formes déterminées par la loi de 1849 (D. P. 71. 4. 44. V. *suprà*, n° 1667).

On retrouve la même disposition dans l'art. 55 de la loi de 1881, ainsi conçu : « Si le prévenu est présent à l'appel des jurés, il ne pourra plus faire défaut, quand bien même il se fût retiré pendant le tirage au sort. En conséquence, tout arrêt qui interviendra, soit sur la forme, soit sur le fond, sera définitif quand même le prévenu se retirerait de l'audience ou refuserait de se défendre. Dans ce cas, il sera procédé avec le concours du jury, et comme si le prévenu était présent ». — La disposition nouvelle se distingue de celle de la loi de 1849 à laquelle elle correspond, en ce que la faculté, pour le prévenu, de faire défaut cesse, non plus seulement après la double opération de l'appel et du tirage au sort des jurés, qui, aux termes de l'art. 399 c. instr. crim., constitue la formation du jury de jugement, mais dès l'appel des jurés préalable au tirage (D. P. 81. 4. 86, note 4). En outre, la loi de 1849, s'expliquant sur le caractère définitif des décisions à intervenir en l'absence du prévenu déchu du droit de faire défaut, ne parlait que des décisions sur la preuve ou sur le fond, sans se préoccuper de celles qui pourraient n'être rendues que sur la forme. Le nouvel article substitue aux expressions « sur la preuve », qui avaient l'inconvénient de paraître limitatives, ces autres expressions « sur la forme ».

1830. L'art. 55 est applicable à la décision rendue sur l'action publique et à celle qui statue sur les dommages-intérêts réclamés par la partie lésée. Sur le point de savoir quel serait le caractère de cette dernière décision, si le prévenu, après avoir été présent aux débats et à la déclaration du jury, se retirait sans prendre de conclusions quant aux dommages-intérêts réclamés contre lui, V. *infrà*, art. 6.

1831. « Si l'exercice du droit de récusation supprimait l'opération du tirage au sort (c. instr. crim., art. 400), la faculté de faire défaut cesserait évidemment au moment où il ne resterait plus que douze jurés à appeler » (Barbier, t. 2, n° 540).

1832. L'art. 55 portant que, si le prévenu ne se retire qu'après l'appel des jurés, il sera procédé avec le concours du jury et comme si le prévenu était présent, M. Barbier (*loc. cit.*) pense qu'à raison du caractère contradictoire des débats « le prévenu, en se retirant de l'audience, pourrait néanmoins charger un avocat de présenter sa défense et de surveiller la régularité du débat, et que la parole ne pourrait être, en ce cas, refusée au défenseur.

1833. — II. MODE DE COMPARUTION. — Tout individu détenu ne peut comparaître qu'en personne. C'est ainsi que comparaissait toujours, sous la loi du 26 mai 1819, l'accusé poursuivi pour un crime de publication, puisque, dans le système de cette loi, la poursuite n'avait lieu que par voie d'information préalable et que l'arrêt de mise en accusation, s'il intervenait, contenait nécessairement une ordonnance de prise de corps, même au cas de mise en liberté provisoire durant l'instruction (V. *suprà*, n° 1689).— La comparution de l'accusé en personne fut encore la règle des poursuites pour crime de publication sous la loi du 25 mars 1822 et le décret de 1852, qui soumettaient la procédure aux dispositions du code d'instruction criminelle et aussi sous les lois de 1831, 1835, 1849 et 1871, toutes les fois que le ministère public, au lieu d'exercer le droit de citation directe, recourait à la procédure d'information (V. *suprà*, n° 1698). C'est ce qui se produit pareillement depuis la loi de 1881, pour le même cas de poursuite d'un crime par voie d'information préalable.

1834. D'autre part, la législation a varié à l'égard de l'accusé poursuivi pour crime par voie de citation directe, et à l'égard du prévenu poursuivi pour délit, soit par voie de citation directe, soit même après information, cas auquel l'arrêt de renvoi ne peut être suivi d'une ordonnance de prise de corps. Aux termes de l'art. 185 c. instr. crim., dans les affaires relatives à des délits qui n'entraînent pas la peine d'emprisonnement, le prévenu peut se faire représenter par un avoué, sauf au tribunal à ordonner sa comparution en personne ; mais, lorsque le délit imputé au prévenu entraîne la peine d'emprisonnement, la comparution personnelle est forcée (*Rép.* n° 1477). L'art. 19 de la loi du 26 mai 1819 dérogeant à cette règle, ne considé-

rait le prévenu d'un délit comme non comparant que s'il ne comparaissait pas « par lui-même ou par un fondé de pouvoir », bien que tous les délits de publication fussent passibles de la peine de l'emprisonnement (*Rép.* p. 407).' À la vérité, cet article ne concernait que la comparution du prévenu après opposition à un arrêt par défaut; mais il était reconnu que le droit, pour le prévenu, de se faire représenter par un fondé de pouvoir, pouvait être exercé même sur la première citation. La dérogation ainsi apportée au droit commun, en matière de presse, avait sa cause dans cette considération que, le prévenu d'un délit de publication pouvant être cité devant les juges du domicile de la partie plaignante, si la publication délictueuse y avait été effectuée, la nécessité de sa comparution personnelle, dans un lieu, peut-être fort éloigné de son domicile, eût constitué « une véritable aggravation de peine » (*Rép.* n° 1477. V. *suprà*, n°° 1624 et suiv.).

1835. La faculté de comparution par fondé de pouvoir a disparu en vertu de la loi du 25 mars 1822, qui déclara les règles du code d'instruction criminelle applicables à la poursuite des délits de publication, déférés par la même loi aux tribunaux correctionnels (V. *suprà*, n° 1666). La loi du 8 avr. 1831 ne l'a pas rétablie, bien que les délits de publication fussent replacés depuis la loi du 8 oct. 1830 dans la compétence de la cour d'assises (V. *suprà*, *ibid.*). Cette loi, après avoir admis l'action directe pour délit de publication, même devant la cour d'assises, dit, en effet, que le prévenu devra « comparaître par lui-même », sans reproduire les mots ou par fondé de pouvoir, qu'on lisait dans l'art. 19 de la loi de 1819 (V. *Rép.* n° 413. V. *suprà*, n° 1667). — La même condition d'une comparution personnelle a été maintenue par la loi du 9 sept. 1835, dont l'art. 34 a étendu aux crimes le droit de citation directe limité aux délits, par la loi de 1831 (V. *suprà*, *ibid.*); ... par la loi du 27 juill. 1849, qui, après l'abrogation de la loi de 1835 par le décret du 6 mars 1848, reproduisit simplement la disposition précitée de cette loi; ... par le décret du 17 févr. 1852, qui assujettit la poursuite des crimes et délits de publication aux règles de compétence et de procédure du code d'instruction criminelle (V. *suprà*, n° 1667); ... par la loi du 15 avr. 1871, qui, après avoir rétabli la compétence des cours d'assises en matière de délits de publication, renvoya pour la procédure, dans son art. 1, à la loi de 1849 (D. P. 71. 4. 44); enfin par la loi du 29 déc. 1875 qui, après avoir enlevé aux cours d'assises la connaissance de certains délits, se référait pareillement à la loi de 1849 quant à la procédure à suivre sur les crimes ou délits restés dans la compétence du jury (D. P. 76. 4. 30 et *suprà*, n° 1667).

1836. La loi de 1881 continue à imposer, conformément au droit commun, la comparution personnelle aux prévenus de crimes ou délits de publication qui ne sont pas placés dans les liens d'une ordonnance de prise de corps, et qui doivent être appelés devant la cour d'assises, par une citation (V. *suprà*, n° 1744). Cette règle résulte formellement de l'art. 55, qui veut que le prévenu soit présent à l'appel des jurés, et de l'art. 56, qui déclare défaillant tout prévenu qui « ne comparaît pas au jour fixé par la citation »; ces articles, à la différence de la loi de 1819, n'autorisent pas le prévenu à se faire remplacer par un fondé de pouvoir.

1837. Il n'y a pas lieu d'appliquer ici la distinction établie par l'art. 187 c. instr. crim. entre les délits entraînant ou n'entraînant pas la peine de l'emprisonnement, tous les délits prévus par la loi de 1881, et déférés à la cour d'assises, étant frappés de cette peine (V. *suprà*, n°° 1163; 1573 et suiv.).

1838. Il a été jugé, toutefois, que le prévenu peut être dispensé de la comparution personnelle (Crim. rej. 11 févr. 1876. aff. Menetière, D. P. 76. 1. 401). Cette dispense peut avoir lieu, notamment, en cas d'empêchement résultant d'une maladie grave (Ch. des pairs, 8 mars 1841, *Rép.* n° 1478). Il a même été décidé que le prévenu n'est pas obligé de se présenter en personne lorsqu'il ne veut que proposer une exception d'incompétence (Crim. rej. 15 oct. 1831, *Rép.* n° 1482).

1839. En ce qui concerne l'assistance d'un défenseur, prescrite par l'art. 294 c. instr. crim. pour tout individu renvoyé, après instruction, devant la cour d'assises sous l'accusation d'un crime, elle est nécessaire, à peine de nullité, même en matière de crimes de presse ou de publication à l'égard desquels il a été procédé par voie d'information préalable et d'arrêt de mise en accusation, la poursuite étant alors régie par le droit commun (V. *supra*, nᵒˢ 1707, 1710, 1759). Mais elle cesse d'être obligatoire, dans le silence de la loi, même en cas d'accusation de crime, si ce crime est poursuivi par voie de citation directe (D. P. 81. 4. 8, note 4).

Art. 4. — De la preuve.

§ 1ᵉʳ. — Des règles générales sur la preuve en matière de délits de presse.

1840. On a examiné au *Rép.* nᵒˢ 1482 et suiv. quelles sont les règles de preuve en matière de délits de presse. En ce qui concerne la preuve de l'infraction que le ministère public ou la partie lésée relèvent à la charge de l'inculpé, comme en ce qui concerne la preuve contraire invoquée par le prévenu pour sa défense, c'est au droit commun que se référaient les lois antérieures et c'est aussi le droit commun qu'il faut suivre sous le régime de la loi du 29 juill. 1881 (V. *supra*, vᵒ *Preuve*, nᵒˢ 52 et suiv.; *Rép.* eod. vᵒ nᵒˢ 73 et suiv.). La loi du 29 juill. 1881 ne contient qu'une disposition particulière sur la preuve en matière de diffamation. L'art. 35 détermine, en effet, dans quels cas le prévenu de diffamation sera recevable à prouver la vérité des faits diffamatoires qu'on lui reproche d'avoir imputés à la partie lésée. Ce même article réserve à la partie poursuivante le droit de faire la preuve contraire. Enfin il attache à la preuve du fait diffamatoire, quand elle est autorisée et qu'elle est rapportée, l'effet d'entraîner l'acquittement du prévenu.

§ 2. — De la preuve en matière de diffamation.

A. — De la règle qui interdit, en principe, au prévenu, de prouver la vérité des faits diffamatoires, et de l'exception que comporte cette règle.

1841. Les art. 367 à 372 du code pénal de 1810 ne prévoyaient que le délit de *calomnie*. En vertu de ces articles, les imputations de faits pouvant exposer la personne contre laquelle elles étaient dirigées, soit à des poursuites criminelles ou correctionnelles, soit à la haine ou au mépris de ses concitoyens, n'avaient un caractère délictueux que si elles étaient fausses. Le prévenu était donc admis, même quand il s'agissait d'imputations dirigées contre un particulier, à établir la vérité des faits contenus dans les imputations, à l'effet d'en détruire la criminalité. Il était seulement assujetti à n'employer que certain mode de preuve qu'on appelait preuve légale (*Rép.* nᵒ 1490. V. *supra*, nᵒ 846 et *infra*, nᵒ 1875). La preuve légale ainsi autorisée ne pouvait cependant pas être faite contre les personnes qualifiées, à l'égard desquelles les art. 222, 224 et 262 c. pén. punissaient le délit d'outrage, alors même que cet outrage renfermait l'imputation publique d'un fait se rapportant à la fonction de la personne outragée (V. *supra*, nᵒ 846).

1842. La législation de 1819 s'inspira de principes entièrement opposés aux distinctions du code pénal de 1810. La loi du 17 mai 1819 définit les délits de diffamation. Elle fit consister ce délit dans toute imputation ou allégation d'un fait de nature à porter atteinte à l'honneur ou à la considération de la personne contre laquelle elle serait dirigée, sans se préoccuper de la vérité ou de la fausseté de ce fait (V. *supra*, nᵒ 847). Peu de jours après, la loi du 26 mai 1819 admit, au contraire, le prévenu de diffamation à rapporter, pour se disculper, la preuve de la vérité du fait diffamatoire, lorsque son imputation s'adresserait à des personnes ayant agi dans un caractère public, et porterait sur des faits relatifs à leurs fonctions. En dehors de cette hypothèse exceptionnelle, l'art. 20 de la loi du 26 mai 1819 posa, en principe, conformément à la définition de la diffamation résultant de la loi du 17 mai, que nul ne serait admis à la preuve de la vérité des faits diffamatoires (*Rép.* p. 407). Ainsi, vis-à-vis des particuliers et vis-à-vis des personnes publiques considérées comme des particuliers, c'est-à-dire diffamées pour des faits étrangers à leur fonction ou à leur qualité, la preuve des faits diffamatoires fut, à partir de 1819, et demeura toujours rigoureusement interdite en vertu du principe formulé lors de la discussion de la loi du 26 mai, que la vie privée doit être murée, principe emprunté à la maxime romaine : *veritas convicii non excusat*, et suivi dans

l'ancienne jurisprudence française comme sous le code du 3 brum. an 4 (*Rép.* nᵒ 1489). Par exception, les lois de 1819 admirent la preuve de la vérité du fait diffamatoire en cas de diffamation contre toute personne revêtue d'un caractère public, l'appréciation des actes de sa vie publique appartenant à tous, et ne pouvant constituer un délit qu'autant qu'elle dégénérerait en une véritable calomnie (*Rép.* nᵒ 1493).

1843. Le projet de la loi de 1881 ne posait pas en règle absolue l'interdiction de prouver la vérité des imputations diffamatoires. Après avoir admis cette preuve lorsque la diffamation serait commise envers les corps constitués et les personnes publiques pour faits relatifs à leur fonction, ministère, mandat, service ou déposition, le projet de loi ajoutait : « elle pourra l'être également à l'égard de toute personne, lorsque le fait est passible, en le supposant prouvé, d'une peine quelconque, et que le prévenu aura été lésé par le fait imputé » (D. P. 81. 4. 80, note 1). Lors de la discussion, un député alla plus loin encore et proposa un amendement où il était dit : « La preuve de la vérité du fait diffamatoire pourra toujours être établie. Si la preuve est rapportée, le prévenu sera renvoyé des fins de la plainte » (D. P. 81. 4. 80 et 81, note 1). — L'une et l'autre de ces innovations ont été repoussées, et le texte définitif de l'art. 35 reproduit implicitement la règle formulée par la disposition précitée de l'art. 20 de la loi du 26 mai 1819, en se bornant à énoncer les cas où la preuve de la vérité des faits diffamatoires serait autorisée. En dehors des cas qui exceptionnellement comportent la preuve de la vérité des faits diffamatoires, c'est-à-dire quand la diffamation a eu lieu contre des particuliers, ou même contre des personnes qualifiées, mais pour des faits étrangers à leur fonction ou à leur qualité, aucun débat ne peut s'élever, sur la vérité ou la fausseté des faits imputés au plaignant. Rien n'est changé à cet égard par la loi de 1881, et la distinction entre les particuliers et les personnes publiques, au point de vue de la nécessité d'une imputation calomnieuse pour caractériser la diffamation est maintenue (V. *supra*, nᵒˢ 848 et 947).

Il suit de là que la condamnation du prévenu n'implique pas la fausseté de ces faits, à la différence de ce qui arrivait dans le système du code pénal de 1810 qui ne punissait les imputations diffamatoires que si, en l'absence de la preuve légale de la vérité des faits auxquels elles s'appliquaient, elles étaient tenues pour calomnieuses.

1844. C'est afin de permettre à la personne diffamée d'échapper aux doutes que la seule condamnation du prévenu n'est pas de nature à détruire, que l'art. 23 de la loi du 26 mai 1819 l'admettait à faire entendre des témoins pour attester sa *moralité*. Cette faculté venait s'ajouter, s'il y avait lieu, même à celle qu'avait le plaignant soumis exceptionnellement à la preuve de la vérité du fait diffamatoire, d'en démontrer la fausseté par la preuve contraire. Elle n'entraînait pas, d'ailleurs, pour le prévenu le droit de faire, de son côté, entendre des témoins contre la moralité du plaignant, un tel moyen de justification étant inconciliable avec la prohibition de la preuve de la vérité du fait diffamatoire.

La loi de 1881 ne reproduit pas cette disposition de l'art. 23 de la loi de 1819. Désormais, le délit de diffamation, commis contre des personnes autres que celles à l'égard desquelles la vérité ou la fausseté des faits diffamatoires peut être recherchée et constatée, doit être frappé, sans que les débats puissent porter seulement sur le caractère calomnieux ou non calomnieux de l'imputation, mais même sur la moralité du plaignant.

1845. Nous pensons toutefois, comme M. Barbier, t. 2, nᵒ 558, que le silence de la loi de 1881 ne défend pas au plaignant de faire entendre des témoins pour attester sa moralité ; car l'indemnité doit être en rapport avec le dommage causé à l'honneur ou à la considération de la personne lésée. D'autre part, le silence de la loi de 1881 n'autorise certainement pas le prévenu à faire entendre des témoins contre la moralité du plaignant, car ce serait tenter indirectement la preuve interdite de la vérité des faits diffamatoires. Le prévenu a, d'ailleurs, conformément au droit commun, la faculté de citer des témoins pour attester sa propre moralité. Lui et son défenseur peuvent, en vertu de l'art. 319 c. instr. crim., dire contre les témoins du plaignant et leurs témoignages tout ce qui pourra être utile à la défense.

M. Barbier (*loc. cit.*) ajoute que, si l'affaire est de la compétence de la cour d'assises, les nom, profession et résidence de ces témoins, appelés à attester la moralité du plaignant ou du prévenu, devront être notifiés, conformément à l'art. 315 c. instr. crim. La liste des témoins cités à la requête du plaignant devra être notifiée par les soins de ce dernier. Ces notifications devront être faites un jour au moins avant l'audience (Conf. art. 23 de la loi du 26 mai 1819).

1846. L'interdiction de mettre en question la vérité ou la fausseté des faits diffamatoires est d'ordre public. Une proposition tendant à en rendre la preuve possible, quand le plaignant aurait autorisé le prévenu à la rapporter, a été écartée (D. P. 81. 4. 81, note 1). Ainsi l'on devrait juger aujourd'hui, comme on l'a décidé sous la loi de 1819, qu'on ne peut tirer un moyen de cassation du refus par le juge d'admettre la preuve de la vérité des faits diffamatoires, proposée par le prévenu, du consentement du plaignant en dehors des cas où la loi l'autorise (Crim. rej. 25 juin 1831, *Rép.* n°s 1494 et 1317-2°; Toulouse, 17 juin 1881, aff. Bertrand, D. P. 83. 1. 401; Barbier, t. 2, n° 559).

1847. L'interdiction de prouver les faits diffamatoires, ayant le caractère d'une mesure d'ordre public, ne fléchit pas lorsque le plaignant, diffamé dans sa vie privée, porte son action devant les tribunaux civils en vertu du droit d'option que l'art. 46 de la loi de 1881 ne refuse qu'aux personnes publiques (V. *suprà*, n°s 1629 et 1654). C'est à tort que, combattant au nom de la commission de la Chambre des députés, l'amendement, signalé *suprà*, n° 1843, qui tendait à faire admettre la preuve de la vérité du fait diffamatoire à l'égard de toute personne, afin de permettre au diffamé de se justifier des faits qui lui sont imputés, on a répondu à cette thèse : « Si celui à qui l'on impute un fait diffamatoire veut faire la preuve ou la laisser faire, qu'il actionne au civil, et la preuve sera admissible » (D. P. 81. 4. 80 et 81 note 1). Il est vrai que la recevabilité de la preuve devant la juridiction civile avait rencontré des partisans sous la loi du 26 mai 1819. Cette juridiction, disait-on, ne doit appliquer que les règles du droit civil; elle ne peut pas être liée par les dispositions d'une loi de procédure criminelle (de Grattier, t. 1, p. 467. Conf. Chassan, t. 2, n°s 1986 et suiv.). — Il y avait, dans ce raisonnement, une évidente erreur. D'abord, c'est toujours en vertu de l'art. 1382 que l'action en dommages-intérêts est ouverte au diffamé, même quand cette action est portée devant le juge de répression. Qu'il y ait lieu d'appliquer cet article, ce n'est donc pas une raison pour les tribunaux civils, quand le diffamé les a saisis, d'admettre la preuve des faits diffamatoires. D'ailleurs, suivant la juste expression d'un arrêt de la cour de Toulouse en date du 17 juin 1881 (aff. Bertrand, cité *suprà*, n° 1846), « le caractère de l'action se détermine par la cause d'où elle procède, et non par la juridiction devant laquelle elle est portée ». Or, devant le tribunal civil aussi bien que devant le juge de répression, le fait dommageable qui motive la demande en réparation civile est le même : un délit de diffamation. Le tribunal civil doit, en conséquence, observer, comme le juge de répression, la règle qui défend la preuve des faits diffamatoires, si l'on reconnaît à cette règle le caractère d'une mesure d'ordre public. La cour de cassation s'est expressément prononcée en ce sens, en décidant que l'interdiction de rapporter la preuve des faits diffamatoires, en ce qui concerne la vie privée et les simples particuliers, prononcée par l'art. 35 de la loi du 29 juill. 1881, s'applique aussi bien devant la juridiction civile, quand la partie lésée a choisi la voie de l'action en dommages-intérêts, que devant la juridiction correctionnelle (Req. 18 mars 1889, aff. Gugenheim, D. P. 90. 1. 160. Conf. Sol. impl. Req. 23 juin 1846, aff. Peauger et Adam, D. P. 46. 1. 226; Trib. corr. de la Seine, 11 sept. 1868, aff. De Villemessant, D. P. 69. 3. 55; Motif, Crim. rej. 15 janv. 1869, aff. Ruault, D. P. 69. 1. 307; Sol. impl. Req. 16 août 1882, aff. Bertrand, D. P. 83. 1. 401; Toulouse, 17 juin 1881 précité. Conf. aussi Grellet-Dumazeau, t. 2, p. 125, n° 808; Dutruc, n° 254; Fabreguettes, t. 2, n° 1364; Barbier, t. 2, n° 560).

1848. Le soin que prendrait le demandeur de ne pas qualifier de diffamation le fait dont il se plaint, dans l'assignation qu'il donne devant le tribunal civil, n'aurait pas pour effet, en éludant la loi, de rendre admissible la preuve des faits diffamatoires.

1849. Si les imputations diffamatoires dont la réparation est demandée devant le juge civil ne présentaient pas tous les caractères du délit de diffamation, si notamment l'auteur de ces imputations avait agi sans intention de nuire, la demande en dommages-intérêts n'étant plus fondée sur un délit, l'interdiction prononcée par l'art. 35 de la loi de 1881 cesserait d'être applicable à la preuve des imputations. Le tribunal civil pourrait donc ordonner, en conformité des règles ordinaires du droit civil, la preuve des faits articulés par les parties et, d'ailleurs, pertinents et admissibles (Paris, 17 avr. 1858, aff. Perrotin, D. P. 60. 2. 110). Il en serait autrement si c'était la *publicité* qui manquait aux imputations diffamatoires. Ces imputations constituant alors, au lieu du délit de diffamation, la contravention d'injure non publique, tombent sous le coup de la loi de 1881 qui interdit la preuve des injures (V. *infrà*, n° 1866. — Conf. Barbier, *loc. cit.*).

1850. Avant le décret du 23 mars 1848, qui a enlevé aux fonctionnaires ou citoyens diffamés à raison de leur caractère public le droit de porter leur action devant la juridiction civile, il était décidé, en sens inverse, que la preuve des faits diffamatoires imputés à ces personnes était recevable même devant la juridiction civile (Orléans, 13 déc. 1843, *Rép.* n° 1508; Req. 23 juin 1846, aff. Peauger et Adam, D. P. 46. 1. 226; Civ. rej. 5 mai 1847, aff. Marrast et Lamaignère, D. P. 47. 1. 113). La question ne pouvait plus s'élever depuis que, en vertu du décret précité, les juges de répression sont devenus exclusivement compétents pour connaître de cette action, et elle ne saurait l'être davantage sous la loi de 1881, qui a maintenu la règle édictée par ce décret (art. 46) (V. *suprà*, n°s 1651 et suiv.).

1851. L'interdiction de faire porter les débats engagés par suite d'une action en diffamation sur la vérité ou la fausseté des faits diffamatoires, quand la preuve en est interdite, impose au juge le devoir de n'en pas faire la base de sa décision (Crim. rej. 13 août 1874, aff. Levaillant, D. P. 75. 1. 41). Décidé toutefois, sur ce point, qu'un arrêt ne peut être annulé à raison de ce qu'il renfermerait une appréciation des allégations contenues dans l'écrit incriminé qui porterait sur la vérité ou la fausseté des allégations, si cette appréciation n'apparaît que dans les motifs et n'est entrée pour rien dans les termes et dans l'objet du dispositif (Même arrêt).

1852. Jugé aussi, par application de la règle d'après laquelle un motif erroné ne peut donner ouverture à cassation quand il existe d'autres motifs suffisants pour justifier la décision qu'un arrêt n'est pas nul : 1° parce qu'il aurait, à tort, énoncé dans ses motifs que la preuve de la fausseté des allégations constituait permise au diffamé, bien que celle de leur vérité soit interdite au diffamateur, si, en fait, il n'a pas autorisé le plaignant à faire une preuve prohibée par la loi, et s'il s'est borné à rechercher, dans les écrits diffamatoires et dans les pièces produites par le prévenu à titre de justification, l'étendue de la faute que celui-ci a commise à raison de sa mauvaise foi, ou à raison de la gravité de ses allégations (Req. 16 août 1882, aff. Bertrand, D. P. 83. 1. 401); — 2° Que de même un arrêt n'est pas nul, parce qu'il aurait pris la fausseté des imputations diffamatoires pour base des dommages-intérêts alloués à la partie diffamée, s'il déclare en fait que leur auteur a aggravé ses torts en offrant une preuve inadmissible en droit, et que cette offre a eu pour résultat de donner une plus grande publicité à la diffamation (Req. 16 août 1882, seconde aff. Bertrand, D. P. 83. 1. 401). — On peut élever, sinon contre cette décision elle-même, du moins contre la faculté qu'elle reconnaîtrait au juge de prendre la fausseté des imputations diffamatoires comme base des dommages-intérêts, cette objection grave que les juges ne doivent former leur conviction que sur les éléments de preuve admis par la loi (V. *suprà*, v° *Descente sur les lieux*, n°s 3 et s.; et *infrà* v° *Preuve*, n°s 38 et suiv.; Aubry et Rau, *Droit civil français*, 4° éd., t. 8, § 749; Bonnier, *op. cit.*, 4° éd., t. 1, n°s 401 et suiv., Douai, 8 mai 1877, aff. Lesquillier, D. P. 79. 2. 213), et que une preuve n'est réputée légalement faite que si elle est administrée suivant les formes légales. Or, dit-on, la preuve des imputations diffamatoires relatives à la vie privée étant absolument interdite, la recherche de leur vérité ou de leur fausseté doit rester en dehors du débat. De même que le juge ne peut atténuer la responsabilité du diffamateur en déclarant que la preuve de la vérité de ses allégations résulte des documents de la cause, de même il ne peut lui opposer la fausseté de ces imputations résultant des circonstance du procès pour aggraver sa responsabilité. Ce qu'il a seulement à constater, c'est l'existence ou la non-existence de la diffamation elle-même ; il ne peut en apprécier le bien ou le mal fondé, sous peine de faire lui-même ce que la loi refuse aux parties : la preuve des faits diffamatoires Comp. Barbier, t. 2, n° 556).

1853. L'art. 20 de la loi du 26 mai 1819 manquait de précision en ce qui concerne les personnes contre lesquelles la preuve des faits diffamatoires pouvait être rapportée, et la nature des imputations dont la vérité pouvait être établie. — Quant aux modes de preuve de la vérité du fait diffamatoire, tels qu'ils étaient déterminés par le même article, ils ont varié avec les lois postérieures.

L'art. 35 de la loi de 1881 a mis fin à ces incertitudes et à ces variations de la législation en déterminant avec soin : 1° les catégories de personnes contre lesquelles la preuve de la vérité des faits diffamatoires est désormais admissible (V. *infrà*, n°ˢ 1858 et suiv.); — 2° La nature des faits qui comportent cette preuve (V. *infrà*, n°ˢ 1863 et suiv.); — 3° Les modes de preuve autorisés (V. *infrà*, n°ˢ 1875 et suiv.); — 4° Les effets de la preuve (V. *infrà*, n°ˢ 1886 et suiv.).

1854. D'ailleurs, pour comporter la preuve des faits diffamatoires, la diffamation doit réunir tous les *caractères extrinsèques* indispensables pour constituer le délit prévu par l'art. 31, soit au point de vue du mode de perpétration, soit à celui de la publicité, soit à celui de la relation qui doit exister entre l'imputation diffamatoire et la fonction de la qualité (V. *supra*, n°ˢ 849 et suiv.). Ainsi cette preuve ne peut pas être admise quand il s'agit des délits d'outrage, même diffamatoires, qui sont demeurés régis par les art. 222, 224 et 262 c. pén. (V. *supra*, n°ˢ 725 et suiv.); notamment, lorsqu'il s'agit d'imputations diffamatoires adressées:... à des magistrats dans l'exercice de leurs fonctions (Nancy, 20 août 1835, *Rép.* n° 1506-2°) ;... Ou au président du bureau d'une assemblée électorale, dans l'exercice de ses fonctions (Crim. cass. 9 mars 1850, aff. Tessié de Lamotte, D. P. 50. 1. 139); Ou envers un magistrat de l'ordre administratif (un maire), à l'occasion de sa fonction, mais sans publicité (Nancy, 21 mars 1876, aff. Cordier, D. P. 78. 2. 30). Toutefois, la preuve des faits diffamatoires doit, dans tous les cas, être admise, lorsque c'est seulement par son résultat que pourra être résolue la question de savoir si ces faits se rattachent à la fonction ou lui sont étrangers (Req. 31 janv. 1877, aff. Guyot-Montpayroux, D. P. 78. 1. 58).

1855. La preuve autorisée par l'art. 35 ne concerne que les faits diffamatoires. La preuve de l'injure n'est jamais autorisée à l'égard des personnes publiques (V. *infrà*, n° 1864). — La loi de 1881, conforme sur ce point aux lois antérieures, n'admet pas la preuve de la vérité des faits diffamatoires en matière : 1° de délit d'offense envers le président de la République (art. 26) (Crim. rej. 20 juill. 1832, *Rép.* n° 1506-1°. — V. *supra*, n°ˢ 621 et suiv.); — 2° De délit d'offense envers les chefs d'Etats étrangers (art. 36) (V. *supra*, n°ˢ 1071 et suiv.); — 3° De délit d'outrage envers les ambassadeurs et ministres plénipotentiaires, envoyés, chargés d'affaires et autres agents diplomatiques accrédités auprès du gouvernement de la République (art. 37) (V. *supra*, n°ˢ 1082 et suiv.).

1856. Lorsque les imputations diffamatoires contenues dans un même article visent en même temps un fonctionnaire public et un simple particulier ou quand elles visent un fonctionnaire, à la fois dans sa vie publique et dans sa vie privée, elles peuvent être déférées toutes les deux à la cour d'assises à raison de la connexité (Crim. rej. 17 sept. 1858, aff. N..., D. P. 58. 5. 213). La cour d'assises est même exclusivement compétente si les imputations sont indivisibles (Crim. rej. 5 sept. 1872, aff. Rabier, D. P. 73. 1. 46; 15 mai 1873, aff. Anterrieu et Pagès, D. P. 74. 1. 408; 19 mai 1882, aff. De Rochefort et Delpierre, *Bull. crim.*, n° 121. — V. *supra*, n°ˢ 1586 et suiv.). — Toutefois, en vertu de l'art. 35 de la loi de 1881, la cour d'assises ne peut alors autoriser que la preuve des imputations diffa-

matoires dirigées contre le fonctionnaire public à raison de ses fonctions ou de sa qualité (ou contre le témoin à raison de sa déposition) sans admettre en même temps le prévenu à prouver la vérité des faits concernant la vie privée. S'il arrive qu'en rapportant la preuve des faits relatifs à la fonction, les faits relatifs à la vie privée se trouvent, en raison de leur connexité ou de leur indivisibilité, prouvés eux-mêmes indirectement, la cour d'assises devra, tout en acquittant le prévenu du chef de diffamation contre un fonctionnaire public, le condamner pour la diffamation contre un particulier, si d'ailleurs tous les éléments du délit se rencontrent dans la cause (Conf. Barbier, t. 2, n° 564).

1857. Si la preuve des faits diffamatoires a été offerte et ordonnée contrairement à la loi, le condamné ne peut tirer aucun grief de la faculté qui lui a été laissée à tort par le juge, ni s'en faire un moyen de cassation (Crim. rej. 24 mars 1877, aff. Peauger, *Bull. crim.*, n° 88).

B. — Personnes contre lesquelles la preuve de la vérité des faits diffamatoires est admissible.

1858. L'art. 20 de la loi du 26 mai 1819, tout en posant en principe que « nul n'est admis à prouver la vérité des faits diffamatoires », faisait exception à cette règle pour le cas où le délit de diffamation aurait été commis envers les personnes qualifiées que visait l'art. 16 de cette loi, c'est-à-dire, envers les dépositaires ou agents de l'autorité publique diffamés à raison de leurs fonctions ou de leur qualité. Le même article admettait également la preuve de la vérité des faits diffamatoires contre toutes personnes ayant agi dans un caractère public, qui auraient été pareillement diffamées à raison de faits relatifs à leurs fonctions (*Rép.*, p 407). Pour être soumis à la preuve de la vérité des faits diffamatoires, il fallait donc, sous la loi de 1819, ou bien appartenir à la classe des dépositaires ou agents de l'autorité publique, ou bien avoir agi dans un caractère public, d'où la nécessité de rechercher quels citoyens pouvaient être considérés comme agissant dans un caractère public. On a indiqué *supra*, n°ˢ 945, 964 et suiv., les difficultés que cette question soulevait en présence des art. 222 et 224 c. pén., qui visaient exclusivement l'outrage commis envers les magistrats de l'ordre administratif ou judiciaire, les officiers ministériels et les agents dépositaires de la force publique, et de l'art. 6 de la loi du 25 mars 1822, qui punissait l'outrage commis publiquement envers les membres de l'une des Chambres, les fonctionnaires publics, les ministres du culte, les jurés et les témoins. Il fallait aussi tenir compte de ce que de nombreux citoyens, sans être protégés par les dispositions précitées du code pénal ou de la loi de 1822, se trouvaient cependant chargés d'un service ou d'un mandat public, permanent ou temporaire, de nature à les faire considérer comme ayant agi dans un caractère public, selon les termes de la loi de 1819.

L'art. 35 de la loi du 29 juill. 1881 autorise la preuve de la vérité du fait diffamatoire, mais seulement quand il est relatif aux fonctions, « dans le cas d'imputations contre les corps constitués, les armées de terre ou de mer, les administrations publiques et contre toutes les personnes énumérées dans l'art. 31 ».

1859. Il y a lieu de remarquer d'abord que la disposition de l'art. 35 s'écarte de la législation antérieure, qui n'admettait pas la preuve de la vérité des faits diffamatoires imputés aux corps constitués visés par les art. 15 de la loi du 17 mai 1819 et 5 de la loi du 25 mars 1822. D'autre part, suivant le texte de l'art. 35, la preuve n'est pas admise indistinctement à l'encontre de tous les corps constitués que vise l'art. 30. Les cours et tribunaux, compris dans l'énumération de ce dernier article, ne sont pas expressément visés au nombre des personnes collectives ou individuelles, vis-à-vis desquelles l'art. 35 autorise le prévenu à faire la preuve de la vérité des faits diffamatoires. Toutefois, l'expression de *corps constitués* convenant aussi aux cours et aux tribunaux, nous pensons qu'il y a une corrélation complète entre la disposition de l'art. 35 et celle de l'art. 30, au point de vue de la recevabilité de la preuve.

1860. La preuve de la vérité des faits diffamatoires est également autorisée contre toutes les personnes énumérées dans l'art. 31, quand l'imputation est relative aux fonctions ou à la qualité de ces personnes, ou à leur déposition, s'il s'agit d'un témoin. — Sur l'énumération des personnes visées par l'art. 31 et sur la corrélation qui doit exister entre leur fonction, leur qualité ou leur déposition et la diffamation dont elles ont été l'objet au point de vue de l'application des dispositions pénales dudit art. 31, V. *suprà*, nos 949 et suiv.; 989 et suiv. — L'art. 35 ne parle que des faits relatifs aux fonctions. Cependant, il ne faut pas s'attacher troétroitement à ces expressions. Dès qu'il y a diffamation envers une personne qualifiée, pour un fait se rapportant à sa qualité ou à sa déposition, la preuve de la vérité de ce fait est admissible : la loi de 1881 crée de la sorte une corrélation complète entre le délit et les moyens de justification qui peuvent le détruire (Circ. min. just. 9 nov. 1881, D. P. 81. 3. 108, n° 35).

1861. L'art. 34 étend exceptionnellement l'admissibilité de la preuve de la vérité du fait diffamatoire à une autre catégorie de personnes à l'égard desquelles la diffamation n'est passible que des peines de la diffamation contre les particuliers. Il autorise cette preuve contre « les directeurs ou administrateurs de toute entreprise industrielle, commerciale ou financière, faisant publiquement appel à l'épargne ou au crédit ». L'importante dérogation que subit ainsi le système de corrélation, établi par la loi de 1881 entre l'art. 35 et l'art. 34, a sa cause dans des considérations spéciales à des entreprises que le législateur a cru devoir traiter, au point de vue de la preuve des faits diffamatoires, comme les personnes publiques. L'intérêt général exige, en effet, que ceux qui dirigent ou administrent de semblables entreprises répondent de la sincérité ou de la fidélité de leur gestion devant le public auquel ils font appel (Circ. min. just. 9 nov. 1881, D. P. 81. 3. 108, n° 35).

1862. La preuve des faits injurieux et diffamatoires ne peut être établie contre les directeurs et administrateurs d'une entreprise commerciale, industrielle ou financière, qu'autant que celle-ci fait publiquement appel à l'épargne et au crédit. Ainsi l'on ne saurait considérer comme telle une société qui, bien qu'affectant la forme anonyme (dans l'espèce, la société dite *des monteurs de boîtes*), constitue une association de personnes appartenant toutes à la même profession et unissant leur travail dans un but commun, est rigoureusement fermée au public et n'admet dans son sein que des individus choisis par les sociétaires eux-mêmes (Besançon, 7 janv. 1887, aff. Thiriet, D. P. 88. 2. 20 et 12 janv. 1887, aff. Thiriet, D. P. 88. 2. 164. — V. au surplus, *suprà*, nos 1595 et suiv.; 1776).

C. — Faits dont la preuve est admissible.

1863. Les art. 367 et suiv. c. pén., qui prévoyaient le délit de calomnie et qui admettaient le prévenu à se justifier au moyen de la preuve légale des imputations diffamatoires dirigées même contre de simples particuliers, n'autorisaient cette preuve que dans le cas d'imputation d'un fait précis et n'accordaient pas la même faculté au prévenu du délit d'injure défini par l'art. 375. L'art. 20 de la loi du 26 mai 1819, concernant la diffamation envers les dépositaires ou agents de l'autorité publique et les citoyens ayant agi dans un caractère public, s'inspira des dispositions du code pénal en n'autorisant le prévenu à se justifier, au moyen de la preuve de la vérité de ses imputations, que dans le cas d'imputation d'un fait diffamatoire (*Rép.* n° 1496. V. sup prà, n° 1855).

L'art. 18 de la loi du 25 mars 1822 se servit, au contraire, d'expressions plus larges, et visa les imputations de faits diffamatoires et injurieux. Cet article fut abrogé par l'art. 5 de la loi du 8 oct. 1830, qui remit en vigueur l'art. 20 de la loi du 26 mai 1819 (V. *suprà*, n° 1842).

1864. Les expressions « faits injurieux ou diffamatoires », de la loi de 1822, reparurent dans l'art. 28 du décret du 17 févr. 1852. On discuta dès lors, sur le point de savoir si, en vertu de ce décret, la preuve de la réalité des faits injurieux était redevenue admissible à l'égard du délit d'injure comme à l'égard du délit de diffamation, à la seule condition que l'injure renfermât une imputation susceptible de cette preuve. La difficulté se présentait, par exemple, quand l'auteur d'une injure consistant à traiter un fonctionnaire de concussionaire proposait d'établir à la charge de ce fonctionnaire l'existence de faits

de concussion, bien que, dans son imputation, il n'en eût articulé aucun et n'eût pas commis une véritable diffamation. Suivant une première opinion, l'injure envers les dépositaires et agents de l'autorité publique, prévue par l'art. 19, § 1, de la loi du 17 mai 1819, et l'outrage prévu par l'art. 6 de la loi du 25 mars 1822, comportaient la justification tirée de la preuve des faits à l'égard desquels cette injure ou cet outrage contenaient une simple allusion (*Rép.* n° 496). Il a cependant été jugé, en sens contraire, que l'auteur d'une qualification injurieuse ne peut être admis, en cas de poursuite par la partie lésée, à faire la preuve de faits qui justifieraient, d'après lui, son imputation; et qu'il en est ainsi, spécialement, lorsqu'un individu a, dans un écrit rendu public, appliqué à une personne, contre laquelle la preuve de la vérité du fait diffamatoire est admise, la qualification de faussaire, sans indication des circonstances de temps et de lieu dans lesquelles un crime de faux aurait été commis par ladite personne, un tel fait ne constituant qu'une injure publique, et non une diffamation (Crim. rej. 29 juill. 1865, aff. Desmaret, D. P. 66. 1. 48).

1865. L'art. 3 de la loi du 15 avr. 1871, en employant le mot général d'*imputations* pour autoriser le prévenu à se justifier devant la cour d'assises, au moyen de la preuve des faits imputés aux dépositaires ou agents de l'autorité publique, ne fit pas cesser la controverse à laquelle donnait lieu l'interprétation du décret du 17 févr. 1852. Jugé, depuis cette dernière loi, que les individus prévenus du délit d'injure envers un fonctionnaire public sont admis, devant la cour d'assises à faire la preuve des imputations injurieuses relatives à ses fonctions, par cela même que cette preuve est permise, notamment, à l'auteur et au gérant du journal poursuivis pour délit d'injure à raison de la publication d'un article qui qualifie un ancien sous-préfet de « communard sans vergogne » (C. d'ass. des Pyrénées-Orientales, 24 janv. 1874, aff. Souesme, D. P. 74. 2. 97). — L'art. 7 de la loi du 26 mai 1819 et de la loi du 8 oct. 1830, en réglant, conformément à cette loi, la preuve de la vérité des faits diffamatoires, sans y ajouter les mots « ou injurieux » (D. P. 76. 4. 33).

1866. A l'imitation des lois de 1819, de 1830 et de 1875, l'art. 35 de la loi de 1881 autorise seulement la preuve de la vérité du fait diffamatoire, et ne fait usage de ces expressions que des mots « imputations injurieuses ». Il résulte du rapport que, par les mots « fait diffamatoire », la loi nouvelle a entendu laisser sous le coup de l'interdiction prononcée, en principe, comme ce moyen de justification, la preuve de la vérité du fait que pourrait impliquer une injure. « L'injure, y est-il dit, ne renferme, de sa nature, l'imputation d'aucun fait précis; il n'y a, dans ce cas, rien à prouver que l'injure elle-même : … La vérité du fait auquel elle ferait allusion serait-elle prouvée, le délit n'en subsisterait pas moins par la disparition le délit » (Rapport, D. P. 81. 4. 80, note 1). On devrait donc décider aujourd'hui, comme sous celles des lois antérieures qui limitaient la preuve à l'hypothèse d'une diffamation, et, notamment, comme sous la loi du 29 déc. 1875 : 1° que la qualification de diffamation donnée à un écrit incriminé, par la cour d'appel saisie d'une action civile en réparation d'un préjudice causé par la voie de la presse, est insuffisante pour rendre obligatoire l'admission à la preuve des imputations articulées dans l'écrit poursuivi, si, dans les imputations, ayant perdu leur gravité, ont dû être considérées comme de simples injures, et si, notamment, les débats n'ont établi aucune articulation consistant à dire d'un maire que son élection est le résultat d'une ambition effrénée, qu'elle est une insulte pour la ville, qu'elle doit exciter contre lui l'animadversion des citoyens, qu'il s'impose à eux comme un proconsul, qu'il n'offre aucune garantie morale pour son administration, etc., etc. (Req. 23 juin 1846, aff. Peauger et Adam, D. P. 46. 1. 225); — 2° Que l'injure envers un fonctionnaire public, à 'occasion de faits ayant un caractère diffamatoire, mais non précisés, ne saurait, comme dans le cas où il y a véritablement diffamation, être couverte par la preuve de ces faits (Crim. rej. 3 févr. 1877, aff. Cival, D. P. 77. 1. 281); — 3° Que, dans tous les cas, le prévenu, cité pour délit d'outrage envers un fonctionnaire public, à raison de ses fonctions ou de sa qualité, qui, dans ses conclusions, n'a pas soutenu que l'article du journal incriminé renfermait des imputations de faits précis et déterminés, et qui n'a pas offert la preuve de faits diffamatoires, ne peut attaquer, comme l'ayant privé du droit de faire cette preuve, le jugement qui, sur la poursuite, non modifiée par le débat, a recherché, dans l'article soumis à son examen, les expressions injurieuses, les termes de mépris ou invectives qu'il pouvait renfermer, et n'y a trouvé, indépendamment d'imputations diffamatoires non poursuivies, que les éléments du délit d'outrage qu'il a seul relevé (Crim. rej. 19 mai 1876, aff. Lenoir, D. P. 77. 1. 5).

1867. Il est à remarquer, toutefois, qu'à l'égard des directeurs ou administrateurs d'entreprises industrielles, commerciales ou financières, l'art. 35 se sert, comme le faisaient la loi de 1822 et le décret de 1852, des mots imputations diffamatoires et injurieuses (V. *supra*, n° 1595). Faut-il en conclure que la preuve de la vérité des faits auxquels une injure pourrait se référer implicitement, sans en contenir l'imputation précise, doit ici être admise, à l'inverse du cas d'injure envers les corps ou les personnes dénommés dans les art. 30 et 31? Si le rapport ne fournit, sur ce point, aucun éclaircissement, la discussion devant le Sénat permet de supposer que, même pour les personnes dont il s'agit, la preuve ne saurait porter que sur des faits précisés d'une manière formelle dans l'imputation incriminée, et constituant, dès lors, une véritable diffamation (D. P. 81, 4. 81, note, 1re col., *in fine*). Jugé, en ce sens, que l'art. 35, § 2, de la loi du 29 juill. 1881, qui autorise la preuve de la vérité des imputations diffamatoires et injurieuses contre les directeurs d'entreprises financières, n'a pas entendu admettre la preuve de la vérité des injures (Rouen, 29 déc. 1883, aff. Préaud et Vidal, *supra*, n° 1776).

1868. La preuve de la vérité du fait diffamatoire n'est-elle admissible qu'en matière de diffamation écrite? (*Rép.* n° 1498). C'était une difficulté que la loi du 26 mai 1819 présentait à résoudre, car l'art. 20 de cette loi limitait le moyen de justification tiré de la preuve de la vérité des faits diffamatoires au délit de diffamation qui, en vertu de la règle générale édictée dans l'art. 13 de la même loi, était de la compétence des cours d'assises. On en concluait que ce moyen de justification ne pouvait être admis que dans le cas de diffamation écrite, non dans le cas de diffamation verbale, puisque l'art. 14 attribuait alors compétence aux tribunaux correctionnels, même quand l'imputation diffamatoire s'adressait à personnes que visait l'art. 20 précité (V. *supra*, n° 1566 et 1580). L'admissibilité de la preuve de la vérité des faits diffamatoires continua d'être exclusivement applicable à la diffamation écrite, quand l'art. 17 de la loi du 25 mars 1822 eut, au point de vue de la compétence, assimilé la diffamation écrite et la diffamation verbale, en déférant l'une et l'autre aux tribunaux correctionnels en vertu de la règle générale adoptée pour tous les délits de publication (Crim. rej. 11 avr. 1822, *Rép.* n°s 1498 et 633. V. *supra*, n° 1566). A plus forte raison, la distinction établie entre les deux modes de diffamation, par la loi de 1819, fut-elle maintenue, lorsque l'art. 5 de la loi du 8 oct. 1830 eut rétabli la compétence de la cour d'assises à l'égard de la diffamation écrite (V. *supra*, *ibid.*). De nombreux arrêts ont, en effet, fait application des art. 13, 14 et 20 de la loi de 1819, ainsi remis en vigueur, que les faits diffamatoires ne peuvent être prouvés qu'en cas de diffamation écrite de la compétence des cours d'assises, et non dans le cas où la diffamation n'aurait été que verbale, et devrait, dès lors, être jugée par les tribunaux correctionnels (Paris, 12 sept. 1842, aff. Bazin, D. P. 48. 5. 299; Crim. cass. 11 mai 1844, aff. Doumas et Monfrui, D. P. *ibid.*; Crim. rej. 11 déc. 1847, aff. Petit, D. P. 48. 1. 191 ; Crim. cass. 9 mars 1850, aff. Tessié de Lamotte, D. P. 50. 1. 139; Crim. rej. 17 août 1850, aff. Delbert, D. P. 51. 1. 280. — *Contrà* : Besançon, 17 août 1848, aff. Delacourt, D. P. 48. 2. 159).

1869. C'est aussi à la diffamation écrite que la jurisprudence a continué à restreindre la possibilité de la preuve de la vérité des faits diffamatoires, sous l'empire du décret du 17 févr. 1852, dont l'art. 15 avait fait rentrer de nouveau dans les attributions des juges correctionnels la connaissance de la diffamation écrite ou verbale contre toute personne (V. *supra*, n° 1572). Jugé, en effet, depuis ce décret, que la preuve de la vérité des faits diffamatoires im-

putés à un fonctionnaire public n'est admissible qu'en matière de diffamation par la voie de la presse, et non en matière de diffamation verbale, sans qu'on puisse soutenir que la distinction établie, à cet égard, par la loi du 26 mai 1819, à une époque où la diffamation envers les fonctionnaires par la voie de la presse était de la compétence de la cour d'assises, et la diffamation verbale de celle du tribunal correctionnel, s'est trouvée abrogée par le rétablissement de la compétence correctionnelle dans les deux cas (Montpellier, 24 janv. 1868, aff. Barlatier, D. P. 68. 2. 15 ; Crim. cass. 29 avr. 1868, aff. Barlatier et aff. Lieutaud, D. P. 68. 1. 190 ; Ch. réun. cass. 28 déc. 1868, mêmes affaires, D. P. 68. 1. 308). Ces arrêts décidaient, en conséquence, que le compte rendu d'un procès concernant une diffamation verbale envers un fonctionnaire ne profitait pas du bénéfice de l'art. 14 de la loi du 27 juill. 1849, qui n'a excepté de l'interdiction du compte rendu que les procès pour diffamation envers des fonctionnaires, dans lesquels la preuve des faits diffamatoires est autorisée par la loi.

Cette restriction du moyen de justification autorisé par l'art. 20 de la loi de 1819 était redevenue, d'ailleurs, incontestable en vertu de la loi du 15 avr. 1871, qui, après avoir replacé une seconde fois la diffamation contre les fonctionnaires dans la compétence du jury, disposait, en termes formels, dans l'art. 3, que, « en cas d'imputation contre les dépositaires ou agents de l'autorité publique, à l'occasion de faits relatifs à leurs fonctions, ou contre toute personne ayant agi dans un caractère public, à l'occasion de ses actes, la preuve de la vérité des faits diffamatoires pourra être faite devant le jury, conformément aux art. 20, 21, 22, 23, 24 et 25 de la loi du 26 mai 1819, qui sont remis en vigueur » (V. *supra*, n° 1566). Enfin, c'est pareillement à la même distinction entre la diffamation écrite et la diffamation verbale que s'est référée la loi du 29 déc. 1875, lorsque, après un nouveau rétablissement de la compétence correctionnelle, en matière de diffamation écrite ou verbale, contre toute personne, elle disait (art. 7) : « La preuve de la vérité des faits diffamatoires, dans le cas où elle est autorisée par la loi, aura lieu devant le tribunal correctionnel, conformément aux art. 20 à 25 de la loi du 26 mai 1819 » (D. P. 76. 4. 33. V. *supra*, n° 1868).

1870. La loi de 1881 ne maintient pas la distinction que les lois antérieures avaient consacrée. La connaissance du délit de diffamation verbale y est attribuée, pour la première fois, aux cours d'assises, comme celle de la diffamation écrite, quand la personne diffamée est l'un des corps ou l'une des personnes dénommés dans les art. 30, 34 et 35. L'admissibilité de la preuve de la vérité des faits diffamatoires, pour la diffamation verbale aussi bien que pour la diffamation écrite, est une conséquence forcée de cette innovation (D. P. 81. 4. 80, note 1. V. *supra*, n° 1580).

1871. Lorsque les faits imputés sont tout à la fois relatifs à la vie publique et à la vie privée du plaignant, la preuve doit nécessairement être restreinte aux premiers de ces faits (*Rép.* n° 1533). Mais, s'il y a indivisibilité, la preuve doit être admise pour le tout (*Rép.* n° 1534. V. *supra*, n° 1586).

1872. La preuve des faits diffamatoires autorisée contre les fonctionnaires publics ne peut être que celle des faits dont l'imputation a motivé la poursuite, et ne doit pas être étendue à des faits non compris dans cette imputation (Crim. rej. 3 juin 1847, aff. Boullenois, D. P. 47. 4. 386; 23 juin 1882, aff. Paul Genay, D. P. 82. 1. 392). Sauf le cas d'indivisibilité entre les faits poursuivis et les autres faits (Arrêt précité du 23 juin 1882. V. *supra*, n° 1871). — La preuve doit surtout être écartée si les faits restés en dehors de l'imputation ne sont pas, en eux-mêmes, susceptibles d'être établis, en ce qu'ils se rattachent à la vie privée de la personne diffamée (C. d'ass. du Cantal, motif, 26 nov. 1833, *Rép.* n° 1535). Cependant il a été décidé, sur ce dernier point, dans une espèce où la poursuite tendait à la répression d'un délit d'outrage commis envers un fonctionnaire dans l'exercice de sa fonction, délit à l'occasion duquel aucune preuve justificative ne pouvait et n'était, d'ailleurs, offerte, que le prévenu peut être admis à prouver des faits de la vie privée de ce fonctionnaire qui, se rattachant à l'outrage incriminé, seraient de nature à en atténuer la gravité ; et que, par exemple, l'individu, accusé d'avoir outragé publiquement un fonctionnaire public dans l'exercice de ses fonctions, peut être admis par la cour d'assises à faire interpeller les témoins sur le point de savoir si ce fonctionnaire n'était pas dans un état d'ivresse au moment où il a été outragé (Même arrêt).

1873. La cour d'assises ne peut autoriser que la preuve des faits qui ont été notifiés en conformité des dispositions des art. 52 et 53 de la loi du 29 juill. 1881.

1874. Ainsi que nous l'avons dit *suprà*, n° 1854, l'art. 35 est également étranger aux délits contre les personnes publiques, que la loi de 1881 réprime sous une qualification autre que celle de diffamation, et ne doit pas, dès lors, être appliqué au délit d'offense envers le chef de l'Etat. Cette interdiction existe alors même que les faits dont l'imputation constitue ce délit sont antérieurs à son avènement au pouvoir (C. d'ass. de l'Isère, 29 nov. 1841, *Rép.* n° 1506-4°); ... ou que les faits allégués par le prévenu, et à raison desquels il est poursuivi ne sont pas personnels au chef de l'Etat, mais tendent seulement à prouver l'animadversion qu'il inspire ; ainsi un journaliste qui allègue qu'un étranger (un baronnet anglais) a été obligé de quitter la France, parce que sa ressemblance fâcheuse avec le chef de l'Etat (le roi) l'exposait à des avanies de tout genre, ne peut faire la preuve de ces faits (C. d'ass. de la Seine, 4 avr. 1836, *Rép.* n° 1506-3°).

D. — Modes de preuve de la vérité des faits diffamatoires.

1875. Le code pénal de 1810 qui réprimait, sous la qualification de délit de *calomnie*, les imputations diffamatoires commises dans les conditions déterminées par l'art. 367, et qui faisait dépendre la criminalité de ces imputations, même à l'égard des simples particuliers, de la fausseté, ou, en d'autres termes, du caractère calomnieux des faits sur lesquels elles portaient, n'admettait, comme preuve de leur réalité, que la *preuve légale* désignée en ces termes par l'art. 368 ; cette preuve, aux termes de l'art. 370, ne pouvait être puisée que dans un *jugement* ou dans tout autre *acte authentique*. En l'absence de la preuve légale, l'imputation était frappée, par l'art. 368, d'une présomption *juris et de jure* de fausseté qui lui imprimait le caractère d'un délit, sans que son auteur fût recevable à en établir la vérité par aucune autre preuve, fût-elle écrite, et, à plus forte raison, par la preuve testimoniale (*Rép.* n°s 1490, et *suprà*, n°s 846 et 1841).

1876. L'art. 20 de la loi du 26 mai 1819, après avoir reconnu au prévenu du délit de diffamation défini par la loi du 17 du même mois, le droit de se justifier en prouvant la vérité des faits diffamatoires à l'égard des personnes publiques qu'il spécifiait, l'autorisa à faire cette preuve par tous les moyens que permet le droit commun. La preuve pouvait donc être faite par écrit ou par *témoins*. — L'art. 18 de la loi du 25 mars 1822 ne tarda pas à restreindre ces modes de preuve. Sans revenir au système rigoureux de la *preuve légale* établi par le code pénal de 1810, cet article posa en règle que la preuve autorisée par l'art. 20 de la loi du 26 mai 1819 ne pourrait pas être faite par *témoins*. — L'art. 5 de la loi du 8 oct. 1830 abrogea cette disposition et rétablit, dans leur généralité, les modes de preuve permis par la loi de 1819.

1877. Le prévenu fut de nouveau réduit à la preuve par écrit, en vertu du décret du 17 févr. 1852, dont l'art. 28 portait : « En aucun cas, la preuve par *témoins* ne sera admissible pour établir la réalité des faits injurieux ou diffamatoires » (D. P. 52. 4. 56.) Par une interprétation, manifestement excessive, de ce décret, un jugement décida que le prévenu de diffamation ne pouvait être admis à prouver, même par écrit, la vérité des imputations diffamatoires publiées contre un fonctionnaire public (Trib. corr. Toulon, 5 janv. 1867, aff. Durand, D. P. 67. 3. 7. V. aussi, Circ. min. just. 27 mars 1852, D. P. 52. 3. 11.) Il était généralement admis, au contraire, que le décret du 17 févr. 1852, qui interdit la preuve par témoins des faits diffamatoires imputés aux dépositaires ou agents de l'autorité publique, ou à toute personne ayant agi dans un caractère public, laisse au prévenu le droit de produire, pour sa justification, la preuve écrite de la vérité de ces faits, le décret précité ne prohibant que la preuve par témoins (Montpellier,

24 janv. 1868, aff. Barlatier, D. P. 68. 2. 15, et, sur pourvoi, Crim. cass. 29 févr. 1868 (portant cassation de cet arrêt sur un autre point), D. P. 68. 1. 189 ; Crim. cass. 29 févr. 1868, aff. Lieutaud, *ibid.*, et sur nouveau pourvoi, dans les deux affaires (sol. impl.), Ch. réun. cass. 28 déc. 1868, D. P. 69. 1. 308 et 310. Conf. Crim. cass. 19 janv. 1855 (sol. impl.), aff. Carles, D. P. 55. 1. 48 ; Crim. rej. 29 juill. 1865 (sol. impl.), aff. Durand, D. P. 67. 3. 7).

1878. Les art. 3 de la loi du 15 avr. 1871 et 7 de la loi du 29 déc. 1875 rétablirent les modes de preuve admis par la loi de 1819, en renvoyant à l'art. 20 de cette loi. La preuve par témoins fut donc admise concurremment avec la preuve par écrit. Les mêmes modes de preuve sont adoptés par l'art. 36 de la loi nouvelle qui dispose que la preuve de la vérité des faits diffamatoires pourra être faite par les *voies ordinaires*.

1879. La preuve des faits diffamatoires, dans le cas où elle est admise, ne peut être faite que par témoins ou par écrit ; en conséquence, la *notoriété publique*, si manifeste qu'elle puisse être, n'est point une preuve juridique suffisante pour enlever à la diffamation son caractère délictueux (Rennes, 27 mars 1878, aff. C., L. et M., D. P. 80. 2. 68). Cette règle résultait, en termes formels, de l'art. 368 du code pénal de 1810, en matière de délit de calomnie.

1880. Cependant, il est un cas où la preuve, même écrite, de la vérité du fait diffamatoire, ne saurait être admise. C'est celui où la fausseté de l'imputation serait démontrée par une *décision judiciaire*, cette décision fût-elle étrangère au prévenu (*Rép.* n° 1500). Décidé, en ce sens, que des faits diffamatoires qui, sur une dénonciation calomnieuse contre un fonctionnaire, ont été l'objet d'une ordonnance de non-lieu en faveur de ce dernier, ne peuvent plus être établis dans le procès en diffamation contre le dénonciateur (*Rép.* n° 1501). Jugé, pareillement, que lorsque le fonctionnaire diffamé, se trouve être un juge, l'auteur de la diffamation ne peut être autorisé à livrer à la discussion les jugements émanés de ce juge pour en faire ressortir la vérité de ses imputations (et, par exemple, pour démontrer l'insuffisance du juge), le respect dû à l'autorité des jugements et à l'ordre des juridictions s'opposant à l'admissibilité d'une telle preuve (Civ. rej. 5 mai 1847, aff. Marrast et Lamaiguère, D. P. 47. 1. 113). — De même encore, les imputations contenues dans les rapports, procèsverbaux et déclarations faits ou produits devant le conseil privé, participant à l'exercice des pouvoirs extraordinaires du gouverneur d'une colonie, aux termes de l'art. 9 de l'ordonnance du 9 févr. 1827, ne sont pas susceptibles de preuve : ces rapports, procès-verbaux et déclarations sont secrets de leur nature, et le silence est imposé comme un devoir aux membres du conseil privé (Guadeloupe, 15 déc. 1829, *Rép.* n° 1503, et v° *Organisation des colonies*, n° 320).

1881. En matière de diffamation, la preuve par écrit et la preuve testimoniale de la vérité des faits diffamatoires imputés à un dépositaire ou à un agent de l'autorité publique sont distinctes l'une de l'autre, de sorte que le prévenu, déchu du droit d'user de l'une pour ne s'être pas conformé aux prescriptions légales sur ce mode de preuve, est recevable à user de l'autre, s'il a rempli les formalités exigées pour l'admissibilité de celle-ci (Bordeaux, 28 oct. 1886, aff. Lafargue, D. P. 88. 2. 95).

E. — De la preuve contraire.

1882. L'art. 35 de la loi de 1881, à l'imitation de l'art. 20 de la loi du 26 mai 1819, réserve au plaignant la preuve contraire à celle que le prévenu tente pour établir la vérité du fait diffamatoire, dans le cas où cette dernière preuve est autorisée. L'art. 20 de la loi de 1819 portait que la preuve contraire à celle offerte par le prévenu, sur la vérité du fait diffamatoire, serait reçue *par les mêmes voies*. Il en est résulté que les modes de preuve mis à la disposition du plaignant ont dû subir les modifications successivement apportées par la législation à ceux que pouvait employer le prévenu. Ces modes de preuve ont donc été tour à tour, pour le plaignant comme pour le prévenu : la preuve par témoins ou par écrit, en vertu de l'art. 20 de la loi du 26 mai 1819 (*Rép.* n° 1541. V. *suprà*, n° 1876); la preuve par écrit seulement, en vertu de l'art. 18 de la loi du 25 mars 1822 (*Rép.* n° 1541. V. *suprà, ibid.*); la preuve par témoins ou par écrit, après l'abrogation de cet article par l'art. 5 de la loi du 8 oct. 1810, qui a remis en vigueur l'art. 20 de la loi de 1819 (*Rép*. n° 1542. V. *suprà, ibid.*); la preuve par écrit seulement en vertu de l'art. 28 du décret du 17 févr. 1852, qui a rétabli, quant à la preuve testimoniale, la prohibition de la loi de 1822 (*Rép*. n° 1543. V. *suprà*, n° 1877); enfin la preuve par écrit ou par témoins, en vertu des art. 3 de la loi du 15 avr. 1871 et 7 de la loi du 29 déc. 1875, qui ont rétabli la règle de l'art. 20 de la loi de 1819 (V. *suprà*, n°1878).

1883. L'art. 35 de la loi de 1881, en réservant au plaignant la preuve contraire à celle qui tend à établir la vérité du fait diffamatoire, ne s'explique pas sur le mode de preuve. Cet article permet donc au plaignant (comme au prévenu) de recourir aux voies ordinaires de la preuve en matière criminelle (V. *suprà*, n° 1878).

1884. Il peut arriver que le prévenu de diffamation envers les corps ou les personnes dénommés dans les art. 30, 31 et 35 de la loi de 1881, n'exerce pas son droit d'offrir la preuve de la vérité des faits diffamatoires. Le plaignant ou le ministère public conservent-ils, dans ce cas, le droit corrélatif de faire la preuve de la fausseté de ces faits? V. *Rép*. n° 1542. En ce qui touche le ministère public, il a été décidé qu'aucune disposition de loi ne s'oppose à ce qu'il fasse entendre des témoins pour établir la fausseté des faits diffamatoires imputés à une personne qui les aurait commis dans un caractère public (Crim. rej. 8 nov. 1883, *Rép*. n° 1542). Ce droit ne paraît pas pouvoir être dénié à la partie publique. Il ne saurait, en effet, dépendre du prévenu de couvrir, par son silence, des faits dont il importe que la vérité ou la fausseté soient vérifiées, dès qu'ils appartiennent à la vie publique de la personne à laquelle ils ont été imputés. C'est dans un intérêt d'ordre public et non pas dans l'intérêt privé du prévenu que cette vérification est et a toujours été autorisée par dérogation à l'interdiction générale de la preuve de la vérité des faits diffamatoires (V. *suprà*, n°ˢ 1495 et 1846).

Quant au plaignant, on pourrait objecter que la loi lui permet seulement une preuve contraire à celle offerte par le prévenu. Quoi qu'il en soit, la faculté reconnue au ministère public de ne pas s'arrêter même aux aveux du prévenu et de provoquer d'office les preuves destinées à éclairer le juge de répression sur la vérité ou la fausseté des imputations qui lui sont déférées, sauvegarde suffisamment l'intérêt public que le législateur a entendu protéger en matière de diffamation contre les personnes publiques.

1885. L'art. 23 de la loi du 26 mai 1819 accordait au plaignant contre lequel la preuve de la vérité du fait diffamatoire est admissible, en outre de son droit à la preuve contraire, la faculté de faire entendre des témoins pour attester sa moralité (V. *suprà*, n° 1844). Il ne pouvait même user que de cette seule faculté, lorsqu'il n'était pas en mesure de produire, en réponse aux articulations proposées par le prévenu à l'appui de son offre d'établir la vérité du fait diffamatoire, la preuve écrite de sa fausseté, sous la législation qui exigeait une preuve par écrit soit du prévenu, soit du plaignant (V. *suprà*, n°ˢ 1876 et 1882). On décidait, en effet, sous la loi du 25 mars 1822, que le fonctionnaire public, qui se plaignait d'une diffamation, ne pouvait faire entendre des témoins que pour attester sa moralité (Crim. rej. 2 févr. 1827, *Rép*. n° 1541).

La loi de 1881 ne reproduit pas la disposition de l'art. 23 de la loi du 26 mai 1819. Cependant nous ne pensons pas qu'on puisse refuser au plaignant le droit de faire entendre des témoins de moralité (V. *suprà*, n° 1845).

F. — Effets de la preuve.

1886. « Si la preuve du fait diffamatoire est rapportée, dit l'art. 35, le prévenu sera renvoyé des fins de la plainte ». Ainsi, lorsqu'il résulte des écrits ou des témoignages produits par le prévenu, et non infirmés par la preuve contraire, que les faits diffamatoires imputés à un corps constitué ou à une personne publique sont vrais, l'acquittement de l'auteur de la diffamation en résulte nécessairement. En effet le délit disparaît (V. *suprà*, n° 884 et *infrà*, n° 1897).

1887. L'art. 20 de la loi du 26 mai 1819 disposait que la preuve des faits imputés met l'auteur de l'imputation à l'abri de toute peine, « sans préjudice des peines prononcées con-

tre toute injure qui ne serait pas nécessairement dépendante des mêmes faits » (*Rép*. n° 1537). L'art. 35 de la loi de 1881 ne reproduit pas cette dernière disposition. Faut-il en conclure que, s'il y a eu à la fois diffamation et injure, la preuve de la vérité des faits diffamatoires rapportée par le prévenu couvre à la fois le délit de diffamation et la responsabilité pénale du délit d'injure qui l'aurait accompagné? Le délit d'injure disparaît avec le délit de diffamation résultant d'une imputation de faits dont la vérité a été établie, lorsque l'injure ne s'est produite que comme qualification pure et simple de ces faits. Au contraire, l'injure reste punissable, malgré la justification de l'imputation diffamatoire, si elle en est véritablement indépendante. C'est uniquement pour laisser aux juges une plus grande latitude d'appréciation que la loi nouvelle n'a pas cru devoir caractériser le lien qui doit alors rattacher l'injure à la diffamation, comme le faisait la loi de 1819, en exigeant qu'elle en fût une dépendance nécessaire (Circ. min. just. 9 nov. 1881, D. P. 81. 3. 108, n° 33).

1888. L'injure est réputée indépendante des faits imputés lorsqu'elle en renferme une qualification excessive, c'est-à-dire une qualification que ces faits ne comportent pas nécessairement. Décidé, notamment, que l'immunité accordée à l'auteur de l'imputation de faits diffamatoires dont la preuve a été fournie, ne peut pas être invoquée par l'auteur d'un écrit qui a qualifié d'acte d'escroquerie ou de concussion le traité illicite par lui imputé à un fonctionnaire public et qui a été reconnu constant à la charge de ce dernier, alors que ce traité ne présentait pas, au point de vue de la loi pénale, les caractères du délit d'escroquerie ou du crime de concussion (Crim. rej. 13 déc. 1877, aff. Giry et Assezat de Boudayre, D. P. 78. 1. 89). Jugé, à plus forte raison, que l'injure envers un fonctionnaire public, à l'occasion de faits dépourvus de tout caractère diffamatoire, ne saurait être couverte par la preuve de ces faits (Crim. rej. 3 févr. 1877, aff. Cival, D. P. 77. 1. 281). Spécialement, lorsque, à la suite de l'imputation contre un magistrat d'avoir fait partie des commissions mixtes, imputation qui ne saurait être considérée comme diffamatoire, l'auteur de cette imputation ajoute que « avoir fait partie d'une commission mixte, c'est s'être associé à des crimes », il y a un délit d'injure distinct de la prévention relative au délit de diffamation, et qui doit être puni malgré l'acquittement intervenu sur cette dernière prévention (Même arrêt. V. *suprà*, n° 868). Jugé, d'autre part, que, lorsque du verdict du jury, auquel a été déférée la poursuite exercée à la fois pour diffamation et pour injures publiques envers un fonctionnaire public à raison de ses fonctions ou de sa qualité, il résulte que le prévenu a établi la vérité des faits diffamatoires, l'immunité qui le couvre relativement aux imputations diffamatoires doit s'étendre aux injures, lorsqu'il existe entre elles un lien de dépendance nécessaire (Crim. cass. 10 févr. 1888, aff. Allaman dit Allan, D. P. 88. 1. 144).

1889. La preuve que fait le prévenu de la vérité des faits diffamatoires par lui imputés à l'une des personnes à l'égard desquels cette preuve est autorisée a-t-elle pour effet de le mettre à l'abri, non pas seulement de toute peine à raison de cette diffamation, mais encore de toute responsabilité civile? Cette question se lie à celle de savoir si le juge saisi de la poursuite a compétence pour accorder des dommages-intérêts au plaignant, malgré l'acquittement du prévenu (*Rép*. n° 1537). Sous la loi du 26 mai 1819, qui attribuait au jury la connaissance du délit de diffamation écrite envers les personnes ayant un caractère public, ce juge était la cour d'assises, compétente, en principe, pour accorder des dommages-intérêts à la partie lésée, même après un arrêt d'absolution ou une ordonnance d'acquittement. Rien ne faisait donc obstacle à ce que la personne lésée par la diffamation obtînt des dommages-intérêts contre le prévenu acquitté, soit de la cour d'assises devant laquelle il s'était porté partie civile (c. instr. crim., art. 366), soit de la juridiction civile, qu'il pouvait saisir de son action, s'il n'avait pas été partie au débat criminel (c. instr. crim., art. 3).

La responsabilité civile du prévenu de diffamation acquitté pouvait être également reconnue sous la loi du 1822, dont l'art. 17 avait déféré aux tribunaux correctionnels la répression du délit de diffamation contre toute personne (V.

suprà, n° 1566). Les tribunaux correctionnels sont, il est vrai, incompétents pour condamner à des dommages-intérêts un prévenu acquitté (c. instr. crim., art. 191). Mais le diffamé pouvait s'adresser aux tribunaux civils. Il suffisait donc, pour sauvegarder son droit à des dommages-intérêts en dehors de toute condamnation pénale, qu'il s'abstînt de se constituer partie civile devant le juge de répression, ce droit appartenant à toute personne lésée par un délit (c. instr. crim. art. 3).

1890. Sous la loi du 10 oct. 1830, qui a remis en vigueur la loi de 1819 sur la compétence du jury, le juge de la responsabilité civile du délit de diffamation a été de nouveau, soit la cour d'assises, soit le juge civil, comme sous la loi de 1819 (V. *suprà*, n°s 1650 et 1651).

1891. Plus tard, le décret du 23 mars 1848 enleva au diffamé, soumis à la preuve de la vérité du fait diffamatoire, le droit de s'adresser au juge civil, et lui imposa l'obligation de porter son action devant le juge de répression, c'est-à-dire devant la cour d'assises (V. *suprà*, n° 1651). Il en est résulté que, sous le décret du 17 févr. 1852, qui a rétabli la compétence du juge correctionnel, le droit du diffamé à des dommages-intérêts, malgré l'acquittement du prévenu de diffamation, est venu inévitablement se briser, dans son exercice, contre la double exception tirée : 1° de l'interdiction faite au diffamé, par le décret de 1848, de saisir de son action civile un autre juge que le juge de répression ; et, 2° de la nécessité, que lui imposait le décret de 1852, de porter sa réclamation devant le juge correctionnel, incompétent pour allouer des dommages-intérêts en dehors d'une condamnation pénale (V. *suprà*, *ibid.*).

1892. La possibilité d'obtenir des dommages-intérêts contre le prévenu acquitté a été tour à tour rendue, puis enlevée au diffamé par la loi du 15 avr. 1871, qui a replacé, dans les attributions du jury la connaissance du délit de diffamation, et par la loi du 29 déc. 1875, qui a de nouveau soumis ce délit aux tribunaux correctionnels (V. *suprà*, n° 1652).

1893. Au reste, la question de responsabilité civile, dont la solution a subi les fluctuations de législation qu'on vient de signaler, ne pouvait s'élever que dans l'hypothèse d'une diffamation *écrite*, la diffamation verbale étant toujours restée dans la compétence de la juridiction correctionnelle (V. *suprà*, n°s 1566, 1766 et suiv.).

1894. La condamnation à des réparations civiles, se justifiait par ce motif que la déclaration de non-culpabilité, intervenue en faveur du prévenu, peut laisser subsister une faute dont la cour d'assises a le droit de faire la base d'une condamnation à des dommages-intérêts contre le prévenu acquitté (Crim. rej. 27 févr. 1835, *Rép.* n° 1537-1°, et v° *Instruction criminelle*, n° 3765 ; 23 févr. 1837, *Rép.* n° 1537-1° ; 5 avr. 1839, *ibid.*, et v° *Compétence criminelle*, n° 607 ; 30 août 1839, *Rép.* n° 1537-1°, et v° *Instruction criminelle*, n° 3766 ; 3 mars 1842, *Rép.* n° 1537-2°). — D'ailleurs, il faut remarquer que les arrêts ci-dessus reposent sur cette considération que la déclaration du jury, n'étant pas motivée, n'implique pas nécessairement la preuve de la vérité des faits diffamatoires, ni, dès lors, l'inexistence d'une faute à la charge du prévenu, qui n'a peut-être été déclaré non coupable qu'à raison de l'absence d'une intention criminelle (Mêmes arrêts). Aussi, un arrêt postérieur, rendu dans une espèce où l'action civile avait été portée devant les tribunaux civils, avant le décret du 23 mars 1848 (V. *suprà*, n°s 1889 et 1890), a-t-il jugé que les imputations dirigées contre les actes publics d'un fonctionnaire ne peuvent pas plus donner lieu, si la vérité vient à en être prouvée, à des condamnations civiles qu'à des condamnations pénales (Civ. rej. 5 mai 1847, aff. Marrast et Lamaignère, D. P. 47. 1. 113). La diffamation est alors considérée comme l'exercice d'un droit, et même d'un devoir. Elle prend le caractère d'une diffamation légale, exclusive de la faute aussi bien que du délit (*Rép.* n° 1537). Aussi la cour d'assises ne pouvait-elle accorder de dommages-intérêts à la partie civile qu'en déclarant que, malgré le verdict de non-culpabilité du jury, la vérité des faits diffamatoires n'en devait pas moins être tenue pour non établie. C'est à cette condition rigoureuse que la constatation de la faute constitutive d'un quasi-délit devenait conciliable avec celle de l'inexistence d'un délit (Motif. Arrêt pré-

cité du 5 mai 1847). Il fallait aussi qu'il n'y eût pas de contradiction entre la déclaration du jury et la décision de la cour d'assises (Arrêt précité du 3 mars 1842, *Rép.*, n° 1537-2°).

1895. Les dispositions de la loi de 1881 ne présentent plus à résoudre cette question de la responsabilité civile du prévenu de diffamation renvoyé de la poursuite. A la vérité, c'est au jury qu'il appartient de statuer sur l'action publique exercée à raison de la diffamation verbale aussi bien que de la diffamation écrite envers les corps constitués et les personnes publiques.

C'est d'autre part à la cour d'assises qu'il appartient de connaître de l'action civile, à l'exclusion des tribunaux civils (art. 45 et 46) (V. *suprà*, n°s 1653 et suiv.). Mais l'application de la règle d'après laquelle une cour d'assises peut allouer des dommages-intérêts à la partie civile, nonobstant l'acquittement de l'individu poursuivi devant elle, rencontre, dans la loi de 1881 elle-même, un obstacle péremptoire. L'art. 58 dispose, en effet, que la cour d'assises ne peut, en cas d'acquittement du prévenu, le condamner à des dommages-intérêts envers le plaignant (V. *infrà*, n°s 1924 et suiv.). Le prévenu acquitté, par suite de la preuve qu'il a faite de la vérité des faits diffamatoires, échappe donc à toute responsabilité civile, suivant la règle admise dans le cas d'acquittement prononcé pour une autre cause quelconque (V. *ibid.*).

G. — De la position de la question de preuve des faits diffamatoires au jury.

1896. Suivant les règles ordinaires de la procédure en cour d'assises, les faits impliquant la non-culpabilité de l'accusé ne sont pas l'objet d'une question particulière au jury. Leur existence ou leur inexistence résulte de la réponse faite à la question générale qui les comprend tous : l'accusé est-il coupable? Les excuses, c'est-à-dire les faits déterminés par la loi qui ne font pas disparaître la culpabilité mais qui emportent une exception ou une atténuation de peine, doivent être, au contraire, l'objet d'une question et d'une réponse distincte de celles qui ont trait à la culpabilité.

1897. En matière de diffamation, il n'y a pas lieu de soumettre au jury, distinctement de la question relative à la culpabilité, la question de savoir si le prévenu a fait la preuve de la vérité des faits diffamatoires. Cette solution a été donnée par la cour de cassation, sous la législation antérieure à 1881, sur le motif pris de ce que « aux termes de l'art. 20 de la loi du 26 mai 1819, la preuve des faits imputés dans le cas que prévoit ledit article met l'auteur de l'imputation à l'abri de toute peine ; que cette exception ne nécessite pas la position d'une question particulière, parce que la preuve du fait imputé n'est pas seulement une excuse légale, mais un fait justificatif qui implique contradiction avec le délit et lui enlève tout caractère de criminalité. D'où il suit que la question de savoir si l'accusé est coupable, le président de la cour d'assises demande nécessairement au jury si cet accusé a fait la preuve du fait imputé et légitimement usé du droit de le publier que lui conférait la loi (Crim. rej. 6 févr. 1875, aff. Levaillant, D. P. 75. 1. 393). Depuis la loi de 1881, la cour de cassation a maintenu sa jurisprudence antérieure, en fondant sa décision sur ce que l'art. 35 dit : « Si la preuve est rapportée, le prévenu sera renvoyé de la plainte » ; et « qu'on ne saurait voir, dans cette dernière disposition, un cas d'excuse légale devant faire l'objet d'une question spéciale à poser au jury, puisque, à la différence des excuses légales, qui ont seulement pour effet d'atténuer la culpabilité, la preuve du fait diffamatoire fait disparaître entièrement la criminalité ; qu'il suit de là que le point de savoir si cette preuve a été rapportée se trouve implicitement et virtuellement compris dans la question de culpabilité posée au jury pour chaque chef de prévention » (Crim. rej. 20 janv. 1883, aff. Alype et Meurs, D. P. 84. 1. 138). — Bien qu'il soit incontestable en droit qu'il ne s'agit pas d'une excuse légale mais d'un élément de la culpabilité, il faut reconnaître que la jurisprudence de la cour de cassation a l'inconvénient de permettre à l'opinion publique d'attribuer à la vérité démontrée des faits diffamatoires un jugement qui n'est peut-être dû qu'à la bonne foi du prévenu ou à l'absence de tout autre élément constitutif du délit. Aussi l'on peut admettre que le président de la cour d'assises, s'il n'a pas le devoir de diviser la question, peut cependant le faire dans l'intérêt du fonctionnaire diffamé, sans que le prévenu trouve un grief à faire valoir dans cette façon de procéder. On doit observer, en effet, que la décision du jury contre l'accusé ne se formant qu'à la majorité des voix (c. instr. crim., art. 347, modifié par la loi du 9 juin 1853), la preuve sera réputée faite en cas de partage et l'acquittement résultera de la réponse affirmative ainsi déterminée (Barbier, t. 2, n° 568, p. 110. Conf. Chassan, t. 2, n° 1872).

« Il est évident, d'ailleurs, dit M. Barbier (*loc. cit.*), du moment où nous admettons que la preuve du fait diffamatoire fait disparaître complètement la culpabilité, que le jury, après avoir répondu affirmativement sur la question de preuve, ne pourrait sans contradiction répondre affirmativement sur la question de culpabilité. Il n'y aurait, au contraire, aucune contradiction dans une double réponse négative tant sur la question de preuve que sur la question de culpabilité et un pareil verdict aurait l'avantage d'impliquer que si le prévenu est acquitté, son acquittement ne tient pas à ce que la vérité des imputations a été démontrée contre le fonctionnaire ».

Art. 5. — *De la procédure contradictoire après le tirage au sort du jury.*

1898. La loi du 29 juill. 1881 ne contient pas de dispositions particulières sur la procédure à suivre devant la cour d'assises, après le tirage au sort du jury. Il y a lieu d'appliquer les dispositions des art. 310 à 356 c. instr. crim. Toutefois, il faut tenir compte du caractère contradictoire que donne au débat la présence du prévenu pendant l'appel des jurés, alors même qu'il se retire pendant le tirage au sort (art. 55) (V. *supra*, n° 1829). Il faut également observer que l'assistance d'un conseil n'est pas nécessaire dans les poursuites dirigées contre le prévenu d'un délit de publication, ou contre l'accusé d'un crime de publication mis en cause par voie de citation directe (V. *supra*, n° 1839). On doit enfin se conformer aux dispositions de l'art. 35 sur la preuve des faits diffamatoires.

1899. En matière de diffamation, doit-on admettre que le président de la cour d'assises peut, en vertu du pouvoir discrétionnaire que lui confèrent les art. 268 et 269 c. instr. crim., autoriser l'audition de témoins dont les noms n'ont pas été notifiés, ou la lecture de pièces qui n'ont pas été signifiées conformément aux art. 52 et 53 de la loi de 1881? Nous ne le pensons pas, car le pouvoir discrétionnaire qui appartient au président pour parvenir à la découverte de la vérité ne va pas jusqu'à lui permettre de prendre des mesures interdites par la loi (Comp. *Rép.*, v° *Instruction criminelle*, n° 2195 ; Faustin Hélie, t. 7, n° 290 ; Barbier, t. 2, n° 928). Jugé, cependant, que si le prévenu n'offre pas de fournir la preuve de la vérité des faits diffamatoires, il appartient au président de donner lecture, en vertu de son pouvoir discrétionnaire, des documents qu'il juge convenable, sans qu'il soit nécessaire que ces documents aient été signifiés par la partie poursuivante au prévenu (Crim. rej., 26 janv. 1884, aff. Mendel, *Bull. crim.*, n° 24). Nous pensons, comme M. Barbier (*loc. cit.*), que cette solution est « très contestable, en tant qu'elle s'applique à des documents tendant à établir directement la fausseté des faits ».

1900. La disposition de l'art. 319 c. instr. crim., qui prescrit d'interpeller l'accusé après chaque déposition, ne concerne pas la lecture des documents versés aux débats. Cette disposition n'est, d'ailleurs, pas prescrite à peine de nullité, même en ce qui concerne les témoignages (Crim. rej. 6 janv. 1893, aff. Rambert et Ayachi, D. P. 93. 1. 102-103).

1901. Les art. 339, 340 et 341 c. instr. crim. doivent être appliqués en ce qui concerne les questions relatives aux faits d'excuse et l'avertissement à donner au jury quant aux circonstances atténuantes.

1902. La preuve de la vérité des faits diffamatoires est un des éléments de la culpabilité. Elle est nécessairement comprise dans la question principale : *L'accusé est-il coupable?* Toutefois elle peut faire l'objet d'une question particulière sans qu'il en résulte de nullité (V. *supra*, n° 1897).

1903. Il n'y a pas lieu de soumettre au jury la question de savoir si les écrits ou les discours poursuivis bénéficient de l'une des immunités établies par l'art. 42. Il s'agit là

en effet, d'une question de droit qui doit être résolue par la cour. Jugé, en ce sens, qu'il appartient à la cour de décider seule et sans intervention du jury si les imputations diffamatoires dirigées contre un témoin, à raison de sa déposition par l'une des parties plaidantes, sont ou non étrangères à la cause (C. d'ass. de la Seine, 22 nov. 1884, *Gazette des tribunaux*, du 23).

1904. L'interdiction du résumé du président de la cour d'assises, prononcée, à peine de nullité, par la loi du 15 juin 1881, s'applique aux explications données aux jurés sur l'économie de la loi applicable au fait poursuivi, par exemple, sur ce qui concerne la complicité en matière de délit de presse et de la situation spéciale du prévenu par rapport à d'autres prévenus précédemment condamnés dans la même affaire (Crim. cass. 4 mars 1882, aff. Albertini, D. P. 82. 1. 236).

1905. En droit commun, les questions à poser au jury sont déterminées par l'arrêt de renvoi; elles doivent être telles que toutes les charges et circonstances qui caractérisent l'accusation soient soumises à l'appréciation du jury (*Rép.*, v° *Instruction criminelle*, n° 2486 et suiv.). Ces règles sont applicables dans les poursuites pour crime de publication quand elles sont intentées par voie d'information. Si ces poursuites ont lieu sur citation directe, c'est dans la citation que doivent être puisées les questions à soumettre au jury.

1906. Doit-on admettre, en matière de crimes ou délits de publication, que le président peut, en vertu de son pouvoir discrétionnaire, poser au jury, comme résultant des débats, des questions subsidiaires de nature à aggraver ou à atténuer les faits et à modifier la qualification résultant de l'arrêt de renvoi (c. instr. crim. art. 388. V. *Rép.* v° *Instruction criminelle*, n° 2510 et suiv.)? Cette application du droit commun paraît contraire aux exigences des art. 48 et 50 de la loi de 1881, en vertu desquels les faits qui sont l'objet de la poursuite doivent être *précisés* et *qualifiés*, avec indication des dispositions pénales applicables, soit dans le réquisitoire introductif d'instance, soit dans la citation. Cette mesure, si donnée dans l'intérêt de la défense, perdrait son utilité si le prévenu appelé à se défendre, par exemple contre une prévention d'outrage envers le président de la République, pouvait être condamné pour cris séditieux. Le droit du président se borne à mieux préciser, s'il y a lieu, dans la question, les faits visés dans l'arrêt de renvoi ou dans la citation. Il peut aussi donner aux faits visés dans la citation la qualification légale que cet acte leur a pas donnée. Encore ce pouvoir n'appartient-il au président que si le prévenu n'a pas, en temps utile, demandé la nullité de la citation pour défaut de précision des faits ou pour absence de qualification légale. — Il ne faut pas oublier, d'ailleurs, que l'arrêt de la chambre d'accusation n'a pas l'autorité de la chose jugée sur le fond, et que les déclarations de fait, aussi bien que la qualification légale résultant de cet arrêt, peuvent toujours être remises en question devant la cour d'assises. Si donc les questions à poser au jury doivent se renfermer dans les limites tracées par le dispositif de l'arrêt de renvoi, il n'en résulte en aucune façon que l'accusé ou le prévenu ne soit pas recevable à contester sa participation au délit ou le caractère délictueux spécialement attribué à cette participation. Par suite, le jury, nécessairement appelé à statuer en vertu de l'arrêt de renvoi sur une question d'outrage au président de la République, par exemple, devra prononcer l'acquittement du prévenu, s'il est démontré que le fait ne constitue qu'un délit de cri séditieux.

1907. Ces règles sont admises sans difficulté quand les débats ont pour résultat de soumettre au jury un fait différent de celui qui est spécifié dans l'arrêt de renvoi ou dans la citation, ou bien de substituer une qualification nouvelle à celle que l'acte introductif d'instance avait adoptée (Conf. Barbier, t. 2, n°s 849, 918 et 955; Fabreguettes, t. 2, n°s 2109 et 2083 ; Lair, *Revue critique*, 1883, p. 442; Crim. cass. 27 mai 1843, *Bull. crim.*, n° 126; Crim. rej. 4 nov. 1861, aff. Viviani, D. P. 66. 1. 360-361).

La cour de cassation reconnaît, au contraire, au président de la cour d'assises la faculté de poser une question subsidiaire pour changer, non plus la fait ou la qualification, mais simplement le mode de participation de chacun des prévenus au fait incriminé. MM. Barbier, t. 2, n° 953, et Fabreguettes, t. 2, n° 2083, refusent, au contraire, au président, le droit de poser une question subsidiaire, même au cas dont il s'agit. S'il devait en être ainsi, ce serait non plus protéger et garantir la liberté de la défense, mais permettre en quelque sorte aux prévenus de préparer un véritable piège et là, où la loi a voulu de part et d'autre la loyauté comme moyen de parvenir à la vérité, organiser la surprise. Il peut être parfois fort difficile, sinon impossible, d'établir avec certitude, en dehors des déclarations des prévenus, le rôle que chacun d'eux a pris à l'exécution d'un délit de presse, de déterminer lequel est l'auteur du délit, lequel n'est que le complice. Et, d'un autre côté, cette précision est indispensable à faire ; car l'art. 42 de la loi de 1881, dans les catégories successives qu'il crée, n'admet pas que l'auteur de l'écrit puisse être condamné comme l'auteur du délit lorsqu'il y a un gérant ou un éditeur, ni l'afficheur, lorsque l'auteur de l'écrit est connu. Il ne peut être permis de tenir compte des modifications que les débats pourront faire apparaître dans la situation et la part de responsabilité de chacun, les prévenus n'auront qu'à s'entendre, au cours de l'information, pour s'attribuer à l'un le rôle d'auteur, à l'autre le rôle de complice, puis, au débat, pour changer leurs déclarations qui, jusque-là, à défaut de tout autre élément d'appréciation, avaient dû servir de base unique à l'ordonnance et à l'arrêt de renvoi et qui perdent toute valeur en présence d'une rétractation et peut-être de telle autre preuve réservée à cet effet jusqu'à ce moment. Et alors, si le président ne peut suivre les prévenus dans leur évolution, s'il ne peut poser comme résultant des débats une question subsidiaire qui rétablisse les responsabilités vraies et mette les jurés en état de statuer en pleine connaissance de cause et dans l'entière liberté de leur conscience et de leurs convictions, dans quelle inadmissible situation va se trouver le jury, obligé ou d'acquitter des prévenus qui avouent tous leur participation au fait poursuivi, mais qui se disent auteurs du délit, alors que la question, invariablement posée d'après les termes de l'arrêt de renvoi, demande seulement s'ils sont complices, et réciproquement, ou de les condamner en mentant à la vérité des faits reconnus par tous ! Il est manifeste que la loi n'a pu vouloir organiser un semblable système, et il est, dès lors, nécessaire de reconnaître au président des assises, ou, au cas d'incident contentieux, à la cour d'assises, le droit de poser en cette matière, comme en toute autre de la compétence de la cour d'assises, des questions subsidiaires comme résultant des débats. La loi du 29 juill. 1881 ne contient aucune disposition qui s'y oppose, et cela doit suffire pour que les règles générales qui organisent le fonctionnement de la juridiction d'assises reçoivent leur pleine application. Le législateur, en matière de presse comme en matière ordinaire, a voulu atteindre tous les coupables ; il a même ici manifesté sa volonté avec plus d'insistance par le soin avec lequel il a réglé l'ordre des imputabilités dans l'art. 42. Comment aurait-il, par une contradiction singulière, entendu créer une véritable impasse et aurait-il refusé d'assurer le fonctionnement régulier de la justice en refusant au président d'assises le droit de suivre, dans l'intérêt de l'accusé aussi bien que de la poursuite, les évolutions que les débats peuvent amener ? Jugé, par suite, qu'en matière de délit de presse de la compétence de la cour d'assises, comme en toute autre matière, il suffit qu'un arrêt de la chambre des mises en accusation relève, dans son exposé, des faits caractérisant la complicité, pour que son dispositif prononçant le renvoi du prévenu devant la cour d'assises comme complice du fait incriminé soit justifié, bien que le prévenu se soit déclaré auteur principal ; que le prévenu ou l'accusé n'en conserve pas moins le droit de prétendre, devant la cour d'assises, qu'il n'est pas seulement le complice, mais qu'il est l'auteur principal du délit ou du crime ; et que, dans ce cas, le président ou la cour d'assises a le droit de poser au jury comme résultant des débats, une question subsidiaire de ce chef (Crim. rej. 21 nov. 1891, aff. Martinet, D. P. 92. 1. 33).

1908. Il est nécessaire, en matière de délits de publication comme dans les accusations réglées par le droit commun, que les questions posées au jury comportent la demande de son appréciation : 1° sur la moralité du fait ; 2° sur la spécification du fait ; 3° sur l'existence de tous les éléments constitutifs du crime et du délit (V. Rép. v° Instruction criminelle, n°s 2481 et suiv.; Faustin Hélie, t. 7, n°s 3667 et suiv.).

1909. Il est satisfait à la première condition par la question générale : « le prévenu est-il coupable ? » qui comporte d'intention coupable ou de preuve de la vérité des faits une réponse négative en cas d'irresponsabilité, d'absence diffamatoires résultant des débats.

1910. La spécification du fait est suffisante si la question appelle le jury à se prononcer sur la participation du prévenu à la publication de tels discours, de tels écrits ou de tels dessins déterminés. S'il s'agit d'un délit commis par la parole, la question doit reproduire les expressions incriminées et relevées dans l'arrêt de renvoi ou dans la citation. Si le délit résulte d'un écrit ou d'un imprimé, il suffit d'indiquer les passages poursuivis par leurs premiers et leurs derniers mots. Il a été jugé que, lorsqu'un délit de presse est contenu dans plusieurs numéros différents du même journal, il n'est pas nécessaire de poser autant de questions distinctes qu'il y a de feuilles incriminées (Crim. rej. 8 juin 1850, aff. Maynard, D. P. 50. 1. 173).

1911. La question doit, en outre, porter sur les circonstances de temps, de lieu et de publicité. Sur ce dernier point, la question doit énoncer les circonstances de fait nécessaires pour caractériser la publicité, dans les termes de la loi. Ainsi on doit demander au jury si les discours, cris ou menaces ont été proférés, dans tels lieux ou réunions publics spécifiés ; et si les propos ont été proférés dans des lieux qui ne sont publics ni par leur nature ni par leur destination, il y a lieu de préciser les circonstances de fait qui ont rendu ces lieux publics accidentellement (Crim. cass. 4 mars 1882, aff. Albertini, D. P. 82. 1. 236). — Il suffit de demander au jury si les écrits et les dessins ont été vendus, mis en vente ou distribués, circonstances qui, par elles-mêmes, sont constitutives de la publicité, sans toutefois qu'il y ait ouverture à cassation dans le cas où la question mentionnerait une vente, mise en vente ou distribution dans des lieux ou réunions publics, cette mention n'étant pas de nature à porter préjudice au prévenu (Crim. rej. 20 janv. 1883, aff. Alype et Meurs, D. P. 84. 1. 137). La circonstance que l'exposition a été faite dans des lieux ou réunions publics doit, au contraire, être énoncée dans la question, puisque la publication d'un écrit ou d'un dessin exposé n'est opérée qu'à cette condition de la publicité du lieu ou de la réunion (V. suprà, n°s 510 et suiv.).

1912. En dernier lieu, la question doit énoncer tous les éléments constitutifs du crime ou du délit, sans appeler toutefois le jury à se prononcer sur la qualification légale de ces faits, c'est-à-dire sur la question de droit. Ainsi, dit M. Barbier (t. 2, n° 956, p. 465), dans une affaire de diffamation, on remplacera « l'expression définie par la définition légale » en demandant « si le prévenu est coupable d'avoir imputé à Z... tel fait de nature à porter atteinte à son honneur ou à sa considération ». En outre, ajoute cet auteur, on évitera, dans la question posée au jury, de qualifier la personne diffamée de fonctionnaire public ou de citoyen chargé d'un service public, expressions techniques qui soulèvent des questions de droit que le jury n'a pas à résoudre : c'est par sa qualité particulière de préfet, de maire, de conseiller municipal, etc., que la personne diffamée devra être désignée (Conf. Faustin Hélie, t. 7, n° 3699).

1913. Suivant M. Fabreguettes (t. 2, n° 2077), la question doit être posée dans les termes suivants : « X... est-il coupable, en sa qualité de gérant du ....., d'avoir le ....., dans le numéro de ce journal, en date du ....., vendu, distribué, mis en vente, ou exposé dans des lieux ou réunions publics à ....., et dans l'article commençant par ces mots : « ..... », et finissant par ceux-ci : « ..... », inséré à la ..... page, ... colonne, imputé à Z..., percepteur, le détournement d'une somme de ..... fr., qui était entrée dans ses mains à raison de ses fonctions, laquelle imputation est de nature à porter atteinte à l'honneur ou à la considération dudit Z...? » — Cette question complexe peut être divisée en plusieurs questions distinctes sans qu'il y ait ouverture à cassation en l'absence de tout préjudice résultant pour le prévenu de la division. Jugé, en ce sens, que dans le cas où la loi de 1881 autorise la preuve des faits diffamatoires, il ne résulte aucune nullité de ce que, au lieu de poser pour chaque chef de prévention une question unique comprenant tout à la fois le fait diffamatoire et la qualité de la personne diffamée, le président de la cour d'assises a posé deux questions distinctes, l'une sur le fait même de la diffamation, l'autre sur la qualité de la personne diffamée (Crim. rej. 30 janv. 1883, aff. Alype et Meurs, D. P. 84. 1. 137. Conf. Barbier, *loc. cit.;* Fabreguettes, *loc. cit.*).

1914. Relativement à la complicité, les questions doivent être formulées en conformité de la jurisprudence adoptée dans les affaires qui sont régies par le droit commun. Elles doivent, en conséquence, comprendre à la fois les éléments constitutifs du délit principal et les éléments constitutifs de la complicité (Crim. cass. 4 mars 1882, aff. Albertini, D. P. 82. 1. 236). Toutefois, si l'auteur principal est en cause, il suffit que chaque question concernant la complicité se réfère expressément aux faits spécifiés dans la question concernant l'auteur principal (Crim. rej. 6 nov. 1874, aff. Mareschal, D. P. 76. 5. 143). Si l'auteur principal n'est pas en cause, le président peut diviser la question concernant le complice et interroger séparément le jury sur l'existence du fait principal d'abord, ensuite sur la complicité, la seconde question se référant à la première (Crim. rej. 19 juin 1873, aff. Montérola, D. P. 73. 1. 319 ; Crim. cass. 4 mars 1882, précité).

1915. La déclaration du jury concernant la complicité doit constater l'existence de tous les éléments de fait qui sont nécessaires pour la caractériser en vertu de l'art. 60 c. pén. Ainsi, ne satisfait pas au vœu de la loi, la déclaration du jury portant que le prévenu s'est rendu coupable de complicité d'une diffamation, en fournissant à un journal l'article diffamatoire, si cette déclaration ne relève pas en même temps la circonstance essentielle que le prévenu connaissait l'usage auquel cet article était destiné (Crim. cass. 22 mai 1885, *Gazette des tribunaux* du 24 mai et *Lois nouvelles,* 1885. 3. 10).

1916. Il n'y a pas de contradiction entre la réponse négative du jury sur la culpabilité de l'auteur principal et sa réponse affirmative à l'égard du complice, ni entre les réponses données inversement aux mêmes questions (Crim. rej. 8 sept. 1837, *Rép.* n° 1132 ; 7 sept. 1850, *Le Droit* du 8 septembre ; D. d'ass. de la Seine, 10 déc. 1881, *Gazette des tribunaux* du 11 décembre). Toutefois, il a été jugé que, lorsque la déclaration du jury sur la question de savoir si un écrit est de nature à porter atteinte à l'honneur et à la considération du plaignant, successivement posée à l'égard de l'auteur de cet écrit et du gérant du journal qui l'a publié, est affirmative vis-à-vis du premier et négative vis-à-vis du second, il s'ensuit une contradiction qui vicie les réponses du jury et la condamnation prononcée contre l'auteur de l'écrit incriminé (Crim. cass. 8 déc. 1881, aff. Prax-Pâris, D. P. 82. 1. 42).

1917. Il est de règle générale que l'arrêt de condamnation est nul pour cause de complexité quand chefs d'accusation distincts et indépendants sont réunis dans la même question (*Rép.* v° *Instruction criminelle,* n°ˢ 2826 et suiv.; Faustin Hélie, t. 9, p. 127 et suiv.); ... ou lorsque la question concerne en même temps plusieurs accusés (*Rép.* eod. v°, n°ˢ 2842 et suiv.). Cependant, on ne doit pas considérer comme complexe la question portant sur un même délit relevé dans plusieurs passages d'un écrit ou dans plusieurs numéros d'un journal (Crim. rej. 15 mars 1838, *Rép.* v° *Instruction criminelle,* n° 2839-1°; 14 déc. 1849, aff. Malardié, D. P. 49. 1. 335; 8 juin 1850, *Journ. de droit crim.,* n° 4754).

1918. C'est au jury qu'il appartient de statuer sur les circonstances atténuantes à l'égard non seulement des crimes de publication, mais aussi des délits de publication punis de peines correctionnelles. En conséquence, le président doit, à peine de nullité, avertir le jury, conformément à l'art. 341 c. instr. crim., d'avoir à se prononcer sur ce point (V. *Rép.* v° *Instruction criminelle,* n°ˢ 2930 et suiv.).

1919. Lecture publique doit être donnée des questions posées au jury. La position des questions peut être contestée par l'accusé et son défenseur. La cour est appelée, s'il y a lieu, à statuer sur la difficulté soulevée par voie de conclusions (*Rép.* v° *Instruction criminelle,* n°ˢ 2897 et suiv.).

1920. Les formalités de la remise des questions et du dossier et de l'avertissement au jury d'avoir à délibérer au scrutin secret ont lieu comme dans les procès criminels ordinaires. Si la poursuite a pour objet un crime de publication, l'accusé qui comparaît sous le coup d'une ordonnance de prise de corps ne peut y être rappelé qu'après que l'ordre du président et ne peut y être rappelé qu'après la lecture du verdict du jury (c. instr. crim. art. 357). Cette formalité ne s'applique pas aux prévenus de délits de presse, puisque ces prévenus comparaissent librement, qu'ils soient traduits en cour d'assises par un arrêt de renvoi ou par une citation directe (Conf. Chassan, t. 2, n° 1877 ; de Grattier, t. 1, p. 541-IV ; Fabreguettes, t. 2, n° 2086 ; Desjardins, *Revue critique,* 1883, p. 103 ; Barbier, t. 2, n° 959).

Il est procédé à la délibération du jury et au verdict conformément aux art. 342 à 353 c. instr. crim.

1921. « Si l'accusé est déclaré coupable, le président, après les réquisitions du ministère public, doit, aux termes de l'art. 363 c. instr. crim., demander à l'accusé s'il n'a rien à dire pour sa défense. Il est certain que cette interpellation, qui, d'ailleurs, n'est, en aucun cas, prescrite à peine de nullité (Crim. rej. 10 avr. 1851, aff. Messio, D. P. 51. 5. 127), doit être adressée au prévenu d'un délit de presse, quand il est présent à l'audience. Si le prévenu libre, usant de son droit, s'est retiré de l'audience, l'interpellation sur l'application de la peine pourra être adressée à son défenseur, afin de se conformer autant que possible au vœu de la loi » (Barbier, t. 2, n° 959. — Conf. Chassan, t. 2, n° 1878 et 1879).

Art. 6. — *Du Jugement.*

1922. — I. De l'arrêt de condamnation. — Si le prévenu est déclaré coupable, la cour prononce la peine établie par la loi (art. 365 c. instr. crim.) ; mais elle doit appliquer, s'il y a lieu, les dispositions spéciales sur la récidive et les circonstances atténuantes, résultant des art. 63 et 64 de la loi de 1881. La cour ne peut pas, à titre de peine accessoire, ordonner l'impression ou l'affiche de son arrêt ; elle ne peut pas ordonner non plus que les écrits, imprimés ou dessins condamnés, seront confisqués, saisis ou détruits. Elle peut seulement ordonner la saisie et la suppression ou la destruction de tous les exemplaires de l'édition poursuivie qui seraient publiés après la condamnation (V. *supra,* n°ˢ 1164 et suiv.). Si la partie civile a formé sa demande en dommages-intérêts avant l'arrêt ainsi que le prescrit, à peine de non-recevabilité, l'art. 359 c. instr. crim., la cour statue sur les conclusions prises. Sur la nature des réparations civiles qui peuvent être accordées, V. *supra,* n°ˢ 1024 et 1266.

1923. — II. De l'arrêt d'absolution. — Si le fait dont le prévenu est déclaré coupable par le jury n'est pas défendu par une loi pénale, la cour prononce son absolution (c. instr. crim. art. 364). En vertu de l'art. 366 c. instr. crim., la cour pourra alors statuer tant sur les dommages réclamés par la partie civile que sur ceux prétendus par le prévenu ; l'art. 58 de la loi de 1881 (V. *infra,* n° 1926) ne concerne, en effet, que le cas d'acquittement résultant de la décision du jury.

1924. — III. De l'ordonnance d'acquittement. — Dommages-intérêts. — Si le prévenu est déclaré non coupable par le jury, le président prononce son acquittement. Dans le cas d'accusation de crime de publication, le président prononce sa mise en liberté s'il n'est retenu pour autre cause. Il reste à statuer sur les dommages-intérêts.

1925. En principe, lorsque la partie lésée par un crime s'est portée partie civile sur les poursuites tendant à la répression de ce crime, soit au cours de l'instruction, soit après l'arrêt de mise en accusation, soit pendant les débats, en vertu de l'art. 67 c. instr. crim., la cour d'assises, à laquelle l'art. 348 du même code attribue la connaissance de son action, à l'exclusion du jury, peut, aux termes de ce dernier article, condamner l'accusé à des dommages-intérêts, même en cas d'acquittement. Ce pouvoir n'appartient ni aux tribunaux correctionnels (c. instr. crim. art. 192), ni aux tribunaux de simple police (c. instr. crim. art. 159).

Avant la loi de 1881, la législation sur les crimes et délits de publication ne renfermait aucune dérogation à cette règle et, par conséquent, l'acquittement de l'individu accusé d'un crime ou même d'un simple délit, s'il s'agissait d'un délit de la compétence de la cour d'assises, ne mettait pas obstacle à ce que des dommages-intérêts fussent alloués, à la partie lésée, qui s'était constituée partie civile sur l'action du ministère public ou qui avait usé du droit de citation directe (V. *suprà*, n°ˢ 1629 et suiv.; 1650 et suiv.; 1667 et suiv.). Il n'en était autrement, et l'allocation de dommages-intérêts n'était subordonnée à la condamnation du prévenu, qu'au cas d'infractions sortant des attributions de la cour d'assises. C'était une autre application du droit commun. En effet, on ne trouvait pas de dispositions particulières à cet égard dans les diverses lois qui ont successivement organisé la poursuite et la répression des crimes de publication et des délits qu'elles ont déférés à la cour d'assises, c'est-à-dire les lois des 26 mai 1819, 8 avr. 1831 et 9 sept. 1835, et les lois des 27 juill. 1849, 15 avr. 1871 et 29 déc. 1875 (V. *suprà*, n° 1566). A plus forte raison la distinction entre les cours d'assises et les tribunaux correctionnels, en ce qui concerne le pouvoir de condamner à des dommages-intérêts le prévenu acquitté, recevait-elle son application pendant les deux périodes intermédiaires où les dispositions du code d'instruction criminelle régissaient seules la compétence, la procédure et le mode de répression, en matière de crimes ou délits de publication, c'est-à-dire sous la loi du 25 mars 1822, et sous le décret du 17 févr. 1852. L'art. 84 de la constitution de 1848 réservait, il est vrai, au jury, dans le cas d'affirmation de la culpabilité du prévenu, la mission de statuer sur les dommages-intérêts réclamés par le plaignant; mais cette dérogation au droit commun a disparu avec la constitution qui la renfermait (Crim. rej. 9 déc. 1871, aff. Magnier. D. P. 73. 1. 48).

1926. La loi du 29 juill. 1881 apporte, sur ce point, une importante dérogation au droit commun. L'art. 58 dispose que, « en cas d'acquittement par le jury, s'il y a partie civile en cause, le prévenu devra être renvoyé de la plainte sans dépens ni dommages-intérêts au profit du plaignant ». L'expression de *plaignant* doit s'entendre de la partie lésée qui s'est portée partie civile ou qui a procédé par voie de citation directe, comme dans les art. 52 et 56. Le législateur de 1881 a été conduit à cette innovation par une raison de fait et par une raison de droit. « Nous avons pensé, est-il dit dans le rapport, qu'il était difficile, dans la matière qui nous occupe, de laisser subsister un quasi-délit après l'acquittement du délit, et surtout de supposer que le jury en répondant non, sur la question de culpabilité intentionnelle, n'a pas entendu absoudre entièrement le prévenu. D'ailleurs c'est par une sorte de prorogation de juridiction que la cour d'assises connaît des délits commis par la voie de la presse ou de la parole. Or, en matière de délits, les tribunaux correctionnels ne peuvent condamner à des dommages-intérêts le prévenu acquitté » (Rapport, D. P. 81. 4. 86, note 7).

1927. La première des considérations relevées par le rapporteur repose sur la crainte d'une contradiction entre la déclaration du jury quant à la responsabilité pénale et la décision de la cour d'assises quant à la responsabilité civile, danger que la constitution du 4 nov. 1848 avait écarté en laissant au jury lui-même le soin d'apprécier l'une et l'autre de ces responsabilités. — Le même danger disparaîtrait également si la cour avait à statuer sur la peine et sur les intérêts civils, sans assistance de jurés, par suite de la non-comparution du prévenu. Dans ce cas, la cour d'assises reprendrait-elle le pouvoir, tout en acquittant le prévenu, de le condamner à des dommages-intérêts, pouvoir que l'art. 470 c. instr. crim. lui confère à l'égard d'un contumax accusé d'un crime de droit commun ? L'affirmative semble résulter de ce que l'art. 58 se place dans la supposition d'un acquittement par le jury.

1928. Quant à la seconde considération elle est particulière aux poursuites pour délits. Toutefois, la généralité des termes de l'art. 58 ne permettrait pas à la cour de constater l'existence d'un quasi-délit, en présence d'une déclaration négative du jury, quelle que fût la nature du fait déféré à son appréciation. Si, dans le passage cité *suprà*, n° 1926, le rapporteur se préoccupe des délits, sans parler des crimes de publication, le texte de l'art. 58 n'en est pas moins absolu, et la dérogation qu'il apporte à l'art. 358 c. instr crim. est applicable à tout individu acquitté même sur la poursuite d'un crime de publication.

1929. L'art. 358 c. instr. crim. reste en vigueur dans celles de ses autres dispositions qui sont relatives au droit pour le prévenu acquitté d'obtenir des dommages-intérêts; à l'obligation pour le procureur général de lui faire connaître ses dénonciateurs ; à la procédure à suivre sur la demande en dommages-intérêts (Rapport, D. P. 81. 4. 86, note 7).

Art. 7. — *Des arrêts par défaut et de l'opposition.*

1930. La non-comparution devant la cour d'assises a des conséquences qui varient selon que la poursuite est exercée par voie d'information préalable pour un crime, ou qu'elle a lieu également pour un crime, par voie de citation directe, ou enfin qu'elle est exercée pour un délit de publication, soit par citation directe, soit après information préalable.

1931. — I. Non-comparution de l'accusé d'un crime de publication poursuivi par voie d'information préalable. — Lorsqu'un individu est poursuivi devant la cour d'assises à raison d'un crime de droit commun, il est considéré comme étant en état de contumace si, après l'arrêt de mise en accusation, il n'a pu être saisi ou ne se présente pas dans les délais déterminés par les art. 455 et suiv. c. instr. crim. C'est là la situation qui était faite à l'individu poursuivi pour un crime de publication, par l'art. 16 de la loi du 26 mai 1819, le renvoi devant la cour d'assises résultant alors d'un arrêt de mise en accusation, conformément au code d'instruction criminelle. Il en a été de même sous la loi du 25 mars 1822 qui, dans son art. 17, soumettait aux règles du même code la poursuite des crimes de publication, seuls déférés aux cours d'assises, à l'exclusion des délits; sous les lois des 8 avr. 1831, 9 sept. 1835 et 27 juill. 1849 qui, après le rétablissement de la compétence du jury pour les délits de publication par la loi du 8 oct. 1830, laissèrent sous l'application du droit commun les accusés de crimes de publication, contre lesquels le ministère public procédait par voie d'information préalable, au lieu d'user du droit de citation directe que lui donnaient ces lois ; sous le décret du 17 févr. 1852, et sous les lois des 15 avr. 1871 et 29 déc. 1875 qui, en remettant en vigueur la loi de 1849, ne se sont pas davantage occupées de l'accusé renvoyé pour crime devant la cour d'assises par un arrêt de mise en accusation.

1932. C'est aussi le droit commun qui, sous la loi du 29 juill. 1881 (art. 36), régit le défaut de comparution devant la cour d'assises de l'accusé poursuivi pour crime, après information préalable. Lorsque la non-comparution devant la cour d'assises constitue, pour le non-comparant, l'état de contumace, cet état est régi par les dispositions du code d'instruction criminelle. Ces dispositions sont applicables en ce qui touche les caractères de la non-comparution (V. *suprà*, n°ˢ 1328 et suiv.). Elles reçoivent également leur application :... quant aux délais et aux formes de procédure tracés en matière de contumace (c. instr. crim. art. 465 à 470) ;... quant à la décision à prononcer contre le contumax, décision qui doit, dès lors, être rendue sans assistance ni intervention des jurés (c. instr. crim. art. 470);... quant aux effets de la contumace sur les biens du condamné, pendant la durée (c. instr. crim. art. 471 à 475) ;... quant au sort de l'arrêt de condamnation, si le condamné se représente ou est atteint avant que la peine soit éteinte par la prescription, c'est-à-dire, dans un délai de vingt années à compter de sa date (c. instr. crim. art. 476 et 635).

1933. — II. Non-comparution de l'accusé d'un crime de publication cité directement ou du prévenu d'un délit de publication poursuivi par citation directe ou après information. — 1° *Assimilation de la non-comparution à un défaut.* — Les dispositions des art. 465, 466 et 467 c. instr. crim., qui ont pour objet de provoquer, par l'accomplissement de certaines formalités et l'observation de certains délais, la représentation du contumax, ne sont pas applicables soit à l'accusé d'un crime de publication quand il est cité directement, soit au prévenu d'un délit de publication, qu'il soit poursuivi par citation directe ou après information (V. *suprà*, n°ˢ 1667 et suiv.; 1714 et suiv.). S'il ne comparaît pas « au jour fixé par la citation », il est jugé non pas par contumace, mais par défaut. C'est ce qui résultait : pour le cas de poursuite, à raison d'un délit, après information, de l'art. 16 de la loi du 16 mai

1819; ... pour le cas de poursuite également applicable à un délit, soit après information, soit sur citation directe, de l'art. 3 de la loi du 8 avr. 1831, qui a établi le droit de citation directe devant la cour d'assises;... pour le cas de poursuite sur citation directe à raison d'un crime, de l'art. 25 de la loi du 9 sept. 1835, qui a étendu à la poursuite des crimes le droit de citation directe (*Rép.* p. 414);... pour les mêmes cas, de l'art. 17 de la loi du 27 juill. 1849 (D. P. 49. 4. 118);... pour les mêmes cas encore, de l'art. 5 de la loi du 15 avr. 1871 (D. P..71. 4. 44) et de l'art. 4 de la loi du 29 déc. 1875 (D. P. 76. 4. 30. V. *suprà*, n° 1715).

1934. L'art. 56 de la loi du 29 juill. 1881 porte également que, « si le prévenu ne comparaît pas au jour fixé par la citation, il sera jugé par défaut par la cour d'assises, sans assistance ni intervention du jury ». Les lois antérieures déclaraient aussi que la cour d'assises devait statuer sans le concours du jury. Toute déclaration émanée du jury suppose donc la présence du prévenu; elle est nécessairement contradictoire. Elle ne comporte pas, dès lors, la faculté d'opposition ouverte contre les décisions par défaut. Cependant une difficulté s'était produite, à cet égard, sous la constitution du 4 nov. 1848, dont l'art. 84 disposait que « le jury devait statuer seul sur les dommages-intérêts pour faits et délits de presse » (D. P. 48. 4. 247). Un arrêt avait conclu de là que la déclaration du jury rendue, après renvoi par suite de cassation, sur des dommages-intérêts réclamés pour faits ou délits de presse, était réputée par défaut, quoique des conclusions eussent été respectivement prises quant aux dommages-intérêts, devant la première cour d'assises, si ces conclusions n'avaient point été renouvelées devant la cour de renvoi. Le même arrêt ajoutait, dès lors, la faculté d'opposition comme juge civil, sa décision était susceptible d'opposition, nonobstant les termes de l'art. 350 c. instr. crim., où il est dit que « la déclaration du jury ne pourra jamais être soumise à aucun recours » (Crim. rej. 7 déc. 1850, aff. Vivié, D. P. 51. 5. 435). — C'est à la cour seule qu'il appartient aujourd'hui, dans tous les cas, que le prévenu comparaisse ou soit défaillant, de statuer sur les dommages-intérêts (V. *suprà*, n° 1926).

1935. L'art. 56 dit que le prévenu défaillant « sera jugé par défaut ». Il en résulte que, conformément aux règles du droit commun, l'arrêt par défaut ne peut intervenir que sur un examen de l'affaire. Le prévenu défaillant ne peut être condamné qu'à la suite de débats établissant que l'action publique et l'action civile ont un fondement sérieux. La cour d'assises devra, si la poursuite est exercée par voie de citation directe, déclarer son incompétence pour le cas où elle reconnaîtrait qu'elle n'a pas été compétemment saisie. Elle doit aussi relever d'office les exceptions d'ordre public, résultant, par exemple, de la prescription, de l'amnistie ou de la chose jugée. Elle doit également vérifier la régularité de la procédure, à l'exception toutefois de la procédure antérieure à l'arrêt de renvoi dans le cas de poursuite après information (Conf. Barbier, t. 2, n° 943). Toutefois, ainsi que nous l'avons dit *suprà*, n° 1769, il a été décidé que l'omission de la notification de la liste du jury ne peut constituer un moyen de nullité au profit du prévenu d'un délit de presse qui, s'étant abstenu de comparaître sur la citation, a été jugé par la cour d'assises procédant sans l'assistance de jurés (Crim. cass. 24 févr. 1883, aff. Malinge, D. P. 83. 1. 228 ; 15 mars 1883, aff. Albertini, D. P. 84. 1. 430).

1936. Rappelons que la loi de 1881 considère comme défaillant l'accusé cité directement et le prévenu qui, après avoir comparu, se sont retirés avant le tirage au sort du jury. L'art. 468 c. instr. crim., d'après lequel aucun conseil ne peut se présenter pour défendre l'accusé en état de contumace, doit pareillement être appliqué au prévenu d'un crime ou d'un délit de publication qui fait défaut sur la citation à lui adressée, la comparution personnelle de ce prévenu étant obligatoire (V. *suprà*, n° 1829). — Le prévenu qui ne comparaît pas en personne peut-il se faire représenter pour proposer des exceptions préjudicielles indépendantes du fond ? (V. *suprà*, n° 1838).

1937. Le prévenu pourrait-il, après la déclaration du jury, faire défaut sur la demande de la partie civile à fin de dommages-intérêts ? La disposition absolue de l'art. 55, qui

considère comme contradictoire toute décision intervenue après l'appel des jurés, opéré en présence du prévenu, ne lui laisse pas cette faculté (V. *suprà*, n° 1829). — En cas d'acquittement du prévenu défaillant, la cour d'assises ne peut pas allouer des dommages-intérêts à la partie civile? (V. *suprà*, n° 1926).

1938. — 2° *Opposition.* — La condamnation par défaut prononcée contre l'individu qui n'a pas comparu sur la citation à lui adressée soit directement en matière de crime, soit après un arrêt de renvoi ou directement en matière de délit, est attaquable, comme les décisions par défaut émanées des tribunaux correctionnels, par voie d'opposition, dans un certain délai et dans les formes déterminées.

1939. Le dispositif d'une décision judiciaire pouvant seul faire grief aux parties, l'opposition formée par un prévenu contre les motifs de l'arrêt par défaut qui l'a renvoyé des fins de la poursuite sans dépens, ou qui a déclaré prescrites l'action publique et l'action civile dirigées contre lui (Amiens, 24 avr. 1884, aff. Pourcelle-Darras, D. P. 85. 2. 109).

1940. L'arrêt par défaut qui prononce le relaxe du prévenu sur certains chefs seulement et le condamne sur d'autres, est évidemment susceptible d'opposition. Seulement l'opposition n'anéantit l'arrêt que dans celles de ses dispositions portant condamnation, cet arrêt étant définitivement acquis au prévenu dans la partie de son dispositif qui le renvoie des fins de la poursuite (D. P. 84. 1. 137, note 8).

1941. Le prévenu qui a connaissance de l'arrêt par défaut rendu contre lui peut former son opposition, sans attendre que cet arrêt lui soit signifié (Crim. cass. 10 nov. 1808 et Crim. rej. 9 juill. 1813 ; Grenoble, 17 juin 1866, *Rép.*, v° *Jugement par défaut*, n°s 441-2°, 481-1° et 470). D'autre part, le prévenu défaillant est présumé n'avoir pas connaissance de l'arrêt qui ne lui a pas été signifié; et c'est à partir seulement de la signification que commence à courir le délai dans lequel l'opposition peut être formée à peine de déchéance (Crim. cass. 11 févr. 1870, aff. Gillot, D. P. 74. 1. 267).

1942. C'est au ministère public qu'il appartient de signifier l'arrêt par défaut. Cette signification peut cependant être faite par la partie civile ; dans l'un et l'autre cas, le délai de l'opposition court à partir de la signification contre le prévenu, tant au profit du ministère public qu'au profit de la partie civile (Crim. rej. 21 sept. 1820, *Rép.*, v° *Jugement par défaut*, n° 471 ; 25 avr. 1846, aff. Moussais, D. P. 46. 4. 350).

1943. — A. *Délai de l'opposition.* — En vertu de l'art. 16 de la loi du 26 mai 1819, le délai de l'opposition était de dix jours à partir de la notification de l'arrêt par défaut faite au condamné ou à son domicile, outre un jour par cinq myriamètres de distance (*Rép.* p. 407). Ce délai a été réduit à cinq jours (c'est-à-dire, au délai que l'art. 187 c. instr. crim. fixe pour l'opposition aux jugements par défaut émanés des tribunaux correctionnels), par l'art. 3 de la loi du 8 avr. 1831, puis par l'art. 25 de la loi du 9 sept. 1835, et à trois jours par l'art. 17 de la loi du 27 juill. 1849.

L'art. 5 de la loi du 15 avr. 1871 maintint ce dernier délai ; mais il en changea le point de départ par une disposition empruntée à l'art. 187 c. instr. crim. modifié par la loi du 27 juin 1866. En effet, le nouvel art. 187 c. instr. crim., après avoir disposé, en principe, que le délai de l'opposition, en matière correctionnelle, court à partir de la signification faite au prévenu ou à son domicile, ajoute que, « si la notification n'a pas été faite à personne, ou s'il ne résulte pas d'actes d'exécution du jugement que le prévenu en a eu connaissance, l'opposition sera recevable jusqu'à l'expiration des délais de la prescription de la peine » (D. P. 66. 4. 75). L'art. 5 précité, s'inspirant de cette disposition, portait pareillement que l'opposition à l'arrêt par défaut serait recevable « jusqu'à l'exécution de cet arrêt ou jusqu'à ce qu'il résulte d'un acte d'huissier que le prévenu en a personnellement connaissance de l'arrêt depuis trois jours au moins ». — La loi du 29 déc. 1875, bien qu'elle renvoie purement et simplement, par son art. 4, aux art. 16 à 23 de la loi du 27 juill. 1849, ne paraît pas avoir abrogé ce mode de calcul du délai de l'opposition.

1944. L'art. 56 de la loi de 1881, reproduisant, quant au délai de l'opposition aux condamnations par défaut prononcées par la cour d'assises sur la poursuite d'un crime ou d'un délit de publication, les dispositions des lois de 1831 et de 1835, l'élève de nouveau à cinq jours, outre un jour par cinq myriamètres de distance, conformément à l'art. 187 c. instr. crim. En ce qui concerne le point de départ du délai ainsi fixé, l'art. 56 reproduit, à l'exemple de la loi de 1871, la disposition du même article (D. P. 81. 4. 86, note 5).

1945. Le délai de cinq jours accordé pour l'opposition est franc : il n'y faut pas comprendre le jour de la signification (c. instr. crim. art. 187 et 203). Ce délai ne serait, d'ailleurs, pas augmenté parce que le jour de son échéance serait un jour férié (Crim. cass., 20 oct. 1832, *Rép.* v° *Jugement par défaut*, n° 469 ; Paris, 19 déc. 1881, *Gazette des tribunaux* du 28 décembre). Il résulte, dès lors, de l'art. 56 de la loi de 1881, comme de l'art. 187 c. instr. crim. : 1° que si la signification a été faite à personne, l'opposition doit, à peine de déchéance, être formée dans les cinq jours francs à partir de cette signification, augmentée du délai de distance ; 2° Que si la signification n'a pas été faite à personne, l'opposition est recevable tant que cette signification n'aura pas eu lieu, ou qu'un acte d'exécution de nature à faire connaître au condamné la condamnation par défaut prononcée contre lui ne sera pas intervenu.

1946. Si l'arrêt par défaut a été suivi de l'acte d'exécution caractérisé par l'art. 56, l'opposition devra être faite dans les cinq jours de cet acte d'exécution, comme le disait formellement la loi de 1871 pour le délai de trois jours fixé par cette loi. Décidé, quant à la signification du jugement, qu'il suffit que le bureau d'un journal soit le siège même de l'établissement de ce journal, pour que la notification d'un arrêt par défaut en matière de presse y ait été valablement faite au gérant et serve de point de départ au délai de l'opposition, encore bien qu'il aurait ailleurs un domicile (Crim. rej. 28 août 1834, *Rép.* n° 1556-4°). Si l'arrêt par défaut n'a été signifié ni à personne, ni à domicile, le prévenu conserve le droit de former opposition, même lorsqu'il s'est écoulé plus de cinq jours depuis qu'il a exécuté volontairement la condamnation, par exemple, en se constituant prisonnier (Crim. cass. 11 févr. 1870, aff. Gillot, D. P. 71. 1. 266. — *Contrà* : Dijon, 12 janv. 1870, même affaire, D. P. 70. 2. 64).

1947. Le droit d'opposition ainsi conservé au prévenu non averti de la condamnation par une signification faite à lui-même, ou par un acte d'exécution l'ayant touché personnellement, ne saurait survivre à la prescription de la peine : cette prescription, en même temps qu'elle met obstacle à l'exécution de la condamnation, enlève le droit de la frapper d'un recours quelconque ; on doit appliquer ici, malgré le silence que garde la loi de 1881, comme celle de 1871, la disposition de l'art. 187 c. instr. crim. De là une importante distinction : le droit, pour le ministère public, de poursuivre l'exécution de l'arrêt, et la faculté, pour le condamné, de l'attaquer par la voie de l'opposition, s'éteignent après vingt années révolues à compter de la date de cet arrêt, s'il s'agit d'une condamnation à une peine criminelle, et après cinq années à partir de la même date, s'il s'agit d'une condamnation à une peine correctionnelle (c. instr. crim. art. 635 et 636).

1948. Il est à remarquer que, si la condamnation non signifiée était susceptible d'appel, elle n'aurait que la valeur d'un acte interruptif de la prescription de l'action publique ; d'où la conséquence qu'une fois cette prescription accomplie, c'est-à-dire après trois mois, le prévenu serait en droit, à toute époque, de faire déclarer la condamnation non avenue, la prescription portant alors non sur la condamnation, mais sur l'action publique elle-même. M. Barbier (t. 2, n° 944) en conclut que, l'arrêt par défaut prononcé par la cour d'assises ne saurait marquer le point de départ de la prescription de la peine. « Il y a là, dit-il, une contradiction que rien ne justifie et l'on pourrait, croyons-nous, en s'inspirant de l'esprit général des art. 635 et 636 qui ont voulu, en définitive, que la prescription de la peine ne commençât de courir qu'à partir du moment où la condamnation serait passée en force de chose jugée, décider que l'arrêt par défaut de la cour d'assises, bien que rendu en dernier ressort, ne peut, tant que le délai d'opposition n'est pas expiré, être considéré que comme un acte interruptif de la prescription de l'action publique » (Comp.

Crim. rej. 14 mars 1884, aff. Moinelle et Rozette, D. P. 85. 1. 90).

1949. — B. *Formes de l'opposition.* — D'après l'art. 187 c. instr. crim., l'opposition aux décisions par défaut, émanées des tribunaux correctionnels, doit être notifiée tant au ministère public qu'à la partie civile. Cette disposition a été appliquée aux décisions par défaut émanées des cours d'assises, dans les cas où la législation sur les crimes ou délits de publication substituait à l'égard des non-comparants, la procédure du jugement de défaut, à la procédure concernant les contumaces, c'est-à-dire par l'art. 18 de la loi du 26 mai 1819 (*Rép.* p. 407) ; par l'art. 3 de la loi du 8 avr. 1831 (*Rép.* p. 413), et implicitement, par l'art. 25 de la loi du 9 sept. 1835, par l'art. 17 de la loi du 27 juill. 1849, par l'art. 1er de la loi du 15 avr. 1871 ; et par l'art. 4 de la loi du 29 déc. 1875. L'art. 56 de la loi du 29 juill. 1881, s'expliquant en termes formels, sur ceux à qui doit être faite la signification de l'opposition, porte que l'opposition sera notifiée au ministère public et au plaignant. Le mot *plaignant*, a, dans l'art. 56, le même sens que dans l'art. 53, sur les significations préalables à la preuve de la vérité des faits diffamatoires. Il s'entend de la partie lésée qui a exercé son droit de citation directe ou qui s'est constituée partie civile (V. *suprà*, n° 1795).

1950. — C. *Procédure sur l'opposition.* — Aux termes de l'art. 188 c. instr. crim., l'opposition aux jugements par défaut des tribunaux correctionnels emporte de droit citation à la première audience. L'art. 19 de la loi du 26 mai 1819, dérogeant à cette disposition, voulait, à peine de déchéance, que l'opposition fût suivie, dans les cinq jours de sa notification, du dépôt au greffe, par l'opposant, d'une requête tendant à obtenir du président de la cour d'assises la fixation du jour où l'opposition serait jugée. Cette requête devait être signifiée par le ministère public tant au prévenu qu'au plaignant (partie civile), avec assignation à comparaître au jour fixé, et dix jours au moins avant l'échéance (*Rép.* p. 407). La même prescription était reproduite dans l'art. 4 de la loi du 8 avr. 1831, qui se bornait à réduire à cinq jours le délai de la comparution. Le jour du jugement de l'opposition se trouvait ainsi fixé de la même manière que la loi du 1819 déterminait le premier ajournement du prévenu devant la cour d'assises, sur le renvoi que devait alors prononcer la chambre des mises en accusation (V. *suprà*, n° 1712), et que l'art. 2 de la loi de 1831 déterminait le même ajournement, au cas d'exercice du droit de citation directe, établi par cette loi à côté de la procédure de l'information préalable (V. *suprà*, n° 1715).

1951. La loi du 9 sept. 1835, ayant supprimé la nécessité d'une ordonnance du président pour la fixation du jour de la comparution du prévenu cité devant la cour d'assises, après renvoi ou sur citation directe, disposa conformément au droit commun que l'opposition emporterait de plein droit « citation à la première audience ». Cette règle a été un instant remplacée par la procédure des lois de 1819 et de 1831, lors de l'abrogation de la loi de 1835, par le décret du 6 mars 1848. Mais elle a été de nouveau formulée dans l'art. 17 de la loi du 27 juill. 1849. Il a été jugé, sous cette loi, qu'on ne pouvait pas relever de la déchéance encourue avant sa promulgation l'opposant qui ne s'était pas conformé aux dispositions précitées des lois de 1819 et 1831 (Crim. cass. 30 août 1849, aff. Launay et Pelé, D. P. 49. 1. 262 ; Crim. rej. 21 sept. 1849, aff. Lecamp, D. P. 49. 1. 262). — Les lois des 15 avr. 1871 et 29 déc. 1875, se sont purement et simplement référées à l'art. 17 précité de la loi de 1849. — C'est aussi le mode de comparution adopté par l'art. 56 de la loi de 1881, qui dispose, ainsi d'ailleurs que l'art. 187 c. instr. crim., que l'opposition vaudra citation à la première audience utile.

1952. D'après l'interprétation généralement adoptée, la première audience utile s'entend de la première audience disponible tenue immédiatement après l'expiration du délai de comparution. Ce délai doit être laissé, même au prévenu défaillant (Crim. cass. 13 juin 1851, aff. Flasselière et Fleurot, D. P. 51. 5. 337 ; 12 janv. 1862, aff. Montal, D. P. 62. 1. 254 ; C. d'ass. de la Seine, 15 nov. 1861, aff. Minot, *Lois nouvelles*, 83. 3. p. 21). Toutefois, les délais, qui sont de cinq jours et de douze jours dans les procès de diffamation, ne doivent pas, en outre, être augmentés pour l'opposant à raison des distances (Comp. *Rép.* vᵒ *Jugement par défaut*, nᵒ 485).

1953. C'est l'opposition elle-même qui vaut citation à la première audience utile. Le prévenu se trouvant ajourné par l'acte même d'opposition qu'il signifie, ni le ministère public ni la partie civile ne sont tenus de le citer de nouveau. C'est à lui de suivre l'audience jusqu'au moment où son affaire pourra venir en ordre utile. Toutefois, pour parer aux inconvénients que ce mode de procédure présente dans la pratique, il est d'usage de signifier à l'opposant une nouvelle citation Cette procédure est, d'ailleurs, prévue par l'art. 56 lui-même qui, après avoir déclaré l'opposition vaut citation, dispose *in fine* que les frais de la réassignation peuvent être laissés à la charge du prévenu.

1954. Il résulte des art. 187 c. instr. crim. et 56 de la loi de 1881, que l'opposition doit être notifiée par exploit d'huissier. et que cet acte ne pourrait pas être suppléé, ainsi que l'indique l'art. 151 c. instr. crim. pour l'opposition aux jugements de simple police, par une déclaration en réponse au bas de l'acte de signification de l'arrêt par défaut (Barbier, t. 2, nᵒ 946. — *Contrà*, Fabreguettes, t. 2, nᵒ 2060).

1955. La double signification prescrite par l'art 56 doit, en vertu de l'art 57, être faite à peine de nullité de l'opposition. Toutefois l'opposition à l'arrêt par défaut, signifiée seulement au ministère public. n'est pas nulle quand le prévenu déclare, dans l'acte d'opposition ou seulement à l'audience, qu'il acquiesce aux condamnations prononcées en faveur de la partie civile (Crim. cass. 11 août 1853, aff. Bienaimé, D. P. 53. 5. 280). Réciproquement, on doit considérer comme valable à l'égard de la partie civile l'opposition qui n'a pas été signifiée au ministère public, quand l'opposant acquiesce aux condamnations intervenues sur l'action publique (Crim. rej. 18 juin 1863, aff. Faure, D. P. 63. 1. 384).

1956. La citation que le ministère public ou la partie civile fait notifier au prévenu sur son opposition est-elle assujettie aux délais de signification et aux conditions de forme prescrites pour la citation introductive d'instance? L'affirmative est enseignée par M. Faustin Hélie (t. 6, nᵒ 2973), parce qu'en pareil cas la citation signifiée sur l'opposition prend la place de la citation légale (Conf. Crim. cass. 28 avr. 1827; *Rép.* nᵒ 205-1ᵒ). Nous pensons, au contraire, que la citation n'est alors assujettie ni aux formalités prévues dans l'art. 50, ni aux délais fixés par les art. 51 et 52. § 1, et que l'inobservation de ces formes et délais n'emporte pas nullité de la citation et de la procédure, pourvu toutefois que la citation laisse écouler les délais de cinq jours ou de douze jours entre la date de l'opposition et celle de l'audience indiquée. En effet, la cour étant saisie par l'acte même d'opposition, et la prévention limitée dans les termes de l'acte initial de poursuite, la réassignation a le caractère d'une simple mesure d'ordre, destinée à faire connaître au prévenu le jour de l'audience Il n'est donc pas nécessaire qu'elle satisfasse aux dispositions prescrites en vue des autres fins que doit remplir la citation introductive d'instance (Conf. Crim. cass. 8 août 1856, aff. Rapebach, D. P. 56. 1. 380; Barbier, t. 2, nᵒ 947).

1957. Suivant M. Fabreguettes (t. 2, nᵒ 2006), il est d'usage pour certains parquets de donner, au prévenu opposant, un simple avertissement officieux d'avoir à comparaître à telle audience indiquée; et cet auteur cite un arrêt aux termes duquel l'opposant ainsi averti officieusement du jour fixé pour une affaire doit se présenter sans avoir reçu d'assignation, l'art. 56 *in fine* ne prévoyant la réassignation qu'au point de vue des frais (Crim. rej. 20 juin 1884, statuant sur le pourvoi formé contre un arrêt de la cour d'assises du Rhône du 20 mai 1884). M. Fabreguettes ajoute que, dans tous les cas, « sur l'opposition, le ministère public ou le plaignant devront notifier à toute éventualité, le premier la liste du jury et l'un ou l'autre, selon les cas, celle des témoins, à moins que l'on ne soit dans le cours de la même session et que la notification ait été déjà faite ». Même dans cette dernière hypothèse, il y a lieu de notifier la liste des jurés et celle des témoins, « la noncomparution du prévenu pouvant faire présumer qu'il n'a pas plus été touché par les notifications concernant les

jurés et les témoins que par la citation » (Barbier, t. 2, nᵒ 947).

1958. — III. Des nullités de l'opposition. — Aux termes des art. 188 et 208 c. instr. crim., l'opposition aux décisions par défaut en matière correctionnelle est non avenue, si le prévenu ne comparaît pas pour la soutenir. et la nouvelle décision rendue sur cette opposition ne peut plus être attaquée que par la voie de l'appel, s'il s'agit d'un jugement, ou, par la voie du recours en cassation, s'il s'agit d'un arrêt. Il en est manifestement de même lorsque l'opposition est tardive ou irrégulière en la forme, quoique les art. 188 et 208 c. instr. crim. ne parlent que de la non-comparution de l'opposant et non d'une opposition tardive ou nulle qui serait suivie de comparution.

1959. Les lois qui, avant 1881, ont réglé la procédure pour le cas de défaut devant la cour d'assises, en matière de délits de publication et même en matière de crimes poursuivis par citation directe, ont également déterminé les effets de la non-comparution de l'opposant à l'arrêt par défaut de cette cour. Mais, pas plus que les art. 188 et 208 c. instr. crim , ces lois ne prévoyaient l'hypothèse d'une opposition tardive. Le silence que gardaient à cet égard la loi du 26 mai 1819 et celle du 8 avr. 1831 était explicable parce que les débats ne pouvaient être repris, devant la cour d'assises, qu'en suite d'une ordonnance du président portant fixation du jour où ces débats s'ouvriraient, et que cette ordonnance ne pouvait être rendue qu'après vérification de la validité de l'opposition (V. *suprà*, nᵒ 1958). Aussi les deux lois précitées ne s'occupent-elles que du cas où l'opposant n'aurait pas requis cette ordonnance dans le délai où il était tenu de la réclamer, et du cas de sa noncomparution. L'art. 19 de la loi de 1819 et l'art. 3 de la loi de 1831 disposaient qu'alors « l'opposition sera réputée non avenue » et que « l'arrêt par défaut sera définitif ». L'art. 25 de la loi du 9 sept. 1835 ayant supprimé la nécessité de l'intervention du président de la cour d'assises (V. *suprà*, nᵒ 1951), il a pu arriver. à partir de cette loi, non seulement que l'opposant ne comparût pas pour soutenir son opposition, mais encore qu'il comparût sur une opposition nulle. La loi de 1835 ne contenait qu'un simple renvoi au droit commun, en vertu duquel la non-comparution, seule hypothèse prévue, a pour effet de mettre à néant l'opposition et de soustraire la nouvelle décision à tout recours exercé par la même voie (V. *suprà*, nᵒ 1958). — L'art. 17 de la loi du 27 juill. 1849, se plaçant toujours dans la seule hypothèse de la non-comparution à la première audience, portait : « Si, à l'audience où le tribunal doit statuer sur l'opposition, le prévenu n'est pas présent, le nouvel arrêt rendu par la cour sera définitif ». Les art. 1 de la loi du 15 avr. 1874 et 4 de la loi du 29 déc. 1875, renvoient simplement à cette disposition.

1960. L'art. 57 de la loi de 1881, plus complet que les dispositions du code d'instruction criminelle et de la législation spéciale, qu'on vient de rappeler, précise avec soin les effets de la non-comparution de l'opposant et ceux de la comparution à l'appui d'une opposition tardive. ou irrégulière : « Faute par le prévenu, dit-il, de former son opposition dans le délai fixé en l'art. 56, et de la signifier aux personnes indiquées dans cet article. ou de comparaître par lui-même au jour fixé en l'article précédent, l'opposition sera réputée non avenue et l'arrêt par défaut sera définitif ». Ainsi la loi nouvelle assimile, en termes formels, à la non-comparution l'opposition une opposition qui serait nulle faute d'avoir été faite dans le délai prescrit par l'art. 56, ou d'avoir été signifiée aux personnes que désigne le même article, assimilation qui était seulement implicite dans les art. 188 et 208 c. instr. crim., et qui ne se trouvait pas davantage formulée dans les lois antérieures de la presse.

Pour le cas de non-comparution et aussi pour celui d'une opposition tardive ou non régulièrement signifiée, l'art. 57 de la loi de 1881, comme les lois de 1819 et de 1831, déclare que « l'opposition sera réputée non avenue, et l'arrêt par défaut sera définitif ». Les art. 188 et 208 c. instr. crim. et l'art. 25 de la loi du 9 sept. 1835 n'employaient pas les mêmes expressions. La décision dont ils déterminaient le caractère n'était pas la décision rendue par défaut, mais celle intervenue sur l'opposition; et, sans dire qu'elle devenait définitive, ils la déclaraient simplement inattaquable par la voie de l'opposition, et réservaient, par suite, selon la nature de cette décision, la voie de l'appel ou du pourvoi en cassation. De son côté, l'art. 17 de la loi du 27 juill. 1849, auquel renvoyaient les lois de 1871 et de 1875, disait aussi que c'était « le nouvel arrêt rendu par la cour » qui serait définitif (V. *supra*, n° 1939).

1961. Le caractère définitif que les lois de 1849, 1871 et 1875 imprimaient de la sorte à l'arrêt intervenu sur l'opposition le laissait cependant soumis au recours en cassation, conformément au principe posé par l'art. 208 c. instr. crim., soit que cet arrêt eût été lui-même rendu par défaut faute de comparution, soit qu'il eût annulé l'opposition, comme tardive ou irrégulière, contradictoirement avec l'opposant qui aurait comparu pour la soutenir. L'art. 57 de la loi de 1881, en appliquant le mot *définitif* à l'arrêt par défaut lui-même, ne saurait, non plus, porter aucune atteinte à ce droit de recours; car la décision frappée d'opposition ne devient définitive qu'à partir de l'arrêt qui a statué sur cette opposition, et le délai du pourvoi ne peut, dès lors, courir qu'à dater de ce dernier arrêt, s'il est contradictoire, ou de sa signification, si, comme le premier arrêt, il a été rendu par défaut.

1962. L'arrêt par défaut rendu sur la première citation aurait, au contraire, un caractère définitif qui le mettrait à l'abri du pourvoi en cassation, s'il avait prononcé l'acquittement du prévenu ou son absolution; ici s'appliqueraient les art. 409, 410 et 412 c. instr. crim. (V. *infra*, n°ˢ 2027 et 2034). Il résulte de l'art. 57 que l'arrêt devient définitif, sauf le recours en cassation, dans le cas notamment où l'opposition a été formée après le délai fixé par l'art. 56. Il a été décidé, sur ce point, que le prévenu d'un délit de presse peut être relevé de la déchéance par lui encourue par suite du défaut d'opposition dans le délai fixé par la loi, lorsqu'il est établi qu'il avait fait en temps utile les démarches nécessaires, et que le retard est l'effet d'une erreur de bonne foi (C. d'ass. de la Seine, 22 mai 1832, *Rép.* n° 1556-5°).

1963. — IV. Des décisions sur l'opposition. — Si l'opposition est régulière, elle a pour effet d'anéantir la condamnation et de replacer les parties dans l'état où elles se trouvaient lors de la citation qui a saisi la cour originairement, sous la condition toutefois que le prévenu comparaîtra en temps utile. L'opposant, s'il comparaît, est jugé par la cour d'assises, avec l'assistance des jurés, comme lorsqu'il se présente sur la première citation, et conformément aux art. 310 à 356 c. instr. crim., qui régissent la procédure devant la cour d'assises à l'égard de tout accusé comparant (V. *supra*, n° 1898). — L'opposant peut proposer toutes exceptions et défenses de forme ou tenant au fond. La cour rend un nouvel arrêt, en conformité de la délibération du jury. Cette nouvelle décision ne peut plus être attaquée sinon par la voie du recours en cassation. Spécialement, en matière de diffamation, le prévenu opposant a un délai de cinq jours, à partir de son opposition, pour faire ses notifications à fin de preuve (C. d'ass. de la Seine, 15 nov. 1881, aff. Minot Lois nouvelles 1883. 3. p. 1821; Faustin Hélie, t. 6, n° 2974; *Rép.* v° *Jugement par défaut*, n°ˢ 488 et 489).

1964. — Frais. — L'ancien art. 187 c. instr. crim., relatif à l'opposition devant les tribunaux correctionnels, portait que « les frais de l'expédition, de la signification du jugement par défaut et de l'opposition demeureront à la charge du prévenu ». L'art. 18 de la loi du 26 mai 1819, appliquant ces dispositions au cas où la voie de l'opposition était autorisée, déclarait pareillement que « le prévenu supportera, sans recours, les frais de l'expédition et de la signification de l'arrêt par défaut et de l'opposition ». Il y ajoutait les frais « de l'assignation et de la taxe des témoins appelés à l'audience, pour le jugement de l'opposition » (V. *supra*, n° 1963). La même responsabilité pécuniaire de la noncomparution était mise à la charge de l'opposant par l'art. 3 de la loi du 8 avr. 1831. — Les lois postérieures n'ont pas reproduit cet article. C'est donc en vertu du droit commun que l'opposant est resté passible des frais occasionnés par sa non-comparution sous la loi du 9 sept. 1835 et sous celles du 27 juill. 1849 (art. 17), 15 avr. 1871 (art. 1), 29 déc. 1875 art. 4) D. P. 49. 4. 13; 71. 4. 44; 76. 4. 30). La responsabilité pécuniaire avait, dès lors, cessé de s'étendre, depuis la loi de 1835, aux frais de

l'assignation et de la taxe des témoins, que la loi de 1819 mettait à la charge du prévenu opposant, mais dont l'art. 187 c. instr. crim. ne parle pas. — Il est à remarquer, en outre, que la loi du 27 juin 1866, modificative de l'art. 187 c. instr. crim., a rendu purement facultative la condamnation de l'opposant aux frais qui y sont mentionnés. A partir de cette loi, la condamnation dont il s'agit a pris le même caractère facultatif pour l'opposant aux arrêts par défaut émanés des cours d'assises en matière de crimes ou délits de publication.

C'est en présence de ce dernier état de la législation que la loi actuelle dispose, dans l'art. 56, que « les frais de l'expédition, de la signification de l'arrêt, de l'opposition et de la réassignation, pourront être laissés à la charge du prévenu ». Il convient toutefois d'observer que cette disposition a pour objet de punir le prévenu défaillant de la négligence qu'il a commise en ne comparaissant pas et que, par suite, elle cesse d'être applicable dans l'hypothèse où l'arrêt de condamnation par défaut est annulé, sur l'opposition du prévenu, comme étant intervenu sur une citation irrégulière (Crim. cass. 15 oct. 1834, *Rép.* n° 375-1°, Barbier, t. 2, n° 350, p. 460; Fabreguettes, t. 2, n° 2069).

1965. — V. Du droit d'opposition de la partie civile. — Bien que l'art. 187 c. instr. crim. n'accorde le droit d'opposition qu'au prévenu, on est d'accord pour reconnaître le même droit à la partie civile contre laquelle une décision par défaut a été rendue (V. *Rép.*, v° *Jugement par défaut*, n° 467 et Crim. rej. 26 mars 1824, cité *ibid.*; Paris, 22 avr. 1853, aff. Bienaimé, D. P. 53. 5. 280; Faustin Hélie, t. 7, p. 810; Berriat Saint-Prix, *Procédure devant les tribunaux correctionnels*, n° 1003; Morin, *Répertoire criminel*, v° *Opposition*, n° 5). — Comme on suppose un arrêt intervenu contradictoirement entre le ministère public et le prévenu et par défaut contre la partie civile, il en résulte que le débat soulevé par l'opposition de celle-ci ne s'agite qu'entre elle et le prévenu. C'est donc au prévenu bien plus encore qu'au ministère public que cette citation doit être notifiée (Trib. corr. Seine, 12 nov. 1858, aff. Dubout, D. P. 58. 3. 80).

SECT. 2. — PROCÉDURE DEVANT LES TRIBUNAUX CORRECTIONNELS.

1966. Les tribunaux correctionnels peuvent, en vertu du droit commun auquel renvoie le paragraphe 1ᵉʳ de l'art. 60, être saisis de la poursuite des délits de publication qui sont de leur compétence : 1° par voie de citation directe à la requête soit du ministère public soit de la partie lésée; 2° par voie d'information préalable.

§ 1ᵉʳ. — Procédure par voie de citation directe.

1967. — I. Droit de citation directe. — Quand il s'agit de délits de droit commun, la poursuite par voie de citation directe devant les tribunaux correctionnels est autorisée, pour le ministère public et pour la personne lésée, par l'art. 182 c. instr. crim. Le même mode de poursuite a été appliqué par la loi du 26 mai 1819 (art. 31), à ceux des délits de publication que cette loi laissait dans les attributions des tribunaux correctionnels; par la loi du 25 mars 1822 (art. 17), et par le décret du 17 févr. 1852 (art. 27), à tous les délits de publication, indistinctement placés dans la compétence des tribunaux correctionnels. Ces lois renvoyaient, pour la poursuite, aux formes et délais déterminés par le code d'instruction criminelle.

1968. Les autres lois sur les crimes et délits de publication, les lois des 8 avr. 1831, 9 sept. 1835, 27 juill. 1849, 15 avr. 1871 et 29 déc. 1875, ne concernent, dans celles de leurs dispositions qui sont relatives à la poursuite, que la citation directe devant la cour d'assises (V. *supra*, n° 1725). La loi de 1881 emprunte au droit commun, dans son art. 60, la faculté de citation directe devant les tribunaux correctionnels, à raison des délits qu'elle a exceptionnellement maintenus dans la compétence de ces tribunaux (V. *supra*, n°ˢ 1569 et 1591 et suiv.).

1969. — II. Formes de la citation devant les tribunaux correctionnels. — 1° Formes de cette citation d'après le droit commun et la législation antérieure à la loi de 1881. — Les formes de la citation directe devant la juridiction correctionnelle, à raison des délits de droit commun, sont déterminées par l'art. 183 c. instr. crim., qui se borne à dire que la citation émanée, soit du ministère public, soit de la partie lésée, « énoncera les faits », et à exiger, en outre, si la citation émane de la partie lésée, que cette partie fasse, dans la citation même, une élection de domicile dans le lieu où siège le tribunal, sans attacher la peine de la nullité à l'inobservation de ces formalités.

1970. Avant la loi de 1881, les lois sur les crimes ou délits de publication ne contenaient aucune disposition particulière sur la procédure à suivre devant les tribunaux correctionnels. Ces lois se bornant à renvoyer expressément ou implicitement aux dispositions du code d'instruction criminelle, on en pouvait conclure que, lorsqu'il s'agissait d'une poursuite devant la juridiction correctionnelle, la citation, notamment, demeurait régie par la disposition de l'art. 183 c. instr. crim., et que, dès lors, il suffisait d'énoncer, conformément à cet article, le fait incriminé dans la citation, alors que ce fait devait être en même temps articulé et qualifié dans la citation donnée devant la cour d'assises.

1971. Cependant, une difficulté s'était élevée au sujet de la citation, devant le tribunal correctionnel, à raison des délits dont la poursuite par le ministère public était subordonnée à une plainte de la partie lésée, c'est-à-dire à raison des délits de diffamation et d'injure. Aux termes de l'art. 6 de la loi du 26 mai 1819, cette plainte devait, à peine de nullité, contenir à la fois l'articulation et la qualification du fait incriminé ; et si, en cas de poursuite devant la cour d'assises, on admettait que la procédure n'était pas nulle en l'absence de cette double énonciation, c'est parce qu'on devait nécessairement la rencontrer dans la citation donnée au prévenu par le ministère public en conformité de la plainte (V. supra, nᵒˢ 1227 et 1231). De là certains arrêts ont conclu que, sous le régime de la loi de 1819, la citation devant les tribunaux correctionnels devait être également assujettie aux formes alors prescrites pour la plainte, soit que la citation, comme émanant de la partie lésée, tînt lieu de cette plainte, soit que, donnée à la suite du ministère public, sur une plainte de la partie lésée, elle fût la réalisation de cette plainte. — Toutefois, les arrêts qui contiennent cette appréciation dans leurs motifs ont toujours validé la poursuite, bien que la citation ne contînt pas la qualification du fait incriminé, selon les exigences de l'art. 6 de la loi de 1819, mais en prenant le soin de déclarer que cette disposition devait être considérée comme abrogée par le décret du 17 févr 1852, et qu'elle ne régissait plus, dès lors, ni les formes de la plainte, ni celles de la citation. Le décret de 1852, en effet, en renvoyant, dans son art. 27, aux dispositions du code d'instruction criminelle, pour tout ce qui concernait les formes et délais des poursuites à raison des crimes ou délits de r ublication, que son art. 25 venait de soumettre pareillement aux règles du droit commun sur la compétence, a placé la citation devant les tribunaux correctionnels, comme la plainte qui continuait d'être exigée en matière de diffamation ou d'injure, sous l'application, non plus des art. 6 et 15 de la loi de 1819, mais des dispositions générales des art. 65 et 183 c. instr. crim. (Crim. rej. 17 août 1861, aff. Bouhier et Laurent, D. P. 61. 1. 302; Crim. cass. 22 janv. 1863, aff. Ailhaud et Gauthier, D. P. 63. 1. 31; Bourges, 25 mai 1866, aff. Benoît d'Azy, D. P. 66. 2. 103; Crim. rej. 19 janv. 1866, aff. Maurice Joly, D. P. 67. 1. 155). De ce renvoi absolu aux dispositions du code d'instruction criminelle il résultait que l'art. 183 c. instr. crim. régissait toute citation en police correctionnelle, notamment la citation émanée du ministère public à la suite d'une plainte de la partie lésée ; et comme la plainte n'était plus assujettie aux exigences de la loi de 1819, il n'était plus nécessaire, dès lors, de satisfaire à ces exigences dans la citation, si elles n'avaient pas été observées dans la plainte (V. supra, nᵒˢ 1227 et 1566).

1972. L'art. 6 de la loi du 26 mai 1819 était-il redevenu applicable, devant le tribunal correctionnel, à la plainte de la partie lésée par un délit de diffamation ou d'injure, et, dès lors. à la citation, en vertu de la loi de 1871 ? L'art. 1 de cette loi, après avoir rétabli la compétence du jury, disposait, en conséquence, que la poursuite, en matière de délits de publication, aurait lieu conformément à la loi du 27 juill. 1849 (V. supra, nᵒ 1723). La loi de 1871 n'avait-elle pas entendu par là faire revivre, en principe, la procédure organisée par la loi de 1819, et rétabli notamment, l'art. 6 de cette dernière loi en police correctionnelle, et, par suite, sur la citation? La cour de cassation, tout en déclarant, dans les motifs de ses arrêts, que, sous la législation antérieure au décret de 1852. l'art. 6 de la loi de 1819, édicté seulement en vue de poursuites devant la cour d'assises, régissait même la plainte en diffamation ou injure du ressort du tribunal correctionnel, et la citation tendant à saisir ce tribunal, a décidé que le décret précité avait définitivement fait rentrer la plainte et la citation dans le droit commun; que, par suite, il suffisait que le fait incriminé fût énoncé, conformément à l'art. 183 c. instr. crim., même sans y être qualifié, comme le voulait l'art. 6 de la loi de 1819, soit dans la plainte (Crim. rej. 17 juill. 1874, aff. Gouache. D. P. 75. 1. 101), soit dans la citation qui en tenait lieu (Crim. rej. 11 juin 1875, aff. Simond, D. P. 75. 1. 494); et que, par suite encore, l'inobservation même des prescriptions de l'art. 181 c. instr. crim. n'avait pas pour effet d'entraîner la nullité de la plainte ou de la citation (Même arrêt).

La même interprétation a été donnée à la loi du 29 déc. 1875, dont l'art. 1 reproduit textuellement l'art. 1 de la loi de 1871 (Lyon, 10 déc. 1880, aff. Ponet, D. P. 81. 2. 101). Engagés dans cette voie, les arrêts précités sont allés jusqu'à soustraire à la législation spéciale de 1819 les formes et les délais de la poursuite des délits de publication, aussi bien devant la cour d'assises que devant les tribunaux correctionnels pour les soumettre exclusivement au droit commun, sous l'unique réserve des dispositions de la loi de 1849, quant à la compétence du jury et à la forme de la citation directe devant la cour d'assises. Ils ont été conduits de la sorte à substituer également le droit commun à la procédure de la loi de 1819 sur l'information préalable (V. en sens contraire : D. P. 75. 1. 101, note).

1973. — 2ᵒ *Formes de la citation directe devant les tribunaux correctionnels, d'après la loi de 1881.* — De la jurisprudence que nous venons de résumer il résultait que la citation directe devant la juridiction correctionnelle était régie par le droit commun même en matière de diffamation et d'injure, et, à plus forte raison, lorsqu'il s'agissait de tout autre délit de publication de la compétence des tribunaux correctionnels. Cette citation différait donc de la citation concernant les délits de publication, de la compétence des cours d'assises (V. supra, nᵒ 1723).

La loi de 1881, après avoir soumis la citation devant la cour d'assises à des conditions plus rigoureuses encore que les conditions prescrites par la législation antérieure, rend quelques-unes d'entre elles communes à la citation devant les tribunaux correctionnels, qu'elle ne laisse plus, dès lors, sous l'empire du droit commun. L'art. 60 emprunte à l'art. 50 la nécessité de l'énonciation, dans la citation en police correctionnelle : 1ᵒ du fait incriminé et de sa qualification; 2ᵒ des textes de la loi qui sont applicables à la poursuite.

1974. La citation devant le tribunal correctionnel doit également énoncer, comme la citation devant la cour d'assises, quand elle émane de la partie lésée, l'élection de domicile de cette partie au lieu où siège le tribunal. Seulement cette énonciation n'est prescrite que par application de l'art. 183 c. instr. crim., c'est-à-dire en vertu du droit commun auquel renvoie le paragraphe 1 de l'art. 60 de la loi de 1881. La distinction est importante au point de vue des conséquences de l'inobservation de cette formalité (V. infrà, nᵒˢ 1981 et suiv.).

1975. La même citation se distingue, en outre, de celle que régit l'art. 50, en ce qu'il n'est pas besoin qu'elle soit notifiée au ministère public. Il en est ainsi, même quand il s'agit de citation pour diffamation comportant la preuve de la vérité des faits diffamatoires, dans le cas où ce délit est déféré exceptionnellement à la juridiction correctionnelle, c'est-à-dire quand il s'agit de la citation pour diffamation envers les directeurs ou administrateurs de l'une des entreprises financières que vise le paragraphe 2 de l'art. 35 (V. supra, nᵒˢ 1595 et 1776). — La solution contraire résulte, il est vrai, d'un arrêt qui a jugé que, dans ce cas, la citation doit être notifiée au ministère public conformément à l'art.

50 (Paris, 6 janv. 1883, aff. Ricard, D. P. 83. 2. 167). Mais cet arrêt dont les motifs généralisent la nécessité de la notification au ministère public, de toute citation en police correctionnelle, a été cassé comme ayant étendu à tort à la citation réglée par l'art. 60 une formalité qui n'a été exigée que pour la citation visée par l'art. 50 (Crim. cass. 19 juill. 1883, aff. Ricard, D. P. 84. 1. 46).

1976. Les énonciations spéciales que doit contenir la citation en matière de délit de publication ne sont exigées que dans les citations devant le juge de répression. L'ajournement devant la juridiction civile, tendant à la simple réparation du dommage causé, n'y est pas assujetti. On le jugeait ainsi déjà sous la loi de 1819, dont les art. 6 et 15, prescrivant l'articulation et la qualification du fait incriminé dans la plainte, le réquisitoire à fin d'information, l'arrêt de renvoi et même la citation en police correctionnelle, étaient déclarés inapplicables à l'action exercée devant les tribunaux civils, à raison. notamment, d'un délit de diffamation, l'exploit d'ajournement n'étant alors soumis qu'aux formalités énumérées dans l'art. 61 c. proc. civ., c'est-à-dire à la simple indication sommaire des moyens et de l'objet de la demande (Crim. rej. 5 mai 1847, aff. Marrast, D. P. 47. 1. 113). — Décidé, dans le même sens, que la disposition de l'art. 60 de la loi du 29 juill. 1881, prescrivant d'indiquer dans la citation le texte de loi applicable à la poursuite, est relative uniquement aux citations données devant les tribunaux correctionnels ou de simple police; que, spécialement, elle ne saurait concerner les citations devant la juridiction civile, alors que l'action civile a été intentée séparément de l'action publique; que, par suite, on ne doit pas considérer comme nulle la citation en dommages-intérêts donnée pour cause de diffamation devant le tribunal civil, bien qu'elle ne contienne pas l'indication du texte de loi applicable à la poursuite (Dijon, 31 janv. 1893, aff. Cardet et Ravaux, D. P. 93. 2. 193).

1977. — A. *Enonciation et qualification du fait incriminé.* — L'indication, dans la citation, du fait incriminé doit être précise. L'art. 60, en exigeant cette indication, substitue, pour plus de netteté, au mot *énoncer* employé dans l'art. 183 c. instr. crim. et au mot *articuler* écrit dans les art. 6 et 15 de la loi du 26 mai 1819, l'expression *précis r* (V. *suprà*, n° 1971). — L'art. 60 se borne à exiger, quant à l'énonciation, dans la citation devant le tribunal correctionnel du fait incriminé, que ce fait y soit précisé. Il ne reproduit pas la disposition de l'art. 50, qui veut que la citation devant la cour d'assises contienne l'indication des écrits, imprimés, placards, dessins, gravures, peintures, médailles ou emblèmes, discours ou propos publiquement proférés, qui seront l'objet de la poursuite (V. *suprà*, n°s 1725 et suiv.). D'après un arrêt, cette indication, qui se rattache à l'obligation de préciser le fait poursuivi, est nécessaire aussi bien dans la citation en police correctionnelle que dans la citation devant la cour d'assises, l'art. 60 devant, à cet égard, être combiné avec l'art. 50 (Grenoble, 23 janv. 1884, aff. Gerboud, D. P. 84. 2. 217. — Contrà, D. P. *ibid.*, notes 1 et 2). V. au surplus, quant aux conditions auxquelles l'indication de l'écrit poursuivi sera suffisamment précisée d'après la jurisprudence, *suprà, loc. cit.*

1978. Il n'est pas nécessaire que la citation, quand elle émane de la partie lésée, contienne, outre l'indication précise du fait incriminé, l'objet de la demande dans ses rapports avec l'action civile, conformément aux prescriptions de l'art. 61 c. proc. civ.; ni, dès lors, que le plaignant y prenne des conclusions à fins pécuniaires. En tout cas, l'assignation est réputée tendre à une condamnation pécuniaire, lorsqu'il y est conclu à ce que le défendeur soit condamné aux peines portées par la loi avec dépens, le plaignant étant libre de limiter aux dépens la réparation à laquelle il prétend avoir droit (Limoges, 7 juill. 1869, aff. Fayette, D. P. 69. 2. 156).

1979. Quant à la qualification du fait poursuivi, V. *suprà*, n° 1728.

1980. — B. *Indication du texte de loi applicable à la poursuite.* — V. *suprà*, n°s 1729 et suiv.

1981. — C. *Effets de l'inobservation des prescriptions de l'art. 60.* — L'art. 60 déclare expressément que les énonciations qu'il exige dans la citation donnée devant les tribunaux correctionnels sont prescrites à peine de nullité. Cette disposition déroge au droit commun, l'art. 183 c. instr. crim. n'attachant pas la peine de la nullité à l'inobservation des formes ordinaires de la citation; par suite, elle n'est pas applicable à l'élection de domicile, qui n'est imposée à la partie lésée que par ledit article. On sait, au contraire, que l'omission de cette élection de domicile, dans une citation en cour d'assises, en entraînerait la nullité par application de l'art. 50. — La nullité prononcée par l'art. 60 est-elle d'ordre public ? V. *suprà*, n°s 1737 et suiv.

1982. Au surplus, il y a lieu de s'en référer au droit commun, relativement aux formes habituelles de la citation, pour tout ce qui ne concerne pas l'incrimination des faits poursuivis. Jugé, en ce sens, que, si l'art. 60 de la loi du 29 juill. 1881 exige, à peine de nullité, que la citation précise et qualifie le fait incriminé et indique le texte de la loi applicable à la poursuite, il n'apporte aucune autre dérogation aux art. 182 et 183 c. instr. crim.; que, par suite, ces articles relatifs à la forme des citations dans les matières correctionnelles, demeurent applicables dans leurs dispositions générales aux poursuites exercées devant la juridiction correctionnelle en vertu de la loi du 29 juill. 1881 (Paris, 21 mars 1890, aff. Robert, D. P. 91. 2. 24).

1983. Par application de ces mêmes articles du code d'instruction criminelle, il a été jugé que les personnes lésées par un même délit de diffamation peuvent valablement citer le prévenu par un seul et même exploit (Crim. rej. 28 mai 1891, aff. Burtel, D. P. 91. 1. 399).

1984. — III. Délai de la citation. — Le délai de la citation devant les tribunaux correctionnels, à raison des délits de publication de la compétence de ces tribunaux, est réglé par le droit commun, auquel renvoie le paragraphe 1 de l'art. 60 (V. *suprà*, n° 1196). C'est également au droit commun que se référeraient l'art. 31 de la loi du 26 mai 1819 (*Rép.* p. 407), l'art. 17 de la loi du 25 mars 1822, et l'art. 27 du décret du 17 févr. 1852. La disposition du code d'instruction criminelle à laquelle se référait la législation antérieure à la loi de 1881, et à laquelle renvoie, à son tour, l'art. 60 de la loi de 1881, est celle de l'art. 184 c. instr. crim., qui fixe le délai de la citation en police correctionnelle à trois jours, outre un jour par trois myriamètres de distance entre le domicile du prévenu et le lieu où siège le tribunal.

1985. Toutefois, la loi de 1881 renferme une innovation relative au délai ordinaire de la citation pour le cas de délits de diffamation ou d'injure commis envers des candidats à une fonction élective pendant la période électorale. On sait que cette période, fixée à quarante-cinq jours, sous la loi du 21 avr. 1849 (D. P. 49. 4. 92), est réduite à vingt jours depuis la loi du 16 juill. 1850 (D. P. 50. 4. 164). Le délai de la citation à raison des délits de diffamation ou d'injure, soumis à la compétence des tribunaux correctionnels, les candidats à une fonction élective n'étant que de simples particuliers (V. *suprà*, n° 967), est réduit de trois jours à vingt-quatre heures, outre le délai de distance, afin de permettre un débat à bref délai (D. P. 81. 4. 86, note 9).

1986. Le délai de la citation est franc, qu'il s'agisse du délai ordinaire de trois jours fixé par l'art. 184 c. instr. crim., ou du délai exceptionnel de vingt-quatre heures fixé par l'art. 60 (D. P. 81. 4. 86, note 9).

1987. La procédure exceptionnelle établie pour le jugement des flagrants délits est, aux termes de l'art. 7 de la loi du 20 mai 1863, qui organise cette procédure (D. P. 63. 4. 109), inapplicable aux délits commis par la voie de la presse ou par tous autres moyens de publication.

1988. L'inobservation du délai de la citation entraîne la nullité de la condamnation par défaut qui interviendrait ensuite. Mais, si le prévenu a comparu sur une citation indiquant un délai inférieur au délai légal, il ne peut en proposer la nullité qu'à la première audience et avant toute exception et défense (c. instr. crim. art. 184) (V. *Rép.*, v° *Exploit*, n° 743).

1989. En ce qui concerne les significations à faire et les délais à observer quand le prévenu offre de faire la preuve des faits diffamatoires, dans les cas où cette preuve est admise, c'est-à-dire dans le cas de diffamation envers les directeurs ou administrateurs d'entreprises industrielles ou commerciales faisant publiquement appel au crédit, V. *suprà*, nᵒˢ 1776 et suiv.

§ 2. — Procédure par voie d'information préalable.

1990. En vertu de l'art. 182 code d'instr. crim. la poursuite des délits de droit commun peut avoir lieu, devant les tribunaux correctionnels, non seulement par voie de citation directe, mais encore par voie d'information préalable. Sous la législation antérieure à la loi de 1881, le droit, pour le ministère public, d'opter entre ces deux modes de poursuites était également admis à l'égard des délits de publication poursuivis devant le tribunal correctionnel ; cela résultait du renvoi au droit commun, que renfermaient les lois citées *suprà*, nᵒ 1767).

Cette faculté d'option, conférée en termes formels au ministère public, devant la cour d'assises, par l'art. 48 de la loi de 1881 (V. *suprà*, nᵒˢ 1667 et 1714), lui est également donnée, devant la juridiction correctionnelle, par l'art. 60 de la même loi. Cet article, après avoir réglé les formes de la citation directe en police correctionnelle, ajoute, en effet : « sont applicables en cas de poursuite et de condamnation les dispositions de l'art. 48 de la présente loi » (D. P. 81. 4. 86).

1991. Le droit ainsi accordé au ministère public de requérir une information préalable est absolu : il ne peut pas être paralysé par l'existence d'une citation directe émanée de la partie lésée (*Rép.* nᵒ 1554. Conf. Crim. cass. 18 juin 1824, *Rép.* nᵒˢ 1553 et 1494).

Il est, d'ailleurs, hors de doute que le tribunal saisi par une citation directe a aussi la faculté de mettre l'affaire en information lorsque, d'après le libellé de la citation, il lui paraît qu'une instruction préalable est nécessaire (Arrêt précité du 18 juin 1824).

1992. La loi du 29 juill. 1881 ne s'est pas contentée de renvoyer purement et simplement au droit commun en ce qui concerne la procédure d'information préalable devant le tribunal correctionnel, comme elle l'a fait dans le paragraphe 1 de l'art. 60 en ce qui concerne la citation directe. En effet, tandis que, pour les délits de droit commun, le réquisitoire que le ministère public adresse à fin d'informer au juge d'instruction, n'est soumis à aucune forme spéciale par l'art. 47 c. instr. crim., ce réquisitoire a toujours été assujetti à des formes particulières par la législation sur les délits de publication. D'après l'art. 6 de la loi du 26 mai 1819, le réquisitoire à fin d'information devait, à peine de nullité de la poursuite, contenir l'articulation et la qualification des faits incriminés. Cet article ne distinguait pas entre le cas où le réquisitoire portait sur des faits à déférer à la cour d'assises et celui où il s'appliquait à des délits laissés dans les attributions des juges correctionnels (V. *suprà*, nᵒ 1671). Le réquisitoire introductif n'était retombé sous l'empire du droit commun qu'avec le décret du 17 févr. 1852, dont l'art. 27, resté en vigueur jusqu'à la loi de 1881, renvoyait la poursuite des crimes et délits de publication aux formes et délais du code d'instruction criminelle (V. *suprà*, nᵒ 1667).

1993. L'art. 48 de la loi de 1881, auquel se réfère l'art. 60-3ᵒ de la même loi, revient aux exigences de l'art. 6 de la loi de 1819, en leur donnant plus d'extension encore. Aux termes du nouvel article, le ministère public doit énoncer, dans son réquisitoire à fin d'information préalable, outre l'articulation et la qualification des faits incriminés, les textes de loi dont l'application est demandée. Et, comme sous la loi de 1819, c'est sous peine de nullité de la poursuite et, dès lors, de la condamnation, que ces formes du réquisitoire doivent être observées. — *Contrà* : Dutruc, p. 217, et Barbier, t. 2, nᵒ 964. Ces auteurs prétendent relever une erreur matérielle dans le texte de l'art. 60. Ce serait à l'art. 49 concernant la détention préventive et la saisie, et non pas à l'art. 48, que renverrait l'art. 60 ; mais la cour de cassation a rejeté cette opinion (V. *suprà*, nᵒ 1703).

1994. Cette nullité est encourue sans difficulté lorsque l'action est exercée à la diligence du ministère public (Moti's, Crim. rej. 16 nov. 1843, *Rép.* nᵒ 1470-2ᵒ). — Que doit-on décider si la réquisition d'une information préalable a été précédée d'une citation directe de la partie lésée, citation qui ne met pas obstacle à la procédure d'information? Il a été jugé, sous la loi de 1819, qu'il suffisait, en ce cas,

que la citation directe, subordonnée par cette loi aux mêmes conditions de validité que le réquisitoire, satisfît à ces conditions (Arrêt précité du 16 nov. 1843). — La citation devait, à plus forte raison, suppléer au défaut d'énonciation dans le réquisitoire, du fait incriminé, depuis le décret du 17 févr. 1852, qui, abrogeant l'art. 6 de la loi de 1819, laissait ce réquisitoire dans le droit commun, d'après lequel le réquisitoire n'est assujetti à aucune forme spéciale (V. *suprà*, nᵒ 1992). Jugé, en ce sens, postérieurement au décret de 1852, que le prévenu, auquel la citation a donné une indication précise des faits dont il est appelé à se justifier, n'est pas fondé à critiquer l'insuffisance prétendue du réquisitoire introductif et du réquisitoire définitif quant à l'énonciation des éléments de la prévention, ce dernier acte ne devant pas d'ailleurs lui être signifié (Crim. rej. 19 janv. 1866, aff. Maurice Joly, D. P. 67. 1. 505). — La même solution nous paraît encore devoir être admise sous la loi de 1881, bien que cette loi fasse, de nouveau, dépendre la validité du réquisitoire à fin d'information préalable des énonciations indiquées *suprà*, *loc. cit.* La citation directe qui précède le réquisitoire est, en effet, la véritable base de la poursuite, pourvu que le réquisitoire n'en ait pas changé l'objet. Elle instruit complètement l'inculpé du fait qui lui est imputé, et le ministère public qui croit devoir soumettre sa poursuite à une information n'a plus à tenir compte que du droit commun, en vertu duquel ses réquisitions ne sont assujetties impérativement à aucune forme déterminée.

1995. Sur les formalités prescrites pour la validité du réquisitoire à fin d'information préalable, qui sont communes, soit au réquisitoire devant la cour d'assises ou les tribunaux correctionnels, soit à la citation devant les mêmes juridictions, V. *suprà*, nᵒˢ 1672 et suiv.; 1724 et suiv.

1996. La procédure à suivre devant le magistrat instructeur est régie par les dispositions du code d'instruction criminelle, qui édicte, à cet égard, les mêmes règles, en matière de crimes et en matière de délits (V. *suprà*, nᵒˢ 1675 et suiv.).

1997. La loi de 1881 ne renvoie pas, pour le cas de poursuite devant les tribunaux correctionnels, à l'art. 49 qui, en matière de crimes ou délits de la compétence des cours d'assises, investit le magistrat instructeur du droit de prendre, au cours de l'instruction, les mesures qui se rapportent, d'une part, à la saisie préalable de l'écrit ou du dessin poursuivi (V. *suprà*, nᵒ 1678 et suiv.), et, d'autre part, à la mise en arrestation de l'inculpé (V. *suprà*, nᵒ 1689 et suiv. Comp. Paris, 13 juin 1888, aff. Drumont, Marpon et Flammarion, D. P. 89. 2. 6). De cette absence de renvoi à l'art. 49, lorsque la poursuite a lieu devant la juridiction correctionnelle, il faut conclure que, si l'information porte sur un délit de la compétence des tribunaux correctionnels, le juge d'instruction n'est pas investi des pouvoirs résultant, soit de la disposition précitée de l'art. 49, soit, à plus forte raison, des dispositions du code d'instruction criminelle qui sont modifiées même devant la cour d'assises. Ainsi, d'une part, l'œuvre incriminée ne peut pas être saisie, fût-elle dans les conditions qui, d'après l'art. 49, en autoriseraient la saisie (V. *suprà*, nᵒˢ 1682 et suiv.) ; d'autre part, aucun mandat d'arrêt ne peut être décerné contre l'inculpé, fût-il dans la situation où l'art. 49 permet, par exception, la mise en arrestation pour un simple délit, c'est-à-dire, sans domicile en France (V. *suprà*, nᵒˢ 1691 et suiv.).

1998. Le droit de saisie et d'arrestation préventive ne redevient applicable au cas d'information ayant pour objet un délit de la compétence des tribunaux correctionnels, qu'à l'égard du délit d'outrage aux bonnes mœurs. Ce délit pouvait, aux termes du paragraphe 2 de l'art. 28 de la loi de 1881, donner lieu, lorsqu'il résultait d'une mise en vente, distribution ou exposition de dessins, gravures, peintures, emblèmes ou images obscènes, à la saisie préventive autorisée, sans condition et sans restriction, par l'art. 89 c. instr. crim (V. *suprà*, nᵒ 1688). Il peut, en outre, d'après l'art. 1 de la loi du 2 août 1882, servir de base, non seulement à la mesure de la saisie préventive, mais encore à celle de l'arrestation préventive de l'inculpé permise par l'art. 91 c. instr. crim., lorsqu'il a été commis, soit par l'un des mêmes moyens, soit par écrits, autres que le livre ou par la parole car il cesse alors d'être régi par la loi de 1881 (V. *suprà*, nᵒˢ 1688, 1695 et suiv.).

1999. L'outrage aux bonnes mœurs commis par le livre ou par la parole peut également entraîner la saisie préventive du livre et l'arrestation préventive de l'inculpé, bien que ce délit ait conservé le caractère spécial d'un délit de publication, dans le sens de la loi de 1881. Mais si l'une et l'autre mesure d'instruction sont légitimes, c'est que ce dernier délit, se trouvant placé dans la compétence de la cour d'assises, comporte, l'application des mesures autorisées par l'art. 49 de la loi de 1881 (V. *suprà*, nos 1688, 1695 et suiv.). Le juge d'instruction n'ayant plus le droit de pratiquer une saisie préventive en matière correctionnelle, on ne rencontre pas, dans la loi de 1881, de disposition analogue à celle des art. 7 à 11 de la loi du 26 mai 1819, concernant les délais de procédure obligatoires en cas de saisie. Ces délais avaient été, d'ailleurs, supprimés par le décret de 1852, et la loi de 1881 ne les a pas reproduits même en ce qui concerne les crimes et les délits de publication déférés à la cour d'assises (V. *suprà*, nos 1679 et suiv.).

2000. Les dispositions du code d'instruction criminelle régissent la procédure postérieure à l'instruction. — Si l'instruction aboutit au renvoi de l'inculpé devant le tribunal correctionnel, il est nécessaire de l'avertir du délit qui fait l'objet de la prévention, comme le réquisitoire à fin d'information l'a instruit des faits qui formaient l'objet de l'inculpation (V. *suprà*, n° 1993).

2001. Aux termes de l'art. 134 c. instr. crim., l'ordonnance du juge d'instruction qui prononce ce renvoi doit contenir, outre les nom, prénoms, âge, lieu de naissance et domicile du prévenu, « l'exposé sommaire et la qualification du fait qui lui est imputé » (V. *Rép.* v° *Instruction criminelle*, n° 839). Sous la loi du 26 mai 1819, ces énonciations, identiques à celle du réquisitoire introductif, se trouvaient dans la décision de la chambre du conseil, dont les pouvoirs ont été transférés au juge d'instruction par la loi du 17 juill. 1856. Elles suffisaient à la validité du nouvel avertissement à donner au prévenu appelé à se défendre devant le juge de répression. Aussi, la loi de 1819 s'est-elle abstenue d'en déterminer les formes, contrairement à ce qu'elle a fait pour l'arrêt de renvoi devant la cour d'assises (V. *suprà*, n° 1712). La notification de l'ordonnance portant renvoi devant le tribunal correctionnel satisfaisant aux exigences de la loi de 1819, lorsque les énonciations énumérées dans l'art. 34 c. instr. crim. s'y rencontraient, la citation qui pouvait être donnée au prévenu, indépendamment de cette décision, n'était assujettie qu'à l'observation des formes édictées par l'art. 183 c. instr. crim. ; les formes prescrites par la loi de 1819 n'étaient applicables qu'aux citations directes (V. *suprà*, nos 1971 et suiv.). C'était la même règle que lorsqu'il s'agissait de la citation signifiée à la suite d'un arrêt de renvoi devant la cour d'assises (V. *suprà*, nos 1750). — Les énonciations de l'ordonnance de renvoi sont devenues manifestement insuffisantes depuis la loi de 1881 qui veut, à peine de nullité, que le prévenu soit averti, non plus seulement du fait à lui imputé et de la qualification que lui imprime la poursuite, mais encore des textes de loi qui sont applicables à ce fait (V. *suprà*, nos 1973 et suiv.). L'ordonnance de renvoi en police correctionnelle ne contenant pas l'indication de ces textes, il est indispensable qu'une citation ultérieure les fasse connaître au prévenu. Tout ce que nous avons dit à propos de l'arrêt de renvoi pour délit devant la cour d'assises est applicable ici (V. *suprà*, nos 1713 et suiv., 1744 et suiv., 1750).

§ 3. — De la comparution devant les tribunaux correctionnels

2002. Nous avons dit *suprà*, n° 1828, que, dans le cas de citation devant la cour d'assises, le prévenu est réputé comparaître et défendre aux débats sont contradictoires si le prévenu assiste à l'appel des jurés qui précède la formation du jury de jugement, même s'il se retire pendant le tirage au sort des jurés et, à plus forte raison, s'il a assisté à cette opération et ne s'est retiré qu'après l'ouverture des débats. En cas de citation devant le tribunal correctionnel, l'art. 10, § 2, de la loi du 11 mai 1868 (D. P. 68. 4. 52) portait que « le prévenu qui a comparu devant le tribunal ou devant la cour ne peut plus faire défaut ». On en concluait que le prévenu qui s'est présenté devant le tribunal ou devant la cour,

fût-ce pour proposer une exception ou pour demander seulement la remise de la cause, était réputé comparaître et devait être jugé contradictoirement, même sur le fond (Exposé des motifs de la loi de 1868, *ibid.* Circ. min. just. 4 juin 1868, D. P. 68. 3. 57; Trib. corr. Seine, 21 oct. 1868, aff. Journal *Le Figaro*, et 18 nov. 1888, aff. Journal *La Foudre*, D. P. 78. 2. 225, notes 1 et 2). Seulement la loi de 1868 ne réglementait spécialement que la presse périodique, et l'on décidait que la disposition précitée ne s'étendait pas aux délits commis par d'autres moyens de publication (Rennes, 26 déc. 1877, aff. H..., D. P. 78.2. 225) et, notamment, que l'individu poursuivi correctionnellement, à raison d'un délit de la parole, pouvait faire défaut, au fond, bien qu'il eût comparu devant le tribunal afin seulement de solliciter un sursis en se fondant sur ce qu'il avait adressé à la cour de cassation une demande en renvoi pour cause de suspicion légitime (Même arrêt). On appliquait alors au prévenu la disposition générale de l'art. 186 c. instr. crim., qui se borne à dire, il est vrai, que « lorsque le prévenu ne comparaît pas, il sera jugé par défaut », mais qui est interprétée en ce sens que le prévenu conserve la faculté de faire défaut, tant qu'il n'a pas conclu au fond.

2003. Le renvoi formulé dans l'art. 60, § 1, de la loi de 1881 au code d'instruction criminelle a rendu l'art. 186 applicable à la poursuite de tous les délits de publication déférés aux tribunaux correctionnels, quel que soit le moyen par lequel ils sont commis et légalement caractérisés.

Il résulte aussi de ce renvoi que, l'art. 185 c. instr. crim. étant applicable, le prévenu est tenu de comparaître en personne lorsque le délit de publication déféré à la juridiction correctionnelle entraîne la peine de l'emprisonnement, tandis que, sous la loi du 26 mai 1819, il était dispensé de cette comparution personnelle même pour les délits passibles de l'emprisonnement (V. *suprà*, n° 1834, et *Rép.* v° *Instruction criminelle*, n° 934 et suiv.).

§ 4. — De la procédure contradictoire devant le tribunal correctionnel. — Du jugement.

2004. La procédure qui s'engage contradictoirement entre le ministère public et la partie civile, d'une part, et le prévenu qui a comparu, d'autre part, est déterminée aussi bien que la forme du jugement à intervenir, par le code d'instruction criminelle en vertu du renvoi que l'art. 60 de la loi de 1881 fait aux règles établies par ce code en ce qui concerne la poursuite des délits de publication devant la juridiction correctionnelle.

2005. En ce qui concerne la preuve de la vérité des faits diffamatoires imputés aux directeurs ou administrateurs d'entreprises industrielles ou commerciales faisant publiquement appel au crédit, V. *suprà*, n° 1776.

2006. L'art. 49 de la loi du 29 juill. 1881, d'après lequel l'arrêt, en cas de condamnation, pourra ordonner la saisie et la suppression ou la destruction des exemplaires mis en vente, est au nombre des dispositions qui concernent la poursuite et la répression des crimes et délits déférés à la cour d'assises; et l'art. 60 de la même loi, déterminant celles de ces dispositions que peuvent appliquer les tribunaux correctionnels, vise l'art. 48 et non l'art. 49 En conséquence, dans le cas de diffamation commise par la voie de la presse, les tribunaux correctionnels ne peuvent ordonner, en vertu de l'art. 49, la saisie et la destruction des exemplaires contenant les passages visés dans la condamnation (Paris, 13 juin 1888, aff. Drumont, Marpon et Flammarion, D. P. 89. 2. 6. — V. *suprà*, n° 1164 et suiv.).

§ 5. — Des voies ordinaires de recours. — Opposition. — Appel.

2007. — I. Opposition. — Lorsque la décision de la juridiction correctionnelle, en matière de délits de publication, est rendue par défaut, elle est attaquable par la voie de l'opposition, dans les formes et les délais réglés par les art. 187 et 188 c. instr. crim., en ce qui concerne les décisions de première instance, et par l'art. 208 du même code, en ce qui concerne les décisions des juges d'appel (V. *Rép.*, v° *Instruction criminelle*, n° 940; *Jugement par défaut*, n° 422 et *Appel en matière criminelle*, n° 335). Cela résulte implicitement du renvoi que l'art. 60 fait au droit commun.

2008. — II. Appel. — Par l'effet du même renvoi, la loi de 1881 soumet, de même, l'appel des jugements correctionnels rendus sur la poursuite d'un délit de publication aux dispositions des art. 199 à 205, 207 à 215 c instr. crim. (V. *supra*, v° *Appel en matière criminelle*, n°s 31 et suiv.). La loi du 29 déc. 1875 dérogeant, en matière de délits de publication portés devant les tribunaux correctionnels, aux règles du code d'instruction criminelle sur l'appel, disposait, dans son art. 9, que « l'appel contre les jugements qui auront statué tant sur les questions de compétence que sur tous autres incidents, ne sera formé à peine de nullité qu'après le jugement définitif et en même temps que l'appel contre ledit jugement » (D. P. 76. 4. 30). Il était décidé, en vertu de cette loi, que, dans une poursuite en diffamation, le jugement qui a repoussé une demande en récusation dirigée contre l'un des juges n'est pas soumis à l'effet suspensif du délai de l'appel, et que ledit juge peut, dès lors, prendre part au jugement du fond sans qu'aucune nullité soit encourue (Crim. rej. 18 mars 1880, aff. Bonnefoux et Privat, D. P. 81. 1. 142. V. aussi Bourges, 10 mars 1876, aff. Sanguinetti, D. P. 77. 2. 38 ; Riom, 15 mars 1876, aff. Sinibrice, D. P. 76. 2. 109). — Les effets de l'appel étant, aujourd'hui régis par le droit commun, l'appel de tout jugement autre que les jugements préparatoires ou d'instruction, est recevable avant le jugement définitif, et cet appel est suspensif, comme sous la législation antérieure à la loi de 1875, en vertu de l'art. 203 c. instr. crim.

2009. Quant aux jugements susceptibles d'appel, il a été décidé que lorsque, sur une poursuite en diffamation, le tribunal correctionnel n'a appliqué qu'une peine de simple police pour contravention d'injure, sans qu'aucun renvoi ait été demandé, le jugement est en dernier ressort, quoique le débat se soit lié sur un délit correctionnel (Riom, 24 déc. 1829, *Rép.* n° 1557-1° ; C. cass. de Belgique, 29 nov. 1883, *ibid.* n° 1557-2°) ; à moins que l'appel ne soit fondé sur ce que le fait incriminé aurait été à tort considéré comme un simple contravention d'injure et constituerait un délit d'injure ou de diffamation (Crim. rej. 4 août 1826, *Rép.* n°s 151 et 82).

2010. Décidé également, quant aux personnes qui ont qualité pour interjeter appel, que le ministère public peut frapper d'appel tout jugement d'acquittement sur une poursuite dont l'exercice était subordonné à la plainte de la partie lésée, même intervenu sur une poursuite dont l'exercice était subordonné à la plainte de la partie lésée, et bien que, dès lors, il n'y ait pas d'appel de la partie lésée qui figurait au procès comme partie civile (Crim. cass. 13 avr. 1820, *Rép.* n° 1562 ; Crim. 5 juin 1845, *Rép.* n° 726, D. P. 45. 1. 348). — Jugé toutefois, en sens contraire, sur ce point, que le ministère public n'a pas plus qualité pour interjeter appel d'un jugement dont la partie civile n'a pas appelé, qu'il ne pourrait intenter l'action d'office (Bourges, 26 août 1830, *Rép.* n° 1562 ; Paris, 24 juin 1831, *ibid.*).

2011 L'exécution, par le gérant d'un journal, du jugement qui a ordonné l'insertion d'une réponse ne peut être considérée comme un acquiescement à ce jugement et élever une fin de non-recevoir contre l'appel interjeté par ce gérant après l'insertion (Douai, 16 juin 1845, aff. Dayez, D. P. 48. 2. 11).

2012. Plusieurs prévenus de délits de presse, renvoyés par une ordonnance devant le tribunal correctionnel et condamnés par un seul jugement, peuvent être valablement, en appel, soumis à un débat distinct, et condamnés

par des arrêts séparés, alors qu'ils étaient inculpés de faits distincts, sans indivisibilité, ni connexité ; ils ne sont pas recevables à se faire de cette division un grief de cassation, surtout si elle n'a soulevé de leur part aucune réclamation devant la cour d'appel et ne leur a causé aucun dommage (Crim. rej. 5 juill. 1873, aff. Duportal et Marcou, D. P. 74. 1. 407). Bien que, dans le dispositif de ses conclusions devant la cour d'appel, le prévenu n'ait pas demandé expressément une audition de témoins requise devant le tribunal, et ait conclu purement et simplement à son renvoi de la plainte, la cour n'a pas moins le droit d'ordonner la preuve demandée par lui en première instance ; elle ne commet au l'ordonnant aucun excès de pouvoir, et ne peut, en ce cas, reprocher à l'arrêt une omission de statuer au fond (Crim. rej. 16 août 1884, aff. Schwob, D. P. 85. 1. 181).

Sect. 3. — Procédure devant les tribunaux de simple police.

2013. L'art. 60, § 1, de la loi de 1881 soumet aux dispositions du droit commun la procédure à suivre devant les tribunaux de simple police à l'égard des infractions à la même loi qui sont de la compétence de ces tribunaux. Il est à remarquer toutefois que, confondant dans un même renvoi au code d'instruction criminelle, la procédure devant les tribunaux correctionnels et la procédure devant les tribunaux de simple police, l'article précité se réfère aux seules dispositions du chapitre 2, tit. 1, liv. 2, de ce code qui ne concernent que les tribunaux correctionnels et sont étrangères à la procédure devant les tribunaux de simple police, objet du chapitre 1 du même titre. Il est manifeste, néanmoins, que ce sont les dispositions du chapitre 1, et non celles du chapitre 2, qui doivent recevoir leur application à la poursuite des infractions de la compétence du juge de simple police (D. P. 81. 4. 86). — Il ne saurait, d'ailleurs, être question ici de la poursuite par voie de citation directe, soit de la part du ministère public, soit de la part de la personne lésée ; la procédure de l'information préalable est inapplicable à la poursuite des contraventions de simple police, bien que cette procédure puisse se terminer par un renvoi devant le tribunal de simple police, quand le juge instructeur ou la chambre des mises en accusation estiment que le fait incriminé comme un délit n'est qu'une simple contravention (c. instr. crim. art. 61, 129 et 230. — V. *Rép.*, v° *Instruction criminelle*, n° 817).

2014. La forme de la citation devant le tribunal de simple police, est régie, non par l'art. 145 c. instr. crim., mais par l'art. 60-3°, dont la disposition générale ne comporte aucune distinction entre la juridiction de simple police et la juridiction correctionnelle (V. *supra*, n°s 1973 et suiv. ; Trib. pol. Tours 30 mars 1882) [1]. Mais il a été jugé en ce sens : 1° que les formes de la citation imposées à peine de nullité par l'art. 60, § 3, de la loi du 29 juill. 1881 sur la presse, s'appliquent aux poursuites qui sont portées en vertu de cette loi devant le tribunal de simple police, aussi bien qu'aux poursuites correctionnelles ; que l'exploit qui énonce que le prévenu est cité devant le juge de police pour avoir en tel lieu, tel jour, par des discours, cris ou menaces, injurié le plaignant en disant « qu'il avait agi comme un saligot, qu'il était une canaille », n'est pas vise en même temps l'art. 33, § 3, de la loi du 29 juill. 1881 et l'art. 471-11° c. pén., répond complètement aux prescriptions de la loi (Crim. cass. 7 avr. 1887, aff. Barteau, D. P. 88. 1. 282) ; — 2° Que la citation donnée à comparaître devant le juge de police pour injures non publiques répond pleinement aux

(1) (Bellon C. Audru.) — Le tribunal ; — Sur la fin de non-recevoir opposée par le défendeur ; vu la citation du 20 mars 1882 et les art. 34, § 3, 45 et 60, § 3, de la loi du 29 juill. 1881 : — Attendu qu'aux termes de l'art. 34, § 3, de la loi du 29 juill. 1881, l'injure non publique est punie de la peine prévue par l'art. 471 c. pén. ; — Qu'aux termes de l'art. 45 de ladite loi, sont renvoyées devant les tribunaux de simple police les contraventions prévues par les art. 2, 13, 17, § 1 et 3, 21 et 34, § 3 ; — Attendu que d'après l'art. 60 la poursuite devant les tribunaux correctionnels de simple police sera faite conformément aux dispositions du chapitre 2 du titre 1 du liv. 2 c. instr. crim. ; — Que le paragraphe 3 dudit art. 60 prescrit que la citation précisera et qualifiera le fait incriminé et qu'elle indiquera le texte de loi applicable à la poursuite, le tout à peine de nullité de ladite poursuite ; — Attendu que si la citation du 20 mars a précisé le fait incriminé, elle ne le qualifie pas, qu'elle n'indique ni même ne vise le texte de loi applicable ; que le demandeur ne s'est donc pas conformé au texte impératif de la loi ; — Que l'on objecterait en vain que cette disposition de la loi n'est pas applicable aux poursuites devant le tribunal de simple police ; — Qu'en effet, la combinaison des art. 33, § 3, 45 et 60 ne laisse aucun doute à cet égard ; — Statuant en dernier ressort : — Annule la citation du 20 mars ; — Déclare la demande non recevable en la forme ; — Condamne Bellon aux dépens. — Du 30 mars 1882.-Tribunal de simple police de Tours.-M. Tillement, pr.

prescriptions de l'art. 60, § 3, de la loi du 29 juill. 1881, en visant l'art. 471-11° c. pén., et qu'il n'est pas nécessaire qu'elle vise en même temps l'art. 33, § 3, de cette loi (Crim. cass. 28 févr. 1889, aff. Didenée et Didry, D. P. 90. 1. 186) ; — 3° Que la citation relative à une contravention d'injures non publiques qui, après avoir indiqué avec précision les écrits poursuivis et qualifié les faits, vise l'art. 33 de la loi du 29 juill. 1881 et l'art. 471 c. pén., répond pleinement aux prescriptions de l'art. 60. § 3, de la loi du 29 juill. 1881 ; il n'est pas nécessaire qu'elle vise, en outre, le paragraphe de chacun de ces articles qui prévoit spécialement l'injure non publique (Crim. rej. 9 mai 1891, aff. Dame Caillot, D. P. 91. 1. 393).

2015. En dehors de la dérogation au droit commun que l'art. 60 consacre en ce qui concerne la forme de la citation, les règles du code d'instruction criminelle reprennent leur empire. C'est donc par le droit commun que sont déterminés, en matière de contravention de simple police aux lois de la presse: 1° le délai de la citation (c. instr. crim., art. 146); 2° le mode de comparution de l'inculpé (art. 147 et 152 du même code); 3° les effets de sa non-comparution et de sa condamnation *par défaut* (art. 149, 150 et 151); 4° la procédure après comparution de l'inculpé devant le juge de police (art. 153 à 158); 5° le jugement et son exécution (art. 159 à 165) ; 6° l'appel de ce jugement (art. 172 à 176).

2016. Quant au *désistement* et à ses effets sur la poursuite intentée soit devant les tribunaux correctionnels, soit devant le tribunal de simple police, V. *suprà*, n°ˢ 1254 et suiv.

Sect. 4. — Pourvoi en cassation.

2017. Les art. 61 et 62 de la loi du 29 juill. 1881 ont trait au pourvoi en cassation contre les décisions intervenues sur les poursuites réglementées dans les articles précédents. L'art. 61 détermine les conditions du pourvoi. L'art. 62 fixe le délai dans lequel le pourvoi en cassation doit être formé, et le délai dans lequel la cour de cassation est tenue de statuer sur le pourvoi.

§ 1er. — Conditions du pourvoi en cassation.

2018. Ces conditions se rapportent : 1° aux décisions susceptibles d'être déférées à la cour de cassation ; 2° aux personnes qui ont qualité pour former un pourvoi en cassation ; 3° à la forme du pourvoi en cassation.

2019. — I. Décisions susceptibles d'être déférées a la cour de cassation. — Les décisions, en matière de crimes, délits ou contraventions prévus par la loi de 1881, ne peuvent être attaquées par la voie du recours en cassation qu'autant qu'elles ont été rendues en dernier ressort, conformément à la disposition générale de l'art. 407 c. instr. crim. (V. *suprà*, v° *Cassation*, n°ˢ 23 et suiv.; 50 et suiv.; et *Rép.* eod. v° n°ˢ 60 et suiv.; 140 et suiv.).

2020. Cette voie de recours est donc ouverte : 1° contre tous les arrêts de la chambre des mises en accusation qui, après une information préalable, renvoient l'inculpé devant la juridiction répressive compétente (c. instr. crim., art. 296); 2° contre les arrêts émanés des cours d'assises (c. instr. crim., art. 408); 3° contre les arrêts émanés d'une cour d'appel sur l'appel des jugements des tribunaux correctionnels (c. instr. crim., art. 216), soit sur les poursuites exercées directement devant elles, en vertu des art. 479 et 483 c. instr. crim.; 4° contre les jugements émanés des tribunaux correctionnels sur l'appel des jugements des tribunaux de simple police (c. instr. crim., art. 177); 5° contre les jugements émanés des tribunaux de simple police qui ne prononcent pas de peine d'emprisonnement et ne condamnent l'inculpé qu'à une amende et à des réparations civiles n'excédant pas la somme de 5 francs (c. instr. crim., art. 172) (V. *suprà*, v° *Cassation*, loc. cit.).

2021. La voie du recours en cassation est pareillement ouverte contre les décisions en dernier ressort rendues sur des demandes incidentes, sauf la distinction à faire entre celles de ces décisions qui peuvent être attaquées avant l'arrêt définitif, et celles qui ne peuvent l'être qu'en même temps que cet arrêt (V. *infrà*, n°ˢ 2045 et suiv.).

2022. Les décisions par défaut peuvent être attaquées devant la cour de cassation, aussi bien que les décisions contradictoires, lorsqu'elles sont en dernier ressort, et après l'expiration des délais de l'opposition (c. instr. crim., art. 407) (V. *suprà*, v° *cassation*, n°ˢ 91 et suiv.).

2023. La voie du recours en cassation n'étant ouverte que contre les décisions en dernier ressort, il en résulte qu'elle n'existe : 1° ni contre les ordonnances du juge d'instruction, ces ordonnances étant susceptibles de recours devant la chambre des mises en accusation (c. instr. crim., art. 135); 2° ni contre les jugements rendus en matière de délits, par les tribunaux correctionnels, ces jugements étant toujours susceptibles d'appel (c. instr. crim., art. 199) (V. *suprà*, v° *Cassation*, n°ˢ 33 et suiv., et *Rép.* eod. v°, n° 83). — Jugé à cet égard, que lorsque la fin de non-recevoir tirée de ce qu'une poursuite exercée d'office par le ministère public, alors qu'elle était subordonnée à une plainte préalable de la partie lésée, a été rejetée par un jugement du tribunal correctionnel, non frappé d'appel sur ce point, le prévenu ne peut se pourvoir en cassation, quant au chef relatif à cette fin de non-recevoir, ni contre la décision en premier ressort qui l'a repoussé, quoiqu'elle soit, faute d'appel, passée en force de chose jugée, ni contre la décision, même rendue en dernier ressort, intervenue sur l'appel à l'appui duquel la fin de non-recevoir dont il s'agit n'a pas été reproduite (Crim. rej. 14 nov. 1840, *Rép.* n° 1574).

2024. — II. Personnes qui ont qualité pour se pourvoir en cassation. — L'art. 61 de la loi de 1881 dispose que le droit de se pourvoir en cassation appartiendra au prévenu et à la partie civile, quant aux dispositions relatives à ses intérêts civils. Le même droit appartient au ministère public, bien que l'art. 61 n'en parle pas.

2025. — 1° *Prévenu.* — L'art. 61 ne fait que consacrer, en matière de crimes, délits ou contraventions tombant sous l'application de la loi de 1881, le droit, pour le prévenu d'attaquer devant la cour de cassation toute décision en dernier ressort intervenue sur la poursuite dirigée contre lui. De là il résulte que le prévenu a la faculté d'attaquer devant la cour de cassation : 1° conformément à l'art. 299 c. instr. crim., l'arrêt de la chambre des mises en accusation qui le renvoie devant la cour d'assises, à raison d'un crime ou d'un délit de publication de la compétence de cette cour; 2° Conformément aux art. 373 et 408 c. instr. crim., tout arrêt de condamnation prononcé contre lui par la cour d'assises, sur l'action publique et sur l'action civile de la partie lésée ; — 3° Conformément à l'art. 413 c. instr. crim., tout arrêt de condamnation émané de la juridiction correctionnelle à raison d'un délit de publication de la compétence de cette juridiction, et toute condamnation prononcée en dernier ressort à raison d'une contravention ; — 4° Conformément à l'art. 416 c. instr. crim., toute décision en dernier ressort, sur une exception d'incompétence, ou toute décision préparatoire ou d'instruction, ou sur un incident également en dernier ressort.— L'art. 473 c. instr. crim. ne permet pas au prévenu de déférer à la cour de cassation une condamnation prononcée par contumace.

2026. Par application de la règle qui permet au prévenu de se pourvoir contre toute règle en dernier ressort sur une exception d'incompétence, il a été jugé que le prévenu, cité directement devant la cour d'assises par une partie civile qui se prétend diffamée, est recevable à se pourvoir en cassation contre l'arrêt par lequel la cour d'assises se déclare incompétente (Crim. cass. 10 nov. 1892, aff. Bouiller, D. P. 93. 1. 21). — On objectait la recevabilité du pourvoi le défaut d'intérêt du prévenu, à qui la cour d'assises n'avait pas fait grief en se déclarant incompétente sur la poursuite dirigée contre lui. L'objection avait plus d'apparence que de réalité. En combattant l'exception d'incompétence, le prévenu avait suffisamment témoigné du prix qu'il attachait au jugement du jury et à la possibilité de faire la preuve des faits diffamatoires. On objectait encore qu'il n'était pas définitivement soustrait à la juridiction du jury par l'arrêt d'incompétence de la cour d'assises, que le tribunal correctionnel ultérieurement saisi, serait appelé à son tour à se déclarer compétent ou incompétent; que, dans le premier cas, le prévenu pourrait se pourvoir contre une décision qui lui ferait véritablement grief, que, dans le second cas, il y aurait lieu à règlement de juges; qu'enfin, la partie poursuivante ne porterait peut être pas son action devant le tribunal correctionnel. Mais l'intérêt éventuel du prévenu, son intérêt d'être jugé promptement, par le juge que lui donnait la loi, son intérêt de produire des preuves que le temps pouvait faire disparaître, ne permettait pas de ne pas accueillir un pourvoi que la règle générale de l'art. 416 c. instr. crim. autorise (V. D. P. 93. 1. 21, note).

2027. — *2° Partie civile.* — Suivant le code d'instruction criminelle, le droit accordé à la partie civile, de se pourvoir contre les décisions relatives à ses intérêts civils, varie selon qu'il s'agit des matières criminelles ou des matières correctionnelle. Au criminel, l'art. 412 porte que « dans aucun cas, la partie civile ne pourra poursuivre l'annulation d'une ordonnance d'acquittement ou d'un arrêt d'absolution. Mais si l'arrêt a prononcé contre elle des condamnations civiles supérieures aux demandes de la partie acquittée ou absoute, cette disposition de l'arrêt pourra être annulée sur la demande de la partie civile ». Au correctionnel, l'art. 216 c. instr. crim. décide, au contraire, que « la partie civile, le prévenu, la partie publique, les personnes civilement responsables du délit, peuvent se pourvoir en cassation contre l'arrêt »..., « contre tous arrêts ou jugements en dernier ressort, ajoute l'art. 413, sans distinction de ceux qui prononcent le renvoi de la partie ou sa condamnation ». — En présence de ces règles différentes, l'art. 61 de la loi du 29 juill. 1881 se borne à dire : « Le droit de se pourvoir en cassation appartient au prévenu, et à la partie civile quant aux dispositions relatives à ses intérêts civils... ». Le droit pour la partie civile de frapper d'un pourvoi en cassation toute décision portant condamnation du prévenu ou de l'accusé, quelle que soit la juridiction qui l'a prononcée, ne peut soulever aucune difficulté, en présence des dispositions précitées du code d'instruction criminelle. La partie civile est assimilée ici à la partie condamnée.

2028. Que faut-il décider pour le cas d'acquittement ou d'absolution? Tandis que l'art. 413 c. instr. crim. accorde à la partie civile la faculté de se pourvoir en cassation contre toute décision correctionnelle ou de simple police, en dernier ressort, sans distinction entre les décisions qui prononcent un acquittement et les jugements de condamnation, l'art. 412 dénie, au contraire, à la partie civile le droit de se pourvoir contre un arrêt de la cour d'assises qui a statué sur les dommages-intérêts, après une ordonnance d'acquittement sur déclaration de non culpabilité prononcée par le jury, ou après un arrêt d'absolution. Le droit, pour la partie civile, de remettre en question, au point de vue de ses intérêts particuliers, les effets d'un acquittement ou d'une absolution, même prononcés par la cour d'assises, ne résulte-t-il pas de la généralité des termes de l'art. 61 de la loi de 1881? Ne s'ensuit-il pas également que le pourvoi en cassation de la partie civile, contre l'arrêt qui l'a condamnée elle-même à des dommages-intérêts envers le prévenu, cessé d'être limité, comme le veut le même art. 412, à l'hypothèse d'une condamnation supérieure à la demande? On pourrait, dans le sens de l'affirmative, dire que le droit de la partie civile résulte des termes mêmes de l'art. 61, qui, ne reproduisant pas la disposition de l'art. 412 c. instr. crim., ne distingue pas entre le grand criminel et la matière correctionnelle. On peut ajouter que les considérations qui ont dicté l'art. 412 ne se rencontrent pas au même degré en matière de presse. « En matière criminelle, disait en 1808 au Corps législatif le rapporteur du projet du code d'instruction criminelle, le principal objet est la découverte du crime et la punition du coupable : les intérêts civils ne sont qu'accessoires. La loi ne doit pas permettre qu'un homme dont, pour l'intérêt de la société, le sort a été mis en doute et dans une apparence de danger, soit de nouveau compromis pour l'intérêt pécuniaire d'un seul citoyen ». En matière de presse, au contraire, les intérêts civils prédominent; l'action publique n'en est en quelque sorte que l'accessoire : c'est la plainte seule qui met les deux actions en mouvement et cette plainte ne peut être appréciée séparément; elle ne peut pas être portée devant les juges civils (art. 46), et, en cas d'acquittement, la cour d'assises ne peut statuer que sur les dommages-intérêts réclamés par le prévenu (art. 58). La partie civile a donc un intérêt égal à celui du prévenu dans un débat qui intéresse sa situation, son honneur, sa fortune : c'est son intérêt

privé qui est surtout en cause. Comment, dès lors, ne pas lui accorder les mêmes droits, les mêmes garanties qu'au prévenu, alors que la loi, dans l'art. 61, sans reproduire aucune des distinctions du code d'instruction criminelle, la place sur la même ligne pour le recours en cassation? Comment admettre que la loi ait voulu assurer toutes les voies d'annulation au prévenu qui succombe et les refuser toutes au plaignant qui échoue, alors que l'acquittement qui l'atteint dans ses intérêts et son honneur a pu être obtenu en violation des règles légales par suite de l'admission d'une preuve autorisée à tort ou d'une entrave apportée à sa défense?

Mais quelle que soit, au point de vue de la législation, la valeur de ces considérations, elles ne peuvent pas servir à l'interprétation de l'art. 61 de la loi de 1881, car elles disparaissent devant l'impossibilité manifeste de statuer, où se trouverait la juridiction de renvoi après une cassation prononcée dans de telles conditions. L'art. 46 de la loi du 29 juill. 1881 porte, en effet : « L'action civile résultant des délits de diffamation prévus et punis par les art. 30 et 31 ne pourra, sauf dans le cas de décès de l'auteur du fait incriminé ou d'amnistie, être poursuivie séparément de l'action publique » (V. *supra*, n° 1634). Il va de soi, et personne ne conteste que la cassation sur pourvoi de la partie civile serait limitée aux seuls intérêts civils. Par l'effet de l'acquittement, l'action publique est définitivement éteinte : elle ne peut renaître, et s'il ne résulte pas des termes de l'art. 61, qu'en accordant le droit de se pourvoir au prévenu et à la partie civile, le législateur ait entendu déroger au droit commun et enlever au ministère public le droit de se pourvoir, conformément aux art. 373 et 408 c. instr. crim. contre les arrêts de la cour d'appel, des chambres des mises en accusation, et aussi contre les arrêts de cour d'assises, pour fausse application et violation de la loi, du moins l'art. 61 doit être évidemment interprété dans le sens du principe établi par l'art. 409 c. instr. crim. qui refuse au ministère public le droit de se pourvoir contre les décisions d'acquittement, au détriment du prévenu même non coupable par le jury (Crim. rej. 3 janv. 1883, aff. Faraut, D. P. 84. 1. 95 ; Civ. cass. 15 mars 1883, aff. Albertini, D. P. 84. 1. 430) (V. *infrà*, n° 2032). Dès lors, l'action publique étant éteinte et le débat ne portant plus, après cassation sur le seul pourvoi de la partie civile que sur les intérêts civils, la juridiction de renvoi ne pourrait être qu'un tribunal civil : comment pourrait-elle statuer sur l'action civile sans violer manifestement la disposition de l'art. 46 ci-dessus rappelée? L'argument est irréfutable : il emporte la décision (D. P. 92. 1. 521, note. Conf. Harbier, t. 2, n° 1000). Jugé, en ce sens, que l'art. 61 de la loi du 29 juill. 1881 sur la presse, qui accorde à la partie civile le droit de se pourvoir en cassation quant aux dispositions relatives à ses intérêts civils, ne lui permet pas de remettre en question le résultat du verdict par un pourvoi dirigé contre une ordonnance d'acquittement ou un arrêt d'absolution; que, par suite, est irrecevable le pourvoi formé par la partie civile contre une ordonnance d'acquittement du prévenu et contre les arrêts interlocutoires qui l'ont précédée; et que le pourvoi, dirigé par la partie civile contre l'arrêt qui l'a condamnée elle-même à des dommages-intérêts envers le prévenu acquitté, est limité, comme le veut l'art. 412, à l'hypothèse d'une condamnation *ultra petita* (Crim. rej. 25 mars 1892, aff. Deyvassigamaninaïker et autres, D. P. 92. 1. 521).

2029. En matière de crimes et délits de publication, en toute matière, la partie civile est admise à se pourvoir en cassation contre les décisions rendues en dernier ressort, avec une exception d'incompétence.

2030. Elle est également recevable à se pourvoir contre les arrêts préparatoires ou d'instruction et les incidents, et contre les jugements de même nature rendus en dernier ressort (c. instr. crim. art. 416) (V. *supra*, v° *Cassation*, n° 50 et suiv.; 97 et suiv.; *Rép.* eod. v°, n°s 140 et suiv.; 410 et suiv.).

2031. Mais le pourvoi de la partie civile ne serait pas recevable s'il était dénué d'intérêt. Ainsi il a été jugé que la partie civile, en présence d'un arrêt qui a prononcé sur sa plainte une condamnation pour diffamation, est sans intérêt pour déférer à la cour de cassation le refus, fait par l'arrêt attaqué, de considérer comme diffamatoire ou injurieuse une des phrases d'un article de journal visée dans la citation et les conclusions du plaignant, lorsque l'arrêt a reconnu comme constitutifs du double délit de diffamation et d'injure d'autres passages plus nettement caractérisés (Crim. rej. 27 juill. 1889, aff. Alker, D. P. 90. 1. 402). La décision eût été différente si les faits les plus caractérisés avaient, au contraire, été laissés dans l'ombre, puisque leur omission eût été de nature à influer sur la détermination de la peine et sur le chiffre des dommages-intérêts (Comp. *supra*, v° *Cassation*, n°⁵ 101 et suiv.).

2032. — 3° *Ministère public.* — Comme lorsqu'il s'agit du pourvoi en cassation de la partie civile (V. *supra*, n° 2027), le code d'instruction criminelle règle distinctement le droit, pour le ministère public, de se pourvoir devant la cour de cassation, selon qu'on se trouve en matière criminelle ou en matière correctionnelle ou de simple police.

En matière criminelle, le ministère public peut se pourvoir en cassation : 1° contre tout arrêt de la chambre des mises en accusation intervenu sur l'information préalable dirigée contre l'inculpé (c. instr. crim. art. 299); 2° contre tout arrêt de condamnation émané de la cour d'assises, contradictoire ou par contumace (c. instr. crim. art. 373, 408 et 473). D'autre part, il ne peut exercer aucun recours, ni contre l'ordonnance d'acquittement intervenue sur une déclaration de non culpabilité émanée du jury, si ce n'est dans l'intérêt de la loi, et sans que l'annulation de cette ordonnance puisse préjudicier à l'accusé acquitté (c. instr. crim. art., 409), ni contre un arrêt d'absolution, rendu dans les cas mentionnés en l'art. 484 c. instr. crim., à moins que l'accusé n'ait été absous à raison de l'inexistence d'une loi pénale qui existerait réellement (c. instr. crim., art. 410).

En matière correctionnelle ou de simple police, la voie du recours en cassation est, au contraire, ouverte au ministère public, contre tous arrêts ou jugements en dernier ressort, sans distinction entre ceux qui ont prononcé le renvoi du prévenu et ceux qui ont prononcé sa condamnation (c. instr. crim., art. 413).

En toute matière, le ministère public est également recevable à se pourvoir en cassation contre l'arrêt ou le jugement en dernier ressort rendu sur une exception d'incompétence, ou contre les arrêts préparatoires ou d'instruction et sur incidents et les jugements en dernier ressort de même nature (c. instr. crim., art. 416).

2033. L'art. 61 de la loi de 1881 ne s'occupe pas du pourvoi en cassation du ministère public. Il résulte des motifs de deux arrêts de la cour de cassation que l'art. 61 a entendu, quant au droit, pour le ministère public, d'exercer un recours en cassation, s'en référer aux dispositions du code d'instruction criminelle que nous avons indiquées. Il est dit, en effet, dans ces arrêts que si l'art. 61 dispose que le droit de se pourvoir en cassation appartiendra au prévenu et à la partie civile quant à ses intérêts civils, « il ne résulte pas évidemment de ces termes que la loi nouvelle ait entendu déroger au droit commun, qui reconnaît au ministère public le droit de se pourvoir contre les arrêts de cour d'appel et des chambres des mises en accusation » (Motif, Crim. rej. 15 mars 1883. aff. Faraut, D. P. 84. 1. 95; Motif, Crim. cass. 15 mars 1883. aff. Albertini, D. P. 84. 1. 420). Décidé, spécialement, que, en matière de délit de publication de la compétence de la cour d'assises, le ministère public est recevable à se pourvoir en cassation contre un arrêt de la chambre des mises en accusation déclarant qu'il n'y a lieu au renvoi de l'inculpé devant la cour d'assises (Arrêt précité du 5 janv. 1883), ou contre l'arrêt de la cour d'assises qui a accueilli, contre l'action publique, une exception de prescription (Arrêt précité du 15 mars 1883).

2034. Il suit également de la référence implicite au droit commun que renferme l'art. 61 de la loi de 1881, que le ministère public conserve, en matière de délits de presse, la faculté d'attaquer devant la cour de cassation, en vertu des art. 373 et 408 c. instr. crim., tout arrêt de condamnation émané d'une cour d'assises ; en vertu de l'art. 413, les arrêts ou jugements en dernier ressort, rendus sur des poursuites formées devant les tribunaux correction-

nels ou de simple police, sans distinction entre les décisions d'acquittement ou d'absolution, et celles qui porteraient une condamnation; en vertu de l'art. 416 c. instr. crim., toute décision rendue en dernier ressort, de quelque juridiction qu'elle émane, soit sur une exception d'incompétence, soit sur des mesures préparatoires ou d'instruction et des incidents. D'autre part, la voie du recours en cassation lui reste, au contraire, fermée, en cour d'assises, par application des art. 409 et 410, à l'égard des ordonnances d'acquittement ou des arrêts d'absolution, sous les seules restrictions énoncées dans ces articles (V. *supra*, n° 2032).

2035. — III. Formes du pourvoi en cassation. — Dispense de consignation d'amende et de mise en état. — 1° *Formes du pourvoi.* — Les formes du pourvoi en cassation contre les décisions rendues en matière de crimes, délits ou contraventions prévus par la loi de 1881 sont réglées par le code d'instruction criminelle qui détermine : 1° le mode de déclaration du recours (art. 417); 2° le mode de notification, au prévenu, du pourvoi, formé par le ministère public ou par la partie civile (art. 418); 3° les pièces à joindre à la déclaration du pourvoi émané de la partie civile (art. 419); 4° les formes de la requête à déposer au greffe de la cour ou du tribunal qui a rendu la décision attaquée où doivent être énoncés les moyens de cassation (art. 422); 5° le mode de transmission, au greffe de la cour de cassation, des pièces relatives au pourvoi (art. 423 et 424).

2036. — 2° *Dispense de consignation d'amende.* — Les art. 419 et 420 c. instr. crim. exigent, de la partie civile ou du prévenu, la consignation de l'amende qui sera encourue au cas de rejet du pourvoi. Cette amende est fixée à 150 fr., et réduite, pour la partie civile, à 75 fr. si la décision attaquée a été rendue par contumace ou par défaut. D'un autre côté, l'art. 420 c. instr. crim. n'assujettit à aucune amende les condamnés en matière criminelle qui succombent dans leur pourvoi. Le même article, sans aller jusqu'à l'affranchissement de l'amende, dispense de sa consignation préalable les condamnés en matière correctionnelle ou de police à une peine emportant privation de la liberté. Ainsi d'après l'art. 420 c. instr. crim., l'amende et la nécessité d'une consignation préalable de cette amende n'atteignent donc, en matière criminelle, que la partie civile, et, en matière correctionnelle ou de police, que la partie civile et tout condamné à une peine n'emportant pas privation de la liberté (V. *supra*, v° *Cassation*, n°⁵ 137 et suiv.; *Rép*, n°⁵ 958 et suiv.).

2037. Lorsqu'il s'agit de crimes, délits ou contraventions prévus par la loi de 1881, la consignation de l'amende, si elle était demeurée soumise aux règles du droit commun, n'aurait été, dès lors, obligatoire que pour la partie civile dans toutes les hypothèses, et pour le prévenu seulement, à raison d'un délit. à une peine n'entraînant pas la privation de la liberté (V. *supra*, n° 2036). C'est la consignation d'amende, ainsi limitée déjà par les dispositions précitées du code d'instruction criminelle, que supprime l'art. 61, lorsqu'il dispose que le prévenu ou la partie civile seront dispensés de consigner l'amende (D. P. 81. 4. 87). Il avait été jugé, en ce sens, sous le décret de 1852, que le défaut de consignation, dans les trois jours du pourvoi, de l'amende prononcée par délit de presse, n'entraîne pas la non-recevabilité de ce pourvoi; qu'on induirait vainement l'existence d'une telle fin de non-recevoir de l'injonction faite, en ce cas, au journal de cesser de paraître (Crim. rej. 12 juin 1858, aff. Cotenest, D. P. 58. 1. 228).

2038. — 3° *Dispense de la mise en état.* — L'art. 421 c. instr. crim. subordonne la recevabilité du pourvoi de tout condamné à une peine emportant privation de la liberté pour une durée de plus de six mois, à sa mise en état, c'est-à-dire à l'obligation de se constituer prisonnier, obligation dont il peut toutefois être dispensé en cas d'une mise en liberté provisoire, avec ou sans caution (V. *supra*, v° *Cassation*, n°⁵ 156 et suiv.; — *Rép.* eod. v°, n°⁵ 714 et suiv.). L'art. 61 de la loi de 1881 affranchit de la mise en état tout individu condamné en vertu des dispositions de cette loi. « La mise en état du prévenu, lit-on dans le rapport, nous a paru exceptionnellement rigoureuse, d'autant mieux que les tribunaux ont la faculté discrétionnaire d'en dispenser ». Le rapporteur, parlant, en même temps, de la consignation d'amende, ajoute : « Nous avons supprimé l'une et l'autre de ces mesures » (D. P. 81. 4. 87, note 1). — L'exemption de la mise en état ne saurait profiter, toutefois, qu'au prévenu condamné qui, au moment de la condamnation, ne se trouve pas déjà en état de détention préventive, n'étant pas assujetti à cette détention, c'est-à-dire au prévenu poursuivi pour un délit, à la condition, toutefois, s'il s'agit d'un délit de la compétence de la cour d'assises, qu'il soit domicilié en France; 2° au prévenu poursuivi pour une contravention; 3° au prévenu poursuivi pour un crime devant la cour d'assises par voie d'action directe (V. suprà, n° 1716)(**V aussi l'addition à la fin du volume**).

2039. Le bénéfice de la disposition exceptionnelle de l'art. 61, relative à la dispense de la mise en état, reste étranger, par la force même des choses, à l'individu condamné pour un crime à la suite d'un arrêt de renvoi accompagné de l'ordonnance de prise de corps prescrite, même en cas de mise en liberté provisoire, par l'art. 232 c. instr. crim. et à plus forte raison, au condamné qui veut purger sa contumace (c. instr. crim., art. 476. — V. Rép. v° Instruction criminelle, n° 1099 et suiv.; et suprà, v° Contumace, n° 95 et suiv.; Rép. eod. v°, n° 84 et suiv.).

§ 2. — Délai du pourvoi en cassation et de l'arrêt à intervenir sur ce pourvoi.

2040. — I. Délai du pourvoi en cassation. — Aux termes des art. 373 et 418 c. instr. crim., le délai du pourvoi en cassation contre les décisions en dernier ressort, rendues en matière criminelle, correctionnelle ou de police, est de trois jours francs; ce délai est réduit à vingt-quatre heures en matière criminelle, au cas de pourvoi en cassation par le ministère public, dans l'intérêt de la loi, contre une ordonnance d'acquittement, et au cas de pourvoi en cassation, par la partie civile, contre l'arrêt qui l'a condamnée, après acquittement ou absolution de l'accusé, à des réparations civiles supérieures à la demande de cet accusé. Il court, s'il s'agit d'une décision contradictoire, à partir du jour de sa prononciation, et s'il s'agit d'une décision par défaut, à partir du jour où elle n'est plus susceptible d'opposition (c. instr. crim., art. 374, 409 et 412. — V. supra, v° Cassation, n° 119 et suiv.; Rép. eod. v°, n° 528 et suiv.).

L'art. 21 de la loi du 27 juill. 1849, spéciale à la poursuite des crimes et délits de publication de la compétence de la cour d'assises, dérogeait au droit commun, en réduisant à vingt-quatre heures le délai du pourvoi en cassation contre les décisions intervenues sur cette poursuite (D. P. 49. 4. 112). Ce délai spécial s'appliquait au cas où la poursuite devant la cour d'assises avait été introduite par citation directe, et même au cas où elle avait eu lieu après instruction (Crim. rej. 27 avr. 1850. aff. Desplès, D. P. 50. 5. 366). — Le délai établi par la loi de 1849, après avoir été supprimé par l'art. 27 du décret du 27 févr. 1852, qui renvoyait aux formes et délais du code d'instruction criminelle pour la procédure à suivre en matière de crimes, délits et contraventions de presse ou de publication (D. P. 52. 4. 56), a été remis en vigueur par les art. 1 de la loi du 15 avr. 1871 et 4 de la loi du 29 déc. 1875, qui ont rétabli le mode de poursuite édicté devant les cours d'assises par la loi de 1849 (D. P. 71. 4. 144; 76. 4. 30). Mais il était resté sans application au pourvoi contre les décisions des tribunaux correctionnels ou de police, dont le délai demeurait fixé à trois jours, conformément au droit commun (Crim. rej. 12 avr. 1872, aff. Mollière et autres; Crim. cass. 11 mai 1872, aff. Perre, D. P. 72. 1. 203).

2041. L'art. 62 de la loi de 1881 porte que « le pourvoi devra être formé dans les trois jours, au greffe de la cour ou du tribunal qui aura rendu la décision » (D. P. 81. 4. 87). Tandis que le délai de trois jours imparti par l'art. 373 c. instr. crim. pour la formation du pourvoi soumis au droit commun, est un délai franc, le pourvoi en cassation, en matière de délit de presse, devant, aux termes de l'art. 62 de la loi du 29 juill. 1881, être formé dans les trois jours, il s'ensuit que ce délai n'est pas franc. En conséquence, le pourvoi formé par le ministère public le quatrième jour après la prononciation de l'arrêt, n'est pas recevable (Crim. rej. 29 déc. 1888, aff. Baragnon, D. P. 90. 1. 96; 19 juin 1890, aff. Castelin, Bull. crim. n° 131). Jugé, de

même, que la disposition de l'art. 373 c. instr. crim. ne régit point les pourvois formés contre des décisions judiciaires statuant sur des délits prévus par la loi du 29 juill. 1881 sur la presse; qu'en cette matière le pourvoi doit, aux termes de l'art. 62 de ladite loi, être formé dans les trois jours, et que ce délai n'est pas franc (Crim. rej. 10 avr. 1891, aff. Ed. Allard, D. P. 91. 1. 239. Conf. Barbier, t. 2, n° 1002; Fabreguettes, t. 2, n° 2136).

2042. Lorsque le dernier jour du recours est un jour férié, le demandeur, s'il trouve ce jour-là le greffe fermé, peut valablement former sa déclaration de pourvoi par un acte d'huissier constatant l'impossibilité où il a été de faire cette déclaration en la forme prescrite (Circ. min. just. 4 juin 1868, D. P. 68. 3. 57, n° 29).

2043. Le délai déterminé par l'art. 62 de la loi de 1881 est exclusivement applicable aux pourvois formés contre les décisions relatives à des délits prévus par cette loi, et pour déterminer le délai du pourvoi, il faut s'attacher, non au titre originaire de la poursuite visant un délit de droit commun, mais à la qualification donnée au fait par l'arrêt qui a statué sur la poursuite Crim. rej. 29 déc. 1888, aff. Baragnon, D. P. 90. 1. 96). Il est applicable à toutes les décisions qui statuent définitivement sur la poursuite en matière de crimes, de délits et de contraventions de presse. Il s'applique, notamment, au pourvoi formé par le prévenu acquitté contre l'arrêt qui lui refuse des dommages-intérêts réclamés par lui aux termes des art. 59 de la loi du 29 juill. 1881, 191 et 212 c. instr. crim. (Crim. rej. 10 avr. 1891, aff. Ed. Allard, D. P. 91. 1. 239). Il est encore applicable au pourvoi contre les décisions qui peuvent intervenir avant le jugement ou l'arrêt définitif, et qui sont, comme ce jugement ou cet arrêt, susceptibles d'être attaquées par voie de recours en cassation.

2044. Le délai dont il s'agit n'est jamais applicable au pourvoi formé contre l'arrêt de renvoi quand la poursuite a lieu, conformément à l'art. 48, par voie d'information préalable. Si le renvoi a été prononcé pour un crime, le délai du pourvoi en cassation est, conformément à l'art. 296 c. instr. crim., de cinq jours à partir de l'avertissement que le président est tenu, lors de l'interrogatoire prescrit par l'art. 293, de donner à l'accusé de son droit de se pourvoir en cassation contre l'arrêt de renvoi. C'est ce qui résulte implicitement de divers arrêts de la cour de cassation rendus soit avant, soit depuis la loi de 1881 (Crim. rej. 16 août 1849, aff. Anglade, D. P. 50. 5. 305; 15 juin 1850, aff. Guillon, D. P. 50. 5. 306; 19 juin 1851, aff. Paul Coq et Sarrans. D. P. 51. 5. 408; 21 févr. 1844, aff. Morphy, D. P. 44. 1. 479);... sauf à l'accusé qui n'a pas proposé dans le délai ci-dessus les moyens de nullité qu'il avait à faire valoir contre l'arrêt de renvoi, parmi ceux dont l'art. 299 contient l'énumération, à les relever après l'arrêt définitif, et lors du pourvoi formé contre cet arrêt : il est simplement déchu du bénéfice de l'effet suspensif qui eût été attaché à un pourvoi formé en temps utile (c. instr. crim. art. 301) (V. supra, v° Cassation, n° 195 et suiv.; — Rép. eod. v°, n° 948 et suiv.). Si le renvoi est prononcé pour un délit, la loi de 1881 n'ayant réglé ni la forme, ni le délai du pourvoi en cassation contre les arrêts de renvoi, il y a lieu d'appliquer à ce pourvoi la disposition générale de l'art. 373 c. instr. crim. qui fixe le délai à trois jours francs à partir de la notification de l'arrêt (Crim. rej. 10 mai 1889, Bull. crim. n° 175. V. aussi Crim. rej. 31 janv. 1889, aff. Delorme, D. P. 90. 1. 47).

2045. Quant aux arrêts préparatoires ou d'instruction, et aux jugements en dernier ressort de même nature, le délai du pourvoi en cassation est de trois jours, conformément à la règle générale énoncée supra, n° 2041). Toutefois ce délai a, d'après le code d'instruction criminelle, un point de départ qui lui est propre. L'art. 416 c. instr. crim. porte, en effet : « Le recours en cassation contre les arrêts préparatoires et d'instruction et contre les jugements en dernier ressort de cette qualité, ne sera ouvert qu'après l'arrêt ou le jugement définitif ». D'où le même article conclut que l'exécution volontaire de tels arrêts ou jugements ne pourra en aucun cas être opposée comme fin de non-recevoir. Un pourvoi en cassation formé avant l'arrêt définitif contre ces décisions ne saurait, dès lors, avoir un effet suspensif. L'art. 416 c. instr. crim. prend, toutefois, le soin d'ajouter que la règle qu'il édicte ne s'applique pas aux arrêts ou jugements rendus sur la compétence (V. *suprà*, v° *Cassation*, n°s 21 et suiv.; 54 et suiv.). Cette distinction était applicable au pourvoi en cassation formé contre les décisions rendues avant la décision définitive, en matière de crimes, délits ou contraventions de presse ou de publication, sous la loi du 26 mai 1819 (art. 31), sous la loi du 25 mars 1822, sous la loi du 8 oct. 1830, sous la loi du 8 avr. 1831.

2046. C'est la loi du 9 sept. 1835 qui, après avoir étendu le droit de citation directe aux crimes de publication, a statué, pour la première fois, sur le pourvoi en cassation contre les décisions antérieures à l'arrêt ou au jugement définitif. La disposition de l'art. 29 de cette loi, plus large que celle de l'art. 416, portait : « Le pourvoi en cassation contre les arrêts qui auront statué tant sur les questions de compétence que sur des incidents ne sera formé qu'après l'arrêt définitif, et en même temps que le pourvoi contre cet arrêt. Aucun pourvoi formé avant cet arrêt ne pourra dispenser la cour d'assises de statuer sur le fond » — Cette disposition a été reproduite par l'art. 20 de la loi du 27 juill. 1849, où il était dit que « aucun pourvoi en cassation sur les arrêts qui auront statué, soit sur les demandes en renvoi, soit sur les incidents de procédure, ne pourra être formé qu'après l'arrêt définitif, et en même temps que le pourvoi contre cet arrêt, à peine de nullité » (D. P. 49. 4. 130). — L'art. 20 de la loi de 1849, abrogé par le décret du 17 févr. 1852, dont l'art. 27 assujettissait de nouveau les crimes et délits de publication aux règles de compétence et de procédure du code d'instruction criminelle, et aux formes et délais de ce code, a été remis en vigueur par l'art. 1 de la loi du 15 avr. 1871, qui, après avoir rétabli la compétence des cours d'assises à l'égard des délits de publication, en soumettait de nouveau la poursuite aux dispositions des art. 16 à 23 de la loi de 1849 (V. *suprà*, n°s 1565 et 1667). — Enfin l'art. 9 de la loi du 29 déc. 1875 a étendu plus tard au pourvoi contre les décisions des tribunaux correctionnels la règle que les loi précitées de 1835, 1849 et 1871 avaient successivement édictée pour les cours d'assises. Cet article portait : « Le pourvoi contre les arrêts des cours d'appel et des cours d'assises qui auront statué tant sur des questions de compétence que sur tous autres incidents ne sera formé, à peine de nullité. qu'après l'arrêt définitif et en même temps que le pourvoi contre ledit arrêt. Ces cours passeront outre au jugement du fond, sans s'arrêter ni avoir égard aux pourvois formés contrairement aux prescriptions du présent article » (D. P. 76. 4. 30). Dans ce dernier état de la législation, le pourvoi en cassation contre toute décision autre que la décision définitive n'était donc recevable et n'avait, dès lors, un effet suspensif, que lorsqu'il était dirigé, en vertu de l'art. 296 c. instr. crim., contre un arrêt de renvoi devant la cour d'assises (V. *suprà*, n° 2044).

2047. L'art. 62 de la loi de 1881 qui fixe le délai du pourvoi en cassation, ne détermine pas le point de départ de ce délai à l'égard des décisions visées, soit dans l'art. 416 c. instr. crim., soit avec plus d'extension, dans les lois de 1835, de 1849, de 1871 et de 1875 (D. P. 81. 4. 87. V. *suprà*, n° 2040). Mais l'abrogation des lois précitées par l'art. 68 de la loi nouvelle implique le retour à la règle du droit commun, édictée dans la disposition de l'art. 416 c. instr. crim. D'où la conséquence, d'une part, que le recours en cassation contre les arrêts préparatoires ou d'instruction et les jugements en dernier ressort de la même nature, n'est ouvert, conformément à cet article, qu'après l'arrêt définitif. Crim. rej. 24 févr. 1882, aff. Lange et Vidal, D. P. 82. 1. 190; 14 mars 1884, aff. Moinelle et Rozette, D. P. 85. 1. 90); et d'autre part, que l'obligation d'attendre l'arrêt définitif ne s'étend plus, à la différence de ce qui avait lieu sous la législation précédente, ni au pourvoi contre un arrêt statuant sur la compétence, selon les termes exprès de la disposition finale de l'art. 416 c. instr. crim. ni au pourvoi contre les décisions qui, bien que rendues sur des incidents. ne rentrent pas dans la classe des décisions préparatoires ou d'instruction (V. *suprà*, n° 2045).

2048. On doit considérer comme une décision préparatoire ou d'instruction, non attaquable devant la cour de cassation avant l'arrêt définitif, l'arrêt de la cour d'assises qui a repoussé la demande en nullité de la citation devant cette cour (Crim. rej. 24 févr. 1882, aff. Lange et Vidal,

D. P. 82. 1. 190). L'irrecevabilité du pourvoi dirigé contre cet arrêt entraîne nécessairement celle du pourvoi contre le second arrêt qui rejette une demande de sursis, fondée sur l'intention annoncée par le prévenu de se pourvoir contre l'arrêt qui a prononcé sur la demande en nullité de la citation (Même arrêt). Les mêmes solutions étaient, à plus forte raison. applicables en vertu de la disposition plus générale de l'art. 20 de la loi de 1875, par application de laquelle il a été, en effet, décidé que le pourvoi contre l'arrêt de la cour d'assises qui a repoussé la demande en nullité de la citation et la demande en renvoi à une prochaine session formée subsidiairement par le prévenu, ne peut être intenté qu'après l'arrêt définitif et en même temps que le pourvoi contre cet arrêt (Crim. rej. 19 août 1875, aff. Larbaud et Bougarel, D. P. 76. 1. 336). — Mais l'arrêt cesse d'être un arrêt d'instruction, et peut, dès lors, être frappé de pourvoi avant l'arrêt définitif, lorsque, ne se bornant pas à statuer sur la question de régularité ou de validité de la citation. il évoque le fond après infirmation d'un jugement qui annulait cette citation (Crim. rej. 10 mars 1882, aff. Delpierre et de Rochefort, D. P. 82. 1. 190).

2049. Il en serait de même de la décision qui, au cas de poursuite pour diffamation à raison d'imputations diffamatoires dans un discours ou dans un écrit produit en justice, et étrangères à la cause, repousse l'exception tirée, par le prévenu, de ce que l'action n'aurait pas été réservée par le juge (V. *suprà*, n° 1453 et suiv.). Cette décision ne pouvait, au contraire, être attaquée avant la décision définitive, sous la législation qui prohibait le pourvoi immédiat à l'égard de toute décision rendue sur un incident quelconque (Bourges, 10 mars 1876, aff. Martin, D. P. 77. 2 39). — D'après la même législation, l'arrêt qui statuait sur l'offre de preuve de la vérité des faits diffamatoires ne pouvait, comme n'étant qu'un arrêt rendu sur un incident, être frappé qu'après l'arrêt définitif, et n'avait pas, dès lors, un effet suspensif, s'il l'était avant cet arrêt (Crim. rej. 28 déc. 1850, aff. Vié et Treilhard, D. P. 51. 1. 80; Riom, 15 mars 1876, aff. Vénébrier, D. P. 76. 2. 109). Antérieurement à la loi de 1835 qui, la première, a modifié l'art. 416 c. instr. crim., le pourvoi contre un tel arrêt, qui n'est pas manifestement un arrêt préparatoire ou d'instruction, était immédiatement recevable avec son effet suspensif. C'est ainsi qu'il était jugé, avant la loi de 1835, que le pourvoi même formé avant l'arrêt définitif, contre un arrêt ordonnant le sursis à une action en diffamation jusqu'à ce qu'il ait été statué sur la dénonciation des faits imputés au plaignant était recevable et suspensif de la poursuite (Crim. cass. 28 févr. 1812, *Rép.* n° 1573).

2050. Les lois qui n'autorisaient le recours en cassation contre les arrêts rendus sur des demandes en renvoi ou sur des incidents de procédure qu'après l'arrêt définitif, et en même temps que le pourvoi contre cet arrêt, ne devant pas être étendues aux arrêts rendus pour délits électoraux, l'arrêt qui déclarait non recevable la preuve de la vérité du fait diffamatoire imputé au président d'un collège électoral, pouvait également être attaqué devant la cour de cassation, avant l'arrêt définitif, et le pourvoi avait, dans ce cas, un effet suspensif, un tel arrêt, qui préjuge le fond, n'ayant pas le caractère d'un arrêt préparatoire ou d'instruction, dans le sens de l'art. 416 précité (Crim. cass. 9 mars 1850, aff. Tessié de Lamotte, D. P. 50. 1. 139).

La même jurisprudence doit être suivie depuis que la loi de 1881 s'en est référée implicitement, quant au pourvoi en cassation contre les décisions autres que la décision définitive, à la disposition de l'art. 416 c. instr. crim. (V. *suprà*, n° 2047). Jugé, en ce sens, que lorsque, sur une poursuite exercée pour diffamation, le prévenu réclame un sursis fondé sur une plainte relative aux faits imputés, adressée par lui au procureur de la République, l'arrêt qui ordonne ou refuse ce sursis constitue non une décision préparatoire, mais une décision interlocutoire et définitive, contre laquelle le recours en cassation est ouvert (Crim. rej. 7 juill. 1882, aff. Cancalon, D. P. 83. 1. 143-144).

2051. Quant au pourvoi contre les *arrêts de renvoi* de la chambre des mises en accusation, V. *suprà*, n° 2044.

2052. — II. Délai dans lequel il doit être statué sur le pourvoi. — Aux termes des art. 422 et 424 c. instr. crim., le condamné ou la partie civile qui ont fait leur déclaration de pourvoi dans le délai légal, ont dix jours à partir de cette déclaration, soit pour déposer au greffe de la cour ou du tribunal qui a rendu l'arrêt ou le jugement attaqué, une requête contenant les moyens de cassation, soit pour transmettre directement au greffe de la cour de cassation la demande en cassation, avec la requête où les moyens de cassation sont énoncés et de l'expédition ou copie de la décision frappée du pourvoi. En cas de dépôt de ces pièces au greffe de la cour ou du tribunal qui a rendu la décision attaquée, la transmission en est faite par le greffier dès l'expiration des dix jours qui suivent la déclaration du pourvoi, en employant l'intermédiaire du ministre de la justice qui adresse les pièces au greffe de la cour de cassation dans les vingt-quatre heures de leur réception (c. instr. crim., art. 423). La cour est tenue de statuer dans le mois qui suit le délai ci-dessus, sans qu'il soit besoin d'un arrêt préalable d'admission (c. instr. crim., art. 425 et 426).

Les mêmes délais étaient applicables, en vertu du code d'instruction criminelle, aux pourvois en matière de crimes. délits ou contraventions de presse ou de publication, sous les lois du 26 mai 1819, du 25 mars 1822, du 8 oct. 1830, du 8 avr. 1831, et même sous la loi du 9 sept. 1835 qui, après avoir étendu le droit de citation directe à la poursuite des crimes de publication, ne s'est occupée du pourvoi en cassation que pour en régler les conditions de recevabilité dans leur application aux décisions autres que la décision définitive.

2053. L'art. 21 de la loi du 27 juill. 1849 a, pour les pourvois formés contre les décisions des cours d'assises, par déclaration au greffe de ces cours, réduit le délai de l'envoi des pièces au greffe de la cour de cassation à vingt-quatre heures à compter de cette déclaration, et décidé que la cour de cassation devrait statuer dans les dix jours de l'arrivée des pièces au greffe de cette cour. Cette dérogation au droit commun, particulière aux pourvois contre les décisions des cours d'assises, a disparu avec le décret du 17 févr. 1852, dont l'art. 27 renvoie aux formes et délais du code d'instruction criminelle (D. P. 52. 4. 56); elle a été rétablie par l'art. 1 de la loi du 15 avr. 1871, qui a remis en vigueur les art. 16 à 23 de la loi de 1849 (D. P. 71. 4. 144), et par l'art. 4 de la loi du 29 déc. 1875, qui a simplement étendu la loi de 1849 à l'arrêt à intervenir sur le pourvoi en cassation contre les décisions de la juridiction correctionnelle et de la juridiction de simple police (D. P. 76. 4. 34).

2054. L'art. 62 de la loi de 1881 maintient les délais ainsi fixés par les lois de 1849, 1871 et 1875, en disposant que les pièces seront envoyées au greffe de la cour de cassation, dans les vingt-quatre heures de la déclaration du pourvoi au greffe de la cour ou du tribunal qui aura rendu la décision attaquée et que la cour de cassation statuera dans les dix jours de la réception de ces pièces (D. P. 81. 4. 87).

2055 Sur le renvoi après cassation de la décision attaquée (c. instr. crim, art. 427 à 434, 438 et 440), et sur les conséquences du rejet du pourvoi (art. 436. 438 et 439 du même code) (V. supra, V. Cassation, nos 453 et suiv.; — Rép. eod. v°, nos 2187 et suiv.; 1964 et suiv.).

§ 3. — Pouvoirs respectifs de la cour de cassation et des juges du fond.

2056. Les difficultés auxquelles peut donner lieu la délimitation des pouvoirs respectifs des juges du fait et de la cour de cassation en matière de presse, ont été l'objet d'un examen détaillé dans les différentes parties de ce traité. Nous nous bornons à résumer ici l'ensemble des règles dont on trouvera le développement dans les précédents chapitres.

2057. — I. Crimes et délits de publication. — Tout crime ou délit de presse ou de publication suppose : 1° l'existence d'un fait matériel; 2° l'existence d'une intention coupable chez l'auteur de ce fait; 3° l'existence d'une publicité caractérisée: 4° l'applicabilité au fait poursuivi de l'une des dispositions de la loi de 1881 qui ont défini, qualifié et classé les crimes et délits de publication; 5° la responsabilité comme auteur ou comme complice de l'accusé ou du prévenu. — Quels sont les pouvoirs respectifs des juges du fond et de la cour de cassation pour apprécier ces différents éléments de la culpabilité en matière de crimes ou délits de publication?

2058. — 1° Fait matériel. — Les juges du fond sont investis d'un pouvoir souverain pour rechercher, constater et apprécier dans leur matérialité les faits qui sont l'objet de la poursuite exercée devant eux. Seulement ils sont tenus de constater dans le jugement les faits qui servent de base à leur décision afin de permettre à la cour de cassation de contrôler leur appréciation légale de ces faits. Il appartient, en effet, à la cour de cassation de vérifier si les faits constatés ont les caractères légaux nécessaires pour constituer tel crime ou tel délit. Ces règles sont expliquées avec les développements généraux qu'elles comportent supra, v° Cassation nos 413 et suiv. et Rép. eod. v° nos 1743 et suiv. Nous avons examiné les applications dont elles sont susceptibles en matière de délits de presse, supra, nos 660, 670, 779 et suiv 822 et suiv., 856, 875, 910 et suiv., 951 et suiv., 965 et suiv., 998, 1067 et suiv. 1116, 1147, 1157.

Il en résulte spécialement, pour les juges du fond, l'obligation de viser dans le jugement ou dans les questions posées au jury, à peine de cassation pour insuffisance de motifs, le texte des discours ou des écrits, le sujet ou le détail des dessins qu'ils retiennent comme constituant un crime ou un délit de publication. Il n'est pourtant pas nécessaire que le jugement reproduise littéralement les écrits incriminés si d'ailleurs ces écrits sont joints à la procédure et que le jugement vise les faits articulés et qualifiés dans la citation (V. supra, nos 660, 670, 779 et suiv., 915 et les arrêts cités n° 914; Barbier, t. 1, n° 454 et t. 2, nos 677et 991.

V. aussi l'addition à la fin du volume). La cour de cassation, qui a le pouvoir de vérifier si les discours, écrits ou dessins visés dans le jugement constituent la qualification qui leur est donnée, ne peut pas, au contraire, censurer la décision motivée sur des circonstances extrinsèques, à moins d'une contradiction manifeste entre l'appréciation légale que les juges du fond ont faite de ces circonstances et la teneur des discours, écrits ou dessins visés dans le jugement (V. supra, nos 660, 856, 916, 998).

2059. — 2° Intention criminelle. — C'est aux juges du fond qu'il appartient de décider souverainement si l'auteur du fait incriminé a agi ou non dans une intention coupable. Toutefois, la contradiction qui existerait manifestement entre les constatations de fait de l'arrêt attaqué et la déclaration relative à l'intention n'échapperait pas à la censure de la cour de cassation. C'est ainsi qu'en matière de diffamation, les juges du fond qui relèvent, à la charge du prévenu, des discours ou des écrits diffamatoires, ne peuvent pas, sous peine de cassation, le renvoyer des fins de la poursuite, à raison de sa bonne foi, sans viser expressément les circonstances extrinsèques où ils ont puisé la preuve de cette bonne foi (V. supra, nos 670, 906 et 905. — V. aussi n° 432 et suiv. 577 et suiv., 593 et suiv., 60†, 655, 721, 782, 793, 805, 876 et suiv., 888, 902 et suiv., 1038, 1064, 1083 et suiv.).

2060. — 3° Publicité. — Les juges du fond ont un pouvoir souverain pour relever et constater les circonstances matérielles de fait et de lieu constitutives de la publicité; mais la cour de cassation contrôle leur appréciation explicite ou implicite de ces circonstances, au point de vue de la détermination de la publicité définie par la loi (V. supra, nos 451 et suiv., 473, 545 et suiv. 549, 913, 1039, 1080, 1094).

2061. — 4° Qualification légale. — Il appartient toujours à la cour de cassation de contrôler l'appréciation des juges du fond sur les faits retenus dans la décision attaquée au point de vue de la qualification légale (V. supra, nos 660, 670, 733, 822, 875, 910 et suiv., 941, 951 et suiv., 965 et suiv., 998, 1067 et suiv., 1116, 1147, 1157 et 2058).

2062. — 5° Responsabilité du prévenu. — La question de savoir si le fait poursuivi est imputable au prévenu est placée dans les attributions exclusives du juge du fond (Crim. rej. 15 mars 1850, aff. Abaunza, D P. 50. 5. 373). Décidé, sur ce point que le jugement qui déclare le prévenu coupable d'avoir, au moyen d'un écrit publié, commis le délit de diffamation, fait connaître suffisamment que la publication de cet écrit est imputable au prévenu (Même arrêt).

2063. En ce qui concerne les immunités législatives ou judiciaires, c'est aux juges du fond qu'il appartient de constater souverainement si les discours ou l'écrit en faveur duquel on invoque l'immunité résultant de l'art. 41 de la loi de 1881 a été soit tenu au sein d'une des deux Chambres (V. supra, nos 1340 et suiv.), soit imprimé par son ordre (V. supra, ibid.), soit produit en justice en vue de la défense de l'une. des parties (V. *suprà*, n⁰ˢ 1373 et suiv.; Crim. rej. 7 mars 1863, aff. Mirès, D. P. 63. 1. 377; 14 mars 1874, aff. Lorbaud, D. P. 74. 1. 407) dans une instance encore pendante au moment où il a été distribué (V. *suprà*, n⁰ˢ 1379 et suiv., 1451 ; Crim. rej. 7 mars 1863. précité ; 4 mai 1865, aff. Schoenfeld, D P. 65. 1. 247). De même, il appartient aux juges du fond de décider que les discours ou les écrits-produits sont étrangers à la cause (V. *suprà*, n⁰ˢ 1453 et suiv.);... de réserver ou non l'action de la partie diffamée ou injuriée (V. *suprà*, *ibid.*);... d'ordonner ou non la *suppression* des écrits produits en justice (n⁰ˢ 1402 et suiv.). sans que leur décision sur ces différents points puisse être revisée par la cour de cassation.

2064. Il leur appartient encore de décider si le *compte rendu* des séances publiques des deux Chambres dans les journaux a été fait de bonne foi (V. *suprà*, n⁰ˢ 1353 et suiv.), et si le compte rendu des débats judiciaires est fidèle et fait de bonne foi (V. *suprà*, n⁰ˢ 1360 et suiv.). Ainsi jugé, antérieurement à la loi de 1881, à l'égard du délit spécial· de compte rendu infidèle et de mauvaise foi des séances des Chambres ou des audiences des tribunaux, que réprimait l'art. 7 de la loi du 25 mars 1822, maintenant abrogé. (V. *suprà*, n⁰ˢ 1354 et suiv., 554, 23 et suiv.; Crim. rej. 13 févr. 1864, aff. Lechevallier, D. P. 69. 1. 388; 19 févr. 1874, aff. Duportal et Marcou, D. P. 74. 1. 407. V. aussi Nîmes, 26 déc. 1872, aff. *Le Progrès du Midi*, D. P. 74. 2. 93).

2065. Mais l'appréciation des juges du fond au point de vue du caractère diffamatoire ou injurieux des écrits déclarés étrangers à la cause (V. *suprà*, n⁰ˢ 1454 et suiv., 1455 et suiv.), ou des comptes rendus (V. *suprà*, n⁰ 1365) est soumise au contrôle de la cour de cassation (V. *suprà*, n⁰ 2061).

2066. — II. Infractions a la police de l'imprimerie, de la presse périodique, de l'affichage et du colportage (art. 2 à 22). Les règles qui déterminent l'étendue respective des pouvoirs des juges du fond et de la cour de cassation en matière de crimes et délits de publication sont applicables aux infractions à la police de l'imprimerie, de la presse périodique, de l'affichage et du colportage (*Rép.* v⁰ *Cassation*, n⁰ 1780). Ainsi les juges ont un pouvoir souverain d'appréciation en ce qui concerne la recherche et la constatation des *faits matériels* qui caractérisent la contravention (V. *suprà*, n⁰ 2058), ou la *publicité* quand elle est un élément essentiel de la contravention (V. *suprà*, n⁰ 2060). Mais toutes les fois qu'il a été statué sur une contravention dont le juge du fond a conclu l'existence de faits matériels qui sont constatés par la décision attaquée et mis sous les yeux de la cour de cassation, cette cour a le droit, en considérant lesdits faits chacun séparément ou dans leur ensemble, d'examiner s'ils ont reçu leur véritable *qualification* (*Rép.* v⁰ *assation*, n⁰ 1780. V. aussi *suprà*, n⁰ 2061). Spécialement en ce qui concerne le *droit de réponse*. V. *suprà*, n⁰ 311. La cour de cassation peut exercer son contrôle sur le texte entier de la réponse et sur l'article du journal (Crim. rej. 17 août 1883 aff. Vermont, D. P. 84. 1. 44).

— La question de délimitation des pouvoirs respectifs de la cour de cassation et des juges du fait en ce qui touche l'élément *intentionnel*, ne saurait se poser à l'égard des infractions à la police de la presse, ces infractions n'étant pas couvertes par la bonne foi du prévenu, fussent-elles passibles de peines correctionnelles (V. *suprà*, n⁰ˢ 407 et suiv.).

2067. — III. Contraventions de simple police. — Les attributions respectives des juges du fond et de la cour de cassation se déterminent d'après les mêmes règles en ce qui concerne les infractions à la police de l'imprimerie, de la presse périodique, de l'affichage et du colportage qui n'ont d'autre caractère que celui de contraventions de simple police (V. *suprà*, n⁰ˢ 429 et suiv.).

2068. En ce qui concerne la contravention d'injure. il était décidé sous la législation antérieure à la loi de 1881, où l'injure constituait une simple contravention non seulement lorsqu'elle était dépourvue de publicité, mais encore lorsque, même publique, elle ne renfermait pas l'imputation d'un vice déterminé (V. *suprà*, n⁰ˢ 1030), que le juge de police appréciait souverainement le caractère injurieux de l'écrit ou du propos incriminé (Crim. rej. 3 juin 1881, aff. Auvigne, D. P. 82. 1. 43); mais qu'il appartenait à la cour de cassation de vérifier si l'injure résultant de cet écrit ou de ce propos renfermait ou ne renfermait pas l'imputation d'un vice déterminé, et constituait, dès lors, un délit, à supposer qu'il y eût, en même temps. publicité. ou une contravention (Crim. cass. 11 janv. 1873 aff. Giral, D. P. 73. 1. 389). — Sur le pouvoir de contrôle qui appartient à la cour de cassation en matière de contravention d'injure depuis la loi de 1881 (V. *suprà*, n⁰ˢ 1067 et suiv.). Ce pouvoir s'exercera, notamment, à l'égard de la condition de publicité qui est devenue le seul élément distinctif du délit et de la contravention d'injure (V. *suprà*, n⁰ 1060). Il ne saurait être question de l'élément *intentionnel*, qui est étranger aux simples contraventions de police (V. *suprà*, n⁰ˢ 429 et suiv.).

2069. — IV. Peines. — Dommages-intérêts. — La cour de cassation a le pouvoir d'examiner si la peine appliquée à un fait exactement qualifié est celle que la loi a édictée (*Rép.* n⁰ 957). Spécialement, est nul l'arrêt qui ne prononce qu'une peine de simple police, au lieu d'une peine correctionnelle, contre l'individu déclaré coupable d'injures proférées publiquement contre un maire pour des faits relatifs à ses fonctions (Crim. cass. 10 juin 1836, *Rép.* n⁰ 957. V. *suprà*, n⁰ 1158 et suiv.). — L'appréciation des dommages-intérêts réclamés par la partie civile, à raison du préjudice à elle causé par un fait de publication, est abandonnée au pouvoir discrétionnaire des juges du fond (V. *suprà*, n⁰ 1266. V. aussi *suprà*. v⁰ *Cassation*, n⁰ 393 et *Rép.* n⁰ˢ 1665 et suiv.).

2070. Sur l'application aux jugements des délits de presse des ouvertures ou moyens de cassation admis par le droit commun, tant en matière civile qu'en matière criminelle, V. *suprà*, v⁰ *Cassation*, n⁰ˢ 275 et suiv., et *Rép.* n⁰ˢ 1297 et suiv.

Voir les additions complémentaires à la fin du volume.

Table sommaire

des matières contenues dans le Supplément et le Répertoire.

(Les chiffres précédés de la lettre S renvoient au Supplément ; les chiffres précédés de la lettre R renvoient au Répertoire.)

Table des articles du code pénal, du code d'instruction criminelle, des lois des 17, 26 mai et 9 juin 1819, du 25 mars 1822, du 18 juill. 1828, du 9 sept. 1835, du 27 juill. 1849, du 15 avr. 1871, du 29 déc. 1875, du 29 juill. 1881, du 2 août 1882 et du décret du 17 févr. 1852.

Table chronologique des Lois, Arrêts, etc.

2 août.Crim.1388
c.
11 oct. Crim. 818
c., 819 c.
18 oct. Crim. 538
c., 1360 c., 1381
c., 1409 c.
7 déc. Crim. 1381
c., 1409 c.

1822

3 janv. Crim.545
c.
11 mars. Décis.
min. fin. 136 c.
22 mars. Bourges.
472 c.
25 mars. Loi.275c,.
281 c., 282 c.,
286 c., 288 c.,
317 c., 329 c.,
398 c., 334 c.,
595 c., 597 c.,
831 c., 848 c.,
996 c., 1182 c.,
1348 c., 1484 c.,
1568 c., 1581 c.,
1650 c., 1651 c.,
1667 c., 1690 c.,
1775 c., 1777 c.,
1794 c., 1801 c.,
1803 c., 1828 c.,
1833 c., 1835 c.,
1907 c., 1885 c.,
1925 c., 2045 c.
V. en outre la.
table des arti-
cles.
29 mars. Crim. 545
c.
11 avr. Crim. 1368
c.
31 mai. Crim. 457
c.
14 juin. Crim. 457
c.
21 juill. Metz.1484
c.
20 nov. Ordonn.
1461 c., 1446 c.,
1447 c., 1448 c.,
1615 c.
23 déc. Crim.1463
c.

1823

10 févr. Nîmes.
1460 c., 1461 c.,
1478 c., 1645 c.
7 mars. Crim.533
c.
8 mars. Amiens.
505 c.
13 mars. Crim.
1603 c.
24 avr. Crim. 629
c.
24 mai. Liège. 515
c.
31 juill. Crim. 81
1226 c.
31 juill. Toulouse.
1226 c.
28 août. Crim.741
c., 814 c.
4 sept. Crim.456
c.
6 nov. Crim.1645
c.
20 nov. Colmar.
515 c.
27 déc. Crim. 473
c., 545 c.

1824

10 janv. Crim. 475
c., 545 c.
26 mars. Crim.
1965 c.
16 juin. Loi 75 c.
18 juin. Crim.1669
c., 1991 c.
8 sept. Crim.1496
c.
4 nov. Crim.1255
c.

1825

19 févr. Crim. 461
c.

22 févr. Req. 1375
c.
2 avr. Crim. 1467
c., 1478 c.
3 juin. Crim.1376
c., 1392 c.
23 juin. Paris.
1408 c.
7 nov. Metz.468c.
15 déc. Paris.1394
c.
22 déc. Montpel-
lier. 1235 c.

1826

7 janv. Crim. 545
c.
14 janv. Crim. 771
c.
14 janv. Limoges.
816 c.
26 janv. Crim.475
c., 482 c., 545 c.
16 févr. Lyon.1379
c.
28 avr. Crim. 928
c., 939 c., 941
c., 1880 c.
14 juin. Grenoble.
1941 c.
16 juin. Crim. 1185
c.
22 juin. Crim.1627
c.
4 août. Crim. 456
c., 773 c., 1605
c., 2009 c.
7 déc. Grenoble.
891 c.
7 déc. Trib. corr.
Grenoble. 1360
c.
20 déc. Riom.1461
c., 1479 c.

1827

3 janv. Grenoble.
1461 c.
4 janv. Riom.816
c.
2 févr. Crim.1385
c.
9 févr. Ordonn.
1880 c.
19 mars. Riom.
939 c., 1620 c.
23 mars. Crim.
953 c.
28 avr. Crim. 1461
c., 1956 c.
19 mai. Crim.règl.
de juges. 1606
c.
7 juill. Crim.1389
c.
11 oct. Crim. 1243
c.

1828

9 janv. Ordon.
100 c., 103 c.,
113 c., 121 c.
15 févr. Crim.
1603 c.
28 févr. Crim. 814
c.
14 mars. Limoges.
864 c.
5 juin. Crim.1454
c., 1466 c.
19 juin. Crim.1203
11 juill. Loi. 253 c.
18 juill. Crim. 168
c., 549 c.
18 juill.Loi. 171 c.,
173 c., 178 c.,
181 c., 184 c.,
185 c., 205 c.,
245 c., 1118 c.,
1121 c., 1277 c.,
1280 c., 1307 c.
V. en outre la
table des arti-
cles.
9 août. Grenoble.
1480 c.
22 août. Crim. 456

c., 532 c., 1381
c.
22 août. Douai.
1395 c.

1829

3 janv. Trib. corr.
Seine. 540 c.
6 févr. Crim. 1390
c., 1392 c., 1393
c., 1467 c.
13 mai. Crim. 1203
c.
26 févr. Crim. 816
c.
16 avr. Crim. 1484
c.
23 mai. Bruxelles.
1548 c., 1557 c.
20 août. Bourges.
768 c.
28 août. Crim. 768
c.
12 sept. Crim.1390
c., 1393 c., 1454
c.
18 sept.Crim.1496
c.
19 sept. Ordonn.
préf.police 1297
c.
19 nov. Crim. 456
c., 1389 c.
16 déc. Guade-
loupe.1880 c.
24 déc. Riom. 457
c., 2009 c.

1830

14 janv. Paris. 544
c.
20 févr. Crim. 817
c.
23 avr. Crim. 1498
c.
16 juin. Giro. min.
81 c., 82 c.
25 juill. Ordonn.
132 c.
14 août. Charte.
1231 c., 1352 c.,
1854 c.
26 août. Bourges.
2010 c.
8 oct. Crim.132 c.,
357 c., 425 c.,
426 c., 607 c.,
1182 c.,1193 c.,
1206 c.,1207 c.,
1208 c.,1210 c.,
1211 c.,1212 c.,
1221 c.,1248 c.,
1566 c.,1568 c.,
1580 c.,1598 c.,
1612 c.,1651 c.,
1666 c.,1667 c.,
1680 c.,1775 c.,
1803 c.,1807 c.,
1835 c.,1863 c.,
1865 c.,1866 c.,
1868 c.,1876 c.,
1931 c.,2045 c.,
2082 c.
10 oct.Loi.1890. c.
29 nov. Loi.617 c.
10 déc.Loi.398 c.,
399 c., 405 c.,
1295 c.
14 déc. Poitiers.
922 c.
24 déc. Crim. 1390
c.

1831

1er mars.Douai.929
c., 1249 c.,1237
c.
4 mars. Crim. 624
c.
8 avr.Loi.1199 c.,
1227 c.,1608 c.,
1690 c.,1751 c.,
1752 c.,1777 c.,
1794 c.,1801 c.,
1808 c.,1828 c.,
1833 c.,1835 c.,

1925 c.,1931 c.,
1933 c.,1943 c.,
1944 c.,1949 c.,
1950 c.,1951 c.,
1959 c.,1960 c.,
1964 c.,1968 c.,
2045 c., 2052 c.
14 avr. Crim. 953
c., 1237 c.,1612
c.
22 avr. Bourges.
1228 c.
29 avr.Crim.922 c.
13 mai. Crim. 1203
c.
24 mai.Douai.1281
c.
11 juin. Crim. 450
c.,461 c., 604 c.
24 juin.Paris.2011
c.
25 juin. Crim. 976
c.,1860 c.,1846
c.
22 juill. Bourges.
459 c.
5 août. Crim. 768
c.
24 août.Décis.min.
fin.136 c.
27 août. Crim. 456
c.
20 sept. Crim. 512
c.
15 oct. Crim. 1835
c.
25 nov. Crim. 577
c., 903 c.

1832

23 févr. Crim.1299
c., 1231 c.
24 févr. Crim. 941
c.
27 févr. Crim. 937
c., 1610 c.
4 mars.Crim.1904
c.
11 mars. Décis.
min. 136 c.
15 mars. Crim. 458
c., 476 c.
23 mars. Paris.
1689 c.
28 avr. Loi. 620 c.,
632 c.
4 mai. Crim. 1185
c.
19 mai Crim. 1767
c.
22 mai C. d'ass. de
la Seine. 1962 c.
16 juin. Crim. 923
c., 1210 c.
27 juin. Aix. 138 c.
28 juin. Grenoble.
1461 c., 1480 c.
30 juin.Crim.règl.
de juges. 766 c.
20 juill. Crim.1766
c., 1767 c., 1885
c.
21 juill. Crim. 1360
c.
4 août Crim.1761
c.
20 oct. Crim. 1945
c.
9 nov. Crim. 456
c., 477 c.

1833

10 janv.Crim.1219
c.
1er mars Crim. 457
c., 741 c.
9 mars. Crim. 768
c.
27 mars. Bor-
deaux. 1503 c.
14 avr. Bordeaux.
1503 c.
26 avr. Crim. 1229
c.
2 mai. Bordeaux.
508 c.
4 juill. Crim. 814
c.

21 juill. Crim.1488
c.
22 juill. Loi. 489 c.
2 août. Besançon.
164 c.
8 août. Bordeaux.
1381 c.
16 août.Crim.495c.
31 août.Metz 1185
c.
26 nov. C. d'ass.
Cantal. 1872 c.
29 nov. Crim. 459
c., 508 c.

1834

22 janv.Trib.Seine
136 c.
25 janv.Crim.1448
c.
29 janv. Req.1463
c.
15 févr. Crim. 1585
c., 1586 c.
16 févr. Loi. 12 c.,
365 c., 367 c.,
368 c., 379 c.,
398 c., 399 c.,
405 c.
1er marsCrim.121c.
4 avr.Crim.204 c.
5 mai. C. d'ass.
Gand. 1256 c.
9 mai. Grenoble.
953 c., 1389 c.
24 mai. Loi 801 c.
12 juin.Crim.816c.
12 juin. Rennes.
1421 c.
31 juill.Crim.règl.
de juges. 632 c.
6 août Ch. réun.
204 c.
15 oct.Crim.1964c.
7 nov. Crim. 1476
c.
6 déc. Rennes.
1393 c.
27 déc.Bastia.1861
c.,1393 c.,1409
c., 1467 c.

1835

26 janv. Rennes.
1416 c.
28 janv.Bordeaux.
798 c.
19 févr.Crim.461 c.
27 févr. Crim. 1894
c.
7 mars. Rouen.
1416 c., 1462 c.
30 mars Ordonn.
1445 c.
18 avr. Civ. 136 c.
15 avr. Bordeaux.
798 c.
22 avr. Paris.1185
c.
14 mai.Crim. 1761
c.
2 juin.Paris.1496
c.
21 juin. Crim. 478
c.
18 juill. Loi. 296 c.
20 août. Nancy.
1854 c.
28 août. Ordonn.
967 c.
31 août.Metz.112c.
15 févr. Rennes.
929 c., 1237 c.
17 févr. Bastia.929
c.
21 févr. Req. 1461
c.
2 mars.Ch.réun.
1132 c.
15 mars. Crim.
1917 c.
11 avr. Loi. 1224.
c.
10 mai. Bourges.
816 c.

2047 c., 2049 c.,
2052 c. V. en
outre la table
des articles.
8 oct.Paris.123 c.
164 c.
20 oct. Crim. 1375
c.
28 nov. Crim. 1467
c., 1478 c.
18 déc. Crim. 1496
c.
31 déc. Crim. 382
c., 976 c.

1836

1er mars. Req. 137
c.
15 mars. Liège.
768 c.
4 avr. C. d'ass.
de la Seine.
1874 c.
19 avr. Trib. Se-
ine. 481 c.
21 mai. Crim.
1379 c.,1469 c.,
1552 c., 1558
c.
21 mai. Loi. 432
c., 561 c., 1608
c.
10 juin. Crim. 2069
c.
27 juin. Colmar.
1390 c.
3 juill. Crim.77 c.
16 août. Orléans.
774 c., 968 .c.
26 août. Crim.
1156 c.
1er sept. Crim. 1157
c.
5 sept. Crim. 976
c., 976 c.
9 sept. Crim. 929
c., 976 c.
23 sept. Trib. Sei-
ne. 762 c.
13 oct. Crim. 1202
c.
30 déc. Toulouse
1497 c.

1837

23 févr. Bourges.
1156 c.
24 févr. Crim. 1148
c.
3 mars. Crim.
1467 c.
4 mars. Rouen.
979 c.
7 avr. Crim. 816
c.
29 avr. Montpel-
lier. 1615 c.
12 mai. Crim. 1132
c.
18 mai. Douai.
1627 c.
19 août. Crim. 751
c., 956 c.
26 août.Crim.1405
c.
8 sept.Crim.1341
c.
15 sept. Crim. 92
c., 502 c., 507
c.
3 déc. Crim.1561
c.
30 déc.Trib.Rouen
866 c.

1840

20 janv. Req.1651
c.
29 avr. Trib.Saint-
Omer. 285 c.
11 mai. Paris.1468
c.
20 juin.Crim. 1165
c.
23 août. Crim. 828
c., 816 c., 821
c., 1350 c.
4 sept. Crim. 1761
c.
14 nov. Crim. 2023
c.
27 nov. Crim. 776
c., 967 c.
26 déc. Bordeaux.
669 c.
26 déc. Paris. 1480
c.

1841

13 janv. Trib. corr.
Seine. 897 c.

15 mai. Ch. réun.
979 c.
15 mai. Crim. 669
c.
25 mai. Crim. 929
c.
25 mai. Agen. 739
c., 751 c.
25 mai. Loi.1488.
c., 1635 c.1636
c., 1638 c. 1640
c., 1641 c.,1648
c.
21 juin. Paris.773
c.
30 juin. Loi. 969
c.
7 juill. Orléans.
524 c.
19 juill. Crim. 670
c.
21 juill.Crim.1385
c., 1467 c.,1471
c.
26 juill.Aix. 866 c.
18 août.Crim.1486
c.
21 août. Limoges.
461 c.
23 août.Crim.1461
c.
21 sept. Crim. 1457
c.
14 déc. Crim. 1394
c., 1478 c.,
1645 c.

1839

25 janv. Nîmes.
1473 c., 1602
c.
11 févr. Ch. réun.
783 c.
22 févr.Crim.règl.
533 c.
22 févr. Amiens.
515 c.
5 avr. Crim. 1437
c., 1894 c.
16 avr. Crim. 1185
c.
17 mai. Crim. 773
c.
4 mai. Crim. 908
c.
4 mai. Paris. 990
c.
17 août. Crim. 496
c., 508 c.
30 août.Crim.1894
c.
9 nov. Crim. 1552
c.
24 nov. Chambre
des Pairs. 1346
c.
26 déc. Crim. 810
c.

8 mars. Ch. réun.
pairs. 1638 c.
25 mars. Crim. 322
c.
16 avr. Crim. 1185
c., 1605 c.
21 avr. Riom. 978
c.
23 avr. Trib. corr.
Seine. 897 c.
15 mai. Trib. corr.
Seine. 303 c.
27 mai. Nîmes.
1461 c.
30 mai. Trib. Sa-
bles - d'Olonne.
1219 c.
6 juin. Paris. 322
c.
4 juin. Douai.
1486 c.
9 juin. Civ. 32 c.
3 août. Crim. 1525
c.
4 août. Req. 1651
c.
13 août. Crim. 996
c.
21 août. Riom.776
c.
22 nov. Montpel-
lier. 1546 c.,
1561 c., 1563 c.
29 nov. Cour d'as-
sises de l'Isère.
628 c., 1874 c.
30 déc. Rouen. 866
c.
31 déc. Limoges.
1651 c.

1842

7 janv. Douai.
1651 c.
17 janv. Poitiers.
814 c., 953 c.
29 janv. Crim. 298
c.
11 févr. Cons.
d'État. 527 c.
11 févr.Crim.règl.
de juges 773 c.
14 févr.Cons.d'Et.
1618 c.
3 mars.Crim.1437
c., 1894 c.,
12 mars. Crim.
règl. de juges.
773 c.
14 avr. Toulouse.
1495 c.
28 avr. Poitiers.
758 c., 765 c.
30 avr. Crim. 525
c.
14 mai. Crim. 773
c.
14 mai. Bourges.
1651 c.
17 juin. Crim.1476
c.
4 sept. Crim. 1486
c.
6 sept. Cons.d'Et.
1618 c.
12 sept.Paris.1868
c.
8 oct.Crim.798 c.
10 nov. Crim.1562
c.
1er déc. Trib. Sei-
ne. 897 c.
9 déc. Cons.d'Et.
527 c., 1618 c.
10 déc. Nancy.475
c.

1843

17 févr. Crim.1110
c.
21 févr. Req. 1651
c.
11 mars. Poitiers.
768 c.
16 avr.Crim.456 c.
22 mai. Ordon.
749 c.
27 mai. Crim.1907
c.
4 juill. Montpel-
lier. 538 c.
7 août. C. d'ass.

13 déc.Trib. confl.
527 c.
23 déc. Angers.
258 c., 262 c.,
275 c.
23 déc. Poitiers.
774 c.

1880

3 janv. Caen. 774
c.
8 janv. Trib.corr.
Seine. 626 c.
13 janv. Paris.541
c., 543 c., 1344
c.,1347 c.,1349
c.
29 janv. Crim. 829
c.
11 févr. Riom.1656
c.
12 févr. Crim. 774
c., 966 c.
13 févr. Crim.1492
c.
20 févr.Trib.Mon-
tauban.1465 c.
mars. Caen.456
c.
18 mars. Crim.
2008 c.
23 mars. Trib.
Saint - Amand.
466.
29 mars. Décr.743
c., 816 c.
14 avr. Trib. corr.
d'Avranches.
342 c.
20 avr. Cons. préf.
Seine. 1407 c.
6 mai.Cons.d'Et.
1411 c.
7 mai. Crim. 515
c., 667 c.
17 juin. Lol.177 c.,
360 c., 370 c.,
371c.,373 c.,373
c., 376 c., 377
c., 386 c., 387
c., 390 c., 1298
c.,1304 c., 1326
c.
18 juin. Loi. 14 c.,
385 c.
23 juin. Décr. min.
fin. 392 c.
7 juill. Req. 528
c., 1619 c.,1655
c.
11 juill. Loi. 1189
c.
12 août. Circ.min.
int. 386 c.
13 août. Crim. 262
c., 344 c.
13 sept. Angers.
1212 c., 1229
c.
9 oct. Bordeaux.
598 c.
6 nov. Cons.d'Et.
1407 c., 1423
c.
11 nov. Bordeaux.
598 c.
2 déc. Crim. 599
c., 601 c.
10 déc. Lyon. 1347
c.,1551 c.,1799
c., 1972 c.
16 déc. Lyon.1355
c.
23 déc. Crim. 768
c., 815 c.

1881

12 janv. Trib. Sei-
ne. 928 c.
13 janv.Bordeaux.
456 c.
14 janv. Crim. 796
c.,1309 c., 1567
c.
17 janv. Trib.corr.
Lille. 928 c.
20 janv. Paris.743
c., 781 c., 804
c., 816 c., 818
c.

29 janv. Paris.816
c.
8 févr. Bastia.
1123 c., 1437 c.
8 mars. Trib.
Compiègne. 537
c.
11 mars. Crim. 598
c., 601 c.
18 mars. Crim.
867 c., 904 c.
1er avr. Crim.1799
c.
2 avr. Besançon.
537 c., 900 c.
21 mai. Trib.confl.
392 c.
25 mai. Bordeaux.
456 c.
29 mai. Loi. 1169
c.
15 juin. Loi. 1904
c.
17 juin. Toulouse.
1657 c.,1846 c.,
1847 c.
30 juin. Loi. 477
c.
1er juill.Cons.d'Et.
1407 c.,1418 c.,
1423 c.
7 juill. Crim.759
c., 766 c., 1552
c.
9 juill. Circ. min.
just. 1745 c.
21 juill. Toulouse.

1882

13 janv.Cons.d'Et.
1407 c., 1414
c.
18 janv. Trib. de
Grenoble. 995
c.
22 janv.Douai.966.
24 janv. Paris. 894
c.
28 janv. Trib corr.
Lille. 1776.
4 févr. Paris.
1737 c.
8 févr. Rennes.
84 c.
10 févr. Trib. Cor-
bell. 462 c.
18 févr. Crim.1571
c.
24 févr. Crim.2047
c., 2048 c.
25 févr.Chambéry.
1320 c.
4 mars. Crim. 547
c., 1911 c.,1914
c.
10 mars. Crim.
1672 c.
16 mars. Crim.
1488 c., 1526
c., 1634 c.
17 mars.Crim.1191
c., 1571 c.
17 mars. Aix.1395.
17 mars.Montpel-
lier. 1663 c.
19 mars.Crim.1634
c.
22 mars. Loi. 516
c.
28 mars. Loi. 761
c.
29 (etnon27)mars.
Dijon. 298 c.,
314 c. 322 c.,
30 mars. Trib. pol.
de Tours. 2014.
31 mars. Cons.
d'Et. 1407 c.,
1419 c., 1461
c.
22 avr. Trib. des
confl. 1620 c.
4 mai. Trib. corr.
4 mai. Trib. corr.
978, 1595 c.
5 mai.Agen.1737
c.

c., 936 c., 1257
c., 1258 c.,1332
c., 1234c., 1568
c.,1601 c., 1606
c., 1608 c.,1623
c., 1672 c.,1673
c.,1682 c.,1691
c., 1744 c., 1760
c., 1860 c., 1861
c., 1887 c.
15 nov.C. d'ass.de
la Seine. 1786
c., 1799 c.,1932
c., 1963 c.
16 déc. Saint-Jean
d'Angély. 1503
c.
17 déc. Trib. Quin-
perlé. 84 c.
19 déc. Paris. 1945
c.
27 déc. Riom.1191
c., 1570 c.
28 déc. Riom.1634
c.

1882

13 janv.Cons.d'Et.
1407 c., 1414
c.

10 mai. Crim. 2048
c.
19 mai. Crim. 1590
c., 1656 c.
25 mai. Crim. 303
c.
26 mai. Amiens
1610 c.
26 mai. Besançon.
1737 c.
3 juin. Crim. 333
c.
8 juin. Trib.
Seine. 1178 c.
13 juin. Trib. de
Compiègne. 966
c.
23 juin. Crim.1872
c.
29 juin. Crim.1595
c., 1776 c.,1800
c.
30 juin. Verdun.
966 c.
1er juill. Amiens.
456 c.
5 juill. Délib.
cons. mun. Pa-
ris. 296 c.
7 juill.Crim.1557
c., 2050 c.
15 juill. Amiens.
966, 1586 c.
17 juill. Angers.
1737 c.
28 juill.Crim.1492
c.
28 juill.Trib.corr.
de la Seine.
773 c. 969 c.
2 août. Loi. 357
c., 442 c., 467
c., 496 c., 564
c., 618 c., 665
c., 667 c., 669
c., 670 c., 671
c., 673 c., 677
c., 678 c., 679
c., 683 c., 690
c., 691 c., 692
c., 693 c., 694
c., 695 c., 697
c., 701 c., 704
c., 705 c., 707
c., 708 c., 709
c., 710 c., 711
c., 712 c., 713
c., 714 c., 1163
c.,1167 c.,1180
c.,1198 c.,1313
c.,1393 c.,1394
c.,1578 c.,1593
c.,1686 c., 1695
c., 1998 c.
3 août. Trib. sim-
ple pol. Besan-
çon. 298 c.
4 août.Cons.d'Et.
1407 c., 1418
c.
4 août. Loi. 17 c.
5 août. Crim. 449
c., 456 c.
16 août. Req. 1847
c.
18 août. Nancy.
966, 1587 c.
11 oct. Angers.
1610 c.
28 nov. Crim. 728
c.
9 déc. Besançon.
813 c., 826 c.
15 déc. Trib. Châ-
teauneuf. 399
c.
16 déc. C. d'ass.
de la Charente.
935 c., 972.
18 déc. Angers.
1228 c.
23 déc. Bourges.
966 c.
26 déc. Trib. corr.
Seine. 677 c.
30 déc. Crim.1490
c.

1883

5 janv. Crim. 572
c., 589 c., 2023
c., 2033 c.

6 janv. Aix. 1288
c., 1307 c.
6 janv. Paris.
1595 c., 1776
c., 4975 c.
9 janv. Amiens.
1606 c.
11 janv. Crim. 900
c.
12 janv.Crim.1776
c., 1800 c.
12 janv.Cons.d'Et.
1619 c.
19 janv. Amiens.
449 c., 768
c.
20 janv. Crim. 462
c., 465 c., 496
c., 546 c., 548
c.,1897 c.,1911
c.
20 janv. Trib.
Saint-Flour.308
c.
22 janv. C. d'ass.
du Cher. 1786
c.
24 janv. Paris. 1926
c.
24 janv. Pau. 1626
c.
25 janv. Pau. 337
c.
27 janv.Crim.1518
c.
30 janv.Crim.1913
c.
31 janv. Trib. corr.
Seine. 118 c.,
1178 c.
1er févr. C. d'ass.
d'Alger.1770 c.
1771 c.
2 févr. Crim. 1141
c.
8 févr. Grenoble.
1503 c.,1516 c.
1521 c.
9 févr. Crim. 592
c.
9 févr. Trib. Mar-
seille. 321 c.
10 févr. Crim. 902
c.,904 c.,972 c.,
993 c., 1737
c.
15 févr. Crim. 858
c.
15 févr. Trib. de
la Seine. 1743
c.
16 févr. Crim. 399
c.
23 févr. Paris. 987
c., 996 c., 1581
c.
24 févr. Crim.1508
c., 1769 c.,1935
c.
1er mars.Crim.1544
c., 1560 c.
8 mars. C. d'ass.
du Tarn. 1618
c.
15 mars. Civ. 2028
c.
15 mars.Crim.1935
c., 2033 c.
20 mars. Douai.
806 c.
21 mars.Douai.726
c., 768 c.
25 mars.Dijon. 304
c.
31 mars.Bordeaux.
735 c.
14 avr. Rennes. 84
c.
12 avr.Trib.Seine.
958 c.
13 avr. Trib. civ.
Seine. 1320 c.
17 avr.Trib.Seine.
85 c.
18 avr. Paris. 1605
c., 1608 c.
18 avr.Trib.Seine.
873 c.
4 mai. Crim. 454
c., 465 c., 485
c., 513 c., 518
c.

8 mai. Douai. 533
c., 534 c.,735 c.,
740 c., 829 c.,
1606 c.
16 mai. Trib. corr.
Pau. 1307 c.,
1502 c.
15 juin. Crim. 976
c.
22 juin. Crim. 967
c., 1800 c.
28 juin. Paris. 958
c., 1087 c.
29 juin. Crim. 735
c., 743 c., 815
c.
1er juill. Poitiers.
802 c., 806
c.
5 juill. Crim. 986
c., 1586 c., 1975
c.
7 juill. Trib. corr.
Seine. 296 c.
12 juill. Crim. 735
c., 743 c.
13 juill. Bourges.
531 c.
18 juill. Paris. 896
c.
19 juill. Crim.1975
c.
21 juill. Trib. pol.
Clelles. 1036,
1487 c., 1488 c.,
1641 c.
25 juill. Crim. 559
c., 1288 c.,1307
c., 1608 c.
1er août. Bourges.
539 c., 863
c., 895 c.
10 août. Crim. 1588
c., 534 c., 735
c., 740 c., 781
c., 789 c.,1395
c., 1399 c.
16 août. Paris. 284
c., 1399 c.
1er août. Crim. 304
c.,369 c., 311 c.,
321 c.
28 août. Crim. 449
c., 735 c.
24 août. C. d'ass de
la Seine. 971
c.
8 nov. Crim. 1884
c.
10 nov. Crim. 337
c., 741 c.
17 nov. Crim. 450
c., 451 c., 512
c.
20 nov. Trib. corr.
Seine. 678 c.,
1318 c.
23 nov. Crim. 533
c., 534 c.
29 nov. C. cass.de
Belgique. 2009
c.
30 nov. Bourges.
858, 895 c.
1er déc. Montpel-
lier. 1508 c.,
c., 1783
7 déc. Crim. 935
c., 972 c.
8 déc. Loi. 714
c.
13 déc. Crim.1476
c.
13 déc. Paris. 800
c.
15 déc.Nancy.1488
c., 1490 c.,1493
c.
16 déc. C. d'ass.de
la Charente.199
c.
19 déc. Crim. 1952
c.
26 déc. Paris. 296
c., 297 c.
26 déc. Trib. corr.
Seine. 976 c.

27 déc. Limoges.
1509 c.
29 déc. Rouen.
1775, 1867 c.

1884

3 janv. Crim. 201
c.
4 janv.Crim. 1585
1004, 1110 c.,
1111 c., 1115
c.
10 janv.Trib corr.
Seine. 678 c.
11 janv.Cons.d'Et.
899 c.
23 janv. Grenoble.
1586 c., 1977
c.
23 janv. Lyon. 182
c., 1292 c.
26 janv.Crim.1899
c.
30 janv. Rennes.
1739 c.
30 janv. Crim. 958
c.
13 févr. Poitiers-
902 c.
13 févr. Trib. civ.
Meaux. 933,
967 c.
22 févr.Cons. d'Et.
1407 c.
28 févr. Paris. 467
c., 593 c.
3 mars. Paris.
1222 c., 1287
c.,1292 c.,1307
c.
6 mars.Crim.1110
c., 1115 c.,1626
c.
7 mars. Amiens.
1509 c.
14 mars. Crim. 863
c., 1503 c.,1504
c., 1945 c.,2047
c.
14 mars. Aix. 970
c.
14 mars. Lyon. 735
c.
20 mars. Crim. 297
c., 1359 c.
22 mars. Trib.
confl. 527 c.
25 mars. Crim. 309
c.
27 mars. Paris.667
c., 902 c., 905
c.
29 mars. Crim. 304
c., 306 c.
29 mars. Rennes.
298, 1364 c.
2 avr. Paris. 976
c.
5 avr. Amiens.
1492 c.
6 avr. Loi. 296 c.,
374 c., 377 c.,
386 c., 398 c.,
399 c., 405 c.,
402 c., 486 c.,
488 c., 490 c.,
527 c., 538 c.,
529 c., 535 c.
10 avr. Circ. min.
int. 874 c.
24 avr. Crim. 1760
c., 1917 c.
24 avr. Amiens.
1419 c., 1509
c., 1988 c.
25 avr. Crim. 606
c.

22 mai. Crim. 496
c., 1503 c.
25 mai. C. d'ass.
de la Seine 684
c.
26 mai. Amiens.
997 c.
29 mai. Crim. 773
c., 969 c., 1503
c., 1504 c.,1519
c.
21 juin. Toulouse.
1004, 1110 c.,
1111 c., 1115
c.
5 juin. Toulouse.
967.
11 juin. Trib. corr.
967.
14 juin. Crim. 675
c., 1202 c.
21 juin. Crim. 976
c.,1324 c., 1595
c., 1776 c.
27 juin. Crim. 1503
c.
18 juin. Trib. corr.
Marseille. 966
c., 1505 c.
30 juin. Paris.1383
c.,1398 c.,
4 juill. Crim. 1262
c., 1612 c.
5 juill. Paris. 536
c.
10 juill. Paris.
1807 c.
12 juill. Crim. 304
c., 317 c.
24 juill. Civ. 1737
c.
24 juill. Crim. 976
c.
25 juill. Crim. 773
c., 1238 c.
17 juill. Loi. 566
c.,1122 c.,1127
c.,1128 c., 1132
c., 1140 c.
2 août. Trib. corr.
Albi. 1017.
.. août. Trib. de
Boulogne - sur-
Mer. 968 c.
5 août. Req. 1375
c., 1464 c.
7 août. Lyon. 210
c., 215 c.
9 août. Lyon. 201
c.
16 août. Crim. 187
c.,1279c.,1367
c., 2012 c.
7 nov. Crim. 879
c., 902 c., 905
c.
10 nov. Douai. 977.
21 nov. Crim. 814
c., 815 c.
22 nov. C. d'ass.
de laSeine.1461
c.,1478 c.,1903
c.
28 nov. Lyon. 1641
c.
4 déc.Chambéry.
522 c., 993 c.
10 déc. Trib. civ.
Seine. 1403 c.
12 déc.Trib.Seine.
1342 c., 1347
c.
19 déc. Crim. 400
c., 658 c., 997
c.,1581 c., 1610
c.
27 déc. C. d'ass.de
la Seine. 684 c.

1885

8 janv. Bordeaux.
976 c.
8 janv. Limoges.
774. c.
13 févr. Poitiers.
c.
27 févr. Civ. 967 c.
27 févr. Crim. 928
c.,1625 c.,1626
c.

12 mars. Bourges. 989 c., 993 c.
19 mars. Paris. 480 c., 908 c., 1488 c., 1641 c.
20 mars. Paris. 1488 c., 1490 c., 1524 c.
25 mars. Besançon 1716 bis c.
25 avr. Crim. 905 c., 914 c.
25 avr. Paris. 966
1er mai. Crim.1754 c.,1766 c.,1768 c.
6 mai. Trib. civ. Bourgoin.862 c.
12 mai. Paris. 967 c.
22 mai. Crim. 1915 c.
5 juin. Crim. 978.
2 juill. Nimes.607 c., 1610 c.
3 juill. Crim.1257 bis c.
8 juill. Crim.1184 c.
9 juill. Besançon. 1488 c., 1490 c.
11 juill. Pau. 989 c., 993 c.
18 juill. Crim. 976, 1188 c., 1784 c.
24 juill. Crim. 976 c., 1776 c., 1784 c.,1786 c., 1799 c., 1800 c.
31 juill. Crim. 967 c.
5 août. Orléans. 1737 c., 1741 c.
11 août. Paris. 692 c.
12 août. Paris. 1106.
29 oct. Crim. 967 c.
30 oct. Crim. 32 c. 399 c., 405 c.
2 déc. Trib. corr. Neufch âteau. 864 c.
3 déc. Rennes. 724 c., 818 c., 816 c.
21 déc. Req. 1488 c.,1523 c., 1524 c.

1886
20 janv. Nancy. 829 c.
28 janv. Alger. 648 c.
30 janv. Rouen. 967 c.
13 févr. Orléans. 781 c.
13 févr. Rouen. 900 c., 902 c.
15 févr. C. d'ass. Seine. 1496 c.
15 févr. Nancy. 514 c.

28 févr. Orléans. 806 c.,
10 .mars.Caen. 735 c., 773 c., 1324 c.
16 avr. Bordeaux. 901 c., 1469 c., 1503 c., 1523 c.
16 avr. Trib. Mortain. 1323 c., 1524 c.
5 mai. Trib. corr.
17 mai. Civ. 914 c.
20 mai. Montpellier. 1324 c.
29 mai. Crim. 976 c.,1226 c., 1229 c.,1487 c.,1507 c.
12 juin. Paris. 177 c.
3 juill. Crim. 112 c.
15 juill. Trib. des Andelys. 774 c.
16 juill.Cons.d'Et. 1407 c.,1419 c., 1437 c.
17 juill. Crim. 953 c., 989 c.
23 juill. Bourges. 456 c.,
23 juill. Poitiers. 967 c.
30 juill. Crim. 741 c.
28 oct. Bordeaux. 1790 c.,1800 c., 1880 c.
30 oct. Crim. 970 c.
6 nov. Crim. 864 c., 993 c.
16 nov. Bordeaux. 993 c.
16 nov. Paris. 903 c., 1469 c.
18 nov. Crim. 435 c.,887 c.,908 c.
10 déc.Crim.1321 c.
17 déc. Crim. 177 c., 210 c.
27 déc.Req.529 c., 857 c.
30 déc. Bordeaux. 1743 c.

1887
5 janv. Caen. 490 c.
7 janv. Besançon. 1862 c.
13 janv.Paris.1324 c., 1607 c.
7 févr. Req. 881 c., 1641 c.
22 févr. Orléans 1334 c.
23 févr.Crim.1894 c.
25 févr. Cons. d'Et. 1407 c., 1411 c.

4 mars. Crim. 546 c., 914 c.
17 mars. Caen. 177 c.
1er avr.Crim.791 c.
7 avr. Crim. 2014 c.
13 mai. Paris. 881 c.
20 mai. Bordeaux. 659 c.
11 juin Loi 519 c.
13 juin. Loi. 18 c., 518 c., 520 c., 523 c.
22 juin. Ch. réun. 177 c.
22 juin. Crim. 210 c.
8 juill. Crim.1799 c.,
1er oct. Trib. corr. La; Roche-sur-Yon. 974 c.
25 oct. Civ. 486 c., 1488 c., 1511 c., 1512 c., 1513 c.
26 oct. Crim. 1523 c.
3 nov. Crim. 1509 c., 1510 c. 1586 c., 1589 c.
16 nov. Lyon. 1324 c., 1487 c.
13 déc. Paris. 480 c.
29 déc. Limoges. 405 c., 1740 c.

1888
5 janv.Crim.1186 c., 1784 c., 1799 c.
14 janv. Paris. 1382 c.
17 janv. Orléans 989 c., 993 c.
20 janv.Cons.d'Et. 1407 c.,1419 c., 1437 c.
21 janv. Limoges 306 c., 993 c., 1277 c., 1279 c.
8 févr. Crim. 177 c., (et non 1881) Bastia 1123 c., 1437 c.
10 févr. Crim. 1888 c.
16 févr. Crim. 405 c.
17 mars.Caen.1382 c.,1398 c.,1441 c.
31 mai. Bourges. 967 c.
1er juin. Crim. 967 c., 993 c.
13 juin.Paris.1997 c., 2006 c.
19 juin.Req.1414c.
22 juill. C. d'ass. Loiret. 1770 c., 1771 c.
25 août. Limoges. 1461 c.,1478 c., 1487 c.

18 oct. Trib. corr. Seine. 2002 c.
30. oct. Orléans. 1370 c.
2 nov. Montpellier. 490 c., 528 c., 881 c.
8 nov. Crim. 1585 c., 1588 c.
16 nov.Crim.828 c.
5 déc. Dijon. 520 c.

1889
25 janv.Paris.87 c.
31 janv.Crim.2044 c.
2 févr. Crim. 735 c., 768 c., 769 c.
14 févr. Crim.1625 c.
16 févr. Crim. 741 c., 742 c.,815 c.
20 févr. Rennes. 1739 c.
21 févr. Crim. 282 c., 302 c., 405 c.
28 févr. Crim. 1585 c., 1586 c., 1587 c.,1767 c., 1771 c., 2014 c.
4 mars.Loi. 980 c.
14 mars. Crim. 670 c., 703 c., 768 c., 822 c.
18 mars.Req.1847 c.
19 mars. Loi. 491 c., 404 c., 405 c., 676 c.,697 c., 1322 c.
20 mars.Loi.19 c., 403 c.
29 mars. Cons. d'Et. 1407 c., 1478 c.
4 avr. Limoges. 490 c., 1262 c., 1612 c.
10 mai.Crim.2044 c.
10 mai. Crim. 1321 c.
17 mai.Crim.491 c.
6 juin. Crim. 961 c.
11 juin. Pau. 867 c., 993 c., 1585 c., 1586 c., 1655 c.
26 juin.Paris.1319 c.
9 juill. Crim. 404 c.
11 juill. Crim. 1496 c.
20 juill.Trib.confl. 1407 c.
22 juill. Loi. 1440 c., 1449 c.
27 juill. Crim. 203 c.

27 juill.Cons.d'Et. 1407 c., 1478 c.
17 oct. Bordeaux. 966 c., 991 c.
14 nov. Caen. 873 c., 902 c.
15 nov. Crim. 1509 c.
15 nov. Paris. 288 c., 1588 c.
16 nov.Crim.828 c.
29 déc. Crim. 2041 c., 2043 c.

1889
6 déc. Paris.1276 c., 1284 c., 1322 c.
13 déc. Cons. d'Et. 527 c.
14 déc. Loi. 398 c.

1890
9 janv. Paris 1277 c.,1279 c.,1307 c.
30 janv. Agen. 890 c.,900 c.,1140 c.
5 févr. Rennes. 1488 c., 1528 c.
15 févr. Paris 1496 c.
22 févr.Crim.règl. de juges. 967 c.
26 févr. Lyon.1697 c.
5 mars. Orléans. 880 c.
13 mars. Trib. civ. Blois. 1511 c.
19 mars. Paris.888 c.
20 mars. Paris. 1593 c.
21 mars. Paris.
26 mars.Caen. 308 c., 1513 c.
28 mars. Crim. 1496 c., 1530 c.
28 mars. Cons. d'Et. 527 c.
24 avr. Crim. 1321 c.
26 avr. Crim. 1496 c., 1530 c
4 mai. Crim. 810 c. c., 306 c.,810c.
24 mai. Nancy.777 c.
10 août Riom.1514 c.
13 juin. Crim. 443 c.
19 juin.Crim.2041 c.
9 juill. Paris. 863 c.,894 c.,1033 c.
18 juill. Orléans 1641 c., 1659 c.
16 août.Pau.735 c.
18 sept. Crim. 582 c.
16 oct. Dijon. 805 c.

25 oct. Montpellier. 970 c.
31 oct.Crim.736 c., 786 c.
11 nov. Bordeaux. 862 c., 1488 c.
12 nov. Limoges. 1319 c.
4 déc. Chambéry. 1153 c.
26 déc. Bordeaux. c.,1493 c., 1516 c.

1891
2 janv. Paris.718 c.
24 janv. Crim. 1625 c.,1698 c.
11 févr. Toulouse. 786 c.
12 févr. Crim. 905 c.
19 févr. Crim. 1585 c.,1586 c., 1587 c.,322 c., 233 c., c.
21 févr. Crim. 1155 c.
25 févr. Req. 1493 c.
16 mars.Bordeaux. 701 c., 703 c.
19 mars.Grenoble. 520.
10 avr. Crim. 282 c., 311 c., 2041 c., 2043 c.
24 avr. Grenoble. 1807 c.
25 avr. Crim. 1183 c.
27 avr.Riom.659 c.
8 mai. Crim. 718 c., 764 c., 781 c.
26 mai.Caen. 308 c., 1583 c.
28 mai. Crim.1239 c., 1983 c.
3 juin (et non 1862) 333 c.
12 juin. Crim. 980 c.
16 juin. Crim. 1496 c., 1530 c
17 juill. Loi. 569 c.
5 août. Besançon. 406 c.
24 nov. Crim. 1676 c., 1907 c.
24 nov. Paris. 740 c., 791 c., 793 c.
4 déc. Trib. corr. de Fontainebleau. 806 c.
30 déc. Bordeaux. 1320 c.

1892
2 janv.Paris. 465 c., 866 c., 1488 c.,1490 c.,1493 c.

5 janv. Civ. 1488 c., 1493 c.
8 janv. Crim. 306 c., 616 c., 1198 c., 1231 c.
29 janv.Bordeaux. 862 c., 1036 c., 1488 c., 1490 c.,1493 c., 1516 c.
17 févr. Paris. 867 c., 1366 fer c., 1277 c., 1277 bis c., 1279 c., 1284 c., 1997 bis c. 1266 quater c., 1266 bis c.
27 févr. Crim. 777 c.
19 févr. Paris.Charleville. 887 c., 1365 c.
12 mars. Pau. 306 c.,322 c., 333 c., c.
23 févr.Crim.2028 c.
25 mars. Aix. 876 c., 1590 c.
26 mars. Caen. 866 c.
31 mars. Bourges. 867 c., 1635 c., 1586 c.
6 avr. Rennes 1257 bis c.
7 avr. Montpellier. 1307 c., 1303 c., 1504c., 1579 c.
17 avr. Paris 1036 c.
3 mai (et non 3) Crim. 1333 c., 1335 c.
7 mai. Amiens 976 c.
13 mai. Paris 1324 c.
14 mai. Nancy. 1489 c.
27 mai.Cons.d'Et. 1413 c.
3 juin. Crim. 310 c., 333 c., 908 c.
15 juin.Bastia. 736 c.
23 juin. Toulouse. 653 c.
29 juin. Toulouse. 724 c., 773 c., 804 c.
3 juill. Besançon. 1292 c.,1997 fer c.
29 juill. Crim. 1328 c.
2 août. Paris. 966 c.

11 août.Crim.1584 c., 1387 c.
8 sept. Crim. 1178 bis c., 1745 bis c., 1789 bis c.
13 janv. Paris. 806 c.
28 oct. Paris. 1324 c.
10 nov. Crim. 967 c., 2026 c.
16 nov. Paris. 971 c.
17 nov. Crim. 670 c., 678 c., 1189 c.
17 nov. C. d'ass. Haute-Garonne 1779 c., 1798 c.
19 nov. Crim. 679 c.
24 nov. Crim. 1728 c.
26 nov. Crim. 908 c., 1487 c., 1488 c., 1490 c.
30 déc. Crim. 1301 c.
30 déc.(et non 1893) Crim. 1301 c.

1893
6 janv.Crim.1676 c., 1900 c.
8 janv. Crim. 1198 c.
13 janv.Paris.1321 c.
13 janv. Crim. 966 c.
31 janv. Crim. 1976.
3 févr. Loi 638 c.
3 févr.Paris. 175 c., 1714 c.
16 févr. Crim. 874 c., 2058 c.
16 févr. Grenoble. 1382 c., 1334 c.
1er mars Req.1327 c., 1514 c. 1539 c.
16 mars. Loi. 365 c., 1220 c.,1220 c., 1222 c., 1257 c., 1261 c., 1569 c., 1574 c., 1592 c.,1596 c., 1597 c., 1664 bis c., 1665 bis c.
24 avr. Aix. 284 c., 315 c., 842 c., 1266 bis c.
25 avr.Trib.Seine. 1727 c.
2 mai. Req. 1372 c., 1466 c., 1470 c., 1472 c.
19 mai. Toulouse. 1638 c.
15 juin Crim. 1562 c.
23 juin Paris. 1727 c.
19 juill. Crim. 311 c.
12 déc. Loi. 746, 1695 bis c.

PRESTATION. — V. outre les renvois indiqués au *Répertoire, infrà* v^{is}: *Rentes constituées,* et *Rép. eod.* v°, n°s 91 et suiv.; *Serment,* et *Rép. eod.* v°, n°s 31 et 62 ;*Taxes,* et *Rép. eod.* v°, n° 116; *Voirie par terre,* et *Rép. eod.* v°, n°s 712 et suiv.; *Voirie par chemins de fer,* et *Rép. eod.* v°, n° 320.

PRÊT.

Division

SECT. 1re. — HISTORIQUE ET LÉGISLATION. — DROIT COMPARÉ (*Rép.* n°s 2 à 9).

1. — I. HISTORIQUE ET LÉGISLATION. — La législation sur le prêt à usage et sur le prêt de consommation n'a pas été modifiée, en-France, depuis la publication du *Répertoire.*
La théorie du prêt a été principalement développée dans les traités généraux sur le droit civil français de

MM. Paul Pont, *Petits Contrats*, t. 1, nᵒˢ 1 à 220 ; Aubry et Rau, *Cours de droit civil français*, t. 4, § 391 à 395, p. 593 à 600 ; Laurent, *Principes de droit civil français*, t. 26, nᵒˢ 451 à 511 ; Colmet de Santerre, *Cours analytique de code civil*, t. 8, nᵒˢ 70 à 111 ; Guillouard, *Traités du prêt*, nᵒˢ 1 à 107, p. 1 à 125.

Quant à la jurisprudence, elle n'offre qu'un très petit nombre de documents en matière de prêt à usage et de prêt de consommation.

2. — II. DROIT COMPARÉ. — 1° *Suisse.* — Le code fédéral des obligations, adopté par le Conseil fédéral le 10 juin 1881, décrété par le Conseil national le 14 juin 1881, et exécutoire à partir du 1ᵉʳ janv. 1883, consacre le titre neuvième (art. 321 à 328) au prêt à usage ou commodat, et le titre dixième (art. 329 à 337) au prêt de consommation ou simple prêt. L'art. 321 définit le prêt à usage « un contrat par lequel le prêteur *s'oblige à livrer* une chose à l'emprunteur pour s'en servir gratuitement, à charge par l'emprunteur de la lui rendre après s'en être servi ». L'art. 322-2° refuse à l'emprunteur le droit d'autoriser un tiers à se servir de la chose prêtée. Aux termes de l'art. 326, « le prêteur peut réclamer la chose avant l'expiration du contrat si l'emprunteur en fait un usage contraire à la convention, s'il la détériore ou s'il autorise un tiers à s'en servir, ou enfin s'il survient au prêteur lui-même un besoin urgent et imprévu de sa chose ». L'art. 327 est ainsi conçu : « Si le prêt n'a été fait ni pour un temps déterminé, ni dans un certain but, le prêteur est libre de réclamer la chose quand bon lui semble ». L'art. 328 porte que « le prêt à usage finit par la mort de l'emprunteur ». L'art. 329, qui est en harmonie avec l'art. 321, définit le prêt de consommation « un contrat par lequel le prêteur *s'oblige à transférer* à l'emprunteur la propriété d'une somme d'argent ou d'autres choses fongibles, à charge par ce dernier de lui en rendre autant de même espèce et qualité ». Aux termes de l'art. 331, « si le prêteur tarde à livrer la chose ou l'emprunteur à l'accepter, le droit de l'autre partie de l'y contraindre se prescrit par six mois à dater de la mise en demeure ». L'art. 332 autorise le prêteur à « se refuser à livrer la chose promise si, depuis la conclusion du contrat, l'emprunteur est tombé en faillite ou bien a suspendu ses payements. Il a même ce droit en cas de faillite ou de suspension de payement antérieure au contrat, s'il n'en a eu connaissance qu'après s'être engagé ». Aux termes de l'art. 336, « si le contrat ne fixe ni terme de restitution ni délai d'avertissement, et n'oblige pas l'emprunteur à rendre la chose à première réquisition, l'emprunteur a six semaines pour la restituer, à compter de la première réclamation du prêteur ».

3. — 2° *Italie.* — Le code civil italien, voté le 25 juin 1865 et promulgué le 1ᵉʳ janv. 1866, reproduit presque identiquement, dans le titre 16 et dans le titre 17 du livre troisième, les dispositions de notre code civil sur le prêt à usage et sur le prêt de consommation (V. *Code civil italien* traduit par Orsier, 1868, p. 375 à 379). Dans le titre 16, consacré au commodat ou prêt à usage (art. 1805 à 1818), l'art. 1809 complète de la manière suivante notre art. 1881 : « Si l'emprunteur emploie la chose à un autre usage ou pendant un temps plus long qu'il ne devait, il est responsable de la perte arrivée même par cas fortuit, à moins qu'il ne prouve que la chose eût également péri lors même qu'il ne l'eût pas employée à un autre usage ou qu'il l'eût restituée au terme fixé dans le contrat ». — Le titre 17, consacré au prêt de consommation, ne contient, dans ses trois premiers chapitres (art. 1819 à 1828), que des dispositions textuellement empruntées à notre code civil.

4. — 3° *Espagne.* — Dans le code civil espagnol promulgué le 24 juill. 1889, le titre du prêt est aussi directement inspiré de la législation française. Mais la définition du contrat de prêt donnée par l'art. 1740 est plus précise que celle de notre art. 1874 : « Par le contrat de prêt, une des parties délivre à l'autre soit une chose non fongible, pour qu'elle en use pendant un certain temps et la lui rende : en ce cas, on l'appelle commodat ; soit de l'argent ou toute autre chose fongible, à condition de lui en remettre autant de même espèce et qualité : dans ce cas, il conserve le nom de prêt simple. — Le commodat est essentiellement gratuit (art. 1741). Les autres dispositions sont empruntées à notre code civil, sauf l'art. 1750, ainsi conçu : « Si l'on n'a

pas déterminé la durée du commodat, ni l'usage auquel la chose prêtée était destinée, et si cet usage n'est pas fixé par la coutume locale, le prêteur peut la réclamer à son gré. » En cas de doute, la preuve incombe à l'emprunteur » — « Le prêt de consommation peut être gratuit ou avec convention de payer les intérêts » (art. 1740). L'art. 1753 porte que l'emprunteur d'une chose fongible ou de lingots est tenu de restituer une quantité égale de choses de même espèce et qualité, « encore que le prix primitif ait varié » (V. *Code civil espagnol*, traduit et annoté par A. Levé, p. 327 et suiv.; Lehr, *Eléments de droit civil espagnol*, 2ᵉ partie, p. 318 et suiv.).

SECT. 2. — DU PRÊT A USAGE OU COMMODAT (*Rép.* nᵒˢ 10 à 137).

ART. 1ᵉʳ. — *Nature et caractère du prêt à usage* (*Rép.* nᵒˢ 11 à 32).

5. Ainsi qu'on l'a fait remarquer au *Rép.* nᵒ 11, la promesse de prêt oblige qui a promis de prêter ; mais elle ne vaut pas prêt, en ce sens que les risques de perte de l'objet ne passent pas, par l'effet de la promesse de prêt, à la charge de l'emprunteur (Laurent, nᵒ 454; Guillouard, nᵒ 9). Il faut donc considérer le prêt à usage comme un contrat *réel*, qui ne se forme que lorsque la chose prêtée est livrée, et M. Guillouard, nᵒ 7, propose la définition suivante : « un contrat réel, unilatéral, de bienfaisance, par lequel une des parties livre à l'autre la jouissance d'une chose, à la charge par celle-ci de restituer la chose prêtée à l'expiration du temps fixé par la convention, ou déterminé, dans le silence de la convention, par la nature de l'usage pour lequel elle a été empruntée » (Comp. *supra*, nᵒ 2, la définition donnée par le code fédéral suisse des obligations).

6. Aux termes de l'art. 1879 c. civ., « les engagements qui se forment par le commodat passent aux héritiers de celui qui emprunte », *Rép.* nᵒ 31. Cette règle a été critiquée par M. Laurent, nᵒ 455; par M. Guillouard, *op. cit.*, nᵒ 13 : suivant ces auteurs, la solution contraire serait seule logique, et la présomption devrait être en ce sens que le prêt à usage cesse à la mort de l'emprunteur, à moins que les circonstances ne démontrent que le prêteur a voulu étendre sa bienveillance aux héritiers de celui-ci.

ART. 2. — *Des choses qui peuvent former l'objet du prêt à usage* (*Rép.* nᵒˢ 33 à 43).

7. L'art. 1878 c. civ., aux termes duquel « tout ce qui est dans le commerce, et qui ne se consomme pas par l'usage, peut être l'objet de cette convention », n'est que l'application de la règle générale écrite pour tous les contrats par l'art. 1128 (V. *supra*, vᵒ *Obligations*, nᵒˢ 127 et suiv.).

Mais, pour qu'une chose puisse être prêtée à usage, il suffit que l'usage de cette chose soit dans le commerce ; il n'est pas nécessaire qu'elle puisse être vendue ou donnée « C'est ainsi, dit M. Guillouard, nᵒ 16, que l'on pourra prêter à usage un bien inaliénable, une maison appartenant à une femme mariée sous le régime dotal, par exemple, bien que cette maison ne soit pas dans le commerce, dans le sens général du mot, et qu'elle ne puisse être aliénée ».

ART. 3. — *Des personnes entre lesquelles peut avoir lieu le contrat de prêt à usage* (*Rép.* nᵒˢ 44 à 56).

8. Le prêt à usage étant un contrat, les parties doivent avoir la capacité de contracter (*Rép.* nᵒ 44).

Sur la capacité de l'emprunteur, il suffit de résumer les explications données au *Rép.* nᵒˢ 45 à 50 : lorsque l'emprunteur est incapable de s'obliger, mais capable d'administrer, il est obligé par le prêt à usage aussi complètement qu'une personne capable. Lorsque l'emprunteur est incapable de s'obliger et d'administrer, le contrat est valable vis-à-vis du prêteur, qui ne peut pas en demander la nullité, et l'emprunteur a le droit de conserver la possession de la chose prêtée jusqu'à l'expiration du temps fixé, mais, à ce moment, il est libéré en restituant la chose dans l'état où elle se trouve, sauf s'il a commis un dol ou une faute lourde équivalente au dol, ou bien s'il a tiré profit de la chose prêtée (V. Laurent, n° 458; Guillouard, n°ˢ 18 et 19).

9. Quant à la capacité requise en la personne du prêteur, les auteurs sont en désaccord sur la question de savoir s'il suffit que le prêteur soit capable d'administrer pour pouvoir valablement prêter à usage (V. pour le prêt à usage fait par un mineur émancipé, *Rép.* n° 53, et pour le prêt à usage fait par une personne pourvue d'un conseil judiciaire sans l'assistance de ce conseil, *Rép.* n° 54). Dans le sens de l'affirmative, on dit que, puisque le prêt à usage ne conduit ni à une aliénation, ni à une acquisition de propriété, il rentre nécessairement dans les actes d'administration (Duranton, *Cours de droit français suivant le code civil*, t. 17, n°ˢ 510 à 512; Troplong, *Du prêt*, n° 53; Pont, n°ˢ 55 et 56; Aubry et Rau, § 391, texte et note 6, p. 595). Mais on répond, dans le sens de la négative, qu'un acte qui consiste, de la part du prêteur, à se dépouiller gratuitement, sans équivalent, de la jouissance d'un ou de plusieurs de ses biens, n'est pas un acte d'administration, et que, si la loi permet le louage à ceux qui n'ont que le pouvoir d'administrer un autre contrat qui porte sur la jouissance, il n'y a pas d'argument d'analogie à en tirer, par la raison que, dans le louage, le bailleur reçoit la valeur de la jouissance qu'il concède (Duvergier, *Du prêt*, n°ˢ 46-48; Laurent, n° 458; Guillouard, n° 20).

ART. 4. — *Forme et preuve du prêt à usage*
(*Rép.* n°ˢ 57 à 62).

10. Conformément à l'opinion de Pothier indiquée au *Rép.* n° 59, tous les auteurs modernes décident que la preuve du prêt à usage est soumise aux règles du droit commun, et qu'en conséquence la partie qui allègue l'existence d'un prêt à usage doit en rapporter la preuve écrite si la valeur de l'objet prêté dépasse 150 francs et s'il n'y a pas de commencement de preuve par écrit (Pont, n° 30; Aubry et Rau, § 391, texte et note 7, p. 595; Laurent, n° 462; Guillouard, n° 22. Conf. Trib. civ. Ancenis, 4 avr. 1884) (1).

11. Mais il résulte de la définition donnée *suprà*, n° 5, qu'il n'est pas nécessaire que l'acte fait pour contracter le prêt à usage soit rédigé en double original (V., outre les auteurs cités au *Rép.* n° 58, Pont, n°ˢ 27 et 28; Guillouard, n° 22 *in fine*).

ART. 5. — *Des obligations de l'emprunteur*
(*Rép.* n°ˢ 63 à 126).

12. La première obligation de l'emprunteur est, aux termes de l'art. 1880 c. civ., «de veiller en bon père de famille à la garde et à la conservation de la chose prêtée».
Conformément à l'opinion de Troplong, exposée au *Rép.* n° 65, les auteurs les plus récents s'accordent à repousser l'opinion de Pothier, d'après laquelle l'emprunteur serait responsable de la faute *la plus légère* (Pont, n°ˢ 76 à 79; Laurent, n° 471; Guillouard, n° 33). — V. d'ailleurs, sur le principe général posé par l'art. 1137 c. civ., pour tous les contrats, dans les termes mêmes qu'emploie l'art. 1880, *suprà*, v° *Obligations*, n° 199.

13. Si la chose a péri ou a été détériorée dans les mains de l'emprunteur, celui-ci doit, suivant la règle générale édictée par l'art. 1302 c. civ., «prouver le cas fortuit qu'il allègue» (*Rép.* n° 79).
Mais lorsqu'il est établi que l'objet était atteint, avant sa remise au commodataire, d'un vice caché que celui-ci n'a

---

(1) (Collineau C. Doussin.) — LE TRIBUNAL; — Attendu qu'il résulte des documents de la cause et des débats qu'en janvier 1858, l'abbé Doussin acheta dans le bourg de Teillé divers immeubles contigus: il les appropria à une maison d'école, les garnit de meubles et d'un matériel scolaire; il fit venir trois religieuses de la Présentation de Tours, les installa dans la maison et leur confia la direction d'une école de jeunes filles; postérieurement à la prise de la possession des lieux par les religieuses, le conseil municipal reconnut, par délibération du 30 janv. 1859, que cette école était privée; du 11 mars 1859 au 13 juin 1883, six institutrices congréganistes furent nommées successivement et elles touchèrent 1272 fr. de traitement payé jusqu'à concurrence de 922 fr. par l'État et pour le reste par la commune qui, dans cet espace de vingt-quatre ans, a, en outre, fait les dépenses d'entretien s'élevant à 328 fr. 15 cent. A partir du mois de juin 1883, une seule religieuse demeura chargée de l'école. Elle réclama une institutrice adjointe et, ne l'obtenant pas, elle finit par demander son rappel dans sa communauté. Le 13 oct. 1883, la supérieure de la communauté de Saint-Gildas désigna pour tenir l'école de Teillé une institutrice, puis déposa une déclaration d'ouverture d'école libre; opposition fut faite le 11 novembre à l'ouverture de cette école. La religieuse de la communauté de Tours qui, à ce moment, dirigeait encore l'école de Teillé, envoya sa démission et avant d'avoir reçu son *exeat*, elle quitta la commune et remit, en partant, les clefs de la maison à son propriétaire, M. Doussin. Une institutrice laïque fut nommée le 16 novembre. Quand elle se présenta pour prendre possession de l'immeuble, elle en trouva les portes closes. Les clefs furent réclamées au propriétaire qui refusa de les remettre. L'Administration alors se procura un local provisoire où l'école fut ouverte et où elle fonctionne depuis trois ou quatre mois; — Attendu que c'est dans ces circonstances, et après le refus du conseil municipal de poursuivre en justice l'abbé Doussin, que le sieur Alfred Collineau, docteur médecin à Paris, en sa qualité de contribuable inscrit au rôle de la commune de Teillé et en vertu d'un arrêté du conseil de préfecture de la Loire-inférieure du 26 janv. 1884, l'autorisant à revendiquer, à ses risques et périls, les droits de la commune a, le 6 févr. 1884, assigné l'abbé Doussin et la commune de Teillé pour voir dire et juger que cette commune serait autorisée à reprendre possession du local précédemment affecté à l'école communale pendant le temps qui sera fixé par justice; — Attendu que la commune prend, dans le débat une attitude purement passive et déclare s'en rapporter à justice; — Que l'abbé Doussin résiste à la demande qui lui est faite et dénie absolument qu'à aucune époque il ait conclu avec la commune de Teillé une convention de quelque nature que ce soit; — Attendu que le contrat dont il s'agit de rechercher l'existence constitue un commodat ou prêt à usage; — Qu'il est conforme à la loi et à l'équité que, dans ces sortes de contrat, le prêteur n'a pas le droit de reprendre à son gré la chose prêtée et qu'en cas où cette chose est d'un usage permanent et comme indéfinissable, et qu'aucun délai n'a été fixé par les parties, les tribunaux doivent déterminer la durée de l'engagement; — Attendu qu'à l'appui de sa prétention le sieur Collineau n'apporte d'autre preuve de l'obligation prise envers la commune par l'abbé Doussin, que le seul matériel de l'affectation de l'immeuble à l'école publique et communale de Teillé, affectation qui aurait été opérée lors de l'époque de l'ouverture de l'école, mais le 11 mars 1859, par consentement tacite du défendeur, lequel n'aurait pu ignorer qu'à partir de cette date les institutrices ont été nommées par l'autorité compétente, que leur traitement a été payé par l'État et la commune, et que cette dernière a pourvu, dans une certaine mesure, à l'entretien de la maison d'école; — Attendu que le commodat est, quant à son existence et à sa preuve, soumis aux règles du droit commun; — Que l'objet du litige est d'une valeur supérieure à 150 fr.; — Qu'on n'oppose au défendeur aucun engagement écrit, ni verbal; — Qu'il n'existe contre lui aucun commencement de preuve par écrit permettant d'entendre des témoignages et d'admettre de simples présomptions; — Qu'il n'est pas contesté que les religieuses de Tours que le défendeur a traité quand il a affecté son immeuble à l'usage d'une école libre; — Que le contrat s'étant formé en dehors de la commune et seulement entre l'abbé Doussin et les religieuses, ces dernières seules auraient le droit de se plaindre de la privation de jouissance de la chose prêtée; — Attendu que si, ultérieurement à la convention conclue avec l'abbé Doussin, ces religieuses ont pris envers la commune des engagements de nature à les faire considérer comme institutrices communales, ces engagements ne sauraient lier le défendeur par la raison que, personnellement, il n'a jamais traité avec la commune; — Que le contrat passé entre celle-ci et les religieuses est pour lui *res inter alios acta*; — Attendu que la possession matérielle de l'immeuble par la commune ne saurait établir le caractère juridique de cette possession, c'est-à-dire que la commune aurait possédé à titre de commodataire; — Qu'elle est inefficace pour créer à son profit le droit qui est réclamé; — Que la demande du sieur Collineau n'est donc pas justifiée; — En ce qui touche la demande reconventionnelle; — Attendu que le procès intenté par le docteur Collineau à l'abbé Doussin n'a pas empêché celui-ci d'utiliser son immeuble; — Que s'il ne lui a pas été possible d'ouvrir, ainsi qu'il en avait l'intention, une école libre à Teillé, et s'il en a éprouvé un dommage, la privation de jouissance dont il se plaint est due à une autre cause et n'est nullement imputable au demandeur qui, en introduisant son action, n'a fait qu'user d'un droit légitime; — Par ces motifs, Déboute le sieur Collineau de ses demandes, fins et conclusions; — Déboute l'abbé Doussin de sa demande reconventionnelle. Du 4 avr. 1884-Trib. civ. d'Ancenis.-MM. Baudouin, proc. de la Rép.-Gautté et Catta, av.

pu prévoir et auquel l'avarie est imputable, le fardeau de la preuve se déplace et c'est au prêteur qui prétend que le vice avait été complètement réparé à en faire la justification. Jugé, spécialement, qu'une compagnie de chemins de fer qui a prêté gratuitement une grue pour décharger des blocs de pierre dont elle a effectué le transport, ne peut réclamer aucune indemnité pour la rupture de cet engin lorsqu'il est établi que cet accident a pour cause une rupture antérieure de la grue dont la réparation, d'ailleurs insuffisante pour rendre à l'appareil sa solidité première, avait été dissimulée au commodataire (Poitiers, 29 juill. 1890) (1).

14. Au principe que l'emprunteur ne répond pas de la perte ou du dommage arrivés par cas fortuit à la chose prêtée il y a lieu d'apporter trois exceptions pour trois séries d'hypothèses dans lesquelles la perte ou le dommage fortuit sont à la charge de l'emprunteur.

14. En premier lieu, l'emprunteur répond des cas fortuits s'il a employé la chose à un autre usage, ou pour un temps plus long qu'il ne le devait (c. civ. art. 1881), *Rép.* n°s 82 et suiv. On discute s'il en répond encore lorsque la chose aurait également péri chez le prêteur si elle lui avait été restituée à l'époque convenue, et on peut invoquer dans le sens de la négative le motif qui a fait édicter l'exception écrite dans l'art. 1302 c. civ., pour la même hypothèse, en faveur du débiteur mis en demeure (Troplong, *op. cit.*, n° 101; Laurent, n° 470; Colmet de Santerre, n°s 81 *bis*-II et 81 *bis*-III; Guillouard, n° 30. — *Contrà :* Pont, n° 73; Aubry et Rau, § 392, texte et note 2, p. 596).

15. En second lieu, l'emprunteur répond des cas fortuits, aux termes de l'art. 1882 c. civ., « si la chose prêtée périt par un cas fortuit dont il aurait pu la garantir en employant la sienne propre, ou si, ne pouvant conserver que l'une des deux, il a préféré la sienne » (*Rép.* n°s 85 et suiv.).

Pour la première des deux hypothèses prévues par ce texte, on s'accorde à admettre que, malgré la généralité des termes employés par le législateur, l'emprunteur ne répond pas des cas fortuits s'il a prévenu le prêteur qu'il n'empruntait la chose appartenant à celui-ci que pour ne pas employer la sienne, ou s'il a employé alternativement la chose prêtée et la sienne propre (Colmet de Santerre, *op. cit.*, t. 8, n° 82 *bis*-I; Guillouard, *op. cit.*, n° 37). — Pour la seconde hypothèse, plusieurs auteurs ont adopté l'opinion, défendue au *Rép.* n° 86, d'après laquelle l'obligation pour l'emprunteur de sauver la chose prêtée plutôt que la sienne propre subsiste, quelle que soit la différence de valeur entre la chose de l'emprunteur et la chose prêtée (Pont, t. 1, n° 95; Guillouard, *op. cit.*, n° 39. — *Contrà*, Laurent, n° 474). Suivant cet auteur, mettre la perte à la charge de l'emprunteur qui a sauvé de préférence sa proche chose, alors qu'elle avait plus de valeur que la chose empruntée, ce serait le rendre responsable d'une faute très légère, contrairement à la doctrine qui a prévalu (V. *suprà*, n° 12).

16. En troisième lieu, l'emprunteur répond des cas fortuits lorsqu'il s'en est chargé, soit indirectement, en gardant la chose après avoir reçu une mise en demeure de la restituer, soit directement par une convention formelle ou (puisque telle est, aux termes de l'art. 1883 c. civ., la portée d'une clause d'estimation) en prenant la chose avec estimation. Au surplus, les critiques dirigées contre la disposition de l'art. 1883 par M. Troplong, qui sont résumées au *Rép.* n° 90, ont été renouvelées par M. Laurent, n° 475, et par M. Guillouard, n° 42.

17. La seconde obligation de l'emprunteur est de restituer la chose prêtée, soit à l'époque fixée pour cette restitution, soit, à défaut de convention, après que la chose a servi à l'usage pour lequel elle a été empruntée (c. civ. art. 1888),

---

(1) (Ch. de fer de l'État *C.* de la Chevrelière et Poissonneau.) — La cour; — Attendu que l'administration des chemins de fer de l'État a mis à la gratuite disposition d'Aymé de la Chevrelière, comme elle le reconnaît être dans l'habitude constante de le faire à l'égard des destinataires de grandes quantités de marchandises, une grue roulante qui a fonctionné par les mains des préposés d'Aymé de la Chevrelière, ou de Poissonneau, son entrepreneur, et aux frais et risques de ces derniers, dans la gare de Mazières, pour opérer le déchargement de 1250 tonnes de pierre provenant aux intimés de divers expéditeurs et notamment du syndicat des carrières de Poitou; — Attendu qu'il est sans intérêt de rechercher si, habituellement ou au cas particulier du procès, la fourniture d'un tel engin constitue principalement une avantage accessoire accordé à ses clients par l'administration des chemins de fer de l'État, ou seulement un moyen pour cette administration de se procurer une prompte évacuation de son matériel et de ses gares; qu'il est certain que, dans les deux cas, le destinataire est autorisé à compter sur un appareil d'une puissance et d'une solidité en rapport avec le poids à décharger; — Attendu que l'administration avait fait venir d'un de ses dépôts, dans la gare de Mazières, spécialement pour la circonstance et en vue du déchargement des blocs de pierre amenés au compte de la Chevrelière, la grue qui donne lieu au procès; — Attendu que la date du 8 avr. 1888, le châssis en fonte de la grue s'est rompu en cours de fonctionnement, et que l'administration réclame aujourd'hui à de la Chevrelière le payement d'une somme de 2500 francs, à laquelle elle estime le montant des réparations qu'elle a fait opérer à cet engin dans ses ateliers de Saintes; — Attendu que, dans les circonstances ci-dessus exposées, il ne saurait être dénié que la Chevrelière était un simple commodataire, débiteur vis-à-vis de l'État du corps certain que celui-ci lui avait prêté; qu'il s'agit de rechercher si celui-ci doit être déclaré responsable de l'avarie dont il vient d'être parlé; — Attendu qu'il résulte des faits et circonstances de la cause preuve suffisante que la grue avait subi dans la partie même où la rupture s'est opérée une réparation antérieure; que ce fait est avoué d'ailleurs par l'État, à trois reprises différentes, dans ses conclusions; qu'il est certain de plus que cette défectuosité n'était pas apparente; que l'État déclare, en effet, dans sesdites conclusions, « que tous les agents de la gare de Mazières ignoraient que la grue avait été réparée »; qu'il ajoute « que ce n'est qu'au moment du démontage de la grue, après l'avarie, que les ouvriers des ateliers de Saintes ont remarqué que cette grue avait déjà été réparée »; — Attendu que vainement l'administration de l'État, en vue de se ressaisir après cet aveu, ajoute, trois paragraphes plus loin, « que des renseignements qui ont été fournis à l'administration par ses ateliers de Saintes, il résulte que la solidité de ladite grue ne laissait rien à désirer; que la réparation, qualifiée à tort de raccommodage, avait plutôt pour conséquence de renforcer et de consolider le bâti que de l'affaiblir »;

— Mais attendu que cette allégation n'est pas justifiée, et que de ce chef l'État ne demande point à rapporter une preuve positive; — Attendu qu'il est au contraire certain qu'un châssis en fonte qui a été brisé par sa solidité première et ne peut la recouvrer que par une réparation prouvée suffisante; que cette preuve n'est point au dossier; qu'il est hors de doute que le bâti, sur lequel porte le double poids de l'appareil et des blocs soulevés, n'offrait plus la force de résistance ordinaire aux manœuvres régulières, et a cédé après un fonctionnement plus ou moins prolongé; qu'il est vrai de dire dans ces conditions que la grue confiée à de la Chevrelière était atteinte d'un vice caché, qui ne pouvait être ignoré du prêteur, et qui néanmoins n'a pas été révélé par lui lors de la remise; que le préposé d'Aymé de la Chevrelière, qui est, ainsi que le reconnaissent les conclusions de l'État, « un entrepreneur de travaux publics familiarisé par une longue habitude avec l'emploi des grues », a pu et dû manœuvrer l'appareil avec une légitime confiance dans sa solidité apparente et normale; que la charge de la preuve se trouve donc déplacée, et que ce serait à l'État à prouver préalablement la solidité de son engin; que, s'il est vrai que le commodataire est tenu, en droit, des avaries subies par le corps certain dont il est détenteur, à moins qu'il ne justifie que ces avaries se sont produites en dehors de toute faute de sa part, ce principe implique nécessairement que l'objet prêté au commodataire était en bon état, ou du moins présumé tel au jour de la remise, et qu'il ne se trouvait pas atteint d'un vice caché par lequel il a péri; — Attendu, au surplus, qu'en fût-il autrement de ce point de droit, il résulte des faits et circonstances de la cause la preuve que de la Chevrelière est exempt de toute faute au regard de l'accident; que, s'il a bien reconnu lui-même qu'il n'a fait procéder à aucune constatation contradictoire des avaries de la grue, qu'il avait aussitôt remplacée, et qu'il a gardée dans la gare de Mazières pendant deux mois environ, passé quel temps et sans prévenir personne il a emporté l'appareil dans ses ateliers de Saintes, où les réparations ont été faites dans les conditions que ses ingénieurs ont jugé convenables; que l'absence de toute protestation, de la part de l'administration de l'État, qu'elle considérait de la Chevrelière comme responsable de l'avarie et que les réparations allaient être opérées pour son compte, et aussi le fait d'avoir procédé elle-même et sans provoquer le contrôle de l'intimé à ces réparations, démontrent bien que cette administration se considérait comme seule tenue des conséquences de l'accident; qu'elle s'est mise hors d'état de justifier par une expertise de l'état ancien de l'appareil, de la gravité de l'avarie et de l'étendue de la réfection devenue nécessaire; que, par suite, elle se trouve mal fondée aujourd'hui à venir réclamer le montant des réparations qu'elle a fait exécuter dans les circonstances prérappelées; — Confirme.

Du 29 juill. 1890.-C. de Poitiers, 1re ch.-MM. Belat, pr.-Vancker, av. gén.-G. Poulle, Merine et Mousset, av.

(*Rép.* n°ˢ 99 et suiv.; Trib. civ. Ancenis, 4 avr. 1884, *supra*, n° 10).

On a vu au *Rép.* n° 102 que, suivant Pothier, l'emprunteur peut garder la chose quelque temps après le terme fixé, s'il n'a pas achevé de s'en servir pour l'usage auquel elle était destinée, ou si la restitution immédiate doit lui causer préjudice. Cette opinion, combattue par Troplong, *op. cit.*, n° 149, a été, depuis la publication du *Répertoire*, approuvée par M. Pont, n° 111, mais repoussée par Laurent, *op. cit.*, t. 26, n° 477, et par M. Guillouard, n° 49 ; ce dernier auteur admet, toutefois, que l'emprunteur pourrait garder la chose dans le cas où il serait jugé que, dans la pensée des parties, le prêt devait durer jusqu'à ce que l'emprunteur eût pu se servir de la chose pour l'usage convenu.

18. A l'inverse, il résulte de l'art. 1889 c. civ. que la restitution peut avoir lieu avant l'époque fixée, « s'il survient au prêteur un besoin pressant et imprévu de sa chose », (*Rép.* n°ˢ 106 à 108; Pont, n°ˢ 117 et 118; Guillouard, n° 48). — M. Laurent, *op. cit.*, t. 26, n° 479, critique cette exception en tirant argument de ce que la loi ne permet pas au donateur de revenir sur sa donation s'il éprouve un besoin pressant et imprévu de la chose. Mais cette critique ne nous paraît pas fondée : ainsi que le dit M. Guillouard, *loc. cit.*, « le principe de l'irrévocabilité des donations est un principe d'ordre public, qu'il était nécessaire de maintenir d'une façon rigoureuse dans l'intérêt des familles, pour qu'elles ne fussent pas trop facilement dépouillées par une libéralité que le donateur aurait la perspective de reprendre, le cas échéant », tandis que « rien de pareil n'est à craindre dans le prêt à usage, où le service temporaire rendu par le prêteur ne peut causer d'inconvénient à personne ».

19. L'emprunteur doit rendre la chose prêtée au prêteur ou à ses représentants, *Rép.* n° 112; il ne peut pas refuser la restitution sous le prétexte qu'il a découvert que la chose appartient à autrui, sauf à user du droit que l'art. 1938, § 2, accorde au dépositaire qui découvre que la chose qu'il détient a été volée (Guillouard, n° 50).

20. Lorsque rien n'a été convenu relativement au lieu où la chose prêtée serait rendue, elle doit l'être au domicile du prêteur, ou bien au lieu où elle était déposée quand le prêt a été effectué (*Rép.* n° 114; Colmet de Santerre, n° 86; Guillouard, n° 50).

21. L'emprunteur est-il autorisé à retenir la chose prêtée jusqu'au remboursement des dépenses extraordinaires qu'il a été obligé de faire, pendant la durée du prêt, pour la conservation de la chose? L'affirmative, enseignée par Pothier et adoptée au *Rép.* n° 118, a été admise par Troplong, *op. cit.*, n° 128; Duvergier, *op. cit.*, n° 91; Aubry et Rau, § 392, texte et note 4, p. 596; Colmet de Santerre, n° 85 *bis* I à IV; Guillouard, n° 52. — *Contrà* : Pont, n°ˢ 101 à 104; Laurent, n° 480. D'après M. Pont, un texte formel, l'art. 1885 c. civ., enlèverait le droit de rétention à l'emprunteur; mais, en réalité, cette disposition, empruntée au *Traité du prêt à usage* de Pothier, n° 44, s'applique à la compensation, et non au droit de rétention, ainsi qu'on l'a déjà établi au *Rép.* n° 120, et elle reproduit simplement sous une autre forme la règle posée pour tous les contrats par l'art. 1293-2° c. civ. comme une conséquence du principe en vertu duquel il n'y a compensation qu'entre deux dettes de quantité (Comp. Civ. cass. 29 janv. 1877, aff. Saint frères, D. P. 77. 1. 280).

22. Si, d'ailleurs, la compensation est exclue en matière de prêt à usage, elle ne l'est qu'entre la chose prêtée elle-même et la créance de l'emprunteur. Par conséquent, lorsque la chose vient à périr ou à être dégradée par le fait de l'emprunteur, qui est de son côté créancier d'une somme également exigible vis-à-vis du prêteur, rien ne s'oppose à ce que l'emprunteur fasse valoir la compensation (*Rép.* n° 121; Pont, n° 99; Aubry et Rau, § 392, texte et note 6, p. 597; Colmet de Santerre, t. 8, n° 85 *bis*-III; Guillouard, n° 53).

Art. 6. — *Des obligations dont celui qui prête à usage peut être tenu (Rép. n°ˢ 127 à 136).*

23. Le prêt à usage n'étant pas un contrat synallagma-

tique, le prêteur n'est tenu que d'obligations éventuelles, qui ne naissent qu'après la formation du contrat et pendant sa durée. Ces obligations dont le prêteur à usage peut être tenu sont au nombre de deux : obligation d'indemniser du préjudice causé par les vices cachés de la chose, et obligation de rembourser les dépenses extraordinaires, nécessaires et urgentes, faites par l'emprunteur pour la conservation de la chose. Quant à la prétendue obligation de ne pas retirer la chose prêtée avant le terme convenu (c. civ. art. 1888), c'est moins une obligation que l'absence momentanée d'un droit (V. Colmet de Santerre, n° 91 *bis*; Guillouard, n° 55).

24. En premier lieu, le prêteur est obligé d'indemniser l'emprunteur du préjudice qui aurait été causé à celui-ci par les vices cachés de la chose (c. civ., art. 1891 ; *Rép.* n°ˢ 128 à 130). Il faut, disons-nous, qu'il s'agisse de vices *cachés*, et le prêteur n'encourt aucune responsabilité à l'occasion des vices apparents de la chose qu'il prête (*Rép.* n° 130; Pont, n° 130; Aubry et Rau, § 393, texte et note 3, p. 597-598; Laurent, n° 483; Guillouard, n° 59). Il a été jugé, en ce sens, que la ville qui fournit gratuitement le bâtiment nécessaire à une exposition n'est pas responsable des avaries causées par un orage aux objets exposés, alors même qu'on pourrait y voir le résultat d'un défaut de solidité ou d'un vice de construction, si ce prétendu vice de construction était assez apparent pour ne pas échapper à l'examen des exposants (Limoges, 12 nov. 1859, aff. Ville de Limoges, D. P. 60. 2. 51).

25. En second lieu, le prêteur est obligé de rembourser à l'emprunteur les dépenses extraordinaires, nécessaires et urgentes, faites par celui-ci pour la conservation de la chose (c. civ. art. 1890; *Rép.* n°ˢ 133 à 137). Conformément à l'opinion de Pothier, rapportée au *Rép.* n° 136, les auteurs modernes admettent que le prêteur ne saurait se décharger de cette obligation en abandonnant à l'emprunteur l'objet prêté (Troplong, *op. cit.*, n° 162; Pont, t. 1, n° 123; Guillouard, n° 57).

Sect. 3. — **Du prêt de consommation ou simple prêt** (*Rép.* n°ˢ 138 à 221).

Art. 1ᵉʳ. — *Nature et caractère du prêt de consommation; choses qui en sont susceptibles; personnes entre lesquelles il peut se former (Rép. n° 139 à 177).*

26. Comme le prêt à usage, le prêt de consommation est un contrat réel, mais, à la différence du prêt à usage, il transfère la propriété de la chose prêtée, quoique l'art. 1892 c. civ. se borne à énoncer que « le prêt de consommation est un contrat par lequel l'une des parties livre à l'autre une certaine quantité de choses qui se consomment par l'usage, à la charge par cette dernière de lui en rendre autant de même espèce et qualité ». M. Guillouard, n° 67, propose la définition suivante : « un contrat réel, unilatéral, de bienfaisance par volonté contraire des parties, par lequel l'une des parties transfère à l'autre la propriété d'une certaine quantité d'objets, à charge par celle-ci d'en rendre de même espèce, qualité et quantité à l'époque fixée par le contrat, ou, dans le silence du contrat, à l'époque déterminée par les circonstances ».

27. Antérieurement à la tradition de la chose qui doit faire l'objet du prêt, il peut y avoir une promesse de prêt, qui oblige les parties et dont l'inexécution donnerait lieu à des dommages-intérêts (*Rép.* n° 142). Mais tous les auteurs modernes ont repoussé l'opinion de M. Duvergier citée au *Rép.* n° 142, et déjà combattue *ibid.* n° 143, d'après laquelle la propriété de l'objet promis serait acquise à l'emprunteur du jour même de la promesse et la perte serait à ses risques, avant toute tradition (Pont, t. 1, n° 138; Laurent, t. 26, n° 487; Guillouard, n° 69 *in fine*).

28. Conformément aux principes généraux du droit, tradition faite à un tiers ayant mandat de recevoir équivaut à la tradition faite à l'emprunteur lui-même, et produit les mêmes effets au point de vue de la translation de la propriété et des risques. Il a été jugé en ce sens, que lorsque les fonds prêtés sont déposés entre les mains du notaire chargé de les recevoir pour le compte de l'emprunteur, ces fonds deviennent immédiatement la propriété de l'emprunteur (Req. 15 mars 1886, aff. Epoux Charrel, D. P. 87. 1. 28) ; et qu'il en est ainsi alors même que le dépôt est fait dans l'intérêt du prêteur afin d'assurer la réalisation des sûretés convenues (Req. 21 août 1862, aff. Berthelemy, D. P. 62. 1. 438 ; Civ. rej. 2 mars 1868, aff. Foullon, D. P. 68. 1. 154).

29. Mais, si le notaire est le mandataire du prêteur, la remise au notaire de la chose prêtée ne saurait équivaloir à la tradition ; il en résulte alors qu'en cas de détournement des fonds par celui-ci la perte doit être supportée par le prêteur, puisque le contrat de prêt n'a jamais été formé et que, par suite, la translation de propriété n'a jamais eu lieu (Amiens, 21 mai 1879, *suprà*, v° *Obligations*, n° 1374-2°).

30. D'autre part, si la tradition est essentielle pour la formation du contrat de prêt, la loi n'exige pas expressément une tradition manuelle, et, dès lors, lorsque l'emprunteur possédait déjà à un autre titre la chose qui lui est prêtée, une tradition feinte suffit (*Rép.* n° 147). Mais, lorsque le versement de la somme soi-disant prêtée est purement fictif et que l'objet du prétendu prêt n'est représenté que par une créance nominale, la matière même du contrat fait défaut ; et il a été jugé, en conséquence, qu'un prétendu contrat de prêt ne peut constituer un engagement valable à la charge de celui qui figure dans l'acte comme emprunteur, lorsque l'objet du prétendu prêt n'a jamais été représenté, dans la réalité des faits comme dans l'intention des parties, que par une créance à recouvrer sur le soi-disant emprunteur et sa caution, l'un et l'autre insolvables (Req. 29 nov. 1887, aff. Osiris Iffla, D. P. 89. 1. 159).

31. Puisque, aux termes de l'art. 1893 c. civ. l'emprunteur devient propriétaire de la chose prêtée, le prêteur doit avoir la propriété de cette chose (*Rép.* n°s 153 à 156) et être capable de l'aliéner (*Rép.* n° 157 à 160).

Le prêt fait *a non domino* est nul, ou plutôt inexistant, à l'égard du véritable propriétaire : celui-ci a le droit de revendiquer la chose qui lui appartient, sans avoir à demander la nullité du prêt; mais l'emprunteur, s'il est de bonne foi, peut repousser l'action en revendication par la règle de l'art. 2279 c. civ. et conserver la chose jusqu'à l'expiration du contrat de prêt, à moins que les objets prêtés ne fussent des choses perdues ou volées (Pont, t. 1, n° 155; Laurent, t. 26, n° 495; Colmet de Santerre, t. 8, n° 96 *bis*-IV. Comp. Guillouard, n° 75).

32. D'autre part, le prêt fait *a non domino* est nul vis-à-vis de l'emprunteur, en ce sens que celui-ci peut en demander la nullité ; mais le même droit n'appartient pas au prêteur (Laurent, n° 493 *in fine*; Guillouard, n° 75 *in fine*).

33. Si l'emprunteur n'agit pas en nullité et s'il consomme de bonne foi les choses prêtées, le contrat est validé, conformément à la doctrine de Pothier indiquée au *Rép.* n° 154 (V. dans le même sens, outre les auteurs cités *ibid.*, Pont, t. 1, n° 156 ; Laurent, t. 26, n° 494 ; Guillouard, n° 76).

34. Le prêt fait par celui qui n'est pas capable d'aliéner est nul à l'égard de l'incapable, en conséquence, les choses prêtées peuvent être revendiquées par celui-ci, ou au nom de celui-ci, tant qu'elles existent dans la main de celui qui les a reçues (*Rép.* n° 157).

Un prêt doit-il être validé lorsque l'emprunteur a consommé les choses de bonne foi? Pothier enseigne l'affirmative, adoptée par M. Duranton, *Cours de droit français*, t. 17, n° 567, et soutenue au *Rép.* n° 159. Mais les auteurs se

rangent à l'opinion contraire (Duvergier, *Traité du prêt*, n° 155; Troplong, *Du prêt*, n° 203; Pont, t. 1, n° 167; Laurent, t. 26, n° 498 ; Guillouard, n° 77-I). — Pour soutenir que le prêt fait par celui qui n'est pas capable d'aliéner est validé par la consommation de bonne foi, on invoque la solution conforme, unanimement admise, pour le prêt fait *a non domino* et la règle de l'art. 1328 c. civ., qui valide, en cas de consommation de la chose payée, le payement fait par un incapable. Mais on répond que, si le prêt consenti *a non domino* est validé lorsque l'emprunteur a consommé la chose de bonne foi, c'est parce que la consommation procure à l'emprunteur, qui peut seul invoquer la nullité, la même utilité que la translation de la propriété, tandis que l'incapable qui a prêté ne profite pas de la consommation, et, quant à l'art. 1238 c. civ., il est écrit pour le payement, non pour la formation du contrat de prêt.

ART. 2. — *Des obligations dont le prêteur peut être tenu* (*Rép.* n°s 178 à 193).

35. Le prêt de consommation étant, comme le prêt à usage, un contrat unilatéral, aucune obligation ne naît nécessairement, et au moment même du prêt, contre le prêteur. La prétendue obligation « de ne pas redemander les choses prêtées avant le terme convenu » (c. civ. art. 1899) n'est que l'absence d'un droit (V. *suprà*, n° 23). ·

36. En premier lieu, le prêteur peut être tenu de l'obligation d'indemniser l'emprunteur du préjudice causé par les vices cachés de la chose, en vertu de l'art. 1898 c. civ., qui renvoie à cet égard à l'art. 1891, écrit pour le prêt à usage (V. *suprà*, n° 24). On discute, d'ailleurs, la question de savoir si, dans le cas où la convention ne prêt renferme une stipulation d'intérêts, le prêteur n'est pas tenu même des vices cachés qu'il ne connaissait pas et de l'éviction subie par l'emprunteur (V. dans le sens de l'affirmative, Pont, t. 1, n° 173; Aubry et Rau, § 395, texte et note 3, p. 600; Laurent, t. 26, n° 501 ; mais, dans le sens de la négative, Guillouard, *op. cit.*, n° 101).

37. La différence, signalée au *Rép.* n° 185, entre le prêt à usage et le prêt de consommation au point de vue de la faculté, de la part du prêteur, de réclamer avant le terme convenu la chose prêtée, est admise par tous les auteurs (Pont, t. 1, n° 175; Laurent, t. 26, n° 502; Guillouard, n° 104).

38. Lorsque les parties sont en désaccord sur l'époque de la restitution de la chose prêtée, il appartient au juge de déterminer cette époque, soit qu'il ait été convenu que l'emprunteur payerait quand il le pourrait, ou quand il en aurait les moyens (art. 1901) (*Rép.* n° 188 à 193. Comp. *suprà*, n° 17. V. Pont, *op. cit.*, t. 1, n°s 179 à 182; Aubry et Rau, § 395, texte et note 1, p. 600; Laurent, n°s 503 et 504; Colmet de Santerre, n°s 107 et 108; Guillouard, *op. cit.*, n°s 105 à 107).

39. Mais il a été jugé : 1° que, si les parties ont convenu que le débiteur remboursera « quand il le voudra » la somme par lui due, le remboursement est facultatif pour lui, sa vie durant, et que le juge ne peut déclarer la créance exigible par application de l'art. 1901 c. civ. (Paris, 14 mai 1857) (1); — 2° Que, lorsque les parties déclarent que l'emprunteur ne pourra être contraint au remboursement

---

(1) (Chalamel C. Coulombier.) — Le 22 avr. 1852 est intervenu entre le sieur Chalamel et les sieurs Coulombier et Longchampt, ses créanciers, un traité contenant les clauses suivantes : « Le sieur Chalamel s'oblige, sur l'honneur, à se libérer, quand les circonstances le lui permettront, vis-à-vis du sieur Longchampt, de la somme de 15 562 fr. dont il reste débiteur envers lui, et vis-à-vis du sieur Coulombier de la somme de 27 000 fr., dont il reste aussi débiteur envers lui, mais à l'égard de l'un et l'autre en principal seulement, sans qu'ils puissent réclamer d'intérêts. — Les sieurs Longchampt et Coulombier s'obligent de leur côté, au moyen desdits engagements, à cesser sur-le-champ toutes poursuites contre le sieur Chalamel et à n'en exercer aucune désormais, sous quelque prétexte que ce puisse être et déclarent formellement s'en rapporter à la bonne foi du sieur Chalamel pour le payement de ce qui leur sera dû ainsi qu'il est dit en l'article précédent. — Le sieur Longchampt s'oblige à donner immédiatement mainlevée de toute inscription prise à la requête du sieur Longchampt sur les biens du sieur Coulombier et à

n'exercer aucune action ni recours contre lui ». — En 1855, le sieur Coulombier, ayant formé des saisies-arrêts sur les sommes qui pourraient revenir à son débiteur par suite d'une contribution ouverte au nom de la dame Labalme, le sieur Chalamel a demandé la nullité de ces saisies-arrêts, en se fondant sur les termes du traité du 22 avril 1852. Le 11 mars 1856, jugement du tribunal civil de la Seine, décidant qu'il y a lieu d'user de la faculté attribuée au juge par l'art. 1901 c. civ.; et déclarant, en conséquence, la créance de Coulombier exigible, mais jusqu'à concurrence seulement de la somme à revenir à Chalamel dans la contribution ouverte sur la dame Labalme.

Appel par le sieur Chalamel.

LA COUR; — Considérant que si, par l'acte transactionnel du 22 avril 1852, Longchampt et Coulombier n'ont pas consenti, au profit de Chalamel, une remise de la dette quant au capital, ils s'en sont du moins expressément rapportés à la loyauté et à la bonne foi du débiteur sur la possibilité et l'époque du remboursement et se sont engagés, non seulement à cesser les pourque « lorsque sa position le lui permettra », ces expressions obligent le prêteur qui demande son remboursement à établir que la situation de l'emprunteur permet à celui-ci de l'effectuer (Bordeaux, 6 janv. 1869, *suprà*, v° *Obligations*, n° 503).

40. Il a été jugé cependant que le débiteur qui reconnaît devoir une somme qu'il payera par acompte ou en totalité « si cela lui est jamais possible » ne saurait être réputé avoir voulu contracter simplement une obligation de conscience, dont l'accomplissement ne puisse jamais être réclamé en justice ; qu'une telle obligation doit être considérée, non pas comme étant sous condition potestative, mais comme étant à terme indéfini, et qu'il appartient au juge d'en ordonner l'exécution suivant les circonstances (Besançon, 2 août 1864, aff. Joray, D. P. 64. 2. 180. Comp. *suprà*, v° *Obligations*, n° 433).

Art. 3. — *Des obligations de l'emprunteur.*
(*Rép.* n°s 194 à 221).

41. Les obligations de l'emprunteur vis-à-vis du prêteur peuvent se résumer en une seule : celle de rendre, à l'époque convenue, des choses de même espèce et de même qualité, et en même quantité, que celles qu'il a reçues (Guillouard, n° 91).

42. Mais la règle ainsi formulée n'est rigoureusement exacte que pour les prêts qui portent sur autre chose qu'une somme d'argent : lorsqu'il s'agit d'un prêt d'argent, c'est la somme numérique portée au contrat que l'emprunteur est tenu de restituer, en espèces ayant cours au jour du remboursement (c. civ. art. 1895), à moins que le prêt n'ait été fait en lingots (c. civ. art. 1896 ; *Rép.* n°s 202 à 207). La disposition de l'art. 1895 a, d'ailleurs, été critiquée par plusieurs auteurs comme contraire aux principes économiques (Pont, t. 1, n°s 205 à 210; Laurent, t. 26, n° 509), mais elle a été défendue par d'autres auteurs (Colmet de Santerre, n° 100 *bis* 1 à IV; Guillouard, n° 81).

43. Quant au lieu où la restitution doit être opérée, on s'accorde aujourd'hui à distinguer suivant que le prêt a été fait à titre onéreux ou à titre gratuit, conformément à l'opinion de Voët, admise par Troplong et adoptée au *Rép.* n° 208 *in fine :* dans le premier cas, la restitution doit être opérée au domicile du débiteur, c'est-à-dire de l'emprunteur, conformément à la règle générale posée par l'art. 1247 c. civ. pour le payement des obligations ; dans le second cas, la restitution doit être opérée au lieu où l'emprunt a été contracté (V. notamment : Colmet de Santerre, n° 109 *bis*, Guillouard, n° 94).

44. La restitution doit être faite « au terme convenu ». D'après l'art. 1902 c. civ., et, si le contrat ne fixe aucun terme, c'est au juge qu'il appartient d'en déterminer un (*Rép.* n° 209). Mais ce pouvoir n'est pas laissé au juge dans toutes les législations (V. notamment pour la Suisse, l'art. 336 du code fédéral des obligations, *suprà*, n° 2).

45. L'art. 1903 c. civ. prévoit le cas où l'emprunteur est

dans l'*impossibilité* de rendre les choses prêtées, et déclare qu'il est alors « tenu d'en payer la valeur eu égard au temps et au lieu où la chose devait être rendue d'après la convention ». On s'accorde à reconnaître qu'il s'agit dans ce texte d'une impossibilité relative à l'emprunteur, et non d'une impossibilité absolue ; mais la question reste discutée de savoir dans quels cas l'emprunteur peut être considéré comme étant dans l'impossibilité de rendre les choses prêtées. L'opinion de Troplong, adoptée au *Rép.* n° 211, d'après laquelle il y a impossibilité pour l'emprunteur de restituer en nature toutes les fois que cette restitution lui causerait un préjudice trop considérable a été combattue par M. Laurent, n° 506. Suivant MM. Aubry et Rau, § 395, note 4, p. 600, et Colmet de Santerre, n° 110 *bis*, la disposition de l'art. 1903 s'applique même au cas où l'emprunteur, se trouvant en situation d'exécuter la restitution en nature, ne le fait cependant pas. D'après MM. Pont (n° 199, et Guillouard, n° 95, il y a impossibilité, si l'emprunteur éprouve, pour rendre les choses en nature, des difficultés tellement graves qu'elles n'ont pu entrer dans la pensée des contractants lorsque le prêt a eu lieu.

46. Si, dans l'hypothèse de l'art. 1903 c. civ., la convention ne détermine pas le temps et le lieu de la restitution, il résulte du même article que le payement s'effectue au prix de la chose dans le temps et au lieu où l'emprunt a été fait (*Rép.* n° 213). Sous l'ancien droit, une règle différente était généralement suivie : on décidait que, si le débiteur avait été mis en demeure de restituer, il devait la valeur de la chose au jour de la mise en demeure lorsqu'elle excédait la valeur au jour du prêt. La solution adoptée par les rédacteurs du code civil est critiquée par M. Laurent, n° 507, et par M. Guillouard, n° 97 : ces auteurs font valoir combien il est peu équitable que le retard mis par l'emprunteur à se libérer prive le prêteur de l'augmentation survenue sur le prix des choses prêtées.

47. En tant qu'elle s'applique aux prêts d'argent, la disposition de l'art. 1904 c. civ., aux termes duquel « si l'emprunteur ne rend pas les choses prêtées ou leur valeur au terme convenu, il en doit l'intérêt du jour de la demande en justice », n'est qu'une application de la règle générale posée dans l'art. 1153 c. civ. (*Rép.* n° 214). L'art. 1904 s'applique-t-il aussi aux prêts qui portent sur des choses autres qu'une somme d'argent et déroge-t-il ainsi aux principes admis en matière de dommages-intérêts? On l'a contesté (*Rép.* n°s 215 à 218). Mais l'affirmative paraît avoir définitivement prévalu (Demolombe, *Cours de code civil*, t. 24, n° 624 ; Larombière, *Théorie et pratique des obligations*, et sur l'art. 1153, n°s 11 et 20 ; Pont, n° 219 ; Aubry et Rau, § 395, texte et note 6, p. 600-601 ; Laurent, n° 511 ; Colmet de Santerre, n° 111 *bis;* Guillouard n° 98). On fait remarquer que l'interprétation qui limite l'art. 1904 aux prêts ayant pour objet une somme d'argent ou se résolvant en une obligation de payer une somme d'argent est en opposition avec le texte de cet article, qui vise l'hypothèse où l'emprunteur ne rend pas au terme convenu « les *choses* prêtées *ou leur valeur* ».

---

suites commencées, mais encore à n'en pas plus exercer désormais, sous quelque prétexte ce puisse être ; — Considérant que cet engagement n'a été pris par Coulombier qu'en considération des obligations nouvelles que Chalamel et sa famille contractaient envers Longchampt et qui profitaient indirectement à Coulombier, en le déchargeant d'autant vis-à-vis de Longchampt, créancier commun de Coulombier et de Chalamel, et en lui procurant la mainlevée des inscriptions prises sur ses immeubles par Longchampt, ainsi que la renonciation de ce dernier à toute action ou recours contre lui ; — Considérant que cette situation ne peut être confondue avec le cas prévu et réglé de l'art. 1901 c. civ. dont le point de départ de l'exigibilité aurait été omise ou serait demeurée indéterminée ; — Qu'à tort on prétendrait qu'en laissant indéfiniment Coulombier à la merci de Chalamel, cette manière d'interpréter ou d'appliquer la conven-

tion du 22 avril la réduirait aux effets d'une remise de dette que le créancier n'a jamais réellement faire ; qu'en effet, à supposer de la part de Chalamel une mauvaise foi, aux risques de laquelle Coulombier s'est exposé par la convention, il arriverait nécessairement un jour, celui du décès de Chalamel, où la dette serait exigible et où le titre retrouverait toute vertu ; — Que, de ce qui précède, il résulte que c'est sans droit, en violation du texte et de l'esprit de la convention du 22 avril 1852, que Coulombier a formé sur Chalamel les saisies-arrêts dont il s'agit, et qu'il y a lieu d'en prononcer la mainlevée ; — Infirme, en principal, déboute Coulombier de sa demande, et fait mainlevée des oppositions formées à sa requête, etc.

Du 14 mai 1857.-C. de Paris, 2° ch.-MM. Eug. Lacuye, pr.-Pouget, av. gén.-Mennaret et Bethmont, av.

Table sommaire

des matières contenues dans le Supplément et le Répertoire.

(Les chiffres précédés de la lettre S renvoient au Supplément; les chiffres précédés de la lettre R renvoient au Répertoire.

Table des articles du code civil.

Table chronologique des Lois, Arrêts, etc.

PRÊT A INTÉRÊT ET A USURE.

Division.

Art. 2. — Du délit d'habitude d'usure (n° 161).
§ 1. — De l'habitude d'usure comme élément constitutif du délit (n° 161).
§ 2. — De la peine en matière d'usure. — Preuve. — Récidive. — Complicité. — Cumul des peines (n° 172).
§ 3. — De l'action publique pour délit d'habitude d'usure (n° 174).
§ 4. — De la prescription en ce qui concerne le délit d'habitude d'usure (n° 180).

1. Conformément au plan suivi par le *Répertoire*, nous étudierons à propos du prêt à intérêts l'ensemble des règles relatives aux intérêts de capitaux.

Sect. 1re. — Historique et législation. — Droit comparé. (*Rép.* n°s 2 à 15)

2. — I. Historique et législation. — Les règles admises par le droit romain et par l'ancien droit français sur le prêt à intérêts ont été résumées au *Rép.* n°s 2 à 11. Parmi les ouvrages postérieurs à la publication du *Répertoire* où ces règles sont étudiées, nous nous bornerons à citer : pour le droit romain, Éd. Cuq, *Les institutions juridiques des Romains, ancien droit*, p. 375-380 et 631-633, et, pour l'ancien droit, Henri Beaune, *Droit coutumier français, les contrats*, p. 351-389 ; Paul Baugas, *Du prêt à intérêt*, p. 59-84. V. aussi Guillouard, *Traité du prêt*, n°s 113 à 118.

3. La législation sur le prêt à intérêt a été modifiée depuis la publication du *Répertoire* en ce qui concerne la liberté du taux de l'intérêt conventionnel, qui n'existait en aucune matière lorsque le *Répertoire* a paru.

4. Le principe de la limitation du taux de l'intérêt conventionnel, inscrit dans la loi du 3 sept. 1807, a subi une première atteinte dans la loi du 9 juin 1857, portant prorogation du privilège de la Banque de France, dont l'art. 8 est ainsi conçu : « La Banque de France pourra, si les circonstances l'exigent, élever au-dessus de six pour cent le taux de ses escomptes et l'intérêt de ses avances » (D. P. 57. 4. 71).

5. Le législateur a également établi ou toléré un régime d'exception pour d'autres institutions privilégiées. Il a refusé d'inscrire dans la loi du 6 juill. 1860, qui autorise le Crédit foncier à prêter aux départements, aux communes et aux associations syndicales, que l'intérêt annuel, commission comprise, ne dépasserait jamais 5 pour 100 (D. P. 60. 4. 82, note, 2e col. *in fine*). Il a laissé les monts-de-piété percevoir des allocations dépassant beaucoup le taux légal (V. *supra*, v° *Monts-de-piété*, n° 3).

6. La loi du 10 juill. 1885, modifiant la loi du 10 déc. 1874 sur l'hypothèque maritime, a soustrait une autre catégorie de prêts à la limitation, en décidant, dans son art. 38, que « l'intérêt conventionnel, en matière de prêts hypothécaires sur navires, est libre » (D. P. 86. 4. 17. V. *supra*, v° *Droit maritime*, n° 532).

7. La loi du 12 janv. 1886 (D. P. 86. 4. 32) a supprimé la limitation du taux de l'intérêt conventionnel en matière de commerce.

Déjà, lors de la discussion de la loi du 9 juin 1857, le Gouvernement avait manifesté l'intention de soumettre au Corps législatif un projet de revision de la législation sur le taux de l'intérêt, et, par une circulaire du 4 nov. 1857, M. Abatucci, garde des sceaux, invitait les procureurs généraux à surseoir à toute poursuite pour délit d'usure. Des pétitions furent adressées par plusieurs chambres de commerce au Gouvernement, et par des négociants au Sénat. Ces dernières demandaient l'abrogation de la loi du 3 sept. 1807 et, subsidiairement, la suppression du maximum de l'intérêt conventionnel : 1° en faveur des banquiers toutes les fois que la Banque de France élèverait le taux de ses escomptes, en vertu de l'art. 8 de la loi de 1857 (V. *supra*, n° 4) ; 2° en faveur des négociants français dans leurs relations avec les négociants étrangers et avec ceux de l'Algérie et des autres colonies. M. le président Bonjean, chargé du rapport, conclut au vote de l'ordre du jour en ce qui concernait l'abrogation de la loi de 1807 en matière civile et au renvoi au ministre du commerce de la partie des pétitions qui était relative aux exceptions spéciales à apporter à ladite loi en matière de commerce ; à la séance du

29 mars 1862, où les conclusions de ce rapport furent discutées, M. Michel Chevallier et M. de Forcade la Roquette demandèrent l'abrogation complète de la loi de 1807, M. Dupin réclama le maintien du *statu quo*, et le Sénat, malgré l'insistance du rapporteur, ne vota même pas le renvoi au ministre du commerce, mais seulement le dépôt au bureau des renseignements, de la partie des pétitions qui sollicitait des dérogations spéciales à la loi de 1807 dans les cas limitativement énumérés (*Moniteur* du 30 mars 1862).

Le 18 avr. 1871, l'Assemblée nationale fut saisie d'une proposition de loi de M. Limpérani, tendant à l'abrogation de la loi du 3 sept. 1807 (*Journ. off.* annexe n° 151) ; Reprise par M. Truelle, député, le 20 mai 1876, déposée par le même une seconde fois le 22 janv. 1878 et une troisième fois le 11 nov. 1881 (*Journ. off.*, 1881, Chambre des députés, Documents parlementaires, annexe n° 56, p. 1705), cette proposition fut soumise à la Chambre des députés, sur le rapport de M. Andrieux, dans les termes suivants : « Art. 1er. Les lois du 3 sept. 1807 et du 19 déc. 1850 sont abrogées. — Art. 2. Le taux de l'intérêt conventionnel est déterminé librement par les parties contractantes. — Art. 3. Le taux de l'intérêt légal est fixé à 5 pour 100 en toute matière. — Art. 4. Les clauses pénales stipulées pour le cas de non-payement à l'échéance sont laissées à la libre convention des parties. — Art. 5. En l'absence des conventions relatives aux intérêts à courir après le terme fixé pour le payement, les tribunaux alloueront l'intérêt légal à partir du jour de la demande en justice ». Mais, à la suite de l'adoption d'un amendement de M. Laroze, qui n'était partisan de la liberté du taux des intérêts conventionnels qu'en matière commerciale (D. P. 86. 4. 34, note, 2e col.), le texte voté par la Chambre des députés, adopté avec modification par le Sénat et promulgué le 12 janv. 1886, fut composé d'un article unique ainsi conçu : « Les lois des 3 sept. 1807 et 19 déc. 1850, dans leurs dispositions relatives à l'intérêt conventionnel, sont abrogées en matière de commerce ; elles restent en vigueur en matière civile ».

8. Enfin, il est toute une catégorie de prêts que des lois spéciales ont toujours soustraits à l'application de la loi de 1807 : ce sont les prêts faits par les particuliers à l'Etat, aux départements ou aux villes dans les emprunts publics. Ainsi, pour ne citer qu'un exemple, la loi du 27 juin 1876 autorise la Ville de Paris à emprunter une somme de 120 millions de francs au taux maximum de 5 et demi pour 100 (Duvergier, 1876, p. 141).

9. L'art. 2 de la loi du 3 sept. 1807, qui fixe le taux de l'intérêt légal à 5 pour 100 en matière civile et à 6 pour 100 en matière de commerce, est toujours en vigueur. Mais, à la date du 9 mars 1891, M. Etcheverry, député, a déposé une proposition de loi tendant à abaisser le taux de l'intérêt légal à 4 pour 100 en matière civile et à 5 pour 100 en matière de commerce : cette proposition a été adoptée en première délibération par la Chambre des députés, dans la séance du 21 mars 1893 (*Journ. off.* du 22 mars 1893, *Chambre des députés*, p. 1035). — V. sur les conséquences économiques d'une semblable réforme : *Le taux de l'intérêt en matière civile et de crédit agricole*, par MM. Claudio Jannet et H. de Moly (*La Réforme sociale*, numéro du 16 janv. 1890, p. 81 et suiv.).

10. La loi du 3 sept. 1807 ne s'applique pas aux prêts faits dans les colonies, où les parties sont libres de déterminer à leur gré le taux de l'intérêt conventionnel. En Algérie, le taux de l'intérêt légal, fixé à 10 pour 100 par l'ordonnance royale du 7 déc. 1835, a été abaissé à 6 pour 100 tant en matière civile qu'en matière commerciale par la loi du 27 août 1881 (D. P. 82. 4. 80), et la liberté de l'intérêt conventionnel, édictée dans la même ordonnance, supprimée par un arrêté du chef du pouvoir exécutif du 4 nov. 1848 (D. P. 48. 4. 192), a été rétablie par un décret du 11 nov. 1849 (*Rép.* v° *Organisation de l'Algérie*, n° 838).

11. La théorie du prêt à intérêt a été développée, depuis la publication du *Répertoire*, dans les traités généraux sur le droit civil français de MM. Paul Pont, *Petits Contrats*, t. 1, n°s 221 à 320, p. 97-147; Aubry et Rau, *Cours de droit civil français*, t. 4, § 396, p. 600-614; Laurent, *Principes de droit civil français*, t. 26, n°s 512 à 530, p. 530-554; Colmet de Santerre, *Cours analytique de code civil*, t. 8, n°s 112 à 116,

p. 92-102; Guillouard (*Traités du prêt, du dépôt et du séquestre*) *Traité du prêt*, nᵒˢ 107-I à 168, p. 126-215. En outre, le prêt à intérêt a fait l'objet de travaux spéciaux (V. notamment Paul Baugas, *Du prêt à intérêt*, 1889. V. aussi, sur la matière des intérêts, Caillemer, *Des intérêts*, 1861).

12. — I. DROIT COMPARÉ. — 1ᵒ *Italie*. — Le code civil italien de 1865 fixe d'abord, dans son art. 1831, le taux de l'intérêt légal, en adoptant le double taux admis par la législation française : 5 pour 100 en matière civile et 6 pour 100 en matière commerciale. L'art. 1831 ajoute : « L'intérêt conventionnel est établi au gré des contractants ». Mais, conformément aux dispositions d'une loi du 22 déc. 1857, qui, votée sous l'inspiration de M. de Cavour, avait établi dans le royaume de Piémont la liberté du taux de l'intérêt, certaines règles spéciales sont édictées pour le cas où l'intérêt est fixé par la convention au-dessus du taux légal. D'une part, « dans les matières civiles, l'intérêt conventionnel excédant le taux légal doit résulter d'un acte écrit; dans le cas contraire, il n'est dû aucun intérêt » (art. 1831 *in fine*). D'autre part, « le débiteur peut toujours, après cinq ans de la date du contrat, rendre les sommes portant un intérêt au-dessus du taux légal, nonobstant toute stipulation contraire. Il doit toutefois en donner six mois auparavant l'avertissement par écrit, lequel entraîne de droit renonciation au surplus du délai convenu » (art. 1832). Il résulte, d'ailleurs, de l'art. 1833 que ces dispositions ne sont applicables « ni aux contrats de rente viagère, ni à ceux qui établissent le remboursement par voie d'annuités comprenant, avec les intérêts, une somme destinée à l'amortissement du capital, ni aux dettes diverses contractées par l'État, par les communes ou par d'autres corps moraux avec les autorisations requises par les lois ». Si le code civil italien admet, comme l'art. 1908 de notre code civil, que la quittance du capital donnée sans réserve des intérêts en fait présumer le payement et en opère la libération, il réserve expressément la preuve contraire (art. 1834).

13. — 2ᵒ *Espagne*. — La loi du 14 mars 1856 a établi la liberté du taux de l'intérêt, à la condition que ce taux fût fixé par écrit, et l'art. 8 de cette même loi décide qu'au commencement de chaque année le Gouvernement fixera le taux de l'intérêt légal exigible à défaut de convention. Le code civil espagnol, promulgué le 24 juill. 1889, ne rappelle pas cette double règle au titre *Du prêt* : il porte seulement qu' « il ne sera pas dû d'intérêts à moins qu'ils n'aient été expressément convenus » (art. 1755) et que « l'emprunteur qui a payé des intérêts non stipulés ne peut les répéter, ni les imputer sur le capital » (art. 1756). V. Lehr, *Éléments de droit civil espagnol*, t. 2, nᵒ 613 ; *Code civil espagnol*, traduit et annoté par A. Levé, p. 329-330.

14. — 3ᵒ *Suisse*. — Le code fédéral des obligations de 1881 porte, dans son art. 330 : « En matière non commerciale, le prêteur ne peut réclamer des intérêts qu'en vertu d'une clause expresse du contrat; en matière commerciale, il en est dû de plein droit ». L'art. 334 décide que « si le contrat n'a pas fixé le taux de l'intérêt, le prêt est censé fait au taux usuel pour les prêts de même nature, au temps et dans le lieu où l'emprunt a été conclu ». Aux termes de l'art. 335, « on ne peut convenir d'avance que les intérêts s'ajouteront au capital et produiront eux-mêmes des intérêts. Toutefois, cette prohibition ne s'applique pas aux cas où, conformément aux règles du commerce, par exemple en matière de comptes courants et autres opérations analogues » (caisses d'épargne, de rentes, etc.). L'art. 337 du même code stipule expressément qu' « il n'est pas dérogé aux dispositions du droit cantonal sur les prêts hypothécaires et sur le maximum du taux de l'intérêt licite en cette matière ».

15. — 4ᵒ *Belgique*. — Les dispositions du code civil français sur le prêt à intérêt sont en vigueur en Belgique. Mais la loi du 5 mai 1865 y a abrogé la loi du 3 sept. 1807: le taux de l'intérêt conventionnel a été désormais librement fixé par les parties contractantes. L'intérêt légal, qui restait fixé par la loi du 5 mai 1865 à 5 pour 100 en matière civile et à 6 pour 100 en matière de commerce, a été abaissé respectivement à 4 et demi pour 100 et à 5 et demi pour 100 par la loi du 20 déc. 1890 (*Annuaire de législation étrangère*, 1891, p. 513). D'autre part, l'art. 494 c. pén. belge de 1867 punit l'usure dans certains cas déterminés.

16. — 5ᵒ *Hollande*. — La loi du 22 déc. 1857 a abrogé aussi la loi du 3 sept. 1807 en ce sens qu'elle a établi la liberté absolue du taux de l'intérêt conventionnel.

17. — 6ᵒ *Allemagne*. — En Prusse, les lois limitatives du taux de l'intérêt ont été abrogées par la loi du 12 mai 1866, qui a été étendue aux autres États de l'Allemagne du Nord par la loi fédérale du 14 nov. 1867. Cette loi contient, cependant, une réserve manifestement inspirée du code civil italien de 1865 (V. *suprà*, nᵒ 12), et consistant dans le droit pour l'emprunteur, lorsque l'intérêt stipulé excède le taux de 6 pour 100, de rembourser le prêteur par anticipation en le prévenant six mois à l'avance. D'autre part, une loi d'Empire du 24 mai 1880 a ajouté au code pénal deux dispositions, dont l'une punit comme usuriers ceux qui abusent des besoins, de la faiblesse d'esprit ou de l'inexpérience des emprunteurs pour exiger un intérêt excessif (§ 302 *a*), et dont l'autre édicte des peines contre ceux qui exercent l'usure comme métier ou habituellement (§ 302 *d*) (V. *Annuaire de législation étrangère*, 1881, p. 77 et suiv.). Enfin, une loi du 19 juin 1893 étend les dispositions pénales contre l'usure, qui n'étaient édictées que par rapport au prêt d'argent, aux profits usuraires faits par rapport à tout autre contrat bilatéral destiné à satisfaire les mêmes besoins économiques (§ 302 *a* nouveau).

18. — 7ᵒ *Autriche*. — La loi du 14 juin 1868 avait abrogé toutes dispositions relatives au taux maximum de l'intérêt et à l'usure. Mais, cette abrogation ayant entraîné des abus, spécialement en Galicie et en Hongrie, une loi du 19 juill. 1877, applicable à la Galicie, à la Bukovine et à plusieurs autres provinces autrichiennes, remplacée elle-même par une loi du 28 mai 1881, applicable à toute l'Autriche, a puni le fait de prêter de l'argent à un taux excessif en abusant de la faiblesse intellectuelle, de l'inexpérience ou de la surexcitation d'esprit de l'emprunteur ; et une loi du 2 mai 1883, applicable à la Hongrie, a édicté une disposition analogue, en décidant cependant que, pour que le fait puisse être poursuivi, le taux stipulé doit être supérieur à 8 pour 100 ; ces deux dernières lois ne s'étendent pas, d'ailleurs, aux opérations commerciales (V. *Annuaire de législation étrangère*, 1882, p. 307 et suiv., et 1884, p. 396 et suiv.).

19. — 8ᵒ *Roumanie*. — Le code civil de 1865 reproduit les dispositions des art. 1905, 1906 et 1908 c. civ. français, et aucune loi postérieure n'a restreint la liberté des parties contractantes relativement au taux de l'intérêt conventionnel. Le taux légal, appliqué dans le silence de la convention, est fixé à 10 pour 100 (art. 1589). Une loi du 20 févr. 1879, portant modification de l'art. 1089 c. civ. de 1865, a tranché la question qui s'élevait, en Roumanie comme en France, sur le point de savoir si la convention d'anatocisme est valable lors même que les intérêts ne sont pas réellement échus et qu'ils sont dus pour une année entière : aux termes du nouvel art. 1089, « les intérêts échus peuvent produire des intérêts ou par demande judiciaire, ou par convention spéciale, pourvu que, soit dans la demande, soit dans la convention, il s'agisse d'intérêts dus au moins pour une année entière. La clause par laquelle, avant ou au moment même de la formation d'une convention autre qu'une convention commerciale, on stipule des intérêts, soit pour des intérêts dus pour une année, ou pour plus ou moins d'une année, soit pour d'autres revenus futurs, sera déclarée nulle ».

20. — 9ᵒ *Angleterre*. — La loi du 10 août 1854 (St. 17 et 18 Vict., c. 90) abroge expressément « toutes les lois existantes contre l'usure » et n'excepte de cette règle générale que les prêts faits par les *pacon-brokers*, ou prêteurs sur gages, qui ne peuvent dépasser un taux variant selon les circonstances entre 10 pour 100 et 20 pour 100.

21. — 10ᵒ *Danemark*. — En vertu de la loi du 6 avr. 1855, le taux de l'intérêt est libre pour les prêts qui ne sont pas garantis par une hypothèque. Pour les prêts hypothécaires, si l'intérêt conventionnel ne peut, en principe, dépasser le taux de l'intérêt légal, le ministre a le pouvoir d'autoriser la perception d'un intérêt supérieur.

22. — 11ᵒ *Norvège*. — La loi du 29 juin 1888, sur la liberté du taux de l'intérêt et la répression de l'usure, exécutoire à partir du 1ᵉʳ janv. 1889, dispose : « Art. 1ᵉʳ. Les restrictions apportées jusqu'ici par la législation au droit de stipuler des intérêts conventionnels supérieurs à un certain taux, ainsi que les dispositions spéciales actuellement en vigueur, concernant l'usure, sont abrogées. — Art. 2. Pour les prêts sur gage mobilier, d'une somme inférieure à 80 *kroner* (110 fr.), il ne peut être en aucun cas stipulé d'intérêts plus élevés que suivant le taux qui sera déterminé par ordonnance royale. — Art. 3. L'intérêt non conventionnel est de 4 pour 100 par an, à moins qu'un taux plus élevé n'ait été déterminé par la législation pour un cas spécial. — Art. 4. Quiconque abuse des besoins, de la légèreté, de la faiblesse d'esprit ou de l'inexpérience d'autrui pour se procurer ou pour procurer à autrui, contre des avances d'argent ou un délai de payement, des avantages pécuniaires ou la promesse d'avantages pécuniaires en disproportion grave et manifeste avec ce qui est accordé au débiteur, sera puni, pour usure, d'amende ou d'emprisonnement. Il en sera de même lorsque l'intérêt quiconque aura stipulé, pour un des prêts mentionnés à l'art. 2, un intérêt plus élevé qu'il n'est permis... — Art. 5. Les conventions punissables aux termes de l'article précédent sont nulles » (V. *Ann. de lég. étr.*, 1889, p. 773).

23. — 12° *Turquie*. — En vertu de la loi du 9 *rédgeb* 1304 (3 avr. 1887), le taux maximum de l'intérêt en matière civile et commerciale est fixé à 9 pour 100. En aucun cas, quelle que soit la durée du prêt, le montant des intérêts ne peut excéder le capital. Les intérêts composés ne sont dus que dans les cas suivants : 1° en matière commerciale, pour les comptes courants ; 2° lorsque le débiteur n'a payé aucun acompte pendant trois ans ; 3° en vertu d'une convention entre les parties et pour trois ans seulement. L'intérêt usurairement payé ne peut être répété si l'obligation est éteinte, mais, lorsqu'il y a eu novation, le recours devant les tribunaux civils est ouvert au débiteur pour les intérêts usuraires (V. *Ann. de législ. étr.*, 1889, p. 868).

Sect. 2. — Des différentes espèces d'intérêts
(*Rép.* n°ˢ 16 à 127).

Art. 1ᵉʳ. — Des intérêts conventionnels (*Rép.* n°ˢ 17 à 38).

24. Le prêt de consommation étant gratuit par sa nature, il faut, pour qu'il soit productif d'intérêts, que cela ait été convenu entre les parties (*Rép.* n°ˢ 17 et 20).

25. La loi du 3 sept. 1807, qui a fixé le taux de l'intérêt légal et limité le taux de l'intérêt conventionnel, n'a apporté aucune modification à la disposition de l'art. 1907 d'après laquelle « le taux de l'intérêt conventionnel doit être fixé par écrit », et le prêteur n'aurait pas le droit d'exiger que des intérêts lui fussent servis au taux légal, ni même à un taux moindre, s'il avait négligé d'insérer dans la convention une stipulation d'intérêts à son profit. Toutefois, d'après une doctrine aujourd'hui unanime, ces expressions de l'art. 1907 n'excluent pas les conventions verbales d'intérêts et signifient simplement que toute convention relative aux intérêts doit être *prouvée* par écrit, fût-ce au-dessous de 150 fr. (*Rép.* n° 21). Elles n'excluent même que la preuve testimoniale, et, contrairement à l'opinion de Duranton exprimée *ibid.*, elles laissent place à l'aveu, au serment, à l'interrogatoire sur faits et articles (Duvergier, *Du prêt*, n° 255 ; Pont, n° 274 ; Guillouard, n° 125).

26. Les auteurs admettent généralement que la convention d'intérêts doit être expresse. On peut invoquer en ce sens l'expression « stipuler », écrite dans l'art. 1905, les termes de l'art. 1907, et un passage du rapport de M. Boutteville au Tribunat (Fenet, *Recueil des travaux préparatoires du code civil*, t. 14, p. 462-463. V. conf. Duvergier, *op. cit.*, n°ˢ 253-255 ; Pont, n°ˢ 246 et 247 ; Aubry et Rau, § 396, texte et note 1, p. 601 ; Guillouard, n° 122). — M. Laurent, *op. cit.*, t. 26, n° 514, enseigne, au contraire, qu'une convention expresse n'est pas nécessaire et que l'emprunteur doit payer des intérêts dès lors que la volonté des parties à cet égard résulte d'une façon suffisamment précise et claire de l'ensemble de la convention et des circonstances dans lesquelles le prêt a été fait.

27. Le principe même, rappelé *supra*, n° 24, en vertu duquel le prêt ne porte pas intérêt de plein droit, est-il applicable au prêt commercial ? D'après une première opinion, il est de la nature des créances commerciales de produire intérêts, même sans convention (Comp. Paris,

18 mai 1825, *Rép.* v° *Compte courant*, n° 77). Suivant un second système, en matière commerciale les intérêts sont dus, non seulement lorsqu'ils ont été stipulés, mais aussi lorsque l'obligation de les payer résulte soit de la nature de la négociation, soit de l'usage des lieux, qui peut suppléer aux conventions expresses (Pardessus, *Cours de droit commercial*, t. 2, n° 470 ; Massé, *Droit commercial*, 3ᵉ éd., t. 3, n°ˢ 1697-1699). Enfin, d'après une troisième opinion, à laquelle nous nous rallions, il n'y a pas lieu de distinguer à cet égard entre les matières civiles et les matières commerciales : aucun texte de la législation française analogue à l'art. 330 du code fédéral des obligations (V. *suprà*, n° 14) n'autorise une pareille distinction, et le principe écrit dans l'art. 1160 c. civ., en vertu duquel on doit suppléer dans un contrat les clauses qui y sont d'usage, quoiqu'elles n'y soient pas exprimées, ne reçoit ici aucune application particulière en matière commerciale (Pont, n° 250 ; Aubry et Rau, § 396, texte et note 5, p. 601-602 ; Guillouard, n° 123 ; Bourges, 16 mai 1845, aff. Quinquenet, D. P. 47. 2. 32).

28. Toutefois, les intérêts courent de plein droit en matière de compte courant (V. *infrà*, n° 95).

29. S'il a été convenu entre les parties que le prêt porterait intérêt, mais sans désignation du taux, l'intérêt doit être payé au taux légal (*Rép.* n° 24, Duvergier, *op. cit.*, n° 236 ; Pont, n° 248 ; Guillouard, n° 129).

30. Pour que des intérêts soient dus par l'emprunteur, non seulement il faut, ainsi que nous l'avons dit *suprà*, n° 26, que l'accord des parties se soit porté d'une manière expresse sur le payement des intérêts, mais il faut encore que le sens de la convention relative aux intérêts ne soit pas douteux (*Rép.* n° 26. V. Pont, t. 1, n° 247).

Deux questions se rattachent à cette dernière idée : 1° la clause portant que la somme prêtée se fera à telle date, *sans intérêts jusque-là*, est-elle suffisante pour faire courir les intérêts à partir de la date indiquée pour le remboursement ? Depuis les arrêts cités au *Rép.* n°ˢ 26 et 27, la jurisprudence n'a pas eu à se prononcer sur ce point (V. dans le sens de la négative : *Rép.* n° 26 ; Aubry et Rau, § 396, texte et note 2, p. 601 ; et dans le sens de l'affirmative : Guillouard, n° 126) ; — 2° La clause portant que le prêt sera remboursé dans un certain délai, avec des intérêts *jusqu'à l'expiration du délai*, est-elle suffisante pour que les intérêts continuent à courir de plein droit après l'expiration du terme ? La jurisprudence n'a pas eu à se non plus à se prononcer sur ce point depuis les arrêts cités au *Rép.*, n°ˢ 28 et 29. Mais l'affirmative, adoptée par les auteurs cités au *Rép.*, n° 28, et par le *Répertoire* lui-même, *ibid.*, a continué à prévaloir dans la doctrine (Aubry et Rau, § 396, texte et note 3, p. 601 ; Laurent, n° 516 ; Guillouard, n° 127). « La clause : *avec intérêts jusqu'à telle date*, dit ce dernier auteur, signifie d'abord et avant tout que la somme prêtée est productive d'intérêts, que le prêteur a voulu faire un contrat à titre onéreux, et non un contrat à titre gratuit. Or, si telle a été son intention jusqu'à l'époque fixée pour le remboursement, l'époque où il voulait que son argent lui serait restitué, à plus forte raison a-t-il entendu que les intérêts continueraient de lui être payés si l'emprunteur commettait la faute de ne pas le rembourser à l'époque fixée. Comment la faute que l'emprunteur commet, le retard qu'il apporte à se libérer, pourraient-ils changer la nature du contrat et transformer en prêt gratuit un contrat qui, pendant sa durée normale, avait le caractère de prêt à intérêt ? »

31. Conformément à la doctrine rapportée au *Rép.* n° 33, les intérêts conventionnels peuvent être stipulés dans toute espèce de contrats, et non pas seulement dans le prêt. Ainsi des associés peuvent convenir que chacun d'eux aura droit, dans un compte particulier, à l'intérêt des sommes versées par lui à la caisse sociale ; et il a été jugé que cette convention est applicable aux redressements de compte de liquidation ordonnés par jugement, à partir du jour de la dissolution de la société (Req. 19 déc. 1871, aff. Duval, D. P. 71. 1. 300).

32. Les parties ont la faculté de convenir que le défaut de payement des intérêts sera une cause de résiliation du prêt (*Rép.* n° 36). Jugé qu'il peut être stipulé dans un contrat de prêt qu' « à défaut de payement d'un seul terme des intérêts fixés, le capital deviendra de plein droit exigible, si bon semble au prêteur, sans qu'il soit besoin de remplir d'autre formalité que de faire signifier un simple commandement de mise en demeure pour constater ce défaut » (Liège, 23 mai 1863, aff. De Lezaak, *Pasicrisie belge*, 1863. 2. 370).

33. En l'absence même de toute convention, le défaut de payement des intérêts permet au prêteur d'exiger la restitution du capital, sauf au juge à accorder à l'emprunteur un délai pour le payement des intérêts arriérés, et à suspendre ainsi l'effet de la demande en restitution (Aubry et Rau, § 396, texte et note 9, p. 602; Guillouard, n° 140; Comp. Bruxelles, 21 déc. 1853, aff. Vanpé *C.* Decoq, *Pasicrisie belge*, 1854. 2. 279).— Suivant M. Guillouard, *loc. cit.*, cette solution est la conséquence de la doctrine admise par certains auteurs, d'après laquelle, d'une manière générale, le pacte commissoire doit être sous-entendu non seulement dans les contrats synallagmatiques, mais aussi dans les contrats unilatéraux à titre onéreux et dans les contrats à titre gratuit où des obligations ont été stipulées à la charge de l'une des parties (Comp. *suprà*, v° *Obligations*, n° 459). MM. Aubry et Rau, qui n'admettent pas cette doctrine (t. 4, § 302, texte et note 79, p. 82-83, et § 398, texte, notes 8 et 9, p. 615-616), argumentent *à fortiori*, de l'art. 1912 c. civ. — *Contrà* : Laurent, n° 521. Cet auteur fait remarquer que la disposition de l'art. 1912 est exceptionnelle, et qu'en tout cas, on ne peut pas la considérer comme une application de l'art. 1184; il y a donc lieu, suivant lui, de l'écarter.

Art. 2. — *Des intérêts dus en vertu d'une mise en demeure judiciaire ou extrajudiciaire* (*Rép.* n°s 39 à 88).

34. Les intérêts qui sont dus *sans convention*, en vertu d'une mise en demeure, soit judiciaire, soit extrajudiciaire, sont dits *moratoires* ou *compensatoires* suivant qu'ils sont fondés sur un simple retard dans l'acquittement de la dette, à l'exclusion de tout préjudice indépendant de ce retard, ou sur un préjudice éprouvé par le créancier en dehors du retard (*Rép.* n° 39).

35. — I. Intérêts moratoires. — Au cas de retard dans l'exécution des obligations qui se bornent au payement d'une somme d'argent, les intérêts moratoires, lorsqu'ils ne courent pas de plein droit, ne sont dus qu'en vertu d'une mise en demeure, qui est en principe une demande en justice; ils ne courent qu'à partir de cette demande; enfin ils ne consistent jamais que dans la condamnation aux intérêts fixés par la loi. Ces diverses règles, dont le *Répertoire* étudie les deux premières n°s 40 à 84, sont contenues dans l'art. 1153 c. civ.

36. Par application de la règle en vertu de laquelle les intérêts ne sont dus qu'à partir de la demande en justice, sauf dans les cas où la loi les fait courir de plein droit, il a été jugé, depuis les arrêts rapportés au *Rép.* n° 42 : 1° que les intérêts des sommes dues, par suite de la liquidation à opérer, aux héritiers d'un associé par la société qui se continue entre les survivants ne courent pas de plein droit du jour où ces sommes auraient pu être réclamées, mais seulement du jour de la demande régulièrement formée (Caen, 10 nov. 1857, aff. Dubourg, D. P. 59. 2. 50) ; — 2° Que les dépens auxquels une partie a été condamnée ne portent intérêts qu'à partir d'une demande en justice, et que, par suite, le jugement qui prononce une condamnation aux dépens avec intérêts à partir de cette condamnation est nul (Civ. cass. 29 août 1860, aff. Veuve Hédoin, D. P. 60. 1. 428) ; — 3° Que les intérêts de l'indemnité mise à charge d'une compagnie d'assurances, en cas d'incendie, ne courent que du jour de la demande, et non du jour du sinistre (Chambéry, 4 oct. 1868, aff. Compagnie d'assurances *Le Midi*, D. P. 69. 2. 12. Comp., sur ce point, Colmar, 14 déc. 1849, aff. Compagnie d'assurances *La France*, D. P. 52. 2. 20; Rouen, 20 avr. 1853, aff. Compagnies d'assurances *Le Palladium* et *La Prudence*, D. P. 53. 2. 169 ; *Rép.* v° *Assurances terrestres*, n° 233) ; — 4° Que les intérêts d'une somme sujette à répétition ne sont dus qu'à compter de la demande (Lyon, 9 juin 1883, aff. *Crédit provincial*, D. P. 84. 2. 83) ;... alors du moins que l'unique opération faite par les parties n'a pas donné ouverture à un compte courant (Même arrêt; V. *suprà*, n° 28).

37. Si les intérêts dont parle l'art. 1153 c. civ. ne sont dus que du jour de la demande, ils sont dus et doivent être alloués à dater de ce jour (V. arrêts cités au *Rép.* n° 42-1° et 6°. *Adde* : Civ. cass., 24 mars 1868, aff. Thiers et autres, D. P. 68. 1. 243).

38. L'art. 1153 c. civ. ne dispose que pour le cas où le point de départ des intérêts moratoires n'a pas été fixé par les parties (*Rép.* n° 41). Il a été jugé que le texte de cet article ne s'oppose pas à ce que les parties dérogent à la règle qu'il édicte et adoptent un autre point de départ des intérêts (Civ. rej. 19 avr. 1870, aff. Brunier, D. P. 70. 1. 219).

39. En matière administrative, il a été décidé que le retard d'un créancier de l'Etat à présenter son mandat au payeur, étant un fait volontaire de sa part, ne peut donner lieu à des intérêts moratoires (Cons. d'Et. 24 mars 1882, aff. Sencier, D. P. 83. 3. 94). Cette solution est conforme à l'équité, le Trésor étant tenu, à partir de l'acceptation du mandat, d'immobiliser dans ses caisses, sans pouvoir en tirer profit, les sommes nécessaires pour payer le montant dudit mandat.

40. Il en est de même lorsque le mandat a été périmé par la faute du créancier et que les retards subis par le réordonnancement ne sont pas imputables à l'Administration (Cons. d'Et. 31 mars 1874, aff. Houillères de Saint-Eloi, D. P. 75. 3. 28).

41. Enfin, le créancier de l'Etat n'a pas d'intérêts à réclamer pendant les délais que comportent les formalités de la liquidation et de l'ordonnancement (V. *Rép.*, v° *Trésor public*, n° 394, et Commiss. prov. f. f. de Cons. d'Et. 7 déc. 1870, aff. Souberbielle, D. P. 72. 3. 35).

42. Mais, si, en dehors de ces délais, il y a un retard dans le payement qui provienne, soit de l'absence de crédits disponibles, soit de difficultés élevées par l'Administration sans motifs légitimes, le créancier peut demander des intérêts, qui courront à partir de sa demande (V. Ordonn. Cons. d'Et. 22 nov. 1833, *Rép.* n° 43-2°, les arrêts cités au *Rép.*, v° *Trésor public*, n° 394, et Cons. d'Et. 7 déc. 1870, cité *suprà*, n° 41).

43. Les mêmes règles sont applicables aux bons à échéance fixe. Il a été jugé : 1° que les intérêts de bons du Trésor échus, et non remboursés antérieurement au décret qui a reporté à une date ultérieure l'exigibilité de ces bons ne peuvent être réclamés pour le temps compris entre leur échéance et la promulgation de ce décret (Cons. d'Et. 28 août 1848, aff. Du Bois de la Motte, D. P. 49. 3. 2); — 2° Que le propriétaire de bons falsifiés qui, à l'époque de l'échéance, étaient retenus au greffe comme pièces à conviction, n'a pas droit aux intérêts de la somme pour laquelle ces bons avaient été effectivement émis, tant qu'il n'a pas rempli les conditions exigées par les règlements en cette hypothèse pour que le payement puisse être effectué (Cons. d'Et. 12 juill. 1882, aff. Cordier, D. P. 84. 3. 9).

44. Il a été encore jugé en termes généraux, en matière administrative, qu'un créancier de l'Etat n'a pas droit à des intérêts moratoires lorsqu'il aurait pu, sans compromettre ses droits, toucher le montant d'un mandat ne représentant qu'une partie des sommes qui lui étaient dues, en faisant ses réserves entre les mains du préfet chargé d'ordonnancer la dépense (Cons. d'Et. 13 mars 1867, aff. Chaigneau, *Rec. Cons. d'Etat*, 1867, p. 266). — D'autre part, une commune qui a délivré un mandat de payement à un entrepreneur, à la suite de la réception des travaux, ne peut être condamnée à lui payer des intérêts, alors que ce mandat était égal à la somme qui lui était due et que les réclamations à raison desquelles il avait refusé de le toucher ont été reconnues mal fondées par la juridiction compétente (Cons. d'Et. 22 mars 1889, aff. Commune de Maudres, D. P. 90. 3. 64). Mais, lorsque le ministre a refusé d'effectuer le payement d'une somme ordonnancée en acceptant les réserves formulées par les créanciers, et que ces réserves ont ensuite été reconnues bien fondées, en ce sens qu'il a été jugé que le créancier avait droit à une somme supérieure, la somme ordonnancée continue à porter intérêt, même après la délivrance du mandat, et jusqu'au jour où le créancier a pu toucher cette somme sans compromettre ses droits (Cons. d'Et. 5 juin 1874, aff. Strauss, D. P. 75. 3. 29).

45. Pour faire courir les intérêts moratoires, il faut une demande régulièrement formée (*Rép.* n° 45; V. Demolombe, *op. cit.*, t. 1, n° 629; Aubry et Rau, *op. cit.*, t. 4, § 308, texte et note 17, p. 98). Il a été jugé, en ce sens : 1° qu'il y a violation de la loi dans un arrêt qui considère comme une mise en demeure ayant pu faire courir ces intérêts une lettre antérieure à la demande en justice, par laquelle le créancier d'une somme d'argent pour marchandises vendues a réclamé son payement (Civ. cass. 13 janv. 1852, aff. Fouquet-Besselièvre, D. P. 52. 1. 54) ; — 2° Que les intérêts des sommes dues par le second titulaire d'un majorat à la veuve du premier ne courent ni du jour où elle a adressé au garde des sceaux sa demande de pension, ni du jour de la sommation, mais du jour de la demande en justice (Rennes, 4 janv. 1875, aff. Amaury de la Moussaye, D. P. 76. 2. 186). — Il a été également jugé, sous l'empire de la loi municipale du 18 juill. 1837, que les intérêts moratoires ne courent contre une commune que du jour de la demande en justice, et non du jour du dépôt à la préfecture du mémoire prescrit par l'art. 51 de cette loi (Civ. cass. 25 mars 1874, aff. Ville de Chaumont, D. P. 74. 1. 201, et note 2). Décidé encore que lorsqu'un arrêt condamne une commune au payement d'une certaine somme *avec les intérêts du jour de la demande*, ces expressions doivent s'entendre des intérêts dus à compter du jour de la demande en justice, conformément aux termes de la loi, et non à compter du jour du dépôt à la préfecture du mémoire contenant l'exposé de la demande : on prétendrait donc à tort qu'une telle décision viole l'art. 1153 c. civ. (Civ. rej. 17 nov. 1880, aff. Ville de Commercy, D. P. 81. 1. 127).

46. Lorsque les poursuites intentées en dernier lieu ne sont que la continuation d'une précédente instance, c'est à partir de la première assignation que courent les intérêts moratoires. Il a été jugé, en ce sens, que, lorsque, dans une action dirigée contre le débiteur principal et les cautions, celles-ci ont été exonérées en prêtant le serment décisoire et que l'instance non menée à fin contre le débiteur principal a été reprise après sa mort contre l'une des cautions *assignée en qualité d'héritier de ce débiteur*, les intérêts de la créance sont dus à partir du jour de la demande originaire, et non pas seulement à dater de la reprise d'instance (Civ. cass. 11 juill. 1876, aff. Pédencoïg, D. P. 76. 1. 372). De même, si, d'après l'art. 345 c. proc. civ., le défendeur qui n'a pas constitué avoué avant le décès du demandeur doit être assigné de nouveau à un délai de huitaine pour voir adjuger les conclusions, on décide dans ce cas que la première assignation conserve son effet d'interpellation judiciaire et, par conséquent, fait courir les intérêts du jour où elle a été donnée (*Rép.*, v° *Reprise d'instance*, n° 59, et les auteurs cités ; *infrà*, eod. v°. V. aussi *Rép.* n° 48).

47. Mais, lorsqu'une partie réclame le payement d'une somme dont elle se prétend créancière et que le défendeur actionne reconventionnellement le demandeur en payement d'une somme plus élevée, l'arrêt qui, prononçant la compensation, condamne le demandeur à payer au défendeur l'excédent des deux sommes doit faire courir les intérêts moratoires au profit du défendeur du jour où ce dernier a formé sa demande reconventionnelle, et non pas du jour où le demandeur a agi (Civ. cass. 16 mars 1892, aff. Morand jeune, D. P. 92. 1. 224).

48. Sur la question de savoir si la demande nécessaire pour faire courir les intérêts moratoires est la demande du capital ou la demande spéciale d'intérêts, la controverse continue. Dans le sens de la nécessité d'une demande spéciale des intérêts (V. outre les auteurs cités au *Rép.* n° 49 : Larombière, *Théorie et pratique des obligations*, édit. de 1885, t. 2, sur l'art. 1153, n° 21; Demolombe, *Traités des contrats*, t. 1, n°s 626 et 627; Aubry et Rau, § 308, texte et note 13, p. 97; Colmet de Santerre, t. 5, n° 70 *bis*-VII. V. aussi Dissertation de M. Boistel, D. P. 93. 1. 537 et suiv. — *Contrà* : Laurent, t. 16, n° 320). C'est en ce dernier sens que la cour de cassation continue à se prononcer (Civ. rej. 26 févr. 1867, aff. Aberjoux, D. P. 67. 1. 74-75; 27 févr. 1877, aff. Michel et fils, D. P. 77. 1. 209; Req. 24 févr. 1891, aff. Lasserre, D. P. 91. 5. 313, Civ. rej. 28 avr. 1891, aff. Goyer, D. P. 91. 1. 358; 17 janv. 1893, aff. Comp. *L'Union nationale*, D. P. 93. 1. 542). — Un arrêt antérieur avait jugé que les intérêts ne peuvent être alloués à partir de la demande du capital que lorsque, dans l'instance à fin de payement

du capital, ils ont fait l'objet de conclusions spéciales (Civ. rej. 16 nov. 1858, aff. De Valori, D. P. 58. 1. 443); mais cet arrêt ne statue pas sur la question de savoir si, dans le cas où la demande des intérêts a été faite en temps utile, les intérêts sont dus à dater de la demande du capital, ou s'il ne faut les accorder qu'à compter du jour où sont intervenues les conclusions dans lesquelles ils ont été demandés. Un arrêt de la cour de Toulouse du 1er févr. 1877, cité *infrà*, n° 52, a décidé formellement, au contraire, que les intérêts ne doivent courir qu'à dater du jour où ils ont été demandés par des conclusions expresses (V. aussi Cons. d'Et. 1er févr. 1855, aff. Denailly, D. P. 55. 3. 67).

49. La demande d'intérêts peut être conçue en termes indirects. Ainsi il a été jugé qu'une demande en dommages-intérêts formée devant le conseil de préfecture par un entrepreneur à raison des retards apportés au règlement de son décompte constitue une demande suffisante d'intérêts, les dommages-intérêts pour retard de payement consistant précisément dans l'allocation des intérêts légaux (Cons. d'Et. 4 août 1876, aff. Fabrique de Coussa, D. P. 87. 5. 263, note). Mais il a été décidé, au contraire, qu'une demande présentée au conseil de préfecture et tendant à faire nommer des experts afin de pouvoir fixer les indemnités et les dommages-intérêts dus pour préjudice résultant de l'occupation temporaire d'un terrain, ne constitue pas une demande d'intérêts dans le sens de l'art. 1153 c. civ., l'expression usuelle *dommages-intérêts* ayant toujours été entendue comme représentant à la fois la réparation du préjudice causé et la perte des avantages que procurait la chose (Cons. d'Et. 4 déc. 1885, aff. Compagnie du Nord, D. P. 87. 5. 263).

50. Par une application, qui paraît très judicieuse, du principe de la rétroactivité de la séparation de biens, il a été jugé que, lorsque la liquidation des reprises de la femme constitue celle-ci, toutes compensations opérées, débitrice envers son mari d'un reliquat, la demande du mari ou des créanciers qui exercent les droits du mari doit être censée remonter au jour de la demande en séparation de biens, et que les intérêts doivent courir à partir de cette date (Limoges, 9 déc. 1889, aff. Femme Barbie, D. P. 91. 2. 126). En effet, s'il est vrai que la rétroactivité de la séparation de biens a été établie dans l'intérêt de la femme les termes de l'art. 1445 c. civ. sont généraux (V. *suprà*, v° *Contrat de mariage*, n°s 673 et suiv.).

51. Contre le débiteur qui est en retard pour exécuter son obligation de payer une somme d'argent, les intérêts courent par cela seul qu'il y a demande en justice, alors même que le débiteur n'aurait pas été mis en demeure ; (*Rép.* n° 52; Req. 19 juill. 1870, aff. Jangot, D. P. 72. 1. 18).

52. La demande nécessaire et suffisante pour faire courir les intérêts peut être présentée soit dans la forme des ajournements, soit par simples conclusions (*Rép.* n° 53; Civ. cass. 9 févr. 1864, aff. Héritiers Duparchy, D. P. 64. 1. 72; Toulouse, 1er févr. 1877, aff. Sarda, D. P. 78. 2. 166).

53. Il a été jugé : 1° que des offres conditionnelles non acceptées par le créancier, d'une somme d'argent ne suffisent point pour faire courir les intérêts de cette somme (Req. 11 mai 1857, aff. Héritiers Sorel, D. P. 57. 1. 303); — 2° Que, lorsqu'une partie est renvoyée de sa demande en payement d'une certaine somme, sous le bénéfice de l'offre faite par le défendeur de lui payer une autre somme dont il se reconnaît son débiteur, sans qu'il soit fait mention des intérêts, il n'y a pas violation de l'art. 1153 c. civ. de la part des juges qui n'allouent pas les intérêts de cette dernière somme, alors que la déclaration du défendeur constitue la seule base du droit du demandeur à exiger le remboursement de cette même somme (Req. 10 nov. 1879, aff. Bouillod, D. P. 80. 1. 391).

54. Pour faire courir les intérêts moratoires, la demande doit, en principe, être *judiciaire* (*Rép.* n° 55). Mais il a été jugé, conformément à l'opinion rapportée au *Rép.* n° 56, que la réclamation d'intérêts formée devant le notaire commis par le tribunal au cours d'une instance en partage doit être considérée comme une demande en justice et qu'elle suffit, par suite, pour faire courir les intérêts moratoires (Civ. cass. 15 avr. 1891, aff. Consorts de Ravel d'Esclapon, D. P. 91. 1. 332).

55. En matière administrative, la jurisprudence rapportée au *Rép.* n° 60, et d'après laquelle une demande officieuse des intérêts adressée par lettre missive au préfet est insuffisante, s'est modifiée depuis 1864. Il a été, en effet, jugé que, lorsqu'un entrepreneur de travaux publics a droit aux intérêts des sommes qui lui restent dues et qu'il a demandé ces intérêts au préfet, c'est à dater de cette demande qu'ils doivent lui être alloués, et non pas seulement à dater de l'introduction de l'instance qu'il a été obligé de former devant le conseil de préfecture par suite du refus du préfet (Cons. d'Et. 26 mai 1864, aff. Mialane, D. P. 65. 3. 17). Ce changement de jurisprudence a été confirmé par des arrêts postérieurs (Cons. d'Et. 5 mars 1868, aff. Gillet, D. P. 70. 3. 109; 12 juill. 1882, aff. Kieffer, D. P. 84. 3. 13). Mais il résulte de ce dernier arrêt que les intérêts dus à un entrepreneur de fournitures militaires courent seulement à partir de la demande qui en est faite au ministre de la guerre, et non à partir de la demande au commandant en chef du corps expéditionnaire.

56. La jurisprudence paraît définitivement ralliée à l'opinion, soutenue au *Rép.* n° 61, d'après laquelle la demande formée devant un juge incompétent ne fait pas courir les intérêts (Alger, 2 juin 1856, aff. Alby, D. P. 56. 5. 256; Douai, 5 août 1857, aff. Pety-Béthune, D. P. 58. 2. 52; Civ. cass. 25 mai 1887, aff. Compagnie d'assurances, *La Mutuelle de Valence*, D. P. 88. 5. 286; Riom, 12 mai 1891, aff. Audiard, D. P. 92. 2. 519). La jurisprudence du conseil d'Etat est d'accord sur ce point avec celle de la cour de cassation (Cons. d'Et. 24 mai 1854, aff. Duval-Vaucluse, D. P. 55. 3. 2; 21 juin 1866, aff. Gautherat, D. P. 67. 3. 13). Les auteurs se prononcent dans le même sens (Larombière, *op. cit.*, t. 2, art. 1153, n° 26; Demolombe, *op. cit.*, t. 24, n° 631; Aubry et Rau, § 308, texte et note 16, p. 98; Colmet de Santerre, t. 5, n° 70 *bis*-VII. — V. en sens contraire : pour la doctrine, Chauveau sur Carré, *Lois de la procédure civile*, t. 1, p. 277, et pour la jurisprudence, outre les deux arrêts de cours d'appel de 1816 et de 1838 cités au *Rép.* n° 61, Toulouse, 27 mai 1843, aff. De Castellane, D. P. 47. 1. 76 (Arrêt cassé par l'arrêt de la chambre civile du 11 janv. 1847, rapporté *ibid.* et cité au *Rép.* n° 61).

57. D'une manière générale, les intérêts ne peuvent courir qu'en vertu d'une demande régulièrement formée. Il a été jugé qu'une demande déclarée non recevable, à défaut de levée et de signification de l'arrêt en vertu duquel elle a été formée, ne fait pas courir les intérêts de la somme d'argent dont le payement était l'objet de cette demande (Civ. cass. 5 juill. 1858, aff. Prévost et David, D. P. 58. 1. 413).

58. Conformément à la doctrine indiquée au *Rép.*, n° 67, il a été jugé qu'il n'est pas nécessaire que la demande du créancier, productive d'intérêts en cas de retard de la part du débiteur, et qu'ainsi il est indifférent qu'il y ait lieu de procéder à un compte ou à une liquidation pour fixer la consistance de la dette (Civ. cass. 9 févr. 1864, cité *supra*, n° 52). Mais il faut que la dette soit échue ou exigible à l'époque de la demande. Il a été jugé que la demande faite en justice, par une partie litigante, des intérêts de certains frais avancés par elle pour son adversaire au cours de l'instance, ne saurait faire courir ces intérêts, les frais dont il s'agit rentrant dans l'ensemble des dépens de l'instance et devant en suivre le sort (Req. 11 mai 1857, cité *supra*, n° 53).

59. La jurisprudence, rapportée au *Rép.*, n° 70, en vertu de laquelle les administrations fiscales ne peuvent être tenues des intérêts moratoires des sommes qu'elles sont condamnées à restituer pour perception indues, a été confirmée par de nombreuses décisions (V. en matière de droits d'enregistrement les arrêts cités *supra*, v° *Enregistrement*, n° 3121;... en matière de contributions directes et de taxes assimilées, Cons. d'Et. 15 mai 1857, aff. Robert, D. P. 60. 3. 45; 23 févr. 1861, aff. Dubuc et autres, D. P. 3. 83; 31 août 1863, aff. Lecoq et autres, D. P. 64. 3. 9; 25 juin 1868, aff. Bécheret et autres, D. P. 69. 3. 62; 22 juin 1883, aff. De Roys, D. P. 84. 3. 114;... en matière de douanes, les arrêts cités *supra*, v° *Douanes*, n° 135). — La jurisprudence ne fait pas d'exception à cet égard en ce qui concerne les taxes locales, et spécialement les droits d'octroi (V. *supra*, v° *Octroi*, n° 239). — Enfin, dans d'autres cas, le conseil d'Etat refuse encore d'allouer des intérêts moratoires aux

adversaires de l'Etat par la raison générale qu'aucune disposition de loi ne permet d'allouer à un particulier les intérêts des sommes indûment perçues par le Trésor (V. en matière de contravention de grande voirie, Cons. d'Et. 11 juin 1886, aff. Flornoy, D. P. 87. 3. 117).

60. Par le même motif, le conseil d'Etat a décidé que, lorsque les frais d'expertise en matière de contributions directes et taxes assimilées sont mis à la charge de l'Administration, la partie adverse qui a fait l'avance de ces frais n'a pas le droit de réclamer les intérêts des sommes qu'elle a ainsi déboursées (Cons. d'Et. 2 juin 1869, aff. Trône, 2e arrêt, D. P. 71. 3. 9);... et, d'une manière plus générale, qu'en matière de contributions directes et taxes assimilées, les experts ne peuvent jamais réclamer les intérêts des sommes qui leur sont allouées (Cons. d'Et. 26 févr. 1875, aff. Rigaud, D. P. 75. 3. 115; 28 déc. 1877, aff. Piedoye, D. P. 78. 3. 35; 8 juin 1888, aff. Gouault, D. P. 89. 3. 92).

61. Un conseil de préfecture avait cru devoir généraliser cette solution en décidant, dans une contestation entre deux communes, qu'aucun texte de loi ne dispose que les frais et honoraires des experts produisent des intérêts (Cons. préf. de la Seine, 30 juin 1880, aff. Ville de Paris, D. P. 80. 3. 133). Mais le conseil d'Etat s'est refusé à admettre une règle aussi absolue; spécialement, en matière de travaux publics, s'il a décidé que les experts qui ont opéré dans une instance entre un entrepreneur et l'Administration ne peuvent réclamer les intérêts des sommes qui leur sont dues avant la décision qui liquide les frais d'expertise (Cons. d'Et. 3 mars 1882, aff. Duvert et autres, D. P. 83. 3. 114), et que la partie qui, avant cette décision, a fait spontanément l'avance des frais, ne peut en réclamer les intérêts à son adversaire (Cons. d'Et. 5 janv. 1883, aff. Ministre des travaux publics et autres, D. P. 84. 3. 69), il a jugé à leur part que les sommes dues aux experts en vertu d'un arrêté du conseil de préfecture portent des intérêts à leur profit à partir de la demande qu'ils font des intérêts devant le conseil d'Etat (Cons. d'Et. 21 mars 1883, aff. Jeantieu, D. P. 84. 3. 69), et que, dans le cas où les frais d'expertise sont mis à la charge de l'Administration en vertu d'un arrêté contre lequel un recours a été formé, mais qui a été maintenu, la partie adverse qui a fait l'avance de ces frais a droit aux intérêts de ses déboursés à partir du jour où elle les demande (Cons. d'Et. 22 janv. 1886, aff. Léturgeon, D. P. 87. 3. 58).

62. Les principes relatifs à la comptabilité publique ont encore déterminé le conseil d'Etat à décider que le retard dans le payement d'un traitement à la charge du Trésor ne peut donner lieu à l'allocation d'intérêts (Cons. d'Et. 26 janv. 1877, aff. De Bastard, D. P. 77. 3. 20; 22 déc. 1882, aff. Basset, D. P. 84. 3. 82; 13 avr. 1883, aff. Bonnet de Malherbe, *ibid.*; 19 nov. 1886, aff. Gorgeu, D. P. 88. 3. 21; 21 janv. 1887, aff. Sazerac de Forge et aff. Pihorel (deux arrêts) *ibid.*; 27 nov. 1891, aff. Morton, D. P. 93. 3. 19). Un arrêt rendu en sens contraire (Cons. d'Et. 9 août 1880, aff. Blondel, D. P. 82. 3. 4) n'est qu'une décision d'espèce, qui n'a pas constitué un changement de jurisprudence.

Mais les raisons tirées des règles de la comptabilité publique qui ont fait admettre, pour les hypothèses précitées, une dérogation au principe posé par l'art. 1153 c. civ. n'existent pas lorsqu'il s'agit de sommes reversées au Trésor par un particulier en vertu d'une décision ministérielle et dont le conseil d'Etat, annulant cette décision, ordonne la restitution. C'est ce qui a été décidé relativement à des sommes reversées sur le montant d'une pension (Cons. d'Et. 24 janv. 1879, aff. Veuve Michelet, D. P. 79. 3. 44; 1er juin 1883, aff. Datas, D. P. 84. 3. 82), et à des sommes reversées sur le montant d'un traitement (Cons. d'Et. 8 août 1885, aff. Largelier, D. P. 86. 5. 259).

63. Il a été jugé par des motifs spéciaux, tirés du mode d'exécution purement fictif de la déclaration de débet intervenue, qu'il n'y a pas lieu pour le conseil d'Etat, après avoir annulé une décision qui avait débité indûment d'une certaine somme le compte courant d'un receveur général avec le Trésor, de lui allouer les intérêts de ladite somme (Cons. d'Et. 12 juin 1885, aff. Desplanques, D. P. 87. 3. 12).

64. Enfin la jurisprudence administrative décide qu'il ne peut être alloué d'intérêts pour retard dans le payement des subventions dues par l'Etat (Cons. d'Et. 3 mars 1882, aff. Département du Doubs, D. P. 83. 3. 113). Cette règle a été appliquée spécialement aux subventions pour dépenses scolaires (Cons. d'Et. 11 juill. 1890, aff. Commune du Creuzot, D. P. 92. 5. 368).

65. Il y a des exceptions à la règle en vertu de laquelle, au cas de retard dans l'exécution des obligations qui se bornent au payement d'une somme d'argent, la mise en demeure nécessaire pour faire courir les intérêts moratoires doit consister en une demande en justice, *Rép.*, nᵒˢ 75 à 84.

Ainsi, l'art. 1652 c. civ., spécialement applicable aux intérêts d'un prix de vente, les fait courir du jour de la sommation de payer, lorsque la chose vendue ne produit pas de fruits. Il a été jugé, en conséquence, qu'une simple sommation suffit pour convertir, à la charge de l'acheteur, en intérêts moratoires calculés au taux légal les intérêts conventionnels d'un prix de vente inférieurs à ce taux (Req. 23 avr. 1881, aff. Altairac, D. P. 82. 1. 78).

66. De même, aux termes de l'art. 184 c. com., les intérêts du capital portés dans une lettre de change ou un billet à ordre courent du jour du protêt (*Rép.*, nᵒ 80). Et il a été jugé qu'en cas de dispense de protêt les intérêts courent de plein droit du jour de l'échéance de l'effet (Req. 2 juill. 1856, aff. Dumant, D. P. 57. 1. 41 ; Civ. cass. 5 janv. 1864, aff. Bonnard et Vannel, D. P. 64. 1. 40). — V. sur la question de savoir si le protêt tardif fait courir les intérêts, *suprà*, vᵒ *Effets de commerce*, nᵒ 341 ;... sur la question de savoir si les intérêts courent du jour du protêt, ou seulement du jour de la demande en justice, dans le cas de non-payement à l'échéance d'un billet à ordre souscrit par un non-commerçant pour une cause non commerciale, *ibid.*, nᵒ 342.

67. Au cas de retard dans l'exécution des obligations qui ne se bornent pas au payement d'une somme d'argent, l'art. 1153 c. civ. est sans application. Il a été jugé, en conséquence, que les intérêts alloués en réparation du préjudice résultant du retard dans la livraison d'une marchandise vendue peuvent être accordés à dater d'une époque antérieure à la demande, et spécialement à dater de la sommation faite au vendeur d'opérer cette livraison (Req. 23 févr. 1858, aff. Hérit. Bonnejoy, D. P. 58. 1. 390).

68. A plus forte raison, il ne saurait être question d'accorder des intérêts moratoires lorsqu'il ne s'agit pas de sommes certaines et fixes dues en vertu d'une convention, mais de dommages-intérêts à raison d'un préjudice évalué seulement par le jugement (Bourges, 23 janv. 1867, aff. Fontaine, D. P. 67. 2. 197. V. *infrà*, nᵒˢ 72 et suiv.].

69. — II. INTÉRÊTS COMPENSATOIRES. — Spécial aux obligations ayant pour objet le payement d'une somme d'argent, l'art. 1153 c. civ. ne s'applique même qu'aux intérêts de sommes d'argent réclamés en vertu d'obligations nées de contrats ou de quasi-contrats, et comme réparation du retard apporté à l'exécution de ces obligations. Il n'est pas applicable aux intérêts dits compensatoires, destinés à réparer le dommage causé (*Rép.* nᵒ 85), soit qu'il s'agisse de sommes allouées à titre de dommages-intérêts par suite de délits ou de quasi-délits, soit même qu'il s'agisse des intérêts de dettes résultant d'un contrat ou d'un quasi-contrat, et qui sont alloués, non pas en vertu d'un simple retard dans le payement du capital, mais à raison de l'existence d'un préjudice indépendant de ce retard.

70. Il résulte de là, en premier lieu, que le juge est libre de fixer la quotité des intérêts compensatoires de la première catégorie (Crim. rej. 8 juin 1849, aff. Brafin, D. P. 49. 1. 180 ; 18 sept. 1862, aff. Camuzet, D. P. 63. 5. 124];...

ou de la deuxième catégorie (Civ. rej. 12 nov. 1855, aff. Desservy, D. P. 56. 1. 162 ; Req. 1ᵉʳ févr. 1864, aff. *La Providence*, D. P. 64. 1. 135]; et qu'il peut les faire consister en une somme unique, déterminée au moment de la décision, ou bien allouer un capital moindre, avec les intérêts de ce capital à titre d'élément et de complément de l'indemnité (Req. 1ᵉʳ févr. 1864, précité). Dès qu'un fait dommageable se produit dans l'exécution d'une convention, on doit appliquer les principes qui régissent les délits et les quasidélits : ce qui exclut l'application de l'art. 1153 c. civ. (Laurent, t. 16, p. 372, nᵒ 312 *in fine*. V. cependant Civ. cass. 13 janv. 1852, aff. Fouquet-Besselièvre, D. P. 52. 1. 53).

71. Du principe posé *suprà*, nᵒ 69, il résulte en second lieu que le juge est libre de faire courir les intérêts compensatoires sans tenir compte ni de l'existence, ni de l'époque de la demande.

Il a été jugé que les intérêts compensatoires peuvent être alloués à partir de la demande du capital, quoiqu'ils n'aient pas été spécialement demandés (Crim. rej. 1ᵉʳ mai 1857, aff. Drumeau-Gendarme, D. P. 57. 1. 271 ; Req. 18 déc. 1866, aff. Ch. de fer de Séville à Cadix, 21 janv. 1867, aff. Jullien, D. P. 67. 1. 427 et 428 ; 4 févr. 1868, aff. Troyon, D. P. 68. 1. 383 ; Aix, 14 juin 1870 et, sur pourvoi, Req. 4 mars 1872, aff. Consorts Magaud, D. P. 72. 2. 97 et 72. 1. 327 ; Aix, 18 juin 1870, et, sur pourvoi, Req. 5 mars 1872, aff. Relin, D. P. 71. 2. 246 et 72. 1. 245].

72. Décidé encore que les intérêts compensatoires peuvent être alloués à partir d'une date antérieure à celle de la demande (Req. 14 janv. 1856, aff. Delord, D. P. 56. 1. 82 ; 8 févr. 1864, aff. Briot, D. P. 64. 1. 486 ; Civ. rej. 23 août 1854, aff. Faillite Spinelli, D. P. 64. 1. 367 ; Req. 4 avr. 1866, aff. Banque suisse, D. P. 67. 1. 33 ; 4 févr. 1868, aff. Comp. des Hauts-Fourneaux de Franche-Comté, D. P. 68. 1. 271 ; 1ᵉʳ juill. 1868, aff. Compagnie Transatlantique, D. P. 71. 5. 222; 24 juin 1872, aff. Henri et Lagosse, D. P. 73. 1. 19; 10 févr. 1873, aff. Gallois-Oudin, D. P. 73. 1. 264 ; Civ. rej. 31 janv. 1887, aff. Paquet, Paquin et Liagre, D. P. 87. 1. 335-336 ; Req. 9 janv. 1889, aff. Colein, D. P. 91. 1. 128 ; 4 juin 1890, aff. Courtois, D. P. 91. 1. 391 ; 15 mars 1892, aff. Guiotat, D. P. 92. 1. 272). Jugé, spécialement, que celui auquel incombe la responsabilité d'un accident peut être condamné à payer, du jour de cet accident, les intérêts de l'indemnité allouée aux victimes (Lyon, 27 juill. 1887) (1).

73. Il en est de même quant aux intérêts des sommes allouées, non pour réparation d'un préjudice, mais pour rétribution de services rendus, lorsque c'est également à titre d'indemnité que l'allocation en est prononcée (Req. 19 nov. 1861, aff. Maillard, D. P. 62. 1. 139. V. Demolombe, *op. cit.*, t. 1, nᵒ 634 ; Aubry et Rau, t. 4, § 308, p. 99 ; Laurent, t. 16, p. 390-395, nᵒˢ 327 à 332 ; Larombière, *op. cit.*, t. 2, art. 1153, nᵒ 19).

74. Non seulement les juges peuvent prendre pour point de départ des intérêts accordés à titre de réparation d'un préjudice causé l'époque à laquelle remonte ce préjudice, mais ils peuvent décider que les parties ont adopté le même point de départ, soit dans une clause expresse de leur convention, soit d'après les termes de cette convention souverainement interprétée (Req. 15 juin 1868, aff. Badel, D. P. 69. 1. 15).

75. Il a été également jugé que les intérêts compensatoires peuvent être alloués à partir du jour de la demande,

---

(1) (Compagnie d'assurances *La Préservatrice* C. Lemaire.) — LA COUR ; — Considérant que, si les premiers juges ont eu raison de décider que l'art. 1153 c. civ. ne trouve pas application au cas actuel ; que s'agissant d'obligations nées d'un délit ou quasi-délit, Lemaire et consorts avaient pu être condamnés à payer, du jour de l'accident, les intérêts de l'indemnité pécuniaire accordée aux victimes ; que, par suite et comme conséquence forcée de cette condamnation. la Compagnie *La Préservatrice*, garante de Lemaire et consorts jusqu'à concurrence d'une somme déterminée, leur en devait également les intérêts à compter du même jour et sans qu'il fût besoin d'autre mise en demeure, ils ont eu le tort de ne pas limiter cette décision à la somme dont la Compagnie était définitivement tenue envers les garantis ; qu'il fallait, en effet, défalquer du chiffre primitivement convenu le montant des frais, honoraires, etc., qu'aux termes de la police d'assurances,

ils devaient supporter seuls et en entier, au cas de procès ; qu'ainsi, dans l'espèce, la somme originaire de 7000 fr. garantie se trouve réduite à 1770 fr. 15, montant non contesté des avances faites par la Compagnie, en vertu de son contrat et qu'elle est en droit de retenir ; que, dès lors, les intérêts à payer par la Compagnie ne pouvaient être que ceux du reliquat, soit 5229 fr. 25, qui, par l'effet de la condamnation prononcée contre les garantis et d'une fiction légale, était censé arrêté et seul dû au jour de l'accident ; — Considérant, en conséquence, qu'il y a lieu d'annuler la disposition du jugement qui ordonne le payement d'intérêts par la Compagnie pour une somme excédante ;

Par ces motifs, etc.

Du 27 juill. 1887.-C. de Lyon, 1ʳᵉ ch.-MM. Fourcade, 1ᵉʳ pr.-Chenest, av. gén.-Millevoye et Gourju, av.

quoique les dommages dont ils complètent la réparation soient postérieurs à cette demande (Req. 28 janv. 1868, aff. Mounier, D. P. 68. 1. 483; 21 nov. 1882, aff. Ricci, D. P. 83. 1. 379). — Décidé encore que les intérêts compensatoires peuvent n'être alloués qu'à partir de la demande, quoique le demandeur ait conclu à ce qu'ils lui fussent accordés à partir d'une époque antérieure, pourvu d'ailleurs que le juge ne se déclare pas contraint à cette décision par l'art. 1153 c. civ. (Req. 16 août 1865, aff. Lacroix, D. P. 66. 1. 13).V. Laurent, *op. cit.*, t. 16, n° 332, p. 395-396.

76. Enfin, il a été jugé que, malgré l'existence d'une demande spéciale, les intérêts compensatoires peuvent n'être alloués qu'à partir de la condamnation (Nîmes, 29 avr.1863, aff. Daudé, D. P. 65. 2. 15; Civ. rej. 7 déc. 1887, aff. Faure, D.P. 89.1.147);... et même à partir de la signification de l'expertise portant évaluation du préjudice causé (*Rép.* n° 87).

77. L'appréciation faite par les juges du fond, en ce qui concerne la détermination du point de départ des intérêts destinés à servir d'indemnité, est souveraine (V. Civ. rej. 18 mai 1886, aff. Consorts de Damas, D. P. 86. 1..461).

78. Les mêmes principes sont applicables en matière administrative. Il a été jugé que le point de départ des intérêts alloués à un concessionnaire de chemin de fer à titre de dommages-intérêts, pour le non-payement des annuités à lui promises peut être fixé au jour où ces annuités auraient dû être versées (Cons. d'Et. 1er juill. 1881, aff. Chemins de fer de l'Hérault, D. P. 83. 3. 4). Dans l'espèce, ces intérêts étaient alloués à titre de dommages-intérêts, parce qu'il y avait corrélation entre l'exécution des travaux et le payement des annuités destinées à permettre la marche de l'entreprise : et ainsi s'explique la différence entre la décision précitée et la décision rapportée au *Rép.* n° 43-3°.

79. Pour que le juge saisi de l'action en payement d'une créance résultant d'une obligation conventionnelle puisse ajouter à cette créance les intérêts à dater d'une époque antérieure à la demande, il doit constater d'une part l'existence du préjudice, distinct du retard, qui l'a déterminé à substituer des intérêts compensatoires à des intérêts moratoires (Civ. cass. 30 mai 1877, aff. Péquart et Collignon, D. P. 78. 1. 474; 26 janv. 1881, aff. Albouy, D. P. 81. 1. 150), d'autre part l'existence d'une faute à la charge du débiteur (Civ. rej. 6 août 1888, aff. Pillon de Saint-Philbert, D. P. 89. 1. 302. Conf. : Civ. cass. 19 nov. 1878, aff. Bouligaud, D. P. 78. 1. 456 et 30 janv. 1884, aff. Christophe, dit Bernard, D. P. 84. 5. 344).

80. L'auteur d'un dol est obligé d'indemniser celui qui en a été victime, non seulement de la perte dommageable que ce dernier a éprouvée, mais encore du gain dont il a été privé par suite de ce dol. Ainsi il a été jugé que l'auteur de la dépossession dolosive d'un immeuble doit être condamné à payer aux propriétaires l'intérêt du montant de chaque réalisation annuelle des fruits, à titre d'indemnité du gain dont ils ont été privés (Req. 15 juill. 1872, aff. Consorts de Richemont, D. P. 73. 1. 263). — V. au surplus sur les principes d'après lesquels le préjudice doit être apprécié, *infrà*, v° *Responsabilité; Rép.* eod. v°, n°s 230 et suiv.

81. D'autre part, il appartient aux juges du fond d'établir souverainement l'existence ou la non-existence des faits constitutifs du dol ou de la faute, ainsi que le préjudice qui a pu en résulter (Civ. rej. 18 juill. 1888, aff. Compagnie des mines de Roche-la-Molière et de Firminy, D. P. 89. 1. 97).

82. Mais il faut que le juge ait suffisamment caractérisé la faute pour que la condamnation à des dommages-intérêts puisse être considérée comme légalement basée sur un motif spécial (Civ. cass. 3 juill. 1883, aff. Peyroux, D.P. 84. 5. 344). L'application de ce principe est particulièrement délicate lorsqu'il s'agit de dommages-intérêts fondés sur le fait d'avoir intenté abusivement une demande judiciaire ou d'avoir résisté par esprit de chicane à une demande formée : par exemple, les juges, en qualifiant d'*inexplicable*, la résistance d'un plaideur, indiquent-ils avec une suffisante précision qu'il y a eu *abus* de sa part, et non pas simplement *usage* du droit qu'a chacun de dé-

fendre à une action ? A cet égard, il y a des nuances entre les décisions de la chambre des requêtes et celles de la chambre civile de la cour de cassation (V. sur ce point, Req. 13 nov. 1889, aff. Molière, D. P. 90. 1. 37, et note 1-2. Comp. : Req. 27 déc. 1887, aff. Compagnies d'assurances *La Foncière* et autres et aff. Compagnie d'assurances L'Abeille (deux arrêts), D. P. 88. 1. 252. V. aussi *infrà*, v° *Responsabilité ; Rép.* eod. v°, n°s 92 et suiv.).

83. Notons enfin que le juge du fond, s'il veut que l'allocation de dommages-intérêts qu'il prononce soit à l'abri de toute censure, doit se garder de l'appuyer tout à la fois sur une faute particulière et sur un simple retard à payer la somme due (V. notamment Civ. cass. 30 mai 1877, aff. Péquart et Collignon, D. P. 78. 1. 474; 26 janv. 1881, aff. Albouy, D. P. 81. 1. 150). Pour rejeter le pourvoi formé contre un arrêt ainsi formulé, il faut que la cour de cassation fasse en quelque sorte abstraction de la mention du retard, pour s'en tenir à l'indication de la faute particulière (V. Req. 26 mai 1886, aff. Giraud, D. P. 87. 1. 431).

Art. 3. — *Intérêts qui courent de plein droit*
(*Rép.* n°s 89 à 127).

84. Les intérêts courent de plein droit dans un certain nombre d'hypothèses énumérées au *Répertoire* et qui sont divisées traditionnellement en deux groupes : celui des intérêts dus à raison du bénéfice tiré de la chose, et celui des intérêts dus à raison de la qualité des personnes.

85. — 1° *Intérêts dus de plein droit à raison du bénéfice de la chose.* — Tels sont notamment, aux termes de l'art. 1652 c. civ., les intérêts du prix de vente « si la chose vendue et livrée produit des fruits ou autres revenus » (V. sur cette disposition, *Rép.* v° *Vente*, n° 1141 ; *infrà*, eod. v°). Il a été jugé, par application de l'art. 1652 c. civ., que les intérêts du prix d'un matériel industriel cédé par l'entrepreneur des services d'une prison à son successeur, en vertu du cahier des charges, sont dus à partir du jour où ce successeur en a pris possession et en a tiré profit (Cons. d'Et. 31 juill. 1874, aff. Heyraud, D. P. 75. 3. 54). Il a été encore jugé que le cessionnaire d'une créance qui en est évincé, par suite de la perte du privilège attaché à cette créance, a droit aux intérêts de son prix à partir du jour du payement qu'il en a fait, et non pas seulement à partir de la demande, si, par suite de l'éviction, il s'est trouvé dépouillé tout à la fois des intérêts de la créance cédée et des intérêts du prix qu'il avait payé à son cédant (Req. 29 juill. 1858, aff. Achet, D. P. 59. 1. 125). — Mais l'art. 1652 c. civ. ne saurait être appliqué dans le cas où le propriétaire d'un terrain y fait construire un édifice par un entrepreneur, lors même que ce dernier fournit non seulement son travail ou son industrie, mais encore les matériaux de la construction : nonobstant cette dernière stipulation, le contrat reste un louage d'industrie, auquel on ne peut transporter les règles spéciales au contrat de vente; en conséquence, l'entrepreneur n'a droit aux intérêts du prix de la construction qu'à partir du jour de la demande en justice, et non à partir de la réception des travaux, même si le propriétaire a tiré un revenu du bâtiment antérieurement à la demande (Civ. cass. 20 févr. 1883, aff. Société du Bazacle, D. P. 84. 1. 32).

86. Le mandataire doit également, de plein droit, aux termes de l'art. 1996 c. civ., l'intérêt des sommes qu'il a employées à son usage à compter du jour de cet emploi (*Rép.* n° 93. V. sur les applications de cette règle, *suprà*, v° *Mandat*, n°s 96 à 105; *Rép.* eod. v°, n°s 266 à 274). Il a été jugé que le point de départ des intérêts dus par un mandataire judiciaire (dans l'espèce, un cohéritier administrateur de la succession) ne saurait être fixé, sous prétexte d'équité, à une date arbitraire qui n'est ni du jour de l'emploi de fonds fait par ce mandataire à son profit, ni celle d'une demande en justice, ni celle d'une mise en demeure à lui signifiée pour les intérêts et est reliquataire (Civ. cass. 11 juill. 1883, aff. De Rigaud, D. P. 83. 1. 444).

87. Par application de l'art. 1378 c. civ., aux termes duquel celui qui a reçu de mauvaise foi est tenu de restituer tant le capital que les intérêts ou les fruits du jour du payement, il a été jugé, en conformité avec les arrêts cités au *Rép.* n° 96, que le mandataire qui a perçu de mauvaise foi un salaire exorbitant, dont la restitution partielle a été ordonnée, peut être condamné aux intérêts de la somme à restituer, à partir du payement, et non pas seulement à partir de la demande en justice (Civ. rej. 29 janv. 1867, aff. Poictevin, D. P. 67. 1. 53).

88. La question de savoir à partir de quelle date courent les intérêts des sommes touchées en exécution d'un arrêt qui est ultérieurement cassé (*Rép.* n° 98) a été étudiée *suprà*, v° *Cassation*, n° 462 ; *Rép.* eod. v°, n°s 2019 et suiv. La jurisprudence de la cour de cassation paraît fixée en ce sens que les intérêts desdites sommes sont dus à dater de la signification de l'arrêt d'admission avec assignation devant la chambre civile, cette assignation mettant le défendeur en mesure de connaître les vices reprochés à la décision qui lui sert de titre, et constituant une demande judiciaire dans le sens de l'art. 1153 c. civ. (V., outre les arrêts cités *ibid.*, Req. 27 nov. 1867, aff. Fleurot, D. P. 68. 1. 267). — Les intérêts seraient dus à partir du jour où les condamnations sont exécutées, d'après un autre système qui, soutenu par Merlin, *Questions de droit*, v° *Répétition de payement*, § 5, et adopté par un arrêt de la chambre civile du 11 nov. 1828 (*Rép.* v° *Cassation*, n° 2021), a été encore produit devant la cour de cassation depuis la publication du *Répertoire*, mais qui a été écarté comme nouveau (Req. 29 mars 1865, aff. Poujols de Clairac, D. P. 65. 1. 285). — Enfin d'après la doctrine plus récente d'un arrêt de la cour de Paris, qui est d'ailleurs resté isolé, les intérêts des sommes touchées en exécution d'un arrêt ultérieurement cassé ne seraient dus que du jour de la demande formée devant la cour de renvoi (Paris, 22 janv. 1877, aff. Compagnies d'assurances maritimes L'*Equateur* et L'*Atlantique*, D. P. 78. 2. 26).

89. Lorsqu'il y a mise à exécution d'un jugement sujet à appel, la cour de cassation admet que les intérêts sont dus, en cas d'infirmation, à compter du jour du payement fait soit avant l'appel (Req. 3 févr. 1863, aff. Châtillon, D. P. 63. 1. 163);... soit depuis l'appel, si le jugement est exécutoire par provision (Req. 27 avr. 1864, aff. Leblanc, D. P. 64. 1. 303). Ces arrêts se fondent sur ce que la mise à exécution d'un jugement dans de pareilles conditions est une pure faculté, exercée aux risques et périls de la partie qui en use, et à charge de réparer, s'il y a infirmation, le préjudice causé, par conséquent, de l'idée qu'il s'agit là d'intérêts compensatoires, et non d'intérêts moratoires.

90. — 2° *Intérêts dus de plein droit à raison de la qualité des personnes.* — Si une disposition expresse de la loi, (c. civ., art. 1570) déclare dus à partir du jour de la dissolution du mariage les intérêts de la dot, la règle d'après laquelle les intérêts ne courent qu'à partir de la demande s'applique aux gains nuptiaux, aux gains de survie et aux créances paraphernales de la femme. Sous l'ancien droit, l'usage était, au contraire, dans les provinces de droit écrit du ressort du parlement de Paris, d'accorder les gains nuptiaux et de survie à compter du jour de la mort de l'époux prédécédé, de plein droit et sans demande. Mais Merlin, qui signale cet usage dans son *Répertoire*, v° *Gains nuptiaux et de survie*, § 5, n° 2, rappelle qu'il n'existait qu'au regard des héritiers du mari, et ne s'étendait pas aux tiers détenteurs, qui ne devaient les intérêts à la femme ou à ses héritiers que du jour de la demande. Sous l'empire du code civil, il a été jugé, en ce sens, que les intérêts de la somme représentative des bagues et joyaux de la femme et les intérêts de ses créances paraphernales ne courent pas à partir du jour de la dissolution du mariage, mais seulement à dater du jour de la demande contre les tiers détenteurs des immeubles hypothéqués à ces créances (Civ. cass. 26 févr. 1861, aff. Marty et autres, D. P. 61. 1. 481).

91. En principe, tout ce que se doivent les cohéritiers à l'occasion de la succession qui leur est échue produit des intérêts de plein droit à partir du jour de l'ouverture de la succession (*Rép.* n° 106). Mais il a été jugé, dans un sens conforme à celui des arrêts cités *ibid.*, que les avances faites aux cohéritiers par l'administrateur judiciaire d'une succession sur les revenus des biens successoraux, et qui, pour aucun des cohéritiers, n'excèdent ce qui pouvait lui être attri-

bué comme produit de sa part dans l'hoirie, constituent de simples provisions qui ne portent pas intérêt au profit de la succession (Civ. rej. 20 juin 1887, aff. Antonelli, D. P. 88. 1. 298). D'ailleurs, au cas où les parts des cohéritiers dans ces avances sont inégales, celui d'entre eux qui a moins reçu prélève ensuite sur la succession les sommes nécessaires pour rétablir l'égalité (V. *Rép.* v° *Succession*, n°s 1235 et suiv. et les arrêts cités, *ibid.*).

92. Aux termes de l'art. 2001 c. civ., le mandataire a droit aux intérêts des avances par lui faites pour son mandat « à dater du jour des avances constatées » (*Rép.* n°s 112 et 113). La jurisprudence a fait application du principe posé par cet article à diverses catégories de personnes. Il a été jugé : 1° que la somme déboursée par une femme non commune en biens, en payement d'une dette de son mari, produit intérêts à partir du jour du payement, et que ces intérêts sont dus non seulement pour le capital de la dette acquittée, mais encore pour les accessoires, tels que les intérêts et les frais de poursuite (Civ. rej. 26 févr. 1861, aff. Marty et autres, D. P. 61. 1. 481); — 2° Que, le débiteur qui acquitte la dette de son codébiteur étant assimilé au mandataire qui fait une avance pour son mandant, il y a lieu de lui tenir compte des intérêts des sommes par lui payées à l'acquit de son codébiteur, et que ces intérêts courent de plein droit à partir de chaque versement (Nancy, 21 févr. 1877, aff. Léonard, D. P. 78. 2. 14); — 3° Que la condamnation prononcée contre l'un des associés en participation au profit de l'autre, à des intérêts courant antérieurement à la demande, et à partir du dernier compte, est suffisamment justifiée par la déclaration de l'existence d'un mandat pour la réalisation des opérations entreprises en commun et d'un compte courant entre les deux associés (Req. 20 juin 1881, aff. Allart-Rousseau D. P. 83. 1. 262).

93. Les officiers ministériels ne sont pas *procuratores ad negotia* par cela seul qu'ils ont été chargés d'accomplir des actes de leur ministère. On a cependant contesté l'application de cette règle relativement aux notaires qui acquittent pour leurs clients les droits d'enregistrement, de transcription et d'inscription des contrats; et on a soutenu que ces avances faites par les notaires devaient être assimilées à celles de la mandataire (V. les arrêts cités au *Rép.* n° 115 *in fine*; V. aussi Pont, t. 1, n° 1096). Mais, en ce qui concerne spécialement les droits d'enregistrement, le notaire remplit une obligation de sa fonction publique en les acquittant, et la loi du 22 frimaire an 7 qui, après avoir imposé aux notaires d'en faire l'avance, en règle par un texte spécial le mode de recouvrement, ne contient aucune disposition qui leur accorde des intérêts de plein droit. La jurisprudence paraît fixée en ce sens (V., outre les arrêts cités au *Rép.* n° 116, Trib. Grenoble, 8 févr. 1870, aff. Bravet, D. P. 71. 5. 222. — La jurisprudence se prononce dans le même sens quant aux avances faites par les avoués à leurs clients (V. les arrêts cités *suprà*, v° *Avoué*, n° 26, et v° *Mandat*, n° 130); mais plusieurs auteurs combattent aussi cette opinion (V. les divergences dans la doctrine signalées *ibid.*).

94. L'opinion de M. Pardessus, rapportée au *Rép.* n° 124, d'après laquelle, *en matière commerciale*, l'acheteur *commerçant* doit, de plein droit et sans distinction, à compter du jour de la vente, les intérêts des marchandises qu'il a achetées, n'a pas prévalu. Si, depuis les arrêts rapportés *ibid.*, les tribunaux ne paraissent pas s'être prononcés sur le point de départ des intérêts d'un prix de vente à payer par un acheteur commerçant, il a été jugé, d'une manière générale, que la règle d'après laquelle les intérêts d'une obligation tendant au payement d'une somme d'argent ne courent que du jour de la demande, sauf les cas où la loi les fait courir de plein droit, et sauf aussi convention contraire, s'applique en matière commerciale comme en matière civile (Civ. cass. 23 août 1880, aff. Du Maisniel, D. P. 81.1.435-436).

95. Il en est différemment en matière de compte courant : toute somme entrée dans un compte courant est de plein droit productive d'intérêts à partir des avances ou des versements (*Rép.* n° 126; V. *suprà*, v° *Compte courant*, n° 71; *Rép.* eod. v° n° 43. *Adde* : Civ. rej. 24 mai 1854, aff. Liquidateurs Rousseau, D. P. 54. 1. 179 ; Lyon, 20 nov. 1857) (1).

---

(1) (Tricand C. Héritiers Côte).— La cour; — Attendu, en fait, que les héritiers Côte demandent à Tricaud neveu la somme de

9077 fr. 45 cent., solde d'un compte trouvé dans la succession Côte, et que Tricaud, tout en reconnaissant l'origine de ce compte

V. aussi Massé, *Droit commercial*, t. 3, n° 1698, Demolombe, *op. cit.*, t. 1, n° 633; Pont, n° 251). — D'après MM. Aubry et Rau, t. 4, p. 99, § 308, note 20, on ne saurait voir là une exception à la règle posée par le troisième alinéa de l'art. 1153 c. civ., les intérêts dont s'agit étant « dus en vertu d'une convention tacite, fondée sur un usage constant ». Mais cette idée de convention tacite semble contestable; si les intérêts courent de plein droit en matière de compte courant, c'est plutôt en vertu d'un usage du commerce, qui déroge très certainement à la disposition précitée de l'art. 1153 c. civ. — D'après d'autres auteurs (Pardessus, *Cours de droit commercial*, t. 2, n° 475; Pont, t. 1, n° 251; Guillouard, n° 128), la règle suivie en matière de compte courant procède des principes sur le mandat, et spécialement de l'art. 2001 c. civ., parce que les parties qui entrent en compte courant sont respectivement mandataires l'une de l'autre. En réalité, la dérogation se justifie par le double motif indiqué *suprà*, v° *Compte courant*, n° 43 : à raison de l'indivisibilité du compte, et parce que ceux qui sont en compte courant n'ont pas généralement l'intention de se dessaisir de leurs fonds à titre gratuit, sans aucun profit.

96. Le solde d'un compte courant produit également des intérêts à partir du jour où il a été arrêté entre les parties, *Rép.* n° 127. Il a été jugé qu'il ne suffit pas, pour arrêter le cours de ces intérêts, que le débiteur avise le créancier qu'il tient le solde à sa disposition, si d'ailleurs le créancier n'a pas déclaré accepter; les offres réelles, seules, peuvent arrêter le cours des intérêts (Civ. cass. 11 janv. 1886, aff. Goyard, D. P. 86. 1. 121). V. *suprà*, v° *Compte courant*, n° 46; *Rép.* eod. v°, n°⁸ 89 et suiv.

SECT. 3. — INTÉRÊTS DES INTÉRÊTS (*Rép.* n°⁸ 128 à 163).

97. Il résulte des termes de l'art. 1154 c. civ. que deux conditions sont nécessaires pour que les intérêts d'un capital produisent eux-mêmes des intérêts : en premier lieu, il faut soit une demande judiciaire, soit une convention spéciale des parties; en second lieu, il faut qu'il s'agisse d'intérêts dus au moins pour une année entière (*Rép.* n° 131).

98. Par suite de la première condition, il a été décidé qu'il n'est pas permis au juge, en l'absence de toute convention, de faire remonter les intérêts des intérêts au jour de la requête à fin d'assignation à bref délai (Civ. cass. 17 mai 1865, aff. Consorts Morin, D. P. 65. 1. 273). V. aussi les arrêts cités au *Rép.* n° 132.

99. De plus, les intérêts des intérêts ne peuvent courir qu'en vertu d'une convention *spéciale* (V. outre les auteurs cités au *Rép.* n° 134, Aubry et Rau, *op. cit.*, t. 4, p. 109, § 308, note 56; Montpellier, 13 nov. 1855, aff. Bastide, D. P. 56. 5. 257; Civ. rej. 16 nov. 1858, aff. De Valori, D. P. 58. 1. 443; Civ. cass. 26 févr. 1867, aff. Aberjoux, D. P. 67. 1. 74; 25 nov. 1873, aff. Royer, D. P. 74. 1. 66; Nîmes, 30 juin 1890, aff. Valette, D. P. 91. 2. 35).

100. Les fruits d'une hérédité ne produisent aussi des intérêts que du jour où ces intérêts sont demandés judiciairement, ou du jour où une convention spéciale les fait courir. — Pour soutenir l'opinion contraire, on invoque la maxime : *fructus augent hereditatem*; les fruits de l'hérédité, dit-on, puisqu'ils se confondent dans l'hérédité, forment avec elle un capital unique produisant des intérêts à partir de la

même époque. Mais il paraît impossible de faire prévaloir contre le texte formel de l'art. 1154 c. civ. une conséquence très contestable d'une maxime qui est elle-même aujourd'hui fort contestée. Il a été ainsi jugé que l'héritier réservataire n'est fondé à réclamer les intérêts des restitutions de fruits relatives à la partie d'une donation qui excède la quotité disponible qu'à dater du jour où il a spécialement demandé ces intérêts, et non à partir de la demande en réduction de la donation, quoique cette demande constituât une véritable pétition d'hérédité (Civ. rej. 26 août 1870, aff. Epoux Reydellet, D. P. 70. 1. 358).

101. L'art. 1154 c. civ. s'applique, d'ailleurs, aux intérêts dus de plein droit entre cohéritiers à partir du jour de l'ouverture de la succession, pour les choses sujettes à rapport, en ce sens que, lorsque le décès du *de cujus* remonte à une époque antérieure de plus d'une année à la demande de capitalisation des intérêts des choses sujettes à rapport, cette capitalisation ne peut être refusée par le juge. C'est ce qu'ont décidé deux arrêts de cassation. Dans la première affaire (Civ. cass. 15 févr. 1865, aff. Brouillet, D. P. 65. 1. 429), la cour de Nîmes avait fondé la solution contraire sur de simples considérations d'équité, qui n'étaient pas spécieuses : en effet, à partir du jour où la succession est ouverte, le cohéritier, débiteur du rapport, n'ayant plus droit à la jouissance des biens qu'il a reçus en donation du défunt ou qu'il lui a empruntés, les fruits ou intérêts de ces biens pourraient, s'ils étaient perçus dès cette époque pour le compte de la succession indivise, faire l'objet d'une capitalisation qui viendrait accroître la masse à partager; et on ne conçoit pas que l'hérédité soit privée de cet émolument parce que l'héritier conserve en fait, durant l'indivision, la gestion des biens soumis à rapport. — Dans la seconde affaire (Civ. cass. 8 déc. 1884, aff. Blondel, D. P. 86. 1. 74), la cour de Paris avait argué, d'une part de ce que le successible n'était pas en retard de payer les sommes dont il devait le rapport, aucune mise en demeure ne lui ayant été signifiée, et d'autre part de ce que, le rapport des meubles, spécialement des sommes d'argent, ne se faisant pas en nature (c. civ. art. 868), le successible se trouvait être « *abandonnataire* » en moins prenant » de la somme qu'il devait rapporter. Mais le premier argument était fondé sur un principe inexact, à savoir que toute demande de capitalisation doit, pour être accueillie, porter sur des intérêts exigibles dont le payement peut être immédiatement réclamé du débiteur. Quant à la manière dont s'effectue le rapport, elle ne modifie pas, au fond, les droits des cohéritiers auxquels il est dû; par conséquent, elle ne fait pas obstacle à ce que les intérêts des sommes sujettes à rapport courent au profit de la succession à partir de son ouverture. Un arrêt de la cour de Caen, du 23 déc. 1848, aff. Beauquet, D. P. 50. 2. 177, cité au *Rép.* n° 132 *in fine*, avait jugé dans le même sens que ces deux arrêts de cassation.

102. En second lieu, les capitalisations d'intérêts ne peuvent, en matière civile, être faites qu'annuellement, et les parties ne sauraient déroger à cette prohibition d'ordre public. (V. Larombière, t. 2, art. 1154, n°⁸ 7 et 8; Demolombe, *op. cit.* t. 1, n° 657; Aubry et Rau, § 308, texte et note 61, p. 110-111; Civ. cass. 18 mars 1850, aff. Garson, D. P. 50. 1. 101; Chambéry, 3 juill. 1878, aff. Gobert, D. P. 79. 2. 218).

---

qui débute par une somme de 5710 fr. 25 cent., au 31 déc. 1836, soutient qu'il ne s'agissait pas, entre lui et son créancier, d'un compte courant, portant intérêts, mais d'un compte ordinaire, et que toutes les sommes qu'il a comptées depuis cette époque doivent venir en déduction de sa dette; — Attendu que Tricaud, dans ses conclusions subsidiaires, demande que les intérêts ne soient fixés qu'au taux de 5 p. 100, sous prétexte que Côte n'était pas commerçant, et ne soient pas capitalisés d'année en année;... — Attendu que le compte dressé par défunt Pierre-Marie Côte présente tous les caractères d'un véritable compte courant; que Tricaud y est régulièrement crédité en capital et intérêts des versements qu'il faisait, espèces ou valeurs sur différentes places et fournitures de son commerce ou payement à des tiers; que, à la fin de chaque année, le compte était arrêté et balancé; que tout porte à croire que Côte en donnait connaissance à son débiteur, et qu'il faut en voir la preuve dans l'abaissement de l'intérêt à 5 p. 100, à dater du 31 déc. 1842, qui doit être la conséquence d'une convention; — Attendu que les intérêts

courent de plein droit, soit parce que le compte courant tient du mandat, et que, dans ce cas, il y a lieu d'appliquer l'art. 2001 c. civ., soit parce que le cours des intérêts de plein droit est justifié en ce que l'opération résultant du compte courant tient du prêt, pour lequel, en matière commerciale, la mise en demeure n'est pas nécessaire; — Attendu qu'il résulte de ce qui précède que Côte a usé de son droit en ajoutant au capital les intérêts de chaque année, et en les capitalisant pour les suivantes. — Sur les conclusions subsidiaires; — Attendu que, pour la fixation du taux de l'intérêt, c'est la qualité de l'emprunteur qu'il faut considérer et non celle du prêteur; qu'il n'est point contesté que Tricaud était commerçant, et qu'il empruntait à Côte pour les besoins de son commerce; que, dès lors, le taux de 6 p. 100 ne peut être critiqué; — ... Par ces motifs, condamne Tricaud à payer aux héritiers Côte la somme de 9077 fr. 46 cent., montant du compte courant dont il s'agit, etc.

Du 20 nov. 1857.-C. de Lyon, 2° ch.-MM. Valois, pr.-de Lagrevol, av. gén., Maguin et Dumoulin, av.

103. Par application de cette seconde règle, il est admis en matière de contentieux administratif, spécialement dans les affaires de travaux publics et dans les affaires de fournitures, que les intérêts dus au moins pour une année peuvent eux-mêmes produire des intérêts, pourvu que la demande en soit faite après cette période. Ainsi, dans le règlement des sommes à payer à un entrepreneur pour les travaux de son entreprise, les intérêts des sommes allouées en principal dus au moins pour une année peuvent eux-mêmes produire des intérêts, pourvu que la demande en soit faite après cette période (Cons. d'Et. 15 avr. 1857, aff. Ville d'Alger, D. P. 60. 3. 34; 10 janv. 1861, aff. Artigues, D. P. 61. 3. 19). Pareillement, le propriétaire qui, en réclamant une indemnité pour dommage causé par un travail public, a demandé devant le conseil de préfecture les intérêts de cette indemnité a le droit, sur le recours par lui formé devant le conseil d'Etat, de conclure accessoirement au payement des intérêts des intérêts si plus d'une année s'est écoulée depuis sa demande (Cons. d'Et. 24 févr. 1860, aff. Héritiers Morel, D. P. 60. 3. 35; 12 juill. 1864, aff. Auger, aff. Chauveau-Lagarde et aff. Veuve d'Agar, D. P. 66. 3. 19). Et il en est de même lorsque c'est devant le conseil d'Etat que la demande des intérêts a été formée depuis plus d'une année (Cons. d'Et. 22 mars 1860, aff. Veuve du Sordet, D. P. 60. 3. 35). On trouve dans le *Recueil des arrêts du conseil d'Etat* un très grand nombre d'arrêts conformes (V. notamment Cons. d'Et. 28 nov. 1890, aff. Moreau frères, Rec. Cons. d'Etat, 1890, p. 887; 22 juill. 1892, aff. Ville de Saint-Etienne, *ibid.*, 1892, p. 649).

104. Conformément à l'opinion adoptée au *Rép.* n° 138, il a été jugé que la capitalisation des intérêts dus pour plus d'une année entière est valablement appliquée à tous les intérêts échus au moment de la demande, y compris ceux de l'année courante (Civ. rej. 17 mai 1865, 3° moyen, aff. Consorts Morin, D. P. 65. 1. 273; Cons. d'Et. 15 avr. 1857, aff. Ville d'Alger, D. P. 60. 3. 34; 22 mars 1860, cité *suprà*, n° 103; 30 déc. 1871, aff. Daumer, D. P. 72. 3. 58). Ce dernier arrêt a fait cesser une longue divergence, que ne motivait aucune raison tirée des principes du droit administratif, entre la jurisprudence des tribunaux de l'ordre judiciaire et celle du conseil d'Etat. (V. Larombière, *op. cit.*, t. 2, art. 1154, n° 4; Demolombe, *op. cit.*, t. 1, n° 633; Aubry et Rau, § 308, p. 110; Colmet de Santerre, t. 5, n° 71 *bis*-V).

105. La jurisprudence paraît aujourd'hui fixée en faveur de l'opinion, également adoptée au *Rép.* n° 140, d'après laquelle le créancier et le débiteur peuvent *à l'avance* convenir que les intérêts non payés seront, à la fin de chaque année, capitalisés avec la somme principale, et que le débiteur pourra les retenir, ou ces intérêts, à la charge de rembourser le tout au terme fixé. (V. Bastia, 16 juill. 1856, aff. De la Rochette, D. P. 57. 2. 19; Req. 10 août 1859, aff. Syndic Thériot-Colon, D. P. 59. 1. 441; Bourges, 21 août 1872, aff. Foussard, D. P. 73. 2. 182; Nancy, 10 avr. 1878, aff. Prémorel, D. P. 79. 2. 240; Cons. d'Et. 22 déc. 1882, aff. Commune de Langogne, D. P. 84. 3. 63. Comp. Req. 9 janv. 1877, aff. Bonnefoy, D. P. 77. 1. 435; Nancy,

23 juin 1890 (1) V. cependant en sens contraire Nancy, 16 déc. 1880, aff. De Metz-Noblat et consorts. D. P. 82. 2, 140; Trib. Langres, 14 avr. 1886) (2). La doctrine est restée plus divisée (V. dans le sens de la validité de la convention dont il s'agit : Larombière, *op. cit.*, t. 2, art. 1154, n° 6; Massé et Vergé, sur Zachariæ, t. 3, § 550, p. 340; Taulier, *Théorie raisonnée du code civil*, t. 4, n° 405; Aubry et Rau, t. 4, § 308, texte et note 58, p. 109-110. — *Contrà* : Demolombe, *op. cit.*, t. 24, n° 655; Poujol, *Obligations*, sur l'art. 1154, n° 7; Marcadé, *Explication du code civil*, t. 4, sur l'art. 1154-III, n° 536; Colmet de Santerre, t. 5, n° 71 *bis*-III; Baudry-Lacantinerie, *Précis de droit civil*, t. 2, n° 904, 4° édit., p. 618).

106. Lorsque le créancier et le débiteur sont ainsi convenus que les intérêts à échoir se capitaliseront à la fin de l'année et produiront eux-mêmes des intérêts, cette *clause de capitalisation* ayant pour effet de convertir en *capital* chaque annuité d'intérêts impayés à son échéance, la prescription quinquennale de l'art. 2277 c. civ., qui règle le sort des *intérêts*, devient inapplicable, et ces intérêts, capitalisés par la volonté des parties, ne sont plus soumis qu'à la prescription trentenaire (Req. 10 août 1859, Bourges, 21 août 1872, Nancy, 10 avr. 1878, cités *suprà*, n° 105; Nancy, 23 juin 1890, *suprà*, *ibid.*).

107. Quelle que soit l'opinion admise sur la question indiquée *suprà*, n° 105, il est certain qu'en l'absence de convention le juge ne saurait, en condamnant le débiteur aux intérêts d'un capital, le condamner en même temps, et par avance, à payer les intérêts de ces intérêts au fur et à mesure de chaque échéance annuelle (*Rép.* n° 144. V. Larombière, *op. cit.*, t. 2, art. 1154, n° 6; Demolombe, t. 1, n° 656; Aubry et Rau, t. 4, § 308, texte et note 59, p. 110).

Mais dans le cours de l'instance on peut, au fur et à mesure des échéances, demander la capitalisation des intérêts qui ont couru en vertu de la citation introductive (*Rép.* n° 145).

108. Il a été dit au *Rép.*, n° 147, que la demande tendant à la capitalisation des intérêts échus ne peut être admise lorsque le retard mis pas le débiteur au payement du capital provient du fait du créancier, notamment lorsque le créancier n'avait pas fait les diligences nécessaires pour arriver à l'apurement de son compte (V. en ce sens, outre les arrêts cités *ibid.*, Amiens, 19 août 1873, et, sur pourvoi, Req. 11 nov. 1874, aff. Godin, D. P. 75. 1. 220).

109. En matière de compte courant, la capitalisation des intérêts dus pour moins d'une année est admise (*Rép.* n° 241 et suiv. Conf. : Lyon, 20 nov. 1857, *suprà*, n° 95; Req. 14 juin 1870, aff. Gianoli, D. P. 71. 1. 64; Bourges, 14 mai 1873, aff. Ph. Robert, D. P. 74. 2. 30; Civ. cass. 28 juin 1876, aff. Demoiselle Gary, D. P. 76. 1. 385). Deux arrêts (Civ. cass. 14 mai 1850, aff. Jardin, D. P. 50. 1. 157 et Req. 16 juin 1851, aff. Liquidateurs Roger, D. P. 54. 1. 283) avaient exigé, pour la capitalisation semestrielle ou trimestrielle des intérêts des sommes passées en compte courant, la réunion de diverses conditions : convention expresse; exigibilité immédiate du solde de chaque arrêté de compte; arrêtés et règlements effectifs du compte de chaque période

---

(1) (Descorne *C*. Martinet.) — Le 19 juin 1889, le tribunal de Nancy a rendu le jugement suivant : — Considérant que Descorne déclare opposer aux époux Martinet la prescription édictée par l'art. 2277 c. civ., et conclut en conséquence à ce que la créance d'intérêts de ces derniers soit réduite à cinq années et l'année courante avant les premières poursuites; qu'en outre il demande pour se libérer un délai de deux mois pendant lequel il serait sursis à toutes poursuites; — Considérant que la prescription opposée par Descorne, que l'obligation souscrite par cet acte dernier le 7 avr. 1877 porte qu'en cas de retard de payement dans les intérêts, ils seront ajoutés au capital pour produire eux-mêmes d'autres; que, cette clause ayant pour effet de convertir en capital chaque annuité d'intérêts impayés à son échéance, la prescription édictée par l'art. 2277 c. civ. ne peut être opposée par Descorne pour les intérêts antérieurs aux cinq ans qui ont précédé les poursuites, puisque ces intérêts étant devenus des capitaux, ne peuvent se prescrire que par trente ans; — Considérant, sur la demande de délai, que les tribunaux peuvent accorder au débiteur des délais modérés, il n'y a pas lieu, en raison des circonstances de la cause et des agissements de Descorne, de lui accorder le délai qu'il sollicite; — Considérant qu'il ne justifie pas s'être libéré des sommes qui

lui sont réclamées; que s'il a versé diverses sommes à Me Darcq et à Me Mansart, notaires à Sammaythe, ces sommes ne peuvent être déduites de la créance des époux Martinet si ces derniers n'en ont pas reçues; qu'il y a donc lieu de rejeter son opposition et d'ordonner la continuation des poursuites commencées par suites erremens de la procédure; — Par ces motifs, reçoit Descorne opposant aux poursuites exercées contre lui; — Au fond : — Le déclare mal fondé dans son opposition et dans ses fins et conclusions l'en déboute, etc.

Appel par Descorne.

LA COUR; — Adoptant les motifs des premiers juges, confirme, etc.

Du 23 juin 1890.-C. de Nancy.

(2) (Chareson-Noblet *C*. consorts Berthier.) — LE TRIBUNAL; — Considérant que les consorts Berthier ont été colloquées dans le règlement provisoire en vertu d'une clause de leur obligation pour les intérêts capitalisés de la créance contre Noblet; que les autres créanciers et le curateur contestent la légitimité de cette clause; qu'il y a donc lieu d'examiner si la convention d'après laquelle les intérêts à venir doivent, à leur échéance, se joindre au capital pour produire eux-mêmes d'autres intérêts, est

déterminée pour la capitalisation. Mais il a été jugé, plus récemment, par la chambre des requêtes, que cette capitalisation peut avoir lieu semestriellement ou trimestriellement quand elle est autorisée par les usages locaux et la pratique des parties, et que le commerçant qui a approuvé constamment les arrêtés trimestriels n'est pas recevable à revenir contre ces opérations, alors que d'ailleurs rien ne les signalait comme ayant un caractère usuraire (Req. 14 nov. 1864, aff. Goutant-Chalot, D. P. 65. 1. 54 ; 8 août 1871, aff. Corbin, D. P. 71-1. 214. V. dans le même sens : Caen, 8 juill. 1850, aff. Sionis-Bérenger, D. P. 55. 2. 19 ; Lyon, 29 juill. 1852, aff. Chirat, D. P. 54. 2. 101 ; Nîmes, 6 déc. 1860, aff. Brunel, D. P. 61. 2. 104 ; Paris, 16 juill. 1869, aff. Delaune, D. P. 72. 1. 394).

110. Au contraire, une condition indispensable pour justifier la dérogation apportée en matière de compte courant à la disposition de l'art. 1154 c. civ., c'est la réciprocité des opérations (Civ. Bourges, 14 févr. 1854, aff. Canuet, D. P. 55. 2. 271, et la note). Par suite, il a été jugé que les intérêts des sommes dues par un commerçant à un autre commerçant ne peuvent être capitalisés de six mois en six mois lorsqu'il s'agit d'une somme déterminée et invariable dès l'origine, que le débiteur est hors d'état de satisfaire à ses engagements, et qu'il n'y a point de réciprocité possible en sa faveur (Bastia, 16 juill. 1856, aff. De la Rochette, D. P. 57. 2. 19).

111. Il est également indispensable que les comptes soient régulièrement arrêtés et remis avec les intérêts réglés suivant l'usage du commerce ou la convention des parties : la raison en est, comme l'a expliqué la cour de Lyon dans l'arrêt du 29 juill. 1852, cité *suprà*, n° 109, « qu'il importe qu'un débiteur ne soit pas trop facilement exposé à l'action combinée et ruineuse des intérêts, et des intérêts des intérêts, pour une créance qui ne serait point arrêtée ni peut-être même suffisamment connue ». — Mais ce motif est sans application à des associés en nom collectif, qui prennent part à la gestion des affaires communes, ont les livres sociaux à leur disposition, et peuvent apprécier chaque jour la situation : aussi a-t-il été jugé que, lorsque des associés en nom collectif stipulent que les intérêts, dus pour l'année entière, des versements qui sont destinés à constituer leur mise sociale seront capitalisés, une pareille convention n'est pas soumise aux règles du contrat de compte courant proprement dit, spécialement que la capitalisation dont il s'agit ne doit pas, si les parties n'en ont point exprimé la volonté, être subordonnée à un inventaire ou à un arrêté de compte à établir annuellement et contradictoirement entre les parties (Besançon, 29 juin 1875 et, sur pourvoi, Req. 9 janv. 1877, aff. Bonnefoy, D. P. 77. 1. 435).

112. D'autre part, l'art. 1155 c. civ. a pour but et pour effet d'autoriser la demande ou la convention de capitalisation relativement aux revenus qu'il vise, lors même que ces revenus seraient dus pour moins d'une année. Il est à peine besoin de remarquer que, si la raison donnée à l'appui de cette règle par Domat et rapportée au *Rép.* n° 155 repose sur une erreur économique, il est cependant certain que les dangers de l'anatocisme ne se rencontrent plus lorsqu'il ne s'agit point des intérêts d'une somme d'argent.

113. Mais il faut une demande en justice (*Rép.* n° 156) et il a été jugé : 1° que les loyers échus ne produisent pas intérêt du jour du commandement à fin de payement de ces loyers (Civ. cass. 18 janv. 1869, aff. Meyssonnier et Coquerel, D. P. 69. 1. 112) ; — 2° Que les intérêts des revenus échus ne sont dus qu'à partir du jour où ils sont directement et spécialement demandés (Civ. rej. 14 avr. 1869, 4° moyen, aff. Héritiers Duparchy, D. P. 69. 1. 406).

114. Aux termes de l'art. 1153, c. civ., les dommages-intérêts résultant du retard dans le payement d'une somme d'argent ne consistent jamais que dans la condamnation aux intérêts fixés par la loi (*Rép.* n° 165). Cette disposition est applicable aux entrepreneurs qui réclament de cette nature (Cons. d'Et. 7 avr. 1864, aff. Jean, D. P. 65. 3. 29 ; 29 nov. 1878, aff. Letestu, D. P. 79. 3. 21 ; 28 déc. 1883, aff. Ville de Vannes, D. P. 85. 3. 60). Mais, s'ils ont éprouvé d'autres dommages par le fait de l'administration qui les admis à soumissionner, ils ont droit de ce chef à une indemnité spéciale (Cons. d'Et. 7 avr. 1864, précité ; 26 sept. 1871, aff. Colas, *Rec. Cons. d'Etat*, 1871, p. 176. V. *Rép.* v° *Travaux publics*, n°s 691 et suiv. ; *infra*, eod. v°).

115. L'opinion défendue au *Rép.* n° 169, d'après laquelle le juge ne peut réduire au-dessous du taux de l'intérêt légal les dommages-intérêts dus pour retard dans le payement d'une somme d'argent, a définitivement prévalu. Il a été jugé, notamment, que les intérêts des sommes dont un mandataire judiciaire est reliquataire ne peuvent être fixés à un autre taux que celui de 5 pour 100, taux légal en matière civile (Civ. cass. 11 juill. 1883, aff. De Rigaud, D. P. 83. 1. 444. V. aussi Cons. d'Et. 2 mai 1884, aff. Duplan, D. P. 85. 3. 88).

116. Conformément à l'arrêt de la chambre des requêtes du 14 juill. 1829, cité au *Rép.* n° 169 *in fine*, il a été jugé, en matière de consignation : 1° que, lorsque, dans le cours d'une instance, le tribunal a ordonné par mesure conservatoire le dépôt d'une certaine somme à la Caisse des consignations, celui à qui cette somme est attribuée en définitive a le droit de réclamer, à titre de dommages-intérêts, la différence existant entre le taux légal des intérêts et les intérêts payés par la caisse, plus une somme égale à la perte de deux mois d'intérêts résultant du dépôt (Amiens, 25 juill. 1863, aff. Synd. Boulanger, D. P. 64. 5. 218) ; — 2° Que celui qui, voulant poursuivre l'exécution provisoire d'un jugement du tribunal de commerce, dépose à la Caisse des consignations à titre de cautionnement une somme égale au montant de la condamnation, a le droit de réclamer de l'appelant qui succombe dans son appel, à titre de dommages-intérêts, une somme égale à la différence existant entre l'intérêt à 6 pour 100, du jour du dépôt au jour du retrait, et les intérêts payés par la caisse (Paris, 2 juill. 1863, aff. Tronchon, D. P. 64. 5. 249. — *Contrà*, Paris, 1er avr. 1868, aff. Dury, D. P. 68. 5. 261). Ce dernier arrêt se fonde sur ce que la consignation est un mode de cautionnement adopté à ses risques et périls par celui qui poursuit l'exécution provisoire, et dont ce dernier ne peut pas faire supporter les conséquences à la partie adverse ; — 3° Que, lorsque le prix d'une parcelle litigieuse a été déposé par l'acquéreur à la Caisse des dépôts et consignations, la partie qui succombe doit tenir compte à l'autre de la différence entre les intérêts servis par cette caisse et les intérêts au taux légal, à partir du jour où ils ont été demandés (Cons. d'Et. 7 mai 1867, aff. Chemin de fer de Lyon, *Rec. Cons. d'Etat*, 1867, p. 442 ; 5 août 1869, aff. Peyrieux, *Rec. Cons. d'Etat*, 1869, p. 738 ; 26 janv. 1870, aff. Chemin de fer de Lyon, D. P. 72. 3. 33). — Il a été jugé dans le même ordre d'idées que, lorsque l'adjudicataire d'un immeuble consigne son prix pour se libérer avant le règlement de l'ordre, dont la clôture est retardée par diverses contestations entre les créanciers inscrits, la différence entre le taux des intérêts payés par la Caisse des consignations et celui des

légale et peut être sanctionnée par le tribunal ; qu'une convention de cette nature est réprouvée à la fois par le texte et par l'esprit de l'art. 1154 c. civ.

Cette convention est contraire au texte de la loi : — En effet, d'après les termes formels de l'art. 1154 c. civ., pour que la capitalisation des intérêts soit permise, il ne suffit pas qu'il s'agisse d'intérêts dus pour une année au moins, il faut de plus que ces intérêts soient échus, expression de la loi qui n'aurait pas sa raison d'être et dont le sens serait faussé si l'on n'adoptait pas l'opinion que le jugement consacre ; du reste, le texte de l'art. 1154 assimile la convention de capitalisation à la demande en justice qui, elle, ne peut avoir trait qu'à des intérêts échus ;

La convention dont il s'agit est contraire à l'esprit et au but de la loi ; — Si la capitalisation n'a pas lieu de plein droit, c'est que le législateur a voulu éviter la ruine des débiteurs dont les créanciers auraient intérêt à réclamer leur payement à chaque échéance annuelle ; il en serait tout autrement si l'on admettait comme licite la clause dont il s'agit et que les débiteurs, pressés par le besoin d'argent, subiraient toujours ; il faut donc prescrire cette clause puisqu'elle viendrait à l'encontre du but que le législateur s'est proposé ; — Considérant que de ce qui précède il résulte que le compte de l'obligation Noblet doit s'établir ainsi qu'il suit, etc.

Du 14 avr. 1886.-Trib. civ. Langres-M. Durand, pr.

intérêts que leur contrat leur assure doit être supportée par le débiteur, et non par ceux des créanciers qui ont élevé, même sans fondement, ces contestations et provoqué la consignation (Besançon, 23 déc. 1856 et, sur pourvoi, Req. 24 juin 1857, aff. Syndics Ogier, D. P. 58. 1. 420).

117. La loi du 3 sept. 1807, désignée dans son titre même comme une loi sur le taux de l'intérêt de l'argent, ne s'applique qu'aux prêts d'argent, et ses dispositions ne sauraient être étendues aux prêts de choses mobilières, par exemple de titres d'actions ou d'obligations de chemins de fer (Paris, 12 déc. 1863, et, sur pourvoi, Req. 8 mars 1865, aff. Leveillé, D. P. 64. 2. 62 et 65. 1. 288 ; Aix, 26 juill. 1871, aff. Vincent, D. P. 73. 2. 86).

118. Il en est ainsi même dans le cas où l'emprunteur a la faculté de disposer des titres prêtés et de n'en restituer que la valeur au jour de l'échéance (Arrêts des 12 déc. 1863 et 8 mars 1865, cités supra, n° 117) ; cette clause modifie simplement les conditions du prêt, sans en changer le caractère juridique, car, selon la remarque de la cour de Paris, la valeur des titres au jour de l'échéance doit, par suite du mouvement inévitable des affaires, être nécessairement plus forte ou moindre que la valeur de ces titres au jour de l'emprunt.

119. Mais il en serait autrement si l'opération avait eu pour but véritable de donner à l'emprunteur les moyens de se procurer de l'argent par la vente des titres et de déguiser ainsi un prêt usuraire (Aubry et Rau, op. cit., t. 4, § 396, p. 608).

120. En ce qui concerne l'étendue territoriale de son application, la loi du 3 sept. 1807 ne régit les contrats de prêt d'argent qu'autant que le prêt a eu lieu en France. Aussi, suivant la doctrine enseignée par la majorité des auteurs et consacrée par la jurisprudence, la stipulation d'intérêts faite en pays étranger à un taux qui excède l'intérêt licite en France peut néanmoins recevoir exécution sur le territoire français et y être déclarée exécutoire par nos tribunaux, si l'intérêt convenu n'excède pas le taux autorisé dans le pays où la stipulation a été faite (V., outre les auteurs et les arrêts cités au Rép. n° 181, Troplong, Du prêt, n° 359 ; Pont, t. 2, n° 126 ; Aubry et Rau, § 396, texte et note 27, p. 607 ; Guillouard, n° 143, in fine, p. 182 ; Bordeaux, 22 août 1865, aff. Chaubin et Desmaries, D. P. 66. 2. 223 ; Bastia, 19 mars 1866, aff. Croce, D. P. 66. 2. 222 ; Chambéry, 12 févr. 1869, aff. Lemoine, D. P. 71. 2. 118 ; Trib. civ. Seine, 12 mai 1885, aff. Lewis, Journal de droit international privé, 1885, p. 305 ; Chambéry, 6 juin 1890, aff. Bergin et Tagand, ibid., 1891, p. 567 ; Trib. Tunis, 15 juin 1891, aff. Attal et Khayat, ibid., 1891, p. 1238 ; Trib. civ. Seine, 14 nov. 1890, aff. José Lupi, ibid., 1892, p. 987. Comp. Pasquale Fiore, Droit international privé, n° 264 (traduction Pradier-Fodéré), p. 430-432).

121. Bien plus, le prêt qui est l'objet d'une convention souscrite en France, mais qui n'est réalisable et qui ne se réalise, en fait, qu'à l'étranger, est régi, quant au taux de l'intérêt, par la loi étrangère (Guillouard, n° 142, p. 178-179 ; Pasquale Fiore, op. cit., n° 262 (traduction Pradier-Fodéré), p. 428-429 ; Civ. rej. 21 déc. 1874, aff. Collomb frères, D. P. 76. 1. 107 ; Chambéry, 19 févr. 1875, aff. François, D.P. 76. 2. 236 ; Req. 19 févr. 1890) (1).

122. Par application du même principe, il a été jugé

que le taux des intérêts dus par un mandataire à son mandant, pour les sommes employées par lui à son usage personnel, doit être fixé d'après la loi du lieu où le mandataire a utilisé ces sommes à son profit, et non d'après celle du lieu où il les a encaissées (Civ. rej. 23 mai 1882, aff. Consorts Duran, 2° arrêt, D. P. 83. 1. 409. V. supra, n° 86).

123. Enfin, quand le prêt a eu lieu dans un pays où il est permis de stipuler des intérêts à un taux supérieur à celui qui est fixé par la loi française, il n'y a pas lieu de distinguer entre les intérêts échus antérieurement à la demande et ceux échus postérieurement, lorsque les intérêts ont couru par la force de la convention et depuis sa création au taux fixé entre les parties, même si la convention ne porte pas expressément que les intérêts seront dus au taux fixé jusqu'au remboursement (Aubry et Rau, t. 4, § 396, texte et note 28, p. 607 ; Guillouard, n° 144, p. 183-185 ; Req. 10 juin 1857, aff. Diab, D. P. 59. 1. 194 ; Bastia, 19 mars 1866, cité supra, n° 120. — Contrà : Pont, t. 1, n° 271 in fine, p. 128 ; Bordeaux, 22 août 1865, aff. Chaubin et Desmaries, D. P. 66. 2. 223).

124. Mais les intérêts moratoires réclamés devant les tribunaux français doivent être calculés au taux fixé par la loi française (Req. 13 avr. 1885, aff. Héritiers Ben-Aïad, D. P. 85. 1. 412), par la raison que, si ces intérêts se rattachent au contrat originaire, ils naissent cependant d'une cause nouvelle et purement accidentelle, ex post facto.

125. La loi du 12 janv. 1886, qui a supprimé la limitation du taux de l'intérêt en matière commerciale, ayant maintenu cette limitation en matière civile, la détermination des caractères qui distinguent le prêt « en matière civile » du prêt « en matière commerciale » a conservé le même intérêt qu'auparavant.

Lors de la discussion de la loi précitée, on avait songé à diverses reprises à donner une définition des matières commerciales. L'un des rapporteurs à la Chambre des députés, M. Jozon, et le dernier rapporteur au Sénat, M. Labiche, s'y sont opposés, en faisant valoir principalement que les règles établies par la jurisprudence continueraient à être suivies (D. P. 86. 4. 34, note, 3° col., n° 6). Mais ni la jurisprudence, ni la doctrine ne sont unanimes.

126. La question qui s'est le plus fréquemment posée à ce sujet est celle de savoir si, dans les prêts faits à des non-commerçants, le prêteur peut stipuler un intérêt supérieur au taux de 5 pour 100. D'après un premier système, le prêt fait par un commerçant, même à un non-commerçant et pour cause civile, doit être traité comme un prêt commercial. D'après un second système, le prêt est commercial, d'une part, lorsque le prêteur est commerçant, et d'autre part, même si le prêteur n'est pas commerçant, toutes les fois que le prêt est fait pour une opération de commerce (Troplong, Du prêt, n° 362 ; Aubry et Rau, t. 4, § 396-2°, p. 605-606). D'après d'autres auteurs, le caractère civil ou commercial du prêt est uniquement déterminé par la destination de la somme prêtée, abstraction faite de la qualité des parties (Pont, t. 1, n° 277 ; Lyon-Caen et Renault, Précis de droit commercial, t. 1, n° 1385).

127. La jurisprudence n'a consacré aucun de ces trois systèmes. Le premier a, il est vrai, été adopté par un arrêt de la chambre criminelle de la cour de cassation, du 27 févr. 1864 (2) ; mais tous les arrêts postérieurs qui ont

---

(1) (Poudavigne C. Richard Higgins). — La cour ; — Sur le moyen unique du pourvoi tiré de la violation des art. 1, 2, 3 de la loi du 3 sept. 1807, 1 de la loi du 19 déc. 1850, 1108, 1892, 1895 c. civ., en ce que l'arrêt attaqué a admis un taux d'intérêt de 12 pour 100 en se fondant sur la nationalité de l'emprunteur, alors que les sommes prêtées avaient été versées et utilisées en France ; — Attendu que l'ouverture de crédit sollicitée à l'étranger par une maison de commerce dont le siège social y est établi, et qui est agréée par elle à ce siège et portée à son actif pour être employée à ses opérations sur les diverses places dans le pays où elle a des relations, ne saurait être régie par la loi française du 3 sept. 1807 ; — Attendu, en fait, que l'arrêt attaqué a constaté, d'après les circonstances de la cause, qu'il lui appartenait d'apprécier et de fixer, que l'ouverture de crédit consentie par Richard Higgins à la société de commerce Poudavigne et W. Higgins, résidant à Guyaquil, république de l'Equateur, où était le siège social de leur association, avait été acceptée à l'Equateur ; qu'il résulte des mêmes constatations que les avances sollicitées par la société et qui lui ont été consenties avaient

principalement pour but de suppléer à l'insuffisance de l'apport de l'un des associés ; qu'elles ont été mises entièrement à la disposition de la société, qui en a usé librement suivant ses intérêts et ses convenances personnelles, en les soumettant à toutes les chances d'insolvabilité et de ruine d'une maison étrangère ; qu'elles ont toujours figuré à ce titre dans les comptes fournis par les associés avec le règlement de l'intérêt convenu et autorisé à Guyaquil de 12 pour 100, soit pendant le fonctionnement de la société, soit au moment de sa liquidation, soit depuis ; que, dans ces circonstances, l'arrêt attaqué, en jugeant que cette opération s'était trouvée régie, en ce qui concernait la fixation du taux de l'intérêt, par la loi de l'Equateur, n'a violé aucun des articles de loi précités ; — Rejette.

Du 19 févr. 1890.-Ch. des req.-MM. Bédarrides, pr.-Féraud-Giraud, rap.-Petiton, av. gén.-Devin, av.

(2) (Lazarotti et autres). — La cour ; — ...En ce qui touche la violation et la fausse interprétation des dispositions de la loi du 3 sept. 1807 ; — A l'égard de Lazaretti : — Attendu que l'arrêt

été rendus dans le même sens par les deux chambres civiles de la cour de cassation ont statué à l'égard de banquiers ; ils ont jugé que les intérêts du prêt fait par un banquier avec les fonds qui servent d'aliment à son commerce peuvent être fixés à un taux supérieur à 5 pour 100, quoique ce prêt ne soit pas commercial de la part de l'emprunteur et que, par exemple, il ait été fait à un non-commerçant pour une cause non commerciale (Civ. cass. 29 avr. 1868, et, sur renvoi, Bordeaux, 27 avr. 1869, aff. Grellet de Fleurelle, D. P. 68. 1. 312, et 70. 2. 218; Civ. cass. 28 avr. 1869, aff. Jaulin du Seutre, D. P. 69. 1. 241; Civ. rej. 10 janv. 1870, aff. Anduze-Faris, D. P. 70. 1. 61 ; Douai, 24 janv. 1873, aff. Société civile des houillères de Fiennes et d'Hardinghem, D. P. 74. 2. 203 ; Pau, 21 févr. 1887, aff. Molier, D. P. 87. 2. 249; Req. 16 janv. 1888, aff. Ernest Brousse, D. P. 88. 1. 69. — V. en sens contraire : Paris, 2 févr. 1861, aff. Lalle, D. P. 61. 5. 520; Motifs, Bourges,

27 janv. 1857, aff. Ramond, D. P. 57. 2. 68). Il n'a jamais été jugé qu'un commerçant quelconque puisse prêter à un non-commerçant au taux de 5 pour 100. Cette distinction entre les banquiers et les autres commerçants, qui résulte implicitement des documents de jurisprudence précités, est adoptée par M. Colmet de Santerre, t. 8, n° 115 bis-V et VI, p. 97-99, et par M. Guillouard, n° 152, p. 193.

128. Bien plus, les tribunaux correctionnels n'ont pas toujours attribué un caractère commercial aux prêts consentis par les banquiers eux-mêmes, et plusieurs arrêts de la chambre criminelle de la cour de cassation reconnaissent au juge du fait le droit d'apprécier, d'après les circonstances de la cause, si les opérations attaquées comme usuraires ont ou non un caractère commercial. Il a été décidé, notamment : 1° que les prêts consentis par un banquier à des non-commerçants, spécialement à des officiers ou à des employés

---

attaqué déclare, en fait, que le prévenu a fait plusieurs prêts conventionnels, dont l'intérêt varie de 6 à 8 et 10 pour 100, en constatant que la forme de l'escompte ou du change employée dans ces opérations n'a eu qu'un but, celui de dissimuler des intérêts usuraires; — Que cette constatation souveraine échappe au contrôle de la cour et justifie l'application faite au demandeur des peines prononcées par la loi; — Rejette etc.; — A l'égard de Valzi et Cardolla, des frères Moretti de Benigni, et Giuliani; — Attendu qu'il est constaté par l'arrêt attaqué que les susnommés se sont entendus avec plusieurs autres, pour déguiser des prêts usuraires sous la forme de vente; qu'ils offraient des marchandises, au lieu d'argent, toutes les fois qu'un prêt leur était demandé; que l'emprunteur recevait seulement une partie de la somme empruntée en revendant ces marchandises à des acheteurs complaisants, et subissant ainsi des pertes considérables, dont les frères prend soin de fixer l'importance pour chaque affaire; — Que les demandeurs soutiennent vainement que l'arrêt attaqué a confondu le prêt usuraire avec la vente à prix excessif, que l'arrêt déclare, au contraire, en appréciant le caractère des conventions incriminées, qu'elles ne sont pas des ventes sérieuses, mais des ventes simulées et destinées à déguiser des prêts usuraires; — Que vainement encore les demandeurs prétendent, que la loi de 1807 ne leur serait applicable que si les acheteurs au comptant des marchandises livrées par les prêteurs étaient les prête-noms de ceux-ci; — Que cette condition n'est pas nécessaire à l'égard des vendeurs apparents, sur tout que l'arrêt constate qu'ils revendaient quelquefois eux-mêmes sans la participation de l'emprunteur ou avec une perte hors de toute proportion; — Qu'à l'égard de Giuliani, l'un des acheteurs, sa complicité résulte suffisamment de ces déclarations de l'arrêt attaqué : « que les délits se sont accomplis par le concours de plusieurs personnes; que dans toutes les opérations où Valzi, Cardella, les frères Moretti et Bénigni figurent comme vendeurs, on voit toujours figurer Giuliani et deux autres au nombre des sous-acheteurs, par l'entremise desquels les emprunteurs touchaient les sommes ou partie des sommes par eux empruntées à des conditions désastreuses; qu'aucun d'eux n'a ignoré le but et les détails et des opérations, et que si Valzi et Cardolla, les frères Moretti Becénigni sont les auteurs principaux du délit, Giuliani en est le coauteur ; — Que, dans les prêts auxquels il a pris part, en facilitant leur exécution, l'arrêt le considère donc comme coupable au même titre que l'auteur principal et comme ayant occasionné à l'emprunteur un préjudice égal; — Que la solidarité des dépens dans les termes dans lesquels elle est prononcée se trouve justifiée par les énonciations ci-dessus rappelées de l'arrêt attaqué; — Rejette, etc.; — A l'égard de Nicolini; — Attendu que l'arrêt attaqué déclare que le prévenu a servi d'intermédiaire dans un grand nombre de prêts, quoique il ne dénie pas avoir perçu l'intérêt à 6 pour 100, plus un droit de commission de 2 pour 100; qu'il le déclare coupable du délit d'habitude d'usure dont il a recueilli le bénéfice en faisant prêter, à un intérêt usuraire, les diverses sommes énumérées dans l'arrêt; que Nicolini ne peut invoquer les principes applicables en matière d'escompte, en présence des constatations qui précèdent et desquelles il résulte, non pas qu'il a escompté ou fait escompter des effets de commerce, mais qu'il a prêté ou fait prêter directement de nombreux capitaux à des intérêts usuraires; — Que vainement Nicolini soutient que, de même que le banquier est en droit de prélever sa commission, l'intermédiaire est en droit de prélever un salaire; que le jugement constate des faits personnels d'usure et des faits de complicité qui excluent toute idée d'un mandat licite, et qui justifient la déclaration de culpabilité; que même en écartant le prêt Pierraggi, l'habitude d'usure est suffisamment constatée; — Rejette, etc.; — Mais à l'égard de Maroni (Régulus); — Sur le moyen tiré de ce que les prêts faits par un commerçant à un non-commerçant sont réputés faits en matière de commerce et autorisent l'intérêt à 6 pour 100 ; Vu les articles

1 et 2 de la loi du 3 sept. 1807; — Attendu que l'arrêt attaqué, pour décider que les prêts faits par Maroni ne pouvaient donner lieu à un intérêt de 5 pour 100, se fonde sur cette théorie absolue de droit que tout prêt fait par un commerçant à un non-commerçant ne constitue qu'un prêt civil, qui ne comporte pas l'intérêt de 5 pour 100; — Attendu que cette théorie de droit est en opposition manifeste avec cette règle puisée dans les dispositions du code de commerce, que les actes, les opérations d'un commerçant sont présumés faits pour son commerce; — Que le commerçant qui donne son argent à titre de prêt, a droit de lui faire produire le profit commercial; — Qu'il n'y a rien dans les constatations du jugement et de l'arrêt d'où l'on puisse induire qu'il s'agissait, dans la cause, de prêts purement civils; que dès lors, c'est à tort que, dans les circonstances susénoncées, l'arrêt a décidé que l'intérêt à 6 pour 100 était usuraire; — Que l'intérêt prélevé, lorsqu'il s'agit d'un prêt fait sur effet négociable, ne constitue pas une perception usuraire. — Casse, etc.; — En ce qui touche Raffaëli:... — Sur la violation ou la fausse application de la loi du 3 sept. 1807;... — Attendu, sur le prêt Liparelli, que si le prêt constitue, dans les termes de l'arrêt, une opération usuraire, l'arrêt se borne à constater, pour le renouvellement, qu'il a lieu au 6 pour 100 prélevé; — Que ce prêt est fait à un commerçant puisque l'arrêt constate que Lipparelli est entrepreneur de travaux publics; — Que le prêt fait à un commerçant est présumé fait pour son commerce, quelle que soit la qualité du prêteur; — Qu'ainsi se trouve justifié l'intérêt à 6 pour 100, perçu par Raffaëli; — Que le fait du prélèvement de l'intérêt au moment de l'opération ne saurait constituer par lui seul une perception usuraire, lorsque le titre souscrit par l'emprunteur est un effet destiné à la circulation, et qu'il peut, au jour de son échéance, ne plus se trouver aux mains de celui auquel il a été originairement souscrit; que, par suite, il y a lieu de retrancher le renouvellement du prêt Liparelli des faits mis à la charge de Raffaëli; — Que le prêt Pierraggi et le renouvellement du prêt Liparelli étant écartés, il resterait un fait isolé qui, quelle que soit sa nature, ne saurait constituer l'habitude;...—Casse... — En ce qui touche Généro: — Sur le moyen tiré de la violation des dispositions de la loi du 3 sept. 1807 : — Attendu que l'arrêt attaqué déclare que le prévenu Généro, déjà déclaré coupable, en 1854, du délit d'habitude d'usure, a continué depuis cette époque à se livrer à des occupations usuraires; — Qu'il constate à la charge de Généro deux faits nouveaux dans lesquels, si le prêteur est commerçant, le taux de l'intérêt est supérieur à 6 pour 100; que, pour le fait Bertin, spécialement, il est de 9 pour 100, et que pour le fait Tomasi, juge de paix, a prélevé 6 pour 100 d'intérêt, 3 pour 100 de commission et 2 pour 100 pour Nicolini; — Que le jugement dont l'arrêt adopte les motifs déclare que ces prêts, quoique palliés sous la forme de lettres de change, ne sont que des prêts conventionnels, et que la forme commerciale n'était adoptée que pour masquer des bénéfices illicites; — Attendu que, le prêt de Pierraggi étant écarté, il reste à examiner si le jugement et l'arrêt contiennent encore les éléments constitutifs du délit d'habitude d'usure; — Que l'on soutient vainement que cette habitude étant justifiée aux yeux du juge par l'existence de trois faits usuraires, la cour de cassation ne pourrait reconnaître que cette habitude subsiste en présence de deux faits, sans se substituer au juge du fait; — Que la cour ne peut prononcer une cassation que tout autant que l'arrêt attaqué ne repose plus sur les éléments constitutifs du délit; — Que ces éléments se rencontrent dans la déclaration faite que Généro a continué de faire des prêts usuraires, dans l'existence de deux prêts délictueux; — Que, si un seul fait usuraire est exclusif de l'habitude, on ne saurait en dire autant de deux faits;...

Rejette, etc.;

Du 27 févr. 1864.-C. cass., ch. crim.-MM Vaisse, pr.-Auguste Moreau, rap.-Savary, av. gén.-Rendu, Grouallé, Pouguet, Mathieu-Rodet et Morin, av.

de l'Etat, n'ont pas un caractere commercial lorsqu'ils ne correspondent pour les emprunteurs à aucune opération commerciale et n'ont pour but que de procurer à ces emprunteurs des sommes nécessaires à leurs dépenses personnelles ; qu'en conséquence, le banquier qui a consenti ces prêts à un taux supérieur au taux permis en matière civile peut être reconnu coupable du délit d'usure habituelle, et que la présomption d'après laquelle les prêts faits par un banquier sont réputés faits pour les besoins de son commerce tombe devant la preuve que les destinations des sommes prêtés n'ont rien de commercial (Lyon, ch. corr., 3 juin 1889, aff. Cognin, D. P. 91. 2. 21) ; — 2° Qu'un arrêt qui déclare que la négociation de billets à ordre opérée par le prévenu constituait en réalité un prêt en matière civile, que les billets escomptés n'avaient pas de cause commerciale et que ni les souscripteurs, ni les endosseurs n'étaient commerçants, et qui constate, d'ailleurs, que les sommes retenues par le prêteur représentaient des intérêts de 8 à 10 p. 100, a pu reconnaître dans ces faits les éléments du délit d'habitude des prêts (Crim. rej. sur le 1er moy., 20 janv. 1888, aff. Boniface, D. P. 88. 1. 329) ; — 3° Que l'arrêt qui, en déclarant que le prévenu faisait habituellement à des pensionnaires de l'Etat l'avance des termes à échoir de leur pension moyennant un intérêt de 22 p. 100, constate que les personnes auxquelles ces avances étaient faites n'étaient pas commerçantes, que les opérations intervenues entre elles et le prévenu n'avaient aucun caractère commercial et que la forme même des contrats conclus était celle de contrats civils, justifie pleinement l'application de la loi du 3 sept. 1807 (Crim. rej. 9 nov. 1888, aff. Pasquin, D. P. 89. 1. 272).

129. Il a été aussi jugé que l'arrêt établissant que des prêts au sujet desquels des perceptions usuraires ont été faites par le prévenu sont des prêts civils ne saurait, parce qu'il ajoute surabondamment que se serait à celui-ci à démontrer le contraire, être réputé avoir entendu fonder sur la seule absence de cette démonstration la preuve du caractère civil desdits prêts (Crim. rej. 16 mars 1866, aff. Bonnefemme, D. P. 67. 5. 458).

130. Enfin, il a été décidé que les juges saisis d'une prévention d'usure habituelle ont le droit et le devoir de rechercher dans les faits de la cause, pour l'application de la loi du 12 janv. 1886, le caractère civil ou commercial des prêts, quelles que soient les apparences dont ils ont été entourés et la forme même dont ils ont été revêtus (Crim. rej. 14 mai 1886, aff. Clavel et autres, D. P. 86. 1. 428 ; Crim. rej. 18 mars 1887, aff. Puech, Lacourt et autres, D. P. 88. 1. 235).

131. Quant aux prêts faits à des commerçants, on peut signaler la même divergence entre les décisions rendues au civil et les décisions rendues au correctionnel. Conformément à la doctrine de l'arrêt de la chambre des requêtes du 10 mai 1837, rapporté au *Rép.* n° 184, il a été jugé que le prêt d'argent fait par un non-commerçant à un commerçant est censé fait pour les besoins du commerce de l'emprunteur, que, par suite, il est de nature commerciale et que l'intérêt peut y être stipulé au taux du commerce (Bourges, 27 janv. 1857, aff. Ramond, D. P. 57. 2. 68 ;4 juill. 1860, aff. Ravet-Duvigneau, D. P. 60. 5. 206; Lyon, 20 nov. 1857, *suprà*, n°95).V. dans le même sens, Troplong, *Du prêt,* n° 362). Mais il a été jugé, en sens contraire, que le prêt fait par un non-commerçant à un commerçant a un caractère purement civil vis-à-vis de celui-ci, et qu'en conséquence il est usuraire si l'intérêt y est stipulé au taux du commerce (Besançon, ch. corr., 15 déc. 1855, aff. R.., D. P. 56. 2. 261. V. Crim. rej. 14 mai 1886, cité *suprà*, n° 130).

132. C'est à raison de la *matière* qui forme l'objet du contrat que le taux des intérêts est fixé, et non à raison de la juridiction qui les alloue (*Rép.* n° 185). Par suite, le jugement d'un tribunal de commerce qui porte condamnation, à raison d'une dette purement civile, au payement des intérêts « suivant la loi » doit être réputé n'avoir entendu fixer les intérêts qu'au taux de la loi civile, et ne peut être déféré à la cour de cassation comme les ayant à tort accordés au taux commercial (Req. 16 juin 1863, aff. Poissonnier, D. P. 64. 1. 471).

133. On a vu *suprà*, n° 4 qu'aux termes de l'art. 8 de la loi du 8 juin 1857, la Banque de France a été autori-

sée à élever, lorsque les circonstances l'exigent, l'intérêt de ses avances au-dessus de 6 pour 100. La question s'est posée de savoir si, dans le cas où la Banque avait usé de cette faculté, les banquiers ont pu *ipso facto* exiger de leurs clients, pour les avances qu'ils leur ont faites, un intérêt supérieur au taux de 6 pour 100. La cour de Nancy, dans un arrêt cité au *Rép.* v° *Usure*, n° 13, avait jugé que, dans ce cas, les banques privées étaient simplement autorisées à convenir avec leurs clients que ceux-ci, dûment avertis de la situation, leur tiendraient compte, à titre de commission transitoire, du supplément d'intérêts qu'elles auraient été obligées d'acquitter à la Banque de France (Nancy, 8 juill. 1858, aff. Jean Claude, D. P. 58. 2. 185), et MM. Aubry et Rau, *op. cit.*, t. 4, § 396, p. 607, avaient adopté cette opinion. La cour d'Aix s'était prononcée d'une manière absolue en faveur du droit d'élever *ipso facto* le taux de l'escompte au-dessus de la limite fixée par l'art. 1 de la loi du 3 sept. 1807 (Aix, 29 mai 1866, aff. Bourdet, D. P. 66. 2. 236). La cour de Paris, allant moins loin que la cour d'Aix, mais plus loin que la cour de Nancy, avait jugé que, quand la Banque de France élève son escompte au-dessus de 6 pour 100, il y a présomption que les autres banquiers n'ont pu se pourvoir de fonds qu'à des conditions aussi onéreuses que celles de la Banque, et qu'ils ont le droit, par conséquent, de percevoir une rémunération égale à la différence entre le taux légal et le taux transitoire de la Banque (Paris, 16 juill. 1869, aff. Delaune, D. P. 72. 1. 393). Enfin, la cour de cassation, saisie sur pourvoi contre cet arrêt, avait adopté une thèse de droit différente et jugé que l'élévation de l'escompte de la Banque de France au-dessus de 6 pour 100 ne donnait pas aux banquiers le droit de percevoir *ipso facto* un intérêt égal, qu'elle les autorisait seulement à convenir avec leurs clients que, à titre de commission exceptionnelle et transitoire ceux-ci leur tiendraient compte de l'excédent que, par le fait de la Banque de France, ces banquiers auraient été obligés d'acquitter (Civ. rej. 9 juill. 1872, même affaire, *ibid.*).— La question ne présente plus qu'un intérêt rétrospectif depuis que la loi du 12 janv. 1886 a supprimé la limitation du taux de l'intérêt conventionnel en toutes matières commerciales.

Sect. 5. — Cessation et répétition des intérêts
(*Rép.* n°s 189 à 200).

134. En principe, la preuve du payement des intérêts se fait d'après les règles du droit commun sur la preuve du payement, telles qu'elles sont écrites dans les art. 1315 et suiv. Mais l'art. 1908 c. civ. apporte une dérogation à ces règles en décidant que « la quittance du capital, donnée sans réserve des intérêts, en fait présumer le payement, et en opère la libération ».

La question de savoir quel est le caractère de la présomption établie par ce texte est toujours discutée dans la doctrine. Aux auteurs cités au *Rép.* n° 189, *adde*, dans le sens de l'opinion qui admet la recevabilité de la preuve contraire ; Pont. t. 1, n° 320 ; Guillouard, n° 137, p. 174-175 ; dans le sens d'une présomption *juris et de jure*, Aubry et Rau, § 396, texte et note 8, p. 602 ; Laurent, n° 518, p. 539. Nous persistons dans l'opinion exprimée au *Rép. ibid.* : lorsque, pour faire rentrer la présomption de l'art. 1908 dans les dispositions rigoureuses de l'art. 1352, on dit que le premier de ces articles dénie implicitement au créancier l'action en justice par cela même qu'il déclare le débiteur libéré, on force, à notre avis, le sens des mots, et le texte de l'art. 1908 n'impose point une interprétation aussi rigoureuse.

135. Quelque solution que l'on adopte sur cette question, la doctrine et la jurisprudence s'accordent à admettre l'aveu et le serment contre la présomption établie par l'art. 1908 (Laurent, *op. et loc. cit.;* Guillouard, *op. et loc. cit.;* Civ. rej. 13 janv. 1875, aff. Baudet, D. P. 75. 1. 117).

136. Remarquons enfin que la règle placée dans l'art. 1908, à l'occasion du prêt à intérêt, est applicable à toute dette portant intérêt ou produisant des arrérages (Colmet de Santerre, n° 116 *in fine*).

137. Des divergences persistent aussi dans la doctrine relativement à la portée de l'art. 1906 c. civ., aux termes duquel « l'emprunteur qui a payé des intérêts qui n'étaient pas stipulés ne peut ni les répéter, ni les imputer sur le capital ». L'opinion de M. Duranton, citée au *Rép.* n° 200, d'après laquelle l'emprunteur, en payant des intérêts qui n'ont pas été stipulés, acquitterait une obligation naturelle, a été reprise par M. Pont (n° 254, p. 113). D'après d'autres auteurs, l'art. 1906 suppose qu'il y a eu entre les parties une convention tacite de payer les intérêts ; il décide que l'existence de cette convention est prouvée par l'exécution que les parties lui donnent, et il n'autorise la répétition que si l'emprunteur établit qu'il a payé par erreur les intérêts qu'il croyait devoir, tandis que, de droit commun, le débiteur qui a payé plus que ne porte le contrat n'a rien à prouver pour exercer l'action en répétition (Laurent, n° 522, p. 544). Enfin, d'après MM. Aubry et Rau (§ 396, note 6, p. 602) et M. Guillouard (n° 133, p. 171), la disposition de l'art. 1906 repose sur la supposition, érigée en présomption légale, que l'emprunteur, en payant des intérêts qui n'avaient pas été stipulés, a fait volontairement et en connaissance de cause, et non par suite d'une erreur : par conséquent, cet article refuse toute action en répétition à l'emprunteur qui celui-ci offre de prouver qu'il n'a rien été convenu quant aux intérêts.

138. Nous nous ralliions à cette dernière opinion et, suivant nous, il n'y a même pas lieu d'admettre avec M. Pont, loc. cit., que l'emprunteur peut faire la preuve dont il s'agit, sinon pour répéter ce qu'il a payé, du moins pour faire produire au payement les effets d'une donation manuelle, par exemple au point de vue du rapport, de la réduction, de la révocation pour cause de survenance d'enfant, etc.. : le législateur présume que l'emprunteur, en payant les intérêts, a acquitté une *dette*, et, sur cette présomption, il lui dénie absolument l'action en justice (V. Aubry et Rau et Guillouard, loc. cit.).

139. Mais, si les héritiers de l'emprunteur payent par erreur des intérêts dont ils se croient débiteurs, ils auront l'action en répétition dans les termes du droit commun : l'art. 1906 ne vise, en effet, dans son texte que l'emprunteur, et non ses héritiers ; d'autre part, quelque explication que l'on donne de la disposition dudit article, cette explica-

tion ne saurait rendre raison vis-à-vis des héritiers de l'emprunteur de la règle posée (V. Duranton, *Cours de droit français*, t. 17, n° 600 ; Aubry et Rau, § 396, p. 602 ; Laurent, n° 523, p. 546 ; Guillouard, n° 135, p. 172).

Sect. 6. — De l'usure (*Rép.* n° 201 à 320).

140. L'usure est, suivant la définition donnée au *Rép.* n° 201, le profit illégal qu'une personne retire d'une somme d'argent qu'elle a prêtée. On a vu, *ibid.*, qu'il y a lieu de distinguer l'usure, qui n'est qu'une violation de la loi civile, et l'habitude d'usure, qui renferme en outre une violation de la loi pénale.

Art. 1er. — *De l'usure en matière civile et commerciale.* (*Rép.* n° 202 à 266).

§1er. — Caractère de l'usure en matière civile (*Rép.* n° 201 à 225).

141. Nous ne reprendrons pas l'énumération, faite au *Rép.* n° 203 à 225, des formes diverses sous lesquelles l'usure se déguise. Nous n'avons à compléter que sur quelques points les indications données à ce sujet.

142. — 1° *Ventes.* — Conformément aux arrêts cités au *Rép.* n° 203, il a été jugé qu'il appartient aux tribunaux de rechercher si les ventes à réméré, d'après les circonstances plus ou moins suspectes qui les ont accompagnées, ont ou non pour but de déguiser un prêt usuraire (Civ. rej. 23 déc. 1845, aff. Poteau, 22 avr. 1846, aff. Grassin, D. P. 54. 1. 423. V. Aubry et Rau, *op. cit.*, § 396, texte et note 55, p. 612-613 ; Guillouard, n° 162, p. 208-210).

143. Il a été jugé que la limitation apportée au taux de l'intérêt conventionnel par la loi du 3 sept. 1807 ne s'applique pas au contrat de vente ; qu'ainsi les intérêts du prix de vente dus par l'acheteur peuvent être supérieurs à ce taux, et calculés en proportion des revenus de l'immeuble vendu (Besançon, 21 juill. 1890) (1).

144. — 2° *Donations.* — Dans le sens des principes posés au *Rép.*, n° 206, sur les donations qualifiées rémunéra-

---

(1) (Carrier et autres C. Lebrun, de Sessevalle et autres). — Le 23 janv. 1890, jugement du tribunal civil de Besançon, ainsi conçu : —Attendu que par acte authentique reçu Me Fricker, notaire à Besançon, le 11 févr. 1882, Carrier, Barbier et Rumilly, ont vendu à de Lenoncourt, agissant tant en son nom personnel que comme mandataire de de Sessevalle et de Scey, le domaine de Bockszeg, sis en Autriche-Hongrie, moyennant le prix principal de 1 140 000 francs sur lequel 140 000 francs ont été immédiatement versés ; que pour le million restant dû il a été stipulé que 300 000 francs seraient payés au Crédit foncier autrichien et le surplus, soit 700 000 francs, serait payé aux vendeurs en plusieurs termes échelonnés du 1er oct. 1882 au 1er oct. 1886, avec intérêt au taux de 5 pour 100 l'an, courant du 1er janv. 1882 ; — Attendu que, par un acte sous signatures privées en date du même jour, le 11 févr. 1882, de Lénoncourt, agissant ès qualités susdites, a déclaré que, d'après les conventions faites avec les vendeurs, l'intérêt des 700 000 francs payables à terme, bien que fixé à 5 pour 100 par le contrat authentique, était réellement, et conformément aux lois et usages autrichiens, de 6 et demi pour 100 ; qu'en conséquence, il s'obligeait solidairement avec ses mandants à payer un intérêt supplémentaire de 1 et demi pour 100 sur les 700 000 francs dont il vient d'être parlé ; — Attendu qu'aux termes de l'art. 1 de la loi du 3 sept. 1807 sur le taux de l'intérêt de l'argent, l'intérêt conventionnel ne peut excéder en matière civile 5 pour 100 ; — Attendu que cette règle est d'ordre public et s'impose à toutes les conventions relatives à des intérêts, quelle que soit la nature du contrat, sans qu'il y ait à distinguer s'il s'agit d'un prêt ou d'une vente avec terme pour le payement du prix ; qu'autrement, il serait facile d'éluder les dispositions de la loi et de pratiquer l'usure en dissimulant le prêt sous l'apparence d'un autre contrat ; que, d'ailleurs, l'art. 5 de la loi du 3 sept. 1807 dissipe toute équivoque en disant qu'il n'est rien innové aux stipulations d'intérêts par contrats ou actes faits antérieurement ; d'où il suit que les stipulations d'intérêts par contrats ou actes faits postérieurement à la loi sont régis par elle ; — Attendu que les vendeurs objectent vainement qu'il s'agit d'une vente d'un domaine situé en Autriche-Hongrie, où l'intérêt de 6 et demi pour 100 est admis ; — Qu'en effet, la convention du 11 févr. 1882 a été formée entre Français et pour être exécutée en France ; que, dès lors, c'est en principe que c'est par la loi du lieu où la créance a été formée que se détermine l'élévation des intérêts qu'il est permis de stipuler ; — Attendu, d'ailleurs, que les vendeurs ne semblent

pas s'être fait illusion sur la valeur de l'engagement injuste qu'ils imposaient aux acquéreurs, puisqu'ils n'ont pas osé le faire dans l'acte authentique ; — Attendu enfin qu'il importe peu de rechercher si l'un ou l'autre des acheteurs a ratifié d'une manière plus ou moins expresse le traité secret relatif aux intérêts supplémentaires ; car la nullité de la stipulation, étant d'ordre public, ne peut être couverte même par l'exécution volontaire, et la loi du 19 déc. 1850, art. 1, décide que « lorsque dans une instance civile ou commerciale il sera prouvé que le prêt conventionnel a été fait à un taux supérieur à celui fixé par la loi, les perceptions excessives seront imputées de plein droit aux époques où elles auront eu lieu, sur les intérêts légaux alors échus, et subsidiairement sur le capital de la créance ; si la créance est éteinte en capital et intérêt, le prêteur sera condamné à la restitution des sommes indûment perçues, avec intérêts du jour où elles auront été payées » ; — Attendu, en fait, que les défendeurs justifient qu'ils ont entièrement payé le prix principal et les intérêts légitimes, en conformité de l'acte authentique de vente du 11 févr. 1882, dont la grosse leur a même été remise ; qu'en outre, ils ont payé des intérêts supplémentaires formant un total de 15 161 fr. 25, savoir : au 1er oct. 1882, 7875 francs ; au 30 déc. 1882, 2075 francs ; au 1er oct. 1883, 4575 francs ; au 22 oct. 1884, 636 fr. 25 ; qu'en conséquence, et par application de la loi du 19 déc. 1850, il y a lieu d'admettre leurs conclusions reconventionnelles ; — Par ces motifs ; 1882, stipulant un intérêt de 6 et demi pour 100 sur partie du prix de vente du domaine de Bockszeg ; — En conséquence, déboute les demandeurs de leurs fins et conclusions ; — Et statuant sur les conclusions reconventionnelles, condamne solidairement les demandeurs à rembourser aux défendeurs la somme de 15 161 fr. 25 c., avec intérêts au taux légal à partir du jour de chaque perception en usure savoir : du 1er oct. 1882, pour la somme de 7875 francs ; du 30 déc. 1882, pour celle de 2075 fr.; du 1er oct. 1883, pour celle de 4575 francs, et du 22 oct. 1884, pour celle de 636 fr. 25 c. ; — Enfin, condamne les demandeurs aux dépens ; — Ordonne l'enregistrement de la convention du 11 févr. 1882 ; — Appel par les sieurs Carrier et autres.

La cour ; — Attendu que, suivant acte retenu par Me Fricker, notaire à Besançon, en date du 11 févr. 1882, Carrier, Barbier et Rumilly, ont vendu à de Lénoncourt, agissant tant en son nom personnel que comme mandataire de de Sessevalle et de de Scey, le domaine de Bockszeg, situé en Autriche-Hongrie, moyennant

toires qui accompagnent des prêts : Duvergier, *Du prêt*, nᵒˢ 281 à 283 ; Pont, nᵒ 297, p. 139 ; Aubry et Rau, § 396, texte et note 49, p. 611 ; Guillouard, nᵒ 166, p. 212.

145. — 3ᵒ *Cessions de créances.* — Il a été jugé que la cession d'une créance de loyers futurs, moyennant un prix inférieur à la somme cédée et avec garantie de la solvabilité des locataires, n'est pas nulle comme renfermant un prêt usuraire, lorsque l'industrie des locataires est exposée à de nombreux risques et que le cessionnaire n'a aucune garantie de la solvabilité du cédant (Aix, 11 août 1871, aff. Murillon, D. P. 73. 2. 127).

146. — 4ᵒ *Prêts offrant un caractère aléatoire.* — La jurisprudence admet aujourd'hui que la loi du 3 sept. 1807, en tant qu'elle porte limitation du taux de l'intérêt conventionnel, ne régit que les prêts ordinaires, qu'elle est inapplicable aux prêts offrant un caractère aléatoire, et que les avantages particuliers stipulés par le bailleur de fonds sont toujours légitimes en pareil cas, comme étant destinés à compenser les risques exceptionnels auxquels il s'expose (V. outre l'arrêt de la chambre des requêtes du 13 août 1845, cité au *Rép.* nᵒ 224 : Req. 8 juill. 1851, aff. Dougnac, D. P. 51. 1. 240 ; Trib. civ. Lyon, 3 avr. 1873, aff. Rapp, D. P. 74. 2. 201 ; Douai, 24 janv. 1873, aff. Société civile des houillères de Fiennes et d'Hardinghem, D. P. 74. 2. 203 ; 23 août 1882, aff. Caplain ès qualités, D. P. 83. 2. 107 ; Civ. rej. 18 avr. 1883, aff. Syndic de la faillite des chemins de fer des Charentes (trois affaires), D. P. 84. 1. 25 ; Req. 6 déc. 1886, aff. Evette et Clément ès noms, D. P. 87. 1. 312). — Décidé, par application de cette règle, que les emprunts contractés par les entreprises industrielles sous la forme d'émission publique d'obligations remboursables par la voie du tirage au sort revêtent un caractère aléatoire qui autorise l'attribution aux prêteurs d'avantages particuliers excédant le taux légal de l'intérêt, en compensation des risques auxquels ils exposent leurs fonds (Douai, 23 août 1882, précité ; Civ. rej. 18 avr. 1883, précité). V. dans le même sens Guillouard, nᵒ 154-I, p. 196. — *Contrà :* Pont, t. 1, nᵒ 286, et D. P. 80. 2. 25, note.

le prix principal de 1 140 000 francs, dont 700 000 francs payables en plusieurs termes avec intérêt à 5 pour 100 par an ; que par acte sous signatures privées portant la même date, enregistré, de Lenoncourt agissant en la même qualité, a déclaré que l'intérêt, bien que fixé à 5 pour 100 par l'acte authentique, était réellement et conformément aux lois et usages autrichiens de 6 et demi pour 100 et s'est obligé solidairement avec ses demandeurs à payer un intérêt supplémentaire de 1 et demi pour 100 ; — Attendu, que ces conventions ont reçu leur exécution, que notamment une somme de 15 161 fr. 25 c. a été payée à titre d'intérêts supplémentaires aux époques convenues ; mais que sur la demande des appelants tendant à obtenir payement de la somme de 15 552 fr. 58 c. pour solde de compte, les intimés ont non seulement prétendu qu'ils ne devaient pas cette somme qui représentait un intérêt supérieur au taux légal, mais encore réclamé la restitution pour payement de l'indû des 15 161 fr. 25 c. qu'ils avaient payés au même titre ; qu'ils se fondent sur les prescriptions de la loi du 3 sept. 1807 qui a limité à 5 pour 100 le taux de l'intérêt de l'argent en matière civile ; — Attendu qu'aux termes de l'art. 1907 c. civ., l'intérêt conventionnel peut excéder celui de la loi toutes les fois que la loi ne le prohibe pas ; qu'il s'agit donc de rechercher si la loi de 1807 est applicable à l'intérêt d'un prix de vente ; — Attendu que cette loi est restrictive de la liberté des transactions ; qu'elle ne peut donc être étendue au delà du cas qu'elle prévoit expressément ; — Attendu que l'on s'en tenait au titre seul de la loi « sur le taux de l'intérêt de l'argent », et au texte des deux premiers articles, il semblerait bien qu'ils embrassent dans leur généralité « tous les cas où il y a dette d'une somme d'argent » ; mais lque si l'on examine les articles suivants et si l'on consulte l'exposé des motifs et les causes qui ont fait adopter cette restriction, on est convaincu qu'elle ne s'applique qu'au contrat du prêt ; que l'art. 3 s'occupant de la restitution de l'excédent perçu, ne parle que du « prêt conventionnel » et porte que « le prêteur » sera condamné à restituer ou à souffrir une réduction sur le capital ; que l'art. 4 s'occupe de réprimer le délit habituel d'usure qui ne peut se produire qu'en matière de prêt ; que, si l'on recherche maintenant quelles sont les raisons qui ont amené le législateur à limiter le taux de l'intérêt, on constate qu'il a été surtout déterminé par une pensée de protection vis-à-vis de l'emprunteur que le besoin d'argent peut amener à subir des conditions onéreuses ; que ce sont les mêmes considérations qui en 1886, lors de l'abrogation des lois de 1807 et de 1850 en matière de commerce, les ont fait maintenir en matière civile ; qu'il est évident que dans le

147. D'ailleurs, les risques que l'insuffisance des garanties fournies par l'emprunteur peut faire courir au prêteur ne sauraient constituer un *alea* susceptible de faire échapper les prêts aux lois répressives de l'usure (Crim. rej. 9 nov. 1888, aff. Pasquin, D. P. 89. 1. 272).

§ 2. — Caractère de l'usure en matière commerciale.

148. Depuis la loi du 12 janv. 1886, l'usure n'existe plus en matière commerciale. Il suffira de rappeler sommairement les décisions rendues entre la publication du *Répertoire* et la promulgation de cette loi.

149. Conformément aux arrêts cités au *Rép.* nᵒ 230, il avait été jugé, par des décisions également rendues en matière criminelle, que les dispositions de la loi du 3 sept. 1807, limitant le taux de l'intérêt conventionnel en matière commerciale comme en matière civile, ne s'appliquaient aux actes d'escompte entraînant la perception de sommes en sus de l'intérêt légal qu'autant que la forme de l'escompte avait été employée pour dissimuler des prêts usuraires (V. *infrà*, nᵒ 164).

150. Dans le sens des arrêts cités au *Rép.* nᵒ 234, il était devenu constant, en doctrine et en jurisprudence, que la loi du 3 sept. 1807 ne s'opposait point à la perception par les banquiers d'un droit de commission en sus de l'intérêt légal, mais que ce droit n'était dû qu'à titre de rémunération d'un service et ne pouvait être réclamé lorsque le banquier ne justifiait pas avoir procuré à son client un avantage de nature à motiver cette rémunération spéciale (Civ. rej. 11 mars 1856, aff. Canuet, D. P. 56. 1. 407 ; Bordeaux, 23 nov. 1860, aff. Cousteau, D. P. 61. 2. 61 ; Req. 17 mars 1862, aff. Gomez, D. P. 62. 1. 236 ; Civ. cass. 29 avr. 1868, aff. Grellet de Fleurelle, D. P. 68. 1. 312 ; 28 avr. 1869, aff. Jaulin du Seutre, D. P. 69. 1. 241 ; Civ. rej. 15 nov. 1875, aff. Portet-Lavigerie, D. P. 76. 1. 171 ; Civ. cass. 4 janv. 1876, aff. Mourin-Bigot, D. P. 76. 1. 337 ; Rennes, 13 mars 1876, aff. Genevier, D. P. 79. 2. 93 ; Req. 11 févr. 1878, aff. Ract, D. P. 78. 1.

contrat de vente, l'acquéreur agit librement et sans contrainte, qu'il peut débattre les conditions, et que si l'une des parties contractantes a besoin d'une protection de la loi, c'est plutôt le vendeur, obligé quelquefois de se créer des ressources et auquel le législateur a réservé le droit de demander la rescision pour lésion de plus des sept douzièmes, qu'il puisse même concentrer à l'exercice de cette faculté ; que l'on peut regarder, du reste, en matière de vente, la stipulation d'intérêts comme faisant partie du prix, qui peut être plus ou moins élevé suivant les conditions et charges accessoires ; que ces intérêts sont moins le prix du crédit accordé que la représentation des fruits de l'immeuble, et que l'on comprend qu'ils puissent être calculés d'après l'importance du revenu ; que c'est même cette considération qui paraît avoir déterminé la convention attaquée où l'on déclarait suivre les usages autrichiens, usages qui doivent s'expliquer par le rapport moyen des immeubles ; — Attendu que l'argument tiré en faveur de la thèse contraire de ce que le prêt pourrait être dissimulé quelquefois sous l'apparence d'un autre contrat ne saurait être retenu ; qu'il appartient toujours aux tribunaux de restituer aux contrats leur véritable caractère, malgré la forme dont on les a revêtus et de réprimer la fraude à la loi, ainsi bien que la rébellion ouverte ; que cette solution rend sans intérêt l'examen des questions subsidiaires soulevées ; qu'il y a donc lieu d'admettre la demande des appelants et de rejeter la demande reconventionnelle des intimés ; — Attendu que, les appelants ayant été payés de l'intégralité du capital et ayant accepté cette imputation par les termes du commandement qui a amené ce payement, la somme restant due ne représente plus que le supplément d'intérêts ; qu'il n'y a pas lieu, dès lors, de décider que l'intérêt conventionnel continuera à être payé et qu'on doit allouer seulement les intérêts moratoires ; — Par ces motifs, — Reçoit l'appel interjeté par Carrier, Barbier et Rumilly, envers le jugement du tribunal civil de Besançon en date du 21 janv. 1890 ; infirme ledit jugement ; condamne de Sessevalle, de Scey et de Lénoncourt, solidairement à payer aux appelants la somme de 15 552 fr. 58 c. pour solde de compte au 5 janv. 1889 avec intérêts à 5 pour 100 à partir de la demande ; déclare les intimés mal fondés dans leur demande reconventionnelle et les en déboute ; décharge en conséquence les appelants des condamnations prononcées contre eux ; rejette toutes autres conclusions des parties ; ordonne la restitution de l'amende consignée, et condamne les intimés aux dépens de première instance et d'appel. Du 21 juill. 1890.-C. de Besançon.-MM. Cottignies, av. gén.-Bouvard et Guérin, av.

119 ; Orléans, 17 févr. 1881, aff. Guillon, D. P. 82. 2. 172 ; Req. 5 nov. 1884, aff. Mazaud et comp., D. P. 85. 1. 67).

151. Ont été considérées comme déguisant des intérêts usuraires : 1° la stipulation d'une part réglée d'avance et à forfait dans les bénéfices d'une entreprise, et allouée à un simple bailleur de fonds non associé, en sus de l'intérêt légal du capital qu'il avait versé (Civ. rej. 16 juin 1863, aff. Veuve Cauchois, D. P. 63. 1. 295) ; — 2° La convention par laquelle un commissionnaire avait fait des avances à un fabricant en stipulant, outre les intérêts, une remise sur les pièces d'étoffe fabriquées et vendues directement par l'emprunteur (Paris, 25 avr. 1873, aff. Bachelier, D. P. 74. 2. 152).

§ 3. — De l'action devant les tribunaux civils en matière d'usure. — Répétition ; imputation.

152. Il résulte de l'art. 3 de la loi du 3 sept. 1807 et de l'art. 1 de la loi du 19 déc. 1850 que, lorsqu'une opération est entachée d'usure, elle ne peut pas être annulée pour ce seul motif : le juge doit seulement réduire la dette de l'emprunteur de toutes les perceptions usuraires et de leurs intérêts (*Rép.* n°s 250 et 253).

Par suite, lorsqu'il est constaté en fait par le juge du fond que le prêteur, loin de toucher quelque chose en sus de ce qui serait licite, est appelé à n'obtenir au plus que le remboursement de son capital avec la partie de l'intérêt stipulé simplement équivalente à l'intérêt légal, la convention de prêt, quels qu'en soit les termes, ne tombe pas sous le coup des dispositions de lois relatives à l'usure (Req. 5 déc. 1887, aff. Consorts Boudon, D. P. 88. 1. 430).

153. A l'inverse, lorsqu'en dehors des exigences usuraires du prêteur l'opération est frauduleuse, en ce sens que l'emprunteur a été déterminé à souscrire les engagements qu'il a contractés par des manœuvres dolosives, rien ne s'oppose à ce que l'annulation complète de la convention soit prononcée à raison du dol du prêteur et en vertu de l'art. 1116 c. civ. (Civ. rej. 25 janv. 1870, aff. Fissiaux, D. P. 70. 1. 63). — V. sur le dol en matière de contrats, *supra*, v° *Obligations*, n°s 62 et suiv.; *Rép.* eod. v°, n°s 198 et suiv.

154. Si l'usure ne donne lieu, en principe, qu'à la répétition des sommes perçues usurairement et de l'intérêt légal de ces sommes, on a vu au *Rép.* n° 253 que ledit intérêt est dû à partir de la perception, et non pas seulement à dater de la demande : telle est la disposition de l'art. 1 de la loi du 19 déc. 1850, qui a modifié sur ce point la loi du 3 sept. 1807, sous l'empire de laquelle le point de départ des intérêts devait, même au cas dont il s'agit, être fixé au jour de la demande, conformément à la règle générale posée dans l'art. 1153 c. civ. — Mais, depuis la publication du traité du *Prêt à intérêts et à usure* dans le *Répertoire*, trois arrêts de la cour de cassation, dont les deux premiers en date sont cités au *Rép.* v° *Usure*, n° 15 (Civ. rej. 11 mars 1856, aff. Canuet, D. P. 56. 1. 407; Civ. cass. 5 janv. 1859, aff. Bures, D. P. 59. 1. 35; 16 juin 1863, aff. Veuve Cauchois, D. P. 63. 1. 295), ont jugé que la loi du 19 déc. 1850 est inapplicable aux perceptions usuraires faites en vertu de conventions antérieures à sa promulgation et qu'en conséquence, pour ces perceptions, l'intérêt des sommes à restituer ne court qu'à dater de la demande. C'est l'application pure et simple du principe en vertu duquel les conventions sont régies par la loi existante au moment où elles ont été passées, quelle que soit l'époque de leur exécution. Pour que les restitutions à faire par suite de la perception usuraire fussent réglées par la loi du jour du payement, il faudrait que la perception eût le caractère d'un quasi-contrat, et que l'obligation de restituer résultât du payement de l'indû : alors les intérêts courraient de plein droit, à dater du payement, contre le créancier de mauvaise foi, en vertu de l'art. 1378 c. civ. Mais la jurisprudence qui, antérieurement à la loi de 1850, déclarait que les intérêts de l'excédent usuraire ne couraient qu'à partir de la demande voyait dans le payement des intérêts usuraires, non une nouvelle source d'obligations, mais simplement l'exécution d'une convention dont la nullité, relativement à ces intérêts, donnait lieu à la répétition poursuivie, et la loi du 19 déc. 1850 n'a nullement contredit cette manière de voir.

155. Indépendamment de la restitution des intérêts indûment perçus, les perceptions usuraires peuvent donner lieu à des dommages-intérêts, s'il est justifié d'un préjudice spécial et distinct de celui résultant de ces perceptions elles-mêmes. C'est ce que la jurisprudence reconnaît pour toute obligation de sommes (V. *supra*, n° 69). Mais il a été jugé qu'en l'absence de la constatation d'un préjudice autre que celui résultant de la perception usuraire qui sert de base à l'action, le débiteur ne peut réclamer que la restitution des intérêts excédant le taux légal (Montpellier, 11 mai 1869, aff. Rouanet, D. P. 70. 2. 73).

156. La loi du 19 déc. 1850, d'après laquelle les perceptions usuraires sont imputées de plein droit, aux époques où elles ont eu lieu, sur les intérêts échus et subsidiairement sur le capital, n'a pas dérogé aux règles du droit commun en matière de compensation et de faillite. En conséquence, lorsque l'emprunteur est tombé en faillite, la compensation étant devenue impossible, il n'est plus permis au prêteur d'imputer sur les intérêts échus et sur le capital les sommes usuraires perçues par lui, et il est tenu de restituer ces sommes avec l'intérêt du jour où elles ont été payées, sans compensation (Lyon, 2 déc. 1881, aff. Dame Fouques, D. P. 82. 2. 161, et note). — V. cependant en sens contraire, Besançon, 21 avr. 1886, aff. Lallement, D. P. 86. 2. 268.

157. On a vu au *Rép.* n° 259 que l'usure peut être prouvée par tous les moyens, attendu qu'aux termes de l'art. 1353 c. civ. les cas de dol et de fraude font exception aux règles sur la preuve testimoniale. — V. en ce qui concerne la répétition au civil des intérêts excessifs : Civ. rej. 29 janv. 1867, aff. Poictevin, D. P. 67. 1. 52; Req. 27 juill. 1874, aff. Veuve Debrion, D. P. 76. 1. 104).

158. La réduction du montant d'un prêt entaché d'usure est suffisamment justifiée par la constatation de perceptions usuraires, sans que les juges du fond soient tenus de déterminer d'une manière fixe le taux des intérêts exigés : ils peuvent opérer cette réduction au moyen des documents fournis par les parties à la justice civile et des constatations faites au cours de poursuites correctionnelles dirigées contre le prêteur : ce dernier soutiendrait vainement, en ce cas, que l'arrêt est fondé sur les seules déclarations du débiteur (Req. 21 nov. 1881, aff. Faillite Laborde, D. P. 82. 1. 419). — A plus forte raison les juges ne peuvent-ils pas, après avoir constaté qu'il y a usure, repousser la demande en réduction par le motif que rien n'établit quel est le montant de l'excédent usuraire et, par suite, à quel taux la dette doit être réduite : ils sont tenus de se fixer à cet égard par tous les moyens d'instruction ordinaires, et les bases mêmes sur lesquelles ils se fondent pour reconnaître l'usure doivent leur servir à en déterminer le montant (Civ. cass. 2 mai 1853, aff. Chapot, D. P. 53. 1. 144).

§ 4. — De la prescription de l'action civile en matière d'usure et des fins de non-recevoir contre cette action.

159. En ce qui concerne la prescription, V. les explications données au *Rép.* n°s 262 à 266.

160. La fin de non-recevoir tirée du consentement du débiteur n'est pas admise en matière de répétition des sommes perçues d'une manière usuraire. Ce point ne pourrait faire difficulté, à cause du principe de la chose jugée, que lorsque le débiteur s'est laissé condamner et a acquiescé au jugement sans opposer le caractère usuraire des stipulations dont l'exécution était poursuivie par le créancier. Jugé, à cet égard, que le débiteur d'une lettre de change peut la faire réduire comme entachée d'usure, quoiqu'il ait été condamné envers un tiers porteur à en payer le montant, et qu'il ait acquiescé au jugement (Paris, 24 avr. 1847, aff. Andrié, D. P. 47. 4. 487).

Art. 2. — *Du délit d'habitude d'usure* (*Rép.* n°s 267 à 320).

§ 1er. — De l'habitude d'usure comme élément constitutif du délit.

161. Appelé à rechercher dans les faits qui lui sont soumis les éléments constitutifs du délit d'habitude d'usure, le juge du fait décide souverainement si les opérations signalées comme usuraires sont habituelles ou non (Crim.

rej. 16 août 1877, aff. Cyr Dalmais, dit Cyrus, D. P. 79. 1. 238).

162. Dans le sens des arrêts cités au *Rép.* n° 271, il a été jugé que la perception successive d'intérêts usuraires, en vertu de renouvellements d'un même prêt, peut constituer le délit d'habitude d'usure (Paris, 23 déc. 1880, aff. Cora, D. P. 82. 1. 41.

163. Les prêts n'ont, au point de vue des lois répressives de l'usure, le caractère civil ou commercial que paraissent leur attribuer la forme et la nature du titre que jusqu'à preuve contraire; et il appartient au juge de restituer à l'opération son véritable caractère en se fondant sur les circonstances de la cause (Montpellier, 13 août 1853, aff. N. B., D. P. 56. 5. 475 ; Crim. rej. 14 mai 1886, aff. Clavel, Chicandard et Courteau, D. P. 86. 1. 428 ; 18 mars 1887, aff. Puech, Lacourt et autres, D. P. 88. 1. 235 ; 18 nov. 1887, aff. Josset, D. P. 88. 5. 523 ; 20 janv. 1888, aff. Boniface, D. P. 88. 1. 329 ; 9 nov. 1888, aff. Pasquin, D. P. 89. 1. 272).

164. On a vu *supra*, n° 149, que, sous l'empire de la législation antérieure à la loi du 12 janv. 1886, la limitation du taux de l'intérêt conventionnel en matière commerciale ne s'appliquait aux actes d'escompte qu'autant que la forme de l'escompte avait été employée pour dissimuler des prêts usuraires. Aux arrêts cités au *Rép.*, n° 272, ajout : Crim. rej. 18 juill. 1861, aff. Lagarde, D. P 61. 5. 519 ; 16 août 1877, aff. Cyr Dalmais, D. P. 79. 1. 238. Sur ce point, l'appréciation des juges du fait est également souveraine (Crim. rej. 27 févr. 1864, *supra*, n° 127).

165. Il en était de même relativement au droit de commission (V. *supra*, n° 150). Décidé, à cet égard : 1° que le juge correctionnel peut considérer la perception d'un droit de commission porté à 1/2 pour 100 par mois en sus de l'intérêt commercial comme dissimulant une perception usuraire, lorsqu'elle a eu lieu à l'occasion de prêts faits à des cultivateurs et constatés par des billets que le prêteur conservait le plus souvent dans sa caisse jusqu'à l'échéance sans faire aucun frais ; et qu'une telle appréciation échappe à la censure de la cour de cassation (Crim. rej. 16 mars 1866, aff. Bonnefemme, D. P. 67. 5. 457 *in fine*) ; — 2° Que le rejet des conclusions du prévenu d'usure tendant à faire établir qu'il est banquier et qu'il est d'usage, sur la place, que les banquiers perçoivent un droit de commission, est suffisamment motivé par l'arrêt qui décide que l'unique question du procès est de savoir si le prévenu n'a pas abusé de la qualité de banquier pour se livrer à des perceptions usuraires sous le faux nom de commission ou d'escompte (Crim. rej. 16 mars 1866, aff. Bonnefemme, D. P. 67. 5. 457).

166. Sous l'empire de la loi du 12 janv. 1886, il a été jugé qu'un arrêt, en déclarant que la négociation de billets à ordre opérée par le prévenu constituait en réalité des prêts en matière civile, que les billets escomptés n'avaient pas de cause commerciale, et que les souscripteurs ni les endosseurs n'étaient point commerçants, en constatant, d'ailleurs, que les sommes retenues par le prêteur représentaient, non des droits de commission, mais des intérêts qui s'étaient élevés au moins à 8 et 10 pour 100, a pu reconnaître dans ces faits les éléments du délit d'habitude d'usure (Crim. rej. 20 janv. 1888, aff. Boniface, D. P. 88. 1. 329). Cette solution est très juridique, puisque, si la loi du 12 janv. 1886 déclare que les lois du 3 sept. 1807 et du 19 déc. 1850 sont abrogées en matière commerciale, elle ajoute que les dispositions desdites lois restent en vigueur en matière civile.

167. Il a été encore décidé que le juge du fait est souverain pour reconnaître que, sous la forme déguisée d'opérations de vente, le prévenu a conclu de véritables prêts, à l'occasion desquels il s'est fait payer par l'emprunteur des intérêts à un taux usuraire (Crim. rej. 28 juin 1861, 1re branche du moyen unique, aff. Floquet, D. P. 61. 1. 408 ; 18 nov. 1887, aff. Josset, D. P. 88. 5. 523).

168. Pour qu'il y ait perception excessive constituant un élément du délit d'habitude d'usure, il n'est pas nécessaire que les intérêts périodiquement touchés soient supérieurs à 5 pour 100. Il a été jugé, notamment, que, lorsque le prêteur, en stipulant un intérêt de 5 pour 100, a retenu d'avance une certaine somme afin de porter cet intérêt à un taux supérieur (9 à 11 pour 100 par exemple), la perception de l'intérêt de 5 pour 100 aux époques fixées dans l'acte devient une perception usuraire, cet intérêt étant excessif en présence de la retenue effectuée d'avance (Crim. rej. 2 févr. 1866, aff. Bourgarit, D. P. 66. 5. 484. Comp. les arrêts rendus tant en matière criminelle qu'en matière civile, cités au *Rép.* n° 223).

169. De même, l'individu qui perçoit habituellement, en sus de l'intérêt légal et de droits de commission déjà très élevés, un droit spécial de commission à titre de mandataire chargé par les emprunteurs de leur procurer les fonds d'autrui, et comme rémunération qu'il leur rend en exécutant ce mandat, se rend coupable du délit d'habitude d'usure (Lyon, 26 août 1881, aff. Barral, D. P. 82. 2. 112). V. en ce sens les conclusions de M. l'avocat général Saulnier de la Pinelais, devant la cour de Rennes, et les autorités citées par ce magistrat, D. P. 79. 2. 212.— Il appartient en tous cas aux tribunaux de décider, par appréciation des circonstances de la cause, que le prévenu, en apparence simple agent intermédiaire entre le propriétaire des fonds et les emprunteurs, était en réalité le véritable prêteur des sommes que des tiers étaient censés lui procurer (Rennes, 21 mai 1879, et, sur pourvoi, Crim. rej. 25 juill. 1879, aff. Danancher, D. P. 79. 2. 211, et note 2-3 ; Lyon, 26 août 1881, précité).

170. Mais, conformément à l'arrêt de rejet de la chambre criminelle du 28 avr. 1853, cité au *Rép.* n° 235, et dans le même sens que les arrêts *supra*, n°s 150 et 151, il a été jugé que celui qui, sans être le prêteur des fonds, s'est borné à servir d'intermédiaire et à négocier des billets auxquels il avait préalablement donné sa garantie personnelle en les endossant, ne peut être déclaré coupable du délit d'usure habituelle à raison des commissions par lui perçues au cours de ces opérations, lorsque ces commissions n'ont été que la rémunération des services qu'il rendait, et que leur taux a été fixé en proportion de l'importance de ces services (Crim. rej. 2 août 1878, aff. Blanc, D. P. 79. 1. 138).

171. Les perceptions excessives en matière de prêt doivent être réprimées comme constitutives du délit d'habitude d'usure, encore bien qu'elles aient été librement consenties (Crim. rej. 26 nov. 1858, aff. Villeneuve, D. P. 59. 1. 40).

§ 2. — De la peine en matière d'usure. — Preuve. — Récidive. — Complicité. — Cumul des peines.

172. Pour former sa conviction relativement à l'existence du délit d'habitude d'usure, le juge n'est assujetti à aucune des règles ordinaires du droit civil (V. *Rép.* n° 283 et les arrêts cités *ibid.*). Il a été jugé, en ce sens : 1° que la preuve du délit d'habitude d'usure peut être faite même contre le contenu aux actes authentiques, les règles sur la force probante de ces actes étant ici sans application (Crim. rej. 26 nov. 1858, cité *supra*, n° 171) ; — 2° Que le délit d'habitude d'usure peut être établi par la preuve testimoniale, quel que soit le chiffre des prêts et des perceptions usuraires, et que les emprunteurs aussi bien que les tiers peuvent être entendus en témoignage (Crim. rej. 13 févr. 1880, aff. Baisset, D. P. 80. 1. 237).

Bien plus, rien ne s'oppose à ce que l'existence même du contrat de prêt, dont le délit d'usure est inséparable, soit établie par la preuve testimoniale. C'est ce que semble admettre, dans ses motifs, l'arrêt précité du 13 févr. 1880. La règle est, il est vrai, différente en cas d'abus de confiance (V. *supra*, v° *Abus de confiance*, n° 152). Mais, ainsi que le dit l'arrêt de la chambre criminelle du 2 déc. 1813 (*Rép.* n° 259), il y a, au regard du contrat civil, une différence essentielle entre le délit d'usure et celui d'abus de confiance. En cas d'abus de confiance, le délit ne commence que des faits extrinsèques au contrat ; l'acte coupable ne commence que postérieurement à la formation régulière de ce contrat, que l'on refuse d'exécuter par la restitution des sommes et objets reçus en dépôt ou pour en faire un emploi déterminé. On conçoit que, dans ce cas, l'existence du contrat initial, intervenu dans les conditions normales, ne puisse être prouvée que par les moyens du droit civil exclusivement. A l'inverse, le délit d'usure est inséparable du prêt lui-même ; il se forme avec l'acte et dans l'acte même du prêt ; dans son origine, il se confond nécessairement avec lui. Dès lors, la preuve testimoniale qui, en raison des principes du droit criminel, est propre à établir le délit, doit par cela seul être apte à établir le contrat qui le renferme et dont il ne peut être séparé.

173. D'après l'art. 4 de la loi du 3 sept. 1807 et d'après l'art. 2 de la loi du 19 déc. 1850, l'amende infligée pour délit d'habitude d'usure ne peut excéder la moitié des capitaux prêtés à usure (*Rép.* n° 285). Conformément aux principes posés au *Rép.* n° 287 et 288, il a été jugé que, quel que soit le nombre des individus déclarés coupables de coopération à des faits constitutifs du délit d'habitude d'usure, chacun doit être condamné à une peine personnelle et distincte, et que le montant de chaque amende prononcée doit être calculé de manière que le total des amendes ne dépasse pas la moitié des capitaux prêtés à usure (Crim. rej. 12 août 1864, aff. Muraine, D. P. 64. 5. 377 ; Crim. cass. 18 mars 1887, aff. Puech, Lacourt et autres, D. P. 88. 1. 235).

174. La cour de cassation a consacré la doctrine de l'arrêt de la cour d'Agen, du 19 juill. 1854, cité au *Rép.* n° 292, d'après laquelle, pour que la loi du 19 déc. 1850 fût applicable au délit d'habitude d'usure, il suffisait qu'un seul des faits servant à constituer le délit se fût accompli sous l'empire de cette loi. Elle a jugé que la peine de l'affiche et de l'insertion du jugement, prononcée par l'art. 5 de la loi du 19 déc. 1850, est également applicable à un délit d'habitude d'usure qui comprend des faits antérieurs à la promulgation de cette loi en même temps que des faits postérieurs, l'indivisibilité des éléments du délit entraînant l'indivisibilité de la peine ; et que cette indivisibilité s'étend aux délits accessoires dont le prévenu s'est rendu coupable pour réaliser ses perceptions usuraires (Crim. rej. 14 nov. 1862, aff. Villemot, D. P. 63. 5. 394).

175. L'art. 4, § 2, de la loi du 3 sept. 1807 portait que, dans le cas où l'usure se trouverait mélangée d'escroquerie, la peine de l'amende, édictée contre l'usure, et la peine de l'emprisonnement, édictée contre l'escroquerie, seraient cumulativement prononcées. Après la promulgation du code d'instruction criminelle, la question s'étant élevée de savoir si la disposition de l'art. 365 de ce code, prohibitive du cumul des peines, avait abrogé la disposition précitée de la loi de 1807, la jurisprudence s'est prononcée négativement (V. les arrêts cités au *Rép.* n° 299) ; et elle a même admis que l'exception apportée par l'art. 4 de la loi de 1807 au principe prohibitif du cumul des peines s'applique non seulement à l'escroquerie, mais à tous autres délits résultant de fraudes pratiquées à l'égard des emprunteurs (V. les arrêts cités au *Rép.* n° 302). — C'est dans ces circonstances qu'est intervenue la loi du 19 déc. 1850, dont l'art. 4 maintient l'art. 4 de la loi de 1807 (*Rép.* n° 301 *in fine*). Il était rationnel de penser qu'en conservant cette disposition le législateur de 1850 avait entendu lui attribuer la portée que lui donnait la jurisprudence, et la cour de cassation a jugé à plusieurs reprises que, sous l'empire de la loi du 19 déc. 1850, le cumul des peines s'applique, non pas restrictivement au cas, énoncé dans cette loi, où le délit d'habitude d'usure se trouve compliqué d'escroquerie, mais, d'une manière générale à tous les cas où les fraudes employées pour la consommation de l'usure constituent un délit distinct (Crim. rej. 9 juin 1854, aff. Bosc, *Bull. crim.*, n° 189 ; 4 févr. 1860, aff. Barroist, D. P. 61. 1. 93 ; 14 nov. 1862, aff. Villemot, D.P. 63. 5. 394 *in fine* ; 14 mai 1880, aff. Raine, D.P. 81. 1. 239). V. *suprà*, v° *Peine*, n° 134 ; *Rép. eod.*, v°, n° 170. V. aussi Hérold, *Revue critique*, 1860, t. 9, p. 365.

176. Mais si, en cas de concours du délit d'habitude d'usure avec un délit de droit commun, l'amende proportionnelle afférente à l'usure doit toujours être prononcée, elle ne saurait être cumulée avec l'*amende* dont est passible le délit de droit commun. Il est constant, d'autre part, que la peine d'emprisonnement édictée par la loi du 19 déc. 1850 contre les usuriers ne peut être cumulée avec la peine pécuniaire ou corporelle du délit concomitant (V. *suprà*, v° *Peine*, n° 134).

§ 3. — De l'action publique pour délit d'habitude d'usure.

174. L'emprunteur lésé par un fait unique d'usure ne peut agir directement devant les tribunaux répressifs, car il est sans droit pour faire la preuve des prêts usuraires consentis par le même usurier à d'autres personnes, et il ne peut établir, par conséquent, un ensemble de faits suffisant pour constituer l'habitude, qui seule tombe sous le coup de la loi pénale (*Rép.* n° 305 et autorités citées). La cour de cassation lui refuse même le droit d'intervenir comme partie jointe dans l'instance engagée par le ministère public (*Rép.* n° 306).

178. On a vu au *Rép.*, n° 307, que la cour de cassation est allée plus loin, en refusant à l'emprunteur le droit d'agir directement devant les tribunaux répressifs dans le cas où il offre de prouver que le prêteur lui a fait successivement à lui-même plusieurs prêts usuraires, ou lui a consenti plusieurs renouvellements successifs d'un prêt usuraire. Elle a persisté dans cette jurisprudence, et elle a jugé que l'emprunteur n'est pas recevable à actionner directement le prêteur devant le tribunal correctionnel pour obtenir les restitutions auxquelles il a droit (Crim. rej. 23 mai 1868, aff. Guilhou, D. P. 82. 1. 41, en note ; Crim. cass. 8 juill. 1881, aff. Cora, D. P. 82. 1. 41 ; 20 janv. 1888, aff. Boniface, D. P. 88. 1. 329), et que le ministère public ne pourrait, par son intervention et sans introduire une action nouvelle, couvrir la nullité de l'action intentée directement par la partie civile (Crim. cass. 8 juill. 1881, précité). — Depuis la loi du 19 déc. 1850, le doute ne paraît plus possible, quoique cette loi ne s'explique pas dans son texte sur ce point : en effet, le droit de citation directe, repoussé par une disposition expresse du projet de la commission, avait été consacré par un vote écartant cette disposition ; mais, à la troisième délibération, l'Assemblée est revenue sur ce vote, sur l'observation faite devant elle que le droit de citation directe donnerait aux débiteurs de mauvaise foi un moyen trop facile de paralyser les titres les plus légitimes, et qu'alors nul n'oserait plus prêter à intérêts (*Moniteur* des 13 et 14 déc. 1850. V. Morin, *Répertoire du droit criminel*, v° *Usure*, n° 14. — *Contrà* : Chauveau et Hélie, *Théorie du code pénal*, 6° éd., t. 1, p. 246, note de M. Villey).

179. Pour justifier l'application des peines du délit d'habitude d'usure, il n'est pas nécessaire que l'arrêt précise la quotité d'intérêts perçue sur chacun des prêts, *Rép.* n° 310 (*Adde* aux arrêts cités *ibid.* : Crim. rej. 10 janv. 1845, aff. Bigot, *Bull. crim.*, n° 10 ; 30 déc. 1853, aff. Lamarque, *Bull. crim.*, n° 611 ; 26 nov. 1858, aff. Villeneuve, D. P. 59. 1. 40 ; 14 nov. 1862, aff. Villemot, D. P. 63. 5. 394 ; 13 févr. 1880, aff. Baisset, D. P. 80. 1. 237 ; 8 juill. 1892, aff. Magnet, *Bull. crim.*, n° 205).

§ 4. — De la prescription en ce qui concerne le délit d'habitude d'usure.

180. L'habitude d'usure étant un délit complexe et collectif qui consiste, non dans des faits pris isolément, mais dans la réunion de plusieurs faits de même nature, la prescription ne commence à courir qu'à partir du dernier acte usuraire, et les faits antérieurs de plus de trois ans aux poursuites concourent avec les faits récents pour constituer ce délit, *Rép.* n° 315 et v° *Prescription criminelle*, n° 74. V. *Journal du ministère public*, année 1866, art. 943, et année 1867, art. 998.

181. Mais, d'après une doctrine consacrée par la dernière jurisprudence de la cour de cassation et adoptée par presque tous les auteurs, pour que l'ensemble des faits qui constituent le délit puisse être atteint par l'action répressive, il faut que cet ensemble se soit accompli sans qu'à aucune époque un intervalle de trois ans en ait interrompu la continuité, car « ce laps de temps, suffisant pour couvrir le délit perpétré, le rend nécessairement aussi pour couvrir les faits qui doivent servir d'éléments au délit non encore consommé » (Crim. rej. 30 déc. 1853, aff. Lamarque, D. P. 55. 5. 461 ; Crim. cass. 14 nov. 1862, aff. Villemot, D. P. 63. 5. 394 ; Trébutien, *Cours élémentaire de droit criminel*, t. 2, p. 151 ; Morin, *Répertoire du droit criminel*, v° *Prescription*, n° 23 ; Bertauld, *Cours de code pénal*, 3° éd., p. 547 ; Baugas, *Du prêt à intérêt*, p. 204. V. aussi les arrêts anciens de la cour de cassation cités au *Rép.* n° 315).

182. Il importe peu, d'ailleurs, qu'au moment des poursuites trois années se soient écoulées depuis la conclusion du dernier prêt usuraire, si, depuis moins de trois ans, l'opération s'est continuée par la perception des intérêts stipulés (Crim. rej. 2 févr. 1866, aff. Bourgarit, D. P. 66. 5. 484). V. *Rép.* n°s 317 à 319 avec les arrêts cités *ibid.*

183. Les délits accessoires commis au cours des opérations usuraires et pour en assurer le résultat ne sont pas couverts par la prescription, bien que leur perpétration remonte à plus de trois ans, si le délit d'habitude d'usure auquel ils s'identifient s'est continué dans les trois années antérieures aux poursuites (Crim. rej. 14 nov. 1862, aff. Villemot, D. P. 63. 5. 394). V. *Rép.* n° 320.

Table sommaire

des matières contenues dans le Supplément et le Répertoire.

(Les chiffres précédés de la lettre *S* renvoient au Supplément; les chiffres précédés de la lettre *R* renvoient au Répertoire.)

Table des articles du code civil et des lois du 3 sept. 1807 et du 19 déc. 1850.

Table chronologique des Lois, Arrêts, etc.

PRÊT SUR GAGES (MAISON DE).

1. L'interdiction de fonder, sans autorisation du Gouvernement, aucune maison de prêt sur gages, formulée par l'art. 1er de la loi du 16 pluv. an 12 et confirmée par l'art. 411 c. pén., est toujours en vigueur. — Outre le délit d'ouverture d'une maison de prêt sur gages sans autorisation, l'art. 411 c. pén. prévoit et réprime comme délit les irrégularités ou omissions, de la part des maisons autorisées, dans la tenue des registres prescrits par les règlements (Rép. n° 4).

Aujourd'hui comme au moment de la publication du Répertoire, les monts-de-piété (V. ce mot) sont les seules maisons de prêt sur gages autorisées.

2. Le premier délit prévu par l'art. 411 c. pén. est constitué par l'ouverture, sans autorisation du Gouvernement, d'une maison où l'on prête habituellement sur gages (Rép. n° 5. V. Blanche, Etudes pratiques sur le code pénal, t. 6, n° 306). — La publicité n'est pas un des éléments constitutifs de ce délit : il a été jugé, dans le sens de l'arrêt de la cour de Bruxelles du 24 juill. 1817 rapporté au Rép. n° 5 in fine, que le fait d'avancer des fonds à quiconque fournit des nantissements suffisants peut, à raison de la multiplicité des prêts et du court espace de temps pendant lequel ils ont été accomplis, être considéré comme constituant la tenue d'une maison de prêt sur gages non autorisée, et qu'il n'importe pas que ces opérations se soient faites d'une manière clandestine, sans faire appel au public par affiches ou enseignes (Crim. rej. 19 déc. 1884, aff. Albanès, D. P. 85. 1. 427).

3. L'art. 411 c. pén. ne s'applique pas, d'après la jurisprudence, aux établissements qui ne prêtent que sur gages incorporels ; il concerne seulement ceux qui prêtent sur

objets mobiliers proprement dits (V. les arrêts cités *supra*, v° *Mont-de-piété*, n° 8, spécialement Crim. cass. 15 avr. 1876, aff. Mesquida, D. P. 76. 1. 404, et le rapport de M. Dupré-Lasalc,D.P. *ibid.* Paris 1er mars 1883) (1).—En sens contraire : Trib. Mostaganem, 11 janv. 1878, aff. J..., D. P. 79. 3. 63, cité à tort *supra*, v° *Mont-de-piété*, n° 8 *in fine*, comme rendu dans le sens de l'inapplicabilité de l'art. 411 aux maisons de prêt sur gages incorporels.)

---

(1) (Achard et autres *C.* Picq). — Le 19 avr. 1882, le tribunal correctionnel de la Seine a rendu le jugement suivant : — LE TRIBUNAL : — Joint, vu sa connexité la demande du comte de Chabannes et celles des sieurs Achard, Damont et Worms ; — En ce qui touche le chef de prévention d'avoir tenu une maison de prêts sur gages ou nantissement sans autorisation légale ; — Attendu que la maison Picq a été établie en 1866, à la suite des lois du 28 mai 1858, relative aux négociations concernant les marchandises déposées dans les magasins généraux, et 13 mai 1863 modifiant le titre 6 du livre 1, c. comm. relatif au gage et aux commissionnaires ; que cette maison a été ainsi créée en vue des facilités de crédit nouvelles qu'avaient données aux commerçants les lois sus-visées, dans le but d'en tirer profit, en se livrant aux opérations de prêt que ces lois permettaient et encourageaient en en simplifiant le fonctionnement ; qu'en effet l'économie et la tendance de ces deux lois sont caractérisées dans ce passage de l'exposé des motifs de 1863, où il est dit que « le gage est pour le commerçant non seulement une ressource pour sortir d'embarras, mais aussi un moyen fécond d'agrandir et d'activer ses opérations ; que, dans un autre passage du même exposé des motifs, on lit que « l'effet de la loi sera de permettre à tout le monde de prêter sur gage aux commerçants, sans périls, et par conséquent de vulgariser les nantissements » ; qu'aussi l'établissement de la maison du sieur Picq n'est pas incriminé par le ministère public ; que ledit sieur Picq est seulement prévenu d'avoir, dans la tenue de cette maison, contrevenu aux prescriptions des lois dont il s'agit, en prêtant sur gage ou nantissement, sans autorisation légale (c. pén., art. 411), alors que l'art. 92 c. comm. limitait expressément les prêts qu'il pouvait faire au gage constitué soit par un commerçant soit par un individu non commerçant pour un acte de commerce ; — Attendu que le nombre de prêts sur nantissement effectués par la maison Picq, du 1er au 1er janv. 1879, s'est élevé à 209, et l'importance de ces prêts à 16 617 660 fr. 85 c., sur lesquels il a été perçu 456 146 fr. 80 c. ; — Attendu que l'expert énonce dans son rapport que, si l'on s'en tient à la qualité apparente des emprunteurs du sieur Picq, celui-ci paraîtrait avoir traité la majeure partie de ces affaires avec les commerçants et, s'être ainsi entièrement conformé aux art. 91 et suiv., c. com.; — Mais attendu qu'indépendamment des prêts faits au comte de Chabannes, dont le nom ne figure pas dans ceux des 209 emprunteurs visés dans le rapport de l'expert, ce dernier considère que, sur les 209 prêts dont il s'agit, il y en aurait 9 s'élevant au chiffre total de 3 942 954 fr. 61 cent. sur 16 617 660 fr. 85 cent. ayant donné lieu à une perception de 120.232 fr. 95 cent. sur 456 146 fr. 80 cent., lesquels prêts devaient être considérés comme délictueux ; — Attendu qu'à l'appui de son rapport, l'expert relève d'abord que cinq des emprunteurs : 1° le sieur Woraint ; 2° Séligmann et Salomon ; 3° Samier frères ; 4° Raymond et Thury; 5° Blanco, auraient donné en nantissement des marchandises qui n'étaient pas de la nature de celles dont ils faisaient habituellement et ostensiblement le commerce ; d'où il suit qu'on ne peut admettre que les sieurs Picq, aient pu croire que ces marchandises avaient été achetées régulièrement et en vue d'un placement normal ; — Attendu que sans contester autrement la spécialité commerciale des susnommés, l'expert énumère qu'il a été prêté, savoir : au sieur Woraint, sur filés et tissus de laine et soie, 248 400 francs à Séligmann et Salomon, sur diamants, brillants, perles, etc., 1 534 350 francs ; à Thury, sur diamants, brillants, perles, etc., 1 302 780 francs; à Blanco, sur des bijoux divers 319,900 francs ; — Attendu que le rapport de l'expert relève encore que trois emprunteurs, les sieurs Foussenau, Vanderanven et Dardin, n'exerçaient aucun genre de commerce spécial, et qu'il aurait été prêté: au premier 19 800 francs sur soie et toile ; au deuxième 2350 francs sur charbon, et au troisième 230 624 fr. 60, sur café, vanille et charbon ; — Attendu que le rapport relève enfin qu'un des emprunteurs, le comte d'Andlau, auquel il a été avancé 44 600 francs sur laine et soie, n'était notoirement pas commerçant, et que sa position sociale l'éloignait de tout négoce ; — Attendu que le même grief est relevé en ce qui concerne les prêts faits au comte de Chabannes, officier de marine, auquel il a été avancé : 1° le 4 janv. 1876, sur les vins, 8000 francs; le 21 févr. suivant, sur des vins et eaux-de-vie, 11 000 francs; le 20 janv. 1877, sur 483 pièces de draps, 19 200 francs ; le 27 janv. 1878, sur 7280 pièces d'étoffes diverses, 8000 francs ; — Attendu, en ce qui concerne les huit premiers emprunteurs susnommés, qu'il est constant qu'ils étaient commerçants, et que le gage qu'ils ont donné

en garantie pouvait être considéré entre leurs mains comme une marchandise qu'ils utilisaient pour se procurer les avances dont ils avaient besoin, sans qu'il soit établi que le sieur Picq ait dû croire qu'il effectuait à leur égard un prêt civil ; que l'expert le reconnaît ; qu'en effet il conclut, en ce qui touche ces huit emprunteurs, en disant que, quoi qu'il en soit, les frères Picq sont, dans une certaine mesure, en état de s'appuyer sur la situation apparente de ces emprunteurs pour prétendre qu'ils n'ont cru faire avec eux que des opérations licites; — Attendu qu'il est évident que, en ce qui concerne le comte d'Andlau et le comte de Chabannes, à l'égard desquels le prêt délictueux, fût-il d'ailleurs établi, ne saurait, étant isolé, constituer la tenue d'une maison de prêts sur gage, le sieur Picq ne peut se retrancher derrière leur situation de commerçants ; — Mais attendu que l'art. 91 de la loi de 1863 prévoit le gage constitué par un non-commerçant pour un acte de commerce; que l'importance et la nature des lots de marchandises données au sieur Madrassi, le susnommés et les conditions dans lesquelles elles l'étaient, permettaient de croire que ceux-ci en étaient propriétaires par suite d'un contrat commercial, exceptionnellement passé par eux ; qu'en effet, les laines et tissus lesquels il a été prêté au comte d'Andlau avaient appartenu originairement au sieur Madrassi, négociant à Paris, qui les avaient consignés, en mars et sept. 1877, aux magasins généraux du Chateau-d'Eau et les avaient transportés, le 30 nov. 1877, au comte d'Andlau, qui en était ainsi devenu propriétaire et avait emprunté depuis sur les warrants à lui remis; qu'il en est de même des prêts faits les 4 janv. et 21 févr. 1876 au comte de Chabannes sur les vins et eaux-de-vie, lesquels avaient été déposés par lui-même aux entrepôts du Pont-de-Flandre les 28 et 31 déc. 1875, entrepôts qui lui avaient, sur sa demande, délivré des warrants, dont il est venu proposer l'escompte aux frères Picq ; que les diamants prêtés au comte de Chabanne l'ont été par le sieur Lectier, que la remise des diamants effectué par ce dernier dans les magasins du sieur Trotot, entrepositaire directeur des magasins généraux, et sur la remise des récépissés et warrants endossés par ledit sieur Lectier au profit des sieurs Picq, et figurent seuls sur le livre de ces derniers; — Attendu d'ailleurs que, comme pour ceux consentis au comte d'Andlau et au comte de Chabannes, la presque totalité des prêts effectués par les frères Picq dans le cours des trois années sur lesquelles a porté le rapport de l'expert, l'ont été, après dépôt de marchandises, dans les magasins généraux et autres entrepôts similaires créés dans ce but en vertu de l'art. 1 de la loi du 28 mai 1858, et sur récépissé et warrants délivrés par ces établissements aux déposants, puis régulièrement transférés aux frères Picq par voie d'endossement, ainsi que le permet l'art. 3 de la loi du 28 mai 1858; — Attendu que la remise aux mains du sieur Picq des récépissés et warrants ainsi régulièrement endossés à son profit pouvait l'autoriser à croire qu'il prêtait licitement sur les marchandises, faisant l'objet des récépissés et warrants qui avaient été créés en exécution de la loi du 28 mai 1858 et de celle du 13 mai 1863, laquelle n'est que le complément de la loi sur les magasins généraux et sur les warrants, ainsi qu'il est dit dans la partie finale de l'exposé des motifs de cette loi ; — Attendu que l'art. 1 de la loi du 28 mai 1850 dispose que les magasins généraux établis en vertu du décret du 21 mars 1848 et ceux qui seront créés à l'avenir recevront les matières premières, les marchandises et les objets fabriqués remis par les négociants et industriels, qui voudront y déposer, qu'il résulte de ce texte précis de la loi du 28 mai 1858, que les magasins généraux et autres entrepôts similaires légalement établis ne peuvent recevoir en dépôt que des marchandises et objets fabriqués, remis par des négociants et industriels, c'est-à-dire des marchandises susceptibles d'être données ou prises en nantissement pour prêts, aux termes de l'art. 91 de la loi du 1863; qu'en effet, pour s'assurer que les magasins généraux fonctionnent dans les limites qui leur sont imparties, des récépissés sont délivrés aux déposants, lesquels donnent leur nom, profession et domicile, ainsi que la nature de la marchandise déposée, et à chaque récépissé de marchandise est joint, sous la domination de warrants, un bulletin de gage contenant les mêmes mentions que le récépissé ; — Attendu que l'autorité administrative est armée du droit de constater si les magasins généraux enfreignent les prescriptions de la loi; qu'en effet, l'art. 1 de la loi de 1858 dispose que les magasins ouverts avec l'autorisation du Gouvernement, sont placés sous la surveillance qu'en outre, la loi a prévu le cas où les commerçants auraient à souffrir du fonctionnement irrégulier des magasins généraux,

4. Mais la jurisprudence, se fondant sur ce que les reconnaissances du mont-de-piété sont la représentation des objets engagés et investissent ceux qui sont porteurs de ces titres de tous les droits des déposants sur les objets, décide que les maisons qui prêtent habituellement sur reconnaissances du mont-de-piété tombent sous l'application de l'art. 411 c. pén. (V. les arrêts cités *suprà*, v° *Mont-de-piété*, n° 9, spécialement, Crim. rej. 19 mai 1876, aff. Caen dit Samson, D. P. 76. 1.404. *Adde*, Alger, 17 mars 1877) (1).

qu'en effet, l'art. 11 du règlement d'administration concernant la loi du 28 mai 1858, pris en vertu de l'art. 14 de ladite loi, dispose qu'en cas de contravention ou d'abus commis par les exploitants, de nature à porter un grave préjudice à l'intérêt du commerce, l'autorisation accordée peut être révoquée par un acte rendu dans la même forme que cette autorisation et les parties entendues: qu'il en résulte que, si les prêts effectués par le sieur Picq sur récépissés et warrants portaient sur des marchandises indûment déposées, les commerçants qui croient avoir eu à souffrir de ces agissements, dont l'origine et la responsabilité remontent aux magasins généraux, trouvent dans la loi les moyens d'y remédier en se pourvoyant ainsi que de droit; — Attendu que l'expert constate d'ailleurs que la manière d'opérer du sieur Picq était régulière dans la forme et ne s'écartait pas des prescriptions légales; — Attendu que si les frères Picq s'étaient livrés à des prêts illicites, leur comptabilité ne les aurait pas consignés avec une exactitude, une régularité et une précision reconnue par l'expert, et qui excluent la mauvaise foi et la fraude; — Attendu qu'il résulte de tout ceci que les délits de tenue de maison de prêts sur gages, non plus que celui d'établissement d'une maison de prêts sur gages relevé par le comte de Chabannes seul, ne sont pas établis; — Par ces motifs; — Déclare les plaignants mal fondés en leur demande, les en déboute; — Relaxe le prévenu des fins de la poursuite, etc., etc. Appel par les sieurs Achard et autres.

LA COUR; — En ce qui touche la prévention de tenue d'une maison de prêt sur gage : — Considérant que, si le prêt sur nantissement est en lui-même un contrat licite soit dans les relations de la vie civile, soit dans l'ordre des transactions commerciales, l'art. 411 c. pén., n'en interdit pas moins, sous la réserve du privilège des établissements ce autorisés, toute ouverture ou tenue d'une maison de prêts sur gages, c'est-à-dire l'exercice de la profession de prêteur sur gage, consistant à se mettre en rapports avec le public pour la recherche et la pratique habituelle de ce genre d'opérations; — Considérant qu'il ne résulte d'aucun texte que cette situation légale se soit trouvée modifiée depuis l'institution des magasins généraux; que les lois des 28 mai 1858 et 23 mai 1863 peuvent avoir eu pour but et pour effet de vulgariser les avances sur nantissement de marchandises, comme un utile moyen de crédit entre commerçants, mais que ces lois n'ont porté aucune atteinte aux dispositions de l'art. 411 c. pén.; — Considérant que l'autorisation de prêter, conférée par la loi du 31 août 1870 aux exploitants des magasins généraux autorisés, n'implique à aucun degré que la négociation habituelle des prêts sur nantissement soit devenue une profession ouverte et permise à tous, à condition de n'opérer que sur les marchandises ou matières susceptibles d'être reçues aux magasins généraux; — Considérant qu'il est, à la vérité, de jurisprudence, que l'art. 411 c. pén. est applicable seulement aux maisons qui font métier de prêter sur dépôt de choses mobilières, et non pas à celles qui se livrent à des avances sur titres représentatifs de créances, ou autres droits incorporels; mais que le gage mobilier pouvant, aux termes de l'art. 2076 c. civ., être mis en possession du prêteur ou dans celle d'un tiers convenu entre les parties, il en résulte que le délit de tenue d'une maison de prêts sur gages existe soit que le prévenu ait reçu et conservé chez lui les objets qui lui étaient donnés en nantissement, soit qu'il ait prêté, d'une manière assidue, sur les récépissés et warrants, mettant à sa disposition des marchandises consignées aux magasins généraux; — Considérant que ces récépissés et warrants ne constituent pas un bien distinct de l'objet corporel dont ils constatent le dépôt, qu'ils sont uniquement la représentation de cet objet; qu'aux termes de l'art. 4 de la loi du 28 mai 1858, l'endossement du récépissé dont le warrant n'a pas été détaché investit le porteur de tous les droits du déposant lui-même sur les marchandises consignées vis-à-vis des magasins généraux; qu'ainsi, donner en nantissement des récépissés et warrants endossés à l'ordre du prêteur, c'est bien donner en gage la marchandise elle-même qui y est désignée; — Considérant qu'il résulte de l'instruction et des débats que, pendant les trois années qui ont précédé les poursuites, la maison Picq s'est fait une spécialité notoire et publique du prêt sur nantissement, à tel point que, dans la période sus-énoncée, elle a traité avec deux cent neuf personnes, une série de prêts de cette espèce, dont l'importance totale a dépassé 16 millions; que les gages donnés ont consisté, tantôt en marchandises livrées à Picq, qui les a consignées sous son nom aux magasins généraux, tantôt en marchandises consignées aux magasins généraux par les emprunteurs et

Il importe peu que les opérations aient été déguisées sous la forme mensongère d'achats à réméré (Même arrêt).

5. Par les mêmes motifs, il a été jugé que l'art. 411 c. pén. est applicable aux maisons qui prêtent habituellement sur récépisses et warrants de marchandises déposées aux magasins généraux (Paris, 1er mars 1883, *suprà*, n° 3).

Cette dernière solution se rattache à la question de savoir si la loi du 28 mai 1858, sur les magasins généraux, et la loi du 23 mai 1863, portant modification de l'art. 92

mises à la disposition de Picq, par le transfert des récépissés et warrants qu'il recevait en garantie; — Considérant que, si le plus grand nombre de ces emprunteurs ont été des commerçants, beaucoup d'eux ont engagé à l'intimé des denrées tout autres que celles dont ils trafiquaient ordinairement, de telle sorte que ces appels au crédit ne pouvaient être considérés comme des opérations normales de leur négoce; que d'ailleurs, reprises d'ailleurs, l'intimé a prêté sur gage soit ouvertement, soit sous le couvert de courtiers qui n'étaient que des prête-noms, à des hommes du monde, qu'il savait être étrangers à tout commerce et pour qui l'engagement de marchandises achetées dans des conditions équivoques n'était qu'un moyen désespéré de subvenir à leurs dissipations; — Considérant que ce délit est prévu et puni par l'art. 411 c. pén.; — Considérant que ce délit ne résultant que de la répétition et de la continuité de transactions dont chacune, prise à part, a constitué un contrat licite, les parties civiles n'en ont éprouvé aucun préjudice, et qu'à la sanction pénale encourue par l'intimé il n'y a lieu d'ajouter ni restitution, ni dommages-intérêts; — Par ces motifs...; — En ce qui touche la tenue d'une maison de prêts sur gages; — Met les appellations et ce dont est appel au néant: — Emendant, déclare Picq coupable du délit prévu et puni par l'art. 411 c. pén., et lui faisant application dudit article, le condamne, etc.

Du 1er mars 1883.-C. de Paris, ch. correct.-MM. Cotelle, pr.-Calary, av. gén.-Barboux, Bournat et Durier, av.

(1) (Richau.) — LA COUR; — Sur la prévention du délit de tenue de maison de prêts sur gages sans autorisation ; — Considérant que Richau, déjà condamné par le tribunal correctionnel d'Alger, le 21 avr. 1875, à 25 fr. d'amende pour tenue d'une maison de prêts sur gages sans autorisation a, depuis cette époque, continué à pratiquer habituellement les opérations pour lesquelles il avait été condamné; — Qu'il a, en effet, du 8 mai 1875 au 8 avr. 1876, prêté à seize emprunteurs différents diverses sommes, au total de 218 fr. sur nantissements consistant en reconnaissances du mont-de-piété, au total de 89 pour les seize qui ont pu être constatés; — Considérant que Richau soutient n'avoir pas fait de nouveaux prêts postérieurement au jugement du 24 avr. 1875, mais s'être borné à recevoir de nouvelles reconnaissances en nantissement des anciens prêts qui avaient motivé le jugement du 24 avr. 1875 et en échange des anciennes reconnaissances qui étaient venues à échéance; — Que, sans qu'il soit besoin de rechercher si l'opération telle que l'a décrite le prévenu est licite, il est établi par l'instruction et les débats que tous les témoins, sauf deux, ont non seulement liquidé leurs anciennes dettes envers Richau, mais encore contracté de nouveaux emprunts sur nantissements de nouvelles reconnaissances; — Considérant que, suivant le prévenu, les nouvelles opérations constitueraient non des prêts sur gages, mais des achats à réméré, mais qu'il est établi que ceux qui traitaient avec lui n'ont jamais entendu qu'obtenir de lui des avances sur le dépôt de reconnaissances et qu'il n'a en réalité entendu leur faire que des avances; — Qu'il stipulait des intérêts de 10 pour 100 par mois, retenant même au moment du prêt les intérêts du premier mois, et déclarant qu'en cas de non-payement d'un mois d'intérêt, il disposerait des reconnaissances sans attendre l'échéance du prétendu réméré, d'où il suit que ses opérations, sous une apparence mensongère uniquement destinée à leur assurer l'impunité, n'étaient en réalité que des prêts sur gages; — Considérant que Richau soutient qu'en tous cas les reconnaissances du mont-de-piété étant des meubles incorporels, les prêts par lui consentis ne tomberaient pas sous l'application de l'art. 411 c. pén. ; — Qu'il a fait admettre ce système par les premiers juges; — Mais considérant que les reconnaissances du mont-de-piété sont au porteur et investissent leurs détenteurs de tous les droits des déposants sur les objets engagés; — Que, par suite, leur réception en gage équivaut à la réception même du meuble corporel y désigné, ce qui la fait tomber sous l'application de l'art. 411 c. pén.; — Considérant, par suite, qu'il y a lieu d'infirmer le jugement qui a acquitté Richau sur le chef de tenue de maison de prêts sur gages sans autorisation, et de lui faire, de ce chef, application de la loi pénale; — Par ces motifs, faisant droit à l'appel du ministère public, infirme le jugement en ce qu'il a déclaré Richau non coupable du délit de tenue de maison de prêts sur gages sans autorisation, etc.

Du 17 mars 1877.-C. d'Alger, ch. corr.-MM. Bastien, pr.-Valette, av. gén.-Malarme, av.

c. com., ont dérogé à l'art. 411 c. pén. pour les maisons de prêts sur gages dont les opérations auraient un caractère commercial. On peut signaler à cet égard quelque incertitude dans la jurisprudence de la cour de cassation : dans un arrêt rendu sur pourvoi contre l'arrêt de la cour de Paris précité, la chambre criminelle constate que les lois de 1858 et de 1863 « n'interdisent pas la création d'établissements, même spéciaux, pour les négociations qu'elles autorisent », et elle rejette le pourvoi par ce seul motif que l'usage habituel du prêt sur warrants ne saurait couvrir les actes que l'art. 411 c. pén. a pour but d'atteindre et de réprimer, et autoriser l'existence d'une maison qui aurait la spécialité notoire et publique du prêt sur nantissement, fréquemment

opéré soit au profit de commerçants sur dépôts de marchandises autres que celles dont ils trafiquent ordinairement, soit même au profit de personnes étrangères à tout commerce et achetant des marchandises pour s'en faire un moyen de subvenir à leurs dissipations (Crim. rej. 24 janv. 1884, aff. Picq, D. P. 84. 1. 425. V. en ce sens Douai, 21 nov. 1887, aff. Denis, D. P. 88. 2. 302). Mais un arrêt plus récent de la cour de cassation juge, en termes généraux, qu'il n'a été dérogé ni par la loi du 28 mai 1858, ni par la loi du 23 mai 1863, à l'art. 411 c.pén., qui ne fait lui-même aucune distinction entre les maisons dont les prêts auraient un caractère commercial et celles dont les opérations seraient purement civiles (Crim. rej. 2 janv. 1890, aff. Bloch et Dreyfus, D. P. 90. 1. 191).

Table sommaire

des matières contenues dans le Supplément et le Répertoire.

(Les chiffres précédés de la lettre S renvoient au Supplément; les chiffres précédés de la lettre R renvoient au Répertoire.)

Table chronologique des Lois, Arrêts, etc.

PREUVE.

Division.

§ 1. — Historique, notions générales (n° 2).
§ 2. — De la preuve en matière civile (n° 3).
§ 3. — De la preuve en matière criminelle (n° 52)

1. Les principes généraux qui régissent la matière des preuves n'ont subi depuis la publication du *Répertoire* aucune modification. Nous nous bornerons donc à exposer les applications nouvelles qui en ont été proposées par les auteurs et la jurisprudence.

Sans revenir sur les définitions données au *Rép.* n°s 1 et 2, nous dirons que les explications qui vont suivre se rapportent à la preuve des faits, et non à la preuve du droit, laquelle constitue bien une preuve qu'une interprétation de la loi (Larombière, *Théorie et pratique des obligations*, t. 5, art. 1315, n° 17; Demolombe, *Traité des contrats*, t. 6, n° 183; Aubry et Rau, *Cours de droit civil français*, t. 8, p. 152, § 479). Toutefois il peut y avoir lieu à une véritable preuve du droit lorsque s'élève une difficulté sur la teneur d'une législation étrangère ou sur l'existence d'un usage local dont l'application est en jeu. C'est à celui qui veut s'en prévaloir qu'il incombe d'en justifier (Demolombe, *op. cit.*, t. 6, n°s 184 et 185, Aubry et Rau, *loc. cit.*). En ce cas, et à défaut d'écrit, la preuve de l'usage peut être faite par témoins. Quant aux usages commerciaux ils peuvent aussi être prouvés par les avis émanés de négociants et désignés sous le nom de *parères*.

§ 1er. — Historique. — Notions générales (*Rép.* n°s 3 à 8).

2. Les explications données au *Répertoire* nous dispensent de revenir sur ce sujet.

§ 2. — De la preuve en matière civile (*Rép.* n°s 9 à 72).

3. En dehors des modes généraux de preuve institués par

la loi civile (dont l'étude complète a été présentée *suprà*, v° *Obligations*, n°s 1352 et suiv.) et de ceux établis par les dispositions du code de procédure civile, il en est d'autres d'un caractère exceptionnel qui ont été énumérés au *Rép.* n° 9).

4. L'*affirmation* ou déclaration, envisagée comme mode de preuve, a un caractère exceptionnel qui ne permet pas de l'appliquer hors des cas spécialement visés par la loi. Par exemple, la règle suivant laquelle le dépositaire, sans preuve écrite du dépôt, d'une valeur supérieure à 150 fr., n'est pas tenu de prouver l'identité de la chose déposée avec celle qu'il restitue, et n'en est cru sur sa déclaration (c. civ. art. 1924) ne s'applique pas entre associés, relativement à la chose commune remise à l'un d'eux, dans l'intérêt de la société, et sous que l'identité de cette chose est mise en question, à l'occasion, par exemple, de la liquidation, des droits des associés : la preuve est à la charge de celui des associés qui, dans le procès, joue le rôle de demandeur. Ainsi, lorsque l'associé détenteur, dans l'intérêt commun, d'une chose provenant de l'acquisition de son coassocié, soutient que cette chose n'a pas été achetée conformément aux conventions sociales, et réclame des dommages-intérêts contre ce dernier, c'est à lui à établir, préalablement à la preuve du fait par lui articulé, l'identité de la chose qu'il prétend être défectueuse avec celle dont il a accepté le dépôt (Req. 11 août 1862, aff. Hubert, D. P. 62. 1. 540, Conf. Rép. v°s *Dépôt*, n°s 138 et suiv.).

5. L'affirmation du maître a cessé de faire preuve contre l'ouvrier ou le domestique dans les cas prévus par l'art. 1781 c. civ., ce texte ayant été abrogé par la loi du 2 août 1868 (V. *suprà*, v° *Louage d'industrie*, n° 25). Désormais le droit commun régit les rapports de l'ouvrier ou domestique et du maître; et il a été jugé que celui-ci n'est tenu d'établir sa libération que si tout d'abord le domestique a fait la preuve que des gages lui étaient dus (Paris, 26 juill. 1889) (1).

6. D'autre part, la preuve par *commune renommée*, autorisée par la loi dans certains cas exceptionnels, ne saurait être appliquée à d'autres hypothèses (Douai, 2e ch., 13 janv. 1865, *suprà*, v° *Absence*, n° 54). Elle diffère de la

---

(1) (Veuve Duthoit C. Manouck-Bey); — LA COUR; — Considérant que la veuve Duthoit est entrée chez Manouck-Bey en 1876, et qu'elle en est sortie, congédiée brusquement, le 25 févr.

1885, sans faire d'observations ni de réclamations d'aucune sorte ; Que ce n'est que plusieurs mois après, vers septembre 1885, qu'elle demanda une décharge, un *quitus*, des sommes qu'elle

preuve testimoniale en ce qu'elle a pour base, non pas des dépositions fondées sur certains faits connus des témoins, mais des dépositions portant sur des suppositions, des croyances. Aussi avait-il été soutenu (Bellot des Minières, *Contrat de mariage*, t. 2, p. 80; Massé et Vergé, sur Zachariæ, *Le droit civil français*, t. 3, p. 316, note. 2) que l'enquête par commune renommée ne constituait qu'un acte de notoriété, un procès-verbal, et que cet acte devait être reçu par un notaire commis en justice, et non par un juge en la forme des enquêtes. Mais cette doctrine, admissible lorsque les intéressés procèdent d'un commun accord, cesse de l'être quand la preuve par commune renommée est ordonnée à la suite d'un litige et par le juge; c'est ce qui a été reconnu au *Rép.* v° *Contrat de mariage*, n° 946, conformément à l'opinion de la cour de cassation; telle est aussi la doctrine d'un arrêt de la cour de Douai du 11 avr. 1884 (*suprà*, v° *Contrat de mariage*, n° 988) et des auteurs les plus récents (Dutruc, *Supplément aux lois de la procédure*, v° *Enquête*, n° 64; Bioche, *Dictionnaire de procédure civile*, v° *Enquête par commune renommée*, n° 7; Aubry et Rau, t. 8, p. 298, § 761 et note 18).

7. Le juge ne peut pas se fonder pour admettre un fait sur ce qu'il est *notoire*; ainsi qu'on l'a dit au *Rép.* n° 17, la notoriété ne constitue pas une présomption légale (Demolombe, t. 6, n° 203; Aubry et Rau, t. 8, p. 154, § 749 et note 9; *Encyclopédie du notariat*, v° *Preuve*, n° 23). Cette observation est applicable aussi en matière de commerce, puisque la notoriété n'est pas comprise dans l'énumération de l'art. 109 c. com., il faut en conclure que le législateur n'a pas entendu l'ériger en mode de preuve à raison de son caractère exorbitant du droit commun. Comme le dit M. Massé (*Droit commercial*, t. 4, n° 2366), « la loi commerciale est plus large que la loi civile dans l'admission des preuves et des moyens de preuve; mais le juge ne doit jamais être plus large que la loi ». Telle est la solution implicitement consacrée par un arrêt de la chambre des requêtes du 22 juill. 1873 (aff. Bouyer, D. P. 73. 1. 460). — Par exception, la loi indique certaines hypothèses (c. civ. art. 444, 503, 1994-2°) dans lesquelles l'application de ses dispositions est subordonnée à la notoriété d'un fait; l'existence de cette notoriété devra être alors démontrée devant le juge (Aubry et Rau, *loc. cit.*).

8. La constatation par les juges du fond de la notoriété d'un fait ne rend pas leur décision illégale lorsque d'autres motifs sont donnés qui suffisent à la justifier (Req. 22 juill. 1873, cité *suprà*, n° 7). Il a été encore décidé, en ce sens, que l'énonciation par l'arrêt qu'un fait « est de notoriété » n'implique pas nécessairement que la cour a entendu puiser dans la notoriété publique la preuve *légale* de ce fait, mais

indique simplement une des circonstances qui résultaient pour le juge des documents de la cause et qui ont déterminé son appréciation (Req. 6 juill. 1891, aff. Société de la Ferté-sous-Jouarre, D. P. 92. 1. 119).

9. Bien que l'aveu et le serment litis-décisoire soient rangés par l'art. 1316 c. civ. au nombre des modes légaux de preuve, on a soutenu que telle n'est pas leur nature. En ce qui touche l'aveu, MM. Aubry et Rau (t. 8, § 749, p. 159 et note 29) estiment qu'il implique, au contraire, la dispense de toute preuve, par cela même qu'il fait légalement présumer la vérité du fait avoué. Nous pensons, au contraire, que l'aveu, précisément parce qu'il constitue une présomption légale, possède à ce titre le caractère d'une preuve, tout comme il en a l'autorité (V. en ce sens : Larombière, t. 5, art. 1316, n° 2; Demolombe, t. 6, n° 219).

10. Quant au serment litis-décisoire, MM. Aubry et Rau (t. 8, § 749, p. 159 et note 28) n'y voient pas non plus une preuve; c'est, d'après eux, l'offre par celui qui le défère de terminer la contestation par voie transactionnelle, la transaction étant subordonnée à cette condition alternative, que l'adversaire prêtera le serment, auquel cas il gagnera son procès, ou qu'il le refusera, auquel cas il sera condamné. Le résultat du litige serait ainsi obtenu sans aucune preuve apportée de part ni d'autre. A ce raisonnement il a été justement répondu que le caractère transactionnel du serment ne l'empêche pas de constituer une preuve. Le serment, dit en effet M. Larombière (t. 5, art. 1316, n° 3), « n'est autre chose que l'affirmation réputée sincère de la vérité d'un fait. Or, si ce fait, par cela seul qu'il est affirmé sous serment, est tenu judiciairement pour avéré, n'est-ce pas parce que le serment est un moyen légal de preuve? » Si au contraire le serment n'est pas prêté, le refus de le prêter contient un aveu implicite du bien fondé des prétentions de l'adversaire, et à titre d'aveu il constitue encore une preuve (Conf. Demolombe, t. 6, n° 217).

11. L'énumération des preuves légales est non seulement énonciative, mais encore limitative, ainsi se réfère à l'application d'une double règle que Demolombe a fort exactement formulée de la manière suivante (t. 6, n° 198) : « 1° le législateur a déterminé limitativement les modes de preuve qui peuvent seuls être admis en matière civile; 2° il a déterminé aussi dans quels cas et sous quelles conditions chacun de ces modes de preuve peut être admis ». — La jurisprudence a maintes fois appliqué ces principes. Jugé, notamment 1° qu'un procès-verbal de non-conciliation dressé par le juge de paix sans la signature des parties ne constitue ni la preuve écrite ni un commencement de preuve par écrit des prétendus aveux ou des déclarations qui y sont consignés (Besançon, 29 juill. 1881 (1); C. cass. belge, 4 mai 1882,

avait pu toucher pour le compte de Manouck-Bey; — Considérant que, cette décharge lui ayant été donnée par acte du 30 sept. 1885 reçu par Me Brault, notaire à Neuilly, ce n'est qu'à la date du 17 mars 1886, qu'il assigna Manouck-Bey en payement d'une somme de 5120 fr. pour location d'une voiture et abonnement à un journal des ventes; — Qu'ensuite, et par conclusions du 18 juill. 1887, elle demanda : 1° Pour argent par elle avancé pour les dépenses courantes . . . . 4 854 »

2° Pour frais de voitures de place	6 066 50
3° Pour perte subie par la réalisation de valeurs.	6 636 75
Total.	17 557 25
demandés dans l'assignation, qui, ajoutés aux	5 120. »
font un total de.	22 677 25

Considérant que, par jugement du tribunal de la Seine, du 10 août 1877, la veuve Duthoit a été déboutée de toutes ses demandes, fins et conclusions; — Qu'appel a été interjeté par elle de cette décision; mais qu'à la date du 24 janv. 1888 elle s'est désistée de son appel; — Considérant que, le 30 janv. 1888, la veuve Duthoit a assigné Manouck-Bey en payement de la somme de 22 000 fr. pour rémunération de ses soins; — Considérant que ce n'est qu'à cette date qu'apparaît pour la première fois la prétention émise par la veuve Duthoit qu'il lui serait dû quelque chose par Manouck-Bey, pour gages; — Considérant qu'à l'appui de sa demande, la veuve Duthoit ne produit aucune justification; — Qu'il est constaté par le jugement dont est appel et dont la veuve Duthoit n'a pas fait appel incident, que la rémunération due à celle-ci par Manouck-Bey, lui a été payée pour les années 1883, 1884, 1885, qu' « elle a, en effet, reçu 1500 fr. par an, et que ce chiffre de gages est suffisant avec le logement, et la nourriture en sus »; — Considérant que c'est à

tort que les premiers juges ont, après avoir fait cette constatation, ont déclaré que Manouck-Bey, ne justifiant pas de sa libération pour les sept années qui ont précédé celles de 1883, 1884 et 1885, devait une somme de 10 500 fr. à la veuve Duthoit, pour ces dites sept années; — Considérant que si l'abrogation de l'art. 1781 c. civ. a remplacé le maître et le domestique dans le droit commun, il incombe au demandeur de faire la preuve à laquelle il est tenu, et que ce n'est qu'après que cette preuve aura été fournie que le défendeur aura à prouver sa libération; — Considérant que, dans la cause, la veuve Duthoit ne prouve pas qu'elle soit créancière de Manouck-Bey; — Qu'en effet, il résulte des faits et documents de la cause que la veuve Duthoit n'a formulé la demande actuellement soumise à la cour que près de trois ans après sa sortie de la maison de Manouck-Bey, qu'il a fallu renoncer à sa demande en payement de 22 677 fr. 25; qu'au surplus du règlement, sans protestation de ses gages, pour les années 1883, 1884 et 1885, il faut induire que le payement desdits gages pour les années antérieures n'a été effectué; — Considérant que, dans ces conditions, il n'y a pas lieu de s'arrêter aux conclusions prises par Manouck-Bey, relatives à la prescription édictée par l'art. 2272 c. civ., ni d'examiner la question de savoir si les dispositions de l'art. 1346 c. civ. peuvent être, en l'absence de conclusions prises par les parties, appliquées d'office par la cour. Par ces motifs, émendant, déclare la veuve Duthoit mal fondée en toutes ses demandes, fins et conclusions; etc.
Du 26 juill. 1889.-C. de Paris.-M. Boucher-Cadart, pr.

(1) (Mondragon C. Fieux). — LA COUR; — Attendu, en droit, qu'aux termes de l'art. 54 c. proc. civ., le juge conciliateur n'est autorisé à recueillir et à constater les dires, aveux et conventions des parties que dans le cas de conciliation; que le deuxième paragraphe dudit article dispose que, dans le cas

aff. Opdebeck, D. P. 84. 2. 90, et *suprà*, v° *Conciliation* n° 85); — 2° Qu'il n'y a pas preuve par écrit régulière, lorsque l'acte sous seing privé soumis au juge ne porte la signature des parties qu'en marge, et qu'un tel acte ne constitue pas davantage un commencement de preuve par écrit (Trani, 1ᵉʳ févr. 1882) (1); — 3° Qu'à plus forte raison, le bail écrit par un tiers, spécialement par le commis du bailleur, mais non signé par ce bailleur, ne peut constituer un commencement de preuve par écrit dans le sens de l'art. 1347 c. civ. (Alger, 17 oct. 1892, aff. Cabessa, D. P. 93. 2. 314); — 4° Que pour avoir ce caractère, l'écrit devant nécessairement émaner du débiteur à qui on l'oppose, ne peut invoquer contre lui une lettre émanant de son créancier ou de l'avoué de celui-ci; et que, de même, la lettre écrite par le représentant de la compagnie qui exploite une ligne de chemin de fer ne peut être opposée à la compagnie qui est propriétaire de cette ligne et ainsi servir de commencement de preuve par écrit à l'encontre de cette dernière compagnie (Paris, 29 nov. 1892, aff. Consorts Joussard, D. P. 93. 2. 473); — 5° Qu'il n'y a pas davantage preuve écrite ou com-

mencement de preuve écrite dans les notes tenues par le greffier pour constater les réponses d'une partie lors de sa comparution à l'audience, un tel écrit, bien que le tribunal le déclare rédigé conformément à ses souvenirs, ne pouvant remplacer un procès-verbal régulier d'interrogatoire sur faits et articles, ni de comparution personnelle (Amiens, 22 janv. 1878) (2). Il semble, en effet, difficile d'admettre en preuve écrite un acte qui n'émane pas de la personne à qui on l'oppose.

12. Cependant il y a lieu de reconnaître qu'en matière de comparution personnelle à l'audience, la rédaction d'un procès-verbal de comparution n'est pas exigée à peine de nullité (*suprà*, v° *Instruction civile*, n° 34, et les auteurs et arrêts cités). Ainsi, il a été jugé, en conséquence, que les déclarations d'une partie à l'audience forment commencement de preuve par écrit lorsque la substance en est consignée dans les qualités et les motifs du jugement, de manière à permettre le contrôle des juges d'appel (Req. 5 avr. 1864, aff. Willig, D. P. 64. 1. 291; Civ. rej. 17 janv. 1865 (3); Req. 24 juin 1878 (4); 3 nov.

---

contraire, le juge se bornera à mentionner sommairement que les parties n'ont pu se concilier; que cet article a eu pour principal objet d'abroger la disposition contraire de la loi du 24 août 1790, dont le texte a paru dangereux au législateur de 1806, par cela même qu'il donnait mission au juge de paix de consigner, dans son procès-verbal, des déclarations fugitives qui pourraient être imparfaitement recueillies et reproduites, ou qui auraient été faites légèrement et sans la conscience réfléchie de leur importance par des personnes illettrées et ignorantes; qu'étant constant que le juge ne pouvait légalement constater des aveux à propos d'une comparution non suivie de conciliation, il n'y a pas lieu de considérer comme un commencement de preuve par écrit de prétendus aveux qui ne sont point certifiés et conformes par la signature de la partie, dont il n'a pas même été demandé acte par son adversaire, etc. Du 29 juill. 1881.-C. de Besançon.

(1) (Porro *C.* Porro). — LA COUR; — Attendu que Michel Porro persiste à se prévaloir de l'acte sous signatures privées du 5 janv. 1875, mais que l'on ne saurait reconnaître à cet acte aucun effet légal puisqu'il ne porte pas la signature de celui qui y joue le rôle de partie; — Attendu que la signature, surtout dans les actes sous seing privé, étant destinée à attester l'acte dans son entier est bien l'œuvre réfléchie de la partie dont elle émane, doit toujours être inscrite au bas de l'acte; que les signatures placées en marge, à l'exception de celles qui suivent les énonciations ayant pour objet de compléter l'acte par des renvois, ont pour objet exclusif de constater l'identité des feuilles dont on s'est servi; qu'en parlant d'acte souscrit, de signature, la loi entend parler d'une signature mise au pied de l'acte, et non en tête ou en marge de celui-ci; — Attendu qu'un acte sous seing privé qui ne porte que des signatures marginales ne saurait avoir aucune valeur juridique, parce que rien ne prouve qu'il soit réellement l'œuvre de la personne dont la signature figure en marge; — Attendu que ces signatures, n'ayant aucune relation avec le contexte de l'acte sous seing privé où elles se rencontrent, il suit de là qu'on ne peut leur attribuer le caractère d'un commencement de preuve par écrit qui autorise la preuve testimoniale; que ces signatures n'ont aucune portée et ne peuvent avoir pour effet de rendre vraisemblables les dispositions dudit acte; — Par ces motifs; — Confirme. Du 1ᵉʳ févr. 1882.-C. de Trani.-M. Salis, pr.

(2) (Farcy *C.* Deuzelle.) — LA COUR; — Considérant que, d'après l'art. 1341 c. civ., il doit être passé acte devant notaire ou sous signatures privées de toutes choses excédant la somme ou valeur de 150 fr.; — Considérant que si, par exception à ce principe, l'existence d'un contrat peut être prouvée par témoins, c'est à la condition, aux termes de l'art. 1347, d'en rapporter un commencement de preuve par écrit; — Considérant que la loi entend par là tout acte écrit émané de celui contre lequel la demande est formée ou de celui qu'il représente, et qui rend vraisemblable le fait allégué; — Considérant que, s'il est admis avec raison que l'interrogatoire sur faits et articles peut constituer un commencement de preuve par écrit, peuvent être dans des conditions de vraisemblance voulues, que si, avec raison aussi, la jurisprudence a, sous ce rapport, assimilé à l'interrogatoire sur faits et articles l'interrogatoire subi à l'audience, lorsqu'il en a été dressé procès-verbal ou que les parties ont été mises régulièrement en demeure de reconnaître la vérité de leurs réponses, il n'en saurait être de même d'une comparution de parties devant le tribunal, lorsqu'elle a été constatée par de simples notes tenues par le greffier, quand bien même les réponses par lui recueillies seraient déclarées par le tribunal conformes à ses souvenirs; — Qu'un tel document ne saurait

offrir les garanties d'exactitude d'un interrogatoire reçu dans les conditions ci-dessus indiquées; — Que ce document se trouve, d'un autre côté, dépourvu de la condition première et essentielle d'un commencement de preuve par écrit, qui est d'être fourni par un écrit émané du défendeur lui même, puisqu'ici l'écrit est l'œuvre exclusive du greffier, qui se trouve ainsi substitué à la partie, et qu'on peut dire que le tribunal s'y substitue également en prenant les notes d'audience comme base de sa décision; — Considérant qu'il suit de là qu'à tort le tribunal a admis la preuve des faits articulés, lesquels, dans les conditions où ils se produisent, sont inadmissibles; — Considérant enfin qu'aucun acte n'étant rapporté par Deuzelle à l'appui de son dire, et aucune autre mesure d'instruction n'étant proposée par lui, il y a lieu de déclarer sa demande non recevable, etc. Du 22 janv. 1878.-C. d'Amiens, 1ʳᵉ ch.-MM. Saudbreuil, 1ᵉʳ pr.-Marlier, av. gén.-Béthouart (du barreau d'Abbeville), et G. Dubois, av.

(3) (Jouven *C.* Violès et autres.) — LA COUR ; — Sur la première branche du premier moyen; — Attendu en droit qu'il est suffisamment satisfait aux prescriptions de la loi, lorsque, à défaut du procès-verbal des explications des parties devant les premiers juges, les juges d'appel ont sous les yeux un jugement dont les motifs reproduisent ces explications en substance; — Attendu, en fait, que le jugement déféré par appel à la cour de Nîmes contenait le précis des opérations devant les premiers juges, et une relation assez explicite des faits contestés entre les parties, pour que la cour d'appel fût mise à même d'apprécier ces faits et d'en tirer les conséquences; — Attendu que l'arrêt attaqué est vraiment fondé, en outre, sur la correspondance dont le tribunal s'était autorisé contre la prétention du demandeur; qu'il n'y a pas lieu dès lors de s'arrêter au grief tiré par ce dernier, de ce que la cour de Nîmes aurait statué sans avoir la dite correspondance sous les yeux, ni de faire droit aux conclusions prises par le demandeur à cet égard devant la cour; — Rejette le premier moyen contre l'arrêt de la cour de Nîmes le 20 août 1864, etc. Du 17 janv. 1865.-Ch. civ.-MM. Troplong, 1ᵉʳ pr.-Pont rap.-Blanche, av. gén., c. conf. Béchard et Mathieu-Bodet, av.

(4) (Oger *C.* Ploquin.) — Sur la demande formée par la dame veuve Ploquin contre le sieur Oger en payement d'une somme de 1500 fr., la comparution des parties a été ordonnée par le tribunal de la Flèche. Puis, à la requête de la dame Ploquin, le tribunal a autorisé une enquête par un jugement du 3 févr. 1878 ainsi motivé : — « Considérant que Oger a commencé par nier, que ce n'est qu'après des hésitations et des réticences qu'il avoua qu'il était allé à Genneteil avec sa belle-mère, et qu'en sa présence le notaire avait opéré le remboursement; — Considérant que cet aveu, fait à la dernière heure, rend vraisemblables les allégations de la veuve Ploquin et constitue un commencement de preuve par écrit, qui permet au tribunal d'ordonner la preuve testimoniale, etc. ». A la suite de l'enquête, un jugement du 26 févr. 1878 a condamné Oger par défaut au payement de la somme réclamée. Le sieur Oger s'est pourvu en cassation contre ces deux jugements. LA COUR; — Sur le premier moyen du pourvoi, tiré de la violation des art. 142 à 145 c. proc. civ. : — Attendu que, de l'art. 142 c. proc. civ. et de l'art. 88 du tarif, il résulte que la signification des qualités n'est nécessaire que pour la levée des jugements et arrêts contradictoires; — Attendu que le jugement attaqué avait été rendu par défaut contre Oger, faute par lui de se défendre; — D'où il suit que la signification des qualités n'étant pas due au demandeur, il n'est pas recevable à se plaindre des

1891, aff. Ségol, D. P. 92. 1. 463 et la note). La même valeur a été attribuée par ce dernier arrêt, conformément à l'opinion générale : 1° aux déclarations de la partie à un inventaire ; 2° aux conclusions par elle prises devant le juge de paix (Comp. *suprà*, v° *Obligations*, n° 1908).

13. La cour de Bordeaux a vu un commencement de preuve par écrit opposable au client dans une mention figurant sur les livres de son avoué, attendu qu'elle est l'œuvre de son mandataire légal (24 févr. 1892, aff. Jaubert, D. P. 93. 2. 181). Cette décision est sujette à critique : si les déclarations contenues dans une requête ou des conclusions signées de l'avoué sont, en principe et jusqu'à désaveu, opposables comme commencement de preuve par écrit à la partie au nom de laquelle il occupe, c'est que les actes en question ont été dressés par l'avoué comme mandataire légal (V. *suprà*, v° *Obligations*, n° 1962). Mais cette qualité n'apparaît plus quand l'avoué, en dehors de toute procédure, mentionne certains faits sur ses propres registres, et du même coup la raison de décider disparaît.

14. De ce que les moyens de preuve légale sont limitativement énumérés par la loi, on a parfois conclu que la comparution des parties en chambre du conseil n'équivaut pas à leur comparution personnelle à l'audience, et que les aveux et déclarations qui s'en suivent sont dépourvus de toute valeur juridique. C'est ce qu'avait jugé la cour de Lyon par un arrêt du 9 avr. 1862 (1) même pour le cas où les parties avaient été assistées de leurs avocats et où leurs déclarations avaient été recueillies par le greffier. Mais la solution contraire, affirmée par un arrêt de la cour de Nîmes du 9 janv. 1861 (aff. Durand, D. P. 61. 5. 383) a été consacrée depuis par la cour de cassation (Civ. cass. 12 mars 1879, aff. Rezé, D. P. 79. 1. 272, et *suprà*, v° *Instruction civile*, n° 27).

15. La loi, en déterminant les modes de preuve, n'a pas autorisé le juge à les admettre indistinctement ; on a vu *suprà*, v° *Obligations*, dans quels cas chaque preuve est applicable et quelles limites sont spécialement fixées à l'emploi de la preuve par témoins ou par présomptions. Mais ces limites ne sont plus applicables lorsqu'il s'agit, non de prouver un fait constant entre les parties, mais d'en interpréter le sens et d'en apprécier le mode d'exécution (Req. 14 mars 1876, aff. Doré, *suprà*, v° *Obligations*, n° 2115-3°).

De même, la preuve testimoniale qui, en principe, n'est pas admise en matière civile au-dessus de 150 fr. devient recevable lorsque le fait à établir constitue non un fait juridique mais un fait pur et simple, un de ces faits de l'homme qui, de leur nature, ne présentent que des résultats matériels, et n'engendrent des droits ou des obligations qu'autant qu'ils se rattachent accidentellement à certains rapports juridiques et en raison seulement de ces rapports (V. *suprà*, v° *Obligations*, n° 1904, et dans le même sens : Civ. cass. 13 juill. 1874, aff. Sarlandie, D. P. 75. 1. 173 ; Req. 2 mars 1881, aff. Maurice, D. P. 81. 1. 410 ; 28 mai 1888, aff. Vanas, D. P. 88. 1. 481). Il a été décidé, spécialement, que la preuve par témoins est admissible pour constater : 1° des faits matériels dont l'exécution pourrait, indépendamment d'un engagement positif, donner naissance à un droit, telle une indemnité : par exemple, des prestations d'aliments, de services et de soins personnels pendant un certain nombre d'années (Trib. civ. Lombez, 5 août 1891, aff. Labat, D. P. 93. 2. 491) ; 2° La gestion volontaire des affaires d'autrui, celle-ci se reposant uniquement sur des faits (Req. 2 mai 1892, aff. Martin, D. P. 93. 1. 316). — V. d'ailleurs, sur l'application de cette règle aux quasi-contrats en général, *suprà*, v° *Obligations*, n°s 1992 et suiv.

16. La preuve est soumise à des règles différentes selon

---

prétendues irrégularités qui se trouveraient dans la signification des qualités et leur règlement ; — Sur le second moyen, pris de l'excès de pouvoirs, de la violation de l'art. 1341, de la fausse application de l'art. 1347 c. civ. et des règles de la preuve ; — Attendu que, dès le début du procès, la veuve Ploquin, dépourvue de titre, avait subsidiairement demandé la comparution des parties et offert la preuve testimoniale de sa créance ; que, en ordonnant la comparution, le tribunal n'a donc pas agi d'office (ce qu'il aurait pu faire, art. 428 c. proc. civ.), qu'il n'a fait non plus que statuer sur les conclusions expresses ou virtuelles qui lui étaient soumises, en puisant dans les déclarations d'Oger un commencement de preuve par écrit rendant admissible la preuve offerte ; qu'il n'y a donc eu aucun excès de pouvoirs ; — Attendu qu'il appartenait aux juges du fond d'apprécier souverainement si les réponses d'Oger rendaient vraisemblable le fait allégué par son adversaire ; qu'il appartient, il est vrai, à la cour de cassation de décider ce qui constitue le commencement de preuve par écrit, défini par l'art. 1347 c. civ.; mais que ce caractère ne saurait être dénié aux réponses faites dans une comparution personnelle, faisant pleine foi contre leur auteur si l'aveu est complet, fournissant un commencement de preuve, quand l'aveu est incomplet ; que la loi n'ayant exigé ni la rédaction d'un procès-verbal de la comparution, ni un jugement spécial préalable donnant acte des réponses, il suffit qu'elles soient constatées et précisées, comme elles l'ont été dans l'espèce, par le jugement qui admet la preuve testimoniale, pour qu'elles aient toute la portée des réponses que auraient été recueillies dans un interrogatoire sur faits et articles, toute la valeur d'un écrit émané de la partie, qu'ainsi il n'y a eu ni violation de l'art. 1341, ni fausse application de l'art. 1347 et des règles de la preuve ; — Rejette, etc.

Du 24 juin 1878.-Ch. req.-MM. Bédarrides, pr.-Cuniac, rapp.-Robinet de Cléry, av. gén., c. conf.-Sourdat, av.

(1) (Gelut C. Martignat). — LA cour ; — Attendu que la célébration du mariage d'Antoine Martignat avec Jenny Gélut ayant suivi leur contrat de mariage du 13 sept. 1860, il y a quittance dans cet acte authentique de la dot de 3500 fr., et qu'il ne peut être rien prouvé outre et contre cet acte, à moins que l'on ne se trouve dans l'un des cas exceptionnels déterminés par la loi ; — Attendu que les premiers juges ont fait comparaître en la chambre du conseil les sieurs et dame Gélut père et mère de la femme Martignat et que, de leur réponse, la cour a cru pouvoir résulter : 1° un prétendu commencement de preuve par écrit ; 2° des présomptions qu'ils ont crues graves, précises et concordantes ; — Attendu que déjà, dans plusieurs arrêts, la cour a proscrit ce mode d'instruction à l'aide duquel tous les actes pourraient être annulés ; — Attendu que c'est sur l'art. 1347 c. civ. qu'est fondé tout le système du jugement ; — Attendu que ce serait une extension nouvelle donnée à la jurisprudence, qui a permis de tirer un commencement de preuve par écrit d'un interrogatoire sur faits et articles ; jurisprudence qui n'a pas passé sans contradiction, et qui assimile des réponses orales, que l'on peut toujours se procurer, à un écrit qu'il est impossible de créer quand il n'existe pas ; que les limites de l'exception restrictive de l'art. 1347 se trouvaient ainsi franchies ; — Que, toutefois, l'interrogatoire sur faits et articles est un mode de procéder qui est soumis, par le code de procédure, à des règles, à des formes, d'où résultent des garanties ; — Que si une jurisprudence analogue a pu voir un commencement de preuve par écrit dans une comparution à l'audience, lorsqu'il est donné acte du dire de l'une des parties, il s'agit encore ici d'un mode légal d'instruction ; — Qu'on ne peut en dire autant d'une comparution dans la chambre du conseil ; qu'il n'y a pas à rechercher si, au point de vue moral, un semblable mode offre plus ou moins de garantie à raison du caractère des magistrats ; qu'il suffit, au point de vue légal, que ce ne soit pas celui auquel une jurisprudence, d'ailleurs critiquable, a permis de voir un commencement de preuve par écrit pour qu'on doive se garder d'une extension nouvelle ; — Attendu que vainement on objecte que, dans la cause, les parties étaient assistées de leurs défenseurs lors de la comparution à la chambre du conseil, et que le greffier aurait retenu les réponses des parties ; — Qu'il y aurait eu alors une audience sans publicité, que le greffier ne pouvait avoir là aucune fonction régulière à remplir ; — Attendu que si, des principes protecteurs du droit, on descend au fait, on remarque que le sieur et dame Gélut ont affirmé l'un et l'autre que la somme de 3500 fr. avait été payée, mais ont reconnu, ce qui est une preuve de bonne foi de leur part, qu'elle ne l'avait pas été avant la célébration du mariage ; — Que c'est dans cet aveu, certainement indivisible, qu'a été pris un commencement de preuve par écrit comme quittance de constat de mariage ; — Qu'il y aurait à cette manière de raisonner un danger d'autant plus grand qu'il est notoire que, surtout dans un certain monde, les quittances de dot sont données par le contrat de mariage, sans que la dot soit comptée, et que, lorsque le constituant reconnaît loyalement qu'il ne l'a payée qu'après la célébration, comme dans l'espèce, ce qui est d'ailleurs presque nécessaire, il y aurait commencement de preuve par écrit qu'elle n'a été nullement payée ; que le trouble serait ainsi porté dans les familles par l'altération de la foi due aux actes ; — Que l'on voit ensuite quelques légères différences entre le sieur et dame Gélut sur les détails faciles à oublier en deux années, alors que l'un et l'autre étaient parfaitement d'accord sur le fait principal, différences qui ont été prises comme présomptions graves, précises et concordantes ; — Par ces motifs, et sans s'arrêter à la preuve offerte, laquelle est rejetée comme non recevable, dit et prononce qu'il a été mal jugé ; émendant, ordonne que le sieur et dame Gélut sont renvoyés de la demande à eux formée par Antoine Martignat, etc.

Du 9 avr. 1862.-C. de Lyon, 2e ch.-M. Desprez, pr.

que la matière est civile ou commerciale; mais c'est uniquement à ce caractère qu'il faut s'attacher pour déterminer la nature des preuves admissibles, et non au caractère de la juridiction saisie. C'est ainsi que le débiteur d'un non-commerçant ne peut établir sa libération que par les moyens indiqués par le code civil, encore que le tribunal juge du différend soit un tribunal de commerce (Rouen, 8 mars 1878) (1) ; ... ou que l'adversaire soit lui-même commerçant (Dijon, 3 nov. 1892, aff. Robin-Niquet, D. P. 93. 2. 331 et la note. Comp. les arrêts cités *suprà*, v° *Obligations*, n° 2037). Jugé encore que les livres de commerce ne faisant preuve, pour celui qui les a régulièrement tenus, que s'il s'agit d'un litige entre commerçants pour faits de commerce, ne peuvent, s'agissant de fournitures faites à un non-commerçant, être tenus que pour un commencement de preuve par écrit, et ce d'une façon facultative pour ces tribunaux, lesquels peuvent seulement, s'ils les interprètent de la sorte, déférer d'office à l'une ou à l'autre des parties le serment supplétoire (Civ. rej. 10 mai 1892, aff. Gérard frères, D. P. 93. 1. 486).

17. Le législateur a également déterminé l'étendue d'application des preuves en ce qui concerne les personnes auxquelles elles sont opposables. C'est ainsi qu'il a déclaré la preuve littérale résultant des contre-lettres inopposable aux tiers. On a vu *suprà*, v° *Obligations*, n°s 1415 et suiv., qu'en pareille matière, cette qualification doit comprendre même les créanciers chirographaires des parties ; à ce titre, la contre-lettre est sans effet soit au regard des créanciers chirographaires ou autres d'un commerçant mis en faillite ou en liquidation judiciaire (Req. 3 janv. 1883, aff. Pouëttre, D. P. 83. 1. 416 et les renvois ; Civ. cass. 8 mars 1893, aff. Bouché fils, D.P. 93. 1. 243);... soit au syndic ou au liquidateur représentant la masse desdits créanciers (Même arrêt du 3 janv. 1883, et Paris, 17 nov. 1892, aff. Bourgeois, D. P. 93. 2. 300). Peu importerait, d'ailleurs, que la création de la contre-lettre ne leur eût pas causé, à l'origine, un préjudice: il suffit qu'ils aient intérêt à la contester au moment où on la leur oppose, alors, d'ailleurs, qu'on ne prouve pas qu'ils l'evaient connue quand ils ont traité avec leur débiteur (Même arrêt du 8 mars 1893).

18. Les règles tracées par la loi en matière de preuve des obligations (c. civ. art. 1315 et suiv.) sont également

applicables à tous les faits susceptibles de créer ou d'éteindre des rapports de droit, quelle qu'en soit la nature (Larombière, t. 5, art. 1315, n° 7; Demolombe, t. 6, n° 181 ; Laurent, *Principes de droit civil français*, t. 19, n° 81; Colmet de Santerre, *Cours analytique de code civil*, t. 5, n° 276 *bis* I). Il avait même été jugé que la prohibition de la preuve testimoniale s'applique non seulement aux conventions formelles, mais aux faits juridiques à la seule condition qu'ils puissent être constatés par écrit; qu'ainsi la preuve par témoins est inadmissible en ce qui touche le fait par le demandeur d'avoir nourri et entretenu un tiers pendant un temps donné, alors que ce tiers se trouverait, en conséquence, constitué débiteur de plus de 150 fr. (Bordeaux, 24 août 1864) (2) ; Mais cette décision, contraire en fait à la distinction rappelée *suprà*, n° 15, nous semble faire d'une idée exacte, en principe, une application excessive (Conf. *Rép.*, v° *Obligations*. n° 4885).

19. La loi, ainsi qu'on l'a indiqué au *Rép.* n° 19, subordonne parfois l'admission d'un fait à l'emploi d'une preuve spéciale. Par exemple, l'action en nullité de vente d'animaux domestiques pour vices rédhibitoires n'est recevable qu'autant qu'il a été procédé à une expertise aux diligences de l'acheteur (L. 2 août 1884, art. 7 et 8, D. P. 84. 4. 121 et suiv.). C'est ce qui avait été jugé sous l'empire de la législation antérieure (L. 20 mai 1838, art. 1) par arrêt de la cour d'Amiens du 2 mars 1855 (aff. Leroy, D. P. 56. 2. 70). V. aussi les hypothèses prévues par la loi du 22 frim. an 7, art. 17-19, et l'art. 1678 c. civ. en matière de rescision de vente immobilière pour lésion.

20. La double règle : *actori incumbit onus probandi* et : *reus in excipiendo fit actor* peut se ramener à cette idée générale que la charge de la preuve incombe à celle des parties qui veut combattre la situation acquise par l'autre (*Rép.*, n°s 20 à 22 ; Demolombe, t. 6, n° 187 et suiv. ; Aubry et Rau, t. 8, p. 153, § 749 et note 3). En principe, c'est donc au demandeur de prouver sa prétention, qu'il s'agisse d'une obligation conventionnelle, d'un fait de responsabilité ou d'un droit réel. Il a été décidé, à cet égard : 1° que le mandant qui intente une action en dommages-intérêts contre le mandataire, à raison de ce fait que le mandataire aurait fait signifier tardivement une cession de créance consentie au

(1) (Letailleur *C.* Gelée.) — LA COUR; — En ce qui concerne le deuxième chef de contestation relatif au payement de la somme de 1000 fr. ; — Attendu que la preuve d'une convention est indépendante de la juridiction devant laquelle l'action est formée; qu'il importe peu qu'elle soit soumise à un tribunal civil ou à un tribunal de commerce; que, Letailleur n'étant pas commerçant, le fait à prouver est civil pour lui; qu'il suit de là qu'aux termes de l'art. 1341, Gelée ne peut établir sa libération et prouver l'extinction de son obligation que par une preuve par écrit; qu'il reconnaît être dans l'impossibilité de la faire; — Attendu qu'à défaut de preuve littérale, l'intimé prétend trouver un commencement de preuve par écrit permettant d'admettre la preuve testimoniale ou des présomptions graves, précises et concordantes, dans l'extrait du registre des délibérations de la justice de paix de Caudebec; que ce document même, s'il constatait une citation en conciliation faite dans une forme régulière et légale et pouvant être considérée comme émanant de Letailleur et constituer ainsi un commencement de preuve par écrit, serait sans portée dans la cause actuelle, puisqu'il est étranger au litige qui divise les parties; — Attendu, en conséquence, que Gelée est dans l'impossibilité de faire la preuve de sa libération; — Par ces motifs : ... Sur le deuxième chef, infirme, dit et juge que Gelée ne fait pas la preuve de sa libération, qu'il est donc débiteur envers Letailleur de la somme de 1000 fr.; le condamne, en conséquence, toutes compensations opérées, à payer à Letailleur la somme de 972 fr. avec intérêts de droit.

Du 8 mars 1878.-C. de Rouen, 3e ch.-MM. Gesbert de la Noë-Seiche, pr.-Reynaud, av. gén.-Ricard et Marais, av.

(1) (Rochon *C.* Ducros.) — LA COUR; — Attendu que l'art. 1341 c. civ. exige qu'il soit passé acte devant notaire, ou sous signatures privées, de toutes choses excédant la somme en valeur de 150 fr. ; qu'il n'est fait à cette règle, prohibitive de la preuve testimoniale, d'autres exceptions que celles indiquées par les art. 1347 et 1348; que cette prohibition ne s'applique pas seulement aux conventions formelles, mais encore à tous faits juridiques ayant pour objet de former ou d'éteindre des obligations et des droits lorsqu'ils sont susceptibles d'être constatés par écrit ; — Attendu que la dame Ducros et consorts réclamaient à Rochon, devant le tribunal de Ribérac, une somme de 6600 fr. pour sa nourriture et son entretien, dans leur maison, où, d'après

eux, il était demeuré une première fois depuis l'année 1840 jusqu'à l'année 1846, et une seconde fois depuis l'année 1857 jusqu'à 1862, et ce, d'après la promesse que les demandeurs prétendaient qu'il avait faite à plusieurs reprises de les indemniser des frais qu'il leur avait ainsi occasionnés; — Que Rochon, tout en reconnaissant, dans ses conclusions, qu'il était resté un certain temps dans la maison des demandeurs, a prétendu qu'il y avait été reçu à titre de commensal, parent et ami, sans promesse de rétribution, et qu'au surplus, bien qu'il n'eût rien promis, il s'était montré reconnaissant de cette hospitalité par des services et des cadeaux qu'il considère comme une indemnité suffisante; — Attendu que les demandeurs ne rapportent aucune preuve écrite de la promesse par eux alléguée et dont ils réclament l'exécution; — Que l'aveu du défendeur qui, en reconnaissant le fait de l'hospitalité qu'il avait reçue déniait toute convention et toute promesse d'indemnité, était essentiellement indivisible, et par conséquent ne pouvait faire contre lui ni preuve complète ni même un commencement de preuve par écrit de la convention alléguée, qui permît l'admission de la preuve testimoniale subsidiairement offerte par les demandeurs pour établir que Rochon avait été reçu et nourri dans leur maison aux époques et pendant le temps indiqué par eux; — Attendu que la preuve de ce pur fait, comme générateur par lui-même, indépendamment de toute promesse, de l'obligation d'une indemnité dont le payement est réclamé, tombait évidemment sous la prohibition de l'art. 1341, puisqu'il s'agissait d'une valeur alors indéterminée et qui dépasse de beaucoup la somme de 150 fr., et que, d'une autre part, étant susceptible d'être constaté par écrit, il ne rentre dans aucun des cas pour lesquels l'art. 1348 fait exception à la règle générale; — Que c'est donc à tort que les premiers juges ont admis les demandeurs à la preuve par eux offerte, que, d'ailleurs, les faits admis en preuve n'étaient pas concluants, puisque, dans les conditions où se trouvaient les parties, le seul fait de l'habitation et de l'entretien de Rochon dans leur maison, pendant un temps plus ou moins prolongé, sans aucune promesse ou obligation de sa part, ne pouvait le rendre débiteur de l'indemnité qui lui est réclamée; — Qu'à défaut de preuve de toute convention et d'obligation, la demande devait donc être purement et simplement écartée; — Par ces motifs, réformant, etc.

Du 24 août 1864.-C. de Bordeaux, 2e ch.-MM. Gellibert, pr.-Dulamon, av. gén.-Hermite et Poumereau, av.

mandant par son débiteur pour garantie des sommes prêtées à ce dernier, est tenu de prouver que c'est à la signification tardive de la créance cédée qu'est due la perte qu'il a subie, et d'établir l'importance de cette perte ; et que l'arrêt qui, pour accueillir l'action du mandant, se fonde uniquement sur ce qu'il « n'est pas démontré que si la signification eût été faite en temps utile, elle n'eût pas assuré le payement des sommes prêtées », doit être annulé pour contravention à la règle d'après laquelle la preuve est à la charge du demandeur (Civ. cass. 21 nov. 1877, aff. Canonge, D. P. 78. 1. 130) ; — 2° Que le demandeur qui se prétend créancier en vertu d'un louage d'ouvrage qu'il ne peut prouver par écrit, alors que l'intérêt du procès est supérieur à 150 fr., doit succomber dans sa prétention (Civ. cass. 19 janv. 1874, aff. Bonnardel, D. P. 74. 1. 141).

21. De même, en matière de propriété, le possesseur, actionné en revendication, n'est assujetti à aucune preuve et doit être renvoyé de la demande par cela seul que le demandeur ne prouve pas le droit de propriété qui sert de base à son action. Ce défendeur est alors, par l'effet de sa possession, protégé par une présomption qui ne peut céder qu'à la preuve d'une cause acquisitive de propriété dans la personne du demandeur ou de ses auteurs (Civ. cass. 10 janv. 1860, aff. Brémont, D. P. 60. 1. 74 ; Req. 22 mai 1865, aff. Commune de Lalley, D. P. 65. 1. 473). Le demandeur serait cependant admis à se prévaloir de simples présomptions, si les titres de propriété et la possession efficace pour prescrire manquaient de part et d'autre (Civ. rej. 16 avr. 1860, aff. Brun, D. P. 60. 1. 251 ; Req. 11 nov. 1861, aff. Mullier, D. P. 62. 1. 94. V. *infrà*, v° *Propriété*).

22. Il a encore été jugé : 1° que c'est à la commune qui revendique le terrain sur lequel est établi un chemin vicinal, qu'il incombe de justifier de ses droits de propriété, et non à celui qui jouit de la possession civile de ce terrain depuis une époque antérieure à l'ouverture et au classement de ce chemin (Civ. cass. 22 nov. 1847, aff. Renault, D. P. 47. 1. 375) ; — 2° Que le demandeur en revendication d'un immeuble, devant prouver son droit de propriété est irrecevable à agir, s'il a passé acte de cession de ses droits au profit d'un tiers (Req. 29 avr. 1872, aff. Salmon, D. P. 73. 1. 130) ; — 3° Que celui qui prétend avoir livré à son adversaire un fût de vin pour un tiers est tenu, lorsque plus tard le fût a été trouvé rempli d'eau, de prouver qu'au moment de la livraison, c'était bien du vin qu'il contenait (Civ. cass. 18 janv. 1875) (1) ; — 4° Que le propriétaire riverain qui, poursuivi en simple police pour contravention commise sur le chemin longeant son héritage, après avoir soulevé l'exception préjudicielle de propriété, assigne la commune au civil pour se faire reconnaître propriétaire exclusif de ce chemin, est tenu, en sa qualité de demandeur, de rapporter la preuve de la propriété par lui revendiquée (Req. 7 déc. 1892, aff. Veuve Michel, D. P. 93. 1. 221). — 5° Que le failli qui prétend n'avoir pu, par suite de force majeure, ni assister ni se faire représenter à la seconde délibération du concordat, doit faire la preuve de cette impossibilité (Req. 15 nov. 1871, aff. Montel, D. P. 71.1.326) ; — 6° Que lorsqu'une convention verbale, non contestée, est

intervenue entre un vendeur et un acheteur pour le règlement du prix de vente, s'il est prétendu par une des parties que cette convention a été modifiée par une convention postérieure, c'est à cette partie qu'il incombe de prouver l'existence de la nouvelle convention : à défaut de preuve de sa part, l'engagement primitif doit produire ses effets (c. civ., art. 1315 ; Trib. civ. Péronne, 5 juill. 1891, D. P. 93. 2. 92).

23. Lorsque le demandeur allègue une créance, il doit prouver non seulement l'existence mais le chiffre même de sa créance, et le jugement qui prononce au profit d'une partie condamnation au payement d'une certaine somme, doit constater que cette partie a apporté la double preuve dont il s'agit. Aussi la cour de cassation a-t-elle cassé, comme manquant de base légale un jugement qui, après avoir déclaré que, d'après les documents de la cause, des avances avaient été faites au défendeur par le hornait, pour en déterminer le montant, à dire que « ces avances se sont élevées, *ainsi qu'il en sera justifié en cas de déni*, à 244 fr. 26 cent. sur lesquels le défendeur a payé 10 fr. » (Civ. cass. 25 mai 1892, aff. Lescaille-Petitfils, D. P. 92. 1. 326).

24. Lorsque le défendeur, condamné en première instance, interjette appel, l'obligation de faire la preuve reste entière à la charge du demandeur intimé, comme ayant pris l'initiative du procès. Il doit, par exemple, justifier devant la cour que le tableau litigieux n'était qu'une copie du tableau original qui lui appartenait, alors même que, ce fait ayant été admis par les premiers juges, il se borne à s'approprier le jugement dont il demande la confirmation (Req. 23 déc. 1891, aff. Chassagnolle, D. P. 92. 1. 409. V. aussi Req. 1er juin 1892, aff. Iloan, D. P. 93. 1. 311 ; Crépon, *Traité de l'appel en matière civile*, t. 2, n° 2818 et *supra*, v° *Appel civil*, n° 208).

25. Tant que le demandeur n'a pas fait la preuve de son droit, il n'y a de sa part que de simples allégations, et le défendeur peut, sans opposer de moyens de défense, se borner à une dénégation dont il n'a pas à démontrer le bien fondé (*Rép.* n° 26 ; Larombière, t. 5, art. 1315, n° 6 ; Colmet de Santerre, t. 5, n° 276 *bis*-VI). C'est ainsi que le défendeur assigné devant le tribunal de commerce peut décliner la compétence de cette juridiction sans être tenue de prouver qu'il n'a pas la qualité qui l'en rendrait justiciable ; c'est au demandeur qu'il échoit de prouver cette qualité (Civ. cass. 7 mars 1877, aff. Germain, D. P. 77. 1. 112 ; et *supra*, v° *Compétence commerciale*, n° 103).

26. Mais, la demande une fois établie, le défendeur doit la combattre par des moyens ou exceptions qu'il est obligé de justifier. Il a été jugé, sur ce point : 1° que, lorsque le débiteur, qui avait remis à son créancier, à titre de gage, des actions industrielles, les lui avait remises, coupons détachés, c'est-à-dire en se réservant les coupons du dividende courant, c'est à l'acheteur possesseur desdits coupons de prouver que, lors de la vente, ils avaient été réellement détachés et remis d'abord au vendeur, faute de quoi sa possession n'a qu'un caractère précaire (Civ. cass. 13 janv. 1868, aff. Langlet et comp., D. P. 68. 1. 125) ; — 2° Que la preuve des faits propres à justifier l'exception de jeu incombe au défendeur qui invoque cette exception (Civ.

---

(1) (Duclos-Pinot C. Delaborde.) — Le 20 juin 1873, jugement du tribunal de Vendôme, ainsi conçu : — Attendu que le sieur Duclos devait faire la livraison de vin au domicile de son père ; que, lorsqu'il a fait goûter le vin par plusieurs personnes, le vin était dans sa propre cave ; qu'il s'est écoulé un certain temps entre cette dégustation et la livraison du fût à Delaborde ; qu'aucun des témoins dont la déposition a été maintenue aux débats n'est entré dans la cave au moment du chargement et n'a pu affirmer que le fût chargé renfermait du vin ; que, dans la circonstance, Duclos n'a pas prouvé la livraison par lui alléguée ; par ces motifs, statuant en dernier ressort, confirme le jugement du juge de paix ; élève à 100 fr. le chiffre des dommages-intérêts à payer à Delaborde ». — Pourvoi en cassation par le sieur Duclos. — Premier moyen (sans intérêt). — Deuxième moyen : — Violation de l'art. 7 de la loi du 20 avr. 1810, en ce que le jugement attaqué n'a donné aucun motif pour justifier l'augmentation des dommages-intérêts ; — Troisième moyen : — Fausse application de l'art. 1315 c. civ., violation de l'art. 1245 du même code, en ce que le jugement a décidé que c'était à Duclos qu'incombait la charge de prouver l'extinction de son obligation, bien qu'en sa qualité de débiteur d'un corps certain, il se fût libéré par la livraison et la réception de la pièce de vin en litige.

LA COUR ; — Sur le troisième moyen : — Attendu que la demande de Duclos fils, contre Delaborde, tendait à faire juger qu'il avait livré entre les mains de ce dernier les deux vingt-huit litres de vin qu'il devait à son père ; que c'était donc à Duclos fils à faire la preuve du fait par lui allégué, et, par conséquent à prouver que le fût par lui livré à Delaborde contenait, au moment de la livraison, du vin et non de l'eau, qui plus tard y avait été trouvée ; — Attendu qu'en décidant par appréciation des circonstances de fait, par lui souverainement constatées, que Duclos n'avait pas fait cette preuve, et par suite, n'avait pas fait la livraison de vin par lui alléguée, le jugement attaqué n'a contrevenu à aucune loi ; — Rejette le moyen ; — Mais sur le deuxième moyen : — Vu l'art. 7 de la loi du 20 avr. 1810 ainsi conçu... ; — Attendu que le jugement attaqué a élevé de 60 fr. à 100 fr. les dommages-intérêts alloués par le premier juge à Delaborde, sans donner aucuns motifs à l'appui de cette condamnation ; — Qu'ainsi il a formellement violé ledit article ; — Par ces motifs, et sans qu'il soit nécessaire de statuer sur le premier moyen ; —

Casse, etc.

Du 18 janv. 1875.-Ch. civ.-MM. Mercier, pr.-Massé, rapp.-Charrins, av. gén.-Bozerian, av.

rej. 6 avr. 1869, aff. May, D. P. 69. 1. 237); — 3° Qu'en cas de dissolution d'une société, c'est à l'associé détenteur du fonds social qui repousse la demande de compte de ses coassociés sous prétexte qu'en se retirant ils ont renoncé à lui demander compte, à prouver qu'ils se sont ainsi retirés sans condition (Req. 3 mars 1873, aff. Morol, D. P. 73. 1. 248) ; — 4° Que la femme mariée, qui, pour échapper à la demande en restitution d'une police d'assurance sur la vie, soutient que cette police lui a été donnée, doit établir que cette donation a été régulière et valablement acceptée par elle ; qu'il lui incombe donc de prouver son autorisation d'accepter ou la dissolution de son mariage au jour de l'acceptation, et que, dans le cas où elle allègue l'absence de son mari, elle ne peut mettre à la charge du demandeur l'obligation de prouver l'existence du mari à l'époque de la donation, l'absent n'étant légalement réputé ni mort, ni vivant (Civ. rej. 29 janv. 1879, aff. Lallier, D. P. 79. 1. 76).

27. C'est également au débiteur qui se prétend libéré de sa dette, de faire preuve de sa libération. Spécialement, le débiteur qui prétend faire déclarer valables les offres du solde de sa dette qu'il a faites à ses créanciers (dans l'espèce, l'acquéreur, dont la libération peut seule autoriser la radiation des inscriptions grevant l'immeuble par lui revendu), est tenu de justifier, par quittances régulières, des payements antérieurs qu'il soutient leur avoir faits (Req. 16 juin 1884, aff. Bourceret, D. P. 85. 1. 161). — Même solution, lorsque le défendeur oppose la prescription (*Rép.* n° 25). Il a été jugé, à cet égard, que le débiteur qui, pour repousser une demande en payement de travaux et fournitures, excipe de la prescription de six mois établie par l'art. 2271 c. civ., contre les ouvriers et gens de travail, doit prouver que les travaux et fournitures ont été faits par un ouvrier, et non par un entrepreneur (Trib. civ. Arras, 22 août 1860, aff. Delambre, D. P. 61. 3. 62; Civ. cass. 4 juin 1889, aff. Roche et Tillot, D. P. 89. 1. 344). V. aussi sur l'obligation, pour le défendeur actionné en revendication, de justifier de la prescription acquisitive qu'il invoque (*infrà,* n° 34).

28. Le défendeur n'est pas plus que le demandeur obligé de produire en justice des pièces défavorables à ses intérêts; dussent-elles donner gain de cause à l'adversaire, celui-ci ne peut en exiger l'apport ni le tribunal l'ordonner d'office (V. *Rép.* n°s 54 et 55; Demolombe, t. 6, n° 209), et spécialement en ce qui touche les livres et papiers des non-commerçants (*suprà,* v° *Obligations,* n° 1768. *Adde :* Grenoble, 31 mai 1884 (1). — Toutefois, il en est autrement lorsqu'il s'agit de pièces communes de leur nature (c. civ., art. 842 et 2004), ou bien de livres de commerce : la production peut en être exigée à l'encontre

de leur détenteur (Demolombe, t. 6, n° 110; Aubry et Rau t. 8, p. 158, § 749 ; Larombière, t. 5, art. 1315, n° 20, et *suprà,* v° *Obligations,* n° 1768). Jugé, notamment : 1° que les tribunaux peuvent ordonner la représentation des livres, même auxiliaires, tenus par les compagnies de chemins de fer (Poitiers, 14 déc. 1891, aff. Chemins de fer d'Orléans, C. Nolrot, D. P. 92. 2. 455, et *suprà,* v° *Commerçant,* n°s 120 et suiv.) ;... alors du moins qu'il s'agit de les examiner en vue de trancher un litige déjà né (Req. 16 mars 1892, aff. Chemins de fer d'Orléans, D. P. 92. 1. 240) ; et 2° que, dans cette mesure, le juge du fait apprécie souverainement, selon les circonstances, s'il y a lieu ou non d'ordonner la production des livres (Même arrêt du 16 mars 1892, et Req. 8 nov. 1892, aff. Lecourt, D. P. 93. 1. 33).

29. Mais, lorsque le défendeur a mis une pièce aux débats, volontairement, dans le but d'en tirer avantage, elle est acquise au procès, l'adversaire est en droit de s'en prévaloir lui-même, et le tribunal peut, sans violer la règle : *nemo cogitur edere contrà se,* l'interpréter contre celui qui l'a produite. Il a été décidé: 1° que la preuve du droit de propriété peut être puisée dans les titres que le défendeur a versés spontanément au procès ; spécialement, lorsqu'une action en revendication est fondée sur une décision judiciaire étrangère au défendeur, les juges peuvent accueillir cette action, si, pour la condamner, le défendeur produit de lui-même, des actes constatant qu'il n'a qu'une détention précaire n'ayant rien d'inconciliable avec cette décision (Req. 22 mai 1865, aff. Commune de Lalley, D. P. 65. 1. 473) ; — 2° Que les titres produits dans un procès par l'une des parties, peuvent être invoqués par l'autre, même à l'appui de prétentions qui font l'objet de chefs distincts de celui au sujet duquel cette production a eu lieu ; qu'ainsi, la partie qui revendique un immeuble peut puiser la preuve d'un droit de servitude que lui réclamé subsidiairement sur le même immeuble, dans un titre que l'autre partie a produit au procès pour combattre son action en revendication (Req. 6 févr. 1867, aff. Bernier-Blondeau, D. P. 67. 1. 257) ; — 3° Que la partie qui revendique une part indivise d'un immeuble (dans l'espèce, une tenue à domaine congéable) peut invoquer, à l'appui de sa demande, les titres d'acquisition de son adversaire, alors même qu'ils ont été produits par ce dernier (Req. 20 mars 1888, aff. Le Bagousse, D. P. 89. 1. 277).

30. Si le défendeur propose son exception avant d'avoir exigé du demandeur la justification préalable de sa demande, c'est à lui à prouver l'existence du fait dont il excipe, il prend le rôle de demandeur et doit perdre sa cause du moment qu'il ne fait pas la preuve par lui-même qui lui incombait d'après l'ordre logique du procès (Larom-

---

(1) (Veuve Louis Girent *C.* veuve Jacques Girent.) — LA COUR ; — Attendu que la veuve Jacques Girent se prétend créancière de la succession de son fils Louis Girent de la somme de 16 790 fr. encaissée pour elle par ce dernier, en qualité de mandataire tacite, de *negotiorum gestor;* — Attendu que la veuve Louis Girent, agissant en qualité de tutrice légale de son mineur, soutient, au contraire, que la succession de Louis Girent ne doit rien à la veuve Jacques Girent, dont L. Girent n'a été ni le mandataire, ni le *negotiorum gestor* ; — En ce qui concerne la communication des registres et papiers domestiques de Louis Girent, au moyen desquels la veuve Jacques Girent voudrait établir et sa créance et le mandat donné à Louis Girent ; — Attendu que les premiers juges ont ordonné la communication des papiers et registres parce qu'ils étaient communs à L. Girent et à sa mère, et parce qu'ils ont été indiqués dans l'inventaire dressé après le décès de L. Girent ; — Attendu qu'il est de principe que nul n'est tenu de produire contre soi ; que les dispositions des art. 15 et 17 c. com. ne sauraient être étendues aux livres et papiers domestiques des non-commerçants; que si l'art. 1331 c. civ. indique les cas où les livres et papiers domestiques peuvent servir de titres contre celui qui les a écrits, le législateur ne dit point que les juges pourront exiger la production de ces livres et papiers soit d'office, soit sur la demande des parties; — Attendu que rien n'établit que les livres et papiers de L. Girent soient communs aux parties; qu'ils étaient la propriété exclusive de L. Girent, comme ils sont devenus, au même titre, la propriété de sa succession; que s'il a été fait mention dans l'inventaire dressé le 6 mars 1833 par Bonnet, notaire, après le décès de L. Girent, de livres et papiers, cet inventaire étant absolument étranger à la veuve Jacques Girent, celle-ci ne peut

l'invoquer, alors surtout qu'il n'est pas produit; qu'au surplus cet inventaire ne porte, dans la partie invoquée, aucune indication de laquelle pourrait résulter que les papiers et registres de L. Girent sont communs aux parties ou renferment les indications que la veuve Jacques Girent croit devoir y rencontrer ; — Attendu enfin que les papiers et registres domestiques ne peuvent faire un titre, contre celui qui les a écrits, que dans les deux cas nettement déterminés par l'art. 1331 c. civ. ; que la demande de la veuve Jacques Girent n'a visé ni l'une ni l'autre des hypothèses prévues par cet article, qu'elle n'a jamais entendu soutenir que les notes de Louis Girent, qu'elle croit trouver dans ses papiers et registres, indiqueraient qu'elles ont été faites pour suppléer le défaut de titres ; que c'est donc à tort que les juges ont admis qu'il y avait eu mandat donné à Louis Girent par sa mère, et ont par suite confié à Bonnet, notaire, la mission de rechercher quelles sommes pourraient être dues à la veuve Jacques Girent, en reddition de compte du mandat prétendu; que c'est à tort également qu'ils ont autorisé ledit notaire à consulter les livres et papiers domestiques de Louis Girent, et ordonné la communication des papiers, registres et livres de caisse de Louis Girent à la veuve Jacques Girent ; — Attendu qu'il n'y a pas eu davantage gestion d'affaires, puisque, d'après les dires mêmes de la veuve Jacques Girent, ce ne serait ni sans son ordre, ni à son insu que Louis Girent aurait agi dans son intérêt ; — Attendu qu'à défaut de toute justification régulière, il y a donc lieu de débouter purement et simplement la veuve Jacques Girent de sa demande en payement des 16 799 fr. ; — Par ces motifs, réforme. Du 31 mai 1884.-C. de Grenoble, 2e ch.-MM. Bartholomot, pr.-Piollet, subst. du proc. gén.-Belat (du barreau de Valence) et Gurymard, av.

bière, t. 5, art. 1315, n° 4). C'est, d'ailleurs, une question de fait de savoir si le défendeur a entendu intervertir les rôles et assumer sur lui la charge de prouver, et il peut y avoir là matière à une appréciation fort délicate. Il a été jugé, d'une part : 1° que lorsque sur une question de propriété, le défendeur, n'ayant aucun titre, demande à prouver qu'il a prescrit l'immeuble par trente ans, le défaut de preuve de sa part entraîne pour le demandeur le gain de son procès (Req. 23 nov. 1840, aff. Commune de Sinceny, D. P. 41. 1. 40) ; — 2° Que la partie qui, sur sa demande, a été appointée à prouver par témoins certains faits articulés, est irrecevable, quand elle a procédé à l'enquête et exécuté jusqu'au bout l'arrêt interlocutoire, à prétendre devant la cour de cassation que la charge de la preuve a été déplacée à son détriment, alors qu'elle en a ainsi librement assumé l'obligation (Req. 21 déc. 1887, aff. Compagnie La Martinique, D. P. 88. 1. 384).

Mais, d'autre part, la cour de cassation a jugé que, dans une demande en nullité de vente pour défaut de conformité de la marchandise livrée à la marchandise promise, le vendeur a pu, sans courir aux avantages de son rôle de défendeur, offrir spontanément de prouver la conformité par expertise et que, si l'expertise est devenue impossible, l'acheteur demandeur en nullité doit succomber s'il ne prouve la non-conformité de la marchandise livrée à l'échantillon (Req. 1er avr. 1862, aff. Liénard, D. P. 62. 1. 433, et Conf. Req. 11 avr. 1832, Rép. n° 24). Il est du reste indéniable que si les constatations, empruntées par l'arrêt au jugement de première instance, n'ont été contestées en appel que comme inexactes en fait, elles ne peuvent être pour la première fois, devant la cour de cassation, l'objet de critiques fondées sur un déplacement du fardeau de la preuve (Civ. rej. 27 juill. 1892, aff. Epoux Motheau, D. P. 92. 1. 464).

31. Nous ne reviendrons pas sur les explications données au Rép. n°s 30 à 46, à l'occasion des présomptions naturelles ou morales qui peuvent découler d'un fait une fois prouvé. Rappelons seulement qu'il est de principe certain que les conventions sont réputées régulièrement passées et ne peuvent être annulées pour un vice de consentement que si celui qui allègue ce vice en justifie. Décidé, à cet égard, que celui qui excipe d'un dol doit prouver non seulement ce dol, mais la date à laquelle il l'a découvert, afin de justifier qu'il est encore dans le délai utile pour l'exercice de l'action en nullité (Paris, 22 juill. 1853, aff. Potier, D.P. 55. 2. 155 et les arrêts cités supra, v° Obligations, n° 1323-2°) ; — 2° Que l'erreur alléguée à l'appui de l'action en nullité d'un contrat doit être établie par le demandeur, la simple possibilité de cette erreur ne suffisant pas pour justifier l'annulation du contrat, et qu'ainsi le juge qui fait droit à la demande en nullité d'un acte de liquidation et partage, fondée sur l'ignorance où se trouvait le demandeur, lors de cet acte, de l'existence d'un testament fait à son profit, ne justifie pas suffisamment sa décision, en déclarant que le demandeur avait pu supposer que ce testament était révoqué ou adiré (Civ. cass. 2 mars 1881, aff. Achille Marion, D. P. 82. 1. 199).

32. L'ancienne règle, selon laquelle une partie n'est pas tenue de prouver les faits négatifs, a été rejetée, depuis la promulgation du code, par l'unanimité de la doctrine (Rép. n°s 47 et suiv., Demolombe, t. 6, n°s 192 et 193; Laurent, t. 19, n° 95; Larombière, t. 5, art. 1315, n° 16; Aubry et Rau, t. 8, p. 155, § 749 et note 14; Colmet de Santerre, t. 5, n° 276 bis VII). Le fait négatif doit être justifié par celui qui l'allègue, soit que, s'agissant d'un fait défini, il puisse être transformé en un fait affirmatif contraire, soit même qu'il s'agisse d'une négative indéfinie, cas où la difficulté de la preuve résulte non de son caractère négatif, mais de son caractère illimité. La loi elle-même sanctionne cette solution dans plusieurs textes : ainsi celui qui répète l'indû doit établir qu'il n'était pas débiteur (c. civ. art. 1235); celui qui provoque une déclaration d'absence doit prouver qu'on n'a pas eu de nouvelles de la personne disparue (c. civ. art. 115, 116). D'un autre côté, on doit remarquer, avec MM. Aubry et Rau (loc. cit.), que bien rarement des négatives absolues et indéfinies feront l'objet de contestations judiciaires, car « les faits auxquels se rattachent l'acquisition et l'extinction des droits sont d'ordinaire

limités et circonscrits par des circonstances de temps et de lieu qui permettent d'en faire la preuve lors même qu'ils sont négatifs ».

33. L'un des faits négatifs dont il peut être le plus difficilement fourni la preuve, c'est l'absence d'un fonds. Mais cette preuve, le propriétaire, qui agit en vue de faire reconnaître l'inexistence de la servitude passive, n'est pas tenu de l'administrer. C'est l'opinion soutenue au Rép. n° 51, conformément à cette présomption naturelle que la propriété est libre (V. en ce sens Demolombe, Traité des servitudes, t. 2, n° 957; Larombière, t. 5, art. 1315, n° 14; Aubry et Rau, t. 8, p. 158, § 749 et t. 2, p. 397, § 219, texte 2° et note 43; Marcadé et Pont, t. 5, art. 1315, n° 2, et infrà, v° Servitudes. — Contrà, Pardessus, Servitudes, t. 2, n° 330). Le motif que nous venons d'indiquer montre que le propriétaire qui intente l'action négatoire est dispensé de prouver l'inexistence de la servitude encore que, par une sentence rendue au possessoire, son adversaire ait été d'abord maintenu en possession de cette servitude (Aubry et Rau, loc. cit.). Toutefois M. Bonnier, n° 47, est d'avis que la possession annale de la servitude constitue au profit du possesseur une présomption qui fait preuve contraire contre la présomption de liberté du fonds prétendu servant, qu'alors c'est au propriétaire de ce fonds à prouver qu'il est libre. Cette théorie a déjà et par avance été combattue au Rép. v° Servitudes, n° 1277, et la jurisprudence lui est en général contraire (V. les arrêts cités ibid., et suprà, v° Action possessoire, n° 203).

Mais lorsque, l'existence de la servitude étant prouvée par un titre constitutif remontant à plus de trente ans, le propriétaire du fonds servant invoque, pour faire déclarer son immeuble affranchi, le non-usage de trente ans, on s'est demandé si c'est à lui d'établir ce non-usage, ou au contraire au titulaire de la servitude de justifier qu'il l'a exercée en fait pendant un certain laps de temps? Les arrêts rapportés au Rép. n° 32 et dont on a approuvé la doctrine contiennent à cet égard le principe d'une distinction aujourd'hui reconnue par les auteurs : la question doit être tranchée différemment selon que la possession du droit litigieux appartient à l'une ou l'autre des parties : le propriétaire du fonds dominant exerce-t-il actuellement la servitude, son adversaire devra établir le non-usage trentenaire ; dans le cas contraire ce sera au propriétaire du fonds prétendu dominant qu'il incombera de justifier de l'exercice utile du droit litigieux (Demolombe, Traité des servitudes, t. 2, n° 1045, Bonnier, n° 47 bis; Larombière, t. 5, art. 1315, n° 10; Aubry et Rau, t. 8, p. 157, § 749 et note 19 ; Pardessus, op. cit. t. 2, n° 308, et infrà, v° Servitudes).

34. Lorsqu'il s'agit non plus d'une contestation sur une servitude, mais d'une action en revendication de propriété et que le demandeur établit son droit par un titre ancien, c'est au défendeur, alors même qu'il aurait la possession de fait qu'incombe la preuve de la prescription qu'il allègue. Comme le fait remarquer M. Larombière (t. 5, art. 1315 n° 12), l'hypothèse diffère essentiellement de la précédente : le titre du demandeur n'est pas produit comme un titre obligatoire à l'égard du défendeur, mais comme la justification de la propriété revendiquée. Une obligation, même imposée à un fonds, s'éteint par le non-usage, par la prescription libératoire, et l'on conçoit que celui qui oppose la servitude puisse être tenu de démontrer qu'elle n'a pas cessé d'exister ; mais un droit de propriété ne périt pas par le non-usage, le défendeur qui prétend que par une prescription acquisitive, c'est-à-dire en opposant au titre ancien un mode d'acquisition particulier et provenant de son fait personnel ; comment dès lors pourrait-on le dispenser d'établir ce fait et cette acquisition ? Il a été jugé, en conséquence, que, lorsque le demandeur au pétitoire se prévaut d'un acte de vente, c'est à bon droit que le tribunal applique au défendeur la règle : reus in excipiendo fit actor, si celui-ci conteste le titre produit par la double allégation d'une vente antérieure consentie à son auteur et d'une prescription (décennale en l'espèce) fondée sur une possession contraire (Riom 18 janv. 1893, aff. Sahut-Corrède, D. P. 93. 2. 128 ; et, sur la même question, Chambéry, 30 juill. 1864, aff. Gal, D. P. 64. 5. 285 ; Pau, 29 juin 1870, aff. Commune d'Ossen et autres, D. P. 72. 2. 6).

35. Le juge du fond a un pouvoir souverain pour apprécier soit la pertinence et la précision des faits dont la preuve est offerte, soit l'erreur, la violence ou la fraude dans les faits qui lui sont déférés. Ce principe incontesté a été énoncé au *Rép.* nᵒ 58 et justifié par de nombreuses décisions (V. aussi *suprà*, vⁱˢ *Cassation* nᵒˢ 399, 400 et 401, et *Obligations*, nᵒ 2052). Décidé, dans le même sens : 1ᵒ que le juge n'est pas tenu de s'arrêter à une prétention reposant sur des faits insuffisamment précisés et qu'il ne connait pas assez pour savoir s'ils sont pertinents et concluants (Pau, 9 juill. 1888, aff. Veuve Lonca, D. P. 89. 2. 252); — 2ᵒ Qu'il appartient au juge du fond de déclarer en fait, sans contrôle possible de la cour suprême, qu'il n'a pas été possible aux défendeurs de se procurer une preuve écrite de l'engagement contracté à leur profit par le demandeur devant les experts, à l'occasion d'un compte de sortie réglé par ceux-ci, et que le défendeur est admissible à prouver cet engagement par témoins (Req. 15 juin 1892, aff. Julien Patureau-Miran, D. P. 92. 1. 596); — 3ᵒ Qu'un arrêt motive suffisamment la décision par laquelle il admet la preuve par témoins de la remise d'un blanc-seing, même lorsqu'il s'agit d'un intérêt supérieur à 150 fr., lorsqu'il énonce en termes formels que les circonstances qui ont accompagné cette remise étaient constitutives de dol (Req. 8 août 1878) (1).

36. Mais si l'offre de preuve est admise ou rejetée par le juge du fond par des motifs de droit, ces motifs et par suite la décision qui en est la conséquence sont soumis au contrôle de la cour de cassation (Aubry et Rau, t. 8, § 749, p. 154). Tel est le cas où l'arrêt, pour rejeter la preuve des faits allégués par les demandeurs en vue d'obtenir la révocation d'une donation pour cause d'ingratitude, poserait en principe de droit que la seule inconduite de la femme donataire et les injures qui n'intéressent pas l'honneur et la probité du mari donateur ne constituent pas des causes de révocation, une telle appréciation restreignant arbitrairement le sens et la portée des expressions « injures graves » employées par l'art. 955 c. civ. (Civ. cass. 16 févr. 1874, aff. Jaylé, D. P. 74. 1. 197).

37. Une fois la preuve administrée, et à moins qu'il ne s'agisse d'une preuve légale obligatoire, le juge du fond est encore souverain pour décider si le fait à prouver est ou non suffisamment démontré (*Rép.* nᵒˢ 62 et 63). Il a été jugé, spécialement, qu'en matière commerciale, hors les cas exceptionnels où la preuve littérale est exigée, les juges peuvent admettre comme suffisamment justifiée l'exception opposée par le défendeur, en se fondant soit sur les documents de la cause, soit sur des faits non contestés par le demandeur et des circonstances qui constituent à leurs yeux des présomptions (Civ. cass. 13 mars 1877, aff. Normand, D. P. 77. 1. 487 ; 11 mars 1879, aff. Leroy d'Etiolles, et 8 janv. 1879, aff. Regnaud, D. P. 79. 1. 360); et que l'arrêt qui le décide ainsi est suffisamment motivé, bien qu'il ne spécifie pas les documents sur lesquels il s'appuie (Même arrêt du 8 janv. 1879).

38. Il est aujourd'hui reconnu par l'unanimité des auteurs et des arrêts que le juge ne peut se faire une conviction qu'au moyen des voies et modes de preuve que la loi consacre expressément et qui sont applicables dans la cause. Les règles sur la preuve sont d'ordre public et les tribunaux n'y peuvent déroger (Demolombe, t. 6, nᵒˢ 199 à 202 ; Aubry et Rau, t. 8, § 749, p. 153 ; Larombière, t. 5, art. 1316,

nᵒ 9 ; Laurent, t. 19, nᵒ 83 et les arrêts cités *infrà*, nᵒˢ 27 à 29). Il leur est donc interdit de se décider d'après la connaissance personnelle qu'ils ont de l'affaire (*Rép.* nᵒ 66). Il a été décidé, en ce sens : 1ᵒ qu'à défaut de vérification légale des faits contestés entre les parties, le juge ne peut opposer aux assertions du demandeur son propre témoignage acquis par la connaissance des faits hors du procès, que s'il peut suppléer aux omissions de la défense, c'est seulement sur les questions de droit (Montpellier, 23 nov. 1853, aff. Rivemale, D. P. 53. 2. 232) ; — 2ᵒ Qu'il y a lieu d'annuler le jugement qui énonce que les magistrats se sont rendus sur les lieux où se trouvaient les objets en litige, et qu'ils ont formé leur conviction, soit d'après l'inspection de ces objets, soit au moyen de renseignements par eux recueillis, sans qu'il n'y ait eu ni descente de lieux, ni enquête régulièrement ordonnées, et sans même qu'il y ait été dressé procès-verbal de l'accès de lieux fait par le tribunal, ni des renseignements qu'il a pris (Bastia, 7 févr. 1855, aff. Santucci, D. P. 55. 2. 188) ; — 3ᵒ Que la décision d'un juge de paix sur une demande en complainte manque de base légale, s'il résulte de ses motifs que le juge, à la suite d'une enquête par lui ordonnée, a procédé officieusement à une visite des lieux, après laquelle il ne lui est resté aucun doute sur la légitimité de la demande (Civ. cass. 21 mai 1878, aff. Colonna d'Istria, D. P. 78. 1. 263 ; 10 août 1886, aff. Ville de Lyon, D. P. 87. 5. 351) ; — 4ᵒ Qu'un jugement est nul lorsqu'il se fonde « sur les faits de la cause, le rapport des experts *et les renseignements pris par le tribunal* », et que cette nullité, tenant à l'ordre public, doit être relevée d'office par le juge d'appel (Poitiers, 1ʳᵉ ch., 16 déc. 1889) (2). Jugé toutefois que les parties peuvent renoncer aux formes d'instruction et de procédure auxquelles la loi subordonne l'admission des preuves (Civ. cass. 20 nov. 1889, aff. Liquidation Doërr, D. P. 90. 1. 54). V. encore *suprà*, vᵒ *Descente sur les lieux*, nᵒ 7 et les arrêts cités *ibid.*

39. Il y a lieu de noter que la cour de cassation (Civ. rej. 18 août 1863, aff. Pons, D. P. 63. 1. 359) a maintenu un arrêt rendu par la cour de Lyon après une visite faite à titre officieux par la cour en vue de contrôler une visite qu'avait précédemment faite un juge du tribunal en vertu d'une commission régulière. Mais l'arrêt de la chambre civile n'infirme pas directement la doctrine des décisions précitées ; en effet, il a pris soin de relever cette circonstance que la visite officieuse par les juges d'appel n'avait apporté aucun élément nouveau dont l'arrêt attaqué eût fait état. C'est également en se plaçant à ce point de vue que l'on a jugé : 1ᵒ que, si l'enquête faite officieusement par un tribunal est nulle, le jugement reste valable lorsqu'il ne se fonde pas sur la dite enquête (Aix, 13 févr. 1872, aff. Commune de Gémenos, D. P. 73. 5. 162) ; — 2ᵒ Qu'il n'y a pas lieu à cassation d'un jugement qui, tout en faisant acception, dans un motif défectueux et surabondant, de la connaissance des lieux que pouvaient avoir les magistrats, s'appuie, en outre, sur d'autres preuves légalement acquises, notamment sur les données d'une expertise régulière, qui suffisaient à justifier la décision rendue (Req. 4 août 1884, aff. Cerf et Siégel, D. P. 84. 1. 454).

40. Le principe qui vient d'être indiqué est applicable, même en matière commerciale ; la jurisprudence est constante sur ce point. La cour de cassation a, notamment, annulé des jugements de tribunaux de commerce

---

(1) (Lecucq-Caron *C.* Théret.) — La cour ; — Sur le premier moyen tiré de la violation des art. 1315, 1341 c. civ., 253 c. proc. civ., et 7 de la loi du 20 avr. 1810 : — Attendu que l'arrêt attaqué, en confirmant le jugement du tribunal de Montreuil, a déclaré que les trois faits admis en preuve par les premiers juges impliquaient des manœuvres de dol et de fraude, lesquels faits avaient pour objet d'établir que l'acquiescement, donné par les défendeurs éventuels à un précédent jugement émané du même tribunal, avait été obtenu par des moyens dolosifs ; — Attendu que le pourvoi soutient à tort que, l'enquête étant relatif à la remise d'un blanc-seing, la preuve offerte était inadmissible en l'absence d'un commencement de preuve par écrit, « s'agissant au procès d'un intérêt supérieur à 150 fr. » ; — Attendu, en effet, que la remise de ce blanc-seing n'aurait rien, d'après l'ensemble des faits dont la preuve était admise, qu'un des éléments de la fraude viciant l'acquiescement, et que cette remise elle-même aurait été accompagnée de circonstances cons-

titutives du dol ; — Attendu, du reste, qu'en énonçant en termes formels que les faits admis en preuve impliquaient des manœuvres frauduleuses, l'arrêt attaqué a suffisamment motivé sa décision ; — Sur le deuxième moyen...

Du 8 août 1878.-Ch. req.-MM. Bédarrides, pr.-Bécot, rapp.-Robinet de Cléry, av. gén., c. conf.-Chambareaud, av.

(2) (Quillet ès qualité *C.* Leveux.) — La cour ; — Attendu qu'en aucune matière les juges ne peuvent former leur conviction ni motiver leur décision sur le résultat de leurs investigations personnelles poursuivies en dehors de l'audience et en l'absence des parties ; — Attendu que le tribunal de commerce de Rochefort, dans le jugement attaqué, déclare avoir fondé sa décision « sur les faits de la cause, le rapport des experts et les renseignements pris par le tribunal » ; qu'il résulte de ces termes que la constatation des divers faits de la cause et l'appréciation qui en a été portée reposent sur le cumul de ces trois modes de preuve ; d'où

soit comme fondés sur des vérifications et expertises qu'a-
vaient faites un des juges d'une manière purement officieuse, et en vue d'un arrangement que ce juge avait
vainement tenté, en qualité d'amiable compositeur, d'établir
entre les parties (Civ. cass. 28 avr. 1874, aff. Lavialle, D. P.
74. 1. 240); ... soit comme ayant rejeté la demande en
dommages-intérêts formée contre une compagnie de chemins de fer à raison d'une surtaxe imposée aux marchandises transportées, en s'appuyant sur la vérification que le
tribunal avait faite de la nature des marchandises en se
transportant chez le consignataire de celles-ci, sans qu'il
résultât d'aucune mention, soit du jugement, soit de ses qualités, que la visite et l'opération dont il s'agit eussent été
faites avec l'accomplissement des formes auxquelles la loi
les soumet (Civ. cass. 25 janv. 1881, aff. Comet, D. P.
81. 1. 111); ... soit comme fondés uniquement « sur
les informations recueillies par le tribunal » lorsqu'elles
l'ont été en dehors de l'audience et en l'absence des parties
(Civ. cass. 8 juill. 1885, aff. Malterre, D. P. 86. 1. 204; Rouen,
24 févr. 1890, Rec. de Caen et de Rouen, 1890. 1. 38). « De
telles indications, dit ce dernier arrêt, recueillies sans le
contrôle juridique d'un examen contradictoire et proscrites
par la loi, ne pourraient, le plus souvent, qu'exposer le juge
et les parties aux plus fâcheuses surprises et aux erreurs les
plus regrettables ».

41. Mais pour qu'un jugement soit annulé comme fondé
sur les investigations personnelles du juge, il est nécessaire
que le moyen tiré de cette irrégularité soit justifié par le
teneur du jugement ou par une preuve administrée par la
partie qui le critique. Ainsi, lorsque les juges déclarent
fonder leur décision *sur les renseignements fournis*, cette
expression doit être tenue comme se référant naturellement
soit aux explications des parties dans leurs écritures et à la
barre, soit aux documents produits aux débats, et l'on ne
saurait soutenir, à titre de moyen de cassation, sans donner
aucune preuve à l'appui, que la cour a recueilli elle-même
ces renseignements au moyen d'investigations personnelles
en dehors de l'audience et du contrôle des parties (Req.
8 janv. 1890, aff. Mauvais, D. P. 90. 1. 395).

42. En thèse générale, ainsi qu'il résulte au surplus des
explications qui précèdent, aucun fait ne peut être tenu pour
acquis devant la justice civile que lorsque la preuve en est
faite par les procédés légaux, dans l'instance même, et contradictoirement entre les parties (Demolombe, t. 6, n° 205,
Larombière, t. 5, art. 1316, n°s 9 et 10, Aubry et Rau, t. 8,
§ 749, p. 160 et 161, *Encyclopédie du notariat*, v° *Preuve*,
n° 27). Mais les mêmes auteurs et les arrêts reconnaissent
au juge, dans le cas où la preuve testimoniale est admissible, le droit de puiser des renseignements, des présomptions, dans des pièces étrangères à l'instance, lorsque, produites par l'une ou l'autre des parties, elles ont fait l'objet
entre celles-ci d'un débat contradictoire. Par exemple, il
peut fonder sa conviction sur des pièces émanées d'un
tiers quand il s'agit d'établir un fait pur et simple. De
même, une enquête ou une expertise bien qu'irrégulières
peuvent, dans les mêmes conditions, être prises en considération par le tribunal. Il n'y aurait violation des règles relatives à la preuve testimoniale et à la forme des enquêtes

que si le juge déclarait invoquer ce document comme ayant
une autorité légale dans la cause, et non comme un simple
renseignement (V. spécialement sur ce point : Req. 9 févr.
1869, aff. Dieusy, D. P. 70. 1. 14). C'est là une règle générale qui s'applique à toutes les juridictions, mais qui doit
surtout être entendue dans le sens le plus large devant les
tribunaux de commerce. — Il a été jugé, en conséquence :
1° que les juges ne peuvent prendre en considération la
déclaration d'un tiers (par exemple, de l'administration du
Veritas ou de la direction générale de l'Enregistrement)
même provoquée par eux officiellement, mais sans que les
formes prescrites par les art. 302 et suiv. c. proc. civ. aient
été observées, et, notamment, sans que les parties aient été
mises en mesure de connaître cette déclaration, de la discuter et d'y contredire (Civ. cass. 31 déc. 1878, aff. Gourdon
et Launay, D. P. 79. 1. 375 ; 8 juill. 1885, aff. Malterre,
D. P. 86. 1. 204; 24 nov. 1885, aff. Durenne, D. P. 87. 1.
159 ; 25 mai 1886, aff. Ricôme, D. P. 87. 1. 488 ; 3 août
1887, aff. Nevoret, D. P. 87. 3. 251). Peu importe, d'ailleurs,
que cette déclaration soit intervenue sur une demande formulée, d'après le désir qu'en avait exprimé la cour, par les
avoués des parties en cause et qu'elle ait été communiquée
à celles-ci, cette demande et cette communication ne pouvant équivaloir à un contrat judiciaire qui entraînerait
renonciation des parties à la procédure d'enquête ordonnée
par les premiers juges, et dont leurs conclusions avaient réclamé le maintien (Arrêt du 25 mai 1886 précité) ; — 2° Que dans
une instance où chacune des parties niait avoir les titres en
litige, et prétendait même ignorer ce qu'ils étaient devenus,
si ces titres ont été découverts par les soins du ministère
public, l'arrêt qui en a fait état encourt la cassation, quand
il n'est pas établi que ce nouvel élément de décision ait été
communiqué aux parties litigantes, et qu'elles aient été
mises à même de s'expliquer et de contredire dans un débat
public (Civ. cass. 20 nov. 1889, aff. Liquidation Doërr,
D. P. 90. 1. 54).

43. Mais lorsque les documents étrangers aux débats
ont été l'objet d'un examen contradictoire, il n'y a pas violation de la loi dans le fait que le tribunal les prend en
considération dans les limites spécifiées ci-dessus. C'est ce
qui a été jugé tant à l'égard de documents écrits provenant
d'un tiers et produits par une des parties (Req. 26 févr.
1877, aff. Bard et Lanauve, D. P. 78. 1. 380), qu'à l'égard
des certificats ou constatations émanant de personnes non
régulièrement commises comme experts (Paris, 7 juin 1890,
La Loi, du 17 juill. 1890). Il a été décidé encore que, dans
un débat commercial ayant pour objet un quasi-délit, tous
les modes de preuve sont recevables; que, si les procès-
verbaux dressés par huissier, sans ordonnance préalable, ne
font point nécessairement preuve au profit de celui qui les
a requis, rien n'interdit au juge d'en apprécier la sincérité
et d'y puiser des éléments d'appréciation (Paris, 21 nov.
1890, 1re ch., aff. Picon et comp, C. Lévy. MM. Lefebvre de
Viefville, pr.-Falcimaigne, av. gén.-Couhin et Carré, av. V.
conf. Paris, 13 mai 1887, *Le Droit*, du 11 juin 1887; Trib.
civ. de la Seine, 25 juin 1891, *Le Droit*, du 18 juill. 1891).
Mais la troisième chambre de la cour de Paris, par arrêt du
21 juin 1884 (1) avait au contraire déclaré que, l'art. 24

---

suit que le tribunal a commis un excès de pouvoir, et que son
jugement se trouve frappé de nullité; que cette nullité est d'ordre
public et doit être relevée même d'office par le juge; — Attendu
que, la cour étant saisie du fond du litige, tant par l'effet dévo-
lutif de l'appel que par les conclusions des parties, il y a lieu de
statuer au fond par un seul et même arrêt; — Sur la demande
en nullité de l'expertise, etc. (le reste sans intérêt).
Du 16 déc. 1889.-C. de Poitiers, 1re ch.-MM. Belat, pr.-Brous-
sard, av. gén.-Pichot et Dufour d'Astafort, av.

(1) (Courtine C. veuve Falkemberg). — LA COUR; — En la
forme...; — Au fond; — Considérant que, suivant la prétention
de l'intimé, les appelants auraient enfreint les conditions de leur
bail, en se livrant au commerce de chiffons dans les lieux qui
leur avaient été loués pour la profession de brocanteurs, marchands d'habits; — Considérant qu'aucune contravention aux
règlements de police n'a été constatée de ce chef par l'autorité
compétente à la charge des appelants; — Considérant que, dans
la teneur des conventions passées entre les parties, l'affectation
des lieux ne se trouve précisée par aucune clause limitative des
espèces de marchandises et d'objets d'occasion qu'il devait être

loisible aux appelants d'enserrer dans leurs magasins; — Que
surtout lorsqu'il est exercé sur une voie ancienne et de l'ordre la
plus infime comme la rue de Venise, l'état de brocanteur se rapproche de celui de chiffonnier par des points de contact nombreux
et par d'étroites analogies; — Que la distinction invoquée par
l'intimée aurait besoin d'être appuyée sur des vérifications de
faits régulières, établissant de quelle manière les appelants pratiquent leur négoce, et s'il en résulte, pour la propriété, des inconvénients que l'intimée ne soit point tenue de supporter; — Considérant que, pour tenir lieu de ces vérifications, l'intimée ne produit que trois certificats d'un officier ministériel dressés à sa
requête, en dehors de tout contrôle, et sans que les époux Courtine fussent appelés à y contredire; — Considérant qu'un procès-
verbal ne puise sa force probante que dans le caractère officiel
dont l'agent rédacteur est investi pour relater les choses dont
son rapport est destiné à faire foi; — Qu'aux termes de l'art. 24
du décret du 14 juin 1813, les fonctions des huissiers sont bornées, en dehors du service des audiences, aux significations
requises pour l'instruction des procès, ainsi qu'aux actes et
exploits nécessaires pour l'exécution des mandements de justice;
— Que l'attestation d'un huissier est donc dénuée de valeur

du décret du 14 juin 1813 ne donnant à un huissier qualité ni pour constater ni pour apprécier un fait, le constat dressé à cet effet est dépourvu de toute valeur légale. Dans tous les cas, il est certain qu'un procès-verbal de ce genre ne fait pas par lui-même preuve suffisante des faits qu'il relate, lorsqu'il a été délivré à la seule requête de la partie qui l'invoque et en l'absence de tout contradicteur; alors surtout que l'huissier n'a fait que relater la propre déclaration de la partie (Paris, 1re ch., 29 nov. 1892, aff. Consorts Goussard, D. P. 93. 2. 473).

44. Lorsque le juge entend consulter à titre de renseignement ou de présomption une expertise ou une enquête irrégulière, pratiquée au cours du litige, son droit d'en tenir compte après examen contradictoire, n'est pas douteux. Mais en est-il ainsi quand il s'agit d'expertises ou enquêtes, même régulières, mais auxquelles il a été procédé dans des circonstances étrangères à l'action en cours? L'affirmative résulte d'un grand nombre de décisions et paraît en harmonie avec la règle qui donne au juge plein pouvoir de former sa conviction à l'aide de présomptions, quand ce mode de preuve est admissible. C'est ce qui a été admis lorsque le document consulté constitue une expertise ordonnée à la requête d'un tiers, encore que l'une des parties n'y ait été appelée, ni représentée (Req. 9 févr. 1869, aff. Dieusy, D. P. 70. 1. 14);... soit une enquête faite devant un autre tribunal, dans une autre instance, et hors la participation d'une des parties en cause (Req. 19 juill. 1876, aff. Edginton, D. P. 77. 1. 24);... soit un procès-verbal d'enquête officieuse rédigée par un agent de l'administration (en l'espèce un garde-pêche), et produit aux débats par l'une des parties (Req. 17 juill. 1877, aff. Bibesco, D. P. 78. 1. 328);... soit une enquête administrative, alors surtout que le tribunal qui en a requis la production sur un tribunal de commerce (Req. 2 avr. 1879, aff. Compagnie *L'Union des ports*, D. P. 80. 1. 32).

45. La même jurisprudence semblait incontestée en matière d'expertises ordonnées par le juge des référés, et il avait été décidé qu'une semblable expertise pouvait être prise par le juge du fond pour *élément* de sa décision, alors qu'elle avait été ordonnée en cas d'urgence et qu'il y avait été procédé contradictoirement (Req. 15 juin 1874, aff. Bonnel et Boulabert, D. P. 76. 1. 167; Civ. rej. 28 août 1877, aff. Saussine, D. P. 78. 1. 213). Toutefois, on remarque dans la doctrine de ces deux arrêts une condition non exigée par les décisions antérieures, à savoir que l'expertise invoquée ait été contradictoire. Un arrêt de la chambre civile rendu plus récemment (Civ. cass. 26 juill. 1887, aff. Johnston, D. P. 88. 1. 151), semble à premier

abord aller beaucoup plus loin, quand il déclare entaché de nullité, comme manquant de base légale, le jugement qui s'appuie exclusivement sur une expertise ordonnée par une autre juridiction et notamment par le juge des référés, pour accorder à un propriétaire rural des dommages-intérêts à raison des dégâts qui lui font grief. Il faut, dit l'arrêt, pour que le juge puisse faire état d'un moyen de preuve qu'il s'agisse de ceux qu'autorise la loi et *qu'il ait été produit dans l'instance même dont le juge est saisi*. Nous ne pensons pas cependant que la cour suprême ait entendu revenir sur la jurisprudence antérieure; en effet, dans l'espèce, le jugement attaqué avait pris pour seule base le rapport de l'expert commis en référé, et l'avait érigé ainsi en mode de preuve légale: à ce point de vue la cassation était justifiée et conforme à la doctrine de l'arrêt du 9 févr. 1869, cité *suprà* n° 44. Il est à croire que le jugement aurait été maintenu, au contraire, s'il n'avait présenté l'expertise que comme élément des renseignements et présomptions auxquels le tribunal avait droit de recourir pour la solution du litige.

46. Il a été décidé aussi que le juge peut retenir, comme éléments de sa décision, les constatations de fait contenues dans un jugement étranger, bien que ce jugement n'ait pas été rendu exécutoire en France (Paris, 7 déc. 1885) (1).

Dans les cas où les présomptions sont admissibles, il est constant en doctrine et en jurisprudence, que les juges peuvent puiser des éléments de conviction dans une enquête faite dans une instance criminelle. On objecterait en vain que l'enquête criminelle ne présente pas les mêmes garanties que l'enquête civile, parce qu'elle n'est pas entourée des mêmes formalités; les juges civils, qui peuvent se décider par de simples présomptions (dans les cas, bien entendu, où la loi admet la preuve testimoniale, c. civ. 1353), peuvent, à plus forte raison, fonder leur conviction sur les résultats d'une instruction judiciaire, et sauf réserve de la preuve contraire au bénéfice de la partie à laquelle ils sont opposés (*Rép.* n° 69; Laurent, t. 19, n° 86; Aubry et Rau, t. 8, § 767, p. 359. — V. toutefois Labbé, note sur l'arrêt du 15 juill. 1878, cité plus loin. — En ce qui touche le commencement de preuve par écrit, V. *suprà*, v° *Obligations*, n° 1970). Ils peuvent spécialement se fonder sur une expertise faite au cours d'une procédure correctionnelle (Req. 2 mars 1874, aff. Lemare, D. P. 74. 1. 243);... ou sur les faits établis par une instruction correctionnelle, même terminée par une ordonnance de non-lieu (Rouen, 20 févr. 1867, aff. Crémieux, D. P. 68. 2. 80; Aix, 4 mai 1874, aff. Ville de Nice, D. P. 75. 2. 52, et sur pourvoi, Civ. rej. 22 févr. 1876 (2); Req. 10 avr. 1876, aff. Gilly-Blanc, D. P. 76.

---

légale, lorsqu'il s'agit de savoir jusqu'à quel point les époux Courtine portent préjudice à la veuve Falkemberg par la mauvaise odeur qui s'exhalerait de leur magasin;... — Par ces motifs, etc.
Du 21 juin 1884, C. de Paris, 3e ch.-MM. Cotelle, pr.- Bertrand, av. gén.-L. Blin et Maillard, av.

(1) (Compagnie *La Foncière C.* Wallemberg et Comité des assureurs de Bordeaux.) — La cour; — Sur l'appel principal.., au fond et sur la fausse imputée à *La Foncière:* — Considérant que la sentence du 30 nov. 1880, rendue à New-York et déboutant *La Foncière* de sa demande en responsabilité contre Wallemberg de l'abordage du *Fernand* par l'*Adolph* n'a pas été demandé; que, dès lors, ce document n'a pas en France l'autorité de la chose jugée et ne fait point obstacle à l'examen par les tribunaux français des circonstances diverses et successives qui sont de nature à faire admettre ou repousser la demande de dommages-intérêts à laquelle résiste *La Foncière*; — Mais considérant que rien ne s'oppose à ce que la cour retienne, comme éléments de sa décision, les constatations de fait que contient le jugement américain du 30 nov. 1880, ainsi que les incidents de procédure qui l'ont suivi, tels que le désistement de l'appel de ce jugement, désistement signifié à la requête de *La Foncière ;* que le contrat judiciaire qui résulte, tant du choix de la juridiction américaine que des actes auxquels il a été procédé devant cette juridiction, a pu donner lieu à des obligations qui, dans les termes de l'art. 15, se trouvent soumises à l'appréciation du juge français; — Considérant que, de l'ensemble des documents produits, en ce comprise dans les limites sus-relevées, la sentence rendue à New-York, le 30 nov. 1880, il résulte que *La Foncière* n'a pu justifier la faute par elle imputée à l'*Adolph* de l'abordage

du *Fernand*, que c'est donc témérairement qu'elle a saisi et fait vendre l'*Adolph* ; que, par cette faute, elle a causé à Wallemberg un préjudice dont elle lui doit réparation ; — Par ces motifs, etc.
Du 7 déc. 1885.-C. de Paris, 2e ch.-MM. Ducreux, pr.-Senès et Talon, av.

(2) (Ville de Nice *C.* Baudouin.) — La cour ; — Sur le moyen tiré de la violation des art. 252, 302 et 295 c. proc. civ., et d'un excès de pouvoir ; — Attendu qu'aux termes de l'art. 1348 c. proc. civ., la preuve testimoniale est inadmissible toutes les fois qu'il n'a pas été possible au créancier de se procurer une preuve littérale de l'obligation contractée envers lui, et particulièrement dans le cas où l'obligation est née d'un délit ou d'un quasi-délit ; — Que l'art. 1353 du même code autorise les tribunaux à admettre les présomptions pourvu qu'elles soient graves, précises et concordantes, lorsque la preuve testimoniale est permise; — Que la loi abandonne l'appréciation de ces présomptions à la conscience du juge; — Qu'elle ne lui interdit pas de les tirer des documents d'une procédure criminelle suivie, comme dans la cause, à l'occasion du fait même qui donne lieu à la demande et dont les parties ont eu communication ; — Que la décision attaquée peut, d'ailleurs, être, d'autant moins critiquable qu'elle s'appuie pas exclusivement sur les documents de la procédure suivie par le juge d'instruction de Nice, après l'éboulement du rocher du Château; qu'elle invoque également, en effet, les plans, les rapports, actes administratifs, correspondances et pièces ayant une existence indépendante de l'information criminelle, dont le tout fait usage dans le procès civil, et qui ont pu fournir au juge du fait un ensemble de présomptions graves, précises et concordantes, suffisantes pour justifier la demande de la veuve Baudouin ; — D'où il suit qu'en jugeant comme il l'a

1. 391; 15 juill. 1878, aff. Duffaut, D. P. 79. 1. 22; Aix, 7 juin 1882, *suprà*, v° *Adultère*, n° 94; Req. 3 janv. 1888, aff. Boin, D. P. 88. 1. 57; Orléans, 21 juill. 1888, aff. Boutroux, D. P. 90. 2. 9). La jurisprudence belge est dans le même sens (C. cass. belge, 29 déc. 1870, *Pasicrisie*, 1871. 1. 65; Bruxelles, 25 mars 1872, *ibid.*, 1872. 2. 203).

47. Mais comme la procédure des juridictions d'instruction en matière criminelle présente le double caractère d'être écrite et secrète, et qu'une fois l'instruction terminée soit par un non-lieu, soit par un renvoi devant le tribunal compétent nul n'a, en principe, qualité pour se servir des renseignements qu'elle contient, le pouvoir que nous venons de reconnaître au juge civil, de faire usage des pièces de cette procédure, suppose que lesdites pièces ont été non pas réclamées d'office par le tribunal, ce qui constituerait de la part de celui-ci un excès de pouvoir (Grenoble, 1re ch., 5 juin 1888) (1) mais qu'à la suite d'une circonstance quelconque, elles ont été divulguées aux parties, régulièrement produites et communiquées au procès et même contradictoirement discutées à l'audience. Le juge civil ne peut porter atteinte au secret de la procédure criminelle, mais il peut y puiser des éléments de conviction lorsqu'en fait ce secret a cessé d'exister. C'est ce qui a été décidé par la chambre des requêtes (arrêts des 10 avr. 1876 et 3 janv. 1888, cités *suprà*, n° 46. V. aussi Orléans, 21 juill. 1888, cité *ibid.*).

48. Comme la procédure criminelle ne constitue pas au civil une preuve légale, le juge n'est pas tenu d'y avoir égard (*Rép.* n° 69-1°). Cependant il faut remarquer, avec M. Laurent (t. 19, n° 87), que cette formule ne doit pas être prise dans un sens trop absolu. Ou bien les juges se croient déjà édifiés par ailleurs, et ils peuvent ne pas examiner les documents criminels; ou ils n'ont pas encore de conviction formée, et, si une des parties leur soumet les pièces dont il s'agit, ils sont obligés d'en prendre connaissance (Conf. Civ. cass. 2 juin 1840, *Rép.*, v° *Chose jugée*, n° 597-2°).

49. Lorsqu'un acte doit porter en lui-même la preuve de sa régularité, ce qui a lieu par exemple pour les actes de l'autorité judiciaire, il n'est pas permis au juge de suppléer à l'absence ou à l'insuffisance de ses énonciations par des documents étrangers, même produits d'accord entre les parties. Cette idée a été maintes fois appliquée par la jurisprudence; il a été notamment décidé que le jugement rendu avec le concours d'un avocat doit exprimer que cet avocat était le plus ancien avocat présent dans l'ordre du tableau, et qu'à défaut de cette constatation le juge n'en peut déduire la justification du certificat du président du tribunal attestant que l'avocat appelé à siéger était le second inscrit au tableau, et que le premier inscrit plaidait dans la cause (Civ. cass. 27 déc. 1853, aff. Saurel, D. P. 54. 1. 21).

50. La preuve, a-t-on dit au *Rép.* n° 71, peut être offerte pour la première fois en appel (V. *suprà*, v° *Demande nouvelle*, n°s 85 et 112), soit qu'il s'agisse de faits déjà invoqués en première instance, soit qu'il s'agisse de faits articulés pour la première fois. Cependant lorsque la preuve de la première fois en appel porte sur ceux que la loi ordonne d'invoquer à peine de nullité dans un certain délai, le juge ne peut les admettre en preuve, passé ce terme (V. *infrà*, v°s *Surenchère* et *Vente publique d'immeubles*).

51. Le mode de preuve d'un fait d'une convention tient, non à la forme de procéder, mais au fond même du droit, car il exerce une influence directe sur la décision des litiges. Il en résulte que l'admissibilité d'une preuve doit s'apprécier d'après la loi sous l'empire de laquelle a eu lieu

le fait ou l'acte qu'il s'agit de prouver, et non d'après la législation en vigueur au moment où la preuve est offerte. Le principe de la non-rétroactivité des lois commande, en pareil cas, d'admettre le mode de preuve consacré par la loi ancienne, encore qu'il soit, lors du procès, abrogé par une loi subséquente (*Rép.* n° 72; Larombière, t. 5, art. 1316, n° 5, et *suprà*, v° *Lois*, n° 157).

§ 3. — De la preuve en matière criminelle (*Rép.* n°s 73 à 107).

52. L'application de la règle : *actore non probante reus absolvitur* doit être, au criminel, plus rigoureuse encore qu'au civil (*Rép.* n° 73). Mais la preuve peut être considérée comme acquise lorsqu'elle résulte de l'intime conviction du juge; il n'est pas besoin qu'elle soit administrée sous une forme particulière. En d'autres termes, et sauf les exceptions résultant des dispositions spéciales de nos lois (V. *infrà*, n° 58), c'est le système de la preuve morale, non celui des preuves légales, qui est consacré en France.—V. au surplus pour le développement historique des deux systèmes, les indications complètes fournies au *Rép.* n°s 74 à 88.

53. Le système de la preuve morale est applicable non seulement au jury, mais encore au magistrat, et cela indépendamment des juridictions. Spécialement, en matière correctionnelle, la preuve n'est assujettie à aucune forme systématique, et les juges peuvent puiser leur conviction dans tous les documents de la cause, pourvu qu'ils aient été soumis à une discussion orale et contradictoire. — Mais la preuve doit toujours demeurer concentrée dans les documents appartenant directement à la cause, et, en conséquence, si un procès-verbal est produit, il faut qu'il ait été dressé contre le prévenu ou à l'occasion des faits incriminés; si des témoins sont assignés par le ministère public, il faut qu'ils soient entendus en présence du prévenu; si une instruction écrite est invoquée, il faut qu'elle ait été suivie contre le prévenu ou sur les faits à lui imputés (Chambéry, 10 déc. 1875, aff. Toinet-Bachin, D. P. 77. 2. 14; Crim. rej. 4 déc. 1875, aff. Robineau, D. P. 77. 1. 95). A ce sujet, il a été décidé : 1° qu'on ne peut assimiler aux documents recueillis en vue de la prévention les notes d'audience rédigées dans une poursuite intentée contre d'autres prévenus, et dans laquelle les prévenus actuels n'ont pas figuré que comme témoins (Arrêt précité du 10 déc. 1875); — 2° Qu'il y a lieu d'annuler l'arrêt correctionnel qui a déclaré la culpabilité d'un prévenu en se fondant sur une lettre de renseignements adressée au procureur général d'une cour d'appel entre la mise en délibéré et la prononciation de l'arrêt, n'ayant, par conséquent, pas subi la discussion contradictoire de l'audience (Crim. cass. 12 déc. 1874, aff. Gautier, D. P. 76. 1. 94. V. au surplus les décisions citées *infrà*, v° *Procédure criminelle*; Faustin Hélie, *Traité de l'instruction criminelle*, t. 4, n°s 1777, 1876 et suiv.).

54. De même, le juge ne peut former sa conviction au moyen d'investigations personnelles (*Rép.* n° 91) et en dehors d'une instruction régulière. — Le principe que le juge ne doit pas fonder sa décision sur des renseignements personnels n'est, d'ailleurs, pas méconnu par le jugement qui, tout en énonçant que le tribunal connaît les habitudes du prévenu, statue contre lui à la suite d'une enquête, et se décide par appréciation de l'ensemble des témoignages et des documents et circonstances de la cause (Crim. rej. 17 juill. 1884, aff. Bardel, D. P. 85. 1. 92. Comp., dans le même sens, Crim. cass. 28 janv. 1859, aff. Bescoud, D. P. 60. 5. 378).

---

fait, sur les éléments divers soumis à son appréciation, l'arrêt attaqué n'a ni violé les textes de la loi, invoqués par le pourvoi, ni commis aucun excès de pouvoir; — Rejette, etc.
Du 22 févr. 1876.-Ch. civ.-MM. Mercier, pr.-Greffier, rap.-Bédarride, 1er av. gén., c. conf.-Leroux, Godin et Moutard-Martin, av.

(1) (G.., *C.* Compagnie d'assurances *L'Abeille.*) — LA COUR; — Attendu que l'une des règles fondamentales de notre législation criminelle est le secret de la procédure écrite; que lorsque l'instruction est terminée par une ordonnance de non-lieu, la procédure demeure close et que nul n'a qualité pour se servir des renseignements qu'elle contient; — Attendu, dès lors, que la cour ne peut ordonner la communication à G.., ou à son avocat, des pièces de

l'information criminelle qui a été dirigée contre lui et qui a été terminée par une procédure de non-lieu; qu'il convient de rejeter les conclusions de l'appelant à cet égard; — Attendu au contraire que les conclusions subsidiaires tendant à obtenir qu'il ne sera fait aucun état dans le procès actuel de la procédure criminelle subsidiaire sont légitimes et justifiées; que c'est le cas de les admettre; — Par ces motifs, statuant sur l'incident : Rejette la demande en communication des pièces de l'information criminelle dirigée contre G.., et faisant droit aux conclusions subsidiaires, dit que les pièces de cette procédure ne seront, ni par original ni par copie, versées aux débats, et qu'il n'en sera fait aucun état au procès actuel.
Du 5 juin 1888.-C. de Grenoble, 1re ch.-MM. Legrix, 1er pr.-Charmeil, av. gén.-Rive et Grolée, av.

55. On a exposé au *Rép.* n° 90, que la loi a, par exception, rendu obligatoire pour le juge la preuve résultant des procès-verbaux régulièrement dressés lorsqu'ils ne sont combattus, selon les cas, ni par la preuve contraire, ni par l'inscription de faux. C'est à raison du caractère de preuve légale que revêtent les énonciations des procès-verbaux qu'il a été jugé, à maintes reprises, que lorsque, appelé devant un tribunal de répression pour avoir contrevenu à un arrêté administratif, le prévenu se borne à contester la matérialité des faits constatés par le procès-verbal, sans fournir aucune preuve légale à l'appui de ses dénégations, le juge qui prononce son relaxe sur ses seules explications méconnaît la foi due au procès-verbal et viole formellement la loi (V. notamment : Crim. cass. 30 nov. 1888, aff. Pelcerf; 18 janv. 1890, aff. Lissac, *Bull. crim.* 1888, p. 543, 1890, p. 22). V. encore sur la force probante des procès-verbaux, *infrà*, v° *Procès-verbal.*

56. Le principe général suivant lequel c'est au demandeur de justifier sa demande est applicable en matière criminelle. C'est donc au ministère public ou à la partie privée de prouver la culpabilité de l'inculpé (*Rép.* n° 92);... sauf le droit, pour celui-ci, de fournir la preuve contraire (*Rép.* n° 93). Dans certains cas spéciaux, cependant, la loi présume le délit ou la contravention (*Rép.* n° 94. Comp. *suprà*, v^{ts} *Chasse,* n°s 1079 et suiv., *Impôts indirects,* n° 57, *Matières d'or et d'argent,* n° 1354).

57. En principe encore la partie poursuivante doit joindre à la preuve du fait incriminé celle de la mauvaise foi de l'inculpé (*Rép.* n° 95). Dans plusieurs hypothèses cette mauvaise foi est cependant présumée de droit, c'est au prévenu de justifier de sa bonne foi à l'encontre de cette présomption (V. les renvois indiqués au *Rép.* n° 95 et *suprà*, v° *Presse*, n° 902).

58. Quoique la loi autorise le juge criminel à apprécier toutes les preuves qui lui sont soumises pour former les éléments de sa conviction, elle a réglé les conditions d'application de certains modes de preuve, et restreint ainsi par certaines limites le pouvoir du magistrat. Mais, comme le fait remarquer M. Faustin Hélie, t. 4, n° 1778, ces limites constituent bien moins une réglementation de la preuve en général, que des précautions d'un caractère particulier, tendant, pour quelques hypothèses déterminées, soit à donner plus de certitude à la preuve par témoins, soit à faciliter la répression de certains délits spéciaux.

59. On a donné aux *Rép.* n°s 97 et 98 l'indication des divers modes de preuve déterminés par la loi criminelle. L'aveu de l'inculpé fait en justice constitue également une preuve; mais elle n'est pas obligatoire pour le juge, qui reste maître d'en apprécier la force probante, eu égard aux circonstances dans lesquelles il est intervenu (*Rép.* n°s 99 à 101; Bonnier, n° 99; Faustin Hélie, t. 4, n° 1936). Dans tous les cas, il n'appartient pas au juge, lorsque la preuve fournie par la partie poursuivante lui paraît insuffisante en elle-même bien que non dépourvue de valeur, d'acquitter le prévenu sans faire connaître si celui-ci a ou non reconnu les faits incriminés; et, quand un aveu s'est produit, d'en faire abstraction sans s'expliquer à cet égard. Jugé, en ce sens, que, si les rapports d'agents de police ne constituent pas de véritables procès-verbaux et ne font pas foi jusqu'à preuve contraire, ils n'en forment pas moins des éléments utiles de poursuite, dont les faits qu'ils constatent pouvant être ou prouvés par témoins, ou jugés constants à raison de l'aveu du prévenu, si celui-ci ne les conteste pas, il y a lieu à cassation du jugement de relaxe qui n'indique pas si la contravention a été avouée ou déniée (Crim. cass. 17 janv. 1891)(1). — V. sur l'aveu en matière criminelle, *suprà*, v° *Obligations*, n°s 2150 à 2154.

60. La preuve testimoniale est certainement de tous les modes de preuve celui qui a au criminel la plus large application. Mais elle n'y est admissible, pour prouver les conventions et autres faits juridiques, que dans la limite où elle le serait devant la juridiction civile. En principe donc elle sera rejetée, lorsque l'acte ou le contrat à établir comporteront un intérêt supérieur à 150 fr. (c. civ. art. 1341 et *suprà*, v° *Abus de confiance*, n°s 152 et suiv.; Crim. cass. 3 juin 1892, aff. Imbert, D. P. 93. 1. 300 et la note). Mais elle restera recevable dans les cas exceptionnels indiqués par les art. 1347 et 1348 c. civ. C'est ce qui a été jugé, par exemple, entre beau-frère et belle-sœur, voisins, vivant dans l'intimité et tous deux illettrés, alors qu'il s'agissait, pour prouver l'abus de mandat, d'établir que l'un avait remis à l'autre un billet de banque pour en opérer le change dans une localité voisine et en remettre la monnaie au transmettant; il existait, en effet, une impossibilité morale d'apporter la preuve écrite d'une semblable convention (Bordeaux, 2 mars 1871) (2). Et le juge correctionnel peut, pour autoriser la preuve testimoniale du mandat allégué, considérer comme un commencement de preuve par écrit les interrogatoires subis devant le juge d'ins-

---

(1) (Lodier.) — LA COUR ; — Sur le moyen tiré de la violation des art. 471, 3 du code pénal, 3 de l'arrêté du préfet d'Ille-et-Vilaine, du 29 août 1878, sur la police des chemins de fer, 145 du code d'instruction criminelle et 7 de la loi du 20 avr. 1810: — Attendu que Lodier a été cité devant le tribunal de simple police de Rennes, à la suite d'un procès-verbal du 24 avr. 1890, dressé par un agent de police de cette ville, pour avoir sollicité les bagages des voyageurs à la porte des salles de sortie de la gare du chemin de fer, en contravention à l'art. 3 de l'arrêté préfectoral du 29 août 1878 ; — Attendu que le tribunal l'a renvoyé de la poursuite par le motif que le procès-verbal qui avait constaté le fait incriminé n'avait pas été dressé par les agents chargés, par l'art. 16, de l'exécution de l'arrêté et qu'il ne faisait pas foi jusqu'à preuve contraire, sans faire connaître si la contravention était déniée ou avouée par le prévenu ; — Attendu que, si les rapports des agents de police ne constituent pas de véritables procès-verbaux et s'ils ne font pas foi, jusqu'à preuve contraire, ils n'en forment pas moins des éléments utiles de poursuite, et que les faits qu'ils constatent peuvent être soit la force probante du procès-verbal, dans le cas où ils ne sont pas constatés; — Attendu que si, dans l'espèce, la contravention n'a pu être prouvée par témoins, l'agent rédacteur du procès-verbal ni aucun autre témoin n'ayant été cité, elle pouvait l'être encore par l'aveu du prévenu et qu'en ne faisant pas connaître si la contravention a été avouée ou déniée, le jugement attaqué met la cour de cassation dans l'impossibilité de vérifier si le relaxe a été légalement prononcée; — Casse et annule le jugement rendu le 28 avr. 1890 par le tribunal de simple police de Rennes en faveur de Lodier, etc.
Du 17 janv. 1891. C. de Rennes.-MM. Tanon, rap.-Reynaud, av. gén.

(2) (Pénichon.) — LA COUR; — Attendu que le ministère public ne rapportant pas la preuve de la préexistence du mandat dont l'abus est imputé au prévenu Pénichon, et ce mandat se rattachant à la remise entre ses mains d'un billet de banque de 1000 fr. qui lui aurait été confié par la veuve Pénichon,

sa belle-sœur, à la charge de lui en procurer la monnaie, il y a lieu, ainsi que le décide le tribunal, de rechercher si la preuve du contrat est admissible, d'après les règles de la loi civile, et s'il ne se rencontre pas dans la cause une ou plusieurs des exceptions aux prescriptions de l'art. 1341 c. civ.; — Attendu que la première exception à examiner est celle tirée de l'art. 1348 du même code, se rapportant à la question de savoir s'il y avait été possible à la veuve Pénichon de se procurer une preuve littérale de l'obligation qui aurait été contractée envers elle; — Attendu qu'il est de doctrine et de jurisprudence que les hypothèses énumérées de l'art. 1348 ne sont pas limitatives, mais simplement posées à titre d'exemple; qu'il n'est pas possible d'admettre que le législateur ait entendu renfermer dans les limites étroites de certaines impossibilités physiques le tempérament qu'il croyait devoir apporter aux prescriptions de l'art. 1341; que le principe qui ressort de l'art. 1348 est donc général et embrasse tous les cas où il n'a pas été possible de se procurer une preuve littérale; qu'il y a, en effet, même raison de l'appliquer aux impossibilités morales, celles-ci pouvant être aussi absolues que les impossibilités physiques; qu'elles naissent des situations et des circonstances si diverses au milieu desquelles les intérêts des parties peuvent se trouver engagés; qu'agir autrement, ce serait méconnaître les nécessités des relations et des rapports qui se présentent sans cesse dans la vie civile; — Que si l'on applique ces considérations à la cause, on voit que la veuve Pénichon et la belle-sœur et voisine du prévenu, avec lequel elle vivait dans une intimité de tous les instants; que tous les deux sont illettrés; qu'enfin, la nature du mandat, consistant à opérer, dans une localité voisine pendant la foire qui allait s'y passer, le change d'un billet de banque de 1000 fr., pour en rapporter la monnaie le même jour, excluait la pensée que la veuve Pénichon pût se procurer la preuve littérale de l'obligation contractée envers elle; que c'est bien là une impossibilité morale rentrant sous l'application du principe général posé par l'art. 1348; — Attendu que, ce point étant reconnu, il y a lieu de rechercher le bien fondé de la deuxième exception qui serait tiré des dispositions de l'art. 1347 c. civ., sur le commencement de preuve par

truction (Même arrêt). Dans l'espèce, le prévenu s'était borné à reconnaître qu'il avait présenté le billet de banque litigieux à un tiers pour le faire changer, et on aurait pu soutenir que cet aveu, ne portant pas sur la remise du billet aux mains du prévenu, ne pouvait être étendu contre lui, ni interprété comme un commencement de preuve par écrit impliquant reconnaissance du mandat prétendu; mais la cour de Bordeaux a déclaré que, dans l'interrogatoire subi à l'instruction, les juges, « sans porter atteinte au principe d'indivisibilité de l'aveu », doivent considérer chaque question et chaque réponse comme constituant des propositions distinctes, de telle sorte que, laissant de côté les unes et admettant les autres, ils peuvent y puiser un commencement de preuve par écrit. Cette décision ne nous semble pas devoir être ad-

mise dans sa généralité (V. au surplus *suprà*, vº *Obligations*, nºˢ 1970 et 2154).

61. De même qu'en matière civile, le magistrat peut, au criminel, admettre la preuve par témoins à l'effet soit d'interpréter un acte juridique, soit d'établir les faits auxquels l'existence de cet acte donne un caractère licite ou délictueux. Décidé, en ce sens, qu'il appartient au juge correctionnel, saisi d'une poursuite pour délit de chasse, d'interpréter les clauses de l'adjudication de la terre sur laquelle un délit de chasse aurait été commis, afin d'apprécier si le droit de chasse n'avait pas été laissé provisoirement au fermier depuis l'époque de la vente de la propriété et si le fermier n'avait pu céder légitimement ce droit au prévenu (Crim. rej. 21 nov. 1889, aff. Chéron, D. P. 90. 1. 406).

écrit; qu'il est généralement admis que les interrogatoires, subis en matière correctionnelle et criminelle devant un juge d'instruction, doivent être assimilés aux interrogatoires sur faits et articles, et peuvent être considérés comme des actes émanés du prévenu, et dont l'appréciation est laissée à la prudence des magistrats; que ceux-ci, sans porter atteinte au principe d'indivisibilité de l'aveu, doivent considérer chaque réponse comme constituant des propositions distinctes, de telle sorte que, laissant de côté les unes et admettant les autres, ils peuvent y puiser les éléments d'un commencement de preuve par écrit; — Attendu qu'interpellé par le juge d'instruction sur le point de savoir si, dans la journée du 10 oct. 1870, il ne se serait pas présenté à Larochefoucauld, chez le témoin Rouyer, pour y changer un billet de banque de 1000 fr., et si, ajourné au lendemain, il n'aurait pas reçu ce jour-là, la monnaie de ce billet, le prévenu Pénichon finit par convenir, après de longues hésitations, qu'il serait possible qu'il eût fait ces deux visites, mais que sa mémoire lui faisait défaut; — Attendu que, confronté avec le

témoin Rouyer, dans un dernier interrogatoire du 27 déc. 1870, et questionné sur les mêmes visites à la date des 10 et 11 octobre, et sur le change d'un billet de 1000 fr., il a répondu : « je reconnais le fait comme possible et même comme probable » ; — Attendu qu'entre ces réponses et les affirmations de la veuve Pénichon, déclarant que, le 10 oct. 1870, elle avait remis un billet de 1000 fr. à Pénichon, qui devait le changer à la foire de Larochefoucauld, et qui, n'ayant pu trouver de monnaie ce jour-là, annonça qu'un homme lui en avait promis pour le lendemain, il y a une connexité évidente qui établit une présomption rendant vraisemblable le fait allégué par la veuve Pénichon; qu'à ce second point de vue encore, la preuve devait être déclarée admissible, et que c'est à tort que les premiers juges l'ont écartée; — Par ces motifs, faisant droit sur l'appel du procureur de la République près le tribunal de première instance d'Angoulême, met l'appellation et le jugement dont est appel au néant, etc. Du 2 mars 1871.-C. de Bordeaux, ch. corr.-MM. Barennes, pr.-de Larouverade, av. gén.-Monteaud, av.

Table sommaire

des matières contenues dans le Supplément et le Répertoire.

(Les chiffres précédés de la lettre S renvoient au Supplément; les chiffres précédés de la lettre R renvoient au Répertoire.)

Pacage
— servitude, actes anciens, longue possession S. 51.
Paternité
— preuve R. 19.
Police d'assurances
— femme mariée, restitution, donation S. 26.
Possession
— action en revendication S. 20.
Pouvoir du juge
— connaissance personnelle des faits, excès de pouvoir S. 38 ; R. 66.
— pertinence et précision des faits S. 35 ; R. 58 s.

— pièces étrangères au procès (débats contradictoires) S. 43 ; (production) S. 42.
— preuve frustratoire R. 61.
— renseignements fournis S. 41.
Prescription
— défendeur (exception) R. 25 ; (travaux et fournitures) S. 27 ; R. 25.
Preuve - classification
— artificielle R. 16.
— inartificielle R. 16.
— indirecte R. 15.
— pleine R. 14.
— présomptions légales,

caractère R. 13, 17, 46 s.
— présomptions simples R. 13.
— semi-pleine R. 14.
Preuve de droit S. 1 ; R. 2.
Preuve de fait S. 1 ; R. 2.
Preuve testimoniale
— admissibilité S. 15.
— matière criminelle S. 60 s. ; (admissibilité) S. 60 ; (étendue) S. 18 ; (pouvoir du juge) S. 61.
Procès-verbal de non - conciliation
— caractère S. 11.

Propriété
— acte d'abandon ou de transmission, présomption R. 65.
— titres probants, défaut R. 27.
Référé
— expertise, pouvoir du juge S. 45.
Rétroactivité
— loi ancienne, abrogation S. 51 ; R. 72.
Servitude
— inexistence, action négatoire S. 83 ; R. 51 s.

— non-usage (prescription) S. 33 ; R. 42; (extinction, preuve) R. 52.
Servitudes militaires
— construction, présomption R. 43.
Société
— chose commune, identité, affirmation S. 4.
— dissolution, associé S.
Serment litisdécisoire
— caractère R. 10.
Tribunal de commerce
— matière civile, modes

de preuve S. 10.
Vente
— nullité, non-conformité, expertise S. 30.
Vices rédhibitoires
— vente d'animaux, preuve spéciale S. 19; R. 19.
Visite des lieux
— témoignage du juge, excès de pouvoir S. 38.
— visite officieuse (commission rogatoire) S. 39; (preuves connexes) S. 39.
Voie publique
— usurpation, preuve R. 42.

Table chronologique des Lois, Arrêts, etc.

Colonne 1
An 7 — 22 frim. Loi. 19 c.
1813 — 14 juin. Décr. 43 c.
1832 — 11 avr. Req. 30 c.
1838 — 20 mai. Loi. 19 c.
1840 — 2 juin. Civ. 46 c. ; 23 nov. Req. 30 c.
1847 — 22 nov. Civ. 22 c.
1853 — 22 juill. Paris. 31 c. ; 23 nov. Montpellier. 38 c. ; 27 déc. Civ. 49 c.
1855 — 7 févr. Bastia. 88 c.

Colonne 2
2 mars. Amiens. 19 c.
1856 — 13 janv. Douai. 6 c.
1859 — 28 janv. Crim.54 c.
1860 — 10 janv. Civ. 31 c. ; 16 avr. Civ. 21 c. ; 22 août. Trib. civ. Arras. 27 c.
1861 — 9 janv. Nîmes. 14 c. ; 11 nov. Req. 21 c.
1862 — 1er aug. Req. 30 c. ; 9 avr. Lyon. 14. ; 11 août. Req. 4 c.
1863 — 18 août. Civ. 39 c.
1864 — 5 avr. Req. 12 c.

Colonne 3
30 juill. Chambéry. 34 c. ; 24 août. Bordeaux. 18.
1865 — 17 janv. Civ. 12. ; 22 mai. Req.21 c., 29 c.
1867 — 6 févr. Req. 29 c. ; 20 févr. Rouen. 46 c.
1868 — 13 janv. Civ. 26 c. ; 2 août. Loi. 5 c.
1869 — 9 févr. Req.42 c., 44 c., 45 c. ; 6 avr. Civ. 26 c.
1870 — 2 juin. Pau. 34 c. ; 29 déc. C. cass. belge. 46 c.
1871 — 2 mars. Bordeaux. 60. ; 15 nov. Req. 2 c.

Colonne 4
1872 — 13 févr. Aix. 39 c. ; 25 mars. Bruxelles. 46 c. ; 29 avr. Req. 22 c.
1873 — 3 mars. Req.26 c. ; 22 juill. Req.7 c., 8 c.
1874 — 19 janv. Civ. 29 c. ; 16 févr. Civ. 36 c. ; 2 mars. Req. 46 c. ; 28 avr. Civ. 40 c. ; 4 mai. Aix. 46 c. ; 15 juin. Req. 45 c. ; 13 juill. Civ. 13 c. ; 12 déc. Crim.58 c.
1875 — 18 janv. Civ. 22. ; 4 déc. Crim. 58 c. ; 10 déc. Chambéry. 58 c.
1876 — 22 févr. Civ. 46. ; 14 mars. Req.15 c. ; 10 avr. Req.46 c., 47 c.

Colonne 5
19 juill. Req. 44 c.
1877 — 26 févr. Req. 43 c. ; 7 mars. Civ. 25 c. ; 13 mars. Req. 37 c. ; 17 juill. Req. 44 c. ; 28 août. Civ. 45 c. ; 21 nov. Civ. 20 c.
1878 — 22 janv. Amiens. 11. ; 8 mars. Rouen. 16. ; 21 mai. Civ. 38 c. ; 24 juin. Req. 12. ; 13 juill. Req. 48 c. ; 31 déc. Civ. 42 c.
1879 — 8 janv. Req.37 c. ; 24 nov. Civ. 42 c. ; 11 mars. Req.37 c. ; 2 avr. Req. 44 c.
1881 — 25 janv. Civ 40 c. ; 2 mars. Req. 15 c., 31 c. ; 29 juill. Besançon. 11.

Colonne 6
1882 — 2 août. Civ. 42 c. ; 27 déc. Req. 30 c.
1er févr. Trani. 11. ; 4 mai. C. de cass. belge. 11 c. ; 7 juin. Aix.46 c.
1883 — 3 janv. Req. 15 c.
1884 — 11 avr. Douai. 6 c. ; 31 mai. Grenoble. 28. ; 16 juin Req. 27 c. ; 21 juin. Paris.43. ; 17 juill. Crim. 54 c. ; 2 août. Loi. 19 c. ; 4 août. Req.39 c.
1885 — 8 juill. Civ. 40 c., 42 c. ; 24 nov. Civ. 42 c. ; 7 déc. Paris. 46.
1886 — 25 mai. Civ. 42 c. ; 10 août. Civ. 38 c.
1887 — 13 mai. Paris.43 c. ; 26 juill. Civ. 45 c.

Colonne 7
5 avr. Trib. civ. Lombez. 15 c. ; 25 juin. Trib. civ. de la Seine. 43 c.
1888 — 3 janv. Req.46 c., 47. ; 20 mars. Req.20 c. ; 28 mai. Req. 15 c. ; 5 juin. Grenoble. 47. ; 9 juill. Pau. 35 c. ; 21 juill. Orléans. 46 c., 47 c. ; 30 nov. Crim. 55 c.
1889 — 4 juin. Civ. 27 c. ; 26 juill. Paris. 15 c. ; 20 nov. Civ. 38 c., 42 c. ; 21 nov. Crim.61 c. ; 16 déc. Poitiers. 38.
1890 — 18 janv. Req.41 c. ; 18 janv. Crim.55 c. ; 24 févr. Rouen. 40 c. ; 7 juin. Paris.43 c. ; 11 nov. Paris.43 c.
1891 — 17 janv. Crim. 59.

Colonne 8
6 juill. Req. 8 c. ; 3 nov. Req. 12 c. ; 14 déc. Poitiers. 28 c. ; 23 déc. Req. 24 c.
1892 — 24 févr. Bordeaux. 13 c. ; 16 mars. Req.28 c. ; 2 mai. Req. 15 c. ; 10 mai. Civ. 16 c. ; 25 mai. Civ. 23 c. ; 1er juin. Req. 24 c. ; 3 juin. Crim.60 c. ; 15 juin. Req. 35 c. ; 27 juill. Civ. 30 c. ; 17 oct. Alger. 11 c. ; 3 nov. Dijon:16 c. ; 5 nov. Req. 25 c. ; 17 nov. Paris.16 c. ; 29 nov. Paris.11 c., 43 c. ; 7 déc. Req. 22 c.
1893 — 10 janv. Riom. 24 c. ; 8 mars. Civ.16 c.

PREUVE LITTÉRALE. — V. outre les renvois indiqués au Répertoire, suprà, vis Divorce et Séparation de corps, nos 412 et suiv. ; Enregistrement, no 95; Obligations, nos 1352 et suiv. ; — Rép. vis Prêt, no 62 ; Prêt à intérêts, no 21 ; Privilèges et hypothèques, nos 986 et suiv. ; Procès-verbal, nos 2 et suiv. ; Sociétés, nos 249 et suiv. ; Substitution, no 256 ; Trésor public, nos 1125 et suiv., 1381 ; Usage-usage forestier, no 181 ; Usufruit, no 92 ; Vente publique d'immeubles, no 2072.

PREUVE TESTIMONIALE. — V. outre les renvois indiqués au Répertoire, suprà, vis Abus de confiance, nos 154, 164, 167 et 172 ; Acte de commerce, nos 183, 216, 232 et 443 ; Acte de l'état civil, nos 37 et suiv., 85 et 98 ; Adultère, no 75 ; Aliéné, no 147 ; Assurances terrestres, no 99 ; Collation, nos 40 et suiv. ; Cautionnement, no 40 ; Commissionnaire, nos 100 et 257 ; Contrat judiciaire, no 2 ; Divorce et séparation de corps, nos 420 et suiv. ; Droit maritime, nos 165 et suiv. ; Enregistrement, nos 95, 98, 2885 ; Faux incident, no 94 ; Force majeure, no 27 ; Interrogatoire sur faits et articles, no 16 ; Jugement, no 813 ; Lettre missive, no 79 ; Louage, nos 73 et suiv., 123 et suiv., 369 ; Obligations, nos 1892 et suiv. ; Office, no 40 : Paternité et filiation, nos 122 et suiv. ; — Rép. vis Postes et télégraphes, nos 88 et 102 ; Presse-outrage, nos 1486, 1490 et suiv., 1536, 1541 et suiv. ; Prêt, no 60 ; Prêt à intérêts, nos 21 et suiv. ; Prises maritimes, nos 140 et suiv. ; Privilèges et hypothèques, nos 1241 et 2462 ; Procès-verbal, nos 2, 7 et suiv., 29 et suiv., 146, 168 et suiv., 202 et suiv., 301, 364 et suiv., 396 et suiv., 406, 533, 704, 729 et 795 ; Propriété, nos 194 et suiv. ; Prud'homme, no 105 ; Question préjudicielle, nos 60 et suiv. ; Rentes constituées, nos 78 et suiv. ; Rente viagère, no 66 et suiv. ; Responsabilité, nos 227 et 373 ; Saisie-arrêt, nos 381 et suiv. ; Servitude, nos 372, 438, 1012 et suiv., 1091 et suiv., 1142 et 1251 ; Société, nos 122, 251 et suiv., 270 et suiv., 646, 652, 812, 848 et suiv., 874, 1630, 1635 et suiv. ; Succession, nos 1621 et suiv. ; Tiers, no 41 ; Transaction, nos 31 et suiv. ; Trésor public, nos 1126 et 1433 ; Usage-usage forestier, nos 105, 125, 149, 182, 190 et suiv. ; Vente, nos 61 et suiv., 374, 649, 1533 et 1624 ; Vente publique d'immeubles, no 486 ; Vente publique de meubles, no 92 ; Vérification d'écritures, nos 63 et suiv., 168 et suiv. ; Voirie, nos 170 et 1347 ; Vol et escroquerie, nos 703, 903 et suiv.

PRIME. — V. outre les renvois indiqués au *Répertoire*, *suprà*, v^{is} *Assurances terrestres*, n°s 120, 124 et suiv., 127, 130 et suiv., 138, 140, 142, 147, 223, 248, 257, 367 et suiv., 374 et suiv., 380, 397, 450, 480 et 510 ; *Bourse de commerce*, n° 251 ; *Chasse*, n°s 1658 et suiv. ; *Douanes*, n°s 57, 400 et suiv. ; *Droit maritime*, n°s 1536, 1650 et suiv., 1686 et suiv., 1699, 1721, 1797 et suiv., 1801 et suiv., 1811 et suiv., 1866 ; *Droit rural*, n° 151 ; *Evasion*, n° 65 ; *Frais et dépens*, n°s 681 et suiv.; *Loterie*, n°s 15 et suiv. ; *Louage d'ouvrage ou d'industrie*, n°s 13 et 86 ; — *Rép.*, v^{is} *Poudres et salpêtres*, n° 18 ; *Priviléges et hypothèques*, n°s 2277 et suiv. ; *Sociétés de Crédit foncier*, n° 15 ; *Sucre*, n°s 1 et 44 ; *Trésor public*, n°s 1337 et suiv., 1388.

PRIMES A LA CONSTRUCTION ET A LA NAVIGATION.

1. — Ainsi qu'on l'a vu *suprà*, v° *Organisation maritime*, n° 161, texte et note 1, la loi du 29 juill. 1881 avait accordé aux constructeurs, en compensation des charges que le tarif des douanes leur impose, des allocations variant, suivant les matières et le tonnage, de 60 fr. à 10 fr. par tonneau de jauge brute. La même loi accordait aux navires français, en compensation des charges imposées à la marine marchande pour le recrutement et le service de la marine militaire, et pour le long cours seulement, une prime de navigation de 1 fr. 50 par tonneau de jauge nette et par 1000 milles parcourus ; cette prime décroissait d'année en année, et elle était diminuée pour les navires de construction étrangère (V. *suprà*, eod. v°, n° 191). La loi sur la marine marchande des 30-31 janv. 1893 (D. P. 93. 4. 61) a édicté en cette matière de nouvelles dispositions.

2. Les primes à la construction font l'objet des art. 2 et suiv., ainsi conçus : « Art. 2. En compensation des charges que le tarif des douanes impose aux constructeurs de bâtiments de mer, il leur est attribué les allocations suivantes : Pour les navires à vapeur ou à voiles, en fer ou en acier, soixante-cinq francs (65 fr.); pour les navires en bois de 150 tonneaux ou plus, quarante francs (40 fr.); pour les navires en bois de moins de 150 tonneaux, trente francs (30 fr.); par tonneau de jauge brute totale calculée conformément aux art. 1 à 12 du décret du 24 mai 1873 et à l'art. 1 du décret du 7 mars 1889. Sont considérés comme navires en bois les navires bordés exclusivement en bois. Toute transformation d'un navire ayant pour résultat d'en accroître la jauge donne droit à une prime calculée conformément au tarif ci-dessus d'après le nombre des tonneaux d'augmentation de la jauge. — Art. 3. En compensation des mêmes charges, il est attribué aux constructeurs de machines les allocations suivantes : pour les machines motrices et appareils auxiliaires, tels que pompes à vapeur, servo-moteurs, dynamos, treuils, ventilateurs mus mécaniquement, placés à l'état neuf à bord des navires tant à voiles qu'à vapeur, ainsi que les chaudières à vapeur neuves qui les alimentent et leur tuyautage, quinze francs (15 fr.) par 100 kilogrammes. La prime est accordée pour les machines motrices et les appareils auxiliaires mis en place à l'état neuf ainsi que pour les parties neuves des machines qui subiraient des transformations ou des réparations pendant l'existence du navire. Lors du changement de chaudières, la compensation est fixée à quinze francs (15 fr.) par 100 kilogr. de chaudières neuves de construction française. — Art. 4. Les primes déterminées par les art. 2 et 3 ne sont définitivement acquises que lorsqu'il est justifié de la francisation du navire. En ce qui concerne les navires construits en France pour les marines marchandes de l'étranger, les primes ne sont acquises que lorsque le navire a pris ses expéditions. Un règlement d'administration publique déterminera les vérifications auxquelles il devra être procédé par une commission technique, pour s'assurer que le navire pour lequel la prime est réclamée est susceptible de faire un service régulier à la mer par ses propres moyens ».

3. Les art. 5 et suiv. concernent la prime à la navigation. Ils sont ainsi conçus : « Art. 5. A titre de compensation des charges imposées à la marine marchande pour le recrutement et le service de la marine militaire, il est accordé, à partir de la promulgation de la présente loi, une prime de navigation à tous les navires de construction française de plus de 80 tonneaux bruts pour les navires à voiles et de 100 tonneaux bruts pour les navires à vapeur. Cette prime s'appliquera pendant dix années, à partir de leur francisation, aux navires construits en France pendant la durée de la présente loi. Elle est attribuée exclusivement à la navigation au long cours et à celle du cabotage international. Sont exceptés de la prime : les navires affectés au cabotage français, à la grande et à la petite pêche, aux lignes subventionnées par l'Etat et à la navigation de plaisance. Toutefois, tant que les nations qui bénéficient d'un traitement de faveur seront admises à faire naviguer leurs navires entre la France et les ports d'Algérie, ou vice versa, les navires français qui effectueront cette navigation auront droit aux avantages stipulés dans la présente loi en faveur du cabotage international. Sont également exclus de la prime : les navires se livrant au cabotage français qui touchent à des ports étrangers sans y débarquer ou embarquer des marchandises représentant en tonneaux d'affrètement le tiers au moins de leur tonnage net, ainsi que les navires exécutant un parcours entre un port français et un port étranger distant de moins de 120 milles. — Art. 6. La prime aux navires construits en fer est et demeure supprimée. La prime déterminée par l'art. 5 est fixée par tonneau de jauge brute totale, calculée conformément aux art. 1 à 12 du décret du 24 mai 1873 et à l'art. 1 du décret du 7 mars 1889, et par 1000 milles parcourus, pour tous les navires de construction française : A un franc dix centimes (1 fr. 10 cent.) pour les navires à vapeur, avec décroissance annuelle, à partir de leur construction, de : six centimes (0 fr. 06 cent.) pour les navires en bois ; quatre centimes (0 fr. 04 cent.) pour les navires en fer ou en acier. Et à un franc soixante-dix centimes (1 fr. 70 cent.) pour les navires à voiles, avec décroissance annuelle, à partir de leur construction de : huit centimes (0 fr. 08 cent.) pour les navires en bois ; six centimes (0 fr. 06 cent.) pour les navires en fer ou en acier. Les navires francisés avant la promulgation de la loi du 29 janv. 1881 sont assimilés, pour la prime, aux navires de construction française. Les navires de construction étrangère francisés après la promulgation de la loi du 29 janv. 1881 et avant le 1er janv. 1893 ne recevront que la prime. Les navires faisant la navigation au cabotage international ne reçoivent que les deux tiers de la prime. Les navires faisant cette navigation et francisés avant le 1er janv. 1893 sont assimilés pour cette prime aux navires de construction française. Le nombre des milles parcourus est évalué d'après la distance comprise de port à port entre les points de départ et d'arrivée, mesurée sur la ligne maritime la plus directe suivant les méthodes de calcul et avec le degré d'approximation qui seront déterminés par un règlement d'administration publique — Art. 7. La prime est augmentée de 25 pour 100 pour les navires à vapeur construits sur des plans préalablement approuvés par le département de la Marine. En cas de guerre, les navires de commerce peuvent être réquisitionnés par l'État. Tout capitaine de navire recevant l'une des primes fixées par l'art. 6 de la présente loi est tenu de transporter gratuitement les dépêches et en général tous les objets de correspondance qui lui seront confiés par le ministre du commerce pour le service des postes ; il fera prendre et remettre les dépêches dans les bureaux de poste du lieu de son départ ou des ports d'escale de sa route, ainsi qu'au lieu de sa destination. Ces transports seront gratuits. Le capitaine sera tenu également de se charger des colis postaux dans les conditions prévues par les lois et règlements sur la matière. Il encourra, à l'occasion de ses transports, la même responsabilité envers l'administration des Postes que cette administration elle-même vis-à-vis du public. Si un agent des postes est désigné pour accompagner les dépêches, il sera également transporté gratuitement sur tout le parcours, ainsi qu'entre les lieux d'embarquement et de débarquement et les bureaux où s'effectue l'échange des dépêches. Un local convenablement approprié sera mis à sa disposition pour le travail des correspondances en route ».

PRIMOGÉNITURE. — V. outre les renvois indiqués au *Répertoire*, *suprà*, v^{is} *Majorat*, et *infrà*, v^{is} *Substitution* et *Succession*.

PRISE A PARTIE.

Division.

ART. 1er. — HISTORIQUE. — LÉGISLATION. — DROIT COMPARÉ (*Rdp.* n°⁸ 1 à 5).

1. — I. HISTORIQUE ET LÉGISLATION. — Le projet élaboré par la commission instituée par arrêté du 6 nov. 1862 au ministère de la justice, pour rechercher les modifications qu'il serait utile d'apporter aux lois qui règlent la procédure civile (V. *suprà*, v° *Enquête*, n° 1) contenait, en ce qui concerne la prise à partie, quelques dispositions nouvelles. Il portait que la prise à partie pourrait être exercée non seulement contre les juges (c. proc. civ., art. 505), mais aussi contre les magistrats du ministère public. — La peine prononcée contre l'huissier requis de faire les réquisitions au juge pris à partie et qui s'y refusait était la suspension, et non plus l'interdiction (c. proc. civ. art. 507). — La prise à partie contre un membre de la cour d'appel (c. proc. civ. art. 509, al. 1) était déférée à la cour toutes les chambres réunies. — La prise à partie contre les cours d'assises ou les cours d'appel (c. proc. civ. art. 509, 2e al.) était portée à la cour de cassation toutes les sections réunies. Aucune prise à partie ne pouvait être formée sans permission préalable de la cour qui devait en être saisie. (Pour les juges, l'autorisation préalable est donnée, aux termes de l'art. 510, par le tribunal). Il devait être statué sur la requête en chambre du conseil. — L'art. 512 ne fixe pas le chiffre de l'amende à laquelle peut être condamnée la partie qui emploie dans la requête des termes injurieux contre les juges : le projet (art. 444) portait que cette amende ne pouvait être moindre de 150 fr. ni excéder 5000 fr. — Si la requête était rejetée ou si le demandeur était débouté, le projet (art. 445) fixait le minimum de l'amende à 150 fr., le maximum à 5000 fr. (Le code de procédure ne détermine qu'un minimum : 300 francs).

2. Le projet de revision du code de procédure civile déposé par M. Thévenet le 6 mars 1890 (V. *suprà*, v° *Enquête* n° 2) ne s'occupe pas de la prise à partie.

3. — II. DROIT COMPARÉ. — La procédure de la prise à partie n'est pas admise par le code de procédure civile pour l'*Empire allemand* promulgué le 30 janv. 1877, ni par la loi sur la procédure civile du canton de Genève.

4. En *Autriche*, la loi du 12 juill. 1872 rendue, pour l'exécution de l'art. 9 de la loi organique du 21 déc. 1867 sur le pouvoir judiciaire, le droit d'action des parties à raison du tort qui leur a été causé par les fonctionnaires de l'ordre judiciaire dans l'exercice de leurs fonctions. En voici les principales dispositions.

« Art. 1er. Lorsque, dans l'exercice de ses fonctions et en excédant ses pouvoirs, un fonctionnaire de l'ordre judiciaire a lésé les droits d'une partie, et lui a causé ainsi un dommage pour la réparation duquel les moyens de droit ouverts par les lois de procédure n'assurent pas de remède, la partie lésée a le droit de réclamer la réparation de ce dommage par voie d'action, soit contre le fonctionnaire responsable, soit contre l'Etat, soit contre tous deux, dans la mesure déterminée par la présente loi. Le fonctionnaire responsable est tenu comme débiteur principal; l'Etat, en vertu de la présente loi, comme une caution chargée de payer pour le compte d'autrui. — Art. 2. Lorsque l'action est dirigée individuellement contre des fonctionnaires judiciaires responsables, elle n'est reconnue fondée à l'égard de chaque défendeur qu'autant que le demandeur prouve que la lésion dont il se plaint a eu pour cause un excès de pouvoirs de la part de chacun d'eux. Lorsque l'action est intentée contre l'Etat seul, il suffit de prouver que la lésion n'a pu résulter que d'un excès de pouvoir de la part de fonctionnaires judiciaires appartenant au tribunal dont est émané l'acte de fonctions incriminé.... — Art. 4. Sont considérés comme fonctionnaires judiciaires, dans le sens de la présente loi, les fonctionnaires publics chargés auprès des cours de justice et des tribunaux de district des fonctions de juge ou d'autres fonctions judiciaires, ainsi que les commissaires délégués par les tribunaux (notaires) pour procéder à des actes de fonctions ressortissant de l'autorité judiciaire. Leur sont assimilés pour l'application de la présente loi les hommes spéciaux investis de l'exercice des fonctions de juge comme assesseurs des tribunaux de commerce, des tribunaux maritimes et des tribunaux des mines, les officiers ou agents chargés auprès des tribunaux de l'accomplissement d'actes judiciaires, les fonctionnaires officiers ou agents des contributions des pays de l'Empire, en ce qui concerne leurs fonctions relatives aux dépôts judiciaires et aux deniers des orphelins. Les fonctionnaires du ministère public ne sont pas à considérer comme fonctionnaires de l'ordre judiciaire. En ce qui concerne les conservateurs des hypothèques de Dalmatie, les lois existantes demeurent en vigueur... — Art. 8. Est compétente pour statuer sur la demande d'indemnité la cour de justice de seconde instance dans le ressort de laquelle siège le tribunal qui a commis ou dont les délégués ont commis la lésion. Si la demande d'indemnité est fondée sur une ordonnance du président, sur une décision collégialement rendue par le même tribunal provincial supérieur qui, d'après les dispositions de l'alinéa précédent, est compétent pour connaître de l'action, la cour supérieure de justice doit, à la requête du demandeur ou du défendeur, déléguer pour l'instruction et les débats un autre tribunal provincial supérieur. Au surplus, on appliquera les dispositions générales de la loi sur la récusation des juges et des tribunaux.... — Art. 10. La partie doit indiquer dans sa demande les faits sur lesquels elle base sa réclamation contre le défendeur, ainsi que la nature et l'étendue des dommages dont elle se plaint; elle doit formuler, quant à l'indemnité qu'elle réclame, une demande précise. — Art. 11. Le tribunal saisi de l'affaire doit rejeter d'office les demandes qui ne seraient pas conformes aux dispositions de l'art. 10; en dehors de cette hypothèse, il doit procéder à l'instruction en suivant les règles de la loi de procédure civile sur la procédure ordinaire, en tant que la présente loi ne contient pas de dispositions différentes. Le recours à la cour supérieure de justice est ouvert au demandeur contre la décision qui rejette d'office sa demande. — Art. 12. Au début de l'instruction, le tribunal saisi de l'affaire doit donner communication de la demande à l'autorité compétente pour apprécier au point de vue disciplinaire l'excès de pouvoir relevé par le demandeur. Cette autorité doit, après avoir procédé disciplinairement, communiquer au tribunal saisi de l'affaire le résultat de l'instruction. Les parties ont le droit de prendre connaissance de cette communication et d'en tirer des copies.... — Art. 14. Lorsqu'on peut prévoir que le résultat final de l'instruction disciplinaire aura de l'influence sur la décision du procès, ou qu'il sera utile d'en consulter les documents, chacune des parties en cause peut demander que la procédure soit suspendue jusqu'à la clôture de cette instruction. La décision rendue sur cette demande par le tribunal saisi de l'affaire n'est susceptible d'aucun recours. — Art. 15. Lorsque l'action est dirigée contre l'Etat, il peut la dénoncer aux fonctionnaires judiciaires qu'il considère comme responsables de l'acte lésionnaire. Lorsque la demande d'indemnité est formée à raison de la décision d'un tribunal collégial, la dénonciation ne peut être faite aux fonctionnaires judiciaires ayant pris part au vote qu'autant qu'ils ont été commis à la suite d'une procédure criminelle, ou qu'ils ont été, par sentence définitive, déclarés coupables dans une instruction disciplinaire suivie contre eux à raison de leur vote ou d'un rapport fait par eux et ayant trait à cette décision. La dénonciation de l'action se fait par la notification des copies certifiées de la procédure suivie jusqu'au moment de la dénonciation. A la suite de la dénonciation de l'action, le fonctionnaire judiciaire peut prendre le fait et cause de l'Etat.... — Art. 19. Lorsque l'Etat a payé une indemnité à la suite d'une action dirigée contre lui conformément à la présente loi, il peut demander au tribunal saisi de l'affaire d'en imposer la restitution, moyennant un ordre de payement, aux fonctionnaires judiciaires dont la responsabilité est établie par une sentence intervenue contre eux en matière pénale ou disciplinaire. Si l'action a été formée en même temps contre l'Etat et les fonctionnaires judiciaires, il ne peut être décerné d'ordre de payement aux fins de restitution de l'indemnité, si le jugement rendu sur la demande d'indemnité contre les fonctionnaires recherchés avec l'Etat n'est point d'accord avec la sentence du tribunal criminel ou de l'autorité disciplinaire, soit en ce qui concerne les personnes déclarées responsables, soit en ce qui concerne la cause et la mesure de leur responsabilité. Si l'ordre de payement doit être décerné contre plusieurs fonctionnaires judiciaires, la restitution leur est imposée par parts égales, à moins que le jugement rendu sur la contestation ou la sentence du tribunal criminel n'indiquent une autre répartition.....— Art. 26. Si le fonctionnaire judiciaire responsable est mort avant l'introduction de l'action aux fins d'indemnité ou pendant l'instance engagée sur cette demande ou sur la restitution, les dispositions de la présente loi, tant sur la demande principale que sur la demande en restitution, s'appliquent à la succession ou aux héritiers de ce fonctionnaire ».

5. Les lois 59 et 60, votées en 1881, relatives à la réforme de la procédure civile en *Hongrie*, introduisent un nouveau mode de recours sous le nom de remontrance (*elöterjesztés*), contre les actes et opérations du juge ou du greffier chargé du procès-verbal (*Annuaire de législation étrangère*, 1882, p. 366).

6. Le code de procédure civile du royaume du *Portugal* du 3 nov. 1876 admet la prise à partie contre les magistrats du ministère public et les juges, dans les cas de corruption, concussion ou de décision par faveur ou par inimitié, de dol, de déni de justice, et dans les cas où la loi les déclare responsables à peine de dommages-intérêts. Les cours d'appel connaissent, en première instance, de ces prises à partie, qui peuvent être ensuite déférées au tribunal suprême (*Ann. lég. étr.*, 1877, p. 432).

7. Le code de procédure civile revisé du 3 juin 1883, pour le canton de *Berne*, contient les dispositions suivantes : Il y a lieu à prise à partie pour refus ou ajournement d'un moyen légal, par admission d'un moyen illégal et pour violation des formes, comme aussi lorsque les autorités et fonctionnaires judiciaires usent de procédés inconvenants à l'égard des parties (art. 362). Le plaignant notifie son intention à l'autorité intéressée dans le délai péremptoire de huit jours, à partir du moment où il a eu juridiquement connaissance du grief, et transmet sa plainte dans les quatorze jours suivants à la cour d'appel et de cassation; la plainte est motivée; elle indique les moyens de preuve et formule des conclusions (art. 363). La plainte dirigée contre les cours d'appel et de cassation est portée au grand conseil; il ne peut par lui être pris de décision qui mette en question la validité d'un jugement (art. 364). — A moins qu'elle ne soit évidemment mal fondée, la plainte sera transmise à celui qui est pris à partie, pour qu'il fasse rapport. Si l'adversaire du plaignant est intéressé, il peut présenter ses observations; à cet effet, l'autorité supérieure lui fait communiquer la plainte par le juge, et assigner un délai péremptoire de dix jours (art. 365). Si les allégués essentiels du plaignant sont contestés par l'autorité intéressée ou par l'adversaire, et si la preuve ne résulte pas des pièces, il est ordonné une enquête, puis statué sans autre débat; le jugement prononce sur les dommages-intérêts et frais réclamés et en arrête le montant (art. 366). — La déclaration de prise à partie ne suspend pas généralement l'instruction de la procédure. Dans les cas où la loi ne le défend pas expressément, le juge peut exceptionnellement, à la requête du plaignant, ordonner le sursis. S'il résulte des circonstances que la plainte avait pour but de traîner la procédure en longueur, il est fait application de l'art. 44 qui prononce la réprimande ou une amende (art. 367).

8. Le code de procédure civile du canton du *Valais*, du 30 mai 1856, admet aussi la prise à partie. Aux termes des art. 599 à 607, les juges peuvent être pris à partie dans les cas suivants: 1° s'il y a eu dol ou corruption à l'occasion de l'exercice de leurs fonctions ; 2° si la loi déclare les juges responsables, à peine de dommages-intérêts ; 3° s'il y a déni de justice. Il y a déni de justice lorsqu'un juge refuse, sans motif légitime, de faire un acte de son office. Le déni de justice est constaté par un réquisitoire écrit; le réquisitoire est présenté au juge par le greffier dans les vingt-quatre heures, sous peine d'être lui-

même pris à partie. Le juge ne peut être pris à partie que trois jours après que ce réquisitoire lui a été présenté. L'action de prise à partie doit être intentée à peine de prescription dans les trente jours qui suivent l'acte qui y a donné lieu. La prise à partie d'un juge de commune ou d'un juge de district est portée devant le tribunal de première instance. La prise à partie d'un membre du tribunal du canton est portée devant ce tribunal. Dans l'un et l'autre cas, l'instruction de la procédure se fait devant un juge choisi dans son sein par le tribunal saisi de la cause. — Le demandeur doit prouver le fait qui fonde son action et justifier qu'il est résulté pour lui des dommages de ce fait. Si ces preuves sont fournies, la personne prise à partie est condamnée aux dommages-intérêts dont le tribunal détermine la somme. Si le tribunal estime que le juge s'est rendu coupable d'un délit, il dénonce le fait aux tribunaux criminels et correctionnels et il interdit au juge de connaître ultérieurement de la cause. La dénonciation peut être faite aussi par la partie lésée. S'il résulte du procès que l'action est mal fondée et que le demandeur a agi dans l'intention de nuire, il est condamné à une amende de 25 à 100 fr. Les tribunaux transmettent au conseil d'Etat tous les griefs qui leur sont parvenus contre les juges, et le résultat des procédures civiles ou criminelles instruites contre eux.

9. Le code de procédure civile du canton de *Vaud*, du 25 nov. 1869, contient les dispositions suivantes relativement à la prise à partie : « Art. 401. Celui qui s'estime fondé à prendre à partie un fonctionnaire judiciaire, aux termes des art. 151 et suiv. de la loi du 8 avr. 1863 sur l'organisation judiciaire, adresse au tribunal cantonal une demande motivée, aux fins d'obtenir l'autorisation exigée par l'art. 153 de ladite loi. Le tribunal cantonal entend préalablement le fonctionnaire inculpé et recueille tous les renseignements qu'il estime nécessaires. Le procureur général donne un avis préalable écrit. — Art. 402. Si le tribunal cantonal autorise la prise à partie, l'arrêt désigne en même temps le tribunal devant lequel la cause doit être portée. — Art. 403. Si la demande en prise à partie est dirigée contre un membre du tribunal cantonal, la demande à fins d'autorisation est adressée au président du grand conseil, qui convoque immédiatement le bureau. Le bureau du grand conseil procède comme il est dit à l'art. 401 et renvoie au conseil d'Etat la demande en prise à partie, la réponse du fonctionnaire inculpé, les renseignements qu'il a pu recueillir et l'avis préalable du procureur général. Le conseil d'Etat, suivant les circonstances, convoque le grand conseil, en attendant la prochaine session ordinaire ou extraordinaire, pour lui soumettre l'affaire. Le grand conseil vote au scrutin, après avoir entendu le rapport d'une commission. Le décret autorisant la prise à partie désigne le tribunal devant lequel la cause sera portée. — Art. 404. Le procès en prise à partie est instruit dans la forme ordinaire. Dans le cas où le juge pris à partie est un membre du tribunal cantonal, le recours, s'il y a lieu, est porté à un tribunal neutre. Le ministère public est nécessairement entendu dans les procès en prise à partie ».

10. Le titre IV de la constitution du 5 févr. 1857, qui régit la république des *Etats-Unis du Mexique*, est consacré à la responsabilité des fonctionnaires. L'art. 103 porte que les membres de la cour suprême de justice sont responsables des délits, fautes ou omissions commis par eux dans l'exercice de leurs fonctions (*Bulletin de la Société de législation comparée*, année 1876, p. 520).

11. Au *Pérou*, la loi du 7 janv. 1863 a organisé un tribunal suprême de responsabilité judiciaire, composé de sept conseillers et de trois adjoints, ainsi que d'un représentant du ministère public et son adjoint, tous élus par le congrès. Ce tribunal est renouvelé en totalité tous les quatre ans. Il connaît des procès en responsabilité civile et criminelle intentés contre les conseillers de la cour suprême. Les membres de cour suprême connaissent des procès en responsabilité contre les membres des cours supérieures, qui, à leur tour, prononcent sur la responsabilité des juges de première instance, comme ceux-ci prononcent sur la responsablité des juges de paix. — Les membres du tribunal suprême de responsabilité peuvent, en vertu des art. 64 et 107 de la constitution, être mis en jugement; la chambre des députés remplit à leur égard le rôle de jury d'accusation, et le sénat celui de jury de jugement. — Les juges sont responsables criminellement en cas de prévarication, subornation et abus de pouvoir ; ils sont responsables civilement (art. 1785) lorsqu'ils ont, même par erreur, négligence ou ignorance, violé formellement un texte de loi. De plus, il existe une action populaire pour provoquer la destitution de tout juge qui ne remplit pas les qualités exigées par la loi. Par cette action populaire, on peut atteindre, par exemple, tout juge qui serait convaincu d'être joueur de profession, ivrogne, libertin notoire, etc. (Léon de Montluc, *Bulletin de la Société de législation comparée*, 1877, p. 396).

Art. 2. — *Caractère de la prise à partie. — Causes qui y donnent ouverture* (*Rép.* nos 6 à 28).

12. Le décret du 19 sept. 1870 (D. P. 70. 4. 91) a abrogé l'art. 75 de la constitution de l'an 8 et toutes les dispositions de nature à entraver l'action des particuliers contre les fonctionnaires de tout ordre. Certains auteurs en ont conclu que les dispositions du code de procédure consacrées à la prise à partie étaient abrogées et que, désormais, on pouvait agir en dommages-intérêts contre un magistrat pour faits relatifs à ses fonctions, comme s'il s'agissait d'un simple particulier (Duvergier, *Collection des lois*, t. 70, p. 335). D'autres auteurs, sans aller aussi loin, ont distingué : les dispositions qui limitent les cas de prise à partie et celles qui subordonnent l'action des particuliers à l'autorisation de la justice auraient été abrogées, mais non les règles relatives à la compétence ou à la procédure (Garsonnet, *Traité de procédure*, t. 1, p. 235 ; Dutruc, *Supplément aux lois de la procédure*, de Carré et Chauveau, vo *Prise à partie*, no 2). La jurisprudence a repoussé ces deux interprétations et décidé que le décret du 19 sept. 1870 est tout à fait étranger aux magistrats de l'ordre judiciaire. Le rapport sur ce décret porte en effet expressément que, « pour les magistrats soumis aux règles du code de procédure civile sur la prise à partie, la situation reste la même » (Civ. cass. 14 juin 1876, aff. Perrin, D. P. 76. 1. 301-302 ; 4 mai 1880, aff. Chichiliane, D. P. 80. 1. 460). — V. sur cette question : Glasson, *Revue critique de législation*, 2e série, t. 3, p. 380.

13. La prise à partie, on l'a dit au *Rép.* no 7, est une voie extraordinaire limitée à certains cas spécialement déterminés par la loi. Le principe a été nettement posé par la jurisprudence et est admis par tous les auteurs (Toulouse, 24 juill. 1889, aff. Pey, D. P. 85. 2. 250 ; Bioche, *Dictionnaire de procédure civile*, vo *Prise à partie*, no 4 ; Rousseau et Laisney, *Dictionnaire de procédure civile*, eod. vo, no 2 ; Boitard, Colmet-Daâge et Glasson, *Leçons de procédure civile* 15 éd., t. 2, p. 241, no 757 ; Garsonnet, *op. cit* t. 1, p. 228).

14. Les juges peuvent être pris à partie, aux termes de l'art. 505 c. proc. civ., dans les cas suivants :
1o *S'il y a dol, fraude ou concussion.* — On a émis au *Rép.* nos 10 et suiv. l'opinion qu'il n'y a de dol donnant lieu à prise à partie qu'autant que le juge a statué avec l'intention de nuire ; que la faute, même grossière, par elle seule insuffisante pour donner lieu à prise à partie contre le juge qui l'a commise ; que, par suite de simples faits de négligence, des erreurs de droit ou des erreurs de fait, si graves qu'elles soient, si elles sont dégagées de tout indice de collision ou de fraude, ne peuvent devenir une cause de prise à partie. Cette théorie est consacrée par la jurisprudence et adoptée par la plupart des auteurs. « S'il résulte de diverses dispositions du code civil, dit M. Bioche, *op. cit.*, vo *Prise à partie*, no 24, que celui qui commet une faute dommageable à autrui en est tenu de la réparer, et que la faute grave oblige, en certains cas, comme le dol ou la fraude, à des dommages-intérêts, il n'en suit pas que les juges puissent être pris à partie pour avoir commis, dans l'exercice de leurs fonctions, une faute même grossière, mais sans dol ni fraude prouvée. On ne saurait raisonner par analogie en matière de prise à partie ; tout est de rigueur en pareil cas, et on ne peut y appliquer les maximes ordinaires du droit civil, puisqu'il n'y a pas seulement question d'une réparation pécuniaire et de dommages-intérêts, mais de l'honneur et de l'état des magistrats dénoncés ». (V. en ce sens : Rousseau et Laisney, vo *Prise à partie*, no 7 ; Dutruc, *op. cit.*, eod. vo, no 20 ; Boitard, Colmet-Daâge et

Glasson, *op. cit.*, t. 2, p. 141, no 757 ; Garsonnet, *op. cit.*, t. 1, p. 231. — *Contrà* : Chauveau sur Carré, *Lois de la procédure*, t. 4, Quest. 1805). Il a été jugé : 1o qu'il n'y a dol, donnant lieu à prise à partie, qu'autant que le juge a jugé avec dessein de nuire, ou, en d'autres termes, par faveur, par haine ou par corruption ; la faute, quel qu'en soit le degré, ne peut, en cette matière, être assimilée au dol (Req. 6 juill. 1858, aff. De Burdin, D. P. 58. 1. 270 ; Besançon, 3 mars 1860, aff. X..., père et fils, D. P. 60. 2. 68) ; — 2o Que la prise à partie, étant une voie extraordinaire, ne peut être autorisée que dans les cas spécialement déterminés par la loi, notamment en cas de dol ; que le dol, en cette matière, consiste dans l'intention méchante et préméditée de nuire (Toulouse, 24 juill. 1884, aff. Pey, D. P. 85. 2. 250).

15. Pour que le fait illicite puisse donner lieu à prise à partie, il faut, en outre, qu'il ait porté un préjudice ; que le plaignant ait intérêt à exercer cette action. Ainsi il a été jugé que le fait par le président d'un tribunal d'avoir modifié, sur la minute d'un jugement, après son enregistrement, une disposition prononcée à l'audience, mais sans la supprimer, et au moyen d'un renvoi dépourvu de toute valeur légale à défaut de la signature du greffier, ne donne pas ouverture à prise à partie contre ce magistrat, un tel fait laissant subsister le jugement dans les termes où il a été rendu, et n'étant, dès lors, préjudiciable à aucune des parties (Req. 12 juill. 1864, aff. Veuve Dariès, D. P. 64. 1. 382). On peut ajouter que le renvoi, au moyen duquel la disposition modificative avait été ajoutée, était radicalement nul, comme ayant été signé par le président seul, non par le greffier (V. sur ce point, *suprà*, vo *Jugement*, nos 130 et suiv.). Pour ce motif encore, il n'en pouvait résulter aucun préjudice. Il n'importe, d'ailleurs, que dans l'expédition du jugement la disposition modifiée ait été supprimée et remplacée par celle que le président a indûment substituée à cette disposition, l'expédition étant l'œuvre du greffier qui a eu le tort de ne pas y reproduire la disposition conservée dans la minute (arrêt précité). — Décidé encore que, pour que le fait ayant le caractère de dol puisse donner lieu à prise à partie, il faut qu'il ait porté un préjudice ; que l'imputation injurieuse contenue dans un acte de déport ne saurait, notamment, servir de base à cette action, si son auteur n'a donné à cet acte aucune publicité et l'a considéré comme ayant un caractère privé et d'ordre intérieur (Toulouse, 24 juill. 1884, aff. Pey, D. P. 85. 2. 250. — V. toutefois la note sur cet arrêt (D. P. *ibid.*).

16. Un tribunal peut être pris à partie à raison d'un jugement qui dans ses motifs, par exemple, contient contre l'une des parties des imputations injurieuses ou diffamatoires, constituant un délit, une lésion faite avec intention de nuire, à la condition que ces imputations portent sur des faits étrangers à la cause, ou soient inutiles pour assurer la décision. S'il s'agit de faits que le juge a mission d'apprécier et qui forment les éléments nécessaires de son jugement, on ne saurait lui reprocher d'indiquer leur véritable caractère et de les qualifier sévèrement, s'ils lui paraissent contraires à l'équité et à la morale. Les mêmes règles doivent être suivies lorsque les imputations injurieuses ou diffamatoires, au lieu d'être insérées dans un jugement, se trouvent dans un procès-verbal de délibération, ou dans tout autre acte du ministère du juge (*Rép.* nos 11 et suiv. ; Rousseau et Laisney, *op. cit.*, vo *Prise à partie* no 12 ; Bioche, *op. cit.*, eod. vo, no 23).

17. Il a été jugé que le demandeur en prise à partie qui invoque le dol ou la fraude est tenu de prouver que, de la part du juge, il y a eu dessein de nuire ou mauvaise foi ; qu'il ne lui suffit pas d'établir l'existence d'une faute, quelle qu'en soit, d'ailleurs, la gravité ; qu'ainsi, les appréciations auxquelles le juge s'est livré dans les motifs de sa sentence, bien qu'elles puissent être erronées et s'écarter de la réserve et de la dignité de langage que le magistrat doit s'imposer, ne peuvent néanmoins autoriser une prise à partie, s'il n'apparaît pas qu'il y ait eu de la part du juge intention malicieuse de diffamer ou d'injurier (Besançon, 3 mars 1860, aff. X... D. P. 60. 5. 268).

18. Si les imputations de nature à porter atteinte à la considération d'une partie, ou les qualifications injurieuses à son égard, insérées dans un jugement ou dans tout autre acte du ministère du juge, autorisent une prise à partie, à plus forte raison en est-il ainsi des imputations ou qualifications dirigées contre des tiers, étrangers au procès. Mais là encore, pour que l'action soit recevable, il faut que l'intention de nuire, de la part du juge, soit établie. Il a été jugé que l'appréciation faite dans un jugement, de la conduite d'un tiers, en des termes pouvant nuire à ce tiers, ne peut, quoiqu'elle soit illégale, et quelque regrettables qu'en aient été les termes, constituer, contre les juges qui l'ont rendu, une cause de prise à partie, en l'absence de toute intention dolosive; qu'elle ne saurait surtout être considérée comme une cause de prise à partie contre la cour qui a confirmé ce jugement, si l'adoption, dans l'arrêt confirmatif, des motifs incriminés ne résulte que d'une rédaction équivoque dont l'ambiguïté est exclusive de l'intention de nuire (Req. 6 juill. 1858, aff. De Burdin, D. P. 58. 1. 279). Dans l'espèce, le tribunal correctionnel de Toulouse appelé à s'expliquer sur le système de défense d'une femme prévenue d'excitation à la débauche, lequel tendait à rejeter le délit sur le commissaire central de police, avait donné à ce système, par la manière dont il l'avait apprécié en fait dans les considérants de son jugement, tout en repoussant les conséquences que la prévenue prétendait en tirer, une importance et une autorité qu'il était loin d'avoir par lui-même. Au lieu de se borner à discuter ces allégations dans une forme hypothétique, dans le but de démontrer que, fussent-elles prouvées, elles devraient rester sans influence sur le résultat de la prévention, il avait paru les considérer comme régulièrement établies et tenir les faits pour constants, jugeant ainsi, sans l'entendre, et condamnant, du moins moralement, un tiers étranger à l'instruction et aux débats, et qui n'avait point été mis à même de se défendre. La cour de cassation, cependant, a rejeté la requête de prise à partie, estimant que l'appréciation du tribunal, quoique non autorisée, et de nature à nuire à un tiers, ne pouvait, en l'absence de toute intention dolosive, constituer le dol, par plus qu'aucune autre cause légale de prise à partie.

19. — 2° *Si la prise à partie est expressément prononcée par la loi.* — Les cas de prise à partie prévus dans d'autres dispositions que l'art. 505 c. proc. civ. sont tous relatifs aux matières criminelles: ce sont ceux que la loi a désignés dans les art. 77, 112, 164, 271, 370 et 593 c. instr. crim., qui attachent la peine de la prise à partie à la violation des formes destinées à sauvegarder la liberté individuelle, à garantir l'exactitude des dépositions des témoins et à assurer l'authenticité des jugements. La violation de ces dispositions, ainsi qu'on l'a exposé au *Rép.*, n°° 20 et suiv., donne ouverture à prise à partie, indépendamment de toute intention dolosive de la part des magistrats. Mais il faut, pour que l'action soit recevable: 1° que l'infraction ait causé préjudice; 2° qu'il y ait tout au moins un fait de négligence ou un tort quelconque de la part du magistrat dans ses fonctions (Rousseau et Laisney, *op. cit.*, v° *Prise à partie*, n° 14; Garsonnet, *op. cit.*, t. 1, p. 230, note 12).

20. Les juges criminels peuvent, comme les autres magistrats, être pris à partie, hors les cas prévus par le code d'instruction criminelle, s'ils commettent un des actes désignés dans l'art. 505 c. proc. civ., et dans les conditions que nous avons indiquées (*Rép.* n° 23; Dutruc, *op. cit.*, v° *Prise à partie*, n° 33).

21. — 3° *Si la loi déclare les juges responsables, à peine de dommages-intérêts.* V. *Rép.* n°° 24 et suiv. — L'infraction à la loi ouvre le recours contre le juge, même alors qu'il n'y aurait de sa part aucune intention dolosive. Mais il faut 1° que la faute du juge ait occasionné un préjudice; 2° Qu'on puisse lui imputer un tort quelconque comme provenant de son fait ou de sa négligence (*Rép.* n° 25; Rousseau et Laisney, *op. cit.*, v° *Prise à partie*, n° 16).

Les dispositions par lesquelles la loi prononce contre le juge des dommages-intérêts sont de droit strict et ne peuvent s'étendre d'un cas à un autre (*Rép.* n° 27; Dutruc, *op. cit.*, v° *Prise à partie*, n°° 33 et 34).

22. — 4° *S'il y a déni de justice.* — V. *suprà* v° *Déni de justice* et *Rép.* eod. v°.

Art. 3. — *Contre qui la prise à partie peut-elle être dirigée* (*Rép.* n°° 29 à 44).

23. La prise à partie, dans les cas déterminés par la loi,

peut être dirigée contre les juges de tous les degrés et de toutes les juridictions: juges de paix, juges de commerce, juges des tribunaux civils, juges suppléants; avocats ou avoués appelés à compléter le tribunal; conseillers des cours d'appel (*Rép.* n° 29; Rousseau et Laisney, *op. cit.*, v° *Prise à partie*, n° 35; Dutruc, *op. cit.*, eod. v° n° 4; Bioche, *op. cit.*, eod. v° n° 10; Boitard, Colmet-Daâge et Glasson, *op. cit.*, t. 2, p. 138, n° 756).

24. La prise à partie peut aussi être intentée, malgré le silence de la loi à cet égard, contre un membre ou contre une chambre de la cour de cassation; il n'y a aucune raison pour que l'art. 505 ne leur soit pas applicable. Mais la cour de cassation ne peut être prise tout entière à partie, attendu qu'il n'y a pas de tribunal supérieur à elle devant qui cette action puisse être portée (*Rép.* n° 36; Garsonnet, *op. cit.*, t. 1, p. 233; Boitard, Colmet-Daâge et Glasson, *op. cit.*, t. 2, p. 141, n° 758).

25. Les prud'hommes, on l'a dit au *Rép.* n° 37, peuvent aussi être pris à partie. Il a été jugé qu'un prud'homme pêcheur ne peut, hors le cas de prise à partie, être poursuivi personnellement par un des ses justiciables, à raison d'un acte juridictionnel émané de lui (Montpellier, 3 avr. 1856, aff. Chauveau, D. P. 57. 2. 3; Rousseau et Laisney, *op. cit.*, v° *Prise à partie*, n° 37; Garsonnet, *op. cit.*, t. 1, p. 266, note 4).

26. Le mot « juge » comprend également les officiers du ministère public. Soumis aux mêmes conditions de responsabilité, il est juste qu'ils jouissent des mêmes garanties; il semble même que, luttant chaque jour contre les passions qui troublent l'ordre social, ils ont, plus encore que les magistrats du siège, besoin d'une protection qui les mette à l'abri des attaques téméraires. L'opinion des auteurs, déjà consacrée par l'ancienne jurisprudence, est unanime en ce sens (*Rép.* n° 31; Rousseau et Laisney, *op. cit.*, v° *Prise à partie*, n° 35; Dutruc, *op. cit.*, eod. v°, n° 7; Poncet, *Des jugements*, t. 2, p. 386; Bioche, *op. cit.*, v° *Prise à partie*, n° 12; Mangin, *Action publique*, t. 1, p. 237; F. Hélie, *Instruction criminelle*, t. 2, p. 451); et le texte notamment des art. 112 et 271 c. instr. crim. ne laisse pas de doute à cet égard.

27. Mais une controverse s'est élevée sur le point de savoir si les règles de la prise à partie peuvent être appliquées aux officiers de police judiciaire. M. l'avocat général Reverchon, dans ses conclusions devant la chambre des requêtes (8 févr. 1876, aff. Labadie, D. P. 76. 1. 291), a soutenu que le code de procédure n'avait organisé la prise à partie que contre les membres des cours et tribunaux. Si les magistrats du ministère public peuvent être pris à partie, c'est qu'ils sont membres des cours et tribunaux auxquels ils sont attachés, et que le code d'instruction criminelle renferme diverses dispositions qui renvoient expressément, en ce qui les concerne, à la prise à partie. Aucune disposition de ce genre n'existe en ce qui touche les officiers de police judiciaire. La prise à partie ne leur est donc pas applicable, car elle constitue une procédure exceptionnelle qui ne peut, par analogie, être étendue au delà des termes dans lesquels elle a été circonscrite par la loi. L'art. 483 c. instr. crim. assimile, il est vrai, les uns aux autres, au point de vue de la poursuite des délits par eux commis, les juges, les membres du ministère public et les officiers de police judiciaire. Mais c'est là une disposition exceptionnelle qui ne saurait être étendue. Comment croire enfin qu'un citoyen, lésé par un garde champêtre, par exemple, ne puisse obtenir la réparation du préjudice qu'il a éprouvé qu'en mettant en mouvement la lourde procédure de la prise à partie? — Dans le sens de cette opinion, il a été jugé que les règles de la prise à partie ne sont pas applicables aux officiers de police judiciaire; que, par suite, un maire ne peut être assigné directement devant le tribunal civil, en réparation du préjudice causé à un particulier par un acte relatif à ses fonctions d'officier de police judiciaire (Trib. civ. Toulon, 21 janv. 1875, aff. Bourguignon, D. P. 76. 3. 63).

28. Un autre système admis par la plupart des auteurs, et qui a prévalu dans la jurisprudence, assimile les officiers de police judiciaire aux juges et aux membres du ministère public, au point de vue de la prise à partie. D'après ce système, le mot *juge* a, dans l'art. 505 c. proc. civ., un sens générique, il comprend non seulement les juges proprement dits et les membres des parquets, qui statuent sur l'action publique ou la dirigent, mais aussi ceux qui concourent à son exercice comme officiers de police judiciaire ou auxiliaires du ministère public dans l'ordre de leurs attributions. L'art. 505 c. proc. civ., dit-on, pose en principe que la prise à partie doit être intentée s'il y a dol commis, soit dans l'instruction, soit lors des jugements. Cette règle s'applique à l'instruction des affaires criminelles, comme à l'instruction des affaires civiles. Pourquoi couvrirait-elle les magistrats chargés d'exercer l'action publique et laisserait-elle sans protection leurs auxiliaires? Le maire soit qu'il agisse en cas de flagrant délit, soit qu'il agisse par délégation, procède à de véritables informations avec les pouvoirs conférés au procureur de la République lui-même : sa sécurité et son indépendance ont droit aux mêmes garanties. Quant au garde champêtre et aux agents du même ordre, il est vrai qu'ils ne sont pas auxiliaires du procureur de la République, et que, dans les affaires criminelles ordinaires, ils ne peuvent ni agir par délégation, ni prendre l'initiative de l'information ; mais ils sont aussi investis de fonctions judiciaires ; il y a, à leur égard, parité de motifs, et les immunités de la prise à partie leur sont d'autant plus nécessaires, qu'ils se trouvent plus exposés aux récriminations et aux poursuites vexatoires. — L'art. 483 c. instr. crim. met sur le même rang, au point de vue de la poursuite et de l'instruction des crimes et délits commis dans l'exercice de leurs fonctions, les officiers de police judiciaire, les juges et les officiers du ministère public. C'est la même juridiction qui est compétente. Un délit est commis par un magistrat dans l'exercice de ses fonctions. Ce fait donne naissance à deux actions, l'action publique et l'action civile. Où sera portée l'action civile? Elle pourra être poursuivie en même temps et devant les mêmes juges que l'action publique ; elle pourra aussi l'être séparément (c. instr. crim. art. 3). Devant la juridiction répressive, le magistrat n'aura pas à redouter l'initiative de l'action civile, car le procureur général seul a le droit de le faire citer devant la cour, par exception à l'art. 182 c. instr. crim. Mais si la partie civile veut exercer son action séparément, où devrat-elle la porter? Evidemment devant le tribunal compétent. Or, la loi a institué une juridiction exceptionnelle pour juger les actions civiles intentées contre les magistrats, à raison de faits accomplis dans l'exercice de leurs fonctions. Cette juridiction seule pourra être saisie, c'est-à-dire que la partie lésée devra agir par la voie de la prise à partie, car il ne saurait dépendre de ses calculs ou de sa volonté de priver le magistrat de la protection dont la loi a entendu l'entourer. Comment la voie de la prise à partie ne s'imposerait-elle pas également à la partie civile, au cas d'un délit commis par un officier de police judiciaire dans l'exercice de ses fonctions, quant l'art. 483 assimile ces officiers aux juges et leur assure les garanties de la même juridiction ?

L'assimilation pour le jugement de l'action publique entraîne l'assimilation pour le jugement de l'action civile. Dès lors, il n'y a pas de raison pour priver l'officier de police judiciaire, au cas d'un simple dol, de la juridiction tutélaire qui le couvre au cas d'un délit. — L'art. 358 c. instr. crim., qui permet à l'accusé acquitté de demander des dommages-intérêts à ses dénonciateurs, pour fait de calomnie, décide que les membres des autorités constituées ne peuvent être ainsi poursuivis à raison des avis qu'ils sont tenus de donner, concernant les délits dont ils ont cru acquérir la connaissance dans l'exercice de leurs fonctions, et sauf contre eux la demande en prise à partie, s'il y a lieu, et l'art. 29 du même code fait une obligation à toute autorité constituée, à tout fonctionnaire ou officier public, de donner avis au procureur de la République des crimes et des délits dont ils acquièrent la connaissance. Les officiers de police judiciaire sont compris évidemment parmi les autorités constituées. On objecterait en vain que l'art. 358 crée une exception pour le cas de la dénonciation. Il n'est que l'application d'un principe général. La dénonciation officielle n'est pas, d'ailleurs, un acte accidentel pour les autorités constituées ; elle est l'accomplissement d'un devoir permanent ; et on ne comprendrait pas que la loi eût voulu couvrir le fonctionnaire qui aurait désigné un délit à son supérieur sans étendre sa protection sur celui qui aurait dressé un procès-verbal de ce délit. (Conclusions de M. l'avocat général Bédarrides, D. P. 76. 1. 301 (V. dans le même sens : Rousseau et Laisney, *op. cit.*, v° *Prise à partie*, n° 36 ; Boitard, Colmet-Daâge et Glasson, *op. cit.*, t. 2, n° 756, p. 138 ; Dutruc, *op. cit.*, v° *Prise à partie*, n° 8).

Il a été jugé par application de cette doctrine : que les règles de la prise à partie, telles qu'elles sont formulées par les art. 505 et suiv. c. proc. civ., s'appliquent non seulement aux juges et aux membres du ministère public, mais encore aux officiers de police judiciaire, auxiliaires du ministère public, par exemple, aux adjoints de maire et aux gardes champêtres ; qu'en conséquence, celui qui veut poursuivre un adjoint ou un garde champêtre, à raison d'un fait dommageable commis par celui-ci dans l'exercice de ses fonctions d'officier de police judiciaire, doit agir par voie de prise à partie, et non par voie d'action directe en dommages-intérêts (Besançon, 23 juin 1873, aff. Perrin et autres, D. P. 74. 2. 145; Civ. cass. 14 juin 1876, aff. Perrin, D. P. 76. 1. 301; Civ. rej. 28 mai 1879, aff. Compagnie des allumettes chimiques, D. P. 79. 1. 369; Bourges, 2 févr. 1881, aff. Cottin, D. P. 82. 2. 171; Nancy, 25 janv. 1884, aff. Hurbain, D. P. 85. 2. 63. V. aussi Req. 9 janv. 1882, aff. Maligne, D. P. 82. 1. 17; Paris, 19 nov. 1863, aff. Bertaux, D. P. 64. 2. 7). Jugé même que la procédure de la prise à partie doit être suivie pour les actions à exercer contre les gardes des bois et forêts des particuliers (Trib. paix de Villers-Bocage, 21 juin 1882) (1).

---

(1) (Grévin C. Foulon). — Nous, juge de paix : — Vu les art. 8, 9, 16, 27, 358 et 509 c. instr. crim., les art. 505 et 509 c. proc. civ. et les art. 187 et 189 c. forest.; — Attendu que le tribunal est saisi d'une demande de dommages-intérêts intentée par Grévin à Foulon en raison des renseignements qu'il aurait donnés au parquet du procureur de la République à Amiens, sur les causes et les circonstances d'un incendie ayant eu lieu dans le bois de Querrieu dont Foulon est le garde particulier, et imputant ce fait au demandeur; — Attendu que le défendeur Foulon, par l'organe d'un avocat, sans ouvrir le débat sur la nature, la véracité, le bien ou le mal fondé des imputations contenues au procès-verbal de renseignements par lui dressé, a conclu à ce que le tribunal se déclare incompétent, les règles de la prise à partie étant la seule procédure pouvant être suivie contre lui en raison de sa qualité d'officier de police judiciaire; qu'il y a lieu par le tribunal d'examiner cette question ; — Attendu que les gardes des particuliers sont considérés, par l'art. 16 c. instr. crim., comme officiers de police judiciaire et agents de la force publique ; que cette qualité leur a été d'ailleurs reconnue par la cour de cassation (arrêt du 2 juill. 1846); qu'ils sont chargés par les art. 8, 9 et 29 du même code non seulement de constater les contraventions et les délits, mais de dénoncer tous les crimes qui peuvent parvenir à leur connaissance et commis sur les propriétés confiées à leur garde, ainsi que toutes circonstances pouvant s'y rattacher; — Attendu que les dispositions de l'art. 189 c. forest. assimilent les gardes des particuliers aux gardes des bois qui sont soumis au régime forestier, pour la rédaction de leurs procès-verbaux et la poursuite des

délits et contraventions ; — Attendu qu'il résulte de divers arrêts, et notamment d'un arrêt de la cour de cassation du 14 juin 1876, confirmant un arrêt de la cour d'appel de Besançon du 23 juin 1873, que les règles tracées par les art. 505 et suivants c. proc. civ. sur la prise à partie ne sont pas applicables seulement aux magistrats désignés dans l'art. 509 c. proc. civ. mais aussi (par une évidente parité de motifs et par un même besoin de protection contre les réclamations téméraires ou vexatoires et encore pour leur assurer la garantie d'une juridiction supérieure plus élevée et plus éclairée) à tous ceux qui, par les fonctions dont ils sont investis, appartiennent à l'ordre judiciaire, à quelque degré que ce soit, qu'ils concourent à l'action de la justice ou qu'ils agissent directement comme officiers de police judiciaire en vertu des dispositions des art. 8, 9, 27 et autres c. instr. crim.; — Attendu qu'au point de vue de la poursuite criminelle et de l'instruction, les officiers de police judiciaire sont assimilés aux juges par l'art. 483 c. instr. crim., pour les faits relatifs à leurs fonctions; que cette assimilation doit s'étendre à la procédure civile qui règle les actions civiles dirigées contre eux; — Attendu que, par application du principe général de l'art. 505 c. proc. civ., l'art. 358 c. instr. crim. a compris au nombre des autorités contre lesquelles, le cas échéant, la prise à partie seulement est admissible, pour toutes les actions civiles à intenter contre eux, les officiers de police judiciaire, en raison des actes de leurs fonctions; — Attendu qu'il est établi au procès bien en sa qualité d'officier de police judiciaire et en se conformant aux dispositions des art. 8, 9, 27 c. instr. crim. que Foulon a agi en

29. Les préfets des départements, investis par la loi du droit de faire certains actes à l'effet de constater les crimes, délits et contraventions, et d'en livrer les auteurs à la justice, ne sont pas assimilés pour cela aux fonctionnaires de l'ordre judiciaire ; et il ne peut, dès lors, y avoir lieu de procéder à leur égard par la voie exceptionnelle de la prise à partie (Req. 8 févr. 1876, aff. Labadie, D. P. 76. 1. 291. V. aussi Nancy, 21 déc. 1872, aff. Noiriel, D. P. 73. 2. 7).

30. Les conditions dans lesquelles la prise à partie peut avoir lieu sont les mêmes pour les officiers de police judiciaire que pour les juges et les officiers du ministère public. Ainsi, il a été jugé que les règles de la prise à partie s'appliquent, non seulement aux juges et aux membres du ministère public, mais encore aux officiers de police judiciaire ; que, toutefois, un officier de police judiciaire ne peut être pris à partie qu'autant qu'il a commis une faute en refusant de déférer à une réquisition à laquelle une loi claire et précise l'oblige d'obtempérer sous peine de dommages-intérêts ; qu'ainsi, les termes de l'arrêté du ministre des finances du 15 juill. 1876, qui déterminait les conditions d'exercice du droit de réquisition des agents de la Compagnie générale des allumettes chimiques en cas de perquisition au domicile d'un particulier, étant obscurs et pouvant prêter à des interprétations diverses, un commissaire de police ne pouvait être pris à partie pour avoir refusé de déférer aux réquisitions d'un agent de la compagnie (Civ. rej. 28 mai 1879, aff. Compagnie des allumettes chimiques, D. P. 79. 1. 369). L'arrêt déclare que sans doute la prise à partie, combiné avec les dispositions de la loi du 28 juill. 1875 et avec l'interprétation qui lui a été donnée ultérieurement par les diverses autorités administratives, devait être entendu en ce sens que tout agent de la compagnie concessionnaire du monopole des allumettes chimiques pouvait, en cas de soupçon de fraude, requérir un commissaire de police de l'assister dans une perquisition qu'il se proposait de faire à domicile, lorsqu'il avait reçu d'un employé supérieur de l'administration des Contributions indirectes l'ordre de procéder à la visite. Mais « il n'en est pas moins certain, ajoute-t-il, que les termes de cet arrêté, considérés en eux-mêmes, auraient pu donner lieu de croire que les employés de l'administration des Contributions indirectes pouvaient seuls requérir l'assistance du commissaire de police ».

31. La prise à partie suppose un magistrat dans l'*exercice de ses fonctions*. Elle ne peut être exercée contre les officiers de police judiciaire, auxiliaires du procureur de la République ou autres, maires, adjoints, gardes champêtres, qu'autant que ces fonctionnaires ont commis, dans l'exercice de leurs fonctions d'officiers de police judiciaire, les actes qui leur sont reprochés. Si les magistrats ou les officiers de police judiciaire n'ont pas agi dans l'exercice de leurs fonctions, les règles de responsabilité édictées par l'art. 1382 c. civ., et le mode de procéder déterminé par le droit commun pour faire déclarer cette responsabilité sont seuls applicables ; il n'y a pas lieu de recourir à la procédure de la prise à partie. — Par application de ce principe, il a été jugé : 1° que le maire n'agit pas en qualité d'officier de police judiciaire, lorsqu'il assiste des gardes forestiers procédant à une visite domiciliaire chez des particuliers ; qu'il n'y a là qu'une mesure de police administrative, dont l'objet est d'assurer la sécurité des citoyens et d'éviter un conflit entre eux et les agents de l'Administration forestière ; qu'en conséquence, les poursuites auxquelles peut donner lieu la conduite tenue par le maire à cette occasion sont régulièrement exercées en la forme ordinaire, et sans qu'il y ait besoin d'employer la voie de la prise à partie (Bourges, 2 févr. 1881, aff. Cottin, D. P. 82.

2. 171) ; — 2° Que le maire qui, sur la provocation d'un habitant de sa commune et dans l'intérêt exclusif de celui-ci, s'introduit dans la propriété d'un tiers, alors qu'aucun délit n'a été dénoncé ni même allégué, n'agit pas en qualité d'officier de police judiciaire et peut être déclaré civilement responsable du préjudice causé au propriétaire de l'immeuble dans lequel il a pénétré, sans qu'il y ait lieu de recourir contre lui à la voie de la prise à partie (Req. 27 juin 1881, aff. Audouy et consorts, D. P. 82.1.163) ; — 3° Que la demande en dommages-intérêts formée contre un officier de police judiciaire n'est soumise à la procédure spéciale de la prise à partie qu'autant que ce magistrat a commis dans l'exercice de ses fonctions les actes qui lui sont reprochés ; qu'un maire, qui est en même temps suppléant du juge de paix, n'agit pas comme officier de police judiciaire, alors que, sans se livrer à une instruction, il fait connaître à un employé supérieur d'une compagnie de chemin de fer qu'un agent inférieur est soupçonné de vol, dans le but d'obtenir le remplacement de ce dernier par un de ses protégés, et que, dès lors, il ne peut être pris à partie à raison de ce fait (Req. 9 janv. 1882, aff. Maligne, D. P. 82. 1. 117).

32. Décidé, au contraire, qu'on ne saurait considérer comme un acte de l'exercice actif de la fonction le déport volontaire du magistrat, ce déport ne donnant lieu à aucune formalité de procédure, à aucune instruction, mais seulement à une déclaration verbale du juge à la chambre dont il fait partie ; qu'en conséquence, de même que les termes dont le juge se serait servi dans sa déclaration de déport volontaire seraient injurieux ou diffamatoires pour une des parties, ils ne sauraient autoriser celle-ci à attaquer ce magistrat par la voie de la prise à partie (Toulouse, 24 juill. 1884, aff. Pey, D. P. 85. 2. 250). — Cette décision paraît contestable. La prise à partie suppose qu'un magistrat a fait en cette qualité un acte quelconque de son ministère, et tel est bien certainement le cas d'un juge qui s'abstient. A quel titre se récuserait-il, si ce n'est pas en qualité de magistrat ?

33. Un juge de paix peut être pris à partie à raison de ses fonctions dans un conseil de famille. Il y siège, en effet, en sa qualité de magistrat (Dutruc, *op. cit.*, v° *Prise à partie*, n° 11 ; Bioche, *op. cit.*, eod. v°, n° 9).

34. La prise à partie peut être dirigée contre un tribunal consulaire français à l'étranger (Aix, 11 août 1875, aff. Reddon, D. P. 76. 2. 134).

35. La prise à partie, lorsqu'elle est fondée sur un jugement qui émane du tribunal entier, doit être dirigée contre tous les magistrats qui y ont concouru. Cette doctrine, exposée au *Rép.* n° 39, et admise par tous les auteurs (Rousseau et Laisney, *op. cit.*, v° *Prise à partie* n° 39 ; Dutruc, *op. cit.*, eod. v°, n° 5 ; Bioche, *op. cit.* n° 17 : Boitard, Colmet-Daâge et Glasson, *op. cit.*, t. 2, p. 138, n° 756 ; Garsonnet, *op. cit.*, t. 1, p. 232), a été consacrée par la jurisprudence. Il a été jugé que lorsqu'une décision a été rendue par un tribunal composé de plusieurs magistrats, et spécialement par un tribunal consulaire composé de trois juges, aucun membre de ce tribunal ne peut être pris à partie isolément (Aix, 11 août 1875, aff. Reddon, D. P. 76. 2. 134). L'arrêt déclare que « puisqu'il s'agit d'une décision collective rendue par trois juges, en présence du secret des délibérations judiciaires, aucun membre du tribunal ne peut être pris à partie seul ».

36. Lorsqu'un simple particulier se trouve compris avec des magistrats ou avec des officiers de police judiciaire, dans une seule et même poursuite, la matière étant indivisible, on doit appliquer à tous la procédure de la prise à partie (Boitard, Colmet-Daâge et Glasson, *op. cit.*, t. 2, p. 138, n° 756 ; Civ. cass. 14 juin 1876, aff. Perrin, D. P. 76.

---

rédigeant le procès-verbal de recherches des causes et des circonstances d'un commencement d'incendie dans le bois de Querrieu dont il est le garde particulier ; — Attendu que le tribunal n'a point à rechercher ni à apprécier les moyens par lesquels les renseignements sont parvenus à la connaissance de Foulon, non plus que la véracité de ces renseignements, cette recherche appartenant au tribunal compétent pour statuer sur le fond du débat ; — Attendu qu'il résulte de ce qui précède que les règles de la prise à partie se trouvent être les seules appli-

cables à l'espèce qui nous est soumise ; — Attendu que les questions de compétence, d'après la jurisprudence constante des cours et tribunaux, et notamment d'après un arrêt de la cour de Paris du 19 nov. 1863, sont d'ordre public ; qu'il y a donc lieu, sans examiner la demande au principal, de nous déclarer d'office incompétent, alors même que le moyen n'aurait pas été soulevé par le défendeur. — Par ces motifs : — Statuant en premier ressort, nous déclarons incompétent, etc.

Du 21 juin 1882, Justice de paix de Villers-Bocage. — M. Guibert, juge.

1. 301). C'est donc avec raison que le tribunal civil saisi de la demande se déclare incompétent à l'égard de toutes les parties (Même arrêt). — Par application du même principe, il a été jugé que le simple particulier, prévenu d'avoir commis un délit, de concert avec un officier de police judiciaire, doit être comme celui-ci déféré à la juridiction de la cour d'appel (Crim. cass. 5 nov. 1874. aff. Proc. gén. de la cour de Bastia, D. P. 76. 1. 510).

37. La prise à partie peut être valablement intentée contre les héritiers et ayants cause du juge décédé, alors même qu'aucune poursuite n'aurait été commencée du vivant de celui-ci. C'est, en effet, une action purement civile tendant à obtenir la réparation d'un dommage privé. « Le but unique de l'action, dit M. Bioche, *op. cit.*, v° *Prise à partie* n° 16, est d'obtenir des dommages-intérêts ; par conséquent, elle affecte les biens de celui qui y est exposé » (*Rép.* n° 114 ; Rousseau et Laisney, *op. cit.*, v° *Prise à partie*, n° 42 ; Dutruc, *op. cit.*, eod. v°, n° 6 ; Garsonnet, *op. cit.*, t. 1, p. 232).

38. La voie de la prise à partie n'est pas ouverte : 1° contre les greffiers et commis greffiers, à part les cas prévus par les art. 164 et 370 c. instr. crim. (*Rép.* n° 34 ; Dutruc, *op. cit.*, v° *Prise à partie*, n° 9 ; Bioche, *op. cit.*, eod. v°, n° 13) ; — 2° Contre les arbitres volontaires, et spécialement les arbitres amiables compositeurs. Ces arbitres, en effet, ne tiennent le pouvoir qu'ils exercent que d'un contrat privé ; ce sont de simples mandataires. Ils peuvent être actionnés, s'il y a lieu, en dommages-intérêts, dans la forme ordinaire (*Rép.* n° 38 ; Dutruc, *op. cit.*, v° *Prise à partie*, n° 10 ; Rousseau et Laisney, *op. cit.*, eod. v°, n° 38 ; Boitard, Colmet-Daâge et Glasson, *op. cit.*, t. 2, p. 138, n° 736). Au contraire, les arbitres forcés (aujourd'hui supprimés, V. *suprà*, v° *Arbitrage*, n° 1) étaient de véritables tribunaux de commerce et pouvaient être pris à partie (*Rép.* n° 38 ; Bioche, *op. cit.*, eod. v°, n° 11 ; — 3° Contre les tribunaux administratifs et notamment les conseils de préfecture (*Rép.* n° 41 ; Rousseau et Laisney, *op. cit.*, v° *Prise à partie*, n° 40 ; Bioche, *op. cit.*, eod. v°, n° 18 ; — 4° Contre les juges des tribunaux militaires (*Rép.* n° 42 ; Rousseau et Laisney, *op. cit.*, v° *Prise à partie*, n° 41) ; — 5° Contre les jurés (*Rép.* n° 42 ; Rousseau et Laisney, *op. cit.*, v° *Prise à partie*, n° 41) ; — 6° Contre le notaire qui a été commis par justice à l'effet de procéder à une adjudication (Nancy, 12 juill. 1885) (1).

39. Les actes de fraude et de prévarication dont se rendent coupables, dans l'exercice de leurs fonctions, les juges contre lesquels l'action de prise à partie ne peut être intentée, peuvent être poursuivis dans les formes ordinaires, soit par action civile, soit criminellement si les actes constituent des crimes ou des délits (*Rép.* n° 43 ; Rousseau et Laisney, *op. cit.*, v° *Prise à partie*, n° 41).

ART. 4. — *Compétence.* — *Formes de la prise à partie*
(*Rép.* n° 45 à 70).

40. — I. COMPÉTENCE. — Aux termes de l'art. 509 c. proc. civ., « la prise à partie contre les cours d'assises, contre les cours d'appel ou l'une de leurs sections, doit être portée à la haute cour impériale ». Tous les auteurs sont d'accord pour reconnaître que, la haute cour dont il est question n'ayant jamais été constituée, ses attributions, notamment en la matière qui nous occupe, ont passé à la cour de cassation (*Rép.* n° 46 ; Garsonnet, *op. cit.*, t. 1, p. 233, note 7, Boitard, Colmet-Daâge et Glasson, *op. cit.*, t. 2, p. 141, n° 758 ; Dutruc, *op. cit.*, v° *Prise à partie*, n° 37 ; Bioche, *op. cit.*, eod. v°, n° 45 ; Rousseau et Laisney, *op. cit.*, eod. v°, n° 31). Il a été jugé que la prise à partie dirigée simultanément, et à raison du même grief, contre un tribunal correctionnel et contre la chambre des appels de police correctionnelle de la cour d'appel qui a confirmé le jugement de ce tribunal, doit être portée devant la cour de cassation ; et que le grief est réputé commun au jugement et à l'arrêt confirmatif, lorsqu'il résulte de l'énonciation, faite dans le jugement, des motifs prétendus diffamatoires pour le demandeur, et qu'il est allégué que ce dernier que la cour se serait approprié par une adoption de motifs (Req. 6 juill. 1858, aff. De Burdin, D. P. 58. 1. 279). — M. le procureur général Dupin s'était prononcé contre la compétence de la cour de cassation, par le motif que la cour ne s'était point approprié les motifs des premiers juges dans la chambre incriminée. La chambre des requêtes, sans s'occuper de cette question, s'est déclarée compétente par cela seul que la prise à partie était dirigée aussi bien contre les membres de la cour que contre ceux du tribunal. « Attendu, porte l'arrêt, que la prise à partie, dirigée simultanément contre le tribunal correctionnel de Toulouse et contre la chambre des appels de police correctionnelle de la cour impériale de la même ville, porte un entier sur un seul et même grief, à savoir les motifs prétendus diffamatoires donnés par le tribunal correctionnel dans son jugement du 10 déc. 1856, et que la cour se serait appropriés dans son arrêt du 30 janv. 1857 ; que cette demande, une, dans ses motifs et dans son objet, a été régulièrement portée devant la cour de cassation, qui, seule compétente pour connaître de la prise à partie contre une section de la cour impériale, se trouve l'être, à raison de la connexité, pour statuer sur le tout » (V. Dutruc, *op. cit.*, v° *Prise à partie*, n° 38.

(1) (M⁰ X... C. Salmon.) — LA COUR ; — Sur l'appel de X..., envers Jacob Salmon : — Attendu que c'est à bon droit que les premiers juges ont cassé et annulé l'adjudication prononcée par X..., notaire, le 1ᵉʳ avr. 1884, en faveur de Jacob Salmon, et ont déclaré ledit notaire responsable de cette nullité ; — Attendu, en effet, que X... a commis une faute lourde en proclamant valable et définitive l'enchère faite par Salmon pour le prix de 29 000 fr. ; — Attendu qu'il résulte des déclarations et reconnaissances de toutes les parties, que cette enchère de 29 000 fr. a été couverte par une mise de 29 200 fr., faite par Théodore Laurent ; — Attendu qu'aux termes de l'art. 705 c. proc. civ. (dernier paragraphe), l'enchérisseur cesse d'être obligé, si son enchère est couverte par une autre, alors même que cette dernière serait déclarée nulle ; que, dès lors, suivie de la mise de Théodore Laurent, l'enchère faite par Jacob Salmon devenait nulle *ipso facto*, que l'enchère de Théodore Laurent fût valable ou non, et que le notaire ne pouvait, dans ces circonstances, trancher l'adjudication en faveur de Salmon, dont les offres précédentes devenaient en vertu de l'art. 705 précité ; — Attendu que X... a aggravé encore la responsabilité qui découle pour lui de ce fait, en ne mentionnant pas au procès-verbal d'adjudication, comme il en avait le devoir, l'enchère de Théodore Laurent, et en donnant ainsi un procès-verbal incomplet et inexact à la place d'un document reproduisant au vœu de la loi, tous les incidents de l'adjudication ; — Attendu que, vainement, X... soutient qu'il ne saurait être déclaré responsable, ayant agi comme notaire, commis et délégué de justice, et ayant fait ainsi office de magistrat, ce qui le rendrait inattaquable, par toute autre voie que la prise en partie ; — Attendu que le notaire commis pour procéder à une adjudication ne fait pas acte de juge, mais reste simplement un officier public, mandataire salarié, auquel est dévolu par la justice un mandat particulier, et qu'il ne saurait, par conséquent, se prévaloir des prérogatives des magistrats ordinaires ; — Attendu que X... ne peut non plus arguer de ce qu'il n'est pas responsable, le fait qui lui est reproché ne rentrant pas dans les faits prévus par l'art. 68 de la loi du 25 vent. an 11 ; que cet article n'est nullement limitatif, mais simplement énonciatif, et que, d'autre part, X... a encouru par sa faute, non pas seulement la responsabilité notariale, mais la responsabilité de droit commun édictée par l'art. 1382 c. civ. contre l'auteur de tout fait dommageable à autrui ; — Attendu, dès lors, que X... a été justement condamné : 1° au remboursement des sommes payées entre ses mains par Salmon, en vertu de l'adjudication prononcée en sa faveur par le fait de X... ; 2° à des dommages-intérêts envers Salmon, etc... — Confirme le jugement entrepris en ce qu'il a cassé et annulé l'adjudication tranchée par M⁰ X..., le 1ᵉʳ avr.1884, de l'immeuble dont il s'agit en faveur de Jacob Salmon ; — Le confirme encore en ce qu'il a ordonné la remise en vente, dans les formes ordinaires et à la requête de la partie la plus diligente, devant le tribunal de Lunéville, de l'immeuble adjugé à tort, et ce sur la mise à prix, primitivement fixée de 15 000 fr., et aux clauses et conditions du cahier des charges précédemment dressé ; — Le confirme encore en ce qu'il a condamné X... à restituer les sommes par lui reçues de Salmon, en exécution de l'adjudication faite à son profit, et ce avec intérêts à 5 pour 100 du jour du versement desdites sommes, sauf son recours contre qui de droit ; — Condamne X... à payer à Salmon, à titre de dommages-intérêts, une somme de 500 fr., etc.

Du 12 juill. 1885.-C. de Nancy.-MM. Serre, 1ᵉʳ pr.-Mengin et Goury, av.

41. On a dit *suprà*, n° 24, que la prise à partie peut être intentée contre un membre ou contre une chambre de la cour de cassation. La prise à partie contre un conseiller ou un président de la cour de cassation devrait être portée devant la cour de cassation par analogie de la décision relative à la prise à partie contre un conseiller de cour d'appel. La prise à partie contre une chambre serait portée devant les autres Chambres réunies (Boitard, Colmet-Daàge et Glasson, *op. cit.*, t. 2, p. 141, n° 758 ; Garsonnet, *op. cit.*, t. 1, p. 233).

42. La prise à partie contre les juges de paix, contre les tribunaux de commerce ou de première instance ou contre quelqu'un de leurs membres, et la prise à partie contre un conseiller à une cour d'appel ou à une cour d'assises, est portée, aux termes de l'art. 509 c. proc. civ., à la cour d'appel du ressort. L'expression « conseillers » comprend les présidents comme les autres membres des cours. Dans le principe en effet, et d'après le texte primitif, la loi comprenait, sous le nom de juges, tous les membres d'une même compagnie, quelle que fût leur qualité dans cette compagnie. Si le nom de « conseiller » figure seul dans le texte actuel de l'art. 509 c. proc. civ., c'est que, d'après l'art. 1 de la loi du 20 avr. 1810, les cours d'appel devaient désormais prendre le titre de « cours impériales », et les présidents et autres membres de ces cours celui de « conseillers de Sa Majesté dans lesdites cours ». D'où il résulte évidemment que le titre de conseiller comprend ici celui de président; s'il en était autrement, il n'existerait aucune juridiction compétente pour connaître des prises à partie contre les présidents de cours impériales individuellement, ce qui serait inexplicable (Rousseau et Laisney, *op. cit.*, v° *Prise à partie*, n° 34 ; Garsonnet, *op. cit.*, t. 1, p. 233, note 6; Boitard, Colmet-Daàge et Glasson, *op. cit.*, t. 2, p. 141, note 1). Il a été jugé, en ce sens, que la prise à partie n'est de la compétence de la cour de cassation qu'autant qu'elle est portée contre une cour impériale ou l'une de ses sections, ou contre une cour d'assises entière; qu'en conséquence, la prise à partie dirigée contre le président d'une cour impériale doit être soumise à cette cour : on objecterait vainement que le mot « conseiller » figure seul dans l'art 509 c. proc., le titre de conseiller dont parle cet article comprenant celui de président ; alors même que la prise à partie serait fondée sur une imputation de faux résultant notamment de la substitution d'une formule d'adoption de motifs aux motifs nouveaux qu'avait donnés la cour, pour confirmer un jugement, l'imputation d'un crime à un ou plusieurs membres d'une cour impériale, dans l'exercice de ses fonctions, ne pouvant être déférée directement à la cour de cassation que par voie de dénonciation, dans les formes déterminées par les art. 485 et 486 c. instr. crim. (Req. 8 août 1859, aff. Dame Petitpied, D. P. 59. 1. 460).

43. — II. Formes. — La demande en prise à partie, on l'a exposé au *Rép.* n° 50, n'est pas soumise au préliminaire de conciliation, parce qu'elle intéresse, ainsi que le fait observer M. Garsonnet, *op. cit.*, t. 1, p. 233, la dignité d'un magistrat et, par conséquent, l'ordre public. Mais elle ne peut être intentée sans la permission du tribunal devant lequel elle sera portée. Cette permission doit être demandée par une requête présentée par un avoué si la demande est de la compétence d'une cour d'appel, par un avocat à la cour de cassation si l'action est portée devant la cour de cassation, et signée du demandeur lui-même ou de son fondé de pouvoir spécial et authentique (Dutruc, *op. cit.*, v° *Prise à partie*, n° 46 ; Bioche, *op. cit.*, eod. v°, n° 55).—Il a été jugé que la prise à partie contre des magistrats de cour d'appel, introduite devant la cour de cassation au moyen d'une requête non enregistrée ni signée d'un avocat à la cour de cassation, n'est pas recevable (C. cass. de Belgique 31 oct. 1887, aff. Bernard, D. P. 89. 2. 196).

44. La requête, aux termes de l'art. 512 c. pr. civ., ne doit contenir aucun terme injurieux à l'égard des magistrats contre lesquels la prise à partie est dirigée, à peine d'amende contre la partie et d'injonction ou de suspension contre l'avoué. Il a été jugé que le ministère public seul peut se prévaloir, vis-à-vis de l'avoué relative à la requête en prise à partie, de l'inobservation des règles prescrites par l'art. 512 c. pr. civ., frappant de peines disciplinaires les avoués qui emploient dans la requête des termes injurieux pour les juges (Dijon, 20 déc. 1883, aff. Guillabert, D. P. 85. 2. 50). Il est toutefois certain que le tribunal pourrait aussi appliquer d'office à l'avoué les peines disciplinaires prononcées par l'art. 512 c. pr. civ.

45. La requête est communiquée au ministère public. Il n'est pas nécessaire de la faire préalablement notifier au magistrat inculpé (*Rép.* n° 54 ; Rousseau et Laisney, *op. cit.*, v° *Prise à partie*, n° 48 ; Dutruc, *op. cit.*, eod. v°, n° 43 ; Bioche, *op. cit.*, eod. v°, n° 56).

46. Si l'affaire est de la compétence d'une cour d'appel, la cour examine en chambre du conseil, sans débat contradictoire entre le juge inculpé et le demandeur, s'il y a lieu d'accorder ou de refuser l'autorisation de prendre à partie (*Rép.* n° 55). On a soutenu, qu'une audience solennelle est nécessaire aussi bien pour la procédure relative à l'admission de la requête que pour la procédure sur le fond. (Rodière, *Traité de compétence et de procédure civile*, 4° édit., t. 2, p. 413). Mais cette opinion est aujourd'hui généralement repoussée. Le décret du 30 mars 1808, contenant règlement pour la police et la discipline des cours et tribunaux, dispose, dans son art. 22, relatif à la distribution des causes, que les prises à partie, entre autres, seront portées aux audiences solennelles; mais cette disposition du décret a eu particulièrement en vue le jugement définitif de la prise à partie. Elle n'abroge, dès lors, que l'art. 515 c. proc., d'après lequel la prise à partie devait être jugée par une section de la cour autre que celle qui aurait admis la requête ; pour le surplus, spécialement en ce qui concerne l'instruction et la procédure propre à cette voie extraordinaire de recours, le décret de 1808 a laissé entières les règles et les formes établies par le code de procédure. Le jugement de la prise à partie serait impossible dans presque toutes les cours si l'on exigeait une audience solennelle pour chacune des deux phases de la procédure, car l'art. 515 c. proc. civ. veut que les juges appelés à statuer sur le fond n'aient pas connu de l'admission de la requête (V. *infrà*, n° 59).— Conformément à cette doctrine, il a été jugé qu'en matière de prise à partie, la requête à fin de permission préalable de former la demande doit être appréciée et jugée, non en audience publique, mais en la chambre du conseil ; le débat judiciaire à porter à l'audience ne commence qu'après l'admission de la requête et sa signification au juge pris à partie (Civ. rej. 16 déc. 1862, aff. Barafort et Petitpied, D. P. 63. 1. 138. V. en ce sens : Boitard, Colmet-Daàge et Glasson, *op. cit.*, t. 2, p. 142, n° 759 ; Rousseau et Laisney, *op. cit.*, v° *Prise à partie*, n° 49 ; Bioche, *op. cit.*, v°, n° 60 ; Garsonnet, *op. cit.*, t. 1, p. 234).

47. La requête à fin d'autorisation et la décision que doit prendre la chambre du conseil ne sont point assujetties aux conditions de publicité prescrites pour les jugements. Les art. 510 et 511 se bornent, en effet, à exiger la présentation d'une requête, sans rien dire d'où l'on puisse conclure que, par exception à ce qui est propre à cette forme de procéder, la requête sera publiquement présentée et répondue ; au contraire, l'art. 515, relatif au jugement définitif, dispose expressément que la prise à partie sera portée à l'audience et y sera jugée. Il s'induit de ce simple rapprochement que, dans la pensée du législateur, c'est seulement quand s'ouvre la seconde des deux périodes comprises dans la procédure de la prise à partie que la publicité devient une condition nécessaire. D'ailleurs, la requête à fin de prise à partie et la décision dont elle doit être suivie constituent des mesures préalables qui ne peuvent avoir leur raison d'être et leur utilité qu'à la condition de n'être pas publiques ; elles seraient surabondantes et formeraient un inexplicable double emploi, si elles devaient se produire dans les mêmes conditions de publicité et de solennité que le jugement définitif, n'est pas dans la pensée du législateur de faire de ces mesures la première et la plus essentielle des garanties pour le magistrat, et, par conséquent, d'interdire une publicité qui leur enlèverait leur caractère. En effet, toute prise à partie porte avec elle des inculpations dont le résultat nécessaire est de mettre en suspicion l'intégrité du juge. Le législateur n'a donc pas dû admettre que ces imputations de cette nature pourraient se produire librement, et alors même qu'elles seraient purement gratuites, avant qu'un examen préalable, secrètement fait en chambre du conseil, ait amené à reconnaître que l'action n'a pas été engagée témérairement et qu'elle a pour elle au moins des apparences de fondement, Il ne doit donc pas y avoir de débat oral. Le magistrat contre lequel la partie veut se pourvoir n'est pas recevable à intervenir ; la partie ne peut réclamer le droit d'être entendue dans la chambre du conseil. Jugé que la demande en autorisation de prise à partie portée devant une cour d'appel ne doit pas être accompagnée d'un débat oral et, notamment, de l'audition d'un avocat (Aix, 11 août 1875, aff. Reddon, D. P. 76. 2. 134).

48. Mais la cour pourrait-elle exceptionnellement, si elle le jugeait utile, autoriser la partie à présenter des explications verbales à l'appui de sa demande? La négative a été adoptée par un arrêt de la cour de Paris du 30 janv. 1836 (*Rép.* n° 56) et par beaucoup d'auteurs (Garsonnet, *op. cit.*, p. 234; à Boitard, Colmet-Daâge et Glasson, p. 142, n° 759 ; Rousseau et Laisney, *op. cit.*, v° *Prise à partie*, n° 50). L'opinion contraire a été, depuis, admise par la cour de Paris, qui a autorisé la partie à présenter elle-même ou à faire présenter par un avocat des observations à l'appui de sa requête (Paris, 15 févr. 1862, aff. Barafort et Petitpied, D. P. 63. 1. 235). Nous estimons qu'il n'y a pas là un cas de nullité, la loi n'ayant pas expressément prohibé cette mesure ; mais il semble que l'autorisation ne doit être donnée que dans les cas où des explications de la partie sont indispensables.

49. Devant la cour de cassation, les affaires en matière de prise à partie, s'instruisent et se jugent devant la chambre des requêtes comme les affaires ordinaires. Aux termes de l'art. 37 de l'ordonn. du 15 janv. 1826, les avocats des parties doivent être entendus, s'ils le requièrent. Il n'est pas fait d'exception à cette règle pour le cas de prise à partie (Req. 6 juill. 1858, aff. De Burdin, D. P. 58. 1. 270). Seulement, comme la loi prescrit une faute relation de la requête, les avocats doivent se montrer attentifs à n'employer aucun terme injurieux contre les juges dont la prise à partie est demandée (Dutruc, *op. cit.*, v° *Prise à partie*, n° 48 ; Bioche, *op. cit.*, eod. v°, n° 60).

50. Si la requête est rejetée, la partie est condamnée à une amende qui ne peut être moindre de 300 fr. sans préjudice des dommages et intérêts envers les parties s'il y a lieu, c'est-à-dire si la requête leur cause un préjudice (c. proc. civ. art. 513 ; Boitard, Colmet-Daâge et Glasson, *op. cit.*, t. 2, p. 142, n° 759). Le chiffre de 300 fr. est également le maximum de l'amende; il est, de principe, en effet, dans notre droit pénal, qu'il n'y a pas d'amendes arbitraires et, quand la loi qui prononce l'amende n'en fixe que le minimum, le même chiffre sert également de maximum (Garsonnet, *op. cit.*, t. 1, p. 234, note 13).

51. L'amende doit être prononcée d'office. Mais si les juges omettaient cette condamnation, l'amende ne serait pas encourue de plein droit (Bioche, *op. cit.*, v° *Prise à partie*, n°s 78 et 79; Chauveau sur Carré, *op. cit.*, quest. 1734 et 1815).

52. Si la requête est rejetée, le magistrat pris à partie devra, pour obtenir des dommages-intérêts, se pourvoir par action principale. Si la requête était admise, il pourrait conclure incidemment à des dommages-intérêts dans l'instance qui s'engage sur le fond (*Rép.* n° 56; Motifs, Dijon, 20 déc. 1883, aff. Guillabert, D. P. 85. 2. 50). Les parties peuvent aussi intervenir dans l'instance, lorsque la requête a été admise, pour conclure aux dommages-intérêts (Dutruc, *op. cit.*, v° *Prise à partie*, n° 53 ; Bioche, *op. cit.*, eod. v°, n° 80).

53. La requête, lorsqu'elle est admise, doit être signifiée dans les trois jours au juge pris à partie (c. proc. civ. art. 514). L'opinion émise au *Rép.* n° 57, d'après laquelle la signification de cette requête doit être, sous peine de nullité, faite à la personne du juge ou à son domicile, et non au greffier, est généralement adoptée par les auteurs. « La loi, dit M. Bioche, *op. cit.*, v° *Prise à partie*, n° 69, n'ordonne pas dans ce cas, comme dans celui des réquisitions prescrites pour constater le déni de justice, que l'exploit soit remis au greffier ; on reste par conséquent dans le droit commun » (En ce sens, Rousseau et Laisney, *op. cit.*, v° *Prise à partie*, n° 55; V. Dutruc, *op. cit.*, eod. v°, n° 55; Boitard, Colmet-Daâge et Glasson, *op. cit.*, t. 2, p. 142, n° 759 ; Garsonnet, *op. cit.*, t. 1, p. 234, note 14).

54. La signification peut avoir lieu après l'expiration du délai de trois jours édicté par l'art. 514 ; la loi n'a pas,

en effet, fixé ce délai à peine de nullité (*Rép.* n° 58; Rousseau et Laisney, *op. cit.*, v° *Prise à partie*, n° 56 ; Dutruc, *op. cit.*, eod. v°, n° 57).

55. La signification de la requête doit contenir assignation au magistrat pris à partie à comparaître devant la cour pour voir statuer sur le fond de la demande ; une assignation par exploit séparé ne devrait pas passer en taxe même pour les déboursés (*Rép.* n° 60; Dutruc, *op. cit.*, v° *Prise à partie*, n° 59 ; Rousseau et Laisney, *op. cit.*, eod. v°, n° 57; Bioche, *op. cit.*, eod. v°, n° 68). Elle doit être accompagnée : 1° de la copie de l'arrêt qui admet la prise à partie. Toutefois, il n'y a pas nullité si l'on se borne à énoncer la décision (*Rép.* n° 60; Dutruc, *op. cit.*, v° *Prise à partie*, n° 56 ; Rousseau et Laisney, *op. cit.*, eod. v°, n° 58).

56. Le juge pris à partie doit fournir sa défense dans la huitaine ; mais ce délai n'est pas fatal. Il doit constituer avoué, comme un simple particulier (*Rép.* n° 61 ; Bioche, *op. cit.*, v° *Prise à partie*, n° 72 ; Dutruc, *op. cit.*, eod. v°, n° 60).

57. L'opinion exprimée au *Rép.*, n° 62, que le demandeur en prise à partie peut répondre à la défense du magistrat, est admise par tous les auteurs. « Le tarif (art. 75, § 17, du tarif), dit M. Bioche, *op. cit.*, v° *Prise à partie*, n° 73, l'y autorise formellement » (En ce sens : Dutruc, *op. cit.*, v° *Prise à partie*, n° 61 ; Boitard, Colmet-Daâge et Glasson, t. 1, p. 143, n° 759 ; Chauveau et Godoffre, *Commentaire du tarif en matière civile*, n° 2530 ; Boucher d'Argis et Sorel, *Dictionnaire de la taxe en matière civile*, v° *Prise à partie*, p. 458. Conf. Rousseau et Laisney, *op. cit.*, v° *Prise à partie*, n° 59, qui estiment que la réponse ne doit pas passer en taxe).

58. Aux termes de l'art. 515 c. proc. civ., « si la prise à partie est admise, la cause sera portée à l'audience et jugée par une section autre que celle qui a autorisé la poursuite ». D'un autre côté, l'art. 22 du décret du 30 mars 1808 dispose que les prises à partie seront déférées aux cours d'appel jugeant en audience solennelle. Il est aujourd'hui reconnu par tous les auteurs que cette dernière disposition a dérogé à l'art. 515. On a voulu écarter cette dérogation, dit M. Glasson, sur Boitard et Colmet-Daâge, *op. cit.*, t. 2, n° 159, note 1, p. 143-144, et dire que cette disposition du décret du 30 mars 1808 est d'ordre intérieur, qu'en conséquence les prises à partie doivent être jugées par une seule section. Cette interprétation a paru tellement étrange et même si peu intelligible qu'elle n'est plus admise par personne. Il est vrai qu'un arrêt de la cour de cassation du 27 févr. 1812 (V. *Rép.* n° 63) semble bien décider que la prise à partie doit être jugée par une seule section ; mais il est fort probable que les auteurs de cet arrêt ont complètement oublié l'art. 22 du décret du 30 mars 1808, car ils ne le mentionnent pas dans leur décision » (En ce sens, Garsonnet, *op. cit.*, t. 1, p. 234).

59. Une question plus discutée est celle de savoir si les magistrats qui ont prononcé l'admission de la demande peuvent ensuite, en audience solennelle, participer au jugement du fond ; ou bien si l'exclusion prononcée contre ces magistrats, par l'art. 515 c. proc. civ., subsiste encore en présence du décret du 30 mars 1808. Une première opinion soutient que le décret de 1808, en exigeant que les prises à partie soient jugées en audience solennelle, a abrogé l'art. 515 c. proc. civ., et substitué une garantie nouvelle à celle de ce dernier article. « On fait, dit M. Lespinasse (*Revue critique*, 1880, t. 9, p. 588), une confusion manifeste relativement à la signification des mots : *mêmes juges, juges différents*. Quand une cour n'avait qu'une seule chambre, si elle avait pu successivement statuer sur l'autorisation de poursuivre et connaître du fond du procès, c'eût été évidemment les mêmes juges qui auraient prononcé sur les deux phases de la contestation. Mais le décret de 1808 ayant renvoyé le fond de la cause aux chambres réunies, il n'est plus exact de dire que ce sont dans les deux cas les mêmes juges. La réunion des chambres forme une juridiction toute différente de la première, et les éléments nouveaux que le législateur y fait entrer doivent neutraliser complètement les impressions que quelques-uns de ses membres auraient pu conserver d'une première audition du procès ». Et pour justifier cette proposition, M. Lespinasse invoque l'art. 503

c. instr. crim. D'après cet article, relatif au cas où un magistrat est accusé de forfaiture, « lorsqu'il se trouvera, dans la section criminelle saisie du recours en cassation dirigé contre l'arrêt de la cour d'assises à laquelle l'affaire aura été renvoyée, des juges qui auront concouru à la mise en accusation dans l'une des autres sections, ils s'abstiendront; mais, en cas de second pourvoi donnant lieu à la réunion de toutes les sections, tous les juges pourront en connaître ». « Pourquoi cela? ajoute M. Lespinasse; c'est que la réunion des deux sections donne à la délibération nouvelle une solennité et une autorité devant laquelle s'effacent naturellement toutes les préoccupations antérieures » (V. en ce sens, Rodière, *op. cit.*, t. 2, p. 142 ; Boitard, Colmet-Daâge et Glasson, *op. cit.*, t. 2, p. 143, nº 759, note 1. V. aussi dans les motifs, Paris, 15 févr. 1862, aff. Barafort et Petitpied, D. P. 63. 1. 235). Dans le sens de cette doctrine, il a été jugé qu'en matière de prise à partie, les magistrats composant la chambre de la cour d'appel qui a admis la requête peuvent siéger à l'audience solennelle où le débat sur la prise à partie est porté au fond (Montpellier, 16 août 1881, aff. Pey, D. P. 83. 2. 223). D'après cette décision qui, d'ailleurs, a été cassée par arrêt du 26 déc. 1883 (V. *infrà*, nº 60), les dispositions de l'art. 515 c. proc. civ. et l'art. 22 du décret du 30 mars 1808 sont inconciliables. « Si l'une des deux chambres réunies a connu de l'affaire, on ne saurait dire qu'elle doit pour cela être écartée; car, si elle en a connu en chambre du conseil, au point de vue de l'admissibilité de la demande de prise à partie, elle ne l'a pas jugée; aucun débat n'a eu lieu devant elle, il ne s'est agi que d'un simple examen superficiel, insusceptible d'engager la conscience des magistrats qui y ont concouru. En l'appelant à l'appréciation du fond en réunion d'une autre chambre, on crée d'ailleurs une juridiction spéciale différente de celle de l'admissibilité; ces éléments nouveaux doivent avoir pour effet de neutraliser les impressions que quelques-uns de ses membres avaient pu conserver d'une première audition du procès. On objecte bien que le code de procédure civile (art. 515) s'est défié des impressions, même fugitives, des juges et a, pour le cas où ce serait la même chambre qui devrait se prononcer sur le fond, après avoir statué sur l'admissibilité de la demande, ordonné que le jugement serait renvoyé à la cour la plus voisine de la cour de cassation; mais c'est là une exception qui ne peut être étendue; quand la première chambre est réunie à la seconde, on ne saurait dire que ce sont les mêmes magistrats qui, par deux fois, sont conviés à l'appréciation du même litige; leur réunion imprime à la délibération nouvelle une solennité et une autorité toutes particulières ».

60. D'après un second système, le décret du 30 mars 1808 n'a dérogé au code de procédure qu'en ce qui touche la solennité de l'audience et laissé intacte la disposition de l'art. 515 qui, dans un but élevé de garantie et de protection, écarte du jugement du fond les magistrats ayant admis la prise à partie. L'art. 22 du décret de 1808 n'est nullement inconciliable avec l'art. 515 c. proc. civ. Cela n'est pas douteux, lorsque la cour saisie de la prise à partie a au moins deux chambres civiles. L'inconciliabilité n'existe même pas quand la cour n'a qu'une seule chambre civile, la seconde disposition de l'art. 515 écartant, à cet égard, toute difficulté. « Si la cour d'appel, porte cette disposition, n'est composée que d'une section, le jugement de la prise à partie sera renvoyé à la cour d'appel la plus voisine de la cour de cassation ». Ainsi dans le cas où, par suite de l'exclusion dont les juges qui ont prononcé l'admission de la prise à partie sont frappés, la cour ne peut se former en audience solennelle, on se trouve dans une situation analogue à celle qui était prévue par l'art. 515, et, dès lors, on ne voit pas pour quelle raison cet article ne pourrait pas être appliqué. Sans doute une loi peut être abrogée implicitement par une loi postérieure; mais il faut pour cela qu'il y ait inconciliabilité absolue entre les deux dispositions, et cette inconciliabilité ne paraît pas exister dans l'espèce. Quant à cette considération que la réunion des chambres forme une juridiction différente de la chambre qui a prononcé l'admission de la prise à partie et que l'addition d'une seconde chambre vient neutraliser les impressions que la première aurait pu conserver d'une première audition du procès, il est facile d'y répondre. A supposer, ce qui peut paraître au moins

douteux, qu'il y ait ici deux juridictions différentes, il n'en est pas moins certain que les juges, en grande partie, seront les mêmes. La cour d'assises et la chambre d'accusation sont certainement des juridictions bien différentes, et cependant l'art. 257 c. instr. crim. ne veut pas que le magistrat qui a participé à l'accusation puisse faire partie de la cour d'assises. Les juges doivent offrir aux justiciables toutes les garanties possibles d'indépendance et d'impartialité : ces garanties existent-elles dans une juridiction composée, par moitié, de membres dont les impressions ne sont plus entières ? Mieux vaudrait encore la simple garantie de l'art. 515 c. civ. que celle du décret de 1808 ainsi interprété. On ne saurait invoquer la disposition de l'art. 503 c. instr. crim., qui constitue une exception aux principes, et qui, par suite, doit être restreinte dans ses termes. — L'art. 515 c. proc. civ. reste donc en vigueur. La loi ne voulant pas qu'un seul des conseillers qui ont statué sur l'admission de la requête puisse connaître du fond de la prise à partie, si la requête a été admise par la chambre civile, la prise à partie doit être jugée par deux autres chambres ou tout au moins, et plus exactement, depuis la loi du 30 août 1883 (D. P. 83. 4. 58) qui a modifié, dans une certaine mesure, la composition des audiences solennelles, par neuf conseillers qui n'ont pas connu de la première partie de la procédure. Si l'on ne peut pas trouver dans la cour neuf conseillers étrangers à l'admission de la requête, il faut demander à la cour de cassation le renvoi du jugement à la cour d'appel la plus voisine. C'est le cas qui se présentera même le plus souvent aujourd'hui, car, depuis la loi du 30 août 1883, il sera, dans un grand nombre de cours, impossible de constituer une audience solennelle avec des magistrats qui n'ont pas autorisé la poursuite. Sept cours n'ont en effet qu'une seule chambre ; onze n'en comptent que deux; l'une de ces deux chambres aura nécessairement connu de la demande en autorisation et ne pourra dès lors se joindre à l'autre pour constituer l'audience solennelle. C'est seulement dans les cours où cette audience solennelle pourra être formée avec des magistrats restés étrangers à la poursuite. Dans les autres, il faudra se pourvoir en indication de juge devant la cour de cassation. Cette situation singulière provient de ce que le législateur de 1883 ne s'est pas occupé de la prise à partie lorsqu'il a réorganisé les cours d'appel; les réductions qu'il a opérées rendent très difficile l'application de la disposition de l'art. 515 qui interdit aux conseillers, ayant connu de l'admission de la requête, de statuer sur le fond de la prise à partie. Mais cette disposition n'en est pas moins restée en vigueur depuis la loi de 1883 comme auparavant.

Par application de cette doctrine, qui nous paraît la plus juridique, il a été jugé que l'art. 515 c. proc. civ., qui interdit aux juges ayant statué sur l'admissibilité de la requête en prise à partie de connaître du fond, n'a pas été abrogé par l'art. 22 du décret du 30 mars 1808, aux termes duquel les prises à partie doivent être portées aux audiences solennelles ; qu'en conséquence, lorsqu'une cour d'appel n'est composée que de deux chambres, elle ne peut, distraction faite de la chambre qui a admis la prise à partie, se constituer en audience solennelle et, dès lors, est incompétente pour statuer sur le fond de la demande (Pau, 7 juill. 1880, aff. Souberbielle, D. P. 81. 2. 25 ; Civ. cass. 26 déc. 1883, aff. Pey, D. P. 84. 1. 87). L'art. 22 du décret du 30 mars 1808 de ce dernier arrêt n'a pas abrogé explicitement l'art. 515 c. proc. civ., et il ne l'a pas davantage abrogé implicitement. L'abrogation implicite ne peut être admise qu'autant qu'il y a inconciliabilité absolue entre la loi nouvelle et la loi ancienne; or, bien loin que cette inconciliabilité existe entre l'art. 515 c. proc. civ. et l'art. 22 du décret du 30 mars 1808, il est manifeste que le législateur a eu pour but de compléter l'une des dispositions par l'autre. En effet, s'il a commencé par interdire aux magistrats qui ont admis la prise à partie d'en connaître au fond, et s'il a ensuite prescrit d'en porter le jugement définitif à l'audience solennelle, c'est qu'il a trouvé utile d'augmenter encore les garanties d'impartialité de la décision à rendre, en appelant un plus grand nombre de magistrats à y concourir, après que déjà il avait pris soin de la mettre à l'abri des influences que les impressions ées d'un premier examen auraient pu laisser dans l'esprit du juge ». — Décidé encore, dans le même sens, que, l'art. 515 . proc. civ. exigeant que la prise à partie soit jugée par une section de la cour autre que la section qui l'a admise, il en résulte que, dans le cas où la cour n'est composée que d'une seule chambre qui a admis la prise à partie, il y a lieu de demander à la cour de cassation le renvoi de l'affaire à la cour d'appel la plus voisine (Req. 2 mars 1886, aff. Malossi frères, D. P. 87. 1. 150).

61. L'art. 515 c. proc. civ. veut que la cour voisine, appelée à statuer sur le fond de la prise à partie, soit désignée par la cour de cassation. Est-ce à la chambre civile ou à la chambre des requêtes qu'il appartient de faire cette désignation? La compétence de la chambre des requêtes ne paraît pas douteuse; elle se déduit du principe général qui lui attribue toutes les matières concernant les règlements de juge : à ces matières, on doit sans difficulté assimiler les indications de juge. Il s'agit, dans tous ces cas, de statuer sur des questions d'administration judiciaire, et la loi a entendu les attribuer exclusivement à la chambre des requêtes. Jugé, en ce sens, que c'est à la chambre des requêtes qu'il appartient de désigner la cour d'appel qui statuera sur la prise à partie (Req. 2 mars 1886, cité *supra*, n° 60).

62. A raison de la nature spéciale de l'affaire, il n'est pas nécessaire d'appeler devant la chambre des requêtes le magistrat attaqué. C'est ce que M. le conseiller Féraud-Giraud a établi dans son rapport sur l'affaire jugée par l'arrêt du 2 mars 1886, cité *supra*, n°s 60 et 61. « La décision que vous avez à rendre, a-t-il dit, n'est point une décision au contentieux, mais une décision administrative ; il n'y a pas à décider entre deux tribunaux dont les parties se disputent la compétence, mais à déterminer la juridiction appelée à connaître, suivant votre libre et entière appréciation, d'une contestation qui, en l'état, n'a pas de juge ».

63. Devant la cour de cassation, l'affaire est instruite et jugée dans la forme ordinaire (Boitard, Colmet-Daâge et Glasson, *op. cit.*, t. 2, p. 144, n° 760 ; Garsonnet, *op. cit.*, t. 1, p. 234).

64. La prise à partie est communiquée au ministère public, comme toutes les causes qui intéressent l'ordre public (*Rép.* n° 63 ; Garsonnet, *op. cit.*, t. 1, p. 234 ; Dutruc, *op. cit.*, v° *Prise à partie*, n° 66). L'affaire est plaidée comme toute autre affaire, le juge étant assimilé, après l'admission de la requête, à un adversaire ordinaire. Le jugement est prononcé publiquement (*Rép.* n° 66 ; Bioche, *op. cit.*, v° *Prise à partie*, n° 76 ; Boitard, Colmet-Daâge et Glasson, *op. cit.*, t. 2, p. 144, n° 759).

65. Les magistrats saisis de la demande de prise à partie jouissent d'un pouvoir discrétionnaire pour l'admettre ou la rejeter (*Rép.* n° 12). Jugé que dans tous les cas, et notamment s'il s'agit d'une atteinte portée à la liberté individuelle, la cour saisie de la prise à partie jouit d'un pouvoir souverain pour apprécier s'il y a lieu de l'admettre ou de la rejeter (Dijon, 20 déc. 1883, aff. Guillabert, D. P. 85. 2. 50).

66. Les juges, comme on l'a vu au *Rép.* n°s 65 et suiv., ne peuvent être personnellement poursuivis, pour des faits relatifs à l'exercice de leurs fonctions, que dans les cas de prise à partie limitativement énumérés par l'art. 505 c. proc. civ., et dans les formes tracées par les art. 509 et suiv. du même code. Dès lors, toutes demandes en dommages-intérêts dirigées contre eux par les voies ordinaires doivent être rejetées comme non recevables et mal fondées. « L'énumération de l'art. 505, dit M. Garsonnet, *op. cit.*, t. 1, p. 230, n'aurait pas de sens si elle n'était pas limitative. Il en résulte : 1° que la prise à partie n'est pas admissible hors des circonstances prévues par cet article, et particulièrement dans le cas où le juge aurait ainsi jugé de bonne foi, par ignorance ou par erreur, l'ignorance ou l'erreur fussent-elles si lourdes qu'en toute autre hypothèse on les assimilerait au dol ; — 2° Qu'il n'est admis, dans les cas de l'art. 505, d'autre action civile que la prise à partie ; — 3° Qu'à l'exception de ces mêmes cas, aucune action civile ne peut être dirigée contre un magistrat à raison de faits par lui commis dans l'exercice de ses fonctions. En effet, d'une part, il n'aurait servi à rien de réglementer la prise à partie, d'édicter pour elle une compétence spéciale et d'en soumettre l'exercice à la néces-

sité d'une autorisation préalable, s'il était possible d'atteindre les magistrats en toute circonstance par une action intentée librement et portée devant les tribunaux ordinaires ; d'un autre côté, la loi qui déclare les juges personnellement responsables de l'accomplissement de certains devoirs et de l'observation de certaines formalités, entend évidemment limiter à ces cas leur responsabilité. Cette induction se trouve confirmée par l'art. 358 du code d'instruction criminelle qui consacre l'irresponsabilité du ministère public, et par l'exposé de motifs de Bigot de Préameneu où l'on voit clairement l'intention du législateur d'exclure la théorie ancienne, qui rendait le juge responsable de tous ses actes et de tous ses jugements. Il existe cependant, en matière d'enquête, une disposition exceptionnelle d'après laquelle l'enquête tout entière, ou la déposition d'un témoin, déclarée nulle par la faute du juge-commissaire est recommencée à ses frais » (En ce sens, Bioche, *op. cit.*, v° *Prise à partie*, n° 5 ; Dutruc, *op. cit.*, eod. v°, n° 23). — Pour le cas où il s'agit d'actes étrangers aux fonctions de ce magistrat, V. *supra*, n°s 31 et 32).

67. Il ne serait pas nécessaire de recourir à la prise à partie si le juge était poursuivi criminellement à raison du fait dont le plaideur demanderait réparation. La partie lésée pourrait alors se porter partie civile et obtenir des dommages-intérêts (*Rép.* n° 67 ; Bioche, *op. cit.*, v° *Prise à partie*, n° 5). Ainsi, une partie lésée par la dénonciation calomnieuse d'un fonctionnaire peut, à son choix, agir contre le fonctionnaire par la voie civile ou par la voie criminelle. Si elle choisit cette dernière voie, il doit être procédé conformément aux art. 479 et suiv. c. instr. crim. ; mais, si elle préfère agir au civil, elle est obligée de procéder selon la voie extraordinaire de la prise à partie (V. Paris, 19 nov. 1863, aff. Bertaux, D. P. 64. 2. 7).

68. Les décisions rendues par une cour d'appel, soit sur l'admissibilité de la demande, soit au fond, peuvent être l'objet d'un pourvoi devant la cour de cassation (*Rép.* n° 69).

69. La durée de l'action en prise à partie est de trente ans, lors même qu'elle a pour principe un crime, un délit ou une contravention (*Rép.* n° 70 ; Dutruc, *op. cit.*, v° *Prise à partie*, n° 3 ; Bioche, *op. cit.*, eod. v°, n° 6). Cette solution est rejetée par M. Garsonnet. « La prise à partie, dit cet auteur, *op. cit.*, t. 1, p. 234, se prescrit par dix ou par trente ans, suivant que le fait qui y donne ouverture entraîne en même temps une peine criminelle ou qu'il engage seulement la responsabilité civile : dans le premier cas, la prise à partie est soumise à la même prescription que l'action publique, comme toute action civile intentée à raison d'un crime même devant les tribunaux civils (c. instr. crim., art. 637) ; dans le second, elle est soumise à la prescription ordinaire des actions personnelles pour lesquelles la loi n'a point édicté de dispositions spéciales (c. civ., art. 2262). La prescription de l'action publique s'applique également à l'action civile, parce qu'il serait scandaleux que la preuve d'un fait criminel pût être administrée judiciairement à l'appui d'une demande en dommages-intérêts, à une époque où la répression de ce fait serait devenue impossible (c. instr. crim., art. 637). Il y a seulement controverse sur le point de savoir si cette règle concerne uniquement l'action civile portée en même temps que l'action publique devant le tribunal de répression, ou si elle s'applique également à l'action civile portée séparément devant le tribunal civil ; le scandale serait le même dans les deux cas et l'opinion exprimée ci-dessus est généralement admise » (Faustin Hélie, *op. cit.*, t. 2, n° 1113). — M. Poncet (*Traité des actions*, t. 2, n° 599) a soutenu que la prise à partie doit être formée dans le même délai que l'appel et le pourvoi en cassation, c'est-à-dire dans les deux mois ; mais cette opinion ne saurait être admise. « Rien n'autorise, dit M. Garsonnet, *op. cit.* t. 1, p. 235, note 18, à étendre à d'autres actions le délai si court de l'appel et du pourvoi en cassation, et l'on peut d'autant moins l'appliquer à la prise à partie qu'elle n'est pas seulement une voie de recours contre un jugement : elle peut être formée en dehors de tout jugement ; et, lors même qu'elle a eu lieu à l'occasion d'un jugement, elle n'est pas seulement un moyen de le faire tomber, mais encore une action dirigée contre le juge personnellement ».

Art. 5. — *Effets de la prise à partie* (*Rép.* n°s 71 à 77).

70. Lorsque la permission d'exercer la prise à partie a été donnée, le juge qui en est l'objet est tenu de s'abstenir de la connaissance du différend, et même, jusqu'au jugement définitif de la prise à partie, de toutes les causes que les parties, ou ses parents, en ligne directe, ou son conjoint, peuvent avoir dans son tribunal, à peine de nullité des jugements (c. proc. civ., art. 514). Tous les auteurs partagent l'opinion émise au *Rép.* n° 71, d'après laquelle le juge ne peut concourir au jugement d'un procès dans lequel est intéressé celui qui l'a pris à partie ou l'un de ses parents, même du consentement des parties, par ce motif que l'ordre public exige qu'un magistrat ne compromette pas la dignité de la justice et n'amoindrisse pas sa dignité morale (Dutruc, *op. cit.*, v° *Prise à partie*, n° 62 ; Bioche, *op. cit.*, eod. v°, n° 84 ; Rousseau et Laisney, *op. cit.*, eod. v°, n° 63).

71. Pour faire prononcer la nullité du jugement qui a été rendu au mépris de l'art. 514, il suffit de former opposition dans le cas où cette voie est ouverte, et s'il y a assez de juges pour statuer sans le concours du juge pris à partie. Sinon, il faut recourir à la voie de l'appel ou de la requête civile, selon que le jugement est en premier ou en dernier ressort ; ou, enfin, se pourvoir en cassation dans le cas où, le jugement étant susceptible d'opposition, le tribunal ne peut statuer faute d'un nombre de juges suffisant (*Rép.* n° 72 ; Rousseau et Laisney, *op. cit.*, v° *Prise à partie*, n° 64 ; Bioche, *op. cit.*, eod. v°, n° 82 ; Dutruc, *op. cit.*, eod. v°, n° 63).

72. Si la prise à partie est reconnue juste et fondée, le juge est condamné à des dommages-intérêts équivalents au préjudice souffert par le demandeur (*Rép.* n° 73). Si elle a eu pour cause un acte fait ou ordonné par le juge, en dehors d'une instance, par exemple, une arrestation illégale, la cour, en outre, annule l'acte (Boitard, Colmet-Daâge et Glasson, *op. cit.*, t. 2, p. 145, n° 760).

73. On a examiné au *Rép.*, n° 74 et suiv., la question de savoir quelle influence peut avoir l'arrêt définitif statuant sur une prise à partie et déclarant cette action bien fondée, à l'égard des décisions que l'arrêt reconnaît avoir été le résultat de la prévarication. Si la partie qui a obtenu gain de cause a été complice du dol du juge, tous les auteurs reconnaissent, conformément à la doctrine exposée au *Rép.* n° 74, que le jugement inique ne doit pas être maintenu. S'il est en premier ressort, le demandeur en prise à partie en poursuivra la réformation par la voie de l'appel. Il pourra agir par la voie de la requête civile, pour dol personnel, si le jugement est en dernier ressort. Les délais d'appel ou de requête civile ne courent qu'à partir du jugement qui a déclaré fondée la prise à partie (Dutruc, *op. cit.*, v° *Prise à partie*, n° 71 ; Bioche, *op. cit.*, eod. v°, n° 87 ; Rousseau et Laisney, *op. cit.*, eod. v°, n° 66).

74. La plupart des auteurs décident que le jugement fondé sur le dol du juge ne doit pas non plus être maintenu, alors même que la partie qui l'a obtenu n'est pas complice du dol du juge. Telle est aussi la solution qui a été adoptée au *Rép.* n° 75. « On soutient, disent MM. Boitard, Colmet-Daâge et Glasson, *op. cit.*, t. 2, p. 145, n° 760, que le jugement inique conserve son autorité entre les parties, lorsque toutes deux sont de bonne foi, sauf la condamnation du juge à des dommages-intérêts envers la partie indûment condamnée. Mais alors cette partie supporterait seule les conséquences de l'insolvabilité du juge ! Nous ne pouvons accepter cette solution. La chose jugée ne saurait avoir autorité quand elle a pour base le dol, la fraude, la concussion du juge. Respecter une pareille décision, ce serait amoindrir le respect dû aux décisions justes des tribunaux ».

On diffère toutefois sur les moyens de faire tomber le jugement. S'il est en premier ressort, il peut certainement être attaqué par la voie de l'appel. S'il est en dernier ressort, peut-on se pourvoir par la requête civile? M. Pigeau l'admet. — Nous ne croyons pas ce recours possible, la requête civile n'étant admise, aux termes de l'art. 480, c. proc. civ. que s'il y a eu dol personnel. MM. Bioche, *op. cit.*, v° *Prise à partie*, n° 87 et Berriat, *Cours de procédure civile*, p. 471, note 25 (V. *Rép.* n° 76) pensent, et tel est aussi notre avis, que, si les faits de dol à la charge du juge constituent des actes de forfaiture, il est tout simple de s'adresser à la cour de cassation qui, en prononçant les peines de la forfaiture, a le pouvoir d'annuler les actes qui en seraient le résultat. — Dans une troisième opinion, qui s'attache à l'idée que la prise à partie est une voie extraordinaire pour attaquer les jugements, on accorde au tribunal, qui statue sur la prise à partie, le droit de prononcer directement la nullité du jugement fondé sur le dol du juge, que la partie soit ou non complice du dol. Tel est l'avis de MM. Boitard, Colmet-Daâge et Glasson. « Si le juge de la prise à partie, dit ce dernier auteur, *op. cit.*, t. 2, p. 146, n° 760, était une cour d'appel, cette cour pourrait remplacer la décision par une autre ; mais, si la prise à partie avait été portée devant la cour de cassation, celle-ci devrait se borner à casser la décision et à renvoyer ensuite l'affaire à un autre tribunal semblable à celui qui avait jugé la première fois ». Il nous paraît difficile d'admettre qu'une cour d'appel, saisie d'une prise à partie, puisse réformer un jugement en l'absence de l'une des parties intéressées. D'un autre côté, la prise à partie dans notre ancien droit n'a jamais été considérée que comme une attaque contre la personne du juge, et non comme un moyen de faire réformer les jugements. Aucun texte du code de procédure civile ne permet de penser qu'elle a reçu un caractère nouveau. D'ailleurs, si la prise à partie pouvait amener l'annulation du jugement, la partie en faveur de laquelle il a été rendu devrait être appelée en cause. Aucun article du code ne parle de cette mise en cause. La loi suppose un seul défendeur.

75. Lorsqu'il y a eu déni de justice, le juge ne peut être condamné qu'à réparer le préjudice causé au demandeur qui triomphe dans la prise à partie (Bioche, *op. cit.*, v° *Prise à partie*, n° 87 ; Boitard, Colmet-Daâge et Glasson, *op. cit.*, t. 2, n° 760, p. 145).

76. La prise à partie ne suspend pas l'exécution du jugement rendu (*Rép.* n° 77).

Table sommaire

des matières contenues dans le Supplément et le Répertoire.

(Les chiffres précédés de la lettre S renvoient au Supplément ; les chiffres précédés de la lettre R renvoient au Répertoire.)

PRISE D'EAU. — V. outre les renvois indiqués au Répertoire, supra, vis Acte de commerce, nos 121 et suiv.; Dommages-destruction-dégradation, nos 101 et 105; Eaux, nos 4, 6, 56, 128, 140, 243, 259, 266 et suiv., 274 et suiv., 282, 286, 288, 351, 394, 420, 457, 499 et 532; — et infrà, vis Propriété féodale, et Rép. eod. v°, n° 484; Servitudes, et Rép. eod. v°, nos 169, 1118, 1147, 1161 et suiv.; Voirie par eau, et Rép. eod. v°, nos 252 et suiv.

PRISÉE — V. outre les renvois indiqués au Répertoire, supra, v° Commissaire-priseur, nos 3 et suiv.

PRISES MARITIMES.

1. Le mot prise a deux sens : 1° il désigne le fait même de capturer un navire, 2° il désigne le navire capturé lui-même après la capture.

2. Le droit de prise s'exerce dans deux sortes de circonstances : en temps de guerre, d'abord, vis-à-vis des navires ennemis ou même neutres ; en temps de paix ensuite, mais alors dans deux cas seulement, vis-à-vis des navires qui se livrent à la piraterie ou à la traite des noirs. Nous suivrons la même méthode qui a été suivie déjà au Répertoire, et nous nous bornerons ici à l'étude du droit de prise en temps de guerre. — Pour les questions relatives à la répression de la piraterie et de la traite des noirs, V. supra, v° Organisation maritime, n° 276, et infrà, v° Organisation des colonies; — Rép. vis Organisation maritime, nos 941 et suiv. et Organisation des colonies, nos 987 et suiv.

3. La prise d'un navire produit d'importants effets de droit privé. Ainsi en sont traités au mot Droit maritime. Ainsi la prise influe ou peut influer sur : 1° les loyers des gens de mer (c. com. art. 258. V. supra, v° Droit maritime, nos 803, 805 et suiv); — 2° Le fret (c. com. art. 302. V. supra, v° Droit maritime, nos 1133, 1680); — 3° Le prêt à la grosse (Rép. v° Droit maritime, n° 1317); — 4° L'assurance (V. supra,

v° Droit maritime, n° 1897) ; — 5° Le délaissement (V. supra, v° Droit maritime, n° 2133). Nous n'avons pas à revenir sur ces différents points.

4. Nous ne parlerons pas non plus ici de différentes mesures dont on a usé, pendant la paix, vis-à-vis des navires d'une nation étrangère. Ces mesures, que l'on comprend quelquefois d'une façon générale sous le nom de droit de prise, sont, par exemple : l'angarie, l'embargo pacifique, l'embargo par représailles. Ce ne sont pas là des prises dans le sens absolument propre du mot (V. Rép., v° Droit maritime, n° 1845 ; Pradier-Fodéré, Traité de droit international public, t. 5, p. 708 et suiv.).

Division.

Sect. 1. — Historique et législation. — Considérations générales et bibliographie (n° 5).
Sect. 2. — Règles générales (n° 45).
Art. 1. — A quelle époque commence et finit le droit de prise (n° 45).
Art. 2. — Des lieux où peut s'exercer le droit de prise (n° 55).
Art. 3. — Qui peut exercer le droit de prise (n° 68).
Sect. 3. — Des navires et des marchandises ou effets qui peuvent être déclarés de bonne prise (n° 82).
Art. 1. — De la prise de vaisseaux, marchandises ou effets ennemis (n° 85).
Art. 2. — Prise des bâtiments, marchandises ou effets neutres ou alliés (n° 101).
§ 1. — Du droit de visite (n° 103).
§ 2. — Constatation de la neutralité. — Pièces de bord : passeport, rôle d'équipage, connaissement, etc. — Jet à la mer (n° 119).
§ 3. — Des objets de contrebande et des marchandises ennemies chargées sur vaisseaux neutres ou amis (n° 176).
§ 4. — Marchandises appartenant à des neutres chargées sur bâtiments ennemis n° 206).

Sect. 1re. — Historique et législation. — Considérations générales et bibliographie.

5. Le *Répertoire* avait été publié peu après la promulgation de l'importante déclaration de Paris, en date du 16 avr. 1856. De graves événements internationaux se sont passés depuis lors; huit grandes guerres ont eu lieu. Aussi la jurisprudence en matière de prises est-elle abondante; des questions négligées autrefois se sont posées, des solutions nouvelles sont intervenues. Mais c'est la doctrine surtout dont l'œuvre a été considérable; elle a fait faire d'immenses progrès au droit international, tout au moins au droit théorique, progrès qui, d'ailleurs, ont toujours une influence bienfaisante sur la pratique.

6. L'idée générale dominant ce sujet est la tendance de plus en plus marquée dans le sens du respect, en temps de guerre, de la propriété privée ennemie sur mer. Ce respect existe sur terre. Dans les guerres terrestres la propriété des particuliers est, en principe, à l'abri de toute atteinte; elle n'est sujette à capture ou à destruction que dans des cas exceptionnels. Dans les guerres maritimes, c'est la solution contraire qui a été généralement admise jusqu'à présent. Les navires des particuliers ennemis et leurs cargaisons sont l'objet de prises et de confiscations de la part des belligérants. Comme on l'a remarqué, la propriété ennemie sur mer est, en l'absence d'un territoire ou de positions stratégiques dont on puisse prendre possession, un des principaux objectifs que puissent se proposer les opérations navales. C'est pourquoi elle est soumise au droit de prise; et l'exercice de ce droit a paru d'une telle importance que l'on n'a pas cru devoir en affranchir les biens des neutres eux-mêmes.

7. Cette institution n'est cependant plus en rapport avec les idées et les mœurs actuelles. Elle consiste à faire supporter une partie du poids de la guerre à de simples particuliers, à des gens qui ne sont pas des belligérants, qui, par conséquent, se mettent en dehors des hostilités et qui devraient y être laissés complètement étrangers. Un pareil droit apparaît aujourd'hui comme une trace d'un autre âge, comme une anomalie. Exercé par les navires de guerre, c'est la *piraterie légale*, de même qu'autrefois, quand il était exercé par les corsaires, c'était la *piraterie officielle*. Aussi les plus sérieuses tentatives ont-elles été faites depuis 1856 pour réagir contre cette pratique, et obtenir que la propriété ennemie sur mer fût soumise sur terre et sur mer à un traitement identique. On peut dire que ce résultat a été obtenu *théoriquement*, malgré quelques résistances, et quelquefois même *pratiquement*; les auteurs en très grande majorité, les nombreux congrès qui ont eu lieu se sont prononcés dans le sens de cette idée générale du respect de la propriété privée, et elle a été même appliquée dans certaines guerres. Il s'est produit là une évolution dont les conséquences méritent d'être durables et de servir de règle pour les luttes à venir.

8. Cette évolution avait commencé précisément avec la déclaration de Paris en 1856, dont il importe de résumer ici les principales dispositions. Elle formule quatre propositions : « 1° La course est et demeure abolie; — 2° Le pavillon neutre couvre les marchandises ennemies, à l'exception de la contrebande de guerre; — 3° La marchandise neutre, à l'exception de la contrebande de guerre, n'est pas saisissable sous pavillon ennemi; — 4° Les blocus, pour être obligatoires, doivent être effectifs, c'est-à-dire maintenus par une force suffisante pour interdire réellement l'accès du littoral de l'ennemi (Décl. du 16 avr. 1856, promulguée par décret du 28 avr. 1856, D. P. 56. 4. 51). — Cette déclaration a été adoptée par les cinq puissances qui ont adopté la déclaration de 1856, il n'y a plus ni course, ni corsaires, c'est-à-dire que ces puissances ne délivrent plus de *lettres de marque* à aucun particulier pour courir sus aux bâtiments de commerce ennemis. Mais ceux-ci restent exposés à la capture par les vaisseaux de la marine militaire et régulière. C'est pour ce dernier motif précisément que les États-Unis ont refusé de signer la déclaration de Paris. Ils ont fait remarquer que l'abolition de la course ne suffisait pas, et que le respect de la propriété privée sur mer exigeait non pas seulement cette abolition, mais la suppression même de la capture par les navires de guerre. N'ayant pas réussi à faire adopter cette suppression, ils ont rejeté la « demi-mesure » à laquelle on s'était arrêté en 1856. C'est ce qui résulte de la note du secrétaire d'État, M. Marcy, du 28 juill. 1856, au ministre de France à Washington. En réponse à une demande d'adhésion à la déclaration de Paris, M. Marcy fit savoir que son gouvernement s'était prononcé contre l'abolition de la course, l'état de sa marine militaire ne lui permettant d'y renoncer que si l'on s'entendait pour exempter de la saisie la propriété ennemie sur mer ». — La détermination prise par les États-Unis se justifiait en théorie pure. Mais devant l'impossibilité de faire triompher immédiatement le principe, on se demande s'il ne valait pas mieux adopter, en attendant, une « demi-mesure » qui constituait un progrès sérieux sur les usages antérieurs.

Pendant la guerre de Sécession, de 1861 à 1865, le gouvernement de Washington ne délivra pas de lettres de marque. Mais cette résolution ne lui a été dictée que par la crainte de paraître, en tolérant la course, accorder aux insurgés du Sud le caractère de belligérants et reconnaître leur indépendance comme nation. Aussi déclara-t-il formellement qu'il traiterait comme pirates tous les corsaires pourvus de lettres de marque émanées de la confédération du Sud. Il n'y a donc pas à tenir compte de ce fait dans l'histoire du droit de prise.

10. L'histoire se divise, depuis 1856, en deux périodes, ou plutôt comprend deux phases plutôt parallèles que successives. La première va jusque vers l'année 1880. C'est la période des guerres, dont la plus importante a été la guerre franco-allemande de 1870-71. La seconde, dont le point de départ est un peu indécis, s'étend jusqu'à nos jours; depuis l'année 1880 notamment, l'histoire de l'Europe a vu se dérouler une période pacifique, remarquable par le mouvement scientifique et les nombreuses études dont le droit de prise a été l'objet. Nous étudierons successivement ces deux périodes.

11. Dans la pratique, la déclaration de 1856 a, en général, été observée; et souvent même on est allé plus loin que ne le comportait cet acte dans le respect de la propriété privée. Lors de la campagne d'Italie, il ne fut pas délivré de lettres de marque, trois États qui y prirent part : la France, l'Italie, l'Autriche, étaient en effet signataires de la déclaration de Paris. Et même, le traité de Zürich, signé le 10 nov. 1859, porte, dans son art. 3, que « pour atténuer les maux de la guerre, et par une dérogation exceptionnelle à la jurisprudence généralement consacrée, les bâtiments autrichiens capturés qui n'ont pas encore été l'objet d'une condamnation de la part du conseil des prises seront restitués » (V. le décret des 19 nov.-1er déc. 1859 relatif à cette restitution, D. P. 59. 4. 119).

12. En 1860, dans la guerre contre la Chine, la France et l'Angleterre appliquèrent les règles de la déclaration de

Paris. Une décision impériale des 28 mars-17 juill. 1860 fixe les principes de droit maritime applicables à la propriété privée pendant les hostilités (D. P. 60. 4. 88).

13. La France garda, dans la guerre du Mexique, la même attitude que dans la campagne d'Italie. Le décret du 29 mars 1865 ordonna que les navires mexicains capturés seraient immédiatement restitués à leurs propriétaires (D. P. 65. 4. 21).

14. La guerre de 1870-71 a donné lieu à plus de difficultés. Dès le début des hostilités, le 18 juill., le roi de Prusse rendit, au nom de la confédération de l'Allemagne du Nord, une ordonnance aux termes de laquelle « les navires de commerce français ne pourraient être ni amenés, ni capturés, par la marine fédérale ». Cette disposition ne devait pas être applicable « aux vaisseaux qui seraient sujets à capture et à saisie (Aufbringung und Wegnahme), alors même qu'ils navigueraient sous pavillon neutre ». D'autre part cette ordonnance n'exigeait aucune condition de réciprocité, c'est-à-dire qu'elle devait être exécutée même si les vaisseaux de la marine militaire française captureraient des bâtiments de commerce allemands. Le 21 juill. 1870, le gouvernement français déclara qu'il se conformerait exactement à la déclaration de 1856, et le 25 du même mois, des instructions ministérielles prescrivirent de « courir sus à tous les bâtiments de commerce ennemis et de les capturer ainsi que leurs cargaisons » ; ces ordres furent exécutés, des navires allemands capturés, leurs équipages et leurs capitaines envoyés en France comme prisonniers de guerre. La question de savoir si les capitaines de vaisseaux marchands devaient être considérés comme prisonniers de guerre souleva entre le gouvernement prussien et le gouvernement de la Défense nationale une polémique sur laquelle nous aurons à revenir (V. infrà, n° 262).

15. La politique adoptée par l'Allemagne peut s'expliquer par cette circonstance qu'en 1870, la marine de guerre allemande était, dans cet Etat, d'une infériorité notoire vis-à-vis de la marine française ; celle-ci a eu la suprématie et a véritablement dominé la mer pendant toute la campagne. Les Allemands, en renonçant à pourchasser le commerce maritime français, faisaient donc un sacrifice peu important, tandis que la France, en suivant le même exemple, se fût privée d'un avantage d'autant plus important que la marine marchande allemande était florissante et égale à la marine marchande française. — Au reste, une autre mesure prise par le gouvernement allemand, au début des hostilités, semble avoir été inspirée par un esprit tout différent. Un décret de Prusse, du 24 juill. 1870, ordonna la création d'une marine volontaire. D'après les dispositions de ce décret, il fallait faire appel aux particuliers pour se mettre, eux et leurs navires, à la disposition du gouvernement. On pouvait se demander si ce n'était point là rétablir les corsaires sous une forme déguisée ; aussi la France protesta-t-elle contre cette création d'une prétendue marine auxiliaire (V. infrà, n° 73). Ajoutons que l'Allemagne n'a point persévéré jusqu'au bout dans la ligne de conduite qu'elle s'était tracée à l'origine. En effet, le 12 janv. 1871, M. de Bismarck fit communiquer aux puissances neutres une note portant que l'Allemagne allait poursuivre et capturer les navires de commerce français. Comme des propriétés neutres pouvaient être chargées sur ces navires, cette mesure ne devait pas être appliquée avant un délai de quatre semaines. Mais, au bout de ce temps, la guerre avait pris fin.

16. Quelle que soit l'opinion que l'on puisse avoir sur l'attitude respective des deux belligérants, on doit reconnaître que la France n'a pas retiré un sensible bénéfice de l'application du droit de capture. « Il n'a pas été pour elle, dit Calvo, d'une grande efficacité et le dommage qu'il a causé au commerce allemand n'a pas été bien considérable. A la vérité, tous les ports allemands furent bloqués, mais le commerce n'en reçut pas de graves atteintes ; il continua à se faire par les chemins de fer ainsi que par les ports et la marine des neutres. Soixante-quinze seulement avec leur cargaison furent déclarés de bonne prise par les tribunaux français. A la conclusion de la paix, ces pertes furent d'ailleurs surabondamment indemnisées ; l'indemnité fixée à dix-sept millions par les armateurs allemands, était en effet fort exagérée ; en France, on estima à six millions seulement les dommages causés à la propriété privée allemande sur mer pendant tout le cours de la guerre » (Le droit international théorique et pratique, 4e édit., t. 4, § 2305. Comp. Rollin-Jacquemyns).

17. L'art. 13 du traité de Francfort décida que les navires allemands qui n'auraient pas été condamnés par les conseils de prises avant le 2 mars 1871, seraient rendus avec la cargaison en tant qu'elle existerait encore. Si la restitution des bâtiments et de la cargaison n'était plus possible, leur valeur, fixée d'après le prix de la vente, devait être rendue à leurs propriétaires (Comp. supra, n° 11).

18. Au point de vue du droit de prise, les événements de la guerre de 1870 ont procuré d'utiles éclaircissements sur deux points de la déclaration de Paris. Ils ont servi à fixer l'interprétation du mot course (V. infrà, n° 73, et les mots contrebande de guerre (V. infrà, n° 184), ainsi qu'à préciser la situation des capitaines de vaisseaux marchands comme prisonniers de guerre. Ils ont démontré en outre le peu d'utilité effective du droit de prise depuis que la deuxième proposition votée à Paris en 1856 a établi que le pavillon neutre couvre la marchandise ennemie.

19. La guerre de 1885-86 contre la Chine a soulevé peu de questions nouvelles. La France appliqua toujours la déclaration de 1856, mais un seul navire monté par des marins chinois fut capturé, le Ping-On. Beaucoup d'autres prises furent faites ; mais les jonques, sempans et autres bâtiments saisis se livraient tous à la piraterie. Pendant les hostilités, le gouvernement français considéra le riz comme contrebande de guerre (V. infrà, n° 185). Le conseil des prises eut aussi à résoudre quelques difficultés sur la procédure des prises (V. infrà, n°s 297).

20. Dans les guerres qui ont eu lieu sans la participation de la France, les belligérants ont généralement suivi les principes posés par la déclaration de Paris. Pourtant, pendant la guerre de Sécession aux Etat-Unis, si, comme nous l'avons dit (supra, n° 9), le gouvernement de Washington ne délivra pas de lettres de marque, il en fut autrement de la confédération du Sud dont les corsaires firent un mal considérable aux bâtiments marchands des Etats du Nord. On connaît notamment les campagnes de l'Alabama (V. sur l'affaire de l'Alabama, la Revue de droit international, t. 6, 1874, p. 453).

21. Pendant la guerre de 1864 entre le Danemark et les puissances allemandes, le Danemark d'abord, puis la Prusse et l'Autriche, appliquèrent le droit de capture par les navires de guerre. Mais, par l'art. 13 du traité de paix du 30 oct. 1864, le Danemark et l'Allemagne s'engagèrent à se restituer mutuellement tous les navires pris de part et d'autre. Si la restitution ne pouvait avoir lieu en nature, elle devait avoir lieu en argent. Comme on l'a remarqué, le traité de paix annulait après coup tous les effets du droit de prise, ce qui était reconnaître implicitement la règle que, même dans les guerres maritimes, la propriété privée doit être respectée.

22. La guerre de 1866, entre la Prusse, l'Italie et l'Autriche, réalisa ce progrès non pas après, mais avant les hostilités. Les belligérants déclarèrent, à charge de réciprocité, que les vaisseaux de commerce ennemis seraient traités comme les neutres, c'est-à-dire qu'ils ne seraient sujets à saisie que dans les cas de transport de contrebande de guerre, ou de rupture d'un blocus régulier et effectif.

23. Dans la guerre entre la Russie et la Turquie, en 1877-1878, on s'en est tenu à l'observation de la déclaration de Paris (Un extrait du Journal de Saint-Pétersbourg, en date du 14/26 mai 1877, reproduit dans la Revue de droit international de 1877, p. 136, donne le texte de la déclaration du gouvernement impérial russe, sur les règles qu'il entend suivre dans sa guerre avec la Turquie).

24. Tels ont été les faits pendant les périodes de guerre. Ce qui domine, en somme, c'est la tendance à la suppression du droit de prise. Mais l'étude de ce droit, nous l'avons dit, n'a pas été négligée pendant les périodes de paix et elle a donné lieu à une série de documents et de travaux intéressants à connaître.

Immédiatement après le congrès de Paris et la dépêche de M. Marcy (V. supra, n° 9) on s'était occupé d'arriver à l'abolition complète de la prise et de la capture. Les Etats-

Unis communiquèrent à tous les gouvernements une proposition tendant à ajouter au premier article de la déclaration de Paris les mots suivants : « Et la propriété privée des sujets ou des citoyens de l'une des puissances belligérantes ne pourra être saisie par les vaisseaux de l'autre, à moins qu'elle ne consiste en contrebande de guerre ». Cette proposition fut accueillie favorablement par les divers gouvernements, notamment par la France, l'Angleterre et la Russie. — Elle trouva également un écho dans le monde commercial. A Brême, une assemblée de négociants et d'armateurs, convoquée le 2 déc. 1859 en prévision d'un congrès des grandes puissances qu'on attendait alors, adopta la résolution suivante : « L'inviolabilité des personnes et propriétés sur mer, en temps de guerre, en tant que les nécessités de la guerre ne la limitent pas inévitablement, constitue une des exigences du sentiment juridique de notre époque » (*Revue de droit international*, t. 7, 1875, p. 553).

25. Une nouvelle tentative fut faite dans le même sens, toujours en Allemagne, avant la guerre de 1870. Le 18 avr. 1868, la diète de l'Allemagne du Nord, sur la motion du docteur Aegidi, sanctionnait à l'unanimité une loi autorisant le gouvernement fédéral à négocier l'adoption uniforme de l'inviolabilité de la propriété privée sur mer. Mais cette loi n'aboutit à aucun résultat pratique, pas plus qu'une proposition faite en France, le 17 juill. 1870, par Garnier-Pagès ; ce dernier avait demandé au Corps législatif d'abolir la capture par les bâtiments de guerre. La proposition fut prise en considération et l'urgence déclarée ; mais la rapidité des événements ne permit pas de discuter la question. Il convient de mentionner aussi une lettre adressée, le 27 juill. 1870, par la chambre de commerce du Havre aux ministres. Après avoir indiqué les deux systèmes en matière de prise, celui du protocole de 1856 et celui de la suppression complète, la chambre de commerce n'hésitait pas à affirmer « que la marine marchande française souffrirait de toutes les atteintes portées à la marine marchande ennemie ;... que la liquidation des prises serait une cause incessante d'embarras, par suite des revendications qui seraient faites et des dommages et intérêts qui seraient réclamés... Une grande perturbation pour le commerce et pour la marine marchande existera, et les résultats de cette perturbation seront désastreux ».

26. Mais ces vœux du monde commercial et du monde politique sont restés à peu près à l'état théorique. Les divers États qui avaient accueilli d'abord la proposition des États-Unis, ne l'ont pas sanctionnée. N'ayant pas réussi dans leurs tentatives, et n'ayant pas, d'autre part, adhéré à la déclaration de 1856, les États-Unis ont cherché à s'assurer le bénéfice de cette déclaration, et même à se procurer des avantages plus considérables encore, au moyen de traités conclus séparément avec les différentes puissances. Tel est celui qu'ils ont passé, le 26 févr. 1871, avec l'Italie : c'est un traité de commerce et de navigation, dont la clause la plus remarquable est la consécration du principe de l'inviolabilité complète de la propriété privée sur mer en temps de guerre. Des négociations engagées par les États-Unis, en vue de la conclusion d'un traité semblable avec l'Allemagne, n'ont pas abouti. — Au reste, l'Italie avait déjà consacré législativement le principe adopté dans son traité avec les États-Unis. L'art. 211 du code de droit maritime italien de 1865 est, en effet, ainsi conçu : « La capture et la prise des navires marchands d'un État ennemi par les navires de guerre sont abolies par voie de réciprocité à l'égard des États qui adopteront le même traitement envers la marine marchande italienne. La réciprocité devra résulter des lois locales, des conventions diplomatiques ou de déclarations faites par l'ennemi avant le commencement des hostilités ». Et l'art. 212 ajoute : « Sont exclues des dispositions de l'article précédent la capture et la confiscation pour contrebande de guerre, et dans ce cas le navire en contravention sera assujetti au traitement des navires neutres qui violent la neutralité. Sont aussi exclues des dispositions la capture ou la confiscation pour rupture d'un blocus effectif ou déclaré ».

27. Les idées de progrès ont donc reçu consécration au moins par une législation positive. Un autre fait important est à noter à ce point de vue. Un projet d'articles additionnels à la déclaration de Paris a été voté à Genève, le 20 oct. 1868, par les représentants de la France et

d'autres puissances. Le but de ces articles est d'étendre aux armées de mer les avantages que la convention internationale conclue à Genève le 22 août 1864 a assurés aux armées en campagne, pour l'amélioration du sort des militaires blessés. Ils ont établi plusieurs règles en cette matière, et posé, notamment, le principe de l'immunité des bâtiments hospitaliers, embarcations et navires de commerce employés au transport des blessés. Ce n'était là qu'un projet qui n'a reçu aucune force obligatoire. Il a cependant déjà été appliqué en fait. Les instructions de l'amiral Rigault de Genouilly, en date du 25 juill. 1870, en ont prescrit l'observation aux officiers et marins français pendant la guerre contre l'Allemagne (V. le texte de ces articles additionnels dans Calvo, t. 4, p. 328, § 2377).

28. L'évolution qui s'est produite d'une façon continue dans le sens de la suppression du droit de prise s'est accentuée à partir de 1875, et surtout de 1880. C'est depuis cette époque principalement que l'on a cherché à faire prévaloir de plus en plus l'idée rationnelle du respect de la propriété privée par la suppression du droit de prise et de capture. Les publicistes les plus autorisés ont défendu cette idée : MM. Calvo, Bluntschli, Bulmerincq, de Laveleye, de Martens, d'autres encore (V. *infra*, n° 34) dans des rapports, des mémoires, des ouvrages sur cet important sujet. D'autre part, une conférence internationale a été réunie à Bruxelles en 1874, à la demande de l'empereur de Russie, dans le but d'arriver « à diminuer autant qu'il est possible les horreurs de la guerre ». A la suite de la discussion d'un projet russe, elle adopta le principe que « la propriété privée devait être respectée dans les opérations de guerre dirigées uniquement contre les forces et les moyens de guerre de l'État ennemi, et non contre ses sujets ». Des navires de guerre doivent donc combattre des navires de guerre et non des bâtiments de commerce.

29. Mais c'est l'institut de Droit international qui s'est particulièrement occupé de notre sujet. Dès 1875, lors de sa session à la Haye, il nommait une commission d'étude pour examiner le « traitement de la propriété privée dans les guerres maritimes », et une autre pour examiner un « projet d'organisation d'un tribunal international des prises maritimes ». Ces commissions se livrèrent à des travaux qui aboutirent à un projet de « règlement international des prises maritimes », discuté et voté dans les sessions successives de l'institut à Turin, à Munich, à Heidelberg (V. l'*Annuaire de l'institut de droit international*, publié à Gand, à Berlin et à Paris, Durand et Pédone-Lauriel, t. 1, 1877, p. 50 ; t. 2, 1878, p. 55 et suiv., etc., et la *Revue de droit international*). — Ce projet de règlement a été ensuite communiqué à tous les gouvernements et a reçu la plus grande publicité. Très développé et très bien conçu, il représente, on peut le dire, le dernier mot de la science juridique en notre matière, en attendant la suppression absolue de tout droit de capture. L'institut a formulé fréquemment des vœux en faveur de cette suppression. Mais, comprenant l'impossibilité de la réaliser actuellement, il a cherché à en atténuer autant que possible les inconvénients. Son œuvre, à cet égard, a été considérable ; elle est exposée en détail dans l'*Annuaire de l'institut de droit international* et dans la *Revue de droit international* (années 1877 et suivantes). On aura souvent l'occasion de s'y référer au cours de ce travail.

30. Nous devons toutefois mentionner, à côté de ce grand mouvement du monde scientifique et commercial en faveur de la suppression du droit de prise, un mouvement en sens inverse de la part de certains gouvernements. M. Hautefeuille disait déjà en 1868, dans la troisième édition de son livre, *Des droits et des devoirs des nations neutres en cas de guerre maritime*, que le gouvernement anglais avait l'intention non seulement de ne plus faire de nouvelles concessions en matière de guerre maritime, mais même, en cas de guerre, de dénoncer la déclaration de 1856. D'autre part, on peut remarquer que l'Allemagne s'est refusée à conclure avec les États-Unis un traité analogue à celui qu'avaient conclu avec l'Italie (V. *supra*, n° 26). Enfin l'ancien état de choses a encore des partisans, parmi les publicistes, surtout en Angleterre. Toutefois ce mouvement rétrograde est le plus faible ; le mouvement libéral l'emporte de beaucoup.

31. Quelles sont les raisons que l'on peut encore faire valoir en faveur du droit de prise? Pourquoi subsiste-t-il en pratique et pourquoi certains auteurs persistent-ils à défendre cette institution?

On invoque en faveur du droit de prise des considérations de deux sortes, en se plaçant tant au point de vue de la justice absolue qu'au point de vue de l'utilité : le principe du respect de la propriété privée sur mer peut, en effet, être considéré sous deux rapports, comme question de droit et comme question de nécessité pratique dans les opérations de guerre. Comme on va le voir, les arguments donnés à l'un et à l'autre point de vue sont loin d'être décisifs.

32. Les arguments de droit ont été exposés notamment par un écrivain anglais, M. James Lorimer (*Capture of ennemy's goods at sea; letters to* the Times). Il considère la capture comme un excellent moyen de faire la guerre, parce qu' « il ne verse pas de sang, ne sacrifie pas de vies, ne met pas les demeures en péril; il a pour théâtre l'Océan, cette grande route du commerce, et ne s'attaque qu'à des personnes qui exposent leur propriété aux chances de la guerre dans un but de lucre et avec la garantie des assurances ». Tout cela est vrai; mais comme l'a fait remarquer M. de Laveleye, on peut en dire tout autant de la saisie des biens des habitants sur terre : « On peut même les emmener prisonniers et les réduire en esclavage, sans verser le sang et sans tuer personne. Quand ils détroussent les voyageurs désarmés, ceux qui opèrent sur les grands chemins ne tuent personne non plus. Tout cela ne prouve rien ».—M.Lorimer objecte que le droit de prise n'est pas plus contraire à la morale que la marche d'une armée ennemie, le cantonnement des soldats, et même que c'est un mode de faire la guerre moins destructif pour la vie des personnes. Mais sur terre, les mesures exceptionnelles prises (cantonnements, réquisitions, etc.) ne sont légitimes que si elles sont nécessaires: elles sont condamnées dès qu'elles dépassent les besoins du belligérant. Les réquisitions, par exemple, ne ressemblent nullement à la capture; elles sont faites pour permettre aux armées de subsister, mais non uniquement dans le but de nuire à l'ennemi. D'autre part, se bornera-t-on à saisir la propriété de l'ennemi, sans chercher à la détruire, et même la vie des personnes sera-t-elle toujours respectée?

33. En somme, au point de vue du droit, le principe est l'immunité de la propriété privée sur mer. Elle ne doit faire l'objet du droit de capture que dans deux cas : si un navire transporte de la contrebande de guerre, s'il cherche à violer un blocus effectif. Tous les arguments que l'on peut faire valoir en sens contraire, dans ce premier ordre d'idées, se heurtent à cette objection : où est le motif de distinguer entre la propriété privée sur mer et la propriété privée sur terre? Personne ne l'a indiqué. Tout le monde reconnaît que sur terre elle est inviolable; pourquoi ne l'est-elle pas sur mer? La propriété des particuliers doit être respectée parce qu'elle n'est pas une arme de guerre, parce que ces particuliers ne sont pas des belligérants. Des soldats doivent faire la guerre à des soldats, non à d'autres. Or cela est vrai de toute espèce de guerre. « La distinction entre les guerres maritimes et continentales est étrange, dit M. Arthur Desjardins. La maison d'un particulier n'est pas, sur terre, plus inviolable que son navire. Le navire devrait être, au même titre que la maison, respecté par les forces publiques des États belligérants... D'ailleurs les navires ne sont pas seuls de bonne prise, mais encore les biens qui s'y trouvent. Ainsi des marchandises qui ne sont pas saisissables avant le chargement, qui cessent de l'être après le déchargement, peuvent être confisquées parce qu'elles se trouvent à bord d'un bâtiment de mer! Qu'on explique cette différence! » (A. Desjardins, *Traité de droit commercial maritime*, t. 1, p. 41). — Un des partisans du droit de prise, M. Hautefeuille, soutient que les belligérants ont le droit de s'emparer de la propriété privée ennemie, parce que d'après lui, la guerre est un mode d'acquérir la propriété : l'*occupatio bellica* est un *modus acquirendi*. C'était vrai du temps des Romains primitifs; c'était encore vrai à l'époque où, après la prise d'assaut d'une ville, les maisons étaient livrées au pillage et les habitants massacrés. Mais cette manière d'envisager la guerre n'est plus celle de peuples

civilisés; de plus, c'est le meilleur moyen de démontrer la similitude qui existe entre la propriété sur mer et la propriété sur terre. En aucune circonstance aujourd'hui, on ne regarde la guerre comme un mode d'acquérir la propriété.

34. C'est pour toutes ces raisons que la commission nommée par l'institut de droit international et réunie à la Haye, en 1875, examinait, au début même de ses travaux, cette question préliminaire générale : « Existe-t-il dans la nature des choses un principe rationnel et juridique sur lequel on puisse fonder une distinction entre le traitement de la propriété privée ennemie ou neutre dans la guerre maritime, et le traitement de la même propriété dans la guerre terrestre? » La commission émit l'avis qu'un tel principe n'existait pas. En conséquence, elle adopta le projet de déclaration rédigé par M. de Laveleye. « Les navires marchands et leurs cargaisons ne pourront être capturés que s'ils portent de la contrebande de guerre ou s'ils essayent de violer un blocus effectif et déclaré ». Ce sont là, en effet, les deux seuls cas dans lesquels les bâtiments des particuliers peuvent faire l'objet du droit de prise, car alors les armateurs sortent de leur rôle de commerçants pour faire acte de belligérants. En se livrant aux opérations prévues dans la déclaration, ils prennent part à la guerre; on leur en appliquera les lois. C'est dans ces hypothèses que le droit de prise se justifie à leur égard; dans les autres, en droit, il ne se justifie pas.

35. Aussi a-t-on développé davantage les raisons utilitaires. Ce sont surtout les auteurs américains et anglais, et particulièrement Kent et Wheaton, plus récemment M. Lorimer qui se sont attachés à ce point de vue. Au milieu des jurisconsultes des divers pays réunis aux sessions de l'institut de droit international, à la Haye, à Zurich, les représentants de la Grande-Bretagne ont été à peu près les seuls à se prononcer contre l'inviolabilité de la propriété privée dans les guerres maritimes. Pour eux, le but à atteindre est la destruction du commerce de l'ennemi, l'interdiction de toute navigation pour lui, afin d'arriver à l'affaiblissement ou même à l'anéantissement de sa puissance maritime, but qui ne peut être atteint que par la capture et la confiscation de la propriété privée sur mer. C'est ainsi qu'ils essayent de justifier une différence entre la lutte sur terre et sur mer. M. Hautefeuille professe la même opinion.

36. MM. Funck-Brentano et Sorel cherchent de leur côté à expliquer la différence : « Si la nation ennemie, disent-ils, pouvait continuer avec les étrangers ses relations commerciales, les revenus de l'État continueraient de s'accroître; l'État pourrait demeurer indifférent aux actes de guerre de l'ennemi, et se bornerait à chercher dans l'extension du travail national une compensation aux pertes que l'ennemi lui aurait fait subir. La guerre maritime n'aboutirait ainsi qu'à des destructions inutiles ; elle serait sans objet, puisque le droit du plus fort ne serait pas établi. Pour qu'il le soit, il faut que le travail et la richesse de la nation soient atteints par la guerre, que le commerce soit suspendu, que les revenus de l'État se tarissent, que ses relations avec les étrangers s'arrêtent ; il faut par conséquent que la propriété privée soit atteinte; autrement il n'y aurait point de guerre maritime ». On ajoute que la marine marchande d'un pays pourrait facilement se transformer en marine militaire, et que des bâtiments respectés comme bâtiments de commerce au début de la guerre pourraient réapparaître ensuite et figurer dans la lutte comme navires de guerre. — M. de Laveleye a réfuté ces arguments : « On ne saurait, dit-il, pour la capture sur mer, faire valoir l'argument d'expropriation pour cause de nécessité publique. La capture sur mer n'est pas faite pour subvenir aux nécessités du capteur, mais uniquement pour nuire à l'ennemi et pour ruiner le commerce. C'est comme si sur terre on brûlait systématiquement les fabriques, parce qu'elles sont une source de richesses pour l'ennemi... On dit que la marine marchande est l'auxiliaire de la marine militaire... Mais aujourd'hui, avec les progrès de l'armement et des canons, les navires de commerce, qui pouvaient rendre des services comme corsaires, n'en peuvent plus rendre aujourd'hui, depuis l'abolition de la course, comme navires de combat... ».

37. On insiste pourtant, et l'on prétend que la guerre maritime consiste à faire à l'ennemi le plus de mal possible. Il faut l'affaiblir, dit-on, par tous les moyens, même par la destruction des navires marchands. C'est le côté militaire et politique de la question. A ceci une double réponse peut être faite : d'abord, à supposer que l'argument ait quelque exactitude à un point de vue purement utilitaire, il devrait aller bien plus loin. S'il est vrai, il doit être appliqué, comme le remarque M. de Laveleye, à la guerre terrestre, car la destruction des choses de l'ennemi n'y sera pas moins utile. « Si l'on peut s'emparer de la propriété privée sur mer et, au besoin, la livrer aux flammes, pour réduire l'ennemi à merci, il faudrait en faire autant sur terre. Ce serait un moyen bien plus efficace de forcer l'ennemi à se soumettre, car le dommage que l'on causerait par un pillage et une confiscation régulièrement organisés serait infiniment plus considérable, maintenant surtout que, dans toutes les villes, il y a tant de richesses accumulées. Ce serait même une bonne recette pour soutenir la guerre par la guerre même. Si l'on réfléchissait à ce qu'est la capture, l'indignation publique dans tous les pays civilisés rendrait impossible le maintien de cet usage abominable, même en théorie. Ce qui est plus odieux encore que ce vol organisé, c'est que le butin est partagé entre ceux qui ont opéré les prises, exactement comme dans cette sorte d'industrie qui se pratique dans certaines montagnes de la Sicile ou de l'Espagne. Autrefois, on accordait aussi, comme récompenses aux troupes, quelques heures de pillage après l'assaut » (*Revue de droit international*, t. 16, année 1884, p. 571). Si la destruction systématique des choses de l'ennemi était ainsi mise en pratique d'une façon universelle, elle serait peut-être profitable (ce qui n'est d'ailleurs pas démontré), mais constituerait dans tous les cas une guerre sauvage et sans merci de peuples non civilisés. Or, si elle n'est pas en usage sur terre, elle ne doit pas l'être non plus sur mer. C'est là une raison qui nous paraît décisive.

38. Ensuite, toujours au point de vue des opérations militaires ou politiques, le droit de prise n'atteint pas le but qu'on veut lui faire atteindre. On se propose, en l'exerçant, d'affaiblir l'ennemi par l'anéantissement de sa puissance navale. Mais en réalité il lui cause généralement peu de mal par la comparaison des intérêts mis en jeu dans l'ensemble de la guerre, à la fois continentale et maritime. L'expérience l'a démontré. Nous avons dit que les pertes subies par la marine et le commerce allemands dans la guerre de 1870-1871 n'ont pas été très considérables, malgré l'incontestable supériorité de la flotte française, tandis que l'invasion allemande sur le territoire français a causé à la propriété privée des dommages qui ont été évalués à plus de soixante millions. De même, pendant la guerre russo-turque de 1877, la marine turque, qui était la plus puissante, n'a causé au commerce russe que bien peu de dommages. Au reste, ces dommages fussent-ils considérables, jamais ils ne détermineront la fin de la lutte. Il ne faut pas confondre, en effet, les forces de l'ennemi comme Etat, comme personne morale, et les biens des particuliers sujets de cet Etat; c'est là précisément un nouveau vice de l'argument qu'on invoque et qui fait cette confusion. Ce qui hâtera la fin de la guerre, ce sera la destruction des forces militaires adverses, des armes de la puissance ennemie comme puissance, mais non de la propriété privée des simples citoyens. Pendant les luttes du premier Empire, l'anéantissement du commerce entre la France et l'Angleterre fut poursuivi avec un acharnement sans égal; tout cela resta sans influence sur la fin de la guerre. Pendant la guerre de Sécession, les corsaires de la confédération du Sud, qui, d'ailleurs, n'avait pas de flotte régulière, ont fait un mal énorme aux bâtiments marchands du Nord, et cependant le Sud n'en a retiré aucun avantage. En 1870, la flotte française a dominé complètement la mer. Et pourtant la capture des navires allemands, ni même l'absolue suprématie de la France sur mer, n'ont hâté d'un jour la fin de la lutte. En 1877, la flotte turque était la plus forte et elle n'a pu, par ses poursuites contre les bâtiments marchands russes, arrêter le triomphe de la Russie. Dans ces trois circonstances, le vaincu a été précisément le belligérant qui était le mieux à même d'exercer le droit de prise. Jamais aucun Etat n'a demandé la paix pour épargner sa marine marchande.

39. Les avantages militaires et politiques de cette pratique d'un autre âge sont donc à peu près nuls, et les gouvernements ne perdraient guère à y renoncer. Si maintenant ils prenaient souci des intérêts économiques de leurs nations respectives, ils arriveraient encore à la même conclusion. Un avantage évident, au point de vue utilitaire, de la suppression du droit de capture, serait, en effet, de permettre aux deux belligérants la continuation du commerce, source de richesse pour tous deux. Autrement ce sont les neutres qui le font; la guerre, à laquelle ils restent étrangers, devient pour eux un bénéfice. Cette considération sera d'autant plus importante qu'un Etat aura une marine marchande plus florissante et des relations commerciales maritimes plus étendues et plus développées. Le droit de prise lui nuira d'autant plus dans ce cas, puisqu'il trouvera d'autant plus matière à s'exercer. Si même un Etat n'a que des relations commerciales maritimes, comme l'Angleterre, il devra être, en cas de guerre, la principale victime du droit de capture, d'abord parce que ses nombreux vaisseaux marchands fourniront de nombreux sujets de prises à l'ennemi; ensuite parce que l'élévation du taux des assurances empêchera les marchandises de se risquer sur mer; enfin, parce que ce pays n'aura pas la ressource de faire, pendant les hostilités, le commerce par terre. En 1870, l'Allemagne a peu souffert du droit de capture à cet égard, parce qu'elle a continué son commerce au moyen de ses chemins de fer et des chemins de fer des neutres. Aussi comprend-on mal que l'Angleterre, qui n'a pas la ressource de ces voies internationales, persiste à vouloir maintenir une pratique qui lui serait funeste.

40. La conclusion est que, même si l'on considère le droit de prise par le côté utilitaire, on ne parvient pas à en faire une institution digne d'approbation. Les Etats qui s'y attachent encore, non par des raisons de droit (car il n'en existe pas), mais précisément par ces raisons prétendues pratiques, manquent de motifs d'intérêt, et c'est se décider par des motifs d'intérêt mal entendu qui les guide. Au point de vue commercial et économique, comme au point de vue militaire et politique, la « piraterie légale » ne sert à rien; elle est même plutôt nuisible à celui qui la met en œuvre. La question est même jugée : le droit de prise devrait disparaître à jamais de la pratique des guerres entre nations civilisées : il ne devrait plus être exercé même par les navires de guerre d'une marine régulière, de même que la course a été supprimée par la déclaration de 1856. C'est là le but qu'on doit se proposer. Quand on parle du respect dû à la propriété privée, on invoque les mêmes arguments que ceux qui faisaient demander autrefois l'abolition de la course. Si l'on expose cette propriété aux hostilités de la part des navires de guerre, on est conduit à cette conséquence fâcheuse, mais naturelle, qui est la course, car la course est un moyen offert aux particuliers de se défendre. C'est pourquoi les Américains n'ont voulu proscrire ainsi leur marine marchande, en attendant la suppression totale de tout droit de capture. C'est pourquoi aussi la déclaration de Paris de 1856 a été qualifiée de demi-mesure; demi-mesure parce qu'elle laisse les navires marchands exposés aux attaques des navires de guerre; demi-mesure aussi, dit un auteur, parce que l'abolition de la course n'empêche pas la création d'une marine volontaire, militairement organisée (sauf la question de savoir si l'organisation de cette marine n'est pas le rétablissement déguisé de la course) (V. *supra*, n° 15), et d'autre part, les libertés accordées aux marchandises ne favorisent que les neutres, auxquels cette mesure procure tout le commerce des belligérants (Geffcken-Heffter, § 139).

41. Ainsi la déclaration de Paris ne marque qu'une étape, très importante, d'ailleurs, dans l'histoire du droit de prise. C'est de là qu'on devra partir pour atteindre des résultats plus complets, c'est-à-dire la suppression du droit de capture sur mer en temps de guerre. Si cette suppression était réalisée, non seulement on aurait fait ainsi un progrès immense dans la voie des réformes et de la protection en faveur de la propriété privée, mais encore il se produirait une conséquence bien plus importante au point de vue de l'humanité et des rapports internationaux : c'est qu'il ne pourrait presque plus être question de guerres maritimes. « Quand navires et cargaisons pourront traverser librement les mers, sans avoir rien à craindre de la marine de guerre ennemie, à quoi servira celle-ci? à couler bas les vaisseaux de guerre de l'adversaire? L'ennemi n'aura qu'à ne pas les faire sortir de ses ports, ou même qu'à n'en point posséder. La guerre maritime sera réduite ainsi aux opérations dont l'objectif se trouvera sur terre, au blocus des ports, à l'attaque des côtes. Elle ne sera plus, en d'autres termes, qu'un accident, ou plus exactement qu'un accessoire de la guerre continentale. Il n'y aura plus de guerre maritime proprement dite » (H. Brocher, *Les principes naturels du droit de la guerre*, article dans la *Revue de droit international*, t. 5, 1873, p. 343).

42. Quoi qu'il en soit, il convient d'étudier le droit de prise tel qu'il existe actuellement et de fixer les règles qui lui sont appliquées. Pour faire une étude complète, on devrait se placer successivement à deux points de vue : 1° quelles sont les règles à suivre au point de vue international et rationnel, au point de vue d'une législation idéale, commune à tous les pays? 2° quelles sont ces règles dans la législation française? — C'est à ce second point de vue surtout que nous devons nous placer. Toutefois nous ne négligerons pas le premier, les considérations théoriques pouvant fournir la solution de certaines questions non discutées encore devant les tribunaux, mais qui pourraient se présenter dans l'avenir. Les solutions données par la jurisprudence française ont, du reste, une grande importance même pour les étrangers et les commentateurs du droit maritime international. La France est une des puissances qui ont fait le plus souvent la guerre maritime et qui, par suite, ont eu le plus fréquemment l'occasion de faire fonctionner des juridictions de prises. D'autre part, comme l'a fait remarquer un auteur étranger, les décisions de nos tribunaux « ne sont pas inspirées uniquement par l'esprit national, mais plutôt par celui du *jus gentium*, qu'on observe également chez tous les peuples » (A. Bulmerincq, *Théorie du droit des prises*, dans la *Revue de droit international*, t. 1, 1879, p. 155).

43. Les règlements, arrêtés ou décrets, qui ont statué sur la matière des prises depuis la publication du *Répertoire* sont assez nombreux. L'arrêté du 2 prair. an 11 (22 mai 1803, *Répertoire*, v° *Prises maritimes*, p. 923) constitue toujours la base de la législation, en ce qui concerne la course. Il faut remarquer toutefois que la France, dans toutes les guerres entreprises par les diverses gouvernements qui ont succédé au premier Empire, ne s'est jamais prévalue des dispositions qu'il contient. Elles ne semblent, d'ailleurs, pas devoir recevoir de sitôt une application pratique, à raison de la déclaration de Paris, abolitive précisément de la course. Elles ne pourraient être appliquées, en effet, que dans une guerre contre les puissances non signataires de la déclaration de Paris, abolitive de la course, comme l'Espagne et les Etats-Unis.

44. La bibliographie, en matière de prises maritimes, est très étendue. En ce qui concerne les ouvrages antérieurs à la publication du *Répertoire*, V. Bry, *Précis élémentaire de droit international public*, 2e édit., 1892, p. 40 et suiv.

Les principales publications postérieures à 1856 sont les suivantes : Act du 9 août 1870, réglant la conduite des sujets anglais durant les hostilités entre les Etats avec lesquels l'Angleterre est en paix; traduction française, Démarest, *Annuaire de législation étrangère*, 1871, p. 47 et suiv.; — *Annuaire de l'institut de droit international*, 1877, p. 138; 1878, p. 55, 113; 1879, p. 99, 296; 1881, p. 130; 1882, p. 100, 223; 1883, p. 163; 1885, p. 167; 1887, p. 188; Barboux, *Jurisprudence du conseil des prises pendant la guerre de 1870-71*, Paris, Sotheran, 1872; De Boeck, *De la propriété privée ennemie sous pavillon ennemi*, Paris, 1882; Block (Maurice), *Dictionnaire général de la politique*, v° *Prises maritimes*; *Dictionnaire de l'administration française*, v° *Prises maritimes*; Th. Gibson Bowles, *Maritime Warfare*, 2e édit., Londres, 1878; Bluntschli, *Le droit international codifié*, 4e édit., 1886; Brentano (Funck) et Sorel, *Précis du droit des gens*, Paris, 1877; Brocher, *Les principes naturels du droit de la guerre*, dans la *Revue de droit international*, 1873, p. 343, 574, 577; G. Bry, *Précis élémentaire de droit international public*, 2e édit., 1892; Bravard-Veyrières, *Manuel de droit commercial*; Bulmerincq, *Le droit des prises maritimes*, Gand, 1880, et dans la *Revue de droit international*, 1877, 1878, 1879, 1880, 1882; *Pratique, théorie et codification du droit des gens*, 1874, *Annuaire de l'institut de droit international*, 1878, p. 55, 113; 1879, p. 99; 1887; p. 190; Charles Calvo, *Le droit international théorique et pratique*, 4e édit., 1888; Em. Carron, *La course maritime*, Paris, 1875; Eug. Cauchy, *Le droit maritime international considéré dans ses origines et dans ses rapports avec le progrès de la civilisation*, Paris, 1862; *Du respect de la propriété privée dans la guerre maritime*, Paris, 1866; Alfred de Courcy, *Le capitaine est-il le mandataire des chargeurs*, article dans la *Revue critique*, 1885, p. 304; Cushing, *Le traité de Washington*, Paris, 1874; Cussy (de), *Phases et causes célèbres du droit maritime des nations* (en français), Leipzig, 1856; Clercq (de) et de Vallat, *Guide pratique des consulats*, 4e édit., 1880; t. 2, p. 312 et suiv.; Delalande, *Des prises maritimes*, Paris, 1875; Ad. Demangeat, *De la juridiction en matière de prises maritimes*, Paris, 1890; Arthur Desjardins, *Traité de droit commercial maritime*, t. 1, p. 35-74; *La guerre maritime et le droit de propriété*, dans la *Revue des Deux-Mondes* du 1er sept. 1883 ; *Le congrès de Paris et la jurisprudence internationale*, mémoire lu à l'académie des sciences morales et politiques, 1884; Dudley-Field (David), *Projet d'un code international*, trad. par Albéric Rolin, 1881, n°s 846-902; P. Fauchille, *Du blocus maritime*, Paris, 1882; *La diplomatie française et la ligue des neutres de 1780*, Paris, 1893; Fiore (Pasquale), *Nouveau droit international public*, trad. Antoine, Paris, 1885-1886; Funck-Brentano et Sorel, *Précis du droit des gens*, Paris, 1877; Louis Gessner, *Zur Reform des Kriegsseerechts* (De la réforme du droit maritime de la guerre);

Berlin, 1875, trad. dans la *Revue de droit international*, t. 8, 1875, p. 236 et suiv.; *Le droit des neutres sur mer*, 2ᵉ édit., Paris, 1876 ; *Les grandes puissances et la réforme du droit international maritime*, *Revue de droit international*, 1878, p. 489; *Des tribunaux de prises et de leur réforme*, *Revue du droit international*, 1881, p. 260; Grotius, *Le droit de la guerre et de la paix*, édit. Pradier-Fodéré, Paris, 1867; Hall (W.-E.) *International Law*, Oxford, 2ᵉ édit., 1886; Halleck, *International Law*, édit. Baker, Londres, 1878; Hautefeuille, *Des droits et des devoirs des nations neutres en temps de guerre maritime*, 2ᵉ édit., Paris, 1858 ; *Questions de droit maritime international*, Paris, 1868 ; A. G. Heffter, *Le droit international de l'Europe*, trad. par Bergson, 4ᵉ édit. française par Geffcken, 1883 (au cours de ce travail, nous citons cet ouvrage sous la désignation « Heffter-Geffcken »); Holland (Th. Erskine), *A manual of naval prize law*, Londres, 1888 ; Johnstone, *Handbook of maritime Rights*, Londres, 1876 ; *Journal de droit international privé*, 1877, p. 299 ; Katchenowsky, *Prize Law*, trad. en anglais par Pratt, 1867 ; Le comte Kamarowsky, *Le tribunal international*, trad. par De Westman, 1887, p. 136-158 ; Kleen, *La contrebande de guerre*, 1894 ; Kluber, *Droit des gens moderne de l'Europe*, nouv. édit. par Ott, Paris, 1874 ; E. Laferrière, *Traité de la juridiction administrative*, Paris, 1887, t. 2, p. 65 et suiv.; E. de Laveleye, *Du respet de la propriété privée en temps de guerre*, Bruxelles, 1875; Encore *la capture sur mer*, *Revue du droit international*, 1884, p. 508; vicomte de la Guéronnière, *Le droit public et l'Europe moderne*, Paris, 1876, t. 2, p. 285 et suiv.; Léveillé, *De l'inviolabilité de la propriété privée des belligérants sur mer*, Paris, 1863 ; J. Lorimer, article dans la *Revue de droit international*, 1875, p. 261 ; *Institutes of the law of nations*, Edimbourg, 1884 ; G. Louis, *Des devoirs des particuliers en temps de neutralité*, dans le *Journal de droit international privé*, année 1877 ; Lyon-Caen et Renault, *Précis de droit commercial*, 1885, t. II, nᵒˢ 2029 et suiv.; G.-F. de Martens, *Précis de droit des gens moderne de l'Europe*, avec les notes de Pinheiro Ferreira, 2ᵉ édit., par Ch. Vergé, Paris, 1864 (dans le présent travail, cet ouvrage est cité par la désignation « de Martens-Vergé »); F. de Martens, *Traité de droit international*, trad. du russe par Alfred Léo, Paris, 1887, t. 3, p. 269 et suiv. (nous citons cet ouvrage par la désignation « De Martens-Léo », pour le distinguer du précédent); Mancini, *Diritto internazionale*, Naples, 1873 ; Massé, *Le droit commercial considéré dans ses rapports avec le droit des gens et le droit civil*, 3ᵉ édit., Paris, 1874 ; Morin, *Les lois relatives à la guerre selon les principes du droit des gens moderne*, Paris, 1872 ; Mougin de Roquefort, *De la solution juridique des conflits internationaux*, 1889; Moynier, *Etude sur la convention de Genève*, Paris, 1870, p. 126-131 et p. 151-270; Négrin, *Etude sur le droit international* (en espagnol), Madrid, 1862; Nys, *La guerre maritime*, 1882; Oppenheim, *Système du droit des gens*, 1866 ; Th. Ortolan, *Règles internationales ou diplomatie de la mer*, 4ᵉ édit., Paris, 1864 ; Paternostro, *Delle prede, delle riprede e dei giudizii relativi*, Naples, 1879; F. Pérels, *Manuel de droit maritime international*, édit. allem., 1882 ; édit. française, trad. Arendt, Paris, 1883 ; Phillimore, *Commentaries upon international law*, 3ᵉ édit., 1879-1885 ; De Pistoye et Duverdy, *Traité des prises maritimes*, nouv. édit., 1859 ; Pellissier de Reynaud, V. *Revue des Deux-Mondes*; Pradier-Fodéré, V. Grotius et Vattel. Cet auteur doit parler des *Prises maritimes* dans le sixième volume (non encore paru en 1893) de son *Traité de droit international public européen et américain*; L. Renault, *Introduction à l'étude du droit international*, Paris, 1879, Revon (Michel), *L'arbitrage international*, 1892, p. 239 et suiv.; *Revue critique*, 1885, p. 304; *Revue des Deux-Mondes*, 15 févr. 1857, *Le droit maritime selon le congrès de Paris*, par Pelissier de Reynaud ; 1ᵉʳ sept. 1883, *La guerre maritime et le droit de propriété*, par Arthur Desjardins; *Revue de droit international*, 1873, p. 343, 574, 577 ; — 1875, p. 236-269; 553 et suiv., 675 ; — 1877, p. 508; — 1878, p. 60, 185-268 ; 384-444; — 1879, p. 152 et suiv., 321 et suiv., 564 et suiv.; — 1880, p. 187 ; — 1884, p. 260 ; — 1882, p. 114; — 1884, p. 508 ; — 1887, p. 146 (c'est le projet de règlement international des prises, voté par l'institut de droit international) ; Simonet, *Traité de droit public et administratif*, 2ᵉ éd., 1893, nᵒˢ 1218 et suiv.; Testa, *Droit ma-*ritime, trad. française, Paris, 1886 ; Sir Travers Twiss, *Le droit international*, trad. franç., Paris, 1887; *La théorie de la continuité du voyage*, Paris, 1877 ; Vattel, *Le droit des gens*, nouv. édit. par Pradier-Fodéré, Paris, 1863, t. 3, p. 107 et suiv., avec une note très développée de M. Pradier-Fodéré; Vidari, *Del rispetto della proprietà privata*; Pavie, 1867; Wheaton, *Eléments du droit international*, 4ᵉ édit. en français, Leipzig, 1864.

SECT. 2. — RÈGLES GÉNÉRALES.

ART. 1ᵉʳ. — A quelle époque commence et finit le droit de prise.

45. En principe, le droit de prise commence avec les hostilités (Heffter-Geffcken, nᵒ 137; De Boeck, nᵒ 231 ; Barboux, p. 54; *Projet de règlement international des prises*, adopté par l'institut de droit international, tit. 1, § 5]). C'est la règle toujours suivie en France : pour qu'un navire étranger puisse être capturé, il faut que la France soit en guerre déclarée. Le droit de prise, en effet, n'est pas autre chose qu'un des moyens d'action employés en temps de guerre; c'est un mode d'exercice des hostilités; il ne peut donc commencer avant ces hostilités elles-mêmes. La prise est un *fait de guerre*.

46. Maintenant quand y a-t-il guerre, c'est une question plus générale que nous n'avons pas à traiter ici (V. Heffter-Geffcken, nᵒ 120; Calvo, t. 4, nᵒˢ 1899 et suiv.; Vergé sur G.-F. de Martens, t. 2, nᵒ 267).

47. Dans la rigueur du droit, le droit de prise produit des effets dès le moment même de l'ouverture des hostilités par rapport aux navires ennemis, avant même que leurs capitaines en aient été informés. Si l'on appliquait le principe sans restriction, il se produirait deux séries de conséquences. D'abord on capturerait en pleine mer tous les navires ennemis, même ceux ignorant le commencement de la guerre, et d'autre part on mettrait l'*embargo* sur tous ceux qui se trouveraient dans les ports au début des hostilités. Cette application stricte du droit a soulevé de justes critiques. Il est excessif de saisir des bâtiments croyant naviguer ou s'abriter dans un port en toute sécurité, dans l'ignorance du danger qui les menace. « Il serait évidemment très dur de venir, sans avertissement préalable et le jour de la déclaration de guerre, s'emparer de navires marchands et de marchandises appartenant à de paisibles citoyens de l'Etat ennemi. L'opinion publique se révolte contre cette application du vieux principe que l'on peut sans autre forme de procès confisquer les navires et la cargaison des « ennemis » (Bluntschli, règle 669, p. 390). Aussi l'institut de droit international a-t-il inscrit dans son projet que « le droit de prise ne peut être exercé sur les navires et les cargaisons dont ils ont eu connaissance de l'existence de la guerre » (tit. 1, § 6, *Revue de droit international*, 1887, p. 146).

48. Mais ce n'est là qu'un vœu et, en pratique, on fait une distinction. S'il s'agit de bâtiments ennemis se trouvant dans les ports français, ou y entrant dans l'ignorance de la guerre, ou ayant pris leurs cargaisons à destination de la France et pour compte français, un délai de grâce leur est accordé pour échapper à la capture. L'embargo est condamné aujourd'hui par les publicistes (Bluntschli, règle 669; A. Desjardins, t. 1, nᵒ 19; de Boeck, nᵒ 233). S'il s'agit, au contraire, de bâtiments ne remplissant aucune des conditions susdites, ils peuvent être capturés dès le début des hostilités, même s'ils ignorent qu'elles sont commencées.

49. La pratique française n'est ici que la pratique admise partout aujourd'hui. Il est maintenant d'usage d'accorder aux navires ennemis un délai, sorte de terme de grâce appelé quelquefois l'*indult*, pour opérer leur déchargement et regagner leur pays d'origine. C'est ainsi qu'au moment de la guerre de Crimée, une déclaration du gouvernement français, en date des 27 mars-11 avr. 1854, accorda un délai de six semaines aux navires de commerce russes pour sortir des ports français (D. P. 54. 4. 67). De même, en 1870, un délai de trente jours a été accordé aux navires allemands. Le 25 juill. 1870, le ministre de la marine adressait aux officiers commandant les bâtiments de la marine française des instructions très précises, constituant un commentaire pratique des règles à suivre au début de la guerre. L'art. 1 est ainsi conçu : « Dès ce moment vous êtes requis de courir sus à tous les bâtiments de guerre de la Prusse et des Etats de la confédération de l'Allemagne du Nord et de vous en emparer par la force des armes; vous aurez également à courir sus à tous les bâtiments de commerce ennemis que vous rencontrerez en mer ou dans les ports et rades de l'ennemi, et à les capturer ainsi que leurs cargaisons, sous les exceptions suivantes. Un délai de trente jours a été accordé aux bâtiments de commerce ennemis pour sortir des ports français, soit qu'ils s'y trouvent en ce moment ou qu'ils y entrent ultérieurement dans l'ignorance de l'état de guerre, et ces bâtiments seront pourvus de saufs-conduits. En outre, les bâtiments de commerce ennemis qui auront pris des cargaisons à destination de France et pour compte français, antérieurement à la déclaration de guerre, ne seront pas sujets à capture, pourront librement débarquer leurs chargements dans les ports français, et recevront des saufs-conduits pour retourner dans leurs ports d'attache ».

50. Les termes de ces instructions officielles contiennent l'énoncé du principe énoncé plus haut, c'est-à-dire la distinction de deux sortes de navires ennemis. A ce propos, on a cru voir une lacune et une contradiction dans ces prescriptions réglementaires. « Si un navire, dit M. Barboux, entre au Havre dans l'ignorance de l'état de guerre, un délai de trente jours lui est accordé pendant lequel il n'est pas sujet à capture. Si le même navire, en vue du port du Havre, rencontre un croiseur français, il est de bonne prise » (Barboux, p. 56). Cette dernière proposition n'est exacte qu'en partie. Un navire en vue du Havre ne sera de bonne prise que s'il ne se dirige

pas vers le Havre ou n'en sort pas. S'il se dirige d'un port neutre vers un port neutre, il sera capturé en vertu du principe posé ci-dessus. Il n'y a donc pas là contradiction, mais application des règles mêmes de la matière.

51. Pour bénéficier du délai de grâce, les navires ennemis devaient : 1° avoir pris leur chargement avant la déclaration de guerre; 2° l'avoir pris à destination de la France; 3° l'avoir pris pour compte français. L'application de ces conditions a donné lieu à deux catégories de solutions intéressantes.

D'une part, il a été jugé : 1° que l'ignorance de l'état de guerre ne peut être, en principe, légitimement invoqué dans l'intérêt des navires appartenant aux sujets de la puissance ennemie (Cons. des prises, 23 avr. 1855) (1); — 2° Que les dispositions contenues dans la déclaration du 27 mars 1854 ont eu pour objet de favoriser exclusivement les bâtiments russes partis des ports de France et à destination de ces ports; que, dès lors, elles n'étaient pas applicables aux bâtiments de la même nation partis ou à destination des ports neutres et capturés en pleine mer après déclaration de guerre (Même décision); — 3° Que de même, la décision impériale du 3 mai 1859 ne s'est appliqué qu'aux bâtiments de commerce autrichiens qui se trouvaient dans les ports de l'empire ou seraient venus à y entrer dans l'ignorance de l'état de guerre (Cons. des prises, 4 févr. 1860 (2); 24 avr. 1860, le *Constantino-s, Recueil des arrêts du conseil d'Etat,* p. 942); — 4° Que les bâtiments de commerce ennemis chargés de marchandises pour le compte de *maisons étrangères* établies en France ne jouissent pas du bénéfice du délai de trente jours, et par suite peuvent être capturés même avant l'expiration de ce délai (Cons. des prises 26 nov. 1870) (3); — 5° Que le navire qui porte à la fois des marchandises ennemies et

(1) (Le *Courriren.*) — Napoléon, etc. ; — Sur le rapport de la section de législation ; — Vu la requête qui nous a été adressée, en notre conseil d'Etat, au nom des sieurs Kroger et Heinrich-Adolphe Holle, de Hambourg, représentants des sociétés d'assurance de cette ville, l'*Elb-Assecurantz-Kompagnie* et la *Patriotische-Assecurantz-Kompagnie,* agissant comme subrogés dans les droits de l'armateur propriétaire du brick russe le *Courriren,* qui a été capturé dans la traversée de Pernambuco à Valparaiso, par les embarcations d'une corvette à vapeur *Le Phoque,...* tendant à ce qu'il nous plaise : — Attendu 1° que le capitaine de l'équipage du *Courriren,* ignorant, au moment de l'arrestation de ce navire, l'ouverture des hostilités, entre la France et la Russie, se trouvait, à cette époque, dans la limite des délais impartis par notre déclaration du 27 mars 1854 ; 2° que l'arrestation a eu lieu à 12 milles au large de Valparaiso; qu'elle a été opérée par des embarcations détachées d'un bâtiment de guerre français, lequel était en station dans les eaux territoriales du Chili, et avait été averti de l'avance de l'arrivée du *Courriren;* — Réformer la décision de notre conseil impérial des prises, qui a validé la prise du brick russe susnommé; déclarer celle-ci non valable; ce faisant, ordonner la restitution de la possession des sieurs Kroger et Holle, tant du navire capturé que de son fret saisi et perçu; — Vu notre déclaration du 27 mars 1854 ; — Vu l'art. 51 de l'arrêté du 2 prair. an 11; — Vu notre décret du 18 juill. 1854; — Vu le décret du 25 janv. 1852 et le règlement de notre conseil d'Etat;

Sur le premier moyen du recours : — Sans qu'il soit besoin d'examiner si le capitaine et l'équipage du *Courriren* ignoraient, au moment où ce navire a été capturé, l'état de guerre existant entre la France et la Russie; — Considérant que l'ignorance de l'état de guerre ne peut être légitimement invoqué dans l'intérêt des navires qui appartiennent aux sujets de la puissance ennemie; — Considérant, au surplus, que les dispositions contenues dans notre déclaration du 27 mars 1854 ont eu pour objet de favoriser exclusivement les bâtiments russes partis des ports de France et à destination de ces ports; que, dès lors, elles ne sont pas applicables aux bâtiments de la même nation partis ou à destination des ports neutres;

Sur le deuxième moyen : — Considérant que le *Courriren* n'a pas été capturé dans la zone territoriale des eaux du Chili, et qu'en opérant l'arrestation de ce navire, les capteurs n'ont violé aucune règle du droit international; Notre conseil d'Etat entendu ;

Art. 1er. — La requête présentée par les sieurs Julius Kroger et Heinrich-Adolph Holle, de Hambourg, est rejetée.

Du 23 avr. 1855.-Cons. d'Et.

(2) (Le *Genio Speculatore.*) — Napoléon, etc. ; — Vu la requête qui nous a été présentée en notre conseil d'Etat au nom du sieur Dionisio di Angelo Carusso, sujet ionien, se disant propriétaire du brick le *Genio speculatore,...* tendant à ce qu'il nous plaise

annuler une décision rendue par notre conseil des prises le 13 juill. 1859, qui a validé la prise du navire le *Genio speculatore,* navigant sous pavillon autrichien, capturé par l'aviso à vapeur de la marine impériale *Le Croiseur;...* — Vu les pièces trouvées à bord et consistant, savoir : l'acte de nationalité, le congé ou passeport, le rôle d'équipage, la patente de santé, la charte-partie et le connaissement;... — Vu notre déclaration du 3 mai 1859 ; — Vu notre décision du même jour; — Vu notre décret du 9 mai 1859 ; — Vu les art. 7 et 11 du règlement de juill. 1778; — Vu l'art. 51 de l'arrêté du 2 prair. an 11;

Sur le premier moyen du recours : — Considérant que la décision impériale du 3 mai 1859 ne s'applique qu'aux bâtiments de commerce autrichiens qui se trouvaient dans les ports de l'empire ou qui viendraient à y entrer dans l'ignorance de l'état de guerre; mais que cette disposition ne peut être étendue par analogie aux navires ennemis capturés en pleine mer après la déclaration de guerre;

Sur le deuxième moyen : — Considérant que, de l'art. 7 du règlement du 16 juill. 1778, qui prévoit le cas de vente, il résulte que les bâtiments qui ont eu un propriétaire ennemi ne peuvent être réputés neutres, s'il n'est trouvé à bord des pièces authentiques qui établissent la vente; que les pièces trouvées à bord du *Genio speculatore,* au moment de la capture, en conférant la propriété aux sieurs Sangiorgi et Danilowich, sujets autrichiens; que, contre la preuve évidente fournie par ces titres, le sieur Carusso ne peut se prétendre propriétaire suivant un acte du 20 avr. 1859, qui ne se trouvait point à bord, et dont la production est d'ailleurs formellement interdite par l'art. 11 du même règlement ;

Sur le troisième moyen : — Considérant que l'art. 3 du traité de Zurich, du 10 novembre dernier, se réfère à l'état de choses existant au moment de ce traité, que les seuls bâtiments capturés dont il ordonne la restitution sont ceux qui n'avaient point alors été l'objet d'une condamnation de la part du conseil des prises; que le bénéfice de cette disposition ne saurait donc être invoqué dans l'intérêt du navire le *Genio speculatore,* dont une décision du conseil impérial des prises, du 13 juillet précédent, avait validé la capture.

Art. 1er. — La requête présentée par le sieur Dionisio di Angelo Carusso est rejetée.

Du 4 févr. 1860.-Cons. d'Et.

(3) (L'*Elise von Lutzow.*) : — Le conseil, — Considérant, en droit, qu'aux termes de la déclaration du 24 juill. 1870, § 4, les bâtiments qui auront pris des cargaisons à destination de France ou pour compte français dans des ports ennemis ou neutres antérieurement à la déclaration de guerre ne sont pas sujets à capture; — Considérant, en fait, que le navire *Elise von Lutzow* est parti d'Odessa le 11 juillet dernier, chargé d'avoine par Jules Durbec, commerçant français, pour compte

des marchandises françaises et qui connaît l'état de guerre ne jouit pas non plus du bénéfice des dispositions de l'art. 1 des instructions du 25 juill. 1870 et peut être déclaré de bonne prise (Sol. impl. Cons. des prises, 29 déc. 1870) (1); — 6° Que si, en fait et par une faveur extraordinaire, un sauf-conduit a été accordé à un navire ennemi portant à la fois des marchandises ennemies et des marchandises françaises, l'existence de ce sauf-conduit n'empêche pas l'exercice du droit de prise sur les marchandises ennemies qui formaient une partie du chargement (Même décision).

52. Mais, d'autre part, il a été jugé que, si les trois conditions énoncées aux instructions françaises de 1870 sont réunies cumulativement, le navire ennemi doit échapper à la prise (Cons. des prises, 29 nov. 1870, l'*Agnes*, D. P. 72. 3. 89).

53. Une fois l'état de guerre officiellement établi et le délai accordé aux navires ennemis expiré, le droit de prise s'exerce conformément aux dispositions de la déclaration de Paris. Il subsiste tant que la guerre subsiste elle-même, puisqu'il n'en est qu'un effet et un mode d'exercice. Il est donc suspendu en cas d'armistice, et il cesse dès que les hostilités sont finies. Les prises faites postérieurement à la cessation de la guerre doivent être déclarées nulles (*Rép.* n° 14).

54. Quand le capitaine est-il censé avoir eu connaissance de la paix? V. *Rép.* n°ˢ 15 et suiv.

Art. 2. — *Des lieux où peut s'exercer le droit de prise.*

55. Le droit de prise peut être exercé par un belligérant : 1° dans sa propre mer territoriale ; 2° dans la mer territoriale de l'ennemi ; 3° dans la haute mer. Il ne peut pas l'être dans les eaux territoriales des neutres, ni même dans les eaux qui, par traité, auraient été déclarées neutres. Toute prise territoriale neutre en mer est illégitime. Les auteurs sont unanimes sur ce point (V. notamment

des sieurs Fratelli Dallorso, sujets italiens établis à Marseille ; — Considérant que la nationalité ennemie du navire ressort tant de l'instruction que des papiers du bord ; que ce navire avait connaissance de l'état de guerre avant son arrivée à Marseille ; que son chargement était à destination d'une maison étrangère ; — Considérant que si les sieurs Dallorso ne justifient pas suffisamment l'avance de deux mille francs qu'ils auraient faite au capitaine, laquelle d'ailleurs ne pourrait à aucun titre demeurer à la charge de l'État, il est équitable néanmoins que l'armement supporte les dépenses faites pour le compte du navire jusqu'au moment du séquestre ; — Considérant que la valeur des prises faites sur le navire appartient en propriété à l'État, qui n'a renoncé à se l'approprier en faveur des capteurs que lorsque la prise est faite sur mer ; — Déclare de bonne prise le navire *von Lutzow*, capitaine Keppe, ensemble ses agrès et apparaux, ainsi que le fret acquis pour transport de la cargaison ; — Ordonne que tous les effets personnels et objets appartenant soit aux officiers, soit aux matelots, leur seront immédiatement rendus ; dit que le navire sera vendu à la diligence de l'administration de la Marine ; dit que Dallorso frères seront tenus de parfaire le versement du montant du fret par le payement de la somme de deux mille francs, de laquelle sera néanmoins déduit le montant des dépenses faites pour le compte du bâtiment dans les journées des 26 et 27 septembre dernier, montant à établir par état et conformément aux usages du port de Marseille ; dit que les sommes nettes, provenant tant de la vente du bâtiment et de ses dépendances que des versements faits ou à faire par Dallorso pour le fret, seront versées intégralement au trésor public, déduction faite des droits et parts revenant à la Caisse des invalides de la marine ».

Du 26 nov. 1870.-Cons. des prises.

(1) (La *Ghérardine*.) — Les conclusions données dans cette affaire par le commissaire du gouvernement indiquent les faits de l'espèce et les arguments invoqués par les parties : « Le soussigné, commissaire du gouvernement près le conseil provisoire des prises, a l'honneur d'exposer au conseil que : — Le navire oldembourgeois *Ghérardine*, après avoir pris son chargement à Haïti et relâché aux Sorlingues, où il avait eu connaissance de l'état de guerre, arrivait au Havre le 29 août dernier, avec des marchandises à destination de maisons de commerce françaises, neutres et ennemies. Prévenu du fait, M. le chef de service de la marine autorisa la délivrance des marchandises françaises et neutres, ordonna la mise sous séquestre des marchandises ennemies, et prit les ordres du ministre au sujet du corps du bâtiment lui-même. Par dépêche du 7 septembre, le ministre approuvait les mêmes prises, relativement aux marchandises, et décidait qu'un sauf-conduit serait remis au capitaine de la *Ghérardine* pour rallier son port d'attache. La saisie des marchandises ennemies a amené une instruction faite par le commissaire de l'inscription maritime au Havre, et qui est jointe au dossier. — Le conseil est appelé à prononcer sur la question de validité de la saisie des marchandises adressées à MM. Purgold et compagnie, de Hambourg, et mises sous séquestre. Pour que la marchandise soit saisissable, il faut qu'elle soit propriété ennemie et sous pavillon ennemi, en vertu de la déclaration du congrès de 1856. Or, il est établi, par le connaissement joint aux pièces de l'instruction, que les 57 balles de coton, les 4 sacs de cire et les 17 cuirs secs mis sous séquestre étaient chargés pour compte de M. Ch. Purgold, de Hambourg ; la cession que ce négociant en a faite à MM. Quesnel frères, du Havre, ne saurait être admise, parce qu'elle est postérieure à la saisie. La nationalité du navire est aussi clairement établie ; elle résulte des pièces de bord qui ont été produites à l'instruction et des déclarations du capitaine au cours de cette instruction ; elle ne peut donc être contestée. — Dans leur réclamation, MM. Quesnel ont fait valoir, pour obtenir remise des marchandises, que cette partie du chargement devait suivre le sort du bâtiment, et que celui-ci avait été relâché. L'objection serait fondée si la liberté avait été rendue à la *Ghérardine* en vertu d'un droit résultant soit de conventions internationales, soit des déclarations du gouvernement français ; mais il résulte de l'instruction que ce bâtiment ne se trouvait dans aucun des cas d'exception prévus ; il avait, en arrivant au Havre, pris connaissance de l'état de guerre, et il ne portait pas un chargement exclusivement à destination de France et pour compte français. Il était donc saisissable, et, si le droit rigoureux lui eût été appliqué, il n'est pas douteux que le conseil n'eût validé sa prise ; en autorisant la délivrance d'un sauf-conduit, le ministre de la marine a fait une faveur à la *Ghérardine* ; le conseil n'a pas à rechercher les motifs qui ont pu amener le Gouvernement à appliquer à ce bâtiment le droit de grâce, qui est sa prérogative ; il n'a pas à rechercher non plus par quelles raisons il a cru devoir borner au corps du navire l'immunité qu'il a refusée aux marchandises ennemies ».

Le conseil, — Considérant que le trois-mâts nord-allemand la *Ghérardine* est entré au Havre le 29 août dernier ; qu'il résulte de l'interrogatoire subi par le capitaine : 1° qu'il était parti d'Haïti dans l'ignorance de l'état de guerre, et n'en avait eu connaissance qu'aux Sorlingues où il avait relâché ; 2° que sa cargaison se composait de marchandises françaises, neutres et ennemies ; — Considérant que le 30 août le commissaire à l'inscription maritime autorisa le déchargement du navire, fit délivrer les marchandises françaises et neutres, mais saisit et mit sous séquestre la marchandise ennemie ; qu'à la date du 7 septembre, sur avis du ministre de la marine, un sauf-conduit fut remis au capitaine, mais la saisie maintenue sur la marchandise ennemie ; que cette partie de la cargaison se compose de 57 balles de coton, 4 sacs de cire et 17 cuirs secs ; qu'il résulte du connaissement ainsi que de l'interrogatoire du capitaine qu'elle était la propriété des sieurs Ch. Purgold de Hambourg ; qu'à la date du 3 septembre ils ont transmis le connaissement par endos aux sieurs Quesnel frères du Havre, qui revendiquent la marchandise ; — En ce qui touche ledit transport, considérant qu'il est de principe de déterminer la nationalité du chargement d'après la nationalité de celui qui en est propriétaire au moment de la capture ; qu'ainsi à supposer même que la cession d'une marchandise saisie et frappée soit valable, elle ne peut en faire disparaître le caractère ennemi ; — En ce qui touche le fond, considérant qu'aux termes de la déclaration du congrès de Paris du 16 avril 1856, la marchandise ennemie est saisissable sous pavillon ennemi ; considérant qu'aux termes des instructions du 25 juill. 1870, seuls sont exemptés de la capture les bâtiments de commerce ennemis qui auront pris cargaison à destination de France et pour compte français ; — Considérant qu'il résulte des pièces de bord et de l'interrogatoire du capitaine que le navire était ennemi et la marchandise ennemie ; que vainement les sieurs Quesnel argumentent du sauf-conduit accordé par le ministre au capitaine du navire ; qu'il résulte de cette autorisation donnée au capitaine de s'éloigner des ports de France impliquait si peu l'immunité de la cargaison ennemie qu'au contraire par le même acte le ministre approuvait la saisie qui en avait été faite ; que c'est là d'ailleurs un acte d'administration publique dont le conseil n'a point à se faire juge, mais qui ne peut en quoi que ce soit modifier les principes de droit public sur lesquels seuls le conseil doit appuyer sa décision ; — Par ces motifs, rejette la réclamation des sieurs Quesnel frères ; déclare de bonne prise la marchandise mise sous séquestre comme étant marchandise ennemie, chargée à bord d'un navire ennemi ; ordonne qu'elle sera vendue à la requête de l'administration de la Marine ; dit que les sommes nettes provenant de cette vente seront versées au trésor, déduction faite des sommes revenant à la Caisse des invalides de la marine ».

Du 29 déc. 1870. — Cons. des prises.

Heffter-Geffcken, n° 147, note 3, qui relève, comme un « procédé inqualifiable », la violation de cette maxime par l'Angleterre contre la France en 1793. V. aussi le projet de règlement international de l'institut de droit international, tit. 1, § 8, *Revue de droit international*, 1887, p. 146). C'est la conséquence du droit de souveraineté sur la mer territoriale, par opposition au principe de la liberté des mers en haute mer (Calvo, t. 4, nᵒˢ 2653-4).

56. La règle est écrite dans le règlement danois du 16 févr. 1864, § 8, dans le règlement prussien du 20 juin 1864, § 1, et dans l'ordonnance autrichienne du 3 mars 1864, § 3. Elle forme également l'objet de dispositions spéciales dans les instructions ministérielles françaises du 25 juill. 1870, art. 4 : « Vous vous abstiendrez d'exercer aucun acte d'hostilité dans les ports ou dans les eaux territoriales des puissances neutres ».

57. En France, on a toujours eu soin de bien établir ce point. Il est considéré comme tellement important que le conseil des prises a examiné d'office la question en 1871. « Considérant, dit une décision de ce conseil, que dans l'interrogatoire subi par lui au port d'arrivage, le capitaine Gallas a articulé qu'il croyait avoir été capturé trop près de terre, dans les eaux territoriales anglaises ; *que, bien qu'aucune réclamation régulière n'ait été adressée au conseil, ni par le capitaine, ni par les autres propriétaires du navire*, la nature même de cette allégation impose au conseil l'obligation d'en examiner l'exactitude... » (Cons. des prises de Paris, 19 janv. 1871, le *Frei*, Barboux, p. 66). On peut voir, en lisant cette décision, avec quel soin le conseil a recherché si le *Frei* avait été ou non capturé dans les eaux territoriales anglaises (V. Calvo, t. 4, n° 2664, qui rappelle un grand nombre de décisions françaises consacrant l'inviolabilité du territoire maritime neutre).

58. On trouve, chez les nations étrangères, d'autres actes officiels reproduisant la même solution. Les règles russes de 1869 interdisent expressément de faire des prises dans les eaux neutres ou dans celles qui sont mises par conventions spéciales à l'abri des actions de guerre. Le paragraphe 20 défend ensuite de faire et poursuivre des prises dans les mers intérieures ou fermées d'un État non belligérant ; les paragraphes 27 et 28 défendent de continuer à dessein un combat dans les eaux neutres. Le paragraphe 21 est plus formel encore : « Le droit de prise ne peut être exercé que sur la mer libre, c'est-à-dire dans les eaux qui ne se trouvent pas à portée des canons de batteries neutres ou qui sont à trois milles marins d'une rive neutre ».

L'ordonnance suédoise, encore en vigueur, du 12 avr. 1808, art. 1, § 1, permet la saisie à la distance de plus d'un mille marin d'une terre neutre et défend, comme les dispositions russes, « la saisie sous les canons d'une forteresse neutre ou dans un port neutre ».

Le firman de la Porte au capitan-pacha concernant la neutralité, en date de mars 1793, interdit aussi aux navires des belligérants d'engager des hostilités sous le canon des forts, à l'entrée des ports, près des rades ou à moins de trois milles de celles-ci.

L'instruction italienne du 20 juin 1866, dans l'art. 4, défend, en général « un acte quelconque d'hostilité dans les ports ou dans les eaux territoriales des puissances neutres, en observant que la limite des eaux territoriales s'étend à portée de canon du rivage ».

Parmi les traités qui défendent de faire des prises dans les eaux neutres, nous citerons comme exemples ceux de la France avec l'Angleterre, du 26 sept. 1786, art. 41, et avec la Russie, du 11 janv. 1787, art. 28 » (A. Bulmerincq, *Revue de droit international*, 1879, p. 571).

59. Par suite du même principe de souveraineté de l'État riverain sur sa mer territoriale, il ne peut être fait usage des eaux neutres pour opérer des captures à proximité. Un navire se trouvant dans les eaux neutres ne peut envoyer ses embarcations pour saisir un ennemi en dehors de ces eaux (Ortolan, t. 2, p. 302 ; de Boeck, n° 228).

60. De même, une prise ne peut pas être faite par un vaisseau de guerre qui a guetté un navire ennemi dans les eaux neutres ; c'est une conséquence de la règle que le territoire neutre ne doit pas servir de point de départ à des actes hostiles (Heffter-Geffcken, n° 147, note 3). La question s'est posée en 1870. On avait prétendu qu'un bâtiment

français avait saisi un bâtiment allemand après l'avoir observé dans les eaux territoriales des États-Unis et après n'avoir quitté ces eaux que dans le but de le poursuivre. Mais le contraire fut démontré en fait. Le conseil d'État s'attacha à bien établir ce point. Il fut péremptoirement prouvé que le bâtiment français avait pris la mer : 1° pour se conformer à un ordre supérieur ; 2° pour obéir à une proclamation du président des États-Unis ordonnant aux navires des belligérants de sortir des ports des États-Unis dans les vingt-quatre heures après le 12 octobre. Jugé, en conséquence, « que n'est pas faite en violation des lois de la neutralité la prise d'un navire par un bâtiment de guerre sorti d'un port neutre, lorsque cette prise a été faite en pleine mer et que le bâtiment capteur n'a pas quitté ce port neutre pour poursuivre le navire d'après les renseignements qu'il s'y était procurés » (Cons. d'Et. 24 févr. 1873, la *Magdalena*, D. P. 73. 3. 39).

61. Un vaisseau ennemi attaqué en pleine mer peut-il être poursuivi et pris dans ses eaux territoriales neutres? La négative, qui a été soutenue au *Rép.* n° 22, a été adoptée également par l'institut de droit international dans son projet de règlement international des prises (tit. 1, § 8) : « Le belligérant ne peut poursuivre dans les eaux neutres une attaque commencée » (*Revue de droit international*, 1887, p. 146), et par M. Calvo (t. 4, n° 2661), qui cite, en blâmant énergiquement cet acte, l'exemple d'une escadre anglaise poursuivant des navires français dans les eaux territoriales portugaises.

62. On verra *infrà*, n° 108, que, toujours par application de la souveraineté sur la mer territoriale, le *droit de visite* ne peut pas s'exercer dans les eaux neutres.

63. Qu'entend-on par mer territoriale? Les différents États ne sont pas d'accord pour en fixer l'étendue. L'opinion la plus généralement admise est encore celle qui a été rapportée au *Rép.*, n° 20 : la mer territoriale est limitée à la portion qui peut être protégée par la portée du canon, et l'on considère que cette portée est de trois milles marins. Cette règle a toujours été admise par la France et l'Angleterre. Mais des dissidences subsistent depuis fort longtemps. « En contradiction avec cet usage des deux plus grandes puissances maritimes, on trouve : 1° un ukase de l'empereur de Russie, du 16 sept. 1821, sur les limites maritimes de l'Amérique russe, des îles Aléoutiennes et de la côte orientale de la Sibérie ; cet ukase fixe à cent milles italiens les limites de la mer territoriale ; 2° une ordonnance du roi de Danemark, du 26 mars 1751, qui fixe à 15 lieues l'étendue de la mer réservée sur les côtes du Groenland ; 3° diverses ordonnances relatives aux mers d'Islande et qui fixent à quatre milles l'étendue de la mer réservée. Il faut d'ailleurs ajouter que les prétentions de ces divers souverains n'ont jamais été reconnues ni par la France, ni par l'Angleterre. Non seulement elles n'ont jamais admis qu'une nation pût exercer un droit de souveraineté sur une partie de la mer qui, dépassant la portée du canon, ne peut être utilement défendue ; mais encore, pour faire cesser toute incertitude, elles ont, par une convention sur la pêche côtière du 2 août 1839, fixé à trois milles marins de la laisse de basse mer l'étendue de la mer territoriale » (Barboux, *Jurisprudence du conseil des prises*, p. 65-66).

64. C'est par application de ces principes que l'art. 4 des instructions ministérielles françaises de 1870 disait : « Vous considérerez les eaux territoriales comme s'étendant à une portée de canon au delà de la laisse de basse mer » ; et que l'art. 1 des instructions complémentaires aux officiers français ajoutait, pour préciser : « Les eaux territoriales comprennent : les côtes, une zone qui s'étend à trois milles au delà de la laisse de basse mer, cette distance étant généralement adoptée aujourd'hui comme limite moyenne de la portée du canon ». Jugé, en conséquence : 1° que la limite des eaux territoriales s'étend à une portée de canon au delà de la laisse de basse mer (Cons. des prises de Paris, 19 janv. 1871, le *Frei*, Barboux, p. 66) ; — 2° Que cette portée est de *trois milles marins* (Même décision) ; — 3° Qu'il en est ainsi spécialement pour les eaux territoriales anglaises, car c'est ainsi que la portée de canon a été déterminée dans les accords passés entre la Grande-Bretagne et la France au sujet de la pêche côtière

(Même décision); — 4° Que par suite, un navire capturé à *cinq milles* de la côte anglaise a été capturé en mer libre (Même décision).

65. Ajoutons qu'une convention conclue à la Haye, le 15 mars 1884, entre la France, l'Allemagne, la Belgique, le Danemark, l'Angleterre et les Pays-Bas, pour régler la police de la pêche dans la mer du Nord, a fixé avec une grande précision les limites de la mer territoriale. Elle est toujours déclarée s'étendre dans un rayon de trois milles à partir de la laisse de basse mer, le long de toute l'étendue des côtes du continent, ainsi que des îles et des bancs qui en dépendent. Pour les baies, le rayon de trois milles est mesuré à partir d'une ligne droite, tirée au travers de la baie, dans la partie la plus rapprochée de l'entrée, au premier point où l'ouverture n'excédera pas dix milles. Les milles mentionnés sont des milles géographiques de 60 au degré de latitude.

66. Il faut appliquer à une mer fermée tout ce que nous avons dit pour la mer territoriale, et distinguer suivant qu'elle appartient à l'un des belligérants ou à un Etat neutre (De Bœck, n° 219).

67. Quelle est la sanction de la règle défendant de faire des prises dans les eaux neutres? Il y a encore diversité de vues sur ce point. Ainsi qu'on l'a vu au *Rép.*, n° 20, la jurisprudence française déclare nulles les prises faites dans ces conditions (*Adde :* Cons. des prises, 18 janv. 1871, le *Frei*, sol. impl., cité *suprà*, n° 57, V. aussi en ce sens : Barboux, p. 65; Heffler-Geffcken, n° 147, note 3). Au contraire, les règles russes de 1869, § 25 et 26, adjugent la prise au gouvernement neutre, et obligent le gouvernement de l'Etat auquel appartient le capteur à restituer la prise à son propriétaire primitif. Le capteur est, en outre, rendu responsable, conformément à la législation de l'Etat neutre, et obligé d'indemniser le propriétaire primitif, d'après une estimation, de tout le préjudice causé à ce dernier par la capture. Le projet de règlement international voté par l'institut de droit international décide dans le même sens (tit. 1, § 9).—Une dernière sanction consiste dans le droit pour l'Etat neutre, dont la neutralité et la souveraineté ont été violées, d'exiger la remise de la prise pour la mettre en liberté (Bluntschli, règle 786; de Bœck, n°s 214, 220) et généralement dans le droit d'exiger toutes les satisfactions dues pour « l'outrageante violation de son territoire » (Calvo, t. 4, n° 2661).

Art. 3. — *Qui peut exercer le droit de prise.*

68. La course étant abolie par la déclaration de Paris, les particuliers ne peuvent plus obtenir l'autorisation d'exercer le droit de prise. Tout ce qui a été dit au *Rép.*, n°s 29 et suiv., sur les *lettres de marque*, ne doit plus, en principe, recevoir aucune application.

69. La législation française sur ce point se résume en trois propositions, contenant un principe et deux exceptions : 1° principe : le droit de capture n'est exercé que par « les forces publiques, et les autorités publiques » des belligérants (De Bœck, n° 209); — 2° Première exception : la course serait autorisée par voie de réciprocité en cas de guerre contre un Etat qui n'a pas adhéré à la déclaration de Paris; — 3° Deuxième exception : le droit de prise peut être exercé par un navire marchand qui se défend.

70. — 1° *Principe.* — Le droit de prise ne peut plus être exercé aujourd'hui que par les autorités et les forces publiques. Les autorités publiques susceptibles de l'exercer sont de deux sortes: 1° les autorités maritimes, tels que préfets maritimes, chefs du service de la marine, commissaires à l'inscription maritime (De Bœck, n° 209); — 2° Les employés de la douane. Ceux-ci, notamment, ont de grandes facilités pour découvrir la contrebande de guerre; et, en Angleterre, pendant la guerre de Crimée, ils firent condamner nombre de navires.

71. Quant aux forces publiques, ce sont les armées des belligérants, armées terrestres ou navales. Ainsi les navires de guerre appartenant aux belligérants, peuvent seuls pratiquer le droit de prise, soit par leur action exclusive, soit avec le concours de forces terrestres, par exemple de batteries placées sur les côtes. C'est là une règle fondamentale depuis la déclaration de Paris. M. Bul-

merincq établit qu'elle a été adoptée par de nombreuses législations. Elle a toujours été suivie par la France, notamment pendant la guerre de 1870. Dans les pays étrangers, « le règlement de la Prusse du 20 juin 1864, § 1, a reconnu expressément le principe qu'un navire de guerre seul peut exercer le droit de prise ». La même solution résulte pour l'Autriche du paragraphe 1 de l'ordonnance du 3 mars 1864 et du paragraphe 5 de celle du 21 mars 1864. Les Pays-Bas avaient déjà admis le même principe par l'ordonnance du 26 janv. 1781 (art. 6). Le règlement russe de 1869, sur les prises et reprises maritimes, mis en vigueur pendant la guerre de 1877 contre la Turquie, dit, au paragraphe 7, « que la capture de navires ennemis et suspects ne peut être opérée que par des bâtiments et des commandants de la flotte impériale » (*Revue de droit international*, 1879, p. 567-8). Aussi le projet de règlement adopté par l'institut de droit international consacre formellement ce principe, tit. 1, § 1 : « Les navires de guerre et les forces militaires d'Etats belligérants sont seuls autorisés à exercer le droit de prise, c'est-à-dire l'arrêt, la visite, la recherche et la saisie des navires de commerce pendant une guerre maritime. — § 2. La course est interdite » (*Revue de droit international*, 1887, p. 146).

72. Conformément à ce principe, il a été jugé que « les objets de contrebande de guerre ne peuvent être saisis sur un navire neutre que dans le cas où le bâtiment capteur appartient à une puissance belligérante » (Cons. d'Et. 25 mars 1848, le *Comte-de-Thomar*, D. P. 48. 3. 54).

73. Doit-on assimiler aux navires de guerre les navires faisant partie de la *marine volontaire*? La question s'est posée en 1870. Un décret du roi de Prusse en date du 24 juill. 1870 ordonnait la création d'une pareille marine (V. *suprà*, n° 15). Il faisait appel aux particuliers et les engageait à mettre leurs navires à la disposition du gouvernement. Le but proposé était de combattre les navires de guerre français. Pour engager ces « marins volontaires » à en détruire le plus grand nombre possible, le gouvernement allemand promettait des primes plus ou moins fortes, variant de 10 000 à 50 000 thalers, suivant la force et le rang du bâtiment capturé ou détruit. Le gouvernement français n'avait pas vu la autre chose que le rétablissement de la course, et avait protesté à cette occasion auprès des neutres. Il avait même déclaré qu'il appliquerait à ces navires « les mesures de rigueur que comporte le droit de la guerre ». Il considérait que la Prusse ayant signé la déclaration de 1856, manquait à ses engagements.

74. Pourtant les avocats de la couronne d'Angleterre, consultés sur ce point, n'ont pas considéré la création de cette prétendue marine auxiliaire comme une violation de la déclaration de 1856, ni comme un rétablissement indirect des corsaires suivant eux, les bâtiments dont il s'agit n'étaient pas appelés à faire des opérations ayant un caractère privé et commercial ; ils devaient plutôt être assimilés à des corps francs ou à des volontaires sur terre, dont la formation est pleinement reconnue et sanctionnée par le droit international (V. en ce sens de Bœck, n° 211. Geffcken (sur Heffter, n° 124, note 7) enseigne que cette marine franche était légale, parce qu'elle devait s'attaquer aux vaisseaux de guerre français. C'était, dit-il, une *Seewehr*, par opposition à la *Landwehr*.

75. Au contraire, M. Calvo (t. 4, § 2394), est d'avis que, « en examinant le caractère essentiel de cette institution, on arrive à dire que les navires armés dans les conditions de l'ordonnance allemande du 24 juill. 1870 pouvaient être considérés comme de véritables corsaires ». Il en trouve la preuve dans les faits qu'ils étaient *navires privés*, que la propriété n'en était pas transférée à l'Etat, et que d'autre part une prime était accordée à l'équipage capteur : deux points essentiels de ressemblance avec la condition des corsaires. D'autre part, ajoute M. Calvo, pour que ces navires pussent être considérés comme navires de guerre au point de vue du personnel, il eût fallu au moins qu'ils fussent commandés par des officiers de la flotte fédérale dûment commissionnés par leur souverain, comme cela avait eu lieu dans l'affaire du navire *Saint-Jean*, entre l'Espagne et le Danemark, en 1811, et dans l'affaire du navire *Sumter*, entre les Etats-Unis et la Hollande, en 1861. « Or, aux termes de l'ordonnance, ces officiers ainsi que les équipages étaient engagés par les soins des armateurs. Il est vrai qu'ils recevaient des brevets et portaient l'uniforme; mais ils n'appartenaient point à la marine fédérale puisqu'on leur ouvrait seulement la perspective d'y entrer plus tard, sur leur désir et en cas de services exceptionnels. Les équipages *formés par les armateurs* ne devaient évidemment pas être soumis à d'autres règles que celles qui sont édictées pour l'armement des navires de commerce, et il pouvait s'ensuivre que la majorité des équipages, et, dans certains cas, les officiers, fussent étrangers, les puissances qui se sont fondues dans la confédération de l'Allemagne du Nord n'imposant pour la plupart aucune condition à la composition des équipages. Bien plus, cet appel à l'initiative des particuliers constituait un encouragement à l'achat en pays étrangers de navires susceptibles d'être ensuite convertis avec plus ou moins de facilités en bâtiments propres à l'attaque, suivant la pensée de l'ordonnance. Cette conséquence était d'autant plus grave que l'on a parlé d'achats faits en Angleterre et aux Etats-Unis de navires neutres dans un but hostile. Quant aux primes, le dixième de la valeur du bâtiment payé à ce titre par le gouvernement allemand pouvait à la rigueur être considéré comme un prix de fret, et le remboursement de cette valeur en cas de perte comme une indemnité ; mais il était expressément dit que les primes dépendant de la prise ou de la destruction de navires ennemis, selon le tarif annexé, seraient versées entre les mains des armateurs, qui devaient, lors de l'engagement, s'entendre avec leurs équipages sur la part de prises à attribuer à ces derniers ».

76. M. Calvo conclut que les navires armés dans les conditions de l'ordonnance prussienne de 1870 pouvaient être regardés comme de vrais corsaires, et même avec une aggravation qu'on ne leur avait imposé aucune des garanties que tous les Etats admettant la course exigeaient de leurs corsaires, notamment le cautionnement et la durée limitée des lettres de marque. La démonstration faite par cet auteur est, à notre avis décisive, et il nous paraît démontré que les navires d'une prétendue marine volontaire ou auxiliaire, quelque nom qu'on lui donne, ne doivent pas être assimilés aux navires de guerre ni autorisés à exercer le droit de prise. — Ajoutons, d'ailleurs, qu'en 1870, aucun armateur n'a profité de l'ordonnance prussienne, et qu'aucun bâtiment allemand n'a pris la mer dans les conditions qu'elle prévoyait.

77. Le principe énoncé plus haut subsiste donc intégralement : les navires de guerre seuls peuvent exercer le droit de prise. La conséquence est que si une puissance signataire de la déclaration de Paris, du 16 avr. 1856, autorisait ses nationaux, simples particuliers, à faire des armements en course et à exercer le droit de prise, les particuliers qui useraient de cette autorisation devraient être traités comme pirates par le belligérant ennemi. C'est dans cet esprit qu'étaient conçues les instructions ministérielles françaises du 25 juill. 1870, dont l'art. 12 portait, sous la rubrique « corsaires » : « Tous les Etats de la confédération de l'Allemagne du Nord, ayant adhéré à la déclaration du 16 avr. 1856, ont renoncé, pour leurs sujets, à l'exercice de la course. En conséquence, tout corsaire rencontré sous pavillon de cette confédération devra être saisi et traité comme pirate ». — Tel est le principe.

78. — 2° *Première exception.* — Elle est ainsi formulée dans le paragraphe 3 du projet de règlement international : « L'armement en course demeure permis à titre de rétorsion entre les belligérants qui ne respectent pas le principe du paragraphe 2. L'art. 208 du code de droit maritime italien de 1865 contient une disposition analogue. La délivrance de lettres de marque ne serait, en effet, dans ce cas, qu'une juste réciprocité. Ce ne serait donc que dans des cas exceptionnels que les explications données au *Rép.*, n⁰ˢ 29 et suiv., auraient encore une utilité pratique. Ces cas sont au nombre de trois : 1° la France se trouvait en guerre avec une puissance qui n'a pas aboli la course ; 2° si la nation avec laquelle elle se trouverait en guerre était alliée à une nation non signataire de la déclaration de Paris, telle que les Etats-Unis ; 3° si une puissance signataire dénonçait la déclaration et signifiait qu'elle ne veut pas l'observer. Dans ces trois cas

exceptionnels, la France aurait le droit d'armer des corsaires et de délivrer des lettres de marque. Toutefois, en 1885, dans la guerre avec la Chine, non signataire de la déclaration de Paris, la France n'a pas délivré de lettres de marque.

79. — 3° *Deuxième exception.* — Un navire appartenant à un particulier peut capturer le navire ennemi qui l'attaque. Il le peut, bien qu'il ne soit pas lui-même muni de lettres de marque, notamment parce qu'il a la nationalité d'un pays signataire à la déclaration de Paris. L'hypothèse est peut-être d'une réalisation difficile, en raison de la supériorité d'armement que possèdent les navires de guerre ; mais elle est pas impossible. Le code de droit maritime italien la prévoit dans son art. 209. Il suppose même que plusieurs navires marchands se réunissent pour se défendre contre un navire de guerre ennemi et le capturer. La situation est analogue à celle qui a été prévue au *Rép.*, n° 18, et dans laquelle le navire attaqué après la paix parvient à s'emparer du vaisseau agresseur ; la prise doit être déclarée valable.

80. La question est alors de savoir à qui appartient la prise faite. Le règlement russe, dans son paragraphe 62, l'accorde au capteur. M. Bulmerincq est d'avis, au contraire, que ce capteur n'a pas le droit d'en demander l'adjudication, et que la prise doit être dévolue à l'Etat (*Revue de droit international*, 1879, p. 568). Il reconnaît, d'ailleurs, que c'est là une question non internationale, mais nationale seulement, et que chaque Etat peut la régler comme il l'entend d'après sa législation. Chez nous, elle n'a pu se poser en 1870, puisque la flotte allemande n'a pas attaqué les navires de commerce français.

81. L'abolition de la course rend inutile l'examen de plusieurs questions que nous avions traitées au *Rép.*, n⁰ˢ 36 et suiv. : les étrangers pouvaient-ils recevoir des lettres de marque? etc. Sur ces points, dont la discussion a perdu tout intérêt pratique, V.Calvo, n⁰ˢ 2299 et suiv., qui indique les diverses opinions et la bibliographie récente.

Sect. 3. — Des navires et des marchandises ou effets qui peuvent être déclarés de bonne prise.

82. Le *Répertoire* portait ici seulement comme rubrique : « Des navires qui peuvent être déclarés de bonne prise ». Nous ajoutons les mots « marchandises ou effets », car c'est non seulement un navire entier et sa cargaison qui peut faire l'objet d'un droit de prise et d'une décision d'un tribunal de prise, mais encore simplement des marchandises capturées sur un navire, ou même une partie de ces marchandises (V. par exemple, *supra*, n° 51, Cons. des prises, 29 déc. 1870).

83. La question est théoriquement très simple en ce qui concerne les navires. Elle peut se formuler en deux principes : 1° les navires ennemis seuls sont de bonne prise ; 2° les navires neutres, amis ou alliés, ne le sont pas ; ils ne peuvent donc être capturés. Chacun de ces deux principes comporte un certain nombre d'exceptions : 1° il est admis que les navires ennemis ne peuvent être pris dans certains cas (V. *infrà*, section 3, art. 1) ; 2° les navires neutres, amis ou alliés, peuvent faire l'objet d'un droit de prise total ou partiel dans deux cas : s'ils transportent de la contrebande de guerre, ou s'ils tentent de violer un blocus effectif. Il faut ajouter, évidemment, que s'ils font acte d'hostilité et violent ainsi les devoirs des neutres, ils se soumettent aux lois de la guerre et peuvent être capturés. Nous étudierons successivement ces diverses propositions.

84. Bluntschli (règle 666) observe que le droit de prises maritimes ne porte pas sur la propriété privée de l'ennemi trouvée à terre, mais seulement sur les navires appartenant aux citoyens de l'Etat ennemi et sur les biens trouvés dans ces navires et appartenant auxdites personnes. Ceci montre, ajoute-t-il, combien les lois de la guerre maritime sont illogiques.

Art. 1er. — *De la prise des vaisseaux, marchandises ou effets ennemis.*

85. Le principe est que tous les navires, marchandises ou effets appartenant aux ennemis peuvent être capturés. Il n'y a pas à distinguer, en principe, s'ils appartiennent à l'État ennemi comme État, comme être collectif et personne de droit international, ou s'ils appartiennent à de simples particuliers, sujets de cet État ennemi ; il suffit qu'ils aient la nationalité ennemie. On verra plus loin comment se fait pour eux la preuve de cette nationalité, car la question est la même que celle-ci : comment se fait la preuve de la nationalité neutre, amie ou alliée? (V. *infrà*, art. 2). Nous supposons ici que l'on est en présence d'un navire dont le caractère hostile est démontré. N'y a-t-il pas des exceptions au droit de prise? Le même problème se pose pour les marchandises ennemies.

86. Le principe est que tout navire ennemi doit être saisi (Sur ce qu'il faut entendre par « navire », notamment sur le point de savoir si les mâts, chaloupes, canots, en font partie, V. Pradier-Fodéré, t. 5, p. 60). Mais on rencontre un certain nombre d'exceptions qui peuvent se grouper autour de quelques idées générales.

87. Par esprit d'humanité on ne saisit pas : 1° les bateaux, barques, canots et ustensiles employés exclusivement à la pêche côtière. — Ce sont toujours les motifs donnés par Ortolan qui justifient cette exception. « L'industrie de la pêche côtière, dit Ortolan (4° éd., t. 2, p. 51), est entièrement pacifique et d'une importance, quant à la richesse nationale qu'elle peut produire, bien moins grande que celle du commerce maritime ou des grandes pêches. Paisibles et tout à fait inoffensifs, ceux qui l'exercent, parmi lesquels on voit souvent des femmes, se bornent à récolter les produits des mers territoriales, ce sont, pour la plupart, des familles pauvres, qui ne cherchent guère dans ce métier que le moyen de gagner leur vie » (V. dans le même sens Heffter-Geffcken, n° 137 ; Bluntschli, règle 667 ; P. Fiore, t. 3, n° 1421 ; Calvo, t. 4, n° 2342, 2368 ; de Boeck, n° 191 ; Bry, p. 549). — La flotte française a appliqué en 1870 ces principes traditionnels chez nous. L'art. 2 des instructions ministérielles du 25 juill. 1870 disait, en effet : « Vous n'apporterez aucun obstacle à la pêche côtière, même sur les côtes de l'ennemi ; mais vous veillerez à ce que cette faveur, dictée par un intérêt d'humanité, n'entraîne aucun abus préjudiciable aux opérations militaires ou maritimes ». Ajoutons que, en France, on ne saisit pas les canots pêcheurs, même *par représailles* (V. Halleck, t. 20, p. 23 ; Heffter-Geffcken, n° 137, etc.).

88. Les motifs mêmes qui font admettre cette exception conduisent à la restreindre uniquement aux embarcations servant à la petite pêche côtière. Dès qu'un bateau pêcheur pourra être considéré comme assez important pour faire des opérations ayant un caractère commercial, il rentrera dans le principe et pourra être saisi. « Le privilège d'exemption de capture n'est dans aucun pays étendu aux navires qui se livrent en haute mer à ce qu'on appelle la grande pêche, telle que celle de la morue, du cachalot, de la baleine, du phoque et du veau marin. Ces navires sont en effet considérés comme adonnés à des opérations à la fois commerciales et industrielles » (Calvo, t. 4, n° 2373. V. dans le même sens, P. Fiore, t. 3, n° 1421 ; Bry, p. 550).

89. De même, si les bateaux de pêche étaient employés dans un but militaire, l'exception cesserait et ils deviendraient sujets à capture (De Boeck, n° 196 ; P. Fiore, t. 3, n° 1421).

90. — 2° Les bâtiments hospitaliers et les ambulances maritimes. — Il est conforme à nos mœurs et à notre état de civilisation de les laisser en dehors de tout acte d'hostilité. Nous avons déjà dit que la France avait appliqué à cet égard un projet voté à Genève le 20 oct. 1868, et que les instructions ministérielles du 25 juill. 1870 (art. 21 et dernier) prescrivaient de respecter les bâtiments de cette espèce (V. *supra*, n° 26). — Évidemment l'observation de ces actes additionnels doit se concilier avec la répression de toute tentative de fraude ; il ne faut pas qu'un belligérant puisse soustraire un bâtiment au droit de prise en le faisant passer frauduleusement pour bâtiment hospitalier (V. les *Actes du comité international de secours aux militaires blessés*, Genève, 1871 ; Moynier, *Étude de la convention de Genève*, p. 126 à 131 et p. 151 à 270 ; Calvo, t. 4, n° 2377 ; De Boeck, n° 201, 204 ; Bry, p. 550).

91. Que décider en ce qui concerne les navires échoués ou naufragés sur les côtes de France, et ceux qui seraient

contraints d'entrer dans nos ports par suite de relâche forcée? Ce qui a été dit au *Rép.*, n° 25 et 27, est toujours vrai. L'humanité commande de ne pas exercer le droit de prise vis-à-vis d'eux, mais les nécessités de la guerre peuvent conduire à la solution contraire. Aussi la législation française permet de les saisir (*Rép.* n° 27). — L'opinion théorique des publicistes est favorable à l'immunité des bâtiments qui se trouvent dans cette situation malheureuse (En France, de Boeck, n° 197 ; Bry, p. 550 ; à l'étranger, Calvo, t. 4, n° 2374-5 ; Heffter-Geffcken, n° 137 ; P. Fiore, t. 3, n° 1422 ; Bluntschli, règle 668). Ce dernier auteur fait, d'ailleurs, une restriction des plus justes : le navire naufragé pourra être pris s'il a fait naufrage précisément pendant la poursuite.

92. — Quant aux bâtiments ennemis qui font le cabotage, V. *Rép.* n° 47. L'exception ne s'y applique pas.

93. Les exceptions suivantes reposent sur l'idée d'une convention. On ne saisit pas : 1° les navires parlementaires ou navires de cartel, c'est-à-dire envoyés pour proposer l'échange des prisonniers, des propositions de paix, etc. — Ils échappent au droit de prise à condition de hisser un pavillon spécial et de s'abstenir de tout acte d'hostilité (De Boeck, n° 206 ; Bry, p. 551 ; Calvo, t. 4, n° 2419 ; Phillimore, t. 3, n° 112-3 ; P. Fiore, t. 3, n° 1423). L'immunité s'applique dans ce cas aussi bien aux navires de guerre qu'aux navires de commerce.

94. — 3° Les navires munis de sauf-conduit. Les instructions ministérielles de 1870 portaient à cet égard (art. 3) : « Vous n'arrêterez pas non plus les bâtiments ennemis pourvus d'un sauf-conduit du gouvernement impérial (français). Vous vous assurerez que les actes qui vous seront présentés sont sincères et que les conditions en ont été rigoureusement observées ; en cas de soupçon sur leur sincérité ou d'inexécution de leurs conditions, vous êtes autorisés à saisir le bâtiment qui en serait porteur ».

95. — 4° Les navires destinés à des *missions scientifiques*, des voyages d'exploration. Cette exception a été appliquée, au siècle dernier, aux navires de Bougainville et de la Pérouse, et, plus tard, aux navires envoyés à la recherche de Franklin. Mais il est indispensable que les navires de cette sorte ne se renferment strictement dans leur rôle et ne se livrent à aucun acte d'hostilité. Quelques auteurs exigent même que l'État ennemi soit avisé du caractère de leur mission (Ortolan, t. 2, p. 51 ; Calvo, t. 4, n° 2376 ; de Boeck, n° 199 ; Bry, p. 550 ; Heffter-Geffcken, n° 137 ; P. Fiore, t. 3, n° 1423).

96. — Les paquebots-poste sont, en principe, sujets à capture. L'existence d'une convention spéciale est nécessaire pour qu'ils y échappent (De Boeck, n° 207 ; Bry, p. 551). Différents traités conclus entre les États leur ont accordé l'immunité. Une convention de ce genre, signée à Londres, le 14 juin 1833, entre la France et l'Angleterre. pour régler le transport des dépêches entre les deux pays, décide, dans son art. 5, que « les paquebots-poste ne pourront être détournés de leur destination spéciale, c'est-à-dire du transport des dépêches, par quelque autorité que ce soit, ni être sujets à saisie-arrêt, embargo ou arrêt de prince » (De Clercq, *Recueil des traités de la France*, t. 4, p. 248 et 250). Une autre convention de poste avec l'Angleterre, conclue à Paris le 24 sept. 1856, prévoit le cas de guerre dans son art. 11. « En cas de guerre entre les deux nations, les paquebots des deux administrations continueront leur navigation sans obstacle ni molestation, jusqu'à notification de la rupture des communications postales faite par l'un des deux gouvernements, auquel cas il leur sera permis de retourner librement et sous protection spéciale dans leurs ports respectifs » (De Clercq, t. 7, p. 152 et 155). Une convention de poste conclue à Paris le 3 mars 1869, entre la France et l'Italie, décide également que les paquebots-poste des deux nations ne pourront être sujets à saisie-arrêt, embargo ou arrêt de prince (De Clercq, t. 10, p. 262 et 265). L'intérêt des belligérants est le motif déterminant de cette exception.

97. Si le navire capturé appartient pour partie à des ennemis et pour partie à des neutres, y a-t-il lieu de restituer aux neutres leur part de propriété, ou bien le navire doit-il être condamné pour le tout? C'est la question de *l'indivisibilité de la propriété du navire.* M. Barboux, p. 70, fait remarquer que cette question ne pouvait s'élever avant la déclaration du congrès de Paris, puisque la propriété neutre voyageant sous pavillon ennemi était de bonne prise. « Il y avait là, dit-il, une assimilation évidente. Mais, depuis que la marchandise neutre n'est plus saisissable sous pavillon ennemi, on comprend qu'on ait été conduit à se demander si la conséquence de ce principe n'est pas de permettre aux neutres qui ont une part de propriété dans le navire capturé de revendiquer dans le prix une part proportionnelle ». La jurisprudence française a eu à résoudre la difficulté en 1870. Un neutre avait sur un navire allemand une hypothèque, et il réclamait la somme ainsi garantie. Sa prétention fut repoussée. Le conseil des prises a décidé : 1° que la propriété d'un navire, au point de vue de l'exercice des droits de la guerre, est absolument indivisible (Cons. des prises de Paris, 22 déc. 1870, le *Turner*, D. P. 72. 3. 89); — 2° Que, par suite, le copropriétaire neutre ne peut revendiquer sa part de copropriété (Même décision); — 3° Qu'à supposer que l'hypothèque autorisée par la loi prussienne sur le navire pût être, comme l'hypothèque constituée par les lois françaises, considérée comme un démembrement de la propriété, cette hypothèque ne saurait apporter aucun obstacle à l'exercice absolu du droit de la guerre (Même décision).

98. La cour d'amirauté anglaise décide aussi que, relativement à l'exercice du droit de la guerre, le navire est indivisible et que le capteur n'est pas obligé d'indemniser le copropriétaire neutre (Bry, p. 607). MM. P. Fiore, t. 3, n° 1440-1, et de Boeck, n° 164, critiquent ce système. Mais la crainte des fraudes et des simulations est un argument qui paraît décisif en faveur de la jurisprudence.

99. En ce qui concerne les marchandises et effets qui se trouvent sur les navires capturés, il y en a une certaine catégorie qui échappent à la prise. Celle-ci a pour but, dans la pensée de ceux qui la pratiquent, d'affaiblir le commerce de l'ennemi. Elle ne doit donc porter que sur les marchandises ayant un caractère commercial, et tous les effets qui ne présenteront pas ce caractère devront y échapper (*Rép.* n° 60). En conséquence : 1° les effets et objets personnels, hardes, instruments et cartes appartenant au capitaine, à l'équipage et aux passagers ne seront pas capturés; ils doivent leur être immédiatement rendus, et s'ils ne l'ont pas été, ils doivent leur être restitués. — Cette règle a été appliquée d'une façon constante aux prises faites pendant la guerre de 1870; toutes les décisions du conseil des prises rendues à ce sujet ordonnent que « les effets et objets personnels appartenant à l'équipage et au capitaine leur seront immédiatement restitués, s'ils ne l'ont déjà été ». C'est la formule consacrée en pratique (V. à titre d'exemples : Cons. des prises de Paris, 26 nov. 1870, l'*Elise-von-Lutzow*, (*suprà*, n° 51-4°); 15 déc. 1870, le *Borussia*, Barboux, p. 52; 21 déc. 1870, le *Paul-Auguste*, Barboux, p. 93, etc.). Il importe, toutefois, de remarquer que, à raison du motif indiqué, les effets personnels n'échappent au droit de prise qu'à la condition de ne pas avoir un caractère commercial. Si ces effets sont tellement importants qu'ils constituent un véritable chargement, ils peuvent être déclarés de bonne prise (V. le numéro suivant).

100. — 2° L'usage s'est également introduit de ne pas capturer les *pacotilles* (Calvo, t. 5, n° 2901). Mais il importe précisément de limiter l'exception par le motif même qui l'a inspirée : dès qu'une pacotille sera assez importante pour n'avoir pas seulement la qualité d' « effet personnel », mais pour présenter un caractère commercial, elle pourra être saisie. Dans quel cas constituera-t-elle ainsi par son importance un véritable chargement? C'est là une question de fait qu'on ne peut résoudre à l'avance par une règle générale (Barboux, *Jurisprudence du conseil des prises*, p. 86). — Conformément à ces principes, il a été jugé : 1° que si le capitaine d'un navire met à bord des marchandises pour son compte, elles peuvent être considérées, à raison de leur importance, comme un chargement ordinaire et déclarées de bonne prise (Cons. des prises, 1er déc. 1870, le *Don-Julio*, Barboux, p. 99); — 2° Qu'une quantité de 2000 noix de coco constitue une pacotille personnelle appartenant au capitaine et doit lui être restituée (Cons. des prises, 31 déc. 1870, le *Joan*, Barboux, p. 101).

Art. 2. — *De la prise des bâtiments, marchandises ou effets neutres ou alliés.*

101. Comme on l'a dit au *Rép.*, n° 61, l'état de guerre entre deux ou plusieurs nations ne peut porter atteinte, en principe, aux droits des Etats qui veulent rester neutres. Ceux-ci peuvent continuer le commerce, terrestre ou maritime, avec les belligérants respectivement, puisqu'ils continuent d'entretenir avec eux des relations d'amitié. Les navires neutres ou alliés ne peuvent donc, en principe, faire l'objet d'un droit de prise. On verra *infrà*, n°s 118 et suiv., les exceptions que comporte ce principe.

102. A cette règle théorique se rattache étroitement une règle pratique, relative à la preuve. Pour se prévaloir de la neutralité, tout bâtiment doit prouver qu'il est effectivement neutre. S'il est rencontré en pleine mer par le navire de guerre d'un belligérant, il ne sera pas pris s'il établit clairement sa neutralité. S'il ne peut l'établir complètement à ce moment, il pourra le faire encore devant la juridiction chargée de juger la prise. Nous avons à étudier deux questions à cet égard : 1° la droit de visite; 2° le preuve de la neutralité.

§ 1er. — Du droit de visite.

103. Quand un navire de guerre appartenant à un Etat belligérant rencontre en mer un autre bâtiment, le capitaine doit reconnaître quel est ce bâtiment et voir s'il doit procéder au droit de prise. Pour cela il a le droit d'exercer le *droit de visite*. C'est une conséquence inévitable de l'état de guerre, et cette conséquence atteint forcément les neutres. C'est un droit reconnu par tous les pays : il est admis universellement que les navires de guerre ont le droit d'y recourir pour remplir efficacement leur rôle en temps d'hostilités. Il faut de toute nécessité qu'ils puissent d'abord distinguer les bâtiments neutres ou alliés des bâtiments ennemis, et ensuite constater que les premiers se conforment aux devoirs de la neutralité. « Le droit de visite, dit M. Calvo (t. 5, n° 2939) est généralement considéré comme un des attributs essentiels inhérents à tout belligérant... Il se rattache principalement à l'interdiction du commerce de contrebande et à l'observation des blocus; il en est pour ainsi dire le corollaire, voire la conséquence nécessaire. La visite a en effet pour but de s'assurer si le navire qu'on arrête et son chargement n'appartiennent pas à l'ennemi, si le navire ne porte pas à l'ennemi des objets de contrebande de guerre ou des secours prohibés, s'il ne transporte pas des personnes ennemies; elle peut tendre aussi à empêcher le navire de communiquer avec des ports bloqués. La tâche de la visite est donc de constater la nationalité du navire, le caractère, l'origine et la destination de son chargement et la nationalité de son équipage ».

104. La France a, dans plusieurs traités, réglementé le droit de visite : Traité du 28 sept. 1716 entre la France et les villes hanséatiques; 8 sept. 1726, avec la Hollande; 23 août 1742, avec le Danemark (De Clercq, *Recueil des traités de la France*, t. 1, p. 46); 1er avr. 1769, entre la France et Hambourg (De Clercq. t. 1, p. 111), confirmé le 17 mars 1789 (De Clercq, t. 1, p. 201), 6 févr. 1778 et 30 sept. 1800 entre la France et les Etats-Unis (De Clercq, t. 1, p. 400); 18 sept. 1779, avec le Mecklembourg-Schwerin (De Clercq, t. 1, p. 131); 26 sept. 1786, entre la France et l'Angleterre (De Clercq, t. 1, p. 146); 11 janv. 1787 entre la France et la Russie (De Clercq, t. 1, p. 171); 28 oct. 1844, entre la France et la Nouvelle-Grenade ratifié le 1er oct. 1846 (De Clercq, t. 5, p. 248 et *Bulletin des lois*, 1846, n° 1333). On trouvera dans Calvo, *op. cit.*, t. 5, n° 2942, note, l'énumération, avec indication des sources, de tous les traités conclus, même en dehors de la France, au sujet du droit de visite.

105. Il y a presque unanimité parmi les auteurs pour admettre la légitimité du droit de visite. Il n'est, en effet, que le complément indispensable du droit de poursuivre la contrebande de guerre (V. notamment Heffter-Geffcken, n° 167; Bluntschli, règle 819; Gessner, p. 294 et suiv.; Vergé sur de Martens, t. 2, n° 321, note; De Cussy, t. 1, p. 228; Calvo, t. 5, n°s 2939 à 2952, qui donne sur ce point une bibliographie très complète). — On ne cite que deux auteurs en sens contraire. Le Danois Bornemann (*Ueber die gebräuchliche Visitation der Neutralen-Schiffe und über Convoi;* Copenhague. 1801, p. 215 et suiv.), et le Hambourgeois Meno Pöhls (*Seerecht*, t. 4, p. 257 et suiv.) sont seuls à combattre le droit de visite.

106. Le droit de visite fait naître plusieurs questions : 1° par qui peut-il être exercé? 2° en quels lieux? 3° à quelle époque? 4° vis-à-vis de quels navires? 5° dans quelle forme?

107. — 1° Il ne peut être exercé que par des belligérants (Calvo, t. 5, n° 2952). Il ne doit l'être aujourd'hui que par des bâtiments de guerre. Avant l'abolition de la course, il pouvait l'être aussi par des corsaires pourvus de lettres de marque régulières.

108. — 2° L'art. 14 du projet de règlement international des prises adopté par l'Institut de droit international, indique en quels lieux il peut être exercé : « Le droit de visite s'exerce dans les eaux des belligérants, en tant qu'elles ne sont pas mises par traité à l'abri des faits de guerre, et en haute mer » (*Revue de droit international*, 1887, t. 19, p. 147). Il est, par suite, formellement interdit dans les eaux territoriales des neutres. La visite est en effet un fait de guerre (En ce sens : Calvo, t. 5, n° 2957; P. Fiore, t. 3, n° 1632; Vergé sur de Martens, t. 2, n° 321, note; de Martens-Léo, t. 3, p. 355). C'est aussi ce que décidaient les instructions ministérielles de 1870. L'art. 13 portait : « Pour remplir les devoirs qui résultent des indications qui précèdent, vous aurez à exercer le droit de visite. Bien que ce droit soit illimité en temps de guerre, *quant aux parages*, je vous recommande cependant expressément de ne l'exercer que dans les parages et dans les circonstances où vous auriez des motifs fondés de supposer qu'il peut amener la saisie du bâtiment visité ».

Ce texte pose en principe que le droit de visite est *illimité en temps de guerre*, pour les motifs indiqués plus haut (V. *supra*, n° 103); mais deux restrictions doivent être apportées à ce principe.

109. La première résulte de l'art. 1 des instructions complémentaires du ministre de la marine en 1870. « Quelque illimité que soit le droit de visite en temps de guerre, dit ce texte, vous devez vous abstenir absolument de l'exercer lorsque des bâtiments se trouveront en dedans de la limite des eaux territoriales d'une puissance neutre ». Cette limite est celle qui a été indiquée plus haut pour le droit de prise lui-même (V. *supra*, n°° 55 et suiv.).

La seconde restriction résulte de l'art. 13 lui-même, qui recommande de pratiquer le droit de visite surtout dans les régions où l'on peut supposer que des navires marchands ennemis sont à prendre. Un décret italien du 20 juin 1866, art. 10, contient la même idée : « Bien qu'il n'y ait pas de limites à l'exercice du droit de visite en temps de guerre, je vous recommande (aux capitaines de navire) de ne l'exercer que dans les lieux et les circonstances qui vous autoriseront à croire que la visite aura pour conséquence la saisie du navire ». Telle est aussi l'opinion de Pérels (p. 313-4°). D'après cet auteur, l'étendue du droit de visite est déterminée par le but que l'on poursuit. Dans les mers éloignées du centre des hostilités, on ne doit l'exercer que s'il y a un soupçon de violation de neutralité.

110. — 3° Quand peut être exercé le droit de visite? Comme il n'est que l'accessoire du droit de prise, il sera exercé pendant la même période que ce dernier, c'est-à-dire pendant la durée des hostilités (Calvo, t. 5, n° 2954). Nous ne parlons pas ici du droit de visite exercé en temps de paix, pas plus que nous ne traitons du droit de prise en temps de paix (V. *supra*, n° 2).

111. — 4° Vis-à-vis de quels navires est possible le droit de visite? Une distinction capitale doit être faite entre les navires de guerre et les navires de commerce. Les premiers ne peuvent être soumis au droit de visite, « à raison des égards que les gouvernements se doivent entre eux et du respect qui entoure le pavillon militaire » (Calvo, t. 5, n° 2959. V. dans le même sens : Heffter-Geffcken, n° 167 ; de Martens-Léo, t. 3, p. 356 ; P. Fiore, t. 3, n° 1635). Par suite, un navire de commerce neutre convoyé par un navire de guerre ne sera pas soumis à la visite. Le convoi est un moyen imaginé par les neutres pour se mettre à l'abri des vexations des belligérants. De même qu'on respecte un na-

vire de guerre, on respecte le convoi qu'il accompagne ; l'immunité de l'un se communique à l'autre (A. Desjardins, t. 1, n° 28 ; Calvo, t. 5, n° 2980 ; de Martens-Léo, t. 3. p. 356; Heffter-Geffcken, n° 170 ; Nys, p. 77 ; Blunstchli, règle 824 ; P. Fiore, t. 3, n° 1641). Geffcken remarque que cette pratique a surtout un intérêt historique, aucun État n'ayant une marine militaire suffisante pour protéger sa marine marchande. Il faut ajouter que le fait du convoi par un navire de guerre n'est pas concluant ; il n'empêche nullement la contrebande. — *Les instructions ministérielles françaises de 1870 contiennent à cet égard un véritable commentaire pratique de la règle*. L'art. 14 porte : « Vous ne visiterez point les bâtiments qui se trouveront sous le convoi d'un navire de guerre neutre, et vous vous bornerez à réclamer du commandant du convoi une liste des bâtiments placés sous sa direction, avec la déclaration écrite qu'ils n'appartiennent pas à l'ennemi et ne sont engagés dans aucun commerce illicite. Si cependant vous aviez lieu de soupçonner que la réligion du commandant du convoi a été surprise, vous communiqueriez vos soupçons à cet officier, qui procéderait seul à la visite des bâtiments suspectés ». L'art. 16 du projet de règlement international des prises adopté par l'Institut de droit international reproduit à peu près textuellement cet art. 14 des instructions ministérielles françaises du 25 juill. 1870 (*Revue de droit international*, 1887, p. 148). Ajoutons, avec Bluntschli (règle 826), que la protection du vaisseau du convoi ne s'applique qu'aux bâtiments composant le convoi et en faisant partie régulièrement, mais non à ceux qui s'y sont joints d'eux-mêmes.

112. À part les navires convoyés régulièrement, est soumis au droit de visite tout navire de commerce, neutre, ami, allié, ou même appartenant à la nationalité du croiseur. On a exposé *supra*, n°° 85 et suiv., les exceptions que comporte le droit de prise, et indiqué les navires ennemis qui y échappent. Doit-on admettre les mêmes exceptions en ce qui concerne le droit de visite? Non, en principe, car on conçoit qu'un belligérant arrête un navire simplement pour le visiter, et le laisse continuer sa route après s'être assuré qu'il se conforme aux lois de la neutralité. C'est ainsi que l'art. 18 du projet de règlement voté par l'Institut de droit international porte : « Pourront continuer leur route (après la visite), les navires neutres destinés à des expéditions scientifiques, à condition qu'ils observent les lois de la neutralité » (*Revue de droit international*, 1887, p. 148).

113. On peut cependant noter une exception toute spéciale concernant les paquebots-poste. De même qu'ils peuvent n'être pas soumis au droit de prise, de même, ils sont traités d'une façon particulièrement favorable, dans la pratique française, au point de vue du droit de visite. L'art. 10 des instructions ministérielles de 1870 porte, en effet : « Lorsque le navire à visiter est un paquebot chargé du service postal et ayant à bord un commissaire du gouvernement dont il porte le pavillon, on peut se contenter de la déclaration de cet agent, relativement à la nature des dépêches ». L'art. 17 du projet de règlement voté par l'Institut de droit international s'inspire du même esprit et va même plus loin : il décide que le paquebot-poste pourra n'être pas visité si le commissaire du gouvernement déclare par écrit qu'il ne transporte ni dépêches, ni troupes, ni contrebande pour l'ennemi » (*Revue de droit international*, 1887, p. 148).

114. — 5° Dans quelles formes s'exerce le droit de visite? Une première formalité est exigée au moment où le navire de guerre va y procéder, c'est le coup de canon ou *semonce*, tiré par ce dernier en même temps qu'il hisse son pavillon (Calvo, t. 5, n° 2955). Les art. 3 et 4 des instructions ministérielles complémentaires de 1870 constituent le meilleur exposé des règles à suivre en pareil cas : « Art. 3. Lorsque vous serez déterminés à visiter un navire, vous l'avertirez d'abord de votre intention en tirant un coup de canon de semonce à boulet perdu ou à poudre, et en arborant votre pavillon. A ce signal, le navire est tenu d'arborer aussi ses couleurs et de mettre en panne pour attendre votre visite. S'il continuait sa route et cherchait à fuir, vous le poursuivriez et l'arrêteriez, au besoin, par la force. En cas de résistance armée de sa part, vous auriez à le capturer sans autre examen — Art. 4. Si le navire semoncé s'arrête, vous vous arrêterez aussi, en vous tenant, autant que les circonstances de mer le permettront, hors de portée du canon, et vous lui enverrez une embarcation portant le pavillon parlementaire. Un officier accompagné de deux ou trois hommes au plus monte à bord du navire à visiter. Il procède avant tout à l'examen des papiers de bord ». L'institut de droit international a à peu près reproduit ces dispositions dans les art. 11, 12 et 13 de son projet de règlement international sur les prises (*Revue de droit international*, 1887, p. 147).

115. Après la semonce, le navire neutre a l'obligation de s'arrêter, sinon il pourrait être « semoncé à boulets », poursuivi et même capturé pour ce seul fait. Le belligérant détache alors un canot armé, commandé par un officier, pour procéder à la visite. Plusieurs règlements internationaux portent que le croiseur doit se tenir « hors de portée de canon » du navire neutre, ou à demi-portée, etc. MM. Pérels et Calvo critiquent justement cette disposition, car, disent-ils, la portée de canon est aujourd'hui d'environ huit milles marins. Or il est impossible d'établir à pareille distance une communication par embarcations, si la mer est un peu grosse. Aussi les traités récents décident-ils qu'on se réglera suivant les circonstances, c'est-à-dire, dit M. Calvo, suivant l'état de la mer (Calvo, t. 5, nᵒˢ 2955 et 2956).

116. Le belligérant peut ainsi contraindre le bâtiment marchand à recevoir sa visite. Il peut l'y contraindre même par la force (*Rép.* nᵒˢ 146-147). — À cette période de la procédure, on distingue deux sortes de visites. D'abord la *visite simple* ou *enquête sur le pavillon*, ayant pour but unique l'examen des papiers de bord (Bluntschli, règle 822). S'ils sont réguliers, le navire peut continuer sa route. Mais il se peut que le belligérant ait des soupçons graves et veuille faire des recherches dans le navire. Il y a alors *visites avec perquisitions*. L'opération consistant ainsi à fouiller le navire et sa cargaison, à interroger au besoin l'équipage sur les marchandises embarquées, est désignée par quelques publicistes sous le nom de *recherche* ou *droit de recherche*. Elle doit être faite avec « loyauté et modération », dit M. Bry (p. 594). Les instructions ministérielles complémentaires de 1870 prescrivent de n'y recourir que si l'on a des motifs sérieux de soupçonner le chargement : « Art. 8. Lorsque la visite visité a prouvé sa neutralité, vous n'avez pas à vous préoccuper de la nationalité de son chargement, puisque le pavillon neutre couvre la marchandise, même ennemie. Quant à la nature dudit chargement, il convient, en règle générale, de le vérifier par l'examen des papiers de bord. Si cependant vous avez des motifs sérieux de soupçonner que le navire renferme de la contrebande de guerre pour le compte ou à destination de l'ennemi, vous devez réclamer la visite de la cargaison. Cette visite s'effectue par les soins du capitaine et de l'équipage du navire visité, sous les yeux de l'officier du croiseur, lequel ne doit y procéder par lui-même qu'en cas de refus de ces derniers ». D'autre part, le projet de règlement international contient toute une série des dispositions sur la recherche, les cas dans lesquels elle peut avoir lieu, et la forme dans laquelle il doit y être procédé « Art. 19. Si les papiers du bord ne sont pas en ordre, ou si la visite opérée a fait naître un soupçon fondé, comme il est dit en l'article qui suit, l'officier qui a opéré la visite est autorisé à procéder à la recherche. Le navire ne peut s'y opposer; s'il s'y oppose néanmoins, la recherche peut être opérée de force. — Art. 20. Il y a soupçon fondé dans les cas suivants : 1° lorsque le navire arrêté n'a pas mis en panne sur l'invitation du navire de guerre; — 2° Lorsque le navire arrêté s'est opposé à la visite des cachettes supposées receler des papiers de bord ou de la contrebande de guerre; — 3° Lorsqu'il a des papiers doubles, ou faux, ou falsifiés, ou secrets, ou sans ses papiers sont insuffisants, ou qu'il n'a point de papiers; — 4° Lorsque les papiers ont été jetés à la mer ou détruits de quelque autre façon, surtout si ces faits se sont passés après que le navire a pu s'apercevoir de l'approche du navire de guerre; — 5° Lorsque le navire arrêté navigue sous un pavillon faux ». Les art. 21 et 22 indiquent ensuite ce que peut faire l'officier qui procède à la recherche : il ne peut briser des armoires, caisses, cassettes, etc. (*Revue de droit international*, 1887, p. 148).

117. La pratique française n'exige pas que toutes les pièces de bord sans exception soient complètes et régulières.

L'absence de telle ou telle pièce n'entraîne pas la prise du navire si les autres sont suffisantes pour ne laisser aucun doute sur la neutralité du navire et le caractère licite du chargement (Calvo, t. 5, nᵒ 2955). Mais s'il y a doute et si le commandant qui vient d'exercer le droit de visite estime qu'il y a lieu à l'exercice du droit de prise, il peut y procéder, et c'est plus tard, lors du jugement de la prise, que le navire saisi fera valoir tous les moyens propres à prouver sa neutralité et l'innocuité de sa cargaison (V. *infrà*, nᵒˢ 119 et suiv.).

118. En somme, un navire doit être saisi dans les cas suivants : 1° s'il n'obéit pas à la semonce, s'il fuit, résiste ou se prépare à résister (Heffter-Geffcken, nᵒ 171; Calvo, t. 5, nᵒ 2961; Bry, p. 601; P. Fiore, t. 3; nᵒ 1644); — 2° S'il ne peut justifier sa nationalité neutre à l'aide des papiers de bord (Heffter-Geffcken, nᵒ 171; Bry, p. 598, etc. V. sur la preuve de la neutralité, *infrà*, nᵒ 119 et suiv.); — 3° S'il n'a été trouvé ni papiers de bord, ni commission régulière (Cons. des prises, 8 févr. 1892, le *Pluvier*, Rec. Cons. d'Etat, 1892, p. 1017; Calvo, t. 4, nᵒ 2340; P. Fiore, t. 3, nᵒ 1644), ou encore s'il a des papiers doubles ou multiples (art. 6 des instruct. franç. de 1870; Calvo, t. 4, nᵒ 2340; P. Fiore, t. 3, nᵒ 1644); — 4° Si, après la semonce, le navire jette des papiers à la mer (Cons. des prises, 19 juill. 1886, le *Ping-On*, *infrà*, nᵒ 209; Calvo, t. 4, nᵒ 2340); — 5° Si l'équipage a pris la fuite après avoir jeté ses canons à la mer (Cons. des prises, 8 févr. 1892, le *Pluvier*, Rec. Cons. d'Etat, 1892, p. 1017); — 6° Si la visite amène la saisie d'armes de guerre (Cons. des prises, 8 févr. 1892, la *Massue*, Rec. Cons. d'Etat, *infrà*, nᵒ 304. — 7° Si le navire viole un blocus régulièrement notifié (Cons. des prises 20 juill. 1889, *infrà*, nᵒ 122); — 8° S'il sert d'espion (P. Fiore, t. 3, nᵒ 1669). Le navire a alors perdu sa qualité de neutre; il est *dénationalisé*; — 9° En cas de déviation, s'il a changé de route, sans que les motifs de la déviation puissent être suffisamment expliqués (Heffter-Geffcken, nᵒ 171); — 10° S'il porte de la contrebande de guerre (V. *infrà*, § 3).

§ 2. — Constatation de la neutralité. — Pièces de bord : passeport, rôle d'équipage, connaissements, etc. etc. — Jet à la mer.

119. On traitera, dans ce paragraphe, de toutes les questions relatives à la preuve de la nationalité du navire visité, des marchandises et effets qu'il contient, ainsi que de l'équipage.

120. Les principes servant à reconnaître la nationalité du navire n'ont pas changé depuis la publication du *Rép.* (nᵒˢ 65 et 66). Ils se résument en deux propositions : 1° la preuve de la nationalité se fait, *en principe*, uniquement au moyen des *pièces de bord*; — 2° Les pièces font pleine foi et il ne peut être admis, en principe, de preuve contraire aux énonciations qu'elles fournissent. Nous n'avons ici qu'à ajouter aux solutions du *Répertoire* les quelques nouvelles et les décisions pratiques intervenues depuis 1856.

121. Tout d'abord, c'est au moyen de tous les papiers, titres et documents trouvés sur le navire saisi que l'on établit qu'il appartient à l'ennemi ou à un pays neutre, car tout navire doit avoir un certain nombre de papiers en règle. Ce sont toujours les art. 2 et 11 du règlement du 26 juill. 1778 qui s'appliquent ici (art. 10 des instructions françaises de 1870; Calvo, t. 4, nᵒ 2335). Par suite, devra être saisi et déclaré de bonne prise tout navire qui n'aura pas de papiers de bord, ou dont les papiers ne seront pas en ordre et présenteront des irrégularités, ou enfin dont les papiers constateront qu'il est de nationalité ennemie. M. Barboux remarque qu'à cet égard aucune contestation ne s'est produite dans les affaires soumises au conseil des prises à la suite de la guerre de 1870-1871. « Il ne s'est élevé ni contestations, ni même de doutes sur la validité de la prise des navires saisis. Leurs pièces de bord étaient régulières; elles indiquaient une nationalité ennemie, qui d'ailleurs n'était pas contestée par les capitaines » (Barboux, p. 69). Les réclamations à l'occasion des prises de 1870 se sont produites surtout en ce qui concerne les marchandises chargées sur les navires allemands.

122. Il a été jugé, en conséquence (V. *infrà* : 1° que l'absence de papiers de bord entraîne la saisie d'un navire pour défaut de preuve de la neutralité (Cons. des prises, 26 nov. 1887 (plusieurs décisions), *Rec. Cons. d'Etat*, 1887, p. 895 et suiv. ; 20 juill. 1889, la *Trombe*, *Rec. Cons. d'Etat*, 1889, p. 1234) ; — 2° Que la preuve de la neutralité ne peut résulter que des pièces de bord (Mêmes décisions ; *Adde*, Cons. des prises de Paris, 22 déc. 1870, le *Turner*, Barboux, p. 75) ; — 3° Que des pièces produites uniquement sur le pourvoi, et non trouvées à bord, ne peuvent faire aucune foi pour prouver la neutralité du navire saisi, la justification entière devant se trouver dans les seules pièces nécessaires et qui doivent toujours être rencontrées à bord (Cons. d'Et. 12 mai 1855, l'*Orione* (1) ; 4 févr. 1860, le *Genio speculatore*, *suprà*, n° 51 ; 15 avr. 1872, le *Johannes*, D. P. 72. 3. 89 ; *Rec. Cons. d'Etat*, p. 773) ; — 4° Que pour que des navires de fabrique ennemie puissent être réputés neutres, les propriétaires doivent établir *par des pièces trouvées à bord*, revêtues de la forme authentique ou ayant date certaine, que la vente ou cession en a été faite à quelqu'un des sujets des puissances neutres avant le commencement des hostilités (Cons. d'Et.

23 juin 1855, le *Welzet* (2) ; 29 août 1855, l'*Alexander I*er, *Rec. Cons. d'Etat*, 1855, p. 869 ; même date, la *Valentina*, *Rec. Cons. d'Etat*, p. 870) ; — 5° Qu'un navire ayant à bord un négociant ennemi propriétaire du chargement, le patron et le marchand n'ayant pas de papiers, doit être déclaré de bonne prise (Cons. des prises, 20 juill. 1889) (3) ; — 6° Qu'un navire, jonque, sampan ou tout autre bâtiment qui n'a à bord aucun papier de bord ni commission régulière doit être déclaré de bonne prise (Cons. des prises, 26 nov. 1887 (plusieurs décisions), *Rec. Cons. d'Etat*, 1887, p. 895 et suiv. ; 8 févr. 1892, le *Pluvier*, *Rec. Cons. d'Etat*, 1892, p. 1017).

123. D'autres éléments peuvent compléter les pièces de qord et les corroborer. Ainsi il a été jugé « que la nationalité ennemie d'un navire était constatée par le pavillon du navire lors de l'arrestation, par les pièces de bord, par la composition de l'équipage et par l'aveu du capitaine » (Cons. des prises, 21 avr. 1855, la *Tri-Swiatitela*, D. P. 1855. 3. 73).

124. En cas de doute, c'est par la loi étrangère, c'est-à-

---

(1) (L'*Orione*.) — Napoléon, etc. ; — Vu le pourvoi contre une décision du conseil des prises du 28 oct. 1854, formé et déposé au secrétariat du conseil d'Etat, le 19 février dernier, au nom et dans l'intérêt du sieur Adami Pierre-Auguste, banquier à Livourne ; — Vu ladite décision du conseil des prises, et tous les procès-verbaux, actes d'instruction, documents et mémoires qui y ont été visés ; — Vu, etc. ; — Vu l'art. 15 du traité de navigation et de commerce intervenu entre la France et la Toscane le 15 févr. 1853 ; — Vu la déclaration du 27 mars 1854, constatant l'état de guerre entre la France et la Russie, et celle du 29 du même mois, relative à la navigation des neutres ; — Vu enfin les art. 3, 7, 9 et 11 du même règlement du 26 juill. 1778, remis en vigueur par l'arrêté des consuls du 20 frim. an 8 ; — Sur le moyen tiré de la violation de l'art. 15 du traité du 15 févr. 1853 : — Considérant que cet article ne peut être interprété isolément ; que, mis en rapport avec le but et l'ensemble du traité, il ne s'applique qu'aux droits et privilèges que les deux nations contractantes se sont réciproquement accordés dans leurs ports respectifs ; — Au fond : — Considérant qu'il est reconnu que le navire l'*Orione* est de fabrique russe, qu'il appartenait à une société d'armateurs d'Uleaborg, qu'il était commandé dans le port d'Odessa par le capitaine russe Leusstadius et monté par un équipage de la même nation ; — Considérant que l'écrit unilatéral auquel il a été donné la date russe du 25 janv. 1854 ne peut, en l'absence de tout équipeur et des formalités voulues par la loi du pays, servir à constater une vente sérieuse ; qu'il n'est qu'un certificat que se donne à lui-même la capitaine russe, qui continue à demeurer en possession du navire avec le même équipage, à donner tous les ordres pour le chargement, à signer les actes d'affrètement, à commander et conduire le navire d'Odessa à Livourne en empruntant la présence et le nom du prétendu capitaine Rocco Catalini, maître au petit cabotage, qui ne sait ni lire ni signer son nom ; — Considérant que ce navire, entré le 8 juin 1854 dans le port de Livourne avec sa nationalité russe, n'a pu en sortir, le 11 juillet suivant, qu'avec la même nationalité, malgré le changement de capitaine et d'équipage, puisqu'il n'est intervenu aucune autre vente régulière, qui eût d'ailleurs été postérieure à la déclaration de guerre du 27 mars 1854 ; — Considérant que la pièce trouvée à bord, lors de la capture, et présentée comme connaissement, ne porte point la signature du capitaine toscan ; qu'elle n'est, ni pour sa date, ni pour ses énonciations, conforme aux originaux du véritable connaissement, qui sont revêtus de la signature du capitaine russe Leusstadius ; — Considérant que la charte-partie, sans laquelle aucun bâtiment affrété ne peut naviguer, a été supprimée ou distraite ; que son existence antérieure à la saisie est cependant constatée, puisqu'il en est fait mention dans tous les originaux du connaissement ; mais que les énonciations que devait contenir cet acte synallagmatique et les signatures qu'il devait porter expliquent l'intérêt de sa disparition ; — Quant aux nouvelles pièces produites sur le pourvoi : — Considérant que, suivant l'art. 11 du règlement de 1778, ces pièces ne peuvent faire aucune foi, ni être d'aucune utilité, la justification entière se trouver dans les seules pièces nécessaires et qui doivent toujours être rencontrées à bord ; — Art. 1er. La requête du sieur Adami, Pierre-Auguste, est rejetée. Du 12 mai 1855.-Cons. d'Et.

(2) (Le *Welzet*.) — Napoléon, etc. ; — ... Vu les art. 8 et 10 du règlement du 21 oct. 1744, et 2, 4, 7 et 11 du règlement du 26 juill. 1778 ; — Vu les art. 51 et 53 de l'arrêté du 2 prair. an 11 ; — Vu nos déclarations du 27 mars 1854 ; — Considérant que, pour que les navires de fabrique ennemie puissent être réputés neutres les propriétaires doivent, aux termes du règlement de 1778, établir par des pièces trouvées à bord, revêtues de

la forme authentique, ou ayant date certaine, que la vente ou cession en a été faite à quelqu'un des sujets des puissances neutres avant le commencement des hostilités ; que même le règlement exige que l'acte translatif de propriété de l'ennemi au sujet neutre soit signé du propriétaire ou du porteur de ses pouvoirs ; — Considérant que la vente du navire le *Welzet*, passée devant le notaire royal de Copenhague le 14 mars 1854, est authentique et antérieure aux hostilités, mais qu'elle n'indique point par quel acte les pouvoirs en vertu desquels le capitaine a procédé lui avaient été conférés ; que c'est seulement dans le cours de l'instruction que les sieurs Zeüthen et Wilken ont produit une procuration du sieur Dahl au capitaine Dahlberg, portant la date du 24 oct. 1853 ; mais que cet acte est sous seing privé, que sa date n'est établie par aucun moyen légal et qu'il ne se trouvait point à bord lorsque le navire a été saisi ; que si un autre acte en forme authentique et faisant partie des pièces du bord contient le pouvoir, pour le capitaine Dahlberg, de consentir à la vente du *Welzet*, cet acte passé à Christianstadt le 23 mars 1854, dix jours après la vente, trois jours seulement avant le commencement des hostilités, et qui n'est arrivé qu'après cette époque à Copenhague, lorsque le navire avait déjà quitté cette ville, n'a pu, ni valoir ratification, ni autoriser le mandataire à ratifier en temps utile ; — Considérant, enfin, qu'en raison des circonstances révélées par l'instruction, il n'y a aucun motif pour modifier et restreindre dans leur application les dispositions du règlement ; — Art. 1er. La requête du sieur Wilken et des sieurs Zeüthen et comp. est rejetée. Du 23 juin 1855.-Cons. d'Et.

(3) (Canonnière la *Trombe*.) — Le conseil des prises : — Entre les sieurs Ba, Nam et Sa-Tru, demeurant à Hat, sur la rivière Claire ; — Et d'autre part, le commandant, état-major et équipage de la canonnière française la *Trombe*, et, en tant que de besoin, les commandant en chef, états-majors et équipages de l'escadre française de l'Extrême Orient ; — Vu la lettre du ministre de la marine en date du 25 mai 1887, qui renvoie au conseil, où il a été enregistré sous le n° 2, le dossier de l'instruction faite au sujet de la prise d'une jonque opérée le 30 oct. 1883 par la canonnière la *Trombe*, commandée par M. Capetter, lieutenant de vaisseau ; — Vu les actes et pièces composant ledit dossier et notamment : — 1° L'extrait du journal de timonerie tenu à bord de la *Trombe* du 30 oct. 1883, la prise d'une jonque portant à Hat (rivière Claire) diverses marchandises venant de Hanoï et embarquées en fraude à la pagode des Quatre-Colonnes ; que ni le patron ni le marchand n'avaient de papiers ; — Qu'il a été reconnu, en outre, que la jonque avait un négociant chinois propriétaire du chargement ; qu'elle n'était munie d'aucun laissez-passer des autorités françaises et qu'ayant forcé le blocus du haut Song-Hoï, elle devait être considérée comme de bonne prise ; — Qu'un inventaire dressé en présence du commandant de la *Trombe* et dont copie est produite avait été adressé au commandant de la flottille en même temps qu'un rapport rendant compte de sa mission ; — Que dans ces circonstances, et en l'absence de toute contestation, la validité de la prise doit être considérée comme suffisamment établie ; — Considérant, en ce qui touche l'attribution de la prise, que l'état de l'instruction ne permet pas de savoir si le bateau-canonnier capteur opérait isolément ou si le produit de sa prise doit profiter à une partie ou à l'ensemble de l'escadre, etc. (Prise de la jonque, agrès, apparaux et accessoires, ensemble de la cargaison déclarée bonne et valable. Renvoi devant le ministre de la marine pour la liquidation des parts). Du 20 juill. 1889.-Cons. des prises.

dire celle du pays du bâtiment, que la nationalité du bâtiment est déterminé (Barboux, p. 69).

125. Doit être également saisi tout navire dont les papiers ont été jetés à la mer en totalité ou en partie (*Rép.* n°s 134, 136, 138, 139). L'art. 5 des instructions ministérielles complémentaires de 1870 rappelle à cet égard l'art. 3 du règlement du 26 juill. 1778 et décide que « s'il est constaté que des papiers ont été jetés à la mer ou autrement supprimés ou distraits, à bord du navire visité, ce navire doit être capturé sans qu'il soit besoin d'examiner quels étaient ces papiers, par qui ils ont été jetés et s'il en resté suffisamment à bord pour justifier que le navire et son chargement appartiennent à des neutres ». Jugé, en conséquence, que si, après la semonce, un navire jette des papiers à la mer, ledit navire et la cargaison doivent être déclarés de bonne prise (Cons. des prises, 19 juill. 1886, le *Ping-On, Rec. Cons. d'Etat,* 1886, p. 953. V. en ce sens Calvo, t. 4, n° 2340).

126. On peut rapprocher de cette jurisprudence quelques décisions rendues en matière de piraterie, à propos de prises faites en temps de paix. Il a été jugé que « le défaut de papiers de bord ou leur irrégularité, joint au fait de l'armement, autorise la capture d'un navire sous prévention de piraterie » (Cons. d'Et. 23 nov. 1847, le *Sempar,* D. P. 48. 3. 53). Mais il a été décidé que « le défaut de papiers de bord serait insuffisant pour autoriser la capture d'un navire naviguant *sans armement* » (Cons. d'Et. 31 août 1847, le *Vencedora* et *Mary-Jana,* D. P. *ibid.*; 23 nov. 1847, le *Tres-Coraçôes,* D. P. *ibid.*).

127. Quelles sont les pièces de bord, c'est-à-dire quels sont les papiers dont un navire doit être muni? Au point de vue théorique, la réponse est fournie par l'art. 27 du projet de règlement des prises voté par l'institut de droit international, qui énumère « les papiers de bord requis en vertu du droit international ». D'après ce projet, ce sont les suivants : 1° les documents relatifs à la propriété du navire ; — 2° Le connaissement ; — 3° Le rôle d'équipage, avec l'indication de la nationalité du patron et de l'équipage ; — 4° Le certificat de nationalité, si les documents indiqués au n° 3 n'y suppléent pas ; — 5° Le journal de bord (V. aussi Calvo, t. 4, n° 2365). Au point de vue français, les papiers de bord sont indiqués par l'art. 226 c. com. Le capitaine doit avoir à bord : 1° l'acte de propriété du navire ; — 2° L'acte de francisation ; — 3° Le rôle d'équipage ; — 4° Les connaissements et chartes-parties ; — 5° Les procès-verbaux de visite ; — 6° Les acquits de payement ou à caution des douanes. — L'art. 6 des instructions ministérielles complémentaires de 1870 contenait à peu près la même énumération. D'après ce document, les principaux papiers de bord sont : 1° l'acte de propriété, le congé ou passeport et le rôle d'équipage, qui établissent la nationalité *du bâtiment ;* — 2° Les connaissements, chartes-parties et factures, qui établissent la nature et la nationalité *du chargement.*

128. D'ailleurs il est généralement admis qu'il suffit qu'une seule des pièces trouvées à bord prouve péremptoirement la nationalité neutre pour que le navire soit relâché (Calvo, t. 4, n° 2351). L'art. 6 des instructions complémentaires de 1870 renferme un commentaire de cette règle. « Il suffit, dit-il, qu'une seule des pièces du bord établisse, d'une manière certaine, la neutralité du navire pour que celui-ci soit exempt de capture, à moins cependant qu'il n'y ait contradiction entre ladite pièce et quelque autre document trouvé à bord. D'autre part, l'absence d'une des pièces ci-dessus indiquées ne justifierait pas par elle seule la capture, si d'ailleurs l'ensemble des autres pièces prouvait bien authentiquement la neutralité du navire et la régularité de l'expédition. Mais il y aurait lieu, comme nous l'avons dit, de capturer le navire sur lequel on trouverait des expéditions doubles, qui laisseraient des doutes sur sa nationalité ou sa destination.

129. Pour le commentaire de l'art. 226 du code de commerce et les diverses décisions qui s'y rattachent, V. *Rép.* v° *Droit maritime,* n°s 407 et suiv. Il a été jugé par exemple, qu'un bâtiment de plaisance n'était pas dispensé de l'obligation d'avoir un rôle d'équipage (Crim. cass. 17 janv. 1850, aff. Pagelet, D. P. 50. 1. 74). On doit en conclure qu'en cas de prise, l'absence de cette pièce pourrait entraîner la prise d'un tel bâtiment.

130. Dans quels cas les pièces du bord doivent-elle être considérées comme irrégulières et insuffisantes ? (V. *Rép.* n°s 72 et suiv.). En outre, il a été jugé que « si le rôle d'équipage trouvé sur un navire porte un nombre inférieur à celui des hommes dont la présence a été constatée au moment de l'arrestation, ce fait constitue l'irrégularité de ce rôle et entraîne la validité de la prise du navire » (Cons. d'Et. 23 nov. 1847, le *Trovoada,* D. P. 48. 3. 53). Cette décision a été rendue à propos d'un navire saisi en temps de paix et convaincu, au moyen de l'irrégularité de son rôle d'équipage, de piraterie. Jugé encore que la suppression ou distraction de la charte-partie, sans laquelle aucun bâtiment affrété ne peut naviguer, quand cette suppression est prouvée, sert à démontrer la nationalité ennemie du navire capturé (Cons. d'Et. 12 mai 1855, l'*Orione, suprà,* n° 122).

131. Il est également de principe que tout navire naviguant sous pavillon ennemi est de bonne prise. Cette règle a été mise en relief par l'exception même qui y a été apportée en 1871, dans l'affaire de la *Palme.* Le navire et sa cargaison appartenaient à la société protestante des *Missions de Bâle.* La Confédération suisse n'ayant pas de pavillon maritime, la société des Missions avait été obligée, après avoir acheté le navire en 1866, de lui faire porter un pavillon étranger et de le faire immatriculer dans un port de mer sous le nom d'un de ses correspondants. Elle avait adopté le pavillon hanovrien, remplacé depuis par le pavillon allemand. Un sieur Bagchmann était désigné sur les registres de Brême comme propriétaire du navire. En janvier 1871, la *Palme* fut capturée par un navire français. Le conseil des prises de Bordeaux déclara la prise bonne, et, en effet, au point de vue du droit en cette matière, le bâtiment devait être condamné. La commission provisoire faisant fonction de conseil d'Etat annula la sentence et ordonna la restitution du navire. En statuant ainsi, la juridiction des prises a usé du pouvoir qui lui appartient, d'après la loi de son institution, de tenir compte des considérations politiques qui peuvent motiver des atténuations à l'exercice rigoureux du droit de prise (V. *infrà,* n° 294). Mais la commission eut soin de déclarer « qu'en raison de circonstances exceptionnelles, et en considération des services rendus par la Suisse à une armée française pendant la guerre, il convenait de se départir, vis-à-vis de la société des *Missions protestantes de Bâle* du droit qui appartient au gouvernement français de déclarer de bonne prise tout navire naviguant sous pavillon ennemi » (Comm. prov., 10 juin 1872, D. P. 72. 3. 89). La décision est rédigée dans des termes tels qu'on doit y voir non la renonciation au droit de capturer tout bâtiment portant pavillon ennemi, quelle que soit la nationalité des propriétaires, droit qui est au contraire formellement affirmé, mais un acte de générosité et un témoignage de reconnaissance publique envers une nation amie, dont la sympathie venait de se manifester d'une manière éclatante. (*Adde,* sur l'affaire de la *Palme,* de Boeck, n° 164; Calvo, t. 4, n° 2339 ; Heffter-Geffcken, n° 167, note 3; F. Fiore t. 3, n° 1431).

132. Que faut-il décider pour le cas où un navire marchand est vendu à des neutres pendant la guerre, soit par un propriétaire ennemi, soit par un propriétaire national? En France, la vente d'un navire marchand ennemi à un neutre n'est pas valable (Règl. du 16 juill. 1778, art. 7). La vente antérieure à la déclaration de guerre est justifiée par acte authentique est seule valable (V. en ce sens Cons. des prises : 28 oct. 1854, l'*Orione ;* 25 nov. 1854, le *Christiane ;* 13 janv. 1855, l'*Alexander I*er *;* Calvo, t. 4, n° 2328-2329).

133. Jugé encore que, pour que des navires de fabrique ennemie puissent être réputés neutres, les propriétaires doivent établir par des pièces trouvées à bord, revêtues de la forme authentique, ou ayant date certaine, que la vente ou cession en a été faite à quelqu'un des sujets des puissances neutres avant le commencement des hostilités (Cons. d'Et. 23 juin 1855, le *Welzet, suprà,* n° 122-4° ; Cons. d'Et. 29 août 1855, l'*Alexander I*er *; Rec. Cons. d'Et.,* p. 869; même date, la *Valentina, Rec. Cons. d'Et.,* p. 870).

134. Aussi, en 1870, les instructions françaises ont recommandé que, en cas de changement de nationalité des navires ou des propriétaires, c'est-à-dire vente du navire à des neutres, ou naturalisation des propriétaires, il soit procédé avec la plus grande attention. L'art. 7 prescrit aux commandants français de s'assurer que toutes ces opérations ont été exécutées de bonne foi et non dans le seul but de dissimuler une propriété réellement ennemie.

135. La jurisprudence française est nette 'et simple ; il n'en est pas de même de la jurisprudence anglaise et américaine (De Boeck, n° 166). Cette dernière établit une distinction entre la vente faite de bonne foi et celle qui a pour but de dissimuler la nationalité ennemie. L'italien P. Fiore déclare cette distinction « raisonnable » (P. Fiore, t. 3, n° 1428). On peut l'approuver au point de vue théorique ; mais elle ne tient pas compte des faits. M. Calvo approuve la législation française, car, dit-il avec raison, l'appréciation des faits et de la bonne foi soulève des difficultés insurmontables (Calvo, t. 4, n° 2327).

136. Quant à la vente d'un navire national à un sujet neutre, elle doit être « scrutée avec prudence et circonspection » (Calvo, t. 4, n° 1966). Ici évidemment tout dépend des faits. Il y a de graves présomptions pour que la vente soit frauduleuse, si elle a été faite après le commencement des hostilités, et que l'ancien propriétaire reste sur le navire comme capitaine.

137. En ce qui concerne les marchandises, les règles de preuve sont les mêmes que pour le navire lui-même, sauf ce qui sera dit *infrà*, n°⁸ 157 et suiv. En règle générale, la preuve se fait au moyen des pièces de bord. Mais il y a ici des difficultés particulières.

138. Le principe est, depuis la déclaration de Paris, que la marchandise neutre, sauf la contrebande de guerre, n'est pas saisissable à bord d'un bâtiment ennemi. De nombreuses applications de cette règle ont été faites pendant la guerre de 1870. Des marchandises appartenant à des neutres, des cargaisons de tabac, par exemple, chargées sur vaisseaux allemands, ont été restituées alors que le vaisseau était condamné (V. notamment, Cons. des prises de Bordeaux, 2 févr. 1871, l'*Eclips*, D. P. 1872. 3. 89 ; Cons. d'Et. 6 déc. 1871, la *Henriette*, *Rec. Cons. d'Et.*, 1871, p. 447 ; 14 févr. 1872, l'*Apollo*, D. P. 1872. 3. 89 ; *Rec. Cons. d'Et.* 1872, p. 769 et 770 ; Cons. d'Et. 5 nov. 1873, *Rec. Cons. d'Et.*, 1873, p. 166, etc., etc.)

139. Mais la déclaration de Paris porte simplement que la marchandise neutre n'est pas saisissable sous pavillon ennemi. Aucune règle d'application n'a été tracée ni au sein du congrès de Paris de 1856, ni dans aucun acte diplomatique ou législatif postérieur. Les anciens règlements sont encore en vigueur, et c'est à la jurisprudence d'en mettre l'application en harmonie avec les nouvelles règles du droit international.

140. Un premier point paraît hors de discussion : c'est que la marchandise est présumée appartenir à la même nationalité que le bâtiment. Ainsi, à défaut de réclamation des intéressés, ou tout au moins de preuves constatant évidemment la neutralité des chargeurs, la cargaison suit le sort du navire. C'est aux réclamants à combattre cette présomption naturelle (Barboux, p. 80). De sorte que, pour les marchandises, on peut formuler deux règles de droit : 1° toute marchandise chargée à bord d'un navire ennemi est présumée ennemie ; 2° la nationalité neutre doit être justifiée par les pièces de bord.

141. La première règle a des conséquences importantes. Il a été jugé que si, en l'absence de tout indice résultant soit des pièces trouvées à bord, soit des déclarations faites par le capitaine, il est impossible de déterminer la neutralité de la cargaison, celle-ci doit être déclarée de bonne prise (Cons. des prises de Paris, 31 déc. 1870, le *Paul-Auguste*, D. P. 72. 3. 89). Le conseil des prises peut seulement surseoir à statuer sur la validité de la capture de la cargaison, jusqu'à ce que les propriétaires aient justifié en due forme leur qualité de citoyens neutres (Même décision).

142. Par suite encore de la présomption que toute marchandise chargée sur un navire ennemi est réputée ennemie, si un chargement n'est pas réclamé, elle doit être confisquée d'office (Barboux, p. 89. V. en ce sens : Cons. des prises de Paris, 5 janv. 1871, le *Wilberforce*, Barboux, p. 91 ; *ibid.*, 2 févr. 1871, le *Wiederkunft*, Barboux, p. 92).

143. Cependant le conseil des prises a rendu en 1870, deux décisions contraires, c'est-à-dire qu'il a reconnu la

neutralité de deux cargaisons non réclamées (Cons. des prises de Paris, 1er déc. 1860, le *Brillant*, Barboux, p. 90). M. Barboux, *op. cit.*, explique que ce ne sont là que des décisions de fait : les propriétaires des cargaisons capturées étaient des négociants considérables, connus dans le monde entier, l'un comme sujet grec, l'autre comme sujet anglais. Mais, ajoute le même auteur, ces décisions sont exceptionnelles, contraires aux règles du droit, et ne sauraient faire jurisprudence.

144. Enfin, dans quelle forme peut se faire la preuve de la nationalité ? Le principe est toujours comme pour le navire lui-même, celui de l'art. 11 du règlement du 26 juill. 1778 ; on ne doit avoir égard qu'aux seules pièces trouvées à bord. Cette règle ne soulevait aucune objection avant 1856 ; il suffisait de vérifier la nationalité du navire, et les marchandises suivaient le même sort. Mais, depuis la déclaration de Paris, le jugement des prises présente plus de difficulté. Une fois la prise du navire déclarée valable, il reste à décider s'il y a lieu de restituer tout ou partie de la cargaison. Comme nous l'avons dit (D. P. 1872. 3. 89, note), l'expérience de la guerre de 1870 a bientôt démontré la nécessité de tempérer, dans l'application, la rigueur du principe posé dans l'art. 11 de l'ordonnance de 1778. Le commerce maritime a adopté d'une manière très générale l'usage de désigner, dans les connaissements, l'expéditeur et le destinataire, sans y joindre aucune indication qui permette de distinguer s'ils agissent pour leur compte ou comme intermédiaires, en qualité de commissionnaires ou de consignataires. Souvent même les connaissements sont à ordre. Ces procédés, très licites par eux-mêmes, rendent absolument impossible de s'en tenir aux seules pièces de bord, sous peine de rendre illusoire, pour les neutres, le bénéfice de la déclaration du Congrès de Paris.

145. Par suite de ces considérations, d'une part, il a été décidé que la neutralité du chargement doit être prouvée par les pièces trouvées à bord (Cons. d'Et. 2 nov. 1871, le *Vorsetzen*, D. P. 72. 3. 89 ; 13 déc. 1871, l'*Alma*, D. P. 72. 3. 89 ; 25 févr. 1873, la *Magdalena*, D. P. 73. 3.39).

146. Il a été décidé encore, comme solution de principe, que la cession d'un chargement ennemi au moment de la prise, cession opérée à une époque postérieure à cette prise n'est pas valable si les pièces de bord établissent la nationalité ennemie du navire (Cons. des Prises de Paris, 29 déc. 1870, la *Ghérardine* ; *suprà*, n° 51-5°).

147. Jugé aussi que ne fait pas foi, en matière de prises, la déclaration sous serment (*affidavit*) d'un intéressé, soit que l'*affidavit* soit postérieur à la prise (Cons. f. f. de Cons. d'Et.,16 avr. 1872, D. P. 72. 3. 92) ;... soit même qu'il ait été trouvé à bord (Cons. d'Et. 25 févr. 1873, la *Magdalena*, D. P. 73. 3. 39).

148. D'autre part, les deux conseils des prises, la Commission provisoire faisant fonctions de conseil d'Etat et le conseil d'Etat ont admis quelquefois comme moyens de preuve des pièces autres que celles trouvées à bord. Mais il faut bien noter que l'art. 11 de l'ordonnance de 1778 a toujours été appliqué, en ce sens qu'aucune preuve n'est admise contre les énonciations des pièces de bord, les intéressés ne pouvant se plaindre qu'on invoque contre eux des titres créés par eux-mêmes. Suivant les expressions qui se retrouvent dans presque toutes les décisions, ils ne sont admis qu'à *confirmer, expliquer* ou *compléter* ces pièces de bord. Ainsi, il a été jugé que les intéressés peuvent produire, postérieurement à la prise, les pièces nécessaires pour confirmer, expliquer et compléter les pièces de bord. (V. Cons. des prises de Paris, 31 déc. 1870, deux décisions, le *Joan* et le *Paul-Auguste* ; D. P. 72. 3. 89 ; Cons. des prises de Bordeaux, 2 févr. 1871, l'*Eclips*, D. P. ; Comm. f. f. de Cons. d'Et., 2 nov. 1871, le *Vorsetzen*, D. P. *ibid.* ; 14 févr. 1872, le *Turner*, D. P. *ibid.* ; 10 juin 1872, la *Thalta* ; D. P. *ibid.*).

149. M. Calvo (t. 4, n° 2338) va même jusqu'à dire que les pièces trouvées à bord ne sont qu'un commencement de preuve par écrit. En cas de doute, d'autres preuves peuvent résulter d'autres pièces ou du serment des intéressés. C'est ainsi qu'il a été jugé : 1° qu'en droit, la neutralité doit être prouvée par les pièces trouvées à bord, mais qu'à la vérité cette règle n'a point un caractère absolu, et que des justifications complémentaires peuvent être fournies après la capture (Cons. des prises de Bordeaux, 2 févr. 1871, l'*Eclips*, D. P. 72. 3. 89) ; — 2° Que, toutefois, les pièces trouvées à bord doivent constituer au moins un commencement de preuve, et qu'il est impossible d'établir la neutralité des marchandises embarquées par des pièces différentes ou contraires aux pièces mêmes trouvées à bord (Même décision).

150. La revendication des marchandises est admise surtout lorsque la neutralité en est prouvée par le rapprochement des pièces de bord avec des dépêches télégraphiques, des lettres portant le timbre de la poste, des extraits de livres de commerce régulièrement tenus, « ces extraits expliquant et confirmant les pièces de bord. » (Comm. f. f. de Cons. d'Et. 14 févr. 1872 (1), *Rec. Cons. d'Etat*, 1872, p. 768 ; 29 avr. 1872, l'*Eclips*, D. P. 72. 3, 89 ; 10 juin 1872, la *Thalia*; D. P. 72. 3. 89).

151. Il a été décidé encore qu'une facture ou des lettres expédiées par la poste avant la déclaration de guerre et portant le timbre de la poste peuvent servir de preuve pour la neutralité de la marchandise (Comm. provisoire, 13 déc. 1871, l'*Alma*, D. P. 72. 3. 89 ; 24 janv. et 15 avr. 1872, la *Laura-Louise*, D. P. 72. 3. 89; Comm. f. f. Cons. d'Et., 10 juin 1872, la *Thalia*, D. P. 72. 3. 89).

152. Quant à l'appréciation des productions faites dans le but de compléter et expliquer les pièces de bord, le conseil d'État n'a pas perdu de vue qu'à raison même du caractère violent du droit de prise, ceux qui en sont les interprètes ne se font pas de scrupule dans le choix des moyens à employer pour y échapper et que, par suite, il y a toujours lieu de redouter un accord frauduleux entre les intéressés. Aussi n'a-t-il admis, sauf de rares exceptions, toujours justifiées par des circonstances particulières, que les pièces ayant date certaine avant la capture, et s'est-il attaché particulièrement à celles qui remontent à une époque où la guerre ne pouvait pas être prévue, et où, par conséquent, les négociants n'avaient pas intérêt à déguiser le caractère de leurs opérations. Les certificats et déclarations postérieurs à la prise, quelle que fût leur forme, ont presque toujours été écartés comme suspects. Il a été décidé, en ce sens, que l'on ne doit pas tenir compte des pièces qui ont pu être faites en vue de frauder les droits du capteur (Comm. f. f. de Cons. d'Et., 15 avr. 1872, le *Johannès*, D. P. 72. 3. 89).

153. Jugé spécialement : 1° qu'une copie sans authenticité de la charte-partie n'a pas de valeur pour la preuve de la neutralité (Cons. des prises de Paris, 22 déc. 1870, le *Turner*, Barboux, p. 75);... surtout si cette pièce n'indique pas les destinataires de la cargaison (Même décision) ; — 2° Qu'un connaissement qui n'est signé que du capitaine n'a pas de valeur pour prouver la neutralité d'une marchandise (Cons. des prises de Paris, 22 déc. 1870, le *Frei*, Barboux, p. 75), alors surtout que les destinataires de la cargaison n'y sont pas désignés (Même décision) ; — 3° Que la simple mention « propriété anglaise, américaine, etc. », non datée, ni signée, écrite en marge d'un connaissement, est sans aucune force probante, puisqu'elle n'attribue la cargaison à aucun autre propriétaire que le sujet ennemi à la disposition duquel la cargaison est mise par le connaissement (Cons. des prises de Paris, 22 oct. 1870, le *Pfeil*, Barboux, p. 78; Comm. f. f. de Cons. d'Et. 15 avr. 1872, le *Johannès*, D. P. 72. 3. 89 ; Cons. d'Et. 25 févr. 1873, la *Magdalena*, D. P. 73. 3. 39); — 4° Que, si la chartepartie ne fait connaître ni le destinataire, la cargaison doit être déclarée de bonne prise (Cons. des prises, 27 févr. 1871, le *Ludwig*, Barboux, p. 53) ; — 5° Que l'endos d'un connaissement, pour être translatif de propriété, doit contenir les mentions substantielles d'un acte de cette nature, et spécialement le nom de l'acheteur (Même décision) ; — 6° Que la neutralité ne peut être prouvée, à plus forte raison, par un prétendu connaissement qui ne serait pas même signé du capitaine appartenant à une nationalité neutre ou alliée (Cons. d'Et. 12 mai 1855, *suprà*, n° 122).

154. Jugé encore : 1° que si les pièces du bord sont insuffisantes pour prouver la propriété d'un neutre revendiquant, mais qu'elles ne contiennent de conventions d'où on puisse induire qu'elles appartenaient à un sujet de la nation ennemie, le neutre peut faire la preuve de sa propriété par des extraits visés et dûment certifiés de ses livres de commerce et remontant à une époque où la guerre ne pouvait être prévue (Comm. provisoire, 10 mai 1872, l'*Alma*, D. P. 72. 3. 89 ;) ; — 2° Qu'une facture n'ayant pas date certaine ne peut servir de preuve (Cons. d'Et. 25 févr. 1873, la *Magdalena*, D. P. 73. 3. 39);... surtout si cette facture ne contient pas le nom du neutre revendiquant (Même décision);... et si elle n'est pas accompagnée d'une correspondance y ayant trait (Même décision).

155. Mais si des tiers voulaient produire des pièces qui auraient pour but non pas seulement de compléter ou expliquer les pièces du bord, mais de les contredire formellement, cette prétention devrait être repoussée. C'est l'application du principe énoncé *suprà*, n° 148 : il ne peut être admis de preuve contraire aux énonciations des pièces du bord. Jugé, par suite, que, s'il résulte des pièces trouvées à bord que le chargement d'un navire capturé appartient à un sujet de la nation ennemie, un tiers ne peut démontrer par des extraits de ses livres et de sa correspondance commerciale qu'il était propriétaire de ce chargement : la production de pareils documents est formellement interdite par l'art. 11 du règlement de juill. 1778 (Cons. d'Et. 14 janv. 1860 (2).

---

(1) (Navire *Ernestin-Scydell*.) — Vu les requêtes présentées par les sieurs Adam et comp., négociants à Boulogne-sur-Mer, et pour le sieur William Restall, marchand de bois de construction à Birmingham... à ce qu'il plaise annuler... une décision en date du 22 déc. 1870, par laquelle le conseil provisoire des prises de Bordeaux, en validant la prise du navire allemand *Ernestin-Scydell*, capturé le 20 oct. 1870, par le vapeur de l'Etat *Desaix* dans la traversée de Swinemunde à West-Startteport (Angleterre), a déclaré de bonne prise le bois de chêne qui en formait la cargaison ; — Ce faisant, et attendu que le chargement appartenait au sieur W. Restall, sujet anglais, réformer la décision attaquée, déclarer nulle et non avenue la prise de la cargaison réclamée, et ordonner la restitution aux requérants ; — Vu le procès-verbal de la prise ; — Vu l'instruction à laquelle il a été procédé, le 3 oct. 1870, à Dunkerque ; l'inventaire des papiers trouvés à bord et l'interrogatoire du capitaine; — Vu les pièces établissant que le navire avait été affrété pour le compte du sieur Restall, sujet anglais ; que la cargaison lui appartenait et voyageait pour son compte; que la cargaison lui notamment : — Vu notamment : — Vu les dépêches télégraphiques et les lettres commerciales portant le timbre de la poste, échangées du 8 sept. au 28 oct. 1870, entre le sieur Blan, de Stettin, expéditeur de la marchandise, et le sieur Restall; 2° le connaissement passé par le sieur Restall, puis passé le 10 nov. 1870, après la capture du navire, par le sieur Restall à l'ordre des sieurs Adam et comp.; 3° l'extrait d'un registre de factures du sieur Blan certifié conforme par le chancelier du consulat de Stettin; — Vu les observations du ministre de la marine et des colonies, et celles du ministre des affaires étrangères; — Vu le règlement du 26 juill. 1778 ; — Vu le décret du 28 avr. 1856 portant approbation de la déclaration du 16 avr. 1856 ; — Vu la déclaration du 20 juill. 1870; — Vu les décrets des 9 mai 1859 et 28 nov. 1861 qui instituent le conseil des prises; — Vu le décret du 29 sept. 1880 ; — Considérant qu'il résulte du rapprochement des pièces du bord et de la correspondance commerciale ainsi que des autres pièces produites par les requérants que le sieur W. Restall était propriétaire de la cargaison de l'*Ernestin-Scydell*; — Que le sieur Restall justifie de sa nationalité anglaise; — Art. 1er. — La décision attaquée est annulée en tant qu'elle a validé la prise du bois de construction qui formait le chargement du navire allemand *Ernestin-Scydell*; Ladite cargaison sera remise aux requérants, ou, en cas de vente, le prix leur en sera remboursé, sauf par eux, dans l'un ou l'autre cas, à payer le fret d'après l'avancement du voyage et les conditions du connaissement, et les frais qui ont pu être faits pour la conservation de la marchandise. — Art. 2. — Les ministres de la justice, de la marine et des affaires étrangères sont chargés, etc. — Du 14 févr. 1872.-Comm. prov. f. f. Cons. d'Etat.

(2) (L'*Esultanza*.) — Napoléon, etc. ; — Sur le rapport de la section de législation, justice et affaires étrangères ; — Vu la requête qui nous a été présentée en notre conseil d'Etat au nom du sieur Edimann, négociant, demeurant à Londres, se disant propriétaire du chargement du navire autrichien *Esultanza*,... tendant à ce qu'il nous plaise annuler la décision rendue par notre conseil des prises le 9 juill. 1859, qui, en validant la capture du navire *Esultanza*, a prononcé également la condamnation du chargement de charbon trouvé à bord ; déclarer nulle la capture de la cargaison du navire *Esultanza*, et ordonner sa restitution

156. En 1870 encore, on a discuté la question de savoir si la juridiction des prises peut autoriser, outre les pièces du bord, la production de preuves supplémentaires (dépositions sous serment, correspondance, extraits de livres, documents authentiques d'un notaire ou d'un consul). Le problème fut agité mais non résolu. M. Barboux (p. 99-101) rapporte la réclamation de l'ambassadeur d'Autriche, écrivant au ministre des affaires étrangères français, le 4 janv. 1871, et revendiquant pour un citoyen autrichien, se disant propriétaire d'une marchandise trouvée à bord d'un navire allemand, le droit d'invoquer devant le conseil des prises d'autres documents que les pièces de bord. La paix étant survenue, le conseil n'eut pas à statuer sur ce point.

157. Les solutions qui précèdent comportent, toutefois, un tempérament. En ce qui concerne la preuve de la neutralité des marchandises, l'équité veut que la forme des expéditions et connaissements soit appréciée non pas exclusivement d'après les lois françaises, mais plutôt au point de vue du droit international et des usages commerciaux consacrés dans les ports de départ et de destination du navire. C'est l'application de la règle *locus regit actum* (Cons. des prises de Paris, 31 déc. 1870, le *Joan*, D. P. 72. 3. 89). A ce point de vue le conseil, s'il ne peut outrepasser les rigueurs de loi, puise dans son institution même le droit d'en atténuer la sévérité, surtout quand il s'agit d'apprécier ou de sauvegarder les intérêts des neutres ou des alliés (Même décision). C'est l'effet du caractère politique et gouvernemental de la juridiction des prises (V. *infrà*, n° 296).

158. Jugé, par suite, que si la nationalité anglaise d'un neutre revendiquant un chargement est établie, il doit être déclaré propriétaire en vertu d'un connaissement en blanc, lequel, d'après les lois russes et anglaises, est translatif de propriété (Cons. des prises de Paris, 31 déc. 1870, le *Joan*, D. P. 72. 3. 89 ; Comm. f. f. de Cons. d'Etat, 31 mai 1872, le *Ludwig*, *Rec. Cons. d'Etat*, 1872, p. 777. — V. sur ces endossements en blanc, D. P. 1872. 3. 89, note 7).

159. Mais, pour que les décisions précédentes soient absolument vraies, il faut que l'absence de toute fraude soit bien établie. Jugé, par suite, qu'on ne doit pas tenir compte des endossements qui ont pu être faites en vue de frauder les droits du capteur, notamment des endossements en blanc et sans date d'un connaissement, même s'ils ont été faits dans un pays où la loi leur reconnaît un effet translatif de propriété (Comm. f. f. de Cons. d'Etat, 15 avr. 1872, le *Joannès*, D. P. 72. 3. 89).

160. Il est une pratique qui faciliterait beaucoup la fraude si elle était admise. C'est l'usage des connaissements à ordre, qui est très fréquent. La fraude qu'il seconderait serait le transfert des marchandises en cours de route. Des marchandises sont expédiées d'Espagne sur un navire allemand et le connaissement, portant le nom d'un expéditeur allemand, énonce qu'elles doivent être délivrées à ordre dans un port anglais, *unto order*. Si le navire est capturé, un Anglais peut-il revendiquer les marchandises en vertu d'un endos mis sur le connaissement ? M. Barboux (p. 80) répond négativement, avec raison, selon nous. Le conseil des prises, dit-il, n'est point tenu de se contenter de la production du double du connaissement avec l'endos, il a le droit d'exiger la communication de la correspondance, la preuve du payement et de faire compulser, par un agent

consulaire français, les livres du réclamant ; ce sont les seuls moyens de savoir si la réclamation est sincère ou frauduleuse.

161. La question de propriété des marchandises a encore un autre aspect : est-ce l'expéditeur ou le destinataire qui peut se dire propriétaire? En principe, c'est le destinataire. « Les marchandises sont, en vertu d'un contrat ou d'un ordre régulier, pour le compte et aux risques du destinataire sont considérés comme n'appartenant plus à l'expéditeur. Le capitaine qui les reçoit à son bord est, dans ce cas, censé agir comme l'agent (*negotiorum gestor*) du consignataire, et la livraison faite entre ses mains est assimilée à une prise de possession effective par le propriétaire lui-même. Aussi, dans de semblables conditions, le neutre ne pourrait-il, en cas de capture, se faire restituer comme siennes les marchandises que l'un des belligérants lui aurait donné commission d'embarquer pour son compte » (Calvo, t. 4, n° 2311).

162. C'est d'après ces principes que, dans notre droit, le conseil des prises résout la question de propriété des marchandises en cours de route. Il s'appuie, au point de vue du droit positif, sur les art. 100 et 107 c. com., et décide que la marchandise voyage en principe aux risques de celui à qui elle appartient, c'est-à-dire du destinataire (Cons. des prises de Paris, 31 déc. 1870, le *Paul-Auguste*, D. P. 72. 3. 89 ; Comm. f. f. de Cons. d'Etat, 29 avr. 1872, l'*Eclips*, D. P. 72. 3. 89 ; Comm. prov. 10 juin 1872, la *Thalia*, D. P. 72. 3. 89).

163. Les parties pourraient convenir du contraire et différer le transfert de propriété. Mais une telle convention ne serait valable, évidemment, qu'en l'absence de toute fraude. Jugé, en ce sens, que, s'il est établi qu'un chargement n'a pas cessé d'appartenir à l'expéditeur de nationalité neutre et qu'il était expédié pour son compte à un simple consignataire, il ne doit pas être déclaré de bonne prise (Comm. f. f. de Cons. d'Etat, 2 nov. 1871, le *Vorsetzen*, D. P. 72. 3. 89).

164. Quand le revendiquant a prouvé sa qualité de propriétaire des marchandises, il faut qu'il prouve en outre sa qualité de neutre. La preuve de la nationalité d'un chargement comprend en effet deux questions : 1° la question de propriété ; 2° celle de la nationalité du propriétaire. Cette seconde preuve ne se fait pas d'après les mêmes principes que ceux indiqués jusqu'ici. « La neutralité d'une marchandise est un fait complexe. La jurisprudence la plus récente a admis que *la propriété de la marchandise* ne peut être établie qu'à l'aide de pièces trouvées à bord, mais que *la nationalité neutre* pourra être prouvée de toute manière. Le conseil des prises, en 1870-71, a fréquemment imparti un délai aux réclamants pour justifier leur nationalité neutre » (De Boeck, n° 162).

165. Jugé, en ce sens, que si, à raison des circonstances, la preuve de la nationalité n'a pu être faite, il doit être sursis à statuer sur la validité de la capture de la cargaison jusqu'à ce que les propriétaires aient justifié en la forme leur qualité de citoyens neutres (Cons. des prises de Paris, 31 déc. 1870, le *Paul-Auguste*, D. P. 72. 3. 89).

166. Pour les marchandises, il s'élève une question capitale, vivement discutée. La propriété privée est saisie, si le propriétaire est ennemi ; elle ne l'est pas si le propriétaire est un sujet neutre. Mais, pour fixer cette qualité de

---

au profit de l'exposant ; — Vu le rapport adressé à notre secrétaire d'Etat de la marine, le 22 mai 1859, par le capitaine de frégate commandant *la Loire*, constatant la capture faite par lui, le 15 mai, dans le trajet de Mers-el-Kebir à Gênes, du navire *Esultanza*, naviguant sous pavillon autrichien, et se rendant de Liverpool à Trieste, avec une cargaison de houille ; — Vu les pièces trouvées à bord de la prise, et notamment la chartepartie signée à Londres le 5 avr. 1859, entre le capitaine Nicolich et le sieur Joseph Edimann, en qualité d'agent du Lloyd autrichien, pour se rendre de Birkenhead à Trieste avec un chargement de charbon et le connaissement constatant l'embarquement à bord dudit navire, par le sieur Haucock, comme agent du sieur Edimann, de quatre cent quarante-deux tonneaux de houille, pour être délivrés à Trieste à la compagnie du Lloyd autrichien ou à ses agents ; ledit connaissement constatant, en outre, le payement anticipé, sur le fret, d'une somme de 148 livres sterling ;... — Vu notre déclaration du 3 mai 1859 ; —

Vu notre décision du même jour ; — Vu notre décret du 9 mai 1859 ; — Vu l'art. 11 du règlement de juillet 1778 ; — Vu l'art. 51 de l'arrêté du 2 prair. an 11 ; — Considérant que la chartepartie signée à Londres le 5 avr. 1859, et du connaissement en date à Birkenhead du 2 du même mois, seules pièces trouvées à bord, il résulte que le chargement du navire autrichien *Esultanza* appartient, au moment de la capture, à la compagnie du Lloyd autrichien ; que, comme la preuve évidente fournie par ces titres, le sieur Edimann ne pourrait démontrer par des extraits de ses livres et de sa correspondance commerciale qu'il était propriétaire de ce chargement ; et que la production de pareils documents est d'ailleurs formellement interdite par l'art. 11 du règlement de juillet 1778 ;

Notre conseil d'Etat entendu ;

Art. 1er. — La requête présentée par le sieur Edimann est rejetée.

Du 14 janv. 1860.-Cons. d'Et.

neutre ou d'ennemi, faut-il tenir compte du *domicile* ou de la *nationalité* du propriétaire? Le système français diffère sur ce point du système anglais.

167. La jurisprudence anglaise tient compte du domicile, ce qui donne lieu à des complications. Le système français est le plus simple : est ennemi tout sujet de l'Etat ennemi, quel que soit son domicile. C'est la nationalité, et non le domicile, qui détermine le caractère ennemi ou neutre. Les marchandises revêtent le caractère de leur propriétaire (De Boeck, nos 157, 162). — La jurisprudence française a cet avantage de restreindre le droit de prise et d'éviter les nombreuses difficultés relatives à l'acquisition du domicile commercial au point de vue du droit de la guerre (Bry, p. 546). Elle soulève toutefois une objection : la prise a pour but d'affaiblir l'ennemi ; or le commerce est une source de richesses pour le domicile commercial (P. Fiore, t. 3, no 1435). Il faudrait donc, logiquement, pour que la marchandise fût sujette à capture, que le propriétaire fût à la fois sujet ennemi et domicilié chez l'ennemi (Bry, p. 547). Mais il faut bien reconnaître que cette solution rationnelle, qui aurait l'avantage de restreindre le droit de prise, n'est pas, à ce sujet, celle de la pratique.

168. Il importe de signaler une erreur contenue dans l'art. 10 des Instructions ministérielles françaises du 25 juill. 1870, portant que « la nationalité des maisons de commerce doit se déterminer d'après le lieu où elles sont établies ». Cette proposition est, d'après ce que l'on vient de dire, contraire à la jurisprudence française (De Boeck, no 157; G. Louis, dans le *Journal de droit international privé*, 1877, p. 299).

169. Il a été jugé : 1° que le propriétaire d'une marchandise doit établir qu'il est né citoyen d'un pays neutre, et qu'il doit être constant qu'il n'a pas été naturalisé ennemi (Commis. f. f. de Cons. d'Etat, 10 juin 1872, la *Thalia*, D. P. 72. 3. 89); — 2° Que le propriétaire né sujet ennemi doit prouver qu'il a été naturalisé sujet neutre, la naturalisation étant seule capable de lui faire perdre son origine ennemie (Cons. des prises de Paris, 31 déc. 1870, le *Joan*, D. P. 72. 3. 89; Barboux, p. 104-105; P. Fiore, t. 3, no 1433); — 3° Qu'il ne lui suffit pas d'établir qu'il est domicilié et installé en pays neutre pour y faire le commerce, ce domicile ne lui faisant pas perdre sa qualité d'ennemi (Même décision, *Adde*, Comm. f. f. de Cons. d'Etat, 6 mars 1872, le *Nicolaus*, D. P. 72. 3. 89; *Rec. Cons. d'Etat*, 1872, p. 772);... ou qu'il fait partie d'une maison de commerce établie dans un pays neutre et conformément à ses lois (Décision précitée du 6 mars 1872).

170. Dans tous les cas, l'individu, qui revendique des marchandises chargées sur un navire ennemi, doit prouver qu'il n'avait pas la qualité de sujet ennemi *au moment même de la prise* (Cons. des prises de Paris, 31 déc. 1870, le *Joan*, D. P. 72. 3. 89; Barboux, p. 104-105). Du reste, il en est de même pour la qualité de propriétaire. Le neutre qui réclame une marchandise est tenu de prouver qu'il en était propriétaire *à la date de la capture*. C'est ce qui résulte de l'ensemble des décisions se rapportant à la preuve.

171. La solution donnée au numéro précédent amène à traiter de la vente des marchandises en cours de route, *in transitu*. Le transfert de propriété *in transitu* ne peut dépouiller la cargaison de son caractère ennemi. La propriété ennemie au départ ne peut devenir neutre pendant la traversée (De Boeck, Bry, p. 547-548; Heffter-Geffcken, no 166). Ce dernier auteur indique le motif de la règle : la facilité du transfert, parfaitement légitime en temps de paix, donnerait lieu à trop de fraudes en temps de guerre.— M. Bry ajoute que la règle même est injustifiable s'il n'y a pas fraude. Il est en effet difficile d'admettre, d'après les principes du droit, que l'état de guerre modifie d'une façon substantielle la validité d'une opération juridique, notamment d'une vente (P. Fiore, t. 3, no 1439). Les critiques sont fondées théoriquement, mais en pratique la validité du transfert *in transitu* donnerait lieu à tant de fraudes qu'on comprend très bien l'usage établi.

172. A plus forte raison devrait-on regarder comme nulle la cession d'un chargement ennemi faite après la prise. Jugé, en ce sens, que la cession d'un chargement reconnu ennemi au moment de la prise, cession opérée à une époque postérieure à cette prise, n'est pas valable si les pièces de bord

établissent la nationalité ennemie du navire (Cons. des prises, 29 déc. 1870, *suprà*, n° 51).

173. Signalons enfin des cas faisant exception à toutes les règles précédentes, c'est-à-dire des cas où la preuve n'est pas faite avec les pièces trouvées à bord : 1° une revendication s'appuyant sur des pièces non trouvées à bord a été admise, alors que les pièces du bord, après avoir été saisies avec le navire, avaient été déposées au Conseil d'Etat et détruites dans l'incendie du palais de prise (Comm. f. f. de Cons. d'Etat, 24 janv. et 15 avr. 1872, la *Laura-Louise*, D. P. 72. 3. 89). Ce n'est pas à proprement parler une exception. Il y avait des *pièces trouvées à bord*, et la perte n'en était pas imputable au capitaine du navire saisi ou au propriétaire des marchandises.

174. — 2° Sont dispensés des pièces ordinaires de bord les bateaux et barques qui font la pêche côtière, ainsi que les caboteurs (Calvo, t. 4, n° 2342). Ces petits bâtiments n'ont le plus souvent qu'un rôle d'équipage. On sait qu'ils échappent au droit de prise (V. *supra*, n° 87).

175. — 3° Dans certains cas analogues à celui de la *Palme* (*suprà*, n° 131), des raisons politiques et gouvernementales pourraient faire fléchir les règles précédentes. On peut faire rentrer dans cette catégorie le cas d'un navire appartenant à un pays où il est d'usage de naviguer sans papiers de bord (*Rép.* n° 68).

§ 3. — Des objets de contrebande et des marchandises ennemies chargées sur vaisseaux neutres ou amis.

176. — I. Des objets de contrebande. — Il est universellement admis que tout navire transportant de la contrebande de guerre peut être capturé. C'est là une restriction au droit de continuer à faire le commerce avec les belligérants. La faculté pour ceux-ci de restreindre la liberté du commerce des neutres ne saurait être contestée. C'est une nécessité. — Il faut remarquer, toutefois, que les neutres ont toujours, d'une façon générale, le droit d'acheter d'une des belligérants et de leur vendre. Le délit de contrebande ne consiste, en effet, que dans le transport de certains objets; c'est ce transport qui constituerait une immixtion dans les hostilités en faveur de tel belligérant. Le devoir des neutres est de ne pas fournir de choses servant à la guerre.

177. La détermination de ce qu'il faut entendre par contrebande de guerre est une des principales difficultés du sujet. Sur ce point des divergences notables se sont produites. Quelques auteurs récents ont essayé de donner une formule générale comprenant tous les objets dont le transport serait illicite. D'après Bluntschli (règle 802), il faut considérer comme contrebande de guerre « les objets transportés à l'un des belligérants dans le but de faciliter les opérations militaires et dont il ne pourra se servir pour faire la guerre ». D'après Heffter (n° 159), la contrebande consiste dans « le fait de fournir à l'un des belligérants des objets de première nécessité pour la guerre ».

178. On a tenté aussi des classifications générales. Heffter (n° 160) distingue deux catégories d'objets : ceux qui servent exclusivement à la guerre, et ceux qui, servant à la guerre, peuvent servir aussi à la paix. Cette distinction entre la contrebande absolue et la contrebande relative est adoptée par MM. Massé, n° 207, et A. Desjardins, t. 4, n° 24. M. Calvo (t. 5, n° 2739) adopte la classification suivante : « 1° contrebande *absolue*, c'est-à-dire généralement reconnue en principe comme telle par l'accord public ou tacite des puissances, partout établie sur les bases à peu près immuables et dans des limites constantes; 2° contrebande *conventionnelle*, qui est dénoncée par des conventions ou des déclarations particulières, des règlements spéciaux, variables par conséquent suivant les circonstances, les besoins, les engagements mutuels des parties ».

Ces formules n'ont rien d'inexact; mais elles sont essentiellement vagues, et l'on doit reconnaître qu'il est délicat de préciser. La difficulté est précisément de passer de la théorie à la pratique, c'est-à-dire à une énumération concrète de tous les objets illicites. Il existe des choses qui sont des objets de contrebande d'une façon incontestable, les armes et munitions de guerre. Mais il en est d'autres, en bien plus grand nombre, qui peuvent présenter des caractères douteux, suspects, qui sont susceptibles d'être utilisées aussi bien pour un usage pacifique que pour les besoins de la guerre, et sur lesquelles il est impossible, par conséquent, de se prononcer *à priori*. Que penser par exemple des chevaux, du charbon, du goudron, même des vivres et denrées alimentaires, blé, farine, riz, etc? Tous ces objets ont été, en fait, considérés quelquefois comme contrebande de guerre. Les traités internationaux ont pu les mentionner comme tels (V. l'énumération de ces traités au *Rép.* n° 158). Tout, en cette matière, dépend des circonstances du moment, des nécessités de la guerre, de l'animosité des belligérants, etc. Tout dépend aussi des progrès réalisés dans l'art de la guerre et des constructions maritimes : l'usage de la vapeur, par exemple, a fait regarder comme contrebande les machines à vapeur destinées à des navires de guerre et tous leurs accessoires.

179. La conséquence de cette « évolution » est qu'une énumération complète n'est pas possible (Heffter-Geffcken, n° 159; *Annuaire de l'institut. de droit international*, 1878, p. 113). L'idée générale à retenir est que l'idée de contrebande de guerre est complexe, relative et variable suivant le milieu et le moment. Tout ce qu'on peut dire avec Heffter, *loc. cit.*, c'est que la détermination de la contrebande doit avoir des « données légales ». Comme l'ajoute Perels, la notion de contrebande se déduit des principes du droit des gens; d'une façon générale elle embrasse tous les objets qu'il est défendu d'apporter à un belligérant. Mais précisément ces objets varient à l'infini. La « contrebande absolue » est encore assez facile à déterminer, comme on le verra plus loin. Elle comprend les canons, fusils, cordages, etc. L'art. 19 de la convention d'Utrecht, rapportée au *Rép.* n° 158, a généralement servi de modèle pour les traités pos-

térieurs. Mais pour la contrebande « relative ou conventionnelle », ou « par analogie », elle est des plus variables et ici l'on ne peut donner que des exemples. — Le projet de règlement international des prises voté par l'Institut du droit international adopte ce point de vue et ne cite même aucun objet comme exemple. Il déclare simplement, dans son art. 30, que « les gouvernements belligérants auront à déterminer d'avance, à l'occasion de chaque guerre, les objets qu'ils tiendront pour contrebande de guerre » (*Revue de droit international*, 1887, p. 150). Les instructions ministérielles françaises de 1870 étaient tout aussi vagues. L'art. 8 s'exprimait ainsi : « La contrebande de guerre, à moins de stipulations spéciales des traités, se compose des objets suivants, lorsqu'ils sont destinés à l'ennemi, savoir: bouches et armes à feu, armes blanches, projectiles, poudre, salpêtre, soufre, objets d'équipement, de campement et de harnachement militaire, et *tous les instruments quelconques fabriqués à l'usage de la guerre* ». En réalité, c'était laisser la plus grande liberté d'appréciation aux commandants des navires.

180. Il convient d'indiquer maintenant les principales solutions admises dans la pratique. Rentrent dans la contrebande de guerre (sauf convention spéciale dans les traités) : 1° tout le matériel de guerre, c'est-à-dire les armes de guerre, canons, fusils, et les munitions, balles, boulets, poudre (Bluntschli, règle 803; Heffter-Geffcken, n° 160); — 2° Les torpilles et la dynamite (De Martens-Léo, t. 3, p. 351); — 3° Le salpêtre et le soufre servant à la fabrication de la poudre et qu'il suffit de combiner pour en faire des munitions (*Rép.* n° 158; Cons. des prises, 26 mai 1855 (1); Vergé sur de Martens, t. 2, n° 315, note; Calvo, t. 5, n° 2723; Bluntschli, règle 803; A. Desjar-

(1) (La *Frau-Houwina*.) — Le conseil; — Considérant que, des pièces de l'instruction, il résulte que l'on : — Que le navire hanovrien la *Frau-Houwina*, capitaine Rostee, parti de Lisbonne à la destination déclarée de Hambourg, a été arrêté le 28 novembre de l'année dernière par l'aviso à vapeur de l'État le *Phénix*, à huit milles en pleine mer à l'ouest du cap Rocca, comme soupçonné de transport illicite de contrebande de guerre; — Que ce bâtiment avait en effet à bord, 973 sacs de salpêtre brut de l'Inde, désignés sur le manifeste et les connaissements, sous la simple dénomination de marchandises; — Que les connaissements y relatifs, signés seulement du capitaine, indiquent que le chargement avait été fait par le sieur Roiz, à son ordre, et à destination de Hambourg; — Que 973 sacs provenant intégralement d'un chargement apporté d'Angleterre à Lisbonne le 17 octobre dernier par le navire le *Julius*, d'où ils avaient été transbordés sur la *Frau-Houwina*, par les soins du sieur Schaltz, négociant à Lisbonne, à qui ils avaient été consignés par connaissement au nom du sieur John Estreu, de Londres; — Que, l'exportation d'Angleterre avait eu lieu au moyen de trois acquits-à-caution portant engagement d'en faire constater le débarquement dans le pays de destination, et que, pour remplir ces engagements, Schaltz avait obtenu du consul d'Angleterre à Lisbonne un certificat attestant, d'après sa déclaration, que ledit salpêtre était destiné à être consommé dans ce pays et non pas à être réexporté ;... — Au fond, considérant que le salpêtre est un objet susceptible d'être contrebande de guerre; — Que la contrebande de guerre est saisissable sous le pavillon neutre, quand elle appartient à l'ennemi, ou quand elle est dirigée vers le territoire, les armées ou les flottes de l'ennemi; — Que le commerce des objets de contrebande ne saurait être présumé illicite qu'à la condition d'être effectué avec la plus entière bonne foi et la plus complète sincérité, et que toute dissimulation, toute fraude ou tout dol dont ce commerce serait accompagné doivent de plein droit le faire présumer illicite; et que c'est à ce commerce surtout qu'il importe d'appliquer avec rigueur le principe d'après lequel il n'y a lieu de considérer comme appartenant à l'ennemi, les objets dont la propriété neutre ou amie n'est pas justifiée par les pièces trouvées à bord ; — Considérant que si des sujets alliés peuvent être admis à établir leurs droits de propriété par d'autres titres que les pièces de bord, c'est à cause de la faveur qui doit s'attacher à eux en raison de la poursuite d'une guerre commune, et à cause des simulations auxquelles leurs intérêts peuvent les contraindre; mais qu'ils ne sauraient invoquer ce privilège quand ils ont, comme dans l'espèce, fait usage de simulations évidemment destinées à tromper les croiseurs de leur nation, soit ceux de la puissance alliée, et à plus forte raison lorsqu'il résulte de leurs propres assertions, en les admettant sincères, qu'ils étaient engagés dans un commerce illicite et contraire aux lois de leur propre pays; — Considérant que les prétendus usages commerciaux invoqués par les réclamants

pour expliquer des simulations ne sauraient s'appliquer en temps de guerre à des expéditions d'objets de contrebande de guerre; — Qu'ils ne peuvent non plus expliquer dans l'espèce la dissimulation de la nature de la marchandise sur le manifeste et les connaissements; — Considérant qu'à ces présomptions de propriété ennemie, suffisantes pour déterminer la confiscation du salpêtre saisi, il faut encore ajouter celles qui se rattachent à la destination du bâtiment; qu'en effet, si le bâtiment a été relâché comme neutre, il ne s'ensuit pas de plein droit que, par sa décision, le conseil ait reconnu la réalité de la destination neutre assignée à son voyage, puisque cette relaxation aurait dû être prononcée également, aux termes des règlements français, dans le cas où le bâtiment aurait été destiné d'une manière patente dans un port ennemi; — Qu'il est d'autant plus permis de supposer que la destination de Hambourg n'était qu'apparente, et que la *Frau-Houwina*, après avoir débarqué dans ce port son chargement licite, devait relever pour un port ennemi de la Baltique; que son départ de Lisbonne coïncidait précisément avec le moment de la retraite des escadres alliées, qui laissaient les ports russes débloqués, et que cette dissimulation de plus sur les papiers de bord ne serait que la reproduction d'une fraude analogue, à l'aide de laquelle ce même bâtiment avait été précédemment expédié de Lisbonne pour Elseneur par le même négociant Schaltz, avec un chargement destiné en réalité pour la Russie ; — Que, même sans recourir même à cette supposition, l'expédition du navire pour Hambourg cachait, suivant toute apparence, sinon pour le navire, du moins pour le chargement, une destination ennemie, attendu qu'il est de notoriété publique que la ville de Hambourg a reçu dans le courant de l'année dernière des quantités de salpêtre, soit à l'état de nitrate de potasse, soit à l'état de nitrate de soude, qui excédaient de beaucoup ses importations habituelles; qu'au mois de décembre dernier, à l'époque même où la *Frau-Houwina* pouvait être atteindue à Hambourg, des tentatives étaient faites par les négociants de cette ville pour obtenir d'un armateur de Lubeck l'affrètement d'un bâtiment destiné à porter en Russie du plomb, du salpêtre et du soufre, et qu'à la fin du mois de janvier suivant une autre expédition de plomb et de salpêtre, partie de Hambourg par chemin de fer à destination de Koenigsberg, a été de cette dernière ville dirigée par terre et par traineaux russes vers la frontière de Russie, du côté de Kowno; — Considérant en résumé qu'une expédition de contrebande de guerre préparée à l'aide d'une fraude contre des mesures politiques prescrites par un gouvernement allié dans l'intérêt d'une guerre commune, continuée sous un nom supposé, dissimulée sur les papiers de bord et faite à destination de parages rapprochés du pays ennemi et servant de voie habituelle aux approvisionnements de l'ennemi, doit être effectuée pour compte et à destination de l'ennemi, et qu'il y a lieu dès lors de prononcer la confiscation des objets saisis. — Par ces motifs, etc...
Du 26 mai 1855.-Cons. des prises.

dins, t. 1, n° 24. — *Contrà*, Hautefeuille, t. 2, p. 147, 151);
— 4° Et même toutes les matières premières servant à la fabrication des armes et munitions de guerre, fer, fonte, acier, et toutes les munitions navales, bois de construction, cuivre en feuilles, poix, résine, chanvre, goudron (Vergé sur de Martens, t. 2, n° 315, note ; Calvo, t. 5, n° 2745). — Il faut ajouter pourtant que tous ces objets, surtout les munitions navales, ont donné lieu à de vives discussions (V. Calvo, t. 5, n° 2745); mais néanmoins l'opinion générale est dans le sens que nous indiquons. Quelques auteurs font des distinctions. V. en sens divers : Perels, p. 217; Testa, p. 212; de Boeck, n° 627; P. Fiore, t. 3, n°⁵ 1591 et suiv. Ajoutons que la juridiction des cours d'amirauté anglaise condamne uniformément comme de bonne prise tous les objets propres à la construction et à l'équipement des navires de guerre, sauf stipulations contraires dans les traités (Calvo, t. 5, n° 2746) ; — 5° Les embarcations de guerre (Bluntschli, règle 803).

181. Rentrent encore dans la contrebande : 1° les harnachements militaires, d'après les traités des 3 nov. 1655, 24 févr. 1677 et 26 sept. 1786 avec l'Angleterre, le traité des Pyrénées de 1659, la convention commerciale d'Utrecht de 1713, le traité du 6 févr. 1778 avec les Etats-Unis, et les traités de 1844 avec la Nouvelle-Grenade, de 1846 avec le Chili, de 1848 et de 1852 avec le Guatemala, Costa-Rica et la république Dominicaine. C'est ainsi qu'ont été déclarés objets de contrebande de guerre : des harnais pour chevaux et mulets, des colliers et accessoires de colliers, des chaînes ou menottes pour condamnés (Cons. d'Et. 23 nov. 1867, le *José-Viscaya*, D. P. 1876, 3. 36 ; *Rec. Cons. d'Et.* 1867, p. 1116. Mais des selles de femmes de tout sorte, des harnais de luxe, des rênes pour cabriolets et voitures de luxe, des mors polis et vernis ne sont pas des objets de contrebande (Même décision) ; — 2° Les chevaux, ânes et mulets, utiles pour la cavalerie, l'artillerie et les transports en montagne (A. Desjardins, t. 1, n° 24 ; Calvo, t. 5, n° 2750 ; Perels, p. 276), et surtout les chevaux de cavalerie (Vergé sur de Martens, t. 2, n° 315, note, Heffter-Geffcken, n° 160) ; — 3° Les machines à vapeur (Heffter-Geffcken, n° 160 ; Vergé sur de Martens, t. 2, n° 315, note).

182. Certains faits constituent encore le délit de contrebande de guerre : 1° l'envoi de vaisseaux de guerre pour le compte d'un belligérant (Heffter-Geffcken, n° 161 *a*) ; — 2° Le transport de troupes ou de chefs faisant partie des armées belligérantes, transport effectué pour le compte et à destination du belligérant (*Rép*. n° 162 ; art. 9 des Instructions françaises de 1870 ; art. 34 du projet de l'institut de droit international, *Revue de droit international*, 1887, p. 150 ; Bluntschli, règle 813 ; Heffter-Geffcken, n° 161 *a* ; A. Desjardins, t. 1, n° 24 ; Calvo, t. 5, n° 2798 ; — 3° Le transport de dépêches relatives à la guerre et transportées dans l'intention de favoriser l'un des belligérants (Bluntschli, règle 803 ; Heffter-Geffcken, n° 161 *a* ; A. Desjardins, t. 1, n° 24 ; Calvo, t. 5, n° 2801 ; F. De Martens-Léo, t. 3, p. 353).

Mais il faut ici bien préciser. Toute correspondance adressée à un gouvernement belligérant ne doit pas être saisie indistinctement. Les instructions françaises du 25 juill. 1870 portaient (art. 9) : « Est passible de capture tout navire ayant à bord des dépêches officielles ». Ce sont aussi les termes de l'art. 34 du projet de règlement de l'institut de droit international. Bluntschli semble prohiber que le transport de dépêches « relatives à la guerre et transportées dans l'intention de favoriser un des belligérants ». D'après lui, les dépêches qui n'ont pas trait à la guerre, et spécialement la correspondance diplomatique, peuvent être expédiées en toute sûreté par les navires neutres (Bluntschli, règle 803). Jugé, par suite de ce qui précède, qu'un navire chargé uniquement de soldats, de munitions, de valeurs et de dépêches officielles destinées à l'ennemi, doit être déclaré de bonne prise (Cons. des prises, 19 juill. 1886, le *Ping-On*, V. *infrà*, n° 209).

183. Le fait par un navire de nationalité neutre de chercher à fomenter une insurrection et de porter des secours à des insurgés constitue un acte d'hostilité, étranger à toute spéculation. Il n'est plus même un simple transport de contrebande de guerre, mais un acte d'hostilité (Cons. d'Et. 30 juin 1855, la *Thessalie*, *Rec. Cons. d'Et.* p. 868).

184. Le charbon a donné lieu à une vive discussion en 1870-71. « La houille reçoit de nos jours des applications si multiples, soit pour les usages domestiques, soit pour les besoins industriels, soit pour l'alimentation de la marine à vapeur marchande, qui tend de plus en plus à se substituer à l'ancienne marine à voiles, qu'il n'est plus possible, sans s'exposer à léser des intérêts tout pacifiques, d'envisager ce combustible au seul point de vue des services qu'il peut rendre à la marine militaire ennemie » (Calvo, n° 2749). Aussi la France a-t-elle déclaré, lors de la guerre d'Italie et en 1870, que la houille ne devait pas être considérée comme contrebande de guerre (V. notamment le *Moniteur universel* du 29 mai 1859). La Prusse, au contraire, en 1870, voulait la considérer comme contrebande et empêcher les neutres d'en importer en France. « Les conseillers de la couronne d'Angleterre, consultés, reconnurent qu'un bâtiment anglais apportant du charbon à la flotte française non seulement se rendait coupable de contrebande, mais violait le devoir des neutres de ne pas prêter assistance à l'un des belligérants » (Heffter-Geffcken, n° 160, note 8). Mais cette opinion ne fut pas admise même par l'Angleterre, qui, malgré les réclamations du cabinet de Berlin, continua de regarder le commerce de la houille comme licite. « Seulement, par un scrupule peut-être exagéré de ses devoirs comme puissance neutre, elle a en même temps déclaré que les expéditions de houille sortant de son territoire devaient se faire directement, à destination de ports ennemis ou autres, par navires marchands et non par transports militaires, et qu'elles ne pourraient servir à renouveler en pleine mer les approvisionnements des escadres ou des croiseurs belligérants » (Calvo, n° 2749). En somme, l'Angleterre ni la France, en 1870, ne regardèrent le charbon comme objet de contrebande. La vérité est que c'est là, comme le dit M. A. Desjardins, t. 1, n° 24, une matière traitée arbitrairement suivant les intérêts des belligérants. La tendance est pourtant de la regarder comme contrebande.

185. La France a considéré le riz comme contrebande de guerre dans la guerre de 1885 contre la Chine. Une circulaire du ministre des affaires étrangères du 20 févr. 1885 annonçait que « les conditions dans lesquelles le conflit avec la Chine se poursuivait l'avaient déterminé à user du droit qui appartenait à France, comme partie belligérante, de considérer et de traiter désormais le riz comme contrebande de guerre ». Le gouvernement français avait été avisé qu'avec la fin de l'hiver les approvisionnements de riz seraient épuisés dans les provinces du nord de la Chine, et que des chargements considérables de cette denrée devaient y être expédiés. Il voulut empêcher les expéditions de riz destinées à ravitailler l'ennemi. La déclaration du gouvernement français à cet égard donna lieu à une échange de notes diplomatiques. Elle fut communiquée aux puissances neutres, qui en reconnurent la légitimité. L'Angleterre pourtant ne l'accepta qu'après avoir élevé quelques protestations (V. sur cet incident Calvo, t. 5, n° 2724 et suiv.). Du reste, en fait, aucune saisie portant sur le riz ne fut pratiquée pendant cette guerre, les gouvernements neutres, à la suite de la circulaire française, ayant agi sur leurs propres nationaux pour empêcher les embarquements de riz.

186. La solution française est critiquée par De Martens-Léo (t. 3, p. 353), qui y voit une « mesure irrégulière ». Cependant, comme on l'a vu *suprà*, n° 179, l'idée de contrebande de guerre est toute relative. Tout dépend des circonstances, et telle marchandise, le riz en l'espèce, fait la force de l'ennemi, le belligérant peut voir en elle un objet de contrebande. En ces matières, comme le dit de Martens-Léo lui-même (t. 3, p. 352), « les circonstances qui accompagnent chaque cas spécial ont une importance capitale. C'est la question de fait qui décide s'il s'agit ou non de contrebande de guerre ». On peut remarquer du reste, que l'Angleterre avait, dans son manifeste du 8 juin 1793, à propos du riz seul, avait, dans son manifeste du 8 juin 1793, admis la maxime que *le pavillon ne couvre pas la marchandise*, et proclamé que *tout navire chargé de grains ou d'autres vivres destinés à la France devait être saisi* (V. P. Fiore, t. 3, n° 1526).

187. Mais, d'autre part, on ne considère pas comme contrebande de guerre les objets suivants : 1° les armes, munitions et autres marchandises que le navire neutre transporte pour ses propres besoins (Bluntschli, règle 804; Heffter-Geffcken, n° 160; de Martens-Léo, t. 3, p. 354). Chacun a en effet le droit de veiller à sa propre sécurité. Il y aura seulement lieu de voir en fait la qualité d'armements embarqués et d'examiner si elle ne dépasse pas les besoins du navire. L'art. 32 du projet de règlement international des prises ajoute avec raison que les objets nécessaires à la défense de l'équipage et du navire ne rendent pas le navire saisissable, « pourvu qu'il n'en ait pas fait usage pour résister à l'arrêt, à la visite, à la recherche ou à la saisie » ; — 2° Les objets servant aussi aux besoins des particuliers (Bluntschli, règle 805), tels que les habillements, à moins que l'on ne démontre que ces objets étaient destinés à l'usage de la guerre. Ici les conflits seront fréquents pour cette contrebande *relative ;* — 3° Les choses destinées au soulagement des blessés, *même ennemis,* les instruments de chirurgie, les bandages, la charpie, etc. (Morin, t. 2, p. 352); — 4° Les vivres, blé, farine et autres moyens de substance, en principe, même lorsqu'ils sont destinés à l'ennemi (Bluntschli, règle 807; A. Desjardins, t. 1, n° 24);... sauf, bien entendu, à faire exception dans tel cas déterminé, comme on a vu plus haut pour le riz en 1885, d'après l'idée générale que la notion de contrebande de guerre est relative ; — 5° Les métaux précieux, l'or, l'argent et le cuivre monnayés ou en barres, « car, autrement on arriverait à interdire aux neutres de souscrire à un emprunt du belligérant » (Heffter-Geffcken, n° 160, note 8). D'ailleurs, ajoute M. Desjardins, décider le contraire serait paralyser les échanges et porter un coup fatal au commerce des neutres (A. Desjardins, t. 1, n° 24. Conf. de Cussy, t. 1, p. 223 ; Calvo, t. 5, n° 2742).

188. Il n'y a pas non plus délit de contrebande dans les cas suivants : 1° si un navire neutre transporte à son bord des citoyens paisibles ou des envoyés diplomatiques de l'État ennemi (Bluntschli, règle 817 ; P. Fiore, t. 3, n° 1605); — 2° S'il transporte des émigrants, même lorsque ces personnes ont l'intention de s'enrôler dans l'armée d'un des belligérants ; l'émigration est en elle-même un fait essentiellement pacifique (Bluntschli, règle 816 ; P. Fiore, t. 3, n° 1605) ; — 3° Le cabotage par un navire dans les eaux d'un belligérant et entre deux ports d'un même belligérant est licite. Ce n'est pas là une violation de la neutralité (Calvo, t. 4, n° 2699 ; A. Desjardins, t. 1, n° 30 ; Bluntschli, règle 800 ; Heffter-Geffcken, n° 165).

Le transport direct d'objets nécessaires aux besoins des troupes de terre et de mer dans les ports de l'un des belligérants et non compris dans la contrebande proprement dite peut donner lieu à des difficultés et n'est pas susceptible d'une solution absolue (Heffter-Geffcken, n° 165). — Il faut ajouter cette restriction, que, dans tous ces cas, si le transport prenait le caractère d'un secours manifestement hostile, le délit de contrebande existerait (Phillimore, t. 3, p. 449; Heffter-Geffcken, n° 160).

189. On pourrait énumérer encore un certain nombre d'objets, qui, à l'occasion, sont regardés comme contrebande de guerre *accidentelle.* Mais cette énumération aurait peu d'intérêt, en l'absence de décisions émanées des conseils de prises relativement à ces objets. Ce que l'on peut dire, comme conclusion générale à cet égard, c'est que des marchandises seront ou ne seront pas, suivant les circonstances, considérées comme contrebande. Elles le seront, en dehors du cas où des traités en parleraient expressément, quand on pourra démontrer qu'elles étaient destinées à l'usage de la guerre et transportées avec l'intention de venir en aide à l'un des belligérants. Bluntschli (règle 805), estime qu'on devra toujours présumer que les objets constituant la contrebande « relative » ne sont pas destinés à la guerre, et se prononcer dans le doute contre l'admission de la contrebande. Il ajoute (règle 806) que la confiscation n'est légitime que si le neutre prête secours et assistance à l'adversaire, mais que la saisie ne pourra avoir lieu si les neutres font simplement du négoce.

190. Il a été jugé, par exemple, qu'on peut induire le caractère de contrebande pour un chargement, soit de ce que les objets de contrebande étaient portés dans les papiers de bord sous la simple dénomination *marchandises,* soit de ce que le départ du navire d'un port neutre (de

Lisbonne, dans l'espèce) coïncidait avec la retraite de l'escadre belligérante, qui laissait les ports ennemis débloqués (Cons. des prises, 26 mai 1855, la *Frau-Houwina,* dans Calvo, t. 5, n° 2767).

191. De même, on peut saisir et regarder comme contrebande les objets dont les belligérants auront interdit le commerce avec l'ennemi. Ceci rentre dans une théorie plus générale, celle des mesures extraordinaires que peuvent prendre les belligérants à l'égard des neutres. Ainsi ils accordent quelquefois des *licences* à leurs nationaux ou à des neutres pour continuer le commerce pendant la guerre. C'est ce qu'ont fait la France et l'Angleterre dans la déclaration qui a précédé la guerre avec la Chine (Décision des 28 mars-17 juill. 1860, D. P. 60. 4. 88). Or jamais une licence n'autorise à transporter de la contrebande, pas plus qu'elle n'autorise à violer un blocus (Fauchille, p. 224; Calvo, t. 4, n° 2003). Toute violation de licence expose à la capture (Calvo, t. 4, n° 1969 et suiv.).

192. Tels sont les objets qui sont ou peuvent être de la contrebande de guerre. — Quant au délit de contrebande en lui-même, il nécessite : 1° le fait matériel du transport; 2° un acte contraire aux devoirs de la neutralité, c'est-à-dire la destination ennemie. Le premier élément seul ne suffit donc pas (Halleck, t. 24, 10, 11; Heffter-Geffcken, n° 161; Calvo, n° 2754 et suiv.).

193. Le transport matériel de la contrebande est d'une nécessité évidente. Pour qu'un navire neutre soit capturé valablement, il est indispensable qu'il soit porteur de la contrebande au moment même où il est arrêté. S'il a déjà accompli son voyage d'aller, qu'il ait déposé son chargement et qu'il effectue son voyage de retour au moment où il est visité, il ne doit pas être saisi (Rép. n° 156 ; Calvo, t. 5, n° 2756-2757).

194. La seconde condition, la destination, a donné lieu à des difficultés. M. de Cussy, t. 1, p. 226, pose la question : Doit-on confisquer les objets considérés comme contrebande de guerre, quels que soit la latitude et les parages dans lesquels le bâtiment neutre est rencontré en pleine mer? Il répond par la négative. Par exemple, dit-il, la Prusse et le Danemark sont en guerre ; il ne serait pas raisonnable de dire que la navigation commerciale française, anglaise, américaine, brésilienne, ne pourra plus porter en toute sûreté et en toute liberté des articles réputés contrebande de guerre, à New-York, à Rio-de-Janeiro, à Buenos-Ayres. Un belligérant ne doit donc saisir que les navires portant de la contrebande et qui naviguent sur les côtes des pays belligérants ou qui sont destinés à l'un des ports ennemis.

195. Cette solution paraît trop absolue. Il ne faut pas tant considérer les parages où se trouve le navire, que sa destination. D'après l'opinion générale, le fait de contrebande existe dès que le navire neutre commence son voyage. Peu importe qu'il se soit approché plus ou moins de son port de destination, à la condition toutefois que la preuve de la destination ennemie soit bien établie (Heffter-Geffcken, n° 161; Perels, p. 219; Calvo, t. 5, n° 2755).

196. Ici, d'ailleurs, il faut admettre la théorie de la « continuité du voyage »; *dolus circuitu non purgatur* (Cons. des prises, 26 mai 1855, la *Frau-Houwina supra,* n° 180; Heffter-Geffcken, n° 160, note 2; Bluntschli, règle 813; P. Fiore, t. 3, n° 1649 *in fine,* p. 590). C'est une différence avec le blocus, parce que, dit P. Fiore, la saisie a eu pour objet d'empêcher les choses de parvenir à l'ennemi. — Sur la théorie de la « continuité du voyage », V. *infra,* n° 224.

197. Jugé, en conséquence, qu'il faut considérer la destination finale et réelle des marchandises, et non leur destination apparente (Cons. des prises, 26 mai 1855, la *Frau-Houwina, supra,* n° 180-3°). Dans cette affaire, le navire pris transportait du salpêtre, et il allait de Lisbonne à Hambourg, pays neutre. Mais il fut établi en fait que, après avoir débarqué son chargement licite, il devait relever sur un port ennemi de la Baltique, et la prise fut déclarée valable. — M. Calvo, n° 1960 et 1961, approuve cette solution. Les transports indirects, par voie détournée, dit-il, surtout lorsque cette voie se rapproche du théâtre de la guerre, rendent la marchandise confiscable depuis le commencement jusqu'à la fin du voyage. Autrement la prohibition de la contrebande deviendrait illusoire (Calvo, t. 4).

198. Reste à indiquer la sanction du délit de contrebande de guerre. Le premier but à atteindre est d'empêcher la marchandise illicite d'arriver à l'ennemi. Mais doit-on s'en tenir là ? Un système purement théorique répond par l'affirmative : le belligérant n'aurait pas le droit de confisquer la contrebande ; il suffirait qu'il en privât son adversaire. Telle n'est pas la solution suivie dans la pratique, et la première sanction est en fait la condamnation des objets illicites (V. les décisions citées aux numéros précédents); ils sont saisis et déclarés de bonne prise.

199. Il y a difficulté pour le navire lui-même. Doit-il être saisi quand il est trouvé porteur de contrebande ? Ici encore la formule générale est donnée par Bluntschli (règle 810) : « Le navire porteur de contrebande de guerre ne peut être retenu qu'autant que cela est nécessaire pour pratiquer la saisie de la contrebande ; il ne pourra donc être capturé lorsque ces marchandises forment seulement une partie minime de la cargaison et peuvent être confisquées séparément » (Conf. Cauchy, t. 2, p. 210). P. Fiore donne une solution contraire. Il admet la saisie de la contrebande, mais jamais celle du navire, parce qu'en somme, dit-il, il y a acte de commerce (P. Fiore, t. 3, n° 1675). — On a fait valoir un second motif : c'est que le belligérant n'a pas droit de juridiction en haute mer sur les neutres (Heffter-Geffcken, n° 36, 159). Mais cela n'est pas exact. Le croiseur qui saisit un navire en haute mer fait acte non de juridiction, mais de guerre, et c'est un tribunal établi sur le territoire du capteur qui jugera ce qui est, si l'on veut, un acte de commerce, mais, en tout cas, de commerce illicite. Il faut donc s'en tenir à la formule de Bluntschli.

200. Par suite, on admet que le navire neutre pourra être relâché si la cargaison de contrebande est de *moins des trois quarts* du chargement, si le capitaine veut livrer sa contrebande. C'est la proportion indiquée par les instructions françaises de 1870, et c'est aussi celle admise par de Martens-Léo (t. 3, p. 354), l'un des auteurs les plus récents. Toute proportion a évidemment quelque chose d'arbitraire, et l'on ne voit pas pourquoi on s'en tient aux trois quarts plutôt qu'aux deux tiers ; mais celle-ci a l'avantage de protéger suffisamment les droits des neutres (*Rép.* n° 154 et suiv.). — M. Bry, p. 609, critique ce système comme illogique. C'est, dit-il, infliger aux neutres une pénalité, alors que le but poursuivi est simplement d'empêcher l'ennemi d'augmenter ses forces. Mais la question est de savoir si cette pénalité n'est pas juste ; le neutre n'avait qu'à ne pas s'y exposer.

201. Le navire neutre, d'après Bulmerincq (*Revue de droit international*, 1878, p. 192), doit être condamné dans trois cas : 1° si le navire et la cargaison appartiennent au même propriétaire ; — 2° Si le propriétaire du navire ou son agent participe au transport de la contrebande, c'est-à-dire s'il avait pleine connaissance de la destination clandestine du chargement (En ce sens, Phillimore, t. 3, p. 645 ; Halleck, t. 24, p. 5 ; Heffter-Geffcken, n° 161) ; — 3° Si l'on a tenté de dissimuler la véritable nature de l'expédition par de faux papiers (En ce sens, de Martens-Léo, t. 3, p. 354). Ce dernier auteur ajoute, comme quatrième cas : si toute la cargaison appartient à une seule personne.

202. Telles sont les sanctions du délit de contrebande. Mais le capteur ne peut prononcer aucune pénalité contre le neutre (Bluntschli, règles 801, 809). La peine pour celui-ci est la perte de temps et de la marchandise. D'autre part, les objets qui ne sont pas contrebande ne peuvent pas être saisis en principe. — Cette règle subit une première restriction si l'on admet que le navire est sujet à capture lorsque la cargaison appartient à une seule personne (V. *supra*, n° 201). Il faut en ajouter une autre, résultant du *droit de préemption* : le belligérant s'empare de la cargaison licite, dont il a besoin, en en payant le prix (Calvo, t. 5, n° 2795 ; Gessner, p. 132-140 ; V. *infra*, n° 255).

203. Si la cargaison saisie n'est pas plus tard déclarée de bonne prise, le propriétaire neutre a droit à la restitution ou au remboursement de la valeur des objets saisis (Bluntschli, règle 811). Mais on verra plus loin qu'il n'a pas droit à des dommages et intérêts.

204. — II. Marchandises ennemies chargées sur vaisseaux

NEUTRES OU AMIS. — La déclaration de Paris du 16 avr. 1856 a consacré, dans sa règle deuxième, ce grand principe, que le pavillon neutre couvre les marchandises ennemies, à l'exception de la contrebande de guerre, dont on vient de parler. L'adoption de cette disposition rend inutile l'examen des questions qui se posaient autrefois à ce sujet et que nous avions traitées au *Rép.* n° 164 et suiv. Le meilleur commentaire de la déclaration de Paris est l'art. 9 des instructions adressées par le ministre de la marine aux commandants de la flotte française, le 25 juill. 1870: « Sauf la vérification relative au commerce illicite, *vous n'avez point à examiner la propriété du chargement des navires neutres*, conformément aux principes de la déclaration du 16 avr. 1856; le pavillon neutre couvre la marchandise ennemie, à l'exception de la contrebande de guerre, et la marchandise neutre, toujours à l'exception de la contrebande de guerre, n'est pas saisissable sous pavillon ennemi ». « Navire libre, cargaison libre », ajoute M. Bluntschli (règle 794). C'est là un progrès considérable réalisé par la déclaration de Paris, et destiné à amoindrir beaucoup les effets du droit de prise.

205. En 1870, la France a appliqué d'une façon très large le principe que le pavillon couvre la marchandise. C'est ce que reconnaissent les auteurs étrangers. « A la rigueur, dit M. Rolin-Jacquemyns, le protocole de 1856 ne liait la France qu'envers les signataires. Or, parmi ces signataires ne se trouvaient ni les États-Unis, ni l'Espagne. Elle aurait donc pu se réclamer vis-à-vis de ces deux puissances du droit antérieur à 1856, c'est-à-dire, — suivant ce qu'on appelait la règle anglaise, — saisir la marchandise ennemie naviguant sous leur pavillon, ou, suivant ce qu'on appelait la règle française, — saisir les marchandises de leurs nationaux naviguant sous pavillon ennemi. Mais le gouvernement français a déclaré spontanément, dès le début de la guerre, qu'il observerait la règle de 1856, même envers les États-Unis et l'Espagne » (*Revue de droit international*, 1870, p. 643 et suiv.). L'art. 9 des instructions ministérielles françaises de 1870 prescrivait expressément aux officiers de la flotte de ne pas inquiéter à cet égard les navires appartenant à l'Espagne ou aux États-Unis.

§ 4. — *Marchandises appartenant à des neutres chargées sur bâtiments ennemis.*

206. Depuis la déclaration de Paris, la marchandise neutre n'est jamais saisissable, même sous pavillon ennemi. De nombreuses applications de ce principe ont été faites pendant la guerre de 1870-71 (V., plus haut, toutes les décisions citées sous la rubrique *Constatation de la neutralité :* n° 119 et suiv.); la question des marchandises neutres se réduit, en effet, aujourd'hui à une question de preuve.

207. En résumé, en ce qui concerne la marchandise, on peut formuler quatre hypothèses : 1° Marchandises neutres sur bâtiments neutres ; — 2° marchandises neutres sur bâtiments ennemis ; — 3° Marchandises ennemies sur bâtiments neutres ; — 4° Marchandises ennemies sur bâtiments ennemis. Depuis 1856, la marchandise n'est saisissable que dans cette quatrième hypothèse, sauf, bien entendu, s'il s'agit de contrebande de guerre.

§ 5. — *De la prise des bâtiments neutres qui violent ou tentent de violer un blocus régulièrement établi.*

208. Nous n'avons à examiner ici que les règles à observer par le belligérant faisant le blocus à l'égard des bâtiments qui essayeraient de l'enfreindre, et en second lieu à déterminer dans quels cas il y a violation d'un blocus. Les règles sur ce point n'ont pas sensiblement changé depuis la publication du *Répertoire;* mais il y a de nombreuses autorités nouvelles à ajouter.

209. Le droit de blocus lui-même a été reconnu de tout temps (*Rép.* n° 180). La légitimité en est incontestable (V., outre les autorités citées au *Répertoire*, Fauchille, n° 13 : Bluntschli, règle 827; Calvo, t. 5, n° 2827 et suiv.). Jugé par suite, qu'un navire ou jonque forçant un blocus est de bonne prise (Cons. des prises, 19 juill. 1886 (1), 20 juill. 1889, la *Trombe*, *supra*, n° 122.

---

(1) (Le *Ping-On*.) — Le conseil; — ... Considérant que des

documents il résulte que le *Ping-On* a reçu notification, le

210. Mais certaines conditions sont exigées pour que le blocus produise effet vis-à-vis des neutres.

Tout d'abord, il faut qu'il soit effectif et notifié. Il y a donc à étudier : 1° la condition d'effectivité ; 2° la condition de notification.

211. Tout blocus doit être effectif. Ce principe rationnel a été consacré par la quatrième disposition de la déclaration de Paris. Tout le monde est d'accord sur ce point aujourd'hui, et le système anglais, du blocus fictif, est universellement condamné par les auteurs autres que les Anglais (V. outre les auteurs français : pour l'Allemagne, Bluntschli, règles 830, 831, 832; pour l'Italie, P. Fiore, t. 3, nᵒˢ 1609-1610; pour la Russie F. de Martens-Léo, t. 3, p. 288). — Sur ce qu'il faut entendre par l' « effectivité » du blocus, V. Fauchille, p. 161 ; P. Fiore, t. 3, nᵒˢ 1609 et suiv. ; Calvo, t. 5, nᵒˢ 2872 et suiv.

212. Par suite de cette première condition, le blocus n'est obligatoire pour les neutres que tant qu'il reste effectif. La fin du blocus se produit quand il cesse d'être tel (Fauchille, p. 161).

213. Pour que le blocus soit obligatoire vis-à-vis des navires neutres, il faut qu'il ait été notifié. Mais, à cet égard, la pratique connaît deux sortes de notifications: la notification *générale* ou *diplomatique*, qui est communiquée aux gouvernements neutres, et la notification *spéciale*, que le commandant croiseur fait aux navires qui se dirigent vers la ligne de blocus ou qui s'y trouvent (Fauchille, p. 194). — Ces notifications sont-elles toutes deux nécessaires? Il convient d'examiner séparément la question pour les navires qui viennent du large et pour ceux mouillés dans un port avant l'établissement du blocus et désirant mettre à la mer.

214. Pour les navires venant du large, il existe, sur les notifications qui constituent une des conditions de validité du blocus, cinq systèmes théoriques, qui sont exposés et discutés par M. Fauchille, p. 195 et suiv. — Nous nous bornerons à exposer ici le système de la jurisprudence française. Il se formule en trois règles (Fauchille, p. 206) : 1ʳᵉ la seule notification diplomatique ne suffit jamais par elle-même à rendre le blocus obligatoire vis-à-vis des neutres (*Rép.* nᵒˢ 183 et 184 et les décisions citées); 2° lorsqu'à la notification diplomatique vient se joindre une notification spéciale, le blocus devient efficace et doit être respecté par le navire ainsi averti (Fauchille, p. 207); 3° la seule notification spéciale suffit aussi à rendre le blocus obligatoire (Cons. d'Ét. 4 mars 1830, la *Carolina; Rép.* n° 186-2°).C'est ce que décide l'art. 7 des Instructions françaises du 25 juill. 1870 : « Les bâtiments qui se dirigent vers un port bloqué, ne sont censés connaître l'état de blocus qu'après que la notification spéciale en a été inscrite sur leurs registres ou papiers de bord par l'un des bâtiments de guerre formant le blocus. *Vous ne devez pas point négliger de* faire remplir cette formalité, toutes les fois que vous serez engagés dans une opération de blocus ». — Les traités conclus par la France mentionnent tous la nécessité de la notification spéciale pour rendre le blocus obligatoire. Nous citerons parmi ceux qui ont été passés depuis la publication du *Répertoire :* la convention du 22 févr. 1856 avec le Honduras, art. 18 (Martens, *Nouv. rec.*, t. 16, 2ᵉ partie, 156), celle du 2 janv. 1858 avec le San-Salvador, art. 21 (*ibid.* 178); 11 avr. 1859 avec le Nicaragua, art. 18 (*ibid.* 192); enfin celle du 9 mars 1861 avec le Pérou, art. 22 (*Archives diplomatiques*, 1863, t. 347). Cette troisième règle française est également admise dans plusieurs législations étrangères (Fauchille, p. 212). La notification spéciale est donc la seule efficace ; la notification diplomatique n'est exigée que comme un acte de courtoisie internationale (Fauchille, p. 212, note 1. V. aussi Bry, p. 588; Calvo, t. 5, nᵒˢ 2846 à 2850; F. de Martens-Léo, t. 3, p. 289).

215. Quelle doit être alors la règle pour les navires entrés dans le port avant l'établissement du blocus et qui

veulent en sortir? Il n'y a plus la même unanimité. Il faut noter tout d'abord que l'on permet généralement aux bâtiments entrés avant le blocus de sortir sur lest, et même avec les marchandises embarquées avant l'investissement. Des traités consacrent même cette faculté. La question ne se pose donc que pour les nations qui reconnaissent à l'atquant la faculté de prohiber le chargement après l'ouverture du blocus, et pour les navires qui veulent sortir avec une cargaison (Fauchille, p. 222). Dans cette hypothèse, la majorité des auteurs et la pratique internationale ne considèrent pas la notification spéciale comme nécessaire pour rendre le blocus obligatoire (Hautefeuille, t. 2, p. 248; Hall, § 262, p. 623; Bulmerincq, *Projet de règlement*, nᵒˢ 42, 46; Calvo, t. 4, n° 2592; P. Fiore, t. 3, n° 1622; Massé, t. 1, nᵒˢ 302, 303). Le motif est que la notification spéciale ne paraît pas avoir la même nécessité au cas de sortie qu'au cas d'entrée. Toutefois elle est exigée par M. de Boeck, n° 700, et par plusieurs traités internationaux cités par M. Fauchille, p. 223. Les instructions françaises de 1870 sont muettes sur ce point. M. Calvo expose différentes opinions, t. 5, n° 2893.

216. En raison de son importance, la notification spéciale doit se produire dans certaines conditions pour être valable. M. Fauchille, *op. cit.*, résumant les usages internationaux à cet égard, ramène à trois ces conditions. 1° il faut, ce qui va de soi, que l'avertissement spécial soit donné sur les lieux mêmes du blocus.

217. — 2° La notification du blocus ne peut être inscrite sur les papiers de bord d'un navire neutre que par l'un des *bâtiments de guerre formant le blocus*. En conséquence, un croiseur non engagé dans cette opération et se trouvant loin des limites qui y ont été assignées ne peut faire valablement cette notification, ni arrêter le navire neutre qui se dirigerait vers le point bloqué, sauf à exercer sur ce navire une surveillance spéciale, si les circonstances l'exigent. Cette seconde condition est formulée dans l'art. 12 des instructions de 1870.

218. — 3° L'avertissement spécial doit être donné par écrit et il doit contenir certaines indications utiles (*Rép.* n° 183; Fauchille, p. 226; Instructions françaises de 1870).

219. Il reste à traiter de la violation du blocus. Cette violation du sujet comprend trois points: 1° dans quels cas y a-t-il violation de blocus, c'est-à-dire quels sont les actes qui le constituent ? — 2° A quelles conditions ces actes de violation entraînent-ils l'exercice du droit de prise? — 3° Quelles sont les conséquences de la violation d'un blocus maritime ?

220. — 1° *Cas où il y a violation de blocus.* — Il ne peut y avoir violation de blocus que s'il existe un blocus *régulier*, établi conformément aux règles précédemment exposées. A cette condition, il y a violation « toutes les fois qu'il y a un acte matériel de rupture ». Cette proposition conduit à deux séries de conséquences importantes.

221. D'abord tout acte matériel de rupture constitue la violation du blocus. Cette proposition suppose résolue la question des effets du blocus. Ces effets sont très discutés mais nous pensons, avec M. Fauchille, que le blocus prohibe non seulement les relations commerciales, mais toute communication quelconque entre le port bloqué et les neutres (Fauchille, p. 242). Il en résulte les conséquences suivantes : 1° L'*entrée* de la place est interdite à tout bâtiment quel qu'il soit, même aux paquebots de correspondance. M. Fauchille, p. 243, n'admet d'exception que pour les navires neutres qui transportent uniquement la correspondance officielle avec les agents des puissances étrangères et amies dans les ports bloqués, ou qui va leur bord un agent diplomatique ou consulaire d'un Etat neutre ; — 2° La *sortie* d'un port bloqué est également interdite, en principe, aux navires neutres. Cependant la pratique française l'admet cette proposition qu'avec un tempérament : elle accorde aux vaisseaux neutres, à partir de la déclaration de blocus,

---

25 oct. 1884, du blocus de l'île de Formose par des forces françaises; qu'ayant été affrété par le gouvernement chinois pour les transports à effectuer pendant la guerre, l'île Formose, il a été capturé le 11 avr. 1885 au moment où, chargé uniquement de soldats, de munitions, de valeurs et de dépêches officielles destinées aux autorités chinoises de Formose, il cherchait à forcer le blocus; qu'après la semonce il a jeté des papiers à la mer;

que dans ces circonstances, ledit navire et sa cargaison doivent être déclarés de bonne prise; — Décide : 1° la prise du navire *Ping-On* et de sa cargaison est déclarée bonne et valable, etc.; — 2° Les effets formant à bord du *Ping-On* la propriété personnelle du capitaine Carozzi et de son équipage seront restitués aux ayants droit.

Du 19 juill. 1886.-Cons. des prises.

un certain délai jusqu'à l'expiration duquel il leur est permis de sortir, avec une cargaison chargée à bord avant ou après la déclaration, peu importe. C'est ce que portait l'art. 7 des instructions françaises de 1870. « La violation d'un blocus résulte aussi bien de la tentative de pénétrer dans le lieu bloqué que de la tentative d'en sortir après la déclaration du blocus, à moins, dans ce dernier cas, que ce ne soit sur lest ou avec un chargement pris avant le blocus ou dans le délai fixé par le commandant des forces navales, délai qui devra toujours être suffisant pour protéger la navigation et le commerce de bonne foi. Ce délai devra d'ailleurs être mentionné dans la déclaration de blocus ». Il suit de là que le délai est variable suivant les circonstances. En 1870, l'amiral Fourichon le fixa à dix jours quand il bloqua les côtes allemandes de la Baltique. Une fois ce délai expiré, on rentre dans la règle énoncée au numéro précédent: il y a violation de blocus si un navire sort d'un port bloqué.

222. En second lieu il faut un *acte matériel* de rupture; en d'autres termes, la seule intention de forcer la ligne du blocus ne suffit pas. « La tentative d'un délit n'est coupable que s'il y a eu commencement d'exécution. Cette règle constitue une des maximes fondamentales du droit pénal, et il n'existe aucune raison pour ne pas l'appliquer en matière internationale » (Fauchille, p. 322). Par suite, il y a violation de blocus : 1° si un navire est surpris alors qu'il vient de traverser la ligne d'investissement, soit en arrivant du large, soit en sortant du port bloqué (Fauchille, p. 322); — 2° Si le bâtiment est arrêté au moment où il traverse la ligne de blocus (Fauchille, p. 323); — 3° S'il décharge sa cargaison dans des allèges et envoie celle-ci à travers la ligne d'investissement. C'est ce que les Anglais appellent la « violation par implication » (Fauchille, p. 323); — 4° S'il essaye de pénétrer pour la première fois dans le port bloqué avant d'avoir reçu notification spéciale du blocus. Telle est du moins le système adopté par l'Angleterre, les Etats-Unis, le Danemark et la Prusse. D'après la pratique française, la première tentative n'est pas une tentative de rupture de blocus. C'est aussi la pratique de la Suède et de l'Italie (Fauchille, p. 326).

223. Au contraire, il n'y a pas violation de blocus : 1° si un navire met à la voile vers un lieu déclaré bloqué, même après avoir eu connaissance de la notification; — 2° S'il continue à se diriger vers ce lieu, après avoir appris en route l'existence du blocus (Instr. complém. de 1870 art. 12). L'Angleterre et les Etats-Unis suivent la pratique contraire, qui est condamnée par la majorité des publicistes (Fauchille, p. 327 et suiv.; Heffter-Geffcken, n° 156; Bluntschli, règle 507; Bry, p. 600). C'est, en effet, punir une simple intention, et même une intention qui n'est pas établie, car le neutre peut espérer trouver en arrivant le blocus levé, ou vouloir entrer en attendant dans un port voisin libre. Cette pratique n'a été imaginée que pour donner une sanction injuste aux blocus fictifs. On l'appelle quelquefois le « droit de prévention » (Heffter-Geffcken, n° 156, note 6).

224. A plus forte raison, n'y-a-il pas violation de blocus dans l'hypothèse de la « continuité du voyage ». M. Fauchille, p. 335, la formule en ces termes : « Un belligérant saisit pour rupture de blocus un chargement, au moment de son départ d'un port neutre à destination d'un autre port neutre, quelque éloigné qu'il soit d'un port bloqué, s'il soupçonne que ce chargement, après avoir été débarqué dans un port ami, sera ensuite transporté vers un lieu bloqué et mis à la disposition de l'ennemi. Le voyage du port neutre à l'autre port neutre et celui de ce dernier port au port bloqué constituent en définitive un seul et même voyage qui est coupable dès le principe ». Cette théorie de la continuité du voyage a été pratiquée de tout temps par l'Angleterre et surtout par les Etats-Unis dans l'affaire du *Springbock* en 1863. Mais elle n'est pas rationnelle, car elle ne repose que sur une fiction injuste. Elle punit non pas même une intention, mais une simple présomption que le belligérant crée lui-même. Enfin elle anéantit la liberté des mers, et elle aboutit à supprimer la possibilité pour les neutres de faire le commerce. Aussi est-elle condamnée par la majorité des publicistes (Fauchille, p. 337 et suiv.; Délibération de l'institut de droit international à Turin en 1882, *Annuaire de l'institut. de droit international*, 1882, p. 100, F. de

Martens-Léo. t. 3, p. 290; P. Fiore, t. 3, n°s 1649, 1653; Calvo, t. 5, n° 2887, Gessner, p. 209).

225. Quant à l'hypothèse où un navire jette l'ancre devant le port bloqué ou croise tellement près du port qu'il peut lui être facile d'y pénétrer, elle doit être traitée suivant les circonstances. Il y a ou non violation de blocus, suivant l'intention de ce navire. Une notification spéciale du blocus à lui faite est le moyen de connaître cette intention. Si, après cette notification, il persiste à rester à proximité du port, il y aura violation de blocus (Fauchille, p. 324).

226. — 2° *A quelles conditions les actes de violation du blocus entraînent-ils l'exercice du droit de prise?* — Les actes de violation de blocus qui ont été énumérés, *supra*, n°s 221 et suiv., sont punissables à moins que le navire neutre ne puisse présenter quelque excuse légitime, ou à moins encore qu'il n'ait pas été pris sur le fait par les croiseurs bloquants (Fauchille, p. 346).

227. La première excuse est la force majeure, qui fait disparaître toute intention criminelle. La violation de blocus ne donnera pas lieu à la prise si un navire ne l'a commise que par suite du manque de vivres ou d'une tempête, à la condition toutefois, ajoute M. Fauchille, que les ports soumis au blocus soient les seuls accessibles. Si, en effet, il pouvait se ravitailler ou se réfugier dans un port voisin, l'excuse tirée de la force majeure n'existerait plus. Heffter admet qu'il n'y a pas de violation de blocus en cas de relâche forcé par suite de tempête (Heffter-Geffcken, n° 156. Conf. Bluntschli, règle 838); mais il considère qu'il y aurait violation si le neutre voulait prendre des provisions ou un pilote.

228. Une autre excuse est le fait que le navire neutre aurait été inexactement renseigné par un croiseur bloquant sur la situation du port, par exemple s'il lui a dit que le blocus était levé alors qu'il subsiste. Il faut remarquer, d'ailleurs, que cette hypothèse se réalisera difficilement, avec la pratique française de la notification spéciale de blocus (Fauchille, p. 350).

229. En second lieu, un navire ne peut rester capturé que s'il est pris en flagrant délit de violation de blocus. Par suite, la prise devra être validée : 1° si elle a eu lieu au moment même où le navire entrait dans le port bloqué ou en sortait; — 2° si le navire sortant du port bloqué est pris après une poursuite par les croiseurs belligérants (Fauchille, p. 355; Gessner, *Le droit des neutres sur mer*, p. 230; Calvo, t. 5, n° 2904; F. de Martens-Léo, t. 3, p. 290; P. Fiore, t. 3, n° 1653); — 3° si un navire qui est entré dans le port bloqué s'y trouve encore au moment où ce port tombe aux mains du belligérant bloquant. On doit considérer, en effet, que la continuation du blocus n'est que la continuation de la poursuite dans le port bloqué (Fauchille, p. 356; Gessner, *op. cit.* p. 228).

230. Mais à l'inverse, la prise ne doit pas être déclarée bonne si un navire est parvenu à sortir du port sans avoir été poursuivi, ou après qu'une poursuite commencée a été abandonnée. C'est dire que nous répudions la pratique de l'Angleterre et des Etats-Unis, qui consiste à valider la prise d'un navire ayant violé un blocus, tant que ce navire n'a pas atteint le but final de son voyage, et cela même s'il n'a pas été poursuivi par les croiseurs bloquants. C'est ce qu'on appelle le droit de suite, théorie d'après laquelle « un navire neutre sorti d'un port bloqué sera réputé en flagrant délit de violation pendant toute la durée du voyage jusqu'au port de sa destination ». Il y a alors une erreur manifeste. Le délit n'existe que quand le navire est aperçu violant le blocus et tant qu'il est poursuivi par un des bâtiments bloquants (Heffter-Geffcken, n° 156, note 11; Bluntschli, règle 836; Fauchille, p. 354; Gessner, p. 228).

231. — 3° *Quelles sont les conséquences de la violation du blocus?* — Ici la difficulté est inverse de celle que l'on a vue pour la sanction du délit de contrebande de guerre.

Il est certain que le navire coupable de violation de blocus peut être saisi, par les croiseurs belligérants. Mais la difficulté est de savoir si la cargaison doit être saisie également, alors même qu'elle ne consisterait pas en contrebande de guerre. Il y a sur ce point plusieurs systèmes théoriques (V. Fauchille, p. 368). Mais la pratique est fixée d'une façon constante : la violation de blocus, par entrée ou sortie, entraîne la confiscation du navire et de la cargaison. C'est ce-qui résulte des traités passés par la France avec le Brésil, 21 août 1828, et avec le Pérou, 9 mai 1861 (V. aussi en ce sens Fauchille, p. 376 et suiv.; Massé, n° 303, p. 259 ; Morin, t. 2, p. 124 ; P. Fiore, t. 3, n° 1676).

232. Comment doit être traité l'équipage ? D'après la règle 839 de Bluntschli, « un navire cherchant à forcer un blocus peut être pris, mais aucune peine ne doit être in-fligée à l'équipage ». Il est constant, en effet, qu'aucune peine afflictive ne doit l'atteindre. Mais la question de savoir s'il peut être fait prisonnier de guerre. Nous pensons avec M. Fauchille que cette arrestation est une conséquence nécessaire de la violation du blocus. On verra (infrà, n°s 262 et suiv.) que, d'après l'opinion générale, le capteur peut retenir prisonniers les équipages des navires mar-chands capturés. Mais, alors même que l'on n'admettrait pas cette solution d'une façon générale, il faudrait l'adop-ter pour l'hypothèse particulière du blocus, car la violation de blocus est en général traité plus sévèrement que le délit de contrebande (E. Cauchy, t, 2, p. 212). — Quelques au-teurs ont distingué le cas de violation de blocus par un ennemi et le cas de violation par un neutre, mais cette distinction n'est pas rationnelle : la question d'arrestation ne se pose vraiment que pour les neutres. Il faut donc en re-venir à la solution rigoureuse énoncée (Fauchille, p. 381). — Contrà : de Martens-Léo, t. 3, p. 294; Calvo, t. 5, n° 2897). D'après ce dernier auteur l'équipage ne peut être fait prisonnier, « parce qu'il n'a point prêté aide et assis-tance à l'ennemi ». C'est l'inverse, semble-t-il, qu'il faudrait dire, car le fait de violer un blocus est un secours porté au port bloqué. L'art. 19 des instructions françaises de 1870 s'occupe de la façon de traiter les équipages neutres ou enne-mis, mais il ne parle pas spécialement du cas du blocus.

233. Il est une variété de blocus qu'on appelle le « blo-cus pacifique ». Mais il n'a donné lieu à, notre connaissance, à aucune décision de la juridiction française depuis la publi-cation du Répertoire.

§ 6. — Prise des bâtiments dont l'équipage est composé en partie de sujets d'un pays ennemi.

234. L'art. 7 des instructions complémentaires françai-ses de 1870 portait : « Si l'équipage d'un bâtiment neutre comprend une proportion notable de sujets ennemis, il y a lieu de s'assurer avec la plus grande attention qu'aucune fraude n'existe ».

235. Il faut noter que, en ce qui concerne la composi-tion de l'équipage comme élément déterminant de la na-tionalité, les législations sont très variables (V. Barboux, Annexe n° 3, p. 156, qui expose les divers systèmes; Calvo, t. 4, n° 2332). En France, le capitaine, tous les officiers et les trois quarts de l'équipage doivent être Français (Rép. n° 189).

Art. 3. — De la recousse.

236. Les règles concernant la recousse, reprise ou recap-

ture sont suffisamment exposées au Rép. n°s 193 et suiv.) On pourra consulter d'ailleurs, sur cette matière : Blunts-chli, règles 739-741 et 859-862; De Martens, Essai sur les armateurs, les prises et surtout les reprises ; de Boeck, n°s 286 et suiv.

237. Nous signalerons, toutefois, l'art. 11 des Instructions françaises de 1870 : « L'intention du Gouvernement, y était-il dit, est que cette recousse ne donne lieu à aucun droit sur le bâtiment recous. Dans le cas où vous reprendriez sur l'ennemi un bâtiment neutre, vous êtes autorisé à considé-rer ce bâtiment comme ennemi, s'il est resté plus de vingt-quatre heures en la possession de l'ennemi, à moins de circonstances exceptionnelles dont Sa Majesté se réserve l'appréciation. Si le bâtiment n'est pas resté vingt-quatre heures au pouvoir de l'ennemi, vous le relâcherez pure-ment et simplement ». Ces dispositions n'ont pas eu d'appli-cation, la marine allemande n'ayant capturé aucun navire français pendant la guerre de 1870-71.

Art. 4. — Des prises par représailles.

238. — V. Rép. n°s 207 et suiv.

Sect. 4. — Des devoirs et des obligations des capteurs.

239. Nous n'avons plus à traiter les devoirs et obliga-tions des corsaires en particulier (Rép. n°s 211-214), mais seulement les règles concernant les capteurs en général. Ces règles ne s'appliquent plus, d'ailleurs, aujourd'hui qu'aux navires de guerre de l'Etat. Il faut remarquer que toutes les règles qui suivent concernent les navires neu-tres capturés comme les navires ennemis (Heffter-Geffcken, n° 171).

240. Le bâtiment ne peut procéder à une opération quelconque de la prise, à commencer par le droit de visite, qu'après avoir arboré le pavillon français et assuré ses couleurs par un coup de canon (Rép. n° 215; de Boeck, n° 247).

241. Les devoirs du capteur sont indiqués dans l'art. 15 des instructions ministérielles du 25 juill. 1870. Elles peu-vent être considérées comme le code même de cette partie du sujet. Nous les reproduisons aux numéros suivants, en y joignant l'indication des textes législatifs qui s'y rapportent. — Lors de la guerre de Chine, en 1885, les commandants français reçurent des instructions semblables, de sorte que de nombreuses irrégularités se produisirent et que plu-sieurs prises furent très longues à instruire. Il y en eut même qui furent déclarées nulles (Cons. des prises, 26 nov. 1887) (1). Le ministre de la marine fut obligé, en 1888, d'adresser aux commandants et aux agents de l'auto-rité maritime une circulaire pour rappeler l'observation des règlements (2).

242. Si la visite ne détermine pas la saisie du bâtiment, l'officier qui en aura été chargé devra seulement la consta-ter sur les papiers de bord (art. 15 des instructions de 1870).

---

(1) (Le Bateau-Feu); — Le conseil des prises ; — Vu la lettre de M. le ministre de la marine, en date du 25 mai 1887, tendant à ce qu'il soit statué sur la validité de la prise faite, le 6 nov. 1885, par le Bateau-Feu mouillé à l'entrée de Coa-Cam; — Vu l'avis de M. le ministre des affaires étrangères; — Vu le rapport adressé le 30 déc. 1885 par le deuxième maître de timonerie Vigne, patron du Bateau-Feu, à M. le directeur du port militaire de Haï-Phong; — Vu le procès-verbal de prise de possession et d'inventaire dressé le 3 nov. 1885 par M. Caillot, commissaire aux armements et prises à Haï-Phong; — Ensemble les pièces de dossier; — Vu les procès-verbaux d'estimation et de vente de la prise des marchandises ; — Vu le règlement du 26 juill. 1878, les arrêtés du 6 germ. an 8, du 9 vent. an 9, du 2 prair. an 11; — Vu l'avis inséré au Journal officiel; — Considérant qu'il résulte du rapport, en date du 30 déc. 1885, que le poste militaire du Bateau-Feu de Do-Son a été réquisitionné par le Tong-Ha-Taï, du village de Do-Son, à l'effet de capturer une jonque de pirates mouillée près de la pointe Cua-Tray (Tonkin) ; qu'agissant en vertu de cette réquisition, le poste du Bateau-Feu a capturé la jonque signalée dont l'équipage s'était enfui à l'exception de deux hommes ; — Considérant que les perquisitions opérées à bord de cette jonque ont amené la découverte d'armes, de drapeaux et de munitions de guerre; — Considérant que, s'il a été pris possession de la prise et dressé inventaire par le com-

missaire aux armements et prises du port de Haï-Phong, le 8 nov. 1885, il n'a été fait aucune déclaration régulière de capture ; — Considérant que l'omission de l'accomplissement de toutes les formalités réglementaires prescrites par l'arrêté du 2 germ. an 11, et par la loi des 10-25 avr. 1825, ne permet pas au Con-seil d'apprécier si la prise a été valablement faite ; — Considé-rant que le rapport dressé par le chef du poste de Do-Son ne saurait suppléer à l'établissement des pièces et des documents réguliers, qui aurait dû être fait par l'officier directeur du port de Haï-Phong, auquel était rattaché le poste ; que, si ce rapport permet d'admettre que la nature du navire a été justifiée par le soupçon de piraterie et qu'il y a eu prétexte légitime de capture, il ne saurait cependant à lui seul motiver la condamnation du navire capturé avec les conséquences légales que cette condam-nation entraîne dans le droit maritime... (Capture déclarée non valable. Restitution ordonnée à qui de droit du produit de la vente du navire et de la cargaison. Non-lieu à dommages-intérêts).
Du 26 nov. 1887.-Cons. des prises.-MM. Béhic, rap.-Béquet, comm. du gouv.

(2) Le ministre de la marine et des colonies à messieurs les vice-amiraux commandant en chef, préfets maritimes; officiers généraux, supérieurs et autres commandant à la mer ; gouver-

243. Si au contraire la visite détermine la saisie, il devra être procédé ainsi qu'il suit. Tout d'abord le capteur doit s'emparer de tous les papiers du bord et les mettre sous scellés, après en avoir dressé un inventaire. Ces formalités doivent être accomplies en présence du capitaine (Arrêté du 2 prair. an 11, art. 59). — D'après l'art. 16, les lettres officielles et particulières trouvées sur un bâtiment ennemi doivent être adressées sans délai au ministre de la marine. Quant aux lettres trouvées sur les bâtiments neutres, elles seront ouvertes et lues en présence de l'armateur ou de son représentant, et celles qui seront de nature à donner des éclaircissements sur la validité de la prise seront jointes à la procédure ; les autres lettres seront adressées au ministre de la marine (Arrêté du 2 prair. an 11, art. 68).

244. La seconde obligation du capteur est de dresser un procès-verbal de capture, ainsi qu'un inventaire du bâtiment. Un officier d'administration se rend à bord de la prise, fait, en présence de l'officier chargé de la commander, un inventaire du bâtiment, et dresse un procès-verbal de la capture (Décr. 15 août 1851, sur le service à bord des bâtiments de la flotte, art. 293-1°). — Jugé que l'observation de ces formalités n'est pas prescrite à peine de nullité, et qu'une prise peut être déclarée valable même s'il n'a été dressé ni procès-verbal de prise, ni inventaire (Cons. des prises, 21 avr. 1855, la *Tri-Swiatitela*, D. P. 1855. 3. 73 ; 26 nov. 1887, trois décisions, D. P. 88. 5. 394-5°, *Rec. Cons. d'Etat*, 1887, p. 895, 897, 900 ; 8 févr. 1892, la *Massue*. V. *infra*, n° 304) ; ... sauf à examiner, ce qui est une autre question, si dans ce cas le commandant du bâtiment capteur a droit ou non à une part de la prise (V. *infra*, n°s 303-304). Il a été décidé, de même, que l'absence d'inventaire ne constitue qu'une irrégularité secondaire, s'il est établi que le navire capturé était entièrement vide au moment de la capture (Cons. des prises, 26 nov. 1887, le *Léopard*, *Rec. Cons. d'Etat*, 1887, p. 900).

245. Mais la prise devrait être annulée si aucune des formalités requises n'avait été accomplie. Il a été décidé, par exemple, que s'il n'a été dressé ni procès-verbal de capture ni état des pièces de bord, si en même temps il n'a été procédé à aucun interrogatoire des prisonniers et s'il n'a été fait aucune déclaration régulière de capture, la prise est nulle (Cons. des prises, 26 nov. 1887, le *Bateau-Feu*, *suprà*, n° 241 ; *Rec. Cons. d'Etat*, 1887, p. 899). Le cumul de

toutes ces irrégularités empêche en effet le conseil d'apprécier si la prise a été valablement et régulièrement faite. — Jugé également qu'un rapport dressé par un chef de poste militaire ne saurait suppléer à l'établissement des pièces et des documents réguliers (Même décision).

246. La troisième obligation est de constater l'état du chargement, puis de faire fermer les écoutilles de la cale, les coffres et les soutes, et d'y apposer les scellés (art. 15 des instructions de 1870), après que l'eau et les vivres nécessaires pour la navigation en ont été extraits ; l'officier d'administration se saisit des livres et papiers de bord (Décr. 15 août 1851, art. 293-2°). Il est dressé un inventaire spécial des objets appartenant aux officiers, à l'équipage et aux passagers du bâtiment capturé (Même décret, art. 293-3°). Tous les papiers de bord doivent être soigneusement conservés. Le capitaine du capteur doit faire arrêter sur-le-champ et poursuivre tout individu coupable d'avoir détourné des objets appartenant au bâtiment ou à l'équipage capturé (Même décret, art. 292-3°). — En cas de destruction forcée de la prise, le capteur devrait également avoir grand soin de conserver tous les papiers de bord, pour permettre le jugement de la prise et l'établissement des indemnités à attribuer aux neutres dont la propriété non confiscable aurait été détruite (art. 20 des instructions complémentaires de 1870 ; Heffter-Geffcken, n° 171).

247. En quatrième lieu, le capteur doit mettre à bord un équipage pour la conduite de la prise (Art. 15 des instructions de 1870). La prise doit être conduite dans le port de France le plus rapproché, le plus accessible et le plus sûr, ou dans le port de la possession française la plus voisine (art. 18). Ce n'est que si des cas de force majeure, si les circonstances ne permettaient pas de conduire la prise en France ou dans une possession française, qu'elle peut être conduite dans un port étranger où se trouverait un consul français, avec qui le commandant de la prise doit se concerter sur la destination ultérieure de celle-ci. Ces circonstances de force majeure paraissent, d'après l'art. 14 des instructions complémentaires, devoir être restreintes à la réparation d'avaries et au ravitaillement. La prise ne doit, d'ailleurs, rester dans le port neutre que le moins de temps possible, quarante-huit heures généralement. Lorsqu'elle est ainsi conduite dans un port étranger où elle peut être admise, le conducteur de la prise représente les capteurs dans l'instruction consulaire (art. 17 des instructions complémentaires de 1870).

---

neur général de l'Indo-Chine et gouverneurs des colonies ; commissaires généraux de la marine et commissaires aux armements; commissaires d'escadre, de division et officiers d'administration des bâtiments.

Paris, le 5 mai 1888.

Prises maritimes. — Observations du conseil des prises. — Rappel à l'exécution des prescriptions réglementaires.

Messieurs, en vous signalant les omissions et irrégularités de procédure de capture que le conseil des prises a constatées dans les dossiers qui lui ont été présentés pour les prises effectuées dans les eaux de l'Annam et du Tonkin en 1883, 1884 et 1885, M. le conseiller d'Etat, commissaire du Gouvernement près le conseil des prises, a cru devoir appeler mon attention sur l'intérêt qu'il y aurait à donner des instructions, afin d'éviter le retour d'abus qui, en cas de guerre européenne, pourraient engendrer de regrettables incidents diplomatiques.

Les omissions et irrégularités dont il s'agit ont eu pour conséquence d'apporter de longs retards dans la liquidation des prises susmentionnées. Le conseil n'a pu statuer que le 26 novembre dernier, et encore a-t-il dû réserver, pour un examen ultérieur, les prises effectuées par trois bâtiments faisant partie des forces navales de l'Extrême Orient, pour lesquelles des renseignements complémentaires ont été réclamés de nouveau au Tonkin.

Mais, tout en se déclarant suffisamment éclairé par les pièces produites pour les prises faites par les autres bâtiments, le conseil a constaté que les formalités réglementaires n'ont presque jamais été complètement remplies. C'est ainsi que, souvent : « Il n'a été dressé, au moment de la capture, aucun procès-verbal de visite et de prise par l'officier délégué; qu'il n'a été établi aucun inventaire; que les scellés n'ont pas été apposés; que les équipages n'ont pas été interrogés; qu'aux ports de conduite, il n'a été fait aucune instruction régulière par l'administration maritime, douanière ou consulaire; qu'il n'y a pas eu de déclaration de capture, ni d'interrogation des équi-

pages; qu'on ne sait ce qu'il est advenu des prisonniers; que les papiers de bord n'ont pas été présentés; qu'en un mot, il y a eu généralement une méconnaissance complète de toutes les prescriptions réglementaires et légales en matière de prise ».

J'ai l'honneur d'appeler votre attention sur les conséquences fâcheuses qui résultent de ces infractions. Il importe, en effet, à tous les points de vue, que les bâtiments n'omettent, en ce qui concerne l'amarinage et l'instruction administrative, aucune des formalités dont l'accomplissement est prescrit par le décret du 20 mai 1885 sur le service à bord (art. 377, 378, 379). D'un autre côté les autorités maritimes des ports où sont conduites les prises doivent se conformer à l'arrêté du 6 germ. an 8, ainsi qu'à celui du 2 prair. an 11, sur les armements en course, dont les dispositions, quant à la procédure à suivre, sont également applicables aux navires capturés par les bâtiments de l'Etat.

Il convient en outre de ne pas perdre de vue que le jugement de la validité des prises ne peut être rendu qu'en France par le conseil des prises siégeant à Paris, lequel a été réorganisé en dernier lieu par le décret du 9 mai 1859 et rendu permanent par celui du 28 nov. 1861. Il importe par suite d'adresser sans retard, au département, tous les documents relatifs aux prises effectuées, en ayant soin de classer les dossiers de procédure par prise distincte et de les accompagner toujours d'un bordereau énumératif de pièces qui les composent.

J'ajouterai enfin qu'en dehors des prises effectuées en temps de guerre, les navires qui se livrent à l'exercice de la piraterie peuvent, en vertu de la loi du 10 avr. 1825, être capturés en tout temps; que, d'après l'art. 10 de cette loi, le produit de la vente de ces navires est réparti conformément aux lois et règlements sur les prises maritimes, et qu'il y a lieu par suite de faire application des dispositions ci-dessus rappelées pour l'amarinage et l'instruction administrative des prises dont il s'agit.

Veuillez, je vous prie, assurer, chacun en ce qui vous concerne, l'exécution des prescriptions contenues dans la présente circulaire.

Recevez, etc.

Signé : Krantz.

248. On discute la question de savoir si le capteur peut conduire la prise dans un port neutre. Bluntschli fait une distinction, selon que le capteur veut préserver le navire pris des dangers de la mer ou qu'il vient déposer sa prise pour pouvoir en faire des nouvelles. Dans ce dernier cas, il ne lui est pas permis d'agir ainsi, car le territoire neutre ne doit pas servir de base d'opérations militaires. Cette distinction rationnelle est adoptée par Calvo, t. 5, n° 3019. Nous ne connaissons pas de décisions françaises rendues sur ce point depuis 1856.

249. Les prises ainsi conduites naviguent avec le *pavillon* et la *flamme*, insignes des bâtiments de l'Etat (art. 13 des instructions complémentaires de 1870). Le capteur peut escorter sa prise ou l'envoyer dans un port français. Cet envoi, sous les ordres d'un officier, s'appelle l'*amarinage* de la prise. L'officier qui la conduit s'appelle *conducteur* ou *chef de prise* (De Boeck, n° 251). En arrivant au port de destination ou de relâche, le capteur ou l'officier conducteur doit déclarer la prise et la remettre aux autorités maritimes ou consulaires. Il doit remettre également : 1° son rapport de traversée ; — 2° Le procès-verbal de capture et d'apposition des scellés ; — 3° L'inventaire de la cargaison ; — 4° Les pièces et papiers du bord de toute nature. — Dans des circonstances exceptionnelles, le capteur peut expédier directement et par une autre voie les pièces de procédure et les personnes dont la présence est nécessaire à l'instruction, à la condition toutefois que leur arrivée en France précédera celle de la prise elle-même (art. 16 des instructions complémentaires de 1870). — Il a été jugé que le défaut de déclaration de capture n'empêche pas une prise d'être déclarée bonne et valable (Cons. des prises 8 févr. 1892, la *Massue*, *infrà*, n° 304). — Après cette remise de la prise aux autorités publiques, la responsabilité du capteur ou du conducteur cesse, et l'instruction peut commencer (De Boeck, n° 252).

250. Le capteur ne peut disposer de la prise d'une façon arbitraire avant le jugement, parce qu'il n'en est pas propriétaire. La prise n'est qu'une mesure provisoire (V. *infrà*, n°s 307 et suiv.).

251. Mais il peut se produire des *incidents* de la prise avant le jugement. Il est possible que la prise n'arrive dans aucun port. D'abord elle peut être perdue par fortune de mer. Le capteur doit avoir soin de constater le fait (art. 19 des instructions complémentaires de 1870). Ensuite, une circonstance de force majeure peut forcer un croiseur à détruire une prise, parce que sa conservation compromettrait sa propre sécurité ou le succès de ses opérations. On ne doit user de ce droit de destruction qu'avec la plus grande réserve (Instructions de 1870, art. 20), et il faut avoir soin, comme il a été dit *supra*, n° 246, de conserver tous les papiers de bord. Le 21 oct. 1870, le bâtiment français le *Desaix* captura le brick allemand le *Vorwaerts*. N'ayant pas assez d'hommes pour constituer un équipage spécial et conduire sa prise dans un port de France, le commandant français fit brûler le brick, mais seulement après avoir fait passer sur le *Desaix* l'équipage *avec tous ses effets*.

252. La destruction de la prise n'est excusable qu'en cas de nécessité absolue. Mais dans quels cas cette nécessité existe-t-elle? De grandes discussions se sont élevées à ce sujet. P. Fiore (t. 3, n° 1655) n'admet la destruction que de la contrebande de guerre et d'un navire chargé entièrement ou presque entièrement de contrebande. D'après MM. de Boeck (n°s 268 et suiv.) et Perels (p. 334-5), la destruction d'une prise ne se justifierait jamais. M. de Boeck examine successivement les cas où la destruction serait légitime, et soutient qu'il n'y a pas, en réalité, de nécessité absolue ; il s'efforce de démontrer qu'aucun des cas invoqués ne présente ce caractère et que la destruction de la prise n'est jamais légitime (De Boeck, n° 284).

253. Mais la pratique est loin d'être aussi absolue. En fait, de véritables abus se sont produits. Dans la guerre entre les Etats-Unis et l'Angleterre, en 1812-1814, le gouvernement américain donna l'ordre de détruire tous les bâtiments capturés, dans le but de « ne pas détacher d'hommes pour conduire les navires au port et ne pas affaiblir la marine ». Pendant la guerre de sécession, les Sudistes détruisirent tous les navires pris, parce que tous leurs ports

étaient bloqués. — Cette mesure est critiquée par Blunstchli (règle 672) : « On n'est jamais autorisé à détruire les navires capturés sous prétexte que les ports de l'Etat auquel le navire vainqueur appartient sont bloqués et qu'on doit y conduire la prise ». Le navire, dit-il, doit alors être conduit dans un port neutre. Mais s'il n'y consent pas, par la raison très juste que ce serait transformer le territoire neutre en une base d'opérations militaires, il faudra bien admettre la force majeure et la nécessité de la destruction.

254. On s'accorde généralement à regarder la destruction comme justifiée dans les cas suivants : 1° le navire ne s'arrête pas après le coup de semonce ou se met à résister ; — 2° La conservation de la prise mettrait le capteur en danger, par exemple, si le navire pris est un mauvais marcheur ; — 3° Le navire a été très maltraité dans le combat et a une voie d'eau ; — 4° Le capteur a des raisons fondées de craindre la reprise du bâtiment capturé, par des forces ennemies supérieures ; — 5° Il n'a pas un équipage suffisant pour constituer un équipage de prise et garder à la fois le navire et les prisonniers. Ce dernier cas est le plus fréquent. Jugé, par exemple : 1° qu'un navire pris peut être valablement détruit pour cause d'intérêt majeur ; que cet intérêt existe quand une partie de l'équipage du capteur a déjà été embarquée sur des prises antérieures envoyées en France (Comm. provisoire, 21 mai 1872, deux décisions, le *Vorwaerts* et le *Ludwig*, D. P. 72. 3. 89) ; — 2° Qu'il y a également lieu à la destruction de la prise lorsque la sécurité du bâtiment capteur ne permet pas, à raison du grand nombre de prisonniers à bord exigeant une surveillance active de jour et de nuit, de détacher une partie des hommes de l'équipage pour conduire la prise dans un port de France (Mêmes espèces). Ces deux décisions, quoique critiquées par Pérels (p. 334-335), sont conformes aux principes généralement admis et pratiqués (V. Calvo, t. 5, n° 3019 : Heffter-Gréffcken, n° 138, note 5 ; de Martens-Léo, t. 3, p. 298; Bry, p. 602, qui remarque que la force majeure est « chose très relative ». V. aussi Art. 5 du projet de règlement de l'Institut de droit international).

255. Il peut y avoir lieu, d'autre part, au *droit de préemption*. Le capteur trouve sur le navire capturé des objets de première nécessité dont il a besoin, vivres, eau, charbon. Il peut s'en emparer, à condition de prendre les précautions nécessaires pour permettre plus tard le règlement des parts revenant, dans la valeur de ces objets, aux divers intéressés (équipage du capteur, neutres, etc.) ; il doit pour cela faire dresser un inventaire détaillé et un procès-verbal d'estimation. Ces procès-verbaux devront être joints au dossier de la prise, et un double en sera adressé au ministre de la marine sous le timbre de l'administration de l'établissement des Invalides de la marine (art. 20 des instructions complémentaires de 1870). En réalité, il n'y a là qu'un achat ; cet une vente forcée pour le navire capturé, et ce droit de préemption est généralement admis. Il se justifie par la nécessité, d'autant plus que, comme le remarque M. de Boeck, il est aujourd'hui difficile aux flottes de renouveler leurs approvisionnements de houille (De Boeck, n° 254; Bluntschli, règle 773).

256. Il a été jugé, en conséquence, qu'une partie du chargement d'un bâtiment ennemi (soixante tonneaux de charbon) avait été, du droit du vice-amiral commandant en chef, valablement remise à deux frégates françaises, en vertu tant du droit du capteur de prendre sur la prise les objets utiles à sa navigation, que du droit de préemption attribué à l'Etat pour tous les objets qu'il juge convenable de s'approprier pour les besoins de la guerre (Cons. des prises de Paris, 22 oct. 1870, le *Pfeil*, Barboux, p. 128 ; 13 déc. 1870, le *Heinrich*, Barboux, p. 125).

257. Décidé encore : 1° que, après la vente du navire et de son chargement à la diligence de l'administration de la Marine, le département de la marine devra faire état et estimation, dans la forme des règlements sur la matière, des marchandises préemptées (art. 20 des instructions complémentaires de 1870). (Décisions des 22 oct. et 15 déc. 1870, citées *suprà*, n° 256) ; — 2° Que le prix de ces marchandises doit être payé par le Trésor et adjugé aux capteurs conformément aux règles légales de répartition (Mêmes décisions).

258. Un autre incident est la *rançon*. D'après l'art. 39 de l'arrêté du 2ᵉ prair. an 11, toujours en vigueur, il est défendu de rançonner les neutres. Quant aux ennemis, les vaisseaux de guerre français ne doivent consentir à un traité de rançon qu'en cas de force majeure absolue. Et même, dans ce cas de nécessité, l'acte de rançon doit être soumis à la juridiction chargée du jugement des prises (art. 17 des instructions françaises de 1870). La rançon n'est autre chose qu'une prise, et, comme toute prise, elle doit être soumise à un jugement de validité (de Boeck, n° 259). — Pour l'examen critique du droit de rançon, V. de Boeck, n°ˢ 260 et suiv.; Calvo, t. 4, n°ˢ 2422 et suiv., Phillimore, n° 432; Gessner, p. 352-353; Heffter-Geffcken, n° 171. — En ce qui concerne les effets du traité de rançon, V. *Rép.* n° 218, et de Boeck, n° 267, note 1).

259. On doit mentionner aussi comme incident la *reprise*, dont il a été parlé *suprà*, n° 236. De même encore, d'après Heffter (n° 171), s'il s'agit seulement d'objets de contrebande ou prohibés qui sont trouvés à bord d'un navire neutre, le capitaine peut échapper à la saisie du navire en les abandonnant au croiseur, qui en donnera un reçu. Cet auteur fonde son opinion sur ce que le droit de la guerre permet seulement au belligérant d'empêcher des objets nuisibles d'arriver chez son adversaire, mais ne va pas au delà.

260. Le réarmement et emploi des bâtiments capturés est encore un incident qui peut se produire avant le jugement. Le capteur peut, en effet, avoir besoin de se servir du navire capturé. Dans ce cas, si l'intérêt public l'exige; il peut être réarmé et employé pour les besoins du service, après que l'estimation en a été préalablement faite par une commission composée, autant que possible, de trois officiers supérieurs compétents, dont un membre du commissariat. Les procès-verbaux relatifs à cette opération sont joints au dossier de la prise (art. 20 des instructions françaises de 1870). — Cet emploi du navire n'empêche nullement l'instruction de suivre son cours; la prise est jugée comme toute autre.

261. Si la prise a péri alors qu'il s'agissait d'un navire capturé, réarmé et employé à un service public par le capteur, et perdu ou détérioré pendant ce service, la valeur ou la moins-value sera payée au propriétaire dans le cas où la prise serait déclarée nulle (De Boeck, n° 255).

262. Comment doivent-être traités les équipages des navires marchands? L'art. 19 des instructions françaises de 1870 indique ce qui doit être fait au moment même de la prise. « Vous ne devez, à moins de cas de force majeure, distraire du bord aucun des individus qui montent le bâtiment capturé, s'il s'agit d'un bâtiment marchand; mais les femmes, les enfants et toutes les personnes étrangères au métier des armes ou à la marine ne devront, en aucun cas, être traités comme prisonniers de guerre et seront libres de débarquer dans le premier port où le bâtiment abordera. S'il s'agit d'un bâtiment de guerre, et sauf la même exception, vous pourrez, si vous le jugez utile, transborder une partie de l'équipage, et vous conduirez les prisonniers soit dans un port militaire de France, soit dans tout autre port qui pourra être ultérieurement désigné comme lieu de dépôt pour les prisonniers de guerre ». Ces dispositions s'appliquent indifféremment à la prise en cas de blocus ou en tout autre circonstance. L'art. 294 du décret du 15 août 1851 prescrit, en outre, le mode d'agir à l'égard des équipages. Le capitaine veille à ce qu'ils soient traités avec humanité, qu'on leur conserve les effets qui sont à leur usage personnel, et qu'ils reçoivent exactement la ration qui leur est allouée par les règlements. Mais il doit aussi tenir la main à ce que ces prisonniers soient gardés et surveillés de manière à rendre inefficace toute tentative de révolte ou d'évasion de leur part.

263. Ces dispositions furent rigoureusement observées en 1870, et deux décisions de la commission provisoire remplaçant le conseil d'État constatent d'une façon expresse que les commandants français ont conservé aux équipages ennemis tous leurs effets personnels (comm. f. 1. de Cons. d'État, 21 mai 1872, deux décisions, le *Ludwig* et le *Vorwaerts*, D. P. 72, 3. 89).

264. Quant à la question de savoir si les équipages des navires marchands ennemis peuvent être faits prisonniers,

l'affirmative est incontestable. Ce point a cependant donné lieu à des difficultés en 1870. Des capitaines de navires marchands allemands ayant été internés en France, le gouvernement prussien protesta et fit même, par représailles, arrêter et conduire en Allemagne quarante personnes notables des villes de Gray, Vesoul et Dijon (V. aussi Heffter-Geffcken, n°ˢ 126, note 29). Des notes diplomatiques furent échangées avec les puissances neutres. Le prince de Bismarck dut finalement reconnaître que la France avait raison. Le droit appliqué généralement en pratique est, en effet, de retenir prisonniers les capitaines et les équipages. Heffter dit bien que « le droit de répression des belligérants ne s'applique qu'au navire et à la marchandise », mais il reconnaît aussi, avec l'art. 18 du règlement des prises prussien de 1868, que l'équipage n'est ni libre, ni prisonnier, et « qu'il sera prisonnier si la prise est déclarée bonne » (Heffter-Geffcken, n° 126, note 9). C'est un droit « cruel », dit M. Barboux, mais il existe. Les neutres le constatèrent. M. Rolin-Jacquemyns disait, à cet égard, dans la *Revue de droit international*, 1870, p. 688 : « M. de Chaudordy, délégué du ministre français des affaires étrangères à Tours, a démontré, d'une manière qui nous semble tout à fait péremptoire, que l'affirmative est conforme au texte des anciennes ordonnances et à l'usage constamment suivi jusqu'en 1859 » (V. dans le même sens Calvo, t. 4, n° 2307; Barboux, p. 271; Bry, t. 5, p. 348; Morin, t. 2, p. 128).

265. Du reste, on est d'accord pour condamner rationnellement cette mesure. M. Barboux, *loc. cit.*, démontre que le droit appliqué dont usa la France, tout en étant consacré par la pratique, n'est ni logique ni utile. Dans une grande guerre comme celle de 1870, la France n'a pas fait un peu plus de deux cent cinquante prisonniers; ce qui n'a pas beaucoup affaibli l'Allemagne, mais a profondément irrité l'opinion publique chez l'ennemi. C'est donc là une pratique qui devrait disparaître complètement. M. de Chaudordy lui-même, tout en constatant qu'aucun traité n'empêchait la France d'agir comme elle le faisait, ajoutait qu'« elle serait la première à s'associer à un accord sur ce point; mais, tant que des conventions n'auront pas été généralement adoptées, nous sommes en droit de nous en tenir, dans nos opérations sur mer, aux coutumes établies par l'usage constant de toutes les puissances maritimes ».

266. Il est un dernier cas qui est hors de doute. Dans le cas où un navire neutre transporte des troupes ou chefs militaires faisant partie des armées ennemies, ce qui le rend coupable de contrebande de guerre, le navire est pris, et les troupes ou chefs militaires pourront être faits prisonniers.

SECT. 5. — RESTITUTION DES PRISES DÉCLARÉES NULLES; DOMMAGES ET INTÉRÊTS; INDEMNITÉS DUES PAR L'ÉTAT.

267. — 1° *Restitution des prises déclarées nulles; dommages et intérêts dus par le capteur.* — Quand une prise est déclarée irrégulière, le navire et la cargaison doivent être immédiatement restitués à leurs propriétaires (Bluntschli, règle 852. V. pour les détails, *Rép.* n° 233).

268. Quant aux dommages et intérêts, ils ne seront dus par les capteurs eux-mêmes que dans des cas fort rares. Théoriquement il y a lieu d'en prononcer quand le capteur a commis une faute. M. Calvo, t. 5, n° 3084, remarque, sur la nature de ces dommages et intérêts, qu'ils ne constituent pas une pénalité pour le capteur, mais une compensation pour la partie lésée. Mais la question se pose rarement en pratique, depuis la suppression des corsaires. Comme le remarque M. Laferrière, t. 2, p. 74, les faits de faute ne peuvent guère se produire depuis que la course est réservée à la marine de l'État.

269. La responsabilité personnelle des commandants ou équipages des navires capteurs n'a ici rien de particulier. Ce n'est que la question plus générale de la responsabilité des agents de l'État, et spécialement des militaires en temps de guerre (V. sur ce point le *Répertoire*, v° *Responsabilité*, n°ˢ 251, 254 et suiv. et v° *Placé de guerre*; Laferrière, t. 2, p. 174 et suiv.). D'ailleurs, si une décision déclarait la responsabilité d'un capteur à raison d'une faute, il serait assez difficile de liquider les dommages et intérêts (V. *infrà*, n° 300).

270. — 2° *Des indemnités dues par l'Etat*. — Comment la responsabilité de l'Etat peut-elle être engagée? Il faut distinguer. Si la prise s'est trouvée justifiée par les circonstances du moment et n'a été déclarée nulle qu'après un débat approfondi et un long examen, c'est-à-dire s'il n'y a pas eu faute du capteur qui a cru de bonne foi avoir le droit de l'opérer, l'Etat ne doit aucune indemnité. Il est, en effet, admis en droit international que les pertes et dommages résultant de la capture sont toujours censés réparés par la restitution de la prise ou du produit de la vente (Laferrière, t. 2, p. 74). De plus, la prise est un fait de guerre, et l'Etat ne répond pas en général des faits de guerre accomplis pendant les hostilités (*Rép.* v^{la} *Place de guerre*, et v° *Responsabilité*, n° 257; E. Bouvier, *De la responsabilité civile et pénale des personnes morales*, p. 209; Sourdat, *De la responsabilité*, 3° éd., t. 1, p. 444 et suiv.). Si, au contraire, il y a eu faute grave du capteur, la responsabilité de l'Etat est engagée par le fait du commandant capteur, son agent, et une indemnité est due (Calvo, t. 5, n° 3084).

271. Il a été jugé, conformément à ces principes : 1° que les capitaine, chargeurs et propriétaires d'un navire capturé, dont la relaxation est prononcée parce que sa nationalité ennemie ne se trouve pas établie, n'ont droit néanmoins à aucuns dommages et intérêts à l'encontre du capteur, si l'arrestation a été motivée par des soupçons reconnus légitimes (Cons. des prises, 19 mai 1855, la *Fulvie*, D. P. 56. 3. 16); — 2° Qu'il y a même lieu, dans ce cas, de mettre les frais de l'instruction à la charge du capitaine du navire relaxé (Même décision). En effet, comme le remarque M. Calvo, c'est le navire capturé qui, à la suite de son attitude suspecte, a lui-même amené la prise par sa propre faute (Calvo, t. 5, n° 3083); — 3° Que la demande en dommages et intérêts et en restitution des frais de garde et de conservation, formée par le capitaine d'un navire dont la neutralité a été reconnue par le Conseil des prises, ne peut être accueillie, si la capture se trouvait justifiée par des lacunes et irrégularités dans les pièces de bord, qui étaient de nature à faire considérer cette neutralité comme douteuse (Cons. d'Et. 23 févr. 1860; la *Caterina*, D. P. 62. 3. 5; — 4° Qu'il en est ainsi particulièrement si à ladite irrégularité des pièces de bord se joignaient d'autres circonstances, telles que la construction ennemie du bâtiment, la composition ennemie de son équipage formé après la déclaration de guerre (Même décision); — 5° Qu'il n'est pas dû non plus de dommages et intérêts, bien que la prise soit déclarée nulle, si la neutralité du chargement n'était pas clairement démontrée par les pièces trouvées à bord et si le capteur a pu avoir des doutes légitimes (Cons. des prises de Paris, 29 nov. 1870, l'*Agnès*, D. P. 72. 3. 89; Barboux, p. 57; Calvo, t. 5, n° 3083; Bluntschli, règle 853; Cons. des prises, 26 nov. 1887, *suprà*, n° 241).

272. Jugé encore : 1° que le neutre qui a embarqué ses marchandises sur un navire ennemi n'a droit qu'à la restitution de ces marchandises, ou bien, dans le cas où la vente en aurait été légitimement opérée, au prix net en provenant sous les déductions d'usage; il ne peut donc réclamer des dommages et intérêts à raison du préjudice qu'a pu lui causer la capture du navire, lorsque cette capture a été jugée bonne et valable; Comm. f. f. de Cons. d'Etat, 14 févr. 1872, l'*Apollo*, D. P. 72. 3. 89; — 2° Qu'il ne pourrait être fait exception à cette règle que si les marchandises avaient été détériorées par suite d'actes imputables aux capteurs et ayant le caractère de fautes graves, ou si la vente avait été ordonnée ou opérée contrairement aux règlements (Même décision); — 3° Qu'il ne peut réclamer ni indemnité ni même la valeur de ses marchandises, lorsque le navire capturé a été détruit avec sa cargaison sur l'ordre du commandant du capteur, par le motif que la sécurité de ce dernier ne permettait pas, à cause du grand nombre de prisonniers à bord, de détacher une partie des hommes de l'équipage pour conduire la prise dans un port de France. Dans ces circonstances, la destruction de cette prise constitue un fait de guerre dont les propriétaires de la cargaison ne peuvent être admis à discuter l'opportunité, et en raison duquel ils ne sauraient prétendre à une indemnité (Comm.

f. f. de Cons. d'Etat, 21 mai 1872, deux décisions, le *Ludwig*, et le *Vorwaerts*, Rec. Cons. d'Etat, p. 777 et 778). — M. Calvo, t. 5, n° 3034, approuve ces décisions dans les termes suivants : « On ne saurait contester que l'acte de capturer un vaisseau ennemi est un fait de guerre licite, et que, par conséquent, la destruction du bâtiment dans certaines circonstances ne soit également licite. Il s'ensuit nécessairement que la responsabilité du belligérant à l'égard des neutres est dégagée dans l'un comme dans l'autre cas » (V. aussi Laferrière, t. 2, p. 74).

273. Il faut donner pour le cas de perte fortuite de la prise la même solution que pour le cas de destruction. C'est ce que portaient les instructions complémentaires françaises de 1870, art. 19: « En cas de perte par fortune de mer, aucune indemnité n'est due ni pour le navire, ni pour le chargement, même si après jugement la prise eût été annulée ». Il y a là en effet un cas fortuit dont le capteur n'est pas responsable.

274. Toutefois, M. de Boeck se demande si cette règle ne comporte pas une restriction. « S'il est démontré, dit-il, la prise étant déclarée nulle, que le navire n'eût pas péri n'ayant pas été capturé, parce qu'il n'eût pas suivi le même itinéraire, n'y aurait-il pas faute du capteur et ne devrait-il pas des dommages et intérêts? » Nous ne connaissons pas de décision pratique rendue sur ce point. On peut seulement remarquer que, dans tous les cas, la preuve que le navire n'aurait pas péri serait assez difficile à fournir.

275. Il convient aussi d'ajouter que, dans le cas où la prise a péri alors qu'il s'agissait d'un navire capturé, réarmé et employé à un service public par le capteur, et perdu ou détérioré pendant ce service, la valeur ou la moins-value sera payée au propriétaire si la prise est déclarée nulle (De Boeck, n° 255).

276. Il n'y aurait pas lieu non plus à indemnité si un neutre était copropriétaire du navire capturé. Le capteur n'a pas à indemniser ce neutre, parce que la propriété d'un navire est indivisible au point de vue du droit de la guerre (V. *suprà*, n°s 97-98). Les droits de copropriété et d'hypothèque appartenant à des neutres sont donc perdus sans compensation. — Conf. Bry, p. 607, qui critique cette solution, mais constate que tel est le droit positif international.

277. Il y a même plus. Dans tous les cas qui précèdent, le neutre à qui on restitue son navire ou son chargement ou leur produit doit payer les frais faits pour leur garde et leur conservation, ainsi que les frais de l'instruction et le coût de la décision du Conseil des prises qui lui rend son navire ou ses marchandises. Ici ne s'applique pas l'art. 130 c. proc. civ. (V. les décisions citées aux numéros précédents et, notamment, Cons. d'Et. 25 févr. 1860, la *Caterina*, D. P. 62. 3. 5).

278. Jugé encore que, s'il s'agit de marchandises chargées sur vaisseaux ennemis et restituées ensuite quand la neutralité de ces marchandises est reconnue, le propriétaire doit payer les frais faits pour leur conservation (Comm. f. f. de Cons. d'Etat, 6 oct. 1871, la *Henriette*, Rec. Cons. d'Etat, 1871, p. 447).

« Ces frais sont, en France, les frais de garde, de déchargement, de transport, de magasinage et de vente, et, si la propriété restituée est le bâtiment saisi, les frais de subsistance des matelots et officiers du bâtiment capturé, au cas où il n'a pas été pourvu à leur subsistance avec les vivres que portait le navire amariné. Le fret doit ainsi être adjugé au capteur en proportion de l'avancement du voyage. S'il était prouvé régulièrement que ce fret a été payé d'avance, le capteur n'aurait rien à réclamer de ce chef » (De Boeck, n° 379).

279. Il a été décidé fréquemment que le propriétaire des marchandises à qui on les restitue doit payer le fret, d'après l'avancement du voyage et les conditions du connaissement (Cons. des prises de Paris, 31 déc. 1870, le *Joan*, D. P. 72. 3. 89; Comm. f. f. de Cons. d'Etat, 14 févr. et 29 avr. 1872; l'*Eclips*, Rec. Cons. d'Etat, 1872, p. 771 et 776 ; 15 avr. 1872, la *Laura-Louise*, Rec. Cons. d'Etat, 1872, p. 775; 10 juin 1872, deux décisions, le *Nicolaus* et la *Thalia*. Rec. Cons. d'Etat, 1872, p. 779 et 782 ; Cons. d'Et. 5 nov. 1873, le *Nicolaus*, Rec. Cons. d'Etat, 1873, t. 2, p. 166). V. aussi l'art. 3 du décret des 19 nov.-1er déc. 1859 sur la restitution des bâtiments autrichiens capturés (D. P. 59. 4. 119).

280. Conformément à ces principes, le décret du 29 mars 1865 réglant les conditions sous lesquelles devait avoir lieu la restitution des navires mexicains ou de leurs chargements capturés depuis le commencement de la guerre (D. P. 65. 4. 21) portait-il, dans son art. 3, que dans aucun cas il ne serait accordé des dommages-intérêts aux capturés, et que les frais faits pour la conduite, la garde et l'instruction des prises restituées, seraient à la charge des ayants droit au profit desquels la restitution aurait été effectuée. C'est aussi ce qu'avait décidé le décret des 19 nov.-1er déc. 1859, sur la restitution des bâtiments autrichiens (D. P. 59. 4. 119).

281. Mais il y aurait lieu à indemnité si le capteur avait commis une faute grave C'est ce qui résulte d'une décision aux termes de laquelle, si la capture d'un navire ennemi est déclarée bonne et valable, le neutre à qui des marchandises trouvées sur ce navire sont restituées ne pourrait réclamer des dommages-intérêts que si les marchandises avaient été détériorées par suite d'actes imputables aux capteurs *et ayant le caractère de fautes graves*, ou si la vente avait été ordonnée ou opérée contrairement aux règlements (Comm. f. f. de Cons. d'Etat, 14 févr. 1872, l'*Apollo*, D. P. 72. 3. 89).

282. Jugé, dans le même sens, que les contestations relatives à l'exécution du Conseil des prises ne rentrent pas dans celles qui peuvent donner lieu à la condamnation de l'Etat aux dépens faits devant le conseil d'Etat; le décret du 2 nov. 1864 ne s'y applique pas en tant qu'il a visé les art. 130 et 131 c. proc. civ.; les neutres revendiquants ne sont donc pas fondés à réclamer les dépens (Cons. d'Et. 7 août 1875, l'*Andrew*, D. P. 76. 3. 36).

283. En ce qui concerne la restitution des navires ennemis, elle n'a jamais lieu de plein droit à la fin de la guerre; elle doit être stipulée. Ce n'est là que l'application d'une règle plus générale : quand les hostilités sont terminées, la restitution des objets pris sur l'ennemi n'a pas lieu de plein droit (Bluntschli, règle 723). En fait, cette stipulation a eu lieu après les grandes guerres entreprises par la France. L'art. 3 du traité de Zurich, du 10 nov. 1859, a ordonné la restitution des navires autrichiens non encore condamnés par le conseil des prises. En conséquence, il a été jugé que les navires déjà condamnés ne devaient pas être restitués (Cons. d'Et. 4 févr. 1860, le *Genio speculatore*, *suprà*, n° 51). Un décret du 19 nov. 1859 (D. P. 59. 4. 119) a réglé les conditions d'application du traité de Zurich.

284. De même un décret du 29 mars 1865 (D. P. 65. 4. 21) a ordonné la restitution des navires mexicains non encore définitivement condamnés. L'art. 4 du décret exceptait du bénéfice de cette disposition les navires ayant tenté de violer un blocus ou portant à leur bord de la contrebande de guerre. A la suite de cet acte, plusieurs bâtiments mexicains furent restitués (V. Cons. d'Et. 17 mai 1865, le *Zorro-Colorado*, *Rec. Cons. d'Etat*, 1865, p. 1188; 14 juin 1865, le *Balear*, ibid., p. 1188; 14 juin 1865, le *Pizarro*, *ibid.*, 1865, p. 1189; 27 juin 1865, le *Joven-Manuelito*, *ibid.*, 1865, p. 1189; 23 janv. 1868, le *Florencio-Zamudio*, ibid., 1868, p. 1110).

285. Enfin le traité de Francfort, du 10 mai 1871, art. 13 (D. P. 71. 4. 27), portait que les bâtiments allemands qui étaient condamnés par les Conseils des prises avant le 2 mars 1871 devaient être considérés comme condamnés définitivement. Quant à « ceux qui n'auraient pas été condamnés à la date susindiquée, ils seront rendus avec la cargaison, en tant qu'elle existe encore. Si la restitution des bâtiments et de la cargaison n'est pas possible, leur valeur fixée d'après le prix de la vente sera rendue à leurs propriétaires ».

286. Il faut appliquer à la restitution des navires ennemis, en ce qui concerne les frais, dommages-intérêts, fret, etc., tout ce qui a été dit pour les navires neutres restitués, ainsi qu'on l'a vu d'ailleurs au cours de cette section (Calvo, t. 6, n° 3011).

Sect. 6. — DE LA COMPÉTENCE EN MATIÈRE DE PRISES MARITIMES.

Art. 1er. — *Compétence territoriale.*

287. Le principe admis aujourd'hui est celui de la compétence du *tribunal du capteur* (V. Calvo, t. 5, n° 3036; Bluntschli, règle 842; Heffter-Geffcken, n° 172; de Boeck, n°s 331 et 357; Bry, p. 612). — En théorie, on a proposé la création de tribunaux mixtes (V., pour l'examen critique de cette compétence, de Boeck, *loc. cit.*, et Calvo, t. 5, n° 3041, qui expose l'opinion des différents publicistes sur ce point).

288. Ce principe que le juge du capteur est juge de la prise est généralement admis pour le jugement des navires ennemis (V. en ce sens, Cons. d'Et. 29 août 1855, l'*Alemander 1er*, *Rec. Cons. d'Etat*, 1855, p. 869). Il y a eu discussion pour le jugement des navires neutres; mais le principe est, pour ce cas encore, reconnu aujourd'hui (V. en ce sens Calvo, t. 5, n°s 3054-3055, qui expose les raisons données en faveur d'une solution contraire; Bry, p. 612; Gessner, p. 374 et suiv.; de Boeck, n° 357).

289. Il suit de là que le tribunal du capteur est compétent même si la prise avait été mise en sûreté dans un port neutre. V. Bluntschli, règle 844; Heffter-Geffcken, n° 138, note 6, qui déclare qu' « un Etat neutre ne possède aucune espèce de juridiction régulière en matière de prises, alors même que les navires capturés ont été conduits dans ses ports ». — Le même auteur enseigne encore, n° 147, note 3, que cet Etat neutre ne doit pas permettre à ses tribunaux de statuer sur la validité des prises, sauf les cas exceptionnels indiqués plus loin, parce que ce serait violer les devoirs de la neutralité. M. Calvo, t. 5, n° 3036, ajoute que, donner compétence au juge de l'Etat neutre, ce serait exposer cet Etat « à devenir juge dans sa propre cause ou à se placer dans une situation hostile à l'égard de l'un des belligérants ou d'un Etat tiers ».

290. Par suite de cette attribution de juridiction aux tribunaux du capteur, on doit décider : 1° que les consuls d'un belligérant sur le territoire neutre ne sont pas compétents pour la validité des prises (Heffter-Geffcken, n° 138, note 7; Gessner, p. 348); en effet, le fait de prononcer un jugement de prise ou même seulement d'instituer une juridiction sur le territoire neutre serait la violation de la neutralité; — 2° Que les ministres plénipotentiaires ne sont pas compétents non plus (Heffter-Geffcken, n° 138).

291. Mais le principe que le juge du capteur est juge de la prise comporte quelques exceptions. Il ne sera pas compétent : 1° si la prise a été pratiquée dans les eaux territoriales neutres, au mépris de la souveraineté et de la neutralité d'un Etat étranger (Laferrière, t. 2, p. 65; Heffter-Geffcken, n° 172; Calvo, t. 5, n° 3038; Gessner, p. 368; Bry, p. 613); — 2° Si elle a été opérée par des navires de guerre armés en pays neutres (Calvo, t. 5, n° 3038; Gessner, p. 369; Perels, p. 345); — 3° Si le navire et les biens capturés, avant d'avoir été déclarés de bonne prise au profit du capteur, ont regagné un des ports du territoire auquel ils appartiennent (Heffter-Geffcken, n° 172).

Art. 2. — *Compétence d'attribution.*

292. La compétence d'attribution en matière de prises maritimes est restée stable depuis la publication du *Répertoire*. C'est toujours une autorité administrative qui est compétente (D. P. 54. 4. 135) qui cessa ses fonctions le 1er juin 1856 (Décret du 3 mai 56, D. P. 56. 4. 52). Au début de la guerre d'Italie, le décret du 9 mai 1859 institua de nouveau le conseil des prises, comme en 1854 (D. P. 59. 4. 50). Aucun nouveau décret n'est jamais venu le dissoudre. Il est même devenu permanent. En effet, les prises faites pendant la guerre de 1870-71 ont été jugées par celui créé par le décret du 9 mai 1859. Un décret du 28 nov. 1861, inséré au *Bulletin des lois* le 18 août 1870 (D. P. 70. 4. 80), portait « que le conseil des prises, institué par notre décret du 9 mai 1859, statuera, pendant tout le temps durant lequel il sera maintenu, sur toutes les demandes et contestations relatives à la validité des prises maritimes, dont le jugement doit appartenir à l'autorité française ». Aucun acte n'ayant changé cet état de choses, ce conseil des prises est devenu permanent et fonctionne encore actuellement. L'autre conseil, siégeant à Bordeaux, a été établi par un décret de la délégation du gouvernement de la Défense nationale, en date du 27 oct. 1870 (D. P. 70. 4. 126), et a fonctionné jusqu'au 28 févr. 1871

293. Le conseil de 1859 a été maintenu aussi pendant les hostilités d'Indo-Chine, et il existe encore. Il comprend actuellement huit membres nommés par décret : un conseiller d'Etat, président ; six membres, dont deux doivent être pris parmi les maîtres des requêtes au conseil d'Etat, et un commissaire du Gouvernement, remplacé, au cas d'empêchement, par un des membres du conseil des prises. Le conseil est assisté d'un secrétaire-greffier.

294. Quel est le caractère de cette autorité administrative investie de la juridiction des prises? Est-ce un tribunal? Le doute vient de ce que le droit de prise est un apanage de la souveraineté (Barboux, p. 36). Aussi beaucoup d'auteurs soutiennent-ils que les prises ne donnent pas lieu à un jugement ; la décision rendue à leur occasion est un « acte de souveraineté ». C'est, dit-on, l'usage de la course qui avait faussé cette notion. D'après Rayneval (*Liberté des mers*, t. 1, p. 226), « le Gouvernement seul est juge en cette matière ». D'après Massé (p. 345), il n'y a pas de juge sur la validité d'une prise; il ne faut pas voir « une question de compétence judiciaire là où il n'y a qu'une question de souveraineté ». « Jugement des prises » est une expression fausse, dit Oppenheim (*Système du droit des gens*, p. 268). Un tribunal des prises n'est pas un véritable tribunal, ajoute Klüber, nᵒ 295 ; c'est une « commission administrative », une commission spéciale. On peut faire remarquer dans le sens de cette théorie que les tribunaux sont saisis par les parties elles-mêmes, de leur consentement exprès, tandis que la juridiction des prises est saisie d'office (Calvo, t. 5, nᵒˢ 3045-3046).

295. Mais ce n'est pas là l'idée dominante chez les publicistes. On a dit, avec plus de raison, que la juridiction des prises est un véritable tribunal. Cauchy (t. 1, p. 65) exige après chaque capture un vrai jugement, « statuant *juridiquement* ». Le fait, dit-il, ne saurait être réputé pour le droit ; « il faut un *tribunal* ». Gessner, p. 396, soutient aussi que les autorités apprécient la validité d'une prise sont « des tribunaux dans toute la force du terme », mais des tribunaux internationaux. Ils sont internationaux, ajoute M. de Boeck en précisant (nᵒˢ 334 et 357), « non par leur composition, mais par leur mission ». Ce dernier auteur reconnaît, en effet, trois caractères aux juridictions des prises. D'après lui ; ce sont : 1ᵒ de vrais tribunaux ; 2ᵒ des tribunaux spéciaux ; 3ᵒ des tribunaux internationaux. Tel est aussi le sentiment de de Martens-Léo, t. 3, p. 299. Enfin Bulmerincq est un partisan résolu de « la compétence juridique, *la seule justifiable* » (*Revue du droit international*, 1879, p. 159 et suiv.).

296. Tel est aussi le sentiment de MM. Calvo (t. 5, nᵒ 3068) et Laferrière (t. 2, p. 65). Toutefois ils reconnaissent à la juridiction des prises, en même temps qu'un caractère contentieux, un caractère politique et gouvernemental. En effet, juger une prise, c'est juger un fait de guerre. C'est donc rendre une décision d'ordre politique et gouvernemental. On doit remarquer la différence avec un procès ordinaire, qui exige un litige existant entre deux parties, tandis qu'ici il doit y avoir jugement même si aucune contestation n'est soulevée. Le belligérant ne peut se dispenser, en effet, de vérifier si le fait de guerre a eu lieu conformément au droit des gens (Laferrière, t. 2, p. 71). — Ce premier caractère explique pourquoi le jugement des prises revient à l'Etat capteur : il lui appartient comme attribut de la souveraineté (Laferrière, t. 2, p. 65). Mais en même temps il se présente des questions de droit privé, de propriété, de revendication, d'assurances, etc., ce qui explique le caractère contentieux. Et il est encore ainsi même depuis la suppression des corsaires, ce qui prouve que l'usage de la course n'avait nullement faussé la notion du jugement en matière de prises. Ce double aspect de la juridiction des prises explique les solutions diverses que nous allons avoir à indiquer.

297. En 1870, on s'est demandé dans quelles limites le conseil des prises est lié par les décisions de l'administra-

tion supérieure. Celle-ci avait accordé un sauf-conduit à un bâtiment allemand et ne l'avait pas traité comme ennemi. Ce bâtiment avait amené de la marchandise dans un port français. Le conseil a déclaré cette marchandise de bonne prise, malgré le sauf-conduit accordé au navire qui l'avait amenée, parce que le sauf-conduit « est un acte d'administration publique dont le conseil n'a point à se faire juge, mais qui ne peut en quoi que ce soit modifier les principes de droit public sur lesquels seuls le conseil doit appuyer sa décision » (Cons. des prises, 29 déc. 1870, aff. de la *Ghérardine*, suprà, nᵒ 51-5ᵒ ; on aura soin de lire les faits de l'espèce dans les conclusions du commissaire du Gouvernement). Ainsi les actes de l'Administration ne lient pas le conseil des prises ; cela s'explique par l'idée que cette juridiction a les caractères d'un tribunal.

298. Comme on l'a dit au *Rép.* nᵒ 264, le conseil des prises a seulement pour mission de statuer sur la validité ou la non-validité de la prise. La procédure a pour but unique d'en faire connaître la régularité (Barboux, p. 51). On voit par là quelles sont les limites de la compétence de ce tribunal ; il est compétent pour décider si l'inobservation des formalités prescrites pour la constatation et l'instruction préalable des prises permet ou non d'en prononcer la validité (Cons. d'Et. 8 mai 1893, la *Massue*, infrà, nᵒ 304). Mais si la propriété des marchandises ou d'un navire capturés donne lieu à des contestations entre plusieurs revendiquants, le conseil des prises n'a à statuer sur cette question que dans la mesure où la solution est nécessaire pour la validité de la prise (Barboux, p. 51).

299. Il a été jugé, en conséquence : 1ᵒ que le conseil des prises n'a point à trancher la question de propriété d'une cargaison, quand la neutralité s'en trouve, d'ailleurs, établie (Cons. des prises de Paris, 15 déc. 1870, le *Borussia*, Barboux, p. 52) ; — 2ᵒ Que le conseil peut apprécier la question de propriété des marchandises, quand la solution de cette question est nécessaire au jugement de la capture elle-même (Cons. des prises, 27 févr. 1871, le *Ludwig*, Barboux, p. 53) ; — 3ᵒ Que si un navire est saisi pour contravention à la législation d'un protectorat sur la navigation le long des côtes et le commerce des poudres, cette saisie ne peut pas être assimilée à une prise ; que le conseil des prises n'a donc pas à statuer sur la validité et les effets de cette saisie (Cons. des prises, 8 févr. 1892) (1).

300. Le juge des prises ne peut non plus connaître des demandes d'indemnité contre le capteur à raison des fautes, commises par celui-ci, si ces demandes ne sont par l'accessoire de la validité de la prise (Laferrière, t. 2, p. 73). Par suite, si un neutre a subi des dommages, mais sans être capturé, ou s'il a été pris, puis relâché, un procès n'est pas possible devant le conseil des prises (Laferrière, t. 2, p. 73). — Le conseil pourrait connaître d'une demande en dommages-intérêts accessoire à la validité de la prise. Mais, dans ce cas, se contenterait-il de poser le principe de l'indemnité, et renverrait-il les parties devant un tribunal ordinaire spécialement devant un tribunal de commerce, pour la liquidation? L'affirmative était autrefois admise sans difficulté (V. *Rép.* nᵒ 264). Mais la responsabilité des capteurs a changé d'aspect depuis que la prise est pratiquée uniquement par les bâtiments de l'Etat. On remarque le renvoi devant un tribunal de commerce n'est plus possible en pratique ; on ne peut citer les officiers ou équipages de la marine de l'Etat, ni l'Etat lui-même civilement responsable, devant la juridiction consulaire. Cet auteur estime donc que la juridiction des prises doit alors accessoirement liquider les dommages-intérêts.

301. La compétence de la juridiction des prises ne s'étend pas davantage aux questions d'ordre politique, qui ne peuvent être résolues que par le Gouvernement (*Rép.* nᵒ 263). Jugé, en conséquence : 1ᵒ que le décret du 29 mars 1865 réglant les conditions sous lesquelles devait avoir lieu la restitution des navires mexicains ou de leurs chargements (D. P. 65.

(1) (*L'Avalanche*.) — Le conseil des prises ; — Considérant qu'il résulte de l'instruction et des déclarations expresses du lieutenant de vaisseau commandant l'*Avalanche* que cet officier a saisi la jonque dont il s'agit pour une contravention à la législation du protectorat sur la navigation le long des côtes et le commerce des poudres, et qu'il n'a jamais lui-même considéré cette saisie

comme une prise; qu'en conséquence, il n'a pas été procédé aux formalités prescrites en matière de prises maritimes par l'arrêté du 2 germinal an XI et par la loi du 10-25 avr. 1825 ; — Décide qu'il n'y a pas lieu par le Conseil des prises de statuer sur la validité et les effets de la saisie faite par la canonnière l'*Avalanche*. Du 8 févr. 1892. — Cons. des prises.

4. 21) est un acte de souveraineté pris dans l'exercice du pouvoir qui appartient au chef de l'État, de régler les conséquences du droit de la guerre en ce qui touche les captures faites en mer (Cons. d'Ét. 30 mars 1867) (1); — 2° Que par suite un tel acte n'est point susceptible d'un recours contentieux proprement dit au conseil d'État (Même décision); — 3° Ni d'un recours pour excès de pouvoirs (Même décision). De même on a vu *suprà*, n° 236, que l'art. 11 des instructions françaises de 1870, parlant de la recousse, réservait au pouvoir exécutif l'appréciation des circonstances exceptionnelles de nature à faire considérer un navire recous comme neutre ou ennemi. Cette disposition n'eut pas lieu d'être appliquée ; mais l'appréciation ainsi réservée au chef de l'État fait ressortir le caractère politique et gouvernemental du jugement des prises.

302. On devra décider, de même : 1° que les tribunaux judiciaires ou administratifs sont compétents pour les contestations entre les ayants droit et l'autorité administrative chargée de répartir la prise ou la restitution ou bien entre les ayants droit entre eux (Laferrière, t. 2, p. 70) ; — 2° Que les tribunaux judiciaires connaissent des contestations entre les ayants droit à la restitution et leurs assureurs (Laferrière, *ibid.* V. sur ces deux derniers points, Cons. d'Ét. 8 mai 1893 (sol. implic.), la *Massue*, *infrà*, n° 304).

303. Le conseil des prises n'est pas non plus compétent pour statuer : 1° sur les difficultés auxquelles la liquidation donnerait lieu entre équipages de la marine de l'État (Cons. des prises, 20 juill. 1889, trois décisions, le *Parseval*, la *Trombe*, le *Léopard*, *Rec. Cons. d'Etat*, p. 1233, 1234, 1235 ; Cons. des prises, 5 févr. 1892, deux décisions, la *Massue*, *infrà*, n° 304 ; le *Pluvier*, *Rec. Cons. d'Etat*, 1892, p. 1016, 1017 ; Cons. d'Ét. 8 mai 1893, la *Massue*, *infrà*, n° 304) ; — 2° Ni sur les difficultés s'élevant sur les mesures prises par l'autorité maritime pour assurer l'exécution des décisions rendues sur la prise. Dans ce cas c'est le ministre de la marine qui prononce, sauf recours au conseil d'Etat statuant au contentieux (Laferrière, t. 2, p. 70 ; Cons. d'Ét. 11 avr. 1873, *Andrew*, D. P. 76. 3. 36).

304. Une affaire intéressante touchant la compétence du conseil des prises s'est présentée. Plusieurs irrégularités avaient été commises lors de la capture d'une jonque chinoise en 1885 par la canonnière française la *Massue ;* le commandant n'avait dressé ni procès-verbal de prise, ni inventaire et il n'avait pas fait de déclaration de capture. A la suite de ces faits, le conseil des prises, par décision du 8 févr. 1892 (2), valida néanmoins la capture, mais jugea que le commandant de la *Massue*, à raison des irrégularités commises, devait être privé de sa part dans la répartition du produit de la prise. Le commandant se pourvut contre cette décision, et le conseil d'Etat décida que le conseil des prises était incompétent pour dire que le commandant du bâtiment capteur n'avait pas droit à une part de prise. C'est au ministre de la marine qu'il appartient, en vertu de l'art. 16 de l'arrêté du 6 germ. an 8, d'appliquer les lois et règlements relatifs à la répartition des prises faites par les bâtiments de l'Etat et d'apprécier dans quelle mesure les irrégularités commises par les officiers de la marine dans l'exercice de leurs fonctions peuvent les rendre passibles de déchéances et pénalités prévues par ces règlements. Le conseil des prises avait appliqué les ordonnances du 3 janv. 1760 et 27 sept. 1778, d'après lesquelles le commandant du bâtiment capteur, en l'espèce, n'avait pas droit à une part de prise. Mais le conseil d'Etat a déclaré, et c'est là le motif déterminant de sa décision, que ces textes ne sont plus en vigueur, parce que leurs dispositions n'ont été reproduites ni dans l'arrêté du 6 germ. an 8, ni dans celui du 9 vent. an 9, ni dans celui du 2 prair. an 11, qui ont déterminé les règles à suivre pour

---

(1) NAPOLÉON, etc. — Vu les requêtes... contre la disposition de l'art. 3 de notre décret du 29 mars 1865, relatif à la restitution des navires mexicains et de leurs chargements capturés par nos bâtiments de notre marine, qui porte que « dans aucun cas il ne sera accordé de dommages et intérêts aux capturés », et que « les frais faits pour la conduite, la garde et l'instruction des prises restituées seront à la charge des ayants droit au profit desquels la restitution aura été effectuée » ; — Lesdites requêtes tendant à ce qu'il nous plaise rapporter la disposition précitée de notre décret du 29 mars 1865, comme étant *entaché d'excès de pouvoirs*, attendu qu'un décret rendu sur rapport ministériel ne pouvait les priver du droit qu'ils tiendraient de l'art. 13 du décret du 30 janv. 1852 portant règlement intérieur pour le conseil d'Etat et des art. 2 et 6 des décrets des 18 juill. 1854 et 9 mai 1859 portant établissement du conseil des prises, de demander devant le conseil des prises, en première instance, et devant nous, sur l'avis de notre conseil d'Etat en assemblée générale, en appel, la réparation des dommages de toute sorte qui seraient résultés pour eux de la prise de leurs navires ou de leurs marchandises; Vu, etc.;

Considérant que notre décret du 29 mars 1865 qui règle les conditions sous lesquelles aura lieu la restitution des navires mexicains ou de leurs chargements capturés depuis le commencement de la guerre par les bâtiments de notre marine, est un acte de souveraineté pris dans l'exercice du pouvoir qui nous appartient de régler les conséquences du droit de guerre en ce qui touche les captures faites sur mer ;

Que cet acte n'est pas susceptible de nous être déféré en notre conseil d'Etat, par la voie contentieuse ;

Les requêtes des sieurs Fusco, etc., sont rejetées.
Du 30 mars 1867. — Cons. d'Etat.

(2) (*C.* Canonnière la *Massue*). — Le 8 févr. 1892, le conseil des prises a rendu la décision suivante : — LE CONSEIL, Considérant qu'il résulte du rapport adressé de Haï-Dyuong, le 15 nov. 1885, au capitaine de vaisseau commandant la marine et la division navale à Hanoï, par le lieutenant de vaisseau Barnaud, commandant la *Massue*, que la jonque dont il est question a été capturée par la *Massue*, le 14 nov. 1885, dans le Thaï-buch, pendant l'expédition des Bay-Say, dirigée par le général de Négrier, à la suite d'un engagement avec les pirates qui la montaient ; — Considérant que la visite faite a amené la saisie d'armes de guerre ; — Considérant qu'il résulte des faits ci-dessus que c'est à bon droit que la jonque dont il s'agit a été saisie pour actes de piraterie ; — Considérant que la validité de la prise, qui d'ailleurs n'est pas contestée, est suffisamment établie par les considérations qui précèdent ; — Mais considérant qu'il n'a été dressé ni procès-verbal de prise, ni inventaire, et

qu'il n'a pas été fait de déclaration de capture ; que, par suite, et aux termes des ordonnances des 3 janv. 1760 et 27 sept. 1778, le commandant du bâtiment capteur n'a pas droit à une part de prise ; — Considérant, en ce qui touche l'attribution de la prise, que l'état de l'instruction ne permet pas de savoir si le bâtiment capteur opérait isolément, ou si le produit de la prise doit profiter à une partie ou à l'ensemble de la division navale du Tonkin; que dès lors il y a lieu de réserver à l'Administration le soin de procéder à la liquidation des parts, conformément aux lois et règlements; — Décide : 1° la prise de la jonque effectuée par la canonnière française la *Massue* est déclarée bonne et valable; — Sont également de bonne prise : les agrès, apparaux et accessoires; — 2° Les parties, à l'exception du commandant de la canonnière la *Massue*, sont renvoyées devant le ministre de la marine, pour être par lui procédé à la liquidation des parts dans la proportion et suivant les formes prescrites par les édits, décrets, arrêtés, ordonnances et lois, aux termes de l'art. 16 de l'arrêté du 6 germ. an 8, sous réserve des droits dévolus à la Caisse des Invalides de la marine.

Le capitaine de la canonnière la *Massue* s'est pourvu devant le conseil d'Etat contre cette décision. Arrêt :

LE PRÉSIDENT DE LA RÉPUBLIQUE FRANÇAISE, — Sur le rapport de la section de législation, de la justice et des affaires étrangères ; — Vu la requête sommaire et le mémoire ampliatif présentés par le sieur B..., capitaine de frégate, ex-commandant de la *Massue*, ladite requête et ledit mémoire enregistrés, et tendant à ce qu'il plaise annuler une décision, en date du 8 févr. 1892, par laquelle le conseil des prises, après avoir déclaré bonne et valable la prise d'une jonque le 14 nov. 1885, par la canonnière française la *Massue*, a décidé qu'en raison de l'inobservation des formalités prescrites par les ordonnances des 3 janv. 1760 et 27 sept. 1778, le commandant de la *Massue* n'avait pas droit à une part de prise ; — Ce faisant, attendu d'une part, qu'aux termes de l'art. 2 du décret du 9 mai 1859, le conseil des prises n'est compétent que pour statuer sur la validité des prises maritimes ; que les contestations soulevées par la restitution ou la répartition des prises rentrent dans la compétence des tribunaux ordinaires ou de la juridiction administrative; que notamment, aux termes de l'art. 16 de l'arrêté du 6 germ. an 8, le conseil d'administration des ports est exclusivement chargé des liquidations, tant générales que particulières, des prises faites par les bâtiments de l'Etat; que les contestations sur ces liquidations sont portées au ministre de la marine, sauf recours au conseil d'Etat statuant au contentieux; que la question de savoir si le commandant de la canonnière la *Massue* devait être exclu de la liquidation et de la répartition de la prise amenée dans le port de Haï-Dyuong pour n'avoir dressé ni procès-verbal de prise, ni inventaire et pour n'avoir pas fait de la liquidation des prises. Il ressort également de cette importante délibération du conseil d'État : 1° que c'est le conseil d'administration des ports qui est exclusivement chargé des liquidations, tant générales que particulières, des prises faites par les bâtiments de l'État (Arr. 6 germ. an 8, art. 16); — 2° Que les contestations sur ces liquidations doivent être portées au ministre de la marine, sauf recours au conseil d'Etat, statuant *au contentieux* ; — 3° Que le conseil des prises est incompétent pour apprécier la conduite d'un officier de marine.

305. Ce décret a motivé une nouvelle circulaire du ministre de la marine du 15 juin 1893, qui rappelle encore aux commandants en chef, préfets maritimes, etc., l'observation des diverses formalités à remplir en matières de prises maritimes (1).

306. Il faut remarquer, d'ailleurs, que la juridiction des prises n'est pas assujettie à des règles fixes pour l'appréciation des preuves présentées devant elle. Elle statue d'après les règles générales du droit international, dit Calvo (t. 5, n° 3060), règles forcément vagues. Elle statue suivant son intime conviction, ajoute M. de Boeck, n° 377. Ainsi nulle restriction n'est imposée au réclamant en ce qui concerne les modes de preuve.

Sect. 7. — Des jugements de prises, de leur exécution et des voies de réformation dont ils sont susceptibles. — Transactions.

307. La prise ou saisie n'est qu'une mesure provisoire (Calvo, t. 5, n° 3035; P. Fiore, t. 3, n° 1643; de Boeck, n° 329), et avant le jugement le capteur ne peut disposer arbitrairement des objets saisis, parce qu'il n'en est pas propriétaire (Heffter-Geffcken, n° 138; F. de Martens-Léo, t 3, p. 292). C'est le jugement qui lui attribuera la propriété, si la prise est validée; il s'agit donc d'une décision

déclaration de capture, rentrait dans la compétence exclusive du ministre de la marine, chargé de procéder à ces opérations, et ne pouvait être résolue par le conseil des prises, incompétent pour apprécier la conduite d'un officier de marine; — Attendu d'autre part que les ordonnances 3 janv. 1760 et 27 sept. 1778, dont le conseil des prises a fait application dans la décision attaquée, ne sont plus en vigueur; que les dispositions de ces ordonnances n'ont pas été reproduites dans les arrêtés du 6 germ. an 8, du 9 vent. an 9 et du 2 prair. an 11, qui ont déterminé les règles à suivre pour la liquidation des prises maritimes et ont virtuellement abrogé les dispositions antérieures; que c'est à tort que le conseil des prises a exclu le commandant de la *Massue* de la part à laquelle il avait droit dans le produit de la prise effectuée le 14 nov. 1885; — Vu la décision attaquée; — Vu les observations des ministres de la marine et des affaires étrangères en réponse à la communication qui leur a été donnée du pourvoi, lesdites observations enregistrées; — Vu les autres pièces produites et jointes au dossier; — Vu l'ordonnance de la marine d'août 1681; — Vu les arrêtés du 6 germ. an 8, du 9 vent. an 9 et du 2 prair. an 11; — Vu la loi du 10 avr. 1825; — Vu les décrets du 9 mai 1859 et du 28 nov. 1861; — Considérant qu'aux termes de l'art. 2 du décret du 9 mai 1859, le conseil des prises statue sur la validité des prises maritimes amenées dans les ports de France et des colonies et sur les contestations relatives à la qualité des navires naufragés ou échoués; que ledit conseil est, par suite, compétent pour décider si l'inobservation des formalités prescrites pour la constatation et l'instruction préalable des prises ne permet pas d'en prononcer la validité, mais qu'il appartient au seul ministre de la marine, en vertu de l'art. 16 de l'arrêté du Gouvernement du 6 germ. an 8, d'appliquer les lois et règlements relatifs à la répartition des prises faites par les bâtiments de l'État et d'apprécier dans quelle mesure les irrégularités commises par les officiers de la marine dans l'exercice de leurs fonctions peuvent les rendre passibles de déchéances et pénalités prévues par lesdits règlements; qu'il suit de là que le conseil des prises était incompétent pour décider que le commandant du bâtiment capteur n'avait pas droit à une part de prise; — Le conseil d'Etat entendu;

Décrète :

Art. 1er. La décision ci-dessus visée du conseil des prises, en date du 8 févr. 1892, est annulée en tant qu'elle a refusé au commandant de la canonnière la *Massue* sa part de prise. — Art. 2. Le garde des sceaux est chargé, etc. — Du 8 mai 1893.-Cons. d'Etat.

(1) Le ministre de la Marine, *à messieurs les vice-amiraux commandant en chef, préfets maritimes; officiers généraux,*

non pas déclarative, mais attributive de droit (Heffter-Geffcken, n° 138, note 3. V. plus haut, n°s 294 et suiv.).

308. Ainsi pour acquérir la propriété d'un bâtiment ou d'une cargaison ennemis, il faut : 1° que le capteur en ait pris possession, non pas temporairement, mais de façon à soustraire le bâtiment à l'action de l'ennemi; — 2° Un jugement (Heffter-Geffcken, n° 138, texte et note 1; P. Fiore, t. 3, n° 1643; Phillimore, t. 3, p. 627; Wheaton, t. 4, 2, § 12; Calvo, t. 5, n°s 3011, 3035; de Boeck, n° 330). Jusqu'à ce jugement le capteur n'est pas propriétaire. C'est ce qui explique qu'il ne puisse disposer arbitrairement de la prise (De Martens-Léo, t. 3, p. 292). L'*occupatio bellica* n'est en effet, aujourd'hui, une cause d'acquisition. Le droit du capteur est donc purement conditionnel, et c'est, comme le dit de Boeck, le jugement « qui constituera son titre ».

309. Mais la *reprise* a lieu sans jugement. C'est une différence avec la prise (Heffter-Geffcken, n° 138, note 1). La recousse a pour conséquence immédiate d' « annuler l'effet de la prise » (Bluntschli, règle 846).

310. Il n'est pas nécessaire, pour que le conseil statue, que la prise se trouve dans un port français. Ce serait là souvent une condition impossible à remplir en fait, par exemple, si le vaisseau capturé n'existait plus. Tout ce qu'il faut, c'est que le conseil soit à même de prononcer en toute connaissance de cause, et que pour cela le capteur lui ait fourni tous les éléments de sa sentence (Calvo, t. 5, n° 3059).

311. La procédure (instruction, preuves, etc.) est réglée d'après le droit de chaque nation (Bluntschli, règle 848; de Boeck, n° 338). — Pour l'examen critique de ce point, l'organisation des juridictions à l'étranger, la législation comparée, V. de Boeck, n°s 339 et suiv. et Kamarowsky, p. 139 et suiv. En France le législateur a multiplié les précautions pour assurer la nationalité des navires et éviter les fraudes. Il y a d'abord une procédure de capture au moment de la prise

supérieurs et autres commandant à la mer ; contre-amiral commandant la marine en Algérie.

Paris, le 15 juin 1893.

Annulation d'une décision du conseil des prises. — Recommandations pour l'avenir.

Messieurs, à la suite d'une décision du conseil des prises excluant de la répartition du produit d'une jonque, capturée dans les eaux du Tonkin, le capitaine du bâtiment capteur, en raison de l'inobservation des formalités prescrites par les ordonnances des 3 janv. 1760 et 27 sept. 1778, mon prédécesseur, estimant que ledit conseil n'avait pas qualité pour apprécier la conduite d'un officier de marine, invita cet officier à se pourvoir devant le conseil d'Etat contre la mesure dont il était l'objet, dans l'intérêt de la question de savoir si, en l'espèce, il n'y avait pas eu excès de pouvoir, ainsi que dans le but d'asseoir sur ce point la jurisprudence.

Dans sa séance du 4 mai dernier, cette haute assemblée a fait droit au recours qui lui était présenté et, conformément à ces conclusions, un décret d'annulation de la décision du conseil des prises a été soumis, le 8 du même mois, à la signature de M. le président de la République.

Les considérants de ce décret établissent, en effet, qu'aux termes de l'art. 2 du décret du 9 mai 1859, le conseil des prises statue sur la validité des prises maritimes, et que, par suite, il est compétent pour décider si l'inobservation des formalités prescrites pour la constatation et l'instruction préalable des prises ne permet pas d'en prononcer la validité; mais qu'il n'appartient qu'au seul ministre d'appliquer les lois et règlements relatifs à la répartition des prises faites par les bâtiments de l'Etat, et d'apprécier dans quelle mesure les irrégularités commises par les officiers de la marine dans l'exercice de leurs fonctions peuvent les rendre passibles des déchéances et pénalités prévues par lesdits règlements; — que, d'autre part, les ordonnances des 3 janv. 1760 et 27 sept. 1778, et les arrêtés des 6 germ. an 8, 9 vent. an 9 et 2 prair. an 11, qui ont déterminé les règles à suivre pour la liquidation des prises maritimes, devaient être considérées comme abrogées.

En portant ces faits à votre connaissance, j'ai l'honneur de vous prier de vouloir bien recommander aux officiers placés sous vos ordres de ne pas perdre de vue, le cas échéant, les dispositions réglementaires en matière de constatation de prises. Ces dispositions, ainsi que vous le savez, ont été rappelées dans une circulaire d'un de nos prédécesseurs en date du 5 mai 1888.

Recevez, etc.

Signé : Ribunier.

(V. *suprà*, n°s 239 et suiv.; *Rép.* n°s 272 et suiv.).Puis il y a un jugement de la prise.

312. La procédure est écrite, ce qui est exceptionnel dans notre organisation judiciaire. Elle ressemble à celle qui est suivie devant la section du contentieux au conseil d'Etat. Le commissaire du Gouvernement conclut par écrit (Règlement intérieur du conseil du 4 juin 1859), ce qui est encore une exception au droit commun. On sait en effet que le ministère public doit, en général, donner des conclusions orales (V. *suprà*, v° *Ministère public*, n° 239). Les séances ne sont pas publiques. — V. pour plus de détails, le décret du 9 mai 1859, D. P. 59. 4. 50. V. également, sur la procédure française, Bry et aussi Bulmerincq. *Revue de droit international*, 1878, p. 406 et suiv.

313. Le Gouvernement est représenté par son commissaire devant le conseil des prises. Le capitaine est censé représenter l'armateur et tous autres intéressés (Laferrière, t. 2, p. 71). Il est, en effet, de principe, en droit maritime, que le capitaine en cours de voyage représente les chargeurs dans tout ce qui est relatif à la cargaison; ce principe a toujours été appliqué en matière de prises (Cons. d'Et. 1er mars 1856, la *Fulvia*, *Rec. Cons. d'État*, 1856, p. 822). Il en résulte que le jugement du conseil des prises a effet à l'égard de tous les intéressés (Laferrière, t. 2, p. 71). Cet effet absolu constitue une autre différence avec le droit privé; c'est une exception remarquable à l'art. 1351 c. civ. Jugé, notamment, qu'une décision du conseil des prises rendue avec le capitaine seulement produit tous ses effets vis-à-vis des chargeurs (Cons. d'Et. 1er mars 1856, précité). C'est ce qui explique que la tierce opposition ne soit pas admise en cette matière.

314. Il a été décidé, dans le même ordre d'idées, qu'un neutre qui a réclamé la propriété des marchandises saisies à bord d'un navire ennemi n'a pas qualité, en l'absence de tout mandat, pour soutenir subsidiairement que la maison reconnue propriétaire de ces marchandises était de nationalité neutre (Cons. d'Et. 25 févr. 1873, la *Magdalena*, D. P. 73. 3. 39). Cette solution est, d'ailleurs, conforme aux règles suivies devant toutes les juridictions.

315. Le conseil des prises examine d'office à peu près toutes les questions soulevées par la prise. C'est ainsi qu'on a vu *suprà*, n° 57, qu'il a vérifié spontanément le point de savoir si une prise avait été faite dans des eaux territoriales neutres (Cons. des prises de Paris, 19 janv. 1871, le *Frei*, Barboux, p. 66). Un autre point réglé d'office est l'adjudication de la prise aux capteurs, dont les droits jusque-là sont en suspens (Laferrière, t. 2, p. 71).

316. L'instruction doit être terminée et la décision rendue dans les trois mois pour les prises conduites dans un des ports de la Méditerranée, et dans les deux mois pour les prises conduites dans un autre port de France. Mais le conseil peut surseoir à statuer sur la validité de la capture de la cargaison jusqu'à ce que les propriétaires aient justifié en due forme de leur qualité de citoyens neutres (Cons. des prises de Paris, 31 déc. 1870, le *Paul-Auguste*, D. P. 72. 3. 89).

317. Les conseils des prises peuvent, à moins de dispositions contraires dans le traité de paix, continuer l'instruction des procès pendants devant eux au moment de la conclusion de la paix (Bluntschli, règle 862).

318. S'il s'agit d'une prise sur un neutre, on sait que le propriétaire a le droit de réclamer son navire ou sa marchandise. Ce n'est là qu'une action en revendication (Heffter-Geffcken, n° 173). C'est donc au neutre revendiquant à faire la preuve qu'il est neutre et qu'il est propriétaire; il doit établir le bien-fondé de sa réclamation. On écarte -la règle : *Spoliatus ante omnia restituatur*. Toute propriété capturée est présumée ennemie jusqu'à preuve du contraire; le neutre est réduit au rôle de demandeur et a, par suite, l'*onus probandi* (De Boeck, n° 373; Phillimore, t. 3, p. 716-718 ; Cons. d'Et. 25 févr. 1873, la *Magdalena*, D. P. 73. 3. 89). — Ce qui compense cette défaveur pour le neutre, c'est que, comme on l'a vu, la juridiction des prises n'est pas liée par la rigueur du droit. A la différence des tribunaux ordinaires, qui doivent toujours appliquer la loi, c'est une juridiction d'équité, qui ne doit jamais valider une prise irrégulière, mais peut toujours restituer une prise régulière (Laferrière, t. 2, p. 72). L'exemple le plus remar-

quable de ce pouvoir d'appréciation est fourni par l'affaire de la *Palme* (V. *suprà*, n° 131). — On a déjà vu comment le neutre peut prouver son droit de propriété, même par des pièces autres que les pièces de bord (*suprà*, n°s 120 et suiv. V. aussi D. P. 76. 3. 36, note 4).

319. Enfin est prononcé le jugement de la prise. Il valide ou annule la capture. Une analyse exacte conduit à déterminer les hypothèses suivantes : 1° condamnation du navire et de la cargaison, *a*) s'ils appartiennent tous deux à l'ennemi ; *b*) si le navire a résisté ou violé la neutralité ; *c*) s'il y a violation de blocus ; — 2° Condamnation du navire seul, s'il est chargé de marchandises neutres (Bry, p. 608) ; — 3° Confiscation des marchandises seules, si elles sont contrebande de guerre ; toutefois le navire est condamné aussi (V. *suprà*, n° 200) quand la contrebande forme les deux tiers de la cargaison (V. *suprà*, n° 200).

320. L'appel contre les décisions du conseil des prises a lieu sous forme de recours au Gouvernement en conseil d'Etat, dans les trois mois de ses décisions. Il faut remarquer que le commissaire du Gouvernement près le conseil des prises a des attributions plus étendues que le commissaire du Gouvernement près d'un conseil de préfecture. Il a le droit d'interjeter appel, tandis qu'en général, en matière administrative, ce droit n'appartient qu'aux ministres. C'est encore une dérogation au droit commun. — Un décret du 29 sept. 1870 (D. P. 70. 4. 94) avait décidé que les recours seraient portés devant la commission provisoire chargée de remplacer le conseil d'Etat. C'est à cette commission en effet que furent déférés nombre de jugements des conseils des prises de Paris et de Bordeaux. Depuis la loi du 24 mai 1872 qui a rétabli le conseil d'Etat, c'est ce grand corps administratif qui prépare les décrets en matière de prises maritimes.

321. Le recours contre une décision du conseil des prises doit être formé par les parties dans les trois mois depuis la notification de cette décision, à peine de nullité du recours (Cons. d'Et. 1er mars 1856, la *Fulvia* ; *Rec. Cons. d'Et.*, 1856, p. 822 ; 11 avr. 1873, le *Milo*, D. P. 73. 3. 36, *ibid.* 1873, p. 165. Cette règle résulte du décret du 9 mai 1859. Elle est conforme au droit commun (V. *suprà*, v° *Conseil d'Etat*, n°s 307 et suiv.). — Ce délai de trois mois doit être augmenté des délais fixés par l'art. 73 du c. de proc. civ. (Cons. d'Etat, 11 avr. 1873, précité (solution implicite). — Le délai de trois mois commence à courir du jour même de la décision en ce qui concerne le commissaire du Gouvernement (*Rép.* n° 287).

322. Il importe de bien préciser la nature de ce recours. Il ne s'agit pas d'un recours au conseil d'Etat statuant au contentieux, mais d'un recours en la forme administrative (Laferrière, t. 2, p. 69). Aussi le conseil d'Etat déclare-t-il non recevables les recours formés par requête contentieuse. Ainsi jugé que « le recours au conseil d'Etat dont sont susceptibles les décisions du conseil des prises institué par le décret du 18 juill. 1854, doit s'entendre non du recours ordinaire devant la section du contentieux, mais d'un recours devant l'assemblée générale, laquelle prononce après examen et rapport de l'affaire par la section de législation » (Cons. d'Et. 11 janv. 1855, aff. Wilken et autres, D. P. 1855, 3. 46, et la note). C'est là encore une conséquence du caractère politique et gouvernemental du jugement de la prise (V. le décret portant règlement intérieur du conseil d'Etat, du 2 août 1879, modifié par le décret du 3 avr. 1886, art. 7-16°; D. P. 79. 4. 73 ; D. P. 86. 4. 82).

323. Le conseil d'Etat ne fait, d'ailleurs, que préparer la décision. Le recours est délibéré par l'assemblée générale du conseil d'Etat ; c'est la règle consacrée par le décret du 25 janv. 1852 et de la loi du 24 mai 1872 (V. *suprà*, v° *Conseil d'Etat*, n° 48). La section correspondant au ministère de la marine est remplacée aujourd'hui, pour l'instruction des affaires, par celle qui correspond au ministère des affaires étrangères : c'est la section de législation (Laferrière, t. 2, p. 69).

324. A la différence du conseil des prises (V. *suprà*, n° 315), le conseil d'Etat ne peut statuer d'office ; il n'est pas saisi de plein droit. Un recours est nécessaire. Dès lors se pose la question de savoir si la décision sur appel a un effet général et absolu, comme la décision du conseil des prises? D'après M. Laferrière (t. 2, p. 71), il faut distinguer:

si l'appel a été formé dans l'intérêt des capteurs et sur un chef déterminé, il ne doit pas produire effet sur d'autres chefs, et la décision du conseil des prises doit continuer de profiter à ceux qui ont bénéficié d'un jugement d'invalidité. Si, au contraire, l'appel a été formé par l'un des capturés, et si la décision qu'il obtient pour lui-même prouve l'invalidité de la prise à l'égard d'autres intéressés, ceux-ci doivent en profiter, bien qu'ils ne soient pas directement en cause. M.. Laferrière justifie ces propositions, qui sont peu conformes aux règles ordinaires de la chose jugée, en disant que l'on est en présence d'une juridiction toute spéciale, qui doit toujours rendre meilleure la condition du capturé, mais ne jamais la rendre pire.

325. Il a été jugé, conformément à cette doctrine, que lorsque, sur le recours de l'un des intéressés, un décret rendu, le conseil d'Etat entendu, a déclaré valable la prise de certaines marchandises, les neutres intéressés peuvent se prévaloir de cette décision pour demander la restitution de celles de ces marchandises qui leur appartiennent, sans qu'on puisse leur opposer qu'ils n'étaient pas parties dans l'instance (Cons. d'Et. 7 août 1875, l'*Andrew*, D. P. 76. 3. 36, et la note).

326. Aucun recours contentieux n'est possible contre un décret rendu en conseil d'Etat, statuant en matière de prises, même si le décret était entaché d'excès de pouvoirs ou de vice de forme (Laferrière, t. 2, p. 69).

Toutefois, la question s'est posée de savoir si ce décret ne pouvait être attaqué par la tierce opposition. Cette voie de recours, comme on sait, ne peut être exercée que devant la juridiction dont émane le jugement. Avant la loi du 24 mai 1872, alors que le conseil d'Etat se bornait dans les matières contentieuses comme dans les matières administratives proprement dites, à préparer les projets de décret, on pouvait soutenir que la tierce opposition était recevable parce que le chef de l'Etat, de qui émanent les décrets en matière de prises, était également appelé à statuer sur le recours au contentieux. Mais depuis la loi précitée cette solution n'est plus soutenable, puisque les décisions en matière contentieuse sont rendues non plus par le chef de l'Etat, mais par le conseil d'Etat auquel une juridiction propre est dévolue à cet effet. Jugé, en ce sens, que « la tierce opposition n'est pas recevable devant le conseil d'Etat statuant au contentieux contre un décret rendu en matière de prises maritimes » (Cons. d'Et. 14 juin 1878, le *Gumesindo Ceballos*, D. P. 78. 3. 93).

Mais la tierce opposition ne serait-elle pas possible contre un décret rendu en matière de prises, si elle était formée dans la forme déterminée par le décret du 1er août 1854 pour les appels des décisions du conseil des prises? (V. sur cette question, non résolue par l'arrêt du 7 juin 1878, la dissertation publiée par la *Revue générale d'administration*, 1878. 2. 388). L'auteur de cette dissertation se prononce pour l'affirmative.

327. Le recours exceptionnel, et inusité d'ailleurs en pratique, que prévoit l'art. 40 du décret du 22 juill. 1806, serait peut-être recevable, à supposer que ce texte soit toujours en vigueur (V. *supra*, v° *Conseil d'Etat*, n° 443 et suiv.). Dans tous les cas, il s'agit là d'un recours purement gracieux, et assurément peu pratique.

328. La sentence rendue sur une prise, que ce soit une décision du conseil des prises ou un décret s'il y a eu appel, a pour résultat de mettre fin à la responsabilité du capteur, en même temps qu'elle donne ouverture à celle de l'Etat (Calvo, t. 5, n° 3082).

329. S'il s'élève des contestations sur l'exécution d'une décision du conseil des prises, c'est au ministère de la marine, sauf recours au conseil d'Etat statuant au contentieux, qu'elles doivent être portées (Cons. d'Et. 11 avr. 1873, aff. l'*Andrew*, D. P. 76. 1. 36).

330. En ce qui concerne les *transactions* en matière de prises, aucune décision n'a été rendue, à notre connaissance, depuis la publication du *Répertoire* (n° 300).

Sect. 8. — De la vente, de la liquidation et du partage des prises.

331. Conformément à la méthode indiquée au *Rép.*

n° 305, nous traiterons dans cette section : 1° de la vente des prises ; 2° de leur liquidation ; 3° de leur partage.

Art. 1er. — De la vente des prises.

332. Aucune question nouvelle n'a été soulevée depuis la publication du *Répertoire* en ce qui concerne les formalités de vente (*Rép.* n°s 306-313). Nous devons signaler seulement qu'une décision du ministre de la marine, du 9 juin 1871 (*Bull. off. mar.* t. 7, n° 44), a décidé que les étrangers peuvent être admis à se porter acquéreurs des bâtiments capturés. Les cahiers des charges des ventes prononçaient auparavant une interdiction à cet égard, en vertu des dispositions de l'arrêté du 14 flor. an 3 et d'un décret du 24 janv. 1854. Mais des réclamations furent adressées au ministre dans l'intérêt des constructeurs français. Le ministre des finances reconnut qu'il n'y avait aucune raison de restreindre la liberté d'achat des prises. Toutefois, il resta bien entendu « que les navires allemands vendus à des étrangers prendraient la nationalité des acquéreurs, et ne seraient point admis à naviguer sous pavillon français ». A la suite de cet avis, le ministre de la marine hésita d'autant moins à décider que les prises pourraient être adjugées à l'avenir à des étrangers, qu'en étendant la concurrence on sert les intérêts des capteurs et ceux de la Caisse des Invalides de la marine. En conséquence, à partir du 9 juin 1871, toute clause écartant les étrangers fut supprimée dans les cahiers des charges.

333. Une décision intéressante a été rendue relativement au produit de la vente d'une prise. Il a été jugé que le versement dans la caisse d'un consulat d'une somme provenant d'une prise maritime et destinée à être répartie entre les ayants droit n'a pas le caractère d'un dépôt, et que, dès lors, la demande en remboursement de cette somme doit être formée, à peine de déchéance, dans le délai de cinq ans imparti aux créanciers de l'Etat par la loi du 29 janv. 1831 (Cons. d'Et. 28 nov. 1879, le *Gallo*, D. P. 80. 3. 37). — On a cité au n° 314 du *Répertoire* une décision du 21 sept. 1827, décidant que le versement dans les mains du consul était véritable dépôt. La décision la plus récente nous semble plus juste : il n'y a pas dépôt régi par toutes les règles du droit civil. L'Etat, à l'égard des capteurs, conserve toujours le caractère de puissance publique, et non de partie contractante. Il peut prendre les mesures les plus préjudiciables à leurs intérêts (*Rép.* n° 243, et *supra*, n°s 324-325). Cela est encore plus vrai depuis que les capteurs ne sont plus des corsaires, mais des équipages des bâtiments de guerre de l'Etat. Il est de règle que les décisions sur la validité des prises ne peuvent engager la responsabilité du Gouvernement ni vis-à-vis du capteur, ni du capturé. Donc le versement dans une caisse de l'Etat des sommes provenant d'une prise non encore liquidée n'assure pas la remise de cette somme aux capteurs; en d'autres termes, il n'y a pas dépôt à leur profit.

Art. 2. — De la liquidation des prises.

334. On distingue la *liquidation particulière* et la *liquidation générale.* « La première est celle qui se fait pour établir le produit net de chaque prise. La seconde est celle qui a pour but de déterminer, par la comparaison du compte de mise hors des frais de croisière d'un bâtiment armé en course avec les liquidations particulières des prises, la perte ou le bénéfice entre les divers intéressés à l'armement. Les liquidations générales des croisières des corsaires s'effectuent toujours au port d'armement, tandis que la liquidation particulière de chaque prise se fait dans le port, soit français, soit étranger, où le navire a été amené et vendu » (De Clercq et de Vallat, t. 2, p. 339).

335. La liquidation suppose qu'une prise a été faite en commun. Une capture en commun est celle qui a été faite par deux ou plusieurs navires, ou avec le concours de troupes de terre (Calvo, t. 5, n° 3088). Il s'agit alors de répartir le produit de la prise entre tous les ayants droit.

336. On a vu que le conseil des prises n'est pas compétent pour régler ce point. C'est l'administration de la Marine qui est seule chargée des liquidations, tant générales que particulières, des prises faites par les bâtiments de l'Etat, seuls ou concurremment avec des corsaires (Art. 6 ger. an 8 ; art. 16, 17, 18, de Clercq et de Vallat, t. 2, p. 339).

ART. 3. — Du partage des prises.

337. Les prises opérées par les corsaires sont exceptionnelles depuis la déclaration de Paris. Il reste à parler seulement du partage des prises faites par les bâtiments de l'Etat.

338. D'après Bluntschli, les prises maritimes doivent appartenir à l'Etat, et non à l'équipage capteur ; l'Etat remet aux équipages ce qu'il juge à propos, à titre de gain (Bluntschli, règle 673). Mais la solution dépend des dispositions consacrées par chaque législation en particulier. — Jugé, sur ce point : 1° que si un navire ennemi entre dans un port français, qu'il y soit alors saisi et déclaré de bonne prise, la valeur de la prise appartient alors entièrement à l'Etat, sauf les droits et parts revenant à la caisse des Invalides de la marine. Cette valeur, déduction faite de ces parts, doit donc être versée intégralement au trésor public (Cons. des prises de Paris, 26 nov. 1870, *suprà*, n° 51-4°) ; — 2° Que la valeur des prises faitessur l'ennemi appartient en principe à l'Etat, qui n'a renoncé à se l'approprier en faveur des capteurs que lorsque la prise a été faite en mer (Même décision).

339. Dans les prises opérées par des vaisseaux de guerre, tous ceux qui sont présents au moment de la capture ont droit au partage du produit net. « Cette règle est basée sur l'obligation qui incombe à tous les bâtiments de l'Etat indistinctement d'attaquer l'ennemi partout où il se trouve, et sur la présomption qui en découle que les vaisseaux de cette classe qui étaient présents sur le lieu de la capture se trouvaient là *animo capiendi*. On allègue également comme raison justificative de ce mode de procéder la nécessité de fortifier par tous les moyens possibles l'harmonie si nécessaire dans le service maritime » (Calvo, t. 5, n° 3089).

340. Le bâtiment qui réclame sa part doit avoir participé à la prise ; il faut qu'il ait été en état de rendre des services de guerre. Il est donc nécessaire : 1° qu'il ait été présent à l'acte de capture ou tout au moins au début de la poursuite ; s'il n'a pu y concourir matériellement, son intervention morale tout au moins doit être constatée (Calvo, t. 5, n° 3089) ; — 2° Qu'il ait été vu par le navire capturé ;

de façon que sa présence ait été une cause d'intimidation. — Si donc les circonstances indiquent qu'un navire n'a pu avoir l'*animus capiendi*, par exemple, s'il a dirigé sa route vers un lieu différent de celui où le fait s'est accompli, il n'a aucun droit dans la prise (Calvo, *ibid.*). De même, si l'équipage n'a fait qu'apercevoir la prise du haut des mâts (Calvo, *ibid.*). De même encore s'il est désemparé ou avarié (Calvo, t. 5, n° 3093). — Toutes ces règles doivent recevoir, en fait, des tempéraments si la prise a eu lieu la nuit.

341. S'il s'agit d'une capture opérée par une escadre, on peut supposer que, au moment de la prise, un ou plusieurs bâtiments qui en font partie s'étaient séparés des autres et n'ont pu concourir à l'opération commune. Ils ne peuvent alors participer aux bénéfices de la prise (Calvo, t. 5, n° 3094). A l'inverse, le gros de l'escadre ne peut réclamer le partage des prises faites par les bâtiments qui en sont détachés (Calvo, *ibid.*). — Jugé, en conséquence, que le produit net de la vente d'un navire et des marchandises capturés est attribué exclusivement au commandant, état-major et équipage du capteur, sous réserve des droits de la caisse des Invalides de la marine, quand ce capteur agissait isolément en vertu d'instructions séparées et pour une mission distincte (Cons. des prises, 26 nov. 1887, deux décisions, le *Revolver* (1), le *Léopard*, *Rec. Cons. d'Etat*, p. 895 et 900).

342. Mais la valeur nette du cargaison d'un navire capturé est adjugée tant au commandant, état-major et équipage du capteur qu'au commandant en chef, états-majors et équipages de toute l'escadre française, le tout suivant les proportions et les formes des règlements (Arrêté du 9 vent. an 9) et sous réserve du tiers dévolu à la Caisse des Invalides de la marine, quand le navire capteur n'agit pas isolément (Cons. des prises, 19 juill. 1886, le *Ping-On*, *suprà*, n° 209 ; 26 nov. 1887, deux décisions, la *Lionne*, *Rec. Cons. d'Etat*, p. 897, le *Château-Renaud* et l'*Hamelin*, *Rec. Cons. d'Etat*, p. 898).

343. Il a encore été jugé : 1° que lorsqu'une escadre est en pleine mer, le produit des prises faites par un bâtiment détaché est réparti sans prélèvement en faveur du capteur (Arrêté du 9 vent. an 9, art. 16 ; Cons, d'Et. 30 janv. 1874, le *Dorlodot des Essarts*, D. P. 75. 3. 13) ; — 2° Qu'une escadre doit être considérée comme en pleine mer lorsque la moitié des bâtiments qui la composent, y compris l'amiral, sont à la voile (Même décision) ; — 3° Qu'il en est ainsi alors

---

(1) (Le *Revolver*.) — LE CONSEIL DES PRISES ; — Vu la lettre de M. le ministre de la marine en date du 25 mai 1887, tendant à ce qu'il soit statué sur la validité de trois prises maritimes opérées le 27 nov. 1885, par le navire de guerre français le *Revolver* ; — Vu l'avis du 27 nov. 1885 par le lieutenant de vaisseau Tenaille d'Estais, commandant la canonnière le *Revolver* ; — Vu le procès-verbal de prise dressé la date du 27 nov. 1885, par le lieutenant de vaisseau commandant ; — Vu l'inventaire des papiers saisis sur les jonques capturées dressé à la date du 30 nov. 1885, par le lieutenant de vaisseau commandant ; — Vu le procès-verbal de prise de possession et d'inventaire dressé à Haï-Phong, le 29 nov. 1885, par le commissaire aux armements et prises, Caillot ; — Vu les procès-verbaux d'estimation et de vente de prises et marchandises ; ensemble les pièces du dossier ; — Vu la décision du conseil des prises en date du 13 juin 1887 ; — Vu la lettre de M. le ministre de la marine et des colonies en date du 24 oct. 1887 ; — Vu l'ordonnance du mois d'août 1681 ; — Vu l'arrêté du 2 prair. an 11, art. 54, 59, 67, 69, 72, 73 ; — Vu la loi du 10-11 avr. 1825, art. 1, 2, 20, 21 ; — Vu l'arrêté du 9 vent. an 11 ; — Vu l'avis inséré au *Journal officiel*, le 6 nov. 1887 et invitant les intéressés à produire leurs observations avant le 6 novembre, l'affaire devant être jugée le 26 nov. 1887 ; — Vu les décrets des 9 mai et 28 nov. 1861, qui instituent le conseil des prises ; — Vu les conclusions de M. le commissaire du Gouvernement, tendant à ce qu'il plaise au conseil déclarer bonnes et valables les prises des jonques 1, 2 et 3 ; déclarer également de bonne prise les agrès, apparaux accessoires, ensemble les cargaisons, ordonner que le produit des ventes qui en ont été opérées sera adjugé aux commandants, état-major, et équipage de la canonnière le *Revolver*, pour de la marine militaire française, pour être réparti dans les proportions et en suivant les formes prescrites par les décrets, édits, arrêtés, ordonnances et lois en matière de prises et sous réserve des droits dévolus à la Caisse des Invalides de la marine ; — Considérant qu'il résulte du procès-verbal de traversée dressé à bord du *Revolver*, le 28 nov. 1885, par le lieutenant de vaisseau Tenaille d'Estais, commandant le *Revolver*, que le 27 novembre, au lieu dit Cua-Van-Ha (Tonkin) situé par 19° 41' de latitude

nord, et 104° 24' de longitude est, les canots du *Revolver* ont capturé trois jonques dont les équipages avaient pris la fuite à la vue des embarcations françaises ; — Considérant que la visite faite a amené la saisie de canons, lances, fusils, pavillons et munitions de guerre ; — Qu'il n'existait ni papiers de bord ni commission régulière ; — Que les papiers saisis établissent que les équipages de ces jonques entretenaient des relations avec des chefs de bandes annamites et de généraux chinois, alors en état d'hostilité avec la France ; — Considérant qu'il résulte des faits ci-dessus que c'est à bon droit que les jonques dont il s'agit ont été saisies pour actes de piraterie ; — Considérant que les jonques capturées ont été conduites à Haï-Phong ; qu'une déclaration de capture a été faite par le commandant du *Revolver* à M. le commissaire aux armements et prises ainsi qu'il résulte du procès-verbal de prise de possession et d'inventaire dressé à la date du 29 nov. 1885 par ledit commissaire ; — Considérant que s'il n'a pas été procédé à l'interrogatoire de l'équipage capteur, cette irrégularité, quelque regrettable qu'elle soit, ne saurait être imputée ni au commandant ni à l'équipage du capteur et que la validité des prises, qui d'ailleurs n'est pas contestée, est suffisamment établie par les considérations qui précèdent ; — Considérant que le *Revolver*, bien que faisant partie de la flottille du Tonkin, a opéré des prises qui font l'objet de la présente instance, alors que son commandant était muni d'instructions séparées et pour une mission distincte ; — Décide : la reprise des jonques, 1, 2 et 3 effectuée par la canonnière française le *Revolver* est déclarée bonne et valable ; sont également de bonne prise les agrès, apparaux et accessoires, ensemble les cargaisons ; — Ordonne : que le produit des ventes qui en ont été opérées sera adjugé aux commandants, état-major et équipage de la canonnière le *Revolver* de la marine militaire française, pour être réparti dans les proportions et suivant les formes prescrites par les édits, décrets, arrêtés, ordonnances et lois en matière de prises et sans réserve des droits dévolus à la Caisse des Invalides de la marine.

Du 26 nov. 1887.-Cons. des prises.-MM. le vice-amiral Bourgeois.-pr. Béhic, rap.-Béquet, comm. du gouvern.

même que ces bâtiments n'ont pris la mer que postérieurement à l'ordre donné au capteur d'établir une croisière et suivent une direction autre que celui-ci (Même décision, note 6).

344. Il faut reconnaître, d'ailleurs, que sur ces points la jurisprudence est assez peu fixée. Il est, notamment, difficile au premier-abord de concilier la dernière décision rapportée au numéro précédent, avec celles du 26 nov. 1887, le *Revolver* et le *Léopard*, citées *suprà*, n° 341. Ces divergences proviennent de ce que les règlements sur la liquidation et le partage des prises contiennent une grave lacune : ils ne prévoient pas le cas où une partie seulement de l'escadre est à la voile. Nous croyons qu'on peut néanmoins faire disparaître les contradictions apparentes de la jurisprudence en distinguant le cas où le navire capteur agit d'une façon complètement isolée, et le cas où il fait partie ou bien est censé faire partie d'une escadre. Cette distinction explique les diverses solutions que nous venons de rapporter.

345. Lorsque l'état de l'instruction ne permet pas de savoir si le capteur opérait isolément ou si le produit de sa prise doit profiter à une partie ou à l'ensemble de l'escadre, le conseil des prises réserve à l'administration le soin de procéder à la liquidation des parts (Cons. des prises, 20 juill. 1889, trois décisions, le *Parseval*, la *Trombe*, *suprà*, n° 122 ; le *Léopard*, *Rec. Cons. d'Etat*, p. 1223, 1234, 1235 ; 8 févr. 1892, deux décisions, la *Massue* (*suprà*, n° 304), le *Pluvier*, *Rec. Cons. d'Etat*, 1892, p. 1017).

346. Les troupes de terre ne participent à la prise que si elles ont donné un concours effectif, par exemple si ce sont des batteries d'artillerie (Calvo, t. 5, n° 3095 ; Avis Cons. d'Et. 4 août 1809). Les dispositions de cet avis s'appliquent aux préposés des douanes ; ils doivent donc participer aux bénéfices des prises faites avec leur concours.

347. Il a été jugé que : 1° en cas où le commandant du bâtiment capteur a exercé le *droit de préemption*, c'est-à-dire a pris pour l'usage de son bâtiment une partie des marchandises capturées, le département de la marine devra, après la vente du navire et du chargement, faire état et estimation, dans la forme des règlements sur la matière, des marchandises préemptées pour les besoins du capteur (Cons. des prises de Paris, 22 oct. 1870, le *Pfeil*, Barboux, p. 128 ; 15 déc. 1870, le *Heinrich*, Barboux, p. 125) ; — 2° Que le prix de ces marchandises doit être payé par le Trésor et adjugé aux capteurs conformément aux règles légales de répartition (Mêmes décisions).

348. Le partage des prises faites par les navires français et anglais pendant l'expédition contre la Chine, en 1860, a été réglé par le décret des 25-28 juin 1860 (D. P. 60. 4. 77). Nous ne croyons pas qu'il se soit, en fait, élevé de difficultés à cet égard.

349. Quand des irrégularités ont été commises, les équipages capteurs ne sont pas privés pour cela de leur part, si la prise est validée et si ces irrégularités ne leur sont pas imputables. Jugé que si l'instruction est irrégulière, par exemple, si les scellés n'ont pas été mis, si les passagers n'ont pas été interrogés, non plus que l'équipage du navire capteur, ces irrégularités de procédure ne peuvent empêcher la prise d'être déclarée bonne et valable. Ces formalités de procédure doivent, en effet, être accomplies par les résidents ou autres fonctionnaires de même ordre, entre les mains desquels les prises sont remises ; la violation des formes ne peut donc être imputée aux équipages capteurs ni à leurs officiers, lesquels ont toujours droit à leur part. (Cons. des prises, 26 nov. 1887, trois décisions, le *Revolver*, *suprà*, n° 341 ; la *Lionne* (1), le *Léopard*, *Rec. Cons. d'Etat*, p. 895, 897, 900). De même, si des pièces et documents dressés par le commandant du capteur ont été égarés dans les archives de la division navale, on ne saurait rendre l'équipage capteur responsable de la perte des documents réglementaires, et la prise doit être validée (Cons. des prises 30 juill. 1889, le *Léopard*, (*Rec. Cons. d'Etat*, p. 1235).

350. Le conseil des prises avait décidé, à l'inverse, que s'il n'a été dressé ni procès-verbal de prise, ni inventaire, et qu'il n'ait pas été fait de déclaration de capture, le commandant du bâtiment capteur n'a pas droit à une part de prise. La liquidation des parts se fait en dehors de lui (Cons. des prises, 8 févr. 1892, la *Massue*, *suprà*, n° 304). Mais on a vu *suprà*, *ibid.*, que cette décision a été annulée par le conseil d'Etat par le motif que le conseil des prises n'est pas compétent pour priver de sa part un officier de marine ni pour apprécier sa conduite. C'est donc au ministre qu'il appartient de statuer sur ce point.

351. Les bases d'appréciation servant au calcul des parts revenant aux officiers et aux équipages des bâtiments capteurs sont encore actuellement fixées par l'arrêté consulaire du 9 vent. an 9. En juin 1890, le conseil d'Etat avait adopté un projet de règlement d'administration publique modifiant cet arrêté. Nous empruntons à M. Bry, p. 610, l'analyse de cet intéressant document. « Cette revision, dit-il, était rendue nécessaire par la transformation survenue dans la construction des navires de guerre, dont la puissance offensive ne réside plus dans le nombre, mais dans le calibre et la portée de leurs bouches à feu. Elle consiste à substituer comme élément de calcul le tonneau de déplacement à la pièce de canon, en majorant cet élément d'après une progression qui varie suivant la nature des vaisseaux. Le règlement fond en une masse unique le produit des prises, et modifie, dans un sens démocratique, les proportions affectées aux divers combattants, en abaissant surtout, d'une manière sensible, le nombre de parts revenant aux états-majors généraux. En prévision du cas où les troupes de terre auraient coopéré aux opérations et aux captures maritimes, les parts de prises sont réparties entre les deux armes suivant les parités de grades et des assimilations de fonctions réglées dans un tableau annexe. Le principe de cette disposition se trouvait déjà dans l'art. 14 de l'arrêté de l'an 11. Quant aux employés des arsenaux maritimes se trouvant sur les navires capteurs, leur quote-part est réglée d'après leur assimilation avec les marins au point de vue de la retraite, si leur pen-

---

(1) (La *Lionne*.) — Le conseil des prises ; — Vu les procès-verbaux qualifiés historiques des jonques n°s 5, 6, 8, 9 et 10, dressés par le lieutenant de vaisseau, capitaine de la *Lionne*, aux dates des 31 déc. 1884, 10 avr. 1885, 30 mars 1885, 9 juill. 1885, 2 avr. 1885 ; — Vu les procès-verbaux d'inventaire, les états de chargement, les copies des procès-verbaux de vente, et les autres pièces du dossier ; — Vu la lettre de M. le ministre de la marine en date du 24 oct. 1887, ensemble toutes les pièces du dossier ; — Vu... (l'ordonnance d'août 1681, l'arrêté du 9 vent. an 9, celui du 2 prair. an 11, et le règlement du 15 juill. 1773 ; — Vu l'avis inséré au *Journal officiel* le 6 nov. 1887 ;

Considérant que les documents ci-dessus visés, il résulte que la jonque n° 5 était armée de canons et de fusils, qu'il y avait à bord des munitions, et que son équipage, qui l'avait abandonnée pour cause d'avaries majeures, se composait manifestement de pirates; que les procès-verbaux de capture et d'inventaires ont été régulièrement établis ; — Que la jonque n° 6, de nationalité chinoise, ainsi que l'indiquaient les papiers trouvés à bord, et les passagers, au nombre de 116, qu'elle transportait, a également fait l'objet de procès-verbaux de capture et d'inventaire réguliers ; — Que la jonque n° 8 était armée de canons, qu'elle avait à bord des petites armes et des munitions ; que ses papiers indiquaient sa nationalité chinoise ; que les procès-verbaux de cap-

ture et d'inventaire ont été régulièrement dressés ; qu'elle a été remise à M. le résident français à Qui-Nhou ; — Que la jonque n° 9 ayant été abandonnée par les autorités maritimes, il n'y a pas lieu de statuer sur la validité de la prise ; — Que la jonque n° 10 comme d'ailleurs la jonque n° 9 a été trouvée à Tri-Nguyen abandonnée de son équipage ; que les papiers trouvés à bord ont prouvé sa nationalité chinoise ; que, conduite à Qui-Nhou, elle a été remise à l'agent français de cette résidence ; — Que, pour aucune des jonques 5, 6, 8, 9 et 10, l'instruction n'a été régulièrement faite, que les scellés n'ont pas été mis, les passagers n'ont pas été interrogés, si ce n'est même pas l'individu ce qu'il est advenu d'eux, qu'il n'y a également trace d'aucun interrogatoire des équipages capteurs et de leurs officiers ; — Décide : — La prise des jonques 5, 6, 8 et 10 et de leurs cargaisons capturées par la *Lionne*, est déclarée bonne et valable, dont le produit net en être adjugé tant au commandant, état-major et équipages dudit bâtiment, qu'au commandant en chef, état-major et équipages de l'escadre française de l'Extrême Orient, le tout dans les proportions et suivant les formes prescrites par les décrets et ordonnances réglant la matière et sous réserve des droits révolus à la Caisse des Invalides ; — Il n'y a pas lieu de statuer sur la prise de la jonque n° 9.

Du 26 nov. 1887.-Cons. des prises.

sion est inférieure à celle du matelot, ils n'ont droit qu'à une demi-part ». Jusqu'à présent ces dispositions n'ont pas été approuvées par le ministère de la marine; elles restent donc à l'état de simple projet.

352. V. *Rép.* n°⁵ 345 et suiv.

Table sommaire

des matières contenues dans le Supplément et le Répertoire.

(Les chiffres précédés de la lettre *S* renvoient au Supplément; les chiffres précédés de la lettre *R* renvoient au Répertoire.)

Table chronologique des Lois, Arrêts, etc.

PRISONS ET ÉTABLISSEMENTS PÉNITENTIAIRES AUX COLONIES.

1. Le présent traité est, au *Répertoire*, intitulé: *Prisons et bagnes*. Nous avons modifié ce titre parce que, d'une part, il n'y a plus de bagnes en France, et parce que, d'autre part, les établissements pénitentiaires aux colonies ayant pris, depuis la publication du *Répertoire*, un développement très considérable, il nous a paru à propos de les mentionner dans le titre même du traité qui a pour objet l'étude des lois et règlements concernant les établissements pénitentiaires de la France et de ses colonies.

Division.

Sect. 1. — Historique et législation.

2. Ainsi que nous l'avons déjà dit au *Rép.* n°° 12 et 13, les débuts du second Empire ont été marqués, au point de vue pénitentiaire, par deux faits importants : l'abandon du système de la séparation individuelle dans les prisons de la métropole (Circ. de M. de Persigny, ministre de l'intérieur, du 27 août 1853), et l'institution de la transportation aux colonies des forçats détenus jusqu'alors dans les bagnes (L. 30 mai-1er juin 1854, D, P. 54. 4. 90). Nous nous expliquerons *infrà*, n° 64, sur les avantages et les vices de la transportation; quant à l'abandon du système de la séparation individuelle ou système cellulaire, ç'a été, de l'aveu de tous, un fait déplorable puisqu'il a eu pour conséquence le maintien de l'emprisonnement en commun, ou du régime de la promiscuité des détenus, régime auquel sont encore soumis, en fait, dans notre pays, la grande majorité des prévenus et des condamnés renfermés dans nos établissements pénitentiaires. Sans entrer dans des détails que le cadre de cet ouvrage ne comporte pas, il sera utile, croyons-nous, de dire quelques mots des types divers d'emprisonnement qui ont été jusqu'ici proposés, en différents pays, pour l'exécution des peines privatives de liberté.

3. « L'emprisonnement en commun était le régime des anciennes prisons de France. Il est mauvais pour le présent comme pour l'avenir. Pendant l'exécution de la peine, il favorise les désordres disciplinaires; il entraîne la corruption par le contact; il rend la peine inégale pour les détenus qui n'ont point perdu tout sentiment de honte. Cette promiscuité est surtout funeste après la libération. Les libérés que la prison n'a point réformés débauchent les autres, les intimident par la menace de révéler leurs antécédents et finissent presque toujours par les ramener au crime » (Laborde, *Cours élémentaire de droit criminel*, n° 362). Nous n'avons rien à ajouter à une appréciation qui caractérise exactement un système depuis longtemps jugé détestable par les criminalistes et les philanthropes de tout pays. Le lecteur qui voudra connaître les résultats du système au point de vue moral, pourra se reporter à l'*Enquête parlementaire*, prescrite par l'Assemblée nationale en 1872, notamment au *Rapport* présenté au nom de la commission, par M. Bérenger, à la séance de l'Assemblée nationale du 18 mars 1873. V. aussi V. Molinier, *Etudes sur le nouveau projet de code pénal pour le royaume d'Italie*, 1879, t. 1, p. 41, note 1, et encore les observations et renseignements adressés, en 1885, au ministère de l'intérieur par les directeurs, les médecins, et les aumôniers de nos prisons, et réunis en

fascicule sous le titre : *Application du régime d'emprisonnement individuel en France*; Adolphe Guillot, *Les prisons de Paris et les prisonniers*; L. André, *La récidive*, p. 15 et suiv. H. Joly, *Le combat contre le crime*, p. 193 et suiv.

Pour remédier aux inconvénients du régime en commun on a proposé la *séparation par quartiers*, qui consiste à répartir les détenus en diverses classes qu'on parquera dans des quartiers différents. Mais cette répartition est difficile. Classera-t-on, en effet, les détenus d'après le temps de prison qu'ils ont à faire? Il existe déjà des prisons pour longues peines et des prisons pour courtes peines, et l'on ne voit pas bien quel intérêt il pourrait y avoir à multiplier les subdivisions pour les faire cadrer avec les combinaisons si variées qu'adopte, ici ou là, la jurisprudence des tribunaux (H. Joly, *Le combat contre le crime*, p. 197). Classera-t on les détenus d'après leur âge? Avoir égard à l'âge est nécessaire tant que les condamnés n'ont pas vingt ans. Au delà, où est l'utilité de mettre ensemble tous les condamnés de vingt-cinq à trente ans, de trente à quarante, et ainsi de suite, quelle que soit la nature du délit? (*op. cit.*, p. 198). D'autre part, si l'on voulait essayer de classifier d'après le degré de moralité, où trouver le *criterium* qui dénote le degré d'immoralité et les chances d'amendement? (Laborde, *eod. loc.*) Pourtant la moindre erreur peut avoir ici des conséquences désastreuses; qu'un seul détenu soit plus corrompu que les autres, il n'en faudra souvent pas davantage pour que la classe où on l'aura placé devienne bientôt tout entière aussi perverse que lui (Astor, *Essai sur l'emprisonnement cellulaire en France et à l'étranger*, p. 36). Enfin si, pour classifier, l'on voulait se baser sur la conduite des condamnés après leur entrée dans la prison, n'est-il pas évident que les détenus n'hésiteraient pas le plus souvent à prendre le masque de l'hypocrisie et à affecter un faux repentir pour améliorer leur sort? M. Charles Lucas, un des plus zélés défenseurs du système de la classification par quartiers, a constaté lui-même ce danger dans les termes suivants : « L'étude de ces hommes, dit-il en parlant des condamnés, est de faire mentir leur physionomie; c'est le premier enseignement des prisons, dans lequel ils réussissent d'autant mieux qu'on ne rencontre plutôt encore chez eux de mauvaises que de violentes passions » (*Théorie de l'emprisonnement*, t. 2, ch. 2). Sur les difficultés que présente la *séparation par quartiers*, on lira les pages 196 à 202. V. aussi, dans l'ouvrage précité de M. H. Joly les pages 196 à 202. V. aussi, dans l'ouvrage précité de M. H. Joly les pages 196 à 202. V. aussi d'Haussonville, *Les établissements pénitentiaires*, p. 85 et suiv., et V. Molinier, *Etudes*, t. 1, p. 44.

4. Le système de *la séparation individuelle*, mieux connu sous le nom d'*emprisonnement cellulaire*, paraît plus susceptible de réformer, dans la mesure du possible, le condamné. « Appliqué dans certaines limites, a dit M. Garraud, le régime de la séparation est le moyen le plus propre pour produire l'amendement du condamné, lorsque ce résultat est possible, et, dans tous les cas, s'il n'a pas cette puissance, il a, du moins, l'incontestable avantage de préserver de la corruption, bienfait de l'emprisonnement en commun; s'il ne rend pas les condamnés meilleurs, il ne les rend pas plus mauvais à la société » (*Traité de droit pénal français*, t. 1, n° 272, p. 448). Sur les avantages et les inconvénients du système cellulaire on consultera les ouvrages suivants : d'Haussonville, *Les établissements pénitentiaires en France et aux colonies*, 1875, *passim*; Fernand Desportes et Léon Lefébure, *La science pénitentiaire au congrès de Stockholm*, 1880, p. 55 et suiv.; Astor, *Essai sur l'emprisonnement cellulaire en France et à l'étranger*, 1887; Stevens, *Les prisons cellulaires en Belgique*, 1874; A. Prins, *Criminalité et répression*, 1886, p. 117 et suiv.; V. Molinier, *Etudes* déjà citées, t. 1, p. 46 et suiv.; L. André, *La Récidive*, p. 19 et suiv.; L. Herbette, *L'Œuvre pénitentiaire*, 1891, *passim*; Henri Joly, *Le combat contre le crime*, 1891, chap. 8, p. 222 et suiv.; et un grand nombre d'articles, documents, études, publiés depuis 1877 par la *Société générale des prisons*, dans son *Bulletin* mensuel, qui a pris, depuis quelques mois, le nom de *Revue pénitentiaire*.

5. L'emprisonnement cellulaire a été pratiqué sous deux formes différentes, qui ont pris le nom des lieux où elles ont été expérimentées. Ces deux formes sont le régime d'*Auburn*, et le régime *philadelphien*, ou de *Pensylvanie*. Le premier (appelé système Auburnien parce que, dans l'opinion générale, il est né à Auburn, Etat de New-York, en 1821, alors cependant qu'en réalité il a été appliqué pour la première fois à Gand, sous Marie-Thérèse, dès 1772, ne comporte la cellule que pendant la nuit. Le jour, les détenus travaillent dans des ateliers communs, sous la loi du silence. Mais « il est difficile, sans user de châtiments corporels qui transforment la prison en lieu de torture, de faire respecter aux détenus la loi du silence, impossible même, quelque moyen que l'on emploie, d'empêcher entre eux toute communication » (Garraud, n° 242, p. 46). D'autre part, si le système Auburn est moins démoralisateur que l'emprisonnement en commun de nuit comme de jour, il n'offre guère plus de garanties à la société.

Le régime *pensylvanien* ou *philadelphien* sépare individuellement les prisonniers de jour et nuit. Chaque détenu a sa cellule et ne peut avoir la moindre relation avec ses codétenus. Etabli pour la première fois dans la prison de Cherry-hill, à Philadelphie, en 1829, ce système a été, à son origine, vicié par des rigueurs exagérées : les détenus, enfermés dans leur cellule, étaient complètement séquestrés; ils n'avaient aucune communication, même avec leur gardien. C'était le confinement solitaire, *solitary confinment*. Cette séquestration déplorable conduisait le prisonnier à l'hébétement, au suicide ; elle est depuis longtemps condamnée. Aujourd'hui, le sytème cellulaire, tel qu'il est entendu partout le monde, n'est aucunement la séquestration absolue. C'est la *séparation des détenus entre eux*, mais « le condamné *doit avoir*, avec les employés de la prison, les aumôuiers, les membres des sociétés de patronage, *des communications* journalières. Il se livre, dans sa cellule, à un travail manuel continu, tempéré par la lecture et par l'étude. Il y reçoit l'instruction scolaire qui lui manque, l'éducation morale qui le préservera d'une rechute. Il en sort, une ou deux fois par jour, pour faire des promenades dans un préau solitaire » (Garraud, p. 447). Le système cellulaire, très en faveur aujourd'hui, présente plusieurs inconvénients ou difficultés d'application. Il coûte cher d'installation et il rend assez difficile l'organisation du travail. De plus, il est douteux qu'il puisse convenir pour les longues détentions, certains tempéraments moraux et physiques ne pouvant, dit-on, le supporter longtemps. Enfin il ne prépare pas suffisamment les détenus à la reprise des relations sociales, sauf peut-être dans les pays où les institutions complémentaires du système pénitentiaire, telles que le patronage des libérés, sont largement organisées.

6. Ce dernier inconvénient a fait naître le système *progressif*, aussi connu sous le nom de système *irlandais*, qui adoucit le régime de la peine à mesure que l'on constate l'amendement du coupable, et qui prépare son reclassement. Ce système paraît avoir été pratiqué avec certains succès en Irlande et en Angleterre. Tel qu'il est appliqué en ces pays, il consiste dans une succession d'épreuves, commençant par un premier temps passé en cellule; dans la seconde période, le prisonnier est soumis à des travaux forcés, exécutés en commun, soit au dehors, soit dans l'intérieur des prisons. S'il se conduit mal, on le réintègre en cellule. Si, au contraire, il se conduit bien, il entre dans des prisons intermédiaires, sortes de « filtres entre la prison et la liberté » où il obtient une demi-liberté. On lui permet de travailler au dehors, pour le compte des particuliers, et de se nourrir des produits de son travail. La prison l'entretient s'il ne trouve pas d'occupation. Vient enfin la libération conditionnelle, élargissement anticipé qui fait jouir le condamné d'une liberté complète mais révocable pendant un certain délai au moindre sujet de plainte (Laborde, p. 208, et Garraud, p. 450). — On trouvera dans : *Le combat contre le crime*, de M. Joly, p. 265 et suiv., une intéressante critique du système irlandais, dont les succès, il faut le dire, sont aujourd'hui contestés, même en Grande-Bretagne. V. aussi, dans le même sens : A. Rivière, *Le système irlandais comparé au système pénitentiaire*, dans le *Bulletin de la Société générale des prisons*, 1885, p. 468 et suiv.

7. En ce qui concerne notre pays, on sait qu'en 1872 l'Assemblée nationale a décidé qu'une grande enquête serait ouverte sur l'état des établissements pénitentiaires en France, et que des mesures propres à en améliorer le régime lui seraient proposées. A la suite de cette enquête, dont les résultats ont été résumés dans un magistral rapport de M. d'Haus-

sonville, rapport publié depuis sous ce titre : *Les établissements pénitentiaires en France et aux colonies*, l'Assemblée vota l'importante loi des 5-16 juin 1875 sur le régime des prisons départementales (D. P. 76. 4. 9), qui établit, en principe, le système de la séparation individuelle des détenus (ou système cellulaire), dans les prisons pour courtes peines. Malheureusement cette loi n'a reçu qu'une exécution fort incomplète jusqu'ici, puisque, au commencement de 1893, vingt-cinq prisons départementales seulement sur trois cent quatre-vingts étaient affectées à l'emprisonnement individuel. Mais le Parlement vient de voter une loi sur la réforme des prisons pour courtes peines (L. 4 févr. 1893, D. P. 93. 4. 48), qui aura, il faut l'espérer, pour effet de hâter la transformation des prisons départementales existantes, et la mise à exécution de la loi de 1875 (V. *infrà*, n° 20).

Au reste, les deux lois précitées, visant exclusivement les prisons départementales, laissent complètement en dehors de la réforme les prisons de longues peines, c'est-à-dire les maisons centrales de force et de correction, et les pénitenciers y assimilés, prisons qui, pour la France et l'Algérie, ne renfermaient pas, à la date du 1er avr. 1889, moins de 14 349 condamnés. Il s'ensuit que ceux-ci demeurent exposés à la corruption fatalement engendrée par la promiscuité des détenus. L'Administration a toutefois, dans le cours de ses dernières années, installé un petit nombre de chambres ou cellules de nuit en quelques maisons centrales. — Sur l'application du système cellulaire en France, V. la notice déjà citée que l'Administration a publiée en 1885 sous ce titre *l'Application du régime d'emprisonnement individuel en France*, Paris, imprimerie du *Journal officiel*.

8. A l'exception des établissements placés sous l'autorité du ministre de la guerre ou sous celle du ministre de la marine (V. *infrà*, sect. 6, n°s 72 et s.), tous les établissements pénitentiaires de France et d'Algérie ressortissent au ministère de l'intérieur. La direction de l'ensemble de ces établissements forme une des grandes divisions de ce ministère ; elle est confiée au directeur de l'administration pénitentiaire. Jusqu'en 1887, les prisons du département de la Seine étaient soumises à un régime spécial et administrées directement par le préfet de police. Le décret du 28 juin 1887 a fait cesser cet état de choses. L'administration et le contrôle des prisons de la Seine sont rattachés au ministère de l'intérieur ; ces établissements se trouvent aujourd'hui placés, comme toutes les prisons de France, sous l'autorité du directeur de l'administration pénitentiaire.

9. Plusieurs conseils et comités fonctionnent auprès du ministre pour donner avis sur les questions et affaires pénitentiaires dont ils sont saisis. C'est d'abord le *conseil supérieur des prisons*, composé de trente-sept membres, dont dix-neuf doivent appartenir au Parlement. Créé en vertu de la loi du 5 juin 1875 sur la transformation des prisons départementales (art. 9), ce conseil a surtout pour mission de veiller à l'exécution de cette loi ; mais il est consulté par le Gouvernement sur d'autres questions d'intérêt général. Ses attributions et sa composition ont été déterminées par les décrets des 3 nov. 1875 (D. P. 76. 4. 66), 3 janv. 1881 (D. P. 82. 4. 115), 26 janv. 1882 (D.P. 83. 4. 18). — C'est ensuite la *commission de classement des récidivistes*, instituée pour l'application de la loi sur la relégation des récidivistes, du 27 mai 1885 (D. P. 85. 4. 45). — C'est enfin le *comité de la libération conditionnelle*, créé le 16 févr. 1888, qui prépare les décisions du ministre sur les demandes de libération conditionnelle.

10. Le territoire français est, sous le rapport de l'administration des prisons, divisé en un certain nombre de circonscriptions pénitentiaires. Le nombre de ces circonscriptions avait été fixé à quarante-cinq par un arrêté du chef du pouvoir exécutif du 31 mai 1871; il a été réduit à trente-six (trente-trois circonscriptions pour la France et trois pour l'Algérie) par un décret du 20-25 mars 1888 (D. P. 88. 4. 40) (V. le tableau des trente-trois circonscriptions au *Bulletin des lois*, Bull. n° 1161, p. 519). A la tête de chacune des circonscriptions est placé un directeur qui administre, sous l'autorité du préfet, les établissements composant sa circonscription. Plusieurs de ces directeurs sont en même temps, et de plus, chargés de la direction de maisons centrales. Les attributions des directeurs de circonscription ont été réglées par les art. 1 à 3 du décret du 11 nov. 1885 (D. P. 86. 4. 75).

Le personnel de garde de toutes nos prisons se compose de gardiens-chefs, de gardiens ordinaires, de surveillantes laïques ou congréganistes. L'organisation de ce personnel a été réglée par le décret du 19 déc. 1869-14 févr. 1870 (D. P. 70. 4. 23). La commission du budget pénitentiaire de 1893 à la Chambre des députés a recommandé la création d'une « école pénitentiaire » destinée à former les gardiens-chefs. Cette école destinée à répandre dans le personnel inférieur de l'Administration les idées générales, les notions de droit et même les connaissances économiques, serait ouverte à Paris (V. rapport de M. Boucher, Journ. off., doc. parlement. Ch. des députés, 1892, annexe 2327, p. 1959).

Ajoutons : 1° que tous les établissements pénitentiaires de France et d'Algérie sont placés sous le contrôle des inspecteurs généraux du service administratif du ministère de l'intérieur (V. à cet égard, infrà, n° 34) ; — 2° Qu'une Société générale des prisons, depuis reconnue comme établissement d'utilité publique, a été fondée en 1877, dans le but de travailler à la réforme pénitentiaire. Cette société publie, depuis dix-sept ans, un important Bulletin mensuel qui a pris récemment le nom de Revue pénitentiaire, et qui renferme un grand nombre d'études, de documents et d'articles sur les questions pénitentiaires. De son côté, l'administration pénitentiaire publie chaque année, sous le titre de Statistique pénitentiaire, un exposé général de la situation des services et des établissements qu'elle dirige. Malheureusement cette publication ne se fait plus avec la même régularité qu'autrefois. La dernière statistique parue à ce jour (1893) est celle de l'année 1889. — En ce qui concerne les établissements pénitentiaires aux colonies, placés sous l'autorité du sous-secrétaire d'État des colonies, établissements destinés à l'exécution des peines des travaux forcés, de la déportation et de la rélégation, V. infrà, sect. 5.

Tableau de la législation relative aux prisons et aux établissements pénitentiaires aux colonies.

23 juill. 1856. — Règlement ministériel sur les établissements pénitentiaires militaires (Journal militaire officiel, 1856, p. 19 et suiv.).

20 juin 1863. — Règlement sur les prisons militaires (Journal militaire officiel, t. 10, p. 251).

2 sept.-12 oct. 1863. — Décret qui autorise la création, à la Nouvelle-Calédonie, d'établissements pour l'exécution de la peine des travaux forcés (D. P. 63. 4. 153).

11 mai 1864. — Décret créant un quartier spécial pour les détentionnaires à la maison centrale de Clairvaux.

4 août 1864. — Décret réglant la comptabilité des maisons centrales.

6 févr. 1865. — Règlement concernant l'organisation administrative des prisons militaires de l'intérieur (Journal militaire officiel, t. 10, p. 10).

24 déc. 1869-14 févr. 1870. — Décret portant organisation du personnel du service des prisons et établissements pénitentiaires (D. P. 70. 4. 28).

31 mai 1871. — Décret divisant la France en quarante-cinq circonscriptions pénitentiaires (abrogé par le décret du 20 mars 1888).

23 mars-3 avr. 1872. — Loi qui désigne de nouveaux lieux de déportation (D. P. 72. 4. 71).

25-26 mai 1872. — Décret portant règlement de police pour les lieux affectés à la détention (D. P. 72. 4. 121).

31 mai 1872. — Décret portant règlement d'administration publique sur le régime de police et de surveillance auquel les condamnés à la déportation dans une enceinte fortifiée sont assujettis (D. P. 72. 4. 72).

25-28 mars 1873. — Loi qui règle la condition des déportés à la Nouvelle-Calédonie (D. P. 73. 4. 49).

7 avr. 1873. — Décret portant règlement des prisons maritimes (Bull. off. min. mar., 1873, 1er sem., p. 614).

16 janv. 1874. — Décret qui affecte le fort de l'île Sainte-Marguerite aux condamnés à la peine de la détention (D. P. 74. 4. 55).

5-16 juin 1875. — Loi sur le régime des prisons départementales (D. P. 76. 4. 9).

3 nov. 1875. — Décret qui institue auprès du ministre de l'intérieur un conseil supérieur des prisons (D. P. 76. 4. 66).

10 mars 1877. — Décret portant règlement d'administration publique pour l'exécution de l'art. 13 de la loi du 25 mars 1873, qui règle la condition des déportés à la Nouvelle-Calédonie (D. P. 77. 4. 40).

27 avr. 1878. — Décret portant organisation de l'administration pénitentiaire à la Guyane et à la Nouvelle-Calédonie. (Bull. off. min. mar., 1878, 1er sem., p. 661).

3 juin 1878. — Arrêté ministériel portant règlement provisoire du service et du régime des prisons de courtes peines affectées à l'emprisonnement individuel (Code pénitentiaire, t. 7, p. 328 et suiv.).

31 août-4 déc. 1878. — Décret qui règle la condition des transportés concessionnaires de terrains dans les colonies pénitentiaires (D. P. 79. 4. 15).

6 déc. 1878. — Décret relatif à l'organisation de l'administration pénitentiaire à la Guyane française (Bull. off. min. mar., 1878, 2e sem. p. 894.

4 sept. 1879. — Décret concernant l'exercice d'office pour la gestion des successions et biens vacants des déportés et des transportés en cours de peine (D. P. 80. 4. 61).

18 juin 1880. — Décret concernant le régime disciplinaire des établissements de travaux forcés (D. P. 81. 4. 37).

22 oct. 1880. — Décret concernant le reliquat du pécule disponible des détenus au jour de leur sortie des maisons centrales (D. P. 81. 4. 109).

3 janv. 1881. — Décret qui organise le conseil supérieur des prisons (D. P. 82. 4. 15).

26 janv. 1882. — Décret qui fixe la composition du conseil supérieur des prisons (D. P. 83. 4. 18).

15 avr. 1882. — Arrêté ministériel réglant le travail dans les maisons centrales (Bull. min. int., 1882, p. 122 et suiv.).

26 oct. 1882. — Décret réorganisant l'administration pénitentiaire à la Guyane et à la Nouvelle-Calédonie (Bull. off. min. mar., 1882, 2e sem. p. 720).

5-20 déc. 1882. — Décret qui délimite le territoire réservé pour les besoins de la transportation à la Guyane française (D. P. 83. 4. 84).

16 juin 1883. — Décret qui désigne un membre de droit du conseil supérieur des prisons (D. P. 84. 4. 4).

16 août-14 oct. 1884. — Décret qui délimite le territoire pénitentiaire de la Nouvelle-Calédonie (D. P. 85. 4. 15).

27-28 mai 1885. — Loi sur les récidivistes (D. P. 85. 4. 15).

14-15 août 1885. — Loi sur les moyens de prévenir la récidive, dont les art. 1er et suiv. prescrivent l'institution d'un régime disciplinaire, basé sur la constatation journalière de la conduite et du travail, dans les divers établissements pénitentiaires de France et d'Algérie (D. P. 86. 4. 75).

11-16 nov. 1885. — Décret portant règlement du service et du régime des prisons de courtes peines affectées à l'emprisonnement en commun (maisons d'arrêt, de justice et de correction) (D. P. 86. 4. 75).

26-27 nov. 1885. — Décret portant règlement d'administration publique pour l'application de la loi du 27 mai 1885, sur la relégation des récidivistes (D. P. 85. 4. 86).

3-4 mars 1886. — Décret relatif à la création, à Obock, d'établissements de travaux forcés spécialement affectés aux individus d'origine arabe (D. P. 86. 4. 85).

3-7 oct. 1886. — Décret sur la transportation, à Obock, des condamnés aux travaux forcés d'origine africaine ou indienne (D. P. 87. 4. 55).

24-26 mars 1887. — Décret qui fixe les limites respectives des territoires de la transportation et de la relégation à la Guyane française (D. P. 87. 4. 74).

24-26 mars 1887. — Décret qui affecte au service de la relégation une section spéciale du corps des surveillants militaires des établissements pénitentiaires (D. P. 87. 4. 74).

28 juin-20 sept. 1887. — Décret portant réglementation des prisons du département de la Seine (D. P. 87. 4. 95).

14 juill.-20 sept. 1887. — Décret concernant la curatelle d'office pour la question des successions et biens vacants des individus condamnés à la relégation (D. P. 87. 4. 95).

22-25 août 1887. — Décret portant organisation du régime disciplinaire des relégués collectifs aux colonies (D. P. 88. 4. 5).

5-8 sept. 1887. — Décret concernant l'organisation des dépôts de relégués collectifs aux colonies (D. P. 88. 4. 6).

22-25 oct. 1887. — Décret étendant à tous les condamnés aux travaux forcés d'origine annamite et chinoise les dispositions du décret du 3 mars 1886 et 3 oct. 1886 concernant l'envoi des forçats à Obock. (Bull. off. des Colonies, 1887, p. 832).

11-20 nov. 1887. — Décret réglant les formalités à remplir pour le mariage des condamnés à la relégation transférés dans les colonies françaises (D. P. 88. 4. 16).

1er-4 déc. 1887. — Décret portant création des établissements de travaux forcés au Gabon (D. P. 88. 4. 17).

13-15 janv. 1888. — Décret réglant le mode de constatation de la présence des libérés tenus de résider dans les colonies pénitentiaires (D. P. 88. 4. 13).

18-22 févr. 1888. — Décret portant organisation des groupes et détachements des relégués à titre collectif (D. P. 88. 4. 51).

20-25 mars 1888. — Décret portant réorganisation des circonscriptions pénitentiaires de France et d'Algérie (D. P. 88. 4. 40).

26 nov.-1er déc. 1888. — Décret relatif à la situation, au point de vue militaire, des individus condamnés à la relégation (D. P. 89. 4. 32).

30 août-1er sept. 1889. — Décret concernant les cafés

cabarets, débits de boissons, hôtels, etc., dans les colonies pénitentiaires de la Guyane et de la Nouvelle-Calédonie (D. P. 90. 4. 97).

4 oct.-31 déc. 1889. — Décret constituant les tribunaux maritimes spéciaux dans les colonies affectées à la transportation des individus condamnés aux travaux forcés (D. P. 90. 4. 96).

5 oct. 1889-25 févr. 1890. — Décret qui décide 'que les lois pénales en vigueur dans chaque colonie pénitentiaire seront applicables aux condamnés aux travaux forcés subissant leur peine (D. P. 90. 4. 101).

16-19 nov. 1889. — Décret relatif à la désignation du lieu de transportation dans lequel seront internés les condamnés aux travaux forcés (D. P. 90. 4. 102).

4 janv. 1890. — Arrêté ministériel concernant le régime des condamnés à l'emprisonnement pour délits politiques.

27 sept.-2 oct. 1890. — Décret complétant le décret du 12 janv. 1888, relatif au régime des libérés astreints à résider dans les colonies françaises (D. P. 91. 4. 104).

4 oct.-5 déc. 1891. — Loi relative sur le service dans les places de guerre et les villes ouvertes dont les art. 142 à 150 sont relatifs à la surveillance sur les prisons militaires (D. P. 92. 4. 34).

15-19 juin 1891. — Décret réglant l'organisation et les attributions du corps des inspecteurs généraux des services administratifs au ministère de l'intérieur, et créant dans ce corps une section des établissements pénitentiaires (D. P. 93. 4. 20).

4-13 sept. 1891. — Décret sur le régime disciplinaire des établissements de travaux forcés aux colonies (*Journ. off.* du 13 sept. 1891; *Bull.* n° 24211).

15 sept.-2 oct. 1891. — Décret sur la main-d'œuvre pénale aux colonies (*Journ. off.* du 2 oct. 1891; *Bull.* n° 24214).

4-19 avr. 1891. — Décret approuvant les pénalités édictées à l'arrêté du gouverneur de la Guyane, en date du 7 déc. 1891, relatif au régime des transportés libérés astreints à la résidence (D. P. 93. 4. 24).

20 déc. 1892. — Décret réorganisant l'administration pénitentiaire aux colonies (*Journ. off.* 23 déc. 1892).

4-5 févr. 1893. — Loi relative à la réforme des prisons pour courtes peines (D. P. 93. 4. 48).

27 févr. 1893. — Décret approuvant les pénalités édictées à l'arrêté du gouverneur de la Nouvelle-Calédonie, en date du 4 juill. 1892, relatif au régime des transportés libérés astreints à la résidence (*Journ. off.* du 3 mars 1893).

23 nov. 1893. — Décret relatif à la fixation de la portion à accorder aux condamnés détenus dans les prisons départementales sur le produit de leur travail (*Journ. off.* du 26 nov. 1893).

Sect. 2. — Des diverses espèces de prisons

11. De même qu'au *Répertoire*, nous ne nous occuperons dans cette section que des prisons placées sous l'autorité du ministre de l'intérieur, c'est-à-dire des prisons suivantes : 1° les maisons centrales, ou, plus généralement, les prisons pour longues peines; 2° les prisons départementales, ou prisons pour courtes peines; 3° les établissements d'éducation correctionnelle de jeunes détenus ; 4° les prisons cantonales et municipales.

§ 1er. — Maisons centrales.

12. Il existait en France, à la date du 1er avr. 1889 (L. Herbette , l'*Œuvre pénitentiaire*, p. 5),vingt et une prisons pour l'exécution des longues peines, savoir : dix-neuf maisons centrales de force et de correction, dont quatorze pour hommes (Abbeville, Beaulieu, Clairvaux, Embrun, Eysses, Fontevrault, Gaillon, Landerneau, Loos, Melun, Nîmes, Poissy, Riom, Thouars) et cinq pour femmes (Cadillac, Clermont, Doullens, Montpellier, Rennes), et deux pénitenciers agricoles destinés également à des condamnés de longues peines et situés en Corse (Chiavari et Castelluccio); un quartier de criminels aliénés (Gaillon); deux dépôts spéciaux de forçats et de relégables (Saint-Martin-de-Ré et Avignon) attendant leur départ pour les colonies. Depuis cette époque, les maisons centrales pour femmes de Doullens (Somme) et de Cadillac (Gironde) ont été supprimées. Il ne reste donc plus, en France, que dix-neuf maisons centrales, ou pénitenciers, auxquels il faut toutefois ajouter trois autres établissements qui leur sont assimilés. L'Algérie possède, en outre : une maison centrale pour hommes (Lambèse), une maison centrale pour femmes (Le Lazaret),un pénitencier agricole (Berrouaghia), un dépôt de forçats et un dépôt de relégables. La population totale de ces prisons de longues peines est d'environ vingt-quatre mille détenus. Les maisons centrales

(et les pénitenciers agricoles) appartiennent à l'Etat. Destinées uniquement à contenir des condamnés, ces prisons sont constituées : 1° *maisons de force*, pour les individus des deux sexes condamnés à la peine de la réclusion et pour les femmes condamnées aux travaux forcés, conformément aux art. 21 et 16 c. pén. A l'égard de la réclusion, n'importe qu'elle soit prononcée comme peine directe du crime ou pour remplacer la peine des travaux forcés (L. 30 mai 1854, art. 5, D. P. 54. 4. 90, et 25 déc. 1880, D. P. 81. 4. 53). Quatre maisons centrales pour hommes sont plus spécialement affectées à la réclusion (Beaulieu, Melun, Riom et Thouars); — 2° *Maisons de correction* pour les individus des deux sexes condamnés à plus d'un an et un jour d'emprisonnement (L. 5 juin 1875, art. 2, D. P. 76. 4. 9).

Toutes nos maisons centrales sont affectées au régime en commun, c'est-à-dire organisées d'après le système de la promiscuité des détenus de jour et de nuit. Dans quelques-unes cependant, l'Administration s'est efforcée de parer aux inconvénients du régime en commun, par la mise en pratique du système d'isolement nocturne, à mesure que les conditions matérielles et pécuniaires du fonctionnement des services ont permis l'installation des chambres ou cellules de nuit. C'est ainsi qu'elle a créé, dans ce but, six cent soixante-quatre cellules à Melun, quatre cent vingt-quatre à Poissy, cent vingt-sept à Thouars, soixante-dix à Eysses. A la tête de chaque maison centrale se trouve un directeur, qui concentre dans sa main l'autorité disciplinaire. Il est assisté d'un contrôleur (autrefois appelé inspecteur), d'un greffier, d'un ou plusieurs commis aux écritures, et il est secondé par un personnel laïque (gardien-chef et gardiens ordinaires) dans les maisons affectées aux hommes; par des religieuses appartenant aux ordres de Marie-Joseph et de la Sagesse, dans les maisons affectées aux femmes. Un décret des 24 déc. 1869-14 févr. 1870 (D. P. 70. 4. 23) a réglé l'organisation du personnel de service des prisons et établissements pénitentiaires, et, par conséquent, celle du personnel de service des maisons centrales. On remarquera que le seul contrôle auquel est soumis le directeur consiste dans la visite annuelle des inspecteurs généraux des services administratifs du ministère de l'intérieur. Ainsi que nous l'avons dit au *Rép.* n° 68, une ordonnance du 5 nov. 1847 (D. P. 47. 3. 96) a créé une commission de surveillance près de chacune des maisons centrales; mais ces commissions n'ont pas été organisées.

13. En ce qui concerne la police et la discipline des maisons centrales, V. *infrà*, n° 36. V. aussi *infrà*, n°s 37 et suiv. ce qui regarde l'organisation du travail dans lesdites maisons. Ainsi que nous l'avons dit au *Rép.* n° 28, les dépenses ordinaires des maisons centrales sont à la charge de l'Etat, qui y pourvoit directement dans le système de *régie*, tandis que, dans le système de l'*entreprise*, c'est l'entrepreneur qui assume toutes les charges de la prison. On sait en quoi consistent et diffèrent ces deux systèmes. M. Garraud les a caractérisés mieux que personne, croyons-nous, quand il a dit : « Au premier cas (*entreprise*), un entrepreneur général assume toutes les charges de la prison, il entretient, nourrit les détenus, leur fournit du travail et leur paye une rétribution. Aussi, tout le produit du travail lui est abandonné, et, de plus, il reçoit de l'Etat, par jour et par détenu, une allocation qui varie, surtout par suite de la différence du prix des vivres dans chaque région, mais dont la moyenne est de 30 à 35 centimes par jour et par homme. Au second cas (*régie*), c'est l'Etat qui procure directement le travail aux détenus, les nourrit, les entretient, leur paye un salaire, mais recueille toutes les recettes provenant de leur industrie. Parfois, les deux systèmes sont combinés : l'Etat passe des marchés spéciaux avec certains entrepreneurs, qui exploitent, moyennant une somme déterminée, une ou plusieurs branches d'industrie organisées dans la région.

La différence entre le système de la régie et celui de l'entreprise est caractéristique, car, dans le premier, l'Etat conserve la direction absolue du travail et il peut l'organiser dans un but pénitentiaire ; dans le second, l'Etat délègue une partie de l'administration de la prison à un traitant qui a pour but unique de rendre son exploitation commerciale lucrative. Le plus grand nombre des maisons centrales et toutes les prisons départementales sont données à l'entreprise : les avantages de ce système, au double point de vue économique et financier, ont fait oublier les inconvénients au point de vue pénitentiaire » (t. 1, p. 511). L'appréciation de M. Garraud est celle de la plupart des personnes qui s'occupent de questions pénitentiaires. Consultées dans l'enquête qui a précédé le vote de la loi du 5 juin 1875, la grande majorité des cours d'appel a exprimé un avis favorable à la régie (d'Haussonville, les *Etablissements pénitentiaires*, p. 229). Ortolan, *Eléments de droit pénal*, t. 2, n° 1470 ; H. Joly, *Le combat contre le crime*, p. 209 ; Laborde, p. 216, se prononcent aussi contre l'entreprise, laquelle a été condamnée en principe par le congrès pénitentiaire réuni à Saint-Pétersbourg, en 1890.

Il faut reconnaître, toutefois, que l'organisation des travaux en régie directe de l'Etat présente, surtout dans les pays où l'entreprise a été longtemps appliquée, des difficultés considérables. Quoi qu'il en soit, V. sur la question : *Bulletin de la Société des prisons*, 1879, p. 98 et 108 ; 1880, p. 455 ; 1881, p. 148 ; 1882, p. 519 ; 1883, p. 575 ; 1886, p. 286 et p. 608 ; 1887, p. 140 ; 1890, p. 356 et suiv. (Rapport de M. Rivière); 1891, p. 353 (Rapport de M. Léveillé). En fait, la grande majorité de nos maisons centrales sont encore soumises au régime de l'entreprise; mais les efforts de l'Administration tendent à lui substituer, dans la mesure du possible, celui de la régie (V. à ce sujet les déclarations faites à la Chambre des députés, dans la séance du 27 janv. 1893, par M. Lagarde, directeur de l'administration pénitentiaire, *Journ. off.* du 28 janv. 1893. Déb. parl. Chambre, p. 278). En 1891, quatre maisons centrales seulement et les trois pénitenciers agricoles (Corse et Algérie) étaient administrés en régie. En 1892, deux autres maisons centrales, celles de Loos et de Beaulieu, ont été placées sous ce régime. Il a été fait de même à la date du 15 févr. 1893 pour toutes les prisons de la Seine. — Sur les objections et difficultés dont il faut tenir compte dans l'organisation des travaux et les essais de production en *régie* directe de l'Etat, V. la note de M. Herbette, directeur de l'administration pénitentiaire, présentée en 1888 au conseil supérieur des prisons. V. aussi le rapport de M. Henri Bouché, député, sur le budget de 1893, *Journ. off.* 1892, Ch. dép. parl. 1892, p. 1954 et suiv.

14. Nous avons déjà dit au *Rép.* n° 35 que les contestations élevées entre l'Etat et l'entrepreneur du service d'une maison de détention et de l'exploitation du travail des détenus sont de la compétence de l'autorité administrative, de tels marchés devant être considérés comme des marchés de travaux publics. V. dans ce sens, outre l'arrêt du 20 janv.1853, cité au *Rép.* n° 35, les décisions suivantes du conseil d'Etat : 2 juin 1853, aff. Le Therme, D. P. 54. 5. 154 ; 7 févr. 1867, aff. Vidal, D. P. 69. 3. 1 ; 20 févr. 1868, aff. Goguelat, D. P. 69. 3. 18 ; 1er mai 1874, aff. Hyrvoix D. P. 75. 3. 38 ; 23 déc. 1881, aff. Alléguen, D. P. 83. 3. 33 et Paris, 3 août 1877, aff. Kahn, D. P. 79.2.7. — Jugé spécialement : 1° que les contestations soulevées à l'occasion des marchés de cette nature sont de la compétence des conseils de préfecture, en vertu de l'art. 4 de la loi du 28 pluv. an 8, sans qu'il puisse être dérogé à cette compétence par une clause du cahier des charges qui l'attribuerait au ministre (Décision précitée du 7 févr. 1867) ; — 2° Que la décision par laquelle le ministre constitue l'entrepreneur en débet ne fait pas obstacle à ce qu'il porte la contestation à laquelle l'exécution de son marché a donné lieu devant le conseil de préfecture, et que, dès lors, elle n'est pas susceptible d'être déférée au conseil d'Etat par la voie contentieuse (Cons. d'Et. 1er mai 1874 précité) ; — 3° Que la juridiction administrative est seule compétente pour statuer sur les contestations relatives à la fixation de la valeur d'objets appartenant à l'Etat, et que le concessionnaire des services généraux d'une maison centrale est tenu de prendre à sa charge, alors même que la difficulté s'élève, non entre l'Etat et le concessionnaire, mais entre ce dernier et un tiers auquel a été cédée l'entreprise, et qui doit, aux termes du cahier des charges, prendre, après estimation, les objets laissés par l'entrepreneur sortant (Arrêt précité de Paris du 3 août 1877).

15. Les règles de la comptabilité des maisons centrales ont été tracées dans un règlement général du 4 août 1864, encore en vigueur. C'est le préfet qui ordonnance les dépenses.

§ 2. — Des prisons départementales.

16. L'expression de « prisons départementales », généralement usitée parce que les prisons auxquelles elle s'applique sont la propriété des départements, n'est devenue légale que depuis la loi du 5 juin 1875 (D. P. 76. 4. 9), dans laquelle le législateur l'a employée pour la première fois. Les codes ne reconnaissent pas l'existence de prisons départementales. « Ils parlent de maisons d'arrêt où sont incarcérés les prévenus, de maisons de justice où sont incarcérés les accusés, c'est-à-dire les inculpés placés sous le coup d'un arrêt de renvoi de la chambre des mises en accusations devant la cour d'assises, enfin de maisons de correction où sont enfermés les condamnés à des peines correctionnelles. Or, c'est précisément cette réunion des maisons d'arrêt, de justice et de correction, qui forme l'ensemble des prisons départementales » (D'Haussonville, *Des établissements pénitentiaires*, p. 80).

La France continentale compte 380 prisons départementales, aussi dénommées dans le langage administratif prisons de courtes peines, lesquelles comprenaient, au 31 déc. 1889, un effectif total (hommes et femmes) de 23 925 détenus. Il y a au moins une prison départementale par arrondissement (sauf l'arrondissement de Puget-Théniers, dans le département des Alpes-Maritimes, qui n'a pas de prison), toujours au chef-lieu judiciaire. Le plus grand nombre portent le nom de *maisons d'arrêt* (parfois de *maisons d'arrêt et de correction*), et renferment à la fois des prévenus et des condamnés à l'emprisonnement. Ces maisons reçoivent également, en quartier distinct, les mineurs de vingt et un ans détenus par voie de correction paternelle ou condamnés à des peines d'emprisonnement de courte durée. Dans cinq d'entre elles (Rouen, Lyon, Nantes, Dijon et Villeneuve-sur-Lot) un « quartier correctionnel » est spécialement affecté aux mineurs condamnés à l'emprisonnement de longue durée. Certaines prisons portent le nom de maisons de *justice*; elles sont destinées à recevoir les accusés qui vont comparaître aux assises (c. instr. crim. art. 603). Le plus souvent la maison de justice n'est qu'un quartier de la maison d'arrêt du lieu où siège la cour d'assises.

17. Ainsi que nous venons de le dire, les maisons d'arrêt renferment à la fois des prévenus et des condamnés à de courtes peines d'emprisonnement. Cette confusion dans les mêmes locaux (en quartiers séparés, il est vrai) de deux catégories de détenus si différentes est regrettable et contraire à la disposition formelle de l'art. 604 c. instr. crim. ainsi conçue : « Les maisons d'arrêt et de justice sont entièrement distinctes des prisons établies pour peines ». Elle ne peut cependant guère être évitée, à moins qu'on n'établisse dans chaque chef-lieu d'arrondissement deux prisons distinctes, l'une pour les prévenus, l'autre pour les condamnés, ce qui entraînerait une énorme dépense. On pourrait remédier au mal, dans une certaine mesure, en créant dans chaque département une prison plus importante sur laquelle seraient dirigés tous les individus condamnés par les différents tribunaux du département à des peines d'une certaine importance, par exemple à plus de huit jours, de dix jours.... De la sorte il ne resterait dans les maisons d'arrêt d'arrondissement, à côté des prévenus, que les condamnés à des peines légères dont le voisinage serait moins fâcheux pour les simples inculpés. L'Administration a déjà fait des efforts de ce sens : dans la plupart des départements elle a désigné une prison, dite prison de *concentration*, dans laquelle sont concentrés, le plus possible, les condamnés à l'emprisonnement par les divers tribunaux du département.

18. Comme nous l'avons dit *supra*, n° 7, sur les 380 prisons départementales, 25 seulement étaient au commencement de l'année 1893, organisées suivant le système cellulaire, ou de la séparation individuelle. Dans toutes les autres existe le régime en commun. Le décret du 11 nov. 1885 (D. P. 86. 4. 75) a prescrit, dans les prisons de courtes peines affectées à l'emprisonnement en commun, des locaux séparés pour 11 catégories de prisonniers (art. 27, 29, 30 et 32). A défaut de locaux distincts, le décret ordonne isolement par groupes (art. 28), et les catégories dans ce cas sont un peu moins nombreuses. En toute hypothèse, tout détenu âgé de moins de seize ans doit être complètement paré, le jour et la nuit, de tous détenus adultes (art. 29).

s mesures provisoires dureront jusqu'à l'aménagement s prisons pour courtes peines, en vue de l'application du gime de la séparation individuelle prescrit, pour l'avenir, r la loi du 5 juin 1875, sur les prisons départementales . *infrà*, n° 20).

19. Les prisons départementales, comme leur nom l'inque, sont la propriété des départements. On sait qu'un cret du 9 avr. 1811 en fit cadeau à ceux-ci pour dégrever e leur entretien le budget de l'Etat. Cette situation eut ndant la première moitié de ce siècle des conséquences ès fâcheuses (Laborde, p. 212). En 1855, on aboutit à une ansaction; la loi de finances du 5 mai 1855, art. 13 (D. P. 5. 4. 71), mit à la charge du budget de l'Etat « les dépenses dinaires des prisons départementales » et laissa à la charge es départements « les grosses réparations de l'entretien es bâtiments ». — Il est à souhaiter que l'Etat devienne un ul propriétaire de tous les établissements dans lesquels exécute la peine d'emprisonnement, car l'exécution des ndamnations prononcées par justice est un service d'Etat, t nullement un service départemental. Mais ce résultat ne eut être obtenu que si les départements rétrocèdent leur ropriété à l'Etat. Sous ce rapport, la récente loi du 4 févr. 893 (D. P. 93. 4. 48), relative à la réforme des prisons pour ourtes peines, a posé un premier jalon en disposant, dans on art. 1, que « les départements pourront être exonérés 'une partie des charges qui leur sont imposées par la loi u 5 juin 1875, s'ils rétrocèdent de gré à gré à l'Etat la pro- riété de leurs maisons d'arrêt, de justice et de correction ».

20. Ainsi qu'on l'a appelé plus haut n° 5, la loi du juin 1875 (D. P. 76. 4. 9) a établi le système de l'isole- nent ou de l'emprisonnement individuel dans les prisons départementales. L'art. 1 de cette loi dispose que « les nculpés, prévenus et accusés seront à l'avenir individuelle- ment séparés pendant le jour et la nuit ». Rien de plus ouable que cette disposition. C'est surtout aux inculpés, eut-être innocents, en tout cas non encore reconnus cou- ables par justice, qu'il est convenable, nécessaire d'épargner a honte et les dangers de la vie en commun avec le per- sonnel corrompu et corrupteur des prisons. Quant aux con- damnés à l'emprisonnement correctionnel, on sait que les art. 2 et 3 de la loi les divisent en deux classes : 1° ceux qui ont été condamnés à un emprisonnement inférieur à un an et un jour; — 2° Ceux au contraire qui ont été condam- nés à plus d'un an et un jour. La séparation individuelle est prescrite impérativement pour les premiers (art. 2); elle n'est que facultative pour les seconds (art. 3). Pour ces derniers, V. ce qui a été dit *suprà*, v° *Peine*, n° 742 *in fine*. Au reste, l'emprisonnement individuel n'est pas destiné à être appliqué immédiatement partout, mais seulement au fur et à mesure de la transformation des prisons départe- mentales en prisons cellulaires (art. 8 de la loi de 1875).

Cette transformation s'est opérée très lentement jusqu'ici puisque, comme nous l'avons déjà dit *suprà*, n° 5, au commencement de l'année 1893, vingt-cinq seulement ont été transformées. On en sait la raison : la transformation coûte cher et les con- seils généraux des départements se sont peu soucíés d'effec- tuer, même avec l'aide des subventions de l'Etat que leur promet la loi du 5 juin 1875 (art. 7), les dépenses considé- rables nécessitées par les travaux d'appropriation ou de reconstruction de leurs prisons, dépenses qui sont bien plutôt d'intérêt général que d'intérêt départemental. La récente loi des 4-5 févr. 1893 sur la réforme des prisons pour courtes peines (D. P. 93. 4. 48) va, il faut l'espérer rendre moins difficile la réalisation des intentions du législateur de 1875. En effet, la loi nouvelle, tout en laissant, en principe, aux départements la propriété de leurs prisons, permet à l'Etat de traiter avec un département de la rétrocession de gré à gré de la propriété d'une ou plu- sieurs prisons. En ce cas, les départements peuvent être exonérés d'une partie des charges qui leur sont imposées par la loi de 1875. De plus, la loi reconnaît au gouverne- ment le droit de déclasser comme établissements péniten- tiaires les prisons dont l'état serait contraire aux nécessités de l'hygiène, de la moralité, du bon ordre ou de la sécurité : les départements seront, dans cette hypothèse, mis en demeure de faire procéder aux travaux d'appropriation ou

de reconstruction nécessaires. D'autre part, la loi rend *obli- gatoires*, pour les départements, les dépenses qu'elle vise; elle autorise le gouvernement à pourvoir d'office, après certains délais, aux travaux exigés. Quoi qu'il en soit, et quant à présent, la situation des condamnés à l'emprisonne- ment est, relativement au lieu d'exécution de la peine, la suivante : les maisons centrales reçoivent : 1° les individus condamnés à *plus d'une année* d'emprisonnement lorsqu'il n'existe pas, dans le département où la condamnation a été prononcée, une prison départementale soumise au régime de la réparation individuelle; — 2° Les individus condamnés à *plus d'un an et un jour* d'emprisonnement, lorsqu'il existe, dans le département où la condamnation a été prononcée, une prison départementale soumise au régime précité. En ce dernier cas, l'emprisonnement ne doit être subi dans une maison centrale que s'il excède l'année de plus d'un jour. Les condamnés à des peines d'emprisonnement inférieures subissent leur peine dans les *prisons départementales*, sui- vant la distinction ci-dessus. A cet égard une circulaire concertée des ministères de l'intérieur et de la justice en date du 5 juin 1893 a décidé que « qu'à l'avenir les individus, condamnés à un an et un jour d'emprisonnement par le tribunal d'un arrondissement dont la prison n'est pas cellu- laire, seraient dirigés, pour y subir leur peine, sur la prison de concentration, lorsque celle-ci est affectée au régime de la séparation ». Le service et le régime des prisons de courtes peines affectées à l'emprisonnement en commun a été réglé par un décret des 11-16 nov. 1885 (D. P. 86. 4. 75) dont les dispositions les plus importantes seront ana- lysées *infrà*, n°s 39 et suiv. — Quant au régime intérieur des maisons consacrées à l'emprisonnement individuel il est, en attendant le règlement d'administration publique, annoncé par l'art. 5 de la loi de 1875 qui n'est encore qu'à l'état de projet, réglé par un arrêté ministériel du 3 juin 1878 (V. *infrà*, n° 61).

21. Le personnel de direction et de la surveillance des pri- sons départementales varie naturellement suivant l'impor- tance des établissements. Il est déterminé, pour chaque maison, par le ministre de l'intérieur, d'après les disposi- tions générales fixées par le décret du 24 déc. 1869 14 févr. 1870 (D. P. 70. 4. 23) portant organisation du personnel du service des prisons et établissements pénitentiaires. Suivant l'importance de la maison, il y a un directeur avec des gardiens, ou un gardien-chef avec des gardiens ordinaires, plus des surveillantes pour les femmes. Le gardien-chef est parfois gardien unique. Quant aux attributions et obliga- tions de ce personnel, elles sont réglées par le décret pré- cité du 11-16 nov. 1885 (D. P. 86. 4. 75). Le contrôle s'exerce par les visites des directeurs des circonscriptions pénitentiaires, des préfets et sous-préfets et des inspecteurs généraux du ministère de l'intérieur. Enfin il existe près de chaque prison départementale une commission de surveil- lance (*Rép.* n° 68), mais le rôle de ces commissions est, en général, insignifiant. — En ce qui concerne la police et la discipline des maisons départementales, V. *infrà*, n°s 40, 44. V. aussi *infrà*, n°s 45 et suiv., ce qui regarde l'organisation du travail dans lesdites maisons. — En ce qui concerne le régime d'emprisonnement des prévenus condamnés pour faits ayant un caractère politique, V. Arrêté du ministre de l'intérieur, du 4 janv. 1890, *infrà*, n° 60.

22. Les prisons de la Seine, soumises jusqu'en 1887 à un régime spécial, et administrées directement par le préfet de police, ont été rattachées au ministère de l'intérieur par décret du 28 juin-20 sept. 1887 (D. P. 87. 4. 95). Ces prisons sont assimilées aujourd'hui aux prisons des autres départe- ments. Les cadres de leur personnel de direction et de sur- veillance ont été réglés par un arrêté du ministre de l'inté- rieur du 30 déc. 1888. On lira avec intérêt, dans le *Bulletin de la Société des prisons* (1892, p. 275), un article de M. Le- cour, critiquant le rattachement dont il vient d'être parlé. V. aussi, sur la question de savoir s'il convient de soumettre les prisons de la Seine à un régime d'administration spé- ciale, le chapitre 7 des *Etablissements pénitentiaires*, de M. d'Haussonville.

§ 3. — Etablissements d'éducation correctionnelle de jeunes détenus.

23. Aujourd'hui comme à l'époque de la publication du

Répertoire, la situation des jeunes détenus au point de vue pénitentiaire est réglée par la loi du 5-12 août 1850 sur *L'éducation et le patronage des jeunes détenus* (D. P. 50. 4. 181), dont l'analyse a été présentée au *Rép.* n°ˢ 50 à 57. Cette loi, qui a rendu de grands services, n'a pas réussi dans toutes ses parties. En 1879, deux propositions de loi furent déposées par MM. Dufaure, Bérenger, Fourichon et Roussel, ayant pour objet : 1° la revision des art. 66, 67, 69 et 271 c. pén. concernant les mineurs de seize ans ; 2° la revision de la loi précitée du 5 août 1850 ; elles n'aboutirent point.

24. Tout d'abord il convient de faire remarquer que, sous réserve de l'atténuation laissée à l'appréciation des cours et tribunaux, les *mineurs âgés de plus de seize ans* au moment où ils sont traduits en justice sont soumis, par la loi française, aux mêmes pénalités que les adultes. Ces mineurs (appelés en style pénitentiaire *jeunes adultes*) sont, lorsque leurs condamnations le comportent, enfermés en maisons centrales, et soumis aux conditions de régime, aux précautions de surveillance et de séparation que leur situation peut exiger. Le nombre des jeunes adultes détenus dans des établissements de longues peines a été de 1045 garçons et 156 filles en 1880 ; 1109 garçons et 157 filles en 1881 ; 1332 garçons et 160 filles en 1882 ; 1292 garçons en 1885 ; 978 garçons et 81 filles en 1889. La loi de 1850 ne concerne pas les jeunes adultes dont il vient d'être parlé.

25. Nous constaterons, en second lieu, qu'à l'égard des détenus âgés de moins de seize ans renfermés dans les prisons de courtes peines, le décret du 11 nov. 1885 (D. P. 86. 4. 73) dispose, en termes généraux (art. 29), qu'ils doivent toujours être complètement séparés, le jour et la nuit, de tous détenus adultes. D'après le même article, « les enfants jugés par application des art. 66, 67 et 69 c. pén., qui ne sont détenus que pour moins de six mois, et ceux qui attendent leur transfèrement dans un établissement d'éducation correctionnelle, doivent toujours être enfermés dans des chambres ou quartiers spéciaux des maisons d'arrêt, de justice ou de correction, soit à l'isolement individuel, soit plus de deux ensemble s'il y a impossibilité de les laisser seuls ».

Mais c'est surtout des établissements d'*éducation correctionnelle* organisés en conformité de la loi du 5-12 août 1850 qu'il doit être ici traité. On sait que cette loi, déjà analysée au *Rép.* n°ˢ 52 à 55, a institué pour les jeunes garçons des *colonies pénitentiaires* et des *colonies correctionnelles*, et pour les jeunes filles détenues des *maisons pénitentiaires*. Le système de la loi est celui des colonies agricoles pour les premiers ; et, pour les seconds, des maisons avec travaux sédentaires appropriés à leur sexe. En fait, il existe des colonies pénitentiaires et des maisons pénitentiaires, mais pas de colonies *correctionnelles*. Ces dernières devaient, d'après l'art. 10 de la loi, être créées soit en France, soit en Algérie, pour recevoir : 1° les jeunes détenus condamnés à un emprisonnement de plus de deux années ; 2° les jeunes détenus des colonies pénitentiaires qui auront été déclarés insubordonnés ; elles n'ont pas été fondées. Les garçons condamnés à l'emprisonnement de longue durée et les insubordonnés sont envoyés dans les *quartiers correctionnels* des prisons départementales de Rouen, Lyon, Nantes, Dijon et Villeneuve-sur-Lot. La maison de la Petite-Roquette à Paris contient aussi un quartier correctionnel, qui est cellulaire, c'est-à-dire affecté au régime de séparation individuelle de jour et de nuit. Pour les jeunes filles, il n'existait, en 1889, qu'un quartier correctionnel proprement dit, rattaché à un établissement privé qui fonctionne à Rouen. Au 1er avr. 1889 la population des différents quartiers correctionnels était de 211 jeunes gens et de 13 jeunes filles.

26. Quant aux colonies pénitentiaires, on sait que, d'après la loi précitée du 5 août 1850, elles se distinguent en colonies publiques et colonies privées. Il y a actuellement (1893) 6 colonies publiques pour garçons, qui sont les colonies d'Aniane (Hérault), de Belle-Ile-en-Mer (Morbihan), des Douaires, près de Gaillon (Eure), de Saint-Hilaire (Vienne), de Saint-Maurice, de la Motte-Beuvron (Loir-et-Cher), du Val-d'Hyèvre, près Bourges (Cher), et 10 colonies ou maisons privées, aussi pour garçons, soumises aux règlements, à l'inspection et au contrôle de l'Administration, savoir : Au-

treville et Bologne (Haute-Marne), Bar-sur-Aube (Aube), Jommelières et Sainte-Foy (Dordogne), Le Luc (Gard), Mettray (Indre-et-Loire), La Loge (Cher), Saint-Ilan (Côtes-du-Nord) ; en Algérie, M'Zéra. Seule la maison de Saint-Ilan est dirigée par un personnel congréganiste. Toutes les autres sont laïques. En 1889, le nombre moyen des jeunes gens placés dans les colonies publiques était de 2400, et d'environ 2000 dans les colonies privées (Herbette, *L'Assistance pénitentiaire*, p. 52). — Aux seize établissements qui viennent d'être énumérés, il faut y ajouter encore pour les garçons deux *écoles de réforme* où sont reçus les jeunes détenus dont le jeune âge réclame des soins en quelque sorte maternels (moins de douze ans) : Saint-Joseph à Fras le Château (Haute-Saône) et Saint-Éloi à Limoges. L'un et l'autre sont dirigés par un personnel de femmes congréganistes. En ce qui concerne les filles, les maisons pénitentiaires qui les recevaient étaient, il y a peu d'années encore exclusivement des établissements privés, dirigés, pour la plupart, par un personnel congréganiste. Deux établissements privés laïques ont été fondés en 1885 et 1887, sous les auspices de l'Administration, à Auberive (Haute-Marne) et à Fouilleuse (Seine-et-Oise) dans des bâtiments appartenant à l'État ; ces essais ont eu peu de succès : il a fallu fermer Auberive en 1891, et Fouilleuse en 1892. L'Administration a aussi, en 1891, transformé la maison centrale Cadillac (Gironde) en maison d'éducation pénitentiaire publique et laïque de jeunes filles. C'est le seul établissement de ce genre que l'État ait ouvert jusqu'ici. L'Administration continue, d'ailleurs, à confier ses pupilles du sexe féminin et de religion catholique aux cinq établissements privés dont les noms suivent : Bavilliers (Belfort), Limoges (Haute-Vienne), Montpellier (Hérault), Rouen (Seine-Inférieure), Sainte-Anne-d'Auray (Morbihan). En 1889, le nombre de jeunes filles reçues dans les établissements laïques de l'Administration était de 500, les maisons privées en contenaient pareil nombre. — Les conditions principales du régime auquel sont soumis les jeunes détenus dans les maisons d'éducation correctionnelle ont été déterminées par le règlement général du 10 avr. 1869, toujours en vigueur. Sur ce régime et le règlement cité, V. d'Haussonville, *Les établissements pénitentiaires*, p. 386 et suiv.

27. Comme on l'a dit plus haut, n° 20, le système de loi du 5 août 1850 est celui des colonies agricoles. « Les jeunes détenus, dit l'art. 10, sont élevés en commun, sous une discipline sévère, et appliqués aux travaux de l'agriculture, ainsi qu'aux principales industries qui s'y rattachent. » L'éducation agricole est, en effet, le procédé d'éducation usité dans les colonies pénitentiaires, du moins en général, car la maison d'Aniane (Hérault) est une colonie industrielle, la colonie de Belle-Ile-en-Mer possède une section maritime, créée par décision ministérielle du 29 mai 1880, dans laquelle 100 à 120 pupilles reçoivent, à partir de douze treize ans, une éducation exclusivement maritime. Dans les cinq quartiers correctionnels des prisons départementales dont il a été parlé plus haut, n° 28, le système suivi est naturellement celui de l'éducation industrielle, puisque ces prisons sont placées dans des villes. Il en est de même de la prison de jeunes détenus, dite de la Petite-Roquette, à Paris où le régime de la séparation individuelle est complètement organisé. Sur les avantages et les inconvénients de ces différents systèmes, on lira sous les noms cités ci-dessus les 13 des *Établissements pénitentiaires* de M. d'Haussonville ; Astor, *Essai sur l'emprisonnement cellulaire en France et à l'étranger*, p. 1 et suiv. ; Ortolan, *Éléments de droit pénal*, t. 2, p. 86, note

28. L'art. 9 de la loi de 1850 dispose que « les jeunes détenus des colonies pénitentiaires peuvent obtenir, à titre d'épreuve et sous des conditions déterminées par le règlement d'administration publique, d'être placés provisoirement hors de la colonie ». Dans la pratique, ces libérations provisoires accordées par décision ministérielle, affectent une triple forme : remise aux parents, placement chez des particuliers autorisation de contracter engagement volontaire dans l'armée. D'après une note officielle de M. Herbette, directeur de l'administration pénitentiaire, en date du 16 nov. 1885, dans l'espace de quatre années, 4052 jeunes détenus ont été ainsi remis à leurs familles par libération provisoire, 1102 ont été placés chez des patrons comme ouvriers ou employés dans le même intervalle de temps, et plus de 800 ont obtenu l'autorisation de s'engager dans l'armée. En 1878, il s'est fondé à Paris, sous la présidence de M. Voisin, conseiller à la cour de cassation, une *Société de protection des engagés volontaires élevés dans les maisons d'éducation correctionnelle* qui rend des services considérables, et qui a été reconnue d'utilité publique, par décret en date du 8 août 1881.

29. Ainsi qu'on l'a rappelé au *Rép.* n° 57, « les jeunes détenus sont, à l'époque de leur libération, placés sous le patronage de l'Assistance publique pendant trois ans au moins » (art. 19 de la loi de 1850). Cette disposition est, en fait, à peu près lettre morte.

30. Si, après avoir présenté le tableau des différents établissements dans lesquels sont reçus les jeunes détenus, nous voulons indiquer la destination donnée à chacun de ces derniers d'après leur situation pénale, nous dirons qu'il faut distinguer quatre catégories de jeunes détenus pouvant être atteints par l'emprisonnement : 1° les mineurs enfermés par voie de correction paternelle (c. civ. art. 375 et suiv.); ils sont placés dans des quartiers spéciaux des maisons d'arrêt, de justice et de correction, et maintenus à l'isolement de jour et de nuit (Décr. 11 nov. 1885, art. 30, § 2, D. P. 86. 4. 77) ; — 2° Les mineurs prévenus ou accusés soumis à la détention préventive, reçus également en quartiers distincts des prisons de courtes peines ; — 3° Les mineurs de seize ans, condamnés à l'emprisonnement (art. 67 et 69 c. pén.), lesquels subissent leur peine, dans des parties réservées des maisons d'arrêt ou de correction s'ils sont détenus pour moins de six mois (Décr. 11 nov. 1885, art. 29), dans les quartiers correctionnels des maisons de correction ci-dessus désignées (n° 20) s'ils sont condamnés à l'emprisonnement de longue durée ; — 4° Les mineurs de seize ans acquittés par défaut de discernement et envoyés en vertu de l'art. 66 c. pén. en correction jusqu'à vingt ans au plus. Ceux-là forment le contingent de l'éducation pénitentiaire, qui est de beaucoup le plus considérable, et sont envoyés dans l'une des colonies pénitentiaires publiques ou privées dont il a été parlé *suprà*, n° 26. — A Paris, la maison de la Petite-Roquette où le système cellulaire s'applique à la totalité de l'effectif, reçoit, en quartiers distincts, les enfants en correction paternelle, des jeunes gens condamnés à l'emprisonnement et les mineurs destinés à l'éducation pénitentiaire soit en attente de départ pour une colonie, soit en observation pour cause physique ou morale. Pour les jeunes filles de la Seine, celles qui doivent être mises en correction paternelle ou à l'emprisonnement au-dessous de seize ans étaient reçues naguère en quartiers spéciaux dans la maison de Fouilleuse (Seine-et-Oise). Depuis la suppression de cette maison, on les a envoyées à Doullens (Somme), puis à Nanterre (Seine).

§ 4. — Prisons cantonales et municipales.

31. Nous n'avons rien à ajouter à ce qui a été dit *Rép.* n°⁵ 58 et suiv., si ce n'est qu'on comptait, au 31 déc. 1889, 3265 chambres et dépôts de sûreté en France et 108 en Algérie. Il y a eu, en 1889, 81 924 entrées dans lesdites maisons et 100 300 journées de détention. Au point de vue des lois et règlements, la situation des dépôts et chambres de sûreté n'a pas été modifiée. On doit toutefois noter l'art. 94 du décret des 11-16 nov. 1885 sur le service et le régime des prisons de courtes peines, ainsi conçu : « Les dépôts et chambres de sûreté sont placés sous la surveillance du maire qui devra veiller à leur bon état d'entretien et rendre compte au préfet de tous faits et incidents utiles à signaler. Les préfets et sous-préfets seront également tenus de les visiter. L'inspection en sera faite par les directeurs, aussi souvent qu'il sera nécessaire, et ils en rendront compte aux préfets, dans les mêmes formes que pour les maisons d'arrêt, de justice et de correction ». Sur les dépôts et chambres de sûreté (V. d'Haussonville, *Les établissements pénitentiaires*, p. 59 et suiv.).

SECT. 3. — SURVEILLANCE DES PRISONS, INSPECTIONS, TRANSFÈREMENT DES CONDAMNÉS.

32. — I. SURVEILLANCE. — Ainsi que nous l'avons dit *suprà*, n° 8, l'administration des prisons ressortit, en France, au ministère de l'intérieur. En certains pays, comme l'Autriche, la Belgique, le Danemark, les Pays-Bas, la Norvège, la Suède et plusieurs cantons de la Suisse, elle est placée dans les attributions du département de la justice ; peut-être est-il, en effet, plus logique que la justice qui prononce les peines soit chargée de pourvoir à l'exécution de celles-ci. Nous n'examinerons pas ici cette question d'attributions sur laquelle les cours d'appel françaises, consultées en 1872, se sont divisées (V. d'Haussonville, *op. cit.*, p. 35 et suiv.). Quoi qu'il en soit, c'est la « direction de l'administration pénitentiaire » qui centralise, au ministère de l'intérieur, l'administration des prisons de France et d'Algérie, et cette direction forme l'un des services les plus importants de ce ministère.

33. A côté des agents qui dépendent de la direction pénitentiaire et sont salariés par elle, d'autres agents, représentants du ministre, concourent à l'administration des prisons. L'art. 611-c. instr. crim. impose au préfet l'obligation de visiter au moins une fois par an les prisons de son département. L'art. 605 de ce code lui enjoint également de veiller à ce que les prisons soient « non seulement sûres, mais propres, et telles que la santé des prisonniers ne puisse être aucunement altérée ». C'est sous son couvert que les directeurs des maisons centrales et des prisons départementales correspondent avec le ministre pour tout ce qui regarde les dépenses et le personnel. C'est « sous son autorité » (Décr. 11-16 nov. 1885, art. 2) que le directeur de circonscription pénitentiaire administre les établissements composant sa circonscription. — Aux termes de l'art. 25 du décret précité « les sous-préfets feront, au moins une fois par mois, une visite spéciale dans les prisons du chef-lieu de leur arrondissement. Ils rendront compte de leurs observations aux préfets ». Le maire, aux termes de l'art. 612 c. instr. crim. doit faire au moins une fois par mois la visite des maisons d'arrêt, maisons de justice et prisons existants dans sa commune. Il doit aussi veiller (art. 613) à ce que la nourriture des prisonniers soit suffisante et saine. Et même, d'après l'art. 613 précité, la police des prisons lui appartient. En fait, aucune de ces attributions n'est exercée par les maires, qui restent, en dépit des prescriptions du code, absolument étrangers à l'administration des prisons.

34. — II. INSPECTION. — Le contrôle des prisons est assuré par les visites des inspecteurs généraux du ministère de l'intérieur. L'organisation du corps de l'inspection générale a été remaniée par un décret du 15 juin 1891 « réglant l'organisation et les attributions du corps des inspecteurs généraux des services administratifs du ministère de l'intérieur ». Ce corps comprend désormais deux sections : la section des établissements pénitentiaires et la section des établissements de bienfaisance. La première section se compose de huit inspecteurs généraux et d'une inspectrice générale. Aux termes de l'art. 4 du décret, les inspecteurs généraux inspectent : « toutes les maisons d'arrêt, de justice et de correction soumises à la régie et à l'entreprise, les pénitenciers agricoles, le service des transfèrements, les établissements publics ou privés affectés aux jeunes détenus des deux sexes, les œuvres et institutions pour le patronage des libérés et, d'une manière générale, tous les établissements relevant de l'administration pénitentiaire. La dame inspectrice générale est particulièrement chargée d'inspecter les maisons pénitentiaires destinées aux jeunes filles détenues ». — On sait, d'autre part, qu'il existe (ou plutôt qu'il devrait exister) des commissions de surveillance auprès des prisons départementales, auprès des maisons centrales et auprès des établissements de jeunes détenus (V. *Rép.* n° 68). En fait, ces commissions, là où elles existent, sont sans influence. Plusieurs circulaires du ministère de l'intérieur, notamment la circulaire du 20 juin 1872, ont vainement tenté de les réorganiser (V. à ce sujet les *Etablissements pénitentiaires* de M. d'Haussonville, p. 113).

35. Les visites des magistrats (juges d'instruction et présidents d'assises), prescrites par les art. 611 à 613 c. instr. crim., n'ont pas, en fait, beaucoup plus d'importance. — Sur le droit du juge d'instruction de visiter les maisons d'arrêts et de justice, et d'y donner tous les ordres qu'il croit nécessaires pour l'instruction, V. Faustin Hélie, *Instruction criminelle*, t. 4, n°⁵ 1467 et 1468 ; Duverger, *Manuel des juges d'instruction*, t. 2, n°⁵ 442 et 443 ; Sarraute, *Manuel théorique et pratique du juge d'instruction*, n°⁵ 593 et 594.

Une circulaire du ministre de l'intérieur aux préfets (17 sept. 1889) a rappelé et précisé les règles à suivre relativement aux visites des prisons par les magistrats. Le passage principal de cette circulaire est ainsi conçu : « Il est hors de contestation que la police des établissements pénitentiaires appartient exclusivement à l'autorité administrative, chargée de l'exécution des peines. Les magistrats désignés à l'art. 611 c. instr. crim. sont donc sans qualité pour intervenir dans le régime intérieur de ces établissements en vue de le réglementer ou de le modifier. Si la loi leur donne accès dans les prisons, c'est dans un intérêt judiciaire, notamment afin de vérifier les causes des détentions, de constater les abus qui pourraient exister, et de les signaler à l'autorité qui a compétence pour les faire cesser. Sous le bénéfice de ces observations, au sujet desquelles aucun désaccord ne s'est jamais élevé entre la chancellerie et mon département, toutes facilités doivent être laissées aux magistrats et aux fonctionnaires, employés et agents des services pénitentiaires pour l'accomplissement d'une mission qu'ils tiennent de la loi même ». — L'art. 189 du code de procédure pénale autrichien de 1873 contient à ce sujet : « Le juge de district ainsi que le président de la cour de première instance sont tenus de visiter, au moins une fois par semaine et à l'improviste, accompagnés d'un fonctionnaire judiciaire, les prisons situées dans leur ressort, d'interroger les prévenus hors la présence des geôliers sur la manière dont ils sont traités et nourris, et de donner les ordres nécessaires pour faire cesser les abus qui seront venus à leur connaissance ».

36. Depuis le décret du 28 juin-20 sept. 1887 (D. P. 87. 4. 95) qui les a rattachées directement au ministère de l'intérieur, les prisons de la Seine sont soumises à la même surveillance administrative et au même contrôle que les autres prisons de France.

37. — III. Écrou. — Nous avons rappelé au *Rép.* n° 76 que nul ne peut être détenu que dans les cas prévus par la loi, et selon les formes qu'elle a prescrites. Ce principe proclamé par la constitution des 3-14 sept. 1791 (tit. 1er), et consacré par l'art. 4 de la charte de 1814 ainsi que par l'art. 4 de la charte de 1830, est sanctionné, en ce qui concerne les gardiens de prison, par les art. 609 c. instr. crim. et 120 c. pén. Ce dernier texte déclare coupables de détention arbitraire et punissables de six mois à deux ans d'emprisonnement et d'une amende de 16 fr. à 200 fr. « les gardiens et concierges des maisons de dépôt, d'arrêt, de justice ou de peine qui auront reçu un prisonnier sans mandat ou jugement, ou sans ordre provisoire du Gouvernement ; ceux qui l'auront retenu, ou auront refusé de le représenter à l'officier de police ou au porteur de ses ordres, sans justifier de la défense du procureur de la République ou du juge ; ceux qui auront refusé d'exhiber leurs registres à l'officier de police ». Cette disposition prévoit trois ordres de faits différents : 1° la détention d'un prisonnier sans mandat ni jugement ; 2° le refus de représenter un détenu à l'officier de police ; 3° le refus d'exhiber les registres de la prison à l'officier de police. L'art. 120 a été commenté à ce triple point de vue au *Rép.* v° *Liberté individuelle* n°s 42 à 46. Nous n'avons rien à y ajouter ici. V. sur cet objet Garraud, *Traité théorique et pratique du droit pénal français*, t. 3, n° 29.

En ce qui concerne la tenue des registres d'écrou, dont il a été parlé *Rép.* n° 77, l'art. 5 du décret réglementaire du service et du régime des prisons de courtes peines, affectées à l'emprisonnement en commun, s'énonce ainsi : « Le gardien chef tient les registres d'écrou prescrits par le code d'instruction criminelle, savoir : un pour la maison d'arrêt ; un pour la maison de justice ; un pour la maison de correction. Ces registres sont tenus conformément aux instructions ministérielles des 26 août 1831 et 4 janv. 1832 (*Rép.* n° 77). Les gardiens chefs tiennent, en outre, s'il y a lieu, des registres d'écrou séparés, savoir : un registre pour les détenus pour dettes et pour ceux mentionnés en l'art. 455 du code de commerce ; un pour les passagers civils et militaires ; un pour les condamnés en matière de simple police ; un pour les marins dans les chefs-lieux d'arrondissement maritime ».

38. — IV. Transfèrements. — Il y a des transfèrements judiciaires et des transfèrements administratifs. Les premiers concernent les prévenus ou accusés et sont à la charge du ministère de la justice. Ils s'effectuent, à la requête des magistrats, par les soins de la gendarmerie, soit à pied, de brigade en brigade, soit en voiture aux frais des prévenus. Les magistrats ont le droit de requérir le transport par chemin de fer, et ils font de plus en plus souvent usage de ce droit (V. à cet égard circ. du min. de la justice du 29 nov. 1884 et du 23 févr. 1887). Le service des transfèrements administratifs, beaucoup plus considérable, ne s'applique qu'aux condamnés. Il est payé par l'administration des prisons. Déjà à l'époque de la publication du *Répertoire*, l'Administration recourait fréquemment aux voitures cellulaires pour le transfèrement des condamnés (*Rép.* n° 74). Aujourd'hui, elle possède 40 wagons cellulaires, circulant par voies ferrées et sillonnant journellement la France en tous sens pour assurer ce service. Le nombre des individus transférés par le service des voitures cellulaires en 1889 a été de 24 466, dont 21 559 du sexe masculin et 2907 du sexe féminin. V., sur le service des transfèrements, *L'œuvre pénitentiaire*, de M. Herbette, XI.

Sect. 4. — Du régime intérieur des prisons. — Travail, police, discipline, etc.

§ 1er. — Du régime intérieur des prisons considéré en général.

39. Le régime des prisons peut être envisagé au quintuple point de vue du régime intérieur proprement dit, de l'hygiène, de la discipline, du travail et des moyens moralisateurs. Nous nous placerons successivement à ces différents points de vue, pour étudier le régime des prisons ; mais, avant de commencer cette étude, nous ferons cette observation qu'aucun règlement général n'est venu, depuis la publication du *Répertoire*, fixer les règles du régime des maisons centrales. Seul le travail a été réglementé sous ces prisons par un arrêté ministériel du 15 avr. 1882 (V. *infra*, n° 49). Quant à la discipline, à l'hygiène et à toutes les autres parties du régime intérieur, elles restent soumises à l'ancien règlement du 10 mai 1839 (*Rép.* n° 1002), complété par diverses instructions et décisions du ministre de l'intérieur. Le régime des prisons pour courtes peines a fait, au contraire, l'objet de règlements très importants, savoir : 1° le décret du 11-16 nov. 1885 portant règlement du service et du régime des prisons de courtes peines affectées à l'emprisonnement en commun (maisons d'arrêt, de justice et de correction. D. P. 86. 4. 75) ; — 2° L'arrêté ministériel du 3 juin 1878 portant règlement du régime des prisons affectées à l'emprisonnement individuel ; — 3° L'arrêté ministériel du 4 janv. 1890 réglementant le régime d'emprisonnement des personnes condamnées pour fait ayant un caractère politique ou admis comme assimilables aux faits politiques. Enfin nous rappellerons qu'un décret des 25-26 mai 1872 (D. P. 72. 4. 121) a réglé la police des lieux affectés à la détention.

40. — I. Régime intérieur. — Ainsi qu'on l'a dit au *Rép.* n° 81, la séparation des sexes, des âges et des coupables, suivant la nature et la gravité des peines, est le fondement de toute bonne administration pénitentiaire. Aussi est-elle ordonnée par les lois et règlements. Aux textes cités, il y a lieu d'ajouter le décret du 11 nov. 1885 sur les prisons de courtes peines affectées à l'emprisonnement en commun dont les art. 27 à 30 tracent les règles les plus précises quant à la séparation des diverses catégories de détenus. Malheureusement, dans l'état actuel du plus grand nombre de nos prisons, la disposition matérielle des locaux ne permet pas d'observer les règles prescrites. La seule séparation réalisée partout est celle des sexes ; à un très petit nombre d'exceptions près, les prévenus sont aussi séparés des condamnés. Il n'y a point d'autre remède à cette situation fâcheuse que la création de prisons nouvelles. On sait que l'art. 6 de la loi du 5 juin 1875 (D. P. 76. 4. 9) a disposé qu'à l'avenir la reconstruction ou l'appropriation des prisons départementales ne pourra avoir lieu qu'en vue de l'application du régime de la séparation individuelle. L'exécution de cette loi aura pour conséquence, dans un avenir plus ou moins éloigné, la séparation absolue et individuelle de tous les détenus des prisons départementales En ce qui concerne les maisons centrales, il n'existe point de texte nouveau relativement à la question qui nous occupe. Le vœu du législateur est certainement que les condamnés y soient aussi classés par catégories, et, notamment, que les jeunes adultes soient séparés des détenus majeurs, mais ici encore les locaux se prêtent mal à la division du personnel détenu. L'Administration a établi, en plusieurs maisons centrales, des quartiers de *préservation et d'amendement* en faveur des détenus qui paraissent disposés à s'amender, mais ces quartiers n'existent pas partout, et ils ne rendent que des services restreints. De telle sorte qu'en fait, les condamnés de toute catégorie des maisons centrales vivent en commun jour et nuit, et cette promiscuité, jointe à la difficulté de la surveillance par suite de l'entassement des détenus, fait de ces prisons des foyers de dépravation.

41. En principe, la loi du silence est imposée à tous les détenus condamnés. L'art. 1 de l'arrêté du 10 mai 1839 sur la discipline des maisons centrales porte : « Le silence est prescrit aux condamnés. En conséquence, il leur est défendu de s'entretenir entre eux, même à voix basse ou par signes, dans quelque partie que ce soit de la maison. Sont exceptées de la règle du silence les communications indispensables entre les ouvriers et leurs contremaîtres ou surveillants détenus, à l'occasion de leurs travaux, sous la condition que les communications auront toujours lieu à voix basse ». L'art. 37, § 2 du décret du 11 nov. 1885 sur le régime des prisons départementales, de son côté : « Les condamnés sont astreints à la règle du silence, sauf les exceptions nécessitées par les besoins du service ou par le travail dans les ateliers ». En fait, dans ces dernières prisons, le silence n'est imposé que pendant le travail ; hors de là on ne proscrit que les conversations bruyantes. — En ce qui concerne le régime spécial des *prévenus*, V. *infrà*, n° 57. V. aussi *infrà*, n° 60. Le régime spécial des détenus politiques.

42. — II. Hygiène. — Dans le régime hygiénique des prisons, il y a deux choses à distinguer : l'hygiène des bâtiments et l'hygiène des détenus. — L'hygiène des bâtiments est, en général, satisfaisante dans les maisons centrales, moins bonne dans les prisons départementales, parce que beaucoup de celles-ci sont mal aménagées. Au reste, l'insalubrité provient souvent non du local lui-même, mais de l'encombrement. Il faut espérer que, sous ce rapport, la création de nouvelles prisons départementales, désormais facilitée par la loi du 4 févr. 1893 (*suprà*, n° 7) rendra la tâche de l'Administration moins ardue. — Quant à l'hygiène des détenus, laquelle comprend la nourriture, le vêtement, le coucher, l'exercice au grand air, les soins de propreté corporelle, l'administration pénitentiaire a les mains plus libres, puisqu'elle n'a pas à compter avec la parcimonie des départements. V. sur l'hygiène dans les prisons un intéressant article de M. Puybaraud, inspecteur des services administratifs, dans *Le Temps*, du 17 avr. 1893, reproduit dans le *Bulletin de la Société des prisons*, 1893, p. 675. — En ce qui concerne la nourriture, le problème à résoudre est évidemment celui-ci : ne pas blesser les règles de l'humanité en imposant aux détenus des privations trop rigoureuses, et, d'un autre côté, ne pas faire de la prison un séjour relativement attrayant dont les conditions d'existence seraient pour eux moins rudes que celles de leur vie quotidienne (d'Haussonville, *Les établissements pénitentiaires*, p. 183). Nous croyons que ce problème est généralement bien résolu en France. A ne considérer que la nourriture, le régime des maisons centrales est un peu moins rigoureux que celui des prisons départementales. Mais cette différence est justifiée par la durée beaucoup plus longue des détentions, qui rendrait le régime alimentaire des prisons départementales trop affaiblissant (d'Haussonville, p. 184). Dans les deux catégories d'établissements, le régime alimentaire est déterminé minutieusement par les cahiers des charges arrêtés par l'Administration. On trouvera dans le rapport de M. Saint-Romme sur le budget du service pénitentiaire pour l'exercice 1891 (Annexe au procès-verbal de la séance de la Chambre des députés du 24 juin 1890) le tableau de ce que chaque détenu reçoit par jour dans les maisons centrales pour sa nourriture. Celle-ci se compose de deux parties : la nourriture réglementaire à laquelle tous ont droit, et la nourriture facultative qu'ils peuvent prendre à la *cantine* comme complément de la première et moyennant un prix réduit prélevé sur leur pécule, c'est-à-dire le produit de leur travail. La suppression de la cantine

a été plusieurs fois agitée dans les conseils administratifs sans être définitivement résolue. Peut-être est-elle désirable, cette institution tendant à établir une sorte d'inégalité dans la peine, en permettant aux détenus les plus vigoureux ou les plus habiles de se procurer des adoucissements qui sont refusés à d'autres, aussi méritants peut-être, mais moins favorisés. Toutefois il ne faut pas perdre de vue que, dans la pensée de l'Administration, les vivres que les détenus tirent de la cantine sont destinés à réparer la déperdition des forces qui provient du travail, et que, d'autre part, la perspective d'améliorer leur ordinaire constitue pour les détenus un puissant stimulant à ce travail lui-même. Les art. 53 et 54 du décret du 11 nov. 1885 pour les prisons de courtes peines sont consacrés au régime alimentaire et aux vivres supplémentaires. L'art. 55 laisse aux prévenus et accusés la faculté de faire venir des vivres du dehors. — L'usage du vin, de la bière, du cidre et généralement de toute autre boisson spiritueuse ou fermentée est interdit aux condamnés valides (art. 5 de l'arrêté du 10 mai 1839, et 57 du décret du 11 nov. 1885). L'usage du tabac sous toutes les formes est également interdit aux uns et aux autres. — Tout ce qui regarde les vêtements des prévenus et accusés, le port du costume pénal imposé aux condamnés, le coucher et les soins de propreté corporelle, est réglé, pour les prisons départementales, par les art. 59 et 67 du décret précité. Il n'est plus une seule prison de France où chaque détenu n'ait son lit (art. 66 décr. 11 nov. 1885) ; c'est un progrès immense sur le passé, mais combien n'est-il pas déplorable, au point de vue de la moralité, que chaque détenu ne puisse pas être séparé et isolé la nuit !

43. Chaque maison centrale et la plupart des prisons départementales où sont admis est déterminé en partie les règlements, en partie par les prescriptions des médecins (art. 77 et 83, décr. 11 nov. 1885). S'il n'y a pas d'infirmerie, les malades sont transférés à l'hôpital et traités dans une salle spéciale (même décret, art. 78, § 2 et 3 ; L. 4 vendém. au 6, art. 16, et Décr. 8 janv. 1810, art. 12). La translation à l'hôpital ne peut avoir lieu que du consentement, savoir : du juge d'instruction, s'il s'agit d'un prévenu, du président des assises ou du président du tribunal civil, s'il s'agit d'un accusé (Décr. 11 nov. 1885, art. 78, § 5).

44. — III. Discipline. — La police et la discipline sont réglementées dans les prisons de courtes peines par le décret précité des 11-16 nov. 1885, *passim* et notamment art. 52 (D. P. 86. 4. 75), décret qui a formellement abrogé, par son art. 98, le règlement du 30 oct. 1841, en vigueur à l'époque de la publication du *Répertoire*. Pour les maisons centrales, la discipline est toujours réglée par l'arrêté du 10 mai 1839 (*Rép.* p. 1002) et l'arrêté du 8 juin 1842 (*Rép.* p. 1006). Nous rappellerons les punitions, déterminées par l'art. 9 de l'arrêté du 10 mai 1839 comme pouvant être infligées dans les maisons centrales, sont : l'interdiction de la promenade dans le préau, la privation de toute dépense à la cantine, l'interdiction au condamné de correspondre avec ses parents ou amis, la réclusion solitaire avec ou sans travail, la mise aux fers, dans les cas prévus par l'art. 614 c. instr. crim. Les peines sont à peu près les mêmes dans les prisons départementales (art. 52 du décret du 11 nov. 1885). Nous signalerons toutefois quelques punitions disciplinaires autorisées par le décret de 1885 pour les détenus des prisons de courtes peines, et qui ne figurent pas dans l'arrêté du 10 mai 1839, savoir : la suppression des vivres autres que le pain pendant trois jours consécutifs au plus, la ration de pain pouvant être augmentée, s'il y a lieu ; la mise en cellule de punition pendant un temps qui ne devra pas dépasser quinze jours, sauf autorisation spéciale du préfet; l'usage de la lecture pendant une semaine au plus, mais lorsqu'il y aura eu lacération, détérioration ou emploi illicite des livres. L'autorité qui applique les peines disciplinaires est toujours, dans les maisons centrales, le directeur siégeant en *prétoire de justice disciplinaire* (V. *Rép.* p. 1006 l'arrêté qui a institué les prétoires de justice disciplinaires). Dans les prisons départementales, c'est le directeur ou gardien chef qui inflige la punition à charge par ce dernier d'en rendre compte au directeur sous son rapport (art. 52 *in fine* du décret 11 nov. 1885 précité). S'il y avait rébellion de prisonniers, il y aurait lieu à application des art. 219 à

221 c. pén. Il est hors de doute qu'aujourd'hui comme à l'époque de la publication du *Répertoire*, tous les instruments de coercition violente sont interdits. Des dispositions réglementaires extraites des rapports de MM. de Martignac et de Montbel sur les maisons centrales, en date du 16 janv. 1829, interdisent « toute espèce de châtiment corporel ». Ces dispositions ont été rappelées dans diverses instructions et notamment dans la circulaire ministérielle du 21 oct. 1848. — Sur les peines disciplinaires dans les prisons en général, et spécialement sur les châtiment corporel, V. le chap. 5 de *La science pénitentiaire au congrès de Stockholm* par F. Desportes et Lefébure.

45. — IV. Travail. — *L'obligation* de travailler, est au même titre que la privation de la liberté, un élément essentiel des peines de l'emprisonnement et de la réclusion (art. 12 et 40 c. pén.), aussi bien que de celle des travaux forcés (art. 15 et 16 c. pén. et loi du 30 mai 1854). Le travail dans les prisons a un but multiple ; c'est : 1° un châtiment ; 2° une mesure d'ordre ; 3° un moyen moralisateur ; 4° une économie pour l'Etat ; 5° une préparation au reclassement après la libération. Assurément son organisation présente plus d'une difficulté (V. *infrà*, nos 46 et suiv.) ; mais le principe même de l'obligation de travailler nous paraît être, du moins en ce qui concerne les condamnés, au-dessus de toute contestation sérieuse. Comment maintenir l'ordre dans les prisons sans le travail, et pourquoi l'Etat dispenserait-il d'une loi qui a été imposée à tous les hommes criminels en révolte contre l'ordre social et qu'il est obligé de nourrir ? Nous n'hésitons pas, pour notre part, à répudier la distinction faite, à cet égard, par nos règlements entre les condamnés politiques et les condamnés de droit commun, distinction suivant laquelle les premiers ont droit à l'oisiveté, et les seconds sont seuls astreints au travail. Nous pensons avec M. Laborde, p. 221, que cette distinction doit disparaître, parce qu'elle repose sur cette idée fausse que le travail est simplement une aggravation du régime de la peine, tandis qu'il est utile à plusieurs autres points de vue. N'est-il pas juste et moral, que ceux dont les méfaits ont troublé l'ordre social contribuent eux-mêmes, dans tous les cas, quelle que soit la nature du méfait, à alléger les charges qu'impose à l'Etat l'exécution de la peine qu'ils ont encourue ? Quoi qu'il en soit à cet égard, il est hors de doute que, suivant notre législation, le travail est obligatoire pour tous les condamnés de droit commun placés dans les prisons, quel que soit le régime auquel ils sont soumis, régime de la séparation individuelle ou autre, fussent-ils même placés dans des cellules de punition. Une circulaire du ministre de l'intérieur du 23 juill. 1878 a rappelé aux préfets l'obligation de procurer du travail ou une occupation quelconque aux détenus placés en cellule à quelque titre que ce soit (*Bull. min. int.* 1878, p. 304). — Quant aux prévenus et accusés, ils peuvent, aux termes de l'art. 73 du règlement du 11 nov. 1885 sur les prisons de courtes peines, de même que les condamnés pour dettes, être employés, sur leur demande, aux travaux admis ou organisés dans la prison. Le travail n'est donc pas obligatoire pour ces deux catégories de prisonniers.

46. La question délicate relativement au travail dans les prisons n'est pas de savoir si les détenus doivent travailler, mais de savoir comment leur travail doit être organisé. On consultera sur cette question : Ortolan, *Eléments de droit pénal*, t. 2, nos 1460 et suiv. ; Laborde, *Cours élémentaire de droit criminel*, nos 374 et suiv. ; Garraud, *Traité de droit pénal français*, t. 1, n° 311 ; d'Haussonville, *Les établissements pénitentiaires*, p. 128 et suiv., 239 et suiv. ; L. Herbette, *L'œuvre pénitentiaire*, p. 89 et suiv. ; Henri Joly, *Le combat contre le crime*, p. 208 et suiv. Sur cette même question, V., dans les *Actes du congrès de Rome*, le rapport de M. Herbette (t. 3 des *Actes*, p. 155) ; et surtout dans le *Bulletin de la Société des prisons*, 1890, p. 556 et suiv., le remarquable et substantiel rapport de M. A. Rivière pour le congrès de Saint-Pétersbourg. La question du travail dans les prisons a fait aussi l'objet d'importantes discussions au sein de plusieurs sociétés savantes : *Société d'économie politique de Paris* (*L'Economiste français*, 1886, t. 1, p. 29 à 41) ; *Société générale des prisons* (*Bulletin*, 1890, p. 390 et suiv.), et dans les deux grands congrès pénitentiaires de Rome 1885, et de Saint-Pétersbourg 1890. La discussion soulevée dans ce dernier congrès a été résumée d'une façon complète par M. Léveillé

dans son *Compte rendu des travaux de la seconde section des congrès de Saint-Pétersbourg*, inséré dans le *Bulletin de la Société des prisons*, 1891, p. 353. V. encore sur le même objet le rapport de M. Boucher, député, sur le budget pénitentiaire de 1893 (*Journ. off. Documents parlementaires*, Chambre des députés 1892, annexe 2327, p. 1959). — Sans entrer au sujet de la question du travail dans les prisons dans des détails que ne comporte pas cet ouvrage, nous constaterons que les difficultés qu'elle présente tiennent à trois ordres d'idées, savoir : le régime du travail (entreprise ou régie), les réclamations de l'industrie privée, le salaire des prisonniers. Avant de nous placer successivement à ces trois points de vue, dans l'examen rapide que nous allons faire de ces difficultés, nous ferons remarquer qu'une différence semble ressortir des termes des art. 21 et 40 c. pén. entre les correctionnels et les réclusionnaires. Les premiers auraient la faculté de choisir entre les travaux établis dans la prison où ils subissent leur peine, tandis que ce droit serait refusé aux réclusionnaires. Cette différence n'a jamais été observée dans la pratique : pour les uns comme pour les autres, c'est l'entrepreneur de la prison ou l'administration qui réglemente la distribution du travail suivant les aptitudes de chacun et les commodités du service (Garraud, t. 2, n° 307).

47. Nous nous sommes déjà expliqué *suprà*, n° 13, sur les avantages et les inconvénients de l'entreprise et de la régie (V. surtout le rapport de M. Rivière dans le *Bulletin de la Société des prisons*, 1890, p. 356 et suiv.), et aussi sur la situation actuelle des prisons françaises à ce point de vue.

48. L'industrie privée a souvent élevé des réclamations contre le travail dans les prisons. Elle se plaint de la concurrence de la production et de la concurrence de prix qui lui sont faites par le travail pénitentiaire. Pour donner satisfaction à la première réclamation, on a inventé en Angleterre, des travaux improductifs (*Tread-mil*, *Shotdrill*, *Crank-Wheel*, etc.), « inventions barbares, qui sont de nature à faire haïr le travail à détruire par conséquent son effet moralisateur » (Laborde, p. 217). V. à cet égard : Ortolan, *Eléments de droit pénal*, t. 2, n° 1462 ; Ribot, *Système pénitentiaire en Angleterre*, dans la *Revue des Deux-Mondes*, numéro du 15 févr. 1873. On n'a jamais recouru, en France, à de pareils moyens, et l'on y pense, très généralement, que « si l'Etat ne doit pas faire à l'industrie libre une concurrence qui serait déloyale, en profitant de ses avantages particuliers pour abaisser les frais de production et, par une conséquence immédiate, altérer les lois naturelles de l'offre et de la demande, en avilissant les prix, par contre, il n'est pas tenu de modifier arbitrairement dans un autre sens le jeu de ces lois en supprimant de son autorité privée un certain nombre de producteurs, ce qui aurait pour résultat de faire renchérir les prix au préjudice des consommateurs » (d'Haussonville, *Les établissements pénitentiaires*, p. 243). A cet égard, nous approuvons entièrement la conclusion du même auteur : « L'Etat a le droit de faire, par le travail des détenus, tout ce qui peut le travail des ouvriers libres, une concurrence à l'industrie privée, et l'organisation des maisons centrales n'est pas en principe sujette à d'autres critiques que celle de la manufacture de Sèvres ou des Gobelins. La question se résout donc, en fait, à savoir si cette concurrence s'exerce loyalement ».

49. Au reste, il y a de fortes raisons de croire que les plaintes de l'industrie sont exagérées en ce qui concerne la concurrence de quantité. Une enquête très sérieuse eut lieu, en 1849, sur une pétition des ouvriers tailleurs de Paris. Il fut établi que, sur quinze mille ouvriers se livrant, dans Paris, à cette branche de l'industrie, soixante seulement étaient en prison (V., au *Rép.* n° 86, l'indication des décrets et règlements qui, à la suite de la pétition des tailleurs et de l'enquête, ont supprimé, puis rétabli bientôt le travail des prisonniers). En 1877, une pétition des ouvriers selliers de Paris amena des constatations analogues. En 1882, un document officiel a reconnu que la concurrence faite au travail libre par le travail des prisons « est insignifiante, si l'on compare, dans leur ensemble, les forces productives des deux catégories de travailleurs » (Circulaire du ministre de l'intérieur annexée à l'arrêté ministériel du 15 avr. 1882, réglementant le travail dans les maisons centrales). Ce dernier document constate que les vingt-quatre mille détenus occupés à des travaux industriels dans les prisons françaises fournissent la même somme de travail que seize mille ouvriers libres ; qu'est-ce que ce chiffre en présence des huit millions d'ouvriers qu'occupe l'industrie française ? La concurrence ne deviendrait réellement sensible que dans le cas où il serait appliqué à un même genre de travail un nombre de détenus trop important, eu égard à celui des ouvriers libres occupés au travail similaire. Or, l'arrêté du 15 avr. 1882 a pris à ce point de vue de sages précautions. L'art. 1er (V. le texte de l'arrêté et de la circulaire qui l'accompagne dans le *Bulletin du ministère de l'intérieur*, 1882, p. 122) décide que, dans les maisons centrales, aucun genre d'industrie, de quelque nature que ce soit, ne sera introduit, même à titre d'essai, sans l'autorisation du ministre. V. une disposition analogue, pour les prisons départementales, dans l'art. 71 du décret du 11 nov. 1885.

50. Les réclamations de l'industrie privée sont mieux fondées quand elle se plaint de l'avilissement des salaires, surtout dans un certain rayon autour des prisons, transformées ainsi en foyers de production. L'Administration y remédie par des règlements destinés à maintenir la balance égale. Le ministre fixe le nombre des prisonniers, qui sont employés à chaque industrie et le tarif de la main-d'œuvre (même arrêté du 15 avr. 1882). Ce tarif a pour base celui de l'industrie libre, mais il lui est inférieur d'un cinquième. « Il faut considérer, en effet, que l'entrepreneur des prisons n'est pas libre de choisir ses ouvriers et qu'il les perd souvent au moment où ils commencent à devenir habiles » (Laborde, p. 218, note 1). Semblables prescriptions se retrouvent dans l'art. 71 du décret du 11 nov. 1885 sur les prisons départementales. On a proposé d'autres moyens pour atténuer les inconvénients de la concurrence faite au travail libre : par exemple, de ne faire travailler les détenus qu'en vue de l'exportation. Ce système, préconisé en Prusse depuis quarante ans, est imposé en Autriche aux entrepreneurs. M. Rivière (Rapport précité, p. 362) fait remarquer que « l'on déplace ainsi la question sans la résoudre, car les ouvriers qui actuellement travaillent, précisément en vue de cette exportation, auront le droit de se plaindre ; et en outre on risque de discréditer l'industrie nationale en jetant sur les marchés étrangers des produits souvent mal fabriqués par des mains inexpérimentées ou peu soigneuses ».

Un second moyen soutenu avec chaleur depuis quelques années dans notre monde parlementaire, lors de la discussion du budget de l'administration pénitentiaire (Séance de la Chambre des députés du 6 déc. 1888, *Journ. off.* du 7 décembre, p. 2833, Rapport de MM. Millerand et Leygues en 1888), consiste à employer les détenus à des travaux extérieurs, soit agricoles, soit d'utilité publique. Il y a longtemps que de semblables travaux occupent les bras des *convicts* en Angleterre. En Autriche, en Italie, en Russie, en Suisse, on emploie avec succès les détenus à la construction de routes, de chemins de fer, de prisons. Nous avons tenté la même chose en Algérie, et aussi, dans une mesure limitée, à la maison centrale d'Embrun. Mais des obstacles d'ordre pratique rendent difficile l'adoption de ce remède, surtout en ce qui concerne les travaux agricoles, qui ne durent pas toute l'année et qui offrent aux détenus de fréquentes occasions de maraude et de pillage. Quant aux travaux publics, comment trouver des travaux toujours nouveaux à faire exécuter autour d'un centre pénitentiaire ? V. sur cet objet le rapport précité de M. Rivière (p. 363) dans le *Bulletin de la Société des prisons*, articles de M. Sifforata, 1881, p. 148 ; Desportes, 1881, p. 583 ; G. Dubois, 1882, p. 338 ; et dans l'*Ann. de lég. étr.*, 1879, l'article de M. Jobbé-Duval, p. 83. V. également le livre de M. Proal, *Le crime et la peine*, p. 238. — A ce point de vue, il convient de signaler l'intéressante disposition de l'art. 9 de la loi relative à la réforme dans les prisons pour courtes peines, du 4 févr. 1893 (D. P. 93. 4. 48), ainsi conçue : « Il peut être créé, par le ministre de l'intérieur des chantiers pénitentiaires pour utiliser la main-d'œuvre pénale à la construction ou transformation des prisons, sans toutefois porter atteinte à la distinction des peines et aux conditions essentielles de leur exécution. Ne pourront être employés dans les chantiers les

détenus qui, d'après la nature de leur peine et le lieu de leur condamnation, devraient subir leur peine dans un établissement où fonctionne le régime de l'emprisonnement individuel. » Enfin l'on a cru désintéresser l'industrie privée en faisant absorber par l'Etat les objets manufacturés dans les prisons. Il est certes très naturel que l'Etat emploie le travail des détenus à la confection des fournitures destinées à de grands services publics comme la guerre et la marine, et qu'il cherche à réaliser ainsi un important bénéfice en se procurant les fournitures qui lui sont nécessaires au prix de revient. Sous ce rapport, on ne peut qu'applaudir à l'établissement des ateliers de l'imprimerie administrative et de ceux de la confection des habillements à la maison centrale de Melun, ateliers d'où sortent de nombreux imprimés administratifs, comme aussi les uniformes du personnel des prisons et même ceux des gardiens des bureaux du ministère de l'intérieur (Herbette, *L'œuvre pénitentiaire*, p. 93). Il est permis aussi de regretter que l'administration de la Guerre et celle de la Marine ne puissent ou ne veuillent faire exécuter directement dans nos maisons centrales des travaux que leurs entrepreneurs y font exécuter avec grand bénéfice (d'Haussonville, p. 249 ; et Rapport de M. Saint-Romme, député, sur le budget pénitentiaire de 1891, p. 17). V. aussi, à cet égard, le rapport déjà cité de M. Boucher, député, sur le budget pénitentiaire de 1893, *Journ. off.*, *Doc. parl.* 1892, p. 1957. Mais, au point de vue de la concurrence au travail libre, M. Laborde, p. 217, fait remarquer avec raison qu'il n'y a là qu'un trompe-l'œil. Il est évident, en effet, que si l'Etat se fournit dans les prisons, il demandera d'autant moins à l'industrie privée ; au point de vue économique le résultat sera absolument le même si les prisons font indirectement la concurrence à l'industrie libre par leur travail, au lieu de la faire directement par leurs produits (d'Haussonville, *eod. loc.*).

51. *L'emploi du produit du travail* des détenus est encore réglé aujourd'hui par l'ordonnance du 27 déc. 1843 et l'arrêté ministériel du 25 mars 1854, cités *Rép.* n° 91 ; mais il faut ajouter à ces textes l'art. 72 du décret du 11 nov. 1885 sur les prisons départementales ainsi conçu : « Le produit du travail des condamnés est réparti par portions égales entre eux et l'Etat ou l'entrepreneur, suivant le mode de gestion des services de l'établissement. La moitié des cinq dixièmes revenant aux condamnés sera mise en réserve pour l'époque de leur libération. Il ne peut être opéré de prélèvement sur le pécule-réserve qu'avec l'autorisation écrite du directeur et en cas de nécessité dûment justifiée. Le gardien chef pourra, quand le directeur ne sera pas sur les lieux, autoriser les détenus à envoyer des secours à leurs familles sur le pécule disponible » ; et l'art. 73 du même décret, qui dispose que les prévenus, accusés et détenus pour dettes « profiteront des sept dixièmes du produit de leur travail, et pourront en disposer intégralement, pendant leur détention ». — Il résulte de la combinaison des divers textes précités que les forçats reçoivent les trois dixièmes, les reclusionnaires les quatre dixièmes, les correctionnels les cinq dixièmes, les prévenus et détenus pour dettes les sept dixièmes. Pour les condamnés détenus dans les maisons centrales, cette proportion peut être augmentée par des gratifications et diminuée par des retenues. A cet égard, les art. 2 et 3 de l'ordonnance du 27 déc. 1843 (*Rép.* p. 1006) fixent les retenues à opérer d'après les antécédents judiciaires, et l'arrêté du ministre du 25 mars 1854 (*Rép.* p. 1006) réglemente les gratifications pour bonne conduite ainsi que les retenues infligées à titre de punition. Pareille disposition ne se rencontre pas dans les textes relatifs aux prisons départementales ; le règlement du 11 nov. 1885, notamment, est muet sur les retenues à opérer sur les récidivistes. Un avis du conseil supérieur des prisons (mars 1893) a eu pour objet de faire cesser cette inégalité. Le conseil a proposé au ministre d'appliquer l'ordonnance du 27 déc. 1843 aux condamnés appelés à subir la peine dans les prisons départementales, en limitant la part attribuée auxdits condamnés sur le produit de leur travail à quatre dixièmes pour les individus ayant encouru une ou plusieurs condamnations à la peine d'emprisonnement, pour une durée totale excédant un an et ne dépassant pas cinq ans ; à trois dixièmes pour les individus ayant encouru soit les travaux forcés ou la reclusion, soit en une ou plusieurs condamnations la peine de l'emprisonnement pour une durée totale excédant vingt années. Un décret du 23 nov. 1873 (1) a été rendu en ce sens.

52. De même qu'à l'époque de la publication du *Répertoire*, le *pécule* formé par les dixièmes est divisé en deux parties : le pécule *disponible*, et la *réserve* ou masse qui est remise au prisonnier le jour de sa libération. Deux dispositions réglementaires nouvelles sont à signaler concernant le pécule. Un décret des 22 oct.-29 nov. 1880 (D. P. 81. 4. 109) a statué que le reliquat du pécule disponible, au jour de la sortie des détenus sera appliqué, jusqu'à due concurrence, au payement des condamnations pécuniaires dues par eux au trésor public. D'autre part, le décret du 11 nov. 1885 sur le régime des prisons de courtes peines a décidé, en son art. 51, que, en cas de dégâts et dommages causés par un détenu, il peut être opéré des retenues sur l'ensemble du pécule, et celles-ci sont déterminées par le préfet sur la proposition du directeur.

53. — V. Régime moral. — D'après M. Laborde, p. 218, les moyens moralisateurs des prisonniers sont : 1° le travail ; 2° l'enseignement religieux ; 3° l'instruction ; 4° les communications avec certaines personnes du dehors ; 5° la perspective de la libération conditionnelle ou d'une grâce partielle. Nous avons parlé *suprà*, n°s 45 et suiv., du travail dont l'influence moralisatrice n'est douteuse pour personne. — Quant à la religion, nous pensons avec M. d'Haussonville (p. 137) « qu'elle est le principal agent direct de la moralisation dans les prisons », non pas que l'influence des aumôniers puisse être considérable dans nos établissements pénitentiaires tels qu'ils sont organisés ; mais nous estimons que l'aumônerie sera appelée à rendre des services précieux le jour où nos prisons auront été transformées. Actuellement, on ne permet plus aux aumôniers de loger dans les prisons, ni de visiter les prisonniers sans être appelés. M. Laborde pense que « c'est une mauvaise mesure que d'exiger cette demande spéciale, il vaudrait mieux permettre au détenu, après un certain temps d'expérience, de refuser expressément de recevoir l'aumônier » (p. 218, note 2).

Le service du culte a été réglementé à nouveau par les art. 91, 92 et 93 du décret du 11 nov. 1885, lesquels sont ainsi conçus : « Art. 91. Dans les maisons d'arrêt, de justice et de correction, il est pourvu au service religieux par les soins des ministres des cultes reconnus par l'État auxquels appartiennent les détenus. Ces ministres, présentés par l'autorité religieuse compétente, seront agréés par décision du ministre de l'intérieur sur la proposition du préfet. Ils reçoivent une indemnité. Le service religieux comprend les exercices de chaque culte, suivant les usages consacrés et aux heures fixées par un arrêté du préfet. Le prêtre ou le ministre chargé de ce service doit, en outre, l'assistance de son ministère à tous les détenus valides ou malades qui en feront la demande. Il ne pourra, en aucun cas, faire partie de la commission de surveillance. L'entrée du local affecté à la célébration du culte est interdite à toute personne du dehors qui n'a point autorité dans la prison. — Art. 92. L'assistance aux offices religieux n'est point obligatoire pour les détenus qui ont déclaré ne pas vouloir les suivre. — Art. 93. Les servants du culte peuvent être choisis par le directeur ou le gardien chef parmi les détenus, avec leur consentement, sur la proposition du ministre chargé du service religieux ». Bien que visant uniquement le régime des prisons pour courtes peines, le règlement de 1885 a fourni les principales solutions applicables aux prisons de longues

peines en matière de culte. Les aumôniers, même ceux des maisons centrales, ne reçoivent plus aujourd'hui de traitement, mais seulement une indemnité qui varie suivant l'importance de l'établissement. Le chiffre en est déterminé par décision ministérielle ; il a été considérablement réduit en ces dernières années. Toutes les maisons centrales sans exception ont un aumônier catholique, six ont de plus un aumônier protestant et trois un aumônier israélite. Quant aux prisons pour courtes peines de France, le service religieux y était, en 1889, assuré par trois cent cinquante-huit prêtres, vingt-deux pasteurs et rabbins.

54. L'enseignement bien donné est aussi un puissant agent de moralisation. Il y a un instituteur dans chaque maison centrale. Une circulaire du 4 janv. 1869 a prescrit de faire participer à l'enseignement donné dans ces maisons le plus grand nombre de détenus possible, à l'exception des vieillards, des infirmes et de ceux que leur perversité conseille d'en exclure. Quant aux maisons départementales, l'art. 87 du décret du 11 nov. 1885 dispose en ces termes : « Un service d'enseignement primaire sera organisé dans toutes les maisons de concentration ; il pourra l'être également dans les autres prisons départementales. Ce service sera confié, selon les cas, soit spécialement à un instituteur, soit au gardien chef ou à tout autre agent désigné à cet effet. Les condamnés âgés de moins de quarante ans, illettrés, sachant seulement lire et imparfaitement écrire, seront astreints à recevoir cet enseignement. L'enseignement devra être donné aux détenus au moins une heure par jour ». Aux termes de l'art. 88, des conférences pour « instruire et moraliser » les détenus peuvent être faites par des personnes de l'Administration, ou par des personnes du dehors, dûment autorisées à cet effet. Les lectures se divisent en lectures à haute voix et en lectures particulières. Elles ont toutes le même objet que les conférences ; mais les premières ont aussi une autre utilité : elles servent à remplacer le travail « les dimanches et jours fériés et pendant les veillées en cas de chômage » (Décret précité, art. 87-90).

55. Les *communications* avec les personnes du dehors s'établissent par des visites reçues dans la prison ou par la correspondance. Les permis de visiter les détenus sont délivrés par l'autorité administrative (préfet ou sous-préfet), sauf la nécessité du visa du juge d'instruction ou du président des assises pour les prévenus et les accusés (art. 47, Décr. 11 nov. 1885). En principe, et sauf dispense dans le permis, l'entretien doit avoir lieu au parloir et en présence des gardiens (*ibid.*). La correspondance des détenus, à l'arrivée et au départ, est lue et visée par le directeur ou le gardien chef, à l'exception des lettres que le détenu adressent à l'autorité administrative ou à l'autorité judiciaire, aux avocats ou avoués chargés de leur défense (art. 50, même décret). M. Laborde dit avec raison (n° 5376, p. 219) que les communications qui s'établissent ainsi de vive voix ou par correspondance, soit avec les représentants des sociétés de patronage, soit avec la famille, facilitent l'amendement du condamné. Malheureusement, sauf à Paris et dans quelques autres villes, les visites des membres des sociétés de patronage sont rares.

56. Enfin, suivant l'heureuse expression de M. Laborde (*loc. cit.*), la libération conditionnelle et la grâce apparaissent au détenu comme la récompense de son amendement et deviennent pour lui un nouveau stimulant. Sur la grâce, V. *suprà*, v° *Grâce et commutation de peine.* Sur la libération conditionnelle, V. *suprà*, v° *Peine*, n°s 304 et suiv.

---

(1) Le président de la République française, — Sur le rapport du président du conseil, ministre de l'intérieur ; — Vu les art. 21 et 44 du code pénal ; — Vu le décret du 11 nov. 1885, portant règlement du service et du régime des prisons de courtes peines affectées à l'emprisonnement en commun ; — Vu l'avis du conseil supérieur des prisons ;

Le conseil d'État entendu,

Décrète :

Art. 1er. A partir du 1er janv. 1894, la portion accordée sur le produit de leur travail aux condamnés détenus dans les maisons d'arrêt, de justice et de correction (prisons départementales), sera, savoir : — De cinq dixièmes pour les détenus n'ayant encouru aucune condamnation antérieure ou ayant encouru, en une ou plusieurs condamnations, la peine de l'emprisonnement

pour une durée n'excédant pas une année ; — De quatre dixièmes pour les détenus ayant encouru, en une ou plusieurs condamnations, la peine de l'emprisonnement pour une durée totale excédant une année et ne dépassant pas cinq années ; — De trois dixièmes pour les détenus ayant encouru, soit les travaux forcés ou la réclusion, soit, en une ou plusieurs condamnations, la peine de l'emprisonnement pour une durée totale excédant cinq années.

Art. 2. La moitié des dixièmes revenant aux condamnés sera mise en réserve pour l'époque de leur libération.

Art. 3. Le président du conseil, ministre de l'intérieur, est chargé de l'exécution du présent décret, qui sera inséré au *Bulletin des lois* et publié au *Journal officiel.*

Fait à Paris, le 23 nov. 1893.

§ 2. — Du régime spécial des prévenus et des détenus pour dettes.

57. Le régime des prévenus et accusés dans les maisons d'arrêt et de justice et celui des détenus pour dettes dans les premières diffèrent, à d'assez nombreux points de vue, du régime des condamnés à l'emprisonnement. Ces détenus ne portent point le costume pénal, ils sont dispensés de la coupe des cheveux et de la barbe, ainsi que de la promenade dans les cours ou préaux (art. 32, 38, 59, 65, décret 11 nov. 1885). L'usage du tabac leur est concédé (art. 58). Ils ne sont pas astreints au travail, et, s'ils travaillent, ils profitent des 7 dixièmes du produit de ce travail (art. 73). Les prévenus, les accusés, les détenus pour dettes en matière de faillite peuvent recevoir des visites et écrire tous les jours (art. 47 et 50) ; toutefois, les communications des prévenus et accusés sont à la discrétion de l'autorité judiciaire. En effet, les permis de visite sont, en ce qui les concerne, soumis au visa du juge d'instruction ou du président des assises (art. 47), et les lettres écrites ou reçues par les prévenus et les accusés sont communiquées, selon les cas, au procureur de la république, au juge d'instruction ou au président des assises (art. 50). Sous ce rapport, on ne peut qu'applaudir à la rédaction, votée par le Sénat et acceptée par la Chambre des députés des art. 121 et 122 du projet de réforme du code d'instruction criminelle, ainsi conçu : « Art. 121. Le détenu ne peut recevoir ni adresser des télégrammes, des lettres ou autres envois de ce genre, sans que le juge d'instruction en ait eu connaissance et ait apprécié s'il y a inconvénient à les faire parvenir. Le détenu a toujours la faculté d'écrire par lettre fermée au ministre de la justice, aux magistrats qui instruisent l'affaire, et, sauf la durée des interdictions de communiquer, à son conseil. — Art. 122. Les permissions de visiter le détenu sont accordées par le juge d'instruction, et, quand ce magistrat est dessaisi, par le procureur de la République, sauf recours, dans ce dernier cas, au procureur général ».

La composition du régime alimentaire est en principe la même pour les prévenus que pour les condamnés, mais les premiers peuvent se procurer chaque jour, en plus grande quantité que les derniers, des vivres supplémentaires (art. 54) ; ils ont aussi la faculté de faire venir des vivres du dehors (art. 55). Les détenus pour dettes, dans les cas déterminés par la loi, sont assimilés, en ce qui concerne le régime alimentaire, aux prévenus et accusés. Toutefois, la dépense en vivres supplémentaires ne peut dépasser le montant de la consignation alimentaire (art. 56). A l'égard des débiteurs de l'État pour crimes, délits ou contraventions de droit commun, ils sont soumis au régime des condamnés (même article). Notons enfin que les prévenus et accusés peuvent réclamer, au prix du tarif, la pistole, sorte de chambre garnie à la prison (Laborde, p. 220), et échapper ainsi, à leurs frais, à la promiscuité (art. 68).

§ 3. — Du régime spécial des détenus politiques.

58. Que faut-il entendre par ces mots : détenus politiques ? La question est délicate et revient à demander quels sont les faits qui, dans notre législation, doivent être qualifiés de délits politiques ; il est évident, en effet, que les détenus politiques ne sont autres que les condamnés pour délits politiques. Or, rien n'est plus difficile que de définir les délits politiques, et de les énumérer. A cet égard, nous ne pouvons, dans l'état actuel de notre législation, que nous en référer à ce qui a été dit *suprà*, v° *Délits politiques*, nᵒˢ 3 à 29.

59. Toutefois, il ne saurait y avoir de difficulté lorsqu'il s'agit de condamnés à une peine afflictive ou infamante. Pour les pénalités de cet ordre, c'est la loi elle-même qui a créé la différence, en établissant une double échelle de peines qui, pour les crimes de droit commun, comprend la réclusion, les travaux forcés à temps, les travaux forcés à perpétuité et la mort ; et, pour les crimes politiques, le bannissement, la détention, la déportation simple et la déportation dans une enceinte fortifiée, qui a remplacé la peine de mort (V. *suprà*, v° *Peine*, nᵒ 53). Il s'ensuit que la qualité du détenu se déduit sans difficulté de la nature de la peine prononcée, lorsque celle-ci est une peine de grand criminel. D'ailleurs, des textes législatifs spéciaux ont réglementé le régime des détentionnaires et des déportés. Celui des détentionnaires a été réglé par le décret des 25-26 mai 1872 (D. P. 72. 4, 121), et celui des condamnés à la déportation par la loi du 8 juin 1850 (D. P. 50. 4. 129), par le décret du 31 mai 1872, portant règlement d'administration publique sur le régime de police et de surveillance auquel les condamnés à la déportation dans une enceinte fortifiée sont assujettis (D. P. 72. 4. 72), et par la loi du 25 mars 1873 (D. P. 73. 4. 49) qui règle la condition des déportés dans la Nouvelle-Calédonie. V, *infrà*, nᵒˢ 92 et suiv., sur le régime des déportés.

60. A l'égard des condamnés à l'emprisonnement (on sait que cette peine frappe les délits politiques comme les délits de droit commun), la question du régime des *politiques* n'est pas aussi simple. Le décret du 11 nov. 1885, portant règlement du service et du régime des prisons pour courtes peines (emprisonnement en commun), a indiqué, par son article 99, qu'un règlement spécial déterminerait les dispositions particulièrement applicables à tous individus condamnés pour faits politiques. Ce règlement n'est encore qu'à l'état de projet. Mais le ministre de l'intérieur a pris, à la date du 4 janv. 1890, un arrêté règlementant « le régime d'emprisonnement des personnes condamnées pour faits ayant un caractère politique ou admis comme assimilables aux faits politiques ». D'une manière générale, ce règlement assure aux détenus politiques, dans tous les établissements pénitentiaires, le bénéfice du régime déterminé en faveur des prévenus par les règlements généraux et particuliers applicables aux maisons d'arrêt (art. 2). En conséquence, ces détenus bénéficient des dispositions relatives à la dispense du travail, à l'alimentation, à la faculté de se nourrir à la cantine ou de faire venir des vivres du dehors, à l'usage des vêtements personnels, au port de la barbe et des cheveux, à la pistole (même article). Ils peuvent recevoir des visites tous les jours, même dans la cellule ou chambre individuelle du détenu, sur autorisation du ministre (art. 3). Ils sont séparés de toutes autres catégories et placés en cellule ou chambre individuelle (art. 4). Le règlement du 4 janv. 1890 abroge, en tant que disposition spéciale (art 7), tous règlements particuliers d'établissements pénitentiaires, en ce qu'ils avaient de contraire à ces dispositions, et notamment le règlement arrêté, le 9 avr. 1867, sur le régime du quartier spécial de la prison de Sainte-Pélagie, à Paris.

§ 4. — Du régime spécial des détenus dans les établissements affectés à l'emprisonnement individuel.

61. La loi du 5 juin 1875, qui institue le régime de l'emprisonnement individuel dans les prisons départementales (D. P. 76. 4. 9), a laissé à un règlement d'administration publique ultérieur le soin de fixer les conditions d'organisation du travail et de déterminer le régime intérieur des maisons consacrées à l'application dudit emprisonnement individuel (art. 5). Ce règlement n'existe encore qu'à l'état de projet. Mais des instructions ministérielles, en date du 3 juin 1878 (V. *Code pénitentiaire*, t. 7, p. 328 et suiv.), ont déterminé de nombreux détails d'application du régime cellulaire, et le projet de règlement s'est directement inspiré de ces instructions. On trouvera dans le *Code pénitentiaire*, t. 9, p. 390 et suiv. le texte entier dudit projet qui a été voté le 8 avr. 1891 par le conseil supérieur des prisons.

Sect. 5. — Des établissements pénitentiaires aux colonies.

62. — I. De l'administration pénitentiaire aux colonies en général. — Il n'y a plus de bagnes en France. Le dernier, celui de Toulon, a été fermé en 1874, conséquence nécessaire de l'application de la loi du 30 mai 1854 sur l'exécution de la peine des travaux forcés, qui, suivant une expression connue, « a mis les travaux forcés dans la transportation ». La peine des travaux forcés n'est pas la seule peine subie aujourd'hui aux colonies ; deux autres peines s'exécutent par l'expatriation, savoir : la déportation qui est la peine des grands crimes politiques (c. pén. art. 17, et loi du 8 juin 1850) et la relégation des récidivistes, créée par la loi du 27 mai 1885 (D. P. 85. 4. 45). Nos établissements pénitentiaires aux colonies comprennent donc trois catégories de condamnés : les forçats (ou transportés), les déportés, les relégués. Toutefois, en fait, à l'heure actuelle, ils ne renferment plus de déportés depuis que la loi du 11-12 juill. 1880 (D. P. 80, 4. 57) a amnistié les individus condamnés pour avoir pris part aux événements insurrectionnels de 1870-1871 et aux événements insurrectionnels postérieurs.

63. C'est à la Guyane et à la Nouvelle-Calédonie que se trouvent concentrés nos établissements pénitentiaires coloniaux. Transportés et relégués subissent leur peine dans ces deux colonies, mais en établissements ou territoires distincts. Pour les transportés, la désignation de la Guyane a été faite par le décret du 16 avr. 1852 (D. P. 52. 4. 115), celle de la Nouvelle-Calédonie par le décret du 2 sept. 1863 (D. P. 63. 4. 153). Quant aux relégués, le décret des 26-27 nov. 1885 (D. P. 85. 4, 86) a ordonné, par son art. 4, que la relégation collective s'exécutera sur les territoires de la colonie de la Guyane, et, si les besoins l'exigent, de la Nouvelle-Calédonie ou de ses dépendances, qui seront déterminés et délimités par décret. C'est encore la Nouvelle-Calédonie qui a été désignée comme lieu de déportation par la loi du 23 mars-13 avr. 1872 (D. P. 72. 4. 71), à la suite des événements de la Commune en 1871. Il est à remarquer toutefois : 1° en ce qui concerne les transportés, que quelques établissements de moindre importance ont été fondés à Obock, avec affectation spéciale aux individus d'origine arabe (Décr. 3 mars 1886, D. P. 86. 4. 85), africaine ou indienne (Décr. 3 oct. 1886, D. P. 87. 4. 55), et au Gabon pour les individus d'origine annamite ou chinoise (Décr. 1er-4 déc. 1887, D. P. 88. 4. 17); — 2° En ce qui concerne les relégués, qu'un décret du 18-22 févr. 1888 (D. P. 88. 4. 51) a organisé des groupes de détachements de relégués à titre collectif, dénommés sections mobiles, lesquels peuvent être envoyés aux diverses colonies ou possessions françaises.

64. L'administration pénitentiaire aux colonies est placée dans les attributions du sous-secrétaire d'Etat des colonies. L'organisation, les attributions et le recrutement du personnel de cette administration ont été réglementés par des décrets des 27 avr. et 6 déc. 1878 et 26 oct. 1882, revisés depuis par un décret du 20 déc. 1892 (V. ce décret au Journ. off. du 23 déc. 1892). Dans chacune des deux colonies de la Guyane et de la Nouvelle-Calédonie, l'administration pénitentiaire comprend : un directeur, un sous-directeur, le personnel des bureaux, les commandants de pénitencier, les surveillants militaires. Ensemble les deux colonies comptent environ 17 500 condamnés (y compris les libérés de la transportation astreints à résider dans la colonie, qui sont au nombre de 4200 environ). Les dépenses de l'administration pénitentiaire sont énormes : de 1852 à 1892 inclus, elles ont été, à la Guyane de 116 857 865 fr., de 1863 à 1890 inclus, à la Nouvelle-Calédonie, de 94 801 663 fr. soit ensemble 211 689 528 fr. La dépense totale faite par l'administration pénitentiaire depuis 1852, en y ajoutant celle de 1892 (10 646 000 fr.), est donc, en chiffres ronds, de 222 millions (Rapport de M. Chautemps, député, sur les services pénitentiaires coloniaux, Bulletin de la Société générale des prisons, 1892, p. 1175). Dans un document officiel (lettre adressée le 10 oct. 1892 aux membres de la commission permanente du régime pénitentiaire aux colonies), M. Jamais, sous-secrétaire d'Etat, a évalué à 900 fr. par an ce que coûte aux contribuables chaque transporté ou relégué. Ainsi que l'a fait remarquer M. le sous-secrétaire d'Etat « c'est une somme bien supérieure à celle qui est inscrite au budget de la guerre, pour l'entretien des soldats ; elle n'est pas au-dessous du salaire moyen de nos ouvriers ».

Il est douteux, cependant, que la transportation et la relégation aient donné jusqu'ici les résultats qu'on en attendait au double point de vue de la répression et de la colonisation. La valeur de ces instruments de pénalité, celle du premier surtout, est même aujourd'hui fort discutée, et il ne manque pas de bons esprits pour penser que le législateur a fait fausse route en instituant des peines à la fois si coûteuses et si peu efficaces. Sur les avantages et les inconvénients de la transportation, V. v° Peine, nos 705 et suiv. Quant aux avantages et inconvénients de la relégation V. infrà, v° Récidive-relégation. A ce point de vue, nous

ne devons pas omettre de faire connaître que la commission instituée le 26 mars 1887, au ministère de la justice, pour préparer la réforme du code pénal, a proposé la suppression de la transportation et de la déportation. Elle ne conserve, parmi les peines qui s'exécutent par l'expatriation, que la relégation (celle-ci dans des conditions toutes différentes de la relégation actuelle).

65. Quoi qu'il en soit, dès le 15 mai 1889, une « Commission permanente du régime pénitentiaire aux colonies » a été instituée au ministère avec mission : 1° d'étudier les réformes qu'il y aurait lieu d'apporter dans le régime des établissements pénitentiaires coloniaux; — 2° De préparer la refonte des règlements d'administration publique rendus en exécution de la loi du 30 mai 1854 (sur l'exécution des travaux forcés) pour lesquels des modifications ont été reconnues nécessaires; — 3° D'élaborer les règlements prévus par la loi du 27 mai 1885 (sur les récidivistes) qui n'ont pas été promulgués. Cette commission a déployé une grande activité. — Nous signalerons infrà, n° 67, quelques-uns des décrets et règlements élaborés par elle. V., sur les travaux de la commission en 1889 et 1890, le rapport présenté par son président au sous-secrétaire d'Etat (Bulletin de la Société des prisons, 1891, p. 1085 et suiv.). En avril 1892, M. Jamais, sous-secrétaire d'Etat des colonies, a tracé à la commission un nouveau programme d'études de la réforme pénitentiaire (lettre de M. Jamais au président de la commission reproduite dans le Bulletin de la Société des prisons, 1892, p. 849), et tout aussitôt, pour hâter ses travaux, la commission s'est divisée en deux sous-commissions : l'une devant s'occuper du régime proprement dit de la transportation et de la relégation ; l'autre devant étudier plus spécialement les moyens d'utiliser la main-d'œuvre pénale.

66. — II. TRANSPORTATION. — Nous l'avons dit plus haut n° 52, c'est en Guyane et à la Nouvelle-Calédonie que se trouvent nos principaux établissements de transportation. Un décret du 16 nov. 1889 (D. P. 90. 4. 102) a confié au sous-secrétaire d'Etat des colonies le soin de désigner, après avis de la commission permanente pénitentiaire, celle des deux colonies dans laquelle sera envoyé chaque condamné aux travaux forcés, en partant de ce principe que les criminels dangereux, ceux qui ont déjà été plusieurs fois condamnés, ceux enfin qui ne laissent aucun espoir d'amendement, seront dirigés sur la Guyane, tandis que la Nouvelle-Calédonie sera plus particulièrement réservée aux condamnés primaires et aux individus dont on peut espérer le relèvement. Un arrêté du sous-secrétaire d'Etat, en date du 20 du même mois, a chargé deux sous-commissions, prises dans le sein de la commission plénière, du soin d'opérer cette sélection (V. dans le Bulletin de la Société générale des prisons, 1891, p. 1100, un intéressant rapport daté du 28 nov. 1891 sur les travaux de ces deux sous-commissions). — En ce qui concerne les condamnés arabes, le Gouvernement a décidé, en 1889, qu'ils seraient à l'avenir, sans exception, envoyés à la Nouvelle-Calédonie où, en raison de la situation géographique, les évasions sont presque impossibles, l'expérience ayant au contraire prouvé qu'à la Guyane la plupart des transportés arabes parvenaient à s'évader et à regagner l'Algérie.

67. L'effectif des transportés dépasse actuellement 15 000 hommes. En 1892, le budget pénitentiaire a été établi sur un effectif total de 15 350 transportés (libérés compris), se décomposant ainsi : 5200 à la Guyane, 10 000 à la Nouvelle-Calédonie, 100 à Obock, 50 au Gabon. En quatre ans (1886-89), la Guyane a reçu 2127 condamnés, la Nouvelle-Calédonie, 1803. Il convient d'ajouter qu'il existe en France deux dépôts de forçats (Saint-Martin-de-Ré et Avignon) et un autre dépôt en Algérie (l'Harrach) dans lesquels les condamnés aux travaux forcés sont détenus en attendant leur envoi aux colonies.

Le territoire pénitentiaire de nos deux grandes colonies a été délimité par des décrets, savoir : en ce qui concerne la Guyane, par un décret des 5-20 déc. 1882 (D. P. 83. 4. 84), et en ce qui concerne la Nouvelle-Calédonie, par un décret du 16 août-14 oct. 1884 (D. P. 85. 4. 15). La loi du 30 mai 1854 (D. P. 54. 4. 90) n'a pas cessé d'être le texte principal relatif à la transportation. De nombreux décrets préparés par la commission permanente du régime pénitentiaire aux colonies l'ont récemment complétée à différents points de vue.

C'est d'abord le décret du 4 oct. 1889 (D. P. 90. 4. 96) qui, réalisant tardivement une promesse inscrite en l'art. 10 de la loi de 1854, a institué des tribunaux maritimes spéciaux chargés de juger les crimes et délits commis par les condamnés aux travaux forcés internés dans les colonies pénitentiaires. C'est ensuite un décret du 5 oct. 1889 (D. P. 90. 4. 101), véritable *Code des bagnes*, qui règle les pénalités qui seront, à l'avenir, applicables aux forçats. V. le commentaire résumé des principales dispositions de ce décret, *suprà*, v° *Peine*, n° 713. Ce sont surtout le décret des 4-13 sept. 1890, relatif au régime disciplinaire des établissements de travaux forcés aux colonies (*Journ. off.* du 13 sept., *Bull.*, n° 24211), et le décret du 15 sept.-2 oct. 1892 concernant l'emploi aux colonies de la main-d'œuvre des condamnés aux travaux forcés (*Journ. off.* du 2 oct.; *Bull.* n° 24214). Ces deux décrets vont être analysés.

68. — *1° Discipline.* — Le décret *disciplinaire* des 4-13 sept. 1891 (1) a abrogé le décret rendu sur le même objet le

18 juin 1880 (D. P. 81. 4. 37) lequel a été jugé avec raison trop indulgent, et l'a remplacé par un ensemble de dispositions qui répondent mieux aux nécessités de la répression et à l'organisation du travail dans nos colonies pénitentiaires. Le titre 1er du nouveau décret traite du classement des condamnés des colonies pénitentiaires. Ceux-ci sont répartis en trois classes déterminées d'après la situation pénale, la conduite et l'assiduité du travail des condamnés. La première comprend les condamnés les mieux notés, et spécialement les concessionnaires, les hommes admis au bénéfice de l'assignation et ceux qui n'ont pu être ni assignés ni mis en concession et qui sont employés, soit par l'Administration, soit par des particuliers, comme chefs d'ateliers ou de chantiers (art. 2 et 3). Les transportés de la première classe peuvent seuls, désormais, être recommandés chaque année à la clémence du chef de l'Etat ou être admis au bénéfice de la libération conditionnelle. Il n'est fait d'exception à cette règle qu'en faveur des condamnés des

(1) Rapport au président de la République française.
                                      Paris, le 3 septembre 1891.

Monsieur le président,

Depuis deux ans l'administration des colonies se préoccupe d'introduire des modifications profondes dans le régime de nos établissements pénitentiaires, en vue de rendre à la peine de la transportation édictée par la loi du 30 mai 1854 son véritable caractère d'intimidation et d'exemplarité. Une commission spéciale a été chargée de préparer la refonte des règlements d'administration publique rendue en exécution de ladite loi. — Plusieurs décrets, adoptés par le conseil d'Etat, ont été promulgués, et leur application a déjà produit un effet salutaire sur les condamnés aux travaux forcés internés tant à la Guyane qu'à la Nouvelle-Calédonie. — Je citerai notamment : les décrets du 4 oct. 1889, organisant la juridiction maritime spéciale; du 3 du même mois, déterminant les pénalités à appliquer aux condamnés aux travaux forcés qui commettent dans les colonies pénitentiaires de nouveaux crimes ou délits ; la décision présidentielle du 4 oct. 1889, qui a rendu aux gouverneurs de ces colonies le droit de faire exécuter les sentences capitales à l'égard des forçats lorsque deux voix au conseil privé n'ont pas demandé le sursis ; le décret du 30 août 1889, réglementant l'ouverture des cabarets et débits de boissons sur les centres pénitentiaires; le décret du 16 nov. 1889, sur le classement des condamnés; enfin le décret du 29 sept. 1890, qui a complété celui du 13 janv. 1888 en ce qui concerne le régime des libérés. — J'ai l'honneur de soumettre à votre haute sanction le règlement sur le régime disciplinaire adopté par le conseil d'Etat dans ses séances des 19 et 25 mars dernier. — Il a été reconnu que le décret du 18 juin 1880 ne répondait pas suffisamment aux nécessités de la situation. Préparé sous l'influence des idées philanthropiques de l'époque et de théories très élevées, sans doute, mais parfois dangereuses dans leurs conséquences, ce décret, dont les auteurs semblent n'avoir envisagé que le côté moralisateur de la peine, a fait une part trop large à l'indulgence en n'édictant contre les transportés d'autres peines que celles en vigueur dans la marine. Il en est résulté que l'élément malsain, qui forme la grande majorité de la population pénale, n'étant plus tenu en échec par la crainte des châtiments peut-être un peu excessifs que prévoyaient les règlements antérieurs, a pu laisser impunément un libre cours à ses mauvais instincts. — Les règlements disciplinaires concernant les condamnés aux travaux forcés doivent être à la fois coercitifs et moralisateurs; car le but principal de la peine est non seulement l'expiation du crime, mais aussi l'amendement du coupable; et ceux qui n'ont pas perdu toute notion du bien doivent être à même de s'amender et de se créer par le travail une existence nouvelle; d'autre part, l'administration doit puiser dans ces mêmes règlements les moyens de contenir ceux des transportés qui, réfractaires à tout sentiment de repentir, s'exposent volontairement aux rigueurs de la loi pénale. — C'est dans cet ordre d'idées qu'a été préparé le projet de décret ci-joint. — Divisé en deux titres, il comprend deux parties bien distinctes. La première a trait aux différentes mesures qui ont pour objet la moralisation de l'homme, son classement et les encouragements à donner à ceux qui tiennent une bonne conduite. La seconde est relative au système répressif. — Sans entrer dans l'examen détaillé du décret il m'a paru nécessaire d'en tracer ici les grandes lignes. Le décret du 18 juin 1880 répartissait les condamnés en cinq classes. Le décret actuel n'en admet que trois. Cette division répond mieux aux nécessités de la répression et à l'organisation du travail dans nos colonies pénitentiaires. — La 1re classe comprend les concessionnaires, les hommes admis au bénéfice de l'assignation et les condamnés qui n'ont pu être assignés et mis en concession et qui sont employés, soit par

l'administration soit par des particuliers, comme chefs d'ateliers ou de chantiers; c'est l'application stricte de l'art. 11 de la loi de 1854. Les hommes compris dans la 1re classe pourront seuls, désormais, être recommandés chaque année à la clémence du chef de l'Etat, ou être admis à bénéficier de la libération conditionnelle; il n'est fait d'exception à cette règle qu'en faveur des condamnés des 2e et 3e classes qui auraient accompli des actes de courage et de dévouement. — La 2e classe comprend les condamnés qui n'ont pas d'antécédents judiciaires et ceux qui n'ont pas été jugés dignes de passer à la 1re classe. — La 3e classe est celle des malfaiteurs signalés comme dangereux et des récidivistes contre lesquels a été prononcée, non seulement la peine des travaux forcés, mais encore celle de la relégation. La 3e classe comprendra, de plus, les transportés des 1re et 2e classes qui seraient rétrogradés, soit pour inconduite, soit à la suite d'une nouvelle condamnation; enfin, les incorrigibles de la 3e classe formant une section à part, dont le régime plus particulièrement rigoureux est prévu au titre IV. — En outre, l'accession à la 1re classe a été rendue plus difficile, afin que le condamné aux travaux forcés ne puisse, par des faveurs anticipées, échapper aux conséquences de la condamnation qui l'a frappé. Le projet de décret supprime la nomenclature des infractions que peuvent commettre les transportés telle qu'elle figurait au décret de 1880, et qui était de nature à entraver, dans certains cas, l'action disciplinaire de l'administration. Trois punitions ont été prévues: la prison de nuit, la cellule et le cachot. Le décret prévoit, par contre, la création d'une commission disciplinaire, afin d'entourer de toutes les garanties nécessaires la répression des fautes commises par les transportés et de rendre cette répression immédiate. — Après avoir indiqué le classement des condamnés, le décret détermine le régime qui doit leur être appliqué. Sous l'empire de l'ancien règlement, les transportés recevaient une ration normale, suivant la classe à laquelle ils appartenaient et un salaire, sauf ceux de la 4e et de la 5e classe. Il est hors de doute que le principe qui domine l'exécution de la peine des travaux forcés, c'est l'obligation du travail, obligation puisant sa source et ses sanctions dans la loi qui l'impose comme une expiation et aussi comme un moyen de moralisation. Le transporté qui se refuse au travail est donc un rebelle qu'il faut punir. La conséquence de ce principe est, qu'à l'inverse de la société civile où le travail accompli exige un salaire afin de reconnaître à l'artisan l'effort qu'il a donné, le travail au bagne ne doit pas être rémunéré puisqu'il est obligatoire et qu'il est la raison même de la peine. On ne saurait admettre, en effet, que la société paye au transporté le prix d'un travail qui constitue sa peine. — Mais il était nécessaire de trouver un moyen de contraindre à une tâche journalière les condamnés pour lesquels on voudrait opposer à l'administration la force d'inertie et sur lesquels les punitions disciplinaires n'auraient plus d'effet. — Dans l'ancien droit et jusqu'en 1834 le travail était réprimé par des châtiments corporels. A cette époque, le forçat marqué du sceau de l'infamie, repoussé de la société, n'était pour ainsi dire plus un homme aux yeux de la loi qui ne voyait en lui qu'un instrument de travail. — La transformation du système pénal, en modifiant la situation des condamnés, a fait disparaître ces châtiments. Il ne pouvait être question de revenir sur cette mesure, mais on devait rechercher une sanction efficace à l'obligation du travail sans avoir recours à cet expédient des salaires qui dénature la peine en énervant son application. L'art. 13 du projet de décret résout cette grave question. — Après avoir admis en principe que l'homme condamné au travail forcé ne doit recevoir aucun salaire, mais seulement des gratifications en nature, l'art. 13 décide que le condamné valide n'a droit qu'au pain et à l'eau ; au transporté il appartient de mériter par son travail les compléments de ration qui lui sont nécessaires pour améliorer sa ration normale. Celui qui n'aura

deuxième et troisième classes qui auraient accompli des actes de courage et de dévouement (art. 4). Aucun condamné à temps de la deuxième classe ne peut être proposé pour la première classe s'il n'a accompli la moitié de sa peine. Pour le condamné à perpétuité ou à plus de vingt ans de travaux forcés, le délai minimum est de dix ans (art. 9). La seconde classe comprend les hommes bien notés mais qui cependant n'ont pas été jugés dignes de passer à la première classe. Aucun condamné de la troisième classe ne peut être proposé pour la deuxième s'il n'a été effectivement employé pendant deux ans aux travaux de sa classe dans la colonie (art. 9). Au reste, les condamnés de la seconde classe ne peuvent obtenir une concession ni être admis au bénéfice de l'assignation individuelle ; ils sont nécessairement employés à des travaux de colonisation et d'utilité publique (art. 5). La troisième classe est celle des malfaiteurs signalés comme dangereux et des récidivistes contre lesquels a été prononcée non seulement la peine des travaux forcés, mais encore celle de la relégation. Elle comprend, de plus, les

transportés des 1re et 2e classes qui seraient rétrogradés, soit pour inconduite, soit à la suite d'une nouvelle condamnation. Les condamnés de la 3e classe sont affectés aux travaux les plus particulièrement pénibles. Ils sont entièrement séparés des condamnés des autres classes, isolés la nuit si les locaux le permettent, enfermés dans des cases pendant tout le temps qu'ils ne passent pas sur les travaux, et astreints au silence de jour et de nuit pendant le travail comme pendant le repos (art. 6). Enfin, les incorrigibles de la 3e classe forment une section à part, dont le régime, plus particulièrement rigoureux, est prévu au titre 4 (art. 35 à 47).

69. Après avoir indiqué le classement des condamnés, le décret détermine le régime qui doit leur être appliqué. Sous l'empire de l'ancien règlement, les condamnés recevaient une ration normale, suivant la classe à laquelle ils appartenaient, et un salaire, sauf ceux de la quatrième et cinquième classe. L'art. 12 du nouveau décret institue des règles entièrement nouvelles, et, suivant nous, fort justes.

pas accompli la tâche qui lui est imposée sera donc réduit au pain sec et à l'eau, jusqu'au jour où il se sera plié aux exigences de sa position. — Les condamnés en général, sont portés à croire que le régime de la transportation est sensiblement moins dur que celui des maisons centrales. Il paraît possible d'affirmer que le nouveau décret sur le régime disciplinaire, strictement exécuté, détruira rapidement cette croyance ; mais, s'il fait une large part à la répression, il laisse, en même temps, la porte ouverte à toutes les bonnes volontés et à tous les repentirs, ainsi que l'a entendu le législateur de 1834.

J'ai l'honneur de vous prier, monsieur le président, de vouloir bien, si vous partagez les vues d'ensemble que j'ai l'honneur d'exposer dans le présent rapport, revêtir de votre signature ce décret qui a été adopté par le conseil d'État et revêtu du contre-seing de M. le garde des sceaux, ministre de la justice.

Veuillez agréer, etc...

Le ministre du commerce, de l'industrie et des colonies,

JULES ROCHE.

LE PRÉSIDENT DE LA RÉPUBLIQUE FRANÇAISE, — Sur le rapport du ministre du commerce, de l'industrie et des colonies, et du garde des sceaux, ministre de la justice ; — Vu la loi du 30 mai 1834 sur l'exécution de la peine des travaux forcés ; Le conseil d'État entendu, décrète :

TITRE Ier

Du classement des condamnés dans les colonies pénitentiaires.

Art. 1er. Les condamnés aux travaux forcés qui subissent leur peine dans les colonies pénitentiaires sont divisés en trois classes, déterminées d'après la situation pénale, la conduite et l'assiduité au travail des condamnés. — Il est établi, pour chaque condamné, une notice individuelle faisant connaître son état civil, son signalement, sa situation de famille, et sur laquelle est reproduit l'extrait du casier judiciaire en ce qui le concerne. — Il est inscrit, chaque mois, sur cette notice, les renseignements relatifs à la conduite et au travail du condamné, ainsi que les récompenses ou les punitions dont il a été l'objet.

Art. 2. La 1re classe comprend les transportés les mieux notés. Les condamnés de cette classe peuvent seuls : 1o obtenir une concession urbaine ou rurale dans les conditions prévues par l'art. 11 de la loi du 30 mai 1834 et les règlements d'administration publique ; — 2o Être employés chez les habitants de la colonie dans les conditions à déterminer par un décret ultérieur.

Art. 3. Les condamnés de la 1re classe qui n'auraient pu obtenir ni une concession, ni le bénéfice de l'assignation, peuvent être employés soit sur un établissement agricole pour y être soumis à un stage en vue de l'obtention d'une concession rurale, soit dans les chantiers ou ateliers de l'administration pénitentiaire et les services publics. Ils peuvent, en outre, être employés chez les particuliers, mais seulement comme chefs de chantiers ou d'atelier.

Art. 4. Les condamnés placés à la 1re classe peuvent seuls être compris dans les propositions de remise, de réduction de peine ou de libération conditionnelles transmises par le gouverneur de la colonie. Toutefois, les propositions exceptionnelles peuvent être faites en faveur des condamnés de 2e ou de 3e classe, qui auraient accompli des actes de courage et de dévouement.

Art. 5. Les condamnés de la 2e classe sont employés à des travaux de colonisation et d'utilité publique pour le compte de l'État, de la Colonie, des municipalités ou des particuliers, dans les conditions prévues par les règlements d'administration publique sur l'emploi aux colonies de main-d'œuvre des condamnés aux travaux forcés.

Art. 6. Les condamnés de la 3e classe sont affectés aux travaux les plus particulièrement pénibles. En outre, ils sont entièrement séparés des condamnés des autres classes. Si les locaux le permettent, ils sont isolés la nuit ; ils couchent sur un lit de camp et peuvent être mis à la boucle simple. Ils sont enfermés dans les cases pendant tout le temps qu'ils ne passent pas sur les travaux. Ils sont astreints au silence de jour et de nuit pendant le travail comme pendant le repos. Sont exceptées de la règle du silence les communications indispensables à l'occasion des travaux ou du service.

Art. 7. L'affectation des condamnés aux différentes colonies pénitentiaires est faite par le ministre chargé des colonies, et pour répartition dans la 2e ou la 3e classe par le ministre de la justice, avant le départ de chaque convoi sur la proposition d'une commission composée de représentants des départements intéressés.

Art. 8. Le classement des condamnés d'après leurs antécédents judiciaires et leurs aptitudes est effectué, à leur arrivée dans la colonie, par le directeur de l'administration pénitentiaire.

Art. 9. Le passage d'un condamné à la classe supérieure a lieu par la décision du directeur de l'administration pénitentiaire, sur l'avis de la commission disciplinaire instituée au titre 3 du présent décret. — Les condamnés de la 3e classe ne peuvent être proposés pour la 2e classe s'ils n'ont été effectivement employés pendant deux ans aux travaux de leur classe dans la colonie. — Aucun condamné à temps de la 2e classe ne peut être proposé pour la 1re classe s'il n'a accompli la moitié de sa peine. Pour le condamné à perpétuité ou à plus de vingt ans de travaux forcés, le délai minimum est de dix ans. — Toutefois, en cas de circonstances exceptionnelles, le passage à la 1re classe pourra être accordé, par décision spéciale du ministre chargé des colonies, aux condamnés de la 2e classe qui auront accompli, soit le quart de la peine en cas de condamnation temporaire, soit au moins cinq ans si la peine dépasse vingt ans.

Art. 10. Le renvoi d'un condamné à une classe inférieure peut être prononcé par le directeur de l'administration pénitentiaire après avis de la commission disciplinaire pour toute punition de cellule ou de cachot.

Art. 11. Tout transporté qui est condamné dans la colonie à la réclusion cellulaire ou à l'emprisonnement pour crimes ou délits, est placé à la 3e classe à l'expiration de cette nouvelle peine et y est maintenu pendant une période au moins égale à la durée de la peine prononcée sans qu'elle puisse être inférieure à deux ans. — Si le condamné à la peine de la réclusion cellulaire ou de l'emprisonnement bénéficie des dispositions de la loi du 14 août 1885, sur la libération conditionnelle, il est également, lors de sa réintégration sur un établissement de transportation, placé à la 3e classe et y est maintenu au moins pendant un an. — Tout transporté à temps condamné à une nouvelle peine de travaux forcés par application des dispositions de l'art. 7 de la loi du 30 mai 1854, sur l'exécution de la peine des travaux forcés, est placé à la 3e classe, et y est maintenu pendant une durée au moins égale à celle de la nouvelle condamnation prononcée contre lui, sans qu'elle puisse être inférieure à deux ans. Tout transporté à perpétuité condamné à la double chaîne, par application des dispositions de l'article et de ce même paragraphe précédent, est placé dans un des quartiers du camp disciplinaire prévu au titre 4 du présent décret et y est maintenu pendant au moins un an. En outre, il est maintenu à la 3e classe au moins pendant toute la durée de sa peine de double chaîne.

Art. 12. Le condamné valide qui n'a pas accompli le travail qui lui est imposé n'a droit qu'au pain et à l'eau. — Tout condamné ayant effectué le travail qui lui est imposé obtient pour la journée du lendemain un bon de cantine donnant droit à la ration normale déterminée par un arrêté du ministre chargé des

En principe, le condamné valide n'a droit, désormais, qu'au pain et à l'eau ; au transporté il appartiendra de mériter par son travail, non pas un salaire, mais un bon de cantine donnant droit à la ration normale, et même un ou plusieurs bons supplémentaires. Celui qui n'aura pas accompli la tâche qui lui est imposée sera donc réduit au pain sec et à l'eau, jusqu'au jour où il se sera plié aux exigences de sa situation. Trois punitions seulement sont prévues : la prison de nuit, la cellule, le cachot (art. 14 à 21), sans préjudice, bien entendu, des condamnations judiciaires qui pourraient être encourues par les transportés pour crimes ou délits, notamment des condamnations à la peine de la réclusion cellulaire ou à celle de l'emprisonnement, qui ont été organisées par le décret précité du 5 oct. 1889 (V. v° *Peine*, n° 713). Il y faut ajouter, pour les incorrigibles, la « salle de discipline » ainsi décrite par l'art. 45 : « Les condamnés punis de « salle de discipline » sont réunis sous la garde permanente d'un ou plusieurs surveillants dans un local où ils sont tenus de marcher au pas et à la file depuis le lever jusqu'au coucher du soleil ; la marche est interrompue

toutes les demi-heures par un repos d'un quart d'heure, durant lequel les condamnés sont assis sur des dés en pierre ou en bois, suffisamment espacés. Les repas sont pris sur place pendant l'une des interruptions de marche. Le silence le plus absolu doit être observé. La salle de discipline est prononcée pour un mois au plus ». Le décret du 13 sept. 1891 prévoit aussi (art. 22 et suiv.) la création, dans chaque pénitencier, d'une commission disciplinaire qui inflige les punitions et assure la répression immédiate des infractions commises par les transportés.

70. Quant aux pénalités proprement dites qui peuvent atteindre les transportés, V. le décret du 5 oct. 1889 (D. P. 90. 4. 101), véritable *code des bagnes*, qui a été analysé *suprà*, v° *Peine*, n° 713. — V. aussi, en ce qui concerne la peine de mort, la décision présidentielle du 4 oct. 1889 qui a rendu au gouverneur la faculté de faire exécuter immédiatement, sans recours en grâce, les condamnations capitales, sur l'avis du conseil privé (*suprà*, v° *Peine ibid.*). — On peut encore ranger, parmi les documents législatifs qui touchent à la discipline des transportés, le décret des

colonies. — Tout condamné qui aura obtenu dans la semaine quatre fois la ration normale aura droit, le dimanche, à la ration normale. — Les condamnés peuvent, par leur travail et leur conduite, obtenir un ou plusieurs bons supplémentaires dont la valeur est fixée par arrêté ministériel. Si ces bons ne sont pas consommés le jour même, la valeur en est versée au pécule. — Le pécule peut être employé soit en menus achats autorisés par arrêtés locaux, soit en envoi de fonds aux familles.

Art. 13. Les condamnés, à l'exception de ceux placés sous le régime de l'assignation ou en concession, ne peuvent détenir aucune somme d'argent ou valeur quelconque.

Titre II.

Des punitions disciplinaires.

Art. 14. Les punitions disciplinaires qui peuvent être infligées aux condamnés, suivant la gravité des cas, sont les suivantes : 1° la prison de nuit; — 2° La cellule; — 3° Le cachot. — Pendant la durée des punitions qu'ils encourent, les condamnés qui travaillent ne reçoivent aucun bon supplémentaire. — Dans aucun cas, les punitions disciplinaires prévues au présent article ne peuvent se cumuler avec les peines prononcées pour le même fait par les tribunaux maritimes spéciaux.

Art. 15. Les condamnés punis de prison de nuit couchent sur un lit de camp et sont mis à la boucle simple ; ils sont enfermés après le repas du soir. — Ils sont, dans la journée, astreints au travail de leur classe. — La prison de nuit est infligée pour un mois au plus.

Art. 16. Les condamnés punis de cellule sont enfermés isolément; ils couchent sur un lit de camp et sont mis à la boucle simple pendant la nuit. Ils sont astreints au travail d'après une tâche déterminée. Ils ne peuvent recevoir aucune visite, ni écrire, si ce n'est au directeur de l'administration pénitentiaire, au gouverneur ou aux ministres. Ils sont réunis dans un préau pendant une heure chaque jour et obligés de marcher à la file en silence, sous la conduite de surveillants. Ils sont mis au pain sec un jour sur trois, sans préjudice de l'application du paragraphe 1er de l'art. 12. — La cellule est infligée pour deux mois au plus.

Art. 17. Les condamnés punis de cachots sont enfermés isolément; ils couchent sur un lit de camp et sont mis à la double boucle pendant la nuit; toutefois, en cas de révolte ou de violence, ils peuvent être mis par l'agent chargé de la surveillance des locaux disciplinaires à la double boucle de jour et de nuit pendant un temps qui ne peut excéder trois jours. Il est rendu compte immédiatement de cette mesure à l'autorité supérieure. — Les condamnés punis de cachot ne peuvent en outre recevoir aucune visite ni écrire si ce n'est au directeur de l'administration pénitentiaire, au gouverneur ou aux ministres. — Ils sont mis au pain sec deux jours sur trois. — Le cachot se subit dans un local obscur. Il est infligé pour un mois au plus. S'il a été prononcé contre un transporté plusieurs punitions de cachot devant être subies consécutivement et dont le total excède la durée d'un mois, les huit premiers jours qui suivent l'expiration de chaque mois en cachot obscur sont subis dans un cachot clair.

Art. 18. Tout cachot doit être visité tous les huit jours au moins par le médecin de l'établissement qui rend compte de cette inspection par un rapport adressé au commandant du pénitencier.

Art. 19. Les condamnés punis de cellule ou de cachot, se disant malades, sont visités par le médecin.

Art. 20. Les surveillants peuvent prononcer la punition de prison pour deux nuits. Pour les cas les plus graves, ils doivent se borner à faire un rapport au chef de l'établissement ou de camp. Ils peuvent toutefois, dans l'intérêt de l'ordre et de la

discipline, faire arrêter et mettre provisoirement en prison ou isoler le délinquant à la condition d'en rendre compte immédiatement à l'autorité supérieure.

Art. 21. Les punitions disciplinaires de la prison de nuit et de la cellule prononcées contre les condamnés en cours de peine placés en concession pour des fautes dont la gravité ne serait pas de nature à entraîner le retrait de la concession, peuvent par une disposition spéciale de la décision disciplinaire être converties en journées gratuites de travail pour l'exécution de travaux d'intérêt général ou d'utilité publique sur les centres de colonisation. — Le nombre des journées gratuites de travail ainsi imposées aux transportés concessionnaires est déterminé par la décision disciplinaire et ne peut excéder quinze pour une peine de prison de nuit et trente pour une peine de cellule. — Des arrêtés des gouverneurs, pris en conseil privé et soumis à l'approbation du ministre chargé des colonies, déterminent dans quelles conditions a lieu la conversion des punitions.

Titre III.

De la commission disciplinaire et du prononcé des punitions.

Art. 22. Dans chaque pénitencier, il sera créé une commission disciplinaire devant laquelle seront traduits les condamnés tombant sous l'application de l'art. 14, à l'exception de ceux qui peuvent être punis par les surveillants dans les termes de l'art. 20.

Art. 23. La commission est présidée par le fonctionnaire chargé du commandement de l'établissement, assisté de deux fonctionnaires, employés ou agents de l'administration pénitentiaire, désignés par le directeur.

Art. 24. Le directeur ou le sous-directeur en tournée peut présider la commission. Dans ce cas, le fonctionnaire le moins élevé en grade se retire. — L'inspecteur de la transportation en mission, ou de passage dans un pénitencier, assiste de droit aux séances, mais sans voix délibérative.

Art. 25. Un surveillant militaire désigné par le chef de l'établissement remplit les fonctions de greffier de la commission. Il inscrit sur un registre spécial toutes les punitions prononcées.

Art. 26. La police des séances de la commission appartient au président.

Art. 27. Le président fait connaître à chaque condamné les motifs de sa comparution devant la commission. Il interroge le délinquant, sur les faits qui lui sont reprochés, et entend les personnes qui peuvent fournir des renseignements utiles. La décision est prise à la majorité des voix hors la présence de l'intéressé, et lui est notifiée par le greffier.

Toutes les punitions prononcées par la commission sont portées, par la voie de l'ordre, à la connaissance du pénitencier.

Art. 28. Les condamnés ayant des réclamations à formuler sont admis, à des époques déterminées, à les présenter devant la commission, qui les examine et les transmet, avec son avis, au directeur de l'administration pénitentiaire. — Les lettres adressées sous plis fermés par les transportés, soit au directeur de l'administration pénitentiaire, soit au gouverneur de la colonie, soit au ministre chargé des colonies et au ministre de la justice, et remise aux fonctionnaires et agents des services de la transportation, sont, par leurs soins, transmises sans retard à destination.

Art. 29. Toutes les propositions du commandant du pénitencier pour le changement de classe des condamnés, le classement et le déclassement dans la catégorie des incorrigibles, etc., sont accompagnées de l'avis de la commission disciplinaire.

Art. 30. Les relevés, certifiés conformes, de toutes les punitions prononcées par la commission disciplinaire dans le cours de chaque mois, sont transmis au directeur de l'administration pénitentiaire par les soins des commandants des établissements;

30 août-1er sept. 1889 (D. P. 90. 4. 97) concernant les cafés, cabarets, débits de boissons, hôtels, etc., dans les colonies pénitentiaires de la Guyane et de la Nouvelle-Calédonie, qui interdit sur tout le territoire des deux colonies et sous des peines sévères la vente aux condamnés aux travaux forcés et aux réclusionnaires en cours de peine, ainsi qu'aux relégués collectifs, du vin ou de boissons alcooliques quelconques. Ce même décret soumet à l'autorisation préalable l'ouverture de tout café, cabaret etc., et interdit aux autres marchands de vendre aux transportés en cours de peine ou aux relégués collectifs, non munis d'une autorisation, dans toute l'étendue du territoire de la colonie.

71. — 2° *Emploi de la main-d'œuvre pénale.* — L'emploi aux colonies de la main-d'œuvre des condamnés aux travaux forcés présente de sérieuses difficultés; il a donné lieu à des abus souvent signalés, même à la tribune nationale. Il est hors de doute que le principe qui domine l'exécution de la peine des travaux forcés, c'est l'obligation du travail, et du travail pénible, obligation puisant sa source dans la loi qui l'impose comme une expiation. « Les condamnés, dit l'art. 2 de la loi du 30 mai 1854, seront employés aux travaux les *plus pénibles* de la colonisation et à tous autres travaux d'utilité publique ». Dans la pratique, il s'en faut de beaucoup que les intentions du législateur aient été remplies. En dehors de la construction des établissements appartenant à l'administration pénitentiaire (hôpitaux, magasins, prisons, logement de fonctionnaires, cases de condamnés), la main-d'œuvre pénale n'a exécuté en Nouvelle-Calédonie que quelques routes et une faible partie des quais de Nouméa, à la Guyane quelques routes seulement. Pour employer ses transportés, l'administration a créé des exploitations agricoles et des usines qu'elle a dû fermer après y avoir inutilement dépensé des sommes considérables. Elle a aussi loué la main-d'œuvre à des sociétés, à des particuliers, qui l'ont exploitée au mieux de leurs intérêts, se préoccupant peu, on le conçoit, des considérations de pénalité, de justice distributive et de bonne administration. En somme, on peut affirmer que la main-d'œuvre pénale a été

ces relevés indiquent les noms des condamnés qui sont en cellule ou au cachot depuis plus de deux mois.

Art. 31. Lorsque les centres ou camps annexés dépendant d'un pénitencier en sont trop éloignés, le chef de centre ou de camp est investi, par décision spéciale du directeur de l'administration pénitentiaire, du pouvoir de prononcer la punition de la prison de nuit. Les punitions de cellule et de cachot sont infligées par la commission disciplinaire de l'établissement.

Art. 32. Dans les centres ou camps non rattachés à un pénitencier, la punition de la prison de nuit est prononcée par le chef de centre ou de camp. — Les autres punitions sont infligées par le directeur de l'administration pénitentiaire au vu des rapports qui lui sont adressés à cet effet.

Art. 33. Les chefs de centres et de camps rendent compte chaque mois, suivant le cas, au directeur de l'administration pénitentiaire ou au commandant du pénitencier, des punitions infligées par eux, qu'ils tiennent un registre spécial, sur lequel sont inscrites toutes les punitions qu'ils prononcent et où sont portées aussi les punitions infligées sur leur rapport, soit par le directeur de l'administration pénitentiaire, soit par la commission disciplinaire de l'établissement.

Art. 34. Les punitions infligées aux condamnés ne peuvent être remises que par voie de mesure générale. — Toute punition peut être augmentée, réduite ou remise par le directeur de l'administration pénitentiaire.

TITRE IV
Des quartiers et camps disciplinaires pour l'internement des incorrigibles.

Art. 35. Les condamnés de la troisième classe reconnus incorrigibles sont entièrement séparés des autres transportés et soumis à un régime spécial.

Art. 36. Les condamnés classés dans la catégorie des incorrigibles sont placés, soit dans les quartiers disciplinaires situés sur les pénitenciers spéciaux de répression, soit dans les camps disciplinaires établis à cet effet pour l'exécution de travaux publics au compte de l'Etat ou de la colonie.

Art. 37. La désignation de pénitenciers spéciaux en vue de l'internement des incorrigibles et la création de quartiers et de camps disciplinaires sont faites par arrêtés du gouverneur pris sur la proposition du directeur de l'administration pénitentiaire et soumis à l'approbation préalable du ministre chargé des colonies.

Art. 38. La désignation des condamnés qui doivent être placés dans les quartiers ou camps disciplinaires est faite par le directeur de l'administration pénitentiaire sur la proposition des chefs de centres et de camps non rattachés à un pénitencier. — La note individuelle prévue à l'art. 1er est jointe aux propositions.

Art. 39. La durée de séjour aux quartiers ou camps disciplinaires n'est pas limitée; elle est entièrement subordonnée à la conduite et au travail des condamnés ainsi qu'à leurs fautes antérieures. Elle ne peut être inférieure à six mois.

Art. 40. Tous les trois mois, des notes individuelles sont données, sur chacun des condamnés classés dans la catégorie des incorrigibles par la commission disciplinaire de l'établissement, ou, à défaut, par une commission spéciale désignée à cet effet par le directeur de l'administration pénitentiaire.

Art. 41. La commission disciplinaire ou la commission spéciale prévue à l'article précédent formule des propositions en faveur des condamnés qui n'ont encouru aucune punition depuis trois mois au moins et qui lui paraissent avoir mérité leur renvoi du quartier ou camp disciplinaire; ce renvoi est prononcé par le directeur de l'administration pénitentiaire.

Art. 42. La ration des hommes placés dans la catégorie des incorrigibles est celle des condamnés de troisième classe. — Ils ne peuvent recevoir aucun bon supplémentaire.

Art. 43. Les condamnés des quartiers et camps disciplinaires sont, comme les autres condamnés de la troisième classe, employés aux travaux les plus particulièrement pénibles. Ils sont placés sur des chantiers spéciaux, où ils ne doivent avoir aucun contact avec les autres transportés. — Ils sont astreints à toutes les obligations imposées aux condamnés de la troisième classe par l'art. 6 du présent décret, et, lorsqu'ils ne sont pas isolés la nuit, ils couchent sur un lit de camp avec la double boucle.

Art. 44. Les punitions qui peuvent être infligées aux condamnés dans les quartiers et camps disciplinaires, suivant la gravité des cas, sont les suivantes :
1° La salle de discipline ;
2° La cellule ;
3° Le cachot.

Art. 45. Les condamnés punis de « salle de discipline » sont réunis sous la garde permanente d'un ou de plusieurs surveillants dans un local où ils sont tenus de marcher au pas et à la file depuis le lever jusqu'au coucher du soleil; la marche est interrompue toutes les demi-heures par un repos d'un quart d'heure, durant lequel les condamnés sont assis sur des dés en pierre ou en bois suffisamment espacés. Les repas sont pris sur place, pendant l'une des interruptions de marche. Le silence le plus absolu doit être observé. La salle de discipline est prononcée pour un mois au plus.

Art. 46. Les punitions de cellule et de cachot sont subies dans des conditions déterminées aux art. 16 et 17 du présent décret. La cellule est infligée pour quatre mois au plus, le cachot pour une durée maximum de deux mois; à l'expiration du premier mois et au cas de plusieurs peines de cachot, devant être subies consécutivement, les huit premiers jours, à la suite de chaque mois en cachot obscur, sont subis dans un local clair.

Art. 47. Les punitions sont infligées aux incorrigibles dans la forme tracée pour les autres condamnés. Les surveillants peuvent prononcer la punition de la salle de discipline pour deux jours. — Dans les centres et camps trop éloignés d'un pénitencier, les chefs de centres et de camps investis de ce pouvoir par décision spéciale du directeur de l'administration pénitentiaire et, dans ceux non rattachés à un pénitencier, tous chefs de centres et de camps peuvent prononcer la punition de salle de discipline pour huit jours ou la cellule pour deux mois; les autres punitions sont infligées par le directeur de l'administration pénitentiaire.

TITRE V.
Disposition transitoire et dispositions diverses.

Art. 48. La répartition des condamnés présents au moment de la promulgation du présent décret dans les colonies pénitentiaires entre les trois classes prévues à l'art. 1er sera faite par le gouverneur, sur la proposition du directeur de l'administration pénitentiaire.

Art. 49. Sont abrogées toutes les dispositions antérieures concernant le régime disciplinaire des établissements de travaux forcés aux colonies, et notamment le décret du 18 juin 1880.

Art. 50. Le ministre du commerce, de l'industrie et des colonies, et le garde des sceaux, ministre de la justice sont chargés, chacun en ce qui le concerne, de l'exécution du présent décret, qui sera inséré au *Journal officiel* de la République française, au *Bulletin des lois* et au *Bulletin officiel* de l'administration des colonies.

Fait à Paris, le 4 sept. 1891.

Par le président de la République,

Le ministre du commerce, de l'industrie, et des colonies,

JULES ROCHE.

mal employée jusqu'ici. Pris, en général, les condamnés aux travaux forcés ne travaillent pas, ou travaillent peu. Dans un document officiel, le sous-secrétaire d'Etat des colonies a écrit ce qui suit : « Le département a pu constater que les transportés les plus intelligents, dont certains étaient, en même temps, les plus dangereux, trouvaient trop facilement, dès leur arrivée dans la colonie, des emplois qui leur permettaient de se soustraire aux obligations de l'art. 2 de la loi, que les autres condamnés, bien nourris, travaillant seulement huit heures par jour, recevant des gratifications ou des salaires pour une tâche accomplie presque toujours sans fatigue, encombraient les chantiers et les ateliers de la transportation, sans profit pour l'Etat ni pour la colonie » (Instructions de M. Etienne, sous-secrétaire d'Etat des colonies, au gouverneur de la Nouvelle-Calédonie, au sujet du régime de la transportation dans cette colonie, *Journ. off.* du 16 oct. 1889). V. aussi, en ce qui concerne l'insuffisance des travaux d'utilité publique exécutés par le service pénitentiaire, le rapport de M. Chautemps, député, sur le budget des services pénitentiaires coloniaux (1892) dans le *Bulletin de la Société des prisons*, 1892, p. 1174 et suiv. V. toutefois dans le même *Bulletin*, 1891, p. 900 et suiv., l'intéressant rapport de M. Noël Pardon, gouverneur de la Nouvelle-Calédonie.

72. La question de l'emploi de la main-d'œuvre pénale coloniale a fait l'objet d'études particulières de la part de la commission permanente du régime pénitentiaire aux colonies. Sur l'invitation du sous-secrétaire d'Etat, cette commission a recherché les meilleurs moyens d'utiliser la main-d'œuvre pénale dans nos possessions d'outre-mer et de l'appliquer, conformément au vœu du législateur de 1854, aux travaux les plus pénibles de la colonisation et à tous autres travaux d'utilité publique, en réservant toutefois aux condamnés de bonne conduite la faculté de travailler, soit pour les habitants de la colonie, soit pour le compte des administrations locales (art. 11, § 1er de la loi du 30 mai 1854). Ces travaux ont abouti à la rédaction d'un projet de décret, lequel a été sanctionné par le chef de l'Etat à la date du 15 sept. 1891, et inséré au *Journal officiel* du 2 oct. 1891, *Bulletin*, n° 24214. Le décret précité dispose que les condamnés qui ne sont pas affectés à des travaux de colonisation ou à d'autres travaux d'utilité publique pour le compte de l'Etat peuvent être mis, pour les mêmes travaux, à la disposition des colonies ou des municipalités; ils peuvent également être employés à des travaux de colonisation exécutés par des particuliers (art. 1er). Il fixe les conditions dans lesquelles les condamnés sont mis à la disposition des services locaux ou municipaux (art. 3 à 5); il pose le principe de la redevance, mais il admet pour le ministre le droit d'exonérer la colonie ou les municipalités de cette redevance (art. 5). Son chapitre 3 (art. 6 à 8) prévoit le cas où les condamnés aux travaux forcés, constitués en sections mobiles, seraient envoyés dans des colonies *non pénitentiaires*, pour y exécuter des travaux, soit au compte de l'Etat, soit au compte des budgets locaux, mais, dans ce dernier cas, sur la demande des colonies elles-mêmes. Le chap. 4 détermine les conditions dans lesquelles la main-d'œuvre pénale peut être mise à la disposition des particuliers; il admet par conséquent les contrats de main-d'œuvre, mais il entoure cette concession de garanties sérieuses (art. 10 à 28), et il spécifie qu'on ne devra accorder les condamnés que pour l'exécution de travaux d'utilité publique exécutés pour le compte de l'Etat, des colonies ou des communes, des travaux de mines, et des travaux de défrichement ou de desséchement (art. 9). Enfin le chap. 5 réglemente, sous le nom d'assignation individuelle, la faculté inscrite dans l'art. 11 de la loi de 1854, concernant la mise à la disposition des colons des condamnés de bonne conduite qui ont donné des preuves suffisantes de leur repentir et de leur amendement. Mais le décret précité du 15 sept. 1891 n'a pas suffi pour résoudre les difficultés que présente l'organisation du travail des transportés, et la question de l'emploi de la main-d'œuvre pénale est toujours pendante. Le 10 oct. 1892, M. Jamais, sous-secrétaire d'Etat, adressait à la commission permanente du régime pénitentiaire une nouvelle lettre faisant connaître que, dans la pensée du Gouvernement, les contrats de main-d'œuvre ne devront pas être renouvelés et que, dorénavant, les transportés devront être employés à des travaux d'utilité

publique ou de défense exécutés directement par l'Etat dans nos deux colonies pénitentiaires et ailleurs. Cette manière de voir est toute différente de celle qui a prévalu jusqu'ici dans l'Administration coloniale. Assurément elle est infiniment plus conforme aux principes du droit pénal. « Les criminalistes ont admis de tout temps, comme un principe essentiel, que la peine doit être égale et que la société, exerçant le droit de punir au nom des intérêts supérieurs dont elle a la garde, doit apporter, dans l'application de ce droit, l'esprit de justice et d'impartialité qui en est non seulement la conséquence, mais la source et la justification. Or, la cession de main-d'œuvre des intérêts privés est en contradiction avec ce principe. Si des condamnés frappés pour la même faute, soumis à la même peine, sont cependant placés sous un régime plus ou moins dur, suivant les conditions du contrat en vertu duquel leur travail est livré à un particulier, suivant le traitement et le genre de surveillance que ce particulier leur impose, en chargeant, d'ailleurs, de ce soin un subordonné; si on peut constater et redouter, pour le condamné, tantôt une rigueur excessive, et tantôt des faveurs qui annihilent la peine, il est permis de dire que celle-ci n'est plus égale. Elle est faussée dans son application; l'œuvre de la justice ne se poursuit pas avec le caractère et les garanties qui s'attachent à elle. Dans ce domaine où s'exercent les droits les plus élevés de l'Etat, où s'agitent les intérêts les plus graves de la société, rien ne doit s'interposer entre elle et le condamné. La peine se trouve atteinte dans son caractère et dans son but lorsqu'elle peut dépendre de l'intérêt privé » (Lett. précitée de M. Jamais, *Bulletin de la Société générale des prisons*, 1892, p. 1210). On ne peut qu'applaudir, à ce langage élevé; et souhaiter que le nouveau programme puisse être exécuté. Mais que de difficultés pratiques se présentent à l'esprit qui cherche à en concevoir la réalisation ! Le système de la régie, appliqué en des contrées lointaines, donnera-t-il de bons résultats ? N'occasionnera-t-il pas un surcroît de dépenses, même si l'Administration a la main heureuse dans le choix de tous ses fonctionnaires ? Et puis, il n'y aura pas toujours des travaux publics à faire en Guyane et en Nouvelle-Calédonie, et quelles difficultés de tout ordre n'offriraient pas le transport et la garde de sections mobiles de forçats dans d'autres colonies?

73. — 3° *Concessions*. — On sait que l'art. 11 de la loi du 30 mai 1854 permet d'accorder des concessions de terrains (avec faculté de le cultiver pour leur propre compte) aux condamnés des deux sexes qui se seront rendus dignes d'indulgence par leur bonne conduite, leur travail et leur repentir. Les conditions dans lesquelles ces concessions peuvent être accordées ont été réglées par un décret des 31 août-4 déc. 1878 (D. P. 79. 4. 15) complété par une décision du 16 janv. 1882. L'application de ce décret et de cette décision a été la source de certains abus, et le but poursuivi n'a pas été atteint. « En autorisant l'Administration à constituer la propriété au profit d'individus que la métropole rejetait définitivement de son sein, le législateur de 1854 a voulu assurer le développement industriel et agricole des colonies pénitentiaires et donner aux condamnés de bonne conduite les moyens de se créer des ressources pour le jour de leur libération. Mais, grâce aux dispositions trop bienveillantes du décret et de la décision précitée, grâce aussi à des mises en concession prématurées, les condamnés ont pu bénéficier des avantages qu'ils auraient dû, suivant la loi, savoir se mériter par leur travail une faveur qui devait être pour eux la première étape de la réhabilitation. Les trente mois de vivres qui leur étaient accordés ne servirent qu'à favoriser la paresse du plus grand nombre et les facilités qu'ils trouvaient auprès de commerçants peu scrupuleux eurent pour résultat de les endetter dans des proportions considérables la plupart des concessionnaires, qui, devenus propriétaires de leurs terrains, étaient immédiatement expulsés par leurs créanciers. Le libéré, dont on avait voulu assurer l'avenir, découragé, sans asile et sans ressources, retombait alors à la charge de l'Administration ou menait dans la colonie une existence vagabonde et souvent criminelle. Les sacrifices faits par l'Etat étaient perdus et l'œuvre de la colonisation pénale périclitait » (Rapport du 24 mars 1892 au sous-secrétaire d'Etat sur les travaux de la commission permanente du régime pénitentiaire aux colonies, dans le *Bulletin des prisons*, 1891, p. 1091). La commission permanente a recherché les moyens de porter remède à cette situation. Elle a préparé un projet de décret dont « les dispositions entourent la mise en concession de garanties telles que l'on n'aura plus à redouter à l'avenir le trafic des concessions et l'éviction des concessionnaires par les usuriers qui gravitent autour des colons d'origine pénale ». On trouvera dans le *Bulletin des prisons*, 1891, p. 1092 et suiv. l'analyse de ce projet de décret qui est soumis aux délibérations du conseil d'Etat.

74. — 4° *Libérés.* — On sait que les condamnés aux travaux forcés ne recouvrent pas, à l'expiration de leur peine, leur pleine et entière liberté. Aux termes de l'art. 6 de la loi du 30 mai 1854, « tout individu condamné à moins de huit années de travaux forcés sera tenu, à l'expiration de sa peine, de résider dans la colonie, pendant un temps égal à la durée de la condamnation. Si la peine est de huit années, il sera tenu d'y résider pendant toute sa vie ». La sanction de cette disposition légale se trouve dans l'art. 8 qui punit de la peine d'un an à trois ans de travaux forcés « tout libéré coupable d'avoir quitté la colonie sans autorisation, ou d'avoir dépassé le délai fixé par l'autorisation ». Les libérés (ils étaient 4431 en Nouvelle-Calédonie, au 31 déc. 1890) ont été longtemps le fléau de la transportation. Particulièrement depuis la suppression de la surveillance de la haute police (L. 27 mai 1885) jusqu'en 1888, ils ont joui dans la colonie de la liberté la plus absolue et échappé à tout contrôle. Un décret du 13 janv. 1888 (D. P. 88. 3. 13) et d'autres actes ultérieurs ont remédié, dans une large mesure, aux dangers que faisait courir aux colonies pénitentiaires la trop grande liberté laissée aux individus de cette catégorie. Le décret précité du 13 janv. 1888 consacre le principe de l'appel comme moyen légal de constater effectivement la présence des libérés astreints à la résidence. Aux termes de l'art. 5, celui qui, sans motif légitime, n'a pas répondu à un appel, est puni d'un emprisonnement de deux mois à un an, et, en cas de nouvelles infractions dans un délai de cinq ans, d'un emprisonnement de quatre mois à deux ans. De plus, aux termes de l'art. 6, la connaissance de tous les crimes et délits commis par des libérés, attribuée jusqu'ici aux conseils de guerre, a été donnée aux tribunaux de droit commun.

Un nouveau décret, daté du 29 sept. 1890 (D. P. 91. 4. 104), tout en maintenant l'obligation des appels, a imposé aux libérés, en outre celles : 1° d'être nantis d'un livret destiné à l'inscription de ces appels, ainsi qu'au contrôle de ses moyens d'existence, livret que le libéré doit représenter à toute réquisition des agents de l'administration pénitentiaire, ou de tous officiers de police judiciaire (art. 2); 2° de faire, en cas de changement de résidence, une déclaration de ce changement dans la localité qu'il quitte et dans celle où il transporte sa résidence (art. 3); 3° en cas de perte du livret, d'en faire la déclaration à l'autorité du lieu où il réside (art. 4); 4° de justifier de moyens d'existence consistant « soit dans la possession légitime de biens suffisants, soit dans la mise en valeur de l'exploitation effective d'une concession régulière, soit dans l'exercice d'une profession ou d'un négoce non interdit aux libérés, soit dans un engagement de travail » (art. 5). Le libéré qui ne justifie pas d'un de ces moyens d'existence, ou qui se prévaut d'un engagement fictif de travail, est puni des peines portées à l'art. 271 c. pén. (art. 7). Parmi les sanctions établies par le décret (art. 9 et 10), il faut citer celle du premier paragraphe de ce dernier article, qui punit d'un emprisonnement d'un mois à un an et d'une amende de 100 à 150 fr., tout individu qui constate sur le livret l'existence d'un engagement fictif de travail qu'il aurait passé avec un libéré. Enfin les décrets précités ont été complétés par des arrêtés du gouverneur des grandes colonies pénitentiaires, réglant le mode de constatation de la présence des libérés et de leurs moyens d'existence, et déterminant les professions qui leur sont interdites (Arrêté du gouverneur de la Guyane, en date du 7 déc. 1891, approuvé par décret des 4-19 avr. 1892 (D. P. 93. 4. 21), et Arrêté du gouverneur de la Nouvelle-Calédonie, en date du 4 juill. 1892, approuvé par décret du 27 févr. 1893, *Journ. off.* du 3 mars 1893).

75. — III. Relégation. — 1° *Généralités.* — Créée par la loi sur les récidivistes des 27-28 mai 1885 (D. P. 85. 4. 45), la relégation consiste dans la transportation aux colonies ou possessions françaises, avec obligation d'y résider à perpétuité. Ce n'est pas ici le lieu d'examiner le côté pénal de cette peine, appliquée, on le sait, à des repris de justice qui, à raison du nombre ou de la gravité de leurs récidives, ne paraissent pas devoir se reclasser dans la France continentale. Cette étude sera faite *infrà*, v° *récidive-relégation*. — Nous ne nous occuperons en ce moment que de l'organisation pénitentiaire de la relégation. A ce point de vue, nous signalerons comme pouvant être utilement consultés sur l'organisation de la peine de la relégation, les ouvrages suivants : André, *La récidive*, p. 316 et suiv., Garraud, *Traité de droit pénal français*, t. 1, n°s 299 et suiv., et *Précis de droit criminel*, 4° éd., n° 188 ; Laborde, *Cours élémentaire de droit criminel*, n°s 350 et suiv. En ce qui concerne l'application qui a été faite de la loi de 1885 depuis sa promulgation, et ses résultats, on lira avec intérêt les rapports annuels de la commission de classement instituée au ministère de l'intérieur. Les trois premiers de ces rapports, présentés au ministre par M. Dislère, conseiller d'Etat, président de la commission, portent sur les années 1885-86, 1887 et 1888. On les trouvera dans le *Bulletin de la Société des prisons*, année 1887, p. 431 et suiv. ; 1888, p. 843 et suiv. ; 1889, p. 595 et suiv. En 1890, M. Jacquin, devenu président de la commission, a présenté le quatrième rapport (*Bulletin des prisons*, 1890, p. 785), qui a été suivi, en 1891, d'un rapport d'ensemble sur la période quinquennale 1886-1890 (*Bulletin*, 1891, p. 932 et suiv.), et plus tard d'un sixième rapport correspondant à l'année 1891 (*Bulletin*, 1892, p. 1214).

76. Le législateur, par une véritable abdication, s'est déchargé sur le pouvoir exécutif du soin de régler l'organisation pénitentiaire de la relégation (L. 27-28 mai 1885, art. 1, § 2, 7, § 2 et 18). Celle-ci a été faite tout entière par de nombreux décrets dont le plus important (et le plus important) est intervenu à la date du 26-27 nov. 1885 (D. P. 85. 4. 86). Ces différents décrets seront analysés dans les numéros qui suivent. La relégation comportant des mesures d'exécution en France et des mesures d'exécution aux colonies, sur le territoire même de relégation, nous traiterons d'abord des mesures d'exécution en France, mesures auxquelles est consacré tout entier le titre 2 du décret réglementaire du 26 nov. 1885.

77. — 2° *Mesures d'exécution en France.* — *Pénitenciers, lieux de dépôts.* — *Dispenses de la relégation.* — La relégation ne devant, aux termes de l'art. 12 de la loi du 27 mai 1885, être appliquée qu'à l'expiration de la dernière peine à subir par le condamné, il s'ensuit qu'en principe le récidiviste doit subir, avant d'être embarqué, cette dernière peine. Toutefois, faculté est laissée au Gouvernement de devancer l'époque de l'expiration de la peine pour opérer le transfèrement du relégué (art. 12, § 1, de la loi). Autant que possible, les condamnés à la relégation subiront la dernière peine infligée dans des pénitenciers spéciaux, où ils seront préparés à la vie coloniale par un apprentissage industriel ou agricole (art. 12 de la loi ; art. 15 du décret), on les groupera par équipes d'après leur conduite, leurs antécédents, leurs aptitudes et leur destination éventuelle (art. 17 du décret). Des ateliers seront affectés aux femmes (art. 20). Au reste, les relégables ayant accompli la durée des peines à subir avant la relégation peuvent être maintenus en dépôt dans lesdits pénitenciers jusqu'à leur départ pour les lieux de relégation, notamment pendant l'instruction sur les causes de dispense, et pendant la durée des dispenses accordées à titre provisoire (art. 18 du décret). Par motif d'économie, il n'a point été créé jusqu'ici de pénitenciers spéciaux. En attendant le départ des convois qui doivent les conduire en Nouvelle-Calédonie ou à la Guyane, les relégables se trouvent principalement réunis soit au dépôt de Saint-Martin-de-Ré (le même établissement sert aussi de dépôts de forçats), soit au quartier spécial d'Angoulême pour les individus dont la peine à subir en France n'est pas longue, soit dans les maisons centrales de Beaulieu et de Landerneau (Herbette, *L'œuvre pénitentiaire*, p. 171). D'après les constatations faites par M. H. Boucher, député, rapporteur du budget pénitentiaire de 1892, près de mille relégables séjournent ainsi indûment dans nos prisons et y sont entretenus pendant des périodes qui varient de trois à sept mois au grand détriment de la discipline intérieure difficilement applicable à des détenus dont la situation est aussi exceptionnelle. Le transfèrement des relégués aux colonies, la désignation du territoire où le condamné sera soumis à la relégation, les époques et les opérations d'embarquement sont arrêtés de concert par les ministres de l'intérieur, de la justice, de la marine et des colonies (art. 12 à 25 du décret).

78. Avant le départ des relégués, le ministre de l'intérieur peut, en cas d'urgence et à titre provisoire, les dispenser de la relégation pour cause de maladie ou d'infirmités, sur le rapport du directeur de l'établissement ou de la circonscription pénitentiaire et après avis des médecins chargés du service de santé. La dispense conférée à titre provisoire ne saurait durer plus d'une année. Elle ne peut être renouvelée qu'après avis de la *commission de classement* (art. 18, § 4 de la loi ; art. 11, § 1er du décret). — Sur la commission de classement, V. *infrà*, n° 82. — Il appartient au ministre de l'intérieur d'accorder des dispenses même définitives. De même que la dispense à titre provisoire, la dispense à titre définitif ne peut être basée que sur l'état de maladie ou d'infirmité du condamné (art. 18, § 3 de la loi ; art. 11, § 2 du décret). Et, comme il s'agit d'une mesure extrêmement grave, une pareille dispense ne peut être accordée qu'après qu'il a été procédé à une instruction semblable à celle exigée pour l'admission au bénéfice de la relégation individuelle et sur avis conforme de la commission de classement (art. 11, § 2 du décret).

79. Que deviennent les relégués dispensés administrativement de la relégation? L'art. 18 du décret du 26 nov. 1885 dit « qu'ils sont maintenus en dépôt pendant l'instruction sur les causes de dispense et pendant la durée des dispenses accordées à titre provisoire ». « Quant à ceux qui ont obtenu une dispense définitive, il est, dit avec raison M. Laborde, impossible de les garder aux dépôts : ce serait changer administrativement la relégation en emprisonnement perpétuel. Il faut donc les mettre en liberté, et cette liberté sera sans restriction ni limite ; ils échapperont au contrôle de l'Administration. C'est là une imperfection de la loi » (p. 204).

80. — 3° *Mesures d'exécution sur le territoire de relégation.* — L'idée fondamentale qui résume le règlement du 26 nov. 1885, c'est qu'il existe deux sortes de relégation : suivant les cas et les individus, la relégation est *collective* ou *individuelle* (art. 1er). Cette distinction n'est pas faite par la loi, mais elle domine les dispositions contenues dans les titres 1 et 3 du décret.

81. La *relégation individuelle* consiste dans l'internement dans une colonie ou possession française, en état de *liberté*. Les relégués de cette catégorie sont soumis au régime du droit commun et aux juridictions ordinaires (art. 2 du décret). Ils ne sont pas astreints au travail. Vivant en liberté dans la colonie qui leur a été assignée, sauf à se conformer à certaines mesures d'ordre et de surveillance, les relégués individuels se trouvent dans une situation analogue à celle qu'imposait la surveillance de la haute police sous le régime de la loi du 23 janv. 1874. Ces mesures d'ordre sont spécifiées dans un décret du 25 nov. 1887 (D. P. 88. 4. 21) portant organisation de la relégation individuelle aux colonies. (V. notamment art. 4 à 9). — A la différence de la relégation collective, qui s'exécute dans des colonies déterminées (V. *infrà*, n° 86), la relégation individuelle est subie dans les *diverses* colonies ou possessions françaises (Décr. 26 nov. 1885, art. 2, § 1, et art. 4, § 1).

82. Sont admis à la relégation individuelle, après examen de leur conduite, les relégables qui justifient de moyens honorables d'existence, notamment par l'exercice de professions ou de métiers; ceux qui sont reconnus aptes à recevoir des concessions de terre et ceux qui sont autorisés à contracter des engagements de travail ou de service pour le compte de l'État, des colonies ou des particuliers (Décr. 26 nov. 1885, art. 2, § 2). L'admission au bénéfice de la relégation individuelle est prononcée par le ministre de l'intérieur, sur la proposition d'une commission spéciale dite *commission de classement* sur la composition de cette commission (Même décret, art. 7). Divers avis préalables sont exigés : 1° avis du parquet près le tribunal ou la cour ayant prononcé la relégation; 2° avis du préfet du département où résidait le relégué avant sa dernière condamnation; 3° avis du directeur soit de l'établissement, soit de la circonscription pénitentiaire où il se trouvait détenu en dernier lieu; 4° avis du médecin désigné par le ministre de l'intérieur, ayant examiné l'état de santé et les aptitudes physiques du condamné (Même décret, art. 6). En ce qui concerne la peine à être subie dans une colonie et aussi en ce qui concerne les relégués subissant la relégation collective qui sollicitent la faveur d'être admis à la relégation individuelle, il est statué définitivement par le ministre de la marine et des colonies, après avis du gouverneur, sur la proposition d'une commission de classement locale (art. 8 et 9 du règlement). Si la demande est rejetée, un délai de six mois doit nécessairement s'écouler avant qu'elle puisse être renouvelée (Décr. 25 nov. 1887, art. 1er). Les gouverneurs des colonies sont d'ailleurs autorisés par l'art. 2 de ce dernier décret, après avis favorable de la commission locale, à admettre provisoirement au bénéfice de la relégation individuelle, tout relégué collectif qui serait jugé digne de cette faveur, sous réserve de l'approbation du ministre de la marine et des colonies.

83. Le bénéfice de la relégation individuelle peut être retiré au relégué : 1° en cas de nouvelles condamnations pour crime ou délit; 2° pour inconduite notoire; 3° pour violation des mesures d'ordre et de surveillance auxquelles le relégué était soumis; 4° pour rupture volontaire et non justifiée de son engagement; 5° pour abandon de sa concession. Le retrait est prononcé définitivement par le ministre de la marine et des colonies, sur la proposition du gouverneur, après avis de la commission instituée conformément à l'art. 8. Cette décision est portée à la connaissance du ministre de la justice et du ministre de l'intérieur (art. 10 du règlement de 1885).

84. L'institution de la relégation individuelle a peu réussi jusqu'ici. Depuis le début de l'application de la loi jusqu'à la fin de 1891, vingt-six condamnés dont deux femmes ont seuls été proposés, avant leur départ, par la commission de classement pour la relégation individuelle. Il faut, toutefois, ajouter à ce chiffre un certain nombre de relégués qui ont été désignés par les commissions locales, parmi les individus dont la conduite était satisfaisante et qui avaient réussi à se créer sur les lieux de relégation des moyens d'existence. Pendant les années 1889 et 1890, quarante-quatre condamnés en Guyane, et cinquante-six en Nouvelle-Calédonie, dont quatre femmes, ont bénéficié de la relégation individuelle. En 1891, le nombre des relégués admis à cette faveur, en y comptant comme tels ceux envoyés de la métropole, s'élevait en Nouvelle-Calédonie à quatre-vingt-dix (Rapport de M. Pardon, gouverneur de la Nouvelle-Calédonie, dans le *Bulletin des prisons*, 1891, p. 925). Mayotte s'était montrée tout d'abord disposée à accueillir des relégués de cette catégorie ; plus tard, elle a refusé de les recevoir.

85. La *relégation collective* consiste dans l'internement en état de *détention*. Les relégués collectifs sont réunis dans des établissements où l'Administration pourvoit à leur subsistance, et ils sont astreints au travail. Ils sont justiciables, pour la répression des crimes ou délits, d'une juridiction spéciale (Décr. 26 nov. 1885, art. 3).

86. Aux termes de l'art. 4 du règlement précité, la relégation collective s'exécute dans les territoires de la colonie de la Guyane et, si les besoins l'exigent, de la Nouvelle-Calédonie et de ses dépendances. Comme ces deux colonies sont aussi affectées à l'exécution des travaux forcés, il est défendu de réunir dans les mêmes établissements et les mêmes circonscriptions territoriales les relégués collectifs et les forçats (Même décret, art. 5). Des règlements d'administration publique peuvent, d'ailleurs, désigner ultérieurement d'autres lieux de relégation collective (art. 4). En fait, l'île des Pins (Décr. 29-31 août 1886, *Journ. off.* 31 août), puis la baie de Prony (Décr. 2-3 mai 1889, *Journ. off.* du 3 mai), ont été spécialement affectées dans la Nouvelle-Calédonie aux relégués collectifs. A la Guyane, un décret du 24 mars 1887 (D. P. 87. 4. 74) a fixé les limites des parties des territoires de la transportation et de la relégation. — Quant au nombre des relégués, il résulte du dernier rapport annuel de la commission de classement (*Bulletin de la société des prisons*, 1892, p. 1216), qu'à la fin de 1891, la Nouvelle-Calédonie avait reçu depuis l'application de la loi,

2206 relégués (1953 hommes et 253 femmes), et que la Guyane possédait un effectif de 2476 relégués (2283 hommes et 193 femmes).

87. Il peut être envoyé temporairement, sur le territoire des diverses colonies, des groupes ou détachements de relégués à titre collectif, pour être employés sur les chantiers de travaux publics. On les appelle en style administratif les *sections mobiles*. Les sections mobiles ont été organisées par un décret des 18-22 févr. 1888 (D. P. 88. 4. 51). Une de ces sections a été affectée par décret des 12-15 févr. 1889 (D. P. 90. 4. table) au domaine de la Ouaménie en Nouvelle-Calédonie ; une autre, par décret du même jour (*Journ. off.* du 15 févr.) en Guyane ; une troisième, par décret des 13-14 juin 1889 (*Journ. off.* du 14 juin) à la colonie de Diégo-Suarez. Cette dernière colonie ayant refusé de recevoir les relégués, les sections mobiles ne fonctionnent qu'en Nouvelle-Calédonie et en Guyane. — En outre des lieux de relégation, il a fallu créer aux colonies des lieux de dépôt pour recevoir les relégués à leur arrivée et les préparer à leur nouvelle existence. Ces dépôts peuvent comprendre des ateliers, chantiers et exploitations où seront placés les relégués pour une période d'épreuve ou d'instruction. Les relégués y sont formés, soit à la culture, soit à l'exercice d'un métier ou profession, en vue des engagements de travail ou de service à contracter et des concessions de terres à obtenir selon leurs aptitudes et leur conduite (Décr. 26 nov. 1885, art. 31). Un décret des 5-8 sept. 1887 (D. P. 88. 4. 6) a réglé l'organisation des dépôts dont nous venons de parler.

88. La *discipline* des relégués collectifs ; tant dans les dépôts de préparation que dans les établissement, de travail où ils sont définitivement reçus, a été réglée par le décret des 22-25 août 1887 (D. P. 88. 4. 5). Les punitions disciplinaires sont les suivantes : 1° interdiction de supplément de nourriture à la cantine ; 2° privation d'une partie du salaire n'excédant pas le tiers du produit du travail ; 3° prison de nuit ; 4° cellule ; 5° cachot (art. 3). Les relégués punis de cellule sont mis au pain sec un jour sur trois ; la punition de cachot entraîne la mise au pain sec deux jours sur trois (art. 6). Une commission disciplinaire est créée dans chaque dépôt ; c'est elle qui inflige les punitions (art. 8). Il y a un quartier de punition pour les incorrigibles dans les divers dépôts et chantiers de la relégation (art. 16 et suiv.). Comme nous l'avons dit plus haut (n° 68) les relégués collectifs sont astreints au travail, mais l'État supporte les dépenses de logement, d'habillement, de nourriture et d'hospitalisation les concernant. Le travail est rétribué par un salaire sur lequel l'État fait une retenue, laquelle ne peut excéder le tiers, pour couvrir les dépenses que les relégués occasionnent (Décr. 26 nov. 1885, art. 35). Le restant des salaires est divisé en deux portions égales ; l'une constitue le pécule disponible du relégué, l'autre son pécule de réserve, qui sera mis à sa disposition quand il quittera la relégation collective (Décr. 5 sept. 1887, art. 4, cité *suprà*, n° 87).

89. Achevons la matière de l'organisation pénitentiaire de la relégation en signalant quelques mesures communes aux deux catégories de relégués. L'autorité supérieure locale peut accorder aux relégués des autorisations temporaires de quitter le territoire affecté à la relégation. Le ministre seul pourra donner cette autorisation pour plus de six mois ou la réitérer. Il peut seul aussi autoriser, à titre exceptionnel et pour six mois au plus, le relégué à rentrer en France (L. 27 mai 1885, art. 13). — L'évasion ou la tentative d'évasion, même sans bris de prison, sont punies par le tribunal correctionnel du lieu de l'arrestation ou de la relégation d'un emprisonnement de deux ans au plus (Même loi, art. 14). Sont assimilés à l'évasion le fait de quitter sans permis le territoire de la relégation, la désobéissance aux conditions imposées par le permis, la rentrée en France sans autorisation (même article). — D'autre part, pour favoriser le reclassement des relégués dans la colonie et leur amendement, la loi du 27 mai 1885 assure à leur famille la faculté de les rejoindre (art. 18, § 4) ; elle autorise l'Administration à accorder aux relégués l'exercice, mais seulement sur les territoires de relégation, de tout ou partie des droits civils dont ils ont pu être privés par l'effet des condamnations encourues (art. 17) ; elle permet

enfin de leur accorder des concessions de terrains, provisoires ou définitives (art. 18, § 4). A cet égard, l'art. 18 précité porte qu'un règlement d'administration publique déterminera « les conditions auxquelles des concessions de terrains provisoires ou définitives pourront être accordées ; les avances à faire, s'il y a lieu, pour premier établissement ; le mode de remboursement de ces avances ; l'étendue des droits de l'époux survivant, des héritiers ou des tiers intéressés sur les terrains concédés ». Ce règlement n'a pas encore été fait. — Enfin tout cet ensemble de législation est complété par trois décrets : 1° le décret du 11 juill. 1887, relatif à la curatelle d'office des successions de biens vacants des relégués (D. P. 87. 4. 95) ; — 2° Le décret du 11 nov. 1887 relatif au mariage des relégués (D. P. 88. 4. 26) ; — 3° Celui du 26 nov.-1er oct. 1888, relatif à la situation des relégués au point de vue militaire (D. P. 89. 4. 32). A ce dernier point de vue, nous nous bornerons à constater : 1° que les relégués sont soumis aux mêmes obligations militaires que les hommes de la classe de recrutement à laquelle ils appartiennent par leur tirage au sort, et sans qu'il y ait lieu de tenir compte, pour retarder leur passage dans la réserve ou dans l'armée territoriale, du temps pendant lequel ils n'ont pu, par suite de leur maintien en état de relégation, servir effectivement dans les rangs de l'armée active (Décr. 26 nov. 1888, art. 2) ; — 2° Que les relégués individuels qui ont à accomplir du service dans l'armée active sont affectés au corps des disciplinaires coloniaux (art. 3).

90. — IV. DÉPORTATION. — Il a été traité de la déportation au point de vue pénal, v° *Peine*, n° 721 et suiv. Nous ne parlerons ici que de l'organisation pénitentiaire de cette peine criminelle politique, et nous le ferons brièvement parce que la déportation est devenue d'une application très rare. On sait qu'à la suite des événements de la Commune en 1871, un grand nombre d'individus condamnés par les conseils de guerre ont été déportés, mais tous ont été depuis amnistiés (L. 11-12 juill. 1880, D. P. 80. 4. 57) : il n'en reste plus un seul dans les lieux de déportation. — Sur l'application de la peine de la déportation aux insurgés de la Commune, V. la notice sur la déportation à la Nouvelle-Calédonie, publiée en 1874 par le ministère de la marine. V. aussi dans le livre de M. d'Haussonville *Les établissements pénitentiaires*, tout le chapitre 19, intitulé : Établissements consacrés à la déportation, p. 597 et suiv.

91. En ce qui concerne les lieux de déportation, nous rappellerons que c'est la loi qui les désigne ; en cela, la déportation diffère de la transportation. Depuis la loi du 8 juin 1850 (D. P. 50. 4. 129), il existe deux sortes de déportation : la déportation dans une enceinte fortifiée et la déportation simple. Relativement à la première, M. Laborde dit très justement : « L'enceinte fortifiée dont parle la loi n'est ni un bagne ni une prison, mais une enceinte spacieuse, comprenant des terrains dont les condamnés ont l'usage et où ils peuvent s'ingénier à vivre ». La vallée de Vaïthau, dans l'une des îles Marquises, puis la presqu'île Ducos, dans la Nouvelle-Calédonie, ont été affectées à l'exécution de la déportation dans une enceinte fortifiée. Dans la déportation simple, le lieu est moins resserré. Il a été d'abord l'île de Noukahiva, puis l'île des Pins (Nouvelle-Calédonie), et, à son défaut, l'île Maré (même colonie). (L. 23 mars-3 avr. 1872, D. P. 72. 4. 71). Aucune loi nouvelle n'étant intervenue, les localités précitées désignés par la loi de 1872 sont demeurées lieux de déportation. En fait, l'île des Pins est occupée par des relégués et non par des déportés.

92. Le régime des déportés à la Nouvelle-Calédonie est réglementé par trois lois et deux décrets principaux. Les premières sont : 1° la loi citée plus haut du 8 juin 1850 (D. P. 50. 4. 129) ; — 2° La loi du 23 mars-3 avr. 1872 qui désigne de nouveaux lieux de déportation (D. P. 72. 4. 71) ; — 3° La loi du 25-28 mars 1873, qui règle la condition des déportés à la Nouvelle-Calédonie (D. P. 73. 4. 49). Ces lois ont été complétées par : 1° le décret du 31 mai 1872, portant règlement d'administration publique sur le régime de police et de surveillance auquel les condamnés à la déportation dans une enceinte fortifiée sont assujettis (D. P. 72. 4. 72) ; — 2° Le décret du 10 mars 1877 (D. P. 77. 4. 40) portant règlement d'administration publique pour l'exécution de l'art. 13 de la loi du 25 mars 1873. — Les déportés jouissent dans le lieu de déportation de toute la liberté compatible avec la nécessité d'assurer la garde de leur personne et le maintien de l'ordre (art. 1er, L. 8 juin 1850 ; 4 et 5 L. 23 mars 1872. V. L. 25 mars 1873). Ils ne sont point assujettis au travail : ils ont droit à l'oisiveté. « Le Gouvernement, dit l'art. 6 de la loi de 1850, déterminera les moyens de travail qui seront donnés aux condamnés, s'ils le demandent. Il pourvoira à l'entretien des déportés qui ne subviendraient pas à cette dépense, par leurs propres ressources ».

93. Avec le régime de la déportation, les évasions sont à craindre ; la loi les a sévèrement réprimées. Il résulte de la combinaison des art. 17 c. pén. et 3 L. 25 mars 1873 : 1° que les art. 237 à 248 c. pén. qui, d'une manière générale, établissent des peines, tant contre les personnes qui ont favorisé l'évasion que contre les évadés eux-mêmes, sont déclarés applicables à l'évasion ou à la tentative d'évasion des déportés, commises même sans bris de clôture et sans violences ; — 2° Que, de plus, si le déporté a rompu son ban et est entré en France, l'art. 17 c. pén. prononce contre lui la peine des travaux forcés, qui doit lui être appliquée sur la seule preuve de son identité, c'est-à-dire à la suite d'une procédure particulière de reconnaissance d'identité (c. instr. crim. art. 618 à 620).

94. Les déportés sont assimilés aux marins au point de vue. pénal. Leurs crimes et leurs délits sont punis d'après le code de justice militaire de l'armée de mer ; ils sont justiciables des conseils de guerre et de revision permanente établis dans les colonies (L. 25 mars 1873, art. 2). Ils sont soumis aux mesures nécessaires pour garantir la sécurité et le bon ordre dans le sein de la colonie, mesures qui font l'objet d'arrêtés du gouverneur et qui sont sanctionnées par les peines disciplinaires portées par l'art. 369 du code de justice militaire pour l'armée de mer, rendu applicable aux colonies par le décret du 24 juin 1858 (Même loi, art. 1). Spécialement, sur le régime de police et de surveillance auquel les condamnés à la déportation dans une enceinte fortifiée sont assujettis, V. Décr. 31 mai 1872 (D. P. 72. 4. 72).

95. Le législateur a édicté un ensemble de mesures destinées à attacher le déporté au sol de la colonie et à y fixer définitivement sa famille : 1° la loi précitée du 25 mars 1873 facilite au condamné l'acquisition de la propriété foncière par un système de concessions de terres provisoires d'abord, qui deviennent, au bout de cinq ans. définitives (art. 9 et suiv.) ; — 2° Les femmes et les enfants des déportés ont la faculté d'aller les rejoindre dans la colonie (art. 7) ; le Gouvernement se charge même du transport de la famille des déportés qui sont en mesure de subvenir à leurs besoins (même article) ; — 3° On fait participer les membres de la famille, ainsi reconstituée, aux concessions et on leur transmet celles-ci, alors même qu'on les retire au condamné (art. 10 à 14). A ce point de vue, il est remarquable que le conjoint survivant du déporté est mieux traité que dans le droit commun : ses droits de succession *ab intestat* sur les biens acquis par le déporté dans la colonie sont plus étendus ; il y a à son profit un nouveau cas d'usufruit légal (art. 19). V., en ce qui concerne la succession des déportés, les mesures particulières édictées par le règlement d'administration publique du 10-11 mars 1877 (D. P. 77. 4. 40) ; — Les déportés peuvent être relevés de beaucoup d'incapacités qui sont la conséquence de la peine principale (V. à cet égard *infrà*, v° *Réhabilitation*. V. aussi *suprà*, v° *Peine*, n° 727).

Sect. 6. — Prisons militaires. — Prisons maritimes.

96. — I. Etablissements pénitentiaires dépendant du ministère de la guerre. — Les militaires condamnés à des peines ayant pour effet de les exclure de l'armée ne subissent pas leurs peines dans les établissements militaires ; ils sont mis à la disposition de l'autorité civile qui assure l'exécution de la peine dans les établissements placés sous son autorité. Mais les militaires condamnés à des peines à l'expiration desquelles ils peuvent rentrer dans l'armée sont écroués dans les établissements pénitentiaires affectés aux hommes de l'armée, et ces établissements se divisent, aujourd'hui comme à l'époque de la publication du *Réper-*

toire, en trois catégories, savoir: les ateliers de travaux publics, les pénitenciers, les prisons militaires.

97. — 1° *Ateliers de travaux publics.* — Les ateliers de travaux publics reçoivent les militaires condamnés par les conseils de guerre à la peine correctionnelle des travaux publics pour des délits prévus par le code de justice militaire (tit. 2, liv. 4), ainsi que ceux qui ont obtenu la commutation d'une peine plus grave que celle des travaux publics. Ces ateliers sont au nombre de six, tous établis en Algérie, savoir : à Cherchell, à Ténès, à Oran, à Bougie, à Mers-el-Kébir, à Bône. Il sont régis par le règlement du 23 juill. 1856 (*Journal militaire officiel*, année 1856, p. 19 et suiv.), également applicable aux pénitenciers militaires. Chacun d'eux est placé sous le commandement d'un capitaine hors cadres. Les condamnés aux travaux publics portent un vêtement d'étoffe brune ; on les occupe à des travaux militaires ou civils, la plupart du temps à l'extérieur.

98. — 2° *Pénitenciers militaires.* — Aux termes de l'art. 9, du règlement précité du 23 juill. 1856 « des maisons centrales de correction, dites *pénitenciers militaires*, sont établies dans les localités désignées par le ministre de la guerre, pour recevoir les militaires devant subir la peine correctionnelle de l'emprisonnement. A moins de dispositions spéciales, le minimum du temps à passer dans les pénitenciers est fixé à une année ». Il existe actuellement six pénitenciers, savoir : deux en France (Avignon et Bicêtre), quatre en Algérie (Birkadem, Coléah, Douéra, Bône). Comme nous l'avons dit *suprà*, n° 73, les pénitenciers sont régis par le règlement du 23 juill. 1856. Les détenus y portent un vêtement de couleur gris beige, ayant de l'analogie avec l'uniforme militaire ; ils sont astreints au travail. Chaque pénitencier est dirigé par un capitaine assisté d'un lieutenant adjudant. et de deux officiers d'administration comptables.

99. — 3° *Prisons militaires.* — Suivant l'art. 142 du décret du 4 oct.-5 déc. 1891 portant règlement sur le service dans les places de guerre et les villes ouvertes (D. P. 92. 4. 34), « les prisons militaires sont destinées à recevoir: 1° les officiers de tous grades qui ont été condamnés à la peine de l'emprisonnement, lorsque la condamnation prononcée contre eux n'a pas entraîné leur exclusion de l'armée; 2° les militaires extraits des différents corps et désignés pour les compagnies de discipline; 3° les militaires voyageant sous l'escorte des conseils de guerre; 4° les militaires traduits devant les conseils de guerre; 5° les militaires arrêtés en absence illégale et dont la position n'est pas déterminée; 6° les condamnés qui attendent soit l'exécution de leur jugement, soit une commutation de peine; 7° les réservistes ainsi que les hommes de l'armée territoriale dans leurs foyers qui encourent des punitions disciplinaires qu'ils ne peuvent faire dans un corps de troupes voisin; 8° les militaires condamnés à la peine de l'emprisonnement qui ne sont pas susceptibles d'être envoyés dans les pénitenciers ». Il y a dans chaque région de corps d'armée au moins une prison militaire, quelquefois deux (trois dans le 15e corps dont le chef-lieu est Marseille). Ces prisons sont au nombre total de vingt-cinq en France et de six en Algérie, établies dans les localités ci-après : Lille, Fort Gassion, Amiens, Rouen, Le Mans, Orléans, Châlons, Besançon, Bourges, Tours, Rennes, Nantes, Limoges, Clermont-Ferrand, Grenoble, Lyon, Fort-Lapoype, Marseille, Toulon, Lille Sainte-Marguerite, Montpellier, Perpignan, Toulouse, Bordeaux, Paris, Alger, Blidah, Oran, Constantine et Philippeville. Deux prisons cellulaires de correction (Fort-Barraux et Bône) destinées à recevoir, pendant quatre-vingt-dix jours, les détenus incorrigibles de tous les établissements pénitentiaires militaires, ont été supprimées en 1888. Ces prisons sont régies : 1° par le règlement du 20 juin 1863, applicable en France et en Algérie (*Journal militaire officiel*, t. 10, p. 251) ; — 2° Par le règlement du 6 févr. 1865, concernant l'organisation administrative des prisons militaires de l'intérieur (*Journal militaire officiel*, t. 10, p. 10). Chacune d'elles est dirigée par un agent principal, assisté, au besoin, d'un greffier et d'un ou plusieurs surveillants. Le travail y est obligatoire en principe, mais il manque souvent.

100. — II. Prisons maritimes. — Les prisons maritimes ont été réorganisées par un décret du 7 avr. 1873 (*Bulletin officiel du ministère de la marine*, 1873, 1er sem., p. 614), rendu en exécution de l'art. 373 c. de justice militaire pour l'armée de mer des 4-15 juin 1858 (D. P. 58. 4. 90). Chacun de nos cinq ports militaires possède une prison maritime affectée à la détention des marins ou militaires du département. Le décret précité du 7 avr. 1873 a été modifié, depuis sa promulgation, par divers décrets des 19 déc. 1873, 2 mars, 31 oct., 12 nov. 1878, 7 déc. 1880, 1er déc. 1888, 15 avr. 1893 (*Bulletin officiel du ministère de la marine*, 1873, 2e sem., p. 695 ; 1878, 1er sem., p. 336 ; 2e sem., p. 771 et 776 ; 1880, 2e sem., p. 818 ; 1888, 2e sem, p. 631 ; 1893, 1er sem. p. 509).

Table sommaire

des matières contenues dans le Supplément et le Répertoire.

(Les chiffres précédés de la lettre S renvoient au Supplément; les chiffres précédés de la lettre R renvoient au Répertoire.)

Table chronologique des Lois, Arrêts, etc.

Colonne 1

An 6
14 vend. Loi. 43 c.
An 8
28 pluv. Loi. 14 c.
1810
8 janv. Décr. 43 c.
1811
9 avr. Décr. 18 c.
1814
...Charte. 37 c.
1830
...Charte. 37 c.
1831
26 août. Instr. min. 37 c.
1832
4 janv. Instr. min. 37 c.
1839
10 mai. Règl. 39 c.
10 mai. Arr. min. int. 41 c., 42 c., 44 c.
1841
30 oct. Règl. 44 c.
1843
27 déc. Ordonn. 51

Colonne 2

1847
5 nov. Ordonn. 12
1848
21 oct. Circ. min. 44 c.
1850
8 juin. Loi. 59 c., 62 c., 91 c., 92 c., 24 c., 25 c., 26 c., 27 c., 28 c., 29 c.
1852
16 avr. Décr. 63 c.
1853
20 janv. Cons. d'Et. 14 c.
2 juin. Cons. d'Et. 14 c.
1854
25 mars. Arr. min. 51 c.
30 mai. Loi. 12 c. 45 c., 62 c., 65 c., 67 c., 71 c., 72 c., 73 c., 74 c.
1855
5 mai. Loi. 19 c.
1856
23 juill. Règl. 97 c., 98 c.

Colonne 3

1858
21 juin. Décr. 94 c.
1863
20 juin. Règl. 99 c.
2 sept. Décr. 63 c.
1864
4 août. Règl. gén. 15 c.
1865
6 févr. Règl. 99 c.
1867
7 févr. Cons. d'Et. 14 c.
9 avr. Règl. Sainte-Pélagie. 60 c.
1868
20 févr. Cons. d'Et. 14 c.
1869
4 janv. Circ. min. 54 c.
10 avr. Règl. gén. 26 c.
19 déc. Décr. 10 c.
24 déc. Décr. 12 c., 21 c.
1871
31 mai. Arrêté. 10
1872
23 mars. Loi. 63 c., 91 c., 92 c.

Colonne 4

25 mai. Décr. 89 c., 59 c.
31 mai. Décr. 59 c., 92 c., 94 c.
20 juin. Circ. min. int. 34 c.
1873
25 mars. Loi. 59 c., 92 c., 93 c., 94 c., 95 c.
25 mars. Loi. 92
7 avr. Décr. 100 c.
19 déc. Décr. 100 c.
1874
23 janv. Loi. 81 c.
1er mai. Cons. d'Et. 14 c.
1875
5 juin. Loi. 7 c., 9 c., 12 c., 13 c., 16 c., 18 c., 19 c., 20 c., 40 c., 61 c.
3 nov. Décr. 9 c.
1877
10 mars. Décr. 92 c. 95 c.
3 août. Paris. 14 c.
1878
2 mars. Décr. 100
27 avr. Décr. 64 c.
3 juin. Arrêté. min. 20 c., 39 c.

Colonne 5

3 juin. Instr. min. 61 c.
23 juill. Circ. min. int. 45 c.
31 août. Décr. 73 c.
31 oct. Décr. 100 c.
12 nov. Décr. 100 c.
6 déc. Décr. 64 c.
1880
29 mai. Décis. min. 27 c.
18 juin. Décr. 66 c.
11-12 juill. Loi. 62 c., 90 c.
22 oct. Décr. 52 c.
7 oct. Décr. 100 c.
25 déc. Loi. 12 c.
1881
3 janv. Décr. 9 c.
8 août. Décr. 28 c.
... Cons. d'Et. 14 c.
1882
16 janv. Décis. 73
26 janv. Décr. 9 c.
15 avr. Arr. min. 39 c., 49 c., 50 c.
26 oct. Décr. 64 c.
5-20 déc. Décr. 67
1884
16 août. Décr. 67 c.
24 mai. Circ. min. 38 c.
1885
27 mai. Loi. 9 c.,

Colonne 6

65 c., 74 c., 77 c., 78 c., 89 c.
27 mai. Loi. 75 c., 76 c.
11 nov. Décr. 10 c., 18 c., 20 c., 21 c., 25 c., 30 c., 31 c., 33 c., 39 c., 40 c., 41 c., 42 c., 43 c., 44 c., 45 c., 49 c., 50 c., 51 c., 52 c., 53 c., 54 c., 55 c., 57 c.
16 nov. Note. direct. adm. pénit. 28
26 nov. Décr. 76 c., 77 c., 78 c., 79 c., 80 c., 81 c., 82 c., 83 c., 85 c., 86 c.
26 nov. Décr. 68 c.
1886
3 mars. Décr. 63 c.
27 mai. Loi. 62 c.
29 août. Décr. 86
3 oct. Décr. 63 c.
1887
23 févr. Circ. min. just. 38 c.
24 mai. Décr. 86
28 juin. Décr. 8 c.
22 c., 36 c.
1890
11 juill. Décr. 89 c.
22 août. Décr. 88

Colonne 7

5 sept. Décr. 87 c.
86 c.
11 nov. Décr. 89 c.
25 nov. Décr. 81 c.
82 c.
1er-4 déc. Décr. 63 c.
1888
13 janv. Décr. 74 c.
18 févr. Décr. 63 c.
87 c.
20 mars. Décr. 10 c.
26 nov. Décr. 89 c.
30 déc. Arr. min. int. 22 c.
1889
12 févr. Décr. 87 c.
2-3 mai. Décr. 86
13-14 juin. Décr. 87 c.
17 sept. Cir. min. 87 c.
4 oct. Décis. présid. 70 c.
5 oct. Décr. 67 c.
16 nov. Décr. 66 c.
1890
4 janv. Arr. min. int. 21 c., 60 c.

Colonne 8

4 sept. Décr. 67 c.
29 sept. Décr. 74 c
1891
15 juin. Décr. 34
3 sept. Constit. c.
4 sept. Décr. 68.
4 oct. Décr. 99 c.
7 déc. Arrêté du gouverneur de la Guyaane. 74
1892
4 avr. Décr. 74 c.
4 juill. Arrêté gouv. Nouvelle-Calédonie. 74 c.
15 sept. Décr. 67 c.
20 déc. Décr. 64 c.
1893
4 févr. Loi. 7 c., 19 c., 20 c., 42 c.
27 févr. Décr. 74
15 avr. Décr. 100
5 juin. Circ. min. int. et just. 20
23 nov. Décr. 51

PRESSE. — Additions complémentaires et Loi du 12 décembre 1893.

I. — Additions complémentaires.
TITRE 2.
CHAP. 4. — SECT. 2. — § 1 (Gérance).

175. Dans le sens de l'opinion suivant laquelle l'incapacité d'être gérant atteint non seulement ceux qui sont privés de la totalité de leurs droits civiques, mais même ceux qui sont simplement déchus de leur capacité électorale, il a été jugé que l'individu condamné pour outrage aux bonnes mœurs à raison de la publication d'un écrit obscène ne peut pas être gérant d'un journal, cet individu ne devant plus être inscrit sur les listes électorales par application de la disposition non abrogée de l'art. 15, § 6 du décret du 2 févr. 1852 (Paris, 10 févr. 1893, aff. Genay, D. P. 93. 2. 190).

§ 4. — Insertions forcées.

284. Il a été jugé que le propriétaire d'un journal a, comme tout autre, le droit d'exiger, en vertu de l'art. 13 de la loi du 29 juill. 1881, l'insertion, dans le journal qui l'a nommé, d'une réponse à la même place et en mêmes caractères que l'article qui l'a provoquée, et destinée aux mêmes lecteurs (Aix, 21 avr. 1893, aff. Audibert, D. P. 93. 2. 352).

315. Décidé que le droit de réponse accordé par l'art. 13 de la loi du 29 juill. 1881 à la partie diffamée dans un journal est général et absolu; qu'il ne s'arrête que lorsque commence l'abus; que, par suite, on ne doit pas considérer comme abusive la réponse dont la longueur dépasse notablement le double de l'article diffamatoire, lorsque l'auteur de la réponse a offert au journaliste de payer la partie excédant le double de l'article (Aix, 21 avr. 1893, aff. Audibert, D. P. 93. 2. 352).

342. Il a été jugé que le journaliste qui, en contravention à l'art. 18 de la loi du 29 juill. 1881, a refusé d'insérer la réponse d'une personne à l'article diffamatoire qu'il a publié contre elle, doit être condamné, non seulement à des dommages-intérêts pour le préjudice causé à la partie par le refus d'insérer sa réponse, mais encore à l'insertion de ladite réponse dans un délai et sous une astreinte déterminés, cette insertion étant la stricte sanction du droit concédé par l'art. 13 de la loi de 1881 (Aix, 21 avr. 1893, aff. Audibert, D. P. 93. 2. 352).

CHAP. 7. — (Colportage).

364. Jugé sous la loi du 27 juill. 1849 que le prévenu qui avoue avoir remis et transmis par diverses voies, à différentes personnes qu'il ne nomme pas, un certain nombre d'exemplaires d'une brochure, est, à bon droit, dans cet état des faits, déclaré coupable du délit de distribution d'écrits sans autorisation (Crim. cass. 17 août 1860, aff. Poplinaux et Mercier, D. P. 60. 1. 422).

CHAP. 10. — (Contraventions).

411. *Adde :* Crim. cass. 18 janv. 1867, aff. Delavault, D. P. 67. 1. 233. — *Contra :* Poitiers, 12 nov. 1866, même aff., D. P. 67. 2. 69). Par exception, en matière de colportage, on décidait que la règle que le principe de l'atténuation des peines introduit en matière de presse par l'art. 8 de la loi du 11 août 1848, s'applique restrictivement aux délits proprement dits de la presse à l'exclusion des contraventions, ne concerne pas les infractions de presse réprimées par la loi du 27 juill. 1849; toutes les infractions prévues par cette loi, et notamment la contravention de distribution d'écrits sans autorisation, peuvent, aux termes de son art. 23, être l'objet d'une déclaration de circonstances atténuantes (Crim. cass. 17 août 1860, aff. Poplinaux et Mercier, D. P. 60. 1. 422).

TITRE 3.

CHAP. 3. — SECT. 2. — (Fausses nouvelles).

638. Nous avons dit que l'art. 27 de la loi du 29 juill. 1881 n'avait pas abrogé l'art. 420 c. pén. Ce point est hors de doute aujourd'hui, la loi du 13 févr. 1893 (D. P. 93. 4. 59) ayant, dans son art. 1, étendu les peines prévues par l'art. 420 c. pén. à « quiconque, par des faits faux ou calomnieux semés à dessein dans le public ou par des voies ou moyens frauduleux quelconques, aura provoqué ou tenté de provoquer des retraits de fonds, des caisses publiques ou des établissements obligés par la loi à effectuer leurs versements dans les caisses publiques ». Jugé, en vertu de cette loi, que celui qui, de mauvaise foi, répand dans le public des faits faux ou calomnieux, de nature à provoquer des retraits de fonds de caisses d'épargne, est, conformément à l'art. 1 de la loi du 3 févr. 1893, passible des peines prévues par l'art. 420 c. pén. (Toulouse, 19 mai 1893, aff. Caralp, D. P. 93. 2. 349).

640. Jugé encore 1° qu'en l'absence d'un texte spécial réprimant l'infidélité des comptes rendus des conseils généraux par les journaux, la reproduction inexacte du texte et des conclusions d'un rapport fait au conseil général constitue la publication de fausses nouvelles, punie par l'art. 15 du décret du 17 févr. 1852 (Rennes, 24 juin 1874, aff. Douard, D. P. 74. 2. 245) ; — 2° Que l'emploi de moyens quelconques et, par exemple, de propos mensongers ou d'instructions données à un huissier pour la poursuite d'un prétendu débiteur, peut constituer le délit de fausses nouvelles (Dijon, 7 mars 1877, *suprà*, n° 515).

SECT. 3. — (Outrages aux bonnes mœurs).

714. Contrairement à l'opinion que nous avions exprimée, la cour de Paris par arrêt du 10 févr. 1893 (aff. Genay, D. P. 93. 2. 190) a jugé que la disposition de l'art. 15, § 6, du décret du 2 févr. 1852 en vertu de laquelle les individus condamnés pour outrage aux bonnes mœurs ne doivent pas être inscrits sur les listes électorales, n'a été abrogée par aucune loi postérieure ; que par suite, est déchu de ses droits civiques et ne peut, dès lors, être gérant d'un journal celui qui par application des lois du 29 juill. 1881 et du 2 août 1882 a été condamné pour outrage aux bonnes mœurs à raison de la publication d'un écrit obscène (V. *suprà*, n° 175).

CHAP. 4. — SECT. 1re. — (Outrage aux fonctionnaires publics).

723. 19e ligne. — Jugé, dans le même sens, que l'outrage envers un fonctionnaire public à l'occasion de faits dépourvus de tout caractère diffamatoire, ne saurait comme dans le cas où il y a véritablement diffamation, être couvert par la preuve de ces faits (Crim. rej. 3 févr. 1877, aff. Cival, D. P. 77. 1. 281).

SECT. 2. — ART. 1er. — (Diffamation).

874, *in fine.* — Jugé, dans le même sens, que des critiques, même violentes, mais n'excédant pas le droit de libre discussion, d'opinions philosophiques, sociales ou religieuses attribuées à une société, ne constituent pas le délit de diffamation lorsqu'elles ne contiennent ni allégations, ni imputations à l'adresse de personnes déterminées (Crim. cass. 16 févr. 1893, aff. Abbé Cazet, D. P. 94. 1. 25).

903. 1er alinéa. — Jugé, de même, que des articles de journal postérieurs à l'assignation peuvent être visés dans le jugement pour corroborer la preuve du dénigrement systématique dont se plaint le demandeur et dont il poursuit la réparation (Paris, 16 nov. 1886, aff. Chaudet, D. P. 87. 2. 171).

908. Jugé encore que la diffamation non publique est assimilée à la contravention d'injure non publique prévue et punie par l'art. 471, § 11, c. pén.; que le fait d'avoir, méchamment et de mauvaise foi, fourni, soit à des agences de renseignements, soit à d'autres personnes, des notes injurieuses diffamatoires et inexactes de nature à porter atteinte à la réputation et au crédit d'un commerçant, alors que ces notes, loin d'avoir un caractère confidentiel, étaient au contraire destinées, dans la pensée de leur auteur, à être transmises à la clientèle de ce commerçant, constitue la contravention d'injure non publique (Crim. rej. 3 juin 1892, aff. Barraud, D. P. 93. 1. 269. V. n°s 517, 1037 et 1063. — *Adde* : Crim. rej. 26 févr. 1875, aff. Genevois, D. P. 77. 1. 186; Grenoble, 26 nov. 1892, aff. Gros, D. P. 93. 2. 270).

966. — 10° *in fine*. — Jugé, de même, que les adjudicataires de fournitures de vivres pour l'armée qui ont passé des marchés avec la commission des ordinaires, ne détiennent aucune partie des pouvoirs publics, et ne prennent point part, directement ou par délégation, à l'administration publique ; que, par suite, ce ne sont pas des citoyens chargés d'un service public, et que les diffamations dont ils ont été l'objet par voie de la presse ne sont pas de la compétence de la cour d'assises (Crim. rej. 19 janv. 1893, même affaire, D. P. 93. 1. 583).

ART. 2. — (Injure).

1033. Jugé, dans des arrêts déjà cités, que le délit d'injures n'est pas caractérisé et ne peut être relevé en même temps que le délit de diffamation dans des articles de journal qui ne renferment aucune invective ou terme de mépris distinct des imputations de faits précis et déterminés portées contre la personne diffamée (Paris, 9 juill. 1890, aff. journal *Le Figaro*, D. P. 91. 2. 62).

CHAP. 5. — SECT. 2. — (Comptes rendus interdits).

1121. Il a été jugé que malgré la loi du 12 févr. 1872, les cours et tribunaux conservaient la faculté d'interdire le compte rendu des procès de presse, par application de la disposition générale de l'art. 17 du décret du 17 févr. 1852 (Crim. cass. 8 mai 1874, aff. Bourgeois, D. P. 75. 1. 236, n° 1120).

CHAP. 6. — (Peines).

1177. Décidé encore que le principe du non-cumul des peines est applicable aux délits et contraventions de presse, et, notamment, dans le cas d'un délit d'injure publique et d'une contravention de publication d'un fait relatif à la vie privée (Dijon, 19 nov. 1873, aff. Verdot, D. P. 74. 1. 273).

1178 *bis.* Le principe du non-cumul des peines n'empêche pas le jugement successif de divers délits de presse imputés à un même prévenu, sous la seule condition que l'ensemble des peines à subir ne dépasse pas le maximum de la peine la plus forte et que la confusion soit prononcée pour le surplus. En conséquence, la circonstance que le prévenu d'un délit de presse déféré à la cour d'assises, a été précédemment condamné par une autre cour d'assises pour délit de même nature, et que les faits pour lesquels il est de nouveau poursuivi ne sont pas passibles de peines plus graves que celles applicables aux faits compris dans la première poursuite, ne peut faire obstacle à ce qu'il soit jugé sur les nouveaux faits qui lui sont imputés (Crim. rej. 8 sept. 1892, aff. Martinet, D. P. 94. 1. 29).

1183. Jugé que l'art. 64 de la loi du 29 juill. 1881 aux termes duquel, lorsque des circonstances atténuantes sont admises dans les cas prévus par cette loi, la peine prononcée ne pourra excéder la moitié de celle édictée par ladite loi, ne doit pas être entendu en ce sens que la peine prononcée ne dépassera jamais la moitié du *minimum* de la peine édictée (Crim. rej. 25 avr. 1891, aff. Daille, D. P. 91. 5. 420).

1189. Une autre amnistie a été accordée à tous les délits de presse par la loi du 19 juill. 1889 (D. P. 90. 4. 109). Cette amnistie n'étant accompagnée d'aucune réserve, s'étendait sans restriction à l'outrage aux bonnes mœurs commis par la parole ou par le livre (V. *suprà*, n°s 674 et 677) ; mais il a été très exactement jugé qu'elle ne s'étendait pas au même délit commis par le dessin ou par des écrits ou imprimés autres que le livre, à raison du caractère de délit de droit commun que lui a imprimé la loi du 2 août 1882 (Crim. rej. 17 nov. 1892, aff. Wormus, D. P. 93. 1. 213. V. *suprà*, nᵒˢ 690 et suiv.).

TITRE 4.

Chap 1ᵉʳ, Sect 1ʳᵉ. — (Action publique).

1198 18ᵉ ligne. — Jugé, en ce sens, que le délit de provocation adressé à des militaires par la voie de la presse, pour les détourner de leurs devoirs militaires et de l'obéissance qu'ils doivent à leurs chefs, peut être poursuivi directement par le ministère public sans dépôt préalable d'une plainte du ministre de la guerre (Crim. rej. 8 janv. 1892, aff. Dejoux, D. P. 92. 1. 629).

1257 bis. Dans tous les cas où la disposition de l'art. 60 relative au désistement lui est applicable, le désistement a pour effet d'arrêter les poursuites en tout état de cause. Jugé, sur ce point qu'en cas de délit d'injure envers les particuliers, le désistement du plaignant, même sur l'appel du prévenu, arrête les poursuites commencées et ne permet plus à la cour de prononcer une condamnation contre l'appelant (Crim. cass. 3 juill. 1885, aff. Livin de Meyer, D. P. 86. 1. 477). D'autre part, l'art. 60 ne met aucun obstacle, en cas de désistement du plaignant, à l'exercice du droit de l'inculpé de demander à la juridiction saisie la réparation du préjudice qu'a pu lui causer une citation malveillante ou téméraire (Rennes, 6 avr. 1892, aff. Bazin, D. P. 92. 2. 502. — V. nᵒ 1929).

Sect 2.

1266 bis. Spécialement, en ce qui concerne le droit de réponse, un arrêt, qui proclame une fois de plus le caractère absolu de ce droit et qui l'accorde même au propriétaire d'un journal, nommé dans un autre journal, a décidé que le journaliste qui, en contravention à l'art. 13 de la loi du 29 juill. 1881, a refusé d'insérer la réponse d'une personne à l'article diffamatoire qu'il a publié contre elle, doit être condamné, non seulement aux dommages-intérêts pour le préjudice causé à la partie par le refus d'insérer sa réponse, mais encore à l'insertion de ladite réponse dans un délai et sous une astreinte déterminés, cette insertion étant la stricte sanction du droit concédé par l'art. 13 de la loi de 1881 (Aix, 21 avr. 1893, aff. Audibert, D. P. 93. 2. 352. — V. *suprà*, nᵒˢ 340 et suiv.). — On a cité *suprà*, nᵒ 333, deux arrêts qui reconnaissent au gérant d'un journal le droit de refuser l'insertion d'une réponse dépassant le double de l'article lorsqu'il lui est fait sommation de l'insérer gratuitement ; ces mêmes arrêts décident que ce n'est pas exiger l'insertion gratuite d'une réponse que de conclure à cette gratuité à titre de dommages-intérêts dans le cas où, l'insertion n'ayant pas lieu volontairement, le journal serait condamné à y procéder (Pau, 12 mars 1892, aff. Goldstein, D. P. 92. 2. 493 et, sur pourvoi, Crim. rej. 3 juin 1892, D. P. 93. 1. 461).

1266 ter. On a vu *suprà*, nᵒˢ 1164 et suiv. que l'art. 49 de la loi de 1881 autorise le juge de répression à prononcer la saisie et la suppression ou la destruction de l'œuvre incriminée ou de la partie de cette œuvre jugée délictueuse, mais que ces mesures, ayant le caractère de peines accessoires, ne peuvent être prononcées que dans le cas de condamnation et ne peuvent porter que sur les exemplaires de l'édition condamnée qui seraient, postérieurement au jugement définitif, mis en vente, distribués ou exposés au regard du public. Nous avons dit aussi (nᵒ 1168) que le tribunal de répression peut, sur les conclusions de la partie civile, faire défense au prévenu de continuer la vente d'un écrit dommageable tant qu'il n'a pas été modifié et, comme sanction, autoriser la partie civile à faire saisir les exemplaires mis en vente, distribués ou exposés au mépris de cette défense. La mesure dont il s'agit peut, sur les conclusions expresses de la partie civile, s'étendre même à des éditions ultérieures. Elle peut être ordonnée par le tribunal civil en l'absence de tout exercice de l'action publique, et même après un acquittement prononcé par le juge de répression, si le demandeur ne s'était pas constitué partie civile au procès correctionnel ; mais ce pouvoir n'appartient pas au juge civil dans les cas où la loi de 1881 ne permet pas d'exercer séparément

l'action civile (V. *suprà*, nᵒ 1260 et *infrà*, nᵒˢ 1650 et suiv.). — Jugé que la saisie du livre et la suppression dans les exemplaires qui seront mis en vente des passages reconnus diffamatoires et injurieux peuvent être prononcés même en matière correctionnelle, à titre de réparation due à la partie civile (Paris, 17 févr. 1892, aff. Vonoven, D. P. 92. 2. 313).

1266 quater. Le tribunal saisi de l'action civile peut encore décider qu'aucun exemplaire de l'ouvrage dommageable ne sera désormais vendu, mis en vente ou distribué, à peine de saisie et de destruction, s'il ne contient pas les réponses ou les documents dont la diffamation exige l'insertion à titre de rectification. (V. ce qui a été dit à cet égard, *suprà*, nᵒˢ 1025 et, en ce qui concerne la réparation du dommage occasionné aux héritiers par la diffamation commise contre la mémoire des morts). — L'affiche du jugement, son insertion dans le livre ou dans le journal condamné, sa publication dans différents journaux peuvent aussi être ordonnés à titre de dommages-intérêts, en ce sens que, en matière de diffamation particulièrement, la saisie et la suppression de l'écrit diffamatoire, l'impression et l'affiche de l'arrêt qui a reconnu la diffamation sont, aussi bien que les condamnations pécuniaires, les éléments et le but direct de l'action civile, comme étant les moyens les plus efficaces de la réparation du dommage causé (Paris, 17 févr. 1892, aff. Vonoven, D. P. 92. 2. 313 et, sur pourvoi, Crim. rej. 17 juin 1892, même affaire, D. P. 93. 1. 130). — V. sur le mode de réparation du dommage résultant d'un délit de publication et sur le droit des journaux désignés pour recevoir l'insertion (à l'exception du journal condamné), d'en débattre le prix et même de la refuser, *suprà*, nᵒˢ 342 et suiv.

Sect. 3. — Art. 1ᵉʳ. — (Responsabilité pénale).

1277 bis. L'art. 43, cité *suprà*, nᵒ 1275, portant que, lorsque les gérants seront en cause, les auteurs *seront* poursuivis comme complices, alors que tous autres complices *pourront* être également poursuivis (V. *infrà*, nᵒ 1320), a voulu voir dans l'emploi de ces deux expressions différentes une antithèse donnant à la disposition relative aux auteurs un sens absolument obligatoire. On a fait observer que si la mise en cause de l'écrivain en qualité de complice n'était pas obligatoire, le gérant ou l'éditeur, seul poursuivi, serait gêné dans sa défense et ne profiterait pas des moyens qu'il appartiendrait à l'écrivain d'invoquer, par exemple de la provocation pour le délit d'injure, de la vérité des faits pour le délit de diffamation. La jurisprudence a rejeté cette opinion. Elle a décidé que si, en matière de délit de presse, lorsque les gérants ou les éditeurs sont en cause, les auteurs ne peuvent, aux termes du paragraphe 1ᵉʳ de l'art. 43 de la loi du 29 juill. 1881, figurer dans l'instance que comme complices, on ne saurait en induire que le ministère public ou la partie civile ne peuvent poursuivre l'éditeur ou le gérant comme auteur principal qu'à la condition de mettre l'auteur en cause comme complice (Paris, 17 févr. 1892, aff. Vonoven, D. P. 92. 2. 313 et, sur pourvoi, Crim. rej. 17 juin 1892, D. P. 93. 1. 130).

1279, 2ᵉ al., 19ᵉ ligne. — La jurisprudence est en ce sens. Il a été jugé : 1ᵒ que le gérant d'un journal qui a publié une lettre contenant des allégations diffamatoires à l'égard d'un tiers, est réputé l'auteur principal du délit de diffamation (Limoges, 21 janv. 1888, aff. Barrat, D. P. 89. 2. 189) ; — 2ᵒ Que l'auteur d'un article argué de diffamation ne peut être cité comme auteur principal du délit qu'à défaut du gérant (Paris, 9 janv. 1890, aff. Pouillet, D. P. 91. 2. 36) ; — 3ᵒ Que l'éditeur d'un livre, quand il peut être mis en cause, doit seul être poursuivi comme auteur principal du délit de diffamation ou d'injure résultant de la publication de ce livre, à l'exclusion de l'écrivain lui-même, de l'imprimeur, du distributeur ou du colporteur ; qu'en cas de poursuite dirigée contre l'éditeur, l'écrivain ne peut figurer dans l'instance que comme complice (Paris, 17 févr. 1892, aff. Vonoven, D. P. 92. 2. 313) ; — 4ᵒ Que l'écrivain ne peut jamais être poursuivi comme auteur principal qu'à défaut des gérants ou éditeurs (Crim. rej. 17 juin 1892, même affaire, D. P. 93. 1. 120).

1301. Ainsi que nous l'avons exposé, la cour de cassation a jugé que la disposition de l'art. 22 de la loi du 29 juill.

1881 sur la presse, qui permet de poursuivre les colporteurs ou distributeurs ayant successivement colporté ou distribué des imprimés présentant un caractère délictueux, s'applique aux simples contraventions aussi bien qu'aux crimes ou délits; que, par suite, le colportage ou la distribution faite sciemment d'un imprimé qui ne porte pas l'indication du nom et du domicile de l'imprimeur, constitue une contravention passible de l'amende édictée par l'art. 2 de la loi du 29 juill. 1881 (Crim. cass. 30 déc. 1892, aff. Dutriez, D. P. 93. 1. 366). Cet arrêt a soulevé de graves objections. On a vu *suprà*, nᵒˢ 93 et suiv. que l'omission sur un imprimé rendu public, du nom et du domicile de l'imprimeur est punie « *contre celui-ci* d'une amende de 5 fr. à 15 fr. ». L'article 2 n'édicte aucune pénalité contre les colporteurs ou distributeurs qui ont répandu sciemment l'imprimé dépourvu de l'indication du nom et du domicile de l'imprimeur. Le fait qui leur est imputable, ne constituant pas une contravention spécialement prévue et punie contre eux, doit, pour devenir punissable en vertu de l'art. 2, être considéré comme un acte de complicité de l'infraction commise par l'imprimeur. Mais, en admettant ce point de vue et en décidant que les colporteurs ou distributeurs peuvent être poursuivis conformément au droit commun, pour la distribution d'imprimés sans nom d'imprimeur, en vertu de l'art. 22, l'arrêt précité n'est-il pas en désaccord avec l'interprétation que donne à l'art. 60 c. pén. la jurisprudence constante de la cour de cassation ? On a rappelé, en effet, *suprà*, nᵒ 410, que cette jurisprudence n'admet pas de complicité en matière de contraventions.

1307, 37ᵉ ligne. — 2ᵒ Que l'auteur d'un article argué de diffamation ne peut être cité comme complice du délit qu'en présence du gérant, mis en cause comme auteur principal (Paris, 9 janv. 1890, aff. Pouillet, D. P. 91. 2. 36); — 3ᵒ Que l'auteur d'un article de journal incriminé ne peut être poursuivi comme complice qu'autant que le gérant est mis en cause comme auteur principal, et que la nullité de la poursuite résultant du défaut de mise en cause du gérant peut être proposée pour la première fois en appel (Grenoble, 23 avril 1891, aff. d'Aulan, D. P. 92. 2. 534) ; — 4ᵒ Qu'aux termes de l'art. 43 de la loi du 29 juill. 1881, les auteurs d'un écrit diffamatoire ou injurieux ne peuvent être poursuivis comme complices que si les gérants ou les éditeurs du journal qui a publié l'écrit, sont mis en cause; — Que, dès lors, est nulle l'assignation pour diffamation ou injure décernée contre l'auteur d'un article paru dans un journal, sans que le gérant du journal ait été appelé en cause; — Mais que la nullité d'une pareille assignation est couverte si le gérant est mis en cause ultérieurement, avant le jugement définitif; qu'il en est ainsi, spécialement, quand le tribunal ayant, sur l'assignation, renvoyé l'affaire à une audience ultérieure, le plaignant a fait citer dans l'intervalle, le gérant du journal (Montpellier, 7 avr. 1892, aff. Astruc. Coutyson et autres, D. P. 93. 2. 85).

1314, *in fine*. — Adde : Crim. cass. 21 juill. 1876, aff. Siret fils, gérant du *Courrier de la Charente* et Siret, père, *Bull. crim.*, nᵒ 172.

1319, p. 485, 1ʳᵉ col., 6ᵉ ligne. — Jugé aussi que le directeur gérant d'une imprimerie, ou celui qui l'exploite pour son compte, qui laisse insérer dans le journal qu'il imprime et dont il est aussi le rédacteur en chef, pour le compte d'un gérant responsable, un article tronquant ou dénaturant sciemment la circulaire d'un candidat, constitue une faute, une imprudence, ou tout au moins une négligence préjudiciable, dont il doit la réparation conformément au droit commun (Limoges, 12 nov. 1890, aff. Duboueix et Gaury, D. P. 92. 2. 383).

1321. Jugé qu'une cour d'appel a pu valablement considérer un prévenu comme auteur ou coauteur d'un délit de diffamation commis dans une circulaire relative aux élections, lorsqu'il constate souverainement en fait que, loin de protester contre l'apposition de son nom au bas de la pièce incriminée, le prévenu s'est approprié cet écrit, en a accepté la responsabilité devant les électeurs, et l'a propagé et laissé propager dans le public (Crim. rej. 7 juin 1878, aff. Mayet, D. P. 79. 1. 436).

1324, *in fine*. — On a dit *suprà*, nᵒˢ 690 et suiv. que le délit d'outrage aux bonnes mœurs commis par des écrits ou des imprimés autres que le livre ou par des dessins obscènes a été

« rejeté hors de la loi sur la presse » (Crim. 21 juin 1884, aff. Morel, D. P 86. 1. 182) et constitue un délit de droit commun en vertu de la loi du 2 août 1882. Faisant application de ce principe au partage des responsabilités, la cour de Paris a jugé que le gérant du journal dans lequel a été publié un dessin obscène ne peut être pénalement poursuivi en cette seule qualité ; mais qu'il peut être condamné comme complice lorsqu'il a aidé et assisté avec connaissance l'auteur du délit, notamment lorsqu'il a vu le dessin incriminé avant la publication et qu'il a signé les exemplaires destinés au parquet (Paris, 28 oct. 1892, aff. Thulard, D. P. 93. 2. 468. — Comp. *suprà*, nᵒˢ 695 et suiv.). Jugé aussi qu'on doit considérer comme complice du délit d'outrage aux bonnes mœurs commis par la publication dans un journal d'articles obscènes, celui qui, chargé de la rédaction et de la confection du journal, a reçu les articles incriminés, en a pris connaissance et les a envoyés à l'imprimerie, alors surtout que ces articles étaient d'une certaine étendue, devaient être publiés en tête du journal, émanaient de personnes étrangères à la rédaction et par le titre seul, révélaient leur caractère obscène (Paris, 13 mai 1892, aff. Albiot, D. P. 93. 2. 468).

1327, 10ᵉ ligne. — Jugé, notamment, que lorsque deux personnes se sont rendues, quoique par des publications distinctes, coupables de la même diffamation vis-à-vis du même individu, à la même époque, dans les mêmes circonstances et dans le même but, les faits imputés à ces personnes, et pour lesquels elles sont poursuivies, constituent soit un seul délit, soit tout au moins des délits connexes; que par suite, il peut être prononcé contre elles une condamnation solidaire aux dommages-intérêts et aux dépens (Req. 1ᵉʳ mars 1893, aff. Bureau et Vexenat, D. P 93. 1. 381)

Art. 2. — (Responsabilité civile).

1328. Si les réparations civiles accordées à la partie lésée consistent dans une insertion que le journal devra faire, il est nécessaire que la personne condamnée soit à même de pouvoir exiger cette insertion: ce que le jugement doit constater expressément à l'égard de tout auteur que le propriétaire du journal (V. nᵒ 1331). Jugé sur ce point que l'arrêt qui, condamnant l'auteur d'un article diffamatoire, sous astreinte par jour de retard et avec contrainte par corps, à faire paraître des insertions dans son journal, constate que, d'après les circonstances de la cause, cet auteur a pouvoir de faire opérer les insertions, est suffisamment motivé et ne viole pas les règles relatives à la contrainte par corps (Crim. rej. 29 juill. 1892, aff. Drumont, D. P. 92. 1. 434). D'autre part, si la condamnation à des réparations civiles suppose, au moins en cas de poursuites devant la cour d'assises, une condamnation intervenue sur l'action publique, l'acquittement du gérant ne met pas d'obstacle à la responsabilité civile de l'auteur de l'article quand ce dernier a été condamné (Même arrêt).

1334. Le même arrêt décide que l'imprimeur d'un journal doit être considéré comme le propriétaire de ce journal, s'il est établi, en fait, que le siège de la rédaction et de l'administration du journal se trouve dans les locaux mêmes de l'imprimerie; que les tiers sont accoutumés à traiter avec l'imprimerie pour tout ce qui concerne l'administration, notamment pour les annonces et réclames à insérer ; enfin que c'est l'imprimeur qui reçoit, en son nom personnel, les lettres recommandées ou chargées et encaisse dans les bureaux de poste, également en son nom, les mandats d'argent, spécialement le montant des abonnements et le prix des réclames, envoyés au propriétaire du journal (Grenoble, 16 févr. 1893, aff. Chevelu, D. P. 93. 2. 225). Il avait été jugé, dans le même sens, que la preuve de la qualité de propriétaire de journal peut être faite conformément au droit commun, et notamment à l'aide de présomptions précises, graves et concordantes (Orléans, 22 févr. 1887, aff. Reffray, D. P. 88. 2. 286).

Sect. 4. — (Immunités).

1365. 1ᵉʳ al. *in fine*. — Jugé, dans le même sens, que le compte rendu des débats judiciaires auquel se rattachent des imputations diffamatoires étrangères à la cause ne peut engendrer à l'égard de ces imputations aucune immunité, alors surtout qu'il ressort des circonstances de l'affaire que le journaliste, en les produisant, n'a eu d'autre but que de venger des rancunes personnelles (Trib. civ. Charleville, 3 mars 1892, aff. Rambourg, D. P. 92. 2. 494).

1372. — *Adde*, Rennes, 22 janv. 1879, aff. de Boisha-mon, D. P. 79. 2. 105; Req. 2 mai 1893, aff. Muret, D. P. 93. 1. 288).

1437. Jugé, dans le même sens, que la production de mémoires injurieux et diffamatoires faite au cours des débats ne saurait donner lieu à des dommages-intérêts lorsque les mémoires se rattachent directement à la cause et sont destinés à éclairer la justice, et alors même que la suppression de ces mémoires serait ordonnée d'office (Bas-tia, 8 févr. 1888, aff. Agostini, D. P. 88. 2. 317).

1441. Décidé, notamment, que dans le cas où des articulations outrageantes contenues dans un acte de récusation produit sur la poursuite disciplinaire dirigée contre un avoué sont couvertes par l'immunité résultant de l'art. 41, § 3 de la loi de 1881, il appartient aux juges saisis de l'action disciplinaire de prendre contre le récusant, à la fois partie et avoué dans l'affaire, une des mesures répressives spéciales que la loi de 1881 édicte dans le cas prévu contre les officiers ministériels (Caen, 17 mars 1888, aff. Guégan, D. P. 89. 2. 92).

1448. D'autre part, il a été jugé que l'*avocat* est soumis, relativement aux délits que peuvent renfermer les écrits publiés par lui, même *comme conseil* d'une partie, mais en dehors de tout débat judiciaire, aux règles du droit commun, soit quant à la compétence, soit quant à l'application de la peine : c'est à tort qu'il prétendrait n'être justiciable à cet égard que du *conseil de discipline* de son ordre (Crim. rej. 26 avr. 1856, aff. Cazeneuve, D. P. 56. 1. 268).

1461-2°. — *Adde*, en faveur de l'opinion suivant laquelle on doit considérer les témoins comme des tiers dans le sens de l'art. 41 de la loi de 1851, Limoges, 8 août 1888, aff. Soleihavoulp, D. P. 89. 2. 45.

1465. Jugé, dans le même sens, qu'une partie est irrecevable à formuler en justice des réserves à l'effet d'intenter contre son adversaire une action en diffamation, à raison des termes ou propos contenus dans un mémoire notifié au cours du procès, ou énoncés dans la plaidoirie de l'avocat adverse, lorsque ces termes ou propos avaient trait directement à l'objet du procès (Trib. Montauban, 20 févr. 1880, aff. Féral, D. P. 82. 2. 158).

1478. D'autre part, il a été jugé que la production dans un débat judiciaire d'un écrit fourni par un tiers et contenant contre un témoin l'imputation d'un fait de nature à incriminer sa moralité, constitue le délit de diffamation régi par les dispositions pénales de la loi du 29 juill. 1881, et non un simple fait dommageable tombant seulement sous l'application de l'art. 1382 c. civ.; et qu'il appartient au juge de l'action de rendre à cet acte la qualification légale qui lui convient, pour en tirer les conséquences juridiques qu'il comporte; — Que le témoin contre lequel est produit un tel écrit en dehors des débats où il a déposé en cette qualité est un tiers; et que cet écrit doit être considéré comme étranger à la cause, s'agitant dans des parties différentes, au cours de laquelle il a été produit; que, par suite, l'action civile en réparation du dommage qu'il cause peut être formée par action séparée, sans qu'il en ait été fait réserve, mais reste gouvernée par l'art. 41, § 5, de la loi précitée (Limoges, 8 août 1888, aff. Soleihavoulp, D. P. 89. 2. 45. V. *supra*, n° 1461).

CHAP. 2. — SECT. 1re. — (Prescription).

1487 et **1488.** Jugé encore, dans le sens de la doctrine que nous avons exposée, que la prescription de trois mois édictée par l'art. 65 de la loi du 29 juill. 1881 s'applique indistinctement aux crimes, aux délits et aux contraventions commis par la voie de la presse, à l'action civile aussi bien qu'à l'action publique, que l'action civile soit d'ailleurs exercée séparément de l'action publique ou concurremment avec elle (Grenoble, 26 nov. 1892, aff. Gros, D. P. 93. 2. 270).

1488, *in fine.* — Jugé, de même, que l'action en dommages-intérêts fondée sur des propos injurieux et diffamatoires .reposant sur une contravention prévue par la loi du 29 juill. 1881, est, comme telle, soumise à la prescription de trois mois; qu'il en est ainsi alors même qu'elle a été directement portée, indépendamment de l'action publique, devant les tribunaux civils (Bordeaux, 29 janv. 1892, aff. Nonès, D. P. 92. 2. 391. *Adde*, Req. 14 mai 1884, aff. Eustache, *La Loi* 1884, n° 131).

1490. Jugé, dans le même sens, que le caractère de l'action civile doit être apprécié d'après la nature des faits qui lui servent de base, et non d'après la dénomination qui lui a été donnée ; que, par suite, c'est vainement que la partie lésée, pour échapper à la prescription édictée par la loi de 1881, invoquerait les dispositions de l'art. 1382 c. civ.; si, en réalité, le dommage dont elle poursuit la réparation dérivait uniquement d'une contravention à la police de la presse (Bordeaux, 29 janv. 1892, aff. Nonès, D. P. 92. 2. 391. Conf. Grenoble, 26 nov. 1892, aff. Gros, D. P. 93. 2. 270).

1493, *in fine.* Dans tous les cas, en matière de contravention prévue par la loi de la presse, le fait, par la partie, d'avoir soulevé un déclinatoire qui devait être présenté avant tout moyen de défense au fond, ne saurait être considéré comme une renonciation à la prescription qui était dès ce moment acquise (Bordeaux, 29 janv. 1892, aff. Nonès, D. P. 93. 2. 391).

1496, *in fine.* — Jugé, de même, que c'est par l'acte initial de publication que se consomment tous les délits commis par la voie d'écrits imprimés, quelle qu'en soit la nature, journal, brochure ou livre ; que, par suite, c'est la date de cette publication initiale qui fixe le point de départ de la prescription (Paris, 15 févr. 1890, aff. Padoo-Bey et Borelli-Bey, D. P. 91. 2. 159).

1515 *bis.* Décidé, d'une façon générale, que lorsque l'action 1881 a été introduite dans le délai de trois mois à partir du fait délictueux, tout acte de procédure valable, par lequel la partie civile interpelle son adversaire, en lui manifestant par cet acte la volonté de continuer la poursuite entamée, est un acte de poursuite interruptif de la prescription; que, notamment, lorsque, sur l'appel interjeté par une partie, du jugement qui l'a condamnée pour diffamation, il est intervenu un arrêt contradictoire de pose de qualités, l'acte par lequel, dans les trois mois de cet arrêt, l'avoué de la partie poursuivante, intimée sur l'appel, somme l'avoué de l'appelant d'avoir à lui signifier les griefs que ledit appelant entend soulever à l'encontre du jugement, lui déclarant que faute de satisfaire à cette sommation, il en sera tiré tels avantages que de droit, constitue un acte de poursuite interruptif de la prescription, aux termes de l'art. 65 de la loi du 29 juill. 1881 (Req. 1er mars 1884, aff. Bureau et Vexenat, D. P. 93. 1. 381). L'avenir donné par l'avoué de la partie poursuivante à l'avoué du défendeur avec sommation audit défendeur de signifier ses conclusions qu'il entend prendre et de comparaître à l'audience indiquée pour plaider la cause, constitue également un acte interruptif de prescription au sens de l'art. 66 de la loi du 29 juill. 1881 (Riom, 10 août 1891, même affaire, D. P. 93. 1. 381).

1516. Jugé, dans le même sens, que l'assignation interruptive de la prescription de trois mois édictée par la loi sur la presse n'a pas pour effet de substituer une prescription nouvelle ou de conserver indéfiniment l'action pendant l'instance engagée, quelle qu'en puisse être la durée ; la prescription interrompue reprend son cours à partir de l'acte interruptif pour être acquise si un nouveau laps de trois mois s'écoule sans qu'il ait été fait des actes utiles pour maintenir les droits primitivement exercés; que, toutefois, la prescription cesse de courir à partir du moment où l'affaire a été mise en délibéré, car il ne dépend plus alors du plaideur d'activer le prononcé du jugement (Motifs de l'arrêt) (Bordeaux, 29 janv. 1892, aff. Nonès, D. P. 92. 2. 391).

— En vertu de principe, on doit décider que la nouvelle prescription qui recommence à courir à partir de l'acte interruptif est de même durée que la prescription interrompue, c'est-à-dire qu'elle sera acquise après trois mois révolus à compter du jour de l'acte interruptif (Req.

14 mai 1884, **aff.** Eustache, *La Loi,* 1884, n° 131. V. n° 1491).

1519, *in fine.* — Jugé, de même, qu'il importe peu qu'au moment où la citation a été définée au gérant, plus de trois mois se fussent écoulés depuis la publication de l'article incriminé, si l'auteur de l'article a été assigné comme complice avant l'expiration des trois mois, la prescription de l'action contre le gérant ayant été interrompue par la poursuite exercée contre l'auteur. (Montpellier, 7 avr. 1892, aff. Astruc, Coutyson et autres, D. P. 93. 2. 85).

CHAP. 3. — SECT 1. — (Compétence relative à l'action publique).

1589. Jugé, dans le sens des arrêts cités au *Rép.* n° 1534 et contrairement à l'opinion qui a prévalu depuis, que lorsqu'un fonctionnaire public a compris dans une même plainte des diffamations dirigées contre lui à raison de sa vie publique et d'autres concernant sa vie privée, le tribunal correctionnel, incompétent pour connaître des premières. ne peut retenir la connaissance des secondes et doit se déclarer incompétent pour le tout, alors surtout que la division n'est pas demandée (Grenoble, 27 avr. 1872, aff. Bernoud, D. P. 72. 2. 209).

1684 *bis.* Ainsi que nous l'avons dit *suprà,* n° 1098, le droit de saisie, restreint au cas d'omission du dépôt prescrit par les art. 3 et 10 de la loi de 1881 et limité à quatre exemplaires, a été maintenu par l'art. 1er de la loi du 16 mars 1893, dans les poursuites pour offense aux chefs d'Etats étrangers et pour outrage aux agents diplomatiques étrangers, bien que ces délits, soustraits à la compétence de la cour d'assises, soient aujourd'hui justiciables des tribunaux correctionnels.

1695 *bis.* L'art. 49 de la loi de 1881 n'autorisait l'arrestation préventive de l'inculpé domicilié en France « qu'en cas de crime ». Cette mesure ne pouvait donc pas être prise dans le cas de poursuite pour offense aux chefs d'Etats étrangers ou pour outrage aux agents diplomatiques étrangers, les faits dont il s'agit ne constituant que de simples délits bien qu'ils fussent déférés à la cour d'assises. La loi du 16 mars 1893, après avoir attribué aux tribunaux correctionnels la connaissance de ces délits, ajoute (art. 1er) : « En ce cas sont applicables les dispositions de l'art. 49 sur le droit de saisie et d'arrestation préventive, relatives aux infractions prévues par les art. 23, 24 et 25 » (V. relativement à la saisie, *suprà,* n° 1684 bis). En ce qui concerne l'arrestation préventive, il y a lieu de remarquer que l'art. 49 de la loi de 1881 se réfère exclusivement à l'art. 23, le seul qui prévoit des crimes. C'est à tort que les auteurs de la loi de 1893 ont supposé l'arrestation préventive autorisée dans les cas de provocations non suivis d'effet et de provocations aux militaires, délits prévus par les art. 24 et 25. Cette erreur de rédaction tient à l'existence d'un projet de loi, alors non encore voté, qui rendait l'arrestation préventive applicable à ces deux infractions. (Ce projet est devenu la loi du 12 déc. 1893. V. *infrà,* p. 747). Il ne pouvait pas être, en effet, question de l'arrestation préventive du prévenu non domicilié en France, puisque cette mesure est autorisée dans toutes les poursuites ayant pour objet non seulement les faits prévus aux art. 23, 24 et 25, mais tous ceux faits de la compétence des cours d'assises (V. *suprà,* n° 1691 et 1694). L'arrestation préventive du prévenu domicilié en France est donc devenue possible par suite de la modification apportée au texte de l'art. 49, par la loi du 16 mars 1893 : 1° dans les poursuites exercées pour crimes prévus par l'art. 23 ; 2° dans les poursuites pour délits d'offenses aux chefs d'Etats étrangers et d'outrages aux agents diplomatiques étrangers, par dérogation à la règle qui interdit l'emploi de cette mesure contre les auteurs de délits de presse déférés aux tribunaux correctionnels (V. *suprà,* n°s 1098 et 1694).

1716 *bis.* Si le prévenu n'est pas détenu préventivement, la citation lui est valablement notifiée soit à personne, soit à son domicile. — Jugé que le gérant d'un journal doit être réputé avoir son domicile dans les bureaux du journal, pour tous les actes relatifs aux publications dont il a la responsabilité ; que, par suite, les exploits donnés au gérant, en sadite qualité, au bureau du journal, sont valables (Besançon,

25 mars 1885, aff. Petit-Barmon, D. P. 85. 2. 150. V. *suprà,* v° *Exploit,* n°s 78 et 82).

CHAP. 4. — SECT. 1. — (Procédure devant la cour d'assises).

1727, *in fine.* — Il n'est pas nécessaire d'indiquer la date du fait incriminé. Jugé, en ce sens, que l'art. 60 de la loi du 29 juill. 1881, s'il exige à peine de nullité que le fait incriminé soit précisé et qualifié dans la citation ne dit pas spécialement que la date du fait doive y être mentionnée ; qu'il suffit que l'ensemble des circonstances énumérées dans la citation permette à l'inculpé de connaître d'une façon certaine le fait qui lui est imputé et le point de départ de la prescription pour ce fait ; que, spécialement, la citation qui impute à une personne d'avoir tenu des propos injurieux ou diffamatoires du 20 au 25 nov. 1892 et du 3 au 7 janv. 1893, à tel endroit déterminé et avec tel individu désigné, répond aux exigences de l'art. 60 de la loi du 29 juill. 1881 (Paris, 23 juin 1893, aff. Engel, D. P. 93. 2. 434. — *Contrà,* Trib. Seine, 25 avr. 1893, même affaire, D. P. *ibid.*).

1745 *bis.* Cependant, en cas de poursuite devant la cour d'assises, d'un prévenu de délit de presse, il importe peu que la citation ne soit pas rédigée conformément aux prescriptions de l'art. 50 de la loi du 29 juill. 1881, lorsque la signification de l'arrêt de renvoi et de l'acte d'accusation a porté à sa connaissance toutes les indications exigées par cette disposition (Crim. rej. 8 sept. 1892, aff. Martinet, D. P. 94. 1. 29).

1769 *bis.* De même, la nullité résultant du défaut de notification de la liste des jurés la veille du jour déterminé pour la formation du jury du jugement, ne s'applique qu'aux opérations qui exigent le concours et la présence des jurés, et non au jugement des exceptions préjudicielles précédant l'ouverture des débats et soumises à l'appréciation de la cour d'assises seule, en dehors de toute intervention du jury (Crim. rej. 8 sept. 1892, aff. Martinet, D. P. 94. 1. 29).

1786, *in fine.* — V. en sens contraire, C. d'ass. de la Seine, 22 nov. 1889, aff. Vincent, journal *La Bataille, Le Droit* du 23 novembre). Suivant cet arrêt, le prévenu condamné par défaut sans avoir fait les significations nécessaires en vue de la preuve des faits diffamatoires n'est pas relevé de la déchéance encourue s'il forme opposition à l'arrêt par défaut, et ne bénéficie pas d'un nouveau délai à compter de l'opposition pour faire les significations dont il s'agit.

SECT. 2. — (Procédure devant les tribunaux correctionnels).

1997 *bis.* Malgré l'absence d'appel du ministère public, la décision d'appel peut, en réformant un jugement d'acquittement obtenu par le prévenu, le condamner à des dommages-intérêts au profit de la partie civile seule appelante. La saisie du livre et la suppression, dans les exemplaires qui seront mis en vente, des passages reconnus diffamatoires et injurieux, peuvent être prononcées même en matière correctionnelle, à titre de réparation due à la partie civile, même en l'absence d'appel du ministère public. Bien que saisie par le seul appel de la partie civile, la chambre des appels de police correctionnelle a le droit d'ordonner l'insertion de son arrêt dans certains journaux, à titre de supplément de dommages-intérêts (Paris, 17 févr. 1892, aff. Vonoven, D. P. 92. 2. 313. Conf. Crim. rej. 17 juin 1892, même affaire, D. P. 93. 1. 130. V. *suprà,* addition n° 1267).

1997 *ter.* Quand un imprimeur condamné en première instance, à défaut de l'auteur alors inconnu, est acquitté par la cour d'appel, les frais de première instance et d'appel peuvent être mis à sa charge malgré l'acquittement, alors qu'ils ont été rendus nécessaires par son attitude et son refus de désigner l'auteur du délit (Besançon, 8 juill. 1892, aff. Cairage, 93. 2. 84).

SECT. 4. — (Pourvoi en cassation).

2058. Jugé que l'arrêt qui condamne pour outrage aux bonnes mœurs sans indiquer les passages des articles incriminés qui présenteraient le caractère d'obscénité, et se borne à déclarer que ces articles sont obscènes, tant en raison des sujets traités que des détails qui en accentuent le caractère malsain, ne permet pas à la cour de cassation d'exercer son contrôle sur la qualification des faits, et, dès lors, manque de base légale (Crim. 25 nov. 1892, aff. Albiot, D. P. 93. 1. 508). — Décidé encore que si, en principe, les décisions de cours d'appel sur le fait sont souveraines, le contrôle de la cour de cassation sur le point de droit s'étend, en matière de délits de publication par la voie de la presse, à l'interprétation des écrits incriminés et comprend le droit d'examiner lesdits écrits, d'en vérifier le sens et la portée et d'apprécier, sauf la question d'intention et de bonne foi, la qualification qu'ils comportent (Crim. cass. 16 févr. 1893, aff. Abbé Cazet, D. P. 94, 1. 25).

II. — Loi du 12 déc. 1893, portant modification des art. 24, § 2, 25 et 49 de la loi du 29 juill. 1881 sur la presse.

1. — A la suite de l'attentat commis dans l'enceinte de la Chambre des députés le 9 décembre 1893, M. Casimir Périer, président du conseil, a déposé sur le bureau de la Chambre le 11 décembre 1893 quatre projets de loi ayant pour objet de conjurer les dangers auxquels se trouvent exposés, par la menace de pareils crimes, l'ordre social et la sécurité publique.
2. Le premier de ces projets apportait des modifications considérables à plusieurs dispositions de la loi du 29 juill. 1881 sur la liberté de la presse (art. 24, 25 et 49).
— Il reproduisait, sauf quelques différences, le texte d'un projet antérieur qui avait été présenté aux Chambres par le Gouvernement en 1892, dans des circonstances analogues, et qui, après de longues discussions, n'avait pas abouti, le Sénat et la Chambre des députés n'ayant pu tomber d'accord sur les modifications qu'il convenait d'y apporter (1). — La Chambre, après avoir déclaré l'urgence, a passé à la discussion immédiate du projet, qui a été, le même jour, adopté sans changement par une majorité de 413 voix sur 476 votants. Le lendemain, 12 décembre, le Sénat a confirmé à l'unanimité le vote de la Chambre et la loi a été promulguée le même jour (Journ. off. du 13 décembre) (2).
3. Le second et le troisième projet portaient modification aux art. 265 c. pén. concernant les associations de malfaiteurs, et à la loi du 19 juin 1871 sur les explosifs. Ils ont

été également adoptés par les Chambres et promulgués le 18 déc. 1893 (Journal officiel du 19). Enfin le quatrième, proposant une ouverture de crédit de 820 000 fr. pour augmenter le personnel des commissaires de police, a abouti à une loi promulguée le 19 décembre (Journal officiel du 20). Le 23 décembre, le garde des sceaux a adressé aux procureurs généraux près les cours d'appel une circulaire sur les dispositions des lois du 12 et du 18 déc. 1893. Nous n'avons à nous occuper ici que de la première de ces lois.
4. — Il y a lieu de préciser, sur chacun des articles visés par la nouvelle loi, quelles modifications qu'elle apporte aux dispositions de la loi du 29 juill. 1881.
5. — I. Modifications a l'art. 24. — Elles consistent, d'une part, en ce que l'application de cet article est étendue à des faits qui ne rentraient pas antérieurement dans ses prévisions, d'autre part, en ce que les peines qu'il prononçait sont aggravées.
6. — 1° Ainsi qu'on l'a vu suprà, nᵒˢ 588 et suiv., la provocation non suivie d'effet ne tombait sous le coup de la loi que lorsqu'elle avait pour objet d'exciter à commettre les crimes de meurtre, de pillage ou d'incendie, ou l'un des crimes contre la sûreté de l'État prévus par les art. 75 à 101 c. pén. La nouvelle rédaction de l'art. 24 ajoute à cette énumération la provocation au vol ou à l'un des crimes punis par l'art. 435 c. pén.
7. Ce dernier article, modifié par la loi du 2 avr. 1892 (D. P. 92. 4. 43), punit « tous ceux qui auront détruit volontairement en tout ou en partie ou tenté de détruire, par l'effet d'une mine ou de toute autre substance explosible les édifices, habitations, digues, chaussées, navires, bateaux, véhicules de toutes sortes, magasins ou chantiers, ou leurs dépendances, ponts, voies publiques ou privées et généralement tous objets mobiliers ou immobiliers de quelque nature qu'ils soient » ; il assimile à la tentative de meurtre prémédité « le dépôt, dans une intention criminelle, sur une voie publique ou privée, d'un engin explosif ». — La disposition qui vise les crimes prévus par l'art. 435 n'a soulevé aucune objection. On a fait seulement observer (V. le rapport au Sénat le 19 déc. 1892) que « de même qu'avant la réforme, peut-être surabondante de l'art. 435, on a cru pouvoir exercer des poursuites contre les auteurs d'explosions par l'emploi de la dynamite, de même on aurait pu, en se fondant sur des arguments du même ordre, soutenir que la provocation à cette nature nouvelle d'attentats est comprise implicitement dans la provocation au meurtre ou à l'incendie, qui en sont les conséquences directes et le but intentionnel ».

---

(1) *Chambre des députés.* — Dépôt et lecture du projet de loi et de l'exposé des motifs, le 19 mai 1892 (*Journ. off.* du 20 mai, débats parlementaires). Rapport de M. Maurice Lasserre, le 25 juin 1892 (*Journ. off.* du 4 oct. 1892, annexes, nᵒ 2212). Première discussion, les 16, 17, 18 et 19 nov. 1892, et adoption avec modifications le 19 novembre (*Journ. off.* des 17, 18, 19 et 20 nov.).
Sénat. — Première présentation, le 22 nov. 1892 (*Journ. off.* du 1ᵉʳ janv. 1893, annexes, nᵒ 25). Rapport de M. Trarieux, le 19 déc. 1892 (*Journ. off.* du 20 décembre). Discussion et adoption avec modifications le 19 janv. 1893 (*Journ. off.* des 20 et 21 janv. 1893).
Chambre des députés. — Nouvelle présentation, le 23 janv. 1893 (*Journ. off.* du 6 avr., annexes, nᵒ 2541). Rapport de M. Lasserre, le 31 janvier (*Journ. off.* du 10 avril, annexes, nᵒ 2556). Deuxième discussion les 4 et 6 mars 1893, et adoption avec modifications le 6 mars (*Journ. off.* des 5 et 7 mars).
Sénat. — Deuxième présentation le 16 mars 1893 (*Journ. off.* du 16 avril, annexes, nᵒ 87).

(2) **Loi du 12 déc. 1893** portant modification des art. 24, § 25 et 49 de la loi du 29 juill. 1881 sur la presse.
Article unique. — Les art. 24, § 1, 25 et 49 de la loi du 29 juill. 1881 sur la presse sont modifiés ainsi qu'il suit :
« Art. 24. — Ceux qui, par l'un des moyens énoncés en l'article précédent, auront directement provoqué soit au vol, soit aux crimes de meurtre, de pillage et d'incendie, soit à l'un des crimes punis par l'art. 435 c. pén., soit à l'un des crimes et délits contre la sûreté extérieure de l'État prévus par les art. 75 et suiv., jusques en compris l'art. 85 du même code, seront punis, dans le cas où cette provocation n'aurait pas été suivie d'effet, de un an à cinq ans d'emprisonnement et de 100 fr. à 3000 fr. d'amende.

« Ceux qui, par les mêmes moyens, auront directement provoqué à l'un des crimes contre la sûreté intérieure de l'État prévus par les art. 86 et suiv., jusques et y compris l'art. 101 c. pén., seront punis des mêmes peines.
« Seront punis de la même peine ceux qui, par l'un des moyens énoncés en l'art. 23, auront fait l'apologie des crimes de meurtre, de pillage ou d'incendie ou du vol ou de l'un des crimes prévus par l'art. 435 c. pén.
« Art. 25. — Toute provocation par l'un des moyens énoncés en l'art. 23 adressée à des militaires des armées de terre ou de mer dans le but de les détourner de leurs devoirs militaires et de l'obéissance qu'ils doivent à leurs chefs dans tout ce qu'ils leur commandent pour l'exécution des lois et règlements militaires, sera punie d'un emprisonnement de un à cinq ans et d'une amende de 100 fr. à 3000 fr.
« Art. 49. — Immédiatement après le réquisitoire, le juge d'instruction pourra, mais seulement en cas d'omission du dépôt prescrit par les art. 3 et 10 ci-dessus, ordonner la saisie de quatre exemplaires de l'écrit, du journal ou du dessin incriminé.
« Toutefois, dans les cas prévus aux art. 24, § 1 et 3, et 25 de la présente loi, la saisie des écrits ou imprimés, des placards ou affiches aura lieu conformément aux règles édictées par le code d'instruction criminelle.
« Si le prévenu est domicilié en France, il ne pourra être préventivement arrêté, sauf dans les cas prévus aux art. prévus aux art. 23, 24, § 1 et 3, et 25 ci-dessus.
« S'il y a condamnation, l'arrêt pourra dans les cas prévus aux art. 24, § 1 et 3, et 25, prononcer la confiscation des écrits ou imprimés, placards ou affiches saisis, et dans tous les cas ordonner la saisie et la suppression ou la destruction de tous les exemplaires qui seraient mis en vente, distribués ou exposés aux regards du public. Toutefois, la suppression ou la destruction pourra ne s'appliquer qu'à certaines parties des exemplaires saisis ».

8. L'addition concernant la provocation au vol a, au contraire, été discutée. Elle constitue, sans aucun doute, une grave dérogation aux principes qui ont servi de base à la loi de 1881 : on a vu *suprà*, n° 588, que les auteurs de cette loi avaient été, sans difficulté, d'accord pour laisser sans répression la provocation à commettre un *délit*, quel qu'il fût. Or le nouvel art. 24 vise la provocation au vol d'une façon générale, sans distinction entre le vol qualifié, qui constitue un crime, et le vol simple, qui n'est qu'un délit.

Le premier projet du Gouvernement renfermait déjà l'addition dont il s'agit; mais un amendement proposé par M. Bovier-Lapierre, lors de la première discussion à la Chambre des députés, et concluant à la faire disparaître, fut pris en considération par la commission chargée de l'examen de ce projet : « Le Gouvernement, dit le rapporteur (séance du 19 nov. 1892) avait cru qu'il était nécessaire de viser la provocation au vol comme une de ces provocations dangereuses, pouvant alarmer profondément les intérêts privés et généraux, et par conséquent comme nécessitant et justifiant des mesures répressives très énergiques. Nous avons voulu rester fidèles au principe de la loi de 1881.... Or il ressort tant de la discussion au Sénat que de la discussion à la Chambre et des divers commentaires de la loi qui ont été faits depuis, que la provocation à un délit a été reconnue comme ne constituant jamais un fait punissable, et que, si la provocation non suivie d'effet pouvait constituer un délit *sui generis*, c'était seulement dans le cas où il s'agissait d'une provocation à un crime suffisamment dangereux, suffisamment odieux pour alarmer et troubler la société ». La suppression demandée fut également acceptée par M. Ricard, garde des sceaux. En conséquence, le texte adopté par la Chambre le 19 novembre ne fit pas mention de la provocation au vol. — Mais, dans son rapport au Sénat, M. Trarieux proposa le rétablissement de la disposition supprimée. Le rapporteur s'attacha surtout à réfuter cette idée qu'en érigeant en délit la provocation au vol on créerait une entrave à la liberté de penser. « Sans doute, a-t-il dit, on a raison de ne pas vouloir limiter la faculté de mettre en question les principes d'ordre général sur lesquels la société repose; mais autre chose est d'attaquer, en théorie, la propriété privée et de réclamer des réformes sociales, qui, pour sembler chimériques, n'en sont pas moins discutables; autre chose est d'exciter, d'une manière positive, à la violation du droit pénal, garantie nécessaire de la sécurité des citoyens. En frappant le vol, le code pénal n'a pas cru faire obstacle aux conceptions les plus hardies du socialisme; frapper la provocation au vol, ne sera pas davantage y porter atteinte ». La provocation au vol fut donc rétablie dans l'art. 24, et figura dans le texte du projet tel que fut voté par le Sénat le 20 janv. 1893. — Dans la nouvelle discussion qui eut lieu devant la Chambre des députés (séance du 4 mars 1893), M. Bovier-Lapierre reprit l'amendement qui avait été adopté lors de la première délibération, et soutint que le fait qu'il s'agissait d'atteindre ne constituait « que la manifestation d'une opinion plus ou moins malsaine, une infraction du même ordre que le délit de provocation à la désobéissance aux lois, prévu par la loi du 17 mai 1819, ou que le délit d'attaque au principe de la propriété, supprimé par la loi de 1848 ». Mais l'amendement fut rejeté, et la mention relative à la provocation au vol subsista dans le projet adopté par la Chambre le 6 mars. — Lors de la présentation du dernier projet, la question n'a plus été discutée. L'exposé des motifs déclare qu' « il importe, dans un intérêt évident de défense sociale, de réprimer toute provocation directe à commettre un crime ou un délit de vol » : aucune objection n'a été faite à ce sujet.

9. Le paragraphe 3 du nouvel art. 24 consacre une innovation plus importante encore, en punissant l'*apologie* des crimes ou délits visés dans le paragraphe 1. Cette disposition n'existait pas dans le projet présenté le 19 mai 1892; elle a été introduite pour la première fois dans le nouveau projet adopté par les Chambres les 11 et 12 déc. 1893.

L'infraction qu'elle a pour but d'atteindre restait impunie dans le système qu'avait adopté le législateur de 1881. En effet, l'apologie d'un crime ne peut constituer qu'une provocation *indirecte* à commettre le crime; or l'art. 24, de même que l'art. 23, ne visait que la provocation *directe* (V. *suprà*,

n° 589). Il en était autrement sous l'empire des législations antérieures : la loi du 17 mai 1819 (art. 1 et suiv.), qui réprimait la provocation à commettre des faits qualifiés crimes ou délits, sans exiger qu'elle fût directe, atteignait par là même l'apologie de ces faits. La loi du 27 juill. 1849 (D. P. 49. 4. 122) contenait, du reste, une disposition formelle en ce sens (art. 3) : « Toute attaque contre le respect dû aux lois et à l'inviolabilité des droits qu'elles ont consacrés, toute apologie de faits qualifiés crimes ou délits par la loi pénale, sera punie d'un emprisonnement d'un mois à deux ans et d'une amende de 16 à 1000 fr. » (V. *Rép.* n° 597).

La disposition nouvelle consacre un retour à cette législation abrogée par la loi du 29 juill. 1881 (V. *suprà*, n° 554), avec cette différence, toutefois, qu'elle ne réprime l'apologie qu'autant qu'elle a pour objet certains crimes ou délits spécialement déterminés. — L'exposé des motifs explique cette mesure dans les termes suivants : « La provocation n'est punie actuellement qu'autant qu'elle est directe. L'apologie des crimes ci-dessus spécifiés échappe à toute sanction pénale. La loi laisse ainsi la société sans défense contre des excitations qui constituent un danger social au même titre et au même degré que la provocation directe. Qu'est-ce, en effet, que l'apologie d'un attentat comme le meurtre, le pillage, l'incendie, la destruction d'un édifice à l'aide d'engins explosifs, etc., sinon la provocation au renouvellement d'actes de même nature? Produisant les mêmes effets, elle doit exposer ceux qui s'en rendent coupables à la même répression ». Dans ses explications devant la Chambre, M. le président du conseil a fait ressortir la nécessité de ne pas laisser impuni ce genre de provocation. Après avoir cité divers exemples empruntés à des écrits ou discours anarchistes : « Sont-ce là, a-t-il dit, des provocations directes? Non! ce sont des apologies pures et simples qui, à cette heure, ne tombent pas sous l'application des lois, qui sont impunies, complètement impunies et qui, cependant, forment le fond de l'enseignement anarchiste, les lectures habituelles des néophytes de l'association, leur unique nourriture intellectuelle et morale. Je demande si, après quelque temps d'une pareille éducation, les jeunes néophytes ne sont pas de tout point préparés à commettre tous les crimes ».

Aucune discussion ne s'est engagée sur ce point. Dans son rapport au Sénat, M. Trarieux a, il est vrai, déclaré que l'assimilation de l'apologie à la provocation avait paru « délicate à admettre » ; mais il a ajouté que la commission avait été unanime à « reconnaître son caractère de nécessité ».

Ainsi qu'on l'a vu *suprà*, n°s 573 et 590, la provocation, suivie ou non d'effet, n'est punissable, d'après les art. 23 et 24 de la loi de 1881, qu'autant qu'elle s'est produite par la parole ou par l'écrit, mais non quand elle s'est manifestée par des dessins, gravures, peintures ou emblèmes. Le motif en est qu'en ce dernier cas la provocation ne peut être qu'indirecte ; or, d'après le système consacré par le législateur de 1881, la provocation indirecte n'était jamais punissable. Il n'en est plus de même aujourd'hui (V. *suprà*, n° 9), et l'on concevrait que, dans l'hypothèse prévue par l'alinéa 3 du nouvel art. 24, c'est-à-dire dans le cas d'apologie des crimes de meurtre, de pillage, etc..., l'application de la loi fût étendue au cas où le moyen employé consiste dans des dessins, gravures, etc.. Mais cette extension ne paraît pas possible en présence des termes de l'alinéa 3 précité, lequel suppose expressément que l'apologie aura été faite par l'un des moyens énoncés dans l'art. 23, sans se référer à l'art. 28, § 2, où se trouve prévue la publication par dessins, gravures, peintures, emblèmes ou images. Ainsi l'apologie faite par l'un de ces derniers moyens reste à l'abri de toute répression.

10. En ce qui concerne les crimes contre la sûreté de l'État, la loi de décembre 1893 n'ajoute rien au texte ancien. Toutefois, on remarque que le nouvel art. 24 vise distinctement la provocation aux crimes et délits contre la sûreté *extérieure* de l'État (c. pén. art. 75 à 85) qui sont compris dans l'énumération faite par le paragraphe 1, et la provocation aux crimes contre la sûreté *intérieure* de l'État (c. pén. art. 86 à 101) qui font l'objet du paragraphe 2, tandis que la loi de 1881 englobait dans la même désignation la provocation à toutes les infractions punies par les art. 85 à 101 c. pén. — Cette distinction existait déjà dans le premier projet soumis au Parlement ; elle y avait été introduite à la demande de la commission de la Chambre des députés (V. le rapport de M. Maurice Lasserre, du 25 juin 1892). Elle s'explique par le motif que, au point de vue des règles de procédure contenues dans l'art. 49, la provocation a été soumise à des règles différentes suivant qu'elle a pour objet l'une ou l'autre des deux catégories de crimes contre la sûreté de l'État (V. *infrà*, n° 19). C'est ce qui a été expliqué, notamment, par M. le garde des sceaux, répondant à la question qui lui était posée sur ce point par M. Habert (Séance de la Chambre, du 11 déc. 1893).

11. — 2° Les peines prononcées par l'art. 24 consistaient dans un emprisonnement de trois mois à deux ans et une amende de 100 à 3000 fr. (V. *supra*, n° 588). Ces peines avaient été maintenues sans modification dans le premier projet. La loi nouvelle augmente la durée de l'emprisonnement, dont elle fixe le minimum à un an et le maximum à cinq ans. Le taux de l'amende n'est pas modifié.

12. — II. Modifications a l'art. 25. — Elles portent exclusivement sur la peine qui punit la provocation adressée aux militaires dans le but de les détourner de leur devoir. D'après la loi de 1881, ce délit était passible d'un emprisonnement d'un mois à six mois et d'une amende de 16 à 100 fr. (V. *supra*, n° 616). Le projet déposé le 19 mai 1892 lui avait appliqué les mêmes peines qu'au délit de provocation prévu par l'art. 24 (trois mois à deux ans d'emprisonnement et 100 à 3000 fr. d'amende). Cette assimilation se retrouve dans la loi nouvelle ; la peine est donc, en vertu de l'art. 25 modifié, un emprisonnement d'un à cinq ans et une amende de 100 à 3000 fr. Ces changements n'ont été l'objet d'aucune critique.

13. — III. Modifications a l'art. 49. — C'est ici que la loi nouvelle consacre les plus graves dérogations aux principes adoptés par le législateur de 1881 ; aussi les modifications proposées ont-elles donné lieu à des débats prolongés lors de la discussion du premier projet, et c'est surtout au sujet de ces modifications que s'est produit entre les deux Chambres le désaccord par suite duquel la question était restée en suspens depuis le renvoi du projet devant le Sénat, après la seconde délibération de la Chambre des députés, le 16 mars 1893.

14. Ainsi qu'on l'a exposé *supra*, n° 1677 et suiv., la loi du 29 juill. 1881, s'écartant de la législation antérieurement en vigueur, avait notablement réduit les pouvoirs du juge d'instruction en ce qui concerne les mesures préventives qui peuvent être prises par ce magistrat au cas d'information préalable, soit à l'égard de l'œuvre incriminée, soit contre la personne de l'inculpé. — Aux termes de l'art. 49, la saisie n'était possible, après le réquisitoire du ministère public, qu'en cas d'omission du dépôt prescrit par les art. 3 et 10, et elle ne pouvait porter que sur quatre exemplaires de l'écrit, du journal ou du dessin incriminé. Après la condamnation seulement, l'art. 49 autorisait « la saisie et la suppression ou la destruction de tous les exemplaires qui seraient mis en vente, distribués ou exposés au regard du public ». Le nouveau texte permet, dans les cas prévus par les art. 24, § 1 et 3, et 25, de procéder à la saisie des écrits ou imprimés, des placards ou affiches conformément aux règles édictées par le code d'instruction criminelle ; il autorise, dans les mêmes cas, la confiscation, après condamnation, des écrits ou imprimés, placards ou affiches saisis. — Quant à l'arrestation préventive, ne pouvait avoir lieu que si le prévenu n'était pas domicilié en France, sauf le cas de crime, c'est-à-dire, comme on l'a expliqué *supra*, n° 1691, au cas où il s'agit d'une provocation à un crime, suivie d'effet, et tombant sous le coup de l'art. 23. Elle est possible désormais : 1° dans tous les cas prévus dans l'art. 23, c'est-à-dire même lorsque la provocation suivie d'effet a pour objet un délit ; 2° dans les hypothèses visées par les art. 24, § 1 et 3 et 25.

Ces dispositions sont la reproduction textuelle de celles que renfermait sur le même point le premier projet, déposé le 19 mai 1892. L'exposé des motifs, qui accompagnait ce dépôt, expliquait en ces termes l'innovation proposée : « En présence de l'art. 49, quelque diligence que l'autorité judiciaire mette à poursuivre le délit qui lui est signalé, elle ne parvient que très rarement à assurer la répression l'efficacité qui résulte de la promptitude avec la-

quelle elle est exercée. Car, indépendamment des lenteurs inhérentes à la nature même de la juridiction compétente, qui est la cour d'assises, le prévenu peut aisément, par des moyens de procédure que la loi lui fournit, retarder la décision définitive des juges et l'exécution de la condamnation qu'il a encourue. Entre temps, il a la faculté de continuer librement son excitation coupable sous les yeux de l'autorité publique, qui n'a d'autre droit que celui de les constater. Il en est de même des écrits ou imprimés contenant les provocations les plus audacieuses dont les parquets sont impuissants à arrêter les effets, puisque, après avoir usé du droit de saisie très limité que leur accorde l'art. 49, ils n'ont plus qualité pour en empêcher la vente ou distribution ».

15. Les nouvelles dispositions insérées dans l'art. 49 ont soulevé, au sein de la Chambre des députés, surtout lors de la discussion du premier projet, de sérieuses objections. On a représenté les dangers que courrait la liberté de la parole et de la presse, si la saisie et l'arrestation préventives pouvaient s'exercer sous le prétexte d'écarts de langage ou de plume dont l'appréciation, souvent très délicate, serait abandonnée, dans bien des cas, à des agents subalternes, incapables d'en mesurer exactement la portée.

Plusieurs amendements ont été présentés dans le but d'introduire dans le nouveau texte de l'art. 49 des garanties contre les agissements arbitraires que pourraient favoriser les mesures autorisées par cet article. Deux d'entre eux, notamment, ont attiré l'attention de la Chambre. Le premier, déposé par M. Gerville-Réache, proposait l'insertion dans le projet de loi d'un article additionnel ainsi conçu : « En cas d'arrestation préventive ou de saisie, l'inculpé pourra demander sa mise en liberté provisoire ou la mainlevée de la saisie. Le juge d'instruction, après avoir entendu le procureur de la République, devra statuer dans un délai de vingt-quatre heures. L'ordonnance sera signifiée dans le même délai. Le procureur de la République et l'inculpé auront, dans les vingt-quatre heures de la signification de l'ordonnance, le droit de former opposition devant la chambre des mises en accusation, qui statuera dans les trois jours. Si aucune décision n'est intervenue avant l'expiration de ce délai, l'inculpé devra être mis en liberté, et les pièces saisies restituées. » Cet amendement fut adopté par la commission. L'autre, présenté par M. Jullien, consistait à ajouter à l'art. 49 le paragraphe suivant : « Dans les cas prévus aux art. 24 et 25 de la présente loi, la cour pourra prononcer l'exécution provisoire, nonobstant opposition ou pourvoi ». A la différence du premier, ce second amendement écartait absolument la détention et la saisie préventive ; il autorisait seulement l'exécution provisoire de l'arrêt de condamnation. « La conséquence pour le délinquant, a dit M. Jullien (séance du 19 nov. 1892), sera l'arrestation immédiate et l'immédiate saisie des placards et écrits incriminés, même lorsque l'arrêt aura été prononcé par défaut, nonobstant la procédure du pourvoi ou de l'opposition ». Cela suffisait, suivant l'auteur de l'amendement, pour supprimer les inconvénients auxquels le projet de loi avait pour objet de remédier ; la cour d'assises, grâce à la faculté donnée aux magistrats par l'art. 39 de la loi de 1881, de la convoquer d'urgence, pourrait être saisie et rendre sa décision assez rapidement pour que le prévenu ne puisse pas continuer longtemps ses excitations criminelles. Cet amendement, repoussé par le garde des sceaux, fut adopté par la Chambre, dans sa séance du 19 nov. 1892, et l'addition qu'il proposait fut insérée dans le projet voté dans la même séance.

16. Ce système fut combattu par la commission du Sénat, appelée à examiner le projet ainsi modifié. « Il ne s'agit pas seulement, dit le rapporteur, M. Trarieux, d'éviter que, une fois jugé par une cour d'assises, le délinquant puisse retarder l'exécution de l'arrêt par des pourvois en cassation ; il importe que, dès le moment où le délit a été constaté, on puisse empêcher une succession immédiate de délits similaires. Il peut s'écouler des mois entre la date de cette constatation et celle de la comparution aux assises ; or, si la justice est désarmée pendant une aussi longue période, on laisse aux attentats les plus graves le temps de se commettre. Supposons des provocations incendiaires placardées sur les murs ou proférées dans des réunions à un moment d'effervescence populaire. On relève les délits et des procès-verbaux en sont dressés, mais quel résultat obtient-on si les agents de ces provocations, laissés en liberté, peuvent afficher de nouveau leurs placards et répéter leurs appels à la violence? Cette impuissance de la justice à repousser le désordre sera-t-elle autre chose qu'un encouragement de plus qu'on lui aura donné? Il ne faut pas attendre que le mal soit à son comble pour agir, et il n'y a aucune bonne raison de temporiser quand il s'agit des plus graves intérêts sociaux à défendre». Toutefois, la commission proposa au Sénat d'adopter la modification apportée au projet par l'amendement de M. Gerville-Réache, dont le texte a été rapporté ci-dessus.

17. Deux amendements déjà présentés à la Chambre des députés, mais abandonnés par leurs auteurs, furent repris, devant le Sénat, par M. Le Breton : l'un tendait à substituer au texte du paragraphe 4 de l'art. 49 la rédaction suivante : « L'arrestation et la saisie ne pourront être maintenues que si elles sont confirmées dans les vingt-quatre heures par un jugement du tribunal correctionnel qui procédera conformément aux art. 1, 2, 3, 4 et 6 de la loi du 20 mai 1863 sur les flagrants délits. La mise en liberté sous caution est en tout cas de droit ; le chiffre de la caution sera fixé par le tribunal ». L'autre avait pour objet l'addition à l'art. 49 d'un article ainsi conçu : « Il ne pourra être procédé aux saisies et arrestations préventives prévues au présent article pendant les vingt jours qui précéderont les élections législatives et les élections départementales ou municipales, soit générales, soit partielles, pour les discours ou publications concernant les élections ». — Un autre amendement, présenté par MM. Thézard et Régismanet, avait pour objet, dans les cas de saisie et d'arrestation préventives, « d'activer une prompte solution du procès et d'abroger la durée de la détention ». Il tendait à l'adoption d'une disposition additionnelle à l'art. 59 de la loi de 1881, ainsi conçue : « Toutes les fois qu'il y aura eu arrestation préventive maintenue aux termes de l'art. 49, la cour d'assises devra être formée de façon qu'il ne s'écoule plus d'un mois entre l'arrestation et le jour fixé pour la comparution du prévenu ». Ces divers amendements ont été repoussés, et le Sénat a voté le projet tel qu'il lui était présenté par la commission, c'est-à-dire modifié conformément à l'amendement de M. Gerville-Réache (séance du 19 janv. 1893.)

18. Mais la Chambre, saisie pour la seconde fois du projet,

a maintenu sa décision antérieure, et l'amendement Jullien a été voté de nouveau. Depuis lors, les débats étaient restés en suspens. — Lors de la présentation du dernier projet (séance du 11 nov. 1893), M. Pourquery de Boisserin a proposé à la Chambre d'introduire dans le texte du nouvel art. 49 les dispositions qui avaient fait l'objet de l'amendement Gerville-Réache et qui avaient été adoptées par le Sénat. M. le garde des sceaux a répondu que la disposition votée par le Sénat n'avait pas une portée aussi considérable qu'on l'affirmait. « Je reconnais cependant, a-t-il ajouté, que cette disposition ferait peut-être bénéficier les prévenus d'un régime plus libéral que le régime du droit commun ; mais je ne crois pas qu'il convienne d'introduire une dérogation au droit commun en faveur des individus auxquels doit s'appliquer la loi que nous vous présentons. Le Gouvernement pense que l'addition de la proposition de M. Pourquery de Boisserin ne pourrait qu'affaiblir, dans les affaires auxquelles nous faisons allusion, l'action de l'autorité judiciaire, et je demande à la Chambre si c'est le cas de prendre une pareille mesure ». L'amendement a été rejeté.

19. On a vu *suprà*, n° 7 que le nouvel art. 49 vise dans deux paragraphes distincts la provocation aux crimes ou délits contre la sûreté extérieure (§ 1) et la provocation aux crimes contre la sûreté intérieure de l'État (§ 2) et que cette distinction avait été faite parce que, au point de vue de la procédure, le même régime n'avait pas été appliqué à ces deux cas de provocation. En effet, l'art. 49, § 2, n'autorise la saisie et l'arrestation préventives que dans les cas prévus par les paragraphes 1 et 3, art. 24 et par l'art. 25. Ces mesures ne sont donc pas applicables lorsqu'il s'agit de provocation à des crimes contre la sûreté intérieure de l'État.

20. La rédaction du second alinéa de l'art. 49 modifié, suggère l'observation suivante : comme on l'a vu *suprà*, n° 1682, la loi du 29 juill. 1881 proscrivait absolument la saisie préventive, en dehors de l'hypothèse prévue par le premier alinéa (omission du dépôt prescrit par les art. 3 et 10) ; cette mesure ne pouvait donc être prise même dans les cas de provocation suivie d'effet, prévus par l'art. 23. Or, l'alinéa 2 du nouvel article, qui déroge à ce principe adopté par le législateur de 1881, n'autorise la saisie préventive que « dans les cas prévus aux art. 24, § 1 et 3, et 25 ». Il ne vise pas les cas prévus par l'art. 23. Rigoureusement, il résulterait de cette omission, sans doute involontaire, que la saisie serait possible au cas de provocation non suivie d'effet, tandis qu'elle ne le serait pas lorsqu'il s'agit de provocation, suivie d'effet, à un crime ou à un délit.

FIN DU TREIZIÈME VOLUME

Paris. — Typographie P. MOUILLOT, 13, quai Voltaire, 13

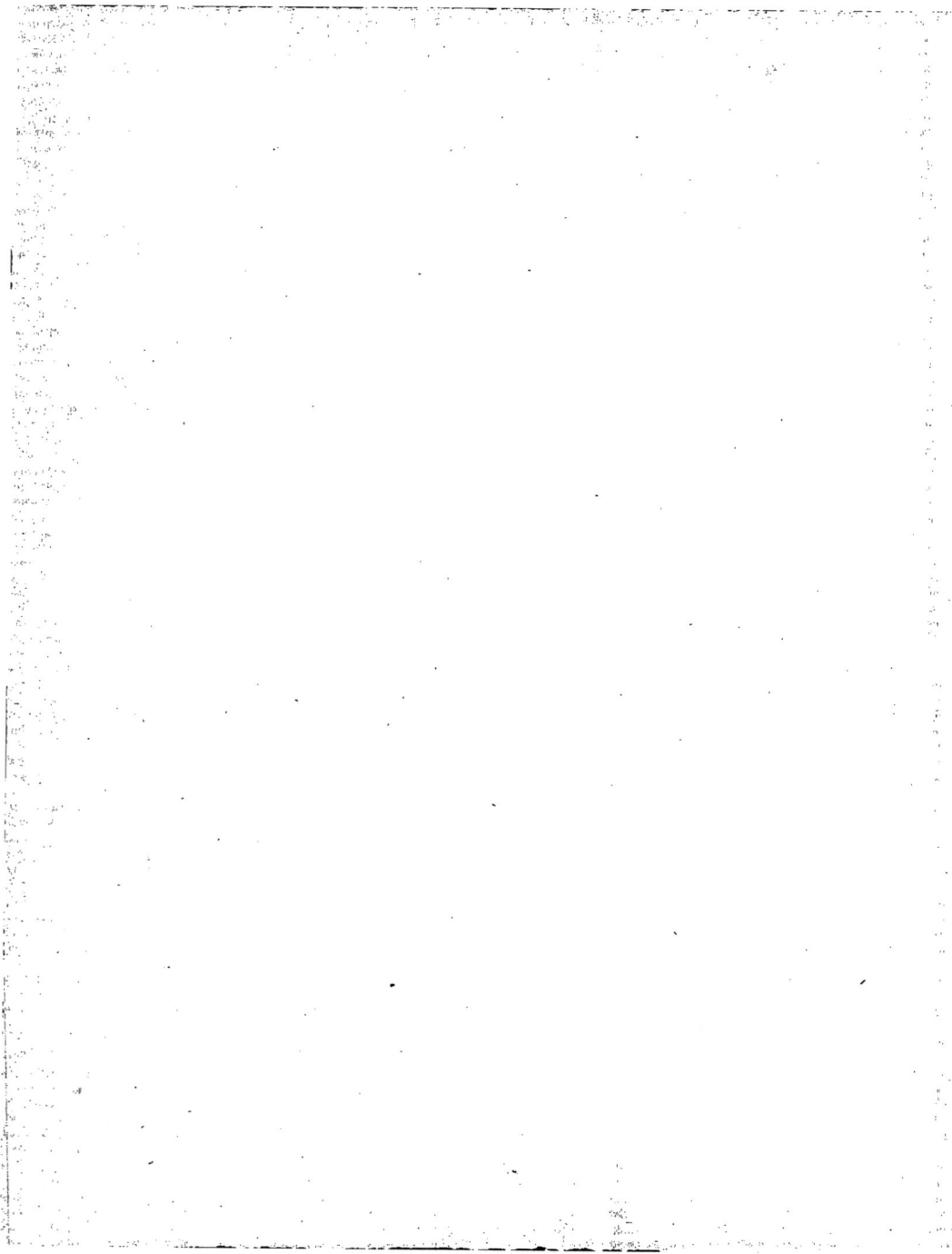